KAMUS
OXFOR

牛津三

# KAMUS TRIBAHASA
# OXFORD FAJAR
# 牛津三语大词典

Inggeris–Melayu–Cina
Melayu–Inggeris–Cina

**JOYCE M. HAWKINS**

华语翻译者
黄玉莹 郑源发

Penerbit Fajar Bakti
Sdn Bhd (008974-T)

牛津大学出版社之附属公司

*Penerbit Fajar Bakti Sdn. Bhd. (008974–T)*
*4 Jalan Pemaju U1/15, Seksyen U1*
*Hicom–Glenmarie Industrial Park*
*40150 Shah Alam*
*Selangor Darul Ehsan*

*© Penerbit Fajar Bakti Sdn. Bhd. (008974–T) 2000*
*Pertama kali diterbitkan 2000*

*Dipadankan daripada Kamus Dwibahasa Oxford Fajar*
*Edisi Kedua (Inggeris–Melayu/Melayu–Inggeris) 1997*
*Naskhah asal dalam bahasa Inggeris diterbitkan dengan tajuk*
*The Oxford Minidictionary 3rd Edition*
*© Oxford University Press 1991*

*ISBN 967 65 4571 6 (Kulit lembut)*
*ISBN 967 65 5542 8 (Kulit keras)*

*Semua hak terpelihara. Sebarang bahagian*
*dalam buku ini tidak boleh diterbitkan semula,*
*disimpan dalam cara yang boleh dipergunakan lagi,*
*ataupun dipindahkan, dalam sebarang bentuk atau*
*dengan sebarang cara, baik dengan cara elektronik,*
*mekanik, penggambaran semula, perakaman dan*
*sebagainya, tanpa izin terlebih dahulu daripada*
*Penerbit Fajar Bakti Sdn. Bhd. (008974–T)*

*Dicetak di Malaysia oleh*
*Laser Press Sdn. Bhd., Selangor Darul Ehsan*

# PENDAHULUAN

*Kamus Tribahasa Oxford Fajar* disusun dengan menggunakan pendekatan dua hala, iaitu bahasa Inggeris–bahasa Melayu–bahasa Cina dan bahasa Melayu–bahasa Inggeris–bahasa Cina. Entri bahasa Inggeris dengan kata setara serta makna dalam bahasa Melayu dan bahasa Cina terdapat di bahagian awal kamus. Bahagian berikutnya pula mengandungi entri bahasa Melayu dengan kata setara serta makna dalam bahasa Inggeris dan bahasa Cina.

Susunan entri mengikut kelas kata setiap kata dasar dan kata terbitan. Jika diteliti, kata terbitan tidak semestinya termasuk di bawah sesuatu entri kata dasar tetapi boleh juga muncul berasingan mengikut abjad awal kata terbitan itu sendiri. Tujuannya ialah untuk membolehkan pengguna membuat rujukan cepat terhadap sesuatu perkataan walaupun tidak mengetahui kata dasar bagi perkataan itu.

Kamus yang mengandungi lebih daripada 30,000 kata dasar dan hampir 40,000 kata terbitan ini amat sesuai dijadikan rujukan oleh setiap lapisan masyarakat, terutama yang ingin menguasai tiga bahasa – Inggeris, Melayu dan Cina. Mereka yang pentingkan ketepatan ejaan dan makna bagi perkataan-perkataan sama ada di dalam bahasa Inggeris atau bahasa Melayu atau bahasa Cina amat memerlukan kamus seumpama ini. Yang ingin menguasai bahasa Inggeris dan bahasa Cina akan merujuk kapada bahagian bahasa Melayu–bahasa Inggeris–bahasa Cina, sementara yang ingin menguasai bahasa Melayu dan bahasa Cina akan merujuk kepada bahagian bahasa Inggeris–bahasa Melayu–bahasa Cina.

Kami berharap para pengguna kamus ini akan mendapat sebanyak manfaat yang mungkin.

Kami ingin mengucapkan berbanyak-banyak terima kasih kepada mereka yang telah memberikan sumbangan khidmat semasa menyusun terjemahan kamus ini.

2000                                                             Penerbit

# PREFACE

The compilation of *Kamus Tribahasa Oxford Fajar* uses a two-way approach that is English–Malay–Chinese and Malay–English–Chinese. The first section of this dictionary contains English entries with equivalents and meanings in Malay and Chinese while the second section contains Malay entries with equivalents and meanings in English and Chinese.

Arrangement of entries are according to the parts of speech of each headword and derivative. It would be observed that derivatives need not necessarily be placed under a headword entry but may also appear separately according to the lead alphabet of the derivative itself. The purpose is to enable users to refer quickly to a word even without knowing the root word for it.

With more than 30,000 headwords and about 40,000 derivatives, this dictionary is very suitable as a reference for each and every member of the society, especially those wishing to acquire proficiency in the three languages–English, Malay and Chinese. Those particularly interested in the accuracy of spellings and meanings of words, be it English or Malay or Chinese will find this dictionary useful. Users wishing to be efficient in English and Chinese may refer to the Malay–English–Chinese section, while those who wish to master Malay and Chinese will refer to the English–Malay–Chinese section.

We hope users of this dictionary will be able to reap as much benefit as probably could.

Our heartfelt thanks to everyone who has contributed in any way towards making the translation of this compilation possible.

2000                                                            The Publisher

# 前言

《牛津三语大词典》是采用双向方法(英语–马来语–华语及马来语–英语–华语)编排。第一部分的英语单字附有马来语及华语的同义词及解释而第二部分的马来语单字则有英语及华语的同义词及解释。

本大词典内的基词及派生词都以词性小心编排。派生词不只被编排在基词下,我们也根据字母把它们顺序编排在本大词典内。这是为了方便不熟悉字词的基词的人士可以迅速翻查。

本大词典收录超过 30,000 个基词及约 40,000 个派生词,特为想要提升英语、马来语及华语程度的人士而编写。除此之外,本大词典的文字简洁易懂,是一本适用于各阶层人士的大词典。希望各阶层人士均能受惠。

最后,谨向每位参与编排及翻译本大词典的人士致万二分的谢意。

2000年　　　　　　　　　　　　　　　　　　　　编者

# ABBREVIATION/ KEPENDEKAN/ 缩写

## *Bahasa Inggeris*

*a.* adjective 形容词
*abbr.* abbreviation 缩写
*adjs.* adjectives 形容词（复）
*adv.* adverb 副词
*advs.* adverbs 副词（复）
*Amer.* American 美国的
*attrib.* attributively 用作定语
*Austr.* Australian 澳洲的
*colloq.* colloquial 俗语
*conj.* conjunction 连接词
Dec. December 十二月
*derog.* derogatory 贬抑语
esp. especially 尤指
*fem.* feminine 阴性的
*imper.* imperative 祈使语气
*Ind.* Indian 印度的
*int.* interjection 感叹词
*ints.* interjections 感叹词（复）
*iron.* ironically 反语的
*Ir.* Irish 爱尔兰的
Jan. January 一月
*joc.* jocularly 戏谑语
*n.* noun 名词
*N. Engl.* northern England 北英国的
*n. fem.* noun feminine 阴性名词

Nov. November 十一月
*ns.* nouns 名词(复)
orig. originally 原先
[P.] proprietary term 专利商标名
pl., *pl.* plural 复数(的)
*poss.* possessive 所有格的
p.p. past participle 过去分词
pr. pronounced 发音
*pref.* prefix 前缀
*prep.* preposition 介词
*preps.* prepositions 介词(复)
pres. present 现在式
pres. p. present participle 现在分词
*pron.* pronoun 代词
p.t. past tense 过去式
*rel. pron.* relative pronoun 关系代词
S. *Afr.* South African 南非的
*Sc.* Scottish 苏格兰的
Sept. September 九月
sing. singular 单数(的)
*sl.* slang 俚语
*U.S.* United States 美国
usu. usually 通常
*v. aux.* auxiliary verb 助动词
*v.i.* intransitive verb 不及物动词
*v. imper.* imperative verb 祈使动词
*v. refl.* reflexive verb 反身动词
*v.t.* transitive verb 及物动词
*v.t./i.* transitive and intransitive verb 及物动词/不及物动词
*vulg.* vulgar 粗鄙用语

## *Bahasa Melayu*

*adj.* kata adjektif 形容词
*akh.* akhiran 后缀
*awl.* awalan 前缀
*kep.* kependekan 缩写
*k.b.* kata bantu 助词
*k.g.* kata ganti 代词
*k.h.* kata hubung 连词
*k.k.i.* kata kerja intransitif 不及物动词
*kkt.* kata keterangan 副词
*k.k.t./i.* kata kerja transitif dan intransitif 及物动词/不及物动词
*k.n.* kata nama 名词
*k.s.n.* kata sendi nama 介词
*sr.* seruan 感叹词
*ung.* ungkapan 俚语

# INGGERIS–MELAYU–CINA

# A

**a** *a.* satu; sebarang; dalam, pada atau bagi tiap-tiap. 一；一个；各；每一；某一。

**aback** *adv.* 向后地。**taken ~** terperanjat. 吃了一惊。

**abacus** *n.* (pl. *-cuses*) cempoa; sempoa; kerangka mengandungi bebola yang menggelongsor pada batangnya, digunakan untuk mengira. 算盘。

**abaft** *adv. & prep.* lebih dekat dengan buritan. 靠船尾。

**abandon** *v.t.* pergi dengan tiada niat untuk kembali; meninggalkan. 舍弃；放弃。**abandonment** *n.* pengguguran; penghentian; pembuangan. 放弃；遗弃；放纵。

**abandoned** *a.* (tentang perangai, dsb.) yang menunjukkan peri laku yang lepas bebas; terbiar. 被弃的；(行为等)放荡的。

**abase** *v.t.* memalukan; mengaibkan. 羞辱；鄙视；贬低。**abasement** *n.* penghinaan. 耻辱。

**abashed** *a.* bingung; malu. 难堪的；局促不安的；羞愧的。

**abate** *v.t./i.* (me)reda; meredakan; menjadikan atau menjadi kurang keterlaluan. 减轻；缓和；减退。**abatement** *n.* reda. 减轻；减退。

**abattoir** *n.* rumah penyembelihan. 屠宰场。

**abbey** *n.* biara; bangunan yang diduduki oleh sekumpulan rahib lelaki dan perempuan; gereja di bawah naungannya. 修道院；庵堂。

**abbot** *n.* ketua sekumpulan rahib lelaki. 男修道院院长；方丈。**abbess** *n. fem.* ketua rahib perempuan. 女修道院院长；庵主。

**abbreviate** *v.t.* memendekkan. 编短；省略。

**abbreviation** *n.* kependekan untuk perkataan. 缩写(式)；简称；省略。

**ABC** *n.* ABC; abjad Rumi; panduan mengikut urutan abjad; dasar (sesuatu perkara). 字母表；基础知识。

**abdicate** *v.t./i.* turun takhta; lepas hak. 退位；放弃权力；辞卸。**abdication** *n.* pelepasan takhta atau hak. 退位；弃权。

**abdomen** *n.* abdomen; bahagian badan yang mengandungi organ hadaman. 腹部。**abdominal** *a.* berkaitan dengan perut. 腹部的。

**abduct** *v.t.* menculik. 诱拐。**abduction** *n.* penculikan. 诱拐。**abductor** *n.* penculik. 诱拐者。

**aberration** *n.* penyelewengan; lencongan daripada sesuatu yang normal; hilang ingatan atau moral; herotan. 乖离正道；失常。

**abet** *v.t.* (p.t. *abetted*) bersubahat; menggalakkan atau membantu dalam perbuatan jahat. 教唆；唆使；煽动。**abettor** *n.* penggalak (perbuatan jahat). 唆使者；煽动者。

**abeyance** *n.* penundaan; 搁置。**in ~** tidak digunakan atau diuruskan selama beberapa waktu. 暂缓使用；暂时搁置。

**abhor** *v.t.* (p.t. *abhorred*) meluat. 厌恶；痛恨；憎恶。**abhorrence** *n.* kebencian. 憎恶。

**abhorrent** *a.* yang amat atau sangat dibenci; yang menjijikkan. 可憎的；令人厌恶的。

**abide** *v.t./i.* (p.t. *abode*) tinggal; diam; (p.t. *abided*) menyabarkan. 居住；遵守；忍受。**~ by** berpegang (pada janji); menerima (akibat, dll.). 遵守(契约、诺言)；忍受(后果等)。

**abiding** *a.* abadi; kekal. 永久的；持久的。

**ability** *n.* kebolehan; kemampuan; kualiti yang membolehkan sesuatu tindakan atau proses tercapai; kuasa melakukan sesuatu; kepintaran. 能力；才干；才智。

**abject** *a.* melarat; tanpa maruah. 不幸的；悲惨的；卑劣的。**abjectly** *adv.* malangnya. 不幸地；卑劣地。

**ablaze** *a.* bernyala. 着火的；燃烧着的。

**able** *a.*(-er, -est) mampu; mempunyai kuasa yang cukup; mempunyai kebolehan. 能干的；有才能的。**ably** *adv.* dengan cekap. 熟巧地；干练地。

**ablutions** *n. pl.* penyucian; wuduk; proses membersihkan diri seseorang; tempat untuk melakukannya. 祈祷前净洗；净洗处。

**abnegate** *v.t.* melepaskan. 放弃（权利等）。**abnegation** *n.* pelepasan. 放弃。

**abnormal** *a.* abnormal; luar biasa; ganjil. 反常的；变态的；不规则的。**abnormally** *adv.* anehnya. 反常地。**abnormality** *n.* keanehan. 反常现象；不规则现象。

**aboard** *adv. & prep.* di atas; di dalam (kenderaan). 在(车等交通工具)上。

**abode** *lihat* **abide**. 见 **abide**。—*n.* tempat kediaman. 居所；住所。

**abolish** *v.t.* membasmi; menghapuskan. 废除；取消。**abolition** *n.* pembasmian. 废除；取消。**abolitionist** *n.* pembasmi. 主张废除(制度等)的人。

**abominable** *a.* menjijikkan; buruk sekali. 可憎的；(天气等)极坏的。**abominably** *adv.* dengan jijik. 可恶地；可恨地。

**abominate** *v.t.* berasa jijik. 憎恶；痛恨。**abomination** *n.* kebencian. 憎恶。

**aboriginal** *a.* wujud di sesebuah negeri sejak awal lagi. 土生的；原始的。—*n.* penduduk asal; peribumi. 原住民；土著。

**aborigines** *n. pl.* para penduduk asal. 原住民；土著。**aborigine** *n.* (*colloq.*) salah seorang daripada mereka itu. 一个原住民。

**abort** *v.t./i.* menggugurkan; menggagalkan; (menyebabkan) keluar janin secara pramasa; berakhir sebelum masanya dan tanpa kejayaan; (menyebabkan) terus mundur. 流产；堕胎；使(计划)失败。

**abortion** *n.* pengguguran (anak); pembuangan pramasa janin daripada rahim; pembedahan yang menyebabkan ini berlaku. 流产；堕胎。

**abortionist** *n.* orang yang melakukan kerja pengguguran (anak). 替人堕胎者。

**abortive** *a.* terbantut; yang tidak berhasil; tidak berjaya. 流产的；没有结果的；失败的。

**abound** *v.i.* banyak sekali. 充满；丰富。~ **in** mewah dengan sesuatu. 富于。

**about** *adv. & prep.* tentang; sekeliling; hampir; sana sini; lebih kurang; berkaitan dengan. 到处；大约；关于。**~-face, ~-turn** *ns.* putar balik arah atau dasar. 向后转；政策或方针等的重大转变。**be ~ to** hampir melakukan sesuatu. 将要；正打算。

**above** *adv. & prep.* atas; yang berkedudukan lebih tinggi; yang di atas; lebih daripada. 在上面；在…之上；超过。**~-board** *a.* ikhlas. 光明正大的。

**abracadabra** *n.* abrakadabra; serapah supaya jampi menjadi. 符；符咒。

**abrade** *v.t.* lelas; melelaskan; melecetkan. 擦伤；刮伤；磨损。

**abrasion** *n.* lecet; luka (akibat geselan); pelelasan. 磨损；擦伤。

**abrasive** *a.* kesat; kasar; melelaskan. 有研磨作用的；磨蚀性的。—*n.* pelelas; pengempelas. 研磨料。

**abreast** *adv.* beriringan; sederet. 并行地；并列地。~ **of** dengan sejajar; seiringan. 并进；并驾齐驱。

**abridge** *v.t.* meringkaskan jumlah (perkataan). 省略(词语)；节略。**abridgement** *n.* ringkasan. 节略；摘要。

**abroad** *adv.* luar negeri; berjauhan. 在海外；在国外。

**abrogate** *v.t.* memansuhkan; membatalkan. 废除(法令等)；取消。**abrogation** *n.* pemansuhan. 废除(法令等)。

**abrupt** *a.* tiba-tiba; mendadak; kasar (perangai); menjunam. 突然的；急转的；

陡峭的；(行为)粗暴的。**abruptly** adv. dengan tiba-tiba. 突然地；粗暴地。

**abruptness** n. kasar; tiba-tiba; mendadak. 突然；粗暴。

**abscess** n. bengkak yang bernanah. 脓肿。

**abscond** v.i. melarikan diri. 潜逃。

**abseil** v.i. turun dengan menggunakan tali yang diikat pada tempat tinggi. （从高处）绕着绳子下降。—n. perihal turun. 绕绳下降。

**absence** n. ketidakhadiran; ketiadaan. 缺席；不在。

**absent**[1] n. tidak hadir; tidak ada; tidak wujud. 缺席；不存在；不专心。**~ -minded** a. pelupa. 心不在焉的；健忘的。**absently** adv. tiada. 心不在焉地。

**absent**[2] v. refl. **~ oneself** tidak menghadirkan diri. 不出席。

**absentee** n. orang yang tidak hadir. 缺席者。**absenteeism** n. ketidakhadiran. 经常的旷工（或旷课）。

**absinthe** n. absinte; minuman keras berwarna hijau. 苦艾酒。

**absolute** a. mutlak; sempurna; bebas. 完全的；绝对的；独立的。**absolutely** adv. dengan mutlak. 绝对地；完全地。

**absolution** n. pengampunan; perisytiharan formal oleh paderi dalam upacara pengampunan dosa. 免罪；赦罪。

**absolutism** n. absolutisme; prinsip kerajaan berkuasa mutlak. 绝对论；专制主义。**absolutist** n. pihak yang berpegang kepada prinsip ini. 绝对论者；专制主义者。

**absolve** v.t. membebaskan (daripada tuduhan, janji). 赦免；免除；解除（契约等）。

**absorb** v.t. menyerap; melekatkan. 吸收；吸纳；专注。**absorber** n. penyerap. 吸收器；避震器。**absorption** n. penyerapan. 吸收；专注。

**absorbent** a. & n. dapat menyerap (kelembapan, dll.). 有吸收力的；吸收剂。

**absorbency** n. kebolehserapan. 吸收力；吸收性。

**abstain** v.i. menyekat; berpantang; menahan diri (terutama daripada minuman keras); tidak mahu menggunakan kuasa mengundi yang ada. 戒除；禁绝；戒（酒）；（选举）弃权。**abstainer** n. penghindar diri; orang yang menahan diri daripada melakukan sesuatu. 禁酒者；节制者。**abstention** n. pengecualian; abstensi. 弃权（不投票）；禁戒。

**abstemious** a. sederhana. 有节制的。**abstemiously** adv. dengan sederhana. 节制地；适度地。

**abstinence** n. penahanan diri (terutama daripada minuman keras). 饮食节制；戒（酒）。**abstinent** a. yang menjauhkan diri daripada. 禁欲的。

**abstract**[1] a. abstrak; tidak bersifat (tentang seni lukis); tidak menunjukkan benda atau butiran secara bergambar. 抽象的；深奥的；理论上的。—n. kualiti atau idea abstrak; ringkasan; secebis karya abstrak. 抽象概念；摘要。

**abstract**[2] v.t. cabut; mengasingkan. 摘引；抽出；分解出。**abstracted** a. asyik berfikir (yang lain). 出神的；分了心的。**abstraction** n. pemisahan; keadaan seperti memikirkan yang lain. 提取；分心。

**abstruse** a. mendalam; sukar difahami; amat rumit. 深奥的；难理解的。**abstrusely** adv. dengan atau secara mendalam. 深入地。

**absurd** a. tidak masuk akal; mustahil. 荒谬的；不可理喻的。**absurdly** adv. secara mustahil. 荒谬地；不可理喻地。

**absurdity** n. kemustahilan. 荒谬；荒唐事；谬论。

**abundant** a. berlebih-lebihan; mempunyai sesuatu dengan banyak. 丰富的；大量的。**abundantly** adv. dengan banyaknya. 大量地；充足地。**abundance** n. keadaan berlimpah-limpah. 丰富；丰足；充裕。

**abuse** v.t. menyalahgunakan; memperlakukan secara tidak adil; menyerang dengan

**abusive** / **acclimatize**

bahasa yang kesat. 滥权;滥用;辱骂。 —*n.* penyalahgunaan; bahasa kesat. 滥用;辱骂。

**abusive** *a.* kasar; menggunakan kata-kata kesat atau menghina. 辱骂的。**abusively** *adv.* dengan kesat. 侮辱地。**abusiveness** *n.* kekasaran; kekesatan. 滥用;辱骂。

**abut** *v.t./i.* (p.t. *abutted*) bersempadan dengan; mempunyai sempadan yang sama. 邻接;毗连。

**abysmal** *a.* bukan kepalang; (*colloq.*) sangat teruk. 非常的;极度的;极恶劣的。**abysmally** *adv.* secara tidak diduga. 极度地;无限度地。

**abyss** *n.* jurang yang amat dalam. 深渊;无底洞。

**acacia** *n.* akasia (sejenis pokok). 金合欢属的阿拉伯胶树。

**academic** *a.* akademik; berkenaan dengan maktab atau universiti; tentang teori saja. 学术性的;大专学院的;学究的。—*n.* orang yang berilmu. 学者。**academically** *adv.* secara keilmuan. 学术性地。

**academician** *n.* ahli akademik. 院士;学术会员。

**academy** *n.* akademi; sekolah, terutama yang menawarkan jurusan tertentu. 专科学校;大专院校。

**acanthus** *n.* akantus; pokok liar berdaun lebar. 老鼠簕属植物。

**accede** *v.i.* ~ **to** bersetuju; memegang (jawatan). 同意;就职;加入。

**accelerate** *v.t./i.* memecut; menambahkan kelajuan. 加速;使提早发生。**acceleration** *n.* pemecutan. 加速。

**accelerator** *n.* pencepat; alat penambah laju (pada kenderaan). 加速者;加速器;(汽车)油门。

**accent**[1] *n.* tekanan (bunyi); loghat. 重音符号;腔调;口音。

**accent**[2] *v.t.* menekankan; menyebut dengan loghat; menegaskan. 重读;强调。

**accentuate** *v.t.* menegaskan; menjadikan ketara. 重读;强调。 **accentuation** *n.* penegasan. 强调;加强(语音)。

**accept** *v.t./i.* menerima; mengambil dengan rela; menyatakannya kepada sesuatu tawaran atau pelawaan; bersetuju; mengiakan. 接受;承诺;同意;承认。**acceptance** *n.* persetujuan. 同意;接受。

**acceptable** *a.* cocok; boleh diterima; agak baik. 可接受的;令人满意的。**acceptably** *adv.* yang dapat diterima. 合意地;令人满意地。**acceptability** *n.* kebolehterimaan. 满意的品质或能力。

**access** *n.* jalan masuk; hak atau cara mendekati atau memasuki; serangan perasaan. 进入;出入口;门路;(情绪)爆发。 —*v.t.* mendapat (data) drpd. komputer, dsb. 从电脑取得(资料)。

**accessible** *a.* dapat diperoleh. 可通的;可接近的;可达致的。**accessibly** *adv.* yang dapat masuk. 易接近地。**accessibility** *n.* hal mudah diperoleh. 易接近;易通达。

**accession** *n.* penaikan; mencapai pangkat atau kedudukan; penambahan. 即位;获得地位或权力;增加。

**accessory** *a.* tambahan. 附加的;增添的。 —*n.* barang tambahan; aksesori; orang yang bersubahat dalam jenayah. 附加品;装饰品;同谋者。

**accidence** *n.* takrif infleksi; bahagian nahu yang berkait dengan perubahan nada suara. 词态变化。

**accident** *n.* kemalangan; kejadian yang tidak dijangkakan, terutamanya yang menyebabkan kerosakan; nasib. 意外;偶然之事 **accidental** *a.* kebetulan; berlaku secara tidak sengaja. 偶然的;意想不到的。**accidentally** *adv.* dengan tidak sengaja. 意外地;偶然地。

**acclaim** *v.t.* menyambut dengan gembira; bertepuk ghairah. 喝采;欢呼。—*n.* tepukan tangan. 喝采;欢呼;欢呼声。

**acclamation** *n.* sambutan meriah. 喝采。

**acclimatize** *v.t./i.* menyesuai iklim; menyesuaikan diri dengan iklim baru. 使适应

新环境（或气候等）；服水土。**acclimatization** *n.* penyesuaiikliman; penyesuaian diri dengan iklim. 适应环境；服水土。

**accolade** *n.* penghargaan; penghormatan (kesateria); sanjungan. 封爵位仪式；勋章；荣誉。

**accommodate** *v.t.* menampung; memberi penginapan; menyesuaikan diri. 迁就；迎合；供宿；调解。

**accommodating** *a.* mudah bertolak ansur. 易相处的；易协商的。

**accommodation** *n.* penyesuaian diri; tempat tinggal. 适应；妥协；投宿。~ **address** alamat surat-menyurat. 通讯地址；代邮联络处。

**accompany** *v.t.* menemani; menyertai; mengiringi; memainkan muzik untuk mengiringi. 伴随；伴奏。**accompaniment** *n.* iringan (muzik). 伴随物；伴奏。**accompanist** *n.* pemuzik iringan. 伴奏者。

**accomplice** *n.* rakan sejenayah. 同谋；共犯。

**accomplish** *v.t.* menyempurnakan (dengan jayanya). 完成；达成。

**accomplished** *a.* yang cekap; yang ahli. 已完成的；有才艺的。

**accomplishment** *n.* pencapaian; kemampuan yang berguna. 完成；成就；才艺。

**accord** *v.t./i.* memberi; selaras; bertepatan. 授于；相配合；符合。—*n.* izin; persetujuan. 同意；协约。**of one's own ~** tanpa disuruh atau dipaksa. 自愿的。

**accordance** *n.* menurut; selaras; bertepatan. 协调；一致。

**according** *adv.* ~ **as** sesuai dengan; selaras dengan. 与…一致。~ **to** menurut; mengikut. 按照；依据。**accordingly** *adv.* oleh kerana itu; sewajarnya. 相应地；因此。

**accordion** *n.* akordion; alat muzik dengan belos dan papan nada. 手风琴。

**accost** *v.t.* menghampiri dan menyapa. 走上前打招呼；搭讪。

**account** *n.* akaun; laporan. 帐项；帐目；户口；描述；重要性；报道。—*v.t.* menganggap. 注重；认为。~ **for** menerangkan; menjelaskan. 解释；记帐；征服。**on ~ of** kerana, oleh sebab, atau disebabkan sesuatu. 因为；由于。

**accountable** *a.* bertanggungjawab. 有责任的；有义务加以解释的。**accountability** *n.* kebertanggungjawaban. 有责任；有义务。

**accountant** *n.* akauntan; jurukira. 会计师；帐房。**accountancy** *n.* ilmu perakaunan. 会计学；会计业。

**accoutrements** *n. pl.* perlengkapan; peralatan. 军用品；装备。

**accredited** *a.* diiktiraf; diterima umum. 受承认的；被接纳的。

**accretion** *n.* pertumbuhan; (yang) ditambah. 生长；增加物。

**accrue** *v.t.* bertambah. 自然增长；自然生息。

**accumulate** *v.t./i.* mengumpulkan; menimbunkan; berlonggok. 堆积；收集；积累。**accumulation** *n.* penimbunan; pengumpulan. 堆积；积累；堆积物。**accumulative** *a.* akumulatif. 累积起来的。

**accumulator** *n.* akumulator; bateri elektrik dapat dicas semula; daftar storan dalam komputer. 积累者；蓄电器；存储器。

**accurate** *a.* tepat. 准确的；精确的。**accurately** *adv.* dengan tepat. 精确地；精密地。**accuracy** *n.* ketepatan. 准确；精确。

**accusative** *n.* akusatif; kasus tatabahasa yang menunjukkan objek sesuatu tindakan. 宾格。

**accuse** *v.t.* menuduh. 指控；谴责。**accusation** *n.* tuduhan. 指控；控罪。**accuser** *n.* penuduh; pihak yang menuduh. 指控者；控诉者。

**accustom** *v.t.* membiasakan diri dengan. 使习惯于。

**accustomed** *a.* menjadi biasa. 惯常的。

**ace** *n.* sat dalam daun terup; jaguh; pukulan maut dalam tenis. 纸牌游戏中的幺点；好手；网球赛中以发球赢得之分数。

**acerbity** *n.* ketajaman (kata-kata). （言语、态度）尖刻。

**acetate** *n.* asetat; serabut tekstil tiruan. 醋酸盐；醋酸纤维素。

**acetic acid** *n.* asid asetik; asid etanoik; bahan yang penting dalam cuka. 醋酸。

**acetone** *n.* aseton; cecair tanpa warna yang digunakan sebagai pelarut. 丙酮。

**acetylene** *n.* asetilena; gas tidak berwarna yang terbakar dengan api yang sangat terang. 乙炔；电石气。

**ache** *n.* sakit. 疼痛。—*v.i.* menderita sakit. 痛。 **achy** *a.* yang sakit. 疼痛的。

**achieve** *v.t.* mencapai. 达到；获得（成功）。 **achievable** *a.* dapat dicapai. 可达到的；可完成的。 **achiever** *n.* orang yang mencapai. 达到目的者。 **achievement** *n.* pencapaian. 成就。

**Achilles heel** pusat kelemahan. 弱点。 **Achilles tendon** tendon dari otot betis ke tumit. 跟腱。

**acid** *a.* masam; tajam (kritikan). 酸的；酸性的；尖酸的。—*n.* asid. 酸；酸味物质。 **acidly** *adv.* dengan tajam. 讥讽地。 **acidity** *n.* kemasaman; keasidan. 酸味；酸性；胃酸过多。

**acidify** *v.t./i.* menjadi asid. 酸化。

**acidulated** *a.* telah menjadi asid. 带酸性的。

**acknowledge** *v.t.* membenarkan; mengakui. 承认；答谢；告知收到。 **acknowledgement** *n.* pengakuan. 答谢；承认收到。

**acme** *n.* puncak (kesempurnaan). 顶峰；最高点；最完美境界。

**acne** *n.* jerawat. 痤疮；粉刺。

**acolyte** *n.* pembantu paderi dalam upacara gereja. （宗教仪式中的）助手。

**aconite** *n.* sejenis pokok yang akarnya beracun. 乌头属植物。

**acorn** *n.* buah oak. 橡实。

**acoustic** *a.* akustik; tentang bunyi. 听感的；音响的；传音的。 **acoustics** *n.pl.* ilmu akustik; kualiti bilik, dsb. yang mempengaruhi bunyi. 音响学；音响效果。

**acoustical** *a.* yang akustik. 音响的。

**acquaint** *v.t.* membiasakan diri dengan. 使熟悉；使知晓；使相识。 **be acquainted with** berkenalan dengan. 对…熟悉；和…相识。

**acquaintance** *n.* pengetahuan tidak mendalam; kenalan. 略知；略相识的人。

**acquiesce** *v.i.* bersetuju dengan. 同意；默从。 **acquiescent** *a.* akur. 顺从的；默从的。 **acquiescence** *n.* persetujuan; keakuran. 默从；服从；同意。

**acquire** *v.t.* memperoleh; dapat memiliki sesuatu. 获取；求得。 **acquirement** *n.* perolehan. 取得；获得。

**acquisition** *n.* perolehan; sesuatu yang diperoleh. 取得；获得物。

**acquisitive** *a.* suka memperoleh. 热衷的；积极求取的。 **acquisitiveness** *n.* hal suka memperoleh. 积极求取的态度；热衷行为。

**acquit** *v.t.* (p.t. *acquitted*) membebaskan. 宣判…无罪。 **~ oneself** bertingkah laku; memperlihatkan kebolehan. 表现；履行。 **acquittal** *n.* pembebasan. 判决无罪。

**acre** *n.* ekar (ukuran); 4,840 ela persegi. 英亩；面积单位，等于4,840平方码。

**acreage** *n.* bilangan ekar. 以英亩计算的土地面积。

**acrid** *a.* pedih; tajam (kata-kata). 刺痛的；辛辣的；（言词）讥讽的。 **acridly** *adv.* dengan tajam. 讥讽地；刻薄地。

**acridity** *n.* menusuk hidung; kepedaran; kepedasan; ketajaman. 刺痛；苦恼；辛辣；刻薄。

**acrimonious** *a.* pedih; marah dan getir. （言词、态度等）尖刻的。 **acrimoniously** *adv.* dengan pedihnya. 刻毒地。

**acrimony** *n.* kepedihan. 刻薄；尖刻。

**acrobat** *n.* akrobat; pelaku seni akrobatik. 杂技演员；卖艺者。

**acrobatic** *a.* seperti akrobat; melibatkan gerak gimnastik yang hebat. 杂技演员般的;杂技的;卖艺的。 **acrobatics** *n. pl.* gaya akrobatik. 杂技表演;杂技。

**acronym** *n.* akronim; perkataan yang terbentuk daripada huruf-huruf awal perkataan-perkataan lain. 首字母编略词（由一组词中各主要词的首字母组合而成）。

**acropolis** *n.* akropolis; kubu kota kuno Greek. 古希腊城市的卫城。

**across** *prep. & adv.* seberang; dari sisi ke sisi, ke atau di sebelah yang satu lagi; melintang. 横过;在…另一边。

**acrostic** *n.* teka silang kata; teka-teki; puisi; puisi, dll. yang huruf-huruf awal dan/atau huruf-huruf akhir dalam baris-barisnya membentuk perkataan. 测字游戏;(各行首尾字母能联成句子的)离合体诗。

**acrylic** *a. & n.* akrilik; (serabut tiruan) yang dibuat daripada bahan organik. 丙烯酸(的);丙烯酸纤维(的)。

**act** *n.* perbuatan; tindakan; babak; perkara yang dilakukan; undang-undang yang digubal oleh parlimen; bahagian lakonan; item dalam pertunjukan sarkas atau anekaragam. 行为;动作;法规;节目;(戏剧的)一幕。—*v.t./i.* melakukan tindakan; bertingkah; melakonkan; menjadi pelakon. 扮演;装作;行动。

**action** *n.* tindakan; perbuatan; proses membuat sesuatu atau cara fungsi; perkara yang dilakukan; saman; pertempuran. 行动;作用;剧情;诉讼;战斗。

**actionable** *a.* kena tindakan; yang dapat diambil tindakan undang-undang. 可被控诉的。

**activate** *v.t.* menggiatkan; menjadikan aktif. 使活动;起动。 **activation** *n.* penggiatan. 活化作用。

**activator** *n.* penggiat. 活化剂。

**active** *a.* aktif; giat; melakukan sesuatu; cergas; sedang berlangsung. 活跃的;积极的;敏捷的;在起作用的。—*n.* bentuk kata kerja menunjukkan bahawa subjek melakukan perbuatan itu (misalnya, dia *nampak* perkara itu). 主动语态。 **actively** *adv.* dengan aktif. 活跃地。

**activist** *n.* aktivis; orang yang bertindak tegas dalam politik, dsb. 激进主义分子。 **activism** *n.* fahaman aktivis. 激进主义。

**activity** *n.* aktiviti; kegiatan; tindakan; pekerjaan. 活动;活动力;行动;某一领域内的特殊活动。

**actor** *n.* seniman; pelaku dalam drama pentas atau filem. 艺术工作者;男演员。 **actress** *n. fem.* seniwati. 女演员。

**actual** *a.* betul-betul; wujud sebagai kenyataan; semasa. 实在的;真实的;现行的。

**actuality** *n.* kenyataan. 事实;现实情况。

**actually** *adv.* sebenarnya. 实际上。

**actuary** *n.* aktuari; pakar insurans yang menghitung kadar risiko dan premium. (保险)精算师;负责估算的保险业专业人员。 **actuarial** *a.* yang berkaitan dengan kerja insurans. 精算的;保险计算的。

**actuate** *v.t.* mendorongkan; menjadi motif untuk sesuatu. 开动(机器等);驱使。 **actuation** *n.* dorongan. 驱动;驱使。

**acuity** *n.* tajam; ketajaman. 尖锐;(才智)敏锐。

**acumen** *n.* ketajaman (fikiran). (思想)敏锐;精明。

**acupressure** *n.* penekanan badan di tempat-tempat tertentu untuk melegakan kesakitan, dsb. 指压按摩。 **acupressurist** *n.* pelaku di atas. 指压按摩师。

**acupuncture** *n.* akupunktur; perubatan tradisi menggunakan jarum. 针灸;针刺疗法。 **acupuncturist** *n.* ahli akupunktur. 针灸医师。

**acute** *a.* mersik; nyaring; tajam; amat sangat (sakit); cerdas. 尖锐的;(声音)高而尖的;敏锐的;急性的。 ~ ac-

**cent** tekanan nada yang tinggi. 重音符号。 **acutely** *adv.* dengan tajam. 尖锐地；剧烈地。 **acuteness** *n.* ketajaman. 锐利。

**A.D.** *abbr.* (Latin *anno domini*) Tahun Masihi.（缩写）公元。

**ad** *n.* (*colloq.*) iklan. 广告。

**adage** *n.* pepatah; bidalan. 格言；谚语。

**Adam's apple** halkum; hujung kerongkong yang ketara tersembul di leher. 喉核；喉结。

**adamant** *a.* keras hati; tidak mahu beralah. 坚决的；固执的。

**adapt** *v.t./i.* menyesuaikan; menjadikan sesuai untuk kegunaan atau keadaan baru. 使适应；改编。 **adaptation** *n.* penyesuaian. 适应；改编本。 **adaptor** *n.* orang atau alat pengubah suai. 改编者；转接器。

**adaptable** *a.* boleh diubah suai; dapat disesuaikan. 能适应的；可改编的；可调整的。 **adaptability** *n.* kebolehsesuaian. 适应能力。

**add** *v.t./i.* tambah; campur; menambahkan; mencampurkan; masukkan sebagai tambahan; berkata lagi; menjumlahkan. 增加；补充说明；合计。

**addendum** *n.* (pl. *-da*) tambahan; perkara yang hendak ditambah kepada buku dan sebagainya; (*pl.*) apendiks. 附加物；附录；补篇。

**adder** *n.* ular beludak; ular kecil yang bisa. 蝰蛇。

**addict** *n.* penagih; seseorang yang ketagih, terutamanya kepada dadah. 吸毒者；上瘾者。

**addicted** *a.* ketagih; melakukan atau menggunakan sesuatu sebagai kebiasaan atau secara terpaksa; asyik (kepada hobi atau minat). 上瘾的；沉迷的。 **addiction** *n.* ketagihan. 上瘾；沉迷。

**addictive** *a.* menagihkan; menyebabkan ketagihan. 令人上瘾的；令人沉迷的。

**addition** *n.* penambahan; campuran. 加法；增加；增加物；补充品。 **in ~** tambahan (pula); sebagai sesuatu yang ditambah. 另外；再者。

**additional** *a.* tambahan; lebihan. 增加的；附加的；补充的。 **additionally** *adv.* secara tambahan. 加之；另外。

**additive** *n.* aditif; bahan yang ditambah. 添加剂。

**addle** *v.t.* membingungkan; mengusutkan; menjadi busuk atau tembelang (telur). 使腐坏；使糊涂；混淆；（蛋）变质。

**address** *n.* alamat; butir-butir tentang tempat tinggal seseorang atau tempat letaknya sesebuah firma, atau ke mana surat-menyurat harus dikirimkan; lokasi dalam memori komputer; ucapan. 地址；电脑存储器中的地址指令；演说。—*v.t.* mengalamatkan; memberikan ucapan; menyediakan diri untuk menghadapi sesuatu tugas; menghubungi melalui sesuatu alamat. 写信给；对（人）发表演说；着手处理（某事）；称呼；提出。

**addressee** *n.* si penerima; di alamat orang yang kepadanya surat, dll. dialamatkan. 收信人；收件人。

**adduce** *v.t.* mengemukakan sebagai contoh atau bukti. 引证。

**adenoids** *n.pl.* tisu yang mengembang pada bahagian belakang kerongkong. 鼻后与喉之间的腺样增殖体。 **adenoidal** *a.* yang berkenaan tisu pada bahagian belakang kerongkong. 腺样增殖体的。

**adept** *a. & n.* cekap; pakar; sangat mahir (orang). 熟练的（人）；内行的（人）。 **adeptly** *adv.* dengan cekapnya. 熟练地。 **adeptness** *n.* kecekapan. 熟练。

**adequate** *a.* cukup; memadai. 足够的；适当的。 **adequately** *adv.* dengan secukup-cukupnya. 充分地；适当地。 **adequacy** *n.* kecukupan. 足够；适当。

**adhere** *v.i.* melekat; memberikan sokongan yang berterusan. 黏附；拥护。 **adherence** *n.* kesetiaan. 坚持；坚信；依

附。**adherent** *a.* & *n.* penyokong. 拥护者(的)。

**adhesion** *n.* lekatan; rekatan; keadaan melekat; penaupan tisu dalam badan. 附着;支持;受伤后体内组织的粘连。

**adhesive** *a.* lekit; perekat; berperekat. 黏性的。—*n.* (bahan) perekat. 黏胶;黏性物。

**ad hoc** ad hoc; untuk suatu tujuan tertentu. 特定的;(委员会等)为某一目的而特别设立的。

**adieu** *int.* & *n.* selamat tinggal. 再见;告别。

**ad infinitum** ad infinitum; tidak berkeputusan. 无限地;永远地。

**adipose** *a.* berkenaan lemak; berlemak. 脂肪质的;含动物脂肪的。

**adjacent** *a.* berdekatan; bersebelahan. 接近的;隔邻的。

**adjective** *n.* adjektif; kata sifat. 形容词。**adjectival** *a.* menyerupai kata sifat. 形容词的。**adjectivally** *adv.* berkenaan dengan kata sifat. 形容词般地。

**adjoin** *v.t.* bersebelahan. 邻接;毗连。

**adjourn** *v.t./i.* menangguhkan. 延期;使休会;移换会场。**adjournment** *n.* penangguhan. 延期;休会。

**adjudge** *v.t.* memberikan putusan pengadilan. 判决;宣判。

**adjudicate** *v.t./i.* bertindak sebagai hakim. 依法律裁定;判决。**adjudication** *n.* memutuskan. 宣判。**adjudicator** *n.* pengadil. 审判者;裁定者。

**adjunct** *n.* tambahan (kepada yang lebih penting). 附添物;补助品;修饰语。

**adjure** *v.t.* meminta dengan sungguh-sungguh. 恳求;恳请。

**adjust** *v.t./i.* mengubah sedikit supaya teratur; menyesuaikan. 调整;调节;适应;使符合;估定赔款额。**adjuster** *n.* pelaras. 调整者;调节机。**adjustment** *n.* penyesuaian. 调整;调节。

**adjustable** *a.* dapat disesuaikan. 可调整的;可调节的。

**adjutant** *n.* adjutan; pegawai tentera yang membantu kerja-kerja pentadbiran. 副官。

**ad lib** sekehendak hati. 即兴;随意。**ad-lib** *v.i.* (p.t. -*libbed*) (*colloq.*) berkata atau bertindak spontan. 即兴演出;即席而论。

**administer** *v.t./i.* mentadbir; memberi. 管理;分发。

**administrate** *v.t./i.* bertindak sebagai pentadbir. 管理;支配。

**administration** *n.* pentadbiran; pengurusan (awam atau perniagaan). 行政;(公共或商业)管理。**administrative** *a.* berkenaan dengan pentadbiran. 行政上的;管理上的。

**administrator** *n.* pentadbir. 管理人;行政者;产业托管人。

**admirable** *a.* terpuji. 值得赞美的;令人钦佩的。**admirably** *adv.* dengan sangat terpuji. 赞美地;钦佩地。

**admiral** *n.* laksamana. 海军司令;海军将官。**red ~, white ~** jenis rama-rama. (欧洲产)红纹蝶;白纹蝶。

**Admiralty** *n.* Admiralti; bekas cawangan pemerintahan yang menguasai Angkatan Laut British. 海军部;前英国海军部。

**admire** *v.t.* mengagumi. 赞美;羡慕。**admiration** *n.* kekaguman. 赞叹;赞美;钦佩。**admirer** *n.* pemuja. 赞赏者;仰慕者。

**admissible** *a.* yang dapat diterima. 可被接受的;有资格加入的。**admissibility** *n.* hal dapat diterima. 可接受;准许。

**admission** *n.* kebenaran masuk; pernyataan; pengakuan. 准许加入;准许进入;供认。

**admit** *v.t.* (p.t. *admitted*) membenarkan masuk; menerima sebagai sah; mengaku (secara tidak rela). 许可进入;录取;(迫于无奈而)招认。**~ of** terbuka kepada. 容许。

**admittance** *n.* izin masuk. 许可进入。

**admittedly** *adv.* fakta yang diakui. 公认地。

**admixture** *n.* bahan ditambah sebagai perencah; menambah. 混合;混合物。

**admonish** *v.t.* menegur; mengherdik. 训戒;规劝;警告。 **admonition** *n.* teguran. 训戒;规劝。 **admonitory** *a.* yang mengandungi teguran. 训戒的;规劝的;警告的。

**ad nauseam** berlanjutan hingga menjemukan. 腻烦;因一再重复而令人生厌。

**ado** *n.* hal banyak bercakap; kekecohan. 无谓的纷扰;麻烦。

**adobe** *n.* bata jemur. 土坯。

**adolescent** *a. & n.* remaja; anak muda (lelaki atau perempuan). 青少年的;青少年。 **adolescence** *n.* masa remaja. 青少年时期;青春期。

**adopt** *v.t.* menjadikan anak angkat; menerima tanggungjawab; menerima (laporan). 收养(孩子);承担(责任);接纳(报告)。 **adoption** *n.* pengambilan anak angkat. 收养。

**adoptive** *a.* berkeluarga secara angkat. 收养的;过继的。

**adorable** *a.* sangat dikasihi. 值得敬慕的。

**adore** *v.t.* mengasihi; memuja; (*colloq.*) sangat suka. 崇拜;敬爱;非常喜欢。 **adoration** *n.* pemujaan. 崇拜;敬爱。

**adorn** *v.t.* mendandani. 装饰。 **adornment** *n.* dandanan. 装饰;装饰品。

**adrenal** *a.* adrenal; hampir dengan buah pinggang. 肾旁的;肾上腺的。

**adrenalin** *n.* adrenalin; hormon dalam tubuh yang dikeluarkan oleh kelenjar dan yang digunakan dalam perubatan. 肾上腺素。

**adrift** *a. & adv.* hanyut; terumbang-ambing. 漂浮着(的);漂失的。

**adroit** *a.* mahir; luar biasa (kepandaian). 熟练的;灵巧的。

**adulation** *n.* sanjungan (secara berlebihan). 谄媚;奉承。

**adult** *a. & n.* cukup umur; orang dewasa. 成年(的);成人(的)。 **adulthood** *n.* kedewasaan. 成人。

**adulterate** *v.t.* melancungkan; menjadikan tidak tulen dengan mencampurkan dengan sesuatu yang rendah mutunya. 搀杂;搀入劣质品。 **adulteration** *n.* pelancungan. 搀杂;伪造;冒牌货。

**adulterer** *n.* penzina (lelaki). 奸夫。 **adulteress** *n. fem.* penzina (perempuan). 淫妇。

**adultery** *n.* zina. 通奸;通奸行为。 **adulterous** *a.* tentang zina. 通奸的;犯通奸罪的。

**adumbrate** *v.t.* membayangkan; mengalamatkan; memberikan petanda. 暗示;划出轮廓。 **adumbration** *n.* pembayangan. 轮廓。

**advance** *v.t./i.* memajukan; meminjamkan (wang). 向前进;推进;提出;预付;贷(款)。 —*n.* kemaraan; kemajuan; kenaikan (harga); pinjaman; bujukan dalam percubaan untuk menjadi sahabat (kekasih). 前进;进步;价格上涨;预付额;(对异性)示爱。 —*a.* yang didahulukan. 预先的。 **in ~** lebih dahulu. 预先;事先。 **advancement** *n.* kemajuan. 进步。

**advanced** *a.* maju; lanjut. 先进的;年迈的;高深的。

**advantage** *n.* kedudukan yang lebih baik; faedah; kesempatan; mata yang dimenangi selepas bermain dius dalam permainan tenis. 优势;利益;机会;网球赛中打成平手后任何一方赢得的第一分。 **take ~ of** mempergunakan kesempatan; memanfaatkan. 乘机;利用有利形势获取私利。

**advantageous** *a.* menguntungkan; berfaedah. 有利的;占优势的。 **advantageously** *adv.* dengan cara yang berfaedah. 有利地。

**Advent** *n.* kedatangan (Nabi Isa); musim sebelum Krismas. 基督降临节。 **advent** *n.* ketibaan (biasanya orang atau peristiwa yang penting). (重要事件等的) 到来；出现。

**adventitious** *a.* secara kebetulan; berlaku secara luar biasa. 偶然的；偶发的。

**adventure** *n.* pengalaman yang mendebarkan atau berbahaya. 冒险；历险。

**adventurous** *a.* suka mengembara; penuh dengan bahaya dan keseronokan. 爱冒险的；惊险的。

**adventurer** *n.* orang yang mencari pengalaman yang mendebarkan atau berbahaya; petualang. 冒险者；投机者。

**adverb** *n.* adverb; kata keterangan. 副词。

**adverbial** *a.* sebagai kata keterangan. 副词的；状语的。 **adverbially** *adv.* dengan sifat sebagai kata keterangan. 作状语。

**adversary** *n.* lawan; musuh. 敌手；对手。

**adverse** *a.* kurang baik; merugikan. 不利的；敌视的；相反的。 **adversely** *adv.* yang berkenaan dengan kerugian. 不利地；相反地。 **adversity** *n.* keadaan malang; kesusahan; bencana. 逆境；苦难；灾祸。

**advert**[1] *n.* iklan. 广告。

**advert**[2] *v.i.* merujuk; menyentuh. 提到；注意。

**advertise** *v.t./i.* mengiklankan; memaklumkan. 登广告；通告。 **advertiser** *n.* pengiklan. 登广告者。

**advertisement** *n.* iklan. 广告。

**advice** *n.* nasihat; petua. 劝告；忠告；意见。

**advisable** *a.* ada baiknya. 明智的；适当的；可行的。 **advisability** *n.* kebijaksanaan. 得当。

**advise** *v.t./i.* memberi nasihat; menasihati. 劝告；忠告；建议。 **adviser** *n.* penasihat. 劝告者；顾问；参谋。

**advisory** *a.* sebagai penasihat. 劝告的；顾问的。

**advocacy** *n.* sokongan. 拥护；主张。

**advocate**[1] *n.* peguambela; penganjur. 拥护者；提倡者；辩护者。

**advocate**[2] *v.t.* menganjurkan. 提倡。

**adze** *n.* beliung; kapak bermata runcing untuk menarah kayu. 扁斧。

**aegis** *n.* naungan; tajaan. 庇护；赞助。

**aeon** *n.* jangka masa yang tidak terhingga lamanya. 永世；无尽的年代。

**aerate** *v.t.* memperanginkan; memasukkan karbon dioksida ke dalam. 使暴露在空气中；使充气。 **aeration** *n.* hal memperanginkan. 通风；充气。 **aerator** *n.* alat pengudaraan. 充气器。

**aerial** *a.* berkenaan dengan atau seperti udara; yang wujud (bergerak) di udara; oleh atau dari pesawat udara. 空气的；空中的。 —*n.* dawai penerima atau pengirim gelombang radio; aerial. 天线。

**aerially** *adv.* dengan aerial. 空气似地。

**aerobatics** *n.pl.* aerobatik; terbang tambul oleh kapal terbang. 特技飞行表演。

**aerobics** *n.pl.* aerobik; latihan bertenaga untuk menambah oksigen. 健身操；韵律体操。 **aerobic** *a.* aerob. 韵律体操的。

**aerodrome** *n.* lapangan terbang kecil. 飞机场。

**aerodynamic** *a.* aerodinamik; tentang daya gerak udara. 空气动力学的。

**aerofoil** *n.* aerofoil; kerajang udara; sirip, atau ekor kapal terbang yang menjungkit dalam penerbangan. 机翼；翼剖面。

**aeronautics** *n.* aeronautik; ilmu penerbangan pesawat udara. 航空学；飞行术。 **aeronautical** *a.* berkaitan dengan penerbangan. 航空学的。

**aeroplane** *n.* kapal terbang; pesawat udara berkepak yang dipandu secara mekanikal. 飞机。

**aerosol** *n.* aerosol; bekas mengandungi bahan semburan. 烟雾剂；喷洒雾剂的小容器。

**aerospace** *n.* angkasa lepas; atmosfera bumi dan ruang ke selepasnya. 地球大气层及其外面的宇宙空间。

**aesthete** *n.* aestet; orang yang mendakwa memahami dan menghargai keindahan, terutamanya dalam bidang seni. 审美家；美学家。

**aesthetic** *a.* estetik; tentang atau menunjukkan penghargaan keindahan; artistik; menarik. 美学的；审美的；有美感的。 **aesthetically** *adv.* dari segi estetik. 从美学观点上。

**aetiology** *n.* aetiologi; pengkajian sebab akibat; pengkajian punca penyakit. 原因论；病原学。 **aetiological** *a.* aetiologi. 病原学的。

**afar** *adv.* jauh. 在远处；从远处。

**affable** *a.* ramah-tamah; beradab dan mesra. 易相处的；和蔼可亲的。 **affably** *adv.* dengan ramah-tamah. 友好地；和蔼地。 **affability** *n.* keramah-tamahan. 和蔼；温柔；友善。

**affair** *n.* urusan; perkara; perusahaan; hubungan seks yang bersifat sementara. 事情；事务；男女间的私通。

**affect** *v.t.* berpura-pura mempunyai atau merasa atau berbuat seperti menyukai; digunakan untuk menunjuk-nunjuk; mengesankan. 假装；装出（受感动或喜欢的）样子；影响；感染。

**affected** *a.* yang penuh kepura-puraan. 假装的；装作的。

**affection** *n.* cinta; sayang; penyakit. 感动；爱慕；感染症。

**affectation** *n.* kepura-puraan, terutamanya dalam tingkah laku. 矫揉造作；假装。

**affectionate** *a.* penyayang. 深情的；慈爱的。 **affectionately** *adv.* dengan penuh kasih sayang. 深情地；慈爱地；亲切地。

**affiance** *v.t.* menunangkan; mempertunangkan. 定亲；订婚。

**affidavit** *n.* surat sumpah (yang sah); afidavit; kenyataan bertulis. 宣誓书；口供书。

**affiliate** *v.t.* bergabung. 使附属于；加入。 **affiliation** *n.* penggabungan. 加入；入会；联系。

**affinity** *n.* perhubungan (pertalian) yang rapat; tarikan. 类似；密切联系；喜欢

吸引；姻亲关系。

**affirm** *v.t./i.* membenarkan; mengesahkan. 肯定；确认；批准。 **affirmation** *n.* pengesahan. 肯定；确定；批准。

**affirmative** *a. & n.* yang mengiakan. 确定的；肯定的；肯定语；正面的（答复等）。

**affirmatively** *adv.* dengan sesungguhnya. 肯定地；断然。

**affix** *v.t. & n.* melekatkan; menambah (tandatangan). 粘上；签署；词缀。

**afflict** *v.t.* menyedihkan; mendukacitakan; menyakitkan secara fizikal atau mental. 使烦恼；折磨。

**affliction** *n.* kesedihan; perkara yang menyebabkan keadaan ini. 苦恼；折磨。

**affluence** *n.* kekayaan. 富裕；富足。

**affluent** *a.* kaya. 富裕的。 **affluently** *adv.* dengan mewahnya. 丰富地；奢华地。

**afford** *v.t.* berkemampuan; mempunyai (waktu, wang) yang cukup; menyediakan. 担负得起（时间、金钱）；提供。

**afforest** *v.t.* menghutankan; ditanami pokok. 造林于（某地）。 **afforestation** *n.* penghutanan. 造林。

**affray** *n.* keributan; rusuhan. （在公共场所）闹事；打架；骚扰。

**affront** *v.t. & n.* menghina; nista. 公开侮辱；冒犯。

**Afghan hound** anjing besar berbulu tebal. 阿富汗猎犬。

**afield** *adv.* jauh. 偏离；在野外。

**aflame** *adv. & a.* terbakar. 燃烧着（的）；火一般红的（地）。

**afloat** *adv. & a.* terapung-apung; di laut. 漂浮着（的）；在海上（的）。

**afoot** *adv. & a.* sedang berlaku. 在进行中（的）。

**aforesaid** *a.* yang tersebut dahulu. 前述的；上述的。

**aforethought** *a.* yang difikirkan dahulu. 预谋的。

**afraid** *a.* takut; bimbang. 恐惧的；害怕的；担忧的。

**afresh** *adv.* semula; sekali lagi; dengan permulaan baru. 重新；从头开始。

**African** *a. & n.* dari Afrika; orang (bangsa) Afrika. 非洲（的）；非洲人（的）；非洲语（的）。

**Afrikaans** *n.* Afrikaan; bahasa Afrika Selatan, berasaskan bahasa Belanda. 一种南非通用语。

**Afrikaner** *n.* (orang) putih bertutur bahasa Afrika di Afrika Selatan. 说南非语的南非白人。

**Afro** *a.* (rambut) tebal dan gebu. 蓬松的（发型）。

**Afro-** *pref.* berkenaan dengan Afrika. （前缀）表示"非洲的"。

**aft** *adv.* dalam atau dekat buritan kapal atau pesawat. 近船尾或机尾。

**after** *prep., adv. & a.* kemudian; setelah. 之后；在…后面；后来的；依照。~ **effect** *n.* kesan yang terjadi kemudian. 后遗症；副作用。

**afterbirth** *n.* uri; tembuni; plasenta yang dikeluarkan dari rahim setelah melahirkan. 胞衣（指胎盘及胎膜）。

**afterlife** *n.* hidup sesudah atau selepas mati. 来世。

**aftermath** *n.* akibat; kesan selepas sesuatu berlaku. 后果；余波。

**afternoon** *n.* petang; waktu di antara pagi dengan 6 petang atau apabila matahari terbenam. 下午；午后。

**aftershave** *n.* pewangi yang digunakan selepas bercukur. 剃须后涂的香剂。

**afterthought** *n.* fikiran selepas; perkara yang terfikir atau ditambah kemudian. 事后的想法；后来才想到或添加的事物。

**afterwards** *adv.* kemudian; kelak; pada waktu terkemudian. 之后；后来。

**again** *adv.* lagi; semula; sekali lagi; dan lagi. 再；又；此外。

**against** *prep.* bertentangan dengan; dalam persediaan menghadapi sesuatu; dalam kedudukan yang dekat. 以（某人）为竞争对手；违反；为（某事）作准备；紧靠。

**agape** *a.* ternganga; mulut terlopong. 目瞪口呆；（因惊奇而）大张着嘴巴。

**agate** *n.* akik; agat; batu keras dengan tompok atau jalur warna. 玛瑙。

**agave** *n.* pohon daun berduri. 龙舌兰。

**age** *n.* umur; usia; lama masa hidup atau wujud; bahagian akhir hidup; zaman; (*colloq.*) waktu yang amat lama. 年龄；老年；时期；时代；很长一段时间。 —*v.t./i.* (pres. p. *ageing*) menjadi tua; mulai kelihatan tua. 变老；使老化。

**aged** *a.* berumur; tua. 老的；年老的。

**ageism** *n.* prasangka terhadap umur. 对老年人的歧视（尤指在住房和就业方面）。

**ageless** *a.* awet muda; tidak makan tua: tidak nampak tua. 永恒的；永不显老的。

**agency** *n.* agensi; perusahaan atau pejabat seseorang agen; cara tindakan melakukan sesuatu. 代销处；代理。

**agenda** *n.* agenda; senarai perkara yang hendak dikendalikan, terutamanya dalam sesuatu mesyuarat. 议程。

**agent** *n.* agen; ejen; wakil; seseorang yang melakukan sesuatu; sesuatu yang menimbulkan kesan; seseorang yang bertindak bagi pihak orang lain. 代办者；代理商；媒介；间谍。

**agent provocateur** *n.* orang yang ditugaskan merangsangkan pesalah yang disyaki supaya bertindak secara terbuka. （诱使嫌犯暴露犯罪行径并将其绳之以法的）密探。

**agglomeration** *n.* timbunan; aglomerasi. 成团；凝聚；结合。

**agglutination** *n.* pelekatan; pengaglutinat. 黏结；胶合。 **agglutinative** *a.* aglutinatif; melekat. 黏结的；凝聚的。

**aggrandize** *v.t.* membesar-besarkan; menambahkan kuasa, kedudukan atau kekayaan; menjadikan sesuatu kelihatan lebih hebat. 夸大；扩大（权势）；提高（地位）；增加（财富）。 **aggrandize-**

**ment** *n.* pengagungan. (权势、地位等的) 提高。

**aggravate** *v.t.* memburukkan; (*colloq.*) menyakitkan hati. 加剧；加重；使恶化；激怒。 **aggravation** *n.* hal menambah-burukkan sesuatu. 加重；恶化。

**aggregate**[1] *a.* agregat; berjumlah. 聚集的；合计的。—*n.* jumlah; kumpulan sesuatu bahan; batu baur, dsb. yang digunakan untuk membuat konkrit. 合计；总数；(建筑) 混凝料。

**aggregate**[2] *v.t./i.* mengumpulkan; menyatukan; (*colloq.*) menjumlahkan. 聚集；聚合；总计达…。 **aggregation** *n.* pengumpulan. 集合；聚合。

**aggression** *n.* penyerangan; pencerobohan; serangan yang tidak bersebab; tindak-tanduk atau tingkah laku permusuhan. 侵犯；侵略 (行为)。

**aggressive** *a.* suka menyerang; garang. 侵犯的；侵略的；挑衅的。 **aggressively** *adv.* yang bersifat menyerang. 侵犯地。 **aggressiveness** *n.* hal suka menyerang. 侵犯。

**aggressor** *n.* penyerang; seseorang yang memulakan perseteruan. 侵略者；挑衅者。

**aggrieved** *a.* terkilan; menanggung perasaan tersinggung. 受委屈的；苦恼的；受侵害的。

**aggro** *n.* (*sl.*) pemburukan; sengaja membuat kacau. 挑衅性暴力扰乱。

**aghast** *a.* terkejut; tergamam. 惊恐的；惊愕的。

**agile** *a.* tangkas; pantas. 敏捷的；灵活的。 **agilely** *adv.* dengan tangkas. 敏捷地；灵活地。 **agility** *n.* ketangkasan. 机敏；灵活。

**agitate** *v.t.* menghasut; mengocak dengan cepat. 煽动；鼓动；剧烈地搅动。 **agitation** *n.* hasutan. 煽动。 **agitator** *n.* penghasut. 煽动者。

**aglow** *a.* berseri; bercahaya atau bersinar-sinar. 发亮的；发红的。

**agnail** *n.* kulit yang tanggal di dasar kuku jari. 指甲旁的倒刺。

**agnostic** *a. & n.* syirik; agnostik; (orang) mempercayai tidak ada sesuatu pun yang menunjukkan kewujudan Tuhan. 不可知论的；不可知论者。 **agnosticism** *n.* agnostisisme; fahaman agnostik. 不可知论。

**ago** *adv.* dahulu; lepas; pada masa lalu. 以前。

**agog** *a.* sangat ingin; berharapan. 期待着的；渴望着的。

**agonize** *v.t./i.* menyakiti; menyeksa; berasa sangat bimbang. 使苦恼；极度痛苦。

**agony** *n.* keazaban. (精神或肉体上极度的) 痛苦。

**agoraphobia** *n.* agorafobia; perasaan gerun hendak melintasi tempat lapang. 恐惧旷场症。

**agrarian** *a.* agraria; berkenaan dengan tanah atau pertanian. 土地的；耕地的。

**agree** *v.t./i.* bersetuju; akur; menerima sebagai betul atau munasabah; mempunyai atau mencapai pendapat yang sama; mesra bersama. 同意；承认；一致；适当；适合。~ **with** sesuai dengan; secocok dengan. 适合；符合。

**agreeable** *a.* menyenangkan; dapat diterima. 欣然同意的；令人喜悦的。 **agreeably** *adv.* dengan senang hati. 喜悦地；愉快地。

**agreement** *n.* persetujuan; kemuafakatan. 合同；契约；(意见) 一致。

**agriculture** *n.* pertanian; pengusahaan tanaman secara besar-besaran. 农务；农业。 **agricultural** *a.* berkenaan dengan pertanian. 农业的；农务的。

**agronomy** *n.* agronomi; pengurusan tanah dan penghasilan tanaman. 农业学。

**aground** *adv. & a.* terkandas; (kapal) di dasar air cetek. 搁浅 (的)。

**ague** *n.* (*old use*) demam menggigil. 疟疾；寒颤。

**ah, aha** *ints.* ah; aduh; seruan kerana hairan, berjaya, dsb. 啊！(表示惊讶、喜悦、痛苦、同情等的感叹词)

**ahead** *adv.* dahulu; maju; terkehadapan dari segi kedudukan atau waktu. 在前;向前;领先。

**ahoy** *int.* ahoi; seruan kelasi untuk menarik perhatian. 啊呵！(水手招呼远处的人或船只的呼喊声)

**aid** *v.t. & n.* membantu; bantuan. 援助;救助;援助品。

**aide** *n.* pembantu; penolong. 助理;助手。

**aide-de-camp** *n.* (pl. *aides-de-camp*) adikong; pegawai yang membantu seseorang pegawai kanan. 副官。

**Aids, AIDS** *n.* Aids; AIDS; sindrom kekurangan daya tahan penyakit; suatu keadaan yang merobohkan benteng pertahanan semula jadi seseorang terhadap penyakit. 爱滋病;后天免疫缺损综合症。

**ail** *v.t./i.* mendukakakan; menyakitkan; menjadikan atau menjadi sakit. 使苦恼;使痛苦。

**aileron** *n.* aileron; kelepak berengsel pada kepak pesawat udara. 飞机的副翼。

**ailment** *n.* penyakit; sakit yang ringan. 困扰;小病。

**aim** *v.t./i.* membidik; menghalakan; mencuba; bercita-cita. 对准;瞄向;抱着目的;意图。—*n.* bertujuan; niat. 目标;目的;意图。

**aimless** *a.* tidak bertujuan. 无目标的;无目的的。**aimlessly** *adv.* dengan tidak bertujuan. 无目标地;漫无目的地。**aimlessness** *n.* tanpa tujuan. 漫无目的;无目标。

**ain't** (*colloq.*) tidak; tiada, dsb. (我)不;(我)没。

**air** *n.* udara; angin; campuran oksigen, nitrogen, dll. gas yang menyelubungi muka bumi; angkasa tempat pesawat udara berlegar; bayu; kesan yang dihasilkan; cara bergaya; melodi. 空气;大气;天空;微风;(做作的)架子;态度;曲调。—*v.t./i.* mendedahkan kepada udara; memperanginkan; mengemukakan pendapat secara terbuka. 晾;使通风;发表;宣扬。~ **bed** *n.* tilam angin; tilam yang boleh mengembang. 气垫;气床。~ **brick** *n.* bata angin; bata berlubang untuk pengudaraan. 空心砖。~ **conditioned** *a.* berhawa dingin; dilengkapi sistem penyaman udara yang mengawal kelembapan dan suhu udara. 有冷气设备的;有空调的。~ **force** tentera udara; cawangan angkatan tentera yang menggunakan pesawat udara dalam serangan dan pertahanan. 空军。~ **raid** serangan udara; serangan oleh pesawat udara yang menggugurkan bom. 空袭。**in the** ~ lazim; belum diputuskan. 在流传中;(计划、问题等)未决定。**on the** ~ sedang di udara; disiarkan melalui radio atau televisyen. 广播中;播送中。

**airborne** *a.* yang dibawa oleh udara atau dengan kapal terbang; dalam penerbangan. 空运的;在飞行中的。

**aircraft** *n.* (pl. same) pesawat udara; mesin atau struktur yang boleh terbang di udara. 飞机;航空器。

**Airedale** *n.* Airedale; anjing *terrier* besar berbulu kasar. 一种粗毛猎犬。

**airfield** *n.* lapangan terbang; kawasan yang mempunyai landasan, dsb. untuk kapal terbang. 飞机场。

**airgun** *n.* senapang angin; senapang yang mempunyai peluru yang didorongkan oleh udara mampat. 气枪。

**airlift** *n.* angkut udara; pengangkutan bekalan, dsb. secara besar-besaran oleh pesawat udara terutamanya dalam kecemasan. 空运;(尤指局势危急时负责运载配备等的)空中补给线。—*v.t.* mengangkut sedemikian. 空运。

**airline** *n.* sistem penerbangan; perkhidmatan pengangkutan udara untuk orang awam; syarikat yang menyediakan perkhidmatan ini. 航空系统;航空公司。

**airliner** *n.* kapal terbang penumpang. 客机;班机。

**airlock** *n.* sendat udara; gelembung udara dalam paip yang menyebabkan terhentinya pengaliran cecair; petak yang tidak dapat dimasuki angin. 气塞;气闸。

**airmail** *n.* pos udara; mel yang dikirim dengan kapal terbang. 航空邮件。—*v.t.* menghantar dengan pos udara. 航空邮寄。

**airman** *n.* (pl. *-men*) juruterbang; anggota angkatan tentera udara, terutamanya bawah pangkat pegawai. 飞机师;飞行员;空军人员。

**airport** *n.* lapangan terbang dengan kemudahan untuk penumpang dan barang. 民航飞机场;航空站。

**airship** *n.* kapal udara; pesawat udara berkuasa tinggi yang lebih ringan daripada udara. 飞船。

**airstrip** *n.* padang terbang; lapangan terbang kecil untuk kapal terbang berlepas dan mendarat. 机场跑道;临时机场(尤指紧急时期所开辟之跑道)。

**airtight** *a.* kedap udara; yang tidak dapat dimasuki angin. 不透气的;密封的。

**airworthy** *a.* yang layak terbang. 适航的;飞行性能良好的。**airworthiness** *n.* kelayakan untuk terbang. 适航性。

**airy** *a.* (*-ier, -iest*) berangin; tidak bersungguh-sungguh. 通风的;轻盈的;轻率的。**airily** *adv.* dengan senang hati. 轻快地。**airiness** *n.* kesenangan hati. 轻快。

**aisle** *n.* lorong antara susunan kerusi (terutama dalam gereja). 教堂的侧廊;座位间的通道。

**ajar** *adv. & a.* terbuka sedikit; renggang. (门)半开的;微开(的)。

**akimbo** *adv.* dengan bercekak pinggang. 双手叉腰地。

**akin** *a.* bersaudara; sejenis. 亲属的;同类的;同性质的。

**alabaster** *n.* batu pualam putih. 雪花石膏。

**à la carte** (hidangan) dipesan secara berasingan daripada menu. 照菜单点的菜。

**alacrity** *n.* beria-ia. 乐意;欣然接受。

**alarm** *n.* bunyi amaran; alat pembunyi; tanda amaran; kecemasan. 警戒讯号;恐慌;警报声。—*v.t.* menyebabkan menjadi takut. 警戒;使恐慌。**~-clock** jam loceng. 闹钟。

**alarmist** *n.* orang yang menimbulkan kecemasan yang tidak berasas. 危言耸听的人;大惊小怪的人。

**alas** *int.* aduhai; wahai. 唉!(表示悲痛、遗憾等的感叹词)

**albatross** *n.* sejenis burung camar di Lautan Pasifik. 信天翁。

**albino** *n.* (pl. *-os*) balar; bulai (tentang orang, binatang). 患白化病的人或动物。

**album** *n.* album; buku menyimpan (foto, setem, dll.); tempat menyimpan piring hitam. 相簿;集邮簿;唱片集;唱片套。

**albumen** *n.* putih telur; albumen. 蛋白。

**alchemy** *n.* ilmu kimia zaman pertengahan yang mencuba mengubah logam menjadi emas. (中古时代的)炼金术。**alchemist** *n.* ahli kimia zaman pertengahan yang tujuan utamanya mencari jalan mengubah logam menjadi emas. 炼金者。

**alcohol** *n.* alkohol; arak. 乙醇;酒精;含酒精饮料。

**alcoholic** *a.* beralkohol. 含酒精的。—*n.* penagih arak. 嗜酒者。**alcoholism** *n.* tindakan alkohol ke atas sistem manusia. 酒精中毒。

**alcove** *n.* ruang kecil di dinding untuk tempat berehat. 附室。

**alder** *n.* sejenis tumbuhan yang tumbuh di tempat berpaya. 赤杨树。

**ale** *n.* bir. 麦酒。

**alert** *a.* awas; berjaga-jaga. 留心的;警觉的。—*n.* keadaan berwaspada terhadap bahaya. 警戒;警惕。—*v.t.* menyuruh berjaga-jaga. 使警觉;提醒。**on the ~** berwaspada. 注意;提防;警惕。**alertness** *n.* kewaspadaan. 警惕性;机警。

**alfresco** *adv.* & *a.* di tempat terbuka. 在户外；户外的。

**alga** *n.* (pl. *-gae*) rumpair. 海藻；藻类。

**algebra** *n.* aljabar; algebra. 代数学。 **algebraic** *a.* berkenaan algebra. 代数的。 **algebraically** *adv.* dengan cara algebra. 在代数学上。

**Algol** *n.* algil; bahasa komputer berasaskan matematik. 算法语言。

**algorithm** *n.* algoritma; prosedur pengiraan, dsb. 算法；规则系统。

**alias** *n.* (pl. *-ases*) nama samaran. 别名；化名。—*adv.* dengan nama samaran. 又名；亦称。

**alibi** *n.* (pl. *-is*) alibi; bukti bahawa terdakwa berada di tempat lain semasa kejadian. 不在犯罪现场的申辩。—*v.t.* (p.t. *alibied*, pres. p. *alibiing*) memberikan alasan. 为…辩解。

**alien** *n.* orang asing. 外国人；异类。—*a.* asing. 外国的；相异的。

**alienate** *v.t.* merenggangkan. 使疏远；转让 (所有权)。 **alienation** *n.* perenggangan; pengasingan. 疏远。

**alight**[1] *v.i.* turun; hinggap. 下 (车、马)；飞落；降下。

**alight**[2] *a.* bernyala. 燃烧着的；照亮的。

**align** *v.t.* menjajarkan; memberikan persetujuan. 排成直线；校直；使结盟。

**alignment** *n.* susunan (barisan) yang lurus. 排成直线；校直。

**alike** *a.* serupa. 类似的；相同的。—*adv.* dengan cara yang sama berkhasiat. 相似地；同样地。

**alimentary** *a.* berkhasiat. 有关食物的；有关营养的。**~ canal** saluran pencernaan. 消化管道。

**alimony** *n.* alimoni; nafkah oleh suami kepada isteri atau bekas isteri. 赡养费。

**aliquot** *n.* pembahagi atau bahagian yang mengandungi jumlah masa yang sebenar. 可除尽、可约分的部分。

**alive** *a.* hidup; berjiwa; cergas. 有生命的；活的；活泼的。

**alkali** *n.* (pl. *-is*) alkali. 碱；碱质。**alkaline** *a.* tentang alkali. 碱性的。**alkalinity** *n.* kealkalian. 碱性；碱度。

**alkaloid** *n.* alkaloid; sejenis sebatian organik yang mengandungi oksigen. 生物碱。

**all** *a.* semua; seluruh. 完全的；全部的；一切的。—*n.* segala-galanya. 全部；全体；一切。—*adv.* serba. 完全地；十分。**~ but** hampir-hampir. 几乎。**~-clear** *n.* isyarat yang bahaya telah berlalu. 解除警报。**~ in** kelelahan; termasuk semuanya. 筋疲力竭的；包括一切的。**~ out** berusaha sedaya upaya. 竭尽全力。**~ over** berakhir; di mana-mana. 结束；全；满；遍及。**~ right** baik; selamat; ya. 不错；好；满意 (地)；情况良好；赞同。**~ round** *a.* dalam segala segi; untuk setiap orang. 为在场的每一个人的；全面的。**~-round** umumnya. 多方面的；多才多艺的。**~-rounder** *n.* orang yang serba boleh. 多才多艺者；全能运动员。**~ there** siuman. 头脑清醒的；精明的。**~ the same** meskipun. 依然如故。**~ up** (*colloq.*) selesai. 一切都完了；彻底完蛋。

**Allah** *n.* Allah; tuhan orang Muslim. (伊斯兰教的) 真主。

**allay** *v.t.* menenangkan (perasaan takut, dll.). 减轻；缓和 (恐惧感、烦扰等)。

**allegation** *n.* tuduhan. 控诉；断言。

**allege** *v.t.* menuduh. 控诉。

**allegedly** *adv.* menurut tuduhan. 据称；据 (指控等) 所言。

**allegiance** *n.* kesetiaan; kewajipan; kepatuhan. 忠心；忠诚；效忠。

**allegorize** *v.t.* mengalegorikan. 使寓言化；用讽喻方式叙述。**allegorization** *n.* kealegorisasian. 讽喻手法。

**allegory** *n.* alegori; kiasan; ibarat. 比喻；寓言。**allegorical** *a.* yang bersifat kiasan. 比喻的；寓言性的。**allegorically** *adv.* dengan cara kiasan. 比喻地。

**allegro** *adv.* & *n.* (pl. *-os*) alegro; rangkap yang perlu dimainkan dengan cepat. 轻快 (地)；快板。

**alleluia** *int.* & *n.* kesyukuran. 阿利路亚（赞美神）。

**allergen** *n.* alergen; bahan penyebab tindakan alergi. 变应素；过敏原。

**allergenic** *a.* mengandungi alergen. 过敏性的。

**allergic** *a.* alergi; alah; tidak suka akan. 过敏性的；敏感的；憎恶的。

**allergy** *n.* alergi; alahan terhadap jenis makanan, debunga, dsb.). 过敏症；(对食物、花粉等的) 变态反应症。

**alleviate** *v.t.* meringankan (sakit, dsb.). 减轻 (痛苦等)；缓和。 **alleviation** *n.* peringanan. 减轻；缓和剂；解痛物。

**alley** *n.* (pl. *-eys*) lorong. 小巷；胡同。

**alliance** *n.* persekutuan; perikatan. 同盟；联盟。

**allied** *a.* bersekutu; bergabung. 同盟的；联盟的；协约的。

**alligator** *n.* aligator; sejenis buaya. 短吻鳄。

**alliteration** *n.* aliterasi; terdapat bunyi awal perkataan bersebelahan yang sama. 头韵；头韵法 (指在诗或连续的词语中，用相同的字母或声韵开头)。

**alliterative** *a.* beraliterasi. 用头韵的；押头韵的。

**allocate** *v.t.* memperuntukkan. 分派；配给；拨 (款)。 **allocation** *n.* pemberian bahagian; peruntukan. 分配；配给；拨款。

**allot** *v.t.* (*p.t. allotted*) menguntukkan; menentukan bahagian. 分配；配给。

**allotment** *n.* habuan; bahagian yang diberikan; kawasan tanah. 分配；分派；份额；(租借或分配给个人经营的) 园地。

**allow** *v.t./i.* membenarkan; memberi sebahagian kecil; mengakui; menyetujui. 准许；允许；酌增；承认；体谅。

**allowable** *a.* dapat dibenarkan. 可容许的。

**allowance** *n.* elaun; jumlah yang dibenarkan. 津贴；补贴。 **make ~ for** memperhitungkan; mempertimbangkan. 顾及；体谅；考虑到。

**alloy** *n.* aloi; logam campuran. 合金。 — *v.t.* mencampurkan dengan logam lain; memusnahkan (melemahkan) kesenangan. 铸成；合铸；掺入劣质使 (优质品) 品质低降。

**allspice** *n.* beri mento; rempah. 甘椒；胡椒。

**allude** *v.i.* merujuk sepintas lalu; menyentuh secara tidak langsung. 暗示；间接提到。

**allure** *v.t.* menggoda; menarik minat; memikat. 引诱；诱惑。 — *n.* kecantikan. 引诱；诱惑。 **allurement** *n.* godaan; pemikat hati. 魅力；诱惑力；吸引力。

**allusion** *n.* bayangan; sindiran; kiasan. 暗指；引喻；典故。 **allusive** *a.* yang mengandungi sindiran. 暗指的；引喻的。

**alluvium** *n.* aluvium; endapan tinggalan banjir. 冲积层；淤积物。 **alluvial** *a.* yang mengandungi aluvium. 冲积的；淤积的。

**ally**[1] *n.* sekutu gabungan; negeri atau orang yang bersekutu dengan pihak lain. 联盟；同盟国；同盟者。

**ally**[2] *v.t.* bergabung; masuk menjadi sekutu. 与…结盟；与…联盟。

**almanac** *n.* almanak; takwim; kalendar yang mengandungi data astronomi, dll. 年鉴；历书。

**almighty** *a.* maha kuasa; (*colloq.*) sangat besar. 全能的；至高权威的。 **the Almighty** Tuhan. 全能的神。

**almond** *n.* badam; pohon atau buah badam. 杏树；杏仁。

**almost** *adv.* hampir; terlalu sedikit kurangnya daripada sesuatu yang boleh dicapai. 差不多；几乎；接近。

**alms** *n.* sedekah; derma; wang, dsb. yang diberikan kepada golongan miskin. 施舍；救济品；救济金。

**almshouse** *n.* rumah kebajikan; rumah yang diasaskan melalui derma untuk golongan miskin (biasanya orang tua). 救济院；济贫院。

**aloe** *n.* pokok lidah buaya; tumbuhan yang mengandungi cecair pahit. 沉香木；芦荟。

**aloft** *adv.* tinggi; di atas. 在高处；在上面。

**alone** *a.* sendiri; sendirian; bukan dengan orang lain; tanpa teman atau pertolongan. 单独的；孤独的；独自的。—*adv.* hanya. 仅仅；只。

**along** *adv.* sepanjang; melalui sebahagian atau seluruh bahagian sesuatu; seterusnya; bersama. 沿着；向前；一起。—*prep.* sebelah-menyebelah. 沿着；循着。~ **with** bersama dengan; tambahan kepada. 与…一起；除…之外；又。

**alongside** *adv.* hampir ke samping kapal atau dermaga, dsb. 并排地。—*prep.* di samping. 傍着；横靠。

**aloof** *adv.* terasing. 避开；隔开。—*a.* tidak menunjukkan minat; tidak mesra. 冷淡的；孤零的。 **aloofly** *adv.* secara terasing. 冷漠地。 **aloofness** *n.* pengasingan; pemencilan. 冷漠；疏远。

**aloud** *adv.* dengan kuat (bunyi); dengan suara yang kedengaran; bukan secara berbisik. 高声；大声地。

**alpaca** *n.* alpaka; llama yang berbulu panjang; bulu alpaka; kain alpaka. （南美洲的）羊驼；羊驼毛；羊驼呢。

**alpha** *n.* alfa; huruf pertama dalam abjad Yunani (Greek). 希腊语的第一个字母；系列中的第一字；开端。

**alphabet** *n.* abjad; huruf-huruf yang digunakan apabila menulis dalam sesuatu bahasa. 字母表。 **alphabetically** *adv.* mengikut susunan abjad. 照字母表次序。

**alphabetize** *v.t.* mengabjadkan; menyusun mengikut abjad. 照字母表顺序排列；用字母标记。 **alphabetization** *n.* pengabjadan. 照字母顺序排列；拼音化。

**Alpine** *a.* Alp; berkaitan dengan banjaran gunung Alp. 阿尔卑斯山脉的；阿尔卑斯山区居民的。

**alpine** *a.* pergunungan Alp. 高山的；高山生长的。—*n.* pokok yang tumbuh di gunung atau di taman batu. 高山植物。

**already** *adv.* sudah; telah; sebelum waktu ini; seawal ini. 已经；早已；先前。

**Alsatian** *n.* anjing Alsatian; sejenis anjing besar yang kuat dan berbulu licin. 阿尔萨斯狼狗。

**also** *adv.* juga; pun. 也；而且；同样地。 **~-ran** *n.* kuda atau anjing yang gagal mendapat tempat pertama hingga ketiga dalam sesuatu perlumbaan. （赛马、赛狗中）跑不入三甲之内的马或狗。

**altar** *n.* mazbah. 祭坛；圣坛；台阶。

**alter** *v.t./i.* meminda; mengubah. 变更；改变；改换；改建。 **alteration** *n.* pengubahan. 变更；改变；变化。

**altercation** *n.* perbalahan yang bising; pertengkaran. 争辩；吵嘴；口角。

**alternate**[1] *a.* silih ganti; gilir. 交替的；轮流的；间隔的。 **alternately** *adv.* menyelang-nyelikan; sebagai gantian. 交替地；轮流；间隔地。

**alternate**[2] *v.t./i.* menggilirkan. 交替；轮流。 **alternation** *n.* penggiliran. 交替；间隔。

**alternative** *a. & n.* pilihan; gantian; alternatif. 交替（的）；两者或两者以上择一（的）。 **alternatively** *adv.* sebagai pilihan; alternatif. 二择一地；交替地。

**alternator** *n.* pengulang-alik; dinamo penghasil arus ulang-alik. 交流发电机。

**although** *conj.* walaupun; walau bagaimanapun. 虽然；尽管。

**altimeter** *n.* altimeter; alat mengukur ketinggian. 测高计；高度表。

**altitude** *n.* altitud; ketinggian dari paras laut. 高度；海拔。

**alto** *n.* (pl. *-os*) nada suara tertinggi bagi lelaki; alat muzik yang mempunyai nada kedua tertinggi dalam kumpulannya. 男声最高音；中音乐器。

**altogether** *adv.* keseluruhan; kesemua. 全然；完全；总共。

**altruism** *n.* altruisme; pemurah; tidak mementingkan diri sendiri. 利他主义；无私。

**altruist** *n.* altruis; orang yang pemurah. 利他主义者；无私者。**altruistic** *a.* yang mempunyai sikap mengutamakan kesenangan orang lain. 利他的；利他主义的。**altruistically** *adv.* dengan sikap altruisme. 无私地。

**aluminium** *n.* aluminium; sejenis logam ringan yang warnanya keperakan. 铝。

**always** *adv.* sentiasa; selalu. 经常；总是；始终。

**alyssum** *n.* sejenis tumbuhan berbunga kecil berwarna putih atau kuning. 庭荠属植物。

**a m** *lihat* **be**. 见 **be**。

**a.m.** *abbr.* (Latin *ante meridien*) pagi; sebelum tengah hari. (缩写)上午；午前。

**amalgam** *n.* logam raksa; campuran lembut yang dapat diolah. 汞合金；可塑性混合物。

**amalgamate** *v.t./i.* mencampurkan; mencantumkan. 使混合；合并。**amalgamation** *n.* penggabungan; penyatuan; percantuman. 合并；混合(水银和金属)。

**amanuensis** *n.* (pl. *-enses*) orang yang menyalin rencana. 书记；抄录者。

**amaryllis** *n.* sejenis tumbuhan seperti teratai. 孤挺花。

**amass** *v.t.* mengumpulkan; menimbunkan. 积累；积聚；收集。

**amateur** *n.* amatur; orang yang melakukan sesuatu yang bukan tugas utamanya. 业余者；业余爱好者。

**amateurish** *a.* kurang kepakaran profesional. 业余的；不熟练的。**amateurishly** *adv.* secara amatur. 外行地。

**amatory** *a.* menunjuk berahi, ghairah. 示爱的；色情的。

**amaze** *v.t.* menghairankan; mengagumkan. 使惊奇；使诧异。**amazement** *n.* kehairanan; ketakjuban; kekaguman. 惊奇；诧异；惊异。

**Amazon** *n.* Amazon; wanita yang tinggi dan kuat. (希腊神话中的)亚马孙族女战士；高大强壮的女人。**Amazonian** *n.* seperti wanita Amazon. 像亚马孙族女战士一般的人。

**ambassador** *n.* duta; diplomat berpangkat paling tinggi yang mewakili negaranya di negara lain. 大使；使节。**ambassadorial** *a.* berkaitan dengan duta. 大使的。

**amber** *n.* warna kuning jingga; ambar; sejenis damar; lampu lalu lintas berwarna kuning yang digunakan sebagai isyarat amaran. 琥珀(色)；黄褐色(葡萄干)；交通灯中的黄灯。

**ambergris** *n.* ambergris; jisim berlilin yang didapati di laut tropika, digunakan dalam membuat minyak wangi. 龙涎香。

**ambidextrous** *a.* dwicekatan; cekap menggunakan kedua-dua belah tangan. 双手灵巧的。

**ambience** *n.* persekitaran. 环境；气氛。

**ambiguous** *a.* kabur; samar; mempunyai dua atau lebih makna; tidak tentu. 含糊的；模糊不清的；不明确的。

**ambiguously** *adv.* secara meragukan; secara tidak pasti. 令人半信半疑地；模棱两可地。**ambiguity** *n.* kekaburan; kesamaran. 含糊；模糊不清。

**ambit** *n.* ruang lingkup; skop. 界限；范围。

**ambition** *n.* cita-cita; keinginan yang kuat untuk mencapai sesuatu. 抱负；志气；雄心。

**ambitious** *a.* bercita-cita tinggi; penuh cita-cita. 有抱负的；有雄心的。**ambitiously** *adv.* dengan penuh cita-cita. 有志气地。

**ambivalent** *a.* ambivalen; rasa berbelah bagi terhadap sesuatu. (感情、态度等)矛盾的。**ambivalence** *n.* ambivalen; mempunyai salah satu atau kedua-dua makna; nilai yang sama atau berkurangan.

矛盾心理。**ambivalently** *adv.* secara ambivalen. 矛盾地。

**amble** *v.i.* longlai; berjalan dengan langkah perlahan. 骑马缓行；从容地行走。

**ambler** *n.* pejalan bersahaja. 缓行。

**ambrosia** *n.* santapan dewa; sesuatu yang lazat. (希腊、罗马神话中的)神仙的食物；可口的食物。

**ambulance** *n.* ambulans; kenderaan yang membawa orang yang sakit atau tercedera. 救护车。

**ambulatory** *a.* boleh berjalan; untuk berjalan 走动的；流动的。—*n.* tempat untuk berjalan. 回廊。

**ambuscade** *v.t. & n.* serang hendap. 埋伏；伏击。

**ambush** *n.* serangan hendap; pasukan tentera, dll. yang bersembunyi untuk melancarkan serangan hendap. 埋伏；伏击；伏兵。—*v.t.* menyerang hendap. 伏击。

**ameliorate** *v.t./i.* memperbaiki; menjadikan atau menjadi lebih baik. 改善；改良。

**amen** *int.* amin; tunaikanlah; semoga demikianlah. (基督教祈祷结尾语)阿门；但愿如此。

**amenable** *a.* patuh; taat. 服从的；规规矩矩的；有责任的。**amenably** *adv.* dengan patuh; mahu. 服从地。**amenability** *n.* kepatuhan; ketaatan. 顺从；服从。

**amend** *v.t./i.* pinda; membuat perubahan kecil. 修正；订正。**make amends** menebus; memampas. 修正。**amendment** *n.* pindaan; pemindaan. 修正；改良。

**amenity** *n.* kemudahan; keselesaan; sifat menarik sesuatu tempat. (环境等的)便利；舒适；适意。

**American** *a.* Amerika; keamerikaan; dari Amerika Syarikat. 美国的；美洲的；来自美国的。—*n.* orang Amerika; bahasa Inggeris yang digunakan di Amerika Syarikat. 美国人；美式英语。

**Americanism** *n.* Amerikanisme; perkataan atau frasa Amerika. 美国派；美国式；

美国英语。

**Americanize** *v.t.* mengamerikakan; menjadikan bersifat Amerika. 使美国化。

**Americanization** *n.* pengamerikaan. 美国化。

**amethyst** *n.* ametis; batu kecubung; sejenis permata berwarna ungu. 紫石英；紫晶(色)。

**amiable** *a.* baik; mesra; disenangi. 友善的；亲切的；和蔼可亲的。**amiably** *adv.* dengan ramah mesra; dengan baik hati; peramah. 亲切地；友善地；和蔼地。**amiability** *n.* kelembutan; kebaikan hati. 温和；亲切。

**amicable** *a.* disenangi. 和睦的；友好的。**amicably** *adv.* dengan mesra; secara ramah-tamah. 亲切地；和睦地。

**amid, amidst** *preps.* di tengah; semasa. 在…当中。

**amino acid** *n.* asid amino; asid organik yang terdapat dalam protein. 氨基酸；蛋白质中的有机酸。

**amiss** *a. & adv.* salah; silap. 有毛病的(地)；不适当的(地)。

**amity** *n.* persahabatan. 友好关系。

**ammonia** *n.* ammonia; gas yang kuat baunya; larutan gas ini dalam air. 阿摩尼亚；氨水。

**ammonite** *n.* ammonit; fosil atau tulang siput putar. 菊石；古生物中一种螺化石。

**ammunition** *n.* peluru, ubat bedil, dsb.; fakta yang digunakan dalam berhujah. 子弹；弹药；争辩中的论据。

**amnesia** *n.* amnesia; kelupaan. 健忘症；健忘。**amnesiac** *a. & n.* pesakit amnesia atau yang hilang ingatan. 患健忘症(的)；容易忘事(的)。

**amnesty** *n.* amnesti; pengampunan beramai-ramai. 大赦；特赦。

**amniocentesis** *n.* amniosentesis; persampelan cecair amnion. 羊膜穿刺术。

**amniotic fluid** *n.* cecair amnion; cecair yang mengelilingi janin di dalam rahim. (子宫内围护胎儿的)羊水。

**amoeba** *n.* (pl. *-bae* atau *-bas*) ameba; sejenis organisma mikro (halus) yang sentiasa berubah bentuknya. 阿米巴;变形虫。

**amok** *adv.* amuk. 疯狂地;失去理智地。**run ~** mengamuk; tidak terkawal dan melakukan banyak kerosakan. 发狂;因失去理智而乱斩杀。

**among, amongst** *preps.* di antara; dikelilingi; di tengah-tengah; di kalangan. 在…之间;在(多数)之中。

**amoral** *a.* tidak berdasarkan ukuran moral. 与道德无关的;不是基于道德标准的。

**amorous** *a.* berahi; menunjukkan atau mudah berperasaan terangsang terhadap seks. 迷恋的;好色的。**amorously** *adv.* dengan penuh berahi. 多情地;好色地。 **amorousness** *n.* keberahian. 恋慕;好色。

**amorphous** *a.* amorfus; tanpa bentuk. 无固定形状的。

**amortize** *v.t.* melunaskan; membayar (hutang) secara beransur-ansur daripada tabung merosot. 摊还(债务)。**amortization** *n.* pelunasan. (债务等的)分期偿还。

**amount** *n.* jumlah; kuantiti. 总计;共计;数量。**~ to** *v.i.* berjumlah; bersamaan. 共达;等于。

**amp** *n.* (*colloq.*) ampere; pembesar suara. 安培(电流计算单位);扩音器。

**ampere** *n.* ampere; unit ukuran aliran elektrik. 安培(电流计算单位)。

**ampersand** *n.* ampersan; tanda '&' (bermaksud dan). 符号"&"("和"之意)。

**amphetamine** *n.* amfetamina; dadah penggalak. 安非他明;一种兴奋剂。

**amphibian** *n.* amfibia; haiwan yang hidup di dalam air pada peringkat larvanya dan di darat pada peringkat dewasanya; kenderaan seperti amfibia. 两栖动物;水陆两用的交通工具。

**amphibious** *a.* dapat hidup atau beroperasi di air atau di darat. 两栖的;水陆两用的。**amphibiously** *adv.* secara atau seperti amfibia. 水陆两用地。

**amphitheatre** *n.* panggung terbuka berbentuk bujur atau bulat. 圆形剧场。

**amphora** *n.* amfora; balang lama bertangkai dua. 古代盛油用的双柄瓶。

**ample** *a.* (*-er, -est*) banyak; cukup; memadai. 丰富的;充足的;足够的。**amply** *adv.* dengan berlebihan; dengan cukup; dengan luas. 富裕地;充足地;广大地。

**amplify** *v.t.* menguatkan bunyi. 扩音;增强;详述。**amplifier** *n.* amplifier; alat penguat suara. 扩音器。**amplification** *n.* pembesaran; penguatan. (音量等的)扩大;放大(率);增幅。

**amplitude** *n.* banyak; keluasan. 丰富;广度。

**ampoule** *n.* bekas kecil pengisi cecair suntikan. 安瓿;装注射药水的小玻璃管。

**amputate** *v.t.* memotong; mengerat; mengudungkan. (外科手术)切除;截(肢)；砍掉。**amputation** *n.* pemotongan; pengeratan; pengudungan. 切断;截肢。

**amulet** *n.* azimat; tangkal yang dipakai kononnya untuk menghalau semangat jahat. 护身符;避邪物。

**amuse** *v.t.* menyukakan; menggembirakan; menghiburkan. 逗(某人)笑;使开心;娱(宾)。**amusement** *n.* hiburan; sesuatu yang dapat menghiburkan hati. 娱乐;消遣。**amusing** *a.* lucu; kelakar; menghiburkan atau menggelikan hati; (mudah) membuat orang ketawa. 好笑的;滑稽的;逗人开心的。

**an** *a.* satu; suatu (kata sandang yang digunakan sebelum bunyi vokal selain 'u'). 一;一个;某一(用于"u"以外所有以元音起首的词语的前面)。

**anachronism** *n.* anakronisme; sesuatu yang ketinggalan zaman. 与时代格格不入的人或事物;过时的事物。

**anachronistic** *a.* anakronistik; ketinggalan zaman. 过时的;不合时宜的。

**anaconda** *n.* anakonda; ular besar tropika di Amerika Selatan. 森蚺；南美洲一种热带蟒蛇。

**anaemia** *n.* anemia; kekurangan darah. 贫血；贫血症。

**anaemic** *a.* anemik; kekurangan darah; tak cukup darah. 贫血的。

**anaesthesia** *n.* anestesia; kekebasan; kehilangan rasa; pelalian. 麻木；麻痹；麻醉（法）。

**anaesthetic** *a. & n.* anestetik; beranestesia; bahan pengebas; ubat pelali; ubat bius. 麻醉剂。

**anaesthetist** *n.* pakar anestesia; doktor bius. 麻醉师。

**anagram** *n.* kata terbalik; perkataan yang dibentuk dengan mengubah kedudukan huruf-huruf dalam perkataan lain. 回文构词法；以变换字母顺序方法构成的词。

**anal** *a.* dubur; berkaitan dengan dubur. 肛门的；直肠的；近肛门的。

**analgesia** *n.* analgesia; kebas. 痛觉缺失；止痛。

**analgesic** *a. & n.* analgesik; (dadah) mengurangkan sakit. 止痛的；痛觉缺失的；止痛药。

**analogous** *a.* setanding; analog; serupa atau sama dalam beberapa hal. 类似的；类推的；相似的。 **analogously** *adv.* beranalog; berkenaan dengan perbandinggan; persamaan dan yang setanding. 类推地；类似地。

**analogue** *n.* analog; benda yang serupa dalam beberapa hal. 类似情况；类似物。

**analogy** *n.* keserupaan; ibarat; analogi; sedikit keserupaan antara benda yang dibandingkan. 类似；类推；比拟。

**analyse** *v.t.* menganalisis; membuat sesuatu analisis; cerakin. 分析；分解。 **analyst** *n.* pakar analisis. 分析家；分析员。

**analysis** *n.* (pl. *-lyses*) analisis; cerakinan; penganalisisan; pengasingan sesuatu bahan ke dalam beberapa bahagian untuk kajian dan tafsiran; pemeriksaan terperinci. 分解；分析（报告等）。

**analytic, analytical** *adjs.* analitis; analitikal; yang berkenaan dengan atau menggunakan analisis. 分析性的；分析法的。 **analytically** *adv.* secara terperinci; secara analitis. 分析性地。

**anarchical** *a.* berunsur anarki. 无政府的；无政府主义的。

**anarchically** *adv.* dengan cara yang berunsur anarki. 无政府状态地。

**anarchism** *n.* anarkisme; fahaman anarki. 无政府主义。

**anarchist** *n.* pengacau; orang yang percaya bahawa kerajaan tidak diperlukan dan harus dihapuskan. 煽动（暴乱）者；无政府主义者。 **anarchistic** *a.* bersifat anarki. 无政府主义的；不守法的。

**anarchy** *n.* kacau-bilau; anarki; ketiadaan kawalan yang teratur, hingga menyebabkan kekacauan atau kehuru-haraan. 混乱；（因无政府而发生的）政治紊乱。

**anathema** *n.* kutukan; kata-kata sumpahan; benda yang jelik. 诅咒；令人极厌恶的事物。

**anathematize** *v.t.* menyumpah; mengutuk. 诅咒。

**anatomist** *n.* ahli anatomi; pakar dalam bidang anatomi. 解剖学家；剖析者。

**anatomize** *v.t.* memeriksa anatomi atau struktur sesuatu. 解剖；剖析。

**anatomy** *n.* anatomi; struktur tubuh; pengkajian struktur tubuh. 解剖；人体解剖学。 **anatomical** *a.* yang berkenaan dengan anatomi. 解剖的。 **anatomically** *adv.* secara anatomi. 解剖上；解剖学上。

**ancestor** *n.* leluhur; nenek moyang. 祖先；祖宗。 **ancestral** *a.* berkenaan dengan nenek moyang; leluhur. 祖先的；祖传的。 **ancestress** *n.* nenek moyang (perempuan). 女祖先。

**ancestry** *n.* keturunan. 世系；谱系。

**anchor** *n.* sauh. 锚。—*v.t./i.* menambat sampan, kapal, dll. dengan menggunakan

**anchorage** sauh; dipasang dengan kukuh. (下锚以) 泊船; 把…系住。

**anchorage** *n.* pelabuhan. (船等的) 泊地。

**anchorite** *n.* pertapa; zahid. 修道士（尤指隐居者）; 苦行者。

**anchovy** *n.* ikan bilis. 鳀鱼。

**ancient** *a.* kuno; sangat lama. 古代的; 古老的。

**ancillary** *a.* sampingan. 附属的。

**and** *conj.* dan. 和; 同; 与; 又; 及。

**andiron** *n.* penyangga (untuk meletakkan) kayu unggun. (壁炉中置柴用的) 薪架。

**anecdote** *n.* kisah pendek, biasanya benar; anekdot. 轶事; 掌故。

**anemic** *a.* hal kekurangan darah; tak cukup darah. 贫血的; 贫血症的。

**anemone** *n.* sejenis tumbuhan dengan bunga putih, merah atau ungu. 银莲花。

**aneroid barometer** *n.* barometer aneroid; barometer yang mengukur tekanan udara berdasarkan tindakan udara pada kotak udara hampa gas. 空盒气压表; 无液晴雨表。

**aneurysm** *n.* aneurisme; pembesaran arteri secara berlebihan. 动脉瘤; 动脉肿大。

**anew** *adv.* semula; lagi; dengan cara yang baru. 再; 另; 重新。

**angel** *n.* malaikat; bidadari. 天使; 安琪儿。 **angelic(al)** *a.*, **angelically** *adv.* seperti malaikat atau bidadari; suci. 天使般地; 纯洁地。

**angelica** *n.* sejenis tumbuhan berbau harum. 白芷（一种带香味的当归属植物）。

**angelus** *n.* ibadat (dalam mazhab Roman Katolik) yang dilakukan pada pagi, tengah hari dan senja; loceng yang dibunyikan untuk ini. (天主教徒在早晨、中午及晚上为纪念耶稣降世而做的) 祈祷; 祈祷钟。

**anger** *n.* kemarahan; tidak senang dengan sesuatu. 愤怒。 —*v.t.* menjadi marah. 使发怒; 生气。

**angina** *n.* angina; sakit jantung. 绞痛。 ~ **pectoris** sakit mencucuk di dada akibat tekanan berlebihan. 心绞痛。

**angle**[1] *n.* sudut; ruang di antara dua garisan atau permukaan yang bertemu; pandangan. 角; 角位; 观点。 —*v.t.* meletakkan secara serong; menyampaikan dari sudut pandangan tertentu. 把…放置成一角度; 使（新闻等）偏向某一观点。

**angle**[2] *v.i.* memancing; mengail dengan menggunakan joran dan mata kail; cuba mendapatkan sesuatu dengan memberikan bayangan maksud. 垂钓; 钓鱼; 沽名钓誉; 图谋; (用暗示等) 以求获得某物。 **angler** *n.* pemancing; pengail. 钓鱼者。

**Anglican** *a. & n.* (ahli) Gereja England atau Gereja yang bersekutu dengannya; mazhab Anglican. 英国圣公会 (的); 英国国教 (的)。

**Anglicism** *n.* simpulan bahasa, ungkapan atau idiom Inggeris. 英国惯用语。

**anglicize** *v.t.* menginggeriskan. 使英国化。 **anglicization** *n.* keinggerisan. 英国化。

**Anglo-** *pref.* Inggeris; British. (前缀) 表示"英国的; 英裔的"。

**Anglo-Saxon** *n.* Inggeris-Saxon; orang atau bahasa Inggeris sebelum zaman penaklukan Norman; orang yang berketurunan Inggeris. 盎格鲁撒逊人; (日耳曼人入侵前的) 英国人或英语; 英裔。 —*a.* berkaitan dengan Inggeris-Saxon. 盎格鲁撒逊的。

**angora** *n.* angora; kucing, kambing atau arnab berbulu panjang; benang atau kain yang dibuat daripada bulu kambing atau arnab itu. 安哥拉猫 (或山羊、兔子等); 安哥拉山羊毛 (或兔毛) 纱。

**angostura** *n.* angostura; sejenis kulit pokok Amerika Selatan yang pahit dan berbau harum. 安古斯图拉皮; 南美洲一种苦涩但芳香的滋补及调味用树皮。

**angry** *a.* (*-ier, -iest*) marah; berasa atau menunjukkan perasaan marah; berang. 愤怒的；发怒的；生气的。**angrily** *adv.* dengan marah. 愤怒地。

**angstrom** *n.* angstrom; unit ukuran jarak gelombang. 埃；波长测量单位。

**anguish** *n.* kesengsaraan; kesakitan fizikal atau mental yang amat sangat. 剧痛；（精神上的）极度痛苦。**anguished** *a.* seksaan; penderitaan. 极度痛苦的；苦恼的。

**angular** *a.* bersudut; mempunyai sudut atau bucu tajam; diukur secara sudut. 有角的；用角度量的。

**aniline** *n.* anilina; cecair berminyak yang digunakan untuk membuat pencelup dan plastik. 苯胺；制染料及塑料等用之油液。

**animadvert** *v.i.* mengkritik; membuat komen lantang. 批评；指摘。**animadversion** *n.* kritikan; komen. 批评；谴责。

**animal** *n.* binatang; haiwan. 动物；牲畜。—*a.* tentang binatang dan keadaannya. 动物的；野兽般的。

**animate**[1] *a.* hidup; bergerak; bernyawa. 活泼的；有生气的；有生命的。

**animate**[2] *v.t.* menghidupkan; menggerakkan; merangsangkan. 使有生气；鼓舞；激发。**animated cartoon** filem kartun yang dibuat dengan mengambil gambar deretan lukisan. 卡通；动画片。**animation** *n.* penghidupan; penggerakan; animasi. 人物化；激励；动画片绘制。

**animator** *n.* juruanimasi. 动画片绘制者。

**animosity** *n.* permusuhan; persengketaan. 仇恨；纠纷。

**animus** *n.* kebencian; permusuhan. 恶意；敌意。

**anion** *n.* anion; ion bercaj negatif. 阴离子；一种带负电的离子。**anionic** *a.* anionik. 阴离子的。

**anise** *n.* jintan manis; adas manis digunakan sebagai perasa. 茴香（一种调味用料）。

**aniseed** *n.* jintan manis. 茴香子。

**ankle** *n.* buku lali; sendi yang menghubungkan tapak kaki dengan kaki; bahagian kaki di bawah betis. 脚踝。

**anklet** *n.* rantai atau gelang dipakai di pergelangan kaki. 脚镯。

**annals** *n.pl.* riwayat; hikayat; laporan peristiwa tahun demi tahun; rekod bersejarah. 编年史；年表；年鉴。

**anneal** *v.t.* menyepuh lindap (besi atau kaca) dengan haba dan penyejukan secara perlahan-lahan. 退火；韧炼（金属或玻璃）。

**annex** *v.t.* merampas; mengilhakkan; mengambil milik sesuatu; menambahkan sebagai bahagian kecil. 夺取；添加；并吞。**annexation** *n.* penambahan; penggabungan; perampasan; pengilhakan. 附加物；吞并物；夺取。

**annexe** *n.* sambungan; bangunan tambahan. 附件；（建筑物的）增建部份。

**annihilate** *v.t.* membinasakan; memusnahkan sama sekali. 消灭；歼灭。**annihilation** *n.* pembinasaan; pemusnahan. 消灭；歼灭。

**anniversary** *n.* ulang tahun; ulangan tarikh sesuatu kejadian pada setiap tahun. 周年纪念。

**Anno Domini** Tahun Masihi; (*colloq.*) peningkatan usia. 耶稣纪元；公元；衰老之年。

**annotate** *v.t.* mencatat; menganotasi; ditambah nota penghurai. 注释；注解。**annotation** *n.* nota tambahan. 注文。

**announce** *v.t.* menghebahkan; mengumumkan; memberitahu kepada umum; memberitahu kehadiran atau kedatangan seseorang. 宣告；通知。**announcement** *n.* pengumuman. 宣告；通告。

**announcer** *n.* juruhebah; juruacara; orang yang mengumumkan butir-butir dalam sesuatu penyiaran. 广播员；司仪；报告员。

**annoy** *v.t.* mengacau; menyakitkan hati; menyusahkan sesuatu. 惹（人）烦恼；

使恼怒；打扰。**annoyance** *n.* pengacauan; gangguan. 烦恼；打扰。

**annoyed** *a.* gusar; marah; meradang. 愤怒的；生气的。

**annual** *a.* tahunan. 每年的；一年一次的。—*n.* tumbuhan yang hidup selama setahun atau semusim; buku, dsb. yang diterbitkan setahun sekali. 一年生植物；年刊；年鉴。 **annually** *adv.* bersifat tahunan. 每年；年年。

**annuitant** *n.* penerima anuiti. 领年金者。

**annuity** *n.* anuiti; wang tunjangan tahunan yang diberikan khasnya dalam bentuk pelaburan. 年金；年金保险保资。

**annul** *v.t.* (p.t. *annulled*) memansuhkan; membatalkan. 废除；取消（法令、合同等）。 **annulment** *n.* pemansuhan. 废除；撤消（法令等）。

**annular** *a.* cecincin; anular; berbentuk cincin. 环状的；轮状的。

**Annunciation** *n.* wahyu Jibrail kepada Mariam (Kristian); pengumuman oleh malaikat Jibrail kepada Mariam bahawa beliau akan menjadi ibu kepada Jesus (Nabi Isa). 天使传报；尤指基督教中天使传报耶稣降生一事。

**anode** *n.* anod; salutan; elektrod untuk arus elektrik masuk ke sesuatu alat. 阳极；正电极。

**anodize** *v.t.* menganodkan; menyalut (logam) dengan lapisan pelindung elektrolisis. 把…阳极化；阳极电镀。

**anodyne** *n.* ubat; sesuatu yang dapat mengurangkan sakit dan mententeramkan fikiran. 止痛药；止痛剂。

**anoint** *v.t.* menyapu; melumurkan; menyapu salap atau minyak (terutama dalam upacara keagamaan). 涂；(用油)涂抹；（宗教仪式上）抹油以示神圣。

**anomaly** *n.* keganjilan; kejanggalan; sesuatu yang menyimpang daripada yang lazim atau sesuatu yang tidak tetap. 反常；异常现象；不合常理之事物。

**anomalous** *a.* luar biasa; ganjil. 反常的；不规则的。

**anon** *adv.* (*old use*) kelak; sejekap lagi; sekonyong-konyong. 下次；不久；即刻。

**anon.** *abbr.* pengarang tidak diketahui. （缩写）匿名；用假名。

**anonymous** *a.* tanpa nama; tidak dikenali atau tidak diketahui siapa pengarangnya. 匿名的；无名的。 **anonymously** *adv.* tidak diketahui; secara bersembunyi. 匿名地。 **anonymity** *n.* ketidaktahuan; ketanpanamaan. 匿名；无名。

**anorak** *n.* baju sejuk; jaket kalis air berselungkup. 带风帽的厚夹克。

**anorexia** *n.* anoreksia; hilang selera; enggan makan. 厌食(症)；食欲不振。

**anorexic** *a. & n.*, **anorectic** *a. & n.* perihal kehilangan selera makan. 厌食的；厌食者。

**another** *a.* yang lain; satu lagi; berbeza. 另一的；别的。—*pron.* satu lagi. 又一个。

**answer** *n.* jawab; jawapan; sesuatu yang dikatakan, ditulis, diperlukan, atau dilakukan untuk mengendalikan sesuatu soalan, masalah, dsb; angka, dsb. yang terhasil melalui pengiraan. 回答；答复；答案。— *v.t./i* menjawab; menyahut; memberikan atau menjadi jawapan (kepada sesuatu); bertindak balas terhadap sesuatu; memikul tanggungjawab; selaraskan (dengan sesuatu keterangan, dsb.). 回答；回应；解答；回击；承担责任；与（某声明等）相符。

**answerable** *a.* dapat dijawab; bertanggungjawab terhadap sesuatu. 可答复的；可反驳的；应负责的。

**ant** *n.* semut; serangga kecil yang hidup dalam kelompok yang amat teratur. 蚂蚁。

**antacid** *n. & a.* antasid; (sebatian) mengelakkan atau membetulkan keadaan berasid. 抗酸剂；解酸的。

**antagonism** *n.* fahaman antagonisme; penentangan yang aktif; permusuhan. 对立；对抗。 **antagonistic** *a.* bertentang; menentang. 对立的；敌对的。

**antagonist** *n.* penentang; antagonis. 对抗者；反对者。

**antagonize** *v.t.* memperlawankan; mengantagoniskan; menimbulkan penentangan. 对抗；反抗。

**Antarctic** *a. & n.* Antartik; kawasan sekitar Kutub Selatan. 南极(的)；南极地带(的)。

**ante** *n.* tagan; taruhan yang dibuat oleh pemain terup (poker) sebelum mencabut daun terup baru. (纸牌游戏中的)赌注。

**ante-** *pref.* sebelum. (前缀)表示"前；在前；较⋯前的"。

**anteater** *n.* tenggiling; mamalia yang memakan semut. 穿山甲；食蚁兽。

**antecedent** *n.* sebelumnya; anteseden; sesuatu yang sebelum. 先例；前例。— *a.* sebelum. 先前的。

**antedate** *v.t.* datang sebelum; meletakkan tarikh yang lebih awal; sebelum waktu. 在(信、文件等)写上比实际书写日期早的日期；先于；前于。

**antediluvian** *a.* purba; sebelum banjir besar zaman Nabi Noh; kuno. 上古的；大洪水以前的；古老的。

**antelope** *n.* (*pl. antelope*) kijang; antelop; haiwan seperti rusa. 羚羊。

**antenatal** *a.* sebelum bersalin; sebelum lahir; semasa mengandung. 产前的；出生前的；怀孕期的。

**antenna** *n.* (*pl. -ae*) antena; sesungut serangga; (*A.S., pl. -as*) aerial; alat pemancar atau penerima gelombang radio. (昆虫的)触角；天线。

**anterior** *a.* sebelum; datang lebih awal dari segi kedudukan atau waktu. 先于的；前面的；先前的。

**ante-room** *n.* ruang antara. 接待室。

**anthem** *n.* lagu negeri; lagu kebangsaan; lagu untuk dinyanyikan dalam upacara keagamaan. 州歌；国歌；圣歌。

**anther** *n.* cepu debunga; bahagian stamen yang berisi debunga. 花药；花粉囊。

**anthill** *n.* busut; longgokan tanah di atas sarang semut. 蚁冢；蚁垤。

**anthology** *n.* antologi; kumpulan bahan kesusasteraan, terutama cerita pendek atau puisi. 选集；文选集(尤指散文或诗词者)。

**anthracite** *n.* antrasit; sejenis arang yang membara tanpa banyak nyalaan dan kurang berasap. 无烟煤。

**anthrax** *n.* penyakit antraks; sejenis penyakit biri-biri dan lembu yang boleh berjangkit kepada manusia. 炭疽；绵羊、牛等的传染病，可传给人类。

**anthropoid** *a. & n.* antropoid; seperti manusia (beruk). 似人类(的)；类人猿(的)。

**anthropology** *n.* antropologi; kajian tentang asal usul dan kebudayaan manusia. 人类学。**anthropological** *a.* berkenaan antropologi. 人类学的；人类学上的。

**anthropologist** *n.* ahli kaji manusia; ahli antropologi. 人类学家。

**anthropomorphic** *a.* antropomorfik; menyifatkan bentuk dan perwatakan manusia kepada dewa binatang, dsb. 被赋予人形或人性的；拟人的。**anthropomorphism** *n.* antropomorfisme. 拟人论。

**anti-** *pref.* anti; berlawanan; bertentangan dengan; bertindak menentang. (前缀)表示"反；抗"。**anti-aircraft** *a.* digunakan menentang kapal udara musuh. 防空的。

**antibiotic** *n.* antibiotik; bahan pemusnah kuman bakteria atau menyekat pembiakannya. 抗生素；抗菌素。

**antibody** *n.* antibodi; protein yang dibentuk dalam darah sebagai tindak balas kepada bahan yang kemudian dimusnahkannya. 抗体。

**antic** *n.* (*usu. pl.*) telatah; gelagat; gerak atau kelakuan yang pelik. 滑稽动作；古怪行径。

**anticipate** *v.t.* mengharapkan; menjangka; mengendalikan atau menggunakan, dsb.

terlebih awal; diambil kira sebelum. 期望；预期；预先处理或挪用；使提前发生。 **anticipation** *n.* pengharapan; jangkaan. 预期；预测。 **anticipatory** *a.* harapan; ramalan. 期待的；预测的。

**anticlimax** *n.* antiklimaks; pengakhiran lemah tanpa klimaks yang diharapkan. 虎头蛇尾的结局；兴趣等的突降。

**anticlockwise** *a.* & *adv.* songsang jam; bertentangan dengan arah pusingan jarum jam. 逆时钟的(地)。

**anticyclone** *n.* antisiklon; aliran keluar udara dari kawasan udara bertekanan tinggi, mengakibatkan cuaca baik. 反气旋(气流从高压区流出)。

**antidote** *n.* penawar; antidot; bahan pembatal racun, dsb. 解药；解毒药。

**antifreeze** *n.* antibeku; bahan yang ditambah kepada air untuk menghalang beku. 防冻剂；抗凝剂。

**antigen** *n.* antigen; sebatian luar yang merangsang penghasilan antibodi. 抗原。

**antihistamine** *n.* antihistamina; bahan penghalang alahan. 抗组胺药(治过敏反应用)。

**antimacassar** *n.* penutup bahagian belakang kerusi. 椅背套。

**antimony** *n.* antimoni; bahan keperakan yang rapuh. 锑。

**antipathy** *n.* kebencian; antipati; perasaan benci yang berakar umbi; objek yang dibenci. 憎恶；反感；憎恨。

**antiperspirant** *n.* pencegah peluh; antipeluh; bahan penghalang atau pengurang peluh. 止汗药。

**antiphon** *n.* antifon; gubahan yang rangkap-rangkapnya dinyanyikan oleh dua kumpulan penyanyi secara bergilir. 由两队歌唱队轮流吟唱的诗篇。 **antiphonal** *a.* secara antifon. 轮流吟唱的。

**antipodes** *n. pl.* berlainan; antipoda; tempat-tempat yang bertentangan di bumi, terutama Australia dan New Zealand (bertentangan dengan Eropah). 对蹠地(尤指与欧洲位置正好相反的澳大利亚及纽西兰两地)。 **antipodean** *a.* yang berlainan atau bertentangan. 相反的；对蹠的。

**antiquarian** *a.* berkenaan kajian antik atau bahan purba. 研究古物的；收藏古文物的。—*n.* pengkaji bahan purba. 古文物研究者；古文物收藏家。

**antiquated** *a.* antik; purba; kuno; sangat lama; fesyen lama. 老式的；古时的；过时的。

**antique** *a.* antik; bahan purba; berkenaan dengan zaman silam. 古董的；古时的；古老的。—*n.* barang antik atau bernilai yang menarik. 古董；古玩。

**antiquity** *n.* barang antik; bahan purba; zaman gemilang; bahan sejak zaman silam. 古物；(尤指中世纪前的)古代；古迹；古文物。

**antirrhinum** *n.* pokok snapdragon; bunga yang ternganga seperti mulut. 金鱼草。

**anti-Semitic** *a.* anti-Yahudi. 反犹太的；反犹太主义的。

**antiseptic** *a.* & *n.* antiseptik; bahan pembasmi kuman. 抗菌剂(的)；防腐剂(的)。 **antiseptically** *adv.* secara antiseptik. 起抗菌作用地。

**antisocial** *a.* tabiat antisosial; anti nilai-nilai kemasyarakatan yang wujud; mengganggu kemudahan masyarakat; tidak bermasyarakat. 反社会的；不遵从社会常规的；不爱交际的。

**antistatic** *a.* antistatik; melawan kesan elektrik statik. 抗静电的。

**antithesis** *n.* (pl. *-eses*) percanggahan; antitesis. 对立；对偶。 **antithetical** *a.* bercanggah. (事物)对立的。

**antitoxin** *n.* antitoksin; bahan pembatal toksin; penawar racun atau bisa. 抗毒素；抗毒血清。 **antitoxic** *a.* (bersifat) antitoksin. 抗毒的。

**antivivisectionist** *n.* antivivieksyen; anti pembedahan binatang; orang yang menentang perbuatan melakukan eksperimen terhadap binatang secara hidup-hidup. 反对以活物作实验者；反对活体解剖者。

**antler** *n.* tanduk rusa; tanduk yang bercabang. 鹿角；鹿茸。

**antonym** *n.* antonim; perkataan yang berlawanan makna. 反义词。

**anus** *n.* dubur; jubur; lubang di hujung perkumuhan salur cernaan. 肛门。

**anvil** *n.* besi andas; besi tongkol; anvil; besi alas tempat tukang besi menukul dan membentuk logam. 铁砧；铁匠打铁时垫在底下的器具。

**anxiety** *n.* kebimbangan; kekhuatiran; kecemasan; keadaan bimbang; penyebab keadaan ini. 担心；忧虑；焦急不安。

**anxious** *a.* cemas; bimbang; sangat ingin; terganggu fikiran. 忧虑的；渴望的；不安的。 **anxiously** *adv.* dengan tidak sabar-sabar; dengan cemas. 焦急地；忧虑地。

**any** *a.* sebarang; apa saja; satu atau beberapa daripada tiga atau lebih atau daripada sejumlah; setiap. 任何一个的；任何的；若干的；每一的。 — *pron.* sesiapa. 任何一（个）。—*adv.* langsung. 丝毫（不）；一点也（不）。

**anybody** *n.* & *pron.* sesiapa; barang siapa; orang yang ada pentingnya. 任何人；无论哪一个；重要人物。

**anyhow** *adv.* bagaimanapun; walau bagaimanapun; tidak dalam urutan. 总之；不管怎样；杂乱无章地。

**anyone** *n.* & *pron.* sesiapa; barang siapa. 任何一个（人或物）。

**anything** *n.* & *pron.* sebarang; apa saja. 任何东西；任何事物。~ **but** jauh daripada. 除了…以外（任何事都…）；决不。

**anyway** *adv.* & *pron.* bagaimanapun; walau bagaimanapun; macam manapun. 无论如何；总之。

**anywhere** *adv.* & *pron.* di mana saja; barang di mana; ke mana saja. 任何地方；无论何处。

**Anzac** *n.* Anzac; ahli Kor Tentera Australia dan New Zealand (1914-18); orang Australia atau New Zealand. （1914-18年间）澳大利亚及纽西兰的兵士；澳大利亚及纽西兰人士。

**aorta** *n.* aorta; urat besar yang membawa darah dari jantung. 主动脉；大血管。

**apace** *adv.* cepat; kencang. 迅速地；飞快地。

**apart** *adv.* pisah; terpisah; secara terasing atau berasingan; ke atau di sesuatu jarak; berkecai. 相隔；分离着；拆开。

**apartheid** *n.* fahaman aparteid; dasar pemisahan kaum di Afrika Selatan. 种族隔离思想；南非的种族隔离政策。

**apartment** *n.* pangsapuri; apartmen; satu set bilik; (*A.S.*) rumah pangsa; flat. 公寓；公共住宅；（供度假者短暂租用的）套房。

**apathy** *n.* apati; tidak mempedulikan; tidak menghiraukan. 冷漠；漠不关心。 **apathetic** *a.* bersikap apati; apatetik. 冷淡的；漠不关心的。 **apathetically** *adv.* secara apati; dengan tidak mempedulikan. 冷淡地；漠不关心地。

**ape** *n.* beruk. 无尾猿；类人猿。—*v.t.* meniru; mengajuk; mimik. 模仿；仿效。

**aperient** *a.* & *n.* julap. 轻泻的；轻泻剂。

**aperitif** *n.* minuman beralkohol yang diminum sebagai pembuka selera. （饭前饮用的）开胃酒。

**aperture** *n.* bukaan; apertur; lubang, terutama yang membenarkan cahaya masuk. 孔；（照相机等的）光圈；（让光线透入的）隙缝。

**apex** *n.* puncak; mercu; apeks; titik tertinggi; hujung yang runcing. 顶；顶端；顶点。

**aphid** *n.* afid; kuya; kutu daun; serangga kecil yang memusnahkan tumbuhan. 蚜虫；一种农业害虫。

**aphis** *n.* (pl. *-ides*) serangga penghisap tumbuhan; afid. （吸食植物液汁的）蚜属昆虫。

**aphorism** *n.* madah; pepatah, aforisme. 格言；警句。

**aphrodisiac** *a. & n.* pembangkit syahwat; afrodisiak; ubat penggalak nafsu syahwat. 激发性欲的；催欲剂。

**apiary** *n.* sarang lebah; apiari; tempat memelihara lebah. 蜂房；养蜂场。 **apiarist** *n.* pemelihara lebah. 养蜂人。

**apiece** *adv.* setiap satu; masing-masing satu. 每一；各。

**aplomb** *n.* wibawa; keyakinan. 沉着；自信。

**apocalyptic** *a.* wahyu; berwahyu; meneka peristiwa besar dan dramatik seperti di dalam. (如圣经新约末卷《启示录》中) 所预示的。 **Apocalypse** buku terakhir bagi *New Testament*. 启示；启示录。

**Apocrypha** *n.* Taurat; Zabur; kitab-kitab *Old Testament* yang tidak diterima sebagai sebahagian daripada kitab suci kaum Ibrani.《圣经·旧约》中未被承认的卷册。

**apocryphal** *a.* diragukan; tidak benar; direka-reka. 不足信的；杜撰的。

**apogee** *n.* apogi; tempat tertinggi; tempat orbit yang paling jauh dari bumi. 最高点；远地点；离地球最远的点。

**apologetic** *a.* kesal; memohon maaf. 后悔的；认错的。 **apologetically** *adv.* dengan kesal sekali. 道歉地。

**apologize** *v.i.* meminta maaf; menuntut maaf; meminta ampun. 道歉；认错。

**apology** *n.* maaf; permohonan maaf kerana telah melakukan kesalahan atau menyakiti sesuatu pihak; penjelasan; contoh buruk. 道歉；辩解；低劣的样品。

**apoplectic** *a.* mudah pitam; berkenaan dengan atau boleh diserang gila babi; dengan muka yang merah padam kerana marah. 易中风的；引起中风的；气得满脸通红的。

**apoplexy** *n.* apopleksi; gila babi; pitam; kehilangan upaya merasa dan bergerak secara tiba-tiba yang disebabkan oleh kepecahan atau penyekatan saraf otak. 中风 (脑血管破裂或阻塞而引起的)。

**apostasy** *n.* murtad; peninggalan kepercayaan atau pegangan (terutamanya keagamaan) oleh seseorang. 叛教；放弃 (宗教) 信仰。 **apostatize** *v.t.* memurtadkan. 叛教；变节。

**apostate** *n.* murtad; orang yang bersalah melakukan perkara murtad. 叛教者；变节者。

**Apostle** *n.* hawari; pengikut Nabi Isa (seramai dua belas orang) yang dihantar olehnya untuk menyebarkan ajarannya; rasul. 使徒 (尤指圣经中受耶稣差遣出去传福音的12使徒)。 **apostolic** *a.* hawariun; berkenaan dengan pelopor gerakan baru. 使徒的。

**apostrophe** *n.* tanda ('); apostrofe; tanda yang digunakan untuk menunjukkan hal milik atau pengguguran huruf; keratan (dalam ucapan) yang ditujukan kepada seseorang. 撇号；所有格符号；顿呼法。 **apostrophize** *v.t.* merujuk kepada seseorang dalam ucapan, puisi, dsb. (以口语或书写方式) 对…发出呼语。

**apothecary** *n.* (*old use*) tukang ubat; ahli kimia perubatan. 药剂师。

**apotheosis** *n.* (pl. *-oses*) pendewaan; pengagungan; contoh murni. 尊为神灵；完美的典范。

**appal** *v.t.* (p.t. *appalled*) menggemparkan; mengerikan. 吓坏；惊吓。 **appalling** *a.* dahsyat; ngeri. 骇人的；令人丧胆的。

**apparatus** *n.* radas; aparatus; kelengkapan untuk kerja saintifik atau lain-lain. 器具；器械；科学实验等的仪器。

**apparel** *n.* pakaian. 衣服；服饰。

**apparent** *a.* jelas; nyata; dapat dilihat atau difahami; dengan jelas; kelihatan ada tetapi tidak. 清晰可见的；明显的；表面的；似是而非的。 **apparently** *adv.* nampaknya; rupanya. 显然；表面上。

**apparition** *n.* kemunculan; penjelmaan yang memeranjatkan; hantu. (特异现象的) 出现；幽灵；鬼。

**appeal** *v.t.* merayu; menarik; membuat permintaan yang bersungguh-sungguh atau formal; merujuk kepada mahkamah yang lebih tinggi untuk memansuhkan keputusan mahkamah rendah; nampak menarik. 呼吁;有吸引力;诉诸于;上诉;提请注意。—*n.* perbuatan merayu; keindahan. 呼吁;吸引力。

**appear** *v.i.* muncul; menjelma; tampak; nampaknya; dapat atau menjadi kelihatan; datang; diterbitkan; kelihatan seperti. 出现;显露;到达;出版;看来似乎是。

**appearance** *n.* kemunculan. 出现。

**appease** *v.t.* memujuk; menenangkan atau meredakan terutamanya dengan memberikan apa yang diminta. 安抚;平息。

**appeasement** *n.* pujukan. 安抚;缓和。

**appellant** *n.* perayu; orang yang membuat rayuan kepada mahkamah tinggi. 上诉人;控诉人。

**appellation** *n.* nama; pangkat; gelaran; apelasi. 名称;称号。

**append** *v.t.* melampirkan; tokok; tambah di hujung. 附加;增添;(在文章等后面)附上。

**appendage** *n.* lampiran; benda yang terlampir. 附属品;配件。

**appendicitis** *n.* radang umbai usus; apendisitis; bengkak pada apendiks. 阑尾炎。

**appendix** *n.* (pl. *-ices*) tambahan; lampiran; apendiks; bahagian akhir buku yang memberi maklumat tambahan; (pl. *-ixes*) pundi kecil. 增添物;附件;附录;阑尾。

**appertain** *v.i.* berkaitan; bersangkutan; menjadi sebahagian daripada hak; tergolong. 关于;属于;附属权力或义务。

**appetite** *n.* selera; nafsu makan. 胃口;食欲。

**appetizer** *n.* pembuka selera; makanan atau minuman untuk membuka selera. 开胃的食物或饮料。

**appetizing** *a.* lazat; enak; yang membangkitkan selera makan. 开胃的;引起食欲的。 **appetizingly** *adv.* dengan lazatnya; dengan enaknya. 令人垂涎地;令人胃口大开地。

**applaud** *v.t./i.* bertepuk tangan; bersorak; memberi tepukan kepada; memuji. 鼓掌;喝采;赞成。 **applause** *n.* tepukan tangan; sorakan. 掌声;鼓掌欢呼声。

**apple** *n.* (pokok, buah) epal. 苹果;苹果树。 **~-pie order** tersusun rapi. 整整齐齐。

**appliance** *n.* perkakas; alat; peralatan. 器具;器械;装置。

**applicable** *a.* boleh digunakan; yang dapat digunakan; bersesuaian. 可用的;能应用的;合适的。

**applicability** *n.* keterterapan; dapat tidaknya diterapkan; dapat tidaknya digunakan. 适用性;可应用性。

**applicant** *n.* pemohon; orang yang memohon, terutamanya untuk mendapatkan pekerjaan. 申请者;应征者。

**application** *n.* permohonan; pemakaian; kebolehan memakai sesuatu. 申请;申请表;应用;实用性。

**applicator** *n.* pemasang; alat untuk mengenakan (menyapukan) sesuatu. 敷抹器;涂抹器。

**applied** *a.* gunaan; digunakan; dapat digunakan secara praktikal. 应用的;适用的;实用的。

**appliqué** *n.* jahitan tampal; sejenis renda (kain) tampalan. 嵌花;缝饰。 **appliquéd** *a.* yang berkenaan dengan sejenis jahitan tampalan. 缝饰的。

**apply** *v.t./i.* memohon; meminta; membuat permintaan formal; hubungkan dengan perkara lain; gunakan supaya praktikal; berkait guna. 正式提出(申请或要求);把(药物等)涂在…上;应用;适用。 **~ oneself** memberikan perhatian dan tenaga kepada sesuatu. 全神贯注于。

**appoint** *v.t.* melantik; tetapkan atau putuskan secara autoriti; pilih (seseorang atau beberapa orang) untuk sesuatu pekerjaan, jawatankuasa, dsb. 委任；委派；任命。

**appointee** *n.* orang yang dilantik. 被委任者。

**appointment** *n.* perlantikan; jawatan; waktu temu janji atau lawatan yang tertentu; melantik seseorang untuk sesuatu jawatan; jawatan itu sendiri; (*pl.*) kelengkapan. 委任；职位；(面试、参观等的)约定时间；设备。

**apportion** *v.t.* mengagih; membahagi kepada bahagian-bahagian. 分派；(按比例)分配。 **apportionment** *n.* pembahagian; pengagihan; pengumpukan; penguntukan. 分派；分摊。

**apposite** *a.* sesuai; tepat. 适合的；贴切的。 **appositely** *adv.* yang sesuai. 适当地。

**apposition** *n.* aposisi; kata dampingan; hubungan perkataan yang sama sintaksisnya. 同位；同位语。

**appraise** *v.t.* menilai; menganggarkan nilai atau kualiti sesuatu. 评价；估价；鉴定。 **appraisal** *n.* nilaian; taksiran. 评价；估价。

**appreciable** *a.* dapat dihargai. 可估价的；可感觉到的。 **appreciably** *adv.* berkenaan dengan tanggapan; dapat dirasakan. 可察觉地。

**appreciate** *v.t./i.* menghargai; bertambah nilai. 欣赏；赏识；(价值)升涨。 **appreciation** *n.* penghormatan; penghargaan. 鉴赏；感激。 **appreciative** *a.* memberi penghormatan: bertimbang rasa. 有欣赏力的；感谢的。

**apprehend** *v.t.* menahan; menangkap; memahami; menunggu dengan bimbang. 扣留；逮捕；领悟；担忧。 **apprehension** *n.* penangkapan; pengertian; kecemasan; kebimbangan. 领悟；理解；忐忑不安；忧虑。

**apprehensive** *a.* bimbang; khuatir. 忧虑的；不安的。 **apprehensively** *adv.* dengan cemas; dengan bimbang. 忧虑地；不安地。

**apprentice** *n.* perantis; pelatih; murid tukang. 学徒；见习生。 **apprenticeship** *n.* perantisan; pembelajaran pertukangan. 学徒的年限(身分等)。

**apprise** *v.t.* memaklumkan; memberitahu. 通知；告知。

**approach** *v.t./i.* mendekati; menghampiri. 走近；接近。

**approachable** *a.* mudah didekati; dapat ditemui. 易接近的；可到达的。

**approbation** *n.* persetujuan; keizinan. 许可；批准。

**appropriate**[1] *a.* cocok; sesuai. 适合的；适当的。 **appropriately** *adv.* bersesuaian; setimpal. 适当地。

**appropriate**[2] *v.t.* menyesuaikan; mengambil dan menggunakan. 使适合；适应；拨给(费用)；占用。 **appropriation** *n.* hal mengambil dan menggunakan sebagai hak sendiri. 挪用；占用。

**approval** *n.* kebenaran; kelulusan; keizinan. 同意；许可；赞成；批准。 **on ~** membekalkan tanpa perlu pembeli kalau tidak memuaskan. (商品)包退包换的。

**approve** *v.t./i.* setuju; meluluskan. 许可；批准；赞成。

**approximate**[1] *a.* kira-kira; sekitar; lebih kurang. 大约的；近似的；大概的。 **approximately** *adv.* anggaran; hampir-hampir. 大概；大约。

**approximate**[2] *v.t./i.* menganggarkan; mengagak-agak; jadi hampir sama atau serupa. 约计；估计；使接近。 **approximation** *n.* anggaran; taksiran. 概算；略计。

**appurtenance** *n.* sampingan. 附属物；附带权利。

*après-ski* *a. & n.* (berkenaan dengan atau bagi) waktu petang sesudah bermain ski. 滑雪后的；滑雪后的社交集会。

**apricot** *n.* aprikot; buah berbiji seperti buah pic; warna merah jambu kejinggaan. 杏；杏树；杏黄色。

**April** *n.* April; bulan keempat dalam setahun. 四月。 **~ fool** orang yang diperdayakan pada 1 April. 愚人节（4月1日）时受愚弄的人。

**apron** *n.* apron; kain yang dipakai di bahagian hadapan badan untuk melapik pakaian; kawasan di lapangan terbang untuk kapal terbang berpusing dan mengisi atau memunggah barang-barang. 围裙；停机坪。

**apropos** *adv. & a.* sesuai. 恰当地(的)；及时地(的)。~ **of** berkaitan. 关于。

**apse** *n.* mihrab; apsis; lengkungan dengan kubah, terutamanya di sesebuah gereja. 半圆壁龛；半圆形拱顶建筑。

**apt** *a.* jitu; tepat; sesuai; cepat mempelajari sesuatu. 切题的；恰当的；聪明的；善于学习的。**aptly** *adv.* dengan jitu; dengan tepatnya. 切题地；恰当地。**aptness** *n.* kejituan; ketepatan. 适合性；恰当。

**aptitude** *n.* bakat; kecenderungan; kebolehan semula jadi. 才能；倾向；天资。

**aqualung** *n.* tangki pernafasan penyelam; kelengkapan untuk bernafas di dalam air yang boleh dibawa. 水肺；潜水员用的水中呼吸器。

**aquamarine** *n.* warna biru air; batu permata hijau kebiru-biruan. 水蓝色；海蓝宝石。

**aquarium** *n.* (pl. *-ums*) akuarium; tangki untuk memelihara ikan, dsb.; bangunan mengandungi tangki sedemikian. 养鱼缸；水族馆。

**aquatic** *a.* berair; akuatik; hidup dalam atau hampir dengan air; berlaku dalam atau di air. 水生的；水栖的；水中的。

**aquatint** *n.* pengukiran tembaga; sejenis ukiran. 凹板腐蚀制版法。

**aqueduct** *n.* akueduk; saluran air buatan manusia di atas permukaan yang ditinggikan untuk membawa air ke pelosok negara. 导水管；水道桥（尤指高于陆地的人工输水道）。

**aqueous** *a.* berair; akueus; berkenaan dengan atau seperti air. 水的；含水的；水状的；似水的。

**aquifer** *n.* akuifer; lapisan batu batan atau tanah yang mengandungi air. 地下蓄水层；砂石含水层。

**aquilegia** *n.* akuilegia; sejenis bunga. 楼斗菜。

**aquiline** *a.* seperti helang; (hidung) bengkok. 鹰嘴似的；鹰钩鼻的。

**Arab** *n.* Arab; ahli bangsa Semitik di Timur Tengah. 阿拉伯；阿拉伯人。— *a.* berkenaan dengan Arab. 阿拉伯的；阿拉伯人的。

**arabesque** *n.* awan larat Arab; arabes; gaya atau kedudukan penari dengan badan menunduk ke hadapan, kaki dan tangan lurus dan selari; hiasan berjalin. 阿拉伯式的涡卷图纹；芭蕾舞舞姿；蔓藤花纹。

**Arabian** *a.* Arab; dari negeri Arab. 阿拉伯人的；阿拉伯的。

**Arabic** *a. & n.* Arab; bahasa Arab. 阿拉伯(的)；阿拉伯人(的)；阿拉伯语(的)。~ **numerals** angka Arab, iaitu 1, 2, 3, dsb. 阿拉伯数字(1, 2, 3…)。

**arable** *a. & n.* suai tani; tanah yang sesuai untuk pertanian. 可耕地；适宜耕种的。

**arachnid** *n.* araknid; sejenis serangga dalam golongan labah-labah. 蜘蛛纲动物。

**arachnophobia** *n.* araknofobia; takutkan labah-labah. 畏蜘蛛症。

**Aran** *n.* Aran; kain bulu bersulam Kepulauan Aran, biasanya kain tidak luntur. 阿兰布；阿兰群岛的刺绣毛布。

**arbiter** *n.* pengadil; penimbangtara; orang yang berkuasa memutuskan apa yang harus dilakukan atau diterima. 仲裁人；调停人；裁决者。

**arbitrary** *a.* rambang; arbitrari; berdasarkan pilihan secara wenang. 任意的；随意的；专横的。**arbitrarily** *adv.* secara arbitrari; secara wenang-wenang. 任意地；随意挑选地。

**arbitrate** *v.i.* mengadili; bertindak sebagai penimbangtara. 仲裁；裁决。**arbitration** *n.* pengadilan. 仲裁。

**arbitrator** *n.* pengadil; penimbangtara; pendamai; orang yang saksama dipilih untuk menyelesaikan sesuatu pertikaian. 仲裁人；裁决者；调停人。

**arboreal** *a.* arboreal; berkaitan dengan atau hidup di pokok. 生活在树上的；栖树的。

**arboretum** *n.* (pl. *-ta* atau *-tums*) arboretum; tempat pokok ditanam untuk kajian atau pameran. (供研究或展示用的)树木园；植林。

**arbour** *n.* punjung; tempat berteduh di bawah pokok atau di bawah junjungan tumbuhan melata. 棚架；树下或藤架下的阴凉处。

**arc** *n.* lengkungan. 弧；弓形物。**~ lamp, light, welding** cahaya yang terjadi apabila arus elektrik mengalir menerusi ruang di antara dua batang karbon. 弧光灯；弧光；弧焊。

**arcade** *n.* anjungan. 拱廊。**amusement ~** tempat hiburan yang ada mesin judi, dll. 具备电子游戏机的娱乐场。

**arcane** *a.* ajaib. 神秘的。

**arch-enemy** *n.* musuh ketat. 大敌；死对头。

**arch**[1] *n.* lengkungan; gerbang. 拱门；弓形牌楼。—*v.t./i.* membina gerbang. 拱起；使成弓形。

**arch**[2] *a.* berseloka mengusik; nakal. 淘气的。**archly** *adv.* secara mengusik. 淘气地。**archness** *n.* kenakalan. 调皮。

**archaeology** *n.* arkeologi; kaji purba. 考古学。**archaeological** *a.* berkenaan dengan kaji purba. 考古学的；考古学上的。**archaeologist** *n.* ahli kaji purba. 考古学家。

**archaic** *a.* purba. 古代的；古老的。

**archangel** *n.* malaikat taraf tertinggi. (基督教)天使长。

**archbishop** *n.* paderi besar. 大主教。

**archdeacon** *n.* timbalan paderi besar. 副主教；(天主教中的)领班神父。

**archdeaconry** *n.* jawatan ketua paderi. 副主教的职权。

**archer** *n.* pemanah; orang yang melepaskan anak panah dari busarnya. 射手；弓箭手。**archery** *n.* sukan memanah. 箭术。

**archetype** *n.* prototaip; bentuk unggul. 原始模型；典型。**archetypal** *a.* berbentuk unggul. 典型的。

**archipelago** *n.* (pl. *-os*) kepulauan; gugusan pulau-pulau dengan laut di sekelilingnya. 群岛。

**architect** *n.* arkitek; jurubina; pereka bentuk bangunan. 建筑师；设计师。

**architecture** *n.* seni bina; rekabentuk bangunan; gaya bangunan. 建筑学；建筑工程设计；建筑风格。**architectural** *a.* berkenaan dengan seni bina. 建筑的；建筑上的。

**archives** *n.* (usu. *pl.*) arkib; koleksi dokumen bersejarah. 档案馆；档案保管处；历史性的记录或文件。

**archivist** *n.* pegawai arkib; orang yang terlatih untuk mengendalikan dokumen bersejarah. 档案保管人。

**archway** *n.* pintu gerbang; pintu atau jalan masuk yang melengkung. 拱门；拱道。

**architrave** *n.* bingkai yang mengikut bentuk keliling pintu atau tingkap. 门或窗的嵌线。

**Arctic** *a. & n.* Artik; (berkenaan) kawasan sekitar Kutub Utara. 北极(的)；北极区(的)。**arctic** *a.* terlalu sejuk. 寒带的；极冷的。

**ardent** *a.* bersemangat; berkobar-kobar. 热情的；激昂的；炽热的。**ardently** *adv.* dengan semangat yang berkobar-kobar. 热情地；炽热地。

**ardour** *n.* semangat; kegembiraan; perasaan mesra dan minat yang mendalam. 热爱；热忱。

**arduous** *a.* payah; susah; perlu ketekunan. 艰辛的；困难的；费力的。**arduously**

*adv.* dengan susah payah. 艰辛地；困难地。 **arduousness** *n.* kesukaran. 艰难；奋斗。

**are** *lihat* **be**. 见 **be**。

**area** *n.* keluasan; kawasan; luas atau ukuran sesuatu permukaan; wilayah; julat sesuatu perkara, dsb.; pekarangan yang mendap. 面积；地区；范围；领域；地下室前的空地。

**areca** *n.* pokok pinang; sejenis pokok palma. 槟榔树；槟榔。

**aren't** (*colloq.*) = **are not** bukan; tidak. 不是；不；非。

**arena** *n.* arena; gelanggang; kawasan rata di tengah-tengah sebuah panggung atau stadium sukan; kancah pertarungan. 竞技场；赛场；场地。

**argon** *n.* argon; sejenis gas lengai. 氩。

**argot** *n.* jargon; bahasa sulit atau bahasa rahsia. 行话；暗语；黑话。

**arguable** *a.* dapat atau boleh dipertikaikan; tidak pasti. 可争辩的；有疑义的。

**arguably** *adv.* boleh dipertikaikan. 可论证地。

**argue** *v.t./i.* membantah; mendalilkan; menyatakan tidak setuju; saling bertukar kata-kata kasar; memberikan sebagai alasan. 反抗；表明；反驳；争辩；提出理由。

**argument** *n.* perbantahan; hujahan; pertengkaran; perbincangan melibatkan ketidaksetujuan; perbalahan; alasan yang dikemukakan; rangkaian alasan. 争论；论证；说理；论据；论点。

**argumentation** *n.* penghujahan; cara mengemukakan alasan. 辩论；推论法。

**argumentative** *a.* argumentatif; suka berhujah. 引起争论的；好争论的。

**aria** *n.* penyanyi solo dalam opera. 歌剧中的独唱曲。

**arid** *a.* kering; gersang; kontang; tandus. 干燥的；干枯的；荒芜的。 **aridly** *adv.* dengan keringnya; secara kering. 干燥地；干枯地。 **aridness** *n.* kekeringan;

ketandusan. 干旱；干枯。 **aridity** *n.* kekeringan; kegersangan. 干燥；枯燥。

**aright** *adv.* betul; dengan betulnya. 正确地；恰当地。

**arise** *v.i.* (p.t. *arose*, p.p. *arisen*) bangkit; muncul; timbul; terbit; wujud atau menarik perhatian orang; bangun. 起立；发生；升起；引起注意；起身。

**aristocracy** *n.* bangsawan; aristokrasi; kelas atasan yang diwarisi; bentuk kerajaan yang diperintah oleh golongan ini. 贵族；世袭族阶级；贵族统治政权。 **aristocratic** *a.* bangsawan; berbangsa; aristokrat. 贵族的；有贵族气派的。

**aristocrat** *n.* orang aristokrat; keluarga bangsawan. 贵族；贵族家庭。

**arithmetic** *n.* aritmetik; kira-kira; pengiraan dengan angka. 算术；演算；计算。

**arithmetical** *a.* berkenaan dengan aritmetik. 算术的；算术上的。 **arithmetically** *adv.* secara aritmetik. 用算术；算术上。

**ark** *n.* bahtera; bahtera Nabi Noh yang menyelamatkan baginda dan keluarganya serta berbagai-bagai jenis haiwan daripada banjir besar; kotak kayu yang di dalamnya tersimpan penulisan tentang undang-undang Yahudi. (基督教《圣经》中的) 方舟；约柜。

**arm**[1] *n.* lengan; anggota tubuh manusia di bahagian atas; projeksi serupa itu; tempat letak tangan di kerusi. 臂；前肢；臂状物；扶手。

**arm**[2] *v.t.* melengkapkan dengan senjata. 武装起来。

**armada** *n.* armada; sekumpulan kapal perang. 舰队。

**armadillo** *n.* (pl. *-os*) sejenis tenggiling yang terdapat di Amerika Selatan. 犰狳；南美洲一种食蚁兽。

**Armageddon** *n.* Armagedon; pertarungan penamat.《圣经》中所载的世界末日善恶决战的战场；(国与国之间) 大规模战争之处。

**armament** *n.* pensenjataan; senjata tentera; proses persiapan untuk berperang.（一国的）军备；军事力量；战备。

**armature** *n.* angker; wayar melilit dinamo, dsb.; besi lembut dipasang pada kutub magnet; kerangka dalam sesuatu ukiran. 电枢；衔铁；雕塑用的支架。

**armchair** *n.* kerusi sandar; kerusi bertangan. 扶手椅。

**armful** *n.* secekak; sepemeluk; sebanyak yang boleh dipegang dengan tangan.（两臂或一臂的）一抱；一抱之量。

**armistice** *n.* gencatan senjata; armistis; perjanjian berhenti perang sementara. 休战；停战；暂时休战协定。

**armlet** *n.* gelang lengan; lilitan yang dipakai pada lengan. 臂章；袖章。

**armorial** *a.* senjata lambang kebanggaan. 盾徽的；有纹章的。

**armour** *n.* perisai. 甲胄；盔甲。

**armoured** *a.* berperisai; dilindungi oleh perisai; dilengkapi kenderaan berperisai. 装甲的；穿戴盔甲的；配有装甲车辆的。

**armourer** *n.* pembuat, pembaik atau penyimpan senjata.（战舰上负责维修武器的）军械士。

**armoury** *n.* gedung senjata; tempat menyimpan senjata. 军械库；兵工厂。

**armpit** *n.* ketiak; lengkung di bawah lengan di bahagian bahu. 腋窝。

**arms** *n.pl.* senjata; jata (*lihat* **coat**). 武器；军火（见 **coat**）。

**army** *n.* angkatan tentera; tentera darat; pasukan yang tersusun untuk bertempur di darat; kumpulan besar; sekumpulan orang yang terkelola untuk sesuatu tujuan. 军队；陆军；为某目的而编制的团体。

**aroma** *n.* aroma; bau harum. 香味；香气。 **aromatic** *a.* harum; wangi. 芳香的；有香味的。

**aromatherapy** *n.* aromaterapi; penggunaan minyak wangi semasa mengurut.（以芳香药油治疗的）芳香疗法。

**arose** *lihat* **arise**. 见 **arise**。

**around** *adv. & prep.* sekitar; sekeliling; (A.S.) lebih kurang; kira-kira. 在四周；到处；大约；差不多。

**arouse** *v.t.* membangkitkan; membangunkan. 唤醒；唤起。

**arpeggio** *n.* (pl. *-os*) arpegio; permainan seluruh jangka not dalam irama berulang. 琶音；急速和弦。

**arraign** *v.t.* menuduh; menyalahkan; mencari kesalahan. 控告；责难；质疑。**arraignment** *n.* pertuduhan. 控告。

**arrange** *v.t.* mengatur; menggubah; menyusun; membuat rancangan untuk menyelesaikan sesuatu. 整理；布置；安排；筹备。**arrangement** *n.* susunan; gubahan. 安排；布置。

**arrant** *a.* tepat; betul; sama sekali.（贬义）彻头彻尾的；完全的。**arrantly** *adv.* dengan tepat; dengan betul. 彻底地；完全地。

**array** *v.t.* mengatur; menyusun; teratur. 布署；排列；使列队。—*n.* susunan teratur; pameran. 排列；队形。

**arrears** *n.pl.* tunggakan; wang yang terhutang dan sudah melampaui masa untuk bayaran; kerja yang sudah terlewat daripada waktu siapnya. 欠款；应付欠额；尾数；逾期债款；欠工。

**arrest** *v.t.* menahan; menangkap; memberhentikan (pergerakan atau benda yang bergerak); tarik dan dapatkan (perhatian); menahan dengan kuasa undang-undang. 逮捕；扣留；阻止（活动等）；吸引（他人的注意）；依法拘捕。—*n.* penahanan; penangkapan sah orang yang bersalah. 逮捕；拘捕。

**arrestable** *a.* kebolehtangkapan; boleh ditahan; (bagi sesuatu kesalahan) yang membolehkan pesalah ditahan atau ditangkap. 可被拘捕的；（重罪等）可无证逮捕的。**arrester, arrestor** *n.* orang yang menangkap; penangkap. 逮捕者。

**arrival** *n.* ketibaan; kedatangan; orang atau benda yang telah sampai. 抵达；到来;抵达者;已到之货物。

**arrive** *v.i.* tiba; datang; sampai tempat tujuan atau waktunya; (*colloq.*) kelahiran; diakui sebagai telah berjaya. 来到;到达(目的地、时间等);出生;成功。

**arrogant** *a.* sombong; angkuh. 自大的;傲慢的。 **arrogantly** *adv.* dengan sombong; dengan angkuh. 自大地;傲慢地。 **arrogance** *n.* keangkuhan; kesombongan. 自大;傲慢。

**arrow** *n.* anak panah; batang lurus yang tajam yang dilepaskan dari busar; garisan dengan petunjuk V menghala ke luar di hujungnya, menunjukkan arah, dsb. 箭;矢;箭状物;箭号。

**arrowroot** *n.* ubi garut; kanji yang boleh dimakan, dibuat daripada tumbuhan sejenis ubi Hindia Barat. 竹芋;葛;葛粉。

**arsenal** *n.* gudang senjata; tempat senjata dan peluru disimpan atau dibuat. 军火库;兵工厂。

**arsenic** *n.* arsenik; unsur separa logam; sebatian beracun unsur ini. 砷;砒霜。 **arsenical** *a.* beracun. 砷的;含砷毒的。

**arson** *n.* sayur; membakar rumah atau harta benda dengan sengaja dan menyalahi undang-undang. 故意放火;纵火。

**arsonis** *n.* orang yang melakukan arson. 纵火者;放火者。

**art**[1] *n.* seni; ketukangan; penghasilan sesuatu yang cantik, kemahiran atau kebolehan, lukisan atau ukir, dsb.; (*pl.*) mata pelajaran selain daripada sains, memerlukan pemahaman yang halus dan bukannya penggunaan ukuran; (*pl.*) aktiviti kreatif (misalnya lukisan, muzik, penulisan). 艺术;手工艺术;文科;创作艺术(如绘画、音乐、写作等)。

**art**[2] (*old use*) = kata Inggeris *are*. 即现代英文中的"are"。

**artefact** *n.* bahan artefak; tinggalan benda yang dibuat oleh manusia; alat purba yang mudah. 人工制品;原始工具。

**arterial** *a.* arterial; arteri; berkenaan atau seperti salur nadi. 动脉的;脉络状的。 **~ road** jalan raya yang utama. 主干公路;公路干线。

**artery** *n.* arteri; salur nadi; saluran darah yang besar membawa darah keluar daripada jantung. 动脉。

**artesian well** telaga artes; perigi yang dikorek bawah tanah supaya air mudah diperolehi dengan sedikit kuasa pam atau tanpa menggunakan pam langsung. 自流井;喷水井。

**artful** *a.* licik; pandai; pintar. 圆滑的;机灵的;精明的。 **artfully** *adv.* dengan licik; dengan pintar. 圆滑地;狡猾地。 **artfulness** *n.* kelicikan; kepandaian; kepintaran. 狡猾;精明。

**arthritis** *n.* sakit artritis; penyakit sengal-sengal; lenguh sendi. 关节炎。 **arthritic** *a.* & *n.* berkenaan dengan penyakit sendi. 关节炎(的)。

**arthropod** *n.* artropoda; haiwan yang badannya berpenggal-penggal (misalnya serangga atau krustasia). 节肢动物(如昆虫及甲壳动物)。

**artichoke** *n.* sayur articok; tumbuhan ulam. 朝鲜蓟。 **Jerusalem ~** bunga matahari yang akarnya boleh dimakan. 菊芋(根可吃)。

**article** *n.* barang; benda; fasal; perkara; rencana; kata sandang (tatabahasa); perkara tertentu atau berasingan; karangan prosa dalam akhbar, dsb.; fasal dalam perjanjian. 物品;制品;项目;条目;冠词;章程;报章等的文章;契约的条款。—*v.t.* terikat dengan artikel-artikel perantisan. 用条款约束。 **definite ~** perkataan 'the'. 定冠词"the"。 **indefinite ~** 'a' atau 'an'. 不定冠词"a"及"an"。

**articulate**[1] *a.* petah; fasih; dituturkan dengan jelas; dapat menyatakan idea dengan teratur dan terang. 明了的;口齿伶

俐的；发音清晰的；说得头头是道的。

**articulate**[2] *v.t./i.* menyebut; mengucapkan dengan jelas; bersambungan. 发音；清晰地说；连接。**articulated lorry** bersambung-sambung dengan sendi yang dapat digerak-gerakkan. 铰接式卡车。

**articulation** *n.* penyebutan; pengucapan; artikulasi. (思想等的)表达；发出的音。

**artifice** *n.* muslihat; alat penipuan. 诡计；手段。

**artificer** *n.* tukang. 工匠。

**artificial** *a.* tiruan; palsu; tidak asli; dibuat dengan meniru sesuatu. 人造的；假的；仿造的。

**artificially** *adv.* secara palsu; secara tidak asli. 用人工方法。**artificiality** *n.* kepalsuan. 假冒地。

**artillery** *n.* meriam; pasukan meriam; senjata berat yang digunakan dalam pertempuran di darat; cawangan tentera yang menggunakan senjata ini. 大炮；炮队；陆战用的重型武器；炮军队。

**artisan** *n.* tukang; pekerja mahir. 工匠；手工业艺人。

**artist** *n.* pelukis; ahli seni; orang yang menghasilkan karya seni, terutamanya lukisan; seseorang yang melakukan sesuatu dengan kemahiran luar biasa; penghibur profesional. 画家；艺术家；专才。

**artiste** *n.* seniman; penghibur profesional. 艺术家；艺人。

**artistic** *a.* indah; artistik; berkenaan dengan seni atau ahli seni; berbakat seni. 优美的；艺术的；艺术家的；有艺术天分的。**artistically** *adv.* dengan indah; dengan penuh keindahan seni. 优美地；艺术性地。

**artistry** *n.* keartistikan; keindahan; kesenian; kemahiran seni. 艺术性；艺术工作；艺术天分。

**artless** *a.* tulus; lurus; bebas daripada kelicikan; lurus dan asli. 天真的；朴实的；无虚饰的；自然的。**artlessly** *adv.* dengan tulus. 无虚饰地。**artlessness** *n.* ketulusan. 率直；自然。

**arty** *a.* (*-ier, -iest*) (*colloq.*) berlagak; bergaya; berpura-pura; dengan mempamerkan gaya atau minat artistik yang berlebihan atau diada-adakan. 装作爱好艺术的；附庸风雅的。

**arum** *n.* arum; sejenis tumbuhan. 白星海芋。

**Aryan** *a.* Aryan; berkenaan dengan bahasa Indo-Eropah yang asal; berkenaan dengan penutur atau keturunannya. 亚利安语系的；亚利安裔的。—*n.* orang Aryan. 亚利安人。

**as** *adv. & conj.* seperti; sebagai; laksana; dalam darjah atau peringkat yang serupa atau sama. 如；好像；表示程度或阶段与…近似。**~ for, ~ to** berhubung atau berkaitan dengan. 至于；说到。**~ well** juga. 也；又。

**asafoetida** *n.* inggu; getah damar yang kuat baunya. 阿魏；阿魏胶。

**asbestos** *n.* asbestos; bahan mineral berserat yang lembut; bahan kalis api yang diperbuat daripadanya. 石棉。

**asbestosis** *n.* asbestosis; penyakit peparu disebabkan menghidu partikel asbestos. 石棉沉着病。

**ascend** *v.t./i.* mendaki; menaiki. 上升；登高。**~ the throne** menjadi raja. 登基。

**ascendancy** *n.* perihal menaiki takhta; kekuasaan. 主权；权势；揽权。

**ascendant** *a.* naik; menaik; peningkatan kuasa. 向上的；上升的；(权势)增强的。**in the ~** meningkatkan kuasa atau pengaruh. (权势)占优势的。

**ascension** *n.* kenaikan (ke langit). 上升；(尤指基督教中)耶稣的升天。

**ascent** *n.* pendakian; penaikan; jalan naik ke. 上升；晋升；攀登；上坡路。

**ascertain** *v.t.* menentukan; memastikan; mencari sesuatu dengan bertanya. 确定；弄清；查明。

**ascertainable** *a.* terpastikan; tertentukan; dapat dipastikan. 可确定的;可查明的。

**ascetic** *a.* seperti pertapa; sebagai orang yang bertapa; nafi diri terhadap keseronokan dan kemewahan. 苦行的;修道的;禁欲的。—*n.* orang yang bertapa terutamanya atas sebab-sebab keagamaan. 遁世修道者。 **ascetically** *adv.* secara zahid. 修道地。 **asceticism** *n.* pertapaan; penafian diri. 苦行;禁欲主义。

**ascorbic acid** *n.* asid askorbik; vitamin C. 抗坏血酸;维生素 C。

**ascribe** *v.t.* menujukan; menganggap; menyifatkan. 把⋯归属于;归咎于。

**ascription** *n.* penyebaban; penyifatan. (成败等的)归因;归属。

**asepsis** *n.* asepsis; keadaan aseptik. 无菌;无菌法。

**aseptic** *a.* aseptik; bebas daripada bakteria yang merosakkan. 无菌的;防腐的。

**aseptically** *adv.* perihal bebas daripada bakteria yang merosakkan. 防腐地。

**asexual** *a.* aseksual; tanpa seks. 无性的。 **asexually** *adv.* secara tanpa seks. (繁殖等)无性地。

**ash**[1] *n.* pokok ash; sejenis pohon berkulit kelabu. 梣木。

**ash**[2] *n.* abu; debu yang tinggal selepas sesuatu terbakar. 灰;灰烬。 **Ash Wednesday** hari pertama Lent. (基督教的)圣灰星期三。

**ashamed** *a.* malu; aib; berasa malu. 惭愧的;羞耻的;害臊的。

**ashen** *a.* kelabu; pucat lesi seperti abu. 灰色的;苍白的。

**ashlar** *n.* batu berpotongan segi empat; hasil kerja batu yang dibuat daripada batu jenis ini. (嵌饰墙面用的)方石;琢石墙面。

**ashore** *adv.* ke darat; di darat; ke arah pantai atau di pantai. 上岸;登陆;向岸上。

**ashram** *n.* (asalnya di India) tempat sunyi untuk meditasi agama. (印度高僧的)静修处。

**ashtray** *n.* tempat abu (rokok, cerut). 烟灰缸。

**ashy** *a.* (*-ier, -iest*) berabu; diliputi abu. 有灰尘的;覆盖着灰的。

**Asian** *a.* Asia; dari Asia atau orangnya. 亚洲的;来自亚洲的;亚洲人的。—*n.* orang Asia. 亚洲人。

**Asiatic** *a.* Asia; keasiaan. 亚洲的。

**aside** *adv.* di sebelah; ke sebelah; menyimpang daripada bahagian atau kumpulan utama. 在一边;向一边;离开(主题、大路等)。—*n.* kata-kata yang diucapkan supaya orang tertentu sahaja yang mendengarnya. 悄悄话。 **~ from** (*A.S.*) selain daripada. 除了⋯以外。

**asinine** *a.* bodoh. 愚蠢的。

**ask** *v.t./i.* menyoal; menanyai; mempersoal; menjemput; meminta jawapan terhadap atau tentang sesuatu. 问;询问;质问;邀请;打听。

**askance** *adv.* mengerling. 斜视。 **look ~ at** melihat dengan syak atau curiga. (怀疑地)瞟;斜着眼睛看。

**askew** *adv.* & *a.* sendeng; senget. 斜(的);歪(的)。

**asleep** *adv.* & *a.* lena; sedang tidur. 熟睡(的);睡着(的)。

**asp** *n.* ular kecil yang berbisa. 角蝰;一种小毒蛇。

**asparagus** *n.* asparagus; tumbuhan yang pucuknya dijadikan sayur. 芦笋;石刁柏。

**aspect** *n.* aspek; segi; wajah atau rupa; ciri sesuatu perkara yang rumit; arah yang dihadapi oleh sesuatu; jangan yang menghala ke arah ini. 方面;局面;形势;方向;方位。

**aspen** *n.* aspen; sejenis pokok. (欧洲的)山杨。

**asperity** *n.* kasar; gerutu; kekasaran. (语言、脾气等)粗暴;(表面)粗糙;(气候)严酷。

**aspersion** *n.pl.* cacian. 辱骂;诽谤。

**asphalt** *n.* aspal; tar; bahan hitam seperti tar batu arang; campuran bahan ini dengan kerikil, dsb. untuk kerja turapan.

沥青;(铺路用)沥青混合料。 —v.t. menurap dengan aspal. 铺沥青于。

**asphyxia** n. asfiksia; kelemasan. 窒息。

**asphyxiate** v.t. melemaskan. 使窒息。

**asphyxiation** n. kelemasan. 窒息。

**aspic** n. aspik; jeli yang lazat untuk menyalut daging, telur yang sudah dimasak, dsb. 肉冻;一种肉类的冷盘食物。

**aspidistra** n. aspidistra; sejenis tumbuhan berdaun lebar. 蜘蛛抱蛋(一种植物)。

**aspirant** n. aspiran; orang yang berharapkan kepada sesuatu. 有抱负的人;有志者。

**aspirate**[1] n. bunyi huruf 'h'. 送气音; 'h'音。

**aspirate**[2] v.t. disebut dengan bunyi huruf 'h'. 以 'h'音念出。

**aspiration** n. cita-cita; harapan. 抱负; 志愿。

**aspire** v.i. mengharap; berhasrat. 渴望。

**aspirin** n. aspirin. 阿斯匹灵(一种退热药)。

**ass** n. keldai; (colloq.) bahlul; orang yang bodoh. 驴子;笨蛋;傻瓜。

**assail** v.t. menyerang dengan ganas. 袭击;攻击。

**assailant** n. penyerang. 攻击者。

**assassin** n. pembunuh ganas. 暗杀者。

**assassinate** v.t. membunuh dengan ganas. 暗杀;行刺。 **assassination** n. pembunuhan. 暗杀;行刺。 **assassinator** n. pembunuh. 凶手;刺客。

**assault** n. & v.t. menyerang. 袭击。

**assay** n. pengujian mutu logam; cerakin. 试验;化验;分析。

**assegai** n. tombak yang dilontar (orang Afrika Selatan). (南非部落民族用的)长矛。

**assemblage** n. perhimpunan; perkumpulan. 集合;集会;收集。

**assemble** v.t./i. menghimpunkan. 集合; 聚集;收集。

**assembly** n. perhimpunan; pertemuan. 集会;聚会。

**assent** v.i. bersetuju. 同意;赞成。 —n. persetujuan. 同意;赞成。

**assert** v.t. bertegas. 断言;声明。

**assertion** n. pendakwaan; penuntutan; penegasan; pernyataan. 坚持;主张;断言;声明。

**assertive** a. bersifat pendesak; tegas. 武断的;断言的。

**assertiveness** n. sifat pendesak. 武断。

**assess** v.t. menaksir; menilai. 评估;估价。 **assessment** n. penilaian; penaksiran; penetapan harga. (价值的)鉴定;(税额的)估定。 **assessor** n. penaksir; penilai; orang yang menaksir hartanah. 估税员;估价员;地产的估值员。

**asset** n. aset; harta. 资产;财产。

**assiduous** a. tekun; gigih. 刻苦的;勤奋的。 **assiduously** adv. berkenaan dengan kerajinan dan tekun dalam pekerjaan. 勤奋地。 **assiduity** n. ketekunan; kerajinan; ketelitian. 刻苦;勤勉;勤奋。

**assiduousness** n. ketekunan. 刻苦;勤奋。

**assign** v.t. menugaskan; menentukan; menetapkan. 委派;指定;分配。

**assignation** n. janji untuk bertemu. (会面时间及地点的)约定。

**assignment** n. penugasan; tugas diserahkan. 任务;所指派的工作。

**assimilate** v.t./i. menyerapkan. 同化;使相同。 **assimilation** n. penyerapan; asimilasi. 同化作用。

**assist** v.t./i. membantu; menolong. 辅助; 协助。 **assistance** n. bantuan; pertolongan. 援助;帮助。

**assistant** n. pembantu. 助手。 —a. membantu, terutama sebagai orang bawahan. 帮助的;副的。

**assizes** n.pl. sesi berjangka untuk penentuan keadilan. 巡回审判庭期。

**associate**[1] v.t./i. mengaitkan; bergaul; bersekutu. 结伙;结交;联系。

**associate**[2] n. rakan; sekutu. 联合;联盟。 —a. yang bergabung; yang bersekutu. 联合的;联盟的。

**association** *n.* persatuan. 联合；协会。

**Association football** bola sepak; bola yang dimain dengan kaki dan tidak boleh dipegang ketika bermain, melainkan oleh penjaga gol sahaja. 英式足球。

**associative** *a.* asosiatif; cenderung bersekutu. 联想的；结合的。

**assonance** *n.* asonansi; persamaan bunyi dalam suku kata; rima bunyi vokal. （语音音节中的）谐音韵；元音押韵。

**assorted** *a.* pelbagai; bercampur. 各种各样的；什锦的。

**assortment** *n.* kepelbagaian; campuran. 各种各样；混杂。

**assuage** *v.t.* mengurangkan atau meredakan. 减轻；缓和（精神或肉体上的痛苦）。

**assume** *v.t.* mengandaikan; menganggap. 假定；假设。

**assumption** *n.* andaian; anggapan. 假设；假定；臆断；自负；承担。

**assurance** *n.* jaminan; janji penegasan yang kukuh; insurans nyawa. 保证；担保；人寿保险。

**assure** *v.t.* menjamin; menjanjikan; menyakinkan. 保证；担保；使确信。

**assured** *a.* terjamin; berinsurans. 有保证的；被保险的。

**aster** *n.* sejenis pokok bunga. 紫苑属植物。

**asterisk** *n.* asterisk; lambang berbentuk bintang. 星号（即*)；星状物。

**astern** *adv.* undur; di belakang. 向后；在船尾。

**asteroid** *n.* asteroid; planet-planet kecil yang berputar di sekeliling matahari. 绕太阳运转的小行星。

**asthma** *n.* lelah; mengah; asma. 气喘（病）。**asthmatic** *a.* & *n.* berkenaan penyakit lelah. 患气喘病的；气喘病患者。

**astigmatism** *n.* astigmatisme; kerosakan pada kanta mata. 散光；象散现象。

**astigmatic** *a.* yang berkenaan dengan kerosakan kanta mata. 散光的。

**astonish** *v.t.* menghairankan; mengagumkan; memeranjatkan. 使吃惊；使惊讶。

**astonishment** *n.* kehairanan; kekaguman. 惊奇；惊异。

**astound** *v.t* menakjubkan; sangat memeranjatkan. 使大为惊异；震惊。

**astrakhan** *n.* bulu biri-biri; pakaian bulu yang diperbuat daripada bulu biri-biri dari Astrakhan di Rusia; pakaian yang menyerupai pakaian ini. 羔羊毛；澳大利亚、俄罗斯等的羔皮衣物。

**astral** *a.* berkenaan bintang; semangat dunia. 星状的；星的；灵魂界的。

**astray** *adv.* & *a.* sesat; terbabas; keluar dari jalan sebenarnya. 迷路（的）；迷失方向（的）；离正路（的）。**go ~** sesat. 走错路；误入歧途。

**astride** *adv.* terkangkang; celapak; 两脚分开地；跨越地。*—prep.* melangkahi. 跨骑。

**astringency** *n.* kekelatan; kepedasan; ketajaman. 涩味；辛辣；尖刻；严峻。

**astringent** *a.* astringen; kelat. 收敛（止血）的；苦涩的。*—n.* ubat untuk mengecutkan tisu kulit; astringen. 收敛剂；止血药。

**astringently** *adv.* dengan cara yang memedihkan. 严厉地；（文笔等）尖刻地。

**astrolabe** *n.* astrolab; alat untuk menyukat ketinggian bintang, dsb. 测定天体位置用的星盘。

**astrology** *n.* ilmu nujum; astrologi; ramalan nasib berdasarkan bintang. 占星术；占星学。**astrologer** *n.* peramal; ahli nujum. 预言家；占星术家。**astrological** *a.* berkenaan dengan astrologi. 占星术的；占星学的。

**astronaut** *n.* angkasawan. 宇航员；太空人。

**astronautics** *n.* astronautik; kajian berkaitan dengan pengembaraan di angkasa. 宇宙航行学；宇航学。

**astronomer** *n.* ahli falak; ahli astronomi. 天文学家；星学家。

**astronomical** *a.* falak; astronomi; jumlah yang sangat besar. 天文学的；天文学上的；天文数字的。 **astronomically** *adv.* berkenaan dengan ilmu falak; ilmu kaji bintang. 天文学上。

**astronomy** *n.* astronomi; ilmu falak. 天文学。

**astute** *a.* pintar; tajam akal. 机敏的；伶俐的；狡猾的。 **astutely** *adv.* dengan cekapnya; dengan licinnya. 精明地；狡诈地。 **astuteness** *n.* kepandaian; kecekapan; kelicikan. 精明；狡猾。

**asunder** *adv.* berkecai; pecah belah; terpisah. （分）开；（分）散。

**asylum** *n.* suaka; tempat perlindungan; (*old use*) rumah orang gila. 避难所；庇护所；精神病院。

**asymmetrical** *a.* tidak bersimetri. 不对称的。 **asymmetrically** *adv.* bukan simetri; yang tidak simetri. 不对称地。

**asymmetry** *n.* asimetri; sifat tak simetri. 不对称；（三角学图形的）不等边。

**at** *prep.* di; dekat; pada. （位置）在；（状态）处于…中；（时间）在…时。 **~ all** walaupun; sekalipun. 即使…（也不）；毫（不）。 **~ once** serta-merta. 立刻；马上。

**ate** *lihat* eat. 见 **eat.**

**atheism** *n.* ateisme; ketidakpercayaan tentang kewujudan Tuhan. 无神论。

**atheist** *n.* ateis; orang yang tidak percaya akan kewujudan Tuhan. 无神论者。

**athlete** *n.* olahragawan; ahli sukan; atlet. 运动员；运动选手；体育家。

**athletic** *a.* keolahragawan; atletik; tentang olahraga; gagah dan tegap. 运动的；体育的；运动员的；竞技的；强壮的。

**athletically** *adv.* dari segi atletik. 体育上。

**athleticism** *n.* keatletikan. 运动员气质；运动员精神。

**athletics** *n.pl.* atau *sing.* sukan; atletik; olahraga; terutama lari, lompat, dsb. 体育；竞技；田径运动（尤指赛跑、跳高等）。

**Atlantic** *a. & n.* Atlantik. 大西洋（的）。 **~ Ocean** Lautan Atlantik. 大西洋。

**atlas** *n.* atlas; buku peta. 地图集；图表集。

**atmosphere** *n.* udara; atmosfera. 大气；大气层。 **atmospheric** *a.* keudaraan. 大气层的；空气的。 **atmospherics** *n. pl.* gangguan udara yang mengacau perhubungan telekomunikasi. 大气干扰。

**atoll** *n.* atol; pulau cincin. 环礁；环状珊瑚岛。

**atom** *n.* atom; zarah. 原子；微粒。 **~ bomb** bom atom. 原子弹。

**atomic** *a.* keatoman; kezarahan. 原子的；极微小的。 **~ bomb** bom yang mendapatkan kekuatannya daripada tenaga atom. 原子弹。 **~ energy** tenaga yang didapati daripada pemisahan nuklear. 原子能。

**atomization** *n.* pengatoman; atomisasi. 原子化；微粒化。

**atomize** *v.t.* mengatomkan; menghaluskan; mengatomisasi. 使分裂为原子；使雾化。 **atomizer** *n.* alat untuk memancutkan cecair yang semburannya sangat halus seperti kabus. 雾化器。

**atonal** *a.* bebas (penulisan not muzik); (muzik) yang tidak bertulis. 不成调的；无调的。 **atonality** *n.* sifat bebas. 无调性。

**atone** *v.i.* membalas; menebus sesuatu kesilapan atau kecacatan; menebus dosa. 偿还；赎回；赎罪。 **atonement** *n.* penebusan dosa. 赎罪。

**atrocious** *a.* bengis; dahsyat; sangat jahat; kejam. 残暴的；骇人的；凶恶的；残酷的。 **atrociously** *adv.* dengan kejam; dengan bengis. 残酷地；残暴地。

**atrocity** *n.* kekejaman; kebengisan; kedahsyatan. 残酷；残暴；骇人听闻。

**atrophy** *n.* atrofi; pupus kerana kekurangan makanan atau penggunaan. 萎缩；（器官的）退化。 —*v.t./i.* menyebabkan kepupusan; menderita kepupusan. 使萎缩；使退化。

**attach** *v.t./i.* menyangkutkan; melekatkan; menyertakan. 附上；贴上；附属。 **attached** *a.* tersangkut; terlekat; terikat kerana kasih sayang atau kesetiaan. 附上的；贴上的；依恋的。 **attachment** *n.* pemasangan; pelekatan. 附加装置；附件。

**attaché** *n.* atase; pegawai di kedutaan. （外交使节团的）专员。 **~ case** beg bimbit segi empat untuk membawa dokumen penting. 公文包。

**attack** *n.* serangan; ceroboh; percubaan dengan kekerasan untuk mencederakan, mengatasi atau menewaskan; kecaman kuat; sakit secara tiba-tiba. 攻击；侵略；（用武力）进攻；严厉抨击；（疾病的）突然发作。 —*v.t./i.* menyerang; mengancam. 攻击；威胁。 **attacker** *n.* penyerang; pengkritik. 侵略者；抨击者。

**attain** *v.t.* mencapai; memperoleh. 达到；得到；获得。 **attainment** *n.* pencapaian; perolehan. 成就；获得。

**attainable** *a.* tercapai; dapat dicapai. 可达到的；可得到的。

**attar** *n.* minyak atar. （从花瓣中提取的）香精油。

**attempt** *v.t.* mencuba; berusaha melakukan atau mengatasi. 试图；企图完成。 —*n.* percubaan. 试图；企图。

**attend** *v.t./i.* mendengarkan; memerhatikan; menghadiri; merawati. 听（课）；专心于；出席；护理；侍候。 **attendance** *n.* kehadiran; rawatan; layanan. 出席；护理；侍候。

**attendant** *a.* menemani. 伴随的。 —*n.* pelayan; pembantu; atendan; orang yang hadir sebegai teman atau untuk memberi khidmat. 侍者；随从；出席者。

**attention** *n.* perhatian; jagaan; ingatan; menggunakan fikiran seseorang; berdiri tegak dalam kawat tentera. 注意；留意；注意力；考虑；（口令）立正！

**attentive** *a.* berminat; tekun; memberi perhatian. 关注的；留心的；当心的。

**attentively** *adv.* dengan penuh perhatian; dengan penuh minat. 关注地；留心地。 **attentiveness** *n.* perhatian penuh. 关注；留心。

**attenuate** *v.t.* menipiskan; melemahkan; menjadikan kurus atau lemah. 使纤细；减弱；使衰减。 **attenuation** *n.* pengecilan. 减弱；变小。

**attest** *v.t./i.* memperakui; membuktikan; mengisytiharkan benar atau sahih. 证明；证实；宣誓。 **attestation** *n.* bukti; akuan. 证实；宣誓。

**attic** *n.* loteng; para; bilik dekat bumbung rumah. 顶楼；阁楼。

**attire** *n.* pakaian; persalinan. 服装；（更换用的）盛装。 —*v.t.* memakai pakaian. 穿衣；盛装。

**attitude** *n.* sikap; lagak. 态度；姿势；姿态。

**attorney** *n.* (pl. *-eys*) peguam; wakil mutlak. 律师；（法律事务的）代理人；辩护律师。

**attract** *v.t.* menarik (minat); memikat. 吸引；引起（兴趣等）；引诱。 **attraction** *n.* tarikan; daya penarik. 吸引力；魅力。

**attractive** *a.* menarik; memikat; cantik. 有吸引力的；诱人的；动人的。 **attractively** *adv.* dengan cara yang menarik. 诱人地。

**attractiveness** *n.* daya penarik; daya tarikan. 魅力；吸引力。

**attributable** *a.* bersebab; atribut; dapat dianggap berpunca atau disebabkan oleh. 可归因的；由…引起的。

**attribute**[1] *v.t.* menyifatkan; menyebabkan. 把（某事）归因于；属于（某因素）。 **~ to** merujuk kepada. 认为是出于（某因素或属性）的。 **attribution** *n.* hal menganggap sesuatu sebagai hasil (disebabkan oleh) daripada sesuatu yang lain. 归属；归因。

**attribute**[2] *n.* sifat; atribut. 属性；特征。

**attributive** *a.* penyebab; atributif; kata sifat yang digunakan di depan kata nama. 归属的；属性的；用作定语的。

**attrition** *n.* hakisan; geseran. 磨损；摩擦。

**aubergine** *n.* terung ungu. 茄子。

**aubrietia** *n.* sejenis tumbuhan yang hidup di celah-celah batu. 南庭荠。

**auburn** *n.* warna perang; (rambut) berwarna perang. 赤褐色；(头发)赭色。

**auction** *n.* lelong; pelelongan. 拍卖。— *v.t.* melelongi; dijual secara lelong. (以拍卖方式)出售。

**auctioneer** *n.* pelelong; jurulelong. 拍卖人；拍卖商。

**audacious** *a.* lancang; berani. 鲁莽的；大胆的。**audaciously** *adv.* dengan berani; dengan lancang. 大胆地；鲁莽地。

**audacity** *n.* keberanian; kelancangan. 大胆；鲁莽。

**audible** *a.* dapat didengar; boleh didengar. 听得见的；可听见的。**audibly** *adv.* dengan suara yang boleh didengar. 可听得见声音。**audibility** *n.* kebolehdengaran; hal dapat didengarkan. 可听见的程度；能听度。

**audience** *n.* hadirin; pendengar; penonton; audiens. 听众；观众；读者。

**audio** *n.* suara; audio; bunyi yang dihasilkan secara mekanik. 声音；音响装置；音频信号。**~ typist** jurutaip audio; orang yang menaip daripada hasil pita perakam. 直接根据录音打字者。**~ visual** *a.* pandang-dengar. 视听的。

**audit** *n.* audit. 查账；审计。—*v.t.* mengaudit. 稽查(帐目)。

**audition** *n.* uji bakat; pengauditan. (为发掘新人而举行的)试音；试听。—*v.t.* menguji bakat. 试听。

**auditor** *n.* juruaudit. 查帐员；审计员。

**auditorium** *n.* auditorium. 礼堂；会堂。

**auditory** *a.* auditori; pendengaran. 听的；听觉的。

**au fait** *a.* maklum. 熟悉的；精通的。

**auger** *n.* gerudi; gerimit; alat pengorek. 螺丝钻；钻孔器；钻孔机。

**aught** *n.* (*old use*) apa pun. 任何事物；任何一部份。

**augment** *v.t.* menambah; menokok. 增加；增长；扩大。**augmentation** *n.* penambahan; pembesaran. 增加；增长；扩大。

**augmentative** *a.* augmentatif; agam. 增大性的；扩大的。

**augur** *v.i.* meramalkan. 预言；占卜。

**augury** *n.* ramalan; alamat, pe(r)tanda. 预兆；预示；征兆。

**august** *a.* agung; mulia; dihormati; mengagumkan. 威严的；尊严的；可敬的。

**augustly** *adv.* dengan hormat. 可敬地。

**augustness** *n.* keagungan. 尊严；崇高。

**August** *n.* Ogos. 八月。

**auk** *n.* auk; burung laut di lautan utara. 海雀。

**aunt** *n.* emak saudara; ibu saudara; mak cik. 伯母；叔母；姑母；舅母；阿姨。

**Aunt Sally** sasaran lontaran dalam mainan; sasaran cemuhan umum. (游戏中当作投掷目标的)木制女人头像；众矢之的。

**aunty** *n.* (*colloq.*) mak cik. 伯母；叔母；姑母；舅母；阿姨。

**au pair** gadis pembantu rumah (dari seberang laut) yang dibayar dengan makanan dan penginapan percuma. (不付钱的)相互交换服务；不取报酬，但由雇主供食宿的家务女工。

**aura** *n.* suasana hebat; aura; suasana sekitar seseorang. 气氛；人或物发出的气味。

**aural** *a.* dengar; pendengaran; berkaitan dengan telinga. 听觉的；耳朵的。**aurally** *adv.* berkenaan dengan telinga. 耳科上。

**aureole** *n.* halo; lingkaran cahaya. 光环；圆光。

**au revoir** hingga berjumpa lagi. 再见；再会。

**auricular** *a.* aurikel; telinga. 耳的；耳廓的。

**aurora** *n.* aurora; radiasi sinaran elektrik. 曙光；极光。**~ australis** cahaya di kutub selatan. 南极光。**~ borealis** cahaya di kutub utara. 北极光。

**auscultation** *n.* cara mendengar bunyi jantung, dsb. untuk mengesan penyakit. 听诊。

**auspice** *n.* petanda; (*pl.*) di bawah naungan. 吉兆；预兆；在…的保护下。

**auspicious** *a.* bertuah; baik; menunjukkan tanda kejayaan. 吉祥的；吉利的；好预兆的。**auspiciously** *adv.* dengan baik sekali; dengan bertuahnya. 吉祥如意地；幸运地。

**auspiciousness** *n.* kebertuahan. 吉祥；吉利。

**austere** *a.* jimat; serius; kelakuan yang serius. 简朴的；严峻的；严厉的。**austerely** *adv.* perihal kelakuan yang serius. 严厉地。**austerity** *n.* keseriusan; jimat cermat. 严厉。

**Australasian** *a.* Australasia; yang berhubung dengan Australia atau New Zealand dan kepulauan berhampiran. 澳大利亚的；澳大利亚区（包括澳洲、新西兰及附近岛屿）的。

**Australian** *a. & n.* (berkenaan) Australia; (penduduk) dari Australia. 澳大利亚（的）；澳大利亚人（的）。

**authentic** *a.* tulen; sejati; autentik. 确实的；真实的；真正的。**authentically** *adv.* dengan betul; dengan sah; sejati. 确实地；正式地；真实地。**authenticity** *n.* kebenaran; keaslian; ketulenan. 确实性；正式性；真实性。

**authenticate** *v.t.* mengesahkan; menulenkan. 认证；证实。**authentication** *n.* pengesahan; pembuktian. 认证；证实。

**author** *n.* penulis; pengarang. 作者；作家。**authoress** *n. fem.* penulis (perempuan). 女作家。**~ship** *n.* pekerjaan dan hal pengarang; asal usul sesebuah buku. 原作者；写作（职业）。

**authoritarian** *a.* kuku besi; autoritarian; ketaatan sepenuhnya kepada pihak berkuasa. 专制的；权力主义的。

**authoritarianism** *n.* autoritarianisme. 权力主义。

**authoritative** *a.* berkuasa; berwibawa. 有权力的；有威望的。**authoritatively** *adv.* dengan penuh kuasa. 有权威地。

**authority** *n.* hak; wibawa; kuasa; autoriti. 权力；威望；权势；当局。

**authorize** *v.t.* membenarkan; memberi kewibawaan atau kebenaran. 批准；授权；委任。**authorization** *n.* hal memberi kuasa; kebenaran. 授权；认可。

**autistic** *a.* autistik; mengalami kecacatan mental. 孤僻的；自闭的。**autism** *n.* autisme; kecacatan mental. 自闭；孤独症。

**auto** *pref.* sendiri. (前缀) 表示"自己；自行；自动"。

**autobiography** *n.* autobiografi; riwayat hidup sendiri. 自传。**autobiographical** *a.* autobiografi; berkenaan dengan penulisan riwayat hidup sendiri. 自传的；自传式的。

**autocracy** *n.* kezaliman; kekejaman; pemerintahan autokrasi. 独裁；专制（政治）；专制政府。

**autocrat** *n.* autokrat; orang yang berkuasa penuh. 独裁者；专制者。**autocratic** *a.* berkuasa sepenuhnya. 独裁的。**autocratically** *adv.* secara autokrat. 专制地。

**autocross** *n.* lumba motor merentas desa. 汽车越野赛；越野赛车。

**autogenic** *a.* autogenik; (latihan) menguruskan keadaan tekanan secara sendiri. 自生的；自生训练的。

**autogiro** *n.* autogiro; bentuk awal helikopter. 旋翼机；一种早期的直升机。

**autograph** *n.* autograf; manuskrip tulisan tangan si pengarang sendiri. （签名用）纪念册；手稿。—*v.t.* menulis nama seseorang dalam autograf. 亲笔签名。

**automata** *n.* automata. 自动机（尤指机械人、自动玩具等）。

**automate** *v.t.* mengautomasikan; dikawal oleh jentera. 使自动化；使机械操作。

**automatic** *a.* automatik; bergerak dengan sendiri; dibuat tanpa berfikir. 自动的；（动作）无意识的。—*n.* senapang automatik, dsb. 自动枪、炮等。**automatically** *adv.* secara spontan atau automatik. 自动地；下意识地。

**automation** *n.* pengautomasian; automasi; penggunaan jentera dalam industri, dll. 自动化；工业界等的机械化。

**automaton** *n.* (pl. *-tons*, *-ta*) robot. 机械人；自动玩具。

**automobile** *n.* (A.S.) kereta; automobil; motokar. 汽车。

**automotive** *a.* berautomasi; automotif; berkaitan dengan kenderaan bermotor. 自动操作的；汽车的。

**autonomous** *a.* bebas; berpemerintahan sendiri; merdeka; berautonomi. 自治的；独立自主的；有自治权的。 **autonomously** *adv.* secara autonomi. 自治地。

**autonomy** *n.* autonomi; pemerintahan sendiri. 自治；自治权。

**autopilot** *n.* alat kawal kapal terbang. 自动驾驶仪。

**autopsy** *n.* (pemeriksaan) mayat; autopsi. 验尸；尸体解剖。

**autumn** *n.* musim luruh; musim gugur; musim antara musim panas dengan musim sejuk. 秋天；秋季。 **autumnal** *a.* perihal musim luruh. 秋季的。

**auxiliary** *a.* membantu; bantuan. 辅助的；补充的。 —*n.* bantuan; penolong; pembantu. 备用品；辅助者。 **~ verb** kata kerja bantu. 助动词。

**avail** *v.t./i.* sedia; tersedia; menggunakan; berfaedah; berguna. 有利于；有助于；有益于。 —*n.* keberkesanan; faedah. 效用；利益。 **~ oneself of** mempergunakan. 利用。

**available** *a.* boleh didapati; tersedia; sedia untuk digunakan; dapat digunakan. 可得到的；可利用的；有效的。 **availability** *n.* ketersediaan; perihal tersedia; perihal diperoleh. 可用性；有效性；可得性。

**avalanche** *n.* runtuhan (salji, tanah). 雪崩；土崩。

**avant-garde** *n.* kumpulan yang membawa pembaharuan. （文学、艺术领域）先锋派。 —*a.* baru; progresif. 属于先锋派的；激进的。

**avarice** *n.* ketamakan; kehalobaan. 贪婪；贪得无厌。 **avaricious** *a.* tamak; rakus. 贪婪的。

**avenge** *v.t.* membela; membalas dendam. 进行报仇；报复。 **avenger** *n.* pembela. 报复者；报仇者。

**avenue** *n.* lebuh; jalan raya yang lebar; cara pendekatan untuk mencapai sesuatu matlamat. 林荫大道；途径；手段。

**aver** *v.t.* (p.t. *averred*) menegaskan. 坚称；断言。

**average** *n.* biasa; purata. 一般水平；平均；平均数。 —*a.* keadaan biasa. 一般的。 —*v.t./i.* mengira purata. 均分。

**averse** *a.* enggan; keberatan. 不乐意的；不情愿的。

**aversion** *n.* keengganan; kemeluatan; kebencian. 嫌恶；反感；讨厌。

**avert** *v.t.* mengelakkan; menghindarkan. 避开；挡开；防止。

**aviary** *n.* rumah burung; tempat pemeliharaan burung. 鸟舍（尤指在动物园者）；鸟类饲养所。

**aviation** *n.* penerbangan (kapal terbang). 航空；飞行。

**aviator** *n.* (old use) juruterbang atau kakitangannya. 飞行员；飞机师。

**avid** *a.* penuh keinginan; berhasrat; ingin. 渴望的；贪婪的；贪求的。 **avidly** *adv.* dengan penuh minat atau keinginan. 渴望地；贪求地。 **avidity** *n.* minat; keinginan. 贪婪。

**avocado** *n.* (pl. *-os*) buah avokado. 鳄梨。

**avocation** *n.* aktiviti; pekerjaan. 消遣；副业。

**avocet** *n.* burung randai berparuh panjang. 反嘴鹬。

**avoid** *v.t.* menjauhi; menghindarkan; mengelakkan. 避免；防止。 **avoidance** *n.* penghindaran; penyingkiran; pengelakan. 避开；避免；防止。

**avoidable** *a.* terhindarkan; terelakkan; dapat dihindarkan; dapat dielakkan. 可避免的；可防止的。

**avoirdupois** *n.* sistem timbang Inggeris; sistem timbang berdasarkan paun (16 auns). 常衡；英国衡制标准，1磅=16安士。

**avow** *v.t.* mengatakan; mengakui. 公开表示；供认。**avowal** *n.* pengakuan. 声明；供认。

**avuncular** *a.* seperti bapa saudara; seperti seorang pak cik yang penyayang. 叔伯的；似叔伯的。

**await** *v.t.* menunggu; menantikan. 等待；期待。

**awake** *v.t./i.* (p.t. *awoke*, p.p. *awoken*) membangunkan; menjagakan. 叫醒；唤醒；提醒。—*a.* jaga; waspada. 醒着的；警戒着的。

**awaken** *v.t./i.* mengejutkan; membangunkan. 使觉醒；唤起；醒悟到。

**award** *v.t.* menghadiahi; menganugerahi. 颁于；授于。—*n.* keputusan; hadiah. 裁定；奖品。

**aware** *a.* insaf; sedar; tahu. 意识到的；知道的。**awareness** *n.* kesedaran; keinsafan. 觉察；意识。

**awash** *a.* dibasuhi; terendam; diliputi ombak. 被水覆盖着的；泛滥的；被浪冲击的。

**away** *adv.* jauh; menghilang; berterusan. 远离；去掉；不断地。—*a.* bermain di tempat lawan. 在外的。

**awe** *n.* kagum; ngeri; gerun; perasaan takut bercampur memuja. 惊异；畏惧；敬畏。—*v.t.* menakutkan; mengerikan. 使害怕；使敬畏。

**aweigh** *adv.* terangkat; mengangkat sauh (tergantung hampir ke dasar). 离开（水底）；（锚）刚离开水底。

**awesome** *a.* menggerunkan; menimbulkan rasa hormat bercampur takut dan memuja. 可怕的；骇人的；令人敬畏的。

**awestricken, awestruck** *adjs.* terkejut; gementar; penuh dengan kekaguman. 恐惧的；畏怯的；充满敬畏之心的。

**awful** *a.* dahsyat; sangat buruk; hebat; (*colloq.*) sangat besar. 可怕的；极坏的；厉害的；极大的。**awfully** *adv.* dengan dahsyat; sangat. 非常；令人敬畏地。

**awhile** *adv.* sebentar; sekejap; seketika. 一会儿；片刻。

**awkward** *a.* janggal; kaku; kekok. 不雅观的；笨拙的；不灵活的。**awkwardly** *adv.* dengan kekok; dengan janggal. 笨拙地。**awkwardness** *n.* keadaan yang kekok; kejanggalan; kekakuan; kekekokan. （处境）尴尬；不雅观；不灵活；笨拙。

**awl** *n.* penggerak; pencucuk; jarum; alat untuk menebuk lubang; jarum tukang kasut. 尖锥；钻子；鞋钻。

**awning** *n.* sengkuap; pelindung seperti atap. 凉蓬；遮蓬。

**awoke, awoken** *lihat* **awake**. 见**awake**。

**awry** *adv. & a.* tersalah; herot. 错（的）；斜（的）；歪（的）。

**axe** *n.* kapak. 斧；斧头。—*v.t.* (pres. p. *axing*) mengenepikan dengan cara menghapuskan atau membuang. 大刀阔斧地裁减（人员）或削减（经费等）。

**axil** *n.* aksil; sudut tempat daun bercantum dengan ranting atau batang. 叶腋；枝腋。

**axiom** *n.* aksiom; kebenaran atau prinsip yang diterima umum; aksiom. 公理；原理。**axiomatic** *a.* tentang aksiom; tidak dapat disangkal. 公理的；自明的。

**axis** *n.* (pl. *axes*) paksi; garis tengah tempat berputarnya sesuatu benda. 轴；轴心；轴线。

**axle** *n.* gandar; batang tempat berputarnya roda. 轴。

**ay** *adv. & n.* (pl. *ayes*) baik; benar; ya. 当然；是（答复命令时用）；赞成票。

**ayatollah** *n.* ayatollah; pemimpin ulama (Syiah). 阿亚图拉（对伊斯兰教什叶派领袖的尊称）。

**aye**[1] *adv.* ya; baik; benar; 是！好！对！（表示赞成或附和）—*n.* undi menyokong. 赞成票。

**aye**[2] *adv.* (*old use*) selalu. 常常（多用于诗歌中）。

**azalea** *n.* azalea; tumbuhan (belukar) berbunga. 杜鹃花。

**azimuth** *n.* azimut. 地平经度;(测量)方位角。

**Aztec** *n.* Aztek; bangsa dayak Mexico dahulu kala. 阿兹台克人;墨西哥一种原始民族。

**azure** *a.* & *n.* lazuardi; (warna) biru langit. 天青矿石;蔚蓝色(的);天蓝色(的)。

# B

**B.A.** *abbr.* **Bachelor of Arts** Sarjana Muda Sastera. (缩写)文科学士;文学士。

**baa** *n.* & *v.i.* bunyi kambing; mengembek. 咩(羊等动物的叫声);咩咩叫。

**baba** *n.* kek span yang direndam dalam sejenis arak. 一种浸渍在酒中的松软蛋糕。

**babble** *v.i.* bercakap merapik atau karut. (婴儿)牙牙学语;(成人)胡言乱语。—*n.* percakapan yang bukan-bukan. 儿语;胡言乱语。

**babe** *n.* bayi. 婴儿。

**baboon** *n.* beruk. 狒狒。

**baby** *n.* bayi; anak kecil. 婴儿;婴孩。~-**sit** *v.i.* menjaga bayi atau budak. 看顾小孩;照管幼儿。~-**sitter** penjaga bayi atau budak. 保姆。**babyish** *a.* seperti bayi. 稚气的。

**baccarat** *n.* sejenis perjudian yang menggunakan kad. 巴卡拉纸牌游戏(一种赌博)。

**bachelor** *n.* bujang; belum berkahwin. 单身汉;独身男子。

**bacillus** *n.* (pl. *-li*) sejenis bakteria. 杆菌(一种微生病菌)。

**back** *n.* belakang; pemain bola sepak yang bertempat hampir dengan gol sendiri. 背;背部;(足球)后卫。~-**bencher** *n.* ahli parlimen di kerusi belakang dewan. (国会下议院中的)后座议员。~ **down** mengalah. 打消原意;打退堂鼓。~ **of beyond** tempat yang sangat hulu. 偏僻之地。~ **out** menarik diri. 放弃;退出。

**backer** *n.* penyokong. 后台老板;赞助人。

**backache** *n.* sakit belakang. 腰酸背痛。

**backbiting** *n.* umpatan; cacian. (背地里)诽谤;背后诅咒。

**backbone** *n.* tulang belakang. 脊骨;脊椎。

**backchat** *n.* jawapan balik. 回嘴;顶撞。

**backcloth** *n.* tirai bergambar di belakang pentas atau latar. (戏剧)背景幕布。

**backdate** *v.t.* mengundurkan tarikh; menganggap sah dari tarikh yang lebih awal. 把日期写成比实际日期早;(把文件等的生效日期)追溯至已过去的某一时间。

**backdrop** *n.* tirai latar; latar belakang. (戏剧)背景幕;背景。

**backfire** *v.i.* meletup secara luar biasa, misalnya yang melibatkan paip ekzos; mendatangkan kesan yang tidak diingini. (内燃机、枪炮等突然)向后爆发;产生事与愿违的结果。

**backgammon** *n.* sejenis permainan yang menggunakan papan dan buah dadu. 巴加门(一种棋子游戏)。

**background** *n.* latar belakang; persekitaran. 背景;出身;背景资料。

**backhand** *n.* pukulan kilas; pukulan belakang tangan. （羽毛球等的）反手击球。—*a.* berkaitan atau dibuat dengan pukulan ini. 反手击球的；反手的。

**backhanded** *a.* dilakukan dengan belakang tangan; diucapkan dengan sindiran. 反手的；（羽毛球等）反手球的；讽刺的。

**backhander** *n.* pukulan kilas; pukulan belakang tangan; (*sl.*) rasuah. （羽毛球等）反手球；贿赂。

**backlash** *n.* tindakan balas yang ganas. 激烈的反应。

**backlog** *n.* tunggakan kerja. 积压的工作。

**backpack** *n.* beg galas. 背包；背囊。

**backside** *n.* (*colloq.*) punggung. 屁股。

**backslide** *v.i.* kembali menjadi jahat. 故态复萌；重蹈覆辙。

**backstage** *a. & adv.* di belakang pentas. 幕后的；在后台。

**backstroke** *n.* kuak lentang; gerakan semasa berenang secara terlentang. 仰泳。

**backtrack** *v.i.* menjejak kembali jalan yang telah dilalui; mengayuh (basikal) ke belakang; mundur; undur. 循迹追踪；（自行车等）向后倒骑。

**backward** *a.* ke belakang; mundur. 向后的；落后的。—*adv.* berundur. 向后倒。

**backwards** *adv.* undur. 向后。~ **and forwards** ke belakang dan hadapan berulang kali. 来来回回；反复地。

**backwash** *n.* ombak olak selepas kapal berlalu; tindak balas. （船后的）旋流；回浪；后果。

**backwater** *n.* paya; tempat yang mundur; hulu. 沼泽；死水；（文化）落后区；（因受阻而逆流的）回水。

**backwoods** *n.* kawasan pedalaman. 边远荒林区。

**backyard** *n.* kawasan belakang (rumah); (*colloq.*) kawasan tempat tinggal seseorang. 后院；住所邻近区。

**bacon** *n.* bakon; daging babi yang telah diasinkan atau yang disalai. 熏猪肉。

**bacteriology** *n.* bakteriologi; pengajian tentang bakteria. 细菌学。

**bacteriological** *a.* berkaitan dengan bakteriologi. 细菌学的；细菌学上的。**bacteriologist** *n.* ahli bakteriologi. 细菌学家。

**bacterium** *n.* (pl. *-ia*) bakteria; hidupan halus. 细菌。**bacterial** *a.* perihal berkuman atau berbakteria. 细菌的。

**bad** *a.* buruk; teruk; busuk. 坏的；不好的；质量差的；恶劣的；严重的；腐烂的。~ **language** bahasa kesat; carut. 粗话；脏话。**badly** *adv.* secara kurang baik, keji dan buruk. 拙劣地；邪恶地；（质量）低劣地。**badness** *n.* berkenaan dengan kurang baik; kejahatan dan keburukan. （事物、质量、情况等的）坏；低劣；恶劣；邪恶。

**bade** *lihat* bid². 见 bid²。

**badge** *n.* lencana; lambang. 徽章；标记。

**badger** *n.* sejenis haiwan daripada keluarga weasel. 獾。

**badinage** *n.* sendaan; gurauan; jenaka. 打趣；开玩笑。

**badminton** *n.* badminton. 羽毛球。

**baffle** *v.t.* mengelirukan. 使困惑；使人为难。—*n.* pengadang; penyekat. 障板；隔离物。**bafflement** *n.* kebingungan; keliruan. 困惑；慌乱。

**bag** *n.* beg; binatang atau burung yang ditembak oleh pemburu; (*pl., sl.*) jumlah yang besar. 袋子；猎获物；大量。— *v.t./i.* (*p.t.* bagged) memasukkan ke dalam beg; (*colloq.*) mengambil tanpa izin. 把...装入袋中；私吞。

**bagatelle** *n.* sejenis permainan yang menggunakan bola-bola kecil, dimainkan di atas papan berlubang. 九穴台球（一种弹子游戏）。

**baggage** *n.* bagasi; barang-barang; barangan. 行李；行装。

**baggy** *a.* gabai; longgar. 宽松如袋的；宽松而下垂的。

**bagpipes** *n.pl.* begpaip; alat muzik beruncang angin dan anginnya ditekan keluar melalui paip-paip. 风笛（一种吹奏乐器）。

**bagpiper** *n.* peniup begpaip. 风笛手；吹风笛的人。

**bail**[1] *n.* wang jaminan. 保释金。—*v.t.* jamin; menjamin; dibebaskan dengan ikat jamin. 保释；做保释人；获保释。 **bailable** *a.* boleh dijamin. 可保释的。

**bail**[2] *n.* salah satu kayu palang di atas tiang dalam permainan kriket. （板球）三柱门上的横木。

**bail**[3] *v.t.* menimba (air). 舀（水）。

**bailey** *n.* dinding luar kastil; kawasan yang dilingkungi dinding ini. 城堡的外墙；城郭。

**bailie** *n.* bailie; ahli majlis perbandaran Scotland yang berkhidmat sebagai majistret. （苏格兰）高级行政官。

**bailiff** *n.* bailif; pegawai pembantu syerif. （英国）州或郡的副司法官。

**bailiwick** *n.* daerah di bawah kuasa bailie. （苏格兰）高级行政官的管辖区。

**bairn** *n.* (*Sc.*) anak; kanak-kanak. （苏格兰语）小孩；幼儿。

**bait** *n.* umpan. 饵。—*v.t.* mengumpan; mempersenda. 引诱；作弄。

**baize** *n.* kain bulu berwarna hijau yang tebal untuk alas meja, dsb. 青色的桌面呢布。

**bake** *v.t./i.* membakar; memanggang; memasak; menjemur. 烘；焙；烤；焙干。

**baker** *n.* pembakar roti; penjual roti. 面包师傅；面包（糕饼）店店主。 **baker's dozen** tiga belas. 十三。

**bakery** *n.* tempat membuat atau membakar roti untuk dijual. 面包铺；糕饼店。

**baking-powder** *n.* serbuk penaik. 发酵粉；焙粉。

**Balaclava (helmet)** *n.* topi bulu menutupi kepala dan leher. 一种大绒帽。

**balalaika** *n.* balalaika; sejenis gitar Rusia dengan bahagian badan yang berbentuk tiga segi. 巴拉拉伊卡琴（俄罗斯的一种三角琴）。

**balance** *n.* neraca; perbezaan antara kredit dan debit; baki. 秤；天平；收支差额；余额。—*v.t./i.* imbang; imbangi; mengimbang. 平衡；和…相抵；均衡；（用天平）秤量。

**balcony** *n.* balkoni; anjung; langkan; serambi; beranda. 阳台；凉台；走廊。

**bald** *a.* (*-er, -est*) botak; dogol; tanpa perincian. 秃头的；光秃的；毫不掩饰的。 **baldly** *adv.* bercakap dengan terus terang; tidak mencuba melembutkan apa yang diucapkan. 坦率地；直言不讳地。 **baldness** *n.* kebotakan; kegondolan. 秃头；光秃。

**balderdash** *n.* karut-marut. 胡言乱语。

**balding** *a.* membotak. （头发等）变秃的。

**bale**[1] *n.* bungkusan; karung; bandela. （货、干草等）大包；大捆。—*v.t.* membandelakan. 把…捆成大包。 **~ out** terjun dengan menggunakan payung terjun. （从飞机）跳伞。

**bale**[2] *v.t. lihat* **bail**[3]. 见 **bail**[3]。

**baleful** *a.* mengancam; merosak. 有害的；破坏性的。 **balefully** *adv.* dengan mengancam; dengan menghancurkan. 有害地；破坏性地。

**balk** *v.t./i.* enggan maju; keberatan. 畏缩不前；阻碍；使受挫折。—*n.* halangan; rintangan. 阻碍；挫折。

**ball**[1] *n.* bola; sesuatu yang bulat. 球；球状物。—*v.t./i.* dibentuk menjadi bola. 做成球；成球形。 **~-bearing** *n.* kacang-kacang; galas bebola. 滚珠轴承；玻璃球。 **~-point** *n.* pen mata bola. 原珠笔。

**ball**[2] *n.* majlis tari-menari; perhimpunan sosial untuk tari-menari. 舞会；狂欢会。

**ballad** *n.* balada. 民谣；叙事曲。

**ballade** *n.* sejenis puisi tiga rangkap; lirik lagu yang pendek. 三节联韵诗；拟叙事乐曲。

**ballast** *n.* balast; pengantap; alat berat pengimbang kapal. 镇重物；压舱物。

**ballcock** *n.* injap bebola; sejenis alat bebola yang boleh timbul untuk mengawal paras air di dalam tangki. 浮球活栓。

**ballerina** *n.* penari balet perempuan. 女芭蕾舞员。

**ballet** *n.* tarian balet. 芭蕾舞。

**ballistic** *a.* balistik. 弹道学的。~ **missile** peluru berpandu balistik. 弹道导弹。

**ballistics** *n.pl.* pengkajian tentang pelancar peluru berpandu. 弹道学。

**balloon** *n.* belon. 气球;轻气球。

**balloonist** *n.* pengembara yang terbang menaiki belon besar. 热气球驾驶人。

**ballot** *n.* pengundian bertulis. 选票。—*v.t./i.* (p.t. *balloted*) mengundi dengan menggunakan kertas undi. 投票。

**ballroom** *n.* dewan tari-menari. 舞厅。

**bally** *a. & adv.* (*sl.*) celaka; sial. 太过分的(地);倒霉的(地)。

**ballyhoo** *n.* keadaan riuh-rendah; kehebohan. (广告等的)大吹大擂;喧闹。

**balm** *n.* minyak sapu; minyak gosok. (取自植物用以止痛的)香油;止痛药。

**balmy** *a.* (-ier, -iest) wangi; (udara) lembut dan nyaman; (*sl.*) sasau. 芬芳的;温煦的;轻狂的。

**baloney** *n.* (*sl.*) karut-marut. 胡扯;胡说八道。

**balsa** *n.* pokok balsa; sejenis pokok tropika di Amerika; kayu balsa. 轻木;白塞木。

**balsam** *n.* minyak penawar; pokok keembung. (治疗用的)香膏;风仙花。

**baluster** *n.* birai; kisi-kisi; terali. (走廊、桥等的)栏杆柱。

**balustrade** *n.* tempat birai, kisi-kisi atau terali. 扶手;栏杆。

**bamboo** *n.* buluh; bambu. 竹;竹子。

**bamboozle** *v.t.* (*sl.*) memperdayakan; menipu. 欺骗;愚弄。

**ban** *v.t.* (p.t. *banned*) menghalang; mengharamkan secara rasmi. 取缔;明令禁止。—*n.* pengharaman. 禁止;禁令。

**banal** *a.* perkara biasa; kasar; tidak menarik. 平庸的;陈腐的;无趣味的。**banality** *n.* kebiasaan. 平庸;陈腐。

**banana** *n.* pisang. 香蕉。

**band** *n.* belang; lingkaran; jalur gelombang udara; sekumpulan orang, terutama yang bermain muzik. 条纹;带;箍;环;频带;群;(管)乐队。—*v.t./i.* membebat; membentuk satu kumpulan yang teratur. 用带绑扎;结伙;聚集。**bandmaster** *n.* pemimpin pancaragam. (管)乐队指挥。**bandsman** *n.* anggota pancaragam. (管)乐队成员。

**bandage** *n.* kain pembalut (untuk luka). (包扎伤口用的)绷带。—*v.t.* membalut. (用绷带)包扎。

**bandeau** *n.* (pl. *-eaux*) cekak rambut. 束发带。

**bandit** *n.* penjahat; perompak; penyamun. 恶棍;强盗;土匪。**banditry** *n.* perbuatan rompak atau samun. 抢劫活动;土匪行为。

**bandoleer** *n.* (atau **bandolier**) selempang peluru; tali pinggang yang dipakai melilit dada dan mengandungi peluru. 子弹带。

**bandstand** *n.* pentas pancaragam (berbumbung). 户外音乐台。

**bandwagon** *n.* **climb on the** ~ menyertai pihak yang menang. 赶浪头;转而投向得势的一方。

**bandy**[1] *v.t.* ulang-alik. 来回传递。

**bandy**[2] *a.* (-ier, -iest) pengkar. (尤指腿骨)向外弯的。**bandiness** *n.* kepengkaran. (膝部的)向外弯曲。

**bane** *n.* punca malapetaka. 祸源;祸根。

**baneful** *a.* berkenaan dengan keruntuhan, kesusahan. 祸患的;有害的。**banefully** *adv.* dengan kemusnahan, keruntuhan, kesusahan. 导致毁灭地;致死地。

**bang** *n.* bunyi letupan atau dentuman; pukulan. 爆炸声;猛击声。—*v.t./i.* 突然发出巨响;砰然而关。—*adv.* berdentum; menghempaskan (pintu, dsb.). 突然地;恰恰。

**banger** *n.* mercun; (*sl.*) kereta buruk yang bising. 爆竹;老爷车。

**bangle** *n.* gelang. 手镯;脚镯。

**banian** *n.* pokok ara; pokok beringin; sejenis pokok berakar di dahan. (印度的)榕树。

**banish** *v.t.* membuang; meluputkan; melupakan. 放逐；流放；消除；忘记。

**banishment** *n.* pembuangan negeri; hukuman pengasingan dari negeri yang didiami. 放逐；驱逐出国。

**banisters** *n.pl.* pemegang di tangga; susuran tangga. 栏杆；(楼梯等的)扶手。

**banjo** *n.* (pl. *-os*) banjo; sejenis alat muzik seperti gitar. 班卓琴。 **banjoist** *n.* pemain banjo. 班卓琴手。

**bank**[1] *n.* tebing; permatang. 堤岸；河岸。 —*v.t./i.* membuat benteng. 筑堤。

**bank**[2] *n.* bank; tempat menyimpan dan meminjam wang. 银行。 —*v.t./i.* memasukkan wang ke dalam bank; bergantung harap. 把钱存入银行；把希望建在…上；指望。 **~ holiday** cuti am apabila bank ditutup. 法定银行假日。

**banking** *n.* urusan bank. 银行业；银行业务。 **banker** *n.* pemilik bank; pengurus bank. 银行家；银行高级职员。

**banknote** *n.* nota jaminan pembayaran yang dikeluarkan oleh bank. (尤指由中央银行发行的)钞票。

**bankrupt** *a.* bankrap; muflis. 破产的。 —*n.* orang yang bankrap atau muflis. 破产者。 **bankruptcy** *n.* kebankrapan; kemuflisan. 破产；倒闭。

**banner** *n.* panji-panji. 旗帜；横幅标语。

**banns** *n.pl.* pengumuman (di gereja) tentang pernikahan yang akan diadakan. 结婚预告。

**banquet** *n.* jamuan; bankuet. 正式宴会；盛宴。 **banqueting** *n.* mengambil bahagian dalam majlis makan. 赴宴。

**banquette** *n.* bankuet; kerusi panjang melekat pada dinding. (餐馆等沿墙设置的)长条形软座。

**banshee** *n.* jembalang yang dipercayai mempunyai laungan yang menandakan maut. (爱尔兰等地传说中哀嚎以预示将有人死亡的)妖精。

**bantam** *n.* sejenis ayam katik. (尤指爪哇产的)矮脚鸡。

**bantamweight** *n.* ukuran berat dalam tinju (54 kg). 最轻量级拳击手(体重在54公斤以下)。

**banter** *n.* kelakar; seloka; gurau senda. (无恶意的)取笑；逗弄；开玩笑。 —*v.i.* berkelakar; berseloka; bersenda gurau. (善意地)取笑；戏谑；开玩笑。

**Bantu** *n. & a.* (pl. *-u* atau *-us*) Bantu; suku kaum kulit hitam di Afrika; bahasa Bantu. 非洲班图人(的)；班图语(的)。

**baobab** *n.* baobab; sejenis pokok di Afrika yang berbatang besar dan buahnya boleh dimakan. 非洲猴面包树。

**bap** *n.* roti besar yang lembut. 大面包卷。

**baptism** *n.* pembaptisan; upacara keagamaan dimana air direnjis sebagai tanda penyucian dan penerimaan oleh sesebuah Gereja. (基督教的)洗礼；浸礼。 **baptismal** *a.* bersifat baptis. 浸礼的；洗礼的；浸礼用的。

**Baptist** *n.* penganut mazhab Protestan (Kristian) yang percaya bahawa pembaptisan hendaklah secara menyelamkan seluruh tubuh ke dalam air. 施浸者；主张浸礼者。

**baptistery** *n.* tempat pembaptisan dilakukan. 受浸池。

**baptize** *v.t.* membaptiskan; mengesahkan seseorang sebagai pemeluk agama Kristian dengan upacara merenjiskannya dengan air atau memasukkannya ke dalam air. 施浸；为…施洗。

**bar**[1] *n.* batang; palang; penghalang; garis tegak pemisah nota muzik; kerjaya guaman; bar; kedai minuman yang juga menyajikan arak. 棒；横条；小节线；(总称)律师业；酒吧间。 —*v.t.* (p.t. *barred*) menyekat; melarang; haram. (以横杆)阻拦；禁止。 —*prep.* kecuali; melainkan. 除…以外。

**bar**[2] *n.* ukuran tekanan atmosfera. 巴(气压强度测量单位)。

**barathea** *n.* kain bulu halus. 巴拉瑟亚毛葛（一种毛纱）。

**barb** *n.* cangkuk pada anak panah, dsb.; kata-kata yang melukakan hati. （箭头等的）倒钩；尖刻伤人的话。

**barbarian** *n.* manusia yang tidak bertamadun; orang liar; orang biadab. 野蛮人；未开化的人；没教养的人。

**barbaric** *a.* yang sesuai untuk manusia liar; biadab; kejam. 野蛮人的；没教养的；粗野的。**barbarically** *adv.* dengan kejam. 不知节制地；粗野地。

**barbarity** *n.* kekejaman; keganasan. 野蛮；暴行；丧失人性。

**barbarous** *a.* biadab; kejam. 未开化的；禽兽般的；无人性的。**barbarously** *adv.* dengan kejam; secara bengis. 禽兽般地；无人性地。**barbarism** *n.* keadaan tidak bertamadun; keganasan; kekejaman; kebengisan. 未开化状态；野蛮行为；暴虐；残暴行为。

**barbecue** *n.* dapur panggang/barbeku, biasanya di tempat terbuka; masakan yang dipanggang; jamuan makanan yang dipanggang di tempat terbuka. 野餐烤肉架；烤肉；户外烤肉会。—*v.t.* memanggang; membarbeku. 烧烤肉块或肉串；串烧。

**barbed** *a.* berduri. 有芒刺的；有倒钩的。~ **wire** kawat berduri. 带刺铁网。

**barber** *n.* tukang gunting rambut (lelaki). 男理发师。

**barbican** *n.* kubu melindungi kota atau istana; menara kembar di atas pintu atau jambatan. 外堡；桥头堡。

**barbiturate** *n.* barbiturat; ubat pelali. 巴比妥盐酸；一种有催眠或镇定作用的药物。

**bar-code** *n.* kod bar; lembaran bercetak dengan kod yang boleh dibaca oleh mesin bagi mengenal pasti barangan, dsb. （可用机器辨读的）商品条形密码。

**bard** *n.* penyair; pujangga. 古代的吟游诗人；（史诗等的）作者。**bardic** *a.* berkenaan atau bersifat penyajak. 诗人的；

**bare** *a.* (*-er, -est*) terdedah; tidak dilindungi. 赤裸的；暴露的。—*v.t.* mendedahkan. 使露出；揭露。**barely** *adv.* hampir tidak. 几乎不；简直没有。**bareness** *n.* keadaan terdedah; kegondolan. 赤裸。

**bareback** *adv.* menunggang kuda tanpa pelana. （骑马时）无鞍地。

**barefaced** *a.* muka tembok; tidak malu. 不戴面罩的；无耻的。

**barehead** *a.* tidak memakai alas kepala (kopiah, topi, dsb.). 光着头的；不戴帽子或钢盔的。

**bargain** *n.* perjanjian; barang murah. 买卖双方的协约；特价商品；廉价品。—*v.t.* tawar-menawar; mengharapkan. 讨价还价；预料；期待。**bargainer** *n.* orang yang menawar. 讨价还价者。

**barge** *n.* tongkang tundaan. 驳船；（在港湾内被拖曳航行的）载货大平底船；大型游艇。—*v.i.* masuk dengan kasar; meredah; merempuh. 闯入；碰撞。~ **in** merempuh. 闯入。

**bargee** *n.* orang yang menjaga sesebuah tongkang. 驳船船主。

**baritone** *n.* bariton; nada suara lelaki antara tenor dan bes. 男中音。

**barium** *n.* barium; sejenis logam putih. 钡。

**bark**[1] *n.* kulit kayu. 树皮。—*v.t.* melecet. 剥树皮；意外擦伤。

**bark**[2] *n.* salakan anjing. 犬吠声。—*v.t./i.* menyalak. 吠叫。

**barker** *n.* pelaung dalam acara lelong atau pertunjukan. （拍卖场、戏棚外）招徕顾客者。

**barley** *n.* barli, bagi pokok atau bijinya. 大麦；大麦粒。~ **sugar** gula-gula barli. 麦芽糖。~-**water** *n.* air barli. 珍珠麦汁；大麦汤。

**barm** *n.* ragi; busa pada penapaian arak malta. （麦芽酒发酵时浮在面上的）泡沫状酵母；酵素。

**barmaid** *n.* pelayan bar (perempuan). 酒吧女侍。

**barman** *n.* pelayan bar (lelaki). 酒吧男侍。

**barmy** *a.* sasau; gila isin. 精神不正常的；疯癫的。

**barn** *n.* bangsal; jelapang. 谷仓；大棚屋。

**barnacle** *n.* teritip. 藤壶（附在岩石、船底等处的小甲壳动物）。

**barney** *n.* (*colloq.*) pertengkaran yang bising. 争吵；大吵。

**barograph** *n.* barograf; barometer yang menghasilkan graf yang menunjukkan tekanan udara. 气压自记器；自记高度计。

**barometer** *n.* barometer; alat pengukur tekanan udara. 晴雨表；气压计。**barometric** *a.* berkenaan barometer. 气压计上的；气压的。

**baron** *n.* baron; golongan bangsawan yang paling rendah pangkatnya; usahawan besar. 男爵；贵族。**baroness** *n.* isteri baron. 男爵夫人。**baronial** *a.* yang berkaitan dengan baron. 男爵的；适合男爵身份的。

**baronet** *n.* pemegang gelaran bangsawan yang paling rendah pangkatnya. 从男爵。

**baronetage** *n.* perihal pangkat baron. 从男爵爵位。**baronetcy** *n.* perihal pangkat baron. 从男爵领地（爵位或权限等）。

**baroque** *a.* berkenaan gaya seni bina abad ke-17 dan ke-18. （17至18世纪流行于欧洲建筑、音乐、文学等领域的）巴罗克风格的。—*n.* gaya bina tersebut. 巴罗克风格。

**barque** *n.*, **barquentine** *n.* jenis kapal layar. 三桅帆船。

**barrack** *v.t./i.* membantah; mempersenda. 喝倒彩；叫嚣以示抗议；嘲弄。

**barracks** *n.pl.* berek; rumah askar. 营房；兵营。

**barrage** *n.* hentaman peluru yang hebat; sekatan buatan manusia. 弹幕；掩护炮火；拦河坝。

**barrel** *n.* tong; laras (senapang). 大桶；大琵琶桶；枪筒；炮筒。**~organ** *n.* organ putar. 筒风琴（一种手摇乐器）。

**barren** *a.* mandul; gersang; tandus; tanpa makna. 不孕的；贫瘠的；荒芜的；无聊的。**barrenness** *n.* ketandusan; kemandulan. 荒芜；不孕。

**barricade** *n.* perintang; penyekat; sekatan; penghalang. 障碍物；隔离物；障碍阻塞；（阻断交通的）栅栏。—*v.t.* menyekat; merintangkan sekatan. 阻塞；设路障。

**barrier** *n.* penyekat; rintangan; halangan; gegawar; sawar. 屏障；障碍；隔板；栅栏；壁垒。

**barrister** *n.* peguam. （可在高等法庭出席的）律师。

**barrow**[1] *n.* kereta sorong beroda satu. 独轮手车；手推车。

**barrow**[2] *n.* perkuburan purba. 古坟；古墓。

**barter** *n.* & *v.t./i.* tukar-menukar; beli dengan cara menukar barang. 互换；以货易货；物物交易。

**basal** *a.* asas; dasar. 基础的；在基础上的。

**basalt** *n.* basalt; sejenis batu dari gunung berapi. 玄武岩。**basaltic** *a.* berkenaan basalt. 似玄武岩的；含玄武岩的。

**bascule bridge** sejenis jambatan yang turun naik dengan menggunakan pengimbang. 竖旋桥；升启桥。

**base** *n.* asas; dasar; pangkal; pangkalan; alas; tapak; hina; keji. 底；根基；基础；垫子；盐基；混合物的主要成分；根据地；（出身）卑微。—*v.t.* digunakan sebagai panduan, asas atau bukti untuk sesuatu ramalan atau pengiraan; mendasarkan; mengasaskan. 作…的基础；以…为根据。—*a.* keji; hina; buruk; kurang nilainya. 可鄙的；卑贱的；拙劣的；无价值的。**baseless** *n.* tidak berasas. 无根据；无基础。

**baseball** *n.* besbol; sejenis permainan memukul bola. 棒球运动。

**basement** *n.* tingkat bawah tanah. (建筑物的)底层;地下层。

**bash** *v.t.* pukul; godam; hentam. 猛击;重击;痛打。—*n.* pukulan kuat atau hentaman; (*sl.*) mencuba. 猛击;痛击;尝试。

**bashful** *a.* segan; silu; tersipu. 忸怩的;羞怯的;害羞的。**bashfully** *adv.* dengan malu dan tersipu-sipu. 羞怯地;害羞地。**bashfulness** *n.* sifat pemalu. 害羞;忸怩。

**Basic** *n.* bahasa komputer yang menggunakan bahasa Inggeris yang biasa. 电脑通用符号指令码。

**basic** *a.* asas; dasar. 基础的;根本的。**basically** *adv.* pada dasarnya; pada asasnya. 基本上;根本上。

**basil** *n.* selasih. 罗勒(一种叶香如薄荷的调味用植物)。

**basilica** *n.* dewan berbentuk bujur. (古罗马)长方形廊柱大厅。

**basilisk** *n.* sejenis mengkarung Amerika. (美洲的)鬣蜥。

**basin** *n.* besen; pasu; bejana; lurah; kawasan lembah sungai. 盆;洗涤槽;盆地;河湾。**basinful** *n.* (pl. *-fuls*) besen (penuh). 满满一盆。

**basis** *n.* asas; dasar; prinsip utama. 基础;根据;基准。

**bask** *v.i.* berjemur; berpanas. 晒太阳;取暖。

**basket** *n.* raga; bakul; keranjang; jaras; cam; pongkes. 篮;筐;一篮;一筐;籤箕;竹篓。

**basketball** *n.* bola keranjang. 篮球运动;篮球。

**basketwork** *n.* anyaman bakul. 编制品;编制业。

**Basque** *n.* & *a.* orang atau bahasa dari bahagian barat pergunungan Pyrenees. 巴斯克人(欧洲西南部民族);巴斯克语(的)。

**bas-relief** *n.* ukiran timbul. 半浮雕。

**bass**[1] *n.* (pl. *bass*) sejenis ikan; bas. 鲈鱼。

**bass**[2] *a.* bes; nada suara rendah. 低音的。—*n.* (pl. *basses*) suara bes; suara yang paling rendah bagi lelaki. 男低音。

**bass**[3] *n.* bahagian dalam kulit kayu atau serat pokok limau. 韧皮木质纤维。

**basset** *n.* sejenis anjing pemburu. 短腿猎犬。

**bassinet** *n.* buaian atau kereta sorong bayi separuh tertutup. 有篷盖的婴儿车。

**bassoon** *n.* bason; sejenis alat tiup. 巴松管;大管。

**bastard** *n.* anak haram; anak luar nikah; anak gampang. 私生子;非婚生子。

**bastardy** *n.* taraf sebagai anak luar nikah. 私生子意识。

**baste**[1] *v.t.* melumur minyak pada panggangan. 在(烤肉等上)涂油。

**baste**[2] *v.t.* menjelulur; menjahit jarak; menjahit lampiran. 缝制前的粗缝;疏缝;用长钉脚缝。

**bastinado** *n.* perbuatan merotan di tapak kaki. (尤指打脚掌的)笞刑。

**bastion** *n.* kubu. 堡垒;防御工事。

**bat**[1] *n.* bet; kayu pemukul bola. 球棒;球拍。—*v.t./i.* (p.t. *batted*) memukul dengan pemukul kriket. 用球棒击球。

**bat**[2] *n.* kelawar. 蝙蝠。

**bat**[3] *v.t.* (p.t. *batted*) kelip (mata). 眨眼;抖动(眼皮)。

**batch** *n.* sekumpulan; segolongan; sejumlah. 一批;一群;一次(生产量等)。

**bated** *a.* **with ~ breath** dengan nafas tertahan. (因紧张、恐惧等)屏息以待的。

**bath** *n.* mandian; tempat mandi; (*pl.*) kolam renang awam. 沐浴;浴室;浴缸;公共浴室。—*v.t./i.* mandi. 沐浴。

**Bath bun** ban (roti) bergula. (缀有糖霜的)果子小面包。

**Bath chair** *n.* sejenis kerusi roda. (供病人或伤残人士使用的)轮椅。

**bathe** *v.t./i.* mandi. 沐浴。—*n.* berenang. 游泳。**bather** *n.* pemandi; orang yang mandi. 洗澡者;游泳者。

**bathos** *n.* batos; antiklimaks; susutan nilai daripada sesuatu yang penting menjadi sesuatu yang remeh. (从高水平、高潮等突然降低至平庸、低潮的) 突降法;反高潮;煞风景。

**bathroom** *n.* bilik mandi. 浴室;洗手间。

**bathyscaphe, bathsphere** *ns.* batisfera; sejenis kapal untuk menyelam dan memerhati kehidupan di laut dalam. 深海潜艇;深海潜水器。

**batik** *n.* pembatikan; kaedah mencetak corak pada kain dengan membubuh lilin pada bahagian yang tidak diwarnakan; kain batik. 蜡染印花法;蜡染印花布。

**batman** *n.* (pl. *-men*) pelayan peribadi kepada pegawai tentera. (英国) 军队中的勤务兵;助理兵。

**baton** *n.* baton; cota; belantan. 警棍;短棍;权杖。

**batrachian** *a. & n.* (amfibia) yang membuang insang dan ekor apabila membesar. 无尾两栖类(的);蛙类(的);似蛙(的)。

**batsman** *n.* (pl. *-men*) orang yang memukul (dalam permainan kriket). (板球等)击球手。

**battalion** *n.* batalion; pasukan tentera. 军营;营部。

**batten**[1] *n.* belebas; beroti; pasak; selak. 扣板;压条;板条;横木。 —*v.t.* menguatkan atau memperteguhkan dengan papan yang panjang; menyelak dengan papan yang panjang. 装板条于;用板条钉牢。

**batten**[2] *v.i.* makan dengan gelojoh; mengeksploitasi. 贪吃;自肥。

**batter**[1] *v.t.* pukul berulang-ulang. 连续猛击;痛打。 —*n.* campuran atau adunan ramuan-ramuan seperti tepung, telur, susu, dll. yang telah dipukul. 奶油面糊。

**batter**[2] *n.* pemukul bola (besbol). (棒球、板球等的)击球员。

**battering-ram** *n.* kayu pelantak; kayu penujah. 攻城槌(古代攻城武器);大槌(救火员用)。

**battery** *n.* bateri; deretan; penyangga meriam; sangkar ayam; serangan sentuh. 电池;蓄电池组;电箱;炮台;(层架式的)家禽饲养笼;连续的猛击。

**battle** *n.* perjuangan; pertempuran; pertarungan. 战争;搏斗。 —*v.i.* berjuang; bertempur; bertarung. 战斗;斗争。

**battleaxe** *n.* cipan; kapak berangkai panjang; (*colloq.*) wanita yang dahsyat atau menakutkan. 战斧;悍妇。

**battlefield** *n.* medan pertempuran. 战场。

**battlements** *n.pl.* tembok yang mempunyai lubang-lubang tempat menembak. 雉堞;城垛。

**battleship** *n.* kapal perang. 战舰。

**batty** *a.* (*sl.*) kurang siuman; tiga suku. 精神略微不正常的;疯癫的。

**bauble** *n.* perhiasan yang cantik tetapi murah. 美观但价值不高的饰物。

**baulk** *n.* bendul atau batas. 横梁;障碍。

**bauxite** *n.* bauksit; sejenis galian yang mengandungi aluminium. 铝土矿。

**bawdy** *a.* (*-ier, -iest*) lucah atau cabul serta lucu. 下流的;猥亵的;粗鄙的。 **bawdiness** *n.* kelucahan secara lucu. 下流;猥亵。

**bawl** *v.t./i.* jerit; pekik; laung; teriak; keriau. 大嚷;咆哮;放声痛苦。 **~ out** (*colloq.*) menghamun. 大声训斥;辱骂。

**bay**[1] *n.* pokok bay. 月桂树。 **~ leaf** *n.* daun bay. 月桂叶。

**bay**[2] *n.* teluk. 海湾。

**bay**[3] *n.* petak atau ruang dalam bangunan. (建筑物的)分隔间。 **~ window** tingkap unjur. 凸窗。

**bay**[4] *n.* salakan. 狗吠声。 —*v.i.* menyalak. 吠叫。 **at ~** terpaksa berhadapan dengan musuh. (猎物等)被围;被逼得走投无路。 **keep at ~** menahan seseorang daripada mendekati seseorang lain. 使(敌人、猎人等)无法近身。

**bay**[5] *a. & n.* warna coklat kemerah-merahan (kuda). 枣红色的(马)。

**bayonet** *n.* bayonet; pisau di hujung senapang. 枪头刺刀。—*v.t.* menikam dengan bayonet.（用刺刀）刺;刺杀。

**bazaar** *n.* bazar; deretan kedai atau gerai di negara Timur; kedai yang menjual pelbagai barangan yang murah; jualan barangan bagi menambahkan wang.（东方国家的）集市;市场;（英、美国等地的）廉价商店;义卖展销会。

**bazooka** *n.* bazuka; senjata untuk melancarkan roket. 火箭筒;反坦克火箭炮。

**BBC** *abbr.* British Broadcasting Corporation (Perbadanan Penyiaran British).（缩写）英国广播公司。

**B.C.** *abbr.* **Before Christ** Sebelum Masihi.（缩写）公元前。

**be** *v.i.* (pres.t. *am, are, is;* p.t. *was, were;* p.p. *been*) kata kerja kopula yang membawa maksud jadi, wujud, demikianlah, adanya. 表示"成为、发生、有、存在等于、是"的系词。—*v.aux* kata kerja bantu yang digunakan untuk membentuk kala kata kerja lain. 助动词（与动词的过去分词或现在分词连用，构成被动语态或进行时态）**have been to** telah pergi ke; telah melawati. 已去过;来过。

**beach** *n.* pantai; pesisir. 海滩;沿岸陆地。—*v.t.* membawa atau hanyut ke pantai. 使（船）靠岸;把（船）拖上岸。

**beachcomber** *n.* petualang di pantai; kutu pantai.（太平洋诸岛码头的）贫苦流浪者。

**beachhead** *n.* tempat berkubu di pantai yang didirikan oleh tentera penyerang.（攻击部队建立的）滩头阵地。

**beacon** *n.* api atau lampu isyarat dari atas bukit, untuk isyarat atau amaran. 烽火;灯塔;灯标。

**bead** *n.* manik; titik; buih cecair; pembidik; (*pl.*) rantai leher; kalung. 有孔珠子;滴;露珠;水泡;（枪的）照星;珠子项链。

**beading** *n.* ukiran seperti manik; jalur-jalur perhiasan untuk kayu. 串珠状缘饰;有串珠花样的木条。

**beadle** *n.* pegawai gereja atau kolej, dsb.（英国）大学举行典礼时的执礼杖者;牧师助理。

**beady** *a.* mata yang kecil dan bersinar-sinar. 眼睛小而明亮的。

**beagle** *n.* sejenis anjing pemburu. 猎兔犬。

**beak** *n.* paruh (burung); muncung; (*sl.*) majistret. 鸟嘴;喙;鹰钩鼻;治安法官。**beaked** *a.* bermuncung; berparuh. 有钩形嘴的;钩形的。

**beaker** *n.* bikar; gelas bermuncung yang digunakan dalam makmal. 大酒杯;（实验室等处用的）烧杯。

**beam** *n.* alang; rasuk; gelegar; sinaran; wajah yang berseri. 桁条;栋梁;船幅;（人、动物的）体幅;光线;笑容。—*v.i.* memancarkan sinar; memberi senyuman yang girang. 发光;有喜色;眉开眼笑。**on one's ~-ends** hampir habis ikhtiar. 濒临危境。

**bean** *n.* kacang; biji kacang atau kopi, dsb. 豆;（花生、咖啡等的）豆粒。**full of beans** (*colloq.*) riang; gembira. 意气扬扬;兴高采烈。

**beano** *n.* (pl. *-os*) parti yang seronok.（英国）雇主请雇员的宴会。

**bear**[1] *n.* beruang. 熊。

**bear**[2] *v.t./i.* larat; menanggung; membawa; ingat; tahan; sesuai; menghasilkan; berbuah; beranak; menghala. 负荷;携带;支持;心怀（爱、憎等）;牢记;忍受;经得起;产生;结果实;生育;转向。**~ on** berkaitan dengan. 有关。**~ out** membuktikan. 证明;证实。**bearer** *n.* pembawa. 送信人;（支票等）持人。

**bearable** *a.* larat; mampu ditanggung. 可忍受的;可容忍的;承受得起的。

**beard** *n.* janggut. 胡子;须。—*v.t.* mencabar; menghadapi seseorang dengan berani. 向…挑战;公然反抗;奋勇搏斗。

**beargarden** *n.* tempat berlakunya kekecohan. 喧闹的场面。

**bearing** *n.* tingkah laku; perawakan; kaitan; kedudukan; galas. 举止；体态；关系；方位；处境；轴承；支座。

**bearskin** *n.* topi tinggi dan berbulu untuk pengawal. （英国禁卫军的）熊皮高帽。

**beast** *n.* haiwan; orang yang jahat atau kejam. 野兽；凶残的人。**~ of burden** binatang pengangkut. 供人奴役的牲畜。

**beastly** *a.* (*-ier, -iest*) (*colloq.*) buruk; dahsyat. 可恶的；野兽般的。**beastliness** *n.* keburukan; kedahsyatan. 可恶；残暴行为。

**beat** *v.t./i.* (p.t. *beat*, p.p. *beaten*) pukul; alahkan. 打；敲打；打败。—*n.* pukulan; bunyi pukulan; degup; rentak; rondaan. 敲打；敲击；（心脏）跳动声；节拍；巡逻路线。**~ a retreat** undur kerana kalah. 撤退；打退堂鼓。**~ time** menandakan rentak muzik dengan baton atau menepik-nepikkan kaki. （随着节拍）打拍子。**~ up** memukul dengan ganas. 痛打；狠揍。**beater** *n.* pemukul. 敲打者；搅拌器。

**beatific** *a.* sangat bahagia; penuh rahmat. 幸福的；极有福气的。**beatifically** *adv.* dengan penuh rahmat. 幸福地。

**beatify** *v.t.* (Gereja Roman Katolik) mengisytiharkan perahmatan. （天主教）为…行宣福礼；为…赐福。**beatification** *n.* kerahmatan. 宣福；赐福。

**beatitude** *n.* rahmat-Nya. 祈福；祝福。

**Beaufort scale** skala Beaufort; skala kelajuan angin. 蒲福风级。

**beauteous** *a.* cantik; indah. 美丽的；美好的。

**beautician** *n.* jurusolek; pendandan. 美容师；美容专家。

**beautiful** *a.* cantik; indah; ayu; jelita; elok; permai; menarik; merdu. 美丽的；美好的；可爱的；年轻貌美的；优美的。

**beautifully** *adv.* dengan cantik, indah, atau menarik. 美丽地；美好地；迷人地；优美地；漂亮地。

**beautify** *v.t.* mencantikkan. 美化；使美丽。**beautification** *n.* pengindahan; pencantikan. 修饰；美化。

**beauty** *n.* kecantikan; keindahan; keayuan; kejelitaan; keelokan; kemerduan. 漂亮；美丽；可爱；优美；甜美。

**beaver** *n.* sejenis memerang. 海狸。—*v.i.* bekerja kuat atau keras. 勤苦地工作。

**becalmed** *a.* terhenti disebabkan ketiadaan angin. （因无风而）静止不动的。

**became** *lihat* **become**. 见**become**。

**because** *conj.* oleh sebab; kerana. 因为；由于。—*adv.* **~ of** dengan alasan. 基于…理由。

**beck**[1] *n.* isyarat. （点头、招手）示意。**at the ~ and call of** sedia menurut perintah. 听命于。

**beck**[2] *n.* sungai di gunung; anak air. 山溪；溪流。

**beckon** *v.t.* memberikan isyarat; mengisyaratkan. 打手势；招手；点头示意。

**become** *v.t./i.* (p.t. *became*, p.p. *become*) menjadi; wajar bagi. 变成；成为；适宜。

**bed** *n.* katil; dasar; lapisan; petak tanian. 床；床位、地基；地层；苗床。—*v.t./i.* (p.t. *bedded*) bertilam; menidurkan; masuk tidur. 以…为垫褥；就寝。

**bedbug** *n.* pijat. 床虱；臭虫。

**bedclothes** *n.pl.* cadar, gebar, dll. 床上用品（指床单、被褥等）。

**bedding** *n.* peralatan tempat tidur. 床上用品和寝具。

**bedevil** *v.t.* (p.t. *bedevilled*) mengganggu; merumitkan; menghantui. 折磨；使复杂；蛊惑。

**bedevilment** *n.* gangguan; kerumitan. 折磨；困惑；蛊惑。

**bedfellow** *n.* teman sekatil; rakan. 同床者；伙伴。

**bedlam** *n.* tempat huru-hara. 喧闹场所；疯人院。

**Bedouin** *n.* orang Beduin; Badwi. 贝都因人（游牧于沙漠中的阿拉伯人）。

**bedpan** *n.* pispot; bekas buang air besar bagi orang sakit yang tidak boleh bergerak dari katil. （病人在床上用的）便盆；夜壶。

**bedpost** *n.* tiang katil. （旧式床的）床柱。

**bedraggled** *a.* kusut-masai kerana basah kuyup; selekeh dan serbah-serbih. （衣服等被雨水、泥巴弄得）又湿又脏的；凌乱的。

**bedridden** *a.* terlantar sakit di katil. 缠绵病塌的；卧床不起的。

**bedrock** *n.* batu-batan yang menjadi dasar tanah-tanih; fakta asas. 基岩；基本事实。

**bedroom** *n.* bilik tidur. 寝室；卧室。

**bedside** *n.* sisi katil. 床边；枕边。

**bedsitting room** *n.* bilik tempat tinggal dan tidur. 卧室兼起居室。**bedsit, bedsitter** *ns.* (*colloq.*) bilik tempat tinggal dan tidur. 卧室兼起居室。

**bedsore** *n.* sakit akibat terlampau lama berbaring. 褥疮。

**bedspread** *n.* cadar. 床单；床罩。

**bedstead** *n.* rangka katil. 床架。

**bedtime** *n.* waktu tidur. 就寝时间。

**bee** *n.* lebah. 蜂；蜜蜂。

**beech** *n.* pokok bic; pokok yang berkulit licin dan daun-daun yang berkilat. 山毛榉。

**beechmast** *n.* buah bic. 山毛榉实。

**beef** *n.* daging lembu; badan berotot-otot; (*sl.*) rungutan. 牛肉；（人的）肌肉；牢骚。—*v.t.* (*sl.*) merungut. 发牢骚。

**beefburger** *n.* burger daging lembu. 牛肉汉堡包。

**beefeater** *n.* penjaga di Menara London; memakai pakaian Tudor. 伦敦塔看守人；英国皇家禁卫军。

**beefsteak** *n.* sekeping daging. 牛排。

**beefy** *a.* (-*ier*, -*iest*) mempunyai tubuh yang sasa dan berotot-otot. 体格结实的；肌肉发达的。**beefiness** *n.* berkenaan dengan sasa. 结实。

**beehive** *n.* sarang lebah; sambang. 蜂窝；蜂箱。

**beeline** *n.* **make a ~ for** terus pergi; terus menghampiri. 走直路；取捷径。

**been** *lihat* **be**. 见 **be**。

**beer** *n.* bir. 啤酒。 **beery** *a.* berkenaan dengan arak. 啤酒的。

**beeswax** *n.* lilin lebah. 蜂蜡。

**beet** *n.* bit; sejenis tumbuhan yang menghasilkan gula; (*A.S.*) ubi bit. 甜菜；糖萝卜。

**beetle**[1] *n.* penukul. 大槌。

**beetle**[2] *v.i.* kumbang; kekabuh. 甲虫；形似甲虫的昆虫。

**beetle**[3] *v.i.* menganjur. 突出；高悬。

**beetroot** *n.* (pl. *beetroot*) ubi pokok bit. 甜菜根。

**befall** *v.t./i.* (p.t. *befell*, p.p. *befallen*) terjadi; berlaku. 降临于；发生。

**befit** *v.t.* (p.t. *befitted*) memang padan; sesuai; patut. 适合；适宜。

**before** *adv., prep. & conj.* dahulu; terdahulu; sebelum; di hadapan. 在前；在前头；在…之前；以前；较先。

**beforehand** *adv.* terlebih dahulu. 预先；事先。

**befriend** *v.t.* berkawan; berbaik-baik dengan. 结交朋友；以朋友相待。

**beg** *v.t./i.* (p.t. *begged*) meminta; merayu; memohon; meminta sedekah; (berkenaan dengan anjing) duduk dengan kaki depan terangkat. 乞求，恳求；请求；行乞；（狗）坐着举起前足作乞求状。**~ the question** mengelak daripada menjawab soalan. 回避作答；诡辩。**go begging** ada tetapi tidak diperlukan. 无人要的。

**began** *lihat* **begin**. 见 **begin**。

**beget** *v.t.* (p.t. *begot*, p.p. *begotten*, pres.p. *begetting*) menjadi ayah kepada; mengakibatkan. 生（子女）；为…之起因；招致。

**beggar** *n.* pengemis; peminta sedekah. 乞丐；叫化子。—*v.t.* mengemis. 使沦为乞丐。**beggary** *n.* kepapaan; kemiskinan. 行乞；极端的窘困。

**beggarly** *a.* serba kekurangan; melarat. 少得可怜的；菲薄的。**beggarliness** *n.*

kemelaratan; kekurangan. 赤贫;(极端)缺乏。

**begin** *v.t./i.* (p.t. *began*, p.p. *begun*, pres.p. *beginning*) bermula; wujud. 开始;源于;着手。

**beginner** *n.* orang yang baru belajar. 初学者;新手。

**beginning** *n.* permulaan; bahagian pertama. 开始;早期阶段;开头部分。

**begone** *int.* berambus; nyah. 走开!

**begonia** *n.* resam batu; begonia; sejenis tanaman kebun bunga dengan daun dan bunga yang berwarna terang. 秋海棠。

**begot, begotten** lihat **beget**. 见**beget**。

**begrudge** *v.t.* menyesali; berasa iri hati; cemburu. 对…发怨言;对…不满;羡慕;嫉妒。

**beguile** *v.t.* memperdaya; menghiburkan. 欺诈;诱骗;使娱乐;消磨(时间)。

**beguilement** *n.* penipuan. 欺诈。

**begum** *n.* gelaran wanita Islam di India dan Pakistan yang telah berkahwin. 夫人(印度及巴基斯坦对已婚穆斯林妇女的尊称)。

**begun** lihat **begin**. 见**begin**。

**behalf** *n.* **on ~ of** wakil; bagi pihak; atas nama. 替;代表;为…的利益。

**behave** *v.i.* berkelakuan; (also ~ **oneself**) bersopan santun. 表现;举止;行为得体。

**behaviour** *n.* kelakuan; perangai; tabiat. 行为;举止;态度。

**behead** *v.t.* memancung; memenggal kepala. 砍头;斩首。

**beheld** lihat **behold**. 见**behold**。

**behind** *adv. & prep.* di belakang; di sebalik; lewat; lambat; tinggal. 向后;在后面;迟;过期;落伍。—*n.* punggung; buntut. 屁股;臀部。

**behindhand** *adv. & a.* terlewat; ketinggalan. 拖欠(的);落后(的);迟(的)。

**behold** *v.t.* (p.t. *beheld*) melihat. 看;观看。 **beholder** *n.* pemerhati. 观看者;旁观者。

**beholden** *a.* terhutang budi. 负有义务的;受惠的。

**behove** *v.t.* seharusnya. 对…来说是必要的;应当。

**beige** *a. & n.* warna kuning air. 米色(的)。

**being** *n.* wujud; ada; manusia. 存在;生存;生命;人。

**belabour** *v.t.* menghentam; mencela. 痛打;责骂。

**belated** *a.* terlewat; terlambat. 延误的;来迟的;过时的。 **belatedly** *adv.* dengan lambat atau lewat. 姗姗来迟地;过时地;落伍地。

**belch** *v.t./i.* sedawa; sendawa; keluar berkepul-kepul (asap). 打嗝;发打嗝声;吐出;喷出。—*n.* bunyi sendawa; hamburan. 打嗝声;喷出物。

**beleaguer** *v.t.* mengepung. 围困;包围。

**belfry** *n.* menara loceng; ruang untuk loceng di menara. 钟楼;(钟楼的)钟室。

**belie** *v.t.* tidak memperlihatkan; mengecewakan. 掩饰;辜负;使失望。

**belief** *n.* kepercayaan; keyakinan. 信仰;信任;相信。

**believe** *v.t./i.* percaya; yakin. 相信;信任。 **~ in** percaya akan; yakin terhadap. 信仰;信赖;相信…的真实性。 **believer** *n.* penganut. 信徒;笃信者。

**Belisha beacon** lampu isyarat menandakan tempat pejalan kaki menyeberang. 人行道指示灯。

**belittle** *v.t.* memperkecil-kecilkan; meremehkan; merendahkan; menganggap tak penting. 小看;忽视;贬低。 **belittlement** *n.* perendahan usaha seseorang. 贬低(他人的努力)。

**bell** *n.* loceng; 铃;钟;门铃。

**belladonna** *n.* beladona, sejenis dadah. 颠茄(一种有毒植物)。

**belle** *n.* wanita cantik. 美女。

**belles-lettres** *n.pl.* pengajian sastera. 纯文艺;纯文学。

**bellicose** *a.* suka berperang. 好战的;爱打架的。 **bellicosity** *n.* sifat suka berperang. 好战;好斗。

**belligerent** *a. & n.* sedang berperang; pihak yang sedang berperang. 交战中(的); 交战国(的)。**belligerently** *adv.* dengan berperang; dengan sikap mahu bergaduh. 在交战中; 挑衅地。**belligerence, belligerency** *n.* keadaan sedang berperang; sikap suka bergaduh. 交战(状态); 好斗性。

**bellow** *n.* laungan; pekikan; denguh (lembu). 咆哮声; 惨叫; (牛等)吼叫。—*v.t./i.* mendenguh. 吼叫; 咆哮。

**bellows** *n.pl.* belos; pam angin. 手拉风箱; (照像机的)皮腔。

**belly** *n.* perut; bahagian yang mengembung. (人或动物的)腹部; (机舱等物体的)突出部分。—*v.t./i.* mengembung. 使鼓起。

**bellyful** *n.* sudah jemu; muak; bosan. 满肚子; 过量; 尽量。

**belong** *v.i.* kepunyaan; dimiliki; hak; menganggotai. 属(某人)所有; 应归入; 成为…的成员。

**belongings** *n.pl.* kepunyaan; harta benda. 所有物; 财物。

**beloved** *a. & n.* tercinta; dikasihi. 所钟爱(的); 心爱(的); 心爱的人。

**below** *adv. & prep.* bawah; di bawah. 在…以下; 在下面。

**belt** *n.* tali pinggang; kawasan yang panjang dan sempit. 带; 腰带; 带状物; 狭长地带。—*v.t./i.* memasang tali pinggang; (*sl.*) menumbuk; (*sl.*) meluru. 系上带; 束紧; 猛撞; 抽打。

**bemoan** *v.t.* mengeluh; meratapi. 哀悼; 为…恸哭。

**bemused** *a.* bingung; tafakur. 困惑的; 恍恍惚惚的; 发呆的。**bemusement** *n.* kebingungan. 困惑; 发呆。

**bench** *n.* bangku; majistret yang mendengar pembicaraan. 长凳; 条凳; (上下议院的)后排议席。

**benchmark** *n.* batu atau tanda aras. (测绘工作中的)水准点。

**bend** *v.t./i.* (p.t., p.p. *bent*) membengkokkan; melengkungkan; membongkok; membelok. 使弯曲; 屈服; 顺从; 转向。—*n.* lengkok; selekoh. 弯曲; 拐角处。

**bender** *n.* (*sl.*) beria-ia minum. 狂饮。

**beneath** *adv. & prep.* bawah; di bawah; tidak wajar bagi. 低于; 在下面; 在…之下; 有损于(身分、尊严等)。

**Benedictine** *n.* rahib kumpulan St. Benedict. (意大利)本尼迪克特教派的修士。—*n.* sejenis minuman alkohol yang pada asalnya dibuat oleh golongan Benedictine. 甜露酒(由本尼迪克教派的修士创始酿造)。

**benediction** *n.* perestuan. 礼拜末尾的祝祷。

**benefactor** *n.* penderma; dermawan. 捐助者; 慈善家。**benefaction** *n.* perbuatan baik; amalan; derma. 善行; 施舍; 捐款。

**benefactress** *n. fem.* penderma wanita. 女慈善家。

**benefice** *n.* kedudukan yang memberikan paderi mata pencarian. 教士的有俸圣职。

**beneficent** *a.* suka membuat amal kebajikan. 好行善的; 仁慈的。**beneficence** *n.* amal kebajikan. 善行。

**beneficial** *a.* berfaedah; berguna; bermanfaat. 有利的; 有益的。**beneficially** *adv.* dengan berfaedah, berguna atau bermanfaat. 享受利益地; 有益地; 有帮助地。

**beneficiary** *n.* benefisiari; penerima harta atau pusaka; orang yang mendapat faedah. 受惠者; (遗嘱、保险等的)受益人。

**benefit** *n.* keuntungan; faedah; kebajikan; manfaat. 利益; 好处; 保险补助金; 裨益。—*v.t./i.* (p.t. *benefited*, pres.p. *benefiting*) memberi faedah; menguntungkan. 对…有好处; 有利于; 获益。

**benevolent** *a.* baik hati; murah hati. 仁慈的; 有善心的; 慈善的。**benevolently** *adv.* dengan baik hati. 仁慈地; 有爱心地。**benevolence** *n.* kemurahan hati; kebajikan. 善心; 仁慈; 善举。

**benign** *a.* baik hati; lemah lembut; tidak berbahaya (penyakit). 善良的;和蔼的;温和的;(病等)良性的。**benignly** *adv.* dengan baik hati serta lemah lembut. 和蔼可亲地;慈祥地;良性地。

**benignant** *a.* baik budi bahasa; lemah lembut. 温厚的;慈祥的。**benignantly** *adv.* dengan lemah lembut. 温厚地。

**benignancy** *n.* sifat lemah lembut. 温厚;慈祥。

**bent** *lihat* **bend**. 见 **bend**。—*n.* kemahiran semulajadi. (天性使然的) 倾向;爱好。**bent** *a.* (*sl.*) tidak amanah. 不老实的;不正派的。~ **on** bertekad; berazam. 决心要;一心要。

**benzene** *n.* benzena; minyak yang digunakan sebagai pelarut, bahan api, dsb. 苯。

**benzine** *n.* benzin; cecair yang digunakan untuk cucian kering. 石油挥发油;轻质汽油。

**benzol** *n.* benzol; benzena yang belum bertapis. 苯和烃的混合物。

**bequeath** *v.t.* mewariskan; mewasiatkan. (把财产等) 遗留给。

**bequest** *n.* warisan; harta pusaka; peninggalan; wasiat. 遗赠物;遗产;遗嘱。

**berate** *v.t.* menghamun. 痛斥;辱骂。

**bereave** *v.t.* kehilangan; kematian. 使丧失 (亲人等)。**bereavement** *n.* kematian; kehilangan. 丧亲;丧友;(希望、理想等的) 失去。

**bereft** *a.* kehilangan. 失去 (亲人、理智等) 的。

**beret** *n.* beret; sejenis kopiah leper. 贝雷帽;一种扁圆的便帽。

**bergamot** *n.* bergamot; sejenis pokok sitrus; herba wangi; pewangi daripada buah bergamot. 香柠檬树;香柠檬油。

**beriberi** *n.* beri-beri; penyakit yang disebabkan oleh kekurangan vitamin B. 脚气病。

**berry** *n.* beri; sejenis buah kecil. 浆果。

**berserk** *a.* **go** ~ mengamuk. 发狂的;狂暴的。

**berth** *n.* tempat tidur di atas kereta api, kapal, dll.; tempat tambatan kapal. (火车、船等的) 卧床;铺位。—*v.t.* membawa masuk ke pelabuhan. 使停泊;为 (船) 提供泊位。**give a wide** ~ menjauhi sesuatu. 对 (某人) 敬而远之;(为安全起见而) 远离。

**beryl** *n.* beril; sejenis batu permata yang biasanya berwarna hijau. 绿柱石;绿玉。

**beseech** *v.t.* (*p.t. besought*) memohon; merayu. 恳求;哀求。

**beset** *v.t.* (*p.t. beset*, *pres.p. besetting*) kepung; dikelilingi; melanda. 包围;围绕;困扰。

**beside** *prep.* di sebelah; di sisi; di samping. 在旁边;在一侧;除…以外;与…比较。**be** ~ **oneself** tidak mampu mengawal diri. 发狂;控制不住自己的感情。~ **the point** tidak bersangkutan. 离题。

**besides** *prep.* tambahan lagi; selain itu. 此外;而且;再者。—*adv.* juga. 也。

**besiege** *v.t.* mengepung; mengelilingi. 围困;围攻。**besieger** *n.* pengepung (orang). 围攻者;攻城兵。

**besom** *n.* penyapu diperbuat daripada ranting-ranting diikat pada pemegang yang panjang. (用细枝捆扎而成的) 扫帚。

**besotted** *a.* mabuk. 变糊涂的;迷恋着 (某人或事物) 的。

**besought** *lihat* **beseech**. 见 **beseech**。

**bespeak** *v.t.* (*p.t. -spoke*, *p.p. -spoken*) menunjukkan; menjadi bukti. 表示;证明。

**bespectacled** *a.* memakai kaca mata. 戴眼镜的。

**bespoke** *a.* yang ditempah (pakaian). (尤指衣服) 定做的。

**best** *a.* terbaik; paling baik. 最好的;最优秀的;最称心的。—*adv.* sebaik-baiknya; paling baik. 最好地;最有效地。—*n.* sesuatu yang terbaik. 最优秀的人或事物。~ **man** pengiring, atau pengapit pengantin (lelaki). 男傧相。~ **part of** kebanyakan. 大部分。

**bestial** *a.* buas; bagaikan binatang. 残暴的；野蛮的。 **bestiality** *n.* berkenaan dengan kebuasan; sifat kebinatangan. 无理性;残暴;野蛮。

**bestir** *v.refl.* (p.t. *bestirred*) ~ **oneself** bergerak cergas. 发奋；努力。

**bestow** *v.t.* mengurniakan; menganugerahi. 赠予；给予；赐予。 **bestowal** *n.* pengurniaan; penganugerahan. 颁赐；赠予；授予；天赋才能。

**bestride** *v.t.* (p.t. *-strode*, p.p. *-stridden*) duduk atau berdiri mengangkang. 双腿分开跨坐或站立；骑上；跨过。

**bet** *n.* pertaruhan; perjudian. 打赌；赌。 —*v.t./i.* (p.t. *bet* atau *betted*) membuat pertaruhan; (*colloq.*) mengagak. 打赌；下赌注；断定。

**beta** *n.* beta; huruf kedua dalam abjad Yunani (Greek). 希腊字母的第二字母。

**betake** *v. refl.* (p.t. *betook*, p.p. *betaken*) ~ **oneself** pergi. 去；往。

*bête noire* orang atau benda yang sangat dibenci. 令人极度讨厌的人（或事物）。

**betel** *n.* sirih; tumbuhan tropika Asia yang daunnya dikunyah bersama pinang. 蒟酱（一种热带植物，印度人用其叶包槟榔而嚼之）。

**betide** *v.t.* berlaku kepada. 发生；降临于。

**betimes** *adv.* awal; pada waktunya. 早；及时；合时。

**betoken** *v.t.* menandakan; membayangkan. 预示；表示；证明。

**betray** *v.t.* mengkhianat; membelot. 背叛；不忠于。 **betrayal** *n.* pengkhianatan; pembelotan. 背叛；不忠。

**betroth** *v.t.* bertunang. 订婚；许配。 **betrothal** *n.* pertunangan. 订婚；婚约。

**better**[1] *a.* lebih baik; sembuh daripada penyakit. 较好的；(病)渐愈的。 —*adv.* dalam keadaan baik; lebih berguna. 更；更好地；更适当地。 —*n.* benda baik; (*pl.*) orang yang lebih tinggi kedudukannya. (人或事物)较优越者；上司；上级。 —*v.t.* membaiki; membuat lebih baik daripada. 改良；改善；超过。 ~ **half** (*joc.*) suami atau isteri seseorang. 丈夫或妻子。 ~ **part** lebih daripada setengah. 较大（或较多的）部分。 **get the ~ of** mengatasi. 占上风；胜过。 **betterment** *n.* kebaikan; pembaikan. 改良；改善。

**better**[2] *n.* penjudi; orang yang bertaruh. 赌徒；打赌的人。

**betting-shop** *n.* kedai perjudian. (设在赛马场外的)赌场；投注站。

**between** *prep. & adv.* antara; di antara. 介于；处在…中间。

**betwixt** *prep. & adv.* antara. 介于…间。

**bevel** *n.* permukaan serong. 斜面；斜边。 —*v.t.* (p.t. *bevelled*) memotong serong. 把…切成斜面。

**beverage** *n.* minuman. (茶、咖啡、啤酒等)饮料。

**bevy** *n.* sekumpulan; sekawan. (尤指女孩、妇女或鹌鹑鸟)一群。

**bewail** *v.t.* meratapi. 哀悼；恸哭。

**beware** *v.i.* berawas; berwaspada; berhati-hati. 注意；当心；留心。

**bewilder** *v.t.* membingungkan. 使迷惑；使发愣。 **bewilderment** *n.* kebingungan. 迷惑；发愣。

**bewitch** *v.t.* mempersonakan; menyihir. 对…施妖术；蛊惑；诱惑。

**beyond** *adv.& prep.* sana; seterusnya; melewati; di sebalik. 在(向)…那一边；远于；迟于；除…以外；处于…之外。 ~ **doubt** pasti. 无可置疑。

**biannual** *a.* dua kali setahun. 一年两次的；半年一次的。 **biannually** *adv.* yang berlaku dua kali setahun. 一年两次地。

**bias** *n.* berat sebelah; kecondongan (kepada satu pihak). 偏袒；成见；倾向（某一方）。 —*v.t.* (p.t. *biased*) bersifat berat sebelah; mempengaruhi. 偏袒；使有偏见；影响（某人）以致产生偏差。

**bib** *n.* alas dada kanak-kanak. (幼儿的)围咀。

**Bible** *n.* kitab Bible; kitab Injil. 基督教的《圣经》;犹太教的《旧约》。

**biblical** *a.* berkenaan atau terkandung dalam kitab Bible. 关于《圣经》的;《圣经》中的。

**bibliography** *n.* bibliografi; daftar bacaan; senarai buku. 文献目录;书目提要;目录。 **bibliographer** *n.* pembuat daftar. 目录编纂者;目录学者。 **bibliographical** *a.* berkenaan daftar. 目录学上的;书目的。

**bibliophile** *n.* bibliofil; pencinta buku. 珍藏书籍者;爱书者。

**bibulous** *n.* ketagihan arak. 嗜酒癖。

**bicarbonate** *n.* bikarbonat. 碳酸氢盐。

**bicentenary** *n.* ulang tahun ke-200. 二百周年(纪念);二百年间。

**bicentennial** *a.* berlaku setiap 200 tahun. 每二百年一次的。

**biceps** *n.* biseps; buah lengan; otot besar di bahagian pangkal lengan. 二头肌;臂力。

**bicker** *v.i.* berbalah kerana hal remeh-temeh. 口角;因小事而起争执。

**bicuspid** *a. & n.* bikuspid, (gigi) mempunyai dua bucu. 双尖(的);双尖牙(的);前磨牙(的)。

**bicycle** *n.* basikal. 自行车;脚踏车。 —*v.i.* menunggang basikal. 骑自行车。

**bid**[1] *n.* tawaran; bida; percubaan. 出价;喊价;投标;企图。 —*v.t./i.* (p.t. *bid*, pres.p. *bidding*) membuat tawaran; menawarkan. 出价;投标。 **bidder** *n.* penawar. 出价人;投标人。

**bid**[2] *v.t.* (p.t. *bid*, p.p. *bidden*, pres.p. *bidding*) menyuruh; memerintah; mengucapkan (selamat). 命令;吩咐;祝福。

**biddable** *a.* sedia menurut (suruhan, perintah). 顺从的;易管教的。

**bidding** *n.* suruhan; perintah. 吩咐;命令;指示。

**bide** *v.t.* menunggu (peluang yang baik). 等候(良好机会)。

**bidet** *n.* mangkuk tandas yang rendah. 坐浴盆。

**biennial** *a.* boleh tahan selama dua tahun; berlaku setiap dua tahun. 持续二年的;每隔一年发生的;二年生的。 —*n.* tumbuhan yang berbunga dan mati pada tahun kedua. 二年生植物。 **biennially** *adv.* yang berlaku sekali setiap dua tahun. 两年一次地;(植物)二年生地。

**bier** *n.* usungan mayat (jenazah). 棺架;尸架。

**biff** *v.t. & n.* (*sl.*) memukul; pukulan. 猛击;"啪"的一声击打。

**bifocals** *n.pl.* kaca mata berkanta dwifokus (untuk melihat jauh dan dekat). 双焦点的眼镜;双光眼镜。

**bifurcate** *v.i.* bercabang. 分支;分叉;分成两部分。 **bifurcation** percabangan; cabangan. 分叉;分叉点。

**big** *a.* (*bigger*, *biggest*) besar; lebih tua; penting; (*sl.*) pemurah. 大的;巨大的;已长大的;重大的;宽宏大量的。 —*adv.* (*A.S., sl.*) secara besar-besaran. 非常大量地。

**bigamist** *n.* orang yang beristeri atau bersuami dua pada sesuatu masa (dianggap salah dari segi undang-undang tertentu). (违法地)同时拥有两个妻子或两个丈夫的人;重婚者。

**bigamy** *n.* bigami; beristeri atau bersuami dua pada sesuatu masa; jenayah beristeri lebih daripada satu pada sesuatu masa (Kristian). 重婚;(基督教)重婚罪。

**bigamous** *a.* berkaitan dengan bigami. 重婚的;犯重婚罪的。

**bight** *n.* teluk; gelungan tali. 海湾;河湾;绳耳;绳扣。

**bigot** *n.* pentaksub; pendegil; orang yang berpegang kuat pada pandangannya tanpa menghiraukan hujah, pendapat atau pandangan orang lain. 固执者;执迷不悟者。 **bigoted** *a.* berfikiran sempit. 执拗的;固执己见的。 **bigotry** *n.* ketaksuban; kesempitan fikiran. 执迷不悟;顽固。

**bigwig** *n.* (*colloq.*) orang penting; pembesar. 重要人物;大人物。

**bijou** *a.* comel dan molek. 小巧精致的。

**bike** *n.* (*colloq.*) basikal; motosikal. 自行车；脚踏车；摩托车；电单车。— *v.i.* (*colloq.*) menunggang basikal atau motosikal. 骑自行车；骑摩托车。**biker** *n.* penunggang basikal atau motosikal. 骑自行车者；骑摩托车者。

**bikini** *n.* (pl. -*is*) bikini; baju mandi untuk perempuan. 比基尼泳装。

**bilateral** *a.* dua hala; melibatkan dua pihak. 双边的；两侧的；左右对称的。

**bilaterally** *adv.* secara dua hala atau dua pihak. 双边地；两侧地；左右对称地。

**bilberry** *n.* bilbery; sejenis buah kecil yang berwarna biru tua; pohon yang mengeluarkan buah ini. (欧洲的) 越桔。

**bile** *n.* hempedu. 胆汁。

**bilge** *n.* bilga; perut kapal; (*sl.*) cakap kosong; percakapan yang sia-sia. 舭；船底和船侧间的弯曲部分；(桶等的) 中腹；废话；无聊话。

**bilharzia** *n.* bilharzia; penyakit dalam darah dan pundi-pundi. 血吸虫病。

**bilingual** *a.* menguasai dua bahasa; dalam dua bahasa; dwibahasa. 精通两种语文的；用两种语言书写或刊登的；双语的。

**bilious** *a.* berkenaan sakit yang berkaitan dengan hempedu atau hati. 患胆（或肝）病的；因胆（或肝）病引起的。

**biliousness** *n.* kesakitan. (肝、胆方面的) 疾病。

**bilk** *v.t.* mengelak diri daripada (membayar hutang). 逃债；赖帐。

**bill**[1] *n.* bil; poster; program; draf undang-undang yang disarankan; (*A.S.*) wang kertas. 帐单；宣传海报；节目单；议案；法案；钞票。—*v.t.* mengiklan; menghantar bil kepada. 宣布；打广告；开帐单。**~ of exchange** bil pertukaran; perintah bertulis menyuruh bayar pada tarikh tertentu. 汇票。

**bill**[2] *n.* paruh (burung). (鸟、鸭嘴兽等细长而扁平的) 嘴。— *v.i.* **~ and coo** bercumbu-cumbuan; bercengkerama. (鸽子) 接嘴。

**billabong** *n.* (*Austr.*) sungai mati. (澳洲) 死河；死水潭。

**billet** *n.* rumah kediaman atau tumpangan askar. (军营以外) 部队暂住的宿舍。—*v.t.* (p.t. *billeted*) memberi penginapan kepada askar. 分配 (士兵的) 宿舍。

**billet-doux** (pl. -*s doux*) *n.* surat cinta. 情书。

**billhook** *n.* parang cangkuk. (修剪树枝等用的) 砍刀。

**billiards** *n.* biliard. 台球。

**billion** *n.* bilion; sejuta juta; (*A.S.*) seribu juta. (英国、德国) 万亿；(美国、法国) 十亿。

**billow** *n.* gelombang (besar). 波涛；巨浪。—*v.t./i.* bergelombang; menggelembung. (波涛) 翻腾。

**billy** *n.* tin yang digunakan oleh pekhemah sebagai cerek atau periuk. (露营时烧水用的) 洋铁罐。**billy-can** *n.* tin pengembara. (野外烹任用的) 圆筒形铁罐。

**billy-goat** *n.* kambing jantan; kambing randuk. 公山羊。

**bin** *n.* bekas; tong. (储藏谷物、煤炭等的) 有盖大箱。

**binary** *a.* perduaan; yang menggunakan dua. 由两个部分组成的；二的；二元的。**~ scale** sistem perduaan, sistem angka yang menggunakan dua nombor (0 dan 1). 二进制；二进法。

**bind** *v.t./i.* (p.t. *bound*) ikat; tambat; jilid; mengikat; terikat (kontrak); (*sl.*) merungut. 缚；绑；装订；包扎；(以合同) 束缚；发牢骚。—*n.* (*sl.*) pengacau. **binder** *n.* penjilid. 令人厌烦的事物。

**bindery** *n.* tempat menjilid. 书籍装订所。

**binding** *n.* penjilidan. (书籍的) 装订。

**bindweed** *n.* sejenis tumbuhan liar. 旋花属野生植物。

**binge** *n.* (*sl.*) berseronok, makan dan minum mengikut nafsu. 饮酒作乐；狂欢。

**bingo** 66 **bishop**

—*v.i.* (pres. p. *bingeing*) (*sl.*) perbuatan makan, minum, dsb. mengikut nafsu. 狂欢作乐。

**bingo** *n.* bingo; sejenis permainan judi yang menggunakan kad. 宾戈；一种赌博性游戏。

**binocular** *a.* dwimata; binokular; menggunakan dua mata. 双目的；双筒的；双筒望远镜的；双目并用的。

**binoculars** *n.pl.* teropong dua laras; binokular. 双目望远镜；双目显微镜。

**binomial** *a.* & *n.* binomial (matematik); angka atau rangkaian angka algebra yang digabungkan dengan campur atau tolak. 代数二项式(的)。

**biochemistry** *n.* kimia kaji hayat; biokimia. 生物化学。 **biochemical** *a.* berkenaan biokimia. 生物化学的。 **biochemist** *n.* ahli biokimia. 生物化学家。

**biodegradable** *a.* terbiodegradasikan. 能被分解的；会腐坏的。

**biographer** *n.* penulis riwayat hidup. 传记作者。

**biography** *n.* biografi; riwayat hidup. 传记。 **biographical** *a.* tentang riwayat hidup. 传记的；传记体的。

**biology** *n.* kaji hayat; biologi. 生物学；生态学。 **biological** *a.* berkenaan biologi atau kaji hayat. 生物学的；生态学的。 **biologically** *adv.* secara biologi atau kaji hayat. 生物学上；生态学上。 **biologist** *n.* ahli biologi; ahli kaji hayat. 生物学家。

**bionic** *a.* bionik; pergerakan yang dikawal secara elektronik. 仿生学的；用电子装置来增强生物功能的。

**biopsy** *n.* biopsi; pemeriksaan terhadap tisu hidup. (为诊断而作的)活组织检查。

**biorhythm** *n.* bioritma; kitaran kegiatan berulang yang dikatakan berlaku dalam hidup seseorang. 生物节律(生物器官活动的周期性变化)。

**bipartite** *a.* dwibahagian; mengandungi dua bahagian; membabitkan dua kumpulan. 有两个部分的；关于双方的。

**biped** *n.* haiwan berkaki dua. 二足动物。 **bipedal** *a.* berkaki dua. 有二足的。

**biplane** *n.* kapal terbang dua sayap jenis lama. 双翼飞机。

**birch** *n.* birch; sejenis pokok berkulit lembut; berkas ranting birch untuk menyebat anak-anak nakal. 桦树；白桦；(鞭打顽童用的)桦条。 —*v.t.* menyebat dengan ranting birch. (用桦条)鞭打。

**bird** *n.* burung; unggas; (*colloq.*) orang; (*sl.*) perempuan muda. 鸟；禽类；少女。

**birdie** *n.* burung; (dalam golf) birdie; mata satu di bawah par. 鸟；(高尔夫球)得分比标准分少一击的入穴。

**birdseed** *n.* bijirin untuk makanan burung yang di dalam sangkar. (喂鸟用的)谷粒；鸟食。

**biretta** *n.* topi paderi. (天主教及其他神职人员的)法冠。

**Biro** *n.* pen mata bola. 圆珠笔。

**birth** *n.* kelahiran. 出生；分娩；出身。~ **control** *n.* pencegah kehamilan. 避孕；节育。 **give ~ to** melahirkan. 生(孩子)；产(子)。

**birthday** *n.* hari lahir; hari jadi. 生日；诞辰。

**birthmark** *n.* tanda pada tubuh sejak lahir. 胎记；胎痣。

**birthright** *n.* hak kelahiran; hak yang diperoleh daripada kelahiran dalam sesuatu keluarga dan negara. 与生俱来的权利。

**biscuit** *n.* biskut. 饼乾。

**bisect** *v.t.* terbahagi kepada dua bahagian yang sama. 把…分为二。 **bisection** *n.* bahagian belahan. 切分为二。 **bisector** *n.* pembahagi. 平分线。

**bisexual** *a.* dwijantina; mempunyai sifat-sifat kedua-dua jantina; tertarik secara seksual kepada lelaki dan perempuan. 两性的；兼具雌雄两性器官的。

**bishop** *n.* uskup; biskop; paderi berkedudukan tinggi; (permainan catur) gajah. 主教；大祭司；(国际象棋)象。

**bishopric** *n.* kawasan uskup. 主教的管辖区。

**bismuth** *n.* bismut; sejenis logam. 铋。

**bison** *n.* (pl. *bison*) kerbau liar di Amerika Utara. 骏犙 (北美洲一种野牛)。

**bisque** *n.* mata percuma. (网球、高尔夫球等比赛中) 让给弱方的一分。

**bistro** *n.* (pl. *-os*) bar atau restoran kecil. 小酒馆; 小餐馆。

**bit**[1] *n.* cebisan; sedikit; sebentar; kekang; mata gerudi. 小片; 少量 (食物等); 一会儿; 马衔; 钻头。

**bit**[2] *n.* bit (dalam komputer), unit maklumat sebagai pilihan antara dua kemungkinan dalam digit perduaan. 二进制位; 二进制数字。

**bit**[3] *lihat* **bite**. 见 **bite**。

**bitch** *n.* anjing betina; (*colloq.*) perempuan sundal; perkara rumit. 母狗; 淫妇; 难办的事。—*v.i.* (*colloq.*) bercakap dengan perasaan dendam atau benci. 尖刻地发牢骚; 埋怨。**bitchy** *a.* jahat mulut. (言语) 恶毒的; 恶意的。**bitchiness** *n.* kejahatan; kesundalan. 尖酸刻薄; 恶毒; 淫荡。

**bite** *v.t./i.* (p.t. *bit*, p.p. *bitten*) gigit. 咬; 咬伤; 咬断。—*n.* gigitan; sedikit makanan. 咬; 少量食物。

**biting** *a.* yang menusuk; yang menggigit. 刺痛的; 尖刻的; 刺骨的。

**bitter** *a.* pahit; berasa marah dan kecewa; kedinginan yang menusuk tulang. 苦涩的; 悲惨的; 严寒的。**bitterly** *adv.* dengan pahitnya. 酷烈地。**bitterness** *n.* kepahitan. 苦味; 痛苦。

**bittern** *n.* sejenis burung paya. 麻鸦。

**bitty** *a.* mengandungi cebisan yang tidak berkait. 零碎的; 杂凑的。

**bitumen** *n.* bitumen; minyak tar. 沥青; 柏油。**bituminous** *a.* perihal bitumen. 沥青的; 柏油的。

**bivalve** *n.* dwicangkerang; kerang-kerangan (mempunyai dua cangkerang yang bertaut). (牡蛎、蛤等) 双壳类动物。

**bivouac** *n.* persinggahan sementara tanpa khemah. 露宿; (不扎营地) 临时宿营。—*v.i.* (p.t. *bivouacked*) singgah tanpa berkhemah. 宿营; 露宿。

**bizarre** *a.* pelik; ganjil. 奇形怪状的; 怪诞的。

**blab** *v.i.* (p.t. *blabbed*) mengoceh; menceceh. (无意中) 泄漏秘密; 乱说。

**blabber** *n.* ocehan. 喋喋不休; 乱说。

**black** *a.* (*-er*, *-est*) hitam; gelap; muram; keji. 黑色的; 黑暗的; 暗淡的; 阴郁的; 坏透的。—*n.* warna hitam. 黑色。**Black** orang kulit hitam. 黑种人; 美国黑人。—*v.t.* menghitamkan; memulaukan. 弄黑; 使隔绝。~ **coffee** kopi O. 不加糖及牛奶的咖啡。~ **economy** ekonomi gelap; aktiviti ekonomi tidak rasmi. 黑市的经济活动。~ **eye** mata lebam. 眼睛青肿的。~ **hole** kawasan lubang gelap; kawasan di angkasa lepas yang tidak membenarkan jisim dan sinaran terlepas. (天文) 黑洞。~ **list** senarai hitam; senarai orang yang dianggap salah, jahat, dsb. 黑名单。~ **market** pasar gelap jual beli yang menyalahi undang-undang. 黑市。~ **out** menggelapkan; hilang ingatan. 使变成一片漆黑; 实行灯火管制; 暂时失去知觉; 昏过去。~ **pudding** puding hitam; sosej yang diperbuat daripada darah, lemak, dsb. (用血、板油制成的) 黑香肠。~ **sheep** kambing hitam; bajingan. 害群之马。~ **spot** kawasan kemalangan atau berbahaya. (最容易发生意外的) 黑区。**in the** ~ ada wang; tidak berhutang. 有盈余; 赚钱。

**blackball** *v.t.* ditolak sebagai ahli. (投黑球) 以示反对; 投反对票。

**blackberry** *n.* buah beri hitam. 黑刺莓; 黑刺莓浆果。

**blackbird** *n.* burung hitam. 乌鸫。

**blackboard** *n.* papan hitam. 黑板。

**blackcock** *n.* burung *grouse* jantan. 雄黑琴鸡。

**blacken** v.t./i. menghitamkan; menggelapkan; memburukkan. 涂黑；变黑；中伤；诽谤。

**blackfly** n. serangga perosak tanaman. 蚜；墨蚜。

**blackguard** n. orang jahat. 无赖；恶棍。 **blackguardly** adv. secara jahat. 无赖地；行为粗鄙地。

**blackhead** n. bintik hitam yang menutup liang kulit. 粉刺；黑头面疱。

**blacking** n. pengilat berwarna hitam. 黑色涂料；黑鞋油。

**blackleg** n. orang yang meneruskan kerja sedangkan rakan-rakannya mogok. （破坏罢工行动的）工贼；受雇顶替罢工者工作的人。

**blacklist** v.t. menyenaraihitamkan. 列入黑名单。

**blackmail** v.t. memeras ugut. 勒索；敲诈。—n. peras ugut. 勒索；敲诈。**blackmailer** n. pemeras ugut. 勒索者；敲诈者。

**blackout** n. pitam; bergelap; pencegahan siaran. 昏眩；暂时性失去知觉；陷入黑暗；（无线电通讯等）中断。

**blacksmith** n. tukang besi. 铁匠。

**blackthorn** n. pokok renek berduri berbunga putih dan berbuah. 黑刺李。

**bladder** n. pundi kencing; tiub. 膀胱；（球、救生圈等的）胆。

**blade** n. bilah; mata pisau, pedang, dsb.; dayung; tulang belikat. 刀片；（刀、剑等的）刀身；桨叶；肩胛骨。

**blame** v.t. menyalahkan. 责怪；归咎于。—n. tanggungjawab (atas sesuatu); celaan. （过错、事故等的）责任；指摘。

**blameless** a. tidak bersalah. 无过错的；无可责备的。

**blanch** v.t./i. memutihkan; celur; menjadi pucat. 漂白；使变白；变苍白。

**blancmange** n. *blancmange*; sejenis puding yang diperbuat daripada susu. 牛奶冻。

**bland** a. (-er, -est) lembut; hambar; bersahaja. 温和的；淡而无味的；泰然自若的；不动感情的。**blandly** adv. dengan lembut. 温和地。**blandness** n. kehambaran. 淡而无味；无特色。

**blandishments** n.pl. pujuk rayu. 奉承；谄媚。

**blank** a. kosong. 空白的；空虚的。—n. tempat kosong. 空白处；空格；空虚。 ~ **cartridge** katrij kosong; patrum yang tidak berpeluru. 空包弹。~ **verse** rangkap tanpa ritma. 无韵诗。**blankly** adv. dengan kosong. 空虚地；发呆地。**blankness** n. kekosongan. 空白；空虚。

**blanket** n. gebar; kain selimut. 毛毯；覆盖物；绒被。—v.t. (p.t. *blanketed*) menyelimuti; menyelubungi. 遮盖；遮掩。

**blare** v.t./i. berbunyi bising; bunyi yang sangat kuat. 高声地说；发出巨响。—n. bunyi bising. 刺耳的响声。

**blarney** n. tipu helah. 奉承话；花言巧语。

**blase** a. bosan; jelak. 玩厌了的；看腻了的。

**blaspheme** v.t./i. mengkufuri; mencaci Tuhan. 亵渎；辱骂（天、神）。**blasphemer** n. pencaci Tuhan. 亵渎神明者；不敬神者。

**blasphemy** n. kata-kata kufur; cacian kepada Tuhan. 亵渎（神圣事物）的言语。**blasphemous** a. kufur. 亵渎的。**blasphemously** adv. perihal mencaci Tuhan. 亵渎地；不敬地。

**blast** n. letupan; tiupan kencang; kecaman. 爆炸；骤然而至的强风；严厉的批评。—v.t. meletupkan; mengecam. （用炸药）炸开；引爆；痛斥。~ **furnace** n. relau bagas; dapur meleburkan bijih. 鼓风炉；高温炉。~ **off** melancarkan roket. （太空船、火箭、导弹等）发火起飞。

**~-off** n. pelancaran kapal angkasa. （太空船、火箭、导弹等）发射。

**blatant** a. terang-terangan. 露骨的；炫耀的。**blatantly** adv. secara terang-terangan. 露骨地。

**blather** v.i. mencecech. 胡说；瞎扯。—n. cecehan. 废话；妄谈。

**blaze**[1] *n.* api yang marak atau yang bernyala-nyala; (*pl.*, *sl.*) neraka. 火焰；熊熊的火光；地狱。—*v.i.* memarak; memancar terik; bernyala-nyala. 燃烧；发强光；放光彩。

**blaze**[2] *n.* tanda putih; takik. (牛、马等脸上的) 白斑；(刻在树皮上的) 记号。—*v.t.* menakik. 在树皮上刻路标。 **~ a trail** perintis jalan; membuat takik pada pokok untuk merintis jalan. 刻记号；开拓新路。

**blaze**[3] *v.t.* menghebahkan. 发布；宣扬。

**blazer** *n.* blazer; baju luar terutamanya yang mempunyai lambang dan mengikut warna sekolah, pasukan, dsb. (颜色鲜艳的) 运动外衣；印上徽章的外衣。

**blazon** *n.* jata. (盾上或兵器上的) 纹章。—*v.t.* menghias jata; mengisytiharkan; menerangkan (tentang jata) dalam istilah teknikal. 宣布；绘制 (纹章)；用专门名词描述 (纹章)。

**bleach** *v.t./i.* melunturkan; memutihkan. 漂白；弄白。—*n.* bahan peluntur atau pemutih; proses pemutihan atau pelunturan. 漂白剂；漂白过程。

**bleak** *a.* (*-er*, *-est*) dingin dan suram. 暗淡的；萧瑟的；阴冷的。**bleakly** *adv.* dengan kesuraman. 暗淡地；萧瑟地。 **bleakness** *n.* kesuraman. 暗淡；萧瑟。

**bleary** *a.* (*-ier*, *-iest*) (mata) berair dan kabur penglihatan; buram. 泪眼模糊的；朦胧的；眼花的。**blearily** *adv.* dengan buram. 视力模糊地。**bleariness** *n.* keburaman. 视力模糊。

**bleat** *n.* embek; bunyi kambing biri-biri. (小羊等的) 叫声。—*v.t./i.* berbunyi seperti kambing biri-biri; merungut-rungut. 以微弱的声音说；喃喃地说。

**bleed** *v.t./i.* (*p.t.* *bled*) berdarah; memeras duit. 流血；勒索钱财。

**bleep** *n.* bunyi blip; bunyi nyaring yang singkat. (汽车喇叭、电铃等) 哗哗声；嘟嘟声；短促而尖的声音。—*v.i.* berbunyi blip. 作哗哗声；嘟嘟地响。

**bleeper** *n.* benda yang mengeluarkan bunyi blip. 无线电呼唤机；传呼机。

**blemish** *n.* kecacatan. 瑕疵；缺点。—*v.t.* mencacati. 玷污；损害 (名誉)。

**blench** *v.i.* tersentak. 惊醒。

**blend** *v.t./i.* mencampurkan; mengadun. 掺和；搀杂。—*n.* campuran. 掺；混合。

**blender** *n.* pengisar. 掺和机；搅拌器。

**blenny** *n.* ikan laut yang mempunyai sirip berduri. 鲇鱼。

**bless** *v.t.* memohon berkat untuk. 为…祝福；保佑。**be blessed with** bernasib baik kerana memiliki. 受惠；蒙福。

**blessed** *a.* dirahmati; suci; (*colloq.*) terkutuk; terlaknat. (神) 恩赐的；神圣的；该死的；该受诅咒的。**blessedness** *n.* kesucian. 幸福；天恩。

**blessing** *n.* rahmat; doa; restu. 神恩；赐福；祝福。

**blest** *a.* (*old use*) dirahmati; suci. (神) 恩赐的；神圣的。

**blether** *v.i.* & *n.* = **blather**. 同 **blather**。

**blew** *lihat* **blow**[1]. 见 **blow**[1]。

**blight** *n.* hawar; penyakit tumbuh-tumbuhan; perosak. (植物的) 枯萎病；破坏计划的因素。—*v.t.* diserang hawar; merosakkan. 患枯萎病；破坏；摧残。

**blighter** *n.* (*sl.*) orang atau benda, terutamanya yang mengacau. 破坏者；混蛋。

**blimey** *int.* (*sl.*) seruan terkejut. 哎呀！(表示轻蔑或惊愕的感叹词)

**blimp** *n.* blim; kapal udara. 软式小飞艇；飞船。

**blind** *a.* buta; secara membabi buta; kosong. 瞎的；失明的；鲁莽的；未加思考的；无目的的。—*adv.* membabi buta. 鲁莽地；盲目地。—*v.t./i.* membutakan; mengaburkan; (*sl.*) mengikut membabi buta. 使失明；使目眩；蒙蔽；盲目追随。—*n.* bidai. 百叶窗；竹帘。 **~alley** jalan buntu; jalan mati. 死胡同。**blindly** *adv.* membabi buta. 鲁莽地；盲目地。 **blindness** *n.* kebutaan. 失明。

**blindfold** *a.* & *adv.* yang matanya ditutup dengan kain. 被蒙住眼睛的(地)。—

**blindworm** 70 **bloodthirsty**

*n.* kain penutup mata. 蒙眼布。—*v.t.* menutup mata seseorang. （用布）蒙住某人的眼睛。

**blindworm** *n.* cacing bayut. 蛇蜥。

**blink** *v.t./i.* berkelip; berkerdip-kerdip. 眨眼；闪烁。—*n.* kelipan; kerdipan. 眨眼；闪烁。

**blinker** *n.* tuntun mata; alat pengepung mata kuda untuk meluruskan pandangannya. 马的眼罩。—*v.t.* menghalang penglihatan atau pemahaman. 蒙蔽；给马装上眼罩。

**blip** *n.* bunyi atau pergerakan pantas; penanda kecil pada skrin radar. 疾而尖的音响；雷达幕上的光点。—*v.t.* (*p.t. blipped*) pukul dengan pantas. 轻打；轻拍（尤指雷达等的信号）。

**bliss** *n.* kebahagiaan. 极乐；全福。**blissful** *a.* berbahagia. 无上幸福的；有造化的。**blissfully** *adv.* dengan bahagia. 有造化地。

**blister** *n.* lecur; lepuh; gelembung. （因烫伤而起的）水疱；烫肿；（漆器等的）气泡；（植物的）疱病。—*v.t./i.* melepuh; menggelembung. 起水疱；起气疱。

**blithe** *a.* riang. 欢乐的；愉快的。**blithely** *adv.* dengan riang. 欢乐地；愉快地。

**blithering** *a.* (*colloq.*) memalukan. 卑劣的；糟糕透顶的。

**blitz** *n.* serangan hebat (dari udara). 猛烈的空袭。—*v.t.* menyerang dengan hebat. （用闪电式行动）攻击。

**blizzard** *n.* ribut salji. 暴风雪；大风雪。

**bloat** *v.t./i.* mengembung; menggembung. 膨胀；肿起。

**bloater** *n.* ikan salai masin. 腌熏的鲱鱼。

**blob** *n.* tompok; tepek. （如漆等粘稠的）一滴；小斑点。

**bloc** *n.* blok; gabungan; persatuan. （国家、政党等为共同利益而结合的）集团。

**block** *n.* ketul; bongkah; blok. (*sl.*) kepala; takal. 大块；块状物；积木；一排建筑物；（人的）头；滑轮组。—*v.t.* halang; rintang; sekat. 阻挠；堵塞。~**in** lakaran kasar. 画略图；打草样。~ **letters** huruf besar. 正楷大写字母；大写字体。

**blockade** *n.* sekatan. 封锁；堵塞。—*v.t.* membuat sekatan. 封锁；堵塞。

**blockage** *n.* keadaan tersekat atau terhalang; benda yang menyekat. 封锁状态；堵塞情况；阻塞物。

**blockhead** *n.* orang bodoh. 呆笨的人。

**bloke** *n.* (*sl.*) orang lelaki. 男人；家伙。

**blond** *a. & n.* perang; berambut perang (lelaki). 浅茶褐色（的）；白肤金发男人（的）。

**blonde** *a. & n.* perang; berambut perang (perempuan). 浅茶褐色的；白肤金发女人（的）。

**blood** *n.* darah; keturunan; keluarga. 血；血统；家族。—*v.t.* memulakan. 使出血；抽血。~**bath** pembunuhan beramai-ramai. 大屠杀。~**curdling** *a.* sangat mengerikan. 令人毛骨悚然的。~ **sports** sukan yang melibatkan pembunuhan. （斗牛、狩猎等）杀戮动物的流血行动。~ **vessel** *n.* pembuluh darah. 血管。

**bloodhound** *n.* sejenis anjing pemburu. 大猎犬；大警犬。

**bloodless** *a.* tanpa darah; tanpa pertumpahan darah. 无血的；苍白的；（政变等）不流血的。**bloodlessly** *adv.* tanpa menumpahkan darah. 不流血地。

**bloodshed** *n.* penumpahan darah; pembunuhan. 流血；杀戮。

**bloodshot** *a.* (warna mata) merah. （眼睛）充血的。

**bloodstock** *n.* kuda pelumba yang dipilih bakanya. 纯种马。

**bloodstream** *n.* aliran darah. 血流。

**bloodsucker** *n.* penghisap darah; pemeras. 吸血生物（尤指水蛭）；剥削者（尤指高利贷者）。

**bloodthirsty** *a.* suka menumpahkan darah. 嗜血的；残忍好杀戮的。

**bloody** *a.* (*-ier, -iest*) berdarah. 血的；流血的；血淋淋的。—*adv.* betul. 非常；极。—*v.t.* menandai dengan darah. 血染；血污。**~-minded** *a.* (*colloq.*) degil. 残忍的；狠心的。

**bloom** *n.* kuntum (bunga); seri. （尤指观赏用的）花；花盛开；容光焕发。—*v.i.* kembang; mekar. 开花；（花）盛开。

**bloomer** *n.* (*sl.*) kesilapan. 大错误；失策。

**bloomers** *n.pl.* (*colloq.*) seluar panjang hingga ke lutut (untuk perempuan). 布卢默女服（一种有短裙和灯笼裤的女服，流行于19世纪中期）。

**blossom** *n.* bunga. （尤指果树的）花；开花。—*v.t.* berkembang; berbunga. 开花；使开花。

**blot** *n.* tompok; titik; titik hitam. 污渍；污点；墨渍。—*v.t.* (*p.t. blotted*) membuat tompokan dakwat; mengeringkan dengan kertas lap; menyerap. （用墨水等）弄脏；涂污；吸收；（用吸墨纸）吸干。

**blotch** *n.* tompok; belak; capuk. 大片污渍；（皮肤上的）斑点或疹块。**blotched** *a.* bertompok-tompok. 斑斑污痕的；有许多斑点的。**blotchy** *a.* bertompok-tompok. 斑点的；布满污渍的。

**blotter** *n.* sesusun kertas lap; alat penyimpan kertas ini. 吸墨纸；吸墨用具。

**blotting-paper** *n.* kertas lap; kertas pedap. 吸墨纸。

**blotto** *n.* (*sl.*) sangat mabuk. 烂醉如泥的。

**blouse** *n.* blaus; baju perempuan. 女罩衫；童衫；军服上衣。—*v.t./i.* tergantung longgar seperti blaus. 松弛地悬垂。

**blow**[1] *v.t./i.* (*p.t. blew, p.p. blown*) tiup; hembus; letup; (*sl.*) menunjukkan; (*sl.*) memboroskan. 吹；吹奏；（轮胎等）爆炸；吹牛；自夸；挥霍。—*n.* tiupan. 吹。**~-dry** *v.t.* mengeringkan rambut dengan alat pengering rambut. （用吹风器）把头发吹干。**~ in** (*colloq.*) tiba tanpa dijangka. 突然到访。**~-out** tayar meletup; fius terbakar. （轮胎）爆裂；（保险丝）烧断。**~ over** reda. （暴风雨等）平息；（云等）消散。**~ up** mengembung; membesar-besarkan; gembar-gembur; (foto) membesarkan; meradang; meletup; telingkah. 充气；（给轮胎）打气；夸大；（照片）放大；大发脾气；爆炸；谴责。

**blow**[2] *n.* pukulan; malapetaka; bencana. （用拳等）重击；捶打；（精神上的）打击；灾祸；不幸。

**blower** *n.* (*colloq.*) telefon. 电话。

**blowfly** *n.* langau hijau; lalat yang bertelur di atas daging. 绿头大苍蝇。

**blowlamp** *n.* penunu bagas. 喷灯。

**blown** *lihat* **blow**[1]. 见 **blow**[1]。—*a.* tidak dapat bernafas. 喘气的；精疲力竭的。

**blowpipe** *n.* sumpitan. 吹矢枪；吹管。

**blowy** *a.* (*-ier, -iest*) berangin. 刮风的；有风的。

**blowzy** *a.* (*-ier, -iest*) bermuka merah dan berkerutu. 红脸且衣着不整齐、相貌粗俗的（女人）。

**blub** *v.i.* (*p.t. blubbed*) (*sl.*) menangis. 哭泣。

**blubber**[1] *n.* lemak ikan paus. 鲸油；鲸脂。
**blubber**[2] *v.i.* meraung. 哭闹；哭泣。

**bludgeon** *n.* belantan; gada; tongkat yang digunakan sebagai senjata. 棍棒；（作武器用的）大头短棒。—*v.t.* memukul dengan belantan; paksa. （用大头棒）击打；强迫（某人做事）。

**blue** *a.* (*-er, -est*) biru; sedih. 蓝的；蓝色的；面容沮丧的。—*n.* warna biru; (*pl.*) muzik jazz; kesedihan. 蓝色；布鲁斯（一种爵士曲调）；哀歌。—*v.t.* (*pres.p. blueing*) membirukan; (*sl.*) menjolikan. 使成蓝色；染上蓝色；挥霍；花钱享乐。**~-blooded** *a.* keturunan bangsawan. 贵族出身的。**~ cheese** keju dengan jalur-jalur kulat biru. 蓝奶酪。**~-pencil** *v.t.* tapis; sensor. （用蓝色笔）删改。**out of the ~** tanpa dijangka. 出乎意料地。

**bluebell** *n.* bunga loceng biru; sejenis pokok dengan bunga berbentuk loceng berwarna biru. 圆叶风铃草。

**blueberry** *n.* beri biru; buah atau pokok sejenis beri. 乌饭树；乌饭树的蓝色浆果。

**bluebottle** *n.* langau biru. 反吐丽蝇；青蝇。

**blueprint** *n.* cetak biru; pelan (rumah, bangunan); rencana terperinci. 建筑蓝图；计划大纲；设计图。

**bluff**[1] *a.* dempak; tubir; terus terang dan ramah. （船头等）前面宽而垂直的；陡峭的；坦诚的；直率的。 —*n.* tebing curam; cenerung. 悬崖。 **bluffness** *n.* kecuraman; sikap terus terang dan ramah. 坦诚；直率。

**bluff**[2] *v.t./i.* menemberang. 假装；虚张声势地吓人。—*n.* temberang. 诈骗；虚张声势。

**bluish** *a.* kebiru-biruan. 带蓝色的。

**blunder** *v.i.* terhuyung-hayang; membuat kesilapan besar. 跟跟跄跄；犯大错。—*n.* kesilapan besar. （因无知、粗心等造成的）大错。 **blunderer** *n.* orang yang membuat kesilapan besar. 犯大错的人。

**blunderbuss** *n.* pemuras; senapang berpeluru kacang-kacang. 莽撞而犯错误的人；老式大口径的散弹枪。

**blunt** *a.* tumpul; berterus terang. 钝的；迟钝的；直率的。—*v.t./i.* menumpulkan. 使钝；使变愚蠢。 **bluntly** *adv.* dengan terus terang. 直率地；坦白地。 **bluntness** *n.* ketumpulan; sifat suka berterus terang. 钝；迟钝；直率。

**blur** *n.* palitan; kekaburan. 污迹；污点；模糊。—*v.t./i.* (p.t. *blurred*) palit; mengaburkan. 涂污；弄脏；使模糊。

**blurb** *n.* ringkasan penerbit; tulisan yang menghurai dan memuji sesuatu. （印在书籍护封上的）内容简介；作品推荐。

**blurt** *v.t.* mengatakan sesuatu dengan tiba-tiba. 冲口说出。

**blush** *v.i.* tersipu-sipu (hingga merah muka). （因羞愧而）脸红；害羞。—*n.* merah muka (kerana malu). 脸红；害臊。

**blusher** *n.* pemerah pipi. 胭脂；红粉。

**bluster** *v.i.* menderu; membadai; cakap berdegar-degar. （风浪等）狂吹或汹涌；（说话）咆哮。—*n.* kata-kata yang berdegar-degar. 咆哮；恐吓。 **blustery** *a.* berangin kencang. 狂风大作的；起风暴的。

**BMX** *n.* perlumbaan basikal di jalan tanah; basikal lumba untuk jalan tanah. 自行车越野赛；（越野赛用的）自行车。

**boa** *n.* ular boa; sejenis ular besar di Amerika Selatan yang meremukkan mangsanya. 蟒蛇。

**boar** *n.* babi jantan. 雄猪；公猪。

**board** *n.* papan nipis; papan kenyataan; papan kertas; makanan harian yang dibayar atau sebagai upah; lembaga. 薄板；布告板；纸板；（包膳宿的）伙食；理事会；董事会。—*v.t./i.* menutup dengan papan; menaiki (kapal); menerima atau menyediakan makanan dan tempat tinggal dengan bayaran. 用板覆盖；上（车、船或飞机）；收费以供膳宿。 **go by the ~** ditolak atau diketepikan. （尤指计划、希望等的）被放弃；被忽视。 **on ~** di atas atau di dalam kapal, kapal terbang, dll. 在车、船或飞机上。

**boarder** *n.* orang yang membayar makan; penuntut yang tinggal di asrama. 搭伙食者；寄膳宿者；寄宿生。

**boarding-house** *n.* rumah penginapan. 供膳食的寄宿舍。 **boarding-school** *n.* sekolah berasrama. 寄宿学校。

**boardroom** *n.* bilik lembaga; bilik lembaga pengarah bermesyuarat. （董事会等的）会议室。

**boast** *v.t./i.* bercakap besar. 夸口；自夸；自吹自擂。—*n.* cakap besar; kemegahan. 夸大的话。 **boaster** *n.* orang yang bercakap besar; pelagak. 大言不惭的人；夸口的人。

**boastful** *a.* sombong; bongkak. 夸口的；自负的；傲慢的。 **boastfully** *adv.* dengan sombong. 夸口地；自负地。 **boastfulness** *n.* kesombongan; kebongkakan. 夸口；自负；傲慢。

**boat** *n.* bot; perahu; sampan; mangkuk jongkang. 船、小船；（餐馆内装调味汁等的）船形盘。 **in the same ~** senasib. 同舟共济；处境相同。

**boater** *n.* topi *boater*; topi jerami yang rata di atasnya. 硬壳平顶草帽。

**boathouse** *n.* bangsal bot; bangsal di tepi air untuk melindungi bot. 停船棚屋。

**boating** *n.* main perahu; bersuka-suka mendayung perahu. 划船；划船行乐。

**boatman** *n.* (pl. *-men*) orang yang mendayung atau melayarkan atau menyewakan bot, perahu, dsb. 船夫；浆手；出租船只的船主。

**boatswain** *n.* serang; ketua kelasi. 水手长；舰长。

**bob**[1] *v.t./i.* (p.t. *bobbed*) tenggelam timbul; potong pendek (rambut). 上下（或来回）急速移动；（把头发）剪短。 —*n.* gerakan tenggelam timbul; rambut pendek. 上下（或来回）急速移动的动作；短发。

**bob**[2] *n.* (pl. *bob*) (*sl.*) syiling; 5 peni. 1先令；（英制货币中的）5便士。

**bobbin** *n.* gelendong; kili-kili. （纺织、缝纫、卷纱等用的）筒管；线轴。

**bobble** *n.* bola bulu sebagai hiasan. （装饰用的）小羊毛球。

**bobby** *n.* (*colloq.*) anggota polis; matamata. 警察。

**bob-sled, bob-sleigh** *ns.* kereta geluncur. 大雪橇；连橇。—*v.i.* menaiki kereta geluncur. 乘大雪橇。

**bobtail** *n.* ekor kontot; kuda atau anjing yang berekor kontot. 已截短的尾巴；截短了尾巴的马（或狗）。

**bode** *v.t./i.* menandakan; meramalkan. 预示；预告；预报。

**bodice** *n.* badan baju; bahagian pakaian dari bahu ke pinggang; anak baju; baju dalam. 女连衣裙的上身；女用紧身胸衣。

**bodily** *a.* berkaitan dengan badan atau jasmani manusia. 身体的；肉体的；躯体的。—*adv.* secara jasad; sepenuhnya; seluruhnya. 有形体地；整个地；完全地。

**bodkin** *n.* jarum susup; jarum yang kasar, tumpul dan berlubang besar. 粗针；大针眼缝针。

**body** *n.* tubuh; badan; jasad; mayat; kelompok. 身体；躯体；主体；植物的主干；尸体；（人或兽等）一群。 **~-blow** *n.* pukulan yang hebat. （拳击中）向对手身体的重击。

**bodyguard** *n.* pengawal peribadi; pengiring. 保镖；侍卫。

**bodysuit** *n.* pakaian sukan wanita yang sendat. （女运动员穿的）紧身衣裤。

**Boer** *n.* orang Afrika Selatan berketurunan Belanda. （南非荷兰人后裔的）布尔人。

**boffin** *n.* (*colloq.*) orang yang terlibat dalam kajian teknikal. 科学技术人员；科研工作者。

**bog** *n.* paya; rawa. 沼泽；泥塘。—*v.t.* (p.t. *bogged*) menjadi buntu. 陷入（困境、泥中）。 **boggy** *a.* berpaya; berawa. 沼泽多的；潮湿的。 **bogginess** *n.* kebuntuan. （沼泽等的）松软潮湿。

**bogey**[1] *n.* (pl. *-eys*) (dalam permainan golf) bagi, satu pukulan atas par. （高尔夫球）每洞击球的标准分数；（比标准入洞杆数）超一击。

**bogey**[2] *n.* (pl. *-eys* atau *-ies*) momok; benda yang menakutkan. 妖怪；骇人的东西。

**boggle** *v.i.* tergamam; membantah. 犹豫；心慌意乱；（对某建议等）难以接受。

**bogie** *n.* bogi, gerabak beroda yang dipangsi di kedua-dua hujung. （火车或车辆底部的）转向架。

**bogus** *a.* palsu. 伪造的；假冒的。

**bogy** *n.* momok; sesuatu yang menakutkan. 妖怪；骇人的东西。

**boil¹** *n.* bisul. 疮肿；脓肿。

**boil²** *v.t./i.* jerang; rebus; mendidih. 煮；沸腾。

**boiler** *n.* dandang, periuk penjerang air. 汽锅；煮器。~ **suit** baju monyet, pakaian untuk kerja-kerja kasar dan kotor. 罩衣；连衫裤工作服。

**boisterous** *a.* berangin; riuh-rendah keriangan. 狂风暴雨的；喧闹的。**boisterously** *adv.* dengan riang. 喧闹地。

**bold** *a.* (*-er, -est*) berani; (warna) jelas; ketara. 勇敢的；大胆的；（颜色）突出的；（粗体字）显眼的。**boldly** *adv.* dengan berani. 勇敢地；大胆地。**boldness** *n.* keberanian; kejelasan. 勇敢；大胆；（粗体字）显著。

**bole** *n.* batang pokok. 树干。

**bolero** *n.* (*pl. -os*) tarian bolero (Sepanyol); jaket pendek tanpa butang untuk perempuan. （西班牙的）波莱罗舞；（妇女穿的）波莱罗短上衣。

**boll** *n.* buah kapas, flaks, dsb. （棉、亚麻等的）圆荚。

**bollard** *n.* tumang; tonggak. 系缆柱。

**boloney** *n.* (*sl.*) karut. 瞎扯；胡说八道。

**Bolshie** *a. & n.* (*sl.*) komunis; pemberontak. 共产主义者（的）；反叛的。

**bolster** *n.* bantal guling. 长枕；抱枕。—*v.t.* menyokong; menunjang. 支撑；垫；援助。

**bolt** *n.* selak; pancaran kilat; pengancing; anak panah; gulungan kain; tindakan cabut lari. （门窗等的）插销；闩；闪电；螺钉；螺栓；箭；（棉布等的）一匹；逃走。—*v.t./i.* menyelak; cabut lari. 上插销；闩门；逃走。**~hole** *n.* lubang persembunyian. （动物的）窟；安全藏匿所。~ **upright** tegak betul. 僵直；笔直。

**bomb** *n.* bom; (*sl.*) wang yang banyak. 弹；炸弹；大量金钱。—*v.t./i.* mengebom. （用炸弹）攻击；轰炸。

**bombard** *v.t.* menembak dengan meriam; membedil; menghujani. 炮击；轰炸；（连珠炮似地）质问。**bombardment** *n.* pembedilan. 炮击轰炸。

**bombardier** *n.* askar meriam. 轰炸员；炮手。

**bombastic** *a.* menggunakan perkataan-perkataan yang hebat. 夸大其辞的；言过其实的。

**Bombay duck** *n.* ikan luli; ikan kering yang dihidangkan sebagai pembuka selera terutamanya dengan kari. （印度的）龙头鱼；（餐前开胃食用的）咖哩龙头鱼干。

**bombazine** *n.* kain worsted twil; sejenis kain. 邦巴辛毛葛；一种细斜纹布。

**bomber** *n.* kapal terbang pengebom; orang yang kerjanya mengebom. 轰炸机；投弹手。

**bombshell** *n.* sesuatu yang menggemparkan. 炸弹；令人震撼的人或事。

**bona fide** jujur; ikhlas. 真正的；真诚的。

**bona fides** kejujuran; keikhlasan; niat baik. 诚意；善意；真诚。

**bonanza** *n.* harta atau tuah besar yang mendadak. 财源；发大财；鸿运。

**bond** *n.* ikatan; perjanjian; bon; kertas tulisan bermutu tinggi. 捆绑物；契约；证券；债券；优质的纸张。—*v.t.* ikat. 捆绑；约束；以…作抵押。 **in** ~ ditahan kastam hingga cukai dibayar. （进口货物因尚未纳税而）搁在关栈中。

**bondage** *n.* perhambaan; pengabdian. 奴役；束缚；奴隶。

**bonded** *a.* tersimpan di gudang bagi barang yang ditahan. 存放关栈（以待完税）的。

**bone** *n.* tulang. 骨；骨头；骨骸。—*v.t.* menulangi; membuang tulang. 剔骨；除去骨头。~ **china** diperbuat daripada tanah liat dan abu tulang. 骨灰瓷（一种以粘土及骨灰等混合体烧制成的瓷器）。**~-dry** *a.* kering betul. 干透的。~ **idle** berat tulang (sangat malas). 懒透了的。**~-meal** *n.* serbuk tulang yang dibuat baja. （作肥料用的）骨粉。

**bonehead** *n.* (*sl.*) otak udang (orang bodoh). 笨蛋；傻瓜。

**bongo** *n.* (pl. *-os*) bonggo: sepasang gendang kecil yang dimainkan dengan jari. 小手鼓。

**bonhomie** *n.* keramah-tamahan. 和蔼；友好。

**bonk** *v.t./i.* berdebap; berlanggar. （物体下坠时）发撞击声；互撞。(*sl.*) melakukan persetubuhan (dengan). 交媾；性交。—*n.* bunyi berdebap. （物体）下坠声。

**bonnet** *n.* topi bonet; topi bertali pengikat di bawah dagu; topi Scot; bonet, penutup enjin kereta. （系带于颔下的）无边小圆软帽；苏格兰呢帽；引擎盖。

**bonny** *a.* (*-ier, -iest*) sihat dan tegap. 健康的；强壮的；活泼的。

**bonsai** *n.* bonsai, pokok kecil atau pokok renek. 盆栽；盆景艺术。

**bonus** *n.* bonus; bayaran lebih. 红利；额外津贴或奖金。

**bony** *a.* (*-ier, -iest*) seperti tulang; kurus; penuh tulang. 似骨的；瘦削的；多骨的。**boniness** keadaan kurus atau penuh tulang. 瘦削；瘦骨嶙峋的样子。

**boo** *int.* mencemuh. 嘘！（表示不满、轻蔑等时所发出的声音）—*v.t./i.* bersorak 'boo' kepada orang. 喝倒彩；发出嘘声。

**boob** *n.* & *v.i.* (*sl.*) kesilapan yang memalukan. 愚蠢的错误；失策。

**booby** *n.* orang bodoh. 笨蛋；蠢材。~ **prize** hadiah jenaka kepada si kalah. （戏谑性质的）末名奖；倒数第一奖。~ **trap** perangkap; jerangkap samar. 陷阱（尤指置于门上，以待落下击中开门者的一种恶作剧）。~**-trap** *v.t.* memasang jerangkap samar. 设置（门上）陷阱。

**boogie** *n.* muzik piano jazz diiringi rentak bes. 布吉舞曲（一种摇滚乐）。—*v.i.* menari dengan rentak ini. 随着布吉舞曲而起舞。

**book** *n.* kitab; buku; rakaman atau pertaruhan judi yang dibuat. 书籍；著作；（赛马等的）赌注记录簿。—*v.t./i.* membukukan; tempah; beli terlebih awal. 登记；记载入册；预订；定票。

**bookable** *a.* boleh dibukukan. （座位、票等）可预订的。

**bookcase** *n.* rak buku; almari buku. 书箱；书橱。

**bookie** *n.* (*colloq.*) penerima taruhan. （赛马等的）赌注登记经纪人。

**bookkeeping** *n.* simpan kira; pencatatan urus niaga. 簿记；登录账目。

**booklet** *n.* buku kecil. 小册子。

**bookmaker** *n.* penerima taruhan. （赛马等的）登记赌注者。

**bookmark** *n.* penanda buku. 书签。

**book-plate** *n.* plat buku; label pada buku mempamer nama pemilik. 书牌；藏书者标签。

**bookworm** *n.* ulat buku; orang yang gemar membaca. 蠹鱼（蛀书虫）；书呆子；书迷。

**boom**[1] *v.t.* berdentum; melambung naik. （雷、炮等）发出隆隆声；暴涨；激增；迅速发展。—*n.* dentuman; keadaan ekonomi melambung. 隆隆声；（经济状况等的）急速发展；兴旺。

**boom**[2] *n.* joran; bum, penyekat yang terapung. 吊杆；船帆的下桁；横梁；栅栏；水上航标。

**boomerang** *n.* bumerang; kayu sikuan yang apabila dilontarkan berbalik semula kepada si pelontar. 回飞镖（澳洲一种掷出后能折回的木制武器）。—*v.i.* berbalik kepada diri sendiri. 自食其果；害人害己。

**boon**[1] *n.* keuntungan. 所得物；恩惠。

**boon**[2] *a.* ~ **companion** teman yang menyenangkan. （一起寻欢作乐的）好友；酒肉朋友。

**boor** *n.* orang biadab. 粗俗的男子；乡下人。**boorish** *a.* perihal kebiadaban. 粗俗的；土里土气的。**boorishness** *n.* kebiadaban. 粗俗；土里土气。

**boost** *v.t.* menaikkan; menggalakkan. 推动;促进;吹捧. —*n.* kenaikan; pertambahan. 推动;促进;增加. **booster** *n.* penggalak. 推动者;升降压器;助推器。

**boot** *n.* but; kasut yang tinggi (sampai ke atas buku lali); tempat menyimpan barang di kereta; (*sl.*) pemecatan. 长筒靴;(汽车的)行李箱;解雇;开除. —*v.t.* tendang; sepak. 用靴踢;踢出。

**bootee** *n.* buti; but sulaman untuk bayi. (婴儿穿的)毛绒鞋。

**booth** *n.* pondok. 棚;小摊子。

**bootleg** *a.* haram; hasil seludup. 非法酿造或贩卖(酒、货品)的。**bootlegger** *n.* penyeludup. 私自贩运(酒)的人. **bootlegging** *n.* penyeludupan. 非法酿造或贩卖。

**booty** *n.* harta rampasan. 战利品;掠夺物。

**booze** *v.i.* (*colloq.*) minum arak. 暴饮;滥饮(酒). —*n.* arak; bersuka-suka dengan meminum arak atau alkohol. 酒;暴饮. **boozer** *n.* peminum (arak). 暴饮者;酒徒. **boozy** *a.* mabuk. 大醉的. **boozily** *adv.* dengan mabuk. 醉醺醺地. **booziness** *n.* kemabukan. 酩酊大醉。

**boracic** *a.* borik; mengandungi boraks. 硼的;含硼的。

**borage** *n.* sejenis pokok berbunga biru. 琉璃苣。

**borax** *n.* boraks, sebatian boron yang digunakan dalam serbuk pencuci, dsb. 硼砂;月石(制肥皂粉等用的化学原料)。

**border** *n.* sempadan; pinggir; batas. 边界;边境;界限. —*v.t./i.* buat sempadan. 设边界;围起. **~ on** bersempadan; hampir-hampir. 与…接壤;邻接。

**borderline** *n.* garisan sempadan. 分界线;国境。

**bore**[1] *lihat* **bear**[2]. 见 **bear**[2] 。

**bore**[2] *v.t./i.* menggerek; mengorek. 钻(孔);挖(洞);凿。—*n.* lubang galian; ruang lubang dalam pembuluh, silinder dsb. 孔;管;筒;(枪、炮等的)膛径。

**borer** *n.* tukang gerek, pengebor. 穿孔者;钻工;钻孔器。

**bore**[3] *v.t.* jemu; bosan. 使厌烦;使厌倦. —*n.* orang, benda atau hal yang menjemukan, membosankan. 令人厌烦的人或事物. **boredom** *n.* kebosanan. 厌烦;乏味。

**bore**[4] *n.* ombak besar di kuala. 河口的高潮;涌潮。

**boric** *a.* **~ acid** asid borik; sebatian yang diperolehi daripada boron dan digunakan sebagai antiseptik. 含硼酸的;(有防腐及消毒作用的)硼酸。

**born** *a.* dilahirkan; berbakat; memang dasarnya. 出生的;(天资等)天生的;命中注定的. **~-again** *a.* lahir semula atau berbalik semula (agama). (尤指基督教成重新或进一步确定其信仰)再生的。

**borne** *lihat* **bear**[2]. 见 **bear**[2] 。

**boron** *n.* boron; tingkal, bahan kimia yang tahan suhu panas. 硼。

**borough** *n.* bandar atau daerah yang mempunyai kuasa pentadbiran sendiri; daerah pentadbiran London. (英国)享有自治特权的市镇;伦敦行政区。

**borrow** *v.t./i.* pinjam. 借;借出;向人借. **borrowed time** melebihi jangka waktu hayat. (尤指生命)比预期稍长的有限时间;意外延长的时间。**borrower** *n.* peminjam. 借用人;借贷者。

**Borstal** *n.* tempat pemulihan pesalah muda. (青少年的)感化院;教养院。

**bortsch** *n.* sup ubi bit Rusia. (俄罗斯的)罗宋汤。

**borzoi** *n* anjing serigala Rusia. 猎狼(狗)(俄国狼犬)。

**bosh** *int. & n.* (*sl.*) karut. 胡扯!瞎说!

**bo's'n** (*sl.*) *lihat* **boatswain**. 见 **boatswain**。

**bosom** *n.* buah dada. 胸;胸膛;(女性的)乳房. **~ friend** kawan rapat. 知

交；知心朋友。**bosomy** *a.* berbuah dada besar. (女人)胸脯特别大的。

**boss**[1] *n.* (*colloq.*) bos; ketua; pengurus. 老板；上司。—*v.t.* (*colloq.*) mengarah. 指挥；差遣。

**boss**[2] *n.* tombol; bonggol. (动植物的)结疤；突起部；浮雕。

**boss-shot** *n.* (*sl.*) cubaan yang gagal. 不成功的尝试；未中的射击或猜测。

**bossy** *a.* (*-ier, -iest*) suka mengarah. 作威作福的；霸道的。**bossiness** *n.* sikap suka mengarah. 作威作福；霸道。

**botany** *n.* botani; kajian tumbuhan. 植物学；植物生态。**botanical** *a.* berkaitan dengan tumbuhan. 植物学的；植物生态上的。**botanist** *n.* ahli botani; pengkaji tumbuhan. 植物学家。

**botch** *v.t.* merosakkan kerana kerja sambil lewa. (因技术不好而)把工作弄糟；笨手笨脚地弄坏。

**both** *a., pron. & adv.* kedua-dua(nya). 双方(都)；双方，两者；在两方面同样地。

**bother** *v.t./i.* ganggu; kacau; menyusahkan; merisaukan. 打扰；烦扰；为…费脑筋；操心。—*int.* alamak! celaka!! kata seruan tentang kejelikan. 讨厌！真讨厌！(表示不耐烦、不高兴等的感叹词)—*n.* bimbang; kesusahan kecil. 烦扰；小麻烦。**bothersome** *a.* mengganggu, menyusahkan. 令人焦虑的；麻烦的。

**bottle** *n.* botol. 瓶子。—*v.t.* membotolkan; simpan dalam botol. 把…装入瓶中；贮藏于瓶中。

**bottleneck** *n.* tempat sempit yang menyebabkan kesesakan; gangguan terhadap sesuatu kerja, dsb. 瓶颈；(造成交通阻塞的)窄路；(妨碍工作进展的)障碍。

**bottom** *n.* dasar; punggung. 底；底部；根底；屁股。—*a.* terkebawah dalam kedudukan, pangkat, dsb. 最下层的；最低的。—*v.t./i.* meletakkan bahagian bawah; jatuh ke paras yang paling bawah. 为…装底部；跌至最低点；(船等)沉底。~ **line** (*colloq.*) hakikat atau keperluan utama. 基本的；实际的。

**bottomless** *a.* tersangat dalam. 无底的；深不可测的。

**botulism** *n.* botulisme; peracunan makanan oleh bakteria. 肉毒中毒(罐头、腊肠等可久藏的食物因细菌感染而使人中毒)。

**bouclé** *n.* kain dengan gelungan benang. 珠皮呢；仿羔皮呢。

**boudoir** *n.* bilik kecil kegunaan peribadi bagi wanita. 闺房；女人的卧室。

**bougainvillaea** *n.* sejenis bunga; bunga kertas. 九重葛属植物。

**bough** *n.* dahan. 大树枝；粗枝。

**bought** *lihat* **buy**. 见**buy**。

**boulder** *n.* batu tongkol. 圆石；漂砾。

**boulevard** *n.* jalan yang luas. 林荫大道；宽敞的大街。

**bounce** *v.t./i.* melambung; memantul; melantun; (*sl.*, berkenaan cek) melambung; dikembalikan oleh bank kerana tiada berharga; cergas. (球等)弹起；弹回；跃起；(支票)退票；急冲。—*n.* pantulan; lantunan; pelantunan; pemantulan; cergas. 弹；反弹；弹力；活力。

**bouncer** *n.* pelantun; pelambung; pemantul; (*sl.*) orang yang diupah untuk mengusir pengacau. 弹跳物；(夜总会等雇用的)负责驱逐捣乱者的人。

**bouncing** *a.* segar-bugar. 大的；健壮的；活跃的。

**bound** *a.* pergi ke arah tertentu. 开往…的；到…去的。

**bound**[1] *v.t.* menyempadani; membatasi. 限制；界定范围。—*n.* (*usu. pl.*) had. 界限；限度；范围。**out of bounds** tempat larangan. 越界；越轨。

**bound**[2] *v.i.* melantun; melompat-lompat. 弹起；跳起；跳跃。—*n.* lantunan. 弹跳；跳跃。

**bound**[3] *lihat* **bind**. 见**bind**。—*a.* tersekat oleh sesuatu. 被束缚的；受(合同等)

约束的。**~ to** pasti akan. 一定；肯定会。**I'll be ~** saya berasa pasti. 我可以担保；保证。

**boundary** *n.* garisan sempadan; pukul ke sempadan dalam permainan kriket. 边界；界线；（球场）边线；（板球）击球到边界线得分。

**bounden** *a.* **~ duty** tanggungjawab tuntutan diri. 本身应尽的责任；义不容辞的责任。

**bounder** *n.* (*colloq.*) orang durjana. 粗俗的人；暴发户。

**boundless** *a.* tanpa had atau sempadan; tak terbatas. 无限的；无边无际的。

**bountiful** *a.* dermawan; melimpah-ruah. 慷慨的；宽宏大量的；丰富的。**bountifully** *adv.* dengan banyaknya. 慷慨地；大量地。

**bounty** *n.* kemurahan hati; hadiah yang besar; ganjaran. 慷慨；大方；赏金；奖赏。**bounteous** *a.* dermawan; pemberian yang dermawan. 慷慨的；丰厚的；奖赏的。**bounteously** *adv.* dengan kemurahan hati. 慷慨地；大方地。

**bouquet** *n.* jambak bunga; bau harum wain. 花束；（葡萄酒等散发出的）香味。

**bouquet garni** seberkas herba untuk perisa. （煮汤汁、烩肉等当调味品用的）香草束。

**bourbon** *n.* wiski yang diperbuat daripada jagung. 波旁威士忌（美国波旁地区出产的玉米烈酒）。

**bourgeois** *a.* borjuis, kelas pertengahan. 中产阶级的；资产阶级的。

**bourgeoisie** *n.* golongan borjuis. 中产阶级。

**bout** *n.* jangka waktu tugas atau kegeringan; perlawanan tinju. （工作、狂饮等的）一阵；一番；（拳击等的）一次较量。

**boutique** *n.* butik; kedai yang menjual berbagai fesyen pakaian. （专卖妇女时装用品的）小时装商店。

**bovine** *a.* seperti lembu; bodoh dan lembap. 牛一样的；鲁莽迟钝的。

**bow**[1] *n.* busur; ibu panah; penggesek biola; reben; simpulan. 弓；弓形物；琴弓；绳结；蝴蝶结。**~-legged** *a.* (kaki) pengkar. （脚）弓形的；罗圈腿的。**~-tie** *n.* tali leher kupu-kupu. 蝴蝶结领带。**~-window** *n.* tingkap unjur lengkung. 弧形凸窗。

**bow**[2] *n.* tundukan. 低头；鞠躬；屈服。—*v.t./i.* tunduk; bongkok; menyerah. 低头；鞠躬；屈服。

**bow**[3] *n.* haluan (perahu, kapal); pendayung yang terhampir ke haluan. （船、舰等的）前缘部分；船头；机首；前桨手。

**bowdlerize** *v.t.* menapis (kata-kata babak, dsb.); membuang; mengeluarkan. 删节（书中不妥之处）；删改。**bowdlerization** *n.* penapisan. 删节。

**bowel** *n.* usus; (*pl.*) isi perut. 肠；结肠；内脏；内部。

**bower** *n.* punjung; para-para. 凉亭；遮荫处；棚架。**bowery** *a.* seperti punjung berdaun. 有树荫的；凉亭似的。

**bowie knife** *n.* pisau pemburu dengan mata yang panjang dan melengkung. 长猎刀。

**bowl**[1] *n.* mangkuk; kepala sudu, paip, dsb. 碗；钵；盆；（汤匙等的）弯物部分；（烟斗等的）斗。

**bowl**[2] *n.* sejenis bola berat; permainan bola ini; bola golek; bola boling. （游戏用的）木球；（如保龄球等的）滚木球戏。—*v.t./i.* bergolek; pantas dan licin; melontar bola kepada pemukul. 滚动；快而稳地移动；（板球）投球。**~ over** jatuh tergolek; terperanjat. 撞倒；使慌张。

**bowler**[1] *n.* pelontar bola kriket; pemain bola golek; pemain boling. （板球）投球手；滚木球的人；保龄球球员。

**bowler**[2] *n.* **~ hat** topi keras yang bulat atas ubunnya. 圆顶硬礼帽。

**bowling** *n.* boling. 保龄球；滚木球戏。

**bowsprit** *n.* spar atau kayu panjang di bahagian haluan kapal. 船首斜桁。

**box¹** *n.* kotak; peti; pondok; petak. 盒；箱；匣；岗亭；（戏院等的）包厢；（法庭的）证人席。—*v.t.* memasukkan ke dalam kotak. 把…装进盒或箱中。~ **in** tertutup dalam ruang sempit. 使挤在一处。~ **office** *n.* tempat jual tiket di panggung, dll. （戏院等的）票房；售票处。~ **pleat** *n.* lisu bertentang. 箱形褶襇。

**box²** *v.t./i.* menampar; bertinju sebagai sukan. 捆打；用拳击；比拳。—*n.* tamparan. 一巴掌；一拳。**boxing** *n.* tinju. 拳击赛；拳术。

**box³** *n.* sejenis pokok renek malar hijau; kayunya. 黄杨树。**boxwood** *n.* kayu pak. 黄杨木。

**boxer** *n.* peninju; sejenis anjing. 拳师；拳击手；拳师狗。

**Boxing Day** hari pertama (bukan hari minggu) selepas Krismas. 节礼日（圣诞礼物馈赠日，即圣诞节的次日）。

**boxroom** *n.* stor menyimpan kotak kosong, dsb. （存放箱子等杂物的）储藏室。

**boy** *n.* budak lelaki; orang gaji lelaki. 男孩；少男；男侍役；男服务员。**boyhood** *n.* zaman kebudakan, remaja. （男子的）童年；少年时代。**boyish** *a.* kebudakan. 男孩的；男孩似的。

**boycott** *v.t.* Memulaukan; Boikot. 抵制；拒绝参加（或购买等）。—*n.* pemulauan; pemboikotan. 联合抵制；联合拒绝参加（或购买等）。

**boyfriend** *n.* teman lelaki. 男朋友；男伴。

**bra** *n.* coli. 乳罩；奶罩。

**brace** *n.* pendakap; pasang; (*pl.*) tali bawat. 支持物；撑柱；裤子的背带。—*v.t.* menyokong; mengukuhkan. 支住；撑牢；拉紧。

**bracelet** *n.* gelang. 手镯；手链。

**bracing** *a.* menyegarkan. 令人振奋的；刺激的。

**bracken** *n.* pakis; pokok resam. 欧洲蕨。

**bracket** *n.* kuda-kuda; tupai-tupai; kurungan; tanda-tanda ( ), [ ], { }; golongan. 支架；三角架；托架；托座；括号；（年龄、收入等的）等级段。—*v.t.* membubuh dalam kurungan; memasukkan ke dalam golongan. 加括号；把…分类。

**brackish** *a.* payau (air). （水）带咸味的；含盐的。

**bract** *n.* pelepah. 苞；苞片。

**bradawl** *n.* gerudi kecil. 打眼钻；锥钻。

**brag** *v.i.* (p.t. *bragged*) bercakap besar. 吹牛；自夸。

**braggart** *n.* orang yang bercakap besar. 吹牛者；自夸者。

**brahmin** *n.* brahmin; orang yang berkasta tertinggi dalam agama Hindu. 婆罗门（印度种姓阶级的最高级）；名门贵族。

**braid** *n.* tocang; pita brid. 发辫；编带。—*v.t.* menocangkan; membubuh pita brid. 打辫子；结编带；编结。

**Braille** *n.* Braille; sistem tulisan untuk orang buta. 布莱叶点字法；（盲人用的）凸点盲字体系。

**brain** *n.* otak; (juga *pl.*) kepintaran; kecerdasan otak. 脑；智慧；天赋。—*v.t.* memecahkan kepala. 重击头部致死。

**brainchild** ciptaan seseorang. 创（思想或发明等）脑力劳动的产物。

**brainstorm** *n.* gangguan mental; (*A.S.*) idea-idea yang bagus. 脑猝变；脑病暴发；突然想到的妙计；突发的奇想。

**brainwash** *v.t.* memaksa perubahan pendapat dengan tekanan ke atas fikiran. 洗脑；强行灌输思想于。

**brainwave** *n.* idea-idea yang bagus. 灵感；突然想到的妙计。

**brainy** *a.* (*-ier, -iest*) pintar; pandai. 足智多谋的；聪明的。

**braise** *v.t.* menumis-reneh; memasak bahan yang bercampur sedikit air dengan api perlahan. 用慢火炖或焖（肉等）。

**brake¹** *n.* brek. 制动器；刹车掣。—*v.t./i.* membrek; menahan. 制动；刹（车）。

**brake²** *n.* kawasan semak; rambun; gumpung. 丛林；灌木丛。

**bramble** *n.* pokok beri berduri. 悬钩子灌木；荆棘。

**bran** *n.* bran; kulit biji-bijian yang dikisar dan diayak daripada tepung. 麦麸；糠。

**branch** *n.* dahan; ranting; cabangan; cawangan jalan, sungai, dsb.; cawangan, cabang sesuatu badan. 树枝；分枝；支线；支流；(机构等的)分部；分行；分局。—*v.i.* bercabang. 开叉；设分行。**~ off** menyimpang. 分叉；分开。**~ out** memperluas dengan memulakan satu kegiatan baru. 扩大活动范围。

**brand** *n.* tanda perniagaan; jenama; tanda selar; puntung kayu. 商标；牌子；烙印；燃烧着的木头。—*v.t.* menanda; beri gelaran buruk. 打烙印于；加商标于；加污名于。**~-new** *a.* baru; belum terpakai. 崭新的；全新的。

**brandish** *v.t.* lambai. 威胁地挥动（刀剑等）；炫耀地展示。

**brandy** *n.* brandi; arak yang disuling daripada wain atau jus buah-buahan yang ditapai. 白兰地酒。**~ snap** wafer halia. （用白兰地调味的）姜饼。

**brash** *a.* gopoh; kasar. 性急的；鲁莽的；轻率的。**brashly** *adv.* dengan kasar. 轻率地；急躁地。**brashness** *n.* kekasaran. 轻率；急躁。

**brass** *n.* loyang; (*sl.*) duit. 黄铜；现金。—*a.* diperbuat daripada loyang. 黄铜的；黄铜制的。**~ tacks** (*sl.*) fakta; hakikat asas. 具体事实；事实的真相。**top ~** (*colloq.*) pegawai tinggi. 高级官员；要员。

**brasserie** *n.* restoran (asalnya menyediakan bir dengan makanan). 餐馆（原为供应啤酒及食物的啤酒店）。

**brassière** *n.* coli. 乳罩；胸罩。

**brassy** *a.* (**-ier, -iest**) bagai loyang; tidak tahu malu. 似黄铜的；含黄铜的；无耻的；厚脸皮的。**brassiness** *n.* sifat tidak tahu malu. 厚颜无耻。

**brat** *n.* anak atau budak (bahasa kesat). 顽童。

**bravado** *n.* keberanian yang ditunjuk-tunjuk. 虚张声势；故作勇武。

**brave** *a.* (**-er, -est**) berani; hebat. 勇敢的；无畏的；英勇的。—*n.* pahlawan orang asli Amerika. (北美洲印第安人的)勇士。—*v.t.* menghadapi dengan berani. 勇敢地面对；冒…的危险。

**bravely** *adv.* dengan keberanian. 勇敢地；英勇地。**bravery** *n.* keberanian. 勇气；英勇。

**bravo** *int.* bagus! syabas! 好极了！（表示喝采的感叹词）

**brawl** *n.* pergaduhan; perkelahian. (乱哄哄的)争吵；打架。—*v.i.* bergaduh; berkelahi. 争吵；打架。**brawler** *n.* orang yang bergaduh atau berkelahi. 争吵者；喧闹者。

**brawn** *n.* tenaga; kekuatan jasmani; daging daripada kepala anak lembu. 体力；臂力；结实有力的肌肉；（经过切块及压缩的）腌肉。

**brawny** *a.* (**-ier, -iest**) berotot-otot. 肌肉结实的；强壮的。

**bray** *n.* ringkikan; rengehan (keldai); bunyi mersik. 驴叫声；似驴叫的声音。—*v.i.* meringkik; merengeh. 驴叫；发出驴叫似的声音。

**braze** *v.t.* memateri. （用锌铜合金）焊接。

**brazen** *a.* yang dibuat daripada atau seperti loyang; tidak tahu malu. 黄铜制的；（似黄铜般）坚硬的；厚颜无耻的。—*v.t.* **~ it out** tidak malu walaupun bersalah; menebalkan muka. (做错事后)厚着脸皮撑下去。**brazenly** *adv.* dengan muka tebal. 厚着脸皮地；肆无忌惮地。

**brazier** *n.* perapian; bekas berkaki untuk bara. (金属)火盆；灰盆；焊炉。

**breach** *n.* mungkir; kerenggangan; rekahan; ruang pemisah. 违犯(法律、职责或合约)；关系决裂；破裂；缺口。—*v.t.* memecahkan; mungkir. 攻破；突破；违反。

**bread** *n.* roti; (*sl.*) wang. 面包；钱。

**breadcrumbs** *n.pl.* serbuk roti. 面包粉；面包屑。

**breadfruit** *n.* buah sukun. 面包果树；面包果。

**breadline** *n.* **on the ~** melarat; sangat miskin. 等候救济的；非常穷困的。

**breadth** *n.* lebar; luas; keluasan. 宽度；幅面；广阔的区域。

**breadwinner** *n.* pencari nafkah; ahli keluarga yang bertanggungjawab dalam pencarian nafkah keluarga. 养家活口的人。

**break** *v.t./i.* (p.t. *broke*, p.p. *broken*) patah; pecah; rosak; jahanam; mungkir; putus; membuka dengan tiba-tiba; muncul dengan tiba-tiba; mengumumkan (berita); melebihi (sesuatu rekod); takluk; suara (budak lelaki) menjadi garau sesudah baligh; (bola) mengubah hala setelah melantun ke tanah. 断裂；破裂；损坏；毁灭；决裂；违反；停顿；制伏；(天气、态度等) 突变；破晓；插播新闻；刷新记录；(成长中的男孩) 嗓音变粗浑；(篮球、网球、板球等) 球碰地后改向弹跳。—*n.* lubang; bahagian yang pecah; berhenti; brek (biliard); (*colloq.*) peluang; nasib baik. 裂口；破裂处；中止；停顿；(台球) 连续得分；机会；好运。**~ down** rosak; gagal; menangis; analisis. 出毛病；彻底失败；压倒；感情上失去控制；分类；分解。**~ even** pulang modal. 不盈不亏。**~ service** memenangi permainan tenis pada servis lawan. (网球) 从对手的发球中取胜。**~ up** menamatkan; menjadi lemah; memulakan cuti sekolah. 分手；解散；崩溃；期终放假。**~ with** putus harapan; putus persahabatan. 与…决裂；与…绝交。

**breakable** *a.* mudah pecah. 易碎的。

**breakage** *n.* pecahnya. 破损；破损部分。

**break-dancing** *n.* sejenis tarian jalanan yang memerlukan tenaga. 霹雳舞。

**breakdown** *n.* kerosakan enjin; menjadi lemah; kerosakan kesihatan tubuh atau akal; huraian; analisis. 机器故障；崩溃；(精神、体力等) 衰竭；分成细目；分解；分析。

**breaker** *n.* ombak besar yang menghempas di pantai. (巨浪冲岸时溅开的) 碎浪；浪花。

**breakfast** *n.* sarapan; makanan pagi. 早饭；早餐。—*v.i.* bersarapan; makan pagi. 吃早餐。

**breakneck** *a.* laju dan berbahaya. (速度) 极快的；极危险的。

**breakthrough** *n.* satu kemajuan besar dalam pengetahuan ataupun rundingan. 突破；重大进展。

**breakwater** *n.* penahan ombak. 防波堤。

**bream** *n.* sejenis ikan. 鲷科海鱼。

**breast** *n.* dada; buah dada; tetek. 胸膛；乳房。—*v.t.* mengharungi, merempuh. (坚毅地) 面对；挺胸对抗。**~-stroke** *n.* kuak dada, kayuhan renang secara meniarap. 俯泳。

**breastbone** *n.* tulang dada. 胸骨。

**breastplate** *n.* perisai dada. 胸铠。

**breath** *n.* nafas; tarikan nafas; tiupan lembut. 呼吸；一次呼吸；(风) 轻拂。**out of ~** tercungap-cungap. 喘不过气；上气不接下气。**under one's ~** berbisik. 低声地。**breathy** *a.* seperti orang mengah. 带喘息声的；(歌声或嗓音等) 伴有呼吸声的。

**breathalyse** *v.t.* diuji menggunakan penganalisis nafas. 作呼气测醉检验。

**breathalyser** *n.* penganalisis nafas, alat pengukur kandungan alkohol di dalam nafas seseorang. 呼气测醉器。

**breathe** *v.t./i.* bernafas; membisikkan. 呼吸；呼、吸；歇一口气；(低声细语地) 说出。

**breather** *n.* hentian sebentar untuk rehat; melepaskan lelah. 使呼吸恢复正常的休息；喘息时间。

**breathless** *a.* tercungap-cungap; termengah-mengah. 气喘吁吁的。

**breathtaking** *a.* mengagumkan. 令人透不过气的;惊险的。

**bred** *lihat* **breed**. 见 **breed**。

**breech** *n.* bahagian belakang laras senapang. 枪尾;(枪)的后膛。 **~ birth** kelahiran songsang (punggung bayi keluar dulu). 臀位分娩(婴儿臀位先出的异常分娩现象)。

**breeches** *n.pl.* seluar yang berkaki ke bawah sedikit dari lutut. 马裤。

**breed** *v.t./i.* (p.t. *bred*) biak; ternak; bela; pelihara; didik; melahirkan. 生产;繁殖;饲养;培育;酿成;惹起;产生。—*n.* baka; jenis-jenis binatang dalam sesuatu spesies. 品种;血统;(动物的)纯种。

**breeder** *n.* pembiak; penternak; pembela. 饲养物;繁殖物;饲养或培育动物的人。 **~ reactor** *n.* reaktor pembiak, reaktor nuklear yang menghasilkan bahan pembelahan daripada yang digunakannya. 增殖核反应堆。

**breeding** *n.* kesantunan akibat didikan yang baik. 教养。

**breeze** *n.* bayu. 微风;和风。 **breezy** *a.* berangin. 微风的;和风的。

**breeze-blocks** *n.pl.* ketul-ketul pembinaan yang ringan. (建筑用的)煤渣砖。

**brent** *n.* sejenis angsa liar yang kecil. (北极区的)黑雁。

**brethren** *n.pl.* saudara lelaki. (同一教派的)男性教友。

**Breton** *a. & n.* berasal dari Brittany. 法国布列塔尼地区的(人)。

**breviary** *n.* kitab doa-doa (Kristian). (天主教日用的)祈祷书。

**brevity** *n.* keringkasan. 简明扼要;简洁。

**brew** *v.t./i.* membru; membuat (bir) dengan cara menjerang hingga mendidih, meragi dan dibiarkan menapai; membuat teh dengan cara merendam daun teh; mengakibatkan. 酿酒;酿成;导致。—*n.* bru; cecair atau hasil yang dibru. 酿造;酿造的饮料;炮制品。

**brewer** *n.* pembuat bir. (啤酒的)酿酒人;酿酒商。

**brewery** *n.* kilang bir. 啤酒厂;酿酒厂。

**briar** *n.* = **brier**. 同 **brier**。

**bribe** *n.* rasuah. 贿赂;诱饵。—*v.t.* memberi rasuah. 送贿赂给;收买。 **bribery** *n.* pemberian atau penerimaan rasuah. 行贿;受贿。

**bric-a-brac** *n.* keropas-kerapis. (不太值钱的)小古董;小古玩;小摆设。

**brick** *n.* bata; (*sl.*) seseorang yang baik hati. 砖;慷慨仗义的人;好心人。—*v.t.* membubuh bata; menutup dengan bata. 砌(砖);用砖铺筑;用砖镶填。 **~-red** *a.* kemerahan; merah bata. 红砖色的。

**brickbat** *n.* sekeping batu terutama untuk dibaling; kecaman. 碎砖(尤指用作武器扔人者)。

**bricklayer** *n.* penurap bata. 砌砖工人。

**brickwork** *n.* binaan bata. 砌砖工程;砌砖工。

**bridal** *a.* berkaitan dengan pengantin perempuan atau perkahwinan. 新娘的;新人的;婚礼的。

**bride** *n.* pengantin perempuan. 新娘。

**bridegroom** *n.* pengantin lelaki. 新郎。

**bridesmaid** *n.* pengapit pengantin perempuan. 女傧相。

**bridge**[1] *n.* titi; jambatan; pentas nakhoda atau kapten di atas kapal; tulang hidung. 桥;桥梁;(船上的)驾驶台;舰桥;鼻梁。—*v.t.* bina titi atau jambatan; menyambung; menghubung. 架桥于;用桥连接;联系。

**bridge**[2] *n.* sejenis permainan yang menggunakan kad. 桥牌。

**bridgehead** *n.* pangkalan terdepan, kubu dalam kawasan musuh. 桥头;桥头堡。

**bridle** *n.* tali kekang. 马笼头(缰、辔、口衔等的总称)。—*v.t./i.* mengenakan tali kekang; menahan; mengangkat kepala tanda angkuh atau mencemuh. (给马)套上笼头;抑制;约束;昂首收领(表示愤怒、蔑视等)。 **~-path** *n.* lorong yang sesuai untuk penunggang kuda sahaja.（马车专用的）马道。

**brief**[1] *a.* (*-er, -est*) ringkas; pendek. 简洁的;简短的;(时间)短暂的。**briefly** *adv.* secara ringkas. 简洁地;简短地。 **briefness** *n.* keringkasan. 简略;简洁的风格。

**brief**[2] *n.* maklumat dan arahan, terutama untuk peguam. 摘要;概要(尤指法律上诉讼事实摘要);简短命令。—*v.t.* ambil khidmat peguam; maklumkan terlebih dahulu. 委托…为辩护律师;对…事先作简要指点。

**briefcase** *n.* beg bimbit; beg untuk membawa bahan-bahan bertulis. 公文皮包;公事包。

**briefs** *n.pl.* seluar dalam.（男用）三角裤;紧身内裤。

**brier** *n.* belukar berduri.（野蔷薇等）多刺的木质茎植物;多刺木质茎植物丛。

**brig** *n.* perahu layar. 双桅横帆船。

**brigade** *n.* briged; sepasukan tentera yang membentuk satu bahagian (division); pasukan.（军）旅;(执行特定任务的)部队。

**brigadier** *n.* brigedier; pemerintah briged.（军）旅长;海（陆）军准将。

**brigand** *n.* perompak; penyamun. 强盗;土匪。**brigandage** *n.* perbuatan merompak. 抢劫;强盗行为。

**bright** *a.* (*-er, -est*) terang; cerah; berkilat; riang; pintar; pandai. 明亮的;晴朗的;闪烁的;灿烂的;快活的;活泼的;伶俐的。**brightly** *adv.* terang-benderang. 光辉灿烂地;明亮地。 **brightness** *n.* terangnya. 光明;灿烂;晴朗。

**brighten** *v.t./i.* jadi lebih terang; semakin cerah. 磨亮;使发光辉;生色。

**brill** *n.* ikan sebelah. 菱鲆。

**brilliant** *a.* berkilau; terang; sangat pintar. 光辉的;灿烂的;明亮的;卓越的;才华横溢的。—*n.* berlian. 多角形钻石。**brilliantly** *adv.* dengan kilauan atau kepintaran. 光辉地;卓越地;才华横溢地。**brilliance** *n.* gemerlapan; kilauan. 才华;光辉。

**brilliantine** *n.* bahan pengilat rambut.（使头发柔顺的）美发油。

**brim** *n.* bibir cawan atau saluran; tepi.（碗、杯或坑穴等的）边;边沿;帽檐。—*v.t.* (*p.t.* brimmed) bergenang; melimpah-ruah; penuh sehingga ke bibir.（泪）满眶;装满;注满;使充溢。

**brimstone** *n.* (*old use*) batu belerang. 硫磺石。

**brindled** *a.* berwarna perang dengan jaluran warna-warna lain. 棕色底上有其他颜色斑纹的。

**brine** *n.* air masin. 浓盐水;卤水。

**bring** *v.t.* (*p.t. brought*) membawa; menyebabkan. 带来;导致;产生。**~ about** menyebabkan. 导致;引起。**~ off** laksana dengan jayanya. 成功地做;做成。**~ out** memperlihatkan; mengeluarkan. 使变得明显;带出。**~ up** didik; pelihara; muntah; menyebabkan hentian mendadak. 养育;呕吐;使（车辆等）急停。**~ up the rear** di hujung baris. 殿后。**bringer** *n.* pembawa. 携带者。

**brink** *n.* tepi; pinggir; saat sebelum berlaku perubahan. 边;界;岸;濒临;千钧一发的时刻。

**brinkmanship** *n.* amalan yang membahayakan. 边缘政策（尤指战争时冒险把危急局势推到极限）。

**briny** *a.* masin. 盐的;海水的。—*n.* (*sl.*) laut. 海洋。

**briquette** *n.* briket; bahan penyala. 煤砖;炭砖。

**brisk** *a.* (*-er, -est*) lincah; pantas. 轻快的;活泼的;敏捷的。**briskly** *adv.* dengan lincah. 轻快地;活泼地;敏捷地。 **briskness** *n.* kelincahan. 轻快;活泼;敏捷。

**brisket** *n.* ketul daging dada.（兽类的）胸部;(可食用的)胸肉。

**brisling** *n.* anak ikan hering.（北欧）小鲱鱼。

**bristle** *n.* bulu kejur; bulu pendek dan keras. (动物身上的)短毛;(植物的)刺毛。—*v.i.* meremang; berceracak; melenting. (毛发等)耸立;竖起;(因激怒等)耸起周身毛发。**~ with** penuh dengan. 充满。**bristly** *a.* kejur; berbulu kejur. 硬毛般的;长满毛刺的。

**Brit.** *n.* (*colloq.*) orang British. 英国人。

**Britannia** *a.* mata wang emas Britain yang pertama kali dilancarkan pada tahun 1987. (1987年首次面市的)英国金币的。

**Britannic** *a.* berkaitan dengan Britain atau rakyatnya. 不列颠的;英国的。

**British** *a.* dari Britain; orang British. 英国的;英国人民的。

**Briton** *n.* orang British. 英国人。

**brittle** *a.* rapuh. 脆的;易碎的。**brittly** *adv.* dengan rapuh. 一碰就破地。**brittleness** *n.* kerapuhan. 脆性;脆度。

**broach** *v.t.* buka dan mula guna; memulakan perbincangan. 在(桶)上打眼;钻开;开始提及;提出。

**broad** *a.* (*-er, -est*) luas; lebar; penuh dan lengkap; secara kasar; (jenaka) lucah. 宽广的;广泛的;一般性的;(笑话等)下流的;粗俗的。—*n.* bahagian yang luas atau lebar. 宽阔部分。**~ bean** sejenis kacang berbiji leper yang boleh dimakan. 蚕豆。**~-minded** *a.* berfikiran terbuka. 宽宏大量的;气量大的。

**broadly** *adv.* secara kasar. 一般性地;广泛地。**broadness** *n.* kelebaran; keluasan. 宽度;阔度。

**broadcast** *v.t./i.* (p.t. *broadcast*) menyiarkan; menghebahkan; menabur (biji benih). 广播;播出;传播;撒播(种子等)。—*n.* siaran. 广播;广播节目。

**broadcaster** *n.* penyiar. 广播员。

**broaden** *v.t./i.* menjadikan luas; melebarkan. 加宽;加阔;使扩大。

**broadsheet** *n.* terbitan lebar sehelai; kertas lebar yang dicetak pada sebelah halaman. 大幅的单面(或双面)印刷品。

**broadside** *n.* tembakan meriam dari tepi kapal. 舷侧炮。**~ on** sisi kapal di atas garis air. 舷侧(吃水线以上的全部舷侧)。

**broadsword** *n.* pedang dengan bilah yang lebar. 大砍刀;阔剑。

**brocade** *n.* broked; kain bertenun benang emas. 锦缎;(用金线等织图案或花纹的)织锦。**brocaded** *a.* dengan tenunan benang emas. 用金线织的;织锦一般的。

**broccoli** *n.* (pl. -*li*) brokoli; kubis bunga jenis hijau. 花椰菜;球花甘蓝。

**brochure** *n.* risalah. 资料手册;小册子。

**broderie anglaise** kain berenda. 白色网眼花卉绣饰。

**brogue** *n.* kasut brog, kasut keras berhias. (尤指乡下人穿的)拷花皮鞋;(捕鱼时穿的)未鞣的粗皮鞋。

**broil** *v.t./i.* memanggang; menjadikan panas. 烤;焙;炙;灼热。

**broiler** *n.* ayam pedaging; ayam yang sesuai untuk dipanggang. (适于烤焙的)嫩鸡;童子鸡。

**broke** *lihat* **break**. 见 **break**。—*a.* (*sl.*) kehabisan wang; bankrap; muflis. 分文不名的;破产的。

**broken** *lihat* **break**. 见 **break**。—*a.* ~ **English** bahasa Inggeris pasar. (英语)不合语法标准的。**~-hearted** *a.* patah hati. 心碎的;忧伤过度的。

**broker** *n.* broker; orang tengah. 经纪人;掮客;中间人。

**brolly** *n.* (*colloq.*) payung. 伞;降落伞。

**bromide** *n.* bromida; sejenis sebatian kimia untuk menenangkan rasa gementar. 溴化物;溴化钾镇静剂。

**bromine** *n.* bromin; sejenis bahan kimia. 溴(一种有毒的液体)。

**bronchial** *a.* bronkus; berkaitan dengan tiub-tiub yang mencabang dari saluran udara di kerongkong. 支气管的。

**bronchitis** *n.* bronkitis; bengkak pada tiub udara di kerongkong. 支气管炎。

**bronco** *n.* (pl. -*os*) kuda liar di Amerika Utara. (北美洲西部平原的)野马。

**brontosaurus** *n.* sejenis dinosaur besar memakan tumbuh-tumbuhan. 雷龙（古生物中一种食叶恐龙）。

**bronze** *n.* gangsa; perunggu; warnanya. 青铜；青铜制品；青铜色。—*a.* diperbuat daripada gangsa; berwarna kuning gangsa. 青铜制的；青铜色的。—*v.t./i.* memerangkan. 上青铜色；变青铜色。**bronzy** *a.* macam gangsa. 青铜般的。

**brooch** *n.* kerongsang. 胸针；饰针。

**brood** *n.* anak-anak ayam (burung, dll.) yang menetas serentak; sekumpulan anak-anak. 同窝的幼雏（尤指鸡、鸟等）；家中一群孩子（贬义）。—*v.i.* mengeram dan menetaskan telur; berfikir panjang dan mendalam. 孵卵；抱窝似地静坐沉思。

**broody** *a.* (ayam) yang ingin mengeram; termenung muram. （鸡）要孵卵的；好郁郁沉思的。

**brook**[1] *n.* alur; anak sungai. 溪流；小河。

**brook**[2] *v.t.* membenarkan; biar. 容许；容忍；忍受。

**broom** *n.* penyapu; pokok renek dengan bunga-bunga putih atau kuning. 扫帚；金雀花。

**broomstick** *n.* batang penyapu. 扫帚柄。

**broth** *n.* sup; air rebusan. 肉汁；肉汤。

**brothel** *n.* rumah pelacuran. 妓院；窑子。

**brother** *n.* saudara lelaki (adik atau abang); ahli gereja; rahib yang masih belum bertaraf paderi. 兄弟；哥哥；弟弟；修士。**~-in-law** *n.* (pl. *-s-in-law*) abang atau adik ipar (lelaki). 姐夫；妹夫；内兄；内弟；大伯；小叔。**brotherly** *a.* sebagai saudara. 兄弟的；兄弟般的；友爱的。

**brotherhood** *n.* persaudaraan; keikhwanan; persatuan. 兄弟关系；手足之情；同志会；同业公会。

**brought** *lihat* **bring**. 见 **bring**。

**brow** *n.* dahi; kening; alis. 额；眉；眉毛。

**browbeat** *v.t.* (p.t. *-beat*, p.p. *-beaten*) gertak. 吓唬；威逼。

**brown** *a.* (*-er, -est*) berwarna coklat. 棕色的；褐色的。—*n.* warna coklat. 棕色；褐色。—*v.t./i.* jadi warna coklat. （因日晒或烘烤）呈现棕色。**browned off** (*sl.*) bosan; jemu. 厌烦透了；感到无聊的。**brownish** *a.* warna kecoklatan. 带棕色的。

**Brownie** *n.* Tunas Puteri. (8-11岁的)幼年女童子军。

**browse** *v.i.* makan daun atau rumput; baca atau lihat sepintas lalu. 放牧；牲畜吃嫩叶（嫩草等）；浏览（书报等）。

**bruise** *n.* bengkak; benjol; lebam. 瘀伤；青肿；撞伤。—*v.t./i.* menyebabkan atau menjadi bengkak. 使瘀伤；变青肿

**bruiser** *n.* orang yang sasa dan ganas. 恃强凌弱的人；恶棍。

**bruit** *v.t.* menyebar (berita, dll.) 传播（消息等）；散播（谣言等）。

**brunch** *n.* (*colloq.*) waktu makan yang menggabungkan makan pagi dan makan tengah hari. 早午餐（将早、午餐合而为一的便餐）。

**brunette** *n.* perempuan berambut perang tua atau coklat. （白种人中）皮肤棕黄、头发带褐色的女子。

**brunt** *n.* bahagian utama yang mengalami keteganan atau tekanan. （来自攻击一方的）主要压力或冲击。

**brush** *n.* berus; pertelingkahan kecil; belukar. 刷；刷子；小争吵；小树丛。—*v.t.* memberus; sentuh; tempuh. （用刷子）刷；擦；触到；追逼；挤。**~ off** menolak. 刷去。**~ up** kaji kembali. 重温（功课等）；再练（学过的技术等）。

**brushwood** *n.* belukar; ranting-ranting patah. 灌木丛；（总称）砍下的树枝；柴枝。

**brusque** *a.* kasar. （言行）粗鲁的；无礼的。**brusquely** *adv.* perihal kasar. 粗鲁地；无礼地。**brusqueness** *n.* kekasaran. 粗鲁；无礼。

**Brussels sprouts** kubis Brussels. 球芽甘蓝。

**brutal** *a.* kejam. 野兽般的；残忍的。 **brutally** *adv.* dengan kejam. 粗暴地；残忍地。 **brutality** *n.* kekejaman. 粗暴；残忍。

**brutalize** *v.t.* berlaku atau menjadikan kejam. 残酷地对待。 **brutalization** *n.* pengganasan. 暴行；兽行。

**brute** *n.* binatang; orang yang kejam; (*colloq.*) seseorang yang tidak baik; 野兽；残忍的人；没有理性的人。—*a.* tidak berakal; tidak bersebab. 兽性的；无理性的。 **brutish** *a.* seperti binatang. 野兽般的。

**bryony** *n.* sejenis tumbuhan yang menjalar. 泻根草。

**B.Sc.** *abbr.* **Bachelor of Science** Sarjana Muda Sains. (缩写)理学士。

**Bt.** *abbr.* **Baronet.** (缩写)从男爵。

**bubble** *n.* buih; gelembung. 泡沫；气泡；水泡。—*v.t./i.* berbuih; menggelegak; cergas. 冒泡沫；沸腾；充满活力。 **bubbly** *a.* berbuih; periang. 多泡沫的；活泼的；热情奔放的。

**bubonic** *a.* (wabak) bubonik, hawar. 腹股沟淋巴结炎的；流行病的。

**buccaneer** *n.* lanun. 海盗。

**buck**[1] *n.* rusa atau arnab jantan. 雄鹿及雄兔等雄性动物。—*v.i.* (kuda) melompat dengan melentikkan belakang. (马)拱背跃起。~ **up** (*sl.*) lekaslah; jadi lebih riang. 加油；赶快。

**buck**[2] *n.* bahan yang diletakkan di hadapan pengedar kad dalam mainan pakau. (纸牌赌博游戏中)庄家的标记。

**pass the ~** mengalihkan tanggungjawab kepada orang lain. 把责任推给别人；归罪(于他人)。 **~-passing** *n.* pengalihan tanggungjawab. 推(责任)。

**buck**[3] *n.* (*sl.*) dolar Amerika atau Australia. 美元；澳元。

**bucked** *a.* (*sl.*) jadi riang dan bersemangat. 高兴的；欢欣鼓舞的。

**bucket** *n.* timba; baldi. 水桶；吊桶。—*v.i.* bergerak dengan pantas dan melambung-lambung; mencurah-curah. 急奔；猛开车；(水)倾注；大量涌入。 **bucketful** *n.* setimba atau sebaldi penuh. 满满一桶。

**buckle** *n.* pengancing; gancu. 钮扣；扣子；带扣。—*v.t./i.* mengancing; menjadi bengkok-bengkok. 扣上；(因压力或热力)变成弯曲。~ **down to** melakukan dengan bersungguh-sungguh. 认真地干。

**buckler** *n.* perisai bulat kecil. 圆盾。

**buckram** *n.* bukram, kain keras dan kasar. (尤指装订书籍用的)硬粗布。

**buckshee** *a. & adv.* percuma. 免费(的)。

**buckwheat** *n.* gandum kuda. 荞麦；荞麦片。

**bucolic** *a.* kekampungan. 田园的；农村风味的。

**bud** *n.* kuntum; tunas. 蓓蕾；幼芽。—*v.i.* (*p.t. budded*) bertunas. 含苞待放。

**Buddhism** *n.* agama Buddha. 佛教；佛教教义。 **Buddhist** *a. & n.* berkaitan dengan atau orang beragama Buddha. 佛教(的)；佛教徒(的)。

**budding** *a.* sedang meningkat. 正发芽的；含苞待放的。

**buddleia** *n.* pokok atau belukar dengan bunga-bunga kuning atau ungu. 醉鱼草。

**buddy** *n.* (*colloq.*) kawan. 伙伴；弟兄。 —*v.i.* menjadi mesra. 做好朋友。

**budge** *v.t./i.* ganjak sedikit. 稍微移动。

**budgerigar** *n.* sejenis burung kakak tua Australia. 虎皮鹦鹉。

**budget** *n.* belanjawan. (财务、金钱上的)预算；预算案；经营费；生活费。 *v.t./i.* (*p.t. budgeted*) menyediakan belanjawan. 预算(开销等)；安排；编预算。

**buff** *n.* warna kuning pucat; berbogel. (*A.S. colloq.*) penggemar. 淡黄色；柔皮色；人的皮肤；爱好者。—*v.t.* gilap dengan bahan lembut. (用软皮)擦亮。

**buffalo** *n.* (*pl. -oes* atau *-o*) kerbau. 水牛。

**buffer** *n.* penampan; (*sl.*) lelaki. 缓冲器；减震器；家伙(尤指上了年纪的

**buffet¹**　人）。—*v.t.* menjadi penampan. 缓冲缓和。**~ zone** kawasan di antara dua wilayah yang bermusuhan bagi menghalang pertembungan.（两个敌对国家之间的）缓冲地带。

**buffet¹** *n.* bufet; pentas tempat makanan dan minuman disajikan; jamuan berselerak. 供应便餐的柜台；自助餐。

**buffet²** *n.* pukulan, terutama dengan tangan.（尤指用手或拳）打；殴打。—*v.t.* (p.t. *buffeted*) memukul. 打；殴打；连续猛击。

**buffoon** *n.* pelawak; penjenaka. 小丑；滑稽的人。**buffoonery** *n.* lawak jenaka. 小丑行为；插科打诨。

**bug** *n.* pijat; (*sl.*) kuman; (*sl.*) peranti pepijat; (*sl.*) belot. 臭虫；病菌；微生物；（机器等的）缺点；窃听器。—*v.t.* (p.t. *bugged*) (*sl.*) memasang peranti pepijat; kacau; ganggu. 装上窃听器；捉臭虫；激怒；烦扰。

**bugbear** *n.* benda yang ditakuti atau dibenci. 吓唬人的东西；鬼怪。

**buggy** *n.* kereta kuda; kenderaan kecil yang kukuh. 单马轻便马车；稳固的小车（如婴儿车等）。

**bugle¹** *n.* begol; trompet kecil. 军号；号角；小喇叭。**bugler** *n.* peniup begol. 号手；号兵。

**bugle²** *n.* manik kaca berbentuk tiub.（装饰女服用的）柱状玻璃或塑料小珠。

**build** *v.t./i.* (p.t. *built*) bina. 建；建立；建筑；建设。—*n.* bentuk tubuh. 体格；体形。**~ on** berasaskan kepada. 以…为基础；建于…上。**~ up** makin meningkat; semakin tinggi atau tebal; membina sesuatu; digalakkan dengan pujian. 逐步增长（增高或加厚）；逐步建立。**~-up** *n.* peningkatan, pembinaan, dsb. 组成（机构等）；集结（军队等）。**builder** *n.* pembina. 建筑者；建设者。

**building** *n.* binaan; bangunan. 建筑物；房屋。**~ society** pertubuhan yang menerima wang cengkeram dan memberi pinjaman kepada pembeli rumah. 建屋互助会（接受会员存款及贷款购屋的组织）。

**built** *lihat* **build**. 见 **build**。**~-in** *a.* terbina dalam. 嵌入（墙内）的；（橱等）固有的。**~-up** *a.* yang dibangunkan. 建筑物多的；合成的。

**bulb** *n.* bebawang; mentol. 鳞茎；球茎；灯泡。**bulbous** *a.* berbentuk bebawang atau mentol. 球茎状的；灯泡状的。

**bulge** *n.* bengkak; bonjol; boroi. 肿胀；膨胀；凸出部分；（身体上）易发胖的部位。—*v.t./i.* membengkak; menjadi boroi; membonjol. 膨胀；胀起；使凸出。**bulgy** *a.* yang membonjol. 鼓起来的；膨胀的；暴增的。

**bulk** *n.* saiz, terutama sejumlah yang banyak, berat; pukal.（尤指巨大的）体积或容积；（货品等）大量。—*v.t.* bertambah besar atau tebal. 使（纸等）加厚；使聚成大量。**~ large** kelihatan penting. 占重要地位。**in ~** dalam jumlah yang banyak. 大批；整批。

**bulkhead** *n.* dinding sekat pada kapal, dsb. 舱壁。

**bulky** *a.* (-ier, -iest) sangat besar; ambil banyak ruang. 体积大的；庞大的；笨重的。**bulkiness** *n.* keadaan sangat besar.（体积、数量等的）庞大。

**bull¹** *n.* lembu, gajah jantan, dsb.; tompok dalam sesuatu sasaran; bull; orang yang membeli saham dengan harapan menjualnya dengan harga yang lebih tinggi dalam waktu yang singkat. 公牛；（象或鲸等体积庞大动物的）雄兽；鹄的；关键性的事物；（股市等的）投机图利者。**~'s-eye** *n.* pusat sasaran. 靶心；鹄的。**~-terrier** *n.* sejenis anjing. 斗牛㹴狗。

**bull²** *n.* fatwa Pope (ketua agama Katolik).（天主教）教皇诏书。

**bull³** *n.* (*sl.*) kenyataan yang karut; kerja karut. 荒唐可笑的话；令人疲累的日常工作。

**bulldog** *n.* sejenis anjing yang kuat dan berleher pendek. 喇叭狗；斗牛狗。

**bulldoze** *v.t.* diratakan dengan buldozer. （用推土机）铲平；削平。

**bulldozer** *n.* jentolak; buldozer. 推土机；开土机。

**bullet** *n.* peluru. 子弹；枪弹。

**bulletin** *n.* pengumuman khas; buletin. 公报；公告。

**bulletproof** *a.* kalis peluru; tidak lut oleh peluru. 防弹的。

**bullfight** *n.* sukan lawan lembu; sejenis sukan manusia melawan dan membunuh lembu jantan. 斗牛。

**bullfinch** *n.* sejenis burung. 红腹灰雀。

**bullion** *n.* bulion; jongkong emas atau perak. （造币用的）金条；银条。

**bullock** *n.* lembu (jantan) kasi; lembu kembiri. 阉牛；小公牛。

**bullring** *n.* medan perlawanan (manusia dengan) lembu. 斗牛场。

**bully**[1] *n.* penyakat; orang kuat yang menindas orang lemah. 恃强欺弱者；恶霸。—*v.t.* berkelakuan seperti di atas. 欺侮；威吓。

**bully**[2] *v.i.* ~ **off** memulakan perlawanan hoki dengan dua orang pemain mengetuk kayu satu sama lain. 曲棍球的开球（双方代表以球棍互击三下以开始球赛的方式）。

**bulrush** *n.* rumput betung. 宽叶香蒲（蘆草属植物）。

**bulwark** *n.* kubu, kota atau benteng yang diperbuat daripada tanah; birai (kapal). 壁垒；堡垒；防波堤；舷墙。

**bum**[1] *n.* (*sl.*) punggung. 屁股。

**bum**[2] *n.* (*A.S., sl.*) pengemis. 流浪乞丐；无业游民。

**bumble** *v.i.* terhuyung-hayang. 踉跄地前进。

**bumble-bee** *n.* kumbang dengung. 大黄蜂；熊蜂。

**bump** *v.t./i.* hantuk. 碰；撞。—*n.* bunyi hantukan; bengkak, benjol selepas terhantuk atau kena pukulan. 碰撞声；（碰撞造成的）肿块；隆起物。**bumpy** *a.* dalam keadaan terhantuk-hantuk. 颠簸的；崎岖不平的。

**bumper** *n.* sesuatu yang besar; bampar; penahan hantukan di hadapan dan belakang kereta; gelas yang berisi penuh. 特大的东西；（汽车前后部的）保险杠；防撞杆；满满的一杯（酒等）。

**bumpkin** *n.* orang hulu yang berkelakuan canggung. 乡下人；粗人。

**bumptious** *a.* megah. 高傲的；自大的。**bumptiously** *adv.* dengan megah. 高傲地。**bumptiousness** *n.* kemegahan; kesombongan. 高傲；自大。

**bun** *n.* ban; kuih dalam bentuk ketulan kecil; sanggul. 小而圆的甜面包；髻。

**bunch** *n.* sikat; sisir; jambak; (*sl.*) kumpulan. 串；束；簇；帮；一伙。—*v.t./i.* menyatukan. 形成一串；捆成一束；聚集一起。**bunchy** *a.* yang terkumpul; bersatu. 成束的；聚集一起的。

**bundle** *n.* ikat; berkas; bungkus; (*sl.*) duit yang banyak. 捆；包；包裹；一大笔钱。—*v.t.* membungkus; menolak secara tergesa-gesa. 捆；包；撵走。

**bung** *n.* penyumbat; pemalam. （桶等的）塞子；瓶塞。—*v.t.* menyumbat dengan penyumbat; menyekat; (*sl.*) membalingkan. （用塞子）塞住；堵住；扔；丢。

**bungalow** *n.* banglo. 有凉台的平房；独立式洋房。

**bungle** *v.t.* secara ceroboh. 笨手笨脚地做；把工作弄糟。—*n.* kerja secara ceroboh. 拙劣的工作。**bungler** *n.* orang yang ceroboh. 笨手笨脚的人。

**bunion** *n.* bunion; bengkak di pangkal ibu jari kaki. 拇囊炎肿。

**bunk**[1] *n.* tempat tidur; ranjang. （车、船等的）床位；铺位；铁床。

**bunk**[2] *v.* (*sl.*) lari. 逃跑。—*n.* **do a** ~ (*sl.*) cabut lari. （匆忙地）逃走。

**bunk**[3] *n.* (*sl.*) cakap kosong; borak. 假话；废话。

**bunker** *n.* bunker; bekas bahan api; tempat menyimpan senjata di bawah tanah;

lekukan berpasir di padang golf. 煤箱；煤库；(船上的)燃料储存处；料舱；(地下的)掩蔽壕；(高尔夫球场的)沙洼。

**bunny** *n.* (bahasa kanak-kanak) arnab. (儿童用语)兔子。

**Bunsen burner** *n.* penunu Bunsen. 本生灯(化学实验室用的一种煤气灯)。

**bunt** *v.t. & n.* menanduk. (用头或角)抵；顶。

**bunting**[1] *n.* sejenis burung. 鹀鸟。

**bunting**[2] *n.* bendera warna-warni untuk hiasan. 彩旗。

**buoy** *n.* boya; pelampung. 浮标；浮子；浮圈。—*v.t.* meletakkan boya. 设浮标；用浮标指示。**~ up** mengapungkan; beri galakan; memastikan tidak jatuh. 使浮起；鼓舞；使飘起。

**buoyant** *a.* boleh mengapung; periang. 有浮力的；易浮的；愉悦的。**buoyancy** *n.* keapungan; keriangan. 浮力；开朗；轻快。

**bur** *n.* kulit biji-bijian atau bunga yang tersangkut pada pakaian, dsb. 有芒刺的草或其他植物。

**burble** *v.t.* bunyi bergelegak; cakap berjela-jela. (水沸腾或流动时)作汩汩声；嘟嘟囔囔地说出。

**burden** *n.* beban; bebanan. 负荷；重担；重负；(船)载重量。—*v.t.* membebani. 负担；使负重；装载。**burdensome** *a.* membebankan. 难以负担的；沉重的。

**bureau** *n.* (pl. *-eaux*) biro; jabatan; meja tulis berlaci. (政府机构)局；所；有抽屉的写字桌。

**bureaucracy** *n.* birokrasi; kerajaan oleh para pegawai negara yang tidak diundi; peraturan rasmi yang melampau-lampau. 官僚主义；官僚政治；官僚作风。

**bureaucratic** *a.* birokratik; yang berkaitan dengan hal di atas. 官僚主义的；官僚作风的。

**bureaucrat** *n.* birokrat; pegawai dalam jabatan kerajaan. 官僚；官僚作风的官吏。

**burgee** *n.* bendera tiga segi kelab pelayaran. (商船、游艇等作标志用的)彩色三角旗。

**burgeon** *v.i.* mulai tumbuh dengan cepat; berkembang. 急速成长；萌芽。

**burgess** *n.* penduduk sesuatu kawasan *borough*. (英国)有自治权之市镇的居民；自治市居民。

**burgh** *n.* kawasan pilihan raya bandaran di Scotland. (苏格兰)自治市。

**burglar** *n.* pemecah rumah (untuk mencuri). 破门行窃的窃贼；夜盗。

**burglary** *n.* kejadian pecah rumah. 窃案；盗窃罪。

**burglarize** *v.t.* masuk untuk mencuri; kecurian. 破门盗窃；撬窃。

**burgle** *v.t.* kecurian, dimasuki pencuri. 破门盗窃；入贼。

**burgomaster** *n.* datuk bandar Belanda. (荷兰等地的)市长；镇长。

**burgundy** *n.* wain (arak) putih atau merah dari Burgundy. (法国勃艮第区出产的)勃艮第红(或白)葡萄酒。

**burial** *n.* pengebumian. 埋葬；葬礼。

**burlesque** *n.* burlesk; ejekan; acahan. (以嘲弄他人为目的)滑稽讽刺作品；(以模仿方式进行的)嘲弄；(讽刺性的)诙谐模仿。—*v.t.* ejek; acah. (通过模仿)嘲弄；嘲弄地模仿。

**burly** *a.* (*-ier, -iest*) berbadan besar dan tegap. 魁梧的；高大结实的。**burliness** *n.* ketegapan badan. 魁梧；(体格)高大结实。

**Burmese** *a. & n.* bahasa atau orang Burma. 缅甸人(的)；缅甸语(的)。

**burn**[1] *v.t./i.* (p.t. *burned* atau *burnt*) terbakar; menyala; melecur; hangus; membara. 烧；点燃；(因烧伤而)起疱；烧焦；(炭火般地)发热光。—*n.* bekas terbakar; penembakan (roket kapal angkasa). 灼痕；烙印；(火箭发动机)飞行途中点火。

**burn**[2] *n.* (*Sc.*) alur; anak sungai. (苏格兰语)小溪；小川；小河。

**burner** *n.* penunu; alat mengawal nyalaan api. 燃烧器；煤气头。

**burning** *a.* meluap-luap; bernyala-nyala; berkobar-kobar. 燃烧着的；着火的；（战争等）激烈的。

**burnish** *v.t.* menggilap; mengupam. 擦亮；磨光；使有光泽。

**burnous** *n.* jubah bertutup kepala orang Arab atau orang Moor. （阿拉伯人或摩尔人穿的）连帽的长斗篷。

**burnt** *lihat* **burn**[1]. 见 **burn**[1]。

**burp** *n.* & *v.i.* (*colloq.*) sendawa. 打嗝。

**burr** *n.* bunyi deruan; getar; menggetarkan bunyi 'r'; gerudi kecil. 辘辘声；颤动声；颤动舌尖的"r"音；粗浊的发音；磨锥；小钻孔锥。 *—v.i.* berderu; bergetar. 用粗喉音说话。

**burrow** *n.* lubang korekan binatang (dalam tanah). （动物的）地洞。*—v.t./i.* mengorek lubang sebegini; menyeluk (mencari sesuatu). 挖地洞；深入搜寻。

**bursar** *n.* bendahari; orang yang menguruskan wang dan urusan lain kolej dsb; pemegang dermasiswa. （大专学院的）财务主管；司库；领取大专奖学金的学生。

**bursary** *n.* dermasiswa; pejabat bendahari. 资助金；大学奖学金；（大专学院的）财务处。

**burst** *v.t./i.* (p.t. *burst*) pecah; meletup. 破裂；爆炸。*—n.* pecah; letupan; ledakan; cetusan. 破裂；爆炸；猛然打开；喷出；冲破。

**burton** *n.* **go for a ~** (*sl.*) hilang; musnah atau terbunuh. 失踪；被毁；坠机而死。

**bury** *v.t.* menanam; mengambus; menimbus; mengebumikan. 埋藏；掩盖；填盖；埋葬。

**bus** *n.* (pl. *buses*) bas. 公共汽车；巴士。*—v.t./i.* (p.t. *bussed*) menaiki bas; mengangkut dengan bas. 乘巴士；搭巴士。

**busby** *n.* kopiah berbulu yang dipakai sebagai pakaian seragam tentera. （英国禁卫军等的）毛皮高顶帽。

**bush**[1] *n.* belukar; rimbunan; semak; semak samun. 灌木；矮树林；丛林；未开垦地。**~ telegraph** penyebaran berita secara tidak rasmi. 秘密传播消息的方法。

**bush**[2] *n.* sesendal; lapik lubang. 垫圈；（绝缘用的）套管。

**bushel** *n.* busyel; unit ukuran untuk biji-bijian dan buah-buahan (8 gelen). 蒲式式（谷类、水果及蔬菜等的容量单位，相等于8加仑之量）。

**bushy** *a.* (*-ier, -iest*) diliputi belukar; berbelukar. 灌木茂密的；灌木丛生的。**bushiness** *n.* keadaan berbelukar. 灌木茂密。

**business** *n.* pekerjaan; tugasan; urusan hal; perniagaan; perdagangan. 职业；职责；任务；工作；事务；交易；营业。**have no ~** tiada hak untuk (melakukan sesuatu). 无权（参与；干涉等）。**businesslike** *a.* praktikal; sistematik. 讲究实际的；有条不紊的。**businessman** *n.* (pl. *-men*) ahli perniagaan (lelaki). 男商人；男实业家。**businesswomen** *n. fem.* (pl. *-women*) ahli perniagaan (wanita). 女商人；女实业家。

**busk** *v.i.* membuat persembahan (seniman jalanan). （街头卖艺人的）杂技表演；即兴表演。

**busker** *n.* seniman jalanan. 街头卖艺者。

**busman** *n.* (pl. *-men*) pemandu bas. 公共汽车驾驶员；巴士司机。**~'s holiday** waktu lapang yang dihabiskan melakukan sesuatu yang serupa dengan tugas dalam pekerjaan. 照常工作的例假日。

**bust**[1] *n.* patung ukiran tubuh manusia dengan kepala; bahu dan dada; buah dada; ukuran lilitan dada perempuan. 半身雕像；半身像；胸部；（女人的）胸围。

**bust**[2] *v.t./i.* (p.t. *busted* atau *bust*) (*sl.*) pecah. 爆裂；打破。*—n.* (*sl.*) kegagalan; keadaan bersuka-suka. 失败；痛饮。**~ up** *n.* (*sl.*) perkelahian. 吵架。**go ~** (*sl.*) (jatuh) bankrap. 破产。**buster** *n.* bom atau peledak yang dapat memusnahkan sama sekali. 有巨大破坏力的东西。

**bustard** *n.* burung bustard; sejenis burung besar yang pantas berlari. 鸨。

**bustier** *n.* baju dalam tanpa tali. (女用的) 无肩带胸衣; 无肩带奶罩。

**bustle**[1] *v.t./i.* bersibuk-sibuk; menggegas-gegaskan. 忙碌; 忙乱; 匆忙。—*n.* kesibukan. 熙攘; 喧闹; 忙乱。**bustler** *n.* orang yang bersibuk-sibuk. 忙得不可开交的人。

**bustle**[2] *n.* kain tambahan di pinggang belakang skirt. (古时用以鼓起女裙后部的) 裙撑。

**busy** *a.* (*-ier, -iest*) sibuk; penuh kesibukan. 忙碌的; 繁忙的。**busily** *adv.* dengan penuh kesibukan. 忙碌地。

**busybody** *n.* penyibuk; orang yang suka mencampuri urusan orang lain. 好管闲事的人; 好搬弄是非的人。

**but** *adv.* hanya. 只; 才; 仅仅。—*prep. & conj.* tetapi; kecuali. 但是; 可是; 然而; 除了; 要不是。

**butane** *n.* butana; cecair bahan api. 丁烷。

**butch** *n.* (*sl.*) jantan sasa. 举止像男人的女人; 男性化的女人。

**butcher** *n.* penyembelih dan penjual daging; pembunuh manusia. 屠夫; 屠杀者; 凶手。—*v.t.* membunuh dengan kejam. 屠宰 (牲畜); 大肆屠杀; 残害。**butchery** *n.* pembunuhan kejam. 屠宰; 大屠杀。

**butler** *n. butler*; ketua orang gaji (pelayan) lelaki terutamanya yang menjaga tempat simpanan wain (arak). (王室的) 酒类主管; 专管酒类的男侍。

**butt**[1] *n.* tong besar. (盛酒或水的) 大桶。

**butt**[2] *n.* buntut (senjata); pangkal; perdu; puntung. (武器等) 粗大的一头; 枪托; 树桩; (雪茄、蜡烛等) 未燃烧的一端; 烟蒂。

**butt**[3] *n.* benteng; sasaran; (*pl.*) tempat menembak sasaran; bahan (sindiran atau usikan). 靶墙; 靶垛; (射击的) 目标; 射击场; (讥笑、嘲弄的) 对象。

**butt**[4] *v.t./i.* sondol; temu tepi ke tepi. (用头或角) 顶; 碰撞。**~ in** sampuk; celah. 插嘴; 干涉。

**butter** *n.* mentega. 黄油; 牛油。—*v.t.* bubuh mentega. 涂黄油于 (面包上); (用黄油) 烹调。**~-bean** sejenis kekacang (haricot) kering. 利马豆 (一种大扁豆)。**~-fingers** *n.* orang yang selalu menjatuhkan sesuatu. 常从手中掉落东西的人; 笨手笨脚的人。**~ muslin** kain muslin; sejenis kain tenunan yang nipis. 奶油包布; 一种原用来包裹黄油的无浆稀薄布料。**~ up** (*colloq.*) puji; ampu. 谄媚; 奉承。

**buttercup** *n. buttercup*; sejenis pokok dengan bunga berwarna kuning berbentuk cawan. 毛茛属植物。

**butterfly** *n.* kupu-kupu; rama-rama. 蝴蝶。**~ stroke** gaya kupu-kupu, berenang dengan kedua tangan diangkat serentak. 蝶式游泳; 蝶泳。

**buttermilk** *n.* susu mentega, cecair yang tinggal sesudah susu jadi mentega. 脱脂乳; 提去奶油的牛奶。

**butterscotch** *n. butterscotch*; sejenis gula-gula keras. 奶油糖果。

**buttery**[1] *a.* seperti mentega. 象黄油的。

**buttery**[2] *n.* tempat menyimpan barang-barang. (英国某些大学的) 置或供应食物的地方。

**buttock** *n.* punggung; buntut. 屁股; 臀部。

**button** *n.* butang; punat. 纽扣; 纽形物; (开关电器用的) 按钮。—*v.t.* membutangkan. 扣起; 扣紧; (以纽扣) 扣住。

**buttonhole** *n.* lubang butang; bunga yang diselitkan pada lubang butang. 纽洞; 饰孔; 插于纽孔的花饰。—*v.t.* menghampiri dan bercakap. 强留他人长谈。

**buttress** *n.* sagang; penyangga. 扶壁; 撑墙; 扶壁状物。—*v.t.* menyagang; menyokong. (用扶壁) 支撑; 支持。

**buxom** *a.* montok dan segar-bugar. (女性) 丰满的; 有健康美的。

**buy** *v.t.* (*p.t. bought*) beli; (*sl.*) terima; percaya. 购买; 采纳 (意见); 相信。—

*n.* pembelian. 购买；采购。**buyer** *n.* pembeli. 买主；购买者。

**buzz** *n.* dengung; desas-desus. (蜂、蚊等的)嗡嗡声；(人低声说话的)喊喊喳喳声；嘈杂声。—*v.t./i.* berdengung; berdesas-desus; terbang hampir dengannya. 嗡嗡叫；喊喊喳喳地讲；飞近(另一飞机)以进行威胁。**buzz-word** *n.* (*sl.*) istilah yang popular. 时髦词语。

**buzzard** *n.* sejenis helang. 鵟鵟(一种美国秃鹰)。

**buzzer** *n.* pembaz; loceng isyarat; alat pendengung. 作营营声之物(尤指电机信号器)；蜂音器；警报器。

**by** *prep. & adv.* hampir; dekat; di samping; oleh; pada; melalui; dengan; melintasi; semasa; tidak lewat dari; sehingga. 在旁边；靠近；被；藉着；通过；按照；经由；在…的时候；不迟于；到…的程度。**~ and by** tidak lama kemudian. 将来；未来。**~ and large** secara kasar. 大体上；总的说来。**~-election** *n.* pilihan raya kecil. 补缺选举；补选。**~-law** *n.* undang-undang kecil, peraturan yang dibuat oleh badan setempat atau majlis bandaran. 地方法规；细则。**~ oneself** sendirian. 亲自；独自。**~ the ~** oh ya (*lihat* **away**. 见 **away**). 顺便提一句。

**bye** *n.* mata yang dibuat dalam permainan kriket kerana bola yang dilontar terlepas ke belakang dengan tidak menyentuh pemukulnya; tidak ada lawan pada sesuatu pusingan. (板球)球越过击球时所得分数；(赛程抽签中的)轮空；不战而胜。

**bye-bye** *int.* (*colloq.*) selamat tinggal. 再见！

**bygone** *a.* lampau; lalu. 过去的；以往的。

**bygones** *n.pl.* perkara yang lepas atau lampau. 过去的事；往事。

**bypass** *n.* jalan pirau; pintasan. 旁路；绕道；小路。—*v.t.* menggunakan jalan pirau, melangkau. 绕过；设旁路。

**bypath** *n.* lorong kecil. 旁道；小径。

**byre** *n.* kandang lembu. 牛栏；牛棚。

**byroad** *n.* jalan kecil. 小路；支路。

**bystander** *n.* pemerhati yang hadir tetapi tidak terlibat. 旁观者。

**byte** *n.* (dalam komputer) bait, kumpulan bit. (电脑)二进制字节；二进位元组。

**byword** *n.* teladan yang baik; pepatah, kata-kata yang sering didengar. 俗话；谚语；口头禅。

**Byzantine** *a.* berkaitan dengan Byzantium atau Empayar Rom Timur; sukar; sulit dan bermuslihat. 关于拜占庭或东罗马帝国的；错综复杂的；多阴谋诡计的。

# C

**C** *abbr.* **Celsius, Centigrade** skala ukuran suhu.（缩写）摄氏的；摄氏温度计（的）。

**cab** *n.* teksi; petak untuk pemandu kereta api, lori, dll. 计程车；火车、卡车的驾驶室。

**cabaret** *n.* kabaret; hiburan yang disediakan di kelab malam, dsb. 有文娱节目的酒馆。

**cabbage** *n.* kubis. 包心菜。

**cabby** *n.* (*colloq.*) drebar teksi. 计程车司机。

**caber** *n.* batang pokok yang dicantas dahan-dahannya yang digunakan dalam permainan *tossing the caber*. 竞技中以投掷来测验臂力的棍棒。

**cabin** *n.* pondok; kabin; bilik dalam kapal atau kapal terbang. 小屋；茅屋；（船或飞机等的）舱位。

**cabinet** *n.* almari berlaci. 橱；柜。**Cabinet** Kabinet; kumpulan teras dalam kerajaan yang terbentuk daripada para menteri. 国会内阁。~**maker** *n.* pembuat kabinet yang mahir. 制造精致家具的细工木匠。

**cable** *n.* tali belati; kawat; kabel. 钢索；电报；电缆。—*v.t./i.* menghantar kawat. 拍电报。~-**car** *n.* kereta kabel. 缆车。~-**railway** kereta api kabel. 电缆火车。~ **television** pemancaran televisyen melalui kabel. 有线电视。

**caboodle** *n.* (*sl.*) semuanya. 伙；群；团。

**cacao** *n.* (pl. *-os*) koko; biji yang menghasilkan koko dan coklat; pokok koko. 可可；可可树。

**cache** *n.* tempat penyembunyian harta atau barang simpanan; barang yang disembunyikan. 贮藏所；贮藏物。—*v.t.* menyembunyikan. 贮藏。

**cachet** *n.* prestij; tanda atau ciri istimewa. 封印；特征；标识。

**cackle** *n.* bunyi ayam berketuk; borak; tertawa terkekeh-kekeh. 鸡的咯咯声；高声喧谈；呵呵笑。—*v.i.* berketuk; tertawa terkekeh-kekeh; becok berborak. 鸡咯咯叫；呵呵地笑；喋喋而谈。

**cacophony** *n.* bunyian sumbang. 刺耳声；不和谐音。**cacophonous** *a.* berbunyi sumbang, janggal. 刺耳的；发音不和谐的。

**cactus** *n.* (pl. *-ti* atau *-tuses*) kaktus. 仙人掌。

**cad** *n.* orang yang tidak bermaruah. 下流人；恶棍。**caddish** *a.* berkelakuan tidak bermaruah. 下贱的；无教养的。

**cadaver** *n.* kadaver; mayat. 尸体。

**cadaverous** *a.* cengkung dan pucat. 死尸般的；苍白的。

**caddie** *n.* kedi, pembantu pemain golf (pembawa kayu). 高尔夫球球童。—*v.i.* bertugas sebagai kedi. 当球童。

**caddis-fly** *n.* serangga bersayap empat tinggal di air. 石蚕蛾。

**caddy** *n.* kotak kecil untuk menyimpan teh. 茶叶罐。

**cadence** *n.* nada; irama. 韵律；声调的抑扬；乐章结尾。

**cadenza** *n.* kadenza; rangkap khas bagi alat muzik atau penyanyi solo. 装饰乐段。

**cadet** *n.* kadet; pemuda yang dilatih untuk berkhidmat dalam angkatan bersenjata atau polis. 接受军警训练的实习生。

**cadge** *v.t./i.* meminta-minta; mengecek. 行乞；叫卖。**cadger** *n.* pengecek; orang yang suka meminta-minta. 小贩；乞丐。

**cadmium** *n.* kadmium. 镉。

**cadre** *n.* kader; kumpulan kecil yang menjadi teras yang boleh dikembangkan. 干部；骨架；核心。

**caecum** *n.* (pl. *-ca*) sekum; tiub pada usus besar. 盲肠。

**Caesarean** *a.* ~ **section** pembedahan Caesarean; bedah perut atau rahim ibu untuk melahirkan anak. 剖腹生产手术。

**cafe** *n.* kafe; kedai kopi. 餐馆；咖啡室。

**cafeteria** *n.* kafeteria; restoran layan diri. 自助餐厅。

**caffeine** *n.* kafeina; perangsang yang terdapat dalam teh dan kopi. 咖啡因。

**caftan** *n.* kaftan; jubah. 宽松长袍。

**cage** *n.* sangkar; kurungan. 笼。—*v.t.* memasukkan ke dalam sangkar. 关进笼内。

**cagey** *a.* (*colloq.*) waspada; berselindung. 机灵的；狡猾的。 **cagily** *adv.* berwaspada; secara berselindung. 小心地。 **caginess** *n.* kewaspadaan; perihal berselindung. 警惕。

**cagoule** *n.* jaket bertopi yang nipis dan kalis air. 有帽防水外套。

**cagy** *a.* berselindung; berwaspada. 小心的。

**cahoots** *n.* (*sl.*) subahat; sekongkol; pakatan. 同谋；合伙。

**cairn** *n.* batu tanda. 石标。 ~ **terrier** sejenis anjing kecil katik berbulu panjang. 㹴（一种小猎狗）。

**cairngorm** *n.* sejenis permata berwarna kuning. 烟水晶。

**caisson** *n.* kaison; kebuk kedap air yang digunakan dalam kerja pembinaan bawah air. 沉箱。

**cajole** *v.t.* pujuk. 劝诱；哄骗。 **cajolery** *n.* pujukan. 哄骗。

**cake** *n.* kek; kuih; buku. 糕；饼；块状物体。—*v.t./i.* mengeras; menyelaputi. 结块；胶凝。

**calabash** *n.* sejenis labu. 葫芦。

**calamine** *n.* kalamin; sejenis bahan sapuan yang mengandungi zink karbonat. 异极矿；碳酸锌矿。

**calamity** *n.* bala; malapetaka. 灾难；不幸事件。 **calamitous** *a.* membawa bala atau malapetaka. 灾难的；引起灾害的。

**calcify** *v.t./i.* mengapur; menjadi keras akibat mendapan garam kalsium. 钙化。 **calcification** *n.* pengapuran. 钙化。

**calcium** *n.* kalsium. 钙。

**calculable** *a.* boleh dihitung, dicongak atau dikira. 可计算的；可预算的。 **calculaby** *adv.* dengan menghitung. 以计算方式。 **calculability** *n.* kebolehhitungan. 可计算性。

**calculate** *v.t./i.* menghitung; mencongak; mengira. 计算；预算。 **calculation** *n.* hitungan; congakan; kiraan. 计算法；估计；预测。

**calculator** *n.* kalkulator; mesin kira, congak, hitung. 计算机。

**calculus** *n.* (pl. *-li*) kalkulus; kaedah mengira dalam matematik; batu yang terbentuk dalam badan. 微积分；结石。

**Caledonian** *a.* berkenaan Scotland. 苏格兰的。—*n.* orang Scotland. 苏格兰人。

**calendar** *n.* takwim; kalendar. 日历。

**calender** *n.* mesin untuk melicinkan kertas. 轧光机。—*v.t.* melicinkan kertas. 用轧光机轧光布帛、纸张。

**calf**[1] *n.* (pl. *calves*) anak lembu, gajah, ikan paus dan anjing laut; belulang; (kulit) anak lembu. 犊；幼兽；小牛皮革。 ~-**love** *n.* cinta monyet. 少年恋情。

**calf**[2] *n.* (pl. *calves*) buah betis. 腓；腿肚。

**calibrate** *v.t.* menentukur. 测定口径；校准刻度。 **calibration** *n.* penentukuran. 口径测定。

**calibre** *n.* kaliber; ukuran bulat laras, tiub, peluru, dsb.; mutu. （枪、炮等的）口径；能力；水准；质量。

**calico** *n.* kain belacu. 软棉布。

**caliph** *n.* khalifah; pemerintah orang Islam. 哈里发（伊斯兰教国家领袖称号）。

**call** *v.t./i.* panggil; teriak; sebut; gelar (nama). 呼唤；喊叫；称呼；大声读出。 —*n.* panggilan; panggilan telefon; lawatan singkat. 呼叫；鸣声；通话；短访。 ~-

**box** *n.* pondok telefon. 电话亭。~ **for** tuntut. 需要。~ **off** batal. 取消。~ **up** kerah. 召集。**caller** *n.* pemanggil. 访问者。

**calligraphy** *n.* seni khat. 书法。

**calliper** *n.* kaliper; topang; (*pl.*) angkup; alat pengukur diameter. 卡钳；两脚规；测径器。

**callisthenics** *n.pl.* kalistenik; latihan untuk membentuk kekuatan dan keanggunan. 柔软体操。

**callosity** *n.* berbelulang; kekalosan. 硬皮；无情。

**callous** *a.* tidak berperasaan. 麻木的；冷酷无情的。**callously** *adv.* dengan tidak berperasaan. 绝情地。**callousness** *n.* sifat tidak berperasaan. 硬心肠。

**callow** *a.* (*-er, -est*) mentah (orang kurang pengalaman). 缺乏经验的。**callowness** *n.* kementahan (kekurangan pengalaman). 经验不足。

**callus** *n.* belulang; kalus. 胼胝；老茧。

**calm** *a.* (*-er, -est*) tenang; tenteram; hening. 镇静的；平静的；镇定的。—*n.* ketenangan; ketenteraman; keheningan. 镇定；平静。—*v.t./i.* menenangkan; menenteramkan. 使平静；使镇定。**calmly** *adv.* dengan tenang; dengan tenteram. 安静地；沉着地。**calmness** *n.* ketenangan; ketenteraman; keheningan. 镇定；平静。

**calorie** *n.* kalori. 卡（热量单位）。

**calorific** *a.* kalori; menghasilkan haba. 发热的。

**calumniate** *v.t.* memfitnah. 中伤。**calumniation** *n.* pemfitnahan. 毁谤。**calumniator** *n.* pemfitnah. 中伤者。

**calumny** *n.* fitnah. 毁谤。

**calve** *v.i.* melahirkan anak, bagi lembu, gajah, dsb. 生小牛。

**Calvinism** *n.* Calvinisme; ajaran John Calvin atau pengikutnya dari mazhab Protestan (Kristian). 法国宗教改革者喀尔文的教义。**Calvinist** *n.* pengikut Calvinisme. 喀尔文派的信徒。**Calvinistic** *a.* berkaitan dengan Calvinisme. 喀尔文教义的。

**calypso** *n.* (*pl. -os*) kalipso; sejenis rentak muzik dari Hindia Barat. 西印度的即兴歌曲。

**calyx** *n.* kaliks; kelopak. 花萼。

**cam** *n.* sesondol; alat penggerak ulang-alik (mesin). 凸轮；铿。**camshaft** *n.* aci sesondol; batang besi yang berputar diikatkan pada alat penggerak di bahagian kereta. 轴心；车杠。

**camaraderie** *n.* keakraban. 友情；同志间的互信互爱。

**camber** *n.* kamber; lengkung. 弧形。

**cambric** *n.* sejenis kain nipis daripada linen atau kapas. 细麻布。

**camcorder** *n.* gabungan kamera video dengan perakam suara. 影声摄像机。

**came** *lihat* **come**. 见 come。

**camel** *n.* unta. 骆驼。

**camellia** *n.* bunga Kamelia. 山茶花。

**Camembert** *n.* sejenis keju. 卡门贝干酪。

**cameo** *n.* (*pl. -os*) kameo; batu perhiasan berukiran timbul; satu babak dalam drama. 有浮雕的宝石；戏剧中的一幕。

**camera** *n.* kamera. 照相机。**in ~** secara tertutup. 秘密地。**cameraman** *n.* (*pl. -men*) jurukamera (lelaki). 摄影者。

**camiknickers** *n.* pakaian dalam wanita mengandungi anak baju dan seluar dalam. 女用连身内衣裤。

**camisole** *n.* sejenis pakaian perempuan yang dipakai sebagai pakaian dalam. 背心式女内衣。

**camomile** *n.* herba wangi. 甘菊。

**camouflage** *n.* penyamaran; samaran. 伪装；掩饰。—*v.t.* menyamarkan. 伪装。

**camp**[1] *n.* kem; khemah. 营；营帐。—*v.i.* berkhemah. 扎营住宿。**~-bed** *n.* katil yang boleh dilipat dan mudah dibimbit. 行军床。**camper** *n.* orang yang berkhemah. 露营者。

**camp**[2] *a.* pelik; aneh; homoseks. 滑稽可笑的；搞同性恋的。—*n.* perangai yang pelik. 滑稽行为；忸怩作态。—*v.t./i.*

**campaign**

bertindak atau berperanan dengan cara yang pelik. 表现滑稽。

**campaign** *n.* gerakan tentera; kempen. 战役；活动；运动。—*v.i.* berkempen. 从事运动。 **campaigner** *n.* orang yang berkempen. 从事运动者。

**campanology** *n.* kajian tentang loceng dan bunyi loceng. 铸钟研究；鸣钟学。 **campanologist** *n.* ahli kaji loceng. 钟学研究者。

**campanula** *n.* tumbuhan berbunga bentuk loceng. 风铃草属植物。

**camphor** *n.* kapur barus. 樟脑。 **camphorated** *a.* berkapur barus. 加入樟脑的。

**campion** *n.* sejenis tumbuhan liar berbunga putih atau merah jambu. 剪秋罗属植物。

**campus** *n.* (pl. *-puses*) kampus. （大专学院的）校园。

**can**[1] *n.* tin. 金属容器；罐头。—*v.t.* (p.t. *canned*) mengetinkan. 制成罐头。 **canned music** muzik yang terakam. 录制的乐曲。

**can**[2] *v.aux.* boleh; bisa; dapat; sanggup. 能；会；可以。

**Canadian** *a.* & *n.* berasal dari Kanada; orang (rakyat) Kanada. 加拿大的；加拿大人。

**canal** *n.* terusan; parit; saluran. 运河；水道；管道。

**canalize** *v.t.* membina terusan. 开拓运河。 **canalization** *n.* membuat terusan; sistem terusan; sistem penyaluran. 运河网。

**canape** *n.* kanape; kepingan kecil roti bertatah bahan berperisa. 开胃小菜；加有菜肴的烤面包。

**canary** *n.* burung kenari. 金丝雀。

**canasta** *n.* sejenis permainan daun terup. 桥牌游戏。

**cancan** *n.* sejenis tarian (perempuan) dengan kaki diayun tinggi. 康康舞。

**cancel** *v.t./i.* (p.t. *cancelled*) memotong; batal. 删除；作废；取消；抵消。 **~ out**

meluputkan. 抵消。 **cancellation** *n.* pemotongan; pembatalan. 取消。

**cancer** *n.* barah; kanser. 癌症。 **cancerous** *a.* berbarah. 癌的；患癌症的。

**candela** *n.* kandela; unit keamatan lar atau terangnya cahaya. 新烛光（发光强度单位）。

**candelabrum** *n.* (pl. *-bra*) kaki lilin atau dian; alat pemacak dian atau lampu yang banyak cabang. 大分枝烛台；烛架。

**candid** *a.* tulus; terus terang. 正直的；坦白的。 **candidly** *adv.* dengan tulus; dengan terus terang. 公正地；坦然地。 **candidness** *n.* ketulusan. 耿直。

**candidate** *n.* calon; orang yang mengambil peperiksaan, meminta kerja, dsb. 候选人；应考生。 **candidacy, candidature** *n.* pencalonan. 候选资格。

**candied** *a.* halwa; diselaputi atau diawet dengan gula. 凝成糖的；糖渍的。

**candle** *n.* dian; lilin. 蜡烛。

**candlestick** *n.* kaki dian; kaki lilin. 烛台。

**candlewick** *n.* sejenis kain bercorak timbul. 烛芯纱。

**candour** *n.* kejujuran; keikhlasan; ketulusan. 坦白；公正；率直。

**candy** *n.* (*A.S.*) gula-gula. 糖果。

**candyfloss** *n.* alusmitai; halwa rambut. 糖丝；糖衣。

**candystrip** *n.* jalur-jalur putih dengan warna lain. 条纹图案。 **candystriped** *a.* berjalur-jalur putih dengan warna lain. 刻有条纹的。

**candytuft** *n.* sejenis pokok bunga. 白蜀葵。

**cane** *n.* rotan; tongkat. 藤；拐杖；藤条。 —*v.t.* merotan. 鞭笞。

**canine** *a.* berkenaan anjing. 似犬的。— *n.* gigi taring. 犬牙。 **~ tooth** gigi siung. 人的犬齿。

**canister** *n.* kanister; kotak tin. 小金属罐。

**canker** *n.* hawar; bahana; puru; pengaruh buruk yang menular. 口疮；弊病；溃疡；腐败的因素。

**cannabis** *n.* kanabis; ganja. 大麻。

**canned** *lihat* **can**[1]. 见 **can**[1]。

**cannibal** *n.* kanibal; manusia yang makan orang; binatang yang memakan jenisnya. 食人族；同类相食的动物。**cannibalism** *n.* kanibalisme; adat kebiasaan memakan sesama jenis makhluk. 吃人；嗜吃同类。

**cannibalize** *v.t.* menggunakan alat daripada sesuatu jentera untuk memperbaiki jentera lain. 用拆取的部件修配。

**cannon** *n.* meriam (pl. *cannon*); hantukan dua bola serentak dalam permainan biliard. 炮；(台球) 双球连击。—*v.i.* terhantuk kuat (kepada sesuatu halangan). 相撞。

**cannonade** *n.* pembedilan berterusan. 连续炮轰。—*v.t.* membedil dengan cara berterusan. 连续炮攻。

**cannot** kata nafi **can**[2]. **can**[2] 的反义。

**canny** *a.* bijak. 机敏的；精明的；狡诈的。**cannily** *adv.* dengan bijak. 敏捷地。

**canoe** *n.* kanu; sejenis perahu kecil. 独木舟。—*v.i.* berkanu. 划独木舟。**canoeist** *n.* pendayung kanu. 划独木舟者。

**canon** *n.* kanun; prinsip-prinsip atau peraturan am; daftar karya; ahli ulama gereja. 法规；一般原则；教会法则；教士团团员。**canonical** *a.* yang berkaitan dengan hal-hal di atas. 根据法则的。

**canonize** *v.t.* diisytihar dengan rasmi sebagai wali (Kristian). 奉为圣者。**canonization** *n.* pengisytiharan sebagai wali. 赠予圣者的称号。

**canopy** *n.* langit-langit; tenda. 华盖；遮篷；降落伞的伞衣。

**cant**[1] *v.t./i.* sendeng; tebing. 使倾斜。

**cant**[2] *n.* kata-kata yang tidak jujur. 虚伪的言语。

**can't** (*colloq.*) = **cannot**. 同 **cannot**。

**cantaloup** *n.* sejenis tembikai kecil. 罗马甜瓜。

**cantankerous** *a.* cerewet. 难相处的；脾气坏的。**cantankerously** *adv.* dengan cerewet. 爱争吵地。**cantankerousness** *n.* sikap cerewet. (性格) 难相处。

**cantata** *n.* gubahan (lagu) untuk nyanyian beramai-ramai. 大合唱。

**canteen** *n.* kantin; kotak untuk pisau, sudu, garpu, dll. 食堂；餐具箱。

**canter** *n.* cara kuda berlari, perlahan dan cermat. 马儿慢跑。—*v.t./i.* meligas; berlari perlahan-lahan. 使马慢跑。

**canticle** *n.* nyanyian dengan kata-kata dari kitab Bible. 颂歌；圣歌。

**cantilever** *n.* penyangga; penyokong. 悬臂；悬桁。

**canto** *n.* (pl. *-os*) kanto; bahagian puisi yang panjang. 长诗中的某段篇章。

**canton** *n.* kanton; wilayah atau daerah di Switzerland. (瑞士) 州；县。

**canvas** *n.* kain kanvas. 帆布。

**canvass** *v.t./i.* meminta sokongan. 拉票；详细讨论；提议。

**canyon** *n.* kanyon; gaung; ngarai; lembah dalam. 峡谷。

**cap** *n.* topi; penutup botol. 便帽；盖；罩；套。—*v.t.* (p.t. *capped*) menutupi; meliputi. 加盖于；覆盖。

**capable** *a.* berkebolehan; mampu. 有能力的。**capably** *adv.* dengan berkebolehan. 能干地。**capability** *n.* kebolehan; kemampuan. 能力；才能。

**capacious** *a.* luas; lapang. 容量大的；广阔的。**capaciousness** *n.* luasnya; keluasan. 容量；广阔范围。

**capacitance** *n.* kemuatan; kapasitans; keupayaan menyimpan caj elektrik. 电容。

**capacitor** *n.* pemuat; kapasitor; alat menyimpan kuasa elektrik. 电容器。

**capacity** *n.* kemampuan; kesanggupan; muatan. 能量；能力；容量。

**caparison** *v.t.* menghiasi. 盛装。

**cape**[1] *n.* mantel; sejenis pakaian luar (tidak berlengan). 斗篷；短披风。

**cape**[2] *n.* tanjung. 海角。

**caper**[1] *v.* meloncat; melonjak. 雀跃。—*n.* berloncatan; (*sl.*) aktiviti. 雀跃；活动。

**caper**[2] *n.* sejenis tumbuhan berduri. 刺山柑；槌果藤。

**capercaillie** *n.* (juga **capercailzie**) sejenis burung. 欧洲松鸡。

**capillary** *n.* saluran halus; rerambut; kapilari. 细管；毛细管；微血管。

**capital** *a.* utama; bagus; melibatkan hukuman bunuh. 重要的；极好的；可处极刑的。—*n.* ibu negeri; ibu negara; huruf besar; bahagian puncak tiang; harta yang terkumpul; modal. 首都；首府；大写字母；柱顶；资本。

**capitalism** *n.* kapitalisme; sistem ekonomi dengan perdagangan dan perindustrian dikuasai oleh pemilik persendirian. 资本主义。

**capitalist** *n.* kapitalis; orang kaya; pemodal. 资本主义者；资本家。

**capitalize** *v.t.* menjadikan atau menyediakan modal; tulis dengan huruf besar. 供给资本；以大写字母书写。~ **on** ambil kesempatan daripada. 利用机会。

**capitulate** *v.t.* menyerah. 投降。 **capitulation** *n.* penyerahan. 投降协定。

**capon** *n.* ayam kasi; ayam kembiri (jantan). 阉鸡。

**caprice** *n.* tingkah laku beragam; tidak tegas atau berdolak-dalik. 反复无常；任性。

**capricious** *a.* selalu berubah; tidak tegas. 善变的；任性的。 **capriciously** *adv.* dengan tidak menentu. 善变地；任性地。 **capriciousness** *n.* sifat sentiasa mengubah fikiran. 性情多变。

**capsicum** *n.* cili kembung; lada benggala. 辣椒。

**capsize** *v.t./i.* karam; terbalik; terlungkup. 弄翻；倾覆；翻倒。

**capstan** *n.* kumparan; alat penggulung tali. 起锚机；绞盘。

**capsule** *n.* kapsul; sarung biji benih; sarung ubat bijian. 荚膜；药囊。

**captain** *n.* nakhoda; kapten. 船长；队长；上校；首领。—*v.t.* menjadi kapten. 领队；统率。 **captaincy** *n.* penakhodaan; pengaptenan. 领导能力。

**caption** *n.* kapsyen; keterangan gambar. 标题；图片解说。—*v.t.* menyediakan kapsyen. 加标题。

**captious** *a.* suka mencari kesalahan. 吹毛求疵的。 **captiously** *adv.* dengan tujuan mencari kesalahan. 挑剔地。 **captiousness** *n.* sifat suka mencari kesalahan. 挑剔。

**captivate** *v.t.* pukau; pikat. 使入迷；迷惑。 **captivation** *n.* pukauan; pikatan. 迷惑；魅力。

**captive** *a.* tawanan; terkurung. 被迷住的；被俘的。—*n.* tawanan. 俘虏；猎物。 **captivity** *n.* (dalam) tawanan; kurungan. 俘虏。

**captor** *n.* penawan; penangkap. 攻取者；捕捉者。

**capture** *v.t.* tangkap; tawan; pikat. 捕捉；迷住。—*n.* penangkapan; penawanan; tawanan. 俘获；俘虏。

**Capuchin** *n.* rahib mazhab St. Francis. 圣芳济教的圣者。

**car** *n.* kereta; (*A.S.*) gerabak kereta api; bilik penumpang dalam kereta api kabel. 车辆；汽车；火车；火车车厢。

**carafe** *n.* kendi air; botol kaca untuk sajian wain atau air. 玻璃水瓶。

**caramel** *n.* karamel; gula hangus; gula-gula karamel. 焦糖；牛奶糖果。

**caramelize** *v.t./i.* menjadi seperti karamel. 制成焦糖。

**carapace** *n.* karapas; kulit kura-kura, udang atau ketam. 甲壳纲；动物的壳。

**carat** *n.* karat; ukuran ketulenan emas atau berat batu permata. 克拉（纯金或宝石的重量单位）。

**caravan** *n.* kafilah; karavan; kereta yang digunakan sebagai rumah. 旅行商队；旅行篷车。 **caravanning** *n.* berjalan atau hidup cara begini. 起居饮食皆在篷车内。

**caraway** *n.* pokok jintan; sejenis tumbuhan berbiji pedas. 葛缕子。

**carbine** *n.* karbin; senapang automatik. 卡宾枪。

**carbohydrate** *n.* karbohidrat; sebatian yang menghasilkan tenaga. 醣;碳水化合物。

**carbolic** *n.* karbolik; sejenis bahan penyahjangkit. 石碳酸。

**carbon** *n.* karbon; kertas karbon; salinan karbon. 碳;复写纸。~ **copy** salinan yang dibuat daripada kertas karbon; salinan serupa. 复写本;副本。~ **paper** kertas karbon. 复写纸。

**carbonate** *n.* karbonat; sebatian yang menghasilkan karbon dioksida apabila dicampur dengan asid. 碳酸盐。—*v.t.* mengkarbonat. 碳化。

**carboniferous** *a.* karboniferus; menghasilkan batu arang. 含碳的;生煤的。

**carbonize** *v.t.* mengkarbonkan. 碳化。

**carbonization** *n.* pengkarbonan. 碳化方法。

**carborundum** *n.* kompaun karbon dengan silikon yang digunakan untuk menggilap. 碳化矽。

**carboy** *n.* botol besar bulat bersalut anyaman pelindung (digunakan) untuk mengangkut cecair. 以藤罩保护的大玻璃瓶。

**carbuncle** *n.* pekung; batu permata (berwarna merah) yang diukir dalam bentuk bulat. 红宝石;红疹。

**carburettor** *n.* karburetor; alat pencampur udara dan wap petrol atau bahan api dalam enjin motor. 汽车引擎内的汽化器。

**carcass** *n.* karkas; bangkai; rangka. 尸体;骨架。

**carcinogen** *n.* bahan yang menghasilkan barah atau kanser. 致癌物质。**carcinogenic** *a.* berkaitan dengan bahan yang menghasilkan barah atau kanser. 致癌的。

**carcinoma** *n.* tumor barah. 癌。

**card**[1] *n.* kad; daun terup; kertas tebal. 卡片;纸牌;厚纸片。~ **index** *n.* indeks pada kad. 卡片索引。~-**sharper** *n.* penipu profesional dalam permainan kad judian. 赌博骗子。

**card**[2] *v.t.* membersihkan atau menyisir (bulu) dengan berus dawai. 用钢丝刷梳理。

**cardboard** *n.* kadbod; kertas tebal. 硬纸板。

**cardiac** *a.* berkenaan dengan jantung. 心脏的。

**cardigan** *n.* kardigen; jaket yang diperbuat daripada bulu. 羊毛衫。

**cardinal** *a.* utama; penting. 主要的;重要的。—*n.* ahli Sacred College Gereja Roman Katolik yang memilih dan melantik Pope. (天主教)红衣主教;枢机主教。~ **numbers** nombor kardinal; nombor bulat 1, 2, 3, dan seterusnya. 基数(1, 2, 3, 4...)。

**cardiogram** *n.* kardiogram; rakaman denyutan jantung. 心电图。**cardiograph** *n.* kardiograf; alat merakam denyut jantung. 心动描记器。

**cardiology** *n.* kardiologi; pengkajian tentang penyakit jantung. 心脏学。**cardiological** *a.* berkenaan penyakit jantung. 心脏病的。**cardiologist** *n.* pakar kardiologi. 心脏学专家。

**cardphone** *n.* kadfon; telefon awam digunakan dengan kad plastik bacaanmesin. 插卡式公用电话。

**care** *n.* peduli; perhatian; waspada; perlindungan; penjagaan; seliaan; kebimbangan. 看护;关怀;小心;照料;忧虑。—*v.i.* ambil tahu; ambil berat; bertanggungjawab. 关怀;想望。**take ~ of** bertindak menjaga; menentukan keselamatan dan menguruskannya. 照顾;处理。

**careen** *v.t./i.* senget; sendeng. 使倾侧;使倾倒。

**career** *n.* kerjaya. 生涯;职业。—*v.i.* mara dengan pantas. 飞奔。

**careerist** *n.* orang yang tekun mahu memajukan kerjayanya. 野心家。

**carefree** *a.* rasa bebas tanpa kerunsingan. 无忧无虑的。

**careful** *a.* cermat; hati-hati. 谨慎的；小心的。 **carefully** *adv.* dengan cermat; dengan hati-hati. 小心谨慎地。 **carefulness** *n.* kecermatan; ketelitian. 谨慎；细心。

**careless** *a.* cuai; kurang hati-hati. 疏忽的；不注意的。 **carelessly** *adv.* dengan cuai. 草率地。 **carelessness** *n.* kecuaian. 粗心；疏忽。

**carer** *n.* orang yang menjaga pesakit atau orang cacat di rumah. 家庭私人看护。

**caress** *n.* belaian; cumbuan; usapan. 爱抚；轻触。 —*v.t.* membelai; bercumbu; mengusap. 爱抚；轻触。

**caret** *n.* tanda tertinggal; tanda ∧. 脱字符号；补注号（即'∧'）。

**caretaker** *n.* penjaga; jaga. 管理人；看管者。

**careworn** *a.* dirundung kerunsingan. 积忧成疾的。

**cargo** *n.* (pl. *-oes*) kargo; barang muatan. 船货；装运货物。

**Caribbean** *a.* berkenaan Caribbean; kepulauan Hindia Barat (berdekatan Amerika Tengah). 加勒比人的；(拉丁美洲)加勒比海的。

**caribou** *n.* (pl. *caribou*) karibu; sejenis rusa besar di Amerika Utara. 北美驯鹿。

**caricature** *n.* karikatur; potret yang melucukan. 讽刺画；拙劣的模仿。 —*v.t.* membuat karikatur. 讽刺地描画。

**caries** *n.* (pl. *caries*) karries; kerosakan gigi atau tulang. 蛀牙；骨溃疡。

**carillon** *n.* satu set loceng yang dibunyikan secara mekanik. 钟琴；钟乐。

**Carmelite** *n.* ahli satu kumpulan paderi (lelaki dan perempuan) berjubah putih. 加尔慕罗修会的修士或修女。

**carmine** *a. & n.* warna merah tua. 洋红；洋红色(的)。

**carnage** *n.* pembunuhan beramai-ramai. 大屠杀。

**carnal** *a.* badani; jasmani. 物质的；肉体的。 **carnally** *adv.* secara badani atau jasmani. 肉体地。 **carnality** *n.* syahwat; hawa nafsu. 淫欲；好色。

**carnation** *n.* bunga anyelir; bunga teluki. 康乃馨。

**carnet** *n.* permit yang membenarkan kereta melintasi sempadan atau masuk ke tempat perkhemahan. 汽车过境准证。

**carnival** *n.* karnival; pesta. 嘉年华会；巡回表演的娱乐团。

**carnivorous** *a.* karnivor; binatang pemangsa; binatang pemakan daging. 食肉的；食肉动物的。

**carol** *n.* nyanyian puji-pujian semasa Krismas (hari Natal). 圣诞颂歌。 —*v.i.* (p.t. *carolled*) menyanyikan lagu-lagu tersebut. 歌颂。

**carotid** *a. & n.* karotid; (pembuluh) pengalir darah ke kepala. 劲动脉(的)。

**carouse** *v.i.* minum dan bersuka-suka. 痛饮。 **carousal** *n.* keadaan ini. 狂饮酒会。 **carouser** *n.* orang yang minum dan bersuka-suka. 畅饮者。

**carousel** *n.* karusel; kuda pusing. 旋转木马。

**carp**[1] *n.* (pl. *carp*) ikan kaloi; ikan guramin. 鲤鱼。

**carp**[2] *v.i.* berleter. 吹毛求疵。

**carpenter** *n.* tukang kayu. 木匠。 **carpentry** *n.* pertukangan kayu. 木工业。

**carpet** *n.* permaidani; hamparan. 地毯；地毯般的覆盖物。 —*v.t.* (pl. *carpeted*) menutupi dengan hamparan. (用地毯)铺盖。 **~ slippers** selipar yang diperbuat daripada kain. 布便鞋。 **~-sweeper** *n.* penyapu permaidani. 地毯扫除器。 **on the ~** (*colloq.*) kena marah. 受责骂。

**carport** *n.* tempat berbumbung untuk letak kereta. 有顶车棚。

**carpus** *n.* karpus; satu set tulang kecil membentuk sesendi lengan. 腕骨。

**carriage** *n.* pedati; bendi; gerabak; gerbong. 四轮马车；车架；机床的拖板。 **~ clock** jam bertangkai. 手提时钟。

**carriageway** *n.* bahagian jalan untuk kenderaan. 车道。

**carrier** *n.* pembawa; beg kertas, plastik. 运送工人；纸袋；塑料袋。**~ pigeon** merpati pembawa utusan. 信鸽。

**carrion** *n.* bangkai yang mereput. 腐臭的尸体。

**carrot** *n.* karot; lobak merah. 胡萝卜。

**carry** *v.t./i.* bawa; angkut; pikul; kandar; galas; usung; dukung; junjung; bimbit; jinjing; jalankan; teruskan; menyiarkan. 携带；搬；挑；抬；背；顶；进行；继续；刊登；广播。**~ away** terbawa-bawa. 冲走。**~-cot** *n.* buaian. 手提式摇篮。**~ off** mengeluarkan secara paksa; menang; menguruskan dengan baik. 夺走；获奖；成功处理。**~ on** meneruskan; (*colloq.*) berkelakuan mengada-ngada; main muda. 持续；调情。**~ out** melakukan; melaksanakan; menjalankan. 实践；进行。

**cart** *n.* kereta sorong; kereta kuda; kereta lembu. 手推车；马车；牛车。—*v.t.* angkut. 用车运送。**~-horse** *n.* kuda pengangkut. 拖货车的马。**~-track** *n.* jalan yang sesuai untuk kereta kuda, dll. 马车适用的小径。

*carte blanche* kebebasan melaksanakan sesuatu mengikut kebijaksanaan sendiri. 全权委任。

**cartel** *n.* kartel; kesatuan pengeluar atau pengilang yang mengawal harga. 卡特尔 (控制产品价钱的联合企业)。

**cartilage** *n.* rawan; bahan yang menyelaputi sendi dalam tubuh vertebrata (binatang). 软骨。

**cartography** *n.* kartografi; ilmu pemetaan; pelukisan peta. 制图；绘图法；地图制作。**cartographer** *n.* pelukis peta. 制图师。**cartographic** *a.* kartografi. 制图的。

**carton** *n.* kotak kertas; kadbod. 纸盒；塑料容器。

**cartoon** *n.* kartun; lukisan lucu. 卡通；漫画。—*v.t.* melukis kartun. 画漫画。

**cartoonist** *n.* pelukis kartun. 漫画家。

**cartridge** *n.* kartrij; patrum; sarung peluru. 弹药筒；暗盒；拾音器心座。**~ paper** kertas tebal yang tetal. 弹药纸；厚纸。

**cartwheel** *n.* lompat putar; sejenis lompatan dalam gimnastik. 横翻筋斗。

**carve** *v.t./i.* potong; ukir. 切开；雕刻。

**carvel-built** *a.* dibuat daripada papan yang disusun rata, iaitu tidak bertindan. 由外板平接的。

**caryatid** *n.* tiang penyokong berbentuk tubuh wanita. 女像柱。

**Casanova** *n.* lelaki yang suka menggoda wanita. 喜戏调戏女人的男人。

**cascade** *n.* lata; air terjun; benda yang jatuh atau terjuntai bagaikan air terjun. 小瀑布；象瀑布般悬挂着的物件。—*v.i.* melata. 瀑布似地落下。

**cascara** *n.* kulit sejenis pokok. 药鼠李。

**case**[1] *n.* kes; hal; perkara; kejadian; kasus. 案件；事件；状况；论据；事例；诉讼；语法的格。**in ~** jikalau; sekiranya; seandainya. 假使；免得。

**case**[2] *n.* bekas; kotak; beg; tempat simpanan. 箱；盒；套；容器。—*v.t.* terkandung di dalam kotak. 放进箱子内。**~-harden** *v.t.* menjadikan tidak berhati perut. 使麻木。

**casement** *n.* tingkap berbingkai. 有框窗户。

**cash** *n.* wang tunai. 现金。—*v.t.* menunaikan (cek, dsb.). 兑换现款。**~ in (on)** membuat keuntungan daripada. 牟利。

**cashcard** *n.* kad plastik untuk mengeluarkan wang daripada dispenser wang. 现金出纳卡。

**cashew** *n.* gajus; kajus; janggus; jambu golok; jambu ketereh; jambu monyet; biji gajus. 槚如树；腰果。

**cashier**[1] *n.* juruwang. 出纳员。

**cashier**[2] *v.t.* pecat dengan aib dari tentera. 撤职；开除。

**cashmere** *n.* kashmir; kain bulu yang halus dan lembut. 喀什米尔轻暖羊毛；喀什米尔羊毛织编品。

**cashpoint** *n.* dispenser wang. 现金出纳机。

**casing** *n.* bingkai; selongsong. 门窗框；套；罩；箱；盒；壳。

**casino** *n.* (pl. *-os*) kasino; tempat berjudi. 娱乐场；赌场。

**cask** *n.* tong kayu (untuk cecair). 水桶。

**casket** *n.* cepu; kotak barang-barang kemas keranda. 小盒；首饰盒；棺材；骨灰盒。

**cassava** *n.* ubi kayu; tepung ubi kayu. 木薯；木薯粉。

**casserole** *n.* kaserol; mangkuk tahan panas yang boleh digunakan untuk memasak. 焙盘。—*v.t.* memasak di dalam mangkuk ini. 以焙盘烹调。

**cassette** *n.* kaset; kotak kecil yang mengandung pita filem atau pita magnetik. 暗盒；卡式录音带盒。

**cassock** *n.* jubah (pakaian paderi). （牧师穿的）长袍。

**cassowary** *n.* kasuari; burung besar tidak boleh terbang. 食火鸡。

**cast** *v.t./i.* (p.t. *cast*) tebar; lempar; labuh; buang (undi); tanggal; campak; pilih pelakon untuk drama; membentuk dengan acuan. 撒；丢；投票；脱落；投掷；投射；分配角色；铸造。—*n.* tebaran jala atau kail, buah dadu (dalam perjudian), dsb.; bahan teracuan; longgokan tahi cacing; sekumpulan pelakon dalam drama; jenis; mutu; juling. 撒网；投骰；铸件；蚯蚓粪堆；演员阵容；种类；品质；斜视。**~-iron** *a.* diperbuat daripada besi tuang; sangat kukuh. 铸铁的；坚固的。**~-off** *a. & n.* (benda) buangan. 被遗弃的（人或物）。

**castanets** *n.pl.* kastanet; sepasang kayu, dsb. berbentuk seperti kulit siput yang dihantukkan untuk menghasilkan bunyi-bunyian mengikut rentak muzik tarian. 响板。

**castaway** *n.* orang yang terdampar di pantai. 遇海难者。

**caste** *n.* kasta. 社会阶级；种姓（印度世袭的社会等级）。

**castellated** *a.* berbentuk kota. 象城堡的。

**caster** *n.* lereng-lereng; bekas. 家具的脚轮；调味瓶。

**castigate** *v.t.* mengecam; menyelar. 惩治；指责；批评。**castigation** *n.* kecaman; selaran; bidasan. 惩治；斥责；严厉的批评。

**casting** *a.* **~ vote** undi pemutus; undi penentu apabila terdapat kesamaan jumlah undi. 决定性一票。

**castle** *n.* istana kota; tir dalam permainan catur. 城堡；西洋棋中的车。

**castor** *n.* lereng-lereng; roda di kaki perabot; (bekas) penabur gula, dsb. 脚轮；调味瓶。**~ sugar** gula kastor; gula halus putih. 精制白糖；细白砂糖。

**castor oil** minyak jarak. 麻油。

**castrate** *v.t.* kasi; kembiri. 阉割；割去睾丸。**castration** *n.* pengasian; pengembirian. 阉割。

**casual** *a.* kebetulan; bersahaja; sementara. 偶然的；随便的；非长期的。**casually** *adv.* secara kebetulan; bersahaja. 偶然地；随意地。**casualness** *n.* kebersahajaan. 随意。

**casualty** *n.* korban; orang yang terkorban atau tercedera. 灾祸；伤亡者。

**casuist** *n.* ahli safsatah, dsb. yang mengkaji dan menyelesai masalah akhlak. 决疑论者；诡辩家。**casuistic** *a.* safsatah. 诡辩的。**casuistry** *n.* safsatah; kasuistri. 诡辩。

**cat**[1] *n.* kucing. 猫。**~'s cradle** *n.* mainan bertali untuk kanak-kanak. 挑绷子游戏。**~'s-paw** *n.* orang yang diperalatkan. 被他人利用作工具的人。

**cat**[2] *n.* penukar pemangkinan. 催化变换器。

**cataclysm** *n.* perubahan besar atau bencana yang mendadak. 洪水；灾变。**cataclysmic** *a.* berupaya membawa perubahan besar. 大变动的。

**catacomb** *n.* katakom; kubur bawah tanah. 地下墓穴。

**catafalque** *n.* pentas untuk keranda orang ternama. 灵柩台。

**catalepsy** *n.* katalepsi; penyakit yang menghilangkan akal fikiran dan menegangkan otot. 强直性昏厥。**cataleptic** *a.* berpenyakit ini. 僵住症的。

**catalogue** *n.* katalog; daftar. (商品等的)目录册。—*v.t.* mengkatalogkan. 编目录。

**catalyse** *v.t.* mengalami tindakan pemangkin. 靠催化功能。**catalysis** *n.* pemangkinan. 催化作用。

**catalyst** *n.* mangkin. 催化剂。

**catalytic** *a.* menggunakan pemangkinan; ejen pemangkinan; bermangkin. 催化的; 起催化作用的。**~ converter** alat mengurangi asap ekzos beracun. 催化式排气毒净化器。

**catamaran** *n.* katamaran; perahu layar yang berbadan dua. 筏; 双体船。

**catapult** *n.* lastik; tarbil. 弹弓; 石弩。—*v.t./i.* melastik; memelantingkan. 发射弹丸; 飞奔。

**cataract** *n.* riam; air terjun yang lebar; katarak, bahagian legap pada kanta mata. 洪流; 大瀑布; 白内障。

**catarrh** *n.* katari; sejenis penyakit hidung dan kerongkong. 黏膜炎。

**catastrophe** *n.* bencana; malapetaka. 灾祸; 灾难。**catastrophic** *a.* membawa bencana; bersifat bencana. 灾难的。

**catcall** *n.* siulan menyindir. 表示不满或嘲弄的嘘声。

**catch** *v.t./i.* (p.t. *caught*) tangkap; sambut; helah; kena. 逮捕; 接住; 迷住; 撞见。—*n.* tangkapan; muslihat; kancing. 捕获物; 圈套; 门闩。**~ crop** tanaman sambilan. 填闲作物; 间作。**~ fire** mula terbakar. 着火。**~ it** (*sl.*) kena marah atau denda. 受责; 受罚。**~ on** (*colloq.*) menjadi popular; memahami apa maknanya. 流行的; 了解。**~ out** mendapati. 发觉。**~-phrase** *n.* cogan kata; frasa yang selalu digunakan. 口号; 惯用语。**~ up** bergandingan dengan; membuat kerja yang tertunggak. 赶上; 赶做某事。

**catching** *a.* berjangkit. 传染性的。

**catchment** *n.* **~ area** kawasan tadahan. 汇水面积; 集水流域。

**catchword** *n.* cogan kata; ungkapan penarik. 标语; 口头禅。

**catchy** *a.* menarik dan mudah diingat. 吸引人的; 易记的。

**catechism** *n.* siri soalan. 教义问答。**Catechism** soal jawab agama. 教义问答手册。

**catechize** *v.t.* menyoal secara mendalam. 盘问; 诘问。

**catechumen** *n.* orang yang diajar tentang agama (Kristian) sebelum pembaptisan. 浸礼前接受基督教义指导的初信者。

**categorical** *a.* mutlak. 无条件的; 至上的。**categorically** *adv.* secara mutlak. 无条件地; 至上地。

**categorize** *v.t.* mengkategorikan. 分类。**categorization** *n.* pengkategorian. 归类。

**category** *n.* kategori; kumpulan; kelas. 种类; 部属; 类型。

**cater** *v.i.* membekal (makanan). 供应伙食。**caterer** *n.* pembekal. 承办伙食者。

**caterpillar** *n.* ulat bulu; beluncas. 毛虫; 蠋。**~ track** lingkaran keluli bergerigi yang meliliti roda pada kenderaan. 履带牵引车。

**caterwaul** *v.i.* mengiau seperti kucing. 发出猫叫般的哀号声。

**catgut** *n.* katgut; tali yang diperbuat daripada usus binatang. 羊肠线。

**catharsis** *n.* katarsis; kelegaan emosi. 导泻; 通便; 精神发泄; 感情净化。

**cathartic** *a.* ejen katarsis; melegakan emosi. 利泻的; 通便的; 可洗涤的。

**cathedral** *n.* gereja besar. 大教堂。

**Catherine wheel** bunga api berputar. 旋转烟花。

**catheter** *n.* kateter; tiub yang dimasukkan ke pundi untuk mengalirkan air kencing. 导(尿)管。

**catheterize** *v.t.* memasukkan kateter (tiub) ke dalam pundi kencing. 插入导尿管。

**cathode** *n.* katod; kutub negatif arus elektrik. 阴极，负极。**~ ray** sinar katod; sinar elektron dari katod tiub vakum. 阴极线。

**catholic** *a.* sejagat. 普遍的；宽大的；包容一切的。**Catholic** *a.* & *n.* mazhab Roman Katolik agama Kristian. 天主教的；天主教徒。

**catholicism** *n.* Katolikisme. 天主教义。

**cation** *n.* kation, ion bercaj positif. 阳离子。**cationic** *a.* berkenaan kation. 阳离子的。

**catkin** *n.* katkin; sejenis bunga bermayang. 荑荑花。

**catmint** *n.* sejenis tumbuhan yang berbau keras dan disukai kucing. 荆芥；猫薄荷。

**catnap** *n.* tidur ayam; tidur sejenak. 瞌睡；假寐。

**catnip** *n.* sejenis tumbuhan yang disukai kucing. 假荆芥；樟脑草。

**catseye** *n.* (*pl.*) mata jalan; stad yang memantulkan cahaya di atas jalan raya. 猫眼石；路上的反光石。

**cattle** *n.pl.* lembu ternakan. 牛；牲口。

**catty** *a.* menyakiti hati. 阴险的；恶意中伤的。**cattiness** *n.* sifat pendengki. 阴险。**cattily** *adv.* dengan rasa dengki. 恶毒地。

**catwalk** *n.* titi samping; titian sempit terutama untuk sampai ke peralatan jentera, pentas peragaan. 狭小通道；通往平台的天桥。

**Caucasoid** *a.* tentang orang kulit putih; Kaukasoid. 白种人的；高加索人种的。

**caucus** *n.* kokus; jawatankuasa kecil parti politik; (*A.S.*) persidangan ketua-ketua politik. 政党的小组委员会；干部会议。

**caudal** *a.* kaudal; berkaitan dengan atau di ekor. 尾部的。

**caudate** *a.* berekor. 有尾巴的。

**caught** *lihat* **catch**. 见 **catch**。

**caul** *n.* kaul; membran yang kadangkala menyelaputi kepala bayi semasa dilahirkan. 大网膜；胎膜。

**cauldron** *n.* kawah; kancah. 大锅；大汽锅。

**cauliflower** *n.* kubis bunga. 花椰菜。

**caulk** *v.t.* memakal (seperti pada perahu yang bocor). 填隙；堵塞船缝。

**causal** *a.* hubungan sebab akibat. 关于因果的。**causality** *n.* sebab akibat. 因果关系。

**causation** *n.* penyebaban. 造因；起因。

**cause celebre** tuntutan mahkamah, dsb. yang menarik minat ramai. 轰动的案件。

**cause** *n.* sebab. 原因；理由。—*v.t.* menyebabkan. 导致；促使；引起。

**causeway** *n.* tambak. 堤道。

**caustic** *a.* kaustik; terbakar dengan tindakan kimia; tajam; pedas (kata-kata). 腐蚀性的；苛性的；讽刺的。—*n.* bahan kaustik. 腐蚀性物质。**caustically** *adv.* dengan tajam. 讥讽地。

**cauterize** *v.t.* mengkauteri; melecuhkan; membakar untuk menghapuskan jangkitan atau menghentikan pendarahan. 腐蚀；烙；烧灼。**cauterization** *n.* pengkauterian; pelecuhan. 腐蚀方法；烧灼医疗法。

**caution** *n.* sikap berhati-hati atau berwaspada; amaran. 小心；谨慎；警告。—*v.t.* memberi amaran. 告诫。

**cautionary** *a.* (memberi) peringatan. 警戒的。

**cautious** *a.* berhati-hati; berwaspada. 十分小心的；谨慎的。**cautiously** *adv.* dengan berhati-hati. 小心地。

**cavalcade** *n.* perarakan terutama dengan kuda atau kereta. 骑马队伍；车队。

**cavalier** *a.* sombong. 傲慢的。

**Cavalier** *n.* penyokong raja Charles I dalam Perang Saudara Inggeris. 英国查理一世时代的保皇党党员。

**cavalry** *n.* tentera berkuda. 骑兵。

**cave** *n.* gua. 洞穴。—*v.t./i.* **~ in** runtuh. 塌落。

**caveat** *n.* kaveat; amaran; ingatan. 警告；警惕。

**caveman** *n.* (pl. *-men*) orang zaman batu. 石器时代的穴居人。

**cavern** *n.* gua besar; bahagian berongga. 大洞穴；深凹处。

**cavernous** *a.* seperti gua. 洞穴状的。

**caviare** *n.* kaviar; sejenis pekasam ikan. 鱼子酱。

**cavil** *v.i.* (p.t. *cavilled*) membangkitkan bantahan yang remeh. 挑剔；找岔子。—*n.* bantahan yang remeh. 吹毛求疵；无端指摘。

**caving** *n.* sukan meneroka gua. 洞穴探察。

**cavity** *n.* rongga; lubang (dalam benda padu). 腔；洞。

**cavort** *v.i.* meloncat-loncat; melompat-lompat. 跳跃；腾跃。

**cavy** *n.* jenis rodensia kecil yang termasuk tikus belanda. 天竺鼠。

**caw** *n.* gauk, bunyi gagak. 乌鸦叫声；哑哑叫声。—*v.i.* menggauk. 乌鸦似地叫。

**cayenne** *n.* cili merah pedas. 红辣椒。

**cayman** *n.* buaya Amerika Selatan. 宽吻鳄。

**CB** *abbr.* **citizens' band** frekuensi radio yang digunakan oleh orang awam. (缩写)民用波段。

**CBI** *abbr.* **Confederation of British Industry** Persekutuan Perindustrian British. (缩写)英国工业联盟。

**cc** *abbr.* **cubic centimeter** sentimeter padu. (缩写)立方公分。

**CD** *abbr.* **compact disc** cakera padat. (缩写)雷射唱片。

**cease** *v.t./i.* berhenti; tamat. 停；终止；结束。**~-fire** *n.* isyarat untuk memberhentikan tembakan. 休战。**without ~** tidak berhenti-henti. 不断地；不停地。

**ceaseless** *a.* tanpa henti. 不停的。

**cedar** *n.* pokok sedar; pokok araz. 西洋杉；香柏。**cedarwood** *n.* kayu sedar atau araz. 西洋杉木；香柏木。

**cede** *v.t.* menyerahkan. 转让；割让。

**cedilla** *n.* ekor huruf c (ç) yang menunjukkan bahawa huruf itu dibunyikan seperti huruf s. "c"字下面的尾形符号，表示读成"s"音。

**ceilidh** *n.* (*Sc. & Ir.*) perkumpulan tak formal untuk menari dan mendengar muzik. 非正式的音乐舞会。

**ceiling** *n.* siling; had tertinggi. 天花板；最高限度。

**celandine** *n.* sejenis tumbuhan berbunga kuning. 白屈菜。

**celebrate** *v.t./i.* meraikan; merayakan. 庆祝；欢宴作乐。**celebrant** *n.* orang yang meraikan. 宗教仪式主持者。

**celebration** *n.* keraian; perayaan. 庆典；庆祝。

**celebrated** *a.* terkenal. 有名的。

**celebrity** *n.* orang terkenal. 名人。

**celeriac** *n.* sejenis sayur saderi berubi. 块根芹。

**celerity** *n.* kepantasan. 迅速。

**celery** *n.* sayur saderi. 芹菜。

**celestial** *a.* samawi; cakerawala; berkenaan dengan langit. 天的；天国的。

**celibate** *a.* membujang. 单身的。**celibacy** *n.* pembujangan. 独身生活。

**cell** *n.* sel; bilik penjara; sarang; bateri kering. 细胞；小囚室；蜂房巢室；电池。

**cellar** *n.* bilik di bawah tanah; bilik simpanan wain. 地下室；酒窖。

**cello** *n.* (pl. *-os*) selo; biola besar. 大提琴。**cellist** *n.* pemain selo. 大提琴演奏者。

**cellophane** *n.* selofan; bahan pembalut lutsinar. 玻璃纸。

**cellular** *a.* bersel; berlubang-lubang. 细胞组成的；有孔窝的。

**celluloid** *n.* seluloid; sejenis plastik. 赛璐珞；假象牙。

**cellulose** *n.* selulosa; sejenis bahan pada tisu tumbuhan. 纤维素。

**Celsius** *a.* Celsius; skala centigrade, iaitu 0° untuk takat beku dan 100° untuk takat air mendidih. 摄氏的;摄氏温度计的。

**Celt** *n.* bangsa kuno Eropah dan keturunan mereka. (欧洲)凯尔特人;凯尔特后裔。 **Celtic** *a.* berkenaan bangsa ini. 凯尔特人的。

**cement** *n.* simen. 水泥。—*v.t.* menyimen; menyatukan; mengeratkan. 用水泥涂;结合;巩固。

**cemetery** *n.* makam; perkuburan. 墓地;公墓。

**cenotaph** *n.* tugu peringatan. 纪念碑。

**cense** *v.t.* mengharumkan dengan bau setanggi daripada perasapan. 以香熏之。

**censer** *n.* pedupaan; ukupan; perasapan. 香炉。

**censor** *n.* penapis. (新闻,电影或书刊的)审查员。—*v.t.* menapis. 审查。

**censorial** *a.* berkaitan dengan penapisan. 审查官的。 **censorship** *n.* penapisan. 审查制度。

**censorious** *a.* suka mencela; mengecam. 爱批评的;喜欢吹毛求疵的。 **censoriously** *adv.* secara mencela. 好苛责地。 **censoriousness** *n.* sifat suka mencela. 爱批评的态度。

**censure** *n.* kritikan yang mencela. 苛评。—*v.t.* mengkritik. 非难。

**census** *n.* banci. 人口调查。

**cent** *n.* sen. 分(货币单位)。

**centaur** *n.* sentora; makhluk mitos berbadan kuda dan berkepala manusia. 半人半马的怪物。

**centenarian** *n.* orang yang berumur 100 tahun atau lebih. 百岁老人。

**centenary** *n.* ulang tahun keseratus. 百年纪念。

**centennial** *a.* berkenaan ulang tahun keseratus. 百年纪念的。

**centigrade** *a.* centigrade; ukuran suhu 100°, = Celsius. 百分度的;摄氏温度计的。

**centigram** *n.* sentigram; 1/100 gram. 厘克。

**centilitre** *n.* sentiliter; 1/100 liter. 厘升。

**centimetre** *n.* sentimeter; 1/100 meter. 公分;厘米。

**centipede** *n.* lipan. 蜈蚣。

**central** *a.* di tengah; utama; pusat. 中央的;主要的;中心的。~ **heating** pemanasan berpusat. 中央供暖法。 **centrally** *adv.* berpusat. 集中地。 **centrality** *n.* perihal berada di pusat atau di tengah. 中心。

**centralize** *v.t.* memusatkan. 使聚于中心。 **centralization** *n.* pemusatan. 集中化。

**centre** *n.* pusat; bahagian tengah; golongan tengah. 中心;中央;中心点;政党的中间派。—*a.* pada atau di bahagian tengah. 在中心的。—*v.t./i.* (p.t. *centred*, pres.p. *centring*) ditempatkan di tengah-tengah; tertumpu; terpusat. 置于中心;集中。

**centrifugal** *a.* emparan; berpusing keluar dari pusat. 离心的;利用离心力的。

**centrifuge** *n.* pengempar; mesin dengan daya emparan untuk memisahkan sebatian. 离心机。—*v.t.* dipisahkan oleh mesin pengempar. 以离心机分离。

**centripetal** *a.* memusat. 向心的。

**centrist** *n.* orang atau parti berpandangan sederhana. 中立派议员。 **centrism** *n.* penganut pandangan sederhana. 中立思想。

**centurion** *n.* komander pasukan tentera Romawi kuno. 古罗马时代的百夫长。

**century** *n.* abad; kurun. 世纪;百年。

**cephalic** *a.* sefalon; (dalam) kepala. 头部的。

**cephalopod** *n.* moluska bersesungut di kepala. 头足类动物;有触须软体动物。

**ceramic** *a.* berkenaan tembikar; seramik. 陶器的。 **ceramics** *n.* seni tembikar; seramik. 制陶艺;陶器。

**cereal** *n.* bijirin; biji-bijian seperti beras, jagung, gandum, dll. 谷物;麦片粥。

**cerebral** *a.* berkenaan serebrum atau otak; berunsur intelektual. 大脑的；睿智的。

**cerebration** *n.* pemikiran. 思考。**cerebrate** *v.i.* berfikir. 用脑；思考。

**cerebrum** *n.* serebrum; bahagian utama otak. 大脑。

**ceremonial** *a.* beristiadat; berupacara. 与礼仪有关的；仪式的。—*n.* istiadat; upacara. 礼仪；仪式。**ceremonially** *adv.* dengan istiadat. 带有礼仪地。

**ceremonious** *a.* penuh istiadat. 讲究礼仪的。**ceremoniously** *adv.* dengan penuh istiadat. 合乎礼节地。

**ceremony** *n.* istiadat; upacara. 仪式；典礼；礼节。

**cerise** *a.* & *n.* warna merah muda. 鲜红色（的）。

**certain** *a.* pasti; tertentu; sedikit. 肯定的；可靠的；无疑的；一些。**make ~** memastikan. 确定。

**certainly** *adv.* sudah tentu; ya. 必然地；当然；好。

**certainty** *n.* kepastian. 确实；必然的事。

**certifiable** *a.* boleh disahkan. 可证明的。

**certificate** *n.* sijil; surat akuan. 证书；凭照。**certificated** *a.* diakui dengan rasmi. 正式证明的。**certification** *n.* pensijilan; perakuan. 证书的授与；证明。

**certify** *v.t.* mengesahkan. 证明；保证。

**certitude** *n.* kepastian. 确信；确实性。

**cerulean** *a.* (berwarna) biru serulean; biru langit. 蔚蓝色的；天蓝色的。

**cervix** *n.* serviks; leher; bentuk seperti leher. 颈部；子宫颈。**cervical** *a.* berkenaan serviks. 子宫颈的。

**cessation** *n.* perhentian; berhentinya. 停止；断绝。

**cession** *n.* penyerahan (hak). 让与。

**cesspit, cesspool** *ns.* corong salur; penakung najis. 污水沉；粪池。

**cetacean** *a.* & *n.* ahli keluarga paus (haiwan). 鲸类的；鲸类动物。

**cf.** *abbr.* **compare** bandingkan. (缩写) 相比较。

**CFC** *abbr.* **chlorofluorocarbon** klorofluorokarbon; sebatian yang mencemar atmosfera bumi. (缩写) 氯氟碳化合物。

**chafe** *v.t./i.* melecet; melelas; berasa jengkel. 擦伤；擦热；惹怒。

**chafer** *n.* kumbang tanduk besar. 金龟子。

**chaff** *n.* sekam; jerami cencang; seloroh; olok-olok. 谷壳；秣；愚弄；恶作剧。—*v.t./i.* memperolok. 戏弄；取笑。

**chaffer** *v.i.* bertawar-tawaran; tawar-menawar. 讨价还价。

**chaffinch** *n.* sejenis burung kecil di Eropah. 苍头燕雀。

**chafing-dish** *n.* kuali panas untuk memasak atau memanaskan makanan di meja. 火锅。

**chagrin** *n.* kesal. 烦闷。**chagrined** *a.* berasa kesal. 使懊恼的。

**chain** *n.* rantai; rentetan; rantai (22 ela). 链条；系列；测链 (22码)。—*v.t.* merantaikan. 用锁链拴住。 **~ reaction** tindak balas rantai. 连锁反应。 **~ store** kedai rantaian; kedai di merata-rata kepunyaan satu syarikat. 连锁商店。

**chair** *n.* kerusi; pengerusi. 椅子；主席；担任主席。—*v.t.* mempengerusikan sidang; menjulang. 使就任高职；将得胜者高抬。

**chairman** *n.* (pl. *-men*) pengerusi. 主席。**chairwoman** *n.* pengerusi (wanita). 女主席。

**chaise longue** kerusi malas (yang mempunyai tempat letak kaki). 懒人椅；躺椅。

**chalcedony** *n.* sejenis kuarza; kalsedoni. 玉髓。

**chalet** *n.* pondok; kotej. 农舍；避暑处。

**chalice** *n.* piala besar. 高脚杯。

**chalk** *n.* kapur tulis. 粉笔。—*v.t.* memadam, menanda atau melukis dengan kapur tulis. 用白垩粉擦；用粉笔写。 **~ striped** *a.* berjalur-jalur putih halus. 有细致白斑纹的。**chalky** *a.* berka-

**challenge** *n.* cabaran. 挑战。—*v.t.* mencabar. 提出挑战；对…质疑。 **challenger** *n.* pencabar. 挑战者。

**chamber** *n.* (*old use*) bilik; kamar bicara; ruang. 室；会议室；议院；房间。~ **music** muzik kamar; muzik untuk persembahan di dalam bilik bukan di dalam dewan. 室内乐。~**pot** *n.* ketur; bekas kencing di bilik tidur. 便壶；尿壶。

**chamberlain** *n.* pegawai penyelenggara istana. 国王的内侍。

**chambermaid** *n.* wanita yang mengemaskan bilik tidur di istana atau hotel. 清理皇宫或旅馆的女服务生。

**chameleon** *n.* kameleon; sumpah-sumpah. 变色龙。

**chamfer** *v.t.* (p.t. *chamfered*) memotong serong. 斜切。

**chamois** *n.* sejenis kambing pergunungan; sejenis kulit lembut. 岩羚羊；羚羊皮。

**champ** *v.t./i.* kunyah dengan bising; menunjukkan ketidaksabaran. 使劲地嚼；不耐烦。

**champagne** *n.* sejenis wain. 香槟酒。

**champion** *n.* jaguh; juara; pejuang. 冠军；斗士；拥护者。—*a.* & *adv.* (*colloq.* atau *dial.*) sangat mulia. 极好地（的）。—*v.t.* memperjuangkan. 拥护。 **championship** *n.* kejohanan; kejuaraan; perjuangan. 冠军称号；锦标赛，拥护。

**chance** *n.* nasib; kebetulan; peluang. 运气；恰巧；机会。—*a.* secara kebetulan. 碰巧的。—*v.t./i.* kebetulan; mengambil risiko. 碰巧；冒险。

**chancel** *n.* bahagian gereja dekat pentas. 教堂里的高坛。

**chancellery** *n.* jawatan canselor; canseleri. 大臣（司法官等）的职位；大使馆（或领事馆）的办事处。

**chancellor** *n.* canselor. 大臣；大法官；大学校长。

**Chancery** *n.* canseri; dewan mahkamah tinggi. 大法官法庭（高等法院的一个部门）。

**chancy** *a.* berisiko; tidak pasti. 冒险的；不确定的。 **chanciness** *n.* keadaan berisiko. 冒险；不确定。

**chandelier** *n.* candelier; gantungan untuk lampu-lampu. 枝形吊灯。

**chandler** *n.* saudagar tali, kanvas, dll. untuk kapal. 船上杂货零售商。

**change** *v.t./i.* tukar; ubah; salin; beri atau ambil duit kecil. 交换；改变；替换；兑换；换衣。—*n.* penukaran; perubahan; penyalinan; duit kecil; duit baki. 变更；变化；替换物；零钱。 **changeable** *a.* boleh ditukar atau diubah. 可更换的；可改变的。 **changer** *n.* penukar. 改变者。

**changeling** *n.* anak atau benda yang dipercayai telah ditukar ganti. 被偷换的小孩或物件。

**channel** *n.* saluran; selat; terusan. 沟渠；海峡；水道；途径；频道；管道。—*v.t.* (p.t. *channelled*) membentuk saluran; menyalurkan. 挖沟；引导。

**chant** *n.* dikir; nyanyian yang diulang-ulang. 赞美诗；反复吟诵的歌曲。—*v.t./i.* menyanyi; berdikir. 唱；吟诵。

**chanter** *n.* paip melodi begpaip. 风笛的笛管。

**chantry** *n.* gereja kecil tempat paderi berdikir untuk roh si pengasasnya. 为创立人作追思弥撒的附属小礼堂。

**chaos** *n.* keadaan kacau-bilau atau huru-hara. 无秩序。 **chaotic** *a.* bersifat kacau-bilau. 混乱的。 **chaotically** *adv.* dengan kacau-bilau. 混乱地。

**chap**[1] *n.* (*colloq.*) lelaki. 小伙子。

**chap**[2] *n.* rekahan di kulit. 皮肤皲裂处。—*v.t./i.* (p.t. *chapped*) pecah-pecah. 使皮肤裂皱。

**chap**[3] *n.* dagu (babi terutamanya) sebagai makanan. 动物的颚、颊；供食用的猪颊。

**chaparral** *n.* (*A.S.*) belukar tebal. 矮丛林。

**chapatti** *n.* (pl. *-is*) capati; sejenis roti leper. 印度薄煎饼。

**chapel** *n.* gereja kecil. 小教堂。

**chaperon** *n.* caperon; wanita berumur yang menjadi pengiring gadis dalam majlis sosial. 陪同未婚少女出席社交场所的妇女。—*v.t.* menjadi caperon. 陪伴未婚少女。 **chaperonage** *n.* pengiringan. 随身女伴。

**chaplain** *n.* paderi (terutama untuk tentera, asrama, dsb.). 军营；校区；附属教堂的牧师。 **chaplaincy** *n.* jawatan paderi (tentera asrama, dsb.). 牧师职责。

**chaplet** *n.* tasbih; kalung kepala. 串珠；花冠。

**chapter** *n.* bab; kumpulan paderi yang bertugas di gereja besar. (书籍的)章；大教堂的教士团。 **~-house** *n.* bangunan yang digunakan untuk perjumpaan paderi yang bertugas di gereja besar. 牧师会礼堂。

**char**[1] *n.* tukang cuci. 杂役女佣。—*v.i.* (pt. *charred*) bekerja sebagai tukang cuci. 打杂。

**char**[2] *v.t./i.* (p.t. *charred*) hangus (terbakar). 烧焦。

**charabanc** *n.* sejenis kenderaan seperti bas yang biasanya tidak berbumbung dan mempunyai banyak tempat duduk untuk berdarmawisata. 游览巴士。

**character** *n.* watak; keperibadian; sifat; corak. 角色；特征；品质；个性。

**characteristic** *a. & n.* sifat; ciri. 独特的；特有的；特征；特色。 **characteristically** *adv.* yang menjadi ciri atau sifat. 含特性地。

**characterize** *v.t.* menggambarkan sifat. 描绘性格；成为特征。 **characterization** *n.* gambaran sifat; pendirian; perwatakan. 性格描述；人物塑造。

**charade** *n.* kepura-puraan lakonan untuk tekaan perkataan. 字谜。

**charcoal** *n.* arang; arang kayu. 炭；木炭。

**charge d'affaires** kuasa usaha; timbalan duta. 代理大使。

**charge** *n.* harga; serbuan; tuduhan; tanggungan; sukatan bahan letupan, dsb.; tenaga elektrik yang terdapat dalam sesuatu bahan; caj. 价钱；猛攻；控告；负担；炸药量；电荷；被照管的人或物。—*v.t./i.* minta bayaran harga; rekod sebagai hutang; isi dengan bahan letupan, dsb.; kenakan aliran elektrik kepada bateri, dsb.; beri tanggungjawab; tuduh dengan rasmi; serbu. 索价；记帐；装置炸药；充电；使承担责任；指控；猛攻。 **~ card** kad caj; sejenis kad kredit. 可记帐的信用卡。 **in ~** yang berkuasa. 负责。 **take ~** ambil alih kuasa. 接管。

**chargeable** *a.* boleh dikenakan cukai, dituntut atau didakwa. 应征税的；可索讨的；可被控的。

**chariot** *n.* rata; kereta kuda beroda dua. 战车；双轮马车。

**charioteer** *n.* penunggang rata. 战车御者。

**charisma** *n.* karisma; kuasa membangkitkan kesetiaan. 领袖气质；个人魅力。

**charismatic** *a.* berkarisma. 有非凡领导力的。 **charismatically** *adv.* dengan berkarisma. 有超凡能力地。

**charitable** *a.* murah hati. 慈悲的。 **charitably** *adv.* dengan murah hati. 仁慈地。 **charitableness** *n.* kemurahan hati. 慈悲。

**charity** *n.* amal; derma. 慈悲；善举。

**charlady** *n.* tukang cuci. 打杂女佣。

**charlatan** *n.* penyemu; orang yang berlagak pandai, terutama dalam perubatan. 庸医；冒充内行者。

**charlotte** *n.* puding buah-buahan. 水果布丁。

**charm** *n.* tangkal; daya penarik. 符咒；魅力；魔力；迷人的特性。—*v.t.* memberi keseronokan; mempengaruhi dengan daya penarik peribadi; terpengaruh bagaikan terkena sihir. 陶醉；被吸引；着魔般被影响。 **charmer** *n.* orang yang mempunyai daya tarikan. 有魅力的人。

**charming** *a.* menarik; menawan. 迷人的；可爱的。

**charnel-house** *n.* tempat simpan mayat. 停尸房。

**chart** *n.* carta. 图解；图表。—*v.t.* mencartakan. 用图表说明。

**charter** *n.* piagam; sewa. 特许状；租用契约。—*v.t.* memberi hak kepada. 特许。**~ flight** penerbangan dengan kapal terbang yang ditempah. 包租飞机。 **chartered accountant** akauntan berkanun; akauntan yang bertauliah menurut peraturan persatuan berpiagam diraja. 特许会计师。

**chartreuse** *n.* minuman keras harum berwarna hijau atau kuning. 一种黄青色的香醇酒。

**charwoman** *n.* (pl. *-women*) perempuan pencuci rumah, dll. 打杂女佣。

**chary** *a.* hati-hati; waspada. 谨慎的；小心的。**charily** *adv.* dengan berhati-hati. 小心地。**chariness** *n.* sikap berhati-hati. 小心谨慎的态度。

**chase**[1] *v.t./i.* kejar; hambat; buru; halau; usir. 追逐；追捕；驱逐。—*n.* pemburuan; mengejar. 狩猎；追逐。

**chase**[2] *v.t.* pahat; ukir. 雕镂；镂刻。

**chaser** *n.* kuda untuk lumba kuda berhalang. 越野障碍赛马的马儿。

**chasm** *n.* gegaung; jurang. 裂口；深渊。

**chassis** *n.* (pl. *chassis*) cesi; rangka bahagian bawah kereta; rangka alat radio. 车身底盘；底架。

**chaste** *a.* suci; sederhana; bersopan. 贞洁的；纯洁的；朴素的；有道德的。

**chastely** *adv.* dengan sederhana; dengan sopan. 朴素地；高雅地。

**chasten** *v.t.* menginsafkan; menghukum. 磨炼；惩罚。

**chastise** *v.t.* mendera; menghukum terutama dengan cara memukul. 责罚；鞭打。**chastisement** *n.* deraan; hukuman. 惩罚；鞭打。

**chastity** *n.* kesucian. 纯洁；贞操。

**chasuble** *n.* jubah paderi. 十字褡。

**chat** *n.* bual; borak; celoteh. 闲谈；聊天。—*v.i.* (p.t. *chatted*) berbual; berborak; berceloteh. 闲谈；畅谈；聊天。

**chateau** *n.* (pl. *-eaux* ) istana atau rumah besar (Perancis). （法国）古堡；乡间巨宅。

**chatelaine** *n.* suri rumah besar. 巨宅女主人。

**chattel** *n.* harta yang boleh dipindah-randahkan. 动产。

**chatter** *v.i.* berceloteh. 喋喋不休。—*n.* celoteh. 闲谈。**chatterer** *n.* penceloteh. 喋喋不休的人。

**chatterbox** *n.* mulut murai; orang yang gemar berceloteh. 多嘴的人。

**chatty** *a.* suka berceloteh; ramah. 健谈的；聊天式的。**chattily** *adv.* dengan ramah. 好闲谈地。**chattiness** *n.* keramahan. 倾谈。

**chauffeur** *n.* supir; drebar. 汽车司机。

**chauvinism** *n.* cauvinisme; perasaan cinta yang melampau terhadap tanahair. 沙文主义；盲目的爱国主义。 **male ~** sesetengah lelaki yang mempunyai kepercayaan yang prejudis terhadap kelebihan mereka daripada wanita. 大男人主义。**chauvinist** *n.* orang yang cauvinis. 沙文主义者；盲目爱国狂。**chauvinistic** *a.* bersifat cauvinisme. 沙文主义的；盲目爱国的。

**cheap** *a.* (*-er, -est*) murah. 便宜的；劣质的。**cheaply** *adv.* dengan murah. 便宜地。**cheapness** *n.* kemurahan. 廉价。

**cheapen** *v.t./i.* jadi murah; menurunkan harga. 减价；降低质量。

**cheapjack** *a.* tidak bermutu. 劣质的。

**cheat** *v.t.* tipu; perdaya. 欺骗；诈取。—*n.* penipu; penipuan. 骗子；欺诈。

**check**[1] *v.t./i.* sekat; semak; kawal. 制止；检查；控制。—*n.* penyekatan; penyemakan; pengawasan; bil; keadaan dalam permainan catur apabila raja pihak lawan terancam. 阻止；检查；检验；帐单；西洋棋中"将军"被攻的局面。**~ in** mendaftar masuk. 报到。**~ out** mendaftar keluar. 结帐离开。**checker** *n.* pemeriksa; penyemak. 检验者；检查官。

**check**² *n.* corak berpetak. 方格图案。**checked** *a.* berpetak-petak. 格子花纹的。

**checkmate** *n.* mat; keadaan dalam permainan catur apabila raja pihak lawan terkepung. 西洋棋中"将军"被攻的局面。—*v.t.* mengemat; membantutkan. 彻底击败；受挫。

**Cheddar** *n.* keju kental yang diperbuat di Cheddar, England. 英国出产的捷得尔干酪。

**cheek** *n.* pipi; biadab. 颊；无礼的话或行为。—*v.t.* biadab. 无礼地说。**~ by jowl** berdampingan. 紧靠着。

**cheeky** *a.* (*-ier, -iest*) nakal. 无礼的；无耻的。**cheekily** *adv.* dengan nakal. 厚脸皮地。**cheekiness** *n.* kenakalan. 无耻；莽撞；放肆。

**cheep** *n.* (bunyi) cip; ciap. 吱吱的叫声。—*v.i.* menciap. 吱吱地叫。

**cheer** *n.* sorakan; kegembiraan. 欢呼；喜悦。—*v.t./i.* bersorak; berusaha menyenangkan hati. 喝采；令人振奋。**~ up** bergembiralah. 欢乐起来。

**cheerful** *a.* riang; gembira; girang. 兴高采烈的；欣然的；快乐的。**cheerfully** *adv.* dengan riang. 快乐地。**cheerfulness** *n.* keriangan. 喜悦。

**cheerio** *int.* (*colloq.*) selamat tinggal. 再见。

**cheerless** *a.* muram; sugul. 不高兴的；忧愁的。

**cheery** *a.* (*-ier, -iest*) riang; girang. 兴奋的；愉快的。**cheerily** *adv.* dengan riang. 高兴地。**cheeriness** *n.* kegirangan. 喜悦。

**cheese** *n.* keju. 乳酪；干酪状物。**cheesed off** (*sl.*) jemu. 厌烦。**~-paring** *a.* kedekut. 吝啬的。—*n.* sifat kedekut. 吝啬。**cheesy** *a.* seperti keju. 乳酪质的。

**cheeseburger** *n.* burger berkeju. 干酪汉堡包。

**cheesecake** *n.* kek keju. 乳酪饼。

**cheesecloth** *n.* kain kapas yang jarang. 薄而松的棉布。

**cheetah** *n.* sejenis harimau kumbang. 猎豹。

*chef d'œuvre* *n.* (pl. *chefs d'œuvre*) kerja seni yang tinggi nilainya. 杰作。

**chef** *n.* tukang masak profesional. 大厨师。

**chemical** *a.* kimia. 化学的。—*n.* bahan kimia. 化学制品；药品。**chemically** *adv.* secara kimia. 以化学方法。

**chemise** *n.* simis; baju dalam longgar wanita. 女用衬裙。

**chemist** *n.* ahli kimia. 化学家。

**chemistry** *n.* ilmu kimia. 化学。

**chemotherapy** *n.* kemoterapi; perawatan penyakit dengan dadah, dsb. 化学疗法。

**chenille** *n.* sejenis kain seperti baldu. 绳绒织物。

**cheque** *n.* cek. 支票。**~ card** kad yang menjamin pembayaran terhadap cek pelanggan. 支票保付限额卡。

**chequer** *n.* corak petak-petak, terutama yang berselang warna. 棋盘花纹。

**chequered** *a.* bercorak petak-petak. 有方格图案的。

**cherish** *v.t.* hargai. 珍惜；爱护；抚爱。

**cheroot** *n.* cerut. 方头雪茄烟。

**cherry** *n.* ceri. 樱桃；樱桃树。—*a.* kemerah-merahan. 樱桃色的。

**cherub** *n.* (pl. *cherubim*) kerubian; bayi comel dan suci yang digambarkan bersayap. 天使；绘画中的有翼胖娃娃；天真无邪的小孩。**cherubic** *a.* comel dan suci. 可爱无邪的。

**chervil** *n.* herba berperisa jintan manis. 山萝卜；雪维菜。

**chess** *n.* catur. 西洋象棋。**~-men** buah catur. 棋子。**~-board** papan catur. 棋盘。

**chest** *n.* dada; peti. 胸腔；箱子。**~ of drawers** almari berlaci. 五屉柜；衣柜。

**chesterfield** *n.* sofa berkusyen empuk. 一种柔软的褥套沙发。

**chestnut** *n.* pokok atau buah berangan; kuda perang. 栗树；栗子；栗色马。—*a.* warna perang berangan. 栗色的。

**cheval-glass** *n.* cermin panjang yang boleh dicondongkan pada kerangka tempat letaknya. 架在横轴上的长镜。

**chevron** *n.* simbol berbentuk V. "V"形的标识。

**chew** *v.t./i.* kunyah. 咀嚼。

**chewing-gum** *n.* gula-gula getah. 口香糖。

**chewy** *a.* kenyal; liat. 耐嚼的；(食物)需要多嚼的；柔而黏的。**chewiness** *n.* kekenyalan; keliatan. 耐嚼的性质；柔而黏的性质。

**Chianti** *n.* sejenis wain Itali. 意大利勤地酒（一种无甜味的红葡萄酒）。

**chiaroscuro** *n.* kesan cahaya dan bayang; kontras. 明暗对照效果；应用明暗对照法的作品。

**chic** *a.* (*-er, -est*) bergaya; anggun. 潇洒的；别致的。—*n.* sikap bergaya; keanggunan. 潇洒；别致。

**chicane** *n.* hadangan (seperti yang dibuat di tepi jalan semasa lumba kereta); penipuan. 赛车道上的障碍物；欺骗。—*v.t./i.* menipu. 欺诈。

**chicanery** *n.* penipuan. 欺骗手段。

**chick** *n.* anak ayam; burung, dsb. yang baru menetas. 雏鸡；雏鸟。

**chicken** *n.* ayam, daging ayam. 鸡；鸡肉。—*a.* (*sl.*) penakut; bacul. 胆怯的；胆小的。—*v.i.* ~ **out** (*sl.*) menjadi takut. 使胆怯。~-**pox** *n.* penyakit cacar air; jelintung. 水痘。

**chickweed** *n.* sejenis rumpai. 繁缕。

**chicory** *n.* cikori; sejenis sayuran. 菊苣。

**chide** *v.t./i.* (*p.t. chided* atau *chid, p.p. chidden*)(*old use*) tegur. 责骂。

**chief** *n.* ketua. 首领；长官；上司。—*a.* ketua; utama. 为首的；主要的。

**chiefly** *adv.* terutamanya. 主要地。

**chieftain** *n.* ketua; pemimpin (kaum); penghulu. 首领；领袖；酋长。

**chiffon** *n.* kain yang nipis. 薄纱。

**chignon** *n.* sanggul; siput rambut. 髻；发髻。

**chihuahua** *n.* sejenis anjing kecil. 奇瓦瓦狗。

**chilblain** *n.* bengkak yang disebabkan oleh kesejukan. 冻疮。

**child** *n.* (*pl. children*) kanak-kanak; anak. 小孩；儿童；子女。~'**s play** kerja mudah. 轻而易举之事。**childhood** *n.* zaman kanak-kanak. 童年时期。

**childbirth** *n.* melahirkan anak; bersalin. 分娩；生产。

**childish** *a.* keanak-anakan; kebudak-budakan. 孩子气的；幼稚的。

**childless** *a.* tanpa anak. 无儿女的。

**childlike** *a.* seperti kanak-kanak. 童心未泯的。

**chill** *n.* kesejukan; kedinginan. 寒冷；风寒。—*a.* sejuk. 寒冷的。—*v.t./i.* menyejukkan. 使寒冷；使冷冻。

**chilli** *n.* (*pl. -ies*) cili; cabai; lada. 辣椒；胡椒。

**chilly** *a.* (*-ier, -iest*) sejuk. 寒冷的；冷淡的。**chilliness** *n.* kesejukan. 冰冷；冷漠。

**chime** *n.* bunyi loceng. 和谐钟声；悦耳的音调。—*v.t./i.* bunyi seperti loceng. 奏出和谐的钟声。~ **in** mencelah; bersetuju. 插咀；一致。

**chimera** *n.* cimera; raksasa lagenda berkepala singa, berbadan kambing dan berekor kala. 神话中狮头、羊身、蛇尾的吐火兽。

**chimney** *n.* (*pl. -eys*) cerobong; corong. 烟囱；烟筒。~ **pot** *n.* corong di bumbung dapur. 烟囱顶管。~-**sweep** *n.* orang yang mencuci cerobong. 清理烟囱工人。

**chimp** *n.* (*colloq.*) cimpanzi. 黑猩猩。

**chimpanzee** *n.* cimpanzi. 黑猩猩。

**chin** *n.* dagu. 下巴。~-**wag** *n.* (*colloq.*) berceloteh. 闲谈。

**china** *n.* tembikar. 瓷器。

**chinchilla** *n.* sejenis haiwan seperti tupai. (南美洲)栗鼠；栗鼠毛皮。

**chine** *n.* tulang belakang binatang. 脊椎骨。

**Chinese** *a. & n.* orang atau bahasa Cina. 中国人；汉语；中国的。

**chink**[1] *n.* celahan; rekahan. 裂口；裂缝。

**chink**[2] *n.* decingan (bunyi). 丁当声。 —*v.t./i.* membuat atau menyebabkan bunyi decing. 丁当响声。

**chintz** *n.* kain cita. 印花棉布。

**chip** *n.* serpihan; kentang goreng; cip (untuk berjudi). 碎片；炸马铃薯片；筹码。 —*v.t./i.* (p.t. *chipped*) pecah atau memotong bahagian hujung atau permukaan; membentuk; memotong ubi kentang nipis-nipis. 削；切；削切成形；切成薄片。 ~ **in** (*colloq.*) mencelah; menderma wang. 插嘴；捐助。 ~ **on one's shoulder** perasaan sakit hati. 被激怒；怨恨。

**chipboard** *n.* papan cip. 硬纸板。

**chipmunk** *n.* tupai tanah. 金花鼠。

**chipolata** *n.* sejenis sosej kecil yang pedas. 辣香肠。

**chiropody** *n.* perawatan sakit kaki. 手足治疗（尤指足部）。 **chiropodist** *n.* perawat sakit kaki. 足科医生。

**chiropractic** *n.* kiropraktik; perawatan sakit anggota tubuh dengan mengurut tulang belakang. 脊椎按摩疗法。 **chiropractor** *n.* pakar kiropraktik. 脊椎按摩治疗专家。

**chirp** *n.* kicauan (burung). （鸟的）啁啾声。 —*v.i.* berkicau. 啁啾地叫。

**chirpy** *a.* riang; girang. 快活的；高兴的。 **chirpily** *adv.* dengan riang. 愉快地。 **chirpiness** *n.* keriangan; kegirangan. 喜悦；兴奋。

**chisel** *n.* pahat. 凿子。 —*v.t.* (p.t. *chiselled*) memahat. 凿成。

**chit-chat** *n.* perbualan. 闲谈。

**chit**[1] *n.* anak muda. 小孩。

**chit**[2] *n.* nota pendek. 字条；短信。

**chitterlings** *n.pl.* usus kecil babi yang dimasak untuk makanan. 猪肠食品。

**chivalry** *n.* (sifat) baik dan sopan santun. 殷勤体贴的态度。 **chivalrous** *a.* baik dan sopan santun. 有风度的。

**chive** *n.* kucai. 细香葱。

**chivvy** *v.t.* (*colloq.*) menggesa. 追赶。

**chloride** *n.* klorida. 氯化物。

**chlorinate** *v.t.* merawat sesuatu dengan membubuh klorin. 以氯消毒。 **chlorination** *n.* pengklorinan. 氯化。

**chlorine** *n.* klorin. 氯。

**chloroform** *n.* kloroform. 三氯甲烷。

**chlorophyll** *n.* klorofil; unsur hijau dalam daun. 叶绿素。

**choc** *n.* (*colloq.*) coklat. 巧克力。 **~-ice** *n.* sepotong aiskrim yang disaluti dengan coklat. 包着巧克力糖衣的冰淇淋。

**chock** *n.* kayu sendal. 楔子。 —*v.t.* menyendal. 用楔子垫阻。 **~-a-block** *a. & adv.* sesak dan padat. 过分拥挤（的）。 **~-full** *a.* penuh sesak. 塞满了的。

**chocolate** *n.* coklat. 巧克力。

**choice** *n.* pemilihan; pilihan. 选择；选择权；被选中的人或物。 —*a.* pilihan. 精选的。

**choir** *n.* koir; kumpulan penyanyi. 唱诗班。

**choirboy** *n.* budak lelaki dalam kumpulan koir gereja. 唱诗班中的少年歌手。

**choke** *v.t./i.* sedak. 哽住；使窒息。 —*n.* pencekik (dalam enjin). 阻气门。 ~ **off** (*colloq.*) diam atau tawar hati setelah ditegur. 被申斥而沉默。

**choker** *n.* coker; kalung leher; kolar tinggi. 短项链；（硬）高领。

**choler** *n.* (*old use*) kemarahan. 愤怒。

**cholera** *n.* kolera; taun. 霍乱。

**choleric** *a.* lekas marah. 易怒的。

**cholesterol** *n.* kolesterol; zat lemak. 胆固醇。

**choose** *v.t./i.* (p.t. *chose*, p.p. *chosen*) pilih. 选择；决定；情愿。

**choosy** *a.* (*colloq.*) memilih. 难讨好的；慎重选择的。

**chop**[1] *v.t./i.* (p.t. *chopped*) memotong; mencantas. 砍；劈；斩；剁。 —*n.* tetakan;

sepotong daging. 砍击；砍痕；一块排骨。

**chop**² *n.* dagu babi. 猪颚。

**chopper** *n.* pencencang; (*sl.*) helikopter. 切割器；直升机。

**choppy** *a.* bergelombang; berombak. 波浪滔滔的。**choppiness** *n.* keadaan bergelombang atau berombak. 波浪起伏。

**chopstick** *n.* penyepit (makanan). 筷子。

**chopsuey** *n.* sejenis makanan orang Cina. 炒杂碎（一种中国菜）。

**choral** *a.* yang dinyanyikan secara korus. 齐声唱的。**chorally** *adv.* secara nyanyian korus. 齐声地。

**chorale** *n.* gubahan berbentuk korus. 赞美诗调。

**chord**¹ *n.* perentas. 弦。

**chord**² *n.* kod. 音调。

**chore** *n.* kerja harian. 日常家务。

**choreography** *n.* seni reka tari. 舞蹈动作设计。**choreographer** *n.* pereka tari. 舞蹈编导；舞蹈教师。

**chorister** *n.* ahli koir. 唱诗班成员。

**chortle** *n. & v.i.* ketawa kecil. 得意地笑；咯咯地笑；哈哈大笑（声）。

**chorus** *n.* korus; nyanyian bersama. 合唱；合唱团；合唱曲；副歌。—*v.t./i.* bercakap atau bernyanyi sebagai satu kumpulan. 合唱；异口同声。**in ~** bercakap dan bernyanyi bersama-sama. 齐声歌唱；一同说出。

**chough** *n.* gagak berkaki merah. 红脚山鸦。

**choux pastry** adunan tepung untuk dibuat kek kecil. 鸡蛋松软面团。

**chow mein** hidangan mi goreng dan daging siat orang Cina. 炒面。

**chow** *n.* sejenis anjing Cina. 中国种长毛狗。

**chowder** *n.* cowder; stew ikan dengan dendeng khinzir, bawang, dsb. 海鲜杂烩浓汤。

**christen** *v.t.* dibaptiskan; diterima masuk Kristian. 施洗礼以加入基督教会；取教名；命名。

**Christendom** *n.* seluruh negara atau penganut Kristian. 基督教国。

**christening** *n.* pembaptisan. 洗礼。

**Christian** *a.* Kristian. 基督的；信奉基督教的；仁爱的。—*n.* penganut agama Kristian. 基督信徒。**~ name** nama yang diberikan ketika pembaptisan. 基督教名。**~ Science** sistem keagamaan yang dibuat bagi kesihatan dan penyembuhan penyakit menurut kepercayaan Kristian. 基督教科学派。

**Christianity** *n.* agama Kristian. 基督教。

**Christianize** *v.t.* mengkristiankan. 使皈依基督教。

**Christmas** *n.* Krismas; hari Natal (25 Disember). 圣诞节。**~-box** *n.* hadiah hari Krismas. 圣诞礼物。**~ Day** 25 Disember. 圣诞日。**~ Eve** petang pada 24 Disember. 圣诞前夕（平安夜）。**~ tree** pohon malar hijau atau pohon tiruan yang dihias untuk Krismas. 圣诞树。

**Christmassy** *a.* perihal perayaan Krismas. 有圣诞气氛的。

**chromatic** *a.* berwarna; kromatik. 有颜色的；有色彩的。**~ scale** skala muzik diikuti dengan separuh ton. 半音阶。**chromatically** *adv.* secara kromatik. 充满色彩地。

**chromatography** *n.* kromatografi pemisahan sebatian. 色谱法。**chromatograph** *n.* kromatografi; bidang pisah sebatian. 色谱；色谱仪。

**chrome** *n.* krom; warna kuning kunyit. 铬；铬黄色。

**chromium** *n.* kromium; logam yang tidak berkarat. 铬。

**chromosome** *n.* kromosom; struktur yang membawa maklumat genetik dalam tumbuhan dan haiwan. 染色体。

**chronic** *a.* teruk. 慢性的；长期的；久病的；严重的。**chronically** *adv.* perihal teruk. 严重地。

**chronicle** *n.* babad; rekod peristiwa. 年代史；记事。—*v.t.* rekod di dalam babad.

编入年代史。**chronicler** *n.* pebabad; perekod peristiwa. 年代史编者；记录者。

**chronological** *a.* mengikut urutan waktu. 按照年代次序排列的。**chronologically** *adv.* secara kronologi. 以年代顺序记录地。

**chronology** *n.* kronologi; urutan waktu. 年代学；按年月顺序的排列。

**chronometer** *n.* kronometer; alat pengukur waktu terutama yang tidak terjejas oleh perubahan suhu. 精密记时计。

**chrysalis** *n.* kepompong. 蛹。

**chrysanthemum** *n.* bunga kekwa. 菊花。

**chub** *n.* (pl. *chub*) sejenis ikan sungai. 鲦鱼。

**chubby** *a.* (*-ier*, *-iest*) montel; montok; gempal. 丰满的；肥壮的；圆胖的。

**chubbiness** *n.* kemontelan. 丰满；圆胖；粗短。

**chuck**[1] *v.t.* (*colloq.*) lempar; lontar; buang; sentuh di bawah dagu. 抛；投；丢；抚弄下巴。~ **out** buang. 驱逐。

**chuck**[2] *n.* potongan daging lembu, dll. di antara leher dan rangka dada; cuk; satu bahagian pada alat gerudi. 车床等的卡盘；牛等颈至胛骨间的肉。

**chuckle** *n.* & *v.t.* ketawa kecil. 暗笑；轻声笑。

**chuffed** *a.* (*sl.*) gembira; suka. 高兴的；喜欢的。

**chug** *v.i.* (p.t. *chugged*) berbunyi cag-cag; berbunyi dengan bunyi pendek dan berulang-ulang. 不停嚓嘎嚓嘎地响。— *n.* bunyi cag. 嚓嘎声。

**chukker** *n.* jangka masa permainan polo. 马球戏的一巡。

**chum** *n.* (*colloq.*) kawan karib. 好朋友。—*v.i.* (p.t. *chummed*) ~ **up** berbuat kawan. 结为好友。**chummy** *a.* berbaik-baik. 友好的。

**chump** *n.* (*sl.*) si tolol; kepala. 笨家伙；头。~ **chop** sepotong daging batang pinang (kambing). 大块羊肉片。

**chunk** *n.* jumlah besar; ketul. 巨大的数量；厚块。

**chunky** *a.* pendek dan tebal; berketul; bentuk dempak. 粗短的；大块的。

**chunkiness** *n.* keadaan berketul; bentuk dempak. 矮厚的形状。

**chupatty** *n.* capati. 印度薄煎饼。

**church** *n.* gereja; 教堂。礼拜。**Church** *n.* orang Kristian secara kolektif; kumpulan yang seperti ini. 全体基督教徒；教会组织；神职。**churchgoer** *n.* orang yang selalu ke gereja. 按时去教堂做礼拜的信徒。

**churchwarden** *n.* pembantu di gereja. 教会执事。

**churchyard** *n.* pekarangan gereja (seringkali digunakan sebagai perkuburan). 教堂庭院；教堂墓地。

**churlish** *a.* biadab. 粗野的；无礼的。**churlishly** *adv.* bersifat biadab. 粗鲁地；无礼地。**churlishness** *n.* kebiadaban. 粗鲁妄为。

**churn** *n.* tong susu; mesin pembuat mentega. 盛奶桶；制造牛油的搅乳器。— *v.t./i.* membuat mentega. 用搅乳器搅；剧烈搅拌。~ **out** menghasilkan. 生产。

**chute** *n.* pelongsor; saluran sendeng yang boleh dilongsorkan barang. 滑运槽；斜槽。

**chutney** *n.* (pl. *-eys*) acar. 酸辣酱。

**ciao** (*colloq.*) selamat tinggal; helo. 再见；哈罗。

**cicada** *n.* riang-riang. 蝉。

**cicatrice** *n.* parut. 疤痕。

**CID** *abbr.* **Criminal Investigation Department** Jabatan Siasatan Jenayah.（缩写）刑事调查部。

**cider** *n.* tuak epal. 苹果汁。

**cigar** *n.* cerut; cerutu. 雪茄烟；叶卷烟。

**cigarette** *n.* rokok. 香烟。

**cinch** *n.* (*sl. A.S.*) pasti; kerja mudah. 必然的事；容易的事。

**cincture** *n.* tali pinggang; sempadan. 环带；边缘。

**cinder** *n.* puntung api. 炭渣；煤渣。

**cine-camera** *n.* kamera gerak. 电影摄影机。

**cinema** *n.* pawagam; filem wayang. 电影院; 电影。

**cinematography** *n.* seni perfileman. 电影摄制术。 **cinematographic** *a.* berkaitan dengan perfileman. 电影摄制的。

**cineraria** *n.* tumbuhan berdaun lembut. 瓜叶菊。

**cinerary urn** mangkuk menyimpan abu mayat sesudah pembakaran. 骨灰坛。

**cinnamon** *n.* kayu manis. 肉桂。

**cinquefoil** *n.* tumbuhan berbunga lima kelopak. 五瓣花。

**cipher** *n.* sifar; angka 0; angka Arab; orang atau benda yang tidak penting; sistem huruf atau nombor rahsia. 零; 阿拉伯数字; 不重要的人或物; 密码。

**circa** *prep.* sekitar; kira-kira. 大约。

**circle** *n.* bulatan; golongan; kalangan; tempat duduk utama (panggung). 圆圈; 圆形; 环状物; (具有共同兴趣者组成的)圈子; 集团; 范围; 包厢。 —*v.t./i.* bergerak dalam bulatan; membuat bulatan. 环行; 环绕。

**circlet** *n.* bulatan kecil; gelang. 小圈; 环饰。

**circuit** *n.* litar; pusingan; pelitaran. 电路; 环道。

**circuitous** *a.* berputaran; berbelit-belit. 绕行的; 迂曲的。 **circuitously** dengan berbelit-belit. 迂回地。

**circuitry** *n.* pelitaran. 电路。

**circular** *a.* berpusing-pusing; berbelit-belit. 循环的; 迂回的。 —*n.* surat pekeliling. 传单。 **circularity** *n.* tidak masuk akal. 不合理; 不合逻辑。

**circularize** *v.t.* hantar surat pekeliling. 分发传单。

**circulate** *v.t./i.* mengedarkan. 环行; 流通; 流传; 发行。

**circulation** *n.* edaran; peredaran darah. 循环; 血液循环。 **circulatory** *a.* peredaran. 循环的。

**circumcise** *v.t.* mengkhatankan; menyunatkan. 进行割礼; 割去包皮。 **circumcision** *n.* perkhatanan; penyunatan. 割礼; 割包皮手术。

**circumference** *n.* sempadan bulatan; lilitan. 圆周; 四周。

**circumflex accent** tanda di atas huruf vokal dalam sesetengah bahasa. 音调符号。

**circumlocution** *n.* percakapan yang berjela. 迂回的说法; 遁词。 **circumlocutory** *a.* keterangan yang berbelit dan panjang lebar. 迂回的。

**circumnavigate** *v.t.* belayar satu pusingan. 环航。 **circumnavigation** *n.* pelayaran sedemikian. 环绕航行。 **circumnavigator** *n.* orang yang belayar sedemikian. 环航者。

**circumscribe** *v.t.* melukis garis lilit; mengehadkan. 划界线; 限制。 **circumscription** *n.* garisan lilit. 划界。

**circumspect** *a.* waspada. 慎重的。 **circumspection** *n.* kewaspadaan. 审慎。

**circumstance** *n.* keadaan; hal; perihal. 环境; 情况; 形势。

**circumstantial** *a.* terperinci; mengikut keadaan. 详尽的; 依照情况的。 **circumstantially** *adv.* dengan cara mengikut keadaan. 详尽地; 根据情况地。

**circumvent** *v.t.* memintasi. 规避; 绕过。 **circumvention** *n.* pemintasan. 规避; 绕过。

**circus** *n.* sarkas. 马戏团。

**cirrhosis** *n.* sirosis; penyakit limpa. 肝脏硬化。

**cirrus** *n.* (pl. *cirri*) sirus; awan putih yang tinggi. 卷云。

**Cistercian** *a. & n.* (rahib) mazhab Benedictine yang sangat warak. 西妥会僧侣(的)。

**cistern** *n.* tangki. 贮水池。

**citadel** *n.* kota; benteng. 城堡; 堡垒。

**cite** *v.t.* menyebut. 引用; 举出。 **citation** *n.* sedutan; petikan; kata-kata pujian. 引用; 引文; 褒扬。

**citizen** *n.* warganegara; rakyat. 公民；市民。**citizenship** *n.* kewarganegaraan; kerakyatan. 国籍；公民身份。

**citric acid** asid sitrik; sejenis asid yang terdapat di dalam limau, dsb. 柠檬酸。

**citrus** *n.* buah-buahan jenis limau. 柑橘；柠檬。

**city** *n.* bandar raya; kota. 都市；重镇。

**civet** *n.* musang; kesturi. 麝猫；麝香。

**civic** *a.* sivik. 城市的；市民的。

**civics** *n.pl.* ilmu tatarakyat; sivik. 公民知识；公民课。

**civil** *a.* awam sivil; sopan. 民用的；文明的。**~ engineering** kejuruteraan awam (reka bentuk dan pembinaan jalan, jambatan, dll.). 土木工程。**~ list** elaun tahunan untuk perbelanjaan rumah tangga raja. 王室费用。**~ servant** pegawai kerajaan. 公务员。**~ service** perkhidmatan awam. 行政机构。**~ war** perang saudara. 内乱。**civilly** *adv.* dengan sopan. 公民般地。

**civilian** *n.* orang awam. 平民。—*a.* awam. 平民的。

**civility** *n.* kesopanan; ketertiban. 礼貌；殷勤。

**civilization** *n.* tamadun; peradaban. 文化；文明；开化。

**civilize** *v.t.* bertamadun. 使文明；教化。

**civvies** *n.pl.* (*sl.*) pakaian orang awam. 便服。

**cl** *abbr.* **centilitre(s)** sentiliter.（缩写）厘升。

**clack** *n.* bunyi keletak. 短而尖锐的碰撞声；喋喋不休的说话声。—*v.i.* berkeletak; mengoceh. 发噼啪声；唠叨地说。

**clad** *lihat* **clothe**. 见 **clothe**。

**cladding** *n.* papan atau lapisan logam sebagai pelindung. 金属包层。

**claim** *v.t.* mendakwa; menuntut. 要求；声称；具有。—*n.* tuntutan; dakwaan. 要求；声称；权利。

**claimant** *n.* pihak menuntut. 要求者。

**clairvoyance** *n.* kebolehan terus mata; kuasa ghaib yang membolehkan seseorang melihat peristiwa di tempat atau masa lain. 超人的洞察力。**clairvoyant** *n.* peramal; orang yang terus mata. 有超常能力的人。

**clam** *n.* kepah. 蛤。—*v.i.* (p.t. *clammed*) **~ up** (*sl. A.S.*) membisu. 保持沉默。

**clamber** *v.i.* memanjat atau mendaki dengan bersusah payah. 费劲地爬上；攀登。

**clammy** *a.* (*-ier, -iest*) lekit. 黏黏的。**clamminess** *n.* kelekitan. 胶黏性。

**clamour** *n.* keriuhan. 吵闹；抗议的呼声。**clamorous** *a.* riuh-rendah. 吵闹的。

**clamp**[1] *n.* pengapit. 夹子；钳。—*v.t.* apit. 夹住；固定。**~ down on** memberhentikan; mengetatkan kawalan. 压制；取缔。

**clamp**[2] *n.* selonggok bata untuk dibakar; selonggok ubi kentang yang disimpan di bawah jerami dan tanah. 砖垛；马铃薯堆。

**clan** *n.* puak; suku. 部落；家族。

**clandestine** *a.* sulit; tersembunyi; rahsia. 秘密的；暗中的；私下的。**clandestinely** *adv.* secara sulit. 秘密地。

**clang** *n.* bunyi dentangan. 铿锵声。—*v.t.* membunyikan dengan kuat. 使铿锵响。

**clanger** *n.* (*sl.*) kesilapan. 过失。

**clangour** *n.* bunyi berdentang. 铿锵声。

**clank** *n.* bunyi lentang-lentung. 丁当声。—*v.t./i.* buat bunyi ini. 丁当响。

**clannish** *a.* berpuak. 宗族的。

**clap** *v.t./i.* (p.t. *clapped*) menepuk. 拍手；猛然一击；啪地放下。—*n.* tepukan. 掌声；拍击声。**clapped out** (*sl.*) letih; lesu. 疲倦的；疲乏的。

**clapper** *n.* anak loceng. 铃锤。

**clapperboard** *n.* papan cam; alat menjadikan gambar dan suara jelas. 拍板；场记板。

**claptrap** *n.* cakap kosong. 讨好的言语；噱头。

**claret** *n.* sejenis wain merah. 红葡萄酒。

**clarify** *v.t./i.* menjelaskan. 澄清。**clarification** *n.* penjelasan. 说明。

**clarinet** *n.* klarinet. 单簧管。**clarinettist** *n.* pemain klarinet. 单簧管手。

**clarion** *a.* lantang. 响亮的。

**clarity** *n.* kejelasan. 明晰；清澈。

**clash** *n.* pertelingkahan; pertempuran. 争吵；冲突；色彩不协调；撞击声。 —*v.t./i.* bertelingkah; bertempur. 发出刺耳撞击声；发生冲突；不一致。

**clasp** *n.* pengancing; genggaman tangan; pelukan. 扣子；握手；拥抱。—*v.t./i.* kancingkan dengan pengancing; genggam; peluk. 扣住；紧握；紧抱。**~-knife** *n.* pisau lipat. 折刀。

**class** *n.* kelas. 阶级；班级；种类；等级。—*v.t.* mengelaskan. 分级。

**classic** *a.* klasik. 第一流的；典型的。—*n.* karya atau penulisan bermutu. 名著；名家。

**classical** *a.* bersifat klasik. 古典的；古希腊罗马文学的；标准的；正统的。

**classically** *adv.* perihal kesenian dan kesusasteraan yang paling baik. 古典派地。

**classifiable** *a.* boleh dikelaskan. 可分类的。

**classify** *v.t.* mengelaskan. 分类。**classification** *n.* pengelasan. 类别。

**classless** *a.* tanpa kelas sosial. 无阶级的。

**classroom** *n.* bilik darjah; kelas. 教室；课堂。

**classy** *a.* (*sl.*) bermutu tinggi. 高级的。

**clatter** *n.* bunyi keletak. 哗啦声。—*v.t./i.* berkeletak-keletuk; berkeletakan. 发出哗啦声。

**clause** *n.* klausa; fasal. 子句；条款。

**claustrophobia** *n.* klaustrofobia; ketakutan pada tempat tertutup. 幽闭恐惧症。

**claustrophobic** *a.* & *n.* bersifat klaustrofobia. 患幽闭恐惧症的（患者）。

**clavichord** *n.* sejenis papan nada kecil. 翼琴。

**clavicle** *n.* tulang selangka. 锁骨。

**claw** *n.* kuku binatang; penyepit. 爪；爪形器具。—*v.t.* mencakar. 用爪抓。

**clay** *n.* tanah liat. 黏土。**clay pigeon** tembak terbang; cakera yang dilontar sebagai sasaran tembakan. 泥质飞靶。

**clayey** *a.* menyerupai tanah liat. 黏土的。

**clean** *a.* (*-er, -est*) bersih; suci. 清洁的；纯洁的；清白的；完全的。—*adv.* sepenuhnya. 完全地；非混杂地；未用过地。—*v.t.* membersihkan; mencuci. 弄干净；清除。**cleaner** *n.* pencuci. 清洁工人；清洁器。

**cleanly**[1] *adv.* dengan bersih atau suci. 干净利落地；纯洁地。

**cleanly**[2] *a.* bersifat pembersih. 爱清洁的。**cleanliness** *n.* kebersihan. 清洁。

**cleanse** *v.t.* membersihkan; menyucikan. 弄清洁；使纯洁。**cleanser** *n.* (bahan) pembersih. 清洁剂。

**clear** *a.* (*-er, -est*) jelas; terang; beres. 清楚的；清晰的；明确的；全然的；净的。—*adv.* jelas; terang sepenuhnya. 明了地；清晰地；完全。—*v.t./i.* memperjelas; membuktikan kebenaran; membuat keuntungan bersih. 弄清楚；获得批准；净赚。**~ off, out** (*sl.*) pergi; melarikan diri. 离开；摆脱。**clearly** *adv.* dengan jelas. 清楚地。**clearness** *n.* kejelasan. 澄清。

**clearance** *n.* tempat lapang; cerang; kebenaran; kelegaan. 空地；许可证；间隙。

**clearing** *n.* cerang, kawasan yang cerah (dari hutan, semak samun, pokok, dll.). 森林中的空地。

**clearway** *n.* lebuh raya. 超速公路。

**cleat** *n.* tetupai; baji. 系缆墩；楔子。

**cleavage** *n.* celah; jurang. 劈开；裂痕；胸间乳沟。

**cleave**[1] *v.t./i.* (p.t. *cleaved, clove* atau *cleft*, p.p. *cloven* atau *cleft*) membelah. 劈开。

**cleave**[2] *v.i.* (*old use*) lekat; pegang. 黏着；执着。

**cleaver** *n.* pisau pemotong daging. 切肉刀。

**clef** *n.* simbol muzik. 音谱号。

**cleft** *lihat* **cleave**[1]. 见 **cleave**[1]。—*n.* rekahan. 裂缝。**in a ~ stick** tidak berdaya mengelakkan kesusahan. 在进退两难中。

**clematis** *n.* klematis; sejenis tumbuhan menjalar. 铁线莲。

**clemency** *n.* pengampunan; kenyamanan. 宽恕；温和。**clement** *a.* belas kasihan; nyaman. 仁慈的；气候温和的。

**clementine** *n.* sejenis oren kecil. 小柑桔。

**clench** *v.t.* mengetap (gigi); menggenggam. 咬紧（牙关）；紧握拳头。—*n.* terketap; genggaman. 咬牙切齿；牢牢捉住。

**clerestory** *n.* tingkap bahagian atas gereja. 大教堂的纵向天窗。

**clergy** *n.* golongan paderi; ulama. 牧师（总称）。**clergyman** *n.* (pl. *-men*) paderi; pegawai agama. 牧师；神职人员。

**cleric** *n.* paderi. 传教士。

**clerical** *a.* berkenaan paderi; perkeranian. 牧师的；书记的。

**clerihew** *n.* pantun seloka. 诙谐的四行短诗。

**clerk** *n.* kerani. 书记。

**clever** *a.* (*-er, -est*) bijak; pandai. 贤能的；聪明的。**cleverly** *adv.* dengan pandai; dengan bijak. 伶俐地；机敏地。

**cleverness** *n.* kecerdikan; kepandaian; kepintaran. 聪明；才智；伶俐。

**clew** *n.* sudut bawah layar. 帆的下角。

**cliche** *n.* ungkapan atau idea basi. 陈词滥调。

**click** *n.* klik; bunyi berdetik. 咔哒声。—*v.t./i.* berklik; (*sl.*) baru sedar; baru faham. 使咔哒地响；顿然领悟。

**client** *n.* pelanggan. 顾客；当事人。

**clientele** *n.* para pelanggan. 顾客（总称）。

**cliff** *n.* tebing curam. 峭壁；悬崖。~

**hanger** *n.* babak tergantung; peristiwa atau cerita yang penuh suspen. 悬疑紧张的场面。

**climacteric** *n.* peringkat umur apabila tenaga jasmani mula berkurangan. 更年期。

**climate** *n.* iklim. 气候；风气。

**climax** *n.* klimaks; puncak. 顶点；高潮。—*v.i.* memuncak. 达顶点；达高潮。**climactic** *a.* (berkenaan) kemuncak. 绝顶的。

**climb** *v.t./i.* panjat; daki. 爬；攀登。—*n.* pendakian. 攀登。**climber** *n.* pemanjat; pendaki. 登山者；爬山者。

**clinch** *v.t./i.* ikat dengan kukuh; bereskan dengan pasti; berada terlalu rapat untuk menghayun penumbuk. 钉牢；获得最后解决；（拳赛中）扭住对手。—*n.* cengkaman; pelukan. 钉牢；拥抱。**clincher** *n.* pengunci. 关键的论据。

**cling** *v.i.* (p.t. *clung*) paut; gayut; lekat. 紧紧揪着；依恋；黏着。

**clinic** *n.* klinik. 诊疗所。

**clinical** *a.* klinikal; berkenaan dengan klinik. 临床的；诊所的。**clinically** *adv.* secara klinikal. 临床治疗地。

**clink** *n.* bunyi denting. 丁当声。—*v.t./i.* membuat atau menyebabkan bunyi berdenting. 使丁当响。

**clinker** *n.* batu hangus. 煤渣。

**clinker-built** *a.* (bot) bentuk sidip. （船身）瓦叠式外壳的。

**clip**[1] *n.* pengepit; penyepit; klip. 夹子；钳。—*v.t.* (p.t. *clipped*) kepit; sepit. 夹住；钳牢。

**clip**[2] *v.t.* menggunting; (*colloq.*) tumbuk dengan tepat. 修剪；痛打。—*n.* reja; tumbukan tepat. 修剪；剪下的零碎；猛击。

**clipper** *n.* kapal yang laju; penyepit. 快速帆船；钳子。

**clipping** *n.* keratan; guntingan; potongan. 剪报；剪下物。

**clique** *n.* klik; kumpulan. 派系；党派。

**clitoris** *n.* kelentit. 阴核。

**cloak** *n.* mantel; pakaian luar tanpa lengan. 斗篷；无袖外衣。 —*v.t.* menyelubungi; menyembunyikan. 遮盖；遮掩。

**cloakroom** *n.* bilik untuk menyangkutkan kot, dll. 寄物处；衣帽间。

**clobber** *n.* (*sl.*) peralatan. 用具。 —*v.t.* (*sl.*) membelasah. 狠打；痛挫。

**cloche** *n.* pelindung lutsinar untuk tanaman; topi wanita. 钟形玻璃罩；钟形女帽。

**clock**[1] *n.* jam. 时钟。 —*v.t.* mencatat masa. 记录时间。 **~in** atau **on, out,** atau **off** merakam waktu tiba atau pergi. 记录进出时间。

**clock**[2] *n.* renda pada sarung kaki atau stokin. 袜子的花边。

**clockwise** *adv. & a.* ikut jam; bergerak seperti putaran jarum jam. 顺时钟的（地）；右旋的（地）。

**clockwork** *n.* sawat jam; mekanisme yang menggunakan roda dan spring. 钟表装置。

**clod** *n.* gumpalan tanah. 土块。

**clog** *n.* terompah. 木屐。 —*v.t./i.* (p.t. *clogged*) tersumbat. 阻塞；防碍。

**cloister** *n.* serambi gereja; kehidupan di biara. (教堂等的)回廊；修道院生活。

**cloistered** *a.* dikelilingi tembok; terkurung. 遁世的；隐居的。

**clone** *n.* klon; penghasilan baka, zuriat tanpa seks. 无性繁殖系。

**clop** *v.i.* (p.t. *clopped*) bergerak dengan bunyi tapak kuda. 行走时发出橐橐声。 —*n.* bunyi ini. 橐橐声。

**close**[1] *a.* (-er, -est) dekat; hampir; rapat; kedekut. 近的；接近的；紧的；亲密的；吝啬的。 —*adv.* dekat; rapat. 密切地；接近地。 —*n.* jalan yang ditutup pada satu bahagian. 死路。 **~ season** musim dilarang memburu. 禁猎期。 **~ up** *n.* gambar yang diambil secara dekat. 特写镜头。 **closely** *adv.* secara dekat. 接近地。 **closeness** *n.* kedekatan; keakraban. 接近；亲密程度。

**close**[2] *v.t./i.* tutup; tamat; rapat. 关闭； 结束；靠拢。 —*n.* kesimpulan. 结束；结论。 **closed shop** tubuhan tertutup; sistem yang mewajibkan pekerja menjadi ahli sesuatu kesatuan sekerja. 只雇用某一公会会员的制度。

**closet** *n.* (*A.S.*) almari; bilik stor. 小橱；贮藏室；密室。 —*v.t.* (p.t. *closeted*) berunding. 引进密室会谈。

**closure** *n.* penutupan. 关闭；结尾。

**clot** *n.* cecair yang pekat; (*sl.*) si bodoh. 液体的凝块；呆子。 —*v.i.* (p.t. *clotted*) membeku. 凝结。

**cloth** *n.* kain; seperah; alas meja. 布；一块布；桌巾。

**clothe** *v.t.* (p.t. *clothed* atau *clad*) menyediakan pakaian; melitupi. 供给衣服；使披上；穿上。

**clothes** *n.pl.* pakaian; kain baju. 衣服；衣物；床单。

**clothier** *n.* penjual pakaian lelaki. 服装商人；布商。

**clothing** *n.* pakaian. 衣服。

**cloud** *n.* awan; kepulan. 云；烟雾；阴暗。 —*v.t./i.* menjadi mendung. 覆盖；遮蔽。

**cloudburst** *n.* hujan ribut. 豪雨。

**cloudy** *a.* (-ier, -iest) redup; mendung; berawan. 多云的；(液体)混浊的。

**clout** *n.* pukulan; (*colloq.*) pengaruh. 一击；影响。 —*v.t.* pukul. 击打。

**clove**[1] *n.* cengkih. 丁香。

**clove**[2] *n.* ulas (seperti seulas bawang putih). 瓣。

**clove**[3], **cloven** *lihat* **cleave**[1]. 见 **cleave**[1]。 —*a.* **~ hitch** simpul manuk; simpulan untuk menguatkan ikatan pada pancang. 丁香结；卷结。 **~ hoof** tapak kaki binatang yang berbelah. 分趾蹄。

**clover** *n.* sejenis tumbuhan. 苜蓿。 **in ~** dalam kesenangan dan kemewahan. 安逸奢侈。

**clown** *n.* badut; pelawak. 丑角；小丑。 —*v.i.* melawak. 扮小丑。

**cloy** *v.t.* memuakkan; memualkan. 使厌腻；使过饱。

**club** *n.* belantan; kelab; persatuan; kad pakau berbunga 'kelawar'. 棍棒；会所；俱乐部；纸牌中的梅花。—*v.t./i.* (p.t. *clubbed*) membelasah dengan belantan. 用棍棒打。~ **together** berkongsi. 组成俱乐部。

**clubbable** *a.* suka bergaul. 善于交际的；喜欢打交道的。

**cluck** *n.* bunyi ketuk ayam. 鸡的咯咯声。—*v.i.* berketuk. 咯咯地叫。

**clue** *n.* tanda; kunci. 线索；暗示。

**clump** *n.* rumpun; kelompok. 丛；团。—*v.t./i.* berkumpul; berjalan secara hentak; (*colloq.*) pukul. 丛生；重步踩踏着走。

**clumsy** *a.* (*-ier, -iest*) cemerkap; tidak cermat. 笨拙的；不灵活的。**clumsily** *adv.* dengan cemerkap. 笨拙地。**clumsiness** *n.* kecemerkapan; cemerkap. 笨拙。

**clung** *lihat* **cling**. 见 **cling**。

**cluster** *n.* kelompok; rangkaian; gugusan. 团；束；串。—*v.t.* berkelompok. 密集；成簇。

**clutch**[1] *v.t./i.* mencekau; menggenggam; cengkam. 攫取；捉牢；紧握。—*n.* cekauan; genggaman; cengkaman. 紧捉；擒捉；离合器。

**clutch**[2] *n.* sekelompok telur untuk penetasan; ayam yang menetas dari telur itu. 一窝待孵的蛋；孵出来的幼鸡。

**clutter** *n.* bersepah; bertaburan. 混乱；乱七八糟。—*v.t.* menyepahkan. 弄乱。

**cm** *abbr.* **centimetre(s)** sentimeter.（缩写）公分；厘米。

**Co.** *abbr.* **Company, County** syarikat; daerah (mukim).（缩写）公司；郡。

**c/o** *abbr.* **care of** di alamat; d/a.（缩写）转交给。

**co-** *pref.* bersama.（前缀）表示"共同；联合"。

**coach** *n.* kereta kuda; gerabak; bas persiaran; jurulatih. 马车；车厢；旅行巴士；教练。—*v.t.* melatih; mengajar. 训练；指导。

**coagulate** *v.t./i.* melikat; membeku; mengental. 凝固；凝结。**coagulation** *n.* kelikatan; pembekuan. 凝结。

**coal** *n.* batu arang. 煤；煤块。**coalmine** *n.* lombong batu arang. 煤矿。**coalminer** *n.* pelombong batu arang. 煤矿工人。

**coalesce** *v.i.* bercantum; bergabung. 接合；联合。**coalescence** *n.* cantuman; gabungan. 合一；接合。

**coalfield** *n.* kawasan berbatu arang. 煤田；煤矿区。

**coalition** *n.* campuran; gabungan (terutama untuk parti-parti politik). 联合；政党的临时结盟。

**coarse** *a.* (*-er, -est*) kasar. 粗的；粗糙的；粗鲁的；鄙俗的。~ **fish** ikan air tawar. 淡水鱼。**coarsely** *adv.* dengan kasar. 粗糙地。**coarseness** *n.* kekasaran. 粗劣。

**coarsen** *v.t./i.* menjadi kasar. 变粗。

**coast** *n.* pantai; kawasan pantai. 海岸；沿海地区。—*v.i.* belayar menyusur pantai; meluncur; tunggang basikal tanpa mengayuh atau pandu kereta tanpa penggunaan kuasa enjin. 沿海航行；滑行；毫不费劲地前进。**coastal** *a.* pantai. 海岸的。

**coaster** *n.* kapal pesisir; dulang untuk botol; alas gelas. 沿海岸航行之船；杯垫。

**coastguard** *n.* pengawal pantai. 海岸警卫队；海岸警卫队队员。

**coastline** *n.* garisan pantai. 海岸线。

**coat** *n.* kot; bulu; lapisan. 西装外套；皮毛；涂层；覆盖物。—*v.t.* balut; bungkus; selaput. 包扎；覆盖；涂上一层。~ **of arms** jata; lambang institusi atau kekeluargaan. 盾形纹章。

**coatee** *n.* kot pendek wanita. 女用短上衣。

**coating** *n.* selaput; lapisan pelindung. 被；保护层。

**coax** *v.t.* memujuk. 哄；劝诱。

**coaxial** *a.* ~ **cable** kabel sepaksi. 同轴电缆的。

**cob** *n.* kuda berkaki pendek; batang buah jagung; roti bundar. 矮马；玉蜀黍的穗轴；圆块面包。

**cobalt** *n.* kobalt; sejenis logam. 钴。

**cobber** *n.* (*colloq., Austr.*) kawan; rakan. 朋友；伙伴。

**cobble**[1] *n.* batu bundar. 鹅卵石。

**cobble**[2] *v.t.* membaiki secara kasar. 粗劣地修补。

**cobbler** *n.* (*old use*) tukang kasut. 补鞋匠。

**Cobol** *n.* Cobol; bahasa komputer untuk operasi dagang. 商业资料程式电脑通用语言。

**cobra** *n.* ular tedung; ular senduk. 眼镜蛇。

**cobweb** *n.* sarang labah-labah. 蜘蛛网。

**cocaine** *n.* kokaina; sejenis dadah yang digunakan sebagai pembius. 古柯碱（一种麻醉剂）。

**coccyx** *n.* koksiks; tulang tongkeng. 尾胝骨。

**cochineal** *n.* bahan pewarna merah dalam makanan. 胭脂虫红。

**cock** *n.* ayam atau burung jantan; picu senapang. 公鸡；雄鸟；枪的击铁。—*v.t.* memiringkan; memicu senapang. 翘起；扳起击铁准备发射。**~-a-hoop** *a.* megah. 意气高昂的。**~-and-bull story** cerita karut. 荒唐的故事。**cocked hat** topi tiga segi untuk pakaian seragam. 制服的三角帽。**~-eyed** *a.* (*sl.*) juling. 斜眼的。

**cockade** *n.* reben topi. 帽上的花结。

**cockatoo** *n.*(*pl. -oos*) burung kakak tua. 凤头鹦鹉。

**cockatrice** *n.* ayam jantan dongeng yang berekor jengking. 寓言中的蛇尾怪鸡。

**cockchafer** *n.* kumbang kabai. 金龟子。

**cocker** *n.* jenis anjing baka spaniel. 长耳猎犬。

**cockerel** *n.* ayam jantan muda. 小公鸡。

**cockle** *n.* kerang. 乌蛤。—*v.t./i.* dibuat atau menjadi berkedut. 弄皱。

**Cockney** *n.* (*pl. -eys*) gaya atau loghat di London Timur. 伦敦佬；东伦敦腔（贬义）。

**cockpit** *n.* kokpit; tempat pemandu kapal terbang; gelanggang laga ayam. 飞行员座舱；斗鸡场。

**cockroach** *n.* lipas. 蟑螂。

**cockscomb** *n.* balung ayam. 鸡冠。

**cocksure** *a.* yakin. 确信的。

**cocktail** *n.* koktel; minuman keras campuran. 鸡尾酒。**fruit ~** campuran buah-buahan yang dipotong kecil-kecil. 杂拌水果。

**cocky** *a.* (*-ier, -iest*) sombong. 骄傲的。**cockily** *adv.* dengan sombong. 趾高气扬地。**cockiness** *n.* kesombongan. 傲慢。

**cocoa** *n.* koko. 可可。

**coconut** *n.* kelapa. 椰子；椰肉。**~ matting** anyaman daripada sabut kelapa. 椰衣垫。

**cocoon** *n.* kokun; kepompong. 茧；蛹；防护膜。—*v.t.* balut; bedung. 紧紧包住；密封起来。

**cod** *n.* (*pl. cod*) ikan kod; sejenis ikan laut. 鳕鱼。**~-liver oil** minyak ikan kod. 鱼肝油。

**coda** *n.* koda; bahagian akhir gubahan muzik. 尾音；尾声。

**coddle** *v.t.* membelai; merebus (seperti rebus telur). 溺爱；用文火煮。

**code** *n.* kod; kanun. 密码；编码；法规。—*v.t.* mengekodkan. 译为电码；编成密码。

**codeine** *n.* kodeina; bahan daripada candu. 可待因（一种止痛剂）。

**codfish** *n.* ikan kod. 鳕鱼。

**codger** *n.* (*colloq.*) pacal; orang. 家伙；怪人。

**codicil** *n.* kodisil; lampiran pada wasiat. 遗嘱附件；遗嘱补遗。

**codify** *v.t.* mengkanunkan. 编集成典。**codification** *n.* pengkanunan. 法典。

**codling** *n.* sejenis epal yang boleh dimasak; kupu-kupu yang larvanya memakan epal. 烹煮用的锥形苹果；苹果蛾（其幼虫食苹果）。

**coeducation** *n.* pendidikan bersama lelaki dan perempuan. 男女同校。 **coeducational** *a.* pendidikan bersifat campuran. 男女合校的。

**coefficient** *n.* koefisien; pekali. 系数。

**coelacanth** *n.* sejenis ikan yang telah pupus. 已绝种的空棘鱼类。

**coeliac disease** penyakit menyebabkan tidak mampu menghadam lemak. 乳糜泻。

**coerce** *v.t.* paksa. 强制；胁迫。 **coercion** *n.* paksaan. 强迫。 **coercive** *a.* bersifat memaksa. 强制性的。

**coeval** *a.* sebaya, seumur; sezaman. 同年的；同时代的。

**coexist** *v.i.* wujud bersama dalam sejahtera atau harmoni. 同时存在；和平共处。 **coexistence** *n.* kewujudan bersama. 共存；共处。 **coexistent** *a.* bersifat wujud bersama. 同时存在的。

**coextensive** *a.* wujud dalam ruang dan waktu yang sama. 有共同空间或时间范围的。

**coffee** *n.* kopi. 咖啡。 **~ bar** kaunter yang menghidangkan kopi atau minuman ringan. 饮料柜台。 **~-table** *n.* meja kecil yang rendah. 茶几。

**coffer** *n.* peti simpanan; (*pl.*) sumber kewangan. 保险箱；资产。 **~-dam** empangan kekotak; kawasan yang dikeringkan untuk memudahkan kerja di dalamnya. 围堰。

**coffin** *n.* keranda. 棺材；柩。

**cog** *n.* gigi roda. 钝齿。 **~-wheel** *n.* roda gear; roda bergigi. 齿轮。

**cogent** *a.* meyakinkan. 令人信服的。 **cogently** *adv.* bersifat meyakinkan. 令人信服地。 **cogency** *n.* keyakinan. 使人信服的力量。

**cogitate** *v.i.* fikir dengan mendalam. 反复思考。 **cogitation** *n.* fikiran mendalam. 深思熟虑。

**cognac** *n.* brandi Perancis. 法国白兰地酒。

**cognate** *a.* berkait; seketurunan; serumpun. 同源的；同族的。 —*n.* saudara; kata seasal. 亲属；同语系语言。

**cognition** *n.* kognisi; pengenalan. 认识；认识能力。 **cognitive** *a.* kognitif. 认识的；有认识能力的。

**cognizant** *a.* sedar. 察知的；认识到的。

**cognizance** *n.* kesedaran. 认知；察知。

**cognomen** *n.* gelaran; panggilan. 绰号；姓名。

**cohabit** *v.i.* bersekedudukan. 同居。 **cohabitation** *n.* perbuatan bersedudukan. 同住。

**cohere** *n.* & *v.i.* lekat; bersatu. 黏着；结合。

**coherent** *a.* koheren; berkait secara logik. 连贯的；合于逻辑的。 **coherently** *adv.* dengan kaitan yang logik. 合于逻辑地。

**coherence** *n.* kaitan yang logik. 合于逻辑性。

**cohesion** *n.* kepaduan. 黏合性；聚合性。

**cohesive** *a.* jeleketan; padu. 有黏性的；有结合力的。

**cohort** *n.* kohort; legion Romawi kesepuluh; sekutu; konco. 古罗马军团的步兵队（每十队成一军团）；一群人；支持者。

**coiffure** *n.* dandanan rambut. 发型。

**coil** *v.t.* melingkar; melilit; menggulung. 盘绕；卷曲；卷。 —*n.* lingkaran; lilitan; gulungan. 卷；圈；螺旋。

**coin** *n.* duit syiling. 硬币；钱币。 —*v.t.* mencetak duit syiling; mencipta istilah, dsb. 铸币；创造新词。

**coinage** *n.* duit syiling; penciptaan; kata ciptaan. 硬币；铸币；新创字词。

**coincide** *v.i.* berbetulan; sama. 符合；相合；同时发生。

**coincidence** *n.* kebetulan. 符合；巧合；同时发生。 **coincident, coincidental** *a.* secara kebetulan. 巧合的；相符的；同时发生的。 **coincidentally** *adv.* perihal secara kebetulan. 巧合地；相符地。

**coir** *n.* sabut kelapa. 椰壳纤维。

**coition** *n.* persetubuhan. 性交。

**coitus** *n.* persetubuhan. 性交。

**coke**[1] *n.* kok; hampas batu arang; arang tanpa gas dan tar. 焦炭；集煤。

**coke**[2] *n.* (*sl.*) **cocaine** kokaina. 古柯碱。

**colander** *n.* penapis. 过滤器。

**cold** *a.* (*-er, -est*) sejuk; dingin; pengsan. 冷淡的；寒冷的；失去知觉的。—*n.* kesejukan; kedinginan; selesema. 寒冷；冰冻；感冒。**~-blooded** *a.* berdarah sejuk; kejam. 冷血的；残酷的。**~ cream** ubat pendandan kulit. 冷霜（化妆品）。**~ feet** takut; seram sejuk. 害怕；胆怯。**~-shoulder** *v.t.* tidak endah; tidak peduli. 冷淡；不理睬。**~ war** perang dingin. 冷战。**coldly** *adv.* dengan dingin. 冷淡地。**coldness** *n.* kesejukan; kedinginan. 寒冷；冷淡。

**coleopterous** *a.* berselaput kepak yang keras. 甲虫类的。

**coleslaw** *n.* sejenis makanan sayur-sayuran mentah cincangan yang berkuah likat. 凉拌卷心菜。

**coley** *n.* sejenis ikan seperti kod. 一种象鳕鱼的鱼类。

**colic** *n.* sakit perut. 绞痛；急腹痛。

**colicky** *a.* perihal sakit perut. 疝痛的。

**colitis** *n.* bengkak usus. 结肠炎。

**collaborate** *v.i.* bekerjasama; bersubahat. 合作；通敌。**collaboration** *n.* kerjasama; persubahatan. 合作；勾结。**collaborator** *n.* rakan usaha sama; subahat. 合作者；通敌者。**collaborative** *a.* usaha sama. 合作的。

**collage** *n.* kolaj; karya seni yang terdiri daripada cebisan gambar, dsb. yang ditampal pada suatu permukaan. 拼贴艺术。

**collapse** *v.t./i.* runtuh; roboh. 倒塌；崩溃。—*n.* keruntuhan. 坍塌；崩溃。

**collapsible** *a.* boleh dilipat. 可折叠的。

**collar** *n.* leher baju; kolar. 衣领；顶圈。—*v.t.* (*colloq.*) mengambil untuk diri sendiri. 私自拿取。**~-bone** *n.* tulang selangka. 锁骨。

**collate** *v.t.* banding dengan teliti; mengumpul semak. 校时；整理；对照。

**collator** *n.* pengumpul semak. 整理者。

**collateral** *a.* selari; sejajar; tambahan. 并行的；平行的；附属的。—*n.* cagaran; jaminan keselamatan tambahan. 抵押品；担保。**collaterally** *adv.* dengan selari atau sejajar; dengan cagaran. 并行地；有担保性地。

**collation** *n.* pengumpulsemakan; makanan ringan. 校对；小吃。

**colleague** *n.* rakan sekerja. 同事。

**collect**[1] *v.t./i.* mengumpul; menghimpun; mengutip; memungut; mengambil. 收集；采集；聚集；取；接。

**collect**[2] *n.* doa pendek untuk hari yang ditentukan (Kristian). 短祷告。

**collected** *a.* tenteram; tenang; damai. 泰然的；镇定的；和睦的。

**collection** *n.* kutipan; himpunan. 收集；募集款；搜集品；收藏品。

**collective** *a.* secara kumpulan. 聚集成的；集体的；共同的。—*n.* perkumpulan. 集体农装；集合名词。**~ farm** ladang kepunyaan bersama. 集体农庄。**~ noun** kata nama kelompok. 集合名词。**collectively** *adv.* secara kumpulan. 集合地。

**collector** *n.* pengutip; pemungut; pengumpul. 收款员；募捐者；搜集家。

**colleen** *n.* (*Ir.*) gadis. 少女。

**college** *n.* maktab; kolej. 学院；专科学校。**collegiate** *a.* berkolej. 学院生的。

**collegian** *n.* penuntut maktab atau kolej. 学院生；大学生。

**collide** *v.i.* laga; rempuh; langgar. 冲突；抵触；碰撞。

**collie** *n.* sejenis anjing bermuncung tajam dan berbulu panjang. 柯利牧羊犬。

**collier** *n.* pelombong batu arang; kapal angkut batu arang. 煤矿工；煤船。

**colliery** *n.* lombong batu arang. 煤矿。

**collision** *n.* perlanggaran; perlagaan. 碰撞；冲突。

**collocate** *v.t.* berkolokasi; menyusun perkataan; meletakkan bersama. 排列；安

置；组合；搭配。 **collocation** *n.* kolokasi; penyusunan perkataan. 安置；词组。

**colloid** *n.* koloid; bahan lekit. 胶体；胶质。

**collop** *n.* kepingan daging. 小肉片。

**colloquial** *a.* bahasa basahan; sesuai untuk percakapan atau tulisan seharian. 口语的；日常会话的。 **colloquially** *adv.* dengan bahasa basahan. 口语般地。 **colloquialism** *n.* perihal bahasa lisan atau percakapan. 口语。

**colloquy** *n.* perbincangan; dialog. 讨论；谈话。

**collusion** *n.* pakatan sulit. 勾结；共谋；串通。

**collywobbles** *n.pl.* (*colloq.*) senak perut; berasa gentar. 肚子疼；肠胃发出咕咕声响；紧张。

**cologne** *n.* pewangi (tubuh). 古龙香水。

**colon**[1] *n.* kolon; usus besar. 结肠。 **colonic** *a.* berkenaan kolon. 结肠的。

**colon**[2] *n.* tanda titik bertindih (:). 冒号。

**colonel** *n.* kolonel. （海陆空军的）上校。

**colonial** *a.* kolonial; bersifat jajahan atau penjajah. 殖民地的；殖民地时代风格的。 —*n.* penduduk koloni atau tanah jajahan. 殖民地居民。

**colonialism** *n.* kolonialisme; dasar penjajahan. 殖民主义；殖民政策。

**colonize** *v.t.* menjajah. 开拓殖民地。

**colonization** *n.* penjajahan. 殖民计划。

**colonist** *n.* penjajah. 开拓殖民地者。

**colonnade** *n.* barisan; deretan tiang. 柱廊。

**colony** *n.* tanah jajahan. 殖民地。

**colophon** *n.* kolofon; tanda penerbit. 书籍末页的出版者标志。

**Colorado beetle** kumbang pemusnah pokok kentang. 科罗拉多甲虫（其幼虫可侵害马铃薯作物）。

**coloration** *n.* pewarnaan. 色泽。

**colossal** *a.* sangat besar; raksasa. 巨大的；巨像的。

**colossus** *n.* (pl. *-ssi*) patung besar. 巨像。

**colostomy** *n.* kolostomi; penebukan perut. 结肠切开手术。

**colour** *n.* warna; warna kulit; cat; (*pl.*) panji-panji; lencana jaguh. 颜色；脸色；肤色；颜料；旗帜；徽章。 —*v.t./i.* mewarnai. 染色。 **~-blind** *a.* buta warna. 色盲的。 **lend ~ to** menunjukkan sesuatu itu mungkin benar. 使显得可信。

**colourant** *n.* bahan pewarna. 染色品。

**coloured** *a. & n.* (orang) bukan kulit putih. 非白种肤色的（人）。

**colourful** *a.* berwarna-warni; dengan butir-butir yang jelas. 富有色彩的；多彩多姿的。 **colourfully** *adv.* dengan berwarna-warni. 有色彩地。

**colourless** *a.* tanpa warna; tidak jelas. 无色彩的；无趣味的。

**colt** *n.* anak kuda jantan. 雄驹。

**coltsfoot** *n.* tumbuhan liar berbunga kuning. 款冬。

**columbine** *n.* sejenis bunga. 耧斗叶。

**column** *n.* tiang bulat; ruang pada halaman kertas; kolum; barisan panjang (askar, kenderaan, dsb.). 圆柱；支柱；柱形物；专栏；士兵或车辆的纵列。

**columnar** *a.* berkenaan atau di dalam kolum. 柱状的。

**columnist** *n.* penulis ruang (akhbar, majalah, dll.). 专栏作家。

**coma** *n.* koma; tidak sedarkan diri. 昏迷；昏睡。

**comatose** *a.* dalam keadaan koma; mengantuk. 昏迷的；昏睡状态的。

**comb** *n.* sikat; sisir. 梳子。 —*v.t.* sikat; menyikat; menyisir. 梳；彻底搜寻。

**combat** *n.* pertempuran; perjuangan. 战争；争斗。 —*v.t.* (p.t. *combated*) tempur; juang. 战斗；抗争。

**combatant** *a. & n.* pejuang. 战斗的；战士。

**combination** *n.* penggabungan; pencantuman; penyatuan. 合并；结合；联合；

组合；化合物。~ **lock** kunci gabungan. 暗码锁。

**combine**[1] *v.t./i.* cantum; gabung. 联合；结合；化合；组合。

**combine**[2] *n.* gabungan. 联合集团；联合企业。~ **harvester** mesin penuai kombin; gabungan mesin penuai dan pelerai. 联合收割机。

**combustible** *a.* mudah terbakar. 易燃的。 **combustibility** *n.* keterbakaran. 燃烧性。

**combustion** *n.* pembakaran. 燃烧。

**come** *v.i.* (p.t. *came*, p.p. *come*) datang; mari. 来；过来；位于；开始；源自；达到；发生。 ~ **about** berlaku. 发生。 ~ **across** terjumpa. 碰见。 ~**-back** muncul semula; jawapan yang cepat dan tajam. 恢复原状；重新流行；反驳。 ~ **by** dapat. 得到。 ~**-down** jatuh darjat. 失势。 ~ **into** mewarisi. 承继。 ~ **off** beroleh kejayaan. 成功。 ~ **out** muncul. 出现。 ~ **out with** bercakap. 说出；提出；发表。 ~ **round** sedar daripada pengsan. 苏醒。 ~ **to** sedarkan diri; jumlah kepada. 清醒；总计达。 ~ **to pass** terjadi. 发生。 ~ **up** disebut dalam perbincangan. 被提出。 ~ **up with** mengemukakan. 提出。 **comer** *n.* orang yang datang. 到来者。

**comedian** *n.* pelawak. 喜剧演员。 **comedienne** *n. fem.* pelawak wanita. 喜剧女演员。

**comedy** *n.* komedi; cerita jenaka. 喜剧；喜剧性事件。

**comely** *a.* (*-ier, -iest*) cantik; lawa. 美丽的；清秀的。 **comeliness** *n.* lawa. 美丽。

**comestibles** *n.pl.* bahan makanan. 食物。

**comet** *n.* komet; bintang berekor. 彗星。

**comeuppance** *n.* (*colloq.*) patut menerima hukuman atau teguran. 应得惩罚；报应。

**comfit** *n.* kacang bersalut gula. 蜜饯。

**comfort** *n.* keselesaan. 安慰；安逸；给予安慰的人或物；舒适。 **comforter** *n.* penawar hati. 安慰者；围巾；盖被。

**comfortable** *a.* selesa. 舒服的；自在的；轻松的；宽裕的。 **comfortably** *adv.* dengan selesa. 安乐地。

**comfrey** *n.* komfrei; sejenis pokok. 紫草科植物。

**comfy** *a.* (*colloq.*) selesa. 舒服的。

**comic** *a.* lucu; jenaka. 好笑的；滑稽的。 —*n.* komik; pelawak. 漫画；滑稽演员。 **comical** *a.* yang lucu. 诙谐性的。 **comically** *adv.* dengan lucu. 滑稽地。

**coming** *n.* kedatangan. 莅临。 —*a.* akan datang; berikutnya. 即将来到的；接着的。 ~ **man** bakal orang penting. 前程远大的人。

**comity** *n.* ihsan. 礼让。

**comma** *n.* koma; tanda (,). 逗号。

**command** *n.* perintah; arahan; penguasa. 统率；命令；指示；管辖；掌握；司令部。 —*v.t.* perintah; arah; mendapat; berkuasa. 指挥；命令；控制；博得；有权势。

**commandant** *n.* komandan; ketua pasukan tentera. 指挥官；要塞司令官；军校校长。

**commandeer** *v.t.* merampas; menyita. 夺取；没收。

**commander** *n.* komander; panglima. 将军；统帅；司令官。

**commandment** *n.* rukun; perintah atas suruhan Tuhan. 戒律；圣训。

**commando** *n.* (pl. *-os*) komando. 突击部队。

**commemorate** *v.t.* (sambutan, perayaan) memperingati. 纪念。 **commemoration** *n.* memperingati; peringatan. 纪念；纪念庆典。 **commemorative** *a.* peringatan. 纪念性的。

**commence** *v.t./i.* bermula. 开始。 **commencement** *n.* permulaan. 开端。

**commend** *v.t.* memuji; mengamanahkan. 称赞；表场；推荐；交托。 **commendation** *n.* pujian. 赞赏；表扬；推荐；交托。

**commendable** *a.* layak dipuji. 值得赞美的；值得表扬的。 **commendably** *adv.* dengan terpuji. 被赞好地。

**commensurable** *a.* dapat dibandingkan dengan. 可较量的;相称的。**commensurably** *adv.* secara bandingan. 相比地。**commensurability** *n.* kebolehbandingan. 较量能力。

**commensurate** *a.* sepadan; seimbang. 相称的;同量的。

**comment** *n.* komen; teguran; ulasan. 评论;批评;注释。—*v.i.* membuat komen; menegur; mengulas. 发表评论;作出批评;注释。

**commentary** *n.* komentar; ulasan. 评论时事;时评;注解。

**commentate** *v.i.* bertindak sebagai pengulas. 评论;解说;注释。

**commentator** *n.* pengulas. 时事评论者;实况播音员;注释者。

**commerce** *n.* perihal memperdagangkan. 商业;贸易。

**commercial** *a.* hal perdagangan; komersil. 商业的;(广播、电视节目)由广告收入赞助的。**commercially** *adv.* secara dagangan. 商业化地。

**commercialize** *v.t.* memperdagangkan. 使商业化。**commercialization** *n.* perihal memperdagangkan. 商业化。

**commingle** *v.t./i.* mencampurkan; bercampur. 混合;混杂。

**comminute** *v.t.* mengecilkan. 弄成粉末;捣碎;细分。**comminution** *n.* pengecilan. 粉碎。

**commiserate** *v.t./i.* belas; turut bersedih. 同情;吊慰。**commiseration** *n.* perasaan belas kasihan; simpati. 怜悯;同情。

**commissariat** *n.* komisariat; tabungan makanan; jabatan yang menyediakan stok makanan. 粮食供应;军粮部门。

**commission** *n.* kerja; tauliah; komisen; suruhanjaya. 干;犯;委托;任务;委任状;佣金;委员会。—*v.t.* beri kuasa; tempah. 授权;任命;委托制作。**~-agent** *n.* penerima taruhan. 赌业经纪。**in ~** siap sedia untuk digunakan. 可使用。**out of ~** rosak. 退出现役;损坏。

**commissionaire** *n.* penjaga di pintu panggung, dsb. (剧院、大商店等处穿制服的)看门人。

**commissioner** *n.* pesuruhjaya; pegawai kerajaan yang bertanggungjawab dalam pentadbiran sesuatu daerah di seberang laut. 委员;专员;特派人员;长官。

**commit** *v.t.* (*p.t. committed*) buat; laku. 作;行事;犯下;交托;义务。**~ to memory** menghafaz. 熟记。

**commitment** *n.* persetujuan; penglibatan; iltizam. 承诺;约束;保证;义务。

**committee** *n.* jawatankuasa. 委员会。

**commode** *n.* almari; laci; tong jamban. 橱;抽屉;便桶。

**commodious** *a.* luas; lapang. 宽敞的;宽阔的。

**commodity** *n.* komoditi; barangan. 日常用品;商品;产品。

**commodore** *n.* laksamana muda; komodor. 海军准将;舰队司令。

**common** *a.* (-er, -est) biasa. 普通的;一般的;日常的;公共的;共同的;劣等的;劣种的。—*n.* kawasan untuk kegunaan awam; (*pl.*) rakyat biasa. 公用地;平凡人。**~ law** undang-undang mengikut adat resam dan juga putusan mahkamah yang pernah dibuat. 习惯法。**Common Market** Kesatuan Ekonomi Eropah. 欧洲共同市场。**~-room** bilik rehat awam untuk guru atau murid. 师生共用室。**~ sense** akal waras. 普通常识。**~ time** empat krocet dalam titinada muzik. 普通拍子。**commonness** *n.* kebiasaan. 普遍。

**commonalty** *n.* orang ramai; rakyat biasa. 民众;平民。

**commoner** *n.* rakyat biasa. 庶民。

**commonly** *adv.* amnya; pada umumnya; biasanya. 一般;经常。

**commonplace** *a.* lazim; pada biasanya; kebanyakan. 普通的;平凡的。—*n.* kejadian, perkara yang selalu berlaku. 平凡事物;日常琐事。

**commonwealth** *n.* komanwel; negara merdeka; republik; persekutuan negara-negara. 共和国；民主国家；共和政体；联邦。

**commotion** *n.* keriuhan; kegemparan. 骚动；扰乱。

**communal** *a.* bersama; bersifat perkauman. 公共的；公社的。**communally** *adv.* secara bersama. 公有地。

**commune**[1] *v.i.* berhubung secara rohani. 心灵沟通；亲密交谈。

**commune**[2] *n.* masyarakat; kumpulan; daerah kerajaan setempat di Perancis. 公社；群居村；法国最小行政区。

**communicable** *a.* boleh berhubung atau berjangkit. 可传达的；会传染的。

**communicant** *n.* orang yang menerima *Holy Communion*; pemaklum; pemberi maklumat. 领受圣餐者；报音信者；通知者。

**communicate** *v.t./i.* berhubung. 交流；通讯。

**communication** *n.* perhubungan; komunikasi. 交往；通讯；联系；信息；传播；通讯设施。

**communicative** *a.* peramah. 畅谈的。

**communion** *n.* perhubungan; golongan; satu cabang daripada agama Kristian. 交际；团结契合；基督教教会。**Holy Communion** upacara agama Kristian yang menghidangkan arak dan roti. 圣餐。

**communique** *n.* kenyataan; pernyataan rasmi. 公报；官报。

**communism** *n.* komunisme. 共产主义。**Communism** *n.* sistem komunis. 共产制度。**Communist** *n.* komunis. 共产主义者。**communistic** *a.* bercorak komunis. 共产的。

**community** *n.* masyarakat; kaum. 社会；社区；公众；共同体；共同性。

**commutable** *a.* boleh ditukar. 可替代的；可变换的。

**commute** *v.t./i.* ditukar kepada sesuatu yang lain; berulang-alik. 交换；兑换；经常来往。**commuter** *n.* orang yang berulang-alik. 经常往返两地的人。

**compact**[1] *n.* perjanjian; kontrak. 协定；契约。

**compact**[2] *a.* sendat; padat. 挤满的；密集的；坚实的。—*v.t.* memadatkan. 使紧密。—*n.* bedak kompak. 粉盒。~ **disc** cakera padat; cakera yang menghasilkan bunyi dengan kuasa laser. 雷射唱碟。

**companion** *n.* teman; pengiring. 朋友；伴侣；同志；成对的物件之一。~**way** *n.* tangga dari geladak ke kabin. 升降口扶梯。**companionship** *n.* teman persahabatan; pergaulan karib. 友谊；交往。

**companionable** *a.* ramah; mudah bergaul. 好交往的；人缘好的。

**company** *n.* teman; syarikat; kompeni (tentera). 同伴；一群；一队；客人；合伙者；公司；(军队的) 连。

**comparable** *a.* setanding; boleh dibanding. 比得上的；可比较的。

**comparative** *a.* secara bandingan; perbandingan. 比较的；比较格的。—*n.* bentuk perbandingan. 比较级。**comparatively** *adv.* dengan cara perbandingan. 比较地。

**compare** *v.t./i.* membandingkan. 比较；对照；把…比作；比得上；形成比较级和最高级。~ **notes** bertukar pandangan. 交换意见。

**comparison** *n.* perbandingan. 比较；对照；比喻。

**compartment** *n.* petak; bahagian. 格子；间隔。

**compass** *n.* kompas; lingkungan. 指南针；罗盘；界限；圆规；范围。—*v.t.* keliling. 围绕。

**compassion** *n.* perasaan belas kasihan. 同情；怜悯。**compassionate** *a.* belas kasihan. 有同情心的。**compassionately** *adv.* dengan perasaan belas kasihan. 有同情心地。

**compatible** *a.* sepadan; sesuai; cocok. 一致的;适合的;符合的;协调的;兼容的。 **compatibly** *adv.* sepadan dengan. 适合地。 **compatibility** *n.* kesesuaian. 适合性;协调性。

**compatriot** *n.* rakan senegara. 同胞。

**compeer** *n.* teman; rakan setara. 同伴;地位相等的人。

**compel** *v.t.* (p.t. *compelled*) paksa. 强迫;强求。

**compendious** *a.* beri banyak maklumat secara ringkas. 摘要的。

**compendium** *n.* ringkasan; sekotak kertas tulisan atau mainan seperti dam, dsb. 概略;纲要;一盒纸张或象棋等。

**compensate** *v.t./i.* mengganti rugi. 赔偿;补偿;抵消。 **compensation** *n.* ganti rugi. 偿还。 **compensatory** *a.* sebagai ganti rugi. 补偿的。

**compere** *n.* juruacara. 节目主持人。—*v.t.* menjadi juruacara. 当主持人。

**compete** *v.i.* tanding; lawan; saing; adu. 比赛;对抗;竞赛。

**competent** *a.* cekap. 有能力的;能胜任的。 **competently** *adv.* dengan cekap. 有能力地。 **competence** *n.* kecekapan. 能力;足够的收入。

**competition** *n.* pertandingan; perlawanan; peraduan. 友谊赛;竞赛;竞争者。

**competitive** *a.* melibatkan pertandingan; bersaing. 比赛的;竞赛的。 **competitively** *adv.* secara bersaing. 竞争地。

**competitor** *n.* petanding; peserta. 敌手;竞争者。

**compile** *v.t.* himpun; kumpul; susun. 收集;汇编;编辑。 **compilation** *n.* himpunan; susunan. 汇编;编辑。 **compiler** *n.* penyusun. 编辑者。

**complacent** *a.* puas hati. 满足的;自满的。 **complacently** *adv.* dengan puas hati. 自满地。 **complacency** *n.* kepuasan hati. 自满。

**complain** *v.i.* bersungut; mengadu. 抱怨;投诉。 **complainant** *n.* pengadu. 申诉者。

**complaint** *n.* rungutan; aduan; sungutan. 抱怨;控诉;委屈。

**complaisant** *a.* bersifat menyenangkan. 殷勤的;谦恭的;讨好的。 **complaisance** *n.* sifat menyenangkan. 殷勤;谦恭。

**complement** *n.* pelengkap; penggenap; darjah yang diperlukan untuk menjadikan sudut 90 darjah. 补足物;补充物;余角。—*v.t.* menjadi pelengkap kepada. 补充;补足。 **complementary** *a.* saling melengkapi. 相补足的。

**complete** *a.* lengkap; sempurna; benar-benar; siap. 完整的,完美的;结束的。—*v.t.* melengkapi; menyempurnakan. 使齐全;使完整;填妥(表格等)。 **completely** *adv.* dengan lengkap; dengan sempurna. 完全地;彻底地。 **completeness** *n.* kelengkapan; kesempurnaan; kegenapan. 完全;完善。 **completion** *n.* pelengkapan; siap; penyiapan. 结束;完成;圆满。

**complex** *a.* kompleks; rumit. 复杂的;难懂的;组合的;复合的。—*n.* kompleks; sekumpulan bangunan; perasaan yang mempengaruhi kelakuan. 综合体;中心;情结。 **complexity** *n.* kekompleksan; kerumitan. 复杂性;错综复杂之事。

**complexion** *n.* wajah; cahaya muka; warna atau keadaan kulit muka. 面色;气色;肤色。

**compliant** *a.* patuh. 顺从的。 **compliance** *n.* pematuhan; sifat suka menurut. 听从;屈从。

**complicate** *v.t.* menyulitkan; merumitkan. 使复杂;使费解。 **complicated** *a.* sulit; rumit. 复杂的;难以明了的。 **complication** *n.* kerumitan. 纠纷;复杂化。

**complicity** *n.* persubahatan. 同谋。

**compliment** *n.* pujian. 称赞;问候。—*v.t.* memuji. 赞美;祝贺。

**complimentary** *a.* pujian; hadiah ikhlas. 称赞的;免费的。

**compline** *n.* upacara sembahyang terakhir pada setiap hari di gereja Roman Katolik. 天主教的晚祷。

**comply** *v.i.* ~ **with** ikut; patuh. 遵守；遵照。

**component** *n.* bahagian; komponen. 成分；构成要素；部件。—*a.* bahagian yang menjadikan komponen. 组成的。

**comport** *v.t./i.* bersetuju; berjanji. 一致；相称。~ **oneself** bertingkah laku. 表现；举止。

**compos mentis** waras. 精神健全的。

**compose** *v.t.* menggubah; menenangkan. 组成；作曲；写作；整理；镇定。**composer** *n.* penggubah. 作曲家；创作家。

**composite** *n.* gabungan; cantuman daripada beberapa bahagian. 合成物；混合物。

**composition** *n.* gubahan; kandungan; karangan; rencana. 作品；成分；文章；结构；混合物。

**compositor** *n.* pengatur huruf. 排字工人。

**compost** *n.* baja. 混合肥料；堆肥。

**composure** *n.* ketenangan; ketenteraman. 镇定；镇静。

**compote** *n.* buah dalam sirap. 水果糖浆。

**compound**[1] *a.* majmuk; mengandung dua benda atau lebih. 合成的；混合的；复合的。—*n.* campuran; sebatian. 化合物；复合物。

**compound**[2] *v.t./i.* mencampurkan; memburukkan lagi; selesai secara persetujuan. 使混合；加重；互让而和解；赦免重罪。

**compound**[3] *n.* halaman; kawasan. 院子；围起来的场地。

**comprehend** *v.t.* faham. 理解；包含。

**comprehensible** *a.* boleh difahami. 能理解的。**comprehensibly** *adv.* dengan kefahaman. 能理解地。**comprehensibility** *n.* keadaan boleh difahami. 可了解程度。

**comprehension** *n.* pemahaman. 理解力。

**comprehensive** *a.* menyeluruh. 包含范围广泛的。—*n.* sistem pembelajaran komprehensif. 综合学习制度。~ **school** sekolah yang memberikan pelajaran kepada anak-anak yang terdiri daripada pelbagai peringkat kebolehan. （招生不分资质的）综合学校。**comprehensively** *adv.* secara menyeluruh. 包含丰富地。

**compress**[1] *v.t.* memampatkan. 紧压。

**compression** *n.* kemampatan. 压缩。

**compressor** *n.* pemampat. 压缩器。

**compress**[2] *n.* balutan; tekapan. 敷布。

**comprise** *v.t.* terdiri daripada; mengandungi. 由…组成；包含。

**compromise** *n.* kata sepakat; kompromi. 妥协；和解；折衷方案。—*v.t./i.* bertolak ansur; dicurigai; mengkompromi. 妥协；互让而和解；危及。

**compulsion** *n.* paksaan. 强制；强迫。

**compulsive** *a.* terpaksa. 强迫的。**compulsively** *adv.* secara terpaksa. 强制性地。

**compulsory** *a.* wajib; perlu. 必须做的；义务的；强制的。**compulsorily** *adv.* secara wajib; secara terpaksa. 必要地；强迫性地。

**compunction** *n.* kekesalan. 悔恨。

**compute** *v.t./i.* congak; kira. 计算；用计算机算。**computation** *n.* pencongakan; kiraan. 计算；计算法；计算结果。

**computer** *n.* komputer; alat elektronik untuk menganalisis atau menyimpan maklumat, membuat kiraan, mengawal jentera, dsb. 电计算机；电脑。

**computerize** *v.t.* (membuat sesuatu) dengan komputer. 使电脑化。**computerization** *n.* pengkomputeran. 电脑化。

**comrade** *n.* teman; kawan; sahabat; komrad. 伙伴；朋友；至友。**comradeship** *n.* persahabatan; kesetiakawanan. 友谊；同僚之谊。

**con**[1] *v.t.* (p.t. *conned*)(*colloq.*) tipu. 哄骗；欺诈。—*n.* (*sl.*) penipu. 欺骗。

**con**[2] *v.t.* (p.t. *conned*) menakhodai (kapal, dll.). 指挥操舵。

**con**[3] *lihat* **pro** dan **con**. 见 **pro** 和 **con**。

**concatenation** *n.* cantuman; penyantuman; perangkaian. 连结；关连之事；连锁。

**concave** *a.* lekuk; cekung. 凹的；凹面的。**concavity** *n.* kelekukan; kecekungan. 凹状；凹面。

**conceal** *v.t.* sembunyi. 隐藏；掩盖；隐瞒。**concealment** *n.* penyembunyian. 隐匿。

**concede** *v.t.* serah; akui benar. 让与；承认。

**conceit** *n.* keangkuhan. 自负。**conceited** *a.* bersifat angkuh. 自满的。

**conceivable** *a.* boleh dipercayai; masuk akal; dapat difikirkan; 可相信的；可想象的。**conceivably** *adv.* memikir; mungkin. 想得到地；可想象地。

**conceive** *v.t./i.* hamil; memikirkan. 怀孕；构想出。

**concentrate** *v.t./i.* tumpu (perhatian); pekat. 专心；集中；浓缩。—*n.* bahan yang pekat. 浓缩物。

**concentration** *n.* tumpuan; pekatan. 专注；浓度。~ **camp** kem tahanan. 集中营。

**concentric** *a.* sepusat; berpusat sama. 同中心的。

**concept** *n.* konsep; tanggapan; gagasan. 概念；观念。

**conception** *n.* konsep; idea; tanggapan. 概念；构想。

**conceptual** *a.* tentang konsep. 概念上的。

**conceptualize** *v.t.* mengkonsepsikan; membentuk konsep. 使成概念；形成观念。**conceptualization** *n.* pengkonsepsian. 观念的形成。

**concern** *v.t.* berkaitan; berkenaan; melibatkan. 涉及；影响；有关系。—*n.* hal yang berkaitan dengan seseorang; kerisauan; badan perdagangan. 关切的事；担心；商行；东西。

**concerned** *a.* risau; ambil berat. 担心的；关心的。

**concerning** *prep.* berkenaan dengan. 有关于。

**concert** *n.* konsert; persembahan hiburan muzik. 音乐会；演奏会。**in ~** bersama dengan. 一齐；一致。

**concerted** *a.* dibuat bersama dengan. 一致的；协力的。

**concertina** *n.* konsertina; sejenis alat muzik bimbit. 手风琴。—*v.t./i.* berlipat bagai belos. 手风琴般折叠。

**concerto** *n.* (pl. -*os*) konserto; gubahan muzik untuk persembahan secara alat solo dan orkestra. 协奏曲。

**concession** *n.* konsesi; pengizinan; penyerahan. 特许权；特准；让步；让与物。**concessionary** *a.* bersifat atau berkenaan konsesi. 特许的。**concessive** *a.* konsesif. 让步的。

**conch** *n.* konc; kulit pilin; berlingkar. 海螺类；贝壳。

**conciliate** *v.t.* mendamaikan. 安抚；调解。**conciliation** *n.* pendamaian. 抚慰；调解。**conciliatory** *a.* secara damai. 安抚的。

**concise** *a.* ringkas dan padat. 简明的。**concisely** *adv.* dengan ringkas dan padat. 简洁地。**conciseness** *n.* keringkasan dan kepadatan. 简要。

**conclave** *n.* perhimpunan (untuk perbincangan). 秘密会议。

**conclude** *v.t./i.* menyimpulkan; tamat. 下定结论；终止；推论出。

**conclusion** *n.* kesimpulan. 结论；议定；结尾。

**conclusive** *a.* pasti. 确实的。**conclusively** *adv.* dengan pasti. 断然地。

**concoct** *v.t.* reka; bancuh; dibuat daripada ramuan. 编造；混合；调制。**concoction** *n.* rekaan; bancuhan. 编造；调制品。

**concomitant** *a.* iring; sertai. 相伴的；附随的。

**concord** *n.* kerukunan; perjanjian. 融洽；和谐；协约。

**concordance** *n.* kesejajaran; konkordans; indeks perkataan. 一致；词语索引。

**concordant** *a.* selari; sejajar. 一致的；协调的。

**concourse** *n.* perhimpunan; dataran. 汇合；群集；广场；大厅。

**concrete** *n. & a.* konkrit. 混凝土；有形的；具体的。—*v.t./i.* membubuh simen; menjadi padat; mengeraskan. 铺以混凝土；使凝固；使固结。

**concretion** *n.* konkresi; benda jitu. 凝固；固结物。

**concubine** *n.* gundik. 妾；情妇。

**concupiscence** *n.* nafsu berahi. 强烈的性欲。 **concupiscent** *a.* kuat nafsu berahinya. 贪色的。

**concur** *v.i.* (p.t. *concurred*) setuju; berlaku serentak. 同意；同时发生。 **concurrence** *n.* persetujuan; berlakunya serentak. 赞同；同时发生。 **concurrent** *a.* sejajar; selaras; serentak. 一致的；和谐的；同时发生的。

**concuss** *v.t.* menyebabkan terkonkus. 震荡。

**concussion** *n.* kecederaan otak akibat hantukan. 脑震荡。

**condemn** *v.t.* kutuk. 谴责；判刑；定罪；宣告不适用。 **condemnation** *n.* kutukan. 非难；判刑；定罪。

**condense** *v.t./i.* meringkaskan; memeluwap; udara atau gas berubah menjadi cecair. 浓缩；使冷凝；凝聚。 **condensation** *n.* peringkasan; pemeluwapan. 缩短；凝结。

**condenser** *n.* pemeluwap. 凝结器。

**condescend** *v.t.* setuju melakukan hal yang dianggap merendahkan martabat seseorang. 降格相从。 **condescension** *n.* perendahan martabat. 屈尊。

**condiment** *n.* perasa (makanan). 调味品。

**condition** *n.* syarat; keadaan. 条件；状态；形势；身份；限制。—*v.t.* menentukan; membiasakan. 使处于良好状况；使适应；使取决于。 **on ~ that** dengan syarat bahawa. 在…条件之下。

**conditional** *a.* dengan syarat. 带有条件的。 **conditionally** *adv.* secara bersyarat. 有条件地。

**condole** *v.i.* mengucapkan takziah. 哀悼。

**condolence** *n.* takziah. 悼词。

**condom** *n.* kondom; sarung pencegah hamil. 保险套。

**condominium** *n.* negeri jajahan bersama; kondominium; (*A.S.*) bangunan dengan pangsapuri dimiliki penghuni secara individu. 共同管辖权；共管公寓。

**condone** *v.t.* membiarkan (kesalahan). 赦免罪行。 **condonation** *n.* perbuatan membiarkan sesuatu berlaku. 罪行的赦免。

**conduce** *v.t.* bantu; tolong menghasilkan. 有助于；有贡献于。 **conducive** *a.* yang membantu. 有益于的。

**conduct**[1] *v.t.* bimbing; pimpin; alir (elektrik, dsb.). 领导；引导；导电或导热；处理；指挥。

**conduct**[2] *n.* kelakuan. 行为；经营方式。

**conduction** *n.* pengaliran. 传导。 **conductive** *a.* beraliran. 传导性的。 **conductivity** *n.* perihal pengaliran elektrik. 传导性。

**conductor** *n.* pembimbing atau pemimpin orkestra; konduktor; pemungut tambang dalam bas, dll.; pengalir (elektrik, haba, dll.). 音乐指挥；车掌；传导体。

**conduit** *n.* saluran; tiub pelindung wayar. 导管；导线管。

**cone** *n.* kerucut; kon. 圆锥体；圆锥；球果。

**coney** *n.* arnab; bulu arnab. 兔；兔毛皮。

**confab** *n.* (*colloq.*) perbualan; borak; ngobrol. 闲谈。

**confabulate** *v.i.* berbual bersama. 谈论。

**confabulation** *n.* perbualan; konfabulasi. 交谈；闲谈。

**confection** *n.* konfeksi; makanan manis. 蜜饯；糖果。

**confectioner** *n.* pembuat atau penjual kuih-muih. 糖果糕饼制造商（或贩卖商）。

**confectionery** *n.* kuih-muih; gula-gula. 糕饼；糖果。

**confederacy** *n.* persekutuan negeri-negeri. 同盟；联盟。

**confederate** *a.* sekutu. 联盟的;密谋的。 —*n.* ahli persekutuan; penyubahat. 同盟国;同谋者。

**confederation** *n.* persekutuan negeri-negeri, orang atau persatuan. 邦联;联盟。

**confer** *v.t./i.* (p.t. *conferred*) anugerah; runding. 赐给;授予;协商。 **conferment** *n.* penganugerahan. 授予。

**conference** *n.* perundingan; persidangan. 讨论会;协商会。

**confess** *v.t./i.* mengakui. 承认;告解;聆听告解。

**confession** *n.* pengakuan. 供认;信仰声明;忏悔。

**confessional** *n.* tempat pengakuan dosa dalam gereja; pernyataan prinsip seseorang. 忏悔室;自白。

**confessor** *n.* paderi yang mendengar pengakuan dosa seseorang. 听信徒告解的神父。

**confetti** *n.* konfeti; cebisan kertas aneka warna yang ditaburkan kepada pengantin. 五彩碎纸。

**confidant** *n.* tempat mengadu. 知己。 **confidante** *n. fem.* perempuan tempat mengadu. 知己女友。

**confide** *v.t./i.* mengadu; menceritakan. 吐露秘密;信任。

**confidence** *n.* keyakinan. 信心;信任;自信;大胆;(向知己吐露的)秘密。
~ **trick** penipuan setelah mendapat kepercayaan daripada seseorang. 信用骗局。 **in** ~ secara rahsia. 神秘地。

**confident** *a.* yakin. 有信心的。 **confidently** *adv.* dengan yakin. 有信心地。

**confidential** *a.* sulit; rahsia. 机密的;秘密的。 **confidentially** *adv.* secara rahsia dan sulit. 机密地。 **confidentiality** *n.* kerahsiaan; sulit. 机密。

**configuration** *n.* tatarajah. 结构;外形。

**confine** *v.t.* membataskan; mengehadkan; mengurung. 限制;使局限;监禁。

**confinement** *n.* pengurungan; dalam pantang. 拘留;限制;分娩。

**confines** *n.pl.* sempadan; batasan. 边界;界限。

**confirm** *v.t.* sahkan; pastikan. 证实;确定。 **confirmatory** *a.* perihal penetapan. 确证的。

**confirmation** *n.* pengesahan; pemastian. 证实;确定。

**confiscate** *v.t.* rampas (dengan kuatkuasa undang-undang). 没收。 **confiscation** *n.* rampasan. 充公。

**conflagration** *n.* api; kebakaran besar. 大火;大火灾。

**conflate** *v.t.* menggabungkan. 混合。

**conflation** *n.* penggabungan. 合并物。

**conflict**[1] *n.* pertelingkahan; pertikaian; perbalahan. 争执;冲突;争论。

**conflict**[2] *v.i.* bertelingkah; berbalah. 起冲突;争斗。

**confluence** *n.* kuala; pertemuan dua batang sungai. 河口;合流。

**conform** *v.t./i.* menurut; akur. 遵照;顺从;适合。 **conformity** *n.* keakuran; penyesuaian. 一致;顺从;适合。

**conformable** *a.* konsisten; dapat disesuaikan. 一致的;顺应的。 **conformably** *adv.* secara konsisten. 一致地。

**conformation** *n.* penurutan; bentuk. 顺应;构造。

**conformist** *n.* penurut. 尊奉者。

**confound** *v.t.* teperanjat; kusut; bingung. 使狼狈;使混乱;使困惑。

**confront** *v.t.* berdepan. 面对;正视。 **confrontation** *n.* berdepanan; konfrontasi. 对质;对抗。

**confuse** *v.t.* keliru; bingung. 弄糊涂;使混淆。 **confusion** *n.* kekeliruan; kebingungan. 混淆;困惑。

**confute** *v.t.* membuktikan sesuatu itu salah. 驳倒。 **confutation** *n.* penyangkalan. 驳斥。

**conga** *n.* konga; tarian berbaris. 康加舞。

**congeal** *v.t./i.* mengental. 冻结;凝结。

**congelation** *n.* pengentalan. 凝结状态;冻结物。

**congenial** *a.* serasi; sesuai. 意气相投的；适意的。**congeniality** *n.* keserasian; kesesuaian. 意气相投；适意。

**congenital** *a.* demikian sejak lahir; kongenital. 天生的。**congenitally** *adv.* secara demikian sejak lahir. 先天地。

**conger** *n.* belut laut. 康吉鳗。

**congeries** *n.* timbunan; longgokan. 聚集体；堆积。

**congest** *v.t.* menyesakkan. 充塞；使充血。**congestion** *n.* kesesakan. 拥挤。

**conglomerate** *a., n. & v.t.* bergabung ke dalam satu paduan. 聚成一团（的）。**conglomeration** *n.* kumpulan gagasan yang pelbagai. 聚集物；混合体。

**conglomeration** *n.* kelompok pelbagai ragam. 团；块。

**congratulate** *v.t.* mengucapkan tahniah. 祝贺。**congratulation** *n.* tahniah. 祝贺。**congratulatory** *a.* (bersifat) tahniah. 祝贺的。

**congregate** *v.i.* kerumun; himpun. 聚集；集合。

**congregation** *n.* jemaah; perhimpunan orang terutama untuk sembahyang di gereja. 人群；教堂会众。

**Congregationalism** *n.* sistem gereja berpentadbiran sendiri. 公理教会之制度。**congregational** *a.* berkenaan perhimpunan atau jemaah. 会众的。

**congress** *n.* kongres. 会议。**Congress** *(A.S.)* Dewan Perundangan A.S. 美国国会。**congressional** *a.* Kongres. 国会的。

**congruent** *a.* sesuai, sepadan; kongruen. 适合的；一致的；相合的。**congruently** *adv.* yang sepadan. 一致地。**congruence** *n.* kesesuaian. 适合。

**conic** *a.* bersifat kon. 圆锥的。

**conical** *a.* berbentuk kon. 圆锥形的。

**conifer** *n.* pokok kon. 针叶树。**coniferous** *a.* konifer. 结球果的。

**conjecture** *n. & v.t./i.* agakan; dugaan; tekaan. 估计；猜测；推测。**conjectural** *a.* bersifat agakan atau tekaan. 估计的；猜测的。**conjecturally** *adv.* perihal dugaan dan andaian; agak-agak. 臆测地；大概地。

**conjoin** *v.t./i.* menggabungkan; bergabung. 结合；连结。

**conjugal** *a.* tentang perkahwinan. 婚姻的。

**conjugate** *v.t.* mengkonjugat; mengubah bentuk kata kerja; mentafsir. 列举动词的变化形式。**conjugation** *n.* konjugasi; pengubahan bentuk kata kerja. 动词字形变化。

**conjunct** *a.* bergabung; bersatu. 结合的；连接的。

**conjunction** *n.* kata penghubung; gabungan. 连接词。

**conjunctivitis** *n.* konjunktivitis; radang membran pada mata. 结膜炎。

**conjure** *v.t./i.* bermain silap mata; menyihirkan. 变戏法；使魔法；变出。

**conjuror** *n.* tukang sihir; tukang silap mata. 魔术师。

**conk** *n.* *(sl.)* hidung; kepala. 鼻子；头。 —*v.t.* *(sl.)* memukul. 敲头。 ~ **out** *(sl.)* rosak; mati. 坏掉；昏倒；死去。

**conker** *n.* buah pokok *horse-chesnut*. 七叶树果。

**connect** *v.t./i.* sambung; hubung; rangkai. 连接；联想；（火车等）联运。**connection** *n.* sambungan; hubungan; rangkaian. 连接；关系；连合。**connective** *a.* bersifat menghubung. 连接的。

**conning-tower** *n.* menara kapal selam. 军舰的司令塔。

**connive** *v.i.* ~ **at** biar (tidak melarang); bersubahat. 纵容；共谋。**connivance** *n.* pembiaran; bekerjasama secara diam-diam. 默许；密谋。

**connoisseur** *n.* pakar atau ahli (berkaitan kesenian). 艺术品鉴赏家；行家。

**connote** *v.t.* maksud tersirat; membawa konotasi. 暗示；意味着。**connotation** *n.* siratan; konotasi. 含蓄；言外之意。

**connubial** *a.* perihal perkahwinan. 婚姻的。

**conquer** *v.t.* tawan; takluk. 征服。**conqueror** *n.* penakluk. 征服者。

**conquest** *n.* penaklukan. 征服；俘虏。

**consanguineous** *a.* sedarah. 同宗的；血亲的。 **consanguinity** *n.* perhubungan sedarah; pertalian; perkaitan. 血缘；亲密关系。

**conscience** *n.* suara hati; kata hati. 良心；本心。

**conscientious** *a.* cermat; teliti. 细心的；周到的。 **conscientiously** *adv.* dengan cermat. 周到地。

**conscious** *a.* sedar; perasan. 神志清醒的；意识到的。 **consciously** *adv.* secara sedar. 醒悟地；有意识地。 **consciousness** *n.* kesedaran. 清醒；意识；知觉。

**conscript**[1] *v.t.* dikerah masuk tentera. 被征召入伍。 **conscription** *n.* kerahan. 征召。

**conscript**[2] *n.* orang yang dikerah. 应征士兵。

**consecrate** *v.t.* mentahbiskan; dijadikan suci atau keramat; mengabdi kepada Tuhan. 净化；使神圣；奉献。 **consecration** *n.* pentahbisan; pengabdian kepada Tuhan. 神圣化；供献。

**consecutive** *a.* berturutan. 连续的。 **consecutively** *adv.* secara berturutan. 不停地。

**consensus** *n.* ijmak; persetujuan sebulat suara. 一致；共同达致的意见。

**consent** *v.i.* rela; izin; setuju. 同意；应允；赞成。

**consequence** *n.* akibat. 结果；重要性。

**consequent** *a.* akibatnya. 作为结果的。

**consequential** *a.* akibat langsung; mementingkan diri. 自傲的；随之发生的。 **consequentially** *adv.* secara mementingkan diri; akibatnya; oleh itu. 自大地；作为结果地。

**consequently** *adv.* sebagai akibatnya. 因而。

**conservancy** *n.* badan yang berkuasa terhadap sesuatu pelabuhan, sungai, dsb.; pemuliharaan. 河港的管理委员会；保存。

**conservation** *n.* pemuliharaan (dalam bentuknya yang sedia wujud). 保存。

**conservationist** *n.* penyokong pemuliharaan. 保护天然资源论者。

**Conservative** *a. & n.* parti Konservatif United Kingdom (Britain). 英国保守党派（的）。

**conservative** *a. & n.* konservatif; bangkang perubahan; elak daripada kemelampauan. 保守的；守旧的；传统的；稳当的（估计）；保守者。 **conservatively** *adv.* secara sederhana atau tidak melampau. 保守地。 **conservatism** *n.* fahaman atau pendirian konservatif. 保守主义；守旧性。

**conservatory** *n.* rumah pemuliharaan. 温室。

**conserve**[1] *v.t.* memelihara; dilindungi daripada bahaya, reput atau hilang. 保存；糖渍。

**conserve**[2] *n.* jem buah-buahan dan gula. 果酱。

**consider** *v.t.* menimbang. 考虑；认为；权衡。

**considerable** *a.* banyak juga. 相当多的。 **considerably** *adv.* sangat. 相当地。

**considerate** *a.* bertimbang rasa. 体谅的；考虑周到的。 **considerately** *adv.* menaruh perasaan kasihan dan bertimbang rasa. 体贴地；周密地。

**consideration** *n.* pertimbangan; ambil kira. 考虑；体恤；关心；要考虑的事；报酬。

**considering** *prep.* dengan mengambil kira. 考虑到。

**consign** *v.t.* menyerah; mengirim. 交付；寄售。 **consignor** *n.* pemberi konsain; penghantar barangan. 交付者；寄件人。

**consignee** *n.* orang yang menerima kiriman barang; penerima konsain. 收货人；收件者。

**consignment** *n.* serahan; kiriman; konsainan. 交托；托付物；寄售品。

**consist** *v.i.* ~ **in** mengandungi; berisi; berupa. 含有；存在于。 ~ **of** terdiri daripada. 组成。

**consistency** n. ketekalan; konsisten; kekonsistenan, kesamaan yang menerus. 坚实性;连贯性;一致。

**consistent** a. tekal; konsisten; sejajar. 坚固的;一致的;连贯的。**consistently** adv. dengan konsisten. 一致地。

**consistory** n. majlis gereja. 宗教法庭。

**consolation** n. sagu hati; penghibur hati; penghargaan. 安慰;慰藉;抚恤。~ **prize** hadiah sagu hati. 安慰奖。

**console**[1] v.t. memujuk; menghibur (hati yang sedih). 抚慰;慰问。

**console**[2] n. kuda-kuda; panel yang mengandung alat-alat pengawal sesuatu; almari untuk peti televisyen, dll. 螺形支架;操纵台;电视机等的座架。

**consolidate** v.t./i. jadi kukuh dan kuat; cantum. 巩固;强化;合并。**consolidation** n. pengukuhan; cantuman. 巩固;合并。

**consols** n.pl. sekuriti kerajaan. 统一公债。

**consomme** n. sup jernih daging. 清炖肉汤。

**consonant** n. konsonan; huruf-huruf selain daripada huruf vokal. 辅音;辅音字母。 —a. selari; harmoni. 一致的;调和的。**consonantly** adv. sejajar. 一致地。**consonance** n. kesejajaran. 一致。

**consort**[1] n. suami atau isteri raja; kapal pengiring. 皇室的配偶;同航的船。

**consort**[2] v.i. menemani. 陪伴。

**consortium** n. (pl. -tia) konsortium; gabungan syarikat atau firma yang bertindak bersama. 财团;联营企业。

**conspectus** n. tinjauan am; ringkasan. 大纲;摘要。

**conspicuous** a. ketara; mudah dilihat; tarik perhatian. 显著的;显眼的;引人注目的。**conspicuously** adv. dengan nyata; dengan ketara. 明显地。**conspicuousness** n. perihal menarik perhatian atau menjolok mata. 显著;卓越。

**conspiracy** n. komplot; pakatan sulit. 共谋;阴谋。

**conspirator** n. pengkomplot. 同谋者。 **conspiratorial** a. berpakat; sulit. 同谋的;阴谋的。**conspiratially** adv. perihal komplot-komplot yang mempunyai tujuan tertentu. 谋叛地。

**conspire** v.i. berkomplot. 谋反;(事件)凑在一起。

**constable** n. mata-mata; konstabel; polis. 警官;警察。

**constabulary** n. pasukan polis. 警察部队。

**constancy** n. ketetapan (tidak berubah); kesetiaan. 恒久性;忠实。

**constant** a. tetap; malar; berterusan; setia. 不变的;持续不断的;重复发生的;忠诚的。—n. pemalar; jumlah, kuantiti yang tetap nilainya. 常数;不变的事物。**constantly** adv. sentiasa berterusan. 连接不断地。

**constellation** n. buruj; rasi bintang; gugusan bintang. 星座;星群。

**consternation** n. kekejutan; kebingungan. 惊愕;狼狈。

**constipate** v.t. mengalami sakit sembelit. 秘结。**constipation** n. sembelit. 便秘。

**constituency** n. kumpulan pengundi; kawasan pengundian. 投票者;选举区。

**constituent** a. juzuk, jadi sebahagian daripada keseluruhan. 构成的;组成的。— n. juzuk; pengundi. 要素;选民。

**constitute** v.t. mengandungi; menjadikan; menubuhkan; melantik. 构成;组成;设立;委任。

**constitution** n. perlembagaan; susunan; resam tubuh. 宪法;构造;体格;政体。

**constitutional** a. perlembagaan; berperlembagaan. 宪法的;法治的。—n. berjalan sebagai senaman. 保健散步。**constitutionally** adv. berdasarkan perlembagaan. 法治地。

**constrain** v.t. paksa; sekat. 强迫;束缚。

**constraint** n. desakan; paksaan; sekatan. 强制;压迫;拘束。

**constrict** v.t. cerut; jerut. 缠紧;压缩。

**constriction** n. jerutan. 收紧。**constrictor** n. penjerut. 压缩物。

**construct** v.t. bina; bentuk. 建造;构成。

**construction** n. pembinaan; konstruksi; kata-kata yang disusun untuk menjadi frasa; tafsiran. 建筑物;建筑式;造句法;解释。 **constructional** a. berkaitan dengan pembinaan. 构造上的。

**constructive** a. yang membina. 结构的;建设性的。 **constructively** adv. secara membina. 有建设性地。

**construe** v.t. tafsir; menyusun perkataan (dari sudut nahu). 解释;逐字翻译;按语法组合;作语法分析。

**consubstantiation** n. kewujudan badan dan darah Jesus Christ bersama dengan roti dan wain semasa upacara Eukaris. 圣体共在论。

**consul** n. konsul; orang yang dilantik untuk mengurus dan melindungi rakyat negaranya di negara asing. 领事。 **consular** a. berkenaan konsul. 领事的。

**consulate** n. konsulat; pejabat konsul. 领事职位;领事馆。

**consult** v.t./i. berunding; merujuki. 请教;咨询。 **consultation** n. perundingan. 商议。

**consultant** n. pakar runding; perunding. 顾问;商议者。

**consultative** a. perunding; berkaitan dengan perunding. 咨询的;商议的。

**consume** v.t. makan; guna; pakai; dilanda. 食尽;尽耗;烧毁;充满…的情绪。

**consumer** n. pengguna. 消费者。

**consumerism** n. fahaman kepenggunaan; konsumerisme. 消费人利益保护运动。

**consummate**[1] a. sempurna; handal. 完美的。

**consummate**[2] v.t. menyempurnakan (terutama alam perkahwinan dengan persetubuhan). 使完整;完婚。 **consummation** n. penyempurnaan. 完成;完婚。

**consumption** n. penggunaan; (old use) batuk kering (TB). 消费量;肺结核。

**consumptive** a. menghidap batuk kering. 患结核病的。

**contact** n. sentuhan; hubungan. 接触;联系;电的接头;与传染病患接触者;有影响力的熟人。—v.t. menghubungi. 接洽。 ~ **lens** kanta sentuh; kanta kecil dipakai bersentuhan dengan mata. 隐形眼镜。

**contagion** n. penjangkitan (secara sentuhan). (接触)传染;传染病;感染;传播。 **contagious** a. berjangkit. 传播的。

**contain** v.t. kandung; tahan; kawal. 包含;含有;容纳;容忍;控制。

**container** n. bekas; kontena. 容器;(运输用的)集装箱。

**containerize** v.t. menggunakan kontena untuk pengangkutan (barang). (用集装箱)运输。 **containerization** n. pengkontenaan. 集装箱化。

**containment** n. penyekatan. 阻遏。

**contaminate** v.t. cemar. 污染。 **contamination** n. pencemaran. 污染。

**contemplate** v.t./i. renung; timbang; cadang; niat. 注视;沉思;打算;企图。 **contemplation** n. renungan; pertimbangan; niat. 凝视;考虑;企图。

**contemplative** a. merenung; bertafakur. 默想的;敛心默祷的。

**contemporaneous** a. sezaman; wujud atau berlaku serentak. 同时期的;同时发生的。

**contemporary** a. sezaman; mutakhir. 同时代的;当代的。—n. orang yang sama umur. 同年龄的人。

**contempt** n. kebencian. 鄙视;轻蔑。

**contemptible** a. layak dihina. 下贱的;可鄙的。

**contemptuous** a. penuh kebencian. 轻蔑的;鄙视的。 **contemptuously** adv. dengan penuh kebencian. 藐视地。

**contend** v.t./i. lawan; bertanding. 争斗;竞争;据理力争。 **contender** n. petanding. 竞争者。

**content**[1] a. puas hati. 满意的。 —n. keadaan puas hati. 满足。 —v.t. memuaskan hati. 使满足。**contented** *a.* berpuas hati. 满足的。**contentment** *n.* kepuasan hati. 满足。

**content**² *n.* isi; kandungan; muatan. 内容；要旨；容量；体积。

**contention** *n.* perbalahan; perdebatan; pandangan. 争论；争辩；主张。

**contentious** *a.* suka bertengkar; menimbulkan perbalahan. 爱争论的；有异议的。

**contest**¹ *n.* pertandingan; perlawanan. 比赛；竞赛。

**contest**² *v.t./i.* tanding; lawan. 竞争；辩驳。**contestant** *n.* peserta. 选手。

**context** *n.* konteks; keadaan. 文章的前后关系；事情的来龙去脉。**contextual** *a.* mengikut konteks. 文脉上的。

**contiguous** *a.* bersempadan; berhampiran; berikutan. 邻接的；邻近的；连续的。

**contiguously** *adv.* (secara) berhampiran. 接近地。**contiguity** *n.* keadaan yang bersempadan atau bersebelahan. 邻近；接近。

**continent**¹ *n.* benua. 大陆。**The Continent** Benua Eropah. 欧洲大陆。

**continent**² *a.* kontinen; boleh mengawal kumuhan. 自制的；节欲的。**continence** *n.* perihal mengekang atau mengawal hawa nafsu. 自制。

**continental** *a.* benua; kebenuaan; Eropah. 大陆的；欧陆的。~ **breakfast** sarapan Eropah seperti kopi dan roti rol. 欧陆式早餐。

**contingency** *n.* sesuatu yang tidak dijangka; sesuatu yang mungkin berlaku. 偶然性；意外事故。

**contingent** *a.* berlaku secara kebetulan; mungkin berlaku. 偶然的；可能发生的；依条件而定的。—*n.* kontingen; kumpulan askar atau kapal, dsb. 代表团；分遣队。

**continual** *a.* berterusan. 连续的。**continually** *adv.* secara berterusan. 不断地。

**continuance** *n.* keadaan berterusan; keterusan. 持续；连续。

**continue** *v.t./i.* terus-menerus; terus; diteruskan. 不停；延续；持续。**continuation** *n.* sambungan; penerusan. 继续不断。

**continuous** *a.* berterusan. 延伸的；连续的。**continuously** *adv.* secara berterusan. 持续地。**continuity** *n.* kesinambungan. 延续；持续。

**continuum** *n.* (pl. *-tinua*) kontinum; perkara yang berterusan. 连续的事物。

**contort** *v.t.* berkerut. 扭曲。**contortion** *n.* kerutan. 扭歪。

**contortionist** *n.* orang yang boleh meliukkan badannya. 柔体杂技演员。

**contour** *n.* kontur; garis bentuk. 轮廓；地形线。

**contra-** *pref.* berlawanan. (前缀) 表示"相反；反对；相对"。

**contraband** *n.* seludupan; barang yang diseludup. 私运品；违禁品。

**contraception** *n.* pencegahan hamil. 避孕法。

**contraceptive** *a. & n.* pencegah kehamilan; alat pencegah kehamilan. 避孕的；避孕药；避孕用具。

**contract**¹ *n.* kontrak; perjanjian rasmi. 契约；合约。**contractual** *a.* bersifat kontrak. 契约的。

**contract**² *v.t./i.* kontrak (kerja); ikat janji; dijangkiti (penyakit); kecut. 订契约；承办；患病；染习；负债；收缩。**contraction** *n.* pengecutan. 收缩。**contractor** *n.* kontraktor. 立契约者；承包商。

**contractile** *a.* dapat mengecut. 能收缩的。

**contradict** *v.t.* bercanggah; menyangkal. 反驳；否认。**contradiction** *n.* percanggahan. 反驳。**contradictory** *a.* bercanggahan. 爱反驳别人的。

**contradistinction** *n.* berbanding dengan. 对比。

**contraflow** *n.* aliran (terutama lalu lintas) yang berlawanan arah. 对流。

**contralto** *n.* (pl. *-os*) nada terendah suara perempuan. 女低音。

**contraption** *n.* (*colloq.*) alat, jentera yang pelik. 奇妙的设计或机械装置。

**contrapuntal** *a.* gaya gerak imbang. 对位法的。

**contrariwise** *adv.* sebaliknya. 另一方面；相反地。

**contrary**[1] *a.* berlawanan; bertentangan. 相反的；反对的。 —*n.* yang sebaliknya. 相反之事。 —*adv.* berlawanan. 相反地。 **on the ~** bercanggah dengan apa yang dinyatakan dahulu. 正相反。

**contrary**[2] *a.* suka membantah. 故意作对的。 **contrariness** *n.* sikap suka membantah. 故意作对。

**contrast**[1] *n.* perbezaan bandingan; pertentangan. 对比；对照；悬殊差别；大小不同的人或物。

**contrast**[2] *v.t./i.* membandingkan. 使对比；显示差别。 **contrastive** *a.* bandingan. 对比的。

**contravene** *v.t.* langgar (hukum, adat, undang-undang). 抵触。 **contravention** *n.* perbuatan melanggar atau menyalahi. 违反；违法之罪行。

**contretemps** *n.* aral; rintangan. 意外的不幸。

**contribute** *v.t./i.* sumbang; beri sumbangan. 捐赠；捐献。 **contribution** *n.* sumbangan. 贡献。 **contributor** *n.* penyumbang. 贡献者。 **contributory** *a.* bersifat sumbangan. 捐助的；促成的。

**contrite** *a.* sesal; kesal. 后悔的；悔罪的。 **contritely** *adv.* penyesalan. 懊悔地。 **contrition** *n.* sesalan; keinsafan. 后悔；悔悟。

**contrivance** *n.* ikhtiar. 设计；诡计。

**contrive** *v.t./i.* mengikhtiarkan; berikhtiar; berusaha. 发明；设计；策划。

**control** *n.* kawalan; pengawalan. 控制；管理；控制装置。 —*v.t.* (*p.t. controlled*) kawal. 支配；操纵；抑制。 **controllable** *a.* dapat dikawal. 能操纵的。 **controller** *n.* pengawal; pengawas. 操纵者；管理人。

**controversial** *a.* menimbulkan perbalahan; bersifat kontroversi. 引起争论性的；好议论的。

**controversy** *n.* pertikaian; kontroversi. 纠纷；争论。

**controvert** *v.t.* bertikai. 争辩。 **controvertible** *a.* dapat dipertikaikan. 可争论的。

**contumacy** *n.* kedegilan; sifat tegar hati; sifat keras kepala atau keras hati. 坚不服从；顽抗；顽固。 **contumacious** *a.* dengan degil, tegar, keras kepala atau hati. 顽固的；固执的；冥顽的。

**contumely** *n.* bahasa kesat; hinaan. 傲慢；侮辱。 **contumelious** *a.* yang kesat; bersifat menghina. 侮慢的；无礼的。

**contuse** *v.t.* menjadi lebam. 挫伤；弄瘀。

**contusion** *n.* calar; luka; lebam; memar. 伤痕；瘀伤；内伤。

**conundrum** *n.* teka-teki. 谜语。

**conurbation** *n.* bandar gabungan. 集合城市。

**convalesce** *v.i.* sembuh. 渐愈。 **convalescence** *n.* penyembuhan; pemulihan. 病后复原；康复期。 **convalescent** *a. & n.* berkenaan pemulihan; pesakit yang sedang pulih. 恢复健康中的；康复期的病人。

**convection** *n.* pemanasan; perolakan. 热的传导；对流。

**convector** *n.* alat pemanas. 环流器。

**convene** *v.t./i.* berkumpul. 召集。 **convener** *n.* orang yang mengaturkan perkumpulan. 召集者。

**convenience** *n.* keselesaan; kemudahan; kesenangan; tandas. 舒适；便利设施；方便；厕所。

**convenient** *a.* selesa; mudah; senang. 舒服的；方便的；合宜的。 **conveniently** *adv.* dengan selesa; dengan mudah. 舒适地；方便地。

**convent** *n.* biara. 女修道院。

**convention** *n.* konvensyen; perkumpulan; perhimpunan; persetujuan; adat. 集合；会议；协约；习俗。 **conventional** *a.* mengikut kebiasaan; sesuai dengan adat. 惯例的；传统的。 **conventionally** *adv.*

secara adat atau kebiasaan. 习惯地;传统地。

**converge** *v.i.* memusat; menumpu. 集于一点;聚合。**convergence** *n.* pemusatan; penumpuan. 聚集;集中。**convergent** *a.* pertemuan; pemusatan. 会聚性的;趋集于一点的。

**conversant** *a.* ~ **with** mengetahui benar-benar. 精通的。

**conversation** *n.* percakapan; perbualan. 会谈;谈话。**conversational** *a.* bersifat perbualan. 健谈的。**conversationally** *adv.* secara percakapan atau perbualan. 健谈地;闲谈地。

**conversationalist** *n.* orang yang pandai berbual. 口才好的人;健谈者。

**converse**[1] *v.i.* berbual. 交谈。

**converse**[2] *a.* berlawanan; bertentangan. 相反的;倒转的。—*n.* hal yang berlawanan atau bertentangan. 相反之事物。

**conversely** *adv.* sebaliknya. 相反地。

**convert**[1] *v.t./i.* tukar (pegangan, agama, dsb.). 改变信仰或态度。**conversion** *n.* penukaran. 变换;转变;换算。

**convert**[2] *n.* mualaf. 改变信仰者。

**convertible** *a.* boleh ditukar. 可改变的。—*n.* kereta yang boleh dilipat atau dibuka bumbungnya. 折篷的汽车。**convertibility** *n.* keadaan dapat diubah. 可改换性。

**convex** *a.* cembung. 凸面的。**convexity** *n.* kecembungan. 凸状。

**convey** *v.t.* membawa; menyampaikan. 搬运;传导;传达。

**conveyance** *n.* pembawaan; penyampaian; kenderaan. 运输;传递;交通工具。

**conveyancing** *n.* urusan perpindahan hak milik tanah. 财产权益转让之法律事务。

**conveyor** *n.* pembawa; alat pengangkut. 搬运者;运送装置。

**convict**[1] *v.t.* sabit; didapati bersalah. 证明有罪;宣判有罪。

**convict**[2] *n.* banduan; orang salah. 囚犯。

**conviction** *n.* penyabitan; penghukuman; keyakinan. 深信;坚信;定罪。

**convince** *v.t.* meyakinkan. 使确信。

**convivial** *a.* meriah; riang. 欢乐的;欢宴的。**convivially** *adv.* dengan riang ria. 宴乐地。**conviviality** *a.* kemeriahan; keriangan. 宴乐;愉快。

**convocation** *n.* perkumpulan; konvokesyen. 召集;集会。

**convoke** *v.t.* menyeru (supaya berkumpul). 召集。

**convoluted** *a.* berpulas; berbelit. 盘旋形的;旋绕的。

**convolution** *n.* perlingkaran; keadaan berbelit-belit. 盘旋;回旋。

**convolvulus** *n.* sejenis tumbuhan yang melilit. 旋花属植物。

**convoy** *n.* konvoi; beriring-iringan. 护送车队;护航舰队。—*v.t.* mengiringi. 护航;护送。

**convulse** *v.t.* gelepar; geletar; terkokol-kokol. 使抽筋;使震动;使前俯后仰。

**convulsion** *n.* gelaparan; geletaran; sawan; konvulsi. 动乱;震动;痉挛。

**convulsive** *a.* bergegar; bergeletar. 震动性的;抽筋的。**convulsively** *adv.* dengan menggeletar; dengan terkokol-kokol. 震撼地;抽搐地。

**cony** *n.* arnab; bulu arnab. 兔子;兔毛。

**coo** *v.i.* berkukur (seperti bunyi burung tekukur, dsb.) mendekut. 咕咕地叫。—*n.* bunyi kukur; bunyi dekut. 咕咕叫声。—*int.* (*sl.*) seruan tanda hairan. 惊讶的叫喊声。

**cooee** *int.* seruan untuk menarik perhatian. 喂!

**cook** *v.t./i.* memasak; bertanak; mereka-reka (untuk menipu). 烹调;煮;捏造。—*n.* tukang masak. 厨师。~ **up** (*colloq.*) mereka-reka. 编造。

**cooker** *n.* dapur; buah epal untuk masakan. 炊具;烹食的苹果。

**cookery** *n.* ilmu masak-memasak. 烹调术。

**cookie** *n.* (*A.S.*) biskut manis. 曲奇饼。

**cool** *a.* (*-er, -est*) nyaman; sejuk; dingin; tenang. 冷静的；微冷的；凉爽的；镇定的；冷淡的；（数额）不折不扣的。—*n.*(*sl.*) kenyamanan; kesejukan; kedinginan; ketenangan. 寒冷；凉快；镇静。—*v.t./i.* menjadi nyaman, sejuk. 使平息；使凉快。**coolly** *adv.* dengan tenang; yang menjawab acuh tak acuh. 冷静地；冷淡地。**coolness** *n.* kenyamanan; kesejukan; ketenangan. 凉爽；冷静。

**coolant** *n.* cecair penyejuk. 冷却液。

**coolie** *n.* kuli; buruh kasar. 劳工；苦力。

**coomb** *n.* lembah di tepi bukit. 狭谷。

**coon** *n.* rakun. 浣熊。

**coop** *n.* sangkar atau keranjang (ayam). 鸡笼；鸡栏。—*v.t.* terkurung. 关进笼里。

**co-op** *n.* (*colloq.*) koperasi; syarikat kerjasama. 合作社。

**cooper** *n.* pembuat tong. 桶匠。

**cooperate** *v.i.* bekerjasama. 合作。**cooperation** *n.* kerjasama. 协力。

**cooperative** *a.* memberikan kerjasama; bekerjasama. 合作的；合作社的；乐意合作的。—*n.* koperatif; syarikat kerjasama. 合作商店；合作社。

**co-opt** *v.t.* dipilih menjadi ahli oleh ahli-ahli yang sedia ada. 由原任成员选出新成员。**co-option** *n.* pemilihan; pelantikan. 投选新成员之选举。

**coordinate**[1] *a.* setaraf; selaras. 同等的；对等的。—*n.* koordinat; ukuran yang digunakan untuk memberi kedudukan sesuatu titik. 坐标。

**coordinate**[2] *v.t.* menyelaras. 使同等；使协调。**coordination** *n.* penyelarasan. 协调；共济。**coordinator** *n.* penyelaras. 协调者。

**coot** *n.* burung panglin. 大鹬（水鸟）。

**cop** *v.t.* (*p.t.* **copped**) (*sl.*) tangkap. 逮捕。—*n.* (*sl.*) tangkapan; anggota polis; mata-mata. 拘捕；警察。

**cope**[1] *v.i.* (*colloq.*) upaya. 应付。**~ with** mengendalikan dengan jayanya. 妥善处理。

**cope**[2] *n.* jubah paderi. 斗篷式长袍。

**copier** *n.* (mesin) penyalin. 复印机。

**coping** *n.* bahagian atas tembok. 墙顶。 **~-stone** *n.* batu-batan untuk dibuat dinding. 压顶石。

**copious** *a.* banyak; melimpah ruah. 丰裕的；丰富的。**copiously** *adv.* dengan banyaknya; dengan kemewahan. 富饶地。**copiousness** *n.* perihal banyaknya. 丰裕。

**copper**[1] *n.* tembaga; syiling tembaga; warna tembaga. 铜；铜币；铜色。—*a.* diperbuat daripada tembaga. 铜制的。

**copper**[2] *n.* (*sl.*) mata-mata; anggota polis. 警察；警员。

**copperplate** *n.* tulisan tangan yang cantik. 工整的笔迹。

**coppice, copse** *ns.* belukar; semak samun. 小灌木；杂树林。

**Coptic** *a.* tentang mazhab agama Kristian di Mesir. 埃及科普特基督徒的。

**copula** *n.* kopula; perkataan yang menghubungkan subjek dengan predikat. 连系动词。

**copulate** *v.i.* bersetubuh; (haiwan) mengawan. 性交；交配。**copulation** *n.* persetubuhan. 性交。**copulatory** *a.* berkenaan dengan persetubuhan. 交媾的。

**copy** *n.* salinan; naskhah; bahan untuk dicetak. 副本；复制品；原稿。—*v.t.* salin; tiru. 抄写；模仿。**copyist** *n.* penyalin; peniru. 抄写员；模仿者。

**copyright** *n.* hak cipta. 版权。—*a.* dilindungi oleh hak cipta. 受版权法保护的。

**coquette** *n.* perempuan keletah; perempuan yang suka mempermainkan lelaki. 卖弄风情的女人。**coquettish** *a.* keletah. 卖弄风情的。**coquetry** *n.* perihal keletah. 卖弄风情。

**cor anglais** alat muzik seperti obo. 英国管；英国号。

**coracle** *n.* bot kecil. 科拉科尔小艇。

**coral** *n.* karang; warna merjan (merah). 珊瑚；珊瑚红。

**corbel** *n.* penyangga. 支柱；支架。**corbelled** *a.* bersangga. 支撑着。

**cord** *n.* tali pintal. 绳索；(人体的)索；灯芯绒。

**corded** *a.* berjalur timbul. 有棱的。

**cordial** *a.* mesra. 热诚的；和蔼的。—*n.* minuman dengan rasa buah-buahan. 果汁饮料。**cordially** *adv.* dengan mesra. 恳挚地；热诚地。**cordiality** *n.* kemesraan. 恳挚；热诚。

**cordite** *n.* kordait; bahan peledak (dalam peluru) yang tidak berasap. 无烟火药。

**cordon** *n.* kepungan (oleh barisan tentera, polis, dll.); pintalan di sekeliling lencana; pokok buahan yang dicantas cabang-cabangnya hingga tinggal batang tunggal. 警戒线；封锁线；绶带；单干形果树。—*v.t.* mengepung. 包围；封锁。

**cordon bleu** anugerah tertinggi dalam ilmu memasak. 第一流名厨。

**corduroy** *n.* kain korduroi; sejenis kain yang tebal dan berjalur-jalur timbul; (*sl.*) seluar panjang yang dibuat daripada kain jenis ini. 灯芯绒；灯芯绒裤。

**core** *n.* teras; empulur; intisari. 果心；核心；精华；磁心存储器。—*v.t.* membuang teras atau empulur. 去掉核心。

**co-respondent** *n.* penentangan bersama; orang yang didakwa berzina dengan si tertuduh dalam kes penceraian kerana zina. 因通奸而被控告者。

**corgi** *n.* (pl. -is) sejenis anjing katik. 威尔士矮脚狗。

**coriander** *n.* ketumbar. 芫荽。

**Corinthian** *a.* bersifat gaya binaan Yunani (kuno) yang paling banyak hiasannya. 古希腊雕刻建筑风格的；哥林多式的。

**cork** *n.* gabus. 栓皮；软木；瓶塞。—*v.t.* disumbat dengan gabus. 用瓶塞塞住。

**corkage** *n.* corkage; caj menghidangkan wain di restoran. 餐馆征收的开瓶费。

**corker** *n.* (*sl.*) orang atau benda yang sangat bagus. 特出的人或物。

**corkskrew** *n.* alat pencabut gabus penyumbat botol; benda yang bergulung atau berpilin. 瓶塞钻；螺旋形的物件。

**corm** *n.* bebawang; ubi; umbisi. 葱头；薯；块茎。

**cormorant** *n.* burung kosa. 鸬鹚。

**corn**[1] *n.* jagung; gandum; oat. 谷类(如玉蜀黍、小麦、燕麦)；谷粒；老套。

**corn**[2] *n.* belulang; kutil; kematu. 皮肤硬结；疣。

**corncrake** *n.* sejenis burung. 长脚秧鸡。

**cornea** *n.* kornea; selaput jernih yang melindungi biji mata. 眼角膜。**corneal** *a.* perihal kornea. 有关眼角膜的。

**corned** *a.* diasinkan; mengasinkan (peram dengan garam). 用盐腌。

**cornelian** *n.* sejenis permata kemerahan atau putih. 光玉髓。

**corner** *n.* sudut; penjuru; selekoh. 角；角落；偏僻处；角球；垄断；拐角处。—*v.t./i.* terkepung; belok; dapat memonopolikan sesuatu. 转弯；逼入困境；垄断。

**cornerstone** *n.* asas; batu asas. 基石；基础。

**cornet** *n.* kornet; sejenis alat muzik seperti trompet; kelongsong aiskrim. 短号；短喇叭；冰淇淋的锥形表皮。

**cornflakes** *n.pl.* emping jagung. 玉米。

**cornflour** *n.* tepung jagung. 玉米粉。

**cornflower** *n.* tumbuhan berbunga biru yang tumbuh di antara pokok-pokok jagung. 矢车菊。

**cornice** *n.* birai hias. 飞檐；檐口。

**Cornish** *a.* berkaitan dengan Cornwall. 有关英国康瓦尔的。—*n.* bahasa Celtic. 康瓦尔方言。

**cornucopia** *n.* bekas berbentuk tanduk yang melimpah dengan buah-buahan tanda kemewahan. 装满花果的羊角状盛器；丰盛的象征。

**corny** *a.* (*colloq.*) sudah basi; terlalu kerap digunakan kerana itu kurang berkesan; dangkal. 老套的；陈腐的；粗野的。

**corollary** *n.* hal, akibat atau kesimpulan yang pasti berlaku mengikut urutan lojik. 系论；推断；必然结果。

**corona** *n.* korona; lingkaran cahaya di sekeliling sesuatu. 光圈。

**coronary** *n.* koronari; salah satu saluran darah ke jantung. 冠状动（静）脉。

**coronation** *n.* penabalan; penobatan (raja). 加冕礼；登基礼。

**coroner** *n.* penyiasat (sebab-musabab) kematian. 验尸官。

**coronet** *n.* mahkota kecil. 小冠冕。

**corporal**[1] *n.* koperal; pegawai di bawah sarjan. 曹长；下士。

**corporal**[2] *a.* berkenaan jasmani; berkaitan dengan tubuh badan. 肉体的；身体上的。~ **punishment** hukuman sebat. 体罚。

**corporate** *a.* berkongsi; bersekutu; ditanggung bersama oleh para ahli sesuatu kumpulan. 共同的；团体的；合伙的。

**corporation** *n.* kongsi; syarikat; perbadanan; koperat; kumpulan yang dipilih untuk mentadbir sesebuah bandar; (*colloq.*) boroi; buncit (perut). 公司；社团；大腹便便。

**corporeal** *a.* zahir; ketara. 有形体的；物质的。**corporeally** *adv.* pada zahirnya. 表面上。**corporeality** *n.* kezahiran. 具有形体。

**corps** *n.* (pl. *corps*) pasukan; kor. 特种部队。

**corpse** *n.* mayat; jenazah; bangkai. 尸体；遗体；死尸。

**corpulent** *a.* gempal; gendut; gemuk. 鼓胀的；肥胖的。**corpulence** *n.* kegempalan. 肥胖。

**corpus** *n.* (pl. *corpora*) korpus; satu set tulisan. 文集。

**corpuscle** *n.* korpuskel; sel darah. 血球。

**corral** *n.* (*A.S.*) kandang untuk lembu, dll. 畜栏。—*v.t.* (p.t. *corralled*) kurung dalam kandang. 关在围栏里。

**correct** *a.* betul; tepat. 对的；正确的；正当的；合适的。—*v.t.* menegur (membetulkan); memeriksa. 改正；修正；惩治；责备。**correctly** *adv.* dengan betul. 正确地。**correctness** *n.* ketepatan; kebetulan; kebenaran. 正确；正当；得体。**corrector** *n.* pembetul. 改正者；修正者。

**correction** *n.* pembetulan; teguran. 改正；纠正。

**corrective** *a.* & *n.* bersifat membaiki; pembaikan. 改正（的）；矫正（的）。

**correlate** *v.t./i.* berhubung kait secara bersistem (sistematik). 相互关联。**correlation** *n.* hubung kait; pertalian. 相互关系。

**correspond** *v.i.* serupa; sama; secocok; sejajar; kirim surat. 符合；相应；一致；通信。

**correspondence** *n.* kesamaan; keserupaan; surat-surat. 一致；符合；相应；通信。

**correspondent** *n.* penulis surat; pemberita; wartawan. 通信者；报馆访员；记者。

**corridor** *n.* koridor; ruang untuk orang berjalan dalam bangunan, kereta api, dsb. 走廊。

**corrigenda** *n.pl.* pembetulan. 更正；勘误表。

**corroborate** *v.t.* membenarkan; menyokong. 证实；支持。**corroboration** *n.* sokongan. 支持。**corroborative** *a.* bersifat menyokong atau mengesahkan. 证实的。**corroboratory** *a.* menentukan ketegasan; perihal menguatkan bukti. 加强证据的。

**corrode** *v.t.* menghakis; menjadi berkarat. 腐蚀。**corrosion** *n.* penghakisan. 腐蚀。**corrosive** *a.* bersifat menghakis. 腐蚀性的。

**corrugated** *a.* beralun-alun. 波状的；起皱的。**corrugation** *n.* alunan. 波状。

**corrupt** *a.* curang; korup; keji. 欺诈的；行贿的；腐败的。—*v.t.* berbuat curang; menjadi rosak. 欺诈；腐败；行贿。**corruption** *n.* rasuah; kecurangan. 行贿；欺诈。**corruptible** *a.* mudah rosak akhlak. 可败坏的。

**corsage** *n.* korsaj; (*A.S.*) bunga yang biasanya dipakai oleh wanita. 女服裝飾花。

**corsair** *n.* (*old use*) lanun. 海盜。

**corset** *n.* bengkung; korset; pakaian dalam yang ketat. 妇女胸衣。

**corslet** *n.* perisai (menutupi badan). 护身盔甲。

**cortege** *n.* pawai; perarakan jenazah. 扈从；侍从队。

**cortex** *n.* (pl. *cortices*) korteks; kulit atau lapisan luar otak atau buah pinggang. (脑或肾的) 皮层。

**cortisone** *n.* kortison; hormon yang dihasilkan oleh kelenjar adrenal atau secara tiruan. 肾上腺皮质素 (一种荷尔蒙)。

**coruscate** *v.i.* bergemerlapan. 闪闪发光。**coruscation** *n.* kegemerlapan. 灿烂光辉。

**corvette** *n.* korvet; kapal perang kecil. 轻巡逻艇；小型护卫舰。

**cos**[1] *n.* salad berdaun panjang. 直立莴苣。

**cos**[2] *abbr.* **cosine** kosinus; kosain. (缩写) 余弦。

**cosh** *n.* kayu pemukul; penggodam. 大木槌。 —*v.t.* pukul; godam. 槌击。

**cosine** *n.* kosinus; kosain; sinus pelengkap bagi sesuatu sudut. 余弦。

**cosmetic** *n.* alat solek. 化妆品。 —*a.* solek. 化妆的。

**cosmic** *a.* tentang alam semesta; kosmik; berkenaan kosmos. 有关宇宙的。 ~ **rays** sinar kosmos. 宇宙射线。

**cosmogony** *n.* kosmogoni; teori asal usul alam. 宇宙由来论。

**cosmology** *n.* kosmologi; ilmu atau teori tentang alam. 宇宙论。**cosmological** *a.* berkenaan kosmologi. 宇宙论的。

**cosmonaut** *n.* angkasawan (Rusia). (苏联) 宇航员。

**cosmopolitan** *a.* kosmopolitan; daripada pelbagai negara; tanpa perkauman. 世界性的；无种族主义的。 —*n.* warga dunia. 世界公民。

**cosmos** *n.* alam semesta; kosmos. 宇宙。

**Cossack** *n.* Kossak; satu kaum di Rusia Selatan yang terkenal kerana keahlian mereka dalam penunggangan kuda. 俄罗斯哥萨克人；哥萨克轻骑兵。

**cosset** *v.t.* (p.t. *cosseted*) manjakan. 溺爱。

**cost** *v.t.* (p.t. *cost*) biaya; kos. 花费；付出；估 (价)。 —*n.* harga; kos; perbelanjaan. 价钱；诉讼费用。

**costal** *a.* kosta; rusuk. 肋骨的。

**costermonger** *n.* penjaja buah-buahan dari kereta sorong. 沿街叫卖水果蔬菜的小贩。

**costly** *a.* (*-ier, -iest*) mahal; berharga. 昂贵的；代价高的。**costliness** *n.* kemahalan. 昂贵。

**costume** *n.* kostum; pakaian untuk sesuatu upacara atau kegiatan tertentu. 服装；服装式样；戏装；全套服饰。

**cosy** *a.* (*-ier, -iest*) selesa; senang; enak. 舒适的；安逸的。 —*n.* penutup teko untuk mengekalkan kepanasan airnya. 保暖罩。**cosily** *adv.* perihal keselesaan. 安适地。**cosiness** *n.* keselesaan; keenakan. 安适；舒服。

**cot** *n.* katil bayi; endui; noi; buaian. 摇篮；小床。

**cote** *n.* sarang burung atau haiwan. 鸟巢；动物的栏厩。

**coterie** *n.* kumpulan orang tertentu. 朋党；小集团；小圈子。

**cotoneaster** *n.* sejenis pokok renek. 栒子属灌木。

**cottage** *n.* kotej; pondok; dangau; teratak; rumah kecil di kampung. 村舍；茅屋。 ~ **cheese** keju kotej; keju yang dibuat dengan dadih tanpa ditekan. 农家鲜干酪。 ~ **hospital** hospital kotej; hospital yang tidak mempunyai doktor sendiri. 没有医生驻守的乡间诊所。 ~ **loaf** lof kotej; sejenis roti. 农家面包。 ~ **pie** pai kotej; makanan daripada daging cincang dan ubi kentang. 农家馅饼。

**cottager** *n.* penghuni kotej, dsb. 村舍或茅屋的居民。

**cotter pin** semat baji; bolt atau sendal dalam jentera. 机械螺栓或塞子。

**cotton** *n.* kapas; pokok kapas; kain kapas. 棉花；棉树；棉布。 —*v.i.* **~ on** (*sl.*) faham. 明白。 **~ wool** kapas (untuk menekap atau melapik). 原棉；脱脂棉。

**cottony** *a.* daripada kapas. 棉制的。

**cotyledon** *n.* kotiledon; daun sulung yang tumbuh daripada benih. 胚叶。

**couch**[1] *n.* ranjang; kerusi panjang. 睡床；长沙发。 —*v.t.* mengungkapkan dengan cara tertentu. 表达。 **~-grass** *n.* rumpai berakar jalar. 小糠草；红顶草。

**couch**[2] *n.* (juga **~-grass**) rumpai berakar menjalar. 有蔓根的野草。

**couchette** *n.* katil lipat. 车厢内的折床。

**cougar** *n.* kugar; sejenis harimau di Amerika; puma. 美洲狮。

**cough** *v.t./i.* batuk; terbatuk. 咳嗽。 —*n.* batuk. 咳嗽。

**could** *p.t. lihat* **can**[2]; boleh; berupaya. 见 can[2]；可以；有能力。

**couldn't** *abbr.* **could not** tidak dapat; tidak upaya. (缩写) 不可以；无能力。

**coulomb** *n.* coulomb; unit caj elektrik. 库仑（电量单位）。

**coulter** *n.* pisau tenggala atau bajak. 犁头铁。

**council** *n.* majlis; majlis perbandaran. 议会；理事会。 **~ house** rumah yang dipunya dan disewakan oleh majlis perbandaran. 市政局拥有或租有的房子。

**councillor** *n.* ahli majlis. 市议员。

**counsel** *n.* nasihat; saranan; (pl. *counsel*) peguam. 劝导；建议；律师。 —*v.t.* (p.t. *counselled*) beri nasihat. 给予劝导。 **keep one's own ~** tidak memberitahukan. 将计划保密。 **counsellor** *n.* kaunselor; penasihat; peguam. 顾问；律师。

**count**[1] *v.t./i.* mengira. 数；总计；看作；算入；有重要意义。 —*n.* kiraan. 计算。 **~-down** *n.* mengira undur saat ke kosong. 倒数（如10, 9, 8...）。 **~ on** bergantung; harap. 依赖；寄望。

**count**[2] *n.* gelaran bangsawan (asing). 伯爵。

**countenance** *n.* wajah; air muka; menunjukkan persetujuan. 容貌；脸色；赞同的表情。 —*v.t.* beri persetujuan. 赞同；支持。

**counter**[1] *n.* alat pengira; kaunter. 计算器；柜台；筹码。

**counter**[2] *adv.* bertentang. 反方向地；对立地。 —*a.* bertentangan. 反对的；相反的。 —*v.t./i.* halang; menewaskan. 阻止；击败。

**counter-***pref.* bertentangan; berlawanan; sebaliknya. (前缀) 表示 "敌对；报复；反面；相反"。

**counter-attack** *n. & v.t./i.* serangan balas. 反攻。

**counter-espionage** *n.* tindakan cegah pengintipan musuh. 反间谍活动。

**counter-intelligence** *n.* risik balas. 反情报。

**counter-productive** *a.* dengan hasil yang sebaliknya. 产生相反效果的。

**counter-tenor** *n.* alto laki-laki. 男声最高音。

**counteract** *v.t.* meredakan, mengurang atau menghalang kesan sesuatu tindak balas. 对抗；抵消；中和。 **counteraction** *n.* tindakan balas; pemapasan. 抵消作用。

**counterbalance** *n.* pengimbang balas. 平衡；抵消。 —*v.t.* mengimbang balas. 使平衡。

**counterblast** *n.* reaksi agresif. 猛烈的反击；有力的反驳。

**counterfeit** *a., n. & v.t.* tiru; palsu; tiruan; meniru; memalsukan. 仿制品（的）；伪造（的）。

**counterfoil** *n.* keratan yang disimpan oleh pengirim. 票根；存根。

**countermand** *v.t.* batalkan. 取消。

**countermeasure** *n.* tindakan penyelamat; langkah balas. 反措施；对抗手段。

**counterpane** *n.* cadar; seperai. 被单。

**counterpart** *n.* orang atau benda yang setara; rakan sejawat. 对应的人或物。

**counterpoint** *n.* not balas; kaedah mencantum melodi. 旋律配合法。

**counterpoise** *n.* pengimbang. 平衡。—*v.t.* mengimbangi. 使平衡。

**countersign** *n.* kata laluan; perkataan yang digunakan sebagai tanda kepastian untuk mendapat kebenaran masuk ke sesuatu tempat. 口令；秘语。—*v.t.* menandatangani sekali lagi. 副署；签名证实。

**countersink** *v.t.* (p.t. *-sunk*) pembenaman kepada skru hingga separas dengan permukaan (papan, dll.). 钻孔以承螺旋钉头。

**countervail** *v.t.* mengimbang balas; timbal balas. 平衡；抵销。

**counterweight** *n. & v.t.* pengimbang balas; mengimbang balas. 均衡；使均衡。

**countess** *n.* gelaran bangsawan untuk isteri atau balu *count* dan *earl*. 伯爵夫人；女伯爵。

**countless** *a.* tidak terhingga; tidak terkira (banyaknya). 无数的。

**countrified** *a.* bagaikan keadaan atau kehidupan di desa. 乡村的；纯朴的。

**country** *n.* negara; negeri; desa. 国；国民；家乡；乡下；地区。~ **dance** tarian rakyat. 土风舞。**go to the** ~ mengadakan pilihan raya umum. 举行大选。

**countryman** *n.* (pl. *-men*) orang (lelaki) kampung, desa; orang senegeri, senegara. 乡下人；同国人。**countrywoman** *n. fem.* perempuan kampung; perempuan senegeri, senegara. 乡妇。

**countryside** *n.* luar bandar. 乡村。

**county** *n.* satu kawasan pentadbiran sesebuah negeri; mukim. 郡；县；全郡居民；郡中所有世家。

**coup** *n.* rampasan kuasa. 以暴力夺取政权。

**coup d'état** rampasan kuasa pemerintahan secara haram dan dengan kekerasan; kudeta. 武装政变。

**coup de grâce** tindakan penyudah. 致命一击。

**coupé** *n.* motokar dua pintu. 双座轿车。

**couple** *n.* pasangan; sepasang; sejoli; kelamin; suami-isteri. 一对；一双；舞伴；夫妻。—*v.t./i.* diikat atau disambung satu dengan yang lain. 结合；联想；成对。

**coupler** *n.* pasangan; pemadan; pengganding. 连接者；连接器。

**couplet** *n.* bait; kuplet; dua baris berima berturutan dalam puisi. 对句；对联。

**coupling** *n.* penyangkuk; perangkai; gandingan. 联结；联结器。

**coupon** *n.* kupon. 固本；礼卷；息票。

**courage** *n.* keberanian; kegagahan. 勇气；勇敢；胆量。 **courageous** *a.* berani; gagah. 勇敢的；无畏的。 **courageously** *adv.* dengan gagah berani; dengan tabah hati. 有勇气地；有胆量地。

**courgette** *n.* sejenis labu kecil. 密生西葫芦。

**courier** *n.* pembawa (surat, dll.); utusan; pemandu pelancong. 信使；快邮传递者；传令兵；导游。

**course** *n.* arah; haluan; kursus; sebahagian daripada hidangan. 方向；课程；过程；道路；系列；进展；层；高尔夫球场；一道菜肴。—*v.t./i.* memburu dengan anjing yang mengejar mangsa yang dilihatnya. 追逐猎物；迅速流动。**of** ~ sudah tentu. 当然。

**courser** *n.* (puisi) kuda pantas. 快马。

**court** *n.* halaman; gelanggang; istana; mahkamah. 庭院；球场；王宫；法庭。—*v.t.* melamar; memikat; mencari (nahas). 追求；献媚；招致。~ **martial** (pl. *courts martial*) mahkamah tentera. 军事法庭；军事法庭审判。~-**martial** *v.t.* (p.t. *-martialled*) dibicarakan di mahkamah tentera. 在军事法庭审判。**pay ~ to** cuba memikat. (向女人) 献殷勤。

**courteous** *a.* sopan; santun. 有礼貌的。

**courteously** *adv.* dengan sopan; dengan santun. 有礼貌地。

**courtesan** *n.* pelacur kelas atasan. 高级妓女。

**courtesy** *n.* kesopanan; kesantunan; budi bahasa. 礼貌；客气；文雅。**by ~ of** dengan ihsan daripada. 蒙…的准许。

**courtier** *n.* pengiring raja. 侍臣。

**courtly** *a.* bersopan-santun. 文雅的；高贵的；有礼的。**courtliness** *n.* kesantunan. 温文尔雅；宫廷气派。

**courtship** *n.* percubaan untuk memikat; masa bercinta-cintaan. 求爱；求婚；相恋期间。

**courtyard** *n.* halaman (berpagar tembok atau bangunan). 庭院。

**cousin** *n.* (**first ~**) sepupu. 堂（或表）兄弟姐妹。**second ~** dua pupu. 远房堂（或表）兄弟姐妹。**cousinly** *adv.* seperti saudara. 情同表兄弟姐妹的。

**couture** *n.* perekaan pakaian bergaya. 女式时装设计。

**couturier** *n.* pereka fesyen pakaian. 服装设计师。

**cove** *n.* teluk kecil; lengkung cekung. 小海湾；穹窿。

**coven** *n.* perhimpunan (ahli sihir). 女巫集会。

**covenant** *n.* perjanjian rasmi; kontrak. 盟约；合同。—*v.t.* mengikat janji. 立约。

**Coventry** *n.* **send to ~** memulaukan; enggan menegur sapa atau bergaul dengan seseorang itu. 拒绝与某人交往。

**cover** *v.t.* menutup; meliputi. 遮盖；掩护；采访；涉及；抵偿；行过（一段路程）；给…保险；（枪等）射程达到。—*n.* liputan; tudung. 遮盖物；庇护所；封面；全套餐具。**~ up** menyembunyikan. 藏匿；掩饰；盖住。**~-up** *n.* sesuatu yang menutup atau menyembunyikan; penutupan; penyembunyian. 掩盖；掩饰的方法。

**coverage** *n.* liputan; lindungan. 覆盖；承保范围；新闻报道；可达范围。

**coverlet** *n.* penutup cadar. 被。

**covert** *n.* belukar; semak samun; bulu pahat. 丛林；隐藏所；覆羽。—*a.* tersembunyi; terselindung. 隐蔽的；秘密的。**covertly** *adv.* dengan cara tersembunyi atau terselindung. 隐蔽地。

**covet** *v.t.* ingin; idam (terutama hak orang lain). 渴求；贪求；觊觎。**covetous** *a.* mengingini; mengidam. 贪求的；渴望的；觊觎的。**covetously** *adv.* dengan perasaan atau sikap sangat mengingini. 觊觎地。

**covey** *n.* (pl. *-eys*) sekawan burung. 一窠鹧鸪。

**cow**[1] *n.* lembu betina. 母牛。

**cow**[2] *v.t.* menakut-nakutkan. 威吓。

**coward** *n.* penakut; pengecut. 胆小鬼；懦夫。**cowardly** *a.* yang penakut. 胆小的；懦怯的。**cowardliness** *n.* sifat penakut atau pengecut. 胆小；懦夫行为。

**cowardice** *n.* sifat penakut atau pengecut. 怯懦。

**cowboy** *n.* gembala lembu yang menunggang di Amerika; koboi; (*colloq.*) orang yang tidak hemat atau tidak jujur dalam perniagaan. 牧童；牛仔；无良商家。

**cower** *v.i.* merangkung kerana takut atau sejuk. 畏缩；因害怕或寒冷而退缩。

**cowl** *n.* kerudung jubah rahib; jubah berkerudung. 带头罩的僧袍（或修士长袍）；兜帽。

**cowling** *n.* tudung logam (yang boleh ditanggalkan) di atas enjin. 引擎的活动金属罩。

**cowrie** *n.* sejenis kulit siput. 玛瑙贝。

**cowshed** *n.* bangsal (lembu, kerbau, dll.). 牛棚。

**cowslip** *n.* sejenis pokok bunga liar. 黄花九轮草。

**cox** *n.* jurumudi. 舵手。—*v.t.* bertindak sebagai jurumudi. 掌舵。

**coxswain** *n.* jurumudi; juragan; orang yang menjaga kemudi. 舵手；艇长。

**coy** *a.* (*-er, -est*) tersipu-sipu; malu. 羞怯的；害羞的。**coyly** *adv.* dengan tersipu; malu. 羞答答地。**coyness** *n.* sifat malu-malu; kemalu-maluan. 觍腆；忸怩。

**coyote** *n.* koyote; serigala prairi. （北美西部草原的）郊狼。

**coypu** *n.* sejenis binatang seperti memerang. 河狸鼠。

**cozen** *v.t./i.* memperdaya; menipu. 欺骗；使上当。

**crab** *n.* ketam. 螃蟹。—*v.t./i.* (p.t. *crabbed*) merungut. 抱怨；找岔子。**~-apple** *n.* sejenis epal kecil yang masam. 一种味酸小苹果。**crabby** *a.* merengus. 脾气坏的；易怒的。

**crabbed** *a.* radang; marah; (tulisan) yang sukar dibaca. 易怒的；字体潦草的；难懂的。

**crack** *n.* keretakan; letusan; (*sl.*) gurauan. 裂缝；爆裂声；戏谑。—*a.* (*colloq.*) sangat bagus. 第一流的。—*v.t./i.* meretak; letus; meletus; ketukan; cerita kisah lucu; pecah masuk; (suara jadi) garau; menyerah pada tekanan; memecahkan minyak likat kepada yang lebih cair. 裂开；噼啪响；说笑；爆裂；砸开；破解；破门而入；屈服；嗓音变沙哑；裂化（石油）。**~-brained** *a.* (*colloq.*) sasau; sewel. 癫狂的；愚蠢的。**~ down on** (*colloq.*) ambil tindakan keras terhadap. 强制对付；镇压。**~ up** (*colloq.*) puji; menghidap ketenatan akal atau jasad. 称赞；精神疲乏。**get cracking** (*colloq.*) mulakan kerja. 开始工作。

**crackdown** *n.* (*colloq.*) tindakan keras terhadap sesuatu. 镇压。

**cracked** *a.* (*sl.*) sasau; gila. 癫狂的；发疯的。

**cracker** *n.* mercun; biskut kering yang nipis. 爆竹；脆饼。

**crackers** *a.* (*sl.*) sasau; gila. 颠狂的；发疯的。

**cracking** *a.* (*sl.*) bagus; amat baik. 极好的；一流的。

**crackle** *v.t./i.* berbunyi gemeresik; mendedas-dedas. 噼啪地响；发出爆裂声。—*n.* bunyi gemeresik; dedasan. 噼啪声。

**crackling** *n.* kulit garing khinzir panggang. 烤猪脆皮。

**crackpot** *n.* (*sl.*) orang sasau atau sewel. 疯子；怪人。

**cradle** *n.* buaian; punca asal; penyangga. 摇篮；源头；支柱。—*v.t.* dukung; timang; tatang. 放在摇篮里摇；抱；背。

**craft** *n.* pertukangan; kemahiran; (pl. *craft*) rakit; perahu; kapal, atau kapal terbang. 手艺；技能；诡计；船；飞机。

**craftsman** *n.* (pl. -*men*) tukang. 工匠。

**craftsmanship** *n.* pertukangan; kemahiran. 工匠的技术；技能。

**crafty** *a.* (-*ier*, -*iest*) licik; cerdik dengan tipu muslihat; panjang akal. 狡猾的；诡计多端的；深谋远虑的。**craftily** *adv.* dengan licik. 狡诈地。**craftiness** *n.* kelicikan. 狡诈。

**crag** *n.* batuan terjah; batuan ceracak. 峭壁；岩崖。

**craggy** *a.* berceracak. 陡峭的；崎岖的；多皱纹的。

**cram** *v.t.* (p.t. *crammed*) asak; sumbat; mentelaah secara intensif untuk peperiksaan. 塞；挤；装满；临考死记硬背。

**cramp** *n.* kejang; batang besi bercangkuk untuk memegang batu bata. 抽筋；痉挛；铁夹钳。—*v.t.* mengapit; menjangkar. 扣紧；约束。

**crampon** *n.* tapak berpaku yang dipasang pada kasut untuk berjalan di atas ais. 尖铁钉（固定于鞋底用以攀岩或在冰地上行走）。

**cranberry** *n.* kranberi; sejenis buah atau pokok beri. 蔓越橘。

**crane** *n.* burung jenjang; burung pala; jentera pengangkut; kren. 鹳；鹤；起重机。—*v.t./i.* memanjangkan leher untuk meninjau. 伸长脖子；探头。**~-fly** *n.* lalat kekeria. 大蚊。

**cranium** *n.* (pl. -*ia*) kranium; tempurung kepala; tengkorak. 头盖；头盖骨。**cranial** *a.* berkenaan tempurung kepala atau tengkorak. 有关头颅的。

**crank¹** *n.* engkol; bahagian berbentuk L yang menukar gerakan ke depan ke belakang menjadi gerakan berputar. "L"形曲柄。—*v.t.* putar; pulas dengan engkol. 旋转;以曲柄转。**crankshaft** *n.* aci engkol. 曲轴。

**crank²** *n.* orang berfikiran aneh. 思想古怪的人。**cranky** *a.* aneh; pelik. 古怪的;有毛病的。

**cranny** *n.* celah; retak; rekahan. 裂缝;缝隙。

**craps** *n.pl.* (*A.S.*) sejenis permainan judi yang menggunakan dua butir buah dadu. 双骰子赌博戏。

**crash** *n.* dentuman; nahas; kejatuhan. 哗啦声;坠毁;垮台。—*v.t./i.* meruntuh; jatuh. 倒下;砸碎;撞毁。~**helmet** *n.* topi keledar. 头盔。~**landing** *n.* pendaratan kecemasan. 紧急降落。

**crass** *a.* tolol; sangat bodoh. 愚蠢的。

**crate** *n.* peti untuk isian barang; (*sl.*) kapal terbang atau kereta buruk. 装货箱;破旧飞机;旧汽车。—*v.t./i.* mengisi barang ke dalam peti. 装箱。

**crater** *n.* genahar; kawah gunung berapi. 坑;火山口。

**cravat** *n.* tali leher pendek. 领带;短围巾。

**crave** *v.t./i.* mengidam; ketagih; kepingin; meminta bersungguh-sungguh; merayu. 渴望;上瘾;向往;恳求。

**craven** *a.* bersifat pengecut atau penakut. 卑怯的;懦弱的。

**craving** *n.* idaman; ketagihan; hasrat. 热望;渴望。

**craw** *n.* tembolok. 鸟群。

**crawfish** *n.* udang kara laut yang besar. 龙虾;淡水螯虾。

**crawl** *v.i.* merangkak; merayap; menjalar. 爬行;蠕行;匍匐行进;蔓生。—*n.* merangkak. 爬;爬行;缓慢行进;爬泳。

**crawler** *n.* pengampu; kaki ampu. 善于奉承的人。

**crayfish** *n.* udang krai. 淡水螯虾。

**crayon** *n.* krayon. 彩色蜡笔。—*v.t.* menulis, melukis dengan krayon. 用蜡笔涂写;画画。

**craze** *n.* kegilaan. 时尚;风靡一时的事物。

**crazed** *a.* gila. 发狂的。

**crazy** *a.* (*-ier, -iest*) sasau; gila; (*colloq.*) tergila-gila. 癫狂的;愚蠢的;着迷的;荒唐的;急切的;极好的。~ **paving** tampalan; kaki lima yang dibuat daripada serpihan yang berbeza-beza saiznya 以大小不同的碎块拼铺成的道路。

**crazily** *adv.* dengan perangai yang tergila-gila. 癫狂地。**craziness** *n.* gila; kegilaan. 疯狂行径;疯狂。

**creak** *n.* bunyi keriut. 嘎吱声。—*v.i.* berkeriut. 发出嘎吱响声。**creaky** *a.* yang berkeriut. 嘎吱作响的。

**cream** *n.* pati; sari; inti; dadih; kepala susu; krim; warna putih kuning. 精华;要点;乳脂;乳霜;浅黄色。—*a.* berwarna putih kuning. 奶油色的。—*v.t.* menyari; mendadih; menyapu krim solek kepada. 吸取精华;提取奶油;搽乳霜。**creamy** *a.* seperti krim; berkrim. 奶油般的;含奶油的;浅黄色的。~ **cheese** keju krim; keju yang lembut. 奶油干酪。

**crease** *n.* lipatan; kedutan. 折痕;皱纹。—*v.t./i.* merenyuk; berkedut. 弄皱;变皱。

**create** *v.t./i.* cipta. 创造;创设;引起。

**creation** *n.* ciptaan; penciptaan. 创造;创作;创造物。**creative** *a.* berdaya cipta; kreatif. 创造的;有创作力的。

**creator** *n.* pencipta. 创造者;创作者;造物主。

**creature** *n.* makhluk. 生物;人类;产物;怪物。

**crèche** *n.* tempat asuhan atau jagaan siang hari untuk bayi. 托儿所。

**cred** *n.* (*sl.*)(*colloq.*) kebolehpercayaan; reputasi. 可信度;声誉。

**credence** *n.* kepercayaan; pegangan. 相信;确实;凭证。

**credentials** *n.pl.* surat akuan; tauliah. 介绍信；委任状；证件；国书。

**credible** *a.* boleh dipercayai. 可信的；可靠的。**credibly** *adv.* dengan cara yang munasabah. 合理地。**credibility** *n.* kebolehpercayaan. 可信度。

**credit** *n.* kepercayaan; penghargaan; nama baik; kredit. 信任；可靠性；信用；荣誉；名声；信贷；贷方余额；学分。— *v.t.* (p.t. *credited*) percaya; dirujukkan kepada; dikreditkan. 相信；归于；记帐。 ~ **card** kad kredit. 信用卡。**creditworthy** *a.* mempunyai kepercayaan kredit. 有借贷信用的。

**creditable** *a.* layak dipuji. 可钦佩的；值得赞扬的。**creditably** *adv.* dengan cara yang boleh dipuji; benar. 可赞扬地；可信地。

**creditor** *n.* pemberi hutang. 债权人；借贷人。

**credulous** *n.* mudah percaya. 轻信的。
**credulity** *n.* sifat mudah mempercayai sesuatu atau seseorang. 轻易相信别人。

**creed** *n.* kepercayaan; pegangan. 信仰；教义；纲领。

**creek** *n.* anak sungai; teluk sempit. 小溪；小湾。**up the** ~ (*sl.*) dalam kesusahan. 在困境中。

**creel** *n.* jaras; kumbu; keranjang ikan. 纱架；鱼笼；鱼篓。

**creep** *v.i.* (p.t. *crept*) merayap; menjalar. 爬动；蔓延；渐渐出现；起鸡皮疙瘩。—*n.* rayapan; (*sl.*) pengampu; pembodek. 讨厌的人；缓慢行进；毛骨悚然的感觉；奉承者。

**creeper** *n.* tumbuhan menjalar. 蔓藤；葡匐植物。

**creepy** *a.* (*-ier, -iest*) geli-geleman; seram. 令人毛骨悚然的。

**cremate** *v.t.* membakar mayat. 焚化尸体。**cremation** *n.* pembakaran mayat. 火葬。

**crematorium** *n.* (pl. *-ia*) krematorium; tempat pembakaran mayat. 焚化炉；火葬场。

**crème de menthe** minuman keras berasa pudina. 薄荷甜酒。

**crenellated** *a.* berbaluarti. 有雉堞的。
**crenellation** *n.* kebaluartian. 有雉堞的城墙。

**Creole** *n.* Kreol; kaum berketurunan Eropah di Hindia Barat atau di Amerika Tengah atau Selatan; dialek Kreol. (西印度及中、南美洲的欧裔克里奥耳人后裔)；克里奥耳语。

**creosote** *n.* kreosot; sejenis minyak pengawet papan atau kayu. 杂酚油。

**crêpe** *n.* kain atau getah berkedutan. 绉布；绉胶。~ **paper** kertas krep. 皱纸。
**crêpey** *a.* berkedut. 有皱纹的。

**crept** *lihat* creep. 见 **creep**。

**crepuscular** *a.* senja; kabur, samar-samar; krepuskul; aktif pada waktu senja. 黄昏的；昏暗的；黄昏时出没的。

**crescendo** *adv. & n.* (pl. *-os*) kresendo; bertambah lantang. 渐强；渐强者。

**crescent** *n.* bentuk bulan sabit. 新月形；新月。

**cress** *n.* (pokok) selada. 水田芹。

**crest** *n.* jambul; puncak; lambang; gombak. 鸡冠；羽饰；山顶；波峰；饰章；鬃毛。**crested** *a.* berjambul; berlambang. 有冠毛的；有标志的。

**crestfallen** *a.* sugul; murung. 伤心的；垂头丧气的。

**cretaceous** *a.* (batu) kapur. 白垩质的。

**cretin** *n.* kretin; orang cacat anggota dan otak kerana kekurangan hormon tiroid. 呆小病者；愚侏病者。**cretinous** *a.* berkaitan dengan kebebalan. 愚笨的；呆小的。

**cretonne** *n.* kain kreton; sejenis kain yang tebal. 大花型印花装饰布。

**crevasse** *n.* jurang sempit yang dalam. 冰河的裂缝。

**crevice** *n.* retak; keretakan; celah. 裂缝；裂隙。

**crew**[1] *lihat* crow. 见 **crow**。
**crew**[2] *n.* anak kapal; kumpulan pekerja. 全体船员；全体机务人员；一组工

**crewel** 作人员。 —*v.t./i.* bertindak sebagai sekumpulan pekerja. 充当船员或空勤人员。 **~-cut** guntingan rambut yang sangat pendek. 平头。

**crewel** *n.* krewel; benang sulam. 松股绒线;刺绣。 **~ noodle** jarum untuk menyulam. 绣花针。

**crib** *n.* palung; tempat jerami makanan binatang; buaian; katil bayi; terjemahan untuk kegunaan penuntut. 粮仓;饲料槽;有围栏的童床;对照译文(供学生用)。 —*v.t./i.* (p.t. *cribbed*) meniru. 模仿;抄袭。

**cribbage** *n.* sejenis mainan yang menggunakan kad pakau. 一种纸牌戏。

**crick** *n.* kejang; sakit leher. 痛痉;颈痛。 —*v.t.* tegang. 强扭。

**cricket**[1] *n.* permainan kriket. 板球。 **not ~** (*colloq.*) tidak adil. 不公正。 **cricketer** *n.* pemain kriket. 板球球员。

**cricket**[2] *n.* sejenis serangga; cengkerik. 蟋蟀。

**crier** *n.* penangis; pencanang. 爱哭者;街头公告者。

**crikey** *int.* (*sl.*) kata tanda rasa hairan. 哎呀!(表示惊讶的叫声)

**crime** *n.* jenayah. 罪行;罪恶。

**criminal** *n.* penjenayah; penjahat. 犯罪。 —*a.* berkenaan jenayah. 犯罪的。

**criminalize** *v.t.* dianggap sebagai jenayah. 宣告犯法;使成罪犯。 **criminalization** *n.* penjenayahan. 刑犯;犯罪。

**criminology** *n.* pengajian atau ilmu kejenayahan. 犯罪学。 **criminologist** *n.* pengkaji jenayah. 犯罪学者。

**crimp** *v.t./i.* mengelim; mengeritingkan. 使成波状;使起皱。

**crimson** *a. & n.* (warna) merah tua. 深红色;绯红的。

**cringe** *v.i.* mengekot; tunduk merendahkan diri. 瑟缩一团;卑躬屈膝。

**crinkle** *n. & v.t./i.* renyuk; kedut; ronyok. 摺皱;皱;皱成一团。

**crinoline** *n.* lingkaran yang dipakai dahulu untuk mengembangkan skirt. 制裙衬的硬布;裙子的衬架。

**cripple** *n.* lumpuh; capik; pincang; tempang. 跛子;手足残缺者;有缺陷的人。 —*v.t.* melumpuhkan. 使残废;损坏;使瘫痪。

**crisis** *n.* (pl. *crises*) kegentingan; krisis. 危险期;危机;关键时刻。

**crisp** *a.* (*-er, -est*) garing; mersik; rapuh; ringkas dan tepat. 易碎的;松脆的;清新的;轻快的;利落的。 —*n.* hirisan kentang yang digoreng. 炸薄薯片。 —*v.t./i.* menjadi garing. 使变脆;发脆。 **crisply** *adv.* dengan rangup; dengan pantas dan giat. 松脆地;干净利落地。 **crispness** *n.* kegaringan. 松脆。

**crispbread** *n.* biskut rai rangup. 脆饼干。

**criss-cross** *n.* corak yang silang-menyilang. 十字形;交叉形。 —*a. & adv.* silang-menyilang. 交叉的(地);纵横交错的(地)。 —*v.t./i.* membuat garis silang-menyilang. 划交叉线;往返奔波。

**criterion** *n.* (pl. *-ia*) ukuran; kriteria. 标准;准绳。

**critic** *n.* pengkritik; pengulas. 批评家;评论员。

**critical** *a.* mencari salah silap; genting; kritikal. 爱挑剔的;危急的;批评的;重大的;决定性的。 **critically** *adv.* dalam keadaan genting; bersifat mengkritik; dengan kritis. 岌岌可危地;评判地;严谨地。

**criticism** *n.* kritikan. 责难;评论。

**criticize** *v.t.* mengkritik. 批评;评价;责难。

**critique** *n.* karangan atau esei yang mengkritik. 评论文章。

**croak** *n.* bunyi katak; suara garau. 蛙鸣;嘶哑声。 —*v.t./i.* menguak; bercakap dengan suara serak. 呱呱地叫;用嘶哑声说。

**crochet** *n.* krusye; kait jarum satu. 钩针织物。 —*v.t./i.* mengait. 用钩针编织。

**crock**[1] *n.* pasu; serpihan pasu. 瓦罐；坛子；碎瓦片。

**crock**[2] *n.* (*colloq.*) orang lemah atau sering sakit; kereta usang. 体弱多病的人；破车。—*v.i.* (*colloq.*) melemahkan. 变衰弱。**~ up** menjadi orang yang lemah. 成为无用的人。

**crockery** *n.* pinggan mangkuk; perkakas dapur. 陶制碗碟；厨房用具。

**crocodile** *n.* buaya; barisan kanak-kanak yang berjalan berpasangan. 鳄鱼；纵列小孩队伍。**~ tears** pura-pura hiba. 假慈悲。

**crocus** *n.* (*pl. -uses*) sejenis pokok bunga dari bebawang. 藏红花。

**croft** *n.* ladang kecil berpagar; ladang pajakan di Scotland. 小块田地；苏格兰小农场。

**crofter** *n.* tuan punya ladang kecil berpagar; petani pemajak. 田主；佃农。

**croissant** *n.* croissant; roti berbentuk anak bulan. 羊角面包。

**cromlech** *n.* dolmen. 巨石纪念物。

**crone** *n.* perempuan tua. 干瘪的老妇人。

**crony** *n.* kuncu; kawan karib. 伙伴；密友。

**crook** *n.* kayu bercangkuk; benda bengkok; (*colloq.*) penjahat. 曲柄杖；弯曲物；骗子。—*v.t.* membengkok. 弄弯。

**crooked** *a.* bengkok; curang. 弯曲的；欺诈的；不诚实的。**crookedly** *adv.* dengan tidak jujur; dengan curang. 欺诈地。

**croon** *v.t./i.* senandung; dodoi; menyanyi perlahan-lahan. 低唱；轻哼；催眠；哄小孩入睡。

**crop** *n.* tanaman; tuaian; hasil; tembolok (ayam, burung, dll.); hulu (cemeti); rambut yang digunting pendek. 农作物；收获；收成量；鸟的嗉囊；鞭把；平头。—*v.t./i.* (*p.t. cropped*) memangkas; memotong; menuai. 修；剪；割；收割。**~ up** muncul dengan tiba-tiba. 突然出现。

**cropper** *n.* (*sl.*) jatuh terhempas. 摔一大交；惨败。

**croquet** *n.* kroket; sejenis permainan yang menggunakan bola dan pemukul. 槌球游戏。

**croquette** *n.* bebola atau gulungan ubi kentang, daging atau ikan yang digoreng. 油炸丸子。

**crosier** *n.* tongkat (paderi) biskop. 主教的权杖。

**cross** *n.* palang; salib; kacukan; campuran. 十字形；交叉；十字架；杂种；混合物。—*v.t./i.* lintas; menyeberang; silang; kacuk. 横越；横渡；交叉；混杂；画线于；画十字；使杂交。**at ~ purposes** salah faham; berkonflik. 误会；冲突。**~ off** atau **out** memangkah atau memotong dengan melukis garis. 画线删除。**on the ~** menyerong. 斜切；斜行。

**crossly** *adv.* dengan marah. 生气地。

**crossness** *n.* keradangan. 愤怒；怒气。

**cross-bred** *a.* kacuk. 杂种的；杂交的。

**cross-breed** *n.* kacukan. 杂种；杂交品种。**cross-breeding** *n.* pengacukan. 杂交；杂种。

**cross-check** *v.t./i.* menyemak silang. 反复核对。

**cross-examine** *v.t.* memeriksa balas (terutama dalam pembicaraan mahkamah). 盘问；盘诘。**cross-examination** *n.* pemeriksaan balas. 反复盘问。

**cross-eyed** *a.* juling. 内斜视的；斗鸡眼的。

**cross-fertilize** *v.t.* mensenyawakan silang; kacuk. 使异体受精；杂交。**cross-fertilization** *n.* persenyawaan silang. 异体受精。

**cross-grained** *a.* bengkeng; mudah marah. 任性的；脾气暴躁的。

**cross-patch** *n.* orang yang mudah marah. 容易发怒的人。

**cross-question** *v.t.* menyoal balas (untuk menguji jawapan yang telah diberikan). 反复提问。

**cross-reference** *n.* rujukan silang. 相互对照;参照。

**cross-section** *n.* keratan rentas; keratan lintang. 横断面;断面图。

**crossbar** *n.* besi palang. 单杠;横木。

**crossbill** *n.* sejenis burung cakar. 红交嘴雀。

**crossbow** *n.* busur silang. 弩。

**crosse** *n.* penyauk. 网兜木棒。

**crossfire** *n.* tembak-menembak. 交互攻击;激烈交锋。

**crossing** *n.* lintasan; penyeberangan. 横渡;交叉点;人行道。

**crossply** *a.* (tayar) mempunyai lapisan bebenang silang-menyilang. (轮胎)有层布结合的。

**crossroads** *n.* simpang; persimpangan. 十字路口;岔路;转折点。

**crosswise** *adv.* melintang. 交叉地。

**crossword** *n.* teka silang kata. 填字游戏;纵横字谜。

**crotch** *n.* percabangan; celah kangkang. 叉架;裤裆;胯部。

**crotchet** *n.* krocet; nota dalam muzik. 四分音符。

**crotchety** *a.* perengus. 脾气坏的;易怒的。**crotchetiness** *n.* sifat perengus. 古怪的想法。

**crouch** *v.i. & n.* membongkok; merunduk. 蹲;弯腰;俯屈。

**croup** *n.* (bahagian) punggung. (动物的)臀部。

**croup** *n.* krup; batuk yang teruk (kanak-kanak). 婴儿痉挛性喉炎。

**croupier** *n.* krupier; bandar, pengaut dan pembayar wang dalam permainan judi. 庄家;赌台管理员。

**crouton** *n.* kepingan kecil roti bakar. 小片烘面包。

**crow** *n.* gagak. 乌鸦。—*v.i.* berkokok; mengekek. 啼叫。(婴儿)咯咯笑。**as the ~ flies** mengikut garisan lurus. 成直线地。**~'s-feet** kedut-kedut di sudut mata. 眼角皱纹。**~'s nest** tempat yang disediakan untuk memerhati di dalam kapal. 瞭望台。

**crowbar** *n.* tuil besi; alabangka. 铁撬。

**crowd** *n.* ramai (orang). 群众;人群。—*v.t./i.* kerumun; asak. 群聚;拥挤。

**crown** *n.* mahkota. 王冠;花冠;头。**the ~** takhta kerajan; ubun-ubun. 宝座;帝位。—*v.t.* menabalkan; memahkotakan; menyaluti; mencapai puncak; (*sl.*) memukul di kepala. 加冕;立…为王;笼罩;镶;达到顶峰;击打头部。

**Crown Court** Mahkamah yang membicarakan kes kriminal di England dan Wales. (英国和威尔斯)刑事法庭。

**Crown prince** putera mahkota. 皇太子;皇储。

**crucial** *a.* genting; sangat genting. 决定性的;非常重要的。**cruciality** *n.* kegentingan. 紧急的局势。

**crucible** *n.* mangkuk pijar; periuk pelebur logam. 坩埚。

**crucifix** *n.* patung salib. 耶稣受难像。

**crucifixion** *n.* penyaliban. 钉死在十字架。**the ~** (yang dipercayai) penyaliban Nabi Isa. 耶稣被钉死在十字架上。

**cruciform** *a.* berbentuk salib. 十字形的。

**crucify** *v.t.* menyalib. 钉死在十字架上。

**crude** *a.* (*-er, -est*) mentah; kasar. 天然的;未加工的;粗鲁的。**crudely** *adv.* dengan cara yang kasar. 粗鲁地;粗俗地。**crudity** *n.* kekasaran. 天然;粗鲁;粗糙。

**cruel** *a.* (*crueller, cruellest*) kejam; zalim. 残忍的;残暴的。**cruelly** *adv.* dengan kejam; dengan zalim. 残忍地。**cruelty** *n.* kekejaman; kezaliman. 残忍;残暴。

**cruet** *n.* set bekas minyak, cuka, garam, dll. 调味瓶。

**cruise** *v.i.* berlayar untuk bersuka-suka atau meronda. 航行;巡航;游弋;漫游。—*n.* pelayaran untuk bersuka-suka. 海上航游。

**cruiser** *n.* kapal perang yang laju; bot berkabin. 巡洋舰;游艇。

**crumb** *n.* serdak; cebisan; remah-remah; serpihan (roti, kuih, dll.). 碎片；残屑；面包、糕饼等的碎屑。

**crumble** *v.t./i.* pecah; hancur. 破裂；崩溃；瓦解；毁坏。

**crumbly** *a.* mudah hancur; rapuh. 易碎的；脆弱的；易折的。

**crummy** *a.* (-ier, -iest) kotor; selekeh. 污秽的；低劣的；破旧的。

**crump** *n.* bunyi berdebap. 嘎吱声；爆炸声。—*v.t.* membuat bunyi berdebap. 发出爆炸声；作嘎吱声。

**crumpet** *n.* krumpet; sejenis kuih leper yang dibakar dan disapu mentega sebelum dimakan. 烤面饼。

**crumple** *v.t./i.* merenyuk; rebah. 起皱纹；倒塌；崩溃。

**crunch** *v.t.* kunyah; berkerap-kerup; berderap-derap. 嘎吱嘎吱地咬嚼；嘎吱作响。—*n.* bunyi derap. 嘎吱响的咀嚼；嘎吱声。

**crunchy** *a.* rangup. 脆的；易碎的。

**crupper** *n.* ambin ekor; buntut (kuda). 尾鞯；马臀部。

**crusade** *n.* perang salib; kempen menentang sesuatu kejahatan. 十字军；圣战；反抗罪恶的运动。—*v.i.* mengambil bahagian dalam perang salib. 参加圣战；从事改革运动。**crusader** *n.* salibi; soldadu Kristian dalam perang salib. 十字军战士；社会改革运动斗士。

**crush** *v.t./i.* memerah; menghancurkan; merenyukkan. 压榨；捣碎；弄皱；镇压；征服。—*n.* orang ramai yang berasak-asak; perahan minuman daripada buah-buahan; (*sl.*) rasa angau; cinta. 拥挤的群众；果汁饮料；热恋。

**crust** *n.* kerak; kulit (keras). 干硬的外皮；外壳；面包皮；地壳。

**crustacean** *n.* krustasia, binatang berkulit keras (seperti ketam, dll.). 甲壳类动物。

**crusty** *a.* (-ier, -iest) berkerak; kasar (perangai). 似硬壳的；有外壳的；粗鲁的。

**crutch** *n.* topang; tongkat ketiak. T字形支柱；依靠拐杖。

**crux** *n.* (pl. *cruxes*) perkara utama. 关键；难题；中心问题。

**cry** *n.* tangisan; seruan. 哭泣；呼告；叫喊；要求。—*v.t./i.* menangis; menyeru; berteriak. 哭泣；呼喊；呼吁。**~-baby** *n.* manja; perengek; mudah menangis. 撒娇者；爱哭者。**~ off** berpaling tadah daripada sumpah atau janji. 撤回；取消。

**cryogenics** *n.* kriogen; cabang ilmu fizik berkaitan dengan suhu rendah. 低温学。

**cryogenic** *a.* berkenaan kriogen atau suhu rendah. 低温的；低温学的。

**crypt** *n.* bilik di bawah lantai gereja. 地窖；教堂地下室。

**cryptic** *a.* rahsia; ada makna tersembunyi. 秘密的；有隐义的。**cryptically** *adv.* secara rahsia; dengan tersembunyi. 有隐义地。

**cryptogam** *n.* kriptogam; tumbuhan tanpa bunga seperti lumut, dsb. 隐花植物。

**cryptogram** *n.* kriptogram; tulisan dengan makna tersembunyi. 密码文件；密码。

**cryptography** *n.* kriptografi; pengkajian tentang tulisan rahsia. 密码学。**cryptographer** *n.* ahli kaji tulisan rahsia. 密码员。

**crystal** *n.* hablur; kristal. 石英；水晶。

**crystalline** *a.* berhablur; seperti kristal; jernih. 晶状的；清澈的。

**crystallize** *v.t./i.* menghablur; memperjelas. 使结晶；使具体化。**crystallized fruit** halwa buah. 蜜饯；脆果。**crystallization** *n.* penghabluran. 结晶。

**cub** *n.* anak binatang (seperti harimau, dll.). 幼兽。**cub (Scout)** anak serigala; ahli Pengakap. 童军。

**cubby-hole** *n.* ruang; petak kecil. 空间；小空格。

**cube** *n.* kiub; kubus; kuasa tiga. 立方体；正六面体；立方。—*v.t.* memotong

**cubic** … kepada bentuk kiub-kiub kecil. 切成小方块。**~ root** punca kuasa tiga. 立方根。

**cubic** *a.* berbentuk kiub; kubus. 立体的；立方形的。**~ centimetre** padu sentimeter; isipadu kubus dengan sisi 1 cm. 立方公分。

**cubical** *a.* berbentuk kiub. 立方体的；立方形的。

**cubicle** *n.* petak kecil (daripada ruang yang lebih luas). 小房间；隔间。

**cubism** *n.* kubisme; stail lukisan berbentuk kiub. 立体派。**cubist** *n.* pelukis stail ini. 立体派画家。

**cuckold** *n.* suami yang isterinya berzina; dayus. 戴绿帽的男人（其妻与人私通）。—*v.t.* menduakan. 使戴绿帽（即与其妻私通）。

**cuckoo** *n.* burung but-but; burung tekukur. 杜鹃；布谷鸟。

**cucumber** *n.* mentimun; timun. 黄瓜。

**cud** *n.* mamahan; makanan lembu, dll. yang dikeluarkan dari perut dan dimamah atau dikunyah semula. 反刍的食物。

**cuddle** *v.t./i.* memeluk; mendakap; membelai. 拥抱；依偎；亲热。—*n.* pelukan; dakapan; belaian. 亲热；拥抱。**cuddlesome, cuddly** *adjs.* sedap untuk dipeluk. 令人想搂抱的。

**cudgel** *n.* belantan; tongkat (pemukul). 棍棒；杖。—*v.t.* (p.t. *cudgelled*) membelasah; memukul. 击打；棒打。**~ one's brains** fikir bersungguh-sungguh tentang sesuatu. 苦思；绞脑汁。

**cue**[1] *n. & v.t.* (pres. p. *cueing*) kiu; tanda. 暗示；提示。—*v.t.* memberi kiu. 给予信号；提示。

**cue**[2] *n.* kiu, kayu penjolok bola biliard. （台球）球杆。

**cuff** *n.* manset; pergelangan tangan baju. 袖口。—*v.t.* tampar; tempeleng. 掌击；捆打。**~-link** *n.* kafling; kancing pergelangan tangan baju. 袖口链扣。**off the ~** tanpa persediaan. 即席地。

*cui bono?* siapakah yang untung? 谁得利？

**cuirass** *n.* kuiras; baju zirah, besi. 胸甲；护身甲壳。

**cuisine** *n.* stail atau gaya masakan. 烹饪术。

**cul-de-sac** *n.* jalan mati. 死胡同；绝境。

**culinary** *a.* masak-memasak. 烹饪的。

**cull** *v.t.* memetik (bunga); pilih; menakai. 摘；采集；挑选；消翦（动物）。—*n.* penakaian. 剔除；被消毁的动物。

**culminate** *v.i.* memuncak; berakhir dengan. 达到顶点；告终。**culmination** *n.* kemuncak. 顶点；高潮。

**culottes** *n.pl.* kulot; seluar wanita yang berbentuk skirt. 裤裙。

**culpable** *a.* patut dicela atau dipersalahkan. 应受责备的；应得惩罚的。

**culprit** *n.* pesalah; orang yang telah membuat salah. 罪犯；误事之人。

**cult** *n.* kultus; ikutan; pemujaan. 狂热崇拜；邪教；时尚；信徒。

**cultivar** *n.* pelbagai hasil tanaman. 栽种品种。

**cultivate** *v.t.* mengusahakan; pupuk; pelihara; tanam. 耕种；栽培；培养；发展；建立。**cultivation** *n.* pemupukan; pemeliharaan; penanaman. 养殖；培育；耕种。**cultivator** *n.* petani; peladang. 耕种者；栽培者。

**culture** *n.* kebudayaan; pembiakan. 文化；文明；养殖。—*v.t.* mengkultur; pembiakan buatan. 人工养殖。**cultural** *a.* budaya. 文化的；人文的。**culturally** *adv.* dari segi budaya. 以文明的方式。

**cultured** *a.* beradab. 有修养的；人工养殖的。**~pearl** mutiara biakan. 人工养殖珍珠。

**culvert** *n.* pembentung; parit di bawah jalan, dsb. 涵洞管道。

**cumber** *v.t.* menghalang; menghambat. 阻塞；妨碍；拖累。

**cumbersome** *a.* sukar untuk dibawa atau digunakan. 笨重的；累赘的；麻烦的。

**cumin** *n.* pokok jintan putih; jintan putih. 土茴香。

**cummerbund** *n.* setagen; tali pengikat pinggang. 宽腰带。

**cumulative** *a.* bertambah banyak; kumulatif. 渐增的；累积的。**cumulatively** *adv.* secara berganda; secara kumulatif. 累积地。

**cumulus** *n.*(pl. *-li*) awan kumulus. 积云。

**cuneiform** *a.* tulisan pepaku (pada batu, dsb.). 楔形文字。

**cunning** *a.* cerdik; pintar; licik. 机伶的；灵巧的；诡诈的；。*n.* kecerdikan; kepintaran. 伶俐；灵巧；诡诈。

**cup** *n.* cawan; piala. 杯子；杯状物；一杯的量；奖杯。*v.t.* (p.t. *cupped*) membuat seperti bentuk cawan; merangkap; terkandung seperti di dalam cawan. 窝成杯状；用杯盛。**cupful** *n.* (pl. *cupfuls*) secawan penuh. 一满杯。

**cupboard** *n.* almari; gerobok. 橱；箱子；柜。

**cupidity** *n.* tamak haloba; kerakusan. 贪婪；贪心。

**cupola** *n.* kubah kecil. 小圆屋顶；顶塔。

**cupreous** *a.* seakan-akan tembaga. 铜的；似铜的。

**cupric** *a.* kuprik; berkenaan tembaga. 铜的。

**cur** *n.* anjing geladak; anjing koyok. 杂种狗。

**curable** *a.* boleh diubati. 可治疗的。

**curacao** *n.* minuman keras berperasa oren. 有橙味的甜酒。

**curacy** *n.* jawatan paderi pembantu. 助理牧师的职位或职务。

**curare** *n.* kurare; racun sayur yang menyebabkan lumpuh. 箭毒马钱子（能导致瘫痪）。

**curate** *n.* paderi pembantu. 助理牧师。

**curative** *a.* berkhasiat; menyembuhkan. 治疗的；有疗效的。

**curator** *n.* kurator; pegawai penyelenggara khazanah (di muzium, dsb.). 博物院院长；管理人。

**curb** *n.* kawalan. 控制；约束。*v.t.* mengawal. 控制。

**curd** *n.* dadih; tairu. 凝乳；凝乳状物。

**cure** *v.t.* ubati; pulih; sembuh; awet (misalnya, bubuh garam pada ikan dan keringkan). 医治；复原；痊愈；用盐腌等方式保存。*n.* ubat; pengubatan; pemulihan. 药；医治；疗法。

**curette** *n.* kuret; alat pengikis. 刮具；擦具。*v.t.* mengikis dengan kuret. 用刮具刮去。**curretage** *n.* pengkuretan. 刮除术。

**curfew** *n.* perintah berkurung. 戒严。

**curio** *n.* (pl. *-os*) benda aneh yang menarik. 古董；古玩；珍品。

**curiosity** *n.* perasaan ingin tahu; benda yang aneh, pelik atau ajaib. 好奇心；奇物；古玩。

**curious** *a.* ingin tahu; pelik. 好奇的；古怪的。**curiously** *adv.* dengan rasa ingin tahu. 好奇地。**curiousness** *n.* keadaan ingin tahu. 好奇；求知欲。

**curium** *n.* unsur radioaktif buatan. 锔。

**curl** *v.t./i.* memintal; ikal. 卷；扭曲；缠绕。*n.* pintalan; rambut ikal; keriting. 鬈发；卷状物。

**curler** *n.* alat penggulung. 卷发器。

**curlew** *n.* burung kendi. 鹬。

**curling** *n.* sejenis permainan golek bola di atas ais. 冰上溜石游戏。

**curly** *a.* (*-ier*, *-iest*) keriting; ikal. 有鬈发的；波纹形的。

**curmudgeon** *n.* perengus; pemarah. 性情暴躁的人。

**currant** *n.* kismis. 无核葡萄干。

**currency** *n.* mata wang; tersebar luas. 货币；流通；通行。

**current** *a.* semasa; sekarang; diterima umum. 现时的；通行的；流传的。*n.* arus aliran elektrik. 电流；气流；水流。**currently** *adv.* pada masa ini. 目前；现今。

**curriculum** *n.* (pl. *-la*) kurikulum; susunan mata pelajaran. 课程。

**curriculum vitae** vitae kurikulum; keterangan tentang kerjaya seseorang. 履历。

**curry**[1] *n.* gulai; kari. 咖喱。—*v.t.* menggulai. 加入咖喱粉。

**curry**[2] *v.t.* memberus dengan kerda atau kerok. 梳刷；鞣制。**~-comb** kerda; kerok; sikat bulat. 马梳。**~ favour** ampu; bodek. 奉承；拍马屁。

**curse** *n.* makian; kutukan; sumpahan. 咒骂；毒誓。—*v.t./i.* memaki; mengutuk; menyumpah. 咒骂；诅咒。

**cursive** *a.* & *n.* sambung; kursif; tulisan sambung; kursif. 草书（的）；草体字（的）。

**cursor** *n.* kursor; petunjuk bergerak pada skrin VDU. 游标。

**cursory** *a.* sepintas lalu; selayang pandang tergesa-gesa. 草草的；粗略的。

**cursorily** *adv.* dengan sepintas lalu; dengan gopoh dan tidak teliti. 草草地；粗略地。

**curt** *a.* ringkas dan kasar. 简短及粗率的。**curtly** *adv.* dengan ringkas dan kasar. 简短及粗率地。**curtness** *n.* perihal ringkas dan kasar. 简短。

**curtail** *v.t.* mengurangkan; memendekkan. 削减；缩短。**curtailment** *n.* pengurangan; pemendekan. 削减；缩短。

**curtain** *n.* tirai; langsir; tabir. 帘；幕；窗帘；屏障。—*v.t.* memasang atau menyekat dengan tirai. 用帘遮住。

**curtsy** *n.* & *v.i.* tunduk tanda hormat. 行屈膝礼。

**curvaceous** *a.* (*colloq.*) ada potongan. 有曲线美的；苗条的。

**curvature** *n.* kelengkungan; kebengkokan; kekelokan. 曲线；弯曲；曲度。

**curve** *n.* keluk; lengkungan; lenturan. 弧线；曲线；曲面；弯曲处。—*v.t./i.* lengkung. 弯曲。

**curvet** *n.* lompatan kuda. 马的腾跃。—*v.i.* (p.t. *curvetted*) lompat. 跳跃。

**curvilinear** *a.* garis melengkung. 曲线的。

**cushion** *n.* kusyen. 垫子；垫状物；气垫。—*v.t.* dilapik dengan kusyen; mengurangkan kesan; melindungi. 用垫子垫着；以垫支持；缓和冲击。

**cushy** *a.* (-ier, -iest) (*colloq.*) seronok dan mudah. 舒适的；轻松的。

**cusp** *n.* bucu. 尖头；尖端。

**cuss** *n.* (*colloq.*) makian; hamunan; orang yang pelik perangainya. 责骂；辱骂；怪人。**cussed** *a.* (perangai) aneh; pelik. 可恶的；乖僻的。

**custard** *n.* kastard; makanan campuran susu, tepung, telur dan gula. 乳蛋糕。

**custodian** *n.* kustodian; penjaga; wali. 看守者；看管者；监护人。

**custody** *n.* simpanan; jagaan; penjagaan; tahanan. 保管；监护；照顾；拘留。

**custom** *n.* adat; kebiasaan; (*pl.*) cukai; kastam. 风俗；习惯；税收；惠顾；海关。

**customary** *a.* menjadi kelaziman; kebiasaan. 经常的；惯例的。**customarily** *adv.* biasanya; lazimnya. 经常地；习俗地。

**customer** *n.* pelanggan. 顾客。

**cut** *v.t./i.* (p.t. *cut*, pres. p. *cutting*) potong; cantas; kerat; tebas; tebang; tetak; hiris; gunting. 砍；切；割；劈；剪；去掉；减少。—*n.* potong; potongan; kerat; keratan; cantasan, dsb.; bahagian; luka. 切块；切割；断片；去掉的部分；伤口；款式；削减。

**cutaneous** *a.* berkenaan kulit. 皮肤的。

**cute** *a.* (-er, -est) (*colloq.*) licik; comel; jelita; manis. 美丽的；可爱的；精明的；机敏的。**cutely** *adv.* dengan licik. 圆滑地；机敏地。**cuteness** *n.* kejelitaan; kemanisan. 漂亮；可爱。

**cuticle** *n.* kulit ari; kulit kuku; kutikal. 表皮；护膜；角质层。

**cutlass** *n.* pedang pendek; kedubang. 短剑；弯刀。

**cutler** *n.* pembuat pisau-sudu-garpu (kutleri). 刀具匠。

**cutlery** *n.* kutleri; sudu, garpu dan pisau. 餐具。

**cutlet** *n.* kutlet; daging tulang tengkok; kepingan kecil daging (anak lembu). 肉排; 小片肉。

**cutter** *n.* (alat atau tukang) pemotong; perahu penyelamat. 切割器; 切割者; 快艇。

**cutthroat** *a.* tanpa belas kasihan. 凶残的; 无情的。—*n.* pembunuh. 刺客; 凶手。~ **razor** pencukur dengan pisau panjang. 长剃刀。

**cutting** *a.* sindir; (kata-kata yang) memedihkan atau melukakan perasaan. 讽刺的; 挖苦的; 尖刻的。—*n.* potongan; keratan. 切块; 切片; 断片; 剪报; 插条; 路堑。

**cuttlefish** *n.* sotong katak. 墨鱼; 乌贼。

**cutwater** *n.* bahagian depan haluan kapal. 船头破浪处。

**cyanide** *n.* racun sianida. 氰化物（一种毒药）。

**cyanosis** *n.* sianosis; perubahan warna kulit menjadi biru. 发绀; 青紫。 **cyanosed** *a.* berubah warna menjadi biru. 发绀的; 青紫的。

**cybernetics** *n.* sibernetik; ilmu sistem kawalan dan komunikasi (perhubungan) dalam diri haiwan dan jentera. 控制论。

**cyclamen** *n.* sejenis tumbuhan. 樱草属植物。

**cycle** *n.* putaran; kitaran; basikal; motosikal. 循环; 周期; 脚车; 电单车。—*v.i.* mengayuh basikal. 骑脚车。 **cyclist** *n.* penunggang basikal; pengayuh basikal.
骑脚车者。

**cyclic, cyclical** *adjs.* berkitar; berpusing; berlaku mengikut putaran. 循环的; 周期的。 **cyclically** *adv.* secara kitaran. 和循环有关地。

**cyclone** *n.* siklon; angin puting beliung. 旋风; 飓风。

**cyclostyle** *n.* siklostil; alat pencetakan salinan daripada stensil. 模板复印机。—*v.t.* mensiklostil. 用模板复印机复印。

**cyclotron** *n.* siklotron; pesawat pelaju partikel (atom) dalam gerakan pilin. 回旋加速器。

**cygnet** *n.* anak angsa. 幼天鹅。

**cylinder** *n.* torak; silinder. 滚筒; 圆筒。 **cylindrical** *a.* berbentuk silinder. 圆筒形的。

**cymbal** *n.* gembleng; canang; simbal. 钹。

**cynic** *n.* pengejek; penyenda (orang yang suka mengejek, mempersenda); orang yang sinis. 愤世嫉俗者; 爱冷嘲热讽的人。 **cynical** *a.* bersifat sinis. 爱冷嘲热讽的。 **cynically** *adv.* dengan sinis (penghinaan dan cemuhan). 愤世嫉俗地。 **cynicism** *n.* kesinisan. 爱嘲讽的态度。

**cynosure** *n.* pusat perhatian; tumpuan. 注目焦点。

**cypress** *n.* pokok saru; sipres. 柏树。

**cyst** *n.* sista; organ berongga, pundi, dsb. yang mengandungi cecair. 包囊; 孢囊。

**cystitis** *n.* sistitis; keradangan pundi air kencing. 膀胱炎。

**czar** *n.* (tsar) gelaran raja Rusia (sebelum tahun 1917). (1917年前的) 俄国沙皇。

# D

**dab**[1] *n.* pengelapan; perbuatan atau kerja mengelap; palit. 轻拍；轻敷；(颜料等) 湿湿而软的小块。 —*v.t./i.* (p.t. *dabbed*) lap; bubuh; palit; sapu. 轻拍；轻敲；轻柔地涂敷。

**dab**[2] *n.* ikan lidah; ikan sebelah. 孙鲽；比目鱼。

**dab**[3] *n. & a.* pakar; mahir. 能手；熟练的。

**dabble** *v.t./i.* celup; kuis; juntai kaki atau tangan ke dalam air dan mengocak-ngocaknya; mencuba-cuba menceburkan diri. 溅着泥浆或水而走；溅湿；业余性地研究；涉猎。

**dabchick** *n.* sejenis burung air yang kecil. 鹈鹕。

**dace** *n.* (pl. *dace*) sejenis ikan air tawar yang kecil. 雅罗鱼；鲦鱼。

**dachshund** *n.* anjing katik; anjing kecil berbadan panjang dan berkaki pendek. 达克斯狗；一种长身短腿的猎狗。

**dad** *n.* (*colloq.*) bapa; ayah; abah. 爸爸；父亲。

**daddy** *n.* (*children's use*) bapa; ayah; abah. 爸爸；爹爹。

**daddy-long-legs** *n.* ayak-ayak; lalat kekeria. 盲蛛（一种长足蜘蛛）；蚊姥（一种长脚双翅昆虫）。

**dado** *n.*(pl. *-oes*) bahagian bawah dinding yang dihias berbeza daripada bahagian atasnya. 护墙；墙裙；墙的底部（颜色、质料等与墙的上部不同者）。

**daffodil** *n.* (bunga) dafodil; sejenis bunga kuning dengan bahagian tengah berbentuk trompet. 黄水仙。

**daft** *a.* (*-er, -est*) dungu; bodoh; sasau. 愚笨的；癫狂的。

**dagger** *n.* pisau belati; kerambit; badik. 匕首；短剑。

**dago** *n.* (pl. *-oes*) (*sl.*) orang asing, terutama dari Eropah Selatan. （贬义）南欧的外国人。

**daguerrotype** *n.* fotograf jenis awal. 早期摄影术拍出的相片。

**dahlia** *n.* dahlia (bunga, pokok). 天竺牡丹；大丽花（一种花色鲜艳的园艺植物）。

**Dail (Eirann)** dewan undangan Republik Ireland. 爱尔兰众议院。

**daily** *a.* harian; setiap hari. 每日的；每周日的；日常的。—*adv.* sekali sehari. 每日；天天。—*n.* akhbar harian; (*colloq.*) pembantu rumah harian. 日报；（按小时或按日计酬的）清洁女工。

**dainty** *a.* (*-ier, -iest*) ayu; kecil molek; lazat. 优美的；小巧精致的；美味的。 —*n.* makanan lazat. 美味的食物；珍馐佳肴。**daintily** *adv.* dengan ayu. 美味可口地。**daintiness** *n.* keayuan; sifat cerewet. 高雅；精致；过分讲究或挑别的态度。

**daiquiri** *n.* koktel jus limau dan arak. 代基里酒（一种由糖、柠檬和酒掺和成的鸡尾酒）。

**dairy** *n.* tenusu; kedai atau tempat menyimpan hasil tenusu (susu, mentega, telur, dsb.). 制酪场；牛乳公司；乳品店。~ **farm** ladang tenusu. 乳牛场。

**dais** *n.* pelamin; geta; peterana; tracking singgahsana; pentas rendah. （大厅一端的）台；高台；讲台。

**daisy** *n.* bunga daisi. 雏菊；延命菊。

**dale** *n.* lembah. 谷；山谷。

**dally** *v.i.* berlengah-lengah; bermain-main; main cinta. 调情；闲散；马虎；调戏；嬉戏。**dalliance** *n.* kelengahan. 调情；调笑；闲荡度日。

**Dalmatian** *n.* anjing besar putih bertompok hitam. 达尔马提亚狗（南斯拉夫的一种黑斑白色短毛大狗）。

**dam**[1] *n.* empangan; tambak. 水闸；水坝。—*v.t.* (p.t. *dammed*) mengempang; membendung; menambak. 筑闸堵住；阻塞；抑制。

**dam**² *n.* ibu binatang. 母兽。

**damage** *n.* kerosakan; (tuntutan) ganti rugi. 损坏；毁坏；赔偿金。—*v.t.* merosakkan. 损坏；毁坏；损伤。

**damascene** *v.t.* menatah logam dengan emas atau perak. (在金属上)用金银线波纹嵌饰。

**damask** *n.* kimkha; kain yang corak tenunannya kelihatan pada kedua-dua belahnya. 锦缎；花缎。~ **rose** sejenis mawar lama yang harum. 大马士革蔷薇。

**dame** *n.* (*sl., A.S.*) wanita; perempuan. 妇女；少女。**Dame** gelaran wanita yang mendapat anugerah *Knight* (England). (英国)对受封爵位妇女的称呼。

**damn** *v.t.* laknat; kutuk; maki. 诅咒；指责。—*int. & n.* celaka. 该死！讨厌！诅咒。—*a. & adv.* terkutuk; terlaknat. 该死(的)；该罚(的)。

**damnable** *a.* patut dilaknat atau dikutuk. 该死的；活该的。**damnably** *adv.* perihal melaknat atau mengutuki. 活该地。

**damnation** *n.* laknat; seksaan abadi di neraka. 咒骂；指责；罚入地狱。—*int.* celaka. 该死。

**damp** *n.* kelembapan. 潮湿；湿气。—*a.* (*-er, -est*) lembap. 有湿气的；意志消沉的。—*v.t.* melembabkan; memudarkan (semangat); meredam. 使潮湿；使意志消沉。~ **course** lapisan kalis lembap pada dinding untuk mengawal kelembapan daripada naik. 防潮层。**dampness** *n.* kelembapan. 潮湿；湿度；湿气。

**dampen** *v.t.* melembapkan. 使潮湿。

**damper** *n.* piringan logam pengawal aliran ke dalam api tanur atau relau; pelemah semangat; peredam getaran tali piano. 风档；气流调节器；制音器；令人扫兴的人或事。

**damsel** *n.* gadis; dara. 闺女；姑娘。

**damson** *n.* sejenis buah plum kecil berwarna ungu tua. 布拉斯李子。

**dance** *v.t./i.* tari-menari. 跳舞；舞蹈。—*n.* tarian. 舞；舞蹈。~ **attendance on** melayani (atas dasar tanggungjawab). (因职责而)侍奉他人。**dancer** *n.* penari. 舞蹈家；舞蹈者。

**dandelion** *n.* dandelion; tumbuhan liar berbunga kuning terang. 蒲公英。

**dander** *n.* kemarahan; semangat menentang. 怒气；怒火。

**dandified** *a.* bersifat peraga; suka melaram atau melawa. 打扮得像花花公子的；打扮时髦的。

**dandle** *v.t.* timang; dodoi; dukung. (把孩子等)举上放下地逗弄；左右摇动以哄怀中的孩子入睡。

**dandruff** *n.* kelemumur. 头皮屑；头垢。

**dandy** *n.* peraga; lelaki yang cerewet tentang kesegakan pakaiannya. 纨袴子弟；过分讲究服装和外表的人。—*a.* (*colloq.*) sangat baik. 第一流的。

**Dane** *n.* orang Denmark. 丹麦人。

**danger** *n.* bahaya. 危险；可引起危险的人或事物。

**dangerous** *a.* berbahaya. 危险的；可引起危险的。**dangerously** *adv.* dalam keadaan yang berbahaya. 惊险地。

**dangle** *v.t.* berjuntai; berayun; umpan. 悬挂着；晃动着；用(希望等)引诱。

**Danish** *a. & n.* berasal dari Denmark; bahasa Denmark. 丹麦(的)；丹麦语(的)。

**dank** *a.* (*-er, -est*) lembap dan sejuk. 又冷又湿的；潮湿的。

**daphne** *n.* sejenis tumbuhan berbunga. 瑞香属植物。

**dapper** *a.* kemas; segak; kacak. 整洁的；衣冠楚楚的；活泼敏捷的。

**dapple** *v.t.* mewarnakan dengan tompok-tompok warna. 使有斑点；起斑纹。~ **grey** *a.* kelabu berbintik-bintik gelap. 灰色而带有深色斑点的。

**Darby and Joan** pasangan suami isteri yang kasih-mengasihi. 恩爱的老夫老妻；白头偕老的夫妇。

**dare** *v.t.* berani; sanggup; cabar. 敢；敢于；激起；挑逗。—*n.* cabaran. 胆量；挑逗。**I ~ say** aku bersedia untuk mempercayai. 我想是这样；依我看。

**daredevil** *n.* pemberani. 胆大鬼；蛮勇的人。

**daring** *a.* berani. 胆大的；勇敢的。—*n.* keberanian. 大胆；勇敢。

**dark** *a.* (*-er, -est*) gelap; kelam; muram; hitam; rahsia; tersembunyi. 黑暗的；阴暗的；黑色的）；（头发、眼睛等）浅黑色的；隐秘的。—*n.* keadaan gelap; malam. 黑暗；黑夜。**Dark Ages** Zaman Kelam Eropah. （欧洲中世纪的）黑暗时代。**~ horse** lawan atau saingan yang kebolehannya kurang diketahui. "黑马"（竞赛中意外获胜的人或物）。**darkly** *adv.* perihal keadaan yang gelap. 阴暗地。

**darkness** *n.* kegelapan. 黑暗；阴暗。

**darken** *v.t.* menggelapkan; menjadi gelap. 使暗；使变黑。

**darkroom** *n.* bilik gelap; bilik tanpa cahaya untuk memproses foto. 暗室；（冲洗照片的）暗房。

**darling** *n. & a.* buah hati; kesayangan. 情人；宠儿；宠物；心爱的。

**darn**[1] *v.t.* sirat (jahit); menyirat; jerumat; tisik; menisik. 织补；缝补。—*n.* siratan; tisikan; jerumatan. 缝补处；补缀。

**darn**[2] *int. & v.t.* (*sl.*) celaka. 讨厌；该死的！

**dart** *n.* seligi; damak; terpaan; terkaman. 飞镖；吹箭；猛冲；追捕。—*v.t./i.* menerpa; menerkam. 急冲；突伸；投射。

**dartboard** *n.* papan sasaran lontaran seligi. （投镖游戏的）圆靶。

**dash** *v.t.* terpa; terkam; serbu; hancur (harapan); menulis dengan tergesa-gesa. 猛扑；袭击；砸碎；（希望）破灭；潦草地写。—*n.* terpaan; terkaman; serbuan; secubit (sedikit); kecergasan; tanda sempang (—)；isyarat panjang dalam Kod Morse. 猛扑；袭击；少量；精力；勇猛；破折号 (—)；莫尔斯电码的长划。

**dashboard** *n.* bendul; papan pemuka; para di bawah kaca depan kereta yang mengandungi pelbagai alat dan kawalan. 车辆的挡泥板；仪表板。

**dashing** *a.* bersemangat; tangkas; tampan; 有生气的；精力充沛的；猛冲的；健美的；俊俏的。

**dastardly** *a.* secara pengecut atau penakut. 怯懦的；畏缩的。

**data** *n.pl.* data; butir maklumat. 资料；数据。

**databank** *n.* bank data; stor besar data berkomputer. （电脑的）资料库；数据库。

**database** *n.* pangkalan data; stor tersusun data berkomputer. 资料库；资料卷档。

**datable** *a.* boleh ditentukan tarikhnya. 可测定日期的。

**date**[1] *n.* tarikh; (*colloq.*) pertemuan sosial. 日期；时期；年代；约会。—*v.t./i.* menentukan tarikh; menunjukkan umur; buat pertemuan sosial dengan seseorang. 注明日期；断定年代；和…约会。**~ line** *n.* garisan penentu tarikh di Lautan Pasifik, di timur dan barat tarikhnya berbeza. 日界线。**to ~** sehingga kini. 迄今为止；到现在。

**date**[2] *n.* buah kurma. 海枣。**~-palm** *n.* pokok kurma. 枣椰树。

**dative** *n.* datif; bentuk kata yang menunjukkan objek tidak langsung bagi sesuatu kata kerja. 与格；间接宾语。

**datum** *n.* (pl. *data*) datum; butir data; (pl. *datums*); titik permulaan bagi skala, dsb. 资料；数据；（测绘）基点。

**daub** *v.t.* palit; calit; lumur; coreng; tempek. 涂抹；涂；涂污；弄脏；乱涂。—*n.* lukisan kasar; palitan; palitan tanah liat untuk dinding. 拙劣的画；涂抹；涂料。

**daughter** *n.* puteri; anak perempuan. 女儿。**~-in-law** *n.* menantu (perempuan). 媳妇。

**daunt** *v.t.* menjadikan bimbang atau tawar hati; melemahkan semangat. 惊慌；丧胆；挫折；气馁。

**dauntless** *a.* cekal; gigih; tabah; tidak gentar. 大胆的；勇敢的；不屈不挠的；毫无惧色的。

**dauphin** *n.* gelaran bagi putera sulung raja Perancis dahulu. (古时) 法国人对皇太子的尊称。

**davenport** *n.* meja tulis; sofa (*A.S.*). 有抽屉和活动面板的小书桌；坐卧两用沙发。

**davit** *n.* kren (alat pengangkat) kecil di atas kapal. (轮船上悬小艇用的) 吊艇架。

**dawdle** *v.t.* leka; lengah. 行动迟缓；闲荡。**dawdler** *n.* peleka; pelengah. 游手好闲的人；闲荡者。

**dawn** *n.* subuh; fajar; permulaan. 黎明；破晓；发端。—*v.t.* fajar menyingsing; mula terang; mula muncul. 破晓；露曙光；开始现出。

**day** *n.* hari. 日子；白天；一日。

**daybreak** *n.* (waktu) subuh; waktu fajar. 破晓时分；黎明。

**day-dream** *n.* angan-angan; lamunan. 白日梦；空想。—*v.i.* berangan-angan; mengelamun. 发白日梦；幻想。

**daylight** *n.* cahaya siang; cahaya matahari. 日光；阳光。

**daytime** *n.* waktu siang; siang hari. 白天；白昼；日间。

**daze** *v.t.* bingung. 使发呆；使发昏。—*n.* kebingungan. 发呆；晕眩。

**dazzle** *v.t.* menyilaukan; mempesona. (强光) 使目眩；使眼花；耀眼。

**de-** *pref.* menunjukkan penyingkiran atau kebalikan. (前缀) 表示"离开；脱离；相反"。

**deacon** *n.* pegawai (lelaki) gereja di bawah paderi. (基督教) 执事；(天主教) 助祭。**deaconess** *n. fem.* pegawai (perempuan) gereja. (基督教) 女执事。

**dead** *a.* mati; mangkat; wafat; mampus; lali; padam; tepat. 死亡的；无生命的；无感觉的；已熄灭的；确实的。—*adv.* tepat; betul-betul. 十足；完全。—*n.* mayat; orang mati. 尸体；死者。**~-alive** *a.* sangat menjemukan. 单调的；没精打采的。**~ beat** lesu; tersangat letih. 疲倦；软弱无力。**~ end** jalan buntu. 死胡同；闭塞不通的一端。**~ heat** (dua atau lebih pelumba yang) tamat serentak. (赛跑等) 两个或多个竞赛者同时抵达的；不分胜负的。**~ letter** surat mati; surat yang tidak dapat disampaikan kepada penerimanya; undang-undang atau peraturan yang usang dan tidak dipakai lagi. (无法投递的) 死信。**~ march** muzik yang mengiringi perbarisan mengusung jenazah. 丧礼进行曲。**~ reckoning** mencongak kedudukan kapal dengan penggunaan kompas, log, dll. 航位推算。**~ weight** berat mati; beban yang menyeksa. 净重；重担；重负。

**deaden** *v.t./i.* melalikan; menyenyapkan; mematikan, dll. 缓和；使减弱；使消失；使失知觉。

**deadline** *n.* had waktu; (tarikh atau waktu muktamad untuk menyiapkan sesuatu). 截止日期；截止时间。

**deadlock** *n.* kebuntuan; sangkutan; kekandasan. 停顿；僵局；停滞。—*v.i.* menjadi buntu; kandas. 陷于僵局；(比赛等) 不分胜负。

**deadly** *a.* (*-ier, -iest*) amat bahaya; berbahaya; membosankan. 致命的；极其有害的；死一般的；沉闷的。—*adv.* seperti mati; melebihi. 死一般地；极度地。**~ nightshade** tanaman dengan (buah) beri hitam yang beracun. 颠茄 (一种含毒的植物)。**deadliness** *n.* bahaya; membawa maut. 致命伤。

**deadpan** *a.* selamba atau bersahaja. 毫无表情的；不带感情色彩的。

**deaf** *a.* (*-er, -est*) pekak; tuli. 聋的；不听从的；充耳不闻的。**~-aid** *n.* alat pembantu pendengaran. 助听器。**deafness** *n.* kepekakan; ketulian. 聋；听觉不灵。

**deafen** *v.t.* memekakkan; menulikan. 使聋；使听不见。

**deal¹** *n.* kayu pokok pain atau fir. 松木板；冷杉木板。

**deal²** *v.t./i.* (*p.t.* **dealt**) menebar; membahagi-bahagikan. 分配；分派；给予。—*n.* tebaran kad kepada pemain dalam

**dealer** permainan kad; giliran pemain kad menebar; urusan perniagaan; layanan; (*colloq.*) sejumlah besar. (纸牌游戏)发牌;买卖;待遇;大量。**~ with** bertindak terhadap; menangani; membincangkan. 办理;处理。

**dealer** *n.* peniaga; penebar (kad, dll.). 商人;(纸牌游戏等)发牌的人。

**dean** *n.* dekan; ketua paderi. 大专学院院长;副主教;地方主教。**rural ~** ketua paderi yang memimpin kumpulan paderi. 乡区牧师;副主教之下负责若干教区的牧师。

**deanery** *n.* pejabat atau rumah ketua paderi. 地方主教的职位或宅邸。

**dear** *a.* (-*er*, -*est*) yang disayangi; yang dihargai; sangat bererti. 亲爱的;敬爱的;珍贵的;高价的。—*n.* orang yang disayangi. 爱人;宠儿。—*int.* seruan kesal atau terperanjat. 啊!哎呀!(表示伤心、焦急、惊奇等的感叹词)

**dearly** *adv.* sungguh. 深爱地;热切地;高价地。**dearness** *n.* kesayangan. 亲爱。

**dearth** *n.* kekurangan; dikit. 缺乏;供应不足;饥馑。

**death** *n.* kematian; maut. 死;死亡。**~ duty** cukai ke atas harta si mati. 遗产税。**death's head** gambar tengkorak. (象征死亡的)骷髅头。**~-trap** *n.* jerangkap maut. 死亡陷阱;不安全的场所。**~-watch beetle** kumbang yang larvanya menebuk kayu dan membuat bunyi berdetik. 蛀木器的小甲虫。

**deathly** *a.* (-*ier*, -*iest*) seperti maut; seperti mayat; pucat lesi. 死一般的;致命的;死人般苍白的。

**deb** *n.* (*colloq.*) **debutante** gadis yang muncul buat pertama kalinya dalam majlis sosial. 初次参加上流社交场合的富家女。

**debacle** *n.* kejatuhan; keruntuhan. 山崩;冰河崩溃;突发灾难;泛滥。

**debar** *v.t.* (*p.t. debarred*) sekat; halang. 防止;禁止;排除。

**debark** *v.t.* menurunkan; mendaratkan. (从船上)卸货;登陆。**debarkation** *n.* penurunan; pendaratan. 卸货;登陆。

**debase** *v.t.* menurunkan mutu atau nilai. 降低(质地、价格等);贬损。**debasement** *n.* penurunan. 贬值;降低质量。

**debatable** *a.* boleh dipertikai; boleh didebatkan; boleh dibahaskan. 可争辩的;具争论性的。

**debate** *n.* perbahasan; perdebatan. 争论;辩论。—*v.t.* berbahas; berdebat. 争论;辩论。

**debauch** *v.t.* jangak; melanggar kesusilaan. 诱使(他人)堕落;败坏(道德、风尚等)。**debauchery** *n.* kejangakan; pelanggaran kesusilaan. 放荡;诱奸;败坏道德。

**debenture** *n.* debentur; surat perakuan sebagai tanda penerimaan pinjaman dengan kadar faedah tetap. (公司等的)债券。

**debilitate** *v.t.* melesukan; melemahkan. 使虚弱;使衰弱。**debilitation** *n.* kelesuan; kelemahan. 虚弱;衰弱。

**debility** *n.* keadaan lesu atau lemah. 虚弱;衰弱。

**debit** *n.* debit; catatan akaun hutang. (帐簿的)借方;记入借方的款项。—*v.t.* (*p.t. debitted*) mencatat hutang; debit. 把帐记入借方。

**debonair** *a.* riang dan penuh yakin. (尤指男人)愉快而自信的。

**debouch** *v.i.* mengalir; muncul dari kawasan sempit ke kawasan luas. (河水从山谷)流入河域;(军队等走出山林)进入宽阔地带。

**debrief** *v.t.* menyoal untuk mendapatkan maklumat tentang tugas yang sudah dibereskan. 听取(飞行员)报告执行任务情况;汇报(工作情况)。

**debris** *n.* puing; sampah sarap. 碎片;(遇难飞机等的)残骸。

**debt** *n.* hutang. 债;欠款;债务。**in ~** berhutang. 负债。

**debtor** *n.* si berhutang. 借方；债务人。

**debug** *v.t.* (*p.t. debugged*) membuang pijat, hama daripada. 驱除（臭虫、蚤、虱等）害虫；修整（机械或电脑程序等）的故障。

**debunk** *v.t.* (*colloq.*) membongkar; menunjukkan salah silap atau kepalsuan. 暴露缺点；揭穿面目；揭发。

**debut** *n.* kemunculan sulung di mata awam. 演员等的初次登台亮相；初次参加社交活动。

**debutante** *n.* gadis yang muncul buat kali pertamanya dalam majlis sosial. 初次登台亮相的女演员；初次参加社交活动的少女。

**deca-** *pref.* sepuluh. （前缀）表示"十"。

**decade** *n.* sepuluh tahun; dekad. 十年；十年间。

**decadent** *a.* mundur; merosot (moral). 堕落的；（道德）颓废的。**decadence** *n.* kemunduran; kemerosotan. 堕落；颓废；衰退。

**decaffeinated** *a.* nyahkafeina; kafeina dibuang atau dikurangi. （咖啡等）已除去咖啡因的。

**decagon** *n.* dekagon; rajah geometri bersegi sepuluh. 十角形；十边形。

**decagonal** *a.* dekagonal; bersegi sepuluh. 十边形的。

**Decalogue** *n.* Rukun Sepuluh (Nabi Musa). （基督教的）十诫。

**decamp** *v.i.* menghilangkan diri secara rahsia. 潜逃；逃亡。

**decanal** *a.* berkenaan dekan; di selatan koir (dalam gereja). 院长（或副主教等）的；教堂唱诗班南侧的。

**decant** *v.t.* menyaring; tuang cecair dari satu bekas ke satu bekas lain; (*colloq.*) pindah. 滤清；把（水、酒等）倾入另一容器；移注。

**decanter** *n.* botol arak bercembul yang digunakan untuk menyimpan arak sebelum dituang ke dalam gelas. 有塞子的玻璃酒瓶（盛沉淀的酒用）。

**decapitate** *v.t.* pancung; penggal kepala. 斩首；砍头。**decapitation** *n.* pemenggalan kepala. 斩首；砍头。

**decarbonize** *v.t.* menyahkarbonkan. 除去（碳素）。**decarbonization** *n.* penyahkarbonan. 脱碳作用。

**decathlon** *n.* dekatlon; olahragawan yang bertanding dalam 10 acara. 田径的十项运动。

**decay** *v.t./i.* reput. 腐烂；变坏；腐败。
—*n.* kereputan. 腐烂；变坏；腐败。

**decease** *n.* kematian. （人）死亡。

**deceased** *a.* si mati; mendiang. 已死的；已故者的。

**deceit** *n.* penipuan; perdayaan. 欺骗；欺诈；诡计。

**deceitful** *a.* bertujuan menipu; curang. 用以骗人的；欺诈的。**deceitfully** *adv.* dengan tujuan menipu. 骗人地；虚假地。

**deceive** *v.t.* tipu. 欺骗；欺诈。**deceiver** *n.* penipu. 骗子。

**decelerate** *v.t./i.* memperlahankan; mengurangkan kelajuan. 减速；降低速度。**deceleration** *n.* pengurangan kelajuan. 减速；降速。

**December** *n.* Disember. 十二月。

**decennial** *a.* peristiwa setiap sepuluh tahun; berlaku selama sepuluh tahun. 每十年发生一次的；十年间的。

**decent** *a.* sopan; santun; tertib. 正派的；（言行、举止、衣着等）合乎礼仪的；体面的。**decently** *adv.* dengan tertib. 体面地；端庄地。**decency** *n.* kesopanan; ketertiban. 合乎礼仪的言行举止；端庄；合适。

**decentralize** *v.t.* mengagih kuasa pusat; pindah (kuasa) dari pusat ke daerah. 权力下放；把权力从中央政府转到地方政府。**decentralization** *n.* pengagihan kuasa pusat. 权力下放。

**deception** *n.* penipuan. 欺骗；蒙骗。

**deceptive** *a.* mengelirukan; mengabui mata. 骗人的；瞒骗的。**deceptively** *adv.* kelihatan sahaja. 蒙蔽他人地；瞒骗地。

**deci-** *pref.* satu per sepuluh. （前缀）表示"十分之一"。

**decibel** *n.* desibel; unit ukuran bunyi. 分贝（音量单位）。

**decide** *v.t./i.* putuskan; memutuskan; membuat keputusan. 决定；下决心；判决；裁决。

**decided** *a.* tegas; nyata; jelas; tentu. 果断的；明确的；断然的。**decidedly** *adv.* nyata sekali; sudah tentu; pasti. 明确地；果断地；无疑地。

**deciduous** *a.* daun luruh; yang meluruhkan daun setiap tahun; luruh menurut waktu. 每年落叶的；(在某个生长期或季节内定期地)脱落的。

**decimal** *a.* perpuluh; persepuluh. 十数的；十进的。—*n.* perpuluhan. 小数。~ **currency** 10 atau 100 setiap unit. 十进（或百数）制通货。~ **fraction** persepuluh. 小数。~ **point** titik perpuluhan. 小数点。

**decimalize** *v.t.* tukar kepada sistem perpuluhan. 使变为小数。**decimalization** *n.* pertukaran kepada sistem perpuluhan. 采用十进制。

**decimate** *v.t.* musnah satu persepuluh; musnahkan sebahagian besar. 十中取一；(尤指对叛兵、逃兵等)杀死其大部分；(疾病等)使大部分人死亡。**decimation** *n.* pemusnahan. （人或物）大批地死亡；大大地减少。

**decipher** *v.t.* mentafsir (tulisan rahsia, kod, dsb). 译解（密码等）；辨读（潦草字迹等）。**decipherment** *n.* tafsiran; pentafsiran. 译解；辨读。

**decision** *n.* keputusan. 决定；判决；议决。

**decisive** *a.* muktamad; tegas. 决定性的；果断的。**decisively** *adv.* dengan tegas. 果断地；决定性地。

**deck**[1] *n.* dek (kapal); geladak. 甲板；舱板。**~-chair** *n.* kerusi dek. 帆布睡椅。

**deck**[2] *v.t.* berhias; menghiasi. 装饰；修饰。

**declaim** *v.t./i.* berpidato; mendeklamasikan. 演说；朗诵。**declamation** *n.* deklamasi; pidato. 朗诵；演说。**declamatory** *a.* bersifat pidato. 适于朗诵的；口若悬河的。

**declare** *v.t./i.* isytihar; dakwa; umumkan. 公布；声明；宣告。**declaration** *n.* pengisytiharan. 公布；声明。**declaratory** *a.* bersifat perisytiharan. 宣言的；布告的。

**declassify** *v.t.* mengubah status rahsia. 把机密文件等）公开。**declassification** *n.* pengubahan status. （密件等的）公开化。

**declension** *n.* deklensi; kelas kata nama dan kata sifat dengan bentuk fleksi yang sama. 变格；词形变化。

**declination** *n.* cerun curam; sudut selisih. 下倾；倾斜。

**decline** *v.t./i.* menolak; menurun; merosot. 向下倾斜；下降；衰落。—*n.* kemerosotan. 衰退；下落。

**declivity** *n.* landaian. 倾斜；下斜。

**declutch** *v.i.* nyahcekam. 脱开（汽车上的）离合器。

**decoct** *v.t.* merebus. 煎；煮；熬。

**decoction** *n.* perebusan; rebusan. 煎；煮；熬；煎汁；熬出的汁液。

**decode** *v.t.* mentafsir kod. 译（密码等）；解码。

**decoder** *n.* pentafsir kod. 译码计；解码器。

**decoke** *v.t.* (*colloq.*) menyahkarbonkan; membuang atau mencuci dakian karbon (daripada enjin). 除去（机器中的）碳素；脱碳。—*n.* (*colloq.*) penyahkarbonan. 脱碳；除碳作用。

*décolletage* *n.* leher baju potongan luas. （尤指女服）袒胸露肩衣的低领。

**decompose** *v.t./i.* reput; hancur; urai. 变坏；腐化；分解。**decomposition** *n.* pereputan; penguraian. 变坏；(有机物的)分解。

**decompress** *v.t.* menyahmampatkan; mengurangkan tekanan udara. 降压；使减压。**decompression** *n.* penyahmampatan. 降压；减压。

**decongestant** *n.* dekongestan; ubat pelega sesak (hidung, dsb.). 减充血剂。

**decontaminate** *v.t.* mendekontaminasikan; membuang cemaran atau kuman. 清除污染；净化；纯化。**decontamination** *n.* dekontaminasi. 净化；纯化（作用）。

**décor** *n.* dekor; gaya hiasan. （舞台、电影等的）布置；布景；装饰。

**decorate** *v.t.* hias; kurnia (pingat, bintang). 装饰；布置；颁授（勋章等）。**decoration** *n.* hiasan; pingat; bintang. 布置；装璜；勋章。

**decorative** *a.* berhias. 装饰性的；修饰的。**decoratively** *adv.* dengan berhias atau secara hiasan. 装饰地。

**decorator** *n.* juruhias; penghias. 装饰师；布置人员。

**decorous** *a.* sopan; santun; beradab. 有礼貌的；谦恭的；规矩的。**decorously** *adv.* dengan sopan. 有礼貌地；谦恭地。

**decorum** *n.* kesopanan; ketertiban. 礼貌；端庄；稳重。

**decoy**[1] *n.* umpan. （诱捕鸟兽用的）诱饵。

**decoy**[2] *v.t.* mengumpan. 诱捕（鸟兽等）。

**decrease** *v.t./i.* menyusutkan; mengurangkan. 减小；减少。—*n.* pengurangan; susutan. 减小；减少；减少量；减少额。

**decree** *n.* dekri; perintah. 法令；命令；敕令。—*v.t.* (pl. *decreed*) mengeluarkan dekri. 颁布（敕令）；下命令。

**decrepit** *a.* tua dan uzur; uzur. 老弱的；衰老的；年久失修的。**decrepitude** *n.* keuzuran. 老弱；衰老；年久失修。

**decretal** *n.* dekri paus. 法令；法规；（罗马教皇）教令。

**decry** *v.t.* mengutuk; mencela. 公开谴责；强烈反对；诋毁。

**dedicate** *v.t.* berbakti; usaha yang ditujukan, diserahkan khas kepada. 致力于；献身于；供奉。**dedication** *n.* bakti; kebaktian; dedikasi. 献身；奉献；供奉典礼。

**deduce** *v.t.* simpulkan; membuat kesimpulan. 推论；推断。**deducible** *a.* boleh dibuat kesimpulan. 可推论的；可推断的。

**deduct** *v.t.* tolak; potong. 扣除；减去。

**deductible** *a.* boleh ditolak. 可扣除的。

**deduction** *n.* pemotongan; kesimpulan. 扣除；折扣；扣除额；推论；演绎法。

**deductive** *a.* berdasarkan pertimbangan. 推论的；可演绎的；演绎的。

**deed** *n.* amalan; perbuatan; surat ikatan. 行为；作为；契约；证书。~ **poll** surat ikatan pol; surat ikatan yang dibuat oleh satu pihak sahaja sebagai satu deklarasi rasmi. 单务契约（即只有一方执行的契约）。

**deem** *v.t.* anggap; percaya; fikir; kira. 认为；相信；持某种看法。

**deep** *a.* (*-er*, *-est*) dalam. 深的；深处的；有深度的；深奥的；深远的。**~-freeze** *n.* peti sejuk beku lampau. 电冰箱；冷藏室。—*v.t.* menyimpan dalam peti ini. 冷冻；冷藏。**deeply** *adv.* dengan mendalam. 深深地。**deepness** *n.* kedalaman. 深度；深处；深渊。

**deepen** *v.t./i.* mendalami; jadi bertambah dalam. 使深沉；加深；变深；加浓。

**deer** *n.* (pl. *deer*) rusa. 鹿。

**deerstalker** *n.* topi pemburu (rusa); topi kain yang bermuncung di hadapan dan belakang. （前后都有鸭舌的）旧式猎帽。

**def** *a.* (*sl.*) sangat baik. 非常好的。

**deface** *v.t.* merosakkan (rupa). 损伤（外表等）；涂没（碑文等）；注销。**defacement** *n.* perbuatan merosakkan. 损伤外表；涂掉；注销。

**de facto** pada hakikatnya. 实际的；事实上的。

**defalcate** *v.i.* menggelapkan wang. 盗用公款；侵吞公款。**defalcation** *n.* penyalahgunaan (wang). 盗用公款。

**defamatory** *a.* bersifat umpatan atau fitnah. 毁谤的；诋毁的。

**defame** *v.t.* memfitnah; mengumpat. 毁谤；中伤；破坏（他人）名誉。**defamation** *n.* fitnah. 毁谤；中伤。

**default** *v.i.* mungkir; gagal memenuhi kewajipan. 违约;违反协议。—*n.* kemungkiran. 违约;拖欠。 **defaulter** *n.* pemungkir; orang yang mungkir. 违约者;拖欠者。

**defeat** *v.t.* kalahkan; tewaskan. 打败;击败;战胜。—*n.* kekalahan; ketewasan. 失败;战败。

**defeatist** *n.* orang yang mudah mengaku kalah, berputus asa. 失败主义者。 **defeatism** *n.* sifat mudah mengaku kalah, berputus asa. 失败主义。

**defecate** *v.i.* meninja; buang air besar. 排粪;通便;净化。 **defecation** *n.* peninjaan. 排粪;通便。

**defect**[1] *n.* kerosakan; kecacatan; kecelaan. 缺点;缺陷;瑕疵。

**defect**[2] *v.i.* belot; berpaling tadah. 背叛;叛变;逃走。 **defection** *n.* pembelotan. 叛变;变节。 **defector** *n.* pembelot. 背叛者;叛徒;变节者。

**defective** *a.* rosak; cacat. 有缺点的;有瑕疵的;有缺陷的。 **defectiveness** *n.* kerosakan; kecacatan. 缺点;瑕疵;缺陷。

**defence** *n.* pertahanan; pembelaan. 防御;防卫;保护。

**defenceless** *a.* tanpa pertahanan; tidak berdaya. 无防御的;无防备的;不设防的。

**defend** *v.t.* membela; mempertahankan. 辩护;防守;保卫。 **defender** *n.* pembela. 辩护人;防御者;保卫者。

**defendant** *n.* defendan; orang yang dituduh atau didakwa. 被告。

**defensible** *a.* boleh dibela atau dipertahankan. 能辩护的;能防御的。 **defensibility** *n.* keadaan boleh dibela atau dipertahankan. 能辩护程度;防御度。

**defensive** *a.* digunakan atau dilakukan sebagai pertahanan. 防御的;防卫的;辩护的。 **on the ~** bersikap mempertahankan. 采取守势;处于防御状态。 **defensively** *adv.* dengan sikap mempertahankan. 自我保护地;防御性地。

**defer**[1] *v.t.* (*p.t.* *deferred*) tangguh; tunda. 拖延;展缓;延搁;延期。 **deferment** *n.* penangguhan; penundaan. 延期;展期。

**deferral** *n.* penangguhan; penundaan. 推迟;延期;缓役。

**defer**[2] *v.i.* (*p.t.* *deferred*) turut; mengalah. 服从;遵从;听从。

**deference** *n.* perasaan horn.at; penghormatan. 遵从;尊重;敬重。 **deferential** *a.* bersifat menghormati; penghormatan. 恭敬的;表示敬意的。 **deferentially** *adv.* dengan hormat. 尊敬地;恭敬地。

**defiance** *n.* keingkaran; bantahan; tentangan. 违抗;挑战;挑衅。 **defiant** *a.* ingkar. 违抗的;挑衅的。 **defiantly** *adv.* dengan ingkar. 反抗地;挑衅地。

**deficiency** *n.* kekurangan. 缺乏;不足。

**deficient** *a.* kurang. 缺乏的;不足的。

**deficit** *n.* defisit; kurangan. 不敷;不足;赤字。

**defile**[1] *n.* kancing. 峡谷;隘道。

**defile**[2] *v.t.* noda; cemar; mengotori. 污损;亵渎。 **defilement** *n.* penodaan; pencemaran; pengotoran. 污点;玷污;败坏。

**define** *v.t.* mentakrifkan. 下定义;立界限;弄明确。 **definable** *a.* dapat ditakrif. 可解释的;可下定义的。

**definite** *a.* tentu; pasti; tetap; jelas. 确定的;肯定的;明确的。 **definitely** *adv.* tentu sekali; dengan pasti. 肯定地;明确地。

**definition** *n.* takrif; takrifan; definisi. 定义;释义;界说。

**definitive** *a.* tentu; tetap; muktamad. 明确的;确定的;决定性的。

**deflate** *v.t./i.* menjadi kempis; mengempiskan. (气球、轮胎等)泄气;使泄气;抽气。 **deflation** *n.* pengempisan; deflasi (ekonomi). 泄气;放气;通货收缩。

**deflationary** *a.* bersifat deflasi. 泄气的;通货收缩的。

**deflect** *v.t./i.* terpesong; melencong. 使偏斜;使转向;使弯曲。 **deflection** *n.* pemesongan. 偏斜；偏度；挠度。**deflector** *n.* pemesong. 致偏器；导向装置。

**deflower** *v.t.* memecahkan dara. 奸污（处女）；破坏贞操。

**defoliate** *v.t.* meranggas; meluruh atau merosakkan daun. 使落叶；除叶。**defoliant** *n.* bahan kimia perosak daun. 脱叶剂；落叶剂。**defoliation** peranggasan. 落叶；叶子的脱落。

**deforest** *v.t.* membasmi hutan. 砍伐森林。**deforestation** *n.* pembasmian hutan. 森林砍伐。

**deform** *v.t.* mencacati (bentuk). 使变形；使不成形。**deformation** *n.* pencacatan. 变丑；损形。

**deformity** *n.* kecacatan. 畸形；残废。

**defraud** *v.t.* menipu; memfraud. 欺骗；诈取。

**defray** *v.t.* membayar; membiayai. 支付；支给。**defrayal** *n.* pembayaran; pembiayaan. 支付；支出。

**defrost** *v.t./i.* mencairbekukan. 解冻；去冰霜。

**deft** *a.* (*-er, -est*) cekap; mahir. 灵巧的；熟练的。**deftly** *adv.* dengan cekap atau mahir. 灵巧地；熟练地。**deftness** *n.* kecekapan; kemahiran. 灵巧；熟练。

**defunct** *a.* mati; tidak wujud lagi. 已死的；已不存在的；已停刊的。

**defuse** *v.t.* menanggalkan fius; meredakan. 拆除（炸弹的）信管；缓和紧张局势。

**defy** *v.t.* lawan; bantah; cabar. 公然反抗；向⋯挑战。

**degenerate**[1] *v.i.* merosot; menjadi lebih buruk. 衰退；退化。**degeneration** *n.* kemunduran; kemerosotan. 衰退；退化。

**degenerate**[2] *a.* mundur; merosot. 堕落的；衰退的。**degeneracy** *n.* kemerosotan. 堕落；衰退。

**degrade** *v.t.* merendahkan; mengaibkan; memalukan. 降格；降级；贬黜；使卑微。**degradation** *n.* perbuatan merendahkan, mengaibkan atau memalukan. 降级；免职；堕落。

**degree** *n.* darjah; kadar; ijazah. 程度；等级；阶层；度数；学位。

**dehumanize** *v.t.* menghilangkan sifat kemanusiaan. 使失去人性；使失去个性。**dehumanization** *n.* penghilangan sifat kemanusiaan. 非人化；灭绝人性。

**dehydrate** *v.t./i.* menyahhidratkan; menghilangkan air atau kelembapan. 脱水；使干燥。**dehydration** *n.* penyahhidratan. 脱水现象。

**de-ice** *v.t.* menyahais; menghalang pembentukan ais. 除去⋯的冰霜；防止⋯上结冰。**de-icer** *n.* penyahais. 防冰设备；去冰器。

**deify** *v.t.* mendewakan. 奉为神明。**deification** *n.* pendewaan. 祀为神；神化。

**deign** *v.t.* sudi; rela; sanggup. 屈尊；俯就；赐予。

**deism** *n.* deisme; percaya akan kewujudan makhluk suci tanpa menerima wahyu. 自然神论。

**deity** *n.* dewa; tuhan. 神；上帝。

*deja vu* perasaan seseorang yang telah pernah mengalami sesuatu. 记忆幻觉；似曾相识症。

**dejected** *a.* kecewa; muram; sedih. 沮丧的；情绪低落的；失意的。

**dejection** *n.* kekecewaan; kemuraman; kesedihan. 沮丧；忧戚；失意。

**delay** *v.t./i.* menunda; melambatkan. 延迟；拖延；耽搁。—*n.* penundaan; kelewatan. 延迟；耽搁。

**delectable** *a.* seronok; senang; menarik. 令人愉快的；美味的。

**delectation** *n.* keseronokan. 欢乐；享乐。

**delegacy** *n.* perwakilan; delegasi. 选出代表；代表权；代表团。

**delegate**[1] *n.* wakil. 代表；特派员。

**delegate**[2] *v.t.* mewakilkan. 代表（某团体等）；委派（代表）。

**delegation** *n.* perwakilan. 委派；代表团；派遣。

**delete** *v.t.* potong. 删除；擦掉。**deletion** *n.* pemotongan; bahagian yang dipotong. 删除；删除的部分。

**deleterious** *a.* merosakkan. 有害身心的；有毒的。

**delft** *n.* sejenis tembikar. (荷兰)德尔夫特彩釉陶器。

**deliberate**[1] *a.* disengajakan; perlahan-lahan. 故意的；蓄意的；从容的。**deliberately** *adv.* dengan sengaja; dengan perlahan-lahan. 故意地；蓄意地；从容不迫地。

**deliberate**[2] *v.t./i.* mempertimbangkan. 深思熟虑；思考。

**deliberation** *n.* pertimbangan dengan berhati-hati. 深思熟虑；慎重。

**deliberative** *a.* bersifat atau secara rundingan. 深思熟虑的；慎重的。

**delicacy** *n.* kehalusan; makanan istimewa. 精致；精巧；美味的菜肴。

**delicate** *a.* halus; seni; lemah lembut. 精致的；精巧的；优雅的；柔弱的。**delicately** *adv.* dengan halus; dengan lemah lembut. 精致地；脆弱地。

**delicatessen** *n.* delikatesen; kedai yang menjual makanan istimewa yang sudah tersedia. 熟食店；现成食品店。

**delicious** *a.* lazat; sedap; enak. 美味的；可口的；好吃的。**deliciously** *adv.* dengan lazatnya. 芬芳地；可口地。

**delight** *n.* keseronokan; kegembiraan. 高兴；愉快；嗜好。—*v.t./i* menyeronokkan. 使高兴；使欢喜。**delightful** *a.* bersifat menyeronokkan atau menggembirakan. 快乐的。**delightfully** *adv.* dengan seronok; dengan gembira. 高兴地；愉快地。

**delimit** *v.t.* membatasi; menyempadani. 为…定界；划界。

**delineate** *v.t.* menggariskan; menggambarkan. 勾画；描绘。**delineation** *n.* menggariskan; penggambaran. 描绘；勾画。

**delinquent** *a.* & *n.* (orang) yang bersalah. 违例者(的)（尤指少年罪犯）。**delinquency** *n.* perbuatan salah. 青少年的不法行为；罪行。

**deliquesce** *v.i.* melembap cair. 融化；潮解。**deliquescence** *n.* pelembapcairan. 潮解；潮解物。**deliquescent** *a.* lembap cair. 容易潮解的；容易吸收湿气的。

**delirium** *n.* racauan; keriuhan; keseronokan yang melampau. 胡言乱语；谵妄；(因过于兴奋而)疯狂。**delirious** *a.* meracau; terlampau seronok. 胡言乱语的；谵妄的；乐极忘形的。**deliriously** *adv.* dengan meracau; dengan terlampau seronok. 胡言乱语地；乐极忘形地。

**deliver** *v.t.* hantarkan; serahkan; sampaikan; selamatkan; tujukan; bebaskan; bidankan. 交付；递送；移交；发表；提供；解救；引渡；喷出；释放；分娩。**deliverer** *n.* penyelamat. 救助者；递送者。**delivery** *n.* penghantaran; penyerahan; penyampaian; bersalin. 交付；递送；移交；发表；引渡；释放；分娩。

**deliverance** *n.* terselamat; pembebasan. 解脱；被释放。

**dell** *n.* lembah kecil yang berpokok. 两侧长满树木的小山谷。

**delphinium** *n.* sejenis tumbuhan berbunga biru. 飞燕草。

**delta** *n.* delta; huruf D Yunani (Greek) yang ditulis D; lanar di muara sungai. 希腊文的第四个字母；河口的三角洲。

**delude** *v.t.* memperdaya; menipu. 欺骗；哄骗；愚弄。

**deluge** *n.* & *v.t.* bah; banjir; membanjiri. 泛滥；水灾；淹没。

**delusion** *n.* penipuan; pendayaan; delusi; khayalan. 欺骗；受惑；错觉；幻觉；妄想。

**delusive** *a.* yang memperdaya; yang bersifat delusi. 欺骗的；令人发生错觉的；误导的。

**de luxe** terbagus; terbaik; bermutu tinggi; mewah. 最佳的；高级的；奢侈的；豪华的。

**delve** *v.i.* selidiki. 探究；钻研。

**demagogue** *n.* demagog; orang yang mendapat sokongan ramai kerana berjaya memikat perasaan dan prasangka umum. 善于煽动民心以取得支持的人；煽动家。

**demand** *n.* permintaan; tuntutan. 要求；请求；需求。—*v.t.* tuntut; perlu; memerlukan. 追究；需要；要求。

**demanding** *a.* suka sangat mendesak; memerlukan kemahiran dan tenaga yang banyak. 要求高的；费力的；需要技能的。

**demarcation** *n.* perenggan; batasan; sempadan. 界限；区分；定界。

**demean** *v.t.* merendahkan maruah. 降低身分；贬低人格。

**demeanour** *n.* perangai; kelakuan; tabiat; tingkah laku. 态度；行为；举止；品行。

**demented** *a.* gila; sasau. 疯狂的；发狂的。

**dementia** *n.* demensia; sejenis penyakit otak. 痴呆症。

**demerara** *n.* gula merah. （奎亚那）淡褐色蔗糖。

**demerit** *n.* kelemahan; kekurangan. 过失；缺点。

**demesne** *n.* domain; tanah sendiri. 范围；领域；土地的占有。

**demi-** *pref.* demi-; separa. （前缀）表示"半；部分；略小"。

*demi-monde* *n.* kelas wanita tidak bermoral. 不正派的女人；名声不好的女人；娼妓界。

**demilitarize** *v.t.* menjadi (kawasan) bebas tentera. (按条约) 解除武装；非军事化；使成为非军事区。

**demise** *n.* kematian. 死亡。

**demisemiquaver** *n.* demisemikuaver; satu ukuran nota muzik. 三十二分音符。

**demist** *v.t.* menyahkabuskan; menghilangkan kabus. 除去（挡风玻璃等的）雾水。 **demister** *n.* penyahkabus; alat penghapus kabus. 除雾器。

**demo** *n.* (pl. -*os*) (*colloq.*) demonstrasi; tunjuk perasaan. 示范；示威。

**demob** *v.t.* (p.t. *demobbed*) (*colloq.*) melepaskan dari perkhidmatan tentera. (让军人等) 复员；遣散。—*n.* penamatan perkhidmatan tentera yang dikerah. 复员。

**demobilize** *v.t.* dihentikan atau ditamatkan dari perkhidmatan tentera. 使复员；遣散。 **demobilization** *n.* penghentian atau penamatan perkhidmatan tentera. 复员；遣散。

**democracy** *n.* demokrasi. 民主制度；民主主义；民主政体。

**democrat** *n.* demokrat; penyokong demokrasi. 民主主义者。 **Democrat** ahli Parti Demokratik A.S. （美国）民主党党员。

**democratic** *a.* bersifat demokrasi. 民主的；民主制度的；民主主义的。 **democratically** *adv.* secara demokrasi. 民主地；平等地。

**democratize** *v.t.* mendemokrasikan. 使民主化；使平民化。 **democratization** *n.* pendemokrasian. 民主化；平民化。

**demography** *n.* demografi; pengkajian statistik kehidupan dalam komuniti manusia. 人口统计学；户口学。 **demographic** *a.* secara demografi. 人口统计学的；人口统计的。

**demolish** *v.t.* meruntuhkan; merobohkan; memusnahkan. 拆毁；毁坏；破坏。

**demolition** *n.* peruntuhan; perobohan; pemusnahan. 拆毁；毁坏；破坏。

**demon** *n.* pelesit; hantu; syaitan. 鬼；恶魔。 **demonic** *a.* seperti pelesit atau syaitan. 恶魔似的；恶魔的。 **demoniacal** *a.* jahat (seperti dirasuk pelesit atau syaitan). 如着魔般凶恶的。

**demonstrable** *a.* yang boleh ditunjukkan atau dibuktikan. 可证明的；可示范说明的。 **demonstrably** *adv.* dengan cara yang boleh ditunjukkan atau dibuktikan. 证据确凿地；明显地。

**demonstrate** *v.t./i.* menunjukkan; membuktikan; menunjuk perasaan. 示范；表示；证明；论证；示威。 **demonstration** *n.* tunjuk perasaan. 示威；示威运动。

**demonstrator** *n.* penunjuk perasaan. 示威者。

**demonstrative** *a.* berkenaan menunjukkan atau menggambarkan; bersifat menunjukkan perasaan seseorang. 示范性的；说明的；示威的。**demonstratively** *adv.* dengan cara yang menunjuk. 示范性地；示威性地。

**demoralize** *v.t.* melemahkan semangat. 使道德败坏；使士气低落。**demoralization** *n.* lemahnya semangat. 道德败坏。

**demote** *v.t.* jatuh atau turun pangkat, darjat. 降级。**demotion** *n.* penjatuhan, penurunan pangkat. 降级。

**demur** *v.i.* (p.t. *demurred*) sangkal; bantah; bangkang. 推却；反对；表示异议。—*n.* bantahan; bangkangan. 反对；异议。

**demure** *a.* pendiam dan serius. 娴静的；拘谨的；严肃的。**demurely** *adv.* dengan diam dan serius. 文雅端庄地。**demureness** *n.* sifat pendiam dan serius. 文雅端庄。

**demurrer** *n.* bantahan terhadap pendapat lawan. 异议；抗辩。

**den** *n.* sarang; tempat tersembunyi. 窝；兽穴；匪窟。

**denary** *a.* kesepuluh; perpuluhan. 十的；十进的。

**denationalize** *v.t.* menswastakan. 使(国营企业或机构)私营化；使非国有化。**denationalization** *n.* penswastaan. 私营化。

**denature** *v.t.* menyahaslikan; mengubah sifat semula jadi. 改变(物质等的)性质；变性。

**deniable** *a.* boleh dinafikan. 可否认的；可拒绝的。

**denial** *n.* penafian; sangkalan. 否认；推却；拒绝。

**denier** *n.* denier; unit ukuran kehalusan benang. 纤度；紫(生丝纤度单位)。

**denigrate** *v.t.* merendahkan; memburukburukkan. 贬低；毁坏(名誉等)。

**denigration** *n.* cacian; celaan. 毁坏名誉；涂黑。

**denim** *n.* denim; kain twil yang tebal; (*pl.*) seluar denim. 斜纹粗棉布；细帆布；(用斜纹粗棉布制成的)工作服。

**denizen** *n.* penghuni; penduduk; orang atau tumbuhan yang tinggal di sesuatu tempat. 居民；在某地恒久生存或生长的人或动植物。

**denominate** *v.t.* menamai. 为…命名；取名为。

**denomination** *n.* nama; gelaran; mazhab; kelas unit ukuran. 命名；名称；教派派别；(度量衡等的)单位。

**denominational** *a.* daripada sesuatu mazhab. 教派的；宗派的。

**denominator** *n.* penyebut; angka pembawah pecahan. 命名者；分母。

**denote** *v.t.* bererti; menandakan; melambangkan. 指示；意味；表示。**denotation** *n.* pengertian; penandaan. 意味；表示。

**denouement** *n.* penutup kisah; akhiran cerita apabila likuan plot dijelaskan. (小说、戏剧等的)结局；收场；结尾。

**denounce** *v.t.* kecam; kutuk. 谴责；斥责；痛斥；告发。

**dense** *a.* (*-er, -est*) padat; tebal; tumpul; bodoh. 稠密的；浓厚的；愚钝的；笨拙的。**densely** *adv.* dengan padat; dengan tebal. 稠密地；浓厚地。**denseness** *n.* kepadatan; ketebalan; kebodohan. 稠密；浓厚；愚钝。

**density** *n.* densiti; kepadatan; ketebalan; kepekatan. 密度；稠密度；密集度。

**dent** *n.* kemik; lekuk. 凹；凹痕；压痕。—*v.t./i.* menjadi kemik atau lekuk. 使凹下；凹入。

**dental** *a.* berkaitan dengan gigi. 牙齿的；牙科的；齿音的。

**dentate** *a.* bergigi; bertakik. 有牙齿的；(叶子)锯齿状的。

**dentifrice** *n.* dentifris; bahan pencuci gigi. 牙粉；牙膏。

**dentine** *n.* dentin; tisu keras yang membentuk gigi. 牙质；牙本质。

**dentist** *n.* doktor gigi. 牙医。

**dentistry** *n.* pergigian. 牙科；牙科医术；牙医业。

**dentition** *n.* kegigian; penyusunan gigi. 出牙；出牙期；牙系。

**denture** *n.* dentur; gigi palsu. 假牙。

**denude** *v.t.* menggondolkan; memusnahkan. 剥光；使光秃；剥夺。**denudation** *n.* penggondolan. 剥裸；除光。

**denunciation** *n.* pengecaman; pengutukan. 恐吓；警告；指责；弹劾。**denunciatory** *a.* kecaman; kutukan. 恐吓的；指责的。

**deny** *v.t.* menafikan. 否认；否定；不接受。~ **oneself** menahan diri daripada sesuatu. 克己；自制。

**deodorant** *n.* deodoran. 除臭剂。

**deodorize** *v.t.* menghilangkan bau. 除臭；防臭。**deodorization** *n.* penghilangan bau. 脱臭作用。

**deoxyribonucleic acid** asid deoksiribonukleik; sebatian yang menyimpan maklumat genetik dalam kromosom. 脱氧核糖核酸。

**depart** *v.t./i.* pergi; berangkat; bertolak; meninggalkan. 离开；出发；（火车等）开行；死亡；消失。

**department** *n.* bahagian; jabatan. 部门；局；（学校、学术机构等的）系；学部。~ **store** kedai serbaneka; kedai dengan pelbagai bahagian yang menjual barangan yang berlainan. 百货商店；百货公司。

**departmental** *a.* berkenaan bahagian, jabatan. 部门的；局的；科系里的。

**departure** *n.* pemergian; keberangkatan; penyimpangan. 离开；出发；开行；背离；起点。

**depend** *v.t./i.* ~ **on** harap; percaya; bergantung. 取决于；信任；凭靠。

**dependable** *a.* boleh diharap atau dipercayai. 可靠的；可信赖的。

**dependant** *n.* (orang) tanggungan. 受赡养者；靠他人生活的人。

**dependence** *n.* pengharapan; pergantungan. 依靠；依赖；靠山。

**dependency** *n.* jajahan; taklukan. 从属；属地；属国。

**dependent** *a.* bergantung kepada; tertakluk kepada. 依靠的；依赖的。

**depict** *v.t.* papar; tunjuk; lukiskan; gambarkan. 叙述；描写；刻画。**depiction** *n.* paparan; penunjukan; lukisan; gambaran. 叙述；描绘。

**depilatory** *a. & n.* depilatori; bahan untuk membuang rambut, bulu. 脱毛的；脱毛剂。

**deplete** *v.t.* menghabiskan; mengurangkan. 耗尽；减少；耗损。**depletion** *n.* pengurangan. 减少；耗损。

**deplorable** *a.* amat buruk; amat dikesali. 悲惨的；可叹的；悔恨的。**deplorably** *adv.* sungguh mengecewakan. 悔恨地。

**deplore** *v.t.* kesal. 悔恨；悲悼；痛惜。

**deploy** *v.t./i.* berpecah dan mengatur kedudukan. 展开；部署。**deployment** *n.* pemecahan; pembahagian; penempatan. 展开；部署；调度。

**depopulate** *v.t.* mengurangkan penduduk. （战争等）使人口减少；灭绝（某地的）人口。**depopulation** *n.* pengurangan penduduk. 人口的减少。

**deport** *v.t.* membuang negeri. 流放；放逐；驱逐出境。**deportation** *n.* pembuangan negeri. 驱逐出境。

**deportment** *n.* kelakuan; cara berdiri atau berjalan. 行为；举止；风度。

**depose** *v.t./i.* memecat; naik saksi; mengangkat sumpah. 罢免；废黜；证实；宣誓证实。

**deposit** *v.t.* (p.t. *deposited*) meletakkan; memendapkan; membayar cengkeram; menyimpan. 放置；使沉淀；付保证金；储存。—*n.* mendapan; cengkeram; wang yang dibayar sebagai jaminan; deposit; jumlah wang yang dimasukkan ke dalam bank. 沉淀；保证金；押金；银行存款。**depositor** *n.* penyimpan. 储户；存放者。

**depositary** *n.* pemegang simpanan yang diamanahkan. 受托人；保管人。

**deposition** *n.* pemecatan; pemberian keterangan bersumpah; pemendapan. 废黜；罢免；宣誓作证；沉淀。

**depository** *n.* stor; gudang; gedung; tempat simpanan. 贮藏所；仓库；寄存处。

**depot** *n.* gedung; ibu pejabat; (*A.S.*) stesen bas atau kereta api. 贮藏所；(交通工具的) 总站；火车站；航空站。

**deprave** *v.t.* merosakkan akhlak. 败化(品德等)；使堕落。**depravation** *n.* kerosakan akhlak. 堕落；颓废。

**depravity** *n.* kehinaan; perbuatan yang keji. 堕落；腐化堕落的行为。

**deprecate** *v.t.* menyatakan tidak setuju; menafikan dengan sopan. 抗议；对…表示不赞成；祈求免于。**deprecation** *n.* pernyataan tidak setuju; penafian. 不赞成；反对；辩解。**deprecatory** *a.* menunjukkan rasa tidak setuju. 表示不赞成的；不以为然的。

**depreciate** *v.t./i.* susut nilai; memperkecil-kecilkan. 减值；贬值；贬低；轻视。

**depreciation** *n.* susut nilai; pengurangan nilai. 减值；贬值；降价。

**depreciatory** *a.* bersifat memperkecilkan. 藐视的；贬低的。

**depredation** *n.* perampasan; pemusnahan; pembinasaan. 劫掠；蹂躏；破坏。

**depress** *v.t.* menekan; gundah; meleset; menyedihkan. 压下；压低；使消沉；使伤心。

**depression** *n.* kesedihan; kemelesetan. 压低；忧伤；消沉；萧条；低气压；凹地。**depressive** *a.* tertekan; tertindas. 抑压的；令人沮丧的。

**deprive** *v.t.* lucut; halang. 使丧失(权利等)；剥夺。**deprival** *n.* pelucutan; halangan. (权利等的) 剥夺；褫夺。

**deprivation** *n.* pelucutan. 剥夺；褫夺之例。

**depth** *n.* kedalaman. 深；深度；(色泽的) 浓度；(声音的) 低沉；(感情的) 深厚。**~-charge** *n.* bom yang dapat meletup di dalam air. 深水炸弹。**out of one's ~** terlalu dalam untuk berdiri (di dalam air); mencuba sesuatu melebihi kebolehan seseorang. 在过深的水中；非(某人)能力所及；非(某人)所能理解。

**deputation** *n.* perwakilan; utusan. 代表；代理。

**depute** *v.t.* mewakilkan. 委托代理；为…的代理。

**deputize** *v.i.* mewakili. 做代理人；受委任为代表。

**deputy** *n.* wakil; timbalan; pemangku. 代理；代表；副执行人员；署理人。

**derail** *v.t.* tergelincir (dari landasan). 使(火车)出轨。**derailment** *n.* kejadian kereta api tergelincir. 出轨。

**derange** *v.t.* menjadikan gila. 使精神错乱；使发狂。**derangement** *n.* kegilaan. 狂乱；精神错乱。

**Derby** *n.* perlumbaan kuda tahunan di Epsom (Britain); pertandingan penting. 德比马赛；在英国埃普索姆唐斯举行的一年一度赛马盛会；大竞赛。

**derelict** *a.* terbiar. 玩忽职守的；被抛弃了的。

**dereliction** *n.* keterbiaran; pengabaian. 玩忽职守；疏忽。

**deride** *v.t.* mengejek; mempersenda. 愚弄；嘲笑。

**derision** *n.* ejekan; bahan senda. 嘲弄；嘲笑；被嘲笑的人或事物。

**derisive** *a.* mengejek. 嘲弄的；被嘲笑的。**derisively** *adv.* secara mengejek. 愚弄地；嘲笑地。

**derisory** *a.* bersifat mengejek. 嘲弄的；值得嘲笑的。

**derivative** *a. & n.* (benda) yang diperoleh; terbitan. 衍生物(的)；衍生(的)；派生物(的)；派生(的)。

**derive** *v.t./i.* berasal dari; diperoleh daripada. 来自；由…而来。**derivation** *n.* asalan; pemerolehan. 出处；由来；衍生。

**dermatitis** *n.* dermatitis; sejenis penyakit kulit. 皮肤炎；皮炎。

**dermatology** *n.* ilmu kaji kulit; dermatologi. 皮肤病学。**dermatologist** *n.* pakar kaji kulit; ahli dermatologi. 皮肤病学家;皮肤科医生。

**derogate** *v.i.* menjejaskan; mengurangkan. 毁损(名誉等);减损(权威等)。**derogation** *n.* pengurangan. 毁损;减损。

**derogatory** *a.* menghina; merendahkan. 贬低的;毁损的;减损的。**derogatorily** *adv.* secara menghina. 贬低地。

**derrick** *n.* derik; jentera pengangkut muatan berat; pelantar penggali minyak, dsb. 动臂起重机;油井架。

**derris** *n.* racun serangga. 鱼藤属植物;鱼藤制剂(一种杀虫剂)。

**derv** *n.* bahan api (minyak) untuk enjin diesel. 柴油机燃料。

**dervish** *n.* darwis; ahli tarikat. 伊斯兰教的苦修教士。

**desalinate** *v.t.* menyahmasinkan; menyahgaramkan; memisahkan garam daripada (terutama air laut). 脱盐。**desalination** *n.* penyahgaraman. 脱盐作用。

**descant** *n.* iringan untuk melodi utama. 伴唱;伴奏。—*v.i.* bercakap dengan panjang lebar. 详谈;评论。

**descend** *v.t./i.* turun; merendahkan maruah. 下降;下倾;降低身分;衰落。**be descended from** mempunyai asal usul, salasilah keluarga atau keturunan. 系出;是…的后裔。

**descendant** *n.* keturunan. 后裔;子孙。

**descent** *n.* turun; cerun; keturunan; serangan mengejut. 下降;家世;世系;袭击。

**describe** *v.t.* menghuraikan; memerikan; menggambarkan. 叙述;形容;绘制。

**description** *n.* huraian; penghuraian; pemerian; gambaran. 叙述;说明;绘制。

**descriptive** *a.* bersifat menghurai. 叙述的;说明的。

**descry** *v.t.* (ter)nampak. 远远地看到;(由调查等)发现;辨认出。

**desecrate** *v.t.* mencemarkan; mencabuli; menghina (benda suci, kudus, keramat). 亵渎;玷污;把(圣洁之物)俗用。**desecration** *n.* pencemaran; pencabulan; penghinaan. 亵渎神灵;玷污;轻蔑的态度。**desecrator** *n.* pencemar; pencabul. 亵渎神灵的人;态度轻蔑的人。

**desegregate** *v.t.* menghapuskan pengasingan kaum, kumpulan. 废除(种族)隔离。**desegregation** *n.* penghapusan pengasingan kaum, kumpulan. 种族隔离政策的废除。

**deselect** *v.t.* undi menolak calon. 中途淘汰(培训中的选手等)。

**desert**[1] *n. & a.* gurun; padang pasir. 沙漠(的);荒漠(的)。

**desert**[2] *v.t./i.* abai; tinggalkan perkhidmatan ketenteraan tanpa izin. 抛弃;丢弃;逃役。**deserter** *a.* orang yang meninggalkan perkhidmatan ketenteraan tanpa izin. 逃兵。**desertion** *n.* pengabaian; peninggalan tanpa izin. 抛弃;逃走;逃亡。

**deserts** *n.pl.* balasan; apa yang patut diterima. 功过;应得的奖赏(或处罚)。

**deserve** *v.t.* patut; berhak. 应得;值得;应受(赏罚)。**deservedly** *adv.* memang patut. 理所当然地;该奖(罚)地。

**déshabillé** *n.* berkeadaan berpakaian tidak sempurna. 衣著随便。

**desiccate** *v.t.* jemur; mengeringkan. 晒干;弄干;使脱水。**desiccation** *n.* pengeringan. 干化;干燥。

**desideratum** *n.* (pl. *-ta*) benda yang diperlukan. 急需品;需要物。

**design** *n.* reka bentuk; lakaran; corak; tujuan. 设计;草图;图案;目的。—*v.t.* mereka bentuk; merancang. 设计;策划;画(图案等)。**designedly** *adv.* dengan tujuan, hasrat atau maksud. 有计划地;有阴谋地;故意地。**designer** *n.* pereka bentuk. 设计师;制图员。

**designate**[1] *a.* bakal; sudah dilantik tetapi belum dirasmikan. 指定的;选定的;已内定的。

**designate²** *v.t.* menggelar; menandakan; melantik ke sesuatu jawatan. 指明；指定；选定；称为。**designation** *n.* gelaran; pelantikan. 称号；称呼；任命；选派。

**designing** *a.* licik; penuh muslihat. 狡猾的；有野心的；有阴谋的。

**desirable** *a.* mengghairahkan; layak diidami; diingini. 希望得到的；渴望的；理想的。**desirability** *n.* keadaan diingini. 值得想望的事物；可取之处；有利条件。

**desire** *n.* idaman; keinginan; hasrat; nafsu berahi. 欲望；愿望；想要的事物。— *v.t.* idam; ingin; hasrat; hajat; pinta. 渴望；欲望；期望。

**desirous** *a.* ingin; berhasrat. 想要的；渴望的。

**desist** *v.i.* berhenti daripada (berbuat sesuatu). 停止；打消。

**desk** *n.* meja tulis. 书桌；办公桌；写字台。

**desktop** *a.* (mikrokomputer) sesuai digunakan di meja. （电脑等）台式的。

**desolate** *a.* lengang; terbiar; usang; sepi; sunyi; terpencil. 荒芜的；颓废的；孤寂的；凄凉的。**desolated** *a.* rasa sepi; gundah. 感到被遗弃的；难过的；忧愁的。**desolation** *n.* kelengangan; kesepian. 渺无人烟；孤寂凄凉。

**despair** *n.* perasaan putus asa; putus harapan. 绝望；丧失信心。

**desperado** *n.* (pl. *-oes*) bajingan; penyangak; penjahat nekad; penjenayah yang sanggup melakukan apa saja. 亡命之徒；暴徒；胆大妄为之徒。

**desperate** *a.* sungguh; teruk; nekad; habis ikhtiar; terdesak. 极端的；绝望的；铤而走险的；孤注一掷的；拼死的。**desperately** *adv.* dengan nekad; bersungguh-sungguh. 铤而走险地；孤注一掷地。

**desperation** *n.* kesungguhan; kenekadan; keadaan terdesak. 绝望；铤而走险；拼命。

**despicable** *a.* hina; keji; leta. 卑鄙的；低贱的。**despicably** *adv.* dengan cara yang hina, keji. 卑鄙地；卑劣地。

**despise** *v.t.* menghina; mengeji; memandang rendah. 蔑视；轻视；瞧不起。

**despite** *prep.* meskipun; biarpun; walaupun. 纵使；任凭；虽然。

**despoil** *v.t.* rampas. 抢劫；掠夺；夺取。

**despoilment** *n.* perampasan. 抢劫；掠夺；夺取。**despoliation** *n.* perampasan. 抢劫；掠夺；夺取。

**despondent** *a.* putus asa; kecewa. 灰心的；失望的；沮丧的。**despondently** *adv.* dengan rasa kecewa. 灰心地；失望地。**despondency** *n.* keadaan berputus asa; kekecewaan. 灰心；沮丧。

**despot** *n.* pemerintah dengan kekuasaan tanpa had; pemerintah yang zalim; pemerintah kuku besi. 暴君；专制君主。

**despotic** *a.* zalim. 专横的；暴虐的。

**despotically** *adv.* dengan zalim. 专横地；暴虐地。

**despotism** *n.* sistem (pemerintahan) yang zalim. 专制政治；独裁政治。

**dessert** *n.* santapan manis pada akhir jamuan; pembasuh mulut. 餐后小食；正餐后的水果、点心等。

**dessertspoon** *n.* camca sedang untuk memakan puding, dsb. 中匙；中匙之量。

**destination** *n.* destinasi; tempat tujuan. 目的地；指定地点。

**destine** *v.t.* mentakdirkan. 注定；预定；指定。

**destiny** *n.* takdir; untung nasib. 命运；天数；定数。

**destitute** *a.* melarat; papa; miskin. 贫困的；赤贫的；匮乏的。**destitution** *n.* kemelaratan; kepapaan. 穷困；匮乏。

**destroy** *v.t.* hancurkan; musnahkan; binasakan. 毁灭；毁坏；摧残。**destruction** *n.* kehancuran; penghancuran; kemusnahan; pemusnahan; kebinasaan; pembinasaan. 毁灭；毁坏；摧残；歼灭。**destructive** *a.* yang merosakkan; yang menghancurkan; yang membinasakan; yang memusnahkan. 破坏性的；毁灭性的；歼灭的。

**destroyer** *n.* perosak; pemusnah; pembinasa; kapal pembinasa. 破坏者;扑灭者;歼灭者;驱逐舰。

**destruct** *v.t.* membinasakan sama sekali. (火箭、导弹等失灵后)自毁。

**destructible** *a.* dapat atau boleh dibinasakan atau dimusnahkan. 可破坏的;可消灭的。

**destruction** *n.* kebinasaan. 破坏;灭亡;消灭;驱逐。

**desuetude** *n.* tidak dipakai. 不用;废弃。

**desultory** *a.* bercamuk; berkecamuk; tak keruan; tidak teratur. 散漫的;杂乱的;不连贯的;无条理的。**desultorily** *adv.* secara tak keruan. 不连贯地;杂乱地。

**detach** *v.t.* pisah; tanggal; cerai; lepas. 分开;拆开;派遣;脱离。

**detachable** *a.* boleh dipisah, ditanggal, dicerai atau dilepas. 可拆开的;可分离的;可脱离的。

**detached** *a.* terpisah; tidak memihak (adil). 分离的;孤立的;独立的。

**detachment** *n.* pemisahan; penanggalan; detasmen; kumpulan kecil yang dipisahkan daripada kumpulan induk untuk tugas khas. 开开;拆开;分离;(负特别任务的)分遣队。

**detail** *n.* butir-butir khusus; perincian; perhalusan; detail. 细目;详情;细节。 —*v.t.* memperincikan; menugaskan. 详述;细说;派遣。

**detain** *v.t.* tahan. 扣留;拘留;阻住。 **detainment** *n.* penahanan. 扣留;拘留。

**detainee** *n.* orang tahanan. 被拘留者;拘留犯。

**detect** *v.t.* kesan. 发觉;看破。**detection** *n.* pengesanan. 探知;发觉;发现。 **detector** *n.* pengesan. 侦察器。

**detective** *n.* detektif; mata-mata gelap. 发觉者;侦探;密探。

**détente** *n.* pengenduran hubungan tegang antara negara-negara. (国际紧张关系的)缓和。

**detention** *n.* tahanan; penahanan. 拘留;扣留;监禁;阻止。

**deter** *v.t.* (p.t. *deterred*) cegah; tahan; halang. 防止;制止;威慑。**determent** *n.* cegahan; pencegahan; tahanan; penahanan; halangan; penghalangan. 防止(物);制止(物);威慑(物)。

**detergent** *a. & n.* bahan pencuci (terutama selain daripada sabun). 净化的;(尤指肥皂以外的)洗涤剂;除垢剂。

**deteriorate** *v.i.* merosot; menjadi bertambah buruk. 退化;恶化;衰退。**deterioration** *n.* kemerosotan. 退化;恶化;衰退。

**determinable** *a.* boleh ditentukan; boleh dipastikan. 可决定的;可确定的。

**determinant** *n.* penentu. 决定因素。

**determination** *n.* penentuan; penuh keazaman. 决心;决意;决定。

**determine** *v.t.* menentukan; berazam. 决心;决意;下决心。

**determined** *a.* berazam. 坚决的;毅然的。

**determinism** *n.* fahaman penentuan; teori mengatakan tindakan ditentukan oleh daya bebas keinginan. 宿命论。**determinist** *n.* pengikut fahaman penentuan. 宿命论者。**deterministic** *a.* menentukan. 宿命论者的。

**deterrent** *n.* pencegah; penghalang. 威慑物;制止物。**deterrence** *n.* pencegahan. 威慑;制止。

**detest** *v.t.* membenci; meluat. 嫌恶;憎恶。**detestable** *a.* sangat dibenci. 极可恶的;令人讨厌的。**detestation** *n.* kebencian; rasa meluat. 嫌恶;憎恶;讨厌。

**detonate** *v.t./i.* meletup; meledak. 引爆;使爆发。**detonation** *n.* letupan; ledakan; peletupan; peledakan. 爆炸声;爆炸;爆发。**detonator** *n.* peletup; peledak. 爆发剂;起爆剂。

**detour** *n.* lencongan; penyimpangan. 迂路;弯路;绕道。

**detoxify** *v.t.* menyahtoksik; membuang racun daripada. 解毒;除去毒素。**de-**

**detract** *v.t./i.* ~ **from** mengurangkan. 降低(价值);减损(名誉等)。**detraction** *n.* perihal mengurangkan; kritikan. 减损。

**detractor** *n.* pengkritik. 诬蔑者;诽谤者。

**detriment** *n.* bahaya; keburukan (yang) menjejaskan. 损害;伤害;有害物。

**detrimental** *a.* mendatangkan keburukan; berbahaya. 有害的;不利的。**detrimentally** *adv.* dengan cara yang berbahaya. 不利地;损及利益地。

*de trop* tidak dikehendaki; tidak diingini. 多余的;不需要的。

**deuce**[1] *n.* dius; mata 13 atau 14 sama dalam permainan bulu tangkis (badminton), 40 sama dalam permainan tenis, dll. 网球或羽球赛终局前的平手。

**deuce**[2] *n.* (dalam seruan marah) syaitan. 讨厌!(感叹词)

**deuterium** *n.* hidrogen mantap (berat). 氘;重氢。

**Deutschmark** *n.* Deutschmark; mata wang Jerman. 马克(德国货币单位)。

**devalue** *v.t.* menurunkan nilai. 使降值;使贬值。**devaluation** *n.* penurunan nilai mata wang. (货币)贬值。

**devastate** *v.t.* membinasakan. 蹂躏;破坏;使荒芜。**devastation** *n.* kebinasaan; pembinasaan. 蹂躏;破坏;荒芜。

**devastating** *a.* mengakibatkan kebinasaan. 破坏性极大的;毁灭性的。

**develop** *v.t./i.* (p.t. *developed*) maju; memajukan; bangun; membangun; berkembang; cuci (foto). 进步;使进化;发展;开发;扩展;形成;冲洗照片。

**developer** *n.* pemaju; pencuci (bahan pencuci foto, dsb.). 开发者;发展商;(冲洗照片用的)显影剂。**development** *n.* kemajuan; pembinaan; perkembangan; pembangunan. 进步;建设;发展;发达。

**deviant** *a. & n.* orang atau tingkah laku yang melencong (berbeza, menyimpang) daripada kelakuan, tabiat atau perangai lazim. 偏离正道的人或事物(的);性变态(的);偏常行为(的)。

**deviate** *v.i.* melencong; menyimpang. 偏离正道;越轨;误入歧途。**deviation** *n.* lencongan; penyimpangan. 偏离;越轨;偏差。

**device** *n.* alat; helah; rancangan; lambang. 方法;手段;策略;图样。

**devil** *n.* syaitan; hantu; pelesit; (*colloq.*) orang yang nakal atau menyakitkan hati. 恶魔;恶棍;淘气鬼;难以控制的人或事物。—*v.t./i.* (p.t. *devilled*) masak pedas; membuat penyelidikan untuk seorang pengarang atau peguam. 用辣味料烤制食物;给律师或作家当助手。**devilish** *a.* macam syaitan; jahat. 恶魔似的;穷凶极恶的。

**devilment** *n.* perbuatan nakal. 恶行;恶作剧。

**devilry** *n.* kejahatan; perbuatan nakal. 魔鬼似的行径;妖法;恶作剧。

**devious** *a.* putar belit. 迂回曲折的;不光明正大的。**deviously** *adv.* secara putar belit. 迂回曲折地;狡猾地。**deviousness** *n.* perihal putar belit. 迂回曲折;离开正道。

**devise** *v.t.* memikirkan; mereka. 设计;发明;策划。

**devoid** *a.* ~ **of** tanpa; tiada. 毫无(根据等)的;没有的。

**devolution** *n.* penyerahan kuasa daripada pusat kepada bahagian-bahagian. (工作、职责等的)移交;(中央政府向地方政府的)权力下放。

**devolve** *v.t./i.* serah kepada timbalan atau pengganti. (把工作、职责、权力等)移交副手或代理。

**devote** *v.t.* menguntukkan; menumpukan. 致力于;献身于。

**devoted** *a.* setia; mengambil berat; ditumpukan pada. 献身的;虔诚的;专心致志的。

**devotee** *n.* penganut; pemuja. 献身者;虔诚的宗教信徒;皈依者。

**devotion** *n.* kesetiaan; ketaatan; kebaktian; penumpuan; pujaan; sembahyang. 忠诚；热心；献身；虔诚；祈祷。

**devotional** *a.* yang digunakan dalam sembahyang. 祈祷用的；祈祷的。

**devour** *v.t.* telan; lahap. 狼吞虎咽地吃；拼命吃。

**devout** *a.* alim; warak; salih. 虔诚的；真诚的；诚恳的。**devoutly** *adv.* dengan warak; dengan ikhlas. 虔诚地；真诚地。

**dew** *n.* embun. 露；露水。

**dew-claw** *n.* kuku kecil di kaki anjing. 狗足内侧的无机能趾。

**dewdrop** *n.* titisan embun. 露珠。

**dewlap** *n.* gelambir. （牛等牲畜颈部的）垂皮；垂肉。

**dewy** *a.* berembun. 露水的；带露水的。

**~-eyed** *a.* mudah mempercayai. 天真无邪的；易信他人的。

**dexter** *a.* (dalam ilmu asal-usul lambang kebangsawanan) pada atau di sebelah kanan perisai. （纹章学）在盾形纹章右侧的。

**dexterity** *n.* kemahiran; kecekapan; ketangkasan. 灵巧；技巧；熟练。

**dextrous** *a.* cekap; mahir; tangkas. 双手灵巧的；敏捷的。**dextrously** *adv.* dengan cekap. 灵巧地；敏捷地。

**diabetes** *n.* kencing manis; diabetes. 糖尿病。**diabetic** *a. & n.* menghidap kencing manis; pesakit kencing manis. 患糖尿病的；糖尿病患者。

**diabolic** *a.* jahat; seperti syaitan. 恶魔的；穷凶极恶的。

**diabolical** *a.* seperti syaitan. 恶魔般的；穷凶极恶的。**diabolically** *adv.* secara jahat. 恶魔般地；穷凶极恶地。

**diabolism** *n.* pemujaan syaitan. 巫术；妖术。

**diaconal** *a.* berkenaan paderi. （英国教会等）副主祭的；执事的。

**diaconate** *n.* pejabat paderi. 副主祭团；副主祭的职位（或任期）。

**diacritic, diacritical** *a. & n.* diakritik; tanda pada huruf untuk menunjukkan perbezaan bunyi. 区分的；区别的；字母上标示的区别音符。

**diadem** *n.* mahkota. 王冠；冠冕。

**diaeresis** *n.* tanda ¨ di atas huruf vokal yang dibunyikan secara berasingan. 二连续元音的音节区分符号。

**diagnosis** *n.* (pl. *-oses*) diagnosis; pengenalpastian sesuatu penyakit selepas memperhatikan tanda-tandanya. 诊断；分类学上的特征简述。

**diagnostic** *a.* diagnostik. 诊断的。

**diagonal** *a. & n.* pepenjuru; garis penjuru. 对角线（的）；斜对（的）。**diagonally** *adv.* secara pepenjuru. 对角地；斜对地。

**diagram** *n.* gambar rajah; bagan. 图表；图形；图解。**diagrammatic** *a.* bersifat gambar rajah. 图表式的；图解的。**diagrammatically** *adv.* secara gambar rajah. 用图表；图表上。

**dial** *n.* dial; permukaan dengan jarum boleh bergerak (seperti muka jam). （电话的）拨号盘；钟面；（仪表等的）标度盘。 —*v.t./i.* (p.t. *dialled*) mendail; memusing; memutar. 拨（电话）；（用标度盘、罗盘等）测量。

**dialect** *n.* loghat; pelat (daerah); dialek. 方言；土语；地方话。**dialectal** *a.* bersifat loghat atau dialek. 方言的；地方话的。

**dialectic** *n.* dialektik; penyelidikan hakikat (kebenaran) dalam ilmu falsafah berlandaskan hujah atau pertimbangan yang sistematik. 辩证法；论证。

**dialogue** *n.* dialog; perbualan; percakapan. 会话；对话；问答；（小说等）对白。

**dialysis** *n.* dialisis; pembersihan darah dengan mengalirkannya melalui membran yang sesuai. 分离；分解；透析；血液透析。

**diamanté** *a.* berhias dengan manik berkilat, dsb. 饰以闪光饰物的；镶钻石等的。

**diameter** *n.* garis pusat; diameter; garis lurus merentas bulatan. 直径。

**diametrical** *a.* berkenaan garis pusat; (bertentangan) betul-betul; sama sekali. 直径的；(对照物等)正对的；完完全全的。 **diametrically** *adv.* betul-betul; sama sekali. 完全地；正好相反地。

**diamond** *n.* intan; berlian; (kad) daiman. 钻石；金刚钻；(纸牌戏的)菱形方角。 **~ wedding** ulang tahun perkahwinan yang ke-60 atau 75. 金刚石婚(结婚60或75周年纪念)。

**diapason** *n.* lingkungan bunyi suara atau peralatan muzik. (乐器或乐音的)音域。

**diaper** *n.* lampin. 尿布；襁褓。

**diaphanous** *a.* jarang; hampir-hampir lutsinar. (布料或面纱等)半透明的；朦胧的；模糊不清的。

**diaphragm** *n.* gegendang; diafragma; sekatan rongga badan. 膜；隔膜；横隔膜。

**diarrhoea** *n.* diarea; cirit-birit. 腹泻。

**diary** *n.* buku catatan harian; diari. 日记簿；日记。

**diastole** *n.* diastole; pengembangan rongga jantung. 心脏舒张；心舒张期。 **diastolic** *a.* diastolik. 心脏舒张的。

**diathermy** *n.* diatermi; pengubatan yang menggunakan bahang panas arus elektrik. 透热疗法。

**diatom** *n.* alga mikroskopik. 硅藻。

**diatonic** *a.* menggunakan nota muzik daripada skel nada major dan minor. 全音阶的。

**diatribe** *n.* cercaan; celaan; cacian. 怒骂；谩骂；责骂。

**dibber** *n.* tugal; alat untuk membuat lubang semaian tanaman. 小锹；点播器(挖洞以栽种幼苗等用)。

**dice** *n.*(pl. *dice*) dadu. 骰子。—*v.i.* berjudi dengan menggunakan dadu; potong menjadi kiub-kiub kecil; ambil risiko besar. 掷骰子赌博；冒险；切成小方块。

**dicey** *a.* (*sl.*) berisiko; tidak boleh diharap. 危险的；不确定的。

**dichotomy** *n.* dikotomi; pembahagian kepada dua. 二等分；二分法。

**dickens** *n.* (*colloq.*) seruan yang bermaksud sial, celaka atau setan. 哎呀！糟了！(表示不幸的感叹词)；魔鬼；恶魔。

**dicker** *v.i.* (*colloq.*) tawar-menawar; teragak-agak. 讨价还价。

**dicky** *a.* (-ier, -iest) (*sl.*) goyang; tidak kuat. 不稳的；不可靠的。

**dicotyledon** *n.* dikotiledon; tumbuhan yang mempunyai dua daun sulung. 双子叶植物。

**dictate** *v.t./i.* merencanakan; mengimlakkan; menyebut supaya dituliskan atau dirakamkan; menetapkan. 笔录；口授；命令；规定。 **dictation** *n.* pengimlakan; rencana. 口述；听写；笔录。

**dictates** *n.pl.* perintah; arahan. 命令；规定。

**dictator** *n.* diktator; pemerintah berkuasa mutlak. 独裁者；专政者。 **dictatorship** *n.* pemerintahan diktator. 独裁；专政。

**dictatorial** *a.* bersifat diktator. 独裁的；专政的。 **dictatorially** *adv.* secara diktator. 独裁地。

**diction** *n.* penyebutan; pengucapan. 措词；用词风格；用语。

**dictionary** *n.* kamus. 词典；字典。

**dictum** *n.* (pl. *-ta*) pernyataan rasmi. 正式声明；宣言。

**did** *lihat* **do**. 见 do。

**didactic** *a.* bertujuan mengajar. 用于教学上的；教学的。 **didactically** *adv.* secara mengajar. 教学上。

**diddle** *v.t.* (*sl.*) dalih; tipu; perdaya. 欺骗；哄骗；骗财。

**didn't** (*colloq.*) = **did not** tidak. 不；没。

**die**[1] *v.i.* (pres.p. *dying*) mati; mampus; maut; meninggal dunia. 死；消失；凋谢；灭亡。 **be dying to** atau **for** ketagih; idam; ingin benar. 渴想；渴望。

**die**[2] *n.* acuan. (印模、压模等的)模子。

**die-cast** *a.* dibuat dengan menuang logam ke dalam acuan. 压铸的。

**die-hard** *n.* orang ketegar. 死硬派；顽固分子。

**diesel** *n.* diesel; minyak diesel. 内燃机车；柴油。 **~-electric** *a.* menggunakan penjana elektrik berenjin diesel. 内燃电力传动的。 **~ engine** enjin diesel. 柴油机；内燃机。

**diet**[1] *n.* makanan lazim; diet; sajian pilihan terhad. 饮食；食物；为医疗或健康而编定的饮食。 —*v.t./i.* hadkan makanan; makan bersukat. 规定（病人的）饮食；吃规定的饮食。 **dietary** *a.* berkenaan dengan mengehadkan makanan. 规定饮食的；限制饮食的。 **dieter** *n.* orang yang mengamalkan pengehadan makanan. 节食者。

**diet**[2] *n.* muktamar; kongres; sidang parlimen. （丹麦、日本等的）议会；国会。

**dietetic** *a.* berkenaan diet atau makanan dan pemakanan. 饮食的；关于饮食事项的。 **dietetics** *n.pl.* ilmu kaji diet; kajian makanan dan pemakanan. 饮食学；营养学。

**dietitian** *n.* pakar diet; pakar kajian makanan dan pemakanan. 饮食学家；营养学家。

**differ** *v.i.* berbeza; berlainan pendapat. 不同；不一样；意见不同。

**difference** *n.* perbezaan; pertentangan pendapat. 差异；差别；歧见。

**different** *a.* berbeza; lain. 不同的；相异的；各种的；形形色色的。 **differently** *adv.* dengan cara lain. 以不同的方式。

**differential** *a.* kebezaan; berlainan. 差异的；差额的；鉴别的。 —*n.* kebezaan upah; perbezaan yang dipersetujui dalam kadar gaji; gear kebezaan; aturan gear yang membenarkan roda belakang kereta berputar dengan kadar yang berbeza apabila membelok. 差异；工资级差；（汽车的）差动齿轮；分速器。

**differentiate** *v.t./i.* membezakan. 使有差别；区分；分化。 **differentiation** *n.* pembezaan. 区分；区别；分化。

**difficult** *a.* sukar; susah; payah; rumit. 困难的；难应付的；难解的；深奥难懂的。 **difficulty** *n.* kesukaran; kesusahan; kepayahan; kerumitan. 困难；难事；难点；麻烦；障碍。

**diffident** *a.* kurang keyakinan (pada diri sendiri). 缺乏自信的；畏首畏尾的；胆怯的。 **diffidently** *adv.* dengan rasa kurang yakin. 畏首畏尾地；胆怯地。 **diffidence** *n.* kekurangan keyakinan. 缺乏自信；胆怯。

**diffract** *v.t.* membelau; pemecahan sinar cahaya kepada satu siri jalur berwarna atau jalur terang dan gelap. 使（光、波等）衍射。

**diffraction** *n.* pembelauan; pemecahan sinar cahaya kepada jalur warna atau jalur-jalur gelap dan terang. 衍射。

**diffuse**[1] *a.* baur; kabur; tidak menumpu; melantur. 扩散的；弥漫的；（谣言等）散布的；传播的。 **diffusely** *adv.* secara kabur. 扩散地；散布地。 **diffuseness** *n.* kekaburan. 扩散（程度等）；漫射度。

**diffuse**[2] *v.t./i.* menyebarkan; membaurkan; tersebar; berbaur. 扩散；使弥漫；散播（谣言等）；使四散。 **diffuser** *n.* penyebar. 散布者；传播者；扩散器；漫射体。 **diffusion** *n.* penyebaran; pembauran. 扩散；弥漫；四散。

**diffusible** *a.* dapat dibaur. 会扩散的；弥漫性的。

**dig** *v.t./i.* (p.t. **dug**, pres. p. **digging**) mengorek; menggali; menyelidiki. 挖；掘；凿；钻；探究；钻研。 —*n.* korekan; galian; cemuhan; ejekan. 出土物；挖掘；讽刺。

**digest**[1] *v.t.* hadam; cerna. 消化；领会；融会贯通。

**digest**[2] *n.* ringkasan; penerbitan yang menyiarkan petikan berita, rencana, dsb. 摘要；文摘；（法规等的）汇集。

**digestion** *n.* penghadaman; pencernaan. 消化；消化作用；领悟；融会贯通。

**digestive** *a.* berkenaan penghadaman. 消化的；助消化的。 **~ biscuit** biskut gandum penuh. 全麦饼干。

**digger** *n.* pengorek; penggali. 挖掘者；挖掘机；挖斗。

**digit** *n.* angka (0 hingga 9); jari; digit. 数字（0-9中的任何一个数目字）；手指；足趾。

**digital** *a.* berkenaan atau menggunakan angka; berdigit. 数字的；手指的；指状的。~ **clock** jam berdigit. 数字钟；数字显示式时钟。

**digitalis** *n.* digitalis; sejenis bahan perangsang jantung diperbuat daripada daunan. (用毛地黄属植物制成的) 强心剂。

**digitate** *a.* jari kaki atau jari tangan berasingan. 有指的；有趾的。

**dignified** *a.* menimbulkan rasa hormat. 可敬的；高贵的。

**dignify** *v.t.* memuliakan. 使高贵；使显赫。

**dignitary** *n.* pembesar. 显要人物；权贵。

**dignity** *n.* gaya yang tenang; maruah; martabat. 尊严；威严；威望；高位；显职。

**digress** *v.i.* menyimpang. (演说或写作时) 离题；脱轨。**digression** *n.* penyimpangan. 离题。**digressive** *a.* bersifat menyimpang. 离题的。

**dike** *n.* tambak; benteng; tandup. 堤；堰堤；沟渠。

**dilapidated** *a.* usang; terbiar; kopak-kapik; compang-camping. 破烂的；颓废的；倾坍的；褴褛的。

**dilapidation** *n.* keusangan; keterbiaran; (keadaan) kopak-kopik atau compang-camping. 破烂；坍毁；(家产的) 荡尽。

**dilate** *v.t./i.* membeliak; mengembang; 使膨胀；使扩大。~ **upon** menghurai; menulis dengan panjang lebar. 详述；铺叙。

**dilation, dilatation** *ns.* pengembangan; pembeliakan. 膨胀；扩大。

**dilatory** *a.* berlambat-lambat; berlengah. 迟误的；缓慢的。**dilatoriness** *n.* (keadaan) berlengah. 拖延 (状态)。

**dilemma** *n.* dilema; perasaan serba salah. 窘境；困境；进退两难。

**dilettante** *n.* penggemar sesuatu (misalnya, seni). (艺术等的) 业余爱好者。

**diligent** *a.* rajin; tekun; gigih; teliti. 勤奋的；刻苦的；孜孜不倦的。**diligently** *adv.* dengan rajin, tekun atau gigih. 勤奋地；刻苦地。**diligence** *n.* kerajinan; ketekunan; kegigihan; ketelitian. 勤奋；刻苦；用功。

**dill** *n.* jintan. 莳萝；洋茴香。

**dilly-dally** *v.i.* (*colloq.*) berlengah-lengah. 吊儿郎当；(因犹豫不决而) 浪费时间。

**dilute** *v.t.* mencair; jadi kurang pekat. 冲淡；稀释；掺淡。**dilution** *n.* pencairan. 冲淡；稀释；稀度；稀释物。

**dim** *a.* (*dimmer, dimmest*) samar; kabur; (*colloq.*) bodoh. 暗淡的；朦胧的；愚钝的。—*v.t./i.* (p.t. *dimmed*) jadi samar atau kabur. 使暗淡；变模糊不清。**dimly** *adv.* dengan samar-samar atau kabur. 暗淡地；朦胧地；模糊地。**dimness** *n.* kesamaran; kekaburan. 暗淡；朦胧；模糊不清。

**dime** *n.* (*A.S.*) sekupang; sepuluh sen. (美国) 一毛钱银币。

**dimension** *n.* ruang yang boleh diukur; dimensi. 尺寸；大小；面积；体积。**dimensional** *a.* berkenaan dimensi. 尺寸的；二或三次元的。

**diminish** *v.t./i.* menyusut. 缩小；减少。

**diminuendo** *adv. & n.* (pl. *-os*) susut kelantangan (bunyi). (声音、音乐) 渐弱。

**diminution** *n.* pengecilan; penyusutan. 缩小；减少；缩小量；减少量。

**diminutive** *a.* kecil; halus. 小型的；较一般小的。—*n.* perkataan yang dibentuk dengan menggunakan penambahan akhiran yang menyatakan kekecilan. 指小词 (表示"小"的词语)；昵称。

**dimple** *n.* lesung pipit; cawak; saung; cauk; lekuk kecil. 酒窝；笑靥；涟漪。—*v.t./i.* melekukkan. 使现酒窝；使起涟漪。

**din** *n.* kebisingan; bunyi riuh-rendah, hiruk-pikuk, gegak-gempita. 噪音；喧嚣；鼓噪。—*v.t./i.* (p.t. *dinned*) memekak; buat bising; ulang bertalu-talu (maklumat). 喧闹；喋喋不休。

**dinar** *n.* dinar; mata wang Yugoslavia dan beberapa negara di Timur Tengah (Asia Barat). 第纳尔 (南斯拉夫及中东诸国货币单位)。

**dine** *v.t./i.* santap malam; makan malam. 吃饭;进餐(尤指晚餐)。

**diner** *n.* orang yang makan malam; bilik makan. 就餐者;吃饭的人;餐车式饭店。

**ding-dong** *n.* ding-dong; bunyian loceng. 丁当;丁当声。—*a. & adv.* bersilih ganti. 丁当作响的;丁当地响。

**dinghy** *n.* dingi; bot kecil daripada getah yang boleh kembung. (飞机等紧急降落水上时用的可充气的)橡皮艇。

**dingle** *n.* lembah dalam. 深谷。

**dingo** *n.* (pl. *-oes*) anjing liar Australia. (澳洲的)野狗。

**dingy** *a.* (*-ier, -iest*) comot; selekeh. 肮脏的;褴褛的;昏暗的。**dingily** *adv.* dengan comot atau selekeh. 肮脏地;褴褛地;昏暗地。**dinginess** *n.* kecomotan. 肮脏;褴褛;昏暗。

**dining-room** *n.* bilik makan. 饭厅。

**dinkum** *a.* (*colloq., Austr.*) benar; betul. 真正的;可靠的。

**dinky** *a.* (*-ier, -iest*) (*colloq.*) kecil molek. 精致的;小巧可爱的。

**dinner** *n.* waktu makan yang utama (tengah hari atau malam); makan malam. 正餐;晚餐。**~-jacket** *n.* jaket hitam lelaki biasanya untuk pakaian rasmi (malam). (男装)无尾晚礼服。

**dinosaur** *n.* dinosaur; binatang yang sangat besar dalam zaman prasejarah. 恐龙。

**dint** *n.* kemik; lekuk. 凹陷;凹痕。**by ~ of** dengan cara. 凭…的力量;靠。

**diocese** *n.* mukim atau daerah di bawah jagaan paderi besar, biskop. 主教管区。

**diocesan** *a.* perihal daerah atau kawasan seorang paderi besar. 主教管区的。

**diode** *n.* diod; injap termionik dua elektrod; penerus semikonduktor dua terminal. 二极管。

**dioptre** *n.* unit ukuran kuasa pembiasan kanta. 透镜屈光度。

**dioxide** *n.* dioksida; oksida dengan dua atom oksigen, satu atom logam atau unsur lain. 二氧化物。

**dip** *v.t./i.* (p.t. *dipped*) mencelup; menurun. 浸;泡;蘸;沉入;降至水平以下。—*n.* celupan; cecahan; cerun. 浸泡;浸渍;蘸湿;倾斜。**~ into** membaca sepintas lalu. 浏览(书刊);稍加探究。

**diphtheria** *n.* difteria; penyakit radang kerongkong. 白喉症。

**diphthong** *n.* diftong; dua huruf vokal yang menghasilkan bunyi berangkap seperti oi, ao, dll. 语音中的复合元音(如oi,ao等)。

**diploma** *n.* diploma; sijil yang diperoleh selepas menamatkan pengajian di kolej. 文凭;学位证书。

**diplomacy** *n.* diplomasi; pengendalian hubungan antarabangsa; kebijaksanaan. 外交;外交手腕;交际手段;权谋。

**diplomat** *n.* diplomat; wakil sesebuah negara di negara asing. 外交官;外交家。

**diplomatic** *a.* diplomatik. 外交上的。**diplomatically** *adv.* secara diplomasi. 外交上。

**dipper** *n.* senduk; gayung; pencedok; sejenis burung yang menjunam ke dalam air. 有柄勺;椰壳勺;犀斗;(挖土机等的)铲斗;河乌(一种善于潜水的鸟)。

**dipsomania** *n.* ketagihan arak atau alkohol. 酒癖;嗜酒狂;间发性酒狂。**dipsomaniac** *n.* penagih arak atau alkohol. 嗜酒狂者;间发性酒狂患者。

**diptych** *n.* dua gambar atau ukiran yang digantung bersama. 可折合的双连画或雕刻。

**dire** *a.* (*-er, -est*) dahsyat; hebat; ngeri. 可怕的;迫切的;悲惨的;预示灾难的。

**direct** *a.* terus; terus terang; lurus; tepat; langsung. 笔直的;直率的;准确的;明白的;直接的。—*adv.* dengan perjalanan yang terus. 直率地;直接地。—*v.t.* tunjuk; tuju; tujukan; menghala; acu; arah; perintah; pandu. 指示;指导;指路;指向;把…对准目标;指挥;监督;掌管。**directness** *n.* kelurusan; kelangsungan; keterusan. 率直；直接；坦白。

**direction** *n.* arah; arahan; hala; haluan. 方向；命令；趋向；指引；（用法等的）说明。

**directional** *a.* berkenaan arah atau hala; satu arah atau hala sahaja. 方向的；方位的；指向的；定向的。

**directive** *n.* arahan (pihak berkuasa). 训令；命令。

**directly** *adv.* secara terus. 直接地；率直地。*—conj. (colloq.)* dengan seberapa segera. 一当；一…就。

**director** *n.* pengarah. 主管；主任；董事。 **directorship** *n.* pengarahan. （主管等的）任期及职务。

**directorate** *n.* lembaga pengarah; jawatan pengarah. 理事会；董事会。

**directory** *n.* panduan (buku panduan telefon, dll.); daftar senarai. 电话簿；地址录；人名录。

**dirge** *n.* nyanyian perkabungan; nyanyian ratapan kematian. 挽歌；悼歌；（天主教）安灵歌。

**dirigible** *a.* dapat dikendali atau dikemudi. 可操纵的；（尤指飞船等）可驾驶的。

**dirk** *n.* sejenis pisau; pisau belati. 短剑；匕首。

**dirndl** *n.* skirt kembang berpinggang ketat. 紧身连衣裙。

**dirt** *n.* kotoran; daki; debu. 污物；污垢；尘埃。**~-track** *n.* jalan tanah (untuk lumba kereta).（赛车用的）煤渣或砖屑跑道。

**dirty** *a.* (*-ier, -iest*) kotor; selekeh; lucah; carut. 肮脏的；污秽的；无耻的；下流的。*—v.t./i.* membuat atau menjadi kotor. 弄脏；沾污。

**disability** *n.* kecacatan; kelumpuhan; ketidakupayaan. 残疾；无资格；无能力。

**disable** *v.t.* menghilangkan keupayaan. 使无力；使伤残。 **disabled** *a.* cacat; lumpuh. 残废的；无力的。 **disablement** *n.* kecacatan; kelumpuhan. 残废；无能。

**disabuse** *v.t.* menginsafkan. 使省悟；解惑。

**disadvantage** *n.* kelemahan; kekurangan; kerugian. 不利；不便；损失；损害。

**disadvantaged** *a.* berkelemahan; berkekurangan. 社会地位低下的；生活条件极差的。 **disadvantageous** *a.* merugikan. 不利的；吃亏的。

**disaffected** *a.* tidak puas hati; terkilan. 生厌的；不满意的；不平的。 **disaffection** *n.* perasaan terkilan. （对政府的）不满；不平。

**disagree** *v.i.* bercanggah (pendapat); tidak bersetuju; berselisih faham; bertentangan. （意见）不合；不同意；不一致；争论；对立。 **disagreement** *n.* perselisihan faham; ketidaksetujuan; percanggahan. 不一致；异议；分歧。

**disagreeable** *a.* tidak menyenangkan; pemarah; pemberang. 不相称的；坏脾气的；令人不快的。 **disagreeably** *adv.* secara marah atau berang. 讨厌；无聊。

**disallow** *v.t.* menolak; enggan mengizinkan. 不准；不认可；拒绝。

**disappear** *v.i.* hilang; lenyap; ghaib; lesap; resap. 失踪；消失；消逝；消散。 **disappearance** *n.* kehilangan; lenyapnya; lesapnya. 失踪；消失；消散。

**disappoint** *v.t.* mengecewakan. 使失望。 **disappointment** *n.* kekecewaan. 失望。

**disapprobation** *n.* rasa tidak setuju. 不赞成；非难。

**disapprove** *v.i.* tidak setuju; tidak berkenan. 不赞成；不答应；不准。 **disapproval** *n.* rasa tidak setuju. 不赞成；不准。

**disarm** *v.t./i.* melucutkan senjata. 解除武装；缴械。

**disarmament** *n.* perlucutan senjata. 解除武装；缴械。

**disarrange** *v.t.* berselerak; berkecamuk; mengusutkan; menjadikan tidak teratur. 弄乱；搅乱；使紊乱；使零乱。 **disarrangement** *n.* keselerakan; kekusutan. 散乱；紊乱。

**disarray** *n. & v.t.* kusut; berselerak; camuk; kucar-kacir. 混乱；零乱；无秩序。

**disaster** *n.* bencana; malapetaka. 灾难；天灾；灾害；不幸。 **disastrous** *a.* malang; celaka. 不幸的；悲惨的；灾难的。 **disastrously** *adv.* dengan membawa malapetaka; dengan teruk. 灾难性地。

**disavow** *v.t.* menafikan. 否认；不承认。

**disavowal** *n.* penafian. 否认。

**disband** *v.t./i.* bubar; surai. 解散；遣散。

**disbandment** *n.* pembubaran; penyuraian. 解散；遣散。

**disbar** *v.t.* (p.t. *disbarred*) dipecat daripada keahlian guaman. 取消律师资格。

**disbelieve** *v.t.* tidak mempercayai. 不信；怀疑。 **disbelief** *n.* ketidakpercayaan. 怀疑。

**disbud** *v.t.* (p.t. *disbudded*) membuang tunas. 摘去花芽；除去花蕾。

**disburden** *v.t.* meringankan beban. 卸下重担；解除（烦闷等）。

**disburse** *v.t.* mengeluarkan bayaran. 支付；支出。 **disbursement** *n.* pengeluaran bayaran; pembayaran (keluar); perbelanjaan. 支付；支出。

**disc** *n.* ceper; piring hitam; cakera. 圆盘；盘状物；唱片；碟；铁饼。 **~ jockey** (*colloq.*) juruacara lagu-lagu di radio. （电台等）音乐节目主持人。

**discard**[1] *v.t.* campak; buang. 丢弃；抛弃。

**discard**[2] *n.* barang buangan. 被丢弃的东西；被抛弃的人。

**discern** *v.t.* melihat; mencerap. 看出；认出；察觉。

**discernment** *n.* kearifan. 辨别；辨别力；眼力。

**discernible** *a.* dapat dilihat; dapat dicerap. 可看见的；可辨别的。

**discerning** *a.* pandai menilai; arif. 辨别力强的；眼力好的；目光敏锐的。

**discharge** *v.t./i.* sembur; keluarkan; punggah; pecat; laksana; menyahcas. 喷出；发射；排泄；卸下；革除；解雇；履行；放电。 —*n.* semburan; bahan yang dikeluarkan; pemecatan. 发射；排泄物；卸下的货品；解雇。

**disciple** *n.* murid; pengikut; penganut. 学徒；门徒；信徒；弟子。

**disciplinarian** *n.* orang yang mementingkan disiplin. 严厉执行纪律的人。

**disciplinary** *a.* berkenaan disiplin atau peraturan. 纪律上的；纪律的。

**discipline** *n.* disiplin; peraturan; ketertiban. 纪律；戒律；风纪；训戒。—*v.t.* mengikut peraturan; menghukum. 训练；守（纪律）；使有纪律；惩罚。

**disclaim** *v.t.* menafikan; menyangkal; menidak; menidakkan. 否认；拒绝；弃权。

**disclaimer** *n.* penafian; penyangkalan; penidakan. 否认；拒绝；弃权。

**disclose** *v.t.* membongkar (rahsia); mendedahkan (rahsia). 泄露（秘密）；揭发；揭开。 **disclosure** *n.* pembongkaran atau pendedahan (rahsia). 泄露（秘密）；揭发；公开。

**disco** *n.* (pl. *-os*) (*colloq.*) **discotheque** *n.* disko; tempat atau temasya tari-menari dengan muzik lantang. 迪斯可（舞厅）；迪斯可音乐器材。

**discolour** *v.t./i.* meluntur; pucat; turun warna. 褪色；脱色；使变色。 **discoloration** *n.* kelunturan; pengubahan warna. 褪色；脱色。

**discomfit** *v.t.* (p.t. *discomfited*) gelisah; khuatir. 使困惑；使狼狈；使为难。

**discomfiture** *n.* kegelisahan; kekhuatiran. 狼狈；为难。

**discomfort** *n.* keresahan; ketidakselesaan. 不舒适；不安；不愉快。

**disconcert** *v.t.* menyebabkan rasa resah atau gelisah; berasa kurang senang. 使为难；使仓皇失措；心烦意乱。

**disconnect** *v.t.* memberhentikan; memutuskan. 分开；割断；切断。 **disconnection** *n.* pemberhentian; pemutusan. 分开；割断；切断。

**disconsolate** *a.* dukacita. 忧伤的；郁闷的。 **disconsolately** *adv.* dengan dukacita. 忧伤地；郁闷地。

**discontent** *n.* ketidakpuasan hati; rasa terkilan. 不满；不愉快；不平。

**discontented** *a.* tidak puas hati; terkilan. 不满的；不愉快的。

**discontinue** *v.t./i.* memutuskan; menghentikan. 搁下；中止；中断。 **discontinuance** *n.* pemutusan; penghentian. 中止；断绝。

**discontinuous** *a.* terputus-putus; tidak berkesinambungan. 断断续续的；不连续的；中断的。 **discontinuity** *n.* keadaan terputus-putus; ketidaksinambungan. 间断；中断。

**discord** *n.* perselisihan; pertengkaran. 不和；倾轧；不调和。 **discordant** *a.* berselisih (faham); tidak selari. （见解等）不一致的；不和的；不和谐的。

**discotheque** *n.* disko; tempat atau temasya tari-menari dengan muzik lantang. 迪斯可（舞厅）。

**discount**[1] *n.* potongan harga; diskaun. 折扣；贴现。

**discount**[2] *v.t.* tidak berapa mempercayai; membeli dengan diskaun. 不完全相信；打折扣。

**discourage** *v.t.* menawarkan (hati); melemahkan semangat. 使泄气；劝阻；使失去信心；使沮丧。

**discourse**[1] *n.* hujah; bualan; perbualan; ucapan; kuliah; khutbah; perbincangan. 演说；会话；谈话；讲课；说教；论说。

**discourse**[2] *v.i.* berhujah; berbual; berucap; berkhutbah; berbincang. 讲演；会谈；说教；谈论。

**discourteous** *a.* biadab; tidak beradab; kurang sopan; kurang ajar. 粗鲁的；无礼的；不懂礼仪的；无教养的。 **discourteously** *adv.* secara biadab. 粗鲁地；无礼地。 **discourtesy** *n.* kebiadaban. 粗鲁；无礼。

**discover** *v.t.* menemui; menjumpai; mendapat tahu. 发现；看到；看出。 **discovery** *n.* penemuan; jumpaan. 发现；发觉；被发现的事物。

**discredit** *n.* kekejian 耻辱；丧失名誉。

**discreditable** *a.* yang mendatangkan kesangsian, keraguan atau aib (malu). 不名誉的；丢脸的；损害信用的。

**discreet** *a.* diam-diam; senyap-senyap; berhati-hati. 慎重的；考虑周到的；小心的。 **discreetly** *adv.* secara diam-diam atau senyap-senyap. 慎重地；用心深远地。

**discrepancy** *n.* perselisihan; perbezaan; ketidaksamaan. 不一致；差异；矛盾。

**discrepant** *a.* berselisih; berbeza; tidak sama. 不一致的；有差别的；矛盾的。

**discrete** *a.* berasingan. 不连续的；离散的。

**discretion** *n.* keadaan berdiam-diam atau bersenyap-senyap; budi bicara bebas membuat pertimbangan. 谨慎；考虑周到；自由处理。

**discretionary** *a.* mengikut pertimbangan sendiri. 可自由决定的；可自由处理的。

**discriminate** *v.t./i.* bezakan; membezakan. 区别；鉴别；辨别。 ~ **against** membezabezakan. 歧视；以不同方式对待。 **discriminating** *a.* dapat melihat perbezaan; pandai menilai. 有辨别力的；有鉴别力的。 **discrimination** *n.* perbezaan; pembezaan; diskriminasi. 区别；辨别；歧视。

**discursive** *a.* merewang. （谈话、文章等）散漫的；不着边际的。

**discus** *n.* cakera. 铁饼。

**discuss** *v.t.* bincang; bicara. 讨论；辩论；商议。 **discussion** *n.* perbincangan; pembicaraan. 讨论；辩论；商议。

**disdain** *v.t. & n.* memandang hina; sikap menghina. 轻视；蔑视。

**disdainful** *a.* menunjukkan sikap menghina. 轻视的；蔑视的；瞧不起的。 **disdainfully** *adv.* secara menghina. 轻视地；瞧不起地。

**disease** *n.* penyakit. 病；疾病；（植物的）病害。 **diseased** *a.* berpenyakit. 有病的；患病的；有病害的。

**disembark** *v.t./i.* turun (dari kapal); mendarat. 下船；登陆；上岸。**disembarkation** *n.* pendaratan. 登岸。

**disembodied** *a.* terpisah daripada tubuh, badan atau jasad. (灵魂)脱离躯体的；脱离现实的。

**disembowel** *v.t.* (p.t. *disembowelled*) keluarkan isi perut. 取出…的内脏；取出…的肠子。**disembowelment** *n.* pengeluaran isi perut. 清除内脏。

**disenchant** *v.t.* mengecewakan. 使不再着迷；使摆脱幻想。**disenchantment** *n.* kekecewaan. 解迷；解脱。

**disengage** *v.t.* lepaskan; bebaskan; leraikan; lucutkan. 放开；解开；解除(契约等)；解脱。**disengagement** *n.* pelepasan; pembebasan; peleraian; pelucutan. 放开；解开；解除；解脱。

**disentangle** *v.t.* menguraikan; membebaskan; mengasingkan. 解开；解决；解脱；脱离(复杂、混乱状态)。**disentanglement** *n.* penguraian. 解脱。

**disfavour** *n.* tidak disenangi; tidak disukai. 疏远；厌弃；不喜欢。

**disfigure** *v.t.* rosakkan bentuk; cacatkan. 毁损…的外形；使破相；使变丑。**disfigurement** *n.* perosakan atau kerosakan bentuk; pencacatan; kecacatan. 损毁外表；破相；已损毁的外形。

**disgorge** *v.t./i.* menyembur; meluah; muntahkan; (*colloq.*) menyerahkan. 喷出；呕吐；交出。

**disgrace** *n.* aib; malu; kehinaan. 耻辱；出丑；丢脸之事。—*v.t.* mengaibkan; memalukan; menjatuhkan maruah. 玷辱；使蒙羞；使失宠。**disgraceful** *a.* yang mengaibkan atau memalukan. 可耻的；不名誉的；丢脸的。**disgracefully** *adv.* dengan cara yang mengaibkan atau memalukan. 可耻地。

**disgruntled** *a.* terkilan; tidak puas hati. 不满意的；不高兴的。

**disguise** *v.t.* menyamar. 佯装；假装；假扮。—*n.* penyamaran. 伪装；幌子；假装。

**disgust** *n.* perasaan meluat; jijik. 作呕；唾弃；憎恶。—*v.t.* menyebabkan rasa meluat. 使作呕；令人反感。

**dish** *n.* pinggan; hidangan; sajian. 盘子；碟子；盘形物；菜肴。—*v.t.* (*colloq.*) menghancurkan (harapan). 使(希望等)破灭。 **~ out** membahagi-bahagikan. 分发。 **~ up** hidang; saji. 端上(饭菜等)；上菜。

**disharmony** *n.* ketidaksesuaian; ketidakharmonian. 不调和；不一致；不协调。

**dishcloth** *n.* kain lap pinggan; kain buruk. 揩碟布；抹布。

**dishearten** *v.t.* berasa tawar hati. 使沮丧；使气馁。

**dished** *a.* cekung. 中凹形的；盘形的；碟形的。

**dishevelled** *a.* kusut; tidak kemas. (头发)散乱的；乱蓬蓬的。**dishevellment** *n.* kekusutan. 头发蓬松；衣冠不整。

**dishonest** *a.* curang; tidak jujur; tidak ikhlas; tidak amanah. 不诚实的；不正直的；诡诈的；不正派的。**dishonestly** *adv.* secara curang atau tidak jujur. 诡诈地；欺骗性地。**dishonesty** *n.* kecurangan. 不诚实；不正直。

**dishonour** *v.t. & n.* mengaibkan; memalukan; keaiban. 奸污；侮辱；污辱。

**dishonourable** *a.* yang mengaibkan atau memalukan; keji; hina. 侮辱的；可耻的；不名誉的。**dishonourably** *adv.* dengan cara yang mengaibkan atau memalukan. 侮辱地；可耻地。

**dishwasher** *n.* mesin pembasuh pinggan mangkuk. 洗碗机。

**disillusion** *v.t.* mengecewakan; menyedarkan; membebaskan dari khayalan. 使不再抱幻想；使省悟；觉醒。**disillusionment** *n.* kekecewaan; penyedaran; kesedaran; pembebasan; kebebasan dari khayalan. 不再抱幻想；省悟；觉醒。

**disincentive** *n.* pematah semangat; penghalang. 障碍因素；制止因素。

**disinclination** *n.* rasa keberatan. 厌恶；不愿。

**disincline** *v.t.* berasa enggan. 使不愿；使不欲。

**disinfect** *v.t.* basmikan kuman; bersihkan daripada bakteria. 为…消毒；给…灭菌；使洗净。 **disinfection** *n.* pembasmian kuman atau bakteria. 消毒；灭菌。

**disinfectant** *n.* ubat pembasmi kuman. 消毒剂；杀菌剂。

**disinflation** *n.* disinflasi; kekurangan inflasi. 反通货膨胀；通货紧缩。

**disinformation** *n.* maklumat palsu. 假情报。

**disingenuous** *a.* tidak jujur; tidak ikhlas. 不坦白的；狡猾的。

**disinherit** *v.t.* lucutkan kewarisan; tidak mengaku waris. 剥夺（某人的）继承权；断绝关系。

**disintegrate** *v.t./i.* hancur; lerai; sepai; derai; berderai. 崩溃；瓦解；分裂。 **disintegration** *n.* kehancuran; penghancuran. 崩溃；瓦解。

**disinter** *v.t.* (p.t. *disinterred*) gali keluar; korek. 掘出；揭露出。

**disinterested** *a.* tidak memihak. 大公无私的；公平的。

**disjoin** *v.t.* tidak bersambung; putus. 拆开；使脱白；肢解。

**disjointed** *a.* (percakapan) tidak teratur; tidak bersambung; terputus-putus. （说话）无条理的；无系统的；支离破碎的。

**disk** *n.* = **disc** cakera. 铁饼；电脑磁碟；盘状物。

**dislike** *n.* tidak suka; benci. 讨厌；反感；厌恶。 —*v.t.* rasa tidak suka. 不喜欢；厌恶；讨厌。

**dislocate** *v.t.* pelecok; terpelecok; kehel; terkehel; kelenyok; terkelenyok; peliut; terpeliut; terkeluar atau terlucut dari tempatnya. 使脱白；使脱离原位；混乱。 **dislocation** *n.* keadaan terkehel. 脱白；脱位。

**dislodge** *v.t.* cungkil keluar; tercungkil; dipaksa keluar. 逐出；赶走；击退。

**disloyal** *a.* tidak setia; tidak taat; derhaka. 不忠的；无信义的；不贞的。 **disloyally** *adv.* secara tidak setia atau derhaka. 不忠地；无信义地；不贞地。

**disloyalty** *n.* ketidaksetiaan; penderhakaan. 不忠；不贞。

**dismal** *a.* muram; suram; (*colloq.*) lemah. 阴郁的；忧愁的；沉闷的；软弱无力的。 **dismally** *adv.* dengan muram atau suram. 阴郁地；忧愁地。

**dismantle** *v.t.* membuka (alat, enjin, dsb.); membongkar. 把（机器、枪炮等）拆除；拆散。

**dismay** *n.* perasaan terkejut dan kecewa; kekecewaan; kekesalan. 惊慌；丧胆；沮丧。 —*v.t.* menyebabkan rasa terkejut dan kecewa. 使丧胆。

**dismember** *v.t.* penggal; potong (anggota); pisahkan. 割裂；肢解；拆卸；瓜分。

**dismemberment** *n.* pemenggalan; pemotongan; pemisahan. 割裂；肢解；瓜分。

**dismiss** *v.t.* pecat; menyingkirkan; menyuruh pergi. 开除；解雇；遣散。 **dismissal** *n.* pemecatan; penyingkiran. 开除；解雇；遣散。

**dismount** *v.i.* turun dari tunggangan (kuda, dsb.). 下马；下车。

**disobedient** *a.* ingkar; bantah; tidak ikut perintah. 不顺从的；违命的；不孝顺的。 **disobediently** *adv.* dengan ingkar. 不服从地；违命地。 **disobedience** *n.* keingkaran; penentangan. 不顺从；违命。

**disobey** *v.t./i.* ingkari; bantah. 不服从；违抗；不听从。

**disoblige** *v.t.* tidak mahu membuat apa yang diminta atau dikehendaki. 得罪；不通融；拒绝。 **disobliging** *a.* sikap tidak mahu membuat apa yang diminta. 不通融的。

**disorder** *n.* kekacauan; keadaan huru-hara atau bersepah. 混乱；骚乱；(身心、机能等的)失调。 **disorderly** *a.* dengan kacau-bilau; bersepah. 混乱的；无秩序的；杂乱无章的。

**disorganize** *v.t.* mencelarukan. 使混乱；打乱；瓦解。 **disorganization** *n.* kea-

**disorientate** daan tidak teratur; kecelaruan. 紊乱;瓦解。

**disorientate** *v.t.* mengelirukan; membingungkan. 迷失方位;使精神混乱;使无所适从。 **disorientation** *n.* kekeliruan; kebingungan. 迷失方向;迷惑。

**disown** *v.t.* tidak mengaku; menafikan. 声明与(子女等)脱离关系;否定。

**disparage** *v.t.* memperkecilkan; merendah-rendahkan. 轻蔑;贬低;轻视。 **disparagement** *n.* perbuatan memperkecilkan atau merendah-rendahkan. 轻蔑;贬低。

**disparate** *a.* tidak sejenis; tidak sama; berbeza; berlainan. (性质、种类等)不同的;不一致的;差异的;根本不同的。

**disparity** *n.* ketidaksamaan; kelainan. 不同;不等。

**dispassionate** *a.* tanpa dipengaruhi perasaan. 冷静的;平心静气的。 **dispassionately** *adv.* dengan cara yang tidak dipengaruhi perasaan. 平心静气地;无偏见地。

**dispatch** *v.t.* hantar; kirim; bunuh; bereskan segera. 派遣;发送;杀死;迅速地办理。 —*n.* penghantaran; pengiriman; kesegeraan; utusan rasmi; laporan berita. 派遣;发送;公文急报;新闻电讯。 **~-box** *n.* bekas pembawa surat (dokumen) rasmi. 公文递送箱。 **~-rider** *n.* pengirim atau penghantar yang menunggang motosikal. (乘摩托车的)通信员。

**dispel** *v.t.* (*p.t. dispelled*) halau; usir; hilangkan; hapuskan. 驱散;消除;消释。

**dispensable** *a.* tidak wajib; tidak perlu. 非必需的;可省却的。

**dispensary** *n.* dispensari; gedung ubat. 药房;配药处。

**dispensation** *n.* pengagihan; pembahagian; pengurusan terutama pengurusan alam oleh Tuhan; pengecualian. 分配;执行;天命;免除;省却。

**dispense** *v.t./i.* mengagih; memberikan; sediakan dan beri (ubat, dll.). 分配;分发;配药。 **~ with** tanpa; tidak perlu. 废弃;省却;免除。 **dispenser** *n.* bekas; pemberi ubat (pembantu farmasi). 分配器;自动售货机;药剂师。

**disperse** *v.t./i.* sebar; selerak; surai. 使疏散;使散开;驱散。 **dispersal** *n.* penyebaran; bersurai. 传播;散开;疏散。

**dispersion** *n.* penyebaran; penempatan di beberapa bahagian. 传播;疏散;散布。

**dispirited** *a.* lemah semangat; hilang semangat. 气馁的;沮丧的;意志消沉的。 **dispiriting** *a.* yang melemahkan semangat. 令人气馁的。

**displace** *v.t.* berubah tempat; mengambil alih tempat; ganti; singkir. 移置;替代;撤换。 **displacement** *n.* perubahan; pengambilalihan; penggantian; penyingkiran. 置换;替代;撤换。

**display** *v.t.* menunjuk; mempamer; memperaga. 展示;展览;告示;卖弄。 —*n.* pameran. 展览;表演。

**displease** *v.t.* menyinggung; tidak menyenangkan hati. 使不愉快;惹怒;得罪。

**displeasure** *n.* perasaan tersinggung; rasa tidak senang hati. 不悦;不快;不满。

**disport** *v. refl.* **~ oneself** bermain-main; berfoya-foya. 玩乐;嬉戏。

**disposable** *a.* boleh dibuang; boleh digunakan mengikut sesuka hati seseorang; pakai buang; direka supaya boleh dibuang selepas digunakan. 不回收的;可任意处理的;用后即丢弃的。

**disposal** *n.* pembuangan; pelupusan. 丢掉;销毁;报销。 **at one's ~** tersedia untuk kegunaan seseorang. 可由某人随意使用。

**dispose** *v.t./i.* mengatur; menyusun; sedia; sanggup melakukan sesuatu. 处置;安排;配置;有意于。 **~ of** buang; habiskan; bereskan; selesaikan. 除掉;解决;办妥。 **be well disposed** ramah; baik; suka. 友好;有好感。

**disposition** *n.* penyusunan; perangai; kecenderungan. 安排;部署;性情;气质;倾向。

**dispossess** *v.t.* melucutkan milik; rampas harta. 剥夺；霸占；驱逐（原主等）。
**dispossession** *n.* pelucutan milik; perampasan harta. 剥夺；霸占。
**disproof** *n.* penyangkalan; penolakan. 反证；反驳。
**disproportion** *n.* ketidakseimbangan. 不均衡；不相称；不成比例。
**disproportionate** *a.* tidak setimpal; tidak seimbang; tidak sepadan. 不成比例的；不均衡的；不相称的。 **disproportionately** *adv.* secara yang tidak setimpal atau tidak seimbang. 不成比例地；不均衡地。
**disprove** *v.t.* membuktikan kesilapan; menunjukkan bahawa sesuatu itu palsu, salah atau silap. 给予反证；驳斥。
**disputable** *a.* boleh dipertikaikan; boleh disangkal. 具争论性的；值得商榷的；可质疑的。
**disputant** *n.* pembantah; orang yang suka berbalah atau bertikai. 争论者；质疑者。
**disputation** *n.* pertikaian; pertengkaran; perbahasan; perdebatan. 争论；反驳；辩论。 **disputatious** *a.* suka berbalah. 好争论的；喜欢辩驳的。
**dispute** *v.t./i.* mempertikai; menyangkal; bertengkar; berbalah. 驳斥；质疑；抗辩；争论。—*n.* pertikaian. 争论；抗辩。 **in ~** sedang dipertikaikan atau dipersoalkan. 在争论中；未决的。
**disqualify** *v.t.* tidak melayakkan; tidak membenarkan. 使不合格；取消（资格）。 **disqualification** *n.* penyingkiran; perihal tidak dibenarkan. 不合格；失去资格。
**disquiet** *n.* keresahan; kekhuatiran; kebimbangan; kerisauan; kecemasan. 不安；烦恼；担心；焦虑。 —*v.t.* meresahkan; mengkhuatirkan; membimbangkan; merisaukan; mencemaskan. 使不安；使烦恼；使焦虑。
**disquisition** *n.* huraian yang panjang lebar. 专题论文；学术演讲。
**disregard** *v.t.* tidak pedulikan; tidak endahkan; tidak hiraukan; abaikan. 不顾；不管；忽视；轻视。—*n.* pengabaian. 不理；忽视。

**disrepair** *n.* dalam keadaan tidak berjaga; dalam keadaan tidak diperbaiki; dalam keadaan terbiar, terabai. 失修；破损；颓废。
**disreputable** *a.* tidak senonoh; tidak dihormati. 不体面的；声名狼藉的；卑鄙的。 **disreputably** *adv.* secara tidak senonoh. 不体面地；声名狼藉地。
**disrepute** *n.* kehinaan; kekejian; pencemaran nama baik. 丢脸；不体面；声名狼藉。
**disrobe** *v.t./i.* tanggalkan pakaian. 脱衣服；卸下礼袍。
**disrupt** *v.t.* ganggu; kacau; menggendalakan. 使混乱；打断（说话）；破坏；分裂；中断。 **disruption** *n.* gangguan; kekacauan; tergendalanya. 中断；混乱；分裂；瓦解。 **disruptive** *a.* suka mengganggu; menimbulkan gangguan. 破坏性的；分裂性的。
**dissatisfaction** *n.* perasaan tidak puas hati; ketidakpuasan hati. 不满意；不平；令人不满的事物。
**dissatisfied** *a.* tidak puas hati. 不满意的；不愉快的。
**dissect** *v.t.* bedah. 解剖；剖开。 **dissection** *n.* diseksi; bahagian yang dibedah; pembedahan. 分析；解剖。 **dissector** *n.* pembedah. 解剖者；分析者；解剖用具。
**dissemble** *v.t./i.* sembunyikan (perasaan); selindung. 掩饰（感情）；假装。 **dissemblance** *n.* perihal suka berselindung. 掩饰。
**disseminate** *v.t.* sebar. 传播；散布；普及；播（种子）。 **dissemination** *n.* penyebaran. 传播；散布；播种。
**dissension** *n.* perselisihan (faham); pertengkaran; bantahan; pertelingkahan. 不和；纷争；冲突。
**dissent** *v.i.* berselisih (faham); tengkar; bantah; sangkal; balah; telingkah. 持异

议；抗辩；违抗；争论；不和。**dissenter** *n.* pembantah; orang yang suka berbalah atau bertelingkah. 持异议者；违抗者；不信奉国教者。

**dissertation** *n.* disertasi; huraian yang panjang lebar. 学位论文；学术讲演。

**disservice** *n.* pengkhianatan; kerugian (perbuatan yang merugikan). 危害；伤害；损害。

**dissident** *a.* berkenaan penentang; (yang) menentang. 持异议的；不和的；冲突的。—*n.* berkenaan penentang. 持异议者。**dissidence** *n.* penentangan. 不和；不一致。

**dissimilar** *a.* tidak serupa; tidak sama; lain; berlainan. 不相似的；不一致的；有差别的。**dissimilarity** *n.* ketidaksamaan; kelainan. 差异；不同之处。

**dissimulate** *v.t.* menyembunyikan. 掩饰（感情等）。**dissimulation** *n.* penyembunyian (perasaan); berselindung-selindung. 掩饰；虚饰。

**dissipate** *v.t./i.* menyuraikan; menghapuskan; menghamburkan; menghilang. 驱散；使（云、疑虑等）消散；散播；荡尽。**dissipated** *a.* berfoya-foya. 放荡的；花天酒地的。**dissipation** *n.* penghapusan; penghamburan; pembuangan; hal berfoya-foya. 消散；散逸；挥霍；损耗；放荡。

**dissociate** *v.t.* lekangkan; asingkan; lepaskan; tarik diri; tidak lagi ada hubungan atau sangkut paut dengan. 使分离；脱离；与…断绝关系。**dissociation** *n.* pelekangan; pengasingan; pelepasan; penarikan diri; keadaan tidak lagi bersangkut paut. 分离；脱离；无关系。

**dissolute** *a.* cabul; tidak bermoral. 荒淫的；放荡的。

**dissolution** *n.* pembubaran. 分解；(婚约等的) 解除。

**dissolve** *v.t./i.* membubar; larut; lenyap; hancur; mengikut atau menurut (perasaan). 溶解；渐渐消失；解散(议会等）；取消（婚约等）；使感动。

**dissonant** *a.* canggung; sumbang; janggal; tidak sehaluan. 不调和的；刺耳的；不一致的。**dissonantly** *adv.* dengan sumbang atau janggal. 不合调地；刺耳地。

**dissonance** *n.* kesumbangan; percanggahan. 不调和。

**dissuade** *v.t.* mendesak (supaya jangan). 劝阻；劝止。**dissuasion** *n.* desakan (supaya jangan). 劝阻；劝止。

**distaff** *n.* kayu rahat. 手工纺纱杆。~ **side** sebelah ibu. 母系。

**distance** *n.* jarak; jauh; kejauhan. 距离；路程；间隔；疏远。—*v.t.* merenggangkan; menjauhkan diri; meninggalkan jauh di belakang. 隔开；隔离；远离；把…抛在后头。

**distant** *a.* jauh; renggang; dingin (tidak mesra). 远的；远隔的；冷淡的。**distantly** *adv.* dengan dingin. 冷淡地。

**distaste** *n.* rasa benci; rasa jijik. 不喜欢；厌恶。

**distasteful** *a.* yang dibenci. 不合口味的；令人厌恶的。**distastefully** *adv.* secara jijik; dengan rasa benci. 不合口味地；令人厌恶地。

**distemper** *n.* sejenis penyakit anjing dan binatang-binatang lain; distemper; sejenis cat untuk disapukan ke atas plaster (lepa), dll. 兽类疾病；胶画颜料。—*v.t.* menyapu cat distemper. 用胶画颜料涂抹。

**distend** *v.t./i.* mengembung; mengembang. 扩张；膨胀。**distensible** *a.* kembung. 扩张的；膨胀的。**distension** *n.* pengembungan. 扩张；膨胀。

**distil** *v.t./i.* suling; menyuling. 蒸馏；用蒸馏法提取。

**distillation** *n.* sulingan; penyulingan. 蒸馏；蒸馏法。

**distiller** *n.* penyuling (orang atau syarikat). 蒸馏者；(用蒸馏法制威士忌酒的) 制酒商。

**distillery** *n.* penyuling (tempat atau kilang). 蒸馏所；造酒厂。

**distinct** *a.* jelas; nyata; berlainan. 清楚的;明晰的;与众不同的。**distinctly** *adv.* dengan jelas; dengan nyata. 清楚地;明晰地。

**distinction** *n.* kelainan; perbezaan; penghormatan; cemerlang. 分别;不同之处;荣衔;卓越。**distinctive** *a.* tersendiri; yang membezakan. 与众不同的;有特色的。**distinctively** *adv.* secara tersendiri. 卓越地;与众不同地。

**distinctiveness** *n.* sifat tersendiri. 特色;与众不同之处。

**distinguish** *v.t./i.* membezakan; membuat perbezaan; nampak atau menunjukkan perbezaan. 辨别;区别;认明。**distinguishable** *a.* boleh dibezakan. 可辨别的;认得出的。

**distinguished** *a.* unggul; berkelainan; bertokoh; terkenal kerana kejayaan. 卓越的;有区别的;杰出的;以⋯见著的。

**distort** *v.t.* mengherot-benyotkan; memutarbelitkan; ubah bentuk. 弄歪;扭曲;曲解。**distortion** *n.* keherotan; pengherotan; perbuatan memutar belit. 扭曲;曲解。

**distract** *v.t.* mengalih perhatian. 分散(注意力、心思等);引开(某人的)注意力。

**distracted** *a.* bingung; terganggu; bimbang dan ragu. 分心的;迷惑的;心神烦乱的。

**distraction** *n.* pengalihan perhatian; gangguan; hiburan; kebingungan. (注意力)分散;令人分心的事物;娱乐;消遣;精神错乱。

**distrain** *v.i.* ~ **upon** (barang) merampas barang sebagai bayaran hutang. 扣押物品(以抵偿债款)。**distraint** *n.* perampasan barang. 扣押物品。

**distrait** *a.* bingung. 心不在焉的;不注意的。

**distraught** *a.* dukacita; murung; merana; sangat sedih; terganggu fikiran. 心烦意乱的;(因忧伤或焦虑而)精神错乱的。

**distress** *n.* kedukaan; kemurungan; kesusahan; kesedihan; kesengsaraan; penderitaan. 苦恼;悲痛;忧伤;困苦;不幸。—*v.t.* menyebabkan kesedihan. 使悲痛;使忧伤。**in** ~ dalam bahaya dan memerlukan pertolongan. 遭难;陷入困境。

**distribute** *v.t.* agih; sebar; edar; tabur; membahagi-bahagikan. 分发;散布;分配。**distribution** *n.* pengagihan; pengedaran; taburan; pembahagian. 分发;散布;销售;分配;分配物。

**distributive** *a.* berkenaan pengagihan atau pembahagian. 分发的;分配的。

**distributor** *n.* pengagih; penyebar; pengedar. 分发者;分配者;批发者。

**district** *n.* daerah; wilayah; kawasan. 地区;地方;区域;行政区。

**distrust** *n.* kecurigaan; kesangsian; syak wasangka. 怀疑;不信任;猜疑。—*v.t.* mencurigai; mensyaki. 怀疑;猜疑。

**disturb** *v.t.* ganggu. 搅乱;打搅;使骚动。**disturbance** *n.* gangguan. 动乱;不安;骚动。

**disturbed** *a.* terganggu. 被打扰的;不安的;心理失常的。

**disunity** *n.* perpecahan. 分裂;不合;纷争。

**disuse** *n.* dalam keadaan tidak lagi digunakan. 废弃;不用;废止。

**disused** *a.* tidak lagi digunakan (terabai). 已不用的;已废弃的;已废止的。

**ditch** *n.* parit; longkang. 沟;沟渠;壕沟。—*v.t./i.* korek atau baiki parit; (*sl.*) meninggalkan; (*sl.*) membuat pendaratan kecemasan (kapal terbang) di laut. 挖沟;修沟渠;抛弃;(飞机)被迫降落于水面。

**dither** *v.i.* ketar; teragak-agak. 颤抖;犹豫不决。—*n.* perihal menggeletar; keadaan teragak-agak. 发抖;犹豫。

**ditto** *n.* (dalam senarai) benda yang sama. (表格、清单等用语)同上;同前。

**ditty** *n.* jinggal; lagu yang pendek dan mudah. 小曲;小调。

**diuretic** *a. & n.* diuretik; (sebatian) menyebabkan banyak air kencing dikumuhkan. 利尿(的);利尿剂(的)。

**diurnal** *a.* harian; seharian; siang. 每日的;周日的;白天的。

**diva** *n.* penyanyi wanita yang terkenal. 著名女歌唱家。

**divan** *n.* dipan; bangku panjang tanpa sandaran atau hujung; katil dipan. (无靠背及扶手的)长沙发;矮床。

**dive** *v.t./i.* menjunam (terjun kepala dahulu ke dalam air); selam; terpa. (头朝下)跳入水中;潜入;俯冲;突然下降。—*n.* junaman; penyelaman; (*sl.*) tempat keji. 跳水;潜水;俯冲;低级场所。

**diver** *n.* penjunam; penyelam. 跳水者;潜水者。

**diverge** *v.i.* mencapah; berbeza; menyimpang. 分叉;岔开;意见分歧;偏离。

**divergence** *n.* pencapahan; penyimpangan; perbezaan. 分叉;分歧;差异。 **divergent** *a.* bersifat mencapah, menyimpang atau berbeza. 分叉的;分歧的;偏离的。

**diverse** *a.* pelbagai; berbagai-bagai. 多种多样的;含有各种不同成分的。

**diversify** *v.t.* mempelbagaikan. 使多样化;从事多种经营;增加(产品等的)种类。 **diversification** *n.* kepelbagaian. 多样化;经营多样化。

**diversion** *n.* pemesongan; pelencongan; penyimpangan. 转移;转向;偏离;娱乐;(修路时开的)临时分路。

**diversity** *n.* kepelbagaian. 多样性;差异性。

**divert** *v.t.* pesongkan; lencongkan. 使转移;使转向;改道。

**divest** *v.t.* ~ **of** tanggalkan; lucutkan. 脱下;剥夺;褫夺。

**divide** *v.t./i.* bahagi; pisah; cerai. 除;分裂;分开;分离。—*n.* pemisah; legeh; kawasan yang memisahkan hulu sungai; pembahagi. 分配;分裂;分界线;流域;除法。

**dividend** *n.* angka untuk dibahagi; pembahagian keuntungan; keuntungan (dari sesuatu tindakan); dividen. 红利;股息;被除数。

**divider** *n.* pembahagi. 分裂者;划分者;分切器。 **dividers** *n.* jangka tolok; alat untuk membahagi garisan atau sudut dan untuk mengukur atau menandakan jarak. 两脚规;分线规。

**divination** *n.* ramalan; tekaan; telahan. 占卜;卜卦;预测。

**divine** *a.* (*-er, -est*) berkenaan Tuhan; dari atau seperti Tuhan; (*colloq.*) cemerlang; sangat cantik; indah. 神的;天赐的;极好的;绝世的;非凡的。—*v.t.* meramalkan. 预测;占卜。 **divinely** *adv.* dengan kekuasaan Tuhan; sangat; amat. 神一般地;凭借神力地。 **diviner** *n.* peramal. 先知;占卜者。

**divinity** *n.* ketuhanan; tuhan; sifat ketuhanan. 神性;神力;神威。

**divisible** *a.* dapat dibahagi. 可分的;可除尽的。 **divisibility** *n.* keadaan dapat dibahagi. 可分性;可除性。

**division** *n.* pembahagian; pemisah; bahagian; divisyen. 分开;分切;分隔物;部门;局;区;除法。 **divisional** *a.* berkenaan bahagian; divisyen. 部门的;分隔的;除法的。

**divisive** *a.* memecahbelahkan. 引起分歧的;造成不和的。

**divisor** *n.* pembahagi; angka yang akan membahagikan angka lain. 除数;约数。

**divorce** *n.* penceraian. 离婚。—*v.t.* cerai (memutuskan nikah); berpisah. 与⋯离婚;脱离;使分离。

**divorcee** *n.* janda; randa; duda; orang yang sudah bercerai. 离婚者。

**divot** *n.* gumpalan tanah berumput; ketulan tanah yang tercungkil oleh kepala kayu golf. (高尔夫)被球棒削起的一块草根土。

**divulge** *v.t.* beritahu; dedahkan (maklumat). 揭发;公布;泄露。 **divulgation** *n.* pemberitahuan atau pemecahan rahsia (kepada orang lain). 揭发;公布;泄露。

**divvy** *n.* (*colloq.*) dividen. 所分得的部分；份儿。 —*v.t./i.* ~ **up** (*colloq.*) mengagih-agihkan. 分摊；分配。

**Diwali** *n.* Diwali; perayaan orang Hindu; Deepavali. （兴都教的）屠妖节。

**dixie** *n.* periuk besi yang besar. （行军、露营等用的）大铁锅。

**DIY** *abbr.* **do-it-yourself** buat sendiri (kerja bertukang, dsb.). （缩写）自己动手（做）。

**dizzy** *a.* (*-ier, -iest*) pening; pitam; gayat; yang memeningkan. 眩晕的；眼花缭乱的；使人头晕的；被弄糊涂的。**dizzily** *adv.* dengan rasa pening. 头晕目眩地；昏头昏脑地。**dizziness** *n.* kepeningan; kegayatan. 头晕；眩晕。

**DJ** *abbr.* **disc jockey** juruhebah (radio, disko, dsb.). （缩写）（电台等）音乐节目主持人。

**DNA** *n. abbr.* asid deoksiribonukleik. （缩写）脱氧核糖核酸。

**do** *v.t./i.* (*pres.t. does, p.t. did, p.p. done*) buat; siap; boleh; sesuai; terima, sungguh; ya; akui; (*sl.*) tipu; rompak; serang. 做；办理；从事；进行；完成；足够；适合；给予；照料；是；承认；欺骗；劫掠；击败。 —*v.aux* perkataan yang dibentuk untuk menekankan sesuatu atau untuk mengelakkan daripada pengulangan kata kerja yang telah digunakan. 助动词（用于加强语气或避免动词重复）。 —*n.* (*pl. dos* atau *do's*) hiburan; majlis tari-menari; urusan. 宴会；庆祝会。~ **away with** memansuhkan. 废除；去掉。 ~ **down** (*colloq.*) menipu. 欺骗。~ **for** merosakkan; memusnahkan. 干掉；毁掉。 **~-gooder** *n.* orang yang berniat baik tetapi tidak realistik dalam melakukan kerja-kerja sosial dan kebajikan. 空想的社会改良家；热诚却不现实的人。~ **in** (*sl.*) menghancurkan; membunuh; memenatkan. 使毁灭；谋杀；使疲乏。**~-it-yourself** *a.* untuk dibuat sendiri oleh amatur, dsb. 自己动手做的；自行维修的。~ **out** cuci; hias kembali. 打扫；收拾。~ **up** ikat; bungkus; baiki; penat; letih. 把头发盘起；包扎；修缮；使累垮。~ **with** bersikap sabar; memerlukan. 忍耐；满足于。~ **without** teruskan tanpa (sesuatu). 省去；免去。

**doc** *n.* (*colloq.*) doktor. 医生。

**docile** *a.* jinak; patuh; mengikut kata. 驯良的；易教的；易处理的。**docilely** *adv.* dengan patuh. 俯首听命地。**docility** *n.* kejinakan; kepatuhan. 温顺；俯首听命。

**dock**[1] *n.* limbungan; dok. 船坞；船厂；码头。 —*v.t./i.* keluar atau masuk ke limbungan; (kapal angkasa) bercantum di angkasa. 把船引入船坞；使（宇宙飞行器）在外层空间对接。

**dock**[2] *n.* kandang (untuk orang salah); pasungan. （刑事法庭的）被告席；犯人栏。

**dock**[3] *v.t.* potong. 剪短；削减；截去。

**dock**[4] *n.* sejenis rumpai tinggi berdaun lebar. 酸模属草类。

**docker** *n.* pekerja limbungan; pemunggah barang, muatan kapal di limbungan. 船坞工人；码头工人。

**docket** *n.* doket; senarai barangan; baucar. （公文或包裹等的）标签；摘要；判决摘要；备审案件目录；订货单。 —*v.t.* (*p.t. docketed*) disenaraikan ke dalam doket; labelkan dengan doket. 记入（判决书）目录；附上标签。

**dockyard** *n.* limbungan. 修船厂；造船厂。

**doctor** *n.* doktor; tabib. 医生；博士。 —*v.t.* rawat; kasi; tampal; balut; memalsukan (keterangan, laporan). 医治；阉割（家畜）；修复；改写；窜改。**doctoral** *a.* kedoktoran. 博士的；学者的；权威的。

**doctorate** *n.* ijazah kedoktoran; ijazah tertinggi universiti. 博士学位；博士资格。

**doctrinaire** *a.* taasub; mengikut teori atau prinsip tanpa tolak ansur. 空谈理论的；教条主义的。

**doctrine** *n.* fahaman; ajaran; pegangan; doktrin. 教旨；教条；原则；主义。

**doctrinal** *a.* berkaitan dengan doktrin. 教条的；教义的。 **doctrinally** *adv.* secara doktrin. 学说上；教义上。

**docudrama** *n.* dokudrama; pendramaan filem televisyen tentang peristiwa sebenar. 文献电视片；记实电视片。

**document** *n.* surat-suratan; dokumen. 文件；文献；公文；证件；记录影片。 —*v.t.* mengadakan atau membuktikan dengan dokumen. 用文件证明；根据事实或材料制作。 **documentation** *n.* penyuratan; penulisan; pendokumenan; dokumentasi. 文件证据的提供或使用；(总称) 文献资料；提供的文件；文献的编集；文件分类。

**documentary** *a.* rencana; dokumentar. 公文的；证书的；记录的；记实的。—*n.* filem dokumentar; rencana. 记录片。

**dodder** *v.i.* terhegeh-hegeh; menggeletar (kerana tua, uzur). 蹒跚；(因老迈而) 摇晃不稳。 **doddery** *a.* dengan terhegeh-hegeh. 蹒跚的；老迈的。 **dodderer** *n.* orang yang berjalan terketar-ketar. 动作摇晃或抖颤的人。

**dodecagon** *n.* dodekagon; rajah geometri bersegi dua belas. 十二边形；十二角形。 **dodecagonal** *adj.* bersegi dua belas. 十二角形的。

**dodge** *v.t./i.* mengelak; menepis. 闪避；掩饰；搪塞。 —*n.* elakan; pengelakan; (*colloq.*) helah; tindakan penipuan yang pintar. 躲避；推托；诡计。 **dodger** *n.* pengelak; orang yang pandai mengelak. 躲闪者；推托者。

**dodgem** *n.* kereta laga; kereta kecil untuk mainan langgar-melanggar di pesta. (游乐园中的) 电动闪躲车。

**dodgy** *a.* (*-ier, -iest*) (*colloq.*) pintar (menipu); canggung. 狡诈的；精于掩饰的。

**dodo** *n.* (pl. *-os*) dodo; sejenis burung besar yang telah pupus. 渡渡鸟 (毛里求斯一种已绝种的鸟)。

**doe** *n.* rusa betina; arnab betina. 雌鹿；雌兔。

**does** *lihat* **do**. 见**do**。

**doesn't** = does not tak; tidak. 不；没有；并不。

**doff** *v.t.* (*old use*) cabut atau buka topi (dari kepala). 脱帽；举帽致意。

**dog** *n.* anjing; serigala atau rubah jantan; (*colloq.*) alat pencekak. 狗；犬科雄兽 (包括豺狼和狐狸等)；鳖角货；止动器。 **~-collar** *n.* (*colloq.*) kolar paderi. 狗项圈；(牧师等用的) 项圈形胶领。 —*v.t.* (p.t. *dogged*) mengikut; mengekori. 追猎；追随；跟踪。 **~-eared** *a.* dengan sudut-sudut muka surat berkelepet (kerana selalu digunakan). 书页折角的；翻旧了的。 **~-star** *n.* bintang Sirius. 天狼星。

**doge** *n.* bekas pemerintah Venice (Itali). (古时) 意大利威尼斯的总督。

**dogfish** *n.* jerung kecil. 角鲨；星鲨。

**dogged** *a.* nekad; cekal; gigih. 顽固的；固执的；顽强的。 **doggedly** *adv.* dengan gigih. 固执地；顽强地。

**doggerel** *n.* doga; sajak yang tidak teratur dan kurang baik. 打油诗。

**doggo** *adv.* **lie ~** (*sl.*) baring kaku. 一动不动地。

**doggy** *a. & n.* (berkaitan dengan) anjing. 狗 (的)；狗一样 (的)。 **~ bag** kampit untuk membawa balik makanan lebihan. 供顾客把吃剩食物带回家的小袋子。

**doghouse** *n.* (*A.S.*) lau; reban anjing; pondok anjing; rumah anjing. 狗房似的简陋小屋；小窝棚；狗窝。 **in the ~** (*sl.*) dalam keadaan malu. 失宠的；丢脸的。

**dogma** *n.* dogma; ajaran. 教条；教义；信条。

**dogmatic** *a.* berbentuk dogma; dogmatik; menyatakan dengan cara berwibawa. 教条式的；武断的；固执己见的。 **dogmatically** *adv.* secara dogmatik. 教条式地；武断地。 **dogmatism** *n.* dogmatisme. 教条主义。

**dogmatize** *v.i.* membuat kenyataan berbentuk dogma. 教条化；教条式地阐释；独断。

**dogrose** *n.* sejenis mawar liar. 犬薔薇。

**dogsbody** *n.* (*colloq.*) orang suruhan; buruh kasar; kuli. 勤务工；干杂活的人；低级军官。

**dogwood** *n.* sejenis tumbuhan berbunga keputih-putihan. 山茱萸。

**doh** *n.* doh; nama nota dalam satu skel muzik; nota C muzik. 大音阶的第一音；固定唱法时的C音。

**doily** *n.* doili; pelapik piring, gelas, perhiasan. （置于盘碟下）装饰用的小垫。

**doldrums** *n.pl.* doldrum; kawasan lautan dekat khatulistiwa yang kurang atau tidak berangin. 赤道无风带。 **in the ~** patah atau hilang semangat. 消沉；无生气。

**dole** *v.t.* beri; sebar; bahagi-bahagikan. 少量地发给（救济品等）；施舍。— *n.* (*colloq.*) bayaran yang diterima daripada kerajaan ketika menganggur. 失业救济金。

**doleful** *a.* muram; suram. 忧郁的；悲伤的；令人苦恼的。 **dolefully** *adv.* dengan muram. 忧伤地。

**doll** *n.* anak patung; anak-anak; boneka. 洋娃娃；玩偶。—*v.t.* **~ up** (*colloq.*) berpakaian kemas. 刻意打扮。

**dollar** *n.* dolar; mata wang A.S. dan beberapa negara lain. 元（美国等国的货币单位）。

**dollop** *n.* (*colloq.*) longgok (benda yang lembik). 一团（半流质物）。

**dolly** *n.* panggilan kanak-kanak untuk anak patung; pelantar bergerak untuk kamera wayang. 娃娃（儿语，指玩偶）；移动摄影车；滑动台架。

**dolman sleeve** lengan dolman; lengan baju yang longgar dan panjang yang disambungkan dari badan baju. （袖口狭窄、腋部宽大的）蝙蝠袖。

**dolmen** *n.* dolmen; struktur megalit batu besar yang rata yang terletak di atas dua batu menegak. 石桌状墓标（史前墓遗迹）。

**dolomite** *n.* dolomit; sejenis batu kapur. 白云石。

**dolour** *n.* sedih pilu. 忧伤；悲痛。 **dolorous** *a.* bersedih. 忧伤的；悲痛的。

**dolphin** *n.* ikan lumba-lumba; dolfin. 海豚。

**dolt** *n.* (orang yang) bebal atau bodoh. 笨蛋；傻瓜。 **doltish** *a.* bersifat bodoh. 愚钝的；呆笨的。

**Dom** *n.* gelaran orang kenamaan atau rahib Roman Katolik. 阁下（天主教对高级修道士等的尊称）。

**domain** *n.* kawasan kekuasaan; kawasan di bawah kawalan seseorang; bidang; domain. 领土；版图；管辖区；势力范围；（学问、活动等的）领域。

**dome** *n.* kubah; dom. 圆屋顶；圆盖。

**domed** *a.* jendul; berbentuk kubah. 圆顶的；成穹状凸起的；半球形的。

**domestic** *a.* rumah tangga; dalam rumah; dalam negeri; bela jinak. 家庭的；国内的；驯养的。—*n.* pembantu rumah. 家仆/佣人。 **~ science** pengajian sains rumah tangga. 家政学。 **domestically** *adv.* secara dalam rumah; setempat. 家庭式地；适合家内（或国内）地。

**domesticated** *a.* (tentang binatang) ternak; bela jinak; (tentang manusia) gemar menguruskan kerja rumah dan hal-ehwal rumah tangga. 驯养的；（人）爱做家务的。 **domestication** *n.* pembelajinakan. 驯化；通俗化。

**domesticity** *n.* kehidupan di rumah. 家庭生活。

**domicile** *n.* mastautin; tempat kediaman. 住处；永久居住地。

**domiciled** *a.* bermastautin; diam; tinggal. 有固定住所的；定居的。

**domicilliary** *a.* berkaitan dengan tempat tinggal atau kediaman. 住处的；户籍的。

**dominant** *a.* paling berpengaruh; paling menonjol; dominan. 影响力大的；占优势的；有势力的。 **dominance** *n.* pengaruh; penguasaan; dominans. 支配地位；最高权力；统治。

**dominate** *v.t./i.* menguasai. 控制；支配；统治。 **domination** *n.* penguasaan. 控制；支配。

**domineer** *v.i.* (kelakuan yang) menguasai. 盛气凌人；作威作福。

**Dominican** *n.* rahib atau biarawati mazhab St. Dominic. 天主教圣多明尼克教派的修道士。

**dominion** *n.* kuasa pemerintahan; kawasan atau wilayah di bawah pemerintahan. 统治权；领土；版图。

**domino** *n.* (pl. *-oes*) domino; kepingan bujur bertanda untuk permainan domino. 骨牌；骨牌戏。

**don**[1] *v.t.* (p.t. *donned*) memakai; mengenakan. 穿上；披戴。

**don**[2] *n.* pensyarah; tutor. 大学导师；研究员。

**don't = do not** jangan; jangan buat. 不行！不可以！

**donate** *v.t.* derma; menderma. 捐献；赠给。

**donation** *n.* derma. 捐献；捐赠物；捐款。

**done** *lihat* **do**. 见 **do**。

**donjon** *n.* menara kastil. 城堡的主楼；主塔。

**donkey** *n.* keldai. 驴。~ **engine** enjin kecil sampingan. 辅助发动机。~ **jacket** jaket tebal yang kalis cuaca. 防风厚上衣。

**donkey's years** (*colloq.*) lama betul. 很久；多年。~-**work** *n.* pekerjaan yang menjemukan. 单调呆板的例行工作。

**donor** *n.* penderma. 捐赠者；输血者；捐款人。

**doodle** *v.i.* (leka) mencoreng; mencoret. 胡乱涂写；心不在焉地乱画。—*n.* conteng. 乱涂出来的东西。

**doom** *n.* kecelakaan; kebinasaan; maut. 厄运；劫数；毁灭；死亡。—*v.t.* ditakdirkan (nasib buruk, kecelakaan). 注定（厄运等）；命定。

**doomsday** *n.* hari kiamat. 世界末日；最后审判日。

**door** *n.* pintu; daun pintu. 门；出入口。

**doormat** *n.* pengalas di muka pintu; pengesat kasut; alas kaki. 门前的擦鞋垫。

**doorstep** *n.* anak tangga depan pintu. 门阶。

**doorway** *n.* ambang pintu; muka pintu. 门口；出入口。

**dope** *n.* (*sl.*) ubat; dadah; maklumat; si tolol. （有害的）药物；毒品；情报；鲁钝的人。—*v.t.* (*sl.*) memberi atau memasukkan dadah. 给（人）吸毒；给（马等）服食兴奋剂。

**dopey** *n.* (*colloq.*) mengantuk; bodoh. （因服用麻醉剂等而）昏昏沉沉的。

**Doric** *a.* gaya atau stail termudah dalam seni bina Yunani (Greek kuno). （古希腊）多利克地区风格的；古希腊建筑风格的。

**dormant** *a.* pendam; tidur; tidak giat; tidak aktif. 蛰伏的；处于睡眠状态的；冬眠的；静止的。 **dormancy** *n.* kependaman (gunung berapi). 休眠；蛰伏。

**dormer** *n.* tingkap tegak di bumbung curam. 屋顶窗；老虎窗；天窗。

**dormitory** *n.* bilik asrama; bilik tidur yang mempunyai banyak katil. 宿舍；集体寝室。~ **town** bandar kediaman; bandar dengan penduduk yang berulang-alik bekerja di tempat lain. （在市内工作者的）郊外住宅区。

**dormouse** *n.* (pl. *-mice*) sejenis binatang seperti tikus. 榛睡鼠。

**dormy** *a.* (dalam permainan golf) mendahului dengan kiraan lubang yang sama jumlahnya dengan lubang yang tinggal. （高尔夫球）其中一方领先穴数与待击穴数相等的。

**dorsal** *a.* dorsal; berkaitan dengan atau di belakang. 背的；背侧的；背部的。

**dosage** *n.* pemberian ubat; dos; sukatan (ubat). 药的剂量；服用量。

**dose** *n.* dos; sukatan ubat untuk sekali makan; sukatan radiasi yang diterima. 一剂；一次服药量；辐射剂量。—*v.t.* beri (satu atau beberapa) sukatan ubat. 按剂量给药。

**dosh** *n.* (*sl.*) duit. 钱。

**doss** *v.i.* (*sl.*) tidur (di rumah tumpangan murah). 简陋睡铺。 **~-house** *n.* rumah tumpangan murah. 廉价寄宿舍。 **dosser** *n.* gelandang; petualang (orang yang tidak tentu tempat tinggal). 居无定所的人。

**dossier** *n.* dosir; satu set dokumen, atau laporan tentang seseorang atau sesuatu peristiwa. (有关某人或某事件的) 全套档案。

**dot** *n.* titik; bintik; noktah. 小点；圆点；句点；小数点。—*v.t.* (*p.t. dotted*) (tanda dengan) titik; noktah; bertaburan; (*sl.*) pukul. 加点号；打点于；散布于；布满；狠击。 **on the ~** tepat pada waktunya. 准时；在指定的时间。

**dotage** *n.* nyanyuk. 心力衰迈；老迈；老耄。

**dote** *v.i.* **~ on** memanjakan; sangat suka akan (seseorang). 溺爱；过分偏爱。

**dottle** *n.* tembakau yang tinggal tidak terbakar di dalam paip. 烟斗中吸剩的焦烟丝。

**dotty** *a.* (*-ier, -iest*) (*colloq.*) nyanyuk; aneh. 疯疯癫癫的；行为怪异的。 **dottily** *adv.* dengan aneh. 疯疯癫癫地；古怪地。 **dottiness** *n.* kenyanyukan; keanehan. 疯癫；怪异。

**double** *a.* dua kali; berganda; untuk dua orang atau benda. 双倍的；成双的；双重的；供两者用的。 —*adv.* dua (kali) berganda; berpasangan. 双倍地；成双地。 —*n.* bilangan berganda; orang atau benda yang serupa dengan yang satu lagi; (*pl.*) regu; permainan dengan dua orang pemain pada satu pihak. 两倍；极相似的人或物；替身；(球赛) 双打。—*v.t./i.* menjadi berganda; lipat dua; patah balik; pusing balik; berlakon dua watak dalam drama yang sama. 变成两倍；使加倍；对折；折回；替代演出。 **at the ~** cepat-cepat. 迅速地。 **~-bass** *n.* dabal bes; bass besar (seperti biola). 低音提琴。 **~-breasted** *a.* (kot) bertindih dada. (外套等) 双排扣的。 **~ chin** berdagu dua (gemuk). 双下巴。 **~ cream** krim pekat. 高脂厚奶油。 **~-cross** *v.t.* tipu. 欺骗行为；出卖。 **~-dealing** *n.* penipuan. 欺骗；两面派行为。 **~-decker** *n.* bas dua tingkat. 双层的电车或公共汽车。 **~ Dutch** percakapan yang tidak dapat difahami. 莫名其妙的话；难以理解的语言。 **~ figures** nombor daripada 10 hingga 99. 两位数。 **~-jointed** *a.* mempunyai sendi yang boleh dilentur lebih daripada biasa. 有双关节的；可前后左右自由活动的。 **~ take** reaksi susulan. 过后才恍然大悟的。 **~-talk** *n.* cakapan yang maksudnya berlainan daripada apa yang diucapkan. 含糊其词的说话；意义晦涩的言词。 **doubly** *adv.* benar-benar. 双倍地；加倍地。

*double entendre* kata-kata yang mempunyai dua makna, satu daripadanya lazimnya lucah. 双关语；语意双关。

**doublet** *n.* dublet; satu daripada pasangan yang serupa; (*old use*) jaket ketat lelaki. 一对或一组的一个；同源异形词中的一个；(14至16世纪欧洲男子穿的) 紧身上衣。

**doubloon** *n.* syiling lama Sepanyol. 达布隆 (西班牙旧金币)。

**doubt** *n.* keraguan; kesangsian. 疑惑；疑问；怀疑。 —*v.t./i.* meragui; sukar untuk mempercayai. 怀疑；疑虑。 **doubter** *n.* orang yang ragu-ragu atau waswas. 抱怀疑态度的人。

**doubtful** *a.* ragu-ragu. 可疑的；有疑问的。 **doubtfully** *adv.* dengan ragu-ragu. 可疑地；不信地。

**doubtless** *a.* tanpa ragu-ragu; pasti. 无可置疑的；肯定的。

**douche** *n.* pancutan; semburan air ke badan. 冲洗液；灌洗疗法。 —*v.t./i.* menggunakan pancutan air. 使用灌洗疗法。

**dough** *n.* doh; ulian tepung; adunan. (制面包、糕点等用的) 生面团。 **doughy** *a.* seperti doh. 面团的；像面团的。

**doughnut** *n.* donat. 炸面饼圈；糖纳子。

**doughty** *a.* (*old use*) berani. （贬义）勇猛的；刚强的。

**dour** *a.* masam muka; bengis. 阴郁的；严厉的；顽强不屈的。**dourly** *adv.* dengan muka masam; dengan bengis. 阴郁地；严厉地。**dourness** *n.* kebengisan. 严厉。

**douse** *v.t.* padam (api); simbah air; siram; jirus; renjis; curah; rendam; benam ke dalam air. 熄灭；弄湿；泼；洒；浸入。

**dove** *n.* burung merpati. 鸽子；小野鸽。

**dovecote** *n.* reban; sarang burung merpati yang dipelihara. 鸽棚；鸽房。

**dovetail** *n.* tanggam. （木工的）楔形榫；鸠尾榫。—*v.t./i.* menanggam (menyambung) dua keping papan yang bertakuk-takuk supaya berpaut rapat dan kukuh. 用楔形榫接合；使相互吻合。

**dowager** *n.* balu pewaris gelaran atau harta mendiang suaminya. （承受亡夫爵位或遗产的）寡妇；未亡人。

**dowdy** *a.* (-ier, -iest) selekeh; serbah-serbih; tidak menarik; tidak bergaya; berpakaian tidak menarik. （尤指妇女）衣著不整洁的；不美观的；过时的；（服装等）俗气的。**dowdily** *adv.* dengan gaya yang tidak menarik. 衣冠不整地；邋遢地。**dowdiness** *n.* keselekehan; keadaan serbah-serbih. 衣冠不整；不修边幅。

**dowel** *n.* pasak; cemat. （木工的）榫钉；木楔。**dowelling** *n.* batang pasak; batang untuk dipotong menjadi pasak. 接合用的暗榫；制榫用的木条。

**dower** *n.* faraid untuk balu dari harta pusaka suaminya. 寡妇应得的亡夫遗产。~ **house** rumah kecil di samping rumah besar; yang menjadi sebahagian daripada harta yang dipusakai oleh balu. 建在大宅旁留给遗孀的小屋。

**Down's syndrome** *n.* sindrom Down; kecacatan sejak lahir yang menyebabkan muka lebar dan otak cacat. 唐氏综合症。

**down**[1] *n.* tanah lapang yang beralun dengan bukit-bukit kecil. 有草丘陵地；高旷地。

**down**[2] *n.* bulu pahat; bulu halus. 绒毛；绒羽。

**down**[3] *adv.* di tempat atau tahap rendah; kepada saiz yang lebih kecil; hinggalah dari masa awal ke masa yang lebih lewat; dirakam dalam bentuk tulisan; ke sumbernya; sebagai cengkeram. 向下；自高至低；由大到小；直到；从较早时间到较晚时间；（用笔）记下；用现金付款。—*prep.* ke bawah; bawah;往下方；沿着往下。—*a.* ke bawah; bergerak dari sesuatu tempat. 向下的；向下方的；向南的。—*v.t.* (*colloq.*) kalahkan; jatuhkan; telan. 打倒；击落；咽下；忘掉。~**-and-out** *n.* orang yang papa kedana. 贫困潦倒的人。~ **on** bermusuhan. 憎恶；怨恨。**have a ~ on** (*colloq.*) tidak suka (seseorang). 对（某人）有恶感。~**-to-earth** *a.* bersifat realistik. 现实的；实际的。~ **under** di Australia dan di kawasan selatan dunia. （处于对跖位置的）澳洲及南半球其他地区。

**downbeat** *n.* rentak turun. （乐队指挥示意强拍的）向下一挥。—*a.* menyuramkan; (*colloq.*) buat tak kisah. 悲观的；不着重的。

**downcast** *a.* muram; suram; sedih; pilu; (mata) memandang ke bawah. 萎靡不振的；垂头丧气的；唉声叹气的；（眼睛）向下看的。

**downfall** *n.* kejatuhan. （雨、雪等突然或大量的）下降；下跌；坠落；灭亡；垮台；衰落。

**downgrade** *v.t.* menurunkan gred atau mutu. 降低（地位、阶级或品质等）。

**downhearted** *a.* bersedih (hati). 郁郁不乐的；沮丧的。

**downhill** *a. & adv.* menurun (bukit). 下坡的（地）；向下的（地）。

**download** *v.t.* memindah data daripada alat storan komputer kepada alat storan yang lain. 卸载；下载（电脑用语）。

**downpour** *n.* hujan lebat. 倾盆大雨。

**downright** *a.* betul-betul; berterus-terang. 直爽的；坦白的。—*adv.* betul-betul; benar-benar. 诚实地；坦白地。

**downstairs** *adv. & a.* di tingkat bawah (bangunan). 在楼下；楼下的。

**downstream** *a. & adv.* di atau ke hilir. 在下游（的）；往下游（的）。

**downtown** *a. & n.* (A.S.) pusat bandar. 城市商业区（的）。

**downtrodden** *a.* ditindas. 受压迫的；被践踏的。

**downward** *a.* ke bawah; menurun. 向下的；下降的。—*adv.* ke bawah. 向下地；朝下。

**downwards** *adv.* ke arah bawah. 向下；往下；以下。

**downy** *a.* (*-ier, -iest*) berbulu gebu serta halus; berbulu pahat. 长绒毛的；茸毛似的；软毛的。

**dowry** *n.* hantaran kahwin (daripada isteri kepada suami). 嫁妆。

**dowse** *v.i.* mencari air atau mineral di bawah tanah dengan menggunakan kayu penunjuk (lazimnya kayu bercabang berbentuk Y). 用Y形棒探测地下水源或矿物质。 **dowser** *n.* orang yang menggunakan kayu penunjuk untuk mencari air atau mineral. 用Y形棒探测水源或矿物质的人。

**doxology** *n.* ungkapan pujian terhadap Tuhan (Kristian). 对上帝的赞颂。

**doyen** *n.* doyen; ahli terkanan dalam sesuatu kumpulan. 高级代表；资格最老者。 **doyenne** *n. fem.* (perempuan) ahli terkanan dalam sesuatu kumpulan. 女高级代表。

**doze** *v.i.* tidur-tidur ayam. 打盹；打瞌睡。—*n.* tidur sebentar. 假寐；瞌睡。

**dozen** *n.* dozen; set 12; (*pl., colloq.*) sangat banyak; ramai. 一打；12个；很多。

**Dr.** *abbr.* **doctor** doktor. （缩写）医生；博士。 **debtor** orang yang berhutang. （缩写）欠债者。

**drab** *a.* kusam; membosankan. 无光彩的；单调的。

**drachm** *n.* seperlapan auns. 打兰（药物衡量单位；等于八分之一安士）。

**drachma** *n.* (*pl. -as* atau *-ae*) unit mata wang di Greece. 德拉克马（希腊货币单位）。

**draft**[1] *n.* (tulisan dalam bentuk) rangka; draf; arahan bertulis kepada pihak bank supaya membayar; kumpulan untuk tugas khas; pemilihan kumpulan ini; (A.S.) kerahan ketenteraan. 草稿；草图；银行汇票；特遣部队；应援队；（应援队的）挑选；被征入伍者。—*v.t.* sediakan rangka; mendraf; (A.S.) mengerah (masuk tentera). 拟草图；起草稿；征募。

**draft**[2] *n.* (A.S.) angin sejuk. 罅缝风；穿堂风。

**drag** *v.t./i.* (*p.t. dragged*) heret; seret; hela; tarik; sedut rokok atau paip. 拖；曳；拉；深深地吸烟。—*n.* pencakar; pukat tarik; pukat tunda; perkara yang menyekat kemajuan; (*sl.*) sedutan rokok atau paip; (*sl.*) pakaian wanita dipakai oleh lelaki. 耙子；拖网；捞锚；拖累物；阻碍物；深吸一口烟；男穿女装。~ **race** lumba pecut kereta jarak dekat. 汽车短程加速比赛。

**dragon** *n.* naga; orang yang garang. 龙；凶暴的人。

**dragonfly** *n.* pepatung; belalang patung; sibur-sibur. 蜻蜓。

**dragoon** *n.* askar berkuda. 重骑兵。—*v.t.* memaksa supaya bertindak. 镇压；武力迫害。

**drain** *v.t./i.* sedut keluar; salur keluar; mengalir keluar; melemahkan tenaga; minum habis. 排水；排泄；使耗尽；使枯竭；喝光。—*n.* parit; longkang; perkara yang melemahkan tenaga seseorang, dsb. 排水渠；下水道；不断消耗力量（或财富等）的事物；衰弱的原因。

**drainage** *n.* penyaliran; sistem saliran; kumbahan. 排水；排水系统；污水。

**drake** *n.* itik jantan. 公鸭。

**dram** *n.* seperlapan auns; sukatan kecil alkohol (minuman keras). 打兰（药物衡量单位，等于八分之一安士）；（酒等）少量；少许。

**drama** *n.* sandiwara; bangsawan; drama; rentetan peristiwa yang menarik. 戏剧；戏曲；剧本；戏剧性的事件。

**dramatic** *a.* berkenaan dengan drama; yang menarik; (secara) dramatik. 戏剧的；剧本的；引人注目的；戏剧性的。**dramatics** *n.pl.* seni drama. 戏剧演出；戏剧活动。**dramatically** *adv.* dalam bentuk drama. 戏剧式地；戏剧性地。

**dramatist** *n.* penulis (skrip) drama. 剧作家；剧本作者。

**dramatize** *v.t.* membuat dalam bentuk drama; mendramakan. 改编为戏剧；把…戏剧化。**dramatization** *n.* pendramaan. 戏剧创作；戏剧化。

**drank** *lihat* **drink.** 见 **drink**。

**drape** *v.t.* menutupi; menggantung sesuatu pada. 覆盖；悬挂。—*n.* (*A.S.*) tabir; langsir. 窗帘；布帘。

**draper** *n.* penjual kain atau kain baju. 布商；成衣商。

**drapery** *n.* perniagaan kain; gantungan kain yang beralun. 布业；服装业；帐帘；帷幔。

**drastic** *a.* keras; sangat berkesan. 激烈的；猛烈的。**drastically** *adv.* dengan keras. 激烈地；猛烈地。

**draught** *n.* angin; penarikan; penghelaan (ikan dalam pukat); kedalaman air untuk mengapungkan kapal; pengambilan, pengaliran keluar arak dari tongnya; perbuatan minum menggogok; (*pl.*) permainan dam. 气流；拖；曳；网鱼；船的吃水深度；分遣队的选派；一饮之量；从酒桶内倒出的酒；西洋象棋。**~ beer** bir yang diambil dari tongnya. 生啤酒。

**draughtsman** *n.* pelukis pelan. 制图员。

**draughty** *a.* (*-ier, -iest*) berangin. 通风的；有罅缝风吹入的。**draughtily** *adv.* dengan berangin. 通风良好地。

**draughtiness** *n.* keadaan berangin. 通风。

**draw** *v.t./i.* (p.t. *drew*, p.p. *drawn*) tarik; hela; heret; mengeluarkan; mencabut; cuba mendapatkan maklumat (daripada seseorang); seri; memerlukan (kedalaman air untuk mengapungkan kapal); lukis; rancang; tulis cek untuk diambil wang tunai; mendatangkan. 拉；牵；拔；抽；打；打听；（球赛等）打成平手；靠人供给；（船）吃水；绘画；草拟；制定；开支票；吸引；招致。—*n.* tarikan; helaan; heretan; cabutan; daya penarik; perlawanan yang seri. 牵引；拖曳；抽出；取出；吸引力；有吸引力的人或物；（球赛）和局。**~ at** menyedut asap (paip, dsb.). 从（烟斗等）吸烟。**~ in** (hari) jadi semakin pendek. （日子）越来越近；渐短。**~ out** jadi semakin panjang; larut. 拉长；拖长；使变长。**~-sheet** *n.* cadar yang dapat dicabut keluar dari bawah tubuh pesakit. （为方便更换而置于病人身下的）抽单；垫单。**~-string** *n.* tali penjerut mulut (guni, uncang, dsb.). （麻包袋口、布质钱包、衣服、窗帘等的）束带。**~ the line at** enggan membenarkan atau melakukan sesuatu. 划界线以示区别；反对；不苟同。**~ up** henti; karang (kontrak, perjanjian, dsb.); berdiri dan menegakkan tubuh. 停下；草拟（契约等）；制订；整队；排列。

**drawback** *n.* kelemahan. 弊端；不利条件。

**drawbridge** *n.* jambatan angkat. （古城堡等的）开合桥；吊桥。

**drawer** *n.* laci; pelukis; penyuruh bayar cek; (*pl.*) seluar dalam. 抽屉；制图员；开支票者；内裤。

**drawing** *n.* lukisan (tanpa warna). 素描；绘图。**~-pin** *n.* paku tekan. 图钉。**~-room** *n.* bilik (ruang) tamu. 客厅；休息室。

**drawl** *v.t./i.* bercakap malas-malasan. 慢吞吞地说话；懒洋洋地说。—*n.* cara bercakap malas-malasan. 慢吞吞拉长调子说出的话。

**drawn** *lihat* draw. 见 **draw**。—*a.* kelihatan tegang akibat keletihan atau kerisauan. 紧张的；憔悴的；(脸)扭歪的。

**dray** *n.* kereta sorong. 无围边的大车；运货马车。**drayman** *n.* penyorong kereta ini. 赶大车的人；运货马车车夫。

**dread** *n.* ketakutan. 畏惧；恐怖；担心。—*a.* amat ditakuti. 令人恐惧的。

**dreadful** *a.* teruk. 可怕的；令人惊骇的。**dreadfully** *adv.* dengan teruk. 令人惊骇地；糟透地。

**dream** *n.* mimpi; lamunan; khayalan; orang atau benda yang indah. 梦；梦想；幻想；愿望；理想；梦一般美好的人物或美景。—*v.t./i.* (p.t. *dreamed* atau *dreamt*) bermimpikan; impikan. 做梦；梦见；梦想；渴望。~ **up** bayangkan; reka. 虚构；凭空想出。**dreamer** *n.* orang yang bermimpi; orang yang suka berkhayal. 做梦的人；梦想家；不切实际的人。**dreamless** *a.* tanpa mimpi. 无梦的；酣睡的。

**dreamy** *a.* berangan-angan. 似梦的；爱空想的。**dreamily** *adv.* secara berangan-angan. 梦幻地；不切实际地。**dreaminess** *n.* keadaan suka berangan-angan. 梦幻；空想。

**dreary** *a.* (*-ier, -iest*) menjemukan; membosankan; muram; suram. 枯燥的；阴郁的；沉寂的；惨淡的。**drearily** *adv.* dengan cara yang membosankan, muram. 枯燥地；沉闷地；阴郁地。**dreariness** *n.* kemuraman; keadaan yang membosankan. 沉寂；沉闷；枯燥。

**dredge**[1] *n.* pengorek; jentera untuk mengorek. 挖掘机；挖泥机；捕捞船。—*v.t./i.* korek. 挖掘；疏浚；采捞。**dredger**[1] *n.* kapal korek. 挖泥机；捕捞船。

**dredge**[2] *v.t.* menaburkan dengan tepung atau gula. 撒(面粉、糖等)于。**dredger**[2] *n.* botol atau bekas untuk menaburkan tepung, dsb. 撒粉器；滤粉器。

**dregs** *n.pl.* keladak; kotoran yang mendap ke bawah dalam air; hampas; bahagian yang paling tidak berguna. 残渣；沉淀；废物。

**drench** *v.t.* basah lencun; basah kuyup; memaksa (binatang) menelan ubat. 浸湿；湿透；给(牲口)灌药。—*n.* ubat (yang dipaksa telan); basah kuyup. (牲口服用的)顿服药；湿透。

**dress** *n.* pakaian; gaun; baju perempuan yang berbadan dan berkain. 衣服；服装；礼服；连衣裙；套裙。—*v.t./i.* pakai; menyarung (pakaian); hias. 穿；敷药；包扎；装饰；布置。~ **circle** langkan seri; galeri pertama dalam teater. 戏院中第一层楼厅的前排座位。~ **rehearsal** raptai; latihan muktamad dengan pakaian lengkap. 正式上演前的总彩排。~~**shirt** *n.* kemeja untuk dipakai dengan pakaian malam. (男子穿礼服时配合穿着的)白色衬衫。

**dressage** *n.* pengawalan kuda untuk menunjukkan kepatuhannya. 驯马训练；花术骑术训练。

**dresser**[1] *n.* orang yang mendandan seseorang atau menghias sesuatu benda; dreser; pembantu doktor. (剧团的)服装员；橱窗布置人；外科手术助手。

**dresser**[2] *n.* kabinet dapur; almari berpara di dapur (untuk pinggan mangkuk, dsb.). 食具橱；碗橱。

**dressing** *n.* kuah atau inti dalam makanan; baja taburan; balutan atau minyak angin untuk luka-luka, dsb.; bahan pengeras kain. 调味料；肥料；包扎；敷料；装饰；穿戴。~~**case** *n.* beg penyimpan alat solek, dsb. semasa mengembara. 梳妆箱；梳妆盒。~ **down** kemarahan. 狠狠地责骂。~~**gown** *n.* jubah santai; gaun panjang untuk pakaian dalam rumah. 晨衣；浴衣。~~**table** *n.* meja solek. 化妆台。

**dressmaker** *n.* tukang jahit (perempuan) pakaian wanita. 制女服的女裁缝师。

**dressmaking** *n.* jahit-menjahit. 女服的裁制。

**dressy** *a.* memakai pakaian yang mewah, segak dan berhias. 讲究穿戴的;衣著漂亮的。 **dressiness** *n.* keadaan bergaya. 对衣著的讲究。

**drew** *lihat* **draw**. 见 **draw**。

**drey** *n.* sarang tupai. 松鼠窝。

**dribble** *v.t./i.* meleleh; menitis; (permainan bola sepak) menggelecek. 使滴下;使细流;滴落;(足球等)盘球。—*n.* lelehan; menggelecek. 涓滴;盘球。

**driblet** *n.* sedikit. 少量;少额。

**dried** *a.* kering. 干燥的;干制的。

**drier** *n.* pengering. 干燥机;干燥工。

**drift** *v.t./i.* hanyut; terapung; berlonggok. 漂流;漂浮;堆积。—*n.* hanyutan; apungan; longgokan salji yang ditimbunkan oleh angin; melencong; makna kasar sesuatu ucapan, dsb. 漂流;漂流物;冰碛;放任自流;要旨;大意。

**drifter** *n.* petualang; orang yang hidup tanpa tujuan. 漂泊者;流浪者。

**driftwood** *n.* kayu hanyut. 浮木;(靠河流运送的)流送材。

**drill**[1] *n.* penggerek; gerudi; alat penebuk; penggali; latihan; latih tubi; (*colloq.*) peraturan biasa. 钻头;钢钻;钻孔机;凿岩机;操练;演习;正确的规定程序。—*v.t./i.* menggerek; menggerudi; menebuk; menggali; dilatih; berlatih. 钻孔;打眼;刺穿;操练。

**drill**[2] *n.* alur; mesin penyemai. 条播沟;条播机。—*v.t.* menyemai; menanam pada alur semaian. (用条播机)条播;条播种子。

**drill**[3] *n.* dril; jenis kain yang tetal. 粗斜纹布。

**drill**[4] *n.* sejenis babun. (西非的)鬼狒。

**drily** *adv.* (berjenaka) secara selamba. 干燥地;冷淡地。

**drink** *v.t./i.* (p.t. *drank*, p.p. *drunk*) minum; meminum minuman keras; mengucap selamat dengan meminum minuman keras. 喝;饮;喝酒;举杯祝贺。—*n.* minuman; minuman keras. 饮料;酒。 ~ **in** dengar atau perhati dengan penuh teliti. 吸收;陶醉于。 **drinker** *n.* peminum (arak). 酒徒;饮者。

**drip** *v.t./i.* (p.t. *dripped*) menitik; menitis. 滴;滴下;漏下。—*n.* titik; titisan; bunyi titisan; (*sl.*) orang yang lembap. 滴;水滴;水滴声;讨厌的家伙。 **~-dry** *v.i.* & *a.* titis kering; boleh kering tanpa perlu diseterika. 滴干的;(尤指衣物)不用绞干的。

**dripping** *n.* lemak beku; lemak daripada daging bakar. 油脂;炙肉时滴下的油滴。

**drive** *v.t./i.* (p.t. *drove*, p.p. *driven*) tolak; pandu; desak; pukul; gerakkan; menyebabkan. 推;开车;驱逐;用力击球;推动;迫使。—*n.* perjalanan (dengan kereta); pukulan (bola); pindahan tenaga kepada jentera; dorongan; kempen; jalan (persiaran); lorong. 驾驶;击球之力;一击;传动装置;推动力;精力;为特定目的而发动的运动;汽车路;通私宅的环形车道。 ~ **at** (maksud) yang ingin disampaikan. 意指。 **~-in** *a.* pandu masuk, tanpa perlu keluar dari kereta. "免下车"服务的。

**drivel** *n.* omongan (kosong); percakapan karut-marut; percakapan yang merepek. 傻话;无聊话;胡扯。

**driver** *n.* pemandu. 马车夫;驾驶人;司机。

**drizzle** *n.* & *v.i.* hujan renyai-renyai. (下)蒙蒙细雨;(下)毛毛雨。

**drogue** *n.* penyauk angin; kain yang berbentuk kon yang digunakan sebagai kon angin; brek sasaran. 布制锥形风向袋。

**droll** *a.* (*-er*, *-est*) lucu; pelik. 滑稽的;古怪有趣的。 **drolly** *adv.* dengan lucu. 滑稽地;离奇可笑地。 **drollery** *n.* kelucuan. 滑稽;诙谐;离奇可笑。

**dromedary** *n.* unta berponok tunggal (dibela sebagai binatang tungganggan). 单峰驼；阿拉伯驼。

**drone** *n.* lebah jantan; pemalas; dengungan. 雄蜂；懒人；嗡嗡声。—*v.i.* membuat bunyi dengung; berdengung; bercakap terus-menerus dengan cara yang membosankan. 发嗡嗡声；低沉单调地说。

**drool** *v.i.* meleleh air liur. 淌口水；垂涎。

**droop** *v.t./i.* terkulai; terlentok. 低垂；下垂。—*n.* sikap acuh tak acuh. 消沉；颓丧。 **droopy** *a.* bersikap acuh tak acuh. 消沉的；颓丧的。

**drop** *n.* titik; titisan; ketulan kecil; kejatuhan; jarak jatuh; latar di atas pentas; (*pl.*) ubat yang disukat secara titikan. 滴；水滴；滴状物；下降；落差；垂幕；滴剂；滴服药。—*v.t./i.* (p.t *dropped*) jatuh; gugur; lepaskan; rendahkan (suara); buang. 滴下；坠下；落下；投下；放下；下垂；压低；减弱；解雇；删去。~ **in** singgah. 顺便到访；偶然到访。~ **kick** *n.* tendang lantun; sepakan bola semasa ia jatuh dari tangan seseorang. (橄榄球等的) 抛踢球。~ **off** terlelap; terlena. 消失；睡着。~ **out** cicir; tidak ambil bahagian lagi. 退学；中途退出。 **~out** *n.* orang yang tercicir; mencicirkan diri dari sesuatu kursus ataupun dari masyarakat biasa. 退学者；退出者；逃避现实社会的人。

**droplet** *n.* titisan kecil. 小滴。

**dropper** *n.* penitis. 滴管；落下物。

**droppings** *n.pl.* tahi binatang. 鸟兽等的粪便。

**dropsy** *n.* dropsi; penyakit yang disebabkan oleh pengumpulan air dalam badan. 水肿；积水。 **dropsical** *a.* berkenaan dengan penyakit ini. 水肿的；患水肿的。

**dross** *n.* sanga; keladak; benda asing. 浮渣；渣滓；杂质。

**drought** *n.* kemarau. 干旱；旱灾。

**drove** *lihat* **drive**. 见 **drive**。—*n.* kawanan; kambing, lembu, dsb. yang berjalan bersama-sama. (被赶着走的) 畜群。

**drown** *v.t./i.* mati lemas; menenggelamkan. 溺死；淹死；使沉溺于。

**drowse** *v.i.* berasa mengantuk atau terlayang-layang. 打瞌睡；昏昏欲睡。

**drowsy** *a.* mengantuk; lali. 半睡的；惺忪的；昏昏欲睡的。 **drowsily** *adv.* dalam keadaan mengantuk. 惺忪地；昏昏沉沉地。 **drowsiness** *n.* perasaan mengantuk; kelalian. 昏昏欲睡；昏昏沉沉。

**drub** *v.t.* (p.t. *drubbed*) membantai; mengalahkan. (用棒等) 连续敲打；打败。

**drudge** *n.* buruh kasar; kuli. 做苦工的人；苦工。 **drudgery** *n.* kerja buruh. 苦工。

**drug** *n.* ubat; ubat-ubatan; dadah. 药物；麻醉剂；毒品。—*v.t./i.* (p.t. *drugged*) beri ubat atau dadah; menagih dadah. 下药（或毒品等）于；在…中掺药；吸毒；使麻醉。

**drugget** *n.* sejenis tikar daripada kain tenunan. 粗毛地毯。

**drugstore** *n.* (*A.S.*) kedai ubat yang juga kedai runcit. 售卖药物、糖果及其他杂货的杂货店；药房。

**Druid** *n.* paderi; ulama agama Celt kuno. 古代凯尔特的祭师；占卜者。 **Druidism** *n.* kepercayaan Druid. 凯尔特人中由祭师主持的仪式。

**drum** *n.* gendang; dram; gelendong; gegendang (telinga). 鼓；鼓状物；鼓膜；中耳。—*v.t./i.* (p.t. *drummed*) bergendang; palu gendang; mengasak ke dalam kepala. 咚咚地敲打；击鼓。 ~ **up** didapati dengan kegigihan. 竭力争取。

**drummer** *n.* pemalu gendang; pemain dram. 鼓手；击鼓者。

**drunk** *lihat* **drink**. 见 **drink**。—*a.* mabuk. 醉酒的；烂醉的。—*n.* pemabuk. 醉汉；狂饮。

**drunkard** *n.* pemabuk; penagih arak. 酒鬼；醉汉。

**drunken** *a.* mabuk; dalam keadaan mabuk. 酒醉的；嗜酒的。 **drunkenly** *adv.* lakukan dalam keadaan mabuk. 喝醉似地；酩酊大醉地。 **drunkenness** *n.* kemabukan. 醉；醉态。

**drupe** *n.* pepauh; buah-buahan berisi lembut dan berbiji keras seperti buah plum, zaitun, dsb. 核果。

**dry** *a.* (*drier, driest*) kering; haus; dahaga; hambar; tidak menarik; tidak mengizinkan penjualan arak; selamba; (arak) tidak manis. 干的；干燥的；口渴的；枯燥的；无趣味的；禁酒的；露骨的；赤裸裸的；(酒)无甜味的。 —*v.t./i.* mengering; mengeringkan makanan (misalnya, ikan). 晒干；干制；把…弄干。 **~-clean** *v.t.* mencuci kering; membersihkan dengan menggunakan pelarut berkuasa penyejat. 干洗。 **~ rot** reput kering; kereputan kayu yang tidak disapu ubat. 干腐病；(木材等的)干腐。 **~ run** (*colloq.*) latihan. 排练；演习。 **~ up** lap pinggan mangkuk; (*colloq.*) berhenti bercakap. 抹干(碗碟)；停止说话。 **dryness** *n.* kekeringan. 干；干燥。

**dryad** *n.* dewi hutan. (希腊神话中的)树神。

**dual** *a.* bersifat dua; dwi; duaan; terbahagi dua. 二的；二重的；二体的；二元的。 **~ carriageway** jalan dua lorong. 双行道；复式车道。 **duality** *n.* keduaan; kedualan. 两重性；二元性。

**dub**[1] *v.t.* (p.t. *dubbed*) menganugerahkan gelaran kesateria dengan mencecahkan pedang ke atas bahu; memberi gelaran. (用剑拍受封者的肩膀以示)封…为爵士。

**dub**[2] *v.t.* (p.t. *dubbed*) mengalih suara; melakab; memasukkan suara ke dalam filem. 复制(唱片等)；为(电影等)配音。

**dubbin** *n.* gris (minyak, lemak) pengawet kulit. (制皮革用的)防水油脂。

**dubiety** *n.* keraguan atau rasa waswas. 怀疑；疑心；疑点。

**dubious** *a.* ragu; sangsi. 可疑的；半信半疑的；不确实的。 **dubiously** *adv.* dengan rasa sangsi. 半信半疑地；含糊地。

**ducal** *a.* berkenaan dengan gelaran *duke* (orang bangsawan). 公爵的；似公爵的。

**ducat** *n.* syiling emas lama beberapa negara Eropah. (中世纪欧洲各国通用的)达卡金币。

**duchess** *n.* isteri atau balu *duke;* wanita bertaraf *duke.* 公爵夫人；公爵未亡人；女公爵。

**duchy** *n.* kawasan di bawah kawalan atau pemerintahan *duke.* 公爵领地。

**duck**[1] *n.* itik; itik betina; (*colloq.*) sayang. 鸭；母鸭；宝贝；至爱。 —*v.t./i.* benamkan kepala ke dalam air; tunduk dengan pantas (mengelak); elak (tanggungjawab, dsb.). 突然把头插入水中；急忙低头躲避；逃避(责任等)。

**duck**[2] *n.* kain kapas atau linen yang tetal; (*pl.*) seluar yang diperbuat daripada kain ini. 粗布；帆布；帆布裤子。

**duckboards** *n.pl.* titi(an) sempit, terutama untuk menyeberang lumpur. (尤指在泥地上的)垫路木板。

**duckling** *n.* anak itik. 小鸭。

**duckweed** *n.* kiambang itik (terdapat di kolam, dsb.). 池中浮萍。

**duct** *n.* saluran; tiub. 导管；管；漕；渠道。 —*v.t.* salur; salurkan. 用导管输送；导流。 **ductless** *a.* tanpa saluran. 无导管的。

**ductile** *a.* mulur; (logam) dapat dibentuk kepada bentuk talian halus. 可拉长的；(金属)可塑的；易变形的。

**dud** *n. & a.* (*sl.*) (benda) tiruan; palsu; tidak berguna. 伪造品；假货(的)；不中用的(东西)。

**dude** *n.* orang (lelaki) yang suka melaram. 纨袴子弟；花花公子。 **~ ranch** ladang yang digunakan sebagai tempat percutian. 供人休假的农场。

**dudgeon** *n.* keradangan; kemarahan. 愤恨；愤怒。

**due** *a.* wajar; sesuai; patut dibayar; dijangka. 当然的;适当的;应做的;应缴付的;预期的;到期的。—*adv.* tepat. 正对着;正(南、北等方向)。—*n.* hak; apa yang sepatutnya; (*pl.*) yuran. 应有权利;应得的事物;应付款项。 **be ~ to** dianggap berpunca. 由于;因为。

**duel** *n.* perang tanding; pertarungan antara dua orang atau dua pihak. 决斗;竞争;争斗。 **duelling** *n.* pertarungan. 决斗;斗争。 **duellist** *n.* orang yang bertarung. 决斗者;斗争者。

**duenna** *n.* caperon. (尤指在西班牙家庭中的)保姆。

**duet** *n.* duet; gubahan muzik untuk nyanyian dua orang. 二重奏;二重唱;双簧。

**duff** *a.* (*sl.*) tiru; tipu; palsu. 伪造的;欺骗的;假的。

**duffel** *n.* kain bulu tebal. 粗厚起绒呢布。

**duffer** *n.* orang bodoh; si tolol; orang yang tidak cekap. 笨蛋;愚蠢;无能的人。

**duffle** *n.* sejenis kain bulu yang tebal. 粗厚起绒呢布。

**dug**[1] *lihat* **dig**. 见 **dig**。 **~-out** *n.* kubu; tempat perlindungan di bawah tanah; perahu lading; perahu yang dikorek daripada sebatang kayu. 地下藏匿所;(用挖空了的树干制成的)长形小独木舟。

**dug**[2] *n.* puting susu (tetek). 乳房;乳头。

**dugong** *n.* sejenis hidupan laut. 儒艮。

**duke** *n.* orang bangsawan (lelaki) yang tertinggi darjatnya. 公爵。 **dukedom** *n.* wilayah di bawah kawalan atau pemerintahan *duke*. 公爵领地;公爵的爵位。

**dulcet** *a.* merdu. 悦耳的;动听的。

**dulcimer** *n.* dulsimer; alat muzik bertali yang dipetik dengan dua penukul. 洋琴。

**dull** *a.* (*-er, -est*) bosan; bodoh; dungu; tumpul; mambar; lembam; pudar. 枯燥的;单调的;愚钝的;呆滞的;暗淡的;阴郁的。—*v.t./i.* membosankan; menumpulkan. 使变沉闷;使迟钝;使无光泽;变阴暗。 **dully** *adv.* dengan tidak bersemangat. 毫无趣味地;枯燥地;单调地。 **dullness** *n.* kebosanan; sikap tidak bersemangat; kelembaman. 沉闷;枯燥;苦闷;迟钝。

**dullard** *n.* orang dungu; si tolol. 笨蛋;愚钝的人。

**duly** *adv.* dengan betul; seperti yang seharusnya; sepatutnya. 适当地;及时地;充分地。

**dumb** *a.* (*-er, -est*) bisu; diam (tidak bercakap); (*colloq.*) bodoh; dungu. 哑的;沉默寡言的;愚钝的。 **~-bell** *n.* dumbel; batang (besi) pendek dengan pemberat pada kedua-dua hujungnya yang digunakan untuk latihan otot. 哑铃。 **~ show** lakonan bisu. 哑剧;默剧。 **dumbly** *adv.* dengan diam; secara bodoh. 沉默地;愚蠢地;迟钝地。 **dumbness** *n.* kebisuan; kedunguan. 哑;沉默。

**dumbfound** *v.t.* (menyebabkan) terperanjat; tercengang; hairan. 使惊呆;使惊讶。

**dumdum bullet** peluru hujung lembut. 柔头弹(一种杀伤力极强的子弹)。

**dummy** *n.* barang tiruan; boneka; model (patung) berbentuk manusia untuk disangkan pakaian; puting getah (untuk hisapan bayi). 仿制品;人体模型;橡皮奶嘴。—*a.* tiruan. 仿制的;傀儡的。 **~ run** cubaan; latihan. 演习;排练。

**dump** *v.t./i.* membuang; menghempuk; (*colloq.*) abai; menjual; pasarkan di luar negara dengan harga yang lebih murah daripada harga di negara sendiri. 倾倒;砰地落下;丢弃;故意输掉;抛售;(向国外)倾销。—*n.* tempat buang sampah; setor sementara; (*colloq.*) tempat yang membosankan. 垃圾场;临时堆集处;乱七八糟的地方。

**dumpling** *n.* ladu; adunan bebola yang direbus atau dikukus dengan masakan rendidih atau berintikan buah-buahan.

**dumps** (与肉馅或果馅等一起烹调的)面团;汤圆;果馅布丁。

**dumps** *n.pl.* (*colloq.*) susah hati. 沮丧;忧郁。

**dumpy** *a.* (*-ier, -iest*) boyak; gemuk pendek. 肥胖的;矮胖的。**dumpiness** *n.* keadaan badan yang gemuk pendek. 矮胖。

**dun**[1] *a. & n.* warna perang kekelabuan. 暗褐色(的);焦茶色(的)。

**dun**[2] *v.t.* (p.t. *dunned*) menagih; menuntut pembayaran hutang. 催收;追讨债款。

**dunce** *n.* orang lembap otak; orang yang lambat dalam pembelajarannya. 弱智者;学习迟缓者。

**dunderhead** *n.* (orang yang) bodoh, tolol, atau dungu. 笨蛋;蠢材。

**dune** *n.* bukit pasir. (尤指海边被风吹积成的)沙丘。

**dung** *n.* tahi binatang. 家畜的粪便;粪肥。

**dungarees** *n.pl.* seluar dungari; sejenis pakaian kerja daripada kain kapas. 粗布工作服。

**dungeon** *n.* bilik di bawah tanah untuk orang tahanan. 地牢。

**dunk** *v.t.* celup. 浸泡(食物)。

**dunnock** *n.* burung pipit kecil. 林岩鹨;篱雀。

**duo** *n.* (pl. *-os*) sepasang (penyanyi, dsb.). 二人一组;二重唱(或奏、演等)。

**duodecimal** *a.* perduabelasan. 十二的;十二进制的。

**duodenum** *n.* duodenum; pangkal usus. 十二指肠。**duodenal** *a.* berkenaan dengan pangkal usus. 十二指肠的。

**dupe** *v.t.* tipu; perdaya. 欺骗;愚弄;诈骗。—*n.* orang yang tertipu. 受愚弄的人;容易受骗的人。

**duple** *a.* mengandungi dua bahagian; (dalam muzik mempunyai dua rentak satu bar). 二倍的;双重的;二拍子的。

**duplex** *a.* dupleks; mengandungi dua unsur. 双倍的;双重的;复式的。

**duplicate**[1] *n.* salinan. 副本;复制品;抄件。—*a.* pendua. 复制的;副本的;完全一样的。

**duplicate**[2] *v.t.* menduplikasi; menyalin; menjadikan dua. 复制;复写;使成倍;使成双。**duplication** *n.* penyalinan; duplikasi. 复制;复写;加倍。

**duplicator** *n.* (mesin) penyalin; pendua; penduplikasi. 复印机;复制者。

**duplicity** *n.* penipuan; sikap memperdaya. 欺骗;奸诈;口是心非。

**durable** *a.* tahan lama; tahan lasak. 耐用的;持久的。**durables** *n.pl.* barang yang tahan lama. 耐用品(尤指机器、汽车、家庭用具等)。**durably** *adv.* tahan lasak. 经久;持久;坚牢。**durability** *n.* ketahanan. 持久性;耐用性。

**duration** *n.* jangka masa; tempoh. 持续时间;期间;持久。

**duress** *n.* ugutan; tekanan. 强迫;胁迫。

**during** *prep.* semasa; sepanjang; sewaktu; selama; ketika. 在⋯期间;在⋯某一时刻;当⋯时。

**dusk** *n.* senja; senjakala. 黄昏;薄暮。

**dusky** *a.* (*-ier, -iest*) samar; kabur; berbalam; kehitam-hitaman. 暗淡的;微暗的;稍黑的。**duskiness** *n.* kesamaran; kekaburan. 暗淡;阴暗。

**dust** *n.* debu; habuk. 尘埃;粉末;花粉。—*v.t./i.* mendebui; membedaki; menyapu debu atau habuk daripada. 把⋯弄得满是尘埃;在⋯上撒粉;掸灰;扬起灰尘。~ **bowl** lembangan debu. (尤指美国和加拿大西部大平原的)干旱尘暴区。~-**cover** *n.* jaket buku. (书籍等的)护封。

**dustbin** *n.* tong sampah. 垃圾箱;垃圾桶。

**duster** *n.* penggosok papan hitam; penyapu debu. 黑板擦;除尘器;抹布;掸帚。

**dustman** *n.* (pl. *-men*) pengangkut sampah. 垃圾工人。

**dustpan** *n.* bekas pengumpul debu dan sampah yang disapu. 畚箕。

**dusty** *a.* (*-ier, -iest*) berdebu; berhabuk. 满布灰尘的；多粉的；粉状的。**~ answer** penolakan yang kasar. 含糊的回答。○ **dustiness** *n.* keadaan berdebu atau berhabuk. 灰尘弥漫。

**Dutch** *a. & n.* bahasa Belanda; berkenaan atau dari Belanda. 荷兰语（的）；荷兰（的）；荷兰血统（的）。**~ courage** keberanian dengan bantuan arak. （酒后）一时的虚勇。**~ treat** pembayaran sendiri-sendiri. 各自付费的聚餐或娱乐活动。**go ~** tanggung bayaran sendiri; masing-masing membayar bahagiannya. 各自付账；平摊费用。**Dutchman** *n.* orang lelaki Belanda. 荷兰人；荷兰男人。**Dutchwoman** *n.* orang perempuan Belanda. 荷兰女人。

**dutch** *n.* (*sl.*) bini; isteri. 小贩的老婆；妻子。

**duteous** *a.* patuh. 顺从的；温顺的。**duteously** *adv.* dengan akur. 顺从地；温顺地。○ **duteousness** *n.* kepatuhan. 顺从；尽职。

**dutiable** *a.* boleh dikenakan cukai. 应缴税的；应课税的。**dutiful** *a.* bertanggungjawab; berkewajipan. 尽职的；守本分的；孝顺的。**dutifully** *adv.* dengan penuh tanggungjawab; dengan patuh. 守本分地；孝顺地。

**duty** *n.* tanggungjawab; kewajipan; cukai; duti. 义务；本分；职责；税务；关税；入口税。**on ~** dalam tugas; sedang bertugas. 值勤；值班。

**duvet** *n.* sejenis cadar tebal. 绒毛被褥。

**dwarf** *n.* (pl. *-fs*) orang, binatang atau tumbuhan yang katik. 矮人；矮小的动物（或植物）；（神话中的）小矮人。—*a.* katik; terlalu kecil. 矮小的；小型的。—*v.t.* membantutkan; menjadi kelihatan kecil. 阻碍…的生长；使矮小。

**dwell** *v.i.* (p.t. *dwelt*) menghuni; duduk; tinggal; diam. 居住；居留；生活于。**~ on** hujah dengan panjang lebar. 详述；强调。**dweller** *n.* penghuni; penduduk. 居民。

**dwelling** *n.* kediaman; rumah; tempat tinggal. 居住；住宅；寓所；住处。

**dwindle** *v.i.* susut; mengurang. 缩小；变小；减少。

**dye** *v.t./i.* (pres. p. *dyeing*) mewarna; mencelup (warna). 染；染色；着色。—*n.* (bahan) pewarna; (bahan) pencelup. 染料；染液。**dyer** *n.* (orang) pewarna; (orang) pencelup (warna). 染工；染色师傅。

**dyke** *n.* daik; tembok panjang yang menghalang banjir. 堤；堤防；堰。

**dying** *lihat* **die**¹. 见 **die**¹。

**dynamic** *a.* bertenaga; cergas; dinamik. 起劲的；有生气的；有活力的；动力学的。**dynamically** *adv.* dengan bertenaga, cergas atau dinamik. 起劲地；有生气地；动力学上。

**dynamics** *n.* ilmu dinamik; cabang ilmu fizik yang mengkaji benda dalam pergerakan; kaji daya gerak. 力学；动力学。

**dynamism** *n.* kedinamikan. 精力；活力；物力论。

**dynamite** *n.* bahan letupan; dinamit. 甘油炸药（一种爆炸力猛烈的炸药）。—*v.t.* meletupkan dengan kuasa dinamit. 炸毁。

**dynamo** *n.* (pl. *-os*) dinamo; penjana arus elektrik. 发电机。

**dynasty** *n.* wangsa; dinasti. 朝代；王朝。**dynastic** *a.* berkenaan dengan wangsa, atau dinasti. 朝代的；王朝的。

**dysentery** *n.* disentri; (penyakit) cirit-birit; cirit darah; rejan. 痢疾。

**dysfunction** *n.* disfungsi; tidak berfungsi dengan baik. 机能障碍；机能不良。

**dyslexia** *n.* disleksia; kesukaran luar biasa dalam menulis dan membaca. 阅读能力失常；诵读困难。○ **dyslexic** *a. & n.*

berkenaan dengan disleksia. 阅读能力失常（的）。

**dyspepsia** *n.* dispepsia; ketidakhadaman (makanan); ketidakcernaan. 消化不良；消化不良症。**dyspeptic** *a. & n.* dispeptik; tidak hadam; tidak cerna. 消化不良（的）。

**dystrophy** *n.* distrofi; kelemahan otot (yang semakin memburuk). 营养障碍症；（因营养不良而引起的）肌肉退化症。

# E

**E** *abbr.* **East** timur. （缩写）东；东方；东边。

**each** *a. & pron.* setiap satu; tiap-tiap; masing-masing. 每；各；各自（的）。~ **way** bertaruh pada kuda yang boleh menang atau mendapat tempat. （赛马）同时赌名次及赌赢的下注方式。

**eager** *a.* (sangat) ingin; suka; gemar. 渴望的；极想的；热切的。**eagerly** *adv.* dengan tidak sabar-sabar lagi. 渴望地；殷切地。**eagerness** *n.* keinginan; kemahuan yang kuat. 渴望；殷切。

**eagle** *n.* helang (burung); rajawali. 鹰；苍鹰。

**ear**[1] *n.* telinga; pendengaran. 耳朵；听觉；听力。

**ear**[2] *n.* tangkai (padi, dsb.); bulir; tongkol (jagung). 稻穗；麦穗；灯花；玉米棒。

**earache** *n.* sakit telinga. 耳痛。

**eardrum** *n.* gegendang telinga; selaput di dalam telinga yang bergegar apabila dipukul gelombang bunyi. 耳鼓；鼓膜。

**earl** *n. earl*; gelaran bangsawan Inggeris. 英国伯爵。**earldom** *n.* kawasan atau wilayah di bawah kekuasaan, pemerintahan *earl*. 伯爵领土。

**early** (*-ier, -iest*) *a. & adv.* awal; siang-siang lagi. 早；早日（的）。

**earmark** *n.* tanda (pada telinga binatang). （打在家畜耳上的）耳记；标记。—

*v.t.* menandai; menguntukkan. （给家畜）打耳记；指定（资金等的用途）。

**earn** *v.t.* mendapat upahan atau bayaran; mendapat sesuatu yang wajar. 赚得；挣得；获得应得的报酬。

**earnest**[1] *a.* tekun; gigih; bersungguh-sungguh. 热心的；真挚的；认真的。**in** ~ dengan sepenuh hati. 诚挚；认真。**earnestly** *adv.* dengan tekun; dengan bersungguh-sungguh; dengan sepenuh hati. 热心地；认真地。**earnestness** *n.* ketekunan; kegigihan; kesungguhan. 热心；诚挚；认真。

**earnest**[2] *n.* wang yang dibayar untuk mengesahkan kontrak (perjanjian). 合约的保证金。

**earnings** *n.pl.* (wang) ganjaran; pendapatan. 酬金；报酬；收入。

**earphone** *n.* fon telinga; alat pendengar. 耳机。

**earring** *n.* subang; anting-anting. 耳环；耳饰。

**earshot** *n.* jarak pendengaran. 听力所及的范围。

**earth** *n.* tanah; bumi; sambungan wajar ke bumi sebagai penangkap putaran arus elektrik. 地面；大地；地球；（导体）接地。—*v.t.* menimbunkan tanah (ke atas akar pokok, dsb.). 用土把（树根等）掩盖；把…埋入土中。**run to** ~ jumpa sesudah lama mencari. 终于查明。

**earthen** *a.* diperbuat daripada tanah. 土制的；陶制的。

**earthenware** *n.* barang tembikar; periuk dan belanga yang diperbuat daripada tanah liat yang dibakar. 陶器。

**earthly** *a.* duniawi; bersifat keduniaan; berkenaan hidup manusia di dunia. 地球的；地上的；俗世的。 **no ~ use** (*colloq.*) tidak berguna langsung. 完全无用处。

**earthquake** *n.* gempa bumi. 地震。

**earthwork** *n.* batas; tambak yang diperbuat daripada tanah. 土堤；土垒。

**earthy** *a.* seperti tanah; (kelakar, jenaka) yang kasar. 土状的；土质的；(笑话或谐剧等) 粗俗的。

**earwig** *n.* lelawi; serangga yang mempunyai sepit di hujung badannya. 蠼螋。

**ease** *n.* kemudahan; kelegaan; kelapangan; kesenangan; keselesaan. 不费事；快活；悠闲自在；安逸；容易。 —*v.t./i.* memudahkan; melegakan; melapangkan; menyenangkan; menyelesaikan. 使安逸；使安心；使悠闲自在；使变得容易；减轻 (痛苦等)。

**easel** *n.* kekuda; penyangga lukisan; papan hitam, dsb. 画架；黑板架。

**easement** *n.* isemen; hak ke atas harta orang lain. (痛苦等的) 减轻；(在他人土地上的) 通行权；(房地产) 使用权。

**east** *n.* timur. 东；东方；东边。 —*a.* di timur. 东方的；东边的。 —*adv.* ke arah timur. 向东；往东。

**Easter** *n.* Paska; satu pesta orang Kristian. 复活节。 **~ egg** telur berwarna coklat yang diberikan sebagai hadiah pada hari Paska. 复活节彩蛋。

**easterly** *a.* ke arah atau bertiup dari timur. 向东方的；从东方来的。

**eastern** *a.* timur. 东方的；东部的。

**easternmost** *a.* paling timur. 极东的；最东的。

**eastward** *a.* ke timur. 向东方的；在东方的。 **eastwards** *adv.* arah ke timur. 向东；朝东。

**easy** *a.* (*-ier, -iest*) mudah; senang; lega; lapang. 容易的；随和的；舒适的；安逸的；悠闲的。 —*adv.* dengan cara yang mudah. 轻易地；慢慢；悠然。 **~ chair** kerusi malas; kerusi besar yang selesa. 安乐椅。 **go ~ with** (*colloq.*) jangan terlampau. 别急；从容不迫。 **easily** *adv.* dengan senang; mudah. 轻易地；顺利地。 **easiness** *n.* mudahnya; senangnya; bersahaja. 容易；安逸；轻松。

**eat** *v.t./i.* (p.t. *ate*, p.p. *eaten*) makan. 吃；喝。 **eater** *n.* pemakan. 吃…的人 (或动物)。

**eatable** *a.* boleh atau sesuai dimakan. 可吃的；可食用的。

**eatables** *n.pl.* makanan. 食物。

**eau-de-Cologne** *n.* air kolon; pewangi (air, minyak) yang asalnya dibuat di Cologne. 科隆香水；花露水。

**eaves** *n.pl.* cucur atap. 屋檐。

**eavesdrop** *v.i.* (p.t. *-dropped*) pasang telinga; dengar secara sulit. 偷听；窃听。

**eavesdropper** *n.* pemasang telinga; orang yang mendengar secara sulit. 偷听者；窃听者。

**ebb** *n.* surut (air); merosot. 退潮；衰退；衰落。 —*v.i.* semakin surut; semakin merosot. (潮水) 退落；衰落；沉沦。

**ebonite** *n.* ebonit; getah hitam keras. 硬性黑橡胶；橡皮。

**ebony** *n.* sejenis kayu hitam yang keras. 乌木；乌檀。 —*a.* hitam seperti kayu ini. 似乌木的；漆黑色的。

**ebullient** *a.* (sangat) riang; gembira; ghairah. 极兴奋的；热情奔放的；沸腾的。 **ebulliently** *adv.* dengan riang; dengan ghairah. 兴奋地；热情奔放地。

**ebullience** *n.* keriangan; kegembiraan; keghairahan. 兴奋；热情奔放；沸腾。

**ebullition** *n.* keadaan mendidih; cetusan. 迸发；沸腾。

**EC** *abbr.* **European Community** Komuniti Eropah. (编写) 欧洲共同体。

**eccentric** *a.* aneh; ganjil; luar biasa; eksentrik; (orbit, lingkaran) tidak bulat. 古怪的；怪僻的；偏执的；(圆体轨道) 不同圆心的。—*n.* orang yang aneh, ganjil. 古怪的人。 **eccentrically** *adv.* secara aneh, ganjil. 古怪地；怪诞地。 **eccentricity** *n.* sifat atau kelakuan yang aneh, ganjil. 违反世俗的态度或行为。

**ecclesiastic** *n.* paderi. 基督教教士。

**ecclesiastical** *a.* berkenaan dengan gereja ataupun kepaderian. 基督教会的。

**echelon** *n.* peringkat susunan pangkat atau kuasa. 组织系统中的等级。

**echidna** *n.* mamalia bertelur Australia. 澳洲针鼹。

**echo** *n.* (pl. *-oes*) gema; talun; gaung; tiru. 回声；反响；共鸣；仿效。—*v.t./i.* (p.t. *echoed*, pres.p. *echoing*) bergema; bergaung; meniru. 发出回声；起共鸣；模仿；附和。 **echoic** *a.* bersifat bergema, beralun atau bergaung. 有回声的；形声的；象声的。

**éclair** *n.* kuih berbentuk jari dan berkrim. 法国式巧克力手指形奶油蛋糕。

**éclat** *n.* kecemerlangan; masyhur. 光彩；彪炳；显赫。

**eclectic** *a.* memilih daripada pelbagai sumber. 兼收并蓄的；折衷的。

**eclipse** *n.* gerhana; kehilangan cahaya, kuasa. 日蚀；月蚀；光芒、声望等的黯然失色。—*v.t.* melindungi; menyebabkan tenggelam. 掩蔽；使失色。

**ecliptic** *n.* ekliptik; garisan perjalanan matahari (di antara bintang-bintang). 黄道 (太阳轨道)。

**eclogue** *n.* puisi pendek berkenaan kehidupan di desa. 牧歌；田园诗。

**ecology** *n.* ekologi; ilmu yang mengkaji hubungan antara hidupan dan persekitarannya; perlindungan alam semula jadi. 生态学。 **ecological** *a.* berkenaan dengan ekologi. 生态学的。 **ecologist** *n.* ahli ekologi. 生态学家。

**economic** *a.* ekonomi; menguntungkan. 经济学的；实用的。 **economics** *n.* ekonomi; ilmu tentang pengeluaran dan penggunaan barangan atau perkhidmatan. 经济；经济学。

**economical** *a.* jimat; hemat; cermat. 经济的；节俭的；合算的。 **economically** *adv.* dengan jimat; dari segi ekonomi. 节俭地；经济上。

**economist** *n.* ahli ekonomi; pakar ekonomi. 经济学者；经济学家。

**economize** *v.i.* berjimat. 节省；节约。

**economy** *n.* ekonomi; tahap kekayaan sesebuah negara; jimat; cermat. 经济；国家经济状况；节约；节省。

**ecru** *n.* warna kuning muda kekelabuan. 淡褐色。

**ecstasy** *n.* keghairahan. 狂喜。 **ecstatic** *a.* ghairah. 欣喜若狂的；入迷的。 **ecstatically** *adv.* dengan ghairah. 欣喜若狂地；出神地。

**ectoplasm** *n.* ektoplasma; bahan yang kononnya dihasilkan oleh orang yang tidak sedar kerana dirasuk. 外胚层质；灵的外质。

**ecumenical** *a.* berkenaan gereja Kristian; mencari perpaduan umat Kristian sejagat. 全基督教的；(基督教) 世界大联合的。

**eczema** *n.* ekzema; sejenis penyakit kulit. 湿疹。

**eddy** *n.* pusaran; olakan (air atau angin). 涡流；(水、风的) 漩涡。—*v.i.* berputar; berolak. 起漩涡；使旋转。

**edelweiss** *n.* sejenis tumbuhan alp. 火绒草。

**edge** *n.* mata pisau, parang, dsb.; pinggir; sisi; tepi. 刀口；锐边；边缘；边界。—*v.t./i.* menyipi; menyisi; engsot. 开刃；磨刀；饰边；侧着移动；缓缓挤进。 **on ~** tegang. 紧张不安。 **have the ~ on** (*colloq.*) mempunyai sedikit kelebihan. 略占上风。

**edgeways, edgewise** *advs.* dengan tepinya ke hadapan atau ke sisi. 边缘向外或向前。

**edging** *n.* kelim; sibar-sibar. 边饰；边缘。

**edgy** *a.* resah; gelisah. 急躁的；不安的。
**edgily** *adv.* dengan resah. 急躁地；坐立不安地。**edginess** *n.* keresahan. 紧张。

**edible** *a.* boleh dimakan. 可食用的。**edibility** *n.* keadaan boleh dimakan. 可食用性。

**edict** *n.* perintah. 法令；敕令；布告。

**edifice** *n.* bangunan besar. 大厦；大建筑物。

**edify** *v.t.* meneguhkan kepercayaan. 启迪；开导。**edification** *n.* peneguhan kepercayaan. 教化；熏陶。

**edit** *v.t.* (p.t. *edited*) sunting; edit. 编辑；剪辑；校订。

**edition** *n.* terbitan; penerbitan; edisi. 版；版本；编印的著作。

**editor** *n.* penyunting; pengarang; editor. 编辑；编者；校订者。

**editorial** *a.* berkenaan dengan editor. 编辑上的；社论的。—*n.* rencana pengarang. 社论。

**educate** *v.t.* didik; ajar; asuh; latih. 教育；教导；培养。**education** *n.* didikan; pendidikan; ajaran; pelajaran; pengajaran; asuhan; pengasuhan; latihan. 教育；培养；教学；教育学；培育法。**educational** *a.* bersifat pendidikan, pelajaran, dsb. 教育上的；有关教育的。

**educationist** *n.* pakar atau ahli pendidikan. 教育学家；教育工作者。

**educative** *a.* berkenaan dengan pendidikan. 教育性的。

**educe** *v.t.* membangkitkan. 引出；推断出。**eduction** *n.* kebangkitan. 推断。

**Edwardian** *a.* berkenaan dengan zaman pemerintahan raja Edward VII (1901-1910) England. 英王爱德华七世时代(1901-1910)的。

**E.E.C.** *abbr.* **European Economic Community** Kesatuan Ekonomi Eropah. （缩写）欧洲经济共同体。

**eel** *n.* belut. 鳝鱼；鳗类。

**eerie** *a.* (*-ier, -iest*) yang menyeramkan. 阴森可怕的；令人毛骨悚然的。

**eerily** *adv.* dengan keadaan yang menyeramkan. 怪诞地；令人畏惧地。**eeriness** *n.* menyeramkan. 可怕；恐怖。

**efface** *v.t.* memadam; menghilangkan. 消除；抹去。**effacement** *n.* pemadaman. 消灭。

**effect** *n.* kesan; akibat; kesudahan; (*pl.*) harta. 效果；结果；作用；影响；家财。—*v.t.* memberi kesan (kepada). 导致；引起(效果等)。

**effectual** *a.* berkesan; memenuhi tujuannya. 有效的；灵验的。**effectually** *adv.* dengan berkesan. 有效地。

**effectuate** *v.t.* mengakibatkan; menyebabkan. 使实现；完成；使生效。

**effeminate** *a.* bersifat keperempuanan atau kewanitaan. 女人似的；女性化的；娇柔的。**effeminacy** *n.* kewanitaan; keperempuanan. 女性化；娘娘腔。

**effervesce** *v.i.* membuak; membuih; menggelegak. 冒气泡；起泡沫；沸腾。**effervescence** *n.* buih. 起泡；沸腾。**effervescent** *a.* berbuih. 起泡的；沸腾的。

**effete** *a.* lemah; letih; penat; kehabisan tenaga. 衰弱的；疲惫的；无力的。**effeteness** *n.* kelemahan. 衰败。

**efficacious** *a.* mujarab; manjur; berhasil. 有效的；灵验的；见效的。**efficaciously** *adv.* dengan mujarab; berhasil. 灵验地；有效地。**efficacy** *n.* kemujaraban; kemanjuran. 效力；功效。

**efficient** *a.* cekap; efisien; berhasil tanpa membazir tenaga. 有本领的；能干的；有效率的。**efficiently** *adv.* dengan cekap; efisien. 能干地；有效率地。**efficiency** *n.* kecekapan; efisiennya. 才干；效率。

**effigy** *n.* patung yang menyerupai seseorang. 肖像；雕像。

**effloresce** *v.i.* sedang mekar. 开花。**efflorescence** *n.* kemekaran. 开花；开花期。

**effluent** *n.* pengaliran keluar kumbahan. 流出物；废水；污水。

**effluvium** *n.* (pl. *-ia*) bau, terutama bau busuk atau kohong. 恶臭。

**effort** *n.* usaha; ikhtiar; daya; upaya. 努力;尝试;成果;杰作。

**effortless** *a.* dilakukan dengan mudah atau senang (tanpa banyak usaha, daya). 容易的;不费力的。

**effrontery** *n.* kelakuan kurang ajar. 无耻的行为。

**effusion** *n.* efusi; limpahan (cecair); curahan perasaan atau emosi. 喷出;(液体)渗出;溢出;流露感情。

**effusive** *a.* (curahan perasaan yang) berlebih-lebihan; keterlaluan. 感情洋溢的;渗出的;溢出的。**effusively** *adv.* dengan keterlaluan. 过分热情地;溢出地。

**e.g.** *abbr.* **exempli gratia** (Latin) contohnya; misalnya; umpamanya. (缩写)(拉丁文)例如;譬如。

**egalitarian** *a. & n.* egalitarian; (orang) yang memegang prinsip hak yang sama untuk semua. 平等主义的;平等主义者。**egalitarianism** *n.* egalitarianisme; fahaman egalitarian. 平等主义;平均主义。

**egg**[1] *n.* telur. 蛋。**~-shell** *n.* kulit telur. 蛋壳。

**egg**[2] *v.t.* **~ on** (*colloq.*) desak; gesa; galakkan. 怂恿;催迫;鼓动。

**egghead** *n.* (*colloq.*) orang bijak atau cerdik; cendekiawan. (贬义)知识分子。

**eggplant** *n.* (pokok) terung; (buah) terung. 茄子。

**eglantine** *n.* sejenis mawar liar. 多花蔷薇。

**ego** *n.* ego; harga diri. 自我;自负。

**egocentric** *a.* egosentrik; mementingkan diri sendiri. 自我中心的;利己的。

**egoism** *n.* egoisme; kepentingan diri sendiri. 自我主义;利己主义;自私自利。

**egoist** *n.* egois; orang yang mementingkan diri sendiri. 自私自利者;利己主义者。**egoistic** *a.* berkenaan dengan egois. 自私自利的;利己主义的。

**egotism** *n.* egotisme; amalan memuji diri sendiri. 自我中心癖;自矜;自夸;自我吹嘘。

**egotist** *n.* egotis; orang yang angkuh. 自我中心者;自夸的人。**egotistic(al)** *a.* bersifat angkuh. 自矜的;自夸的。

**egregious** *a.* betul-betul; besar. (贬义)无比的;劣性昭著的。

**egress** *n.* jalan keluar. 出口;出路。

**egret** *n.* sejenis burung. 白鹭;鹭鸶。

**Egyptian** *a. & n.* berkenaan dengan Mesir; orang Mesir. 埃及的;埃及人(的)。

**eh** *int.* (seruan) apa. 啊?嗯!

**Eid** *n.* Hari Raya; pesta akhir bulan Ramadan. (伊斯兰教)斋月的最后一天。

**eider** *n.* itik eider (spesies di kawasan utara dunia). 绒鸭。

**eiderdown** *n.* kuilt (selimut) berisikan bahan lembut. 鸭绒垫。

**eight** *a. & n.* lapan; delapan (8; VIII). 八(的);(8, VIII等)符号(的)。**eighth** *a. & n.* kelapan; yang kelapan. 第八(的);八分之一(的)。

**eighteen** *a. & n.* lapan belas (18; XVIII). 十八(的);(18, XVIII等)符号(的)。**eighteenth** *a. & n.* kelapan belas; yang kelapan belas. 第十八(的);十八分之一(的)。

**eighty** *a. & n.* lapan puluh (80; LXXX). 八十(的);(80, LXXX等)符号的。**eightieth** *a. & n.* kelapan puluh; yang kelapan puluh. 第八十(的);八十分之一(的)。

**eisteddfod** *n.* perhimpunan penyair, pemuzik Wales untuk pertandingan. 威尔斯诗人、音乐家等的赛会。

**either** *a. & pron.* sama ada; salah satu. 两者之一(的);两者中任何一个(的)。—*adv. & conj.* sama ada; salah satu. 或…或;不是…就是…。

**ejaculate** *v.t./i.* memancut; terpancut (mani) daripada badan; mengucapkan secara tiba-tiba. 喷出;射出(精液);突然喊出。**ejaculation** *n.* pancutan (mani);

pengucapan tiba-tiba. 射精；突然说出的激动言语。

**eject** *v.t.* usir; halau. 逐出；驱赶。**ejection** *n.* usiran; halauan. 逐出；驱赶。

**ejectment** *n.* pengusiran; penghalauan. 逐出；驱赶；收回不动产的诉讼。

**eke** *v.t.* ~ **out** menambah sesuatu; mencari nafkah (dengan susah payah). 增补；补充；(辛苦地) 维持生计。

**elaborate**[1] *a.* terperinci; panjang lebar; teliti. 缜密的；详尽的；认真的。**elaborately** *adv.* dengan terperinci; panjang lebar; teliti. 缜密地；详尽地；认真地。

**elaborate**[2] *v.t./i.* menghurai; menerangkan dengan panjang lebar. 发挥；精心制作；详尽地解释；阐述。**elaboration** *n.* huraian; penghuraian. 精心的杰作；详尽的阐述。

**élan** *n.* keghairahan; semangat. 精力；干劲；热忱。

**eland** *n.* antelop Afrika. 非洲羚羊。

**elapse** *v.i.* berlalu. (时间) 流逝；消失。

**elastic** *a.* anjal; mulur. 有弹力的；弹性的；可伸缩的；灵活的。—*n.* bahan, tali yang anjal. 橡皮带；橡皮圈；松紧带。**elasticity** *n.* keanjalan. 弹力；弹性；伸缩性。

**elate** *v.t.* sungguh menggembirakan atau menggirangkan. 使得意洋洋；使欢欣鼓舞。**elated** *a.* riang; gembira. 得意洋洋的；兴高彩烈的。**elation** *n.* keriangan; kegembiraan. 得意洋洋；昂然自得。

**elbow** *n.* siku. 肘；肘部。—*v.t.* menyiku. 用肘推；挤进。**~-grease** *n.* kerja keras. 重活。**~-room** *n.* ruang (yang cukup). 活动余地。

**elder**[1] *a.* lebih tua. 年纪较大的；资格较老的。—*n.* orang yang lebih tua; pegawai dalam sesetengah mazhab Kristian. 年老者；长辈；教会长老。

**elder**[2] *n.* sejenis pokok beri. 接骨木。**~berry** *n.* buahnya. 接骨木的浆果。

**elderly** *a.* tua; sudah berumur. 年长的；年老的。

**eldest** *a.* sulung; tertua. 年纪最大的；最老的。

**eldorado** *n.* kawasan khayalan yang kaya emas. 梦想的黄金国。

**elect** *v.t.* dipilih; diundi. 选出；推选。—*a.* terpilih. 当选的；中选的。

**election** *n.* pilihan raya; pengundian. 选举；大选。

**electioneer** *v.i.* bersibuk-sibuk dengan kempen pilihan raya. 拉选票；进行竞选活动。

**elective** *a.* dipilih melalui pengundian atau pilihan. 可选择的；选修的；选择性的。

**elector** *n.* pemilih; pengundi. 选民；选举人。**electoral** *a.* berkenaan dengan pengundian atau pemilih. 选举上的；选举人的。

**electorate** *n.* keseluruhan pengundi. 全体选民。

**electric** *a.* elektrik; mengejutkan. 电的；导电的；发电的；电动的。**~ chair** kerusi elektrik; kerusi yang digunakan untuk menjalankan hukuman mati ke atas penjenayah. 电椅 (刑具)。

**electrical** *a.* berkenaan dengan elektrik. 电的；电力的；生电的。**electrically** *adv.* dengan menggunakan elektrik. 用电力；电学上。

**electrician** *n.* juruelektrik. 电学家；电工。

**electricity** *n.* elektrik; kuasa elektrik; bekalan elektrik. 电；电流；电力供应。

**electrics** *n.* bidang kaji elektrik. 电学。

**electrify** *v.t.* mengecas atau menukar kepada kuasa elektrik; mengejutkan. 起电；通电；电气化；使触电。**electrification** *n.* pengecasan atau penukaran kepada kuasa elektrik. 起电；电气化。

**electrocardiogram** *n.* elektrokardiogram; rakaman arus elektrik yang dijana oleh denyut jantung. 心电图。**electrocardiograph** *n.* elektrokardiograf; alat yang menghasilkan rakaman denyutan jantung. 心电图描记器。

**electroconvulsive therapy** terapi menggunakan kejutan elektrik. 电痉挛治疗。

**electrocute** *v.t.* membunuh dengan kejutan elektrik. 使触电而死;施电刑予。**electrocution** *n.* pembunuhan dengan kejutan elektrik. 电刑。

**electrode** *n.* elektrod; penyalur elektrik ke dalam atau ke luar tiub, dsb. 电极;电焊条。

**electroencephalogram** *n.* elektroensefalogram; rakaman aktiviti elektrik otak. 脑电图。**electroencephalograph** *n.* elektroensefalograf; alat yang menghasilkan rakaman aktiviti elektrik otak. 脑电图描记器。

**electrolysis** *n.* elektrolisis; penceraian atau penguraian dengan menggunakan kuasa elektrik. 电解(作用);电蚀。**electrolytic** *a.* elektrolitik; berkenaan dengan elektrolisis. 有关电解的。

**electrolyte** *n.* elektrolit; cecair yang mengalirkan arus elektrik, terutama dalam bateri atau sel elektrik. 电解质;电离质。

**electromagnet** *n.* elektromagnet; logam yang dimagnetkan melalui lilitan wayar di sekelilingnya yang membawa kuasa elektrik. 电磁体;电磁铁。

**electromagnetic** *a.* elektromagnet; mempunyai kuasa magnet dan elektrik. 电磁的;有电磁性的。

**electromotive** *a.* elektromotif; menghasilkan arus elektrik. 电动的;生电的。

**electron** *n.* elektron; zarah bercas negatif. 电子。~ **microscope** mikroskop yang sangat kuat yang menggunakan pancaran elektron, bukan cahaya. 电子显微镜。

**electronic** *a.* elektronik; dihasilkan atau dijalankan dengan aliran elektron; berkenaan dengan elektronik. 电子的;电子操纵的。**electronically** *adv.* secara elektronik. 电子学上;用电子。

**electronics** *n.* elektronik; penggunaan alat-alat elektronik; (*pl.*) litar elektronik. 电子学;电子电路。

**electroplate** *v.t.* disalut dengan selaput nipis perak, dsb. secara elektrolisis. 电镀。—*n.* bahan yang diselaputi sedemikian. 电镀品。

**elegant** *a.* anggun; segak. 雅致的;优雅的。**elegantly** *adv.* dengan anggun atau segak. 雅致地;优雅地。**elegance** *n.* keanggunan; kesegakan. 雅致;优雅。

**elegy** *n.* elegi; sajak yang sedih atau serius. 哀歌;挽歌。

**element** *n.* anasir; unsur; petanda; tanah, air, api, udara; elemen; satu daripada kira-kira 100 bahan, unsur yang tidak boleh dipecahkan secara kimia kepada bahan-bahan yang lebih mudah; wayar yang menghasilkan haba dalam alat elektrik. 成分;要素;(构成)部分;(风、火、水、土)四元素;分子;化学元素;电阻丝。**elemental** *a.* asasi; unsur. 基本的;本质的;初步的。

**elementary** *a.* asas; permulaan; (sekolah) rendah. 基本的;基础的;小学的。~ **particle** zarah asas; zarah yang paling ringkas. 基本粒子;无粒子。

**elephant** *n.* gajah. 象。

**elephantiasis** *n.* (penyakit) untut; penyakit yang menyebabkan kaki bengkak. 象皮病。

**elephantine** *a.* berkenaan dengan gajah; seperti gajah; besar dan canggung. 关于象的;似象的;巨大的。

**elevate** *v.t.* mengangkat. 提起;升起。

**elevation** *n.* pengangkatan; aras; ketinggian. 提升;高举;海拔;高度。

**elevator** *n.* pengangkat sesuatu; (*A.S.*) lif. 升降机;起卸机。

**eleven** *a. & n.* sebelas (11, XI); pasukan 11 orang. 十一(的);(11, XI等)符号(的);十一人组成的球队。**eleventh** *a. & n.* kesebelas. 第十一(的);十一分之一(的)。

**elevenses** *n.pl.* minuman yang diminum sekitar pukul 11 pagi. 上午十一时左右食用的茶点。

**elf** (pl. *elves*) orang bunian; orang halus. 小妖精;小淘气鬼。**elfin** *a.* berkenaan atau seperti orang bunian atau orang halus. 关于妖精的;似小精灵般淘气的。

**elicit** *v.t.* mencungkil; mendapatkan (maklumat atau jawapan). 引出（真理）；得出（真相）；诱出（回答）。

**elide** *v.t.* menggugurkan dalam sebutan. 省略（元音等）。

**eligible** *a.* layak. 合格的。 **eligibility** *n.* kelayakan. 合格性。

**eliminate** *v.t.* menghapuskan. 消灭；淘汰。 **elimination** *n.* penghapusan. 消灭；淘汰；消除。 **eliminator** *n.* penghapus. 排除者；消除器。

**elision** *n.* elisi; peninggalan sebahagian daripada perkataan dalam menyebutnya. 元音、音节等的省略。

**élite** *n.* kumpulan atasan; elit; saiz huruf taip. 精英；杰出人物；精锐部队；一种打字机字母尺寸。

**élitism** *n.* elitisme; penguasaan oleh kumpulan terpilih. 高人一等的优越感；杰出人物统治论。

**elixir** *n.* eliksir; air wangi digunakan sebagai ubat atau perisa. 药酒；炼金药；甘香酒剂。

**Elizabethan** *a.* berkenaan dengan zaman pemerintahan Ratu Elizabeth I (1558-1603). 英女王伊丽莎白一世时代(1558-1603)的。 —*n.* orang dalam zaman Ratu Elizabeth I. 伊丽莎白一世时代的人。

**elk** *n.* rusa besar. 麋。

**ell** *n.* (*old use*) ukuran panjang (45 in). 古代量布长度(45英寸)。

**ellipse** *n.* bujur; bulat telur. 椭圆；椭圆形。

**ellipsis** *n.* (pl. *-pses*) peninggalan atau pembuangan perkataan. 省略法；省略号。

**elliptical** *a.* berbentuk bujur atau bujur telur; tidak memasukkan kata-kata. 椭圆形的；椭圆的；省去部分词语的。

**elliptically** *adv.* dengan tidak memasukkan kata-kata. 省略地。

**elm** *n.* pokok elm; sejenis pokok yang daunnya berserat kasar; kayu elm. 榆树；榆木。

**elocution** *n.* seni pidato; gaya percakapan. 演说术；雄辩术；发言方式。 **elocutionary** *a.* bersifat pidato. 演说的；辩术上的。

**elongate** *v.t.* memanjangkan. 拉长；延长；伸长。 **elongation** *n.* pemanjangan; perpanjangan. 拉长；延长；伸长。

**elope** *v.i.* lari secara rahsia dengan kekasih. 私奔。 **elopement** *n.* pelarian dengan kekasih. 私奔。

**eloquence** *n.* kepetahan. 辩才；口才。 **eloquent** *a.* petah. 雄辩的；善辩的；有口才的。 **eloquently** *adv.* dengan petah. 滔滔不绝地；有说服力地。

**else** *adv.* lain; lagi; atau. 别的；另外；其他。

**elsewhere** *adv.* di tempat lain. 在别处；向别处。

**elucidate** *v.t.* menjelaskan; menerangkan. 阐明；解释。 **elucidation** *n.* penjelasan; penerangan. 阐明；解释。

**elude** *v.t.* lepas; elak; hindar. 闪避；躲避；逃避。 **elusion** *n.* elakan; pengelakan. 闪避；躲避。

**elusive** *a.* yang mudah mengelak; sukar ditangkap. 闪避的；难以捉摸的。

**elver** *n.* anak belut. 小鳗鲡。

**emaciated** *a.* kurus kering (kerana sakit atau kebuluran). (因患病或饥饿而)瘦弱的；憔悴的。 **emaciation** *n.* kekurusan. 消瘦；衰弱；憔悴。

**e-mail** *n.* surat elektronik; utusan yang dihantar secara elektronik. 电子邮件。

**emanate** *v.i.* terbit; keluar; muncul; berpunca daripada. 散发；发出；放射；发源。 **emanation** *n.* penimbulan; kemunculan. 散发；发出；放射。

**emancipate** *v.t.* membebaskan. 解放；解脱。 **emancipation** *n.* pembebasan. 解放；解脱。

**emasculate** *v.t.* melemahkan. 使柔弱；使无男子气。 **emasculation** *n.* pelemahan. 阉割；柔弱。

**embalm** *v.t.* mengawet; bubuh ubat kepada mayat supaya tahan lama. 使不朽；涂药物使尸体防腐。 **embalmment** *n.* pengawetan. 防腐法；防腐。

**embankment** *n.* ban; tambak; benteng. 堤；筑堤；河堤。

**embargo** *n.* (pl. *-oes*) sekatan; perintah melarang perdagangan atau kegiatan lain. 禁止贸易令；封港令。

**embark** *v.t./i.* menaikkan atau memuatkan sesuatu ke atas kapal; memulakan sesuatu usaha. 装货上船；从事；开始进行。

**embarkation** *n.* perbuatan menaiki kapal. 乘船；装载。

**embarrass** *v.t.* memalukan; mengaibkan. 使尴尬；为难；使困恼。 **embarrassment** *n.* malu; keaiban. 窘迫；为难之处。

**embassy** *n.* kedutaan. 大使馆；大使的职务或派遣。

**embattled** *a.* sedia untuk berperang. 严阵以待的；备战的。

**embed** *v.t.* (p.t. *embedded*) tertanam; terpacak. 嵌入；埋置。

**embellish** *v.t.* menghias; terhias; tokok. 装饰；修饰；添加细节。 **embellishment** *n.* penghiasan; tokokan. 装饰；润饰；美化。

**ember days** hari yang dipilih untuk berpuasa dan berdoa dalam setiap musim (Kristian). 基督教的四季斋期。

**embers** *n.pl.* bara. 余烬。

**embezzle** *v.t.* mencuri; menggelapkan (wang, dsb.) yang diamanahkan kepada seseorang. 盗用（尤指受托监守之财物）；挪用公款。 **embezzlement** *n.* pencurian; penggelapan. 监守自盗；贪污。 **embezzler** *n.* pencuri; penggelap wang atau harta yang diamanahkan. 监守自盗者；贪污者。

**embitter** *v.t.* menyebabkan seseorang berasa marah dan kecewa. 使怨恨；加重痛苦等。 **embitterment** *n.* perasaan marah dan kecewa. 怨恨。

**emblazon** *v.t.* menghiasi dengan lambang. 用纹章装饰；使炫耀。

**emblem** *n.* lambang. 徽章；纹章；标志。

**emblematic** *a.* menjadi simbol atau lambang. 作为标志的；象征的。

**embody** *v.t.* wujud; terjelma; merangkum. 体现；使具体化；使形象化。 **embodiment** *n.* terjelma; penjelmaan. 体现；具体化；形象化。

**embolden** *v.t.* memberanikan. 给人壮胆；使更勇敢。

**embolism** *n.* embolisme; penyekatan saraf darah oleh ketulan darah beku atau kelempung udara. 血管栓塞。

**emboss** *v.t.* mencetak timbul; mengukir timbul. 使凸出；浮雕。 **embossment** *n.* cetakan timbul. 浮雕。

**embrace** *v.t./i.* peluk; dakap; meliputi. 抱；拥抱；包含；环绕；皈依（宗教）；信奉。—*n.* pelukan; dakapan. 抱；拥抱；包围。

**embrasure** *n.* kecondongan tingkap atau pintu ke arah luar supaya pembukaannya lebih besar dari dalam; pembukaan yang sama pada benteng pertahanan. 斜面墙；炮眼；内宽外窄的开口。

**embrocation** *n.* minyak angin; minyak ubat (untuk disapukan pada badan). 风油；药油（涂擦身体或患处的）。

**embroider** *v.t.* sulam (jahit). 绣；刺绣。 **embroidery** *n.* sulaman. 刺绣；绣花。

**embroil** *v.t.* membabitkan; terlibat dalam perbalahan. 使受牵连；使卷入纠纷；陷入乱局。

**embryo** *n.* (pl. *-os*) lembaga; mudigah; embrio; peringkat permulaan. 胚；胚胎；胎儿；萌芽时期。 **embryonic** *a.* embrionik; bersifat lembaga, mudigah atau embrio. 胚胎的；未发达的；初期的。

**emend** *v.t.* meminda; membetulkan. 校勘；校订；改正；修正。 **emendation** *n.* pindaan; pembetulan. 校订；修订。

**emerald** *n.* (batu) zamrud; hijau zamrud. 绿宝石；翡翠。

**emerge** *v.i.* muncul; timbul. 出现；显现；崭露；浮现。**emergence** *n.* kemunculan; ketimbulan. 出现；发生；浮现。**emergent** *a.* yang baru muncul atau timbul. 发出的；突现的；意外的。

**emergency** *n.* darurat; kecemasan. 紧急情况；非常时期。

**emeritus** *a.* emeritus; bersara dan memegang gelaran kehormat. 退休后仍保留头衔的；荣誉教授的。

**emery** *n.* las; empelas; emeri; bahan berserbuk kasar untuk digosok pada permukaan kayu supaya licin. 金刚砂；砂纸。**~board** *n.* kertas emeri; kertas bersalut emeri guna untuk mengikir kuku. 砂板；砂纸。

**emetic** *n.* ubat pemuntah. 催吐剂。

**emigrate** *v.i.* hijrah; berpindah ke sebuah negara lain. 移居外国。**emigration** *n.* penghijrahan. 移居外国。**emigrant** *n.* penghijrah; muhajirin; emigran. 移民侨民。

**eminence** *n.* keutamaan; keunggulan; kemuliaan; bahagian tanah yang meninggi. （地位、成就等的）卓越；杰出；显赫；高地；高处。**His Eminence** Yang Mulia. 阁下（天主教徒对红衣主教的尊称）。

**eminent** *a.* utama; unggul; mulia. 卓越的；杰出的；显赫的。**eminently** *adv.* sangat. 显赫地；非常。

**emir** *n.* amir; raja (Arab). 穆罕默德后裔的称号；阿拉伯首长或首长。

**emirate** *n.* kawasan pemerintahan amir. 首长国领土。

**emissary** *n.* wakil; pesuruh; utusan. 使者；密使；间谍；密探。

**emit** *v.t.* (p.t. *emitted*) pancarkan (cahaya, haba, dsb.); mengepulkan (asap, dsb.); mengeluarkan; ucap. 发光；发热；冒烟；发表。**emission** *n.* pancaran; kepulan. 散发；发射；涌出。**emitter** *n.* pemancar. 发射体。

**emollient** *a.* yang melembutkan; yang melegakan. 使皮肤柔软的；润肤的。 —*n.* bahan pelembut. 润滑剂；润肤剂。

**emolument** *n.* yuran; gaji; upah. 报酬；酬金；薪水。

**emotion** *n.* emosi; perasaan. 感情；情绪。

**emotional** *a.* terlalu mengikut perasaan; penuh perasaan. 易激动的；情绪化的。**emotionally** *adv.* dengan penuh perasaan. 激动地；情绪化地。

**emotive** *a.* menimbulkan perasaan. 引起感情的；带有感情色彩的。

**empanel** *v.t.* (p.t. *empanelled*) memilih (juri). 选任（陪审员）。

**empathize** *v.t./i.* menunjukkan rasa empati. 使移情；起共鸣。

**empathy** *n.* empati; kebolehan meletakkan diri dalam kedudukan orang lain. 移情作用；神入。

**emperor** *n.* maharaja. 皇帝；国王。

**emphasis** *n.* (pl. *-ases*) penekanan; penegasan. 强调；重点；（语音、修辞等的）重读。

**emphasize** *v.t.* menitikberatkan; menekankan. 强调；着重；加强（语气）。

**emphatic** *a.* tegas. 强调的；着重的。**emphatically** *adv.* dengan tegas. 强调地；着重地。

**empire** *n.* empayar; kawasan pemerintahan yang luas. 帝国；帝权；帝国疆土。

**empirical** *a.* empirikal; berdasarkan pemerhatian atau ujian (eksperimen); bukan teori. 以经验为根据的；实验性质的；非理论性质的。**empirically** *adv.* secara empirikal. 实验上。

**emplacement** *n.* tempat letak senapang. 炮台；炮位。

**employ** *v.t.* ambil bekerja; ambil pekerja; beri kerja; guna. 雇用；聘请；使从事于；使用。**employment** *n.* pekerjaan. 职业。**employer** *n.* majikan. 雇主。

**employee** *n.* pekerja. 雇员。

**emporium** *n.* (pl. *-a*) emporium; pusat perdagangan; kedai besar. 商业中心；大百货商店。

**empower** *v.t.* memberi kuasa; mengizinkan; membenarkan. 授权；准许；使能够。

**empress** *n.* maharani. 皇后；女王。

**empty** *a.* kosong; (*colloq.*) lapar. 空的；空洞的；无聊的；空着肚子的。—*v.t./i.* kosongkan; keluarkan. 变空；倒空；抽空。 **empties** *n.pl.* botol atau kotak kosong. 空瓶；空箱。 **emptiness** *n.* kekosongan. 空；空洞。

**emu** *n.* burung emu. 鸸鹋。

**emulate** *v.t.* meneladani; mencontohi; meniru. 与人竞争；努力赶上；仿效。

**emulation** *n.* teladan; contoh. 竞争；仿效。 **emulator** *n.* peneladan; peniru. 竞争者；仿效者。

**emulsify** *v.t./i.* mengemulsi; berubah kepada cecair pekat. 使乳化。 **emulsifier** *n.* pengemulsi. 乳化剂。

**emulsion** *n.* emulsi; cecair pekat; salutan di filem foto yang peka kepada cahaya. 乳胶；乳浊液；感光乳剂。

**enable** *v.t.* membolehkan; membenarkan. 使能够；致能；给予（权力、资格等）。

**enact** *v.t.* menggubal; lakonkan. 制定法令；颁布；扮演。 **enactment** *n.* enakmen; pelakonan. 法令；条例；上演。

**enamel** *n.* enamel; lapisan cat yang berkilat pada permukaan logam; lapisan luar yang keras pada gigi. 搪瓷；瓷漆；牙齿的珐琅质。—*v.t.* (p.t. *enamelled*) salutkan dengan enamel. 涂上瓷釉。

**enamoured** *a.* sayangi; sukai; gemari. 倾心的；迷恋的；恋慕的。

*en bloc* selonggok; semua sekali; serentak. 全体；整体。

**encamp** *v.t./i.* berkhemah. 扎营；露营。

**encampment** *n.* perkhemahan. 扎营；露营。

**encapsulate** *v.t.* mengurung; terkurung; meringkaskan. 用胶囊包；弄成胶丸；压缩。 **encapsulation** *n.* pengurungan. 药物等的囊装过程。

**encase** *v.t.* membubuh (ke dalam bekas). 装箱；入盒；包装。

**encash** *v.t.* menukarkan dengan wang tunai. 兑现。 **encashment** *n.* penukaran dengan wang tunai. 兑钱。

**encaustic** *a.* enkaustik; dengan warna yang dikenakan dengan kaedah pembakaran. 上釉烧的；(以热)上色的；蜡画法的。

**encephalitis** *n.* ensefalitis; penyakit radang otak. 脑炎。

**enchain** *v.t.* merantai; membelenggu. 用链锁住；束缚。 **enchainment** *n.* belenggu. 锁住；束缚。

**enchant** *v.t.* pesona; terpesona; terpikat. 迷惑；诱惑；使心醉；使销魂。 **enchantment** *n.* kepesonaan; mempesonakan. 迷惑；诱惑。 **enchantress** *n.* (perempuan) pemikat. 迷人的女子；女巫；妖妇。

**encircle** *v.t.* kepung; keliling. 环绕；包围。 **encirclement** *n.* pengelilingan; pengepungan. 围绕；包围。

**enclave** *n.* enklaf; kawasan (wilayah, negeri) yang terkepung seluruhnya oleh kawasan (negeri) lain. 位于他国国境内的独立疆土。

**enclose** *v.t.* memagari; melampirkan; menyertakan. 围起；圈住；封入；附上。

**enclosure** *n.* pagar; kurungan; lampiran. 围栏；围墙；附件；封入物。

**encomium** *n.* enkomium; pujian rasmi. 赞扬；颂词。

**encompass** *v.t.* melingkungi; mengelilingi; merangkumi. 围绕；包围；包含。

**encore** *int. & v.t.* menyeru supaya diulangi persembahan, pertunjukan. 再来一个！—*n.* seruan ini; persembahan yang diulangi. 请求再演的喝采声。

**encounter** *v.t.* tembung; terserempak; bertemu; berhadapan. 遭遇；面对；碰上；遇见。—*n.* pertembungan; pertemuan. 遭遇；冲突；碰见。

**encourage** *v.t.* menggalakkan. 鼓励；使振作。 **encouragement** *n.* galakan. 鼓励；奖励物。

**encroach** *v.i.* ceroboh; jangkau (masuk) ke dalam hak orang lain. 侵占；侵入（他人主权）；侵犯；侵蚀。**encroachment** *n.* pemasukan; pencerobohan. 侵占；侵入；侵蚀。

**encrust** *v.t.* mengeras; jadi kerak; mentatahkan (permata, dsb.). 盖上硬壳或硬皮；包上外壳；嵌上（珠宝）。**encrustation** *n.* pengerasan; penatahan. 盖硬皮；包外壳；镶饰；硬壳状物；痂。

**encumber** *v.t.* bebani; membebankan. 拖累；牵累；妨害。

**encumbrance** *n.* bebanan. 累赘；障碍。

**encyclical** *n.* surat dari Paus untuk diedarkan kepada semua gereja; surat pekeliling keagamaan. 罗马教皇对教会的通谕。

**encyclopaedia** *n.* ensiklopedia; buku yang mengandungi maklumat dalam pelbagai cabang ilmu. 百科全书；（某）专科全书。**encyclopaedic** *a.* bersifat ensiklopedia. 百科全书的；知识广博的。

**encyclopaedist** *n.* penulis ensiklopedia. 百科全书编者。

**end** *n.* tamat; penamat; had; hujung; maut; tujuan; matlamat. 结尾；结局；终点；限度；极点；末端；尽头；死期；下场；目的；目标。—*v.t./i.* menamatkan. 了结；终止；结束。**make ends meet** sekadar cukup makan. 量入为出。**no ~ of** (*colloq.*) tak berkesudahan. 无限地；非常。

**endanger** *v.t.* membahayakan. 危及；危害。

**endear** *v.t.* disayangi. 使受钟爱；使受喜爱。

**endearment** *n.* cumbuan; bujukan; belaian; pujuk rayu. 亲爱；爱慕的表示；爱抚；甜言蜜语。

**endeavour** *v.t. & n.* berikhtiar; berusaha; ikhtiar; usaha. 努力；尽力；竭力；试图。

**endemic** *a.* endemik; yang lazimnya didapati pada sesuatu tempat atau kalangan. 某地或某种人特有的；（疾病等）地方性的；（动植物）某地特产的。

**ending** *n.* hujung; penamat; pengakhir; bahagian akhir. 结尾；结局；收场；末期。

**endive** *n.* sejenis tumbuhan berdaun keriting dan daunnya dibuat ulam. 苣荬菜。

**endless** *a.* tanpa kesudahan; tak putus-putus; bertalian. 无穷尽的；无限的；连绵不断的；不息的。**endlessly** *adv.* tidak henti-henti. 无穷尽地；不绝地。

**endocrine gland** kelenjar endokrin; kelenjar yang menyalurkan bahan rembesan terus ke darah. 内分泌腺。

**endogenous** *a.* berasal dari dalam. 内生的；内源代谢的。

**endorse** *v.t.* tandatangani (belakang cek); sokong; endors; menulis komen pada dokumen.（在支票背面）签名；背书；赞成；认可；批注公文。**endorsement** *n.* penandatanganan; sokongan. 签名；背书；赞同；认可。

**endow** *v.t.* dikurniai; membiayai. 赋予；损赠基金；资助。**endowment** *n.* kurniaan; pembiayaan. 捐款；资助金；赠物。

**endue** *v.t.* dikurniai; dianugerahi. 授与；赋予。

**endurable** *a.* larat; boleh ditahan. 能持久的；耐久的。

**endurance** *n.* kelaratan; daya ketahanan. 忍耐；耐力；持久性。

**endure** *v.t./i.* bertahan; kekal. 忍耐；忍受；持久。

**enema** *n.* enema; cecair yang disuntik masuk ke dubur. 灌肠法；灌肠剂。

**enemy** *n.* musuh; seteru. 敌人；仇敌。

**energetic** *a.* bertenaga; cergas; lincah. 充满活力的；精力旺盛的；精神饱满的；有干劲的。**energetically** *adv.* dengan bertenaga; dengan cergas atau lincah. 充满活力地；积极地；精力十足地。

**energize** *v.t.* beri tenaga kepada; salurkan kuasa elektrik ke dalam. 加强力量；给予活力；输入电能。

**energy** *n.* tenaga. 活力；干劲；能量。

**enervate** *v.t.* hilangkan tenaga; melemahkan. 失去力气；削弱；使失去能量。

*enfant terrible* orang yang berkelakuan tidak bertanggungjawab atau mengaibkan. 言行肆无忌惮的人。

**enfeeble** *v.t.* menjadi lemah. 使衰弱；减少气力。○ **enfeeblement** *n.* keadaan (menjadi) lemah. 衰弱状态。

**enfold** *v.t.* memeluk; mendakap. 拥抱；折叠。

**enforce** *v.t.* menguatkuasakan. 推行；实施；加强。○ **enforceable** *a.* yang boleh dikuatkuasakan. 可推行的；可实施的。○ **enforcement** *n.* penguatkuasaan. 推行；实施。

**enfranchise** *v.t.* beri hak mengundi kepada seseorang. 给予选举权或公民权。 **enfranchisement** *n.* pemberian hak mengundi. 选举权或公民权的授与。

**engage** *v.t./i.* ambil bekerja; simpan; janji; terlibat; ambil bahagian; menumpukan perhatian; memulakan pertarungan dengan. 从事；抵押；订约；应许；累及；加入；专心；交战。

**engaged** *a.* bertunang; sibuk (dengan sesuatu hal); sedang digunakan. 已订婚的；约定的；有事的；忙着的；累及的；正受雇用的。

**engagement** *n.* pertunangan; pengambilan; urusan; pertempuran. 婚约；订婚；雇用；约定；交战。

**engaging** *a.* menawan; melekakan. 引人爱慕的；迷人的。

**engender** *v.t.* menyebabkan. 造成；引起。

**engine** *n.* jentera; enjin. 机械；机器；引擎；发动机。

**engineer** *n.* jurutera. 工程师；技师。— *v.t.* mengatur; membina. 策划；建造。

**engineering** *n.* kejuruteraan. 工程；工程学。

**English** *a.* & *n.* bahasa Inggeris. 英文(的)。 **Englishman** *n.* lelaki Inggeris. 英国男子。 **Englishwoman** *n.* perempuan Inggeris. 英国女子。

**engraft** *v.t.* bercantum. 接枝；灌输思想。

**engrave** *v.t.* ukir. 雕刻。 **engraver** *n.* pengukir. 雕刻师；雕工。

**engraving** *n.* cetakan yang dibuat daripada bidang logam yang diukir. (尤指刻于金版或木版之中的)雕刻术。

**engross** *v.t.* asyik; leka. 全神贯注于；埋头于。

**engulf** *v.t.* meliputi; menenggelami. 席卷；吞没；吞食。

**enhance** *v.t.* meninggikan (nilai); menambah. 提高(价值)；增进；增强。○ **enhancement** *n.* peninggian; penambahan. 增进；增强。

**enigma** *n.* orang atau sesuatu yang sukar difahami. 谜一般的人或事物；不能完全解释的事物。

**enigmatic** *a.* yang sukar difahami. 难解的；暧昧的。○ **enigmatically** *adv.* dengan cara yang sukar untuk difahami. 令人疑惑地。

**enjoin** *v.t.* menyuruh. 命令；吩咐。

**enjoy** *v.t.* menikmati; seronok. 享有；享受。~ **oneself** seronok dengan apa yang sedang dilakukan. 自得其乐。○ **enjoyment** *n.* nikmat; keseronokan. 享受；享乐。

**enjoyable** *a.* yang menyeronokkan; yang mendatangkan nikmat. 带来欢乐的；趣味盎然的。

**enlarge** *v.t./i.* membesarkan. 扩大；放大。~ **upon** menghuraikan. 详述。 **enlargement** *n.* pembesaran. 扩大；放大。○ **enlarger** *n.* pembesar; alat pembesar. 扩大者；放大器。

**enlighten** *v.t.* maklumkan; menyedarkan. 启发；开导。○ **enlightenment** *n.* penyedaran; kesedaran. 启发；启蒙；开导。

**enlist** *v.t.* masuk tentera; dapatkan (sokongan). 征募；使入伍；谋取(支持、赞助等)。○ **enlistment** *n.* kemasukan ke dalam atau tempoh perkhidmatan tentera. 入伍；服兵役期。

**enliven** *v.t.* memeriahkan. 使有生气；使快活。○ **enlivenment** *n.* kemeriahan. 生气蓬勃；愉快。

*en masse* semua sekali; beramai-ramai. 一同；全部；一块儿。

**enmesh** *v.t.* terjerat; terperangkap. 使入网；绊缠住。

**enmity** *n.* permusuhan; kebencian. 敌意；仇恨。

**ennoble** *v.t.* memuliakan; mendaulatkan. 封为贵族；授与爵位。

**ennui** *n.* kebosanan. 厌倦；无聊。

**enormity** *n.* jenayah; kemungkaran atau kejahatan yang besar. 暴行；罪恶；穷凶极恶；无法无天的行为。

**enormous** *a.* sangat besar. 巨大的；庞大的。

**enough** *a., adv. & n.* cukup; mencukupi; memadai; secukupnya. 足够（的）；充足（的）；充分（的）；十分（的）。

*en passant* sambil lalu. 顺便。

**enquire** *v.t.* tanya; soal. 问；询问；打听；质问；查问。 **enquiry** *n.* pertanyaan; soalan; penyelidikan. 询问；打听；质问；查问。

**enrage** *v.t.* (menjadikan) marah; radang. 激怒；触怒；使大怒。 **enragement** *n.* kemarahan; keradangan. 激怒；勃然大怒。

**enrapture** *v.t.* sangat menggembirakan. 使狂喜。

**enrich** *v.t.* memperkaya; jadi lebih kaya. 致富；使丰富；增进养分；使土壤肥沃。 **enrichment** *n.* pengayaan; perihal memperkayakan. 丰富；加肥；增饰。

**enrol** *v.t./i.* (p.t. *enrolled*) mendaftar; mendaftarkan; menerima sebagai atau menjadi ahli. 登记入学；招收学生或会员；报读；入会。 **enrolment** *n.* pendaftaran. 登记；注册；入学；入会。

*en route* melalui; dalam perjalanan. 在途中；路过。

**ensconce** *v.t.* menyelesaikan; mewujudkan dengan kukuh atau selesa. 安置；安身于；安坐于。

**ensemble** *n.* kumpulan; ensembel; sesuatu yang dilihat pada keseluruhannya; sekumpulan pemain (muzik); peralatan. 全体；总体；（剧团等）全体演出；总效果；大合奏；合唱。

**enshrine** *v.t.* menyemadikan; memuliakan. 祀奉；奉为神明；置入龛内。 **enshrinement** *n.* penyemadian. （神位等的）置于神殿或神龛。

**enshroud** *v.t.* menyelubungi. 掩盖；遮蔽；笼罩。

**ensign** *n.* panji-panji; bendera tentera atau angkatan laut. 旗；军旗；军舰旗。

**ensilage** *n.* silaj; makanan binatang. 饲料的青贮；青贮饲料。

**enslave** *v.t.* memperhambakan. 奴役；使为奴隶。 **enslavement** *n.* perhambaan. 奴役；束缚。

**ensnare** *v.t.* memerangkap; menjerat. 诱捕；陷害；使入圈套。

**ensue** *v.i.* akibatnya; berikutnya. 结果是；接着而来；随后。

*en suite* membentuk unit tunggal. 成套地；构成一体地。

**ensure** *v.t.* menjamin; memastikan; menentukan. 保证；担保；确保。

**entail** *v.t.* melibatkan; memerlukan; wasiatkan (tanah) pusaka supaya penerima warisan tidak boleh menjual atau memindahkan hak miliknya kepada orang lain. 引起；使产生；需要；限定（继承权）。 **entailment** *n.* keadaan yang dikenakan atau diperlukan. 需承担的事物；限定继承的不动产。

**entangle** *v.t.* terbabit; kerosot; terbelit. 缠住；套住；使纠缠；牵连。 **entanglement** *n.* kekerosotan; belitan. 纠缠；牵连；纠缠物；障碍物。

**entente** *n.* pakatan; kesefahaman antara negara-negara. 国或党之间的协约；协议；谅解。

**enter** *v.t./i.* masuk; memasuki. 进；入；加入；参加。

**enteric** *a.* tentang usus. 肠的。

**enteritis** *n.* bengkak usus. 肠炎。

**enterprise** *n.* perusahaan; usaha; ikhtiar; kegiatan perdagangan. 企业；事业；事业心；进取心。

**enterprising** *a.* berusaha; berikhtiar; giat. 有事业心的；有进取心的；有魄力的。

**entertain** *v.t.* raikan; hibur; layan; ingat (berfikir). 招待；娱乐；款待；接待；怀有（希望等）。 **entertainer** *n.* penghibur. 娱宾者；表演者。 **entertainment** *n.* hiburan. 招待；娱乐。

**enthral** *v.t.* (p.t. *enthralled*) pikat; terpikat; pukau; terpukau. 迷住；迷惑；吸引住；使拜倒。

**enthrone** *v.t.* tabal; ditabalkan. 即王位；任命主教。 **enthronement** *n.* penabalan. 即王位；登基；主教的就职。

**enthuse** *v.t./i.* (bercakap) dengan penuh semangat atau keghairahan. 充满热情；使热心。

**enthusiasm** *n.* semangat; minat; keghairahan. 热忱；热心；热情；热诚。 **enthusiastic** *a.* bersemangat; berminat; ghairah. 热忱的；热心的；热情的；热诚的。

**enthusiastically** *adv.* dengan bersemangat; dengan penuh minat; dengan ghairah. 热忱地；热心地；热情地；热诚地。

**enthusiast** *n.* orang yang bersemangat, berminat atau ghairah (untuk melakukan sesuatu). 热心的人；热诚的人；热中于某活动者。

**entice** *v.t.* menggoda; mengumpan. 诱使；怂恿。 **enticement** *n.* godaan; pengumpanan. 诱使；怂恿。

**entire** *a.* seluruh; semua; segenap; seantero. 整个的；全部的；全体的；完整的。 **entirely** *adv.* seluruhnya; semuanya. 完全地；彻底地。

**entirety** *n.* **in its ~** keseluruhannya. 作为一个整体；全面。

**entitle** *v.t.* memberi judul, tajuk atau hak. 给文章题名；给予权利或资格。 **entitlement** *n.* judul; tajuk; hak. 题名；给予权利。

**entity** *n.* kewujudan; hakikat; entiti. 存在；本质；统一体。

**entomb** *v.t.* menguburkan; memakamkan. 埋葬；入墓。

**entomology** *n.* kajian serangga; entomologi. 昆虫学。 **entomological** *a.* berkenaan entomologi. 昆虫学的。 **entomologist** *n.* pengkaji serangga. 昆虫学家。

**entourage** *n.* rombongan yang mengikuti orang penting; para pengiring. 全体随行人员；随从。

**entr'acte** *n.* pertunjukan selingan. 两幕演出之间的插演节目；幕间休息。

**entrails** *n.pl.* usus; tali perut. 内脏；肠。

**entrance**[1] *n.* pintu; kemasukan; izin; yuran kemasukan. 进口；入口；入场权；入场费。

**entrance**[2] *v.t.* dipenuhi dengan asyikmaksyuk; kegembiraan. 使入迷境；使出神；使狂喜。

**entrant** *n.* peserta; orang yang masuk. 进入者；新加入者；新会员。

**entreat** *v.t.* rayu; mohon. 恳求；请求。

**entreaty** *n.* rayuan; permohonan. 恳求；请求。

**entrée** *n.* hak atau keistimewaan kemasukan; sajian yang disajikan antara sajian ikan dan daging. 入场权；入场许可；两道正菜间的小菜。

**entrench** *v.t.* berkubu; tertubuh kukuh. 用壕沟围住；固守；处于牢固地位。 **entrenchment** *n.* penubuhan; kedudukan yang kukuh. 掘壕沟；盘踞的地位。

**entrepreneur** *n.* pengusaha. 企业家；创业者。 **entrepreneurial** *a.* keusahawanan. 企业家的；创业者的。

**entropy** *n.* ukuran jumlah sistem tenaga haba pada sesuatu sistem yang tidak terdapat untuk ditukar menjadi kerja mekanikal. 熵（热力学函数）。

**entrust** *v.t.* mengamanahkan; dipertanggungjawabkan. 委托；信托；托管财物。

**entry** *n.* kemasukan; pintu; hal yang didaftarkan; peserta. 进入；入场；入口；登记；记载；条目；参赛者名单。

**entwine** *v.t.* lilit; belit; membelit. 纠缠；使盘绕。

**enumerate** *v.t.* hitung; bilang; kira. 数；点算；计算；列举。**enumeration** *n.* hitungan; bilangan; kiraan. 计数；点算；细目；详表。

**enunciate** *v.t.* membunyikan perkataan; mengucapkan; menyebutkan (perkataan); menyatakan dengan jelas. 清晰地发（音）；宣布；发表；阐明。**enunciation** *n.* lafaz; pengucapan; pernyataan. 发音；宣布；阐释。

**envelop** *v.t.* (p.t. *enveloped*) menyelubungi; selubung; selimut; liput; seliput; balut. 包；裹；封；遮蔽；包围；裹住。**envelopment** *n.* perihal selubung, selimut atau liput; pembalutan. 包；裹；封；包围；封皮。

**envelope** *n.* sampul (surat). 信封。

**enviable** *a.* patut dicemburui. 令人妒忌的；令人羡慕的。**enviably** *adv.* dengan rasa iri hati dan cemburu. 令人妒忌地；令人羡慕地。

**envious** *a.* cemburu; dengki; iri hati. 羡慕的；妒忌的；妒羡的。**enviously** *adv.* dengan perasaan cemburu atau iri hati. 妒忌地；妒羡地。

**environment** *n.* persekitaran; alam sekitar. 环境；周围状况。**environmental** *a.* bersifat persekitaran; berkenaan alam sekitar. 环境的；有关环境的。

**environs** *n.pl.* persekitaran; kawasan sekitar (bandar, dsb.). 附近的地方；城郊；郊区。

**envisage** *v.t.* jangka; membayangkan. 想象；设想。

**envoy** *n.* utusan; wakil; timbalan duta. 使节；使者；(职位仅次于大使的)专使。

**envy** *n.* perasaan cemburu; kecemburuan; kedengkian; iri hati. 妒忌；羡慕；猜忌；忌妒。—*v.t.* berasa iri hati. 妒忌；羡慕。

**enzyme** *n.* enzim; protein yang terbentuk dalam sel-sel hidup. 酶；酶素。

**epaulette** *n.* jerumbai hiasan (pakaian) di bahu; epaulet. 肩章；肩饰。

**ephemera** *n. pl.* bahan sementara; benda yang diguna singkat. 生命极短暂的动植物或事物；只能充一时之用的东西。

**ephemeral** *a.* fana; sepintas lalu; tidak kekal. 朝生暮死的；短命的；短暂的。

**epic** *n.* syair (yang menceritakan riwayat kepahlawanan); epik. (尤指歌颂英雄事迹的)史诗；叙事诗。—*a.* berkenaan atau seperti epik. 史诗的；叙事诗的；英雄事迹的。

**epicene** *a.* bersifat jantan dan betina. 两性通用的；无男女之分别的。

**epicentre** *n.* pusat gempa; tempat gempa meletus pada permukaan bumi. 震央；地震中心点上面的地区。

**epicure** *n.* penggemar makanan; orang yang gemarkan makanan dan minuman yang khusus dan bagus. 讲究饮食的人；享乐主义者。**epicurean** *a. & n.* sesuai untuk penggemar makanan. 讲究饮食（的）；美食家（的）；享乐主义者法（的）。

**epidemic** *n.* wabak. 流行病。

**epidemiology** *n.* epidemiologi; pengkajian tentang wabak. 流行病学。

**epidermis** *n.* bahagian luar kulit. 表皮；表皮层。

**epidural** *a. & n.* epidura; (suntikan anestetik) di saraf tulang belakang, untuk mengebaskan seluruh bahagian bawah tubuh. 硬脊膜上（的）；在脊椎神经上注射麻醉剂法（的）；下半身麻醉法（的）。

**epiglottis** *n.* epiglotis; rawan yang menutup larinks semasa menelan. 会厌软骨。

**epigram** *n.* bidalan; pepatah. 警句；讽刺性短诗。**epigrammatic** *a.* bersifat bidalan atau pepatah. 警句的；讽刺性短诗的。

**epigraphy** *n.* epigrafi; pengkajian tentang inskripsi. 碑文；铭文；碑铭学；金石学。**epigraphic** *a.* tentang epigrafi. 碑文的；金石学的。

**epilepsy** *n.* gila babi; sawan babi. 癫痫；羊痫疯。**epileptic** *a. & n.* berkenaan penyakit gila babi; pesakit epilepsi. 癫痫(的);患癫痫(的);癫痫病者(的)。

**epilogue** *n.* penutup (sandiwara, dsb.); epilog. (戏剧、广播等的)收场白;(文艺作品的)跋;后记。

**Epiphany** *n.* pesta (6 Januari) agama Kristian. 基督教显现节(每年1月6日)。

**episcopal** *a.* keuskupan; berkenaan atau dikawal oleh paderi besar (biskop). 主教的;主教管辖的。

**episcopalian** *a. & n.* episkopal; anggota Gereja Episkopal. 主教派(的);圣公会(的);主教派教友(的);圣公会教友(的)。

**episcopate** *n.* jawatan biskop atau uskup; para biskop atau uskup. 主教职务或任期;主教团。

**episode** *n.* kisah; adegan; peristiwa; episod. (小说的)一段情节;(一系列事件的)一个事件;(连续集的)一集;插话。

**epistle** *n.* warkah; surat. 书信;书信体的诗文。

**epitaph** *n.* tulisan pada batu nisan. 墓志铭。

**epithet** *n.* gelaran yang membayangkan sifat atau watak seseorang. 绰号;外号。

**epitome** *n.* ikhtisar; ringkasan; contoh unggul. 节录;摘要;典型。

**epitomize** *v.t.* merupakan contoh (unggul). 概括;象征。 **epitomization** *n.* percontohan. 象征。

**epoch** *n.* zaman. (新)纪元;(新)时代。 **~-making** *a.* sangat penting. 划时代的。

**eponymous** *a.* eponim; nama sempena sesuatu. 名字被用作地方或部落名称的;祖命名(以民族英雄或神话中祖先的名字作为命名根据)的。

**equable** *a.* tetap; sama; tidak berubah. 稳定的;变化小的;平静的。

**equal** *a.* sama; sama rata; setara; setanding; sepadan. 相等的;均等的;相同的;合适的。 —*n.* orang atau benda yang serupa dengan yang lain. 对等的

人或事物;同辈。 —*v.t.* (p.t. *equalled*) tandingi; saingi; menyamai. 等于;比得上;敌得过;使相等;使均等。 **be ~ to** padan; cukup tenaga atau kebolehan untuk sesuatu. 等于;胜任;比得上。 **equally** *adv.* dengan sama rata. 平等地;公正地。 **equality** *n.* kesamaan; kesamarataan. 平等;均一;等式。

**equalize** *v.t./i.* menyamakan. 使平等;使均衡;打成平手。 **equalization** *n.* penyamaan. 相等;均得;和局。

**equalizer** *n.* (gol, mata) penyama. 比赛中与对方扯平比分的得分。

**equanimity** *n.* ketenangan fikiran atau perasaan. 沉着;平静;镇定。

**equate** *v.t.* menyamakan. 使相等;写成等式。

**equation** *n.* persamaan; (matematik) kenyataan tentang persamaan dua nilai. 均衡状态;(数学)等式。

**equator** *n.* khatulistiwa; garis lintang yang membahagi dunia kepada dua bahagian yang sama. 赤道。 **equatorial** *a.* berkenaan khatulistiwa. 赤道的;赤道地带的。

**equerry** *n.* pegawai istana Britain yang melayan keluarga diraja. 英国的王室侍从。

**equestrian** *a.* menunggang kuda. 骑马的;骑士的;骑术的。

**equidistant** *a.* sama jarak. 等距离的。

**equilateral** *a.* sama sisi; sama segi. 等边的;等面的。

**equilibrium** *n.* seimbang; sama imbang. 平衡;均衡。

**equine** *a.* seperti muka kuda; berkenaan dengan kuda. 马科的;似马的。

**equinox** *n.* ekuinoks; waktu apabila malam dan siang sama panjang. 昼夜平分时。

**equinoctial** *a.* yang berkenaan dengan, pada atau dekat dengan khatulistiwa. 昼夜平分时的;春分的;秋分的。

**equip** *v.t.* (p.t. *equipped*) memperalati; melengkapi; membekali. 装备;配备;作好准备。

**equipage** *n.* perlengkapan; pedati; kuda dan atendan. 裝备；成套用具；马车及仆从。

**equipment** *n.* peralatan; kelengkapan. 裝备；设备；器材；裝置。

**equipoise** *n.* keseimbangan; pengimbang. 平衡；均衡；保持平衡之物。

**equitable** *a.* adil; saksama; sama rata. 公平的；公正的；衡平法的。**equitably** *adv.* dengan adil. 公平地；公正地。

**equitation** *n.* kegiatan menunggang kuda. 骑马术。

**equity** *n.* keadilan; kesaksamaan; kesamarataan; (*pl.*) ekuiti; stok dan saham tanpa faedah tetap. 公平；公正；衡平法；无固定利息的股票。

**equivalent** *a.* sama banyak, jumlah, nilai, makna, dsb. 等量的；等价的；等值的；同义的；同类的。**equivalence** *n.* kesamaan. (力量、价值、意义、类别等) 相等。

**equivocal** *a.* kabur; samar; menyangsikan. (词语) 多义的；歧义的；含糊的；暧昧的。**equivocally** *adv.* dengan kabur atau samar; (cara yang) menyangsikan. 含糊地；模棱两可地。

**equivocate** *v.i.* berdalih; penggunaan kata-kata yang samar untuk menyembunyikan kebenaran. 支吾其词；含糊其词。

**equivocation** *n.* penggunaan ungkapan yang mengelirukan. 含糊的言问。

**era** *n.* zaman; masa; era. 时代；年代。

**eradicate** *v.t.* basmi; hapuskan. 根除；彻底消灭；扑灭。**eradication** *n.* pembasmian; penghapusan. 根除；消灭；扑灭。

**erase** *v.t.* padam; hapuskan. 擦掉；抹掉；删除。**eraser** *n.* pemadam. 橡皮；擦除器。**erasure** *n.* pemadaman. 擦掉；删除。

**erect** *a.* tegak; tegang (keras berdiri); tercacak; terpacak. 直立的；竖直的；挺直的；竖立的。—*v.t.* bina; bangunkan; tegakkan; pacak; dirikan. 建立；竖立；使直立；创立；使垂直。**erector** *n.* pembina; penegak; pemacak. 建造者；树立者；安装者。

**erectile** *a.* boleh tegak; tegang akibat nafsu berahi. 可竖立的；(阳具) 能勃起的。

**erection** *n.* ketegakan; ketegangan; pacakan; kebangkitan; binaan. 直立；树立；安装；勃起；建筑物。

**ergonomics** *n.* ergonomi; ilmu tentang pekerjaan dan persekitarannya untuk menghasilkan kecekapan yang maksimum. 人类工程学；人类环境改造学。

**ergot** *n.* ergot; penyakit kulat rai, dsb. 麦角；麦角菌；植物的麦角病。

**ermine** *n.* ermin; sejenis binatang kecil dengan bulu kelabu yang bertukar kepada putih dalam musim sejuk; bulu putih binatang ini. 貂；貂皮。

**erode** *v.t.* hakis. 侵蚀；腐蚀。**erosion** *n.* hakisan. 侵蚀；腐蚀作用。**erosive** *a.* menghakis. 腐蚀性的。

**erogeneous** *a.* mudah terangsang dari segi seks. 动欲的；引起性欲的。

**erotic** *a.* memberahikan. 引起性欲的；色情的。**erotically** *adv.* dengan cara yang memberahikan. 情欲性地；色情地；好色地。**eroticism** *n.* keberahian; hal yang memberahikan. 好色；性欲；性冲动；性行为。

**err** *v.i.* (*p.t.* **erred**) tersilap; tersalah. 犯错；弄错。

**errand** *n.* perjalanan dekat untuk mengambil sesuatu; tujuan perjalanan sedemikian. 短程差使；差事。

**errant** *a.* curang; mengembara; berkelana. 错误的；犯错的；漫游的；漂泊的。

**erratic** *a.* tidak tetap; tidak tentu. (行为、意见等) 无定的；反复无常的。

**erratically** *adv.* dengan cara yang tidak tetap atau tidak tentu arah. 不规则地；反复无常地。

**erratum** *n.* (*pl.* -*ta*) ralat, kesilapan dalam tulisan atau cetakan. 书写或印刷中的错误。

**erroneous** *a.* silap; salah. 错误的；不正确的。**erroneously** *adv.* secara silap atau salah. 错误地；不正确地。

**error** *n.* kesilapan; kesalahan. 错误；差错。

**erstwhile** *a.* dahulu. 以前的；从前的。 —*adv.* (*old use*) yang dahulu. 往昔；从前。

**eructation** *n.* bersendawa. 嗳气；打嗝儿。

**erudite** *a.* terpelajar; berilmu; alim; sarjana. 博学的；有学问的；精通宗教经典的；饱学的。 **erudition** *n.* ilmu; pengetahuan. 博学；学问；学识。

**erupt** *v.i.* meletup; meletus; meledak. （火山、战争、危机等）爆发；（岩浆）喷出；爆炸。 **eruption** *n.* letupan; letusan; ledakan. 爆发；喷出；爆炸。

**escalate** *v.t./i.* menaikkan; meningkatkan; bertambah. 使逐步上升；使逐步升级；使逐步增加。 **escalation** *n.* penaikan; peningkatan; bertambahnya. 逐步上升；逐步升级；逐步增加。

**escalator** *n.* tangga bergerak; eskalator. 自动扶梯。

**escalope** *n.* potongan, kepingan daging tanpa tulang. 薄牛肉片。

**escapade** *n.* perbuatan yang nekad dan nakal. 越轨行为；胡说非为；恶作剧。

**escape** *v.t./i.* lepas; terlepas; melepaskan diri; elak. 逃跑；逃脱；逃亡；逃逸；脱身；逃避；避免。 —*n.* kelepasan; pelepasan. 逃跑；逃脱；气体漏泄；逃遁。

**escapee** *n.* orang yang lepas lari. 逃亡者；逃脱者；逃俘。

**escapement** *n.* alat pengawal gerakan jam. 钟表内的擒纵轮。

**escapism** *n.* eskapisme; lari daripada kenyataan. 逃避现实。

**escapist** *n.* orang yang melarikan diri daripada kenyataan. 逃避现实者。

**escapologist** *n.* ahli lepas diri daripada pengurungan. 擅长从捆绑中脱身的杂技表演者；逃脱者。

**escarpment** *n.* cerun; lereng curam. 陡坡；峭壁。

**eschatology** *n.* doktrin tentang kematian dan hidup selepas mati. 末世论。

**eschew** *v.t.* menjauhkan atau mengelakkan diri daripada. 避免；避去。

**escort**[1] *n.* pengiring; teman sosial. 护送队；男伴或女伴。

**escort**[2] *v.t.* mengiring; menemani. 护送；陪伴。

**escritoire** *n.* meja tulis berlaci. 有抽屉的写字台。

**escudo** *n.* (pl. *-os*) unit mata wang di Portugal. 埃斯库多（葡萄牙货币单位）。

**escutcheon** *n.* perisai berlambang. 有纹章的盾。

**Eskimo** *n.* (pl. *-os* atau *-o*) orang atau bahasa Eskimo (Inuit). 爱斯基摩人；爱斯基摩语。

**esoteric** *a.* khas untuk kumpulan tertentu. 秘密的；秘传的。

**espadrille** *n.* kasut kanvas bertapak fiber. （后跟用带缚住足踝的）布面平底凉鞋。

**espalier** *n.* junjungan (untuk tumbuhan menjalar); tumbuhan yang memanjat junjungan. 花树的攀架；棚树；墙树。

**esparto** *n.* rumput esparto; sejenis rumput yang digunakan untuk dibuat kertas. 造纸用的细茎针茅。

**especial** *a.* khas; utama. 特别的；特殊的；独有的。 **especially** *adv.* khasnya; terutamanya. 尤其；特别；异常地。

**Esperanto** *n.* Esperanto; satu bahasa (tiruan) yang direka untuk kegunaan antarabangsa. 世界语。

**espionage** *n.* pengintipan; perisikan. 间谍行为；间谍活动。

**esplanade** *n.* persiaran; tempat lapang untuk bersiar-siar. 旷地；海滨供散步的空地。

**espresso** *n.*(pl. *-os*) kopi espresso; kopi yang dibuat dengan menyalurkan wap melalui serbuk kopi. 蒸馏咖啡。

*esprit de corps* semangat pasukan. 团结精神；集体精神。

**espy** *v.t.* ternampak. 窥见；看到。

**Esq.** *abbr.* **Esquire** Tuan. （编写）先生（对士绅的尊称）。

**essay**[1] *n.* karangan; rencana; esei. 散文；小品文；论说文。

**essay**[2] *v.t.* cuba. 尝试；企图。

**essayist** *n.* penulis esei; penulis; pengarang. (散文、小品文等的)作者；写作人；作家。

**essence** *n.* inti; inti pati; sari; inti sari; biang. 本质；精华；精髓；要素。

**essential** *a.* perlu; mustahak; asas. 必须的；必需的；本质的。—*n.* keperluan; sesuatu yang mustahak atau penting. 必需品；要点；要素；要件。**essentially** *adv.* pada dasarnya; perlu. 本质上；基本上；实质上。

**establish** *v.t.* tubuhkan; dirikan; kukuhkan; buktikan. 建立；创立；制定；确定。

**establishment** *n.* penubuhan; pertubuhan. 建立；设置；制定。**The Establishment** kumpulan yang berkuasa yang menolak perubahan. 反对变革的权势集团。

**estate** *n.* harta; hartanah; ladang; taman (perumahan, perindustrian, dsb.). 房地产；地产权；种植园；园垭；(上有房屋、商店等建筑的)大片土地；庄园。**~ car** kenderaan yang boleh membawa barang dan penumpang dalam satu ruang. 旅行车；客货两用轿车。

**esteem** *v.t.* sanjung. 尊重；敬重。—*n.* sanjungan. 尊重；敬重。

**ester** *n.* sejenis campuran kimia. 酯。

**estimable** *a.* layak disanjung. 值得敬重的；可估计的。

**estimate**[1] *n.* taksiran; anggaran; agakan; kiraan. 估计；预测；预算书；估价单。

**estimate**[2] *v.t.* taksir; anggar; agak; kira. 估计；估算；评价；判断。**estimation** *n.* penaksiran; penganggaran; pengagakan; pengiraan. 估计；预算案；概算；评价。

**estrange** *v.t.* renggang (tidak rapat atau mesra lagi). 使疏远；使离开。**estrangement** *n.* kerenggangan. 疏远；离间。

**estuary** *n.* kuala; muara. 河口；港湾。

**etc.** *abbr.* et cetera dll.; dan lain-lain; dsb.; dan sebagainya. (缩写)等等；及其他。

**etceteras** *n.pl.* tambahan; berbagai-bagai. 额外的项目；等等。

**etch** *v.t.* menggores; mengukir (dengan menggunakan asid). 刻划；描述；(用酸)蚀刻。**etching** *n.* goresan. 蚀刻法；蚀刻版印刷品。

**eternal** *a.* abadi; kekal. 永久的；永远的；不朽的。**eternally** *adv.* untuk selama-lamanya. 永远地；不朽地。

**eternity** *n.* keabadian; kekekalan. 永恒不朽；永远不变的事物。**~ ring** cincin tanda keabadian. 永恒戒。

**ethanoic acid** *n.* asid etanoik; bahan penting cuka. 醋酸；乙酸。

**ether** *n.* eter; udara atasan; sejenis cecair yang digunakan sebagai bius atau pelarut. 作麻醉剂、溶剂用的乙醚；太空苍穹。

**ethereal** *a.* halus; seperti dari kayangan. 精微的；像仙境般飘逸的；缥缈的。

**ethic** *n.* akhlak; tata susila; kesusilaan; etika. 道德；伦理。**ethics** *n.* prinsip akhlak; ketatasusilaan; (ilmu) etika. 道德标准；伦理观；伦理学。

**ethical** *a.* berakhlak; bersusila; beretika; (ubat) yang tidak diiklankan kepada umum. 道德的；伦理的；合乎道德的；(药品)凭处方出售的。**ethically** *adv.* secara bersusila atau beretika. 道德上；伦理上。

**ethnic** *a.* berkenaan dengan kaum atau rumpun bangsa. 种族集团的；种族性的；民族性的。**ethnically** *adv.* yang berhubung dengan kaum atau bangsa. 种族上；据民族观点来看。

**ethnology** *n.* etnologi; ilmu kajian bangsa dan sifat-sifatnya. 人种学；民族学；人类文化学。**ethnological** *a.* bersifat etnologi. 人种学的；民族学的。**ethnologist** *n.* pakar etnologi. 人种学家；民族学家；人类文化学家。

**ethos** *n.* etos; semangat dan kepercayaan (yang memberi watak keperibadian kepada sesuatu kumpulan, dsb.). 性格；气质；民族精神。

**etiolate** *v.t.* memudarkan warna dengan mengurangi cahaya. 使叶子白化；使褪色。

**etiquette** *n.* etiket; budi bahasa; kesantunan. 礼仪；礼节；谦恭有礼；有教养。

**étude** *n.* gubahan atau latihan muzik ringkas. 练习曲。

**etymology** *n.* etimologi; ilmu kajian asal usul kata. 词源学；语源学。 **etymological** *a.* berkenaan dengan etimologi. 词源的；词源学的。 **etymologist** *n.* pakar etimologi. 词源学家；语源学家。 **etymologically** *adv.* secara etimologi. 根据词源学。

**eucalyptus** *n.* (pl. *-tuses*) pokok kayu putih. 桉树。 **~ oil** minyak kayu putih. 桉树油。

**Eucharist** *n.* upacara keagamaan Kristian yang menyediakan wain dan roti; roti dan wain ini. 圣餐。 **Eucharistic** *a.* berkenaan upacara ini. 圣餐的。

**euchre** *n.* permainan kad orang Amerika. 美国的尤卡牌戏。

**eugenics** *n.* eugenik; cara memperbaiki keturunan bangsa dengan mengawal ciri-ciri warisan. 优生学；人种改良学。 **eugenic** *a.* berkenaan dengan eugenik. 优生学的；人种改良学的。

**eulogize** *v.t.* memuji-muji; menyanjung. 颂扬；歌功颂德。 **eulogistic** *a.* bersifat pujian atau sanjungan. 颂扬的；歌功颂德的。

**eulogy** *n.* pujian; sanjungan. 颂词；颂文。

**eunuch** *n.* sida; orang lelaki yang dikasi. 阉人；太监；宦官。

**euphemism** *n.* eufemisme; bahasa halus; kiasan. 委婉词语；委婉的说法。 **euphemistic** *a.* bersifat kiasan. 婉言的；用语委婉的。 **euphemistically** *adv.* secara kiasan. 婉言地；委婉地。

**euphonium** *n.* euphonium. 上低音大号。

**euphony** *n.* kelunakan; kemerduan. （声音或语音的）和谐；谐音；悦耳语音。

**euphoria** *n.* kelunakan (perasaan); keriangan; kegirangan. 心情愉快；情绪高涨；欢欣；兴奋。 **euphoric** *a.* riang; girang. 心情愉快的；欢欣的。

**Eurasian** *a.* Serani; bersifat campuran antara Eropah dan Asia. 欧亚的；欧亚混血的。 —*n.* orang Serani. 欧亚混血人。

**eureka** *int.* sudah kujumpa! 我发现了！

**eurhythmics** *n.* euritmik; gerakan harmoni tarian dan muzik. 韵律体操；艺术体操。

**Euro-** *pref.* **European** berkaitan Eropah. （前缀）表示"欧洲的"；欧-。

**Eurocrat** *n.* birokrasi Komuniti Eropah. 欧洲经济共同体的官员。

**European** *a.* berkenaan Eropah. 欧洲的；欧洲人的。 —*n.* orang Eropah. 欧洲人。

**Eustachian tube** *n.* tiub Eustachia; saluran antara telinga dan tengkorak. 耳咽管；欧氏管。

**euthanasia** *n.* eutanasia; kematian (mencabut nyawa) dengan cara lembut kerana kasihan, terutama untuk menamatkan seksa. 安乐死；无痛苦致死术。

**evacuate** *v.t.* pindah; singkir; keluar; meninggalkan. 搬空；疏散；抽空；排泄；撤离。 **evacuation** *n.* perpindahan; pemindahan; penyingkiran; peninggalan. 搬空；腾出；疏散；撤退；排泄。

**evacuee** *n.* orang yang tersingkir; orang yang meninggalkan (sesuatu tempat). 被疏散者；撤退者。

**evade** *v.t.* mengelakkan; menghindarkan. 躲避；闪避；避开；逃税。

**evaluate** *v.t.* menaksir; menilai. 评估；估价；求值。 **evaluation** *n.* taksiran; penaksiran; nilaian; penilaian. 评估；估价；求值；值的计算。

**evanesce** *v.i.* menghilang. 渐渐消失；消散。**evanescence** *n.* perihal cepat berlalu. 消散性；瞬息。**evanescent** *a.* yang cepat berlalu. 快消灭的；逐渐消失的；瞬息的。

**evangelical** *a.* bersifat dakwah. 福音的；热衷于传道的。

**evangelist** *n.* pendakwah; penulis kitab-kitab di dalam Injil. 福音传教士；《福音书》的作者。

**evangelize** *v.t.* menyebarkan agama Kristian. 宣讲福音；传福音。**evangelization** *n.* penyebaran agama Kristian. 传福音的工作；传教。

**evaporate** *v.t./i.* sejat; mengering. 蒸发；使除去水分；使脱水。**evaporated milk** susu sejat. 淡炼乳。**evaporation** *n.* sejatan; penyejatan; pengeringan. 蒸发；蒸发过程；脱水；脱水法。

**evasion** *n.* elakan; hindaran. 逃避；退避；回避。

**evasive** *a.* bersifat mengelak. 躲躲闪闪的；推诿的。**evasively** *adv.* bersifat mengelak; suka berdalih. 不可捉摸地；推诿地。**evasiveness** *n.* pengelakan. 逃避；托辞。

**eve** *n.* petang sebelum sesuatu perayaan; masa sebelum sesuatu peristiwa menjelang. 节日的前一晚；重大事件发生前的关头。

**even** *a.* sama; rata; datar; tenang; genap. 一样的；平坦的；平等的；对等的；心气平静的；偶数的；双数的。—*v.t./i.* samakan; ratakan; genapkan. 扯平；使平坦，变为相等。—*adv.* pun; juga; bahkan; malahan; walaupun; namun. 也；都；还；甚至；连…也；即使…也。

**evenly** *adv.* dengan sama rata. 平分。
**evenness** *n.* kesamaan; kesamarataan. 均等；均匀；平坦。

**evening** *n.* petang. 傍晚；黄昏。

**evensong** *n.* sembahyang lewat petang di gereja (England). (天主教、英国国教的) 晚祷。

**event** *n.* peristiwa; acara (sukan). 事件；发生的事情；比赛项目。

**eventful** *a.* penuh peristiwa. 多变故的；发生许多事情的；充满大事的。

**eventide** *n.* (*old use*) petang. 黄昏；薄暮。

**eventual** *a.* boleh jadi; mungkin; mungkin terjadi. 最终发生的；有可能的；可能发生的。**eventually** *adv.* akhirnya. 最后；终于。

**eventuality** *n.* peristiwa yang mungkin berlaku. 可能发生的事情；可能出现的结果。

**ever** *adv.* pernah; sentiasa; selalu; selamanya; apa saja; segala sesuatu. 曾经；经常；到底；究竟；任何时刻；在某时；总是。~ **since** semenjak itu. 从…以来。~ **so** (*colloq.*) lebih-lebih lagi. 非常；大大地。

**evergreen** *a.* malar hijau; sentiasa menghijau. 常绿的；永保青春的；持久的。—*n.* pohon malar hijau. 常绿树。

**everlasting** *a.* kekal; abadi; selama-lamanya; terus-menerus. 永久的；永恒的；经久耐用的；不断的。

**evermore** *adv.* untuk selama-lamanya. 永远；始终。

**every** *a.* tiap; tiap-tiap; setiap; masing-masing; semua; seluruh; segenap. 每一的；每个的；每隔…的；个别的；所有的；完全的；充分的。~ **other** selang satu. 每隔…。

**everybody** *pron.* setiap orang; semua orang. 每人；人人；各人。

**everyday** *a.* harian; sehari-hari; biasa. 每天的；日常的；平常的。

**everyone** *pron.* setiap orang; semua orang. 每人；人人；各人。

**everything** *pron.* semuanya; segala-galanya. 每件事；每样事物；所有事物；一切。

**everywhere** *adv.* merata; merata-rata; di mana-mana sahaja; di sana sini. 到处；各处；在所有地方；无论何处。

**evict** *v.t.* usir; halau. 驱逐；逐出；依法律追回财产。**eviction** *n.* pengusiran；

**evidence** | 230 | **excavate**

penghalauan. 驱逐；逐出。**evictor** *n.* pengusir. 驱逐者；追回者。

**evidence** *n.* bukti; dalil; keterangan; tanda. 证据；论证；证词；痕迹。—*v.t.* membuktikan; menunjukkan. 证明；显示；表明。**be in ~** kelihatan. 可看见；作为证据。

**evident** *a.* nyata; jelas; terbukti. 明显的；显而易见的。**evidently** *adv.* nyatalah; jelaslah. 显然；明显地；据现有证据来看。

**evil** *a.* jahat atau buruk. 邪恶的；有害的；不祥的。—*n.* kejahatan; keburukan; dosa. 邪恶；祸害；不幸；罪恶。**evilly** *adv.* secara jahat atau buruk. 邪恶地；不怀好意地。**evildoer** *n.* orang jahat. 作恶的人。

**evince** *v.t.* memperlihatkan; menampakkan. 表明；显示出；表现。

**eviscerate** *v.t.* mengeluarkan isi perut. 挖出内脏；切除器官。**evisceration** *n.* eviserasi; proses ini. 挖出；切除；内脏切除术。

**evoke** *v.t.* bangkitkan; timbulkan. 唤起；引起；使人想起。**evocation** *n.* pembangkitan; penimbulan. 召唤；引起。

**evocative** *a.* yang membangkitkan atau menimbulkan. 唤起…的；引起…的。

**evolution** *n.* evolusi; perkembangan beransur-ansur. 演化；进化；逐步形成。**evolutionary** *a.* bersifat evolusi. 演化的；进化的。

**evolutionism** *n.* teori evolusi spesies. 进化论。**evolutionist** *n.* penyokong teori evolusi. 支持进化论者。

**evolve** *v.t./i.* mengembangkan; berkembang secara beransur-ansur. 发展；使逐步变化；演化。**evolvement** *n.* pengembangan. 展开；进化。

**ewe** *n.* kambing biri-biri betina. 母羊；雌羊。

**ex**[1] *prep.* dikecualikan; dikeluarkan; (barangan) seperti yang terjual daripada. 无；不包括；在…交货。

**ex**[2] (*colloq.*) bekas isteri. 前妻。

**ex-** *pref.* bekas. (前缀) 表示"以前的；前任的"。

**exacerbate** *v.t.* memburukkan lagi; menerukkan lagi. 使病情恶化；加深痛苦。**exacerbation** *n.* pemburukan; perbuatan yang memburukkan lagi. 病情加重；恶化；痛苦加深。

**exact**[1] *a.* tepat; betul-betul. 准确的；精密的；严格的。**exactness** *n.* ketepatan; kebetulan. 准确；精密。

**exact**[2] *v.t.* menuntut. 勒索；强制缴付。
**exaction** *n.* tuntutan. 勒索；强要。

**exacting** *a.* berat tuntutannya. 强索的；横征暴敛的；苛税的。

**exactitude** *n.* ketepatan. 正确；准确。

**exactly** *adv.* sama; tepat sekali; betul. 正是；恰好；十分；精确地。

**exaggerate** *v.t.* tokok tambah; melebih-lebihkan; membesar-besarkan. 夸张；夸大；言过其实。**exaggeration** *n.* perihal menokok tambah. 夸张。**exaggerator** *n.* orang yang suka menokok tambah. 夸张者；言过其实的人。

**exalt** *v.t.* menaikkan (pangkat, darjat); memuliakan; sanjung. 提高(等级或地位)；提升；提拔；赞扬。**exaltation** *n.* kemuliaan; sanjungan. 提拔；晋升；高举。

**exam** (*colloq.*) peperiksaan. 考试。

**examination** *n.* peperiksaan; pemeriksaan; ujian. 考试；审查；检查。

**examine** *v.t.* memeriksa; menyelidik. 审查；检查。**examiner** *n.* pemeriksa. 考官；检查员；审查者。

**examinee** *n.* orang yang diuji dalam peperiksaan. 考生；受审查者。

**example** *n.* contoh; misalan; ibarat; teladan. 例子；实例；范例；模范；榜样。
**make an ~ of** sebagai teladan. 惩一警百。

**exasperate** *v.t.* berasa geram; menjengkelkan. 激怒；触怒。**exasperation** *n.* kegeraman; keradangan. 愤激；恼怒。

**excavate** *v.t.* korek; gali. 挖掘；开凿。
**excavation** *n.* korekan; pengorekan;

galian; penggalian. 挖掘；开凿；发掘物；坑道；洞穴。**excavator** n. (mesin) pengorek; penggali. 挖掘器；挖土机；挖掘者；开凿者。

**exceed** v.t. melampaui; melebihi. 超越；胜过。

**exceedingly** adv. tersangat; terlampau; terlalu. 极度地；超越地；非常。

**excel** v.t./i. (p.t. *excelled*) melebihi; mengatasi; tersangat baik (dalam sesuatu). 胜过；优于；杰出；擅长。

**Excellency** n. Tuan Yang Terutama; gelaran duta atau gabenor, dsb. 阁下（对大使、市长等的尊称）。

**excellent** a. cemerlang. 杰出的；卓越的。**excellently** adv. dengan cemerlang. 杰出地；卓越地。**excellence** n. kecemerlangan. 杰出；卓越；超群。

**except** prep. kecuali; melainkan. 除了；除了…以外。—v.t. mengecualikan dari kenyataan, dsb. 不计；把…除外。

**excepting** prep. kecuali; melainkan. 除…外。

**exception** n. pengecualian. 例外；除外；除去。**take ~ to** bantah. 对…提出异议。

**exceptionable** a. terbuka untuk bantahan atau bangkangan. 可以反对的；会引起抗议的。

**exceptional** a. luar biasa; istimewa. 例外的；特殊的；异常的。**exceptionally** adv. (bersifat) luar biasa; teristimewa. 特别；格外。

**excerpt** n. petikan; kutipan. 摘录；节录；摘要。

**excess** n. lebihan; (pl.) lebihan dalam makanan atau minuman. 超额量；过剩；饮食过量。

**excessive** a. melampau; melebihi. 过度的；过多的；过量的。**excessively** adv. secara melampau. 过度地；过分地。

**exchange** v.t./i. tukar; ganti; berbalas. 交换；调换；交流；兑换。—n. tukaran; penukaran; gantian; penggantian; balasan. 交换物；交换过程；互换品；互换过程；交流；交易；兑换。**exchangeable** a. boleh ditukar atau diganti. 可交换的；可转换的；可兑换的。

**exchequer** n. perbendaharaan; jabatan kewangan negara. 国库；国家财政部。

**excise**[1] n. cukai; eksais. 国产税；消费税。

**excise**[2] v.t. potong. 删去；切除。**excision** n. pemotongan. 删除；切除；切除术。

**excitable** a. mudah seronok; mudah rangsang; mudah ghairah. 易兴奋的；易激动的；敏感的。**excitability** n. perihal mudah terangsang. 兴奋性；敏感性；刺激反应性。

**excitation** n. keadaan menarik atau merangsangkan. 激动；兴奋；激励。

**excite** v.t. seronok; terangsang; membangkitkan. 使兴奋；刺激；激励；鼓励。**excitement** n. keterangsangan; keseronokan. 刺激；兴奋；激昂。

**exclaim** v.t./i. teriak; seru. 惊叫；呼喊；大声说。

**exclamation** n. teriakan; seruan. 惊叫；呼喊；感叹；惊叹。**~ mark** tanda seruan (!). 感叹号(!)。

**exclude** v.t. buang; sisih; singkir; kecualikan; pulaukan. 把…排除在外；排斥；驱除；拒绝；使孤立。**exclusion** n. pembuangan; penyisihan; penyingkiran; pengecualian; pemulauan. 排除；排斥；驱除；拒绝；赶出。

**exclusive** a. eksklusif; tidak terdapat di tempat lain; khusus; khas; mengecualikan yang lain. 别处没有的；独有的；专属的；唯一的；高级的；排外的。**~ of** tidak termasuk. 除；不算；不计。**exclusively** adv. secara eksklusif. 仅仅；专门地；排除其他地。**exclusiveness** n. sifat eksklusif. 独特性；专属性。

**excommunicate** v.t. disingkirkan daripada sesuatu mazhab Kristian. 把…革出教会；开除会籍。**excommunication** n. penyingkiran ini. 革出教会；把某人革出教会的公告。

**excoriate** *v.t.* melelaskan kulit; mengkritik. 剥皮；严厉指责。 **excoriation** *n.* perbuatan ini. 剥皮；严厉指责。

**excrement** *n.* tahi; najis. 排泄；粪便。

**excrescence** *n.* ketumbuhan; tumbuhan lebihan pada pokok atau binatang; tambahan yang hodoh atau buruk. 赘生物；长在动植物上的瘤；赘。

**excreta** *n.pl.* tahi; najis; kumuhan. 汗、尿、粪便等排泄物。

**excrete** *v.t.* mengumuhkan. 排泄；分泌。 **excretion** *n.* kumuhan; pengumuhan. 排泄；排泄物；分泌；分泌物。 **excretory** *a.* berkenaan dengan kumuhan. 排泄的；有排泄功能的。

**excruciating** *a.* perit; sangat sakit. 极痛苦的；难忍受的。

**exculpate** *v.t.* melepaskan; membebaskan daripada tuduhan. 辩白；申明…无罪。 **exculpation** *n.* kelepasan; pembebasan. 开脱；申明无罪；辩明无罪。

**excursion** *n.* lawatan; perjalanan dekat. 游览；短途旅行。

**excursus** *n.* penyimpangan. 离题话。 **excursive** *a.* menyimpang. 离题的；扯开去的。

**excusable** *a.* dapat dimaafkan. 可饶恕的；情有可原的。 **excusably** *adv.* secara yang dapat dimaafkan. 可原谅地；可免除地。

**excuse**[1] *v.t.* memaafkan; mengampunkan; mengizinkan. 原谅；饶恕；免除；宽免。 **excuse**[2] *n.* alasan; dalih; helah. 借口；辩解；理由；托词。

**ex-directory** *a.* sengaja tidak menyenaraikan nama dalam buku panduan telefon. 故意不把名字列入电话簿的；电话簿上找不到的。

**execrable** *a.* teruk; jijik; hodoh. 坏透的；可憎恶的；可怖的；该诅咒的。 **execrably** *adv.* dengan teruk. 极恶劣地；令人憎恶地。

**execrate** *v.t./i.* membenci; menyumpah. 憎恶；诅咒；咒骂。 **execration** *n.* rasa benci. 憎恶；咒骂。

**execute** *v.t.* laksana hukuman mati. 执行死刑；把…处决。 **execution** *n.* pelaksanaan hukuman mati. 处决。 **executant** *n.* pelaksana. 执行死刑者。

**executioner** *n.* algojo; orang yang membunuh orang yang dihukum mati. 死刑执行者；刽子手。

**executive** *n.* pelaksana; pegawai; eksekutif. 执行人员；行政官；高级官员。 —*a.* yang mempunyai kuasa pelaksana. 执行的；有执行权力的；行政上的。

**executor** *n.* pelaksana wasiat. 指定遗嘱执行人。 **executrix** *n. fem.* pelaksana (perempuan). 遗嘱女执行人。

**exegesis** *n.* takwil terutama tentang Kitab Suci.《圣经》的注释；诠释。 **exegetic** *a.* bertakwil. 关于《圣经》的；注释的。 **exegetical** *a.* yang takwil. 注释的；评注的。

**exemplar** *a.* contoh; jenis. 榜样的；范例的；典型的。

**exemplary** *a.* layak diteladani, dicontohi, diikuti atau ditiru; sebagai contoh atau peringatan. 可作楷模的；榜样的；范例的；值得仿效的。

**exemplify** *v.t.* menjadikan teladan atau contoh. 作为…的例证；举例说明。

**exempt** *a.* terkecuali; yang dikecualikan. 被豁免的；被免除的。 —*v.t.* mengecualikan; melepaskan. 豁免；免除。

**exemption** *n.* pengecualian; pelepasan. 豁免；免除。

**exequies** *a.* upacara pengebumian. 葬礼；殡仪；出殡行列。

**exercise** *n.* pelaksanaan; senaman; riadah. 运用；使用；演习；体操；练习。 —*v.t.* laksana; senam; latih; risau. 运用；使用；演习；体操；练习；使烦恼。 **~ book** buku latihan; buku kerja; buku rampaian. 练习本；作业簿；本子。

**exert** *v.t.* guna; upaya; usaha; ikhtiar. 用力；努力；行使职权；设法。 **~ oneself** sedaya upaya; berusaha; berikhtiar bersungguh-sungguh. 努力；尽力；设法；发挥。

**exertion** *n.* kesungguhan; keupayaan; usaha yang bersungguh-sungguh. 努力；尽力。

**exeunt** mereka meninggalkan pentas (sandiwara, drama). 演员的退场。

**exfoliate** *v.i.* terkelupas. 皮肤剥落；表皮脱落。 **exfoliation** *n.* pengelupasan. 剥落。

*ex gratia* sebagai ganti rugi; tanpa ikatan perundangan. 作为优惠的；通融的。

**exhale** *v.t./i.* menghembus nafas. 呼气。

**exhalation** *n.* hembusan nafas. 呼气。

**exhaust** *v.t.* menghabiskan; meletihkan; memenatkan. 用尽；耗尽；使衰竭；使筋疲力尽。 —*n.* hembusan; penghembusan; gas ekzos; hampas; buangan. 排气；废气；排气管。 **exhaustible** *a.* mudah habis. 可耗尽的。

**exhaustion** *n.* kehabisan; keletihan; kepenatan. 用尽；耗尽；枯竭；筋疲力尽。

**exhaustive** *a.* menyeluruh; sedaya upaya. 详尽的；彻底的；使耗尽的。 **exhaustively** *adv.* secara menyeluruh. 彻底地；耗尽全力地。

**exhibit** *v.t.* mempamerkan. 表明；显示；陈列；展览。 —*n.* bahan pameran. 展览品；陈列品。 **exhibitor** *n.* pempamer; orang yang mempamerkan. 展览者。

**exhibition** *n.* pameran; biasiswa. 展出；展览会；奖学金。

**exhibitioner** *n.* pelajar yang mendapat biasiswa. 获奖学金的学生。

**exhibitionism** *n.* ekshibisionisme; kegemaran menonjolkan diri atau berlagak. 表现癖；下体裸露癖。 **exhibitionist** *n.* ekshibisionis; pelagak; orang yang suka berlagak atau menonjolkan diri. 好出风头的人；好自我表现者；有裸阴癖者。

**exhilarate** *v.t.* menggembirakan; meriangkan. 使兴奋；使高兴。 **exhilaration** *n.* kegembiraan; keriangan. 兴奋；高兴。

**exhort** *v.t.* menggesa. 规劝；告诫；激励。 **exhortation** *n.* gesaan. 规劝；告诫；激励。

**exhume** *v.t.* menggali keluar (mayat dari kubur). （从墓内）掘出（尸体）；掘（墓）。 **exhumation** *n.* penggalian keluar mayat. 掘墓；挖坟。

**exigency** *n.* keterdesakan; darurat. 危急关头；紧急状态；事变。

**exigent** *a.* yang mendesak atau darurat; cerewet. 危急的；紧急的；苛求的；要求过多的。

**exiguous** *a.* sangat sedikit. 稀少的；微小的。

**exile** *n.* buangan; usiran; perantauan; orang buangan; perantau. 流亡；流放；充军；流亡者；亡命者；充军者。 —*v.t.* dibuang negeri; diusir. 流放；放逐；充军。

**exist** *v.i.* wujud; ada; terdapat. 存在；有；活着。 **existence** *n.* kewujudan. 存在；存在状态。 **existent** *a.* yang wujud; yang ada. 存在的；现存的；目前的。

**existentialism** *n.* eksistensialisme; falsafah yang mengatakan manusia bebas memilih tindakannya. 存在主义；生存主义。

**exit** *n.* (arahan pentas) meninggalkan pentas. 演员退场。 —*n.* pintu, jalan keluar; peninggalan. 出口；出路；太平门。

**Exocet** *n.* peluru berpandu digunakan terutamanya dalam peperangan di laut. 海战中的导向飞弹。

**exodus** *n.* pemergian atau penghijrahan beramai-ramai. 成群出去；大批离去；移民涌出国外。

**ex officio** kerana jawatan; kerana kedudukan rasminya. 出于职权的；职权上的。

**exonerate** *v.t.* mengumumkan atau membuktikan bahawa seseorang itu tidak bersalah. 宣布某人无罪；使免罪。

**exoneration** *n.* pembebasan daripada tuduhan. 免罪。

**exorbitant** *a.* terlampau (mahal). 价格过高的；收费过高的。

**exorcize** *v.t.* menghalau (hantu); mengusir; menjampi; menyerapah. 驱（邪）；

驱（魔）；祓除；驱除。**exorcism** *n.* penghalauan; pengusiran; jampi; serapah. 驱邪；驱魔；咒语。**excorcist** *n.* bomoh; dukun; pawang; pengusir hantu. 祓魔师；巫师；法师；驱魔员。

**exordium** *n.* bahagian pengenalan ucapan atau perjanjian.（讲话、协约、文章等的）绪言；绪论。

**exotic** *a.* eksotik; dibawa dari luar negeri; luar biasa. 外国来的；异国情调的；异乎寻常的。**exotically** *adv.* secara eksotik atau luar biasa. 异乎寻常地；充满外国风味地。

**expand** *v.t./i.* mengembang; membesar. 膨胀；扩张；扩大；使伸长。**expandable** *a.* boleh kembang. 可膨胀的；可扩张的。**expansion** *n.* pengembangan; perkembangan; pembesaran. 膨胀；扩张；扩大；伸展。

**expanse** *n.* kawasan yang luas. 辽阔的空间。

**expansive** *a.* boleh meluas; boleh membesar; peramah. 易扩张的；膨胀性的；豪爽的；豁达的。**expansiveness** *n.* keluasan; keramahan. 能扩张性；膨胀度；豪爽；率直。

**expatiate** *v.i.* bercakap atau menulis dengan panjang lebar. 详述；细说。

**expatriate** *a.* ekspatria; mastautin di luar negara. 流放国外的；移居国外的。—*n.* orang yang bermastautin di luar negaranya; orang dagang. 流放国外的人；移居国外的人；放弃原国籍的人。

**expect** *v.t.* jangka; harap; kira; fikir. 期待；预料；期望；预期；想；认为。**expecting a baby** hamil; mengandung. 怀孕。

**expectant** *a.* penuh harapan. 期待的；预期的。**~ mother** ibu yang hamil. 孕妇。**expectantly** *adv.* dengan penuh harapan. 期待地；盼望地。**expectancy** *n.* jangkaan; harapan; kiraan. 期待；期望；预期。

**expectation** *n.* jangkaan; harapan; pengharapan; hal yang diharapkan. 期待；期望；厚望；期望的东西。

**expectorant** *n.* ubat pengeluar kahak, dahak atau gelema. 祛痰剂。

**expectorate** *v.i.* meludah; batuk dan meludahkan kahak. 吐痰；吐唾液。**expectoration** *n.* perbuatan mengkahak; kahak. 咳吐；吐痰。

**expedient** *a.* sesuai; seeloknya; manfaat; sepatutnya; cocok; patut walaupun mungkin tidak betul atau adil. 适宜的；适当的；有利的；得当的；权宜的；有手段的。**expediency** *n.* kesesuaian; kepatutan; kecocokan. 适宜；得当；合算；权宜之计。

**expedite** *v.t.* mempercepatkan; melekaskan; menyegerakan. 加快；迅速做好；急送。

**expedition** *n.* perjalanan; pengembaraan; ekspedisi; kecepatan.（为特定目的而作的）旅行；远征探险；考察；迅速。

**expeditionary** *a.* berkenaan pengembaraan, ekspedisi. 探险的；远征的；考察的。

**expeditious** *a.* cepat dan cekap; lekas; segera. 敏捷而有效的；迅速的；急速进行的。**expeditiously** *adv.* dengan cepat dan cekap. 敏捷而有效地。

**expendable** *a.* boleh dikorbankan; boleh dihabiskan; tidak perlu disimpan. 可牺牲的；可耗尽的；可消费的；不值得保存的。

**expenditure** *n.* belanjawan. 开销；支出；经费。

**expense** *n.* belanja; biaya; belanjawan; perbelanjaan; kos; (*pl.*) bayaran balik biaya. 花费；经费；开支；消费；消费额；费用。

**expensive** *a.* mahal. 昂贵的；高价的；奢侈的。**expensively** *adv.* dengan belanja yang banyak. 昂贵地；费用浩大地。**expensiveness** *n.* mahalnya. 昂贵。

**experience** *n.* pengalaman. 经验；经历；体验。—*v.t.* alami; mengalami. 经验；经历；体验；感受。

**experienced** *a.* berpengalaman. 经验丰富的；老练的；熟练的。

**experiment** *n. & v.i.* percubaan; uji kaji; eksperimen; cuba; uji. 实验；试验；做实验；尝试。 **experimentation** *n.* percubaan; pencubaan; pengujikajian. 实验；试验；实验法。

**experimental** *a.* digunakan dalam percubaan; masih diuji. 实验的；实验上的；试验上的。 **experimentally** *adv.* secara percubaan, uji kaji atau eksperimen. 实验上；试验上。

**expert** *n.* pakar; orang yang mahir. 专家；内行；熟手. —*a.* pakar; mahir. 专家的；内行的；老练的。 **expertly** *adv.* dengan mahir. 熟练地；内行地。

**expertise** *n.* kepakaran; kemahiran. 专门知识；专门技能。

**expiate** *v.t.* tebus (dosa). 补偿；赎罪。 **expiation** *n.* penebusan. 赎罪。

**expire** *v.t./i.* menghembuskan; mati; tamat (jangka masa sahnya sesuatu). 吐气；死亡；满期；到期。 **expiration** *n.* hembusan; kematian; perihal selesai; tamat. 满期；届期；终止；死亡；断气。

**expiry** *n.* tamat tempoh. 满期；到期。

**explain** *v.t.* menghuraikan; menjelaskan; menerangkan; memberi sebab-musabab. 解释；说明；注释；解说；剖白。 **explanation** *n.* huraian; penghuraian; penjelasan. 解释；说明；解说。 **explanatory** *a.* keterangan; penjelasan. 解释的；说明的。

**expletive** *n.* makian. 强烈的感叹语；咒骂语。

**explicable** *a.* boleh dihuraikan, dijelaskan. 可解释的；能说明的。

**explicit** *a.* (disebutkan dengan) jelas atau nyata. 明白表示的；明确的；不隐讳的。 **explicity** *adv.* dengan jelas atau nyata. 明白地；明确地；不隐讳地。

**explicitness** *n.* kejelasan; kenyataan. 明晰程度；不含糊；坦率。

**explode** *v.t./i.* meletupkan; meletup; meledakkan; meledak. 爆破；爆炸；使爆炸；爆发；爆裂。 **explosion** *n.* letupan; ledakan; letusan. 爆炸；爆炸声；爆发；爆裂。

**exploit**[1] *n.* perbuatan yang nekad. 功绩；功劳；勋绩。

**exploit**[2] *v.t.* mempergunakan dengan sebaik-baiknya; eksploit; mempergunakan (untuk kepentingan diri sendiri). 开发；开拓；剥削；利用…谋私利。 **exploitation** *n.* penggunaan; pemerasan; eksploitasi. 利用；开发；剥削；非法利用。

**explore** *v.t.* jelajah; teroka. 勘探；探测；测定。 **exploration** *n.* penjelajahan; tinjauan. 勘探；探测；调查。 **exploratory** *a.* berkenaan penjelajahan atau penerokaan. 勘探的；探测的。 **explorer** *n.* penjelajah; peneroka. 探测员；探险者。

**explosive** *a. & n.* (bahan yang) boleh meletup atau meledak; bahan peletup; bahan peledak; bahan peletus. 爆炸性(的)；爆炸(的)；炸药(的)；暴躁(的)；易发作(的)。

**exponent** *n.* pelopor; penganjur. 代表人物；倡导者。

**exponential** *a.* (pertumbuhan) semakin pesat. 指数的。

**export** *v.t.* eksport; menghantar (barangan) ke luar negara untuk jualan. 输出；出口。 —*n.* bahan eksport. 输出品；出口货。 **exportation** *n.* penghantaran; pengeksportan. 输出；出口。 **exporter** *n.* pengeksport. 出口商；输出者。

**expose** *v.t.* mendedahkan; terdedah. 使暴露；曝露；揭发；揭穿。 **exposure** *n.* dedahan; pendedahan. 曝露；曝晒；揭穿；曝光。

**exposition** *n.* pendedahan; penghuraian; penjelasan; eksposisi; pameran besar-besaran. 暴露；曝光；解释；解说；大型展览会；博览会。

**expositor** *n.* orang yang memberi penjelasan. 解释者；解说员。 **expository** *a.* bersifat pendedahan; bersifat penjelasan. 讲解的；说明的。

**expostulate** *v.i.* bantah. 告戒；劝戒。 **expostulation** *n.* bantahan. 告戒；劝戒。

**expound** *v.t.* membentangkan; menghuraikan; menjelaskan dengan terperinci. 为…辩护；详加解释；详细说明。

**express**[1] *a.* nyata; jelas; laju; pantas; ekspres. 明确的；明白表示的；快递的；快速的；专门的。—*adv.* dengan laju atau pantas. 用快递方式；急速地。—*n.* kereta api atau bas yang pantas tanpa berhenti. （火车等）特别快车；直达快车。

**express**[2] *v.t.* mengucapkan; ungkapkan; nyatakan; menjelaskan; tekan atau picit keluar. 表示；表达；表白；榨出；压出。

**expression** *n.* pengucapan; pengungkapan; pernyataan; penjelasan; air muka; lambang; simbol matematik yang melambangkan sesuatu jumlah. 表示；表达；表白；表情；脸色；数学算式。

**expressionism** *n.* ekspresionisme; gaya atau stail lukisan, drama atau muzik yang melambangkan perasaan; bukan objek secara nyata. 艺术的表现主义。 **expressionist** *n.* seniman yang mempunyai gaya; ekspresionisme. 表现主义者；表现派。

**expressive** *a.* yang menunjukkan; penuh perasaan. 表示的；表现的；富于表情的。 **expressively** *adv.* dengan penuh perasaan. 表情十足地。

**expressly** *adv.* dengan nyata; untuk tujuan yang khusus. 明白地；清楚地；特意地；专门地。

**expropriate** *v.t.* ekspropriasi; merampas (harta). 征用；没收（土地）；剥夺（所有权等）。 **expropriation** *n.* perampasan. 土地的征用或没收。

**expulsion** *n.* pembuangan; penyingkiran. 逐出；驱逐；开除。

**expunge** *v.t.* buang; padam; menghapuskan. 除去；拭去；涂抹；消灭。

**expurgate** *v.t.* tapis (bahan yang tidak sesuai daripada sesebuah buku, dsb.). 删去（书籍的不妥之处）。 **expurgation** *n.* penapisan. 删改。

**exquisite** *a.* indah; sangat elok. 精致的；精巧的；优美的。 **exquisitely** *adv.* dengan cara yang indah atau elok. 精致地；优美地。

**exserviceman** *n.* (pl. *-men*) lelaki bekas perajurit; lelaki bekas ahli tentera. 退役军人；复员军人。

**extant** *a.* masih ada; masih wujud. 现存的；尚存的。

**extempore** *a.* & *adv.* spontan; tanpa persiapan. 即席（的）；当场（的）；无准备。 **extemporaneous** *a.*, **extemporary** *a.* secara spontan; tanpa persediaan. 即席的；当场的。

**extemporize** *v.t./i.* berucap secara spontan. 即席发言。 **extemporization** *n.* cara yang spontan. 即席作成。

**extend** *v.t./i.* sambung; tambah; tokok; panjangkan; menghulurkan; tawarkan. 伸展；延长；扩充；扩展；延续；给予；提供；赠送。

**extendible, extensible** *adjs.* yang boleh disambung, ditambah atau dipanjangkan. 可伸长的；可延长的；可扩张的。

**extension** *n.* sambungan; tambahan; tokokan. 延续部分；增建部分；延长线。

**extensive** *a.* luas; meluas. 广阔的；广大的；范围广泛的。 **extensively** *adv.* dengan meluas; berleluasa. 广大地；范围广泛地。

**extensor** *n.* otot yang meluruskan bahagian tubuh. 伸张肌。

**extent** *n.* keluasan; takat; had. 广度；宽度；界限；限度；程度。

**extenuate** *v.t.* meringankan; mengecilkan (sesuatu kesalahan dengan memberi alasan). 掩饰（坏事）；（找借口来）减轻罪行。 **extenuation** *n.* peringanan; pengecilan. 减轻；降低；减弱。

**exterior** *a.* luar. 外面的；外部的；外表的。—*n.* bahagian luar; apa yang dapat dilihat. 外部；外面；可见部分。

**exterminate** *v.t.* menghapuskan semua; memusnahkan; membinasakan. 灭绝；扑灭；消灭；根除。 **extermination** *n.* penghapusan semua; pemusnahan; pembinasaan. 灭绝；扑灭；消灭；根除。

**external** *a.* luaran; dari luar. 外部的；外面的；表面上的。 **externally** *adv.* secara luaran. 外表上；外观上。

**extinct** *a.* padam; mati; hapus; punah; pupus. 已熄灭的；灭绝的；已消灭的；废止的；失效的。

**extinction** *n.* penghapusan; kepunahan; kepupusan. 熄灭；消灭；灭绝；废除；绝种。

**extinguish** *v.t.* padam (api, dsb.); mematikan. 灭火；消灭；灭绝；废除。

**extinguisher** *n.* pemadam api; alat berisi cecair kimia atau busa untuk memadamkan api. 熄灭者；灭火器；熄灯帽。

**extirpate** *v.t.* menghapuskan. 根除（恶习）；破除（异端邪说）；摘除（肿瘤）。 **extirpation** *n.* penghapusan. 根除；破除；摘除。

**extol** *v.t.* (*p.t. extolled*) puji; sanjung. 颂扬；赞美。

**extort** *v.t.* memeras. 敲诈；勒索；强取。

**extortion** *n.* pemerasan; peras ugut. 敲诈；勒索。

**extortionate** *a.* terlampau (mahal); sangat tinggi (harganya). 过分昂贵的；勒索的。

**extra** *a.* lebih. 额外的；附加的。 —*adv.* melebihi. 格外；特别地。 —*n.* lebihan; tambahan; pelakon tambahan. 额外的东西；额外人手；临时演员。

**extract**[1] *v.t.* cabut; rentap; perah. 抽出；拔出；拉出；榨出；提取。 **extractor** *n.* pencabut; perentap; pemerah. 提取者；抽出器；脱水机；榨取机。

**extract**[2] *n.* bahan cabutan atau perahan; petikan. 提出物；抽出物；榨汁；精华。

**extraction** *n.* cabutan; rentapan; perahan; zuriat; keturunan. 提取；抽出；榨取；血统；世系。

**extractive** *a.* yang mengambil galian dari bumi. 自地下采掘的；耗取自然资源的。

**extraditable** *a.* perlu atau terpaksa diserah balik. 可引渡的。

**extradite** *v.t.* menyerah balik; menyerahkan atau mendapatkan (orang yang tertuduh) untuk dihakimi dan dihukum di negara tempat jenayah itu dilakukan. 遣回；引渡（罪犯、逃犯）。 **extradition** *n.* penyerahan balik. 引渡。

**extramarital** *a.* luar nikah; berkenaan dengan hubungan jantina di luar nikah. 婚外的；私通的；通奸的。

**extramural** *a.* luar; ekstramural; untuk penuntut yang bukan pemastautin atau ahli sesebuah universiti. 在界线外的；在城市边界以外的；供大学校外的人修读的。

**extraneous** *a.* luaran; terkeluar; terasing; berasal dari luar; tidak berkait dengan hal yang dibincangkan. 体外的；外部的；异常的；外来的；离题的；支节的。 **extraneously** *adv.* secara luaran. 体外地；外来地。

**extraordinary** *a.* luar biasa; ganjil; amat tidak diduga; amat istimewa; tidak seperti yang biasa. 非常的；异常的；特别的；破例的。 **extraordinarily** *adv.* secara luar biasa; dengan ganjil. 特别地；破例地。

**extrapolate** *v.t./i.* membuat penentuan luar; mengekstrapolasi; membuat anggaran berdasarkan data yang tersedia. 推断；推论；外推。 **extrapolation** *n.* penentuluaran; ekstrapolasi. 推断；外推法。

**extrasensory** *a.* luar indera; dicapai melalui sesuatu cara yang lain daripada menggunakan deria biasa. 超感官的；超感觉的。

**extraterrestrial** *a.* di luar atau dari luar bumi atau ruang angkasa bumi. 地球外的；宇宙的。

**extravagant** *a.* boros; membazir; berlebih-lebihan; berbelanja atau menggunakan

**extravaganza**

lebih daripada yang perlu; melampaui tahap yang munasabah. 奢侈的；浪费的；铺张的；挥霍无度的；放肆的；越轨的。 **extravagantly** *adv.* secara boros; dengan membazir atau melampau. 奢侈地；挥霍地；过分地；放肆地。

**extravagance** *n.* keborosan; pembaziran. 奢侈；浪费；挥霍。

**extravaganza** *n.* ekstravaganza; gubahan yang penuh daya khayal; persembahan (pentas) atau filem yang dibuat dengan biaya yang besar. 狂妄的言行；狂曲；幻想曲；(戏剧、电影等)铺张华丽的表演。

**extreme** *a.* melampau; ekstrim; tersangat runcing atau berat; bertindak atau berpendapat secara keterlaluan. 极度的；在末端的；极端的；过激的。 —*n.* hujung; akhir; tahap atau tindakan atau keadaan yang melampau. 末端；极点；极端的手段或措施。 **extremely** *adv.* tersangat; terlalu; terlampau. 极端地；非常地；极其。

**extremist** *n.* pelampau; orang yang mempunyai pendapat keterlaluan, terutama sekali dalam politik. 极端主义者；(政治等) 意见偏激者。 **extremism** *n.* fahaman yang keterlaluan. 极端主义；偏激主义。

**extremity** *n.* keterlaluan; titik paling hujung; akhir; keperluan atau bahaya, dll. yang melampaui batas; (*pl.*) tangan dan kaki. 极限；极点；末端；绝境；极端手段；手足。

**extricable** *a.* boleh keluar; boleh lepas; boleh bebas. 可解脱的；可免除的；可救出的。

**extricate** *v.t.* mengeluarkan; melepaskan; membebaskan, mengeluarkan atau melepaskan daripada kekusutan atau kesusahan, dll. 使脱出；使解脱；解救；使摆脱困境。 **extrication** *n.* pengeluaran; pelepasan; pembebasan. 救出；脱出；解脱。

**extrinsic** *a.* ekstrinsik; bukan intrinsik; tidak berkaitan. 非本质的；非固有的；外来的；体外的。 **extrinsically** *adv.* secara ekstrinsik. 非本质地；外来地。

**extrovert** *n.* penunjuk; ekstrovert; orang yang lincah dan peramah. 性格外向的人；好社交的人；平易近人者。 **extroversion** *n.* sikap ekstrovert. 外向性。

**extrude** *v.t.* menyemperit; menyembul; tersembul atau terpicit keluar. 挤出；使伸出；挤压出。 **extrusion** *n.* penyemperitan; penonjolan; penyembulan. 压制；压制品；突出；喷出；喷出物。

**extrusive** *a.* tertonjol; tersembul. 挤出的；压出的；突出的；喷出的。

**exuberant** *a.* riang; girang; penuh semangat; rimbun; membesar dengan subur. 兴高采烈的；活力充沛的；茂盛的；繁茂的；丰富的。 **exuberantly** *adv.* dengan riang; dengan bersemangat; dengan subur. 兴高采烈地；生气勃勃地；茂盛地。 **exuberance** *n.* keriangan; kegirangan; kesuburan. 活力充沛；生气勃勃；茂盛；繁茂。

**exude** *v.t./i.* memancut; mengalir keluar seperti peluh atau bau. 渗出；(汗)缓慢流出；(气味)散发。 **exudation** *n.* pancutan; pemancutan; pengaliran keluar. 渗出物；渗出；流出液；缓慢流出。

**exult** *v.t.* bergembira; berasa amat girang. 欣喜；雀跃；狂喜。 **exultant** *a.* sangat suka; sangat gembira; sangat girang. 十分喜悦的；雀跃的；欢腾的。 **exultation** *n.* kegembiraan; kegirangan; kesukaan. 狂喜；欢腾；欢欣鼓舞。

**eye** *n.* mata; organ penglihatan; iris pada mata; kawasan keliling mata; kuasa melihat; benda seperti mata; tompok; lubang. 眼睛；虹膜；眼帘；眼眶；眼圈；视力；鉴赏力；眼状物 (如针眼等)；眼状斑点；孔。 —*v.t.* (*p.t.* eyed, *pres.p.* eyeing) lihat; perhati. 看；观察；注视。 **~-liner** *n.* celak; alat solek yang digunakan untuk membuat garis keliling mata. (化妆用的) 眼线膏。 **~-opener** *n.* pelindung mata; pencelik; penyedar; sesuatu yang menimbulkan kesedaran atau kehairanan. 有启发作用的事物；令人大开眼界的事物或经历。**~shade** *n.* pelindung mata; alat untuk melindungi mata daripada cahaya yang kuat. 遮光眼罩。**~shadow** *n.* pembayang mata; alat solek yang digunakan di kelopak mata. 眼睑膏。**~tooth** *n.* gigi taring (atas, betul-betul di bawah mata). 上尖牙；上犬齿。

**eyeball** *n.* biji mata; bola mata. 眼球；眼珠。

**eyebrow** *a.* bulu kening; alis. 眉；眉毛。

**eyeful** *n.* daya tarik; menarik; sesuatu yang dilontar atau dihembus masuk ke dalam mata; (*colloq.*) menarik. 引人注目的东西；完全看到或饱览的事物；(对自己好奇的东西) 仔细地看。

**eyelash** *n.* bulu mata. 睫毛。

**eyeless** *a.* tanpa mata; buta. 无眼的；瞎的；盲目的。

**eyelet** *n.* lelubang; lubang kecil; relang penguat bibir lubang kecil. 圆孔眼；小孔；带眼；镶孔金属环。

**eyelid** *n.* kelopak mata. 眼睑；眼皮。

**eyepiece** *n.* kanta mata; lensa tempat peletak mata dalam teleskop atau mikroskop. 望远镜、显微镜等光学器仪中置于眼端的目镜。

**eyesight** *n.* penglihatan. 视力；目力；视野；视界。

**eyesore** *n.* jelik; menyakitkan pandangan; benda yang menjolok mata (penglihatan); benda hodoh. 丑陋的东西；刺眼的东西；煞风景的事物；令人憎厌的东西。

**eyewash** *n.*(*sl.*) pencuci mata; karut; pelindung; selindungan; kata-kata atau perbuatan yang bertujuan memberikan gambaran yang elok. 洗眼药水；空话；吹牛；表面文章；虚假的借口。

**eyewitness** *n.* saksi. 目击者；见证人。

**eyrie** *n.* sarang burung pemangsa: sarang helang; rumah, pondok, dsb. yang terletak di tempat tinggi. 猛禽的巢；鹰巢；高山上的房屋。

# F

**F** *abbr.* **Fahrenheit** darjah suhu Fahrenheit. (缩写) 华氏温度计。

**fable** *n.* fabel; dongeng; cerita tamsilan. 神话；童话；寓言；传说。**fabled** *a.* menjadi legenda. 传说中的；神话中的。

**fabric** *n.* fabrik; kain; rangka (bangunan). 织物；织品；布；建筑物结构。

**fabricate** *v.t.* membina; membuat; mereka (cerita, dsb.) 建造；制作；编造故事；捏造谎言。**fabrication** *n.* perbuatan mereka-reka cerita. 编造；捏造。**fabricator** *n.* pereka cerita. 撒谎者；捏造者。

**fabulous** *a.* tidak terperi; (*colloq.*) hebat; menakjubkan; menghairankan. 无法形容的；难以置信的；极好的；惊人的；传奇式的。**fabulously** *adv.* secara menakjubkan; dengan hebat. 神话般地；难以置信地；非常地。**fabulosity** *n.* kehebatan. 惊人的性质。

**facade** *n.* muka (bangunan); zahirnya. 建筑物的正面；表面；外貌。

**face** *n.* muka; wajah; rupa; paras. 面孔；面貌；样子；表面；外观。—*v.t.* memalingkan muka ke arah; menghadap. 面

向;面对;正视事实;面临。**~flannel** *n.* tuala muka. 洗脸毛巾。**~lift** *n.* bedah untuk menegangkan kulit muka. 整容术。**~pack** *n.* pupur muka. 美容洁肤膏。

**faceless** *a.* tidak dikenali; tanpa identiti. 没脸面的;缺乏鲜明个性的;不露面的。

**facer** *n.* tamparan. (拳击的)面部打击。

**facet** *n.* segi (muka permata); sudut; aspek. (宝石等的)小平面;刻面;平圆面。

**facetious** *a.* melawak; berseloroh. 好开玩笑的;诙谐的。**facetiously** *adv.* secara berseloroh. 诙谐地;开玩笑地。**facetiousness** *n.* berseloroh; sifat suka melawak atau berseloroh. 诙谐;好开玩笑。

**facia** *n.* papan pemuka; plat yang bertulis nama kedai, dsb. (木材、石料制的)扁长平面;汽车仪表板;店门上的招牌。

**facial** *a.* berkenaan dengan muka; muka 的;表面的。—*n.* rawatan kecantikan muka. 美容;面部按摩。

**facile** *a.* mudah; senang; enteng; cetek. 容易的;易做到的;轻易的;轻率的;浅薄的。

**facilitate** *v.t.* memudahkan; menyenangkan. 使更容易;使便利;促成。**facilitation** *n.* pemudahan. 简便化;促进;助长。

**facility** *n.* kemudahan. 设备;设施;便利;装置;器材。

**facing** *n.* lapik; litupan yang diperbuat daripada pelbagai bahan. 饰面;覆盖面;敷面物;墙面。

**facsimile** *n.* faksimile; salinan tepat. 传真;摹本。

**fact** *n.* hakikat; kenyataan; fakta. 事实;实情;真相;论据;现实。 **in ~** pada hakikatnya; malahan. 其实;事实上;实际上。

**faction** *n.* kaum; puak; kumpulan kecil dalam kelompok yang lebih besar. 派别;宗派;小集团。

**factitious** *a.* dibuat-buat; dibuat untuk tujuan khusus; buatan. 装扮的;人工的;做作的。

**factor** *n.* faktor; perkara yang menghasilkan sesuatu; nombor yang boleh dibahagikan daripada sesuatu nombor. 要素;因素;经纪人;因子;因数。**factorial** *a.* faktoran; faktorial. 代理商的;因数的。

**factorize** *v.t.* memfaktorkan nombor. 把…化为因子。**factorization** *n.* pemfaktoran. 因子分解。

**factory** *n.* kilang. 工厂;制造厂。

**factotum** *n.* orang gaji; orang suruhan. 杂役;总管;仆人。

**factual** *a.* berdasarkan hakikat atau fakta. 真实的;根据事实的。**factually** *adv.* pada hakikatnya. 事实上;真实地。

**faculty** *n.* daya; fakulti (universiti); keizinan yang diberikan oleh pihak berkuasa sesuatu mazhab Kristian. 才能;官能;机能;权能;大学的院或系;全院系教职员;(主教等对听取忏悔等的)特许。

**fad** *n.* kegemaran; ikutan (fesyen, dsb.) pada sesuatu waktu. 一时的风尚;狂热;五分钟热度。**faddish** *a.* suka meniru-niru. 喜欢赶时髦的;一时流行的。

**faddy** *a.* cerewet, terutama tentang makanan. 口味与众不同的;爱新奇的。**faddiness** *n.* sikap cerewet. 过分挑食。

**fade** *v.t./i.* pudar; layu; luntur; beransur hilang. 褪色;失去光泽;枯谢;憔悴;渐渐消失。**fadeless** *a.* tidak luntur. 不褪色的;不凋谢的。

**faeces** *n.pl.* tahi. 粪便;排泄物。

**fag** *v.t./i.* (*p.t.* fagged) bertungkus-lumus; penat; meletihkan. 拼命劳动;疲劳;使劳累。—*n.* kerja yang meletihkan; (*sl.*) rokok. 苦差;累活;烟头。

**fagged** *a.* letih; penat; lesu. 疲劳的;筋疲力尽的;磨损的。

**faggot** *n.* berkas; ikat; ketulan hati yang dibakar atau digoreng. 柴把；柴捆；束；捆；丸状肝灌肠；烤肝片。

**Fahrenheit** *a.* Fahrenheit; tentang skala suhu yang mempunyai takat beku pada 32° dan takat didih pada 212°. 华氏温度计的（冰点为32°，沸点为212°）。

**faience** *n.* tembikar (yang licin berkilat dan berwarna). 彩釉陶器。

**fail** *v.t./i.* gagal; kandas. 失败；不及格；不中目标。—*n.* kegagalan. 失败；不及格；失误。

**failing** *n.* kelemahan; kekurangan. 缺点；弱点；短处。—*prep.* jika tidak; kalau tidak. 如果没有；如果失败。

**failure** *n.* kegagalan; orang yang gagal. 失败；不及格；失败者；不及格者。

**fain** *adv.* (*old use*) dengan rela. 愿意地；不得不地。

**faint** *a.* (*-er, -est*) sayup; lemah; samar. 模糊的；微弱的；软弱无力的；不清楚的；隐约的。—*v.i.* pengsan; pitam. 昏厥；晕倒；昏迷。—*n.* keadaan lemah. 昏厥；不省人事。 **~-hearted** *a.* penakut; pengecut. 懦弱的；怯懦的。

**faintly** *adv.* dengan lemah; sayup-sayup. 衰弱地；模糊地；微弱地。 **faintness** *n.* kesayupan; kelemahan; kesamaran. 模糊；微弱；软弱无力；隐约。

**fair**[1] *n.* pesta ria; pesta; pameran. 定期集市；义卖市场；展览会；商品交易会。**~-ground** *n.* tapak pesta. 集市场地；露天商品展览会场地。

**fair**[2] *a.* (*-er, -est*) cerah (warna); cantik; baik (cuaca); saksama; adil; patut; munasabah. (颜色)清的；皮肤白皙的；头发金色的；美丽的；女性的；晴朗的；可能准确的；公平的；公正的；合理的。 **~ play** peluang yang sama untuk semua; keadilan. 按规则进行的比赛；公正处理；公平待遇。

**fairing** *n.* struktur tambahan luaran kapal atau kapal terbang untuk menjadikannya lebih bergaris arus. (船、飞机等的)减阻装置；整流片。

**Fair Isle** pakaian dari benang bulu yang dikait dengan pelbagai corak warna. 费尔岛的杂色图案毛线针织品。

**fairly** *adv.* dengan saksama; dengan patut; munasabah. 公正地；正当地；合法地。

**fairway** *n.* terusan (yang boleh dilayari perahu, kapal); bahagian padang golf yang pamah. 航路；水路；高尔夫球场的平坦球道。

**fairy** *n.* pari-pari; peri; orang bunian. 仙女；仙子；小妖精。 **~ godmother** penderma; pembiaya (perempuan) yang membiaya seseorang. 救星；恩人；孩童的教母或保护人。 **~ lights** lampu-lampu kecil berderet yang digunakan sebagai hiasan. 户外装饰用的彩色小灯。 **~ story, ~ tale** cerita peri; cerita dongeng. 童话；神话。

**fairyland** *n.* kayangan; keinderaan; tempat yang sangat indah. 仙界；仙境；奇境。

*fait accompli* fait accompli; sesuatu yang sudah dilakukan dan tidak boleh diubah lagi. 既成事实；无可争辩的事。

**faith** *n.* iman; kepercayaan; keyakinan; kesetiaan; ketaatan; kepatuhan; kejujuran; keikhlasan. 信念；信心；诚意；忠义；信仰；真诚；约定。 **~-cure** *n.,* **~-healing** *n.* penyembuhan secara berdoa (perbomohan). (靠祈祷等治病的)信仰疗法。 **~-healer** *n.* bomoh; pawang; dukun. 实行信仰疗法的人；巫师；术士。

**faithful** *a.* setia; tepat; boleh dipercayai. 忠诚的；如实的；可信赖的。 **faithfully** *adv.* benar-benar; betul-betul. 忠诚地；忠实地；如实地。 **faithfulness** *n.* kesetiaan; kebolehpercayaan; ketepatan. 忠诚；忠实；可信赖。

**fake** *n.* sesuatu yang palsu; penipu. 假货；赝品；骗子；冒充者。—*a.* palsu; tipu. 冒牌的；骗人的。—*v.t.* meniru; pura-pura. 伪造；捏造；假装。 **faker** *n.* pemalsu. 骗子；卖假货的小贩。

**fakir** *n.* fakir; orang yang bergantung hidup pada sedekah. 苦行者；托钵僧。

**falcon** *n.* falko; sejenis helang kecil. 隼；猎鹰。**falconry** *n.* usaha membela dan melatih burung helang. 猎鹰训练术。

**falconer** *n.* pembela dan pelatih burung helang. 猎鹰训练员。

**fall** *v.i.* (p.t. *fell,* p.p. *fallen*) jatuh; gugur; mati; gugur dalam medan perjuangan. 跌落；倒下；脱落；降落；下沉；灭亡；崩溃；阵亡。—*n.* jatuhnya; kejatuhan; (*A.S.*) musim luruh; (*pl.*) air terjun. 落下；跌落；堕落；（美语）秋天；瀑布。**the Fall (of man)** penyingkiran Adam dan Hawa dari syurga kerana dosa mereka. 亚当与夏娃因犯罪而受到的惩罚；人类的堕落。**~ back on** berundur; mengambil sesuatu jalan keluar atau penyelesaian. 撤退；后退；求助于。**~ for** (*colloq.*) jatuh cinta; tertipu. 爱上；迷恋；上当。**~ in** masuk berbaris (tentera); arahan ini. （军队）集合；集合令。**~ in with** bertembung; terjumpa; setuju. 偶尔遇到；碰见；同意。**~ off** mengurang; menurun. 下降；减退。**~ out** kelahi; keluar dari barisan (tentera); arahan ini. 争吵；闹翻；离队；解散（军队）。**~ short** kurang; tidak mencukupi. 不足；缺乏；达不到。**~ through** gagal; tidak jadi. 失败；成为泡影。**~ to** mulai makan; bertelingkah; bekerja. 开始用餐；争吵；着手。

**fallacious** *a.* salah; berdasarkan asas yang salah; mengelirukan. 谬误的；虚妄的；使人误解的。

**fallacy** *n.* salah anggapan; falasi; taakulan yang salah. 谬误；谬论；谬见。

**fallible** *a.* boleh silap. 易犯错误的；难免有错误的。**fallibility** *n.* kebolehan (kemungkinan) membuat kesilapan. 易犯错误。

**Fallopian tube** *n.* salur atau tiub Fallopio dari ovari ke rahim. 输卵管。

**fallout** *n.* guguran bahan radioaktif bawaan udara. 微粒回降；（核爆炸后大气层中的）放射性尘埃。

**fallow**[1] *a.* terbiar (tanah). 土地犁过而未耕种的；休耕的。—*n.* tanah terbiar. 休耕地。

**fallow**[2] *a.* **~ deer** rusa berwarna kuning kecoklat-coklatan pucat. 梅花鹿；黇鹿。

**false** *a.* silap; salah; palsu; bohong;curang. 错误的；不对的；虚假的；不真实的。**falsely** *adv.* dengan palsu; dengan dusta. 虚假地；欺骗地。**falseness** *n.* kesilapan; kesalahan; kepalsuan; kecurangan. 错误；虚伪；欺骗。

**falsehood** *n.* kepalsuan; pembohongan. 虚伪；虚妄；撒谎。

**falsetto** *n.* nyaring (suara lelaki); nada suara yang tinggi daripada biasa; suara palsu. 男声的假音；上次中音。

**falsify** *v.t.* memalsukan; memberi gambaran salah. 伪造；窜改；歪曲。**falsification** *n.* pemalsuan. 伪造；窜改；歪曲。

**falsity** *n.* kepalsuan; pembohongan. 虚伪；不真实；谎言。

**falter** *v.i.* teragak-agak; terhenti-henti; terhuyung-hayang. 摇晃；声音颤抖；蹒跚。

**fame** *n.* kemasyhuran; nama baik. 名声；名望；声誉。

**famed** *a.* masyhur; terkenal. 有名的；著名的。

**familial** *a.* tentang keluarga. 家庭的；家族的。

**familiar** *a.* biasa; lazim; tahu benar; rapat. 常见的；通常的；熟悉的；通晓的；亲密的；亲切的。**familiarly** *adv.* biasanya; lazimnya; selalunya. 常见地；熟悉地；亲密地。**familiarity** *n.* kekariban; kemesraan; hubungan yang rapat. 熟谙；亲昵；狎昵的举动。

**familiarize** *v.t.* membiasakan; melazimkan. 使熟悉；使习惯。**familiarization** *n.* pembiasaan; perihal membiasakan diri. （使自己）随俗；熟悉。

**family** *n.* keluarga; sanak saudara; famili; kaum kerabat. 家庭；家属；家族；氏族。

**famine** *n.* kebuluran; kelaparan. 饥荒；极度缺乏。

**famished, famishing** *adjs.* kebuluran; sangat lapar. 饥饿的；饿坏的。

**famous** *a.* masyhur; terkenal; (*colloq.*) bagus betul. 有名的；出名的；著名的；第一流的。**famously** *adv.* (*colloq.*) dengan sangat baik. 极好地。

**fan**[1] *n.* kipas. 扇子；风扇；电扇。—*v.t.* (p.t. *fanned*) kipas; mengipas. 搧（扇子）；搧动（空气）。**~belt** tali kipas; tali pemutar kipas yang menyejukkan enjin kereta. 汽车风扇皮带。

**fan**[2] *n.* peminat. 狂热爱好者；球迷；影迷。**~ mail** surat-surat daripada peminat. 写给偶像的信；仰慕者来信。

**fanatic** *n.* pelampau; orang yang keterlaluan; orang fanatik. 狂热者；入迷者；盲信者。**fanatical** *a.* melampau; terlalu; amat; fanatik. 狂热的；入迷的；盲信的。**fanatically** *adv.* secara melampau; terlalu atau amat; secara fanatik. 狂热地；入迷地；盲信地。

**fanaticism** *n.* keterlaluan; kefanatikan; ketaksuban. 狂热；入迷；盲信。

**fancier** *n.* orang yang suka akan binatang atau tanaman. 玩赏宠物或植物的人；玩赏家。

**fanciful** *a.* khayalan; aneh; fantasi; aneka ragam. 富于幻想的；想像力丰富的；怪诞的；花哨的。**fancifully** *adv.* secara khayalan atau fantasi. 爱空想地；异想天开地。

**fancy** *n.* khayalan; bayangan; angan-angan; rekaan; hasrat; kegemaran. 幻想；空想；梦幻；想像；设想；一时的爱好。—*a.* banyak hiasan; istimewa; beraneka ragam; beraneka warna. 有装饰的；别出心裁的；花式的；杂色的。—*v.t.* bayangkan; angankan; (*colloq.*) gemar; suka. 想像；幻想；爱慕；喜欢。**~ dress** pakaian beraneka ragam. 化装服。

**fandango** *n.* (pl. *-oes*) sejenis tarian Sepanyol. 西班牙的方丹戈舞。

**fanfare** *n.* keadaan riuh-rendah dengan bunyi trompet. 响亮的喇叭吹奏曲。

**fang** *n.* taring; siung. 犬牙；毒牙。

**fanlight** *n.* tingkap kecil atas pintu atau atas tingkap besar (untuk kemasukan cahaya). 风扇窗；楣窗。

**fantasia** *n.* gubahan muzik, dsb. yang berbentuk fantasi atau khayalan. 幻想曲。

**fantasize** *v.i.* mengkhayalkan; berangan-angan. 幻想；梦想。

**fantastic** *a.* ganjil; aneh; bersifat khayalan; (*colloq.*) hebat. 奇异的；古怪的；异想天开的；空想的；难以相信的。**fantastically** *adv.* dengan hebat. 难以相信地。

**fantasy** *n.* khayalan; angan-angan; fantasi. 幻想；怪念头；幻象；幻想曲。

**far** *adv.* jauh. 远；遥远地。—*a.* jauh. 远的；遥远的。**Far East** Timur Jauh; negara di Asia Timur dan Tenggara. 远东。**~-fetched** *a.* jauh daripada kenyataan; tidak mungkin; hampir mustahil. 牵强的；未必会的；靠不住的。

**farad** *n.* farad; unit kemuatan (kapasitans). 法拉（电容单位）。

**farce** *n.* farsa; lelucon; lawak jenaka; sandiwara. 闹剧；笑剧；滑稽；滑稽剧。**farcical** *a.* (bersifat) melucukan. 闹剧的；滑稽的。**farcically** *adv.* dengan cara yang melucukan. 可笑地；闹剧式地。

**fare** *n.* tambang; penumpang; makanan yang disediakan. 车费；船费；运费；乘客；伙食。—*v.i.* berada dalam sesuatu keadaan; mendapat sesuatu layanan atau pengalaman; mencapai (sesuatu matlamat); maju; maju jaya. 处于（好、坏等）处境；受招待；进展；过得好。

**farewell** *int.* & *n.* selamat tinggal; selamat jalan; perpisahan. 再见；再会；一路平安；告别；欢送会。

**farinaceous** *a.* berkanji. 含淀粉的；淀粉制的。

**farm** *n.* ladang; kebun; rumah ladang. 农场；农庄；农家；饲养场；畜牧场。—*v.t./i.* berladang; berkebun; bertani;

**berternak.** 开农场；耕作；耕种；务农；饲养家畜。 **~ out** bahagi-bahagikan kerja atau tugas. 分配工作；租出。

**farmer** *n.* peladang; pekebun; petani; penternak. 农场主；农夫；农民；牧场主；畜牧者。

**farmhouse** *n.* rumah ladang; rumah peladang yang didirikan di ladangnya. 农家；农舍。

**farmstead** *n.* ladang; kebun dan bangunan-bangunan di dalamnya. 农场及周围建筑物。

**farmyard** *n.* kawasan ladang atau kebun. 农家庭院。

**faro** *n.* permainan daun terup. 菲罗（一种纸牌游戏）。

**farrago** *n.* kecamukan; keadaan bercampur aduk. 混杂物；混杂；拼凑。

**farrier** *n.* tukang atau pemasang ladam kuda. 钉马蹄铁的铁匠。

**farrow** *v.i.* melahirkan anak khinzir. 产一胎猪崽。—*n.* kelahiran anak khinzir; seperinduk anak khinzir. 猪下仔；一胎猪仔。

**farther** *adv. & a.* lebih jauh; yang lebih jauh. 更远地（的）；进一步（的）；在更大的程度或范围内（的）。

**farthest** *adv. & a.* terjauh; yang terjauh. 最远（的）；在最大程度或范围内（的）。

**farthing** *n.* duit syiling Inggeris (lama) bernilai suku peni. 法寻（英国旧铜币，值四分之一便士）。

**fascicle** *n.* fasikel; sebahagian daripada sebuah buku yang diterbitkan berperingkat-peringkat. （丛书的）一卷；（书刊的）分册。

**fascinate** *v.t.* terpesona; mempesona; pikat; memikat; terpukau; terpegun; tertawan; menawan. 迷住；使神魂颠倒；迷惑；强烈地吸引住。 **fascination** *n.* (keadaan) terpesona atau terpukau; pesonaan; tarikan. 迷恋；神魂颠倒；迷惑力；魅力。 **fascinator** *n.* pemikat; penawan. 迷人者；迷人的女人；迷人的东西。

**fascism** *n.* fahaman Fasis; sistem pemerintahan diktator pelampau (sayap kanan). 法西斯主义。 **fascist** *n.* penganut fahaman Fasis. 法西斯主义者。

**fashion** *n.* gaya; cara; fesyen. 风格；方式；时髦；风气；潮流。—*v.t.* membentuk. 形成；造成。

**fashionable** *a.* bergaya; mengikut fesyen; digunakan oleh orang yang bergaya. 时髦的；合乎潮流的；流行的；高尚的。 **fashionably** *adv.* dengan penuh bergaya. 时髦地；合乎潮流地。

**fast**[1] *a.* (*-er, -est*) pantas; deras; laju; cepat; suka berfoya-foya; kukuh; teguh. 迅速的；急速的；快的；动作敏捷的；生活放荡的；紧的；牢的。—*adv.* dengan pantas atau cepat; dengan teguh; dengan berfoya-foya. 迅速地；敏捷地；放荡地；紧紧地；牢固地。 **~ food** makanan segera. 快餐；速食。

**fast**[2] *v.i.* berpuasa. 禁食；斋戒。—*n.* puasa. 禁食；斋戒。

**fasten** *v.t./i.* melekatkan; mengetatkan; mengukuhkan; melekat; mengetat; mengukuh; meneguh. 贴牢；拴住；贴紧；扣紧；抓牢；使坚固。

**fastener, fastening** *ns.* alat pelekat, pengetat, pengukuh atau peneguh; kancing. 扣拴物；塞子；扣件；钮扣。

**fastidious** *a.* bersifat pemilih (yang baik sahaja); cerewet. 精挑细选的；爱挑剔的；吹毛求疵的。 **fastidiously** *adv.* dengan memilih atau cerewet. 苛求地；吹毛求疵地。 **fastidiousness** *n.* kecerewetan. 吹毛求疵。

**fastness** *n.* kepantasan; kederasan; kecepatan; kelajuan; keteguhan; kekukuhan; kubu. 迅速；敏捷；坚固；牢固；不褪色性；要塞；堡垒。

**fat** *n.* lemak. 脂肪；肥肉；油脂。—*a.* (*fatter, fattest*) gemuk; tambun; subur; tebal; kembung; menguntungkan. 肥胖的；肥大的；丰满的；厚的；肥沃的；饱满的；优厚的；收益多的。 **~-head** *n.* (*sl.*) bahlul; orang dungu atau bodoh. 呆子；

**fatal** 笨蛋；傻瓜。**a ~ lot** (*sl.*) sangat sedikit. 很少。**fatness** *n.* kegemukan; kesuburan; ketebalan. 肥胖；肥沃；丰满；优厚。

**fatal** *a.* yang membawa maut. 致命的；决定命运的。**fatally** *adv.* dengan cara yang membawa maut; sudah ditakdirkan. 致命地；命中注定地。

**fatalist** *n.* orang yang berserah kepada nasib atau takdir. 宿命论者。**fatalism** *n.* fatalisme; fahaman qadariah; fahaman bahawa kehidupan manusia ditentukan oleh nasib atau takdir. 宿命论。**fatalistic** *a.* fatalistik; bersifat qadariah. 宿命的；宿命论的。

**fatality** *n.* kematian (dalam malapetaka, perang, dsb.). （灾难、战争中的）死亡者；死亡事故；致命性；天数。

**fate** *n.* qadar; takdir; nasib; untung nasib. 天命；天意；命运；运气。

**fated** *a.* sudah ditakdirkan; sudah nasib. 命中注定的；注定要毁灭的。

**fateful** *a.* (kecelakaan) yang sudah ditakdirkan. （不幸等）注定的；（事件等）决定命运的。

**father** *n.* bapa; ayah; abah; gelaran untuk paderi. 父亲；爸爸；爹；神父。**the Father** Tuhan (Kristian). 圣父；上帝。— *v.t.* menjadi bapa kepada seseorang; pelopori. 做…父亲；创作；创立。**~-in-law** *n.* (pl. *-in-law*) bapa mentua. 岳父；公公；家翁。**fatherhood** *n.* kebapaan; keayahan. 父性；父权；父亲的身分或资格。**fatherly** *a.* bersikap seperti seorang bapa; (seorang) bapa. 父亲的；父亲般的；慈祥的。

**fatherland** *n.* negara sendiri; tanah air; tanah tumpah darah. 祖国。

**fatherless** *a.* yatim; tanpa ayah atau bapa. 没有父亲的；生父不明的。

**fathom** *n.* fatom; ukuran kedalaman air (kira-kira 1.8 meter). 英寻（英制测量水深的长度单位，合1.8米左右）。— *v.t.* menyelami; ukuran dalamnya sesuatu; cari sebab-musabab. 测（水深）；推测；探索。

**fatigue** *n.* keletihan; kepenatan; kelesuan; kelemahan dalam logam akibat tegasan; fatig; tugas bukan ketenteraan untuk askar. 疲劳；劳累；软弱无力；金属经多次击打后的软化；器官疲劳；兵士做的非军事性工作。 —*v.t.* meletihkan; memenatkan; melesukan; melemahkan. 使累；使疲乏；把（金属材料）软化；使（兵士）担任杂役。

**fatstock** *n.* ternakan yang digemukkan untuk disembelih. 准备上市的肉畜；养肥供食用的禽畜。

**fatten** *v.t./i.* menggemukkan; menyuburkan. 养肥；使肥满；使肥沃。

**fatty** *a.* seperti lemak; berlemak. 肥胖的；多脂肪的；油腻的。—*n.* (*colloq.*) si gemuk; orang gemuk. 胖子；肥胖的人。

**fatuity** *n.* kebodohan; kedunguan; kata-kata yang bodoh. 愚昧；昏庸；愚蠢的话。

**fatuous** *a.* bodoh; dungu. 愚昧的；昏庸的。**fatuously** *adv.* secara bodoh atau dungu. 愚昧地；昏庸地。**fatuousness** *n.* kebodohan; kedunguan. 愚昧；昏庸。

**fatwa** *n.* fatwa; keputusan tentang sesuatu hukum dalam agama Islam. 伊斯兰教的法律裁决；判决。

**faucet** *n.* pili; kepala paip. 水管；水龙头。

**fault** *n.* kesilapan; kesalahan; kerosakan; gelinciran; sesar atau keretakan memanjang (dalam lapisan batu); servis batal (dalam permainan seperti badminton, tenis). 错误；过失；罪过；缺陷；毛病；误差；地面断层；（羽毛球、网球等）发球失误。—*v.t.* mencari kesalahan; merosakkan. 挑剔；找…的缺点；出差错；弄错。**at ~** bersalah. 出错。

**faultless** *a.* tanpa cacat cela; tanpa silap atau salah. 毫无缺点的；无瑕疵的；毫无过失的。**faultlessly** *adv.* dengan tanpa cacat cela. 完美无缺地；无瑕疵地。**faultlessness** *n.* keadaan tanpa cacat cela. 完美；无瑕疵。

**faulty** *a.* (*-ier, -iest*) rosak; bercacat; salah atau silap; tidak betul. 有缺点的;有瑕疵的;有过失的;有错误的。**faultily** *adv.* secara silap atau salah. 有过失地;不完善地。**faultiness** *n.* kerosakan; kecacatan; kesilapan. 缺点;过错;毛病。

**faun** *n.* dewa desa Latin yang berkaki kambing dan bertanduk. 罗马神话中有山羊腿和山羊角的农牧神。

**fauna** *n.pl.* fauna; segala binatang yang hidup dalam sesuatu wilayah atau zaman. (总称) 某区域或时代的动物。

**faux pas** (pl. *faux pas*) kesilapan (ucapan atau perbuatan) yang mencelakan atau memalukan. 违反习俗礼节的语言或举动。

**favour** *n.* pertolongan; bantuan; anggapan baik; pilih kasih; memihak; lencana (penyokongan). 照顾;庇护;恩惠;偏爱;偏袒;徽章。—*v.t.* menolong; menyokong; memihak; menyerupai; mirip. 照顾;庇护;偏袒;宠爱;像;类似。

**favourable** *a.* baik; menyokong; menguntungkan; berfaedah. 良好的;赞成的;有利的;好意的;起促进作用的。

**favourably** *adv.* secara yang baik, menyokong, menguntungkan atau berfaedah. 良好地;赞成地;有利地;起促进作用地。

**favourite** *a.* kesayangan; kegemaran. 受宠的;中意的;心爱的。—*n.* sesuatu yang menjadi kesayangan; pilihan ramai. 亲信;宠儿;受欢迎的人或物。

**favouritism** *n.* pilih kasih; pemihakan. 偏爱;偏袒;徇私。

**fawn**[1] *n.* anak rusa (yang berumur kurang daripada setahun); warna perang kekuningan. (一岁以下的) 小鹿;淡黄褐色。—*a.* berwarna perang kekuningan. 淡黄褐色的。

**fawn**[2] *v.i.* (anjing) manja; ampu (seseorang untuk sesuatu kepentingan). (狗等) 摇尾乞怜;讨好;奉承。

**fax** *n.* faksimile; penghantaran mesej secara elektronik. 传真。

**fay** *n.* (puisi) pari-pari. 仙女;小妖精。

**faze** *v.t.* (*colloq.*) membingungkan; merisaukan; membimbangkan; mengganggu. 使混乱;使担忧;使为难;打扰。

**fealty** *n.* kesetiaan; ketaatan. 忠心;忠诚。

**fear** *n.* ketakutan; takwa. 恐惧;畏惧;敬畏。—*v.t./i.* menakutkan; gentar; takut kepada (Tuhan). 害怕;担忧;敬畏。

**fearful** *a.* takut; yang menakutkan; (*colloq.*) teruk. 害怕的;吓人的;可怕的;厉害的;非常的。**fearfully** *adv.* dengan ketakutan. 胆怯地;可怕地。

**fearless** *a.* tanpa takut; tiada ketakutan; berani. 大胆的;无畏的;勇敢的。**fearlessly** *adv.* secara berani. 无畏地;勇敢地。**fearlessness** *n.* ketiadaan rasa takut; keberanian. 大胆;无畏;勇敢。

**fearsome** *a.* yang menakutkan, mengerikan atau menyeramkan. 可怕的;吓人的;毛骨悚然的。

**feasible** *a.* boleh laksana; munasabah. 行得通的;可实行的;有理的;适宜的。**feasibly** *adv.* boleh dilaksanakan. 可实行地;合理地。**feasibility** *n.* kebolehlaksanaan; kemunasabahan. 可行性;可能性;适宜性。

**feast** *n.* kenduri; jamuan makan. 宴会;筵席;酒席;宗教节日;祝典。—*v.t./i.* berjamu; menjamu. 设宴;摆筵席;赴宴。

**feat** *n.* pencapaian yang hebat. 功绩;功业;绝技。

**feather** *n.* bulu burung, ayam, dll.; bulu lembut pada kaki kuda atau anjing. 羽毛;马或狗等脚部的丛毛。—*v.t.* dilitupi bulu. 长羽毛;成羽毛状。**~bed** *v.t.* memudahkan keadaan kewangan. 资助津贴。**~brained** *a.* bodoh. 愚蠢的。**~ one's nest** memperkaya diri sendiri. 自肥;营私。**feathery** *a.* penuh bulu; ringan. 生羽毛的;轻软的。

**featherweight** *n.* satu kelas ringan (57 kg) dalam sukan tinju; orang atau benda ringan. 次轻级拳击手(体重57公斤以下); 轻微的人或物。

**feature** *n.* wajah; iras; sifat; ciri; rencana; filem cetera. 五官; 容貌; 面貌; 特征; 特别报导; 故事片。—*v.t.* memberi keutamaan; menonjolkan. 使有特色; 以…作为号召; 给予显要地位。

**febrile** *a.* febril; berkenaan demam. 热病的; 发病的。

**February** *n.* Februari; bulan kedua dalam setahun. 二月。

**feckless** *a.* tidak cekap dan tidak bertanggungjawab; lembap. 无能力的; 不负责任的; 不中用的。**fecklessness** *n.* sifat yang lembap. 不中用; 无用。

**fecund** *a.* subur. 丰饶的; 多产的。**fecundity** *n.* kesuburan. 富饶; 多产; 繁殖力。

**fecundate** *v.t.* subur; baja. 使丰饶; 使肥沃; 使受孕。**fecundation** *n.* kesuburan. 施肥作用; 受孕作用。

**fed** *lihat* **feed**. 见 **feed**。—*a.* ~ **up** (*colloq.*) marah; radang; bosan. 不满的; 抱怨的; 厌倦的。

**federal** *a.* persekutuan; berkenaan dengan sistem negeri-negeri yang bersatu di bawah satu kuasa pusat. 联合的; 联盟的; 联邦制的。**federally** *adv.* mengikut sistem persekutuan. 依联邦制; 联邦制地。**federalism** *n.* federalisme; fahaman persekutuan. 联邦制; 联邦主义。**federalist** *n.* penyokong federalisme. 联邦主义拥护者。

**federalize** *v.t.* menjadikan persekutuan. 使结成联邦。**federalization** *n.* penyekutuan. 联盟; 联邦化。

**federate** *v.t./i.* bersekutu; mempersekutukan. 结成同盟; 结成联邦。—*a.* bersekutu. 同盟的; 联邦的。**federative** *a.* bersekutu. 联盟的; 联邦的; 联合的。

**federation** *n.* persekutuan. 联合邦; 联盟; 联邦政府。

**fedora** *n.* topi lembut. 浅顶软呢男帽。

**fee** *n.* yuran; bayaran. 会费; 入场费; 手续费; 服务费; 酬金。

**feeble** *a.* (*-er, -est*) lemah; tidak berdaya. 衰弱的; 无力的; 虚弱的。~ **minded** *a.* lemah fikiran. 意志薄弱的; 低能的。**feebly** *adv.* dengan lemah; dengan tidak berdaya. 衰弱地; 无力地。**feebleness** *n.* kelemahan; keadaan tidak berdaya. 衰弱; 虚弱。

**feed** *v.t./i.* (*p.t. fed*) memberi makan; memberikan sebagai makanan; (tentang binatang) makan; membekal; menghantar bola (kepada pemain) dalam permainan bola sepak, dll. 喂; 给…饮食; 饲养; 使吃草; (给机器等)进料; 提供(信息、伴奏等); 传球给队友。—*n.* makanan; penyalur bahan kepada mesin. 饲料; 送料; 机器的送料管。

**feedback** *n.* maklum balas. 反应; 反馈的信息。

**feeder** *n.* botol susu berputing; alat penyuap; cabang (sungai, jalan kereta api) yang masuk ke sistem utama atau pusat. 奶瓶; 喂食者; 供应者; 支流; 铁路支线。

**feel** *v.t./i.* (*p.t. felt*) berasa; merasa. 感觉; 感知; 觉得。—*n.* rasa. 感觉; 感受。~ **like** rasa ingin. 想要; 感到好似…。

**feeler** *n.* sesungut. 触角; 触须; 试探手段。~ **gauge** pengukur sela atau ruang sempit. 厚薄规。

**feeling** *n.* perasaan; deria rasa; pendapat. 感觉; 感触; 心情; 感受; 感想; 看法。

**feet** *lihat* **foot**. 见 **foot**。

**feign** *v.t.* berpura-pura. 假装; 捏造; 虚构。

**feint** *n.* acahan; serangan untuk mengalihkan perhatian. 诈攻; 佯击; 声东击西。—*v.i.* mengacah. 诈攻; 佯击。—*a.* (garisan) samar atau kabur. (线)虚的; 不鲜明的。

**feldspar** *n.* feldspar; galian putih atau merah mengandungi silikat. 长石。

**felicitate** *v.t.* mengucapkan tahniah. 祝贺; 庆贺; 庆祝。**felicitation** *n.* pengucapan tahniah. 祝贺; 庆贺; 庆祝。

**felicitous** *a.* sesuai; cocok; kena; padan. 适当的；善于措词的；得体的；贴切的。 **felicitously** *adv.* dengan sesuai. 谈吐得体地。

**felicity** *n.* kebahagiaan; gaya yang menawan. 幸福；快乐；得体的语言或表现。

**feline** *a.* berkenaan kucing; seperti kucing. 猫的；猫科的；似猫的。—*n.* felin; binatang keluarga kucing. 猫科动物。

**fell**[1] *n.* bidang tanah berbukit. 山冈；丘陵地带。

**fell**[2] *a.* kejam. 残暴的；凶猛的。 **at one ~ swoop** dengan satu tindakan kejam. 一举；一下子。

**fell**[3] *v.t.* menebang; merebahkan; menumbangkan. 砍倒；弄倒；打倒；击倒。

**fell**[4] *lihat* **fall**. 见 **fall**。

**felloe** *n.* lingkaran luar roda. 轮辋；车轮外围。

**fellow** *n.* rakan; sahabat; sesuatu yang serupa dengan yang lain; ahli badan ilmiah; (*colloq.*) lelaki; budak lelaki. 同伴；同僚；同事；同类；大学研究生；小伙子；家伙；男朋友。 **~ traveller** orang bukan komunis yang bersimpati dengan cita-cita komunis. 同情者（尤指赞同共产党纲领的非共产党员）。

**fellowship** *n.* persahabatan; persatuan; ahli persatuan; keahlian dalam badan ilmiah. 伙伴关系；协会；联谊会；基督教团契；会员籍。

**felon** *n.* penjenayah besar. 重罪犯。

**felony** *n.* (*old use*) feloni; jenayah besar. 重罪。 **felonious** *a.* berkaitan dengan feloni. 有重罪的；重罪犯的。

**felt**[1] *n.* kain jalinan; sakhlat; lakan. 毛毡；毛织品；呢绒。—*v.t./i.* membuat atau menjadikan tenunan; menutup dengan sakhlat. 把…制成毡；用毛毡覆盖。

**felt**[2] *lihat* **feel**. 见 **feel**。

**female** *a.* & *n.* perempuan; wanita; betina. 女人；女性；雌性。

**feminine** *a.* seperti perempuan, wanita atau betina. 妇女似的；女性的；雌性的。—*n.* perkataan feminin. 女性用语。 **femininity** *n.* keperempuanan; kewanitaan. 女性；女子气质。

**feminist** *n.* penyokong gerakan kewanitaan yang menuntut kesamaan hak dengan lelaki. 男女平等主义者；女权运动者。

**feminism** *n.* feminisme; fahaman kewanitaan. 男女平等主义；女权运动。

**femur** *n.* femur; tulang paha. 股骨；腿。

**femoral** *a.* berkaitan dengan femur. 大腿的；股骨的。

**fen** *n.* paya; rawa. 沼泽；沼地。 **fenny** *a.* berpaya. 沼泽性的；沼泽多的。

**fence** *n.* pagar; pembeli barang curian untuk dijual kembali. 栅栏；篱笆；买卖贼赃的人。—*v.t./i.* memagari; bermain pedang. 把…用栅栏围住；拦开；隔开；击剑。 **fencer** *n.* pemain pedang. 剑术师；击剑家。

**fencing** *n.* pagar; bahan pagaran; seni bermain pedang. 栅栏；篱笆；筑栅栏的材料；击剑；剑术。

**fend** *v.t./i.* ~ **for** menyara. 扶养。 **~ off** menangkis; mengadang. 挡开；架开；避开。

**fender** *n.* pengadang perapian; dapra; alas geselan yang digantung pada kapal (seperti tayar, dsb.). 火炉围栏；船上的防撞物或缓冲装置。

**fennel** *n.* adas; sejenis tumbuhan berbau wangi. 茴香。

**feral** *a.* liar; jalang. 野生的；野蛮的；未驯服的。

**ferment**[1] *v.t./i.* menapai; galak dengan keseronokan; ghairah. 发酵；使激动；煽起；骚动。

**ferment**[2] *n.* tapaian; penapaian; keseronokan; keghairahan. 酵素；发酵；激动；动乱；骚动。

**fermentation** *n.* penapaian; perubahan kimia disebabkan oleh bahan organik, menghasilkan buih dan haba. 发酵作用。

**fern** *n.* paku-pakis. 蕨；蕨类植物。 **ferny** *a.* berpaku-pakis; ditumbuhi paku-pakis. 蕨的；像蕨的；多蕨的。

**ferocious** *a.* bengis; garang; ganas. 凶恶的;凶猛的;残暴的。 **ferociously** *adv.* dengan bengis, garang atau buas. 凶恶地;凶猛地;残暴地。 **ferocity** *n.* kebengisan; kegarangan; keganasan. 凶恶;凶猛;残暴。

**ferret** *n.* feret; sejenis binatang kecil seakan-akan memerang. 雪貂;白鼬。 —*v.t./i.* (p.t. *ferreted*) mencari; menggeledah. 搜索;侦查。 ~ **out** jumpa selepas mencari atau menggeledah. 搜出;刺探秘密。

**ferric, ferrous** *adjs.* yang mengandungi ferik atau ferum (besi). 铁的;含铁的。

**Ferris wheel** *n.* roda Ferris; roda menegak yang besar mengandungi bangku-bangku untuk orang duduk dalam pesta ria, dsb. 游乐场的摩天飞轮游戏。

**ferroconcrete** *n.* konkrit yang diperkukuhkan (dengan rangka besi atau keluli). 钢筋混凝土。

**ferrule** *n.* simpai atau tukup logam di hujung kayu atau tiub.（手杖、木柄等顶端的）金属箍;金属包头。

**ferry** *v.t.* mengangkut; membawa belayar. 渡运;运送;运输。 —*n.* feri; tempat (pangkalan) feri; perkhidmatan feri. 渡轮;渡口;渡运服务。

**fertile** *a.* subur; berdaya cipta. 肥沃的;富饶的;多产的;有繁殖力的。 **fertility** *n.* kesuburan. 肥沃;土地生产力。

**fertilize** *v.t.* menyuburkan; membaja; mendebungakan; mensenyawakan. 使肥沃;使多产;施肥于;使受精;使受胎。

**fertilization** *n.* penyuburan; pembajaan; pendebungaan; pensenyawaan. 肥沃;施肥;受精作用;受胎作用。

**fertilizer** *n.* baja. 肥料。

**fervent** *a.* membara; bersungguh-sungguh; bersemangat. 炽热的;热诚的;热情的;强烈的。 **fervently** *adv.* dengan bersemangat; bersungguh-sungguh. 热情地;热诚地。

**fervid** *a.* membara; bersemangat. 炽热的;热情的;热诚的。 **fervidly** *adv.* dengan bersemangat. 热情地。

**fervour** *n.* kesungguhan; keghairahan; penuh semangat. 热情;强烈的感情;激情。

**festal** *a.* berkaitan dengan pesta; meriah. 节日的;喜庆的;欢乐的。

**fester** *v.t./i.* meracuni; membarah. 溃烂;恶化;化脓。

**festival** *n.* pesta; perayaan. 节日;喜庆日;庆祝日;纪念活动日。

**festive** *a.* ria; meriah; bersifat kepestaan atau perayaan. 欢乐的;喜庆的;节日似的。

**festivity** *n.* temasya; kemeriahan; berpesta. 庆典;欢庆;喜庆;节日。

**festoon** *n.* juntaian bunga-bunga atau reben. 花彩;垂花雕饰。 —*v.t.* dihias dengan hiasan berangkai. 给…饰花彩;结彩于。

**fetch** *v.t.* ambil; jemput; perolehi. 拿来;请来;接去;卖得;使发生。 ~ **up** sampai; tiba. 到达;收回;引起;结束。

**fetching** *a.* menarik; menawan. 吸引人的;迷人的;动人的。

**fête** *n.* pesta; hiburan atau jualan di luar bangunan, terutama untuk tujuan amal. 节日;喜庆日;游园会。 —*v.t.* berpesta meraikan kejayaan. 盛宴款待;设宴庆祝。

**fetid** *a.* busuk. 发臭的;腐臭的。

**fetish** *n.* fetisy; bahan yang disembah; objek pemujaan. 物神;迷信物;偶像。

**fetlock** *n.* keting kuda; bahagian kaki kuda atas dari kukunya. 距毛。

**fetter** *n.* belenggu. 脚镣。 —*v.t.* membelenggu. 上脚镣。

**fettle** *n.* keadaan baik. 情况极佳;身强力壮。

**feu** *n.* (*Sc.*) pajakan kekal. 永久租借权。 —*v.t.* (*Sc.*) geran (tanah). 准许永久租借。

**feud** *n.* permusuhan; persengketaan. 世仇;长期不和。 —*v.i.* bermusuhan; bersengketa. 世代结仇;长期斗争。

**feudal** *a.* feudal; berkenaan sistem feudal. 封建的;封建制度的。**~ system** sistem feudal; sistem pemegangan tanah dengan bekerja untuk tuan punya tanah. 封建制度。**feudalism** *n.* feudalisme; sistem feudal. 封建主义;封建制度。

**fever** *n.* penyakit demam. 发烧;发热。**fevered** *a.* panas; meracau. 发热的;高度兴奋的。**feverish** *a.* (menunjukkan tanda-tanda) demam; menggila. 发烧的;兴奋的;狂热的。**feverishly** *adv.* bagai hendak gila. 极度兴奋地;狂热地。

**few** *a. & n.* sedikit; beberapa. 很少(的);少数(的);几乎没有(的)。**a ~** sedikit. 几个;两三个。**a good ~**, **quite a ~** (*colloq.*) agak banyak juga. 许多;相当多。**fewness** kesedikitan. 少;少数。

**fey** *a.* ganjil; tidak berpijak di alam nyata; (*Sc.*) meramal. 古怪的;非现世的;(苏格兰)有神视力的。**feyness** *n.* keganjilan. 古怪;非现世。

**fez** *n.* (pl. *fezzes*) tarbus; kopiah tinggi berwarna merah. 土耳其帽。

**fiancé** *n.* tunang (lelaki). 未婚夫。**fiancée** *n. fem.* tunang (perempuan). 未婚妻。

**fiasco** *n.*(pl. *-os*) gagal sama sekali. 完全失败;彻底失败;惨败。

**fiat** *n.* arahan; titah; perintah. 命令;谕令;许可。

**fib** *n.* dusta; pembohongan kecil. 小谎;无伤大雅的谎话。**fibbing** *n.* pengucapan dusta; pembohongan. 撒小谎。**fibber** *n.* pembohong; pendusta. 撒谎者。

**fibre** *n.* serabut; gentian; serat; talian seperti sabut; keutuhan watak. 纤维;纤维质;纤维制品;性格;骨气。**~ optics** optik gentian; penghantaran maklumat melalui isyarat infra merah sepanjang gentian kaca yang nipis. 纤维光学。**fibrous** *a.* berserabut; berserat. 含纤维的;纤维质的。

**fibreboard** *n.* papan gentian; papan daripada bahan berserabut yang dimampatkan. 纤维板。

**fibreglass** *n.* kaca gentian; kain yang diperbuat daripada gentian kaca; plastik yang mengandungi kaca gentian. 玻璃纤维;玻璃棉。

**fibril** *n.* fibril; serat kecil. 小纤维;原纤维。

**fibroid** *a.* mengandung tisu berserat. 纤维性的;纤维状的。—*n.* tumor tidak berbahaya pada tisu berserat. 纤维瘤。

**fibrositis** *n.* fibrositis; sakit tisu; sakit urat. 纤维织炎。

**fibula** *n.* (pl. *-lae*) fibula; tulang betis. 腓骨。

**fiche** *n.* mikrofis. 缩微索引卡片;缩微胶片。

**fickle** *a.* berubah-ubah; tidak tetap. 易变的;无常的;不坚定的。**fickleness** *n.* ketidaktetapan. 易变;无恒;轻浮。

**fiction** *n.* fiksyen; cereka; cerita rekaan. 小说;杜撰;虚构的文学作品。**fictional** *a.* bersifat fiksyen. 小说的;虚构的。

**fictitious** *a.* rekaan; khayalan; tidak benar.虚构的;想象的;编造的;假定的。

**fiddle** *n.* (*colloq.*) biola, (*sl.*) penipuan. 提琴;欺骗行为。—*v.t./i.* menggesek biola; memain-mainkan sesuatu; (*sl.*) tipu. 拉提琴;胡乱摸弄;伪造帐目。**fiddler** *n.* penggesek biola. 小提琴手。

**fiddlestick** *n.* karut; sesuatu yang karut. 无聊事。

**fiddling** *a.* remeh(-temeh). 无足轻重的;微不足道的;无益的。

**fiddly** *a.* (*colloq.*) renyah. 微小而难对付的;累人的。

**fidelity** *n.* kesetiaan; ketaatan; ketepatan. 忠贞;忠诚;忠实;精确。

**fidget** *v.t./i.* (p.t. *fidgeted*) meresah; menggelisah. 烦躁;坐立不安。—*n.* orang yang resah; keresahan; kegelisahan. 烦躁不安的人;烦躁;坐立不安。

**fidgety** *a.* resah; gelisah. 烦躁的;坐立不安的。

**fiduciary** *a.* fidusiari; disimpan di bawah amanah. 信用的;信托的。—*n.* pemegang amanah. 受托人;被信托者。

**fief** *n.* tanah yang dimiliki di bawah sistem feudal; domain. (封建制度下的)采邑;封地。

**field** *n.* padang; lapangan. 广场;土地;田地;牧场;原野;旷野;战场。—*v.t./i.* bersedia menangkap atau menahan (bola); menurunkan pemain. 接球或守球;派上场比赛。**~-day** *n.* hari yang banyak kegiatan. 有重要活动的日子;体育比赛日。**~ events** acara padang; pertandingan atletik selain perlumbaan. 田径赛。**~ glasses** *n.pl.* binokular; teropong kembar. 双筒望远镜。**Field Marshal** fil marsyal; pangkat tertinggi pegawai tentera darat. 陆军元帅。

**fielder** *n.* pelontar bola; pemadang; pasukan yang bukan gilirannya memukul bola. (棒球、板球的)外场员;外野手;守队队员。

**fieldsman** *n.* (pl. *-men*) pelontar bola. (棒球、板球的)外场员;外野手。

**fieldwork** *n.* kerja lapangan; kerja amali di luar pejabat. 实地考察工作;现场调查工作。**fieldworker** *n.* pekerja lapangan. 实地考察工作者;现场调查工作者。

**fiend** *n.* iblis; syaitan; pelesit; pengacau. 魔鬼;撒旦;恶魔般的人;恶毒的人。**fiendish** *a.* seperti iblis. 恶魔似的;残酷的。

**fierce** *a.* (-*iier*, -*est*) garang; bengis; bersemangat. 凶猛的;残忍的;精力旺盛的。**fiercely** *adv.* dengan garang; dengan bengis. 凶猛地;残忍地。**fierceness** *n.* kegarangan; kebengisan. 凶猛;残忍。

**fiery** *a.* (-*ier*, -*iest*) berapi. 火的;火焰的;火红的。

**fiesta** *n.* pesta; keramaian. 宗教节日;喜庆日;假日。

**fife** *n.* faif; seruling kecil yang nyaring bunyinya. 横笛。

**fifteen** *a. & n.* lima belas. 十五(的);十五个(的)。**fifteenth** *a. & n.* kelima belas. 第十五(的);第十五个(的);十五分之一(的)。

**fifth** *a. & n.* kelima. 五(的);五个(的)。**~ column** sayap kelima; pertubuhan yang bekerja untuk pihak musuh (dalam negara yang sedang berperang.) 第五纵队(敌方派入的间谍或内奸)。**fifthly** *adv.* yang kelimanya. 第五。

**fifty** *a. & n.* lima puluh. 五十(的);五十个(的)。**~-fifty** *a. & adv.* separuh-separuh; sama banyak. 扯平;各半;相等。**fiftieth** *a. & n.* kelima puluh. 第五十(的)。

**fig** *n.* ara; pokok berdaun lebar; buah ara; buah tin. 无花果。

**fight** *v.t./i.* (p.t. *fought*) lawan; tanding; gaduh; juang; bertumbuk. 打架;搏斗;争夺;战斗;格斗;进行拳击。—*n.* perlawanan; pertandingan; pergaduhan; perjuangan. 打架;搏斗;争夺;战斗;格斗。**~ shy of** mengelakkan diri. 避开;回避。

**fighter** *n.* pelawan; pejuang. 好斗的人;战士;奋斗者。

**figment** *n.* khayalan. 虚构;虚构的事物。

**figurative** *a.* kias; ibarat. (表达方法)修饰多的;形容的;比喻的。**figuratively** *adv.* dengan berkias; secara kiasan. 比喻性地;象征性地。

**figure** *n.* bentuk; rajah; angka; perangkaan; (pl.) kira-kira. 形状;外形;外观;图形;样子;数字;数值;算术。—*v.t./i.* melukis bentuk atau rajah; mencongak; menganggar; menggambarkan. 用图形表示;用形象、比喻表现;计算;估计;推测;描写。**~ of speech** kiasan. 修辞手法;修辞格;比喻。

**figured** *a.* dengan corak yang ditenun. 有花纹的;用图形表示的。

**figurehead** *n.* ukiran imej pada haluan kapal; boneka; pemimpin yang kurang kuasa. 船头雕饰；傀儡；有名无实的首领。

**figurine** *n.* patung kecil. 小人像。

**filament** *n.* filamen; wayar halus yang menghasilkan cahaya elektrik. 细丝；丝状体；灯丝。

**filbert** *n.* isi kekeras hazel; kacang hazel. 榛果实。

**filch** *v.t.* curi. 偷窃。

**file**[1] *n.* kikir. 锉刀。—*v.t.* mengikir. 锉；磨炼品性。

**file**[2] *n.* barisan; fail (bekas untuk menyimpan kertas, dsb.). 行列；纵列；文件夹档案。—*v.t./i.* memfailkan; merekodkan; berbaris. 依次序订存；编档保存；排成纵队。

**filial** *a.* (kewajipan) yang dituntut daripada anak. 孝顺的。**filially** *adv.* secara kewajipan terhadap ibu bapa. 孝顺地。

**filibuster** *v.i.* dolak-dalik, pelambat atau penghalang (pelulusan undang-undang) dengan berucap panjang lebar. 以冗长演说来阻碍议案通过。—*n.* ucapan penghalang. 蓄意妨碍会议的冗长发言；妨碍会议的行为。

**filigree** *n.* filigri; kerawang logam. 金银细丝工艺；金银花边细工。

**filings** *n.pl.* habuk kikiran. 锉屑。

**fill** *v.t./i.* mengisi; memenuhi; penuh; sendat. 填空；装满；充满；塞满；充实。—*n.* sepenuh; puas. 足以填满某物之量；足以满足食量或欲望的东西。~ **in** penuhkan; (*colloq.*) memberitahu; menggantikan. 装满；填充；填写；向…提供最新消息；临时补缺；暂代。~ **out** membesarkan; menjadi besar. 使扩张；使膨胀；使充实；长胖。~ **up** menjadi penuh. 装满；填满。

**filler** *n.* likatan; pengisi. 填充物；填料；装填者。

**fillet** *n.* filet; ketul ikan atau daging yang tidak bertulang. 不带骨的鱼片；肉排。—*v.t.* (*p.t. filleted*) membuang tulang. 把(肉、鱼等)切片。**filleter** *n.* pelaku di atas. 切鱼片(肉排等)的人。

**filling** *n.* tampalan (gigi); isi; inti. 补牙用的材料；填料；糕点的馅。**~-station** stesen minyak. 加油站。

**fillip** *n.* libasan dengan sebatang jari; dorongan. 弹指；轻弹；刺激。

**filly** *n.* anak kuda betina. 小母马。

**film** *n.* filem. 影片。—*v.t./i.* memfilemkan; seluputi dengan bahan tipis. 拍电影；以薄物覆盖。~ **star** bintang filem. 电影明星。**~-strip** *n.* jalur filem. 幻灯胶片。

**filmy** *a.* tipis membayang. 薄膜的；蒙薄雾的；朦胧的。

**filter** *n.* penuras; penyaring. 滤器；滤纸。—*v.t./i.* turas; saring; menyaring. 过滤；滤除；透过。**~-bed** *n.* tangki atau takungan untuk menuras cecair. 滤床；滤层。~ **tip** rokok bertapis; rokok yang mempunyai penapis di bahagian pangkalnya. 香烟的过滤嘴。

**filth** *n.* kotoran; kelucahan. 污物；猥亵语。**filthy** *a.* cemar; kotor. 污秽的；猥亵的；道德败坏的。**filthily** *adv.* dengan kotor. 污秽地；猥亵地；道德败坏地。**filthiness** *n.* kekotoran; kekejian; kelucahan. 污秽；猥亵；道德败坏。

**filtrate** *n.* saringan; cecair turasan. 过滤；渗入。—*v.t./i.* saring; turas. 过滤；渗入。**filtration** *n.* penyaringan; penurasan. 过滤作用；渗入作用。

**fin** *n.* sirip (ikan dan kapal terbang). (鱼、飞机的) 翅；尾翼；鳍；鳍状物。

**finagle** *v.t./i.* (*colloq.*) berkelakuan tidak jujur; mendapatkan secara tipu helah. 用计骗得；诈取。

**final** *a.* akhir; tamat; muktamad. 最后的；最终的；决定性的。—*n.* pusingan akhir pertandingan; (*pl.*) peperiksaan akhir. 决赛；结局；期终考试；大考。**finally** *adv.* akhirnya. 最后；最终。

**finale** *n.* finale; akhiran; bahagian terakhir. 结尾；收尾；终曲。

**finalist** *n.* peserta akhir. 决赛选手。

**finality** *n.* keakhiran; muktamad. 结尾；定局；最后的事物。

**finalize** *v.t.* mengakhiri; mengakhirkan; menyelesaikan. 完成；落实；定案。**finalization** *n.* pengakhiran; penyelesaian. 落实；完成；最后决定。

**finance** *n.* kewangan; biaya. 财政；金融；财源。—*v.t.* biayai. 供资金给；筹措资金。**financial** *a.* (berkenaan) kewangan. 财政上的；金融上的；财务上的。**financially** *adv.* dari segi kewangan. 财政上；金融上；财务上。

**financier** *n.* pembiaya; ahli kewangan. 财政家；金融家；资本家。

**finch** *n.* burung cakar; sejenis burung yang kecil. 雀科鸣鸟。

**find** *v.t./i.* (p.t. *found*) dapat; jumpa; jumpai; temu; temui; peroleh; perolehi. 找到；寻获；看到；发现；得到；发觉；觉得。—*n.* jumpaan; temuan. 发现；发现物；拾得物；被发掘的人才。~ **out** cari; dapatkan. 发现；找出；揭发。**finder** *n.* pencari; penemu. 发现者；探测器；寻找机。

**fine**[1] *n.* denda (wang). 罚金；罚款。—*v.t.* mendenda. 罚款。

**fine**[2] *a.* (*-er, -est*) halus; seni; elok; baik; bagus. 精制的；细致的；美好的；美丽的；优秀的；纯净的。—*adv.* cantiknya; eloknya. 精巧地；细微地；很好。—*v.t./i.* membuat atau menjadi halus, seni atau elok; baik; bagus. 使精细；精炼；使纯；变好；天气转晴。~ **arts** seni halus. 艺术。**finely** *adv.* dengan elok; dengan indah. 美好地；精细地。**fineness** *n.* kehalusan; kesenian; keelokan; kebaikan; kebagusan. 精致；细度；纯度；优良；优雅；完善；晴朗。

**finery** *n.* pakaian yang indah-indah. 华丽的衣服、饰物、辞藻等。

**finesse** *n.* kehalusan; kesantunan. 手腕；手段；技巧。

**finger** *n.* jari. 手指。—*v.t.* sentuh; rasa (dengan jari); raba. (用手指) 触碰；拨弄；弹奏；抚摸。~**stall** *n.* pembalut jari yang sakit. 护指套。

**fingerprint** *n.* bekas sentuhan jari; cap jari. 手印；指纹。

**fingertip** *n.* hujung jari. 指尖。

**finial** *n.* ukiran pada puncak layar, dsb. 尖顶饰；物件顶端的装饰品。

**finicking** *a. & n.* cerewet; lenyah; leceh. 过于挑剔 (的)；过于讲究 (的)；对衣食苛求 (的)。**finical** *a.* bersifat cerewet. 过于挑剔的；衣食过于讲究的。**finicky** *a.* cerewet. 过于挑剔的。

**finish** *v.t./i.* tamat; habis; selesai. 完成；完毕；结束；用完；使完善；给…最后加工。—*n.* penamat; penghabis; penghabisan. 结尾；最后阶段；终饰；完成。**finisher** *n.* penamat; orang yang menamatkan sesuatu; orang atau mesin yang membuat operasi akhir dalam proses pembuatan. 完工者；修整工；精作机；精加工工具。

**finite** *a.* terhad; terbatas. 有限的；限定的；有尽的。

**finnan** *n.* ikan hadok salai; ikan hadok yang dikeringkan dan digaramkan. 熏鳕鱼。

**fiord** *n.* fiord; teluk lurah sempit bertebing curam terutamanya di Norway. 挪威海岸的峡湾；峡江。

**fir** *n.* pokok fir. 冷杉；枞。

**fire** *n.* api; kebakaran; perapian; tembakan; semangat yang berkobar-kobar. 火；燃烧；炉火；烽火；射击；热情；热心。—*v.t./i.* bakar; menembak; menyingkir (dari jawatan). 燃烧；发射；开火；发炮；开除；解雇。~ **away** (*colloq.*) memulakan; memarakkan. 开始 (谈话、提问等)；开始连炮式地质问。~ **brigade** bomba. 消防队。~**-engine** *n.* lori bomba; kenderaan yang dilengkapkan dengan alat pemadam kebakaran. 救火车；消防车。~**-escape** *n.* tangga keselamatan kebakaran. 太平门；安全出口。~**-irons** *n.pl.* alatan perapian; alatan untuk perapian di dalam rumah (penyepit, penyodok, dsb.). 火炉用具 (如火钳、火铲等)。

**firearm** *n.* senjata api. 火器。

**firebrand** *n.* penggalak kekacauan atau perbalahan; batu api. 煽动叛乱者；挑动争执者；挑拨者。

**firedamp** *n.* campuran udara dan metana yang boleh meletup dalam lombong. 煤矿坑内的沼气；甲烷。

**firefly** *n.* kunang-kunang; kelip-kelip. 萤火虫。

**firelight** *n.* cahaya daripada api. (炉) 火光。

**fireman** *n.* (pl. *-men*) ahli bomba. 救火队员；消防队员。

**fireplace** *n.* diangan; tempat unggun api dalam rumah untuk diangan (panaskan tubuh) pada musim sejuk. 壁炉；炉床。

**fireside** *n.* ruang sekitar diangan. 炉边。

**firewood** *n.* kayu api. 柴；薪。

**firework** *n.* bunga api. 烟火；(爆竹等) 烟火具；烟火信号弹。

**firing-squad** *n.* pasukan penembak. 枪决射击队；行刑队。

**firkin** *n.* tong kecil. 小木桶。

**firm**[1] *n.* syarikat; firma. 商行；商号；公司。

**firm**[2] *a.* (*-er, -est*) padat; kukuh; teguh; tegas. 坚实的；稳固的；坚定的；坚挺的；坚决的。 —*adv.* dengan tegas; dengan tetap. 坚决地；稳固地；坚定地。 —*v.t./i.* mengukuhkan. 使坚固；使坚定。

**firmament** *n.* cakerawala. 苍穹；天空。

**first** *a.* mula; pertama; sulung. 最初的；最早的；第一的；基本的。 —*n.* permulaan; (hari, benda, hal, dsb.) yang pertama. 最初；开始阶段；每月的第一日；头一 (个)。 —*adv.* yang pertama; lebih dahulu. 第一；首先；最初。 **at ~** pada mulanya. 首先；起先。 **~ aid** pertolongan cemas; rawatan awal kepada pesakit sebelum mendapat rawatan doktor. 急救。 **~-class** *a. & adv.* kelas pertama; terbaik. 第一流的；一级；极好的；甲等。 **~ cousin** (*lihat* **cousin**. 见 **cousin**。) **at ~ hand** dari sumber yang asal. (资料等) 第一手的。 **~-name** nama sendiri atau nama pertama. 放在姓氏前面的名字；教名。 **~-rate** *a.* sangat baik; unggul. 第一流的；头等的；最高级的。

**firstly** *adv.* mula-mula; pertama. 第一；首先。

**firth** *n.* teluk sempit; muara. 河口湾；港湾。

**fiscal** *a.* fiskal; berkenaan dengan hasil negara. 国库的；财政的；财务的；会计的。

**fish**[1] *n.* ikan. 鱼。 —*v.t./i.* menangkap ikan; memancing; mengail. 捕鱼；钓鱼；捞出；搜寻。

**fish**[2] *n.* kayu atau besi penguat. 接合板；夹板；鱼尾板。

**fishery** *n.* perikanan; kawasan penangkapan ikan. 渔业；水产；水产业；渔场。

**fishmeal** *n.* ikan kering digunakan sebagai baja. 鱼粉肥料；鱼粉饲料。

**fishmonger** *n.* peraih (ikan); penjual ikan. 鱼贩。

**fishwife** *n.* penjual ikan (wanita). 卖鱼妇；女鱼贩。

**fishy** *a.* (*-ier, -iest*) hanyir; (*colloq.*) menimbulkan syak; mencurigakan. 腥臭的；鱼腥的；可疑的；靠不住的；不忠实的。 **fishily** *adv.* secara mencurigakan. 不诚实地；可疑地。 **fishiness** *n.* keadaan hanyir; keadaan yang mencurigakan. 腥味；腥臭；可疑性。

**fissile** *a.* boleh dibelah; boleh mengalami pembelahan nuklear. 可分裂的；易分裂的；(原子等) 裂变的。

**fission** *n.* pembelahan (terutamanya nukleus atom dengan membebaskan tenaga). (核) 裂变；(核) 分裂。 —*v.t./i.* (menyebabkan) mengalami pembelahan. 使裂变；使 (核) 分裂。 **fissionable** *a.* boleh dibelah. 可裂变的；可分裂的。

**fissure** *n.* rekahan. 裂隙；裂缝。

**fist** *n.* genggaman; penumbuk; buku lima. 拳头；拳。

**fisticuffs** *n.* pergaduhan bertinju; bertumbuk. 互殴；拳斗；拳的一击。

**fistula** *n.* fistula; borok berbentuk paip; salur berbentuk paip di dalam tubuh. 瘘；瘘管。

**fit**[1] *n.* sawan; serangan atau alamat penyakit yang tiba-tiba. 痉挛；病发；婴儿惊风；感情突发。

**fit**[2] *a.* (*fitter, fittest*) sesuai; cocok; padan; sihat; segar. 适合的；符合的；配合的；健康的；相称的；能胜任的。—*v.t./i.* (p.t. *fitted*) menyesuaikan; memadankan; pasang. 使适合；配合；使合身适应；提供设备；安装配备。—*n.* padanan. 合身；适合。 **~ out** ~ **up** melengkapi; membekali. 装备；配备。 **fitly** *adv.* berpadanan. 适合地；恰当地；适时地。 **fitness** *n.* kesesuaian; kepadanan; kesihatan; kesegaran. 适合；恰当；合理；健康；健全。

**fitful** *a.* (berlaku) sekejap-sekejap; tidak tetap. 间歇的；不定的；发作的。 **fitfully** *adv.* yang tidak tetap; dengan sekejap-sekejap. 间歇地；不定地；发作地。

**fitment** *n.* perlengkapan. 家具；设备；附件。

**fitter** *n.* pemasang. 装配工人；裁剪和试样的服装工人。

**fitting** *a.* sesuai; padan; cocok; patut. 适当的；适合的；相称的；胜任的。

**fittings** *n.pl.* aksesori dan kelengkapan. 装置；设备；器材；家具。

**five** *a. & n.* lima. 五（的）。

**fiver** *n.* (*colloq.*) lima paun; not lima paun. 五英镑；五英镑钞票。

**fives** *n.* sejenis permainan memukul bola ke dinding gelanggang dengan menggunakan tangan atau pemukul. 类似手球的游戏。

**fix** *v.t./i.* pasang; memasang; baiki; memperbaiki; meneguh; mengukuh. 安装；使牢固；修理；整顿；决定（日期、价格等）；使不变色；凝视。—*n.* penentuan kedudukan tempat; keadaan yang menyulitkan; (*sl.*) satu sukatan dadah yang diambil oleh penagih. 确定方位；困境；毒品的一次注射量。 **~up** menyediakan; menyelenggarakan. 预备；安排；解决；安顿。 **fixer** *n.* tukang atur. 维修工；修车工；（用不正当手段）预定比赛结果的人。

**fixated** *a.* asyik. （对人或事物有不正常的）依恋的；（青春早期的）固恋的。

**fixation** *n.* pemasangan; keasyikan. 固定；凝视；固恋。

**fixative** *n. & a.* peneguh; pengukuh; penahan luntur. 固定剂；固着剂；固定的；定色的；防止褪色的；防挥发的。

**fixedly** *adv.* dengan tekun; dengan asyik. 不变地；固定地；决心地；固恋地。

**fixity** *n.* keteguhan; kekukuhan; ketahanan. 固定性；永恒性；耐挥发性。

**fixture** *n.* benda yang dipasang; orang atau benda yang teguh kedudukannya, pertandingan, perlumbaan, tarikh pertandingan atau perlumbaan. 固定物；固定装置；长期相联系的人；已定的赛会日期。

**fizz** *v.i.* berdesis; mendesis. 嘶嘶地响。—*n.* bunyi desis. 嘶嘶声。 **fizzy** *a.* berbusa. 嘶嘶作响的；起泡沫的。

**fizzle** *v.i.* mendesis perlahan. 发微弱的嘶嘶声。 **~ out** berakhir dengan kekecewaan. 终告失败；希望落空。

**flab** *n.* kegemukan; kegeleberan. 不结实的肌肉；松垂的肌肉。

**flabbergast** *v.t.* (menyebabkan) terperanjat; mencengangkan. 使发愣；使大吃一惊。

**flabby** *a.* (*-ier, -iest*) menggeleber; lemah (hujah, alasan, dsb.). 不结实的；（肌肉）松弛的；（雨、理由等）软弱无力的；（性格、意志等）薄弱的。 **flabbiness** *n.* kegeleberan. 不结实；松弛；软弱；薄弱。

**flaccid** *a.* lembik; longlai. 不结实的；松弛的；软弱的。 **flaccidly** *adv.* dengan longlai. 不结实地；松弛地；软弱地。 **flaccidity** *n.* kelembikan. 不结实；松弛。

**flag**[1] *n.* bendera; panji-panji. 旗；三角形小旗。—*v.t.* (p.t. *flagged*) menandai atau memberi isyarat dengan bendera. 用旗发出信号；打旗号。**~-day** *n.* hari bendera; hari bendera kecil dijual untuk pertubuhan amal. 售旗日。

**flag**[2] *v.i.* (p.t. *flagged*) lemah; hilang semangat. 减弱；衰退；(力气、兴趣等)减退；(帆等)无力地垂下。

**flag**[3] *n.* batu ubin. 石板；扁石。**flagged** *a.* berbatu ubin. 铺上石板的。

**flagellate** *v.t.* menyebat; merotan. 鞭打；鞭笞。**flagellant** *n.* orang yang menyebat. 鞭打者。**flagellation** *n.* sebatan. 鞭打；鞭身。

**flageolet** *n.* sejenis alat muzik tiupan seperti rekorder. 六孔竖笛。

**flagon** *n.* flagon; botol besar pengisi wain; bekas berpemegang dengan muncung dan penutup untuk menghidangkan wain. 酒壶；大肚酒瓶。

**flagrant** *a.* (jenayah yang) ketara atau jelas buruk. 罪恶昭彰的；臭名远扬的。**flagrantly** *adv.* dengan nyata. 罪恶昭彰地。**flagrance** *n.* keadaan ketara; kenyataan. 罪恶昭彰；臭名远扬。

**flagship** *n.* kapal laksamana dengan panji-panjinya; (kapal, kedai, barang, dsb.) yang utama. 旗舰；同类事物中最优良或重要的一个。

**flagstone** *n.* batu ubin. 石板；板石。

**flail** *n.* batang pengirik (bijirin). (打谷等用的) 连枷。—*v.t./i.* pukul dengan batang pengirik; tergapai-gapai. (用连枷) 打谷；挥动；挥舞。

**flair** *n.* bakat; kebolehan. 天赋；资质；天分。

**flak** *n.* peluru penembak kapal terbang; bidasan; selaran. 高射炮；抨击；互相指责；激烈的讨论或辩论。

**flake** *n.* emping, terutamanya salji. 薄片；雪片；麦片。—*v.t./i.* menyerpih; mengelupas dalam bentuk emping. 成片降落；使成薄片。**~ out** (*colloq.*) terlena kerana kepenatan, keletihan. 因疲劳而入睡。

**flaky** *a.* berkelupas; berkelopak. 易剥落的；薄片状的；易成薄片的。**flakiness** *n.* keadaan mengelupas atau menyerpih. 易剥落性；薄片状；易成薄片性。

**flambé** *a.* (tentang makanan) dituang arak dan dinyalakan. 食物面上浇酒点燃后端出的。

**flamboyant** *a.* ranggi; berlagak; marak dan berwarna-warni. 浮夸的；奢华的；火红的；灿烂的。**flamboyantly** *adv.* dengan berlagak; dengan berwarna-warni. 奢华地；灿烂地。**flamboyance** *n.* keranggian. 浮夸；奢华。

**flame** *n.* api; nyalaan; lidah api; merah menyala. 火；火焰；火舌；燃烧。—*v.t.* menyala; jadi merah menyala. 燃烧；发火焰。**old ~** (*colloq.*) bekas kekasih. 老相好；旧情人。

**flamenco** *n.* (pl. *-os*) gaya tarian dan nyanyian orang gipsi Sepanyol. 西班牙吉普赛人的舞蹈。

**flamingo** *n.* (pl. *-os*) flamingo; sejenis burung bangau. 火烈鸟；红鹳。

**flammable** *a.* boleh terbakar. 易燃的。**flammability** *n.* kebolehbakaran. 易燃性。

**flan** *n.* sejenis kuih berinti. 果馅饼。

**flange** *n.* bebibir; bahagian tepi atau bingkai yang mengunjur keluar. 凸缘；屋梁的翼缘。**flanged** *a.* yang mempunyai bebibir. 有凸缘的；有翼缘的。

**flank** *n.* rusuk; sisi; lambung. (四足动物身体的) 侧边；胁腹；侧面；厢房；侧翼。—*v.t.* mengapit. 侧翼 (包围)。

**flannel** *n.* flanel; sejenis kain bulu; flanel muka; (*pl.*) seluar flanel; (*sl.*) karut. 法兰绒；绒布；法兰绒衣服；骗人的花言巧语。

**flannelette** *n.* flanelet; kain kapas dibuat menyerupai kain bulu. 棉法兰绒。

**flap** *v.t./i.* (p.t. *flapped*) kibas; kibar; jadi gelisah. 拍打；拍击；拍动翅膀；激动起来。—*n.* kibasan; kepak; gelisah. 拍打；拍击；拍动；激动；慌乱。

**flare** *v.i.* menyala dengan tiba-tiba; meradang; mengembang. 突然燃烧;突然发怒;衣裙等张开。 —*n.* nyalaan; alat penghasil nyalaan sebagai isyarat; kembang. 摇曳的火焰;照明弹;照明灯;衣裙等的张开。 ~ **off** terbakar (gas yang berlebihan). 废气着火。

**flash** *v.t./i.* memancarkan; berkilat; bersinar; beri isyarat dengan lampu; menghantar (berita, dll.) melalui radio atau telegraf. 使闪光;使闪烁;闪烁;闪光;亮灯以示暗号;通过电台或电报发出消息。 —*n.* pancaran pantas cahaya; kilasan; kilauan; imbasan; berita ringkas dan pantas; lampu imbasan kamera; jalur warna. 闪光;闪烁;一刹那间;瞬刻;简短电讯;闪光灯;(军徽、肩章上的)彩色布条。 —*a.* (*colloq.*) menjolok mata. 闪光的。 ~ **flood** banjir kilat. 暴洪;突发性大洪水。

**flashback** *n.* ulang kembali; ulang kenang. (电影的)闪回;(小说等的)倒叙。

**flashing** *n.* kepingan logam untuk menutup penyambung di bumbung. (房屋防水用的)金属盖片;防雨板。

**flashlight** *n.* lampu suluh (elektrik). 手电筒。

**flashpoint** *n.* takat kilat; tahap meledak. (油的)燃点;(战争等的)爆发点。

**flashy** *a.* (*-ier, -iest*) menjolok mata; menunjuk-nunjuk. 闪光的;炫耀而庸俗的;华而不实的。 **flashily** *adv.* dengan menunjuk-nunjuk. 华而不实地;浮华地。 **flashiness** *n.* sifat suka menunjuk-nunjuk. 俗丽;浮华。

**flask** *n.* termos; botol air panas; kelalang. 热水壶;细颈瓶;长颈瓶。

**flat** *a.* (*flatter, flattest*) rata; datar; pipih; leper; hambar; mati; habis kuasa untuk menjana arus elektrik; flet; bernada rendah daripada yang sepatutnya dalam muzik. 平的;平坦的;扁平的;瘪了的;浅的;走了气的;需再充电的;降半音的。 —*adv.* dengan cara yang hambar; (*colloq.*) tepat; betul-betul. 淡而无味地;走了气地;断然地;直截了当地;恰恰;正巧。 —*n.* tanah pamah; flat; rumah pangsa; not flet (muzik). 平地;平坦部分;扁平物;公寓;降半音地。 ~-**fish** *n.* ikan sebelah; ikan berbadan pipih yang berenang pada sisi. 比目鱼、鲽。 ~ **rate** bayaran yang sama rata. 一律的价格;收费划一。 ~ **out** bermati-matian; bertungkus-lumus. 拼命地;倾全力。

**flatlet** *n.* rumah pangsa (flat) kecil. 公寓小套间。

**flatten** *v.t./i.* meratakan; meleperkan; mendatar. 使平;弄平;碾平;使平坦。

**flatter** *v.t.* memuji; mengangkat-angkat; berbesar hati. 讨好;奉承;谄媚;自以为。 **flatterer** *n.* pemuji; pengangkat. 奉承者;谄媚者。 **flattery** *n.* pujian. 奉承;谄媚。

**flatulent** *a.* flatulen; senak; kembung (perut). 肠胃气胀的;生气胀的;胃不舒服的。 **flatulence** *n.* kesenakan; flatulens. 肠胃气胀;肠胃气胀引起的不适。

**flatworm** *n.* cacing leper. 扁虫。

**flaunt** *v.t./i.* menunjuk-nunjukkan; menayang-nayangkan. 夸示;炫耀。

**flautist** *n.* pemain flut; peniup serunai, seruling. 吹笛者。

**flavour** *n.* rasa; perisa. 味;滋味;特别风味;调味品。 —*v.t.* memberi rasa pada. 调味;加味于。 **flavourful** *a.* berperisa. 美味的;有香味的;可口的。

**flavouring** *n.* bahan perisa. 调味品;调味香料。

**flaw** *n.* kecacatan; kekurangan. 缺点;裂纹;瑕疵。 —*v.t.* mencacati. 使破裂;生裂缝;损害。

**flawless** *a.* tidak cacat. 无裂痕的;无缺点的;无瑕疵的;完美的。 **flawlessly** *adv.* tanpa cacat. 无裂痕地;无缺点地;无瑕疵地;完美地。 **flawlessness** *n.* keadaan tidak cacat. 完美;无缺点。

**flax** *n.* pokok flaks; sejenis tumbuhan berbunga biru; kain yang diperbuat daripada jerami tumbuhan ini. 亚麻。

**flaxen** *a.* daripada jerami flaks; berwarna kuning pucat. 亚麻的；亚麻制的；亚麻色的；淡黄色的。

**flay** *v.t.* sayat; lapah; buang kulit; mengecam; membidas. 剥皮；掠夺；打得皮开肉绽；严厉批评；痛斥。

**flea** *n.* kutu; hama. 跳蚤；甲虫。~ **market** pasar lambak. 旧货市场。

**fleck** *n.* bintik; tompok; habuk. （皮肤的）斑点；雀斑；微粒。

**flecked** *a.* berbintik-bintik; bertompok-tompok. 有斑点的；雀斑点点的。

**fled** *lihat* **flee**. 见 **flee**。

**fledged** *a.* (anak burung) yang lengkap bersayap; sudah boleh terbang; (orang yang) cukup terlatih. （小鸟）羽翼已丰的；会飞的；（人）已受足训练的。

**fledgeling** *n.* anak burung yang lengkap bersayap, sudah boleh terbang. 刚会飞的小鸟。

**flee** *v.t./i.* (p.t. *fled*) melarikan diri. 逃走；逃掉。

**fleece** *n.* bulu biri-biri. 绵羊毛；一次剪得的毛量。—*v.t.* tipu. 诈取（他人钱财）。 **fleecy** *a.* gebu. 羊毛似的；软而轻的。

**fleet**[1] *n.* angkatan laut; armada. 航队；船队。

**fleet**[2] *a.* (-*er*, -*est*) pantas; laju. 快速的；轻快的；敏捷的。 **fleetly** *adv.* dengan pantas atau laju. 快速地；敏捷地。 **fleetness** *n.* kepantasan; kelajuan. 快速；轻捷。

**fleeting** *a.* sekilas; sepintas lalu. 疾驰的；飞逝的；短暂的。

**Flemish** *a. & n.* bahasa Flemish; bahasa orang Flanders di barat laut Belgium. （比利时西北部佛兰德人的）佛兰芒语；佛兰芒语的。

**flesh** *n.* isi; daging. 肉；畜肉；兽肉。~ **and blood** sifat manusia; kaum keluarga. 血肉般的亲情。 **~-wound** *n.* luka luar; 皮肉之伤；轻伤。

**fleshly** *a.* keduniaan; syahwat. 肉体的；肉欲的；挑动情欲的。

**fleshy** *a.* berkenaan atau seperti isi (daging); berisi; montok; tembam. 肉的；似肉的；多肉的；肥胖的。

**fleur-de-lis** *n.* reka bentuk jata seperti tiga kelopak. 鸢尾花形。

**flew** *lihat* **fly**[2]. 见 **fly**[2]。

**flex**[1] *v.t.* menggerakkan sendi; bengkokkan. 收缩肌肉；弯曲关节。 **flexion** *n.* fleksi. 屈；弯曲；弯曲部分。

**flex**[2] *n.* wayar lentur; wayar elektrik bersalut yang boleh dilenturi. 花线；皮线。

**flexible** *a.* boleh dilentur; boleh disesuaikan; fleksibel; boleh menyesuaikan (diri). 易弯曲的；挠性的；柔韧的；灵活的；可变通的；有弹性的。 **flexibly** *adv.* dengan fleksibel. 可变通地；有弹性地。 **flexibility** *n.* kelenturan; kefleksibelan. 揉屈性；挠性；灵活性；弹性。

**flexitime** *n.* waktu kerja fleksibel; sistem waktu kerja yang boleh diubahsuai. 弹性时间制。

**flibbertigibbet** *n.* orang (selalunya perempuan) yang banyak mulut. 饶舌的人（尤指女人）；轻浮而不负责任的人。

**flick** *n.* petikan; jentikan; kibasan; (*colloq.*) wayang (gambar). （鞭等的）轻打；（手指的）轻弹；（手帕等的）轻拂；电影。—*v.t./i.* memetik; menjentik; melibas. 轻打；轻弹；鞭打；轻拂。 **~-knife** *n.* pisau flik; pisau yang bilahnya akan terkeluar apabila ditekan untuk digunakan. 弹簧折刀。

**flicker** *v.i.* berkedip; berkelip; bergetar-getar. 闪烁不定；摇曳；忽隐忽现。—*n.* kelipan; kedipan; getaran; sekilas. 闪烁不定；摇曳；忽隐忽现。

**flier** *n.* = **flyer**. 同 **flyer**。

**flight**[1] *n.* penerbangan; deretan tangga; sekawan unggas, burung; sekumpulan kapal terbang; bulu burung, dsb. pada anak panah. 飞行；飞翔；一段阶梯；飞行的鸟群；飞行队；箭尾的羽毛。~

**deck** *n.* kokpit; ruangan untuk pemandu kapal terbang. 飞机的仪器舱；航空母舰上的飞行甲板。**~-recorder** *n.* perakam penerbangan; alat elektronik di dalam kapal terbang yang merakam butir-butir teknikal tentang sesuatu penerbangan. 飞行记录。

**flight**[2] *n.* pelarian diri. 逃走；逃之夭夭。**put to ~** menyebabkan lari. 击溃（敌人等）。**take ~, take to ~** melarikan diri. 逃之夭夭。

**flightless** *a.* tidak boleh terbang. 不能飞的。

**flighty** *a.* (*-ier, -iest*) mudah berubah-ubah hati. 反复无常的；不负责任的；容易激动的。

**flimsy** *a.* (*-ier, -iest*) jarang; membayang; tipis. 轻而薄的；易损坏的；不足信的。**flimsily** *adv.* yang tipis atau jarang. 轻而薄地；易损坏地；不足信地。

**flimsiness** *n.* ketipisan; kejarangan; ketidakkukuhan. 轻而薄的本质；易脆性；不足信。

**flinch** *v.i.* gentar; mengelak (daripada tanggungjawab, dsb.). 畏缩；逃避责任。

**fling** *v.t./i.* (p.t. *flung*) melempar; melontar; mencampakkan. 扔；掷；抛；丢。—*n.* lemparan; lontaran; berseronok-seronok. 扔；掷；抛；丢；（一时的）放纵。

**flint** *n.* batu api. 燧石；打火石。**flinty** *a.* berhati batu. 坚硬的；固执的；坚定不移的。

**flintlock** *n.* senapang batu; sejenis senapang lama yang menembak dengan menggunakan batu api. 燧发机；明火枪。

**flip** *v.t./i.* (p.t. *flipped*) memetik; menjentik. 轻弹；弹动；捻掷（硬币）。—*n.* petikan; jentikan. 轻弹；弹动；轻触。**~ side** bahagian sebaliknya atau belakang piring hitam. 唱片的反面。

**flippant** *a.* lepas tangan; sambil lewa; tidak bersungguh. 轻率的；无礼的；不认真的；轻浮的。**flippantly** *adv.* secara tidak bersungguh-sungguh. 轻率地；不认真地；轻浮地。**flippancy** *n.* sikap sambil lewa. 轻率；无礼。

**flipper** *n.* kaki sirip; sirip pada binatang laut (anjing laut, dsb.) guna untuk berenang; kaki sirip getah; sarung getah yang dipakai pada kaki untuk berenang. （海豹、海龟等的）鳍状肢；鳍足；脚蹼；橡皮脚掌。

**flirt** *v.t./i.* pura-pura berasmara; menggerakkan sesuatu dengan pantas ke depan dan ke belakang. 调情；卖俏；撒娇；急弹；快速前后摆动。—*n.* orang yang pura-pura berasmara. 调情者；卖俏者。

**flirtation** *n.* main cinta; kepura-puraan berasmara. 调情；挑逗行为；卖弄风情。

**flirtatious** *a.* suka mengurat atau menggoda; suka berseronok. 爱调情的；爱挑逗异性的；喜卖弄风情的。**flirtatiously** *adv.* dengan cara yang menggoda. 挑逗地；卖弄风情地。

**flit** *v.i.* (p.t. *flitted*) terbang atau bergerak; terkilas; cabut; menghilangkan diri secara mencuri-curi dan pantas. 回翔；掠过；离去；迁移。—*n.* perbuatan cabut lari. 离去；迁移。

**flitch** *n.* daging khinzir yang disalai atau diasinkan. 腌猪肋条肉。

**float** *v.t./i.* timbul; terapung hanyut; mengapungkan; membenarkan nilai pertukaran mata wang berubah-ubah. 浮；浮现；浮起；漂漂；使漂浮；让币值浮动。—*n.* pelampung; apungan; duit untuk perbelanjaan kecil-kecilan atau sebagai wang tukaran; (juga *pl.*) lampu kaki pentas. 浮物；浮筒；浮标；救生圈；备用零钱；（货币的）浮动；舞台的脚灯。**floating voter** pengundi terapung; seseorang yang tidak terikat kepada mana-mana parti politik. 无党派投票人。

**flocculent** *a.* seperti gumpalan kapas atau bulu. 羊毛状的；毛束似的。

**flock**[1] *n.* kawanan burung atau binatang; kelompok; kumpulan; jemaah. 兽群；畜群；鸟群；一大批东西；群众；人群；

同一教会的教徒。—*v.i.* berkerumun; berduyun-duyun. 群集；聚集；成群结队地行动。

**flock**² *n.* perca kain. 棉束；毛束；棉屑或毛屑。

**floe** *n.* flo; ketulan ais terapung. 浮冰块。

**flog** *v.t.* (*p.t. flogged*) sebat; (*sl.*) jual. 鞭打；笞打；非法出售。**flogging** *n.* sebatan. 鞭打；笞打。

**flood** *n.* banjir; bah. 洪水；水灾。—*v.t./i.* membanjiri; bah; melimpah. 涨满；泛滥；淹没。**~-tide** *n.* air pasang. 涨潮。

**floodgate** *n.* tandup; pintu pengawal aliran air. 水门；水闸间；防洪闸门。

**floodlight** *n.* lampu sorot; lampu yang mengeluarkan cahaya terang untuk menyuluh pentas atau bangunan. 泛光灯；探照灯。—*v.t.* (*p.t. floodlit*) menyuluh dengan lampu sorot. （用泛光灯）探照。

**floor** *n.* lantai; tingkat (bangunan); tempat ahli-ahli Dewan duduk semasa persidangan. 地板；地面；（楼房的）层；议员席。—*v.t.* memasang lantai; merebahkan; membingungkan. 铺设地板或基面；击倒；击败；克服；难倒；使困惑。**~show** pertunjukan lantai; kabaret. （舞厅等的）余兴表演。

**flooring** *a.* bahan lantai. 铺地板的材料。

**flop** *v.t.* (*p.t. flopped*) menggelepai; terkulai; (*sl.*) gagal. （无奈地）落下；（被捕的鱼扑扑地）跳动；啪嗒地坐下（躺下、放下等）；彻底失败。—*n.* deburan; (*sl.*) orang yang gagal. 扑通声；啪嗒声；失败者。

**floppy** *a.* terkelepai. 松懈地下垂的；松软的；懒散的。**~ disc** cakera liut; cakera boleh lentur guna untuk menyimpan data yang boleh dibaca oleh mesin. 电脑磁片。

**flora** *n.* flora; tumbuhan bagi sesuatu kawasan atau zaman. 植物群；植物系。

**floral** *a.* berkenaan bunga. 花的；花般的。

**floret** *n.* bunga kecil bagi seluruh jambangan bunga. 复花序中的小花。

**floribunda** *n.* jambak atau kelompok bunga. 多花月季；多花植物。

**florid** *a.* terlalu berbunga-bunga; merah. 充满着花的；过多花饰的；脸色红润的。

**florin** *n.* duit syiling British, dahulu bernilai 2 syiling (10 peni). 英国银币值二先令。

**florist** *n.* peniaga bunga. 花商；花店；种花者；花匠。

**floruit** *n.* tarikh seseorang hidup atau bekerja. 在世期；全盛时期。

**floss** *n.* benang sutera. 绣花丝线；乱丝；绪丝。**flossy** *a.* seperti benang. 绪丝的；丝线般的。

**flotation** *n.* pengapungan (perihal perniagaan). （公司的）设立；创办。

**flotilla** *n.* flotila; kumpulan kecil kapal; kumpulan kapal kecil. 小舰队；海军纵队。

**flotsam** *n.* apungan (sisa kapal, dsb.). （遇难船只的）残骸和漂浮物。**~ and jetsam** barang-barang yang kecil atau rencam; saki-baki. 漂浮的船只残骸或其货物；零碎杂物。

**flounce**¹ *v.i.* pergi dengan marah. 怒冲冲地离去；愤然离开。—*n.* perbuatan ini. 愤然离开。

**flounce**² *n.* renda. （衣裙上的）荷叶边装饰。**flounced** *a.* berenda. 饰以荷叶边的。

**flounder**¹ *n.* ikan *flounder*; sejenis ikan leper. 比目鱼。

**flounder**² *v.i.* terkial-kial (seperti berjalan di dalam selut); menjadi keliru; menggelabah. 陷入泥沼而挣扎；跟跄而行；（行为、言语）错乱；勉强应付。

**flour** *n.* tepung. 面粉；粉。—*v.t.* menaburi dengan tepung. 撒上面粉；研磨成粉。

**floury** *a.* bertepung; gebu. 面粉的；粉状的；多粉的。**flouriness** *n.* kegebuan. 粉状性质。

**flourish** *v.t./i.* makmur; maju; berkembang; subur; melambai-lambai. 茂盛；繁荣；繁盛；兴旺；摇动；挥舞。—*n.* lambaian atau ayunan; (tulisan) berbunga-bunga; muzik sambutan. 华丽的词藻；手写花体字的花饰；(显要人物进场时奏起的) 响亮铜管乐声。

**flout** *v.t.* melanggar (peraturan, dsb.) terang-terangan. 公开地蔑视；无视（法规等）；对…嗤之以鼻。

**flow** *v.i.* mengalir; berjalan lancar; berjurai; meluncur. 流；流动；流通；流畅；川流不息；飘动；溢出。—*n.* aliran; air pasang. 流水；气流；涨潮；泛滥。~ **chart** atau ~ **diagram** carta aliran. 流程图。

**flower** *n.* bunga; yang terbaik. 花；花卉；花状装饰物；精华；最佳部分。—*v.t./i.* berbunga; mekar. 开花；用花状装饰；怒放。**in** ~ sedang berbunga. 开着花。

**flowered** *a.* berbunga-bunga. 有花的；以花形图案装饰的。

**flowerless** *a.* tidak berbunga. 无花的；不开花的。

**flowerpot** *n.* pasu bunga. 花盆；花钵。

**flowery** *a.* berbunga-bunga; dipenuhi bunga. 花的；多花的；用花装饰的；用图案装饰的。

**flown** *lihat* **fly**². 见 **fly**²。

**flu** *n.* (*colloq.*) flu; selesema. 流行性感冒。

**fluctuate** *v.i.* naik turun; berubah-ubah. 起伏；波动；涨落；(意见等) 动摇不定。**fluctuation** *n.* perihal naik turun; keadaan berubah-ubah. 起伏；波动；涨落；动摇不定。

**flue** *n.* serombong asap; saluran. 烟道；暖气管；(管风琴的) 唇管口。

**fluent** *a.* fasih; lancar; petah. 流畅的；流利的；口若悬河的。**fluently** *adv.* dengan fasih, petah atau lancar. 流畅地；流利地；口若悬河地。**fluency** *n.* kefasihan; kelancaran; kepetahan. 流畅；流利；口若悬河。

**fluff** *n.* bulu-bulu; bulu halus. 绒毛；蓬松毛；蓬松物。—*v.t./i.* menepuk-nepuk (pada bahan yang lembut); (*sl.*) kerja yang dibuat dengan tidak senonoh. 抖开；抖松；做错。**fluffy** *a.* (*-ier, -iest*) penuh bulu; gebu. 绒毛状的；蓬松的；柔软的。**fluffiness** *n.* kegebuan. 蓬松；柔软。

**fluid** *a.* bendalir; boleh mengalir. 流体的；液体的；流动的。—*n.* bendalir; bahan yang boleh mengalir. 流体；液体。**fluidity** *n.* kebendaliran. 流动性；液性；流质。

**fluke**¹ *n.* berjaya kerana nasib; secara kebetulan. 侥幸成功；偶然事件。

**fluke**² *n.* kuku sauh; cabang berduri (untuk sauh, dsb.); fluk; sisip ekor ikan paus. 锚爪；锚钩；倒钩；鲸尾。

**fluke**³ *n.* sejenis ikan; cacing leper. 比目鱼；蝶形目的鱼。

**flummery** *n.* puding susu manis; cakap kosong. 面粉糊；乳蛋甜点心；废话。

**flummox** *v.i.* (*colloq.*) keliru; bingung. 困惑；慌乱。

**flung** *lihat* **fling**. 见 **fling**。

**flunk** *v.t./i.* (*colloq., A.S.*) gagal. 考试失败；不及格。

**flunkey** *n.* (pl. *-eys*) (*colloq.*) kundang; pelayan yang berpakaian khas. 侍从；穿制服的仆从。

**fluoresce** *v.i.* menjadi pendarfluor. 发荧光。

**fluorescent** *a.* (bersifat) pendarfluor; menyerap sinaran dan memancarkannya sebagai cahaya. 荧光的；发荧光的。**fluorescence** *n.* pendarflour. 荧光；荧光性。

**fluoridate** *v.t.* menfluoridakan; menambah fluorida pada bekalan air. 加氟化物于 (饮用水中以防蛀齿)。**fluoridation** *n.* pemfluoridaan; percampuran fluorida ke dalam bekalan air. 加氟作用；氟化反应。

**fluoride** *n.* fluorida; bahan penghalang, kerosakan atau kereputan gigi. 氟化物；氢氟酸盐 (一种防蛀牙物质)。

**fluorine** *n.* fluorin; gas berbau hancing. 氟。

**fluorspar** *n.* fluorspar; kalsium florida sebagai galian. 萤石；氟石。

**flurry** *n.* tiupan angin, hujan atau salji (yang sekejap); keriuhan; gelabah; keresahan. 阵风；小阵雨；小阵雪；混乱；激动；慌张；不安。—*v.t.* menggelabahkan; meresahkan. 使激动；使慌张。

**flush**[1] *v.t./i.* menjadi merah muka (akibat sirapan darah); megah; simbah; curah dengan air; mengepam. （脸）发红；（因发怒而）涨红了脸；使得意；用水冲洗；泛滥；充溢。—*n.* kejadian merah muka; simbahan; curahan; kesemarakan tumbuhan baru. （脸的）晕红；冲洗；急流；（草木的）冒芽。—*a.* sama rata; (*colloq.*) banyak duit. 齐平的；有钱的。

**flush**[2] *n.* daun yang sama bunga dalam permainan pakau. （纸牌戏中）一手同花的五张牌。

**flush**[3] *v.t.* menggarah atau mengusir keluar (terutamanya daripada lindungan). 使（从隐藏处）暴露；使（鸟等）惊飞。

**fluster** *v.t.* meresahkan; menggelabahkan. 使慌张；使惊慌失措。—*n.* keresahan; keadaan menggelabah. 慌张；惊慌失措。

**flute** *n.* flut; seruling; serunai. 长笛；八孔竖笛。—*v.t./i.* bercakap seperti bunyi seruling; membuat jejalur. （用长笛般的声音）说出；（在柱上等）刻凹槽。

**flutter** *v.t./i.* kepak (mengepak sayap); debar; getar; kibas; kibar. （鸟等）振翼；拍翅；（心）急跳；（脉搏）浮动；摆动；飘扬。—*n.* kepakan; debaran; getaran; kibasan; kibaran. 振翼；拍翅；（心脏等的）扑动；摆动；飘扬。

**fluvial** *a.* tentang sungai; ditemui di sungai. 河的；河流的；长于或栖于河中的。

**flux** *n.* perubahan yang berterusan; aliran; fluks; bahan yang dicampur pada logam untuk membantu pelakuran. 不断的变动；流出；（人、车等）流动；涨潮；助熔剂；焊剂。

**fly**[1] *n.* lalat. 苍蝇。~**-blown** *a.* tercemar oleh telur lalat. 被蝇卵弄脏了的。

**fly**[2] *v.t./i.*(p.t. *flew*, p.p. *flown*) terbang; menerbangkan; mengibarkan; meluru; tersebar. 飞；飞行；飘动；飞舞；奔逃；扑向；消失。—*n.* penerbangan; kelepet kain (untuk menutup zip, dsb.); (*pl.*, *colloq.*) golbi; lipatan pada jahitan di bahagian depan seluar; alat pengawal kelajuan. 飞；飞行；（纽扣或拉链的）遮布；（裤子拉链的）拉上；（时钟、机器等的）整速轮。

**fly**[3] *a.* (*sl.*) arif; mengetahui. 精明的；不会上当的；敏锐的。

**flycatcher** *n.* burung sambar; burung yang menyambar serangga di udara. 鹟（一种在飞行时捕食苍蝇等昆虫的小鸟）。

**flyer** *n.* penerbang; juruterbang. 飞鸟；飞行物；空中飞人表演者；飞行者。

**flying** *a.* boleh terbang. 能飞的；航空器的；飞行员的。~ **boat** kapal terbang laut; pesawat laut berbentuk bot. 水上飞机；飞船。~ **buttress** penyangga yang berasaskan struktur berasingan biasanya berbentuk melengkung. 扶拱垛。~ **colours** kecemerlangan. 全胜；大成功。~ **fox** keluang. 狐蝠；果蝠。~ **saucer** piring terbang. 飞碟；不明飞行物。~ **squad** pasukan gerak cepat. 紧急行动小组。~ **start** permulaan yang baik. （赛路等的）快速起跑。

**flyleaf** *n.* helai kosong (pada bahagian awal dan akhir buku). （书籍前后的）空白页；衬页。

**flyover** *n.* jejambat. 立体交叉路跨线桥；高架公路；（人行）天桥。

**flysheet** *n.* helaian maklumat. 传单；小册子。

**flyweight** *n.* sukatan berat *flyweight* (51 kg) bagi tinju. 次最轻量级（体重51公斤以下）拳击。

**flywheel** *n.* roda tenaga; roda yang berputar pada aci untuk mengawal jentera. 飞轮；惯性轮。

**foal** *n.* anak kuda, dsb. （马的）幼畜；驹子。—*v.t.* beranak (kuda). 生小马。

**foam** *n.* buih; busa; getah berbusa. 泡沫；（马等的）涎沫；泡沫橡皮；泡沫材料。—*v.i.* membuih; berbuih; berbusa. 起泡沫；（马等）冒汗水；吐白沫；成泡沫状物。**foamy** *a.* berbuih. 泡沫的；起泡沫的；充满泡沫的。

**fob**[1] *n.* hiasan pada gelang kunci, rantai jam, dsb. （钥匙、怀表等的）短链及饰物。

**fob**[2] *v.t.* (p.t. *fobbed*) ~ **off** menipu orang supaya menerima benda yang tidak bermutu. 推销冒充品；欺骗。

**focal** *a.* berkenaan fokus atau tumpuan. 焦点的；有焦点的；在焦点上的。

**fo'c's'le** *n.* **forecastle** kekota depan. 艏楼；船前的水手舱。

**focus** *n.* (pl. *-cuses* atau *-ci*, pr. *-sai*) tumpuan; pusat; fokus; pelarasan pada lensa (kanta) untuk mendapatkan gambar (imej) yang jelas. 集中点；中心；焦距；焦点；（透镜的）调焦；聚光点。—*v.t./i.* (p.t. *focused*) tertumpu; menumpu; terfokus; memfokuskan. 集中；注视；聚焦；调焦距。

**fodder** *n.* foder; makanan kering (jerami, dsb.) untuk binatang. （牛、马等的）饲料；秣；草料。—*v.t.* memberi makan foder. （用饲料）喂食。

**foe** *n.* musuh. 敌人；仇敌。

**foetal** *a.* berkenaan janin atau fetus. 胎的；胎儿的；似胎儿的。

**foetus** *n.* (pl. *-tuses*) janin; fetus; bayi yang sudah terbentuk dalam rahim. 胎；胎儿。

**fog** *n.* kabus. 雾；烟雾；尘雾。—*v.t./i.* (p.t. *fogged*) diliputi kabus. 被雾笼罩。

**foggy** *a.* berkabus; berkabut. 有雾的；多雾的；朦胧的。**fogginess** *n.* keadaan berkabus atau berkabut. 多雾；朦胧。

**foghorn** *n.* hon kabus; alat bunyian untuk memberi amaran kepada kapal ketika ada kabus. 雾角；雾中警号。

**fogy** *n.* (pl. *-gies*) orang kolot. 老古板；守旧的人。

**foible** *n.* kelemahan. （性格上的）弱点；小缺点。

**foil**[1] *n.* kerajang; lapisan nipis logam; menyerlahkan watak lawan. 箔；金属薄片；衬托物；陪衬的角色。

**foil**[2] *v.t.* menghalang; menggagalkan. 阻止；阻挠；挫败；击破。

**foil**[3] *n.* pedang berbola di hujung matanya. 钝头剑；练习剑。

**foist** *v.t.* memaksa (orang) menerima (sesuatu yang tidak disenangi). 偷偷塞进；暗中施于；骗售。

**fold**[1] *v.t./i.* lipat; taup; balut. 折；折叠；对折；卷起；叉（手）；盘（脚）。—*n.* lekuk; pelipat; garisan lipatan. 褶层；摺叠部分；凹处；褶痕。

**fold**[2] *n.* kandang biri-biri. 羊栏。—*v.t.* mengurung di dalam kandang. 关进栏内。

**folder** *n.* fail; folder; risalah lipatan. 文件夹；对叠式印刷品。

**foliaceous** *a.* berkenaan dengan atau seperti daun. 叶的；叶状的。

**foliage** *n.* daun-daunan. 叶子；叶饰。

**foliate**[1] *a.* seperti daun; berdaun. 叶状的；有叶饰的。

**foliate**[2] *v.t.* terbahagi kepada lapisan yang nipis. 把…分裂成叶状薄片或薄层。

**folio** *n.* (pl. *-os*) buku terbesar; nombor halaman atau muka surat. 对开本；张数号；页码。

**folk** *n.* rakyat; kaum keluarga. 人民；人们；世人；家人；亲属。**~-dance** tarian rakyat. 民间舞蹈；土风舞。**~-song** nyanyian rakyat. 民谣；民歌。**folky** *a.* berkenaan dengan rakyat. 有民间风味的；有民间艺术或文化特色的。

**folklore** *n.* budaya rakyat; cerita rakyat. 民俗；民俗学；民间传说；民间谚语。

**folksy** *a.* tak formal dan mesra. 随便的；无拘束的；友好的；爱交际的。

**folkweave** *n.* kain yang kasar tenunannya. 土布；条格粗布。

**follicle** *n.* folikel; lubang halus yang mengandungi umbi rambut. 小囊；囊状卵

泡;毛囊。**follicular** *a.* berkenaan dengan folikel. 小囊的;毛囊的。

**follow** *v.t./i.* ikut; turut; ekori; tiru; contohi; kesimpulan; faham; mengerti. 跟随;跟着;继;追随;仿效;遵循;因…而起;领会;信奉;听清楚。**~ suit** mengikut. 遵照先例;照样做。**~ up** meneruskan; melaksanakan. 穷追;紧追;追查;采取进一步行动。**~-up** *n.* tindakan susulan. 后续行动;后续措施;(对病人的)定期复查。**follower** *n.* pengikut; penganut. 追随者;拥护者;信徒。

**following** *n.* (kumpulan) pengikut atau penganut; umat. (一群)追随者;(一批)拥护者;(一群)信徒。—*a.* yang berikut. 接着的;其次的。—*prep.* selepas; setelah. 在…以后;之后。

**folly** *n.* kebodohan; ketololan; bangunan hiasan yang tidak berfaedah. 愚笨;愚蠢;荒唐事;傻念头;工程浩大而无用的建筑物。

**foment** *v.t.* membangkitkan; menimbulkan (kekacauan). 激起;挑起(事端);煽动;挑拨离间。

**fomentation** *n.* formentasi; penuaman; pembangkitan; penimbulan. 热敷;热罨;鼓动;挑动;煽动。

**fond** *a.* (*-er, -est*) gemar; suka; sayang; khayalan; (*old use*) bodoh. 喜爱的;爱好的;溺爱的;痴情的;(希望等)不大可能实现的;盲目轻信的。**~ of** menyukai. 爱好。**fondly** *adv.* dengan penuh kasih sayang. 亲爱地;盲目轻信地。**fondness** *n.* rasa sayang; kesukaan. 喜欢;嗜好;溺爱。

**fondant** *n.* gula-gula lembut. 方旦糖。

**fondle** *v.t.* usap; belai. 爱抚;抚弄。

**fondue** *n.* hidangan yang mengandungi keju cair yang berperisa. 瑞士干酪汁;酒味干酪酱。

**font** *n.* bekas air baptis (di gereja). (教堂的)洗礼盘;圣水器。

**fontanelle** *n.* fontanel; bahagian lembut pada kepala bayi tempat tulang tengkorak yang belum rapat. 囟门。

**food** *n.* makanan. 食物;食品;粮食;养料。**~ processor** pemproses makanan; mesin untuk menghancurkan dan membancuh makanan, dsb. 食品加工器;多功能切碎机。

**foodie** *n.* orang yang pandai memilih dan gemar makanan dan minuman yang enak-enak. 食物品尝家;讲究饮食的人。

**foodstuff** *n.* barang makanan. 食品;粮食。

**fool** *n.* orang bodoh; dungu; kuih puding berperisa buah. 笨蛋;傻瓜;白痴;糖水水果拌奶油。—*v.t./i.* berjenaka; berkelakar; usik; helah. 愚弄;欺骗;捉弄;开玩笑。

**foolery** *n.* tindakan bodoh atau dungu. 愚蠢的行为。

**foolhardy** *a.* berani sungguh (mengambil risiko yang bodoh dalam melakukan sesuatu). 有勇无谋的;莽撞的;蛮干的。

**foolish** *a.* dungu; bodoh. 愚蠢的;鲁莽的;可笑的。**foolishly** *adv.* dengan bodoh. 愚蠢地;可笑地。**foolishness** *n.* kedunguan; kebodohan. 愚蠢;愚行;愚事。

**foolproof** *a.* tidak mungkin disalahgunakan; mudah digunakan. 有安全装置的;极简单明了的。

**foolscap** *n.* ukuran atau saiz kertas $17 \times 13^1/_2$ inci. 大页纸张(大小为17英寸乘$13^1/_2$英寸)。

**foot** *n.* (pl. *feet*) kaki; ukuran 12 inci (30.48 cm); ukuran rentak dalam serangkap puisi. 脚;足;底部;脚步;英尺(等于12英寸);(诗的)音步。—*v.t.* berjalan; menjadi pembayar bil. 在…上走;踏在…上;结帐;付款。**~-and-mouth disease** penyakit kuku dan mulut (lembu, dsb.). (牛等动物的)口蹄症。**on ~** berjalan kaki. 步行;徒步;在进行中。**to one's feet** bangun berdiri. 站起。**under one's feet** menghadapi bahaya dipijak; mengacau. 被掌握;屈服于人;阻碍着某人。

**footage** *n.* jarak mengikut ukuran kaki (terutamanya filem wayang gambar atau televisyen). 以英尺计算的长度（尤指电影或电视片的总长度）。

**football** *n.* bola sepak; permainan bola sepak. 足球；足球运动。 **~ pool** judi bola sepak; bertaruh atas perlawanan bola sepak. 足球博彩。 **footballer** *n.* pemain bola sepak. 足球员。 **footballing** *n.* permainan bola sepak. 足球比赛。

**footbridge** *n.* jambatan atau titian jalan kaki. 人行小桥。

**footfall** *n.* bunyi tapak kaki. 脚步声。

**foothills** *n.pl.* kaki bukit; bukit yang rendah di kaki gunung atau banjaran. 山脚；山麓高小丘；山脉的丘陵地带。

**foothold** *n.* tempat berpijak; tempat selebar tapak kaki guna untuk berpijak semasa mendaki. 立足点；攀登时的立脚处；据点。

**footing** *n.* tempat berpijak; keseimbangan; kedudukan; hubungan. 立足点；立脚处；稳固的地位；基础关系；交情。

**footlights** *n.pl.* lampu kaki pentas; lampu dongak; lampu langut. （舞台上的）脚光。

**footling** *a.* (*sl.*) remeh-temeh. 微不足道的。

**footloose** *a.* bebas; tanpa tanggungjawab. 自由自在的；到处走动的；无拘无束的。

**footman** *n.* (pl. *-men*) orang (lelaki) suruhan; kundang. （尤指封建贵族的）侍从；男仆。

**footmark** *n.* jejak; bekas tapak kaki. 足迹；足印。

**footnote** *n.* nota kaki. （文章等的）脚注。

**footpath** *n.* lorong jalan kaki; kaki lima. 小路；人行道。

**footplate** *n.* pelantar untuk pemandu dalam kereta api. 火车司机室内的踏板。

**footprint** *n.* jejak; bekas tapak kaki. 足迹；足印。

**footslog** *v.i.* (p.t. *-slogged*) berjalan dengan perih. （在泥泞中）费力地行走。

**footsore** *a.* sakit kaki akibat berjalan. 因走路过多而脚痛的；脚酸的。

**footstep** *n.* tapak; bunyi tapak kaki. 脚步；脚步声。

**footstool** *n.* bangku kaki; bangku untuk merehatkan kaki semasa duduk. 坐下时搁用的脚凳。

**footwear** *n.* pakaian kaki; kasut dan sarung kaki atau stoking. （总称）鞋类；鞋袜。

**footwork** *n.* gerak kaki; secara menggerakkan atau menggunakan kaki dalam bersukan. （拳击、舞蹈等中的）步法；脚步动作；脚功夫。

**fop** *n.* pelaram; orang yang suka berhias. 纨绔子弟；花花公子。

**for** *prep.* bagi; untuk; sebab; kerana. 为；给；对；供；为了；因为。 —*conj.* kerana. 因为。 **be ~ it** (*colloq.*) akan mendapat balasan atau kesusahan. 势必受到惩罚。

**forage** *v.i.* mencari; menyelongkar. 搜索粮秣；喂食草料。 —*n.* makanan ternakan (kuda, lembu, dll.); mencari. （牛、马等的）饲料；粮秣；（粮秣等的）搜索。

**foray** *n.* serbuan; serangan mendadak. 袭击；侵略；掠夺；蹂躏。 —*v.i.* menyerbu. 袭击；侵略。

**forbade** *lihat* **forbid**. 见 **forbid**。

**forbear** *v.t./i.* (p.t. *forbore*, p.p. *forborne*) menahan diri daripada. 自制；克制；忍耐。

**forbearance** *n.* kesabaran. 自制；克制；耐性。

**forbearing** *a.* sabar; penyabar. 能容忍的；宽容的。

**forbid** *v.t.* (p.t. *forbade*, p.p. *forbidden*) larang; halang. 不许；禁止；阻挡。

**forbidding** *a.* menggerunkan. 冷峻的；可憎的；险恶的。

**force** *n.* kuasa; daya; kekerasan; pasukan; kuat kuasa. 力；力量；气力；魄力；势力；武力；暴力；兵士；部队；影响力；说服力。 —*v.t.* memaksa; mengopak;

memaksa-maksa; memaksa pertumbuhan sesuatu. 强制;迫使;逼迫;强行通过;使植物早熟。 **forced landing** pendaratan kecemasan. 强迫登陆;迫降。 **forced march** perbarisan yang lama dan memerlukan banyak tenaga. 急行军。 —*v.t.* (p.t. *-fed*) memaksa makan. 强喂食物。

**forceful** *a.* tegas dan bersemangat. 强而有力的;激烈的;坚强的。 **forcefully** *adv.* dengan tegas dan bersemangat. 强而有力地;坚强地。 **forcefulness** *n.* keadaan tegas dan bersemangat; kekuatan. 强而有力;坚强。

**forcemeat** *n.* daging cincang berperisa yang dijadikan inti. 五香碎肉;加料肉馅。

**forceps** *n.* (pl. *forceps*) forseps; angkup. 镊子;钳子;(昆虫的)尾铗;钳状体。

**forcible** *a.* dilakukan dengan paksaan. 强行的;有说服力的。 **forcibly** *adv.* secara paksa. 强行地。

**ford** *n.* randukan; harungan; bahagian cetek sungai yang boleh dirandukan atau diharung. 浅滩;可涉水而过之处。 —*v.t.* mengharung. 涉水而过;涉河。

**fordable** *a.* boleh dirandukan atau diharung. 可涉水而过的。

**fore** *a. & adv.* hadapan; arah ke hadapan. 前面;在前部;先前。 —*n.* bahagian hadapan. 前部;头;船的前桅;(马等的)前腿。 **~-and-aft** *a.* di luan dan buritan (kapal). 从船首到船尾的;纵向的。 **to the ~** di hadapan; ketara. 在前面;在显著地位。

**forearm**[1] *n.* lengan (dari siku ke bawah). 前臂。

**forearm**[2] *v.t.* bersedia; sedia senjata sebelum ancaman. 预先准备;警备;预先武装。

**forebears** *n.pl.* nenek moyang. 祖先;祖宗。

**foreboding** *n.* firasat (yang buruk); alamat kecelakaan mendatang. (凶兆等的)预示;预感(灾祸等);预知。

**forecast** *v.t.* (p.t. *forecast*) meramal; meneka; menduga. 预测;预报;预告。 —*n.* ramalan; tekaan. 预测;(天气)预报。 **forecaster** *n.* peramal. 预测者;气象预报员。

**forecastle** *n.* kekota depan; bahagian haluan kapal. 艏楼;(船首甲板下的)水手舱。

**foreclose** *v.t.* merampas harta sebagai pengganti hutang yang tidak dibayar. 取消赎取抵押品的权利。 **foreclosure** *n.* perampasan harta. 丧失赎取权。

**forecourt** *n.* halaman berpagar; perkarangan. (建筑物的)前院;前庭。

**forefathers** *n.pl.* datuk; nenek moyang. 祖先;祖宗;前人。

**forefinger** *n.* jari telunjuk. 食指。

**forefoot** *n.* (pl. *-feet*) kaki hadapan binatang. (四足动物的)前足;前蹄。

**forefront** *n.* bahagian paling hadapan. 最前部;最前线;最前方。

**foregoing** *a.* sebelum ini. 在前的;前述的;前面的。

**foregone** *a.* ~ **conclusion** perkara yang sudah pasti. 预料中必然的结果。

**foreground** *n.* latar depan; latar terdekat kepada pemerhati. (图画等的)前景;最引人注意的地位。

**forehand** *n.* pukul sangga depan; pukulan dengan tapak tangan ke hadapan. 正手的击球。 —*a.* dibuat dengan pukulan ini. (击球)正手的。

**forehead** *n.* dahi. 额;前额。

**foreign** *a.* asing; luar negeri. 外国的;在外国的;外国来的。

**foreigner** *n.* orang asing. 外国人。

**foreknow** *v.t.* (p.t. *-knew*, p.p. *-known*) mempunyai pengetahuan lebih dahulu. 预知;先知。

**foreknowledge** *n.* pengetahuan lebih dahulu. 预知;先见之明。

**foreland** *n.* tanjung. 岬;海角。

**foreleg** *n.* kaki hadapan binatang. (四足动物的)前腿。

**forelock** *n.* gombak; jambul. 额发；(马的)额毛。

**foreman** *n.* (pl. *-men*) penyelia; mandur; formen; jurucakap juri kehakiman. 监工；工头；领班；陪审团主席。

**foremast** *n.* tiang di haluan kapal. 船的前桅。

**foremost** *a.* paling utama; terpenting. 最主要的；首要的；第一的。—*adv.* dalam kedudukan paling utama. 在首要地位。

**forename** *n.* nama pertama. (姓氏前面的)名字。

**forenoon** *n.* (*old use*) pagi; hari sebelum tengah hari. 上午；午前。

**forensic** *a.* forensik; berkenaan mahkamah. 法庭的；用于法庭的。 ~ **medicine** pengetahuan perubatan yang digunakan dalam siasatan polis. 法医学。

**foreordain** *v.t.* telah ditakdirkan. 预先注定；命中注定。

**foreplay** *n.* cumbuan sebelum persetubuhan. 性交前的相互调情。

**forerunner** *n.* pelopor; perintis; orang atau benda yang mendahului dalam sesuatu hal. 先驱；先锋；先导。

**foresail** *n.* layar topang; layar utama di haluan kapal. 船的前桅帆。

**foresee** *v.t.* (p.t. *-saw*, p.p. *-seen*) nampak; sedar sebelum (sesuatu kejadian). 预知；预见(事情的发生)。

**foreseeable** *a.* dapat dijangka; setakat yang nampak. 可预知的；可预见的。

**foreshadow** *v.t.* tanda, alamat sebelum kejadian; membayangkan. 预示；预兆。

**foreshore** *n.* pantai pasang-surut; pantai yang sampai air pasang; tepi pantai. 前岸；前滩。

**foreshorten** *v.t.* menyebabkan sesuatu objek itu kelihatan kecil kerana jaraknya yang jauh. (按透视法)缩短线条。

**foresight** *n.* kebolehan menjangka dan bersiap sedia; pandangan jauh. 预见；先见之明；远见。

**foreskin** *n.* kulup; kulit khatan; kulit di hujung zakar. (男性生殖器的)包皮。

**forest** *n.* hutan; rimba. 森林。 **forested** *a.* dipenuhi hutan. 森林地带的；长满树林的。

**forestall** *v.t.* menghalang; menggagalkan (sebelum kejadian); mendahului. 阻碍；防止；先采取行动；先发制人。

**forester** *n.* pegawai perhutanan. 林务员；林务官；林业学者。

**forestry** *n.* perhutanan; sains penanaman dan penjagaan hutan. 林学；林业；造林与森林管理。

**foretaste** *n.* pengalaman sebelum kejadian sebenar. 预尝到的滋味；先尝；试食。

**foretell** *v.t.* (p.t. *foretold*) ramal; teka; duga; jangka. 预言；预示；预兆。

**forethought** *n.* pemikiran teliti dan perancangan untuk masa hadapan. 事前的考虑；深谋远虑。

**forewarn** *v.t.* memberi amaran sebelum kejadian; mengingatkan terlebih dulu. 预先警告；预先告诫。

**forewoman** *n.* (pl. *-women*) penyelia (perempuan); mandur. 女首席陪审员；女工头；女领班。

**foreword** *n.* kata pengantar. 前言；序言。

**forfeit** *n.* tebusan; denda. 没收物；罚金。—*v.t.* kehilangan; mengorbankan. 丧失(所有权)；没收；充公。—*a.* dirampas; disita. 丧失了的；被没收了的；被充公了的。 **forfeiture** *n.* perampasan. 丧失；没收。

**forfend** *v.t.* mengelakkan; menghindarkan. 避开；防止；禁止。

**forgather** *v.i.* berkumpul; berhimpun. 聚会；集合。

**forgave** *lihat* **forgive**. 见 **forgive**。

**forge**[1] *v.i.* terus mara atau maju. 稳步前进；顺势前进。

**forge**[2] *n.* bengkel tukang besi; dapur pemanas besi tukangan. 铁厂；锻工车间。 —*v.t.* tempa; menukang besi panas; tiru; memalsukan. 锻造；打铁；锻炼；伪造；

编造。**forger** *n.* peniru; pemalsu. 伪造者；假冒者。

**forgery** *n.* benda palsu; pemalsuan. 仿造品；赝品。

**forget** *v.t./i.* (p.t. *forgot*, p.p. *forgotten*) lupa. 忘；忘记；忽略。 **~-me-not** *n.* se-jenis tumbuhan dengan bunga kecil berwarna biru. 忽忽我草。 **~ oneself** berkelakuan tidak sopan; lupa diri. 忘形；失态；忘我；奋不顾身。

**forgetful** *a.* terlupa; pelupa. 不注意的；疏忽的；健忘的。 **forgetfully** *adv.* se-cara terlupa. 不经心地；疏忽地；健忘地。 **forgetfulness** *n.* sifat pelupa. 健忘。

**forgive** *v.t.* (p.t. *forgave*, p.p. *forgiven*) maaf; ampun. 原谅；饶恕；宽恕。 **for-givable** *a.* boleh dimaafkan. 情有可原的；可宽恕的。 **forgiveness** *n.* kemaafan; keampunan. 原谅；饶恕；宽恕。

**forgo** *v.t.* (p.t. *forwent*, p.p. *forgone*) tinggal-kan; tidak dihiraukan; tidak dipedulikan. 弃绝；放弃；断念；谢绝。

**fork** *n.* garpu; cakar; cabang. 叉；耙；岔流；(路)岔口；(树)分岔。 —*v.t./i.* mengorek atau menggemburkan dengan alat ini; bercabang. 叉起；(用耙)耙；分歧；分叉。 **~-lift truck** trak angkat susun; trak kecil dengan alat bercabang guna untuk mengangkat dan menyusun barang-barang. 叉式升降机；叉车；铲车。 **~ out** (*sl.*) bayar. 支付；交出。

**forlorn** *a.* pilu; sayu; terbiar. 绝望的；孤独凄凉的；被遗弃的。 **~ hope** pu-tus asa. 几乎无成功希望的事；渺茫的希望。 **forlornly** *adv.* dengan berputus asa. 绝望地；孤注一掷地。

**form** *n.* bentuk; rupa; tingkatan; borang; gaya; tatacara; sarang arnab. 形状；形态；样子；外貌；类型；姿态；表格；态度；仪式；兔穴。 —*v.t./i.* membentuk; merupakan; terdiri. 形成；产生；构成；塑造；组织；排成。

**formal** *a.* rasmi; formal. 正式的；礼节上的；仪式上的。 **formally** *adv.* ber-peraturan; secara rasmi. 形式上；正式地。

**formaldehyde** *n.* formaldehid; gas tidak berwarna digunakan dalam larutan seba-gai pengawet dan bahan penyahjangkitan. 甲醛。

**formalin** *n.* formalin; larutan formaldehid. 甲醛水。

**formality** *n.* rasmi; keformalan; formaliti; tatacara; tatatertib. 拘泥形式；拘谨；正式手续；礼节；仪式。

**formalize** *v.t.* menjadikan rasmi. 使成正式；使形式化；使具形式。 **formaliza-tion** *n.* perbuatan menjadikan rasmi; pe-rasmian. 正式化；形式化。

**format** *n.* format, bentuk dan saiz bu-ku, dsb.; cara penyusunan. 出版物的开本；版式；组织结构；形式。 —*v.t.* (p.t. *formatted*) disusun dalam sesuatu format. 设计；安排版式；编排格式。

**formation** *n.* pembentukan; penubuhan. 构成；形成；组织；构造。

**formative** *a.* yang membentuk; berkenaan pembentukan. 形成的；构成的；造型的。

**former** *a.* dahulu; terdahulu. 早先的；以前的；(两者中)前面的。

**formerly** *adv.* dahulunya. 从前；以前；往昔。

**formic acid** *n.* asid formik; asid yang merengsakan dalam cecair yang dike-luarkan oleh semut. 甲酸；蚁酸。

**formidable** *a.* sukar; menggerunkan. 难以克服的；艰难的；可怕的；令人畏惧的。 **formidably** *adv.* dengan sukar. 艰难地。

**formless** *a.* tanpa bentuk. 无定形的；无形状的。

**formula** *n.* (pl. *-ae* atau *-as*) formula; ru-musan; ungkapan tetap; lambang atau simbol yang menunjukkan kenyataan kimia atau matematik, dsb. 公式；程式；方案；分子式。 **formulaic** *a.* berformula. 根据公式的；刻板的；用俗套话堆砌成的。

**formulate** *v.t.* rumus secara teratur; mengungkapkan. 使公式化；有系统地阐述；用公式表达。**formulation** *n.* perumusan. 公式化；公式化的表达；(制度等的)规划。

**fornicate** *v.t.* berzina. 私通；通奸；野合。**fornication** *n.* zina. 私通；通奸；野合。**fornicator** *n.* penzina. 私通者。

**forsake** *v.t.* (p.t. *forsook*, p.p. *forsaken*) tinggalkan; hampakan. 遗弃；抛弃；舍弃；丢弃；革除。

**forsooth** *adv.* (*old use*) benar-benar; sungguh. 的确；真的；当然。

**forswear** *v.t.* (p.t. *forswore*, p.p. *forsworn*) tinggalkan; taubat. 断然放弃；发誓抛弃；背弃(信义等)。

**forsythia** *n.* tumbuhan berbunga kuning. 连翘(一种植物)。

**fort** *n.* kota; benteng; kubu. 堡垒；要塞；城堡。

**forte** *n.* kelebihan atau keistimewaan seseorang. 人的特长；专长。

**forth** *adv.* keluar; ke muka; ke hadapan. 向外；往外；向前；向前方。**back and ~** pergi balik. 来回；前后。

**forthcoming** *a.* akan datang; akan muncul; akan terbit. 即将到来的；即将出现的；随要随有的；现成的。

**forthright** *a.* lurus; jujur; terus terang. 坦白的；直率的。

**forthwith** *adv.* segera; sekarang juga. 即刻。

**fortification** *n.* pengotaan; pembentengan; pengubuan. 筑城；筑垒；设堡；筑城学。

**fortify** *v.t.* menguatkan; mengukuhkan; mengutuhkan. 增强；设要塞于；设防于。

**fortissimo** *adv.* fortisimo; dengan lantangnya. 用最强音；极强地。

**fortitude** *n.* kesabaran dalam kesakitan atau penderitaan. 坚忍；刚毅。

**fortnight** *n.* dua minggu. 两星期。

**fortnightly** *a. & adv.* (kejadian sekali) dalam masa dua minggu; dua mingguan. 每两星期一次(的)；每两周(的)。

**Fortran** *n.* Fortran; bahasa komputer yang digunakan terutamanya untuk pengiraan saintifik. 电脑语言；公式翻译程序语言。

**fortress** *n.* benteng; kota; kubu. 堡垒；要塞。

**fortuitous** *a.* kebetulan; tidak dijangka. 偶然的；邂逅的；幸运的。**fortuitously** *adv.* dengan tidak dijangka. 偶然地；幸运地。

**fortunate** *a.* tuah; nasib (baik). 幸运的；侥幸的。**fortunately** *adv.* mujur; nasib baik. 幸运地；侥幸地。

**fortune** *n.* tuah; untung; nasib (baik). 运气；好运；吉祥；大笔财富。**~-teller** *n.* penilik nasib; tukang tilik. 算命者；占卜者。

**forty** *a. & n.* empat puluh. 四十(的)；四十个(的)。**~ winks** tidur sekejap. 小眠；白天的小睡。**fortieth** *a. & n.* keempat puluh. 第四十(的)。

**forum** *n.* tempat perbincangan awam; forum. 论坛；会议场。

**forward** *a.* depan; hadapan; maju; lancang. 向前方的；在前部的；前进的；急进的；鲁莽的。—*n.* pemain barisan depan dalam permainan bola, dsb. (足球、篮球等)前锋；前卫。—*adv.* ke depan; ke arah masa depan. 向前；向船头；今后。—*v.t.* memajukan; menyampaikan (surat, barang, dsb.). 促进；助长；转交；运送。**forwardness** *n.* kelancangan. 鲁莽；唐突。

**forwards** *adv.* (arah) ke hadapan; maju; mara. 向前；进步地；前进。

**fosse** *n.* parit (sebagai kubu pertahanan). 城壕；护城。

**fossil** *n.* tinggalan tulang-temulang, bekas binatang dan hidupan dahulu kala; fosil. 化石。

**fossilize** *v.t.* menjadi fosil. 使成化石。**fossilization** *n.* proses menjadi fosil. 化石作用。

**foster** *v.t.* menggalakkan; mendidik; membela. 鼓励;扶植;养育;抚养。**~-child** *n.* anak angkat; anak belaan. 养子;养女。**~-mother** ibu angkat. 养母;义母。**~ home** rumah keluarga angkat.照顾孤儿或病者的家庭;寄养家庭。

**fought** *lihat* fight. 见 fight。

**foul** *a.* (-*er*, -*est*) keji; busuk; carut; kerosot; batal atau faul (mengikut peraturan permainan). 肮脏的;有恶臭的;下流的;卑鄙的;缠结难解的;违反规则的。—*n.* faul. 犯规。—*v.t./i.* jadi keji, busuk atau kerosot; halang; membuat faul. 污染;弄脏;使纠缠;阻碍;犯规。**~-mouthed** *a.* bahasa yang kesat. 说话下流的;口出恶言的。**foully** *adv.* secara kotor; secara faul. 下流地;卑鄙地;邪恶地。**foulness** *n.* kekesatan; kekotoran; kecemaran. 下流;肮脏;污浊。

**found**[1] *lihat* find. 见 find。

**found**[2] *v.t.* menubuhkan; biayai penubuhan sesuatu; mengasaskan. 建立;创立;打地基;创建。**founder** *n.* penubuh; pengasas. 奠基者;创建者;创办人。**foundress** (*n. fem.*) pengasas (perempuan). 女奠基者;女创建者;女创办人。

**found**[3] *v.t.* melebur (logam); menukang. 铸造;熔化(玻璃原料);熔制(玻璃器皿)。**founder** *n.* pelebur; tukang (logam). 铸造工人;熔制工人。

**foundation** *n.* penubuhan; pengasasan; asas; yayasan. 创办;创设;基础;根据;地基;捐款;基金。

**founder**[1,2] *lihat* found[2,3]. 见 found[2,3]。

**founder**[3] *v.i.* radung; teradung dan jatuh; dipenuhi air dan tenggelam; gagal. 击(高尔夫球)入洞;土地陷落;(马因奔驰过度而)摔倒;(船)浸入而沉;垮掉;失败。

**foundling** *n.* anak buangan (tidak diketahui ibu bapanya). 弃儿;弃婴。

**foundry** *n.* faundri; bengkel melebur logam atau kaca. 铸工厂;玻璃厂。

**fount** *n.* pancutan atau mata air. 泉;泉源。

**fountain** *n.* pancutan. 喷泉;泉水;人造喷泉;喷水池。**~-pen** *n.* pena yang boleh diisi dakwat. 自来水笔。

**four** *a. & n.* empat. 四(的)。**~-poster** *n.* katil bertiang empat. 四柱卧床。

**fourfold** *a. & adv.* empat kali ganda. 四倍的(地);四重的(地)。

**foursome** *n.* sekumpulan empat orang. 四人一组;两对。

**fourteen** *a. & n.* empat belas.十四(的)。

**fourteenth** *a. & n.* keempat belas; yang keempat belas. 第十四(的);十四分之一(的)。

**fourth** *a.* keempat. 第四的。—*n.* seperempat; suku. 第四;四分之一。**fourthly** *adv.* yang keempat. 第四。

**fowl** *n.* ayam. 鸡;家禽。

**fowling** *n.* pemburuan ayam hutan atau ayam liar. 捕猎野禽。**fowler** *n.* pemburu ayam hutan atau ayam liar. 捕猎野禽者。

**fox** *n.* rubah; orang yang pandai tipu muslihat. 狐狸;狡猾的人;诡计。—*v.t.* melakukan tipu helah dengan muslihat.用狡计欺诈。**~-terrier** *n.* anjing terier berbulu pendek. 狐狸。**foxy** *a.* berupa tipu helah atau muslihat; licik; seksi. 狐般狡猾的;狡奸的;诡计多端的;体态诱人的;性感迷人的。

**foxglove** *n.* pokok berbunga seperti sarung jari. 毛地黄。

**foxhole** *n.* kubu lubang; kubu pelindungan tentera. 散兵坑;单人战壕。

**foxhound** *n.* anjing *foxhound*; anjing peliharaan untuk memburu rubah. 狐猩;猎狐狗。

**foxtrot** *n.* tarian dengan langkah longlai dan rancak. 狐步舞;狐步舞曲。

**foyer** *n.* ruang legar; lobi; ruang di pintu masuk panggung, dewan, dsb. (剧场、旅馆等的)门厅;休息间。

**fracas** *n.* (pl. -*cas*) perbalahan yang hingarbingar. 喧哗;吵闹。

**fraction** *n.* pecahan; bahagian; sebahagian daripada sesuatu angka. 小部分;片断;分数。**fractional** *a.* berpecah-pecah;

**fractious** sedikit; (bersifat) pecahan kecil. 断片的；零碎的；分数的；小数的。 **fractionally** *adv.* secara berbahagi atau pecahan. 部分地；碎片地。

**fractious** *a.* meragam; merengus. 易怒的；暴躁的；倔强的。

**fracture** *n.* pecahan; retak (tulang).破裂；断裂；骨折。—*v.t./i.* pecahkan; retakkan. 破裂；断裂；骨折。

**fragile** *a.* rapuh; mudah pecah. 脆的；易碎的；脆弱的；虚弱的。 **fragility** *n.* kerapuhan. 脆性；易碎性；脆弱。

**fragment**[1] *n.* serpihan; (sebahagian) pecahan. 碎屑；碎片；未完成部分。

**fragment**[2] *v.t./i.* menyerpih; memecah. 使成碎片；分裂。 **fragmentation** *n.* penyerpihan; pemecahan; perpecahan. 破碎；分裂；破裂。

**fragmentary** *a.* serpih; bercebis-cebis. 碎片的；片断的；不完整的；不连续的。

**fragrance** *n.* kewangian; keharuman; pewangi. 芳香；香气；香味；香精。

**fragrant** *a.* wangi; harum. 芬芳的；香喷喷的。

**frail** *a.* (*-er, -est*) lekeh; layuh; lemah. 脆弱的；易损坏的；身体虚弱的。 **frailty** *n.* kelekehan; kelayuhan; kelemahan. 脆弱；意志薄弱；易受诱惑；身体虚弱。

**frame** *n.* susuk; bentuk; rangka; bingkai; birai; pemidang; bidang. 身材；体格；结构；骨架；构架；框架；安片框；画面；镜头；(保护植物的)玻璃罩。—*v.t.* membingkai; membidang; ungkap; (*sl.*) buat aniayai (dengan penyediaan dalil palsu). 装框架；构造；建造；制订；说出；诬害；捏造。 **~ of mind** keadaan fikiran. 心情；心境。

**framework** *n.* rangka. 构架；框架；组织；结构。

**franc** *n.* mata wang Perancis, Belgium dan Switzerland. 法郎(法国、比利时、瑞士等国的货币单位)。

**franchise** *n.* hak pengundian; francais; keizinan jualan barangan sesuatu syarikat dalam sesuatu kawasan. 选举权；公民权；特许经销权。

**Franciscan** *n.* paderi mazhab St. Francis. 圣方济各会修士；灰衣修士。

**Franco-** *pref.* awalan yang berkenaan Perancis. (前缀)表示"法国的；法国人的"。

**frangipani** *n.* pokok kemboja; bunga kemboja. 鸡蛋花。

**frank**[1] *a.* (*-er, -est*) jujur; terus terang. 老实的；直率的；坦白的；直言不讳的。 **frankly** *adv.* dengan jujur. 老老实实地；直率地。 **frankness** *n.* kejujuran. 老实；直率。

**frank**[2] *v.t.* tanda pos yang menunjukkan bahawa belanja posnya sudah dibayar. (在信件上)盖免费递送或邮资已付印戳。

**frankfurter** *n.* sosej (makanan, lempuk daging) salaian. 熏肉香肠。

**frankincense** *n.* setanggi. 乳香。

**frantic** *a.* kalut; cemas. (因喜悦、忿怒等而)发狂似的；急得发狂的。 **frantically** *adv.* dengan cemas. 发狂似地。

**fraternal** *a.* berkenaan persaudaraan. 兄弟的；兄弟般的。 **fraternally** *adv.* dengan ikatan persaudaraan. 兄弟般地。

**fraternity** *n.* persaudaraan. 兄弟关系；友爱；兄弟般的情谊。

**fraternize** *v.i.* berhubung secara persaudaraan. 亲如兄弟。 **fraternization** *n.* perhubungan persaudaraan. 兄弟般的交往。

**fratricide** *n.* pembunuhan saudara; pembunuh saudara. 杀兄弟姐妹的行为；杀害同胞的行为。

**Frau** *n.* (pl. *Frauen*) gelaran wanita berkahwin dalam bahasa Jerman. 夫人(德语尊称已婚妇女)。

**fraud** *n.* penipuan; orang yang mengaku dirinya orang lain; benda palsu. 欺诈行为；舞弊；骗局；骗子；冒充者；伪品。 **fraudulence** *n.* penipuan. 欺骗性；欺诈。 **fraudulent** *a.* tipu; palsu. 欺

骗性的;欺诈的。 **fraudulently** *adv.* dengan tipu muslihat. 欺骗性地;欺诈地。

**fraught** *a.* tegang; merisaukan. 忧伤的;令人忧虑的。 **~ with** penuh dengan (ketegangan, bahaya, dsb.). 充满(紧张气氛、危险等)的;预示…的恶兆的;隐藏着…的。

**Fraulein** *n.* gelaran wanita belum kahwin dalam bahasa Jerman. 小姐;姑娘(德语尊称未婚女子)。

**fray**[1] *n.* perkelahian; pergaduhan. 吵闹;打架;争论。

**fray**[2] *v.t./i.* haus; hakis; lusuh; tegang; radang. 磨;磨散(布边等);磨损(绳子末端);使(关系)紧张。

**frazzle** *n.* lesu; letih; penat. 疲倦;疲惫。

**freak** *n.* orang atau benda ganjil atau pelik; kepelikan; keganjilan; keanehan; orang yang berpakaian ganjil. 畸形的人或物;怪物;怪诞行为;怪念头;衣著、行为怪异的人。 **freakish** *a.* ganjil; pelik; aneh. 畸形的;反常的;怪诞的。

**freckle** *n.* tetua; jagat; bintik-bintik pada kulit. 雀斑;(皮肤上的)斑点。—*v.t./i.* tumbuh tetua atau jagat; menjadi berbintik. 生雀斑;生斑点。

**free** *a.* (*freer, freest*) bebas; merdeka; tanpa; percuma; kosong; lapang; boros. 自由的;自主的;自立的;不受控制的;无…的;免费的;免税的;空闲的;空余的;富足的;优裕的。—*v.t./i.* (p.t. *freed*) membebaskan; melepaskan; memerdekakan. 解放;释放;使自由。 **~ hand** hak membuat keputusan sendiri. 不受拘束;可自由决定。 **~-hand** *a.* (lukisan) dibuat dengan tangan tanpa menggunakan pembaris, dll. 随手绘制的;徒手画的。 **~ house** kedai minuman keras yang tidak dikuasai oleh pembuat minuman keras. 出售各种牌子酒的小酒店。 **~lance** orang yang menjual perkhidmatannya kepada berbagai-bagai majikan. 不受雇于人的工作者;自由作家或演员。 **free-range** *a.* ternak lepas; ayam ternak lepas. (鸡、鸡蛋等)自由放养场的。 **free-wheel** *v.t.* berbasikal tanpa mengayuh. (骑脚踏车时不扶车把让车子)靠惯性滑行。

**freebie** *n.* (*colloq.*) barang yang diberikan secara percuma. 免费物;免费赠品。

**freebooter** *n.* lanun. 海盗;劫掠者。

**freedom** *n.* kebebasan; kemerdekaan. 自由;独立自由;自由身分。

**freefone, freephone** *n.* sistem membuat panggilan telefon percuma dan dibayar oleh peniaga. 免收费电话;商家负责支付的免费电话。

**freehold** *n.* pegangan kekal. 完全保有的土地;不动产的自由保有权。

**freeholder** *n.* pemegang kekal. 不动产的保有人。

**Freemason** *n.* Masuni; Freemason; ahli kumpulan sejenis persaudaraan rahsia. 共济会;共济会成员。 **Freemasonry** *n.* pertubuhan Freemason. 共济会的制度。

**freemasonry** *n.* semangat persaudaraan golongan yang mempunyai kepentingan yang sama. 有共同经历的人们之间的默契。

**freepost** *n.* bayaran pos percuma; sistem surat jawapan yang dibayar belanja posnya oleh pihak yang memerlukan makluman balas. (由欲取得资讯或情报的一方负担邮费的)邮费信件;邮费先付信件。

**freesia** *n.* sejenis bunga harum. 小苍兰。

**freeway** *n.* lebuh raya. 高速公路。

**freeze** *v.t./i.* (p.t. *froze*, p.p. *frozen*) membekukan; beku; mendinginbekukan. 使结冰;凝结;冷冻;冷藏。—*n.* bekuan; kebekuan; pembekuan. 凝固物;凝固性;凝固化;凝结。 **~ on to** (*sl.*) memegang dengan erat. 抓紧;接紧。

**freezer** *n.* pembeku; penyejuk beku; alat pembeku dalam peti ais. 制冰淇淋机;冷藏工人;冷冻装置;冷藏库;冰箱的冷藏格。

**freight** *n.* muatan; kargo; pengangkutan barang dengan kapal atau kapal terbang.

(船、飞机等)运送的货物;货运;空运;船运。 —*v.t.* mengangkut barang-barang dengan kapal, dsb. (用船等)运货。

**freighter** *n.* kapal atau kapal terbang pengangkut barang. 货船;运货机。

**freightliner** *n.* kereta api pengangkut kontena. 集装箱定期直达列车。

**French** *a. & n.* orang atau bahasa Perancis; berkenaan Perancis; keperancisan. 法国人(的);法语(的);法国的;法国式(的)。 **~ chalk** bedak talkum. 滑石粉。 **~ horn** hon Perancis; sejenis alat muzik yang ditiup. 法国号。 **~ leave** tidak hadir tanpa kebenaran. 擅自缺席;不辞而别。 **~polish** *v.t.* mengilatkan (kayu) dengan varnis. 为⋯上罩光漆。 **~ window** pintu tetingkap. 落地窗。 **Frenchman** *n.* lelaki Perancis. 法国男人。 **Frenchwoman** *n.* perempuan Perancis. 法国女人。

**frenetic** *a.* kegila-gilaan. 发狂似的;狂热的。 **frenetically** *adv.* secara menggila. 疯狂地;狂热地。

**frenzied** *a.* kalut; cemas. 狂乱的;非常激动的;疯狂似的。 **frenziedly** *adv.* dengan cemas; dengan kalut. 狂乱地;极其激动地。

**frenzy** *n.* kekalutan; kecemasan. 狂乱;狂怒;(一时的)疯狂。

**frequency** *n.* kekerapan; kadar pengulangan; frekuensi; gelombang pembawa isyarat (bunyi, dsb.). 次数;重复发生率;(声音等的)频率;周率;频繁。

**frequent**[1] *a.* kerap. 经常发生的;常见的。 **frequently** *adv.* dengan kerapnya. 经常;时常。

**frequent**[2] *v.t.* selalu pergi atau berada di sesuatu tempat. 常去;常到(某处)。

**fresco** *n.* (pl. *-os*) fresco; gambar yang dilukis pada dinding atau siling sebelum plasternya kering. 湿绘壁画法;湿绘壁画。

**fresh** *a.* (*-er, -est*) segar; baru. 新鲜的;清新的;新近的;清凉的;鲜艳的。

**freshly** *adv.* dengan segar. 新近;刚刚;(水果等)刚摘下地。 **freshness** *n.* kesegaran. 新鲜;清新;新近;清凉。

**freshen** *v.t./i.* menyegarkan; menyegari. 使新鲜;使有精神;把(自己)梳洗一番。

**freshet** *n.* sungai air tawar yang mengalir ke laut; banjir sungai. 入海的淡水流;(下雪引起的)洪水。

**freshman** *n.* (pl. *-men*) mahasiswa atau penuntut universiti tahun pertama. 大专学院的新生;一年级生。

**freshwater** *a.* air tawar. 淡水的。

**fret**[1] *v.t./i.* (p.t. *fretted*) risau; runsing; gelisah; rusuh; khuatir; haus, hakis akibat gosokan atau geritan. 烦躁;担忧;磨损;侵蚀;因摩擦等造成的腐蚀。

**fret**[2] *n.* fret; bendul halus pada batang gitar. (吉他等弦乐器指板上定音用的)档子。

**fretful** *a.* risau; runsing; gelisah; rusuh; khuatir. 烦躁的;忧虑的。 **fretfully** *adv.* dengan risau; merisaukan. 烦恼地;躁动不安地。

**fretsaw** *n.* gergaji ukir; gergaji halus untuk ukiran. 线锯;钢丝锯。

**fretwork** *n.* ukiran; larikan. 回纹细工;万字细工。

**Freudian** *a.* berkenaan dengan Freud dan teori analisis jiwa yang dikemukakannya. 弗洛伊德学说的;心理分析学的。

**friable** *a.* rapuh; mudah hancur. 脆的;易碎的。 **friability** *n.* kerapuhan. 脆性;易碎性。

**friar** *n.* rahib; biarawan (Nasrani, Kristian). (天主教)男修士;托钵修士。

**friary** *n.* biara (Nasrani, Kristian). (天主教)男修道院。

**fricassee** *n.* frikasi; masakan daging berkuah likat. 油焖原汁肉块。

**friction** *n.* geseran; perselisihan. 摩擦;摩擦力;阻力;冲突。 **frictional** *a.* bersifat geseran atau perselisihan; bergeser. 摩擦的;由摩擦而产生的;起冲突的;不和的。

**Friday** *n.* Jumaat. 星期五。

**fridge** *n.* (*colloq.*) peti ais. 电冰箱。

**fried** lihat **fry**[1]. 见 **fry**[1]。

**friend** *n.* sahabat; kawan; rakan; teman; handai; taulan. 朋友；同伴；同志；自己人；相识者；支持者。 **~ship** *n.* persahabatan. 友谊；友情。

**friendly** *a.* (*-ier, -iest*) mesra. 友好的；友善的；促进友谊的；支持的。 **Friendly Society** pertubuhan untuk kebajikan ahlinya. 互助会。 **friendliness** *n.* kemesraan. 友好；友善。

**Friesian** *n.* jenis lembu susu bertompok hitam putih. 黑白花牛；荷兰牛。

**frieze** *n.* ukiran pada bahagian atas dinding. 柱的中楣；墙壁或建筑物上端的雕带。

**frigate** *n.* kapal kecil angkatan tentera laut. 护卫舰；护航舰。

**fright** *n.* ketakutan. 惊吓；恐怖；奇形怪状的人或物。

**frighten** *v.t./i.* takut; menakutkan. 害怕；惊恐；吓唬。

**frightened** *a.* takut. 受惊吓的；恐惧的。

**frightful** *a.* yang menakutkan; hodoh; (*sl.*) sangat buruk atau hebat. 可怕的；极糟的；讨厌得要命的。 **frightfully** *adv.* sangat; amat. 非常地。

**frigid** *a.* sangat dingin atau sejuk; kaget dan kaku (dalam hal seks). 寒冷的；冷淡的；生硬的；性冷感的；索然无味的。 **frigidly** *adv.* dengan dingin. 寒冷地；冷淡地。 **frigidity** *n.* kedinginan; kekagetan. 寒冷；冷淡；生硬。

**frill** *n.* renda; jumbai; lebihan. （服装的）褶边；饰边；（胶片边缘的）绉褶；无用的装饰。 **frilled** *a.*, **frilly** *a.* yang diletakkan renda; berjumbai; berenda. 有褶边的；有饰边的；满是褶边的。

**fringe** *n.* pinggir; pinggiran. 边缘；边饰；刘海；流苏；穗。 —*v.t.* meminggir. 使成为缘饰；加穗于。 **~ benefit** faedah tambahan yang diberikan oleh majikan selain daripada gaji. 附加福利。

**frippery** *n.* hiasan murah. 便宜而俗气的装饰。

**frisk** *v.t./i.* loncat; kerosek; meraba mencari sesuatu (senjata) yang tersembunyi. 蹦跳；欢跃；搜身。

**frisky** *a.* (*-ier, -iest*) berloncatan (riang); lincah. （欢欣而）蹦跳的；欢跃的。 **friskily** *adv.* dengan lincah; dengan riang. 蹦跳地；欢跃地。 **friskiness** *n.* kelincahan; keriangan. 蹦跳；欢跃。

**fritillary** *n.* tumbuhan berbunga bertompok-tompok; rama-rama bertompok-tompok. 贝母；豹纹蝶。

**fritter**[1] *n.* goreng bersadur (daging, buah-buahan, dsb.). 带馅油炸面团。

**fritter**[2] *v.t.* membazir. 浪费；挥霍。

**frivol** *v.i.* (p.t. *frivolled*) berfoya; berleka; membazir masa. 混日子；做无聊事；浪费时间。

**frivolous** *a.* remeh; tidak serius; bermain-main; gemar bersuka-suka; sekadar berseronok. 无聊的；轻薄的；不认真的；轻佻的；爱玩的。 **frivolously** *adv.* secara remeh; secara bersuka-suka. 无意义地；轻薄地；轻浮地；爱玩地。 **frivolity** *n.* keremehan; keriangan. 无意义；轻薄；轻浮；享乐。

**frizz** *v.t./i.* keriting. 使卷曲；为…卷发。

**frizzy** *a.* berkeriting. 卷发的；卷曲的。

**frizziness** *n.* kekeritingan. （头发的）卷曲。

**frizzle** *v.t./i.* menggoreng dengan bunyi berdetus-detus. 炸得吱吱发响。

**fro** lihat **to and fro**. 见 **to and fro**。

**frock** *n.* pakaian wanita; jubah. 女式长衣；长工作袍。

**frog** *n.* katak; kodok; belulang di tapak kaki kuda; butang kepalalat. 蛙；田鸡；马蹄底的蹄楔；盘花钮扣。 **~ in one's throat** parau; serak. （声音）嘶哑；轻咽喉炎。

**frogman** *n.* juruselam; penyelam berpakaian selaman dan berbekal tangki oksigen. 蛙人；潜水员。

**frogmarch** *v.t.* menolak papah (orang). 蛙式抬运。

**frolic** *v.i.* (p.t. *frolicked*) bermain-main. 嬉戏;玩乐。 —*n.* (perbuatan) bermain-main atau bersuka-suka. 嬉戏;玩乐。

**frolicsome** *a.* suka bermain-main. 爱闹着玩的;嬉戏的。

**from** *prep.* dari; daripada. 从;自。 **~ time to time** dari semasa ke semasa. 时时。

**frond** *n.* pelepah. (蕨类、棕榈等的)叶子。

**front** *n.* bahagian hadapan; depan; muka; medan tempuran; (kegiatan ganti sebagai) pelindung kegiatan rahsia. 前面;前部;正面;相貌;前线;战线;(替身)作幌子;出面人物。—*a.* hadapan; depan. 前面的;正面的。—*v.t./i.* menghadapi; menghala. 面对;朝向。 **~ bench** anggota utama Parlimen. 前座议员。 **~-runner** *n.* calon yang disebut-sebut akan menang. 比赛中的领先者。 **in ~** di hadapan. 在…前面。

**frontage** *n.* bahagian hadapan; halaman. (建筑物的)正面;面对方向;屋前空地。

**frontal** *a.* berkenaan bahagian hadapan. 正面的;前面的。

**frontier** *n.* sempadan. 边疆;边界;国境。

**frontispiece** *n.* ilustrasi depan; gambar lukisan pada halaman di sebelah halaman judul buku. 卷首插图。

**frost** *n.* fros; cuaca membeku; salji atau embun beku. 霜;霜柱;严寒;冰冻。—*v.t./i.* cedera akibat fros; mengaising; jadikan kaca legap dengan mengasarkan permukaannya. 冻伤;在(糕饼等)上加糖霜;为(玻璃等)制毛面;结霜于。

**frosty** *a.* berfros. 霜冻的;严寒的。

**frostbite** *n.* reput fros atau ibun. 霜害;冻伤;冻疮。 **frostbitten** *a.* kena reput fros. 受冻害的;被冻伤的;生冻疮的。

**frosting** *n.* aising; salutan gula pada kuih. 覆于糕点上的糖霜。

**froth** *n. & v.t./i.* buih; berbuih. 泡;泡沫。 **frothy** *a.* yang berbuih. 起泡沫的;多泡沫的。 **frothiness** *n.* keadaan berbuih. 充满泡沫;起泡沫。

**frown** *v.i.* mengerutkan dahi. 皱眉头。—*n.* dahi atau kening berkerut. 皱眉;蹙额。 **~ on** tidak setuju. 不悦;反对。

**frowsty** *a.* pengap; hapak. 闷热的;霉臭的。

**frowzy** *a.* pengap; hapak; selekeh. 闷热的;霉臭的;邋遢的。 **frowziness** *n.* berkeadaan hapak. 霉臭;邋遢。

**froze, frozen** *lihat* **freeze**. 见 **freeze**。

**fructify** *v.t./i.* berbuah; berhasil. 结果实;使多产。 **fructification** *n.* perihal berhasil. 结实;结果。

**frugal** *a.* jimat; cermat (dalam penggunaan wang). 俭省的;节约的;俭朴的。 **frugally** *adv.* dengan jimat. 俭省地;节约地。 **frugality** *n.* kejimatan; kecermatan. 俭省;节约;俭朴。

**fruit** *n.* buah; hasil usaha. 实;果实;水果;结果;效果;收入;成果;产物。—*v.t./i.* membuah; berbuah. 结果实;取得成果;奏效。 **~ machine** mesin perjudian yang dijalankan dengan memasukkan syiling. 吃角子老虎机。 **~ salad** salad buah-buahan. 水果色拉。

**fruiterer** *n.* penjual buah-buahan. 水果商。

**fruitful** *a.* berhasil. 果实累累的;多产的;丰饶的;有成果的;收益多的。 **fruitfully** *adv.* dengan berhasil. 果实累累地;多产地;丰饶地;有成果地;收益多地。 **fruitfulness** *n.* keberhasilan. 果实累累;丰饶。

**fruition** *n.* pembuahan; hasilan daripada usaha. 结果实;成就;成果。

**fruitless** *a.* tanpa buah atau hasil; gagal; sia-sia. 不结果实的;无效果的;无结果的;无收益的。 **fruitlessly** *adv.* dengan tidak berhasil. 无效果地;无结果地。

**fruitlessness** *n.* kegagalan; kesia-siaan; keadaan tanpa buah atau hasil. 失败;无成效;不结果实。

**fruity** *a.* (*-ier, -iest*) seperti bau atau rasa buah. 果实状的;有果味的。

**frump** *n.* perempuan comot. 衣著旧式而邋遢的妇女。 **frumpish** *a.* comot. 邋遢的。

**frustrate** *v.t.* menghalang (pencapaian sesuatu); menghampakan. 阻挠;挫败;使灰心。 **frustration** *n.* kehampaan; kekecewaan. 受挫;挫折;挫败。

**fry**[1] *v.t./i.* (p.t. *fried*) menggoreng; merendang. 油炸;油炒;油煎。

**fry**[2] *n.* (pl. *fry*) anak ikan. 鱼秧;鱼苗。 **small ~** orang yang tidak penting. 无足轻重的人或物;小人物。

**frying-pan** *n.* kuali. 长柄平底锅。

**ft.** *abbr.* **foot** atau **feet**; kaki; ukuran 12 inci. (缩写) 英尺 (等于12英寸)。

**fuchsia** *n.* tumbuhan berbunga seperti loceng. 倒挂金钟属植物。

**fuddle** *v.t.* membingungkan; menjadi mabuk. 使糊涂;使混乱;酩酊大醉。

**fuddy-duddy** *a. & n.* (*sl.*) kolot; orang kolot. 守旧的;过时的;保守的人。

**fudge** *n.* gula-gula lembut. 乳脂软糖。 —*v.t.* memalsukan. 欺骗;捏造。

**fuel** *n.* bahan bakar; bahan api. 燃料;燃料剂。 —*v.t.* (p.t. *fuelled*) membekali bahan api. 加燃料;加油。

**fug** *n.* pengap; keadaan udara yang melemaskan. 闷热空气;霉气。 **fuggy** *a.* yang melemaskan. (空气) 闷热的;发霉气的。 **fugginess** *n.* keadaan pengap. 闷浊;(空气) 恶浊难闻。

**fugitive** *n.* (orang) pelarian; orang buruan. 逃亡者;亡命之徒;被放逐者。 —*a.* pelarian; sementara. 逃亡的;亡命的。

**fugue** *n.* fiug; gubahan muzik. 赋格曲。

**fulcrum** *n.* sangga tuas; titik galang; alas cungkilan; fulkrum. 支柱;支点;支轴;支持物。

**fulfil** *v.t.* (p.t. *fulfilled*) memenuhi (hasrat, permintaan); menunaikan; mengabulkan. 履行;实现;应验;满足。 **~ oneself** mengembang dan menggunakan kebolehan yang ada dengan sepenuhnya. 充分发挥自己的才干。 **fulfilment** *n.* penunaian; pengabulan; pencapaian. 实践;履行;应验;完成。

**full** *a.* (*-er, -est*) penuh; tepu; lengkap; genap. 满的;装满的;充分的;完美的;挤满的。 —*adv.* betul-betul; tepat. 恰恰;充分地;极其。 **~-blown** *a.* cukup kembang; sebenar. (花) 盛开的;充分发展的;成熟的。 **~-blooded** *a.* bertenaga; kuat. 精力旺盛的;内容充实的;有力的。 **~ moon** bulan penuh. 满月;望月。 **~-scale** ukuran sebenar. 足尺的;原尺寸的。 **~ stop** tanda titik; noktah. 句点;句号。 **fullness** *n.* kepenuhan; ketepuan; kelengkapan; kegenapan. 满,充满;成熟;充实。 **fully** *adv.* dengan sepenuhnya. 充分地;完全地。

**fulmar** *n.* sejenis burung kutub utara. 北极的管鼻鹱;臭鸥。

**fulminate** *v.i.* membantah dengan bising. 怒喝;怒骂。 **fulmination** *n.* bantahan 严厉谴责;猛烈爆发。

**fulsome** *a.* (pujian) berlebih-lebihan. (谄媚等) 过分而虚伪的;令人生厌的。

**fumble** *v.i.* garap; gagau. 笨手笨脚地摸弄;探索。

**fume** *n.* asap, gas atau wap busuk. 烟气;烟雾;臭气;熏烟;水蒸气。 —*v.i.* hasilkan asap, gas dan wap busuk; meradang; marah. 冒烟;(烟等) 上升;烧 (香等);蒸发;发怒;怒气冲冲。

**fumigate** *v.t.* bunuh serangga dengan asap atau gas; mengasap. (为杀虫等) 用烟熏;熏蒸 (消毒)。 **fumigation** *n.* pembunuhan serangga dengan asap atau gas; pengasapan. 烟熏法;薰蒸法。

**fun** *n.* kegembiraan; keriangan; keriaan; kejenakaan; sendaan; gurauan; olokan; mainan; lucuan. 娱乐;玩笑;嬉戏;乐趣;嘲笑;有趣的事物;戏言;(引人开心的) 紧张场面。 **make ~ of** berjenaka; bergurau; mempermainkan. 取笑;嘲笑;嘲弄。

**function** *n.* tugas; fungsi; majlis. 职务；职责；功能；集会；宴会。—*v.i.* melakukan tugas; berlaku; berjalan. 行使职责；(器官等)活动；(机器等)运作；发挥作用。

**functional** *a.* berkenaan tugas; berfungsi. 职务上的；官能的；机能的；起作用的。**functionally** *adv.* dengan berfungsi. 起作用地。

**functionary** *n.* pegawai. 工作人员；职员；官员。

**fund** *n.* wang; tabung; tabungan; dana; biayaan; modal; bekalan; simpanan. 现款；基金；存款；捐款；开支；资金；资源；储蓄。—*v.t.* biayai. 提供(资金)。

**fundament** *n.* asas; punggung. 基础；基本原理；臀部；肛门。

**fundamental** *a.* asasi; berkenaan asas; utama. 基础的；基本的；根本的；重要的。—*n.* asas; pokok. 原理；基本；基础；原则。**fundamentally** *adv.* secara dasarnya. 基本上；原则上。

**fundamentalist** *n.* fundamentalis; orang yang sangat tegas berpegang pada ajaran agama. 原教旨主义者。

**funeral** *n.* pengebumian; penguburan; pemakaman. 葬礼；丧礼；送丧行列；入墓。

**funerary** *a.* berkenaan penguburan. 有关殡葬的。

**funereal** *a.* sesuai untuk penguburan; suram; muram. 丧葬的；悲哀肃穆的。

**funfair** *n.* pasar ria. 公共露天娱乐场；游乐集市。

**fungicide** *n.* racun kulat atau cendawan. 杀真菌剂。**fungicidal** *a.* beracun kulat. 杀真菌的；阻止真菌生长的。

**fungoid** *a.* seperti kulat atau cendawan. 真菌状的；似真菌的；(真菌般)急速生长的。

**fungus** *n.* (*pl. -gi*) kulat atau cendawan; fungus. 菌；菇。**fungal** *a.*, **fungous** *a.* berkenaan fungus atau kulat. 似真菌类的。

**funicular** *n.* kereta api kabel. 缆车。

**funk** *n.* (*sl.*) ketakutan; penakut. 惊慌；恐惧；怯懦者；胆小鬼。—*v.t./i.* (*sl.*) berasa takut; cuba mengelak daripada melakukan sesuatu kerana takut. 畏惧；畏缩；因畏惧而试图逃避。

**funky** *a.* (*sl.*) (berkenaan muzik jazz, dll.) mempunyai rentak mudah dan lantang; berbau keras. (爵士音乐等)有哀歌风味的；充满感情的；有恶臭的；刺鼻的。

**funnel** *n.* corong; cerobong; serombong; semporong. 漏斗；烟囱；通风筒；通风井。—*v.t./i.* (*p.t. funnelled*) menyalur ikut corong; serombong. 用漏斗灌注；流经漏斗；使汇集；使集中。

**funny** *a.* (*-ier, -iest*) lucu; jenaka; menggelikan hati; aneh; ganjil. 滑稽的；有趣的；好笑的；稀奇的；古怪的。~ **bone** hujung siku. (尺骨肘部的)鹰嘴突。~ **business** penipuan; tipu daya. 见不得人的勾当；欺诈。**funnily** *adv.* perihal aneh atau ganjil; anehnya. 滑稽地；古怪地；(言行等)乖张可笑地。

**fur** *n.* bulu binatang; belulang (kulit) berbulu; pakaian bulu tiruan. (兔、猫等动物的)柔毛；软毛；动物的毛皮；裘；毛皮衣饰物。—*v.t./i.* (*p.t. furred*) dilitupi dengan bulu. 用毛皮覆盖。

**furbelows** *n.pl.* ropol. (女服的)裙褶；裙饰；俗艳庸俗的装服。

**furbish** *v.t.* gilap; gosok; cuci; ubahsuai. 磨光；擦亮；刷新；翻新；复修。

**furcate** *v.t./i.* cabang; bahagi. 分叉；开叉。—*a.* bercabang; bersimpang. 分叉的；叉状的。**furcation** *n.* cabang. 分叉。

**furious** *a.* radang; geram; mengamuk. 狂怒的；狂暴的；剧烈的；大发雷霆的；喧闹的。**furiously** *adv.* dengan marah; dengan geram. 狂怒地；大发雷霆地；剧烈地。

**furl** *v.t.* gulung dan ikat. 卷收(风帆等)。

**furlong** *n.* furlong; satu per lapan batu. 浪（英国长度单位，等于1/8英里）。

**furlough** *n.* cuti daripada bertugas. （军人的）休假。

**furnace** *n.* relau bagas; dapur leburan. 炉子;熔炉。

**furnish** *v.t.* menghias; membekalkan. （用家具等）布置;装备;供应;提供。 **furnishings** *n.pl.* perabot. 家具;装备。

**furniture** *n.* perabot. 家具。

**furore** *n.* kehebohan. 热烈的赞扬;轰动;（时尚）狂热。

**furrier** *n.* penjual pakaian daripada bulu binatang atau seumpamanya. 毛皮衣商;皮货商人。

**furrow** *n.* galur; kerut; aluran. 沟;犁沟;皱纹;车辙;航迹。—*v.t.* menggalur; mengerut. （用犁）挖沟;使起皱纹。

**furry** *a.* berbulu; seperti pakaian daripada bulu binatang. 毛皮的;毛皮覆盖的;似毛皮的;毛皮制的。

**further** *adv. & a.* selanjutnya; tambahan; lebih jauh. 更进一步;深一层;此外;而且;更远地;再往前地。—*v.t.* membantu kemaraan atau kemajuan. 助长;促进。 **~ education** pendidikan lanjutan. 继续教育;深造。 **furtherance** *n.* kelanjutan; tambahan. 促进;推进。

**furthermore** *adv.* tambahan lagi; lagi pun. 而且;此外。

**furthermost** *a.* terjauh. 最远的。

**furthest** *a. & adv.* terjauh; paling jauh. （距离、时间上）最远的（地）;最大程度的。

**furtive** *a.* dalam diam-diam; secara sembunyi; bersorok-sorok. 鬼鬼祟祟的;偷偷摸摸的;偷来的。 **furtively** *adv.* dengan bersembunyi-sembunyi. 偷偷摸摸地;鬼鬼祟祟地。 **furtiveness** *n.* (keadaan atau sikap) diam-diam, menyorok-nyorok atau bersembunyi. 鬼鬼祟祟;偷偷摸摸;贼头贼脑。

**fury** *n.* keradangan; keberangan. 狂怒;暴怒;愤怒。

**furze** *n.* sejenis tumbuhan; semak. 荆豆（花）。

**fuse**[1] *v.t./i.* melebur; bersatu; dipasangkan fius; rosak akibat fius yang terbakar. 熔化;熔合;熔接（保险丝等）;因保险丝烧断而电路不通。—*n.* fius; wayar dalam litar elektrik yang memutuskan aliran elektrik apabila terlebih beban. （灯泡的）保险丝;熔丝。

**fuse**[2] *n.* sumbu; colok; murang. 导火线;引信;信管。—*v.t.* memasangkan sumbu. 装导火线;装信管。

**fuselage** *n.* badan kapal terbang. （飞机的）机身。

**fusible** *a.* boleh lakur. 可熔化的;易熔的。 **fusibility** *n.* keadaan boleh lakur. 熔度;可熔性。

**fusilier** *n.* askar sesuatu regimen yang dahulunya bersenjatakan senapang lantak. （旧时的）燧发枪兵;（英国的）明火枪手。

**fusillade** *n.* tubian tembakan; tubian soalan, dsb. 枪炮的连续齐射;连珠炮似的质问。

**fusion** *n.* cantuman; penyatuan; gabungan; paduan; pelakuran. 熔合;联合;合成;融合;熔化;（核）聚变。

**fuss** *n.* kalut; kecoh; kekecohan; ribut. 纷扰;紧张;小题大做;大惊小怪。—*v.t./i.* membuat kalut, heboh, kecoh atau ribut; bantah dengan keras; memanjakan. 无事自扰;激动;使急躁;大惊小怪;强烈地不满;抱怨。 **make a ~ of** terlalu dimanjakan. 照顾得太过分。

**fussy** *a.* (*-ier, -iest*) cerewet. 爱小题大做的;非常挑剔的;过分讲究的。 **fussily** *adv.* dengan cerewet benar. 小题大做地;挑剔地。 **fussiness** *n.* kecerewetan. 小题大做;挑剔。

**fusty** *a.* (*-ier, -iest*) hapak; basi; kolot. 发霉的;霉臭的;过时的;古板的;守旧的。 **fustiness** *n.* kehapakan; kebasian; kekolotan. 发霉;过时;古板;守旧。

**futile** *a.* sia-sia; hampa. 无用的；无效果的；无益的。**futilely** *adv.* dengan sia-sia. 无用地；无效果地。**futility** *n.* keadaan sia-sia; tidak berfaedah. 无用；无益；无效果的行动。

**futon** *n.* sejenis tilam Jepun. 日本床垫。

**future** *a.* bakal; akan datang; pada masa hadapan. 将来的；未来的；后世的。—*n.* masa hadapan. 将来；未来；前途。 **in ~** dari sekarang dan seterusnya. 将来；今后。

**futuristic** *a.* futuristik; nampak sesuai bagi masa hadapan. 未来的；未来主义的；未来派的。

**futurity** *n.* masa hadapan; hal yang akan terjadi. 将来；未来；未来的事物。

**fuzz** *n.* kegebuan; benda gebu; *(sl.)* polis. 细毛；绒毛；警察。

**fuzzy** *a.* (-ier, -iest) gebu; kabur; samar. 有细毛的；有绒毛的；模糊的；(声音等)不清楚的。**fuzziness** *n.* kekaburan; kesamaran; kegebuan. 毛茸茸；模糊；含糊。

# G

**g** *abbr.* **gram** gram; berat bersamaan 1/1000 kilogram atau 0.6 tahil. (缩写) 克 (重量单位，等于1/1000公斤或0.6两)。

**gab** *n.* (*colloq.*) bualan; perbualan; persembangan. 空谈；废话；唠叨。

**gabardine** *n.* kain gabardin; sejenis kain yang kuat. 轧别丁；华达呢 (一种斜纹呢)。

**gabble** *v.t./i.* meracau; merapik. 急促而不清楚地说话；含糊地发言。—*n.* racauan; rapikan; percakapan yang cepat. 急促不清的话；无意义的话；浮夸而空洞的谈话。

**gable** *n.* tebar layar (dinding); gabel. (双斜面屋顶形成的) 三角墙；山形墙。 **gabled** *a.* berbentuk tebar layar. 有山墙的；人字形的。

**gad** *v.i.* (p.t. *gadded*) pelesir; rayau; merayau. 闲荡；游荡；追求刺激。**~ about** berpelesiran. 游荡；漫游。

**gadabout** *n.* orang yang berpelesiran. 游荡者；游手好闲的人；寻欢作乐的人。

**gadfly** *n.* pikat; langau; lalat penghisap darah. 牛虻；牛蝇。

**gadget** *n.* alat kecil. 小配件；小机件；小玩意儿。**gadgetry** *n.* alat-alatan kecil. 小机件；小玩意儿。

**Gael** *n.* orang Celt di Scotland atau Ireland. (苏格兰及爱尔兰等地的) 盖尔人。

**Gaelic** *n.* orang atau bahasa Celt; bahasa Scot atau Irish. 盖尔族；盖尔语；苏格兰语；爱尔兰语。

**gaff**[1] *n.* sayung; pebahu; tombak bercangkuk (untuk menangkap ikan). 船桅斜桁 (纵帆上部的斜桁)；渔钩；攀钩；肉铺的挂钩。

**gaff**[2] *n.* **blow the ~** *(sl.)* membocorkan rahsia. 泄露秘密。

**gaffe** *n.* kesilapan; kebodohan. 失态；失言；出丑。

**gaffer** *n.* (*colloq.*) tuk aki; orang tua (lelaki); penyelia; mandur. 乡下老头；工头；雇主；领班。

**gag** *n.* sumbatan (mulut); (alat) penganga mulut; jenaka; kelucuan. 塞口物；牲畜

的口衔;噱头;滑稽逗乐的动作。— *v.t./i.* (p.t. *gagged*) membuat kelakar; berkelakar; melucu. 加笑料;逗乐;插科打诨。

**gaga** *a. (sl.)* nyanyuk; tergila-gila. 老年痴呆的;老朽的;疯疯癫癫的。

**gage**[1] *n.* janji; jaminan; pertaruhan; cabaran. 抵押品;担保品;挑战;挑衅。

**gage**[2] *n.* sejenis buah plum berwarna hijau. 青梅子;青李子。

**gaggle** *n.* sekawan (angsa). 鹅群。

**gaiety** *n.* keriaan; kemeriahan; keriangan. 欢乐的气氛;愉快;狂欢。

**gaily** *adv.* dengan ria; dengan riang. 欢乐地;快活地。

**gain** *v.t./i.* dapat; tambah; mendapat untung, faedah atau manfaat. 获得;增进;赢得;打胜官司;得利。—*n.* laba; keuntungan; perolehan; manfaat. 利润;盈利;收益。

**gainful** *a.* berfaedah; berlaba; bermanfaat; menguntungkan. 有报酬的;有利益的;唯利是图的。**gainfully** *adv.* dengan laba atau berfaedah. 有利润地;有利地。

**gainsay** *v.t.* (p.t. *gainsaid*) nafi; tikai; sangkal; telagah. 否定;驳斥;争论。

**gait** *n.* lenggang; lenggang-lenggok; gaya (berjalan). (走路时)摇晃胳膊;步态;步法。

**gaiter** *n.* pembalut betis. 鞋罩;绑腿。

**gala** *n.* temasya; pesta. 庆祝;节日。

**galaxy** *n.* galaksi; gugusan bintang; kumpulan (jelitawan, bintang filem, dsb.). 银河;星系。**the Galaxy (the Milky Way)** Bima Sakti. 银河系。**galactic** *a.* berkenaan galaksi. 银河的;银河系的。

**gale** *n.* ribut; angin kencang; dekahan. (风速每小时30至60英里的)大风;暴风。

**gall**[1] *n.* hempedu; kepahitan; kegetiran; *(sl.)* kelancangan; kebiadaban; kata-kata dan kelakuan yang biadab. 胆汁;胆囊;苦味;苦物;厚脸无耻;大胆;粗鲁无礼。**~bladder** *n.* pundi hempedu. 胆囊。

**gall**[2] *n.* lecetan; lupasan. 擦伤;红肿。—*v.t.* menggaru hingga melecet atau menggelupas; menggemaskan; memalukan; menista. 磨损;擦伤;恼怒;羞辱;伤害。

**gall**[3] *n.* bongkol; bonggol; bengkak. 瘿;虫瘿(因受虫害而长成的瘤状物)。

**gallant** *a.* berani; sateria; bersopan terhadap wanita. 英勇的;豪侠的;骑士风度的;对女人殷勤的。—*n.* lelaki yang pandai melayan wanita. 殷勤的男子;风流男子。**gallantly** *adv.* dengan berani; dengan sifat sateria; dengan bersopan terhadap wanita. 英勇地;豪侠地;献殷勤地。**gallantry** *n.* keberanian; kesateriaan; kesopanan (terhadap wanita). 勇武;豪侠风度;骑士风度;风流。

**galleon** *n.* geliung; kapal layar besar Sepanyol pada abad ke-15-17 Masihi. (15至17世纪西班牙的)大帆船。

**gallery** *n.* selasar; anjung; galeri; balkoni dalam sesebuah dewan atau panggung, dsb.; bilik atau laluan panjang, digunakan untuk tujuan khas; balai seni; bilik atau bangunan untuk mempamerkan karya seni. 走廊;柱廊;穿道;(教堂、大厅剧场等的)廊台;公用狭长房间;艺术展览室;画廊。

**galley** *n.* (pl. *-eys*) ghali; kapal dahulu kala yang digerakkan dengan pendayung; dapur (dalam kapal atau kapal terbang); dulang bujur pengisi huruf taip untuk cetakan; (juga pruf galei) pruf pencetak dalam bentuk yang panjang. (古时由奴隶或犯人划驶的)单层低划船;(船或飞机上的)厨房;活版盘;长条校样。

**Gallic** *a.* Galik; berkenaan Gaul purba; Perancis. 高卢的;关于高卢的;法国(人)的。

**Gallicism** *n.* peribahasa Perancis. 法国习语。

**gallivant** *v.i. (colloq.)* merambu; merayau; berpelesiran. 游荡;闲逛;寻欢作乐。

**gallon** *n.* gelen; sukatan untuk cecair (4 quart atau 4.546 liter). 加仑（英制容量单位，等于4夸脱或4.546升）。

**gallop** *n.* pacuan; larian terpantas kuda. 疾驰；飞奔；骑马奔驰。 —*v.t./i.* (p.t. *galloped*) pacu; berlari atau menunggang dengan memacu; maju dengan pantas. 疾驰；飞奔；飞速发展；急速进行。

**gallows** *n.* salang; tiang gantungan; kerangka yang mempunyai gelung pencerut untuk menggantung penjenayah. 绞刑台；绞台。

**gallstone** *n.* karang; batu karang; jisim keras yang kecil terbentuk di dalam hempedu. 胆石。

**Gallup poll** *n.* pungutan suara Gallup; pungutan suara untuk mendapatkan pendapat umum. 盖落普民意测验（抽样调查以了解民意的方法）。

**galore** *adv.* banyak; mewah; melimpah ruah. 许多；丰富；大量。

**galosh** *n.* kasut pelapis. 长统橡皮套鞋。

**galumph** *v.i.* terlonjak-lonjak; bergerak dengan bising atau cemerkap. 得意扬扬连跑带跳地走。

**galvanic** *a.* galvani; hasilkan tenaga elektrik dengan tindak balas kimia; rangsang; galakkan. 以化学方法产生电流的；使人振奋的。

**galvanize** *v.t.* merangsang; menggalakkan; merangsangkan hingga beraktiviti; menggalvani; menyadur atau menyalut; lapiskan dengan zink. 以电流刺激；使振奋；激励某人做事；电镀；镀锌。 **galvanization** *n.* perangsangan; penyalutan; penggalvanian. 电流引起的刺激；镀锌；电镀。

**galvanometer** *n.* galvanometer; alat untuk mengukur arus kecil elektrik. 电流计；电流测定器。

**gambit** *n.* langkah umpan; sebutan pembuka kata. （国际象棋开局时牺牲一卒以取得优势的）起手着法；开场白；起始的行动。

**gamble** *v.t./i.* berjudi; bertaruh; memperjudikan; mempertaruhkan; bermain permainan nasib untuk mendapat wang; mengambil risiko dengan harapan mendapat keuntungan. 赌博；打赌；冒险；孤注一掷。 —*n.* judi; perjudian; pertaruhan; perlakuan berisiko. 赌博；打赌；冒险。 **~ on** berbuat sesuatu demi harapan. 以…为赌注；孤注一掷。 **gambler** *n.* penjudi; kaki judi. 赌徒；投机者。

**gamboge** *n.* gamboj; damar digunakan sebagai pigmen berwarna kuning. 藤黄胶脂。

**gambol** *v.i.* (p.t. *gambolled*) meloncat; melompat atau melonjak-lonjak ketika bermain. 欢跃；嬉戏时跳跃。 —*n.* pergerakan melonjak-lonjak. 跳跃。

**game**[1] *n.* permainan; permainan atau sukan, terutamanya yang berperaturan; sebahagian daripada ini sebagai unit mengira mata; rancangan; haiwan buruan; haiwan liar yang diburu untuk bersukan atau makanan. 娱乐；消遣；运动；赛局；计划；方针；猎物。 —*v.i.* berjudi untuk wang yang dipertaruhkan. 打赌；孤注一掷。 —*a.* berani; sanggup; bersedia. 勇敢的；心甘情愿的。 **gamely** *adv.* dengan berani. 勇敢地。 **gameness** *n.* keberanian; kesanggupan. 勇敢；顽强。

**game**[2] *a.* cacat; lumpuh; pincang; tempang. 跛的；有残疾的；不良于行的。

**gamekeeper** *n.* pelindung mergastua; orang yang bekerja untuk melindungi dan membiakkan mergastua. （防止偷猎的）猎场看守人。

**gamesmanship** *n.* seni pertarungan; seni untuk memenangi pertandingan dengan cara melemahkan keyakinan lawan. （比赛中不正当但不犯规的）制胜绝招。

**gamete** *n.* gamet; sel seks; sel zuriat. 配子；（能结合并促成生育的）性细胞。

**gamin** *n.* budak jalanan; budak biadab. 流浪儿；街头顽童。

**gamine** *n.* budak perempuan yang mempunyai daya tarikan nakal. 女流浪儿；街头女顽童。

**gamma** *n.* gama; huruf ketiga dalam abjad Yunani, = g. 希腊语的第三个字母。

**gammon** *n.* daging khinzir; bahagian bawah perut khinzir yang dijadikan bakon, termasuk kaki belakang; daging khinzir yang diawet atau disalai. 腊腿；熏腿；熏制五花肉。

**gammy** *a.* (*sl.*) cacat; lumpuh. 残废的；跛脚的。

**gamut** *n.* keseluruhan; gamut; seluruh tangga nada yang digunakan dalam persembahan muzik; keseluruhan siri atau skop. 音阶；全音域；长音阶。

**gamy** *a.* hamis. 有臭味的；有野味变质味道的。**gaminess** *n.* kehamisan. 臭味；变质野味道。

**gander** *n.* angsa jantan. 雄鹅。

**gang** *n.* geng; kumpulan orang yang bekerja atau bergerak bersama-sama. (集体活动的)一群人；一帮；一伙；一队。—*v.i.* ~ **up** bergabung dalam satu kumpulan. 合伙；成群结队；勾结。

**ganger** *n.* mandur; ketua kumpulan kerja. 工头；监工；首领。

**gangling** *a.* renjong; tinggi dan canggung. 瘦长而动作笨拙的。

**ganglion** *n.* (pl. *-ia*) ganglion; kelompok sel saraf tempat gentian saraf bercabang; sista (pundi) pada selaput tendon. 中枢神经系统中的神经节；腱鞘囊肿。

**gangplank** *n.* lawa; papan titian; papan yang direntangkan untuk berjalan masuk ke dalam kapal atau keluar daripadanya. (上下船用的)跳板。

**gangrene** *n.* kelemayuh; gangren; kereputan tisu tubuh. 坏疽；腐败。**gangrenous** *a.* berkelemayuh; bergangren. 生坏疽的；腐烂的。

**gangster** *n.* gengster; samseng; penjahat; ahli gerombolan penjenayah ganas. 私会党徒；恶棍；黑社会歹徒。

**gangway** *n.* lorong laluan; ruang yang disediakan untuk orang lalu, terutamanya di antara deretan tempat duduk; tempat orang lalu, terutamanya di atas kapal; titian mudah alih dari kapal ke daratan. 通路；过道；舷梯；(上下船用的)跳板。

**ganja** *n.* ganja; marijuana. 大麻；印度大麻烟。

**gannet** *n.* burung kosa; sejenis burung laut yang besar. 鲣鸟；塘鹅。

**gantry** *n.* gantri; rangka seperti jejambat yang menyangga isyarat kereta api atau kren bergerak, dsb. 龙门起重机；铁路跨轨信号架。

**gaol** *n.* & *v. t.* penjara; jel. 监狱；牢狱。

**gaoler** *n.* penjaga penjara. 监狱看守；狱吏。

**gap** *n.* celah; sela; ruang; jurang; perbezaan. 裂口；缝隙；缺口；龃龉；差距。

**gappy** *a.* bercelah; bersela; berbeza. 罅隙多的；有裂口的；不连贯的。

**gape** *v.i.* ternganga; melopongkan atau membuka mulut dengan luas; tercengang atau merenung; hairan; terbuka luas. 打呵欠；惊异；目瞪口呆。—*n.* kuap; keadaan tercengang. 打呵欠；目瞪口呆。

**garage** *n.* garaj; bangsal kereta; bangunan tempat simpan kereta bermotor; pertubuhan komersil untuk membaiki atau menyenggara kereta bermotor, atau menjual petrol dan minyak. 汽车房；汽车库；(兼备修车及销售服务的)加油站；修车场。—*v.t.* letak atau simpan di garaj. 将(汽车)送入车房。

**garb** *n.* pakaian. 特殊服装；装束。—*v.t.* memakai pakaian. 穿上特殊服装；打扮。

**garbage** *n.* sampah; sarap; benda-benda buangan di rumah. 垃圾；残羹剩菜；废物。

**garble** *v.t.* memutarbelitkan atau mengelirukan (sesuatu mesej atau cerita, dsb.) 曲解事实；断章取义；歪曲。

**garden** *n.* kebun; taman; bidang tanah yang dipenuhi tanaman, terutamanya yang terdapat di persekitaran rumah; (*pl.*) taman bunga yang dihias indah untuk orang ramai. 庭园;菜圃;果园;植物园;(有房屋和花木的)广场;窗槛装饰花箱。 **gardener** *n.* tukang kebun. 园丁;花匠;菜农;园艺爱好者。

**gardenia** *n.* (pokok) bunga cina; bunga kaca piring; bunga berwarna putih atau kuning yang berbau harum; pokok atau tumbuhan yang mengeluarkan bunga ini. 装饰栀子;栀子花。

**gargantuan** *a.* sangat besar; seperti gergasi atau raksasa. 庞大的;巨大的;巨人似的。

**gargle** *v.i.* berkumur; mencuci bahagian dalam tekak dengan cecair yang ditakung di situ secara menahan nafas. 漱喉。—*n.* cecair yang digunakan untuk berkumur. 漱喉水。

**gargoyle** *n.* gargoil; ukiran wajah atau lembaga pelik pada bangunan. 哥德式建筑上奇形怪状的雕刻像。

**garish** *a.* marak; menyilaukan; terlalu dihias. 炫耀的;华丽而俗气的;华而不实的。 **garishly** *adv.* dengan terlalu berhias. 耀眼地;过分艳丽地。 **garishness** *n.* keadaan terlalu berhias. (衣服、装饰等的)过于艳丽。

**garland** *n.* kalung; kalungan bunga, dsb. sebagai perhiasan. 花环;(装饰用的)花冠。—*v.t.* dikalungkan dengan karangan bunga. 给…饰以花环;戴花环。

**garlic** *n.* bawang putih. 蒜;大蒜。 **garlicky** *a.* rasa bawang putih. 有大蒜气味的;吃大蒜的。

**garment** *n.* pakaian. 衣服;外套;长袍。

**garner** *v.t.* kumpul; himpun. 贮藏;收集;积累。—*n.* gedung simpan; rumah stor. 谷仓;仓库。

**garnet** *n.* batu delima; batu permata berwarna merah. 石榴石;红石榴宝石。

**garnish** *v.t.* hiaskan (makanan). 加配菜;装饰(食物)。—*n.* bahan hiasan. (食物上的)装饰。

**garret** *n.* loteng; bilik bahagian atas terutamanya yang kurang sempurna. 阁楼;屋顶层;顶楼。

**garrison** *n.* garison; pasukan tentera yang ditempatkan dalam sesebuah bandar atau kota untuk mempertahankannya; bangunan penempatan garison. 驻军;卫戍部队;驻防地;要塞。—*v.t.* menempatkan garison. 派兵驻守。

**garrotte** *n.* alat penjerut leher; tali pencekik; tali, wayar atau kolar logam yang digunakan untuk mencekik mangsa. 螺环绞具(西班牙的绞刑刑具);绞颈索。—*v.t.* cekik atau (di Sepanyol) melaksanakan hukuman bunuh dengan menggunakan alat penjerut. 处以螺环绞刑;(用绞颈索等)勒杀抢劫。

**garrulous** *a.* becok; celopar. 饶舌的;喋喋不休的。 **garrulously** *adv.* dengan becok atau celopar. 饶舌地;喋喋不休地。 **garrulousness** *n.* kebecokan; keceloparan. 饶舌;喋喋不休。 **garrulity** *n.* kebecokan; keceloparan. 饶舌;喋喋不休。

**garter** *n.* getah pencerut; gelung yang dipakai di keliling kaki untuk menahan stoking daripada melorot. 吊袜带;袜带。 ~ **stitch** corak yang dibuat dengan mengait lurus di semua baris. 平针织法;平针图案。

**gas** *n.* (pl. *gases*) udara; gas; bahan yang mempunyai zarah yang boleh bergerak bebas; bahan seperti ini digunakan sebagai bahan api atau bius; (*sl.*) cakap kosong; (*A.S., colloq.*) gasolin; minyak petrol. 气体;气态;可燃气;煤气;沼气;毒气;夸大的话;汽油;油门。—*v.t./i.* (p.t. *gassed*) terbunuh atau mati kerana tersedut gas beracun; (*sl.*) bercakap panjang lebar. 中毒气而死伤;用毒气攻击;瞎扯;空谈。 ~ **chamber** bilik yang boleh diisikan gas beracun untuk membunuh binatang atau orang tahanan. 死刑毒气室。 ~ **mask** topeng gas; topeng penyekat penyedutan gas beracun. 防毒面具。 ~ **ring** lingkaran gas; paip lingkar berlubang yang menyalurkan gas pada dapur. (有环形喷火头的)煤气灶。 **gassy** *a.* penuh gas; bergas. 充满气体的；气状的。

**gasbag** *n.* (*sl.*) kaki tembarang; kaki borak. 废话连篇的人；饶舌者；话匣子。

**gaseous** *a.* bergas; berkenaan atau seperti gas. 气体的；气态的。

**gash** *n.* luka panjang dan dalam. 深长的伤口。—*v.t.* melukakan dengan panjang dan dalam. 割切；划开。

**gasholder** *n.* bekas gas; tong gas; tangki gas; gasometer. 煤气罐；煤气库；煤气柜；储气器；气量计。

**gasify** *v.t./i* mengegaskan; mengubah supaya menjadi gas. 使气化；使变为气体。 **gasification** *n.* pengegasan. 气化作用。

**gasket** *n.* gasket; kepingan atau cincin getah, asbestos, dsb., yang mengedapkan sendi di antara permukaan logam. 密封垫；密封片；垫圈。

**gasoline** *n.* (*A.S.*) minyak petrol. 汽油。

**gasometer** *n.* gasometer; tangki atau penakung bulat yang besar yang menyalurkan gas ke sesuatu kawasan. 气量计；储气器。

**gasp** *v.t./i.* mencungap; menghela nafas dengan pantas (kerana mengah, penat atau terperanjat); bercakap tercungap-cungap. 喘气；透不过气；气呼呼地说。—*n.* nafas yang dihela sedemikian. 气喘；透不过气。

**gastric** *a.* gastrik; berkenaan dengan perut. 胃的。

**gastro-enteritis** *n.* radang perut dan usus. 胃肠炎。

**gastronomy** *n.* gastronomi; sains tentang pemakanan dan peminuman yang baik. 美食学；美食法；烹饪学。 **gastronomic** *a.* berkenaan gastronomi. 美食学的；美食法的；烹饪学的。 **gastronomically** *adv.* secara atau dari segi gastronomi. 美食学上；烹饪上。

**gastropod** *n.* gastropod; moluska yang bergerak dengan organ ventral. 腹足纲软体动物。

**gasworks** *n.* kilang gas; tempat menghasilkan gas pembakar. 煤气厂。

**gate** *n.* pintu; pintu pagar; lawangan; takah pengawal gerakan tuil gear; jumlah pembeli tiket penontonan pertandingan; jumlah kutipan wang penonton. 大门；扉；篱笆门；城门；闸门；门电路；折迭门；选通电路；观众数；门票收入。

**gateau** *n.* (pl. -*eaux*) kek gateu; sejenis kuih atau kek besar yang banyak krim. 大奶油蛋糕。

**gatecrash** *v.t./i.* rejah; merejah; hadir atau pergi (ke jamuan, dsb.) tanpa diundang. 擅自闯入；无券入场；不请自来。

**gatecrasher** *n.* perejah; orang yang hadir (dalam jamuan, dsb.) tanpa diundang. 闯入者；无券入场者；不速之客。

**gated** *a.* berpintu pagar; berlawangan. 有大铁门的；装上栅门的；有篱笆门的。

**gatelegged** *a.* meja dengan kaki yang dapat dilipat; meja yang boleh dilipat untuk menyangga permukaan. 有活动桌脚的；折叠式的。

**gateway** *n.* laluan yang boleh ditutup dengan lawangan atau pintu pagar. 有栏栅的出入口；通道；门道。

**gather** *v.t./i.* berkumpul; berhimpun; bertimbun; mengutip; memungut; pulun; membuat kedut; faham; bengkak dan menanah. 会合；聚集；搜集；摘取；总结；征收；皱起；缝衣褶；生脓。 **gathers** *n.pl.* pulunan; kedutan. 皱裥；褶裥。

**gathering** *n.* himpunan; perhimpunan; kumpulan; perkumpulan; kutipan; pengutipan; pungutan; pemungutan; bisul. 集合；聚集；人群；联欢会；搜集物；采集；脓肿。

**gauche** *a.* canggung. 不圆滑的；不善交际的；笨拙的。 **gaucherie** *n.* kecanggungan. 不老练；笨拙。

**gaucho** *n.* (pl. -*os*) gaucho; penggembala berkuda di padang rumput pampas di

Amerika Selatan. 高卓人（南美洲草原地带的游牧民族）。

**gaudy** *a.* (*-ier, -iest*) marak; terlampau cerah dan tidak cocok. 华丽而俗气的；华而不实的。**gaudily** *adv.* dengan marak. 炫丽地；华而不实地。**gaudiness** *n.* kemarakan. 炫丽；华而不实。

**gauge** *n.* sukatan baku untuk kandungan atau ketebalan; tolok; alat pengukur; jarak antara jajaran rel (kereta api) atau sepasang roda. （容积、厚度等的）标准尺寸；量器；量规；轨距；轮距。—*v.t.* menyukat; mengukur. 测量；估计；使合ính标准尺寸。

**gaunt** *a.* cengkung; kurus kering. 瘦削的；萧瑟的；憔悴的。**gauntness** *n.* kecengkungan. 瘦削；萧瑟；憔悴。

**gauntlet**[1] *n.* sarung tangan yang lebar di bahagian lenganya. （骑马、击剑等用的）长手套；铁护手。

**gauntlet**[2] *n.* **run the ~** menghadapi atau melalui bahaya atau cemuhan (selalunya berpanjangan). 受（批评、流言等的）夹攻；受持续攻击；受夹道鞭打。

**gauze** *n.* kain kasa; kasa dawai nipis seperti kasa. 丝织薄纱；（金属或塑料等制成的）网纱；医用纱布。**gauzy** *a.* 薄纱似的；轻薄透明的。

**gave** *lihat* **give**. 见 **give**。

**gavel** *n.* tukul kayu. （法官等用的）小槌。

**gavotte** *n.* sejenis tarian Perancis lama. 加伏特舞（一种法国农民舞蹈）。

**gawk** *v.i.* (*colloq.*) melopong; ternganga atau melongo. 痴呆地凝视。

**gawky** *a.* (*-ier, -iest*) kekok; canggung. 腼腆的；笨拙的；鲁钝的。**gawkiness** *n.* kekekokan; kecanggungan. 腼腆；笨拙；长相粗笨。

**gawp** *v.i.* (*colloq.*) membeliak; renung dengan bodoh. 瞪视；呆头呆脑地凝视。

**gay** *a.* (*-er, -est*) girang; riang; ria; meriah; warna yang benderang atau garang; (*colloq.*) bernafsu syahwat sesama jenis; homoseks. 快活的；愉快的；生气勃勃的；轻快的；颜色艳丽的；（尤指男子）同性恋爱的。**gayness** *n.* kegirangan; keriangan; keriaan; kemeriahan. 快活；愉快；生气勃勃。

**gaze** *v.i.* tenung; renung; tatap; perhati; belek. 凝视；端详；瞄准。—*n.* renungan yang lama. 凝视；注视。

**gazebo** *n.* (pl. *-os*) gazebo; menara atau pondok yang memberikan pandangan saujana. 望楼；阳台；塔楼；信号台。

**gazelle** *n.* gazel; sejenis rusa kecil. 小羚羊。

**gazette** *n.* risalah berkala untuk warta kerajaan; warta; risalah berkala (seperti akhbar, dsb.). 公报；学报；（用作报章名称）……报。

**gazetteer** *n.* daftar alam; daftar nama tempat, sungai, gunung, dsb.; risalah alamiah; faharasat alam; indeks geografi. 地名（包括山脉、河流名称等）索引；地名词典。

**gazump** *v.t.* mengecewakan (bakal pembeli) dengan menaikkan harga selepas menerima tawarannya. 欺诈；（尤指在议定房屋价格后向买主）抬价敲诈。

**gear** *n.* alat-alatan; peralatan; roda sawat; roda bergerigi yang memutar satu sama lain dalam sawat atau jentera; gear. 器具；用具；齿轮；齿轮组；排档。—*v.t.* sediakan atau siapkan peralatan; suaikan (dengan sesuatu tujuan). 装备；使接上齿轮；使开动；使适合。**in ~** gear (sudah) masuk. 机器开得动；连接齿轮。**out of ~** lepas gear. 齿轮脱开；机器开不动。

**gearbox, gearcase** *ns.* kotak gear. 齿轮箱。

**gecko** *n.* (pl. *-os*) cicak. 壁虎；守宫。

**gee** *int.* (seruan) wah! wau! 哎呀！（表示惊奇、兴奋等的感叹词）

**geese** *lihat* **goose**. 见 **goose**。

**gee-up** *int.* (seruan) ayuh! 叽驾！（驾驭牛马时吆喝用语）

**geezer** *n.* (*sl.*) orang tua; datuk; tok. 古怪的老头子；老家伙。

**Geiger counter** *n.* pembilang Geiger; (alat) penyukat keradioaktifan atau radioaktiviti. (测定放射能的）盖革计数器。

**geisha** *n.* pelayan (wanita) Jepun. 日本的艺妓。

**gel** *n.* agar-agar. 冻胶；凝胶。

**gelatine** *n.* agar-agar (yang diperbuat daripada tulang yang direbus); gelatin. (用动物的骨蹄等熬制而成的) 骨胶；动物胶；明胶。**gelatinous** *a.* berkenaan dengan atau seperti gelatin. 胶状的；明胶的。

**geld** *v.t.* kasi; kembiri. 阉割（牲畜）；去势。

**gelding** *n.* kuda kasi; kuda kembiri. 阉马。

**gelignite** *n.* (bahan) peledak atau peletup yang diperbuat daripada asid nitrik dan gliserin. (由硝铵·硝酸·甘油等制成的) 葛里炸药；炸胶。

**gem** *n.* permata; manikam; jauhari. 珠宝；宝物；受尊重的人；被喜爱的人。

**gen** *n. (sl.)* maklumat; keterangan. 情报。

**gender** *n.* genus; golongan jenis jantina dalam tatabahasa. 性别；(语法）性。

**gene** *n.* baka; gen. 基因；遗传因子。

**genealogy** *n.* salasilah. 系谱学；家系；血统；家谱图。**genealogical** *a.* bersifat salasilah. 系谱的；家谱的；家系的；血缘的。**genealogist** *n.* pengkaji atau pakar salasilah. 系谱学家。

**genera** lihat **genus**. 见 **genus**。

**general** *a.* am; umum; panglima; jeneral. 一般的；普遍的；大体的；总……的 (用于职位、官衔）。~ **election** pilihan raya umum. 普选。~ **practitioner** tabib; doktor umum (tanpa pengkhususan khas). 普通（非专科）医生。~ **staff** kakitangan (pegawai tentera) pembantu di pejabat komandan tentera. 军中总参谋部。**in** ~ pada amnya; pada umumnya. 一般上；大体上。**generally** *adv.* amnya; umumnya. 通常；概括地说。

**generality** *n.* am; umum; perkara umum 一般性；普通性；概况。

**generalize** *v.t./i.* membuat kesimpulan umum (yang menyeluruh). 综合；概括；归纳；一般化。**generalization** *n.* kesimpulan umum (yang menyeluruh). 综合；概说；总结；普遍化。

**generate** *v.t.* hasilkan; lahirkan; adakan; jana. 产生；生育；发（电、光、热等）；引起；导致。

**generation** *n.* penghasilan; pelahiran; pengadaan; penjanaan; turunan; keturunan; temurunan; generasi. 产生；生殖；形成；发生；一代（约30年）；家族中的一代；同时代的人；世代。

**generator** *n.* penghasil; pelahir; penjana. 产生者；生殖者；发生器；发电机。

**generic** *a.* generik; temurun; bersifat keturunan kumpulan; berketurunan; bersifat kerabat; berkerabat; sebaka. 属的；类的；一般的；通用的；全称的；系属的。**generically** *adv.* pada umumnya; bertemurun; secara keturunan, kerabat atau baka. 一般性地；属类上；系属上。

**generous** *a.* kurnia; murah hati; dermawan; banyak. 宽厚的；慷慨的；丰富的；大量的。**generously** *adv.* dengan kurnia; dengan murah hati; dengan banyak. 宽厚地；慷慨大方地；丰富地；大量地。

**generosity** *n.* kekurniaan; kemurahan hati; kedermawanan. 宽宏大量；慷慨大方。

**genesis** *n.* usul; asal; asal usul. 原始；创始；发生；起源。

**genetic** *a.* (berkenaan) genetik; bersifat baka. 遗传的；遗传学的。~ **fingerprinting** analisis corak DNA dalam cecair badan untuk mengenal pasti individu. 鉴别遗传特征的酶解分析。**genetically** *adv.* secara baka. 和遗传有关地。

**genetics** *n.* ilmu baka; kaji baka. 遗传学。

**genial** *a.* ramah; mesra. 亲切的；和蔼的；温暖的。**genially** *adv.* dengan ramah; dengan mesra. 亲切地；和蔼地；(气候）温暖地。**geniality** *n.* keramahan; kemesraan. 亲切；和蔼；温暖；舒适。

**genie** *n.* (pl. *genii*) jin; puaka; jembalang. 神灵；阿拉伯传说中的精灵。

**genital** *a.* berkaitan dengan alat kelamin atau kemaluan. 生殖的；生殖器的；性心理发育期的。 **genitals** *n.pl.* alat kelamin; kemaluan. 生殖器；外阴器；外生殖器。

**genitive** *n.* genitif; peraturan, tatabahasa yang menunjukkan sumber atau pemilikan; usulan. （语法）所有格；属于所有格的词语。

**genius** *n.* (pl. *-uses*) kebijaksanaan; kepintaran yang luar biasa; orang luar biasa pintar; genius; (pl. *-ii*) jin; penunggu. 天资；天赋；天才；精灵；守护神。

**genocide** *n.* pembunuhan seluruh kaum atau bangsa. 种族灭绝；大屠杀。

**genre** *n.* genre; jenis (terutama berkenaan dengan seni dan kesusasteraan). （艺术及文学作品等的）类型；风格；流派。

**gent** *n.* (*sl.*) orang (lelaki) bangsawan; orang (lelaki) santun, beradab atau berbudi; tuan; lelaki. 绅士；上流男仕；彬彬有礼的男人；阁下（对男子的尊称）；男人。

**genteel** *a.* santun; beradab. 有礼貌的；有教养的；上流社会的；文雅的。

**genteelly** *adv.* dengan santun. 彬彬有礼地；风度高雅地。

**gentian** *n.* sejenis tumbuhan berbunga biru, kedapatan di kawasan dataran tinggi. 龙胆属植物。 ~ **violet** bahan pencelup yang digunakan sebagai pembasmi kuman. 龙胆紫。

**gentile** *n.* orang yang bukan Yahudi. 非犹太人；异邦人。

**gentility** *n.* kesantunan; adab dan gaya yang santun atau manis. 上流阶层；名门；文雅；绅士气派。

**gentle** *a.* (*-er*, *-est*) santun; beradab; lemah lembut; manis. 上流阶层的；文雅的；温顺的；彬彬有礼的；柔和的。 *—v.t.* memujuk. 使高贵；使文雅；使温和。
*—n.* ulat yang digunakan sebagai umpan. 作钓饵用的蛆。 **gently** *adv.* dengan santun; dengan lemah lembut. 文雅地；温柔地；轻轻地。 **gentleness** *n.* kesantunan; kelembutan (gaya, cara); kemanisan (budi pekerti). 高贵；文雅；彬彬有礼；有教养。

**gentlefolk** *n.pl.* orang dari keluarga bangsawan atau budiman. 上流阶层的人；出身高贵的人。

**gentleman** *n.* (pl. *-men*) lelaki bangsawan atau budiman; lelaki beradab. 绅士；上流人士；有教养的人；彬彬有礼的男子。 **gentlemanly** *a.* beradab; secara budiman. 绅士的；绅士派头的。

**gentlewoman** *n.* (pl. *-women*) wanita bangsawan atau budiman; wanita beradab. 贵夫人；有身分的妇女；淑女。

**gentrify** *v.t.* (kawasan) berubah dari segi sosial dengan kedatangan golongan kelas pertengahan. （因中上阶级居民的移入而）使某一地区仕绅化。 **gentrification** *n.* perubahan (dengan kedatangan golongan kelas pertengahan). 仕绅化。

**gentry** *n.pl.* golongan atasan; orang. （出身及地位仅次于贵族的）中上阶级；绅士阶级。

**genuflect** *v.i.* berlutut (ketika menyembah atau memuja). 曲膝；跪拜。 **genuflexion** *n.* perbuatan melutut. 曲膝；跪拜。

**genuine** *a.* tulen; asli; jati; benar. 纯正的；真正的；纯粹的；真迹的；非人造的；名副其实的。 **genuinely** *adv.* benar-benar; sungguh. 真心诚意地；名副其实地。 **genuineness** *n.* ketulenan; keaslian; kejatian. 真正；真诚；纯血统；真实性。

**genus** *n.* (pl. *genera*) genus; jenis. 类；种类；属。

**geocentric** *a.* geosentrik; menjadikan bumi sebagai pusat; dilihat daripada pusat bumi. 地球为中心的；地心的；地球中心说的。

**geode** *n.* geod; rongga berlapik hablur; batu berongga. 晶球；晶洞；空心石核。

**geodesic** *a.* (juga **geodetic**) kajian berkenaan bentuk dan kawasan bumi. 大

地测量学的。~ **dome** kubah geodesik. 网格球顶。

**geodesy** *n.* geodesi; pengkajian tentang bentuk dan kawasan bumi. 大地测量学。

**geography** *n.* geografi; ilmu alam. 地理学;地理;地形。**geographical** *a.* berkenaan geografi, ilmu alam. 地理的;地形上的;地理学的。**geographically** *adv.* secara geografi, ilmu alam. 地理上;地形上;地理学上。**geographer** *n.* ahli geografi; ahli ilmu alam. 地理学者;地理学家。

**geology** *n.* geologi; kaji bumi. 地质学。**geological** *a.* bersifat geologi atau kaji bumi. 地质的;地质学的;地质学上的。**geologically** *adv.* dari segi geologi atau kaji bumi. 地质上;地质学上。**geologist** *n.* ahli geologi atau kaji bumi. 地质学者;地质学家。

**geometry** *n.* geometri. 几何学;几何形状。**geometric** *a.* berkenaan geometri. 几何学的;几何图形的。**geometrical** *a.* berkenaan geometri. 按几何级数增长的。**geometrically** *adv.* secara geometri. 几何学上;几何级数地。**geometrician** *n.* ahli geometri. 几何学者;几何学家。

**georgette** *n.* kain sutera nipis. 乔其绉纱。

**Georgian** *a.* berasal dari Georgia. 英国乔治王朝的;乔治一世至四世(1714-1830)统治时期的。

**geranium** *n.* geranium; sejenis tumbuhan berbunga merah, merah jambu atau putih. 老鹳草;天竺葵。

**gerbil** *n.* sejenis tikus yang kaki belakangnya panjang; gerbil. 沙鼠。

**geriatrics** *n.* ilmu geriatrik; kaji uzur; kaji bangka; ilmu keuzuran; ilmu bangka; ilmu perubatan dan rawatan orang tua dan uzur. 老年病学。**geriatric** *a.* berkenaan ilmu geriatrik. 老年病学的;老年的。

**germ** *n.* kuman; basil; benih; tunas. 微生物;细菌;病菌;胚芽;幼芽。

**German** *a. & n.* orang atau bangsa Jerman. 德国人(的);德语(的)。**German measles** *n.* penyakit campak Jerman; rubela. 风疹。

**germane** *a.* relevan; berkait; berkenaan; bersangkutan; berpautan. 切题的;关系密切的;有关联的;贴切的。

**Germanic** *a.* mempunyai ciri-ciri Jerman. 德国的;日耳曼人(或语系)的。

**germicide** *n.* racun kuman. 杀菌剂。**germicidal** *a.* beracun kuman. 杀菌剂的。

**germinate** *v.t./i.* bercambah; membenih; menunas; bertunas; mula tumbuh. 萌芽;发芽。**germination** *n.* pembenihan; penunasan; penumbuhan; percambahan. 萌芽;发芽。

**gerontology** *n.* kaji tua; kaji usia; ilmu tentang proses menjadi tua dan masalah orang tua. 老年学;老年医学。**gerontologist** *n.* ahli gerontologi. 研究老年医学的专家。

**gerrymander** *v.i.* gerimander; mengubah sempadan kawasan pilihan raya untuk mendapat faedah dalam pengundian. (选举前为维护本党利益而)任意改划选区范围;不公正地划分选区。

**gerund** *n.* imbuhan dalam nahu atau tatabahasa Inggeris berbentuk -*ing* pada akhir perkataan (kata kerja). (英语中动词加-*ing*后形成的)动名词。

**Gestapo** *n.* Gestapo; polis rahsia; polis pengintip rejim Nazi (Jerman semasa Perang Dunia Kedua). 盖世太保(第二次世界大战时德国纳粹的秘密警察)。

**gestation** *n.* kehamilan; hamil atau bunting. 怀孕;妊娠;怀孕期;妊娠期。

**gesticulate** *v.i.* utau; gamit; gawang; rewang (tangan, dll.). 打手势;以手势表白;作姿势示意。**gesticulation** *n.* utauan; gawangan; rewangan. 打手势;用姿势或动作示意。

**gesture** *n.* utauan; gamitan; gawangan; isyarat (dengan gerakan anggota badan). 手势;姿势;打手势;(以身体语言)暗示。—*v.i.* mengisyaratkan. 做手势。

**get** *v.t./i.* (p.t. *got*, pres.p. *getting*) dapat; dapati; ambil; peroleh; perolehi; kena; terima; tangkap; sampai; berjaya. 获得；取得；赢得；挨受；收到；捉住；使达到（某种状态、地位、场所等）；赶上；接通电话；了解。**~ at** sampai; *(colloq.)* menyiratkan cemuhan; *(sl.)* memberi rasuah. 到达；拿得到；挖苦；收买；贿赂。**~ away** berjaya melepaskan; lepas. 逃脱；离开；逃避。**~ by** *(colloq.)* ala kadar; sekadar; bertahan; cukup (makan, pakai, dsb.). 通过；勉强混过；（衣食等方面）过得去。**~ off** terlepas daripada tuduhan, dakwaan. 未受处罚；被原谅；逃脱罪名。**~ on** boleh atau berupaya; maju; serasi; jadi tua; berusia; berumur. 穿上；上（车、马等）；出人头地；成功；进步；前进；相处融洽；上年纪。**~ out of** elak; lepas. 避免；由…出来；渐渐戒除。**~-out** *n.* cara atau kaedah untuk mengelakkan sesuatu. 逃避的办法；出路。**~ over** bereskan; pulih daripada. 克服；越过；逃避；痊愈。**~ round** pengaruhi; elak (peraturan; perundangan, dsb.). 影响；说服；智胜；避开（法律惩罚等）。**~ up** bangun; bangkit; berdiri; bangun daripada tidur. （使）起床；（使）起立；登上；爬上。**~-up** *n.* peralatan. 服装；穿戴。

**getaway** *n.* pelarian selepas melakukan jenayah. （匪徒等的）逃亡；逃走。

**gewgaw** *n.* barang perhiasan murah. 好看但不值钱的装饰品；小玩意儿。

**geyser** *n.* pancutan semula jadi; mata air panas; (alat) pemanas air. 喷柱；间歇喷泉；水的加热器；（浴室的）热水炉。

**ghastly** *a.* (-ier, -iest) pucat; cengkung; *(colloq.)* menakutkan; menggerunkan; mengerikan. 苍白的；恐怖的；糟透的；可怕的；鬼一般的。**ghastliness** *n.* kepucatan; kecengkungan; kengerian. 苍白；恐怖；令人毛骨悚然的感觉。

**ghat** *n.* gat; tangga ke pangkalan atau sungai. （河边供沐浴人上下的）台阶。

**ghee** *n.* minyak sapi. （烹饪用）印度酥油。

**gherkin** *n.* jeruk putik mentimun. 小黄瓜；（制泡菜用的）嫩黄瓜。

**ghetto** *n.* (pl. -os) kawasan perumahan sesak yang didiami oleh kaum atau kumpulan tertentu. （城市中的）贫民区；少数民族聚集区；犹太区。**~ blaster** *n.* radio mudah alih yang besar dan kuat bunyinya. 开足音量的无线电收音机。

**ghost** *n.* hantu; jembalang; penunggu; mambang; roh. 鬼；亡魂；幽灵；阴影；幻象。**~-writer** *n.* penulis siluman; penulis yang kerja-kerjanya menulis untuk orang lain. 捉刀人（受雇代为写作的人）。

**ghostly** *a.* berhantu; yang menyeramkan. 鬼的；幽灵的；可怕的；令人毛骨悚然的。**ghostliness** *n.* perhantuan; keseraman. 鬼似的行为；毛骨悚然；阴森可怕。

**ghoul** *n.* orang yang suka akan kengerian; hantu yang kononnya suka makan mayat. 以吓人为乐的人；食尸鬼；盗尸者。

**ghoulish** *a.* yang mengerikan seperti hantu. 食尸鬼般的；恐怖的；以残忍或恐怖勾当为乐的。**ghoulishly** *adv.* dengan cara yang menunjukkan suka kepada kengerian. 残忍地；以恐怖的手法。

**giant** *n.* gergasi; raksasa; datia; bota. 巨人；巨兽；巨魔；智力超群的伟人；卓越人物。—*a.* sangat besar. 极大的；巨大的。**giantess** *n.fem.* gergasi betina. 女巨人；身材特别高大的女人。

**gibber** *v.i.* merapik; meracau; meraban. 语无伦次；急促不清地说话；因受惊而发出无意义的声音。

**gibberish** *n.* percakapan merapik atau meraban. 语无伦次；无意义的声音。

**gibbet** *n.* salang; tempat gantungan orang. 绞刑架；（吊绞刑尸体的）示众架。

**gibbon** *n.* siamang; ungka. 长臂猿。

**gibe** *n. & v.t./i.* menyindir; sindiran; ejek; ejekan; acan; acanan; cupar; cuparan; perli; perlian. 嘲弄；嘲讽；侮辱。

**giblets** *n.pl.* hati, jantung, dll. daripada burung, ayam, dsb. yang boleh dimakan. （禽类可食用的）内脏；杂碎。

**giddy** *a.* (*-ier, -iest*) gayat; pening. 眩晕的；急速旋转的。**giddily** *adv.* dengan gayat atau pening. 令人发晕地；眩晕地。**giddiness** *n.* kegayatan; kepeningan. 眩晕。

**gift** *n.* hadiah; anugerah; bakat; pemberian; tugas mudah. 赠送；天资；赠品；易完成的事。**~-wrap** *v.t.* (p.t. *-wrapped*) balut dengan cantik sebagai hadiah. 包装礼物。

**gifted** *a.* berbakat. 有天资的；有天赋的；天才的。

**gig**[1] *n.* kereta kuda beroda dua. 双轮单马车。

**gig**[2] *n.* (*colloq.*) jemputan bermain jazz, dll. 爵士音乐的演奏预约。

**giga-** *pref.* giga-; didarabkan dengan $10^9$ (seperti dalam gigameter). （前缀）表示"千兆；十亿"（$10^9$）。

**gigantic** *a.* sangat besar; seperti gergasi; seperti raksasa. 巨大的；巨人似的；庞大的。

**giggle** *v.i.* (ketawa) berdekit-dekit. 吃吃地笑；傻笑；痴笑。*—n.* ketawa berdekit-dekit. 傻笑；痴笑。

**gigolo** *n.* (pl. *-os*) pelacur lelaki; lelaki yang dibayar oleh perempuan untuk menjadi temannya; gigolo. 职业舞男；（靠女人生活的）小白脸；女子供养的情人。

**gild**[1] *v.t.* (p.t. & p.p. *gilded*) sepuh; sadur; menyadur dengan emas; salut dengan emas; celup dengan emas. 镀金；贴上金箔；染金。

**gild**[2] *n.* ejaan lama **guild**. **guild** 的旧拼音法。

**gilet** *n.* sejenis pakaian wanita. 女式紧身马甲。

**gill**[1] *n.* (usu. *pl.*) insang (ikan); insang (di bahagian bawah cendawan, kulat). 鱼鳃；菇菌褶。

**gill**[2] *n.* satu perempat pain (sukatan cecair). 及耳（液量单位，等于1/4品脱）。

**gillie** *n.* (budak atau orang lelaki) pembantu pemburu atau pemancing di Scotland. （苏格兰）钓鱼者或游猎者的侍从；游猎向导。

**gilt**[1] *a.* bersepuh, bersalut atau bercelup emas. 镀金的；涂金的；金色的。**~-edged** *a.* pelaburan yang selamat. （证票、股票等）优质的；可靠的。

**gilt**[2] *n.* anak khinzir yang betina. 小母猪。

**gimbals** *n.pl.* gimbal; (alat) relang dan paksi penegak kedudukan peralatan (seperti kompas) dalam kapal. （使罗盘等平衡的）平衡架；水平环。

**gimcrack** *a.* biasa; murah dan mudah rosak. 粗制滥造的；华而不实的。

**gimlet** *n.* (alat) incar; penggerudi; penebuk. 手钻；螺丝锥。

**gimmick** *n.* gimik; pesonaan; (cara atau alat) penarik perhatian. 花招；噱头；（赌博、魔术的）暗机关。**gimmicky** *a.* bersifat gimik. 宣传伎俩的；噱头的；上暗机关的。

**gin**[1] *n.* jerat; jebak; perangkap; serkap; mesin busar kapas (pengasing biji daripada kapas). 陷阱；捕兽器；圈套；轧棉机。*—v.t.* (p.t. *ginned*) membusar kapas; mengasingkan biji kapas daripada kapas. （用轧棉机）轧棉。

**gin**[2] *n.* sejenis minuman keras; gin. 杜松子酒。

**ginger** *n.* halia; lincah; rancak; warna kuning kemerahan. 姜；活力；元气；姜黄色。*—a.* berwarna halia. 姜黄色的。*—v.t.* menjadikan lebih rancak atau hangat. 使更为活泼；使更有生气。**~ ale, ~ beer** minuman berperasa halia. 姜麦酒。**~ group** kumpulan pendesak. （英国议员中的）鞭挞政府派。**gingery** *a.* berkenaan dengan halia; (warna) perang kemerah-merahan. 姜似的；姜辣的；姜色的。

**gingerbread** *n.* kek halia; biskut halia. 姜饼；姜汁饼干。

**gingerly** *a. & adv.* dengan cermat atau teliti. 小心翼翼地；谨慎的。

**gingham** *n.* kain genggang; kain bercorak petak-petak. 条纹布；花格布。

**gingivitis** *n.* gingivitis; radang gusi. 龈炎。

**gingko** *n.* ginko; pokok di negeri China dan Jepun yang berbunga kuning. 银杏；白果树。

**ginseng** *n.* ginseng; pokok yang akarnya berbau wangi dibuat ubat. 人参。

**gipsy** *n.* kaum pengembara di Eropah; gipsi. 吉普赛人（欧洲各地的流浪民族）。

**giraffe** *n.* zirafah. 长颈鹿。

**gird** *v.t.* lilit; belit; libat; bebat; lingkar. 缠上；束紧；佩剑；绑（绷带等）；围绕；包围。

**girder** *n.* gelegar; alang (besi); kalang; galang. 大梁；纵梁；大型工字钢架；撑柱。

**girdle**[1] *n.* pending; kendit; gendit; ikat pinggang; tali pinggang; (getah) pencerut (pinggang); girdel (tulang). 带；皮带；女用紧身塔；围绕物；腰带；橡胶树的环状剥皮；（人体内支持四肢的）带。—*v.t.* mengelilingi; melingkungi. 用带束上；缠；围；环剥树皮。

**girdle**[2] *n.* dulang pemasak (daripada besi yang dapat dipanaskan untuk masak-memasak). （烘饼用）圆形铁板。

**girl** *n.* gadis; perawan; puteri; pemudi; (anak) dara. 少女；姑娘；女儿；未婚女子；女仆；女职员；女朋友。~ **hood** *n.* zaman gadis; zaman remaja (gadis). 少女时期；少女时代。**girlish** *a.* seperti gadis. 女孩子的；少女似的；女孩子气的。

**girlie** *n.* (*colloq.*) gadis. 小姑娘；妓女。 ~ **magazines** majalah mengandungi gambar perempuan muda dalam gaya yang menggairahkan. 刊载裸体或半裸年轻女子照片的杂志。

**girlfriend** *n.* teman wanita. 女朋友；未婚妻；女伴。

**giro** *n.* (pl. *-os*) giro; sistem tabungan wang (bank) yang membolehkan pembayaran dibuat secara pindahan wang daripada satu akaun kepada akaun lain. 银行直接转帐制度。

**girt** *a.* (puisi) berlilit; berbelit. （诗歌）萦绕的；紧束的。

**girth** *n.* lilitan; jarak keliling sesuatu; gelung di bawah perut kuda yang mengikat pelana pada tempatnya. 腰围；物体围长；马肚带。

**gist** *n.* inti; pati; sari; perkara-perkara penting atau maksud umum sesuatu ucapan, dsb. 精髓；本质；要旨；谈话要点；诉讼主因。

**give** *v.t./i.* (*p.t.* gave, *p.p.* given) beri; bagi; menyebabkan diterima atau dimiliki; bekalkan; sediakan; ucapkan; janjikan; lakukan sebagai pertukaran atau bayaran; persembahkan (lakonan, dsb.) di khalayak ramai; hasilkan sebagai produk atau keputusan; memberi laluan; mengisytiharkan (penghakiman) secara berkuasa; memberi; melentur atau menganjal. 送给；授予；供给；献身于；致力于；致意；转达；担保；交换；演出；举行；生产；生育；产生效果；屈服；作出判决；施行惩罚。—*n.* kelenturan; keanjalan. 可弯性；弹性。~ **away** dengan percuma; hadiahkan; derma; sedekah; serah pengantin (perempuan kepada suaminya) sesudah nikah; pecahkan rahsia dengan tidak sengaja. 分发；赠送；施舍；（在结婚仪式中）把新娘引交新郎；无意中泄漏秘密。~ **in** menyerah kalah. 屈服；投降。~ **off** mengeluarkan. 放出。~ **out** isytiharkan; jadi lesu; habis. 精疲力竭；缺乏；用尽。~ **over** menguntukkan; serah; (*colloq.*) berhenti. 托付；委托；停止；戒除。~ **tongue** bersuara; bercakap; (anjing) salak; menyalak. （人）高声说话；（猎犬）吠叫。~ **up** menyerah; kecewa; putus asa; tidak ada harapan

lagi. 让与;失望;放弃;投降;停止。
**~ way** izin; benar; biar; runtuh; reban; pukah. 让步;屈服;让路;倒塌;破裂。**giver** *n.* pemberi; pengurnia; penganugerah. 赠送者;施舍者。

**given** *lihat* **give**. 见 **give**。—*a.* yang ditetapkan; yang ditentukan; tertentu; berkecenderungan. 特定的;签订的;已知的;爱好的。**~ name** nama sendiri (bukan nama keluarga). 教名;(不包括姓氏在内)名字。

**gizzard** *n.* hempedal; empedal; pedal. 鸟的砂囊;胗。

**glacé** *a.* bersalut gula; diawet dengan gula; halwa. 加糖霜的;糖渍的。

**glacial** *a.* berais; berkenaan glasier. 冰的;冰状的;冰河的;冰质的;冰河时期的。

**glaciated** *a.* dilitupi glasier. 冰封的;受冰河作用的;冰河所覆的。

**glacier** *n.* sungai ais; glasier. 冰川;冰河。**glaciation** *n.* penglasieran. 冰河作用;冰河化;冰蚀。

**glad** *a.* riang; suka; gembira; seronok; senang hati. 快活的;喜悦的;令人高兴的;充满欢乐的。**gladly** *adv.* dengan riang, gembira, seronok, senang hati. 高兴地;快活地;令人高兴地。**gladness** *n.* keriangan; kegembiraan; keseronokan. 高兴;欢乐;快活。

**gladden** *v.t.* meriangkan; menyukakan; menggembirakan; menyeronokkan; menyenangkan hati. 使高兴;使快活;使喜悦。

**glade** *n.* kawasan lapang dalam hutan. 森林中的空地。

**gladiator** *n.* pendekar yang bertarung untuk tontonan khalayak ramai di Rom pada zaman dahulu kala. 古罗马时期斗技场的斗士;斗剑士。**gladiatorial** *a.* bersifat pertarungan di khalayak ramai. 斗士的;斗剑士的;斗剑的。

**gladiolus** *n.* (*pl.* -*li*) sejenis tumbuhan berbunga. 唐菖蒲;剑兰。

**glair** *n.* putih telur; bahan likat seperti putih telur. (用于釉光或釉浆的)蛋白;釉浆。

**glamorize** *v.t.* jadikan penuh glamor atau daya tarikan; menggambarkan seperti sesuatu yang glamor; jadikan gemilang. 使迷人;使有迷惑力;使有魅力;美化。**glamorization** *n.* kepermaian; kegemilangan. 魅力化;理想化;美化。

**glamour** *n.* glamor; daya tarikan; kegemilangan. 魔力;魅力;迷惑力。**glamorous** *a.* penuh glamor atau daya tarikan; permai; gemilang. 富有魅力的;富有迷惑力的。**glamorously** *adv.* dengan penuh glamor atau daya tarikan; dengan gemilang. 富有魅力地;迷人地。

**glance** *v.i.* memandang sepintas lalu; menjeling; kerling. 瞥视;掠过;扫视。— *n.* jelingan; kerlingan; sekelebat; sekilas (pandang). 一瞥;掠过;扫视。

**gland** *n.* kelenjar. 腺;(动植物)无分泌功能的腺状组织。**glandular** *a.* berkenaan kelenjar; glandular. 腺的。

**glanders** *n.* penyakit kuda yang berjangkit. (马)鼻疽病。

**glare** *v.i.* silau; kilau; jegil; memandang atau merenung dengan marah. 发出眩光;炫耀;瞪视。—*n.* silauan; kilauan; jegilan. 眩光;炫耀;瞪视。

**glaring** *a.* menyilaukan; amat terang; menonjol. 眩目的;闪闪发光的;瞪眼的;怒目而视的。

**glasnost** *n.* ( Rusia - di USSR) keterbukaan dalam maklumat, dsb. (俄罗斯)消息的公开性;开放性。

**glass** *n.* kaca; cermin; gelas (pengisi cecair, minuman); (*pl.*) kaca mata; teropong (berlaras kembar). 玻璃;镜子;玻璃制品;酒杯;杯内的饮料;眼镜;望远镜。

**glassy** *a.* berkaca; seperti kaca; licin. 玻璃的;外表像玻璃的;平静如镜的;光滑的。**glassily** *adv.* dengan berkaca; dengan licin. 平静如镜地;光滑地。

**glasshouse** *n.* bangsal kaca (untuk tanaman); (*sl.*) penjara tentera. (种植用的)温室;暖房;军人监狱。

**glaucoma** *n.* glaukoma; sejenis penyakit mata. 青光眼；绿内障。

**glaze** *v.t./i.* menggilap; menyapu glis; menyepuh; menjadikan licin dan berkilat; memandang dengan kuyu. 上釉；打光；擦亮；(眼睛) 变为呆滞。—*n.* glis; sepuh gerusan; belingan. 光滑面；上釉的表面。

**glazier** *n.* tukang (pemasang) kaca jendela. 上釉工人；打光工人；装玻璃的人。

**gleam** *n.* sinar malap. 微光；闪光。—*v.i.* bersinar malap. 发微光；闪烁。

**glean** *v.t./i.* memungut; mengutip (bijirin seperti padi yang tertinggal semasa menuai, dsb.); mengumpulkan sedikit-sedikit. 搜集 (新闻、资料等)；拾落穗。**gleaner** *n.* pemungut; pengutip. 搜集者；拾落穗者。

**glee** *n.* riang; suka ria; seronok; syok. 欢欣；快乐；狂欢。~ **club** kelab koir; sejenis persatuan dendangan (nyanyian) ramai. 合唱团。**gleeful** *a.* dengan riang atau seronok. 极高兴的；欢乐的；令人兴奋的。**gleefully** *adv.* dengan menunjukkan perasaan riang atau seronok. 高兴地；欢欣地。

**glen** *n.* lurah; lembah sempit. 峡谷；幽谷。

**glengarry** *n.* sejenis topi bermuncung tajam. 苏格兰船形帽。

**glib** *a.* petah; lancar; fasih; galir. 油腔滑调的；圆滑的。

**glide** *v.i.* meluncur; melayang; melayap. 滑动；滑行；滑翔。—*n.* pergerakan meluncur. 滑行；滑翔。

**glider** *n.* peluncur; pelincir; sejenis pesawat terbang tanpa jentera yang boleh melayang, meluncur atau melayap di udara. 滑行者；滑行物；滑翔者；滑翔机。

**glimmer** *n.* kelipan; kerdipan. 微光；闪光；薄光。—*v.i.* kelipan yang lemah. 发微光；隐约出现。

**glimpse** *n.* imbasan; pandangan sepintas lalu. 一瞥；一看；昙花一现；隐约闪现。—*v.t.* memandang sepintas lalu. 瞥见；闪现。

**glint** *n.* kilapan; kelipan; kerdipan. 闪光；微光；反光；隐约闪现。

**glissade** *v.i.* melincir; meluncur. (登山者) 滑降；(芭蕾舞者) 跳横滑步。—*n.* pelinciran. 滑降；横滑步舞姿。

**glisten** *v.i.* berkilau; bergemerlap; berkelip-kelip; bersinar-sinar. 闪烁；反光；闪耀。

**glitch** *n.* (*colloq.*) tak berfungsi; halangan. 低频干扰；失灵；小故障。

**glitter** *v.i. & n.* gemerlap; gemerlapan; kilau; kilauan. 闪耀；光辉；灿烂的装饰品。

**glitz** *n.* sikap menunjuk-nunjuk yang membazir. 浮华；眩目；耀眼的表现。

**gloaming** *n.* senja larut atau aram-temaran. 黄昏；薄暮。

**gloat** *v.i.* megah; puas (dengan megah atau bongkak). 得意地看；贪婪地盯视；沾沾自喜。

**global** *a.* global; seluruh; sejagat; seantero dunia. 球状的；全球的；世界的；总括的。~ **warming** peningkatan suhu yang menyeluruh. 全球性气候暖化现象。**globally** *adv.* seluruh dunia. 全球性地；世界性地。

**globe** *n.* (bentuk bulat seperti bola) bundaran; buntalan; bundaran peta bumi; glob. 球状物；地球仪；地球；天体；行星。~-**trotting** *n.* perantauan merata-rata; pengembaraan atau mengembara ke seluruh dunia. 环球旅行。

**globular** *a.* bundar; buntar. 球状的；地球状的。

**globule** *n.* butir; until; titisan. 小球状物；水珠；点滴。

**globulin** *n.* globulin; sejenis protein yang terdapat dalam tisu binatang atau tumbuhan. 球蛋白；球朊。

**glockenspiel** *n.* gamelan besi; alat muzik yang diperbuat daripada susunan besi paip, dsb. 钟琴 (一种钟乐器)。

**gloom** *n.* kemuraman; kesuraman; keredupan. 阴暗；忧愁；朦胧。**gloomy** *a.* (*-ier, -iest*) muram; suram; redup. 阴暗

的;阴郁的;情绪低落的;朦胧的。
**gloomily** *adv.* dengan muram; dengan suram. 阴暗地;忧郁地;朦胧地。
**glorify** *v.t.* memuji; menyanjung; bertakbir; memuja. 赞美;崇拜;使光荣;增光。 **glorification** *n.* pemujian; penyanjungan; pemujaan; pengucapan takbir. 赞美;崇拜;庆贺。
**glorious** *a.* mulia; agung; terpuji; cemerlang. 光荣的;超卓的;值得称道的;壮丽的;光辉灿烂的。 **gloriously** *adv.* dengan terpuji atau cemerlang. 光荣地;超卓地;辉煌地。
**glory** *n.* kemuliaan; keagungan; kepujian; kecemerlangan. 荣誉;颂赞值得称赞的人或事;鼎盛;荣华。 —*v.i.* memuliakan; mengagungkan; berasa megah atau bangga. 自豪;引以为荣;为⋯而得意。 **~-hole** *n.* (*sl.*) bilik atau almari yang bersepah; tidak tersusun. 杂乱的房间;杂乱无章。
**gloss**[1] *n.* kilapan; kilauan (di permukaan yang licin). 光彩;光泽;光泽面。 —*v.t.* menggilap. 使具有光泽;润饰;上光漆。 **~ over** menyembunyikan atau menutup kesilapan. 掩饰错误;掩盖。
**gloss**[2] *n.* penjelasan; keterangan ringkas. 注释;解释;评注。 —*v.t.* memberi penjelasan. 加插注解;评注。
**glossary** *n.* daftar kata; glosari. 词汇表;集注;汇编。
**glossy** *a.* (*-ier, -iest*) kilap; berkilap. 光滑的;有光泽的;润饰的。 **glossily** *adv.* dengan berkilapan. 光滑地;光洁地。 **glossiness** *n.* kilapan. 光滑;光泽。
**glove** *n.* sarung tangan. 手套。
**gloved** *a.* bersarung tangan. 戴上手套的。
**glover** *n.* tukang pembuat sarung tangan. 制手套者;手套商。
**glow** *v.i.* menerangi; menyeri; menyerlah; memijar; membara; membahang. 发亮;发光;面色发红;发热;燃烧。 —*n.* cahaya; terang; seri; pijar; bahang. 白热;光亮;光辉;灼热;发红。 **~-worm** *n.* ulat kunang; ulat kelip-kelip; kelemayar.

萤火虫。
**glower** *v.i.* (muka) menjadi merah padam (kerana marah). 面红耳赤;怒视。
**glowing** *a.* cemerlang; gemilang; serlah; marak; berseri. 光辉的;鲜明的;发亮的;灼热的;通红的;容光焕发的。
**gloxinia** *n.* sejenis tumbuhan berbunga seperti loceng. 大岩桐。
**glucose** *n.* glukos; glukosa; gula buah. 葡萄糖。
**glue** *n.* glu; gam; gegala; perekat; jangat; balau. 胶;胶水;粘性树脂;各种胶粘物。 —*v.t.* (pres.p. *gluing*) melekatkan dengan gam atau glu; merekatkan. 粘合;使粘牢;涂上胶水。 **gluey** *a.* bergam; bergegala; seperti gam atau gegala. 胶的;胶质的;胶粘的。
**glum** *a.* (*-mer, -mest*) moyok; suram. 沮丧的;阴沉的;愁容满面的。
**glut** *v.t.* (p.t. *glutted*) bekalan yang berlebihan; merakus; melahap; makan terlalu banyak. 充斥;使供过于求;使吃饱;满足。 —*n.* bekalan yang melebihi. 供过于求;充斥。
**gluten** *n.* gluten; bahan protein lekit yang tertinggal apabila kanji dikeluarkan daripada tepung. 谷蛋白粘胶质;麸质;面筋。
**glutinous** *a.* lekit; berkanji; bersagu; berlendir. 粘的;粘质的;胶的;胶似的。 **~rice** beras pulut. 糯米。
**glutton** *n.* perakus; pelahap; sejenis binatang dari keluarga wesel. 贪吃的人;饕餮;狼獾。 **gluttonous** *a.* rakus; lahap; gelojoh. 馋嘴的;食量大的。 **gluttony** *n.* kerakusan; kelahapan; kegelojohan. 贪食;馋嘴;暴饮暴食。
**glycerine** *n.* sejenis cecair likat, manis yang digunakan dalam ubat; gliserin. 甘油;丙三醇。
**GMT** (*abbr.*) **Greenwich Mean Time** Waktu Min Greenwich. (编写)格林威治时间(世界标准时间)。
**gnarled** *a.* berpulas; berbonggol; bergerutu. 歪扭而粗糙的;多瘤节的。

**gnash** *v.t./i.* kertak; mengertak (gigi). （牙齿相碰而）咯嗒咯嗒地响；咬牙切齿。

**gnat** *n.* agas. 蚋；蠓虫。

**gnaw** *v.t./i.* gerit; kerkah; kunyah. 啃咬；啃；咀嚼。

**gnome** *n.* gnome; peri; orang bunian. （童话中的）小妖魔；地精。

**gnomic** *a.* berlagak bijak. 格言的；格言式的。

**gnomon** *n.* batang jam matahari, menunjukkan masa dengan bayang-bayang. （日晷的）晷针。

**gnu** *n.* gnu; sejenis antelop seperti lembu. （非洲的）牛羚。

**go** *v.i.* (p.t. *went*, p.p. *gone*) pergi; lalu; lulus; jadi; jalan; berjalan; hilang; hapus; habis; pimpin; bimbing. 离去；达到；成为；处于…状态；操作；流行；通用；消逝；完结；垮；折断；用掉；放弃；遵照；趋向。—*n.* (pl. *goes*) tenaga; kuasa; giliran; cubaan; kejayaan; serangan penyakit. 精力；精神；约定的事；比赛；尝试；一口气；成功；(病的)发作。**be going to** akan; hendak (buat sesuatu). 将要；即将。**~-ahead** *n.* isyarat agar memulakan (sesuatu); kebenaran; izin. 放行信号；许可。 **~ back on** mungkir. 背约；背叛。**~-between** *n.* orang tengah. 中间人。**~-cart** *n.* go-kart; kereta mainan yang diperbuat daripada kotak untuk mainan kanak-kanak. 学步车；童车；手推车。**~-karting** perlumbaan go-kart. 微型单座汽车竞赛。**~ for** (*sl.*) serang. 袭击；猛烈攻击。**~-getter** *n.* (*colloq.*) orang yang bersungguh atau berusaha. 有冲劲和进取心的人。**~-go** *a.* (*colloq.*) sangat aktif; bertenaga. 尽情；尽兴。**~ out** padam; hapus; pitam, dsb. 熄灭；关；下台；倒塌；过时；辞职。**~ round** cukup untuk semua. 数量足够分配给所有人。**~ slow** *n.* perbuatan melambatkan kerja (mogok). 怠工。**~ under** gagal; kalah. 失败；屈服；没落。**~ up** naik harga; meningkat; meletup; terbakar dengan cepat. 上升；兴起；爆炸；迅速蔓延。**~ with** sepadan; serasi; sesuai. 匹配；符合；同…一致。**on the ~** sentiasa bergerak. 在进行中。

**goad** *n.* cemeti (kayu) penggembalaan (lembu, dsb.). （赶家畜用的）刺棒。—*v.t.* desak supaya bertindak. 驱赶；激励。

**goal** *n.* gol (dalam permainan bola); kemasukan bola ke dalam gol. （足球等的）球门；得胜球数。

**goalie** *n.* (*colloq.*) penjaga gol. （足球等的）守门员。

**goalkeeper** *n.* penjaga gol. （足球等的）守门员。

**goalpost** *n.* tiang gol. （足球等的）门柱。

**goat** *n.* kambing. 山羊。

**goatee** *n.* janggut pendek dan meruncing; janggut (manusia) yang menyerupai janggut kambing. 山羊胡子。

**gobble** *v.t./i.* memolok. 狼吞虎咽。

**gobbledegook** *n.* (*sl.*) bahasa berbelit yang lazimnya digunakan oleh para pegawai. 官样文章；冗长而费解的语言。

**goblet** *n.* piala; gelas (minuman) berbentuk piala. 酒杯；高脚杯。

**goblin** *n.* goblin; makhluk halus yang nakal dan hodoh. 妖魔；恶鬼。

**goby** *n.* ikan bersirip ventral yang bertindak sebagai penghisap. 虾虎鱼。

**God** *n.* Allah; Tuhan. 上帝；造物主。**god** *n.* dewa. 神；神像；神化的人或物。

**God-fearing** *a.* bertakwa; patuh kepada perintah dan larangan Tuhan. 敬神的；虔敬的。**God-forsaken** *a.* teruk; jelik. 倒霉的；被（神）遗弃的。

**godchild** *n.* (pl. *-children*) anak angkat keagamaan (Kristian). （基督教）教子；教女。

**god-daughter** *n.* anak angkat (perempuan) keagamaan (Kristian). （基督教）教女。

**goddess** *n.* dewi; betari. 女神；被极度尊崇的女子。

**godetia** *n.* pohon tahunan berbunga lebat. 高代花。

**godfather** *n.* bapa angkat keagamaan (Kristian); *(A.S.)* ketua (perdana) sesebuah badan jenayah yang besar. （基督教）教父；美国黑社会组织首领。

**godhead** *n.* ketuhanan; tuhan. 神性；神格；神。

**godlike** *a.* seperti dewa. 似神的；神圣的。

**godly** *a.* warak; alim. 虔诚的；敬神的；信神的。**godliness** *n.* kewarakan; kealiman. 虔诚；敬畏。

**godmother** *n.* emak angkat keagamaan (Kristian). （基督教）教母。

**godparent** *n.* keluarga angkat keagamaan (Kristian). （基督教）教父母。

**godsend** *n.* tuah. 天赐之物；意外好运。

**godson** *n.* anak angkat (lelaki) keagamaan (Kristian). （基督教）教子。

**goggle** *v.i.* menjegil; membeliakkan; membeliak (mata). （因惊奇、恐慌等）睁大眼睛瞪视。

**goggles** *n.pl.* gogel; kaca mata yang menghalang kemasukan udara, air, dsb. ke mata. 护目镜；防水眼镜；遮风镜。

**going** *pres.p. lihat* **go**. 见 **go**。

**goitre** *n.* goiter; gondok; benguk; bengkak pada saraf leher. 甲状腺肿。

**gold** *n.* mas; emas; kencana; warna emas. 黄金；财宝；金牌；金币；金色；金黄的。—*a.* berwarna emas; diperbuat daripada emas. 金黄色的；金制的；含金的。**~-digger** *n.* 'pisau cukur'; perempuan yang mempesona untuk mendapat wang daripada lelaki. 专以美色骗取钱财的女人。**~-mine** *n.* lombong emas; sumber kekayaan. 金矿；宝库；财源。**~-rush** *n.* kerubut emas; bergegas ke kawasan emas yang baru ditemui. 淘金热；涌往新金矿。

**golden** *a.* (sifat) keemasan. 黄金的；金制的；含金的。**~ handshake** (pembayaran) pampasan yang besar kepada orang yang disingkir atau bersara. 退休金；退伍奖金。**~ jubilee** ulang tahun ke-50. 五十周年纪念。**~ wedding** ulang tahun perkahwinan ke-50. 金婚；结婚五十周年纪念。

**goldfinch** *n.* sejenis burung yang sayapnya berjalur kuning. 红额金翅雀；黄雀。

**goldfish** *n.* ikan emas. 金鱼。

**goldsmith** *n.* tukang emas. 金匠；金器商。

**golf** *n.* golf. 高尔夫球。**~ ball** bola golf. 高尔夫球。**~-course, ~-links** *ns.* padang golf. 高尔夫球场。**golfer** *n.* pemain golf. 打高尔夫球的人。

**golliwog** *n.* anak patung hitam berambut keriting. 形状怪异的黑脸洋娃娃。

**golosh** *n. lihat* **galosh**. 见 **galosh**。

**gonad** *n.* gonad; organ binatang yang mengeluarkan gamet (ovum atau sperma). 性腺；生殖腺；卵巢；睾丸。

**gondola** *n.* perahu kolek yang digunakan di bandar Venice, Itali; gondola; sangkar pemuat penumpang yang digantung pada belon besar yang boleh terapung di udara. （意大利威尼斯）平底狭长小船；（飞船等的）吊舱；吊篮。

**gondolier** *n.* pendayung gondola. （意大利威尼斯）平底船船夫。

**gone** *lihat* **go**. 见 **go**。

**goner** *n. (sl.)* sudah habis; kehilangan yang tidak boleh diganti. 完蛋的人或物；已无可挽救的人或物。

**gong** *n.* gong; keromong; alat muzik yang bunyi berdengung apabila dipukul. 锣；铜锣。

**gonorrhoea** *n.* gonorea; penyakit kelamin yang mengeluarkan lelehan dari alat kelamin. 淋病。

**goo** *n. (sl.)* lendir; kanji. 黏性物质；甜腻的东西。

**good** *a. (better, best)* bagus; baik; bersopan; elok; berfaedah; enak. 良好的；优美的；出色的；令人满意的；有品德的；仁慈的；完美的；新鲜的；有益的；合适的。—*n.* kebaikan; kebajikan; *(pl.)* barang perdagangan; barangan.

利益；优点；好事；美德；商品。 **as ~ as** sama; hampir sama baik dengan. 实际上等于；和…几乎一样。 **~-for-nothing** *a. & n.* orang yang tidak berguna. 一无是处；无用之人（的）。 **Good Friday** hari Jumaat (yang dianggap suci) yang mendahului hari Paska. （基督教）耶稣受难节。 **~ name** nama baik; maruah. 美誉；好名声。 **~ will** niat yang baik, baik juga hasilnya. 好意；纯洁无私的意图。

**goodbye** *int. & n.* selamat tinggal; selamat jalan. 再见！告别；告别辞。

**goodish** *a.* agak bagus atau baik; agak besar. 还好的；差强人意的。

**goodness** *n.* kebagusan; kebaikan; (dalam seruan) Tuhan. 善行；美德；美意；优点；养分；精华；(感叹词)天！

**goodwill** *n.* (perasaan) muhibah; nama baik (perniagaan) yang wujud (yang dianggap sebagai aset boleh dijual). 善意；友好；亲善；信誉；招牌。

**goody** *n. (colloq.)* sesuatu yang bagus, enak atau sedap. 精品；佳作；糖果。 **~-goody** *a. & n.* orang yang menganggap (secara megah) dirinya baik. 伪善者；假虔诚的人。

**goof** *n. (sl.)* orang atau kesilapan yang bodoh. 糊涂虫；傻瓜；差错。 **goofy** *a. (sl.)* dungu; bodoh; bangang; tolol. 愚蠢的；可笑的。

**googly** *n.* (kriket) bola yang menyerong daripada sasaran balingannya. 曲球；变向曲线球。

**goon** *n. (sl.)* orang yang bodoh atau bongok. 愚笨的人；古怪的人；傻子。

**goose** *n.* (pl. *geese*) angsa; undan. 鹅；雌鹅；塘鹅。 **~-flesh, ~-pimples** *ns.* bulu roma yang meremang kerana sejuk atau seram. 因恐惧、寒冷引起的鸡皮疙瘩。 **~ step** berjalan, berkawat dengan kaki cekang (tanpa membengkokkan lutut). (军队受检阅等时的)鹅步；正步。

**gooseberry** *n.* sejenis beri berduri. 鹅莓；醋果。

**gopher** *n.* sejenis (haiwan) rodensia yang hidup dalam lubang tanah. 囊鼠；地鼠。

**gore**¹ *n.* lumuran darah (kerana luka). 伤口的凝血；血块。

**gore**² *v.t.* tanduk; menanduk; rodok; merodok. (用角)抵伤；刺破。

**gore**³ *n.* pesak; bahagian layar, skirt, dsb. yang mengembang (misalnya, bahagian skirt yang mula mengembang di paras paha). 衽；裆；帆或衣裙上加缝的三角形布条。

**gorge** *n.* jurang; gaung; tekak; tenggorok. 峡谷；咽喉。 —*v.t./i.* memolok; melahap; tersedak; mengkelan. 狼吞虎咽；暴食；塞饱。 **one's ~ rises** sesuatu yang menjijikkan atau memualkan. 发呕；使人感到厌恶。

**gorgeous** *a.* permai; sangat elok; cantik. 灿烂的；华丽的；极好的；可喜的；美丽的。 **gorgeously** *adv.* dengan permai, elok atau cantik. 灿烂地；华丽地；豪华地。

**gorgon** *n.* perempuan yang menakutkan. 希腊神话中之女怪；丑妇。

**Gorgonzola** *n.* sejenis keju biru. 意大利白干酪。

**gorilla** *n.* mawas; gorila. 大猩猩。

**gormandize** *v.i.* memolok; melahap; makan dengan gelojoh. 狼吞虎咽；狂咽。

**gormless** *a. (sl.)* bodoh; dungu. 智力迟钝的；愚蠢的。

**gorse** *n.* sejenis tumbuhan berduri dan berbunga kuning. 荆豆。

**gory** *a.* (*-ier, -iest*) berdarah; berlumuran darah. 沾满鲜血的；血淋淋的。

**gosh** *int. (sl.)* wah! 天哪！哎呀！(表示惊讶的感叹词)

**gosling** *n.* anak angsa atau undan. 小鹅。

**Gospel** *n.* (kitab) Gospel. 《新约》四福音书。 **gospel** *n.* ajaran Jesus Christ; prinsip; sesuatu yang dianggap benar. 信条；真理；行为准则。

**gossamer** *n.* sarang labah-labah; sesuatu yang nipis dan halus. 蜘蛛网；蛛丝；游丝；纤细物。

**gossip** *n.* umpatan; buah mulut; ngobrol; perbualan tentang hal orang lain; orang yang mengumpat. 流言蜚语；闲谈；闲话；饶舌者。—*v.i.* (p.t. *gossiped*) mengata atau mengumpat (orang). 闲聊；说人闲话。**gossipy** *a.* suka mengumpat; penuh desas-desus. 爱说人闲话的；爱搬弄是非的。

**got** *lihat* **get**. 见 get。 **have ~** miliki. 有；拥有。 **have ~ to do it** perlu, terpaksa melakukannya. 得做；必须进行。

**Goth** *n.* bangsa Goth (Jerman) yang menyerang Empayar Rom pada abad ketiga hingga abad kelima Masihi. （第3至第5世纪时侵入罗马帝国的）哥特人。

**Gothic** *a.* gaya, bentuk binaan abad ke-12 hingga ke-16 Masihi (di Eropah) dengan gerbang rencong tajam. 哥特式的；（12至16世纪欧洲以尖柱、簇柱等为特色的）哥特式建筑的。

**gouge** *n.* pahat kuku; (alat) tuil; pencungkil. 半圆凿；弧口凿；扁凿。—*v.t.* menyodok; menuil; mencungkil. 凿孔；在…上凿槽孔；挖出。

**goulash** *n.* masakan daging dan sayur berkuah pekat. 菜炖牛肉。

**gourd** *n.* (buah) labu; kundur; bekas pengisi air yang diperbuat daripada buah labu atau kundur. 葫芦属植物；葫芦；葫芦制盛水器。

**gourmand** *n.* pelahap; pelalah; pengedarah; orang yang makan melampau. 美食者；讲究美食的人；饕餮者。

**gourmet** *n.* orang yang bercitarasa seni, dalam hal makan minum. 食物品尝家。

**gout** *n.* gout; pirai; sengal. 痛风。 **gouty** *a.* berkenaan atau seperti penyakit gout. 患痛风病的；因痛风而肿胀的。

**govern** *v.t./i.* perintah; memerintah; tadbir; kawal. 统治；管辖；治理；支配；抑制；约束。 **governor** *n.* pemerintah (wilayah); yang dipertua negeri; gabenor. 总督；州长；地方长官；统治者。

**governable** *a.* dapat diperintah. 可统治的；可支配的。

**governance** *n.* pemerintahan; tadbiran; kawalan. 统治；管理；支配；压抑。

**governess** *n.* pengasuh atau pendidik (perempuan); wanita yang diupah untuk mengajar kanak-kanak di rumah kanak-kanak itu. 家庭女教师。

**government** *n.* pemerintah; kerajaan. 政府；政权；政体。 **governmental** *a.* yang berkenaan dengan pemerintah atau kerajaan. 政府的；统治的；政治上的；官方的。

**gown** *n.* jubah; layah; sejenis pakaian labuh (wanita); gaun. 长袍；长外衣；睡袍；毕业袍；法官服。

**GP** *abbr.* doktor. （缩写）（非专科的）普通医生。

**grab** *v.t./i.* (p.t. *grabbed*) capai; cekak; cekau; cengkam; rentap; sambar. 抓住；攫取；掠夺；霸占。—*n.* tiba-tiba mencekau atau percubaan merampas; alat untuk mencengkam. 攫夺；抓取；挖掘机。

**grace** *n.* keanggunan; budi; seri; kurnia; anugerah; belas kasihan; kesyukuran. 优雅；斯文；风度；魅力；神恩；恩宠；慈悲；美德。—*v.t.* memberi kurniaan atau penghormatan; menyerikan. （神）惠赐；增光；使荣耀；使优美。

**graceful** *a.* berbudi; berseri; molek; jelita; anggun. 得体的；适度的；优雅的；慈悲的。 **gracefully** *adv.* dengan santun; dengan lemah lembut; dengan gemalai. 举止得体地；优雅地。 **gracefulness** *n.* kesantunan; gaya lemah lembut; gerakan yang cantik. 端庄；优美；风度翩翩。

**graceless** *a.* canggung; kekok; tanpa seri atau santun; tanpa kesyukuran; tidak berterima kasih. 粗俗的；不雅致的；不懂礼貌的；道德败坏的；不感恩的。

**gracious** *a.* murah hati; belas; kasihan; berbudi bahasa. 亲切的；体恤的；仁慈的；宽厚的；优美的；高雅的。 **graciously** *adv.* dengan murah hati; dengan berbudi bahasa; dengan mesra. 和蔼地；宽厚地；高雅地。 **graciousness** *n.*

kemurahan hati; kebelasan; sifat budi baik. 和蔼可亲；宽厚；仁慈；高雅。

**gradation** *n.* peringkatan; pemeringkatan. 进展；进展过程；渐变；分等；分级。

**grade** *n.* tahap; darjat; mutu; tingkat; tangga; kelas; markah; gred; kecuraman. 级别；程度；阶段；班级；评分等级；水平；倾斜度。 —*v.t.* atur mengikut tahap, darjat, mutu atau kelas; menggredkan; mengurangkan kecuraman. 排等级；分级别；评分数；分类；减缓倾斜度。 **make the ~** berjaya. 成功；达到标准。

**gradient** *n.* kecerunan; kecuraman; tahap kecuraman. 倾斜度；坡度；陡度。

**gradual** *a.* beransur; perlahan-lahan. 逐渐的；渐变的。 **gradually** *adv.* dengan beransur; dengan perlahan-lahan. 逐渐；渐渐。

**graduate**[1] *n.* siswazah; pemilik ijazah universiti. 大学毕业生；授学位者；研究生。

**graduate**[2] *v.t./i.* mendapat ijazah universiti; bahagi kepada tahap tertentu. 取得学位；大学毕业；分度；分级。 **graduation** *n.* (hari) pengijazahan; pembahagian kepada tahap tertentu. 毕业典礼；授学位典礼（日）。

**graffito** *n.* (pl. *-ti*) contengan di dinding, tembok. （墙上的）涂鸦。

**graft**[1] *n.* graf; cantuman; tunas atau tisu yang dipindah untuk tumbuh pada anggota lain; (*sl.*) kerja keras. 植物的嫁接；嫁接法；卖力干的活儿。 —*v.t./i.* pindah tunas kepada anggota lain; dicantum hingga tidak boleh dipisahkan lagi; (*sl.*) bekerja keras. 嫁接；移植；卖力地干。

**graft**[2] *n.* rasuah. 贪污；贿赂。

**Grail** *n.* **Holy ~** cawan atau kole suci (yang dipercayai oleh penganut agama Kristian) digunakan oleh Jesus Christ dalam Santapan Malam Terakhirnya. （传说耶稣在最后晚餐时用的）圣杯或圣盘。

**grain** *n.* biji; bijirin (buah halus seperti padi, gandum, dsb.); butir; pasir; tanaman yang menghasilkan bijirin (seperti padi, gandum, dsb.); sukatan hantap (berat) kira-kira 65 miligram; tekstur; ira atau corak. 谷物；谷粒；颗粒；沙粒；谷类植物；谷（重量单位，约等于65毫克）。 **grainy** *a.* berbiji; berbutir; berpasir. 谷粒多的；粒状的；有沙粒的。

**gram** *n.* gram; sukatan hantap (berat) 1/1000 kilogram (kira-kira 0.6 tahil). 克（重量单位，等于1/1000公斤，约0.6两）。

**grammar** *n.* nahu; tatabahasa. 文法；语法。 **~ school** sekolah menengah untuk murid yang berkemampuan akaliah. 拉丁文学校；（美国）初级中学。

**grammarian** *n.* ahli tatabahasa; pakar dalam tatabahasa. 语法学家；语法学者。

**grammatical** *a.* menurut peraturan nahu atau tatabahasa. 语法的；语法上的；合语法的。 **grammatically** *adv.* secara nahu atau tatabahasa. 语法上。

**gramophone** *n.* gramafon; peti nyanyi; alat pemain piring hitam muzik dan lagu. 留声机。

**grampus** *n.* sejenis haiwan laut seperti ikan lumba-lumba. 逆戟鲸；鲶。

**gran** *n.* (*colloq.*) nenek. 奶奶；外婆。

**granary** *n.* jelapang; bangunan tempat menyimpan bijirin (padi, gandum, dsb.). 谷仓；粮仓。

**grand** *a.* (*-er, -est*) besar; utama; hebat; sergam; (*colloq.*) sangat bagus. 宏大的；盛大的；首要的；最高级的；崇高的；豪华的；壮丽的；巍峨的；极好的；美妙的。 —*n.* piano besar; (*sl.*) seribu dolar, ringgit. 大钢琴；一千英磅；一千美元。 **~ piano** piano besar. 大钢琴；三角钢琴。 **Grand Prix** lumba kereta utama antarabangsa. 国际汽车大奖赛。

**grandly** *adv.* dengan hebat; tersergam. 宏伟地；堂皇地；盛大地；巍峨地。

**grandness** *n.* kebesaran; keutamaan; kehebatan; kesergaman. 盛大；首要；宏伟；堂皇；壮丽。

**grandchild** *n.* (pl. *-children*) cucu. 孙子。

**granddad** *n.* (*colloq.*) datuk; tuk; tukwan (datuk lelaki). 爷爷；公公；外公；老公公。

**granddaughter** *n.* cucu (perempuan). 孙女儿。

**grandee** *n.* pembesar; orang berpangkat tinggi. 最高贵族；大公爵。

**grandeur** *n.* kehebatan. 壮丽；庄严宏伟；高尚。

**grandfather** *n.* datuk; tukwan; atuk (lelaki). 爷爷；公公；祖父；外祖父。~ **clock** jam besar yang berbadan seperti almari. 有摆的落地大座钟。

**grandiloquent** *a.* dengan penggunaan kata-kata hebat. 夸大其词的；夸口的。

**grandiloquence** *n.* penggunaan kata-kata hebat. 夸大；夸张。

**grandiose** *a.* hebat; sergam; besar-besaran. 宏伟的；巍峨的；大规模的；铺张的。**grandiosely** *adv.* dengan hebat. 宏伟地；大规模地；铺张地。**grandiosity** *n.* kehebatan. 宏伟；铺张。

**grandma** *n.* (*colloq.*) nenek; tuk; wan (perempuan). 奶奶；外婆；祖母；外祖母。

**grandmother** *n.* nenek; tuk; wan (perempuan). 奶奶；外婆；祖母；外祖母。~ **clock** jam besar (tetapi lebih kecil daripada *grandfather clock*) berbadan seperti almari. 有摆的落地式座钟。

**grandpa** *n.* (*colloq.*) datuk; tukwan; atuk (lelaki). 爷爷；公公；祖父；外祖父。

**grandparent** *n.* datuk dan nenek. 祖父母；外祖父母。

**grandson** *n.* cucu (lelaki). 孙子；孙儿；外孙。

**grandstand** *n.* astaka besar; anjung atau beranda penonton (sesuatu sukan, pertandingan). （运动场等的）大看台。

**grange** *n.* rumah di desa dengan pelbagai bangsal perladangan di sekitarnya. 庄园；农庄。

**granite** *n.* batu besi; granit. 花岗石；花岗岩。

**granny** *n.* (*colloq.*) nenek; nek. 奶奶；外婆。~ **flat** tempat penginapan lengkap dalam sesebuah rumah untuk saudara mara. 住宅中供老年亲戚使用的老奶奶套间。~ **knot** simpul buku lali; simpul silih. 交叉错误的方结。

**grant** *v.t.* mengabulkan; menganugerah; mengizinkan; mengakui. 赞同；同意；授予；转让；准许给与；承认。—*n.* pengabulan; anugerah; keizinan; perakuan bantuan (untuk pelajar). 同意；授予；转让；准许；助学金。**take for granted** menganggap sesuatu itu benar atau akan pasti berlaku. 认为当然。

**granular** *a.* berbiji; berbutir. 微粒的；似微粒的；含颗粒的。

**granulate** *v.t./i.* dibijikan; dibutirkan; dijadikan biji atau butir; mengasarkan. 使形成颗粒；使成粒状；粒化。**granulation** *n.* pembijian; pembutiran. 成粒状；粒化作用。

**granule** *n.* biji atau butir halus. 微粒；颗粒。

**grape** *n.* buah anggur. 葡萄。

**grapefruit** *n.* limau gedang; sejenis buah limau besar. 葡萄柚。

**grapevine** *n.* pokok anggur; khabar-khabar angin. 葡萄藤；谣言；传闻。

**graph** *n.* garisan yang menunjukkan kaitan antara nilai atau jumlah; graf. 曲线图；图表；图解。—*v.t.* melukis graf. 用图表表示；绘入图表。

**graphic** *a.* berkenaan lukisan atau ukiran; (memberi gambaran) yang jelas. 绘画的；书法的；雕刻的；（描写）生动的。~ **equalizer** alat untuk mengawal jalur frekuensi radio secara berasingan. 射频均衡图示器。**graphics** *n. pl.* grafik; gambar rajah, dsb. yang digunakan dalam pengiraan dan reka bentuk. 图式计算；图解计算。**graphically** *adv.* dengan jelas berserta gambaran terperinci. 用图解表示；图解上。

**graphical** *a.* yang menggunakan graf atau gambar rajah. 图解的；用图表或文字表示的。**graphically** *adv.* dengan menggunakan graf atau gambar rajah. 用图解表示；图解上。

**graphite** *n.* sejenis karbon; grafit. 石墨；炭精。

**graphology** *n.* kaji tulisan (tangan). 笔迹学；图解法。**graphologist** *n.* pengkaji tulisan (tangan). 笔迹学家；字体学家。

**grapnel** *n.* sauh buji; kait; sauh terbang. 抓钩；多爪锚。

**grapple** *v.t./i.* bergelut; cekak; cekau. 抓住，钩住；捉牢；握紧。**grappling-iron** *n.* kait; sauh terbang. (打捞用的)抓机；(泊船的)铁钩。

**grasp** *v.t./i.* genggam; cekak; pegang; tangkap; faham. 紧握；抓住；攫取；了解。—*n.* genggaman; cekakan; pegangan; kefahaman. 紧握；了解。~ **at** sambar. 攫取；欲抓住。

**grasping** *a.* tamak; haloba. 贪婪的；急欲抓住的。

**grass** *n.* rumput; rami; padang (berlitup rumput); (*sl.*) tali barut. 青草；禾本科植物；草场；草原；牧场；告密者。—*v.t.* dilitupi dengan rumput; (*sl.*) menjadi tali barut. 给…铺上草皮；背叛；出卖。~ **roots** asas; akar umbi; ahli-ahli biasa. 基层群众；农业区。~ **widow** isteri yang sering ditinggalkan keseorangan oleh suaminya. 独守家中的妻子；与丈夫分居或离婚的女人。

**grassy** *a.* berumput; berami. 草多的；长满青草的；覆盖着草的。

**grasshopper** *n.* belalang. 蚱蜢。

**grassland** *n.* padang rumput yang luas. 草场；草原；牧场。

**grate**[1] *n.* besi pengadang bara di dapur atau tempat pendiang. 炉；壁炉；炉格。

**grate**[2] *v.t./i.* kukur; parut; sagat. 磨碎；刨；磨擦；锉刮。

**grateful** *a.* bersyukur; berterima kasih; terhutang budi. 感激的；感谢的；感恩的。**gratefully** *adv.* dengan kesyukuran; dengan penuh rasa terhutang budi. 感激地；知恩图报地。

**grater** *n.* kukur; pemarut; penyagat. 粗齿木锉；磨碎器；磨光机。

**gratify** *v.t.* puaskan; memuaskan. 使满意；使高兴。**gratification** *n.* pemuasan; kepuasan; ganjaran. 满意；满足；喜悦。

**grating** *n.* jerjak; kisi-kisi. (门、窗等的)格栅；格子；栅栏。

**gratis** *a. & adv.* percuma; tanpa sebarang bayaran. 免费的(地)；无酬劳的(地)。

**gratitude** *n.* kesyukuran; perasaan terima kasih atau terhutang budi. 感激；感谢；感恩。

**gratuitous** *a.* percuma; dilakukan secara percuma; sukarela (tanpa bayaran). 免费的；无酬劳的；无代价的；无理由的；无缘无故的。**gratuitously** *adv.* dengan sukarela. 不取费地；无酬劳地。

**gratuity** *n.* pampasan; bayaran sagu hati. 赏金；养老金；退役金；小费。

**gravamen** *n.* inti pati atau bahagian paling teruk dalam sesuatu tuduhan. 诉讼要点；诉讼理由。

**grave**[1] *n.* kubur; liang (lahat); makam; jirat (lazimnya digunakan untuk kubur orang bukan Islam). 坟墓；墓穴；墓地；墓碑。

**grave**[2] *a.* (*-er, -est*) penting; teruk; parah; berat; serius. 重要的；重大的；严重的；沉重的；严肃的。~ **accent** tanda baca. 抑音的；声音低沉的。**gravely** *adv.* secara penting; dengan serius. 认真地；严肃地；严重地。

**gravel** *n.* kerikil; gersik; pasir lada; batu lada; pasir garam; ibu pasir. (铺路等用的)碎石；砂砾；砾石。**gravelly** *a.* seperti kerikil; garau; parau. 砂砾般的；铺砂砾的；声音粗哑的。

**graven** *a.* terukir. 雕刻的；铭记在心的。

**gravestone** *n.* (batu) nisan; batu tanda di kubur. 墓石；墓碑。

**graveyard** *n.* kuburan; perkuburan; tanah perkuburan. 墓地；坟场。

**gravid** *a.* mengandung. 妊娠中的；怀孕的。

**gravitate** *v.i.* bergerak ke arah; condong kepada (sesuatu); ditarik kepada (sesuatu). 移向；倾向；被吸引；受引力作用。

**gravitation** *n.* gerakan ke arah; daya tarikan bumi. 趋势；倾向；地心吸力；吸引力；引力作用。

**gravity** *n.* graviti; daya tarikan bumi; kemustahakan; kepentingan; keseriusan. 重力；地心吸力；重要性；严重性；危险性。

**gravy** *n.* kuah; gulai. 肉汁；肉卤。**~ train** (*sl.*) sumber wang yang mudah diperoleh. 轻松而收入丰厚的工作。

**gray** *a. & n.* kelabu; warna kelabu. 灰色（的）。

**grayling** *n.* sejenis ikan air tawar (yang berwarna kelabu). 茴鱼。

**graze**[1] *v.t./i.* meragut (rumput); memakan rumput; membawa ternakan untuk meragut (makan rumput). 喂草；吃草；牧放。

**graze**[2] *v.t./i.* gores; sayat; siat; lecet; jejas. 轻擦；抓破；擦过；掠过；擦伤。

**grazier** *n.* penternak lembu untuk dijual; (*Austr.*) penternak biri-biri. 畜牧业者；牧场主。

**grease** *n.* lemak; minyak; carbi atau gris. 动物脂；油脂；润滑油；润滑。—*v.t.* melumur lemak, minyak, carbi atau gris. 加润滑油；用油脂涂。 **greaser** *n.* penggris; tukang gris. 润滑器；润滑工。

**greasy** *a.* berlemak; berminyak; bergris. 油腻的；油滑的；油脂性的。

**greasepaint** *n.* cat muka digunakan oleh pelakon. 化装用油彩。

**great** *a.* (-*er*, -*est*) agung; besar; gedang; banyak; hebat; (*colloq.*) sangat baik; maha; raya. 大的；宏伟的；伟大的；充足的；充分的；绝妙的；杰出的；显著的；贵族的；高尚的。**greatness** *n.* keagungan; kebesaran; kegedangan; kehebatan. 大；巨大；高尚；伟大；杰出；厉害。

**greatcoat** *n.* sejenis kot luar yang tebal dan labuh. 厚大衣。

**greatly** *adv.* amat; sangat; sungguh. 非常地；崇高地。

**greave** *n.* perisai besi yang dipakai pada tulang kering. 胫甲；护胫。

**grebe** *n.* sejenis burung yang boleh menjunam ke dalam air untuk menangkap ikan. 鸊鷉。

**Grecian** *a.* berkenaan dengan Yunani; zaman Yunani dahulu kala. 希腊的；希腊式的。

**greed** *n.* kehalobaan; ketamakan. 贪婪；（尤指对财富、食物的）贪念；贪心。

**greedy** *a.* (-*ier*, -*iest*) tamak; haloba; gelojoh; rakus. 贪心的；贪婪的；贪念的。**greedily** *adv.* dengan tamak, haloba, gelojoh atau rakus. 贪心地；贪婪地；贪念地。**greediness** *n.* kehalobaan; ketamakan. 贪婪；贪念；贪心。

**Greek** *a. & n.* bahasa atau orang Yunani. 希腊语（的）；希腊人（的）。

**green** *a.* (-*er*, -*est*) hijau; putik; mentah; masih belum masak; tidak berpengalaman. 绿色的；青色的；青葱的；新鲜的；未成熟的；年青的；无经验的；未训练过的。—*n.* warna hijau; padang; (*pl., colloq.*) sayuran hijau. 绿色；青色；绿色物质；草坪；草地；蔬菜；青枝绿叶。**~ belt** kawasan hijau; taman sekitar kota atau bandar; pencinta alam. 绿色地带；城市周围的绿化地带。**~ fingers** bakat atau kepandaian dalam perkebunan atau pertanian. 园艺技能。**~ light** lampu isyarat (hijau); (*colloq.*) kelulusan; keizinan meneruskan sesuatu. （交通信号中的）绿灯；准予通行。**Green Paper** laporan kerajaan mengenai usul yang sedang dipertimbangkan. 绿皮书（印在绿纸上供讨论用的政府文件）。**~ pound** nilai paun (£) yang telah dipersetujui oleh EEC sebagai pembayaran kepada pengusaha pertanian. 绿色英镑（欧洲经济共同体内部为计算农产品价格而

规定的高汇率英镑)。**~-room** n. bilik kegunaan seniman di belakang pentas. 剧场演员休息室。**greenness** n. kehijauan. 绿色;新鲜;未熟练。

**greenery** n. tumbuh-tumbuhan hijau. 绿叶;绿色植物。

**greenfinch** n. sejenis burung berbulu hijau dan kuning. 金翅鸟;褐纹头雀。

**greenfly** n. (pl. -fly) kutu daun. 蚜;桃蚜。

**greengage** n. sejenis buah plum berkulit hijau. 青梅子;青李子。

**greengrocer** n. penjual sayur dan buah-buahan. 蔬菜水果商人;菜贩。

**greengrocery** n. kedai sayur dan buah-buahan atau sayuran dan buah-buahan yang dijual di situ. 蔬菜水果店;蔬菜水果业;蔬菜水果。

**greenhorn** n. orang baru; orang yang masih belum berpengalaman. 生手;新手;没有经验的人。

**greenhouse** n. bangsal yang diperbuat daripada kaca untuk perkebunan atau pertanian; bangsal pertanian. (种植用的)温室;暖房。

**greenish** a. kehijauan-hijauan. 带绿色的。

**greenstick fracture** kepatahan tulang (patah sedikit serta bengkok). 青枝骨折(不完全性骨折病,多见于儿童)。

**greenstone** n. batu hijau. 绿岩;软玉。

**greet** v.t. menyapa; menyambut; memberi salam. 打招呼;迎接;问候;致意。

**greeting card** kad ucapan. 贺卡。

**gregarious** a. berkawan; suka berkawan. 群居的;爱群居的;爱交际的。

**gremlin** n. (sl.) pelesit atau hantu yang (kononnya) menyebabkan segala kegagalan jentera. (传闻中使事情不能顺利进行的)小妖精。

**grenade** n. bom tangan; grenad. 手榴弹。

**grenadier** n. askar yang dahulunya bersenjatakan grenad. 手榴弹兵;掷弹兵。

**grenadine** n. sirap perisa daripada buah delima. 石榴汁。

**grew** lihat **grow**. 见 **grow**。

**grey** a. (-er, -est) kelabu; keabuan. 灰色的;灰白色;阴暗的。—n. warna kelabu atau keabuan. 灰色;灰白色;暗淡。—v.t./i. menjadi kelabu. 变成灰(白色)。 **greyness** n. kekelabuan; keadaan mendung. 灰色;灰白;灰暗;阴暗。

**greyhound** n. sejenis anjing yang kencang larinya. 灵猩。

**greyish** a. agak kelabu; keabu-abuan (warnanya). 带灰色的;灰暗的;阴暗的。

**greylag** n. angsa liar berwarna kelabu. 灰雁。

**grid** n. kekisi; kisi-kisi; sistem garis petak bernombor pada peta; rangkaian talian atau wayar. 铁格栅;格子;格网;地图坐标格网;高压输电网。 **gridded** a. berkisi. 有格子的。

**griddle** n. lihat **girdle**². 见 **girdle**²。

**gridiron** n. kuali; dulang pemasak; padang untuk permainan bola sepak ala Amerika. 烧烤用铁架;有柄烤架;美式足球球场。

**gridlock** n. (A.S.) kesesakan lalu lintas di jalan-jalan bersilang. (美国)棋盘式街道交通堵塞。

**grief** n. duka; lara; kesedihan; kerawanan. 忧伤;悲痛;不幸;灾难。 **come to ~** mendapat bala; gagal; jatuh. 遭难;失败;受伤。

**grievance** n. sungutan; kilanan; terkilan. 不满;不平;抱怨;冤苦;牢骚。

**grieve** v.t./i. bersedih; berduka. 悲伤;使痛心;哀悼。

**grievous** a. mendukakan; melarakan; menyedihkan; merawankan; berat; parah; teruk. 令人悲伤的;令人痛苦的;严重的;难忍受的。

**griffin** n. grifin; binatang khayalan (mitos) berkepala serta bersayap geroda dan bertubuh singa. (希腊神话中的)鹰头飞狮。

**griffon** n. sejenis anjing kecil; sejenis burung hering; grifin. 布鲁塞尔种小犬;兀鹰;(希腊神话中的)鹰头飞狮。

**grill** *n.* jerjak; gril; besi pemanggang; makanan yang dipanggang. 格栅；烤架；烤炉；烘烤的食物。—*v.t./i.* memanggang; menggril; memisit. 炙烤；拷问。

**~-room** *n.* restoran yang menyediakan makanan yang dipanggang. 烤肉处；供应烤肉的餐馆。

**grille** *n.* jerjak, terutama pada pintu dan tingkap. （尤指门窗的）格栅。

**grilse** *n.* ikan salmon dara yang pulang ke lubuk (di sungai dari laut) untuk kali pertama bertelur; salmon belubuk. 幼鲑；溯河产卵时期的鲑。

**grim** *a.* (*-mer, -mest*) suram; muram; bengis; garang. 冷酷的；严厉的；残忍的；无情的。 **grimly** *adv.* dengan muram, bengis atau garang. 冷酷地；严厉地；残忍地；无情地。 **grimness** *n.* kesuraman; kemuraman; kebengisan; kegarangan. 冷酷；严厉；残忍。

**grimace** *n.* seringai; gerenyot (muka). （表示痛苦、厌恶）面部的歪扭；鬼脸；咧嘴。—*v.i.* menyeringai; menggerenyot. 扮鬼脸；咧嘴。

**grime** *n.* daki; comotan; jelaga; kotoran. 尘垢；烟垢；污秽物；污点。—*v.t.* menjadi hitam kerana kotor. 弄脏；使积灰。 **grimy** *a.* berdaki; comot; kotor. 肮脏的；积满污垢的。 **griminess** *n.* kecomotan; kekotoran. 尘垢；污秽物。

**grin** *v.i.* (*p.t. grinned*) sengih; kernyih; kerisin. 露齿而笑；龇牙咧嘴地笑。—*n.* senyuman yang lebar. 露齿笑；狞笑。

**grind** *v.t./i.* (*p.t. ground*) kisar; giling; pipis; asah; canai. 磨碎；碾磨；磨成粉状；嚼碎；磨利；琢磨。—*n.* pengisaran; penggilingan; pemipisan; pencanaian. 碾磨；磨碎；研磨。 **grinder** *n.* pengisar; penggiling; pengasah; pencanai. 磨工；磨床；研磨机；粉碎机。

**grindstone** *n.* kiliran; batu giling; batu asah; batu canai. 磨石；砂轮形磨石。

**grip** *v.t./i.* (*p.t. gripped*) cengkam; genggam; cekak; cekau; tangkap (perhatian). 抓牢；紧握；攫取；吸引；理解。—*n.* cengkaman; genggaman; cekakan; cekauan; tangkapan; (*A.S.*) beg pakaian. 抓牢；紧握；攫取；理解力；手提包；旅行包。

**gripe** *v.t./i.* menjadi pedih perut; memulas (perut); (*sl.*) rungut; merungut. 肠痛；腹绞痛；抱怨；发牢骚。—*n.* (*sl.*) rungutan. 牢骚。

**grisly** *a.* (*-ier, -iest*) seram; ngeri. 可怖的；吓人的。 **grisliness** *n.* kengerian. 可怕；讨厌。

**grist** *n.* bijirin untuk dikisar atau digiling; bijirin yang sudah dikisar atau digiling. 制粉用谷物；磨碎的谷物。

**gristle** *n.* tulang rawan. 软骨。 **gristly** *a.* liat. 软骨的；软骨般的。

**grit** *n.* kerikil; kersik; butir pasir atau batu; (*colloq.*) keberanian; kelasakan; kecekalan; ketabahan. 粗砂；磨料；砂砾；硬渣；勇气；刚毅；坚韧。—*v.t./i.* (*p.t. gritted*) mengetapkan gigi; menabur kersik. 咬紧牙关；摩（牙）；用磨料散。 **gritty** *a.* berkerikil; berkersik; berpasir; cekal. 有砂的；有砂砾的；似砂砾的。 **grittiness** *n.* keadaan berpasir; kekasaran; kecekalan. 砂状；粗砂质；刚强；坚韧不拔。

**grizzle** *v.i. & n.* rengek; merengek; rengekan; rintih; merintih; rintihan; erang; mengerang; erangan. 哭泣；啜泣；号哭。

**grizzled** *a.* kelabu; berbulu kelabu. 灰色的；灰白的。

**grizzly** *a.* berbulu kelabu. 带灰白色的；有灰白花斑的。 **~ bear** sejenis beruang besar berbulu kelabu yang terdapat di Amerika Utara. 北美洲大灰熊。

**groan** *v.i.* erang; mengerang; keluh; mengeluh. 呻吟；叫苦；叹气。—*n.* erangan; keluhan. 呻吟；叹气。

**groat** *n.* duit perak lama empat peni. （英国昔时的）四便士银币。

**groats** *n.pl.* bijirin (gandum, oat, dsb.) yang sudah dihancurkan. 去壳的谷粒；已碾碎的谷粒。

**grocer** *n.* pekedai runcit (yang menjual bahan keperluan rumah seperti gula, garam, roti, beras, dsb.). 杂货商；食品商。

**grocery** *n.* kedai runcit. 杂货店；食品杂货店。

**grog** *n.* sejenis minuman arak campur air. 掺水烈酒。

**groggy** *a.* (*-ier, -iest*) goyah; mabuk; terhuyung-hayang. 摇摇欲坠的；醉醺醺的；蹒跚的；摇晃的；不稳的。**groggily** *adv.* dengan goyah atau terhuyung-hayang; terhinggut-hinggut. 摇摇欲坠地；蹒跚地；摇晃地。**grogginess** *n.* rasa seperti terhuyung-hayang. 摇摇欲坠的样子；蹒跚；摇晃。

**groin** *n.* kelenjaran; pangkal paha; kunci paha; kalang geta; sudut kecubung; sudut lengkungan kubah. 腹股沟；鼠蹊；穹棱；拱肋；交叉拱。

**grommet** *n.* gromet; sesendal penebat. 扣眼；绝缘垫圈。

**groom** *n.* pengantin atau mempelai (lelaki); penjaga kuda; bentara; sais. 新郎；马夫；王室侍从官；男仆。—*v.t.* memberus dan membersihkan kuda; mengemas; asuh; didik; latih seseorang untuk sesuatu jawatan. 刷(马)；使整洁；培训。

**groove** *n.* alur; kelar; lurah; gores; parit. 槽；车辙；凹沟；沟纹；纹道。

**groovy** *a.* (*-ier, -iest*) groovy; (sesuatu yang) menarik, menggembirakan; atau menyeronokkan. 吸引人的；出色的；令人快乐的。**grooviness** *n.* keadaan yang menarik atau menyeronokkan. 吸引人之处。

**grope** *v.i.* menggagau; meraba; ragau. 暗中摸索；触摸；探索。

**grosgrain** *n.* kain grosgrain (untuk membuat reben, dsb.). 罗缎(一种厚斜纹绸布)。

**gross** *a.* (*-er, -est*) gemuk; tambun; lucah; kotor (kata, fikiran); jumlah kasar; kasar. 肥大的；粗壮的；魁伟的；下流的；污秽的；毛重的；总的；全体的。—*n.* (*pl. gross*) dua belas dozen; 144. 罗(计算单位，等于十二打)；144个。—*v.t.* hasilkan atau peroleh keuntungan kasar. 获得毛利(即未扣除各项费用前的总收入)。~ **up** membuat jumlah kasar dengan mencampurkan semula cukai yang telah ditolak daripada jumlah bersih. 使(净收入、净额)增长至付税前最高值。**grossly** *adv.* secara kasar. 大体上；总体上。

**grotesque** *a.* keremot; hodoh; buruk (wajah); ganjil; aneh; pelik. 奇形怪状的；丑陋的；怪诞的；风格奇异的；荒唐的。

**grotto** *n.* (*pl. -oes*) gua yang cantik. 洞穴；人工避暑洞室。

**grouch** *v.i. & n.* (*colloq.*) rungut; rungutan. 发牢骚；牢骚；怨气。

**ground**[1] *n.* tanah; bumi; kawasan; (*pl.*) halaman; musabab; alasan; sebab-musabab; keladak; hampas bijian kisaran (yang tidak larut dalam cecair, misalnya kopi). 地；地面；土地；地域；范围；庭园；场地；理由；根据；沉淀；(咖啡等的)渣滓。—*v.t./i.* terkandas; tersadai; latih; halang daripada terbang. 搁浅；触礁；施以基本训练；使(飞机)停飞。~ **rent** *n.* sewa ke atas tanah bagi mendirikan bangunan. 地租。~ **swell** alun; ombak yang mengalun lembut. (由飓风或地震引起的)移动缓慢的巨浪。

**ground**[2] *lihat* **grind**. 见 **grind**。—*a.* ~ **glass** kaca kabur; kaca yang dilegapkan dengan cara kikiran. 毛玻璃的；磨砂玻璃的。

**grounding** *v.t.* latihan asas. 基础训练；初步训练。

**groundless** *a.* tanpa asas; tidak berasas; tidak munasabah. 没有根据的；没有理由的；无稽的。

**groundnut** *n.* kacang tanah; kacang goreng. 落花生。

**groundsel** *n.* sejenis rumpai. 千里光草。

**groundsheet** *n.* tikar atau alas kalis air untuk bentangan di tanah. 铺地用防潮布。

**groundsman** *n.* (pl.-*men*) penjaga padang permainan; penjaga padang. 球场管理员；运动场管理员。

**groundwork** *n.* kerja asas; persediaan asas. 基础；基本工作；底子。

**group** *n.* puak; kumpulan; pasukan; kelompok; golongan; gugusan. 群；团；类；属；组；队；集团；团体。 —*v.t./i.* kumpul; himpun. 使成一团；聚集；成群。

**grouper** *n.* (ikan) kerapu. 石斑鱼；鲔科鱼。

**grouse**[1] *n.* sejenis burung. 松鸡。

**grouse**[2] *v.i.* & *n.* (*colloq.*) sungut; rungut; omel; sunguntan; rungutan; omelan; terkilan. 抱怨；发牢骚；委屈；怨言；不平。 **grouser** *n.* penyungut; perungut. 爱发牢骚者。

**grout** *n.* turap; mortar (simen) cair. 薄胶泥；石灰浆。 —*v.t* bubuh turap atau mortar. 涂上薄胶泥。

**grove** *n.* kelompok pokok; gugusan pohon. 丛林；小树林。

**grovel** *v.i.* (p.t. *grovelled*) menyungkur (sujud); meniarap; merangkak; merendahkan atau menghinakan diri. 俯伏；趴；卑躬屈膝；自卑。

**grow** *v.t./i.* (p.t. *grew*, p.p. *grown*) tumbuh; hidup; membesar; jadi. 生长；成长；形成；产生。 ~ **up** jadi dewasa. 长大；成人。 ° **grower** *n.* penanam (tumbuhan). 种植者；栽培者。

**growl** *v.i.* mengaum; menderam; menggarung; merungus; membelasut. 怒吼；发轰隆声；嗥叫。 —*n.* belasut; garung; auman; deraman; rungusan. 怒吼声；隆隆声；咆哮；不平。

**grown** *lihat* grow. 见 grow。 —*a.* dewasa; dilitupi tumbuhan. 已成长的；成熟的；长满（青草等）的。 **~-up** *a.* & *n.* dewasa. 成年人（的）。

**growth** *n.* tumbuhan; pertumbuhan; tambahan; penambahan; ketumbuhan. 生长；生长物；产物；成长；发育；发展；栽培；预期增长。

**groyne** *n.* groin; benteng hakisan (penahan hanyutan pasir ke laut). 防波堤。

**grub** *n.* ulat; tempayak (anak serangga yang baru menetas dari telurnya); larva; (*sl.*) makanan. 蛆；幼虫；食物。 —*v.t./i.* (p.t. *grubbed*) bajak; tajak; mencangkul; membungkas; korek akar; menggeledah. 翻掘；搜寻；查出；连根挖掘。 **~-screw** *n.* skru tidak berkepala. 平头螺丝。

**grubby** *a.* (*-ier, -iest*) berulat; bertempayak; kasam; comot; kotor. 生蛆的；多幼虫的；肮脏的；可鄙的。 **grubbiness** *n.* kekasaman; kecomotan; kekotoran. 可鄙的手段；长蛆；污秽。

**grudge** *v.t.* berdengki; mendengki; berdendam; mendendami; sakit hati atau iri hati. 羡慕；嫉妒；怨恨；嫌恶；心怀不满。 —*n.* dendam; kedengkian; kejakian. 嫉妒；怨恨；恶意。

**gruel** *n.* moi; bubur; kanji. 稀粥；麦片粥。

**gruelling** *a.* teruk; susah; payah; penat; meletihkan; melesukan. 重罚的；费劲的；累垮人的；让人受不了的。

**gruesome** *a.* seram; ngeri; dahsyat; jijik. 毛骨悚然的；可怕的；令人厌恶的。

**gruff** *a.* (*-er, -est*) garau; jaruk; serak; kasar (suara). 粗暴的；声音低沉沙哑的。 **gruffly** *adv.* dengan garau atau kasar. 粗哑地；沙哑地。 **gruffness** *n.* kegarauan; keserakan; kekasaran (suara). 粗哑；粗暴；沙哑。

**grumble** *v.i.* rungut; sungut; omel. 发牢骚；抱怨；隆隆地响。 —*n.* rungutan; sunguntan; omelan. 牢骚；怨言；不平；隆隆声。 **grumbler** *n.* perungut; penyungut; pengomel. 埋怨者；发牢骚的人。

**grumpy** *a.* (*-ier, -iest*) (bersifat) perengus; bengkeng; mudah marah atau meradang. 暴躁的；易怒的；性情粗暴的。 **grumpily** *adv.* dengan rengus, bengkeng atau radang. 恼怒地；暴躁地。 **grumpiness** *n.* kerengusan; kebengkengan. 性情粗暴；暴躁。

**grunt** *n.* rungusan; dengusan; korokan; bunyi mengorok. 猪的咕噜声;（人因反对、疲劳等而发出的）哼声;咕哝。

**Gruyère** *n.* jenis keju Swiss yang berlubang-lubang. 瑞士格里尔干酪。

**gryphon** *n. lihat* **griffin**. 见 **griffin**。

**G-string** *n.* tali-G. 小提琴的G弦。

**guano** *n.* tahi kelawar atau burung laut (yang digunakan sebagai baja); baja (terutama yang diperbuat daripada ikan). 海鸟粪;鱼肥。

**guarantee** *n.* jaminan; cagaran; gerenti; penjamin. 担保;保证;保证金;抵押品;保证人。—*v.t.* menjamin; menggerenti. 担保;保证。

**guarantor** *n.* penjamin. 保证人。

**guard** *v.t./i.* jaga; kawal; awas; cegah. 保卫;看守;监视;警戒;防范。—*n.* jagaan; kawalan; pengawasan; cegahan; pencegahan; jaga; pengawal; pasukan pengawal; hulubalang; pengawas; pencegah; pelindung, atau *(pl.)* askar pengawal raja atau istana. 警戒;防卫;拳击防御姿势;看守员;警卫队;火车管车员;哨兵;皇家禁卫军。

**guarded** *a.* berawas; berjaga-jaga; berhati-hati. 言论谨慎的;监视着的;守护着的;小心提防的。

**guardian** *n.* penjaga; pengawal; wali. 保护人;保管人;保卫者;监护。 **guardianship** *n.* penjagaan. 保护;守护;监护人的职责或身分。

**guardsman** *n.* (*pl.* -*men*) askar yang bertugas sebagai pengawal; pengawal; pengawas. 卫兵;哨兵;警卫队队员。

**guava** *n.* (buah) jambu batu. 番石榴。

**gudgeon**¹ *n.* sejenis ikan air tawar. 白杨鱼。

**gudgeon**² *n.* kokot; kokot betina (untuk kemudi); pasak; pin (besi). 旋转架;舵枢;耳轴;轴柱头。

**guelder rose** mawar (putih) liar. 绣球花;雪球(花)。

**guerilla** *n.* gerila; pejuang dalam perang gerila. 游击战术;游击队员。~ **warfare** perang gerila; serangan oleh kumpulan kecil yang bertindak secara sendirian. 游击战。

**guess** *v.t./i.* agak; anggar; teka; duga; kira; fikir. 推测;臆测;猜想;认为。—*n.* agakan; anggaran; tekaan; dugaan; pendapat. 推测;臆测;想法。 **guesser** *n.* peneka. 猜测者。

**guesstimate** *n.* (*colloq.*) agakan; anggaran; anggaran tekaan; dugaan. 瞎猜;瞎估计;约略估计。

**guesswork** *n.* tekaan; dugaan; agakan. 推测;猜测的结果;猜测所得的判断。

**guest** *n.* tetamu. 客;客人;宾客。 ~ **house** rumah tetamu; rumah tumpangan yang bagus. 宾馆;（私人地产上的）客房;高级寄宿舍。

**guff** *n.* (*sl.*) cakap kosong; perbualan; persembangan; ngobrol. 胡说;瞎扯;闲聊。

**guffaw** *n.* renggahan (ketawa); ketawa yang terbahak-bahak; gelak besar. 哄笑;狂笑;大笑。—*v.i.* renggah ketawa; tergelak besar; terbahak ketawa. 狂笑;大笑着说。

**guidance** *n.* bimbingan; pimpinan; hidayah; panduan; asuhan; tuntunan; tunjuk ajar. 指引;指导;领导。

**Guide** *n.* (pengakap) Pandu Puteri.（英国）女童子军。

**guide** *n.* bimbingan; pembimbing; pimpinan; pemimpin; panduan; pemandu; tunjukan; penunjuk (jalan); tuntunan; penuntun; asuhan; ajaran. 指引;领导;指导者;指南;手册;响导;指挥者;路标;导向装置;准则;牵引;率领;教导。—*v.t.* bimbing; pimpin; pandu; tunjuk; tuntun; asuh; ajar. 指引;领导;指示;牵引;教导。

**guidebook** *n.* buku panduan. 参考手册;旅行指南;要览。

**Guider** *n.* Pemimpin Pandu Puteri.（英国）女童子军指导员。

**guild** *n.* persatuan, kesatuan tukang. 行会;同业公会;互助协会。

**guilder** *n.* mata wang Belanda. 荷兰盾（荷兰货币单位）。

**guildhall** *n.* dewan bandaran. 行会会所；同业公会会馆。

**guile** *n.* muslihat; penipuan; dalih; elat. 狡猾；诈欺；诡计；手段；策略。**guileful** *a.* bermuslihat; berdalih; bersifat penipu. 狡猾的；诡计多端的；诈取的。**guileless** *a.* tanpa muslihat atau dalih; tulus; ikhlas. 不狡诈的；坦率的；正直的。

**guillemot** *n.* sejenis burung laut. 海鸠。

**guillotine** *n.* gilotin; alat penyantas leher penjenayah; sejenis alat bermata seperti pedang yang dihenyak turun untuk memenggal kepala penjenayah (yang digunakan di Perancis pada zaman dahulu); alat pemotong kertas; pangkas bahas; penyekatan perbincangan yang meleret tentang sesuatu usul dalam parlimen dengan menentukan waktu pengundian. (法国) 断头台；裁切刀；闸刀；议定表决时限国会中防止议员冗长辩论的措施。—*v.t.* cantas; penggal; potong. 斩首；斩决；闸断；截止议案。

**guilt** *n.* kesalahan; jenayah; dosa; perasaan bersalah. 罪；罪行；罪过；内疚。**guiltless** *a.* tidak bersalah; tidak berdosa; suci. 无罪的；无辜的；无经验的；纯洁的。

**guilty** *a.* (*-ier, -iest*) bersalah; berdosa; rasa bersalah. 有罪的；犯罪的；内疚的；自觉有罪的。**guiltily** *adv.* dengan rasa bersalah atau berdosa. 有罪似地；内疚地。

**guniea** *n.* mata wang Inggeris dahulu, bernilai 21 syiling (£1.05); jumlah ini. 畿尼 (旧时英国金币，值21先令或1.05英磅)；畿尼值。**~-fowl** *n.* ayam peru; ayam mutiara; ayam jutiara. 珍珠鸡。**~-pig** *n.* tikus Belanda; marmut; bahan ujian. 豚鼠；天竺鼠；供医学或实验用的人或动物。

**guise** *n.* kepura-puraan; kepalsuan. 伪装；假装；托词。

**guitar** *n.* sejenis alat muzik bertali; gitar. 吉他；六弦琴。**guitarist** *n.* pemain gitar. 吉他手；吉他演奏者。

**gulf** *n.* teluk; jurang (perbezaan pendapat). 海湾；深渊；异议；鸿沟。

**gull** *n.* burung camar. 鸥。

**gullet** *n.* tekak; kerongkong. 食道；咽喉。

**gullible** *a.* mudah tertipu. 易受骗的；易上当的；轻信的。**gullibility** *n.* perihal mudah tertipu. 易受欺骗。

**gully** *n.* galur; lurah; palung. (山腰等地的) 冲沟；溪谷；壑。

**gulp** *v.t./i.* langgah; teguk; telan; gelogok. 一口吞下；急吞；吞食；狼吞虎咽。—*n.* perbuatan melanggah. 吞咽；一口吞下的量；一大口。

**gum**[1] *n.* gusi. 齿龈；牙床。

**gum**[2] *n.* getah; gala; karet; perekat; gam. 树胶；树脂；橡皮；胶浆；橡皮糖；口香糖。—*v.t.* (*p.t. gummed*) melekatkan; mengegamkan. 粘合；涂树胶。**~-tree** *n.* pokok gam; sejenis pokok yang mengeluarkan perekat. 产树胶的树 (如橡胶树、桉树等)。**gummy** *a.* berperekat; bergam. 胶粘的；含树胶的。

**gumboil** *n.* bisul gusi. 齿龈脓肿。

**gumboot** *n.* but (kasut) getah. 长统橡胶套鞋。

**gumdrop** *n.* gula-gula gelatin yang keras. 橡皮软糖。

**gumption** *n.* (*colloq.*) kecerdikan. 精明能干；进取精神。

**gumshoe** *n.* (*A.S.*) kasut getah. (美国) 橡胶套鞋。

**gun** *n.* bedil; pistol; senapang; meriam; senjata api; penembak berlaras. 炮；手枪；猎枪；枪状物；机关枪；猎枪手。—*v.t./i.* (*p.t. gunned*) membedil; menembak. 开枪射击；打猎；开炮。

**gunboat** *n.* bot pembedil; kapal penggempur; kapal meriam. 炮舰；炮艇。

**gunfire** *n.* tembakan. 炮火；炮击。

**gunman** *n.* (*pl. -men*) orang bersenjata api. 持枪歹徒；枪炮工人。

**gunner** *n.* (askar) pasukan meriam; guner. 炮兵；枪手。

**gunnery** *n.* pemasangan dan pengendalian meriam. (总称) 重炮；枪术；射击学。

**gunny** *n.* guni; karung; uncang. 粗黄麻布；黄麻袋。

**gunpowder** *n.* serbuk bedilan; serbuk api; serbuk peluru. 火药；黑色火药；有烟火药。

**gunroom** *n.* bilik simpanan senapang buruan; bilik untuk pegawai rendah dalam kapal perang. 枪炮陈列室；(军航上的) 下级军官住所。

**gunrunning** *n.* penyeludupan senjata api. 军火走私。 **gunrunner** *n.* penyeludup senjata api. 军火走私贩。

**gunshot** *n.* tembakan; tembakan dari senjata api. (射出的) 枪弹；枪炮射击；枪炮声；射程。

**gunsmith** *n.* tukang pembuat dan pembaik senjata api. 枪炮工。

**gunwale** *n.* bordu; birai dek kapal, *bot.* 舷缘；甲板边缘。

**guppy** *n.* ikan gupi; sejenis ikan yang terdapat di kawasan tropika. 虹鳉 (一种色彩美丽的淡水热带鱼)。

**gurgle** *n.* kumuran; gogokan. 流水汩汩声；咯咯的笑声。—*v.t.* kumur; gogok. 汩汩地响；发咯咯笑声。

**Gurkha** *n.* Gurkha; askar upahan berbangsa Nepal dalam tentera British. (尼泊尔的) 廓尔喀人；英军中的尼泊尔籍士兵。

**gurnard** *n.* ikan laut berkepala besar. 绿鳍鱼。

**guru** *n.* (*pl.* -*us*) sami Hindu; guru yang disanjung. 印度教宗教教师；受崇敬的教师 (或领袖)。

**gush** *v.t./i.* menyembur; memancut; membuak; bercakap dengan berlebih-lebihan. 涌出；喷出；迸出；滔滔不绝地说。—*n.* semburan; pancutan; buakan air yang banyak dengan tiba-tiba; perbuatan; bercakap; memuji, dsb. dengan berlebih-lebihan. 涌出；喷出；迸出；滔滔不绝。

**gusher** *n.* telaga minyak mengeluarkan minyak tanpa dipam; orang yang suka bercakap, memuji dengan berlebih-lebihan. 喷油井；自喷井；说话滔滔不绝的人。

**gusset** *n.* pesak; kekek; kain syalas; kain berbentuk segi tiga yang ditambah pada jahitan untuk menguatkan atau mengembangkannya. 为加固或加大衣服而插接的三角形布；衬料。 **gusseted** *a.* berpesak. (衣服) 有衬料的。

**gust** *n.* deruan; tiupan; curahan kencang yang mendadak (angin, hujan, asap atau bunyi). 突来的强风；一阵狂风；(风、雨、烟、声音等) 一阵突发。—*v.i.* menderu; bertiup; mencurah dengan mendadak. (风) 狂吹；突发。 **gusty** *a.* kencang. 有风暴的；有阵阵狂风的。 **gustily** *adv.* dengan kencang. (风) 强烈地。

**gustatory** *a.* berperasa. 味觉的。

**gusto** *n.* semangat; kesungguhan. 兴致勃勃；热忱。

**gut** *n.* usus; benang, tali daripada usus; (*pl.*) isi perut; (*colloq.*) kesungguhan; keberanian. 肠；消化道；(提琴、球拍等的) 肠线；内脏；胆量；勇气。—*v.t.* (*p.t.* gutted) keluarkan perut; buang atau musnahkan bahagian dalam. 取出内脏；毁坏…的内部或内容。

**gutsy** *a.* (*colloq.*) berani; tamak. 有勇气的；贪婪的。 **gutsily** *adv.* dengan berani. 勇敢地；生龙活虎地。 **gutsiness** *n.* keberanian. 勇敢；坚毅。

**gutta-percha** *n.* getah perca; getah taban. 古塔波胶；胶木胶 (一种类似橡胶的热塑性物质)。

**gutter** *n.* pancur (atap); palung; parit; longkang; kawasan setinggan. (屋檐下的) 水槽；檐槽；边沟；街沟；贫民区。—*v.i.* (lilin) menyala terkedip-kedip hingga lilinnya meleleh merata. (烛火) 风中摇晃；(蜡烛) 淌蜡。

**guttering** *n.* bahan untuk pembinaan palung, parit atau longkang. 用于建筑物排水系统的材料；一段沟槽。

**guttersnipe** *n.* budak melarat (yang bermain di tepi-tepi jalan di kawasan setinggan, dsb.). 贫窟的街道流浪儿；捡破烂者。

**guttural** *a.* garuk; parau. 喉间发出的；喉音的。**gutturally** *adv.* dengan garuk atau parau. 由喉间发出声音地；喉音上。

**guy**[1] *n.* patung-patung Guy Fawkes yang dibakar pada 5 November; orang yang berpakaian compang-camping; *(sl.)* lelaki; jantan. (英国人为纪念发觉盖伊福克斯的火药阴谋而在每年十一月五日庆祝日焚烧的) 盖伊福克斯的模拟肖像；衣著古怪的人；家伙。— *v.t.* persenda, terutamanya dengan mengejek. 嘲弄 (尤指把某人的肖像示众者)。

**guy**[2] *n.* tali atau rantai penambat. 牵索；牵链；拉杆。

**guzzle** *v.t./i.* melanggah; makan dan minum dengan gelojoh; melahap. 狼吞虎咽；狂饮；大吃大喝。

**gybe** *v.t./i.* (layar atau tiangnya) berpusing; (bot) berubah haluan. (纵帆、桁) 转舷；转帆改向。— *n.* perubahan haluan. 转舷；(船的) 转向。

**gym** *n. (colloq.)* gimnasium; gimnastik. 体操馆；健身房。

**gymkhana** *n.* pertunjukan awam pertandingan sukan, terutama lumba kuda; gimkhana. 运动会；竞技表演 (尤指赛马或马术表演)。

**gymnasium** *n.* bilik yang dilengkapkan dengan peralatan senaman; bilik senaman; bilik riadah; gimnasium. 体操馆；健身房。

**gymnast** *n.* ahli gimnastik; orang yang pandai senaman; pakar gerak badan. 体操运动员；体育家。

**gymnastics** *n. & pl.* gimnastik; senaman; riadah; latihan jasmani; latihan gerak badan. 体操运动。**gymnastic** *a.* berkenaan gimnastik atau latihan gerak badan. 体操的；体操训练的；体操技巧的。

**gymslip, gym-tunic** *ns.* pakaian tanpa lengan dipakai sebagai sebahagian pakaian seragam pelajar perempuan. 吉姆衫；体操衫 (一种中、小学女生穿的长至膝盖的束腰无袖外衣，常作为校服)。

**gynaecology** *n.* ginekologi; sakit puan; kajian tentang fungsi fisiologi dan penyakit wanita. 妇科；妇科学。**gynaecological** *a.* yang berkenaan dengan ginekologi atau sakit puan. 妇科的；妇科学的。**gynaecologist** *n.* pakar ginekologi atau sakit puan. 妇科学家；妇科医生。

**gypsophila** *n.* pokok taman berbunga banyak dan kecil berwarna putih. 丝石竹；满天星。

**gypsum** *n.* sejenis bahan seperti kapur; gipsum. 石膏；石膏肥料；灰泥板。

**gypsy** *n.* kaum pengembara di Eropah. (欧洲的) 吉普赛人。

**gyrate** *v.i.* berlegar; berputar; berkisar; mengayak. 旋转；回旋；螺旋地运转。**gyration** *n.* putaran; ayakan; kisaran. 旋转；回旋。

**gyratory** *a.* bersifat memutar, mengisar, memusing atau mengayak. 旋转的；回旋的；螺旋地运转的。

**gyro** *n.* (pl. *-os*) *(colloq.)* giroskop. 军用陀螺仪；回转仪。

**gyrocompass** *n.* kompas gegasing; kompas roda. 陀螺罗盘；回转罗盘；陀螺仪；回转仪。

**gyroscope** *n.* roda penimbal; gegasing; giroskop. 陀螺仪；回转仪；回旋器。

**gyroscopic** *a.* bersifat roda penimbal atau giroskop. 陀螺仪的；回转仪的；回旋器的。

# H

**ha** *int.* ha. 嘿！哈！

**habeas corpus** arahan pembawaan seseorang ke mahkamah, terutama untuk menyiasat kuasa undang-undang untuk menahannya. 人身保护令；出庭令。

**haberdasher** *n.* penjual barang-barang keperluan pakaian. 杂货商；针线用品商。

**haberdashery** *n.* peralatan pakaian atau jahitan. 服饰用品；缝纫用品。

**habiliments** *n.pl.* pakaian. 衣服；装饰。

**habit** *n.* tabiat; perangai; fiil. 习惯；品性；行为。

**habitable** *a.* sesuai dihuni atau didiami. 可居住的。

**habitat** *n.* habitat; tempat kediaman semula jadi tumbuhan dan haiwan. (动物的)自然繁殖地；植物产地；住所。

**habitation** *n.* tempat kediaman; penghunian. 居住；住所。

**habitual** *a.* sudah menjadi tabiat. 习惯的；通常的。**habitually** *adv.* lazimnya; secara tabiatnya. 习惯地。

**habituate** *v.t.* menyesuaikan; menjadi lazim atau biasa. 使适合；使习惯于。

**habituation** *n.* pembiasaan. 习惯。

**habitué** *n.* pengunjung lazim; orang yang lazim mengunjung sesuatu tempat atau tinggal di situ. 常客；常到某一地方的人。

**hacienda** *n.* hasienda; ladang yang luas di Amerika Selatan. 南美洲牧场；大田庄。

**hack**[1] *n.* kuda tunggangan biasa; pekerja yang melakukan kerja biasa atau upahan, terutama penulis. 出租之马；骑用马；辛苦写作的文人。—*v.i.* menunggang kuda dengan kelajuan atau langkah yang lazim. 以普通速度骑马。

**hack**[2] *v.t./i.* potong; kerat; tetak; takik. 切；砍；伐；切割；劈。—*n.* takik; tetak. 割痕；乱砍。

**hacker** *n.* (*colloq.*) penggemar komputer, khasnya yang dapat mencapai fail terkawal. 热中于电脑者；企图不法进入电脑系统之人。

**hacking** *a.* (batuk) kering dan sering. (时常)干咳。

**hackles** *n.pl.* bulu yang boleh kembang di tengkuk ayam jantan; suak; bulu suak; bulu kecung. 公鸡颈边长毛；梳理毛。
**with his ~ up** marah; radang. 愤怒；激怒。

**hackney carriage** teksi. 出租马车。

**hackneyed** *a.* (pepatah, perumpamaan) yang terlampau digunakan dan hambar serta kurang berkesan. 常见的；平常的；陈腐的。

**hacksaw** *n.* gergaji besi. 钢锯。

**had** *lihat* **have**. 见 **have**。

**haddock** *n.* (pl. *haddock*) sejenis ikan laut; hedok. 黑斑鳕；黑线鳕。

**hadji** *n.* haji. 到麦加朝圣过的回教徒。

**haematology** *n.* hematologi; pengkajian tentang darah. 血液学。**haematologist** *n.* ahli hematologi. 血液学家。

**haemoglobin** *n.* bahan merah pembawa oksigen dalam darah; hemoglobin. 血红素。

**haemophilia** *n.* kecenderungan mudah (luka) berdarah (dengan melampau); hemofilia. 血友病。**haemophiliac** *n.* orang yang mengalami hemofilia. 血友病患者。

**haemorrhage** *n.* perdarahan; keadaan berdarah dengan melampau. 出血。—*v.i.* berdarah dengan melampau. 出血。

**haemorrhoids** *n.pl.* hemoroid; bawasir. 痔疮。

**haft** *n.* hulu (pisau, dsb.). (刀、匕首等之)柄；把手。

**hag** *n.* perempuan tua dan hodoh. 丑老太婆。

**haggard** *a.* (kelihatan) letih lesu. 憔悴的；枯槁的。**haggardness** *n.* kelesuan. 疲倦。

**haggis** *n.* makanan orang Scotland yang mengandung hati, jantung dan paru-paru biri-biri. 苏格兰烩羊肚（一种羊肉杂碎布丁）。

**haggle** *v.i.* tawar-menawar. 杀价；讨价还价。

**hagiography** *n.* hagiografi; penulisan kehidupan santo-santa. 圣徒传；圣徒言行录。**hagiographer** *n.* pakar hagiografi. 圣徒传作者。

**hagridden** *a.* dihantui (oleh) kebimbangan. 受恶梦惊扰的。

**ha-ha** *n.* pagar terbenam. 矮墙；矮篱。

**haiku** *n.* (pl. *haiku*) puisi (Jepun) yang mengandungi tiga baris dengan 17 suku kata; haiku. （日本）三行俳句诗。

**hail**[1] *v.t./i.* panggil; laung; seru. 召唤；高呼；招呼。~ **from** berasal; datang dari. 来自。

**hail**[2] *n.* hujan batu; tubian (bertalu-talu). 冰雹；（冰雹般的）一阵。—*v.t./i.* mencurah bagai hujan batu; curah bertubi-tubi. 下冰雹；像冰雹般落下。~ **store** *n.* ketulan hujan batu; batu salji. 冰雹；雹子。

**hailstorm** *n.* ribut hujan batu. 暴风冰雹。

**hair** *n.* rambut; bulu. 头发；毛发。~-**raising** *a.* seram; gerun 令人恐惧的；令人毛发悚然的。~-**trigger** *n.* picu (pemetik bedil, senapang, pistol, dsb.) yang peka atau sensitif. （枪的）微力发火机。

**hairbrush** *n.* berus rambut. 发刷。

**haircut** *n.* gunting rambut; potong rambut. 理发；剪发。

**hairdo** *n.* (pl. *-dos*) dandanan atau rias rambut. 束发；梳发；发型。

**hairdresser** *n.* pendandan (rambut). 理发师。

**hairgrip** *n.* sepit rambut. 夹发针。

**hairless** *a.* tanpa rambut atau bulu. 无毛发的。

**hairline** *n.* garis atau gigi rambut. 极细之线；发型轮廓。

**hairpin** *n.* penyepit rambut. 簪；束发夹。~ **bend** selekoh tajam. U字形急弯路。

**hairspring** *n.* spring halus dalam jam tangan. 钟表弹簧；表内的游丝。

**hairy** *a.* (*-ier, -iest*) berbulu; penuh bulu; (*sl.*) sukar. 多毛的；毛茸茸的；困难重重的。

**Haitian** *a. & n.* berasal dari atau orang Haiti. 海地（的）；海地人（的）。

**hajji** *n.* haji; orang Islam yang telah mengerjakan ibadat haji di Mekah. 曾赴麦加朝圣的回教徒。

**hake** *n.* (pl. *hake*) sejenis ikan laut. 狗鳕；无须鳕。

**halal** *v.t.* menyembelih (binatang, daging) menurut cara Islam. 按回教律法屠宰牲畜。—*n.* halal. 回教律法的合法食物。

**halberd** *n.* kapak lembing atau kapak senjata. 戟。

**halcyon** *a.* tenteram; (zaman yang) makmur. 安宁的；繁荣的。

**hale**[1] *a.* sihat; afiat. 健康的；强壮的。

**hale**[2] *v.t.* (*old use*) menyeret; mengheret. 猛拉；拖曳；硬拖。

**half** *n.* (pl. *halves*) setengah; separuh; 50%. 一半；二分之一。—*a.* berjumlah setengah. 一半的。—*adv.* hingga setengah; sebahagian; separuh. 一半地；部分地。~ **a dozen** setengah dozen; 6. 半打；6（个）。~ **and half** setengah daripada satu benda dan setengah lagi daripada benda lain. 两者成分各半的。~-**back** *n.* hafbek; pemain barisan tengah dalam permainan bola sepak, dsb. 足球中卫。~-**baked** *a.* (*colloq.*) tidak cukup perancangan; bodoh. （计划、思考等）幼稚的；经验不足的；笨的。~-**breed** *n.* kacukan. 混血儿。~-**brother** *n.* abang atau adik (lelaki) seibu atau sebapa. 同父异母或同母异父兄弟。 **~-caste** *n.* kacukan; orang berbaka campuran bangsa. 混血儿。 **~-crown** *n.* wang syiling British lama bernilai 12$^1/_2$ peni. 半克朗（英国银币名，值二先令六便士）。 **~-hearted** *a.* tidak tekun; tidak bersemangat. 不认真的；不热心的；无兴趣的。 **~-term** *n.* cuti pertengahan penggal. 半个学期。 **~-timbered** *a.* (bangunan) terbina separuh daripada kayu. 半灰泥或砖石的；半露木的。 **~-time** *n.* separuh masa; waktu rehat pada pertengahan waktu permainan atau pertandingan. 休息时间。 **~-tone** *n.* gambar hafton; gambar dengan bahagian yang cerah dan gelap terhasil daripada titik-titik kecil dan besar. 美术半调色；网板；中间色。

**halfpenny** *n.* duit syiling (England) bernilai setengah peni. 半便士铜币；半便士。

**halfway** *a. & adv.* separuh atau setengah jalan. 中间的；在途中。

**halfwit** *n.* (orang yang) bodoh, bebal, tolol. 笨蛋；鲁钝的人；弱智者。

**halfwitted** *a.* cacat otak; bodoh. 智力上有缺陷的；愚笨的。

**halibut** *n.* (pl. *halibut*) sejenis ikan laut; halibut. 大比目鱼；星鲽。

**halitosis** *n.* halitosis; nafas berbau (busuk). 口臭。

**hall** *n.* dewan; balai. 会堂；礼堂；大厅。

**hallelujah** *int. & n.* seruan pemujian Tuhan. 哈利路亚；赞美上帝的颂歌。

**hallmark** *n.* cap kempa; tanda piawaian pada emas, perak, dsb. 证明金、银器纯度的印记。 **hallmarked** *a.* (emas, perak, dsb.) bertanda piawaian. 品质证明的。

**hallo** *int. & n.* helo; seruan penyapa. 喂；打招呼。

**halloo** *int. & v.i.* seruan hoi! ooi! 高呼；一种喊声。

**hallow** *v.t.* menganggap suci, keramat. 崇敬；神圣化。

**Hallowe'en** *n.* malam 31 Oktober; Malam Segala Wali (Kristian). 万圣节前夕（10月31日）。

**hallucinate** *v.i.* berhalusinasi; merayan. 使产生幻觉；幻想。

**hallucination** *n.* maya; khayalan; rayan; halusinasi; igauan akal. 幻觉；幻想；梦话。 **hallucinatory** *a.* bersifat halusinasi. 幻觉的。

**hallucinogenic** *a.* menyebabkan halusinasi. 迷幻药的。

**halo** *n.* (pl. *-oes*) lingkaran cahaya kesucian (di sekitar kepala orang warak, suci atau keramat). 光圈；光环；晕轮。

**halogen** *n.* halogen; sebarang kumpulan unsur bukan logam. 卤素。

**halt** *n. & v.t./i.* perhentian; berhenti; henti. （铁路）小站；停止；停。

**halter** *n.* tali kekang; tali di sekitar kepala kuda untuk menuntun atau menambatnya ke tumang atau pancang. 缰绳；马缰。

**halting** *a.* tertahan-tahan. 说话吞吞吐吐的。

**halve** *v.t.* membelah dua; belah separuh; mengurangkan separuh. 一半；分享；减半。

**halyard** *n.* tali anja; tali yang digunakan untuk menaikturunkan layar atau bendera. 升降索；旗绳；扬帆索。

**ham** *n.* daging paha khinzir yang disalai; ham; (*sl.*) pelakon biasa; pengendali stesen radio amatur. 火腿；蹩脚演员；无线电业余爱好者。 —*v.t./i.* (p.t. *hammed*) (*sl.*) berlakon berlebih-lebihan. 过火地表演；过分地做出。 **~-fisted** *a.,* **~-handed** *a.* (*sl.*) kekok. 笨拙的；笨手笨脚的。

**hamburger** *n.* sejenis pergedel daging; hamburger. 牛肉饼；汉堡包。

**hamlet** *n.* kampung (kecil). 小村。

**hammer** *n.* tukul; penukul; martil; mertul. 锤;铁锤;榔头。—*v.t./i.* tukul; pukul; balun; hentam. 锤击;锤打;殴打。 **~ and tongs** berlawan atau berkelahi dengan sepenuh tenaga dan dengan bunyi yang kuat. 拼命;竭力;全力以赴地。 **~-toe** *n.* ibu jari yang selamanya bengkok. 锤状趾。

**hammock** *n.* buaian (untuk baring). 吊床。

**hamper**[1] *n.* raga; bakul; keranjang; hamper; bakul hadiah. 筐;篮;有盖大篮;礼篮。

**hamper**[2] *v.t.* adang; sekat; halang; rintang; galang. 阻挠;妨碍;牵制;使不能任意行动。

**hamster** *n.* hamster; sejenis (haiwan) rodensia seperti tikus besar. 大颊鼠;仓鼠。

**hamstring** *n.* urat pelipat lutut. 腿筋;腘旁腱。—*v.t.* (p.t. *hamstrung*) lumpuh kerana urat di belakang lutut dipotong; melumpuhkan (sesuatu kegiatan). 切断腿后腱使成跛脚;使残废。

**hand** *n.* tangan; kawalan; pengaruh; pinangan (untuk kahwin); pekerja; buruh; jarum (jam); tandatangan; sukatan empat inci untuk mengukur ketinggian kuda; (*colloq.*) tepukan. 手;管制;势力;技能;允婚;雇员;指针;笔迹;一手之宽(合四寸,用量马的高度);鼓掌。 —*v.t.* menghulur; mengunjukkan. 面交;给;搀扶。 **at ~** dekat; hampir. 在手边;在近处;即将到来。 **~-out** *n.* pemberian (percuma). 分给;施舍。 **on ~** ada; boleh didapati. 在手头上。 **on one's hands** tanggungjawab seseorang. 需要照管;由某人负责。 **out of ~** di luar kawalan; terus (tanpa bertangguh atau berfikir lagi). 无法控制;无法约束;无犹豫地立即。 **to ~** sampai; boleh dijangkau. 在手边;收到。

**handbag** *n.* beg tangan; tas tangan. 手提包;旅行袋。

**handbill** *n.* surat pemberitahuan atau surat sebaran dengan tangan. 传单;招贴;广告单。

**handbook** *n.* buku panduan. 手册;便览;指南。

**handcuff** *n.* gari. 手铐。—*v.t.* menggari. 加手铐。

**handful** *n.* sesauk tangan; sepenuh tangan; sedikit; tugas yang rumit atau sukar; orang yang sukar dikawal. 一握;满手;少数;一小撮;棘手的事;可厌的人;难控制的人。

**handicap** *n.* rintangan; bebanan; handikap; penyama saingan; beban yang dikenakan kepada pesaing handalan dalam pertandingan untuk menyamakan kedudukannya dengan saingannya pada permulaan; kecacatan. 障碍;负担;不利条件;(给强者不利条件或使弱者略占优势的)让步赛。 —*v.t.* (p.t. *handicapped*) mengenakan handikap; menjadi rintangan atau halangan. 给(较强选手)设置不利条件。 **handicapped** *a.* cacat. 体能或智能残障的。 **handicapper** *n.* orang cacat. 残障者。

**handicraft** *n.* kerja tangan; anyaman; ulitan; kraftangan. 手艺;手工艺;编制品。

**handiwork** *n.* kerja tangan; hasil kerja orang ternama atau terkenal. 手工;自制物品;(某人)亲手做的事情。

**handkerchief** *n.* (pl. *-fs*) sapu tangan. 手帕;手绢。

**handle** *n.* hulu; tangkai; pemegang; hendal. 柄;柄状物;把手;提手。—*v.t.* memegang; mengawal. 拿;管理;控制。

**handlebar** *n.* hendal basikal. (自行车等的)把手。

**handler** *n.* jurulatih anjing, dsb. 训练动物(例如警犬)者。

**handmaid, handmaiden** *ns.* (*old use*) dayang atau inang. 女仆;女佣人;侍女。

**handrail** *n.* susur tangan; selusur. 扶手;栏干。

**handshake** *n.* jabat tangan; salaman. 握手。

**handsome** *a.* kacak; lawa; segak; tampan. 英俊的；俊俏的；健美的；大方的。

**handspring** *n.* hambur tangan; balik kuang yang melibatkan dirian tangan. 翻筋斗；双手、双脚先后轮流着地向前（或向后）的翻跳。

**handstand** *n.* dirian tangan; tonggeng buyung; berdiri di atas tangan (dengan kaki lejang ke langit). 以手着地倒立。

**handwriting** *n.* tulisan tangan; gaya tulisan (tangan). 书写；书法；笔法；笔迹。

**handy** *a.* (*-ier, -iest*) dengan mudah; dengan senang; pandai menggunakan tangan. 方便的；便利的；手巧的；灵活的。

**handyman** *n.* (pl. *-men*) pekerja yang boleh melakukan pelbagai tugas. 手巧的人；受雇做杂事的人。

**hang** *v.t./i.* (p.t. *hung*) gantung; tersangkut; tergantung; bergayut; (p.t. *hanged*) terjuntai; menjulai; menyelubungi. 挂起；钩住；安装；悬挂；垂下装饰；留下。—*n.* gantungan; cara tergantung. 悬挂方式。 **get the ~ of** (*colloq.*) mula faham. 得知窍门。 **~ about** buang masa; berfoya-foya. 闲逛；闲荡。 **~ back** teragak-agak. 畏缩不前；犹豫。 **~ fire** terlambat (perkembangannya). 进展过于缓慢。 **~-glider** *n.* peluncur gantung (sejenis alat peluncur yang orang boleh turut terbang dengan bergantung padanya). 悬挂式滑翔机。 **~-gliding** peluncuran gantung. 悬挂式滑翔。 **~ on** pegang kuat; bergantung kepada; beri perhatian; terus; (*sl.*) tangguh. 紧握；坚持；专注；不挂断（电话）。 **~ out** (*sl.*) tinggal; duduk; lepak. 居住；常去的地方。 **~-up** *n.* (*sl.*) kepayahan; malu. 困难；大难题；抑制。

**hangar** *n.* bangsal kapal terbang. 飞机库；飞机棚。

**hangdog** *a.* malu; sedih. 卑鄙的；惭愧的；畏缩的。

**hanger** *n.* gelung atau cangkuk (untuk menggantung sesuatu); penyangkut (baju, dll.). 挂钩；衣架。 **~-on** *n.* seseorang yang rapat kepada orang lain demi kepentingan dirinya. 依附他人者；食客；随从；奉承者。

**hangings** *n.pl.* tirai; hamparan dinding. 帏幕；窗帘。

**hangman** *n.* (pl. *-men*) tukang gantung orang (yang dihukum mati). 刽子手；执行绞刑者。

**hangnail** *n.* kulit di pangkal atau tepi kuku yang tersiat sedikit. 肉刺；手指头上的倒刺。

**hangover** *n.* mamun; pening (akibat mabuk minum arak); peninggalan (dari masa lalu). 残留物；遗物；宿醉。

**hank** *n.* segulung atau seutas benang. 一卷；一仔线。

**hanker** *v.i.* kepingin; ingin; idam. 向往；渴望；追求。

**hanky** *n.* (*colloq.*) sapu tangan. 手帕。

**hanky-panky** *n.* (*sl.*) tipu muslihat. 诈欺；骗术；花招。

**Hansard** *n.* laporan rasmi bercetak perbincangan di Parlimen. 英国国会议事录。

**hansom** *n.* **~ cab** (*old use*) kereta kuda untuk disewa. 有篷盖双座小马车。

**Hanukkah** *n.* pesta cahaya orang Yahudi pada bulan Disember. 汉努喀节（犹太人的节期，为纪念公元前165年圣殿的洁净）。

**haphazard** *a.* sembarangan. 任意的；随便的；偶然的。 **haphazardly** *adv.* secara sembarangan. 任意地；随便地；偶然地。

**hapless** *a.* sial; celaka; malang; nasib buruk. 倒霉的；不幸的。

**happen** *v.i.* jadi; terjadi; laku; berlaku. 发生；（偶然）发生。 **~ to** takdir; kebetulan. 天意；偶然地。

**happening** (*colloq.*) mengikut fesyen; menarik. 潮流；惊奇；意外。

**happy** *a.* (*-ier, -iest*) riang; gembira; suka; senang; bahagia. 愉快的；高兴的；快乐的；幸福的。 **~-go-lucky** *a.* periang; sentiasa riang. 逍遥自在的；随遇而安的。 **happily** *adv.* dengan riang. 快乐地。 **happiness** *n.* keriangan; kegembiraan; kebahagiaan. 愉快；幸福。

**hara-kiri** *n.* pembunuhan diri oleh tentera Jepun; harakiri. 古时日本军人的切腹自杀；剖腹。

**harangue** *n.* leteran; ucapan panjang dan bersungguh-sungguh (memarahi). 热烈的讨论；训斥性的讲话。—*v.t.* leter; meleter. 滔滔不绝地演说。

**harass** *v.t.* kacau; ganggu; usik berterusan. 使困扰；攻击；折磨。 **harassment** *n.* pengacauan, gangguan atau usikan berterusan. 困扰；烦恼。

**harbinger** *n.* alamat; petanda. 象征；预兆。

**harbour** *n.* pelabuhan; pangkalan; perlindungan. 海港；码头；避难所；安全地方。 —*v.t.* memberi perlindungan; melindungi; simpan ingatan jahat; dendam. 庇护；藏匿；心怀。

**hard** *a.* (*-er, -est*) keras; pejal; susah; payah; kuat; (air) mengandungi garam galian. 坚硬的；困难的；猛力的；硬质的。—*adv.* dengan tekun, gigih, giat atau bersungguh-sungguh. 努力地；坚决地。 **~-boiled** *a.* (telur) rebus keras; berhati batu. (蛋)煮十分熟的；冷酷的。 **~ by** hampir dengan; dekat dengan. 在旁边。 **~-headed** *a.* keras kepala. 顽固的。 **~ lines** sial; celaka; malang sungguh. 苦境；难事。 **~ of hearing** pekak; kurang dengar. 耳聋的；重听的。 **~ shoulder** bahu jalan. 高速公路的路侧，供紧急情况时使用。 **~ up** pokai; tidak berwang. 短缺；缺钱。 **hardness** *n.* kekerasan. 坚固；硬度。

**hardbitten** *a.* tahan lasak. 顽固的。

**hardboard** *n.* papan gentian keras; papan keras daripada pulpa kayu. 硬质纤维板。

**harden** *v.t./i.* mengeras; memejal. 使硬化；使坚固。

**hardihood** *n.* kegigihan; ketabahan; keberanian. 刚毅；大胆；胆识。

**hardly** *adv.* hampir tiada; jarang sekali; dengan susah payah. 几乎不；不十分；艰难地。

**hardship** *n.* kepayahan; kesukaran. 艰难；困苦。

**hardware** *n.* alat-alatan (logam) yang dijual di kedai; senjata; jentera; perkakasan. 金属器件；五金器具；重武器；军事装备。

**hardwood** *n.* kayu keras. 硬木。

**hardy** *a.* (*-ier, -iest*) tahan lasak. 耐用的。 **hardiness** *n.* sifat tahan lasak. 耐久力。

**hare** *n.* arnab; kelinci. 野兔。—*v.i.* berlari kencang. 飞跑。 **~-brained** *a.* liar dan bodoh; tidak berfikir panjang. 轻率的；愚蠢的；疏忽的。

**harebell** *n.* sejenis tumbuhan berbunga. 蓝铃花；钩钟柳。

**harelip** *n.* bibir sumbing. 兔唇；唇裂。

**harem** *n.* harem; isteri-isteri dan gundik; rumah atau bilik isteri-isteri atau gundik. (回教妇女)闺房；妻妾；女眷。

**haricot bean** sejenis kacang. 扁豆。

**hark** *v.i.* mendengar. 听啊！ **~ back** menyebut-nyebut; mengingatkan kembali. 回到本题；言归正传。

**harlequin** *a.* pelbagai warna; warna-warni. 斑色的；颜色不一的。

**harlot** *n.* (*old use*) perempuan jalang; pelacur. 妓女；娼妓。

**harm** *n.* kecederaan; kerosakan. 损伤；伤害。—*v.t.* mencederakan; merosakkan. 损害；伤害。 **harmful** *a.* bahaya; berbahaya. 伤害的；有害的。 **harmless** *a.* tidak berbahaya. 无害的。

**harmonic** *a.* selaras; sesuai; harmoni. 相称；适合；和谐。

**harmonica** *n.* bangsi; harmonika. 口琴。

**harmonious** *a.* selaras; sesuai; merdu; harmoni. 适合的；调和的；悦耳的；

和睦的。**harmoniously** *adv.* dengan sesuai, merdu atau harmoni. 和谐地；悦耳地；调和地。

**harmonium** *n.* alat muzik seperti organ kecil; harmonium. 小风琴；簧风琴。

**harmonize** *v.t./i.* berharmoni; mengharmonikan; sesuaikan; menyesuaikan; selaraskan; menyelaraskan. 使适合；使相称；使调和。**harmonization** *n.* pengharmonian; penyesuaian; penyelarasan. 适合；调和化。

**harmony** *n.* kesesuaian; keselarasan; keserasian; kemerduan; keharmonian. 一致；调和；和声；悦耳；和睦。

**harness** *n.* abah-abah (kuda); tali-temali pengawal kuda. 马具；挽具状带子。— *v.t.* memasang abah-abah kuda; kawal dan guna (sesuatu). 套挽具于；利用；控制。

**harp** *n.* kecapi. 竖琴。— **on** *v.i.* bercakap berulang kali hingga membosankan. 反复诉说；唠叨。**harpist** *n.* pemain kecapi. 弹竖琴者；竖琴师。

**harpoon** *n.* serampang; seruit; tempuling. 鱼叉标枪。—*v.t.* menombak dengan serampang. 用鱼叉叉。

**harpsichord** *n.* sejenis alat muzik seperti piano dengan alat pemetik atau penggetar tali; hapsikod. 大键琴。

**harpy** *n.* sejenis haiwan dalam mitos, berkepala dan berbadan wanita, bersayap dan bercakar (jari) burung; orang yang tamak dan tidak berprinsip. (希腊神话) 鸟身女面的怪物；贪婪无厌的人。

**harridan** *n.* perempuan tua yang panas darah. 脾气暴躁的老妇；丑老太婆；巫婆；魔女。

**harrier** *n.* anjing pemburu arnab; (*pl.*) pelari merentas desa. 猎兔狗；越野竞走者。

**harrow** *n.* jentera pembajak; pembajak; penggaruk; penyisir tanah. 耙；栉。

**harry** *v.t.* kacau atau ganggu secara berterusan. 时常侵袭掠夺；使痛苦。

**harsh** *a.* (*-er, -est*) kasar; keras; kejam. 粗糙的；坚固的；严酷的。**harshly** *adv.* dengan kasar, keras atau kejam. 粗糙地；坚固地；严酷地。**harshness** *n.* kekasaran; kekerasan. 粗制品；坚硬。

**hart** *n.* rusa jantan. 牡鹿。

**hartebeest** *n.* antelop besar Afrika. 大羚羊。

**harum-scarum** *a. & n.* gopoh; orang yang gopoh. 冒失鬼；粗心的；鲁莽的。

**harvest** *n.* tuaian; penuaian. 收获；收获季节。—*v.t./i.* tuai; menuai. 收割；收获。**harvester** *n.* penuai; alat penuai. 收割者；收割机。

**has** *lihat* **have**. 见 **have**。

**hash** *n.* masakan semula daging cencang; sepahan (bersepah; berkecamuk). 熟肉末炒马铃薯泥；回锅肉丁；混杂。—*v.t.* buat masakan semula daging cencang. 细切 (肉)。**make a ~ of** (*colloq.*) menyepahkan; kesilapan. 弄成乱七八糟；把…搞坏。**settle a person's ~** (*colloq.*) mengajar atau menundukkan seseorang. 使服贴；征服；收拾。

**hashish** *n.* sejenis dadah; hasyis. 海吸希；印度大麻花叶制成的麻醉药。

**hasp** *n.* kepitan; apitan. 铁扣；搭扣。

**hassle** *n. & v.i.* (*colloq.*) pergaduhan; pergelutan; gaduh; gelut; kacau. 激烈争论；摔角；口角；挣扎。

**hassock** *n.* alas lutut semasa sembahyang di gereja; pengalas lutut. 祈祷用的膝垫；跪垫。

**hast** (*old use*) = **have**. 同 **have** (主词为 thou 时)。

**haste** *n.* kalut; gelut; gopoh; kekalutan; kegelutan; kegopohan. 混乱；慌忙；性急；仓促。**make ~** lekas; cepat. 赶快行动。

**hasten** *v.t./i.* tergopoh-gapah; tergesa-gesa; bersegera; lekas; cepat. 催促；加速；赶忙；赶快。

**hasty** *a.* (*-ier, -iest*) kalut; gelut; gopoh-gapah; terburu-buru. 急躁的；轻率的；匆匆的；慌忙的。**hastiness** *n.* kekalutan; kegelutan; kegopohan; kegapahan. 轻率；急促；慌忙。

**hat** *n.* topi; kopiah. 帽子。 **~ trick** tiga kejayaan berturutan. （足球）一人进三球。

**hatband** *n.* lilitan reben pada topi. 帽边的缎带。

**hatch**[1] *n.* lubang kecil; lubang penilik (pada pintu, lantai, dek atau geladak kapal, dsb.). 舱口；天窗；下半扇门。

**hatch**[2] *v.t./i.* tetas; menetas (telur); merancang (muslihat). 孵化；策划；图谋。 —*n.* anak yang baru menetas. （小鸡等的）一窝。

**hatch**[3] *v.t.* menanda dengan garis sejajar yang rapat. 划影线。 **hatching** *n.* tanda garisan sejajar. 影线。

**hatchback** *n.* bahagian belakang kereta yang boleh dibuka hingga ke bumbung; kereta seperti ini. 后门往上开的斜背式汽车。

**hatchery** *n.* (tempat) penetasan (telur). 孵卵处。

**hatchet** *n.* beliung; kapak (kecil). 短柄小斧。 **bury the ~** berhenti berkelahi dan berdamai. 和解；休战；言归于好。 **~-faced** *a.* bermuka kecil dengan raut muka yang tajam. 瘦削脸型的。 **~ man** seseorang yang diupah untuk mengecam serta memusnahkan nama baik orang lain. 职业凶手；受雇写谩骂文章的人。

**hatchway** *n.* lubang atau penutup lubang pada dek atau geladak kapal. 舱口；地板出入口。

**hate** *n.* kebencian; kemeluatan. 仇恨；憎恨。 —*v.t.* benci; meluat. 仇恨；憎恨。

**hater** *n.* pembenci. 怀恨者。

**hateful** *a.* menimbulkan benci atau perasaan meluat. 憎恨的；讨厌的。

**hatless** *a.* tanpa topi, songkok atau kopiah. 不戴帽的；无缘帽的。

**hatred** *n.* kebencian; kemeluatan; kedendaman. 憎恶；憎恨；怨恨。

**hatter** *n.* tukang atau penjual topi, song- kok atau kopiah. 帽商；制帽人。

**haughty** *a.* (*-ier, -iest*) sombong; bongkak; angkuh; berlagak. 傲慢的；自夸的；骄傲的；目中无人的。 **haughtily** *adv.* dengan sombong, bongkak atau angkuh. 傲慢地；自大地；骄傲地。

**haughtiness** *n.* kesombongan; kebongkakan; keangkuhan. 傲慢；自大；骄傲。

**haul** *v.t.* karau; hela; heret; angkut. 搅拌；拉；拖；搬运。 —*n.* karauan; helaan; heretan; benda yang didapati daripada kesungguhan usaha; jarak (yang akan dilalui). 搅拌；拉；拖；（一网的）渔获量；拖运距离。

**haulage** *n.* pengangkutan barangan. 搬运；（货物之）运输。

**haulier** *n.* saudagar atau syarikat pengangkutan. 搬运业者；搬运工。

**haunch** *n.* bonggol; ponok; punggung; pangkal paha (daging untuk makanan). 臀部；腰；（羊肉等的）腰部。

**haunt** *v.t.* sering; selalu mengunjungi; menghantui. 经常；经常去（某地）；使困扰；常出没于。 —*n.* tempat yang sering dikunjungi. 常去的地方。 **haunted** *a.* berhantu. 闹鬼的。

*haute couture* busana anggun. 新潮时装设计师；新潮时装。

**hauteur** *n.* kesombongan; keangkuhan; kebongkakan. 傲慢；骄傲；自大。

**have** *v.t.* (3 sing. pres. *has;* p.t. *had*) kata kerja yang membawa maksud: ada; mempunyai; berisi; mengalami; melahirkan; buat; libat; babit; izin; terima; dapat; (*colloq.*) menipu; memperdayakan. 拥有；持有；体验；生育；做；从事；牵连；允许；取得；欺骗。 —*v.aux.* (digunakan dengan p.p. untuk membentuk p.t.). （加过去分词，构成完成时态）已经。 **~ it out** menyelesaikan sesuatu masalah dengan mengadakan perbincangan terbuka. 以讨论解决争执问题。 **~ up** membawa seseorang ke muka pengadilan. 起诉；控告。 **haves and have-nots**

orang berada dan orang miskin; golongan mewah dan papa, dsb. 富人和穷人；富国和穷国。

**haven** *n.* (tempat) perlindungan. 避难所；安全地方。

**haver** *v.i.* teragak-agak. 犹豫。

**haversack** *n.* beg atau karung galasan. 背袋；粮袋。

**havoc** *n.* kacau-bilau; kebinasaan. 大混乱；大破坏。

**haw**[1] *n.* sejenis beri (buah). 山楂果。

**haw**[2] *lihat* **hum**[2]. 见 **hum**[2]。

**hawk**[1] *n.* (burung) helang; helang sewah; rajawali. 鹰；苍鹰。**~-eyed** *a.* tajam penglihatan. 目光锐利的。

**hawk**[2] *v.i.* berdehem; melawaskan kerongkong. 哼声；高咳声；咳嗽。

**hawk**[3] *v.t.* berjaja. 兜卖。**hawker** *n.* penjaja. 叫卖小贩。

**hawser** *n.* tali, rantai penambat atau penunda kapal. 系船或泊船用的绳索。

**hawthorn** *n.* sejenis tumbuhan berduri. 山楂树。

**hay** *n.* rami; jerami; rumput kering untuk makanan ternakan. 麻；干稻草；(做饲料用的) 干草。**~ fever** demam yang diakibatkan oleh debuan. 枯草热；花粉症。**make ~ of** mengelirukan. 使混乱；弄乱。

**haymaking** *n.* potong dan jemur rumput. 割、捆及铺晒干草。

**haystack** *n.* timbunan jerami, rumput kering. 干草堆。

**haywire** *a.* berkecamuk; kusut; kerosot. 混乱的；疯狂的；乱七八糟的。

**hazard** *n.* bahaya; risiko; halangan. 危险；恶果；阻碍。—*v.t.* ambil risiko; cuba walaupun bahaya. 冒险作出；尝试；大胆提出。**hazardous** *a.* berbahaya. 危险的。

**haze** *n.* jerebu; kabut; kabus; halimun. 雾；霭；霾。

**hazel** *n.* sejenis pokok; pokok hazel. 榛木；榛实。**~-nut** *n.* kekeras atau kacang hazel. 榛子；榛实。

**hazy** *a.* (*-ier, -iest*) berjerebu; berkabut; berkabus; kabur; samar. 有薄雾的；朦胧的；模糊的。**hazily** *adv.* secara samar atau kabur. 朦胧地；模糊地。**haziness** *n.* kekabutan; kekabusan; kekaburan; kesamaran. 朦胧状态。

**H-bomb** *n.* bom hidrogen. 氢弹。

**he** *pron.* ganti nama lelaki; dia. 他 (男性，第三人称代名词)；那个男人。—*n.* jantan. 公；雄。

**head** *n.* kepala; akal; kepala otak; benda berbentuk atau berkedudukan seperti kepala; ketua; pemimpin; penghulu; kepala (kumpulan, dsb.). 头；智力；头脑；头状物体；头端；首长；首脑。**heads** kepala (pada duit syiling). (有头像的硬币的) 正面。—*v.t./i.* terkehadapan; mendahului (semua); tanduk; hala; menghala; tuju; menuju; arah; mengarahkan. 率领；站在…的前头；用头顶 (球)；出发；对着。**~-dress** *n.* tanjak; tengkolok; hiasan kepala. 头饰；头巾。**~ hunt** *v.t.* mencari pekerja kanan dari firma lain. 物色人材。**~ off** paksa mengubah hala dengan menghalang di depan. 到…的前面使其回转或转向；拦截。**~-on** *a. & adv.* perlanggaran; rempuhan kepala sama kepala; lawan tanduk. (相撞) 正面的 (地)；迎头的 (地)；强硬的 (地)。**~ over heels** tonggeng buyung. 头朝正；颠倒地。**~ wind** angin yang berhembus tepat dari depan 顶头风；与行进方向相逆的风。

**headache** *n.* sakit kepala; pening; risau disebabkan masalah. 头痛；令人头痛的事。

**header** *n.* terjun kepala dulu; penandukan (bola). 倒栽跳水；(足球的) 以头顶球。

**headgear** *n.* hiasan atau pakaian di kepala seperti topi, songkok, tengkolok, dsb. 首饰；帽子；头巾。

**heading** *n.* tajuk; judul; lorong; laluan dalam lombong. 标题；题字；指示；方向；(矿) 平巷。

**headlamp** *n.* lampu penyuluh; lampu depan (kereta). 矿工头上所戴的小型灯;车前灯。

**headland** *n.* tanjung. 陆地;岬。

**headless** *a.* tanpa kepala. 无头的;无人领导的;没头脑的。

**headlight** *n.* lampu; cahaya dari lampu depan kereta. 灯;(汽车等的)车前大灯。

**headline** *n.* tajuk berita; judul berita. 报章标题;广播新闻标题。

**headlong** *a. & adv.* (jatuh, terjun) kepala dulu. 头向前地;头朝前的。

**headmaster, headmistress** *ns.* guru besar (lelaki, perempuan). 校长;女校长。

**headphone** *n.* fon kepala; alat pendengar yang melekap melingkungi kepala dan menangkup ke telinga. 双耳式耳机。

**headquarters** *n.pl.* ibu pejabat; markas. 总部;军警司令部。

**headstone** *n.* nisan; batu nisan. 墓石;基石。

**headstrong** *a.* keras kepala; degil. 固执的;顽固的。

**headway** *n.* kemajuan; kemaraan. 进展;进步。

**headword** *n.* kata dasar; perkataan induk, atau utama yang disenaraikan dalam kamus. 标题字;复合词的中心词;词典中的词目。

**heady** *a.* (*-ier, -iest*) memeningkan; memabukkan; gayat. 使头昏的;眩晕的;易使人陶醉的。

**heal** *v.t./i.* sembuh; baik; pulih. (*old use*) betah. 痊愈;复原。 **healer** *n.* penyembuh. (以祷告等)医治者;治疗物。

**health** *n.* kesihatan; keafiatan; kebetahan. 健康;健康状况。

**healthful** *a.* yang menyihatkan atau menyuburkan; teguh. 有益于健康的;卫生的;健全的。

**healthy** *a.* (*-ier, -iest*) sihat; afiat; segar. 健康的;健状的;有精神的。 **healthily** *adv.* dengan sihatnya. 健康地。

**healthiness** *n.* kesihatan; keafiatan; kesegaran. 健康;健全。

**heap** *n.* longgokan; timbunan; (*pl., colloq.*) banyak. (一)堆;堆积;大量;许多。 —*v.t./i.* longgok; timbun. 堆积;积聚。

**hear** *v.t./i* (p.t. *heard*) dengar. 听。 **hear! hear!** Saya bersetuju. 赞成!赞成! **not ~ of** enggan untuk membenarkan. 不答应。 **hearer** *n.* pendengar. 旁听者。

**hearing** *n.* pendengaran. 听;听力。 **--aid** *n.* alat pendengaran. 助听器。

**hearken** *v.i.* (*old use*) mendengar. 听。

**hearsay** *n.* khabar angin. 谣言;传闻。

**hearse** *n.* kereta jenazah atau mayat. 灵车;柩车。

**heart** *n.* jantung; hati; kalbu; di tengah-tengah; keberanian; semangat. 心脏;心;勇气;精神。 **break the ~ of** meremukkan hati; mengecewakan. 使人心碎;使人伤心。 **by ~** menghafal. 靠记忆。 **~ attack** serangan penyakit jantung. 心脏病发作。 **--searching** *n.* menyelami perasaan sendiri. 内心的反省。 **~-to-heart** *a.* hati ke hati; secara jujur. 率直的;诚实的。 **~-warming** *a.* menggembirakan; menyenangkan. 激发同情心的;暖人心房的。

**heartache** *n.* kepiluan; kesayuan; kesebakan (perasaan). 伤心;心痛;悲叹。

**heartbeat** *n.* denyutan jantung. 心脏的跳动;心搏。

**heartbreak** *n.* patah, hancur, atau remuk hati. 难忍的悲伤或失望;心碎。

**heartbroken** *a.* (yang mengalami) patah, hancur, atau remuk hati. 悲伤的;心碎的。

**heartburn** *n.* pedih hulu hati. 心痛。

**heartburning** *n.* cemburu. 强烈的妒忌。

**hearten** *v.t.* menggalakkan; merangsangkan. 鼓励;刺激;振作。

**heartfelt** *a.* ikhlas; jujur. 衷心的;真心真意的。

**hearth** *n.* lantai atau kawasan sekitar pediang atau perapian. 壁炉地面;炉边。

**hearthrug** *n.* permaidani di depan pediang atau perapian. 炉前地毯。

**heartless** *a.* kejam; tidak berhati perut. 无情的；残忍的；无勇气的。**heartlessly** *adv.* dengan kejam. 无情地；残忍地。

**heartsick** *a.* bersedih hati. 悲痛的。

**heartstrings** *n.pl.* hati sanubari. 深挚的爱情；心弦。

**heartthrob** *n.* (*colloq.*) buah hati; degupan jantung. 爱人；心跳。

**hearty** *a.* (*-ier, -iest*) mesra; bersungguh. 亲切的；认真的。**heartily** *adv.* dengan bersungguh. 真实地。**heartiness** *n.* kesungguhan. 诚实。

**heat** *n.* haba; bahang; kepanasan; kehangatan; keradangan. 热度；暑热；温热；愤怒；强烈的感情。—*v.t./i.* memanaskan. 变热；使暖。**~ wave** hawa membahang; musim atau kala hawa terlalu panas. 热浪；热(辐射)波。

**heated** *a.* (perbincangan, debat, dsb.) hangat; panas. 热的；热烈的。**heatedly** *adv.* dengan hangat, panas. 加热地。

**heater** *n.* (alat) pemanas. 加热器；发热器。

**heath** *n.* padang terbiar (tidak ditanami dan bersemak samun). 石南树丛；石南荒地。

**heathen** *n. & a.* kafir; bukan ahli kitab (bukan Yahudi, Kristian atau Islam); tidak beragama. 不信犹太教、基督教或伊斯兰教的异教徒(的)；不信教的人(的)。

**heather** *n.* sejenis tumbuhan malar hijau yang berbunga merah jambu, ungu atau putih. 石南属植物；石南。

**heatstroke** *n.* strok haba; penyakit disebabkan terdedah lama pada matahari. 中暑。

**heave** *v.t./i.* hela; menarik dengan kuat; goncang; mengalun. 拉起；(用力)举起；震动；波动。—*n.* diangkat; alunan; lambungan. 举起；波浪；投掷。**~ in sight** (*p.t. hove*) muncul; mula kelihatan. (船)现出来了。**~ to** (*p.t. hove*) hentikan (kapal, dsb.) dengan haluan menghadapi tiupan angin. 顶风停船。

**heaven** *n.* syurga; firdaus. 天堂；天国。**the heavens** langit; angkasa; angkasa raya. 天空。

**heavenly** *a.* seperti syurga lagaknya; kesyurgaan; (*colloq.*) sangat indah; nikmat. 天国似的；神圣的；美好的；恩赐的。

**heavy** *a.* (*-ier, -iest*) berat; hantap; lebat. 重的；沉重的；密的。**~-hearted** *a.* berat hati; sedih. 内心沉重的；悲伤的。**heavily** *adv.* dengan berat. 沉重地。**heaviness** *n.* keberatan; kehantapan. 沉重；坚实。

**heavyweight** *a.* berat; berpengaruh. 重量级的。—*n.* orang yang berpengaruh; sukatan terberat bagi sukan tinju. 超过平均重量的人或物；重量级拳击手。

**Hebrew** *n. & a.* orang Ibrani; bahasa Ibrani. 希伯来人(的)；希伯来语(的)。**Hebraic** *a.* berkenaan Ibrani. 希伯来人的；希伯来文化的。

**heckle** *v.t.* sampuk; ganggu; kacau (pemidato, penceramah) dengan soalan kasar. 激烈质问；刁难(候选人)；诘问(当众演说者)。**heckler** *n.* penyampuk; pengganggu. 激烈质问者；诘问者。

**hectare** *n.* hektar; sukatan keluasan (bidang) 10,000 meter persegi (kira-kira 2.5 ekar). 公顷；面积单位, 等于10,000平方里或约2$^1/_2$英格。

**hectic** *a.* kalut; sibuk. 混乱的；忙碌的。**hectically** *adv.* perihal sibuk. 忙碌地。

**hectogram** *n.* hektogram; 100 gram. 百克；一百公克(重量单位)。

**hector** *v.t.* menyakat; mengusik; mengganggu (supaya jadi takut). 戏弄；欺凌；威吓。

**hedge** *n.* pagar hidup; pagar daripada pokok atau tumbuhan. 篱笆；树篱。—*v.t./i.* dipagari dengan pokok atau tumbuhan; membentengi diri daripada terikat (pada janji, kerugian, dsb.). 用树篱笆围住(或隔开)；两面下注以防损失。

**hedgehog** *n.* landak. 刺猬。

**hedgerow** *n.* rimbunan (pokok) pagar. 灌木树篱。

**hedonist** *n.* hedonis; orang yang mempercayai bahawa nikmat nafsu adalah nikmat teragung. 快乐主义者。

**heed** *v.t.* mengendahkan; mengambil berat; memberi perhatian. 留心；注意。 —*n.* endah; perhatian. 留心；注意。 **heedful** *a.* mengambil peduli; endah. 深切注意的；留心的。 **heedless** *a.* tidak kisah; tidak peduli. 不注意的；轻率的。 **heedlessly** *adv.* dengan tidak kisah; dengan tidak peduli. 轻率地；不注意地。 **heedlessness** *n.* ketidakendahan. 不注意。

**hee-haw** *n. & v.i.* bunyi (keldai) meringkik; ketawa meringkik. 驴叫声；大笑；傻笑。

**heel**[1] *n.* tumit; (*sl.*) orang hina atau keji. 脚后跟；踵；卑鄙汉。—*v.t.* membuat atau memperbaiki tumit kasut; menumit; menendang bola dengan tumit. 装鞋跟于；用脚后跟践踏；用脚跟往回传球。 **down at ~** selekeh. 褴褛的；十分邋遢的。 **take to one's heels** lari. 逃跑。

**heel**[2] *v.t./i.* sengetkan (perahu, kapal, dsb.); miringkan. 使（船）倾斜。

**hefty** *a.* (-ier, -iest) besar dan berat; kuat. 重的；强的；有力的。 **heftily** *adv.* dengan kuat. 重地。 **heftiness** *n.* keadaan besar dan berat. 体壮力大的人；肌肉发达。

**hegemony** *n.* hegemoni; pengaruh, kekuasaan sesebuah negara ke atas negara lain. 霸权；领导权。

**Hegira** *n.* hijrah; perpindahan Nabi Muhammad dari Mekah ke Madinah. 伊斯兰教纪元（公元622年）；穆罕默德从麦加到麦地那的逃亡。

**heifer** *n.* anak lembu (betina). 小牝牛；小母牛。

**height** *n.* tinggi; ketinggian. 高；高度；海拔。

**heighten** *v.t./i.* meninggikan; memperhebatkan. 升高；增加。

**heinous** *a.* durjana; sangat jahat atau kejam. 凶恶的；可憎的；极凶残的。

**heir** *n.* waris. 继承人。 **~ apparent** waris yang sah, meskipun ada waris lain yang dilahirkan. 法定继承人；有确定继承权的人。 **~ presumptive** waris yang tuntutannya boleh diketepikan. 推定继承人（其权力可能会因优先近亲继承人出现而丧失）。

**heiress** *n.* waris (perempuan). 女性继承人。

**heirloom** *n.* pusaka. 法定继承动产；传家宝。

**held** *lihat* **hold**[1]. 见 **hold**[1].

**helical** *a.* berlingkar; seperti pilin. 螺旋状的。

**helicopter** *n.* helikopter 直升机。

**heliograph** *n.* heliograf; alat untuk menghantar isyarat dengan memantulkan pancaran cahaya matahari. 太阳摄影机；以镜反射阳光收发信号的设置。

**heliotrope** *n.* heliotrop; sejenis tumbuhan berbunga ungu; warna ungu muda. 天芥菜属植物；淡紫色。

**heliport** *n.* pangkalan helikopter. 直升机场。

**helium** *n.* sejenis gas ringan dan tidak boleh terbakar; helium. 氦。

**helix** *n.* (pl. -ices) heliks; lingkar; pilin. 螺旋；螺旋状物。

**hell** *n.* neraka. 地狱；阴间。 **~-bent** *a.* nekad. 不顾一切的。 **~ for leather** meluru; sangat laju atau pantas. 猛攻；极快极猛地；拼命地。

**hellebore** *n.* sejenis tumbuhan berbunga putih dan kehijauan. 黑藜芦；嚏根草属植物。

**Hellene** *n.* orang Yunani. 希腊人。

**Hellenistic** *a.* berkenaan Yunani pada abad ke-4 hingga abad pertama Sebelum Masihi. 希腊学的；希腊文化研究的。

**hello** *int. & n.* helo; seruan teguran. 喂！（用以打招呼或唤起注意）

**helm** *n.* tangkai atau kincir kemudi. 舵轮；舵柄。

**helmet** *n.* ketopong; topi keledar; topi besi. 盔；头盔；钢盔。

**helmsman** *n.* (pl. *-men*) pengemudi. 奴隶。

**helot** *n.* hamba. 舵手。

**help** *v.t./i.* menolong; membantu; menyajikan (makanan). 帮助；援助；(将食物等)分给。 —*n.* pertolongan; bantuan. 帮助；援助。 **~ oneself to** mengambil tanpa meminta bantuan atau kebenaran. 自行拿取。 **helper** *n.* pembantu; penolong. 帮手；助手；协助者。

**helpful** *a.* berguna; berfaedah; bersifat suka atau sedia menolong atau membantu. 有用的；有益的；有帮助的。 **helpfully** *adv.* perihal membantu. 有益地。 **helpfulness** *n.* kesediaan menolong atau membantu. 帮助。

**helping** *n.* sebahagian daripada sajian (makanan). (食物的)一份。

**helpless** *a.* tidak bermaya; tidak berupaya; tanpa pertolongan, bantuan. 无气力的；无能力的；无助的；无依靠的。 **helplessly** *adv.* perihal tidak bermaya. 无力地。 **helplessness** *n.* ketidakupayaan; keadaan tidak berdaya. 无可奈何；无助的状态。

**helpline** *n.* perkhidmatan telefon untuk menyelesaikan masalah. 谘询服务电话。

**helpmate** *n.* penolong; pembantu. 合作者；伙伴。

**helter-skelter** *adv.* tempiar; bertempiaran; lintang-pukang. 乱跑；慌张；狼狈。 —*n.* tempiaran; keadaan lintang-pukang. 慌张；狼狈。

**hem** *n.* kelim; kelepet; tepi kain yang dilipat dan dijahit. 衣边；折边；(衣服等的)折缝。 —*v.t.* (p.t. *hemmed*) sembat; jahit kelim; jahit kelepet. 给⋯缝上边；镶边。 **~ in, ~ round** terkepung. 包围。

**hemisphere** *n.* hemisfera; buntaran; bundaran; separuh bulatan; belahan bumi pada paras khatulistiwa. 半球。 **hemispherical** *a.* berbentuk hemisfera; buntar; bundar. 半球的；半球状的。

**hemlock** *n.* tumbuhan beracun. 毒胡萝卜。

**hemp** *n.* hem; sejenis tumbuhan yang seratnya dibuat tali dan kain; pokok ganja; pokok rami. 长纤维的植物；大麻纤维；大麻。

**hempen** *a.* diperbuat daripada hem atau rami. 大麻(纤维)的。

**hemstitch** *v.t. & n.* jahit tepi sapu tangan; jahitan hiasan pada kelim. 抽丝做花边；结垂缝。

**hen** *n.* ayam betina; ibu ayam. 母鸡；雌禽。 **~-party** *n.* (*colloq.*) parti untuk kaum wanita sahaja. 妇女会。

**hence** *adv.* dari sekarang; dengan itu; maka; hatta; (*old use*) dari sini. 今后；因此；从此；由是。

**henceforth, henceforward** *advs.* dari sekarang; mulai sekarang hingga seterusnya. 今后；以后。

**henchman** *n.* (pl. *-men*) penyokong yang dapat dipercayai. 亲信；心腹。

**henna** *n.* inai; pokok inai; pencelup; pewarna (merah) rambut. 指甲花；散沫花；棕红色染(发)料。 **hennaed** *a.* berinai. 染指甲的。

**henpecked** *a.* (suami yang) dikawal isteri; 'berkemudi di haluan, bergilir ke buritan'. 怕老婆的；惧内的。

**henry** *n.* unit ukuran kearuhan (elektrik). 亨利(电感单位)。

**hepatic** *a.* hepatik; berkenaan hati. 肝脏的；治肝脏病的。

**hepatitis** *n.* hepatitis; radang hati. 肝炎。

**heptagon** *n.* bentuk segi tujuh; heptagon. 七角形；七边形。

**heptathlon** *n.* heptatlon; pertandingan olahraga yang mengandungi tujuh acara. 七项运动(体育项目)。

**her** *pron.* (ganti nama) dia (perempuan). (she 的宾格和所有格)她；她的。 —*a.* kepunyaannya (perempuan). 她的。

**herald** *n.* bentara; biduanda. 古代传令官；使者。 —*v.t.* memaklumkan; memberitahu. 传达；报告。

**heraldic** *a.* berkenaan kebentaraan; kebiduandaan; pemakluman; berkenaan pengajian lambang atau jata. 传令官的；纹章学的。

**heraldry** *n.* pengajian lambang atau jata (asal usul, salasilah). 纹章学；勋章。

**herb** *n.* rumput-rampai; tumbuhan berbatang lembut yang mati sesudah berbunga sekali; herba; tumbuhan yang boleh dimakan, dibuat ubat. 草本植物；香草；药草。

**herbaceous** *a.* seperti herba; (batang) tidak berteras. 草本的；草质的。

**herbage** *n.* bahan herba; rumput-rampai. 草本；牧草。

**herbal** *a.* berkenaan atau daripada herba. 草本的。—*n.* buku tentang herba. 草本书；植物集。

**herbalist** *n.* saudagar ubat herba. 草本学者；中医。

**herbarium** *n.* koleksi tumbuhan herba. 植物标本集。

**herbicide** *n.* racun rumput-rumpai; racun lalang. 除草剂。

**herbivore** *n.* haiwan pemakan tumbuhan. 草食动物。

**herbivorous** *a.* (haiwan) yang hanya memakan tumbuhan. （动物）食草的。

**herculean** *a.* perkasa; yang memerlukan kekuatan yang banyak. 力大无比的；费力的；极难的。

**herd** *n.* kawanan (binatang). 畜群；牧群。—*v.t./i.* himpun. 放牧；聚在一起。

**herdsman** *n.* gembala; penggembala. 牧者；牧主。

**here** *adv.* ini; sini; di sini; ke sini. 这里；在这里；向这里；在这点上。—*n.* tempat ini. 这里。

**hereabouts** *adv.* di sekitar ini; dekat sini; daerah atau kawasan ini; sini. 在这儿附近；在这一带。

**hereafter** *adv.* kemudian; dari sekarang. 此后；今后。—*n.* alam baqa. 将来；未来；来世。

**hereby** *adv.* dengan ini; maka. 以此；因此。

**hereditable** *a.* dapat diwarisi. 可继承的。

**hereditary** *a.* turun-temurun; bersifat keturunan atau warisan. 世袭的；遗传的。

**heredity** *n.* baka; bakat; keturunan. 世代相传；预兆；遗传；继承。

**herein** *adv.* di dalam ini; di sinilah. 在此中；于此。

**heresy** *n.* fahaman (pendapat) yang bertentangan dengan faham rasmi (agama, dll.); bidaah. 异教；异论；左道邪说。

**heretic** *n.* pembidaah (bidaah); pendapat yang bercanggah dengan kelaziman. 异教者；异端者。 **heretical** *a.* yang menyimpang daripada fahaman (pendapat) umum. 异端的。 **heretically** *adv.* dengan cara yang menyimpang daripada fahaman (pendapat) umum. 异教地。

**hereto** *adv.* bersama (-sama) ini. 关于这个；到此为止。

**herewith** *adv.* dengan ini. 同此；随函。

**heritable** *a.* boleh diwarisi atau diturunkan; terwariskan atau turun-temurun. 可继承的；会遗传的。

**heritage** *n.* pusaka; warisan. 遗产；继承物；世袭财产。

**hermaphrodite** *n.* hermafrodit; khunsa; pondan; kedi; banci. 阴阳人；两性人；雌雄同体。

**hermetic** *a.* kedap udara; bertutup rapat hingga tidak boleh dimasuki udara. 密封的。 **hermetically** *adv.* perihal kedap udara. 密封地。

**hermit** *n.* pertapa. 隐士；遁世者。

**hermitage** *n.* (tempat, hunian) pertapaan. 隐士居处或生活；僻静的住处。

**hernia** *n.* hernia; burut. 疝气；脱肠。

**hero** *n.* (pl. *-oes*) wira; perwira; pahlawan; hero. 英雄；勇士；烈士。

**heroic** *a.* gagah berani. 英雄的；勇敢的。 **heroics** *n.pl.* berlagak seperti wira.

英勇的行为。**heroically** *adv.* dengan berani; seperti wira. 英勇地。

**heroin** *n.* heroin; sejenis dadah. 海洛因；二乙酰吗啡。

**heroine** *n.* wirawati; pahlawan wanita; serikandi. 女英雄；烈妇。

**heroism** *n.* keperwiraan; kepahlawanan. 英雄气质；英雄主义；勇壮。

**heron** *n.* (burung) pucung; kuaran; seriap. 苍鹭。

**heronry** *n.* sarang (burung) pucung, kuaran atau seriap. 苍鹭集结孵卵之处。

**herpes** *n.* herpes; penyakit yang disebabkan oleh sejenis virus. 疱疹；匐行疹。

**Herr** *n.* (pl. *Herren*) gelaran bagi lelaki penutur bahasa Jerman. 先生；德国绅士。

**herring** *n.* sejenis ikan laut; ikan hering. 鲱鱼。**~-bone** *n.* bentuk atau susunan silang pangkah. 鲱鱼骨；交叉缝式。

**hers** *poss. pron.* kepunyaannya (perempuan). 她的（东西）。

**herself** *pron.* sendiri (perempuan). 她自己；她本人。

**hertz** *n.* (pl. *hertz*) sukatan kekerapan (frekuensi) gelombang elektromagnet; hertz. 赫；频率电位，亦称周/秒。

**hesitant** *a.* teragak-agak; segan; ragu; bimbang; sangsi; waswas. 迟疑的；害羞的；疑惑的；忧虑的。**hesitantly** *adv.* dengan keadaan yang segan atau teragak-agak. 害羞地；犹豫地。**hesitancy** *n.* keraguan; kebimbangan; kesangsian. 犹豫；踌躇。

**hesitate** *v.t.* teragak-agak; berasa ragu, sangsi atau keberatan. 犹豫；疑虑；不愿意。**hesitation** *n.* keraguan; kesangsian. 迟疑；踌躇。

**hessian** *n.* kain tarpal. 赫斯布（一种结实的粗麻布）。

**het** *a.* ~ **up** *(sl.)* galak; ghairah. 兴奋的；过度紧张的。

**heterodox** *a.* heterodoks; tidak bersikap patuh pada nilai tradisi. 非正统的；异端的。

**heterogeneous** *a.* pelbagai; berbagai-bagai. 各种的；各种各样的。

**heterosexual** *a. & n.* heteroseksual; (nafsu seks) terpikat kepada jenis yang berlawanan (misalnya jantan terpikat kepada betina, dan sebaliknya). 异性恋者（的）。

**heuristic** *a.* heuristik; mencari; menyiasat. 启发式的；探索的。**heuristically** *adv.* secara heuristik. 启发式地。

**hew** *v.t.* (p.p. *hewn*) tebang; tetak; tebak; tarah. 砍；伐；切细；劈。

**hexagon** *n.* bentuk bersegi enam; segi enam; heksagon. 六角形；六边形。**hexagonal** *a.* bersegi enam. 六角形的。

**hexameter** *n.* puisi berbaris enam. 六步格的诗；六韵步组成的诗行。

**hey** *int.* (seruan) wah! amboi! hoi! 嘿！(表示惊喜、疑虑、促使注意的喊声) ~ **presto!** jadi! 说变就变！(魔术师用语)

**heyday** *n.* zaman kegemilangan. 全盛期。

**hi** *int.* (seruan) hai! 嗨！(打招呼时的喊声)

**hiatus** *n.* (pl. *-tuses*) rumpang; selang. 裂缝；空隙。

**hibernate** *v.i.* berhibernat; tidur tapa. 越冬；冬眠。**hibernation** *n.* hibernasi; penghibernatan; keadaan tidur tapa. 蛰居；冬眠。

**Hibernian** *a. & n.* orang asli Ireland. 爱尔兰的；爱尔兰人（的）。

**hibiscus** *n.* pokok atau bunga raya. 芙蓉属植物；大红花。

**hiccup** *n.* sedu; sedan. 打嗝；打呃；哽咽。—*v.i.* sedu; sedan. 打嗝；作打嗝声。

**hick** *n.* (*A.S.*) orang hulu atau orang kampung. 乡下人；反应迟钝的人。

**hickory** *n.* sejenis pokok; pokok hikori. 山胡桃；山胡桃木材。

**hide**[1] *v.t./i.* (p.t. *hid*, p.p. *hidden*) sembunyi; sorok; selindung. 隐藏；隐瞒；

躲藏。**~-out** *n.* (*colloq.*) tempat persembunyian. 隐匿处。

**hide²** *n.* kulit binatang; balur; belulang. 兽皮；皮革。

**hidebound** *a.* sangat mengikut resam; sempit fikiran. 狭的；冥顽的。

**hideous** *a.* sangat hodoh; amat buruk. 丑陋的；可怕的。**hideously** *adv.* perihal sangat buruk. 可怕地。**hideousness** *n.* kehodohan. 丑陋。

**hiding** *n.* (*colloq.*) pukulan; sebatan; kena balun; kena tibai. 殴打；痛打；鞭打。

**hie** *v.i. & refl.* pergi dengan cepat. 急忙；催促。

**hierarchy** *n.* susunan mengikut pangkat atau darjat; hierarki. 阶级制度；神职阶级制度。**hierarchical** *a.* berhierarki. 阶级组织的。

**hieroglyph** *n.* hiroglif; tulisan dalam bentuk lukisan. 象形文字；图画文字。**hieroglyphic** *a.* bersifat hiroglif. 象形文字的；难解的。**hieroglyphics** *n.pl.* hiroglifik. 潦草难懂的文章。

**hi-fi** *a. & n.* (*colloq.*), *abbr.* **high fidelity** hi-fi; (alat) penghasilan bunyi bermutu tinggi. (缩写) 高度传真的音响装置 (的)；音响高度传真性 (的)。

**higgledy-piggledy** *a. & adv.* bercelaru; berkecamuk. 乱七八糟的（地）；混乱的（地）；杂乱无章。

**high** *a.* (-er, -est) tinggi; atas; besar; luhur; mulia; nyaring; (*sl.*) mabuk. 高的；上面的；重大的；高音调的；醉了的；崇高的；富裕的。—*n.* tinggi; tempat tinggi; tempat bertekanan tinggi. 高；高处。—*adv.* di, pada atau ke paras yang tinggi. 向高处；在高处；高度地。 **High Church** sebahagian daripada *Church of England* memberi tempat utama kepada upacara yang berkaitan dengan adat dan kuasa para paderi. 高教会派（英国国教中注重仪式和牧师权威的一派）。**~ explosive** (bahan) letupan kuat, yang memberi kesan kehancuran yang kuat. 强烈炸药。**~-handed** *a.* menggunakan kuasa dengan cara sombong. 高压的；横暴的；专横的。**~ priest** ketua paderi. 主教；大祭司。**~-rise** *a.* bertingkat-tingkat. 有多层的；高楼的。**~ road** jalan raya. 公路；大道。**~ school** sekolah tinggi. 高级中学。**~ sea(s)** laut yang di luar sempadan. 公海。**~ season** musim; masa yang paling sibuk. 季节；旅游盛季。**~-speed** *a.* bergerak laju 高速的。**~-spirited** *a.* lincah. 精神充沛的。**~ spot** (*sl.*) tempat atau bahagian yang penting. 特别重点；特色。**~ street** jalan tempat membeli-belah yang utama. 主要大街。**~ tea** minuman petang berserta makanan berat. 下午茶点。**~ tech, ~ technology** teknologi tinggi terutamanya dalam bidang elektronik. 高科技。**~-water mark** paras yang dicapai oleh air pasang pada waktu parasnya paling tinggi. 高潮。**higher education** pelajaran yang lebih tinggi daripada peringkat yang diberi di sekolah. 高等教育。

**highball** *n.* (*A.S.*) minuman arak dan soda dalam gelas tinggi. 威士忌加汽水的饮料。

**highbrow** *a.* tinggi dari sudut budaya dan pemikiran. 有高度文化修养的（多用为贬义）。—*n.* orang yang sangat terpelajar. 知识分子。

**highfalutin** *a.* (*colloq.*) melebih-lebih. 夸张的；自大的。

**highlands** *n.pl.* kawasan pergunungan. 高地；高原。**highland** *a.* mempunyai ciri atau terletak di kawasan pergunungan. 高地的。**highlander** *n.* orang pergunungan. 高地人。

**highlight** *n.* sorotan; bahagian terang; acara kemuncak. 强光效果；最突出的部分；最精采的场面。

**highly** *adv.* sangat; amat. 十分地；盛大地。**~-strung** *a.* seseorang yang mudah susah hati atau mudah tersentap. 高度紧张的。

**Highness** *n.* (gelaran) Tuanku; Yang Teramat Mulia. 殿下。

**highway** *n.* lebuh raya; jalan raya. 公路；大路。

**highwayman** *n.* (pl. *-men*) pengadang; penyamun. 路劫；拦路强盗。

**hijack** *v.t.* merampas (kenderaan dalam perjalanan). 抢劫。—*n.* rampasan. 掠夺品；赃物。 **hijacker** *n.* perampas. 强盗；劫盗。

**hike** *n.* perjalanan kaki. 徒步旋行；远足。—*v.i.* berjalan kaki. 远足。 **hiker** *n.* pengembara berjalan kaki. 徒步旅行者。

**hilarious** *a.* riuh; jenaka; kelakar. 欢闹的；有趣的；狂欢的。 **hilariously** *adv.* dengan riuh, jenaka atau kelakar. 欢闹地；有趣地；好笑地。 **hilarity** *n.* keriuhan; kejenakaan. 欢乐；狂欢。

**hill** *n.* bukit. 小丘；丘陵。 **~-billy** *n.* orang hulu; muzik rakyat dari bahagian selatan A.S. 居住在美国南部山区的农民；美国南部乡土音乐。

**hillock** *n.* bukit kecil; anak bukit; busut. 小丘；土堆。

**hillside** *n.* lereng bukit; tepi bukit. 山腹；丘陵侧面；山坡。

**hilly** *a.* berbukit. 多丘陵的；多山岗的。

**hilt** *n.* hulu. 柄；刀把。 **to the ~** sampai habis; sampai sudah; sepenuhnya. 完全地；彻底地。

**him** *pron.* (ganti nama) dia (lelaki). 他 (he的宾格)。

**Himalayan** *a.* berkenaan Pergunungan Himalaya. 喜玛拉雅山脉的。

**himself** *pron.* dirinya sendiri (lelaki); sendiri (lelaki). 他自己；他本人。

**hind**¹ *n.* rusa betina. 母鹿。

**hind**² *a.* (terletak) di belakang. 后面的；后部的；在后的。

**hinder**¹ *v.t.* sekat; halang; rintang; galang; ganggu. 妨碍；阻碍；障碍。

**hinder**² *a. lihat* **hind**². 见 **hind**²。

**Hindi** *n.* Hindi; bahasa Hindustan. (印度北部的) 印地人；印地语。

**hindmost** *a.* terkebelakang. 最后面的。

**hindrance** *n.* halangan; rintangan. 妨害；阻碍物。

**hindsight** *n.* tinjauan kembali; fikiran kembali (sesudah berlakunya sesuatu). 事后的认识；后见之明。

**Hindu** *n.* penganut agama Hindu. 兴都教徒。—*a.* berkenaan dengan agama Hindu atau penganutnya. 兴都教徒的。

**Hinduism** *n.* agama dan falsafah Hindu. 印度教。

**Hindustani** *n.* Hindustani; bahasa Hindustan. 印度斯坦人；印度斯坦语。

**hinge** *n.* sendian; engsel. 关键；铰链。—*v.t./i.* disendikan; disambungkan dengan sendian. 安装铰链。 **~ on** bergantung kepada. 决定于。

**hint** *n.* isyarat; kiasan; sindiran. 暗示；比喻；指点。—*v.t.* beri isyarat; kias; sindir. 暗示；示意。

**hinterland** *n.* (kawasan) pedalaman. 内地；远离城镇的地方；海岸的后方地区。

**hip**¹ *n.* pinggul. 臀部；屁股。 **hipped** *a.* berpinggul. 有臀部的。

**hip**² *n.* buah (pokok bunga) mawar; ros liar. 野蔷薇的子。

**hip**³ *int.* hep; pengenalan sorakan (seperti hep, hep, hore!) （表示喝采和欢呼）加油！好！

**hip**⁴ *a.* (*sl.*) bergaya; berpengetahuan. 机灵的；灵通的；聪明的。

**hip hop** jenis budaya remaja dan muzik pop orang kulit hitam. 一种配合敲打，有节律地唱诵有韵二行诗的音乐，流行于黑人青少年间。

**hippie** *n.* hipi; orang (selalunya remaja) yang mengamalkan gaya berpakaian dan gaya hidup yang berlainan daripada kebiasaan. 嬉痞。

**hippopotamus** *n.* (pl. *-muses*) badak air. 河马。

**hire** *v.t.* sewa. 租；雇。—*n.* sewa; upah. 租用；租金。 **~ purchase** *n.* sewa-beli; beli dengan bayaran ansuran. 分期付款

购买法。**hirer** *n.* penyewa; pengupah. 雇主;租借者。

**hireling** *n.* pembantu upahan; orang suruhan; jongos. 受雇者;给钱就听命的人。

**hirsute** *a.* berbulu; penuh bulu. 有鬃毛的;多毛的。

**his** *a. & poss. pron.* nya (lelaki); kepunyaannya (lelaki). (he的所有格)他的;他的东西。

**Hispanic** *a. & n.* orang yang berasal dari Sepanyol. 西班牙人的;西班牙人。

**hiss** *n.* (bunyi) desas; desis; desus; desir; desiran. 嘘声;嘶嘶声。—*v.t./i.* berbunyi desis; mendesis; mendesus; mendesir. 发出嘘声;发嘶嘶声。

**histamine** *n.* bahan dalam tubuh yang mengakibatkan tindak balas alahan; histamina. 组胺。

**histology** *n.* histologi; pengkajian tentang tisu organik. 组织学。**histological** *a.* bersifat histologi. 组织学的。

**historian** *n.* ahli sejarah; sejarawan. 历史学家;编史家。

**historic** *a.* bersejarah. 历史有名的;历史性的;有历史意义的。

**historical** *a.* berkenaan dengan sejarah; bersejarah. 历史的;有历史意义的。

**historically** *adv.* menurut sejarah. 在历史上。

**historicity** *n.* kebenaran atau keutuhan sejarah. 史实性;确有其事。

**historiography** *n.* historiografi; pensejarahan; penulisan sejarah. 史料编纂;史料;史评;正史。**historiographer** *n.* sejarahwan. 历史家。

**history** *n.* sejarah; tawarikh; asal usul; riwayat (hidup). 历史;历史学;年历;来历;生平。**make ~** mencipta sejarah. 名垂史册。

**histrionic** *a.* bersandiwara; berdrama. 演员的;演剧的;表演的。**histrionics** *n.pl.* sandiwara; seni drama. 戏剧表演;舞台艺术。

**hit** *v.t./i.* (p.t. *hit*, pres.p. *hitting*) pukul; palu; balun; tibai; godam; tampar; tumbuk; tepuk; laga; banting; parap; rempuh; jumpa; temu. 打;打击;锤打;击中;碰撞;突击;遇见。—*n.* pukulan; paluan; balunan; tibaian; godaman; tamparan; tumbuhan; lagaan; bantingan; parapan; rempuhan; tujuan yang kena pada sasaran. 打击;击中;碰撞;抨击;成功。**~ it off** serasi (dengan seseorang). 融洽;相处得好。**~ on** jumpa. 碰上;想到。**~-or-miss** *a.* tidak menentu atau cuai; secara rambang. 无论中与不中的;无目的的。

**hitch** *v.t./i.* menyentap; menarik sedikit; menyangkut; mencangkukkan. 拴住;钩住;阻碍。—*n.* sentakan; sangkutan; penyangkut; gendala (sebentar, sejenak). 钩;挂钩;拴;故障;突然停止。**get hitched** (*sl.*) berkahwin. 结了婚。

**hitchhike** *v.i.* mengembara dengan menumpang kenderaan orang. 作搭便车式的旅行。**~hiker** *n.* pengembara tumpangan; kelana. 搭便车的旅行者。

**hi-tech** *n.* **high tech(nology)** teknologi tinggi. 高科技。

**hither** *adv.* ke sini; ke mari. 向此处;到这里;向这里。**~ and thither** ke sana ke mari; ke sana sini. 到处;向各处。

**hitherto** *adv.* kini; hingga sekarang. 迄今;到此。

**HIV** *abbr.* **human immuno-deficiency virus** penyebab AIDS. (缩写)人体免疫缺乏病毒。

**hive** *n.* sambang; sarang lebah. 蜂巢;蜂窝。—*v.t./i.* **~ off** terpisah daripada kumpulan induk. 分出。**~ of industry** tempat yang penuh dengan orang yang sibuk bekerja. 热闹的场所;繁忙的地方。

**hives** *n.pl.* gatal-gatal kulit, terutama ruam. 荨麻疹;假膜性喉头炎。

**ho** *int.* yahu! hoi! 嗬!(表示喜悦、藐视或唤起注意时喊声)

**hoard** *v.t.* menyorok. 隐藏;积聚。—*n.* sorokan; penyorokan. 贮藏货物;积聚

钱财。**hoarder** *n.* penyorok. 囤积者；贮藏者。

**hoarding** *n.* pagar papan (sekitar bangunan yang sedang dibina) seringkali mempamerkan iklan. 广告板；布告栏；招贴板。

**hoar-frost** *n.* embun beku; fros putih. 白霜。

**hoarse** *a.* (*-er, -est*) parau; serak; garuk. 嘶哑的；粗哑的。**hoarsely** *adv.* dengan parau. 嘶哑地。**hoarseness** *n.* keparauan; keserakan; kegarukan. 嘶哑；刺耳。

**hoary** *a.* (*-ier, -iest*) beruban; lusuh; usang. 年老变白的；灰白的；陈旧的。

**hoax** *v.t.* mengolok; tipu (secara bersenda). 欺骗；愚弄；戏弄。—*n.* olokan. 嘲笑。 **hoaxer** *n.* pengolok 愚弄；恶作剧；欺骗者。

**hob** *n.* dulang pemanas pada pemanggang; plat panas. 壁炉内部之铁架。

**hobble** *v.t./i.* berjalan tempang; menyengkela (ikat kaki, kuda, gajah, dsb.). 跛行；蹒跚行走；缚住(马的)双脚；限制其行动。—*n.* ketempangan. 缚马的绳子或器械；困境。

**hobby** *n.* kegemaran (masa lapang); hobi. 嗜好；业余爱好。

**hobby-horse** *n.* kuda-kuda (mainan kanak-kanak); kuda kepang (untuk tarian); hal perbualan yang digemari. 木马；竹马；摇马；爱用的文句；反复爱讲的话题。

**hobgoblin** *n.* pelesit; hantu yang nakal. 妖怪；淘气的妖精。

**hobnail** *n.* paku kasut. 鞋钉；平头钉。 **hobnailed** *a.* (kasut) berpaku. 钉有平头钉的。

**hobnob** *v.i.* (*p.t. -nobbed*) bergaul mesra. 亲密交际；融洽的交谈。

**hock**[1] *n.* sendi pada pergelangan kaki belakang haiwan berkaki empat. (马、猪、牛等后肢的)踝关节。

**hock**[2] *n.* wain putih (Jerman). 德国产白葡萄酒。

**hock**[3] *v.t.* (*A.S., sl.*) pajak; gadai. 典当；抵押。**in ~** tergadai; terhutang; dalam penjara. 在典当中；负着债；坐牢。

**hockey** *n.* (permainan) hoki. 曲棍球。

**hocus-pocus** *n.* sulapan; silap mata; karut-marut. 戏法；奇术；欺骗。

**hod** *n.* cam; raga kandar. 搬运箱；煤斗。

**hoe** *n.* cangkul. 锄。—*v.t./i.* (*press.p. hoeing*) cangkul; mencangkul. 锄(地)；用锄干活。

**hog** *n.* khinzir kasi; (*colloq.*) orang lahap, tamak atau haloba. 阉公猪；贪婪自私的人。—*v.t.* (*p.p. hogged*) (*colloq.*) ambil dengan haloba; pulun; sorok (kerana tamak). 贪心地攫取；过多地拿取。

**hogmanay** *n.* (*Sc.*) Malam Tahun Baru. 除夕；年夜(小孩逐户献歌讨礼物)。

**hogshead** *n.* tong besar; pengukur bir (kira-kira 50 gelen). 一种大桶，容量50加仑。

**hoick** *v.t.* (*sl.*) cungkil; tuil. 急剧上升。

**hoi polloi** rakyat biasa. 庶民；平民。

**hoist** *v.t.* hela; menaikkan; angkat. 吊起；升起；举起；绞起。—*n.* pesawat angkat; pengangkatan. 起重机；绞车；举。

**hoity-toity** *a.* sombong. 傲慢的。

**hokey-pokey** *n.* (*sl.*) tipu muslihat. 欺骗。

**hokum** *n.* (*sl.*) cakap kosong; karut. 噱头；胡扯。

**hold**[1] *v.t./i.* (*p.t. held*) pegang; genggam; paut; berisi; mengandungi; muat; tahan; terus; percaya. 握着；掌握；抓住；挑；容纳；保持；持续；守住；确信。—*n.* pegangan; genggaman; pengaruh. 抓住；握住；影响。**get ~ of** dapatkan; hubungi. 捉住；抓住。**~ forth** bercakap dengan panjang lebar. 提出；发表意见。**~ one's tongue** membisu; berdiam diri. 保持沉默。**~ out** menawarkan; tahan (lasak); mendesak. 坚持；维持。**~ over** tangguh. 延期。**~ up** halang; sangkut; sekat dan samun; rompak. 阻滞；拦截；

举出;拦路抢劫。**~-up** *n.* kelewatan; pengadangan; penghalangan dan rompakan. 延搁;拦截。**~ water** (alasan) munasabah. 合情合理。**holder** *n.* pemegang; pemaut; penyandang, dsb. 支持物;占有者;所有权人;持票人。

**hold**² *n.* petak (tempat simpanan barang dalam kapal). 船舱。

**holdall** *n.* kampit; beg; uncang serba-serbi. (装衣服、日用品的)旅行箱。

**holding** *n.* harta benda yang dipunyai; tanah kepunyaan. 持有股份;保有地。

**hole** *n.* lubang; liang; kubang; tempat sial; (*sl.*) kerumitan. 洞;破洞;洞穴;为难的处境。—*v.t.* tebuk; memukul bola golf masuk ke lubangnya. 穿孔于;把(高尔夫球等)打入洞中。**~-and-corner** *a.* diam-diam; (dengan) tipu daya; dengan tipu helah. 秘密的;暧昧的;偷偷摸摸的。**~ up** (*A.S., sl.*) bersembunyi. 躲藏;监禁。

**holey** *a.* berlubang; penuh lubang. 有孔的;多洞的。

**holiday** *n.* cuti; hari cuti; hari kelepasan; hari libur. 节日;假日;休息日;休业日。—*v.i.* cuti; bercuti. 外出度假。

**holiness** *n.* kekudusan; keramat; kesucian. 神圣;纯洁;圣洁。

**holland** *n.* sejenis kain tahan luntur. (做童装或窗帘等之)荷兰麻布。

**hollandaise** *n.* sos mentega berkrim dengan kuning telur dan cuka. 荷兰酸味沾酱(一种用奶油、蛋黄和柠檬汁调制而成的调味酱)。

**hollow** *a.* geronggang; rongga; lopong; kosong; hampa. 空的;空洞的;中空的;空虚的。—*n.* lekuk; lubang; ceruk; paluh; cekung; mambung. 洞;山谷;凹陷;空洞。—*adv.* habis-habis. 完全地;彻底地。—*v.t.* tebuk; korek. 穿洞;挖空。**hollowness** *n.* berongga; kekosongan. 凹陷;空洞;空虚。

**holly** *n.* (pokok) holi; sejenis pokok beri. 冬青属植物。

**hollyhock** *n.* sejenis tumbuhan berbunga besar. 蜀葵。

**holm-oak** *n.* oak malar hijau. 冬青檞。

**holocaust** *n.* pemusnahan besar-besaran, terutama dengan pembakaran. 大屠杀(尤指大量烧杀人命或牲畜);大破坏;全部烧杀。

**hologram** *n.* hologram; bentuk fotografi yang menghasilkan imej tiga-dimensi apabila dipancarkan. 全息图;立体投影图。

**holograph**¹ *v.t.* holograf; rakaman hologram. 摄影。**holography** *n.* holografi. 全像摄影;雷射光摄影术。

**holograph**² *a. & n.* holografi; (dokumen) bertulis tangan seluruhnya oleh penulis yang tercatat namanya. 亲笔的;亲笔文件。

**holster** *n.* sarung (pistol). 手枪的皮套子。

**holy** *a.* (*-ier, -iest*) kudus; keramat; suci. 神圣的;纯洁的;圣洁的。**~ of holies** tempat paling suci; keramat. 最神圣的地方。**Holy Ghost, Holy Spirit** Roh Kudus. 圣灵。**Holy Week** minggu sebelum *Easter Sunday*. 复活节的前一周。**Holy Writ** kitab Bible. 圣典;圣经。

**homage** *n.* hormati; penghormatan; (sembah) takzim. 效忠;尊敬;敬意;虔诚。

**Homburg** *n.* topi lelaki yang tepinya berkelok. 霍姆堡毡帽。

**home** *n.* rumah; rumah tangga; kediaman; hunian. 家;家庭;住家。—*a.* dari rumah atau negara sendiri; (permainan pertandingan) di gelanggang sendiri. 家庭的;本国的;国内的;(体育比赛等)在本地举行的。—*adv.* di rumah sendiri; ke sasaran yang dituju. 在家;到家;深入地。**Home Counties** yang berdekatan dengan London. 伦敦附近各郡。**Home Office** Jabatan Kerajaan British yang menyelia keselamatan dalam negara. 英国内政部。**Home Secretary** menteri dalam negara Britain. 内

政部长。**~ truth** kebenaran yang pahit tentang diri sendiri. 无可推诿的事实。

**homeland** *n.* tanah air; tanah tumpah darah; ibu pertiwi. 本国；故国；祖国。

**homeless** *a.* tanpa rumah; tanpa kediaman. 无家的。

**homely** *a.* (*-ier, -iest*) mudah dan biasa; tidak rasmi; seperti di rumah; (*A.S.*) hodoh; tidak cantik. 家常的；普通的；简朴的；容貌平凡的。**homeliness** *n.* (keadaan) seperti di rumah; kehodohan. 朴素；平凡。

**homer** *a.* merpati utusan. 传信鸽。

**Homeric** *a.* seperti gaya Homer, penyair Yunani dahulu kala. 荷马风格的；史诗的。

**homesick** *a.* kerinduan pada kampung halaman. 怀乡病的；思家的。

**homespun** *a. & n.* (kain) ditenun atau tenunan sendiri. 手织的；手织品；一种粗松的衣料。

**homestead** *n.* rumah ladang (berserta bangunan dan kawasan sekitarnya). 祖传田产；农场。**homesteader** *n.* pemilik rumah ladang. 农场所有人；分得土地之定居者或开垦者。

**homeward** *a. & adv.* ke rumah. 朝向家(的)。**homewards** *adv.* menuju ke rumah; (jalan) pulang. 向家地；朝向本国。

**homework** *n.* kerja rumah; tugasan untuk murid menyiapkannya di rumah. 家庭功课；课外作业。

**homicide** *n.* homisid; pembunuhan sesama manusia. 杀人；杀人者。**homicidal** *a.* berkenaan pembunuhan (manusia). 杀人的；有犯杀人罪倾向的。

**homily** *n.* khutbah; leteran. 说教；训诫；布道。

**homing** *a.* yang pulang; (merpati) dilatih pulang sendiri. 回家的；(鸽子)有归巢性的。

**hominid** *a. & n* hominid; (ahli) keluarga manusia yang ada sekarang dan manusia fosil. 人类(的)；原始人类(的)。

**homoeopathy** *n.* homeopati; cara pengubatan dengan memberi ubat tertentu (lazimnya dengan sukatan yang sangat kecil) yang jika diberi kepada orang sihat akan menghasilkan tanda penyakit yang ingin diubati. 顺势疗法。**homoeopathic** *a.* berkaitan dengan homeopati. 顺势疗法的。

**homogeneous** *a.* sejenis; sebaka; serumpun; sama jenis; homogen. 同种的；同类的；同祖先的；同质的。**homogeneity** *n.* kejenisan; kesebakaan; kesamaan; kehomogenan. 同种；同质；同次性。

**homogenize** *v.t.* menghomogenkan; memproses susu supaya krimnya tidak mengapung. 使牛奶均质。

**homologous** *a.* (bersifat) homolog. 同源的；同型的；同属例的。

**homonym** *n.* homonim; perkataan berbeza yang sama ejaan. 同音异义词；同形异义词；同音同形异义词。

**homophobia** *n.* homofobia; ketakutan pada homoseksual. 对同性恋(者)的恐惧。

**homophone** *n.* homofon; kata sebunyi. 同音异义词；同音异形词。

**homosexual** *a.* homoseksual; bernafsu (syahwat kepada) sesama jenis. 同性恋的。*—n.* homoseksual; orang yang bernafsu kepada sesama jenis. 同性恋者。

**Hon.** *abbr.* **Honourable** Yang Mulia; **Honorary** Kehormat. (缩写) 可敬的；阁下(对贵族、议员等的尊称)。

**hone** *v.t.* asah; kilir. 用磨刀石磨。

**honest** *a.* amanah; jujur; tulus; ikhlas; lurus; benar. 诚实的；正直的；真诚的；坦率的。**~-to-goodness** *a.* (*colloq.*) sesungguhnya; lurus. 真正的；道地的。

**honestly** *adv.* dengan jujur, tulus atau sifat ikhlas. 诚实地；正直地。**honesty** *n.* amanah; kejujuran; ketulusan; keikhlasan. 正直；诚实。

**honey** *n.* (pl. *-eys*) madu; manisan; (*colloq.*) kekasih; sayang. 蜂蜜；甜蜜；（常用于称呼）宝贝儿。**~-bee** *n.* lebah madu. 蜜蜂。**honeyed** *a.* manis (seperti madu); merdu. 甜蜜的；悦耳的。

**honeycomb** *n.* pangsa, lubang atau ruang dalam sarang lebah. 蜂窝。—*v.t.* berlubang-lubang. 使成蜂窝状。

**honeydew melon** tembikai (semangka) susu. 蜜瓜；甘露瓜。

**honeymoon** *n.* bulan madu. 蜜月；蜜月假期。—*v.i.* berbulan madu. 度蜜月。

**honeysuckle** *n.* sejenis tumbuhan menjalar dengan bunga kuning dan merah jambu yang wangi. 忍冬；类似忍冬的植物。

**honk** *n.* bunyi hon. 汽车的喇叭声；雁鸣。

**honorarium** *n.* (pl. *-ums*) bayaran sagu hati; honorarium. 酬金；报酬；谢礼。

**honorary** *a.* kehormat. 名誉的；义务的；光荣的。

**honorific** *a. & n.* (gelaran) hormat; kata hormat. 尊敬的；敬语。**honorifically** *adv.* dengan hormat. 尊敬地。

**honour** *n.* kehormatan; maruah; (gelaran) tuan. 尊敬；名誉；(对法官或高级官员的尊称)先生；阁下。—*v.t.* hormat; menghormati; diberi penghormatan; laku (cek, dsb.); tunai (janji). 尊敬；尊重；承诺；承兑；实践。

**honourable** *a.* berhormat; mulia. 可敬的；了不起的；高尚的。**honourably** *adv.* dengan hormat. 可敬地；光荣地。

**hood**[1] *n.* tudung; telekung; tudung atau penutup enjin kereta. 头巾；风帽；车篷；汽车车盖。

**hood**[2] *n.* (*A.S.*) samseng; budak jahat. 无赖；流氓；恶棍。

**hoodlum** *n.* samseng; penjahat. 无赖；流氓。

**hoodoo** *n.* (*A.S.*) nasib malang; sial; penyebab sial. 倒霉的人；不祥。

**hoodwink** *v.t.* menipu; memperdaya. 欺骗；使中计；蒙蔽。

**hoof** *n.* (pl. *hoofs* atau *hooves*) huf telupuk; tapak kaki haiwan berkaki empat (seperti kerbau, kuda, dll.). 蹄；足。

**hook** *n.* mata kail; mata pancing; cangkuk; rawitan; jeraitan; sangkutan; penyangkut. 钩；钓鱼钩；挂钩。—*v.t./i.* kail; pancing; cangkuk; rawit; jerait; kait. 用钩钩住；钓鱼；把…弯成钩状。**by ~ or by crook** dengan apa cara sekalipun. 用各种手段；无论如何。**~ it** (*sl.*) lari. 逃亡。**~-up** *n.* sambungan; rantaian. 连结；接线图；连接线路。**off the ~** terlepas daripada kesulitan atau kesukaran. 摆脱危境的。**hooker** *n.* penguis (ragbi); (*sl.*) pelacur. 荷兰的双桅小渔船；妓女。

**hookah** *n.* hukah; ogah; paip panjang penghisap madat. 水烟筒。

**hooked** *a.* bercangkuk. 钩状的。**~ on** (*sl.*) ketagih. 吸毒成瘾的；着迷于。

**hookey** *n.* **play ~** (*A.S. sl.*) ponteng sekolah. 逃学。

**hookworm** *n.* cacing kerawit. 钩虫。

**hooligan** *n.* samseng. 不良少年；小流氓。**hooliganism** *n.* kesamsengan. 无赖行为；暴力；流氓行为。

**hoop** *n.* simpai; gelung; penggelung. 藤圈；环；枢。**go** atau **be put through the hoops** menjalani ujian atau percubaan. 使接受磨炼。

**hoop-la** *n.* permainan lontar gelang atau gelung. 投环游戏。

**hoopoe** *n.* (burung) hupo; hudhud. 戴胜科鸟。

**hooray** *int. & n.* seruan dan sorakan; hore! 同hurrah（表示欢乐或赞同的呼声）。

**hoot** *n.* hut-hut; bunyi burung hantu; ejekan; (*colloq.*) ketawa. 汽笛响声；猫头鹰叫声；叫嚣；嘲骂声；嘲笑。—*v.t./i.* berbunyi hut-hut; mengejek. 大声叫嚣。

**hooter** *n.* hon. 汽笛。

**Hoover** *n.* sejenis pembersih hampagas. 真空吸尘器。**hoover** *v.t.* membersihkan dengan pembersih hampagas. 用吸尘机吸尘。

**hop**[1] *v.t./i.* (p.t. *hopped*) loncat; lompat. 跳跃;跳过;跳上。—*n.* loncatan; lompatan; (*colloq.*) lawatan sejenak. 弹跳;跳跃;作短途旅行。 **~ in** atau **out** (*colloq.*) lompat masuk atau lompat keluar. 跳进跳出。 **~ it** (*sl.*) berambus. 赶紧走开。 **on the ~** (*colloq.*) tanpa persediaan. 忙碌;忙乱。

**hop**[2] *n.* sejenis tumbuhan. 蛇麻草;忽布。

**hope** *n.* harapan; pengharapan. 希望;期望。—*v.t./i.* berharap. 盼望;期待。

**hopeful** *a.* dengan harapan; berharap. 有希望的。 **hopefully** *adv.* dengan penuh harapan. 怀希望地。

**hopeless** *a.* tidak ada harapan; tanpa harapan; sesia. 绝望的;无用的;不充足的。 **hopelessly** *adv.* dengan tidak ada harapan. 绝望地。 **hopelessness** *n.* ketiadaan harapan; kesesiaan. 绝望;没希望。

**hopper** *n.* peloncat; corong tuang. 单足跳者;漏斗。

**hopsack** *n.* kain jerait; kain yang jarang atau longgar tenunannya. 席纹粗黄麻袋布。

**hopscotch** *n.* permainan tinting. 踢石戏;跳格子。

**horde** *n.* kumpulan; gerombolan; orang yang ramai. 群众;一大群;流浪人群。

**horizon** *n.* kaki langit; ufuk; had pengetahuan atau minat. 地平线;地平圈;(知识、经验等的)范围;眼界。

**horizontal** *a.* mendatar; melintang. 水平的;横的;地平线的。 **horizontally** *adv.* secara mendatar; secara melintang. 水平地。

**hormone** *n.* hormon; rembesan yang menggiatkan sesuatu organ atau menyebabkan tumbesaran. 荷尔蒙。 **hormonal** *a.* yang berkenaan dengan hormon. 荷尔蒙的。

**horn** *n.* tanduk; sumbu (badak); tetuang; hon. 角;触角;号角;喇叭。—*v.t.* tanduk; menanduk; potong tanduk. 用角抵触;截去(牛)角。 **~ in** (*sl.*) ganggu. 干扰。 **~-rimmed** *a.* berbingkai daripada tanduk atau kulit kura-kura. 角质框架的。

**hornbeam** *n.* pokok renek yang kayunya kuat. 角树;角树材(硬质材);鹅耳枥属树。

**hornblende** *n.* hornblend; bahan mineral dalam granit. 角闪矿石。

**horned** *a.* bertanduk; bercula. 有角的;角状的。

**hornet** *n.* tebuan; kerawai; ketubung. 大黄蜂类;难缠人物。

**hornpipe** *n.* tarian solo yang rancak. 轻快舞曲;号笛舞。

**horny** *a.* (*-ier, -iest*) seperti tanduk (keras, kasar, kematu). 角状的。

**horology** *n.* horologi; seni membuat jam, dsb. 钟表学;钟表制造术。 **horologist** *n.* ahli horologi. 钟表专家。

**horoscope** *n.* rajah kedudukan bintang untuk ramalan nasib atau tuah; ramalan nasib atau tuah. 算命天宫图;占星术。

**horrendous** *a.* dahsyat. 可怕的。 **horrendously** *adv.* dengan dahsyat atau teruk. 可怕地。

**horrible** *a.* dahsyat; ngeri; mengerikan; (*colloq.*) buruk; jelik. 令人毛骨悚然的;可怕的;惊骇的;极讨厌的;糟透的。 **horribly** *adv.* dengan dahsyat sangat; amat. 可怕地;惊骇地。

**horrid** *a.* dahsyat; teruk. 可怕的;恐怖的;发抖的。

**horrific** *a.* menakutkan; mengerikan. 可怕的;恐怖的。 **horrifically** *adv.* dengan menakutkan. 可怕地。

**horrify** *v.t.* menggerunkan. 使恐惧。

**horror** *n.* perasaan ngeri; kengerian; sesuatu yang menimbulkan perasaan ngeri. 恐怖;毛骨悚然;令人恐怖的事物。 **~-stricken, ~-struck** *adjs.* sangat terkejut; gugup ketakutan. 惊恐的;受惊吓的。

**hors-d'oeuvre** *n.* makanan pembuka selera. (主菜前的)开胃小菜;餐前的小吃。

**horse** *n.* kuda. 马。 **~-chestnut** *n.* kekeras yang berwarna coklat dan berkilat; pokok yang mengeluarkan kekeras ini. 七叶树坚果；七叶树。 **~-laugh** *n.* ketawa yang kuat. 大声笑；喧哗地笑。 **~sense** (*colloq.*) akal budi; fikiran sihat. 粗浅实用常识。

**horseback** *n.* 马背。 **on ~** menunggang kuda. 骑在马上。

**horsebox** *n.* kenderaan bertutup untuk mengangkut kuda. (运马用的)有盖货车。

**horsehair** *n.* bulu tengkuk atau ekor kuda, digunakan untuk pengempuk perabot. 马毛；马尾毛(作沙发填塞料等用)。

**horseman** *n.* (*pl. -men*) penunggang (lelaki) kuda. 骑马者；骑师；骑兵。 **horsewoman** *n. fem.* (*pl. -women*) penunggang (perempuan) kuda. 女骑马者；女骑师；女骑手。

**horseplay** *n.* gurauan kasar dan bising. 大声玩闹；恶作剧。

**horsepower** *n.* kuasa kuda; ukuran kekuatan tenaga enjin. 马力(功率单位)。

**horseradish** *n.* sejenis lobak untuk membuat sos. 辣根。

**horseshoe** *n.* ladam kuda; kasut kuda. 马蹄铁；蹄铁形之物。

**horsy** *a.* berkenaan atau seperti kuda dan perlumbaan kuda. 马的；似马的；喜好赛马的。

**hortative, hortatory** *a.* menggesa. 劝告的；奖励的。

**horticulture** *n.* perkebunan; ilmu perkebunan. 园艺；园艺术。 **horticultural** *a.* bersifat perkebunan. 园艺(学)的。 **horticulturist** *n.* pekebun. 园艺家。

**hosanna** *int. & n.* seruan memuji Tuhan (Kristian). 和撒那！赞美神！

**hose** *n.* stoking; sarung kaki dan betis; hos; paip penyalur atau paip getah. 袜子；长袜；齐膝短裤；软管；水龙带；蛇管。 —*v.t.* disembur dengan menggunakan hos. 用软管淋浇或冲洗。 **~-pipe** paip (getah, dsb.) penyalur air. 软管。

**hosiery** *n.* stoking; sarung kaki dan betis. 袜；针织内衣。

**hospice** *n.* hospis; rumah tumpangan pengembara; musafir; rumah hunian orang uzur dan fakir miskin. 旅客住宿处；收容所；济贫院。

**hospitable** *a.* beri layanan baik; mesra (kepada tetamu). 好客的；招待周到的；亲切的。 **hospitably** *adv.* dengan mesra; dengan murah hati. 好客地；招待周到地；亲切地。

**hospital** *n.* rumah sakit; hospital. 医院；救济院。

**hospitality** *n.* layanan baik, mesra (kepada tetamu). 殷勤招待；好客。

**hospitalize** *v.t.* memasukkan seseorang ke hospital. 住院治疗。 **hospitalization** *n.* pemasukan ke hospital; tempoh rawatan di hospital. 住院治疗。

**host**[1] *n.* sejumlah besar orang atau barang. 一大群；许多。

**host**[2] *n.* tuan rumah (yang menerima atau melayan tetamu). 主人。 —*v.t.* menjadi tuan rumah. 以主人身分招待。

**host**[3] *n.* roti yang ditahbiskan semasa upacara Eukaris (agama Kristian). 圣饼。

**hostage** *n.* orang tebusan; tahanan; orang yang ditahan sebagai jaminan. 人质；抵押品。

**hostel** *n.* asrama; hostel. 旅舍；青年旅舍；学生寄宿舍。

**hostelry** *n.* (*old use*) hotel; rumah penginapan. 旅舍；旅馆。

**hostess** *n.* tuan rumah (wanita). 女主人。

**hostile** *a.* bermusuhan; berseteru. 敌人的；怀敌意的；不友善的。

**hostility** *n.* permusuhan; perseteruan; (*pl.*) peperangan. 敌意；交战。

**hot** *a.* (*hotter, hottest*) panas; hangat; pijar; dedar; marah; geram; pedas; (*colloq.*) barang baru dicuri dan bahaya disimpan. 热的；辣的；激动的；发怒的；最新的(消息、事件)。 **~ air** (*sl.*) cakap besar; dabik dada. 空话；夸张之辞。 **~ dog** sosej panas berbalut roti. 热狗；一

**hotbed** 种红肠面包。~ **line** talian perhubungan terus, terutama antara ketua negara. 热线电话。~**-water bottle** botol (getah) untuk mengisi air panas. 热水瓶。**in ~ water** (*colloq.*) bermasalah; mendapat susah. 陷困境。

**hotbed** *n.* tempat yang menggalakkan maksiat. (滋生疾病和犯罪等的)温床。

**hotchpotch** *n.* campuran; lambakan. 混煮；杂烩。

**hotel** *n.* hotel. 旅馆；饭店；(供膳宿的)大酒店。

**hotelier** *n.* pemilik hotel. 旅馆老板。

**hotfoot** *adv.* kalut dan cepat-cepat. 急忙地；匆忙地。

**hothead** *n.* pemarah; lekas marah; berang. 性急者；暴躁者；鲁莽者。 **hotheaded** *a.* gopoh; gabas. 暴躁的；易激动的。

**hothouse** *n.* bangsal kaca berhawa panas untuk tanaman (pelindung kesejukan). 温室；(对某物生长)有利的场所。

**hotplate** *n.* permukaan untuk meletakkan makanan supaya dapat dipanaskan atau senantiasa panas. 保温金属板；电炉。

**hotpot** *n.* stew daging, ubi kentang dan sayur-sayuran. 马铃薯片蒸剩肉。

**Hottentot** *n.* orang Asli kulit hitam Afrika Selatan; Hotentot. 非洲南部的霍屯督人。

**hound** *n.* anjing pemburu. 猎犬；猎狗。 —*v.t.* buru; kacau; gesa. 追猎；烦扰；紧追。

**hour** *n.* (satu) jam; 60 minit; $1/24$ daripada sehari semalam. 小时；60分钟；时刻。

**hourglass** *n.* jam pasir; tabung atau balang kaca berisi pasir pengukur waktu. 砂漏；滴漏。

**houri** *n.* (pl. *-is*) bidadari (syurga); houri. 伊斯兰教天堂中的美女；迷人美女。

**hourly** *a.* berlaku atau berulang setiap (satu) jam; berterusan. 每小时的；频繁的。—*adv.* tiap sejam. 每小时地。

**house**[1] *n.* rumah; kediaman; bait; gudang; kerabat; wangsa; keluarga; isi rumah. 房子；住宅；住家；货仓；亲戚；家族。~ **arrest** penahanan dalam rumah. 软禁。~**-proud** *a.* memberi perhatian lebih terhadap rupa dan keadaan rumah. 关心家事的；夸耀自己家庭的。~ **surgeon** pakar bedah yang dikhaskan di sesebuah hospital. 住院外科医生。~**-trained** *a.* dilatih supaya menjadi bersih di dalam rumah. 训练保持家中清洁的。~**-warming** *n.* majlis untuk meraikan kepindahan ke rumah baru. 乔迁庆宴。

**house**[2] *v.t.* menyediakan tempat kediaman, simpanan; ditempatkan; menempatkan. 给…房子住；把…储藏在房内；覆盖。

**houseboat** *n.* perahu, tongkang atau kapal yang dijadikan tempat kediaman. 形如房屋有家居设备的平底船。

**housebound** *a.* terpaksa duduk di rumah sahaja. (因病)闭居家中的。

**housebreaker** *n.* penjenayah pemecah rumah (pencuri); peruntuh bangunan (untuk digantikan dengan bangunan lain, dsb.). 侵入家宅者；强盗；受雇拆屋者。**housebreaking** *n.* jenayah pecah rumah (untuk mencuri, dsb.). (为偷盗等目的)侵入住宅。

**housecoat** *n.* gaun labuh wanita; pakaian di rumah. 长而宽的家居女服。

**housecraft** *n.* pakar dalam urusan rumah tangga. 家政技能。

**household** *n.* keluarga serumah; seisi rumah. 一家人；家庭；家户。~**troops** pasukan (tentera) pengawal istana. 王室禁卫军。~ **word** ungkapan atau nama yang sering disebut orang. 家喻户晓的词。

**householder** *n.* pemilik rumah. 一家之主；户主。

**housekeeper** *n.* jongos (perempuan upahan); pengurus rumah. 女管家；管理家务的主妇。

**housekeeping** *n.* pengurusan hal ehwal rumah tangga; (*colloq.*) duit untuk mengurus. 家计；管理；家务管理。

**housemaid** *n.* pembantu rumah atau orang gaji (perempuan). 女佣；女仆。

**housemaster** *n.* guru (lelaki) penjaga asrama. 主人；户长；舍监。

**housemistress** *n.* guru (perempuan) penjaga asrama. 女舍监。

**housewife** *n.* suri rumah tangga; orang rumah. 家庭主妇；做家务的妇女。

**housewifely** *a.* berkenaan atau seperti suri rumah tangga. 象主妇的；适于作主妇的。

**housewifery** *n.* pengurusan rumah tangga. 家政；家事。

**housework** *n.* kerja atau tugas pengurusan rumah tangga. 家事。

**housing** *n.* perumahan. 住房供给；住房建筑；房屋；住宅。

**hove** *lihat* **heave**. 见 **heave**。

**hovel** *n.* teratak; gobok; pondok; dangau; bangsal. 小屋；杂物间；茅舍；棚。

**hover** *v.i.* ambang; mengambang; apung; mengapung (di udara); terkatung-katung. 翱翔；徘徊；踌躇；盘旋。**~-fly** *n.* kelulut. 类黄蜂昆虫。

**hovercraft** *n.* (pl. *-craft*) kenderaan laut yang berlandaskan pelampung udara; hoverkraf. (水陆两用) 气垫船。

**how** *adv.* bagaimana. 怎样；怎么。**~ about** bagaimana perasaan, pandangan (anda). 你认为…怎样？**~ do you do** apa khabar. 你好吗？**~-d'ye-do** *n.* (*colloq.*) kesulitan; keadaan sukar. 麻烦；麻烦事。**~ many** berapa banyak. 多少。**~ much** berapa banyak; berapa harga. 多少；多少钱。

**howdah** *n.* rengga atau rengka di belakang gajah. 象轿。

**however** *adv.* bagaimanapun; walau bagaimanapun; akan tetapi; walaupun demikian. 无论如何；不管怎样；仍然。

**howitzer** *n.* meriam katak; meriam pendek yang melepaskan peluru tinggi ke udara supaya mengenai sasarannya. 榴弹炮。

**howl** *n.* lolongan; raungan; jeritan. 嗥叫；怒吼；号啕大哭；大笑。*—v.t./i* melolong; meraung; menjeritkan. 嗥叫；怒吼；狂喊。

**howler** *n.* (*colloq.*) kebodohan; kesilapan bodoh. 大错误；大笑话。

**hoyden** *n.* gadis yang bising. 淘气姑娘。

**hoydenish** *a.* bersifat seperti gadis pembising. 淘气的。

**h.p.** *abbr.* **hire-purchase** sewa-beli; bayar ansuran. (缩写) 分期付款购买法。**horse-power** kuasa kuda. (缩写) 马力。

**H.R.H** *abbr.* **His/Her Royal Highness** D.Y.M.M.; Duli Yang Maha Mulia. (缩写) 殿下 (妃殿下)。

**hub** *n.* hab; bahagian tengah roda; pusat kegiatan. 轮毂；中心；轮轴。**~-cap** *n.* tudung hab. 车毂盖。

**hubble-bubble** *n.* hukah; ogah. 水烟袋；沸腾声；谈话声。

**hubbub** *n.* keriuhan; kebisingan; kegemparan; kehingaran; keributan; tempik sorak. 吵闹声；叫嚷声。

**hubby** *n.* (*colloq.*) suami. 丈夫。

**hubris** *n.* megah diri. 傲慢；骄傲。

**huckaback** *n.* kain kasar sebagai tuala, dsb. 一种粗麻布 (可制毛巾等)。

**huckleberry** *n.* pokok renek rendah yang banyak terdapat di Amerika Utara; buahnya. 越橘类。

**huckster** *n.* penjaja; mata duitan. 小商人；叫卖小贩；唯利是图者。*—v.i.* tawar-menawar; menjadi penjaja. 贩卖；以硬闯等方式推销。

**huddle** *v.t./i.* himpit; menghimpit; sempil; menyempil; mengasak; mengerekot. 挤作一团；卷缩；乱堆。

**hue**[1] *n.* warna. 颜色；色彩。

**hue**[2] **~ and cry** keributan; kekecohan. 大声抗议；呼喊。

**huff** *n.* dengusan (marah, meradang). 愤慨；激怒。*—v.i.* dengus; mendengus (marah). 忿怒；生气。**huffy** *a.* berden-

**hug** 337 **humdrum**

gus. 怒冲冲的。 **huffily** *adv.* dengan mendengus. 不悦地。

**hug** *v.t.* (p.t. *hugged*) peluk; dakap; menyusuri. 拥抱；紧抱；紧靠。—*n.* pelukan; dakapan. 拥抱；紧抱。

**huge** *a.* sangat atau sungguh besar. 非常的；庞大的；巨大的。 **hugely** *adv.* dengan amat sangat. 非常地。 **hugeness** *n.* sangat besar. 巨大；庞大。

**hugger-mugger** *a. & adv.* penuh rahsia; keliru; kacau; serabut. 秘密的；杂乱的；混乱地。

**hula** *n.* tarian hula; sejenis tarian Hawaii. 草裙舞；呼拉舞曲。 **hula hoop** gelang hula. 呼拉圈。

**hulk** *n.* bangkai kapal; orang atau benda besar. 废船；旧船；大而笨重的人或物。

**hulking** *a.* (*colloq.*) besar dan kekok. 笨重的；粗陋的；庞大的。

**hull**[1] *n.* rangka kapal; badan perahu; awak perahu atau kapal. 船身；船壳；船体。

**hull**[2] *n.* lengai; kulit seperti kulit kacang (yang mempunyai isi bijinya di dalam); rumpunan daun pada tangkai buah. 壳；皮；荚；蒂。—*v.t.* kupas; kopek (membuang kulit, seperti kulit kacang). 去壳；剥皮。

**hullabaloo** *n.* haru-biru; keriuhan; riuh-rendah. 喧嚣；骚扰；吵闹。

**hullo** *int.* seruan penyapaan; helo. 喂；哈罗（打招呼）。

**hum** *v.t./i.*(p.t. *hummed*) mendengung; bernyanyi-nyanyi kecil; (*colloq.*) sibuk. 发哼哼声；哼曲子；用哼声表示；忙碌；充满活气。—*n.* bunyi dengung; (*sl.*) bau busuk. 哼哼声；怪臭。 **~ and haw** teragak-agak. 犹豫。

**human** *a.* kemanusiaan; insani. 人的；有人性的；凡人皆有的。—*n.* manusia; insan. 人。 **humanly** *adv.* berkenaan manusia atau insan. 有人性地。

**humane** *a.* berperikemanusiaan; keinsanan; baik hati; berbelas kasihan. 仁慈的；人道的；有人情的；亲切的；高尚的。 **humanely** *adv.* secara berperikemanusiaan. 富人情地；慈悲地。

**humanism** *n.* keperimanusiaan; keinsanan. 人性；人道主义；人文学。 **humanist** *n.* orang yang menganut kepercayaan keperimanusiaan. 人类学者；人道主义者；古典文学研究者。 **humanistic** *a.* bersifat keperimanusiaan atau keinsanan. 人性的；人道（主义）的。

**humanitarian** *a.* untuk kebajikan manusia; bertujuan mengurangkan azab manusia; berperikemanusiaan; bersifat keinsanan. 博爱主义者的；人道主义的。 **humanitarianism** *n.* faham kemanusiaan. 人道主义；博爱。

**humanity** *n.* umat manusia; manusia sejagat; insaniah; anak Adam; bani Adam; (*pl.*) ilmu kemanusiaan. 人性；人道；人类；古典文学。

**humanize** *v.t.* menjadikan seperti manusia atau insan; menginsankan; jadi berperikemanusiaan. 使成为人；赋予人性；教化。 **humanization** *n.* proses menjadikan (orang, budaya) berperikemanusiaan; penginsanan. 人类化；教化；博爱化。

**humble** *a.* (*-er, -est*) rendah diri; hina; hina-dina; sopan; santun. 恭顺的；谦逊的；卑贱的；（身分、地位等）低下的；文雅的。—*v.t.* merendah diri. 使谦卑。 **eat ~ pie** merendah diri dan mohon maaf. 忍受侮辱；屈辱。 **humbly** *adv.* dengan rendah diri. 谦逊地。 **humbleness** *n.* kerendahan hati. 谦逊。

**humbug** *n.* kelakuan atau percakapan menipu untuk mendapatkan sokongan ataupun belas kasihan; pembohongan; helahan; penipuan; pembohong; penipu; sejenis gula-gula. 瞒骗；诡计；欺骗；梦话；骗子；吹牛者；诈欺者；一种糖果。—*v.t.* (p.t. *humbugged*) menipu; membohongi. 骗；行骗；哄骗。

**humdinger** *n.* (*sl.*) orang atau benda yang hebat. 非常优异的人或物。

**humdrum** *n.* hal lazim dan membosankan. 平凡；单调；无聊。

**humerus** *n.* (pl. *-ri*) humerus; tulang asad; tulang lengan atas (antara siku dan ketiak). 肱骨；肱部。 **humeral** *a.* berkaitan dengan humerus. 靠近肱骨的。

**humid** *a.* lengas; lembap; panas dan lembap. 潮湿的；湿气重的。 **humidity** *n.* kelengasan; kelembapan. 湿气；湿度。

**humidify** *v.t.* melembapkan (udara) di dalam bilik, dsb. 使潮湿。 **humidifier** *n.* pelembap. 湿润器；增湿器。

**humiliate** *v.t.* menghina; menista; mengaibkan; memalukan; menjatuhkan maruah. 使蒙耻辱；羞辱；使丢脸。 **humiliation** *n.* penghinaan; penistaan; pengaiban. 丢脸；贬抑。

**humility** *n.* kerendahan hati. 谦逊；谦卑。

**hummock** *n.* permatang; anak bukit. 小圆丘；小圆岗。

**humoresque** *n.* dendangan (muzik); gubahan muzik yang rancak. 轻快活泼的短曲。

**humorist** *n.* pelawak; penjenaka; pelucu; orang yang suka berkelakar atau berjenaka. 滑稽者；幽默作家；滑稽演员。

**humour** *n.* kelakar; kelawakan; kejenakaan; kelucuan. 幽默；诙谐；天生气质；玩笑。 —*v.t.* melayan (kehendak). 迎合；奉承。 **humorous** *a.* jenaka; lucu. 滑稽的；幽默的。 **humorously** *adv.* dengan kelakar, lawak, jenaka atau lucu. 滑稽地；幽默地。

**hump** *n.* bonggol; bongkol; bendul; gembul; kelasa; kok; ponok. （背上）肉峰；瘤；肉瘤；肿块。 —*v.t.* membonggol; membongkol; membendul; mengembul; membongkok; tanggung; pikul. 驼（背）；隆起；弯曲肩担；挑。 **humped** *a.* berbonggol; berbongkol; berponok. 有肉峰的；有瘤的。

**humpback** *n.* orang bongkok. 驼背；弓背；驼子。 **~ bridge** titi bonggol; titi yang melengkung naik dengan curam. 小而陡的弓形桥。

**humus** *n.* daun dan tumbuhan reput yang menjadi baja; humus. 腐殖质；腐殖土壤。

**hunch** *v.t./i.* membongkok. 弯腰驼背。 —*n.* bonggol; ponok; firasah. 肉峰；瘤；预感。

**hunchback** *n.* orang bongkok. 驼背；驼背者。

**hundred** *n.* ratus; seratus; ratusan; 100; C. 百；一百；数百；许多。 **hundredth** *a. & n.* keseratus. 第一百（的）；百分之一（的）。

**hundredfold** *a. & adv.* seratus kali ganda. 百倍的（地）。

**hundredweight** *n.* sukatan berat; 112 paun; 84 kati. 英担（重量单位）；112磅；84斤。 **metric ~** 50 kilogram; 110.25 paun; 82 kati. 50公斤；110.25磅；82斤。

**hung** *lihat* **hang**. 见 **hang**。 **~-over** *a.* (*colloq.*) pening akibat mabuk minum arak. 宿醉的。

**Hungarian** *a. & n.* berkenaan bahasa atau orang negara Hungary. 匈牙利人（的）；匈牙利语（的）。

**hunger** *n.* kelaparan; kebuluran; idaman. 饥饿；饥荒；渴望；欲望。 —*v.t.* berasa lapar; dahaga akan; mengidami. 挨饿；渴望。 **~ strike** *n.* mogok lapar; mogok tidak mahu makan. 绝食抗议。

**hungry** *a.* (*-ier, -iest*) lapar; sangat ingin. 饥饿的；渴求的；渴望的。 **hungrily** *adv.* dengan lapar; dengan kebulur; dengan lahap. 饥饿地；渴望地。

**hunk** *n.* bungkal; gumpal; ketul besar. 厚片；大块；肉瘤。

**hunt** *v.t./i.* buru; memburu; diburu; cari; (enjin) bergerak laju dan perlahan bersilih ganti. 追猎；猎取；(机器) 不规则运转。 —*n.* pemburuan; pencarian; kawasan atau kumpulan pemburuan. 打猎；搜寻；猎区；猎队。

**hunter** *n.* pemburu; kuda pemburu; jam saku bertudung lipat. 猎人；猎马；猎表；双盖表。

**huntsman** *n.* (pl. *-men*) pemburu. 猎人。

**hurdle** *n.* gawang; pagar lompatan dalam olahraga; halangan; kesukaran. 栏；竹篱

笆;困难;障碍。**hurdler** *n.* pelari lompat pagar (olahraga). 跨栏比赛选手。

**hurdy-gurdy** *n.* sejenis alat muzik seperti organ. 一种古乐器;手风琴类。

**hurl** *v.t.* lempar; lontar; baling; humban. 投;掷;猛力投掷。—*n.* lontaran. 投掷。

**hurley** *n.* sejenis permainan seperti permainan hoki. 爱尔兰棒球运动。

**hurly-burly** *n.* kesibukan. 骚动;喧嚣;骚乱。

**hurrah, hurray** *int.* & *n.* (seruan) hore! 万岁!好哇!(表示欢呼的喊声)

**hurricane** *n.* ribut; taufan; badai. 暴风;飓风;台风;激发。~ **lamp** *n.* lampu taufan. 防风灯。

**hurried** *a.* gopoh; kalut; gegas; gesa. 仓促的;慌忙的;急速的。**hurriedly** *adv.* dengan cepat, gopoh atau kalut; bergegas; bergesa; tergesa-gesa. 仓促地;慌忙地。

**hurry** *v.t./i.* menggesa; bergesa; berlekas; bergegas; bersegera; buat dengan cepat. 赶紧;匆忙;催促;急切。—*n.* kegopohan; kekalutan; kegegasan; kegesaan. 急忙;仓促;忙乱;骚动。

**hurt** *v.t./i.* (p.t. *hurt*) mencederai; dicederai; menyakiti; disakiti; melukai; dilukai. 使受伤;疼痛;带来痛苦;损害。—*n.* kecederaan; kesakitan; luka. 伤;痛;(精神上的)创伤。**hurtful** *a.* yang melukakan atau menyakitkan. 伤害的。

**hurtle** *v.t./i.* lempar; baling; meluru. 投出;投掷;碰撞。

**husband** *n.* suami; laki; kawan. 丈夫。—*v.t.* guna dengan cermat; berjimat cermat. 节用;节省;节俭地管理。

**husbandry** *n.* pertanian; pengurusan (bahan) sumber. 农事;耕作;家政;节约。

**hush** *v.t./i.* diam; mendiamkan. 使安静;沉默。—*n.* diam; kesunyian. 静寂;沉默。~-**hush** *a.* (*colloq.*) rahsia. 极秘密的。

**husk** *n.* sabut; sekam; kulit buah berisi keras; kulit bijirin. 外皮;壳;荚。—*v.t.* kupas; kopek. 削皮;除去…的外壳。

**husky**[1] *a.* (-*ier*, -*iest*) penuh bersekam; bersabut; serak; garuk; garau; parau; (tubuh) tegap. 壳似的;多壳的;(声音)低沉沙哑的;壮健的。**huskily** *adv.* dengan suara yang serak. 嘎声地。

**huskiness** *n.* keserakan. 嘶哑。

**husky**[2] *n.* anjing Eskimo. 北极地区拉雪橇的狗。

**hussy** *n.* gadis yang nakal. 轻佻的女子;荡妇。

**hustings** *n.* berkempen; kegiatan pilihan raya (parlimen). 选举手续。

**hustle** *v.t./i.* berasak-asak; tolak-menolak; menggesa;催促;推挤;赶紧。**hustler** *n.* penolak; penggesa. 乱挤乱推的人;猛推者。

**hut** *n.* pondok; dangau; teratak; warung; ran; lau; reban; bangsal. 简陋小屋;茅舍;营棚;棚屋;临时木建营房。

**hutch** *n.* sangkar arnab. 兔箱。

**hyacinth** *n.* (pokok bunga) kemeling; lembayung; keladi bunting; bunga jamban. 风信子;洋水仙。

**hybrid** *n.* hibrid; kacukan; campuran. 混血儿;混合物;杂种。—*a.* (bersifat) hibrid atau kacukan; kepelbagaian. 混合的;杂种的。

**hybridize** *v.t./i.* dihibridkan atau dikacukkan. 产生混血儿;使杂交。**hybridization** *n.* penghibridan. 异种杂交。

**hydra** *n.* hidra; ular air; polip air tawar; benda yang sukar dinyahkan. 难以根除之祸害;(希腊神话)九头蛇;水螅。

**hydrangea** *n.* tumbuhan kelompok berbunga putih, biru atau merah rumbia. 一种绣球花属植物。

**hydrant** *n.* pili bomba; paip bertutup di tepi jalan yang boleh dibuka dan diambil air terutama semasa kecemasan. 消防龙头;水龙头;消火栓。

**hydrate** *n.* sebatian kimia dalam air; hidrat. 水合物;氢氧化物。

**hydraulic** *a.* hidraulik; berkenaan kuasa air; menggunakan kuasa air; berkenaan saluran

**hydro** air; jadi pejal dalam air. 水力的；水压的；用水发动的。 **hydraulically** *adv.* dengan menggunakan kuasa air. 水力地。

**hydro** *n.* (pl. *-os*) hidro; janakuasa elektrik kuasa air (yang menggunakan kuasa air); tempat (hotel, dll.) yang menyediakan rawatan penyakit dengan menggunakan air. 水疗处；水力发电厂；水疗院。

**hydrocarbon** *n.* hidrokarbon; sebatian hidrogen dan karbon. 碳氢化合物。

**hydrochloric** *a.* 氯化氢的。 ~ **acid** asid hidroklorik; asid yang mengandungi hidrogen dan klorin. 盐酸。

**hydrodynamic** *a.* hidrodinamik; tenaga daripada cecair yang bergerak. 流体动力的；水力的。

**hydroelectric** *a.* hidroelektrik; menggunakan kuasa air untuk menghasilkan tenaga elektrik. 水力发电的。

**hydrofoil** *n.* hidrofoil; bot pelacak; peluncur air; bot yang meluncur atas permukaan air apabila belayar. (水翼船的）水中翼；水上飞机。

**hydrogen** *n.* hidrogen; unsur paling ringan; gas yang bercampur sebati dengan oksigen untuk menghasilkan air. 氢。 ~ **bomb** bom hidrogen; bom perkasa yang mencetuskan kuasa daripada pelakuran nukleus hidrogen. 氢弹。

**hydrolysis** *n.* hidrolisis. 水解。

**hydrometer** *n.* alat sukatan kepekatan cecair; meter air; hidrometer. 液体比重计；浮秤。

**hydrophobia** *n.* penyakit takut air; penyakit anjing gila. 畏水症；狂犬病。

**hydroponics** *n.* hidrofonik. 水耕法；水栽培。

**hydrostatic** *a.* hidrostatik; berkenaan tekanan dan sifat-sifat lain cecair semasa pegun. 静水学的；流体静力学的。

**hydrotheraphy** *n.* hidroterapi; rawatan penyakit dengan menggunakan air. 水治疗法。

**hydrous** *a.* berair. 含水的。

**hyena** *n.* dubuk. 土狼；鬣狗。

**hygiene** *n.* kebersihan (sebagai pencegah penyakit). 卫生学；卫生术。 **hygienic** *a.* bersih. 卫生（学）的。 **hygienically** *adv.* dengan cara yang bersih. 卫生地。

**hygrometer** *n.* alat pengukur kelengasan atau kelembapan; higrometer. 湿度计。

**hygroscopic** *a.* higroskopik. 吸湿的；湿度器的。

**hymen** *n.* selaput dara; himen. 处女膜。

**hymenopterous** *a.* himenopter; kumpulan serangga yang mempunyai empat sayap membran. 膜翅目（昆虫）的。

**hymn** *n.* him; mazmur; gita puja. 赞美诗；圣歌；赞歌。 **~-book** *n.* kitab atau buku him. 赞美诗集。

**hymnal** *n.* berkenaan him, mazmur atau gita puja. 赞美诗集。

**hyoscine** *n.* alkaloid yang digunakan sebagai ubat pelali. 亥俄辛（一种碱，用作镇静剂）。

**hyper-** *pref.* hiper; sangat; melampau. (前缀）表示"过于；极度"。

**hyperactive** *a.* hiperaktif; giat atau cergas yang melampau. 活动过度的；活跃得反常的。

**hyberbola** *n.* hiperbola; sejenis lengkungan apabila kon dipotong. 双曲线。 **hyperbolic** *a.* bersifat hiperbola. 双曲线的。

**hyperbole** *n.* ucapan atau percakapan dengan gaya bahasa yang melampau. 修辞的夸张法。 **hyperbolical** *a.* dengan cara berlebih-lebihan. 夸大的。

**hypermarket** *n.* pasar raya besar; gedung yang sangat besar yang menjual pelbagai barangan dan khidmat. 大型超级市场。

**hypersonic** *a.* hiperbunyi; tentang kelajuan lebih lima kali ganda daripada bunyi. (5倍音速以上）高超音速的。

**hypertension** *n.* hipertensi; hipertegangan; tekanan darah tinggi. 高血压；过度紧张。

**hyphen** *n.* sempang; sengkang; tanda sempang; tanda yang digunakan dalam penulisan sebagai pengikat atau perenggang kata. 连字符号(即'—')。 —*v.t.* menyempang; menyengkang. 用连字符号连接。

**hyphenate** *v.t.* membubuh sempang; sambung atau pisah dengan sempang atau sengkang. 用连字符号连接。**hyphenation** *n.* penyempangan; penyengkangan. 用连字符号连接。

**hypnosis** *n.* pukau; kundang; keadaan jaga tanpa kesedaran dengan gerak-geri dikuasai oleh orang (kesedaran) lain; hipnosis. 催眠术；催眠状态。

**hypnotic** *a.* bersifat pukau, kundang atau hipnosis. 催眠的。—*n.* ubat lena; (ubat) pelena. 安眠药。**hypnotically** *adv.* secara hipnosis. 用催眠术；催眠地。

**hypnotism** *n.* hipnotisme; pukau; kundang. 催眠术。

**hypnotize** *v.t.* menghipnosis; memukau; terpukau. 施催眠术；使恍惚；使着迷。**hypnotist** *n.* ahli hipnosis. 施催眠术者。

**hypocaust** *n.* sistem pemanasan dengan menggunakan udara panas dari bawah lantai. 古罗马的火坑供暖系统。

**hypochondria** *n.* hipokondria; (penyakit) penyangkaan diri sentiasa berpenyakit walaupun sihat. 忧郁症。**hypochondriac** *n.* penghidap (orang) penyakit ini. 忧郁病患者。

**hypocrisy** *n.* kepura-puraan; kepalsuan. 伪善；虚伪。

**hypocrite** *n.* orang yang berpura-pura; hipokrit. 伪善者；虚伪的人。**hypocritical** *a.* berpura-pura; bersifat hipokrit. 伪善的；虚伪的。

**hypodermic** *a.* hipodermis; hipodermik; suntik ke bawah kulit; digunakan untuk suntikan hipordermis. 皮下的；皮下组织的。—*n.* picagari; siring; jarum penyuntik. 皮下注射；皮下注射器(液)。

**hypotenuse** *n.* hipotenus; garis (sendeng) terpanjang (pada segi tiga tegak 90 darjah); garis sendeng. 直角三角形的斜边；弦。

**hypothermia** *n.* hipotermia; keadaan suhu badan terlalu rendah; kerendahan panas badan. 低体温症；(心脏手术等的)降低体温处置。

**hypothesis** *n.* (pl. *-theses*) andaian untuk taakulan atau penyelidikan; farziat; hipotesis. 理论、研究等的假设；假说；前提。

**hypothesize** *v.t./i.* membuat hipotesis. 假设。

**hypothetical** *a.* berdasarkan andaian (tidak semestinya betul). 假设的。**hypothetically** *adv.* secara andaian. 假设地。

**hyssop** *n.* herba berbau wangi. 牛膝草。

**hysterectomy** *n.* histerektomi; pembedahan dan pembuangan rahim (wanita). 子宫切除术。

**hysteria** *n.* selap; kerasukan; histeria. 歇斯底里症；无法控制的情绪发作。

**hysterical** *a.* mengalami histeria, atau selap. 歇斯底里症引起的；患歇斯底里症的。**hysterically** *adv.* dengan cara seperti diserang histeria. 歇斯底里症地。

**hysterics** *n.pl.* serangan histeria; racauan atau jeritan dalam selap. 发歇斯底里；大笑大哭。

**Hz** *abbr.* (hertz). (前缀)赫(频率单位)。

# I

**I** *pron.* saya; aku; beta; hamba; patik; sahaya; orang yang bercakap atau menulis dan merujuk kepada dirinya sendiri. 我；朕；卑职；本人；吾。

**iambic** *a. & n.* iambik; (rangkap) menggunakan iambus; suku kata panjang dan pendek. 诗中的抑扬格(的)；短长方式(的)。

**iatrogenic** *a.* iatrogenik; (penyakit) yang berpunca secara tidak disengajakan daripada perawatan perubatan. (病症)医原性的；医生诱发的。

**Iberian** *a.* Iberia; berkenaan dengan semenanjung terdiri daripada Sepanyol dan Portugal. 伊伯利亚半岛的。

**ibex** *n.* (pl. *ibex* atau *ibexes*) kambing gurun; kambing bertanduk melengkung yang hidup di pergunungan. 阿尔卑斯山的野山羊。

**ibis** *n.* sekendi; ibis; sejenis burung peranduk air yang terdapat di kawasan beriklim panas. 朱鹭；鹳。

**ice** *n.* air batu; ais; air yang beku; pepejal lutsinar yang rapuh. 冰；冰块。—*v.t./i.* beku; membeku; menyejuk; membubuh lapisan gula dan krim ke atas kek atau kuih. 冷却；冷冻；结冰；涂上糖霜。 **~-cream** *n.* aiskrim; makanan beku berkrim yang manis. 冰淇淋。 **~ hockey** hoki ais; permainan yang menyerupai hoki dimainkan di atas ais oleh pelungsur. 冰上曲棍球。 **~ lolly** air batu atau aiskrim berbatang. 棒棒冰条；冰棒。

**iceberg** *n.* aisberg; apungan (ketulan besar) ais dalam laut. 冰山。

**Icelandic** *a. & n.* berkenaan dengan bahasa atau bangsa Iceland. 冰岛人(的)；冰岛语(的)。

**ichneumon** *n.* ikneumon; cerpelai Afrika Utara. 埃及獴；猫鼬。 **~ fly** serangga parasitik. 姬蜂。

**ichthyology** *n.* iktiologi; pengkajian tentang ikan. 鱼类学。 **ichthyologist** *n.* pengkaji perikanan. 鱼类学者。

**icicle** *n.* jurai air batu; isikel; tiruk ais yang tergantung apabila air yang meleleh membeku. 冰柱；冰锤。

**icing** *n.* aising; adunan gula halus, dsb. yang digunakan untuk menghias makanan. 糖衣；糖霜。

**icon** *n.* ikon; (dalam Gereja Timur) patung atau lukisan suci; (dalam bidang komputer) simbol grafik pada skrin komputer. 圣像；雕像；肖像；电脑荧幕的图像。

**iconoclast** *n.* ikonoklas; pemusnah berhala; penentang pegangan yang dianggap suci atau keramat. 圣像破坏者；反对崇拜偶像者。 **iconoclasm** *n.* ikonoklasisme. 破坏偶像；搞毁圣像。 **iconoclastic** *a.* ikonoklastik. 破坏偶像的；反对崇拜圣像的。

**iconography** *n.* ikonografi; paparan sesuatu subjek, dsb. dalam bentuk gambar. 图解术；图像解说；画像研究。

**icy** *a.* (*-ier, -iest*) dingin; sejuk; sangat sejuk; dilitupi ais; tidak mesra langsung. 冷的；寒冷的；严寒的；冰封的；冷淡的。 **icily** *adv.* dengan dingin; dengan nekad. 冰冷地；冷淡地。 **iceness** *n.* kedinginan. 寒冷。

**id** *n.* id; rangsangan dalam minda. 本我；人类精神的潜在部分。

**idea** *n.* idea; gagasan; fikiran; rancangan, dsb. yang terbentuk dalam minda dengan berfikir; pendapat; kepercayaan yang samar-samar. 思想；主意；打算；概念；计划；意见；观念；模糊的想法。

**ideal** *a.* unggul; memenuhi tanggapan seseorang tentang apa yang sempurna. 完美的；理想的；典型的；想象的。 —*n.* orang atau benda yang dianggap sempurna atau sebagai suatu kesem-

**idealist** 343 **idolatry**

purnaan yang harus dicontohi. 典范；理想。**ideally** adv. unggulnya; dengan unggul. 理想地；完美地。

**idealist** n. idealis; orang berfahaman ideal; orang yang mempunyai keunggulan tinggi. 理想主义者；空想家；唯心论者。**idealism** n. keunggulan; idealisme. 理想主义；唯心论；观念论。**idealistic** a. idealistis; berkenaan dengan keunggulan. 理想主义的；唯心论的。

**idealize** v.t. mengunggulkan; menganggap atau memaparkan sebagai sempurna. 理想化；视为理想。**idealization** n. pengunggulan. 理想化。

**identical** a. serupa; sama; saling tak tumpah. 同一的；相同的；一模一样的。**identically** adv. perihal sama. 完全一样地。

**identify** v.t./i. cam; kenal; mengenali sebagai orang atau benda tertentu; menganggap serupa; berhubung rapat dari segi perasaan atau minat. 认明；识别；辨认；使一致；使与⋯有关联；认同；与⋯打成一片。**identifiable** a. boleh dikenal pasti. 可辨明的；可识别的。**identification** n. pengecaman; pengenalan. 鉴定；认明。

**identikit** n. alat pengenal pasti; set gambar yang mengandungi pelbagai raut muka yang dapat dicantum-cantumkan untuk membentuk gambar yang serupa dengan wajah orang yang sedang dicari. 辨认嫌犯容貌拼具。

**identity** n. identiti; pengenalan; siapa atau apa seseorang atau sesuatu benda itu; kesamaan. 身分；本体；真面目；共同点；一致；特性。

**ideogram, ideograph** n. ideogram; ideograf; lambang yang menunjukkan idea tentang sesuatu. 表意文字；表意符号。

**ideology** n. fahaman; ideologi; idea yang membentuk asas sesuatu teori politik atau ekonomi. 观念学；意识形态；思想体系。**ideological** a. berkenaan ideologi. 观念学的；意识形态的；思想上的。

**idiocy** n. kebodohan; ketololan; kedunguan. 白痴；痴愚；愚昧。

**idiom** n. kiasan; idiom; gaya penggunaan bahasa; gaya pengucapan dalam seni halus dan muzik. 成语；习语；惯用语法；音乐和艺术的风格或特色。

**idiomatic** a. idiomatik; menurut kiasan; penuh dengan kiasan. 惯用语句的；符合于习惯用法的；风格独特的；多成语的。**idiomatically** adv. secara kiasan. 惯用词句地；深具特色地。

**idiosyncrasy** n. kebiasaan; idiosinkrasi; kelakuan tersendiri; keanehan seseorang. 习性；气质；癖好；表现手法。**idiosyncratic** a. idiosinkratik; perihal kelakuan tersendiri. 习性地；充满个性地。

**idiot** n. orang bodoh, tolol atau dungu; (colloq.) orang yang paling bodoh. 白痴；笨蛋；傻瓜；愚蠢之人。

**idiotic** a. sedungu; setolol; sebodoh; sangat bodoh; sangat tolol; sangat dungu. 白痴的；极蠢的；十分愚昧的。**idiotically** adv. perihal bodoh. 极愚笨地。

**idle** a. (-er, -est) leka; sia-sia; malas. 闲散的；无益的；懒惰的；无所事事的。—v.t./i. duduk-duduk sahaja; leka; melekakan; mensia-siakan; enjin (melahu). 无所事事；虚度；闲荡；空转；放空档。**idly** adv. dengan malas; dengan leka; secara leka. 懒散地；虚度地；机械空转地。**idleness** n. kelekaan; kesiasiaan; kemalasan. 无益；闲散；怠惰。

**idler** n. pemalas; peleka; orang yang menghabiskan masa tanpa berbuat apa-apa. 懒惰者；游手好闲者；虚度光阴者。

**idol** n. patung; berhala; pujaan; orang atau benda yang terlampau disanjung. 神像；被崇拜的对象；敬仰之物；偶像。

**idolatry** n. penyembahan berhala. 偶像崇拜；盲目崇拜。**idolater** n. penyembah berhala; musyrikin. 偶像崇拜者；盲目崇拜者。**idolatrous** a. (bersifat) menyembah atau memuja. 崇拜偶像的；盲目崇拜的。

**idolize** *v.t.* (terlampau) menyanjung. 崇拜偶像；极度敬慕。**idolization** *n.* pemujaan; pendewaan. 偶像化；奉为神圣。

**idyll** *n.* suasana, peristiwa atau keadaan yang tenteram; idil. 田园诗；叙事诗；浪漫插曲。**idyllic** *a.* sederhana dan indah; sangat menarik; bersifat idil. 如诗如画的；田园风味的。**idyllically** *adv.* secara idil; dengan indahnya. 诗情画意地；优美地。

**i.e.** *abbr.* (Latin *id est*) iaitu; yakni. （缩写）就是；即。

**if** *conj.* kalau; kalaulah; jika; jikalau. 假使；倘若；如果；要是。—*n.* kalau (syarat atau anggapan). 条件；设想；疑问。

**igloo** *n.* pondok salji orang Eskimo; iglu. 爱斯基摩人的冰屋。

**igneous** *a.* igneus; berkenaan batu yang terhasil oleh kegiatan atau gerakan gunung berapi. (指岩石)火山形成的。

**ignite** *v.t./i.* mencucuh; menyalakan; nyala; menyala. 点燃；点火；着火；发光。

**ignition** *n.* cucuhan; pencucuhan; nyalaan; penyalaan; alat penghasil cetusan (nyalaan) bagi menghidupkan jentera, enjin. 点燃；燃烧；点火；发光；机械内的发火装置。

**ignoble** *a.* hina; cendala; tidak beradat. 卑贱的；下流的；卑鄙的；可耻的。

**ignobly** *adv.* dengan tidak beradat. 低贱地；下流地。

**ignominy** *n.* kehinaan; kekejian. 耻辱；丑行；不名誉。**ignominious** *a.* bersifat hina atau keji. 可耻的；不名誉的。**ignominiously** *adv.* dengan hina. 屈辱地；丢脸地。

**ignoramus** *n.* (pl. *-muses*) orang jahil. 不学无术之人；无知的人。

**ignorant** *a.* jahil. 无知的；愚昧的。**ignorantly** *adv.* dengan jahil. 无知地；愚昧地。**ignorance** *n.* kejahilan. 无知；愚昧。

**ignore** *v.t.* sisih; abai; tidak hirau; tidak peduli; tidak endah. 忽视；不理会；不顾；不理睬；不眷顾。

**iguana** *n.* biawak. 鬣蜥。

**iguanodon** *n.* iguanodon; dinosaur raksasa yang makan tumbuh-tumbuhan. 禽龙。

**il** *pref. lihat* **in**. 见 **in**。

**ileostomy** *n.* ileostomi; bedahan perut untuk membuat salur keluar dari usus kecil. 回肠造口术。

**ilk** *n.* (*colloq.*) jenis. 种类；辈；等级。

**ill** *a.* sakit; uzur; semput; buruk; bahaya; bengis; tidak baik. 生病的；不健康的；坏的；恶劣的；不吉祥的；残酷的；不仁慈的；不良的。—*adv.* teruk. 有害地；不幸地；不利地；拙劣地。—*n.* kecelakaan; keburukan; bahaya. 祸害；恶行；不幸；疾病。**~-advised** *a.* tidak bijak; tergopoh-gapah. 不明智的；轻率的。**~ at ease** berasa tidak selesa atau malu. 不自在；局促不安。**~-bred** *a.* biadab; tidak sopan. 粗野的；无教养的。**~-gotten** *a.* perolehi dengan cara jahat atau haram. 非法得来的；来路不正的。**~-mannered** *a.* mempunyai perangai yang tidak baik. 无礼的；态度恶劣的。**~-natured** *a.* perengus; lekas marah. 心地不良的；易怒的。**~-starred** *a.* bernasib malang; yang dilahirkan di bawah bintang pudar. 运气欠佳的；星运不好的。**~-treat** *v.t.* layanan yang tidak baik atau kejam. 虐待。**~ will** perseteruan; perasaan yang tidak baik. 恶意；敌意。

**illegal** *a.* haram (dari segi perundangan). 非法的。**illegally** *adv.* secara haram. 违法地。**illegality** *n.* keharaman. 不法行为。

**illegible** *a.* sukar untuk dibaca. 难读的。**illegibly** *adv.* tentang kesukaran membaca. 模糊难辨地。**illegibility** *n.* kesukaran membaca. 模糊难读。

**illegitimate** *a.* haram; lahir di luar nikah (anak haram). 不法的；私生的。**illegitimately** *adv.* secara haram. 不合法地；私生地。**illegitimacy** *n.* keharaman;

(dalam) keadaan haram. 不法;违法;私生。

**illicit** *a.* haram; dilarang. 非法的;违禁的. **illicitly** *adv.* secara haram. 不合法地;不正当地。

**illiterate** *a.* buta huruf; tidak dapat membaca dan menulis. 文盲的;不能读写的. **illiteracy** *n.* kebutaan huruf. 文盲。

**illness** *n.* sakit; keuzuran. 疾病;不健康。

**illogical** *a.* tidak munasabah; tidak lojik. 不合逻辑的;不合常理的;莫名的。

**illogically** *adv.* secara tidak lojik. 不逻辑地;莫名地. **illogicality** *n.* ketidakwarasan; ketidaklojikan. 悖理;不逻辑。

**illuminate** *v.t.* cerahkan; mencerahkan; terangkan; menerangkan; hias dengan cahaya lampu; hias (bahan tulisan cetakan) dengan lukisan. 照明;照亮;说明;解释;以灯饰装饰;以彩色花纹装饰文字. **illumination** *n.* pencerahan; penerangan; penyuluhan. 光耀;阐释;照明;启发。

**illumine** *v.t.* menerangi. 照亮;照明。

**illusion** *n.* bayangan; khayalan; maya; kepercayaan palsu; ilusi. 幻觉;幻象;幻影;假象;错误的观念。

**illusionist** *n.* ahli silap mata. 幻术师。

**illusory** *a.* berdasarkan bayangan; khayalan; bukan hakikat; bukan kenyataan. 虚构的;虚幻的;不切实际的。

**illustrate** *v.t.* mengilustrasi; memasukkan (ke dalam buku, dsb.) lukisan, gambar, rajah, dsb.; jelaskan dengan contoh; digunakan sebagai contoh atau misalan. 用插图阐释;举例说明;表明;显示. **illustration** *n.* pelukisan; contoh; misalan; ilustrasi. 图解;例解;例证;说明. **illustrator** *n.* pelukis (ilustrasi). 插图画家。

**illustrative** *a.* sebagai ilustrasi atau penjelasan; contoh; misalan. 说明的;做实例的。

**illustrious** *a.* mulia; masyhur; hebat. 显赫的;有名望的;杰出的。

**image** *n.* gambaran; bayangan; imej; patung; contoh maruah. 像;图像;影像;印象;肖像;典型;形象。

**imagery** *n.* imejan; gambaran; bahasa ibarat. 想象物;表象;比喻。

**imaginable** *a.* dapat dibayangkan atau digambarkan (dalam fikiran). 可想象的;可意想到的。

**imaginary** *a.* hanya dalam fikiran; bukan kenyataan. 想象中的;虚构的。

**imagination** *n.* khayalan; agakan; rekaan. 想象;空想;幻觉;想象力;幻想物。

**imaginative** *a.* bersifat khayalan, agakan atau rekaan. 想象的;虚幻的;富于想象力的. **imaginatively** *adv.* secara khayalan. 幻想地;虚构地。

**imagine** *v.t.* membayangkan; mengkhayalkan; mengangankan. 想象;幻想;猜想;料想。

**imago** *n.* (pl. *-gines*) imago; serangga dewasa. 成虫。

**imam** *n.* imam. 伊斯兰教领袖之尊称。

**imbalance** *n.* kekurangan imbangan. 不平衡;失调。

**imbecile** *n.* orang bodoh; sewel. 低能者;弱智者;傻瓜;笨蛋 —*a.* bodoh; sewel. 愚笨的;低能的. **imbecility** *n.* kebodohan; kesewelan. 愚昧;低能。

**imbibe** *v.t.* minum; menyerap ke dalam fikiran. 饮;喝;吸收;接受。

**imbroglio** *n.* (pl. *-os*) keadaan keliru; kekalutan; kekacauan. 错综复杂的局面;纠纷;纠葛。

**imbue** *v.t.* mempunyai, diliputi atau penuh dengan sesuatu. 使充满;深深影响;激起。

**imitable** *a.* boleh ditiru. 可仿制的;可模仿的;值得仿效的。

**imitate** *v.t.* tiru; ikut; contoh; teladani. 模仿;仿效;做为榜样;伪造. **imitation** *n.* tiruan; peniruan; pencontohan; peneladanan. 模仿;仿效;赝品;仿造;效法. **imitator** *n.* peniru. 模仿者;仿造者;伪造者。

**imitative** *a.* bersifat meniru. 伪造的；模仿的；爱学样的。

**immaculate** *a.* suci; tiada cela; lengkap; sempurna. 纯洁的；无缺点的；无瑕疵的；完美的。**immaculacy** *n.* ketiadaan cacat; kesempurnaan. 无瑕；纯正。**immaculately** *adv.* perihal tiada kecacatan. 无缺地；完美地。

**immanent** *a.* hadir; ada. 内涵的；内在的；无所不在的。**immanence** *n.* kehadiran; kewujudan. 内涵；内在；无所不在。

**immaterial** *a.* tanpa unsur jasadiah; niskala; tidak penting. 非物质的；无形的；不重要的。

**immature** *a.* kanyir; tidak matang. 发育未全的；未成熟的。**immaturity** *n.* kekanyiran; ketidakmatangan. 未发育；未成熟。

**immeasurable** *a.* maha; agung; tidak dapat diukur; tidak terukur; tidak terduga. 无限的；广大无量的；不可测量的；无边无际的；不可估计的。**immeasurably** *adv.* perihal tiada terukur. 无限地；不可测量地。

**immediate** *a.* segera; serta-merta; terus. 立刻的；即刻的；直接的；当前的。

**immediately** *adv. & conj.* dengan serta-merta. 立即；马上。**immediacy** *n.* kesegeraan; secara langsung. 即时性；迫切需要的事物。

**immemorial** *a.* telah wujud berzaman-zaman (tak terjangkau oleh ingatan). 古老的；远古的；久到难以追忆的。

**immense** *a.* sangat besar; agung; hebat. 巨大的；无限的；广大的；绝妙的。

**immensely** *adv.* yang amat sangat. 极大地；广大地；非常；很。**immensity** *n.* kebesaran (yang amat sangat); keagungan; kehebatan. 无限；无量；广大；巨大。

**immerse** *v.t.* rejam; selam; rendam; celup; tenggelamkan. 浸入；沉浸；使陷入；使专心于；埋入。

**immersion** *n.* rejaman; rendaman; selaman; celupan; penenggelaman. 沉溺；浸沉；专心；陷入。~ **heater** alat pemanas elektrik yang dapat diletakkan di dalam cecair. 浸入式电热水器。

**immigrate** *v.i.* berhijrah; berpindah ke negara lain. 迁移；移居入境。**immigrant** *a. & n.* bersifat hijrah; penghijrah; pendatang. 移民；侨民；迁入的；移民的。

**immigration** *n.* hijrahan; penghijrahan; perpindahan. 移民；迁移；外来移民。

**imminent** *a.* akan berlaku. 即将来临的；逼近的。**imminence** *n.* keadaan akan berlaku. 即将来临；逼近。

**immobile** *a.* yang tetap; yang tidak dapat bergerak. 固定的；不活动的。**immobility** *n.* ketetapan; keadaan tidak dapat bergerak. 固定；不动性。

**immobilize** *v.t.* menjadi tetap; tidak dapat bergerak. 使固定；使不动。**immobilization** *n.* keadaan tidak dapat bergerak; pelumpuhan. 固定；停止流通。

**immoderate** *a.* yang tidak patut; yang tidak sederhana; melampau; melebihi kepatutan; melampaui had atau batas. 不合理的；极端的；过分的；过度的；无节制的。**immoderately** *adv.* secara berlebih-lebihan. 过多地；极度地。

**immodest** *a.* tidak santun. 无礼的；不谦虚的；傲慢的。

**immoral** *a.* tidak sopan; sumbang; cabul; lucah. 不道德的；不贞的；猥亵的；淫荡的。**immorally** *adv.* secara tidak sopan. 败坏道德地；放荡地。**immorality** *n.* ketidaksopanan; kesumbangan; kecabulan; kelucahan. 不道德；不贞；淫荡；伤风败俗。

**immortal** *a.* tidak fana; kekal; abadi; wujud atau hidup selama-lamanya. 不朽的；永世的；不死的；流芳百世的；长生的。—*n.* dewa; sesuatu yang kekal abadi. 神仙；不朽人物。**immortality** *n.* ketidakfanaan; kekekalan; keabadian. 不死；不朽；永存。

**immortalize** *v.t.* mengekalkan; mengabadikan (untuk selama-lamanya). 使永存；使永垂不朽。

**immovable** *a.* tidak dapat digerakkan; tetap. 不能移动的；固定的；不改变的。 **immovably** *adv.* perihal tidak dapat digerakkan. 不动地；固定地；不变地。

**immune** *a.* kebal; kalis. 免疫的；免除的。

**immunity** *n.* kekebalan; kekalisan. 免疫；免除。

**immunize** *v.t.* mengebalkan (daripada penyakit). 使免疫。 **immunization** *n.* pengebalan (daripada penyakit). 免疫作用。

**immure** *v.t.* kurung; penjarakan. 监禁；囚禁。

**immutable** *a.* yang tidak dapat berubah; yang tidak dapat ditukar; tetap. 不变的；永恒的。 **immutably** *adv.* perihal tidak dapat diubahkan. 不变地；永恒地。 **immutability** *n.* keadaan tidak dapat berubah atau tidak boleh diubah; ketetapan. 不变；永恒。

**imp** *n.* jembalang kecil; toyol; pelesit; budak nakal. 小鬼；小魔鬼；顽童；小淘气。

**impact**[1] *n.* lagaan; hentaman; tembungan; langgaran; kesan. 冲突；撞击；碰撞；影响；作用。

**impact**[2] *v.t.* pasak; memasak dengan kejap. 压紧；楔牢。 **impaction** *n.* pasakan. 压紧；楔牢。

**impair** *v.t.* merosakkan; melemahkan. 损害；减弱。 **impairment** *n.* perosakan. 损伤；损害。

**impala** *n.* sejenis rusa kecil. 黑斑羚。

**impale** *v.t.* cucuk; sula; tikam. 刺穿；处对…施以刺刑；认尖物刺住。 **impalement** *n.* cucukan; sulaan; tikaman. 刺穿；刺刑；刺稳。

**impalpable** *a.* tidak dapat ditanggap; yang tidak dapat dipegang atau dirasa. 难以理解的；无法感触的。

**impart** *v.t.* beri; sampaikan; maklumkan. 分给；传授；通知；告知。

**impartial** *a.* tidak memihak; saksama; adil. 不偏不倚的；公平的。 **impartially** *adv.* secara tidak memihak. 不偏私地；公正地。 **impartiality** *n.* kesaksamaan; keadilan. 无私；公平。

**impassable** *a.* tidak dapat dilalui atau dilintasi. 不能通行的；无法通过的。

**impasse** *n.* kebuntuan; jalan buntu. 僵局；死路；绝境。

**impassioned** *a.* bersemangat; tekun; gigih; berani. 感奋的；热烈的；充满热情的。

**impassive** *a.* tanpa perasaan; membatu. 无感情的；无知觉的；无动于衷的。 **impassively** *adv.* dengan membatu. 麻木地；冷漠地。

**impatient** *a.* tanpa kesabaran; tidak sabar; tergesa-gesa. 无耐性的；不耐烦的；不能忍受的；焦急的。 **impatience** *n.* ketidaksabaran; gesaan. 没耐性；性急；焦躁。 **impatiently** *adv.* dengan tidak sabar. 不耐烦地；心急如焚地。

**impeach** *v.t.* dituduh atau didakwa melakukan jenayah besar terhadap negara dan dibicarakan. 控告；检举；弹劾。 **impeachment** *n.* pendakwaan kerana melakukan jenayah. 控告；检举；弹劾。

**impeccable** *a.* tanpa kecacatan; lengkap; sempurna. 无瑕疵的；完善的；无可挑剔的。 **impeccably** *adv.* dengan sempurna. 完美地；无错误地。

**impecunious** *a.* tanpa wang; miskin; papa. 没有钱的；贫穷的；不名一文的。

**impedance** *n.* impedans; penentangan atau penolakan litaran elektrik terhadap pengaliran kuasa elektrik. 阻抗。

**impede** *v.t.* halang; sekat; rintang. 妨碍；阻碍；阻挡。

**impediment** *n.* halangan; penghalangan; sekatan; penyekatan; rintangan; perintangan. 妨碍；阻碍物；障碍物；阻挡。

**impedimenta** *n.pl.* penghalang atau penyekat; perintang (kebebasan gerakan); bebanan (beg, dsb.). 妨碍物；累赘；手提行李。

**impel** *v.t.* (p.t. *impelled*) dorong; desak; tolak; paksa. 推动；推进；驱使；催促；强迫；激励。

**impending** *a.* akan berlaku (segera). 即将发生的；逼近的。

**impenetrable** *a.* yang tidak dapat ditembusi. 不能贯穿的；无法通过的。**impenetrability** *n.* keadaan tidak ditembusi; kekebalan. 不能穿过；不能贯通。

**impenitent** *a.* tidak sesal; tidak kesal. 无悔意的；顽迷的。

**imperative** *a.* dengan perintah; perlu; mustahak; penting. 命令式的；急需的；绝对必要的；强制的。 —*n.* perintah; hal perlu; keperluan. 命令；急事；必要性。

**imperceptible** *a.* tanpa disedari; yang tidak dapat ditanggap (oleh indera atau deria). 感觉不到的；难以察觉的。**imperceptibly** *adv.* secara tidak disedari. 不知觉地；感觉不到地。

**imperfect** *a.* tidak lengkap; tidak sempurna; cacat. 不完整的；不完全的；有缺陷的；未完成的；有瑕疵的。**imperfectly** *adv.* secara tidak sempurna. 不完善地；不齐全地；有缺点地。**imperfection** *n.* ketidaksempurnaan; kekurangan; kecelaan. 不完美；缺点；瑕疵。

**imperial** *a.* bersifat kemaharajaan atau empayar; hebat; agung; berkenaan ukuran, sukatan yang digunakan di United Kingdom. 帝国的；至尊的；皇帝的；优越的；威严的；宏大的；英国衡量制度的。

**imperialism** *n.* dasar peluasan atau pengembangan empayar; imperialisme. 帝国主义；帝制。**imperialist** *n.* pengembang empayar; penjajah. 帝国主义者。

**imperialistic** *a.* bersifat pengembangan empayar atau imperialisme. 帝国主义的。

**imperil** *v.t.* (*p.t.* *imperilled*) membahayakan; mengancam. 危及；危害。

**imperious** *a.* bersifat mengarah; suka mengarah. 傲慢的；专制的；专横的。**imperiously** *adv.* secara mengarah. 专横地。

**impermanent** *a.* tidak tetap; tidak kekal; fana. 非永久的；暂时的；不持久的。

**impermeable** *a.* tidak dapat jerap; tidak telap; kedap. 不能透水的；不渗透性的。

**impersonal** *a.* tidak dipengaruhi perasaan. 不受个人感情影响的；客观的；非个人的。**impersonally** *adv.* secara tidak dipengaruhi perasaan. 无人格地；冷淡地；客观地。**impersonality** *n.* keadaan tidak dipengaruhi perasaan. 非人格性；客观；无人情味。

**impersonate** *v.t.* menyamar; menyerupai. 扮演；模仿；饰演；假冒；体现。**impersonation** *n.* samaran; penyamaran; penyerupaan. 扮演；模仿；假冒；体现。**impersonator** *n.* peran; penyamar. 扮演者；模仿者。

**impertinent** *a.* tidak sopan; tidak hormat; biadab. 鲁莽的；无礼的。**impertinently** *adv.* yang biadab. 鲁莽地；无礼地。**impertinence** *n.* ketidaksopanan; ketidakhormatan; kebiadaban. 粗鲁；傲慢；无礼。

**imperturbable** *a.* tidak dapat digugat; tenang; tenteram. 不易激动的；沉着的；冷静的。**imperturbably** *adv.* dengan tenang. 沉着地；镇静地。**imperturbability** *n.* keadaan tidak dapat digugat; ketenangan; ketenteraman. 冷静；沉着；镇定。

**impervious** *a.* ~ **to** tidak dapat diserap; kalis; tidak dapat dipengaruhi. 不渗透的；不能透过的；不受影响的。

**impetigo** *n.* impetigo; sejenis penyakit kulit berjangkit. 小脓疱疹。

**impetuous** *a.* tanpa pertimbangan; mendadak; gopoh; gapah; terburu-buru. 轻举妄动的；急躁的；冲动的；鲁莽的；猛烈的。**impetuously** *adv.* dengan terburu-buru. 急躁地；冲动地；鲁莽地。**impetuosity** *n.* kegopohan; kegapahan. 急躁；冲动。

**impetus** *n.* dorongan. 推动力；刺激。

**impiety** *n.* ketidakhormatan; keingkaran. 不恭敬；不虔诚。

**impinge** *v.i.* meninggalkan kesan; melanggar. 打击；冲击；侵犯；影响；起作用。

**impious** *a.* tidak warak; tidak alim; tidak beriman; jahat. 不虔诚的；不敬神的；渎圣的；邪恶的。**impiously** *adv.* secara jahat. 邪恶地；不虔诚地。

**impish** *a.* nakal. 调皮的；似顽童的。

**implacable** *a.* tidak dapat ditenangkan; tidak ditenteramkan; tidak dapat dipujuk; tanpa belas kasihan. 难平息的；不能缓和的；难宽恕的；拒绝和解的；无情的。**implacably** *adv.* perihal tidak dapat dipujuk atau tanpa belas kasihan. 无法和解地；难以饶恕地；不能缓和地。**implacability** *n.* keadaan tidak dapat ditenangkan; keadaan tidak dapat ditenteramkan; keadaan tidak dapat dipujuk. 难以缓和或安抚的局面。

**implant**[1] *v.t.* menyemai; mencucuk; menanam; mengimplan. 灌输；插入；注入；种植；埋置。**implantation** *n.* semaian; penyemaian cucukan; pencucukan; tanaman; penanaman; implantasi. 灌输；插入；嵌入；移植。

**implant**[2] *n.* bahan implan (pindahan). 植入物；植入片。

**implausible** *a.* tidak masuk akal; tidak dapat dipercayai. 不像真实的；难以置信的。

**implement**[1] *n.* alat; alatan; perkakas. 工具；器具；用具。

**implement**[2] *v.t.* melaksanakan; buat; melakukan; mengotakan. 实现；履行；实施；执行。**implementation** *n.* pelaksanaan. 履行；实施；执行。

**implicate** *v.t.* membabitkan; melibatkan. 牵连；涉及；株连。

**implication** *n.* babitan; pembabitan; libatan; penglibatan; siratan; implikasi. 牵连；牵涉；含意；纠缠；暗示。

**implicit** *a.* secara siratan; mutlak; terkandung. 错综复杂的；绝对的；含蓄的；内含的。**implicitly** *adv.* yang tersirat. 杂乱地；绝对地；含蓄地。

**implore** *v.t.* merayu; memohon. 恳求；哀求；乞求。

**imply** *v.t.* membayangkan; menyifatkan. 意味；暗示。

**impolite** *a.* tidak sopan; tidak santun; kasar; biadab. 无礼的；粗鲁的；不客气的；失礼的。**impolitely** *adv.* dengan tidak bersopan. 无礼地；失礼地。**impoliteness** *n.* ketidaksopanan; ketidaksantunan; kekasaran; kebiadaban. 无礼；失礼；粗莽；不客气。

**impolitic** *a.* tidak bijaksana; pandir. 不智的；失策的；无见识的。

**imponderable** *a.* tidak dapat dianggar, diteka, diduga atau dijangka. 不可计量、衡量、估计或预算的。

**import**[1] *v.t.* dibawa masuk dari negara asing; import; siratkan; menyiratkan. 进口；输入；意味着；意含。**importation** *n.* pembawaan masuk; pengimportan. 进口；输入。**importer** *n.* pembawa masuk; pengimport. 输入者；进口商。

**import**[2] *n.* barang yang dibawa masuk dari negara asing; barang atau bahan import; pengimportan. 进口商品；进口货物；进口。

**important** *a.* mustahak; penting. 重要的；重大的。**importance** *n.* kemustahakan; kepentingan; perihal penting. 重要性；重大。

**importunate** *a.* bersifat kecekan; mengecek; membuat rayuan; mendesak berulang kali. 缠扰不休的；不断要求的；频频要索的；坚决请求的。**importunity** *n.* rayuan berulang kali; desakan. 强求；不断的请求；硬要。

**importune** *v.t.* mendesak; mengecek. 强求；硬要。

**impose** *v.t./i.* mengenakan (cukai, dsb.); membebankan; bebani; desak atau paksa (terima). 征（税等）；使负担；增加负担；强加于…的。~ **on** ambil kesempatan; menyusahkan. 利用；强使。

**imposing** *a.* hebat; megah. 壮丽的；堂皇的。

**imposition** *n.* pembebanan; pendesakan; pengenaan. 负担；强行进入；征收；强加。

**impossible** *a.* mustahil. 不可能的；办不到的。 **impossibly** *adv.* (dengan cara yang) mustahil. 不可能地。 **impossibility** *n.* kemustahilan. 不可能之事；不可能性。

**impost** *n.* cukai; tarif. 税款；关税。

**impostor** *n.* penyamar. 冒牌者；骗子；冒充者。

**imposture** *n.* penipuan. 欺骗；冒名。

**impotent** *a.* tidak berupaya; lemah; mandul; mati pucuk. 无能的；虚弱的；阳萎的；性无能的。 **impotently** *adv.* dengan tidak berupaya. 无能力地；无力气地。 **impotence** *n.* ketidakupayaan; kelemahan; kemandulan; kematian pucuk. 无能；虚弱；阳萎；肾虚。

**impound** *v.t.* merampas (harta) mengikut kuat kuasa undang-undang. 充公；没收。

**impoverish** *v.t.* memiskinkan; menghakis (kekuatan, kesuburan). 使贫穷；耗尽。

**impoverishment** *n.* perihal memiskinkan; penghakisan. 贫困；致使贫乏之事。

**impracticable** *a.* tidak dapat dilaksanakan; tidak dapat dilakukan; mustahil. 不能实施的；行不通的；不切实际的。

**impracticability** *n.* perihal tidak dapat dilaksanakan; kemustahilan. 不能实际之事；不切实际。

**impractical** *a.* bersifat tidak dapat dilaksanakan. 不合实际的；无用的；不现实的。

**imprecation** *n.* sumpahan (yang dilafazkan); kutukan. 诅咒；咒语。

**imprecise** *a.* tidak tepat; tidak dihalusi. 不正确的；不精密的。 **imprecisely** *adv.* secara tidak tepat. 不准确地；不确切地。 **imprecision** *n.* ketidaktepatan. 不严密；不精确。

**impregnable** *a.* tidak boleh dicerobohi; kebal; selamat. 难以攻破的；坚不可摧的；无法动摇的。 **impregnability** *n.* keadaan tidak dapat dicerobohi; kekebalan; keselamatan. 固若金汤；坚定不移；无懈可击。

**impregnate** *v.t.* kahwin; jimak; membuntingkan; mensenyawakan. 使怀孕；使受精。 **impregnation** *n.* pengahwinan; penjimakan; pembuntingan; persenyawaan. 怀孕；妊娠；受精。

**impresario** *n.* (pl. *-os*) pengurus syarikat bangsawan, opera atau konsert. 大企业或歌乐团的经理人。

**impress** *v.t.* menekan; mengecap; mencetak; menera. 使留深刻印象；压印；铭记；盖印。

**impression** *n.* tekanan; bekas atau kesan tekanan; cap; cetakan; teraan; kesan ke atas fikiran; idea yang samar atau kurang jelas. 印记；印痕；盖印；印刷；印象；感想。

**impressionable** *a.* mudah dipengaruhi; mudah menerima kesan. 易受影响的；敏感的。

**impressionism** *n.* gaya lukisan, dsb. yang memberi gambaran umum tanpa perincian; impresionisme. 印象主义；印象派。 **impressionist** *n.* pelukis gaya impresionisme. 印象派艺术家。

**impressive** *a.* yang meninggalkan kesan; yang mempengaruhi; hebat. 给人深刻印象的；感人的；令人难忘的。

**impressively** *adv.* secara hebat; secara berkesan. 令人难忘地；激动人心地。

**imprimatur** *n.* imprimatur; lesen untuk mencetak, biasanya daripada gereja. 天主教书刊等的出版准证。

**imprint**[1] *n.* cap; cetakan; tekapan; teraan. 盖印；版本说明；印迹；印记；深刻的印象。

**imprint**[2] *v.t.* mengecap; mencetak; menekap; meninggalkan bekas. 盖印；印记；盖章；压上记号。

**imprison** *v.t.* mengurung; memenjarakan. 监禁；入狱。 **imprisonment** *n.* pengurungan; pemenjaraan. 坐牢；禁锢。

**improbable** *a.* tidak mungkin benar; tidak mungkin terjadi; mustahil. 未必然的；不大可能的；未必确实的。**improbably** *adv.* (dengan cara yang) tidak mungkin atau mustahil. 未必然地；不大可能地。**improbability** *n.* ketidakmungkinan; kemustahilan. 不大可能；未必然。

**impromptu** *a. & adv.* tanpa persediaan atau persiapan; secara serta-merta. 无准备地(的)；即兴地(的)；即席地(的)。

**improper** *a.* tidak senonoh; sumbang; janggal; melanggar adat. 不合适的；错误的；不雅的；不合礼仪的。**~ fraction** pecahan janggal. 假分数。**improperly** *adv.* dengan tidak senonoh. 不适当地；错误地；要不得地。

**impropriety** *n.* ketidaksenonohan; kesumbangan; kejanggalan. 不适当；不正确；下流之举。

**improve** *v.t./i.* membaikkan; membaiki; perbaikan; perbaiki; perelokkan. 改进；改善；改良；增进。**improvement** *n.* pembaikan; pengelokan. 改良；进步；改善。

**improver** *n.* pelajar (sesuatu pertukangan) yang bekerja dengan upah rendah kerana ingin memperbaiki kemahirannya; pekerja pelatih. 只为习艺而取低薪的学徒。

**improvident** *a.* tidak beringat; tidak menyimpan untuk masa depan; boros. 无远见的；不节俭的；不谨慎的；浪费的。**improvidently** *adv.* secara tidak beringat. 浅见地；挥霍地。**improvidence** *n.* keborosan; kelalaian. 缺乏远见；不节约。

**improvise** *v.t.* menggubah; mengimprovasi. 即兴创作；临时凑合。**improvisation** *n.* penggubahan; improvisasi. 即兴作品；临时凑成的事物。

**imprudent** *a.* tidak cermat; kurang bijak; tidak bijaksana; gopoh. 轻率的；鲁莽的；不谨慎的；不加思虑的。**imprudently** *adv.* dengan gopoh. 轻率地；粗心地。**imprudence** *n.* kegopohan. 轻率；鲁莽。

**impudent** *a.* kurang ajar; biadab; nakal. 鲁莽的；无礼的；厚颜的；放肆的。**impudently** *adv.* dengan biadab, kasar. 粗鲁地；无耻地。**impudence** *n.* kekurangajaran; kebiadaban. 卑鄙；无礼；厚颜。

**impugn** *v.t.* syak; waswas (tentang kebenaran, kejujuran, keikhlasan). 表示怀疑；责难；抨击。

**impulse** *n.* dorongan (mendadak); desakan; bisikan hati. 推动力；冲动；一时的念头。

**impulsive** *a.* bersifat dorongan (mendadak); desakan; bisikan hati. 冲动的；有推动力的；心血来潮的。**impulsively** *adv.* dengan desakan. 冲动地；有推动力地。**impulsiveness** *n.* perihal gerak hati. 心血来潮。

**impunity** *n.* bebas daripada hukuman atau cedera. 不受惩罚；无恙。

**impure** *a.* tidak bersih; tidak jati; tidak suci; kotor; cemar. 污秽的；不洁的；不纯净的；肮脏的；劣质的。

**impurity** *n.* ketidakjatian; ketidaksucian; kotoran; cemaran; bahan pencemar. 不纯；不洁；杂质；不纯之物；污染物。

**impute** *v.t.* menuduh; menyalahkan; merujukkan (hubungkan). 归咎于；归因于。**imputation** *n.* tuduhan. 归罪。

**in** *prep.* dalam; di dalam; ke. 在…里；在…之内；进；入。**~ for** akan mengalami. 必定遭受。**ins and outs** petikan; butir-butir aktiviti atau prosedur. 细节。**~ so far** sejauh; setakat. 至此刻为止；到目前为止。

**in.** *abbr.* **inch(es)** inci. (缩写) 英寸。

**inability** *n.* tidak berkemampuan; ketidakupayaan; ketidakbolehan. 无才能；无能力；没力量。

**inaccessible** *a.* tidak dapat dilalui; tidak boleh dicapai. 不能进入的；难达到的；不易接近的。

**inaccurate** *a.* tidak tepat; tidak betul; silap. 不正确的；不准确的；错误的。

**inaccurately** *adv.* ketidaktepatan; kesilapan. 不正确地；错误地。

**inaction** *n.* ketiadaan tindakan; ketiadaan kegiatan. 不活动；懒散。

**inactive** *a.* tidak giat; lembap; kelesa. 不活动的；不活跃的；静止的；怠惰的。 **inactivity** *n.* ketidakgiatan; kelembapan. 不活动；不活跃。

**inadequate** *a.* tidak cukup; kurang. 不充分的；不能胜任的；不足的。 **inadequately** *adv.* secara tidak cukup. 不充分地；不足地。 **inadequacy** *n.* ketidakcukupan; kekurangan. 不充分；缺乏。

**inadmissible** *a.* tidak boleh diterima; tidak boleh diizinkan. 难承认的；无法许可的；不可接受的。

**inadvertent** *a.* tidak sengaja. 非有意的。

**inadvisable** *a.* seeloknya jangan. 不妥当的；不可取的。

**inalienable** *a.* tidak dapat diubah; tidak lekang; sebati. 不能让与的；不能剥夺的；不能放弃的。

**inane** *a.* kurang bijak; bodoh. 愚蠢的；空洞的；无意义的。 **inanely** *adv.* secara kurang bijak. 愚蠢地；空洞地；无意义地。 **inanity** *n.* kebodohan. 愚蠢；空洞；无意义。

**inanimate** *a.* tidak bernyawa. 无生命的；非动物的。

**inanition** *n.* kebuluran. 营养不足；因饥饿而极端虚弱。

**inapplicable** *a.* tidak sesuai; tidak dapat digunakan. 不适用的；不能应用的。

**inapposite** *a.* tidak kena pada tempatnya; tidak tepat. 不相称的；不适宜的。

**inappropriate** *a.* tidak sesuai; tidak cocok; tidak kena. 不适合的；不适当的；不合宜的。

**inarticulate** *a.* tidak petah; tidak lancar; kabur (dalam pengucapan). 口齿不清的；说话不顺畅的；发音含糊的。

**inartistic** *a.* tidak ada seni; kasar. 非艺术的；缺乏艺术性的。

**inasmuch** *adv.* ~ **as** kerana; oleh sebab. 由于；因…之故。

**inattention** *n.* tidak beri perhatian; tidak hirau; kelalaian; kelekaan. 不注意；不留心；疏忽；粗心。

**inattentive** *a.* tidak menumpukan sepenuh perhatian; lalai; leka. 不注意的；忽略的；粗心的。

**inaudible** *a.* tidak dapat didengar; tidak terang; tidak jelas (pada pendengaran). 听不仔细的；听不见的。

**inaugural** *a.* secara rasmi; (berkenaan) pembukaan; perdana. 就任的；开业的；首创的。

**inaugurate** *v.t.* mulakan; diterima secara rasmi. 创始；就职；举行开幕式；举行落成仪式。 **inauguration** *n.* perasmian. 开展；就职典礼；开幕仪式；落成典礼。 **inaugurator** *n.* perasmi. 举行就职礼者；举行开幕式者。

**inauspicious** *a.* tidak baik; tidak bertuah. 不吉祥的；恶运的。

**inborn** *a.* semula jadi; berbakat. 天生的；天赋的。

**inbred** *a.* (hasilan) sebaka; daripada satu baka; biak baka dalam; berbakat semula jadi. 近亲繁殖的；同系交配的；天生的；排外的。

**inbreeding** *n.* sebakaan; penurunan sebaka; pembiakbakaan dalam; keturunan berbaka sama. 近亲交配；亲族繁殖；同系交配。

**Inc.** *abbr.* (*A.S.*) **Incorporated** diperbadankan; dijadikan perbadanan (menurut perundangan). （缩写）合并的；组成公司的。

**Inca** *n.* Inka; bangsa asli Peru. 秘鲁的印加族人。

**incalculable** *a.* tidak terhitung; tidak terkira; tidak terbilang. 不能计算的；难预测的；无法数的。

**incandescent** *a.* pijar; bersinar apabila panas. 白热的；炽热的。 **incandescence** *n.* kepijaran. 白热光；白炽。

**incantation** *n.* jampi; serapah; mantera. 咒文；咒语；魔咒。

**incapable** *a.* tidak mampu; tidak dapat; tidak larat; tidak berdaya. 无能的；不能够的；无资格的；没能力的。 **incapability** *n.* ketidakmampuan; ketidaklaratan. 无能；不胜任。

**incapacitate** *v.t.* jadi tidak layak; melemahkan; melumpuhkan. 使失去资格；使无能；使不适当；使瘫痪。 **incapacitation** *n.* ketidaklayakan. 无能力；无资格。

**incapacity** *n.* ketidakmampuan; kelumpuhan. 无能力；伤残。

**incarcerate** *v.t.* dikurung; dipenjarakan. 监禁；下狱。 **incarceration** *n.* pengurungan; pemenjaraan. 监禁；入牢。

**incarnate** *a.* (jelma) dalam bentuk makhluk atau manusia; berbentuk makhluk atau manusia. 成为人形的；化身的。

**incarnation** *n.* jelmaan; penjelmaan dalam bentuk makhluk atau manusia. 化身；赋与肉体。

**incautious** *a.* tidak cermat; gopoh; gapah; gelojoh. 不小心的；轻率的；不注意的；鲁莽的。 **incautiously** *adv.* dengan gopoh. 不小心地；鲁莽地。

**incendiary** *a.* direka untuk menghasilkan kebakaran. 放火的；纵火的；引起燃烧的。 —*n.* bom berapi; pembakar (penjenayah). 燃烧弹；纵火者。

**incense**[1] *n.* gaharu; dupa; setanggi; kemenyan; asapnya. 香；香气；焚香时的烟。

**incense**[2] *v.t.* meradang. 激怒；使愤怒。

**incentive** *n.* perangsang; galakan; dorongan. 刺激；鼓励；推动。

**inception** *n.* permulaan; pengasasan. 起初；开端；开始。

**incertitude** *n.* ketidakpastian; keraguan. 不确实；不肯定；疑惑；犹豫。

**incessant** *a.* tanpa henti; berterusan; terus-menerus. 不停的；连续的；持续不断的。

**incest** *n.* zina sebaka; sumbang kadim.

近亲相奸；乱伦。 **incestuous** *a.* bersifat zina sebaka. 乱伦的。

**inch** *n.* inci (ukuran 2.54 cm). 英寸（英国长度单位，等于2.54公分）。 —*v.t./i.* (bergerak) perlahan-lahan; sedikit demi sedikit; mengengsot. 慢慢移动；缓慢前进。

**inchoate** *a.* baru bermula; belum siap; belum masak. 刚开始的；未完整的；早期的；未开展的。

**incidence** *a.* kadar kejadian; akibat. 发生；发生率；影响。

**incident** *n.* peristiwa; kejadian. 事件；事故；事变。 —*a.* mungkin terjadi atau berlaku. 容易发生的；伴随而来的；附属的。

**incidental** *a.* berkait; sampingan; iringan. 附带的；伴随的；次要的；免不了的；偶然发生的。

**incidentally** *adv.* secara kebetulan. 偶然地。

**incinerate** *v.t.* dibakar hangus; menghanguskan. 烧成灰烬；火化；火葬。 **incineration** *n.* pembakaran hangus. 焚化；火葬。 **incinerator** *n.* (alat) pembakar. 焚化炉；焚尸炉。

**incipient** *a.* mulai wujud; mula menjelma. 刚开始的；初期的。

**incise** *v.t.* potong; turis; kelar; ukir. 切；割开；雕；刻。 **incision** *n.* pemotongan; penurisan; pengelaran; pengukiran. 切口；割切；切入；雕刻。

**incisive** *a.* tajam; tepat; jelas dan pasti. 尖锐的；敏锐的；深刻的；锋利的。

**incisor** *n.* gigi kacip. 门牙；前齿。

**incite** *v.t.* menggalakkan; mendorong; merangsang; mengapi-apikan; membangkitkan semangat; menghasut. 鼓励；刺激；激励；煽动；激起。 **incitement** *n.* galakan; dorongan; rangsangan; hasutan. 鼓励；刺激；激励；煽动。

**incivility** *n.* ketidaksopanan; kebiadaban. 无礼；鲁莽。

**inclement** *a.* (cuaca) sejuk; lembap. 严寒的；天气恶劣的。

**inclination** *n.* lerengan; kecondongan; kesendengan; kesengetan; kegemaran; kecenderungan. 傾斜；傾斜度；傾向；爱好；偏向；趋势。

**incline**[1] *v.t./i.* melereng; condong; sendeng; senget; gemar; cenderung. 傾斜；傾向；爱好；偏向。

**incline**[2] *n.* lerengan. 傾斜面。

**include** *v.t./i.* mengambil kira; memasukkan; menggolongkan; menyertakan. 算入；加入；归入；包括。 **inclusion** *n.* pengambilan kira; pemasukan; penggolongan; penyertaan. 包含；算入；归纳；加入。

**inclusive** *a. & adv.* termasuk; tergolong. 包含的（地）；包括的（地）。

**incognito** *a. & adv.* tanpa dikenali; dengan menyamar. 隐姓埋名的（地）；化名的（地）。 —*n.* pemalsuan pengenalan; watak samaran. 隐姓埋名者。

**incoherent** *a.* meracau; sukar difahami. 语无伦次的；不连贯的；无条理的。

**incoherently** *adv.* perihal meracau. 语无伦次地；不连贯地；无条理地。

**incombustible** *a.* tidak boleh terbakar; kalis api. 不燃性质的；防火的。

**income** *n.* pendapatan. 收入；收益。

**incoming** *a.* yang masuk. 进来的。

**incommode** *v.t.* menyusahkan. 添麻烦；带来不便。

**incommunicado** *a.* terhalang daripada berhubung dengan orang di luar. 被禁止与外界接触的。

**incomparable** *a.* tidak bertolok; tidak berbanding. 无比的；不能比较的。

**incompatible** *a.* tidak cocok; tidak sesuai; canggung. 不相容的；合不来的；不一致的；不协调的；矛盾的。 **incompatibility** *n.* ketidaksesuaian; kecanggungan. 不相容；不协调；对抗性；矛盾。

**incompetent** *a.* tidak cekap. 无能力的；不胜任的；不称职的；不合适的。 **incompetently** *adv.* secara tidak cekap. 无能力地；不胜任地；不合适地。 **incompetence** *n.* ketidak-cekapan. 无能；不胜任；不合适。

**incomplete** *a.* tidak lengkap. 不完整的。

**incompletely** *adv.* dengan tidak lengkap. 不齐全地。

**incomprehensible** *a.* tidak dapat difahami. 不能理解的。 **incomprehension** *n.* ketidakfahaman. 不能理解；不懂。

**inconceivable** *a.* tidak dapat dibayangkan; tidak mungkin; (*colloq.*) besar kemungkinan tidak. 不能想象的；不可能的；不太可能的。

**inconclusive** *a.* tidak meyakinkan; tidak muktamad; tidak berkesimpulan. 不能使人信服的；不确定的；无结论的。

**inconclusively** *adv.* dengan tidak meyakinkan atau tidak muktamad. 非决定性地；无决论地。

**incongruous** *a.* tidak sesuai; tidak selaras; tidak sejajar; tidak harmoni. 不适合的；不相称的；不一致的；不调和的。 **incongruously** *adv.* perihal tidak selaras. 不调和地。 **incongruity** *n.* ketidaksesuaian; ketidakselarasan. 不适合；不调和。

**inconsequent** *a.* tidak berkenaan; tidak berkaitan. 不连贯的；前后不符的。

**inconsequently** *adv.* perihal tidak berkaitan. 矛盾地。

**inconsequential** *a.* tidak penting; tidak mengikut urutan kewarasan; tidak berkait. 不重要的；不合理的；不连贯的。 **inconsequentially** *adv.* perihal tidak penting. 不重要地。

**inconsiderable** *a.* tidak banyak; sedikit; tidak guna dipertimbangkan. 不足取的；些微的；琐屑的；不值得考虑的。

**inconsiderate** *a.* tidak bertimbangrasa. 不顾别人的。 **inconsiderately** *adv.* perihal tidak bertimbang rasa. 不经考虑地。

**inconsistent** *a.* tidak setara. 不一致的。

**inconsistently** *adv.* perihal tidak sejajar. 不一致地。 **inconsistency** *n.* ketidaksejajaran. 不一致。

**inconsolable** *a.* tidak dapat dipujuk. 无法安慰的。 **inconsolably** *adv.* perihal tidak dapat dipujuk. 无法安慰地。

**inconspicuous** *a.* tidak ketara. 不显眼的；不引人注目的。 **inconspicuously** *adv.* perihal tidak ketara. 不显眼地；不引人注目地。

**inconstant** *a.* berubah-ubah; tidak tetap. 易变的；不定的。 **inconstantly** *adv.* secara berubah-ubah. 易变地。

**incontestable** *a.* tidak dapat dicabar; tidak dapat dipertikaikan. 无议论余地的；无可置疑的。 **incontestably** *adv.* perihal tidak dapat dicabar atau dipertikaikan. 无可置疑地。 **incontestability** *n.* keadaan tidak dapat dicabar atau dipertikaikan. 无疑。

**incontinent** *a.* tidak dapat menahan kencing atau berak; tidak mampu mengawal diri. 不能保持住的；不能自制的；大小便失禁的。 **incontinence** *n.* ketidakmampuan mengawal diri. 不能自制。

**incontrovertible** *a.* tidak dapat dinafikan atau dipertikaikan. 无疑的；明白的。 **incontrovertibly** *adv.* perihal tidak dapat dinafikan. 无可争辩地。

**inconvenience** *n.* ketidakselesaan; kesulitan; keberatan. 不方便；困难；麻烦。 —*v.t.* menyusahkan; menimbulkan keberatan. 使不便；使感困难。

**inconvenient** *a.* tidak selesa; menyulitkan; payah. 不合时宜的；不便的。 **inconveniently** *adv.* dengan tidak selesa atau menyusahkan. 不方便地。

**incorporate** *v.t.* memasukkan; menggabungkan; memperbadankan. 纳入；合并；组成公司。 **incorporation** *n.* pemasukan; penggabungan; pemerbadanan. 结合；合并；公司。

**incorporeal** *a.* tidak berjasad; tak zahir. 无实体的；无形的。

**incorrect** *a.* tidak betul; silap. 错误的。 **incorrectly** *adv.* perihal tidak betul. 错误地。 **incorrectness** *n.* ketidakbetulan; kesilapan. 错误。

**incorrigible** *a.* tidak dapat dibetulkan lagi. 不能矫正的；不能毁坏的；不贪污的。 **incorrigibly** *adv.* perihal tidak dapat dibetulkan. 不能矫正地。

**incorruptible** *a.* tidak boleh reput; tidak boleh dirosakkan (maruah, akhlak). 不腐败的；不能收买的；不能毁坏的；不贪污的。 **incorruptibility** *n.* keadaan tidak boleh reput; keadaan tidak boleh dirosakkan (maruah). 不腐朽性；廉洁。

**increase**[1] *v.t./i.* tambah; tokok; naik. 增加；增大。

**increase**[2] *n.* tambahan; tokokan; kenaikan. 增加；增大；增长。

**increasingly** *adv.* semakin (bertambah). 渐增地；逐渐地。

**incredible** *a.* tidak masuk akal; ajaib. 不能相信的；奇异的。 **incredibly** *adv.* sungguh ajaib. 难以置信地；奇怪地。

**incredibility** *n.* keajaiban. 不可信。

**incredulous** *a.* tidak percaya. 不容易信的；表示怀疑的。 **incredulously** *adv.* dengan rasa tidak percaya. 深疑地。

**incredulity** *n.* ketidakpercayaan. 不易相信。

**increment** *n.* tambahan; tokokan. 增加；增额。 **incremental** *a.* pertambahan. 增长的。

**incriminate** *v.t.* menunjukkan dalil yang membuktikan kesalahan (jenayah). 使负罪；控告。 **incrimination** *n.* penunjukan dalil penglibatan kejenayahan. 连累；控告。 **incriminatory** *a.* melibatkan. 连累的。

**incrustation** *n.* pertatahan; kulit; kerak. 镶嵌物；皮壳；外壳。

**incubate** *v.t.* mengeramkan (telur agar menetas). 孵。 **incubation** *n.* eraman; pengeraman. 孵蛋。

**incubator** *n.* alat mengeramkan telur. 孵卵器。

**incubus** *n.* (pl. *-uses*) (orang atau benda yang menjadi) bebanan. 负荷；负担。

**inculcate** *v.t.* pupuk; semai; tanam (sifat, perangai, dsb.). 培养；教诲。 **inculca-**

**tion** *n.* pemupukan; penyemaian; penanaman. 培养；教授；种植。

**inculpate** *v.t.* menunjuk dalil penglibatan jenayah. 使负罪；控告。

**incumbent** *a.* sebagai tugas atau tanggungjawab. 负有义务的。 —*n.* penjawat kini; rektor atau paderi. 在职者；领取圣俸者。

**incunabula** *n.* buku yang dicetak di peringkat awal sebelum tahun 1501. 书刊的古版本。

**incur** *v.t.* (p.t. *incurred*) mengakibatkan ke atas diri sendiri; menyebabkan. 招致；遭受。

**incurable** *a.* tidak dapat diubati. 无救的。 **incurably** *adv.* perihal tidak dapat diubati. 无可救药地。

**incurious** *a.* tidak berminat; tidak ingin tahu. 无好奇心的；无关心的。 **incuriously** *adv.* dengan sikap tidak ingin tahu. 无好奇心地；无关心地。

**incursion** *n.* penyerbuan; penyerangan. 侵略；入侵。

**indebted** *a.* berhutang. 负债的。

**indecent** *a.* tidak sopan; tidak santun. 无礼的；不雅的。 **indecently** *adv.* perihal tidak sopan. 无礼地；不雅地。 **indecency** *n.* ketidaksopanan. 无礼。

**indecipherable** *a.* tidak dapat dibaca atau difahami. 难读解的。 **indecipherably** *adv.* perihal tidak dapat dibaca atau difahami. 难读解地。

**indecision** *n.* keadaan teragak-agak dalam membuat keputusan. 优柔寡断；无决断力。

**indecisive** *a.* teragak-agak; berbelah bagi (dalam membuat keputusan); keraguan. 无决断力的；不明确的；怀疑不决的。

**indecorous** *a.* tidak senonoh. 无礼的；不雅的。

**indeed** *adv.* sungguh; sesungguhnya. 真正地；确实地。

**indefatigable** *a.* tidak penat; tahan lasak. 不知疲倦的；有耐性的。 **indefat-igably** *adv.* perihal tahan lasak. 不屈不挠地。

**indefensible** *a.* tidak boleh dibela. 不能防御的；无法辩护的。

**indefinable** *a.* tidak dapat ditakrif. 不确定的；不能下定义的。 **indefinably** *adv.* perihal tidak dapat ditakrif. 不明确地；不能下定义地。

**indefinite** *a.* tidak pasti; tidak berkesudahan. 不确定的；无限的。 ~ **article** perkataan 'a' atau 'an' (bahasa Inggeris). 不定冠词（即 'a' 或 'an'）。

**indefinitely** *adv.* dengan tidak pasti; bagi jangka masa yang tidak tetap. 不明确地；无限期地。

**indelible** *a.* tidak dapat dihapuskan; tidak dapat dipadamkan. 不能消除的；不能擦去的。 **indelibly** *adv.* perihal tidak dapat dipadamkan. 不能磨灭地。 **indelibility** *n.* ketidakhapusan. 不可磨灭。

**indelicate** *a.* tidak seni; tidak santun. 无教养的；不雅的。 **indelicately** *adv.* secara tidak santun. 无教养地；不雅地。 **indelicacy** *n.* ketidaksantunan. 无教养；不雅。

**indemnify** *v.t.* beri jaminan ganti rugi. 赔偿；保障。 **indemnification** *n.* jaminan ganti rugi. 赔偿；保障。

**indemnity** *n.* pampasan; ganti rugi. 补偿金。

**indent**[1] *v.t./i.* takik; buat takuk; mengensot; memulakan sesuatu (perenggan) ke dalam daripada sempadan; memesan barang secara rasmi. 刻凹口；做成锯齿状；用骑缝线一分为二；订契约。 **indentation** *n.* takikan; takukan; tempahan. 刻纹；凹处；订购。

**indent**[2] *n.* inden; tempahan rasmi. 契约。

**indenture** *n.* perjanjian bertulis. 证明书；约定书；契约。

**independent** *a.* bebas; merdeka; tidak bergantung kepada yang lain. 自由的；独立的；不依靠他人的。 **independently** *adv.* secara bebas. 独立地；自由地。

**independence** *n.* kebebasan; kemerdekaan. 自主；独立。

**indescribable** *a.* tidak dapat dihuraikan atau diterangkan; tidak terkata. 难以形容的；无法描述的。 **indescribably** *adv.* perihal tidak dapat diterangkan. 难以形容地。

**indestructible** *a.* tidak dapat dimusnahkan. 不能破坏的。 **indestructibly** *adv.* perihal tidak dapat dimusnahkan. 破坏不了地。

**indeterminable** *a.* mustahil untuk menentukan. 无法确定的；不能决定的。

**indeterminate** *a.* tidak tentu; tidak pasti. 不确定的；不明确的。

**index** *n.* (pl. *indexes*) daftar; senarai rujukan; faharasat; indeks. 名册；索引；指示；指数。—*v.t.* buat daftar, atau senarai; membuat indeks; memasukkan dalam indeks. 为…编索引；指示。~ **finger** jari telunjuk. 食指。 **indexation** *n.* pendaftaran; pembuatan daftar; pengindeksan. 指数的编制；指数化。

**Indian** *a.* berkenaan dengan India atau orang India. 印度的；印第安的。—*n.* orang India; orang asli Amerika. 印度人；印第安人。 ~ **club** belantan berbentuk botol. 瓶状体操棒。 ~ **corn** jagung. 玉蜀黍。 ~ **file** sederet. 单行纵队。 ~ **ink** dakwat hitam. 墨汁。 ~ **summer** cuaca terang dan kering ketika musim gugur. 小阳春。

**indiarubber** *n.* getah pemadam. 擦铅、钢笔字用的橡皮。

**indicate** *v.t.* menunjukkan; menandakan. 指示；指出；表明。 **indication** *n.* tunjukkan; tanda. 指示；象征。

**indicative** *a.* yang menunjukkan atau menandakan; indikatif (nahu). 指示的；暗示的。—*n.* ragam indikatif (nahu). 陈述法。

**indicator** *n.* penunjuk; penanda. 指示者；标志；指示物；方向灯。

**indict** *v.t.* dakwa. 起诉；控告。 **indictment** *n.* dakwaan; pendakwaan. 起诉；控告。

**indifferent** *a.* tidak acuh; tidak peduli; tidak hirau. 不关心的；冷淡的；冷漠的；不在乎的。 **indifferently** *adv.* perihal tidak acuh. 不关心地；冷淡地。

**indifference** *n.* ketidakacuhan; sikap tidak peduli. 不关心；冷淡；冷漠。

**indigenous** *a.* asli. 土著的。

**indigent** *a.* miskin; memerlukan. 贫乏的。 **indigence** *n.* kemiskinan. 穷困。

**indigestible** *a.* tidak dapat dihadamkan atau dicerna. 难消化的。

**indigestion** *n.* sakit perut kerana makanan tidak hadam. 消化不良症。

**indignant** *a.* berang; radang (kerana sesuatu yang zalim, tidak adil atau tidak patut). 愤怒的；愤慨的。 **indignantly** *adv.* dengan marah. 愤怒地；愤慨地。

**indignation** *n.* keberangan; keradangan. 义愤；愤慨。

**indignity** *n.* layanan yang tidak patut; sesuatu yang mengaibkan atau menjatuhkan maruah. 侮辱；轻蔑。

**indigo** *n.* nila; warna nila. 靛；靛色；靛青；蓝靛。

**indirect** *a.* tidak terus; tidak langsung. 间接的；迂回的。 **indirectly** *adv.* secara tidak langsung. 间接地。

**indiscernible** *a.* tidak dapat dilihat dengan jelas; tidak dapat dibaca. 看不出的；难识别的。 **indiscernibly** *adv.* perihal tidak jelas. 难识别地。

**indiscreet** *a.* tidak cermat; tidak hemat; yang membuka atau memecah rahsia. 不谨慎的；轻率的；言行失检的。 **indiscreetly** *adv.* secara tidak cermat. 不审慎地。 **indiscretion** *n.* ketidakcermatan; kelakuan tidak hemat. 鲁莽；不谨慎；轻率的言行。

**indiscriminate** *a.* tidak teliti (dalam pemilihan); sembarangan. 不分青红皂白的；随便的；任意的。 **indiscriminately** *adv.* secara sembarangan. 随便地；任意地。

**indispensable** *a.* tidak boleh tidak; tidak boleh diketepikan; mustahak. 不可缺少的；必要的；不可避免的；重要的。

**indisposed** *a.* uzur; kurang sihat; enggan; keberatan. 衰弱的；不舒适的；不愿的。**indisposition** *n.* keuzuran; keengganan. 衰弱；不愿意。

**indisputable** *a.* tidak boleh dipertikaikan; tidak dapat dinafikan. 无争论余地的；不容置疑的。**indisputably** *adv.* perihal tidak dapat dinafikan. 毫无疑问地。

**indissoluble** *a.* tidak boleh larut; tidak boleh cair; tidak boleh hancur. 不能溶解的；牢不可破的。

**indistinct** *a.* tidak jelas. 不清楚的；模糊的。**indistinctly** *adv.* dengan tidak jelas atau samar-samar. 不清楚地；模糊地。**indistinctness** *n.* ketidakjelasan; kesamaran. 不清楚；朦胧。

**indistinguishable** *a.* tidak boleh dicam atau dikenali; samar. 不能辨别的；形象模糊的。

**individual** *a.* sendiri; tersendiri; persendirian; perseorangan; individu. 个人的；单独的；独自的；个别的。**individually** *adv.* masing-masing; satu demi satu; secara individu. 个别地；各个地；以个人身分。**individuality** *n.* watak persendirian. 个性；个体。

**individualist** *n.* orang yang sangat bebas dalam fikiran dan tindakannya; orang yang berwatak tersendiri; individualis. 个人主义者；利己主义者。**individualism** *n.* kebebasan berfikir dan bertindak; individualisme. 个人主义；利己主义。

**indivisible** *a.* tidak dapat dibahagikan. 不可分割的；除不尽的。

**indoctrinate** *v.t.* mengisi atau mengasak sesuatu fahaman atau doktrin ke dalam fikiran; mendoktrinkan. 灌输；教诲；教导。**indoctrination** *n.* pengisian atau pengasakan sesuatu fahaman; pendoktrinan. 灌输；教化。

**Indo-European** *a. & n.* Indo-Eropah; dari rumpun bahasa yang dituturkan di Eropah dan beberapa bahagian Asia. 印欧语系的；印欧语系。

**indolent** *a.* tidak cergas; malas; culas. 懒洋洋的；好逸恶劳的；懒散的。**indolently** *adv.* perihal malas. 怠惰地；懒散地。**indolence** *n.* ketidakcergasan; kemalasan; keculasan. 懒惰；懒散。

**indomitable** *a.* tidak dapat ditawan; tidak menyerah. 不屈服的；不服输的。**indomitably** *adv.* perihal tidak menyerah. 不屈服地；不服输地。

**indoor** *a.* (kegiatan) dalam rumah atau bangunan. 室内的；户内的。**indoors** *adv.* di dalam rumah atau bangunan. 在室内；在屋里。

**indubitable** *a.* yang tidak boleh diragukan; pasti. 无疑的；确定的。**indubitably** *adv.* perihal tidak boleh diragui. 不容置疑地。

**induce** *v.t.* pujuk; dorong; galakkan; rangsangkan. 劝诱；引诱；导致。

**inducement** *n.* pujukan; pemujukan; dorongan; pendorongan; galakan; penggalakan; rangsangan; perangsangan. 劝告；推动；鼓励；诱导。

**induct** *v.t.* melantik (ke jawatan) secara rasmi. 引导；征召…入伍；使正式就职。

**inductance** *n.* kearuhan; jumlah aruhan arus elektrik. 电感线圈。

**induction** *n.* pujukan; dorongan; rangsangan; perlantikan. 诱导；感应；入伍典礼；正式就职。**inductive** *a.* bersifat pujukan atau dorongan. 引入的；诱导的。

**indulge** *v.t./i.* menurut keinginan (nafsu); memanjakan. 满足欲望；迁就；纵容；沉溺于。**indulgence** *n.* penurutan hawa nafsu; pemanjaan. 任情；放纵。

**indulgent** *a.* bersifat menurut hawa nafsu; suka memanjakan. 纵容的；任性的。

**indulgently** *adv.* perihal menurut hawa nafsu dengan cara yang memanjakan. 纵容地；放纵地。

**industrial** *a.* berkenaan industri; kilangan. 企业的；工业的。**industrially** *adv.* secara perkilangan; dari segi industri. 企业地；工业地。

**industrialist** *n.* usahawan; pemilik kilang; pemilik industri. 工业家；企业家。

**industrialized** *a.* penuh dengan kilang atau industri; perindustrian. 企业化的。

**industrious** *a* rajin; tekun. 勤劳的；勤勉的。**industriously** *adv.* dengan tekun. 勤劳地。

**industry** *n.* industri; pengilangan. 工业；企业；行业。

**inebriated** *a.* mabuk. 酒醉的。**inebriation** *n.* kemabukan. 酩酊；酒醉。

**inedible** *a.* tidak boleh dimakan. 不能吃的。

**ineducable** *a.* tidak masuk ajar; tidak boleh diajar. 难于教育的；不可造就的。

**ineffable** *a.* tidak terperi; terlalu hebat (tidak tercerita). 难于形容的；说不出的。**ineffably** *adv.* perihal terlalu hebat. 难于言喻地。

**ineffective** *a.* tidak berkesan. 无效的。

**ineffectual** *a.* tidak berhasil; tidak berjaya. 无效的；白费的；不成功的。

**inefficient** *a.* tidak cekap. 无效率的；无能力的；不称职的。**inefficiently** *adv.* perihal tidak cekap. 无效率地；无能地；不称职地。**inefficiency** *n.* ketidakcekapan. 无效率；无能；不称职。

**inelegant** *a.* tidak bergaya; tidak manis. 不雅的；粗野的；粗俗的。

**ineligible** *a.* tidak layak; tidak sesuai. 没资格的；不适任的。

**ineluctable** *a.* tidak dapat dielakkan. 不可避免的。

**inept** *a.* tidak sesuai; tidak cocok; tidak cekap. 不适当的；无能的；笨拙的；愚蠢的。**ineptly** *adv.* perihal kejanggalan. 不适当地；笨拙地；不理智地。**ineptitude** *n.* ketidaksesuaian; ketidakcekapan. 不适当；愚笨；不称职。

**inequality** *n.* ketidaksamaan; ketidakadilan; ketidakseimbangan. 不平均；不平等；差异。

**inequitable** *a.* tidak adil; tidak saksama. 不公平的；不公正的。**inequitably** *adv.* ketidakadilan. 不公平地；偏私地。

**ineradicable** *a.* tidak boleh dibasmikan. 根深蒂固的；不能根除的。

**inert** *a.* tidak boleh bergerak; kaku; lengai. 无生命的；无生气的；惰性的；迟钝的；呆滞的。

**inertia** *n.* inersia; ketidakmampuan bergerak; kekakuan. 惯性；不活动；不活泼；惰性。

**inescapable** *a.* tidak dapat dielakkan. 不可避免的。**inescapably** *adv.* perihal tidak dapat dielakkan. 逃不掉地。

**inessential** *a.* tidak penting; tidak perlu. 不重要的；非必要的；可有可无的。 —*n.* benda yang tidak penting. 不重要的事物。

**inestimable** *a.* tidak boleh dianggar; tidak terkira (banyaknya, dsb.). 无法计算的；不能估计的。**inestimably** *adv.* perihal tidak terkira. 无法计算地；不能估计地。

**inevitable** *a.* tidak dapat dielakkan. 不可避免的；无法逃避的；必然的。**inevitably** *adv.* perihal tidak dapat dielakkan. 不可避免地；不可逃避地；必然地。

**inevitability** *n.* keadaan tidak dapat dielakkan. 不可逃避；必然性。

**inexact** *a.* tidak tepat; tidak betul. 不正确的；不准确的。**inexactly** *adv.* perihal tidak tepat. 不正确地；不准确地。**inexactitude** *n.* ketidaktepatan. 不正确；不准确。

**inexcusable** *a.* tidak dapat dimaafkan. 难以原谅的；无可辩解的。**inexcusably** *adv.* perihal tidak dapat dimaafkan. 无法辩解地。

**inexhaustible** *a.* tidak terhad. 无穷尽的。

**inexorable** *a.* tidak dapat disekat; berkeras. 无情的；不可阻挡的；坚决不变的。

**inexpedient** *a.* tidak bijak; tidak sesuai. 失策的；不当的。

**inexpensive** *a.* tidak mahal; murah. 不贵的；便宜的。**inexpensively** *adv.* perihal tidak mahal. 不贵地。

**inexperience** *n.* kekurangan pengalaman. 无经验。**inexperienced** *a.* kurang pengalaman. 无经验的。

**inexpert** *a.* tidak pakar; tidak mahir. 不熟练的；缺乏技巧的。**inexpertly** *adv.* dengan cara tidak mahir. 不熟练地。

**inexplicable** *a.* tidak dapat diterangkan, dijelaskan atau dihuraikan. 不能说明的；费解的；莫名其妙的。**inexplicably** *adv.* perihal tidak dapat dijelaskan. 到无法说明的程度。

*in extremis* sedang nazak; apabila terdesak. 临终时；在危急状态中。

**inextricable** *a.* tidak dapat dileraikan; kerosot; serabut. 无法整理的；摆脱不了的；无法解决的。**inextricably** *adv.* perihal tidak dapat dileraikan. 逃不掉地；解不开地。

**infallible** *a.* tidak berkemungkinan silap. 绝对正确的；不会犯错的。**infallibly** *adv.* perihal tidak berkemungkinan silap. 必然无误地。**infallibility** *n.* keadaan tidak berkemungkinan silap. 无错误。

**infamous** *a.* terkenal kerana kejahatan; gah. 声名狼藉的；臭名昭著的。**infamously** *adv.* perihal terkenal kerana kejahatan. 丢脸地；无耻地。**infamy** *n.* keadaan terkenal kerana kejahatan. 恶评；臭名。

**infancy** *n.* zaman bayi; peringkat permulaan. 幼年；初期。

**infant** *n.* bayi. 婴儿；幼儿。

**infanta** *n.* (dahulu) puteri raja Sepanyol atau Portugal. 西班牙或葡萄牙的公主。

**infanticide** *n.* pembunuhan bayi (yang baru lahir). 杀婴罪。**infanticidal** *a.* (berkenaan jenayah) bunuh bayi. 杀婴的。

**infantile** *a.* kebayian; kebudak-budakan. 幼稚的；婴儿的。

**infantry** *n.* tentera pejalan kaki; infantri. 步兵部队；步兵团。

**infatuated** *a.* dirasuk cinta; dirasuk asmara. 入迷的；迷恋的。**infatuation** *n.* gila berahi. 迷恋；醉心。

**infect** *v.t.* diserang atau dijangkiti penyakit atau kuman; menularkan (perasaan) kepada orang lain. 传染；感染；使受影响。

**infection** *n.* serangan atau jangkitan penyakit atau kuman; keadaan berpenyakit. 传染；感染；坏影响。

**infectious** *a.* berjangkit. 传染性的。**infectiousness** *n.* keberjangkitan. 传染。

**infelicity** *n.* kesedihan; ketidakgembiraan. 不幸；伤心。**infelicitous** *a.* tidak gembira. 不幸的。**infelicitously** *adv.* perihal tidak gembira. 不幸地。

**infer** *v.t.* (p.t. *inferred*) membuat kesimpulan daripada hakikat (fakta) atau pemikiran atau pertimbangan. 推理；意味；推断。**inference** *n.* penyimpulan daripada hakikat atau pemikiran. 推理；推论；结论。

**inferior** *a.* lebih rendah; tidak bermutu; biasa. 地位低等的；下级的；较差的。—*n.* orang yang lebih rendah kedudukannya (daripada seseorang yang lain). 地位低于他人者。**inferiority** *n.* kerendahan kedudukan atau mutu. 下等；劣等。

**infernal** *a.* berkenaan neraka; (*colloq.*) dahsyat; yang menyusahkan. 地狱的；可恶的。**infernally** *adv.* perihal dahsyat atau menyusahkan. 可恶地。

**inferno** *n.* (pl. *-os*) neraka; tempat yang sangat panas; nyalaan api yang hebat. 地狱；恐怖的景色。

**infertile** *a.* tidak subur; gersang; mandul. 不肥沃的；贫瘠的；不育的。**infertility** *n.* ketidaksuburan; kegersangan; kemandulan. 不肥沃；不育。

**infest** *v.t.* meremut; mengerumuni; dipenuhi dengan. 遍布于；侵扰；成群出现。**infestation** *n.* pengerumunan; serangan. 横行；侵扰。

**infidel** *n.* orang yang tidak beragama; orang kafir. 无信仰者；异教徒。

**infidelity** *n.* ketidaksetiaan; kecurangan; permukahan. 不贞；通奸；不忠实。

**infighting** *n.* (perlawanan tinju) tumbukan yang tidak lebih daripada seperlengan jaraknya; pertelingkahan dalaman (sesebuah badan, pertubuhan). 拳击的近击战；混战；暗斗。

**infiltrate** *v.t.* serap (masuk); menyusup. 渗透；渗入。 **infiltration** *n.* penyerapan; penyusupan. 渗透；渗入。 **infiltrator** *n.* penyusup. 渗透者；渗入者。

**infinite** *a.* tidak berkesudahan; tidak berhad; tidak terhingga. 无限的；无穷的。

**infinitely** *adv.* sangat; amat; dengan tidak berperi. 无限地；非常地；无穷地。

**infinitesimal** *a.* sangat kecil atau sedikit. 极小的。

**infinitive** *n.* (nahu) infinitif; sejenis kata kerja yang tidak menunjukkan waktu, bilangan atau orang (misalnya *to go*). 不定词。

**infinitude** *n.* tidak terhad atau terbatas. 无限。

**infinity** *n.* infiniti; keadaan (nombor, jarak atau waktu) yang tidak berkesudahan. 无限。

**infirm** *a.* uzur. 体弱的。 **infirmity** *n.* keuzuran. 虚弱；体弱。

**infirmary** *n.* rumah sakit; hospital. 附属医务所；医院。

**inflame** *v.t.* nyalakan; semarakkan. 点火；煽动；愤怒。

**inflammable** *a.* mudah terbakar. 易燃的。 **inflammability** *n.* keadaan mudah terbakar. 易燃性。

**inflammation** *n.* bengkak; radang (merah di bahagian tubuh). 发炎；炎症。

**inflammatory** *a.* menyalakan atau mengapi-apikan perasaan (marah, radang). 激动的；煽动性的。

**inflatable** *a.* dapat dikembungkan (dengan udara atau gas). 可膨胀的；可充气的。

**inflate** *v.t./i.* kembung; naikkan; tambahkan. 膨胀；抬高物价；扩大。

**inflation** *n.* pengembungan; inflasi; kenaikan harga barangan dan kejatuhan kuasa belian wang. 膨胀；通货膨胀；物价飞涨。

**inflationary** *a.* menyebabkan pengembungan atau inflasi. 通货膨胀的。

**inflect** *v.t.* mengubah nada dalam bercakap; mengubah bentuk perkataan; mengimbuh. 使变调；变化词形。 **inflection** *n.* pengubahan bentuk perkataan; pengimbuhan. 词形变化。 **inflectional** *a.* berkenaan turun naik suara atau perubahan bentuk perkataan. 词尾有变化的。

**inflexible** *a.* tidak boleh dilentur; tidak boleh diubah; tegar. 不可弯曲的；不屈服的；不可改变的。 **inflexibly** *adv.* perihal tidak boleh dilentur. 不屈曲地。

**inflexibility** *n.* keadaan tidak boleh dilentur; kedegilan. 不屈服性；刚性。

**inflexion** *n.* pengimbuhan. 语尾变化；屈折变化；转调。 **inflexional** *a.* berkenaan pengimbuhan. 语尾变化的；屈折变化的；转调的。

**inflict** *v.t.* mengakibatkan; mengenakan. 引起…的后果；强加。 **infliction** *n.* pengakibatan; pengenaan. 处罚；施加。

**inflow** *n.* aliran; pengaliran masuk. 流入物。

**influence** *n.* pengaruh. 影响；作用；感化。 —*v.t.* mempengaruhi. 影响；起作用。

**influential** *a.* berpengaruh. 产生影响的；有权势的。 **influentially** *adv.* perihal berpengaruh. 有影响地。

**influenza** *n.* selesema. 流行性感冒。

**influx** *n.* aliran atau pengaliran masuk. 流入；汇集。

**inform** *v.t./i.* beritahu; maklumkan; maklumi. 通知；告知；报告。 **informer** *n.* pemberitahu; penyampai maklumat (kegiatan jenayah kepada pihak berkuasa).

通知者;密告者;提供情报者;告发者。

**informal** *a.* tidak rasmi. 非正式的。**informally** *adv.* secara tidak rasmi. 非正式地。**informality** *n.* ketidakrasmian. 非正式。

**informant** *n.* pemberi maklumat. 通知者;提供消息的人。

**information** *n.* maklumat. 消息;情报;资料;资讯。

**informative** *a.* yang memberi maklumat. 提供消息的;增进知识的。**informatively** *adv.* perihal memberi maklumat. 增长见闻地。

**infrared** *a.* inframerah; berkenaan atau yang menggunakan pancaran yang di luar penglihatan. 红外线的。

**infrastructure** *n.* asas; rangka asas; infrastruktur. 基础建设;公共建设。

**infrequent** *a.* jarang-jarang. 稀少的;罕见的。**infrequently** *adv.* perihal jarang-jarang. 稀少地;罕见地。**infrequency** *n.* ketidakkerapan. 稀少。

**infringe** *v.t.* langgar; cabul. 违反;违背;侵犯。**infringement** *n.* pelanggaran; pencabulan. 违反;侵害。

**infuriate** *v.t.* meradangkan; menjadi amat marah. 使激怒;使狂怒。

**infuse** *v.t.* masukkan; menyematkan; menanamkan; menyeduh; merendam. 灌入;倾注;种入;浸泡。

**infusion** *n.* penanaman; seduhan. 注入;泡剂;灌输。

**ingenious** *a.* pandai mereka (benda, dsb.). 善于创造发明的;心灵手巧的。**ingeniously** *adv.* perihal pandai mereka. 巧妙地;足智多谋地。**ingenuity** *n.* kepandaian (dalam hal reka-mereka). 心灵手巧;足智多谋。

**ingenuous** *a.* lurus; betul bendul. 率直的;无邪的;真诚的。**ingenuously** *adv.* dengan lurus; dengan jujur. 率直地;正直地。**ingenuousness** *n.* kelurusan; kejujuran. 率直;真诚。

**ingest** *v.t.* mengambil sesuatu sebagai makanan. 摄取;吸收。

**inglenook** *n.* sudut di samping pendiang (tempat salaian, diangan tubuh dalam rumah). 炉边;炉角。

**inglorious** *a.* tidak mendatangkan kegemilangan atau kemegahan. 不名誉的;不体面的。**ingloriousness** *n.* ketidakgemilangan. 不名誉。

**ingoing** *a.* bakal mengambil alih; akan masuk. 新进的;进入的。

**ingot** *n.* jongkong. 锭;铸块。

**ingrained** *a.* berakar umbi; tertanam; sudah menjadi darah daging. 根深蒂固的;深嵌着的。

**ingratiate** *v.refl.* mengampu. 迎合;讨好。**ingratiation** *n.* perihal mengampu. 逢迎。

**ingratitude** *n.* tiada kesyukuran; tidak mengenang budi. 忘恩负义。

**ingredient** *n.* bahan; ramuan. 原料;成分。

**ingress** *n.* kemasukan; hak masuk. 进入;准许进入;入场权。

**ingrowing** *a.* yang tumbuh ke dalam isi atau daging. 向内生长的;长到肉里去的。

**inhabit** *v.t.* mastautin; menghuni; menduduki; tinggal; mendiami (dalam sesuatu tempat). 居住于;栖息于;存在于。

**inhabitable** *a.* (sesuai) dapat dihuni. 适于居住的。**inhabitant** *n.* pemastautin; penghuni; penduduk. 居民;住户。

**inhalant** *n.* ubat sedutan (ubat yang disedut ke dalam paru-paru). 吸入剂;吸入器。

**inhale** *v.t./i.* menyedut; menarik nafas; tersedut; terhidu. 吸入;吸入气体。**inhalation** *n.* penyedutan. 吸入。

**inhaler** *n.* alat yang menghasilkan wap ubat untuk sedutan. 吸入器。

**inhere** *v.i.* ~ **in** wujud dalam. 生来存有。

**inherent** *a.* semula jadi; (sifat, unsur yang) wujud dalam diri. 天生的;固有的。**inherently** *adv.* secara semula jadi. 天性地。

**inherit** *v.t.* waris; mewarisi; mempusakai. 继承；得自遗传。 **inheritance** *n.* warisan; pusaka. 继承；遗产；遗传。

**inhibit** *v.t.* menyekat; menahan; menghalang. 抑制；禁止；约束。 **inhibitor** *n.* penyekat; perencat. 抑制者；约束者；抗化剂。 **inhibitive** *a.* bersifat menyekat atau merencat. 抑制的；禁止的。

**inhibition** *n.* penyekatan; penahanan; penghalangan; kesekatlakuan. 抑制；禁止。

**inhospitable** *a.* tidak melayani (tetamu). 冷淡的；不亲切的。

**inhuman** *a.* tidak berperikemanusiaan; zalim; kejam. 无人性的；残酷的；铁石心肠的。 **inhumanly** *adv.* perihal zalim. 残忍地；无人性地。 **inhumanity** *n.* sifat tidak berperikemanusiaan; kezaliman; kekejaman. 不近人情；残酷。

**inhumane** *a.* tanpa belas kasihan; tidak berperikemanusiaan. 不人道的；残忍的；无怜悯心的。 **inhumanely** *adv.* perihal tidak berperikemanusiaan. 残忍地。

**inimical** *a.* bersifat permusuhan. 有敌意的；不友善的。 **inimically** *adv.* dengan sifat permusuhan. 有敌意地；不友善地。

**inimitable** *a.* mustahil dapat ditiru atau diajuk. 无法仿效的；独特的。

**iniquitous** *a.* sangat tidak adil. 极不公正的。

**iniquity** *n.* kezaliman; ketidakadilan; kekejaman. 不公正；邪恶；罪孽。

**initial** *n.* huruf pertama pada perkataan atau nama; parap. 姓名或组织名称等的首字母。—*v.t.* (p.t. *initialled*) menulis atau menandatangani dengan huruf pertama; memarapi. 签或印姓名的首字母于。—*a.* awal. 最初的；开始的。 **initially** *adv.* pada mulanya. 最初；开头；首先。

**initiate** *v.t.* memulakan; diterima sebagai ahli; diberi ajaran awal atau asas. 创始；使…加入；传授。—*n.* orang yang diterima sebagai ahli. 初学者。 **initiation** *n.* permulaan; penerimaan sebagai ahli; pengajaran awal. 开始；入会；传授知识。 **initiator** *n.* pemula; pelaku pertama; orang yang memulakan. 创始者；发起人；教导者。

**initiative** *n.* gerak pertama; ikhtiar; daya usaha; inisiatif. 主动的行动；进取心；主动权；首创精神。

**inject** *v.t.* cucuk; suntik; injek. 注入；注射；引入。 **injection** *n.* cucukan; pencucukan; suntikan; penyuntikan. 注射；引入。

**injudicious** *a.* tidak bijaksana. 欠思考的；不明智的。 **injudiciously** *adv.* perihal tidak bijaksana. 考虑不周地。 **injudiciousness** *n.* ketidakbijaksanaan. 不明智。

**injunction** *n.* arahan; perintah; injunksi. 命令；指令。

**injure** *v.t.* mencederai; mencederakan; melukai; merosakkan; mencacati. 伤害；损害；毁坏。

**injurious** *a.* bersifat mencederai, melukai, merosakkan atau mencacati. 伤害的；有害的；侮辱的；中伤的。

**injury** *n.* cedera; kecederaan; luka; kerosakan; kecacatan. 受伤；伤害；损伤；损害。

**injustice** *n.* ketidakadilan; kezaliman. 不公平；非正义。

**ink** *n.* dakwat; tinta. 墨水；墨汁。—*v.t.* mengenakan dakwat kepada sesuatu; mendakwati; menintai. 用墨水写；涂墨水。 **inky** *a.* berdakwat; seperti dakwat. 如墨水的。

**inkling** *n.* bayangan; syak; sangkaan; ingatan. 暗示；迹象；模糊印象。

**inlaid** *lihat* **inlay**[1]. 见 **inlay**[1]。

**inland** *a. & adv.* bersifat pedalaman; dalam negeri atau negara. 内地的（地）；内陆的（地）；国内的（地）。 **Inland Revenue** jabatan kerajaan yang mentaksir dan mengutip cukai. 国内税收局。

**in-laws** *n.pl.* (*colloq.*) ipar; mentua. 姻亲。

**inlay**[1] *v.t.* (p.t. *inlaid*) menatah; menerapkan sesuatu di atas benda lain agar permukaannya menghasilkan corak. 镶嵌；插入。

**inlay**[2] *n.* benda yang diletakkan di atas sesuatu atau corak yang terhasil daripada perbuatan itu. 镶嵌物。

**inlet** *n.* teluk kecil; bahan selitan; saluran masuk air (misalnya ke dalam tangki, dsb.). 小湾；插入物；进口。

**inmate** *n.* penghuni (hospital, penjara, dsb.) 同住者；住院者；囚犯。

**in memoriam** untuk mengenang, atau memperingati. 纪念；悼念。

**inmost** *a.* paling dalam. 最深处的；最内部的。

**inn** *n.* rumah tumpangan. 客栈；小旅舍。 **Inns of Court** empat persatuan perundangan di England dengan hak khusus menerima peguam baru sebagai pengamal kerjaya guaman. 四律师学院。

**innards** *n.pl.* (*colloq.*) benda dalam (perut, dsb.). 内脏；内部。

**innate** *a.* semula jadi; bakat. 天生的；天才的。

**inner** *a.* bersifat dalaman. 内部的。 **~ city** *n.* bahagian tengah bandar. 市中心；内城。

**innermost** *a.* yang paling dalam. 最深处的。

**innings** *n.* (pl. *innings*) giliran memukul (dalam permainan kriket); giliran untuk berkuasa atau mendapat peluang. (板球、棒球的) 一局；当权期。

**innkeeper** *n.* penjaga rumah tumpangan. 旅馆主人。

**innocent** *a.* tidak bersalah; tidak berdosa; suci; murni. 无罪的；清白的；单纯的；率真的；幼稚的；无知的；无害的。—*n.* orang yang tidak bersalah atau tidak berdosa; orang yang masih suci atau murni (seperti kanak-kanak). 天真；单纯；幼稚；无知。 **innocently** *adv.* secara lurus. 无罪地；纯洁地。 **innocence** *n.* keadaan yang tidak bersalah; kemurnian. 无罪；清白；天真；无知。

**innocuous** *a.* tidak mengancam; tidak berbahaya. 无害的；无毒的。 **innocuously** *adv.* perihal tidak berbahaya. 无害地。

**innovate** *v.i.* membaharui; memperkenalkan sesuatu yang baru; ubah. 刷新；革新；创新；改变。 **innovation** *n.* pembaharuan; perbuatan memperkenalkan sesuatu yang baru; pengubahan. 革新；新方法；改革。 **innovator** *n.* pembaharu (orang); pengenal (orang) sesuatu yang baru; pengubah. 创新者；改革者。

**innovative** *a.* membawa pembaharuan. 革新的；新颖的。

**innuendo** *n.* (pl. *-oes*) kiasan; sindiran. 影射；暗讽。

**innumerable** *a.* tidak terbilang; tidak terkira. 无数的；数不清的。

**innumerate** *a.* buta angka. 不识数字的。

**inoculate** *v.t.* menginokulasi; disuntik (untuk pelindung penyakit) dengan ubat. 打预防针。 **inoculation** *n.* inokulasi; suntikan; penyuntikan. 预防注射。

**inoffensive** *a.* tidak menyinggung. 无害的；没恶意的。

**inoperable** *a.* tidak dapat diubati dengan pembedahan. 不能动手术的。

**inoperative** *a.* tidak dapat dikendalikan, dilaksanakan atau dijalankan. 无法实行的；不起作用的；无效果的。

**inopportune** *a.* tidak sesuai pada waktunya; berlaku pada waktu yang tidak sesuai; salah waktu. 不合时宜的；不凑巧的；不适当的。 **inopportunely** *adv.* perihal salah waktu. 不合时宜地。

**inordinate** *a.* berlebihan; melampau. 过度的；过分的。 **inordinately** *adv.* perihal berlebihan. 过度地；过分地。

**inorganic** *a.* tidak berbentuk hidup; tidak tumbuh; tidak bersifat benda berhayat; tidak organik. 无生物的；无机的。 **inorganically** *adv.* perihal tidak organik. 无生机地。

**in-patient** *n.* pesakit dalam. 住院病人。

**input** *n.* input; sesuatu yang dimasukkan; masukan. 输入；输入量。

**inquest** *n.* penyiasatan kehakiman bagi menentukan sebab dan akibat, terutama berkaitan dengan kematian yang mendadak; (*colloq.*) tentang sesuatu yang telah berlalu. 调查死因的陪审团；事后讨论。

**inquietude** *n.* kegelisahan; keresahan. 不安；焦虑。

**inquire** *v.i.* siasat; selidik. 打听；询问；调查；查究。 **inquirer** *n.* penyiasat; penyelidik. 调查者；探究者。

**inquiry** *n.* siasatan; penyiasatan; selidikan; penyelidikan. 打听；调查；探究。

**inquisition** *n.* penyiasatan (persoalan) yang cermat dan teliti. 调查；审讯。 **the Inquisition** badan penyiasatan Gereja Roman Katolik, terutama menghukum pembantah atau pemberontak fahaman (rasmi) agama. 宗教裁判；宗教法庭。

**inquisitive** *a.* suka mengambil tahu; suka menyelidik. 想知道的；好奇的；好问的。 **inquisitively** *adv.* perihal suka mengambil tahu. 好奇地。

**inquisitor** *n.* orang yang menyoal siasat (orang lain) dengan cermat dan halus. 审讯者；调查人。

**inroad** *n.* serangan; sesuatu yang merebak dan berjaya. 侵入；侵害。

**inrush** *n.* serbuan; curahan masuk. 侵入；闯入；涌入。

**insalubrious** *a.* tidak sihat; yang menjejaskan kesihatan. 不健康的；衰弱的。

**insane** *a.* gila; sawan; sasau; isin. 疯狂的；精神失常的。 **insanely** *adv.* perihal gila. 疯狂地。 **insanity** *n.* kegilaan; kesasauan; keisinan. 疯狂；精神失常。

**insanitary** *a.* tidak bersih; kotor. 不卫生的；肮脏的。

**insatiable** *a.* tidak dapat dipuaskan; sentiasa haus. 不知足的；贪得无厌的。

**insatiably** *adv.* perihal tidak dapat dipuaskan. 不知足地。 **insatiability** *n.* ketidakpuasan. 永不满足。

**inscribe** *v.t.* ukir; cakar; gores; tulis. 雕；刻；记；写；印。

**inscription** *n.* ukiran; cakaran; goresan; prasasti; tulisan. 铭刻；碑文；题词；抓痕；记入的文字。

**inscrutable** *a.* tidak dapat ditafsir atau difahami; mengelirukan. 不可理解的；不可思议的。 **inscrutably** *adv.* perihal mengelirukan. 不可思议地。 **inscrutability** *n.* kekeliruan. 神秘莫测。

**insect** *n.* serangga. 昆虫。

**insecticide** *a.* racun serangga. 杀虫剂的。

**insectivorous** *a.* (binatang) yang memakan serangga. 食虫的。

**insecure** *a.* tidak terjamin; tidak selamat; tidak kukuh; goyah. 无保障的；不安全的；不牢固的；松脱的。 **insecurely** *adv.* perihal tidak terjamin. 不保障地；不安全地。 **insecurity** *n.* ketidakselamatan; ketidakkukuhan; kegoyahan. 不安全；危险；不牢靠。

**inseminate** *v.t.* menyemai; memasukkan air mani; memanikan. 播种；使受精；使受胎。 **insemination** *n.* permanian. 授精；使受胎。

**insensate** *a.* tidak berdaya merasai atau mengalami; bodoh. 无感觉的；愚笨的。

**insensible** *a.* tidak sedarkan diri; pengsan; tidak sedar; tidak belas. 昏迷的；没有知觉的；麻木的；无情的。 **insensibly** *adv.* perihal tidak sedar. 不知不觉地。

**insensitive** *a.* tidak peka; tidak perasa; tidak sensitif; mati rasa. 感觉迟钝的；无感觉的；麻木不仁的。

**inseparable** *a.* tidak dapat dipisahkan; tidak dapat diceraikan. 不能分离的；分不开的。 **inseparably** *adv.* perihal tidak dapat dipisahkan. 不可分离地；分不开地。

**insert**[1] *v.t.* selit; semat; sisip; sela. 插进；嵌入；刊登；添加。 **insertion** *n.* penyelitan; penyematan; penyisipan; penyelaan. 插入物；插绣；刊载。

**insert**² *n.* selitan; sematan; sisipan; selaan. 插入物；插页；镶嵌物。

**inset**¹ *v.t.* (p.t. *inset*, pres.p. *insetting*) selit; sisip; semat. 插入；嵌入。

**inset**² *n.* selitan; sisipan; sematan. 插入物；插页。

**inshore** *a. & adv.* pesisir hampir ke pantai. 近海岸(的)；向陆(的)。

**inside** *n.* bahagian dalam; dalaman; isi. 里面；内部。—*a.* dari dalam. 里面的；内部的。—*adv.* atas, di dalam, atau ke dalam. 在里面；往里面。—*prep.* atas atau ke dalam; di dalam. 在…的里面；在…内部。 ~ **out** bahagian dalam dikeluarkan; terbalik keluar; dengan teliti; dengan menyeluruh. 翻过来；里面朝外；彻底地。

**insidious** *a.* tersembunyi (diam-diam) tetapi berbahaya. 隐伏的；暗中为害的。**insidiously** *adv.* secara diam-diam tetapi berbahaya. 阴险地；隐伏地。**insidiousness** *n.* (dalam) keadaan tersembunyi tetapi berbahaya. 隐伏；狡猾。

**insight** *n.* celik akal; tanggapan; pemahaman akan sesuatu. 洞察力；深入了解；顿悟。

**insignia** *n.pl.* lencana; lambang kuasa atau kedaulatan. 徽章；勋章；标志。

**insignificant** *a.* tidak penting; remeh. 不重要的；琐碎的；不足轻重的。**insignificantly** *adv.* perihal tidak penting. 无意义地；微不足道地。**insignificance** *n.* ketidakpentingan; keremehan. 无意义；琐碎。

**insincere** *a.* tidak jujur; tidak ikhlas; tidak tulus; pura-pura. 不诚实的；无诚意的；伪善的。**insincerely** *adv.* dengan tidak jujur; tidak ikhlas. 不诚实地；虚伪地。**insincerity** *n.* ketidakjujuran; kepura-puraan. 不诚实；无诚意；伪善。

**insinuate** *v.t.* menyelit masuk; menyindir; memerli; mengangin-anginkan. 慢慢插入；讽刺；指桑骂槐；使潜入。**insinuation** *n.* penyelitan masuk; sindiran; perlian. 暗暗进入；暗讽；巴结。**insinuator** *n.* penyindir. 谄媚者。

**insipid** *a.* tawar; hambar; boyak. 清淡的；乏味的；枯燥的。**insipidity** *n.* ketawaran; kehambaran; keboyakan. 清淡；无味。

**insist** *v.t./i.* berkeras; mendesak; memaksa. 坚持；一定要；坚决要求。

**insistent** *a.* bersifat mendesak atau memaksa. 坚持的；强求的；急切的。**insistently** *adv.* perihal desakan. 坚持地；紧急地。**insistence** *n.* desakan; paksaan. 坚持；强调。

**in situ** *adv. in situ*; dalam bentuk asal. 在原处。

**insobriety** *n.* keterlaluan; berlebih-lebihan; kemabukan. 不节制；暴饮。

**insole** *n.* bahagian dalam tumit sepatu atau kasut; pelapik dalam sepatu atau kasut. 鞋的内底；鞋垫。

**insolent** *a.* biadab; angkuh; kasar. 无礼的；傲慢的；无耻的。**insolently** *adv.* dengan biadab; dengan angkuh. 无礼地；自大地。**insolence** *n.* kebiadaban; keangkuhan; kekasaran. 傲慢；无礼；无耻。

**insoluble** *a.* tidak dapat larut; tidak dapat diselesaikan. 不能溶的；不能解决的。

**insolvent** *a.* tidak mampu membayar hutang. 无能力偿付的。**insolvency** *n.* ketidakmampuan membayar hutang. 破产；无力清偿债务。

**insomnia** *n.* kesukaran untuk lena; arik; suhad. 失眠症；缺少睡眠。

**insomniac** *n.* orang yang sukar untuk lena; pengarik. 失眠症患者。

**insouciant** *a.* tidak kisah. 不在乎的；漫不经心的。**insouciantly** *adv.* perihal tidak kisah. 不在乎地；漠不关心地。

**inspect** *v.t.* memeriksa dengan cermat atau teliti; menyelia; menyemak; membelek. 检查；视察；检阅；审视。**inspection** *n.* penyeliaan; penyemakan; pembelekan. 视察；检查；调查；检验。

**inspector** *n.* penyelia; pemeriksa; nazir; penyemak; pembelek; merinyu;

**inspektor.** 视察员；检查员；监督官；巡官。

**inspectorate** *n.* badan jemaah pemeriksa. 稽查员的职务。

**inspiration** *n.* ilham; inspirasi; pengaruh perangsang. 灵感；启示；巧思。 **inspirational** *a.* berinspirasi; berpengaruh. 带有灵感的；鼓舞人心的。

**inspire** *v.t.* ilhamkan; mengilhamkan; semai; menyemai rangsangan. 使生灵感；灌注；激起；驱使；促成；激励；鼓舞。

**inspirit** *v.t.* memberi semangat; menghidupkan; memberangsangkan; menggalakkan. 激励；鼓舞。

**instability** *n.* ketidakteguhan; ketidakkukuhan; ketidakstabilan; kegoyahan. 易变；不安定；动摇；不稳定。

**install** *v.t.* pasang; tabal; melantik dengan rasmi. 装设；装备；使就任。

**installation** *n.* pemasangan; penabalan; perlantikan. 安装；安置；就任；就职。

**instalment** *n.* (bayaran) ansuran. 分期付款。

**instance** *n.* misalan; contoh; ibarat. 例子；实例。 —*v.t.* beri misalan, contoh atau ibarat. 举例为证；引证。 **in the first ~** pertamanya. 首先；第一。

**instant** *a.* segera. 立即的；即刻的；速食的。 —*n.* ketika. 时刻；即时。 **instantly** *adv.* serta-merta. 立即；马上。

**instantaneous** *a.* (jadi) dengan serta-merta; pada ketika itu. 即时的；同时的；瞬间的。 **instantaneously** *adv.* perihal serta-merta. 即时地。

**instead** *adv.* sebaliknya; gantinya. 反而；作为替代。

**instep** *n.* kekura kaki atau kasut. 脚背；鞋背；跗。

**instigate** *v.t.* hasut; acum; goda. 煽动；教唆；怂恿。 **instigation** *n.* hasutan; acuman; godaan. 煽动；教唆；怂恿。

**instigator** *n.* penghasut; pengacum. 煽动者；挑拨者。

**instil** *v.t.* (p.t. *instilled*) menyemai atau menanam (idea, dll.). 慢慢地灌输。 **instillation** *n.* penanaman (idea). 逐渐灌输；滴注。

**instinct** *n.* naluri. 本能；天性。 **instinctive** *a.* bersifat naluri. 本能的；天性的。 **instinctively** *adv.* secara naluri. 天性地；本能地。

**institute** *n.* yayasan; perbadanan atau pertubuhan untuk tujuan khas; institut. 学院；机构；协会。 —*v.t.* tubuhkan; dirikan; mulakan. 开创；设立；开始。

**institution** *n.* yayasan; perbadanan; pertubuhan; institusi; peraturan; adat; resam; penubuhan; pendirian; permulaan. 机构；协会；学会；制度；惯例；习俗；建立；开始；制定。 **institutional** *a.* bersifat yayasan atau institusi. 制度上的；慈善机关的。

**institutionalize** *v.t.* menghuni atau pernah jadi penghuni pertubuhan kebajikan. 收容在病院。

**instruct** *v.t.* ajar; tunjuk; suruh. 教；指导；指示；命令；吩咐。 **instructor** *n.* pengajar; penyuruh. 教官；指导者；教练。 **instructress** *n.fem.* pengajar (perempuan). 女教官；女教练。

**instruction** *n.* ajaran; pengajaran; tunjukan; penunjukan; suruhan; penyuruhan. 教育；教导；命令；指示。

**instructive** *a.* bersifat ajaran, tunjukan atau suruhan. 有教育性的；有启发性的；教训开导的。 **instructively** *adv.* secara mengajar; secara arahan. 教育性地；启发性地。

**instrument** *n.* alat; perkakas; surat cara. 仪器；器具；工具；正式文件。

**instrumental** *a.* bersifat alatan; muzik hasilan alat-alatan; dendangan muzik; lagu (tanpa seni kata). 起作用的；使用仪器的；用乐器演奏的。 **instrumentally** *adv.* secara bunyi-bunyian. 用乐器演奏地。

**instrumentalist** *n.* pemain alat muzik. 乐器演奏家。

**insubordinate** *a.* tidak patuh; tidak turut arahan; degil. 不顺从的；不服从的；

反抗的。**insubordination** *n.* ketidakpatuhan; ketidakturutan; kedegilan. 不顺从;不服从;反抗。

**insubstantial** *a.* tidak pejal; tidak hakiki; niskala. 脆弱的;无实体的;非实在的。**insubstantiality** *n.* ketidakpejalan; keniskalaan. 脆弱;无实质。

**insufferable** *a.* tidak tertahan; tidak tertanggung. 不可忍受的;讨厌不堪的。

**insufferably** *adv.* perihal tidak tertanggung. 不可忍受地。

**insufficient** *a.* tidak cukup. 不足的;不充分的;不够的。**insufficiently** *adv.* perihal tidak cukup. 不足够地。**insufficiency** *n.* ketidakcukupan. 不充分。

**insular** *a.* bersifat pulau atau kepulauan; berfikiran sempit. 岛屿的;心地狭隘的;心胸褊狭的。**isularity** *n.* kepulauan; kesempitan fikiran. 岛国性质;思想褊狭。

**insulate** *v.t.* menebat; salut dengan bahan yang menghalang pengaliran elektrik, bunyi dan haba; sisih atau pisahkan daripada pengaruh. 绝缘;隔离;隔热;隔音;使孤立。**insulation** *n.* penebatan; penyalutan; penyisihan. 绝缘体;隔离;绝热。**insulator** *n.* bahan penebat atau penyalut. 绝缘体;绝热器。

**insulin** *n.* insulin; hormon yang mengawal penyerapan gula (oleh tubuh). 胰岛素。

**insult**[1] *v.t.* cela; caci. 侮辱;羞辱;辱骂。

**insult**[2] *n.* celaan; cacian. 侮辱;羞辱。

**insuperable** *a.* tidak mampu diatasi. 不能克服的;抑制不住的。**insuperably** *adv.* perihal tidak mampu diatasi. 不能克服地;抑制不住地。

**insupportable** *a.* tidak tertahan; tidak tertanggung. 不能忍受的;难以承受的;不堪的。

**insurance** *n.* jaminan; insurans. 保险;保险契约。

**insure** *v.t.* (*A.S.*) menjamin; menginsuranskan. 保险;保障;投保。**insurer** *n.* penjamin; syarikat insurans. 保证人;保险公司。

**insurgent** *a.* bersifat berontak. 谋叛的;造反的;暴动的。—*n.* pemberontak. 暴徒;反叛者。**insurgency** *n.* pemberontakan. 叛乱状态;暴动。

**insurmountable** *a.* tidak dapat diatasi. 不能克服的;无法超越的。

**insurrection** *n.* pemberontakan. 叛乱;反抗。**insurrectionist** *n.* pemberontak. 暴徒;叛民。

**insusceptible** *a.* tidak dapat dipengaruhi. 不为所动的;不易受影响的。

**intact** *a.* tidak rosak; sempurna. 未受损的;完整的。

**intaglio** *n.* ukir benam. 阴刻;凹雕玉石。

**intake** *n.* kemasukan; pengambilan. 引入口;吸收;接纳。

**intangible** *a.* tidak wujud dalam bentuk yang dapat dikesani deria. 无形的;不可触知的;捉摸不定的。**intangibly** *adv.* secara tidak terang atau tidak ketara. 模糊地;难以确定地。**intangibility** *n.* perihal tidak dapat diterangkan atau tidak ketara. 不可理解。

**integer** *n.* angka penuh (bukan pecahan). 整数。

**integral** *a.* perlu (untuk melengkapkan). 构成整体所必要的;基本的。**integrally** *adv.* perihal perlu. 必要地。

**integrate** *v.t./i.* cantum (kepada satu); satukan; menyepadukan. 整合;综合;使完整;使合并。**integration** *n.* pencantuman; penyatuan; penyepaduan. 统合;集成;整合。

**integrity** *n.* keikhlasan; ketulusan; kejujuran. 诚实;正直;廉洁;完整。

**integument** *n.* kulit; sabut. 外皮;包裹物。

**intellect** *n.* akal; fikiran; intelek. 智力;理解力;推理力。

**intellectual** *a.* akaliah; bersifat akal; fikiran; pandai; bijaksana; bestari. 智力的;理智的;需用脑力的;理解力强的。—*n.* orang berakal; orang bijak pandai, bijaksana atau bestari; intelek.

知识分子；聪明的人。**intellectually** *adv.* secara bijaksana. 理智地；知性地。**intellectuality** *n.* kebijaksanaan. 理智性；智力。

**intelligence** *n.* akal; kecerdikan; kepandaian; kepintaran; agahi; maklumat risikan; perisik. 智能；智慧；聪明；情报；情报工作。**~ quotient** darjah kecerdikan seseorang berbanding dengan purata atau biasa. 智力商数（略I.Q.）。

**intelligent** *a.* cerdik; pandai; pintar. 智能高的；聪明的；明智的。**intelligently** *adv.* dengan pintarnya. 聪明地；明智地。

**intelligentsia** *n.* golongan bijak pandai; kelompok kaum bestari. （集称）知识分子。

**intelligible** *a.* dapat difahami. 可理解的；清楚的；易了解的。**intelligibly** *adv.* perihal dapat difahami. 易理解地；清楚地；易了解地。**intelligibility** *n.* kebolehan untuk difahami. 可理解性；易了解。

**intemperate** *a.* minum arak, dll. dengan melampau. 不节制的；放纵的；滥喝酒的。**intemperance** *n.* keterlaluan meminum arak. 酗酒。

**intend** *v.t.* beringat; bercadang; berniat. 想要；打算；意指。

**intense** *a.* bersungguh; gigih; tekun; asyik; perasaan atau emosi yang kuat. 激烈的；强烈的；紧张的；热情的；极度的。**intensely** *adv.* dengan bersungguh-sungguh. 激烈地；强烈地；紧张地；热情地；极度地。**intensity** *n.* kesungguhan; kegigihan; ketekunan; keasyikan. 强烈；强度；极度。

**intensify** *v.t.* persungguhan; bertambah gigih, tekun, asyik atau kuat. 使激烈；增强；强化。**intensification** *n.* penyungguhan; peningkatan kegigihan, ketekunan, keasyikan, kekuatan. 激烈化；强化；增大。

**intensive** *a.* bersungguh; gigih; tekun; asyik; intensif. 加强的；强化的；密集的。**intensively** *adv.* dengan bersungguh-sungguh. 加强地；密集地。**intensiveness** *n.* kesungguhan; kegigihan. 强化；密集。

**intent** *n.* tujuan; niat. 意图；目的；意向。 —*a.* asyik; penuh minat. 一心一意的；专心的。**~ on** menumpukan; menjadikan sebagai niat. 一心一意的；专心致志的。**intently** *adv.* dengan asyik; dengan penuh minat. 专心地。**intentness** *n.* keasyikan. 专心一致。

**intention** *n.* ingatan; cadangan; niat. 意思；意图；目的；意向。

**intentional** *a.* sengaja. 故意的；有意的。 **intentionally** *adv.* dengan sengaja. 故意地；有意地。

**inter** *v.t.* (p.t. *interred*) menanam; menguburkan. 埋；埋葬。

**inter-** *prep.* antara; di kalangan. 在中间；在内。

**interact** *v.i.* saling bertindak; berbalas tindak; berinteraksi. 互相作用；互动；互相影响。**interaction** *n.* keadaan saling bertindak; tindak balas. 互相影响；互动。**interactive** *a.* bersifat interaksi; interaktif. 相互作用；互动。

**interbreed** *v.t./i.* kacuk; kahwin. 使异种交配；杂交繁殖。

**intercalary** *a.* (hari, tambahan yang dimasukkan) untuk menyamakan tahun kalendar dengan tahun solar. 闰的；插入的。

**intercede** *v.i.* mengantara; mensyafaati; mohon bagi pihak orang lain; masuk campur bagi pihak orang lain. 调停；说项；求情。

**intercept** *v.t.* pintas; sekat (di pertengahan perjalanan); halang; galang. 截断；截夺；阻止；截住。**interception** *n.* permintasan; penyekatan; penghalangan; penggalangan. 截断；截夺；阻止。**interceptor** *n.* penggalang; galangan. 拦截者；遮断器。

**intercession** *n.* campur tangan; pengantaraan syafaat; pensyafaatan. 调解；求情；斡旋。

**interchange**[1] *v.t./i.* tukar; saling menukar; silih ganti; gilir ganti. 交换；互换；使交替；使交替发生。

**interchange**[2] *n.* penukaran; keadaan tukar-menukar; tukaran bersilih ganti; bergilir ganti; simpang (yang direka bertingkat supaya laluan tidak memintas pada aras yang sama). 交换；交替；立体交流道。

**interchangeable** *a.* dapat ditukar; boleh disilihgantikan. 可互换的；可交替的。

**intercom** *n.* sistem perhubungan berfungsi seperti telefon; interkom. 内部对讲电话装置。

**interconnect** *v.t.* bersambung; berantaian; bertalian. 互相连结；互相联络。 **interconnection** *n.* saling bersambungan. 互相联络。

**intercontinental** *a.* antara benua. 大陆间的；洲与洲间的。

**intercourse** *n.* hubungan urusan antara orang, negeri atau negara; hubungan jantina; persetubuhan. 交际；交流；性交；交往。

**interdict**[1] *v.t.* melarang secara rasmi. 制止；禁止；阻断。 **interdiction** *n.* larangan rasmi. 禁止；禁令；封锁。

**interdict**[2] *n.* larangan; tegahan; sekatan; halangan rasmi. 禁止；阻止；制止。

**interest** *n.* minat; hal; perkara, benda yang diminati; bahagian perkongsian; kepentingan; faedah; riba. 兴趣；关注；股份；重要性；利息；爱好；令人感兴趣的事物；利益；利害关系。 —*v.t.* ingin; hajati; membangkitkan minat; menarik minat atau perhatian. 使发生兴趣；引起关注；使参与。

**interested** *a.* berminat; berkepentingan; tidak saksama. 有兴趣的；有利害关系的；偏私的；有权益的。

**interesting** *a.* menarik (minat); mengasyikkan; menyeronokkan. 有趣的；令人关注的。

**interface** *n.* ruang hubung kait; antara muka; permukaan yang menjadi sempadan bersama antara dua (bahagian); alat penyambung antara dua alat. 分界面；接触面；接合部位。

**interfere** *v.i.* kacau; ganggu; masuk campur; campur tangan. 妨碍；介入；干预；插手。

**interference** *n.* kacauan; pengacauan; gangguan; penggangguan; campur tangan; gangguan kepada isyarat radio. 阻碍；干扰；干涉；冲突。

**interferon** *n.* protein penyekat, penghalang biakan kuman atau virus; interferon. 干扰素。

**interim** *n.* waktu perantaraan. 过渡时期。 —*a.* sementara. 临时的；暂时的。

**interior** *a.* dalam; dalaman. 内部的；内地的。 —*n.* bahagian dalam; pedalaman. 内部；内地。

**interject** *v.t.* sampuk; celah. 插嘴。

**interjection** *n.* sampukan; penyampukan; celahan; pencelahan. 感叹词；感叹语；插话。

**interlace** *v.t./i.* jalin; anyam; sirat; tatah. 交织；交错；点缀。

**interlard** *v.t.* selit atau sampuk dengan kata-kata yang berlawanan. 使混杂。

**interleave** *v.t.* menyisipi muka surat dalam buku. 插入空白页。

**interlink** *v.t./i.* bersambung; menyambungkan. 把…互相连结；使连锁。

**interlock** *v.t./i.* berpanca; masuk dengan tepat; sendat dan mengikat; pasak. 互锁；连结；连锁。 —*n.* sejenis kain halus anyaman mesin. 连锁机器。

**interlocutor** *n.* saingan berbual; orang yang mengambil bahagian dalam perbualan, persembangan. 对话者；对谈者；讨论者。

**interloper** *n.* pengacau; pengganggu; orang yang mencampuri hal orang lain; penceroboh. 干涉者；闯入者；好事者。

**interlude** *n.* waktu selang; waktu hentian di tengah atau antara; waktu rehat; perkara yang dilakukan pada waktu selang. 中间时；幕间节目；插剧；插曲。

**intermarry** *v.i.* kacuk; kahwin campuran. 内部通婚;近亲结婚。**intermarriage** *n.* kacukan; pengacukan; perkahwinan campuran. 异族通婚;近亲结婚。

**intermediary** *n.* orang tengah; pengantara; perantara. 中间人;仲裁者;媒介物。—*a.* bersifat pengantara atau perantara. 中间的;媒介的;斡旋的。

**intermediate** *a.* pertengahan; perantaraan; wujud antara dua perkara atau benda dari segi masa, tempat atau turutan. 中间的;居间的;中级的。

**interment** *n.* penguburan; penanaman; pengebumian. 埋葬;葬送;葬礼。

**intermezzo** *n.* (pl. *-os*) intermezo; gubahan pendek muzik. 插曲;间奏曲。

**interminable** *a.* berjela; meleret; panjang dan membosankan. 冗长的;没完没了的。**interminably** *adv.* secara membosankan. 冗长地;无休止地。

**intermingle** *v.t./i.* bercampur, bergaul antara satu sama lain. 混合;搀和。

**intermission** *n.* jeda; hentian (sejenak) di antara; waktu rehat. 中断;停顿;休息时间;间歇。

**intermittent** *a.* sela; sela-menyela. 间歇的;断断续续的。**intermittently** *adv.* secara bersela. 间歇地。

**intermix** *v.t./i.* digaulkan bersama. 混杂;混合。

**intern**[1] *v.t.* mengurung; mengasingkan. 拘留;扣押。

**intern**[2] *n.* (*A.S.*) doktor pelatih. 实习医师。

**internal** *a.* dalam; di dalam; dalaman; hal-hal dalaman sesebuah negara. 内的;内部的;内政的;内在的;内心的。**internally** *adv.* perihal di dalam; dalam. 内部地;内在地;内心地。~**combustion engine** enjin pembakaran dalam; enjin yang menghasilkan kuasa gerakan melalui pembakaran bahan api di dalam enjin itu sendiri. 内燃机。

**international** *a.* antarabangsa; internasional. 国际性的;世界性的。—*n.* sukan atau pertandingan antarabangsa. 国际运动比赛;国际性组织。**internationally** *adv.* perihal antarabangsa. 国际性地。

**internationalize** *v.t.* dijadikan antarabangsa. 使国际化。

**internecine** *a.* sama-sama rosak atau binasa; saling membinasakan. 互相残杀的;两败俱伤的。

**internee** *n.* orang kurungan. 被拘留者。

**internment** *n.* pengurungan. 拘留。

**interpersonal** *a.* antara perorangan. 人与人之间的;人际关系的。

**interplanetary** *a.* antara cakerawala; antara planet. 行星间的;太阳系内的。

**interplay** *n.* pengaruh salingan; keadaan saling pengaruh-mempengaruhi. 相互作用;相互影响。

**interpolate** *v.t.* sampuk; selit; sisip; tokok. 篡改;插入新语句;加添。**interpolation** *n.* sampukan; selitan; sisipan; tokokan. 插入;添写;插补;加添字句。

**interpose** *v.t.* selit; mencelah. 插入;插嘴。**interposition** *n.* penyelitan. 介入;插嘴。

**interpret** *v.t./i.* tafsir; takwil. 翻译;演绎;诠释。**interpretation** *n.* tafsiran; pentafsiran; takwilan. 翻译;演绎;诠释。

**interpreter** *n.* pentafsir; jurubahasa. 翻译员;通译员;解释者。

**interregnum** *n.* jeda pemerintahan; waktu peralihan (kuasa pemerintahan); masa, kala antara dua pemerintahan. 空位期间;新旧政府更替的过渡期。

**interrelated** *a.* berkait. 相互牵连的;相互联系的。

**interrogate** *v.t.* pisit; memisit; soal siasat. 质问;审问;询问。**interrogation** *n.* pisikan; pemisitan. 质问;讯问。**interrogator** *n.* pemisit; penyoal siasat. 讯问者;质问者。

**interrogative** *a.* bersifat pisitan; bertanya. 疑问的;质问的。**interrogatively** *adv.* secara pertanyaan. 质问地。

**interrupt** *v.t.* ganggu; sampuk; mencelah. 阻碍；打断讲话；中止；打岔。 **interruption** *n.* gangguan; pengganggguan; sampukan; penyampukan. 妨碍；干扰；遮断。 **interrupter** *n.* orang yang menyampuk. 遮断者；打扰者；打岔者。

**interruptor** *n.* pengganggu. 阻碍者；障碍物。

**intersect** *v.t./i.* galang; silang; saling menyilang. 横断；交错；交叉；贯穿。 **intersection** *n.* galangan; silangan; simpang. 横断；交叉点。

**intersperse** *v.t.* tatah; hambur; (letak, bubuh, dsb.) di sana sini. 点缀；散布；穿插。

**interstate** *a.* antara negeri khususnya di A.S. 州际的；洲与洲之间的。

**interstice** *n.* celah. 空隙；裂缝。 **interstitial** *a.* sempit. 空隙的。

**intertwine** *v.t./i.* belit; lilit; kerosot. 纠缠；缠结。

**interval** *n.* jeda; hentian; waktu antara; jarak; perbezaan kenyaringan muzik. 间隔；空隙；休息时间；戏剧的幕间休息。 **at intervals** pada jarak atau masa tertentu di antaranya; berjeda. 时时；处处；每隔。

**intervene** *v.i.* celahi; masuk campur; ganggu. 介入；插入；干涉；干扰。 **intervention** *n.* pencelahan; campur tangan; gangguan. 插入；介入；干涉；干预。

**interview** *n.* wawancara; temu ramah; temu duga. 访谈；采访；面试。—*v.t.* mewawancara; menemu ramah; menemu duga. 访谈；访问；采访；面试。 **interviewer** *n.* pewawancara; penemu ramah; penemu duga. 采访记者；面谈者。

**interviewee** *n.* orang yang ditemu duga. 被接见者。

**interweave** *v.t.* (p.t. *interwove*, p.p. *interwoven*) sirat; anyam; jalin. 使交织；使混杂。

**intestate** *a.* tidak berwasiat; tanpa wasiat yang sah. 没有遗嘱的。 **intestacy** *n.* kematian tak berwasiat. 无遗嘱死亡。

**intestine** *n.* usus; tali perut. 肠。 **intestinal** *a.* berkenaan usus. 肠的；内部的。

**intifada** *n.* kebangkitan orang Palestin. 巴勒斯坦人的复兴。

**intimate**[1] *a.* rapat; karib; mesra; peribadi; ada hubungan seks. 亲密的；私下的；熟悉的；有性关系的；私人的；贴身的。 —*n.* sahabat karib. 密友；至交；知己。 **intimately** *adv.* perihal mesra. 亲密地。 **intimacy** *n.* kerapatan; kekariban; kemesraan. 亲密；亲昵的言语或行为；亲热。

**intimate**[2] *v.t.* beritahu (secara kias, dsb.); memaklumkan. 提示；暗示；通知。 **intimation** *n.* isyarat; pemberitahuan; pemakluman. 暗示；通知；通告。

**intimidate** *v.t.* ugut; gertak; ancam. 威吓；胁迫。 **intimidation** *n.* ugutan; penggugutan; gertak; ancaman. 威胁；胁迫；恐吓。

**into** *prep.* ke dalam; kepada; jadi. 到…里；朝；向；成为；转入。

**intolerable** *a.* tidak tertahan; azab; seksa. 无法忍受的；难受的；受不了的。 **intolerably** *adv.* perihal azab atau seksa. 无法忍受地；过分地。 **intolerability** *n.* keazaban. 无法忍受。

**intolerant** *a.* tidak sabar; tidak sanggup; tidak tahan. 不宽容的；无法忍受的；褊狭的。 **intolerantly** *adv.* perihal tidak sanggup. 无法忍受地。 **intolerance** *n.* ketidaksabaran; ketidaksanggupan. 不宽容；不容忍；偏执。

**intonation** *n.* nada; intonasi. 吟咏；抑扬；音调；语调。

**intone** *v.t.* berzikir; beratib. 吟咏；说话加声调。

**intoxicant** *n.* minuman keras (yang memabukkan). 麻醉品；酒类。

**intoxicate** *v.t.* mabuk. 使醉。 **intoxication** *n.* kemabukan. 酒醉。

**intra-** *pref.* (awalan yang bererti) dalam; dalaman; sebelah dalam; intra. (前缀) 表示"内；在内；内部"。

**intractable** *a.* liar; degil; sukar dikawal; keras kepala. 野蛮的;顽固的;难应付的;倔强的。 **intractability** *n.* keliaran; kedegilan; kesukaran dikawal. 野蛮;顽固;棘手。

**intransigent** *a.* degil. 非妥协性的;不让步的。 **intransigently** *adv.* dengan penuh kedegilan. 不妥协地;不让步地。 **intransigence** *n.* kedegilan. 不妥协;不让步。

**intransitive** *a.* (kata kerja) tidak bersambut; tanpa penyambut; intransitif; tak transitif. 不及物的。 **intransitively** *adv.* secara intransitif. 作不及物动词地。

**intra-uterine** *a.* dalam rahim. 子宫内的。

**intravenous** *a.* dalam saluran darah atau urat darah; intravena. 静脉内的。 **intravenously** *adv.* yang dimasukkan melalui saluran urat darah. 静脉内地。

**in-tray** *n.* dulang berisi dokumen untuk tindakan lanjut. 收文盘。

**intrepid** *a.* tidak takut; tidak gerun; berani. 无畏的;勇猛的。 **intrepidly** *adv.* perihal tidak takut. 无畏地。 **intrepidity** *n.* ketidaktakutan; keberanian. 大胆;刚勇。

**intricate** *a.* rumit; kusut. 复杂的;纷乱的。 **intricately** *adv.* secara rumit; dengan kusut. 复杂地;纷乱地。 **intricacy** *n.* kerumitan; kekusutan. 复杂;纷乱。

**intrigue** *v.t./i.* berkomplot; muslihat; menimbulkan rasa ingin tahu; menarik minat. 要阴谋;用计取得;引起兴趣。 —*n.* komplot; percintaan sulit atau rahsia. 阴谋;奸情;情节。

**intrinsic** *a.* pada asasnya; jati; asas semula jadi yang hakiki; intrinsik. 本质的;固有的;内在的。 **intrinsically** *adv.* secara hakiki atau intrinsik. 真正;实在;本来。

**introduce** *v.t.* perkenalkan; memulakan. 介绍;引导;引进;推行;提出。

**introduction** *n.* pengenalan; pengantar; pembuka (kata, acara, dsb.) pembukaan; permulaan; mukadimah. 介绍;引导;序言;初步;序论。

**introductory** *a.* bersifat pengenalan, permulaan, pengantar atau mukadimah. 介绍的;前言的;序论的。

**introspection** *n.* kaji diri; penelitian fikiran atau perasaan sendiri; penilikan diri. 内省;内观;反省。 **introspective** *a.* bersifat penilikan diri; bersifat penelitian fikiran atau perasaan sendiri. 内省的;内观的;反省的。 **introspectively** *adv.* secara kaji diri. 内省地;反省地。

**introvert** *n.* (orang) penilik diri; (orang) pendiam; pemalu. 性格内向的人。 **introverted** *a.* bersifat pendiam atau pemalu. 内向的。

**intrude** *v.t./i.* datang atau campur tanpa diundang; ceroboh; ganggu; kacau; sampuk; tonjol masuk. 闯入;挤入;打扰;多管闲事;侵入。 **intruder** *n.* penceroboh; pengganggu; pengacau; penyampuk. 侵入者;打扰者;妨碍者。 **intrusion** *n.* cerobohan; gangguan; sampukan; tonjolan masuk. 闯入;打扰;侵入。

**intrusive** *a.* bersifat cerobohan, gangguan, sampukan, tonjolan masuk. 侵入的;多管闲事的;打扰的;闯入的。

**intuition** *n.* kata hati; gerak hati; perasaan hati (kecil). 直觉;敏锐的洞察力。 **intuitive** *a.* bersifat kata hati; gerak hati. 直觉的;直观的。 **intuitively** *adv.* perihal gerak hati. 直觉地。

**Inuit** *n.* (pl. *sama* atau -s) orang Eskimo di Amerika Utara. 北美洲的爱斯基摩人。

**inundate** *v.t.* banjiri; limpah; genangi. 浸没;泛滥;压倒;淹没。 **inundation** *n.* banjir; limpahan; genangan. 淹没;泛滥;洪水。

**inure** *v.t.* melalikan. 使习惯。

**invade** *v.t.* ceroboh; serang; serbu. 侵入;侵略;侵袭。 **invader** *n.* penceroboh; penyerang; penyerbu. 侵入者;侵略者;侵犯者。

**invalid**[1] *n.* orang cacat; orang ilat, sakit atau uzur. 身体残障者；病人；伤残者。 —*v.t.* disarakan (dibuang, disingkirkan) daripada perkhidmatan kerana cacat atau ilat. 因病退役。 **invalidism** *n.* keadaan yang tidak berdaya. 长期病弱之状态。

**invalid**[2] *a.* tidak sah; tidak sahih; batal. 无效的；不合法的；作废的。 **invalidity** *n.* ketidaksahan; kebatalan. 无效。

**invalidate** *v.t.* menjadikan tidak sah; membatalkan. 使无效；使作废。 **invalidation** *n.* pentaksahan; pembatalan. 无效；作废。

**invaluable** *a.* sangat berharga; tidak ternilai. 非常宝贵的；无价的。

**invariable** *a.* tidak pelbagai; tetap; tidak berubah; sentiasa serupa. 不变的；一律的；恒久的。 **invariably** *adv.* dengan tetap; secara biasa. 不变化地；恒定地。

**invasion** *n.* cerobohan; pencerobohan. 侵入；侵害；侵略；侵袭。

**invasive** *a.* bersifat ceroboh. 侵入的；侵略性的。

**invective** *n.* cacian; celaan; cercaan; maki hamun; perang mulut; serangan kata-kata. 责骂；恶言谩骂；辱骂；咒骂。

**inveigh** *v.i.* caci; cela; cerca. 痛骂；责骂；辱骂。

**inveigle** *v.t.* pujuk. 诱骗。 **inveiglement** *n.* pemujukan. 诱骗。

**invent** *v.t.* reka; cipta. 发明；创造。 **inventor** *n.* pereka; pencipta. 发明家；创造者。

**inventive** *a.* pandai mereka atau mencipta. 发明的；善于发明的；有创作力的。

**inventiveness** *n.* kebolehan untuk mereka atau mencipta. 发明力；创作力。

**inventory** *n.* senarai (harta) benda; daftar barangan. 财产清单；库存；存货目录；盘存。

**inverse** *a.* tunggang; tungging; terbalik; songsang; akas. 倒转的；反逆的；颠倒的；相反的；反面的。 —*n.* ketunggangan; ketunggingan; kesongsangan; akasan. 倒转；颠倒；反逆；相反；反面。 **inversely** *adv.* secara terbalik. 倒转地；相反地。

**invert** *v.t.* menterbalikkan; menyongsangkan. 倒转；颠倒；反转。 **inverted commas** tanda pengikat kata; pemetik cakap ajuk. 引号；引用号。 **inversion** *n.* pembalikan; penyongsangan. 倒转；颠倒；反转。

**invertebrate** *a. & n.* invertebrat (binatang atau haiwan) tanpa tulang belakang. 无脊椎动物（的）。

**invest** *v.t./i.* labur; tanam modal; anugerah (pangkat, bakat, dsb.). 投资；耗费；授与；赋予。 ~ **in** (*colloq.*) melabur; membeli sesuatu yang berharga. 投资；花钱买。 **investment** *n.* laburan; pelaburan. 投资；投入。 **investor** *n.* pelabur. 投资者。

**investigate** *v.t.* siasat; selidik. 调查；研究。 **investigation** *n.* siasatan; penyiasatan; selidikan; penyelidikan. 调查；研究；审查。 **investigator** *n.* penyiasat; penyelidik. 调查者；研究者。 **investigative** *a.* (bersifat) siasatan atau menyiasat. 调查的；研究的。

**investiture** *n.* istiadat pengurniaan (pangkat, anugerah, dsb.). 授权；赋予。

**inveterate** *a.* sudah jadi tabiat. 积习的；根深蒂固的。 **inveterately** *adv.* perihal sudah jadi tabiat. 积习地；顽固不化地。

**invidious** *a.* menyakiti; menyakitkan; tidak menyenangkan. 惹人不快的；招致不满的；召嫉妒的。 **invidiously** *adv.* dengan menyakiti; dengan menyakitkan; secara tidak menyenangkan. 惹人不快地；招致不满地；招嫉妒地。

**invigilate** *v.i.* menyelia; mengawas (calon peperiksaan). 看守；监考。 **invigilation** *n.* penyeliaan; pengawasan. 监考。 **invigilator** *n.* penyelia; pengawas. 监考人。

**invigorate** *v.t.* menyegarkan; mencergaskan; menggiatkan. 激励；鼓舞；使精力充沛；使生气勃勃。

**invincible** *a.* kebal; tidak dapat dikalahkan. 无敌的;难於征服的。**invincibly** *adv.* dengan kebal. 无敌地。**invincibility** *n.* kekebalan. 战无不胜。

**inviolable** *a.* tidak boleh dicabul. 不可侵犯的;不可违背的;神圣的。**inviolably** *adv.* secara tidak boleh dicabul. 不可侵犯地。**inviolability** *n.* perihal tidak boleh dicabul. 不可侵犯;神圣。

**invisible** *a.* tidak nampak; tidak ketara. 看不见的;分辨不清的。**invisibly** *adv.* secara tidak ketara. 看不见地。**invisibility** *n.* keadaan tidak ketara. 隐形。

**invite** *v.t.* menjemput; mengundang; mempelawa; mempersila; menarik. 招待;邀请;招致;吸引;请求;征求。—*n. (sl.)* jemputan. 邀请。**invitation** *n.* jemputan; undangan; pelawaan. 招待;邀请;请帖;引诱。

**inviting** *a.* menarik; menggoda; mengghairahkan; menggiurkan. 诱人的;引人注目的;诱惑的。**invitingly** *adv.* dengan menarik; dengan menggoda. 诱惑地。

*in vitro* di dalam tabung uji atau sekitar dalam makmal. 在试管内;在玻璃器内。

**invocation** *n.* doa; permohonan; rayuan. 祈愿;祈祷;乞灵。

**invoice** *n.* senarai barangan dan harganya; daftar barang-barang yang dikirimkan; senarai bekalan; invois. 发货单;发票。—*v.t.* memberi atau menghantar invois. 开发单;记清单。

**invoke** *v.t.* memohon; merayu; berdoa. 求助於;祈愿。

**involuntary** *a.* tidak sengaja; tidak upaya dikawal. 无意的;不自觉的;不由自主的。**involuntarily** *adv.* dengan tidak sengaja. 无意地;非自愿地;不受意志控制地。

**involve** *v.t.* melibatkan; membabitkan. 包含;连累;拖累;牵涉。**involvement** *n.* penglibatan; pembabitan. 连累;牵涉。

**involved** *a.* rumit; terlibat. 复杂的;牵涉的。

**invulnerable** *a.* tidak lut; kebal. 不受伤害的;刀枪不入的。**invulnerability** *n.* kekebalan. 刀枪不入。

**inward** *a.* di dalam; ke dalam. 内的;内部的。—*adv.* ke dalam. 向内心。**inwardly** *adv.* dengan ke dalam. 在内。**inwards** *adv.* ke (arah) dalam. 向内心。

**iodine** *n.* iodin; bahan kimia yang digunakan dalam bentuk larutan sebagai bahan pembasmi kuman. 碘。

**iodize** *v.t.* dibubuh iodin; penuh iodin. 以碘或碘化物处理。**iodization** *n.* pengiodinan. 用碘处理。

**ion** *n.* ion; zarah (*particle*) bercas elektrik. 离子;游子。**ionic** *a.* bersifat ion; ionik. 离子的。

**Ionic** *a.* sifat seni bina yang menggunakan ukiran melingkar (tiang, dsb.). 爱奥尼亚式的。

**ionize** *v.t./i.* jadi atau bertukar menjadi ion. 使离子化。**ionization** *n.* pengionan. 电离;离子化。

**ionosphere** *n.* ionosfera; kawasan angkasa yang berion. 电离层。**ionospheric** *a.* berkenaan ionosfera. 电离层的。

**iota** *n.* huruf i Yunani (Greek); jumlah yang sangat kecil. 希腊语第九个字母;极少量。

**IOU** *n.* resit hutang. 借条;欠条;借据。

**ipecacuanha** *n.* akar termuak; akar ubat yang digunakan sebagai ubat penghasil muntah. 吐根;吐根树。

*ipso facto* *ipso facto*; dengan hakikat itu; dengan itu. 照其事实;事实上。

**IQ** *abbr.* **intelligence quotient** ukuran kepintaran. (缩写) 智力商数。

**IRA** *abbr.* **Irish Republican Army** Tentera Pembebasan Irish (Ireland). (缩写) 爱尔兰共和军。

**irascible** *a.* rongos; radang; garang; bengis. 易怒的;暴躁的;脾气大的。**irascibly** *adv.* perihal rongos. 易怒地。**irascibility** *n.* kerongosan; keradangan; kegarangan. 易怒;暴躁。

**irate** *a.* berang; radang; marah. 易怒的；发怒的；粗暴的。**irately** *adv.* dengan marah. 发怒地。

**ire** *n.* keradangan; kemarahan. 愤怒；发怒。

**iridescent** *a.* berwarna-warni; gemerlap. 彩虹色的；灿烂光辉的。**iridescence** *n.* keadaan berwarna-warni; kegemerlapan. 虹色；灿烂的光辉。

**iris** *n.* mata hitam; iris; sejenis bunga seperti lili. 虹膜；鸢尾花。

**Irish** *a. & n.* orang, bahasa atau berkenaan dengan Ireland. 爱尔兰(的)；爱尔兰人(的)；爱尔兰语(的)。**Irishman** *n.* lelaki Ireland. 爱尔兰男人。**Irishwoman** *n.* perempuan Ireland. 爱尔兰女人。

**irk** *v.t.* menjengkelkan; membosankan; menjemukan; menjelakkan. 使厌烦；使厌倦；使苦恼。

**irksome** *a.* yang menjengkelkan; yang membosankan; yang menjemukan; yang menjelakkan. 讨厌的；厌倦的；苦恼的。

**iron** *n.* besi; seterika; (*pl.*) pasung. 铁；熨斗；手铐。—*a.* diperbuat daripada besi. 铁制的。**Iron Curtain** Tabir Besi; benteng rahsia dan sekatan yang membendungi kawasan pemerintahan dan pengaruh Rusia (dahulu). 铁幕。~ **mould** *n.* kesan karat pada pakaian. 铁锈痕迹。**ironing-board** *n.* meja menggosok yang boleh dilipat. 熨衣板。

**ironic, ironical** *adjs.* ironik; bersifat ejekan, kiasan, sindiran atau cemuhan; bersifat nasib atau tuah takdir yang terbalik. 讽刺的；反语的；挖苦的；令人啼笑皆非的。**ironically** *adv.* secara ironik. 讽刺地；挖苦地。

**ironmonger** *n.* pekedai yang menjual barangan besi (alat pertukangan). 铁器商；五金店。**ironmongery** *n.* kedai alatan (pertukangan) besi. 五金类；铁器店；五金业。

**ironstone** *n.* bijih besi yang keras; tembikar yang keras. 铁石。

**ironwork** *n.* hasil kerja besi berhias. 铁制品。

**ironworks** *n.* kilang besi; kilang pelebur; penghasil besi. 钢铁厂；炼铁厂。

**irony** *n.* ironi; ejekan; kiasan; sindiran; cemuhan; nasib, tuah atau takdir yang terbalik. 讽刺；冷嘲；令人啼笑皆非的局面；反语。

**irradiate** *v.t.* menyuluh; menyinari; menerangi. 照耀；使启发；使生辉。

**irradiation** *n.* suluhan; sinaran. 照射；发光；启迪。

**irrational** *a.* tidak waras; tidak masuk akal; tidak lojik. 不合理的；无理性的；不合逻辑的；荒谬的。**irrationally** *adv.* secara tidak waras. 不合理地；荒谬地。**irrationality** *n.* ketidakwarasan. 不合理；无理性。

**irreconcilable** *a.* tidak dapat didamaikan atau disatukan (kembali). 不能和解的；不能调和的。**irreconcilably** *adv.* dengan cara tidak dapat disatukan atau didamaikan. 不能和解地；不能调和地。

**irrecoverable** *a.* tidak dapat diperolehi semula; hilang lenyap; punah-ranah. 不能挽回的；不能复原的；无法弥补的。**irrecoverably** *adv.* perihal tidak dapat diperolehi lagi. 不能挽回地；无法补救地。

**irredeemable** *a.* tidak dapat ditebus. 不能赎回的。**irredeemably** *adv.* perihal tidak dapat ditebus. 不能赎回地。

**irreducible** *a.* tidak dapat dikurangkan. 不能消减的；不能减低的。

**irrefutable** *a.* tidak boleh dinafi atau ditikai; tidak dapat dinafikan. 不可否认的；不能反驳的。**irrefutably** *adv.* yang tidak dapat disangkal. 无可否认地；不能反驳地。

**irregular** *a.* tidak sama; tidak teratur; tidak mengikut aturan; janggal; kerutu. 不一致的；不整齐的；不规则的；非正规

的；异常的。**irregularly** *adv.* perihal tidak sama. 不一致地；不平整地；不规则地；反常地。**irregularity** *n.* perihal tidak teratur; kejanggalan; kekerutuan. 不规则；不整齐；凹凸；品行不端。

**irrelevant** *a.* tidak berkait; tidak berkenaan; tidak kena-mengena. 无关系的；离题的；不重要的；不相干的。

**irrelevantly** *adv.* secara tidak berkaitan. 无关系地；不重要地。**irrelevance** *n.* keadaan tidak berkaitan. 不相干；不切题。

**irreligious** *a.* tidak warak; tidak beramal ibadat. 无宗教的；反宗教的。

**irreparable** *a.* tidak dapat dibaiki atau dipulihkan; rosak langsung. 无可挽救的；不能修复的；不能弥补的。**irreparably** *adv.* perihal tidak dapat dibaiki. 无可挽救地；不能修复地；不能弥补地。

**irreplaceable** *a.* tidak dapat diganti. 不能代替的；不能替换的。

**irrepressible** *a.* tidak dapat dikawal (ditekan). 压抑不住的；控制不住的。**irrepressibly** *adv.* perihal tidak dapat dikawal. 压抑不住地；控制不住地。

**irreproachable** *a.* tidak bersalah; tanpa salah silap. 无可指责的；无瑕疵的；无过失的。**irreproachably** *adv.* perihal tidak bersalah. 不可非难地；无过失地。

**irresistible** *a.* (tarikan) yang tidak dapat dilawan; memikat; menawan; memukau. 不可抵抗的；不能反驳的；富有魅力的；禁不住的。**irresistibly** *adv.* dengan tidak dapat ditahan; dengan menawan. 无法抗拒地；充满诱惑地。**irresistibility** *n.* keadaan atau sifat yang menawan. 不可抵抗力；难敌。

**irresolute** *a.* tidak dapat membuat keputusan; ragu; terumbang-ambing; teragak-agak; sangsi; waswas. 无决断力的；优柔寡断的；无决心的。**irresolutely** *adv.* dengan sangsi; secara ragu-ragu. 无决断力地；犹豫不决地。**irresolution** *n.* ketidakpastian; keraguan. 不决断；优柔寡断。

**irrespective** *a.* ~ **of** tanpa mengira; tanpa mengendahkan. 不顾；不问；不考虑。

**irresponsible** *a.* tidak bertanggungjawab; cuai. 无责任的；不负责任的。**irresponsibly** *adv.* dengan cara tidak bertanggungjawab. 无责任地；不承担责任地。**irresponsibility** *n.* (sifat) tidak bertanggungjawab. 无责任感；不负责任。

**irretrievable** *a.* tidak dapat diperolehi, diganti atau dibaiki kembali; hilang lenyap; hilang langsung. 不能挽回的；不能恢复的；无法弥补的。**irretrievably** *adv.* secara tidak dapat diganti atau dibaiki lagi. 不能挽回地；无法挽救地。**irretrievability** *n.* kehilangan langsung; keadaan tidak dapat diganti atau dibaiki lagi. 不能挽回；无法恢复。

**irreverent** *a.* tidak menghormati. 不敬的；不虔诚的；无礼的。**irreverently** *adv.* dengan cara tidak menghormati. 不敬地；无礼地。**irreverence** *n.* sikap tidak menghormati. 不敬；无礼。

**irreversible** *a.* tidak dapat diterbalikkan lagi; tidak dapat diakaskan lagi; tidak dapat diubah lagi. 不能翻转的；不能反逆的；不能改变的；不可挽回的；不能撤销的。**irreversibly** *adv.* perihal tidak dapat diubah lagi. 不能改变地；不能倒转地；不可挽回地。

**irrevocable** *a.* tidak boleh dibatalkan; tidak boleh diubah; muktamad. 不能取消的；不能变更的；不可挽回的。**irrevocably** *adv.* perihal tidak boleh dibatalkan. 不能改变地；不可挽回地。

**irrigate** *v.t.* mengairi; salurkan air (melalui parit); pemaritan. 灌注；灌溉；引水注入。**irrigation** *n.* pengairan. 灌溉。

**irritable** *a.* bengkeng; lekas marah; mudah radang. 易怒的；暴躁的；过敏的。**irritably** *adv.* dengan bengkeng. 性急地；过敏地。**irritability** *n.* kebengkengan;

**irritant** keadaan lekas marah atau meradang. 易怒;过敏性;兴奋性。

**irritant** *a. & n.* miang; yang merengsakan; (bahan) peradang; penggatal; sesuatu yang merengsakan. 有刺激性的;刺激物。

**irritate** *v.t.* kacau; ganggu; menjengkelkan; menyebabkan radang. 激怒;使敏感;使烦恼;使急躁;使疼痛。 **irritation** *n.* kejengkelan; kerengsaan. 刺激;烦躁;恼怒;疼痛;发炎。

**irrupt** *v.i.* masuk secara kasar; menyerbu. 冲进;闯入。 **irruption** *n.* serbuan; penyerbuan. 冲进;闯入。

**is** *lihat* be. 见 be。

**isinglass** *n.* sejenis gelatin diperolehi dari ikan sturgeon. 鱼胶;白云母薄片。

**Islam** *n.* agama Islam. 伊斯兰教。 **Islamic** *a.* Muslim; berkenaan Islam. 伊斯兰的;伊斯兰教徒的。

**island** *n.* pulau. 岛;岛屿。 **traffic ~** bahagian di atas jalan raya untuk memudahkan orang melintas dengan selamat. 安全岛。

**islander** *n.* penghuni pulau. 岛上居民。

**isle** *n.* pulau. 岛;屿。

**islet** *n.* pulau kecil. 小岛。

**isobar** *n.* isobar; garis setekanan; garis dalam peta yang menunjukkan tekanan udara yang setara. 等压线;同量异位素。 **isobaric** *a.* berkenaan isobar. 表示等压的;同量异位的。

**isolate** *v.t.* sisih; pisah; cerai; pencilkan; pulaukan; asingkan; (sendirian) menyendiri. 使隔离;使孤立;离析;使绝缘。

**isolation** *n.* sisihan; penyisihan; pencilan; pemencilan; pemulauan; pengasingan; penyendirian. 隔离;孤立;离析;绝缘。

**isolationism** *n.* dasar pemencilan. 孤立主义。 **isolationist** *n.* penyokong dasar pemencilan. 孤立主义者。

**isomer** *n.* isomer; sebarang dua bahan yang molekulnya mempunyai atom yang sama tetapi disusun secara berlainan. 同质异能素;异构体。

**isometric** *a.* isometrik; ukuran setara. 等量的;等尺寸的。

**isosceles** *a.* (segi tiga) yang mempunyai dua belah yang sama; sama kaki. (三角形) 等边的。

**isotherm** *n.* garis sesuhu; garis dalam peta yang menunjukkan kawasan yang sama suhunya; isoterma. 等温线;恒温线。

**isotope** *n.* isotop; salah satu daripada dua atau lebih bentuk unsur kimia yang berbeza dalam berat atomnya. 同位素。

**issue** *n.* hasil; hasilan; keluaran; aliran; terbitan; hal penting; persoalan; isu; baka. 收益;发行(物);分配;发出;流出;报刊期号;争论;问题;争议。 — *v.t./i.* alir (masuk atau keluar); bekalkan; (cetak) terbitkan; hantar; dikeluarkan (dari, oleh). 使流出;发行;出版;发布;排出;分配。 **at ~** sedang dipersoalkan, didebatkan, ditengkarkan; menjadi persoalan; mengalami risiko. 讨论中的;争论中的。 **join ~** atau **take ~** terus turut berdebat atau bertengkar. 对…持异议;和…争论。

**isthmus** *n.* (pl. *-muses*) genting; segenting. 地峡;峡。

**it** *pron.* ganti nama bagi benda, binatang, bayi, dsb. (lazimnya kata ganti bagi kebanyakan benda selain manusia); kata ganti kepada benda dan hal yang tak berwatak. (指已提及或心目中的人或事物) 这;那;它 (指无生命物、动植物、性别不详的幼孩等) 它。

**Italian** *a. & n.* berkenaan Itali; bangsa atau bahasa Itali. 意大利 (的);意大利人 (的);意大利语 (的)。

**italic** *a.* (jenis taip berhuruf) condong; italik. 斜体的。 **italics** *n.* (huruf) taip italik. 斜体字。

**italicize** *v.t.* mencetak dalam huruf condong atau italik. 用斜体字印刷;把字排成斜体。

**itch** *n.* miang; kegatalan; resah dengan sesuatu hasrat, atau keinginan melakukan sesuatu. 痒;皮癣;欲望;热望。 —

**item** *v.i.* rasa miang atau gatal. 发痒；渴望。

**itchy** *a.* miang; gatal. 发痒的。

**item** *n.* acara; butir; perkara; barang; item. 项目；条款；细目；品目；一则；一条；一项。

**itemize** *v.t.* menyenaraikan; membutirkan. 分条列述；详细登录。**itemization** *n.* penyenaraian. 列述；逐条记载。

**iterate** *v.t.* ulang semula. 反覆；重复。

**iteration** *n.* pengulangan semula. 重复；重述。

**itinerant** *a.* yang bergerak atau beredar dari tempat ke tempat. 巡回的；游历的。

**itinerary** *n.* jadual perjalanan atau persinggahan. 旅程；路线；旅程指南；旅行计划。

**its** *poss. pron.* (kata milikan bagi kata ganti nama *it*) nya; miliknya; kepunyaannya.
(*it* 的所有格) 它的。**it's**=it is; it has. iaitu; ia sedang; ia telah. 它在；即。

**itself** *pron.* (kata ganti nama) dirinya. (反身代名词) 它自己；它自身。

**ITV** *abbr.* **Independent Television** sebuah stesen televisyen bebas di United Kingdom. (缩写) 英国独立电视公司。

**ivory** *n.* gading; barang yang diperbuat daripada gading; warna gading; warna putih susu. 象牙；象牙制品；象牙色；牙质；乳白色。—*a.* putih susu. 乳白色的；象牙似的。**~ tower** menara gading; pengasingan atau penyisihan daripada kenyataan, hakikat kesulitan dan kesukaran kehidupan. 远离实务；象牙塔。

**ivy** *n.* sejenis tumbuhan menjalar; tumbuhan rembet. 常春藤。

# J

**jab** *v.t.* (p.t. *jabbed*) tikam; cucuk; tusuk; jolok; radak. 猛刺；猛击；戳；捅。—*n.* mencucuk dengan kasar; (*colloq.*) perbuatan mencucuk dengan benda yang tajam; penyuntikan. 猛刺；注射。

**jabber** *v.i.* mengoceh; merapik; merapu; bercakap dengan cepat dan tidak keruan. 喋喋不休；急促而不清地说话。—*n.* ocehan; cakapan yang pantas dan tak keruan. 喋喋不休；急促不清的话。

**jabot** *n.* ropol di leher baju. 衬衫领前的绉褶花边。

**jacaranda** *n.* kayu keras tropika yang berbau wangi. 兰花楹属植物。

**jacinth** *n.* batu permata kemerah-merahan. 红锆石 (一种红宝石)。

**jack** *n.* bicu; penuas; penuil; dongkerak; pengumpil; penjongket; jek; alat pengangkat; bendera kecil pada kapal yang menunjukkan kenegaraannya; kad pakau selepas (terendah daripada) maharani; keldai jantan. (汽车换轮胎时用的) 抬轮器；杠杆；螺旋起重器；(烤肉等用的) 铁叉旋转器；起重机；支撑物；船首旗；(纸牌戏中的) 杰克牌；公驴。—*v.t.* tuas; tuil; umpil; ungkit; mengangkat dengan bicu atau jek. (用起重机等) 顶起；举起；抬起。

**jackal** *n.* sejenis serigala. 豺狼；胡狼。

**jackass** *n.* keldai jantan; bodoh; bahlul; dungu; tolol. 公驴；笨蛋；傻瓜。**laugh-**

**ing ~** sejenis burung pekaka; burung raja undang besar Australia. （澳洲的）笑翠鸟；大鱼狗；笑鸡。

**jackboot** *n.* (kasut, sepatu) but tinggi. （过膝的）长统靴。

**jackdaw** *n.* sejenis burung gagak. 寒鸦；鹎鸹。

**jacket** *n.* jaket; sarung; sampul; kulit luar; pembalut. 夹克；短上衣；外套；罩；（公文、唱片等的）护套；包书纸。

**jack knife** *n.* pisau lipat. 大折刀。—*v.i.* melipat; terlipat. （折刀似地）回转折合；弯折。

**jackpot** *n.* hadiah terkumpul; cepu emas. （牌戏中的）积累赌注；意外的奖赏或成功。 **hit the ~** kejayaan mendadak. 赢得大笔赌注；获得极大成功；发大财。

**Jacobean** *a.* berkenaan zaman pemerintahan Raja James I England (1603-25). （英国1603-25年间）詹姆士一世时期的。

**Jacobite** *n. & a.* penyokong raja-raja keturunan Stuart di England. （英国史）要求让已退位的詹姆士二世后裔继承王位者（的）。

**jacquard** *n.* kain dengan corak tenunan yang seni dan rumit. 提花织物。

**Jacuzzi** *n.* Jakuzi; tempat permandian dengan pancutan air. "极可意"浴缸；一种水力按摩浴缸。

**jade** *n.* jed; batu permata berwarna hijau, biru atau putih; warna hijau jed. 碧玉；翡翠；绿玉色。

**jaded** *a.* letih dan bosan; penat; letih lesu. 发腻的；过度的；精疲力竭的。

**jag** *n.* (*sl.*) keadaan bersuka-sukaan dengan minum arak. 酩酊大醉；狂饮。

**jagged** *a.* jerigi; gerigi; kerikil. 锯齿状的；（边缘）凹凸不平的；参差不齐的。

**jaguar** *n.* jaguar; harimau kumbang. 美洲虎。

**jail** *n.* penjara; rumah pasung; jel. 监狱；牢房。—*v.t.* dipenjarakan. 入狱；监禁。

**jailbird** *n.* (orang yang) keluar masuk penjara. 惯犯；积犯。

**jailer** *n.* pegawai penjara. 狱卒；监狱看守。

**jalopy** *n.* kereta atau motokar usang. 破旧的汽车；老爷汽车。

**jam**[1] *n.* jem; makanan diperbuat daripada buah-buahan bercampur gula; (*colloq.*) sesuatu yang menyenangkan; menyeronokkan. 果酱；乐事；令人愉快的事。—*v.t.* (*p.t. jammed*) jadikan jem; sapukan jem. 把…制成果酱；给…涂上果酱。

**jam**[2] *v.t./i.* (*p.t. jammed*) sangkut; lekat; tersepit; asak; sumbat; sekat; ganggu (siaran radio, dsb.) dengan siaran gangguan. （机器等）轧住；夹住；塞进；使挤满；（无线电广播等）干扰。—*n.* sangkutan; duyunan yang menyesakkan; (*colloq.*) kesukaran; kerumitan. 卡住；拥挤的人群；困境。 **~-packed** *a.* (*colloq.*) penuh sesak; berduyun dan sesak. 塞得紧紧的；挤得水泄不通的。 **~ session** sesi bermain muzik tanpa persediaan. （爵士音乐的）即席演奏会。

**jamb** *n.* jenang (tiang) pintu atau tingkap. 侧柱；门窗侧壁。

**jamboree** *n.* perhimpunan besar; perarakan; jambori. 大集会；欢乐的聚会；童子军大会。

**jammy** *a.* dipenuhi jem. 涂满果酱的。

**jangle** *n.* bunyi berdentang; bunyi gemerencang; bunyi gemerincing; bunyi telingkah logam sesamanya. 噪声；乱摇铃声；金属相击时的刺耳声。—*v.t./i.* menyebabkan berdentang; menghasilkan bunyi gemerencang. 发噪音；发刺耳声。

**janitor** *n.* penjaga, pencuci atau pembersih bangunan. 看管人；照管房屋的工人。

**January** *n.* Januari. 一月；正月。

**japan** *n.* varnis hitam. 日本漆；高漆；亮漆。

**Japanese** *a. & n.* (orang atau bahasa) Jepun. 日本人（的）；日语（的）。

**japonica** *n.* sejenis tumbuhan belukar rimbun berbunga merah. 日本楂梓；日本山茶。

**jar**¹ *n.* guri; pasu; kendi; takar. （圆柱形的）大口罐；广口瓶；陶瓷罐。

**jar**² *v.t./i.* (p.t. *jarred*) gegar; goncang; sentak. 震荡；冲突；激烈争吵。—*n.* gegaran; goncangan; sentakan; gerakan atau kesan yang menggoncang. 震动；震荡；争执。

**jardinière** *n.* pasu bunga hiasan. （装饰用的）花盆。

**jargon** *n.* jargon; istilah khas yang digunakan oleh sesuatu golongan, kumpulan orang, dalam sesuatu bidang (pekerjaan, pengajian, dsb.). 行话；黑话；隐语。

**jasmine** *n.* bunga melur; bunga melati. 素馨；茉莉。

**jasper** *n.* batu ladam; sejenis batu permata (yang kurang berharga) berwarna merah, kuning atau keabu-abuan. 碧玉；碧石。

**jaundice** *n.* penyakit kuning. 黄疸病。

**jaundiced** *a.* berpenyakit kuning; cemburu; iri hati; dengki; jaki. 患黄疸病的；有偏见的；猜忌的；吃醋的。

**jaunt** *n.* peleseran; perjalanan atau pengembaraan singkat. 短途游览；远足。—*v.i.* berpeleser; pergi berjalan atau kembara singkat. 作短途游览；远足。

**jaunty** *a.* (*-ier, -iest*) riang; yakini diri. 快活的；洋洋得意的；感到自信和自满的。**jauntily** *adv.* dengan riang; dengan yakin. 愉快地；洋洋得意地。**jauntiness** *n.* keriangan; keyakinan diri. 快活；自信；洋洋自得。

**javelin** *n.* lembing; javelin. 标枪；轻矛。

**jaw** *n.* rahang; tulang mulut dan dagu; (*colloq.*) percakapan yang panjang; (*pl.*) penggigit; pengapit. 颌；颚；饶舌；喋喋不休；（机器的）钳夹部分。—*v.t./i.* bercakap dengan panjang lebar. 喋喋不休。

**jay** *n.* sejenis burung Eropah (kerabat gagak). （欧洲的）樫鸟。

**jaywalker** *n.* pejalan kaki yang cuai di jalan raya. （不守交通规则而）随意穿越马路的行人。**~-walking** *n.* perihal berjalan dengan tidak menghiraukan lalu lintas. 随意穿越马路的行为。

**jazz** *n.* sejenis rentak muzik; jaz; (*sl.*) angkuh; congkah; pongah. 爵士音乐；爵士舞曲；狂妄；活泼。—*v.t.* bermain muzik jaz; merancakkan; memeriahkan (keadaan). 把…奏成爵士音乐；使有刺激性；使活泼。**jazzy** *a.* bersifat jaz. 有爵士音乐风格的；活泼放纵的。

**jealous** *a.* cemburu; iri hati; dengki; sakit hati; jaki. 妒羡的；猜忌的；吃醋的；戒备的。**jealously** *adv.* berkenaan dengan dengki, sakit hati dan cemburu. 猜忌地；吃醋地。**jealousy** *n.* perasaan cemburu, iri hati atau dengki. 吃醋；猜忌。

**jeans** *n.pl.* seluar; celana kain tebal; seluar jean. 三页细斜纹布；（用三页细斜纹布做的）牛仔裤。

**Jeep** *n.* jip; kenderaan bermotor tahan lasak dengan pacuan empat roda. 吉普车；小型越野汽车。

**jeer** *v.t./i.* cemuh; ejek; perli; ketawa atau sorak mengejek. 嘲笑；戏弄；讥笑。—*n.* cemuhan; ejekan; perlian; ketawa atau sorakan mengejek. 嘲笑；戏弄；嘲骂。

**Jehovah** *n.* Yahweh; Jehovah; nama Tuhan dalam kitab Perjanjian Lama (*Old Testament*) atau Taurat. （基督教《旧约全书》中对上帝的称呼）耶和华。

**Jehovah's Witness** ahli kumpulan Kristian fundamental. 耶和华见证人。

**jejune** *a.* sedikit; kecil; miskin; gersang. 缺乏的；贫瘠的；贫乏的；枯燥的。

**jell** *v.i.* mengental jadi seperti agar-agar, jeli; jadi atau jelma ke dalam bentuk tertentu. 凝成胶状；结冻；定形；（意见、计划等）具体化。

**jellied** *a.* kental; beku; keras. 变成胶状的;胶凝的;胶质的。

**jelly** *n.* agar-agar; jeli. 果子冻;(透明)冻胶。

**jellyfish** *n.* ampai-ampai (binatang laut); ubur-ubur. 水母;海蜇。

**jemmy** *n.* tuil besi; penuil besi; besi pengompel (pintu, tingkap, dsb. yang terkunci); alabangka; linggis; perejang. 短撬棍;(窃贼用来撬开门窗等的)铁橇。—*v.t.* dibuka dengan penuil besi. (用撬棍等)撬开。

**jenny** *n.* keldai betina. 母驴。

**jeopardize** *v.t.* ancam; membahayakan. 使受危险;危害;使陷险境。

**jeopardy** *n.* bahaya. 危险;危难。

**jerboa** *n.* sejenis binatang kecil seperti tikus yang terdapat di padang pasir. 跳鼠。

**jeremiad** *n.* keluhan; rungutan panjang yang menyedihkan. 苦难的漫长哀诉;哀史。

**jerk**[1] *n.* sentakan; sentapan; rentapan; renggutan. 猛拉;急扯;痉挛;抽搐;猛地一动。—*v.t./i.* sentak; sentap; rentap; renggut. 猛拉;急扯;抽搐;猛推。**jerky** *a.* tersentak-sentak. 急拉的;急动的;抽搐的。**jerkily** *adv.* perihal tersentak-sentak; tersengguk-sengguk. 急动地;抽搐地。**jerkiness** *n.* gerakan tersentak-sentak, kesentakan; kerentapan; kerenggutan. 猛拉;急动;痉挛;抽搐。

**jerk**[2] *v.t.* mengawet (terutama daging) dengan menghiris dan menjemur. 把(肉等)切成长片晒干。

**jerkin** *n.* jaket tak berlengan; baju prak; jerkin. (旧时)男用紧身皮制短上衣。

**jerry-built** *a.* dibina dengan lemah dan dari bahan yang bermutu rendah. (尤指建筑工程)草率的;偷工减料的。

**jerry-builder** *n.* seseorang yang menggunakan bahan yang bermutu rendah untuk pembinaan. 偷工减料的建筑商。

**jerrycan** *n.* tin bermuatan lima gelen cecair (untuk air, petrol, dsb.). (盛水、汽油等用的)五加仑装的容器。

**jersey** *n.* (pl. *-eys*) jersi; baju berlengan daripada kain bulu. 平针织物;针织紧身上衣。

**jessamine** *n.* = **jasmin**. 同 **jasmin**。

**jest** *n. & v.i.* senda; gurau. 笑话;玩笑;说笑话;开玩笑。

**jester** *n.* badut; pelawak. 小丑;(尤指古时宫廷中的)弄臣。

**Jesuit** *n.* ahli *Society of Jesus*; satu mazhab Kristian Roman Katolik. (天主教)耶稣会会士。

**jet**[1] *n.* batu legam; warna hitam-legam dan berkilat; warna hitam berkilat. 煤玉;黑色大理石;乌黑发亮的颜色。**~-black** *a.* hitam berkilat. 乌黑发亮的。

**jet**[2] *n.* pancutan (air, gas, api); semburan api; enjin atau pesawat terbang (jet yang menggunakan pancutan gas ke belakang untuk meluru ke hadapan). (水、气、火等从小口射出的)喷射物;喷火器;喷气式发动机或飞机。—*v.t.* (p.t. *jetted*) perjalanan atau penghantaran dengan jet. 乘喷气式飞机旅行;用喷气式飞机运送。**~ lag** gangguan ritma harian (selepas penerbangan jauh). (乘喷气式飞机高速飞行后的)生理节奏失调。**~-propelled** *a.* diluru kuasa jet. 喷气式发动机推进的。**~ propulsion** pendorongan jet; sembuluru. 喷气推进。**~ set** (*colloq.*) golongan elit yang kaya dan sering mengembara. 经常乘喷气式飞机旅游或办理事务的有钱阶层。

**jetsam** *n.* muatan atau barang buangan daripada kapal untuk meringankannya dan tersadai di pantai; buangan tersadai. 船遇险时为减轻重量而投弃的船上装置或货物;冲至岸上的投弃货物。

**jettison** *v.t.* membuang muatan (daripada kapal) ke laut; membuang; meninggalkan. (船遇险时)抛出货物;抛弃;放弃。

**jetty** *n.* jambatan; titi panjang yang menjulur ke laut; titi pangkalan; juluran; jeti. 栈桥；突码头；防浪堤；建筑物的突出部分。

**Jew** *n.* Yahudi; bangsa Yahudi; penganut agama Yahudi; keturunan Ibrani. 犹太人；犹太教徒；希伯来族后裔。**Jew's harp** kecapi mulut; sejenis alat muzik kecil bertali yang digigit menyengkang di rahang dan digetarkan talinya. （咬在牙齿上用手弹的）口拨琴。**Jewess** *n. fem.* perempuan Yahudi. 犹太妇女。

**jewel** *n.* permata; batu permata; manikam; orang atau barang bernilai. 宝石；珠宝；宝石饰物；受珍视的人（或物）；宝贝。**jewelled** *a.* bertatah permata atau manikam. 镶有宝石的。

**jeweller** *n.* jauhari; tukang atau saudagar permata. 珠宝商；宝石商；宝石匠。

**jewellery** *n.* permata; intan permata; emas permata; batu permata, emas, dll. untuk perhiasan diri; barang kemas. （总称）珠宝；珠宝饰物；金饰。

**Jewish** *a.* berkenaan Yahudi; keyahudian. 犹太人的；犹太人作风的；犹太人似的。

**Jewry** *n.* kaum Yahudi. （总称）犹太民族；犹太人。

**jib** *n.* layar cucur; layar yang menjulur ke depan dari tiang layar; jib; lengan kren (alat pengangkat). 船首三角帆；艏帆；（起重机等的）臂。—*v.i.* (p.t. *jibbed*) membantah; enggan maju atau mara. （马等）不肯前进；踌躇不前。**at** membantah keberatan. 持异议；不愿意。

**jiff, jiffy** *ns.* (*colloq.*) sekelip mata; seketika; sekilat; segera. 瞬间；一会儿；立刻。

**jig** *n.* tarian melompat; gedik; aci (alat pemegang sesuatu bahan kerja supaya ia tetap). 捷格舞（一种轻快舞蹈）；捷格舞曲；夹具；装配架。—*v.t./i.* (p.t. *jigged*) bergedik; berlompat; berlonjak; bergerak dengan cepat ke atas dan ke bawah. 跳捷格舞；（用快步）跳舞；使跳跃；上下急剧地跳动。

**jigger** *n.* (gelas kecil) penyukat arak. （配酒用的）计量杯。

**jiggery-pokery** *n.* (*colloq.*) tipu muslihat. 诈骗；阴谋；诡计。

**jiggle** *v.t./i.* gedik; menggedik; ayak; mengayak. 轻轻摇晃；抖动；摇摆。

**jigsaw** *n.* gergaji beraci. 竖锯；线锯；锯曲线机。~ **puzzle** gambar susun suai; gambar yang dipotong selerak dan cuba dicantum atau disusun kembali. 拼板玩具。

**jilt** *v.t.* mengabaikan selepas memikat (hati) seseorang; mengecewakan kasih atau cinta. 任意遗弃（情人）；变负心。

**jingle** *v.t./i.* menggoncang gerincing (seperti menggoncang loceng kecil); menggerincingkan. 使（铃等）丁当响；使（诗、音乐等）合韵律。—*n.* bunyi gerincing; dendang atau irama ringkas (seperti dalam iklan). 丁当声；押韵的诗句。

**jingoism** *n.* jingoisme; semangat kebangsaan yang melampau dan kebencian kepada negara lain. 极端的爱国主义；侵略主义；好战主义。**jingoist** *n.* orang bersifat kejingoan. 侵略主义者；好战主义者。**jingoistic** *a.* bersifat kejingoan. 极端爱国的；侵略主义的；好战主义的。

**jink** *v.i.* elak. 闪开；闪避；急转。**high jinks** riuh rendah. 狂欢作乐；喧闹作乐。

**jinnee** *n.* (pl. *jinn*) jin. （伊斯兰神话中的）精灵。

**jinx** *n.* (*colloq.*) sial; kesialan. 不吉祥的人或物；不幸；倒霉。

**jitter** *v.i.* (*colloq.*) berasa gugup. 紧张不安；战战兢兢。**jitters** *n.pl.* (*colloq.*) kegugupan. 极度紧张不安。**jittery** *a.* gugup. 极度紧张的；战战兢兢的。

**jive** *n.* muzik jaz rancak; tarian ikut rentak muzik jaz. 摇摆乐（一种节奏明快的

爵士音乐）；摇摆舞。 —*v.i.* menari ikut rentak muzik jaz. 跳摇摆舞。

**job** *n.* tugas; pekerjaan; (*colloq.*) tugas yang sukar. 任务；工作；职责；职业；费力的事。 **good ~** atau **bad ~** yang menguntungkan atau tidak. 幸运或不幸的事；干得出色或拙劣的活儿。 **~ lot** berbagai-bagai barang dijual bersekali. 以低价大批出售的杂货（尤指劣货）。

**jobber** *n.* ahli bursa (pasaran saham) yang menjual stok atau saham. 股票经纪人。

**jobbing** *a.* bekerja dan dibayar mengikut tugas yang dilakukan. 做散工的；作分包工作的。

**jobcentre** *n.* pusat pencarian kerja; jabatan kerajaan yang mengumumkan kerja kosong. 就业服务中心；求职中心；政府的劳工登记或求职登记处。

**jobless** *a.* tidak bekerja; menganggur. 无职业的；失业的。

**jockey** *n.* (pl. *-eys*) joki; penunggang kuda lumba. 赛马的职业骑师。 —*v.t./i.* memaksa dengan cara halus dan pakar atau secara yang tidak patut. 用狡诈手段图谋利益；欺诈。

**jocose** *a.* jenaka; lucu; lawak. 开玩笑的；滑稽的；诙谐的。 **jocosely** *adv.* berkenaan dengan kelucuan dan kejenakaan. 滑稽地；诙谐地。 **jocosity** *n.* kejenakaan; kelucuan. 诙谐的言行。

**jocular** *a.* jenaka; lucu; lawak. 喜开玩笑的；滑稽的；诙谐的。 **jocularly** *adv.* berkenaan dengan kelucuan dan kejenakaan. 滑稽地；诙谐地。 **jocularity** *n.* kejenakaan; kelucuan. 滑稽的言行；打趣的言行。

**jocund** *a.* riang; ria. 欢乐的；快活的。 **jocundity** *n.* keriangan; kegirangan. 欢乐；快活。

**jodhpurs** *n.pl.* seluar ketat penunggang kuda. 骑马裤。

**jog** *v.t./i.* (p.t. *jogged*) berolek; tangguk; goncang perlahan-lahan; menyiku; berlari anak. 轻推；轻撞；轻摇；轻触；缓步前进；慢跑。 —*n.* olekan; tanggukan; lari anak; joging; sikuan. 轻推；轻撞；(运动)慢跑；跑步；推触。 **jogger** *n.* orang yang berlari-lari anak atau berjoging. 慢跑者。

**joggle** *v.t./i.* goncang perlahan-lahan. 轻轻摇动。 —*n.* goncangan yang sedikit. 轻摇。

**jogtrot** *n.* lari anak. 缓步；徐行；慢步。

**joie de vivre** menikmati hidup dengan penuh semangat. 生存之乐；生活的乐趣。

**join** *v.t./i.* sambung; hubung; gabung; bergabung; bersatu; masuk golongan; masuk campur; kongsi; menjadi ahli. 联结；结合；用线连接；归队；参战；加入。 —*n.* penyambung; penghubung. 接合点；接合处。 **~ battle** mula bertempur; mula bertarung. 交战；开战。 **~ up** daftar diri menjadi ahli tentera. 参军；入伍。

**joiner** *n.* tukang tanggam; tukang perabot; tukang kayu (perabot kecil-kecilan). 细木工匠；木匠；木工。 **joinery** *n.* perabot; kerja tukangan kayu kecil-kecilan. (总称) 细木工制品；细木工技术；细木工行业。

**joint** *a.* kongsi; bersama. 连接的；接合的；合办的；联名的；共同的。 —*n.* penyambungan; sendi (tulang-temulang); persendian; seketul daging untuk makanan; (*sl.*) tempat perhimpunan orang untuk berjudi, minum arak, dsb. 接合；接合处；人体关节；接缝；(用来烤食的)牛羊等的腿肉；下级阶层聚赌、聚饮的场所。 —*v.t.* sambung; hubung; bahagi kepada sambungan. 连接；接合；使有接头；把肉切成带骨的大块。 **~ stock** stok bersama. 合股。 **out of ~** tergelincir; terpeliuh; tidak sejajar. 脱白的；脱节的。 **jointly** *adv.* bersama. 联合地；共同地。

**jointure** *n.* harta yang diberikan kepada isteri untuk digunakan setelah suaminya meninggal. （丈夫生前指定给予妻子的）寡妇所得产。

**joist** *n.* rasuk (lantai); gelegar; kayu palang; alang. （地板等的）托梁；桷栅；小楞桁。

**jojoba** *n.* jojoba; tumbuhan menghasilkan biji yang mengandungi minyak untuk campuran kosmetik. 美国加州的希蒙得木（种子含油质的植物,可用于化妆品）

**joke** *n.* jenaka; kelakar; gurau senda; kelucuan; lawakan; orang atau benda yang pelik dan lucu. 笑话；笑料；诙谐；笑柄。—*v.i.* berlawak; berjenaka; bergurau; bersenda; melawak. 开玩笑；说笑话；戏弄。

**joker** *n.* pelawak; orang yang suka berjenaka; daun terup bergambar badut. 滑稽小丑；爱开玩笑的人；百搭牌。

**jollification** *n.* perbuatan bersuka-sukaan; penghiburan; keriaan; keriangan; kegirangan; pesta. 作乐；欢宴；欢庆。

**jollity** *n.* keriaan; keriangan; kegirangan. 高兴；愉快；快乐。

**jolly** *a.* (-*ier*, -*iest*) ria; riang; girang. 愉快的；兴高采烈的；令人高兴的。—*adv.* (*colloq.*) sangat; sungguh. 非常；很。—*v.t.* menghiburkan (seseorang). （用哄、捧等方法）逗笑；使高兴。

**jolt** *v.t./i.* sentak; renggut. 震摇；震惊；使拳击中给对手猛击；颠簸。—*n.* sentakan; renggutan; keadaan terperanjat; kejutan. 震摇；震惊；颠簸。

**jonquil** *n.* sejenis bunga berbau wangi. （水仙属的）长寿花。

**josh** *v.t./i.* gurauan; usikan. 嘲笑；无恶意地揶揄；戏弄。

**joss** *n.* patung berhala Cina. 中国的佛像；神像。**joss-stick** *n.* colok. （祭祀用的）香。

**jostle** *v.t./i.* tolak-menolak; sondol. 推撞；推挤；争夺。

**jot** *n.* sedikit; jumlah yang kecil. 一点儿；少额；少量。—*v.t.* (*p.t. jotted*) mencatat dengan cepat dan ringkas. 草草记下；摘记。

**jotter** *n.* buku nota; buku catatan. 作备忘录用的小本子；笔记本。

**joule** *n.* joule; sukatan (unit) tenaga. 焦耳（功、能量的绝对单位）

**journal** *n.* catatan peristiwa harian; akhbar atau majalah; jurnal; penerbitan berkala. 日志；日记；日报；杂志；定期刊物。

**journalese** *n.* gaya bahasa yang kurang baik; gaya laporan yang kurang baik dalam bidang kewartawanan. 低劣的新闻文体；草率的新闻报导。

**journalist** *n.* wartawan; pemberita. 记者；新闻工作者；撰稿人。**journalism** *n.* kewartawanan. 新闻业；新闻工作。

**journey** *n.* (*pl.* -*eys*) perjalanan; kembara; pengembaraan. 旅行；旅程；路程。—*v.t.* berjalan; mengembara. 旅行；游历。

**journeyman** *n.* (*pl.* -*men*) pekerja pelatih (murid pertukangan) yang telah tamat latihannya. （学徒期满的）工匠；（受训毕业的）学徒。

**joust** *v.i. & n.* bertarung dengan lembing sambil menunggang kuda. （骑士等的）马上枪术比武；骑者用长枪比武；参加马上枪术比武。

**jovial** *a.* ria; riang; gembira. 快活的；愉快的；快乐的。**jovially** *adv.* dengan riang; dengan senang hati. 愉快地；快活地。**joviality** *n.* keriaan; keriangan; kegembiraan. 快活；愉快；快乐。

**jowl** *n.* gelambir; rahang (tulang dagu dan mulut) dan pipi. 颚；颚骨；下颚；下巴；（牛、禽类的）垂皮；喉袋。

**joy** *n.* seronok; gembira; keriangan; kebahagiaan. 欢乐；高兴；乐事；乐趣；幸福。

**joyful** *a.* sungguh seronok, gembira, riang, bahagia. 欢乐的；高兴的；十分喜悦的；幸福的。**joyfully** *adv.* dengan gembiranya. 喜悦地。**joyfulness** *n.* keseronokan; kegembiraan; keriangan; kebahagiaan. 欢乐；高兴；喜悦；幸福。

**joyous** *a.* yang menyeronokkan; yang menggembirakan. 喜气洋洋的;欢欣的。**joyously** *adv.* sungguh menggembirakan. 喜气洋洋地;欢欣地。

**joyride** *n.* bersiar-siar dengan kereta yang dicuri. (驾车)兜风;尤指偷车后以高速胡乱行驶。**joyriding** *n.* perbuatan bersiar dengan kereta curi. 驾(偷来的)汽车兜风。

**joystick** *n.* kayu ria; tuil pengawal kapal terbang; alat untuk menggerak kursor pada skrin komputer. 飞机的操纵杆;电脑的控制杆。

**JP** *abbr.* **Justice of Peace** Jaksa Pendamai (J.P.). (编写)治安官;兼理一般司法事务的司法官。

**jubilant** *a.* seronok; gembira; riang. 喜悦的;喜洋洋的;欢呼的。**jubilantly** *adv.* dengan penuh kegembiraan. 喜气洋洋地;欢欣地。**jubilation** *n.* keseronokan; kegembiraan; keriangan. 喜悦;喜气洋洋;欢欣。

**jubilee** *n.* sambutan ulang tahun khas; jubli. (尤指五十周年、二十五周年等具特殊纪念意义的)周年纪念;喜庆时节。

**Judaic** *a.* berkenaan Yahudi. 犹太人的;犹太民族(文化)的;犹太教的。

**Judaism** *n.* agama Yahudi; penganutan ajaran kitab Taurat (*Old Testament*); penganutan ajaran Taurat dan kitab Talmud. 犹太教;犹太教信仰。

**judder** *v.i.* goncang (dengan kasar); hinggut; gegar; menggegar. (尤指机械装置)剧烈振动;震荡;颤抖;动摇。—*n.* goncangan; hinggutan; gegaran. 振动;震荡;动摇。

**judge** *n.* hakim; kadi; pengadil. 法官;裁判;评判员;鉴定人。—*v.t.* hakimi; menghakimkan; adili; mengadili; anggar. 判断;判决;评定;评价;鉴定。

**judgement** *n.* (dalam perundangan) penghakiman; pengadilan; pertimbangan dan kesimpulan; keputusan hakim atau pengadil. 判决;(经法官判决)所确定的债务;判决书;判断。**Judgement Day** hari pengadilan Tuhan semasa kiamat. 上帝的最后审判日;世界末日。**judgemental** *a.* bersifat menghakim. 判决上的。

**judicature** *n.* kehakiman; badan kehakiman. 司法;审判制度;司法权;法庭。

**judicial** *a.* berkenaan kehakiman; hakim atau pengadilan berkenaan. 司法的;审判上的;法院的。**judicially** *adv.* secara kehakiman. 司法上;审判上。

**judiciary** *n.* sistem kehakiman negara. 国家的司法部;法院系统。

**judicious** *a.* bijaksana; adil. 明断的;有见识的;明智而审慎的。**judiciously** *adv.* secara bijak. 明断地;有见识地。**judiciousness** *n.* bijaknya; kebijakan. 明智;有见识。

**judo** *n.* judo. 日本的柔道。**judoist** *n.* ahli judo. 柔道师;柔道员。

**jug** *n.* jag. (用以盛水或酒的有柄小口)大壶。—*v.t.* (p.t. *jugged*) rebus (sup) arnab. 煨、炖(兔子等)。**jugful** *n.* satu jag penuh. 满壶;满罐。

**juggernaut** *n.* kenderaan raksasa; kuasa atau alat raksasa; institusi yang amat berkuasa. 巨型运输车辆;骇人的毁灭能力或物体。

**juggle** *v.t./i.* melambungkan dan menangkap beberapa benda (ketul) bergilir ganti; permainan lambung tangkap; muslihat; atur semula (angka, fakta, dll.) untuk pengeliruan atau penipuan. (用球、小刀、盘子等)玩杂耍;变戏法;欺骗;窜改(数字);颠倒事实。**juggler** *n.* pemain lambung tangkap. 玩杂耍的人;魔术师。

**jugular vein** urat leher; salah satu daripada dua urat atau saluran darah besar di leher. 颈静脉。

**juice** *n.* cecair sayuran dan buah-buahan; jus; cecair rembesan anggota tubuh. (蔬菜、水果、植物的)汁;浆;肉汁。**juicy** *a.* (buah, dsb.) yang banyak berair. (蔬菜、水果等)多汁的。

**ju-jitsu** ju-jitsu; seni mempertahankan diri Jepun. 柔术（日本江户时代一种自卫武术）。

**jujube** *n.* sejenis gula-gula seperti agar-agar; jujub. 枣味胶糖。

**jukebox** *n.* peti muzik (yang dapat memilih piring hitamnya sendiri mengikut arahan); peti nyanyi. （投币启动的）自动电唱机。

**julep** *n.* minuman arak dan air berperisa pudina. 含香草的冷饮；一种酒加糖及薄荷的饮料。

**julienne** *n.* sup mengandungi sayur-sayuran yang diricih. 菜丝汤。

**July** *n.* Julai. 七月。

**jumble** *v.t.* lambak. 使混杂；搞乱。—*n.* barang jualan untuk jualan lambak. 旧杂货义卖品。**~ sale** jualan lambak; pasar lambak. 旧杂品义卖；廉价抛售存货。

**jumbo** *n.* (pl. *-os*) benda sangat besar (seperti gajah). 庞然大物；体大而笨拙的东西。**~ jet** jumbo jet; pesawat terbang yang sangat besar. 大型喷气式客机。

**jump** *v.t./i.* lompat; loncat; terkam; lari daripada (jaminan, dsb.). 跳；跃；弹跳；（价格等）暴涨；跳过；越级；升职；猛扑；突然离开（轨道等）；（因欠债等）逃离。—*n.* lompatan; loncatan; terkaman; kelopongan, kekosongan dalam sesuatu siri; benda untuk dilompati. 跳跃；弹跳；暴涨；越过；猛扑；（系列的）中断；（需跳过的）障碍物。**~ at** terima dengan gembira. 欣然接受；迫不及待地接受。**~-lead** *n.* kabel mengalirkan kuasa elektrik dari satu bateri ke bateri lain. （连接电池以启动引擎的）跨接电缆线。**~ suit** baju monyet; baju yang bersambung dengan seluar. 连衫裤工作服。**~ the gun** bertindak sebelum diizinkan. 仓促行动；（赛跑员未闻号令声而）起跑。**~ the queue** tidak mengikut giliran; lompat giliran. 插位；不按次序排队。**~ to conclusions** buat kesimpulan (lazimnya silap) mendadak; menyimpulkan tanpa usul periksa. 轻率地作出结论。

**jumper**[1] *n.* pelompat; peloncat. 跳跃者；跳高员；跳伞者。

**jumper**[2] *n.* baju kait (untuk perempuan); baju (pakaian) seragam kelasi. （妇女的）无袖套领罩衫；工作服；水手短上衣。

**jumpy** *a.* gugup; gentar. 慌乱的；心惊肉跳的。

**junction** *n.* simpang; persimpangan. 接合点；交叉点；铁道联轨点；河流汇合处。

**juncture** *n.* ketika; pada waktu itu. 时机；关键时刻；状况；形势。

**June** *n.* Jun. 六月。

**jungle** *n.* hutan; rimba. 热带丛林；密林。

**junior** *a.* lebih muda; lebih rendah pangkat. 年纪较小的；（等级、地位等）较低的；资历较浅的。—*n.* orang yang lebih muda atau lebih rendah pangkatnya. 年少者；晚辈；地位较低的人。

**juniper** *n.* sejenis tumbuhan renek malar. 桧属植物；杜松。

**junk**[1] *n.* sampah; sarap; barang buangan. 破烂货；垃圾；废旧杂物。**~ food** makanan ringan. 零食。**~-shop** *n.* kedai yang menjual pelbagai barangan terpakai. 旧货店。

**junk**[2] *n.* jong; tongkang. 平底中国帆船；舯舡。

**junket** *n.* sejenis pemanan; dadih (susu). 凝乳食品；酥酪。

**junketing** *n.* pesta bersuka ria. 宴乐；野餐。

**junkie** *n.* (*sl.*) penagih dadah. 吸毒者。

**junta** *n.* kumpulan yang bersatu untuk memerintah terutama selepas revolusi; majlis pemerintah; junta. 政变或革命后掌握政权的执政团；秘密政治集团。

**juridical** *a.* juridikal; berkenaan peraturan mahkamah atau undang-undang. 司法上的；法律上的；审判上的。

**jurisdiction** *n.* bidang kuasa; kuat kuasa; bidang kuat kuasa perundangan. 司法；司法权；裁判权。

**jurisprudence** *n.* jurisprudens; kepakaran dalam hal hukum; ilmu hukum atau perundangan; falsafah hukum atau perundangan. 法学；法理学；法律哲学。

**jurist** *n.* pakar undang-undang. 法律学家；法理学家。

**juror** *n.* ahli majlis pengadilan; ahli juri. 陪审员；(竞赛时的) 评审委员；评奖人。

**jury** *n.* majlis (sekumpulan orang) pengadil di perbicaraan mahkamah juri. 陪审团。**juryman** *n.* (pl. *men*) juri lelaki. 男陪审员。**jurywoman** *n.* (pl. *women*) juri perempuan. 女陪审员。

**jury-rigged** *a.* tali-temali sementara. 具备临时应急索具 (或紧急操舵装置) 的。

**just** *a.* adil; saksama; kesaksamaan. 公正的；公平的；正义的；合理的。—*adv.* sahaja; baru sahaja; baru sebentar. 仅仅；只是；恰好；刚才。**justly** *adv.* dengan adil; patut. 公正地；应得地；合理地。

**justness** *n.* keadilan; kesaksamaan. 公正；正义；合理。~ **now** sekarang; sekejap tadi. 正在；刚才。

**justice** *n.* keadilan; hakim; jaksa. 公平；正义；公道；公理。**Justice of the Peace** Jaksa Pendamai; orang biasa yang bertindak sebagai hakim. 治安法官；治安推事；兼理一般司法事务的地方官。

**justiciary** *n.* pegawai pentadbir perundangan atau kehakiman. 高级法院法官。

**justifiable** *a.* dapat dipertahankan; patut; wajar. 可证明为正当的；可辩护的；不可非议的；合理的。**justifiably** *adv.* perihal kewajaran, kepatutan dan dapat dipertahankan. 合理地；正当地；情有可原地；可辩护地。**justifiability** *n.* kewajaran. 正当；可辩护性。

**justificatory** *a.* (bersifat) memberi alasan. 辩解的；辩护性的。

**justify** *v.t.* membuktikan sebagai wajar, patut atau adil; memberi alasan; menyamakan hujung barisan cetakan supaya lurus atau selari. 证明 (人、事、言论等) 是正当的；为…辩护；为…提供法律证据；整 (版)；调整字的间隔 (使全行排满)。**justification** *n.* pembuktian sebagai wajar, patut atau adil; sebab-musabab; penyamaan hujung baris cetakan; justifikasi. 证明为正当；辩护；辩明；正当的理由；整版；活字行间的整理。

**jut** *v.t.* (p.t. *jutted*) julur; sembul. 突出；伸出。

**jute** *n.* rami; jerami pokok jut. 黄麻的纤维。

**juvenile** *a.* juvenil; bersifat kebudak-budakan; untuk kanak-kanak. 适合青少年的；青少年 (时代) 的；供青少年用的。—*n.* kanak-kanak; budak-budak. 青少年。**juvenility** *n.* keanak-anakan; kebudak-budakan. 年少；幼稚；幼稚的思想行为。

**juxtapose** *v.t.* sandingkan; dampingkan; letakkan sebelah-menyebelah. 把…并列；使并置。**juxtaposition** *n.* seiringan; sandingan; persandingan. 并列；并置。

# K

**kaiser** *n.* kaiser; gelaran maharaja Jerman dan Austria sehingga tahun 1918. 恺撒（1918年以前德国和奥国的皇帝）；皇帝。

**kale** *n.* kubis. 羽衣甘蓝；卷叶菜。

**kaleidoscope** *n.* tiub pelangi; tiub mainan yang mengandungi serpihan kaca, dsb. untuk menghasilkan pelbagai corak warna yang silih berganti; kaleidoskop. 万花筒。**kaleidoscopic** *a.* silih berganti. 万花筒般千变万化的；变幻莫测的。

**kamikaze** *n.* (di dalam Perang Dunia Kedua) juruterbang kamikaze (berani mati); pesawat kamikaze. （第二次世界大战末期日本空军中连人带机作自杀性攻击敌人的）神风队队员；神风敢死队所用的飞机。

**kampong** *n.* kampung. 马来人的村庄；乡村。

**kangaroo** *n.* kanggaru. 袋鼠。**~ court** mahkamah haram; mahkamah yang ditubuhkan secara haram oleh kumpulan yang bertikai untuk menyelesaikan pertikaian antara mereka. 为解决纠纷而自设的非正规法庭。

**kaolin** *n.* kaolin; tanah liat putih yang digunakan untuk membuat tembikar dan ubat. 高岭土；细瓷土；白陶土。

**kapok** *n.* kabu-kabu; kekabu. 木棉。

**kaput** *a.* (*sl.*) rosak; pecah berkecai. 完蛋了的；彻底失败的。

**karate** *n.* karate. 日本的空手道。

**karma** *n.* karma; (dalam agama Buddha dan Hindu) tindakan seseorang yang mempengaruhi penjelmaan semula orang itu nanti. （佛教、兴都教的）因果报应。

**kauri** *n.* pokok kauri (di New Zealand) yang menghasilkan sejenis getah gam (*kaurigum*). （纽西兰的）南方贝壳杉。

**kayak** *n.* kayak; perahu berbumbung; perahu Eskimo. 爱斯基摩独木舟。

**kc/s** *abbr.* **kilocycle(s) per sound** ribu putaran per saat. （缩写）每秒千周（千赫）。

**kebabs** *n.pl.* kebab. 烤腌肉串；肉串上的肉块。

**kedge** *n.* sauh cemat atau sauh kecil. 小锚。—*v.t./i.* bergerak dengan menarik sauh. 用小锚拖船。

**kedgeree** *n.* sejenis masakan nasi campur ikan atau telur. （印度的）鸡豆葱豆饭；以米、鱼、蛋等烧成的食品。

**keel** *n.* lunas (perahu, kapal); tulang belakang perahu atau kapal. （船等的）龙骨；船脊骨。—*v.t./i.* terbalik; tertiarap; terlungkup. 使（船）倾覆；使船底朝上（以便修理或洗刷龙骨）。

**keen**[1] *a.* (*-er, -est*) tajam; tembusi; sejuk menusuk; gigih; tekun. 锐利的；（言语等）刺人的；深入的；（寒风等）刺骨的；激烈的；渴望的；热心的。**~ on** (*colloq.*) sangat suka. 非常喜爱；对…有浓厚兴趣。**keenly** *adv.* sangat; dengan hebat penuh minat. 积极地；渴望地。**keenness** *n.* ketajaman; kegigihan; ketekunan. 锐利；渴望；热心。

**keen**[2] *n.* ratipan atau ratapan (nyanyian) pengebumian bangsa Irish. （爱尔兰哭丧时唱出的）挽歌。—*v.i.* meratip; meratap (nyanyian pengebumian). （为安慰死者而）号哭；恸哭。

**keep** *v.t./i.* (*p.t. kept*) simpan; taruh; tahan; halang; biar; saing; terus; tunai; tepati; berpegang kepada (janji, dsb.); jaga; pelihara; tanggung. 保存；保管；守密；保持某种状态；食物保持不坏；拘留；阻止；抑制；拖延；庆祝；继续；遵守（诺言等）；照料；经营；饲养；维持。—*n.* sara hidup; kubu dalam istana. 生计；城堡（要塞等）的高楼。**for keeps** (*colloq.*) menyimpan terus. 归胜利者所得；永久地。**~ house** menjaga rumah atau isi rumah. 理家；管理家务。**~ up** kemajuan pada kadar yang sama dengan orang lain; meneruskan; menyenggarakan. （价格、斗争、状态等）保持；不落后；继续；维持。

**keeper** *n.* penjaga; pengawas; waris. 看守人；管理人；动物园的饲养人；（商店、酒店等的）所有人；经营者。

**keeping** *n.* simpanan; jagaan. 保留；保留物；看守；保管。**in ~ with** sesuai, serasi, secocok, sejajar dengan. 与…协调；和…相称。

**keepsake** *n.* tanda mata; benda untuk mengenang sesuatu. 纪念品；纪念物。

**keg** *n.* tong kecil. 容量不及10加仑的小桶。**~ beer** bir dari tong besi bertekanan. 一小桶啤酒。

**kelp** *n.* rumpai laut. 巨藻；大海草。

**kelvin** *n.* kelvin; sukatan (suhu). 开（开尔文温标的计量单位）。**Kelvin scale** skala Kelvin yang mempunyai suhu sifar (0) pada sifar mutlak (–273.15 °C). 开尔文温标（热力学的绝对温标）。

**ken** *n.* jarak penglihatan atau pengetahuan. 视野；眼界；知识范围；见地。—*v.t.* (p.t. *kenned*) (*Sc.*) tahu. 认识；知道。

**kendo** *n.* sukan orang Jepun menggunakan pedang buluh. 日本剑道（一种以竹棍等作剑的击剑运动）。

**kennel** *n.* lau; reban (pondok) anjing. 狗窝；狗房；狗舍。

**kept** *lihat* **keep**. 见 **keep**。

**kerb** *n.* bendul jalan; batas kaki lima. 路边砌石；突起道路或人行道的石边。

**kerchief** *n.* skaf yang digunakan sebagai tudung. 头巾；围巾。

**kerfuffle** *n.* (*colloq.*) kegemparan; keriuhan. 混乱；骚乱；动乱。

**kermes** *n.* serangga kecil untuk membuat pewarna merah. 制胭脂用的胭脂虫。

**kernel** *n.* isirong; isi keras (seperti kelapa); intisari; bahagian penting sesuatu. （椰子等的）果仁；果肉；核仁；中心；要点。

**kerosene** *n.* kerosin; minyak tanah; minyak gas; minyak parafin. 煤油；火油。

**kestrel** *n.* sejenis (burung) helang kecil. 红隼鸟。

**ketch** *n.* perahu berlayar kembar; lancang berlayar kembar. 双桅纵帆船。

**ketchup** *n.* sos tomato. 蕃茄酱。

**kettle** *n.* cerek. 烧开水用的壶；水锅。

**kettledrum** *n.* (tong) dram kawah. （打击乐器中的）釜形铜鼓；定音鼓。

**Kevlar** *n.* [P.] gentian sintetik yang teguh digunakan untuk menguatkan getah, dsb. 凯夫拉尔；纤维B（一种极牢固的合成纤维，用以替代橡胶等）。

**key** *n.* anak kunci; penyelesaian; jawapan; isyarat rahsia; nada; sistem not berkait dalam muzik; permukaan yang kasap (dikikir, dsb.) supaya cat, dsb. mudah melekat; mata piano; mata huruf mesin taip, komputer, dsb. 钥匙；关键；地理要冲；数学题解；线索；秘诀；乐调；（思想、表达等的）格调；有助粘附的粗糙表面；(钢琴、打字机、电脑等的) 键。—*v.t.* berhubung atau berkait rapat; menjadikan sesuatu permukaan kasap (supaya cat, dsb. mudah melekat). 插上（栓等）；锁上；拴住；把表面弄毛糙（以便粘附漆等）。**~-ring** *n.* relang kunci. 钥匙圈。**~ up** jadi tegang atau gugup. 使紧张；激励。

**keyboard** *n.* papan kekunci; deretan punat (seperti pada piano, mesin taip atau komputer, dsb.). (钢琴、打字机、电脑等的) 键盘。—*v.t.* memasukkan data menggunakan papan kekunci. 用键盘输入。

**keyhole** *n.* lubang kunci. 锁眼；钥匙孔。

**keynote** *n.* not muzik yang dijadikan asas kepada nada; nada atau idea utama. 主调音；基音；主要观念。

**keypad** *n.* kekunci kecil untuk menggerakkan alat elektronik, telefon, dsb. 电子仪器、电脑、电话等能放在手上操作的小型键盘；袖珍键盘。

**keystone** *n.* batu di bahagian atas pintu gerbang yang menjadi penentu dan pengikat batu-bata lain dalam binaan itu. 拱顶石；冠石；枢石。

**keyword** *n.* kata isyarat (pembuka rahsia). （暗号、索引等中的）关键词。

**kg** *abbr.* **kilogram(s)** kilogram. （缩写）公斤；千克。

**KGB** *abbr.* jabatan polis rahsia; perisik negara Rusia. （缩写）苏联国家安全委员会。

**khaki** *a. & n.* warna kuning kecoklatan. 黄褐色（的）；黄卡其军服服色（的）。

**kHz** *abbr.* **kilohertz.** （缩写）千赫。

**kibbutz** *n.* (pl. *-im*) kampung kelompok hak bersama di Israel. 以色列的集居区（尤指集体农庄）。

**kiblah** *n.* (Islam) kiblat; mihrab. （伊斯兰教徒朝向麦加殿堂的）祈祷方向。

**kick** *v.t./i.* sepak; tendang; terajang. 踢；踢出；（足球等）把球踢入球门；（枪炮等）反冲。 —*n.* sepakan; tendangan; terajangan; (*colloq.*) keseronokan. 踢；（足球等）踢球；反冲；反击力；冲刺力；（酒等的）刺激；极度的快感。 **~off** *n.* permulaan permainan bola sepak. （足球等）中线开球。 **~ out** (*colloq.*) buang secara paksa; pecat. （足球等为救球而）把球踢出界；驱逐；解雇。 **~-starter** *n.* penginjak; alat penghidup sawat atau enjin motosikal dengan cara menginjak. （摩托车等的）反冲式起动器。 **~ up** (*colloq.*) memulakan; hasilkan (kekacauan, riuh rendah, dsb.). 引起（骚乱、鼓噪等）。

**kickback** *n.* tendangan balik; bidasan; (*colloq.*) ganjaran; rasuah. （突然产生的）剧烈反应；（药等引起的）不良反应；酬金；回扣。

**kid** *n.* anak kambing; kulit anak kambing; (*sl.*) budak; kanak-kanak. 小山羊；小山羊皮；孩子；儿童。 —*v.t./i.* (p.t. *kidded*) usik; olok; acah; senda; gurau. 戏弄；开玩笑；哄骗。

**kiddy** *n.* (*sl.*) budak; kanak-kanak. 小孩子；小家伙。

**kidnap** *v.t.* (p.t. *kidnapped*) culik; curi orang. 绑架；诱拐（小孩等）。 **kidnapper** *n.* penculik (penjenayah). 绑架者；拐子；绑匪。

**kidney** *n.* (pl. *-eys*) ginjal; buah pinggang. 肾。 **~ bean** kacang bunus. 菜豆；肾形豆。 **~ dish** pinggan lekuk. 肾形盘子。

**kill** *v.t.* bunuh; matikan; membazirkan waktu. 杀死；处死；毁掉；屠宰；（网球、羽球等）杀球；消磨时间。 —*n.* pembunuhan; binatang yang dibunuh oleh pemburu. 屠杀；宰；被杀死的猎获物。 **killer** *n.* pembunuh. 杀人者；凶手。

**killing** *a.* (*colloq.*) sungguh melucukan. 滑稽的；有趣的。

**killjoy** *n.* pengacau; perosak keseronokan orang lain. 扫兴的人或物；煞风景的人或物。

**kiln** *n.* relau; tanur; dapur salai; penyalai; tempat membakar bata, tembikar, dsb. 窑；火炉。

**kilo** *n.* (pl. *kilos*) kilo; kilogram. 公斤；千克。

**kilo-** *pref.* satu ribu; (1000). （前缀）表示"一千"；千-。

**kilocycle** *n.* 1000 pusingan; putaran sebagai satu sukatan unit kekerapan (frekuensi) gelombang; kilohertz. 千周；千赫。

**kilogram** *n.* kilogram; 1000 gram; 2.205 paun; 1.667 kati. 公斤；千克（等于2.205英磅或1.667斤）。

**kilohertz** *n.* kilohertz; seunit frekuensi gelombang elektromagnet bersamaan 1000 pusingan atau putaran sesaat. 千赫。

**kilometre** *n.* kilometer; 1000 meter; 0.62 batu. 公里；千米。

**kilovolt** *n.* 1000 volt. 千伏（特）。

**kilowatt** *n.* 1000 watt. 千瓦（特）。

**kilt** *n.* skirt lelaki orang Scot. 苏格兰高地男子穿的短裙。 **kilted** berlipat-lipat. 有直褶的。

**kimono** *n.* (pl. *-os*) kimono; pakaian rasmi perempuan Jepun. 日本的和服；和服式宽大外衣。

**kin** *n.* sanak saudara; kaum kerabat; saudara mara. 家属；家族；世系；亲属。

**kind**[1] *n.* jenis; macam. 种；类别；门类；属；帮；伙。**a ~ of** tergolong kepada sesuatu jenis benda tertentu. 一种；一类；有几分；有点。**in ~** (bayaran) dalam bentuk barangan, dll. bukan wang. 以货代款；以实物缴付或回敬。**of a ~** yang sama; seakan. 同一种类的；徒有其名的。

**kind**[2] *a.* baik; baik hati; pemurah; bersifat belas kasihan. 仁慈的；亲切的；和蔼的。**~-hearted** *a.* baik hati. 仁爱的；充满柔情的。**kindness** *n.* kebaikan; sifat baik hati; kemurahan hati. 仁慈；好意；亲切的态度。

**kindergarten** *n.* tadika; taman didikan kanak-kanak. 幼儿园；幼稚园。

**kindle** *v.t./i.* nyalakan; menyala; bangkitkan. 点火；燃；鼓动；激发。

**kindling** *n.* umpan api; ranting atau serpihan kayu buat menyalakan api. 引火物；引火柴枝。

**kindly** *a.* (*-ier, -iest*) dengan baik hati. 有同情心的；亲切的；和蔼的。 —*adv.* sila; tolong. 请（客套用语）。**kindliness** *n.* kebaikan hati. 仁慈；友好；仁慈的举动。

**kindred** *n.* kaum kerabat; saudara mara; sanak saudara. 家族；亲属关系；血缘关系。—*a.* bersangkutan; kena-mengena; daripada jenis yang sama. 有关系的；连带的；同种的；同源的；同性质的。

**kinetic** *a.* kinetik; berkenaan gerakan. 动力的；动力学的；有动力的。

**king** *n.* raja; maharaja; daun terup bergambar raja, terbesar selepas rani atau ratu. 国王；君主；部落首领（象棋的）王；（纸牌中的）老K。**~-size, ~-sized** *adjs.* bersaiz lebih; luar biasa besarnya. 特大的；特长的；特大号的。**kingly** *a.* seperti raja. 国王的；国王似的。**kingship** *n.* kemaharajaan. 王位；王权；君主政体。

**kingcup** *n.* sejenis bunga berwarna kuning. 鳞茎毛茛；驴蹄草；立金花。

**kingdom** *n.* negara di bawah pemerintahan raja atau ratu; pembahagian alam semula jadi (misalnya, **animal ~** alam haiwan). 王国；君主的国土；（动物、植物及矿物自然三界之一的）界。**~-come** *n.* (*sl.*) akhirat; alam baqa. 来世；天国。

**kingfisher** *n.* burung pekaka; burung raja udang. 翠鸟；鱼狗。

**kingpin** *n.* orang atau barang yang sangat diperlukan. （组织或事业中的）主要人物；（论点等的）主要支柱。

**kink** *n.* simpulan (kecil, pendek pada tali, dawai, dsb.); keganjilan; kepelikan (akal). （绳、线、索等的）纽结，绞缠；怪念头；奇想。—*v.t./i.* simpul; menyimpul. 打结；使纠缠。**kinky** *a.* bersimpul; aneh; ganjil; pelik. 绞缠的；不正当的；古怪的；乖僻的。

**kinsfolk** *n. pl.* saudara mara; kaum kerabat; sanak saudara. 亲属；家属；亲戚。**kinsman** *n.* saudara mara lelaki. 男亲属；男亲戚。**kinswoman** *n. fem.* saudara mara perempuan. 女亲属；女亲戚。

**kiosk** *n.* gerai; pondok. （尤指车站、广场、公园等地方内贩卖书报、糖果、香烟等的）圆形小亭；书报摊。

**kip** *n. & v.i.* (*p.t. kipped*) (*sl.*) tidur. 睡觉；住客栈。

**kipper** *n.* ikan salaian; ikan yang disalai (dengan bahang dan asap). 熏鲑鱼；熏制咸鲱鱼。

**kirk** *n.* (*Sc.*) gereja. 苏格兰的教堂。

**kirsch** *n.* arak daripada buah ceri. 樱桃酒。

**kismet** *n.* takdir; nasib; qadak; qadar. 命运；天命；伊斯兰教真主的旨意。

**kiss** *n. & v.t./i.* kucup; cium. 吻；接吻。

**kit** *n.* peralatan (pakaian, alat, dsb.). 成套工具；所有的装备（尤指衣服）。—*v.t.* (*p.t. kitted*) dilengkapkan dengan peralatan. 装备。

**kitbag** *n.* beg; uncang; kampit peralatan. 长形帆布用具袋；背包。

**kitchen** *n.* (bilik) dapur. 厨房。 **~ garden** kebun sayur-sayuran. 菜园；菜圃。

**kitchenette** *n.* (bilik) dapur kecil. 小厨房。

**kite** *n.* wau; layang-layang; burung yang besar dari keluarga rajawali. 风筝；纸鸢；鸢鸟。

**Kitemark** *n.* lambang barangan yang diluluskan Institut Piawaian British. 英国际准协会的风筝形规格说明标志。

**kith** *n.* **~ and kin** sanak saudara; kaum kerabat. 亲属；朋友。

**kitsch** *n.* gaya seni (lukis) yang tidak bernilai. (戏剧等艺术上的) 庸俗拙劣的作品。

**kitten** *n.* anak kucing. 小猫。 **kittenish** *a.* seperti anak kucing; manja. 小猫似的；嬉耍的；顽皮的。

**kittiwake** *n.* burung camar kecil. (北冰洋和北大西洋等地的) 三趾鸥。

**kitty** *n.* tabung (wang) untuk kegunaan ramai. 共同的资金。

**kiwi** *n.* (pl. *-is*) burung kiwi; sejenis burung di New Zealand yang tidak boleh terbang. 鹬鸵 (纽西兰一种不能飞的鸟)。

**kleptomania** *n.* kecenderungan mencuri (sejenis penyakit); kleptomania. 偷窃狂；盗窃癖。 **kleptomaniac** *n.* orang yang berpenyakit kleptomania. 偷窃狂者；有盗窃癖者。

**km** *abbr.* **kilometre(s)** kilometer. (缩写) 公里；千米。

**knack** *n.* bakat; kebolehan; kepandaian (dalam melakukan sesuatu). 诀窍；(练习而得的) 技巧；花样。

**knacker** *n.* pembeli yang menyembelih kuda yang tidak dapat digunakan lagi. 收买并屠杀废马 (以取其皮及肉) 的人。 —*v.t.* (*sl.*) bunuh; berasa sangat letih. 杀死；阉割；使筋疲力尽。

**knapsack** *n.* beg; uncang galas. 兵士、旅行者用的背囊。

**knave** *n.* penipu; pengecoh; orang yang nakal; pekak (daun terup). 不诚实的人；无赖；恶棍；(纸牌戏中的) 杰克。

**knavery** *n.* penipuan. 狡诈；无赖行为 (作风)；不诚实的行为。 **knavish** *a.* bersifat penipu atau tidak jujur. 狡诈的；不诚实的。

**knead** *v.t./i.* uli; upar; ramas. 揉；捏 (面粉、陶土等)；搓。

**knee** *n.* lutut. 膝；膝盖。 —*v.t.* (p.t. *kneed*) menyigung dengan lutut. (用膝盖) 碰。 **~-jerk** *a.* tindak balas spontan yang telah dijangka. 膝反射。 **knees-up** (*colloq.*) parti; majlis pesta ria dengan tarian. 欢乐的社交集会。

**kneecap** *n.* tempurung lutut. 膝盖骨；护膝物。 —*v.t.* (p.t. *-capped*) ditembak pada lutut atau kaki sebagai hukuman. 用枪击穿 (某人的) 膝盖骨作为惩罚或报复。

**kneel** *v.i.* (p.t. *knelt*) melutut; bertelut. 跪下；跪着。

**kneeler** *n.* tikar atau lapik untuk melutut. 跪垫；跪台。

**knell** *n.* bunyi loceng yang menandakan kematian atau pengebumian. 丧钟声；葬钟声。

**knelt** *lihat* **kneel**. 见 **kneel**。

**knew** *lihat* **know**. 见 **know**。

**knickerbockers** *n.pl.* celana atau seluar pendek longgar berjerut di lutut. 灯笼短裤。

**knickers** *n.pl.* seluar dalam wanita (ada yang berbentuk seperti celana pendek). 灯笼短裤式内裤。

**knick-knack** *n.* barangan perhiasan kecil-kecil. 小摆设；小装饰品。

**knife** *n.* (pl. *knives*) pisau. 刀；餐刀；菜刀。 —*v.t.* hiris; potong; kerat; tikam. (用刀) 切割；切片；戳；刺。

**knight** *n.* anugerah (Raja England) yang membawa gelaran *Sir*; buah catur berkepala kuda. 英国皇室封赐的爵士 (用 *Sir* 的称号)；国际象棋中的马。 —*v.t.* beri anugerah *knight* (dan gelaran *Sir*). 封…为爵士。

**knighthood** *n.* penganugerahan gelaran *knight*. 爵士 (骑士、武士等) 的身分或地位。

**knit** *v.t./i.* (p.t. *knitted* atau *knit*) kait; jahit; tumbuh sambil bercantum semula. 编织；针结；接合；拼合。**~ one's brow** kerutkan dahi. 皱眉。**knitter** *n.* pengait. 编织者；编织机。**knitting** *n.* mengait. 编织；针结；编织物。

**knitwear** *n.* pakaian yang dikait. 衣物针织品。

**knob** *n.* tombol; bonjol; combol; punat. 球形突出物；（门、抽屉、手扶等的）圆形把手；植物的节；疠瘤。**knobby, knobbly** *adjs.* berbonjol; bertombol. 小球形的；肿块的；多节的；有疙瘩的。

**knock** *v.t./i.* ketuk; hantuk; pukul; palu; (*sl.*) kritikan yang memalukan; hentam; godam. 敲；击打；碰撞；挑剔；击成（某种状态）；（机器等有故障时）发碰撞声。—*n.* ketukan; hantukan; pukulan; paluan; hentaman; godaman; perlakuan atau bunyi ketukan; pukulan yang tepat. 敲；击；打；碰撞；挑剔；短促的敲击声；机器发生故障时的爆声；狠击。**~about** bersikap kasar; merayau-rayau. 粗暴地对待。**~ down** menjual barangan di tempat lelongan. （拍卖时）击槌卖出。**~-down** *a.* harga yang paling murah. （拍卖）价格最低的；廉价的。**~-kneed** *a.* mempunyai lutut yang melengkung ke dalam. 膝内翻的。**~ off** (*colloq.*) berhenti kerja; menyelesaikan secepatnya; (*sl.*) mencuri. 停止工作；迅速做成；偷；抢劫。**~-on effect** kesan sekunder atau terkumpul. 间接效果；累积结果。**~ out** pengsan kerana hentakan kepala; menyingkirkan; kehabisan atau kurang upaya. 击昏；（拳击中）彻底打倒对手；击败；敲空（烟斗等）；使精疲力竭。**~ up** mengejutkan dengan mengetuk di pintu; membuat atau mengaturkan secara tergesa-gesa; larian (mata) pada permainan kriket; menjadikan sangat penat atau sakit. 敲起；叫起（熟睡中的人等）；迅速安排；赶造；（板球）很快得分；使筋疲力尽。

**~-up** *n.* latihan atau bermain tenis, dsb. （网球等的）赛前暖身练球。

**knocker** *n.* (orang atau alat) pengetuk; penghantuk; pemukul; pemalu; penggodam. 敲击者；（门环等）敲击用之物；来访者；挑剔者。

**knockout** *n.* pertandingan kalah mati; tumbukan tewas jatuh; (*colloq.*) seseorang atau sesuatu yang hebat, menarik. （拳击等比赛中）获胜的一击；异常动人的人（或物）。

**knoll** *n.* busut; pongsu; bukit kecil. 小丘；土堆；圆丘；土墩。

**knop** *n.* tombol hiasan. 装饰用的球形突出物；突出的雕饰。

**knot** *n.* simpulan; ikatan; kerosot; buku (pada batang pokok); bonggol; mata kayu; kelompok; kumpulan; knot; ukuran kelajuan kapal dan pesawat. 绳结；花结；缠结；难题；（树木的）节瘤；硬块；木板的节；堆；丛；（人等）一小群；海事测程线的节段；浬（船、飞机速度单位）。—*v.t./i.* (p.t. *knotted*) ikat dengan simpul; mengusutkan. 结（绳等）；打结；使纠结；使（藤蔓等）纠缠。

**knotty** *a.* (*-ier, -iest*) penuh ikatan; bersimpul; kerosot; rumit; sukar; payah; susah. 多结的；多节的；纠结的；棘手的；（事情）难办的。

**know** *v.t./i.* (p.t. *knew*, p.p. *known*) tahu; mengetahui; maklum; faham; kenal; cam; biasa dengan. 知道；晓得；理解；认识；识别；熟悉；精通。**in the ~** (*colloq.*) maklumi; ada maklumat rahsia. 知内情的；熟识内幕的。**~-all** *n.* orang yang berlagak tahu semua. 自称无所不知的人。**~-how** *n.* kepakaran. 专门技能；窍门。

**knowable** *a.* dapat diketahui. 可知的；可认识的。

**knowing** *a.* sedar; bijak. 知道的；心照不宣的；有知识的；老练的；机敏的。**knowingly** *adv.* dengan sedar. 会意地；故意地。

**knowledge** *n.* pengetahuan; kefahaman; makluman; ilmu. 理解；知道；学识；见闻。

**knowledgeable** *a.* berpengetahuan. 有知识的；学问渊博的。

**knuckle** *n.* buku jari; (haiwan) sendi lutut. 指节；(猪等动物的)膝关节。—*v.t.* **~ under** menyerah; tunduk (kalah). 屈服；(向某人)承认失败；投降。

**knuckleduster** *n.* penumbuk besi; buku lima besi (sebagai tambahan kepada penumbuk; digunakan dalam pergaduhan). (练拳时用的)指关节保护铜套。

**koala** *n.* **~ bear** (*Austr.*) beruang koala; sejenis beruang kecil pemanjat pokok. 澳洲的考拉熊(一种形似小熊会爬树的哺乳动物)。

**kohl** *n.* celak; bahan penghitam kelopak mata. (阿拉伯妇女涂眼圈用的)黛；涂脸黑粉。

**kohlrabi** *n.* kubis dengan batang seperti sengkuang (boleh dimakan). 球茎甘蓝。

**kookaburra** *n.* (burung) pekaka; (*Austr.*) raja udang besar. (澳洲的)笑鸡；大鱼狗。

**kopeck** *n.* duit syiling Rusia; satu perseratus rubel. 戈比(苏联铜币单位，值一卢布的百分之一)。

**koppie** *n.* (*S. Afr.*) bukit kecil. (南非的)小山；丘陵。

**Koran** *n.* Quran; al-Quran. 伊斯兰教的可兰经。

**kosher** *a.* (daging) yang disembelih oleh orang Yahudi. 合于犹太饮食戒律的。—*n.* makanan yang mengikut peraturan orang Yahudi. 合于犹太戒律的食物。

**kowtow** *v.i.* hormat yang melampau; tunduk (hormat). 拍马屁；奉承；叩头；磕头。

**k.p.h.** *abbr.* **kilometres per hour** kilometer sejam. (缩写)时速；每小时(公)里数。

**kraal** *n.* (*S. Afr.*) kampung; kawasan berpagar; kandang. (南非有栅栏防护的)村庄；围家畜的围栏。

**Kremlin** *n.* kerajaan negara Rusia. 克里姆林宫；苏联政府。

**krill** *n.* hidupan halus di laut yang menjadi bahan makanan paus. 磷虾。

**krugerrand** *n.* kupang emas Afrika Selatan bertera gambar Presiden Kruger. 铸有前总统克留格尔肖像的南非金币。

**kudos** *n.* (*colloq.*) maruah; keagungan. 名誉；光荣；名声。

**kudu** *n.* antelop Afrika berjalur putih dan tanduk berpilin. 南非的条纹羚羊。

**kummel** *n.* arak berperisa jintan. 蒔萝利口酒(一种用香草调制成的烈性甜酒)。

**kumquat** *n.* limau kumkuat. 金柑；金橘。

**kung fu** seni mempertahankan diri Cina (tanpa senjata). 功夫(中国自卫武术)。

**Kurd** *n.* orang Kurdistan di utara Iran. 主要住在伊朗北部等地的库尔德人。**Kurdish** *a.* berkenaan orang atau bahasa Kurdistan. 库尔德人的；库尔德语的。

**kV** *abbr.* **kilovolt(s)** kilovolt; 1000 volt (elektrik). (缩写)千伏(特)(电压单位)。

**kW** *abbr.* **kilowatt(s)** kilowatt; 1000 watt (elektrik). (缩写)千瓦(特)(电功率单位)。

# L

**l** *abbr.* liter. (缩写)升;公升。

**L** *abbr.* pelajar. (缩写)初学者(尤指刚开始学习驾驶者)。

**la-di-da** *a.* (*colloq.*) mengada-ada. 假装的;虚浮的。

**lab** *n.* (*colloq.*) makmal. 实验室;化验室。

**label** *n.* label. 标签;签条;贴条。 —*v.t.* (p.t. *labelled*) membubuh label; mengecap sebagai. 贴(标签);标明。

**labial** *a.* labial; berkenaan dengan bibir. 嘴唇的;唇音的。

**laboratory** *n.* makmal. 实验室;化验室。

**laborious** *a.* memerlukan atau menunjukkan susah payah. 吃力的;(工作等)艰苦的。 **laboriously** *adv.* dengan susah payah. 费力地;艰苦地。

**Labour** *a. & n.* berkenaan dengan parti politik di *U.K.* yang mewakili kepentingan pekerja. 英国工党(的)。 **Labourite** *n.* ahli parti berkenaan. 工党党员。

**labour** *n.* usaha; kerja; pekerjaan; kontraksi rahim semasa kelahiran. 努力;劳动;工作;(分娩时的)阵痛;分娩。 —*v.t./i.* bekerja keras; berkembang atau bergerak dengan susah payah; memberi penekanan dengan panjang lebar. 苦干;劳动;费力地前进;详细论述。

**laboured** *a.* menunjukkan tanda kerja keras. 费力的;吃力的。

**labourer** *n.* buruh; pekerja yang membuat kerja-kerja kasar. 劳工;劳动者;苦力。

**Labrador** *n.* sejenis anjing pemburu. 拉布拉多狗(一种有叼物归主习性的猎狗)。

**laburnum** *n.* sejenis pohon berbunga kuning. 金链花。

**labyrinth** *n.* rangkaian lorong atau garisan yang berselirat penuh. 迷宫;曲径。

**labyrinthine** *a.* berselirat. 迷宫似的;(事物等)错综复杂的;曲折费解的。

**lace** *n.* tali; renda. 鞋带;饰带;(衣物等的)花边。 —*v.t.* membubuh atau menghiasi dengan renda; menambahkan sedikit arak kepada minuman. 结(鞋带);(用花边)装饰;(在饮料中)加少量烈性酒。

**lacerate** *v.t.* mencederakan dengan mengoyak atau melukakan. 撕裂;划伤;使(心灵、感情)破碎。 **laceration** *n.* kecederaan; luka. 撕裂;伤害(感情)。

**lachrymal** *a.* berkenaan air mata. 眼泪的。

**lachrymose** *a.* penuh dengan air mata; suka menangis. 满是眼泪的;催泪的;爱哭的。

**lack** *n.* kekurangan; kesempitan. 缺少;缺乏;不足。 —*v.t.* tidak atau kurang mempunyai. 没有;缺乏;缺少。

**lackadaisical** *a.* lemah longlai; tidak bersemangat. 懒洋洋的;无精打采的。

**lackey** *n.* (pl. *-eys*) lelaki suruhan; babu; bujang; pengikut yang patuh. (穿号衣的)男仆;侍从;走狗;卑躬屈膝的人。

**lacking** *a.* tidak ada; tidak mempunyai; kurang. 缺乏的;没有的;不足的。

**lacklustre** *a.* membosankan; menjemukan; buram; suram. (眼睛)无神采的;死气沉沉的;朦胧的;暗淡的。

**laconic** *a.* pendek; ringkas. (说话、文章等)简洁的;精练的。 **laconically** *adv.* dengan pendek; dengan ringkas. 简明地;精简地。

**lacquer** *n.* laker; sampang. 涂黄铜漆;(日本涂木器用的)亮漆。 —*v.t.* melapisi dan mengilatkan dengan laker atau sampang. (用漆)涂;使(表面)光洁。

**lacrosse** *n.* sejenis permainan bola. 北美洲的长曲棍球(一种户外球戏)。

**lactation** *n.* laktasi; pengeluaran susu. 乳分泌;哺乳。

**lacuna** *n.* (pl. *-ae*) lompang; ruang atau bahagian yang kosong. 空隙；空白；（文章等的）脱漏部分。

**lacy** *a.* yang berkenaan dengan atau menyerupai renda. 饰边的；花边的；有饰边的；有花边的。

**lad** *n.* budak lelaki. 男孩；小伙子；少年。

**ladder** *n.* tangga. 梯子；——*v.t./i.* mencarik; tercarik (stoking). （丝袜）抽丝。

**laden** *a.* sarat atau penuh. 装载的；负担的。

**lading** *n.* barangan. 装载的货物。

**ladle** *n.* pencedok; senduk. 长柄勺子；（机械）铸勺。——*v.t.* mencedok; menyenduk. （用勺子）舀；舀。

**lady** *n.* wanita; siti; nyonya; perempuan yang berbangsa. 淑女；女士（对妇女的尊称）；上流妇女；贵妇。**Lady** gelaran untuk isteri, balu, atau anak perempuan golongan bangsawan tertentu (*U.K.*). 夫人；女士；小姐（对贵族妻女的尊称）。**Lady chapel** bahagian dalam gereja dikhususkan untuk 'Virgin Mary'. （大教堂中的）圣母堂。**~-in-waiting** *n.* wanita yang dipertanggungjawabkan untuk menjaga permaisuri atau puteri raja. （英国）宫庭女侍。

**ladybird** *n.* kekabuh kura-kura. 瓢虫。

**ladylike** *a.* bersifat kewanitaan; berbudi bahasa dan berbangsa. 淑女的；（行为等）似贵妇的；适于贵妇的。

**ladyship** *n.* gelaran untuk wanita berdarjat. 夫人；小姐（对有头衔的妇女的尊称）。

**lag**[1] *v.t.* (p.t. *lagged*) bergerak terlalu perlahan. 走得太慢；落后。——*n.* lambat; ketinggalan. 延缓；落后。

**lag**[2] *v.t.* (p.t. *lagged*) menebat; membalut dengan bahan yang menghalang daripada hilangnya haba. （用隔热板等）为…隔热；（给锅炉等）加绝缘体。

**lag**[3] *n.* **old ~** (*sl.*) orang salah; banduan yang telah beberapa kali dipenjarakan. 犯人；惯犯；常坐牢的人。

**lager** *n.* sejenis bir. 德国的储藏啤酒（一种经酿制、贮藏和澄清过程的淡啤酒）。

**laggard** *n.* orang yang ketinggalan di belakang. 落后者；落伍者。

**lagging** *n.* bebatan; pembebat; bahan untuk membalut paip, dsb. （隔热或隔冷用的）防护套；绝缘材料。

**lagoon** *n.* lagun; danau air masin berhampiran dengan pantai. 环礁湖；咸水湖。

**laicize** *v.t.* menjadi sekular, duniawi. 使还俗；把（僧侣、教士的职责）交给俗人。**laicization** keduniaan. 俗化。

**laid** *lihat* lay[3]. 见 lay[3]。

**lain** *lihat* lie[2]. 见 lie[2]。

**lair** *n.* tempat tinggal binatang liar; jerumun. 兽穴；兽窝。

**laird** *n.* (*Sc.*) pemilik atau tuan punya tanah. （苏格兰的）地主。

*laissez-faire* *n.* dasar tidak campur tangan. （政治、商业政策的）放任主义；不干涉主义。

**laity** *n.* orang awam. （与僧人、教士对称的）俗人。

**lake** *n.* tasik. 湖。

**lakh** *n.* (di India) seratus ribu rupee. （印度）十万卢比。

**lam** *v.t./i.* (p.t. *lammed*) membelasah. 鞭打；打。

**lama** *n.* lama; sami Buddha di negara Tibet dan Mongolia. （西藏及蒙古佛教的）僧侣；喇嘛。

**lamasery** *n.* biara atau tempat kediaman lama. 喇嘛寺院。

**lamb** *n.* anak kambing biri-biri; orang yang lemah lembut dan dikasihi. 羔羊；小羊；羔羊般天真柔弱的人；容易上当的人。——*v.t.* melahirkan anak kambing biri-biri. 生小羊。

**lambaste** *v.t.* (*colloq.*) memukul; menghukum dengan berat. 笞打；狠打；严厉责骂。

**lambent** *a.* (cahaya) berkilauan; bercahaya. （光或火焰）轻轻摇曳的；（天或眼睛等）柔亮的。

**lambswool** *n.* bulu kambing biri-biri yang halus dan lembut. 羔毛；高级羊毛。

**lame** *a.* (*-er, -est*) pincang; tempang. 跛的；瘸腿的。**lamely** *adv.* dengan pincang. 一拐一拐地。**lameness** *n.* kepincangan; ketempangan. 跛；瘸。

**lamé** *n.* fabrik daripada benang emas atau perak yang ditenun. 金银线织物。

**lament** *n.* ratap; tangis; keluh. 悲痛；哀悼；惋惜。—*v.t./i.* meratapi; menangisi; mengeluhi. 悲伤；哀悼；惋惜。**lamentation** *n.* ratapan; tangisan; keluhan. 悲痛；哀悼；挽歌；丧曲；悼词。

**lamentable** *a.* yang menyedihkan atau mendukacitakan. 令人痛惜的；令人哀悼的。**lamentably** *adv.* dengan rasa sedih. 悲痛地；哀悼地。

**lamented** *a.* dukacita. (已逝世者) 被哀掉的。

**laminate** *n.* bahan berlamina. 薄片制品；层压板。

**laminated** *a.* berlamina; berlapis; berari. 已制成薄片的；层状的；有薄皮层的。

**Lammas** *n.* hari pertama bulan Ogos. (旧时收获节) 八月一日。

**lamp** *n.* lampu. 灯。**~-post** *n.* tiang lampu di tepi jalan. 路灯柱。

**lampoon** *n.* tulisan sindiran. 攻击和讥讽性的文章。—*v.t.* menulis rencana yang mencemuh dan mencela seseorang. (用讽刺性文章) 攻击；嘲讽。

**lamprey** *n.* (pl. *-eys*) lamprei; sejenis haiwan air yang kecil seperti belut. 七鳃鳗；八目鳗。

**lampshade** *n.* terendak lampu. 灯罩。

**lance** *n.* lembing; tombak. 标枪；长矛；鱼叉。**~corporal** *n.* pangkat di bawah pangkat koperal. (英国陆军中的) 一等兵；准下士。

**lanceolate** *a.* meruncing ke hujung seperti lembing. 矛尖形的。

**lancer** *n.* tentera yang bersenjatakan lembing. 长矛轻骑兵。

**lancet** *n.* pisau tajam bermata dua yang digunakan oleh doktor bedah. (手术用的) 柳叶刀；刺血针。

**land** *n.* tanah. 陆地；地面；土地；国土；领土。—*v.t./i.* pergi atau naik ke darat; (berkenaan dengan kapal terbang) mendarat; turun ke bumi atau ke permukaan air; membawa ke atau tiba di satu tempat atau keadaan; memukul; membawa seekor ikan ke daratan; mendapatkan (hadiah, dsb.). 登陆；上岸；(船、飞机等) 着陆；降落 (地面或水面)；把…送到；使处于 (某种处境或状况)；击打；把 (鱼获) 拉上岸；获奖。**~-locked** *a.* dikelilingi tanah. 被陆地包围着的。

**landau** *n.* kereta kuda landau. (顶篷可分作前后两半的) 四轮马车。

**landed** *a.* mempunyai dan mengandungi tanah. 有土地的；土地的；地产的。

**landfall** *n.* penyaksian daratan (selepas perjalanan laut atau udara). (远洋航行后) 初见陆地。

**landfill** *n.* bahan buangan, dsb. digunakan dalam landskap atau timbus guna tanah. (填土用的) 垃圾或废渣；废渣埋填。

**landing** *n.* mendarat. 降落；着陆；登陆；下车。**~-stage** *n.* pelantar pendaratan. 趸船；栈桥。

**landlady** *n.* tuan rumah atau tuan tanah wanita. 女房东；女地主；(旅馆等的) 女店主。

**landlord** *n.* tuan rumah; tuan tanah. 房东；地主；(旅馆等的) 店主。

**landlubber** *n.* (*colloq.*) orang yang tidak biasa dengan laut. 不习惯海上生活的人。

**landmark** *n.* tanda tempat; tanda yang nyata pada landskap; sejarah ditempa untuk sesuatu perkara. 界标；(历史上划时代的) 重大事件。

**landrail** *n.* burung sintar yang memakan biji-bijian. (欧洲的) 秧鸡。

**landscape** *n.* landskap; pemandangan keadaan alam. 地形；风景画；风景。—*v.t.*

**landslide**

membuat seni taman. （仿天然景色）布置；使自然美化。

**landslide** *n.* tanah runtuh; kemenangan besar. 山崩；（竞赛、竞选中）压倒的胜利。

**landslip** *n.* gelinciran tanah. 山崩；土崩。

**landsman** *n.* (pl. *-men*) seseorang yang bukan pelaut. 未出过海的人；新水手。

**landward** *a. & adv.* menghala ke daratan. 朝陆地（的）。**landwards** *adv.* arah ke darat. 朝陆地。

**lane** *n.* lorong. 小路；小巷；狭路。

**language** *n.* bahasa; perkataan dan kegunaannya. 语文；语言；文字；文字功用。

**languid** *a.* lemah longlai; tidak bermaya. 虚弱的；疲倦的；无精神的。**languidly** *adv.* dengan lemah longlai. 虚弱地；有气无力地。

**languish** *v.i.* merana; rindu akan; tinggal dalam keadaan yang tidak memuaskan. 苦恼；憔悴；沮丧。

**languishing** *a.* kelihatan merana. 憔悴的；衰弱的。

**languor** *n.* kelemahan. 衰弱无力；无精打采；消沉。**languorous** *a.* keadaan lemah. 疲倦的；无精打采的。

**lank** *a.* tinggi lampai dan kurus. 瘦长的；（头发）平直的；（草木）细长的。

**lanky** *a.* (*-ier, -iest*) kurus tinggi. （身材、四肢）过分瘦长的；瘦长得难看的。

**lankiness** *n.* keadaan kurus tinggi. 个子瘦长。

**lanolin** *n.* lanolin; lemak daripada bulu biri-biri untuk dibuat ubat sapu. （制润肤膏用的）羊毛脂。

**lantern** *n.* tanglung. 灯笼；提灯；街灯。**~-jawed** *a.* rahang cengkung. 下巴突出的；下巴瘦长的。

**lanyard** *n.* lanyard; tali penyandang. （船上的）系物短索。

**lap**¹ *n.* riba; pangkuan; pusingan; lipatan. 膝；膝盖；怀抱；（跑道的）一圈；（衣服的）下摆。 —*v.t./i.* (p.t. *lapped*) mem-

399

**large**

balut atau melipat; mendahului beberapa pusingan dalam perlumbaan. 包围；包住；折叠；卷起；（赛跑）领先…圈。**~-dog** *n.* anjing kesayangan. 叭儿狗；宠爱的小狗。

**lap**² *v.t./i.* (p.t. *lapped*) sesap; sedut. 舐；舐食。

**lapel** *n.* lapel; kelepet atau pelipat baju (di kolar). （西装上衣的）翻领。

**lapidary** *a.* yang berkenaan dengan batu. 石刻的；与玉石雕刻有关的。

**lapiz lazuli** lapis lazuli; lazuardi; batu biru separa bernilai. 青金石；天蓝色。

**Laplander** *n.* penduduk peribumi Lapland. （北欧的）拉普兰人。

**Lapp** *n.* penduduk dan bahasa Lapland. 拉普兰区居民；拉普兰人；拉普兰语。

**lappet** *n.* penutup; lipat. （衣帽等的）垂片；（火鸡等颈部的）垂肉。

**lapse** *v.i.* merosot; luput. 沦落；退步；（权利、有效期、任期等）终止；时间流逝。 —*n.* kesilapan kecil; keterlanjuran; selang beberapa waktu. 小错；失检；失误；过错。

**laptop** *n.* mikrokomputer riba. 携带式电脑；手提电脑。

**lapwing** *n. lihat* **peewit**. 见 **peewit**。

**larboard** *a. & n.* sebelah kiri (kapal). 船左舷（的）。

**larceny** *n.* pencurian. 盗窃；盗窃罪。

**larch** *n.* sejenis pokok pain. 落叶松属。

**lard** *n.* lemak khinzir. 猪油。 —*v.t.* membubuhi lemak khinzir pada makanan yang hendak dipanggang; menyedapkan (ucapan); memenuhi. （烹调前在食物中）嵌肥肉片使变美味；润色（文章、谈话等）。**lardy** *a.* seperti lemak; berlemak. 含猪油的；脂肪多的。

**larder** *n.* bilik simpan makanan. 藏肉库；食品库。

**large** *a.* (*-er, -est*) besar; luas. 大的；巨大的；容量大的；宽广的。 —*adv.* perihal panjang lebar atau besar. 很大地；夸大地；慷慨地。**at ~** bebas bergerak.

逍遥自在;自由。**largeness** *n.* kebesaran; besarnya. 巨大;广大;伟大。

**largely** *adv.* sebahagian besar. 大部分;主要地;大规模地;大量地。

**largesse** *n.* wang atau hadiah yang disampaikan dengan murah hati. 赠款;礼物。

**lariat** *n.* laso; tanjul; tali yang digelungkan pada bahagian hujung dan dibalingkan ke leher kuda untuk menangkapnya. (捕牛马用的)活结套索。

**lark**[1] *n.* sejenis burung. 云雀;百灵鸟。

**lark**[2] *n.* gurau senda; kelucuan. 嬉戏;玩乐;乐趣。—*v.i.* bermain-main dan bersenda gurau. 嬉戏;玩乐。

**larkspur** *n.* tumbuhan dengan bunganya berwarna biru atau merah jambu. 飞燕草。

**larrikin** *n.* (*Austr.*) samseng; pengacau; budak nakal. (澳洲)恶棍;无赖;恶少年。

**larva** *n.* (pl. -*vae*) larva; serangga pada tahap awal atau sebaik menetas. (昆虫的)幼虫;幼体。**larval** *a.* berkenaan larva; berbentuk larva. 幼虫的;幼体的。

**laryngitis** *n.* laringitis; sakit tenggorok. 喉炎。

**larynx** *n.* larinks; peti suara; tenggorok. 喉。

**lasagne** *n.pl.* sejensi pasta yang dimasak dengan lapisan keju dan daging. (意大利式)卤汁宽面条。

**Lascar** *n.* pelaut dari negeri-negeri di tenggara India. (旧时欧洲轮船上的)印度水手。

**lascivious** *a.* penuh syahwat dan berahi. 淫乱的;好色的;挑情的。**lasciviously** *adv.* dengan berahinya. 淫乱地;好色地。**lasciviousness** *n.* keberahian. 淫乱;淫荡;好色。

**laser** *n.* laser; pancaran cahaya yang dibuat dengan alat yang khusus. 雷射;激光。

**lash** *v.t./i.* memukul dengan cambuk; menyebat; melibaskan; mengecam; menyelar. (动物)猛烈甩动尾巴;鞭打;抽打;(雨水)急打;(浪)冲击;讽刺;痛斥。—*n.* pukulan cambuk; bahagian cambuk yang boleh dilenturkan; bulu mata. 猛烈的一击;鞭打;鞭挞;(鞭上抽打部分的)皮条;眼睫毛。~ **out** serangan dengan kata-kata atau tumbukan; belanja berlebihan. 痛斥;挥霍。

**lashings** *n.pl.* (*sl.*) banyak. 许多。

**lass, lassie** *ns.* (*Sc. & N. Engl.*) gadis. (苏格兰及英国北部)少女;小姑娘。

**lassitude** *n.* kelelahan; kelemahan. 疲劳;怠倦;无精打采。

**lasso** *n.*(pl. -*oes*) laso; jerat; tanjul. (捕兽用)套索;圈套。—*v.t.* (p.t. *lassoed*, pres. p. *lassoing*) menjerat atau menangkap dengan tali panjang yang bersimpul gelung. (用套索等)捕捉。

**last**[1] *n.* kelebut kasut. 鞋楦头。

**last**[2] *a. & adv.* terakhir; terkebelakang. 最后(的);末尾(的);最终(的);最近(的)。—*n.* barang atau orang yang terakhir. 最后的人或物。**at ~**, **at long ~** akhirnya. 最后;终于。**~ post** bunyi tetuang tentera yang dilakukan pada waktu petang dan ketika upacara pengebumian. 军夜点名号;军人葬礼号。**~ straw** sesuatu yang membuat seseorang hilang sabar atau tidak tahan lagi. (一系列打击中)最终的一击;导致垮台的因素。**Last Supper** santapan terakhir (Jesus Christ). (基督教)最后的晚餐。**~ trump** tiupan sangkakala pada hari kiamat. (基督教)最后审判日的号声。**~ word** kata-kata terakhir. (尤指有裁决性作用的)最后一句话;最后裁决权。**on its ~ legs** hampir mati; penggunaannya hampir tamat. 奄奄一息;快要结束。

**last**[3] *v.t./i.* berterusan; berlarutan; tahan. 继续;持久;耐久;维持。

**lastly** *adv.* akhirnya. 最后;终于。

**latch** *n.* selak; kancing pintu. 闩;插锁;弹簧锁。—*v.t./i.* menyelak; mengancing pintu. 上门闩;(用插锁)扣上。

**latchkey** *n.* kunci pintu depan.（住所大门的）弹簧锁钥匙。

**late** *a. & adv.* (*-er, -est*) terlambat; lebih daripada waktunya; yang baru lalu; almarhum. 迟（的）；晚（的）；迟于规定或预定时间（的）；新近（的）；已故（的）。**of ~** kebelakangan ini. 近来。**lateness** *n.* kelambatan. 迟；落后。

**lateen sail** layar berbentuk tiga segi terikat pada tiang dalam kedudukan 45 darjah. 大三角帆。

**lately** *adv.* baru-baru ini; kebelakangan ini. 近来；最近。

**latent** *a.* diam; pendam; tersembunyi. 潜伏的；潜在的；隐藏的。

**lateral** *a.* lateral; sisian. 横的；侧面的；旁边的。—*n.* bahagian sisi. 侧面；旁边。**laterally** *adv.* secara lateral. 向横；向侧面。

**latex** *n.* susu getah; lateks. 橡浆；胶乳；（植物的）乳液。

**lath** *n.* (pl. *laths*) belebas; bilah pelupuh. 板条；板桩。

**lathe** *n.* bindu; mesin pelarik. 车床；铁床。

**lather** *n.* busa; buih. 肥皂泡；泡沫。—*v.t./i.* meliputi atau membentuk buih. 涂肥皂沫；发泡沫。

**Latin** *n.* bahasa Latin. 拉丁文；拉丁语。—*a.* dari atau dalam bahasa Latin; bercakap dalam bahasa yang asasnya Latin. 拉丁的；拉丁语的；（意大利、法国、西班牙等民族）操拉丁语系语言的。

**latitude** *n.* garis lintang; latitud. 纬度。

**latitudinarian** *a. & n.* (orang) liberal dalam pendapat, dsb. terutama agama. 能容纳不同意见的人（的）；宗教信仰自由主义者（的）；不拘泥于教条及形式的人（的）。

**latrine** *n.* tandas.（沟形或坑形的）厕所；营厕；公共厕所。

**latter** *a.* terkemudian; berkenaan dengan akhirnya. 后面的；（二者之中）后者的；末了的。**~-day** *a.* waktu akhirnya; moden. 近代的；现代的。

**latterly** *adv.* sejak akhir-akhir ini; dewasa ini. 后来；近来。

**lattice** *n.* kisi-kisi. 格子。**~ window** tingkap kekisi. 格子窗。

**laud** *v.t. & n.* memuji; pujian. 赞美；称赞。

**laudable** *a.* patut dipuji. 值得赞美的；可称赞的。**laudably** *adv.* dengan cara terpuji. 赞美地；称赞地。

**laudanum** *n.* candu yang digunakan sebagai pelali. 鸦片酊；鸦片剂。

**laudatory** *a.* bersifat memuji. 颂扬性的；表示赞美的。

**laugh** *v.t./i.* tertawa; gelak. 笑；发笑；大笑。—*n.* perbuatan ketawa; (*colloq.*) kejadian yang melucukan. 笑；笑声；笑柄；引人发笑的事；玩笑。**laughing-stock** *n.* orang atau benda yang menjadi bahan ejekan. 笑柄；受人嘲笑的人（或物）。

**laughable** *a.* menggelikan hati; lucu; mustahil. 引人发笑的；有趣的；荒唐可笑的。

**laughter** *n.* ketawa. 笑；笑声。

**launch**[1] *v.t./i.* melancarkan. 使（新船）下水；发射（火箭等）；投掷（枪矛等）；推介（新计划等）；开办；展开攻击。—*n.* pelancaran. 下水；发射；推介；开办。**~ out** belanja berhabisan; memulakan perniagaan. 大肆挥霍；开始（新的事物）；投身（商界等）。

**launch**[2] *n.* sejenis motobot besar. 汽艇；游艇。

**launder** *v.t.* basuh dan gosok (pakaian). 洗熨；洗涤。

**launderette** *n.* kedai dobi.（装有投币洗衣机的）自助洗衣店。

**laundress** *n.* perempuan yang membasuh baju. 洗烫衣物的女工。

**laundry** *n.* tempat mencuci pakaian. 洗衣房；洗衣店；待洗的衣物。

**Laureate** *a.* **Poet ~** penyair yang dilantik untuk menulis puisi sesuatu peristiwa negara. 桂冠诗人（英国王室御用诗人称号）。

**laurel** *n.* pohon laurel; (*pl.*) memperoleh kemenangan atau penghormatan. 月桂树；月桂树叶；胜利；光荣；荣誉。

**lav** *n.* (*colloq.*) **lavatory** tandas. 厕所；洗手间；盥洗室。

**lava** *n.* lava; lahar gunung berapi. （火山流出的）熔岩。

**lavatory** *n.* tandas. 厕所；洗手间；盥洗室。

**lavender** *n.* lavender; sejenis bunga yang sangat harum. 熏衣草。 **~-water** minyak wangi yang diperbuat daripada bunga lavender. 熏衣草香水。

**lavish** *a.* sangat mewah. 挥霍的；过分大方的；浪费的。—*v.t.* memberikan sesuatu dengan mewahnya. 滥用（金钱、精力、褒赞等）；过分慷慨地给予。

**lavishly** *adv.* dengan mewahnya. 过分慷慨地；过度地。 **lavishness** *n.* kemewahan. 滥用；挥霍。

**law** *n.* hukum; undang-undang. 法律；法令；法学；法律界；法则；规律。 **~-abiding** *a.* taat pada undang-undang; patuh kepada hukum. 守法的。

**lawcourt** *n.* mahkamah. 法院；法庭。

**lawful** *a.* menurut hukum; menurut undang-undang. 合法的；法定的；守法的。

**lawfully** *adv.* dengan cara yang sah di sisi undang-undang. 合法地；法定地；守法地。

**lawless** *a.* tidak menurut undang-undang. （国家等）没有法律的；不守法的；非法的。 **lawlessness** *n.* perihal tidak menurut undang-undang; ketiadaan undang-undang. 目无法纪；失去法律控制。

**lawn**[1] *n.* kain kapas atau tiruan yang halus. 上等细麻布。

**lawn**[2] *n.* halaman yang berumput. 草地；草坪。 **~-mower** *n.* mesin pemotong rumput. 割草机。 **~ tennis** (*lihat* **tennis**. 见 **tennis**。)

**lawsuit** *n.* tuntutan mahkamah; dakwaan. 诉讼案件。

**lawyer** *n.* peguam. 律师。

**lax** *a.* lemah dan tidak tegas. 松弛的；不严格的；马虎的；腹泻的。 **laxly** *adv.* dengan lalainya. 松懈地；疏忽地。 **laxity** *n.* kelalaian. （纪律等的）松懈；疏忽；（肠）轻泻。

**laxative** *a.* ubat pencuci perut; julap. 通便（的）；轻泻剂（的）。

**lay**[1] (*old use*) puisi untuk nyanyian. （供吟唱的）短叙事诗。

**lay**[2] *a.* bukan ahli. （与教会神职人员对称）世俗的；凡人的。

**lay**[3] *v.t./i.* (*p.t. laid*) meletakkan; membaringkan; menyediakan; mengurangkan; bertelur; (salah penggunaan) bohong. 放；搁；使躺下；使倒下；布置；安排；拟订（计划等）；使处于某种状态；消除（疑虑等）；平息（风浪等）。—*n.* keadaan; cara barang diletakkan. 位置；地理形势。 **~ about one** memukul-mukul (secara sembarangan). 四面乱打。 **~ hold of** memegang. 握住；挑剔。 **~ into** (*sl.*) menghentam; memarahi. 痛打；鞭笞；痛斥。 **~ off** (*colloq.*) berhenti. 停止（工作等）；休息。 **~-off** *n.* dihentikan sementara; dibuang kerja. 暂时解雇；裁员。 **~ out** meletakkan mengikut rancangan; menumbangkan seseorang. 布置；安排；陈列；展开；准备入殓安葬。 **~ up** menyebabkan menjadi sakit. （因病等）卧床不起。 **~ waste** memusnahkan tanaman dan bangunan (sesuatu kawasan). 蹂躏；荒弃。

**lay figure** patung contoh; rangka tubuh manusia yang diperbuat daripada kayu yang disambung-sambung yang digunakan oleh pelukis. 人体活动模型。

**lay-by** *n.* hentian sebelah; satu kawasan di tepi jalan tempat meletakkan kenderaan agar tidak menghalang lalu lintas. 路侧停车带（供紧急情况或供长途驾驶者休息用）。

**layabout** *n.* seorang yang malas dan mengelakkan kerja untuk saraan hidupnya. 游手好闲的人；懒散闲荡的人。

**layer** *n.* lapisan; petala. 层；阶层；地层。—*v.t.* diaturkan dalam lapisan; mencucukkan sebahagian daripada tumbuhan ke tanah supaya berakar, manakala bahagian tersebut masih merupakan sebahagian daripada tumbuhan induk. 分层堆积；(植物)用压条法生根繁殖。

**layette** *n.* pakaian untuk bayi. 新生婴儿所需的衣物。

**layman** *n.* (*pl. -men*) orang kebanyakan dan bukan yang ahli. (与僧侣、牧师对称)俗人；门外汉。

**layout** *n.* susun atur; reka letak. 设计；陈列；布局。

**laze** *v.i.* bermalas-malas; duduk berehat-rehat. 懒惰；混日子；无所事事。—*n.* perbuatan atau waktu bermalas-malas. 懒散；混日子。

**lazy** *a.* (*-ier, -iest*) tidak mahu bekerja; tidak membuat banyak kerja; malas. 懒惰的；懒散的；怠惰的。**~-tongs** *n.* alat untuk mengambil barang yang jauh. (用于钳取远处东西的)机械惰钳。

**lazily** *adv.* dengan malas. 懒散地；懒洋洋地。**laziness** *n.* kemalasan. 懒惰；懒散；偷懒。

**lazy-bones** *n.* (*colloq.*) berat tulang; pemalas; penyegan. 懒人；懒骨头。

**lb** *abbr.* **pound** paun. (缩写)英磅。

**lea** *n.* (puisi) padang rumput. 草地；草原。

**leach** *v.t./i.* melarut resap; menapis air menggunakan penapis. 沥滤；过滤；滤取；淘洗。

**lead**[1] *v.t./i.* (*p.t.* led) memandu dan menunjukkan jalan; memimpin; mengetuai; mendahului. 带头；引导；率领；领先。—*n.* panduan; pimpinan; pedoman; teladan; mengikut teladan seseorang; memperoleh tempat pertama dalam perlumbaan; tali daripada kulit yang diikat pada leher anjing; wayar yang mengalirkan arus elektrik; hak untuk menurunkan daun pertama dalam permainan daun terup; bahagian utama atau terpenting dalam lakonan atau cerita; pelakon utama dalam lakonan. 提示；指引；领导；榜样；(在竞赛中)带头；领先地位；(牵狗用的)皮带；电导线；(打牌时)首先出牌权；(戏剧、故事等的)主要角色。**~ up to** memperkenalkan atau cuba mengemukakan; membawa kepada. 渐渐引入(话题等)；把…带领到。

**leading article** rencana akhbar yang memberikan pandangan editor. (报章的)社论。**leading question** soalan yang diatur untuk mendapatkan jawapan yang dikehendaki 诱导性的提问。

**lead**[2] *n.* timah hitam; plumbum; (pensel) grafit; (*pl.*) jalur-jalur plumbum. 黑铅；石墨；铅；(铺屋顶等用的)铅皮。

**swing the ~** (*sl.*) pura-pura sakit untuk mengelakkan kerja. 装病(以逃避分内的工作)。

**leaden** *a.* seperti timah hitam yang sangat berat. 铅制的；沉重的。

**leader** *n.* orang yang memimpin; pemimpin. 领袖；首领；指挥者。**leadership** *n.* kepimpinan. 领导地位；(总称)领导人员；领导层。

**leaf** *n.* daun. 叶子；(书籍等的)一张；箔；(桌子的)活边。—*v.i.* **~ through** membuka helai buku. 翻书叶；快速翻阅。**~-mould** *n.* tanah yang mengandungi daun-daun reput. 腐叶土。

**leafage** *n.* daun-daun; dedaun. (总称)叶子。

**leafless** *a.* tidak berdaun. 无叶的。

**leaflet** *n.* risalah; surat sebaran. 传单；活页。

**leafy** *a.* berdaun banyak; rimbun dan rendang. 叶茂的；叶子覆盖着的。

**league**[1] *n.* (*old use*) ukuran jarak kira-kira 5 km. 里格(长度单位，约等于5公里)。

**league**[2] *n.* gabungan orang atau negara untuk tujuan tertentu; persatuan dan kelab sukan yang bertanding untuk merebut sesuatu kejohanan. (人或国家为达致某一目标而组成的)联盟；(足球等运动的)竞赛联合会。—*v.t.* menubuhkan pakatan atau gabungan. 组成联

盟;成为同盟。**in ~ with** bersekutu; bersubahat. 与…联盟;同…勾结。

**leak** *n.* bocor; tiris. 泄露;透露;漏隙。 —*v.t./i.* bolos atau keluar dari bekas; memberitahu; diketahui. 漏出;透露;泄露(秘密等)。**leakage** *n.* kebocoran. (秘密等的)外泄;泄露;漏出物。

**leaky** *a.* bocor. 有漏隙的;漏的。

**lean**[1] *a.* (*-er, -est*) tidak berlemak; daging yang tidak berlemak. (人、动物)瘦的;无脂肪的。**leanness** *n.* keadaan dan perihal kurus. 瘦瘠。—*n.* daging yang tidak berlemak. 瘦肉。

**lean**[2] *v.t./i.* (*p.t. leaned, p.p. leant*) condong; cenderung. 倚靠;倾向;倾斜。**~ on** bersandar; berpaut. 倚;依靠;靠在。**~-to** *n.* sengkuap; bertahan pada bangunan lain. 披屋。

**leaning** *n.* rujukan; condong. (内心的)倾向;倾斜。

**leap** *v.t./i.* (*p.t. leaped, p.p. leapt*) melompat; meloncat. 跳;跃;跃过。—*n.* lompatan; loncatan; terkaman. 跳跃;跃过的距离;飞跃。**~ year** tahun lompat; tahun kabisat. 闰年。

**leap-frog** *n.* permainan lompat katak. 跳背游戏;跳蛙游戏。—*v.t./i.* (*p.t. frogged*) melakukan lompatan; berselang-seli melompat. 作蛙跳;蛙跳般前进。

**learn** *v.t./i.* (*p.t. learned, p.p. learnt*) belajar; mempelajari. 学;学习。**learner** *n.* orang yang belajar; pelajar. 学习者;学生;初学者。

**learned** *a.* terpelajar; berpengetahuan. 有学问的;博学的;精通(某一学问)的。

**learning** *n.* pengetahuan dan pelajaran yang diperolehi daripada proses pembelajaran. 学问;学识。

**lease** *n.* pajakan; sewa. (土地、房屋等的)租借;租供权。—*v.t.* memajakkan; menyewakan. 出租(土地等);租得;租借。**leasehold** *n.* pegangan pajak; sewaan. (尤指土地等)租得物;租借期。**leaseholder** *n.* pemegang pajak; penyewa. 租借人。

**leash** *n.* tali anjing yang diikat ke tengkuknya. (系狗用的)皮带;皮条。—*v.t.* menguasai; mengikat; mengebat. 控制;束缚;(用皮带等)系住;抑制。

**least** *a.* yang terkecil; tersedikit. 最小的;最少的。—*n.* bahagian yang tersedikit, dsb. 最小数;最少量。—*adv.* yang paling sedikit. 至少;最低限度。

**leather** *n.* kulit (binatang). (动物的)皮;革。

**leathery** *a.* liat bagaikan kulit; seperti kulit. (肉等)坚韧的;似皮革的。

**leave** *v.t./i.* (*p.t. left*) bertolak atau meninggalkan satu tempat; tertinggal (barang, dll.); meninggalkan (harta, dll.); berhenti dari; membiarkan. 离开;忘记携带;遗忘;遗留(财产等);遗赠;离职;退出;使保持(某一状态);让(某人做某事)。—*n.* kebenaran; kebenaran yang sah supaya tidak hadir untuk menjalankan tugas; cuti. 许可;准假;请假期间。**on ~** bercuti. 休假。**take one's ~** mengucapkan selamat tinggal dan pergi. 离开;告别。

**leaven** *n.* bahan untuk menaikkan bancuhan tepung sebelum dibakar menjadi roti; bahan penaik. (使面粉等发酵的)酵母;酵素。—*v.t.* bertindak sebagai bahan penaik; menambahkan bahan penaik kepada sesuatu. 潜移默化;使发酵;加以酵母。

**leavings** *n.pl.* apa-apa yang tinggal; baki; sisa. 剩余物;残余;废物。

**lecher** *n.* lelaki gasang; orang yang kuat nafsu syahwat. 好色的人;纵欲的人。

**lechery** *n.* kegasangan; perbuatan gasang. 好色;纵欲;淫荡。**lecherous** *a.* bernafsu syahwat dan gasang. 纵欲的;淫荡的。

**lectern** *n.* sejenis mimbar. (教堂中的)读经台。

**lectionary** *n.* senarai skrip yang dibaca di dalam gereja. (为全年礼拜所用的)《圣经》选文集。

**lecture** *n.* syarahan; kuliah. （教导性的）演讲；讲课；讲稿。—*v.t./i.* menyampaikan pelajaran menerusi syarahan; memberi kuliah. 讲授；讲课；授课。 **lecturer** *n.* pensyarah. 讲师。 **lectureship** *n.* jawatan pensyarah. 讲师的职位（资格、身分等）。

**led** *lihat* **lead**[1]. 见 **lead**[1]。

**ledge** *n.* belebas. 壁架；（岩石突出的）岩架；（水中的）暗礁。

**ledger** *n.* lejar; buku besar akaun. 分类帐；总帐。

**lee** *n.* lindungan; tempat yang terlindung daripada angin. 避风处；下风；背风面。

**leech** *n.* lintah. 水蛭；蚂蟥。

**leek** *n.* bawang perai. 青葱；韭葱。

**leer** *v.i.* memandang dengan gaya yang menunjukkan niat yang tidak baik atau penuh berahi. 恶意地斜瞅；不怀好意地一瞥。—*n.* pandangan yang berniat tidak baik atau penuh berahi. 淫视；怒视。

**lees** *n.pl.* keladak dalam wain. （酒等的）沉渣；酒糟。

**leeward** *a. & n.* di sebelah tempat yang terlindung dari angin. 下风（的）；背风处（的）。

**leeway** *n.* hanyutan ke sisi (kapal). （船）向下风飘浮；风压。 **make up ~** mendapat semula kedudukan yang hilang atau mengganti masa yang terbuang. 赶上；弥补（损失等）；从逆境中挣扎出来。

**left**[1] *lihat* **leave**. 见 **leave**。 **~-overs** *n.pl.* saki-baki. 剩余物；吃剩的食物。

**left**[2] *a. & adv.* sebelah kiri. 左（的）；左边（的）；在左边（的）。—*n.* bahagian sebelah kiri; tangan atau kaki kiri; orang yang menyokong bentuk sosialisme yang keterlaluan daripada yang lain-lain dalam kumpulan mereka. 左；左边；左方；左手足；急进分子；左派。 **~-handed** *a.* menggunakan tangan kiri; kidal. 用左手的；左撇子的。

**leftist** *a. & n.* ahli sebuah parti politik berhaluan kiri. 左派分子（的）。

**leg** *n.* kaki binatang atau manusia. 人或动物的腿；腿部。—*v.t.* (p.t. *legged*) berkaki. （过运河隧洞时撑船者用脚抵壁以）使船前进。 **~ it** (*colloq.*) berlari sederasnya. 跑；走着去。 **~-pull** *n.* memperdaya. 欺骗；愚弄。

**legacy** *n.* waris. 遗产；（动产的）遗赠。

**legal** *a.* sah; menurut hukum atau undang-undang. 法律上的；合法的；法定的。

**legally** *adv.* yang menurut hukum atau undang-undang. 合法地；法定地。 **legality** *n.* kesahan; sahnya. 法律性；合法性。

**legalize** *v.t.* mengesahkan. 使合法化；使成为法定。

**legate** *n.* wakil. 使者；使节。

**legatee** *n.* penerima warisan. 遗产承受人。

**legation** *n.* kedutaan. 公使及其随员；公使馆。

**legend** *n.* dongeng sejarah; legenda. 传说；神话；传奇。

**legendary** *a.* yang termasyhur dalam legenda; (*colloq.*) ternama. 传说中的；传奇似的；名扬四海的。

**leger** *a.* **~ line** garis pendek yang ditambah pada nota muzik. （加在五线谱上面或下面的）加线。

**legerdemain** *n.* silap mata; penyulapan. 戏法；骗术。

**leggings** *n.pl.* sarung betis; sarung balut kaki. 绑腿；（皮或布制成的）裹腿。

**leggy** *a.* berkaki panjang. （尤指小孩、小马等）腿细长的；（女人）腿修长匀称的。

**leghorn** *n.* jerami pintal; topi diperbuat daripada jerami. 麦杆草帽鞭；（意大利的）麦鞭宽边草帽。

**legible** *a.* dapat dibaca. （字迹或印刷品）清楚易读的；可辨认的。 **legibly** *adv.* dengan cara yang mudah dibaca. （字迹、印刷）清晰地。 **legibility** *n.* perihal mudah dibaca. （字迹的）清晰度；可辨读性。

**legion** *n.* legion; pasukan tentera Romawi zaman dahulu. 古罗马军团。

**legionnaire** *n.* askar legion. 古罗马军团的兵士。**legionnaires disease** sejenis penyakit pneumonia bakteria. 军团病（一种大叶性肺炎）。

**legislate** *v.i.* membuat undang-undang. 立法。

**legislation** *n.* pembentukan undang-undang. 立法；法规。

**legislative** *a.* yang membuat undang-undang. 立法的；有立法权的。

**legislator** *n.* ahli majlis undangan. 立法委员；议员。

**legislature** *n.* majlis atau badan yang membuat undang-undang. 立法机关；立法部；议会。

**legitimate** *a.* sah; berhak dan berdasarkan undang-undang. 合法的；正统的；嫡系的。

**legitimately** *adv.* yang sah. 合法地；正统地；嫡系地。**legitimacy** *n.* perihal atau keadaan yang sah. 合法性；正统性。

**legitimize** *v.t.* menjadikan sah; mengesahkan. 使合法；合法化；证明…合理。

**legless** *a.* tanpa kaki. 无腿的。

**legume** *n.* legum; (pokok) kekacang. 豆荚；豆科植物。

**leguminous** *a.* jenis kekacang. 荚的；有荚的；豆科的。

**leisure** *n.* masa lapang; masa senggang; kelapangan. 空闲；闲暇；安逸。**at one's ~** apabila seseorang mempunyai waktu. 有空时；方便时。

**leisured** *a.* mempunyai banyak masa lapang. 有闲空的；安逸的；悠闲自在的。

**leisurely** *a. & adv.* dengan tidak tergesa-gesa atau terburu-buru. 从容不迫地（的）；悠闲地（的）；慢条斯理地（的）。

**leitmotiv** *n.* tema asas; motif utama. (音乐) 主导主题；主导旋律。

**lemming** *n.* haiwan rodensia yang kecil seperti tikus di Artik. (北极的) 旅鼠。

**lemon** *n.* lemon; sejenis limau yang kulitnya berwarna kuning. 柠檬；柠檬树。

**lemony** *a.* berwarna kuning lemon; berperisa lemon. 柠檬色的；柠檬味的；柠檬香的。

**lemonade** *n.* air limau untuk minuman. 柠檬汽水。

**lemur** *n.* kandau; sejenis binatang seakan-akan monyet di Madagaskar yang aktif pada waktu malam. (非洲马达加斯加的) 狐猿。

**lend** *v.t.* (p.t. *lent*) meminjamkan; memberi sesuatu untuk digunakan dengan janji akan dipulangkan. 借出；借与；贷款；出租 (书籍等)。**~ itself to** yang sesuai untuk. 有助于；适于；宜于。

**lender** *n.* orang yang meminjamkan sesuatu kepada orang lain. 出租者；贷方。

**length** *n.* ukuran dari pangkal ke hujung; panjang. 长度；长。**at ~** selepas mengambil masa yang lama akhirnya. 最后；终于。

**lengthen** *v.t./i.* memanjangkan; melamakan. 加长；增长；延伸；延长 (时间等)。

**lengthways** *adv.* memanjang; membujur. 纵长地。**lengthwise** *adv. & a.* memanjang; membujur. 纵长地 (的)。

**lengthy** *a.* (*-ier*, *-iest*) yang sangat panjang; terlalu panjang; lama. 过长的；漫长的；冗长的；罗唆的。**lengthily** *adv.* dengan panjang lebar. 冗长地；罗罗唆唆地。

**lenient** *a.* tidak berkeras; lembut hati. (尤指惩罚上) 不严厉的；宽大的；宽厚的；怜悯的。**leniently** *adv.* dengan tidak menggunakan kekerasan; dengan berlembut. 宽大地；怜悯地。

**lenience** *n.* perihal berlembut; kelembutan hati. 宽大；宽厚；怜悯。

**lenity** *n.* perihal menunjukkan kelembutan hati atau belas kasihan. 宽大；慈悲；宽厚。

**lens** *n.* kepingan kaca atau bahan seperti kaca yang sebelah atau kedua-dua belah permukaannya melengkung, digunakan untuk cermin mata, kanta atau lensa. (眼镜等用的) 透镜；眼镜片；眼球晶体。

**lent** *lihat* **lend**. 见 **lend**。

**Lent** *n.* tempoh masa empat puluh hari sebelum Easter dan dalam tempoh ini kecuali hari Ahad orang Kristian berpuasa dan bertaubat. (基督教复活期前四十天) 四旬斋。**Lenten** *a.* yang bersangkutan dengan anutan orang Kristian tentang ibadat puasa dan taubat. 四旬斋的。

**lentil** *n.* lentil; sejenis tumbuhan kekacang. 小扁豆。

**leonine** *a.* yang berkenaan dan seperti singa. 狮子似的；(狮子般) 勇猛的。

**leopard** *n.* harimau bintang. 豹。**leopardess** *n. fem.* harimau bintang (betina) 雌豹。

**leotard** *n.* pakaian untuk ahli akrobatik. (杂技员穿的) 高领长袖紧身衣。

**leper** *n.* orang yang menghidap penyakit kusta. 麻风病人。

**lepidopterous** *a.* serangga (misalnya rama-rama) yang sayapnya bersisik. 鳞翅目昆虫的；蝶类的。

**leprechaun** *n.* leprekaun; sejenis orang bunian yang menyerupai seorang tua (dalam dongeng orang Irish). (爱尔兰民间传说的) 矮妖精。

**leprosy** *n.* kusta. 麻风病。**leprous** *a.* berkenaan dengan penyakit kusta. 麻风的；患麻风的；似麻风的。

**lesbian** *n.* perempuan yang melakukan hubungan seks sejenis. 搞同性恋的女子。

**lesbianism** *n.* perihal perempuan yang melakukan hubungan seks sesama jenis. 女同性恋关系。

**lese-majesty** *n.* pengkhianatan atau celaan terhadap raja; perilaku yang terlalu angkuh atau biadab. 欺君罪；叛逆；(尤指地位低者的) 僭越行为。

**lesion** *n.* perubahan yang bahaya pada tubuh yang disebabkan oleh penyakit atau kecederaan. (因受伤或疾病引起的) 肌体、器官上的) 损害。

**less** *a.* menunjukkan jumlah yang lebih kecil; kurang daripada; nilai yang rendah. 少量的；较少的；更少的；(级别、地位等) 较次要的。—*adv.* kurang. 更少地；更小地；较少地；较小地。—*n.* jumlah yang kecil. 较少或较小的时间、数量等。—*prep.* ditolak. 减去；少掉。

**lessee** *n.* penyewa. 承租人；租户。

**lessen** *v.t./i.* memperkecilkan; mengurangkan. 缩小；缩减；减轻 (负担等)。

**lesser** *a.* yang lebih kecil atau kurang. 较小的；较少的。

**lesson** *n.* pelajaran. 功课；教训；经验；(礼拜仪式中诵读的) 一段圣经。

**lessor** *n.* orang yang menyewakan harta tanah. (土地等的) 出租人。

**lest** *conj.* jangan sampai; kalau-kalau. 免得；以免；唯恐。

**let**¹ *n.* halangan; sekatan. 障碍；阻碍。

**let**² *v.t./i.* (p.t. *let*, pres. p. *letting*) membiarkan; melepaskan; menyewakan. 让；允许；使放出；让通过；出租。—*v.aux* kata kerja bantu yang digunakan dalam permohonan, perintah, agakan, atau cabaran. (用以表示请求、命令、假设或挑战语气的助动词) 让…；…吧！—*n.* penyewaan harta. (房屋等的) 出租；租出。**~ alone** tidak mengganggu; apatah lagi. 不干涉；不管；不谈；更不用说。**~ down** mengempiskan; menghampakan; melabuhkan. 放下；降下；使失望；使沮丧；使丢脸。**--down** *n.* mengecewakan. 失望。**~ in for** terlibat sama. 使陷入 (困难、损失等)。**~ off** melepaskan tembakan dari senjata api; meletupkan; membakar bunga api; dikecualikan daripada; tidak memberi hukuman. 开 (枪炮)；放 (烟火等)；免除 (工作、责任等)；宽恕；从轻处理。**~ on** (*sl.*) membocorkan rahsia. 泄露 (秘密)。**~ up** (*colloq.*) reda; mengurangkan. 停顿；放松；(风雨等)

减弱;平息。 **~-up** berkurang; mereda. 减小;停止;中止。

**lethal** *a.* membawa maut. 致死的;致命的。

**lethargy** *n.* keletihan; kelesuan. 昏睡;嗜眠症;怠倦;呆滞;感觉迟钝。 **lethargic** *a.* lemah; letih. 无精打采的;怠倦的;昏睡的。 **lethargically** *adv.* dengan lesu atau lemah. 无精打采地;怠倦地;昏睡地。

**letter** *n.* huruf; aksara; surat. 字;文字;字母;信;公函。—*v.t./i.* menulis huruf (di atas sesuatu). (用字母)在…上写。 **~-box** *n.* peti surat. 信箱。

**letterhead** *n.* kepala surat. 信笺上端所印文字(包括机构或组织名称、地址等)。

**lettuce** *n.* salad; salada. 萵苣;生菜。

**leucocyte** *n.* leukosit; sel darah putih. 白血球。

**leukaemia** *n.* leukemia; sejenis penyakit yang disebabkan oleh berlebihnya sel putih di dalam darah. 白血病。

**Levant** *n.* bahagian Timur Lautan Mediterranean. 黎凡特(地中海东部诸国家及岛屿总称,指自希腊至埃及一带地区)。 **Levantine** *a. & n.* berkenaan bahagian timur Laut Mediterranean atau penduduknya. 黎凡特(的);黎凡特地区居民(的)。

**levee**[1] *n.* perhimpunan formal bagi pelawat. (旧时君主或贵族起床后的)早晨接见;(英国王宫接见男臣的)早朝。

**levee**[2] *n.* (*A.S.*) tetambak menghalang ombak. (美国)防洪堤;河堤。

**level** *a.* rata; datar. 水平的;平的;一律的;同高度(程度、进度)的;平稳的。
—*n.* garisan atau permukaan yang mendatar; aras; paras; tahap; peringkat; kawasan datar; alat pengaras; alat untuk menguji ini. 水平线;水平面;水平仪;水平;水准;标准;层次;级;等级;平地。—*v.t./i.* (p.t. *levelled*) meratakan; menyamakan; meruntuhkan bangunan; menghalakan senjata, peluru berpandu atau tuduhan. 弄平;使平均;使一律;(拆除建筑物等以)使平坦;(举枪炮等)瞄准。 **~ crossing** tempat kereta dan kereta api melintas pada aras yang sama. (铁路与公路的)平面交叉点。 **~-headed** *a.* berfikiran sihat; waras; siuman. 头脑冷静的;清醒的;稳健的。 **leveller** *n.* sesuatu yang meratakan; orang yang ingin menghapuskan perbezaan darjat dalam masyarakat. 把事物弄平的人(或物);主张消除社会阶级差别的人;社会平等主义者。

**lever** *n.* tuil; tuas; pengumpil. 杆;杠杆;撬棒。—*v.t./i.* mengangkat dengan tuil. (用杠杆、撬棒等)撬动。

**leverage** *n.* kekuatan atau daya pengumpil; penuilan; penuasan; penyungkitan. 由杠杆作用所产生的力量;杠杆利率;杠杆作用。

**leveret** *n.* arnab muda. (未满一岁的)小野兔。

**leviathan** *n.* benda yang besar dan kuat. 庞然大物;有财有势的人。

**levitate** *v.t./i.* naik atau menyebabkan naik dan terapung di udara. 使飘浮在空中。 **levitation** *n.* pengapungan. 悬浮;漂浮。

**levity** *n.* sikap tidak kisah; tidak peduli. (举止等)轻薄;轻浮;轻率。

**levy** *v.t.* mengenakan bayaran dengan cara paksa mengikut undang-undang. 征收(税务、罚款等)。—*n.* perihal mengenakan cukai. 征收;征税。

**lewd** *a.* (*-er, -est*) lucah; tidak sopan; gatal; miang. 猥亵的;淫荡的;好色的。 **lewdly** *adv.* dengan tidak bersopan; secara lucah. 淫荡地;猥亵地。 **lewdness** *n.* kelucahan. 猥亵;淫荡。

**lexical** *a.* berkenaan perkataan; leksikal. 词汇的;词典(编辑)的。 **lexically** *adv.* dari segi leksikal. 词汇上;词汇学上。

**lexicography** *n.* perkamusan; leksikografi. 词典编纂学;词典编纂法。 **lexicographer** *n.* penyusun kamus; ahli leksikografi. 词典编纂者。

**lexicon** *n.* kamus; leksikon.（尤指希腊文、阿拉伯文等的）字典；专门词汇。

**ley** *n.* tanah yang ditanami rumput buat sementara.（暂作牧场的）轮换草地；短期牧草地。

**Leyden jar** *n.* sejenis kondenser elektrik. 莱顿电瓶。

**liability** *n.* tanggungjawab; kewajipan; (*colloq.*) sesuatu yang menyusahkan; bebanan; (*pl.*) liabiliti; hutang-piutang. 责任；义务；不利条件；妨碍的人（或物）；负债；债务。

**liable** *a.* berkewajipan; bertanggungjawab; berkemungkinan. 受法律拘束的；有义务的；有⋯倾向的。

**liaise** *v.i.* (*colloq.*) berhubung. 联络；建立联系。

**liaison** *n.* perhubungan. 联络；私通。

**liana** *n.* pokok akar; pokok menjalar di hutan tropika. 藤本植物。

**liar** *n.* pembohong. 说谎者；骗子。

**libation** *n.* persembahan minuman kepada dewa.（拜祭时用的）奠酒。

**libel** *n.* libel; penyebaran fitnah secara bertulis. 诽谤；诽谤文字。—*v.t.* (*p.t. libelled*) memfitnahkan secara bertulis. （用文字）诽谤；诬陷。**libellous** *a.* mengeji; mengandungi fitnah. 含有诽谤文字的；诽谤性的。

**Liberal** *a. & n.* parti politik di Britain yang menentang Konservatif. 自由党；自由党的。**Liberalism** *n.* liberalisme; pandangan dan pendapat yang bebas dan terbuka. 自由主义。

**liberal** *a.* liberal; orang yang berfahaman bebas. 思想开明的；自由主义的；慷慨大方的。**liberally** *adv.* dengan sikap bebas dan terbuka. 思想开明地；慷慨大方地。**liberality** *n.* berkenaan fikiran luas dan kemurahan hati. 心胸宽大；磊落；慷慨大方。

**liberalize** *v.t.* melonggarkan; meliberalkan. 放宽（限制）；解放；使自由化。**liberalization** *n.* pelonggaran. 自由化；自由主义化。

**liberate** *v.t.* melepaskan; membebaskan. 解放；释放；使获自由。**liberation** *n.* kebebasan. 解放；获自由。**liberator** *n.* pembebas. 解放者；释放者。

**libertine** *n.* lelaki yang suka berfoya dan tidak menghormati kaum wanita; buaya darat. 浪子；（男子）放荡不检且不尊重女性尊严的人。

**liberty** *n.* kemerdekaan; kebebasan. 自由权；自由；释放；解放。**take the ~** kebebasan melakukan sesuatu. 冒昧行事。 **take liberties** bebas membuat apa sahaja. 随意改变（规则等）；调戏（妇女）。

**libido** *n.* (pl. *-os*) keinginan nafsu syahwat yang melonjak. 性欲；性的本能。

**librarian** *n.* pustakawan. 图书馆长；图书馆管理员。

**library** *n.* kutubkhanah; perpustakaan. 图书馆。

**libretto** *n.* (pl. *-os*) libreto; lirik atau cerita untuk sebuah opera atau drama muzik. （戏剧、音乐剧等的）脚本；乐词。

**lice** *lihat* **louse**. 见 **louse**。

**licence** *n.* kebenaran rasmi; lesen. 许可；许可证；执照。

**license** *v.t.* memberi lesen; memberi kebenaran. 批准；许可；发许可证（执照等）给⋯。

**licensee** *n.* pemegang lesen. 许可证持有人；领有执照者。

**licentiate** *n.* orang yang bertauliah. （从大学或学会等）领有及格证书的人；有开业资格（或证书）的人。

**licentious** *a.* jangak; gasang. 淫佚的；淫乱的；不道德的。**licentiousness** *n.* kegasangan. 淫佚；淫乱。

**lich-gate** *n.* pintu gerbang yang berbumbung.（教堂墓地暂时停放棺木的）有屋顶的停枢入口。

**lichen** *n.* liken; tumbuhan berwarna hijau, kuning atau kelabu yang tumbuh di atas batu. 地衣（低等植物的一类）。

**lick** *v.t./i.* menjilat; (tentang ombak atau api) menyentuh dengan perlahan; (*sl.*)

mengalahkan. 舔;舐;舔吃;(波浪、火舌)触及;卷过;打败。—*n.* jilatan; pukulan dengan kayu, dsb.; penggunaan sedikit (cat, dsb.); (*sl.*) kadar yang pantas. 舔;舐;痛殴;重打;少量(漆等);快速;奔驰。使像样;整顿。**~ into shape** menjadikan elok. 使像样;整顿。

**lid** *n.* tudung; penutup. 盖子;孔盖。

**lido** *n.* (pl. *-os*) kolam renang atau pantai tempat mandi untuk orang ramai. 公共露天游泳池或海滨浴场。

**lie**[1] *n.* bohong; karut; dusta. 说谎;谎言;虚假;假象;欺诈。—*v.i.* (p.t. *lied*, press. p. *lying*) bercakap bohong. 撒谎。**give the ~ to** menidakkan. 指责(某人)说谎;证明(某事)不实。

**lie**[2] *v.t./i.* (p.t. *lay*, p.p. *lain*, pres.p. *lying*) baring. 躺;平卧;(抽象事物)存在;展现;平放着;保持某种状态;位于;可承认。—*n.* kedudukan; keadaan; cara barang diletakkan. (人或物存在的)位置;形势;状态;(人)躺卧;(鸟兽)栖息。**~ low** menyembunyikan diri atau niat. 伏卧;隐蔽。

**liege** *n.* (*old use*) pemerintah atau tuan tanah yang berhak menerima khidmat percuma dan penghormatan daripada rakyatnya atau orang di bawah kuasanya. (封建制度下的)君主;王侯;大地主。

**lien** *n.* lien; hak untuk memiliki harta orang lain sehingga hutang dibayar. (债权人在债务未清偿前对抵押品的)留置权。

**lieu** *n.* **in ~** sebagai ganti. 代替。

**lieutenant** *n.* pegawai bertauliah dalam tentera, bawah daripada pangkat kapten; leftenan. 陆军中尉;海军上尉。

**life** *n.* (pl. *lives*) kehidupan. 生活;(总称)生物;生命;一生;生计;生存;生命力。**~ cycle** kitaran atau putaran hidup. 生命周期。**~~guard** *n.* anggota penyelamat; pakar renang yang bertugas menyelamatkan orang dalam bahaya kelemasan. 护兵;(游泳场的)救生员。**~~jacket** *n.* jaket keselamatan. 救生衣。**~~preserver** *n.* belantan untuk mempertahankan diri; boya atau pelampung keselamatan; jaket keselamatan. (防卫用的)护身棒;救生圈;救生衣。**~~size, ~~sized** *adjs.* sama dengan saiz asal. (雕像等)同原物一样大的。

**lifebelt** *n.* boya atau pelampung keselamatan. 救生带;浮带。

**lifeboat** *n.* bot keselamatan; bot untuk kecemasan. 救生艇。

**lifebuoy** *n.* boya keselamatan; alat yang membolehkan seseorang itu terapung. 救生圈。

**lifeless** *a.* mati; pengsan. 无生命的;死的;失去知觉的;单调沉闷的。

**lifelike** *n.* seakan betul; tampak hidup. 逼真;生动。

**lifeline** *n.* tali keselamatan; perhubungan. 救生索;(潜水员的)信号绳。

**lifelong** *a.* sepanjang hayat. 终身的;毕生的。

**lifetime** *n.* hayat; (tempoh) sepanjang hayat; masa hidup. 一生;终身。

**lift** *v.t./i.* mengangkat; (*colloq.*) mencuri. 举起;抬;吊;提高;偷窃。—*n.* angkat; lif; alat untuk mengangkut orang atau barangan dari satu aras ke aras yang lain, terutamanya dalam bangunan; perihal memberi tumpang; keriangan. 提;举;抬;吊;电梯;升降机;起重机;搭便车;情绪激昂;鼓舞。**~~off** *n.* pelancaran. (飞机)起飞;(火箭)发射。

**ligament** *n.* ligamen; tisu yang kuat yang menghubungkan tulang. 系带;韧带。

**ligature** *n.* tali pengikat; sambungan; (muzik) ligatur. 带子;(尤指)绷带;结扎线;连系物;(音乐)连线。

**light**[1] *n.* cahaya. 光线;光亮;日光;光源。—*a.* diterangi cahaya; tidak berada dalam kegelapan; pucat. 明亮的;光线充足的;苍白的。—*v.t./i.* (p.t. *lit* atau *lighted*) membakarkan; menyalakan; memberikan cahaya; menerangi. 点燃;使光亮;(用灯光)指引。**bring to ~**

mendedahkan. 暴露；揭露。**come to ~** mendedahkan; diketahui. 显露；出现。**~ up** menerangi. 照亮；点火。**~-year** *n.* tahun cahaya; jarak pergerakan cahaya dalam setahun, lebih kurang 6 juta batu. 光年。

**light**² *a.* (*-er, -est*) ringan. 轻的；份量不足的；轻微的；微弱的；(酒)味淡的；(伤势等)不严重的；不重要的；心情轻快的。—*adv.* ringan dengan beban yang sedikit. (因没有负担而)轻快地；轻装地。**~-fingered** *a.* suka mencuri. 窃盗手法高明的；善窃的。**~-headed** *a.* hendak pengsan. 头晕目眩的。**make ~ of** memandang ringan. 轻视；小看。**~-hearted** *a.* gembira. 无顾虑的；轻松愉快的。**lightly** *adv.* tidak bersungguh-sungguh. 轻蔑地；满不在乎地。**lightness** *n.* kecerahan; keringanan. 明亮；光亮度；轻；灵巧；轻松。

**light**³ *v.i.* (p.t. *lit* atau *lighted*) **~ on** terjumpa dengan tidak sengaja. 偶然遇见。**~ out** (*sl.*) bertolak; cabut. 匆匆离去；溜掉。

**lighten**¹ *v.t./i.* menerangkan. 照亮；使明亮。

**lighten**² *v.t./i.* meringankan. 减轻；使轻松；(心情等)变得轻松。

**lighter**¹ *n.* pemasang api rokok; pemetik api. 打火机；引燃器；点火者。

**lighter**² *n.* perahu leper di bahagian bawah untuk memunggah barang; tongkang. 驳船。**~-man** *n.* pemunggah barang (di tongkang). 驳船工人。

**lighthouse** *n.* rumah api. 灯塔。

**lighting** *n.* lampu; pencahayaan. (舞台、摄影等的)布光；(戏剧、电影等的)照明；照明设备。

**lightning** *n.* kilat. 闪电。—*a.* dengan pantas. (闪电般)极快的；飞快的。**like ~** seperti kilat; terlalu pantas. 闪电似的；风驰电掣的；一眨眼的。

**lights** *n.pl.* paru-paru binatang tertentu yang dijadikan bahan makanan binatang. (供动物食用的)牲畜肺脏。

**lightship** *n.* kapal dengan cahaya suar yang dijadikan rumah api. (停泊在危险水域等作导航作用的)灯船。

**lightsome** *a.* tangkas; lincah; riang. 敏捷的；轻盈的；轻松愉快的。

**lightweight** *a.* tidak mempunyai berat atau pengaruh yang besar. 无足轻重的；(性格、势力等)不够强的。—*n.* orang yang kurang beratnya; berat dalam tinju (60 kg). (体重)在平均重量以下的人；轻量级拳击(60公斤以下)；不重要的人。

**lignite** *n.* lignit; batu arang coklat. 褐煤。

**like**¹ *a.* sama; serupa. 同样的；相似的；同类的。—*prep.* seperti; yang sama dengan. 如；似。—*conj.* (*colloq.*) seperti. 如同；好象。—*adv.* (*colloq.*) kemungkinan; sepertinya. 可能；正所谓；可以说得上。—*n.* orang atau barang yang serupa. 同样的人或(物)；同类的人(或物)。**~-minded** *a.* sependapat. 志同道合的；有同样思想习惯的。

**like**² *v.t.* ingin; suka akan. 希望；想；喜欢。**likes** *n.pl.* kesukaan; kegemaran. 嗜好；好恶。

**likeable** *a.* menyenangkan; mudah disukai. 讨人喜欢的；可爱的；和蔼亲切的。

**likelihood** *n.* kemungkinan. 可能性；可能。

**likely** *a.*(*-ier, -iest*) berkemungkinan terjadi sesuatu. 很可能的；似乎合理的。—*adv.* kemungkinannya. 或许；大概。**not ~** (*colloq.*) tidak mungkin terjadi. 不见得会…。**likeliness** *n.* besar kemungkinan. (极大的)可能性。

**liken** *v.t.* menyamakan; menunjukkan persamaan. 把…比做；弄得象…。

**likeness** *n.* seperti; semacam. 相似；类似。

**likewise** *adv.* begitu juga; tambahan pula. 同样地；而且；也。

**liking** *n.* kesukaan seseorang; perasaan suka. 嗜好；兴趣；喜好。

**lilac** *n.* sejenis tumbuhan yang berbunga ungu muda atau putih dan harum baunya.

紫丁香。—*a.* berwarna ungu muda. 淡紫色的。

**liliaceous** *a.* keluarga bunga lili. 百合科的。

**liliputian** *a.* halus; sangat kecil. 小人国的;(个子)矮小的;极小的。

**lilt** *n.* nada; intonasi; irama atau lagu yang menyegarkan. 抑扬顿挫的歌曲;节拍轻快的旋律。 **lilting** *a.* beralun-alun. 活泼轻快的。

**lily** *n.* bunga teratai. 百合属植物;百合花。

**limb** *n.* anggota badan (seperti tangan, kaki, dsb.). (手、足、臂等)肢;翅膀;大树枝。 **out on a ~** terasing; terpencil. 处于危险境地;处于孤立地位。

**limber** *a.* mudah lentur; tidak tegang. 易弯曲的;柔软的;可塑的。 —*v.t./i.* **~ up** bersenam; latihan sebagai persediaan untuk acara olahraga. 使(身体)柔软灵活;(比赛、运动前)做预备运动。

**limbo**[1] *n.* keadaan dilupakan; terlantar; terawang-awang. 被疏忽或忘却的场所;中间过渡的状态(或处所)。

**limbo**[2] *n.* (pl. *-os*) tarian orang Hindia Barat. (西印度群岛的)林波舞。

**lime**[1] *n.* kapur; benda putih yang digunakan untuk membuat simen. 石灰。

**lime**[2] *n.* buah limau nipis. 酸橙。

**lime**[3] *n.* sejenis pohon berbunga kecil berwarna kuning dan harum baunya; linden. 椴;欧椴。 **~-tree** *n.* pokok linden. 椴树;菩提树。

**limelight** *n.* (menjadi) perhatian atau tumpuan ramai. 众人注目的中心。

**limerick** *n.* limerik; sejenis sajak lucu terdiri daripada lima baris. (源自十八世纪爱尔兰的)五行打油诗。

**limestone** *n.* batu kapur. 石灰石。

**Limey** *n.* (*A.S., sl.*) orang British. 英国佬(含贬义,尤指英国水手及英国兵)。

**limit** *n.* had; batas. 限度;极限;边界;限制。 —*v.t./i.* memberi had; menghadkan supaya tidak lebih; berada dalam had yang ditentukan. 限制;限定;局限于…范围内。 **limitation** *n.* pembatasan. 限度;极限;限制。

**limousine** *n.* limusin; kereta jenis mewah. 大型高级轿车。

**limp**[1] *v.i.* berjalan dengan incang-incut; tempang. 一瘸一瘸地走;跛行。 —*n.* perihal berjalan tempang. 跛行。

**limp**[2] *a.* (*-er, -est*) tidak keras atau tegang; lemah; layu; lembik; kendur. 柔软的;易曲的;柔弱的;无力的;(装订)软面的。 **limply** *adv.* dengan lemah; dengan kendur. 柔软地;柔软地。 **limpness** *n.* kelemahan; kekenduran. 柔软无力;无精打采。

**limpet** *n.* siput senduk; teritip. 蛾;帽贝。

**limpid** *a.* jernih; hening. 清澈的;清晰的;透明的。

**linchpin** *n.* pasak pada hujung gandar roda. (轴端的)轮辖;制轮楔。

**linctus** *n.* ubat batuk yang menyegarkan. 润喉止咳糖浆。

**linden** *n.* pohon linden. 菩提树。

**line**[1] *n.* garisan. 线;索;绳子;线条;轮廓;外形;行列;家系;方向;路线;铁路;运输;系统;行业;前线;防线。 **the Line** Khatulistiwa. 赤道。 —*v.t.* menggaris; diaturkan dalam barisan. 划线;排成行列;使有线条。 **get a ~ on** (*colloq.*) menjumpai maklumat tentang. 打听到关于…的消息。 **in ~ with** selaras dengan. 和…一致;符合。

**line**[2] *v.t.* mengalas; melapiki. 加衬里于(衣服等);给(衣服、箱子等)装衬里。 **~ one's pockets** membuat wang dengan cara haram. 肥私囊;中饱。

**lineage** *n.* keturunan; asal usul. 血统;世系;家系;门第。

**lineal** *a.* berkenaan dengan keturunan yang langsung atau terus. 直系的;世系的;正统的。

**lineaments** *n.pl.* raut muka; roman; wajah. 面貌;轮廓;特征。

**linear** *a.* berkenaan dengan atau seperti garis datar atau lurus. 线的；直线的；一次的；线性的。

**linen** *n.* kain linen; kain yang dibuat daripada rami yang halus. 亚麻布；亚麻布类；亚麻布制品。

**liner**[1] *n.* kapal laut atau kapal udara. （航线固定的）班船；班机。

**liner**[2] *n.* lapik yang dapat ditanggalkan. 可拆除的衬里；衬垫。

**linesman** *n.* (pl. *-men*) penjaga garisan; pekerja yang memeriksa landasan kereta api atau yang memperbaiki kabel telefon atau elektrik. （球类比赛的）巡边员；（铁路的）巡线工人；（电缆、电话线等的）线务员。

**ling**[1] *n.* rumpun kecil pokok bunga yang bunganya berbentuk loceng. 石南属植物。

**ling**[2] *n.* sejenis ikan laut yang terdapat di Eropah. （欧洲的）长身鳕鱼。

**linger** *v.i.* berlambat-lambat. 徘徊；缠绵不去；拖延。

**lingerie** *n.* pakaian dalam wanita. 女内衣。

**lingo** *n.* (pl. *-oes*) (*joc.* atau *derog.*) bahasa asing yang tidak diketahui. 奇怪而难懂的外国语（术语等）。

**lingua franca** bahasa yang digunakan sebagai bahasa perantaraan. （不同民族之间交往或交易时用的）混合语。

**linguist** *n.* ahli bahasa; ahli linguistik. 精通数国语言的人；语言学家。

**linguistic** *a.* berkenaan ilmu bahasa; linguistik. 语言上的；语言学的；语言学上的。

**linguistics** *n.* ilmu bahasa; linguistik. 语言学。

**liniment** *n.* minyak urat. 搽剂；擦剂。

**lining** *n.* lapisan. （衣服等的）衬里；里子。

**link** *n.* hubungan. （链等的）环；（链状物中的）一节；承前启后的人（或物）；联系；环接。—*v.t.* menghubungkan; menyambungkan; mengaitkan. 连结；环接；联系。**linkage** *n.* sambungan. 联系；连锁；连接。

**links** *n.* atau *n.pl.* padang golf. 高尔夫球场。

**linnet** *n.* sejenis burung kecil yang berwarna coklat. 朱顶雀。

**lino** *n.* kependekan bagi linoleum. （亚麻）油地毡；漆布。

**linocut** *n.* potongan lino; potongan lakaran atas kepingan linoleum. （亚麻）油毡浮雕的印刷图案；油毡浮雕版。

**linoleum** *n.* linoleum; sejenis alas tebal dan kuat untuk menutupi lantai. 亚麻油地毡；漆布。

**linseed** *n.* biji rami. 亚麻子；亚麻仁。

**lint** *n.* kain tiras; lin. 皮棉；（作绷带用的）软麻布。

**lintel** *n.* tutup jenang; kepingan kayu yang melintang di atas pintu. 楣；（门窗上的）过梁。

**lion** *n.* singa. 狮子。 **~'s share** bahagian terbesar. 最大最好的部分。 **lioness** *n. fem.* singa betina. 母狮。

**lionize** *v.t.* mengagung-agungkan. 把…当名流看待；把…捧为名流。

**lip** *n.* bibir. 嘴唇；唇状物。 **~-read** *v.t./i.* memahami apa yang dikatakan daripada pergerakan bibir pembicara. （尤指聋哑人）依嘴唇的动作了解对方说的话；唇读。 **pay ~-service** berpura-pura menyokong; cakap sahaja. 空口答应；口惠。 **lipped** *a.* mempunyai bibir atau menyerupai bibir. 有唇的；（壶、杯等）有嘴的。

**lipsalve** *n.* ubat sapu untuk bibir. 润唇膏。

**lipstick** *n.* gincu. 口红；唇膏。

**liquefy** *v.t./i.* mencecairkan; meleburkan. 液化；使成液体。 **liquefaction** *n.* perihal menjadikan cecair. 液化；液化作用。

**liquer** *n.* minuman alkohol. 甜露酒（一种味香性烈的酒类）。

**liquid** *n.* cecair. 液体。 —*a.* dalam bentuk cecair; bunyi yang mengalir dengan baik;

harta yang senang ditukarkan menjadi wang tunai. 液状的;液态的;液体的;(资产等)流动的;易变换为现金的。**liquidity** *n.* senang ditukarkan kepada tunai (harta). 流动资产。

**liquidate** *v.t.* membayar dan menjelaskan hutang. 清算(破产公司等);清偿(债务等)。**liquidation** *n.* pemansuhan atau pembubaran. 清偿;清理债务以作结束;清算。**liquidator** *n.* orang yang bertanggungjawab membubarkan. 清算人。

**liquidize** *v.t.* menjadikan cecair; mengisar menjadi hancur berair. 使成液体;使液化。**liquidizer** *n.* pengisar (basah). (食物)液化器;榨汁机。

**liquor** *n.* arak; minuman keras. 酒;酒类。

**liquorice** *n.* likuoris; bahan hitam yang diperolehi daripada sejenis pohon dan digunakan dalam ubat atau gula-gula. 甘草属;甘草。

**lira** *n.* (pl. *lire*) unit wang di Itali dan Turki. 里拉(意大利及土耳其货币单位)。

**lisle** *n.* sejenis benang yang tahan untuk membuat stoking. 莱尔棉线(质地光滑坚韧用以制袜、手套等)。

**lisp** *n.* kepelatan (menyebut huruf 's' dan 'z'). 念成's'及'z'音(发擦音's'及'z'时咬舌)。 —*v.t./i.* pelat menyebut huruf 's' dan 'z'. 咬着舌头发(擦)音;咬着舌头地说话;口齿不清。

**lissom** *a.* lincah; tangkas dan lemah-gemalai. 敏捷的;轻快的;柔软的。

**list**[1] *n.* senarai. 表;(名)单;目录;一览表。—*v.t.* menyenaraikan; dimasukkan dalam senarai. 列举;把…列入表(名单、目录等)中。**enter the lists** menerima cabaran. 接受挑战。

**list**[2] *v.i.* (bagi kapal) senget. (船等)倾侧。

**listen** *v.i.* mendengar. 听;留心听;偷听;听从;同意。**~ in** mendengar perbualan; mendengar siaran radio. 监听;收听(广播等)。**listener** *n.* pendengar. 听者;监听者;听众。

**listeria** *n.* listeria; bakteria dalam makanan yang dicemari. 利斯特氏菌属。

**listeriosis** *n.* listeriosis; jangkitan daripada makanan yang mengandungi listeria. 利斯特氏肝菌病。

**listless** *a.* terlalu letih; tidak berdaya. 倦怠的;无精神的;不想活动的。**listlessly** *adv.* dengan tidak bermaya. 懒洋洋地;无精打采地。**listlessness** *n.* kepenatan; kemalasan; kelemahan. 倦怠;淡漠;无精打采。

**lit** *lihat* **light**[1] dan **light**[3]. 见 **light**[1] 与 **light**[3]。

**litany** *n.* sejenis doa. 连祷。

**litchi** *n.* (pl. *-is*) pokok laici; buah laici. 荔枝树;荔枝。

**literacy** *n.* melek huruf; kebolehan membaca dan menulis. 识字;阅读及书写能力。

**literal** *a.* harfiah; literal. 文字上的;逐字翻译的;照字面的。**literally** *adv.* secara harfiah. 直译地。**literalness** *n.* perihal keharfiahan. 逐字翻译;直译。

**literary** *a.* (berkenaan) kesusasteraan; tentang sastera dan hasil seni. 文学的;文学上的;文人的。

**literate** *a.* dapat menulis dan membaca. 有阅读及书写能力的;有文化的。

**literature** *n.* kesusasteraan. 文学;文学作品。

**lithe** *a.* yang dapat dilentur. 柔软的;易弯曲的。

**lithograph** *n.* litograf; sesuatu yang dicetak dengan menggunakan proses litografi. 平版画;平版印刷品;石印术。

**lithography** *n.* litografi; proses percetakan yang menggunakan cap batu atau logam. 平版印刷术;石印术。**lithographic** *a.* berkenaan litograf. 平版印刷的;石印的。

**litigant** *n.* pendakwa. 诉讼当事人。

**litigation** *n.* dakwaan. 诉讼;起诉;打官司。

**litigious** *a.* litigasi; cenderung membuat tuntutan. 好诉讼的;爱打官司的。

**litmus** *n.* litmus; sejenis bahan berwarna biru yang menjadi merah apabila dibubuh asid dan kembali menjadi biru dengan alkali. 石蕊。**--paper** *n.* kertas litmus. (化学实验中试验酸和碱的) 石蕊试纸。

**litre** *n.* liter. 公升 (容量单位)。

**litter** *n.* sampah sarap; kotoran. (果皮纸屑等) 垃圾；(总称) 四下乱丢的废物。—*v.t.* menyepahkan; mengotorkan; melahirkan. 乱丢 (纸屑等)；弄脏；(猪等多产动物) 产仔。

**little** *a.* kecil; sedikit. 小的；琐碎的；(个子) 矮小的；年纪小的；不多的。—*n.* jumlah, waktu atau jarak yang kecil. 少许；少量。—*adv.* kurang; sedikit. 稍；略；一点儿。

**littoral** *a. & n.* (kawasan) litoral; pesisir pantai. 海岸 (的)；沿岸 (的)。

**liturgy** *n.* liturgi; upacara di gereja. (教会中的) 礼拜仪式。**liturgical** *a.* bersifat liturgi. 礼拜仪式的。

**live**[1] *a.* hidup 活的；有生命的；尚在争论中的；在使用着的；实况播放的；精力充沛的。**~ wire** orang yang berpengaruh. 生龙活虎般的人；通电的电线。

**live**[2] *v.t./i.* bernyawa; mempunyai nyawa; terus wujud; hidup; tinggal. 活着；生存；度过；居住；经历。**~ down** sehingga dilupakan. 过新的生活 (以忘记往日的罪行、丑闻等)。**~ it up** hidup dengan mewah. (一反常规地) 狂欢一场。**~ on** terus hidup. 继续活着；靠…生活。**liveable** *a.* sesuai didiami. (房子、气候等) 适于居住的。

**livelihood** *n.* mata pencarian. 生活；生计。

**livelong** *a.* **the ~ day** sepanjang hari. 整整一天的。

**lively** *a.* (*-ier, -iest*) penuh dengan aksi atau tenaga; cergas; rancak. 活泼的；充满生气的；栩栩如生的；(舞蹈、动作等) 轻快的；(情绪等) 热烈的。

**liveliness** *n.* kecergasan; kerancakan. 活泼；轻快；热烈。

**liven** *v.t./i.* menjadi bersemangat; segar. 使活泼；振奋；使有生气。

**liver** *n.* hati; organ besar di dalam badan yang tugasnya mengeluarkan hempedu dan membersihkan darah. 肝脏。

**liveried** *a.* menggunakan pakaian seragam. 穿特殊制服的；穿号衣的。

**livery** *n.* pakaian seragam. (贵族侍从、同业行会会员的) 特殊制服；号衣。

**livestock** *n.* binatang ternakan. (牛、羊、猪等) 家畜。

**livid** *a.* biru kekelabuan; lebam; (*colloq.*) teramat marah. (皮肉被打伤后呈现) 青黑色的；青灰色的；铅色的；(因过冷或生气等) 脸色发青的。

**living** *a.* hidup; masih hidup; serupa. 活着的；现存的；活泼的；逼真的；生动的。—*n.* perihal hidup; kehidupan; cara penghidupan; mata pencarian. 生存；生活；谋生方式；生计。**~-room** bilik untuk kegunaan harian; bilik tamu. 起居室。

**lizard** *n.* cicak; bengkarung. 蜥蜴；壁虎。

**llama** *n.* llama; sejenis binatang seperti unta yang berbulu tebal untuk mengangkut barang di Amerika Selatan. (南美洲的) 无峰驼；美洲驼。

**lo** *int.* (*old use*) lihat. 瞧！看哪！

**loach** *n.* ikan air tawar yang kecil. 泥鳅。

**load** *n.* muatan; beban; jumlah kuasa elektrik yang dibekalkan oleh penjana; (*pl., colloq.*) banyak. 重载；负重；(车、船等的) 装载量；负担；重任；(电) 负荷；大量。—*v.t./i.* meletakkan muatan di dalam atau di atas kenderaan; menerima muatan; meletakkan muatan yang berat; memasukkan peluru ke dalam senapang; mengisi filem ke dalam kamera. 把…装上 (车、船等)；装载；使负担；把弹药装入 (枪、炮)；把胶卷装入 (照相机)。**loader** *n.* orang atau jentera yang memuatkan jentolak. 装货的人；装弹机；神手 (大型铲泥机)。

**loaf**¹ *n.* (pl. *loaves*) sebuku roti; (*sl.*) kepala. 一个面包;脑袋。

**loaf**² *v.i.* bermalas-malasan dan membuang masa; melepak. 混日子;游荡;闲逛。 **loafer** *n.* orang yang malas dan suka ponteng; kaki lepak. 游手好闲的人;游荡者。

**loam** *n.* tanah gembur yang subur. 肥土;沃土。 **loamy** *a.* bergembur; peroi. 含肥土的;肥土似的。

**loan** *n.* pinjaman. 贷款;借款;借出物。 —*v.t.* (*colloq.*) meminjamkan. 借;借出。

**loath** *a.* tidak mahu; tidak suka. 不愿意的;厌恶的;憎恨的。

**loathe** *v.t.* berasa tidak suka dan benci sangat-sangat. 厌恶;讨厌;不喜欢。

**loathing** *n.* kebencian. 厌恶;讨厌。

**loathsome** *a.* tidak digemari dan diminati; menjijikkan. 讨厌的;可憎的。

**lob** *v.t.* (p.t. *lobbed*) memukul atau membaling bola tinggi. (板球、网球等)高击。—*n.* bola tinggi. 高球。

**lobar** *a.* (mengenai) bahagian berbentuk bulat (misalnya pada paru-paru). (肺)叶的。

**lobby** *n.* ruang legar; kumpulan yang cuba mempengaruhi. 入口的厅堂;(剧院、旅馆等)门廊;(经常出入议会走廊及休息室疏通或游说议员的)说客。—*v.t.* melobi; cuba mempengaruhi seorang wakil rakyat untuk menyokong tujuan seseorang. (用疏通等方法)使(议案等)得以通过。

**lobbyist** *n.* pelobi wakil rakyat, dsb. (疏通或游说议员的)说客。

**lobe** *n.* cuping telinga; lobus. 耳垂;耳垂状物。

**lobelia** *n.* sejenis pokok yang berbunga. 半边莲属。

**lobotomy** *n.* lobotomi; pembedahan pada otak. 脑白质切断术;叶切断术。

**lobster** *n.* udang karang; lobster. 大鳌虾;龙虾。 **~-pot** *n.* bakul untuk menangkap udang karang. 捕大鳌虾(或龙虾)用的篓。

**local** *a.* setempat; tempatan. 本地的;当地的;地方的。—*n.* penduduk setempat; (*colloq.*) bangunan yang menjual minuman keras. 本地居民;当地居民;(英国)本地酒店。 **~ colour** penerangan yang panjang lebar tentang pemandangan atau suasana sesuatu babak dalam cerita supaya kelihatan lebih realistik. (文艺作品等)地方色彩;乡土特色。 **~ government** kerajaan setempat. 地方政府;地方自治。 **locally** *adv.* perihal setempat. 在本当地;在本地;局部地。

**locale** *n.* tempat kejadian. (事情发生的)场所;事发地点。

**locality** *n.* kedudukan sesuatu; kawasan yang terdapat sesuatu di situ. 地点;位置;地区;(植物的)产地。

**localize** *v.t.* menyetempatkan; memusatkan kepada satu tempat sahaja. 使地方化;定位;使(军队)分驻各地。

**locate** *v.t.* mencari atau mengesan sesuatu tempat; menempatkan. 确定(位置);找出;探出;使坐落于。

**location** *n.* penempatan; kedudukan sesuatu tempat. 位置;地点;场所;定位。 **on ~** (filem) penggambaran di luar studio. (电影)拍外景;外景拍摄地。

**loch** *n.* (*Sc.*) danau; tasik. (苏格兰)滨海湖;海湾。

**lock**¹ *n.* rambut yang berkelok; ikal rambut; (pl.) rambut. 卷发;一绺(头发等);头发。

**lock**² *n.* alat kunci. 锁;闩;栓;(运河等的)船闸。—*v.t./i.* menyelak dengan kunci; menyimpan dalam tempat yang berkunci. 锁上;拴住;秘藏。 **~-up** *n.* tempat yang dikunci; bilik atau bangunan tempat penjenayah dapat dikurung sementara; lokap. 禁闭处;拘留所。 **~-out** mengunci pintu (supaya seseorang tidak dapat masuk). 关锁;闭锁;(将学生等)关在(课室)外。

**lockable** *a.* dapat dikunci. 可锁住的;可上锁的。

**locker** *n.* gerobok; almari kecil. (公共场所供个人存放衣物等的)柜子；抽屉。

**locket** *n.* loket; buah rantai. (挂在项链下装相片或纪念品的)小金盒。

**lockjaw** *n.* (penyakit) kancing gigi. 牙关紧闭症；破伤风。

**lockout** *n.* prosedur sekat masuk kerja oleh majikan hingga sesuatu pertikaian dapat diselesaikan. 停工 (尤指资方对付罢工工人的手段)。

**locksmith** *n.* tukang kunci. 锁匠。

**locomotion** *n.* kebolehan bergerak; daya bergerak; tidak boleh tinggal tetap. 移动力；运动力；移动；旅行。

**locomotive** *n.* kepala kereta api; lokomotif. 火车头；机车。—*a.* mengenai daya gerak; yang menyebabkan bergerak. 有运动力的；起运动作用的。

**locum** *n.* pengganti doktor atau paderi yang bercuti, dsb. 临时代职的医生 (或牧师)。

**locus** *n.* (pl. *-ci*) tempat sesuatu yang tepat sekali; lokus; londar. 地点；场所；轨迹。

**locust** *n.* belalang juta. 蝗虫。

**locution** *n.* perkataan atau frasa; gaya pertuturan. 惯用语；语法；语风。

**lode** *n.* telerang yang mengandungi logam. 矿脉。

**lodestar** *n.* bintang yang dijadikan sebagai pedoman untuk mengemudikan kapal; bintang kutub. 北极星。

**lodestone** *n.* batu magnet. 天然磁石。

**lodge** *n.* rumah kecil tempat tinggal sementara. (在林中狩猎时居住用的)小屋；临时住宿处；小旅馆。—*v.t./i.* menyediakan tempat tidur buat sementara waktu; tinggal sebagai penyewa; tertanam; terbenam. 为(某人)提供住宿；留宿；寄宿；置于。

**lodger** *n.* penyewa rumah tumpangan. 寄宿者；房客。

**lodging** *n.* tempat tinggal yang disewa; (*pl.*) bilik yang disewa untuk didiami. 寄宿处；宿舍；租用的房间。

**loft** *n.* peran; loteng. 顶楼；阁楼；(教堂等的)楼厢。—*v.t.* memukul bola yang melengkung tinggi. (把高尔夫球)高打出去。

**lofty** *a.* (*-ier, -iest*) mulia dan berbudi tinggi. 极高的；巍峨的；高尚的；傲慢的。**loftily** *adv.* dengan mulia; dengan bongkak dan tidak ambil peduli. 高尚地；巍峨地；傲慢地。

**log**[1] *n.* log; batang kayu yang telah dipotong. 原木；大木材。—*v.t.* (*p.t. logged*) mencatatkan atau memasukkan fakta ke dalam buku log. 把(资料等)记入航行(或航海)日志。**~-book** *n.* buku log; buku yang mencatatkan butir-butir perjalanan. 航行日志。**~-rolling** *n.* saling membantu secara yang tidak berprinsip untuk kejayaan masing-masing. (尤指作家兼书评家间的)互相吹捧；互相标榜。

**log**[2] *n.* kependekan bagi logaritma. 对数。

**loganberry** *n.* sejenis buah beri berwarna merah. 罗甘梅。

**logarithm** *a.* logaritma; satu daripada siri angka yang dipaparkan dalam bentuk jadual untuk membolehkan pengguna menyelesaikan masalah darab dan bahagi dengan cara mencampur dan menolak. 对数。**logarithmic** *a.* berkenaan logaritma; berkenaan penyelesaian masalah darab dan bahagi dengan cara mencampur dan menolak. 对数的。

**loggerheads** *n.pl.* at ~ perihal tidak setuju atau berbalah. 相争；与…不和。

**loggia** *n.* selasar; serambi yang tidak berdinding. 凉廊(房屋敞向花园的部分)。

**logging** *n.* pembalakan; kerja memotong kayu untuk mendapatkan balak. 伐木业；伐木工作。

**logic** *n.* dapat diterima akal; logik. 逻辑；论理学。

**logical** *a.* yang dapat diterima oleh akal. 合逻辑的;可正确地推理的。**logically** *adv.* dengan menggunakan akal fikiran secara logik. 有逻辑地;条理分明地。**logicality** *n.* kelogikan. 逻辑性。

**logician** *n.* ahli logik atau ahli mantik. 逻辑学家;论理学家。

**logistics** *n.* logistik; ilmu pemindahan dan pengangkutan bekalan atau perkhidmatan. 后勤学。

**logo** *n.* (pl. *-os*) logo; lambang. (广告等用的)标识语句。

**loin** *n.* bahagian di antara rusuk dengan pinggul; pinggang. 腰部;腰;腰肉。

**loincloth** *n.* cawat lelaki. (尤指热带地区男子作为衣物用的)缠腰布。

**loiter** *v.i.* membuang masa; berlambat-lambat. 闲荡;闲逛;混日子。**loiterer** *n.* pelengah; pelambat. 闲逛的人;无所事事的人。

**loll** *v.i.* berbaring, duduk atau berdiri dengan malasnya; terjelir. 懒洋洋地躺着(坐着或靠着);(舌头等)伸出。

**lollipop** *n.* lolipop; sejenis gula-gula. 棒棒糖。

**lollop** *v.t.* (p.t. *lolloped*) (*colloq.*) berjalan atau berlari dengan kekok. (垂着头和肩)懒散地走;蹦蹦跳跳地走;笨拙地走动(或跑动)。

**lolly** *n.* (*colloq.*) lolipop; sejenis gula-gula; (*Austr.*) manisan; (*sl.*) wang. 棒糖;硬糖;金钱。

**lone** *a.* berseorangan; tunggal. 孤独的;寂寞的;荒凉的。

**lonely** *a.* tidak mempunyai teman; keseorangan; bersendirian; sunyi; sepi; lengang. 孤独的;只身的;人迹稀少的。**loneliness** *n.* kesunyian; kelengangan. 孤独;寂寞;荒凉。

**loner** *n.* seorang yang suka bersendirian. 独来独往的人;性格孤癖的人。

**lonesome** *a.* sunyi; lengang. 寂寞的;人迹稀少的;荒凉的。

**long**[1] *a.* (*-er, -est*) panjang; lama; jauh. 长的;(说话等)冗长的;长久的;久远的;个子高的。*—adv.* untuk jangka waktu yang lama; dalam jangka masa yang dinyatakan. 长久;长期地;始终。**as** atau **so ~ as** asalkan. 只要。**~-distance** *a.* jarak jauh. (尤指电话、电讯服务)长途的;长距离的。**~ face** menunjukkan roman muka yang tidak senang. 不悦或愁闷的脸色。**~ johns** (*colloq.*) pakaian dalam lelaki seperti seluar berkaki panjang. 长内衣裤。**~-lived** *a.* hidup lama. 长寿的。**~ odds** nisbah pertaruhan yang jauh berbeza. 极不均等的赌注(或机会)。**~-playing record** rekod atau piring hitam besar; rekod LP. 慢转密纹唱片。**~-range** *a.* jangka panjang. 远程的;长期的;未来的。**~-shore** *a.* terdapat di pantai. 沿岸的;在海岸工作的。**~ shot** tekaan sembarangan. 胡乱的猜测;不大可能获胜的赛马(竞选等)。**~-sighted** *a.* dapat melihat dengan terang pada jarak yang jauh. 远视的;有远见的;有见识的。**~-standing** *a.* lama; berlarutan. 为时甚久的;长期存在的。**~-suffering** *a.* menahan seksa yang lama. 坚忍的;(对侮辱、苦难等)长期忍受的。**~-term** *a.* jangka panjang. 长期的。**~ ton** *lihat* **ton**. 见 **ton**。**~ wave** gelombang radio yang lebih 1000 meter jarak gelombang. 长波。**~-winded** *a.* menulis dan bercakap dengan panjang lebar. 冗长的;长气的。

**long**[2] *v.i.* terasa rindu. 渴望;极度想念。

**longboat** *n.* perahu panjang. (放在商船上的)大艇。

**longbow** *n.* busur panjang. 大弓。

**longevity** *n.* kelanjutan usia; panjang umur. 长寿;长命。

**longhand** *n.* menulis biasa bukan menaip. 普通写法(与速记或打字相称)。

**longhorn** *n.* sejenis lembu ternakan yang bertanduk panjang. (美国的)长角牛。

**longing** *n.* hasrat, rindu atau idaman yang amat sangat. 渴望;热望。

**longitude** *n.* garis bujur pada peta; longitud. 经度。

**longitudinal** *a.* tentang garis bujur; membujur. 经度的；纵的；长度的。**longitudinally** *adv.* secara membujur. 纵向地。

**loo** *n.* (*colloq.*) tandas. 厕所。

**loofah** *n.* buah petola. 丝瓜。

**look** *v.t./i.* melihat; memandang; memerhati. 望；观看；注视；留意。—*n.* kelihatan; rupa; perbuatan; memeriksa atau mencari 看；望；盯视；外表；脸色；容貌；样子；调查。**~ after** menjaga; merawat. 照顾；照料。**~ down on** memandang rendah. 向下看；看不起；轻视。**~ forward to** berharap; tidak sabar-sabar. 盼望；期待。**~ in** membuat lawatan singkat; (*colloq.*) menonton televisyen. 简短的拜访；(顺便) 看望；看电视。**~-in** *n.* peluang dalam menyertai. (体育比赛等中) 获胜的希望；受到注意的份儿。**~ into** menyiasat. 调查；观察。**~ on** memandang; melihat. 旁观；观看；面向。**~ out** berjaga-jaga; memilih dengan memeriksa. 提防；留神；拣出。**~-out** *n.* memerhati; pemerhati; tempat pemerhati; peluang untuk berjaya, dsb.; hal seseorang. 注意；监视；守候者；观察所；瞭望台；前途；前景；与个人有关的事。**~ up** mencari maklumat; semakin baik; pergi melawat. 向上看；从词典中查资料；(市场、商业情况等) 好转；拜访。**~ up to** menghormati dan tertarik hati. 尊敬；仰望。

**looker-on** *n.* (pl. *lookers-on*) pemerhati; orang yang melihat. 旁观者；观察者。

**looking-glass** *n.* cermin muka. 镜子。

**lookout** *n.* pengawal; tempat berkawal; masa depan; perhati-perhatikan; mencari. 监视者；守候者；观察所；瞭望台；前途；前景；注意；警戒；搜寻。

**loom**[1] *n.* mesin tenun. 织机。

**loom**[2] *v.i.* muncul; menjelma; membimbangkan; mengancam. 浮现；隐现；逼近；威胁性地出现。

**loon** *n.* sejenis burung besar yang makan ikan dan mengeluarkan bunyi yang kuat. 潜鸟 (一种会潜水捕鱼的鸟)。

**loony** *n.* (*sl.*) orang gila. 疯子。—*a.* (*sl.*) gila. 发疯的；极愚蠢的。**~-bin** *n.* (*sl.*) rumah untuk orang gila. 疯人院。

**loop** *n.* gelung; lengkok; kelok. 环；(用线、带等打成的) 圈；环形花样。—*v.t./i.* membuat gelung; menyambung atau mengikat dengan gelung; melingkari dengan gelung. 打环；使成圈；把 (导线) 连成回路；(用圈) 围住；箍住。**~ the loop** terbang seolah-olah mengikut garis bulatan menegak. (飞行) 翻筋斗。

**loophole** *n.* lubang pada tembok jalan keluar. (堡垒的) 枪眼；逃路；(尤指用来摆脱法律约束或义务等的) 遁词；(法律条文中的) 漏洞。

**loopy** *a.* (*sl.*) gila. 疯癫的；着迷的。

**loose** *a.* (*-er, -est*) longgar; tidak diikat; terburai. 松的；宽的；无约束的；散漫的；疏松的。—*adv.* secara longgar; dengan tidak terikat. 宽松地；无约束地；散漫地；不紧凑地。—*v.t.* melepaskan; melonggarkan. 解开；释放；放松；放 (枪、箭等)。**at a ~ end** tidak ada apa-apa yang hendak dibuat. 无事做；没有工作 (或职业)。**~ box** kandang kuda yang tidak sempit. 放饲马房。**~-leaf** *a.* helaian kertas yang dapat ditanggalkan. 活页的；活页式的。**loosely** *adv.* secara longgar dan tidak terikat. 宽松地；不紧凑地；无约束地。**looseness** *n.* kelonggaran. 宽松；疏松；无束缚。

**loosen** *v.t./i.* melonggarkan; melepaskan; menggemburkan. 放松；松开；使 (纪律等) 松弛；使 (肠) 通畅。

**loot** *n.* harta yang diambil dengan kekerasan; harta rampasan. (总称) 掠夺物；(贬义) 战利品。—*v.t./i.* mengambil dengan keras sebagai rampasan. 掠夺；洗劫 (城市等)。**looter** *n.* orang yang merampas untuk mendapatkan harta. 掠夺者;抢劫者。

**lop** *v.t.* (p.t. *lopped*) mencantas; memangkas daun atau cabang. 砍掉(肢体等);修剪(树枝等)。

**lop-eared** *a.* telinga yang lanjut. (兔子般)垂耳的。

**lope** *v.i.* bergerak atau berjalan dengan langkah yang panjang. (马)大步跳跃地慢跑;(兔子)跳跃地飞奔。—*n.* langkah yang panjang. 大步慢跑。

**lopsided** *a.* berat sebelah; sendeng sebelah. 倾向一面的;偏重的;不平衡的。

**loquacious** *a.* ramah mulut; suka bercakap tanpa tujuan. 多话的;过于健谈的。 **loquaciously** *adv.* dengan ramah-tamah; bercakap-cakap dengan bising. 饶舌地;喋喋不休地。 **loquacity** *n.* perihal ramah-tamah; kesukaan bercakap (berceloteh). 饶舌;喋喋不休。

**lord** *n.* raja atau pemerintah yang agung; Tuhan. 君主;封建主;主神;上帝。 **the Lord** Tuhan. 上帝。° **our Lord** Jesus. 耶稣基督。—*v.t.* bercakap dengan angkuh seakan-akan ingin menguasai orang. 称王称霸;作威作福。 **Lord's Supper** upacara Eukaris (Kristian). (基督教)主祷文。

**lordly** *a.* sifat megah, sombong atau suka memerintah. 贵族似的;气派十足的;傲慢无礼的。

**lordship** *n.* panggilan kepada orang yang bergelar *Lord*. 阁下(对贵族的尊称)。

**lore** *n.* pengetahuan atau pelajaran yang turun-temurun. 口头传说;(知识等)口传;祖传。

**lorgnette** *n.* kaca mata bertangkai satu. 长柄眼镜;(看戏剧等的)长柄眼镜式望远镜。

**lorry** *n.* lori. 运货汽车;卡车。

**lose** *v.t./i.* (p.t. *lost*) hilang; lenyap; tiada lagi; rugi. 丢失;丧失;迷失;受损失;失败;错过;抓不住。 **loser** *n.* orang yang kalah. 失败者;输者。

**loss** *n.* kehilangan; kematian; kerugian. 遗失;丧失;损失;亏损;失败。 **be at a ~** bingung. 不知所措;困惑。 **~-leader** *n.* barang yang dijual dengan harga yang merugikan untuk menarik ramai pelanggan. 为招揽顾客而亏本出售的货品。

**lost** *lihat* **lose**. 见 **lose**。°—*a.* sesat; terpisah daripada yang empunya. 不知所措的;迷失的;丢失的;丧失的。

**lot**[1] *n.* undi; keping tanah; lot. 命运;运气;签;一块地皮。

**lot**[2] *n.* jumlah besar; banyaknya; semuanya. 大量;许多;全部;一切。

**loth** *a. lihat* **loath**. 见 **loath**。

**lotion** *n.* ubat yang disapukan pada kulit; losyen. 洗液;洗剂。

**lottery** *n.* loteri. 抽彩给奖法。 **~-tickets** tiket loteri. 彩票。° **strike a ~** kena loteri. 中彩票。

**lotto** *n.* loto. 落托数卡牌戏(一种抽数码赌博游戏)。

**lotus** *n.* (pl. *-uses*) bunga teratai. 莲属;荷;睡莲。

**loud** *a.* (-*er*, -*est*) lantang; kuat; jelas. (声音)响亮的;发出强声的;(人的行为)招摇的;(衣服颜色)刺眼的;过分鲜艳的。—*adv.* dengan lantang dan kuat. 响亮地;宏亮地。 **~ hailer** pelaung; alat elektronik untuk menguatkan suara. 扩音器。 **out ~** kuat sekali. 大声地;放声大叫(笑等)。 **loudly** *adv.* kuat-kuat. 高声地;响亮地;喧噪地。

**loudness** *n.* kelantangan; kejelasan. 响度;音量。

**loudspeaker** *n.* pembesar suara. 扬声器。

**lough** *n.* tasik. (爱尔兰)湖。

**lounge** *v.i.* duduk dengan malasnya. 懒洋洋地坐着。—*n.* tempat menanti di lapangan terbang; tempat persinggahan. (机场、旅馆等的)休息室;休息处。 **~ suit** pakaian lelaki pada siang hari. (男用的)日常西装(区别于正式礼服)。

**lounger** *n.* orang yang suka melepak; orang malas; tempat duduk. 懒人;闲荡的人;憩息用的家具。

**lour** *v.i.* muka masam; muram; marah dan mengancam. 皱眉头；抑郁；（天色）变阴沉；呈险恶。

**louse** *n.* (pl. *lice*) kutu (di kepala); (pl. *louses*) orang yang patut dikeji. 全是虱；卑鄙的人。

**lousy** *a.* (*-ier, -iest*) dipenuhi oleh kutu; (*sl.*) tidak elok; tidak baik; teruk. 全是虱子的；多虱的；差劲的；劣等的；糟糕的。

**lout** *n.* orang yang buruk dan biadap tingkah lakunya. 粗鄙的人；乡巴佬。**loutish** *a.* yang tidak tahu budi bahasa; buruk tingkah laku. 粗鄙的；笨拙的。

**louvre** *n.* ram; anak tingkap. 天窗；固定百叶窗。**louvred** *a.* dilengkapi ram atau anak tingkap. 有塔式天窗的；有百叶窗的。

**lovable** *a.* mudah disayangi. 讨人喜欢的；可爱的。

**love** *n.* kasih sayang; cinta; (dalam permainan) tiada skor atau mata; kosong. 爱；热爱；爱情；爱好；（体育等）无得分。—*v.t.* rasa kasih kepada; amat menyukai. 爱；热爱；爱好；喜欢。**in ~** mencintai; mengingini seseorang. 爱上；相爱。**~ affair** hubungan asmara. 恋爱事件；风流韵事。**~-bird** *n.* sejenis burung yang menunjukkan kasih sayangnya kepada temannya. 情鸟（一种小鹦鹉）。**~-child** *n.* anak haram. 私生子。

**loveless** *a.* tanpa kasih sayang. 薄情的；得不到爱情的。

**lovelorn** *a.* dilamun rindu; patah hati. 失恋的；害相思病的。

**lovely** *a.* (*-ier, -iest*) cantik dan menawan; (*colloq.*) menyeronokkan; sedap; baik. 美丽动人的；可爱的；令人愉快的；优美的；美好的。**loveliness** *n.* kecantikan; keelokan; kemolekan. 美好；可爱。

**lover** *n.* kekasih; kendak; pencinta; penggemar; peminat. 爱人；情侣；爱好者。

**lovesick** *a.* merindukan kasih; gila berahi. 害相思病的。

**loving** *a.* yang menaruh perasaan kasih sayang. 爱的；钟爱的；热爱…的。
**lovingly** *adv.* dengan penuh kasih mesra. 亲爱地；钟情地。

**low**[1] *n.* bunyi lembu. 牛叫声；牛鸣。—*v.i.* membuat bunyi ini. （指牛等）哞哞叫。

**low**[2] *a.* (*-er, -est*) rendah; (bunyi) perlahan; murahan; lemah. 低的；低声的；低音的；（量、度、价值等方面）低下的；卑微的；体质弱的；没精神的。—*n.* paras rendah; kawasan dengan tekanan rendah. 低的东西；低的水准。—*adv.* dalam, di atau kepada tahap yang rendah. 低；向下；（声音、量、价值等）程度低地。**Low Church** bahagian Gereja England yang tidak mementingkan sangat ritual dan kuasa paderinya. （英国）低教会派。**~-class** *a.* kelas bawahan. 低级的；下层的。**~-down** *a.* hina. 可鄙的；卑鄙的。**~-key** *a.* tidak menonjol; tidak menunjukkan emosi yang berlebihan. 低调的；有节制的。**~ season** musim yang tidak sibuk. （商业、旅游业等）淡季。**Low Sunday** Ahad berikutnya selepas Easter. （基督教）复活节后的第一个星期日。

**lowbrow** *a.* tidak intelek; murahan. 缺少文化教养的；知识程度低的。—*n.* orang yang tidak intelek. 缺少文化教养的人。

**lower**[1] *a. & adv. lihat* **low**[2]. 见 **low**[2]。—*v.t./i.* merendahkan; menurunkan; memperlahankan. 降下；放下；减弱；消减；降低（品格等）。**~ case** abjad kecil. （字体）小写的。**~ deck** geladak atau dek bawah. 下甲板。

**lower**[2] *v.i. lihat* **lour**. 见 **lour**。

**lowlands** *n.pl.* tanah pamah; tanah rendah. 低地；低地地区（与高原地区对称）。**lowland** *a.* berkenaan atau terletak di tanah pamah. 低地的。**lowlander** *n.* penduduk tanah pamah. 低地居民。

**lowly** *a.* (*-ier, -iest*) bawahan; bertaraf rendah. 谦逊的；地位低的；卑贱的。

**lowliness** *n.* perihal taraf rendah atau merendah diri. (地位)低下；谦恭。

**loyal** *a.* setia; senantiasa menurut perintah. 忠诚的；忠心的。**loyally** *adv.* dengan taat setia; tidak membantah. 忠诚地；忠心地。**loyalty** *n.* kesetiaan; ketaatan. 忠诚；忠心。

**loyalist** *n.* orang yang taat setia kepada raja dan negara. 效忠者；忠于君主(国家、政府等)的人。

**lozenge** *n.* rajah berbentuk sisi empat; lozeng; gula-gula berubat. 菱形；菱形物；(尤指带糖味的)小药片。

**Ltd.** *abbr.* **Limited** berhad. (缩写)有限制的；有限的(多用于股份有限公司称后)。

**lubber** *n.* orang yang cemerkap. 大而笨拙的人；傻大个子。

**lubricant** *n.* pelincir; minyak pelicin. 润滑剂；润滑油。

**lubricate** *v.t.* meminyak; melincirkan. 上油；涂油；使润滑。**lubrication** *n.* pelinciran. 润滑；上油；润滑作用。

**lucerne** *n.* rumput untuk binatang ternakan. 苜蓿。

**lucid** *a.* jelas; terang. 清澈的；透明的；明亮的。**lucidly** *adv.* dengan jelas dan terang supaya senang difahami. 清澈地；透明地；明亮地。**lucidity** *n.* perihal jelas atau terang. 清澄；透明。

**luck** *n.* nasib. 运气；造化。

**luckless** *a.* tidak bernasib. 运气坏的；倒霉的。

**lucky** *a.* (*-ier, -iest*) beruntung; bertuah. 幸运的；吉祥的；侥幸的。**luckily** *adv.* untunglah; mujurlah. 幸亏；幸运地。

**lucrative** *a.* yang menguntungkan. 赚钱的；合算的。

**lucre** *n.* (*derog.*) perihal mencari keuntungan. 利益；(不义的)钱财。

**ludicrous** *a.* melucukan; menggelikan hati; mustahil. 滑稽的；荒唐可笑的；荒诞的。

**ludo** *n.* (permainan) ludo. 鲁多(英国一种骰子游戏)。

**luff** *v.i.* membelokkan kapal. (船)贴风行驶。

**lug**[1] *v.t.* (*p.t.* lugged) mengheret dengan susah payah. (用力地)拖；(使劲地)拉。

**lug**[2] cuping; sesuatu menyerupai telinga. (苏格兰)耳朵；(柄、把手等)耳状物。

**luggage** *n.* beg bagasi. 行李；皮箱。

**lugger** *n.* kapal kecil yang mempunyai layar. (有四角帆的)小帆船。

**lugubrious** *a.* susah hati; dukacita; sedih. 悲哀的；忧伤的；(尤指过分做作且显得可笑的)如丧考妣的。**lugubriously** *adv.* dengan sedih; dengan dukacita. 悲伤地；(装出的)忧伤地。

**lukewarm** *a.* pesam-pesam; panas kuku. (液体)不冷不热的；微温的；不热情的。

**lull** *v.t./i.* mendodoikan; menenangkan; meredakan. 哄(小孩)睡觉；使安静；使平静；使缓和。—*n.* jangka waktu yang sunyi dan tidak aktif. (风暴等的)暂息；暂停；暂时平静。

**lullaby** *n.* pengulit; dodoi; nyanyian untuk menidurkan anak. 催眠曲；摇篮曲。

**lumbago** *n.* lumbago; sakit sengal-sengal pinggang. 腰风湿病；腰痛。

**lumbar** *a.* lumbar; berkenaan bahagian pinggang. 腰部的；腰的。

**lumber** *n.* kayu yang sudah dipotong menjadi papan. (已采伐而制板用的)木材；木料。—*v.t./i.* membebani; menyemakkan ruang; bergerak dengan berat dan malas. 妨碍；(以破旧东西或废物)堆满；塞满；笨重地移动。

**lumberjack** *n.* pemotong balak. 伐木者。

**lumen** *n.* lumen; unit aliran cahaya. 流明(光通量单位)。

**luminary** *n.* benda bercahaya semula jadi seperti matahari dan bulan; tokoh. (天上任何的)发光体；天体；杰出的人物；泰斗。

**luminescent** *a.* memancarkan cahaya. 发光的；传光的。**luminescence** *n.* kilau-kilauan; pendar cahaya. 发光；传光。

**luminous** *a.* terang bersinar; berkilau. 明亮的;发亮的;灿烂的。**luminosity** *n.* kilauan. 光明;光辉;发光度。

**lump**[1] *n.* gumpal; ketul; kepal; benjol. 块;团;瘤;肿块。—*v.t.* melonggokkan; mencampurkan; menganggap serupa sahaja. 把…弄成一团(或一块);把…归在一起;把…混为一谈。**~ sum** jumlah wang yang dibayar sekali gus. (一次付清的)巨款。

**lump**[2] *v.t.* **~ it** (*colloq.*) menerima walaupun tidak suka. (不高兴也得)忍耐下去;忍受。

**lumpectomy** *n.* pembedahan memindahkan benjol daripada buah dada. 乳房肿瘤切除术。

**lumpish** *a.* gemuk lembam. 一大块似的;笨重的。

**lumpy** *a.* (*-ier, -iest*) berketul-ketul; dipenuhi dengan ketul-ketul. 多团块的;满是疙瘩的。**lumpiness** *n.* keadaan berketul-ketul; berbintil-bintil. (表面的)凹凸不平;粗糙。

**lunacy** *n.* gila. 精神错乱;疯癫。

**lunar** *a.* berkenaan bulan. 月亮的。**~month** waktu antara dua bulan baru (29 $\frac{1}{2}$ hari); empat minggu. 太阴月(约29 $\frac{1}{2}$ 日)。

**lunate** *a.* bentuk bulan sabit. 新月形的;半月形的。

**lunatic** *n.* tergila-gila; sangat bodoh. 精神病人;疯子。

**lunation** *n.* waktu antara dua bulan (kira-kira 29 $\frac{1}{2}$ hari). 太阴月(约29 $\frac{1}{2}$ 日);朔望月。

**lunch** *n.* makan tengah hari. 午餐;午饭。—*v.t./i.* makan tengah hari; mengajak dan menjadi tuan rumah kepada jamuan makan tengah hari. 吃午餐;为…供应午餐;请…吃午饭。

**luncheon** *n.* makan tengah hari. (正式用语)午餐。**~ meat** daging yang diawet serta ditinkan untuk dimakan. 午餐肉。

**lung** *n.* paru-paru. 肺;肺脏。

**lunge** *n.* terpaan; terkaman. (刀剑等的)刺;戳。—*v.t.* menerpa; menerkam 刺;戳。

**lupin** *n.* sejenis tumbuhan, bunganya berduri. 羽扇豆属;白羽扇豆。

**lurch**[1] *n.* **leave in the ~** meninggalkan (seseorang) yang dalam kesusahan. 在危难之际舍弃(朋友等)。

**lurch**[2] *v.i. & n.* tersenggut; perihal terhuyung. 蹒跚;东倒西歪地走动;(船)突然倾斜。

**lurcher** *n.* anjing yang telah dilatih untuk mengumpulkan binatang-binatang buruan. (偷猎者所用的)杂种猎狗。

**lure** *v.t.* menggoda. 引诱;诱惑;吸引。—*n.* godaan; pikatan; umpanan. (捕鱼等用的)诱饵;诱惑物;诱惑。

**lurid** *a.* bersemarak; berwarna garang; penuh sensasi. 色彩艳丽的;(火焰、夕阳等)火红的;耸人听闻的;(故事等)过分渲染的。**luridly** *adv.* dengan bersemarak; dengan penuh sensasi. (色彩)刺目地;耸人听闻地;过分渲染地。**luridness** *n.* perihal bersemarak; keadaan penuh sensasi. 色彩艳丽;耸人听闻;渲染。

**lurk** *v.i.* menyorok; berlindung diri; bersembunyi. 隐藏;潜伏;埋伏。

**luscious** *a.* enak; sedap; lazat. 甘美的;美味的;可口的。

**lush**[1] *a.* (rumput, dsb.) yang tumbuh subur. (草木)葱翠的;茂盛的。**lushly** *adv.* dengan subur. 茂盛地。**lushness** *n.* kesuburan. 茂盛。

**lush**[2] *v.t.* **~ up** (*sl.*) menjamu dengan banyak minuman dan makanan. 向…灌酒。—*n.* (*A.S., sl.*) pemabuk. (美国)醉汉;酒鬼。

**lust** *n.* hawa nafsu yang kuat. 色欲;淫欲。—*v.i.* menaruh hawa nafsu; mengingini sangat. 好色;贪求;渴望。**lustful** *a.* penuh nafsu; penuh berahi. 好色的;淫荡的;贪欲的。**lustfully** *adv.* dengan penuh berahi dan bernafsu. 好色地;淫荡地;贪欲地。

**lustre** *n.* kilauan; gemerlapan. 光泽；光彩。**lustrous** *a.* yang bercahaya. 有光泽的；光辉的。

**lusty** *a.* (*-ier, -iest*) tegap; bersemangat. 强健的；强有力的；有生气的。**lustily** *adv.* dengan kuat; dengan bersemangat. 起劲地；有生气地。**lustiness** *n.* ketegapan. 强健。

**lute** *n.* kecapi pada abad ke-14 hingga ke-17. 鲁特琴（14至17世纪的一种拨弦乐器）；琵琶。

**Lutheran** *a.* penyokong atau pengikut Martin Luther; anggota Gereja Protestan di Jerman. (16世纪德国基督新教创始人）马丁·路德的；路德教派教徒。

**luxuriant** *a.* subur; tumbuh dengan baik dan sihat. 茂盛的；丰饶的；（文采）绮丽的。**luxuriantly** *adv.* dengan subur serta lebatnya. 茂盛地；丰饶地。**luxuriance** *n.* kerimbunan; kesuburan. 茂盛；丰饶。

**luxuriate** *v.i.* sangat menikmati; bersenang-senang. 尽情享受；穷奢极乐；沉溺。

**luxurious** *a.* mewah. 奢侈的；豪华的。**luxuriously** *adv.* dengan mewah; dengan senang-lenang dan penuh nikmat. 奢侈地；豪华地；奢华地。**luxuriousness** *n.* kenikmatan dan kemewahan. 奢侈；奢华。

**luxury** *n.* keadaan hidup yang senang-lenang. 奢华；豪华；奢侈品；享乐的事物。

**lych** *n. lihat* **lich**. 见 **lich**。

**lye** *n.* lai; air alkali untuk membasuh. 灰汁；（洗衣物用的）碱液。

**lying** *lihat* **lie**$^1$ dan **lie**$^2$. 见 **lie**$^1$ 与 **lie**$^2$。

**lymph** *n.* limfa; cecair yang tidak berwarna dalam tubuh manusia dan binatang. 淋巴；淋巴液。**lymphatic** *a.* berkenaan limfa. 淋巴质的；淋巴腺的。

**lynch** *v.t.* menghukum bunuh seseorang tanpa pengadilan rasmi. 私刑处死。

**lynx** *n.* kucing buas yang berekor pendek dan tajam penglihatannya. 猞猁狲；山猫。

**lyre** *n.* alat muzik yang bertali digunakan oleh orang Yunani purba. 古希腊的里拉琴（一种七弦竖琴）。**~bird** *n.* sejenis burung dari Australia. （澳洲的）琴鸟。

**lyric** *a.* lirik. （诗歌、词句等）适合歌唱或演奏的；抒情的；可用竖琴弹奏的。—*n.* seni kata lagu. 抒情诗；抒情作品。

**lyrical** *a.* berlirik; penuh perasaan; sangat suka; (*colloq.*) menyatakan dengan penuh perasaan. 适合歌唱（或演奏）的；抒情的；（感情等）奔放的。**lyrically** *adv.* dengan penuh perasaan; dengan ghairah. 抒情地；感情奔放地。

# M

**m** *abbr.* **metre** meter. （缩写）米；公尺（长度单位）。**mile** batu. （缩写）英里。**million** juta. （缩写）百万。

**ma** *n.* mak; ibu; induk. 妈妈；母亲。

**M.A.** *abbr.* **Master of Arts** Sarjana Sastera. （缩写）文学硕士。

**ma'am** *n.* mem. 女士；夫人（对女子之尊称）。

**mac** *n.* (*colloq.*) baju hujan. 雨衣。

**macabre** *a.* yang menakutkan; yang mengerikan; ngeri. 可怕的；恐怖的。

**macadam** *n.* makadam; lapisan batu-batu hancur yang digunakan untuk menurap jalan raya. 碎石；碎石路。

**macadamized** *a.* yang diperbuat daripada makadam. 用碎石铺成的。

**macaroni** *n.* makaroni; sejenis mi. 意大利通心粉；通心面。

**macaroon** *n.* biskut atau kuih daripada biji badam yang ditumbuk atau digiling. 杏仁糕饼。

**macaw** *n.* sejenis burung kakak tua. 金刚鹦鹉。

**mace**[1] *n.* cokmar. 权杖。

**mace**[2] *n.* selaput biji pala. 肉豆蔻衣（干皮）。

**Mach** *n.* **~ number** nombor Mach; nisbah kelajuan jasad yang bergerak dibandingkan dengan kelajuan bunyi. 马赫值（飞行速度与音速之比例值）。

**machiavellian** *a.* yang berupa tipu muslihat atau licik. 有阴谋的；不择手段的。

**machinations** *n.pl.* putar belit. 阴谋；诡计。

**machine** *n.* mesin; jentera; pesawat. 机械；机器。—*v.t.* menerbitkan atau bekerja dengan menggunakan mesin. 用机器制造或操作。**~-gun** *n.* senapang tentera; mesin-gan. 机关枪。—*v.t.* menembak dengan mesin-gan. 用机关枪扫射。

**machinery** *n.* mesin; alat jentera. 机械；机器。

**machinist** *n.* jurumesin. 机械师。

**machismo** *n.* kejantanan; kegagahan sebagai lelaki. 盛气凌人的或以武慑人的男子气概。

**macho** *a.* lelaki yang suka menunjuk-nunjuk; sifat gagah sebagai jantan. 男子气概的。

**mackerel** *n.* (*pl.* *mackerel*) sejenis ikan laut; ikan pelata. 马鲛鱼；鲭鱼。

**mackintosh** *n.* baju hujan. 防水胶布；雨衣。

**macrame** *n.* makrami; seni anyaman tali. 结花边或流苏等手工艺术。

**macrobiotic** *a.* makrobiotik. 益寿饮食学的；促进长寿的。

**mad** *a.* (*madder, maddest*) gila; tidak siuman; (*colloq.*) marah; meradang. 疯狂的；精神错乱的；愤怒的；生气的。**like ~** seperti orang gila. 疯人般的。**madly** *adv.* dengan menggila; tersangat. 疯狂地；狂热地。**madness** *n.* (perbuatan, sifat) kegilaan. 疯狂行为；癫狂。

**madam** *n.* puan. 夫人；太太；女士。

**madcap** *a. & n.* (orang) yang berkelakuan gila-gila. 鲁莽的（人）；冲动的（人）。

**madden** *v.t.* menjadikan seseorang marah atau naik radang. 激怒；使（某人）疯狂。

**made** *lihat* **make**. 见 **make**。

**madhouse** *n.* (*colloq.*) hospital untuk orang gila; keadaan kacau-bilau atau kucar-kacir. 疯人院；混乱吵杂的场面。

**madman** *n.* (*pl.* *-men*) orang gila; orang yang tidak siuman. 疯子；狂人。

**madonna** *n.* gambar atau patung yang menyerupai Siti Mariam. 圣母玛利亚的画像或雕像。

**madrigal** *n.* madrigal; nyanyian beramai-ramai. 牧歌；合唱曲。

**madwoman** n. (pl. *-women*) perempuan gila; perempuan tidak siuman. 女疯子；神志不清的女人。

**maelstrom** n. lubuk pusar. 大漩涡。

**maestro** n. (pl. *-i*) pemimpin orkes simfoni; penggubah lagu klasik; ahli seni muzik. 名指挥家；(古典音乐)编曲家；音乐师。

**Mafia** n. Mafia; persatuan jenayah antarabangsa. 黑手党；国际性的社会黑帮。**mafioso** n. (pl. *-si*) ahli Mafia. 黑手党成员。

**magazine** n. majalah berkala; gudang simpanan senjata (peluru, bahan letupan); magazin; lelopak peluru raifal; lelopak filem. 杂志；期刊；弹药库；(枪的)弹膛；照相机内的底片盒；胶卷盒。

**magenta** a. & n. warna (merah) lembayung. 紫红色(的)。

**maggot** n. berenga. 蛆虫。**maggoty** a. berberenga. (尤指干酪、肉等)生满蛆的。

**Magi** n.pl. tiga orang bijaksana Majusi yang mengunjungi Nabi Isa semasa lahirnya di Baitullaham. 《圣经》中记载,朝拜初生耶稣的)东方三贤人。

**magic** n. ilmu ghaib; ilmu sihir; guna-guna; main silap mata. 魔术；法术；咒语；遮眼法。—a. dengan menggunakan ilmu ghaib atau silap mata. 魔术的。**magical** a. yang berunsur sihir atau ghaib. (象)魔术的；(象)巫术的；不可思议的。**magically** adv. secara ilmu ghaib; secara sihir. 魔术似地；不可思议地。

**magician** n. ahli sihir; ahli silap mata. 魔术师；术士；巫师。

**magisterial** a. yang berkenaan dengan majistret; secara angkuh. 长官的；有权威的。**magisterially** adv. perihal dikelola oleh majistret; dengan angkuh. 威严地。

**magistrate** n. majistret; hakim. 法官；行政司法官。**magistracy** n. kehakiman. 地方法官或长官的职位。

**magnanimous** a. murah hati; yang dermawan. (尤指对敌人、对手)宽宏大量的；慷慨的。**magnanimously** adv. secara murah hati. 宽宏大量地。**magnanimity** n. sikap murah hati. 宽大。

**magnate** n. orang kaya; tokoh perniagaan yang terkemuka. 富豪；大企业家。

**magnesia** n. magnesia. 氧化镁。

**magnesium** n. magnesium. 镁。

**magnet** n. besi berani; magnet; sesuatu yang ada daya penarik. 磁铁；磁石。

**magnetic** a. bermagnet; yang mempunyai daya tarikan; yang menarik. 有磁性的；有吸引力的；磁的。~ **tape** pita magnetik atau magnet. 磁带。**magnetically** adv. secara bermagnet atau magnetik. 有磁性地。

**magnetism** n. kemagnetan; daya tarikan seseorang. 磁性；磁力。

**magnetize** v.t. menjadikan bermagnet atau menarik. 起磁；把(某物)磁化。**magnetization** n. pemagnetan. 磁化；起磁。

**magneto** n. (pl. *-os*) magneto. 磁电机。

**magnification** n. pembesaran. 放大；放大能力。

**magnificent** a. (orang) mulia; (pencapaian) sangat baik atau cemerlang; (perawakan) sangat tampan. 高贵的；优美的；(成就)伟大的；(体型)壮健的。**magnificently** adv. dengan cemerlang. 豪华地；庄严地。**magnificence** n. kemuliaan; kecemerlangan; keanggunan. 庄严；宏大；壮观。

**magnify** v.t. membesarkan; memperbesar. 放大；扩大。**magnifier** n. alat pembesar. 放大镜。

**magnitude** n. besar(nya); (fizik) magnitud; penting(nya). 大小；量；重要性。

**magnolia** n. magnolia; sejenis bunga. 木兰；木莲树。

**magnum** n. botol air anggur atau wain; magnum. (1.5升容量的)大酒瓶。

**magpie** *n.* burung murai. 鹊鸟。

**Magyar** *a. & n.* bangsa atau bahasa terbesar di Hungary. (匈牙利的) 马扎尔人 (的); 马扎尔语 (的)。

**maharajah** *n.* maharaja. (印度的) 土邦主; 大君。

**maharishi** *n.* orang bijaksana Hindu; pendeta Hindu. (印度的) 智者; 圣贤。

**mahatma** *n.* (di India) gelaran untuk orang yang dihormati. 圣雄 (印度对德高望重的人的称呼)。

**mahjong** *n.* mahjung; permainan orang Cina mengandungi 136 atau 144 buah mahjung (diperbuat daripada kayu, dsb.). 麻将 (中国人的牌戏, 共有136或144个牌子)。

**mahogany** *n.* mahogani; jenis kayu. 红木; 红木树。

**mahout** *n.* pemandu gajah. 驭象的人。

**maid** *n.* pembantu rumah; (*old use*) perawan; gadis. 女佣人; 女仆; 少女。

**maiden** *n.* (*old use*) gadis; perawan; anak dara. 少女; 年轻未婚女子。**~ name** nama sebenar (sebelum kahwin). 女人 (婚前) 姓氏。**~ over** (kriket) tukaran kosong. (板球) 未得分的投球。**maidenly** *a.* seperti perawan. 象少女的; 温顺的。**maidenhood** *n.* masa perawan. 少女时代。

**maidenhair** *n.* paku sisik; daun ribu-ribu. 孔雀草 (一种蕨类植物)。

**maidservant** *n.* pembantu rumah perempuan. 女仆。

**mail**[1] *n.* mel; surat, dsb. yang dihantar melalui pos. 邮政; 信件。—*v.t.* menghantar dengan pos. 邮寄。**~ order** memesan barang melalui pos. 邮购。

**mail**[2] *n.* baju rantai; baju besi. 铠甲。

**mailshot** *n.* bahan yang dihantar kepada bakal pelanggan dalam kempen pengiklanan. 广告传单或海报。

**maim** *v.t.* melukakan atau mencederakan seseorang hingga lumpuh. 伤害; 致使 (某人) 残废。

**main** *a.* yang utama; yang amat penting; yang paling besar atau luas. 主要的; 最重要的; 最大的; 最广的。—*n.* paip saluran besar yang membawa air, minyak atau gas; (*pl.*) kawat utama yang menyalurkan tenaga elektrik. (自来水、煤气等的) 主要管道; (电力等的) 主要网路。**in the ~** kebanyakannya. 大体上; 基本上。**mainly** *adv.* terutamanya. 主要; 大抵。

**mainframe** *n.* kerangka utama; komputer yang besar. 主机; 中央处理机; 大型电脑。

**mainland** *n.* tanah besar; benua tanpa kepulauan. 大陆。

**mainspring** *n.* spring utama; tenaga penggerak utama. (钟表的) 主要发条; 主要的推动力量。

**mainstay** *n.* tali utama; laberangi; sangga; sokongan (bantuan) utama. 船桅主索。

**mainstream** *n.* aliran utama. 主流。

**maintain** *v.t.* mengekalkan; memelihara; menyara; menegakkan (kebenaran). 维持; 保养; 坚持。

**maintenance** *n.* (wang, belanja) penyaraan; nafkah; penyenggaraan; penyelenggaraan. 生活费; 维持; 保养; 经营。

**maisonette** *n.* maisonet; rumah kecil; sebahagian daripada rumah yang dijadikan kediaman berasingan. 小屋 (尤指英国的小住宅)。

**maize** *n.* jagung. 玉蜀黍。

**majestic** *a.* muazam; penuh keagungan; maha mulia. 有威严的; 尊贵的。**majestically** *adv.* dengan agung; dengan hebat. 有威严地。

**majesty** *n.* keagungan; kehebatan; Duli Yang Maha Mulia. 高贵; 宏伟; 威严。

**majolica** *n.* sejenis tembikar berukir yang berasal dari negara Itali. (意大利的) 马略尔卡陶器。

**major** *a.* lebih besar atau penting; lebih tua (umur); dewasa; major (muzik). 较

大的；较重要的；年纪较长的；（音乐）大调的。—*n.* (tentera) mejar. 少校。—*v.t.* mengkhusus dalam sesuatu mata pelajaran di kolej atau di universiti. （大专学院）主修。**~-domo** *n.* (pl. *-os*) ketua pegawai istana; penghulu balai. 王室的男总管；男管家。**~-general** *n.* mejar jeneral. 少将。

**majority** *n.* majoriti; kelebihan undi; umur mencapai dewasa. 多数；大半；（选举）大多数票；法定的成年年龄。

**make** *v.t./i.* (p.t. *made*) membuatkan; memperbuat sesuatu; berbuat; mewujudkan; mengadakan; membentuk; menjadikan; menghasilkan; mencapai; mendatangkan. 制造；做；产生；造成；制定；构成；达成；获得；赚（钱）。—*n.* buatan; rekaan; bikinan; jenama. 制造方法；产品；品牌。**~ believe** berpura-pura. 假装。**~-believe** *a.* pura-pura; olok-olok; (*n.*) kepura-puraan. 假装的；假扮的。**~ do** memadai dengan. 将就使用；勉强应付。**~ for** menuju ke sesuatu tempat; cuba mencapai. 走向某地；倾向。**~ good** berhasil; berjaya; mengganti (rugi). 获得；赚；达成。**~ love** berjimak; bersetubuh; bersanggama. 性交；做爱。**~ much of** membesar-besarkan sesuatu; memuji-muji. 夸大；不断赞美。**~ off** lari; pergi. 逃走；去。**~ off with** mencuri; melarikan. 偷去；拿走。**~ out** membuat; menulis (sesuatu); memahami; melihat; memastikan. 做；起草；理解；看出；证明。**~ over** memindahkan milik. 转让。**~ shift** (atau **~ do**) (sesuatu) sebagai pengganti sementara. （亦见 *~do*）将就使用的东西。**~ up** membentuk; menyediakan; membuat-buat (cerita); mengganti rugi; berbaik-baik semula; mencukupkan (jumlah); memekap; bersolek. 装扮；打扮；捏造（故事）；赚回；言归于好；补足数量。**~-up** *n.* alat solek; perangai seseorang. 化妆品；性格。**~ up one's mind** memutuskan. 决定。**~ up to** mengampu. 接近；巴结。

**maker** *n.* pembuat; pembikin. 制造者。

**makeshift** *a. & n.* (sesuatu) yang digunakan sebagai pengganti sementara. 暂时的代用品（的）；将就使用的东西（的）。

**makeweight** *n.* bahan atau jumlah tambahan untuk mencukupkan. 补足重量的东西。

**making** *n.* **be the ~ of** mengakibatkan; merupakan hasil; menyebabkan kemajuan atau perkembangan. 成为…的基础；为…之进步（或发展）的因素。**have the makings of** mempunyai ciri-ciri atau sifat khas untuk. 有…的特征；有成为…的素质。

**malachite** *n.* malakit; mineral berwarna hijau. 孔雀石。

**maladjusted** *a.* salah suai; tidak sesuai. 不适合的；失调的。**maladjustment** *n.* salah suaian; keadaan tidak sesuai. 失调；调理不善。

**maladministration** *n.* salah tadbiran; pentadbiran buruk atau yang kurang baik. 处理不善；行政紊乱。

**maladroit** *a.* tidak bijak. 笨拙的；不灵巧的。

**malady** *n.* penyakit. 疾病。

**malaise** *n.* rasa tidak enak badan; lesu. 不舒服；小病。

**malapropism** *n.* penggunaan kata yang tidak tepat atau sesuai tetapi lucu; malapropisme. 词语的荒唐误用。

**malaria** *n.* (demam) malaria; demam ketar. 疟疾。**malarial** *a.* yang berkenaan dengan malaria. 疟疾的。

**Malay** *a. & n.* (bangsa atau bahasa) Melayu. 马来人（的）；马来语（的）。

**malcontent** *a.* (orang yang) tidak puas hati; terkilan. 反叛分子。

**male** *a.* (orang) lelaki; laki-laki. 男性的；雄性的；公的。—*n.* lelaki; (binatang) jantan; (tumbuh-tumbuhan) jantan. 男人；公的动物；雄性植物。

**malediction** *n.* sumpah. 诅咒；咒骂。

**maledictory** *a.* tersumpah. 诅咒的。

**malefactor** *n.* penjenayah. 作恶者；罪犯。

**malevolent** *a.* busuk hati; berniat jahat; berdendam. 恶意的；恶毒的；怀恨的；敌意的。**malevolently** *adv.* dengan berniat jahat. 恶意地。**malevolence** *n.* niat jahat. 恶意；敌意。

**malfeasance** *n.* salah laku; salah urus. 渎职 (尤指执行公务时的不法行为)；违约行为。

**malformation** *n.* kecacatan bentuk. 畸形；变体。**malformed** *a.* cacat; berbentuk buruk. 畸形的；变体的。

**malfunction** *n.* pincang tugas. 故障；失灵。—*v.i.* (jadi) rosak. 发生故障；(机能) 失常。

**malice** *n.* (rasa) dengki; dendam; hasad; iri hati; benci. 怨恨；恶意；妒忌。

**malicious** *a.* dengki; dendam; hasad. 怨恨的；恶意的；存心不良的。**maliciously** *adv.* dengan perasaan dengki; pendendam. 怨恨地；恶意地。

**malign** *a.* merugikan; jahat; (penyakit) berbahaya. 有害的；恶意的；(疾病) 恶性的。—*v.t.* memfitnah; mengumpat. 诽谤；中伤。**malignity** *n.* (rasa) dengki; hasad; dendam. 怨恨；恶意；仇恨。

**malignant** *a.* penuh hasad dengki; membahayakan. 恶意的；有害的；恶性的。**malignantly** *adv.* dengan hasad dengki; dengan membahayakan. 有害地。**malignancy** *n.* perihal berhasad dengki; keadaan (penyakit) yang membahayakan. 恶意；恶毒；恶性。

**malinger** *v.i* berpura-pura sakit. 装病 (以逃避工作)。**malingerer** *n.* orang yang berpura-pura sakit. 装病的人。

**mall** *n.* kawasan atau tempat membeli-belah. 商场中的广场。

**mallard** *n.* belibis; itik laut. 绿头鸭。

**malleable** *a.* boleh ditempa atau dilentur; bersifat penurut; pematuh. 可锤炼的；(性格) 顺从的；柔顺的。**malleability** *n.* sifat penurut; pematuh. 顺从；可煅性。

**mallet** *n.* tukul kayu; palu; kayu polo. 木槌。

**mallow** *n.* sejenis tumbuhan liar yang batang dan daunnya berbulu. 锦葵 (一种野生植物)。

**malmsey** *n.* wain manis. 马姆齐甜酒 (一种烈性白葡萄酒)。

**malnutrition** *n.* kekurangan zat makanan. 营养不良。

**malodorous** *a.* berbau busuk; kohong; hapak. 恶臭的。

**malpractice** *n.* amalan seleweng; penyelewengan; perbuatan salah; tindakan salah; (perubatan) pemeriksaan atau cara pengubatan yang salah. 违法行为；失职；为非作歹。

**malt** *n.* malt; bijirin yang diolah untuk dibuat bir; (*colloq.*) bir atau wiski yang dibuat daripada bahan ini. 麦芽；麦芽酒、啤酒。**malted milk** susu yang bercampur dengan malt. 麦乳精饮料。

**maltreat** *v.t.* menganiaya; menyeksa; memperlakukan secara buruk. 虐待；粗暴地对待；滥用。**maltreatment** *n.* penganiayaan; penyeksaan; perlakuan buruk. 虐待；迫害。

**mama** *n.* (*old use*) mama; ibu; emak; induk. 妈妈；娘。

**mamba** *n.* sejenis ular bisa yang terdapat di Afrika Selatan. 曼巴 (南非的一种有毒树蛇)。

**mamma** *n.* (*old use*) emak; mama; ibu. 妈妈；娘。

**mammal** *n.* mamalia; binatang berdarah panas. 哺乳动物。**mammalian** *a.* berkenaan mamalia. 哺乳动物的。

**mammary** *a.* berkenaan buah dada. 乳房的；乳腺的。

**Mammon** *n.* karun; (orang) yang sangat kaya; kekayaan yang amat sangat. 传说中的富豪化身。

**mammoth** *n.* mamot; gajah besar zaman purba yang sudah pupus. 猛犸 (一种

**mammy** *n.* (*children's colloq.*) ibu; emak; induk. (小儿语)妈妈;母亲;母。

**man** *n.* (pl. *men*) orang lelaki; manusia; insan; askar biasa; orang suruhan; pekerja; buah catur. 男人;人类;士兵们;男雇员;棋子。—*v.t.* (p.t. *manned*) mengawal; mengoperasi. 守卫;在…上操作。 **~-hour** *n.* sejam bekerja oleh seseorang. 工时(即一个人在一小时内完成的工作量)。 **~-hunt** *n.* memburu atau mengejar pelarian; memburu penjenayah. 搜捕(犯罪者)。 **~ in the street** orang awam; orang biasa. 普通人;一般人。 **~-made** *a.* yang dibuat oleh manusia; barang sintetik; barang tiruan. 人工的;人造的;非天然的。 **~ of the world** orang yang banyak pengalaman hidup. 饱通人故的人;善于处世的人。 **~-of-war** *n.* kapal perang. 军舰。 **~-sized** *a.* sesuai untuk orang besar. 符合成人尺寸的。 **~ to man** berterus terang. 坦率的;真诚的。

**manacle** *n. & v.t.* gari. 手铐;给…上手铐。

**manage** *v.t./i.* mengurus; mengendalikan; menjalankan; mengelolakan; menggembala (lembu, kambing); mengolah; sanggup; berhasil; mencapai. 经营;管理;负责;训练;能够;调制。 **manageable** *a.* menurut; dapat dikendalikan. 易办的;易管理的。

**management** *n.* pengurusan; badan pengurusan; pemimpin. 经理;管理部门;主管人员。

**manager** *n.* pengurus. 经理;经营者。

**manageress** *n. fem.* pengurus (wanita). 女经理。 **managerial** *a.* berkenaan dengan pengurusan. 经理的;管理上的。

**manatee** *n.* sejenis mamalia tropika; duyung. 海牛。

**Mandarin** *n.* Mandarin; bahasa rasmi Cina. 中国官方语言;普通话。

**mandarin** *n.* pegawai atasan yang berpengaruh; sejenis limau. 中国的高官;柑橘。

**mandatary** *n.* orang yang diberi mandat. 受托人;代理人。

**mandate** *n.* mandat; tauliah. 委托;授权。

**mandatory** *a.* mandatori; wajib; mesti. 委托的;授权的。

**mandible** *n.* (tulang) rahang bawah; mandibel. 下颚骨;下颚。

**mandolin** *n.* mandolin. 曼陀林琴。

**mandrake** *n.* sejenis pohon beracun. 曼德拉草(一种毒草)。

**mandrel** *n.* paksi dalam mesin pelarik. 心轴。

**mandrill** *n.* babun yang besar. (西非洲的)狒狒。

**mane** *n.* bulu tengkuk kuda atau singa. 马鬃;狮鬣。

**manful** *a.* gagah; berani. 刚勇的;果敢的;有男子气概的。 **manfully** *adv.* dengan beraninya. 果敢地。

**manganese** *n.* batu kawi; mangan. 锰。

**mange** *n.* kudis atau kurap (pada binatang). 兽疥癣;家畜疥。

**mangel-wurzel** *n.* sejenis ubi bit untuk makanan haiwan. 甜菜;饲料用糖萝卜。

**manger** *n.* palung; tempat meletak makanan untuk haiwan. 动物的食槽。

**mangle**[1] *n.* mesin perah kain cucian; mesin getah; penggiling. 轧布机;压延机;碾压机。—*v.t.* memerah cucian. 轧压。

**mangle**[2] *v.t.* memotong; mengoyakkan; merobek; mencederakan. 乱砍;损毁;弄伤。

**mango** *n.* (pl. *-oes*) mangga; pauh; mempelam. 芒果。

**mangrove** *n.* bakau. 红树。

**mangy** *a.* berkudis; berkurap. 生满疥癣的。

**manhandle** *v.t.* memperlakukan (seseorang) dengan kasar; mengerjakan seseorang; mengangkat atau mengalih

**manhole** sesuatu dengan tangan (bukan mesin). 粗暴地对待；指使；以人力操作。

**manhole** *n.* lubang di jalan untuk memeriksa kabel, parit, dsb. yang di bawah tanah. 可进入检修暗沟或地下电缆的检修孔。

**manhood** *n.* kedewasaan; kelelakian; keberanian. 成年期；男性成人；大丈夫气概。

**mania** *n.* mania; kegilaan; kegilaan kepada sesuatu. 躁狂；癖好。

**maniac** *n.* orang gila; orang yang dirasuk oleh perasaan. 躁狂者；疯子；球迷。

**maniacal** *a.* seperti orang gila. 疯狂的；狂热的。

**manic** *a.* berkenaan dirasuk sawan gila. 躁狂的。

**manicure** *n.* rias kuku. 修指甲。—*v.t.* merias kuku. 修（指甲）。**manicurist** *n.* ahli rias kuku. 指甲修剪师。

**manifest** *a.* terang; ternyata. 明白的；明显的。—*v.t.* menyatakan dengan terang; membuktikan; menunjukkan. 表明；证明；指明。—*n.* senarai penumpang atau barang yang dibawa oleh kapal atau kapal terbang. 船运或空运载货清单。**manifestation** *n.* penjelmaan sesuatu yang membuktikan; manifestasi. 公开声明。

**manifesto** *n.* (pl. -*os*) manifesto. 宣言；声明。

**manifold** *a.* berlipat ganda; bergandaganda; bermacam-macam. 多样的；各种各样的。—*a.* pancarongga; (berkenaan mesin) paip atau kebuk yang ada beberapa lubang. （机械）歧管；多支管。

**manikin** *n.* orang kerdil; orang katik; patung manusia. 矮人；侏儒；人体模型。

**manila** *n.* manila; kertas kuning yang digunakan untuk sampul surat atau pembungkus. 马尼拉纸（制信封或包裹物品用的黄色纸张）。

**manioc** *n.* ubi kayu; singkong; tepung ubi. 木薯；木薯制成的淀粉。

**manipulate** *v.t.* bertindak secara licik atau cerdik; memanipulasikan. 熟练地使用；操纵。**manipulation** *n.* tindakan yang licik; manipulasi. 操纵；被操纵。**manipulator** *n.* orang yang pandai bertindak secara licik. 操纵者。

**mankind** *n.* (umat) manusia. 人类；人。

**manly** *a.* berani; gagah; kuat; sepadan dengan lelaki. 刚勇的；雄壮的；强健的；有男子气概的。**manliness** *n.* keadaan berani atau gagah; kelelakian. 男子气概；强健。

**manna** *n.* (dalam kitab Injil) sejenis bahan makanan yang didapati secara ajaib oleh puak Israel semasa mereka melarikan diri dari Mesir dahulu. 吗哪（《圣经》中所载古以色列人流落旷野时所赐的食物）。

**mannequin** *n.* peragawati. 服装模特儿。

**manner** *n.* bagai; macam; cara; laku; kelakuan; gaya; sikap; telatah; bahasa; ragam. 种类；方法；举止；言语；姿态。

**mannered** *a.* berbahasa; bergaya; berkelakuan; bersopan. 文雅的；有礼貌的；有教养的。

**mannerism** *n.* gaya; sopan santun; budi bahasa; tingkah laku. 风格；教养；品行。

**mannish** *a.* seperti watak lelaki. 象男人的；男性化的。

**manoeuvre** *n.* pergerakan pasukan (tentera atau kapal perang); perang-perangan; siasah; tipu daya. （军队、军舰等的）调遣；演习；策略。—*v.t./i.* melakukan pergerakan perang-perangan; menjalankan tipu daya. 演习；计诱。

**manor** *n.* rumah besar yang berkawasan luas. （贵族、大官的）大宅邸。

**manpower** *n.* tenaga kerja. 人力；劳力。

**mansard roof** *n.* bumbung mansard; bumbung yang curam di bahagian bawah dan kurang curam di bahagian atas. 复

折屋顶；下面的部分坡度较陡的屋顶。

**manse** *n.* rumah kediaman paderi (lazimnya di Scotland). 牧师住宅（尤指在苏格兰者）。

**manservant** *n.* (pl. *menservants*) orang suruhan; pembantu rumah (lelaki). 男仆。

**mansion** *n.* rumah besar (kepunyaan tuan tanah). 公寓。

**manslaughter** *n.* pembunuhan orang. 过失杀人；误杀。

**mantelpiece** *n.* para di atas tempat api diangan. 壁炉台。

**mantilla** *n.* (kain) tudung; kerudung. 头纱；（西班牙女人用的）披肩薄纱。

**mantis** *n.* cengkadak; mentadu; gegancung; belalang kacung. 螳螂。

**mantle** *n.* baju mantel; jubah; mantel (lampu); sarung; selubung. 披风；灯罩；盖罩；覆盖物。

**manual** *a.* dibuat dengan atau secara tangan; dilakukan dengan tangan (bukan mesin). 手做的；用手操作的。—*n.* buku petunjuk; buku panduan. 手册；说明书。**manually** *adv.* dengan tangan. 用手；亲自。

**manufacture** *v.t.* membuat; membikin; mengeluarkan (secara besar-besaran); mereka; mengilang. 制造；（大量）生产；发明；加工。—*n.* pembuatan; pembikinan; perkilangan. 制造；生产者；制造商；工业。**manufacturer** *n.* pengilang; pembuat; pembikin. 制造商；出产商。

**manure** *n.* baja; pupuk. 肥料。—*v.t.* membaja; membubuh baja; membubuh pupuk. 施肥。

**manuscript** *n.* manuskrip; naskhah tulisan tangan atau belum dicetak. 原稿；手抄本。

**Manx** *a. & n.* bahasa atau dialek Pulau Man (Selat Inggeris). 英国海峡的曼岛人或曼岛语（的）。

**many** *a.* banyak. 很多的。—*n.* orang ramai; benda yang banyak. 一般人；多数。

**Maori** *n. & a.* (pl. *-is*) Maori; bangsa, orang atau penduduk asli New Zealand. 纽西兰的毛利人或毛利语（的）。

**map** *n.* peta; rajah. 地图。—*v.t.* (p.t. *mapped*) memetakan; merajahkan. 画地图。~ **out** merancangkan dengan teliti. 详细策划。

**maple** *n.* pohon mapel. 枫树。

**mar** *v.t.* (p.t. *marred*) merosakkan; mencemarkan; memburukkan. 毁坏；毁损。

**marabou** *n.* burung marabu; burung besar Afrika. （南非洲的）大鹳鸟。

**maraca** *n.* marakas; sejenis alat muzik yang digoncang ketika dimainkan. 沙球（南美洲的一种摇击乐器）。

**maraschino** *n.* minuman keras diperbuat daripada buah ceri. 野樱桃酒。

**marathon** *n.* maraton; lari jarak jauh; ujian ketahanan. 马拉松赛；远距长跑；耐力试。

**marauding** *a. & n.* merampok; menjarah; merampas; melakukan perompakan; perampasan; perkosaan. 抢劫（的）；掠夺（的）。**marauder** *n.* perampok; penjarah. 掠夺者；抢劫者。

**marble** *n.* (batu) marmar; pualam; arca atau patung marmar; (buah) guli. 大理石；大理石雕刻品；（儿童游戏用的）弹子；石弹。

**marcasite** *n.* markasit. 白铁矿。

**March** *n.* Mac; bulan ketiga. 三月。

**march** *v.t./i.* berkawat berjalan dalam barisan; berbaris; membariskan; maju terus; mara terus. 列队行进；列队；行军。—*n.* perjalanan; perbarisan; perjalanan jauh; (lagu) untuk perbarisan; muzik mac. 行军；长征；进行曲。**marcher** *n.* orang yang menyertai perjalanan atau perbarisan. 行军者；游行者。

**marches** *n.pl.* daerah atau kawasan sempadan; pembatasan. 地区；边境；边界。

**marchioness** *n.* isteri atau balu kepada pembesar bertaraf marquis; gelaran untuk wanita setaraf dengan marquis. 侯爵夫人；女侯爵。

**mare** *n.* kuda betina. 母马；牝马。**mare's nest** penemuan yang palsu atau tidak berguna. 一场空欢喜；毫无价值的发现。

**margarine** *n.* marjerin; lemak sayur-sayuran. 人造黄油；植物黄油。

**marge** *n.* (*colloq.*) singkatan untuk marjerin. 人造黄油；植物黄油。

**margin** *n.* tepi; sisi; jidar; margin; batas untung. 边缘；(印刷品的)页边空白；盈余。

**marginal** *a.* pinggiran; marginal; sut. 边际的；边缘的；页边空白上的。**~constituency** kawasan pilihan raya yang tipis majoritinya untuk menang. 边缘选区(仅以微弱多数票胜的)。**marginally** *adv.* secara marginal. 稍微；在边上。

**marginalize** *v.t.* menganggap tidak penting; mengetepikan. 忽略；排斥。**marginalization** *n.* marginalisasi; perbuatan mengetepikan. 边际主意；忽略。

**marguerite** *n.* bunga daisi besar. 牛眼菊。

**marigold** *n.* bunga marigold; bunga tahi ayam. 金盏花。

**marijuana** *n.* marijuana; ganja yang dikeringkan. (已晒干的)大麻。

**marina** *n.* tambatan; pangkalan perahu pesiaran. 小游艇船坞；小艇停靠区。

**marinade** *n.* perapan; bahan yang berperasa rempah untuk memerapi ikan, daging, dsb. sebelum dimasak. (烹饪前)腌泡鱼、牛肉等的调味汁。—*v.t.* memerapkan. 用腌泡汁泡。

**marine** *a.* berkenaan laut; perkapalan. 航海的；船只的。—*n.* perkapalan negara; pasukan tentera darat atau laut. 国家商船(总称)；陆军；海军。

**mariner** *n.* pelaut; kelasi kapal; askar laut. 水手；海员。

**marionette** *n.* boneka; anak patung. 木偶；傀儡。

**marital** *a.* berkenaan perkahwinan; berkenaan suami isteri. 婚姻的；夫妻间的。

**maritime** *a.* berkenaan dengan laut; kelautan. 海上的；航海的。

**marjoram** *n.* marjoram; sejenis herba berbau harum. 墨角兰。

**mark**[1] *n.* sasaran; tanda; cap; tanda pengenalan; ciri-ciri; markah; angka; nilai; bekas; bakat; kesan; tikas; takik; takuk; parut; tapak. 靶子；记号；指标；特征；数码；价目标签；痕迹；切口；浮标；伤疤；图形。—*v.t./i.* menanda(kan); membubuh cap; memberi markah atau nilai; menakik; membuat takuk. 做记号；打印；打分数；标价；做缺口。**~ down** mengurangkan harga. 标低售价。**~ time** berkawat setempat. 原地踏步以列队。

**mark**[2] *n.* unit mata wang Jerman. 马克(德国货币单位)。

**marked** *a.* bertanda; berciri; ketara; jelas. 有记号的；有痕迹的；明显的；显著的。**markedly** *adv.* secara bertanda; dengan jelas. 有记号地；明显地。

**marker** *n.* penanda; tukang tanda; pemarkah; tanda. 记分器；计分者；做记号者；标志；记号。

**market** *n.* pasar; pekan. 菜市；市场。—*v.t./i.* berjual beli; membeli-belah; menjualkan; memasarkan. 买卖；销售。**~ garden** kebun sayuran untuk jualan di pasar. 商品菜园。**~ maker** ahli kepada bursa saham yang diberi beberapa keistimewaan. 在交易所中故意买卖某企业股票以制造兴旺假象的人。**on the ~** sedang dijual; sedang dipasarkan. 上市；出售。

**marking** *n.* tanda; warna kulit binatang; tompok-tompok; warna bulu mergastua. 记号；(动物的)斑纹或羽毛的颜色。

**marksman** *n.* (*pl.* -men) ahli menembak; penembak; juara menembak. 射击手；

枪手。~ **ship** *n.* keahlian atau kepandaian menembak. 射击术；枪法。

**marl** *n.* tanah baja. (肥料用的)泥灰。

**marlinspike** *n.* paku pemilin; alat untuk memisahkan lembar tali atau dawai. 解索针；穿索针。

**marmalade** *n.* jem limau; marmalad. (带果皮的)橘子酱。

**marmoreal** *a.* seperti marmar atau pualam. 似大理石的；大理石制的。

**marmoset** *n.* sejenis monyet Amerika tropika. (产于南美洲的)小狨猴。

**marmot** *n.* marmot; sejenis binatang seperti tupai yang diam dalam lubang tanah. 旱獭。

**maroon**[1] *n.* warna merah tua; warna manggis. 褐红色；栗色。—*a.* merah tua. 褐红色的。

**maroon**[2] *v.t.* membuang orang dari kapal ke pulau yang sunyi. (把罪犯)放逐于荒岛上；流放。

**marquee** *n.* khemah besar untuk digunakan semasa perayaan atau pertunjukan. (举行庆典或展览时用的)大帐篷。

**marquess** *n.* marquis; pangkat antara duke dan earl. 侯爵。

**marquetry** *n.* marketri; tatahan; ukiran. 镶嵌细工。

**marquis** *n.* marquis; gelaran orang bangsawan. 对侯爵、公爵长子的尊称。

**marriage** *n.* pernikahan; perkahwinan; ijab kabul. 婚姻；结婚。

**marriageable** *a.* layak, patut atau sudah boleh berkahwin. 适婚的；已届适婚年龄的。

**marrow** *n.* sumsum; benak; otak tulang; (sayur) labu air. 骨髓；瓠瓜(一种葫芦)。

**marry** *v.t./i.* bernikah; berkahwin; menikahi; mengahwini. 结婚；娶；嫁。

**Marsala** *n.* sejenis wain keras yang berwarna gelap serta manis rasanya. 马沙拉酒(一种深色的甜酒)。

**marsh** *n.* kawasan paya; rawa. 沼泽地带；沼地。~ **marigold** *n.* sejenis bunga. 立金花。**marshy** *a.* berpaya; becak. 沼泽的；象沼泽的。

**marshal** *n.* marsyal; pangkat pegawai tertinggi tentera udara atau polis di Amerika. (美国空军及军警的)最高级军官；元帅。—*v.t.* (p.t. *marshalled*) mengatur atau menyusun dalam barisan. 整顿。

**marshmallow** *n.* sejenis gula-gula atau manisan yang empuk bewarna putih. 一种松软糖果。

**marsupial** *n.* haiwan marsupial; haiwan yang berpundi-pundi seperti kangaru; haiwan berkantung. 袋鼠类有袋动物。

**mart** *n.* (singkatan) pasar; pasar raya; pusat perdagangan. (简称)菜市；市场；超级市场；商业中心。

**marten** *n.* binatang seperti musang yang bulunya amat berharga. 貂；貂皮。

**martial** *a.* berkenaan dengan perang atau ketenteraan. 战争的；军事的。~ **law** undang-undang tentera; pentadbiran tentera yang menggantikan undang-undang biasa. 军令；戒严令。

**Martian** *a. & n.* berkenaan planet Marikh; penghuni planet Marikh. 火星(的)；火星人(的)。

**martin** *n.* burung martin; sejenis burung layang-layang. 燕鸟。

**martinet** *n.* orang yang berpegang teguh kepada disiplin atau tatatertib. 厉行严格纪律的人。

**martyr** *n.* seseorang yang berkorban jiwa untuk perjuangan hidupnya; seseorang yang mati syahid. 烈士；殉道者。—*v.t.* menyeksa atau membunuh seorang sebagai syahid. 迫害；杀害(殉道者)。 **be a ~ to** menderita berterusan akibat sesuatu (penyakit, dsb.). 长期承受…的痛苦。**martyrdom** *n.* pengorbanan; syahid. 殉教；殉道。

**marvel** *n.* sesuatu yang ajaib atau mengagumkan; mukjizat. 奇迹；不可思议的事。—*v.t.* (p.t. *marvelled*) berasa ajaib; berasa kagum. 惊异；惊奇。

**marvellous** *a.* bagus sekali; mengagumkan; menghairankan; menakjubkan. 绝妙的；令人惊奇的；不可思议的。

**marvellously** *adv.* perihal menakjubkan. 不可思议地；奇迹般地。

**Marxism** *n.* ajaran falsafah ekonomi-politik menurut Karl Marx; Marxisme. 马克思主义。**Marxist** *a. &. n.* seseorang yang menganut ajaran Marxisme; Marxsis. 马克思主义者(的)。

**marzipan** *n.* sejenis kuih atau dodol yang diperbuat daripada badam yang ditumbuk halus. 小杏仁饼。

**mascara** *n.* celak mata; maskara. 睫毛膏。

**mascot** *n.* azimat; pembawa tuah; benda atau binatang yang dianggap sebagai lambang kepada pemiliknya. 吉祥物；被认为会带来好运的人或事物。

**masculine** *a.* berkenaan lelaki; bersifat lelaki atau jantan. 男性的；雄赳赳的；阳性的。—*n.* (perkataan) maskulin. (语法)阳性词。**masculinity** *n.* kelelakian; kejantanan. 男性；阳性。

**mash** *n.* bubur untuk membuat makanan harian atau membuat bir; (*colloq.*) kentang lenyek. 捣成糊状的食品；(酿啤酒用的)麦芽浆；马铃薯泥。—*v.t.* melenyek; melumatkan; menghancur. 捣烂；磨碎。

**mask** *n.* topeng; kedok; pelindung muka. 面具；面罩。—*v.t.* memakai topeng; menyamar seperti orang lain; melindungi; menyembunyikan sesuatu. 戴面具；伪装；掩护；遮盖。

**masochism** *n.* masokisme; kegembiraan atau keseronokan kerana diseksa. 受虐狂；自我虐待。**masochist** *n.* masokis. 受虐狂者。**masochistic** *a.* masokistik. 自我虐待的；受虐狂的。

**Mason** *n.* anggota perkumpulan sulit Freemason. 共济会(欧美一种互济的秘密组织)成员。**Masonic** *a.* tentang perkumpulan Freemason. 共济会的；共济会精神的。**Masonry** *n.* perkumpulan Freemason. 共济会成员(总称)。

**mason** *n.* tukang batu. 石匠。

**masonry** *n.* pertukangan batu. 石工。

**masque** *n.* persembahan muzik dan drama amatur terutama pada kurun ke-16-17. (16至17世纪的)假面剧。

**masquerade** *n.* pesta atau majlis tari-menari bertopeng. 化妆舞会。—*v.i.* menyamar atau berlagak sebagai seseorang. 乔装；假装。

**mass**[1] *n.* upacara sembahyang bagi kaum Kristian (Katolik). 天主教的弥撒。

**mass**[2] *n.* jisim; massa; banyak; kumpulan; rakyat jelata; besar-besaran. 质量；大多数；大宗；集团；民众。—*v.t./i.* berkumpul; mengumpulkan; menyusun beramai-ramai. 集中；聚集；使密集。 **~-produce** *v.t.* mengeluarkan secara besar-besaran. 大量地生产。**~ production** pengeluaran secara besar-besaran. 大量生产。

**massacre** *n.* pembunuhan beramai-ramai secara kejam. 大屠杀。—*v.t.* membunuh beramai-ramai secara kejam. 大规模屠杀。

**massage** *n.* urut; picit. 按摩；推拿。—*v.t.* mengurut; memicit; (dengan tepung beras) mengalin; (dengan ubat) melurut. 按摩；推拿；(用米粉団)揉擦或按摩身体；(用药物)推拿。

**masseur** *n.* tukang urut atau picit (lelaki). 男按摩师。**masseuse** *n.fem.* tukang urut (perempuan). 女按摩师。

**massif** *n.* masif; puncak-puncak gunung yang berpusat sebagai kelompok. 山岳；丛山。

**massive** *a.* besar; besar-besaran; raksasa. 大的；大规模的；大块的。**massively** *adv.* perihal besar-besaran. 大规模地。

**massiveness** *n.* keadaan besar-besaran; sifat besar. (事物的)规模；形状；大量。

**mast**[1] *n.* tiang (bendera); tiang layar. 旗杆；船桅。

**mast**[2] *n.* buah pokok birch, oak atau berangan untuk makanan babi. 橡树、栗树等的果实。

**mastectomy** *n.* mastektomi; pembedahan buah dada. 乳房切除术。

**master** *n.* guru; tuan; tuan rumah; tuan pemilik yang empunya (sesuatu); nakhoda; juragan; kapten kapal; orang yang ahli dalam sesuatu kemahiran; pelukis agung; naskhah asal; (panggilan) tuan kecil; induk atau kepala. 教师；雇主；物主；船主；能手；名画家；原版；少爷（对少年的敬称）；主管。 —*v.t.* menguasai; mendapatkan (kemahiran dalam sesuatu jurusan); mengalahkan; menakluki. 征服；掌握（某技能）；精通；制服；统治。 **~-key** *n.* kunci induk. 万能钥匙。 **~-mind** *n.* dalang atau perancang dalam sesuatu komplot. 主脑；智囊；主谋。 —*v.t.* merancang dan mengarahkan; mendalangi. 策划（阴谋等）；幕后操纵（计划等）。 **Master of Arts** Sarjana Sastera. 文学硕士。 **~-stroke** *n.* tindakan yang bijak. 绝招；高招。

**masterful** *a.* bagus atau cantik sekali; keras kepala; suka memerintah; suka menunjukkan kuasa. 精湛的；名家的；专横的；好支配人的；爱摆主人架子的。

**masterfully** *adv.* perihal menguasai. 专横地。

**masterly** *a.* (yang) bagus; baik sekali; (yang) mengagumkan. 精巧的；令人惊叹的。 **masterliness** *adv.* perihal mengagumkan. 令人惊叹地。

**mastermind** *n.* perancang; dalang. 主脑；主使者；主谋。 —*v.t.* merancang dan mengarah. 策划（整个事情）。

**masterpiece** *n.* karya besar atau agung; sesuatu yang sangat indah atau cantik. 杰作；名著。

**mastery** *n.* penguasaan penuh; kemahiran; keahlian; kepandaian; kemenangan penuh. 控制；操纵；熟练；精通；占上风。

**masticate** *v.t.* mengunyah; memamah; memepak. 咀嚼；素炼（即把橡胶揉成浆状）；嚼碎；磨碎。 **mastication** *n.* pengunyahan; pemamahan. 咀嚼作用。

**mastiff** *n.* anjing besar dan garang. 獒（一种凶猛的大驯犬）。

**mastoid** *n.* tulang karang; mastoid. （耳后的）乳突。

**masturbate** *v.t./i.* merancap; melancap. 手淫。 **masturbation** *n.* pelancapan. 手淫。

**mat** *n.* tikar; hamparan; lapik. 席子；垫子。 —*v.t./i.* (p.t *matted*) kusut; mengusutkan. 铺席子。

**matador** *n.* matador; juara beradu dengan lembu jantan. 斗牛士。

**match**[1] *n.* mancis api; korek api. 火柴。

**match**[2] *n.* pertandingan; perlawanan; jodoh; pasangan; sesuatu yang cocok atau sesuai. 比赛；对垒；配偶；对象；相衬的事物。 —*v.t./i.* menandingi; melawan; menjodohkan; menjadi pasangan; menyesuaikan. 较量；对抗；嫁；娶；相适合。

**matchboard** *n.* petak-petak papan yang secocok serta sama bentuk dan rupanya. （一边有槽，另一边有榫可互相嵌合的）企口板。

**matchbox** *n.* kotak mancis api. 火柴盒。

**matchless** *a.* tiada tandingan; tiada tolok bandingnya; tidak terlawan. 无对手的；无比的；无敌的。

**matchmaking** *n.* merisik-risik; menemukan jodoh. 做媒。 **matchmaker** *n.* orang yang suka mencarikan pasangan untuk orang lain. 媒人。

**matchstick** *n.* batang mancis. 火柴杆。

**matchwood** *n.* kayu lembut yang mudah menyerpih; serpihan kayu. 做火柴杆的木料。

**mate**[1] *n.* rakan; teman; kawan; pasangan; jodoh. 朋友；伙伴；配偶；配对物。 —*v.t./i.* berkawan; berpasangan; menjodohkan; mengahwinkan. 结为伙伴；使配对；使成配偶。

**mate**[2] *n.* (permainan catur) mat. （象棋）将死（对手的王）。

**material** *n.* bahan; kain; fabrik; (undang-undang) matan. 材料；原料；织物；对

定案有决定性影响的资料。 —*a.* berkenaan bahan atau jirim; kebendaan; material; duniawi; penting. 质料的；物质的；追求实利的；世俗的。 **materially** *adv.* secara material atau kebendaan. 实质上；物质上。

**materialism** *n.* materialisme; faham kebendaan. 唯物主义；实利主义。 **materialist** *n.* penganut materialisme; materialis; orang yang mementingkan kebendaan. 唯物主义者；实利主义者。 **materialistic** *a.* bersikap kebendaan; materialistik. 唯物主义的；实利主义的。

**materialize** *v.i.* menjadi; berhasil; mewujudkan; melaksanakan. 实现；成为现实；具体化。 **materialization** *n.* pewujudan; penghasilan. 实现；具体化。

**maternal** *a.* ibu; keibuan; bersaudara sebelah ibu. 母亲的；母亲般的；母系的。 **maternally** *adv.* secara keibuan. 象母亲地；母性地。

**maternity** *n.* ibu; keibuan; (*attrib.*) perempuan yang mengandung atau bersalin. 母亲；母性；孕妇。

**matey** *a.* (*colloq.*) ramah; mesra. 友好的；易接近的。

**mathematician** *n.* ahli matematik. 数学家。

**mathematics** *n. & n.pl.* matematik; sains berkenaan angka; ilmu hisab. 数学。 **mathematical** *a.* berkenaan matematik. 数学上的。 **mathematically** *adv.* secara matematik. 数学上。

**maths** *n. & n.pl.* (*colloq.*) matematik. 数学。

**matinée** *n.* pertunjukan selepas tengah hari; tayangan siang hari. （午后演出）日戏；日场。 **~coat** jaket bayi. 婴儿的短外套。

**matins** *n.* upacara sembahyang penganut Gereja England pada pagi hari. （英国国教的）晨祷。

**matriarch** *n.* matriark; perempuan yang mengetuai keluarga. 女家长；女族长。

**matriarchal** *a.* berkenaan perempuan ketua keluarga; kuasa ibu; saka. 女家长的；女族长的。

**matriarchy** *n.* martriaki. 母系氏族制；母权制。

**matricide** *n.* membunuh atau pembunuh ibu sendiri. 杀母（罪）；弑母。 **matricidal** *a.* matrisidal. 弑母的。

**matriculate** *v.t./i.* lulus matrikulasi; memasuki universiti atau pusat pengajian tinggi. 被录取入学；考上大专学院。

**matriculation** *n.* matrikulasi. 注册入学（尤指大专学院）。

**matrimony** *n.* perkahwinan. 婚姻；婚姻生活。 **matrimonial** *a.* berkenaan perkahwinan. 婚姻的。

**matrix** *n.* (pl. *matrices*) matriks. 母体；印刷字模；矩阵。

**matron** *n.* matron; ketua jururawat; wanita yang sudah berkahwin. （宿舍的）女舍监；护士长；已婚妇女。

**matronly** *a.* berkenaan atau seperti yang sesuai bagi wanita yang sudah berkahwin; keibu-ibuan; berumur. 主妇的；似主妇的。

**matt** *a.* malap; tidak berkilat. 暗淡的；无光泽的。

**matter** *n.* jirim; bahan; barang; benda; perkara; hal. 物质；材料；物品；事件；问题。 —*v.i.* terpenting. 要紧；重要。 **~-of-fact** *a.* sebenarnya; bersahaja. 事实上；其实。 **no ~** tidak apa; tidak penting. 没事儿；不要紧。 **what is the ~?** apa halnya? mengapa? 怎么啦？出了什么事？

**matting** *n.* tikar; hamparan; bahan untuk membuat tikar atau hamparan. 席子；地席；编席材料。

**mattock** *n.* cangkul. 鹤嘴锄。

**mattress** *n.* tilam. 床垫；褥垫。

**maturation** *n.* kematangan; masak; pematangan. 成熟；成熟阶段；成熟过程。

**mature** *a.* matang; masak; tua; sampai tempoh; dewasa. 成熟的；成年的；到

限期的。 —*v.t./i.* menjadi matang atau tua; mematangkan. 使成长；使成熟。

**maturity** *n.* kematangan; kedewasaan. 成熟；成熟期。

**maudlin** *a.* penangis; mudah menangis. 感情脆弱的；爱哭的。

**maul** *v.t.* mencederakan, membelasah; menumpaskan. 伤害；击打；严厉地抨击。

**maulstick** *n.* kayu penyangga tangan ketika melukis.（绘画时用来支撑的）支腕杖。

**maunder** *v.i.* mengomel; merungut; melahu. 闲荡；徘徊；唠叨。

**Maundy** *n.* ~ **money** pemberian wang perak sebagai sedekah pada Maundy Thursday.（天主教濯足节时分发的）救济金；英女王在濯足节日分发给穷人的救济金。~ **Thursday** hari Khamis sebelum Jumaat Easter (hari Jesus Christ disalibkan). 濯足节（即基督教复活节前的星期四）。

**mousoleum** *n.* mousoleum; makam raja. 陵墓。

**mauve** *a. & n.* ungu muda; merah senduduk. 淡紫色（的）。

**maverick** *n.* orang yang tidak hirau akan tradisi atau adat kebiasaan. 行为不合常规者；持异议者。

**maw** *n.* mulut, rahang atau perut binatang maging yang pelahap. 肉食动物的口腔、颌或胃。

**mawkish** *a.* mudah terharu; berasa hambar (menyebabkan muntah). 感情用事的；淡而无味的；令人作呕的。

**maxim** *n.* pepatah; peribahasa; bidalan; perumpamaan. 箴言；谚语；格言。

**maximize** *v.t.* memaksimumkan; menjadikan paling tinggi atau banyak. 尽量扩大。

**maximum** *a. & n.* (pl. -ima) maksimum. 最大限数（的）；极点（的）。

**May** *n.* Mei. 五月。~ **Day** Hari Pekerja Antarabangsa. 国际劳动节（即五月一日）。

**may**¹ *v.aux.* (p.t. *might*) boleh; mungkin. 可以；可能；也许。

**may**² *n.* sejenis bunga berwarna merah atau putih daripada tumbuhan yang berduri dan biasanya dijadikan pokok pagar. 山楂花（一种开红白花的有刺植物，通常当篱笆用）。

**maybe** *adv.* barangkali; kemungkinan; boleh jadi. 也许；可能。

**mayday** *n.* panggilan kecemasan (melalui radio atau udara); isyarat darurat kapal terbang.（飞机等发出的）求救讯号；（飞机的）紧急讯号。

**mayfly** *n.* serangga yang hidup seketika dalam musim bunga. 蜉蝣。

**mayhem** *n.* kacau-bilau; huru-hara. 极端混乱状态。

**mayonnaise** *n.* mayones; sejenis kuah untuk salad. 蛋黄酱（沙拉拌酱）。

**mayor** *n.* Datuk Bandar. 州长；市长。

**mayoress** *n.* Datuk Bandar wanita; isteri Datuk Bandar. 女州长；市长夫人。

**maypole** *n.* tiang berhias bunga untuk perayaan 1 Mei. 五朔节花柱。

**maze** *n.* lorong berliku-liku yang membingungkan; sesuatu yang membingungkan. 迷宫；迷惑；困惑。

**mazurka** *n.* tarian orang Poland.（波兰人的）玛祖卡舞。

**me** *pron.* saya; aku. 我。

**mead** *n.* wain madu; minuman keras yang dibuat daripada madu dan air. 蜂蜜酒。

**meadow** *n.* padang rumput. 大草场；草原。

**meadowsweet** *n.* sejenis pokok yang tumbuh di padang, berbau harum berwarna putih kuning. 笑靥花；麻叶绣球。

**meagre** *a.* sedikit; kecil. 不足的；贫乏的。

**meal**¹ *n.* waktu makan; hidangan. 进餐时间；膳食。

**meal**² *n.* tepung kasar.（谷类或豆类的）粗磨粉。

**mealy** *a.* bertepung. 粗粉状的。 **~mouthed** *a.* terlampau cermat menggunakan kata-kata supaya tidak menyinggung. 不直率的;油嘴滑舌的。

**mean**[1] *a.* (*-er, -est*) bermutu rendah (berkenaan barang); kedekut; bakhil; kikir (berkenaan orang). (事物)劣质的;(人)吝啬的;卑鄙的。 **meanly** *adv.* dengan kedekut; dengan bakhil; dengan kikir. 吝啬地。 **meanness** *n.* perihal kedekut; kebakhilan; kekikiran. 吝啬;卑鄙。

**mean**[2] *a. & n.* min; purata. 平均数(的);平均值(的)。 **~ time** sementara waktu. 那期间;其时。

**mean**[3] *v.t.* (p.t. **meant**) bermaksud; bermakna; bererti. 含⋯之意;意谓。

**meander** *v.i.* berkelok-kelok. 蜿蜒而行。 —*n.* kekelokan. 曲折;弯曲。

**meaning** *n.* maksud; makna; erti. 意义;意思。 —*a.* yang bermaksud. 含有某意义的。 **meaningful** *a.* yang bermakna; yang bererti. 有意义的;有意思的。 **meaningless** *a.* tidak bermakna; tidak bererti. 毫无意义的;无聊的。

**means** *n.* jalan; cara. 方法;手段。 —*n.pl.* daya upaya. 千方百计。 **by all ~** tentu sekali. 必定;当然。 **by no ~** tidak sama sekali. 决不;一点也不。 **~ test** siasatan rasmi sebelum diberikan sebarang bantuan. (给予资助前进行的)实况调查。

**meant** *lihat* **mean**[3]. 见 **mean**[3]。

**meantime** *adv.* sementara waktu. 期间;其时;在那当儿。

**meanwhile** *adv.* sementara itu; pada waktu yang sama. 其时;在那当儿。

**measles** *n.* campak; sejenis penyakit. 麻疹。

**measly** *a.* (*sl.*) sedikit; kecil; tidak penting. 微不足道的;没价值的;没用的。

**measurable** *a.* tersukat; boleh (dapat) disukat; boleh (dapat) diukur. 可测量的;可量的。

**measure** *n.* ukuran; sukatan; pengukur; takaran (alat); tindakan; jalan; langkah (undang-undang). 量度;容量单位;测量;量具;措施;策略;议案;法令。 —*v.t./i.* mengukur; menyukat. 测量。 **~ one's length** jatuh tertiarap. 扑跌。 **~ up to** mencapai taraf yang dikehendaki. 达到标准;符合要求。

**measured** *a.* dengan rentak yang perlahan dan teratur (berkenaan muzik); dipertimbangkan (berkenaan sesuatu tindakan atau keputusan). 有节奏的;(行动、决策等)经仔细考虑的。

**measurement** *n.* ukuran; sukatan. 大小;尺度;衡量标准。

**meat** *n.* daging (tidak termasuk ikan dan binatang ternakan). (不包括鱼及家禽的)肉。

**meaty** *a.* (*-ier, -iest*) seperti daging; berdaging; berisi (berkenaan sesuatu isu). 似肉的;多肉的;(事物)内容丰富的。

**mechanic** *n.* mekanik. 机工;技工。

**mechanical** *a.* mekanik; mekanikal; secara tidak sedar (berkenaan sesuatu tindakan). 机械的;技工的;(行动)机械似的。

**mechanically** *adv.* secara mekanik. 机械似地。

**mechanics** *n.* ilmu mekanik. 力学;机械学。 —*n.pl.* mekanisme. 结构;构成法。

**mechanism** *n.* mekanisme; kejenteraan. (机械、故事等的)结构。

**mechanize** *v.t.* menjenterakan. 使⋯机械化。 **mechanized** *a.* yang lengkap dengan kereta perisai (berkenaan tentera). (装甲军装备)机械化的。 **mechanization** *n.* mekanisasi; penjenteraan. 机械化。

**medal** *n.* pingat. 奖章;徽章;奖牌。

**medallion** *n.* pingat besar; sejenis hiasan berbentuk seperti pingat. 大奖章;大徽章;(装饰品)奖牌状圆形浮雕。

**medallist** *n.* pemenang pingat. 得奖章者;奖牌得主。

**meddle** *v.i.* campur tangan. 插手;干涉。

**meddler** *n.* orang yang suka campur tangan. 好管闲事的人;干涉者。

**meddlesome** *a.* suka campur tangan. 好管闲事的。

**media** *lihat* **medium**. 见 **medium**。 —*n.pl.* **the mass ~** media massa. (报章、杂志、电视等) 大众传媒。

**mediaeval** *a. lihat* **medieval**. 见 **medieval**。

**medial** *a.* di tengah-tengah. 中间的；中部的。

**median** *a.* median. 中央的；中间的。 —*n.* median; penengah. 中央；中间。

**mediate** *v.t./i* menjadi pengantara. 调停；斡旋。 **mediation** *n.* pengantaraan. 调停；仲裁。 **mediator** *n.* pengantara. 调解人；斡旋者。

**medical** *a.* perubatan. 医药上的；医学的。 —*n.* (*colloq.*) rawatan doktor. 体格检查。 **medically** *adv.* secara perubatan. 医学上。

**medicament** *n.* ubat; penawar. 药物；药剂。

**medicate** *v.t.* mengubat. (用药物) 治疗。 **medication** *n.* ubat; pengubatan. 药物；药物治疗。

**medicinal** *a.* berubat; dapat menyembuhkan. 医疗的；治病的。 **medicinally** *adv.* secara perubatan. 医药上。

**medicine** *n.* ilmu perubatan; ubat. 医学；医科；药。 **~-man** *n.* pawang; bomoh; dukun. 巫医；土医。

**medieval** *a.* abad pertengahan. 中古的；中世纪的。

**mediocre** *a.* sederhana; bermutu rendah. 中等的；平庸的。 **mediocrity** *n.* kesederhanaan; perihal tidak bermutu sangat. 平庸；平凡。

**meditate** *v.t.* berfikir dalam-dalam. 冥想；默想。 **meditation** *n.* renungan; meditasi. 冥想；默想。

**meditative** *a.* berfikir. 冥想的；默想的。 **meditatively** *adv.* dengan berfikir. 冥想地；默想地。

**Mediterranean** *a. & n.* Mediterranean. 地中海 (的)。

**medium** *n.* (pl. *media*) sederhana; sedang; perantaraan; (pl. *mediums*) bomoh (untuk berhubung dengan alam ghaib). 中庸；适中；媒介物；女巫。

**medlar** *n.* sejenis pokok yang buahnya seakan-akan epal. 山楂树。

**medley** *n.* (pl. *-eys*) berbagai-bagai; aneka lagu. 大杂烩；集成曲。

**medulla** *n.* tulang sumsum. 骨髓。 **medullary** *a.* berkenaan tulang sumsum. 骨髓的。

**meek** *a.* (*-er, -est*) menurut kata; tidak melawan; sabar. 听话的；顺从的；逆来顺受的。 **meekly** *adv.* dengan tidak melawan; dengan sabar. 顺从地；逆来顺受地。 **meekness** *n.* kepatuhan; kesabaran. 顺从；逆来顺受。

**meerschaum** *n.* sejenis paip. 一种用海泡石制成的烟斗。

**meet**[1] *a.* (*old use*) elok; sesuai. 适合的；适当的。

**meet**[2] *v.t./i.* (p.t. *met*) berjumpa; bertemu. 遇见；相逢。 —*n.* perjumpaan; pertemuan. 相遇；集合。

**meeting** *n.* perjumpaan; pertemuan; mesyuarat. 会议。 **~-place** *n.* tempat perjumpaan, pertemuan atau mesyuarat. 会议处。

**mega-** *pref.* mega. (前缀) 表示"兆 (即 $10^6$)；巨大的"。

**megabyte** *n.* megabait; satu juta bait sebagai seunit storan komputer. 兆字节 (量度信息单位)。

**megahertz** *n.* megahertz. 兆赫 (频率单位)。

**megalith** *n.* megalit; seketul batu yang besar sebagai monumen tinggalan prasejarah. (史前建筑遗存的) 巨石碑。

**megalithic** *a.* daripada megalit. 巨石建造的。

**megalomania** *n.* megalomania. 夸大狂；妄自尊大。

**megaphone** *n.* megafon. 扩音器；传声筒。

**megaton** *n.* megaton. 兆吨 (原子武器爆炸力计算单位)。

**melamine** *n.* melamina. 三聚氰胺。

**melancholia** *n.* melankolia; sakit menung; hiba; sayu. 忧郁症。 **melancholic** *a.* melankolik; menung; hiba. 忧郁症的；容易忧郁的。

**melancholy** *n.* kemenungan; kesayuan. 忧郁；沮丧。 —*a.* murung; sayu; melankolik. 忧郁的；沮丧的。

**mêlée** *n.* huru-hara; kacau-bilau. 混战；互殴。

**mellow** *a.* (*-er, -est*) masak (berkenaan buah); lembut (berkenaan warna); murah hati (berkenaan orang). (水果)熟的；(颜色)柔和的；老练的。 —*v.t./i.* menjadi masak; menjadi lembut. (水果)变熟；(颜色)变得柔和。 **mellowly** *adv.* secara lembut. 柔和地。 **mellowness** *n.* kelembutan. 柔和。

**melodic** *a.* bermelodi. 有旋律的；音调优美的。

**melodious** *a.* merdu. 悦耳的。

**melodrama** *n.* melodrama. 情节剧；戏剧性的事件。 **melodramatic** *a.* melodramatik. 情节剧作风的；戏剧似的。 **melodramatically** *adv.* secara melodramatik. 戏剧似地；感情夸张地。

**melody** *n.* melodi. 旋律；曲调。

**melon** *n.* tembikai; semangka. 西瓜。

**melt** *v.t./i.* cair; menjadi lembut (berkenaan perasaan); hilang (berkenaan muzik, dsb.). 溶解；(感受、情绪)软化下来。

**member** *n.* ahli; anggota. 会员；成员。 **Member of Parliament** Ahli (Anggota) Parlimen. 国会议员。 **membership** *n.* keahlian; keanggotaan. 会员籍；会员人数。

**membrane** *n.* membran. (动植物的)膜；膈膜；横膈膜。

**memento** *n.* (pl. *-oes*) tanda ingatan; tanda kenangan. 纪念品；令人回忆的事物。

**memo** *n.* (pl. *-os*) (*colloq.*) memo. 备忘录。

**memoir** *n.* riwayat hidup; memoir. 传记；回忆录。

**memorable** *a.* dapat diingat; dapat dikenangkan. 值得纪念的；难忘的。

**memorandum** *n.* (pl. *-da*) memorandum. 备忘录。

**memorial** *n.* memorial; tanda peringatan. 纪念物；纪念品。 —*a.* sebagai memorial. 纪念的；记忆的。

**memorize** *v.t.* menghafal; mengingatkan (rupa, tempat, dsb.). 记下；记住；熟记(事物的外貌、地方等)。

**memory** *n.* ingatan; memori. 记忆；记忆力。 **from ~** hanya daripada ingatan sahaja, bukan daripada sebarang catatan. 凭记忆。 **in ~ of** sebagai memperingati. 纪念(某人或事物)；怀念。

**memsahib** *n.* wanita Eropah (di India). 太太(印度人对当地已婚欧籍妇女的尊称)。

**men** *lihat* **man**. 见 **man**。

**menace** *n.* ancaman; bahaya. 威胁；危险。 —*v.t.* mengancam; membahayakan. 恐吓；威胁。 **menacingly** *adv.* dengan mengancam; dengan membahayakan. 威胁地；恐吓着。

**ménage** *n.* isi rumah. 家务(管理)；家政。

**menagerie** *n.* koleksi binatang aneh untuk dipamerkan. 供展览的一群动物。

**mend** *v.t./i.* membaiki; menampal (pada kain). 纠正；改善；缝补(衣物)。 —*n.* tampalan. 缝补部分。 **on the ~** hampir sembuh. 康复中；修理。 **mender** *n.* tukang memperbaiki. 修理者；修补者。

**mendacious** *a.* dusta; bohong. 虚假的；捏造的。 **mendaciously** *adv.* secara dusta; secara bohong. 虚假地；捏造地。

**mendacity** *n.* kebohongan; kedustaan. 虚假；捏造；谎话。

**mendicant** *a.* pengemis. 行乞的；乞食的。 —*n.* peminta sedekah. 乞丐；托钵僧。

**menfolk** *n.* kaum lelaki; orang lelaki. (家里的)男人们。

**menhir** *n.* menhir; batu yang didirikan pada zaman prasejarah. (考古学中属史前遗物的)巨石。

**menial** *a.* rendah; sesuai dibuat oleh buruh. 仆人做的；适合仆人做的。—*n.* (*derog.*) hamba; buruh kasar. 奴仆；奴婢。

**meningitis** *n.* meningitis. 脑膜炎。

**meniscus** *n.* meniskus; permukaan cembung cecair; lensa cembung dan cekung. (管、盛器内)液体的凸表面；凹凸透镜。

**menopause** *n.* menopaus; putus haid. 停经；绝经期。**menopausal** *a.* berkenaan menopaus. 停经的。

**menorah** *n.* tempat meletak lilin yang mempunyai tujuh jejari yang digunakan dalam upacara pemujaan oleh orang Yahudi. (犹太教祈祷礼中所用的)七分枝烛台。

**menstrual** *a.* berkenaan haid. 月经的。

**menstruate** *v.i.* keluar haid; datang haid. 行经；来月经。**menstruation** *n.* haid. 月经；月经期间。

**mensurable** *a.* dapat diukur. 可测量的。

**mensuration** *n.* peraturan pengukuran. 测量；测量法。

**mental** *a.* mental; (*colloq.*) gila. 精神上的；心智的；精神病的。**~ deficiency** kelemahan mental. 精神发育不全；智力缺陷。**~ home** atau **hospital** hospital sakit otak. 精神病院。**mentally** *adv.* secara berfikir; secara mental. 精神上；心智上。

**mentality** *n.* mentaliti; cara berfikir. 脑力；智力；思想。

**menthol** *n.* mentol. 薄荷醇；薄荷脑。

**mentholated** *a.* bermentol. 薄荷醇的。

**mention** *v.t.* menyebut; tersebut. 提到；说起。—*n.* sebutan. 提到；提述。

**mentor** *n.* penasihat. 顾问；辅导者。

**menu** *n.* (pl. -*us*) menu. 菜单；菜谱。

**mercantile** *a.* merkantil; yang berkenaan dengan perdagangan atau perniagaan. 商业的；贸易的。

**mercenary** *a.* mata duitan. 图利的。—*n.* askar upahan. 外国雇佣兵。

**merchandise** *n.* barang niaga; dagangan. 商品；货品。—*v.t./i.* berdagang. 从商。

**merchant** *n.* pedagang; saudagar ; (*sl.*) seseorang yang suka akan sesuatu aktiviti. 商人；贸易商；狂热者。**~ bank** bank saudagar. 证券银行；商业银行。**~ navy** marin dagang. 一国商船及船员的总称。**~ ship** kapal dagang. 商船。

**merciful** *a.* bersifat belas kasihan; yang melegakan (berkenaan ubat). 仁慈的；良好的；(药)见效的。

**mercifully** *adv.* bersifat belas kasihan; (*colloq.*) nasib baik; mujur. 仁慈地；宽恕地；幸好；幸亏。

**merciless** *a.* kejam. 残忍的；冷酷无情的。**mercilessly** *adv.* dengan kejam. 残忍地；冷酷无情地。

**mercurial** *a.* berkenaan merkuri; mudah berubah. 含水银的；多变的。

**mercury** *n.* raksa; merkuri. 水银；汞。**mercuric** *a.* merkurik. 水银的；汞的。

**mercy** *n.* ampun; belas kasihan. 宽恕；仁慈；恩惠。

**mere**[1] *a.* hanya; kecil. 单单的；只不过。**merest** *a.* paling kecil. 最微小的。**merely** *adv.* hanya. 仅；只。

**mere**[2] *n.* tasik. 池沼。

**merganser** *n.* angsa atau itik yang suka menyelam. 秋沙鸭。

**merge** *v.t./i.* bersatu; bercantum. 吞没；合并。

**merger** *n.* penyatuan; percantuman. 并吞；(企业等的)合并。

**meridian** *n.* meridian. 子午线；经线。

**meringue** *n.* kuih yang dibuat daripada buih putih telur dan gula. 蛋白甜饼。

**merino** *n.* (pl. -*os*) kambing biri-biri merino. (西班牙的)美利奴绵羊。

**merit** *n.* kebaikan; kebaktian; kecemerlangan; merit. 优点；长处；功劳。—*v.t.* (p.t. *merited*) patut diberi. 应受(奖励)；值得。

**meritocracy** *n.* meritokrasi; kerajaan yang terdiri daripada orang yang dipilih kerana kebaktian atau kecemerlangan mereka. 能人统治；凭功绩而当选的人。

**meritorious** *a.* yang patut mendapat kepujian; yang patut diberi kepujian. 有功劳的；应受称赞的。

**mermaid** *n.*, **merman** *n.* (pl. *-men*) ikan duyung. 美人鱼。

**merry** *a.* (*-ier*, *-iest*) ria; riang. 快乐的；欢乐的。**make ~** bergembira; beriang ria. 作乐。**~-go-round** *n.* mesin putaran yang dinaiki untuk bersenang-senang. (游乐场内的)旋转木马。**~-making** *n.* pesta ria. 狂欢(庆祝)；作乐。**merriment** *n.* keriangan; kegembiraan. 欢乐。

**mescaline** *n.* meskalina; dadah halusinogenik terdapat di dalam kaktus. 仙人球毒碱(一种迷幻剂)。

**mesembryanthemum** *n.* sejenis tumbuhan rendah yang berbunga seperti daisi. 松叶菊。

**mesh** *n.* mata jala; sirat; jaringan. 网眼；网状物。—*v.i.* berpanca; secocok. 用网捕捉；互相协调。

**mesmerize** *v.t.* memukau. (用催眠术)迷惑；向⋯施行催眠术。

**mesolithic** *a.* mesolitik; zaman antara Zaman Batu Lama dengan Zaman Batu Baharu. 中石器时代的。

**meson** *n.* meson; partikel berjisim pertengahan antara proton dengan elektron. 介子(介于电子和核子之间的基本粒子)。

**mess** *n.* keadaan kotor; keadaan huru-hara; kotoran (berkenaan benda); dewan makan. 混乱；污秽；杂乱；(军中)伙食团；膳厅。—*v.t./i.* mengotori; makan beramai-ramai. 弄脏；集体用膳。**make a ~ of** merosakkan; menggagalkan. 弄糟；搞乱(大局)。**~ with** membegabega. 惹；干预。

**message** *n.* mesej; amanat; berita; warta; utusan; ajaran. 讯息；消息；通报；任务；教训。

**messenger** *n.* utusan. 使者；邮递员。

**messrs** *lihat* **Mr**. 见 **Mr**。

**Messiah** *n.* penyelamat yang dinantikan oleh orang Yahudi; Jesus Christ (mengikut agama Kristian). 基督；犹太人的救世主。**Messianic** *a.* perihal Jesus. 救世主的。

**messy** *a.* (*-ier*, *-iest*) kotor. 肮脏的；杂乱的。**messily** *adv.* dengan kotornya. 杂乱无章地。**messiness** *n.* keadaan kotor. (情况、局面等的)凌乱；杂乱。

**met** *lihat* **meet**². 见 **meet**²。

**metabolism** *n.* metabolisme. 新陈代谢。

**metabolize** *v.t.* memetabolismekan; memproses (makanan) semasa metabolisme. 使(食物等)发生代谢作用。

**metal** *n.* logam. 金属。—*a.* diperbuat daripada logam. 金属制的。**metalled** *a.* (*lihat* **road**.) berlapis batu kerikil. (见 **road**。)(道路)用碎石铺成的。

**metallic** *a.* berlogam. 金属的；金属性的。

**metallurgy** *n.* kaji logam; metalurgi. 冶金；冶金学。**metallurgical** *a.* kaji logam; metalurgi. 冶金的。**metallurgist** *n.* ahli kaji logam; ahli metalurgi. 冶金学家。

**metamorphose** *v.t./i.* memetamorfosis; bertukar; berubah. 变形；变质；变态(尤指自然界事物之变化发展)。

**metamorphosis** *n.* (pl. *-phoses*) metamorfosis. 变态；变形。

**metaphor** *n.* metafora; ibarat; kiasan. 比喻；暗喻；隐喻。**metaphorical** *a.* bersifat metafora, ibarat atau kiasan. 隐喻的；比喻性的。**metaphorically** *adv.* secara metafora; secara kiasan. 用比喻；用隐喻。

**metaphysics** *n.* metafizik. 玄学；形而上学。**metaphysical** *a.* metafizikal. 玄学的；根据抽象推理的。

**mete** *v.t.* **~ out** memberi ganjaran atau balasan. 施行奖赏或处罚。

**meteor** *n.* meteor; tahi bintang. 流星；陨星。

**meteoric** *a.* cepat dan berkilau; cemerlang. 迅速的;(流星般)一闪而过的。

**meteorite** *n.* meteorit. 陨星;陨石。

**meteorology** *n.* meteorologi; kaji cuaca. 气象学;气象研究。**meteorological** *a.* berkenaan meteorologi atau kaji cuaca. 气象的;气象学的。**meteorologist** *n.* ahli meteorologi; ahli kaji cuaca. 气象学家。

**meter**[1] *n.* meter (alat). 计;表;计量器。 —*v.t.* mengukur dengan meter. (用测量仪表)测量。

**meter**[2] *n.* meter (unit ukuran). 米;公尺 (长度单位)。

**methane** *n.* metana (sejenis gas). 甲烷;沼气。

**methinks** *n.* (*old use*) saya atau hamba fikir. 我想;据我看来。

**method** *n.* cara; kaedah; prosedur. 方法;策略。

**methodical** *a.* tersusun. 有条理的;有规律的。**methodically** *adv.* secara tersusun. 有规律地。

**Methodist** *n.* Methodist. 卫理公会教徒。**Methodism** *n.* Methodisme. 卫理公会。

**meths** *n.* (*colloq.*) spirit bermetil. 甲基化酒精。

**methylated** *a.* ~ **spirit** spirit bermetil. 含甲醇酒精的。

**meticulous** *a.* cermat; hati-hati; teliti. 极注意细节的;仔细的;小心翼翼的。 **meticulously** *adv.* dengan cermat; dengan hati-hati; dengan teliti. 仔细地;小心翼翼地。**meticulousness** *n.* ketelitian; kecermatan. 明察秋毫;仔细。

**metonymy** *n.* kata nama ganti yang mempunyai makna yang hampir sama dengan kata nama asal. (修辞)转喻;借代。

**metre** *n.* meter; metre (rima dalam sajak). 米;公尺(长度单位);诗歌的韵律。

**metric** *a.* metrik. 米制的;公制的。 ~ **system** sistem metrik. 米制;公制。

**metrical** *a.* metrikal (berkenaan muzik). 韵律的。

**metricate** *v.t.* menukarkan ke unit metrik. 把(非公制计量单位)换算成公制;把⋯公制化。**metrication** *n.* pemetrikan; pertukaran kepada sistem metrik. 公制化。

**metronome** *n.* metronom; sejenis alat untuk menentukan tempo semasa berlatih muzik. 节拍器(一种利用摆杆计算乐曲速度之器具)。

**metropolis** *n.* metropolis; kota raya; ibu kota. 大都会;大城市。

**metropolitan** *a.* metropolitan. 都市的;大都会的。

**mettle** *n.* keberanian; kehandalan. 勇气;才能。**on one's** ~ mengerahkan segenap tenaga; cekal. 奋发;准备尽最大努力。

**mettlesome** *a.* bersemangat; berani. 精神抖擞的;有勇气的。

**mew** *n.* bunyi kucing. 猫叫声。—*v.i.* kucing berbunyi. (猫)妙妙地叫。

**mews** *n.* rumah atau garaj yang asalnya kandang kuda. 由马厩改建而成的住房或汽车房。

**mezzanine** *n.* mezanin. (建于一楼与二楼之间的)中楼;夹层。

**mezzo-soprano** *n.* (pl. *-os*) mezzo-soprano; penyanyi yang bersuara rendah daripada soprano. 女中音。

**mezzotint** *n.* mezotin (sejenis ukiran). 镂刻凹板;镂刻凹板印刷术。

**mg** *abbr.* miligram. (缩写)毫克。

**MHz** *abbr.* megahertz. (缩写)兆赫。

**miaow** *n.*& *v.i. lihat* **mew**. 见 **mew**。

**miasma** *n.* udara busuk. (腐烂有机物发出的)臭气,尤指瘴气。

**mica** *n.* mika. 云母。

**mice** *lihat* **mouse**. 见 **mouse**。

**Michaelmas** *n.* upacara St. Michael (29 September). 米迦勒节(9月29日)。

**mickey** *n.* **take the** ~ **out of** (*sl.*) mengusik. 灭(某人的)气焰;杀(某人的)威风。

**micro-** *pref.* mikro-. (前缀)表示"微小的";微-。

**microbe** *n.* mikrob. 微生物；（尤指引起疾病的）细菌。

**microbiology** *n.* mikrobiologi; kajian tentang mikroorganisma. 微生物学。

**microchip** *n.* mikrocip. 微晶片；集成电路。

**microcomputer** *n.* mikrokomputer; komputer yang pemproses utamanya mengandungi mikrocip. 微型电脑。

**microcosm** *n.* mikrokosme. 微观世界；小宇宙。

**microfiche** *n.* (pl. -fiche) mikrofis. 缩微胶片。

**microfilm** *n.* mikrofilem. （用以保存书籍、文件等的）缩微胶卷。—*v.t.* memikrofilemkan. 用摄微法摄制。

**microlight** *n.* sejenis peluncur udara yang bermotor. 微型飞机。

**micrometer** *n.* mikrometer; alat mengukur panjang atau sudut. 测微计；千分尺测距器。

**micron** *n.* mikron; satu per sejuta meter. 微米；百万分之一米（长度单位）。

**micro-organism** *n.* mikroorganisma. 微生物。

**microphone** *n.* mikrofon. 麦克风；话筒；传声器。

**microprocessor** *n.* mikropemproses. 微处理机。

**microscope** *n.* mikroskop. 显微镜。

**microscopic** *a.* mikroskopik. （象）显微镜的；用显微镜看的。

**microsurgery** *n.* mikrosurgeri; mikropembedahan; pembedahan menggunakan mikroskop. 显微外科；显微手术。

**microwave** *n.* mikrogelombang. 微波；超短波。

**mid** *a.* tengah. 中间的；中部的；中央的。

**midday** *n.* tengah hari. 正午；中午。

**midden** *n.* timbunan sampah. 垃圾堆。

**middle** *a.* di tengah. 在中间的。—*n.* pertengahan. 中间；中部。**in the ~ of** sedang; tengah. 在⋯当中；~**-aged** *a.* pertengahan umur. 中年的。**Middle Ages** Zaman Pertengahan, lebih kurang tahun 1000–1400. 中古时代（约西元1000-1400年）。 ~ **class** kelas pertengahan. 中层阶级。**Middle East** Timur Tengah. 中东。

**middleman** *n.* (pl. -men) orang tengah (dalam urus niaga). （商场）中间人。

**middleweight** *n.* kelas pertengahan (berkenaan tinju). 中量级拳击赛。

**middling** *a.* sederhana. 中等的；普通的。

**midge** *n.* sejenis agas. 摇蚊。

**midget** *n.* orang kenit; orang kerdil; orang katik; barang yang sangat kecil. 侏儒；发育不全的人；小矮人；极小的东西。—*a.* sangat kecil. 极小的。

**Midlands** *n.pl.* Midlands; daerah pertengahan di England. 中部地区；英国中部。**midland** *a.* berkenaan daerah pertengahan. 中部地区的。

**midnight** *n.* tengah malam. 午夜。

**midriff** *n.* midrif; bahagian atas tubuh, dari pinggang ke atas. 上腹部；膈。

**midshipman** *n.* (pl. -men) tentera laut berpangkat lebih rendah daripada leftenan muda. （海军）准少尉。

**midst** *n.* **in the ~ of** di tengah-tengah; di kalangan; dikelilingi oleh. 在⋯的中间；在⋯当中；在⋯之间。

**midsummer** *n.* pertengahan musim panas. 仲夏；盛夏。

**midway** *adv.* setengah jalan; separuh jalan; sekerat jalan. 在中途；在半途。

**midwife** *n.* (pl. -wives) bidan. 助产生；接生员；接生妇。

**midwifery** *n.* kerja-kerja perbidanan. 助产术；产科学。

**midwinter** *n.* pertengahan musim sejuk. 仲冬；冬至。

**mien** *n.* sifat; perangai; pembawaan; tabiat. 举止；仪表；态度。

**might**[1] *n.* kekuatan; kekuasaan. 势力；权力。**with ~ and main** dengan segala kekuatan. 尽全力；拼命。

**might²** *lihat* **may¹**. 见 **may¹**。 —*v.aux.* digunakan untuk meminta kebenaran. 可以（征求同意或许可时用）。

**mighty** *a.* (*-ier, -iest*) kuat; gagah; perkasa; agung. 强大的；刚毅的；巨大的；伟大的。

**mignonette** *n.* sejenis tumbuhan yang daunnya berbau harum. 木犀草。

**migraine** *n.* migrain; sakit kepala yang teruk. 偏头痛。

**migrant** *a. & n.* migran; orang perpindahan. 移居的；迁住的；移民；移居者。

**migrate** *v.i.* berpindah; berhijrah. 移居（尤指迁到海外者）；迁移；（鸟）迁栖。 **migration** *n.* pindahan penduduk; migrasi penduduk. （人）迁移；（鸟）迁栖；成群迁移的人或动物。 **migratory** *a.* migratori. 迁移的；移居的。

**mihrab** *n.* (Islam) mihrab; penunjuk kiblat salat. 伊斯兰教清真寺（回教堂）；面向麦加的壁龛。

**mike** *n.* (*colloq.*) mikrofon. 麦克风；扩音器。

**milch** *a.* ~ **cow** lembu tenusu; sumber wang (kiasan). 乳牛；（喻）摇钱树。

**mild** *a.* (*-er, -est*) halus; lembut; tidak keras (berkenaan rasa). 温和的；温柔的；（感觉）不强烈的。 **mildly** *adv.* secara halus. 温和地；柔和地。 **mildness** *n.* kehalusan; kelembutan. 温和；温柔。

**mildew** *n.* kulapuk. 霉；霉菌。 **mildewed** *a.* berkulapuk. 发霉的。

**mile** *n.* batu (unit jarak). 英里（英国距离单位）。 **nautical ~** batu nautika. 海里。

**mileage** *n.* perbatuan. 里数；里程。

**milestone** *n.* batu tanda jarak. 里程碑。

**milieu** *n.* (pl. *-eus*) milieu; keadaan sekeliling. 周围环境；社会环境。

**militant** *a. & n.* suka berperang (berkenaan orang). （人）好战的。 **militancy** *n.* ketenteraan. 好战；战斗性。

**militarism** *n.* faham ketenteraan; percaya pada sikap ketenteraan. 军国主义；黩武主义。

**military** *a.* tentera. 军事上的。

**militate** *v.i.* mempengaruhi. 起作用；发生影响。

**militia** *n.* tentera; askar. （英国的）国民军；国民兵。

**milk** *n.* susu. 牛奶。 —*v.t.* memerah susu; memerah (kiasan). aksar. 挤牛奶；（喻）不择手段地榨取或剥削他人的财物；勒索。 ~ **shake** susu kocak. 泡沫奶。 ~-**teeth** *n.pl.* gigi susu. 乳齿。 **milker** *n.* pemerah susu. 挤奶的人；挤奶器。

**milkmaid** *n.* (*old use*) gadis pemerah susu. 挤牛奶的少女。

**milkman** *n.* (pl. *-men*) penjual susu. 牛奶贩。

**milksop** *n.* pengecut; bacul. 懦夫；胆小鬼。

**milky** *a.* bersusu; berisi banyak susu. 牛乳的；多奶的。 **Milky Way** Bima Sakti. 银河。

**mill** *n.* pengisar (alat); kilang (bangunan). 磨粉机；磨粉厂；磨坊。 —*v.t./i.* mengilang; menggerigi (berkenaan logam). 碾磨；碾碎。 **miller** *n.* pengilang. 碾压（钢条等金属）。

**millennium** *n.* (pl. *-ums*) masa selama 1000 tahun; masa depan yang cerah untuk semua orang. 一千年；未来的太平盛世。

**millepede** *n.* cenubung; lentibang; mentibang. 马陆。

**millet** *n.* sekoi; milet; sejenis bijirin. 粟；黍。

**milli-** *pref.* mili-. （前缀）表示"千分之一"。

**milliard** *n.* seribu juta. 十万万；十亿。

**milliner** *n.* pembuat atau penjual topi wanita. 女帽制造商；女帽商。 **millinery** *n.* kerja-kerja membuat topi wanita. 女帽业。

**million** *n.* juta. 一百万。 **millionth** *a. & n.* kesejuta; satu persejuta. 第一百万个（的）；百万分之一（的）。

**millionaire** *n.* jutawan. 百万富翁；富豪。

**millstone** *n.* batu kisar; halangan (kiasan). 石磨；(喻)沉重的负担。

**milometer** *n.* milometer. (车辆等的)里程表。

**milt** *n.* milt; sperma ikan jantan. 雄鱼的精液。

**mimbar** *n.* mimbar dalam masjid. 清真寺(回教堂)的宣教坛。

**mime** *n.* lakonan bisu. 哑剧；哑剧表演。 —*v.t./i.* berlakon bisu. 演哑剧。

**mimic** *v.t.* (p.t. *mimicked*) memimik; meniru; mengajuk. 模拟；模仿；嘲弄。 —*n.* orang yang pandai memimik, meniru atau mengajuk. 善于模仿的人。

**mimicry** *n.* mimikri. 模仿；嘲笑。

**mimosa** *n.* mimosa; semalu. 含羞草。

**mina** *n.* tiung. 默剧；哑剧。

**minaret** *n.* menara. 清真寺(回教堂)的尖塔。

**minatory** *a.* mengancam. 恐吓性的。

**mince** *v.t./i.* mencencang; meracik; mengisar; berbicara atau berjalan dengan berhati-hati. 剁碎；切成薄片；碾磨；故作文雅地说话(或做事)；装腔作势。 —*n.* daging cencang. 肉末；肉碎。 **~ pie** sejenis pai. 肉馅饼。 **not to ~ matters** berterus terang. 直言不讳。

**mincemeat** *n.* campuran buah-buahan kering, gula, dll. untuk dibuat pai. (用干果、糖等混合而成的)百果馅。 **make ~ of** mengalahkan sama sekali. 彻底击败(敌人等)。

**mincer** *n.* pencencang (alat). 绞肉机。

**mind** *n.* fikiran; ingatan. 见解；智慧；记忆。 —*v.t./i.* mengawasi; menjaga; keberatan; mengingati. 注意；留心；担心；记住。

**minded** *a.* berkecenderungan atau berminat terhadap sesuatu. 有意志的；有(做某事)之决心的。

**minder** *n.* penjaga. 看管人(尤指负责看管幼儿、家畜或机器者)。

**mindful** *a.* yang mengambil berat tentang sesuatu. (对某事物)特别留意的。

**mindless** *a.* tidak berotak. 毫不注意(危险等)的；不用脑的。

**mine**[1] *a. & poss. pron.* hak saya; kepunyaan saya. 我的。

**mine**[2] *n.* lombong; periuk api. 矿场；地雷；水雷。 —*v.t./i.* melombong; memasang periuk api. 开矿；布雷。

**minefield** *n.* medan atau kawasan periuk api. 布雷区。

**miner** *n.* pelombong. 开矿者；矿工。

**mineral** *n.* mineral. 矿物质。 —*a.* berkenaan mineral. 矿物质的。 **~ water** air mineral. 矿泉水。

**mineralogy** *n.* mineralogi. 矿物学。 **mineralogist** *n.* ahli mineralogi. 矿物学家。

**minestrone** *n.* sejenis sup berasal dari Itali. (意大利的)浓菜汤。

**minesweeper** *n.* kapal penyapu periuk api. 扫雷舰；扫雷器。

**mineworker** *n.* pekerja lombong. 矿工(尤指在美国者)。

**mingle** *v.t./i.* bercampur; bergaul. 相混；混合。

**mingy** *a.* (*colloq.*) bakhil; kedekut. 吝啬的；小气的；卑鄙的。

**mini-** *pref.* mini. (前缀)表示"同类事物中的极小者"。

**miniature** *a.* mini; kenit. 小型的；小规模的；小种的。 —*n.* lukisan atau gambar yang sangat kecil. 微型画。

**miniaturize** *v.t.* menjadi kecil. 把…缩小。 **miniaturization** *n.* pengecilan. 缩小；微型化。

**minibus** *n.* bas mini. 小型巴士；小型公共汽车。

**minim** *n.* minim (not muzik). 半音符。

**minimal** *a.* minimum. 最少的；最低的。 **minimally** *adv.* secara minimum. 至少。

**minimize** *v.t.* meminimumkan. 缩小；把…减到最少或最小。

**minimum** *a. & n.* (pl. *-ima*) minimum. 最小(的)；极小值(的)。

**minion** *n.* (*derog.*) hamba. 走狗；奴才。

**minister** *n.* menteri; pendeta (dalam agama Kristian). 部长；(基督教的)牧师。 —*v.i.* **~ to** melayan. 照应(别人的需求)。

**ministerial** *a.* berkenaan dengan pendeta. 部长、牧师之职责的。

**ministry** *n.* kementerian; tugas paderi. (政府)部门;牧师的职务。

**mink** *n.* mink (sejenis binatang); kot bulu mink. 水貂;貂皮。

**minnow** *n.* sejenis ikan air tawar. 鳑鱼。

**Minoan** *a. & n.* Minoan (orang dari Zaman Gangsa di Pulau Crete). (古希腊克里特岛青铜器时代的)弥诺斯人;弥诺斯人(的)。

**minor** *a.* lebih kecil; minor (berkenaan muzik). (数量、程度等)较小的;小音阶的;小调的。—*n.* orang yang belum dewasa. 未成年者。

**minority** *n.* minoriti; keadaan belum dewasa. 少数;未成年。

**Minster** *n.* gelaran yang diberikan kepada gereja yang besar dan penting. (附于修道院的)大教堂。

**minstrel** *n.* penyanyi kembara. (中世纪的)吟游诗人。

**mint**[1] *n.* kilang wang; jumlah besar (berkenaan wang). 铸币厂;巨款。—*v.t.* mencetak wang. 铸造(货币)。**in ~ condition** kelihatan baru. 崭新的(书籍、邮票等);新造的。

**mint**[2] *n.* pudina. 薄荷。

**minuet** *n.* minuet (sejenis tarian). 小步舞(17世纪的一种舞蹈)。

**minus** *prep.* minus; (*colloq.*) tanpa. 减(去);少掉;无;缺少。—*a.* minus; kurang dari sifar. 负(数)的;零下的。

**minuscule** *a.* amat kecil. 微小的。

**minute**[1] *n.* minit (unit masa); (*pl.*) minit (berkenaan laporan). 分钟;议案。—*v.t.* membuat minit; meminitkan. 记录;记下。

**minute**[2] *a.* kumin; sangat kecil. 极小的;微小的。**minutely** *adv.* kecil-kecil; halus-halus. 微小地;详细地。

**minutiae** *n.pl.* perkara tetek-bengek. 细节;琐事。

**minx** *n.* gadis nakal. 顽皮而冒失的女孩子;轻浮女子。

**miracle** *n.* keajaiban; mukjizat. 奇迹。**miraculous** *a.* ajaib. 不可思议的;似奇迹的。**miraculously** *adv.* secara ajaib. 奇迹地。

**mirage** *n.* logamaya; fatamorgana. (沙漠中的)海市蜃楼。

**mire** *n.* paya; rawa. 沼地;沼泽。

**mirror** *n.* cermin. 镜子。—*v.t.* mencerminkan. 照镜子。

**mirth** *n.* kegembiraan; keriangan. 欢乐;高兴。**mirthful** *a.* gembira; riang. 欢乐的;高兴的。**mirthless** *a.* murung. 忧郁的;没有欢乐的。

**mis-** *pref.* salah. (前缀)表示"错;不当;坏"。

**misadventure** *n.* nasib malang; nahas. 不幸;灾祸。

**misanthrope** *n.* pembenci orang. 憎恶人类的人;愤世嫉俗者。

**misanthropy** *n.* hal benci orang. 憎恶人类;愤世嫉俗。**misanthropist** *n.* pembenci orang. 憎恶人类者;愤世嫉俗者。**misanthropic** *a.* bencikan orang. 憎恶人类的;愤世嫉俗的。

**misapprehend** *v.t.* salah faham. 误解。

**misapprehension** *n.* kesalahfahaman. 误解。

**misappropriate** *v.t.* menggelapkan wang; melesapkan wang. 盗用(他人的钱财);滥用(金钱)。**misappropriation** *n.* perihal menggelapkan wang; pelesapan. 盗用(钱财);滥用(金钱)。

**misbehave** *v.i.* berkelakuan buruk; berperangai buruk. 行为不当;做坏事。

**misbehaviour** *n.* kelakuan buruk. (行为)不规矩;品行不良。

**miscalculate** *v.t./i.* salah hitung. 误算。

**miscalculation** *n.* perihal salah hitung. 计算错误。

**miscall** *v.t.* memanggil dengan nama yang salah. (把某人)误称为…。

**miscarriage** *n.* keguguran. 流产。

**miscarry** *v.i.* gugur; gagal (berkenaan sesuatu rancangan). 小产;流产;(计划等)失败。

**miscellaneous** *a.* serbaneka; bermacam-macam. 各种各样混在一起的;混杂的。

**miscellany** *n.* campuran. 混合物。

**mischance** *n.* nasib malang. 厄运;不幸。

**mischief** *n.* kenakalan (berkenaan kanak-kanak); kerosakan; kerugian. 淘气;搞蛋;损害;伤害。

**mischievous** *a.* nakal. 顽皮的;恶作剧的。**mischievously** *adv.* dengan nakalnya. 恶作剧地。**mischievousness** *n.* kenakalan. 恶作剧的行为。

**misconception** *n.* salah konsep; salah faham. 误解;错误想法。

**misconduct** *n.* kelakuan buruk. 行为不检。

**misconstrue** *v.t.* salah mengerti. 误会(某人的言行等);误解。**misconstruction** *n.* perihal salah mengerti. 误会;误解。

**miscreant** *n.* orang jahat. 恶徒;无赖。

**misdeed** *n.* kejahatan. 不端行为;罪行。

**misdemeanour** *n.* perbuatan salah. 不端正的行为。

**miser** *n.* orang bakhil; orang kedekut. 吝啬鬼;守财奴。**miserly** *a.* bakhil; kedekut. 吝啬的;一毛不拔的。**miserliness** *n.* kebakhilan; perihal kedekut. 吝啬。

**miserable** *a.* sangat dukacita; amat menyedihkan; kurang baik (berkenaan mutu, dsb.). 令人难过的;可怜的;悲惨的;(品质等)粗劣的。**miserably** *adv.* dengan dukacita; dengan sedih. 可怜地;悲惨地。

**misericord** *n.* unjuran yang terdapat di bawah kerusi di tempat koir (di gereja). (教堂活动座板底面的) 凸出托板。

**misery** *n.* kesedihan; kesengsaraan; (*colloq.*) seseorang yang tidak berpuas hati atau yang tidak menyenangkan. 苦难;不幸;老发牢骚的人。

**misfire** *v.i.* tidak meletus (berkenaan tembakan); menjadi gagal (berkenaan sesuatu rancangan atau tindakan). (枪炮)不发火;(计划、行动等)达不到目的;失败。

**misfit** *n.* sesuatu yang tidak sesuai; orang yang tidak dapat menyesuaikan diri dengan pekerjaannya atau keadaan sekeliling. 不合身;不适合担当某职务或处于某地位的人。

**misfortune** *n.* nasib buruk; nasib malang. 不幸;恶运。

**misgive** *v.t.* (p.t. *-gave*, p.p. *-given*) berasa waswas. 使感到怀疑;使焦虑。

**misgiving** *n.* perasaan waswas; perasaan ragu-ragu. 怀疑;焦虑不安;担心。

**misguided** *a.* tertipu; terpedaya. 受误导。

**mishap** *n.* kemalangan; kecelakaan. 不幸的意外世故;灾难。

**misinform** *v.t.* memberi maklumat yang salah kepada seseorang. 误传;报错(消息)。**misinformation** *n.* maklumat salah. 误报;错误的消息。

**misinterpret** *v.t.* salah tafsir; salah faham. 误解;误译;曲解。**misinterpretation** *n.* perihal salah tafsir atau salah faham. 误解;误译;曲解。

**misjudge** *v.t.* salah anggap; salah duga. 看错;判断错误。**misjudgement** *n.* perihal salah anggap; salah duga. 估计错误。

**mislay** *v.t.* (p.t. *mislaid*) salah letak. 把(东西)误放他处;搁忘。

**mislead** *v.t.* (p.t. *misled*) salah mengerti; mengelirukan. 误导;使迷惑;使误解。

**mismanage** *v.t.* salah urus. 办错;管理不当。**mismanagement** *n.* salah urusan. 管理不善;处理不当。

**misnomer** *n.* salah nama. 误称;名不符实的称号。

**misogynist** *n.* pembenci perempuan. 憎恨女人的人。

**misplace** *v.t.* salah letak; salah menempatkan (kepercayaan, dsb.). 误置;误放;错误地把(信任、感情等)放在某人身上。

**misprint** *n.* salah cetak. 误印；印刷错误。

**misquote** *v.t.* salah sebut; salah memetik. 讲错；误用。 **misquotation** *n.* salah sebutan; salah petikan. 引述错误。

**misread** *v.t.* (p.t. *-read*) salah atau silap membaca. 看错；念错。

**misrepresent** *v.t.* memberikan gambaran yang salah; salah nyata. 曲解；传错；误述。 **misrepresentation** *n.* gambaran yang salah; perihal salah nyata. 不符事实的传达；诈称。

**misrule** *n.* pemerintahan yang salah atau teruk. 苛政；暴政。

**Miss** *n.* (pl. *Misses*) Cik; Nona. 小姐（对未婚或年轻女郎的称呼）。

**miss** *v.t./i.* tidak mengena (berkenaan sasaran); tidak nampak; tidak faham, dsb.; merindui (seseorang); melarikan diri (daripada sesuatu keadaan yang tidak menyenangkan); tidak hidup (berkenaan enjin). (目的物、靶等) 没打中；没看见；没听懂；没看懂；惦念 (某人)；故意逃避；(机器) 不发火。 —*n.* tidak mengenai sasaran. 打不中；失误。

**missal** *n.* buku yang mengandungi doa-doa untuk digunakan di gereja. 天主教的祈祷书。

**misshapen** *a.* cacat. 残废的；畸形的。

**missile** *n.* peluru berpandu. 导弹；飞弹。

**missing** *a.* hilang. 不见了的；失踪的。

**mission** *n.* misi; tugas; pusat para mubaligh. 使命；责任。

**missionary** *n.* mubaligh. 传教士。

**missive** *n.* surat; warkah; utusan. 公文；公函。

**misspell** *v.t.* (p.t. *misspelt*) salah eja. 拼写错误；误拼。

**misspend** *v.t.* (p.t. *misspent*) membazir. 浪费；误用；虚度。

**mist** *n.* kabus. 雾。 —*v.t./i.* diselimuti kabus. (被雾) 笼罩。

**mistake** *n.* kesilapan; kesalahan. 错误；过失。 —*v.t.* (p.t. *mistook*, p.p. *mistaken*) membuat silap atau salah. 犯错；弄错。

**mistaken** *a.* silap; salah. 看错了的；弄错了的。 **mistakenly** *adv.* tersilap; tersalah. 错误地。

**mistime** *v.t.* membuat atau mengatakan sesuatu tidak kena pada masanya. 做不合时宜的事。

**mistle-thrush** *n.* sejenis burung murai yang besar. 槲鸫鸟。

**mistletoe** *n.* sejenis dedalu. 槲寄生（一种常青植物）。

**mistral** *n.* angin mistral; angin sejuk dari utara atau barat laut di selatan Perancis. (法国南部) 干燥寒冷的西北或北风。

**mistress** *n.* wanita yang berkuasa; guru wanita; perempuan simpanan. 精明能干 (有控制权) 的妇女；女教师；情妇。

**mistrust** *v.t.* pecah amanah. 不信任；怀疑。 —*n.* perihal pecah amanah. 不信任；怀疑。 **mistrustful** *a.* yang pecah amanah. 不信任的；多疑的。

**misty** *a.* (*-ier*, *-iest*) berkabus. 有雾的；模糊的。 **mistily** *adv.* penuh dengan kabus. 雾似地；含糊不清地。 **mistiness** *n.* keadaan yang berkabus. (浓) 雾笼罩的情况。

**misunderstand** *v.t.* (p.t. *-stood*) salah faham; tidak mengerti. 误解；误会。 **misunderstanding** *n.* salah fahaman; perselisihan faham. 误解；误会。

**misuse**[1] *v.t.* menyalahgunakan. 误用；不正当地使用。

**misuse**[2] *n.* penyalahgunaan. 误用；滥用。

**mite** *n.* hama; anak kecil; sumbangan yang kecil; sedikit. 小虫；螨；小家伙 (尤指可怜的小孩子)；极少的钱。

**mitigate** *v.t.* melonggarkan; meringankan. 缓和；减轻。 **mitigation** *n.* pelonggaran; peringanan. 缓和；减轻。

**mitre** *n.* sejenis tutup kepala yang dipakai oleh biskop dan abbot. 主教冠；僧帽。

**mitt** *n.* sarung tangan. (仅拇指分开，四指连在一起的) 手套；两指手套。

**mitten** *n.* sejenis sarung tangan yang tidak menutupi hujung jari. 两指手套;(仅套住掌心和手背的)露指手套。

**mix** *v.t./i.* mencampur; mengadun. 混合;搀和。—*n.* campuran. 混合。**~ up** mencampurkan; menjadi keliru. 拌匀;混淆。

**mixer** *n.* pengadun; pembancuh. 搅拌器;混合器。

**mixed** *a.* bercampur. 混合的;杂样的。**~-up** *a.* (*colloq.*) bingung. 头脑混乱的;醉醺醺的。

**mixture** *n.* adunan; campuran. 混合物。

**mizen-mast** *n.* tiang baksi. 船的后桅。

**ml** *abbr.* mililiter. (缩写)毫升。

**mm** *abbr.* milimeter. (缩写)毫米。

**mnemonic** *a. & n.* mnemonik. 记忆的;帮助记忆的。

**moan** *n.* keluhan. 呻吟声;叹声。—*v.t./i.* mengeluh. 呻吟;悲叹。**moaner** *n.* orang yang suka mengeluh. 经常唉声叹气的人;无病呻吟的人。

**moat** *n.* parit. 护城河;城壕。

**moated** *a.* dikelilingi parit. 有壕沟的。

**mob** *n.* kumpulan perusuh; gerombolan; (*sl.*) kumpulan; geng. 暴民;暴徒;匪党。—*v.t.* (p.t. *mobbed*) merusuh. (暴民)袭击;围攻。

**mob-cap** *n.* (*old use*) penutup kepala bagi kaum wanita. (18至19世纪流行的)头巾式女帽。

**mobile** *a.* bergerak. 活动的;可移动的。—*n.* perhiasan gantungan. 活动雕塑。**mobility** *n.* mobiliti. 活动性;灵活性。

**mobilize** *v.t./i.* menggerakkan (berkenaan askar, dsb.). (军队等)调动;动员。**mobilization** *n.* mobilisasi; pengerahan. 调动;动员。

**moccasin** *n.* mokasin; sejenis kasut kulit. (北美印第安人穿的)鹿皮鞋。

**mocha** *n.* moka; sejenis kopi. (阿拉伯的)穆哈咖啡;上等咖啡。

**mock** *v.t./i.* memperolok-olokkan. 嘲弄;讥笑。—*a.* olok-olok; pura-pura; maya. 嘲弄的;仿制的;模拟的。**~-up** *n.* contoh; pengolokan. 仿制;伪造。

**mockery** *n.* ejekan; cemuhan; contoh yang buruk. 嘲笑;讥讽;拙劣的模仿。

**mode** *n.* cara; mod; fesyen semasa. 方式;风尚;流行。

**model** *n.* model; peragawati; peragawan. 模型;模特儿;(男、女)时装模特儿。—*a.* contoh. 模型的;模范的。—*v.t./i.* (p.t. *modelled*) membuat model; menjadi model; memperagakan (pakaian, dsb.). 做模型;当样板;当(时装等的)模特儿。

**modem** *n.* modem; alat mengirim dan menerima data komputer melalui talian telefon. 调制解调器(通过电话线发送或接收电脑资料用)。

**moderate**[1] *a.* sederhana; tidak melampau atau berlebihan. 温和的;有节制的。—*n.* pemegang pandangan sederhana. 温和派。**moderately** *adv.* dengan cara sederhana atau perlahan. 温和地;适度地。

**moderate**[2] *v.t./i.* membuat supaya menjadi sederhana. 使和缓;变稳定。

**moderation** *n.* sikap yang sederhana. 中庸态度。**in ~** secara sederhana. 适度地。

**moderator** *n.* orang tengah; pendeta Presbyterian yang mengetuai perjumpaan di gereja. 中间人;长老会会议主席。

**modern** *a.* moden. 现代的;时髦的。

**modernity** *n.* kemodenan. 现代作风;现代性。

**modernist** *n.* pendukung pemodenan. 现代主义者。

**modernize** *v.t.* memodenkan. 把…现代化;维新。**modernization** *n.* pemodenan. 现代化。

**modest** *a.* rendah hati; sederhana (berkenaan saiz, dsb.); sopan. 谦虚的;客气的;有礼貌的;(物体的大小等)适中的。**modestly** *adv.* dengan rendah hati; dengan sopan. 谦虚地;有礼貌地。**modesty** *n.* sifat rendah hati; kesopanan. 谦虚的态度;礼貌。

**modicum** *n.* sedikit; jumlah kecil. 一点点;少量。

**modify** *v.t.* mengubah suai. 更改(以协调或适应某事物);改良。**modification** *n.* pengubahsuaian. 更改;改良。

**modish** *a.* bergaya. 流行的;时髦的。

**modulate** *v.t./i.* menyesuaikan; mengubahsuaikan (berkenaan suara). 调节;调整;(音量)控制。**modulation** *n.* modulasi. 调节;控制(音量)。

**module** *n.* modul. 模数(建筑部件等的标准尺寸单位)。

**mogul** *n.* (*colloq.*) orang yang berpengaruh. 大人物;权贵。

**mohair** *n.* mohair; sejenis kulit. 安哥拉山羊毛。

**Mohammedan** *a. & n.* pengikut Nabi Muhammad (s.a.w.); orang Islam. 伊斯兰教徒(的);回教徒(的)。

**moiety** *n.* setengah. (财产等)一半。

**moist** *a.* (*-er, -est*) lembap. 潮湿的;湿润的。**moistness** *n.* kelembapan. 潮湿。

**moisten** *v.t./i.* menjadi lembap. 使润湿;变湿。

**moisture** *n.* lembapan. 潮湿;湿气。

**moisturize** *v.t.* melembapkan. 润湿。
**moisturizer** *n.* pelembap. 润湿剂。

**molar** *n.* molar; geraham. 白齿。

**molasses** *n.* molases; sejenis sirap. 糖蜜;糖浆。

**mole**[1] *n.* tahi lalat. 痣;黑痣。

**mole**[2] *n.* mol; tambak. 防波堤。

**mole**[3] *n.* cencorot tanah; tikus mondok. 鼹鼠。**molehill** *n.* busut. 鼹鼠丘。

**molecule** *n.* molekul (unit yang amat kecil). 分子(物质的最小单位)。
**molecular** *a.* berkenaan molekul. 分子的;分子组成的。

**molest** *v.t.* menceroboh; memperkosa. (尤指性方面的)骚扰;侵犯。**molestation** *n.* pencerobohan; perkosaan. (性)侵犯;骚扰。

**mollify** *v.t.* memujuk; melembutkan; meredakan. 安慰;抚慰;缓和;使…息怒。**mollification** *n.* bujukan; perihal melembutkan; peredaan. 安慰;使(人)缓和的事物;平息。

**mollusc** *n.* moluska; binatang berbadan lembut dan bercangkerang. 软体动物。

**mollycoddle** *v.t.* terlalu dimanjakan. 溺爱;纵容。

**molten** *a.* cair. (金属)熔化的。

**molybdenum** *n.* molibdenum; logam dalam keluli untuk perkakas berkelajuan tinggi, dsb. 钼(一种金属)。

**moment** *n.* saat; detik; ketika; momen. 瞬间;片刻;刹那。

**momentary** *a.* sesaat; sedetik; seketika; sebentar; sejenak. 瞬间的;随时的;短暂的。**momentarily** *adv.* untuk seketika. 片刻;一会儿;暂时。

**momentous** *a.* penting; bersejarah. 重大的;有历史意义的。

**momentum** *n.* momentum. 动量。

**monarch** *n.* raja. 君王;君主。**monarchic** *a.* beraja. 君王的;君主制度的。**monarchical** *a.* beraja. 君王的;君主制度的。

**monarchist** *n.* pendukung sistem pemerintahan beraja. 拥护君主制度者。

**monarchy** *n.* pemerintahan beraja. 君主政体。

**monastery** *n.* biara. 修道院。

**monastic** *a.* berkenaan dengan biara dan rahib. 修道院的;(基督教)修士的。

**monasticism** *n.* cara hidup rahib. 修道制度;修道生活。

**Monday** *n.* Isnin. 星期一。

**monetarist** *n.* orang yang menyarankan pengawalan bekalan mata wang untuk membendung inflasi. 货币主义者。

**monetary** *a.* kewangan. 钱的;货币的。

**money** *n.* wang. 钱;货币。~ **order** kiriman wang. (银行或邮局的)汇票。
**~spinner** *n.* sesuatu yang menguntungkan. 赚钱生意;赚大钱的东西。

**moneyed** *a.* berwang; berharta; kaya. 有钱的;富有的。

**Mongol** *a. & n.* orang Mongol. 蒙古人(的)。

**mongol** *n.* orang yang mengalami penyakit mongolisme. 先天愚型患者。**mongolism** *n.* mongolisme ; sindrom Down. 先天愚型；伸舌样白痴（一种先天畸形病）。

**mongoose** *n.* (*pl. gooses*) cerpelai. （印度）猫鼬；獴。

**mongrel** *n.* binatang (terutama anjing) yang mempunyai darah kacukan. 杂种动物（尤指杂种狗）。—*a.* berketurunan kacukan. 杂种的；混种的。

**monitor** *n.* ketua darjah; alat untuk menguji sesuatu; monitor. 级长；班长；监测器；稽查器。—*v.t.* mengawas. 侦测；侦察。

**monk** *n.* rahib. 僧侣；和尚；修道士。

**monkey** *n.* (*pl. -eys*) kera; monyet. 猴子。—*v.i.* (*p.t. monkeyed*) memperolok-olokkan. 模仿（以戏弄某人）；嘲弄。 **~-nut** *n.* kacang tanah. 落花生。**~-puzzle** sejenis pokok malar hijau. 智利南美杉（一种叶子尖锐的松树）。**~-wrench** perengkuh. 活扳手；扳钳。

**mono** *a. & n.* (*pl. -os*) mono; eka. 一；单一的。

**monochrome** *n.* monokrom. （画、图片、照片等）黑白；单色。

**monocle** *n.* cermin mata yang dipakai untuk sebelah mata sahaja; cermin mata satu kanta. 单片眼镜。

**monocular** *a.* dengan hanya untuk satu mata sahaja. 单眼的；单眼用的。

**monody** *n.* elegi; lagu ratap. 单音曲。

**monogamy** *n.* monogami (tidak boleh berkahwin lebih daripada satu pada satu masa). 一夫一妻制。

**monogram** *n.* monogram (dua atau lebih huruf yang dirangkaikan). （由一组词语中各字的首字母组合而成的）组合文字。**monogrammed** *a.* bermonogram. 组合文字的。

**monograph** *n.* monograf; laporan ilmiah berkenaan sesuatu perkara. 专题著作；专论。

**monologue** *n.* monolog; ucapan yang panjang. 戏剧的（独白）。

**monomania** *n.* monomania; terlalu memikirkan satu idea atau kepentingan. 单狂；偏执狂（只热中于某一事）。

**monomaniac** *n.* monomaniak. 单狂的人；偏执狂者。

**monophonic** *a.* monofonik. 单音的；单音性的。

**monoplane** *n.* kapal terbang yang bersayap sepasang saja. 单翼飞机。

**monopolize** *v.t.* memonopolikan. 独占；垄断；包办。**monopolization** *n.* monopolisasi. 垄断；包办。

**monopoly** *n.* monopoli; (mempunyai) hak mutlak atau penguasaan penuh. 专卖权；（尤指经济方面的）垄断。

**monorail** *n.* monorel. 单轨铁路。

**monosodium glutamate** *n.* monosodium glutamat; sebatian penambah perisa makanan. 谷氨酸钠（俗称味精）。

**monosyllable** *n.* satu suku kata. （词语）单音节。**monosyllabic** *a.* bersuku kata satu. 单音节的。

**monotheism** *n.* monoteisme. 一神论；一神教。

**monotone** *n.* ekanada. 单调；无变化。

**monotonous** *a.* yang membosankan. 单调的；一成不变的。**monotonously** *adv.* secara membosankan. 单调地。

**monotony** *n.* monotoni. 单调。

**Monsieur** *n.* Encik; Tuan. 先生（法语，对男子的尊称）。

**Monsignor** *n.* Monsignor; pangkat bagi setengah-setengah pendeta Roman Katolik. 大人；阁下（对天主教高级教士的尊称）。

**monsoon** *n.* monsun. 季候风。

**monster** *n.* raksasa; gergasi. （幻想虚构的）怪物；巨兽。

**monstrance** *n.* sejenis bingkai pemegang yang digunakan dalam gereja Roman Katolik. 天主教的圣体匣。

**monstrosity** *n.* sesuatu yang dahsyat, buruk dan mengerikan; keraksasaan. 怪异、丑陋且令人恐怖的东西。

**monstrous** *a.* seperti raksasa; seperti gergasi; sangat besar. 怪物似的；畸形的；巨大的。

**montage** *n.* montaj; pilihan atau guntingan dan susunan gambar atau filem untuk membuat satu gambar atau filem yang teratur. 镜头剪接；（电影等的）剪辑；蒙太奇（即把已拍好的片段等加以选择、剪接并连成影片）。

**montbretia** *n.* sejenis tumbuhan yang mengeluarkan bunga berwarna jingga. 观音兰。

**month** *n.* bulan. 月；一个月的时间。

**monthly** *a. & adv.* bulanan. 每月（的）；每月一次（的）。—*n.* majalah bulanan. 月刊。

**monument** *n.* monumen; tugu peringatan. 纪念碑；纪念像。

**monumental** *a.* abadi; tersergam; hebat. 纪念的；不朽的；巨大的。

**moo** *n.* lenguh. 哞（牛叫声）。—*v.i.* melenguh. 哞哞地叫。

**mooch** *v.i.* (*sl.*) merayau. 徘徊。

**mood** *n.* perasaan hati; modus (berkenaan bahasa). 心情；心绪；语气。

**moody** *a.* (-*ier*, -*iest*) murung; muram; marah-marah. 喜怒无常的；忧郁的；易怒的。**moodily** *adv.* dengan murung; dengan muram; dengan marah-marah. 忧郁地。**moodiness** *n.* kemurungan; kemuraman. 情绪低落地。

**moon** *n.* bulan. 月亮。—*v.i.* berkhayal; asyik dengan. 虚度（时光）；沉迷于。

**moonbeam** *n.* sinaran bulan. 一线月光。

**moonlight** *n.* cahaya bulan. 月光。

**moonlighting** *n.* (*colloq.*) kerja sambilan. 身兼两份职业。

**moonlit** *a.* disinari bulan. 月亮照着的；月明的。

**moonstone** *n.* baiduri bulan; sejenis batu permata. 月长石。

**Moor** *n.* orang Moor. （非洲西北部的）摩尔人。**Moorish** *a.* berkenaan dengan orang Moor. 摩尔人的。

**moor**[1] *a.* moor; kawasan tanah lapang yang terbiar dan dipenuhi dengan belukar. （尤指在英国被划为猎物保留区，长满沼泽植物的）旷野。

**moor**[2] *v.t.* menambat (perahu, dsb.). （船等）停泊；系泊。

**moorhen** *n.* sejenis burung air. 黑水鸡。

**moorings** *n.pl.* tambatan; tempat berlabuh. 系泊；系泊处。

**moose** *n.* (pl. *moose*) sejenis rusa dari Amerika Utara. （产于北美洲的）麋；驼鹿。

**moot** *a.* yang dipertikaikan. 有讨论余地的。—*v.t.* menyoal; membangkit soalan. 提出问题；辩论。

**mop** *n.* mop; pengelap lantai. 拖把。—*v.t.* (p.t. *mopped*) mengelap dengan mop. （用拖把）揩干净。~ **up** mengelap. 擦去。

**mope** *v.i.* bergundah-gulana; bermuram durja. 忧郁；闷闷不乐。

**moped** *n.* sejenis basikal yang bermotor. 小型机动摩托车。

**moquette** *n.* sejenis fabrik. （编织地毯等用的）短毛绒织品。

**moraine** *n.* morain; himpunan atau longgokan tanah, batu kerikil, dll. yang diseret oleh glasier. 冰碛。

**moral** *a.* berkenaan moral. 道德上的。—*n.* moral; (*pl.*) akhlak. 道德；品行；修身。~ **certainty** keyakinan; kepastian. 绝对的把握；（无法证明但）确实可信。~ **support** sokongan moral. 精神支持；道义上的支持。~ **victory** kejayaan moral. 虽败犹荣。**morally** *adv.* secara moral. 道德上。

**morale** *n.* semangat. （军队的）士气；精神。

**moralist** *n.* moralis; orang yang menyatakan atau mengajar prinsip-prinsip moral. 道德主义者；道德家；伦理学家。

**morality** *n.* kemoralan; adat sopan santun. 道德；美德；伦理。

**moralize** *v.i.* memperkatakan tentang moral. 说教；（给予道德上的）感化。

**morass** *n.* paya gambut. 沼泽；泥淖。

**moratorium** *n.* (pl. *-ums*, *-ia*) penangguhan rasmi; moratorium. 延期偿债令。

**morbid** *a.* tidak sihat; berpenyakit; tidak enak. （精神、心思等）不健全的；病态的；不愉快的。**morbidly** *adv.* secara tidak sihat. 病态地。**morbidness** *n.* keadaan tidak sihat. 病态。**morbidity** *n.* fikiran yang tidak sihat. 病况；（精神）病状。

**mordant** *a.* pedas; tajam; pedih. 尖酸的；刻薄的；挖苦的。

**more** *a.* lebih; lagi. （数、量、程度等）更…的。—*n.* jumlah; angka yang lebih besar. 更多的数量；额外数量。—*adv.* lebih; lagi. 更；格外。**~ or less** lebih kurang. 更；大约；左右。

**moreover** *adv.* lagi pun; dan lagi. 而且；此外。

**morganatic** *a.* **~ marriage** perkahwinan yang isterinya daripada darjat rendah tidak diterima oleh kaum kerabat suaminya yang berdarjat lebih tinggi daripadanya. 贵贱婚姻（指贵族或社会身分高的男子和身分低微的女子结婚）。

**morgue** *n.* rumah mayat; bilik mayat. 陈尸所；停尸室。

**moribund** *a.* hampir mati. 垂死的；奄奄一息的。

**Mormon** *n.* Mormon (puak Kristian yang terdapat di A.S.). 摩门教。

**morning** *n.* pagi. 早晨；早上；上午。**~ star** bintang timur. 晨星；金星。

**morocco** *n.* sejenis kulit kambing. 摩洛哥皮（一种山羊皮制成的鞣皮）。

**moron** *n.* moron; dungu; (*colloq.*) seseorang yang sangat bodoh. 天资迟钝的人；低能的人；傻瓜。

**morose** *a.* muram; murung. 愁眉苦脸的；忧郁的。**morosely** *adv.* dengan muram. 忧郁地；沮丧地。**moroseness** *n.* kemuraman; kemurungan. 忧郁；沮丧。

**morphia** *n.* morfia. 吗啡。

**morphine** *n.* morfin. 吗啡。

**morphology** *n.* morfologi; pengkajian bentuk haiwan, tumbuhan atau kata. 生物形态学；词法；词态学。

**morris** *a.* **~ dance** sejenis tarian rakyat yang ditarikan oleh orang lelaki sahaja. 莫里斯舞（英国民间的传统舞蹈）。

**morrow** *n.* (*old use*) besok; esok. 翌日；次日。

**Morse** *n.* **~ code** kod Morse. 莫尔斯电码。

**morsel** *n.* kepingan kecil; sesuap; potongan kecil. 一小片；（食物量）一口；小切片。

**mortal** *a.* fana; akan mati. 必死的；致命的。—*n.* makhluk biasa. 凡人。**mortally** *adv.* sampai mati; hingga mati. 致命地。

**mortality** *n.* mortaliti; kematian; kadar kematian. 致命性；必死的情况；死亡率。

**mortar** *n.* mortar; campuran simen, pasir, air dan kapur. 臼；（建筑时用洋灰、沙、水及石灰混合而成的）泥灰。

**mortarboard** *n.* sejenis topi yang dipakai oleh mahasiswa. （大学毕业生的）方顶礼帽；学位帽。

**mortgage** *n.* gadai janji. 抵押。—*v.t.* menggadai janji. 抵押。

**mortify** *v.t./i.* menghina; menyakiti; menjadi pekung (berkenaan kulit). 羞辱；伤害（感情）；（皮肤）溃烂。**mortification** *n.* hinaan; seksaan. 羞辱；屈辱。

**mortise** *n.* lubang puting. 榫孔；榫眼。**~ lock** sejenis kunci. 插锁。

**mortuary** *n.* rumah (bilik) mayat. 停尸室；太平间；殡仪馆。

**mosaic** *n.* mozek. 镶嵌砖；镶嵌细工。

**moselle** *n.* sejenis arak putih dari Jerman. （德国的）摩泽尔酒。

**Moslem** *a.* & *n.* Muslimin; orang Islam. 伊斯兰教徒（的）；回教徒（的）。

**mosque** *n.* masjid. 回教堂；清真寺。

**mosquito** *n.* (pl. *-oes*) nyamuk. 蚊子。

**moss** *n.* lumut. 苔；藓。 **mossy** *a.* berlumut. 长满苔藓的；似苔藓的。

**most** *a.* paling; ter-.... 最…的。 **at ~** paling tidak. 至多；最多。 **for the ~ part** kebanyakannya. 大部分；大多。 **make the ~ of** dengan sebaik-baiknya. 充分利用。

**mostly** *adv.* kebanyakannya. 大多数。

**motel** *n.* motel. 专为汽车游客开设的小旅馆。

**motet** *n.* bentuk nyanyian di gereja dalam pelbagai suara atau nada. 宗教的赞美诗；圣歌；赞歌。

**moth** *n.* rama-rama. 蛾。

**mothball** *n.* ubat gegat. 樟脑丸。 **~-eaten** *a.* dimakan gegat. 虫蛀的。

**mother** *n.* ibu; emak. 母亲；妈妈。 —*v.t.* memelihara. 抚养(孩子)。 **~-in-law** *n.* (*pl. mothers-in-law*) ibu mentua; emak mentua. 岳母；婆婆。 **~-of-pearl** *n.* indung mutiara. 珍珠母。 **Mother's Day** Hari Ibu. 母亲节。 **~ tongue** bahasa ibunda. 母语；本国语。 **Mothering Sunday** Hari Ahad keempat semasa Lent dan menjadi kebiasaan seseorang ibu diberi hadiah pada hari ini. 拜望双亲日(英国农村在四旬斋第4个星期日带着礼物回老家探父母的风俗)。 **motherhood** *n.* masa keibuan. 母道；母性。

**motherland** *n.* ibu pertiwi; tanah air. 祖国。

**motherless** *a.* tidak beribu. 丧母的。

**motherly** *a.* keibuan. 充满母爱的。 **motherliness** *n.* sifat keibuan. 母性。

**motif** *n.* motif. (艺术作品、音乐)主题；主旨。

**motion** *n.* gerakan; usul (dalam perbincangan, dsb.); perihal membuang air besar. 动；活动；运动；(讨论等中的)动议；大便。 —*v.t./i.* memberi isyarat kepada. (向某人)打手势。

**motionless** *a.* tidak bergerak. 静止的；毫无动静的。

**motivate** *v.t.* mendorong. 激发；促动。

**motivation** *n.* dorongan; motivasi. 激发；促动。

**motive** *n.* tujuan; motif; niat; maksud. 目的；动机；企图；用意。 —*a.* yang menggerakkan. 有动机的；蓄意的。

**motley** *a.* pelbagai; berbagai-bagai; beraneka; bermacam-macam. (性质、种类)不同的；混杂的；各色各样的；形形色色的。

**motor** *n.* motor; jentera; enjin. 马达；发动机。—*a.* bermotor; berenjin. 发动的。 —*v.t./i.* bermotokar; berkereta. 乘汽车；开汽车。 **~ bike** (*colloq.*) motosikal. 摩托车；电单车。 **~ car** motokar; kereta. 汽车。 **~ cycle** motosikal. 摩托车。 **~cyclist** *n.* penunggang motosikal. 骑摩托车的人。 **~ vehicle** kenderaan. 汽车；机动车。

**motorcade** *n.* perarakan kereta. 汽车游行。

**motorist** *n.* pemandu kereta. 摩托车骑士。

**motorize** *v.t.* bermotor; berkereta. 使(车)机动化；汽车化。

**motorway** *n.* lebuh raya. 大道。

**mottled** *a.* berbintik; bercapuk. 有斑点的；有斑纹的。

**motto** *n.* (*pl. -oes*) semboyan; cogan kata. 箴言；座右铭。

**mould**[1] *n.* acuan. 模型；铸。—*v.t.* membentuk. 造型；铸造。

**mould**[2] *n.* kulat; kapang. 霉菌；霉。

**mould**[3] *n.* tanah yang kaya dengan bahan organik. 沃土；肥土(尤指由植物腐化而成的有机泥土)。

**moulder**[1] *n.* pembuat acuan. 模塑者；模。
**moulder**[2] *v.i.* menjadi reput. 腐朽。

**moulding** *n.* pengacuan. 铸造；作模；铸造物。

**mouldy** *a.* (*-ier, -iest*) berkulat; (*colloq.*) tidak bernilai. 发了霉的；无聊的。

**moult** *v.i.* bersalin bulu atau kulit (berkenaan ayam, dsb.). (鸡、鸟等)换毛；脱毛。 —*n.* proses bersalin bulu atau kulit. 脱换；脱落。

**mound** *n.* timbunan. 土堆；土墩。

**mount**[1] *n.* gunung. 山；丘。

**mount**[2] *v.t./i.* menaiki; menunggang kuda. 爬上；登上；骑上（马等）。—*n.* kuda untuk ditunggang. 坐骑（马、自行车等）。

**mountain** *n.* gunung. 山。~ **ash** sejenis pokok. 花楸木。

**mountaineer** *n.* pendaki gunung. 爬山者。**mountaineering** *n.* pendakian gunung. 爬山。

**mountainous** *a.* bergunung-ganang. 多山的；山峦起伏的。

**mountebank** *n.* penjual ubat. 江湖医生。

**Mountie** *n.* Anggota Polis Berkuda Diraja Kanada. 加拿大皇家骑警。

**mourn** *v.t./i.* berkabung. 悲悼；哀悼。 **mourner** *n.* orang yang berkabung. 哀悼者；送丧者。

**mournful** *a.* sedih. 悲伤的；悲叹的。

**mournfully** *adv.* dengan sedih. 哀伤地。

**mournfulness** *n.* kesedihan. 哀伤。

**mourning** *n.* perkabungan; pakaian untuk berkabung. 哀悼；居丧；丧服。

**mouse** *n.* (*pl. mice*) tikus. 老鼠。

**mousetrap** *n.* perangkap tikus. 捕鼠器。

**moussaka** *n.* sejenis masakan orang Yunani. 茄合（一种希腊食品）。

**mousse** *n.* sejenis kuih yang berlemak. 奶油冻。

**moustache** *n.* kumis; misai. 胡子；髭。

**mousy** *a.* kelabu tikus (berkenaan warna). （颜色）鼠灰色的。

**mouth**[1] *n.* mulut; kuala atau muara (berkenaan sungai). 口；嘴；河口。**~-organ** *n.* harmonika; serunai. 口琴；笛子；箫。

**mouth**[2] *v.t./i.* mengucapkan kata-kata tanpa keluar suara. 不出声地说出（指以嘴唇的动作示意）；撇嘴（示轻视、不高兴）。

**mouthful** *n.* semulut penuh. 满满一口。

**mouthpiece** *n.* pemipit; penyambung lidah (kiasan). （乐器的）吹口；（电话的）送话口；代言人。

**mouthwash** *n.* pencuci mulut. 漱口水。

**movable** *n.* dapat dialih atau dipindahkan. 可移动的；可搬动的。

**move** *v.t./i.* mengalih; memindah; berpindah (dari tempat kediaman); maju (berkenaan prestasi); mengharukan; memilukan (berkenaan perasaan); bertindak; usul atau cadangan (dalam perbincangan atau mesyuarat). 移动；搬家；迁移；（表现）前进；煽动；感动；行动；动议；提议。—*n.* perpindahan; gerakan (dalam permainan catur). 移动；迁移；（象棋）一着。**on the ~** bergerak; mara. 在移动中；开始活动。**mover** *n.* pemindah; penggerak. 发动机；提议人；发起人。

**movement** *n.* gerakan; babak (berkenaan muzik). 运动；活动；乐章。

**movie** *n.* wayang gambar. 电影。

**moving** *a.* mengharukan; memilukan. 打动(人心)的；令人感触的。

**mow** *v.t.* (*p.p. mown*) memangkas; mengetam; menyabit (rumput). 修剪（树木等）；收割稻米；刈草。~ **down** merempuh. 刈倒(草)。**mower** *n.* pemangkas (rumput). 割草机。

**M.P.** *abbr.* **Member of Parliament** Ahli Parlimen. （缩写）国会议员。

**m.p.h.** *abbr.* **miles per hour** batu sejam. （缩写）时速。

**Mr.** *n.* (*pl. Messrs.*) Encik. 先生（对男子的称呼）。

**Mrs.** *n.* (*pl. Mrs.*) Puan. 太太；夫人（对已婚女子的称呼）。

**Ms.** *n.* gelaran bagi perempuan tanpa memberitahu taraf perkahwinan. 小姐（对不明婚姻状况女子的称呼）。

**Mt.** *abbr.* **Mount** gunung. （缩写）山。

**much** *a.* & *n.* banyak. 很多（的）；大量（的）。—*adv.* dengan banyaknya. 大量地。

**muck** *n.* baja; (*colloq.*) kekotoran. 堆肥；污物。—*v.t.* mengotori. 把…弄脏。~ **in** (*sl.*) berganding bahu. 分工合作。~ **out** membersih. 清扫。**mucky** *a.* kotor. 脏的；下流的。

**muckraking** *n.* membongkar rahsia. (尤指新闻记者的) 揭发丑闻。

**mucous** *a.* berlendir. 像粘液的；粘性的。

**mucus** *n.* lendir; mukus. (动植物的) 粘液。

**mud** *n.* lumpur. 泥；泥土。 **~-slinging** *n.* (*sl.*) perkara tuduh-menuduh. (尤指政客对政敌的) 诽谤或中伤。

**muddle** *v.t./i.* kusut; kacau; membingungkan. (使) 混乱；搅拌；弄不清；迷惘。 —*n.* keadaan yang kusut, kacau dan membingungkan. 混乱；凌乱；糊糊涂涂。

**muddy** *a.* (*-ier, -iest*) berlumpur; keruh (berkenaan air). 泥泞的；(水) 混浊的。 —*v.t.* mengeruhkan. 弄浊；使浑浊。

**muddiness** *n.* kekeruhan. 泥泞；浑浊。

**mudguard** *n.* madgad; pengadang lumpur. (汽车的) 挡泥板。

**mudlark** *n.* kanak-kanak yang suka bermain dalam lumpur. 在河泥中嬉戏的孩子 (尤指退潮时在河泥中拾荒的人)。

**muesli** *n.* sejenis makanan daripada campuran bijirin, buah-buahan kering, dsb. 穆兹利 (一种用谷类、干果等制成的食品)。

**muezzin** *n.* bilal. (回教堂的) 祷告时间报告人。

**muff**¹ *n.* sejenis sarung tangan yang dibuat daripada bulu binatang. 一种用动物毛制成的手套。

**muff**² *v.t.* (*colloq.*) merosakkan. 把…弄糟。

**muffin** *n.* sejenis kuih yang dimakan bersama mentega. 松饼；小松糕。

**muffle** *v.t.* menyelimuti; menyelubungi; meredamkan (bunyi bising, dsb.). 蒙住；裹住；消灭 (吵杂声等)。

**muffler** *n.* sejenis selendang tebal. 一种厚围巾。

**mufti** *n.* pakaian biasa atau preman. 一种服装 (尤指平时穿制服者所穿的便服)。

**mug**¹ *n.* kole; (*sl.*) orang dungu. 有柄大杯；傻瓜。 —*v.t.* (p.t. *mugged*) merompak. 从背后袭击并抢劫。 **mugger** *n.* penyamun. (从背后袭击的) 劫匪；抢劫犯。

**mug**² *v.t.* (p.t. *mugged*) **~ up** (*sl.*) bertekun belajar. 埋头苦读；用功学习。

**muggins** *n.* (*colloq.*) orang yang bodoh; si bodoh. 傻瓜；笨蛋；易受骗的人。

**muggy** *a.* (*-ier, -iest*) panas lekit. (天气) 闷热而潮湿的。

**mujahiddin** *n. pl.* mujahiddin; pejuang gerila Islam. 伊斯兰教圣战者。

**mulatto** *n.* (pl. *-os*) mulato; kacukan Negro dan kulit putih. 黑白混血种的后裔。

**mulberry** *n.* mulberi. 桑；桑树。

**mulch** *n.* sungkup. (林地) 覆盖物；护根物。 —*v.t.* menyungkup. 覆盖树根；护根。

**mulct** *v.t.* mendenda. 罚 (款)；罚 (钱)。

**mule**¹ *n.* baghal. 骡子。

**mule**² *n.* sejenis selipar. 无后跟的拖鞋。

**muleteer** *n.* gembala baghal. 赶骡子的人。

**mulish** *a.* degil; keras kepala. 固执的；顽固的。 **mulishly** *adv.* dengan degil; dengan keras kepala. 固执地；顽固地。 **mulishness** *n.* kedegilan; perihal keras kepala. 固执；顽固。

**mull**¹ *v.t.* memanaskan (wain, dsb.) dengan gula dan rempah. 加糖和香料以 (把酒等) 烫热。

**mull**² *v.t.* **~ over** berfikir. 思索。

**mull**³ *n.* (*Sc.*) tanjung. (苏格兰) 岬；海角。

**mullah** *n.* mullah; orang yang berpengetahuan tentang undang-undang Islam. 伊斯兰教 (回教) 的法律专家。

**mullein** *n.* sejenis herba. 毛蕊花。

**mullet** *n.* sejenis ikan laut. 鲻；刀鱼。

**mulligatawny** *n.* sup berperisa kari. (印度的) 咖喱肉汤。

**mullion** *n.* mulion; tiang jendela. (窗的) 直棂；竖框。

**multi-** *pref.* berbilang; berbagai-bagai. (前缀)表示"多的;多样的;多方面的;多倍的"。

**multifarious** *a.* pelbagai. 各种各样的; 五花八门的。

**multimillionaire** *n.* jutawan besar. 亿万富翁。

**multinational** *a. & n.* multinasional; berbilang negara. 跨国(的)。

**multiple** *a.* berganda. 倍数的;多重的;多样的。 —*n.* gandaan. 倍数。

**multiplex** *a.* mengandungi banyak unsur. 多种多样的;复合的。

**multiplication** *n.* pendaraban. 乘法;乘数。

**multiplicity** *n.* kegandaan. 多样性;多重性。

**multiply** *v.t./i.* mendarab. 乘。 **multiplier** *n.* pengganda; pendarab. 乘数;倍增器。

**multiracial** *a.* pelbagai bangsa. 多民族的。

**multitude** *n.* sejumlah besar. 大量;大群。

**multitudinous** *a.* terlalu banyak. 许多的;大群的。

**mum**[1] *a.* (*colloq.*) diam. 无言的;沉默的。

**mum**[2] *n.* (*colloq.*) emak; ibu. 妈妈;母亲。

**mumble** *v.t./i.* bercakap dengan tidak terang. 咕噜咕噜地说话;含糊地说话。 —*n.* percakapan yang tidak terang. 咕噜。

**mumbo-jumbo** *n.* kepercayaan yang karut; bahasa yang mengelirukan. 西非黑人崇拜的守护神;晦涩难懂的话。

**mummer** *n.* pelakon mimos. 哑剧演员。

**mummify** *v.t.* memumiakan. (把尸体)制成木乃伊;弄干保存。

**mummy**[1] *n.* mumia. (古埃及的)木乃伊。

**mummy**[2] *n.* (*colloq.*) emak; ibu. 妈妈;母亲。

**mumps** *n.* penyakit bengkak di leher; beguk. 流行性腮腺炎。

**munch** *v.t.* mengunyah; memamah. 咀嚼;嚼碎。

**mundane** *a.* biasa. 世俗的;庸俗的。

**municipality** *n.* munisipaliti; majlis perbandaran. 自治市;市政局。

**munificent** *a.* yang murah hati. 慷慨的。

**munificently** *adv.* dengan murah hati. 慷慨地。 **munificence** *n.* perihal murah hati. 慷慨。

**muniments** *n.pl.* surat hak milik. 契据。

**munitions** *n.pl.* senjata api. 军火;军需品。

**mural** *a.* mural. 在壁上的。 —*n.* lukisan dinding. 壁画。

**murder** *n.* pembunuhan. 谋杀。 —*v.t.* membunuh. 谋害;谋杀。 **murderer** *n.* pembunuh (lelaki). 男杀人犯。 **murderess** *n.fem.* pembunuh (perempuan). 女杀人犯。

**murderous** *a.* yang melibatkan atau dapat membunuh. 蓄意谋杀的;行凶的。

**murky** *a.* (*-ier, -iest*) gelap; kelam; suram. 暗的;阴暗的;暗淡的。

**murmur** *n.* bisikan; desiran. 细语;低声说话。 —*v.t./i.* membisik; mendesir. 喃喃自语。

**muscatel** *n.* sejenis kismis. 麝香葡萄酒。

**muscle** *n.* otot. 肌肉。 —*v.i.* ~ **in** (*colloq.*) masuk dengan paksa. 硬挤入;侵入。

**muscular** *a.* berkenaan otot; berotot; tegap sasa (berkenaan tubuh). 肌肉的;肌肉发达的;(躯体)结实的。 **muscularity** *n.* perihal tegap sasa. 肌肉发达。

**Muse** *n.* salah seorang daripada sembilan beradik dewi orang Yunani; Dewi Seni. 缪斯(希腊神话中九女神之一);司文艺的女神。

**muse** *v.i.* berfikir. 沉思;冥想。

**museum** *n.* muzium. 博物院;博物馆。

**mush** *n.* sejenis bubur. 玉米面粥。

**mushroom** *n.* cendawan. 蕈;菇。 —*v.i.* tumbuh seperti cendawan. 迅速发展或生长。

**mushy** *a.* seperti bubur. 粥状的；烂糊的。 **mushiness** *n.* keadaan seperti bubur. 糊性。

**music** *n.* muzik. 音乐。 **~-hall** *n.* dewan muzik. 音乐厅。

**musical** *a.* bercorak muzik. 音乐的。—*n.* muzikal. 音乐剧（尤指喜剧）。 **musically** *adv.* dari segi muzik. 音乐上。

**musician** *n.* pemuzik; pemain muzik. 音乐师；音乐家。

**musicology** *n.* pengkajian dalam bentuk dan sejarah bidang muzik. 音乐学；音乐研究。

**musk** *n.* musk; kesturi; sejenis bauan yang digunakan dalam air wangi. 麝香。 **musky** *a.* berbau seperti musk. 象麝香味的。

**musket** *n.* sejenis senapang laras panjang digunakan oleh tentera. （士兵用的）滑膛枪。

**musketeer** *n.* askar yang bersenjata senapang laras panjang. 装备滑膛枪的士兵。

**Muslim** *a.* Islam. 伊斯兰教的；回教的。—*n.* orang Islam; Muslimin. 伊斯兰教徒；回教徒。

**muslin** *n.* muslin; kain kasa. 平纹细布。

**musquash** *n.* sejenis binatang seperti tikus, terdapat di Amerika Utara. （北美洲的）麝香鼠。

**mussel** *n.* sejenis kepah. 贻贝；壳菜。

**must**[1] *v.aux.* mesti; harus; wajib. 必须；务必。—*n.* (*colloq.*) kemestian; sesuatu yang wajib. 必要条件；必须做的事。

**must**[2] *n.* sejenis wain. （发酵前或发酵中的）葡萄酒；新酿葡萄酒。

**mustang** *n.* kuda liar. 野马。

**mustard** *n.* biji sawi. 芥末。

**muster** *v.t./i.* mengumpul. 集合。—*n.* kumpulan orang atau barang. 集合人员或事物。 **pass ~** dapat diterima; agak baik. 通过检验；符合要求。

**musty** *a.* (*-ier, -iest*) hapak; tengik. 霉臭的；发霉的。 **mustiness** *n.* kehapakan. 陈腐性。

**mutable** *a.* mudah berubah. 易变的。 **mutability** *n.* perihal mudah berubah. 易变性。

**mutant** *a. & n.* mutan; berbeza daripada induk akibat daripada pertukaran genetik. 变异（的）；突变体（的）；变种（的）。

**mutation** *n.* mutasi; perubahan. 变换；转变。

**mute** *a.* bisu. 哑的。—*n.* orang bisu; miut (sejenis alat untuk mengurang bunyi bising pada alat muzik). 哑巴；弱音器。—*v.t.* mengurangkan bising dengan miut. 用弱音器减弱（乐器的）音量。 **mutely** *adv.* dengan membisu. 沉默地；无声地。

**mutilate** *v.t.* mencacatkan; mengudungkan. 截断（手足等）。 **mutilation** *n.* pencacatan; pengudungan. 截肢；（手足等的）切断。

**mutineer** *n.* pemberontak; penderhaka. 暴动者；叛变者。

**mutinous** *a.* derhaka. 谋反的；反叛的。 **mutinously** *adv.* secara derhaka; secara memberontak. 反抗地；反叛地。

**mutiny** *n.* pemberontakan. 叛变；造反。—*v.i.* memberontak. 叛变；反抗。

**mutt** *n.* (*sl.*) orang dungu; orang bodoh. 笨蛋。

**mutter** *v.t./i.* bersungut; mengomel. 抱怨；发牢骚。—*n.* sungutan; omelan. 怨言；牢骚。

**mutton** *n.* daging kambing. 羊肉。

**mutual** *a.* saling; (*colloq.*) sama-sama. 互相的；一齐的。 **mutually** *adv.* secara saling; berbalas-balasan. 互相；彼此。

**muzzle** *n.* muncung (berkenaan binatang dan senjata api). （动物的）鼻和嘴；（枪炮的）口。—*v.t.* memberangus; mengongkong; menegah daripada mengeluarkan pendapat dengan sewenang-wenangnya. （给动物）套上口套；迫使…保持沉默。

**muzzy** *a.* bingung. 模糊不清的。**muzziness** *n.* kebingungan. 迷糊。

**my** *a.* kepunyaan saya atau aku. 我的。

**myalgia** *n.* sakit pada otot. 肌痛。

**mycology** *n.* mikologi; pengkajian tentang kulat. 真菌学。

**myna** *n.* tiung. 八哥鸟。

**myopia** *n.* miopia; rabun jauh. 近视。

**myopic** *a.* miopik; rabun jauh. 近视的。

**myriad** *n.* jumlah yang besar. 极大数量。

**myrmidon** *n.* orang suruhan. 盲目执行命令的下属。

**myrrh**[1] *n.* sejenis kemenyan. 没药树（一种树脂可作香料的植物）。

**myrrh**[2] *n.* mir; sejenis herba. 没药（一种中药）。

**myrtle** *n.* sejenis tumbuhan. 桃金娘。

**myself** *pron.* aku atau saya sendiri. 我自己。

**mysterious** *a.* penuh misteri; menghairankan. 神秘的；令人难解的。**mysteriously** *adv.* dengan menghairankan. 神秘地；隐秘地。

**mystery** *n.* misteri; rahsia; keajaiban. 神秘的事物；谜；不可思议的事。

**mystic** *a.* mistik (berkenaan agama); menakjubkan.（宗教）神秘的；神奇的。 —*n.* seseorang yang mengharapkan penyatuan dengan Tuhan secara bertafakur. 认为人和神之间可以直接交往的人；神秘主义者。**mystical** *a.* bermistik; kebatinan; yang menakjubkan. 神秘主义的；不可思议的。

**mystically** *adv.* secara mistik. 谜般地。

**mysticism** *n.* mistisisme; ajaran mistik. 神秘主义。

**mystify** *v.t.* menghairankan. 迷惑；困惑。

**mystification** *n.* hal yang menghairankan atau membingungkan. 令人迷惑或困惑的事情。

**mystique** *n.* keanehan; perihal mistik. 神秘性；疑惑性。

**myth** *n.* mitos. 神话；传说。**mythical** *a.* bermitos. 神话的；传说的。

**mythology** *n.* mitologi. 神话学；神话（总称）。**mythological** *a.* berkenaan mitologi. 神话学的；神话的。

**myxomatosis** *n.* miksomatosis (penyakit virus pada arnab). 兔疫；兔瘟。

# N

**N** *abbr.* **north** utara.（缩写）北；北部。**northern** arah utara. 北方。

**nab** *v.t.* (p.t. *nabbed*) (*sl.*) menangkap. 捉住；逮捕。

**nadir** *n.* nadir; titik paling rendah. 最低点；最下点。

**naevus** *n.* (pl. *-vi*) nevus; tanda lahir merah. 痣；斑点。

**naff** *a.* (*sl.*) tidak bernilai. 毫无价值的。

**nag**[1] *n.* (*colloq.*) kuda. 作坐骑的小马。

**nag**[2] *v.t./i.* (p.t. *nagged*) berleter. 发牢骚；唠叨。

**naiad** *n.* pari-pari air. 希腊、罗马的水泉女神。

**nail** *n.* kuku (pada jari); paku. 手指甲；钉。—*v.t.* memaku; menangkap. 钉上；抓住。 **on the ~** dengan segera (berkenaan bayaran).（缴费）立即付与。

**naïve** *a.* masih mentah; lurus; jahil. 天真的；(无因知而)愚昧的；愚直的。

**naïvely** *adv.* secara lurus atau jahil. 天真地；愚昧地。 **naïvety, naïveté** *ns.* kejahilan kerana terlalu lurus. 天真；质朴。

**naked** *a.* bogel; telanjang. 裸体的；露出的。 ~ **eye** mata kasar. 肉眼。 **nakedly** *adv.* secara berbogel. 光着身子地；赤裸裸地。 **nakedness** *n.* kebogelan. 裸；露出。

**namby-pamby** *a. & n.* lemah (berkenaan lelaki). 性格软弱的男子(的)。

**name** *n.* nama (berkenaan orang dan tempat); nama baik. (人及地方)名；名称；名誉。 —*v.t.* menamakan; mencalonkan (berkenaan pilihan). 给(某人或物)取名；(选举)提名。

**nameless** *a.* tanpa nama; tidak bernama. 匿名的；没署名的。

**namely** *adv.* iaitu; yakni. 即；就是。

**namesake** *n.* orang atau benda yang sama namanya dengan orang atau benda yang lain. 同名同姓的人或物。

**nanny** *n.* penjaga atau pengasuh anak. (儿童的)保姆。 **~-goat** *n.* kambing betina. 雌山羊。

**nano-** *pref.* nano; keseribu juta. (前缀)表示"毫微；微小"。

**nap**[1] *n.* tidur ayam; lelap sebentar. 小睡；瞌睡。 —*v.i* (p.t. *napped*) tidur sebentar. 打盹；小睡。 **catch a person napping** menangkap seseorang semasa dia leka. 发现某人在打瞌睡；察觉某人偷懒。

**nap**[2] *n.* nap (berkenaan kain, kulit). (布料、皮革表面的)绒毛。

**nap**[3] *n.* sejenis permainan terup; pertaruhan. 纳普牌(一种牌戏)；孤注一掷。 **go ~** bertaruh hingga habis. 孤注一掷。

**napalm** *n.* sejenis bahan petrol seakan agar-agar digunakan untuk membuat bom. 凝固汽油；凝固汽油弹。

**nape** *n.* kuduk leher; tengkuk. 颈背；后颈。

**naphtha** *n.* nafta; sejenis minyak yang mudah terbakar. 石脑油(一种易燃油)。

**naphthalene** *n.* naftalena; bahan putih berbau keras yang diperoleh daripada tar batu arang. 萘。

**napkin** *n.* napkin; pengesat tangan; kain lampin. 餐巾；手巾；尿布。

**nappy** *n.* napkin; kain lampin. 餐巾；尿布。

**narcissism** *n.* narsisisme; sikap mengagumi diri sendiri. 自恋癖；孤芳自赏。

**narcissus** *n.* (pl. *-cissi*) sejenis bunga bebawang. 水仙花。

**narcosis** *n.* narkosis; tidur, dsb. akibat narkotik. 麻醉状态；昏迷。

**narcotic** *a. & n.* narkotik; ubat pelali. 麻醉(性)的；麻醉剂(的)。

**nark** *v.t.* mengganggu. 烦扰；使苦恼。 —*n.* (*sl.*) pengintip. 密探。

**narrate** *v.t.* menceritakan. 叙述；讲故事。 **narration** *n.* penceritaan. 叙述；故事。 **narrator** *n.* pencerita. 叙述者；讲故事者。

**narrative** *n.* cerita. 故事；记叙文；叙述。 —*a.* dalam bentuk cerita. 叙事的；故事性的。

**narrow** *a.* (*-er*, *-est*) sempit. 狭窄的；气量小的；有偏见的。 —*v.t./i.* menyempitkan. 弄窄；变窄。 **~-minded** *a.* berfikiran sempit. 气量小的；思想偏执的。 **narrowly** *adv.* dengan teliti; hampir-hampir; nyaris-nyaris. 仔细地；几乎；险些儿。 **narrowness** *n.* kesempitan. 狭窄；偏狭。

**narwhal** *n.* sejenis ikan paus yang hidup di kawasan Artik. 北极圈的独角鲸。

**nasal** *a.* berkenaan hidung; sengau (berkenaan suara). 鼻子的；(声音)带鼻音的。 **nasally** *adv.* dengan sengau. 带鼻音地。

**nascent** *a.* mula tumbuh. 新生的；刚开始存在的。 **nascence** *n.* perihal tumbuh. 诞生；刚开始存在。

**nasturtium** *n.* sejenis tanaman kebun yang menjalar, mengeluarkan bunga berwarna oren, merah dan kuning. 旱金莲（一种蔓生植物）。

**nasty** *a.* (*-ier, -iest*) menjijikkan; jahat; buruk; rumit. 龌龊的；污秽的；卑鄙的；下流的；恶劣的；难以应付的。 **nastily** *adv.* dengan teruk. 污秽地；下流地。 **nastiness** *n.* kejahatan. 污秽；下流。

**natal** *a.* berkenaan dengan kelahiran. 出生的；诞生的。

**nation** *n.* bangsa. 国家；民族。

**national** *a.* nasional; kebangsaan. 国家的；民族的。—*n.* rakyat; warganegara. 人民；国民。 **~ service** perkhidmatan negara; perkhidmatan secara kerahan dalam angkatan tentera. 国民兵役。 **nationally** *adv.* kebangsaan. 全国性地。

**nationalism** *n.* semangat nasional; semangat kebangsaan. 国家主义；民族主义。 **nationalist** *n.* nasionalis; pencinta bangsa. 国家主义者；民族主义者。 **nationalistic** *a.* nasionalistik; bersemangat kebangsaan. 国家主义(者)的；民族主义(者)的。

**nationality** *n.* kewarganegaraan. 国籍。

**nationalize** *v.t.* memiliknegarakan. 归化（为国民）。 **nationalization** *n.* perihal memiliknegarakan. 归化；国家化。

**native** *a.* semula jadi; asal (berkenaan tempat); berasal (berkenaan tumbuhan). 土生土长的；本地的；(植物)当地土生的。—*n.* bumiputera; penduduk asli. 土著；土人；生在…的人。

**nativity** *n.* kelahiran. 出生；诞生。 **the Nativity** kelahiran Jesus Christ. 耶稣的诞生。

**natter** *v.i.* & *n.* (*colloq.*) berceloteh; celotehan. 闲聊；瞎扯。

**natty** *a.* (*-ier, -iest*) kemas. 整洁的；潇洒的。 **nattily** *adv.* dengan kemas. 整洁地；潇洒地。

**natural** *a.* bersahaja (tentang sifat); peribumi; natural; asal (tentang muzik). 不造作的；原始的；自然的；本位音符的。—*n.* orang atau benda yang paling sesuai; natural (lambang nota muzik); kuning langsat (tentang warna). 天生适合的人或事物；(颜色)清黄色；奶油色。 **~ history** kaji tumbuhan dan binatang. 博物学。 **naturally** *adv.* dengan wajarnya. 自然地；天然地。 **naturalness** *n.* sifat bersahaja. 自然；纯真。

**naturalism** *n.* naturalisme (tentang seni dan sastera). (艺术、文学等的)自然主义。 **naturalistic** *a.* naturalistik. 自然主义的。

**naturalist** *n.* naturalis; orang yang pakar dalam kajian tumbuhan dan binatang. 自然主义者；自然科学家。

**naturalize** *v.t.* mewarganegarakan (orang); menyesuaikan dengan keadaan sekeliling (pokok, tumbuhan). 归化；加入（国籍）；(植物)适应环境。 **naturalization** *n.* hal menjadi warganegara; naturalisasi. 归化；入国籍。

**naturally** *adv.* semula jadinya. 自然地；当然；天然地。

**nature** *n.* alam; kudrat alam; jenis; macam; sifat. 自然界；种类；禀性；天性。

**-natured** *a.* mempunyai sifat tertentu. 本性…的；有…性质的。

**naturist** *n.* orang yang suka berbogel. 裸体主义者。 **naturism** *n.* naturisme; kebogelan. 自然主义；裸体主义。

**naught** *n.* (*old use*) kosong. 零；无。

**naughty** *a.* (*-ier, -iest*) nakal; jahat; kurang sopan. 顽皮的；淘气的；不规矩的；猥亵的。 **naughtily** *adv.* dengan nakal. 顽皮地。 **naughtiness** *n.* kenakalan. 顽皮；淘气。

**nausea** *n.* rasa loya; rasa mual. 恶心；作呕。

**nauseate** *v.t.* meloyakan; memualkan. 使人恶心；使人作呕。

**nauseous** *a.* yang meloyakan; yang memualkan. 令人恶心的；令人作呕的。

**nautical** *a.* nautikal (berkenaan pelayaran). 航海的；船舶的。

**naval** *a.* berkenaan tentera laut. 海军的。

**nave**[1] *n.* bahagian gereja yang tertentu. 教堂的正厅。

**nave**[2] *n.* hab pada roda. 轮毂。

**navigable** *a.* boleh dilalui atau dilayari. 可航行的；可通船的。

**navigate** *v.t.* mengemudikan. 航行于；横渡。 **navigation** *n.* ilmu pelayaran; navigasi (perbuatan). 航海术；指路。 **navigator** *n.* jurumudi. 领航员；航海者。

**navvy** *n.* buruh kasar (untuk kerja menggali atau membuat jalan). (挖土、筑路等) 苦工。

**navy** *n.* kelasi; tentera laut. 水手；船员。
~ **blue** warna biru tua. 水手蓝。

**nay** *adv.* (*old use*) tidak. 否；不。

**Nazi** *n.* (pl. -*is*) Nazi (sebuah parti di bawah tadbiran Hitler). (德国希特拉政权下的) 纳粹党。 **Nazism** *n.* fahaman Nazi. 纳粹主义。

**NB** *abbr.* **nota bene** (Latin) untuk perhatian. (缩写) 注意；留意。

**NCO** *abbr.* **non-commissioned officer** pegawai tanpa tauliah; pegawai tidak bertauliah. (缩写) 无委任状的军士；非受任命的军士。

**NE** *abbr.* **north-east; north-eastern** timur laut. (缩写) 东北；东北部。

**neap** *n.* ~ **tide** pasang surut anak. 小潮；一年中的最低潮。

**Neapolitan** *a. & n.* penduduk atau orang Naples; berlapis-lapis dan berlainan warna. 意大利的那不勒斯人 (的)；多层不同的颜色 (的)。 ~ **ice** sejenis aiskrim yang berlapis-lapis dan setiap lapisannya mempunyai warna dan rasa tertentu. 三色冰淇淋。

**near** *adv.* dekat (berkenaan jarak); hampir (berkenaan masa). (距离) 接近；(时间) 将至。 ~ **to** *a.* dekat dengan; hampir dengan. 靠近；几乎。 —*v.t./i.* semakin hampir. 迫近；近。 **nearness** *n.* perihal dekat; perihal hampir. 接近；近。

**nearby** *a. & adv.* hampir; dekat. 靠近的 (地)；接近的 (地)。

**nearly** *adv.* hampir-hampir. 几乎；差不多。

**neat** *a.* (-*er,* -*est*) kemas; tidak bercampur air (dalam minuman keras). 整齐的；端正的；纯的，没掺水的 (酒)。 **neatly** *adv.* dengan kemas. 整齐地。 **neatness** *n.* perihal kemas. 整齐；端正。

**neaten** *v.t.* mengemaskan; membuat supaya kemas. 整理；使整齐。

**nebula** *n.* (pl. -*ae*) nebula; tompok cerah atau gelap di langit. 星云。

**nebulous** *a.* samar-samar. 朦胧的；星云似的。 **nebulously** *adv.* dengan samar-samar. 模糊地。 **nebulosity** *n.* kekaburan; kesamaran. 朦胧；模糊。

**necessarily** *adv.* semestinya. 必然；必定。

**necessary** *a.* perlu; mesti. 需要的；必须的。 **necessaries** *n.pl.* keperluan hidup. 必需品。

**necessitate** *v.t.* memerlukan. 需要；有必要。

**necessitous** *a.* yang memerlukan; yang miskin. 需要 (救助) 的；贫困的。

**necessity** *n.* keadaan terpaksa; keperluan (makanan, pakaian, dll.). 必要；(衣、食等) 必需品。

**neck** *n.* leher (bahagian badan); leher (baju); leher (botol). 颈；颈部；(衣) 领子；瓶颈。 ~ **and neck** sama cepat; sama pantas. 并驾齐驱；不分上下。

**necklace** *n.* kalung. 项链；项圈。

**necklet** *n.* kalung; bulu binatang yang dililit pada leher. 项圈；小皮围巾。

**neckline** *n.* garis leher. (女装的) 领口。

**necktie** *n.* tali leher. 领带。

**necromancy** *n.* tilikan dengan cara berhubung dengan orang yang telah mati. 召魂术。 **necromancer** *n.* orang yang menilik dengan cara berhubung dengan orang yang telah mati. 巫师；降神者。

**necropolis** *n.* nekropolis; tanah perkuburan yang lama. (古代城市的) 墓地；史前坟场。

**necrosis** *n.* nekrosis; kematian sesuatu tulang atau tisu. 坏死；坏疽；骨疽。

**nectar** *n.* madu pokok; madu;, nektar (lebah); minuman lazat. 花蜜；蜂蜜；甘美的饮料。

**nectarine** *n.* sejenis buah pic yang kulitnya tidak berbulu. 油桃。

**née** *a.* dilahirkan sebagai (menerangkan nama asal seseorang isteri sebelum dia berkahwin dahulu). （妇女结婚前的）娘家姓的。

**need** *n.* keperluan; keadaan serba susah. 需要；逆境；贫困。 —*v.t./i.* memerlukan; menghendaki. 需要；要；必须。

**needful** *a.* perlu. 需要的；必须的。

**needle** *n.* jarum. 针。 —*v.t.* mencucuk; menyakitkan hati. 刺；激怒；刺激。

**needlecord** *n.* fabrik yang berbenang halus. 优质灯芯绒。

**needless** *a.* tidak perlu. 不需要的；不必要的。

**needlework** *n.* jahit-menjahit dan sulam-menyulam. 刺绣；女红。

**needy** *a.* (*-ier, -iest*) miskin; papa. 非常贫穷的；贫困的。

**ne'er** *adv.* (puisi) tidak atau belum pernah. 永不；决不。 **ne'er-do-well** *n.* orang yang tidak berguna. 无用的人。

**nefarious** *a.* jahat; buruk. 恶毒的；不法的。 **nefariousness** *n.* kejahatan; kekejian. 邪恶；恶毒。

**negate** *v.t.* menafi; menyangkal. 否定；否认；取消。 **negation** *n.* penafian; penyangkalan. 否定；否认。

**negative** *a.* negatif. 否定的；反对的。 —*n.* nafi (kenyataan); negatif (mutu atau jumlah); filem negatif. （声明等的）否定；（质量等）负的；底片。 —*v.t.* menyangkal; menafi; membuat sesuatu menjadi negatif (berkenaan kesan). 否认；推翻（理论等）。 **negatively** *adv.* secara negatif. 否定地；消极地。

**neglect** *v.t.* mengabaikan; mencuaikan; melalaikan; melengahkan. 忽略；忽视；遗漏。 —*n.* kelalaian; pengabaian. 疏忽；忽视。 **neglectful** *a.* lalai; cuai. 疏忽的；不留意的。

**negligee** *n.* sejenis pakaian perempuan yang tipis dan longgar. 女便装；长睡衣。

**negligence** *n.* kelalaian; kecuaian. 疏忽；不小心；失察。 **negligent** *a.* yang lalai; yang cuai. 疏忽的。 **negligently** *adv.* dengan cuai. 粗心大意地。

**negligible** *a.* tidak penting. 微不足道的。

**negotiable** *a.* dapat dirundingkan. 可商量的。

**negotiate** *v.t./i.* berunding; merundingkan; menukarkan kepada wang (berkenaan cek, bon, dll.); merentasi (berkenaan halangan). 商议；谈判；磋商；（支票、债券等）兑换金钱；（障碍）跳过；克服。 **negotiation** *n.* urus bicara; perundingan. 谈商；磋商。 **negotiator** *n.* perunding; jururunding. 谈判人；商议人；交易人。

**Negro** *n.* (pl. *-oes*) Negro. 黑人；黑种人。 **Negress** *n. fem.* perempuan Negro. 黑人女子；女黑人。

**Negroid** *a. & n.* yang berkenaan dengan atau seperti orang Negro. 具有黑人特性的（人）；黑人似的（人）。

**negus** *n.* minuman panas yang mengandungi air dan wain manis. 由热水、糖和酒混合而成的尼格斯酒。

**neigh** *n.* ringkikan. 马嘶声。 —*v.i.* meringkik. （马）嘶叫。

**neighbour** *n.* jiran. 邻居；邻人。

**neighbourhood** *n.* kawasan; daerah. 地区；四邻。 **in the ~ of** di sekitar. 在…附近；邻近…。

**neighbouring** *a.* yang hampir; yang dekat. 邻近的；附近的。

**neighbourly** *a.* baik dan ramah mesra terhadap jiran-jiran. 睦邻的；（对邻人）亲切的。

**neither** *a. & pron.* kedua-duanya tidak. 两者都不（的）；既不…也不。 —*adv. conj.* mahupun; pun tidak; begitu juga. 也不。

**nelson** *n.* satu cara memegang dalam permainan gusti. (摔跤) 肩下握颈。

**nemesis** *n.* ganjaran; hukuman setimpal. 报应；公正的惩罚。

**neolithic** *a.* neolitik; Zaman Batu Baharu. 新石器时代的。

**neologism** *n.* perkataan baru. 新词；新词的使用。

**neon** *n.* neon; sejenis gas yang digunakan untuk menyalakan lampu-lampu berwarna-warni. 氖；霓虹灯。

**neophyte** *n.* penganut baru; orang baru. 新入教者；新来者。

**nephew** *n.* anak saudara lelaki. 侄儿；外甥。

**nephritis** *n.* nefritis; radang buah pinggang. 肾炎。

**nepotism** *n.* nepotisme; memilih sanak saudara untuk mengisi jawatan. 裙带关系；重用亲戚。

**nerve** *n.* saraf; (*colloq.*) keberanian (tentang sifat); (*pl.*) keadaan cepat naik darah. 神经；有胆量；厚脸皮；神经质；神经紧张。 —*v.t.* memberanikan. 激励；使振作。

**nervous** *a.* berkenaan dengan saraf; resah; gelisah; bimbang; khuatir; gemuruh. 神经系统的；神经(性)的；不安的；神经质的；神经紧张的；易怒的。 **nervousness** *n.* keresahan; kegelisahan; kebimbangan; kekhuatiran. 神经过敏；不安；神经质。

**nervy** *a.* resah; gelisah; bimbang; khuatir. 不安的；易激动的；神经紧张的。

**nescient** *a.* jahil; tidak mengetahui. 无知的；没有知识的。 **nescience** *n.* kejahilan. 无知；无学。

**nest** *n.* sarang; set (perabot). 鸟巢；鸟窝；(桌椅) 一套。 —*v.i.* membuat sarang. 筑巢；造窝。 **~ egg** *n.* (wang) simpanan. 储备金。

**nestle** *v.i.* melendeh; terletak elok. 营巢；舒舒服服地安顿下来。

**nestling** *n.* anak burung yang terlalu muda untuk meninggalkan sarang. 雏鸟；幼鸟。

**net**[1] *n.* jaring; pukat; jala. 网；(捕鱼、鸟等用的) 罗网。 —*v.t.* (p.t. *netted*) membuat jaring, pukat, jala; memukat; menjaring; menjala. 把…织成网；用网捕捉；用网罩；撒(网)。

**net**[2] *a.* bersih. 净(额) 的。 —*v.t.* (p.t. *netted*) mendapat untung bersih. 净获；使净得。

**netball** *n.* bola jaring. 英式女子篮球。

**nether** *a.* bawah. 下面的。

**nethermost** *a.* paling bawah. 最下面的；最低的。

**netting** *n.* rajut; jaring. 网；网状物。

**nettle** *n.* jelatang; sejenis tumbuhan liar yang bisa daunnya. 荨麻。 —*v.t.* merangsang. 煽动；惹怒。 **~-rash** *n.* ruam yang disebabkan terkena daun jelatang. 荨麻疹。

**network** *n.* rangkaian. 网络。

**neural** *a.* berkenaan saraf. 神经系统的；神经的。

**neuralgia** *n.* neuralgia; sakit saraf, terutamanya di kepala dan di muka. 神经痛。 **neuralgic** *a.* berkenaan neuralgia. 神经痛的。

**neurasthenia** *n.* penyakit lemah urat saraf yang menyebabkan seseorang itu cepat letih. 神经衰弱。

**neuritis** *n.* neuritis; radang saraf. 神经炎。

**neurology** *n.* neurologi; ilmu kaji saraf. 神经病学。 **neurological** *a.* berkenaan saraf. 神经病学上的。 **neurologist** *n.* ahli neurologi; ahli kaji saraf. 神经病学家；神经病科医师。

**neurosis** *n.* (pl. *-oses*) neurosis; sejenis sakit saraf atau gila. 神经机能病；精神神经病。

**neurotic** *a.* gila; sakit otak. 神经机能病的；神经官能症的；神经质的。 —*n.* orang gila; orang yang sakit otak. 神经(官能)症患者；精神(神经)病患者；神经质者。 **neurotically** *adv.* secara gila. 精神病似地；神经质地。

**neuter** *a.* (perkataan) bentuk neutral iaitu tidak bersifat jantan atau betina; (tumbuhan) tidak ada alat kelamin; (binatang) mandul. (词语)中性的;(植物)无性的;(动物)无生殖器的。—*n.* neuter. 中性词;无性植物(或动物)。—*v.t.* mengasi; mengembiri. 阉割。

**neutral** *a.* neutral; berkecuali; tidak mempunyai sifat atau ciri tertentu. 中立的;(特点)中庸的;不引起变化的。—*n.* berkecuali. 中立。~ **gear** gear neutral. (指齿轮机械)空档的;不传动的。**neutrally** *adv.* secara berkecuali. 中立地。**neutrality** *n.* pengecualian. 中立;中立地位。

**neutralize** *v.t.* meneutralkan. 使中立化;中和。**neutralization** *n.* neutralisasi; peneutralan. 中立化;中立状态;中和作用。

**neutron** *n.* neutron. 中子。~ **bomb** bom neutron. 中子弹;中子辐射武器。

**never** *adv.* tidak pernah; tidak; (*colloq.*) tidak akan. 从不;从未;绝不。~ **mind** tidak apalah. 没事儿;没关系。~-**never** *n.* (*colloq.*) sewa beli. 分期付款制。

**nevermore** *adv.* tidak lagi. 不再。

**nevertheless** *adv. & conj.* walaupun begitu; namun begitu. 尽管如此;不过;仍然。

**new** *a.* (-*er*, -*est*) baru; baharu. 新的。—*adv.* baru-baru ini. 最近。~ **moon** anak bulan; bulan sabit. 新月。**New Testament** (*lihat* testament. 见 **testament**。) **New World** Benua Amerika. 新大陆(尤指美国)。~ **year** tahun baru. 新年。**New Year's Day** Hari Tahun Baru; 1 Januari. 新年的第一天。**New Year's Eve** Menjelang Tahun Baru; 31 Disember. 除夕。

**newcomer** *n.* pendatang baru. 新人;刚加入者。

**newel** *n.* kepala tangga. 楼梯端柱。

**newfangled** *a.* sesuatu cara baru yang tidak berapa disukai. 刚被采用(因此不受欢迎)的;新流行的。

**newly** *adv.* baru. 新近;最近。~-**wed** *a. & n.* pengantin baru. 新婚的人。

**news** *n.* berita. 新闻。

**newsagent** *n.* penjual surat khabar. 报刊经销商;报刊代理人。

**newscast** *n.* (siaran) berita. 新闻广播。

**newscaster** *n.* pembaca atau penyampai berita. 新闻广播员。

**newsletter** *n.* surat berita. 时事通讯。

**newspaper** *n.* surat khabar; akhbar. 报;报章。

**newsprint** *n.* kertas akhbar. (印报刊用的)新闻纸;白报纸。

**newsreader** *n.* pembaca atau penyampai berita. (报章的)读者;新闻报导员。

**newsreel** *n.* filem berita. 新闻影片。

**newt** *n.* neut; sejenis cicak kecil; bengkarung air. 蝾螈。

**next** *a.* hampir; dekat. 其次的;下一个的。—*adv. & n.* berikutnya; kemudian. (紧接在后的人或事物)下一个。~ **best** yang kedua baik. 仅次于最好的。~ **door to** hampir. 贴近。~ **of kin** waris. 最近的亲戚。~ **world** alam baka. 来世。

**nexus** *n.* (*pl.* -*uses*) neksus (yang berangkai). (一系列的东西)连结;联系。

**nib** *n.* mata pena. (钢笔等)笔尖。

**nibble** *v.t./i.* mengunggis. 一点一点地咬;啃;轻咬。—*n.* pengunggisan. (一点一点地)咬;啃。**nibber** *n.* orang yang suka mengunggis. 喜欢轻咬的人。

**nice** *a.* (-*er*, -*est*) bagus; baik; elok; cermat; rapi; tertib; cerewet (tentang makanan, pakaian, dll.). 很好的;精细的;严谨的;(衣著食物等)讲究的;挑剔的。

**nicely** *adv.* dengan bagus; dengan baik; dengan elok. 合适地;精细地。**niceness** *n.* kebagusan; kebaikan; keelokan. 美;好;精细。

**nicety** *n.* kerapian; ketelitian. 拘泥细节;精确。**to a** ~ tepat; betul-betul; tak ubah. 正确地;恰到好处。

**niche** *n.* celah; ceruk; relung; tempat yang sesuai (kiasan). 壁龛(墙壁凹处);角落;凹处;(喻)适当的位置;适当的职务。

**nick** *n.* luka; takik; (*sl.*) balai polis; penjara. 伤痕;缺口;警察局;监牢。—*v.t.* menakik; (*sl.*) mencuri; (*sl.*) menangkap. 在…上刻痕记;偷;骗;逮捕。 **in good ~** (*colloq.*) dalam keadaan baik. 情况良好。 **in the ~ of time** tepat pada waktunya. 在紧要关头;在关键时刻。

**nickle** *n.* nikel; tembaga putih; (*A.S.*) duit syiling lima sen. 镍;(美国的)五分镍币。

**nickname** *n.* gelaran. 绰号;浑名。—*v.t.* menggelarkan. 给某人起绰号。

**nicotine** *n.* nikotin; sejenis madat yang terdapat dalam tembakau. 尼古丁(烟叶中一种毒性成分)。

**niece** *n.* anak saudara perempuan. 侄女;外甥女。

**niggardly** *a.* kedekut; bakhil. 吝啬的;一毛不拔的。 **niggard** *n.* orang yang kedekut. 吝啬鬼;小气鬼。

**niggle** *v.i.* memberi perhatian kepada perkara remeh-temeh. 为小事操心;吹毛求疵。

**nigh** *adv. & prep.* dekat; hampir. 近;靠近。

**night** *n.* malam. 夜晚;晚上。 **~-life** *n.* hiburan malam. 夜生活。 **~-light** *n.* lampu kecil di bilik tidur yang dipasang sepanjang malam. 通宵灯。 **~-watchman** *n.* jaga malam. 守夜。

**nightcap** *n.* sejenis topi lembut dipakai ketika tidur; minuman terakhir sebelum masuk tidur. 睡觉时戴的睡帽;睡前酒。

**nightclub** *n.* kelab malam. 夜总会。

**nightdress** *n.* baju tidur. (妇女及小孩的)睡袍;睡衣。

**nightfall** *n.* senja kala. 傍晚;黄昏。

**nightgown** *n.* gaun tidur. 睡袍。

**nightie** *n.* (*colloq.*) gaun tidur. 睡袍。

**nightingale** *n.* burung bulbul. 夜莺。

**nightjar** *n.* burung tukang. 欧夜鹰。

**nightly** *a. & adv.* setiap malam 每夜的(地);在夜里的(地)。

**nightmare** *n.* igauan; mimpi buruk; (*colloq.*) pengalaman yang menakutkan. 梦魇;恶梦;难忘的可怕经验。

**nightshade** *n.* sejenis tumbuhan yang buahnya beracun. 龙葵(一种结有毒果实的植物)。

**nightshirt** *n.* baju labuh lelaki yang dipakai untuk tidur. 男睡衣。

**nihilism** *n.* faham nihilis; nihilisme; penolakan semua prinsip agama dan moral. 虚无主义;否定社会上一切宗教及道德等观念的思想。 **nihilist** *n.* nihilis. 虚无主义者。 **nihilistic** *a.* berkenaan nihilis. 虚无主义的。

**nil** *n.* kosong. 零;无。

**nimble** *a.* (*-er, -est*) pantas; gesit. 敏捷的;机警的。 **nimbly** *adv.* dengan pantas (gesit). 敏捷地。

**nimbus** *n.* (pl. *-bi.*) halo; lingkaran cahaya. 光环;(环绕日月的)晕;光圈。

**nimby** *abbr.* tidak di kawasan belakang rumah saya. (缩写)不在我家后院。

**nincompoop** *n.* si tolol; si bahlul. 愚人;傻瓜。

**nine** *a. & n.* sembilan (9, IX). 九(的)。 **ninth** *a. & n.* kesembilan. 第九(的)。

**ninepins** *n.* sejenis permainan seperti boling yang mempunyai sembilan objek. 九柱戏(一种以滚球撞击九根木柱的游戏)。

**nineteen** *a. & n.* sembilan belas (19, XIX). 十九(的)。 **nineteenth** *a. & n.* kesembilan belas. 第十九(的)。

**ninety** *a. & n.* sembilan puluh (90, XC). 九十(的)。 **ninetieth** *a. & n.* kesembilan puluh. 第九十(的)。

**ninja** *n.* ninja; ahli sistem pertahanan diri Jepun. 日本的忍者。

**ninny** *n.* (orang yang) bodoh. 笨蛋;傻子。

**nip**[1] *v.t./i.* (pt. *nipped*) memicit; mencubit; menggigit (dengan gigi depan); menggigit-gigit (tentang angin); (*sl.*) pergi dengan cepat. 夹；捏；咬；（寒风等）刺骨；一溜烟地跑掉。—*n.* cubitan; gigitan. 捏；咬。

**nip**² *n.* seteguk minuman keras. （酒）一口；少量。

**nipper** *n.* (*colloq.*) kanak-kanak kecil; sepit (berkenaan udang, dll.); (*pl.*) penyepit (alat). 小孩子；（蟹、虾等的）螯；钳子；镊子。

**nipple** *n.* puting. 乳头；（奶瓶上的）橡皮奶头。

**nippy** *a.* (*-ier, -iest*) (*colloq.*) pantas; gesit; menggigit-gigit (tentang angin). 敏捷的；迅速的；（寒风）刺骨的。

**nirvana** *n.* nirwana; puncak nikmat yang tercapai oleh rohani mengikut kepercayaan agama Hindu dan Buddha. （佛教、印度教）借融入最高之精神体而寂灭之境界；涅槃。

**nisi** *a.* decree ~ dekri nisi; perjanjian untuk penceraian jika tidak ada halangan dalam tempoh tertentu. 在指定日子前不提出反对理由就即行生效的离婚案的判决。

**nit** *n.* telur kutu. （虱等的）卵。

**nitrate** *n.* nitrat. 硝酸盐。

**nitre** *n.* niter. 硝石；硝酸钠。

**nitric** *a.* ~ acid asid nitrik. 硝酸。

**nitrogen** *n.* nitrogen. 氮；氮气。**nitrogenous** *a.* bernitrogen. 氮气的。

**nitroglycerine** *n.* nitrogliserin; sejenis bahan peledak. 硝化甘油；甘油三硝酸脂。

**nitrous oxide** nitrus oksida; gas yang digunakan sebagai anestetik. 一氧化二氮；（可作麻醉药的）笑气。

**nitty-gritty** *n.* (*sl.*) butir-butir. 事情的基本事实；细节。

**nitwit** *n.* (*colloq.*) pandir; orang bodoh. 笨人；傻瓜。

**nix** *n.* (*sl.*) penolakan. 拒绝。

**no** *a.* bukan. 不；无；没有。—*adv.* bukan; tidak. 不；非。—*n.* (pl. *noes*) tidak; tidak menyokong (berkenaan undi). 否定；（投票）反对。~-**ball** *n.* pukul curi (dalam permainan bola). （板球）不合规则的投球。~-**go area** kawasan larangan. 禁区。~ **man's land** tanah yang tidak dimiliki oleh sesiapa pun. 荒地；天主土地。~ **one** tak siapa pun; tidak ada orang. 没有人；无人。~ **way** (*colloq.*) mustahil. 决不；一点也不。

**No.** atau **no.** *abbr.* **number** nombor. （缩写）号码。

**nob**¹ *n.* (*sl.*) orang kelas atasan. 上流社会的人。

**nob**² *n.* (*sl.*) kepala. 头。

**nobble** *v.t.* (*sl.*) menipu. 诈骗；骗取。

**nobility** *n.* sifat mulia; kaum bangsawan. 高贵；高尚；贵族。

**noble** *a.* (*-er, -est*) bangsawan; mulia (tentang sifat). 高贵的；（举止）高尚的；崇高的。—*n.* kaum bangsawan. 贵族。**nobly** *adv.* dengan hati mulia. 高贵地；高尚地。**nobleness** *n.* kemuliaan. 高贵；高尚；崇高。

**nobleman, noblewomen** *ns.* (pl. *-men, -women*) bangsawan. 贵族。

**nobody** *pron.* tidak ada orang. 没有人；无人。—*n.* orang yang tidak masuk kira. 不重要的人。

**nocturnal** *a.* (berkenaan) malam. 夜的；夜间发生的。**nocturnally** *adv.* pada waktu malam. 在夜里地。

**nocturne** *n.* gubahan muzik yang mengkhayalkan. 夜曲；梦幻曲。

**nod** *v.t./i.* (p.t. *nodded*) mengangguk. 点头（表示同意）。—*n.* anggukan. 点头。

**noddle** *n.* (*colloq.*) kepala; otak. 头；脑袋。

**node** *n.* nodus; nod; ruas. 节；结；瘤。

**nodule** *n.* nodul; bintil. 小结节；小瘤；结。

**Noel** *n.* Krismas; Hari Natal. 圣诞节。

**noggin** *n.* sukatan bagi alkohol, biasanya suku pain. 酒精饮料容量单位（常指 1/4品脱）；一小杯。

**Noh** *n.* drama tradisional Jepun. 能剧（日本传统戏剧）。

**noise** *n.* bunyi bising. 声音；噪音。— *v.t.* menghebohkan (khabar angin, dll.). 谣传。 **noiseless** *a.* diam; tidak berbunyi. 非常安静的；没声音的。

**noisome** *a.* sangat busuk; memualkan. 恶臭的；不卫生的。

**noisy** *a.* (*-ier, -iest*) bising. 嘈杂的；喧闹的。 **noisily** *adv.* dengan bising. 吵闹地。 **noisiness** *n.* kebisingan. 吵闹；喧闹。

**nomad** *n.* nomad; suku kaum yang mengembara dan berpindah-randah. 游牧者；流浪者；游牧民族。 **nomadic** *a.* berpindah-randah. 游牧的；流浪的。

*nom de plume* nama samaran. 笔名。

**nomenclature** *n.* tatanama; nomenklatur. 名称；术语。

**nominal** *a.* namaan; nominal; kecil (tentang bayaran). 名义上的；名字的；(所支付款项) 微不足道的。**~ value** nilai nominal. 票面价值。 **nominally** *adv.* secara nominal. 名义上地。

**nominate** *v.t.* melantik; mencalonkan. 任命；提名；推荐。 **nomination** *n.* perlantikan; pencalonan. 任命；提名。 **nominator** *n.* pelantik; pencalon. 提名人；推荐人。

**nominative** *n.* nominatif. 主格。

**nominee** *n.* orang yang dicalonkan. 被提名者；被推荐者。

**non-** *pref.* bukan. (前缀) 表示"不"；非-；不-。

**nonagenarian** *n.* orang berumur 90-an. 90或90多岁的人。

**nonce** *n.* masa kini. 现时；目前。

**nonchalant** *a.* selamba; acuh tak acuh. 不关心的；若无其事的。 **nonchalantly** *adv.* dengan selamba. 若无其事地；冷淡地。 **nonchalance** *n.* perihal acuh tak acuh. 不关心；若无其事。

**non-commissioned** *a.* tidak bertauliah. 无委任状的；无官衔的。

**noncommittal** *a.* tidak membayangkan pendapat sendiri; tidak memihak. 不表明意见的；不偏袒任何一方的；中立的。

*non compos mentis* gila. 精神上不宜处理事务的。

**nonconformist** *n.* orang yang tidak akur. 不遵照准则的人。 **Noconformist** ahli mazhab Protestan yang memisahkan diri daripada ajaran-ajaran mazhab Anglican. (英国) 不信奉国教的新教徒。

**nondescript** *a.* tidak mudah diperikan; tidak menarik. 难以归类的；形容不出的；不吸引的。

**none** *pron.* tiada; seseorang pun tidak. 没(人或事物)；全无。—*adv.* sama sekali tidak. 决不；绝不；毫不。

**nonentity** *n.* orang yang tidak penting. 无足轻重的人。

**non-event** *n.* sesuatu acara yang dijangka membawa erti tetapi terjadi di sebaliknya. 大肆张扬但效果却令人大失所望的事情；雷声大、雨点小的事情。

**nonplussed** *a.* hairan; bingung. 不知所措的；迷惑的。

**nonsense** *n.* karut; cakap kosong. 胡说；废话。 **nonsensical** *a.* yang karut; yang bukan-bukan. 荒谬的；胡说的。

*non sequitur* rumusan yang berlainan daripada bukti yang ada. (逻辑学中) 不根据前提的推理。

**non-starter** *n.* kuda yang didaftarkan dalam sesuatu perlumbaan tetapi tidak turut berlumba; orang, buah fikiran, dsb. yang tidak guna dipertimbangkan untuk sesuatu tujuan. 已报名但却临时退出竞赛的马匹；不切实际的思想。

**non-stop** *a. & adv.* tidak berhenti-henti; terus-menerus; ekspres (berkenaan kereta api, dll.). 不停的 (地)；不断的；(火车等) 直达的 (地)。

**nonsuch** *n.* orang atau sesuatu yang tidak ada tolok bandingnya atau yang unggul. (人或物) 无以匹敌；独一无二。

**noodles** *n.pl.* mi. 面条。

**nook** *n.* sudut; tempat tersembunyi. 角落；隐匿处。

**noon** *n.* tengah hari; pukul 12 tengah hari. 中午;正午12点。

**noose** *n.* gelung; jerat. 活结;套索。

**nor** *conj. & adv.* mahupun. 既不…也不…。

**Nordic** *a.* Nordik; bangsa berambut perang dan bermata biru. 金发蓝眼的北欧人的。

**norm** *n.* norma; kebiasaan. 准则;规范。

**normal** *a.* biasa; normal. 正常的。**normally** *adv.* biasanya; lazimnya; secara normal. 通常地;一般上地。**normality** *n.* keadaan biasa. 正常情况。

**Norman** *a. & n.* bangsa Norman. 诺曼人(的)。

**Norse** *a. & n.* Norse (bahasa Norway kuno dan Skandinavia). 古挪威及斯堪的纳维亚的语言(的)。**Norseman** *n.* (pl. *-men*) bangsa Norse. 古代挪威人;古代斯堪的纳维亚人。

**north** *n.* utara. 北;北方。—*a.* di utara; (angin) dari utara. 在北方的;(风)来自北方的。—*adv.* ke hala utara. 向北。**~-east** *n.* timur laut. 东北。**~-easterly** *a. & n.* menghala ke timur laut. 东北(的)。**~-eastern** *a.* timur laut. 东北的。**~-west** *n.* barat laut. 西北。**~-westerly** *a. & n.* menghala ke barat laut. 西北(的)。**~-western** *a.* barat laut. 西北的。

**northerly** *a.* menghala atau bertiup ke utara. 向北的。

**northern** *a.* di utara; yang berkenaan dengan utara. 在北方的;北方的。

**northerner** *n.* orang utara. 北方人。

**northernmost** *a.* paling utara. 最北的。

**northward** *n.* arah utara. 向北的;朝北的。**northwards** *adv.* sebelah utara. 向北。

**Norwegian** *a. & n.* bangsa dan bahasa Norway. 挪威人(的);挪威语(的)。

**Nos.** atau **nos.** *abbr.* **numbers** nombor. (缩写)号码。

**nose** *n.* hidung; muncung (bahagian depan sesuatu benda, seperti tiub). 鼻子。—*v.t./i.* menghidu-hidu (ketika mencari sesuatu); maju dengan berhati-hati. 嗅;小心地向前推进;谨慎地前进。

**nosebag** *n.* beg berisi makanan kuda yang disangkutkan pada leher kuda. 马粮袋。

**nosebleed** *n.* hidung berdarah. 流鼻血。

**nosedive** *n.* junam (seperti kapal terbang). (飞机的)俯冲;急降。—*v.i.* menjunam. (指飞机)俯冲。

**nosegay** *n.* seikat bunga. 花束(尤指有香味的花)。

**nosey** *a. lihat* **nosy**. 见 **nosy**。

**nostalgia** *n.* nostalgia; kenangan lama. 思乡病;怀旧。**nostalgic** *a.* nostalgia. 思乡病的;怀旧的。**nostalgically** *adv.* dengan nostalgia. 怀旧地。

**nostril** *n.* lubang hidung. 鼻孔。

**nostrum** *n.* (pl. *-ums*) ubat palsu; ubat tiruan. 假药;伪造药品(尤指庸医等开的药)。

**nosy** *a.* (*-ier, -iest*) (*se.*) suka ambil tahu hal orang. 多事的;爱管闲事的。**nosily** *adv.* dengan cara suka mengambil tahu hal orang. 爱管闲事地。**nosiness** *n.* sikap suka ambil tahu hal orang. 爱管闲事。

**not** *adv.* bukan; tidak. 不;没。

**notability** *n.* orang kenamaan. 名人。

**notable** *a.* ternama; penting. 著名的;显著的。—*n.* orang yang ternama atau penting. 重要人物。**notably** *adv.* yang ternama; yang penting. 著名地;显著地;格外地。

**notary public** *n.* notari awam; orang yang diberi kuasa menjadi saksi dalam upacara menandatangani sesuatu dokumen. 公证人。

**notation** *n.* notasi; sistem simbol yang digunakan dalam muzik, dsb. 符号;(音乐等的)记号法;记谱法。

**notch** *n.* takik; takuk (berbentuk v). 缺口;(V形)切口。—*v.t.* menakik; menakuk. 在…上作缺口;在…上作v形切口。**~ up** memperoleh. 得到;达。

**note** *n.* nota; catatan; surat pendek; pengakuan akan bayar (hutang); wang kertas;

not (muzik); tanda perhatian. 笔记；摘记；便条；借据；纸币；音符；备忘录。 —*v.t.* memerhatikan; menumpukan perhatian; mencatat. 注意；特别留意；记下。

**notebook** *n.* buku nota; buku catatan. 笔记本。

**notecase** *n.* dompet. 皮夹子；钱夹。

**noted** *a.* terkenal. 著名的；知名的。

**notepaper** *n.* kertas nota; kertas catatan. 便条纸。

**noteworthy** *a.* patut diberi perhatian. 值得重视的。

**nothing** *n.* tiada apa-apa; kosong; benda atau orang yang tidak bererti. 没什么；空无一物；毫无意义的人（事物）；微不足道的事（物）。 —*adv.* bukan; sama sekali tidak. 决不；毫不。

**nothingness** *n.* ketiadaan; perihal tidak berguna. 空无；不存在。

**notice** *n.* amaran; notis pemberitahuan; perhatian; pengumuman (dalam akhbar). 警告；通知；告示；(报章上的) 布告。 —*v.t.* mengerti; memberitahu. 注意到；告知。 ~-**board** *n.* papan notis. 布告板。 **take** ~ menaruh minat. 提高警惕。 **take no** ~ (**of**) usah pedulikan. 不理会；不注意。

**noticeable** *a.* dapat dilihat. 显明的；易见的。 **noticeably** *adv.* secara dapat dilihat. 显然地。

**notifiable** *a.* yang harus dilaporkan atau diberitahukan. 应报告的；应通知的。

**notify** *v.t.* memberitahu. 通知。 **notification** *n.* pemberitahuan. 通知。

**notion** *n.* anggapan; fahaman; pengertian. 主张；见解；意见。

**notorious** *a.* terkenal (jahatnya). (臭名) 昭彰的；声名狼藉的。 **notoriously** *adv.* terkenal (jahat). 昭彰地；无法无天地。

**notoriety** *n.* perihal terkenal kerana jahatnya; nama buruk. 恶名；臭名。

**notwithstanding** *prep.* meskipun; sekalipun. 虽然；尽管。 —*adv.* walaupun. 仍；还。

**nougat** *n.* gula-gula nougat. 杏仁糖。

**nought** *n.* kosong; sifar. 零；无。

**noun** *n.* kata nama. 名词。

**nourish** *v.t.* menyuburkan (berkenaan badan); memupuk (berkenaan perasaan). 滋养（身体）；怀抱（感受、情绪等）。

**nourishment** *n.* makanan penyubur. 营养食品。

**nous** *n.* (*colloq.*) akal. 机智；常识。

**nova** *n.* (pl. -*ae*) nova; bintang yang tiba-tiba lebih bergemerlap untuk sekejap masa sahaja. 新星。

**novel** *n.* novel. 长篇小说。 —*a.* baru. 新的；新颖的。

**novelette** *n.* novel pendek. 中篇小说。

**novelist** *n.* novelis; penulis novel. 小说家。

**novelty** *n.* keanehan; sesuatu yang baru. 奇异；新奇的东西。

**November** *n.* November. 十一月。

**novena** *n.* upacara sembahyang khas selama sembilan hari berturut-turut di gereja Roman Katolik. 天主教连续9天的祈祷仪式。

**novice** *n.* orang baru; orang yang belum berpengalaman; orang yang masih mentah; orang yang baru diterima menjadi rahib. 新手；初学者；生手。 **noviciate** *n.* tempoh ketika menjadi rahib pelatih. 见习期；做见习修道士或修女之阶段。

**now** *adv.* sekarang; kini. 现在；当今。 —*conj.* kerana; lantaran. 既然；由于。 —*n.* sekarang; kini. 现在；此刻。 ~ **and again** kadang-kadang. 有时候；偶尔。 ~ **and then** sekali-sekala. 时而…时而。

**nowadays** *adv.* sekarang ini. 现今；现在。

**nowhere** *adv.* di mana-mana pun tidak. 什么地方都不。

**noxious** *a.* beracun. 有毒的；有害的；不卫生的。

**nozzle** *n.* nozel; mulut atau muncung paip. 喷嘴；鼻子；管嘴。

**nuance** *n.* nuansa; perbezaan yang halus. （感情、颜色等的）细微差别。

**nub** *n.* ketul; bonjol kecil; punca (berkenaan sesuatu perkara atau masalah). (煤等的)节；瘤；(事情、问题等)核心。

**nubile** *a.* yang sudah boleh kahwin. (女子)已达适婚年龄的。

**nuclear** *a.* nuklear. 核子。

**nucleus** *n.* (pl. *-lei*) nukleus. 核心。

**nude** *a.* telanjang; bogel. 赤裸裸的；裸体的。—*n.* lukisan atau gambar bogel. 裸体画。 **nudity** *n.* kebogelan; ketelanjangan. 赤裸。

**nudge** *v.t.* menyiku. (暗示、引起注意时)用肘轻推。—*n.* perbuatan menyiku. 轻推。

**nudist** *n.* nudis; orang yang percaya bahawa berbogel itu baik untuk kesihatan. 裸体主义者。 **nudism** *n.* fahaman bahawa berbogel itu baik untuk kesihatan. 裸体主义。

**nugatory** *a.* tidak berguna; remeh. 没用的；琐碎的。

**nugget** *n.* bingkah; bongkah; tongkol (emas). 小块；矿块；金块。

**nuisance** *n.* pengacau. 恼人的人或事物；麻烦事情。

**nuke** *n.* (*colloq.*) senjata nuklear. 核子武器。—*v.t.* (*colloq.*) membinasa dengan senjata nuklear. 用核子武器攻击。

**null** *a.* batal (tidak mempunyai kuasa dari segi undang-undang). 无效的；失效的。 **nullity** *n.* kebatalan. 无效；无效行为；(合同等的)取消。

**nullify** *v.t.* menjadikan tidak sah; membatalkan. 作废；使无效；废除。 **nullification** *n.* pembatalan. 无效；作废。

**numb** *a.* kebas; kaku. 麻木的；麻痹的；僵硬了的。—*v.t.* menyebabkan jadi kaku. 使麻木。 **numbly** *adv.* dengan kebas; dengan kaku. 麻木地。 **numbness** *n.* rasa kebas; rasa kaku. 麻木的感觉。

**number** *n.* nombor; angka; bilangan; jumlah. 号码；数字；总数。—*v.t.* mengira; membilang; berjumlah. 计有；总共。 **~ one** (*colloq.*) dirinya (sendiri). 自我；自身利益。 **~plate** *n.* plat nombor. 门牌；(汽车等的)号码；牌照。

**numberless** *a.* tidak terkira, terbilang, terhitung (banyaknya). 不计其数的。

**numeral** *n.* angka. 数字。

**numerate** *a.* yang mempunyai fahaman asas terhadap sains dan matematik. 有思维能力的；识数的；有计算能力的。 **numeracy** *n.* kefahaman asas terhadap sains dan matematik. 识数；计算能力。

**numeration** *n.* pembilangan; pengiraan; pengangkaan. 计算；读数法。

**numerator** *n.* pengangka; pembilang. 分数中的分子；计算者。

**numerical** *a.* berkenaan angka; berangka. 数字的；数值的。

**numerous** *a.* banyak. 许多的；众多的。

**numismatics** *n.* ilmu numismatik; ilmu kaji duit syiling. 钱币学；古钱学。 **numismatist** *n.* ahli numismatik; pengkaji duit syiling. 钱币学家；钱币研究家。

**nun** *n.* rahib perempuan. 修女；尼姑。

**nuncio** *n.* (pl. *-os*) wakil Paus (Pope). 罗马教皇的使节。

**nunnery** *n.* biara untuk rahib perempuan. 女修道院；尼姑庵。

**nuptial** *a.* nuptial; berkenaan dengan perkahwinan. 婚姻的；婚礼的。 **nuptials** *n.pl.* perkahwinan; pernikahan. 婚礼。

**nurse** *a.* jururawat; pengasuh (khas untuk menjaga anak-anak kecil). 护士；看护；(专门看顾小孩的)保姆。—*v.t./i.* merawat; bekerja sebagai jururawat. 看护；当护士。 **nursing home** rumah sakit atau rumah penjagaan persendirian. 私人看护所。

**nursemaid** *n.* gadis yang ditugaskan menjaga kanak-kanak. 照管儿童的年轻保姆。

**nursery** *n.* bilik untuk kanak-kanak; tapak semaian. 托儿所；育儿室。 **~ rhyme** puisi kanak-kanak. 儿歌；童谣。 **~ school** taman didikan kanak-kanak (tadika). 幼儿园。 **~ slopes** cerun yang sesuai untuk orang yang baru mula belajar main ski. 供初学滑雪者练习的缓坡。

**nurseryman** *n.* (pl. *-men*) pekerja tapak semaian. 园丁；花圃工。

**nurture** *v.t.* mengasuh; mendidik; memelihara. 培育；教养；养育。—*n.* asuhan; didikan; pemeliharaan. 培养；教养；养育。

**nut** *n.* kekeras (buah); nat (alat); (*sl.*) gila. 坚果；螺母；螺帽；疯子。

**nutcrackers** *n.pl.* kacip. 桃核夹子。

**nuthatch** *n.* sejenis burung yang kecil. 鹥鸟；五十雀。

**nutmeg** *n.* buah pala. 豆蔻。

**nutria** *n.* bulu binatang yang bernama coypu. 海狸鼠毛皮。

**nutrient** *a. & n.* zat makanan; nutrien. 营养品；营养。

**nutriment** *n.* makanan. 有营养的食物。

**nutrition** *n.* pemakanan; nutrisi. 食物；营养；滋养；营养物。**nutritional** *a.* berkenaan pemakanan. 食物的；营养物的。**nutritionally** *adv.* secara pemakanan. 有营养地。

**nutritious** *a.* berzat; berkhasiat. 有营养的；滋养的。

**nutritive** *a. & n.* makanan berzat atau berkhasiat. (食物) 有营养 (的)；营养物 (的)；滋养品 (的)。

**nuts** *a.* (*sl.*) gila. 神经病的；发疯的。

**nutshell** *n.* kulit kekeras. 坚果外壳。**in a ~** secara ringkas. 简括地说。

**nutty** *a.* penuh dengan kacang; berasa seperti kacang. 多坚果的；坚果般的。

**nuzzle** *v.t.* menggesel-gesel. (用口、鼻等) 擦；触；掘；伸入。

**NW** *abbr.* **north-west** barat laut. (缩写) 西北；西北部。

**nylon** *n.* nilon; kain nilon. 尼龙；耐纶；尼龙织品。

**nymph** *n.* pari-pari; bidadari. 宁芙 (希腊女神)；仙女。

**nymphomania** *a.* nimfomania; gila syahwat (perempuan). 慕男狂的；女子色狂的；花癫的。**nymphomaniac** *n.* orang (perempuan) yang gila syahwat. 慕男狂患者；女子色狂患者。

**N.Z.** *abbr.* New Zealand. (缩写) 纽西兰。

# O

**oaf** *n.* (pl. *oafs*) si bebal. 痴儿；呆子。

**oak** *n.* oak; sejenis kayu keras. 栎树；栎木。**~-apple** *n.* = gall³. 同 gall³。**oaken** *a.* diperbuat daripada kayu oak. 栎木制的。

**O.A.P.** *abbr.* **old-age pensioner** pesara tua. (缩写) 领取养老金者。

**oar** *n.* dayung; pengayuh. 桨；橹。**put one's ~ in** turut campur tangan. 干涉；干预。

**oarsman** *n.* (pl. *-men*) pendayung; pengayuh. 桨手；划桨能手。

**oasis** *n.* (pl. *oases*) oasis; kawasan subur di padang pasir. 沙漠中的绿洲。

**oast** *n.* salai. 烘麦芽等的烘炉。**~-house** *n.* rumah salai. 烤房；烘干窑。

**oatcake** *n.* sejenis kuih dibuat daripada oat. 燕麦饼。

**oaten** *a.* berkenaan atau daripada bijirin oat. 燕麦制的；燕麦的。

**oath** *n.* sumpah. 誓言。

**oatmeal** *n.* tepung oat; warna kuning oat. 燕麦粉；燕麦片；米灰色。

**oats** *n.* pokok oat; oat (bijirin). 燕麦属植物；燕麦。

**obbligato** *n.* (pl. *-os*) obligato (berkenaan dengan muzik). 伴奏；助奏的歌曲。

**obdurate** *a.* degil; keras hati. 顽固的；执拗的。**obdurately** *adv.* dengan degil; dengan keras hati. 顽固地；冷酷地。**obduracy** *n.* kedegilan. 顽固；执拗；冷酷。

**obedient** *a.* patuh; menurut. 顺从的；千依百顺的。**obediently** *adv.* dengan patuh. 顺从地。**obedience** *n.* kepatuhan. 顺从；乖巧。

**obeisance** *n.* sembah sujud. 深深地鞠躬；屈膝行礼；敬礼。

**obelisk** *n.* sejenis tugu peringatan. 埃及的方尖形纪念碑。

**obelus** *n.* (pl. *-li*) penanda yang berbentuk pisau belati yang merujuk kepada sesuatu kumpulan, orang, dsb. （作为团体、个人等的符号用的）剑号；方尖形的石碑。

**obese** *a.* tersangat gemuk; boyak. 过分肥胖的；痴肥的。**obesity** *n.* kegemukan; keboyakan; obesiti. 肥胖症；过度肥胖；痴肥。

**obey** *v.t./i.* mematuhi; menuruti. 服从；听从。

**obfuscate** *v.t.* mengelirukan; menggelapkan. 迷惑；困惑。**obfuscation** *n.* pengeliruan. 迷惑；困惑。

**obituary** *n.* ucapan takziah yang disiarkan (terutamanya dalam akhbar). 讣闻（尤指刊登在报章上者）。

**object**[1] *n.* benda; objek; tujuan; maksud; objek (dalam nahu). 物体；目标；用意；宾语。**no ~** tidak menjadi halangan atau keberatan. 无障碍；不重要。**~ lesson** pengajaran. 实例。

**object**[2] *v.t.* membantah; membangkang. 反对；拒绝。**objector** *n.* pembantah; pembangkang. 反对者。

**objection** *n.* bantahan; bangkangan. 反对；抗议。

**objectionable** *a.* yang tidak disukai; yang tidak menyenangkan. 令人不快的；引起反对的；讨厌的。**objectionably** *adv.* secara tidak disukai; secara tidak disenangi. 反对地；厌恶地。

**objective** *a.* objektif. 目标的；客观的。—*n.* matlamat. 目标；目的。**objectively** *adv.* secara objektif. 客观地。

*objet d'art* (pl. *objets d'art*) barang seni (yang kecil-kecil). 小美术工艺品；古玩。

**objurgate** *v.t.* mengecam. 责骂；谴责；斥责。**objurgation** *n.* pengecaman. 谴责；斥责。

**oblation** *n.* persembahan untuk Tuhan; derma orang warak. 祭品；供物。

**obligate** *v.t.* mewajibkan. 负义务；有责任去做。

**obligation** *n.* kewajipan; obligasi. 职责；义务；责任。**under an ~** termakan budi. 对…有义务；受过…的恩惠。

**obligatory** *a.* wajib; perlu. 有义务的；必须的。

**oblige** *v.t.* memaksa; mewajibkan; berterima kasih. 迫使；使某人负义务；感激。

**obliged** *a.* terhutang budi. 感谢的。

**obliging** *a.* ramah-tamah; suka menolong. 亲切的；恳切的；乐于助人的。

**oblique** *a.* oblik; serong. 斜的；倾斜的；不正当的。**obliquely** *adv.* secara oblik; secara serong. 倾斜地。

**obliterate** *v.t.* membasmi. 消灭；除去。**obliteration** *n.* pembasmian. 消灭；除去。

**oblivion** *n.* kelalaian; keadaan tidak sedar diri. 遗忘；湮没；失去知觉。

**oblivious** *a.* tidak sedar. 健忘的；不知不觉的。**obliviously** *adv.* tanpa disedari. 不知不觉地。**obliviousness** *n.* keadaan tidak sedar. 健忘。

**oblong** *a. & n.* bujur. 椭圆形（的）。

**obloquy** *n.* kecaman. 公开的指责；辱骂。

**obnoxious** *a.* buruk; berperangai yang menimbulkan rasa meluat; menjelikkan. 可憎的；讨厌的；邪恶的。**obnoxiously** *adv.* dengan menjelikkan. 讨厌地；邪恶地。**obnoxiousness** *n.* kejelikan. 讨厌；邪恶。

**oboe** *n.* obo (sejenis alat muzik). 欧巴；双簧管。**oboist** *n.* pemain obo. 吹双簧管的人。

**obscene** *a.* lucah. 猥亵的；淫秽的。**obscenely** *adv.* secara lucah. 猥亵地。**obscenity** *n.* kelucahan. 猥亵。

**obscure** *a.* gelap; kabur; tidak terkenal; samar-samar (berkenaan maklumat atau maksud). 暗的；黑暗的；不出名的；(信息、目的等) 暧昧的。—*v.t.* mengaburkan. 遮蔽；使暗。**obscurity** *n.* kekaburan; hal tidak terkenal. 暗；无名。

**obsequies** *n.pl.* upacara pengebumian. 丧礼；葬礼。

**obsequious** *a.* suka menyembah-nyembah atau mengampu. 奉承的；谄媚的；巴结的。**obsequiously** *adv.* dengan cara menyembah-nyembah atau mengampu. 巴结地。

**observable** *a.* dapat dilihat. 看得见的；观察得出的。**observably** *adv.* yang dapat dilihat. 看得见地；明明白白地。

**observance** *n.* amalan mengikut undang-undang, adat atau perayaan. (法律、习俗或礼仪等的) 遵守。

**observant** *a.* tajam daya pemerhatian. 善于观察的；观察力强的。

**observation** *n.* pemerhatian; pendapat; tinjauan. 观察；意见；(侦察等的) 结果。

**observatory** *n.* balai cerap; bangunan untuk memerhati bintang-bintang dan keadaan cuaca. 观察台；瞭望台；天文台；气象台。

**observe** *v.t.* memerhati; mencerap; meraikan (sesuatu upacara); menyatakan. 注意；观察；庆祝 (节日等)；说。**observer** *n.* pemerhati. 观察者；奉行者。

**obsess** *v.t.* terlalu memikirkan sesuatu; menggangui; menggoda; menghantui. 困扰；缠扰；(恐惧感、魔鬼等) 缠住心思。

**obsession** *n.* keadaan terlalu memikirkan sesuatu; sesuatu yang kerap menghantui fikiran. 摆脱不了的困扰；着魔。

**obsessive** *a.* tentang, menyebabkan atau menunjukkan keadaan terlalu memikirkan sesuatu. 关于、引起或存着成见的。

**obsessively** *adv.* secara keterlaluan; dengan berlebihan. 有成见地；执迷不悟地。

**obsolescent** *a.* usang. 陈旧的；逐渐被废弃的。**obsolescence** *n.* keusangan. 陈旧；过时。

**obsolete** *a.* usang; kuno. 作废的；过时的。

**obstacle** *n.* halangan; rintangan. 障碍；障碍物。~ **race** lumba berhalang. 障碍赛跑。

**obstetrics** *n.* obstetrik (cabang sains yang berkaitan dengan perubatan dan pembedahan ketika bersalin). 产科术；助产术。**obstetric, obstetrical** *adjs.* berkenaan obstetrik. 产科的；助产的。**obstetrician** *n.* ahli obstetrik. 产科医生。

**obstinate** *a.* degil; keras kepala. 顽固的；固执的。**obstinately** *adv.* secara degil; secara keras kepala. 固执地。**obstinacy** *n.* kedegilan; perihal keras kepala. 固执；顽强。

**obstreperous** *a.* bising; riuh; gamat. 吵闹的；喧嚷的。

**obstruct** *v.t.* menghalang; menyekat. 阻隔；阻挠。**obstructor** *n.* penghalang; penyekat. 阻事者；阻挠者。

**obstruction** *n.* penghalangan (proses); penghalang (benda). (行动、进程的) 阻挠；障碍物。

**obstructive** *a.* yang menghalang; yang menyekat. 阻碍的；妨害的。

**obtain** *v.t./i.* mendapat; memperoleh. 得到；获得。

**obtainable** *a.* dapat; diperolehi. 可获得的；能取得的。

**obtrude** *v.t.* menonjolkan (diri, buah fikiran). 强使别人接受(自己、意见等)。 **obtrusion** *n.* perihal menonjolkan diri. 强迫别人接受的行为。

**obtrusive** *a.* yang suka menonjolkan diri. 强迫人的;强人所难的。 **obtrusively** *adv.* dengan cara menonjolkan diri. 强迫地;强求地。 **obtrusiveness** *n.* sikap suka menonjolkan diri. 强求。

**obtuse** *a.* cakah (berkenaan sudut); bebal; bodoh; dungu (berkenaan orang). (角度)钝的;愚蠢的;呆笨的;(人)迟钝的。 **obtusely** *adv.* secara bebal, bodoh, dungu. 愚笨地;笨拙地。 **obtuseness** *n.* kebebalan; kebodohan; kedunguan. 钝;愚钝。

**obverse** *n.* muka duit syiling yang mempunyai gambar. 钱币的正面(有人头像的一面)。

**obviate** *v.t.* menyebabkan tidak perlu; menghindarkan. 避免;排除;消除。

**obvious** *a.* ketara; jelas; nyata. 明显的;清楚的。 **obviously** *adv.* secara jelas; secara nyata. 明显地;清楚地。

**ocarina** *n.* okarina; alat muzik tiup berbentuk bujur. 奥卡利那笛;一种吹奏乐器。

**occasion** *n.* ketika; saat; waktu; sebab; alasan. 时际;时刻;原因;理由。 —*v.t.* menyebabkan. 引起;致使。 **on ~** kadang-kadang; sekali-sekala. 有时;间或。

**occasional** *a.* kadang-kadang; sekali-sekala. 偶尔的;非经常的。 **occasionally** *adv.* sekali-sekali; kadang-kadang. 偶尔;遇必要时。

**Occident** *n.* Barat; dunia Barat. 西方;西方世界。 **occidental** *a.* bersifat Barat. 西方的。

**Occidental** *n.* orang Barat. 西方人;欧美人。

**occiput** *n.* bahagian belakang kepala. 枕骨。

**occlude** *v.t.* menyekat; menghalang; menutupi. 堵塞;挡住;封闭。

**occlusion** *n.* aklusi; pergerakan udara panas ke atas. 闭合;闭塞;热气上升。

**occult** *a.* ghaib; rahsia. 神秘的;玄奥的;秘传的。

**occupant** *n.* penghuni; penduduk. 居住者;占有者。 **occupancy** *n.* kependudukan; penghunian. 居住;居住期间;占有;占有期间。

**occupation** *n.* pendiaman; pendudukan; rampasan (berkenaan harta benda); pekerjaan. 居住;使用;(财产等)占据;职业。

**occupational** *a.* tentang pekerjaan. 职业的。 **~ therapy** terapi pekerjaan (kegiatan yang diatur untuk membantu seseorang pesakit supaya sembuh daripada penyakit-penyakit tertentu). 工作疗法(让病人从事某一种创造性或生产性的工作来矫正疾病的疗法)。

**occupy** *v.t.* menduduki; merampas (harta, tapak, dll.); menduduki (jawatan, dsb.). 居留;占据(财产、空间等);占(职务等)。 **occupier** *n.* orang yang menduduki. 占有人;居住者;占据者。

**occur** *v.i.* (*p.t.* occurred) berlaku; terjadi. 出现;发生。 **~ to** terfikir oleh. 想到;想起。

**occurrence** *n.* kejadian. 出现。

**ocean** *n.* lautan. 海洋。 **oceanic** *a.* tentang lautan; samudera. 海洋的。

**oceanography** *n.* oseanografi; ilmu kaji samudera. 海洋学。

**ocelot** *n.* binatang seperti harimau bintang yang terdapat di Amerika Selatan dan Amerika Tengah. 南美洲及中美洲的豹猫。

**och** *int.* oh; ah. 噢!(表示惊奇、遗憾、苦恼等的感叹词)

**oche** *n.* garisan sempadan untuk melontar damak ke arah papan damak. (射击、吹矢等)环靶上的环。

**ochre** *n.* warna kuning keperangan. 赭石色;淡黄褐色。

**o'clock** *adv.* pukul (jam, waktu). 点(钟)。

**octagon** *n.* oktagon; bentuk yang mempunyai lapan segi. 八边形;八角形。

**octagonal** *a.* berbentuk oktagon; berbentuk segi lapan. 八边形的；八角形的。

**octahedron** *n.* oktahedron; bongkah bersegi lapan. 八面体。

**octane** *n.* oktana; hidrokarbon yang terdapat dalam petrol. 辛烷。

**octave** *n.* oktaf (berkenaan suara). 八音阶。

**octavo** *n.* (pl. *-os*) perlapan. （纸张、书的）八开；八开本。

**octet** *n.* oktet (lapan alat atau lapan suara). 八重唱；八重奏。

**October** *n.* Oktober. 十月。

**octogenarian** *n.* seseorang yang berumur lapan puluhan. 80多岁的人。

**octopus** *n.* (pl. *-puses*) sotong kurita. 章鱼；八爪鱼。

**ocular** *a.* okulus; okular (berkenaan dengan mata). 眼睛的；视觉上的。

**oculist** *n.* pakar mata. 眼科医生。

**odd** *a.* (*-er*, *-est*) ganjil. 奇怪的；不寻常的。 **oddly** *adv.* secara ganjil. 古怪地；奇怪地。 **oddness** *n.* keganjilan. 奇怪；古怪。

**oddity** *n.* keganjilan; keanehan. 古怪；奇特。

**oddment** *n.* lebihan; sisa. 零头；碎屑。

**odds** *n.pl.* kemungkinan. 可能性；赌注时输赢的差额比率。 **at ~ with** berselisih faham dengan. 争执；不和。 **no ~** tiada perbezaan. 无差距。 **~ and ends** barang-barang kecil dan rencam. 残余；零碎物件。

**ode** *n.* oda; sejenis sajak yang ditujukan khas kepada seseorang atau khas untuk satu-satu peristiwa. 颂词；颂诗。

**odious** *a.* yang menimbulkan rasa benci; menjelikkan. 可憎的；可恨的。 **odiously** *adv.* dengan rasa benci. 厌恶地；讨厌地。 **odiousness** *n.* kejelikan; kebencian. 讨厌；厌恶。

**odium** *n.* rasa benci yang berleluasa terhadap seseorang atau sesuatu tindakan. 反感；憎恨。

**odoriferous** *a.* harum; wangi. 香的；散发香味的。

**odour** *n.* bau. 味道。 **odourous** *a.* berbau. 有味道的。

**odourless** *a.* tanpa bau; tidak berbau. 无气味的；无嗅的。

**odyssey** *n.* (pl. *-eys*) odesi; pengembaraan yang penuh pancaroba. 历尽沧桑的长期流浪。

**oedema** *n.* edema; sembap (lebihan cecair dalam tisu badan); busung (akibat edema). 浮肿；水肿。

**oesophagus** *n.* esofagus; kerongkong. 食道。

**of** *prep.* dari; berasal; tentang; (*colloq.*) semasa. 属于…的；出身于；关于；在…时候。

**off** *adv.* tidak berfungsi; tidak berjalan; busuk; medak (berkenaan makanan). 脱掉；离开；中止；切断；腐坏；（食物）变质。—*prep.* jauh dari; di bawah (berkenaan mutu sesuatu). 离；离开；（水平、品质等）低于…；差于。—*a.* sebelah kanan kuda, kenderaan, dll. （车、马等）右侧的；右边的。 **~ chance** kemungkinan. 不大会有机会；侥幸。 **~ colour** tidak berapa sihat; pucat. 身体不舒服的；精神不好的。 **~-licence** *n.* lesen untuk menjual minuman keras tetapi tidak boleh diminum di tempat jualan. 准许外卖酒类的执照。 **~-load** *v.t.* memunggah. 卸货。 **~-putting** *a.* (*colloq.*) yang menjijikkan. 令人难堪的；令人困窘的。 **~-stage** *a. & adv.* belakang pentas. 幕后的（地）。 **~-white** *a.* putih sejuk. 灰白色的；米色的。

**offal** *n.* ofal; organ yang boleh dimakan daripada binatang yang telah disembelih. 屠宰牲畜后由其体内取出的可食用的内脏。

**offbeat** *a.* luar biasa; aneh. 异常的；古怪的。

**offence** *n.* kesalahan; sesuatu yang menyakitkan hati. 罪；罪过；侮辱。

**offend** *v.t./i.* menyinggung perasaan; melakukan kesalahan. 触犯；得罪。**offender** *n.* orang yang melakukan kesalahan. 犯人；罪犯。

**offensive** *a.* yang menyakitkan hati; yang menjijikkan (berkenaan kelakuan); menyerang (berkenaan senjata); kesat (berkenaan bahasa). 令人讨厌的；攻击性的；无礼的。—*n.* tindakan yang kasar. 进攻行动。**take the ~** menyerang. 采取攻势。**offensively** *adv.* secara menyerang. 唐突地；攻击性地。**offensiveness** *n.* kejijikan. 攻击性。

**offer** *v.t./i.* (p.t. *offered*) membuat tawaran; menawarkan. 提出；开价。—*n.* tawaran. 提议；出价。

**offering** *n.* pemberian; sumbangan; bantuan. 提供；贡献；供品；救济。

**offertory** *n.* kutipan wang waktu sembahyang di gereja. 礼拜时的献金仪式。

**offhand** *a.* begitu sahaja. 无准备的；临时的。—*adv.* dengan begitu sahaja; tanpa difikirkan terlebih dahulu. 立即地；不经思索地。**offhanded** *a.* begitu sahaja. 无准备的。

**office** *n.* pejabat (berkenaan bangunan); jawatan; tugas. 办事处；部门；职位；任务。

**officer** *n.* pegawai. 官员。

**official** *a.* rasmi. 正式的；官方的。—*n.* pegawai. 官员。**officially** *n.* secara rasmi; dengan rasmi. 正式；用职权。

**officiate** *v.i.* merasmikan; menjalankan tugas. 主持（会议）；执行职务。

**officious** *a.* suka mengarah. 爱强行干预的；好管闲事的。**officiously** *adv.* secara suka mengarah. （过分）殷勤地。

**offing** *n.* **in the ~** tidak lama lagi; tidak jauh lagi. 即将来临；在视界范围内。

**offset** *v.t.* (p.t. *-set,* pres.p. *-setting*) mengimbangi. 抵销；弥补。—*n.* cabang; ofset (dalam percetakan). 分枝；侧枝；胶印法。

**offshoot** *n.* cabang; hasil sampingan. 分枝；衍生物。

**offside** *a. & adv.* ofsaid; dalam kedudukan yang salah (dalam permainan bola sepak). （足球）越位的（地）；越位的（地）。

**offspring** *n.* (pl. *-spring*) anak. 子女；子孙；后代。

**oft** *adv.* (*old use*) kerap; sering (kali); selalu. 常常；经常。

**often** *adv.* kerap kali; acap kali; sering kali. 常常地；经常地；再三地。

**ogee** *n.* kumai yang berlengkok seperti bentuk S. S形（曲）线。

**ogle** *v.t.* mengerling; menenung. 向某人送秋波；向某人施媚眼。

**ogre** *n.* bota; gergasi; raksasa. （民间传说、神话等中的）吃人妖魔；巨人。

**oh** *int.* oh. 噢！（表示惊讶、痛苦等的感叹词）

**ohm** *n.* ohm; unit rintangan elektrik. 欧姆；电阻单位。

**oik** *n.* (*sl.*) (orang yang) kurang ajar atau biadab. 乡巴佬；粗鲁的人。

**oil** *n.* minyak. 油。—*v.t.* dilicinkan dengan minyak. 上润滑油。**~-colour, ~-paint** *ns.* cat minyak. 油画颜料；油漆。**~-painting** *n.* lukisan cat minyak. 油画。

**oilfield** *n.* medan minyak; kawasan yang terdapat minyak dalam tanah. 油田。

**oilskin** *n.* sejenis kain berminyak yang kalis air. 油布；防水布。

**oily** *a.* (*-ier, -iest*) berminyak; seperti minyak; licik (berkenaan perangai seseorang). 油腻的；像油般的；油滑的。**oiliness** *n.* keadaan yang berminyak. 油腻。

**O.K., okay** *a. & adv.* (*colloq.*) okey; setuju. 好；对的；行。

**okapi** *n.* (pl. *-is*) okapi; sejenis binatang seakan-akan zirafah, terdapat di Afrika Tengah. 中非洲的类似长颈鹿但颈短且身有条斑的霍加狓。

**okra** *n.* bendir; sejenis tumbuhan yang berasal dari benua Afrika. 非洲的黄秋葵。

**old** *a.* (*-er, -est*) berumur; tua (berkenaan orang); usang (berkenaan benda); kuno; lama. 上了年纪的（人）；陈旧的（事物）。**of ~** dulu. 从前的。**~ age** umur tua; usia lanjut. 老年；晚年。**~-fashioned** *a.* kolot; lapuk. 过时的；老式的。**~ maid** anak dara tua. 老处女。**Old Testament** (*lihat* **testament**. 见 **testament**。) **~-time** *a.* masa lalu. 古时的。**~ wives' tale** cerita karut. 荒诞故事。**Old World** Eropah, Asia dan Afrika. 旧世界（指欧洲、亚洲及非洲）。**oldness** *n.* perihal tua. 陈旧程度。

**olden** *a.* (*old use*) dulu. 古时的；往昔的。

**oldie** *n.* (*colloq.*) orang atau benda lama. 老人；陈旧的东西。

**oleaginous** *a.* berminyak. 油质的；含油的。

**oleander** *n.* oleander; sejenis pokok bunga berasal dari kawasan Mediterranean. 产于欧洲地中海的夹竹桃。

**olfactory** *n.* pembau. 嗅觉；嗅觉器官。

**oligarch** *n.* ahli kumpulan oligarki. 寡头政治集团分子。

**oligarchy** *n.* oligarki; bentuk kerajaan yang kuasanya ada dalam tangan satu golongan kecil. 寡头政治；政经大权全操在小集团手中之政治。

**olive** *n.* buah zaitun; pokok zaitun; hijau zaitun (berkenaan warna). 橄榄；橄榄树；橄榄色。—*a.* hijau zaitun; kuning langsat (berkenaan kulit). 橄榄色的；黄绿色的；黄褐色的。**~ branch** *n.* sesuatu yang diberi atau dilakukan sebagai jalan untuk berdamai. 橄榄枝（和平的象征）。

**Olympian** *a.* tentang Olympus; megah. 奥林匹克的；强有力的。

**Olympic** *a.* **~ Games** Sukan Olimpik. 奥林匹克运动会比赛项目。**Olympics** *n.pl.* Sukan Olimpik. 奥林匹克运动会。

**ombudsman** *n.* (*pl. -men*) ombudsman (pegawai yang dilantik untuk menyelidik rungutan orang ramai tentang salah tadbir pihak berkuasa). 巡视官（专门调查公民对渎职官员所提控告的政府特派员）。

**omega** *n.* omega (huruf terakhir dalam abjad Yunani). 希腊语中最后一个字母。

**omelette** *n.* telur dadar. 煎蛋卷。

**omen** *n.* alamat; petanda. 预兆；征兆。

**ominous** *a.* yang menandakan tidak menyenangkan. 不祥的；不吉利的。

**omit** *v.t.* (*p.t. omitted*) meninggalkan; melalaikan (untuk membuat sesuatu). 删去；有意省去；忽略。**omission** *n.* ketinggalan; pengabaian. 省略；删节；忽略。

**omnibus** *n.* bas; buku pelbagai. 公共汽车；巴士；全集；书籍。

**omnipotent** *a.* Maha Berkuasa. 有无限权力的；全能的。**omnipotence** *n.* perihal Maha Berkuasa. 万能。

**omnipresent** *a.* terdapat di mana-mana; Maha Wujud. 无所不在的。

**omniscient** *a.* yang serba tahu; Yang Maha Mengetahui. 无所不知的；博识的；全知的。**omniscience** *n.* serba tahu. 博识。

**omnivorous** *a.* omnivor. 杂食性的。

**on** *prep.* atas; pada (berkenaan masa); sedang; tentang. 在…上；在（时间）；正在；针对。—*adv.* di; pada; terus; berlangsung. 在（地方）；进行着。**be** atau **keep ~ at** (*colloq.*) berleter. 唠叨。**~ and off** dari semasa ke semasa. 断断续续地；间歇地。

**onager** *n.* keldai liar. 中亚细亚产的野驴。

**onanism** *n.* pelancapan; pengonanian. 交媾中断。

**once** *adv., conj.* & *n.* dulu; sekali; segera; bekas. 上回；一次；一旦；从前。**~ over** *n.* (*colloq.*) melihat sekali pandang. 草草过目。**~ upon a time** pada suatu masa dahulu. 从前。

**oncology** *n.* onkologi; kajian dalam bidang tumor. 肿瘤学。

**oncoming** *a.* datang dari arah hadapan. 迎面而来的。

**one** *a.* satu; se. 一；一个。 —*n.* nombor satu. (数目) 一。 —*pron.* seseorang. 某一个人。 **~ another** satu dengan yang lain. 互相。 **~ day** satu ketika. 有一天；改天。 **~-sided** *a.* berat sebelah. 偏袒的；一面倒的。 **~-upmanship** *n.* cara mengatasi lawan. 胜人一筹。 **~-way street** jalan sehala. 单行道。

**onerous** *a.* membebankan. 繁重的；麻烦的。

**oneself** *pron.* diri sendiri. 自己。

**ongoing** *a.* sedang berlaku. 进行中的。

**onion** *n.* bawang. 洋葱。

**onlooker** *n.* pemerhati. 旁观者；袖手旁观者。

**only** *a.* satu-satunya. 唯一的。 —*adv.* hanya; sahaja. 只；才；仅。 —*conj.* seandainya; kecuali; tetapi. 若非；要不然；除非。 **~ too** amat; sangat. 极；非常。

**onomatopoeia** *n.* onomatopia; perkataan yang meniru bunyi benda yang dimaksudkan. 拟声词。

**onrush** *n.* serbuan. 突击；冲锋。

**onset** *n.* bermulanya; tercetusnya. 开始；开端。

**onslaught** *n.* serangan hebat. 突击；猛袭。

**onus** *n.* kewajipan; tanggungjawab. 义务；责任。

**onward** *adv. & a.* mara; maju. 前进地(的)；向前地(的)。 **onwards** *adv.* ke hadapan; mara; maju. 向前地；前进地。

**onyx** *n.* oniks; batu seperti marmar. 缟玛瑙。

**oodles** *n.pl.* (*colloq.*) bertimbun; banyak; berlambak-lambak. 大量；巨额。

**ooh** *int.* oh. 啊！(表示惊讶、赞美、喜悦等的感叹词)

**oolite** *n.* batu kapur yang berbutir-butir. 鲕石；鲕状岩。

**ooze** *v.t./i.* mengalir perlahan-lahan. 渗出；散发出。 —*n.* lumpur cair. 泥浆；稀泥巴。

**op** *n.* (*colloq.*) pembedahan. 开刀；动手术。

**opacity** *n.* kelegapan. 不透明；不透明性。

**opal** *n.* opal; baiduri; sejenis batu permata. 蛋白石。 **opaline** *a.* beropal. 蛋白石的；乳白的。

**opalescent** *a.* berwarna-warni seperti opal. 乳色的；发乳光的。 **opalescence** *n.* keadaan berwarna-warni. 乳光；蛋白光。

**opaque** *a.* legap. 不透明的。 **opaqueness** *n.* kelegapan. 不透明性；不透明度。

**OPEC** *abbr.* **Organization of Petroleum Exporting Countries** Pertubuhan Negara-negara Pengeksport Minyak. (缩写) 石油输出国组织。

**open** *a.* terbuka; terdedah; mesra (berkenaan perangai). 公开的；敞开的；(品性)爽直的。 —*v.t./i.* membuka; memulakan. 打开；开始；开设。 **in the ~ air** di luar (rumah, bangunan). (房屋、建筑物) 在户外；在露天。 **~-ended** *a.* tidak terhad. 没有固定限制的。 **~-handed** *a.* bermurah hati. 慷慨的；豪爽的。 **~-heart** *a.* (berkenaan pembedahan) pembedahan jantung terbuka. 体外循环心脏手术。 **~ house** rumah terbuka. (宾客可随意来去的) 家庭招待日。 **~ letter** surat terbuka. 公开信。 **~-plan** *a.* tanpa bersekat (dinding, pagar, dsb.). 自由式平面布置的。 **~ secret** bukan rahsia lagi. 公开的秘密。 **~ verdict** keputusan terbuka. 存疑裁决 (指陪审团只确定有罪，但不能确定何人犯罪的裁决)。 **openness** *n.* kemesraan. 宽大；坦白。

**opencast** *a.* (perlombongan) dedah. (采矿厂) 露天的。

**opener** *n.* pembuka (tin, botol, dsb.). 开瓶器；开罐头刀。

**opening** *n.* lubang; permulaan; peluang; kesempatan. 洞；孔；开场；开幕；好机会。

**openly** *adv.* secara terang-terangan. 公开地。

**openwork** *n.* kerawang (berkenaan jahit-menjahit). （薄纱、雕刻等）透雕细工；透孔织品；抽纱、雕花工艺。

**opera** *lihat* **opus**. 见 **opus**。—*n.* opera. 歌剧。**~-glasses** *n.pl.* teropong kecil. 看歌剧用的小望远镜。

**operable** *a.* dapat dibedah. 可开刀的；可施手术的。

**operate** *v.t./i.* beroperasi; memberikan kesan; mengawal fungsi; membedah. 运作；操作；经营；见效；掌管（事物）。

**operatic** *a.* berkenaan atau seperti opera. 歌剧的。

**operation** *n.* operasi; pembedahan (dalam ilmu perubatan). 运作；生效；操作；手术。

**operational** *a.* dapat digunakan; berjalan. 可使用的；操作的。

**operative** *a.* berjalan; yang berkenaan pembedahan. 操作的；手术的。—*n.* operator; pengendali. 操作者；经营者。

**operator** *n.* operator. 操作员；（电话等）接线员。

**operetta** *n.* opereta; opera yang ringkas dan ringan. 轻歌剧。

**ophidian** *a. & n.* spesies dalam keluarga ular. 蛇；属蛇亚目（的）；似蛇的。

**ophthalmia** *n.* oftalmia; radang mata. 眼炎。

**ophthalmic** *a.* oftalmik; yang berkenaan dengan mata. 眼的；眼科的；眼炎的。

**ophthalmology** *n.* oftalmologi; kajian tentang mata dan penyakitnya. 眼科学。
**ophthalmologist** *n.* ahli oftalmologi. 眼科学家；眼科医师。

**ophthalmoscope** *n.* oftalmoskop; alat pemeriksa mata. 检眼镜。

**opiate** *n.* pelali yang mengandungi candu. 含鸦片的麻醉剂；鸦片制剂。

**opine** *v.t.* menyatakan pendapat. 认为；以为；想。

**opinion** *n.* anggapan; pendapat. 见解；意见；看法。

**opinionated** *a.* berkeras memegang pendapat sendiri. 坚持己见的；不易说服的。

**opium** *n.* candu. 鸦片。

**opossum** *n.* sejenis binatang kecil yang berkantung dan berbulu. （产于美洲及澳洲的）负鼠。

**opponent** *n.* lawan. 对手；敌手。

**opportune** *a.* sesuai; baik (berkenaan masa). 恰好的；及时的。**opportunely** *adv.* secara sesuai; dengan layak. 凑巧地；恰好地；适切地。**opportuneness** *n.* kesesuaian. 适宜；好时机。

**opportunist** *n.* oportunis; orang yang mencari kesempatan. 投机分子；机会主义者。**opportunism** *n.* perihal mencari kesempatan. 机会主义。**opportunistic** *a.* bersifat oportunis. 投机的。

**opportunity** *n.* peluang; kesempatan; suasana yang sesuai untuk sesuatu tujuan. 机会；时机。

**oppose** *v.t.* melawan; menentang. 对抗；抗议。

**opposite** *a.* bertentangan. 相对的；相反的；对面的。—*n.* lawan. 对立；对敌。—*adv. & prep.* seberang. 在对面。**one's ~ number** rakan sejawat; orang yang memegang jawatan yang sama tetapi berada dalam kumpulan lain. 在不同的组织或机构内职务对等的人。

**opposition** *n.* tentangan; penentang (berkenaan orang); antagonisme; pembangkang. 对立；敌对；反对者。**the Opposition** Parti Pembangkang. 反对党；在野党。

**oppress** *v.t.* menindas; menekan; dibebani (oleh masalah, dsb.). 压迫；压制；（因问题等而）意志消沉。**oppression** *n.* penindasan; penekanan. 压迫；压制；苦恼。**oppressor** *n.* penindas; penekan. 压迫者；暴君。

**oppressive** *a.* bersifat menindas; menyebabkan rasa lemas; menyesakkan (berkenaan cuaca). 压迫的；暴虐的；闷热的。
**oppressively** *adv.* secara menindas; de-

**opprobrious** / **orchestra**

ngan menekan. 压迫地；压制地。**op-pressiveness** n. perihal meninda s, menekan. 压制行为；暴行。

**opprobrious** a. keji; hina. 表示轻蔑的；辱骂的。

**opprobrium** n. penghinaan. 轻蔑；辱骂。

**oppugn** v.t. mempertikaikan. 对（某事）提出质疑；抨击。

**opt** v.i. memilih. 选择。~ **out** menarik diri. 退出；决定辞职。

**optic** a. optik; berkenaan mata atau penglihatan. 眼的；视力的；视觉的。

**optical** a. optik; beroptik. 眼的；视力的；视觉的；光学的。~ **illusion** maya. 光幻觉；错视。**optically** adv. secara optik. 光学上地；用视力地。

**optician** n. pakar optik; pembuat atau penjual cermin mata. 眼镜师；眼镜制造商。

**optics** n. ilmu optik; kajian tentang penglihatan dan cahaya. 光学。

**optimal** a. optimal; optimum. 最适宜的；最理想的。

**optimism** n. sikap optimis (keyakinan bahawa yang baik akan berlaku). 乐观主义。**optimist** n. optimis (orang yang memandang yang baik sahaja). 乐观主义者。**optimistic** a. optimistik. 乐观的；乐天主义的。**optimistically** adv. secara optimistik. 乐观地；乐天地。

**optimum** a. & n. optimum. 最适条件（的）；最适度（的）。

**option** n. kebebasan hak (memilih); pilihan sendiri; perkara atau benda yang boleh dipilih. 自由（选举）权；选择自由；可选择的事物。

**optional** a. pilihan (tidak diwajibkan). 选择性（非强制性）的。**optionally** adv. secara pilihan. 随意（地）；自由（地）。

**opulent** a. mewah; berlimpah-limpah (berkenaan jumlah). 富裕的；奢侈的；（数量）丰富的。**opulently** adv. dengan mewah. 奢侈地；豪华地。**opulence** n. kemewahan. 富裕；丰富。

**opus** n. (pl. *opera*) opus (karya muzik). （按乐曲发表先后次序编号的）乐曲。

**or** conj. atau; ataupun; jika tidak. 或者；要不然；否则。

**oracle** n. tempat orang Yunani purba memohon petunjuk daripada dewa-dewa; nujum; petunjuk. 古希腊人祈求神谕的神示所；神谕。**oracular** a. bersifat ramalan. 神谕的；神谕似的。

**oral** a. lisan; dengan mulut. 口头的；口述的。—n. (*colloq.*) ujian lisan. 口试。

**orally** adv. secara lisan; dengan mulut. 口头上地；经口述。

**orange** n. limau; oren (buah); warna jingga. 橙；柑橘；橙色。—a. jingga (warna). 橙色的。~**-stick** n. alat yang digunakan untuk menyolek kuku. 指甲签。

**orangeade** n. minuman perasa oren. 橙水；橘子水。

**orang-utan** n. orang utan. 人猿。

**oration** n. pidato. 演说；演讲。

**orator** n. ahli pidato; orang yang berpidato. 演说者；雄辩家。

**oratorio** n. (pl. *-os*) oratorio; gubahan muzik biasanya dengan tema dari kitab Injil. 以基督教《圣经》内容为主题的清唱剧。

**oratory**[1] n. seni pidato. 演说术；雄辩术。**oratorical** a. berkenaan dengan pidato. 演说的。

**oratory**[2] n. bilik sembahyang (bagi orang Kristian). 基督教徒的私人祈祷室。

**orb** n. bulatan. 球体；天体；星球。

**orbit** n. orbit; garis perjalanan bintang. 轨道；星球的运行路线。—v.t./i. (p.t. *orbited*) beredar mengelilingi. 环绕轨道运行。

**orchard** n. dusun; kebun buah-buahan. 果园。

**orchestra** n. orkestra; kumpulan orang yang bermain berbagai-bagai alat muzik. 管弦乐队。**orchestral** a. yang berkenaan dengan orkestra. 管弦乐队的。

**orchestrate** *v.t.* mengorkestrakan; menggubah muzik untuk orkestra; mengatur sesuatu. 把(乐曲)和谐地结合起来;把(乐曲)谱写成管弦乐曲;精心编制。 **orchestration** *n.* pengorkestraan. 管弦乐配器。

**orchid** *n.* orkid; anggerik. 兰;兰花。

**orchis** *n.* orkid (liar). 红门兰;一种野生兰花。

**ordain** *v.t.* mengangkat menjadi paderi (dalam agama Kristian); mentakdirkan; memerintah. 任命(某人)为牧师;任命圣职。

**ordeal** *n.* pengalaman pahit atau dahsyat. 苦难经历;煎熬。

**order** *n.* susunan; urutan; perintah; arahan; pesanan (berkenaan bekalan, dsb.); arahan bertulis; kelas (berkenaan mutu); pangkat (berkenaan taraf); pemerintahan (berkenaan raja); lambang. 排列;顺序;命令;定货;汇票;品级;阶级;(君主)训令;勋章。 —*v.t.* menyusun; mengatur; mengarah; memerintah; memesan (berkenaan bekalan, dsb.). 整理;安排;指令;命令;定购(需要品)。 **holy orders** kedudukan orang yang telah ditahbiskan menjadi paderi. 圣职;牧师职位。 **in ~ to** atau **that** supaya; agar. 为了…起见;以便。

**orderly** *a.* tersusun; teratur; tertib. 整齐的;井井有条的;有秩序的。 —*n.* perajurit yang membantu pegawai; atendan hospital. 军队中负责服侍军官的勤务兵;医院杂役。 **orderliness** *n.* ketertiban. 秩序井然;条理性。

**ordinal** *a.* **~ numbers** nombor ordinal (yang menunjukkan kedudukan dalam sesuatu susunan). 序数的;(数目字)顺序排列的。

**ordinance** *n.* ordinan; undang-undang. 法令;条例。

**ordinary** *a.* biasa; sederhana. 平常的;普通的。 **ordinarily** *adv.* secara biasa; secara sederhana. 如常地;平凡地。

**ordination** *n.* upacara mengangkat seorang menjadi paderi. (神父、牧师等的)任命仪式;圣职授任。

**ordnance** *n.* kelengkapan tentera. 军需品。 **Ordnance Survey** Tinjauan Rasmi Great Britain untuk menyiapkan peta negeri. 英国陆地测量部准备的精确详细英国地图。

**ordure** *n.* tahi; najis. 粪便;排泄物。

**ore** *n.* bijih. 矿石;矿砂。

**organ** *n.* organ (alat muzik); organ; perkakas (bahagian badan). 风琴;(尤指教堂用的)管风琴;(人体的)器官。

**organdie** *n.* organdi (sejenis kain). 蝉翼纱。

**organic** *a.* organik. 有机的;器官的。 **organically** *adv.* secara organik. 器质性地。

**organism** *n.* organisma (hidupan). (动植物界的)生物体;有机体。

**organist** *n.* pemain organ. 风琴师;风琴演奏者。

**organization** *n.* organisasi; pertubuhan. 组织;机构;团体。 **organizational** *a.* berorganisasi. 团体的;组织上的。

**organize** *v.t.* mengatur; menyusun. 安排;组织;编排。 **organizer** *n.* penganjur. 安排者;组织人。

**organza** *n.* organza (sejenis kain). 透明硬纱。

**orgasm** *n.* orgasma; puncak syahwat. 性高潮。

**orgy** *n.* pesta liar. 狂欢会。

**oriel** *n.* pintu mengunjur dari dinding rumah. 凸肚窗。

**Orient** *n.* Timur. 东方国家;东方。

**orient** *v.t.* menempatkan atau menentukan kedudukan sesuatu berhubung dengan arah kompas. (用罗盘)为…定方位;使(建筑物)向东方。 **~ oneself** menentukan pendirian seseorang; menyesuaikan diri. 决定自己的方针;使适应(新环境)。 **orientation** *n.* orientasi. 向东;定向。

**Oriental** *n.* orang Timur. 东方人。

**oriental** *a.* yang berkenaan dengan Timur. 东方国家的；东方的。

**orientate** *v.t.* mengarahkan atau menghalakan sesuatu. 使(某物)朝向；瞄准(某人)。

**orienteering** *n.* sukan rentas desa dengan berpandukan peta dan kompas. 越野识途比赛。

**orifice** *n.* orifis; lubang; mulut; rongga. (管子等的)孔；口；洞。

**origami** *n.* origami; seni menggubah kertas orang Jepun. 日本的折纸艺术。

**origanum** *n.* marjoram liar; sejenis herba. 牛至属植物。

**origin** *n.* punca; asal. 起源；开端；开始。

**original** *a.* yang mula-mula; yang asal; yang tulen. 初期的；原始的；纯正的。—*n.* sesuatu yang asal, asli atau tulen. 原物；原型。~ **sin** dosa asal atau dalaman seseorang. 原罪。 **originally** *adv.* pada asalnya. 本来；原来。 **originality** *n.* keaslian. 独创性；原物。

**originate** *v.t./i.* berasal. 引起；始于(某事物)。 **origination** *n.* perihal asalnya atau mulanya. 开始；发明；起点。 **originator** *n.* pemula. 创始者；发明人。

**oriole** *n.* sejenis burung yang berbulu hitam dan kuning. 黄鹂。

**ormolu** *n.* sejenis suasa; barang yang disadur dengan gangsa. 镀金用金箔；镀金物。

**ornament** *n.* perhiasan; hiasan. 装饰品；装饰。—*v.t.* menghiasi. 装饰(某物)；美化。 **ornamentation** *n.* penghiasan. 装饰。

**ornamental** *a.* bersifat hiasan. 装饰的。 **ornamentally** *adv.* secara hiasan. 作为装饰地；装饰着地。

**ornate** *a.* yang penuh dengan hiasan. 装饰的；过于装饰的。 **ornately** *adv.* dengan penuh hiasan. (装饰、词藻)华丽地。 **ornateness** *n.* keadaan penuh dengan hiasan. 装饰程度。

**ornithology** *n.* ornitologi; kaji burung. 鸟类学。 **ornithological** *a.* berkenaan ornitologi. 鸟类学的。 **ornithologist** *n.* ahli ornitologi. 鸟类学家。

**orotund** *a.* dengan kata-kata yang penuh gah. (说话、文章等)夸张的；矫饰的。

**orphan** *n.* anak yatim. 孤儿。—*v.t.* menyebabkan jadi yatim. 致使…成为孤儿。

**orphanage** *n.* rumah anak yatim. 孤儿院。

**orrery** *n.* model sawat jam; sistem perjalanan planet. 太阳系仪。

**orrisroot** *n.* akar bunga iris yang berbau wangi. 菖蒲根。

**orthodontics** *n.* ortodontik; pembetulan terhadap gigi yang tidak teratur. 正牙学。 **orthodontic** *a.* ortodontik. 正牙学的；正牙的。 **orthodontist** *n.* ahli ortodontik. 正牙医师。

**orthodox** *a.* ortodoks. 正统的；正宗的。 **Orthodox Church** Gereja Ortodoks. 希腊正教；东正教。 **orthodoxy** *n.* ortodoksi. 正教；信奉正教；正统派的观念。

**orthopaedics** *n.* ortopedik; pembedahan tulang dan otot yang cacat. 矫形外科；整形外科。 **orthopaedic** *a.* ortopedik. 矫形的。 **orthopaedist** *n.* ahli atau pakar ortopedik. 矫形医师。

**oryx** *n.* sejenis kijang Afrika yang besar. 产于非洲的大羚羊。

**Oscar** *n.* oskar; anugerah berbentuk patung kecil untuk bidang seni. 奥斯卡金像奖。

**oscillate** *v.t./i.* berayun. 摇摆；左右摇动。 **oscillation** *n.* ayunan. (钟摆、罗盘指针)摆动。

**oscilloscope** *n.* osiloskop; alat untuk merakam gerak ayunan. 示波器。

**osier** *n.* sejenis pohon. 杞柳；一种柳树。

**osmium** *n.* osmium; sejenis logam metalik. 锇(一种金属)。

**osmosis** *n.* osmosis. 渗透作用。

**osprey** *n.* (pl. *-eys*) burung lang tiram; sejenis burung besar yang suka makan ikan. 鹗；一种食鱼的大鸟。

**ossify** *v.t./i.* menulang. (使)骨化;(使)僵化。 **ossification** *n.* penulangan; osifikasi. 骨化;硬化。

**ostensible** *a.* pura-pura; kononnya. 假装的;假意的;据说的。 **ostensibly** *adv.* dengan pura-pura. 假意地。

**ostentation** *n.* sikap menunjuk-nunjuk; sikap bermegah-megah. 炫耀;自夸。 **ostentatious** *a.* bermegah-megah. 炫耀的;夸耀的。 **ostentatiously** *adv.* secara bermegah-megah. 夸耀地。

**osteopath** *n.* pakar osteopati. 整骨医生。 **osteopathic** *a.* osteopatik. 装骨的;整骨的。 **osteopathy** *n.* osteopati. 整骨术;疗骨术。

**ostler** *n.* penjaga kuda di rumah penginapan. 旅舍的马夫。

**ostracize** *v.t.* dipencilkan; memulaukan. 放逐;流放。 **ostracism** *n.* pemencilan; pemulauan. 流放。

**ostrich** *n.* burung unta. 鸵鸟。

**other** *a.* lain. 另外的;其他的。—*n. & pron.* lainnya. 另外的(人或物);其他的(人或物)。 **the ~ day** beberapa hari yang lepas. 上回;几天前。 **~ world** alam baka. 冥界;来世。

**otherwise** *adv.* dalam hal lain. 在其他方面。

**otiose** *a.* tidak diperlukan; tidak berfaedah. 不必要的;无用的。

**otter** *n.* anjing air; berang-berang. 水獭。

**Ottoman** *a. & n.* Ottoman; (orang) daripada empayar Turki dahulu. (古土耳其帝国的) 土耳其人。

**ottoman** *n.* otoman; sejenis tempat duduk. 无靠背及扶手的软垫条椅。

**oubliette** *n.* penjara bawah tanah yang dapat dimasuki melalui pintu perangkap. 出入口在顶部的地下密牢。

**ouch** *int.* aduh. 哎唷!(表示突然疼痛的感叹词)

**ought** *v.aux.* sepatutnya; seharusnya. 应当;一定。

**Ouija(-board)** *n.* sekeping papan yang bertulis dengan huruf-huruf dan mempunyai petunjuk yang boleh dialih-alihkan dan digunakan untuk mendapatkan maklumat dalam proses pemujaan secara pewasitah. 灵应盘(一块写上字母并有活动针的板,降神会时用来传达来自亡魂的信息)。

**ounce** *n.* auns. (英国重量单位) 安士;盎司。 **fluid ~** auns cecair. 液量盎司(等于十二分之一品脱)。

**our** *a.* 我们的;咱们的。 **ours** *poss. pron.* milik kami; hak kami. 属于我们的;咱们的。

**ourselves** *pron.* kita sendiri. 我们自己。

**oust** *v.t.* menghalau; menyingkir. 驱逐;罢黜。

**out** *adv.* keluar; luar; ketinggalan zaman (berkenaan fesyen); tiada (daripada penglihatan); pengsan; ketahuan (berkenaan berita); terbit (berkenaan barang buatan). 出去;在外部;向外;(潮流、时髦) 过时;(视线) 离开;昏迷着;(消息) 泄露;被发现;出版。—*prep.* tanpa; di luar. 没;失去;在外。—*n.* jalan keluar. 出口。 **be ~ to** bersedia untuk. 力求获得。 **~-and-out** *a.* yang betul-betul. 彻底的;绝对的。 **~ of** daripada; kehabisan (bekalan). 从…当中;(必需品等) 缺乏。 **~ of date** ketinggalan zaman. 过时的。 **~ of doors** di luar rumah. 在门外。 **~ of the way** jauh; ganjil. 偏僻的;罕见的。

**out-** *pref.* melebihi. (前缀) 表示"超过;胜过"。

**outback** *n.* (*Austr.*) pedalaman. (澳大利亚) 内陆偏僻地区。

**outbid** *v.t.* (p.t. -bid, pres.p. -bidding) menawar lebih tinggi. (拍卖) 开更高价钱以获取。

**outboard** *a.* (berkenaan motor) terpasang di bahagian luar bot. (发动机)在船外的。

**outbreak** *n.* letusan; ledakan; perihal merebak (berkenaan marah, perang, penyakit). 爆发;爆炸;(怒火、战争、疾病等) 突然发作并蔓延。

**outbuilding** n. bangunan tambahan. 建于正屋外的附属建筑物。

**outburst** n. letusan. 爆发;爆炸。

**outcast** n. orang buangan. 遭排斥的人。

**outclass** v.t. jauh melebihi. (技术、工夫等) 远超过对手;胜过。

**outcome** n. hasil; kesudahan; akibat. 结果;成果。

**outcrop** n. singkapan; batuan yang menjulur ke permukaan tanah. 露出地面的大岩石。

**outcry** n. tentangan keras; pekikan. 激烈的抗议;怒吼。

**outdated** a. ketinggalan zaman; sudah lapuk; usang. 逾期的;不合时的;腐朽的;陈旧的。

**outdistance** v.t. meninggalkan jauh di belakang. 将(对手)远远地抛在后头。

**outdo** v.t. (p.t. -did, p.p -done) melebihi. 比…做得更好。

**outdoor** a. luar rumah. 户外的。**outdoors** adv. di luar rumah. 在户外;在外面。

**outer** a. luar. 外部的;外面的。

**outermost** adv. paling luar. 最外面;外层。

**outface** v.t. merenung seseorang hingga orang itu mengalah. 盯得(某人)局促不安;(用颜色)吓倒。

**outfall** n. muara sungai, parit dsb. 河口;渠道口;出水口。

**outfit** n. set kelengkapan atau pakaian. 装置;装备;全套衣装。

**outfitter** n. penjual segala macam kelengkapan atau pakaian lelaki. 服饰用品或男服的供应商。

**outflank** v.t. mengapit; merusuk. 从翼侧包抄(敌人);从旁包围。

**outflow** n. aliran keluar. 流出口。

**outgoing** a. keluar; bercampur gaul. 外出的;外向的。

**outgoings** n.pl. perbelanjaan; belanja pasti. 支出;开销。

**outgrow** v.t. (p.t. -grew, p.p.p -grown) menjadi lebih besar. 比…长得更快。

**outgrowth** n. cabang. 分枝;枝条。

**outhouse** n. rumah tambahan; bangsal. (建筑物外的)附属建筑;外屋。

**outing** n. makan angin; temasya. 出外游玩。

**outlandish** a. pelik; aneh. 奇异的;洋里洋气的。

**outlast** v.t. tahan lebih lama. 比…更持久耐用。

**outlaw** n. penjahat; penjenayah. 逃犯;匪徒。—v.t. mengisytiharkan seseorang sebagai penjahat; diharamkan. 宣布某人为不法之徒。**outlawry** n. kejahatan. 宣布非法;非法化。

**outlay** n. belanja; biaya. 费用;开销;支出。

**outlet** n. jalan keluar; saluran keluar. 出口;门路。

**outline** n. garis kasar; garis bentuk; rumusan. 轮廓线;纲要;概略。—v.t. membuat garis kasar atau rumusan; menandakan bentuk. 画轮廓;略述。

**outlive** v.t. hidup lebih lama. 比…活得更久。

**outlook** n. pandangan; sikap; harapan. 外表;景色;看法;展望;前途。

**outlying** a. terpencil; jauh. 远离中心的;偏远的。

**outmanœuvre** v.t. mengatasi. 智取(敌人);用策略制胜。

**outmoded** a. ketinggalan zaman. 过时的。

**outmost** a. paling luar. 最外面的。

**outnumber** v.t. melebihi (berkenaan jumlah). (数目)远远超过。

**outpace** v.t. bergerak lebih pantas atau laju daripada sesuatu. 追越;超过。

**out-patient** n. pesakit luar. 门诊病人。

**outpost** n. pangkalan luar. 前哨;前哨基地。

**output** n. output; jumlah tenaga elektrik yang dihasilkan. 产品;产量;电流供给量。—v.t. (p.t. -put atau -putted) (berkenaan komputer) membekalkan; mengeluarkan (hasil, dsb.). (电脑)提供资料。

**outrage** *n.* perbuatan yang mencabul; pengkhianatan hak. 污辱;暴行。 —*v.t.* menyebabkan amat terkejut atau marah. 迫害;触犯。

**outrageous** *a.* melampaui batas; yang mengejutkan. 残暴的;蛮横的;暴乱的。 **outrageously** *adv.* secara melampaui batas atau mengejutkan. 残暴地或惊骇地。

**outrank** *v.t.* berjawatan lebih tinggi. 级别高于他人;位于⋯之上。

**outrider** *n.* pengiring bermotosikal. 骑摩托车的警卫队。

**outrigger** *n.* perahu katir. (船的)舷外浮木。

**outright** *adv.* secara sekali gus; secara berterus terang. 全部地;直率地。 —*a.* sama sekali; sekali gus. 全部的;彻底的。

**outrun** *v.t.* (p.t. *-ran*, p.p. *-run*, pres. p. *-running*) berlari lebih pantas atau lebih jauh daripada seseorang. 跑得比⋯快;跑胜。

**outsell** *v.t.* (p.t. *-sold*) jual lebih banyak daripada yang lain. 比⋯更畅销;卖得比⋯多。

**outset** *n.* permulaan. 开始;初期。

**outshine** *v.t.* (p.t. *-shone*) melebihi kecemerlangan atau kehandalan. 比⋯出色;比⋯优异。

**outside** *n.* sebelah luar. 外面;外部。 —*a.* dari atau di luar; (berkenaan harga) paling tinggi yang mungkin. 在外面的;向外面的;(价格)最高的。 —*adv.* luar. 在外面;在外头。 —*prep.* di luar; di sebelah luar. 外边的;在⋯的外边。

**outsider** *n.* orang luar; kuda, dll. yang dianggap tidak mempunyai harapan untuk menang dalam sesuatu pertandingan. 局外人;外来者;(赛马等的)黑马、大冷门。

**outsize** *a.* besar daripada biasa. (衣物等)比标准大的;特大的。

**outskirts** *n.pl.* kawasan pinggiran; pinggir kota. 郊外;城外。

**outsmart** *v.t.* (*colloq.*) mengakali. 欺骗;哄骗。

**outspoken** *a.* terus terang. 直率的;直言不讳的。

**outspread** *a.* & *v.i.* terentang. 展开(的);铺开(的)。

**outstanding** *a.* cemerlang; terkemuka; belum jelas (berkenaan hutang). 非凡的;凸出的;显著的;(债务)尚未结清的。 **outstandingly** *adv.* dengan cemerlang. 显著地。

**outstay** *v.t.* tinggal lebih lama. 逗留得比⋯更久。

**outstretched** *a.* yang terhulur. 伸出的;展开的。

**outstrip** *v.t.* (p.t. *-stripped*) lari lebih cepat; mengatasi; melebihi. 比⋯跑得快;追过;超过。

**out-tray** *n.* talam keluar untuk dokumen. (存放已处理或待发文件的)发文篮。

**outvote** *v.t.* menang dengan kelebihan undi. (选举)以多数票取胜。

**outward** *a.* luar. 外部的;表面的。 —*adv.* ke arah luar. 外表上;表面上。 **outwardly** *adv.* pada lahirnya. 外表上;表面上。 **outwards** *adv.* di luar. 向外。

**outweigh** *v.t.* melebihi berat atau keutamaan. 比⋯重;比⋯重要。

**outwit** *v.t.* (p.t. *-witted*) mengakali; mengatasi dengan kecerdikan. 以智取胜;以计击败。

**outwork** *n.* bahagian kubu pertahanan; kerja yang dibuat di luar bangunan kilang, dsb. (城堡的)外垒;外勤工作;(在工厂等)外部进行的工作。

**outworn** *a.* lusuh. 过时的;旧式的。

**ouzel** *n.* sejenis burung kecil. 黑鹉。

**ouzo** *n.* arak berperisa jintan manis (Yunani). 希腊茴香烈酒。

**ova** *lihat* **ovum**. 见 **ovum**。

**oval** *n.* & *a.* bujur telur; jorong. 椭圆形(的);卵形(的)。

**ovary** *n.* ovari. 卵巢;子房。 **ovarian** *a.* berkenaan ovari. 卵巢的;子房的。

**ovation** *n.* tepukan gemuruh; sambutan gembira. 热烈的鼓掌;热烈的欢迎。

**oven** *n.* oven; ketuhar. 烘炉;灶。

**over** *prep.* atas (berkenaan kedudukan sesuatu); sepanjang; melalui (berkenaan jangkitan); tentang (berkenaan perkara); terlalu; terlampau (berkenaan jumlah); amat (berkenaan mutu). 在…上;(传染病)通过;(事物)关于;对于;过于;(数目)超过。—*adv.* berulang-ulang; berakhir. 一再;全;完全。—*n.* balingan (dalam permainan kriket). (板球)投手在交换投球区前交互连续投出之球数。

**over-** *pref.* terlampau; terlalu. (前缀)表示"过于;太过";太-;过-。

**overall** *n.* baju luar; pakaian yang dipakai untuk melindungi pakaian lain, yang dilitupinya. 外衣;罩衫;工作服。—*a.* jumlah; mengambil kira semua aspek. 总的;全部的。—*adv.* diambil sebagai keseluruhan. 全面地。

**overarm** *a. & adv.* atas bahu; dengan tangan dari atas (dalam renang, tenis, dsb.). 举手过肩的(地);游泳或打网球时手臂伸出的(地)。

**overawe** *v.t.* mengagumi; menghairani. 吓倒;吓住。

**overbalance** *v.t./i.* terbalik; menterbalikkan. 失去平衡;歪倒下来。

**overbearing** *a.* pongah; sombong. 专横的;傲慢的;盛气凌人的。

**overblown** *a.* kembang mekar; melambung-lambung; berlebih-lebih. 已过盛期的;渲染过分的;夸张的。

**overboard** *adv.* jatuh ke dalam laut (dari kapal). (从船上)掉落海中。 **go ~** (*colloq.*) menunjukkan minat yang berlebihan. 过分爱好。

**overbook** *v.t.* mengambil terlalu banyak tempahan. 超额预定;订出过多。

**overcast** *a.* mendung; redup. 阴霾的;云雾多的。

**overcharge** *v.t.* mengenakan bayaran yang lebih. 滥开帐目;向(顾客等)索价或索费过高。

**overcoat** *n.* kot luar. 大衣;外套。

**overcome** *v.t./i.* mengatasi. 克服;征服;打败。

**overcrowd** *v.t.* menyesakkan. 使过分拥挤。

**overdo** *v.t.* (p.t. *-did*, p.p. *-done*) melebih-lebihkan; melampaui; terlampau masak (berkenaan masakan). (把事物)做得过火;过于夸张;(烹饪时)煮得太久。

**overdose** *n.* dos berlebihan. (药物)过量。—*v.t./i.* memberi berlebihan; mengambil berlebihan. 给(人)过量药物;服用过量药物。

**overdraft** *n.* overdraf. 透支。

**overdraw** *v.t.* (p.t. *-drew*, p.p. *-drawn*) mengambil wang (dari akaun bank) lebih daripada jumlah yang dikreditkan. 透支(银行户口)存款。

**overdrive** *n.* pacuan lebih (berkenaan kereta). (车辆等)超速档。

**overdue** *a.* lampau tempoh; terlambat. 过期的;迟到的。

**overestimate** *v.t.* menganggar lebih. 过高估计(某事物)。

**overflow** *v.t./i.* berlimpah; melimpah. 溢出;涨满;泛滥。—*n.* limpahan; salur lepasan. 溢流;泛滥。

**overgrown** *a.* terlampau besar; penuh ditumbuhi; semak. 长得太大或太快的;草木丛生的。

**overhand** *a. & adv.* atas bahu (dalam permainan tenis, dsb.). (网球赛中)手举过肩的姿势的。

**overhang** *v.t./i.* (p.t. *-hung*) terjuntai. 悬挂;吊。—*n.* bahagian terjuntai. 悬垂物;突出物。

**overhaul** *v.t.* membaik pulih (berkenaan enjin, dsb.); mendahului. 彻底检查(机器等);全面检查;超过;赶上。—*n.* memeriksa dan membaiki. 拆修;全面检查。

**overhead** *a. & adv.* atas kepala (dalam permainan tenis); di udara; di langit. (网

球赛中的) 扣杀 (的);在上 (的);
在空中 (的)。

**overheads** *n.pl.* overhed; belanja yang diperlukan untuk mengendalikan perniagaan. 总开销;经常费用。

**overhear** *v.t.* (p.t. *-heard*) terdengar. 无意中听到;偶然听到。

**overjoyed** *a.* amat gembira; terlalu riang. 非常兴奋的;喜形于色的。

**overkill** *n.* lebihan daya musnah; keterlaluan. 过度的摧毁;超量毁伤。

**overland** *a. & adv.* melalui darat. 横越陆地的 (地)。 **overlander** *n.* orang yang membuat perjalanan darat. 陆上旅行者。

**overlap** *v.t./i.* (p.t. *-lapped*) bertindih. 重叠;重复。 —*n.* tindih atas (berkenaan dengan jahitan). (缝纫) 重叠;互搭。

**overlay**[1] *v.t.* (p.t. *-laid*) melapisi. 覆盖;包。

**overlay**[2] *n.* lapisan. 表层;饰面;覆盖物。

**overleaf** *adv.* halaman sebalik. 在页后。

**overload** *v.t.* melebihkan beban, 使超载。 —*n.* beban lebih. 超载;超负荷。

**overlook** *v.t.* menghala ke; terlupa (melakukan sesuatu); membiarkan (berkenaan kesalahan). 眺望;漏看;忽略 (错误)。

**overlord** *n.* orang besar; dipertuan. (封建时代的) 大封主;大地主。

**overly** *adv.* (*Sc., A.S.*) secara melampau; terlalu. 过度地;过分地。

**overman** *v.t.* (p.t. *-manned*) mengadakan terlalu ramai tenaga kerja. 供以太多人员。

**overnight** *adv. & a.* semalaman. 在前一夜 (的)。

**overpass** *n.* laluan atas. 高架道路;天桥。

**overpay** *v.t.* (p.t. *-paid*) membayar lebih. 多付;付得太多或太高。

**overpower** *v.t.* mengatasi dengan kekuatan atau bilangan yang lebih. 制服;征服;以威力或数量制敌。

**overpowering** *a.* terlalu kuat; amat sangat. 非常强大的;无法抗拒的。

**overrate** *v.t.* menilai terlampau tinggi. 估计过高;估价过高。

**overreach** *v.refl.* ~ **oneself** melewati kemampuan sendiri. 弄巧反拙。

**override** *v.t.* (p.t. *-rode*, p.p. *-ridden*) menolak; mengatasi. 不理会;藐视 (某人的意见等)。

**overrider** *n.* sesuatu yang dilekatkan menegak pada bonet kereta. 汽车的保险杠档块。

**overripe** *a.* masak ranum; terlampau masak. 过分成熟的;已熟透的。

**overrule** *v.t.* menolak (sesuatu keputusan) dengan menggunakan kuasa yang ada pada seseorang. 利用本身的权利去否决。

**overrun** *v.t.* (p.t. *-ran*, p.p. *-run*, pres.p. *-running*) melanggar; menakluki; melebihi (had). (杂草等) 蔓延;(害虫等) 猖獗;越过 (范围等)。

**overseas** *a. & adv.* seberang laut. 海外的;在海外。

**oversee** *v.t.* (p.t. *-saw*, p.p. *-seen*) mengawasi. 监督;监视。 **overseer** *n.* pengawas; mandur. 工头;监督。

**oversew** *v.t.* (p.p. *-sewn*) menjahit lilit ubi. 把缝缝上。

**overshadow** *v.t.* membayangi; menjadikan kurang penting jika dibandingkan. 遮蔽;比较不重要。

**overshoe** *n.* but. (套在普通鞋上以防雨水及泥土的) 套鞋。

**overshoot** *v.t.* (p.t. *-shot*) melampaui (had, matlamat, dsb.). 超过 (限度、靶子、目标等)。

**overshot** *a.* (berkenaan kincir air) diputar oleh air yang mengalir dari atasnya. 水车因水在表面上流动而旋转。

**oversight** *n.* penyeliaan; kesalahan yang tidak disengajakan. 看管;监督;失察;疏忽。

**oversized** *a.* berukuran besar; terbesar. 太大的;特别大的。

**oversleep** *v.i.* (p.t. *-slept*) tidur terlalu lama. 睡过头;起晚了。

**overspill** *n.* tumpahan; limpahan. 溢出；过剩；泛滥。

**overstate** *v.t.* menjadikan panjang lebar. 过分强调；言过其实。

**overstay** *v.t.* ~ **one's welcome** menumpang terlalu lama hingga membosankan tuan rumah. 因呆得太久而不再受欢迎。

**oversteer** *v.i.* membelok lebih. (汽车) 过度转向。—*n.* belok lebih. 过度转向。

**overstep** *v.t.* (p.t. *stepped*) melampaui. 超越（权限等）；逾权。

**overt** *a.* nyata; terang-terang. 公然的；毫不掩饰的。 **overtly** *adv.* dengan nyata; secara terang-terang. 公然地；公开地。

**overtake** *v.t.* (p.t. *-took*, p.p. *-taken*) mendahului. 超越；追上；赶上。

**overtax** *v.t.* mengenakan cukai yang lebih; membebankan seseorang. 对⋯征税过重；使负担过重。

**overthrow** *v.t.* (p.t. *-threw*, p.p. *-thrown*) menjatuhkan atau mengguling (pemerintah). 推翻（政权）；打倒。—*n.* kejatuhan; penggulingan. 推翻；打倒。

**overtime** *adv.* lebih masa. 超时地。—*n.* kerja lebih masa; bayaran lebih masa. 超时工作；加班；加班费。

**overtone** *n.* ton terbitan; sesuatu yang tersembunyi; nada. 暗示；弦外之音；泛音（弱于主音的陪音）。

**overture** *n.* overtur (berkenaan muzik); (*pl.*) usul. 序曲；开端。

**overturn** *v.t./i.* terbalik; menterbalikkan. 倒转；打翻；推翻。

**overview** *n.* kaji selidik umum; gambaran keseluruhan. 概观；总的看法。

**overweight** *a.* terlampau berat; berat berlebihan. 过重的；超重的。

**overwhelm** *v.t.* ditenggelami; menyelubungi (sedih, derita, dsb.). 浸淹；过于（悲伤、痛苦等）。

**overwhelming** *a.* banyak (berkenaan dengan jumlah); kuat (berkenaan dengan pengaruh). （数额）压倒性的；（影响力）势不可挡的。

**overwork** *v.t./i.* bekerja terlampau kuat. 工作过度。—*n.* keletihan sebab terlampau kuat atau lama bekerja. 过于繁重的工作。

**overwrought** *a.* resah dan gugup. 慌乱的；过劳的。

**oviduct** *n.* oviduktus; saluran ovum. 输卵管。

**oviparous** *a.* bertelur. 卵生的。

**ovoid** *a.* bujur. 卵圆形的。

**ovulate** *v.i.* mengovum; mengeluarkan sel telur. 排卵。 **ovulation** *n.* pengovuman. 排卵。

**ovule** *n.* ovul; biji benih betina bagi tumbuh-tumbuhan. 卵细胞；小卵。

**ovum** *n.* (pl. *ova*) ovum; telur. 卵；卵细胞。

**owe** *v.t.* berhutang. 欠（债）；欠（人情）。

**owing** *a.* terhutang. 未付的；欠着的。 ~ **to** disebabkan; oleh sebab; kerana. 由于；因为。

**owl** *n.* burung hantu. 猫头鹰。 **owlish** *a.* seperti burung hantu. 似猫头鹰的。

**own**[1] *a.* kepunyaan sendiri. 自己的。 **get one's ~ back** (*colloq.*) membalas dendam. 报仇。 **hold one's ~** bertahan. 坚持本身立场；不屈服。 **of one's ~** kepunyaan sendiri. 自己的；自己拥有的。 **on one's ~** bersendirian; tanpa teman. 独自地。

**own**[2] *v.t.* memiliki. 拥有；持有。 ~ **up** (*colloq.*) mengakui. 坦承错误。

**owner** *n.* pemilik; tuan punya. 物主；持有人。 **ownership** *n.* pemilikan; kepunyaan; pemunyaan. 拥有权；所有权；物主的身分。

**ox** *n.* (pl. *oxen*) lembu jantan; sapi. 公牛。

**oxalic acid** asid oksalik; asid beracun yang masam terdapat dalam tumbuh-tumbuhan tertentu. 草酸；乙二酸。

**oxidation** *n.* pengoksidaan. 氧化作用。

**oxide** *n.* oksida. 氧化物。

**oxidize** *v.t./i.* mengoksidakan. (使) 氧化; (使) 生锈。 **oxidization** *n.* pengoksidaan. 氧化作用。

**oxtail** *n.* ekor lembu. 牛尾巴。

**oxyacetylene** *a.* oksiasetilena; menggunakan campuran oksigen dan asetilena terutama dalam pemotongan dan pengimpalan logam. 氧乙炔的。

**oxygen** *n.* oksigen. 氧; 氧气。

**oxymoron** *n.* menggabung perkataan yang bertentangan makna (contoh pahit-manis). 矛盾形容法; 逆喻。

**oyster** *n.* tiram. 蚝; 牡蛎。

**oz** *abbr.* auns. (缩写) 盎司 (英国重量单位)。

**ozone** *n.* ozon (jenis oksigen). 臭氧 (一种氧气)。

# P

**pace** *n.* langkah; kadar kemajuan. 步; 一步; 步速。 —*v.t./i.* berjalan berulangalik; mengukur dengan langkah; menetapkan kelajuan. 踱步走; 为...树立榜样。

**pacemaker** *n.* pelari, dll. yang menentukan kelajuan bagi diikuti yang lain; alat elektrik yang merangsangkan denyutan jantung. (赛跑等的) 领跑者; 电子起搏器。

**pachyderm** *n.* pakiderma. 厚皮动物 (如象、犀牛等)。

**pacific** *a.* mencintai keamanan. 太平的; 和平的。 **pacifically** *adv.* dengan aman damai; dengan sejahtera dan tenteram. 温和地; 和平地。

**Pacific** *a. & n.* **the ~ Ocean** Lautan Pasifik. 太平洋 (的)。

**pacifist** *n.* orang yang menentang peperangan. 和平主义者。 **pacifism** *n.* prinsip yang menekankan tentang perdamaian dan penyelesaian pertikaian tanpa peperangan; pasifisme. 和平主义。

**pacify** *v.t.* mendamaikan; menenteramkan; menenangkan. 使平静; 抚慰; 平息; 建立和平。 **pacification** *n.* pendamaian; penenteraman. 镇定; 缓靖。

**pack**[1] *n.* bungkusan; satu set daun pakau; sekumpulan atau sekawanan anjing atau serigala; set; kumpulan. 包裹; 一副 (纸牌); 一群 (猎狗); 一大批。 —*v.t./i.* memasukkan ke dalam bekas; memadatkan; menutup atau membungkus sesuatu dengan ketat. 挤满; 填塞; 包装。 **~ off** menyuruh pergi; menghalau; mengusir. 解雇。 **send packing** dipecat; dihalau. 开除; 撵走。 **packer** *n.* pembungkus. 包装者。

**pack**[2] *v.t.* dipenuhi dengan. 挤满; 塞满。

**package** *n.* bungkusan; lawatan yang diuruskan oleh agensi pelancongan. 包裹; 货物箱; 详细的计划。—*v.t.* dibungkus. 把...放在包裹或箱子里。 **~ deal** tawaran secara menyeluruh; tawaran pakej. 一揽子的提议。 **~ holiday** percutian pakej. 由旅行社包办的假日旅行。

**packet** *n.* bungkusan kecil; (*colloq.*) sejumlah wang yang banyak; bot menghantar dan memungut surat. 小包裹; 一大笔钱; 小邮船。

**pact** *n.* perjanjian; persetujuan pakatan. 和约; 公约; 协定。

**pad**[1] *n.* lapisan; lapik; kertas tulis yang dijadikan buku; bahagian yang lembut pada tapak kaki binatang; tempat helikopter mendarat; tempat melancarkan roket. 衬垫；（一边夹紧的）本子；动物爪下的软肉趾；火箭发射台；直升机降落平台。—*v.t./i.* (p.t. *padded*) melapik; mengisi (tempat yang kosong) dengan kusyen nipis. 加上衬垫；填塞。

**pad**[2] *v.i.* (p.t. *padded*) berjalan perlahan. 轻而稳健步行。

**padding** *n.* bahan lembut untuk menebalkan lapisan, menambahkan lapik, menyerap cecair, dll. 软垫；垫塞。

**paddle**[1] *n.* dayung; pengayuh. 桨；桨状物；明轮（船的轮翼）。—*v.t./i* mendayung; mengayuh perahu. 用轮翼旋转推进；慢慢地划船。 **~steamer** *n.* kapal stim kayuh. 明轮船。 **~wheel** *n.* roda kayuh; kincir. 船的明轮（推进器）。

**paddle**[2] *v.t./i.* meranduk; mengocak air dengan kaki di air cetek; mengocak air. 赤足涉浅水取乐。

**paddock** *n.* lapangan kecil untuk kuda; padang tempat melatih kuda. 用来牧马的小围场；在马场或赛门场里置放赛前马匹或跑车的围场。

**paddy**[1] *n.* (*colloq.*) kemarahan. 勃然大怒。

**paddy**[2] *n.* sawah padi; bendang. 稻田；稻禾。

**padlock** *n.* mangga. 挂锁。—*v.t.* mengunci dengan mangga. 上锁。

**padre** *n.* (*colloq.*) paderi tentera. 随军牧师。

**paean** *n.* lagu kemenangan. 凯歌。

**paediatrics** *n.* ilmu kaji penyakit kanak-kanak; pediatrik. 小儿科。 **paediatric** *a.* berkenaan ilmu perubatan yang mengkhususkan kepada penyakit kanak-kanak; berkenaan pediatrik. 小儿科的。 **paediatrician** *n.* ahli dan pakar dalam merawat penyakit kanak-kanak; pakar pediatrik. 小儿科医师；儿科专家。

**paella** *n.* sejenis makanan Sepanyol yang terdiri daripada nasi, ayam, makanan laut, dsb. 西班牙菜式（以米饭、鸡肉、海鲜为材料）。

**pagan** *a. & n.* orang yang tidak menganut sebarang agama utama di dunia; jahiliah. （不信奉基督教、伊斯兰或其他主要宗教的）异教徒（的）。 **paganism** *n.* fahaman jahiliah; paganisme. 异教信仰。

**page**[1] *n.* halaman buku atau surat khabar, dll.; sebelah halaman. （报纸或书本等的）页；一页。

**page**[2] *n.* budak suruhan; budak lelaki yang membantu pengantin perempuan atau orang berpangkat. 小侍从；新娘或有地位人物的僮仆。

**pageant** *n.* pertunjukan atau perarakan lengkap dengan pakaian dan perhiasan. 装束整齐的露天表演或行列。 **pageantry** *n.* sesuatu yang gilang-gemilang. 壮丽绚烂的表演；盛装行列。

**pager** *n.* alat keloi; alat radio yang mengeluarkan bunyi blip. 无线电传呼机。

**pagoda** *n.* pagoda. 宝塔。

**paid** *lihat* **pay**. 见 **pay**。—*a.* **put ~ to** (*colloq.*) mengakhiri harapan, dll. 解决；了结。

**pail** *n.* timba; baldi. 小提桶。

**pain** *n.* sakit; kesakitan; kepedihan disebabkan oleh kecederaan atau penyakit. 疼痛；痛苦；苦心。—*v.t.* menyebabkan sakit. 使...痛苦。

**painful** *a.* menyakitkan. 痛苦的；疼痛的。 **painfully** *adv.* dengan bersusah payah; dengan sakitnya; dengan sengsara. 痛苦地；疼痛地。 **painfulness** *n.* kesakitan; kepedihan; kesengsaraan. 疼痛；痛苦。

**painless** *a.* tidak berasa sakit. 不痛的；无痛苦的。 **painlessly** *adv.* dengan tidak menyakiti. 无痛苦地。

**painstaking** *a.* berhati-hati; teliti. 小心翼翼的；煞费苦心的。

**paint** *n.* cat. 漆；漆条；漆块。—*v.t.* melukis dengan cat; mengecat. (用漆或颜料) 绘画；涂漆。

**paintbox** *n.* kotak warna. 漆料箱。

**painter**[1] *n.* pelukis; tukang cat. 绘画者；漆工。

**painter**[2] *n.* tali penambat kapal. 系船缆索。

**painting** *n.* lukisan; seni lukis. 绘画。

**pair** *n.* pasang; sepasang. 一对；成双的人或物；文章中所包含的两个互相关联部分。—*v.t./i.* berpasang-pasang; memasangkan; menjadikan sepasang. 使相配；配搭；交配。

**Paisley** *n.* corak rangka abstrak berkelok. 佩兹里涡旋式图案；佩兹里织品。

**pal** *n.* (*colloq.*) kawan. 朋友。 **pally** *a.* mesra. 要好的；亲密的。

**palace** *n.* istana. 皇宫；堂皇建筑物。

**paladin** *n.* paladin; orang bangsawan pada zaman Charlemagne. 查理大帝的十二武士之一；到处游历的中古武士。

**palaeography** *n.* kajian tentang tulisan dan inskripsi purba; paleografi. 古文字及文书学。 **palaeographer** *n.* ahli paleografi. 古文书学家。

**palaeolithic** *a.* bahagian awal Zaman Batu. 旧石器时代的。

**palaeontology** *n.* paleontologi. 古生物学。 **palaeontologist** *n.* ahli paleontologi. 古生物学家。

**palanquin** *n.* tandu; pelangki. (东方国家) 四人至六人抬的轿子。

**palatable** *a.* enak; lazat; sedap. 滋味好的；令人神怡的。

**palate** *n.* langit-langit mulut; rasa. 腭；味觉。

**palatial** *a.* berkenaan dengan istana; seperti istana. 宫殿般富丽的；宏伟的。

**palaver** *n.* (*colloq.*) heboh-heboh. 空谈。

**pale**[1] *a.* (*-er, -est*) (muka) pucat; pudar. (脸色) 苍白的；(颜色或光线) 暗淡的。—*v.t./i.* menjadi pucat. 变苍白；变暗淡。 **palely** *adv.* dengan pucat dan pudarnya. 苍白地；暗淡地。 **paleness** *n.* kepucatan; kepudaran. 苍白；暗淡。

**pale**[2] *n.* pancang; tonggak; sempadan. (做栅篱用的) 桩。 **beyond the ~** di luar batas kelakuan yang diterima. 脱离被接受的范围外的行为。

**Palestinian** *a. & n.* penduduk Palestin. 中东巴勒斯坦的 (土著)。

**palette** *n.* papan membancuh cat. 调色板。 **~-knife** *n.* pisau untuk menyapu adunan (dalam masakan); pelepa. 一种有柄刀 (用以布漆或烹任时磨滑材料)。

**palimony** *n.* (*sl.*) pampasan yang dituntut oleh salah seorang daripada ahli pasangan yang tidak berkahwin dan telah berpisah. 未成婚而遭离弃的其中一方所追索的赔偿金。

**paling** *n.* pagar pancang. 做栅栏用的尖板条。

**palisade** *n.* pagar kayu runcing. 以尖板条做的栅栏。

**pall** *n.* kain penutup keranda; kain rahap. 棺罩；阴暗色的覆盖物。—*v.i.* menjemukan. 使变得平淡无味。

**pallbearer** *n.* orang yang mengangkat keranda. 抬棺者或葬礼中在棺柩旁的陪行者。

**pallet**[1] *n.* tilam jerami. 草垫；可移动的硬窄小床。

**pallet**[2] *n.* dulang untuk mengangkat atau menyimpan barang. 用以搬运或装载货物的货盘。

**palliasse** *n.* tilam jerami. 草垫。

**palliate** *v.t.* meredakan; mengurangkan; meringankan. 减轻；掩饰。 **palliation** *n.* kelegaan. (疾病的) 减缓；(罪过的) 掩饰。 **palliative** *a.* yang melegakan. 减缓的；掩饰的。

**pallid** *a.* pucat kerana sakit. 苍白的 (尤指病容)。 **pallidness** *n.* kepucatan. 苍白。 **pallor** *n.* rupa yang pucat; kepucatan. 苍白的病容。

**pally** *a.* (*colloq.*) mesra. 友善的。

**palm** *n.* tapak tangan; pokok palma; tanda kejayaan. 掌心；(手套的)掌部；棕榈树；胜利的象征。 —*v.t.* memperdayakan seseorang. (用掌心)掩着；耍手段买通。 ~ **off** menipu seseorang. 用不正当手段获得。 **Palm Sunday** hari Ahad sebelum hari Easter. 基督教复活节前的星期日。 ~-**tree** *n.* pohon palma. 棕榈树。

**palmist** *n.* tukang tilik (tapak tangan); tukang ramal. 掌相师。 **palmistry** *n.* ramalan dengan menilik tapak tangan. 掌相学。

**palmy** *a.* (-ier, -iest) makmur. 繁盛的。

**palomino** *n.* kuda berbulu keemasan atau berwarna krim. 毛色呈金黄或乳白色的马。

**palpable** *a.* dapat dirasa; jelas pada mata hati; ketara. 能触及或感觉到的；明显的。 **palpably** *adv.* secara wujud; dengan ketara. 明显地。 **palpability** *n.* perihal ketara atau dapat dirasai. 可触觉性；明显性。

**palpate** *v.t.* mempalpat. (医生诊断病情时)触摸。 **palpation** *n.* pempalpatan. 扪诊。

**palpitate** *v.i.* berdebar; bergetar; gementar. (心脏)急速跳动；(因害怕或紧张而)发抖。 **palpitation** *n.* denyutan; debaran jantung. 跳动；颤抖；心悸。

**palsy** *n.* kelumpuhan; palsi. 瘫痪；痉挛；震颤。 **palsied** *a.* menghidap palsi. 瘫痪的；震颤的。

**paltry** *a.* (-ier, -iest) tidak berharga; tidak penting. 微不足道的；无价值的。 **paltriness** *n.* ketakbergunaan. 无价值性。

**pampas** *n.* padang rumput di Amerika Selatan; rumput panjang. 南美洲草原。~-**grass** *n.* rumput pampas. 蒲苇(南美洲草原的一种浅绿色长草)。

**pamper** *v.t.* memanjakan; mempermanjakan. 溺爱；姑息。

**pamphlet** *n.* risalah; surat sebaran. 小册子；单行本。

**pan**[1] *n.* kuali; bekas yang tidak bertutup untuk memasak atau menggoreng. 平底锅；平底锅状器皿；磅秤托盘；抽水马桶。 —*v.t.* (p.t. *panned*) mendulang emas; (*colloq.*) mengkritik hebat. 淘洗(金沙)；严厉批评。

**pan**[2] *v.t./i.* (p.t. *panned*) menyorot (dalam pembikinan filem). 摇动镜头以拍摄全景。

**pan-** *pref.* (awalan) seluruh; semua. (前缀)表示"全；泛"。

**panacea** *n.* penawar semua penyakit atau masalah. 医治百病及解决所有难题的万灵丹。

**panache** *n.* penuh gaya; yakin. 自信的模样。

**panama** *n.* topi panama; sejenis kain tenun. 巴拿马式草帽；巴拿马棉织品。

**panatella** *n.* cerut kecil. 一种细长的雪茄烟。

**pancake** *n.* sejenis kuih dadar. 一种薄而圆的烙饼。

**panchromatic** *a.* peka kepada semua warna; pankromatik. 对所有颜色同样感应的。

**pancreas** *n.* pankreas. 胰(腺)。

**panda** *n.* sejenis binatang yang rupanya seperti beruang kecil yang terdapat di negara China; sejenis binatang yang terdapat di India. (产于中国)熊猫；(产于印度)一种类似浣熊的动物。 ~ **car** kereta ronda polis. 警察巡逻车。

**pandemic** *a.* pandemik; wabak (besar). 流行全国或全世界的(传染病)。

**pandemonium** *n.* huru-hara; hiruk-pikuk. 喧闹混乱的局面。

**pander** *v.i.* ~ **to** memenuhi kehendak; memuaskan hati atau hawa nafsu. 迎合(以满足情欲)。

**pane** *n.* kaca tingkap atau pintu. 门扇玻璃；窗玻璃片。

**panegyric** *n.* kata-kata pujian. 颂词。

**panel** *n.* jalur-jalur kayu; sekumpulan orang yang berkumpul untuk membincangkan sesuatu; daftar para juri. 方

形嵌板；(商讨或决定事项的)专门小组；陪审团名单。 —*v.t.* (p.t. *panelled*) dinding yang dihiasi dengan jalur. 用方板装饰或遮盖。

**panelling** *n.* jalur-jalur kayu pada dinding; kayu digunakan untuk membuat jalur-jalur. 墙上嵌板；用作嵌板的木条。

**panellist** *n.* ahli panel. 专门小组成员。

**pang** *n.* kesakitan; kepedihan. 突如其来的剧痛。

**pangolin** *n.* sejenis tenggiling. 鲮鲤（又称穿山甲）。

**panhandle** *v.i.* (*colloq.*) mengemis. 行乞。

**panic** *n.* panik; kegugupan. 突发的强烈恐惧。—*v.t./i.* (p.t. *panicked*) berasa takut dan cemas; kepanikan. (使)恐惧。~-stricken, ~-struck *adjs.* kena ketakutan yang tiba-tiba; kecemasan. 充满恐惧的。**panicky** *a.* secara panik. 恐慌的。

**panicle** *n.* sekelompok bunga. 蓬松花序。

**panjandrum** *n.* gelaran olok-olok bagi seseorang besar. (对大人物的称谓)大老爷。

**pannier** *n.* keranjang atau bakul besar yang disangkutkan pada belakang kuda atau keldai, dll; bakul pengangkut pada motosikal. 由驴子等驮载的驮篮；装置于摩托车上的挂包。

**panoply** *n.* persenjataan lengkap. (军队的)壮丽列阵。

**panorama** *n.* pemandangan yang luas; rangkaian peristiwa; panorama. 景物或事件的全貌。**panoramic** *a.* yang luas pemandangan. 全貌的。

**pansy** *n.* sejenis bunga berwarna ungu dan berkelopak besar. 紫罗兰。

**pant** *v.t./i.* tercungap-cungap; termengah-mengah. 喘气；气吁吁地发声；渴望。

**pantaloons** *n.pl.* (*old use & A.S.*) seluar panjang. 裤子。

**pantechnicon** *n.* van besar untuk mengangkut perabot. 大型像俬搬运车。

**pantheism** *n.* panteisme; doktrin bahawa Tuhan itu segalanya dan segalanya itu adalah Tuhan. 泛神论；一种认为神是一切、一切都是神的教条。**pantheist** *n.* penganut panteisme. 泛神论者。**pantheistic** *a.* panteistik. 泛神论的。

**panther** *n.* harimau kumbang. 黑豹。

**panties** *n.pl.* seluar dalam; seluar katuk. 紧身短衬裤。

**pantile** *n.* genting lengkung S. 屋顶波形瓦。

**pantograph** *n.* alat untuk menyalin pelan, dsb. 仿图仪。

**pantomime** *n.* pantomim; lakonan bisu. 哑剧。—*v.t./i.* berlakon bisu. 以手势、动作表演(哑剧)。

**pantry** *n.* bilik menyimpan barang-barang kaca; almari menyimpan makanan. 贮藏瓷器、玻璃等的贮藏室；食品贮藏室。

**pants** *n.pl.* (*colloq.*) seluar. 裤子；内裤；窄紧的短衬裤。

**pap**$^1$ *n.* makanan lembik untuk bayi atau orang sakit; palpa. (婴儿或伤残病弱者所食的)软质食物；果肉；浆状物。

**pap**$^2$ *n.* (*old use*) puting. 乳头。

**papa** *n.* (*old use*) bapa; ayah. 父亲。

**papacy** *n.* kuasa atau kedudukan paus. 教皇的地位或权威。

**papal** *a.* berkenaan dengan paus. 与教皇有关的。

**papaya** *n.* papaya; buah betik. 木瓜。

**paper** *n.* kertas; akhbar; kertas ujian; dokumen; esei; disertasi. 纸；报纸；考卷；文件；文章；论文。—*v.t.* menampal dengan kertas hiasan dinding. 用壁纸裱糊。**on ~** dengan rasmi. 书面；从白纸黑字的证据上看。

**paperback** *a. & n.* buku yang berkulit lembut atau nipis. 平装本(的)；平装(的)。

**paperweight** *n.* penindih kertas. 纸镇；压纸器。

**papery** *a.* seperti kertas. (质地)象纸的。

**papier mâché** palpa atau bubur kertas tebal yang digunakan untuk membuat kotak, dsb. 用以制造小型物体的纸浆。

**papist** *n.* (*derog.*) sebutan mengejek untuk orang mazhab Roman Katolik. （贬义）罗马天主教徒。

**papoose** *n.* anak kecil kaum peribumi di Amerika Utara. 北美红印地安幼童。

**paprika** *n.* sejenis lada. 红辣椒。

**papyrus** *n.* sejenis tumbuhan yang dibuat kertas tulis oleh orang zaman silam Mesir; (pl. *-ri*) manuskrip yang ditulis di atas kertas ini. 纸莎草；一种状似芦苇的水草，古埃及人用以制纸。

**par** *n.* kesamaan; seimbang. 平均的情况；常态；等值。

**parable** *n.* cerita kiasan; ibarat; cerita yang mengandungi tunjuk ajar. （传达道德观念或精神价值的）寓言故事。

**parabola** *n.* parabola. 抛物线。

**paracetamol** *n.* parasetamol; dadah yang menyembuh penyakit dan mengurang demam; tablet dadah ini. 一种消除疼痛及退热的药物。

**parachute** *n.* payung terjun. 降落伞。—*v.t./i.* terjun dengan menggunakan payung terjun. （用降落伞）降落。**parachutist** *n.* askar payung terjun. 伞兵；跳伞者。

**parade** *n.* perbarisan; perarakan; tempat bersiar-siar. （军队的）检阅礼；阅兵场；游行；供游人散步的广场。—*v.t./i.* berkumpul untuk perbarisan; perarakan. 游行；列队行进。

**paradigm** *n.* paradigma; contoh; model. 范例；模式。

**paradise** *n.* syurga; firdaus. 天堂；伊甸园。

**paradox** *n.* paradoks; kenyataan yang kelihatan bercanggah tetapi mengandungi kebenaran. 似乎自相矛盾但含着真理的话。**paradoxical** *a.* yang bertentangan. 含矛盾意味的。**paradoxically** *adv.* yang menjadi paradoks. 矛盾地。

**paraffin** *n.* minyak yang digunakan sebagai bahan pembakar; minyak tanah. 石蜡（一种取自石油的燃料）。**liquid ~** sejenis julap. 一种无味的轻泻剂。**~ wax** lilin parafin. 固体石蜡。

**paragon** *n.* contoh orang atau benda yang sempurna. 在外观上尽善尽美的人或事物；典范。

**paragraph** *n.* fasal; perenggan; paragraf. 段落。—*v.t.* disusun dalam perenggan. 分段。

**parakeet** *n.* sejenis burung kakak tua. 小鹦鹉。

**parallax** *n.* perbezaan ketara kedudukan sesuatu objek apabila dilihat dari sudut yang lain. 从不同角度观看时产生的视差。

**parallel** *a.* selari; sejajar; sama hala atau arah (garisan, dll.). 平行的；类似的；一致的。—*n.* garis selari; garis pada peta yang dilukis selari dengan garisan Khatulistiwa; perbandingan. 平行线；地图上的纬线；比较；譬喻。—*v.t./i.* (p.t. *paralleled*) menjadikan selari; membandingkan. 与…平行；比较。**parallelism** *n.* persamaan; keadaan selari atau sejajar. 平行现象；对应；身心平行论。

**parallelogram** *n.* segi empat selari. 平行四边形。

**Paralympics** *n.pl.* pertandingan sukan antarabangsa untuk orang cacat. 伤残人士奥运会。

**paralyse** *v.t.* melumpuhkan; menghentikan. 使瘫痪；使停顿。

**paralysis** *n.* hilang daya bergerak; lumpuh. 失去移动能力；无法正常移动。

**paralytic** *a.* & *n.* yang lumpuh; yang berkenaan dengan lumpuh. 瘫痪（的）。

**paramedic** *n.* (*colloq.*) pekerja paramedik atau separa perubatan. 护理人员（包括医务辅助）。

**paramedical** *a.* (berkenaan) paramedik. 辅助性的（与医务有关的）。

**parameter** *n.* parameter. （数学）参数。

**paramilitary** *a.* diurus seperti angkatan tentera. 似军事组织的。

**paramount** *a.* amat penting. 至上的；首要的。

**paramour** *n.* (*old use*) kendak. 情妇或情夫。

**parang** *n.* parang; pisau panjang orang Melayu. 马来民族用的巴冷刀。

**paranoia** *n.* sejenis penyakit saraf; gangguan fikiran yang membuat penghidapnya tidak mempercayai orang lain; paranoia. 妄想狂；不信任别人的偏执狂。 **paranoiac** *a.* yang berkenaan dengan paranoia. 患妄想狂的。

**parapet** *n.* tembok rendah di anjung rumah atau jambatan. 在阳台或桥边的护墙。

**paraphernalia** *n.* barang-barang kepunyaan seseorang; segala alat perkakas. 个人的随身用设或设置。

**paraphrase** *v.t.* menjelaskan dengan kata-kata lain. 用其他语文意译。—*n.* ubahan atau penjelasan dengan kata-kata lain. 意译。

**paraplegia** *n.* kelumpuhan di kaki atau di sebelah bawah badan (dari pinggang). 足部及身躯的局部或全部瘫痪。

**paraplegic** *a.* & *n.* orang yang kelumpuhan dari aras pinggang ke bawah. 局部瘫痪的(人)。

**parapsychology** *n.* pengkajian tanggapan otak yang di luar keupayaan normal. 一种研究超心灵的学问。

**paraquat** *n.* racun rumpai. 一种有剧毒的除草剂。

**parasite** *n.* parasit. 寄生虫；寄生植物；靠他人为生的人。 **parasitic** *a.* yang hidup sebagai parasit. 寄生的。

**parasol** *n.* payung untuk berlindung daripada cahaya matahari. 阳伞。

**paratrooper** *n.* ahli payung terjun. 伞兵。

**paratroops** *n.pl.* pasukan payung terjun. 伞兵部队。

**paratyphoid** *n.* sejenis demam kepialu. 副伤寒症（类似伤寒，但症状较轻微）。

**parboil** *v.t.* merebus separuh masak. 煮得半熟。

**parcel** *n.* bungkusan; sekeping tanah. 包裹；邮包；一块土地。—*v.t.* (p.t. *parcelled*) dibungkus; dibahagikan kepada bahagian-bahagian kecil. 包扎；分配。

**parch** *v.t.* memanggang; mengeringkan; menjadi kering kerana panas. 烘烤；使焦干；使口渴。

**parchment** *n.* kertas kulit. 羊皮纸；类似羊皮纸的纸张。

**pardon** *n.* pengampunan; ampun; maaf. 原谅；饶恕。—*v.t.* (p.t. *pardoned*) dimaafkan; diampunkan. 赦免；原谅。

**pardonably** *adv.* yang dapat dimaafkan. 可原谅的。 **pardonably** perihal yang dapat diberi kemaafan. 可原谅地。

**pare** *v.t.* memotong; mengupas; mengurangkan sedikit demi sedikit. 修剪；削；逐步减少。

**parent** *n.* ibu bapa. 父或母；祖先；根源。 **parental** *a.* berkenaan dengan ibu bapa. 父母的。 **parenthood** *n.* masa keibubapaan. 父母的身分。

**parentage** *n.* asal usul; keturunan. 家系；出身。

**parenthesis** *n.* (pl. *-theses*) sisipan; tanda kurungan; parentesis. 插入的词或语句；圆括号。 **paranthetic** *a.* yang berkenaan dengan kata atau kalimat dalam kurungan. 作为插入语的；括弧的。

**parentheticl** *a.* berparentesis; tambahan. 作为插入语的。 **parenthetically** *adv.* secara parentesis atau tambahan. 作为插入语式地。

**parenting** *n.* keibubapaan. 扮演父母的角色；作为父母。

**parget** *v.t.* (p.t. *pargeted*) plaster (dinding, dsb.) yang bercorak hiasan. 涂饰花纹；以粗灰泥涂墙。

**pariah** *n.* paria; orang atau golongan yang terendah dalam kasta di India. (印度)最低级的贱民；流浪汉。

**parietal bone** pasangan tulang yang membentuk tengkorak. 头盖骨。

**paring** *n.* kulit (yang dikupas); keratan. 削下的皮。

**parish** *n.* kariah; satu kawasan yang mempunyai paderi dan gerejanya sendiri; jajahan yang berkerajaan setempat. (拥有教堂与牧师的) 教区；地方政府行政区。

**parishioner** *n.* penduduk kariah. 教区中或地方政府区的居民。

**Parisian** *a.& n.* penduduk Paris. (法国首都巴黎的) 本土居民 (的)。

**parity** *n.* persamaan. 平等；同等待遇。

**park** *n.* taman raya; kawasan rekreasi; taman atau kawasan di sekeliling rumah besar di luar kota; tempat meletak kereta. 公园或公共游乐场；(乡村住宅或别墅四周的) 园林；停车场。—*v.t.* meletak (kenderaan). 暂时停放 (车辆)。

**parka** *n.* sejenis baju luar (jaket) yang bertudung di kepala. 巴卡衣 (一种有兜帽的厚夹克衣)。

**parkin** *n.* roti halia yang dibuat daripada tepung oat kasar dan sirap hitam. 姜饼 (用燕麦与糖浆制成)。

**parky** *a.* (*sl.*, berkenaan cuaca) dingin. 寒冷的。

**parlance** *n.* gaya bahasa atau pertuturan. 措词；用语。

**parley** *n.* (pl. -*eys*) perbincangan untuk menyelesaikan perbalahan. (尤指与敌方的) 谈判。—*v.i.* (p.t. *parleyed*) berunding. 谈判。

**parliament** *n.* parlimen. 国会。 **parliamentary** *a.* yang berkenaan dan diperintah oleh parlimen. 国会的。

**parlour** *n.* bilik tamu. 客厅。

**parlourmaid** *n.* babu yang melayan semasa makan. 侍候用餐的女仆。

**parlous** *a.* (*old use*) sangat buruk; teruk. 危险的。

**Parmesan** *n.* sejenis keju yang keras. 乳酪。

**parochial** *a.* berkenaan dengan kariah gereja; terbatas; sempit. 与教区有关的；眼界狭窄的。

**parody** *n.* ejekan; olok-olokan; parodi. (有讥讽意味的) 模仿滑稽作品。—*v.t.* mengejek. 嘲讽。

**parole** *n.* kata-kata janji; pembebasan banduan sebelum tempohnya dengan syarat berkelakuan baik. 诺言；假释。—*v.t.* dibebaskan dengan syarat berkelakuan baik. 假释。

**paroxysm** *n.* serangan (penyakit) dengan tiba-tiba; letusan emosi. 痉挛；(情绪、疾病等的) 突然发作。

**parquet** *n.* lantai yang dibuat daripada potongan kayu; parket. 镶木地板。

**parricide** *n.* pembunuhan ibu atau bapa sendiri atau ahli keluarga. 弑父或弑母；弑父或母的人。 **parricidal** *a.* berkenaan perbuatan membunuh ibu, bapa atau ahli keluarga. 弑父母的。

**parrot** *n.* burung kakak tua. 鹦鹉。

**parry** *v.t.* menangkis; menepis; mengelakkan. 挡开 (攻击)；技巧地闪避 (问题)。—*n.* penangkisan. 闪避或挡开。

**parse** *v.t.* menghuraikan kalimat atau ayat. 从语法的形式与功能上分析词语。

**parsec** *n.* unit jarak yang digunakan dalam ilmu kaji bintang. 天文学中测量距离的单位，约等于3.25光年。

**parsimonious** *a.* secara hemat; kedekut; kikir. 吝啬的；异常节俭的。 **parsimony** *n.* sifat terlalu hemat; sifat kedekut; kekikiran. 过度节俭的习性；吝啬。

**parsley** *n.* pasli; herba hijau berdaun keriting. 芫荽菜 (一种有卷叶的绿色草药)；香菜。

**parsnip** *n.* sejenis ubi. (可煮食的) 防风草根。

**parson** *n.* (*colloq.*) pendeta; paderi. 牧师。

**parsonage** *n.* rumah paderi. 教区的牧师住所。

**part** *n.* bahagian; komponen; bahagian yang telah ditetapkan; peranan dalam sandiwara, dll.; sesuatu irama suara atau alat muzik; daerah; pihak. 部分；局部；

角色或台词；乐曲或乐器其中的一部分；地区；(交易或争论等中的)一方。—*adv.* sebahagiannya. 部分地；局部地。—*v.t./i.* berbelah; berpihak. 偏向某一方；偏袒。**in good ~** tanpa menyinggung. 乐意接受。**in ~** sebahagian. 一部分地。**~ of speech** jenis-jenis kata. 词类。**~ with** menyerahkan; melepaskan. 放弃。

**partake** *v.i.* (p.t. *-took*, p.p. *-taken*) mengambil bahagian; mengambil sebahagian (makanan). 参与；参加；分享(食物)。

**partaker** *n.* peserta. 参加者。

**Parthian ~ shot** kata-kata tajam yang dilemparkan sambil berlalu pergi. 临走时所说的话或所做作的事。

**partial** *a.* sebahagian; tidak seluruh. 部分的；不齐全的。**be ~ to** memihak; menyebelahi. 偏袒；厚此薄彼。**partially** *adv.* perihal memihak, gemar, cenderung. 偏袒地；厚此薄彼地；偏爱地。

**partiality** *n.* sikap berat sebelah; kegemaran. 偏袒的态度；癖好。

**participate** *v.i.* mengambil bahagian; turut serta. 参与；参加。**participation** *n.* penyertaan. 参与；参加；分担。

**participle** *n.* perkataan yang dibentuk daripada kata kerja. 分词。**past ~** (contoh: *burnt, frightened*). 过去分词。**present ~** (contoh: *burning, frightening*). 现在分词。**participial** *a.* berkenaan dengan perkataan sedemikian. 与分词有关的。

**particle** *n.* zarah; bahagian kata yang kecil; partikel. 粒子；小品词。

**particoloured** *a.* beraneka warna. 杂色的；多种颜色的。

**particular** *a.* khas; khusus; istimewa; mahukan tahap tertentu. 特别的；特殊的；过于讲究的。—*n.* perincian; penerangan terperinci. 细节；详情。**in ~** khasnya; khususnya; terutamanya. 特别；尤其。**particularly** *adv.* yang terutamanya; dengan khususnya. 详细地；格外地。**particularity** *n.* keutamaan;

kekhususan. 特殊点；精确性；个性。

**particularize** *v.t./i.* menghuraikan dengan panjang lebar; menyebut satu per satu. 详述；逐一说明。

**parting** *n.* perpisahan; belahan pada rambut. 分离；分隔；(头发的)分缝；分梳线。

**partisan** *n.* pengikut; penyokong; pejuang gerila. 党羽；支持者；游击队队员。

**partisanship** *n.* penyokong perjuangan gerila. 游击队的支持者。

**partition** *n.* petak; bahagian; pembahagian bilik atau ruang sekatan. 分隔；部分。—*v.t.* dibahagikan kepada beberapa ruang atau petak; disekat. 把(房间、空间等)分成部分；隔开。

**partly** *adv.* sebahagiannya. 部分地。

**partner** *n.* rakan kongsi; sekutu; teman. 伙伴；合股人。—*v.t.* menjadi pasangan kepada; dipasangkan. 伙伴或合股人；搭档或配偶。**partnership** *n.* perkongsian atau persekutuan perniagaan. 伙伴关系；合伙的契约。

**partridge** *n.* sejenis burung hutan; ayam hutan. 鹧鸪；雉。

**parturition** *n.* proses melahirkan anak; bersalin. 分娩过程。

**party** *n.* parti; perjumpaan sosial; sekumpulan orang yang bekerja atau berjalan-jalan bersama; sekumpulan orang yang bergerak untuk kepentingan umum atau dalam politik; pengikut dalam satu pergerakan atau rancangan. 社交集会；政党；党派；(在合约或纷争中的)一派或一方；参与者；(一个)人。**~ line** berkongsi sambungan telefon; membentuk polisi parti politik. 合用电话线；政党的政治路线。**~-wall** dinding di antara dua bangunan atau bilik. (两座建筑或两间房间的)界墙。

**parvenu** *n.* orang yang baru mendapat kuasa atau menjadi kaya. 暴发户。

**paschal** *a.* berkenaan hari paska atau Easter. 复活节的。

**pass¹** *v.t./i.* (p.t. *passed*) lalu; lewat; pergi ke sesuatu tempat; menghantar (bola) kepada pemain lain, dll.; buang air kecil; buang air besar; berubah; berlalu; memenuhi (masa lapang); dapat diterima; boleh dibenarkan; diperiksa dan disah memuaskan; mencapai tahap yang diperlukan; mengucapkan; (dalam permainan pakau) menolak giliran. 通过；越过；(致使)走向另一方；传球；排泄；改变；发生；打发(时间)；被接受；为时人所知；受谅解；检定合格；考试及格；讲；(玩纸牌时)不叫牌。—*n.* hantaran; gerak tangan; kebenaran masuk atau keluar; jurang antara gunung; laluan; keadaan yang genting. 传球；手法；通行证；通道；山口；紧要关头。**make a ~ at** (*colloq.*) mengurat. 尝试以性吸引。**~ away** meninggal dunia; mati. 去世；死亡。**~ out** (*colloq.*) pengsan; tidak sedarkan diri. 不省人事。**~ over** mengetepikan. 漠视。**~ up** (*colloq.*) menolak (peluang, dll.). 拒绝。

**pass²** *n.* genting. 隘口。

**passable** *a.* dapat dilalui; agak baik. 可通行的；尚称满意的。**passably** *adv.* yang dapat dilalui atau diharungi. 可通行地；尚称满意地。

**passage** *n.* perjalanan; hak lalu dan jadi penumpang; gang; laluan atau terusan terutama yang berdinding di kiri kanannya; petikan daripada karangan atau muzik. 推移；通行权；通道(尤指两边有墙者)；管状结构；文章或乐曲中的一节。**~ of arms** pergaduhan; berbalahan. 殴斗；争执。**passageway** *n.* jalan; lorong; laluan. 走廊；通道。

**passbook** *n.* buku kira-kira simpanan wang. 银行存折。

**passenger** *n.* penumpang; ahli pasukan yang tidak cekap. 火车、船或飞机内的搭客；队伍中的无能队员。

**passer-by** *n.* (pl. *passers-by*) orang yang lalu. 过路人。

**passerine** *a. & n.* order atau kumpulan spesies burung hinggap. 雀形目鸟类(的)。

**passion** *n.* keghairahan; nafsu seks. 激情；性爱；热诚。**the Passion** penderitaan dan kematian Jesus Christ disalib. 耶稣被钉在十字架所受的苦难。**~-flower** *n.* pokok markisah. 西番莲。**~-fruit** *n.* buah markisah. 西番莲果实。

**passionate** *a.* ghairah; berahi. 充满热情的；激昂的。**passionately** *adv.* dengan bernafsu; dengan terburu nafsu. 充满热情地；激昂地。

**passive** *a.* pasif; tidak aktif; tidak melawan; kurang inisiatif. 被动的；不抗拒的；缺乏自动性或有力品质的；(语法)被动词。**passively** *adv.* dengan tidak giat; secara lembut; secara pasif. 被动地。**passiveness** *n.* perihal tidak giat; berkenaan dengan lembut dan pasif. 被动性；消极主义。**passivity** *n.* sifat pasif. 消极状态；服从；纯性。

**passkey** *n.* kunci pintu; kunci maling. 门锁；总锁。

**Passover** *n.* perayaan orang Yahudi; anak biri-biri yang dikorbankan semasa perayaan ini. 犹太人的逾越节；逾越节或复活节所屠杀的羊。

**passport** *n.* pasport; dokumen untuk mengembara ke luar negeri. 护照。

**password** *n.* perkataan rahsia untuk membezakan kawan dengan musuh; kata laluan. 用以分辨敌友的秘密口令。

**past** *a.* dahulu; lampau. 过去的。—*n.* masa lalu; masa silam seseorang. 昔时；往事。—*prep. & adv.* lepas; lewat; lebih. 超越地。**~ master** ahli; pakar. 大师；专家。

**pasta** *n.* adunan kering yang dibuat daripada tepung dalam berbagai-bagai bentuk; pasta; sejenis mi. 面食；干糊面粉食品。

**paste** *n.* adunan; pelekat; adunan tepung untuk buat kuih; sejenis kaca untuk buat intan palsu. 浆糊；面团；糊；酱；(制造人造宝石用的)玻璃状物质。—*v.t.*

**pasteboard**

melekatkan dengan perekat; (*sl.*) sampah. 用浆糊黏贴或覆盖；狠狠地打击。

**pasteboard** *n.* kertas tebal. 纸板。

**pastel** *n.* pastel, pewarna lilin; warna lembut; warna pucat. 蜡笔；蜡笔画；清淡而细腻的色彩。

**pastern** *n.* bahagian kaki kuda di antara keting dengan kuku. (马足的) 骹。

**pasteurize** *v.t.* mempasteurkan; membasmi kuman dalam susu dengan memanaskannya. 加热灭 (牛奶中的) 菌。**pasteurization** *n.* pempasteuran; pembasmian kuman mengikut kaedah Pasteur. 低热灭菌；以巴氏法消毒或灭菌。

**pastiche** *n.* karya sastera atau muzik yang dihasilkan daripada petikan berbagai-bagai karangan atau ciptaan. (文学或音乐的) 模仿作品；拼凑而成的杂烩曲；混成曲。

**pastille** *n.* sejenis ubat batuk seperti gula-gula. 喉片；锭剂。

**pastime** *n.* sesuatu yang dilakukan untuk mengisi masa lapang. 休闲活动。

**pastor** *n.* paderi; pastor. 牧师；精神导师。

**pastoral** *a.* berkenaan dengan kehidupan di desa; berkenaan dengan paderi; berkenaan bimbingan kerohanian. 与乡村生活有关的；与牧师或精神指导有关的。

**pastry** *n.* adunan tepung untuk membuat kuih. 用面粉、油脂和水制成的糕点。

**pasturage** *n.* padang rumput ternakan. 牧场。

**pasture** *n.* padang rumput; perumputan. 适于畜牧的草原；牧草。—*v.t.* meragut rumput; menggembalakan; (haiwan) makan di padang rumput. 牧放；(牛、羊) 吃草。

**pasty**[1] *n.* sejenis kuih berinti manisan, daging, dll. 馅饼；肉馅饼。

**pasty**[2] *a.* (*-ier, -iest*) berkenaan dengan adunan; pucat. 糊状的；苍白的。

**pat** *v.t.* (p.t. *patted*) menepuk perlahan

**patentee**

dengan tapak tangan. 轻拍。—*n.* tepukan; gumpalan. 轻拍；轻拍声；小块的柔软物体。—*adv. & a.* tepat. 作好准备的 (地)。**stand ~** berpegang teguh kepada keputusannya. 坚持决定的。

**patch** *n.* tampalan; tompok; bahagian; kawasan atau masa yang istimewa atau tertentu; sebidang tanah. 补块；特定的地点或时间；一块地。—*v.t.* menampal; mencantumkan. 掩补；拼凑。**not a ~ on** (*colloq.*) tidak sebagus. 比不上。**~ up** memperbaiki; menyelesaikan perselisihan, dll. 补缀；解决。

**patchwork** *n.* perca-perca kain yang dicantum (dijahit) untuk menjadikan sesuatu. 拼缝起来的彩布；用不同色彩的物体拼成的东西。

**patchy** *a.* bertampal-tampal; tidak sama kualitinya. 补缀的；杂凑而成的；素质不调的。**patchily** *adv.* dengan bertompok-tompok; dengan menampal. 杂凑地。**patchiness** *n.* keadaan bertampal. 杂凑性。

**pate** *n.* (*old use*) kepala. 头。

**pâté** *n.* adunan daging, dll. 肉浆。

**patella** *n.* (pl. *-ae*) tempurung lutut. 膝盖。

**paten** *n.* pinggan untuk meletakkan roti semasa upacara Eukaris. 在圣餐中用以盛饼的小盘。

**patent**[1] *a.* jelas; nyata; yang dilindungi undang-undang; berpaten. 明显的；清楚的受专利权保护的；有专利的。—*v.t.* mendapat atau memegang hak cipta barangan; mempatenkan. 取得或控制专利权。**~ leather** kulit binatang yang keras dan berkilat. 漆皮。**patently** *adv.* secara nyata, jelas dan terang. 清楚地；明显地。

**patent**[2] *n.* hak memiliki atau hak cipta sesuatu ciptaan; ciptaan, dll. yang dilindungi oleh hak cipta ini. 专利权；受专利权保护的发明品。

**patentee** *n.* pemegang paten. 专利权获得者。

**paternal** *a.* berkenaan dengan bapa atau ayah; dari sebelah bapa. 父亲的;似父亲的;得自父亲的。 **paternally** *adv.* dari sebelah ayah; bersifat seperti ayah. 似父亲地。

**paternalism** *n.* polisi memberi peruntukan bagi keperluan orang ramai tetapi tidak memberi mereka tanggungjawab. (提供人民的需要但不给予职责的)家长式政策。 **paternalistic** *a.* kebapaan. 家长式的。

**paternity** *n.* perihal menjadi bapa atau ayah; kedudukan sebagai bapa. 父亲的身分;父亲的角色。

**path** *n.* jalan kecil; lorong; tindakan. 小径;人行道;路线;途径。

**pathetic** *a.* menyedihkan; menghibakan; menerbitkan rasa belas kasihan. 令人同情的;可怜的。 **pathetically** *adv.* dengan sedih; dengan sayu; dengan hiba. 令人同情地;可怜地。

**pathogenic** *a.* menyebabkan penyakit. 致病的。

**pathology** *n.* ilmu kaji penyakit; patologi. 病理学。 **pathological** *a.* berkenaan patologi; berkenaan dengan penyakit. 病理学的。 **pathologist** *n.* ahli patologi. 病理学家。

**pathos** *n.* sifat yang menimbulkan belas kasihan. 悲切;哀伤;(作品中)令人怜悯的成分。

**patience** *n.* kesabaran; permainan terup untuk seorang sahaja. 耐性;毅力;单人纸牌游戏。

**patient** *a.* sabar; bersabar. 忍耐的;容忍的。 —*n.* pesakit. 病人。 **patiently** *adv.* dengan penuh kesabaran. 忍耐地。

**patina** *n.* tahi tembaga. (旧青铜器上的)铜绿;(旧木器上的)光泽。

**patio** *n.* (pl. -*os*) halaman dalam rumah. 院子。

**patois** *n.* loghat daerah; dialek. 土语;方言。

**patriarch** *n.* ketua (lelaki) sesuatu keluarga atau puak; ketua di gereja. 家长;族长;高级主教。 **patriarchal** *a.* yang berkenaan dengan ketua keluarga. 家长的;族长的。

**patriarchy** *n.* patriarki; sistem baka; kuasa bapa. 父权制;父权制社会。

**patrician** *n.* orang daripada golongan bangsawan, khususnya dalam zaman silam bangsa Rom. 贵族层级(尤指古罗马时代)。—*a.* bersifat bangsawan. 贵族式的。

**patrimony** *n.* warisan daripada keturunan ayah. 祖传遗产。

**patriot** *n.* orang yang cinta akan tanah air dan sedia mempertahankannya. 爱国者。

**patriotic** *a.* sangat cinta akan tanah air; bersifat patriotik. 热爱国家的。 **patriotically** *adv.* yang berkenaan dengan cinta kepada tanah air. 爱国地。 **patriotism** *n.* perasaan cinta kepada tanah air. 爱国精神。

**patrol** *v.t.* meronda (kawasan atau bangunan) untuk ketenteraman. 巡逻;巡查。 —*n.* rondaan. 巡逻;巡查。

**patron** *n.* penaung; pelanggan tetap. 赞助人;老主顾。 **~ saint** malaikat pelindung. 守护神。 **patroness** *n. fem.* penaung (wanita). 女性赞助人或主顾。

**patronage** *n.* naungan; sifat pelindung. 赞助;庇护。

**patronize** *v.t.* bertindak sebagai penaung. 赞助;庇护;光顾。

**patronymic** *n.* nama berasal daripada bapa atau moyang. 源于父亲或祖先的姓名。

**patten** *n.* (*old use*) sejenis tapak yang diletakkan di atas gelang besi supaya kasut pemakainya tidak basah atau kena lumpur. 套在铁圈上防湿或防泥污的鞋套。

**patter**[1] *v.i.* derap; berlari dengan pantas. 发出急促嗒嗒的脚步声;急促的跑步。 —*n.* bunyi seperti orang berjalan atau bunyi titisan hujan. 嗒嗒的脚步声;滴答声。

**patter**² *n.* percakapan yang cepat. (连珠炮般的)说话。

**pattern** *n.* corak pada kain atau anyaman; contoh atau arahan bagaimana sesuatu barang dibuat; contoh kain, dll.; contoh yang terbaik; kekerapan cara sesuatu itu berlaku; pola. 装饰图案；说明制作方法的模型；样本；典范。**patterned** *a.* bercorak; berkenaan dengan peniruan dan percontohan. 图案式结构的。

**patty** *n.* sejenis kuih yang berintikan daging, dll. 肉馅饼。

**paucity** *n.* jumlah kecil; kekurangan. 微量。

**paunch** *n.* perut; perut buncit. 腹部；大肚皮。

**pauper** *n.* orang yang sangat miskin. 贫民。

**pauperize** *v.t.* menyebabkan papa kedana. 使穷困。**pauperization** *n.* kepapaan. 贫穷化。

**pause** *n.* memberhentikan seketika. 暂停。—*v.i.* berhenti sejenak. 使暂停。

**pavane** *n.* tarian berentak perlahan. 一种庄重的宫廷舞。

**pave** *v.t.* menurap jalan dengan batu. (用石头或硬块)铺路。**~ the way** membuka jalan untuk perubahan, dll. 为...铺路以应变；为...作准备。

**pavement** *n.* jalan di sisi jalan raya untuk pejalan kaki; kaki lima. 铺筑的平面；铺筑在道路边的行人道。

**pavilion** *n.* astaka; bangunan di lapangan olahraga untuk peserta dan penonton; rumah tambahan di samping rumah besar. 在体育场中供球员或观众使用的建筑物；装饰性的建筑物。

**pavlova** *n.* sejenis hidangan kek mengandungi krim dan buah. (包裹冰淇淋及水果的)蛋白酥皮饼。

**paw** *n.* tapak kaki binatang; (*colloq.*) tangan. (动物的)脚爪；手。—*v.t.* mencakar; mencakar (tanah) dengan kuku; (*colloq.*) sentuh dengan tangan. (以脚爪)抓；用蹄踢地；以手触动。

**pawky** *a.* (*-ier, -iest*) bersifat jenaka yang bersahaja; suka menipu. 爱开玩笑的；善诈的。**pawkily** *adv.* dengan memutar belit. 狡诈地。**pawkiness** *n.* kepandaian memutar belit. 狡黠。

**pawl** *n.* lidah roda. (防止齿轮等倒转的)制转杆。

**pawn**¹ *n.* bidak; buah catur yang paling kecil dan rendah nilainya; orang yang tindakannya dikuasai oleh orang lain. (西洋棋的)兵；卒；爪牙；被别人利用的人。

**pawn**² *v.t.* menggadai. 典押。—*n.* gadaian. 抵押品。

**pawnbroker** *n.* tukang pajak gadai. 当店老板。

**pawnshop** *n.* kedai pajak gadai. 当铺。

**pawpaw** *n.* buah betik; pokok betik. 一种可食的热带植物及其果实；木瓜。

**pay** *v.t./i.* (p.t. *paid*) membayar wang ke atas barang atau perkhidmatan yang diterima; membayar hutang; memperoleh faedah; memberikan; membayar denda; membiarkan (tali) meluncur melalui tangan. 付帐；对...合算；赋予；受惩；松解绳索。—*n.* bayaran; gaji. 酬劳；薪水。**in the ~ of** diambil bekerja oleh. 受雇于。**~-as-you-earn** cara bayaran cukai pendapatan melalui potongan gaji. (先从薪金或利息中预扣所得税的)预扣法。**~ off** bayar dengan penuh dan bebas daripada (hutang) atau memberhentikan (pekerja); mendapat hasil yang baik. 预先付款以清偿(债务)；预付工资以解雇(雇员)；获得(良好的回酬)。**~-off** *n.* (*sl.*) bayaran; pujian; ganjaran; balasan. 酬劳；奖赏；报应；(戏剧或小说中的)高潮。**~ out** denda; balas dendam. 惩罚；遭受报复。**~ up** bayar dengan penuh; bayar apa yang diminta. 清偿。**payer** *n.* pembayar. 付款人。

**payable** *a.* boleh, harus atau mesti dibayar. 必支付的；可支付的。

**P.A.Y.E.** *abbr.* **pay-as-you-earn** cara bayaran cukai pendapatan melalui potongan gaji. (缩写)先从薪金或利息中预扣所得税的预扣法。

**payee** *n.* orang yang menerima bayaran; penerima wang. 受支付者。

**payload** *n.* jumlah muatan kapal terbang atau roket. 飞机或火箭的净载重量。

**paymaster** *n.* pegawai yang membayar gaji. (军队中的)发饷官员；发款员。 **Paymaster General** Ketua Jabatan Perbendaharaan, melaluinya pembayaran-pembayaran dibuat. 财务部门中发薪饷的主管。

**payment** *n.* pembayaran. (已支付的)款项；支付。

**payola** *n.* wang rasuah. 贿赂。

**payroll** *n.* daftar nama pekerja yang dibayar gaji oleh sesuatu majikan. 薪饷名单；工资表。

**PC** *abbr.* **Privy Counsellor** ahli Majlis Privi Council; **personal computer** komputer peribadi; **police constable** konstabel polis. (缩写)普通警员；英国枢密院；个人电脑。

**pea** *n.* kacang pea; kacang pis. 豌豆。 **~green** *a.* & *n.* warna hijau cerah. 嫩绿(的)。 **~souper** *n.* (*colloq.*) kabus tebal berwarna kuning. 黄色浓雾。

**peace** *n.* aman; bebas daripada peperangan; pakatan mengakhiri peperangan. 和平；和平条约。

**peaceable** *a.* suka kepada keamanan. 爱好和平的；和平的。 **peaceably** *adv.* dengan tenang, tenteram dan sejahtera. 和平地；和睦地。

**peaceful** *a.* aman; damai; tenteram. 和平的。 **peacefully** *adv.* secara damai, aman atau tenteram. 和平地。 **peacefulness** *n.* kedamaian; ketenangan; keamanan. 和平性。

**peacemaker** *n.* pendamai. 和事佬；调解人。

**peach** *n.* pic; sejenis pokok yang buahnya berwarna kuning kemerahan; (*sl.*) orang atau benda yang menarik. 桃；桃树；桃色；出色的人或物。

**peacock** *n.* burung merak. 雄孔雀。 **peahen** *n. fem.* burung merak betina. 雌孔雀。

**pea-jacket** *n.* kot luar pelaut yang pendek tetapi tebal. (水手的)短厚大衣。

**peak** *n.* puncak (bukit, gunung, dll.); bahagian kopiah yang menjulur; peringkat tertinggi; kemuncak, dll. 顶峰；帽檐；最高峰或最高境界。 **peaked** *a.* berpuncak; runcing dan tajam. 顶峰的。

**peaky** *a.* (*-ier, -iest*) kelihatan pucat dan sakit. 憔悴。

**peal** *n.* bunyi loceng; satu set loceng yang berlainan bunyinya; ketawa yang kuat. 钟声；不同音调的一系列钟声；响雷；突发的响亮笑声。 —*v.t./i.* bunyi; gema. 鸣响(钟)。

**peanut** *n.* kacang tanah; (*pl.*) jumlah wang yang sedikit. 花生；微不足道的钱；小利。

**pear** *n.* pear (buah). 梨。

**pearl** *n.* mutiara; sesuatu yang berupa mutiara. 珍珠；珍珠状物。 **~ barley** beras barli. (烹饪用)珍珠麦。 **pearly** *a.* bermutiara; semacam mutiara. 产珍珠的；珍珠似的。

**peasant** *n.* petani. 农民。

**peasantry** *n.* masyarakat, atau kaum tani. (总称)农民；农民社会。

**pease pudding** *n.* puding kacang pis kering yang direbus dalam kain. 豌豆布丁。

**peat** *n.* tanah yang digunakan sebagai baja dan bahan api; tanah gambut. 泥炭。

**peaty** *a.* bergambut; tanah dijadikan baja. 有泥炭的。

**pebble** *n.* batu kerikil; sejenis kaca yang digunakan untuk membuat lensa kaca mata. 鹅卵石；(用以制造眼镜片的)水晶。 **pebbly** *a.* dengan batu kelikir; menyerupai batu kelikir. 象鹅卵石的。

**pecan** *n.* pokok pekan; kekeras, atau kacang pekan. （产于美洲的）山核桃；山核桃树。

**peccadillo** *n.* (pl. *-oes*) kesalahan kecil. 小过失；小缺点。

**peccary** *n.* khinzir kecil yang liar terdapat di bahagian tengah dan benua selatan Amerika. 中、南美洲的小野猪。

**peck**[1] *n.* pek; sukatan untuk barang-barang kering (= 9.09 liter); banyak. 配克（干货容量单位，约两加仑）；大量。

**peck**[2] *v.t./i.* memagut; mematuk dengan paruh; mencium dengan cepat. 敲击；掐；啄；匆忙的吻。 —*n.* patukan. 啄；敲击；匆忙的吻。

**peckish** *a.* (*colloq.*) lapar. 饥饿的。

**pectin** *n.* pektin; sejenis gelatin yang terdapat pada buah-buahan, dll. untuk membuat jem. 水果的胶质。

**pectoral** *a.* pektoral; berkenaan dengan dada. 胸部的；胸饰的。

**peculate** *v.t.* menggelapkan; melesapkan. 盗用。 **peculation** *n.* penggelapan wang. 盗用公款。 **peculator** *n.* penggelap wang. 盗用公款者。

**peculiar** *a.* aneh; ganjil; pelik; khusus kepunyaan seseorang; istimewa. 特别的；古怪的；乖僻的；特有的。 **peculiarly** *adv.* khususnya; khasnya. 尤其；特别。 **peculiarity** *n.* keistimewaan; keganjilan; kepelikan; kepunyaan. 独特性；特色；怪僻；特质。

**pecuniary** *a.* berkenaan dengan wang. 金钱的。

**pedagogue** *n.* (*derog.*) guru (biasanya yang berkeras mengikut peraturan). 卖弄学问的教师。

**pedal** *n.* injak-injak; pemijak kaki pada basikal, mesin atau pada alat muzik. （自行车、缝纫机的）踏板；脚蹬；（钢琴的）踏键。 —*v.t./i.* (p.t. *pedalled*) mengayuh; menginjak; dijalankan oleh injak-injak. 踩踏（自行车踏板或乐器的踏键）。

**pedalo** *n.* (pl. *-os*) bot pesiaran yang dikayuh dengan injak-injak. 脚踏轮桨船。

**pedant** *n.* orang yang mementingkan peraturan dan perincian dalam menyampaikan ilmu. 爱卖弄学问的人。 **pedantry** *n.* perihal sangat mementingkan peraturan dan perincian dalam menyampaikan ilmu. 炫耀；卖弄。

**pedantic** *a.* yang sangat mementingkan peraturan dan perincian. 坚持严守条规以表达知识的；好卖弄本身学识的。

**pedantically** *adv.* dengan cara yang mementingkan peraturan dan perincian. 卖弄地；炫耀地。

**peddle** *v.t.* berjaja. 贩卖；兜售。

**pederasty** *n.* liwat dengan budak lelaki. 鸡奸。 **pederast** *n.* peliwat. 鸡奸者。

**pedestal** *n.* tapak; lapik; kaki yang menyokong sesuatu. （雕像的）垫座；柱脚。

**pedestrian** *n.* pejalan kaki. 行人。 —*a.* yang berkenaan dengan pejalan kaki; tidak imaginatif; membosankan. 步行的；缺乏想象力的；单调的。

**pedicure** *n.* rawatan kaki dan kuku kaki. 脚病治疗（如鸡眼病）；修脚甲。

**pedigree** *n.* susur-galur keturunan. 家谱；家系；出身；血统。 —*a.* binatang yang diketahui keturunan dan baik bakanya. （动物）有血统记录的；纯种的（动物）。

**pediment** *n.* bahagian berbentuk segi tiga di hadapan sesebuah bangunan. 建筑物前的三角饰。

**pedlar** *n.* penjaja; kelentong. 流动小贩；货郎。

**pedometer** *n.* alat untuk menjangka jarak perjalanan (dengan kaki). 计步器。

**peduncle** *n.* batang bunga, dsb. 花梗。

**pee** *v.t./i.* (*colloq.*) kencing. 撒尿；小便。 —*n.* (*colloq.*) (air) kencing. 尿。

**peek** *v.i. & n.* mengintai; intaian; pandangan sekali imbas. 偷看；窥视；一瞥。

**peel** *n.* kulit buah, sayur-sayuran, dll. 果皮；果壳；蔬菜皮。 —*v.t./i.* mengupas; melekang. 剥（皮）；削。 **~ off** berubah

**peep**¹     507     **penal**

haluan. 离队;改变方向。 **peeler** *n.* pengupas; alat untuk mengupas. 剥皮者;剥皮器;刨刀。 **peelings** *n.pl.* kulit buah-buahan yang telah dikupas. (薯类等)剥下的皮。

**peep**¹ *v.i.* mengintai; melihat sekali imbas. 偷窥;望一眼。 —*n.* pandangan sepintas lalu. 匆匆一瞥。 **~-hole** *n.* lubang kecil untuk mengintai. 窥探的缝隙或小孔。

**peep**² *n. & v.t.* bunyi seperti bunyi anak burung; decit. (小鸟的)啾啾声(老鼠的)吱吱声。

**peer**¹ *v.i.* melihat dengan teliti. 凝视;注视;仔细地看。

**peer**² *n.* orang bangsawan di Britain; seseorang yang setara atau setanding dengan kumpulannya. dll. (英国)贵族爵位;官衔与他人同等者。 **peeress** *n.fem.* wanita bangsawan. 女贵族。

**peerage** *n.* golongan bangsawan; gelaran bangsawan. (总称)贵族;贵族爵位。

**peerless** *a.* tiada tarannya. 无可匹比的。

**peeved** *a.* (*sl.*) jengkel; sakit hati. 令人厌烦的。

**peevish** *a.* bengkeng; perengus. 气恼的;脾气乖张的。 **peevishly** *adv.* dengan bengkeng atau merengus. 气恼地;暴躁地。 **peevishness** *n.* sifat bengkeng. 气恼;厌烦。

**peewit** *n.* sejenis burung. 田凫;京燕(鸻科鸟的一种)。

**peg** *n.* pancang atau pasak; sepit baju; minuman keras. 钉;栓;衣夹;饮品或烈酒的测量单位。 —*v.t.* (*p.t. pegged*) memasang tapak; menetapkan (gaji atau harga); mengikut peraturan. 用木桩测标;限定(价格、工资)。 **off the ~** (berkenaan dengan pakaian) yang siap dijahit. 成衣;现成的服装。 **~ away** bekerja dengan tekun. 勤奋地工作。 **~ out** (*sl.*) mati. 死亡。

**pejorative** *a.* hinaan; merendah-rendahkan. 贬抑的。

**peke** *n.* anjing *Pekingese*. 北京狗;哈巴狗。

**Pekingese** *n.* sejenis anjing kecil yang berkaki pendek, bermuka pipih dan bulu lembut. 北京哈巴狗(源自北京,短腿、扁脸、毛发如丝状)。

**pelargonium** *n.* sejenis pokok yang cantik bunganya. (一种花朵艳丽的)天竺葵。

**pelican** *n.* burung undan. 鹈鹕(塘鹅)。 **~ crossing** tempat pejalan kaki melintas dengan menyalakan lampu ketika hendak melintas jalan. 一种有行人指示灯的斑马线。

**pellagra** *n.* pelagra; penyakit kurang zat yang menyebabkan kulit pecah-pecah. 一种糙皮病。

**pellet** *n.* gentelan; until; peluru kecil-kecil. 小团;小子弹。 **pelleted** *a.* berbentuk until; perihal peluru kecil-kecil. 象小子弹的;状似小球团的。

**pell-mell** *a. & adv.* dengan tunggang-langgang; dengan lintang-pukang. 乱七八糟的(地);轻率的(地)。

**pellucid** *a.* amat jelas. 清楚的;清澈的。

**pelmet** *n.* kepingan papan untuk menyembunyikan cangkuk langsir. 装在窗顶的饰木。

**pelota** *n.* permainan bola orang Basque. 源自西班牙巴斯克的回力球戏。

**pelt**¹ *n.* kulit binatang. 兽皮;毛皮。

**pelt**² *v.t./i.* melempar; melontar batu-batu kecil; (berkenaan dengan hujan, dll.) jatuh atau turun dengan lebatnya. 向...扔(飞弹);(雨)急降;飞跑。 **at full ~** dengan secepat mungkin. 拼命飞跑。

**pelvis** *n.* pinggul; pelvis. 骨盆;骨盘。

**pen**¹ *n.* kandang; kurungan. (牛、羊、家禽的)围栏;棚。 —*v.t.* (*p.t. penned*) dikurung. 被关在(棚里)。

**pen**² *n.* pena; kalam. 钢笔;圆珠笔。 —*v.t.* (*p.t. penned*) menulis surat, dll. 写(信等)。 **~-friend** *n.* sahabat pena. 笔友。 **~-name** *n.* nama pena. 笔名。

**pen**³ *n.* burung swan betina. 雌天鹅。

**penal** *a.* berkenaan dengan hukuman. 刑事的。

**penalize** *v.t.* menghukum; menjatuhkan hukuman. 处罚；对...处以刑事惩罚。

**penalization** *n.* penghukuman. 惩罚的过程。

**penalty** *n.* hukuman kerana melakukan kesalahan atau melanggar undang-undang. 对违犯法律或条规给予的处罚；不良品行所造成的后果。

**penance** *n.* penebusan dosa. 赎罪。

**pence** *lihat* **penny**. 见 **penny**。

**penchant** *n.* kesukaan; kegemaran. 爱好；嗜好。

**pencil** *n.* pensel. 铅笔。—*v.t.* (p.t. *pencilled*) menulis, melukis atau menandakan dengan pensel. 用铅笔写、描画或标示。

**pendant** *n.* loket yang digantung pada rantai leher. 项链上的饰物。

**pendent** *a.* bergantungan. 悬挂的。

**pending** *a.* menunggu keputusan. 悬而未决的。—*prep.* sementara menunggu; sehingga. 在...期间；直到...为止。

**pendulous** *a.* berbuaian; berjuntai. 悬垂的；摆动的。

**pendulum** *n.* buah bandul jam. 钟摆；摆锤。

**penetrable** *a.* boleh menembusi; boleh dimasuki. 能被穿透的。 **penetrability** *n.* penembusan. 可透性；可渗性；透明性。

**penetrate** *v.t./i.* menembusi; memasuki; dapat tahu; menyingkap. 透过；穿过；刺入；识破。 **penetration** *n.* tembusan. 透过；穿过；刺入；识破。

**penetrating** *a.* arif; tajam fikiran; cerdik; (berkenaan dengan bunyi) nyaring; lantang. (目光) 锐利的；(思想) 敏锐的；(声音) 尖锐响亮的。

**penguin** *n.* burung penguin; sejenis burung di kawasan Antartika. 企鹅。

**penicillin** *n.* penisilin. 盘尼西林（青霉素）。

**peninsula** *n.* semenanjung. 半岛。 **peninsular** *a.* berkenaan semenanjung. 半岛的。

**penis** *n.* kemaluan lelaki; zakar. 阴茎；雄性动物的生殖器。

**penitent** *a.* rasa kesal; menyesal. 忏悔的；后悔的。 **penitently** *adv.* dengan kesal. 忏悔地。 **penitence** *n.* kesalan. 忏悔；悔意。

**penitential** *a.* berkenaan dengan kekesalan. 后悔的。

**penitentiary** *n.* (*A.S.*) penjara. 监狱。

**pennant** *n.* panji-panji atau bendera yang terdapat pada kapal. 船上用的三角信号旗。

**penniless** *a.* tidak berwang; fakir. 一贫如洗的；贫穷的。

**pennon** *n.* bendera berbentuk segi tiga panjang; bendera atau jaluran-jaluran panjang di kapal. 旗；三角旗；船上的长旗。

**penny** *n.* (pl. *pennies*) peni; mata wang British. 便士。

**penology** *n.* penologi; pengkajian tentang hukuman dan pengurusan penjara. 刑罚学；监狱管理学。 **penological** *a.* berkenaan kajian hukuman dan pengurusan penjara. 与罪犯教育或监狱管理学有关的。

**pension**[1] *n.* pencen; bersara; wang persaraan. 退休金；抚恤金；养老金。— *v.t.* membayar pencen kepada. 发给（退休金或养老金）。~ **off** diberhentikan dengan pencen. (支付退休金后) 辞退雇员。

**pension**[2] *n.* rumah tumpangan di benua Eropah. 欧洲大陆供膳的寄宿所。

**pensionable** *a.* layak menerima pencen. 有资格领退休金或养老金的。

**pensioner** *n.* orang yang pencen; orang yang bersara. 领取退休金或养老金者。

**pensive** *a.* termenung; sayu; murung. 深思的；沉思的；愁眉苦脸的。 **pensively** *adv.* dengan termenung; dengan sayu. 愁眉苦脸地；深思地。 **pensiveness** *n.* kesayuan; kemurungan. 深思；沉思；愁眉苦脸。

**pent** *a.* terkurung; terpendam. 被关禁的 (在受限制的空间)。 **~-up** *a.* yang terpendam. 被关禁的;被抑制的。

**pentacle** *n.* rajah (misalnya pentagram) digunakan sebagai simbol. 巫术中用的五角星形符。

**pentagon** *n.* segi lima. 五角形。 **pentagonal** *a.* bersegi lima. 五角形的。

**pentagram** *n.* bintang lima. 五角星形符。

**pentameter** *n.* pancapada; baris puisi dengan lima bahagian pola irama. 五音步诗句。

**Pentateuch** *n.* lima kitab pertama *Old Testament.* 圣经首五卷/摩西五经。

**pentathlon** *n.* pentatlon; pertandingan olahraga yang mengandungi lima acara. 五项运动竞赛。

**Pentecost** *n.* pesta menuai Yahudi. 犹太人的五旬节。

**Pentecostal** *a.* berkenaan mazhab Pentekosta (mazhab Kristian). 象传道者般寻找灵魂的赠赋的。

**penthouse** *n.* sengkuap; rumah pangsa di tingkat paling atas. (靠在建筑物墙边的) 披屋;庇檐;(高楼的) 顶棚。

**penultimate** *a.* kedua yang terakhir. 倒数第二个的。

**penumbra** *n.* (pl. *-ae*) penumbra; kawasan yang separa terlindung misalnya semasa gerhana. 黑影周围的半阴影 (尤指日、月蚀的半阴影)。

**penury** *n.* kemiskinan; kepapaan. 赤贫。

**peony** *n.* sejenis pokok bunga. 牡丹;芍药属植物。

**people** *n.pl.* manusia; penduduk; rakyat; orang kebanyakan; kaum keluarga. 人类;个人;公民;平民;父母或其他亲属。—*n.* kaum; bangsa. 民族;国民;种族。—*v.t.* penuh dengan manusia. 使住满 (人)。

**PEP** *abbr.* (pelan ekuiti) skema bagi pelaburan bebas cukai terbatas. (缩写) 个人衡平法计划 (有限度免税投资方案)。

**pep** *n.* semangat; tenaga. 活力;精力;锐气。—*v.t.* (p.t. *pepped*) bersemangat; bertenaga. 使活跃;使有生气。 **~ talk** cakapan yang memberi semangat merangsangkan. 鼓励的话。

**peplum** *n.* ropol pendek dari bahagian pinggang. 长袍或外套的腰间荷叶边装饰。

**pepper** *n.* lada; cabai. 胡椒;胡椒粉;辣椒。—*v.t.* membubuh lada. 撒胡椒粉。 **~-and-salt** *a.* berwarna hitam putih berbintik-bintik. (夹有深色和浅色细点的) 椒盐色的。

**peppercorn** *n.* lada hitam. 胡椒子。 **~ rent** sewa yang amat murah. 象征式租金。

**peppermint** *n.* pepermin; sejenis tumbuhan yang rangsang baunya; pudina; minyak pepermin; gula-gula yang berperasa pepermin. 薄荷;薄荷油;薄荷糖。

**peppery** *a.* seperti lada; pedas seperti lada; cepat marah. 胡椒味的;易怒的。

**pepsin** *n.* enzim dalam jus gaster; pepsin. 酶或胃朊酶 (用作消化剂)。

**peptic** *a.* berkenaan dengan penghadaman. 帮助消化。

**per** *prep.* tiap; setiap; mengikut; dengan cara. 每;与...一致;依据。 **~ annum** tiap-tiap tahun. 每年。 **~ cent** peratus. 百分比;百分率。

**peradventure** *adv.* (old use) barangkali. 可能;或许。

**perambulate** *v.t./i.* berjalan berkeliling; menjelajah. 漫步;徘徊。 **perambulation** *n.* perihal berjalan berkeliling. 漫步;徘徊;巡行。

**perambulator** *n.* kereta tolak untuk bayi. 手推婴儿车。

**perceive** *v.t.* mengerti; melihat; merasa. 发觉;领悟;理解;看出。

**percentage** *n.* peratus. 百分比;百分率;比率;比例;部分。

**perceptible** *a.* boleh dimengertikan atau dilihat; dapat merasa. 能感觉到的;看得出的;能理解的。 **perceptibly**

**perception** *adv.* secara yang dapat dimengertikan atau dilihat. 能觉察地；意识到地。

**perception** *n.* penglihatan; pengertian; tanggapan. 察觉；领悟力；理解力。

**perceptive** *a.* dapat melihat; mudah mengerti; tajam daya tanggapan. 有洞察力或理解力的。**perceptively** *adv.* dengan daya tanggapan yang tajam. 洞察力深入地。**perceptiveness** *n.* ketajaman daya tanggapan. 洞察。**perceptivity** *n.* tanggapan; penglihatan. 洞察力；知觉力。

**perch**[1] *n.* tempat hinggapan burung; tempat duduk atau berehat (dahan); tempat duduk yang tinggi. 鸟类的栖息处；高位；高椅；杆（长度单位）等于 5$^{1}/_{2}$ 码。—*v.t./i.* bertenggek; hinggap. 休息；栖息。

**perch**[2] *n.* (pl. *perch*) sejenis ikan yang dapat dimakan. 河鲈。

**perchance** *n.* (*old use*) mungkin boleh jadi. 可能；或许。

**percipient** *a.* tajam daya tanggapan; memahami; dapat mengerti. 感觉的；可理解的。**percipience** *n.* ketajaman daya tanggapan. 理解力；观察力。

**percolate** *v.t./i.* menapis. 使渗透；渗滤。 **percolation** *n.* penapisan. 渗透。

**percolator** *n.* alat menapis; alat untuk membuat minuman kopi dengan membiarkan air menyerap ke dalam serbuk kopi dan menapisnya. 咖啡渗滤壶；渗滤器。

**percussion** *n.* perihal pemukulan; pemaluan alat bunyi-bunyian. 敲打；碰撞；打击。~ **instrument** alat muzik yang dipalu seperti gendang, dram, dll. 打击乐器（如鼓、钹）。

**perdition** *n.* kemusnahan; kehancuran; kebinasaan. 永入地狱；毁灭。

**peregrination** *n.* pengembaraan; perjalanan. 旅行；旅程。

**peregrine** *n.* sejenis burung helang. 猎鹰。

**peremptory** *a.* bersikap memerintah; mesti dipatuhi. 专横的；不许违反的。

**peremptorily** *adv.* dengan sikap memerintah; yang telah diputuskan. 专横地；不许违反地。

**perennial** *a.* bertahun lamanya; selamalamanya; sentiasa berulang kembali; (berkenaan dengan tumbuh-tumbuhan) yang hidup bertahun-tahun. 持续不断的；永远的；循环出现的；(植物) 多年生的。—*n.* pokok saka; tumbuh-tumbuhan yang hidup lama. 多年生植物。**perennially** *adv.* dengan kekal; yang abadi; yang tahan. 长久地；持续地。

**perestroika** *n.* (di Rusia) penyusunan semula ekonomi, dsb. (苏联) 经济重整。

**perfect**[1] *a.* lengkap; sempurna; tepat. 完美的；标准的；完整的；杰出的；正确的。**perfectly** *adv.* dengan sempurna; dengan tepat. 完美地；正确地。

**perfect**[2] *v.t.* menyempurnakan. 使完美；使精通；使完善。

**perfection** *n.* kesempurnaan; orang atau benda yang dianggap sempurna. 尽善尽美；视为完美典型的人、事物；圆满；完善。**to ~** dengan sempurna. 达致完美。

**perfectionist** *n.* orang yang mencari kesempurnaan. 完美主义者。

**perfidious** *a.* khianat; curang; tidak setia. 背叛信义的；不忠的。**perfidy** *n.* pengkhianatan; ketidakjujuran; kecurangan. 背叛；出卖。

**perforate** *v.t.* membuat lubang; melubang; menebuk. 穿孔；穿过；刺入；击穿。**perforation** *n.* melubangi. 贯穿；邮票间的齿孔。

**perforce** *adv.* terpaksa. 不得已；必定；必然。

**perform** *v.t./i.* melakukan; melaksanakan; menjalankan; melakonkan; mempersembahkan. 实行；执行；演奏；举行；演出。**performer** *n.* orang yang melakukan; penghibur. 表演者；演奏者。**performance** *n.* perlaksanaan; pertunjukan. 表演；演出；演奏；表现。

**perfume** *n.* minyak wangi; wangi-wangian. 香味；香水。—*v.t.* mewangikan; memakai minyak wangi. 使发出香气；洒香水于。

**perfumery** *n.* wangi-wangian. 香水。

**perfunctory** *a.* melakukan sesuatu dengan tidak bersungguh-sungguh. 草率的；马虎的。 **perfunctorily** *adv.* dengan tidak bersungguh-sungguh; dengan acuh tak acuh. 敷衍塞责地；马马虎虎地。

**pergola** *n.* kisi-kisi untuk pokok menjalar. 藤架。

**perhaps** *adv.* mungkin; boleh jadi; barangkali. 也许；大概；可能。

**perianth** *n.* bahagian luar bunga. 花的外被；萼包。

**pericardium** *n.* perikardium; membran yang menyalut jantung. 心包。

**perigee** *n.* titik kedudukan bulan yang terdekat dengan bumi. 近地点（月球最靠近地球的方位）。

**perihelion** *n.* (pl. *-ia*) titik terdekat dengan matahari dalam orbit planet. 近日点（彗星或星球轨道最靠近太阳的方位）。

**peril** *n.* bahaya. （严重的）危险。

**perilous** *a.* penuh bahaya; berbahaya. 充满危险的；有危险的。 **perilously** *adv.* dengan penuh bahaya. 危殆地；垂危地。

**perimeter** *n.* garis yang menyempadani sesuatu rajah; lilitan garis keliling sempadan; perimeter. 周长；地区的周围。

**period** *n.* masa; ketika; masa haid; ayat yang lengkap; titik （pada akhir kalimat）. 期间；时期；月经期；完全句；句号。 —*a.* (berkenaan dengan pakaian atau perabot) pada zaman silam. 古式的（衣著或家具）。

**periodic** *a.* berlaku pada masa yang tertentu. 定期的；周期的。

**periodical** *a.* berkala. 定期的；周期的。—*n.* majalah berkala. 期刊。 **periodically** *adv.* berkenaan sesuatu yang berlaku dari masa ke masa. 间歇地；定期地。

**peripatetic** *a.* berjalan-jalan; bergerak dari satu tempat ke satu tempat; mengembara. 走来走去的（没有固定地点的）。

**peripheral** *a.* sempadan; berkenaan dengan sempadan; tidak penting; persisian. 边缘的；表面的；次要及非主流的。

**periphery** *n.* sempadan; pinggir; ukuran keliling, dll. 圆周；主体的外围。

**periphrasis** *n.* (pl. *-ases*) keterangan yang panjang lebar atau berbelit-belit. 迂回曲折的说明。

**periscope** *n.* periskop. 潜望镜。

**perish** *v.t./i.* musnah; binasa; mati; rosak. 消灭；枯萎；死亡；腐烂；因受寒而感难受。

**perishable** *a.* cepat buruk atau rosak; tidak tahan lama. 容易在短期腐烂或败坏的。

**perisher** *n.* (*sl.*) orang yang menjengkelkan. 惹人厌者；顽皮的孩子。

**peritoneum** *n.* peritoneum; membran yang melapik rongga abdomen. 腹膜。

**peritonitis** *n.* keradangan peritoneum; peritonitis. 腹膜炎。

**periwig** *n.* (*old use*) rambut palsu. 假发。

**periwinkle**[1] *n.* pokok kemunting cina. 长春花（一种开蓝、白色花的蔓藤植物）。

**periwinkle**[2] *n.* sejenis siput laut yang boleh dimakan. 海螺。

**perjure** *v.refl.* ~ **oneself** membuat sumpah bohong; berbohong selepas mengangkat sumpah. （在法庭中）发假誓；作证。

**perjured** *a.* bersumpah bohong. 作伪证的；发假誓的。

**perjury** *n.* sumpah bohong. 假誓；伪证。

**perk**[1] *v.t./i.* ~ **up** (*colloq.*) menggembirakan; memeriahkan. 使...意气昂扬；使...兴高采烈。

**perk**[2] *n.* (*colloq.*) faedah sampingan. 额外的津贴。

**perky** *a.* (*-ier, -iest*) (*colloq.*) cergas; kurang sopan. 活泼的；乐观的；鲁莽的。

**perkily** *adv.* dengan cergas. 意气高昂地。**perkiness** *n.* kecergasan. (高昂的)意气;(充沛的)活力。

**perm**[1] *n.* keriting rambut. 电烫的头发。—*v.t.* mengeriting. 烫发。

**perm**[2] *n.* pilih atur. 排列。—*v.t.* memilih atur. 变更;(数字的)排列。

**permafrost** *n.* tanah lapisan atas yang sentiasa beku di kawasan Artik. 北极圈内的永久冻土。

**permanent** *a.* tetap; kekal. 永久的;永远的。**permanently** *adv.* dengan tetap; dengan kekal. 永久地。**permanence** *n.* kekekalan; keadaan yang kekal. 永久性质。**permanency** *n.* keadaan kekal; sesuatu yang kekal. 永恒性;永久性。

**permeable** *a.* telap; dapat diresapi. 可渗透的。**permeability** *n.* ketertelapan. 可渗透性。

**permeate** *v.t.* menembusi; meresapi. 渗入;流入(每一部分)。**permeation** *n.* peresapan. 渗透。

**permissible** *a.* yang dibenarkan; yang diizinkan. 容许的;许可的。

**permission** *n.* kebenaran; keizinan; persetujuan. 准许;许可;同意。

**permissive** *a.* memberi kebenaran; membiarkan; bersikap tidak kisah sangat terutama dalam hal sosial dan seks; perihal bersikap permisif. 容许的;容忍的。**permissiveness** *n.* perihal permisif. 容忍性。

**permit**[1] *v.t.* (p.t. *permitted*) membenarkan; membolehkan; memungkinkan. 给予(准证);使...能够。

**permit**[2] *n.* permit; surat kebenaran. 准证;通行证。

**permutation** *n.* pilih atur. 排列;置换;一系列数字的变更与选择。

**pernicious** *a.* yang merosakkan; yang mendatangkan kecelakaan. 有害的;致命的。

**pernickety** *a.* (*colloq.*) cerewet. 爱吹毛求疵的。

**peroration** *n.* ucapan yang panjang; bahagian penutup pidato. 冗长的讲词;冗长讲词的结尾。

**peroxide** *n.* peroksida. 过氧化物。—*v.t.* dilunturkan dengan peroksida. 过氧(用作漂染)。

**perpendicular** *a.* yang bersudut tepat (dengan sesuatu garisan atau permukaan); tegak lurus. 成直角的;垂直的;矗立的;垂直式建筑模式(指15至16世纪英国哥特式建筑的特征)。—*n.* garis lurus yang membuat sudut tepat 90º dengan garisan lain; garis tegak. 垂直线;垂直方向。**perpendicularly** *adv.* dengan garis tegak; dengan bersudut tepat. 垂直地;成直角地。

**perpetrate** *v.t.* melakukan jenayah atau perbuatan jahat. 犯罪;犯错。**perpetration** *n.* perihal melakukan kejahatan. 作恶;犯科。**perpetrator** *n.* orang yang melakukan kejahatan. 犯罪者;犯错者。

**perpetual** *a.* kekal; abadi. 永恒的;永久的;持久的。**perpetually** *adv.* berterusan; senantiasa; tidak berkesudahan. 永远地;持久地。

**perpetuate** *v.t.* mengabadikan; mengekalkan. 使永恒;使不朽。**perpetuation** *n.* pengabadian; pengekalan. 持久;不朽。

**perpetuity** *n.* in ~ selama-lamanya. 永远;永恒。

**perplex** *v.t.* membingungkan; mengusutkan; mengacaukan. 困惑;困扰;迷惑。

**perplexity** *n.* kebingungan; kekacauan. 困惑的情况;困扰。

**perquisite** *n.* faedah sampingan; pendapatan tambahan. 额外小费;津贴;赏钱。

**perry** *n.* sejenis minuman (dibuat daripada penapaian buah pear). 梨酒。

**persecute** *v.t.* menganiayai (terutama kerana berlainan kepercayaan agama); mengganggu. (尤指宗教的)迫害;干扰。**persecution** *n.* penganiayaan; penyeksaan; penindasan. 迫害。**perse-

**cutor** *n.* penganiaya; penyeksa; penindas. 压迫者；迫害者。

**persevere** *v.i.* tabah; tekun; bersungguh-sungguh melakukan sesuatu. 坚持；不屈不挠地奋斗。 **perseverance** *n.* ketekunan; keteguhan; ketabahan. 坚毅不拔的精神；毅力。

**Persian** *a. & n.* penduduk atau bahasa Parsi. 波斯人（的）；波斯语（的）。

**persiflage** *n.* senda gurau; kelakar. 挖苦(的)；挪揄（的）。

**persimmon** *n.* buah pisang kaki; sejenis pokok yang terdapat di Amerika dan Asia Timur. 产于美洲或东亚的柿树；柿。

**persist** *v.i.* tidak berganjak daripada pendirian; berkeras. 坚持立场；执着于。

**persistent** *a.* yang berterusan; yang tidak berhenti-henti; yang berulang-ulang. 坚持的；执着的。 **persistently** *adv.* dengan berterusan. 坚持地；执着地。

**persistence** *n.* ketabahan; ketekunan. 坚持；执着。

**person** *n.* orang; tubuh badan. 人；人体；人身；人称。 **in~** hadir sendiri. 亲身。

**persona** *n.* (*pl.* *-ae*) persona. （别人眼中的）个性。

**personable** *a.* cantik; rupawan. 美貌的；俊俏的。

**personage** *n.* orang berpangkat tinggi; orang penting. 重要人物；名流。

*persona grata* (*pl. -nae -tae*) orang yang boleh diterima. 能被接受的人物。 *persona non grata* orang yang tidak boleh diterima. 不能被接受的人物。

**personal** *a.* berkenaan keupayaan sendiri; berkenaan hal peribadi seseorang; perseorangan; dilakukan sendiri; menghadapi sendiri. 个人的；涉及私人生活的；亲自的。 **personally** *adv.* secara peribadi; berkenaan dengan diri sendiri. 本人；亲自；就自己而言。

**personality** *n.* sahsiah; keperibadian; orang terkenal atau ternama; (*pl.*) kata-kata yang menyentuh peribadi seseorang. 个性；品格；有个性的人；著名的人物；个人的评述。

**personalize** *v.t.* memberi tanda peribadi; mengenali sebagai milik orang tertentu. 凭特征以识别物主（例如印姓名、地址于手帕、信封等以示鉴别）。 **personalization** *n.* perihal memberi tanda peribadi. 个人特征的鉴别。

**personate** *v.t.* berpura-pura. 扮演...的角色；冒充。 **personation** *n.* kepuraan. 角色的扮演；假冒。

**personify** *v.t.* menjelmakan; mewujudkan. 人格化；拟人。 **personification** *n.* penjelmaan. 化身；体现。

**personnel** *n.* kakitangan. 雇员；职员。

**perspective** *n.* perspektif; cara melukis sesuatu sebagaimana kelihatan oleh mata; lukisan atau gambar pandangan jauh. 透视；透视法；透视图；物体与方位、距离之间的明显关系。 **in ~** meninjau sekitar dalam perspektif yang betul; pandangan atau pentafsiran yang wajar tanpa mengubah-ubah perkara yang dianggap penting. 根据透视的规律；不扭曲事物的相对重要性；观察正确地。

**perspicacious** *a.* celik akal; pandangan tajam. 聪明的；表现高度观察力的。 **perspicaciously** *adv.* dengan pintar dan cerdik. 聪明地。 **perspicacity** *n.* kecerdikan; kebijaksanaan; kepintaran. 聪明；敏锐。

**perspicuous** *a.* terang; jelas; mudah difahami. 表达清楚的。 **perspicuity** *n.* perihal atau sifat yang terang dan jelas. （表达）清晰；有条理。

**perspire** *v.i.* berpeluh; berkeringat. 流汗。 **perspiration** *n.* peluh; keringat. 汗；流汗。

**persuade** *v.t.* memujuk; meyakinkan. 说服；劝导。

**persuasion** *n.* pujukan; pemujukan; perihal meyakinkan. 劝说；说服；说服力；信仰。

**persuasive** *a.* yang dapat meyakinkan; yang dapat memujuk. 有说服力的。 **persuasively** *adv.* dengan pujukan; dengan meyakinkan. 充满说服力地。 **persuasiveness** *n.* perihal memujuk. 说服性。

**pert** *a.* nakal; (*A.S.*) riang dan bertenaga. 厚颜无礼的;活泼的。 **pertly** *adv.* dengan agak biadab; dengan nakal. 冒失地;无礼地。 **pertness** *n.* kenakalan. 厚颜的行为;无礼的行为。

**pertain** *v.i.* berhubung dengan; tergolong; termasuk. 与...有关;属于。

**pertinacious** *a.* berkeras; tidak berganjak daripada keputusan. 坚决的;执拗的;顽固的。 **pertinaciously** *adv.* dengan keras kepala; dengan degil hati; dengan tegar. 坚决地;执拗地;顽固地。 **pertinacity** *n.* kedegilan; ketegaran. 坚决的态度和行为。

**pertinent** *a.* berhubung dengan; tepat. 有关的;贴切的。 **pertinently** *adv.* dengan tepat. 恰当地;贴切地。 **pertinence** *n.* keadaan tepat atau kena pada tempatnya. 恰当的情况。

**perturb** *v.t.* mencemaskan; merunsingkan; mengganggu fikiran. 使...不安;使...烦乱。 **perturbation** *n.* pengganggguan; pengacauan; kebingungan. 烦扰不安。

**peruke** *n.* (*old use*) rambut palsu. 假发。

**peruse** *v.t.* membaca dengan teliti. (仔细地)阅读。 **perusal** *n.* pembacaan; penelitian. 详细阅读。

**pervade** *v.t.* merebak; meresap; menyerap. 弥漫;传遍;渗透。 **pervasive** *a.* yang merebak; yang meresap atau menyerap. 遍布的;弥漫的;渗透的。

**perverse** *a.* menyalahi peraturan; melanggar tatasusila. 顽固的;反常的;故意作恶的。 **perversely** *adv.* dengan berlawanan; dengan bertentangan; dengan menyalahi hukum. 任性地;刚愎自用地。 **perverseness** *n.* sikap degil atau suka membantah. 任性;反常。 **perversity** *n.* kedegilan. 反常的心态和行为。

**pervert**[1] *v.t.* menyalahgunakan; menjadikan keliru; memesongkan. 使腐蚀;误导;滥用。 **perversion** *n.* kesalahan (dari segi hukum atau kesusilaan). 误导;误用;腐蚀。

**pervert**[2] *n.* orang yang tidak mengikut tatasusila; orang yang sesat. 思想腐化者;堕落者;受误导者。

**pervious** *a.* telap; boleh telap. 能透过的;能通过的;能接受(新思想、教育)的。

**peseta** *n.* mata wang Sepanyol. 比塞塔(西班牙货币单位)。

**peso** *n.* (pl. *-os*) peso; mata wang negara-negara Amerika Selatan. 比索;南美洲若干国家的货币单位。

**pessary** *n.* pesari; alat yang diletak di dalam faraj sebagai pencegah hamil. 子宫帽;阴道栓剂(用以避孕者)。

**pessimism** *n.* sikap mudah putus asa; kecenderungan mempercayai sesuatu yang buruk akan berlaku; sikap pesimis. 悲观主义;悲观思想。 **pessimist** *n.* pesimis; orang yang mudah putus harapan atau berpandangan buruk terhadap sesuatu. 悲观主义者;厌世者。 **pessimistic** *a.* yang bersikap pesimis. 悲观的;厌世的。 **pessimistically** *adv.* dengan sikap pesimis. 悲观地。

**pest** *n.* orang atau benda yang selalu membuat kacau; serangga atau binatang perosak; dll. 令人烦厌者;害虫;有害的动物。

**pester** *v.t.* mengganggu; menyusahkan. 烦扰;麻烦。

**pesticide** *n.* racun serangga. 杀虫剂。

**pestilence** *n.* penyakit menular. 致命的传染病。

**pestle** *n.* alu; antan; penumbuk; anak lesung. (捣研用的)棒状杵。

**pet** *n.* binatang peliharaan yang disayangi; binatang kesayangan. 宠物;宠儿。 — *a.* dibela sebagai binatang kesayangan. 宠物的;供玩赏的;宠爱的。 —*v.t.* (p.t. *petted*) dimanjakan; disayangi. 宠

爱;爱抚。~ **name** nama timang-timangan. 昵称。

**petal** *n.* kelopak bunga. 花瓣。

**petard** *n.* (*old use*) sejenis bahan letupan. (古代攻城用的)爆炸物。

**peter** *v.i.* ~ **out** berakhir dengan perlahan-lahan; berkurangan. 逐渐枯竭;渐渐消失;渐渐耗尽。

**petersham** *n.* sejenis pita. 紧捆着的缎带。

**petiole** *n.* petiol; batang daun. 叶柄。

**petite** *a.* kecil molek. 娇小玲珑的。

**petition** *n.* surat rayuan (biasanya ditandatangani beramai-ramai). 请愿书(尤指一群人签署的)。 —*v.t.* membuat rayuan. 请愿。 ◦ **petitioner** *n.* perayu. 请愿者。

**petrel** *n.* sejenis burung laut. 海燕科海鸟;海燕。

**petrify** *v.t./i.* menjadi keras seperti batu; menjadi kaku (kerana takut atau kagum). 使...变成石块;(因受惊而)发呆。

**petrifaction** *n.* proses dan bahan yang menjadikan batu. 石化过程;因受惊而发呆的状况。

**petrochemical** *n.* petrokimia; bahan kimia daripada petroleum atau gas. 石油化学产品。

**petrodollar** *n.* pendapatan atau wang hasil daripada petroleum. 因售卖石油而赚取的油钱。

**petrol** *n.* petrol; sejenis minyak daripada petroleum yang telah dibersihkan dan digunakan sebagai bahan api (digunakan untuk menjalankan jentera kereta). 汽油。

**petroleum** *n.* petroleum; minyak mineral. 石油。 ~ **jelly** jeli petroleum; bahan pelincir yang didapati daripada petroleum. 由石油提炼出来的油脂物质,用作润滑剂。

**petticoat** *n.* kain dalam perempuan. 女用衬裙。

**pettifogging** *a.* remeh-temeh; pertelingkahan tentang perkara kecil. 细节的; 因琐碎小事而争议不休的。

**petting** *n.* bercengkerama; bercumbuan. 亲昵的对待;爱抚。

**pettish** *a.* cepat marah; mudah tersinggung; bengkeng. 易怒的;易发脾气的。 **pettishly** *adv.* dengan bengkeng; dengan merengus. 易怒地。 ◦ **pettishness** *n.* berkenaan dengan sikap bengkeng dan merengus; kebengkengan. 易怒的脾性。

**petty** *a.* (*-ier, -iest*) tidak penting; kecil; sempit fikiran. 次要的;小规模的;器量小的。 ~ **cash** wang untuk membeli barang-barang kecil. 零用现金。 ~ **officer** pegawai rendah dalam angkatan tentera laut. (英)皇家海军军士。

**petulant** *a.* bersifat merengus. 爱使性子的;脾气暴躁的。 **petulantly** *adv.* dengan merengus. 气急败坏地;暴躁地。 ◦ **petulance** *n.* sifat merengus. 坏脾气。

**petunia** *n.* sejenis bunga. 牵牛属植物;牵牛花。

**pew** *n.* bangku panjang di gereja. 教堂中的长凳。

**pewter** *n.* piuter; logam yang dibuat daripada campuran timah dengan plumbum atau logam lain; barang-barang yang dibuat daripada piuter. 白镴(锡、铅或其他金属合金)。

**peyote** *n.* kaktus Mexico; sejenis dadah yang mengkhayalkan. 墨西哥仙人掌;迷幻药。

**phaeton** *n.* sejenis kereta kuda lama. 旧式开篷马车。

**phalanger** *n.* sejenis binatang marsupial yang tinggal di pokok, terdapat di Australia. (澳洲)树袋鼠。

**phalanx** *n.* kumpulan orang yang sehaluan. 密集的人群;为共同目标而结合的一群人。

**phallic** *a.* berkenaan dengan zakar; simbol zakar. 生殖力的;与阳具有关的。

**phantasm** *n.* fantasi; khayalan. 幻觉;幻象。

**phantasmagoria** *n.* igauan; bayangan. 变幻不定的许多真实的或幻想的人物（如梦中所见者）。 **phantasmagoria** 有幻觉效应的。

**phantom** *n.* hantu. 鬼魅；幽灵。

**Pharaoh** *n.* Firaun; raja Mesir pada zaman purba. 法老；古埃及王。

**Pharisee** *n.* Farisi; ahli mazhab lama Yahudi; orang yang yakin kebenaran diri sendiri. 法利赛人；（自以为正直的）伪善者。 **pharisaical** *a.* bersifat kepercayaan Farisi. 法利赛人的；伪善的。

**pharmaceutical** *a.* berkenaan dengan farmasi atau ilmu ubat. 与药剂学有关的；药物的。

**pharmacist** *n.* ahli farmasi; ahli ubat. 药剂师。

**pharmacology** *n.* farmakologi; pengkajian berkenaan tindak balas ubat. 药理学；一种研究药物反应的学识。 **pharmacological** *a.* berkenaan farmakologi. 与药理学有关的。 **pharmacologist** *n.* pakar farmakologi. 药理师。

**pharmacopoeia** *n.* farmakopeia. 药典；储备药剂。

**pharmacy** *n.* ilmu membuat ubat; farmasi; kedai ubat. 配药；药房。

**pharyngitis** *n.* faringitis; radang farinks. 咽喉炎。

**pharynx** *n.* farinks; rongga kerongkong. 咽喉。

**phase** *n.* fasa; peringkat perkembangan. 阶段。 —*v.t.* melaksanakan (rancangan, dll.) berperingkat-peringkat. （分阶段）进行计划。 **~ out** menghentikan secara beransur-ansur. 逐渐进入或淘汰。

**Ph.D** *abbr.* **Doctor of Philosophy** Doktor Falsafah. （缩写）哲学博士。

**pheasant** *n.* (burung) kuang bayas. 野鸡；雉。

**phenobarbitone** *n.* fenobarbiton; sejenis dadah pelali. 苯巴比妥；一种安眠药和镇静剂。

**phenomenal** *a.* luar biasa; ajaib. 不平凡的；卓越的。 **phenomenally** *adv.* dengan luar biasa; dengan ajaib. 非凡地；出众地。

**phenomenon** *n.* (pl. *-ena*) fenomena; sesuatu yang nyata; fakta; pewujudan atau perubahan yang dapat dilihat; orang atau benda yang istimewa. 事实；事件；现象；观念；卓越的人或物。

**phew** *int.* keluhan rasa menyampah, rasa lega. 唷！呸！（表示厌恶或松了一口气的叹词）

**phial** *n.* botol kecil. 小瓶。

**philander** *v.i.* main asmara. （男性向女性）挑情；追求。 **philanderer** *n.* orang yang suka main asmara. 挑情者。

**philanthropy** *n.* sifat belas kasihan dan kasihkan manusia; kemurahan hati; kedermawanan. 慈善；博爱。 **philanthropist** *n.* dermawan; orang yang murah hati. 慈善家；博爱者。 **philanthropic** *a.* yang murah hati; berbelas kasihan sesama manusia. 慈善的；有善心的；博爱的。 **philanthropically** *adv.* dengan kasihan; dengan murah hati. 慈善地；博爱地。

**philately** *n.* pengumpulan setem. 集邮。 **philatelist** *n.* pengumpul setem. 集邮家。

**philharmonic** *a,* berkenaan dengan orkestra. 交响乐的；属于音乐的。

**Philippine** *a.* Filipina. 菲律宾。

**philistine** *a.* & *n.* orang yang mementingkan kebendaan; buta seni. 没有教养的（人）。

**philology** *n.* ilmu kaji bahasa; filologi. 语文学。 **philologist** *n.* ahli filologi; ahli ilmu kaji bahasa. 语文学者。 **philological** *a.* menurut ilmu kaji bahasa. 语文学的。

**philosopher** *n.* ahli falsafah; ahli fikir. 哲学家；有哲学思想者。

**philosophical** *a.* berfalsafah; yang berdasarkan falsafah; sikap tenang menghadapi kesulitan. 哲学的；遭不幸时泰然自若的。 **philosophically** *adv.*

**philosophize** secara falsafah; secara tabah. 带着哲学意味地。

**philosophize** *v.i.* berfalsafah. 理论化；道德化。

**philosophy** *n.* falsafah; prinsip hidup seseorang. 哲学；人生哲理。

**philtre** *n.* ubat guna-guna; ubat pengasih. 有魔力的药；春药；媚药。

**phlebitis** *n.* radang urat; bengkak-bengkak pada urat. 静脉炎。

**phlegm** *n.* kahak; lendir. 痰。

**phlegmatic** *a.* tidak mudah teruja atau terangsang; sikap dingin hati. 不易动感情的；迟钝的；冷漠的。**phlegmatically** *adv.* dengan dingin hati. 冷漠地；迟钝地。

**phlox** *n.* sejenis tumbuh-tumbuhan. 福禄考（一种开红、紫或白色小花的植物）。

**phobia** *n.* fobia; ketakutan atau kebencian yang amat sangat. 长期性的恐惧、憎恶。

**Phoenician** *a. & n.* berkenaan dengan orang Semitic zaman purba yang terdapat di timur kawasan Mediterranean. (古代地中海东部的）闪族；腓尼基（的）。

**phoenix** *n.* sejenis burung dalam cerita dongeng Arab. 阿拉伯神话中的一种不死鸟；凤凰。

**phone** *n. & v.t./i.* (*colloq.*) telefon; menelefon. 电话；打电话。

**phonecard** *n.* kad dengan unit berbayar untuk digunakan dalam telefon kad. 电话卡。

**phonetic** *a.* fonetik; menurut bunyi bahasa; berkenaan dengan ejaan yang mengikut sebutan. 语音的。**phonetically** *adv.* dengan menurut bunyi bahasa. 根据语音地。

**phonetics** *n.* fonetik; pengkajian tentang bunyi-bunyi pertuturan. 语音学。**phonetician** *n.* ahli fonetik. 语音学家。

**phoney** *a.* (*-ier, -iest*) (*sl.*) palsu; lancung. 假装的；冒充的。—*n.* (*sl.*) orang atau barang palsu. 冒充者；赝品；伪造物。

**phonograph** *n.* peti nyanyi. 留声机；唱机。

**phonology** *n.* fonologi; pengkajian tentang bunyi bahasa. 音韵学。**phonological** *a.* berkenaan fonologi. 音韵的。

**phosphate** *n.* fosfat. 磷。

**phosphoresce** *v.i.* mempendarfosfor. 发磷光。

**phosphorescent** *a.* cahaya atau sinar pendar. 发磷光的；闪磷光的。**phosphorescence** *n.* cahaya atau sinar pendar. 磷光；磷火。

**phosphorus** *n.* fosforus. 磷；磷光体。

**photo** *n.* (pl. *-os*) (*colloq.*) foto. 照片；相片。

**photocopy** *n.* salinan foto; fotokopi. 影印；复印本。—*v.t.* membuat salinan foto. 影印；复印。**photocopier** *n.* alat untuk membuat salinan. 影印机；复印机。

**photoelectric** *a.* 光电的。**cell** alat elektronik yang mengeluarkan arus elektrik apabila terkena cahaya. 光电管。

**photogenic** *a.* sesuai sekali untuk difoto; fotogenik. 上镜的。

**photograph** *n.* fotograf; gambar foto; gambar yang dibuat dengan kamera; potret. 照片；相片；逼真的描绘。—*v.t./i.* mengambil gambar; memotret. 拍照；被拍照。**photographer** *n.* juru-gambar. 摄影师；照相家。**photography** *n.* fotografi; seni foto. 摄影术；照相术。**photographic** *a.* yang berkenaan dengan fotografi. 摄影术的。**photographically** *adv.* dengan cara fotografi. 生动地；逼真地。

**photolithography** *n.* fotolitografi; proses litografi dengan plat yang dibuat mengikut kaedah fotografi. 照相平版印刷术。

**photosynthesis** *n.* fotosintesis. 光合作用。

**phrase** *n.* frasa; rangkai kata; ungkapan; rangkai lagu. 词组；短语；乐句。—*v.t.* menyatakan dengan perkataan; mem-

**phraseology** bahagikan (muzik) kepada rangkai lagu. 用言语表达;把(乐曲)分成短句。

**phrasal** *a.* mengenai frasa atau ungkapan. 短语的;乐句的。

**phraseology** *n.* susunan kata. 语言的表达方式;措词。 **phraseological** *a.* berkenaan dengan susunan kata. 语言表达方式的;措词的。

**phut** *adv.* **go ~** meletup dengan bunyi; (*colloq.*) sia-sia. 因爆裂发出"啪"声;告吹。

**phylactery** *n.* kotak kecil mengandungi teks Hebrew digunakan lelaki Yahudi ketika sembahyang. (犹太男子祈祷时戴的)希伯来经文小盒。

**phylum** *n.* filum; bahagian utama tumbuhan atau alam haiwan. (生物学中把生物分类的)门。

**physic** *n.* (*old use*) ubat. 药品;医药。

**physical** *a.* berkenaan dengan badan; berkenaan undang-undang alam; berkenaan dengan fizik. 身体的;肉体的;自然律的;物质的;物理的。 **~ chemistry** kimia fizikal; penggunaan fizik untuk kajian bahan-bahan dan reaksinya. 物理化学。 **~ geography** geografi fizikal. 自然地理学。 **physically** *adv.* dari segi fizikal. 物质地;自然律地;身体地。

**physician** *n.* doktor; tabib. 医生;内科医生。

**physicist** *n.* ahli fizik. 物理学家。

**physics** *n.* ilmu fizik. 物理学。

**physiognomy** *n.* ilmu firasat; bentuk muka seseorang. 面相;面貌。

**physiology** *n.* fisiologi; ilmu tentang sifat-sifat benda yang hidup. 生物生理学。 **physiological** *a.* yang berkenaan dengan fisiologi. 生物生理的。 **physiologist** *n.* ahli fisiologi. 生物生理学家。

**physiotherapy** *n.* rawatan kecederaan dengan mengurut dan gerakan; fisioterapi. 物理治疗。 **physiotherapist** *n.* ahli fisioterapi; orang yang dilatih untuk merawat dengan mengurut. 物理治疗师。

**physique** *n.* susuk badan. 体格。

**pi** *n.* pi; huruf Greek π yang digunakan sebagai simbol nisbah antara lilitan bulatan dengan diameter (kira-kira 3.14). 希腊文字母'π',用以表示数学圆周率。

**pianist** *n.* pemain piano. 钢琴演奏者;钢琴家。

**piano** *n.* (pl. *-os*) piano. 钢琴。

**pianoforte** *n.* piano. 钢琴。

**piazza** *n.* medan umum di bandar Itali. (意大利小城中的)广场。

**pibroch** *n.* muzik beg paip untuk peperangan atau pengebumian. (比武时或葬礼中的)风笛乐曲;挽歌。

**picador** *n.* pelawan lembu berkuda dan bertombak. 骑马执矛的斗牛士。

**picaresque** *a.* (*of fiction*) pikares; tentang pengembaraan penyangak. (传奇小说中)以流浪汉的冒险事迹为题材的。

**piccalilli** *n.* acar sayuran berempah. 酸辣腌菜。

**piccaninny** *n.* anak orang kulit hitam; anak orang asli Australia. 黑人孩子;澳洲土著孩子。

**piccolo** *n.* (pl. *-os*) seruling kecil. 小短笛。

**pick**¹ *n.* beliung; kepingan logam atau gading untuk memetik alat muzik (seperti gitar). 鹤嘴锄;琴拨。

**pick**² *v.t./i.* mencungkil; memetik (bunga atau buah); memilih. 挑选;挖掘;挑剔;啄食;采摘。 —*n.* petikan; hasil memetik; pemilihan yang terbaik. 挖掘;挑剔;遴选;最佳部分。 **~-a-back** *adv.* memikul; membawa di belakang. 放在或骑在肩上。 **~ a lock** membuka kunci dengan benda tajam. 不用匙钥,而用工具开锁。 **~ a pocket** mencuri; menyeluk saku. 偷取材料。 **~ a quarrel** mencari gaduh. 故意挑衅。 **~ holes in** mencari kesalahan. 挑剔毛病。 **~ off** ragut; memetik; menembak seorang demi seorang. 逐一击毙;逐一消灭。 **~ out** dijadikan sebagai sasaran gangguan. 选

出目标对付。~ **up** mengambil; memperoleh; mahukan; belajar kenal; kembali sembuh; menjadi sihat lagi. 捡起；取得；偶然结识；学会；复原；恢复。**~-up** *n.* kenalan; lori pikap; sejenis lori untuk mengangkut orang atau barang; alat pemegang jarum piring hitam. 电唱机唱针头；小型轻便汽车；偶然结识的人。**picker** *n.* pemungut; orang atau alat pemetik; pengumpul. 捡拾者；采摘器。

**pickaxe** *n.* beliung. 鸭嘴锄；镐；锄地工具。

**picket** *n.* pacak; pancang; sekumpulan askar yang berkawal (senteri); piket; pemogok yang menghalang orang bekerja. 纠察人员；看守；警卫。—*v.t.* (p.t. *picketed*) memacak pancang; mengadakan kawalan; berpiket. 驻守；纠察；用尖桩围住。

**pickings** *n.pl.* sisa-sisa; barang-barang kecil yang masih ada. 残羹；零星利润；额外利益；赏酬。

**pickle** *n.* acar; sayuran yang dijerukkan dengan air cuka dan garam; (*colloq.*) dalam keadaan susah. 以醋或盐腌制的蔬菜；腌菜汁；困境。— *v.t.* membuat acar. 腌制。

**pickpocket** *n.* penyeluk saku. 扒手。

**picky** *a.* (-*ier*, -*iest*) (*colloq.*) cerewet. 爱挑剔的。**pickiness** *n.* kecerewetan. 挑别性。

**picnic** *n.* perkelahan. 野餐。—*v.i.* (p.t. *picnicked*) berkelah. 参加野餐。**picnicker** *n.* orang yang berkelah. 参加野餐者。

**picot** *n.* sejenis sibar-sibar bentuk gelungan tali. (花边上的)饰边小环。

**picric acid** sebatian kuning yang pahit rasanya digunakan dalam pencelupan dan membuat bahan letupan. 苦味酸(一种有苦味的黄色物质，用以染色或制造炸药)。

**Pict** *n.* orang zaman purba di utara Britain. 古代英国北部民族的。**Pictish** *a.* berkenaan dengan orang zaman purba di utara Britain. 古代英国北部民族的。

**pictograph** *n.* lambang bergambar digunakan sebagai bentuk tulisan. 象形文字。

**pictorial** *a.* berkenaan dengan atau seperti gambar; bergambar. 绘画的；用图片表示的。—*n.* majalah atau akhbar yang penuh dengan gambar. 画报；画刊。**pictorially** *adv.* secara bergambar. 绘画式地。

**picture** *n.* gambaran; lukisan; gambar; benda yang indah; pemandangan; wayang gambar. 画；图片；摄影术；景物；描绘；影片。—*v.t.* menggambarkan; melukiskan. 描写；想象。

**picturesque** *a.* indah; permai; (berkenaan dengan kata-kata atau gambaran) yang bermakna. 景色怡人的；(语言或描述)生动的。

**pidgin** *n.* ~ **English** bahasa Inggeris pasar; bahasa pasar. 不纯粹的英语(指与本地语混合的简易英语)。

**pie** *n.* sejenis kuih bakar berinti daging, buah, sayur-sayuran. 肉馅饼。

**piebald** *a.* (berkenaan kuda) yang bertompok putih dan warna gelap. 黑白斑驳的(马)。

**piece** *n.* sekeping; sepotong; sepenggal; ciptaan muzik, sastera atau seni; duit syiling; objek kecil dalam permainan; (se)keping roti; unit kerja. 部分；部件；块；段；篇；首；一片(面包)；一项(工作)。—*v.t.* menjadikan satu; menjahit. 凑合；凑成；串连。**of a ~** daripada jenis yang sama; konsisten. 属于同性质的；连贯的。**~work** *n.* kerja yang dibayar mengikut kadar. 件工；零工。

*pièce de résistance* *n.* (benda) yang paling terpilih. 最主要的事件。

**piecemeal** *a. & adv.* sedikit demi sedikit; sekeping demi sekeping. 一点一滴的(地)；逐步的(地)。

**pied** *a.* berwarna-warni. 五颜六色的；斑驳的；多样的。

**pied-à-terre** *n.* (*pl. pieds-à-terre*) rumah atau rumah pangsa kecil untuk tempat tinggal sementara. 临时住所；歇脚处。

**pier** *n.* pangkalan; tambangan; jeti; tiang yang menopang jambatan. 突出至海中的桥墩（尤指用以散步的海滨道路）；支柱。

**pierce** *v.t.* menikam; menembuk; menembus. 戳穿；穿孔；突破（防线）。

**piercing** *a.* rasa sejuk hingga ke tulang hitam; suara nyaring; lantang. 刺骨的（寒气或冷风）；尖锐的（声音）。**piercingly** *adv.* dengan lantang. 尖锐地；刺骨地。

**piety** *n.* ketaatan pada agama; kesolehaan. 虔诚；虔敬。

**piffle** *n.* (*sl.*) karut; cakap yang bukan-bukan. 胡言；无聊话；废话。

**pig** *n.* khinzir; babi; (*colloq.*) orang yang tamak atau kurang sopan. 猪；贪婪的人。**~-iron** *n.* besi yang belum ditempa. 生铁块。

**pigeon** *n.* burung merpati; (*colloq.*) tanggungjawab seseorang. 鸽子；责任。

**pigeon-hole** *n.* ruang atau petak menyimpan surat. 在橱柜或书桌上的信件架。—*v.t.* diketepikan untuk sementara waktu; dikategorikan. 分类；搁置。

**piggery** *n.* tempat memelihara khinzir; kandang khinzir. 养猪场；猪圈。

**piggy** *a.* seperti khinzir (kotor dan kurang sopan). 猪一般的。**~ bank** tabung untuk mengumpul wang. 猪形扑满。

**piggyback** *adv. & n.* menggendong; naik gendong; kokko. 骑在人的肩膀或较大物体上。

**pigheaded** *a.* kepala batu; keras kepala. 顽固的；倔强的。

**piglet** *n.* anak khinzir. 乳猪；小猪。

**pigment** *n.* pigmen; bahan warna. 颜料。—*v.t.* mewarna (kulit, dsb.) dengan bahan warna yang jati. 加天然色素（于皮肤或神经组织）。**pigmentation** *n.* pempigmenan; pewarnaan dengan pigmen. 色素淀积。

**pigskin** *n.* kulit khinzir. 猪皮制成的皮革。

**pigsty** *n.* kandang khinzir. 猪圈；猪栏。

**pigtail** *n.* tocang; rambut yang terjalin. 辫子。

**pike** *n.* tombak; puncak; (*pl. pike*) sejenis ikan air tawar. 长矛；尖峰；狗鱼（淡水鱼的一种）。

**pikelet** *n.* sejenis kuih. 烤饼。

**pikestaff** *n.* batang tombak. 长矛的矛头。**plain as a ~** jelas; terang; nyata. 简明；清楚。

**pilaff** *n.* nasi pilau. 米中加鱼、肉等煮成的饭。

**pilaster** *n.* tiang berbentuk segi empat bujur yang menganjur keluar dari dinding. 装饰性的长方柱；壁柱。

**pilau** *n.* nasi pilau. 米中加鱼、肉及香料煮成的饭。

**pilchard** *n.* sejenis ikan yang kecil. 沙丁鱼（与鲱鱼同科）。

**pile**$^1$ *n.* longgokan; timbunan (kayu, batu dll.); (*colloq.*) jumlah yang besar; bangunan tinggi. 叠；堆；大量；高大的建筑物。—*v.t./i* melonggokkan; menimbunkan. 堆叠；堆积；聚集。**~ up** menimbunkan; tersadai. 累积；搁浅；砸（汽车）。**--up** *n.* perlanggaran beberapa buah kenderaan. 几辆汽车同时相撞。

**pile**$^2$ *n.* cerucuk (kayu atau besi) yang ditanam di dalam tanah sebagai asas bangunan. 桩（打在土中支持建筑物的支柱）。

**pile**$^3$ *n.* bulu (baldu atau permaidani). 绒头；绒面；软绒。

**pile**$^4$ *n.* buasir. 痔疮。

**pilfer** *v.t./i.* mencuri barang yang kecil-kecil. 偷窃。**pilferage** *n.* pencopetan; pencurian. 盗窃；偷鸡摸狗的勾当。

**pilgrim** *n.* orang yang menziarah tempat-tempat suci. 朝圣者；香客。**pilgrimage** *n.* penziarahan ke tempat suci. 到圣地去朝圣。

**pill** *n.* pil; ubat berbentuk bulat dan kecil. 药丸。

**pillage** *n. & v.t.* perihal rompakan; merompak; merampas. 掠夺；抢劫；劫掠。

**pillar** *n.* tiang; tonggak. 柱子。 **~-box** *n.* peti surat. 大邮筒。

**pillbox** *n.* kotak pil; kotak ubat. 药丸盒；药盒。

**pillion** *n.* tempat duduk penumpang di belakang pemandu motosikal. （摩托车的）后座。 **ride ~** membonceng. 坐在（摩托车的）后座。

**pillory** *n.* pasungan; papan yang dilubangkan untuk dimasukkan kepala dan tangan orang salah dan ditontonkan kepada orang ramai. 颈手枷（将头、手纳入枷孔以示众的古代刑具）。—*v.t.* memalukan di khalayak ramai. 公开指斥以羞辱（某人）。

**pillow** *n.* bantal. 枕头。—*v.t.* meletakkan kepala atas bantal untuk berehat. 把……搁在枕头上；象……搁在枕上一般。

**pillowcase, pillowslip** *ns.* sarung bantal. 枕头套。

**pilot** *n.* juruterbang; jurumudi; mualim kapal; pemandu. 飞机师；领航员；引导者。—*v.t.* (p.t. *piloted*) bertindak sebagai pemandu; memandu. 充当飞机师或领航员；引导。 **~-light** *n.* api kecil gas yang menyalakan pembakar yang lebih besar; api petunjuk atau panduan elektrik. （煤气炉中燃着用以点燃大火的）小火苗；（有点的）指示灯。

**pimento** *n.* (pl. *-os*) pimento; sejenis rempah. 多香果；西班牙辣椒。

**pimp** *n.* barua; orang yang mendapatkan pelanggan untuk pelacuran. 皮条客；龟公（为妓女拉客者）。

**pimpernel** *n.* sejenis tumbuhan hutan berbunga merah, biru atau putih. 海绿（一种开着红、蓝或白色小花的野生植物）。

**pimple** *n.* jerawat. 丘疹。 **pimply** *a.* berjerawat. 生着丘疹的（皮肤）。

**PIN** *abbr.* **personal identification number** nombor pengenalan peribadi digunakan sewaktu mengeluarkan wang dari mesin wang, dsb. （缩写）（从提款机提取现金的）个人密码。

**pin** *n.* pin; peniti; penyemat baju; penyepit daripada kayu atau logam. 大头针；木钉；金属钉。—*v.t.* (p.t. *pinned*) disemat dengan pin; mencucuk; memegang kuat hingga tidak boleh bergerak; memakukan. 钉住；刺穿；夹住；使……固定。 **~ down** terikat oleh janji. 制定；受（诺言）约束。 **pins and needles** rasa kesemutan. 精确地击中（极小的目标）。 **~-table** *n.* meja pinbal. 弹球台。 **~-up** *n.* (*colloq.*) gambar orang terkenal atau orang yang menarik. 闻人或有魅力者的照片。

**pinafore** *n.* baju luar. 围裙。 **~ dress** baju tanpa kolar dan tangan baju. 无袖或无领的丝罩裙。

**pinball** *n.* pinbal; sejenis permainan yang menggunakan papan curam yang lengkap dengan pin dan sasaran. （一种有揾钉斜板的）弹球游戏。

**pince-nez** *n.* (pl. *pince-nez*) kaca mata yang diletakkan pada hidung. 夹在鼻子上的眼镜。

**pincers** *n.* ragum; kakaktua; penyepit; sepit (ketam, dll.). 老虎钳。

**pinch** *v.t./i.* mencubit; mengetil; berjimat cermat; (*sl.*) mencuri; (*sl.*) menahan; menangkap. 捏；夹；拧；节俭；偷窃；逮捕。—*n.* cubitan; getu; getilan; keadaan darurat; secubit; sejemput. 捏；夹；拧；压力；紧急情况；微量。 **at a ~** dalam masa kesempitan atau kesulitan. 在困难与紧要的关头。

**pinchbeck** *n.* emas tiruan atau palsu. 铜锌合金（用以冒充金饰）；赝品。

**pincushion** *n.* bantal kecil untuk mencucuk jarum atau peniti. 针垫。

**pine**[1] *n.* sejenis pokok yang berdaun halus seperti jarum; pokok pain. 松树；松木。

**pine**[2] *v.i.* menanggung sedih; merana; merindui. 使……憔悴；苦苦思念。

**pineal gland** kelenjar pineal. 松果体；脑松果腺体。

**pineapple** *n.* nanas. 黄梨。

**ping** *n.* denting. 砰！(硬物撞击所发出的尖锐声) —*v.i.* bunyi berdenting. 发出砰声。 **pinger** *n.* alat pendenting; loceng. (研究海流的) 声波发射器。

**ping-pong** *n.* pingpong. 乒乓球。

**pinion**[1] *n.* sayap atau kepak burung. 鸟的翅膀。 —*v.t.* mengikat lengan ke badan supaya tidak dapat bergerak. 缚住双臂或双脚。

**pinion**[2] *n.* pinan; sejenis roda bergerigi yang dikenakan pada roda bergerigi yang besar. 小齿轮。

**pink**[1] *a.* merah jambu. 粉红色的。—*n.* warna merah jambu; sejenis tumbuhan berbunga. 淡红；粉红；石竹花。 **in the ~** (*sl.*) dalam keadaan sihat. 非常健康。 **pinkness** *n.* keadaan berwarna merah jambu. 粉红色。

**pink**[2] *v.t.* menembus; menujah; menggunting hujung kain berbentuk zigzag sebagai hiasan. 刺穿；剪成锯齿形；镶边。

**pink**[3] *v.i.* letusan perlahan pada jentera yang kurang baik perjalanannya. (汽车发动机有毛病时的) 发爆响声。

**pinnace** *n.* bot bantu. 小船；舰载艇。

**pinnacle** *n.* menara lancip; mercu; puncak tertinggi. (建筑物上的) 尖塔；顶点；山峰。

**pinnate** *a.* pinat; mempunyai lembar daun di setiap batang daun. 有羽状 (叶片) 的。

**pinpoint** *v.t.* menunjukkan dengan tepat; mengenal pasti. 指摘；针对。

**pinprick** *n.* gangguan kecil. 小烦恼；小烦扰。

**pinstripe** *n.* jalur halus, atau kecil. (织物的) 细条纹。 **pinstriped** *a.* berjalur halus. 有细条纹的。

**pint** *n.* pain; sukatan cecair; satu perlapan gelen. 品脱 (液量单位，等于 $1/8$ 加仑)。

**pinta** *n.* (*colloq.*) sepain susu. 一品脱牛奶。

**pintle** *n.* engsel. 枢轴；支点。

**pioneer** *n.* perintis; pelopor; pembuka jalan. 先锋；开辟者。—*v.t./i.* menjadi perintis atau pelopor dalam sesuatu bidang atau hal. 开辟；作先驱。

**pious** *a.* warak; alim; salih. 虔诚的；孝顺的；可嘉的；道貌岸然的。 **piously** *adv.* dengan taat, warak, salih. 虔诚地；道貌岸然地。 **piousness** *n.* ketaatan; kewarakan; kesalihan. 虔诚；道貌岸然。

**pip**[1] *n.* biji buah. (水果的) 种子；果核。

**pip**[2] *n.* mata dadu; pangkat atau bintang pada pakaian tentera. (西洋纸牌或骰子上的) 点；(军官肩章上表示等级的) 星。

**pip**[3] *v.t.* (*p.t. pipped*) (*colloq.*) kekalahan. 击败；射中。

**pip**[4] *n.* bunyi tanda masa dalam telefon atau radio. (收音机或电话的) 报时信号。

**pip**[5] *n.* sejenis penyakit ayam itik. 家禽中的一种传染病。 **the ~** (*sl.*) geram; bengang. 极度愤怒或沮丧。

**pipe** *n.* paip; pembuluh; saluran yang menghasilkan bunyi. 管子；导管；管乐器。 **bagpipes** *n.pl.* beg paip; alat muzik orang Scotland; alat daripada kayu untuk menghisap tembakau. (苏格兰) 风笛；烟斗。—*v.t.* menyalurkan atau menyalirkan melalui wayar atau kabel; menyiarkan (muzik) melalui wayar atau kabel; mengarah atau memanggil dengan seruling kapal; menyebut dengan suara nyaring; sejenis perhiasan pada kelim pakaian. 以管道输送液体；以管乐器吹奏；吹哨子召集；(用尖嗓子) 说话；为衣服绲边。 **~ down** (*colloq.*) diam. 安静下来。

**pipeclay** *n.* gabin atau lempung paip. 管土 (一种制烟斗等用的白粘土)。

**pipedream** *n.* impian; angan-angan. 白日梦；幻想。

**pipeline** *n.* saluran paip; saluran maklumat. 管；(资讯等的传递)渠道。**in the ~** sedang dirancangkan. 在处理中。

**piper** *n.* peniup seruling. (风笛等的)吹奏者。

**pipette** *n.* pipet; pembuluh halus untuk memindahkan cecair. (玻璃制的)吸量管；输送液体的小管。

**piping** *n.* satu sistem paip; sejenis perhiasan pada kelim pakaian. 管道系统；(衣服的)滚边。**~ hot** tersangat panas. 沸腾的。

**pipit** *n.* sejenis burung kecil. 鹨。

**pippin** *n.* sejenis epal. (作餐后果品用的)点心苹果。

**piquant** *a.* pedas dan menyelerakan; galak dan menarik. 辛辣而令人开胃的；令人鼓舞而有趣的。**piquantly** *adv.* secara pedas dan menyelerakan. 辛辣性地；令人开胃地。**piquancy** *n.* kepedasan; ketajaman. 辛辣性；敏锐度。

**pique** *v.t.* menyinggung perasaan; menyakiti hati; membangkitkan marah; menggusarkan. 伤害...感觉；使愠怒；激怒。—*n.* sakit hati; kegusaran; kemarahan. 生气；愠怒。

**piqué** *n.* sejenis kain kapas tetal; kain pike. 凸纹布；一种凹凸织品。

**piquet** *n.* permainan daun terup untuk dua pemain. 皮克牌(一种二人对玩的纸牌戏)。

**piranha** *n.* piranha; sejenis ikan tropika yang ganas. 南美洲的水虎鱼(一种凶猛食人鱼)。

**pirate** *n.* perompak laut; bajak laut; lanun; penciplak; peniru hasil orang lain tanpa mendapat izin. 海盗；盗印者；抄袭(别人作品)者。**piratical** *a.* yang berkenaan dengan rompakan di laut. 象海盗的。**piracy** *n.* rompakan di laut; pembajakan; cetak rompak. 海上的劫掠；盗印书籍；盗制唱片。

**pirouette** *n. & v.i.* putaran di atas ibu jari kaki (dalam tarian balet). (芭蕾舞中)以脚跟立地旋转(的动作)。

**piscatorial** *a.* berkenaan kegiatan menangkap ikan. 渔业的；捕鱼的。

**piscina** *n.* (pl. *-ae*) besen dekat mazbah dalam gereja. (教堂内祭台旁的)排水石盆。

**pistachio** *n.* (pl. *-os*) pistasio; sejenis kacang. 阿月浑子。

**piste** *n.* jalan papan luncur di atas salji. 滑雪道。

**pistil** *n.* bahagian bunga yang mengandungi ovari bunga. 植物的雌蕊。

**pistol** *n.* pistol. 手枪。

**piston** *n.* omboh; alat yang padan dengan ruang dalam silinder dan bergerak naik turun atau ke depan ke belakang. (泵或引擎的)活塞。

**pit** *n.* lubang di dalam tanah; lombong; tempat duduk dalam panggung. 地坑；洼地；(剧场)楼下的后座。—*v.t.* (p.t. *pitted*) membuat lubang pada; mengadu atau memperlagakan. 使凹陷；使(鸡等)相斗；使竞争。

**pit-a-pat** *n. & adv.* (bunyi) detas; (bunyi) detak; berdebar-debar; berdebap-debap; berdetak-detak. (声音)劈劈啪啪(地)；卜卜地跳。

**pitch**[1] *n.* benda bertar yang hitam; gegala. 沥青；柏油。**~-black** *a.* sangat hitam; hitam legam; hitam pekat; hitam kumbang. 漆黑的；乌黑的。**~-dark** *a.* sangat gelap; gelap-gelita; gelap buta. 极暗的；漆黑的。

**pitch**[2] *v.t./i.* membaling; mendirikan atau memasang khemah; terhumban ke tanah; menaruh atau meletakkan (harapan, dsb.); teranggul-anggul; (*sl.*) memberitahu atau memberikan alasan. 扔；掷；搭(帐)；扎(营)；(猛然)摔倒；把...定在特定角度；(船只)前后颠覆；吹牛找托辞。—*n.* proses membaling; kecuraman; tinggi atau rendahnya nada atau suara; tempat biasa bagi penjaja, seniman jalanan, dsb.; padang permainan. 扔；掷；陡；斜度；强烈度；(声音、音调等的)高低度；商贩(的)地摊；(街头艺人的)表

演场所；游戏场。**~ in** (*colloq.*) mula bekerja. 使劲投入工作。**~ into** (*colloq.*) menyerang atau menghukum dengan berat sekali. 猛烈攻击；激烈申斥。

**pitchblende** *n.* picblend; bijih mineral. 沥青铀矿。

**pitched** *a.* **~ battle** berlawan dari kedudukan yang telah disediakan; pertempuran sengit. 对阵战；激烈的争辩。

**pitcher**[1] *n.* pemain besbol yang membalingkan bola kepada pemukul. 棒球的投球手。

**pitcher**[2] *n.* kendi besar daripada tanah liat. (有柄和嘴的)陶制大水壶。

**pitchfork** *n.* serampang peladang; alat yang digunakan untuk mengalih dan menimbunkan rumput kering. (长柄的)草耙。 —*v.t.* memaksa seseorang mengambil sesuatu tanggungjawab jawatan, dsb. 骤然使某人担当(职位等)。

**piteous** *a.* yang menimbulkan belas kasihan; yang memilukan. 引人怜悯的。

**piteously** *adv.* dengan belas kasihan dan memilukan. 引人怜悯地。

**pitfall** *n.* bahaya; kesulitan terselindung atau tidak diduga. 意想不到的危险或困难。

**pith** *n.* tisu yang terdapat dalam batang atau buah-buahan; empulur; bahagian-bahagian yang perlu; intipati. (植物的)木髓；精髓。

**pithy** *a.* (*-ier*, *-iest*) penuh tisu; ringkas, bernas dan penuh bermakna. 多髓的；精辟的；简练的。**pithily** *adv.* dipenuhi dengan tisu; secara bernas dan bermakna. 多髓地；简洁地；简练地。

**pitiable** *a.* keadaan yang menyedihkan; jelik dan hina. 可怜的；可悲的。**pitiably** *adv.* dengan menyedihkan; dengan jelik dan hina. 可悲地。

**pitiful** *a.* menimbulkan kasihan; patut dikasihani; berhiba-hiba. 引人怜悯的；令人同情的。**pitifully** *adv.* dengan cara yang menimbulkan belas kasihan. 可怜地；令人感动地。

**pitiless** *a.* tidak menunjukkan belas kasihan. 无情的；无同情心的。

**pitta** *n.* roti pita; sejenis roti nipis. 空心圆面包。

**piton** *n.* cangkuk yang digunakan untuk memanjat bukit atau gunung. (爬山用的)鹤嘴锄。

**pittance** *n.* sejumlah kecil pendapatan; upah yang kecil. 微薄的津贴金(或收入)。

**pituitary** *a.* **~ gland** kelenjar pituitari (berada di kaki otak yang mempengaruhi fungsi dan pertumbuhan badan). 脑下腺。

**pity** *n.* belas kasihan; kekesalan. 怜悯；同情；遗憾；遗憾事。 —*v.t.* berasa belas kasihan terhadap. 怜悯；同情。 **take ~ on** kasihan dan cuba membantu. 同情并尝试帮助别人。

**pivot** *n.* gandar roda; poros pasak; paksi; pangsi; pivot. 循轮轴；轴心；中枢；中心点。 —*v.t./i.* (p.t. *pivoted*) pemutar atau tempat memutar pada pivot. 循着轮轴旋转或旋荡。 **pivotal** *a.* berkenaan pangsi; utama; penting. 枢轴的；中枢的；关键性的。

**pixel** *n.* piksel; ruang iluminasi dalam suatu imej di skrin komputer. (电脑、电视等荧光幕上图像的)像素。

**pixie** *n.* orang halus; peri. 小淘气；小精灵；小妖精。 **~ hood** tudung kepala kanak-kanak atau perempuan. 小孩或女子的尖突兜帽。

**pizza** *n.* piza; sejenis makanan yang dibakar. (意大利式)烘馅饼。

**pizzicato** *adv.* dengan memetik tali biola tanpa menggunakan penggeseknya. (玩小提琴等乐器时不用琴弦而只用手指)拨奏地。

**placard** *n.* pelekat; poster; surat pengumuman yang ditampalkan. 招贴；海报；布告。 —*v.t.* menempelkan poster. 贴上(招贴布告)。

**placate** *v.t.* menyabarkan; menenangkan; melembutkan hati. 安抚；平息。

**placatory** *a.* yang menyabarkan atau menenangkan. 安抚性的;平息的。

**place** *n.* tempat; bahagian dalam sesuatu ruang, kawasan atau buku yang tertentu; pekan daerah; bangunan yang tertentu; kedudukan; tanggungjawab yang setimpal dengan pangkat yang disandang; langkah-langkah dalam taakulan atau hujah. 地方;地点;(物体表面的)部位;(书刊中如段落、页等)部分;(城、镇等)地区;(建筑物中有特定用途的如餐馆等)场所;处境;地位;职责;(议论等的)层次。—*v.t.* menempatkan sesuatu pada ruangnya; mencari tempat untuk; mencari dan mengenal pasti; meletakkan; memesan (barangan). 放置;安置;确定(地点);鉴定;发出(订单)。**be placed** berada pada salah satu daripada tiga kedudukan pertama (dalam perlumbaan, perlawanan). (赛马)占前三名中的任何一个名次。

**placebo** *n.* (pl. *-oe*) plasebo; benda yang tidak berbahaya diberikan sebagai ubat, terutamanya kepada pesakit dengan tujuan untuk menyenangkan hati mereka. (无药效,但可安抚病人的心理的)安慰剂。

**placement** *n.* peletakan; penempatan. 放置;部署;(工作等的)安排。

**placenta** *n.* (pl. *-as*) plasenta; uri; tembuni. 胎盘。**placental** *a.* berkenaan uri atau tembuni. 胎盘的。

**placid** *a.* tenang; aman; tenteram. 冷静的;平和的;不易沮丧的。**placidly** *adv.* dengan tenang, aman dan tenteram. 冷静地;平和地。**placidity** *n.* ketenangan; keamanan; ketenteraman. 冷静;平和。

**placket** *n.* belah pada skirt supaya mudah dipakai atau ditanggalkan. (衣服上方便穿脱的)叉口。

**plagiarize** *v.t.* menciplak; mencedok karya orang lain dan menyiarkannya sebagai ciptaan sendiri. 抄袭(别人的著作等)。**plagiarizer** *n.* penciplak. 抄袭者。

**plagiarism** *n.* ciplakan; plagiat; tiruan. 剽窃;抄袭行为;抄袭物。**plagiarist** *n.* penciplak. 抄袭者。

**plague** *n.* wabak; sejenis penyakit yang merebak; (*colloq.*) sesuatu yang menyusahkan atau mengganggu. 瘟疫;鼠疫;黑死病;讨厌的人或物。—*v.t.* mengacau. 烦扰;压迫;折磨。

**plaice** *n.* (pl. *-plaice*) sejenis ikan laut yang pipih. 蝶(一种扁平状海鱼)。

**plaid** *n.* sejenis kain bulu biri-biri yang bercorak genggang yang merupakan sebahagian daripada pakaian kebangsaan orang Scotland. (苏格兰高地人穿的)方格花呢披衣。

**plain** *a.* (*-er, -est*) tidak salah lagi; jelas, terang dan mudah difahami; tidak keterlaluan; sederhana; berterus terang. 明白的;清楚的;平易的;简单朴素的;平凡的;率直的;清晰的。—*adv.* dengan jelas. 明白地;坦白地。 *n.* kawasan tanah lapang dan luas; jahitan yang biasa dalam mengait. 平原;素织品;素色布。**~ clothes** pakaian orang awam dan bukan pakaian seragam. 便衣。**~ sailing** berjalan lancar. (工作等)进展顺利。**plainly** *adv.* keadaan yang jelas dan terang. 清楚地;明白地。**plainness** *n.* kejelasan; terangnya; kesederhanaan. 清楚;平易性;坦率;平凡。

**plainsong** *n.* muzik gereja untuk nyanyian tanpa rentak yang sekata. (基督教仪式中的)无伴奏齐唱乐。

**plaintiff** *n.* pendakwa. 原告。

**plaintive** *a.* sedih; sayu; rawan. 表哀怨的;悲怆的。**plaintively** *adv.* dengan sedih, sayu dan rawan. 悲痛地。

**plait** *v.t.* menjalin; menganyam; mengepang. 编织(绳子);辫。—*n.* benda yang dianyam. 辫绳;辫子。

**plan** *n.* pelan; rajah yang menunjukkan kedudukan bahagian-bahagian bangunan atau bandar; kaedah yang difikirkan terlebih dulu. (建筑物或城镇的)平面图;图表;计划;方案。—*v.t./i.*

merancang; membuat rancangan tentang. 计划;设计。 **planner** *n.* perancang. 策划者。

**planchette** *n.* papan kecil berleréng dan ada pénsél, untuk kegunaan upacara pemujaan. (降神仪式中使用的有铅笔的)卜板。

**plane**[1] *n.* sejenis pohon tinggi dengan daun yang lebar. 梧桐。

**plane**[2] *n.* permukaan yang rata atau datar; tahap ingatan, kewujudan atau kemajuan; kapal terbang. 平面;(思想、生存或发展的)水平;阶段;飞机。 —*a.* rata. 平坦的;平面的。

**plane**[3] *n.* ketam; alat untuk melicinkan kayu. 刨子。 —*v.t.* melicinkan kayu dengan ketam. 刨。

**planet** *n.* planet; bintang siarah. 行星。

**planetary** *a.* keadaan bintang siarah atau berkenaan dengannya. 行星的;行星般运行的。

**planetarium** *n.* bilik yang berbumbung bulat berlampu yang menunjukkan kedudukan bintang dan planet; planétarium. 天文台。

**plangent** *a.* bergema; bergaung; mendayu-dayu. 澎湃的;回荡的;哀鸣的。

**plangently** *adv.* dengan mendayu-dayu. 澎湃地;哀鸣地。

**plank** *n.* papan. 木板。

**plankton** *n.* plankton; hidupan halus yang terapung-apung di air. 浮游生物。

**plant** *n.* organisma yang hidup tanpa bergerak atau organ khusus untuk pencernaan; tumbuh-tumbuhan; loji; kilang. 植物;工厂;(工厂等的)全部设备。 —*v.t.* menanam; menempatkan dengan kukuh. 种植;布置(人或物)。

**planter** *n.* pemilik atau pengurus ladang. 种植者;播种器;(机器等的)安装人。

**plantain**[1] *n.* herba yang bijinya digunakan sebagai biji-bijian makanan burung. 车前草。

**plantain**[2] *n.* buah hutan tropika seperti buah pisang; pokok yang berbuah seperti ini. 大蕉;大蕉树。

**plantation** *n.* ladang; éstét; kebun yang luas. 种植园;大农场。

**plaque** *n.* plak; lencana; kepingan logam yang dibuat sebagai tanda peringatan. 斑;(用金属、瓷器等制成的)饰板。

**plasma** *n.* plasma; cecair yang tidak berwarna sebahagian daripada darah; sejenis gas. 淋巴液;血浆;离子体。

**plaster** *n.* kapur Paris; lepa; plaster; bahan campuran kapur, pasir dan air yang digunakan untuk melapis dinding. 涂墙用的灰泥;熟石膏、石膏模型。 —*v.t.* menampal atau melapis dinding dengan plaster. 涂上(灰泥);敷上(石膏)。
~ **of Paris** kapur Paris (dibuat daripada gipsum). 熟石膏;烧石膏。 **plasterer** *n.* tukang plaster. 涂灰泥的泥水匠。

**plasterboard** *n.* papan yang berteras plaster; papan lepa. 灰胶纸柏板;石膏灰泥板。

**plastic** *a.* plastik; bahan buatan yang mengandungi damar yang mudah dibentuk. 可塑的;塑造的;塑料的。 —*n.* bahan tiruan yang diacukan kepada bentuk yang kekal. 塑料;塑料制品。 ~ **surgery** bidang ilmu pembedahan yang berkenaan dengan pembaikan bahagian tubuh yang cacat. 整形外科。 **plasticity** *n.* keadaan mudah dilentur dan dibentuk. 可塑性;粘性。

**Plasticine** *n.* plastisin; sejenis bahan seperti tanah liat yang mudah dibentuk dan dilentur. 塑胶泥。

**plate** *n.* pinggan; pinggan mangkuk daripada emas, perak, kaca, logam, dll.; bahan yang leper; ilustrasi pada buku atau kertas; bahagian pada gigi palsu yang muat dengan langit-langit atau gusi; (*colloq.*) seperangkat (satu set) gigi palsu. 金银餐具;盘子;(金属等)厚板;(书刊等)插图;假牙托;(一副)假牙。 —*v.t.* melapisi atau menyalut dengan logam. 镀;电镀。 ~ **glass** kepingan kaca.

(作橱窗用的)平板玻璃。**plateful** n. (pl. -fuls) sepinggan penuh. (一)满盘。

**plateau** n. (pl. -eaux) dataran tinggi. 高原；台地。

**platelayer** n. orang yang membaiki landasan kereta api. 铁道的铺路工人。

**platen** n. gandar mesin taip yang memegang kertas. 打字机的压纸卷轴。

**platform** n. platform; pelantaran; peron; pentas tempat orang berucap. 平台；月台；讲台（尤指演说者对听众说话时所站的地方）。

**platinum** n. platinum; logam yang berwarna putih. 白金；铂。~ **blonde** wanita yang berambut perang muda. 淡金黄色头发的女人。

**platitude** n. kenyataan yang memang jelas kebenarannya dan sering diperkatakan sehingga menjemukan. 陈腔滥调。**platitudinous** a. menjemukan. 陈腔滥调的。

**platonic** a. ~ **love** cinta rohani bukan jasmani; cinta antara lelaki dan perempuan yang tidak didorong dengan hawa nafsu. 精神恋爱（没有涉及肉欲的爱情）。

**platoon** n. sekumpulan tentera yang di bawah pimpinan seorang leftenan; platun. (军队的)排。

**platter** n. pinggan besar yang berisi makanan. 大浅盘；长圆形托盘。

**platypus** n. (pl. -puses) platipus; binatang di Australia yang berparuh seperti itik. (澳洲的)鸭嘴兽。

**plaudits** n.pl. tepuk sorak tanda persetujuan. 拍手；喝采；赞美。

**plausible** a. munasabah; masuk akal; dapat diterima. 似乎可能的；表面上讲得通的；嘴巧的。**plausibly** adv. yang kelihatan seperti munasabah. 似属实地；巧辩地。**plausibility** n. perihal dapat diterima oleh akal. (论点等的)貌似合理。

**play** v.t./i. bermain; berbuat sesuatu untuk menyukakan hati; berlakon; menghasilkan bunyi; bergerak perlahan; melawan atau menentang (dalam perminan atau sukan). 玩；玩耍；游戏；扮演；演戏；吹奏；弹奏(乐器)；(动作)跳来跳去；进行(比赛)；打(球等)。—n. bermain; karya sastera untuk dipentaskan atau disiarkan; drama; gerakan bebas. 玩耍；游戏；(文学、艺术作品等的)表演；戏剧；话剧；消遣。~ **at** berlakon secara sambil lewa. 玩；以...消遣。~ **down** mengurangkan kepentingan. 降低(语气)；减弱(重要性)。~ **off** mengadu-dombakan untuk kepentingan peribadi. (为渔利而)使相斗；挑拨离间。~ **on** mempergunakan simpati orang lain. 利用(某人的感情、恐惧等)。~ **on words** kata-kata yang sama bunyinya atau dua maknanya. 用双关语。~-**pen** n. tempat untuk kanak-kanak kecil bermain. 供婴儿在内爬玩、可携带的栏圈。~ **safe** tidak mengambil risiko. 稳打稳扎。~ **the game** berkelakuan dengan baik. 遵守(比赛)规则。~ **up** bermain dengan sungguh-sungguh; (colloq.) menyakitkan hati dengan bertindak begitu. (游戏比赛时)拼命地玩；(因玩得过分而)使恼火。~ **up to** cuba menggalakkan atau memperoleh keuntungan dengan memuji. 谄媚；奉承。**player** n. pemain. 游戏(打牌等)的人；运动员。

**playboy** n. orang lelaki yang suka berfoya-foya, selalunya orang kaya. 花花公子。

**playfellow** n. rakan sepermainan. 玩伴。

**playful** a. suka bermain-main atau bersenda gurau. 好玩的；爱开玩笑的；不认真的。**playfully** adv. dengan bersenda gurau. 开玩笑地；顽皮地。**playfulness** n. sifat suka bermain-main atau bersenda gurau. (天性)好玩。

**playground** n. padang permainan. (尤指儿童的)游戏场所。~ **group** n. kumpulan kanak-kanak yang bermain di bawah pengawasan.（在成年人监护下集体玩乐的）幼儿游戏组。

**playhouse** *n.* teater; panggung; rumah atau pondok main-main. 剧院；戏院；（儿童的）玩具房。

**playing-card** *n.* daun pakau. 扑克牌；纸牌。

**playing-field** *n.* padang permainan.（比赛足球等用的）运动场。

**playmate** *n.* kawan sepermainan (bagi kanak-kanak).（儿童的）游戏同伴；玩伴。

**plaything** *n.* barang-barang permainan. 玩具。

**playwright** *n.* pengarang atau penulis drama; penulis lakonan. 剧作者；编写剧本的人。

**plc** *abbr.* **Public Limited Company** Syarikat Awam Berhad.（缩写）公开招股有限公司。

**plea** *n.* rayuan; alasan; pengakuan bersalah atau tidak.（被告的）抗辩；恳求；托词；答辩。

**pleach** *v.t.* berjalin (terutamanya cabang-cabang). 编；（尤指）编结（树枝）。

**plead** *v.t./i.* merayu; mengaku; membuat rayuan. 求情；吁请；答辩；为...辩护。

**pleasant** *a.* menyenangkan; menggembirakan; nyaman. 快活的；愉快的；舒适的。**pleasantly** *adv.* dengan menyenangkan. 愉快地；舒适地。**pleasantness** *n.* kesenangan; kegembiraan. 舒适；愉快。

**pleasantry** *n.* kata-kata untuk beramah mesra; senda gurau; kelakar. 谐谈；玩笑；幽默。

**please** *v.t./i.* silakan; menyukakan; menggembirakan hati.（祈使用）请；使欢喜；使高兴。—*adv.* meminta dengan cara hormat.（表示有礼貌地请求对方）请；请劳驾；烦劳。**~ oneself** melakukan sesuka hati seseorang. 随意去做。

**pleased** *a.* berasa atau menunjukkan rasa puas atau senang. 高兴的；满意的。

**pleasurable** *a.* yang menyukakan dan menyenangkan. 令人愉快的。**pleasurably** *adv.* dengan menyukakan dan menyenangkan. 令人愉快地。

**pleasure** *n.* perasaan suka atau puas; kesukaan. 愉快；欢乐；满意；享受。

**pleat** *n.* lipatan atau kedut pada kain.（衣服上的）褶纹。—*v.t.* membuat lipatan atau kedutan. 使打褶。

**plebeian** *a. & n.* ahli kelas sosial yang rendah. 庶民（的）；平民（的）。

**plebiscite** *n.* pemungutan suara rakyat dalam sesebuah negara. 全民表决。

**plectrum** *n.* kepingan logam atau gading yang nipis digunakan untuk memetik alat muzik.（弦乐器的）拨子。

**pledge** *n.* jaminan; tanggungan. 抵押品；信物；保证。—*v.t.* memberi cagaran; menggadaikan; bersumpah dan berikrar dengan suci; minum ucap selamat. 以...为抵押；典当；宣誓；祝酒。

**plenary** *a.* mutlak; tidak terhad; seluruhnya; pleno; dihadiri oleh semua ahli. 绝对的；完全的；全体的；全体出席的。

**plenipotentiary** *a. & n.* wakil atau duta besar yang mempunyai kuasa penuh dengan bertindak dan membuat keputusan bagi pihak kerajaannya. 全权大使（的）；全权委员（的）。

**plenitude** *n.* berlimpah-limpah; lebatnya; sempurna. 丰富；充足；充分；完全。

**plentiful** *a.* banyak; lebih daripada cukup; limpah. 丰富的；富足的；多的。**plentifully** *adv.* dengan banyaknya; dengan melimpah. 丰富地；富足地。

**plenty** *n.* banyak. 丰富；充分；大量。—*adv.* (*colloq.*) agak penuh. 十分；充分。**plenteous** *a.* dengan banyak. 丰富的。

**pleonasm** *n.* kelewahan; penggunaan kata-kata yang tidak perlu.（修辞上的）烦冗；冗句。**pleonastic** *a.* berkenaan kelewahan. 烦冗的；罗嗦的。

**plethora** *n.* kelimpahan. 过剩；过多。

**pleurisy** *n.* radang selaput paru-paru. 肋膜炎。

**pliable** *a.* lembut dan mudah dilentur atau dibengkok-bengkokkan. 柔韧的；易曲的。**pliability** *n.* perihal mudah dilentur. 柔韧性。

**pliant** *a.* mudah dipengaruhi; mudah dibentuk. 易受影响的；柔韧的。

**pliancy** *n.* kelenturan; kebengkokan. 柔韧(性)；柔顺(性)。

**pliers** *n.pl.* playar. 钳子；手钳；老虎钳。

**plight**[1] *n.* sedih; sukar; keadaan yang buruk. 苦境；困境。

**plight**[2] *v.t.* (*old use*) bersumpah; berjanji. 发誓；誓约。

**plimsoll** *n.* kasut (daripada kanvas). 胶底帆布鞋。

**Plimsoll** *n.* ~ **line**, ~ **mark** garis Plimsoll; garisan tanda aras air pada badan kapal setelah diisi muatan. 载货吃水线。

**plinth** *n.* banir tiang. 基脚。

**PLO** *abbr.* **Palestine Liberation Organization** Pertubuhan Pembebasan Palestin. (缩写)巴勒斯坦解放组织。

**plod** *v.i.* (p.t. *plodded*) bertekun; berjalan atau mengerjakan sesuatu dengan perlahan dan tidak berhenti-henti. 辛勤工作；沉重地行走。**plodder** *n.* orang yang lambat tetapi tekun membuat sesuatu dengan penuh kesungguhan. 勤劳者。

**plonk** *n.* (*sl.*) wain yang murah atau rendah mutunya. 便宜的酒；劣质酒。

**plop** *n. & v.i.* (p.t. *plopped*) bunyi seperti sesuatu yang jatuh ke air. 扑通声。

**plot** *n.* plot; sebidang tanah; petak; komplot; sekumpulan; pakatan; jalan cerita dalam novel, drama atau filem. 小块土地；图表；阴谋；(小说、戏剧等的)情节。—*v.t./i.* (p.t. *plotted*) membuat peta atau carta; membuat tanda pada peta atau carta; membuat rancangan sulit rahsia. 标绘；绘制；设计情节；测定(点、线)的位置；密谋。**plotter** *n.* orang yang berkomplot; dalang; penentu arah. 阴谋者；计划者。

**plough** *n.* bajak; tenggala. 犁；耕作。— *v.t./i.* menenggala tanah; membajak; membuat laluan. 犁；耕；挖沟。**ploughman** *n.* orang yang membajak. 农夫。

**ploughshare** *n.* mata atau pisau bajak. 犁头；犁铧。

**plover** *n.* burung kedidi; burung keruit. 雎鸠。

**ploy** *n.* (*colloq.*) pekerjaan; dalil; helah. 工作；职业；娱乐。

**pluck** *v.t.* menarik keluar; mencabut; memetik (bunga); meregut; mencabut (bulu ayam atau burung). 拉；拔；采摘。— *n.* keberanian. 勇气。~ **up courage** menguatkan semangat keberanian. 鼓足勇气。

**plucky** *a.* (*-ier, -iest*) berani; menunjukkan semangat. 有勇气的；大胆的。**pluckily** *adv.* dengan bersemangat dan berani. 有勇气地；大胆地。

**plug** *n.* keping kayu atau logam yang digunakan untuk menutup lubang; penyumbat; plag; alat untuk menyambungkan bekalan kuasa elektrik; palam. 塞子；堵塞物；插头；栓塞。—*v.t./i.* (p.t. *plugged*) menutup; (*sl.*) menyumbat; (*colloq.*) bekerja keras; (*colloq.*) mencari kemasyhuran dengan mendapat kepujian. 堵塞；苦干；大打广告。~ **in** memasang palam. 插上...的插头以接通电源。

**plum** *n.* sejenis pokok yang isi buahnya lembut dan bijinya keras seperti batu; sesuatu yang diingini. 洋李；梅子；李属植物；令人垂涎之物(尤指待遇好的职位)。~ **cake**, ~ **pudding** sejenis kuih. 葡萄干糕饼；葡萄干布丁。

**plumage** *n.* bulu burung. 羽毛。

**plumb** *n.* unting-unting; batu duga; batu ladung. 铅锤；测深锤。—*adv.* tepat; (*A.S. colloq.*) dengan lengkap. 恰恰；正；完全；绝对。—*v.t.* mengukur dalam atau tegak dengan menggunakan batu ladung; mencapai (kedalaman); mencari hingga ke akar umbinya; kerja memasang atau membaiki paip. (用铅锤）探测；到达（最低点）；探索；探究；将...与水管接通。

**plumber** *n.* tukang memasang atau membaiki paip. 铅管工；水喉匠。

**plumbing** *n.* sistem paip air, tangki, dll. dalam sesuatu bangunan. （建筑物等的）管道设备。

**plume** *n.* bulu burung yang digunakan sebagai hiasan; benda-benda yang menyerupai bulu ini. 羽饰；类似羽饰的东西。—*v.t/refl.* menghiasi diri. 饰以羽毛；华丽地打扮。 **plumed** *a.* (burung) bebulu; berambu-rambu. （鸟）有羽毛的；有羽饰的。

**plummet** *n.* batu ladung; unting-unting. 铅垂；测深锤。—*v.t.* (p.t. *plummeted*) jatuh terhempas. 垂直掉落。

**plummy** *a.* (*colloq.*) (suara) yang baik; bagus. （声音）圆润的。

**plump**[1] *a.* (*-er, -est*) tembam; gemuk berisi. 肥胖；身材丰满的。—*v.t/i.* menjadi tembam; menjadi gemuk. 变肥胖；膨胀。 **plumpness** *n.* keadaan yang tembam, montok atau montel. 肥胖；丰满。

**plump**[2] *v.t./i.* menjunam dengan serta-merta. 突然跳进。 ~ **for** memilih; memutuskan. 挑选；决定。

**plunder** *v.t.* merompak. 掠夺；洗劫。—*n.* rompakan; barang-barang yang diperolehi dengan cara merompak. 大肆洗劫；劫掠；劫掠物。

**plunge** *v.t./i.* mencebur; membenamkan; terjun; menjatuhkan dengan tiba-tiba; berjudi dengan tidak terhingga. 投入；刺入；潜水；突然跳入；滥赌。—*n.* perihal terjun; penceburan; pembenaman. 投入；潜游。

**plunger** *n.* pelocok; pam sedut. 柱塞；活塞。

**pluperfect** *a. & n.* (tatabahasa) kala lampau sempurna. （语法）过去完成时（的）。

**plural** *n.* majmuk. 复数；复数形式的词。—*a.* lebih daripada satu. 复数的；多于1的。 **plurality** *n.* majoriti; jumlah besar. 多数；较大的数。

**plus** *prep.* campur; tambah; (*colloq.*) dengan. 加；加上；和。—*a.* lebih daripada sifar; lebih daripada jumlah yang dinyatakan. 正数的；外加的。—*n.* tanda +; faedah. 正号；加号；好处；有利因素。 **~-fours** *n.pl.* seluar lelaki yang longgar dan berjerut di lutut yang dipakai, terutamanya oleh pemain golf. 高尔夫球手穿的宽大运动裤；灯笼裤。

**plush** *n.* kain yang mempunyai bulu seperti kain baldu; kain *plush*. 长毛绒。—*a.* perihal kain baldu; membuat dengan sangat bagus dan elok; mewah. 长毛绒的；长毛绒制的。

**plushy** *a.* mewah; baik; bagus. 奢侈豪华的；漂亮的；舒服的。

**plutocrat** *n.* orang yang berpengaruh kerana kekayaannya; kapitalis. 有钱有势的人；财阀。 **plutocratic** *a.* tentang kapitalis atau plutokrasi. 富豪（或财阀）统治的。

**plutonium** *n.* plutonium; bahan radioaktif yang digunakan dalam senjata-senjata nuklear. 钚（放射性元素，用于核武器）。

**pluvial** *a.* berkenaan atau disebabkan hujan. 因雨水作用引起的。

**ply**[1] *n.* lapisan tebalnya kayu, kain, dsb.; papan lapis. 褶；厚度。

**ply**[2] *v.t./i.* bekerja dengan menggunakan alat; menjalankan perdagangan; tidak henti-henti; berulang-alik. 使用（器具、武器等）；勤苦工作；经常供给；定时往返。

**plywood** *n.* papan lapis. 夹板；合板。

**P.M.** *abbr.* **Prime Minister** Perdana Menteri. （缩写）首相；内阁总理。

**p.m.** *abbr.* **post meridiem** (Latin) petang; sore. （缩写）下午；晚上。

**pneumatic** *a.* diisi atau digerakkan oleh udara mampat; dijalankan dengan udara mampat; pneumatik. 气动的；由压缩

**pneumonia** 空气推动的。**pneumatically** *adv.* dengan kemampatan. 气动地。

**pneumonia** *n.* radang paru-paru. 肺炎。

**P.O.** *abbr.* **postal order** wang kiriman pos. (缩写)邮政汇票。**Post Office** Pejabat Pos. 邮政局。

**poach** *v.t./i.* merebus (telur tanpa kulitnya); mendidihkan; berburu atau menangkap ikan di kawasan larangan; menceroboh. 煮(荷包蛋);炖;非法渔猎;侵入。

**poacher** *n.* pemburu gelap; orang yang memburu atau menangkap ikan di tempat larangan. 偷猎者;侵入者。

**pocket** *n.* saku; kocek (pada baju); sumber wang seseorang; kantung; kumpulan atau kawasan yang terasing. 袋;囊;财力;(孤立的)小块地区。—*a.* sesuai untuk diisikan ke dalam saku. 袖珍的;小型的。—*v.t.* menyimpan dalam saku; memasukkan ke dalam saku; mengambil untuk kegunaan sendiri. 把...装入袋内;击(球)落袋;占为己有。**in** atau **out of** ~ memperoleh keuntungan atau kerugian. 有(没)钱;赚(赔)钱。~-**money** *n.* wang saku; wang jajar. 零用钱;私房钱。**pocketful** *n.* (pl. *-fuls*) sesaku penuh. 一袋之量。~-**book** *n.* buku nota kecil yang dapat dimasukkan ke dalam saku; bekas kecil seperti buku untuk menyimpan wang atau kertas. 笔记本;钱包。

**pock-marked** *a.* berbopeng; bercapuk. 有痘痕的;麻脸的。

**pod** *n.* kulit keras yang berisi kekacang. 豆荚;似豆类荚物。

**podgy** *a.* (*-ier, -iest*) gemuk pendek. 矮胖的。**podginess** *n.* keadaan gemuk pendek. 矮胖。

**podium** *n.* (pl. *-ia*) podium; rostrum. 垫石;(乐队)指挥台。

**poem** *n.* karangan yang berbentuk sajak (puisi, syair, pantun). (一首)诗。

**poesy** *n.* sajak; puisi. 诗;韵文。

**poet** *n.* penyair; penyajak; pujangga; penulis sajak, puisi, syair atau pantun.

诗人;空想家。**poetess** *n.fem.* penyair atau penyajak wanita. 女诗人。

**poetic, poetical** *adjs.* tentang puisi; puitis. 诗的;诗意的;诗人的。**poetically** *adv.* dengan berpuisi. 诗意地。

**poetry** *n.* puisi; sajak; syair; hasil kerja penyair, penyajak atau pujangga; nilai atau mutu ciptaan indah seperti puisi. 诗;诗歌;韵文;作诗技巧;诗歌艺术。

**po-faced** *a.* (*colloq.*) tarik muka empat belas. 一本正经的;面无表情的。

**pogo stick** *n.* tongkat pogo. 弹簧单高跷(一种运动游戏)。

**pogrom** *n.* pembunuhan beramai-ramai yang dirancangkan. 集体屠杀。

**poignant** *a.* memilukan; pedih; perih. 尖锐的;辛辣的;伤心的;沉痛的。**poignantly** *adv.* dengan memilukan. 尖锐地;辛辣地;沉痛地。**poignancy** *n.* kepiluan; kepedihan. 辛辣;锐利;剧烈。

**poinsettia** *n.* tumbuhan yang mempunyai brakte besar berwarna merah. 猩猩木;圣诞红。

**point** *n.* hujung yang tajam atau runcing; hujung atau pangkal; tanjung; titik digunakan sebagai tanda sebagai berhenti; tempat-tempat tertentu; masa atau peringkat; unit pengukuran, nilai, mata atau markah; hal, butir-butir atau perincian; sifat utama atau ciri-ciri penting; soket elektrik; rel kereta api yang dapat digerakkan untuk mengarahkan kereta api dari satu arah ke arah lain. 尖端;小岬;地点;时刻;分数;得分;论点;电插座;铁路闸。—*v.t./i.* mengarah; menghalakan (dengan jari atau senjata, dsb.); mempunyai arah tertentu; menunjukkan; menajamkan; mengisikan (sambungan di antara batu-bata) dengan simen atau campuran kapur, pasir dan air dalam pembinaan. 指向;瞄准;指明;削尖。

**on the ~ of** hampir hendak (berbuat sesuatu). 正要。**~-blank** *a.* mengacu, mengarah atau menembak pada jarak yang dekat; terus terang; (*adv.*) dengan terus terang. 近距离平射的;直射的;断然地。 **~-duty** *n.* tempat pegawai polis yang telah ditetapkan untuk mengawal lalu lintas. (交通警察等的)站岗。 **~ of view** sudut pandangan. 观点。 **~-out** menarik perhatian kepada. 指出。 **~-to-point** *n.* lumba kuda dari satu titik ke satu titik dengan hanya berpandukan tanda tempat sahaja. 途中数处插旗的越野赛马。 **~ up** menjelaskan. 表明。 **to the ~** pokok persoalan yang berkaitan atau berhubung dengan apa yang dipersoalkan. 中肯;扼要。

**pointed** *a.* runcing; tajam; tepat. 尖的;锐利的;指向的;明白的。 **pointedly** *adv.* dengan tepat; dengan jelas. 尖锐地;指向地。

**pointer** *n.* barang atau alat yang menunjukkan sesuatu; petunjuk; anjing yang dapat mencari buruan dengan menjejak baunya. 指针;指示物;一种猎狗。

**pointless** *a.* tidak bererti; tidak berguna. 无意义的;不得要领的。 **pointlessly** *adv.* dengan tidak bererti dan tidak berguna. 无意义地;无用处地。

**poise** *v.t./i.* mengimbangkan; mengambang di udara. 使平衡;使平稳;使…悬着不动。 —*n.* keseimbangan; sikap tenang. 平衡;镇定。 **poised** *a.* keadaan yang seimbang. 平稳的。

**poison** *n.* racun; bisa. 毒药;毒。 —*v.t.* memberi racun kepada; bunuh dengan racun; meracuni; meletakkan racun di atas atau di dalam; meracuni (fikiran). 使中毒;毒害。 **~ pen** *n.* penulis surat layang menyebarkan fitnah. 写匿名毁谤信者。 **poisoner** *n.* peracun. 毒害者。 **poisonous** *a.* keadaan beracun. 有毒的。

**poke**[1] *v.t./i.* menusuk dengan hujung jari atau kayu; menebuk; mencucuk. 把…指向;猛击;戳。 —*n.* perbuatan mencucuk. 戳;捅。 **~ fun at** memperolok-olokkan; mempermain-mainkan. 嘲弄;嬉戏于。

**poke**[2] *n.* (*dialect*) beg; karung. 袋;袋子。

**poker**[1] *n.* alat penggodek api. 烙画用具;火钳。

**poker**[2] *n.* permainan daun terup. 扑克牌戏。 **~-face** *n.* air muka yang tidak menunjukkan perasaan atau emosi. 毫无表情的面孔。

**poky** *a.* (*-ier, -iest*) kecil dan sempit atau padat. 窄小的。

**polar** *a.* di atau dekat Kutub Utara atau Kutub Selatan; kutub magnet. 近极地的;有磁性的。 **~ bear** beruang kutub; beruang putih di kawasan Artik. 北极熊。

**polarize** *v.t./i.* mengutubkan. 给与极性;使极化。 **polarization** *n.* pengutuban. 产生极性;极化。

**Pole** *n.* orang Poland. 波兰人。

**pole**[1] *n.* tiang; galah. 杆;柱。 —*v.t.* menggalah. 用杆支撑。 **~ position** kedudukan bermula yang paling baik (dalam perlumbaan motor). (赛车)最佳出位状况。

**pole**[2] *n.* kutub; hujung utara (Kutub Utara) atau selatan (Kutub Selatan) paksi bumi; arah langit yang bertentangan dengan kedua-dua di atas; salah satu hujung magnet atau hujung sel elektrik atau bateri. (地球的)极;极地;天极;电极;磁极。 **~-star** *n.* bintang kutub; bintang dekat Kutub Utara di langit. 北极星。

**poleaxe** *n.* cipan, kapak untuk peperangan; alat untuk menyembelih lembu. (中古世纪之)长柄战斧;刹牲畜的斧头。 —*v.t.* mengapak. 以战斧砍倒。

**polecat** *n.* sejenis musang yang berbau busuk; sigung. 鸡貂;类似鸡貂之动物。

**polemic** *n.* polemik; perbahasan; perbantahan (terutamanya berkenaan kepercayaan, pendapat, dsb.). 争论事项。 **polemical** *a.* bersifat polemik. 争论的。

**police** *n.* polis. 警察。 —*v.t.* mengawal; menjaga keamanan dengan menggunakan polis. 维持...的治安;为...配备警察;守卫。 **~ state** negara yang diperintah dan dikawal kegiatan rakyatnya oleh pegawai-pegawai polis. 警察国家。

**policeman** *n.* (pl. *-men*) polis lelaki. 警察;警员。 **policewoman** *n.* (pl. *-women*) polis wanita. 女警员。

**policy**[1] *n.* dasar; panduan; polisi. 政策;方针;策略。

**policy**[2] *n.* polisi atau perjanjian insurans. 保险单。

**polio** *n.* (*colloq.*) polio atau poliomielitis; sejenis penyakit lumpuh. 小儿麻痹症。

**poliomyelitis** *n. lihat* **polio**. 见 **polio**。

**Polish** *a. & n.* (bahasa, orang) Poland. 波兰人(的);波兰语(的)。

**polish** *v.t./i.* menggosok; memperbaiki (pekerjaan); menggilap. 擦亮;使优美;磨光。 —*n.* licin; kilau; alat yang digunakan untuk perbuatan ini; kehalusan berdarjah tinggi. 光滑;擦亮;擦亮剂;磨光粉。 **~ off** menghabiskan. 赶快做完。 **polisher** *n.* penggilap; tukang gilap. 磨光器;磨光者。

**polished** *a.* (tutur laku atau pertunjukan) elok; sempurna. 优雅的;精美的。

**polite** *a.* berkelakuan baik; bersopan santun; beradab; berbahasa. 有礼貌的;有教养的;文雅的。 **politely** *adv.* dengan sopan. 优雅地。 **politeness** *n.* kesopanan. 礼貌。

**politic** *a.* bijaksana. 精明的。 **body ~** Negara. 国家。

**political** *a.* berkenaan dengan politik; cara sesuatu negara diperintah. 政治上的;有关政府、政党或政治活动者的。 **politically** *adv.* secara politik. 政治上。

**politician** *n.* ahli politik; orang yang terlibat dalam politik; Ahli Parlimen. 政治家;从事政治活动者。

**politicize** *v.t.* mempolitikkan; menjadikan sebagai isu politik. 加以政治性地处理。 **politicization** *n.* pempolitikan. 政治化。

**politics** *n.* sains politik; ilmu dan cara pemerintahan; perkara politik atau kehidupan. 政治;政务;政见;政治活动。 —*n.pl.* prinsip politik. 政治原理。

**polka** *n.* tarian rancak untuk berpasang-pasangan. 波尔卡舞。 **~ dots** corak bola-bola pada kain. 圆点花样。

**poll** *n.* pilihan raya; pengundian; tinjauan pendapat umum dengan cara menyoal orang awam. 投票;选举;民意测验。 —*v.t./i.* membuang undi; mendapat undi; memotong tanduk lembu; memotong hujung pokok. 投票;获得(票数);截短;剪去。 **~ tax** cukai kepala; cukai yang dikenakan ke atas setiap penduduk. 人头税。

**pollack** *n.* sejenis ikan (seakan-akan ikan kod). 狭鳕。

**pollard** *v.t.* memotong hujung pokok untuk menghasilkan cabang-cabang yang baru. 剪去树梢。 —*n.* pokok yang telah dipotong hujungnya; binatang tidak bertanduk. 去梢之树;去角之牲畜。

**pollen** *n.* debunga. 花粉。

**pollinate** *v.t.* mendebungakan. 授以花粉。 **pollination** *n.* pendebungaan. 授粉作用。

**pollster** *n.* orang yang menguruskan undian pendapat umum. 民意测验专家。

**pollute** *v.t.* menjadikan kotor; mencemarkan. 弄脏;污染。 **pollution** *n.* pengotoran; pencemaran. 污染。 **pollutant** *n.* bahan cemar. 污染物。

**polo** *n.* sejenis permainan bola seperti hoki sambil menunggang kuda. 马球。 **~ neck** *n.* kolar baju tinggi yang dilipatkan. 马球衫领。

**polonaise** *n.* tarian perarakan rentak perlahan. 波罗奈舞。

**polony** *n.* sosej dibuat daripada daging khinzir yang separuh masak. 香肠。

**poltergeist** *n.* roh, jin, hantu yang membuang-buang barang dengan bisingnya. (传说中的)喧闹鬼。

**polyandry** *n.* poliandri; wanita banyak suami. 一妻多夫。**polyandrous** *a.* bersifat poliandri. 一妻多夫的。

**polyanthus** *n.* (pl. *-thuses* atau *-thus*) sejenis tumbuhan liar yang mempunyai beberapa kuntum bunga pada satu tangkai dan berwarna kuning muda. 西洋樱草。

**polychrome** *a.* polikrom; pelbagai warna. 多色的。**polychromatic** *a.* polikromatik. 色彩变化的。

**polyester** *n.* damar atau gentian tiruan. 多元酯。

**polygamy** *n.* poligami; sistem mempunyai isteri lebih daripada satu pada satu ketika. 一夫多妻。**polygamist** *n.* orang yang beristeri lebih daripada satu. 一夫多妻者。**polygamous** *a.* beristeri banyak. 一夫多妻的。

**polyglot** *a.* mengetahui atau menggunakan berbagai-bagai bahasa. 通晓或使用数种语言的。—*n.* orang yang boleh berbahasa banyak. 精通数种语言的人。

**polygon** *n.* rajah atau bentuk geometri dengan banyak segi atau bersudut banyak. 多边形;多角形。**polygonal** *a.* bersegi atau bersudut. 多边形的;多角形的。

**polygraph** *n.* poligraf; mesin yang merakam perubahan pergerakan nadi. 测谎器;多种波动描记器。

**polyhedron** *n.* (pl. *-dra*) polihedron; bongkah banyak sudut. 多面体。**polyhedral** *a.* tentang bongkah pelbagai sudut. 多面体的。

**polymath** *n.* pakar dalam pelbagai bidang. 博学之人。

**polymer** *n.* polimer; sebatian yang molekulnya terbentuk daripada penyatuan molekul-molekul kecil yang banyak. 聚合体。

**polymerize** *v.t./i.* menyatukan menjadi polimer; mempolimerkan. 使聚合;使成同式异量。**polymerization** *n.* proses mempolimerkan; pempolimeran. 聚合作用。

**polyp** *n.* polip; organisma berbentuk tiub misalnya yang terdapat di batu karang; ketumbuhan luar biasa daripada selaput lendir. 腔肠动物;(粘膜的)凸出肿瘤;水螅。

**polyphony** *n.* polifoni; kombinasi serentak melodi. 多声音乐;复调音乐;对位法。**polyphonal** *a.* bersifat polifoni. 多音性地。

**polystyrene** *n.* polistirena; sejenis plastik. 多苯乙烯。

**polytechnic** *n.* politeknik. 工艺学校。

**polytheism** *n.* politeisme; kepercayaan kepada banyak Tuhan. 多神教;多神论。**polytheist** *n.* penganut kepercayaan banyak Tuhan. 多神教徒。**polytheistic** *a.* menganut kepercayaan banyak Tuhan. 多神崇拜的。

**polythene** *n.* politen; sejenis plastik ringan yang kuat. 聚乙烯。

**polyunsaturated** *a.* (berkenaan lemak) tidak dikaitkan dengan pembentukan kolesterol dalam makanan. (脂肪或油)多元未饱和的。

**polyurethane** *n.* poliuretana; damar atau plastik tiruan. 聚氨酯。

**polyvinyl chloride** plastik vinil digunakan sebagai kain atau sebagai bahan penebat. 聚氯乙烯。

**pomade** *n.* minyak rambut pekat. 发油。

**pomander** *n.* gumpalan pelbagai bahan berbau wangi. 香丸(防虫和防臭用)。

**pomegranate** *n.* buah atau pokok delima. 石榴。

**Pomeranian** *n.* sejenis anjing kecil yang mempunyai bulu yang lembut, panjang dan berkilat. 波美拉尼亚犬。

**pommel** *n.* bonggol pada hulu pedang atau keris; bonggol pelana. 剑柄的圆球;鞍头。

**pommy** *n.* (*Austr. & Nz sl.*) orang Inggeris, khususnya pendatang. (澳纽的)英国新移民。

**pomp** *n.* kegemilangan; kebesaran. 华丽炫耀的展示。

**pom-pom** *n.* pom-pom. 高射机关炮。

**pompon** *n.* rumbai-rumbai; rambu-rambu; jambul. 绒球；小球花。

**pompous** *a.* angkuh; membesarkan diri dan menunjuk-nunjuk. 自大的；夸大的。**pompously** *adv.* dengan angkuh. 傲慢地。**pomposity** *n.* keangkuhan; kebongkakan. 自大；炫耀。

**ponce** *n.* tali barut; lelaki homoseks atau keperempuan-perempuanan. 淫媒；拉皮条客。

**poncho** *n.* (pl. *-os*) sejenis jubah dibuat seperti selimut dengan di tengah-tengahnya berlubang untuk kepala; ponco. 斗篷；斗篷式雨衣。

**pond** *n.* kolam; kawasan kecil berair tenang. 池塘。

**ponder** *v.t./i.* memikir-mikirkan; merenungkan. 仔细考虑；沉思。

**ponderous** *a.* berat; boyak; menjemukan. 笨重的；沉闷的。**ponderously** *adv.* dengan berat; secara boyak. 笨重地；沉闷地。

**pong** *n. & v.i.* (*sl.*) bau yang sangat busuk. 恶臭。

**poniard** *n.* pisau belati. 匕首。

**pontiff** *n.* ketua paderi; biskop; paus. 罗马教宗；主教。

**pontifical** *a.* yang angkuh dan tidak boleh dibantahi. 自负的；武断的。**pontifically** *adv.* secara angkuh dan tidak boleh dibantahi. 自负地；武断地。

**pontificate** *v.i.* bercakap dengan cara angkuh. 武断地表示意见。

**pontoon**[1] *n.* pontun; sejenis sampan atau perahu berdasar rata. 浮舟；平底船。~ **bridge** jambatan sementara; jambatan terapung yang disokong di atas perahu atau silinder lohong. 浮桥；浮筒。

**pontoon**[2] *n.* sejenis permainan terup. 廿一点牌戏。

**pony** *n.* kuda padi; kuda daripada baka kecil; kuda kerdil. 矮种马；小马。~**tail** *n.* rambut ikat ekor kuda. 马尾巴。~**trekking** *n.* bersuka-suka menunggang kuda padi merentasi kawasan desa. 骑小马旅游。

**poodle** *n.* sejenis anjing berbulu tebal dan berkerinting. 贵宾狗；狮子狗。

**pooh** *int.* seruan rasa kebencian; ceh; cis; isy. 轻视之声。**pooh-pooh** *v.t.* menyatakan kebencian terhadap sesuatu. 轻视。

**pool**[1] *n.* kolam; paya atau kawasan kecil yang berair tenang; lopak; kolam renang. 塘；池；污水潭；游泳池。

**pool**[2] *n.* tabung bersama; pengumpulan barang-barang untuk dikongsi penggunaannya; permainan seakan-akan snuker. 共同资金；共用物；撞球。**football pools** (*sl.*) teka perlawanan bola sepak. 玩足球。—*v.t.* meletakkan atau membekalkan di dalam tabung bersama untuk dikongsi. 合夥经营；合办。

**poop** *n.* buritan atau bahagian paling belakang kapal; geladak kekota. 舵楼；船尾楼。

**poor** *a.* (*-er*, *-est*) serba kurang; papa; miskin; yang memerlukan bantuan atau belas kasihan; aib; hina. 缺少的；贫穷的；贫困的；不充足的；谦卑的；卑微的。**poorness** *n.* kemiskinan. 贫困；缺乏；卑劣。

**poorly** *adv.* dalam cara yang serba kurang. 贫困地；拙劣地；身体不适地。—*a.* tidak sihat atau baik. 身体不适的。

**pop**[1] *n.* bunyi pop; bunyi letusan kecil; minuman bergas. 砰的一声；（汽水、啤酒等）含气饮料。—*v.t./i.* (*p.t. popped*) meletuskan; membuat letusan; meletakkan sesuatu, datang atau pergi dengan cepat. 使发出砰声的；迅速地行动。

**pop**[2] *n.* (*colloq.*) bapa. 爸爸。

**pop**[3] *a.* suka ramai. 流行的。—*n.* rekod atau muzik pop. 流行音乐唱片。

**popcorn** *n.* bertih jagung. 爆玉米花。

**pope** *n.* paus. 天主教教宗。

**popery** *n.* (*derog.*) sistem berpaus; amalan mazhab Roman Katolik. 天主教会。

**popgun** *n.* senapang permainan kanak-kanak (biasanya berpeluru gabus) yang ditembak dengan bunyi pop. 玩具气枪。

**popish** *a.* (*derog.*) berkenaan amalan mazhab Roman Katolik. 天主教的。

**poplar** *n.* pokok tinggi yang tirus. 白杨属植物。

**poplin** *n.* kain poplin, sejenis kain ditenun tidak bercorak; kain kapas. 府绸(一种织品);毛葛。

**poppadom** *n.* popadom; sejenis keropok India yang lemak rangup. 印度饼。

**poppet** *n.* (*colloq.*) sayang; manja. 宝宝;乖乖。

**popping-crease** *n.* garis di hadapan dan selari dengan wiket dalam permainan kriket. (板球) 打毛线。

**poppy** *n.* popi; pokok (bunga) candu. 罂粟。

**poppycock** *n.* (*sl.*) karut. 胡说。

**populace** *n.* masyarakat umum; rakyat jelata. (总称) 人民;下层社会。

**popular** *a.* terkenal dan disukai ramai; umum; biasa. 受欢迎的;大众的。**popularly** *adv.* secara terkenal; dengan disukai. 一般地;通俗地。**popularity** *n.* kepopularan. 声望;流行;普遍。

**popularize** *v.t.* menjadikan sesuatu itu disukai atau dikenali ramai; dipersembahkan dalam bentuk bukan teknikal yang mudah difahami atau disukai ramai. 通俗化;普及化。**popularization** *n.* usaha mempopularkan. 大众化;普及。

**populate** *v.t.* mendiami; menghuni; tinggal di. 使人民居住。

**population** *n.* penduduk. 人口。

**populous** *a.* banyak penduduknya. 人口稠密的。

**porcelain** *n.* porselin; tembikar Cina. 瓷器。

**porch** *n.* anjung. 露台;走廊。

**porcine** *a.* porsin; seperti khinzir. (似)猪的。

**porcupine** *n.* landak. 豪猪。

**pore**[1] *n.* liang roma pada kulit atau daun, untuk mengeluarkan peluh atau menerima lembapan. 毛孔;气孔。

**pore**[2] *v.i.* ~ **over** mempelajari dengan teliti. 熟读。

**pork** *n.* daging khinzir. 猪肉。

**porker** *n.* khinzir pedaging. 食用猪;肉猪。

**porn** *n.* (*colloq.*) porno; lucah. 色情文学;色情画。

**pornography** *n.* gambar (tulisan, filem) seks yang lucah. 色情画。**pornographer** *n.* seseorang yang terlibat dalam hal gambaran seks yang melucahkan. 色情文学作家。**pornographic** *a.* perihal perkara-perkara yang lucah. 色情文学的;色情图画的。

**porous** *a.* poros; berliang-liang kecil; berongga; dapat diresapi oleh air dan udara. 多孔的;侵透性的。**porosity** *n.* keadaan berliang atau berongga. 多孔性。

**porphyry** *n.* batu-batan yang mengandungi bahan mineral hablur. 斑岩。

**porpoise** *n.* ikan paus kecil dengan muncungnya yang bulat dan tidak runcing; ikan lumba-lumba. 小鲸;海豚。

**porridge** *n.* bubur. 粥。

**porringer** *n.* mangkuk atau besen kecil untuk sup, dsb. 粥碗。

**port**[1] *n.* pelabuhan. 港口;海港。

**port**[2] *n.* pintu di sisi kapal; lubang kecil di sebelah kapal untuk membolehkan cahaya dan angin masuk. 船舱口;舷窗;汽门。

**port**[3] *n.* sebelah atau bahagian kiri kapal atau kapal terbang. (船、飞机的) 左舷。 —*v.t.* berpusing arah ke kiri. 转(舵)向左。

**port**[4] *n.* sejenis wain atau arak yang sangat manis rasanya dan berwarna merah. 深红色甜葡萄酒。

**port**[5] *v.t.* memegang (senapang) secara menyilang di hadapan badan. 双手斜持 (步枪等)。

**portable** *a.* mudah alih; yang mudah dibawa. 轻便的；便于携带的。 **portability** *n.* perihal mudah alih. 可携带；轻便。

**portal** *n.* pintu atau tempat masuk, terutamanya yang mengagumkan; pintu gerbang. 门；入门；正门。

**portcullis** *n.* pintu kota; kisi-kisi atau jeriji tegak yang diturunkan ke dalam alur untuk menyekat jalan masuk ke kota atau ke istana. 古代城堡之升降闸门。

**portend** *v.t.* meramalkan. 预知。

**portent** *n.* pertanda; alamat; gejala. 前兆；预兆；征兆。 **portentous** *a.* menjadi petanda. 前兆的；不吉的。

**porter**[1] *n.* penjaga pintu bagi bangunan besar. (旅馆、学校、医院等的)看门人；警卫。

**porter**[2] *n.* porter; orang yang digajikan untuk mengangkut beg atau barang-barang. (车站、机场等的)搬运工人。

**porterage** *n.* perkhidmatan pembawa barang. 运输业；运费。

**portfolio** *n.* (pl. *-os*) beg (tas) untuk menyimpan kertas; sebilangan penamaan modal atau pelaburan; jawatan menteri. 公事包；有价证券；清单；部长职位。

**porthole** *n.* tingkap, seperti yang terdapat pada kapal atau kapal terbang. (船或飞机等的)舷窗。

**portico** *n.* (pl. *-oes*) anjung yang bertiang-tiang. 门廊。

**portion** *n.* bahagian; kongsian; sejumlah makanan untuk satu-satu orang; nasib seseorang. 一部分；一股；(食物等的)一份；命运。—*v.t.* membahagikan; menyebar-nyebarkan. 分配。

**portly** *a.* (*-ier, -iest*) tegap dan bersifat mulia. 魁伟的。 **portliness** *n.* kegemukan. 肥胖；魁梧。

**portmanteau** *n.* (pl. *-eaus*) sejenis beg atau peti untuk menyimpan pakaian. 旅行皮包(箱)。

**portrait** *n.* potret; gambar orang atau binatang; gambaran. 肖像；画像；相片。

**portray** *v.t.* melukiskan; menggambarkan; memainkan peranan dalam sesuatu drama, dll. 画(人物；风景)；描写；扮演。 **portrayal** *n.* penggambaran; pemaparan. 描画；描写。

**Portuguese** *a. & n.* (bangsa, bahasa) bagi negeri Portugis. 葡萄牙人(的)；葡萄牙语(的)。 ~ **man-of-war** sejenis ubur-ubur. 一种水母。

**pose** *v.t./i.* menggayakan atau mengambil sikap atau tanggapan tertentu; berpura-pura; mengutarakan; mengemukakan (sesuatu masalah, dll.). 装腔作势；摆姿势；冒充；造成。 —*n.* lagak; gaya; sikap yang seseorang itu kemukakan; kepura-puraan. 姿势；(故意作出的)姿态。

**poser** *n.* persoalan (masalah) yang sulit atau mengelirukan. 难题。

**poseur** *n.* orang yang berlagak atau berpura-pura. 装模作样的人。

**posh** *a.* (*sl.*) sangat baik; mewah. 优雅的；漂亮的。 **poshly** *adv.* dengan mewah. 优雅地；漂亮地；豪华地。 **poshness** *n.* kemewahan. 豪华。

**posit** *v.t.* (*p.t. posited*) menganjurkan. 安置。

**position** *n.* kedudukan; tempat atau letaknya sesuatu; taraf; pangkat (dalam pekerjaan). 位置；职位；姿势；状况；地位。 —*v.t.* menempatkan. 放在适当位置。 **positional** *a.* berkenaan atau berkaitan kedudukan. 地位的。

**positive** *a.* positif; pasti; jelas; bersifat membina; (dalam kiraan) lebih daripada sifar; (untuk punca bateri) arus elektrik masuk; (bagi seni foto) dengan cahaya, bayangan atau warna seperti keadaan sebenar (bukan negatif). 确定的；真实的；正数的；阳性的；正像的。 —*n.* bilangan, mutu atau gambar foto yang positif. 正数；确实；正片。 **positively** *adv.* dengan pasti; dengan tetap; dengan tegas. 确实地；必然地；积极地。 **positiveness** *n.* ketegasan; ketetapan; kepastian. 确信；决定性的事；积极性。

**positivism** *n.* positivisme; sistem falsafah yang mengiktiraf fakta dan pemerhatian. 实证哲学;积极性。 **positivist** *n.* positivis. 实证哲学家。

**positron** *n.* partikel yang mempunyai caj elektrik positif. 阳电子。

**posse** *n.* sepasukan pegawai polis atau pihak yang berkuasa. 警卫队;群众;团体。

**possess** *v.t.* memiliki; mempengaruhi fikiran. 拥有;控制。 **~ oneself of** memiliki. 获得。 **possessor** *n.* tuan punya; empunya; pemilik. 持有人;所有人。

**possession** *n.* kepunyaan; sesuatu yang dimiliki. 所有物;拥有。 **take ~ of** menjadi pemilik atau mempunyai. 占有;拥有。

**possessive** *a.* berkenaan atau menunjukkan kepunyaannya; suka memiliki sesuatu; cemburu. 所有的;占有欲的。

**possessively** *adv.* dengan sikap ingin memiliki sesuatu atau suka menunjukkan kepunyaannya dengan cemburu. 占有地;所有地。 **possessiveness** *n.* sifat mempunyai; sifat cemburu. 拥有;占有。

**possible** *a.* boleh jadi; yang boleh berlaku atau wujud; harus; mungkin. 可能的;可允许的。 **possibly** *adv.* barangkali; boleh jadi; mungkin. 或许;尽可能地。

**possibility** *n.* kemungkinan; keharusan. 可能性;可能的事。

**possum** *n.* (*colloq.*) sejenis tupai. 袋鼠;负鼠。 **play ~** berpura-pura tidak mengetahui. 装傻;装迷糊。

**post**[1] *n.* tiang kayu atau besi yang tertanam tegak untuk menyokong sesuatu atau menandakan sesuatu tempat. 柱;杆。— *v.t.* mempamerkan (satu pengumuman, dll.); mengumumkan menerusi pengumuman yang dipamerkan itu. 贴出(布告等);宣告;发表。

**post**[2] *n.* tempat berjaga; tempat pengawalan tentera; tempat perdagangan; jawatan. 岗位;(军队的)驻扎地;贸易站;职位。 —*v.t.* menempatkan. 布置(岗哨等)。 **last ~** (*lihat* **last**[2]. 见 **last**[2]。) 末次熄灯号(十点)。

**post**[3] *n.* pos; penghantaran surat, dll. 邮寄;邮件。 —*v.t.* mengepos; memasukkan ke dalam peti surat atau butir ke dalam lejar rasmi. 邮寄;投寄;把…入帐。 **keep me posted** memberitahu kepada saya. 通知我。 **~-box** *n.* peti surat. 邮筒。 **~-haste** *adv.* dengan cepat sekali. 赶紧;火速。 **Post Office** Jabatan Perkhidmatan Pos. 邮局。 **~ office** pejabat pos. 邮局。

**post-** *pref.* selepas. (前缀)表示"后;在后"。

**postage** *n.* belanja bagi pengiriman sesuatu melalui pos. 邮资;邮费。

**postal** *a.* berkenaan dengan surat atau pos. 邮件或邮政的。 **~ order** kiriman wang. 邮政汇票。

**postcard** *n.* poskad. 明信片。

**postcode** *n.* poskod; satu set huruf dan angka dalam alamat pos untuk memudahkan penyisihan. 邮区编号。

**poster** *n.* poster. 海报。

**poste restante** jabatan di pejabat pos yang menyimpan surat sehingga dipungut. 邮件留局待领处。

**posterior** *a.* terletak di belakang; posterior. 后面的。 —*n.* punggung. 臀部。

**posterity** *n.* generasi akan datang. 后世;子孙。

**postern** *n.* pintu kecil di belakang atau di tepi kota, di kubu, dll. 后门;旁门;地下道。

**posthumous** *a.* (bagi kanak-kanak) dilahirkan setelah kematian ayahnya; diterbitkan atau dianugerahkan setelah kematian pengarangnya. 遗腹的;死后的。 **posthumously** *adv.* selepas kematiannya. 死后地。

**postilion** *n.* penunggang kuda yang menarik kereta kuda. 第一列左马御者。

**post-impressionist** *n.* pelukis menggunakan cita rasa sendiri yang bertentangan dengan impresionisme. 后期印象派的画家。 **post-impressionism** n. post-impresionisme. 后期印象派。

**postman** n. (pl. -men) posmen. 邮差。

**postmark** n. cap pos; tanda pos. 邮戳。—v.t. dicap pos. 盖邮戳。

**postmaster, postmistress** ns. ketua pejabat pos (lelaki, perempuan). (男或女)邮政局长。

**post-mortem** a. & n. (pemeriksaan) dibuat setelah kematian; post-mortem. 死后的；验尸。

**postnatal** a. posnatum; selepas bersalin. 出生后的。

**postpone** v.t. ditangguhkan; mengundurkan; menunda. 使延期；延迟；延缓。

**postponement** n. penangguhan; penundaan. 延期。

**postprandial** a. selepas makan tengah hari atau makan malam. 餐后的。

**postscript** n. perenggan tambahan pada akhir satu-satu surat, dll.; catatan tambahan. (信的)附后；再者。

**postulant** n. calon rahib. 志愿者；圣职志愿人。

**postulate**[1] v.t. menganggap sesuatu betul, terutama sebagai asas taakulan. 视为当然而主张。 **postulation** n. penanggapan sesuatu itu betul. 假设；要求。

**postulate**[2] n. sesuatu yang dianggap sebagai betul, dalil atau bukti. 假定；假设；公理。

**posture** n. gaya atau kedudukan tubuh. 姿势；态度。—v.i. bergaya; berlagak. 使采取某种姿势。 **postural** a. berkenaan gaya atau sikap. 位置的；心态的。

**posy** n. sejambak bunga. 花束。

**pot**[1] n. periuk; pasu; belanga; pasu bunga; (sl.) sejumlah besar. 锅；壶；罐；大量。—v.t. (p.t. potted) meletakkan ke dalam bekas atau periuk; memasukkan bola ke dalam lubang (dalam permainan biliard); memasukkan ke dalam saku; (colloq.) meringkaskan; menembak; membunuh. 装于罐内；(台球)击球入袋；射击。 **go to ~** (sl.) menjadikan bertambah buruk; menghancurkan. 没落；灭亡。 **~-belly** n. perut buncit. 大腹（的人）。 **~-boiler** n. penulisan sastera atau hasil-hasil kerja pelukis hanya untuk mendapatkan wang yang banyak atau untuk sara hidup. 粗制滥造的作品；仅为赚钱而作的文学作品或作家。 **~ luck** apa saja yang disediakan untuk satu-satu hidangan. 便饭。 **~ roast** n. daging panggang dalam periuk. 焖烧牛肉。 **~-shot** n. menembak secara sambil lalu. 近距离射击。

**pot**[2] n. (sl.) marijuana; ganja. 大麻（烟叶）。

**potable** a. boleh diminum. 适于饮用的。

**potash** n. potash. 钾；碳酸钾。

**potassium** n. kalium. 钾。

**potation** n. perbuatan minum; minuman keras. 喝；酒。

**potato** n. (pl. -oes) ubi kentang. 马铃薯。

**poteen** n. (Ir.) wiski dari tempat penyulingan haram. (爱尔兰)私酿的威士忌酒。

**potent** a. kuat; berpengaruh; mujarab; manjur; berkesan. 强有力的；有影响的；有效能的。 **potently** adv. dengan berkesan. 有效地；有力地。 **potency** n. kemujaraban; keberkesanan; pengaruh. 力量；潜力；权力。

**potentate** n. pemerintah; raja. 统治者。

**potential** a. & n. (kebolehan, dll.) keupayaan untuk dimajukan atau digunakan; berpotensi. 潜在的；可能的。 **potentially** adv. dengan ada upaya; berkemungkinan. 可能地；潜在地；假定地。 **potentiality** n. keupayaan terpendam; kemungkinan; potensi. 潜在能力；可能性。

**pothole** n. lubang di bawah tanah yang terjadi kerana tindakan air; lubang di atas jalan raya. 壶洞；道路上的洞坑。

**potholing** n. lubang dalam batu-batan. 洞坑。 **potholer** n. orang yang menjelajah gua bawah tanah. 在洞坑工作者。

**potion** *n.* cecair untuk diminum sebagai ubat. 一服；一剂。

**pot-pourri** *n.* campuran wangian daripada kelopak bunga yang kering dan rempah-rempah; campuran beraneka. 熏香味的干花及香草。

**potsherd** *n.* serpihan tembikar. 陶器的破片。

**potted** *lihat* **pot**[1]. 见 **pot**[1]. —*a.* pengawetan di dalam periuk. 在锅或罐中烧或存的。~ **meat** daging yang diawetkan. 加味罐头碎肉。

**potter**[1] *n.* pembuat periuk belanga. 陶工；陶艺家。

**potter**[2] *v.i.* bekerja sambil lewa tanpa bersungguh-sungguh. 吊儿郎当地做事

**pottery** *n.* barang-barang tembikar; hasil kerja pembuatan barang-barang tembikar. 陶器；陶器场。

**potty**[1] *a.* (-ier, -iest) (*sl.*) tak penting; gila. 微小的；琐碎的；胡涂的；着迷的。

**potty**[2] *n.* (*colloq.*) ketur atau bekas kencing kanak-kanak di bilik tidur. (小孩的) 便盆。

**pouch** *n.* kantung; beg kecil; dompet. 小袋，钱包。—*v.t./i.* memasukkan ke dalam kantung; tergantung dalam beg kecil berbentuk uncang. 把...装入袋中；使成袋状。

**pouffe** *n.* bangku berlapik kusyen. 座垫。

**poulterer** *n.* peniaga ayam itik. 家禽贩。

**poultice** *n.* demah; tuam. 糊药；湿膏布。—*v.t.* mendemah; menuam. 敷糊药。

**poultry** *n.* ternakan seperti ayam, itik, dll. 家禽。

**pounce** *v.i.* menyambar; mencengkam; menerkam. 突然扑向；攫住；突袭。—*n.* sambaran; terkaman. 猛扑。

**pound**[1] *n.* paun (ukuran berat); mata wang Inggeris dan negara-negara tertentu. 磅 (重量单位)；英镑 (英国货币单位)。

**pound**[2] *n.* kandang; kurungan binatang (atau kenderaan) yang ditahan sebelum dituntut oleh yang empunya. 动物收容所；牲畜栏；走失动物认领栏。

**pound**[3] *v.t./i.* memukul atau menghancurkan dengan pukulan yang kuat berkali-kali; meremukkan; (jantung) berdegup kuat. 猛击；敲打；捣碎；(心) 剧跳。

**poundage** *n.* komisen atau dalal bagi tiap-tiap satu paun (mata wang) ataupun bagi tiap-tiap satu paun (lb) yang ditimbang. 每磅的手续费；佣金。

**pour** *v.t./i.* mengalir; menuang; hujan mencurah lebat; mencurahkan. 通流；倒；(雨) 倾盆而降；大量生产。

**pout**[1] *v.t./i.* menjuihkan bibir keluar; memuncungkan mulut terutama ketika marah. 翘嘴；绷脸；闹别扭。—*n.* perbuatan mencebik bibir. 绷脸。

**pout**[2] *n.* ikan laut seakan-akan ikan kod; ikan air tawar seperti belut. 一种鳕鱼；鲇鱼。

**poverty** *n.* keadaan miskin; kekurangan; kepapaan; kemelaratan. 贫困；贫乏；贫穷。

**powder** *n.* serbuk; ubat atau alat solek dalam bentuk serbuk; serbuk peluru (ubat bedil). 粉；粉末；化妆用粉；火药。—*v.t.* menyapu bedak. 搽香粉于。**powdery** *a.* berserbuk. 粉 (状) 的。

**powdered** *a.* dibuat menjadi serbuk. 变成粉末的。

**power** *n.* kesanggupan untuk berbuat sesuatu; tenaga; kekuatan; daya; kawalan; pengaruh; orang atau negeri yang berpengaruh; (kiraan) ganda; kuasa elektrik atau jentera; bekalan elektrik. 权力；电力；力量；能力；权限；政权；功率；动力；幂。—*v.t./i.* membekalkan kuasa. 提供动力。**~-station** *n.* stesen janakuasa. 发电站。

**powered** *a.* yang mempunyai atau dibekali dengan kuasa elektrik atau jentera. 有马力的；有电力提供的。

**powerful** *a.* bertenaga; berkuasa; berpengaruh. 有力的；有权势的；有效力

的。**powerfully** *adv.* secara kuat atau berpengaruh. 强大地。

**powerhouse** *n.* penjana; orang atau benda yang bertenaga hebat. 发电所；精力旺盛的人。

**powerless** *a.* tiada kekuatan atau kuasa untuk bertindak; tidak berdaya; tidak bertenaga. 无力的；无权势的；无效能的。

**powwow** *n.* mengadakan perjumpaan untuk berbincang. 集会；评议。

**practicable** *a.* yang boleh dibuat. 可实行的。**practicability** *n.* perihal sesuatu yang boleh dibuat. 实用性。

**practical** *a.* berkenaan dengan praktik atau amalan; praktis. 实践的；实际的。~ **joke** mempersendakan seseorang. 恶作剧。**practicality** *n.* secara praktikal; praktikalnya. 实际；实用主义。

**practically** *adv.* dengan cara yang praktis; sebetulnya; hampir-hampir. 实际地；事实上；几乎。

**practice** *n.* amalan; kebiasaan; kelaziman; latihan; pekerjaan ikhtisas seperti doktor atau peguam. 实行；实施；习惯；常规；（反复的）练习；（医生或律师的）业务。**out of ~** sudah lama tidak mengerjakannya dengan mahir. 久不练习。

**practise** *v.t./i.* berlatih; membuat sesuatu berulang kali untuk menjadi mahir atau mengekalkan kemahiran; menjalankan kerja ikhtisas (bagi doktor atau peguam); mengamalkan. 练习；实行；经营。

**practised** *a.* berpengalaman. 熟练的。

**practitioner** *n.* pengamal; ahli; orang yang mahir dan terlatih, terutama dalam bidang perubatan. 从业者；开业医师。

**pragmatic** *a.* mengenai hal berguna dan praktis; pragmatik. 讲究实际的；实用主义的。**pragmatically** *adv.* secara praktis dan berguna. 实干地。**pragmatism** *n.* fahaman pragmatis; pragmatisme. 实用主义。**pragmatist** *n.* seseorang yang pragmatik. 实用主义者。

**prairie** *n.* prairi. 大草原；牧场。

**praise** *v.t.* menyuarakan persetujuan atau mengagumi; memuji. 赞扬；称赞。—*n.* kata-kata pujian; perihal melahirkan rasa kagum melalui perkataan. 赞美；歌颂。

**praiseworthy** *a.* patut dipuji. 值得称赞的。**praiseworthiness** *n.* kebolehpujian. 有称赞价值。

**praline** *n.* manisan buah badam, kacang, dsb. yang dimasak dalam air gula. 一种胡桃糖果。

**pram** *n.* kereta tolak beroda empat untuk bayi. 婴儿车。

**prance** *v.i.* bergerak dengan gerakan meloncat-loncat. 腾跃前进。

**prank** *n.* senda gurau. 开玩笑。

**prankster** *n.* orang yang gemar mengusik. 爱开玩笑的人。

**prate** *v.i.* bercakap melarut-larut; mengoceh. 唠叨地讲；闲聊。

**prattle** *v.i.* bercakap atau berceloteh seperti kanak-kanak. 小孩般说话。—*n.* celoteh seperti kanak-kanak. 无聊话。

**prawn** *n.* udang. 虾。

**pray** *v.t./i.* bersembahyang; berdoa; memohon. 祈祷；祈求；请求。

**prayer** *n.* perbuatan memohon atau bersyukur kepada Tuhan; kata-kata yang digunakan dalam doa; perbuatan menyembah Tuhan; sembahyang; permohonan. 祈祷；祈祷文；祈愿。**~book** *n.* buku doa. 祈祷书。

**pre-** *pref.* pra; kata awalan; sebelum. （前缀）表示"前；预先"。

**preach** *v.t./i.* memberi syarahan agama; berkhutbah; menghuraikan kitab Injil; menasihatkan sesuatu; mengesyorkan sesuatu yang baik. 布道；说教；鼓吹；宣扬。**preacher** *n.* pengkhutbah. 传道者；牧师。

**preamble** *n.* kata-kata pengantar; bahagian pengenalan; mukadimah. 序文；前言。

**prearrange** *v.t.* menyusun atau mengatur terlebih dahulu. 预先安排。**prearrangement** *n.* perihal mengatur terlebih dahulu. 妥善的预先安排。

**prebendary** *n.* paderi yang menerima gaji daripada pendapatan gereja; ahli kehormat gereja. 受俸禄之传教士。

**precarious** *a.* berbahaya; tidak selamat. 危险的；靠不住的。**precariously** *adv.* dengan tidak tentu; dengan berbahaya. 不确定地；危险地。**precariousness** *n.* keadaan berbahaya. 不确定性；危险。

**precaution** *n.* tindakan berjaga-jaga (untuk mengelakkan sesuatu risiko). 预防；谨慎。**precautionary** *a.* yang bersifat mencegah atau berhati-hati. 预先警戒的；小心的。

**precede** *v.t.* mendahului. 领先。

**precedence** *n.* keutamaan. 先居；上位；优先权。

**precedent** *n.* (undang-undang) kes yang telah terjadi digunakan sebagai contoh kepada kes baru. 前例；先例。

**precentor** *n.* paderi yang bertanggungjawab tentang muzik di gereja. 教堂圣歌的领唱人。

**precept** *n.* petua; petunjuk; nasihat. 训诫；格言；法则。

**preceptor** *n.* guru. 教师。

**precession** *n.* liukan ekuinoks; perubahan yang menyebabkan ekuinoks berlaku lebih awal pada setiap tahun. 岁差。

**precinct** *n.* kawasan terkepung, terutama di sekeliling gereja, dsb.; kawasan larangan bagi lalu lintas dalam sesebuah pekan; (*pl.*) kawasan sekitar. (尤指教堂的) 界域；选区；管理区；周围。

**precious** *a.* yang mempunyai nilai tinggi; sangat berharga; sangat disayangi. 贵重的；宝贵的；珍爱的。—*adv.* (*colloq.*) sangat. 很；非常。 ~ **stone** batu-batu permata yang tinggi nilainya. 宝石。

**precipice** *n.* cenuram; pinggir gunung yang tinggi; tebing jurang; tebing tinggi. 断崖；绝壁。

**precipitance** *n.* cepat; pantas. 鲁莽。**precipitancy** *n.* kecepatan. 性急；轻率。

**precipitate**[1] *v.t.* menghumbankan; menyegerakan; menyebabkan sesuatu berlaku dengan tiba-tiba atau segera; menyebabkan (sesuatu bahan) menjadi mendak. 使坠下；促其发生；使凝结而下降。**precipitation** *n.* perbuatan atau proses pemendakan. 沉淀。

**precipitate**[2] *n.* bahan yang mendap daripada larutan, dll. 沉淀物。—*a.* (bertindak) dengan gopoh-gapah; terburu-buru; tergesa-gesa. 匆忙的；急躁的；急速的。**precipitately** *adv.* dengan tiba-tiba. 猛进地。

**precipitous** *a.* sangat curam. 险峻的。

**précis** *n.* (pl. *précis*, pr. *-si:z*) ringkasan. 大意；概略；摘录。—*v.t.* membuat ringkasan. 写大纲；摘要。

**precise** *a.* tepat; betul dan diterangkan dengan jelas. 精确的；明确的。**precisely** *adv.* dengan tepatnya; secara tepat. 正确地；的确。**precision** *n.* ketepatan; ketelitian. 正确；精密。

**preclude** *v.t.* menahan; merintangi; menghalang; mencegah; menghindar. 阻止；妨碍；使不能；除外。

**precocious** *a.* (berkenaan buah pokok) lekas matang atau masak; lekas dewasa (berkenaan manusia). (植物等) 早成的；早熟的。**precociously** *adv.* perihal terlalu lekas matang atau dewasa. 早熟地。**precocity** *n.* keadaan cepat dewasa. 早熟。

**precognition** *n.* pengetahuan lebih dahulu. 先知。

**preconceived** *a.* (satu fikiran atau pendapat) terbentuk sebelumnya; praanggap. 先加考虑地；预想地。**preconception** *n.* praanggapan; pengertian terlebih dahulu. 预料；先入观念。

**precondition** *n.* prasyarat. 先决条件。

**precursor** *n.* pelopor; perintis. 前导；先进者。

**predator** *n.* binatang pemangsa. 食肉动物。

**predatory** *a.* bersifat pemangsa. 捕食生物的；掠夺的。

**predecease** *v.t.* mati terlebih dahulu (daripada yang lain). 死于某人之先。

**predecessor** *n.* bekas pemegang sesuatu jawatan atau kedudukan. 前任；前辈。

**predestine** *v.t.* menentukan terlebih dahulu (oleh Tuhan); mentakdirkan. 注定。 **predestination** *n.* takdir; yang ditentukan terlebih dahulu. 注定；宿命。

**predicament** *n.* keadaan yang sukar. 困局。

**predicate** *n.* predikat; penerang subjek dalam satu-satu ayat. (文法)谓语。

**predicative** *a.* menjadi atau membentuk predikat atau sebahagiannya. 叙述的。 **predicatively** *adv.* digunakan sebagai predikat. 述词地。

**predict** *v.t.* meramalkan. 预料。 **prediction** *n.* ramalan; telahan; tenungan. 预言；预报。 **predictor** *n.* peramal; alat atau pesawat yang digunakan dalam peperangan untuk menentukan bila hendak menangkis serangan udara. 高射瞄准计算器。

**predictable** *a.* (boleh) diramalkan. 可预言的。 **predictably** *adv.* seperti yang diramalkan atau dijangkakan. 可预言地。

**predilection** *n.* kegemaran yang istimewa. 嗜好；偏爱。

**predispose** *v.t.* mempengaruhi terdahulu; mudah kena atau mudah berjangkit (contoh penyakit). 使预先有倾向 (或意向)；使易受感染。 **predisposition** *n.* keadaan mudah terpengaruhi; hal mudah kena. 倾向；偏好。

**predominate** *v.i.* mengatasi yang lain dari segi bilangan atau kekuatan, dll.; mempunyai kuasa atau pengaruh. 占主导(或支配)地位；统治。 **predominant** *a.* lebih berkuasa; lebih banyak. 有势力的；卓越的。 **predominantly** *adv.* dengan banyaknya. 优越地。 **predominance** *n.* perihal mempunyai kuasa, pengaruh, kekuatan, bilangan yang lebih. 优势；控制；卓越。

**pre-eminent** *a.* melebihi yang lain; unggul; terutama; terbaik. 卓越的；显著的。 **pre-eminently** *adv.* secara yang terbaik; dengan unggulnya. 卓越地；优秀地。 **pre-eminence** *n.* keunggulan; kelebihan daripada yang lain. 杰出；卓越。

**pre-empt** *v.t.* memperoleh atau membeli lebih dahulu daripada orang lain. 以先买权获得；先占有。 **pre-emption** *n.* hak membeli terlebih dahulu. 先买权。 **pre-emptive** *a.* tentang hak membeli terlebih dahulu. 先买的。

**preen** *v.t.* membersihkan (bulu) dengan paruhnya. 用喙整理(羽毛)。 ~ **oneself** menghiasi diri; berasa megah. 打扮自己；显出自满。

**pre-exist** *v.i.* wujud terlebih dahulu. 先前存在。 **pre-existence** *n.* kewujudan terlebih dahulu. 先在；前世。 **pre-existent** *a.* yang wujud terlebih dahulu. 先前存在的。

**prefab** *n.* (*colloq.*) bangunan pasang siap. 组合式预筑住宅。

**prefabricate** *v.t.* menyediakan untuk dipasangsiapkan di tapak (bangunan). 预先制造组合配件。 **prefabrication** *n.* perihal membuat bahagian-bahagian (rumah, kapal, dll.) terlebih dahulu kemudian dipasangsiapkan. 组合房屋配件制造。

**preface** *n.* prakata; pengenalan; pendahuluan. 序言；绪论；前奏。 —*v.t.* memberi pengenalan atau prakata; membawa kepada (sesuatu kejadian). 加序言(或开场白)；作为...的开端。

**prefect** *n.* ketua murid; Pegawai Pentadbir. 行政长官；首长；学长。

**prefer** *v.t.* (*p.t.* **preferred**) memilih kerana lebih dikehendaki atau lebih disukai; memajukan (sesuatu tuduhan); menaikkan pangkat atau memperkenalkan (seseorang). 偏爱；提出控告；擢升；提拔。

**preferable** *a.* lebih disukai daripada; lebih baik daripada. 较喜爱的；较好的。

**preferably** *adv.* sebaik-baiknya; lebih baik; lebih suka. 较好；较合宜；宁可。

**preference** *n.* keutamaan; hal yang lebih diutamakan; sesuatu yang lebih disukai; kecenderungan. 嗜好；优先选择；偏爱物。

**preferential** *a.* memberi keutamaan. 优先的。**preferentially** *adv.* dengan mengutamakan. 优先地。

**preferment** *n.* hal lebih menyukai; hal diangkat ke jawatan yang lebih tinggi; kenaikan pangkat. 偏爱；升级；提升。

**prefigure** *v.t.* memberi gambaran atau bayangan awal. 预示；预兆。

**prefix** *n.* (pl. *-ixes*) awalan; imbuhan. 前缀语。—*v.t.* menambah sebagai imbuhan atau sebagai pengenalan. 给...加前缀。

**pregnant** *a.* hamil; mengandung; penuh bererti. 怀孕的；怀胎的；富有意义的。**pregnancy** *n.* kehamilan. 怀孕；妊娠期。

**prehensile** *a.* boleh memegang dan mencekau barang. (能足、尾)用抓住的。

**prehistoric** *a.* berkenaan zaman prasejarah. 史前的。

**prehistory** *n.* prasejarah; zaman purbakala. 史前史。

**prejudge** *v.t.* menentukan pengadilan terlebih dahulu sebelum mengetahui semua dalilnya. 预先判断。

**prejudice** *n.* prejudis; prasangka. 偏见；成见。—*v.t.* menyebabkan mempunyai prasangka; memudaratkan (hak yang sedia ada). 使有偏见；损害(他人的权利)。**prejudiced** *a.* keadaan berprasangka. 有偏见的。

**prejudicial** *a.* memudaratkan hak-hak atau kepentingan yang sedia ada atau kegemaran. 不利的；有损害的。

**prelate** *n.* paderi yang berpangkat lebih tinggi. (主教、大主教等)高级教士。

**preliminary** *a. & n.* (tindakan atau acara, dll.) saringan; permulaan atau persediaan untuk tindakan atau acara utama. 预赛(的)；初步(的)；预备工作或措施等(的)。

**prelude** *n.* tindakan atau acara pendahuluan dan diikuti dengan yang lain; bahagian pengenalan sesuatu muzik. 序言；序幕；序曲；前奏曲。

**premarital** *n.* sebelum berkahwin. 婚前。

**premature** *a.* pramasa; pramatang; sebelum waktunya. 比预期时间早的；不成熟的；过早的。**prematurely** *adv.* datang atau berlaku sebelum cukup waktunya. 过早地。

**premedication** *n.* pengubatan sebelum pembedahan. 术前用药法。

**premeditated** *a.* terancang lebih dahulu. 预先策划的；有预谋的。**premeditation** *n.* perihal merancang, memikir dan merencana terlebih dahulu. 预先策划；预谋。

**premenstrual** *a.* masa sebelum setiap haid. 月经前的。

**premier** *a.* terpenting; terutama. 首要的；最早的。—*n.* Perdana Menteri. 首相；总理。**premiership** *n.* kedudukan atau jawatan Perdana Menteri. (首相、总理的)职位(职权等)。

**première** *n.* pertunjukan atau tayangan gambar perdana. 首次演出(放映)；开场日。—*v.t.* mengadakan pertunjukan perdana. 首次演出；(演员)初次登场。

**premises** *n.pl.* premis; rumah atau bangunan dan pekarangannya. 房屋(及其附属建筑基地和土地)。

**premiss** *n.* kenyataan yang dijadikan sebagai asas taakulan. (逻辑学)前提。

**premium** *n.* sejumlah wang atau wang ansuran yang dibayar untuk polisi insurans; tambahan kepada gaji atau upah; yuran untuk pengajian. 保险费；赏金；报酬。**at a ~** lebih daripada harga biasa; amat dihargai. (股票)在票面价值以上的；极受重视的；十分需要的。**Premium (Saving) Bond** jaminan kerajaan membayar tanpa faedah tetapi menawarkan peluang hadiah wang tunai dalam masa tertentu. 政府发行的无利息债券。 **put a ~ on** memberi dorongan kepada (satu tindakan, dll.). 鼓励；促进。

**premonition** *n.* firasat; alamat; petanda. 预感；预兆。 **premonitory** *a.* merupakan petanda atau alamat. 预兆的。

**prenatal** *a.* pranatal; sebelum lahir. 胎儿期的；出生前的。 **prenatally** *adv.* yang sebelum lahir. 在分娩前。

**preoccupation** *n.* keasyikan; kelekaan perkara yang memenuhi fikiran seseorang. 出神；使人全神贯注的事物。

**preoccupied** *a.* leka; asyik memikirkan sesuatu dan tidak mempedulikan hal-hal lain. 全神贯注的；出神的。

**prep** *n.* (*lihat* **preparation**. 见 **preparation**。) **~ school** sekolah persediaan. 先修班。

**preparation** *n.* persediaan; perihal menyediakan; penyediaan untuk kegunaan; (juga *prep.*) kerja rumah (untuk murid-murid membuatnya di luar waktu sekolah). 预备；准备；准备工作；备课；预习。

**preparatory** *a.* sedang dalam persiapan. 预备的；准备的。 *—adv.* sebagai persediaan. 作为准备。 **~ school** sekolah pengajian persediaan. 预备学校；大学先修班。

**prepare** *v.t./i.* membuat persediaan; menyediakan. 准备；预备。 **prepared to** bersedia dan sanggup. 准备着；愿意。

**prepay** *v.t.* (p.t. *-paid*) membayar terlebih dahulu. 预付。 **prepayment** *n.* pembayaran yang dilakukan lebih dahulu. 预付。

**preponderate** *v.i.* mengatasi bilangan atau kekuatan. (在数量、力量等方面) 占优势。 **preponderant** *a.* lebih pengaruh, kekuatan, bilangan, dll. 占优势的；压倒的。 **preponderantly** *adv.* dengan pengaruh atau kekuatan yang lebih. 压倒地；占优势地。 **preponderance** *n.* perihal lebih dalam beratnya (besarnya, pengaruh, dsb.). (在数量、力量等方面的) 优势。

**preposition** *n.* kata depan; preposisi perkataan yang dipakai dengan kata nama atau ganti nama untuk menunjukkan kedudukan, masa atau maknanya (contoh *di* rumah, *dengan* kereta api). 介词；前置词。 **prepositional** *a.* berfungsi sebagai kata depan. 介词的；前置词的。

**prepossessing** *a.* yang menarik hati. 吸引人的；令人喜悦的。

**preposterous** *a.* tidak masuk akal; mustahil; karut. 荒谬的；不合情理的；虚假的。 **preposterously** *adv.* yang dilakukan dengan cara yang tidak masuk akal. 反常地；荒谬地。

**preppy** *n. & a.* (*A.S. colloq.*) orang yang belajar di sekolah persendirian yang mahal. (在衣着、举止行为等方面) 象私立预备学校的有钱学生 (的)。

**prepuce** *n.* kulit khatan; kulup. 包皮。

**prerequisite** *a. & n.* sesuatu yang diperlukan sebelum sesuatu perkara dapat dibuat. 先决条件 (的)。

**prerogative** *n.* hak atau keistimewaan yang dimiliki oleh seseorang atau sesuatu kumpulan. (个人或一群人的) 特权。

**presage** *n.* tanda; alamat. 先兆；预兆；预感。

**presbyter** *n.* paderi gereja Episkopal; pegawai Gereja Presbyterian. 基督教长老会的长老。

**Presbyterian** *a. & n.* (ahli) bagi sebuah gereja yang dikendalikan oleh orang-orang tertua yang sama tarafnya. 长老会教友 (的)。 **Presbyterianism** *n.* fahaman Gereja Presbyterian. 长老会教义。

**presbytery** *n.* kumpulan pegawai Gereja Presbyterian. (长老会的) 教务评议会。

**preschool** *a.* prasekolah; berkenaan masa sebelum kanak-kanak cukup umur untuk bersekolah. 学龄前的；学前的。

**prescribe** *v.t.* menentukan ubat dan cara menggunakannya; mempreskripsikan;

**prescript** menetapkan; menentukan. 开药方；为…开药；规定；指定。

**prescript** *n.* perintah; arahan. 命令；指示；(条例等) 规定性的东西。

**prescription** *n.* sesuatu yang telah ditentukan; arahan doktor tentang cara untuk menyediakan dan penggunaan sesuatu ubat; preskripsi. 规定（医生开的）处方；药方。

**prescriptive** *a.* preskriptif. 规定的；指示的。

**presence** *n.* perihal hadir; orang atau benda yang ada atau hadir. 出席；存在；存生的人（或物）。 **~ of mind** boleh bertindak dengan fikiran yang waras dalam satu-satu masalah. 镇定；沉着。

**present**[1] *a.* yang hadir atau ada di suatu tempat; kemunculan atau tentang masa sekarang. 出席的；在场的；存在的。— *n.* masa sekarang. 目前。 **at ~** sekarang; kini. 现在；目前。 **for the ~** buat masa ini; untuk sementara. 暂时；暂且。

**present**[2] *n.* hadiah. 礼物；赠品。

**present**[3] *v.t.* memberi sebagai hadiah atau penghargaan; menghadiahkan; memperkenalkan atau menghadapkan kepada ramai; menunjukkan; mendedahkan; mengacukan (bagi senjata). 赠送；介绍；引见；表演；显示；(以枪等) 对准。 **~ arms** meletakkan senjata tegak di hadapan sebagai penghormatan. 举枪致敬。 **presenter** *n.* pemberi; pengacara. (广播等) 节目主持人；提供者；赠送者。

**presentable** *a.* sesuai diperagakan; baik rupanya. 见得了人的；中看的；象样的。 **presentably** *adv.* secara sesuai untuk diperagakan. 可示人地；得体地。

**presentation** *n.* penyampaian; persembahan; perihal menyampaikan. 呈现；演出；介绍；赠送。

**presentiment** *n.* rasa sesuatu akan berlaku; firasat. 预感；预兆。

**presently** *adv.* nanti; (*Sc. & A.S.*) pada masa ini. 不久；即刻；现在。

**preservation** *n.* pengawetan. 贮藏；保存；维持。

**preservative** *a.* berkenaan pengawetan. 保存的；防腐的。 —*n.* bahan yang digunakan untuk mengawet makanan yang mudah busuk. 防腐剂。

**preserve** *v.t.* memelihara; mengekalkan; mengawet; menjaga (makanan) untuk menghindarinya daripada menjadi rosak. 保存；腌渍；防腐。 —*n.* kawasan simpanan (haiwan buruan, ikan, dsb.); kegiatan, urusan, bidang dsb. seseorang; (juga *pl.*) jem. (畜养鸟兽的) 苑；鱼塘；独占的 (活动范围、领域等)；果酱。 **preserver** *n.* pengawet. 保存者；贮藏食物的人。

**preside** *v.i.* mempengerusikan; mengetuai; mempunyai kedudukan untuk mengawal. 当主席；主持；指挥；统辖。

**president** *n.* presiden; ketua negara republik. 总统；(议院的) 院长；(大学) 校长；(协会等) 会长；(会议的) 主席。 **presidency** *n.* jawatan sebagai presiden. (总统、院长、会长等的) 任期 (或职权)。 **presidential** *a.* tentang presiden atau tugas-tugasnya. 总统的；总统 (院长等) 职务的。

**presidium** *n.* presidium; jawatankuasa kerja, terutama dalam pertubuhan komunis. 主席团；(共产党国家的) 常务委员会。

**press**[1] *v.t./i.* menekan atau mendesak; memerah; membuat dengan cara menekan; meratakan; melicinkan.; menyeterika (baju, dll.); memaksa. 压；挤；榨；紧握；变平；熨平 (衣物等)；催逼；紧迫。— *n.* proses menekan atau mendesak; alat untuk menekan sesuatu; mesin mencetak; firma mencetak atau penerbitan; suratkhabar dan majalah, orang yang terlibat dalam penulisan atau penghasilannya. 压；按；挤；印刷机；印刷所；出版社；报刊；期刊；新闻界。 **be pressed for**

kesuntukan. 缺乏。 **~ conference** persidangan akhbar. 记者招待会。 **~ cutting** artikel atau rencana dipotong dari suratkhabar. 剪报。 **~-stud** *n.* butang ketap. 揿扣；大白扣。 **~ up** *n.* tekan tubi. 伏地挺身。

**press**[2] *v.t.* (kegunaan lama) dipaksa menyertai tentera darat/laut. 强征入伍；强迫服役。 **~ gang** *n.* badan yang dilantik untuk memaksa orang menyertai tentera. 强募队。 —*v.t.* memaksa berkhidmat. (因急需而) 暂用。

**pressing** *a.* segera; yang mendesak. 紧急的；迫切的。 —*n.* benda-benda yang dibuat secara menekan; rekod gramofon atau beberapa bilangan rekod dicetak pada satu masa. 模压制品；唱片。

**pressure** *n.* tekanan; perihal kuasa penekanan pada sesuatu; tekanan atmosfera; paksaan. 压；压力；气压；强制力；重荷。 —*v.t.* memaksa (bagi orang). 迫使某人（做某事）。 **~-cooker** *n.* periuk tekanan; sejenis periuk kedap udara untuk memasak dengan cepat. 压力锅。 **~ group** kumpulan berorganisasi yang mencuba untuk mempengaruhi yang lain dengan cara tindakan bersama yang intensif; kumpulan pendesak. 压力集团。

**pressurize** *v.t.* memaksa dalam satu-satu tindakan; mengekalkan tekanan udara yang tetap (di dalam satu-satu ruang). 加压力于；施压；迫使。 **pressurization** *n.* tekanan. 施压；逼迫。

**prestige** *n.* martabat; prestij; penghormatan diberi kerana nama atau pencapaian yang baik; pengaruh. (人、国家等的) 威望；势力；声望；威信。

**prestigous** *a.* berprestij; mempunyai atau memberi penghormatan. 有威望的；有声望的。

**prestressed** *a.* prategasan; (konkrit) memperkukuh dengan dawai. (混凝土) 预加应力的；(以钢筋) 加强的。

**presumably** *adv.* barangkali; mungkin; secara dugaan. 据推测；大概。

**presume** *v.t./i.* menganggap; menyangka; memandai-mandai; berkelakuan terlalu yakin pada diri sendiri. 以为；认定；冒昧；假定；擅敢。 **~ on** mengambil kesempatan. 滥用；(不正当) 利用。

**presumption** *n.* dugaan; andaian. 推测；假定。

**presumptive** *a.* berdasarkan andaian. 以推测为据的；假定的。

**presumptuous** *a.* berkelakuan terlalu berani atau congkak; dengan memandai-mandai. 自以为是的；越权的；傲慢的；胆大的。 **presumptuously** *adv.* dengan terlalu yakin akan diri sendiri. 自大地；胆大妄为地。 **presumptuousness** *n.* keangkuhan; kesombongan. 傲慢；狂妄。

**presuppose** *v.t.* menjangkakan terlebih dahulu; mengandaikan; bererti; membayangkan. 预想；预料；事先推测。 **presupposition** *n.* praandaian; perihal membayangkan atau menyangkakan. 假设；预料的事；先决条件。

**pretence** *n.* kepura-puraan; alasan-alasan supaya dipercayai; dakwaan berhak (terhadap sesuatu). 虚伪；掩饰；自称。

**pretend** *v.t./i.* pura-pura; berpura-pura (dalam berlakon atau penipuan); mengakui secara bohong yang seseorang itu mempunyai sesuatu atau adalah sesuatu; mendakwa. 伪装；佯称；自称。 **pretender** *n.* penipu; pembohong. 佯称者；冒充者。

**pretension** *n.* satu-satu tuntutan; keangkuhan. 要求（自己的权利等）；自命不凡。

**pretentious** *a.* suka menuntut penghargaan atau kepentingan yang berlebihan; menunjuk-nunjuk. 自夸的；做作的；自命不凡的。 **pretentiously** *adv.* dengan angkuh; dengan bongkak; dengan pongah. 自命不凡地；自大地。 **pretentiousness** *n.* keangkuhan; kebongkakan; kepongahan. 自命不凡；自夸；自大。

**preterite** *a. & n.* kala lampau; kata kerja kala lampau. (语法)过去式(的)。

**preternatural** *a.* luar biasa; ganjil. 超自然的;异常的;不可思议的。 **preternaturally** *adv.* dengan luar biasa; dengan ganjil. 超自然地;异常地。

**pretext** *n.* alasan atau dalil yang dibuat untuk menyembunyikan sebab sebenar. 藉口;托词。

**pretty** *a.* (-*ier*, -*iest*) cantik; menarik hati dalam cara yang lembut. 漂亮的;秀丽的;优美的。 —*adv.* agak sederhana. 相当;颇。 **a ~ penny** lumayan (wang yang banyak). 一大笔钱。 **prettily** *adv.* dengan cantiknya; secara manis atau elok. 悦人地;可爱地。 **prettiness** *n.* kecantikan; kemanisan; keelokan. 漂亮;美丽;优美。

**pretzel** *n.* pretzel; sejenis biskut yang berpintal. 椒盐卷饼。

**prevail** *v.i.* memenangi; mengatasi; merupakan perkara biasa. 获胜;战胜;流行。 **~ on** mendesak. 劝导;说服;诱使。

**prevalent** *a.* lazim; tersebar dengan luasnya. 普遍的;流行的。 **prevalence** *n.* kelaziman. 普遍;流行。

**prevaricate** *v.i.* percakapan dolak-dalik atau yang mengelirukan. 支吾;推委;搪塞。 **prevarication** *n.* perbuatan berdalih; cakap putar belit. 遁辞;支吾其词;推委。 **prevaricator** *n.* orang yang suka berdalih. 说谎的人;推委的人。

**prevent** *v.t.* mengelakkan daripada terjadi; menghalang daripada membuat sesuatu. 预防;阻止;妨碍。 **prevention** *n.* pencegahan; penghalangan. 预防;预防法;防止。 **preventable** *a.* yang dapat ditegah atau dicegah. 可以预防的;可阻止的。

**preventative** *a. & n.* bersifat mencegah; pencegah. 预防(的);预防性(的);预防剂(的)。

**preventive** *a. & n.* bersifat mencegah; pencegah. 预防(的);预防性(的);预防剂(的)。

**preview** *n.* pratonton; pertunjukan pendahuluan. 预映;试演。

**previous** *a.* dahulu; datang sebelum masanya atau sebelum tempatnya; terburu-buru. 先前的;以前的;过早的。 **~ to** sebelum. 在…以前;在先。 **previously** *adv.* sebelumnya. 在前;预先。

**prey** *n.* binatang yang diburu atau dibunuh oleh binatang yang lain untuk makanannya; mangsa. 被捕食的动物;牺牲品。 —*v.i.* **~ on** mencari mangsa atau menerima kesusahan; mengganggu fikiran. (猛兽等)捕食;(疾病)折磨。 **bird of ~** burung yang membunuh dan memakan binatang lain. 食肉猛禽。

**price** *n.* harga; jumlah wang yang dibayar untuk sesuatu barang yang dibeli atau dijual; apa yang harus dibeli atau dibuat dsb. untuk mencapai sesuatu. 价格;价钱;报酬;代价。 —*v.t.* menetap, mencari atau mengehadkan nilai sesuatu. 定价;估价;标价。

**priceless** *a.* tidak ternilai; (*sl.*) sangat tidak munasabah atau terlalu lucu. 无价的;贵重的;极为荒唐的。

**pricey** *a.* (*colloq.*) mahal. 昂贵的;价格高的。

**prick** *v.t./i.* mencucuk; menusuk sedikit; berasa mencucuk-cucuk; meninggikan atau menegakkan telinga. 刺;刺痛;竖起(耳朵)。 —*n.* perbuatan mencucuk; rasa mencucuk-cucuk. 刺孔;刺痛。 **~ out** menanam anak pokok ke dalam lubang yang digatal. 移植(幼苗)。 **~ up one's ears** mendengar dengan teliti; pasang telinga. 竖耳静听。

**prickle** *n.* duri kecil; duri tajam yang terdapat pada badan landak, dll.; rasa mencucuk. 小刺;(刺猬等)尖刺;刺痛。 —*v.t./i.* mencucuk; berasa mencucuk. 刺戳;感到刺痛。

**prickly** *a.* berduri; mudah tersinggung; mudah naik berang. 多刺的;易怒的;急躁的。 **prickliness** *n.* keadaan berduri;

sifat mudah tersinggung atau mudah naik berang. 刺;荆棘;易动怒的性格。

**pride** *n.* rasa megah atau bangga; kebanggaan; harga diri seseorang; maruah, dll.; kehormatan diri; sekelompok (bagi singa). 自负;自豪;自尊;一群(狮子)。— *v.refl.* **~ oneself on** berbangga dengan. 自豪;自负。**~ of place** tempat istimewa. 崇高的地位。

**prie-dieu** *n.* meja untuk melutut ketika sembahyang. 祷告台。

**priest** *n.* paderi; pendeta; sami (bagi agama bukan Kristian). 牧师;神父;教士;术士;祭司;僧侣。**priestess** *n. fem.* paderi perempuan. 尼姑;女祭司;女术士。**priesthood** *n.* jawatan paderi. 全体教士;教士职。**priestly** *a.* seperti paderi. 教士的;适于教士的。

**prig** *n.* orang yang sombong atau menganggap dirinya saja yang betul. 一本正经的人;自负者。**priggish** *a.* sombong; yang menganggap dirinya saja betul. 自负的;自命不凡的。**priggishness** *n.* kesombongan. 自命不凡。

**prim** *a.* (*primmer, primmest*) sangat kemas dan rapi; bersopan santun; berlemah lembut. 整洁的;丝毫不苟的;一本正经的;端正的。**primely** *adv.* dengan kemas; dengan rapi. 整洁地;丝毫不苟地。**primness** *n.* kerapian; kekemasan. 一本正经;整洁;丝毫不苟。

**prima** *a.* **~ ballerina** ketua penari balet wanita. 芭蕾舞的主要女演员。**~ donna** penyanyi utama wanita dalam opera. 歌剧院中的首席女歌手。**prima facie** pada pandangan pertama (sepintas lalu) atau zahirnya; berdasarkan pada tanggapan atau pandangan pertama; *prima facie*. 据第一印象;乍看起来。

**primal** *a.* primitif; dahulu kala; asas. 原始的;最初的;基本的。

**primary** *a.* permulaan; dasar; perintah; kepentingan; rendah. 最初的;原始的;基本的;首要的;主要的。**~ colours** warna utama. 原色(红黄蓝三色)。**~ education, ~ school** pelajaran asas; sekolah rendah. 初等教育;小学教育。

**primarily** *adv.* terutamanya; yang pertama sekali. 首先;主要地;根本上。

**primate** *n.* ketua paderi; jenis mamalia peringkat tertinggi yang termasuk manusia, kera dan monyet. 大主教;灵长类动物(包括人类、猩猩等)。

**prime**[1] *a.* perdana; yang utama sekali; asas. 第一流的;首要的;重要的;基本的。**~ minister** perdana menteri. 首相;总理。**~ number** nombor perdana, iaitu nombor yang tidak boleh dibahagi dengan tepatnya, kecuali dengan nombor itu sendiri atau satu. 质数;素数。

**prime**[2] *v.t.* menyiapkan untuk digunakan atau untuk bertindak; menyediakan maklumat atau makanan dan minuman; menyediakan sesuatu. 使准备好;供应(消息等);备办(食物、水等);准备(东西)。

**primer**[1] cat asas; sesuatu (seperti varnis, minyak, dll.) yang digunakan untuk menutup permukaan yang hendak dicat. 首涂油;底漆。

**primer**[2] *n.* buku teks asas. 初级读本;入门书。

**primeval** *a.* zaman purba; dahulu kala. 原始(时代)的;太古的。

**primitive** *a.* primitif; asli; bayas. 原始的;未开化的;简单的;粗糙的。

**primogeniture** *n.* sistem bahawa anak lelaki yang tertua mewarisi semua harta ibu bapanya. 长子继承权。

**primordial** *a.* purba kala. 原始的;原始时代存在的。

**primrose** *n.* bunga berwarna kuning muda. 报春花。

**primula** *n.* jenis tumbuh-tumbuhan hidup sepanjang tahun seperti rumput yang mempunyai berbagai-bagai warna dan bentuk, termasuk jenis primros. 报春花属植物。

**prince** *n.* putera raja; (di Britain) anak lelaki atau cucu lelaki kepada rajanya. 王子；太子。

**princely** *a.* seperti putera; sangat memuaskan; mewah. 王侯般的；慷慨的；宽大的；华丽的；堂皇的。

**princess** *n.* puteri; (di Britain) anak perempuan atau cucu perempuan rajanya; isteri kepada putera. 公主；孙公主；王妃。

**principal** *a.* utama; pertama dalam pangkat atau kepentingan. 主要的；首要的；最重要的。—*n.* pengetua sekolah atau maktab tertentu; orang yang mempunyai kuasa tertinggi atau memainkan peranan utama; modal yang dijadikan asas untuk kiraan bunga (faedah) atau pendapatan; wang modal. 校长；院长；负责人；主持人；资本；本金。 **~ boy** watak pelakon lelaki utama yang dimainkan oleh wanita. (由女演员反串演出的) 英国哑剧主角。

**principality** *n.* negeri yang diperintah oleh putera raja. 公国；侯国。 **the Principality** Wales. 英国威尔斯之别名。

**principally** *adv.* terutamanya. 主要地；大抵。

**principle** *n.* prinsip; kebenaran atau ajaran yang digunakan sebagai dasar pemikiran atau panduan untuk bertindak; hukum sains yang ditunjukkan atau digunakan dalam membuat sesuatu mesin, dll. 原则；原理；主义；本质。 **in ~** pada dasarnya. 原则上；大体上。 **on ~** atas dasarnya. 按照原则。

**prink** *v.t./i.* memperkemas diri. 打扮；装饰。

**print** *v.t.* mencetak; mengecap; menerbitkan; menulis dengan huruf tidak bersambung; mencuci (filem). 印；刻；印刷；出版；把...写成印刷字体；晒印 (相片)。 —*n.* cetakan; percetakan; tanda; cap. 印刷品；出版物；印刷；印刷术；印章；印花。 **in ~** masih dijual (buku dsb.). 已出版的；(书刊等) 在出售中的。 **out of ~** tidak dicetak lagi. (书刊) 已绝版的。 **printed circuit** litar tercetak; litar elektrik yang menggunakan jejalur nipis dan bukannya wayar untuk mengalirkan arus. 印刷电路。

**printer** *n.* pencetak; orang yang mencetak buku, majalah atau suratkhabar, dll. 印刷者；印刷商。

**printout** *n.* cetakan (komputer). (电脑、电子计算机等) 印出。

**prior**[1] *a.* terlebih dahulu; sebelumnya. 优先的；在前的；较早的。 **~ to** sebelum. 在...之前。

**prior**[2] *n.* ketua rahib (lebih rendah daripada ketua biara). 小修道院院长；大修道院副院长。 **prioress** *n.fem.* ketua rahib wanita. 小女修道院院长；大女修道院副院长。

**priortize** *v.t.* mengutamakan. 依优先顺序列出；给...以优先权。 **priortization** *n.* pengutamaan. 确定优先次序的工作。

**priority** *n.* keutamaan; kepentingan; harus diberi keutamaan; sesuatu yang harus diberi perhatian lebih daripada yang lain. 优先权；优先考虑的事物。

**priory** *n.* biara di bawah kelolaan *prior* (ketua rahib). 小修道院；女修道院。

**prise** *v.t.* memaksa atau membuka dengan mencungkil. (用杠杆等) 撬动；撑起。

**prism** *n.* prisma. 棱柱；棱柱体；(物理) 棱镜。

**prismatic** *a.* seperti prisma; (bagi warna) seperti warna pelangi; beraneka warna. 棱镜形的；五光十色的；七色光彩的。

**prison** *n.* jel; penjara. 牢房；监狱。

**prisoner** *n.* banduan; orang salah; orang tahanan; orang di tempat pengurungan. 囚犯；犯人；俘虏。

**prissy** *a.* (*-ier, -iest*) sangat kemas dan tertib; bersopan santun. 拘谨的；刻板的；正经的。 **prissily** *adv.* dengan sangat tertib, 一本正经地。 **prissiness**

*n.* kekemasan; kesopanan. 过分讲究; 正经。

**pristine** *a.* dalam keadaan asalnya dan tidak tercemar. 原始的;原本的;未受破坏的。

**privacy** *n.* keadaan tersendiri; keadaan berahsia. 秘密;隐退;隐私。

**private** *a.* perbadi; milik seseorang atau sekumpulan; bukan milik awam; sulit; terpencil; bukan sebahagian daripada perkhidmatan awam. 私有的;私人的;机密的;秘密的;(指地方)隐蔽的。 —*n.* prebet; pangkat terendah di dalam askar. 列兵;(海陆军中的)二等兵。 **in** ~ secara rahsia. 秘密地。 **~ eye** (*colloq.*) penyiasat atau mata-mata gelap upahan. 私家侦探。 **privately** *adv.* secara rahsia; dengan diam-diam. 秘密;私下。

**privateer** *n.* kapal perang milik peribadi. 私掠船。

**privation** *n.* kehilangan; kekurangan; kesusahan. 丧失;缺乏;贫困。 **privative** *a.* yang berkeadaan kekurangan. 缺乏的。

**privatize** *v.t.* menswastakan. 使(公有财物等)私有化。 **privatization** *n.* pengswastaan. 私有化。

**privet** *n.* tumbuhan malar hijau yang dijadikan pagar. 水蜡树。

**privilege** *n.* keistimewaan; hak istimewa yang diberikan kepada seseorang atau sekumpulan. 特权;优惠;专利权。

**privileged** *a.* mempunyai atau diberikan hak istimewa. 享有特权的;特许的。

**privy** *a.* (*old use*) rahsia; tersendiri. 秘密的;私人的。 —*n.* (*old use & A.S.*) bilik air. 旧式厕所;茅坑。 **be ~ to** tahu mengenai (rancangan rahsia dll.). 晓得(最高秘密);参与(阴谋等)。 **Privy Council** Majlis Privi; badan penasihat kerajaan. 枢密院。 **Privy Counsellor** ahli Majlis Privi. (国王或女皇委任的)枢密院顾问官。 **~ purse** elaun raja dibayar daripada hasil negara. 国会拨给君主的私财。 **privily** *adv.* secara rahsia. 私下;秘密地。

**prize**[1] *n.* hadiah atau anugerah kerana kemenangan atau kepandaian; sesuatu yang boleh dimenangi. 奖品;奖赏;值得奋斗争取的东西。 —*a.* yang memenangi; baik sekali. 得奖的;卓越的;极好的。—*v.t.* menghargai. 价值高。

**prize**[2] *n.* kapal atau harta yang dirampas di laut semasa perang. 战利品;俘获(指船只及其货物)。

**prize**[3] *v.t. lihat* **prise**. 见 **prise**。

**prizefight** *n.* pertandingan tinju profesional. (有奖金的)职业性拳击赛。 **prizefighter** *n.* peninju profesional. 职业拳手。

**pro**[1] *n.* (pl. *-os*) (*colloq.*) profesional. 专业人士。

**pro**[2] *prep.* ~ **and con** baik buruknya. 赞成或反对;正反两面。 —*n.* **pros and cons** alasan-alasan bagi baik buruknya. 赞成及反对理由;正反两面的论点。

**pro-** *pref.* memihak atau menyebelahi kepada. (前缀)表示"支持;赞成"。

**proactive** *a.* proaktif; berinisiatif. 积极的;主动的。 **proactively** *adv.* secara proaktif; dengan inisiatif. 主动地。

**probable** *a.* mungkin boleh terjadi atau boleh jadi benar. 很可能发生的;或然的。 **probably** *adv.* barangkali; agaknya. 或许;很可能;大概。 **probability** *n.* kemungkinan; kebarangkalian. 可能性;或然性。

**probate** *n.* sijil pengesahan wasiat; proses rasmi mengesahkan sesuatu wasiat; salinan sah wasiat. 遗嘱检验;遗嘱的证明书。

**probation** *n.* masa percubaan; perihal menguji kelakuan atau kebolehan seseorang; sistem mengawasi para pesalah tertentu oleh seseorang pegawai (**~ officer**) yang ditugaskan untuk menyelia pesalah tersebut. 试用期;试验;见习;缓刑监管制。 **probationary** *a.* sebagai percubaan;

berkenaan tempoh percubaan. 试用的；见习的；试用期中的。

**probationer** *n.* orang yang sedang menjalani tempoh percubaan, terutama dalam latihan untuk menjadi jururawat rumah sakit. 见习生；见习护士。

**probe** *n.* kuar; alat pembedahan yang tumpul digunakan untuk memeriksa sesuatu luka; sebarang alat untuk memeriksa atau menentukan sesuatu; kapal angkasa tanpa pemandu yang digunakan untuk meneroka; penyiasatan. (外科用)探针；深测器；探空火箭；探索；查究。 —*v.t.* memeriksa dengan kuar; menyiasat. (以探针等)检查；调查；彻查。

**probity** *n.* keadilan; kejujuran. 忠厚；正直。

**problem** *n.* masalah. 问题；困难；疑难。

**problematic, problematical** *adjs.* diragui; menyusahkan. 成问题的；不能肯定的；疑惑的。

**proboscis** *n.* belalai (gajah, dll.) yang panjang dan mudah digerak-gerakkan; probosis; bahagian mulut serangga yang panjang digunakan untuk menyedut sesuatu. (象等的)长鼻；(昆虫的)喙。

**procedure** *n.* prosedur; tatacara; aturan bekerja. 程序；手续；步骤；常规。 **procedural** *a.* perihal cara atau peraturan bekerja. 程序上的。

**proceed** *v.i.* meneruskan; mara ke hadapan; bersambung; memulakan satu dakwaan; kemuka; timbul. 继续进行；前进；(路等)延伸；起诉；出；发生。

**proceedings** *n.pl.* yang berlaku terutama dalam satu-satu mesyuarat rasmi; laporan persidangan yang telah dicetak atau diterbitkan; prosiding; tindakan undang-undang. 程序；(会议等的)记录；诉讼程序；进展。

**proceeds** *n.pl.* keuntungan daripada jualan atau pertunjukan. (从变卖财物或某种活动中赚取的)收入；收益。

**process**[1] *n.* proses; aturan; kaedah siri perubahan atau kejadian; tindakan undang-undang; luaran. (制造)过程；程序；方法；变化过程；诉讼。 —*v.t.* memproses; menguruskan. 对...进行加工；使接受处理；使受检查。

**process**[2] *v.i.* berarak. 排队而行。

**procession** *n.* perarakan. 行列；队伍。

**processor** *n.* mesin memproses sesuatu benda. 处理机。

**proclaim** *v.t.* mengumumkan; memberitahu secara rasmi. 公布；宣布。 **proclamation** *n.* pengisytiharan; pengumuman; proklamasi. 文告；声明；宣言；宣布。

**proclivity** *n.* kecenderungan. 倾向；癖性。

**procrastinate** *v.i.* berlengah-lengah; menangguhkan tindakan. 展延；耽搁。

**procrastination** *n.* penangguhan tindakan. 耽搁；拖延。

**procreate** *v.t.* beranak; membiakkan. 生育；生殖；产生(新种等)。 **procreation** *n.* pembiakan. 生育；生殖。

**Procrustean** *a.* memaksa keakuran dengan keras. 用暴力迫使对方就范的。

**proctor** *n.* pegawai universiti yang mempunyai kuasa dalam disiplin pelajar. (大学的)学监。 **Queen's Proctor** pihak berkuasa yang boleh campur tangan dalam kes cerai, dll. (英国女王的)王室讼监。

**procurator fiscal** (di Scotland) pendakwaraya dan pegawai yang diberi kuasa menyiasat di satu-satu kawasan. (苏格兰)公共检察官。

**procure** *v.t./i.* memperoleh atau mendapat sesuatu dengan baik dan usaha. (努力)获得；实现。 **procurement** *n.* mendapatkan; mengusahakan; membelikan. 获得；取得；佣金。

**procurer** *n.* berua; orang tengah di dalam kegiatan pelacuran. 淫媒；拉皮条者。 **procuress** *n.* ibu ayam. 鸨母；女淫媒。

**prod** *v.t./i.* (p.t. **prodded**) menusuk; merangsang untuk bertindak. 刺；拨；戳；刺激。 —*n.* perbuatan mencucuk; perangsang; alat tajam untuk mencucuk sesuatu. 刺;戳;刺激。

**prodigal** *a.* membazir; boros. 非常浪费的;奢侈的;挥霍的。 **prodigally** *adv.* secara boros atau membazir. 十分浪费地;挥霍地。 **prodigality** *n.* pemborosan; pembaziran. 浪费;奢侈;挥霍。

**prodigious** *a.* mengagumkan; terlalu banyak. 惊人的;巨大的;(数量等)庞大的。 **prodigiously** *adv.* secara hebat; terlalu banyak. 惊人地;极大地。

**prodigy** *n.* orang yang mempunyai mutu atau kebolehan yang luar biasa; sesuatu yang menakjubkan. 奇才;奇迹;奇观。

**produce**[1] *v.t.* menghasilkan; membawa untuk pemeriksaan; menunjukkan (satu-satu pertunjukan, dll.) kepada umum; mengarahkan lakonan (satu-satu drama); melahirkan; menyebabkan; pembuatan; memanjangkan (garisan). 生产;出产;出示;提出;表演;(电影等)制作;制造;延长(线、绳等)。 **producer** *n.* penerbit; pengeluar; penghasil. 生产者;制造者;(电影等的)制片人;演出者。 **production** *n.* penghasilan; pengeluaran. 制造;生产;产品。

**produce**[2] *n.* jumlah atau benda yang dihasilkan. 产量;产额。

**product** *n.* hasil pengeluaran; hasil darab (matematik). 产品;出产物;(数学)乘积。

**productive** *a.* produktif; berdaya keluaran; menghasilkan barang-barang, terutama dalam bilangan yang besar. 多产的;有生产力的;肥沃的。

**productivity** *n.* daya pengeluaran dalam industri pengeluaran. 生产率。

**profane** *a.* duniawi; tidak suci; tidak menghormati; mencerca kesucian. 世俗的;亵渎神明的,不恭敬的;玷污的。— *v.t.* mencabuli; bersikap tidak sopan terhadap perkara-perkara keagamaan. 亵渎(神明);玷污(圣物等)。 **profanely** *adv.* dengan cabul; dengan kotor dan keji. (对神明)不敬地。 **profanity** *n.* hal melanggar kesucian. 亵渎神明的语言;不敬;咒骂。 **profanation** *n.* perbuatan yang tidak menghormati agama. 亵神。

**profess** *v.t.* mengaku bahawa; berpura-pura; menyatakan bahawa; mengakui ketaatannya (dalam beragama). 自称 (有某种专长等);诈称;(宗教上)表白信仰。

**professed** *a.* pura-pura; mengaku. 自认的;(宗教上的)表白的;自称的。 **professedly** *adv.* dengan pura-pura. 诈称地;表面上地。

**profession** *n.* profesion; pekerjaan, terutama yang memerlukan pelajaran tinggi; orang yang terlibat di dalamnya; pernyataan. 职业;专业人员;(信念、感情等的)表白;宣布;(需要高深学识及特殊训练的)专门职业。

**professional** *a.* profesional; berkenaan sesuatu profesion atau pekerjaan ikhtisas; menunjukkan kemahiran seseorang yang terlatih; melakukan pekerjaan tertentu untuk mendapatkan wang, bukan untuk memenuhi masa lapang. 专业的;专业技术的;职业性(而非业余性)的; (职业选手)领薪的。— *n.* orang yang bergiat dalam bidang ikhtisas; pemain profesional. 专业人员;职业艺人。 **professionalism** *n.* kemahiran seseorang; keprofesionalan. 专业。 **professionally** *adv.* dengan cara profesional atau ikhtisas. 专业地。

**professor** *n.* profesor. 大学教授;专家。 **professorial** *a.* tahap profesor. 教授的;庄重的。

**proffer** *v.t. & n.* menawarkan; tawaran. 提供;出价。

**proficient** *a.* cekap; mahir. 熟练的;精通的。 **proficiently** *adv.* dengan mahirnya; dengan lancarnya. 熟练地。 **proficiency** *n.* kecekapan; kemahiran. 熟练;精通。

**profile** *n.* profil; pandangan sisi terutama bagi muka; keterangan pendek sikap atau riwayat hidup seseorang. （脸的）侧面；人物简介。

**profit** *n.* faedah; manfaat; keuntungan. 利益；利润；益处。—*v.t./i.* (p.t. *profited*) memperoleh keuntungan; mendatangkan faedah kepada. 获利；有利于；有益于。

**profitable** *a.* mendatangkan untung. 有利可图的；有益的；有用的。**profitably** *adv.* dengan berfaedah; dengan berguna; dengan menguntungkan. 有利地。**profitability** *n.* keuntungan. 利益；赢利（机会等）。

**profiteer** *n.* pencatut; orang yang membuat keuntungan yang berlebihan. 奸商；年取暴利者。**profiteering** *n.* pencatutan. 年取暴利。

**profiterole** *n.* sejenis kek yang mempunyai inti. 甜馅空心小圆饼。

**profligate** *a.* sikap suka boros atau membazir; kelakuan tidak sopan. 挥霍的；奢侈的；放荡的。—*n.* pemboros. 恣意挥霍的人；放荡的人。**profligacy** *n.* hal boros. 恣意挥霍。

**pro forma** borang (invois) dikirim kepada pembeli; borang standard. （商业）发票；统一表格。

**profound** *a.* sangat mendalam; menunjukkan atau memerlukan pandangan yang mendalam. 很深的；深刻的；深奥的。

**profoundly** *adv.* secara mendalam; sangat. 深深地；深刻地；极度地。

**profundity** *n.* kedalaman. 深度；深奥；深刻。

**profuse** *a.* terlalu banyak; berlebihan. 丰富的；大量的；挥霍的。**profusely** *adv.* dengan berlebih-lebihan; berlimpah-limpahan. 大量地；奢侈地。**profuseness** *n.* kelimpahan; pemborosan. 丰富。

**profusion** *n.* kelimpahan; (sesuatu yang amat banyak). 丰富；充裕。

**progenitor** *n.* nenek moyang. 祖先；祖宗。

**progeny** *n.* keturunan. 子孙；后裔；后代。

**progesterone** *n.* progesteron; hormon seks yang menghalang pengovulan. 孕激素；孕酮。

**prognosis** *n.* (pl. *-oses*) ramalan, terutama sebab-sebab satu penyakit; prognosis. 预测；病状预后（即据症状对疾病结果的预测）。**prognostic** *a.* bersifat ramalan. 预兆的；病状预后的。

**prognosticate** *v.t.* meramalkan. 预兆；预测（病状）。**prognostication** *n.* ramalan. 预兆；（对疾病结果作出的）预测。

**program** *n.* (*A.S.*) program; susunan acara; atur cara; siri aturan kod untuk komputer. 节目；节目表；（电脑）程序设计。—*v.t.* (p.t. *programmed*) mengatur cara atau memprogramkan (komputer). 为...安排节目；把...列入节目表；为（电脑）设计程序。**programmer** *n.* pengatur cara. 节目编排者；电脑程序设计者。

**programme** *n.* rancangan; senarai atur cara, rancangan atau acara, dll.; susunan rancangan penyiaran. 工作计划（或程序）；（文娱表演等的）节目；节目表；广播节目。

**progress**[1] *n.* kemajuan; perkembangan. 进步；进展；前进。**in ~** sedang berlangsung. 进行中；进展中。

**progress**[2] *v.i.* mara; bergerak; membuat kemajuan; membangun. 前进；进步；发展。**progression** *n.* kemajuan; perkembangan; pergerakan. 前进；进步；改进。

**progressive** *a.* progresif; maju; bertambah maju; (bagi satu-satu penyakit) perlahan-lahan semakin bertambah kesannya. 渐进的；改良的；改革的；（疾病）愈来愈严重的。**progressively** *adv.* secara berperingkat atau progresif. 循序渐进地。

**prohibit** *v.t.* melarang; mencegah. 禁止；阻止。**prohibition** *n.* larangan; cegahan. 禁止；禁令。

**prohibitive** *a.* terlarang; bersifat mencegah. 禁止的；禁止性的；抑制性的。

**project**[1] *v.t./i.* menonjol; menjulur; menunjukkan; melemparkan; merancang; menggambarkan (dirinya, dll.) dalam satu keadaan yang lain atau pada masa yang lain. 使突出；伸出；投影；计划；把（自己或某特色）形象化；设想（自己）处于（某情况）。

**project**[2] *n.* projek; rancangan atau tugasan yang dibuat; kerja-kerja yang melibatkan penyelidikan. 计划；设计；任务；科研项目。

**projectile** *n.* roket, benda atau senjata yang dilemparkan. （火箭、炮弹等）射弹；抛射体。

**projection** *n.* unjuran; juluran; proses merancang sesuatu; gambaran permukaan bumi dari kapal terbang; meramalkan keadaan akan datang berasaskan pada keadaan sekarang. 投掷；发射；凸出物；设计；规划；投影物；（地图）投影图制法；（根据已知资料所作的）预测。

**projectionist** *n.* orang yang menjalankan alat projektor. （电影）放映员。

**projector** *n.* projektor. 电影放映机；投射器。

**prolapse**[1] *v.i.* tergelincir ke hadapan atau ke belakang dari tempatnya. 脱出；脱垂。

**prolapse**[2] *n.* tergelincirnya kedudukan sesuatu organ dalam tubuh. 脱出；脱垂。

**proletariat** *n.* kaum buruh; golongan murba; golongan proletariat. 劳动阶级。 **proletarian** *a. & n.* kaum buruh; proletariat. 无产阶级者（的）；无产者（的）。

**proliferate** *v.i.* menghasilkan pertumbuhan baru atau perkembangan yang cepat; berkembang biak; berlipat ganda. （生物）增殖；激增；增生。 **proliferation** *n.* pembiakan. 增殖；增生物。

**prolific** *a.* menghasilkan barang-barang dengan banyaknya; produktif. 多产的；丰富的。 **prolifically** *adv.* dengan produktif. 多产地。

**prolix** *a.* panjang; lama; meleret-leret. 冗长的；过长的；罗唆的。 **prolixly** *adv.* sesuatu yang meleret-leret. 长篇大论地。 **prolixity** *n.* perihal meleret-leret. 冗长；罗唆。

**prologue** *n.* prolog; permulaan atau pendahuluan satu-satu puisi atau lakonan, dll. 序言；诗序；（戏剧的）开场白。

**prolong** *v.t.* memanjangkan atau melanjutkan masa. 延长；展期；拖延。 **prolongation** *n.* pemanjangan. 延长；拖长。

**prolonged** *a.* berpanjangan; berterusan untuk satu jangka masa yang panjang. 持久的；长时期的。

**prom** *n.* (*colloq.*) tempat bersiar-siar di sepanjang tepi laut; konsert di tempat tersebut. 海滨人行道；海滨漫步音乐会。

**promenade** *n.* sesiaran; tempat berjalan-jalan (terutama di sepanjang tepi laut). （海滨等）散步场所。 —*v.t./i.* bersiar-siar di tempat awam. 在散步场所散步。 ~ **concert** pertunjukan dengan sebahagian penonton tidak duduk dan boleh bergerak. （英国）无座位的漫步音乐会。

**prominent** *a.* menonjol keluar; menarik perhatian; ketara; penting; terkenal. 突出的；惹人注目的；有地位的；重要的；杰出的。 **prominently** *adv.* dengan tersembul; dengan tersempal; dengan ketara. 显著地；显眼地。 **prominence** *n.* perihal ternama; kemuliaan; kemasyhuran. 突出；杰出；显著。

**promiscuous** *a.* sembarangan; melakukan hubungan jenis dengan ramai orang. 杂乱的；（男女）乱交的；杂交的。 **promiscuously** *adv.* dengan sembarangan; dengan kacau atau bercampur baur. 杂乱地；混杂地。 **promiscuity** *n.* perihal sembarangan; persetubuhan secara rambang. 杂乱；（男女的）乱交。

**promise** *n.* janji. 诺言；保证；许诺。 —*v.t./i.* membuat janji (untuk); berjanji akan membuat atau memberi sesuatu; kesanggupan; menghasilkan petanda bagi. 许

下诺言;承诺;有...希望。**~ well** harapan yang baik. 有前途的;有成功希望的。

**promising** *a.* sesuatu yang memberi kebaikan atau menghasilkan harapan baik. 有前途的;有成功希望的。

**promissory** *a.* perjanjian. 约定的;有契约的。

**promontory** *n.* tanjung tinggi; tanah tinggi yang menganjur ke laut atau ke tasik. 突出的部分;海角;岬。

**promote** *v.t.* dinaikkan pangkat; membantu memajukan sesuatu; membuat promosi; menggalakkan penjualan dalam usaha untuk berniaga. 升级;晋升;促进;提倡;推销。 **promotion** *n.* kenaikan pangkat. 升级。 **promotional** *a.* sesuatu yang berkaitan dengan promosi. 促销的;推销的。 **promoter** *n.* pengembang; penganjur. 发起人;促销者;推销者。

**prompt** *a.* pantas; segera; tangkas; cepat. 敏捷的;即时的;迅速的。 —*adv.* dengan segera; tepat. 迅速地;准时。 —*v.t.* menghasut; membantu (seorang pelakon atau penceramah) apa yang dia terlupa. 激动;鼓励;提示;给(演员或演说者)提词。 **promptly** *adv.* dengan segera; dengan pantas. 立即;迅速地。 **promptness** *n.* perihal cepat atau segera. 敏捷;果断;机敏。 **promptitude** *n.* ketangkasan; kesediaan untuk bertindak. 敏捷;果断。

**prompter** *n.* pembisik. 提词者。

**promulgate** *v.t.* mengumumkan kepada orang ramai. 宣布;颁布。 **promulgation** *n.* pengumuman; pemberitahuan. 宣布;传播;公布。 **promulgator** *n.* orang yang membuat pengumuman. 公布者;传播者。

**prone** *a.* tertiarap; kecenderungan akan berbuat atau menghidap sesuatu. 俯伏的;有...倾向的。

**prong** *n.* gigi garpu. (叉、耙等的)尖头。 **pronged** *a.* bercabang; bercagak. 分叉的。

**pronoun** *n.* kata ganti nama. 代词;代名词。 **pronominal** *a.* bersifat atau sebagai kata ganti nama. 代名词的。

**pronounce** *v.t.* menyebut; membunyikan; mengucapkan (sesuatu bunyi atau perkataan) dengan jelas atau dalam cara tertentu; mengumumkan. 宣称;发音;宣告;宣判(罪刑等)。 **pronunciation** *n.* pengucapan; sebutan. 发音(法);(字的)读法。

**pronounced** *a.* ketara; nyata. 明显的;明确的;断言的。

**pronouncement** *n.* pengumuman; perisytiharan; keterangan. 宣布;声明;宣言。

**pronto** *adv.* (*sl.*) sekarang juga. 很快地;马上。

**proof** *n.* bukti; pruf. 证明;证据;(印刷品等)校样。 —*a.* kalis; tahan. 不能渗透的;防...的;耐...的。 —*v.t.* membuat (kain, dll.) kalis atau tahan daripada sesuatu (misalnya air). 使(布等)防水。

**proofread** *v.t.* membaca pruf. 校对(稿件等)。 **proofreader** *n.* pembaca pruf. 校队员。

**prop**[1] *n.* & *v.t.* (p.t. *propped*) topang; sokong; tiang; galang; sangga. 支柱;支撑(物)。

**prop**[2] *n.* (*colloq.*) alatan pentas. (戏剧等用的)道具。

**prop**[3] *n.* (*colloq.*) kipas atau baling-baling kapal terbang. (飞机等的)推进机;螺旋桨。

**propaganda** *n.* propaganda; diayah. 宣传;宣传行动。

**propagate** *v.t.* membiakkan atau menghasilkan lagi daripada benih-benih; menyebarkan (berita, dll.); menyiarkan. 生育;繁殖;传播(消息、疾病等);传达。 **propagation** *n.* penyebaran; penyiaran. 繁殖;传播。 **propagator** *n.* orang yang menyebarkan atau menyiarkan. 繁殖者;传播者。

**propane** *n.* propana; bahan api hidrokarbon dalam bentuk gas. 丙烷。

**propel** v.t. (p.t. *propelled*) mendorong; menolak ke hadapan; menggerakkan ke hadapan. 推进；鼓励；驱策。

**propellant** n. bahan dorong. 推进器。

**propellent** a. pendorong; bahan peledak yang melontarkan peluru dari senjata api. 有推动力的；推进的；发射药的。

**propeller** n. baling-baling; alat berbentuk kipas untuk menggerakkan kapal atau kapal terbang. (推动船或飞机的) 螺旋桨；推进器。

**propensity** n. kecenderungan; kecondongan. 癖好；偏好；(性格上的) 倾向。

**proper** a. sesuai; betul; sewajarnya; (*colloq.*) yang dilakukan dengan teliti. 适合的；正确的；守规矩的；彻底的；充分的。~ **fraction** pecahan wajar; pecahan yang kurang daripada angka bulat, dengan nombor pembilang (nombor atas) lebih kecil daripada penyebut (nombor bawah). (分母大过分子的) 真分数。~ **name** atau ~ **noun** kata nama khas. 专有名词。

**property** n. harta benda; kepunyaan; milik; barang-barang yang boleh dialihalihkan untuk pementasan; ciri; sifat. 财产；所有物；地产；特性；特征。

**prophecy** n. ramalan; tilikan. 预言的能力；预言；预示。

**prophesy** v.t./i. meramalkan; menilik; menujumkan. 预言；预示。

**prophet** n. pesuruh Allah; tukang tilik. 预言家；先知。**the Prophet** Nabi Muhammad s.a.w. (伊斯兰教创始人) 穆罕默德。**prophetess** n.fem. tukang tilik wanita. 女预言家；女先知。

**prophetic, prophetical** adjs. tentang nabi atau ramalan. 预言的；先知的；预兆的。**prophetically** adv. secara ramalan, telahan atau dugaan. 预言性地；预示地。

**prophylactic** a. & n. profilaktik; (perbuatan atau aksi, dsb.) mengelak penyakit. (医学) 预防性(的)；预防法(的)。

**prophylactically** adv. secara profilaktik.

预防性地。**prophylaxis** n. profilaksis. (疾病的) 预防法。

**propinquity** n. perihal berdekatan; pertalian rapat. (时间、地点上的) 邻近。

**propitiate** v.t. menyejukkan hati seseorang; menyemah. 哄 (某人) 息怒；抚慰。**propitiation** n. pendamaian. 劝解；抚慰。**propitiatory** a. bertujuan untuk mendamai atau menyejukkan hati. 劝解的；哄人息怒的。

**propitious** a. memberi alamat yang baik; bagus; sesuai. 吉利的；吉兆的。**propitiously** adv. dengan baik dan sesuai. 吉祥地。**propitiousness** n. kebaikan; kesesuaian. 吉利；吉祥。

**proponent** n. penyokong. 提议者；支持者。

**proportion** n. pembahagian atau perkongsian sesuatu; kadar; nisbah; perkadaran yang betul dalam ukuran, bilangan atau saiz; (*pl.*) ukuran. (全部所分配的) 一小部分；比例；比率；大小；面积。**proportional** a. seimbang; berkadar. 成比例的；比例的；相称的。**proportionally** adv. dengan keseimbangan; dengan kekadaran. 相称地；成比例地。

**proportionate** a. bersekadar; mengikut pembahagian. 成比例的；均衡的。**proportionately** adv. dengan berkadar. 成比例地。

**proposal** n. cadangan; sesuatu yang dianjurkan; lamaran; pinangan. 提议；计划；求婚。

**propose** v.t./i. mengutarakan cadangan untuk dipertimbangkan; mencadangkan dan mengumumkan sebagai rancangan seseorang; melantik sebagai calon; melamar; meminang. 提议；推荐；打算；求婚；策划。**proposer** n. pencadang; penganjur. 提议者；推荐人；策划者。

**proposition** n. pernyataan; saranan; skim yang diusulkan; (*colloq.*) kerja atau usaha. 建议；主张；命题。—v.t. (*colloq.*) membuat usul atau cadangan. 向...提议。

**propound** *v.t.* mengutarakan sesuatu untuk dipertimbangkan. 提议；建议。

**proprietary** *a.* yang dibuat dan dijual oleh firma tertentu; tentang hakmilik; berkenaan pemilik atau pemilikan. 专卖的；专利权的；（财产等）所有人的；所有物的。

**proprietor** *n.* tuan punya; pemilik bagi satu-satu perniagaan. 业主；经营者。

**proprietress** *n.fem* tuan punya (wanita). 女业主。**proprietorial** *a.* (bersikap) seperti tuan punya; dengan memiliki. 所有权的；业主的。

**propriety** *n.* kesesuaian; kesopanan kelakuan. 适当；得体；礼仪；礼节。

**propulsion** *n.* pendorongan; proses menolak atau menggerakkan. 推进力。 **propulsive** *a.* dorongan. 推进的；有推进功能的。

**pro rata** mengikut kadar atau bahagiannya. 按比例分配的；平均分配地。

**prorogue** *v.t./i.* memprorog; menangguh sidang parlimen. 使（国会或议会）休会；使闭会。 **prorogation** *n.* prorogasi. （议会等）休会；闭会。

**prosaic** *a.* biasa dan tidak bercorak; tidak mempunyai daya khayalan; menjemukan; membosankan. 平凡的；没有想象力的；枯燥无味的。 **prosaically** *adv.* dengan menjemukan; dengan membosankan; secara tidak menarik. 枯燥无味地；单调地。

**proscribe** *v.t.* mengharamkan; dilarang undang-undang. （法律）禁止；使失去法律保护。

**prose** *n.* prosa. 散文。

**prosecute** *v.t.* mendakwa; menuntut; meneruskan. 告发；起诉；检举；彻底进行。 **prosecution** *n.* meneruskan sesuatu; pelaksanaan; pendakwaan. 彻底进行；起诉；检举。 **prosecutor** *n.* pendakwa. 原告。

**proselyte** *n.* orang yang menukar agama. 改变信仰的人。

**proselytize** *v.t.* memasukkan ke agama baru. 使改变宗教信仰。

**prosody** *n.* mengkaji bentuk-bentuk sajak dan puisi. 韵律学；诗体论。

**prospect**[1] *n.* pandangan; harapan; peluang untuk berjaya atau maju. 景色；指望；展望；前途。

**prospect**[2] *v.i.* menyelidik dalam mencari sesuatu; mencari gali. 探查；寻找；勘探。 **prospector** *n.* pencari gali. 勘探者；探矿者。

**prospective** *a.* yang dijangkakan atau diharapkan; masa akan datang; kemungkinan. 期待的；预期的；未来的；可能的。

**prospectus** *n.* prospektus. 计划书；说明书；简介。

**prosper** *v.i.* mendapat kejayaan; bertambah maju. 使成功；兴隆。

**prosperous** *a.* mewah; berjaya dari segi kewangan. 富裕的；成功的。**prosperity** *n.* kemakmuran; kemewahan. 繁荣；富裕；昌盛。

**prostate** *n.* ~ **gland** kelenjar prosfat; kelenjar di sekeliling pangkal pundi kencing lelaki. 前列腺。 **prostatic** *a.* berkenaan dengan kelenjar prostat. 前列腺的。

**prosthesis** *n.* (pl. *-theses*) anggota palsu atau alat-alat yang serupa. （医学修复术用的）假体。 **prosthetic** *a.* berkenaan dengan anggota palsu. 假体的。

**prostitute** *n.* pelacur. 妓女；娼妓。—*v.t.* melacurkan diri; menyundal. 卖淫；卖身。 **prostitution** *n.* pelacuran; penyundalan. 卖淫；卖身。

**prostrate**[1] *a.* tertelungkup; tertiarap; limah. 俯伏的；平卧的；筋疲力尽的；沮丧的。

**prostrate**[2] *v.t.* menyebabkan tertiarap; menjadi lemah. 使俯伏；使衰竭。 **prostration** *n.* kehilangan kekuatan. 衰弱。

**prosy** *a.* menjemukan; membosankan. 沉闷的；乏味的。

**protagonist** *n.* watak utama dalam satu-satu lakonan; (penggunaan yang salah) penyokong.（戏剧的）主角；（盲从的）拥护者。

**protea** *n.* pokok renek Afrika Selatan yang bunganya berbentuk kon.（南非洲的）普罗梯亚木（一种山龙眼）。

**protean** *a.* berubah-ubah. 易变的；千变万化的；多才多艺的。

**protect** *v.t.* melindungi daripada dianiaya atau dicederakan. 保护；防护；守护；防止（危险等）。**protection** *n.* perlindungan; naungan. 保护；防护。**protector** *n.* pelindung. 保护者；保护物。

**protectionism** *n.* fahaman perlindungan. 保护（贸易等）主义；保护政策。**protectionist** *n.* penyokong atau penganut fahaman perlindungan. 保护主义者。

**protective** *a.* memberi perlindungan. 保护的；防护的。**protectively** *adv.* dengan melindungi; dengan memelihara. 呵护备至地。

**protectorate** *n.* negeri atau daerah naungan. 受保护国。

**protégé** *n.* (fem. *protégée*) orang yang di bawah perlindungan atau jagaan orang lain. 受保护者。

**protein** *n.* protein. 蛋白质。

**pro tem** (*colloq.*) sementara; buat ketika ini. 暂时；临时。

**protest**[1] *n.* protes; bantahan; sanggahan. 反对；抗议。

**protest**[2] *v.t./i.* membantah; memprotes. 反对；抗议。

**Protestant** *n.* orang Kristian mazhab Protestan. 新教徒。**Protestantism** *n.* fahaman Protestan. 新教；耶稣教。

**protestation** *n.* bantahan yang tegas. 异议；抗议。

**protocol** *n.* protokol; draf perjanjian.（条约等的）草案；草约。

**proton** *n.* proton; zarah bercas elektrik positif. 质子。

**protoplasm** *n.* protoplasma. 原生质；原浆；原细胞。

**prototype** *n.* prototaip; contoh sulung yang daripadanya model selanjutnya direka; model percubaan (contohnya kapal terbang). 样板；原型；（飞机等的）试制型式；样机。

**protozoon** *n.* (pl. *-zoa*) protozoa; haiwan halus bersel satu. 原生动物。**protozoan** *a. & n.* berkenaan protozoa. 原生动物（的）。

**protract** *v.t.* memanjangkan jangka masa. 延长（时间等）。**protraction** *n.* perihal memanjangkan; pelanjutan. 延长；拖延。

**protractor** *n.* protraktor; jangka sudut. 量角器；半圆规。

**protrude** *v.t./i.* menonjol atau menjulur keluar. 使突出；伸出；隆起。**protrusion** *n.* penonjolan. 突出；伸出；隆起物。**protrusive** *a.* menonjol. 伸出的；突出的。

**protuberance** *n.* gendut; bahagian yang buncit. 凸出的部分；隆起之物。

**protuberant** *a.* buncit; membonjol keluar. 突出的；隆起的。

**proud** *a.* (*-er, -est*) megah; sombong; angkuh; besar hati. 骄傲的；自负的；傲慢的；自大的。—*adv.* **do a person ~** (*colloq.*) meraikan seseorang dengan istimewa. 给面子；厚待（某人）。

**proudly** *adv.* dengan bangga; dengan megah; dengan besar hati. 骄傲地；傲慢地；自大地。

**provable** *a.* dapat dibuktikan. 可证明的；可查验的。

**prove** *v.t./i.* memberi bukti; membuktikannya; mendapati; (bagi tepung yang telah diuli) mengembang. 证明；证实；体会到；（面团）发酵。**~ oneself** menunjukkan seseorang mempunyai keupayaan yang diperlukan. 表现出（某人很能干等）。

**proven** *a.* terbukti. 证实的；证明的。

**provenance** *n.* asal-usul; tempat asal. 起源；出处；由来。

**provender** *n.* makanan untuk ternakan; (*joc.*) makanan. 秣；粮草；(家畜的) 饲料。

**proverb** *n.* peribahasa. 谚语；格言。

**proverbial** *a.* seperti atau dinyatakan dalam peribahasa; diketahui umum. 谚语的；格言的；众所周知的。**proverbially** *adv.* memang terkenal. (谚语般) 众所周知地。

**provide** *v.t./i.* memperlengkap; melengkapi; membekalkan keperluan hidup; membuat persiapan. 供应；准备；预防；提供 (必需品等)。**provider** *n.* orang yang memberi atau membekalkan sesuatu. 准备者；供应者。

**provided** *conj.* dengan syarat. 以...为条件；假若。

**providence** *n.* pencermatan; penghematan; penjimatan; takdir; nasib. 远虑；预备；节约；天意；天命。

**provident** *a.* cermat; hemat. 节俭的；有远见的。

**providential** *a.* terselamat kerana ditakdirkan Tuhan; mujur; nasib baik. 天佑的；上帝的；幸运的。**providentially** *adv.* dengan mujur; dengan takdir Tuhan. 幸运地；天佑地。

**providing** *conj.* menyediakan. 以...为条件；假若。

**province** *n.* daerah; bahagian; wilayah; (*pl.*) kawasan-kawasan di luar dari bandar utama dalam sesebuah negeri. 省；(活动) 范围；地方；(位于大都市以外的) 乡间。

**provincial** *a.* berkenaan dengan negeri, daerah atau wilayah; kegemaran terhad dan pandangan yang sempit. 省的；地方的；乡间的；兴趣 (或眼界) 狭窄的。—*n.* penduduk daerah. 乡下人；地方居民。

**provision** *n.* peruntukan; proses menyediakan sesuatu, terutama untuk keperluan masa depan; syarat-syarat dalam sesuatu surat perjanjian atau dokumen undang-undang, dll.; (*pl.*) bekalan makanan dan minuman. 供应；(必需品的预先) 供应；预备；(契约、法律等的) 条款；总则；存粮。

**provisional** *a.* sementara. 暂时的；临时的。**provisionally** *adv.* untuk sementara sahaja. 暂时性地。

**proviso** *n.* (pl. *-os*) syarat-syarat (dalam perjanjian, dsb.). (契约中的) 附带条件；附文。**provisory** *a.* bersyarat. 附有条件的。

**provoke** *v.t.* membangkitkan kemarahan; merangsangkan; mendorong; menimbulkan sebagai satu tindak balas atau kesan daripada sesuatu. 煽动；激怒；挑拨；惹起；对...挑衅。**provocation** *n.* hasutan; acuman; perihal membangkitkan rasa marah. 激怒；刺激；煽动；挑衅。

**provocative** *a.* bersifat menimbulkan kemarahan; provokatif. 激怒的；煽动性的；挑衅的。**provocatively** *adv.* dengan cara yang menimbulkan kemarahan; dengan provokatif. 煽动地；挑衅地。

**provoking** *a.* menyakitkan hati. 令人烦恼的；气人的。

**provost** *n.* ketua kolej tertentu; pembesar gereja; ketua atau datuk bandar di Scotland. (学院的) 教务长；(大教堂的) 教士长；(苏格兰等地的) 市长。

**prow** *n.* haluan kapal atau perahu. 飞机头部；船头。

**prowess** *n.* kebolehan luar biasa; keberanian. 超凡的技术；勇敢。

**prowl** *v.t./i.* berkeliaran; merayau. 潜行；寻觅；暗伺；徘徊。—*n.* perbuatan merayau. (野兽等为觅食而) 潜行；徘徊。**prowler** *n.* orang yang merayau-rayau. 徘徊者。

**proximate** *a.* yang paling hampir. 最接近的；最靠近的。

**proximity** *n.* berhampiran. 接近；邻近；(时间) 临近。

**proxy** *n.* wakil; proksi; surat kuasa. 代表；代理；委托书。

**prude** *n.* orang yang terlalu mementingkan sopan santun; (orang yang) kolot. 过分

拘谨的人；(言行等)拘守礼仪的人；故作正经的女人。**prudery** *n.* hal terlalu mementingkan sopan santun. 过分拘谨；故作一本正经。

**prudent** *a.* menunjukkan sikap berhati-hati dan berfikir panjang. 谨慎的；慎重的；深谋远虑的。**prudently** *adv.* dengan hemat; dengan berhati-hati; dengan berbudi. 谨慎地；小心地。**prudence** *n.* kecermatan; hal berhati-hatian. 谨慎；慎重；深谋远虑。

**prudential** *a.* hati-hati. 慎重的；审慎的。

**prudish** *a.* menunjukkan hal mementingkan sopan santun. 故作拘谨的；假正经的。**prudishly** *adv.* dengan mementingkan sopan santun. 假正经地。

**prudishness** *n.* hal yang mementingkan sopan santun. 故作拘谨；假正经。

**prune**[1] *n.* buah plum kering; buah prun. 干梅子；洋李脯。

**prune**[2] *v.t.* memangkas; memotong bahagian-bahagian yang telah mati atau tidak dikehendaki (pokok); mengurangkan. 修剪(枝叶等)；减少；削减。

**prurient** *a.* mempunyai atau timbul daripada fikiran-fikiran yang jahat. 好色的；淫秽的。**prurience** *n.* perihal terlalu bernafsu; hal gasang. 好色；淫秽。

**prussic** *a.* ~ **acid** asid prusik; asid racun yang sangat berbahaya. 氢氰酸(一种致命毒物)。

**pry**[1] *v.i.* bertanya-tanya hal orang lain; mengintai (selalu secara tersembunyi atau diam-diam). 窥探；窥视；打听(与自己不相干的事)。

**pry**[2] *v.t.* (A.S.) mengumpil. (用杠杆)撬起；撬动。

**P.S.** *abbr.* **postscript** tambahan kata-kata pada akhir surat; susulan; catatan tambahan. (缩写)(书信之)附笔；又及。

**psalm** *n.* psalm; nyanyian bagi memuji Tuhan, terutama dari kitab Zabur; mazmur. 赞美诗；圣歌；(旧约圣经中的)诗篇。

**psalmist** *n.* penulis mazmur (dari kitab Zabur). (圣经诗篇的)作者。

**psalmody** *n.* menyanyikan psalm. 赞美诗咏唱。

**psalter** *n.* kitab mazmur. (附乐谱之)赞美诗集；(圣经之)诗篇。

**psaltery** *n.* alat muzik bertali yang terdapat pada zaman kuno dan zaman pertengahan. 萨泰利琴(上古及中古时的八弦琴)。

**psephology** *n.* psefologi; pengkajian aliran dalam pilihan raya dan pengundian. 选举学。**psephological** *a.* berkenaan pengkajian aliran dalam pilihan raya. 选举学的。**psephologist** *n.* ahli pengkaji aliran pilihan raya. 选举学专家；选举研究者。

**pseudo-** *pref.* palsu. (前缀)表示"假的；伪造的"；假-；伪-。

**pseudonym** *n.* nama samaran; nama pena. 假名；笔名。**pseudonymous** *a.* memakai nama samaran. 用假名的。

**psoriasis** *n.* penyakit kulit yang menyebabkan badan bertompok-tompok merah dan berkuping. 牛皮癣。

**psyche** *n.* jiwa. 精神；灵魂。

**psychedelic** *a.* psikedelik, penuh dengan warna-warna yang terang dan berkilau-kilau. 引起幻觉的；幻觉剂的。

**psychiatry** *n.* kajian dan rawatan penyakit jiwa. 精神病学；精神病治疗法。**psychiatrist** *n.* doktor penyakit jiwa. 精神病医生。**psychiatric** *a.* berkenaan penyakit jiwa. 精神病的；精神病学的。

**psychic** *a.* jiwa; berkuasa ghaib. 精神的；心理的；灵魂的；通灵的。

**psychical** *a.* mengenai batin atau jiwa; mengenai fenomena ghaib (di luar dari hukum semula jadi dan keadaan fizikal). 灵魂的；关于通灵的；超自然的。

**psychically** *adv.* yang berhubung dengan batin. 从心灵的角度而言。

**psychoanalyse** *v.t.* rawatan berdasarkan pada analisis ilmu jiwa. 精神分析法

医疗。**psychoanalyst** *n.* orang yang pakar dalam analisis jiwa. 精神分析学家。

**psychoanalysis** *n.* psikoanalisis; memeriksa dan merawat keadaan fikiran dengan cara menyelidik pergabungan unsur-unsur sedar dan tidak sedar. 精神分析医疗学。

**psychology** *n.* psikologi; kajian tentang fikiran dan peranannya; ciri-ciri fikiran. 心理学。**psychological** *a.* berkenaan psikologi. 心理的；精神上的。**psychologically** *adv.* dari segi psikologi. 心理上；心理学上。**psychologist** *n.* penganalisa jiwa; ahli psikologi. 心理学家。

**psychopath** *n.* penderita sakit jiwa; kurang siuman. (有暴力倾向的）精神错乱者；精神变态者。**psychopathic** *a.* tentang penghidap penyakit kurang siuman. 患精神病的；精神病态的。

**psychosis** *n.* (pl. *-oses*) psikosis; gangguan saraf yang melibatkan keseluruhan watak seseorang. 精神病。

**psychosomatic** *a.* psikosomatik; (tentang penyakit) disebabkan oleh keadaan atau tekanan jiwa. (疾病）因焦虑或恐惧而引起的。

**psychotherapy** *n.* psikoterapi; rawatan gangguan saraf dengan menggunakan kaedah psikologi. 精神疗法；心理疗法。**psychoterapist** *n.* ahli psikoterapi. 精神疗法医生。

**pt.** *abbr.* **pint** pain. (缩写）品特（英国度量衡单位）。

**ptarmigan** *n.* sejenis burung yang bulunya berubah menjadi putih pada musim sejuk. 雷鸟。

**pterodactyl** *n.* sejenis reptilia pupus yang boleh terbang. 翼指龙。

**ptomaine** *n.* ptomaina; sebatian yang terdapat dalam bahan yang membusuk. 尸毒。

**pub** *n.* (*colloq.*) pub; kedai minuman keras. 小酒馆。

**puberty** *n.* akil baligh; cukup umur. 青春期。

**pubic** *a.* pubik; bahagian bawah pelvis; tundun. 阴部的；近阴部的。

**public** *a.* awam; umum; orang ramai. 公众的；公共的；人民的。— *n.* penduduk awam dalam satu komuniti. 公众；大众；民众。**in** ~ secara terbuka; bukan secara tersembunyi. 公开的。~ **house** kedai yang menjual minuman keras. 酒馆。~ **school** sekolah persendirian tanpa bantuan kerajaan; sekolah yang ditadbirkan oleh pihak swasta. 私立学校。**~-spirited** *a.* menunjukkan bersedia untuk berkhidmat demi kebaikan orang awam. 热心公益的。**publicly** *adv.* secara terbuka; di depan khalayak ramai. 公然；当众。

**publican** *n.* pengurus kedai minuman keras; (dalam kitab Bible) pemungut cukai. 酒馆老板；（古罗马的）税官。

**publication** *n.* pengumuman; penerbitan buku atau surat khabar, dll. 公布；（书刊报章等的）出版；出版物。

**publicity** *n.* publisiti; penerangan; pengumuman. 宣传；公开；（向报界等散发的）宣传材料。

**publicize** *v.t.* mengumumkan; membuat publisiti. 宣扬；为...作广告宣传。

**publish** *v.t.* menerbitkan; menyiarkan; mengumumkan. 发行；出版；宣布；颁布。**publisher** *n.* penerbit (buku, majalah, dll.). 出版社；出版商。

**puce** *a. & n.* warna ungu tua. 紫褐色（的）。

**puck** *n.* cakera getah keras digunakan dalam permainan hoki di atas ais. (冰上曲棍球用的）胶球。

**pucker** *v.t./i.* mengedutkan; mengerutkan. 皱起；噘嘴。— *n.* kedutan. 皱纹。

**puckish** *a.* nakal. 顽皮的。

**pudding** *n.* puding; hidangan manisan. 布丁（一种西餐甜点心）。

**puddle** *n.* lopak; limbah. 水注；（道路上的）雨水坑。

**pudenda** *n.pl.* alat kelamin. （女性）外生殖器。

**pudgy** *a.* (*-ier, -iest*) pendek dan gemuk. 矮胖的。

**puerile** *a.* seperti kanak-kanak. 孩子气的；幼稚的。 **puerility** *n.* keanak-anakan. 孩子气；幼稚。

**puerperal** *a.* puerpera; nifas. 分娩的；（疾病）与分娩有关的。

**puff** *n.* hembusan nafas, angin, asap, dll.; gembungan yang bulat dan lembut; kain bulat kecil lembut digunakan untuk memupuk bedak ke pipi atau kulit; pujian. （呼吸等）一喷；一吹；一阵（风）；一股（烟、气味等）；膨胀起来的小块；粉扑；吹捧性短文。—*v.t./i.* menghembuskan (udara, dll.) atau mengeluarkan dengan hembusan; sesak nafas; membuat atau menyebabkan gelembung; menjadi bengkak. 吹（气）；喷（烟）；喘气；膨胀；肿起。 **~ pastry** sejenis kuih yang berlapis-lapis ringan. 千层饼。

**puffin** *n.* burung laut yang berparuh pendek. 海鹦。

**puffy** *a.* bengkak. 喘气的；浮肿的。 **puffiness** *n.* keadaan bengkak. 气喘（或浮肿）的状况。

**pug** *n.* anjing pendek yang seakan-akan bulldog. 哈巴狗；狮子狗。 **~-nosed** *a.* mempunyai hidung yang pendek dan tidak mancung. 狮子鼻的。

**pugilist** *n.* peninju profesional. 拳师。

**pugilism** *n.* permainan tinju; pertinjuan. 拳击。

**pugnacious** *a.* suka bergaduh; ganas. 好争吵的；好斗的。 **pugnaciously** *adv.* dengan pertengkaran. 好斗地。 **pugnacity** *n.* hal suka atau gemar bertengkar atau berkelahi. 好斗性。

**puisne** *n.* hakim mahkamah atasan yang bertaraf rendah daripada ketua hakim. 陪席法官；助理法官。

**puissance** *n.* menguji kepandaian kuda melompat halangan yang tinggi. （马的）越障能力测试。

**puke** *v.t./i. & n.* (*sl.*) muntah. 呕吐；恶心。

**pull** *v.t./i.* menarik; memindahkan, merosakkan atau menguji dengan menarik; menghela; menyeret; mencabut. 拉；拖；拽；(用拉力)移动；扯破；拔；采（果等）。—*n.* tarikan; daya tarikan; pengaruh. 拉；拖；吸引力；拉力；强拉的动作；提携；（进行竞争时的）有利条件（如人事关系等）。 **~ a person's leg** mempermainkan; mengusik. 挖苦；戏弄。 **~ down** merobohkan; melemahkan kesihatan. 拆毁（房子等）；（疾病）使虚弱。 **~ in** (bagi kenderaan, dll.) bergerak ke arah tepi jalan atau tempat berhenti. （火车、车辆）驶近（车站等）。 **~-in** *n.* tempat perhentian. （英国）沿路休息处。 **~ off** berjaya melakukan sesuatu. 完成（某事）；得（奖）；实现（计划等）。 **~ one self together** bertenang; menenangkan diri. 恢复镇定；重新振作。 **~ one's punches** mengelakkan penggunaan kekerasan. 故意不用力打（以让对手获胜）。 **~ one's weight** turut sama bekerja keras. 尽自己份内的力量做。 **~ out** menarik diri; (bagi kenderaan) bergerak keluar dari tepi jalan atau tempat perhentian. （从事中）退出；撤离；（车辆等）驶出（车站等）。 **~ through** berjaya mengatasi masalah atau penyakit. 克服困难；康复。 **~ up** berhenti; mencabut. 使停止；停下；拔出。

**pullet** *n.* ayam betina (muda); ayam dara. （未满一岁的）小母鸡。

**pulley** *n.* (*pl. -eys*) takal; kerek. 滑轮；辘轳。

**pullover** *n.* baju sejuk (berlengan atau tidak berlengan) tanpa zip. 针织绒线套衫。

**pulmonary** *a.* pulmonari; tentang paru-paru. 肺的；肺部的。

**pulp** *n.* bahagian lembut dan lembap (terutama buah) atau isi buah; pulpa. 植物（尤指水果）等的肉质或浆状物质；

果肉。—*v.t./i.* menjadikan pulpa (bahan daripada kayu). (使) 变为纸浆; (使) 化为浆状物。 **pulpy** *a.* benyek; lembik. 象果肉或浆的。

**pulpit** *n.* mimbar; pentas untuk berkhutbah atau bersyarah di dalam gereja atau masjid. (教堂中的) 讲道坛。

**pulsar** *n.* pulsar; sumber isyarat radio yang berdenyut (dari angkasa). (天文) 脉冲星。

**pulsate** *v.i.* mengembang dan menguncup bersilih ganti; berdenyut; berdebar. 有节奏地膨胀与收缩; (脉等) 搏动; 颤动; 发抖。 **pulsation** *n.* debaran; denyutan. 搏动; 颤动。

**pulse**[1] *n.* denyut nadi; nadi. 脉搏。 —*v.i.* berdenyut. (脉搏) 跳动。

**pulse**[2] *n.* kekacang, misalnya kacang pis, dal, dsb. 豆类; 豆。

**pulverize** *v.t./i.* menggiling atau mengisar menjadi serbuk; melumatkan; mengalahkan dengan teruk. 研成粉末; 粉碎 (论点等); 砸碎。 **pulverization** *n.* proses melumatkan; perihal kalah teruk. 砸碎。

**puma** *n.* puma; sejenis harimau. 美洲狮。

**pumice** *n.* batu apung (lava pepejal) yang digunakan untuk menggosok tanda dari kulit atau sebagai serbuk untuk menggosok sesuatu benda. (磨光硬物表面用的) 浮石。 **~-stone** *n.* batu daripada jenis ini. 浮石。

**pummel** *v.t.* (p.t. *pummelled*) memukul berkali-kali, terutama dengan penumbuk. (用拳头) 连续捶打。

**pump**[1] *n.* pam. 泵; 抽水机。 —*v.t./i.* mengepam. (用泵) 抽出。

**pump**[2] *n.* sepatu kulit yang ringan; kasut kanvas yang ringan. 无带轻软舞鞋; 女式无带浅口轻便鞋。

**pumpernickel** *n.* roti daripada tepung rai mil penuh. 裸麦粗面包。

**pumpkin** *n.* labu. 南瓜。

**pun** *n.* kata-kata lucu yang mempunyai bunyi yang sama. 谐音的双关语。

**punning** *a. & n.* penggunaan kata-kata lucu yang mempunyai bunyi yang sama. 语意双关 (的)。 **punster** *n.* orang yang suka bermain dengan kata-kata. 爱说双关语的人。

**punch**[1] *v.t./i.* menumbuk; menebuk lubang; membuat lubang, dll. dengan alat penebuk. (用拳头) 重击; 放牧 (牲口); (用打孔机) 打孔。 —*n.* pukulan dengan menumbuk; (*sl.*) tenaga; alat untuk membuat lubang; alat untuk mengecap corak pada permukaan besi atau kulit, dll. 拳击; 活力; 打孔机; 突模冲床; 打印器。 **~-drunk** *a.* bingung akibat daripada kena tumbukan. (因受拳击而) 感昏眩。 **~-line** *n.* bahagian yang melucukan. 妙语。 **~-up** *n.* bertumbuk; pergaduhan. (用拳头) 打斗; 打群架; 争吵。 **punchy** *a.* berkesan. 言简意赅的; 有份量的。

**punch**[2] *n.* minuman yang dibuat daripada wain atau spirit dicampurkan dengan perahan buah-buahan. (用果汁、酒、糖等搀和的) 潘趣酒。 **~-bowl** *n.* mangkuk untuk minuman (anggur). 潘趣酒碗。

**punctilio** *n.* (pl. *-os*) tata krama; basa-basi; tata adab. (礼仪、形式等的) 细节。

**punctilious** *a.* sangat teliti tentang perkara-perkara yang terperinci; bersungguh-sungguh. 一丝不苟的; 拘泥于形式的; 审慎的。 **punctiliously** *adv.* dengan teliti dalam menjalankan tugas. 一丝不苟地。 **punctiliousness** *n.* perihal terlalu teliti. 高度谨慎; 拘泥。

**punctual** *a.* tiba atau membuat kerja tepat pada masanya. 准时的; 守时的。

**punctually** *adv.* dengan tepat pada waktunya. 准时; 守时地。 **punctuality** *n.* hal tepat pada waktunya. 遵守时刻; 准时。

**punctuate** *v.t.* membubuh tanda bacaan dalam tulisan untuk memisahkan ayat, dll.; diselang-selikan. 在...上加标点; 不

**puncture** / **pure**

时打断(说话)。**punctuation** n. pembubuhan tanda bacaan. 加标点;标点法。

**puncture** n. pancit; lubang kecil oleh benda tajam pada tayar terutama secara tidak sengaja. (轮胎的)刺孔。 —v.t./i. membocorkan; pancit; mengalami kebocoran tayar. 刺穿(轮胎等);(轮胎)泄气。

**pundit** n. pakar; orang yang terpelajar. (某学科的)专家;权威;学者。

**pungent** a. mempunyai rasa atau bauan yang tajam; (bagi teguran) tajam. (气味)刺鼻的;(味道)辛辣的;(评论、议论)尖锐的。 **pungently** adv. baubauan yang keras dan tajam. (气味、味道等)有刺激性地。 **pungency** n. kepedasan; ketajaman bau-bauan. (评论的)尖锐;(味道的)辛辣。

**punish** v.t. menghukum; memberi hukuman; melanyak; kena lanyak. 处罚;惩罚;痛击;粗鲁地对待。 **punishment** n. hukuman; balasan. 惩罚;处罚。

**punishable** a. seharusnya atau dapat dihukum. 可受罚的;应受罚的。

**punitive** a. bertujuan menghukum. 惩罚性的。

**punk** n. (sl.) sesuatu yang tidak bernilai; orang yang tidak berguna; punk. 干朽木;废物;不中用的人;朋客(摇滚乐追随者)。 —a. (sl.) tidak bernilai; mengenai pengikut-pengikut muzik punk. 无价值的;朋客摇滚乐的。 ~ **rock** jenis muzik pop yang melibatkan kesan kejutan dan cabul. 朋客摇滚乐。

**punnet** n. bakul kecil atau bekas untuk buah-buahan dll. (盛放水果用的)圆形浅底小篮。

**punt**[1] n. perahu jalur; bot besar dan lebar yang bahagian dasarnya leper dan cetek. (用篙撑的)方头浅平底船。 —v.t./i. menggerakkan bot dengan galah di sungai; belayar dalam perahu jalur. (用篙)撑船航行;乘平底船航行。

**punt**[2] v.t. menendang bola (yang akan jatuh) sebelum sampai di tanah; tendang lambung. (足球、橄榄球等)踢悬空球。 —n. tendangan lambung. 踢悬空球。

**punt**[3] v.i. bertaruh dalam permainan terup; berjudi dalam perlumbaan kuda. (纸牌戏、赛马中)下赌注。

**punter** n. (colloq.) kaki kuda; pelanggan. 赌马者;(马赛或球赛)下赌注者。

**puny** a. (-ier, -iest) kecil; lemah. 弱小的;微不足道的。

**pup** n. anak anjing; anak serigala, tikus atau anjing laut. 小狗;幼狼;幼鼠;小海狗。 —v.i. (p.t. pupped) melahirkan anak (binatang). 生(小动物)。

**pupa** n. (pl. -ae) kepompong pupa. 蛹。

**pupal** a. keadaan kepompong. 似蛹的;化蛹的。

**pupate** v.i. menjadi kepompong. 化蛹。

**pupation** n. pembentukan kepompong. 化蛹过程。

**pupil** n. murid; pelajar; anak mata; pupil. 学生;学员;瞳孔。

**puppet** n. boneka; patung; orang yang tindakannya dikawal oleh seseorang yang lain. 木偶;玩偶;傀儡。 **puppetry** n. seni membuat atau bermain boneka. 木偶戏艺术;(总称)木偶。

**puppy** n. anak anjing. 小狗。

**purblind** a. separuh buta; buta hati. 半盲的;近于瞎的;迟钝的。

**purchase** v.t. membeli. 购买。 —n. belian; barang yang dibeli; pegangan kuat bagi menarik atau menaikkan sesuatu; penuilan. 购买;购买的物品;(用以移动或为防重物滑落而作的)紧握;(据全年收益等估出的)价值。

**purchaser** n. pembeli. 购买者;买主。

**purdah** n. purdah; tutup muka. (印度等地女性闺房用的)帷幔;(伊斯兰教妇女的)面纱。

**pure** a. (-er, -est) tulen; jati; tidak bercampur dengan yang lain; semata-mata; bersih; suci; bebas daripada kejahatan dan dosa; (bagi mata pelajaran matematik atau

**puree** 566 **pursuance**

sains) berhubung dengan teori, bukan dengan penggunaan yang praktikal. 纯净的;纯种的;纯洁的;贞洁的;(数学及科学等)纯理论(而非实用科学)的。**pureness** *n.* ketulenan; kesucian; kemurnian. 纯净;纯粹;纯洁。

**puree** *n.* puri; isi buah-buahan atau sayur-sayuran, dll. 菜泥;果泥;(菜、肉等煮成的)纯汁浓汤。—*v.t.* memurikan. 把水果等煮烂捣碎做成泥或浓汁。

**purely** *adv.* dalam cara yang asli; semata-matanya; hanya itu saja. 纯粹地;完全;仅仅。

**purgative** *a.* pencahar. 通便的。—*n.* ubat pencuci perut yang kuat. 泻药。

**purgatory** *n.* tempat atau keadaan menderita, terutama (dalam kepercayaan Roman Katolik) apabila roh-roh mengalami proses pembersihan. (天主教)炼狱。

**purge** *v.t.* membersihkan; mencuci; menyingkirkan. 净化;清洗;清除。—*n.* penyingkiran; pembersihan; pencucian. 净化;清洗;清除。

**purify** *v.t.* membersihkan; bersih daripada kekotoran atau kejahatan. 净化;使(空气)清新;(宗教)涤罪。**purification** *n.* penapisan; pembersihan; penyucian. 过滤;净化。**purifier** *n.* alat pembersih. (空气)清新器;滤(水)器。

**purist** *n.* orang yang mementingkan penggunaan kata-kata dengan betul; pemurni. (语言的)纯粹主义者。**purism** *n.* fahaman murni. 纯粹主义。

**Puritan** *n.* ahli Protestan Inggeris (dalam abad ke-16 dan ke-17) yang menghendaki upacara gereja yang lebih ringkas dan bermakna. (公元16至17世纪英国的)清教徒。**puritan** *n.* orang yang mementingkan sopan santun dan menganggap hiburan tertentu itu berdosa. 禁欲主义者;视享乐为罪恶的人。

**puritanical** *a.* perihal yang mementingkan tatasusila dan agama. 清教徒的;(道德上)极拘谨的。

**purity** *n.* ketulenan; kesucian. 纯正;纯洁;纯度。

**purl** *n.* jahit purl; sejenis mata jahitan dalam mengait. (编织的)反针。—*v.t./i.* membuat jahit purl. (用反针)编织。

**purler** *n.* (*colloq.*) jatuh dengan kepala dahulu. (倒栽葱地)跌下。

**purlieus** *n.pl.* pinggir. 边沿地区;外围。

**purlin** *n.* sinar lintang sepanjang atap. (建筑物的)桁条。

**purloin** *v.t.* mencuri. 偷窃。

**purple** *a. & n.* warna ungu. 紫色(的)。

**purport**[1] *n.* maksud; erti. (行动、演说等的)意义;用意;大意;主旨。

**purport**[2] *v.t.* bertujuan; berpura-pura; bermaksud. 意欲;假充;声称。**purportedly** *adv.* dengan bertujuan. 据称。

**purpose** *n.* tujuan; maksud; niat untuk bertindak; keazaman. 企图;目的;用意;意志;决心。—*v.t.* bermaksud; bercadang. 打算;决心;意图。**on ~** dengan sengaja 故意。**~-built** *a.* dibina khas untuk tujuan tertentu. 为特定目标而设的。**to no ~** sia-sia. 徒劳无功地;无成效地。

**purposeful** *a.* mempunyai atau menunjukkan satu tujuan yang disedari; dengan keazaman. 有目的的;故意的;意志坚强的。**purposefully** *adv.* dengan bertujuan; dengan bererti. 有目的地;自觉地。**purposefulness** *n.* hal bermaksud atau bertujuan. 自觉性。

**purposely** *adv.* dengan sengaja. 故意地;特意。

**purr** *n.* dengkuran. (猫的)呼噜声。—*v.i.* berdengkur. (猫)呼噜地叫。

**purse** *n.* dompet; beg kecil untuk mengisi duit; (*A.S.*) beg tangan; wang; dana. 钱包;小钱袋;手提袋;(募捐所得的)款项。—*v.t.* mengerutkan bibir. 撅嘴。

**purser** *n.* pegawai yang bertanggungjawab mengenai akaun kapal. (轮船、班机的)事务长。

**pursuance** *n.* hal menjalankan tugas. 实行;贯彻。

**pursuant** *adv.* ~ **to** menurut. 根据；依。

**pursue** *v.t.* mengejar untuk menangkap atau membunuh; memburu; meneruskan; menjalankan; mengikuti. 追逋；追杀；探索；继续进行；从事；追寻。**pursuer** *n.* pengejar; pengikut. 追赶者；追踪者。

**pursuit** *n.* perbuatan mengejar; pengejaran; sesuatu aktiviti yang memerlukan tumpuan masa dan tenaga; kegiatan. 追捕；寻求；追求；花时间、精力等做的事；从事（某事物）。

**purulent** *a.* bernanah; purulen. 含脓的；流脓的。**purulence** *n.* penanahan. 化脓；脓。

**purvey** *v.t.* membekalkan barang makanan. 供应（粮食等）；为...办伙食。**purveyor** *n.* pembekalan; penyediaan. 食物供应者；伙食办理员。

**purview** *n.* skop. （工作或活动的）范围。

**pus** *n.* nanah. 脓。

**push** *v.t./i.* menolak; menggunakan tenaga untuk mengalihkan sesuatu atau seseorang; menyorong; membuat tuntutan; menyuruh dengan bersungguh-sungguh; mendesak; mengedar (dadah). 推；推移；挤；催促；竭力要求；催迫（某人做某事）；推销；贩卖（毒品）。—*n.* perbuatan menolak; desakan; dorongan; tekanan; usaha yang giat; azam yang kuat. 推移；推销行动；促进；紧急关头；劲头；进取心；毅力。**give** atau **get the ~** (*sl.*) dipecat; diberhentikan. 被解雇。**~ off** (*sl.*) pergi. 走开！离去。

**pushchair** *n.* kereta sorong, bayi atau kanak-kanak kecil. 婴儿推车。

**pushful** *a.* suka mendesak. 有上进心的；有冲劲的。**pushfulness** *n.* pendesakan; pemaksaan. 上进心；干劲。

**pushing** *a.* suka mendesak; bersungguh-sungguh. 奋发的；有干劲的。

**pushy** *a.* (-*ier*, -*iest*) (*colloq.*) suka mendesak-desak. 有进取心的；有冲劲的。**pushiness** *n.* pendesakan. 进取精神。

**pusillanimous** *a.* mudah takut; penakut. 胆小的；易受惊吓的。**pusillanimity** *n.* ketakutan. 胆小；怯懦。

**puss** *n.* kucing. 猫。

**pussy** *n.* (*children's use*) panggilan kucing oleh kanak-kanak. （儿语）猫咪。**~ willow** sejenis pokok willow dengan bunga seperti ekor kucing. 褪色柳。

**pussyfoot** *v.i.* bergerak dengan senyap; bertindak berhati-hati. 蹑手蹑脚地走；静悄悄地移动。

**pustule** *n.* jerawat; pustul. 小脓疱。

**put** *v.t./i.* (p.t. *put*, pres. p. *putting*) meletakkan; menaruh; menempatkan; menganggarkan; menilai; menyatakan; mengemukakan; mengenakan (seperti cukai, dll.); mempersalahkan; melempar atau melontar seperti dalam latihan olahraga; meneruskan perjalanan; bertolak pergi (bagi kapal). 放置；摆放；置（某人、某物）于；装；认为；估计（收入等）；写上；表明；说明；表达（意见等）；提出（问题等）；抽（税）；使负责任；掷（铅球等）；出发；匆忙离开；（船）前进。—*n.* lontaran; lemparan.（铅球的）掷；推。**~ by** menyimpan untuk kegunaan masa hadapan. 储存（以备用）。**~ down** ditindas; ditekan oleh yang berkuasa; tidak mempedulikan; membunuh (binatang); menghapuskan; mencatat; direkodkan; menganggap. 平定；镇压；忽视；屠宰（牲畜）；打发（时间）；削减（开支）；登记；记录；估计；认为。**~ in** menunjukkan muka; mengerjakan; menjalankan kerja. 露（面）；干（一段时间的工作）；就职。**~ in for** memohon. 申请；提出要求。**~ off** menunda; menangguhkan; menahan (daripada melakukan sesuatu); menangkis. 延迟；拖延；阻止；推委（责任）。**~ out** menggagalkan; mematahkan; mengganggu; menyusahkan; memadamkan; mematikan; terkehel. 使出错；（比赛）使出局；撵走；惹；触怒；使窘；使为难；熄火；关灯；使（白等）脱位。**~ up**

membangunkan; mendirikan; menaikkan harga; menyediakan (wang, dll.); mengemukakan buah fikiran atau saranan; memberi atau mendapat tempat penginapan; memberi tentangan. 举起;升;挂;贴(广告等);提高(租金、价格等);涨价;提供(资金等);建议;提出;为...提供食宿;进行(抵抗等)。 **~-up job** membuat rancangan jahat. 阴谋;奸计。 **~ up on** (*colloq.*) membebani seseorang. 欺骗;使成为牺牲品。 **~ up to** menghasut (seseorang). 教唆。 **~ up with** menahan sabar; bertolak ansur. 容忍(讨厌的事物或人);忍受。

**putative** *a.* yang disangka; yang dianggap. 公认的;普遍认为的。

**putrefy** *v.i.* menyebabkan menjadi busuk. 使腐败;使腐烂。 **putrefaction** *n.* kebusukan; kereputan. 腐烂。

**putrescent** *a.* membusuk. 开始腐烂的;正在变质的。 **putrescence** *n.* keadaan membusuk. 腐败;发霉。

**putrid** *a.* telah menjadi busuk. 已腐烂的;发出恶臭的。

**putsch** *n.* pemberontakan kilat. 暴动;仓促起义。

**putt** *v.t.* memukul leret; memukul bola (golf) perlahan-lahan supaya masuk ke dalam lubangnya. (高尔夫)将球轻击入洞。 —*n.* pukulan leret (golf). 轻击。

**putter** *n.* (kayu) pemukul bola golf; pemukul leret. 高尔夫球棒。

**puttee** *n.* kain pembalut betis (dari buku lali ke lutut) yang digunakan sebagai perlindungan dan sokongan. 腿绑。

**putty** *n.* dempul; pakal; gala-gala. 油灰。

**puzzle** *n.* persoalan yang sukar difahami atau dijawab; teka-teki. 谜语;谜。 —*v.t./i.* berfikir dengan mendalam; membingungkan. 苦想;使困惑;感迷惑。 **puzzlement** *n.* kebingungan; kekusutan. 迷惑;疑团。

**pygmy** *n.* orang katik; orang kerdil; orang kenit. 侏儒;矮人。 **Pygmy** orang Pigmi; kaum pendek atau katik di Afrika. 非洲的俾格米族。 —*a.* amat kecil. 矮小的。

**pyjamas** *n.pl.* pijama; pakaian tidur. 睡衣裤。

**pylon** *n.* pilon; menara kawat elektrik. (架高压电缆的)铁塔。

**pyorrhoea** *n.* piorea; membuang nanah, terutamanya dari gusi. 牙龈病。

**pyramid** *n.* piramid; limas. 金字塔;金字塔形物;锥体。 **pyramidal** *a.* berbentuk seperti piramid. 金字塔形的;锥体形的。

**pyre** *n.* longgokan atau timbunan kayu untuk membakar mayat. (火葬用的)木材堆。

**Pyrenean** *a.* berkenaan dengan kawasan Pergunungan Pyrenees. (法国、西班牙边界的)比利牛斯山脉的。

**pyrethrun** *n.* sejenis bunga; racun serangga yang dibuat daripada bunga ini yang dikeringkan. 红花除虫菊;除虫菊粉。

**pyrites** *n.* pirit; mineral yang merupakan sulfida besi. 黄铜矿(一种硫化矿类)。

**pyromaniac** *n.* orang yang tidak siuman yang suka membakar sesuatu. 纵火狂者(尤指精神不正常者)。

**pyrotechnics** *n.pl.* pertunjukan bunga api. 放烟花。 **pyrotechnic** *a.* perihal seni membuat dan kegunaan bunga api. 烟火制造术或使用法的。

**Pyrrhic** *a.* **~ victory** kejayaan yang diperolehi setelah mengalami kerugian besar. 付出惨重代价而获得的胜利。

**python** *n.* ular sawa. 蟒蛇。

**pyx** *n.* sejenis tempat atau bekas untuk menyimpan roti yang telah dipersucikan dalam upacara Eukaris (Kristian); sejenis kotak untuk menyimpan contoh duit. (基督教)圣饼盒;(铸币厂用以存放待验金银币的)硬钱箱。

# Q

**Q.C.** *abbr.* **Queen's Counsel** Peguam Diraja. (缩写)(英国的)王室法律顾问。

**qt.** *abbr.* **quart** kuart. (缩写)夸脱(英国度量衡单位)。

**qua** *conj.* sebagai. 作为;以...的身分。

**quack**[1] *n.* kuek; bunyi itik. (鸭叫)嘎嘎声。—*v.i.* berbunyi seperti itik; menguek. (如鸭子般)嘎嘎叫。

**quack**[2] *n.* penyamar doktor. 江湖医生;庸医。

**quad** *n.* (*colloq.*) kuad; empat. 四边形;四个(一组)。

**quadrangle** *n.* benda yang berbentuk segi empat. 四边形。

**quadrant** *n.* sukuan; kuadran; alat mengukur sudut. 圆周的四分之一;四分仪;象限仪。

**quadraphonic** *a.* & *n.* kuadrafonik (menggunakan empat saluran penyiaran). (录音收音)四声道(的)。

**quadratic** *a.* & *n.* kuadratik. 二次方程式(的)。

**quadrennial** *a.* berlaku setiap empat tahun; berlangsung selama empat tahun. 每四年一度的;四年的。

**quadrilateral** *n.* bentuk geometri bersisi empat. 四边形。

**quadrille** *n.* kuadril; sejenis tarian untuk empat pasangan. 四对舞。

**quadruped** *n.* binatang yang berkaki empat. 四足动物。

**quadruple** *a.* yang mempunyai empat bahagian atau anggota; empat kali ganda. 由四部分组成的;四倍的。—*v.t./i.* bertambah empat kali ganda. 使成四倍。

**quadruplet** *n.* kuadruplet; kembar empat. 一胎四婴中的一个。

**quaff** *v.t.* meminum banyak-banyak. 畅饮。

**quagmire** *n.* lumpur jerlus. 沼泽;泥沼。

**quail**[1] *n.* burung puyuh. 鹌鹑。

**quail**[2] *v.i.* gementar. 胆怯;畏缩。

**quaint** *a.* (*-er, -est*) menarik walaupun ganjil. 离奇有趣的。 **quaintly** *adv.* secara menarik walaupun ganjil. 离奇地。 **quaintness** *n.* keadaan yang menarik walaupun ganjil. 离奇性。

**quake** *v.i.* menggeletar kerana ketakutan. (地)震动;(人因害怕而)颤抖。—*n.* (*colloq.*) gempa bumi. 地震。

**Quaker** *n.* Quaker; satu mazhab Kristian. (基督教)贵格会教徒。

**qualification** *n.* kecekapan; kelayakan; syarat. 资格;资格证明;取得合格证明;限制;先决条件。

**qualify** *v.t./i.* melayakkan (berkenaan kebolehan); mengehadkan (jumlah). 使具有资格;合格;限制语义或字义的范围。 **qualifier** *n.* penerang. 合格的人;限定语。

**qualitative** *a.* yang berkenaan dengan kualiti atau mutu. 质量的;品质上的。

**quality** *n.* kualiti; mutu; sifat. 品质;素质;性质。

**qualm** *n.* rasa ragu-ragu atau bersalah. 疑虑;歉疚。

**quandary** *n.* keadaan serba salah. 窘况;进退两难。

**quango** *n.* (pl. *-os*) kuango; sebuah badan pentadbiran (di luar Perkhidmatan Awam) dengan ahli-ahli kanan dilantik oleh kerajaan. (不属公共服务,但由政府资助并指定人选的)行政团体。

**quantify** *v.t.* mengkuantitikan; menjumlahkan. (用数量)表示;测量。 **quantifiable** *a.* yang dapat dijumlahkan. 能用数量表示的。

**quantitative** *a.* yang berkenaan dengan jumlah; kuantitatif. 数量上的。

**quantity** *n.* kuantiti; jumlah; (*pl.*) jumlah besar. 数量;分量;总数;大量。 **in ~** jumlah besar; banyak. 大量。 **~ sur-**

**veyor** juruukur bahan. （房屋与土地的）估算员。

**quantum** *n*. ~ **theory** teori kuantum. 量子论。

**quarantine** *n*. kuarantin. 隔离；检疫。 —*v.t.* dikuarantinkan. 将有关者隔离以检疫。

**quark** *n*. kuark; komponen (yang diandaikan) membentuk zarah asas. 夸克（核子中的基本粒子）。

**quarrel** *n*. pertengkaran; perkelahian. 争吵；口角。 —*v.i.* (p.t. *quarrelled*) bertengkar; berkelahi. （发生）口角；争吵。

**quarrelsome** *a*. suka bertengkar atau berkelahi. 爱争吵的；好争论的。

**quarry**[1] *n*. buruan; sesuatu yang diburu. 猎物；追寻或追捕的对象。

**quarry**[2] *n*. kuari. 采石场；石矿。 —*v.t./i.* mengkuari. 采（石）。

**quart** *n*. kuart; suku gelen; dua pain; sukatan (kira-kira 1.136 liter). 夸脱（英国容量单位，等于1/4加仑或2品特或约1.136公升。

**quarter** *n*. sesuku; suku; (*A.S. & Kanada*) 25 sen; kuater (sejenis timbangan); suku tahun; suku jam arah (mata angin); kawasan; belas kasihan; (*pl.*) rumah. 四分之一；（美国与加拿大）二角五分；二角五分的硬币；八蒲式耳；三个月；季度；一刻钟（十五分钟）；方向；地方；（对敌人的）宽恕；宿舍；军营。 —*v.t.* membahagi kepada suku; meletakkan lambang; memberi tempat penginapan kepada askar. 分成四份；将（纹章）加在盾上；（军队）扎营。 **~final** *n*. suku akhir. 复赛。 **~light** *n*. tingkap kecil segi tiga pada kenderaan. （汽车的）后侧角窗。

**quarterdeck** *n*. geladak belakang kapal. （船尾的）后甲板。

**quarterly** *a. & adv*. suku tahun; secara suku-an. 一年四次（的）；一季一次（的）。 —*n*. suku tahunan; tiga bulanan. 季刊。

**quartermaster** *n*. pegawai yang bertanggungjawab menjaga stor, dll.; jurumudi. （军队的）军需官；（海军的）舵手。

**quartet** *n*. kuartet; kumpulan berempat; muzik kuartet (gubahan). 四重唱；四重奏；四部合奏曲。

**quarto** *n*. kuarto (saiz kertas). （纸等的）四开。

**quartz** *n*. kuarza. 石英。

**quasar** *n*. kuasar; benda seperti bintang yang menjadi punca radiasi elektromagnet yang kuat. 类星射电源。

**quash** *v.t.* memansuhkan; mematikan (khabar angin, dll.). 撤销；废除；压制；平息。

**quasi** *pref*. kuasi-; seakan-akan; kelihatan seperti. （前缀）表示"类似；准；似"；准-；半-。

**quassia** *n*. pokok di Amerika Selatan; kayu, akar dan kulitnya; tonik pahit yang dibuat daripadanya. （南美洲的）苦树。

**quatercentenary** *n*. ulang tahun ke-400. 四百周年纪念。

**quatrain** *n*. kuatrain; puisi atau pantun empat baris. 四行诗。

**quatrefoil** *n*. daun mempunyai empat bucu. （苜蓿等）四叶片的叶子；四瓣的花朵。

**quaver** *v.t./i.* bergetar; bercakap dengan nada menggeletar. 颤抖；震动；（用颤声）说话。 —*n*. getaran; kuaver. 颤音；八分音符。

**quay** *n*. pangkalan; bagan. 码头。 **quayside** *n*. tepian pangkalan. 码头区。

**queasy** *a*. loya; mual. 欲呕吐的；反胃的。 **queasiness** *n*. rasa loya atau mual. 欲呕吐（或反胃）的感觉。

**queen** *n*. ratu yang memerintah; permaisuri (isteri raja); perempuan atau benda yang mempunyai kelebihan dalam sesuatu perkara; buah dalam permainan catur; bunga (dalam permainan terup); ratu (ketua serangga). 女王；王后；女酋长；出类拔萃的女人；首屈一指的东西；（国际象棋）后；（纸牌戏）王后牌；（蚁、蜂等的）后。 —*v.t./i.* menukarkan (bidak dalam permainan catur) kepada ratu. （国际象棋）使（卒子）成为王后。 **~ it** berlagak seperti permaisuri. 象女王一般行事。 **~ mother** bonda ratu. 太后。 **Queen's Counsel** Peguam Diraja. 英国王室法律顾问。 **queenly** *a.* seperti permaisuri. 象女王般的。

**queer** *a.* (*-er, -est*) aneh; pelik; peningpening lalat (berkenaan kesihatan); (*sl.*) seperti bapuk (berkenaan kelakuan). 异常的；古怪的；想呕吐的；眩晕的；（男子）搞同性恋的。—*n.* (*sl.*) bapuk. 同性恋者。—*v.t.* merosakkan. 毁坏。 **~ a person's pitch** memusnahkan harapan orang. 暗中破坏（某人的）计划。

**quell** *v.t.* menekan. 压倒；镇压。

**quench** *v.t.* memadamkan (api atau kebakaran); minum untuk menghilangkan haus atau dahaga; mencelup (dalam air). 灭火；解渴；使（热物体）骤冷。

**quern** *n.* pengisar gandum, lada hitam, dsb. sebagainya. 手推磨。

**querulous** *a.* suka merungut atau menggerutu. 爱发怨言的。 **querulously** *adv.* secara merungut atau berleter. 唠唠叨叨地。 **querulousness** *n.* tabiat suka merungut atau menggerutu. 爱发怨言的脾性。

**query** *n.* pertanyaan; tanda soal; tanda tanya. 质问；疑问号。—*v.t.* menanyakan. 质疑；询问；质问。

**quest** *n.* pencarian. 寻找；探索。

**question** *n.* soalan; persoalan (perkara yang dibincangkan); tanda tanya. 问题；议题；提问。—*v.t.* menyoal; bertanya tentang. 发问；提问。 **in ~** yang dipersoalkan. 议论中的；成为问题的。 **no ~ of** tidak mungkin; pasti tidak. 对...不加怀疑；对...完全肯定。 **out of the ~** tidak mungkin sama sekali. 根本不可能。 **~ mark** tanda tanya; tanda soal. 问号。

**questionable** *a.* yang dapat dipersoalkan. 可疑的。

**questionnaire** *n.* senarai soalan; borang soal selidik. 问卷。

**queue** *n.* giliran; barisan. （人或车排成的）行列。—*v.i.* (pres. p. *queuing*) bergilir; berbaris. 排列等待。

**quibble** *n.* rungutan; sungutan. 遁词；（为回避问题而说出的）模棱两可的话。—*v.i.* merungut; berdalih. 使用遁词；含糊其词。

**quiche** *n.* sejenis makanan seperti tat. 乳酪火腿馅饼。

**quick** *a.* (*-er, -est*) cepat; segera (berkenaan masa); ringkas; giat; cepat naik darah; (*old use*) masih hidup. 迅速的；（时间）匆匆的；短暂的；灵敏的；敏锐的；性急的；活着的。—*n.* isi kuku. 指甲下的活肉。 **quickly** *adv.* dengan cepat; dengan segera. 迅速地；匆匆地。 **quickness** *n.* kecepatan; kesegeraan. 迅速；匆匆。

**quicken** *v.t./i.* mencepatkan atau merancakkan; sampai ke peringkat gerakan pertama fetus (berkenaan perempuan yang hamil). 加快；使活泼；（孕妇）进入胎动期。

**quicklime** *n.* kapur tohor. 石灰。

**quicksand** *n.* pasir jerlus. 流沙。

**quickset** *a.* pagar daripada pokok-pokok hidup. 树篱；绿篱。

**quicksilver** *n.* raksa. 水银。

**quid**[1] *n.* (pl. *quid*) (*sl.*) satu paun (matawang). 一英磅。

**quid**[2] *n.* gumpalan tembakau untuk dikunyah; sentil tembakau. （含在口中咀嚼的）烟草团。

**quid pro quo** perkara dilakukan atas dasar balas-membalas. 抵偿（事或物）；替代（物）。

**quiescent** *a.* diam; tenteram. 静止的；静态的；休眠的。 **quiescence** *n.* ketenteraman; ketenangan. 静止；（昆虫的）休眠期。

**quiet** *a.* (*-er, -est*) perlahan; tenang; sunyi; sepi. 安静的；平静的；寂静的；不受干扰的；清闲的。 **on the ~** dalam diam-diam. 私下；暗地里。 **quietly** *adv.*

dengan diam-diam; dengan tenang. 不动声色地;安静地。 **quietness** *n.* kesunyian; ketenangan. 寂静;宁静;平静。

**quieten** *v.t./i.* mendiamkan. 平息;使平静。

**quietude** *n.* kesunyian. 宁静;寂静;平静。

**quiff** *n.* jambul. 一绺竖立的头发。

**quill** *n.* bulu ayam; duri landak. 弱毛翮;弱笔;豪猪或刺猬的刺。

**quilt** *n.* gebar berlapik. 填塞的被套。 —*v.t.* dibubuh lapik dan disulam bersilang-silang. 衍缝被子。

**quin** *n.* kembar lima. 五胞胎;五人一组。

**quice** *n.* sejenis pohon yang buahnya keras dan berwarna kekuningan. 榅梨。

**quincentenary** *a.* ulang tahun ke-500. 五百周年的。

**quinine** *n.* kuinin. 金鸡纳。

**quinquennial** *a.* berlaku setiap lima tahun; berlangsung selama lima tahun. 五年届的;五年的。

**quinsy** *n.* ketumbuhan pada tonsil. 扁桃腺脓肿。

**quintessence** *n.* saripati; lambang. 精华;典范。

**quintet** *n.* kuintet; kumpulan lima orang; muzik kuintet. 五部分合奏曲;五部合唱。

**quintuple** *a.* mempunyai lima bahagian. 由五部分组成的。

**quintuplet** *n.* kembar lima. 五胞胎。

**quip** *n.* sindiran. 讽刺语。— *v.t.* (p.t. *quipped*) menyindir; memperli. 讥讽;嘲弄。

**quire** *n.* dua puluh lima atau dua puluh empat helai kertas tulis. 一刀纸（由25张或24张同质的纸组成）。

**quirk** *n.* pembawaan; takdir. 奇异行为;怪癖;藉口。

**quisling** *n.* tali barut. 卖国贼。

**quit** *v.t./i.* (p.t *quitted*) pergi daripada; meninggalkan; (*colloq.*) berhenti. 离开;放弃;停止。—*a.* bebas. 摆脱了的。

**quitter** *n.* orang yang suka mengalah. 容易放弃的人。

**quite** *adv.* sama sekali; kira-kira ; agak-agak; sebagai jawapan begitulah. 完全地;颇;真确地。 **~a few** sebilangan. 相当多的。

**quits** *a.* seri; sama. 不分胜负的;对等的;抵销的。

**quiver**[1] *n.* sarung anak panah. 箭袋。

**quiver**[2] *v.t.* bergetar. 抖动。—*n.* getaran. 颤动。

**quixotic** *a.* bermurah hati. 过于慷慨的。 **quixotically** *adv.* dengan bermurah hati. 过于慷慨地。

**quiz** *n.* (pl. *quizzes*) kuiz; duga akal. 考试;问答比赛。—*v.t.* (p.t. *quizzed*) menyoal; (*old use*) merenung. 考问;好奇地注视。

**quizzical** *a.* secara mengusik; berjenaka. **quizzically** 逗弄的;滑稽的。—*adv.* dengan berjenaka. 滑稽地。

**quod** *n.* (*sl.*) penjara. 监牢。

**quoin** *n.* batu penjuru. 隅石;角石;建筑物的实角。

**quoit** *n.* relang. 铁环。

**quorate** *a.* mempunyai kuorum. 拥有法定出离人数的。

**quorum** *n.* kuorum (jumlah munimum orang yang mesti hadir dalam sesuatu perjumpaan). （会议中）法定最低人数。

**quota** *n.* kuota (berkenaan bahagian); kuota (jumlah yang dibenarkan). 配额;限额。

**quotable** *a.* sesuai untuk dipetik. 适于引用的。

**quotation** *n.* petikan; sebut harga. 引用的内容;估价单。 **~ marks** *v.t./i.* tanda petik; tanda kutip. 引号。

**quote** *v.t./i.* memetik; menyebut harga. 引用;报价。

**quoth** (*old use*) berkata. 说。

**quotidian** *a.* harian; berulang tiap hari. 每天的;司空见惯的。

**quotient** *n.* hasil bahagi. 商数。

# R

**rabbet** *n.* tanggam; potongan pada kayu supaya sama ukur. 木板上的槽口。~ **plane** alat untuk memotong tanggam. 槽刨。

**rabbi** *n.* (pl. *-is*) rabai; pendeta Yahudi. 犹太教祭司。

**rabbinical** *a.* yang berkenaan dengan pendeta dan rukun-rukun Yahudi. 犹太教教士或教义的。

**rabbit** *n.* arnab. 兔子。

**rabble** *n.* gerombolan; perusuh. 暴民；乱民。

**rabid** *a.* sangat marah; naik darah; yang terkena penyakit anjing gila. 狂怒的；狂暴的；患狂犬病的。 **rabidity** *n.* kemarahan yang amat sangat. 狂暴。

**rabies** *n.* rabies; penyakit anjing gila. 狂犬症。

**race**[1] *n.* lumba; perlumbaan; arus (berkenaan bantalan peluru); (*pl.*) siri perlumbaan kuda atau anjing. 比赛；竞赛；急流；滚珠滑动的沟槽；赛马或赛狗会。 —*v.t./i.* berlumba; berlumba kuda. 参加竞赛；参加赛马。 **racer** *n.* kuda lumba. 参加马赛的马。

**race**[2] *n.* ras; bangsa; keturunan; jenis keluarga. 种族；宗族；血统。

**racecourse** *n.* padang lumba kuda. 赛马场。

**racehorse** *n.* kuda lumba. 参加赛马的马。

**racetrack** *n.* balapan lumba kuda; balapan lumba kereta. 赛马场；赛车跑道。

**raceme** *n.* rasem; rangkaian bunga pada batang. 总状花序。

**racial** *a.* berkenaan ras atau bangsa; bersifat perkauman. 人种的；种族的。 **racially** *adv.* dari segi bangsa; secara perkauman. 种族形式地。

**racialism** *n.* faham perkauman; rasialisme. 民族主义；民族精神。 **racialist** *a.* & *n.* bersifat perkauman; orang yang membangkitkan soal-soal perkauman. 种族主义者(的)。

**racism** *n.* fahaman perkauman. 种族差别理论。 **racist** *a.* & *n.* bersifat perkauman; orang yang membangkitkan kefahaman ras. 种族差别论者(的)。

**rack**[1] *n.* rak; para-para (tempat meletak barang); pangkin penyeksaan. 架子；挂物架；拷问台。 —*v.t.* menyeksa. 施于折磨。 ~ **one's brains** memerah otak. 绞尽脑汁。

**rack**[2] *n.* ~ **and ruin** kebinasaan dan kerosakan. 毁灭。

**rack**[3] *v.t.* menapis wain. 从渣中蒸取酒。

**racket**[1] *n.* raket. 球拍。

**racket**[2] *n.* hingar-bingar; riuh-rendah; hiruk-pikuk; kesibukan; (*sl.*) tipu daya; kegiatan haram. 喧哗；吵闹；繁忙；欺诈；非法贸易。

**racketeer** *n.* seseorang yang menipu dalam urusniaga. 以欺诈手段经商者。 **racketeering** *n.* kegiatan haram. 以欺诈手段经商。

**raconteur** *n.* seseorang yang pandai bercerita. 善讲故事的人。

**racoon** *n.* rakun; sejenis mamalia kecil yang hidup di pokok, terdapat di Amerika Utara. 浣熊。

**racy** *a.* (*-ier, -iest*) bersemangat; rancak. 有动力的；活泼的。 **racily** *adv.* dengan bersemangat. 活泼地。

**radar** *n.* radar. 雷达。

**radial** *a.* berkenaan sinaran; jejarian; radial. 光线的；半径的；辐射状的。 ~ **ply** lapis jejarian. 防滑轮胎；加力轮胎。

**radiant** *a.* berbahang (berkenaan haba); bersinar (berkenaan cahaya); berseri-seri (berkenaan wajah). 放热的；发光的；容光焕发的。 **radiantly** *adv.* dengan bersinar; dengan berseri. 闪烁地；容颜

灿烂地。**radiance** n. cahaya; seri; sinar(an). 光辉;容光焕发;射线。

**radiate** v.t./i. bersinar; menyinari. 散发;发射(光线)。

**radiation** n. radiasi; penyinaran; pemancaran; penyebaran; bahang. 辐射;散发;放射能量;发光。

**radiator** n. radiator. 辐射体。

**radical** a. radikal; menyeluruh. 根本的;彻底的;激进的。—n. orang yang radikal. 激进党;激进分子。**radically** adv. dengan radikal. 极端地。

**radicle** n. akar ulung; radikel. 幼根;胚根。

**radio** n. (pl. -os) radio. 收音机;无线电;无线电台。—a. yang berkenaan dengan radio. 收音机的;无线电的。—v.t. menghantar isyarat dengan radio. 以无线电通讯。

**radioactive** a. radioaktif. 有辐射性的。**radioactivity** n. radioaktiviti; keradioaktifan. 辐射性;放射能。

**radiocarbon** n. radiokarbon. 辐射性碳。

**radiogram** n. radiogram. 无线电报。

**radiography** n. radiografi. 射线照相术。**radiographer** n. jururadiografi. 放射线技师。

**radiology** n. radiologi. 放射线学。**radiological** a. berkenaan radiologi. 辐射学的。**radiologist** n. pakar radiologi. 辐射学家。

**radiotheraphy** n. radioterapi. 放射线治疗法。

**radish** n. lobak putih. 萝卜。

**radium** n. radium. 镭。

**radius** n. (pl. -dii) jejari; radius. 半径;径骨。

**R.A.F.** abbr. **Royal Air Force** Angkatan Tentera Udara Diraja. (编写)英国皇家空军。

**raffia** n. rafia. 酒椰叶纤维。

**raffish** a. yang menunjuk-nunjuk. 不体面的;放荡的。**raffishness** n. perihal menunjuk-nunjuk. 放荡行为。

**raffle** n. sejenis loteri. 奖彩销售。—v.t. menawarkan sebagai hadiah loteri. 用销售奖彩的方法售卖。

**raft** n. rakit. 木筏。

**rafter** n. kasau. 椽。

**rag**[1] n. kain buruk; (derog.) akhbar picisan; (pl.) pakaian buruk dan robek. 破布;报纸;破烂衣服。

**rag**[2] v.t. (p.t. ragged) (sl.) mengusik. 戏弄。—n. (sl.) usikan; pesta kebajikan pelajar. 恶作剧;学生(为筹募慈善基金)举办的联欢会。

**ragamuffin** n. budak comot. 衣衫褴褛肮脏的人。

**rage** n. keberangan; kegilaan. 盛怒;狂热。—v.i. naik berang; (berkenaan ribut, peperangan) berterusan dengan hebatnya. 发怒;肆虐。

**ragged** a. koyak rabak; berbaju buruk dan koyak; bergerigi; tidak sama. 破烂的;衣衫褴褛的;有锯齿的;不完全的。

**raglan** n. sejenis lengan baju. 袖与领相连的上衣。

**ragout** n. sejenis masakan campuran daging dan sayur-sayuran. 一种蔬菜炖肉。

**ragtime** n. ragtime (sejenis muzik). 散拍爵士乐。

**raid** n. serangan; penggeledahan; serbuan (oleh pihak polis, dsb.). 突袭;搜索;攻击。—v.t. menyerang; menyerbu. 袭击;侵袭。**raider** n. penyerang; penyerbu. 袭击者。

**rail**[1] n. selusur; rel; landasan kereta api. 栏杆;铁轨;铁路。—v.t. memasang selusur; memagar. 围以扶手;装上栏杆。

**rail**[2] n. burung sintar. 秧鸡。

**rail**[3] v.i. mencaci maki. 责骂。

**railing** n. kisi-kisi; selusur. 栅栏;栏杆。

**raillery** n. ejekan. 开玩笑。

**railman** n. (pl. -men) pekerja kereta api. 铁路职工。

**railroad** n. (A.S.) landasan kereta api. 铁路。—v.t. bertindak kerana terdesak. 被迫使仓促行事。

**railway** *n.* landasan kereta api; pengangkutan kereta api. 火车轨道；铁路系统。 **railwayman** *n.* (pl. *-men*) pekerja kereta api. 铁路从业员。

**raiment** *n.* (*old use*) pakaian. 衣裳。

**rain** *n.* hujan; sesuatu yang melimpah-limpah. 雨水；倾泻物。—*v.t./i.* menghujani. 如雨点般落下；下雨。

**rainbow** *n.* pelangi. 彩虹。

**raincoat** *n.* baju hujan. 雨衣。

**raindrop** *n.* titisan hujan. 雨滴。

**rainfall** *n.* jumlah hujan pada sesuatu tempoh masa. 雨量。

**rainwater** *n.* air hujan. 雨水。

**rainy** *a.* (*-ier, -iest*) selalu turun hujan. 多雨的。

**raise** *v.t.* mengangkat; membangkit; menimbulkan; membela; memelihara; mendidik; mengumpul; melupuskan; menghentikan. 抬起；提升；惹起；养育；饲养；栽培；聚集；撤除；结束。—*n.* (*A.S.*) kenaikan gaji, dsb. 加薪。
**raising agent** bahan penaik. 发粉。

**raisin** *n.* kismis. 葡萄干。

*raison d'être* tujuan sesuatu itu wujud. 存在理由。

**raj** *n.* pemerintah British di India. （英国在印度的）统治；主权。

**rajah** *n.* putera raja India. 印度王侯。

**rake**[1] *n.* pencakar; penggaruk. 耙；草耙。—*v.t.* mencakar; menggeledah; menghalakan. 耙平；搜查；聚拢。**~-off** *n.* (*colloq.*) duit kopi; habuan. 佣金。**~ up** mengingat kembali kenangan pahit. 重提不愉快回忆。

**rake**[2] *n.* kecondongan sesuatu benda. 倾斜度。—*v.t.* mencondongkan. 使成倾角。

**rake**[3] *n.* orang jangak. 放荡的人。**rakish** *a.* tidak senonoh; bergaya. 游手好闲的；潇洒的。

**rally** *v.t./i.* bersatu; menyatukan; memberi tenaga baru; memberi nafas baru; memulihkan. 联合；统一；重振；重整；复原。—*n.* perhimpunan; pemulihan; pukulan (tenis); rapat; perlumbaan. 集合；恢复；网球中连续对打；群众大会；汽车赛。

**ram** *n.* biri-biri atau domba jantan; pelantak. 公羊；抽水机活塞。—*v.t.* (p.t. *rammed*) melantak; menghentak. 大力撞击；挤塞。**rammer** *n.* pelantak; penghentak. 撞锤；舂器。

**RAM** *abbr.* **random-access memory** memori capaian rawak. （缩写）电脑随机储存器。

**Ramadan** *n.* Ramadan. 回教斋戒月。

**ramble** *n.* bersiar-siar. 漫游。—*v.i.* pergi bersiar-siar; merepek (berkenaan percakapan). 漫游；漫谈。**rambler** *n.* orang yang bersiar-siar; orang yang merepek. 漫游者；漫谈者。

**ramekin** *n.* sejenis acuan kecil untuk membakar makanan. 模子。

**ramify** *v.t./i.* bercabang-cabang; bercabang; menjadi kompleks atau rumit. 分枝；分派；网状分歧；变得错综复杂。**ramification** *n.* pencabangan; kesan yang merumitkan. 分枝状；分歧。

**ramp**[1] *n.* tanjakan; landas angkat. 坡道；客机移动梯。

**ramp**[2] *n.* (*sl.*) penipu. 骗徒。

**rampage**[1] *v.i.* mengamuk. 狂暴地举动。

**rampage**[2] *n.* amuk. 狂暴行动。**on the ~** mengamuk. 暴怒。

**rampant** *a.* berleluasa; mendompak. 猖獗的；用后脚站立的。

**rampart** *n.* benteng; kubu; baluarti. 城墙；堡垒；壁垒。

**ramrod** *n.* **like a ~** berdiri tegak. 保持僵直。

**ramshackle** *n.* usang. 象要倒塌的。

**ran** *n. lihat* **run**. 见 **run**。

**ranch** *n.* ladang ternak. 北美的大牧场；饲养场。—*v.i.* berternak. 经营农场。

**rancher** *n.* penternak. 牧场管理人。

**rancid** *a.* tengik; perat. 腐臭的；恶臭油脂味的。**rancidity** *n.* rasa perat. 腐臭气味。

**rancour** *n.* dendam kesumat. 怨恨。**rancorous** *a.* bersifat dendam. 深仇的。

**rand** *n.* mata wang di negara Afrika Selatan. 南非钱币。

**random** *a.* sembarang; rawak. 随便的；随意的。—*n.* **at ~** sembarangan. 随便地。**~-access memory** (dalam komputer) ingatan capaian rawak. 电脑记忆体。

**randomness** *n.* kerawakan. 随意。

**randy** *a.* (*-ier, -iest*) gasang; bernafsu; (*Sc.*) lasak. 淫荡的；好色的；喧闹的。**randiness** *n.* kegasangan. 欲望。

**ranee** *n.* isteri atau balu raja (India). (印度) 王妃；王侯夫人。

**rang** *lihat* **ring**². 见 **ring**²。

**range** *n.* barisan; julat; lingkungan; had; jarak; tempat latihan menembak; banjaran; dapur. 排；范围；界限；距离；幅度；靶场；山脉；炉灶。—*v.t./i.* membariskan; menderetkan; dalam lingkungan; merayau-rayau. 排列；列入范围里；徘徊。

**rangefinder** *n.* penjulat; alat mengukur jarak. 测距器。

**ranger** *n.* penjaga taman atau hutan. 森林看守人。**Ranger** ahli pasukan Renjer. 皇家森林看守者。

**rangy** *a.* (*-ier, -iest*) tinggi dan kurus. 又高又瘦的。

**rank**¹ *n.* barisan; peringkat; taraf; darjat; pangkat; kedudukan; (*pl.*) askar pangkat biasa. 横列；等级；阶层；阶级；军衔；地位；身分；士兵。—*v.t./i.* membaris; menyusun; meletakkan; menempatkan. 排列；列有；安置；分类。**the ~ and file** tentera biasa. 普通士兵。

**rank**² *a.* (*-er, -est*) tumbuh subur; penuh lalang; busuk. 茂盛的；杂草丛生的；腥臭的；极坏的；下流的。**rankness** *n.* kesuburan. 肥沃；极恶毒行为。

**rankle** *v.i.* menyakitkan hati. 使人痛心。

**ransack** *v.t.* menggeledah; merompak. 彻底搜索；洗劫。

**ransom** *n.* wang tebusan. 赎金。—*v.t.* meminta atau membayar wang tebusan. 付赎金；索取赎金。

**rant** *v.i.* berhujah dengan berapi-api. 高声粗暴地讲说。

**rap** *n.* tumbukan kilat; bunyi ketukan; (*sl.*) teguran. 敲；敲击声；责骂。—*v.t./i.* (*p.t. rapped*) menumbuk; mengetuk; (*sl.*) menegur. 敲击；责备。**~ out** menegur dengan keras. 厉声责骂。

**rapacious** *a.* tamak; haloba; menjarah. 贪婪的；贪心的；强夺的。**rapacity** *n.* ketamakan; penjarakan. 贪欲；抢夺。

**rape**¹ *v.t.* merogol; memperkosa. 强奸；蹂躏。—*n.* rogol; perkosaan. 强奸；蹂躏。

**rape**² *n.* sesawi (sejenis tumbuhan). 芸台。

**rapid** *a.* tangkas; pantas; cepat. 敏捷的；迅速的；快的。**rapidly** *adv.* dengan tangkas; dengan cepat; dengan pantas. 迅速地；动作快地。**rapidity** *n.* ketangkasan; kecepatan. 迅速；急促。

**rapids** *n.pl.* jeram. 急流。

**rapier** *n.* sejenis pedang bermata dua. 一种细长的两刃利剑。

**rapist** *n.* perogol. 强奸者。

**rapport** *n.* perhubungan yang baik. 密切关系。

**rapprochement** *n.* pemulihan hubungan baik. 恢复邦交。

**rapscallion** *n.* (*old use*) bangsat. 恶棍。

**rapt** *a.* asyik. 全神贯注的。**raptly** *adv.* dengan asyiknya. 全神地。

**raptorial** *a. & n.* burung atau haiwan pemangsa. 猛禽类 (的)。

**rapture** *n.* keseronokan; keghairahan. 狂喜；大喜。**rapturous** *a.* ghairah; seronok. 狂喜的；感到狂欢的。**rapturously** *adv.* dengan seronoknya; dengan ghairahnya. 狂欢地；大喜地。

**rare**¹ *a.* (*-er, -est*) jarang terjumpa; luar biasa; amat baik. 罕有的；稀有的；杰出的。**rarely** *adv.* jarang-jarang. 罕有地；难得。**rareness** *n.* hal jarang terdapat; keanehan; keajaiban. 稀罕；奇异；奇妙。

**rare**² *a.* (*-er, -est*) setengah masak. 半熟的。

**rarebit** *n. lihat* **Welsh rabbit**. 见 **Welsh rabbit**。

**rarefield** *a.* bertekanan rendah, nipis. 气压稀薄的。 **rarefaction** *n.* penipisan. 稀薄化。

**raring** *a.* (*colloq.*) tak menyempat; tak sabar-sabar. 渴望的。

**rarity** *n.* keanehan; perihal jarang ditemui. 珍奇；稀有。

**rascal** *n.* penipu; pengacau; bangsat. 骗子；捣蛋鬼；流氓。 **rascally** *adv.* dengan menipu; keji; jahat. 不诚实地；卑鄙地；狡猾地。

**raschel** *n.* sejenis fabrik yang dikait jarang-jarang. 一种纺织品。

**rash**¹ *n.* ruam. 疹。

**rash**² *a.* (*-er, -est*) terburu-buru. 急躁的。

**rashly** *adv.* dengan terburu-buru. 轻率地。 **rashness** *n.* keadaan terburu-buru. 鲁莽。

**rasher** *n.* daging khinzir yang dipotong nipis-nipis. 咸肉火腿的薄片。

**rasp** *n.* kikir jantan; (bunyi) keritan; geritan. 锉刀；刺耳声；磨擦声。 —*v.t./i.* mengikir; bercakap dengan suara garau. 发出刺耳声；用锉子锉。

**raspberry** *n.* raspberi. 覆盆子；山莓。

**Rastafarian** *n.* Rastafarian (ahli kumpulan agama di Jamaica). 牙买加的回教徒。

**rat** *n.* tikus; penipu; bacul (berkenaan orang). 老鼠；骗子；叛徒。 —*v.i.* (*p.t. ratted*) ~ **on** berpaling tadah. 变节；叛变。 ~ **race** berlumba-lumba untuk berjaya. 激烈的竞争。

**ratafia** *n.* ratafia (sejenis biskut). 杏仁甜饼；杏仁甜酒。

**ratchet** *n.* gear sehala. 棘轮装置。

**rate**¹ *n.* kadar (tentang kuantiti); perbandingan; kelajuan; kadar (berkenaan cukai); (*pl.*) kadar (tentang bayaran). 比率；比例；速度；价格。 —*v.t./i.* menak-

sir; menganggap; (*A.S.*) layak; menilai. 评价；认为；值得；估价。 **at any ~** walau bagaimanapun; setidak-tidaknya. 无论如何。

**rate**² *v.t.* menegur dengan marah. 怒斥。

**rateable** *a.* boleh dikenakan cukai. 可课税的。

**rather** *adv.* agak; lebih tepat; lebih suka; ya; sungguh. 颇；更确实；宁愿；当然；相当。

**ratify** *v.t.* mengesahkan; menguatkan. 正式批准。 **ratification** *n.* pengesahan. 承认。

**rating** *n.* kadar; pemeringatan. 估价；等级。

**ratio** *n.* (*pl. -os*) nisbah. 比率。

**ratiocinate** *v.i.* menaakul secara logik. 推论。 **ratiocination** *n.* penaakulan secara logik. 推理。

**ration** *n.* catuan makanan. 定量配给。 —*v.t.* mencatu. 定量配给。

**rational** *a.* rasional; waras; wajar. 通情理的；理性的；合理的。 **rationally** *adv.* dengan rasional; dengan waras; dengan wajar. 有理智地；合情理地。 **rationality** *n.* kewarasan; kewajaran; kerasionalan. 理性；合理。

**rationale** *n.* rasional; sebab asas; asas yang logik. 基本原理；原理说明。

**rationalism** *n.* rasionalisme. 理性主义。

**rationalist** *n.* rasionalis. 理性论者。 **rationalistic** *a.* rasionalistik. 理性主义的。

**rationalize** *v.t.* membuat sesuatu itu wajar; memberi penjelasan yang waras. 使理性化；以合乎理性的态度解释。

**rationalization** *n.* perihal memberi rasional. 理论性说明。

**rattan** *n.* pokok rotan; rotan. 藤树；藤。

**rattle** *v.t./i.* menggemerencing; berdetar-detar; (*sl.*) membuat berdebar-debar (berkenaan hati). 发出嘎嘎声；使发出卡答声响；使紧张。 —*n.* detaran; bunyi gemerencing; sejenis barang permainan yang mengeluarkan bunyi gemerencing.

喋喋声；嘎嘎作响的玩具。~ **off** berkata-kata dengan cepat. 急促地背诵。

**rattlesnake** *n.* sejenis ular berbisa. 响尾蛇。

**rattling** *a.* berbunyi gemerencing; yang bergerak cergas. 发出嘎嘎声的；急速的。—*adv.* (*colloq.*) amat. 非常。

**ratty** *a.* (-ier, -iest) (*sl.*) marah. 生气的。

**raucous** *a.* garau. 沙哑的。**raucously** *adv.* dengan garau. 沙哑地。**raucousness** *n.* kegarauan. 粗哑。

**raunchy** *a.* (-ier, -iest) (*A.S.*) galak; nampak murah; kurang sopan. 猥亵的；低贱的；无礼的。**raunchily** *adv.* dengan galak. 下流地。

**ravage** *v.t.* merosakkan; menjahanamkan. 破坏；荼毒。

**ravages** *n.pl.* kerosakan. 破坏。

**rave** *v.i.* menengking-nengking; meraban; bercakap dengan ghairah; memuji-muji. 咆哮；胡说；夸奖。

**ravel** *v.t./i.* (p.t. *ravelled*) mengusutkan; menjadi kusut. 使错综复杂；纠缠。

**raven**[1] *n.* sejenis gagak. 乌鸦。—*a.* hitam berkilat (rambut, bulu). 乌亮的。

**raven**[2] *v.t./i.* ganas mencari mangsa; membaham. 掠夺猎物；狼吞虎咽。

**ravenous** *a.* sangat lapar. 极饿的。**ravenously** *adv.* dengan laparnya; dengan lahapnya. 极饿地；狼吞虎咽地。

**ravine** *n.* jurang. 峡谷。

**raving** *a.* meracau; betul-betul. 语无伦次的；疯狂的；显要的。

**ravioli** *n.* sejenis masakan orang Itali campuran pasta dan daging. 意大利式饺子。

**ravish** *v.t.* memperkosa; mempesonakan. 强奸；被迷惑。

**raw** *a.* (-er, -est) mentah; kasar; tidak berpengalaman; tidak terlatih; melecet; yang tidak berkelim; lembap. 未煮过的；粗的；无经验的；未训练的；擦伤的；未加衣边的；潮湿的。—*n.* tempat melecet pada kulit. 擦伤处。~ **boned** *a.* kurus cengkung. 瘦削的。~ **deal** layanan yang tidak patut. 不公平的待遇。**rawness** *n.* kementahan; kemelecetan. 半生不熟；擦伤。

**rawhide** *n.* belulang; kulit yang belum disamak. 生皮；生皮鞭。

**ray**[1] *n.* ikan pari. 鳐鱼。

**ray**[2] *n.* sinar; bayangan (harapan, dll.); sinaran. 光线；希望之微光；射线。

**rayon** *n.* rayon; sejenis benang atau fabrik buatan. 人造丝。

**raze** *v.t.* merobohkan; meranapkan. 使坍塌；夷为平地。

**razor** *n.* pisau cukur. 剃刀。

**razzle** *n.* on the ~ (*sl.*) berseronok-seronok. 瞎闹。

**razzmatazz** *n.* kegembiraan; publisiti yang berlebih-lebihan. 兴奋；华丽炫耀。

**R.C.** *abbr.* **Roman Catholic** Roman Katolik. (缩写) 罗马天主教。

**re** *prep.* berkenaan dengan; tentang. (前缀) 表示"关于；对于"。

**re-** *pref.* semula; berlaku semula. (前缀) 表示"再次；重复"。

**reach** *v.t./i.* sampai; tiba; meliputi; menghulurkan tangan; berhubung dengan; mencapai. 抵达；延伸；取得；联系；达致。—*n.* jangkauan; kemampuan; bahagian sungai. 伸手；能力范围；河域。

**reachable** *a.* yang dapat dijangkau, dicapai atau dihubungi. 伸手可取到的；可达到的；可联络到的。

**react** *v.i.* bertindak balas; memberikan reaksi. 反应；起化学作用。**reactive** *a.* reaktif. 反应性的。

**reaction** *n.* balasan; reaksi; tindak balas. 反应；感应；化学反应。

**reactionary** *a. & n.* penentang kemajuan; reaksioner. 反动主义(的)；保守(的)。

**reactor** *n.* reaktor. 核子反应炉。

**read** *v.t./i.* (p.t. *read*) membaca; terbaca; mentafsir; menunjukkan. 阅读；理解；获悉；显示。—*n.* (*colloq.*) bacaan. 读本。~**-only memory** ingatan baca sahaja (tentang komputer). 电脑唯读储存器。

**readable** *a.* seronok dibaca; dapat dibaca. 易读的;可读的。**readably** *adv.* dengan cara dapat dibaca. 可读地。**readability** *n.* kebolehbacaan. 可读程度。

**readdress** *v.t.* mengubah alamat pada sampul surat. 更改收信人地址。

**reader** *n.* pembaca; pensyarah kanan; buku bacaan; buku yang mengandungi petikan-petikan sebagai latihan membaca. 读者;高级讲师;助教;读本;读数器。

**readership** *n.* pembaca; jawatan profesor madya. 读者们;讲师身分。

**readily** *adv.* bersedia; dengan senangnya. 有准备地;容易地。

**readiness** *n.* kesediaan. 准备。

**readjust** *v.t./i.* mengubah semula; menyesuaikan diri semula. 重新调整;再整理。**readjustment** *n.* perihal mengubah semula. 重新调整。

**ready** *a.* (*-ier, -iest*) siap; rela; bersedia; cepat; lekas. 准备妥当的;情愿的;迅速的;将要的。—*adv.* bersedia. 预先地。**at the ~** bersedia untuk. 准备面对。**~ made** *a.* pakaian beli siap. 现成的。**~ reckoner** kumpulan jawapan daripada kiraan yang diperlukan dalam perniagaan. 计算便览;简便计算表。

**reagent** *n.* bahan uji; reagen (sejenis bahan yang digunakan untuk menghasilkan reaksi kimia). 试药;化学试剂。

**real** *a.* nyata; betul; sebenar; tetap (harta). 实际的;真实的;不动产的。—*adv.* (*Sc. & A.S. colloq.*) sebenarnya; amat. 确实地;很。

**realism** *n.* realisme. 现实主义。**realist** *n.* realis. 现实主义者。

**realistic** *a.* realistik; sewajarnya. 现实主义的;写实的。**realistically** *adv.* secara realistik. 写实地。

**reality** *n.* kenyataan. 实事;现实;真实。

**realize** *v.t.* menyedari; mengerti; melaksanakan; memperoleh wang daripada menjual saham, dll.; menghasilkan. 领悟;了解;实现;变卖;获利。**realization** *n.* kesedaran. 体会;了解;实现。

**really** *adv.* sebenarnya; sesungguhnya; betul-betul. 真实地;实际地;确实地。

**realm** *n.* negeri; kawasan; daerah; alam. 王国;国土;地区;领域。

**ream** *n.* rim; (*pl.*) sejumlah besar bahan tulisan. 令 (纸张计数单位,一令约500张);大量。

**reap** *v.t.* mengetam; menuai; menerima akibat. 收割;割取;获得。**reaper** *n.* pengetam; alat mengetam. 刈者;收割机。

**reappear** *v.i.* muncul semula. 重现。

**reappraisal** *n.* penilaian semula. 再评价。

**rear**[1] *n.* belakang. 后部。—*a.* terletak di belakang. 后面的。**bring up the ~** terbelakang. 殿后;在后。**~ admiral** *n.* laksamana muda. 海军少将。**rearmost** *a.* paling belakang. 最后的。

**rear**[2] *v.t./i.* memelihara (kanak-kanak); menternak (binatang); menanam (tanaman); mendirikan; (berkenaan kuda) mendompak; menegakkan. 抚养;饲养;栽种;建立;(马)提高前脚;竖立。

**rearguard** *n.* pasukan belakang (berkenaan tentera). 军队后卫。

**rearm** *v.t./i.* melengkapkan semula dengan senjata. 重整军备。**rearmament** *n.* persenjataan semula. 重新武装。

**rearrange** *v.t.* menyusun atau mengatur semula. 重整;再排列。**rearrangement** *n.* penyusunan semula. 重新整理。

**rearward** *a., adv. & n.* belakang; ke belakang; barisan belakang. 后面(的);向后(的);在末尾(的)。**rearwards** *adv.* ke belakang. 向后地。

**reason** *n.* tujuan; sebab; kewarasan; alasan. 动机;理性;理智;理由;判断力。—*v.t./i.* membuat keputusan. 推论。**~ with** diajak berunding. 规劝。

**reasonable** *a.* boleh diajak berunding; berfikiran waras; patuh; munasabah; patut. 知理的;能思考的;合理的;公道的;适度的。**reasonably** *adv.* dengan munasabah. 合理地。

**reassemble** *v.t./i.* menyusun semula; berhimpun semula. 重新召集；再聚集。

**reassure** *v.t.* meyakinkan; menenangkan. 恢复信心；使安心。 **reassurance** *n.* perihal meyakinkan atau menenangkan. 信心之恢复；安心。

**rebarbative** *a.* menimbulkan rasa jijik; menggerunkan. 厌烦的；可恼的。

**rebate** *n.* rebet; potongan harga. 折扣。

**rebel**[1] *n.* pemberontak. 反叛者。

**rebel**[2] *v.i.* (*p.t.* *rebelled*) memberontak; menentang; melawan. 反叛；反抗；不从。 **rebellion** *n.* pemberontakan. 造反。

**rebellious** *a.* yang suka melawan; yang derhaka. 谋反的；顽强的。

**rebound**[1] *v.i.* memantul; melambung. 弹回；反弹。

**rebound**[2] *n.* perbuatan melantun; lantunan. 跳回；反弹。 **on the ~** selepas mengalami kekecewaan. 重新振作。

**rebuff** *v.t. & n.* menolak. 断然拒绝。

**rebuild** *v.i.* (*p.t.* *rebuilt*) membina semula. 重建。

**rebuke** *v.t.* menegur. 斥责。 —*n.* teguran. 指责。

**rebus** *n.* teka-teki *rebus*; teka-teki bergambar. 画谜。

**rebut** *v.t.* (*p.t.* *rebutted*) menangkis; menyangkal. 反驳；拒绝。 **rebuttal** *n.* tangkisan; penyangkalan. 辩驳；拒绝。

**recalcitrant** *a.* degil; keras kepala. 顽固的；固执的。 **recalcitrance** *n.* kedegilan. 顽固。

**recall** *v.t.* memanggil balik; mengingati; mengingat kembali. 召回；回想起；记起。 —*n.* arahan panggil balik. 召回。

**recant** *v.t./i.* menarik balik; mengakui tidak benar; meninggalkan. 撤回；取消自己主张；撤消。 **recantation** *n.* penarikan balik; pengakuan tidak benar. 取消；撤回。

**recap** *v.t.* (*p.t.* *recapped*) (*colloq.*) menggulung. 简述要旨。 —*n.* (*colloq.*) penggulungan. 重述要点。

**recapitulate** *v.t./i.* menggulung. 重述要点。 **recapitulation** *n.* penggulungan. 要点重加申述。

**recapture** *v.t.* menangkap semula; merasai semula. 再捕获；回忆。 —*n.* penawanan semula. 重获之物。

**recce** *n.* (*sl.*) peninjauan; pengintipan. 侦察；探索。

**recede** *v.i.* surut; semakin jauh; menyusut; merosot. 退潮；倒退；减退；降低。

**receipt** *n.* resit; tanda terima. 收据；收条。 —*v.t.* tanda (pada bil) sebagai sudah dibayar. 开收据；承认收到。

**receive** *v.t.* menerima; memperoleh; menyambut (ketibaan, kedatangan). 收到；取得；接待。

**receiver** *n.* penerima; orang yang menerima barang-barang curian; penerima utusan; gagang (telefon). 收受者；收赃人；接收器；电话听筒。

**recent** *a.* yang terjadi baru-baru ini; kebelakangan. 新近的；近来的；近代的。 **recently** *adv.* baru-baru ini. 最近。

**receptacle** *n.* bekas; wadah. 容器；贮藏器；插座。

**reception** *n.* sambutan; penyambut; dewan tetamu. 欢迎；接见；接待处。

**receptionist** *n.* penyambut tetamu. 接待员。

**receptive** *a.* mudah menerima. 感受性敏锐的。 **receptiveness** *n.* perihal mudah menerima. 强烈的感受性。 **receptivity** *n.* sikap mudah menerima. 接纳能力。

**recess** *n.* ceruk; relung; waktu rehat. 凹处；凹面；休息。 —*v.t.* membuat relung atau ceruk. 使凹进；置于隐蔽处；休息。

**recession** *n.* pengunduran; kemerosotan; kemelesetan. 萧条；衰落；经济不景气。

**recessive** *a.* merosot; resesif. 衰退的。

**recherché** *a.* terpilih. 精选的。

**recidivist** *n.* residivis (orang yang tidak serik membuat jenayah). 常犯罪的人；惯犯。

**recipe** *n.* resipi; cara memperoleh sesuatu. 食谱;秘方。

**recipient** *n.* orang yang menerima sesuatu. 领受者。

**reciprocal** *a.* menyaling; bertimbal balik. 相互的;交互的。—*n.* salingan (berkenaan matematik, seperti $2/3$ dengan $3/2$). 倒数。 **reciprocally** *adv.* dengan bertimbal balik. 相互地。 **reciprocity** *n.* sifat timbal balik; kesalingan.相互性;相互作用;互惠主义。

**reciprocate** *v.i.* membalas; tukar-menukar; bergerak maju mundur. 回报;互换;往复来回。 **reciprocation** *n.* pembalasan. 图报。

**recital** *n.* bacaan; cerita; resital. 吟诵;故事;独奏会;独唱会。

**recitation** *n.* pembacaan; bahan bacaan. 吟踊;读本。

**recitative** *n.* resitatif; penyampaian berentak. 叙唱调;吟诵部分。

**recite** *v.t.* melafaz; menyebutkan. 背诵;详述。

**reckless** *a.* tidak berhati-hati. 鲁莽的。 **recklessly** *adv.* dengan tidak berhati-hati. 不注意地。 **recklessness** *n.* tabiat yang tidak berhati-hati. 鲁莽;粗心。

**reckon** *v.t./i.* menghitung; memasukkan; menganggap. 计算;算入;断定。 ~ **with** memperhitungkan. 估计。

**reckoner** *n.* alat untuk menghitung. 计算手册。

**reclaim** *v.t.* tebus semula; menebus guna. 要求归还;废物利用。 **reclamation** *n.* penebusgunaan. 再造利用。

**recline** *v.t./i.* baring. 横卧。

**recluse** *n.* orang yang menyendiri; orang yang bertapa. 遁世者;隐士。

**recognition** *n.* penghargaan; pengakuan; pengiktirafan. 认知;承认;认可。

**recognizance** *n.* jaminan yang dibuat kepada mahkamah (hakim); ikatan. 保证金;法庭具结。

**recognize** *v.t.* mengenali; sedar; mengakui. 认识;辨认出;承认。 **recognizable** *a.* dapat dikenali; yang disedari. 可被认出的;被承认的。

**recoil** *v.i.* melompat ke belakang; undur ke belakang; tersentak; menganjal. 弹回;退却;起反应;跳回。—*n.* anjalan.弹回。

**recollect** *v.t.* mengingat kembali. 回想起。 **recollection** *n.* ingatan kembali. 回忆。

**recommend** *v.t.* menasihati; mengajukan; mencadangkan; mengesyorkan. 劝告;建议;提议;推荐。 **recommendation** *n.* rekomen; cadangan; syor. 推荐;提议。

**recompense** *v.t.* membayar ganti rugi. 赔偿。—*n.* bayaran ganti rugi. 补偿金。

**reconcile** *v.t.* berdamai; terpaksa menyesuaikan diri (berkenaan sesuatu yang tidak menyenangkan); menyesuaikan (dengan keadaan). 使和解;使顺从。 **reconciliation** *n.* pendamaian; penyesuaian. 调解;和好。

**recondite** *a.* kabur; tidak jelas. 隐藏的;深奥的。

**recondition** *v.t.* memperbaiki; membetulkan. 修复;使恢复良好状态。

**reconnaissance** *n.* peninjauan; pengintipan. 侦察;勘察;预先调查。

**reconnoitre** *v.t./i.* (pres.p. -*tring*) meninjau; mengintai; mengintip. 侦察;勘察。

**reconsider** *v.t./i.* mempertimbangkan semula. 重新考虑。 **reconsideration** *n.* pertimbangan semula. 重新斟酌。

**reconstitute** *v.t.* membentuk semula. 再构成。 **reconstitution** *n.* pembentukan semula. 重构。

**reconstruct** *v.t.* membina semula. 重建。 **reconstruction** *n.* pembinaan semula. 再建。

**record**[1] *v.t.* mencatat; mendaftar; merakamkan ke piring hitam; menunjukkan. 记录;记载;录制;标示。

**record**[2] *n.* rekod; catatan; laporan; piring hitam. 记录;记事;报告;唱片;履历;最高纪录。—*a.* sesuatu yang terbaik pernah direkodkan. 创记录的. **off the ~** secara tak rasmi. 非正式的。 **~-player** *n.* alat pemutar atau pemain piring hitam. 唱机。

**recorder** *n.* pencatat; tukang rekod (sesuatu); rekoder. 记录器；记录员；录音机；直笛。

**recordist** *n.* tukang rekod (bunyi). 录音员。

**recount** *v.t.* menceritakan dengan panjang lebar. 详细述说。

**re-count** *v.t.* membilang semula; mengira semula. 重新计算；重数。—*n.* hitungan semula. 复算。

**recoup** *v.t.* membayar ganti rugi; mendapatkan balik. 赔偿；收回。

**recourse** *n.* tempat meminta tolong; jalan keluar. 求助之对象. **have ~ to** meminta bantuan. 求助于。

**recover** *v.t./i.* mendapat semula; mencari; sembuh; pulih. 取回；弥补；痊愈；复元。 **recovery** *n.* hal mendapat kembali. 复原。

**recreation** *n.* rekreasi; bersenang-senang; berehat. 娱乐；消遣；休养. **recreational** *a.* mengenai rekreasi. 消遣的。

**recriminate** *v.i.* membalas tuduhan. 反控。 **recrimination** *n.* tuduh-menuduh. 互相控告。 **recriminatory** *a.* (bersifat) tuduh-menuduh. 反控告的。

**recrudesce** *v.i.* berbalik semula; datang lagi. 再发作；复发. **recrudescence** *n.* perihal berbalik semula atau datang lagi. 发作；复发. **recrudescent** *a.* yang muncul kembali. 复发的。

**recruit** *n.* rekrut. 新兵. —*v.t.* mengerahkan; mengambil; dijadikan rekrut; memulihkan. 征召；募集新兵；恢复。 **recruitment** *n.* pergerakan; pengambilan. 添补新兵。

**rectal** *a.* mengenai rektum. 直肠的。

**rectangle** *n.* segi empat tepat. 长方形。

**rectangular** *a.* bersegi empat tepat. 长方形的。

**rectify** *v.t.* membetulkan; menjernihkan; menukarkan kepada arus terus. 改正；蒸馏精炼；整流。

**rectification** *n.* rektifikasi; pembetulan. 矫正. **rectifier** *n.* pembetul, pembaik; (alat) penerus. 修正者；矫正者。

**rectilinear** *a.* terbentuk daripada garisan lurus. 直线的。

**rectitude** *n.* kejujuran. 正直可靠。

**recto** *n.* (pl. *-os*) halaman buku sebelah kanan; bahagian hadapan muka surat. 书的右页；纸的正面。

**rector** *n.* paderi; rektor (ketua sekolah, kolej atau universiti). 校长；牧师；教区长。

**rectory** *n.* tempat tinggal rektor. 教区长或校长的住宅。

**rectum** *n.* rektum; usus akhir. 直肠。

**recumbent** *a.* terbaring. 躺着的。

**recuperate** *v.t./i.* berehat untuk sembuh. 休养. **recuperation** *n.* perihal berehat untuk sembuh. 恢复健康。

**recuperative** *a.* berkenaan rehat untuk sembuh; bersifat menyembuhkan. 复原的；具恢复力的。

**recur** *v.i.* (p.t. *recurred*) berulang lagi. 再发生。

**recurrent** *a.* yang berulang lagi. 再重现的. **recurrence** *n.* perulangan. 重复。

**recurve** *v.t./i.* melengkung semula. 曲回；折回。

**recusant** *n.* orang yang enggan patuh. 不屈从者。

**recycle** *v.t./i.* mengguna semula; mengitar semula. 再制；再循环。

**red** *a.* merah; kemerah-merahan; komunis (tentang fahaman). 红色的；通红的；共产主义的. —*n.* (warna) merah; (orang) komunis. 红色；红染料；共党分子. **in the ~** berhutang. 负债. **~ carpet** permaidani merah; sambutan atau layanan terbaik bagi pelawat yang terpenting. 隆重接待. **Red Crescent** Bulan Sabit Merah. 红新月会. **~-handed** *a.* tertangkap sedang melakukan kejahatan. 当场被捕. **~ herring** *n.* tipu muslihat; umpan. 阴谋；诡计. **~-hot** *a.* merah menyala. 炽热的。 **Red Indian** penduduk asli Amerika. 红印第安人。~ **letter day** hari yang sangat menggembirakan. 纪念日。 ~ **light** lampu merah. 交通红灯。~ **tape** pita merah; peraturan. 官厅的公事程序。 **redly** *adv.* dengan merah. 带红色。 **redness** *n.* kemerahan. 红色。

**redbreast** *n.* burung robin. 知更鸟。

**redbrick** *a.* (berkenaan universiti) ditubuhkan dalam abad ke-19 atau terkemudian. (大学)于十九世纪后设立的。

**redcurrant** *n.* buah kismis merah. 红葡萄。

**redden** *v.t./i.* menjadi merah. 变红。

**reddish** *a.* kemerahan. 带红色的。

**redeem** *v.t.* menebus; menyelamatkan; bertaubat. 赎回；救赎；补救。 **redemption** *n.* penebusan; penyelamatan. 补救。

**Redeemer** *n.* Penyelamat (berkenaan Christ). 救世主。

**redeploy** *v.t.* menugaskan semula. 调动。 **redeployment** *n.* penugasan semula (tugas). 重作部署。

**redhead** *n.* orang yang berambut kemerah-merahan. 红发之人。

**rediffusion** *n.* penyiaran (berkenaan siaran radio). 无线电或电视节目的转播

**redirect** *v.t.* menghantar ke alamat baru; dilencongkan; mengalihkan. 重新缮寄。 **redirection** *n.* penghantaran ke alamat baru; pelencongan. 改寄。

**redolent** *a.* harum semerbak; terkenang kembali. 芬芳的；令人回味的。 **redolence** *n.* keharuman. 芬芳。

**redouble** *v.t.* melipatgandakan. 加倍。

**redoubt** *n.* kubu. 堡垒。

**redoubtable** *a.* hebat; disegani; patut ditakuti. 可怕的。

**redound** *v.i.* berbalik. 归返。

**redress** *v.i.* membetulkan. 矫正。 —*n.* pembetulan. 修正。

**redshank** *n.* sejenis burung kedidi. 赤足鹬。

**redstart** *n.* sejenis burung berekor merah dan berbunyi merdu. 红尾鸲。

**reduce** *v.t./i.* mengurangkan; menurunkan; mengecilkan; menjadikan; menjadi; membetulkan (tulang patah). 减少；降低；减缩；简化；使变为；还白。 **reduction** *n.* potongan. 折扣。

**reducible** *a.* dapat dikurangkan. 可减少的。

**redundant** *a.* berlebihan; yang lebih. 多余的；过多的。 **redundancy** *n.* lebihan. 累赘；多余物。

**reduplicate** *v.t.* mengulangi. 重复。 **reduplication** *n.* pengulangan. 反复。

**redwood** *n.* redwood (sejenis kayu yang kukuh dan berwarna kemerah-merahan). 红棕色木材。

**re-echo** *v.t./i.* bergema-gema. 再回响。

**reed** *n.* mensiang. 芦苇。

**reedy** *a.* (tentang suara) nyaring. 声音尖锐的。 **reediness** *n.* kenyaringan. 声音尖响。

**reef** *n.* terumbu; permatang. 暗礁；礁石。 —*v.t.* memendekkan (layar). 收帆。 ~ **knot** *n.* simpul buku sila. 方结。

**reefer** *n.* sejenis jaket tebal; (*sl.*) rokok yang mengandungi ganja. 双排钮水手短上衣；含大麻香烟。

**reek** *n.* bau hapak. 恶臭味。 —*v.i.* berbau hapak. 发出强烈臭味。

**reel** *n.* gelendong; sejenis tarian rakyat di Scotland. 线轴；苏格兰双人舞蹈。 —*v.t./i.* menggulung atau melilitkan pada gelendong; terhuyung-hayang. 卷绕；摇摆。 ~ **off** menyebut dengan lancar. 流畅地讲述。

**re-enter** *v.t./i.* masuk semula ke (dalam); memasukkan semula nama seseorang. 再进入；再登记。 **re-entrant** *a.* (sudut) menghala ke dalam. 再进入的。 **re-entry** *n.* kemasukan semula; masuknya semula (kapal angkasa). 再进入；重返大气层。

**reeve**[1] *n.* (*old use*) ketua majistret. 市邑长官；地方官。

**reeve**[2] *v.t.* (p.t. *rove*) memasukkan melalui gelung, simpai. 将绳索穿过缚紧。

**refectory** *n.* dewan makan. （修道院或学院等的）餐厅。

**refer** *v.t./i.* (p.t. *referred*) ~ **to** merujuk; ditujukan; mengarahkan. 提到；参考；归之于。

**referable** *a.* dapat dirujuk. 可参考的。

**referee** *n.* pengadil. 裁判员；仲裁人；推荐人。—*v.t.* (p.t. *refereed*) menjadi pengadil; mengadili. 仲裁；裁判。

**reference** *n.* rujukan (bahan); surat akuan; penyokong. 参照；推荐信；证明人。**in** atau **with ~ to** berkaitan dengan. 关于。 **~ book** buku rujukan. 参考书。**~ library** perpustakaan rujukan. 参考书阅览室。

**referendum** *n.* (pl. *-ums*) referendum. 公民投票。

**referral** *n.* rujukan. 指点。—*v.t.* merujuk. 参考。

**refill**[1] *v.t./i.* mengisi semula. 再注满。

**refill**[2] *n.* tambahan; pengisi. 再填满；置换物。

**refine** *v.t.* menapis; bersopan santun. 精炼；使文雅。**refined** *a.* yang bersopan santun. 精制的；文雅的。

**refinement** *n.* penapisan; kesopanan (tentang tabiat); kebaikan; kehalusan (tentang mutu). 精制；文雅；改良。

**refiner** *n.* penapis. 精制机；精制者。

**refinery** *n.* kilang penapis. 精制厂。

**refit**[1] *v.t.* (p.t. *refitted*) memperbaharui alat. 重新装配；整修。**refitment** *n.* perlengkapan semula. 改装；整修。

**refit**[2] *n.* pembaikan. 修理。

**reflate** *v.t.* memulihkan (sistem kewangan). 使通货膨胀。**reflation** *n.* pemulihan; reflasi. 通货膨胀。**reflationary** *a.* bersifat memulih. 通货再膨胀的。

**reflect** *v.t./i.* memantul (cahaya, haba); mencerminkan; menggambarkan; menunjukkan; membayangkan; berfikir dalam-dalam; mengenang kembali. 反射；反映；表达；思考；反省。**reflection** *n.* pantulan. 反射。

**reflective** *a.* memantul; termenung; berfikir. 沉思的；反射的。

**reflector** *n.* pemantul. 反射器。

**reflex** *n.* refleks; kamera refleks. 反射；反射式照相机。—*a.* refleks. 反射的。 **~ action** tindakan refleks. 反射作用。**~ angle** sudut refleks. 优角。**~ camera** kamera refleks. 反射式照相机。

**reflexive** *a.* & *n.* (kata, bentuk) yang menunjukkan bahawa perbuatan si pembuat itu ialah ke atas dirinya sendiri; refleksif. 反身（的）；反射（的）。

**reflexology** *n.* refleksologi; sistem urut poin pada tapak kaki, tangan dan kepala. 反射论；按摩脚部的反射疗法。 **reflexologist** *n.* pakar refleksologi. 反射论专家。

**reflux** *n.* aliran ke belakang. 逆流。

**reform** *v.t./i.* membuat pembaharuan; memperbaiki. 改革；改造。**reformer** *n.* pemulih. 改革者。

**reformation** *n.* pembaharuan; reformasi. 革新。

**reformative** *a.* bersifat memperbaharui. 改革的。

**reformatory** *a.* reformasi; pembaharuan. 改革的；改良的。

**refract** *v.t.* membias. 使折射。**refraction** *n.* biasan. 折射。**refractor** *n.* pembias. 折射媒体。**refractive** *a.* bersifat membias. 可折射的。

**refractory** *a.* melawan (terhadap disiplin); refraktori (tahan haba, dll.). 倔强的；难熔的。

**refrain**[1] *n.* baris ulang; muzik baris ulang. 重叠句；副歌。

**refrain**[2] *v.i.* menahan diri. 自制。

**refresh** *v.t.* menyegarkan semula (dengan berehat, minum, dll.); mengingatkan (tentang ingatan). 重新提起精神；恢复记忆。

**refresher** *n.* bayaran tambahan kepada peguam. 额外讼费。**~ course** kursus ulang kaji. 温习课程。

**refreshing** *a.* yang menyegarkan; yang menarik dan baru. 清爽的;新奇有趣的。

**refreshment** *n.* penyegaran; minuman yang menyegarkan; (*pl.*) makanan dan minuman. 心旷神怡;提神物;茶点。

**refrigerate** *v.t.* menyejukkan. 使冷却

**refrigerant** *n.* bahan penyejuk. 冷却剂。

**refrigeration** *n.* penyejukan. 冷冻。

**refrigerator** *n.* peti ais; peti sejuk. 冰箱。

**reft** *a.* merampas. 被掠夺的。

**refuel** *v.t.* (p.t. *refuelled*) mengisi semula bahan api. 补给燃料。

**refuge** *n.* perlindungan. 庇护;避难者。

**refugee** *n.* pelarian. 避难。

**refulgent** *a.* berkilau. 灿烂的。**refulgence** *n.* kekilauan. 光辉。

**refund**[1] *v.t.* bayar balik. 退还。

**refund**[2] *n.* bayaran balik. 付还。

**refurbish** *v.t.* membaharui; membersihkan. 刷新。**refurbishment** *n.* pembaharuan; pembersihan. 刷新。

**refuse**[1] *v.t./i.* enggan. 拒绝。**refusal** *n.* keengganan. 拒绝。

**refuse**[2] *n.* sampah. 垃圾。

**refute** *v.t.* menyangkal. 反驳。**refutation** *n.* penyangkalan. 驳倒。

**regain** *v.t.* mendapat kembali. 重获;恢复。

**regal** *a.* seperti raja; diraja. 帝王的;王室的。**regally** *adv.* seperti raja. 帝王般地。**regality** *n.* perihal seperti raja. 王位;王权。

**regale** *v.t.* menjamu; menghiburkan. 欵待;享受。

**regalia** *n.pl.* alat kebesaran. 王权的标志。

**regard** *v.t.* merenung; memandang; menganggap. 注视;当作。—*n.* renungan; perhatian; penghargaan; penghormatan; anggapan; (*pl.*) salam. 注视;关心;看法;问候。**as** ~ tentang. 至于。

**regarding** *prep.* tentang. 关于。

**regardless** *a. & adv.* tanpa menghiraukan. 不注意的(地);不关心的(地)。

**regatta** *n.* regata; perlumbaan perahu atau kapal layar. 赛船会。

**regency** *n.* pemerintahan pemangku raja; zaman pemerintahan pemangku raja. 摄政统治;摄政时代。

**regenerate**[1] *v.t.* tumbuh semula; membangkitkan semula. 重建;再生;使新生。**regeneration** *n.* pertumbuhan semula; pembangunan semula. 重生。

**regenerate**[2] *a.* yang tumbuh semula. 重生的。

**regent** *n.* pemangku raja; raja muda. 摄政王。

**reggae** *n.* reggae (sejenis muzik dari Hindia Barat). 西印度群岛居民的民族音乐。

**regicide** *n.* pembunuhan raja; pembunuh raja. 弑君;弑君者。**regicidal** *a.* perihal pembunuhan raja. 弑君的。

**regime** *n.* rejim. 政治系统。

**regimen** *n.* regimen; peraturan perawatan, dsb.; cara hidup. 疗程;养生之道。

**regiment** *n.* rejimen. 军团;大量。—*v.t.* mengatur atau mendisiplinkan dengan ketat. 严密地组织成。**regimentation** *n.* perihal dikenakan disiplin secara ketat. 编组。

**regimental** *a.* berkenaan rejimen. 军团的。

**regimentals** *n.pl.* pakaian seragam rejimen. 团体制服。

*Regina n.* Regina; ratu. 女王。

**region** *n.* bahagian (tentang permukaan, ruang, jasad); kawasan, wilayah (dari segi pentadbiran). 地带;地区;领域。**in the ~ of** lebih kurang. 大约。**regional** *a.* berkenaan kawasan. 地域性的。

**register** *n.* daftar (senarai); daftar (alat). 登记簿;记录器。—*v.t./i.* mendaftar; mencatat; merakamkan. 注册;记录;指示。~ **office** pejabat daftar. 登记处。

**registration** *n.* pendaftaran. 注册。

**registrar** *n.* pendaftar. 登记员;注册主任。

**registry** *n.* daftar; tempat pendaftaran. 登记;注册处。~ **office** pejabat pendaftaran. 登记处。

**Regius professor** *n.* profesor Regius; pemegang kerusi universiti yang diasaskan oleh raja. 英国大学钦定讲座教授。

**regnant** *a.* yang memerintah. 统治的。

**regress**[1] *v.i.* merosot kembali. 后退;退化。 **regression** *n.* regresi. 退化;退步。 **regressive** *a.* regresif. 后退的。

**regress**[2] *n.* rosot kembali; regresi. 后退;退化。

**regret** *n.* penyesalan; sesalan. 后悔;遗憾。—*v.t.* (p.t. *regretted*) berasa kesal; menyesal. 感到后悔;悔恨。 **regretful** *a.* penuh sesal; sangat menyesal. 后悔的。 **regretfully** *adv.* dengan rasa kesal. 懊悔地。

**regrettable** *a.* yang dikesalkan. 可惜的;不幸的。 **regrettably** *adv.* sangat disesali. 可叹地。

**regular** *a.* malar; tetap; teratur; tersusun; lazim; biasa. 通常的;定期的;整齐的;有规律的;常备军的。—*n.* askar tetap; (*colloq.*) pelanggan tetap. 常备军;常客。 **regularly** *adv.* secara tetap; dengan teratur. 经常地;有秩序地。

**regularity** *n.* ketetapan; tetapnya. 定期。

**regularize** *v.t.* membuat supaya teratur; membetulkan. 使有规律化;使合法化。 **regularization** *n.* perihal membuat supaya teratur. 规则化。

**regulate** *v.t.* mengawal (supaya teratur). 使条理化;调节。 **regulator** *n.* pengatur; pengawal atur. 调整者;调节器。

**regulation** *n.* pengaturan; peraturan. 规定;条例。

**regurgitate** *v.t.* memuntahkan; meluahkan. 使反胃;重新泛起。 **regurgitation** *n.* muntah; peluahan. 反胃。

**rehabilitate** *v.t.* memulihkan. 恢复;康复。 **rehabilitation** *n.* pemulihan. 恢复。

**rehash**[1] *v.t.* mengolah semula; menjadikan bahan lama kepada bentuk baru tanpa banyak perubahan. 用旧材料改造成新形式。

**rehash**[2] *n.* olahan semula bahan lama yang telah dijadikan ke dalam bentuk baru. 旧材料的新形式改造。

**rehearse** *v.t./i.* berlatih; mengulang. 演习;复述。 **rehearsal** *n.* latihan. 排演。

**rehouse** *v.t.* memberi tempat tinggal baru. 移往新居;为…安排新居。

**Reich** *n.* nama lama negara Jerman terutama bekas rejim Nazi. 德国;德意志帝国(尤指纳粹统治的第三帝国)。

**reign** *n.* pemerintahan. 统治。—*v.i.* memerintah; merajai; wujud. 统治;占优势。

**reimburse** *v.t.* membayar balik. 补偿。 **reimbursement** *n.* bayaran balik. 付还。

**rein** *n.* (*pl.*) tali kekang kuda. 缰绳。—*v.t.* mengekang. 用缰绳勒住。

**reincarnation** *n.* jelmaan semula. 化身。

**reincarnate** *a. & v.t.* menjelma semula. 化身;化身的。

**reindeer** *n.* (pl. *reindeer*) rusa kutub; rusa yang hidup di kawasan beriklim dingin, mempunyai tanduk yang besar. 寒带驯鹿。

**reinforce** *v.t.* meneguhkan. 增加。 **reinforcement** *n.* peneguhan. 加强。

**reinstate** *v.t.* kembali kepada keadaan atau kedudukan yang asal. 使复原。 **reinstatement** *n.* pengembalian kepada kedudukan yang asal. 恢复原状。

**reiterate** *v.t.* mengulangi. 重复地做。 **reiteration** *n.* pengulangan. 重复。

**reject**[1] *v.t.* menolak. 拒绝。 **rejection** *n.* penolakan. 拒绝。

**reject**[2] *n.* orang atau benda yang ditolak. 被拒之人或物。

**rejig** *v.t.* (p.t. *rejigged*) melengkapi semula bagi kerja baru. 重新安排。

**rejoice** *v.t./i.* bergembira. 高兴。

**rejoin** *v.t.* menyatukan semula; menjawab. 再接合;回答。

**rejoinder** *n.* jawapan. 回答。

**rejuvenate** *v.t.* mempermuda; memberikan nafas baru. 使年轻;使恢复活力。

**rejuvenation** *n.* perihal mempermuda atau memberi nafas baru. 回春。

**relapse** *v.i.* kambuh; berulang. 故态复萌；旧疾复发。—*n.* berulangnya. 复旧。

**relate** *v.t./i.* menceritakan; menghubungkan; berkaitan. 叙述；使有联系；涉及。

**related** *a.* yang berhubung dengan; bersaudara. 相关的；有亲戚关系的。

**relation** *n.* keluarga; penceritaan; (*pl.*) hubungan; (*pl.*) hubungan jenis. 亲属；叙述；关联；肉体关系。**relationship** *n.* hubungan. 关系。

**relative** *a.* berbanding dengan; berhubung dengan; (dalam nahu) relatif. 比较的；相关的；语法上有关系的。—*n.* saudara. 亲戚。**relatively** *adv.* jika dibandingkan dengan; agak. 相对地。

**relativity** *n.* kerelatifan; relativiti. 相关；相对论。

**relax** *v.t./i.* mengendurkan; beristirahat. 松弛；歇息。**relaxation** *n.* pengenduran; penghiburan istirahat. 消遣；宽松。

**relay**[1] *n.* pengganti pekerja ganti; bahan gantian; lari berganti-ganti (berkenaan sukan); siaran; gegantian. 替班；补充物；接力赛跑；转播；继电器。~ **race** perlumbaan atau lari berganti-ganti. 接力赛跑。

**relay**[2] *v.t.* (p.t. *relayed*) menyiarkan. 转播。

**release** *v.t.* membebaskan; melepaskan; melegakan; menayangkan (filem). 释放；解放；发行(书或影片)。—*n.* pembebasan; kelegaan; pelepas; penayangan. 解放；释放装置；发行。

**relegate** *v.t.* menurunkan pangkat. 贬谪。**relegation** *n.* penurunan pangkat. 贬谪。

**relent** *v.i.* menjadi lembut hati; berlembut. 变温和。**relentless** *a.* tanpa belas kasihan. 无情的。

**relevant** *a.* yang berkaitan. 有关的。**relevance** *n.* kaitan. 关联。

**reliable** *a.* dapat dipercayai; jujur; setia. 可信赖的；可靠的；确实的。**reliably** *adv.* secara jujur; dengan jujur; dengan pasti. 可靠地；确实地。**reliability** *n.* perihal atau keadaan yang boleh dipercayai. 可靠性；可信度。

**reliance** *n.* kepercayaan; pergantungan. 信赖。**reliant** *a.* percaya; bergantung atau berharap pada. 信赖的；倚靠的。

**relic** *n.* pusaka; (*pl.*) peninggalan. 遗迹；遗物。

**relict** *n.* balu seseorang. 寡妇。

**relief** *n.* rasa lega (daripada penyakit, risau, dll.); bantuan; pemangku (dalam tugas); pengangkutan sementara; ukiran timbul; warna hidup. 痛苦减轻；援助；救济品；代替人；临时加班的公共交通；浮雕品；轮廓鲜明。~ **road** jalan ganti. 分担交通的道路；间道。

**relieve** *v.t.* melegakan (sakit, dll.); melepaskan (dari tanggungjawab, tugas); melapangkan. 减轻痛苦；解除职务；使宽慰。~ **oneself** membuang air besar atau air kecil. 大便或小便。

**religion** *n.* agama. 宗教。

**religious** *a.* beragama; salih; beriman. 宗教的；虔诚的；有信仰的。**religiously** *adv.* dengan beriman. 虔诚地；有信仰地。

**relinquish** *v.t.* melepaskan; meninggalkan. 放弃。**relinquishment** *n.* pelepasan; hal meninggalkan. 作罢。

**reliquary** *n.* tempat untuk meletakkan peninggalan dari jasad orang yang telah mati. 圣物盒。

**relish** *n.* selera; pembuka selera. 食欲；开胃食品。—*v.t.* menikmati. 喜好。

**relocate** *v.t.* berpindah; menempatkan semula. 安置于新地点。**relocation** *n.* perpindahan; penempatan semula. 改变位置；重新安置。

**reluctant** *a.* enggan. 不愿意的。**reluctantly** *adv.* dengan enggan. 不情愿地。**reluctance** *n.* keengganan. 不情愿。

**rely** *v.i.* ~ **on** bergantung kepada. 依赖。

**remain** *v.i.* tinggal; baki. 留下；保持不变；剩余。

**remainder** *n.* baki; lebihan. 余数；余物。 —*v.t.* menjual dengan harga murah. 减价出售。

**remains** *n.pl.* baki; sisa; jenazah. 剩余；残余；遗体。

**remand** *v.t.* menahan. 还押。—*n.* tahanan. 拘留。**on ~** dalam tahanan. 被还押。

**remark** *n.* kata-kata. 言辞；话语。 —*v.t./i.* mengatakan; perasan. 评论；注意。

**remarkable** *a.* istimewa. 非凡的。**remarkably** *adv.* dengan istimewa. 卓越地。

**rematch** *n.* perlawanan semula; pertandingan semula. 复赛；重赛。

**remedy** *n.* ubat; jamu; penawar. 药物；补救方法；赔偿。—*v.t.* mengubat; memulihkan. 医治。**remedial** *a.* yang dapat mengubat; bersifat pemulihan. 治疗的；补救的。

**remember** *v.t.* ingat; memperingati; mengingat. 记得；追忆；想起。**~ oneself** sedar diri. 醒悟。**remembrance** *n.* ingatan; kenangan. 记忆；纪念。

**remind** *v.t.* mengingatkan. 提醒。

**reminder** *n.* peringatan. 提醒物；催单。

**reminisce** *v.i.* mengenang kembali. 回忆往事。

**reminiscence** *n.* kenangan; tanda ingatan; kenang-kenangan. 回忆；唤起记忆之事；回忆录。

**reminiscent** *a.* suka mengenang; yang membangkitkan kenangan lama. 回忆的；怀旧的。**reminiscently** *adv.* secara mengenang. 缅怀地。

**remiss** *a.* lalai. 疏忽的。

**remission** *n.* permaafan; pelepasan (daripada hutang, dll.); hal bertambah kurang (sakit, usaha, dll.) 赦免；债务免除；痛苦减轻。

**remit**[1] *v.t./i.* (p.t. *remitted*) mengirim wang; meremit. 汇寄；汇款。

**remit**[2] *a.* bidang kuasa. 职权范围的。

**remittance** *n.* pengiriman wang. 汇款。

**remnant** *n.* reja; bekas-bekas. 残屑；遗迹。

**remonstrate** *v.i.* membantah. 抗议。**remonstrance** *n.* pembantahan. 抗议。

**remorse** *n.* kesalan. 悔恨。**remorseful** *a.* penuh kesalan. 懊悔的。**remorsefully** *adv.* dengan kesal. 后悔地。

**remorseless** *a.* tanpa belas kasihan; kejam; zalim. 无恻隐心的；残忍的；暴虐的。

**remote** *a.* terpencil; terasing; tipis (harapan). 偏僻的；人迹罕至的；机会渺茫的。**remotely** *adv.* yang terpencil; jauh; sedikit pun. 细微地。**remoteness** *n.* keterasingan; keterpencilan. 远离。

**remould**[1] *v.t.* membentuk semula; mencelup tayar. 再造；翻新轮胎。

**remould**[2] *n.* tayar celup. 翻新轮胎。

**removable** *a.* boleh ditanggalkan; boleh dipindahkan. 可移动的。

**remove** *v.t.* memindahkan; memecat; menyingkirkan. 移动；开除；除掉。—*n.* tahap bezanya; peringkat; peralihan. 差距；阶段；中间学级。**remover** *n.* pemindah; penghilang. 搬运工人；洗净剂。**removal** *n.* perpindahan. 移动；搬迁。

**removed** *a.* jauh. 远离的。**once** atau **twice ~** dua atau tiga pupu. 亲属关系相隔二或三代的。

**remunerate** *v.t.* mengupah. 酬劳。**remuneration** *n.* hadiah; upah. 报酬；薪水。

**remunerative** *a.* yang menguntungkan. 有利益的。

**Renaissance** *a.* Renaissance; zaman pembaharuan. 文化复兴的。

**renal** *a.* renal; mengenai ginjal. 肾脏的。

**rend** *v.t./i.* (p.t. *rent*) koyak; carik. 扯破；撕破。

**render** *v.t.* membalas; mengemukakan; menjadi; mempersembahkan; menterjemahkan; (lemak) mencairkan. 报答；提出；使成为；扮演；翻译；熔化脂肪。

**rendezvous** *n.* (pl. *-vous*, pr. *-vu:z*) *rendezvous*; tempat pertemuan. 会面；集合地点。—*v.i.* membuat *rendezvous*; berjanji untuk bertemu. 集合；在约定场所见面。

**rendition** *n.* persembahan. 演奏；演奏。

**renegade** *n.* pengkhianat; pembelot. 背叛者；叛徒。

**renege** *v.i.* mungkir janji. 违约。

**renew** *v.t.* membaharui. 更新。**renewal** *n.* pembaharuan. 革新。

**renewable** *a.* dapat diperbaharui. 可以更新的。

**rennet** *n.* renet (bahan yang digunakan untuk memasamkan susu). 凝乳酵素。

**renounce** *v.t.* melepaskan; menolak. 放弃；抛弃。**renouncement** *n.* penolakan. 放弃；抛弃。

**renovate** *v.t.* memperbaiki. 修理。**renovation** *n.* pembaikan. 修复；革新。**renovator** *n.* tukang baiki; pembaik. 修理者。

**renown** *n.* kemasyhuran. 名望。

**renowned** *a.* masyhur. 有声誉的。

**rent**[1] *lihat* rend. 见 rend。*n.* koyak; carik. 裂口；裂缝。

**rent**[2] *n.* sewa. 租金。—*v.t.* membayar sewa; menyewa. 交租；租用。

**rental** *n.* sewaan. 租金总额。

**renunciation** *n.* pelepasan; perihal melepaskan atau meninggalkan. 弃绝；废弃。

**reorganize** *v.t.* menyusun semula. 重新整理。**reorganization** *n.* reorganisasi; penyusunan semula. 改组；重新组织。

**rep**[1] *n.* sejenis fabrik kusyen. 棱纹布。

**rep**[2] *n.* (*colloq.*) wakil. 代表。

**rep**[3] *n.* (*colloq.*) repertoir; himpunan persembahan oleh sesuatu kumpulan seni. 戏剧道具。

**repair**[1] *v.t.* membaiki; mengganti; membetulkan. 修理；修补；补救。—*n.* pembaikan; pembetulan. 维修；纠正；修补。**repairer** *n.* orang yang membaiki. 修补者。

**repair**[2] *v.i.* pergi. 赴；往。

**reparation** *n.* pemampasan; penebusan; (*pl.*) ganti rugi. 进行修理；赔偿。

**repartee** *n.* jawapan yang bernas. 捷巧的应答。

**repast** *n.* (*rasmi*) hidangan. 膳食。

**repatriate** *v.t.* menghantar pulang (orang) ke negeri asalnya. 遣送回国。**repatriation** *n.* penghantaran pulang (orang) ke negeri asalnya. 遣返。

**repay** *v.t.* (*p.t. repaid*) membayar balik. 付还。**repayment** *n.* bayaran balik. 偿还。**repayable** *a.* boleh bayar balik. 可付还的。

**repeal** *v.t.* memansuhkan. 废除。—*n.* pemansuhan. 废止。

**repeat** *v.t./i.* mengulangi; menceritakan semula. 重复；重说。—*n.* pengulangan; ulangan. 重复；重复之事。**~ itself** berlaku lagi. 再次重复。**~ oneself** mengulangi. 复述。**repeatable** *a.* boleh berulang; boleh diulang-ulang. 可重复的；可重做的。

**repeatedly** *adv.* berulang kali. 重复地。

**repeater** *n.* pengulang. 反复动作之人或物。

**repel** *v.t.* (*p.t. repelled*) menangkis; mengelakkan; menolak. 击退；拒绝；排斥。

**repellent** *a. & n.* menjijikkan; tak menarik; tak menyenangkan. 讨厌(的)；相斥(的)；反感(的)。

**repent** *v.t./i.* menyesal. 懊悔。**repentance** *n.* penyesalan. 后悔。**repentant** *a.* yang menyesal. 后悔的。

**repercussion** *n.* gema; akibat. 回声；影响。

**repertoire** *n.* repertoir. 表演人员的曲目或戏目。

**repertory** *n.* repertoir. 曲目；保留剧目轮演。

**repetition** *n.* ulangan; pengulangan. 重复；重做之事。

**repetitious** *a.* berulang. 反复的。

**repetitive** *a.* berulang kali. 重复的。**repetitively** *adv.* dengan berulang. 重复地。

**repine** *v.i.* mengeluh. 抱怨。

**replace** *v.t.* meletakkan kembali; menggantikan. 放回原处；代替。**replace-**

**ment** *n.* pengganti. 接替。 **replaceable** *a.* dapat diganti. 可替换的。

**replay**[1] *v.t.* menayang semula.

**replay**[2] *n.* ulang tayang. 重演；重新举行。

**replenish** *v.t.* menambah. 补充。 **replenishment** *n.* tambahan. 再装满。

**replete** *a.* penuh; kenyang. 充分的；饱食的。 **repletion** *n.* kekenyangan; kepenuhan. 饱足；盈满。

**replica** *n.* replika; salinan tepat. 复制品；摹写品。

**replicate** *v.t.* mereplikakan. 复制。 **replication** *n.* pereplikaan. 复制过程。

**reply** *v.t./i. & n.* menjawab; jawapan. 答复；反响。

**report** *v.t./i.* melaporkan; memberitahukan; mengadukan. 报导；报告；报案；报到。 —*n.* laporan; khabar. 报告书；报导。

**reportage** *n.* pelaporan; gaya melapor. 报导文学；实地报导。

**reportedly** *adv.* menurut laporan. 据报导地。

**reporter** *n.* pemberita; wartawan. 新闻报导员；采访记者。

**repose**[1] *n.* rehat; tidur; ketenangan. 休息；睡眠；沈静。 —*v.t./i.* berbaring. 横卧。

**repose**[2] *v.t.* meletakkan; menempatkan. 安放；安置。

**repository** *n.* gedung; gudang. 贮藏所；仓库。

**repossess** *v.t.* mengambil balik. 再取回。 **repossession** *n.* hal mengambil balik. 收回。

**repp** *n.* sejenis fabrik kusyen (= **rep**[1]). 棱纹布（同 **rep**[1]）。

**reprehend** *v.t.* menegur; memarahi; mencela. 指谪；申斥。

**reprehensible** *a.* patut ditegur atau dicela. 应受谴责的。 **reprehensibly** *adv.* yang patut ditegur atau dicela. 应受谴责地。

**represent** *v.t.* merupakan; menggambarkan; menjelaskan; melambangkan; mewakili. 呈现；扮演；陈述；象征；代表。 **representation** *n.* perwakilan; gambaran; perlambangan. 代表；描绘；议员团。

**representative** *a.* contoh; yang mewakili. 典型的；有代表性的。 —*n.* contoh; wakil-wakil. 样本；代表。

**repress** *v.t.* menindas; menekan. 镇压；压制。 **repression** *n.* penindasan; penekanan. 镇压；抑制。 **repressive** *a.* bersifat menindas atau menekan. 压抑的；镇压的。

**reprieve** *n.* penangguhan (hukuman mati). 缓刑。 —*v.t.* ditangguhkan. 暂缓处刑。

**reprimand** *v.t. & n.* menegur; teguran. 谴责。

**reprint**[1] *v.t.* mencetak kembali; mencetak semula; ulang cetak. 重印；再版；翻印。

**reprint**[2] *n.* cetakan semula. 再版本。

**reprisal** *n.* pembalasan. 报复。

**reproach** *v.t.* menegur. 责备。 —*n.* teguran. 斥责。 **reproachful** *a.* menegur. 爱谴责的。 **reproachfully** *adv.* secara menegur. 责备地。

**reprobate** *n.* orang yang terkutuk. 无赖汉。 **reprobation** *n.* kutukan; kecaman. 叱责；排斥。

**reproduce** *v.t./i.* mengeluarkan semula; menyalin; membiak. 再生产；翻印；繁殖。 **reproduction** *n.* pembiakan; reproduksi. 生殖作用；复制。

**reproducible** *a.* dapat dihasilkan; dapat dibiakkan. 可再生的。

**reproductive** *a.* biak; reproduktif; berkenaan pembiakan. 繁殖的；再生的。

**reproof** *n.* celaan; teguran. 谴责；责备。

**reprove** *v.t.* mencela; menegur. 责骂；申斥。

**reptile** *n.* reptilia. 爬行动物。 **reptilian** *a. & n.* berkenaan atau bersifat reptilia. 爬虫类（的）。

**republic** *n.* republik. 共和国。

**republican** *a.* berkenaan republik; menyokong kerajaan republik. 共和国的。

**—*n.*** penyokong kerajaan republik. 拥护共和政体者。 **Republican** Republikan (salah sebuah parti politik di Amerika Syarikat). 共和党（美国主要政党之一）。

**repudiate** *v.t.* menolak; menyangkal. 拒绝；否认。 **repudiation** *n.* penolakan; penyangkalan. 拒绝；否认。

**repugnant** *a.* menjijikkan. 讨厌的。 **repugnance** *n.* kejijikan. 厌恶。

**repulse** *v.t.* menolak. 拒绝；厌恶。—*n.* penolakan. 拒绝；厌恶。

**repulsion** *n.* penolakan; rasa jijik. 拒绝；厌恶。

**repulsive** *a.* menjijikkan. 令人厌恶的。 **repulsively** *adv.* dengan rasa jijik. 反感地。 **repulsiveness** *n.* perihal jijik. 令人厌恶之事。

**reputable** *a.* yang dihormati. 可尊敬的。

**reputation** *n.* reputasi; nama baik. 名誉；名声。

**repute** *n.* nama baik. 名气。

**reputed** *a.* dikatakan. 一般认为的；驰名的；号称的。

**reputedly** *adv.* yang dikatakan sebagai. 一般认为地；号称地。

**request** *n.* permintaan; permohonan. 要求；请求之事。—*v.t.* meminta; memohon. 要求；请求。

**requiem** *n.* upacara sembahyang di gereja untuk roh orang mati. 追思弥撒仪式；辍歌。

**require** *v.t.* memerlukan; menuntut. 需要；要求。

**requirement** *n.* keperluan; tuntutan. 必需品；要求。

**requisite** *a.* yang diperlukan. 必要的。—*n.* sesuatu yang perlu. 需要品。

**requisition** *n.* tuntutan. 正式要求。—*v.t.* menuntut. 征用。

**requite** *v.t.* membalas. 回报。

**reredos** *n.* sejenis tabir. 祭坛后的屏风。

**resale** *n.* menjual semula. 转卖。

**rescind** *v.t.* memansuhkan; membatalkan. 废止；取消。 **rescission** *n.* pemansuhan; pembatalan. 废除；撤消。

**rescue** *v.t.* menyelamat. 挽救。—*n.* penyelamatan. 援救。 **rescuer** *n.* penyelamat. 救助者。

**research** *n.* penyelidikan. 研究。—*v.t./i.* menyelidik. 做学术研究。 **researcher** *n.* penyelidik. 研究员。

**resemble** *v.t.* menyerupai. 类似。 **resemblance** *n.* persamaan. 类似；相似处；相似程度。

**resent** *v.t.* marah. 愤怒。 **resentment** *n.* kemarahan. 激怒。 **resentful** *a.* bersifat marah. 愤慨的。 **resentfully** *adv.* dengan marah. 愤怒地。

**reservation** *n.* penempahan; tempahan; tanah simpanan; tanah rizab. 预定；定购；保存地；保留区。

**reserve** *v.t.* menyediakan; menempah; menyimpan; menangguh. 储备；预定；保留；延迟。—*n.* simpanan; (juga *pl.*) askar tambahan; pemain tambahan; tanah simpanan. 贮藏物；后备军士；候补选手；保护地。 **in ~** dalam simpanan. 备用的。 **~ price** harga simpanan. 最低拍卖价钱。

**reserved** *a.* tidak ramah. 沉默寡言的。

**reservist** *n.* anggota simpanan angkatan bersenjata. 后备兵士。

**reservoir** *n.* waduk; takungan; kolam air. 蓄水池；积水池；贮水池。

**reshuffle** *v.t.* merombak; mengocok semula. 改革；调整。—*n.* rombakan. 改组。

**reside** *v.i.* tinggal; duduk; menetap. 居住；居留；驻在。

**residence** *n.* kediaman; tempat kediaman. 住所；住宅区。 **in ~** tinggal di kediaman rasmi. 驻于任所的。

**residency** *n.* kediaman Residen. 总督或特派代表的官邸。

**resident** *a.* yang menetap; yang tinggal di kediaman rasmi. 定居的；驻在任所的。—*n.* penetap; pemastautin; residen. 居民；定居者；侨民。

**residential** *a.* perumahan. 居所的。

**residual** *a.* yang sisa atau baki. 残余的；剩余的。 **residually** *adv.* secara sisa atau baki. 残余地。

**residuary** *a.* mengenai sisa atau baki. 残余的；剩余遗产的。

**residue** *n.* sisa; baki; reja; keladak. 残留物；剩余；渣滓；剩余遗产。

**residuum** *n.* (pl. *-dua*) sisa-sisa. 残余物。

**resign** *v.t./i.* meletakkan jawatan. 辞职。~ **oneself to** bersabar menghadapi. 顺从。 **resignation** *n.* perletakan jawatan. 辞职。

**resigned** *a.* sabar. 服从的。 **resignedly** *adv.* secara sabar. 顺从地。

**resile** *v.i.* membingkas. 回弹。~ **from** menarik diri. 退出。

**resilient** *a.* bingkas; tahan. 有弹性的；可弹回的。 **resiliently** *adv.* dengan bingkas. 有弹力地。 **resilience** *n.* kebingkasan; ketahanan. 弹性；弹回力。

**resin** *n.* damar; resin; gala-gala. 树脂；合成树脂；树脂状沉淀物。 **resinous** *a.* seperti damar. 含树脂的。

**resist** *v.t./i.* menentang; melawan; tahan; bertahan. 反抗；对抗；耐；抵抗；忍住。 **resistance** *n.* penentangan; perlawanan; rintangan; ketahanan. 抵抗；反对。 **resistant** *a.* yang menentang; yang melawan. 抵抗的；反抗的。

**resistivity** *n.* kerintangan. 抵抗力。

**resistor** *n.* perintang. 电阻器。

**resolute** *a.* tabah. 坚决的。 **resolutely** *adv.* dengan tabah. 断然地。 **resoluteness** *n.* ketabahan. 坚定。

**resolution** *n.* keazaman; ketabahan; keputusan. 决心；坚决；决议。

**resolve** *v.t./i.* memutuskan; menyelesaikan. 下决心；解决。—*n.* azam; tekad. 决心；毅力。

**resonant** *a.* bergema; bersalun. 回响的；共振的。 **resonance** *n.* gema; salunan. 回声。

**resonate** *v.i.* bergema. 反响。 **resonator** *n.* alat resonans; penyalun. 共振器；共鸣体系。

**resort** *v.i.* menggunakan sesuatu (untuk mencapai sesuatu tujuan); sering pergi. 凭藉；经常去。—*n.* jalan atau cara (untuk mencapai sesuatu); tempat kunjungan; tempat peranginan. 求助对象；采用的手段；休闲度假之处；名胜地。

**resound** *v.i.* bergema. 回响。

**resounding** *a.* termasyhur. 著名的。

**resource** *n.* bantuan; daya; akal; (*pl.*) sumber. 援助来源；谋略；机智；资源。

**resourceful** *a.* pandai mencari jalan. 资源丰饶的；足智多谋的。 **resourcefully** *adv.* dengan cara pandai mencari jalan. 有机智地。 **resourcefulness** *n.* perihal pandai mencari jalan. 资源丰富。

**respect** *n.* rasa hormat; perhatian; hubungan; (*pl.*) salam hormat. 尊敬；注重；关系；敬意。—*v.t.* menghormati. 敬重。

**respecter** *n.* orang yang menghormati. 受尊敬者。

**respectable** *a.* yang dihormati; berbudi bahasa; patut dihormati. 可敬重的；行为文雅的；应尊重的。 **respectably** *adv.* dengan hormat. 尊重地。 **respectability** *n.* perihal patut dihormati. 可敬；体面的社会地位。

**respectful** *a.* penuh hormat. 恭敬的。 **respectfully** *adv.* dengan hormatnya. 恭敬地。

**respecting** *prep.* tentang; mengenai. 关于。

**respective** *a.* masing-masing. 各自的。

**respectively** *adv.* masing-masing; berturut. 各自地；分别地。

**respiration** *n.* pernafasan; respirasi. 呼吸；呼吸作用。

**respirator** *n.* alat pernafasan. 人工呼吸器。

**respiratory** *a.* berkenaan pernafasan. 有关呼吸的。

**respire** *v.t./i.* bernafas. 呼吸。

**respite** *n.* penangguhan; rehat; henti; kelegaan. 暂缓；暂息；暂停。

**resplendent** *a.* gilang-gemilang. 光辉灿烂的。**resplendently** *adv.* dengan gilang-gemilang. 辉煌灿烂地。

**respond** *v.i.* menjawab. 回答。**~ to** membalas; menyahut; menyambut. 应答；作出反应。

**respondent** *n.* responden; pihak tertuntut (dalam undang-undang). 答辩者；离婚案等的被告。

**response** *n.* jawapan; reaksi; balasan. 答覆；反应;回音。

**responsibility** *n.* tanggungjawab. 责任。

**responsible** *a.* bertanggungjawab. 有责任感的；需负责任的；应受归咎的。**responsibly** *adv.* secara bertanggungjawab. 有责任地。

**responsive** *a.* yang membalas atau menyambut. 回答的；应答的；响应的。

**responsiveness** *n.* perihal membalas atau menyambut. 回答；响应。

**rest**[1] *v.t./i.* tidak bergerak; berehat; (bagi sesuatu hal) terhenti; menyandar; bersandar; (bagi sesuatu pandangan) tertumpu. 静止；休息；依赖；被支撑在；把视线停留在。—*n.* rehat; sandaran; tanda jeda. 休养；支持物；休止符。

**rest**[2] *v.i.* berada dalam keadaan tertentu. 保持某种状况。—*n.* **the ~** yang lain; yang lain-lain. 其他东西；其余物件。**~ with** terletak pada; bergantung pada. 全在于。

**restaurant** *n.* restoran. 餐馆。

**restaurateur** *n.* pengurus restoran; tuan punya restoran. 餐馆经营者；餐馆老板。

**restful** *a.* nyaman; tenang. 平静的；安宁的。**restfully** *adv.* dengan tenang; dengan nyaman. 安静地；恬静地。**restfulness** *n.* ketenangan; kenyamanan. 安详；平静。

**restitution** *n.* pembayaran kembali; pengembalian. 赔偿；归还。

**restive** *a.* gelisah; tidak sabar. 不安的；不能容忍的。**restiveness** *n.* kegelisahan; ketidaksabaran. 纷扰；难忍。

**restless** *a.* gelisah. 不安宁的。**restlessly** *adv.* dengan gelisah. 不安地。**restlessness** *n.* kegelisahan. 坐立不安。

**restoration** *n.* pemulihan. 恢复。**the Restoration** pembentukan semula kerajaan beraja di Britain pada tahun 1660. 英史中的王政复辟时期。

**restorative** *a.* yang memulihkan. 回复的。—*n.* pemulih. 恢复健康之补药。

**restore** *v.t.* memperbaharui; mengembalikan. 修复；归还。**restorer** *n.* seseorang yang memperbaharui sesuatu; pemulih. 修复者；复原之物。

**restrain** *v.t.* menahan. 克制。**restraint** *n.* penahan; pengekangan. 抑制。

**restrict** *v.t.* mengehad; menyekat; membatasi. 限制；阻止；制止。**restriction** *n.* pembatasan; sekatan. 限制；拘束。

**restrictive** *a.* terhad; tersekat; terbatas; membatas. 带有限制性的；约束性的；阻止性的。**~ practices** amalan terbatas. 限制产量协议(阻止劳力和资源的最有效使用,因而损及生产效率者)。

**result** *n.* hasil; keputusan. 结果；成绩。—*v.i.* berhasil; akibat; menyebabkan. 导致。

**resultant** *a.* yang terhasil. 因而产生的。

**resume** *v.t./i.* mengambil semula; melanjutkan lagi; menyambung semula. 取回；继续；重新开始。**resumption** *n.* pengambilan semula; penyambung semula. 重获。

**résumé** *n.* ringkasan; inti sari. 摘要；提要。

**resurface** *v.t./i.* membubuh lapisan baru; timbul, muncul semula (di permukaan air); timbul semula. 设新表面；重浮上水面；重现。

**resurgence** *n.* kemunculan (selepas malapetaka atau kehilangan). 再现。

**resurrect** *v.t.* menghidupkan kembali. 使复活。

**resurrection** *n.* kebangkitan semula (selepas mati); menghidupkan semula. 复兴；复活。

**resuscitate** *v.t./i.* memulih; menyedarkan semula. 复苏。 **resuscitation** *n.* pemulihan. 恢复神智。

**retail** *n.* jualan runcit. 零售。 —*a. & adv.* runcit. 零卖的(地)。 —*v.t./i.* menjual secara runcit; menceritakan. 以零售价钱出售;详述。 **retailer** *n.* penjual runcit; peruncit. 零售商。

**retain** *v.t.* menyimpan; menahan. 保留;留住。

**retainer** *n.* bayaran bagi mendapatkan perkhidmatan; (*old use*) orang suruhan; orang gaji. 律师或顾问之聘请费;(封建诸侯的)家臣;侍从。

**retaliate** *v.i.* membalas. 报复。 **retaliation** *n.* balasan; tindak balas. 报仇;回敬。 **retaliatory** *a.* balas. 回报的。

**retard** *v.t.* membantut. 使缓慢。 **retardation** *n.* pembantutan. 迟延。

**retarded** *a.* terencat akal; lembap. 智能迟滞的;迟钝的。

**retch** *v.i.* berasa hendak muntah. 作呕。

**retention** *n.* penahanan; pembendungan. 拘留。

**retentive** *a.* dapat menyimpan. 可保留的。

**rethink** *v.t.* (*p.t. rethought*) memikirkan semula. 重新思考。

**reticent** *a.* pendiam. 沉默的。 **reticence** *n.* sifat pendiam. 沉默寡言。

**reticulate** *v.t./i.* menyelirat. 使成网状。 **reticulation** *n.* penyeliratan. 网状物。

**reticule** *n.* (*old use*) beg tangan wanita. 女性手提袋。

**retina** *n.* (*pl. -as*) retina. 视网膜。

**retinue** *n.* pengiring. 随行人员。

**retire** *v.t./i.* bersara (kerana telah tua); menghentikan; mengundur diri; (masuk) tidur. 退休;使停止;撤退;就寝。 **retirement** *n.* bersara; persaraan. 退休;退隐生活方式。

**retiring** *a.* malu. 害羞的。

**retort**[1] *v.t./i.* menjawab dengan cepat dan tajam. 反驳。 —*n.* jawapan yang cepat dan tajam. 反驳。

**retort**[2] *n.* retort; sejenis labu kaca. 蒸馏罐;曲颈甑。

**retouch** *v.t.* menambah di sana sini (berkenaan lukisan, dsb.). 润饰;修描。

**retrace** *v.t.* menjejak balik (ke punca). 探源。 **~ one's steps** undur kembali. 折回。

**retract** *v.t./i.* menarik kembali. 收缩;缩回;收回。 **retraction** *n.* penarikan semula. 收缩;缩回。 **retractor** *n.* penarik balik. 缩肌;牵开器。 **retractable** *a.* boleh ditarik balik. 有收缩性的。

**retreat** *v.i.* berundur. 撤退。 —*n.* pengunduran; tanda undur; tempat mengasingkan diri. 退却;撤退信号;避难所。

**retrench** *v.t./i.* menjimatkan belanja; mengurangkan pekerja. 减少开支;裁员。 **retrenchment** *n.* penjimatan atau pengurangan pekerja. 节约;裁员。

**retrial** *n.* dibicarakan semula. 再审。

**retribution** *n.* balasan; hukuman yang setimpal dengan kesalahan. 报应;处罚。 **retributive** *a.* berbentuk hukuman. 报应的;报偿的。

**retrievable** *a.* yang diperolehi semula. 可取回的。

**retrieve** *v.t.* memperoleh semula; mengembalikan (sesuatu); membetulkan (kesilapan, dll.). 拿回;恢复;更正。 **retrieval** *n.* perolehan kembali. 挽回。

**retriever** *n.* sejenis anjing yang digunakan dalam perburuan. 一种猎狗。

**retroactive** *a.* diundurkan tarikh. 追溯以往时日的。

**retrograde** *a.* mundur; merosot. 后退的;退化的。

**retrogress** *v.i.* mundur; merosot. 倒退;衰退。 **retrogression** *n.* kemerosotan. 退化。 **retrogressive** *a.* yang merosot. 退化的。

**retro-rocket** *n.* retro-roket. 反推进火箭。

**retrospect** *n.* **in ~** peninjauan kembali. 回顾。

**retrospection** *n.* meninjau kembali, terutama masa lampau. 追忆往事。

**retrospective** *a.* bersifat meninjau kembali; retrospektif. 追想的;(法律等)溯及既往的。 **retrospectively** *adv.* secara retrospektif. 回顾地。

**retroussé** *a.* (berkenaan hidung) terjungkit. 鼻尖向上弯的。

**retroverted** *a.* songsang; terbalik. 向后弯的。

**retroversion** *n.* penyongsangan; keadaan terbalik. 向后弯曲。

**retrovirus** *n.* retrovirus; virus RNA membentuk DNA semasa perepliкaan. 逆转录酶病毒。

**retry** *v.t.* (p.t. *-tried*) membicarakan semula. 重审。

**return** *v.t./i.* kembali; pulang; menghantar kembali; membalas; dilantik sebagai wakil rakyat. 回/返回;归还;报答;选出议员。—*n.* kepulangan; keuntungan; tambang pergi balik; perlawanan balas; laporan rasmi. 回返;利润;报答;来回票;回访比赛;报告书。~ **match** perlawanan balas. (面对相同对手的)再次比赛。~ **ticket** tiket pergi balik. 来回票。

**returnable** *a.* dapat dikembalikan atau dipulangkan. 可归还的;必须返还的。

**reunion** *n.* pertemuan. 聚会。

**reunite** *v.t./i.* menyatukan semula; mempertemukan semula; bersatu semula; bertemu semula. 再结合;再重聚;便聚集;使团聚。

**reusable** *a.* dapat digunakan semula. 可再度使用的。

**rev** *n.* (*colloq.*) memutar enjin. 发动机之旋转。—*v.t./i.* (p.t. *revved*) (*colloq.*) menekan minyak; (bagi enjin) berputar. 加速;引擎运转。

**Rev.** *abbr.* **Reverend** Reverand; gelaran bagi paderi agama Kristian. (缩写)对教士的尊称。

**revalue** *v.t.* menilai semula. 重新估价。

**revaluation** *n.* penilaian semula; mengubah suai. 再评价。

**revamp** *v.t.* memperbaharui. 修订。

**Revd.** *abbr.* **Reverend** Reverand; gelaran bagi paderi agama Kristian. (缩写)对教士的尊称。

**reveal** *v.t.* mendedahkan. 揭露。

**reveille** *n.* isyarat bangun pagi bagi askar. 士兵起床信号。

**revel** *v.i.* (p.t. *revelled*) berseronok; berpesta. 狂喜;纵酒狂欢。 **revels** *n.pl.* pesta ria. 狂欢酒宴。 **reveller** *n.* orang yang berpesta. 饮酒狂欢者。 **revelry** *n.* pesta ria. 狂欢宴会。

**revelation** *n.* pendedahan. 暴露;被揭示的真相。

**revenge** *n.* balasan; dendam. 报仇;复仇;报复心。—*v.t.* mendendam. 报仇。

**revengeful** *a.* yang berdendam. 仇恨的。

**revenue** *n.* hasil. 收益;税收。

**reverberate** *v.t./i.* bergema. 回响。 **reverberation** *n.* gema. 回声。

**revere** *v.t.* menyanjung; menjunjung; memuja. 尊敬;尊崇;敬仰。

**reverence** *n.* sanjungan; junjungan. 崇敬;尊敬。—*v.t.* memberi sanjungan atau junjungan. 崇敬;尊敬。

**reverend** *a.* mulia. 尊高的。 **Reverend** Reverand; gelaran bagi paderi agama Kristian. 对教士的尊称。 **Reverend mother** Ketua Biarawati. 对女修道院院长尊称。

**reverent** *a.* menyanjungi. 尊敬的。 **reverently** *adv.* secara menyanjung. 尊崇地。

**reverie** *n.* lamunan; angan-angan. 幻想。

**revers** *n.* (pl. *revers*) kolar. 翻领;衣服的翻边。

**reversal** *n.* pembalikan. 倒转;逆转。

**reverse** *a.* yang bertentangan; yang berbeza; terbalik. 颠倒的;相反的;反转的。—*v.t./i.* menterbalikkan; menukar; bertentangan; memansuhkan; berlawanan; memundurkan. 使倒转;掉换;使相反;取消;颠倒;反向。—*n.* pembalikan. 颠倒。 **reversely** *adv.* secara terbalik. 相反地。 **reversible** *a.* dapat diterbalikkan. 可反转的。

**revert** *v.i.* berbalik ke asal; berbalik; berpindah. 恢复原状；复归；倒转；回复；归还。 **reversion** *n.* pembalikan. 恢复；归还。 **reversionary** *a.* yang berbalik. 复归的。

**revetment** *n.* tembok batu (biasanya pada baluarti, kubu). 城堡等的铺面工作；护墙。

**review** *n.* ulasan; kajian semula; pertimbangan semula; pemeriksaan barisan. 评论；重审；检阅；检讨；纵览。 —*v.t.* membuat atau menulis ulasan. 写评论；检阅。 **reviewer** *n.* pengulas. 评论者。

**revile** *v.t.* mencaci maki. 辱骂。 **revilement** *n.* caci maki. 诽谤。 **reviler** *n.* pencaci. 辱骂者。

**revise** *v.t.* menyemak; mengulang kaji. 修改；复习。 **revision** *n.* semakan; ulang kaji. 校正；温习。

**revivalist** *n.* penggerak kebangkitan semula agama. 信仰复兴论者。

**revive** *v.t./i.* menyedarkan semula; menghidupkan kembali. 复苏。 **revival** *n.* hal menyedarkan semula atau menghidupkan kembali. 苏醒。

**revivify** *v.t.* menggiatkan semula. 使复苏。 **revivification** *n.* penggiatan semula. 恢复生气。

**revocable** *a.* dapat dibatalkan. 可废除的。

**revoke** *v.t./i.* menarik balik (lesen, dll.); pembatalan. 撤回（执照等）；藏牌；废除。

**revolt** *v.t./i.* memberontak; berasa jijik. 背叛；起恶感。 —*n.* tindakan memberontak; rasa jijik. 叛乱；厌恶。

**revolting** *a.* yang memberontak; yang menjijikkan. 背叛的；讨厌的。

**revolution** *n.* putaran; perubahan yang cepat; revolusi. 旋转；大变革；改革。

**revolutionary** *a.* mendatangkan perubahan; yang bersifat revolusi. 改革性的；革命性的。 —*n.* penyokong revolusi. 革命分子。

**revolutionize** *v.t.* mengubah seluruhnya; merevolusikan. 彻底改革。

**revolve** *v.t./i.* berpusing; berputar; memikir-mikirkan (masalah). 旋转；循环往复；反复思考。

**revolver** *n.* revolver; sejenis pistol. 左轮手枪。

**revue** *n.* aneka hiburan. 时事讽刺笑剧。

**revulsion** *n.* rasa jijik; perubahan mendadak (perasaan). 极度厌恶；心情剧变。

**reward** *n.* ganjaran; hadiah. 报酬；奖品。 —*v.t.* memberi ganjaran atau hadiah. 酬报；报偿。

**rewind** *v.t.* (p.t. *rewound*) (filem, pita, dsb.) menggulung semula atau memutar semula ke bahagian awal. 回转（录音带等）。

**rewire** *v.t.* mendawaikan semula. 重新拉装电线。

**rewrite** *v.t.* (p.t. *rewrote*, p.p. *rewritten*) menulis semula. 重写。

***Rex*** *n.* raja yang memerintah. 君王。

**rhapsodize** *v.i.* memuja-muja. 狂热地朗诵。

**rhapsody** *n.* rapsodi; pernyataan yang bersungguh-sungguh; sejenis gubahan muzik. 热情诗文；叙事诗；狂想曲。 **rhapsodical** *a.* bersifat rapsodi. 狂热的。

**rheostat** *n.* reostat. 变阻器。

**rhesus** *n.* sejenis kera kecil yang digunakan dalam eksperimen biologi. 恒河猴；罗猴。 **Rhesus factor** faktor Rhesus. 罗猴因子。

**rhetoric** *n.* retorik; seni menggunakan bahasa yang indah-indah atau berkesan. 修辞学；浮夸华丽的言辞。

**rhetorical** *a.* yang menggunakan kata-kata yang indah atau berkesan. 用修辞法的。 **~ question** soalan retorik. （修辞）反问句。 **rhetorically** *adv.* secara retorik. 矫饰地。

**rheumatic** *a.* reumatik. 风湿病的。 **rheumaticky** *a.* yang menghidap penyakit reumatik. 患风湿症的。 **rheumatics**

*n.pl.* (*colloq.*) reumatik; sakit sengal-sengal tulang. 风湿病。

**rheumatism** *n.* demam sesendi; penyakit sengal-sengal tulang; reumatisme. 风湿病。

**rheumatoid** *a.* bersifat reumatik. 风湿病的。

**rhinestone** *n.* berlian tiruan. 假钻石。

**rhino** *n.* badak. 犀牛。

**rhinoceros** *n.* (pl. *-oses*) badak sumbu. 犀牛。

**rhizome** *n.* rizom (berkenaan pokok). 根茎。

**rhodium** *n.* rodium; logam berbentuk platinum. 铑（银白色金属元素）。

**rhododendron** *n.* sejenis tumbuhan yang mempunyai bunga berbentuk trompet. 杜鹃花。

**rhomboid** *a.* seperti rombus. 长菱形的。—*n.* bentuk rombus. 长菱形。

**rhombus** *n.* rombus (berkenaan bentuk). 菱形。

**rhubarb** *n.* rubarb (sejenis pokok). 大黄属植物。

**rhyme** *n.* rima; kata yang bersajak; sajak. 韵；韵文；诗。—*v.t./i.* bersajak; menggunakan kata-kata yang bersajak. 作诗；押韵。

**rhythm** *n.* irama. 旋律。 **rhythmic** *a.* berirama. 有节奏的。 **rhythmical** *a.* berirama. 有韵律的。 **rhythmically** *adv.* dengan berirama. 有节奏地。

**rib** *n.* tulang rusuk; tetulang; corak kait timbul. 肋骨；肋骨形；肋系。—*v.t.* (p.t. *ribbed*) disokong tetulang seperti rusuk; mengait corak timbul; (*colloq.*) mengusik. 以肋状物支撑；装肋于；嘲弄。

**ribald** *a.* yang tidak senonoh. 说话猥亵的。 **ribaldry** *n.* jenaka yang tidak senonoh. 下流语言。

**riband** *n.* reben. 丝带。

**ribbed** *a.* yang bercorak timbul. 有肋骨的。

**ribbon** *n.* reben. 丝带。

**ribonucleic acid** *n.* asid ribonukleik; bahan yang mengawal sintesis protein dalam sel. 核醣核酸。

**rice** *n.* beras; padi; nasi. 米；稻；饭。

**rich** *a.* (*-er, -est*) kaya; mahal; banyak; mengandungi banyak lemak atau minyak; subur; (berkenaan warna atau bunyi) hebat; yang menggelikan hati. 富有的；贵重的；很多的；油腻的；肥沃的；声音圆润的；颜色浓艳的；可笑的。 **riches** *n.pl.* kekayaan; kemewahan. 财富。 **richness** *n.* kekayaan. 富裕。

**richly** *adv.* dengan mewah; sepenuhnya. 富丽地；充分地。

**rick**[1] *n.* timbunan jerami. 干草垛。

**rick**[2] *n.* seliuh. 扭伤。—*v.t.* membuat jadi terseliuh. 扭伤。

**rickets** *n.* penyakit riket; sejenis penyakit tulang. 佝偻病。

**rickety** *a.* goyah; lemah tulang. 摇晃的；患软骨病的。

**rickshaw** *n.* beca. 三轮车。

**ricochet** *n.* & *v.i.* (p.t. *ricocheted*) pantulan. 跳弹。

**ricrac** *n.* pita brid siku kelulang untuk hiasan. 波浪形花边带。

**rid** *v.t.* (p.t. *rid*, pres.p. *ridding*) menghapuskan. 摆脱；免除。 **get ~ of** mengelakkan daripada sesuatu gangguan; menghapuskan. 摆脱；除去。

**riddance** *n.* penghapusan. 除去；摆脱。 **good ~** berambuslah. 摆脱（可厌的人或事物）。

**ridden** *lihat* ride. 见 ride。—*a.* penuh dengan. 充满的；受…支配的。

**riddle**[1] *n.* teka-teki. 谜语。

**riddle**[2] *n.* ayakan. 粗筛。—*v.t.* mengayak; melubangi; melubangi sepenuhnya. 筛动；穿孔；布满。

**ride** *v.t./i.* (p.t. *rode*, p.p. *ridden*) menunggang (kuda, basikal, dll.); mengapung. 骑；漂浮。—*n.* perjalanan dengan menunggang kuda; perjalanan dengan kereta. 乘车；骑马。 **~ up** (pakaian) ternaik ke atas. 让衣服往上缩。

**rider** *n.* penunggang (kuda, dll.). 骑士。
**ridge** *n.* batas; rabung. 脊；屋脊；山脊。
**ridged** *a.* berbatas. 脊状的。
**ridicule** *n.* ejekan; cemuhan. 嘲笑；愚弄。 —*v.t.* mengejek; mencemuh. 讥笑；嘲弄。
**ridiculous** *a.* yang menggelikan hati; mustahil. 可笑的；荒谬的。 **ridiculously** *adv.* secara yang menggelikan hati; dengan cara yang tidak masuk akal. 滑稽地。
**riding** *n.* bahagian atau daerah Yorkshire (dahulu). 英国约克郡的行政区。
**riding-light** *n.* cahaya dari kapal yang sedang berlabuh. 停泊灯；锚位灯。
**rife** *a.* merebak. 盛传的。 ~ **with** penuh dengan. 充斥着。
**riff** *n.* rangkai lagu dalam muzik jazz yang diulang-ulang. 爵士乐中的即兴重复段。
**riffle** *v.t./i.* membelek-belek; menyelak-nyelak. 迅速翻阅书页。
**riff-raff** *n.* orang yang rendah akhlak; orang hina-hina. 下等人；流氓；暴民。
**rifle** *n.* senapang yang berlaras panjang. 来福枪。 —*v.t.* menggeledah dan merompak; membuat alur yang berpilin dalam laras senapang. 洗劫；加来福线于枪中。
**rift** *n.* celah; rekahan; perselisihan. 裂口；石缝；裂痕。 **~-valley** *n.* lurah gelinciran. 地堑；裂谷。
**rig**[1] *v.t.* (p.t. **rigged**) memperlengkapi dengan pakaian; (kapal) memperlengkapi kapal; memasang (sesuatu untuk sementara sahaja). 装束；装配；装索具于船；暂时装置而成。 —*n.* perlengkapan kapal; (*colloq.*) pakaian. 索具装置；服装。 **~-out** *n.* (*colloq.*) pakaian. 装扮。
**rig**[2] *v.t.* (p.t. **rigged**) menguruskan dengan tidak jujur; melakukan penipuan. 用欺诈手段操纵。
**rigging** *n.* (tentang kapal) laberang; perlengkapan; tali-temali. 索具；装备；绳索。

**right** *a.* elok; betul; baik; kanan. 好的；对的；适合的；右边的。 —*n.* keadilan; hak; tangan atau kaki kanan; puak kanan. 公理；权利；右手；右足；右派保守者。 —*v.t.* membetulkan; menegakkan. 纠正；扶直。 —*adv.* sebelah kanan; tepat; (*colloq.*) terus; sepenuhnya; secara tepat; dengan betul; dengan baik. 向右地；正确地；立刻；恰好地；彻底地；适当地。 **in the ~** di pihak yang benar. 有理。 **~ angle** sudut tepat. 直角。 **~ away** sekarang juga. 立刻。 **~-hand man** orang kanan. 得力助手。 **~-handed** *a.* menggunakan tangan kanan. 用右手的。 **~ of way** hak laluan. 通行权。 **rightly** *adv.* dengan betul. 正确地。 **rightness** *n.* perihal eloknya atau betulnya. 适切。
**righteous** *a.* membuat sesuatu dengan betul dari segi moral. 正直的；行为正当的。 **righteously** *adv.* dengan cara yang betul. 端正地。 **righteousness** *n.* perihal betul dari segi moral. 正义。
**rightful** *a.* adil; saksama; patut; wajar. 正直的；合理的。 **rightfully** *adv.* dengan cara yang sebenar; dengan wajar. 正确地；正当地。
**rightist** *a.* & *n.* puak kanan (berkenaan fahaman politik). 右派政治人士（的）。
**rigid** *a.* kaku; tegar. 硬的；固定的。 **rigidly** *adv.* secara tegar. 稳固地。 **rigidness** *n.*, **rigidity** *n.* ketegaran; kekakuan. 刚直；坚硬。
**rigmarole** *n.* ucapan berjela-jela; tatacara yang rumit dan menyusahkan. 条理不清的讲述；烦琐的仪式程序。
**rigor** *n.* **~ mortis** rigor mortis; kekejuran (keadaan mayat yang telah kaku). 死后僵硬。
**rigour** *n.* kekerasan; kesusahan (akibat cuara atau keadaan buruk). 僵硬；天气的严寒或酷热。 **rigorous** *a.* keras; kejam. 坚硬的；酷烈的。 **rigorously** *adv.* secara keras. 坚硬地。
**rile** *v.t.* (*colloq.*) menyakitkan hati. 激怒。
**rill** *n.* anak sungai. 小河。

**rim** *n.* bingkai; bibir (sesuatu yang bulat). 金属环；(圆体的)边。**rimmed** *a.* berbibir; berbingkai. 有边缘的；有装边的。

**rime** *n.* fros; embun beku. 霜。

**rimed** *a.* berselaput dengan fros. 结霜的。

**rimless** *a.* tanpa bingkai. 无边的。

**rind** *n.* kulit (buah). 果皮。

**ring**[1] *n.* lingkaran; lingkungan; bulatan; cincin; gelanggang; permuafakatan. 环；圈；环形物；戒指；圆形地；集团。**the ~** penerima taruhan. 赌马业者。—*v.t.* melingkari; mengepung. 包围。

**ring**[2] *v.t./i.* (p.t. *rang*, p.p. *rung*) berdering; membunyikan loceng; memanggil seseorang dengan telefon; menelefon; (*colloq.*) mengubah dan menjual barang-barang curian. 鸣响；按铃；打电话；销售改造了的赃赌。—*n.* deringan; nada; (*colloq.*) panggilan telefon. 铃声；语气；打电话。**~ off** meletakkan telefon. 挂断电话。**~ the changes** membuat perubahan. 用各种不同方法。**~ up** menelefon. 打电话。

**ringer** *n.* tukang bunyi loceng; (*A.S.*) kuda lumba yang telah diganti dengan cara menipu; kembar (berkenaan orang). 鸣钟人；诈伪出场比赛的马；长得很相似的人。

**ringleader** *n.* ketua penentang; ketua komplot. 不法集团的头子；主谋者。

**ringlet** *n.* gelung rambut; ikal (rambut). 鬈发；鬈曲的头发。

**ringside** *n.* tepian gelanggang. 拳赛场或马戏场的场边。**~ seat** tempat duduk di tepi gelanggang. 场边座席。

**ringworm** *n.* kurap. 轮癣。

**rink** *n.* gelanggang luncur. 溜冰场。

**rinse** *v.t.* membilas. 冲洗。—*n.* bilasan. 漂洗。

**riot** *n.* rusuhan; hiruk-pikuk; (*colloq.*) seseorang atau sesuatu yang melucukan. 骚动；暴乱；非常滑稽有趣的人或事物。—*v.i.* merusuh. 参与骚动；放纵。**read the Riot Act** arahan supaya memberhentikan pergaduhan, kebisingan. 下令禁止骚乱。**run ~** berbuat sekehendak hati; berleluasa. 约束不住；放肆。

**riotous** *a.* tidak terkawal; gempar. 引起骚乱的；暴动的。**riotously** *adv.* dengan cara tidak terkawal; dengan gempar. 放荡地。

**rip** *v.t./i.* (p.t. *ripped*) mengoyakkan; merenggutkan; meluru. 扯裂；撕开；向前直闯。—*n.* rabak; koyak. 裂口；扯开。**let ~** (*colloq.*) membiarkan sesuatu berlaku tanpa sekatan. 搁着不理。**~-cord** *n.* tali pembuka payung terjun. 开伞索。**~ off** (*sl.*) tipu. 骗局；偷窃。

**ripper** *n.* pengoyak. 扯裂者。

**R.I.P.** *abbr.* (Latin *requiescat* [atau *requiescant*] *in peace*) bersemadilah dengan tenteram (di batu nisan). (缩写) 愿他(她)安息！

**riparian** *a. & n.* ripa; riparian (pemilik) tebing sungai. 河岸的；河岸土地地主。

**ripe** *a.* (*-er, -est*) masak; matang; (bagi umur) tua; bersedia. 成熟的；适宜食用的；成年的；时机成熟的。**ripeness** *n.* perihal masaknya. 成熟。

**ripen** *v.t./i.* memasakkan; mematangkan. 使成熟；成熟。

**riposte** *n.* jawapan yang cepat dan bernas. 反应灵敏的回答。—*v.i.* memberi jawapan yang cepat dan bernas. 机敏地反驳。

**ripple** *n.* riak; gelombang; suara yang turun naik. 涟漪；波纹；起伏不定的声浪。—*v.t./i.* beriak; bergelombang. 起涟漪；起微波。

**rip-roaring** *a.* riuh-rendah; hiruk-pikuk; hebat. 吵闹的；喧嚣的；骚乱的。

**rise** *v.i.* (p.t. *rose*, p.p. *risen*) naik; bangun; bangkit dari tidur; berhenti bersidang; tegak; hidup semula; memberontak; meninggi; semakin; berpunca dari. 上升；反抗；高耸；复活；升级；起身；发源；休会。—*n.* naiknya; pendakian;

tambahan; kenaikan. 上涨;斜坡;加薪;上升。 **get** atau **take a ~ out of** menimbulkan kemarahan seseorang. 激起愤怒。 **give ~ to** mengakibatkan. 引起。

**riser** *n.* orang yang bangun (dari tidur); benda yang bangkit atau naik; tetingkat (pada tangga). 起身者;上升物;竖板。

**risible** *a.* menggelikan hati. 可笑的;爱笑的。 **risibility** *n.* kelucuan. 爱笑。

**rising** *n.* pemberontakan. 叛乱;反抗。 —*a.* **~ five** dalam lingkungan lima tahun. 将近五岁的。 **~ generation** generasi muda. 年轻一代。

**risk** *n.* risiko; kemungkinan menghadapi bahaya atau kerugian. 风险;危险率。 —*v.t.* menghadapi risiko; menanggung risiko. 冒风险;承受危险。

**risky** *a.* (-ier, -iest) berbahaya. 危险的。 **riskily** *adv.* secara bahaya. 冒险地。 **riskiness** *n.* bahayanya. 危险之事。

**risotto** *n.* (pl. -os) risoto; sejenis hidangan nasi bercampur daging atau ikan. 一种米与肉类混集的炖菜。

**risque** *a.* kurang sopan. 败坏风俗的。

**rissole** *n.* risol; sejenis masakan daging. 炸肉卷。

**rite** *n.* upacara. 仪式。

**ritual** *n.* upacara amal; ritual. 仪式;礼仪;宗教仪式。 —*a.* bersifat upacara amal atau ritual. 礼仪的;仪式的。 **ritually** *adv.* secara ritual. 按照仪式地。 **ritualism** *n.* ritualisme. 仪式主义;仪式研究;拘泥仪式。 **ritualistic** *a.* mengenai ritual; secara ritual. 拘泥仪式的;仪式主义的。

**rival** *n.* lawan; saingan. 对手;敌手。 —*a.* yang menjadi lawan atau saingan. 竞争的。 —*v.t.* (p.t. *rivalled*) melawan; menyaingi. 竞争;对抗。 **rivalry** *n.* persaingan; pertandingan. 竞争;敌对。

**riven** *a.* berpecah-belah. 撕裂的。

**river** *n.* sungai. 河流。

**rivet** *n.* paku sumbat. 铆钉。 —*v.t.* (p.t. *riveted*) melekapkan dengan paku sumbat; memaku; terpegun; menumpukan pandangan. 铆接;钉牢;引人注目。

**riveter** *n.* tukang paku. 钉匠。

**Riviera** *n.* Riviera; kawasan pantai tenggara Perancis, Monaco dan barat laut Itali. 地中海度假胜地(法国东南与意大利西北沿岸)。

**rivulet** *n.* anak sungai. 小河。

**roach** *n.* (pl. -roach) sejenis ikan air tawar. 石斑鱼。

**road** *n.* jalan; laluan. 通路;途径。 **on the ~** dalam perjalanan. 在途中。 **~-hog** *n.* pemandu yang tidak mementingkan keselamatan. 鲁莽驾驶者。 **~-house** *n.* rumah persinggahan atau kedai makan di tepi jalan besar. 公路旁的休息站。 **~-metal** *n.* batu pecah yang digunakan sebagai alas jalan atau landasan kereta api. 铺路碎石。 **~-works** *n.pl.* kerja membaiki atau membina jalan. 修路工作;筑路工作。

**roadside** *n.* sisi jalan. 路边。

**roadway** *n.* jalan raya. 道路;车行道。

**roadworthy** *a.* yang masih boleh digunakan di jalan raya. 适于上路的。 **roadworthiness** *n.* perihal masih boleh digunakan di jalan raya. 车辆的驾驶性能。

**roam** *v.t./i. & n.* merantau; merayau; berkeliaran. 徘徊;漫游。

**roan** *n.* kuda berwarna gelap dengan bulu warna putih atau kelabu. 毛色红棕杂有灰白斑点的马。

**roar** *n.* ngauman; ketawa yang kuat. 轰鸣;狂笑。 —*v.t./i.* menderam; mengaum; meraung; bertempik. 大吼;怒号。

**roarer** *n.* orang yang suka ketawa kuat, bertempik, meraung. 咆哮者。

**roaring** *a.* riuh; sibuk. 喧噪的;昌盛的。

**roast** *v.t./i.* memanggang; panggang; terdedah kepada panas terik. 烤;烘;熬。 —*n.* daging panggang; daging untuk dipanggang. 烤肉;炙肉。

**rob** *v.t.* (p.t. *robbed*) merompak; merampas. 抢劫；劫掠。 **robber** *n.* perompak. 强盗。 **robbery** *n.* rompakan. 抢劫。

**robe** *n.* jubah. 长袍；礼服。 —*v.t.* memakai jubah. 穿上礼服或长袍。

**robin** *n.* robin; sejenis burung berwarna coklat yang dadanya kemerah-merahan. 知更鸟。

**robot** *n.* robot; radas yang beroperasi dengan alat kawalan jauh. 机械人；自动机械。 **robotic** *a.* seperti robot. 机器化的。

**robotics** *n.* kajian tentang robot, bentuknya, operasinya, dll. 自动机械学。

**robust** *a.* tegap. 强壮的。 **robustly** *adv.* dengan tegap. 强健地。 **robustness** *n.* ketegapan. 强韧。

**roc** *n.* burung raksasa dalam legenda Timur. (波斯传说)巨鸟。

**rock**[1] *n.* batu; batu-batan; sejenis gula-gula keras berbentuk bulat panjang. 岩石；磐石；礁石；冰糖。 **on the rocks** (*colloq.*) kekurangan wang; (berkenaan minuman) bercampur ais. 缺钱；饮料加冰块。 **~-bottom** *a.* (*colloq.*) paling rendah. 底层的；最低限度的。 **~-cake** *n.* sejenis kek buah yang kecil dan menggerutu. 岩皮饼。

**rock**[2] *v.t./i.* berayun; menggoncang. 摇晃；摇动。 —*n.* goncangan; muzik rock. 摇晃；摇滚乐。 **~'n roll** rock and roll; sejenis muzik rock. 摇滚舞曲。

**rocker** *n.* sesuatu yang berayun; jumpelang. 摇动物；摇杆。 **off one's ~** (*sl.*) gila. 发疯。

**rockery** *n.* taman batuan; taman batu batan dengan tumbuh-tumbuhan yang hidup di celah batu. 假山。

**rocket** *n.* bunga api; roket; (*sl.*) teguran. 烟火；火箭；谴责。 —*v.i.* (p.t. *rocketed*) meluru naik; menjulangkan. 直冲。

**rocketry** *n.* ilmu kaji roket. 火箭研究；火箭学。

**rocky**[1] *a.* (*-ier, -iest*) seperti batu; penuh dengan batu; berbatu-batu. 似岩石的；多岩石的。 **rockiness** *n.* keadaan berbatu-batan. 布满岩石。

**rocky**[2] *a.* (*-ier, -iest*) (*colloq.*) bergoyang; tidak mantap. 摇摆的；不坚决的。 **rockily** *adv.* dengan bergoyang; secara tidak mantap. 不停摇动地；不坚定地。 **rockiness** *n.* keadaan goyang; ketidakmantapan. 动摇；不坚定。

**rococo** *a. & n.* rokoko; sejenis gaya hiasan Barat pada abad ke-18. 洛可式(的) (18世纪欧洲建筑形式)。

**rod** *n.* batang kayu atau logam yang lurus dan bulat panjang; batang pancing; joran; ukuran panjang. 混棒；钓竿；竿(长度单位等于 5½码)。

**rode** *lihat* **ride**. 见 **ride**。

**rodent** *n.* rodensia; binatang yang mengunggis. 啮齿类动物。

**rodeo** *n.* (pl. *-os*) rodeo; sejenis sukan menunggang kuda liar, menangkap lembu, dsb. 越拢牛群；马术竞赛。

**roe**[1] *n.* telur ikan. 鱼卵。

**roe**[2] *n.* (pl. *roe* atau *roes*) sejenis rusa kecil; kijang. 小牝鹿。 **roebuck** *n.* kijang jantan. 雄鹿。

**roentgen** *n.* roentgen; unit sinaran mengion. 伦琴(X射线之国际份量单位)。

**rogations** *n.pl.* sejenis bacaan (agama Kristian). 基督教之祷文。

**roger** *int.* (dalam isyarat) mesej diterima dan difahami. (无线电讯用语)收到了。

**rogue** *n.* orang yang jahat, tidak jujur atau tidak berpendirian; binatang liar yang hidup berasingan daripada kumpulannya. 歹徒；骗子；离群而脾气乖张的野兽。 **roguery** *n.* kejahatan. 恶作剧。

**roguish** *a.* nakal. 淘气的。 **roguishly** *adv.* dengan nakal. 调皮地。 **roguishness** *n.* kenakalan. 调皮；淘气。

**roister** *v.i.* berpesta dengan bisingnya; membising. 饮酒喧闹；喧嚣。 **roisterer** *n.* orang yang berpesta. 喝酒闹事者。

**role** *n.* peranan. 角色。

**roll** *v.t./i.* bergolek; memusing; menggolek; mencanai; berguling; bergulung-gulung; menderum; (*A.S.,sl.*) menyamun. 滚动；转动；打滚；运转；蜷缩；发出隆隆声响；洗劫。 —*n.* gulungan; keadaan yang bergulung-gulung; roti rol; daftar; deru. 滚动；卷状物体；面包卷；名册；隆隆声。 **be rolling** (berkenaan wang) (*colloq.*) kaya-raya. 富有。 **~call** *n.* memanggil nama daripada daftar. 点名。 **rolled gold** salutan emas. 金箔。 **rolling-pin** *n.* penggelek (adunan). 擀面杖。 **rolling-stock** *n.* enjin kereta api dan gerabak. (铁路或汽车公司的) 全部车辆。 **rolling stone** (orang) tidak tetap tempat tinggal atau pekerjaannya. 流浪汉。

**roller** *n.* penggelek; penggiling; penggulung; ombak besar. 滚筒；磨粉机；卷轴；大浪。 **~-coaster** *n.* roller coaster. 波浪橇。 **~-skate** *n.* sepatu roda. 有轮溜冰鞋。 **~-skating** *n.* permainan meluncur dengan sepatu roda. 轮式溜冰。 **~ towel** *n.* tuala gulung. 滚筒手巾。

**rollicking** *a.* riang gembira; riuh-rendah. 愉快的；喧闹作乐的。

**rollmop** *n.* ikan hering yang diawet dan digulung. 腌醋鱼卷。

**roly-poly** *n.* roli-poli; sejenis puding. 卷布丁。 —*a.* buntal; gedempol. 圆胖的；腹胀的。

**ROM** *abbr.* read-only memory ingatan baca sahaja. (缩写) 唯读记忆法；唯读储存器。

**Roman** *a.* & *n.* berkenaan Rom; orang Rom. 罗马 (的)。 **~ Catholic** Roman Katolik. 天主教。 **~ Catholicism** mazhab Roman Katolik. 天主教教义。 **~ numerals** angka roman (I, II, III, IV, V). 罗马数字。

**roman** *n.* huruf roman; huruf biasa. 罗马字母。

**romance** *n.* roman; cerita khayalan; kisah cinta. 浪漫情调；爱情故事；幻想。 —*v.i.* berkhayal. 虚构。 **Romance languages** bahasa Roman. 拉丁语言。

**Romanesque** *a.* & *n.* gaya melukis dan merekabentuk di Eropah pada tahun 1050–1200. 古罗马式艺术或建筑风格 (的)。

**romantic** *a.* romantik; bersifat khayalan; berkenaan kisah cinta. 浪漫的；幻想的；传奇性的。 —*n.* orang yang romantik. 浪漫主义者。 **romantically** *adv.* secara romantik. 浪漫地。

**romanticism** *n.* romantisisme. 浪漫主义。

**romanticize** *v.t./i.* menjadikan romantik; berkhayal dengan idea-idea yang berdasarkan perasaan, bukan intelek. 浪漫化；传奇化。 **romanticization** *n.* romantisasi. 浪漫过程。

**Romany** *a.* & *n.* Romani; berkenaan dengan bahasa gipsi. 吉普赛的；吉普赛语的。

**romp** *v.i.* bermain-main; berkejar-kejaran; (*colloq.*) dilakukan dengan mudah. 追逐；轻而易举。 —*n.* main-main; berkejar; melompat. 追逐游戏。

**rompers** *n.pl.* sejenis pakaian kanak-kanak. 短袖连身儿童裤装。

**rondeau** *n.* puisi pendek yang menggunakan pembuka kata sebagai baris ulang. 回旋诗体。

**rondo** *n.* (*pl. -os*) gubahan muzik dengan tema yang berulang. 回旋乐曲。

**rood** *n.* salib; palang; suku ekar. 十字架；路得 (四分之一英亩)。 **Holy Rood** salib yang Jesus Christ. 十字架上的耶稣像。 **~-screen** *n.* sejenis skrin yang terdapat di gereja. 教堂内的圣坛隔板。

**roof** *n.* (*pl. roofs*) atap; bumbung. 屋顶。 —*v.t.* menutup dengan atap; mengatapi. 盖屋顶；覆盖。 **roofer** *n.* tukang atap. 盖屋顶者。

**rook**[1] *n.* sejenis burung seakan-akan gagak. 白嘴鸟。 —*v.t.* menipu; mengenakan harga yang melambung tinggi. 欺骗；敲诈。

**rook**² *n.* tir (buah) catur. 西洋棋。

**rookery** *n.* sekawan gagak; sarang gagak; sekawan anjing laut atau burung penguin; tempat anjing laut atau burung penguin mengawan. 白嘴鸟群或其结巢处；企鹅或海豹群或其繁殖地。

**rookie** *n.* (*sl.*) rekrut. 新兵。

**room** *n.* tempat; bilik; ruang; (*pl.*) bilik. 场所；房间；空间。

**roomy** *a.* lapang; luas. 广阔的；宽大的。

**roost** *n.* tempat ayam atau burung hinggap atau bertenggek. 鸡舍；鸟窝。—*v.i.* tidur. 投宿。

**rooster** *n.* (*A.S.*) ayam jantan. 雄鸡。

**root**¹ *n.* akar; asas; dasar; punca; (*pl.*) kampung halaman. 根；根基；基础；词根；(数学) 根；来源。—*v.t./i.* berakar; menjadi kaku. 生根；使固定。**~ out** atau **up** mencabut. 彻底根除。**take ~** berakar; menetap. 生根；使固定。

**root**² *v.t./i.* menyondol; menyungkur; mematuk-matuk; menyelongkar; (*A.S., sl.*) memberi tepukan. 挖掘觅食；搜寻；喝彩。

**rootless** *a.* tiada tempat menetap. 无根的。**rootlessness** *n.* perihal tiada tempat menetap. 无根底。

**rope** *n.* tali. 绳子。—*v.t.* mengikat dengan tali; merentang. 用绳子绑；扎。**know** atau **show the ropes** mengajar selok-belok. 熟悉内情。**~ in** mengajak ikut serta. 说服人参与活动。

**ropy** *a.* (*-ier, -iest*) bertali-tali; (*colloq.*) bermutu rendah. 黏稠的；品质差的。**ropiness** *n.* kerendahan mutu. 品质低劣。

**rorqual** *n.* sejenis ikan paus. 鳁鲸。

**rosaceous** *a.* keluarga bunga mawar. 蔷薇科的。

**rosary** *n.* kebun ros; doa yang diamalkan dalam gereja Roman Katolik; tasbih. 玫瑰园；玫瑰经（天主教祷文）；念珠。

**rose**¹ *n.* mawar, ros; pokok ros; merah jambu (berkenaan warna); perenjis. 蔷薇花；玫瑰；玫瑰红；莲蓬式喷嘴。 **~ window** sejenis tingkap bulat. 花瓣式图案圆窗。

**rose**² *lihat* **rise**. 见 **rise**。

*rose n.* sejenis wain berwarna merah jambu muda. 玫瑰香酒。

**roseate** *a.* merah jambu pekat; seperti bunga ros. 粉红色的。

**rosebud** *n.* kuntum ros. 玫瑰花蕾。

**rosemary** *n.* rosmeri; sejenis tumbuhan berdaun harum. 迷迭香。

**rosette** *n.* roset; lencana atau barang perhiasan berbentuk bunga ros. 蔷薇结；花饰。

**rosewood** *n.* sejenis kayu wangi yang keras, digunakan untuk membuat perabot. 紫檀木。

**rosin** *n.* rosin; sejenis damar. 松香。

**roster** *n. & v.t.* jadual tugas. 服勤名册。

**rostrum** *n.* (*pl. -tra*) pentas tempat berpidato; mimbar. 演坛；讲台。

**rosy** *a.* (*-ier, -iest*) merah jambu pekat; kemerah-merahan; cerah; penuh harapan. 玫瑰色的；深红色的；光明的；乐观的。**rosily** *adv.* perihal kemerah-merahan. 带玫瑰色地。**rosiness** *n.* kemerah-merahan; merah jambu; kecerahan. 玫瑰色；深红色；光明。

**rot** *v.t./i.* (*p.t. rotted*) menjadi busuk; reput. 腐烂；腐坏。—*n.* hal menjadi busuk; kereputan; (*sl.*) karut; kegagalan demi kegagalan. 腐烂；腐坏；荒唐事；一连串失败。

**rota** *n.* senarai giliran kerja. 轮值表。

**rotary** *a.* yang berputar. 旋转的。

**rotate** *v.t./i.* bergilir; berputar; berpusing. 轮流；转动；旋转。**rotation** *n.* putaran. 回转。**rotatory** *a.* yang berputar; yang berpusing. 转动的；旋转的。

**rote** *n.* **by ~** hafal; kelaziman. 死记着；机械性的背诵；例行的。

**rotisserie** *n.* sejenis alat untuk memanggang. 烘烤用具。

**rotor** *n.* rotor; bahagian enjin yang berputar. 旋转翼；回转轴。

**rotten** *a.* reput; jahat; keji; (*colloq.*) busuk; lapuk. 腐败的；腐朽的；不正直的；卑劣的；发霉的。**rottenness** *n.* kejahatan; kekejian. 腐败；卑贱。

**rotter** *n.* (*sl.*) bajingan. 无赖汉。

**Rottweiler** *n.* anjing daripada baka tinggi berwarna hitam atau gelap. 洛特维勒牧犬。

**rotund** *a.* gemuk bulat. 圆胖的。**rotundity** *n.* kegemukan. 圆胖。

**rotunda** *n.* rotunda; bangunan bundar. 圆形建筑。

**rouble** *n.* rubel (mata wang Rusia). 卢布（俄国货币单位）。

**roué** *n.* orang yang tidak bermoral. 放荡者。

**rouge** *n.* pemerah pipi; sejenis serbuk halus untuk menggilap logam. 胭脂；红铁粉。 *v.t.* memerahkan pipi. 涂胭脂。

**rough** *a.* (-*er*, -*est*) kasap; kasar; (berkenaan cuaca) bergelora; lebih kurang. 粗糙的；汹涌的；不平的；粗暴的；大约的。 —*adv.* secara kasar. 粗糙地。 —*n.* sesuatu yang kasar; tanah yang berlekuk-lekak; orang yang biadap. 粗糙物；高低不平的地面；粗鲁者。 —*v.t.* mengasari; mengasarkan. 使变粗。 **~-and-ready** *a.* bersedia; ala kadar. 简陋的；适合需要而不求准确的。 **~-and-tumble** *n.* bergomol-gomol. 混乱。 **~ diamond** berlian yang belum dicanai. 粗割钻石。 **~ it** dalam serba kekurangan. 处在艰苦生活中。 **~ out** pelan kasar. 设计草图。 **roughly** *adv.* secara kasar. 大略地。 **roughness** *n.* kekasaran. 粗糙。

**roughage** *n.* makanan pelawas. 富有纤质的粗糙食物。

**roughcast** *n.* campuran simen dan batu. 粗灰泥。 —*v.t.* (p.t. *roughcast*) menyalut dengan campuran simen dan batu. 以粗灰泥涂墙。

**roughen** *v.t./i.* menjadikan kasar; membuat supaya kasar. 弄粗；变粗糙。

**roughshod** *a.* (bagi kuda) berladam (dengan kepala pakunya tersembul). （马蹄）装有防滑钉的。 **ride ~ over** tidak mempedulikan sama sekali. 不顾别人意见而任意行动。

**roulette** *n.* rolet; permainan judi menggunakan bola kecil di atas cakera yang berputar. 轮盘赌。

**round** *a.* (-*er*, -*est*) bulat; genap (berkenaan angka). 圆的；球形的；完全的；整数的。 —*n.* bulatan; kepingan; pusingan; das (berkenaan tembakan). 圆形物；一片；一轮；(子弹)一发。 —*prep.* mengelilingi; ke sekeliling; di sekeliling.围绕；访问；以…为中心。—*adv.* dalam bulatan; dengan jalan yang lebih jauh; berpaling; sekeliling; berkunjung; sedar setelah pengsan. 兜着圈子地；绕道地；转向在周围；到指定地点；苏醒。 —*v.t./i.* membulatkan; menggenapkan; mengelilingi. 使变圆；使圆满；环绕。 **in the ~** semua bahagian boleh nampak. 一切尽在眼里。 **~ about** lebih kurang; berhampiran. 大概；大略。 **~ figure** atau **number** angka genap; bundar. 偶数；整数。 **~ off** menyudahkan; mengakhiri; menjadikan bersimetri. 完成；弄圆。 **~ on** melawan. 攻击。 **~ robin** kenyataan yang ditandatangani oleh banyak orang. 签名请愿书。 **~ the clock** siang malam. 日以继夜。 **~ trip** kunjungan berkeliling. 来回旅行。 **~ up** mengumpulkan. 集中。 **~-up** pengumpulan. 集拢。 **roundness** *n.* kebulatan. 圆满。

**roundabout** *n.* kuda pusing; sejenis permainan yang berligar-ligar; bulatan (di jalan raya). 旋转木马；交通圈。 —*a.* secara tidak langsung; berbelit-belit.间接的。

**rounders** *n.* raunders; sejenis permainan berpasukan yang menggunakan pemukul dan bola. 跑柱式棒球。 **rounder** *n.* mata yang diperolehi daripada permainan ini. 跑柱式棒球的得分。

**Roundhead** *n.* Roundhead; penyokong pihak Parlimen dalam Perang Saudara Inggeris. 圆头党（17世纪英国内战时期的国会支持者）。

**roundly** *adv.* betul-betul; teruk; bulat. 严厉地；圆圆地。

**roundsman** *n.* (pl. *-men*) penghantar barang (yang dipesan). 送货者。

**roundworm** *n.* cacing bulat. 蛔虫。

**rouse** *v.t./i.* membangkitkan; menggiatkan. 唤起；使振作。

**rousing** *a.* bersemangat; cergas; bertenaga; menggembirakan. 精力充沛的；有活力的；有气量的。

**roustabout** *n.* buruh yang bekerja di pelantar minyak. 油田工人。

**rout**[1] *n.* kekalahan yang teruk; berundur dengan tidak teratur. 溃败；溃散。— *v.t.* mengalahkan dengan teruk; mengusir. 击败；逐出。

**rout**[2] *v.t./i.* memaksa (bangun tidur, keluar); menggeledah. 拖出；起床；搜查。

**route** *n.* jalan; laluan. 路线。— *v.t.* (pres. p. *routeing*) menghantar melalui jalan tertentu. 定路线。~ **march** latihan berbaris bagi askar. （部队训练中的）长途行军。

**routine** *n.* rutin; perkara biasa. 日常工作；常规。— *a.* biasa. 日常的。**routinely** *adv.* secara rutin. 例行地。

**roux** *n.* roux; campuran tepung dan lemak yang dipanaskan untuk membuat sos. 乳酪面粉糊。

**rove** *v.t./i.* merayau. 徘徊。**rover** *n.* lanun. 海盗。

**row**[1] *n.* barisan. 行列。

**row**[2] *v.t./i.* mendayung; berdayung. 划船；用桨划船。— *n.* hal berdayung. 划船。~**boat** *n.* sampan. 小舟。**rowing-boat** *n.* sampan. 划艇。

**row**[3] *n.* (*colloq.*) keributan; pertengkaran; makian. 吵闹；争论；责骂。— *v.t./i.* (*colloq.*) bertengkar; memaki. 争吵；责斥。

**rowan** *n.* pohon rowan. 欧洲山梨。

**rowdy** *a.* (*-ier, -iest*) bising dan kasar. 粗暴且喧嚷的。— *n.* orang yang bising dan kasar. 胡闹者。**rowdily** *adv.* secara bising dan kasar. 粗暴地。**rowdiness** *n.* kebisingan dan kekasaran. 粗野喧闹。

**rowel** *n.* cakera berputar pada pacu. 小齿轮。

**rowlock** *n.* keliti; sejenis alat tempat menyangkutkan dayung. 桨架。

**royal** *a.* berkenaan dengan raja; di raja; agung. 王室的；皇家的；堂皇的。— *n.* (*colloq.*) kerabat diraja. 王族。 ~ **blue** nilakandi. 深蓝。**royally** *adv.* secara diraja. 王族气派地。

**Royalist** *n.* Royalist; penyokong raja dalam Perang Saudara Inggeris. 保皇党员。

**royalty** *n.* kerabat diraja; royalti. 王权；皇族；版税；开采权使用费。

**R.S.V.P.** *abbr.* (Perancis *répondez s'il vous plaît*) harap balas. （缩写）敬请赐复。

**Rt. Hon.** *abbr.* **Right Honourable** Yang Berhormat. （缩写）侯爵以下贵族尊称。

**Rt. Rev., Rt. Revd.** *abbr.* **Right Reverend** gelaran bagi paderi agama Kristian. （缩写）大主教之尊称。

**rub** *v.t./i.* (p.t. *rubbed*) menggosok; menyental. 擦；磨擦。— *n.* gosokan; kesukaran. 磨擦；困境。~ **it in** mengungkit-ungkit. 使人想起。~ **out** memadam dengan getah pemadam. 擦掉。

**rubber**[1] *n.* getah; getah pemadam. 橡胶；橡皮。~**stamp** *v.t.* mengesahkan tanpa banyak bicara. 未经审查即批准。

**rubber**[2] *n.* permainan tiga set. 三局胜负制。

**rubberize** *v.t.* dilapik atau dirawat dengan getah. 涂上橡胶。

**rubbery** *a.* bergetah. 橡胶似的。

**rubbish** *n.* sampah; karut. 垃圾；荒唐事。— *v.t.* mengecam; memperkecil-kecilkan. 诋毁。 **rubbishy** *a.* karut. 荒谬的。

**rubble** *n.* puing atau serpihan batu atau batan. 碎石堆。

**rubella** *n.* rubela; penyakit campak Jerman. 德国麻疹。

**rubicund** *a.* merah padam; kemerah-merahan. 透红的；带红的。

**rubric** *n.* rubrik; kepala; petunjuk. 标题；指示。

**ruby** *n.* batu delima; merah delima. 红宝石；红玉色。—*a.* merah delima. 红玉色的。

**ruche** *n.* fabrik yang digunakan sebagai hiasan tepi. 褶饰。

**ruck** *v.t./i. & n.* berkedut-kedut. 皱褶。

**rucksack** *n.* beg yang dipikul di belakang ketika mengembara. 旅行背包。

**ructions** *n.pl.* (*colloq.*) pertengkaran. 纠纷。

**rudder** *n.* kemudi. 舵。

**ruddy** *a.* (*-ier, -iest*) kemerah-merahan. 红的。 **ruddily** *adv.* dengan kemerah-merahan. 红色地。 **ruddiness** *n.* keadaan kemerah-merahan. 红色。

**rude** *a.* (*-er, -est*) kurang ajar; biadab; kasar; gabas; mengejut. 没教养的；无礼的；粗鲁的；突然的。 **rudely** *adv.* secara kasar. 粗野地。 **rudeness** *n.* kekasaran; kebiadaban. 粗暴；无礼。

**rudiment** *n.* bentuk awal; bahagian yang belum sempurna; rudimen; (*pl.*) asas-asas. 基本；初期；雏形。

**rudimentary** *a.* rudimen; belum berkembang; asas. 初期的；基本的；发育不全的。

**rue**[1] *n.* sejenis tumbuhan berdaun pahit, dapat dibuat ubat. 芸香。

**rue**[2] *v.t.* menyesal; taubat. 后悔；懊悔。

**rueful** *a.* menyesal. 后悔的。 **ruefully** *adv.* secara menyesal. 忏悔地。

**ruff**[1] *n.* kolar beropol; renda yang berkedut-kedut dipakai pada leher dalam abad ke-16; lingkaran bulu di leher burung atau binatang lain yang berlainan warnanya. 襞襟（16世纪时人们所戴的宽硬皱领）；鸟兽颈毛。

**ruff**[2] *v.t./i.* mempunyai kad bernilai paling tinggi dalam permainan terup. 以王牌取胜。—*n.* perihal mempunyai kad bernilai paling tinggi dalam permainan terup. 出王牌取胜。

**ruffian** *n.* samseng; bajingan. 流氓；歹徒。

**ruffle** *v.t./i.* merenyukkan; membangkitkan kemarahan. 弄皱；触怒。—*n.* ropol. 褶边；皱纹。

**rufous** *a.* coklat kemerah-merahan. 赤褐色的。

**rug** *n.* hamparan; permaidani. 小地毯；毛皮地毯。

**Rugbi** *n.* = ~ **football** ragbi. 英式橄榄球。

**rugged** *a.* tidak rata; kasar tetapi ikhlas. 崎岖的；粗鲁但诚恳的。 **ruggedly** *adv.* dengan kasar. 粗暴地。 **ruggedness** *n.* kekasaran. 粗野。

**rugger** *n.* (*colloq.*) ragbi. 英式橄榄球。

**ruin** *n.* kerosakan; kerugian; puing. 毁坏；倾家荡产；废墟。—*v.t.* merosakkan; menjadi hancur; memusnahkan. 使毁坏；使成废墟；毁灭。

**ruinous** *a.* binasa; menjadi musnah. 破坏性的；荒废的。 **ruinously** *adv.* dengan cara yang membinasakan. 毁灭性地。

**rule** *n.* peraturan; adat; undang-undang; penggaris; pembaris. 规则；习俗；条例；刻度尺。—*v.t./i.* berkuasa; memerintah; mengawal; memutuskan; menggaris. 统治；管辖；控制；裁定；用尺画线。 **as a ~** biasanya. 通常。 **~ of thumb** mengikut kebiasaan. 经验法则。 **~ out** menolak. 排除。

**ruler** *n.* pemerintah; pembaris (alat). 统治者；尺。

**rum**[1] *n.* rum; sejenis minuman keras. 糖蜜酒。

**rum**[2] *a.* (*colloq.*) pelik; aneh; ajaib. 古怪的；奇特的；怪异的。

**rumba** *n.* rumba; sejenis tarian berasal dari Cuba. 伦巴舞。

**rumble**[1] *v.i.* bergemuruh. 发出隆隆的响声。—*n.* bunyi yang bergemuruh. 隆隆声。

**rumble**[2] *v.t.* (*sl.*) menyingkap (perkara sebenar). 识破；看穿。

**rumbustious** *a.* (*colloq.*) riuh-rendah. 喧闹的。

**ruminant** *n.* haiwan ruminan; pemamah biak. 反刍动物。—*a.* memamah; ruminan. 反刍类的；反刍动物的。

**ruminate** *v.i.* memamah; memikir-mikir; merenung. 反刍；深思。**rumination** *n.* pemamahan; renungan. 反刍。**ruminative** *a.* ruminan; suka merenung. 沉思的。

**rummage** *v.i. & n.* menggeledah. 到处翻寻。~ **sale** jualan barang-barang terpakai. 清仓售卖会。

**rummy** *n.* rumi; sejenis permainan yang menggunakan daun terup. 一种纸牌游戏。

**rumour** *n.* desas-desus. 谣言。**be rumoured** khabar angin mengatakan. 传闻。

**rump** *n.* punggung haiwan; daging batang pinang. 动物的臀部；禽肉。

**rumple** *v.t./i.* berkerenyot; menjadikan tidak kemas. 弄皱；弄得乱七八糟。

**rumpus** *n.* (*colloq.*) huru-hara; kekacauan. 喧嚣；骚乱。

**run** *v.t./i.* (p.t. *ran*, p.p. *run*, pres. p. *running*) berlari; berlumba; merebak; mengalir; berfungsi; bergerak; meliputi; sah; melarikan; mengurus; menjalankan; menyiarkan; menjelujur. 奔跑；赛跑；赶往；流逝；运转；行驶；渗开；通用；经营；进行；刊登；缝缀。—*n.* larian; mata; koyak; rentetan; permintaan; jenis; kandang; trek; kebenaran yang sepenuhnya. 奔跑；棒球或板球的分数；脱针处；连续；种类；挤兑；围场；旅程；自由使用。 **in** atau **out of the running** ada atau tiada harapan untuk menang. 有（或没有）把握得胜。 **in the long ~** akhirnya. 最终。 **on the ~** dalam buruan. 逃跑。 ~ **across** tersempak dengan. 偶然碰见。 ~ **a blockade** merempuh tahanan. 冲破封锁。 ~ **a risk** menanggung risiko. 冒险。 ~ **a temperature** demam. 发烧。 ~ **away** cabut lari. 逃走；逃脱；私奔。 **~-down** *n.* butiran lengkap. 详细说明。 ~ **into** berlanggar; tersempak. 撞及；偶遇。 ~ **off** membuat salinan. 复印。 **~-off-the-mill** *a.* biasa. 普通的。 ~ **on** meneruskan percakapan. 继续说。 ~ **out** habis. 被用完；用尽。 ~ **out of** kehabisan. 用完；耗尽。 ~ **over** melanggar. 辗过。 ~ **up** semakin bertambah. 积欠。 **~-up** *n.* tempoh menjelang sesuatu peristiwa. 前导时期。

**runaway** *n.* orang pelarian. 逃亡者；逃跑者。—*a.* tidak dapat dikawal; (berkenaan kemenangan) menang dengan mudah. 控制不住的；（胜利）压倒性的。

**rune** *n.* abjad Jerman purba. 如尼文（德国古文字）。**runic** *a.* perihal abjad Jerman purba. 如尼文字的。

**rung**[1] *n.* anak tangga. 梯级。

**rung**[2] *lihat* **ring**[2]. 见 **ring**[2]。

**runnel** *n.* anak sungai. 溪；小河。

**runner** *n.* pelari; penghantar utusan; pokok jalar; alas penggelincir; kepingan permaidani yang panjang. 赛跑者；送信人；传令兵；长匐茎；滑行装置；长条地毯。 ~ **bean** pokok kacang. 红花菜豆。 **~-up** *n.* pemenang kedua; naib johan. 亚军；第二名。

**runny** *a.* berair. 液状的。

**runt** *n.* orang atau haiwan kerdil. 矮小的动物；矮子。

**runway** *n.* landasan terbang. 飞机场的跑道。

**rupee** *n.* rupee; mata wang India dan Pakistan. 卢比（印度及巴基斯坦货币单位）。

**rupture** *n.* pecah. 破裂；断绝。—*v.t./i.* berpecah. 破裂；断绝。

**rural** *a.* pedalaman. 乡下的；农村的。 ~ **dean** lihat **dean**. 见 **dean**。

**ruse** *n.* muslihat. 诡计；计策。

**rush**¹ *n.* sejenis tumbuhan paya. 灯心草。

**rush**² *v.t./i.* berkejar; tergesa-gesa; terburu-buru melakukan sesuatu; menerkam. 赶；赶到；急急忙忙；仓卒地做事；攻击。—*n.* kejaran; masa sibuk; (*colloq.*) tera sulung. 追击；繁忙时间；电影工作样片。**~ hour** *n.* masa sibuk. 上下班时的交通拥挤时间；高峰时间。

**rusk** *n.* biskut kering. 脆饼干；面包干。

**russet** *a.* perang. 黄褐色的；赤褐色的。—*n.* warna perang; sejenis epal berkulit kasar. 黄褐色；赤褐色冬苹果。

**rust** *n.* karat; sejenis penyakit pokok yang mengeluarkan tompok-tompok karat. 锈；铁锈；植物的锈病。—*v.t./i.* berkarat. 生锈；使生锈；使锈蚀。**~-proof** *a.* kalis karat. 防锈的；抗锈的。**rustless** *a.* tidak berkarat. 无锈的；不生锈的。

**rustic** *a.* kedesaan; diperbuat daripada kayu-kayu yang kasar (berkenaan binaan). 乡村的；农村风味的；用粗木材做成的。

**rusticate** *v.t./i.* tinggal di desa. 下乡；在乡下居住。**rustication** *n.* perihal tinggal di desa. 下乡；乡村生活。

**rustle** *v.t./i.* bergerisik; (*A.S.*) mencuri kuda atau lembu. 沙沙地响；偷牲口。— *n.* bunyi gerisik. 沙沙声。 **~ up** (*colloq.*) membuat. 弄到；草草弄好。 **rustler** *n.* pencuri kuda atau lembu. 偷牛（马）贼。

**rusty** *a.* (*-ier, -iest*) berkarat; karat. 生锈的；锈的。**rustiness** *n.* kekaratan. 生锈。

**rut**¹ *n.* bekas roda. 车辙。**rutted** *a.* penuh dengan bekas roda. 有车辙的。

**rut**² *n.* keinginan mengawan. 雄性动物周期性的发淫或春情。—*v.i.* (p.t. *rutted*) ingin mengawan. 发淫；春情发动。

**ruthless** *a.* kejam. 残忍的；残酷的；无怜悯心的。 **ruthlessly** *adv.* dengan kejam. 残忍地；无情地。**ruthlessness** *n.* kekejaman. 残忍；残酷。

**rye** *n.* rai (sejenis bijirin); wiski diperbuat daripada rai. 裸麦；黑麦威士忌酒。

# S

**S.** *abbr.* **south** selatan. （缩写）南；南方。

**sabbatarian** *n.* orang yang mentaati hari sabbath sepenuhnya. 严守安息日的教徒。

**sabbath** *n.* hari cuti untuk amalan-amalan agama (Sabtu untuk orang Yahudi, Ahad untuk orang Kristian). 安息日；主日（犹太教者为星期六，基督教者为星期日）。

**sabbatical** *a.* sabatikal; seperti atau yang berkaitan dengan hari sabbath. 安息日的；安息日般的。**~ leave** cuti yang diberikan dari semasa ke semasa kepada profesor universiti dan sebagainya untuk mengkaji dan melancong. 公休假（尤指大学教授及讲师等进行研究工作或旅游的定期休假）。

**sable** *n.* sabel; mamalia kecil artik berbulu gelap; bulu sabel; warna hitam. 黑貂；貂皮；黑色。—*a.* hitam; muram. 黑色的；阴暗的。

**sabotage** *n.* sabotaj; perbuatan khianat; kerosakan atau kemusnahan yang disengajakan; gangguan kepada kerja. 蓄意破坏；阴谋破坏；怠工。—*v.t.* merosakkan atau memusnahkan dengan sengaja; mengkhianati; menjadikan tidak dapat digunakan lagi. 蓄意破坏；使不能操作。**saboteur** *n.* pengkhianat. 破坏者；怠工者。

**sabre** *n.* sejenis pedang melengkung. 军刀；马刀。

**sac** *n.* pundi; sak pada binatang atau tumbuhan. 动植物的囊；液囊。

**saccharin** *n.* sakarin; gula tiruan. 代糖；糖精。

**saccharine** *a.* terlalu manis. 太甜的；糖质的。

**sacerdotal** *a.* berkenaan dengan paderi. 僧侣的；祭司的。

**sachet** *n.* kantung; uncang. 香囊；香包；小封包。

**sack**[1] *n.* karung guni; kantung daripada jenis fabrik yang kasar. 麻袋；粗布袋。 **the ~** (*colloq.*) pemecatan daripada pekerjaan. 开除；解雇。—*v.t.* memasukkan ke dalam karung (atau beberapa buah karung); (*colloq.*) dipecat. 把...装进袋里；开除；解雇。**sackful** *n.* (*pl.* *-fuls*) penuh karung. 满袋；一整包。

**sack**[2] *v.t.* menjarah; menggeledah (bandar) dengan ganas. 洗劫(被攻陷的城市)；劫掠。—*n.* penjarahan; penggeledahan. 洗劫；劫掠。

**sackcloth, sacking** *ns.* fabrik yang kasar untuk dijadikan karung guni. 制麻袋用的粗麻布；麻袋布。

**sacral** *a.* tentang sakrum. 骶骨的；骶骨部的。

**sacrament** *n.* upacara keagamaan Kristian yang simbolik; unsur-unsur dalam upacara Eukaris (jamuan terakhir Nabi Isa) yang dianggap suci dari segi keagamaan. 基督教圣礼；圣餐仪式中各有关事宜。**sacramental** *a.* tentang upacara keagamaan. 圣礼的；圣餐的。

**sacred** *a.* suci; keramat dari segi keagamaan; berkaitan dengan agama. 神的；神圣的；祭祀的；宗教上的。**~ cow** idea yang menurut para penyokongnya tidak boleh dibantah. 不可批评或冒犯的人或物。

**sacrifice** *n.* korban; pengorbanan; benda atau binatang yang dikorbankan. 牺牲；献身；牺牲品；祭品；供奉。—*v.t.* mengorbankan. 牺牲；舍身；献祭；供奉。**sacrificial** *a.* yang bersifat pengorbanan. 牺牲的；舍身的；献祭的；供奉的。

**sacrilege** *n.* tindakan biadap terhadap sesuatu yang suci. 亵渎神灵；渎圣。 **sacrilegious** *a.* bersifat biadab terhadap benda suci, atau rumah ibadat. 亵渎的；渎圣的。

**sacristan** *n.* penjaga harta gereja. 教堂司事。

**sacristy** *n.* tempat tersimpannya bekas atau mangkuk suci di dalam gereja. 教堂里的圣器室；圣器收藏室。

**sacrosanct** *a.* yang dimuliakan; yang diagungkan dan tidak harus dirosakkan. 神圣不可侵犯的；不容亵渎的。

**sacrum** *n.* sakrum; tulang komposit membentuk belakang pelvis. 骶骨。

**sad** *a.* (*sadder, saddest*) sedih; dukacita; bantut (berkaitan dengan kek). 伤心的；难过的；悲哀的；忧伤的；蛋糕发得不好的。 **sadly** *adv.* dengan sedihnya. 伤心地；悲哀地；忧伤地。 **sadness** *n.* kesedihan. 伤心；悲哀；忧伤。

**sadden** *v.t./i.* menyedihkan; menjadi sedih. 使悲痛；使悲哀。

**saddle** *n.* pelana; tanah tinggi di antara dua puncak; daging di bahagian antara rusuk dengan tulang pinggul. 鞍；马鞍形峰；腰肉。—*v.t.* memasang pelana；

**saddler** dibebani dengan satu tugas. 加鞍；上鞍；使负担。**in the ~** dalam keadaan yang berkuasa. 控制着；掌着权。

**saddler** *n.* tukang pelana. 鞍工；马具制造商；马具师。

**saddlery** *n.* pekerjaan tukang pelana. 马具业。

**sadism** *n.* kesukaan mencederakan atau menyaksikan kecederaan atau kekejaman. 虐待狂；残暴色情狂。**sadist** *n.* orang yang suka melakukan penyeksaan. 性变态者；有虐待狂者。**sadistic** *a.* ganas; zalim. 性变态的；残暴色情狂的。

**sadistically** *adv.* dengan ganas; dengan zalim. 性变态地；残暴地。

**safari** *n.* safari; ekspedisi untuk memburu atau memerhatikan binatang liar. 远征游猎探险。**~ park** taman tempat memelihara binatang-binatang liar untuk tontonan para pengunjung. 野生动物园。

**safe** *a.* (-er, -est) selamat daripada bahaya; memberikan perlindungan. 安全的；平安的；无危险的；可靠的。—*adv.* dengan selamatnya. 安全地。—*n.* peti besi; kotak atau almari yang diperbuat khas untuk menyimpan barang berharga dan berkunci. 保险箱。**~ deposit** bangunan yang mempunyai kemudahan kotak besi untuk disewa. 保险库；贵重物品保管处。**safely** *adv.* dengan selamat. 安全地；平安地。

**safeguard** *n.* pelindung; perlindungan daripada bahaya. 保障；防护法；安全措施。—*v.t.* melindungi. 保护；保障；捍卫。

**safety** *n.* keselamatan; keadaan selamat; bebas daripada risiko dan bahaya. 安全；平安；安宁。**~ pin** *n.* pin baju. 别针。**~-valve** *n.* injap keselamatan; injap yang membuka secara automatik untuk melepaskan tekanan dalam dandang stim, dsb. 安全阀。

**saffron** *n.* safron; warna kuning. 姜黄；金黄色。

**sag** *v.i.* (p.t. *sagged*) melendut; meleweh; melentur ke bawah kerana berat. 下陷；凹陷；下弯。—*n.* kelendutan; kelenturan. 下陷；下垂。

**saga** *n.* hikayat; cerita panjang. 英雄传奇；长篇故事。

**sagacious** *a.* cerdik; bijaksana; berakal; pintar. 聪明的；精明的；聪慧的；机智的。**sagaciously** *adv.* dengan cerdik; dengan pintar; dengan berakal; dengan bijaksana. 聪明地；机智地；聪慧地；精明地。**sagacity** *n.* kebijaksanaan; kepintaran. 精明；机智。

**sage**[1] *n.* sej; sejenis tumbuhan yang digunakan sebagai bahan perisa dalam masakan. 鼠尾草（烹饪时调味用）。

**sage**[2] *a.* bijaksana terutama kerana banyak pengalaman. 贤明的；睿智的；聪明的。—*n.* orang yang bijaksana. 贤人；圣人。**sagely** *adv.* dengan bijaksana. 睿智地。

**sago** *n.* sagu. 西谷米；硕莪。

**sahib** *n.* gelaran lama kepada lelaki Eropah yang berada di India. 老爷（殖民时代印度人民对欧洲人的尊称）。

**said** lihat **say**. 见 **say**。

**sail** *n.* layar; pelayaran; bilah kincir angin. 帆；航行；风车的翼板。—*v.t./i.* belayar; mula belayar; mengemudi; bergerak terus. 航行；启航；掌舵；迅速行进。**sailing-ship** *n.* kapal layar. 大型帆船。

**sailboard** *n.* luncur angin; papan bertiang dan layar untuk meluncur angin. 帆船；风帆滑水板。**sailboarder** *n.* peluncur angin. 驾驶帆船者。**sailboarding** *n.* peluncuran angin. 帆板运动。

**sailcloth** *n.* kanvas untuk layar; sejenis fabrik. 厚篷帆布；篷布。

**sailor** *n.* anak kapal; kelasi. 船员；水手。**bad ~** orang yang berkemungkinan mengalami mabuk laut. 晕船的人。**good ~** orang yang berkemungkinan tidak mengalami mabuk laut. 不晕船的人。

**sailplane** *n.* pesawat layar. 滑翔机。

**saint** *n.* orang kudus atau suci; wali; anggota gereja; orang yang sangat baik; santo; santa (perempuan). 圣人；圣徒；圣者；道德高尚的人。 **sainthood** *n.* status sebagai santo. 圣徒的身分、品德等。 **saintly** *a.* yang suci; yang bersifat wali. 圣人似的；神圣的。 **saintliness** *n.* kekudusan; kesucian; kawalian. 神圣；圣洁；道德高尚。

**sake**[1] *n.* **for the ~ of** untuk kebaikan atau kepentingan; demi. 为了；为了…的利益。

**sake**[2] *n.* sake; sejenis arak Jepun yang diperbuat daripada tapai beras. 日本清酒；日本米酒。

**salaam** *n.* salam. 伊斯兰教问候语；招呼。—*v.t./i.* memberi salam. 穆斯林行额手礼；向…问候。

**salacious** *a.* lucah; memberahikan. 下流的；猥亵的；好色的。 **salaciously** *adv.* dengan lucah. 淫秽地；无耻地。 **salaciousness** *n.* kelucahan. 下流；猥亵。 **salacity** *n.* kelucahan. 下流；好色。

**salad** *n.* salad. 沙拉；沙津。

**salamander** *n.* salamander; sejenis binatang seperti biawak. 蝾螈。

**salami** *n.* salami; sejenis sosej Itali. 意大利萨拉米香肠。

**salaried** *a.* yang bergaji. 拿薪金的；受薪的。

**salary** *n.* gaji. 薪金；薪水。

**sale** *n.* jualan; jualan murah. 卖；售；出售；廉价出售；减价出售；贱卖。 **for** atau **on ~** untuk dijual. 待卖的；上市的。

**saleable** *a.* dapat dijual; mudah dijual. 可出售的；好卖的；抢手的。

**saleroom** *n.* bilik jualan lelong. 拍卖场。

**salesman, saleswoman, salesperson** *ns.* (pl. *-men, -women*) jurujual. 售货员；推销员；店员。

**salesmanship** *n.* teknik menjual; kecekapan menjual. 销售术；推销手法。

**salient** *a.* yang menonjol; penting. 显著的；突出的。—*n.* bahagian yang menonjol atau penting. 显著的部分；突出点。

**saline** *a.* masin; mengandungi garam. 咸的；含盐的。 **salinity** *n.* kemasinan; paras kandungan garam. 盐性；盐度；咸度。

**saliva** *n.* air ludah; air liur. 唾液；口水。

**salivary** *a.* yang mengeluarkan air liur. 分泌唾液的。

**salivate** *v.i.* mengeluarkan air liur. 分泌唾液；流口水。 **salivation** *n.* pengeluaran air liur. 流涎；多涎症。

**sallow**[1] *a.* (*-er, -est*) pucat; pudar. 脸色苍白的；肤色灰黄的；土色的。 **sallowness** *n.* kepucatan. 脸色苍白；肤色灰黄。

**sallow**[2] *n.* sejenis pohon rendah. 黄华柳。

**sally** *n.* serangan mengejut; lawatan; kata-kata yang bijak atau lucu. 突围；短途旅行；俏皮话。—*v.i.* **~ forth** atau **out** melakukan secara mengejut (tentang serangan); pergi makan angin. 出击；突围；游览；观光。

**salmi** *n.* sejenis masakan rendidih, terutamanya daging burung buruan. 五香炖野味。

**salmon** *n.* (pl. *salmon*) salmon; sejenis ikan. 鲑。 **~-pink** *a. & n.* merah jambu yang kekuningan. 鲑肉色（的）；橙红色（的）。 **~ trout** sejenis ikan air tawar. 鳟。

**salmonella** *n.* salmonela; sejenis bakteria penyebab keracunan makanan. 沙门菌。

**salon** *n.* bilik tamu; bilik atau kedai mendandan rambut. 客厅；美容院；美发室。

**saloon** *n.* bilik awam untuk tujuan tertentu; dewan di kapal; (*A.S.*) bar awam; kereta salun. 大会客室；轮船上的交谊厅；(美国) 酒馆；酒吧。 **~ car** kereta salun; kereta yang tertutup untuk pemandu dan penumpang. 双排座箱式轿车。

**salsify** *n.* sejenis sayur. 婆罗门参。

**salt** *n.* garam; sebatian kimia daripada logam dan asid; bekas atau botol garam; (*pl.*) benda menyerupai garam. 盐；金属和酸的化合物；盐瓶；泻盐。—*a.* masin; mengandungi garam. 咸的；含盐的。—*v.t.* menggaram; menjeruk; membuat helah supaya lombong dipercayai mengandungi logam berharga. 加盐于；用盐腌；盐渍；把贵重的矿属移入劣矿区内欺骗买主。**old ~** kelasi yang berpengalaman. 经验丰富的老水手。**~ away** (*colloq.*) simpanan untuk masa depan. 储存；储蓄。**~-cellar** *n.* bekas atau botol garam. 盐碟及盐瓶。**~-marsh** *n.* rawang garam; paya yang dibanjiri air laut yang pasang. 盐沼；盐泽。**~-pan** *n.* kematu garam; tempat lekuk dekat laut yang menghasilkan garam daripada air laut yang sejat. 盐田；浅盐湖。**take with a grain** (*atau* **pinch**) **of ~** menganggap dengan waham. 有所怀疑；采取保留态度。**worth one's ~** layak; cekap. 有能力的；称职的。**salty** *a.* masin. 咸的；含盐的。**saltiness** *n.* kemasinan. 咸性；咸度。

**saltire** *n.* tanda palang (X) pada perisai. 徽章上的十字形。

**saltpetre** *n.* kalium nitrat; tepung seakan-akan garam yang digunakan dalam ubat bedil, ubat-ubatan dan untuk mengawet daging. 硝石；硝酸钾（制火药、药物及腌藏食物用）。

**salubrious** *a.* yang menyegarkan. 有益健康的。**salubrity** *n.* keadaan yang menyegarkan atau menyihatkan. 有益健康。

**saluki** *n.* (pl. *-is*) sejenis anjing. 萨卢基狗。

**salutary** *a.* yang mendatangkan kebaikan atau manfaat; yang menyihatkan. 有益的；有益健康的。

**salutation** *n.* salam; tabik; tanda hormat. 招呼；致意；行礼；致敬。

**salute** *n.* tabik. 敬礼。—*v.t.* memberi hormat. 向...致敬；向...行军礼。

**salvage** *n.* operasi menyelamat kapal kargo dari laut, ataupun harta dari tempat kebakaran, dll.; penjimatan dan penggunaan sisa; hampas, hasil buangan, dsb. yang dipergunakan. 灾难时抢救货物或财产的行动；局面的挽救；废物利用；被救的货物或财产；可利用的废品。—*v.t.* menyelamatkan daripada kerugian; menyimpan sisa untuk digunakan kemudian. 抢救；挽救；废物利用。

**salvation** *n.* tindakan menyelamat daripada bencana, terutama daripada dosa balasannya. 救灾行动；救助工作；拯救；超度。

**salve**[1] *n.* salap; ubat sapu yang melegakan. 治疮药；药膏；止痛药。—*v.t.* menenangkan (fikiran, dsb.); melegakan (perasaan bersalah). 缓和情绪；解除疑虑；减轻痛苦。

**salve**[2] *v.t.* menyelamatkan daripada kerugian di laut atau daripada kebakaran. 从海上或火灾场抢救。

**salver** *n.* sejenis dulang kecil. 托盘；盘子。

**salvo** *n.* (pl. *-oes*) tembakan serentak; tepukan gemuruh. 齐声开炮；同声喝采。

**sal volatile** cecair ammonium karbonat sebagai ubat untuk memulihkan orang yang pengsan. 挥发盐（提神药）。

**samba** *n.* samba; tarian berasal dari Brazil. 巴西的桑巴舞。

**same** *a.* sama; tidak berbeza; pernah disebutkan. 相同的；同样的；上述的。**the ~** perkara yang sama; dengan cara yang sama. 同样地；同一事物。**sameness** *n.* kesamaan. 相同；划一；单调。

**samovar** *n.* bekas daripada logam untuk membuat teh, terutama di Rusia. 俄罗斯式金属茶烫壶。

**sampan** *n.* sampan. 舢板。

**samphire** *n.* sejenis pohon. 海蓬子。

**sample** *n.* contoh; sampel. 样品；式样；试用品。—*v.t.* mengambil contoh; mencuba; merasa; mengalami. 取样检验；尝试。

**sampler** *n.* benda yang menguji contoh; contoh sulaman. 样本；刺绣图案样本。

**samurai** *n.* (pl. *samurai*) samurai; pegawai tentera Jepun. 日本武士。

**sanatorium** *n.* (pl. *-ums*) sanatorium. 疗养院；休养地。

**sanctify** *v.t.* mengkuduskan; menyucikan. 使神圣；神圣化；使心灵纯洁。**sanctification** *n.* tindakan menyucikan; penyucian. 神圣化；净化。

**sanctimonious** *a.* munafik; seolah-olah alim. 伪善的；假装神圣的。**sanctimoniously** *adv.* dengan munafik. 假神圣地。**sanctimoniousness** *n.* kemunafikan. 伪善；虚伪。

**sanction** *n.* kebenaran; kelulusan; denda terhadap sesuatu negara atau organisasi. 准许；批准；（对某国或某组织的）制裁。—*v.t.* memberi kebenaran; memberi kuasa. 批准；认可；支持。

**sanctity** *n.* kesucian; kekudusan. 神圣；庄严；圣洁。

**sanctuary** *n.* tempat suci; bahagian gereja tempat meja ibadat; taman burung-burung atau binatang liar diberi perlindungan; tempat perlindungan. 圣所；教堂内的高坛；鸟兽保护区；庇护所。

**sanctum** *n.* tempat suci; bilik peribadi seseorang. 圣所；私人办公室。

**sand** *n.* pasir; (*pl.*) kawasan berpasir; tebing pasir. 沙；沙地；沙滩。—*v.t.* ditabur dengan pasir; melicinkan dengan kertas pasir. 撒沙于；用沙纸磨光。

**sandal** *n.* sandal; kasut bertali yang kelihatan seperti selipar. 凉鞋；便鞋。**sandalled** *a.* memakai sandal. 穿凉鞋的；穿便鞋的。

**sandalwood** *n.* kayu cendana; sejenis kayu wangi. 檀香木；沉香。

**sandbag** *n.* kantung atau guni berisi pasir, digunakan untuk melindungi tembok atau bangunan. 沙袋；沙包。—*v.t.* (p.t. *-bagged*) melindungi dengan guni pasir. 用沙包堵塞；防以沙袋。

**sandbank** *n.* tebing pasir. 沙丘；沙区；沙洲；沙滩。

**sandblast** *v.t.* membagas pasir; merawat dengan menggunakan pancutan pasir yang dipancut dengan udara atau wap mampat. 喷沙。

**sandcastle** *n.* istana pasir buatan kanak-kanak. 儿童用沙堆成的沙堡。

**sandpaper** *n.* kertas pasir. 砂纸。—*v.t.* melicinkan dengan kertas pasir. 用砂纸擦光。

**sandpiper** *n.* sejenis burung yang tinggal di kawasan berpasir. 鹬；矶鹬。

**sandpit** *n.* petak pasir untuk kanak-kanak bermain di dalamnya. 儿童游戏的沙坑。

**sandstone** *n.* batu pasir. 沙岩。

**sandstorm** *n.* ribut pasir. 沙暴；大风沙。

**sandwich** *n.* sandwic; benda yang diapit atau dilapis-lapiskan. 三明治；三明治状物；夹心物。—*v.t.* terhimpit; mengapit; melapis-lapiskan. 夹入；把...做成三明治。**~-man** *n.* orang yang memperagakan iklan sambil berjalan kaki. 三明治式广告宣传员；夹板广告员。

**sandy** *a.* seperti pasir; diliputi dengan pasir; berwarna perang muda. 沙质的；多沙的；覆盖着沙的；沙色的；浅茶色的。

**sane** *a.* (*-er, -est*) siuman; munasabah. 非癫狂的；心智健全的。**sanely** *adv.* dengan siuman. 有理性地。

**sang** *lihat* **sing**. 见 **sing**。

**sang-froid** *n.* perasaan tenang. 临危不乱；沉着；镇定。

**sangria** *n.* minuman orang Sepanyol daripada arak dan lemonad. 西班牙桑格里酒。

**sanguinary** *a.* penuh dengan pertempuran yang mengalirkan darah; pertumpahan darah. 血腥的；血淋淋的；好杀的。

**sanguine** *a.* optimis. 乐观的;充满自信的。

**sanitary** *a.* yang berkenaan dengan kebersihan; bersih; kawalan kebersihan. 卫生上的;卫生的;保健措施的。

**sanitation** *n.* sistem menjaga kebersihan awam. 卫生设备;公共卫生。

**sanitize** *v.t.* mensanitasikan; membersihkan. 使卫生;消毒。

**sanity** *n.* kesiuman; kewarasan. 神志清楚;明智。

**sank** *lihat* **sink**. 见 sink。

**Sanskrit** *n.* Sanskrit. 梵文;梵语。

**sap**[1] *n.* sap; cairan atau getah dalam tumbuhan; (*sl.*) orang bodoh. 树液;树胶;傻瓜;笨蛋。—*v.t.* (p.t. sapped) hilang tenaga secara beransur-ansur. 逐步损坏;逐渐削弱。 **sappy** *a.* penuh dengan cairan atau getah; menjadi lemah; bodoh. 多树汁的;精力充沛的;愚蠢的。

**sap**[2] *n.* terowong untuk mendekati musuh. 偷袭敌军用的坑道。—*v.t./i.* (p.t. sapped) melemahkan. 逐渐削弱。

**sapele** *n.* sejenis pohon kayu seakan-akan mahogani. 萨佩菜;萨佩菜木。

**sapient** *a.* bijaksana. 聪明的;精明的。 **sapiently** *adv.* dengan bijaksana. 智慧地;精明地。 **sapience** *n.* kebijaksanaan. 精明;智慧。

**sapling** *n.* anak pokok. 树苗;幼树。

**sapphire** *n.* batu permata nilam; warna biru cerah. 蓝宝石;天蓝色。—*a.* biru cerah. 天蓝色的。

**saprophyte** *n.* saprofit; sejenis cendawan. 死物寄生菌。 **saprophytic** *a.* (berkenaan) saprofit. 寄生菌的。

**Saracen** *n.* orang Arab atau Islam pada zaman Perang Salib. 十字军战争时代的阿拉伯人或伊斯兰教徒。

**sarcasm** *n.* sindiran; penggunaan sindiran. 讽刺;挖苦;讥讽。 **sarcastic** *a.* yang menyindir. 讽刺的;挖苦的。 **sarcastically** *adv.* dengan menyindir. 讽刺地;挖苦地。

**sarcophagus** *n.* (pl. *-gi*) keranda batu. 石棺。

**sardine** *n.* ikan sardin. 鳁鱼;沙丁鱼。

**sardonic** *a.* berjenaka sambil memberi sindiran atau amaran; mencemuh. 嘲笑的;讥笑的;冷嘲的。 **sardonically** *adv.* dengan berjenaka sambil menyindir. 嘲笑地;冷嘲地。

**sardonyx** *n.* sardoniks; batu oniks dengan lapisan putih dan kuning. 缠丝玛瑙。

**sargasso** *n.* rumpai laut yang berpundi udara. 果囊马尾草。

**sari** *n.* (pl. *-is*) sari. (印度妇女穿用的)沙厘。

**sarong** *n.* kain sarung. (马来民族穿用的)纱笼。

**sarsaparilla** *n.* sarsaparila; pokok kawasan tropika yang terdapat di Amerika; akar kering sarsaparila. 菝葜;菝葜根。

**sarsen** *n.* batu pasir yang besar. 砂岩漂砾。

**sartorial** *a.* berkenaan dengan jahitan atau pakaian lelaki. 缝纫的;男式服装的。

**sash**[1] *n.* bengkung; selempang. 腰带;肩带。

**sash**[2] *n.* bingkai kaca tingkap. 窗框。**~cord** *n.* tali longsor. 吊窗绳。 **~window** *n.* jendela sorong. 吊窗;上下拉动的窗。

**Sassenach** *n.* (*Sc. & Irish*) orang Inggeris. 撒克逊裔人;英国人。

**sat** *lihat* **sit**. 见 sit。

**satanic** *a.* bersifat syaitan. 撒旦的;穷凶极恶的。

**Satanic** *a.* yang berkaitan dengan syaitan. 撒旦的;恶魔的。

**Satanism** *n.* pemujaan syaitan. 撒旦崇拜主义;魔鬼崇拜。

**satchel** *n.* beg sekolah. 书包;小背包。

**sate** *v.t.* puas. 使饱;喂饱;使满足。

**sateen** *n.* sejenis kain seakan-akan satin. 纬缎。

**satellite** *n.* satelit; negara satelit atau negara pengikut. 卫星;附庸国。 **~ dish** aerial berbentuk piring untuk menerima siaran yang dipancarkan melalui satelit. 碟形天线。

**satiate** *v.t.* puaskan sepenuhnya. 使满足；使饱。 **satiation** *n.* kepuasan. 满足；饱食。

**satiety** *n.* perihal kepuasan. 满足饱食。

**satin** *n.* satin. 缎。 —*a.* licin seperti satin. 缎子一样光滑的；光泽如缎的。 **satiny** *a.* seperti satin. 似缎的；光滑的。

**satinette** *n.* sejenis kain seperti satin. 充缎子；棉丝缎。

**satinwood** *n.* sejenis kayu keras dan licin atau pokoknya. 热带缎木。

**satire** *n.* satira; penggunaan sindiran atau sendaan; novel atau lakonan yang mempersendakan sesuatu. 讽刺；讥讽；讽刺小说、戏剧或诗文。 **satirical** *a.* yang bersifat sindiran. 讽刺的。 **satirically** *adv.* dengan sindiran. 讽刺地。

**satirize** *v.t.* membidas dengan satira; menerangkan secara sindiran. 挖苦；讥讽；讽刺。 **satirist** *n.* penulis satira. 讽刺诗文作者。

**satisfactory** *a.* yang memuaskan. 令人满意的；称心的。 **satisfactorily** *adv.* dengan memuaskan. 满足地；称心地。

**satisfy** *v.t.* memuaskan; memenuhi kehendak; mencukupi. 满足；使满意；符合要求；足够。 **satisfaction** *n.* kepuasan. 满足；满意。

**satsuma** *n.* sejenis limau. 萨摩蜜柑；红橘。

**saturate** *v.t.* membasahkan; menyebabkan penuh; menepukan. 浸透；使湿透；使饱和。 **saturation** *n.* perihal terlalu penuh; ketepuan. 饱和状态；饱和。

**Saturday** *n.* Sabtu. 星期六。

**saturnalia** *n.* pesta liar. 古罗马农神节。

**saturnine** *a.* berwajah muram atau menakutkan. 沉默寡言的；性格忧郁的；阴沉的。

**satyr** *n.* dewa rimba yang bertelinga, berekor dan berkaki kambing. 古希腊传说中半人半兽的森林之神。

**sauce** *n.* sos; (*sl.*) kebiadaban. 酱油；调味汁；冒昧；无礼。

**saucepan** *n.* periuk bertangkai; sejenis kuali. 有盖长柄浅平底锅。

**saucer** *n.* piring. 小茶碟；杯托。

**saucy** *a.* (*-ier, -iest*) kurang ajar; lancang; biadab. 无教养的；粗鲁的；无礼的。 **saucily** *adv.* dengan lancang; dengan biadab. 粗鲁地；无礼地。 **sauciness** *n.* kelancangan; kebiadaban. 无礼；冒失。

**sauerkraut** *n.* kubis jeruk. 德国式泡菜。

**sauna** *n.* sauna; mandi wap. 桑拿浴；蒸气浴。

**saunter** *v.i.* & *n.* berjalan seolah-olah makan angin. 闲逛；闲荡。

**saurian** *a.* berkenaan kumpulan reptilia termasuk cicak dan buaya. 蜥蜴的；蜥蜴类的。 —*n.* kumpulan reptilia termasuk cicak dan buaya. 蜥蜴；蜥蜴类爬行动物。

**sausage** *n.* sosej. 香肠；腊肠。

**sauté** *a.* saute; digoreng dengan cepat dalam sedikit minyak. 炒的；嫩煎的。 —*v.t.* memasak secara saute. 炒；嫩煎。

**savage** *a.* buas; kejam; (*colloq.*) sangat marah. 野蛮的；凶猛的；残暴的；大发脾气的。 —*n.* orang gasar; orang liar. 未开化的人；野蛮的人。 —*v.t.* menyerang dengan buas. 凶猛地攻击。 **savagely** *adv.* dengan buas. 凶猛地；粗野地。 **savageness** *n.* kebuasan. 凶暴；野蛮。 **savagery** *n.* perihal kebuasan. 凶恶行为；兽性；未开化。

**savannah** *n.* savana. 亚洲的热带大草原；美国东南部及东西非洲的无树平原。

**savant** *n.* orang berilmu. 博学的人；学者。

**save** *v.t./i.* menyelamatkan; menyimpan; menyelamatkan tendangan (bola). 拯救；援救；储存；贮蓄；救球。 —*n.* tindakan menyelamatkan daripada memasuki gol. 救球；阻止对方得分。 **saver** *n.* penyelamat. 救星；拯救者。

**saveloy** *n.* sejenis sosej berperisa. 干腊肠。

**saving** *prep.* kecuali. 除...以外。

**savings** *n.pl.* wang simpanan. 储蓄金。

**saviour** *n.* penyelamat. 救济者；救助者；救星；救世主。

*savoir faire* kebijaksanaan sosial. 圆滑的社交手腕。

**savory** *n.* herba berempah. (烹饪用的) 香薄荷。

**savour** *n.* rasa; bau. 味道；滋味；香味。 —*v.t./i.* ada sesuatu rasa; mendapat nikmat dengan menghidu. 有...的滋味；品尝味道。

**savoury** *a.* mempunyai rasa atau bau yang sedap; tidak manis. 美味可口的；香喷喷的；开胃的；咸的；辛辣的。 —*n.* masakan sedemikian. 开胃的菜肴。

**savouriness** *n.* keenakan. 美味；可口。

**savoy** *n.* sejenis kubis. 皱叶甘蓝。

**saw**[1] *lihat* **see**[1]. 见 **see**[1]。

**saw**[2] *n.* gergaji. 锯；锯子。 —*v.t./i.* (p.t. *sawed*, p.p. *sawn*) menggergaji. 锯成；锯。

**saw**[3] *n.* peribahasa lama; pepatah. 谚语；格言。

**sawdust** *n.* habuk kayu yang digergaji. 锯屑；木屑。

**sawfish** *n.* sejenis ikan yang bermuncung seperti gergaji. 锯鳐。

**sawmill** *n.* kilang papan. 锯木厂；板厂。

**sawn** *lihat* **saw**[2]. 见 **saw**[2]。

**sawyer** *n.* penggergaji. 锯工；锯材手；锯木匠。

**sax** *n.* (*colloq.*) saksofon. 萨克斯管 (一种吹奏乐器)。

**saxe blue** biru lebam. 萨克森蓝 (新艳淡蓝色)。

**saxifrage** *n.* sejenis pokok. 虎耳草。

**Saxon** *n.* & *a.* (anggota, bahasa) suku Jerman yang berhijrah ke England dalam abad ke-5 dan ke-6. (原住德国而于5-6世纪时迁居英国的) 撒克逊人；撒克逊人的。

**saxophone** *n.* saksofon. 萨克斯管。

**saxophonist** *n.* peniup saksofon. 萨克斯管手。

**say** *v.t./i.* (p.t. *said*) mengatakan; berkata; mengucapkan; katakanlah; kata. 说；说话；讲；表达；假定；估计。 —*n.* hak bersuara; kuasa (menentukan sesuatu). 表达意见的权利。**I ~!** Oh! 哎呀！

**SAYE** *abbr.* **save-as-you-earn** jimat sambil anda menerima pendapatan. (缩写) 工资扣存储蓄存款。

**saying** *n.* peribahasa. 格言；谚语；名言。

**scab** *n.* kuping kudis atau sakit kulit; (*colloq., derog.*) seseorang yang bekerja sedangkan kawan-kawannya yang lain mogok. 疥疮；痂；拒绝参加罢工的公会会员。**scabby** *a.* yang berkuping. 生疥疮的；有痂的。

**scabbard** *n.* sarung pedang, dsb. 刀剑的鞘；枪套。

**scabies** *n.* kudis buta; sejenis penyakit kulit yang berjangkit. 疥疮；疥癣。

**scabious** *n.* sejenis pohon. 山萝卜。

**scaffold** *n.* pentas untuk menjalankan hukuman bunuh; aram-aram. 断头台；绞刑台；建筑架。

**scaffolding** *n.* aram-aram. 脚手架；台架；施工架。

**scalable** *a.* dapat diskalakan; dapat diukur. 可用比例测量的；可用秤磅的。

**scald** *v.t.* menyebabkan melecur atau melepuh; memanaskan susu hingga takat didih; mencuci dengan air panas. 烫伤；把牛奶等煮沸；用热水烫洗。 —*n.* kecederaan kerana melecur. 烫伤；灼伤。

**scale**[1] *n.* sisik; benda seakan-akan sisik; karang gigi. 鳞；鳞片；鳞状物；牙垢。 —*v.t./i.* membuang sisik; menggelupas. 刮鳞；像刮鳞般刮掉；剔牙垢。**scaly** *a.* bersisik. 有鳞的。

**scale**[2] *n.* piring alat menimbang; (*pl.*) alat penimbang. 秤盘；天平盘；秤；天平。

**scale**[3] *n.* skala. 等级表；比例尺；尺度。 —*v.t.* mendaki; menjadi ganti ukuran sebenar. 用梯子爬上；攀登；按比例测量。

**scallop** *n.* kapis; kekapis; (*pl.*) bentuk siku keluang. 扇贝；干贝蛤；扇贝形。**scalloped** *a.* berbentuk siku keluang. 扇贝形的。

**scallywag** *n.* (*sl.*) budak nakal. 小流氓；无赖；恶棍。

**scalp** *n.* kulit kepala. 头皮。—*v.t.* membuang kulit kepala. 剥头皮。

**scalpel** *n.* pisau bedah. 解剖刀。

**scamp** *n.* budak nakal; keparat. 小流氓；无赖；恶棍。—*v.t.* membuat kerja dengan gopoh dan tidak sempurna. 马马虎虎地做。

**scamper** *v.i.* berlari cepat. 疾走；急逃。—*n.* lari dengan cepat. 疾驰；快跑。

**scampi** *n.pl.* udang besar. 海螯虾。

**scan** *v.t./i.* (p.t. *scanned*) meneliti; mengimbas; mengamati; menganalisis irama (puisi); (mengenai puisi) seimbang suku kata. 细看；审视；细察；用仪器扫描；浏览；标出诗的格律；按韵节念。—*n.* imbas; pengimbasan; penelitian. 浏览；扫描。**scanner** *n.* alat pengimbas. 扫描器。

**scandal** *n.* skandal. 丑闻；可耻的行为；诽闻。**scandalous** *a.* penuh skandal; memeranjatkan. 可耻的；丢脸的。**scandalously** *adv.* dengan penuh skandal. 令人丢脸地；出丑地。

**scandalize** *v.t.* terkejut dengan skandal; melanggar tatasusila. 使震惊；中伤；诽谤。

**scandalmonger** *n.* orang yang mereka atau menyebarkan skandal. 制造或传播丑闻的人；喜欢诽谤他人的人。

**Scandinavian** *a. & n.* orang keturunan Skandinavia. 斯堪的纳维亚人（的）。

**scansion** *n.* kajian puisi. 诗歌的韵律分析。

**scant** *a.* sedikit; tidak mencukupi. 少量的；不足的。

**scanty** *a.* (*-ier, -iest*) sedikit; kurang. 少量的；不足的；稀疏的。**scantily** *adv.* secara sedikit. 不足地；稀疏地。**scantiness** *n.* kekurangan. 不足；稀疏。

**scapegoat** *n.* orang yang teraniaya kerana kesalahan orang lain. 代罪羔羊。

**scapula** *n.* (pl. *-lae*) tulang belikat; skapula. 肩胛骨；肩胛。

**scar** *n.* parut (luka). 伤痕；伤疤。—*v.t./i.* (p.t. *scarred*) meninggalkan parut; berparut. 结疤；留伤痕。

**scarab** *n.* ukiran sejenis kumbang yang digunakan sebagai tangkal pada zaman Firaun. 古埃及人护身用的圣甲虫雕刻物。

**scarce** *a.* (*-er, -est*) kekurangan; susah didapati. 缺乏的；难得的；罕见的。 **make oneself ~** (*colloq.*) membawa diri. 溜走；离去。

**scarcely** *adv.* hampir tiada; tidak; tentu tidak. 几乎没有；简直不；决不。

**scarcity** *n.* kekurangan. 不足；缺乏。

**scare** *v.t./i.* menakutkan. 吓；惊吓。—*n.* ketakutan. 惊恐；恐慌。

**scarecrow** *n.* orang-orang. 稻草人。

**scaremonger** *n.* orang yang suka menakutkan. 散布恐怖谣言的人。**scaremongering** *n.* penakutan. 散播骇人谣言。

**scarf**[1] *n.* (pl. *scarves*) selendang. 围巾；披肩；头巾。

**scarf**[2] *n.* sendi; penyambungan. 嵌接；切口。

**scarify**[1] *v.t.* menoreh; mengelar; mengkritik dengan keras. 自⋯割去皮肤；严厉批评。

**scarify**[2] *v.t.* (*colloq.*) menakutkan. 吓唬；使惊恐。

**scarlet** *a. & n.* merah menyala; merah marak. 鲜红（的）；火红（的）；猩（的）。**~ fever** demam skarlet. 猩红热。

**scarp** *n.* lereng bukit yang curam. 陡坡；悬崖。

**scarper** *v.i.* (*sl.*) lari. 逃跑；溜走。

**scary** *a.* (*-ier, -iest*) menyeramkan; mudah ditakutkan. 毛骨悚然的；易受惊的。

**scat** *n.* lagu jazz tanpa senikata dengan menggunakan suara sebagai alat. (爵士音乐中模仿乐器声的)拟声歌曲。

**scathing** *a.* (kritik) yang amat tajam. (批评)严厉的;尖锐的。

**scatter** *v.t./i.* menabur; bertempiaran. 撒;撒播;散布;驱散。 —*n.* jumlah kecil yang berselerak. 数量稀疏。

**scatterbrain** *n.* orang yang cuai atau tidak serius. 轻率的人;浮躁的人。**scatterbrained** *a.* bersifat cuai atau tidak serius. 轻率的;浮躁的。

**scatty** *a.* (*-ier, -iest*) (*sl.*) gila. 疯癫的;轻率的。**scattiness** *n.* kegilaan. 疯癫;轻率。

**scaup** *n.* sejenis itik. 斑背潜鸭。

**scavenge** *v.t./i.* mencari-cari benda berguna di dalam sampah; binatang yang mencari bangkai sebagai makanan. 拾荒;从废物或垃圾中捡有用之物;(动物)搜寻腐尸。**scavenger** *n.* pebangkai; binatang yang memakan bangkai. 以腐尸为食的禽兽。

**scenario** *n.* (pl. *-os*) rangka lakon; senario; peristiwa yang dibayangkan. 剧本或书的提纲;事态;局面。

**scene** *n.* tempat kejadian; adegan; kekecohan berpunca daripada perasaan marah, dsb.; latar belakang pentas; pemandangan; (*sl.*) tempat aktiviti. 出事地点;发生地点;一场戏剧或一幕镜头。**behind the scenes** di luar pengetahuan ramai. 在幕后;暗中。

**scenery** *n.* pemandangan alam; latar belakang pentas. 天然景色;风景;舞台上的布景。

**scenic** *a.* (pemandangan) cantik; indah. 景色优美的;风光明媚的。

**scent** *n.* bau wangi; minyak wangi; jejak binatang yang dapat dibau oleh anjing pemburu; keupayaan binatang untuk membau. 香味;香水;野兽的遗臭;动物的嗅觉。—*v.t.* menjejak dengan bau; mengesyaki kehadiran atau kewujudan sesuatu; membubuh bau; mewangikan. 嗅到;闻到;嗅出...的存在;洒香水;使香。

**sceptic** *n.* pewaham; orang yang sering mencurigai. 怀疑者;抱怀疑态度者。

**sceptical** *a.* yang mencurigai. 怀疑的。

**sceptically** *adv.* dengan curiga. 怀疑地。

**scepticism** *n.* kecurigaan. 怀疑;怀疑态度。

**sceptre** *n.* tongkat hiasan yang menjadi simbol kuasa. 权杖。

**schedule** *n.* jadual. 时间表;计划表。—*v.t.* menjadualkan. 为...列表;安排时间表。

**schematic** *a.* berskema; berjadual. 纲要的;图解式的;图表的。**schematically** *adv.* secara berjadual. 图解式地。

**schematize** *v.t.* menjadualkan. 把...图式化;用图式表达。**schematization** *n.* penjadualan. 图式化;时间表等的编订。

**scheme** *n.* rancangan; skim. 方案;计划。—*v.t./i.* membuat rancangan. 订方案;策划。**schemer** *n.* perancang. 计划者。

**scherzo** *n.* (pl. *-os*) gubahan muzik yang rancak. 轻快有力的乐谱;谐谑曲;诙谐曲。

**schism** *n.* perpecahan kepada kumpulan-kumpulan berlawanan kerana perbezaan kepercayaan atau pendapat. 因意见不同而发生的分裂;教会的分派。

**schismatic** *a. & n.* yang berpecah kerana perbezaan pendapat. 分裂(的);分派(的)。

**schist** *n.* syis; batu yang mempunyai beberapa lapis komponen. 片岩。

**schizoid** *a.* tidak siuman; skizoid. 类精神分裂的。—*n.* orang yang tidak siuman. 类精神分裂症患者。

**schizophrenia** *n.* skizofrenia; sejenis penyakit jiwa. 精神分裂症。**schizophrenic** *a. & n.* mengalami skizofrenia; orang yang mengalami skizofrenia. 患精神分裂症(的)。

**schmaltz** *n.* terlalu sentimental. 脆弱的感情;过份的伤感。

**schnitzel** *n.* kutlet daging anak lembu. 炸小牛肉片。

**scholar** *n.* ilmiawan; sarjana; pemegang biasiswa. 学者；领奖学金的学生；公费生。∘ **scholarly** *a.* terpelajar; yang berilmu. 学者的；学者风范的；博学的。

**scholarliness** *n.* keilmuan. 学术；知识。

**scholarship** *n.* biasiswa; pengetahuan didapati daripada pengajian; kesarjanaan. 奖学金；学识；学术成就。

**scholastic** *a.* yang berkenaan dengan sekolah atau pelajaran; akademik. 学校的；教育的；学术的；学术上的。

**school**[1] *n.* sekumpulan ikan atau paus. 鱼群；鲸鱼群。

**school**[2] *n.* sekolah; kumpulan ilmiawan, ahli falsafah, dsb. yang sependapat. 学校；学派；门派。—*v.t.* melatih; mendisiplin. 教育；训练。 **schoolboy** *n.* murid lelaki. 中、小学男生。 **schoolchild** *n.* (pl. *-children*) murid sekolah. 学童；小学生。∘ **schoolgirl** *n.* murid perempuan. 中、小学女生。

**schoolman** *n.* (pl. *-men*) ahli falsafah zaman pertengahan. 中世纪哲学家。

**schoolmaster, schoolmistress** *ns.* guru lelaki atau guru perempuan. 中、小学男校长；女校长。

**schoolteacher** *n.* guru sekolah. 教师。

**schooner** *n.* sejenis kapal layar; penyukat arak, dsb. 纵帆式帆船；大啤酒杯。

**sciatic** *a.* siatik; yang berkenaan dengan pinggul. 坐骨神经的；坐骨神经痛的。 **~ nerve** saraf siatik; urat di antara pinggul dengan paha. 坐骨神经。∘ **sciatica** *n.* sakit di bahagian pinggul. 坐骨神经痛。

**science** *n.* sains. 科学。∘ **scientific** *a.* saintifik. 科学的；科学上的；科学性的。 **scientifically** *adv.* dengan cara saintifik. 科学性地。

**scientist** *n.* ahli sains; saintis. 科学家。

**scilla** *n.* sejenis pokok bunga. 绵枣儿。

**scimitar** *n.* sejenis pedang. 土耳其人的短弯刀。

**scintillate** *v.i.* bersinar; berkerlipan; pintar. 发出火花；闪烁；才气焕发。∘ **scintillation** *n.* sinaran; kegemerlapan. 火花；闪烁。

**scion** *n.* tunas; keturunan. 嫩枝；幼芽；后裔；子孙。

**scissors** *n.pl.* gunting. 剪刀。

**sclerosis** *n.* sklerosis; pengerasan tisu yang luar biasa. 硬化；硬化症。

**scoff**[1] *v.i.* mengejek; mencemuh. 嘲笑；嘲弄。∘ **scoffer** *n.* orang yang mengejek atau mencemuh. 嘲弄的话。

**scoff**[2] *v.t.* (*sl.*) makan dengan gelojoh. 狼吞虎咽地吃。

**scold** *v.t.* memarahi. 责骂；叱责。 **scolding** *n.* perbuatan memarahi; kena marah. 责骂；叱责。

**sconce** *n.* penyokong atau kaki lampu hiasan. 有托架的烛台。

**scone** *n.* sejenis kuih. 甜烙饼；烤饼。

**scoop** *n.* pencedok; penyodok; berita baru yang diterbitkan terdahulu daripada akhbar lain. 勺子；杓子；独家新闻。—*v.t.* menyodok; mencedok; mendahului dengan berita terbaru. 舀取；铲；抢先报道。

**scoot** *v.i.* lari; pecut. 飞奔；疾走。

**scooter** *n.* sejenis kenderaan mainan kanak-kanak; skuter; sejenis motosikal. 踏板车（儿童游戏车）；小轮摩托车。∘ **scooterist** *n.* penunggang skuter. 小轮摩托车骑士。

**scope** *n.* skop; lingkungan. 范围；领域。

**scorch** *v.t./i.* melecur; (*sl.*) memandu, dsb. dengan sangat laju. 灼伤；烧焦；高速疾驶；飞奔。

**scorching** *a.* (*colloq.*) tersangat panas. 灼热的；炎热的。

**score** *n.* skor atau kiraan mata (permainan, sukan); set 20 unit; tanda yang digores; nota muzik. （球赛、运动的）得分；比数；二十个一组；划线；刻痕；乐谱。—*v.t./i.* mendapat (mata, dsb.); mencatat skor; memperoleh; menggores. 取得；赢得记录；得分；刻痕于。∘ **on the ~ of**

kerana; disebabkan oleh. 因为；为了。
**~ off** menghina dengan kata-kata yang bijak. 驳倒；针锋相对地反驳。**~ out** memotong; memangkah. 删掉。**scorer** *n.* pemain yang memperoleh mata. 得分者。

**scorn** *n.* penghinaan; sikap memandang rendah. 藐视；鄙视。—*v.t.* menghina; menolak dengan menghina; memandang rendah. 奚落；嘲弄；不屑地拒绝。**scornful** *a.* yang menghina. 鄙视的；不屑的。**scornfully** *adv.* dengan menghina. 鄙视地；不屑地。**scornfulness** *n.* perihal menghina. 藐视；鄙视。

**scorpion** *n.* kala jengking. 蝎。

**Scot** *n.* orang Scotland. 苏格兰人。

**Scotch** *a.* yang berkenaan dengan Scotland. 苏格兰的。—*n.* dialek Scotland; wiski Scotland. 苏格兰方言；苏格兰威士忌酒。**~ cap** sejenis topi. 苏格兰便帽。

**scotch** *v.t.* menghapuskan atau menghentikan (khabar angin). 打破谣言；扑灭；镇压。

**scot-free** *a.* lepas (tanpa dihukum); percuma. 免罚的；免税的。

**Scots** *a.* yang berkenaan dengan Scotland. 苏格兰人的。—*n.* dialek Scotland. 苏格兰方言。**Scotsman** *n.* (pl. *-men*) lelaki Scotland. 苏格兰男人。**Scotswoman** *n.* (pl. *-women*) perempuan Scotland. 苏格兰女人。

**Scottish** *a.* yang berkenaan dengan Scotland, rakyatnya atau bahasanya. 苏格兰的；苏格兰人的；苏格兰语的。

**scoundrel** *n.* bajingan; bangsat. 恶棍；歹徒；流氓。

**scour**[1] *v.t.* menyental; mencuci; memancutkan air untuk membersihkan. 擦光；擦洗(金属等)；冲洗；灌肠。—*n.* sentalan; proses hakis kaut. 擦洗；冲洗。**scourer** *n.* penyental. 擦洗者。

**scour**[2] *v.t.* mencari dengan rapi. 细查；到处搜索。

**scourge** *n.* cambuk; cemeti; kesengsaraan. rambuan; cambukan. 鞭子；笞。—*v.t.* mencambuk; menyebabkan kesengsaraan. 鞭笞；惩罚。

**Scouse** *a. & n.* (orang, dialek) Liverpool. 利物浦人(的)；利物浦方言(的)。

**Scout** *n.* pengakap. 童子军。

**scout**[1] *n.* peninjau. 侦察者；侦探。—*v.i.* meninjau; mencari. 侦察；搜索。

**scout**[2] *v.t.* menolak dengan cemuhan. 蔑视地拒绝。

**scow** *n.* sejenis bot yang rata bawahnya. 大型平地运输船。

**scowl** *n.* muka masam. 皱眉；愁眉苦脸。—*v.i.* bermasam muka. 皱眉头；苦着脸。

**scrabble** *v.i.* mencakar dengan tangan atau kaki; meraba-raba. 用手或爪扒找；摸索着寻找。

**scrag** *n.* bahagian bertulang sebagai makanan. 做菜用的动物多骨部分。

**scraggy** *a.* (*-ier, -iest*) kurus kering. 骨瘦如柴的。**scragginess** *n.* keadaan kurus kering. 瘦削。

**scram** *v.imper.* (*sl.*) pergi. 滚开。

**scramble** *v.t./i.* bergerak pantas atau kelam-kabut; berebut-rebut; bersusah payah membuat sesuatu; campur sembarangan; masak (telur) hancur; mencampuradukkan aturan mesej. 仓促地行动；争先恐后；艰难地凑集；乱糟糟地争夺；炒蛋；打乱秩序。—*n.* perjalanan yang susah; perjuangan sengit; perlumbaan motosikal tahan lasak. 艰苦的攀登；爬行；争夺；摩托车越野赛。**scrambler** *n.* pengarau. 扰频器；倒频器。

**scrap**[1] *n.* serpihan; reja; bahan buangan. 碎片；零屑；渣滓；废料。—*v.t.* (p.t. *scrapped*) dibuang. 废弃；打毁。

**scrap**[2] *n. & v.i.* (*colloq.*) pergaduhan; pertengkaran; bergaduh; bertengkar. 口角；争吵；打架；纠纷。

**scrapbook** *n.* buku skrap; buku untuk menyimpan guntingan akhbar dan bahan seumpamanya. 剪贴簿；贴报簿。

**scrape** *v.t./i.* mengorek; mengikis; tergeser; lalu dengan payah dan hampir-hampir menyentuh; mendapat dengan bersusah payah; berjimat cermat. 刮；擦；刮落；有惊无险地避过；勉强及格；勉强度日；艰难地积攒钱财。—*n.* pergerakan atau bunyi mengikis; tempat yang telah dikikis; geseran; selapis mentega yang nipis; keadaan serba tak kena akibat sesuatu kejadian. 刮削声；摩擦声；已刮落部份；薄牛油层；自己招来的窘境。**scraper** *n.* pengikis; penggores. 刮刀；削器器；擦器。

**scrapie** *n.* penyakit biri-biri. 痹病。

**scraping** *n.* serpihan. 刮屑；削片。

**scrappy** *a.* (*-ier, -iest*) terdiri daripada serpihan atau bahagian yang terputus-putus. 碎料制的；零碎拼凑成的。

**scrappiness** *n.* keadaan terputus-putus atau tidak sempurna. 杂乱无章的情况。

**scratch** *v.t./i.* menggores; membentuk dengan menggores; menggaru; mencakar; berkerik; mendapati dengan susah payah; tarik diri. 擦；刮；抓；搔痒；发刮擦声；勉强糊口；弃权；撤出比赛。—*n.* calar; bunyi berkerik; tekanan daripada goresan; garisan permulaan. 抓痕；擦疾；刮擦声；刮痕；起跑线。—*a.* dikutip daripada apa yang ada; tidak menerima halangan. 凑合组成的；侥幸的。**from ~** mula dari asas. 从零开始；从头做起。**up to ~** ke tahap yang dikehendaki. 达到标准。**scratchy** *a.* (lukisan) bergores-gores; menyebabkan gatal-gatal. 潦草的；发痒的。

**scratchings** *n.* hampas lemak khinzir. 猪油渣。

**scrawl** *n.* tulisan cakar ayam. 潦草书写；潦草短简。—*v.t./i.* menulis dengan cara cakar ayam. 乱写；潦草书写。

**scrawny** *a.* (*-ier, -iest*) kurus kering. 骨瘦如柴的。

**scream** *v.t./i.* menjerit. 尖叫；惊呼。—*n.* jeritan; (*sl.*) orang atau benda yang tersangat lucu. 尖叫声；惊叫声；滑稽的人。

**scree** *n.* batu runtuh; batu-batu yang berta-buran di lereng gunung. 山脚的碎石；岩屑堆。

**screech** *n.* bunyi keriut; pekikan. 惊呼声；怒号。—*v.t./i.* berkeriut; memekik. 惊呼；怒号；发刺耳声。**~-owl** *n.* sejenis burung hantu. 仓鸮。

**screed** *n.* senarai atau surat yang terlampau panjang. 冗长的名单、书信、演说等。

**screen** *n.* tabir; adangan; tirai; sekatan; (kenderaan) cermin depan; layar perak (putih); kaca televisyen; tapisan besar. 屏风；屏幔；帘幕；隔板；汽车挡风镜；电视荧光屏；滤网；过滤器。—*v.t.* melindungi; menyembunyikan; menunjukkan atau menayangkan pada skrin; tapis; menguji adanya atau tiadanya penyakit, sifat tertentu, dsb. 庇护；遮蔽；藏匿；在银幕上显现；过滤；检查疾病或症状；甄别某种特质。

**screw** *n.* skru; kipas enjin; perbuatan memutar skru; (*sl.*) gaji; upah. 螺丝；螺钉；螺旋桨；螺旋的一拧；工资；薪水。—*v.t./i.* mengetatkan dengan skru; menindas; memeras; (*sl.*) memeras wang daripada. 旋；拧；用螺钉拧紧；欺压；压低价格；强逼；勒索。

**screwdriver** *n.* pemutar skru. 螺丝起子。

**screwy** *a.* (*-ier, -iest*) (*sl.*) tidak munasabah; gila. 古怪的；荒谬的。

**scribble** *v.t./i.* menulis dengan mencakar ayam; menconteng. 潦草书写；乱涂。—*n.* sesuatu contengan. 潦草的笔迹。

**scribe** *n.* penyalin (pada zaman sebelum mesin cetak); seorang pendeta agama yang profesional (pada zaman awal Kristian). （印刷术发明以前的）抄写员；（古时犹太教的）法律学家。

**scrimmage** *n.* perjuangan yang tak keruan. 混战；扭打。

**scrimp** *v.t./i.* membekalkan atau menggunakan kurang daripada yang perlu; berjimat. 俭省开支；节省；过分精打细算。

**scrimshank** *v.i.* cuba mengelakkan kerja. 玩忽职务；逃避责任。

**scrip** *n.* pembahagian saham sebagai ganti dividen. 股票临时收据；日后兑现的股票红利。

**script** *n.* tulisan tangan; tulisan skrip; skrip. 手迹；手稿；稿本。

**scripture** *n.* ayat suci. 圣经。**Scripture** atau **the Scriptures** ayat-ayat daripada kitab Kristian atau Yahudi. 基督教和犹太教的正式经典。**scriptural** *a.* yang berasaskan atau berkenaan kitab Kristian atau Yahudi. 圣经的；根据圣经的。

**scrivener** *n.* (*old use*) pendraf dokumen; kerani. 抄写员；文书。

**scrofula** *n.* skrofula; penyakit bengkak di kelenjar. 淋巴腺结核。

**scroll** *n.* gulungan kertas. 卷轴；卷子；画卷。

**scrotum** *n.* (pl. *-ta*) skrotum; buah zakar. 阴囊。

**scrounge** *v.t./i.* mencari-cari; menyelongkar; mengecek-ngecek. 搜寻；乞讨。 **scrounger** *n.* peminta; pengecek. 搜寻者；乞讨者。

**scrub**[1] *n.* kawasan hutan pokok-pokok rendah; belukar; semak. 丛林；灌木丛。

**scrub**[2] *v.t./i.* (p.t. *scrubbed*) menyental; menggosok. 摩擦；擦洗。—*n.* proses menyental; sentalan. 擦洗；擦净。

**scrubby** *a.* (*-ier, -iest*) kecil dan buruk atau tidak kemas. 低劣的；卑贱的；不成样子的。

**scruff** *n.* tengkuk. 颈背；后颈。

**scruffy** *a.* (*-ier, -iest*) tidak kemas. 邋遢的；杂乱的。**scruffily** *adv.* dengan tidak kemas. 不整洁地。**scruffiness** *n.* keadaan tidak kemas. 邋遢；杂乱。

**scrum** *n.* pergelutan; perjuangan tanpa tujuan. 扭夺；密集争球；混战。

**scrummage** *n.* skrum; pergelutan merebut bola dalam permainan ragbi. 橄榄球的密集争球。

**scrumptious** *n.* (*colloq.*) perbuatan mencuri epal daripada pohonnya. 从果树上偷苹果。

**scrumping** *a.* (*colloq.*) sedap; nikmat; lazat. 极好的；可口的；美味的。

**scrunch** *v.t./i.* mengerkah. 喀嚓喀嚓地咬嚼。

**scruple** *n.* keberatan; perasaan bersalah. 顾忌；良心上的不安。—*v.t.* teragak-agak kerana perasaan bersalah. 因自责而有所顾忌；迟疑。

**scrupulous** *a.* teliti; amati; bertanggung-jawab. 小心谨慎的；步步留神的；认真负责的。**scrupulously** *adv.* dengan teliti. 小心谨慎地。**scrupulousness** *n.* ketelitian. 谨慎；认真。**scrupulosity** *n.* sifat bertanggungjawab dan teliti. 一丝不苟的态度。

**scrutineer** *n.* pengawas pilihan raya. 普选时的监票人。

**scrutinize** *v.t.* memeriksa. 仔细地检查。

**scrutiny** *n.* pemeriksaan rapi. 彻查；仔细检查。

**scuba** *n.* alat pernafasan lengkap untuk penyelam. 潜水者用的水肺。**~-diving** selam skuba. 戴水肺的潜水运动。

**scud** *v.i.* (p.t. *scudded*) bergerak laju dan licin. 疾行；掠过。

**scuff** *v.t./i.* berjalan menyeret; mencalarkan. 拖着脚走；磨损。

**scuffle** *n.* pergelutan atau perjuangan yang tak keruan. 扭打；混战。—*v.i.* bergelut. 扭打；混战。

**scull** *n.* sebatang dayung; dayung di buritan. 短桨；船尾橹。—*v.t./i.* mendayung dengan dayung berkenaan. 用短桨划；划桨。

**scullery** *n.* bilik mencuci pinggan mangkuk. 碗碟洗涤室。

**sculpt** *v.t./i.* (*colloq.*) memahat arca; membuat arca. 雕；刻；雕刻；雕塑。

**sculptor** *n.* pemahat arca; pengarca. 雕刻家；雕刻工。

**sculpture** *n.* seni arca; arca. 雕刻；雕刻术；雕塑。—*v.t./i.* melambangkan dengan arca; menjadi pengarca. 雕刻；雕塑；当雕工；成为雕刻家。**sculptural** *a.* berkenaan seni arca. 雕刻艺术的。

**scum** *n.* buih kotor di permukaan air; sampah masyarakat. 浮渣；社会渣滓；卑贱的人。**scummy** *a.* kotor. 盖满浮渣的；似渣滓的。

**scupper** *n.* erong; lubang pembuang air di tepi bahagian kapal. 甲板边的排水孔。—*v.t.* (*sl.*) menenggelamkan kapal. 使船沉没。

**scurf** *n.* kelemumur. 皮屑；头皮屑。
**scurfy** *a.* berkeruping. 尽是皮屑的。

**scurrilous** *a.* penuh caci maki; penuh lawak jenaka yang kasar. 辱骂的；粗俗下流的。**scurrilously** *adv.* dengan cacian. 辱骂地。**scurrility** *n.* tindakan mencaci. 辱骂。

**scurry** *v.i.* lari pantas. 疾行；奔跑。—*n.* larian pantas. 疾行。

**scurvy** *n.* skurvi; sejenis penyakit akibat kekurangan vitamin C dalam pemakanan. 坏血病。

**scut** *n.* ekor pendek bagi arnab atau rusa. 兔、鹿等的短尾巴。

**scutter** *v.i.* & *n.* (*colloq.*) lari dengan gopoh-gapah. 急忙奔跑；疾行。

**scuttle**[1] *n.* kotak atau tong mengisi arang batu; bahagian kereta di antara cermin depan dengan bonet. 煤斗；汽车的车颈（挡风镜与引擎盖之间的部分）。

**scuttle**[2] *n.* lubang kecil yang disertai dengan penutup, terutama di tepi kapal. 舷窗；舱室小孔。—*v.t.* menenggelamkan kapal dengan memasukkan air. 沉船；把船凿沉。

**scuttle**[3] *v.i.* & *n.* lari dengan gopoh-gapah. 急促奔跑。

**scythe** *n.* sabit panjang. 长柄大镰刀。

**sea** *n.* laut; kawasan luas. 海；海洋；茫茫一片。**at** ~ belayar; keliru. 在海中；在航行中；不知所措。**by** ~ melalui laut. 由海路。~ **dog** pelaut yang berpengalaman. 老练的水手。**~-green** *a.* & *n.* hijau kebiruan. 海绿色（的）。**~horse** *n.* kuda laut. 海马。**~level** *n.* paras laut. 海平面。**~lion** *n.* singa laut. 海狮。**~mew** *n.* burung laut. 海鸥。**~urchin** *n.* landak laut. 海胆。

**seaboard** *n.* tepi pantai. 海岸；海滨。
**seafarer** *n.* pelaut. 海员；水手。
**seafaring** *a.* & *n.* yang mengembara di laut. 海上工作（的）；航海事业（的）。

**seafood** *n.* makanan laut. 海味；海产食品。

**seagoing** *a.* untuk perjalanan di laut; yang mengembara di laut. 适于远航的；从事航海事业的。

**seagull** *n.* burung camar. 海鸥。
**seal**[1] *n.* anjing laut. 海豹。

**seal**[2] *n.* cap; meterai, tera, lak; pelekat; pengesahan atau jaminan; bahan penutup. 图章；封缄；火漆封印；封蜡。—*v.t./i.* mengecap; menutup; membuat keputusan terakhir. 盖章；打上封印；决定。~ **off** menutup. 封密；封闭。

**sealant** *n.* bahan pengetat penutup supaya tidak ditembusi air. 封蜡；密封胶。

**sealing-wax** *n.* lilin. 火漆；封蜡。
**sealskin** *n.* kulit anjing laut. 海豹皮。

**seam** *n.* jahitan; lipit batu arang. 缝；接缝；煤层。—*v.t.* mencantumkan dengan jahitan. 缝合。

**seaman** *n.* (pl. *-men*) anak kapal; kelasi; pelaut. 海员；水手。**seamanship** *n.* kemahiran pelaut. 航海技术。

**seamstress** *n.* tukang jahit (perempuan). 女裁缝师；女缝工。

**seamy** *a.* ~ **side** yang memalukan; yang kurang baik (mengenai kehidupan). 丑恶的一面的；不体面的事的。

**seance** *n.* pertemuan kumpulan untuk memuja roh. 降神会。

**seaplane** *n.* kapal terbang laut. 水上飞机。
**seaport** *n.* pelabuhan di tepi laut. 海港；海口。

**sear** *v.t.* melecurkan. 烧焦；烙焦。

**search** *v.t./i.* mencari. 搜索；寻找。—*n.* proses mencari. 搜索；寻找。**searcher** *n.* pencari. 搜索者；寻找者。

**searching** *a.* teliti. 仔细的；彻底的。
**searchingly** *adv.* dengan teliti. 仔细地。

**searchlight** *n.* lampu cari; lampu suluh yang lebih berkuasa suluhannya. 探照灯。

**seascape** *n.* pemandangan laut. 海景；海景画。

**seasick** *a.* mabuk laut. 晕船的。**seasickness** *n.* keadaan mabuk laut. 晕船。

**seaside** *n.* pantai, terutama sebagai tempat peranginan. 海边；海滨旅游区。

**season** *n.* musim. 季；季节。—*v.t./i.* membubuh perasa; mengeringkan atau mengawet (ikan, sayur, dsb.). 给...调味；晒干或腌渍（鱼或蔬菜）。**~ticket** *n.* tiket langganan. 季票；月票；长期票。

**seasonable** *a.* lazim (pada musim berkenaan); kena pada waktunya. 合时令的；应时的；及时的。**seasonably** *adv.* (dengan cara) yang lazim mengikut musimnya. 合时令地；应时地。

**seasonal** *a.* bermusim; berubah mengikut musim. 季节的；随季节而变的。**seasonally** *adv.* secara bermusim. 季节性地。**seasonality** *n.* keadaan bermusim. 季节性；季节变化。

**seasoned** *a.* berpengalaman. 老练的。

**seasoning** *n.* bahan perasa. 调味品；佐料。

**seat** *n.* tempat duduk; kerusi anggota (parlimen, dsb.); punggung; bahagian pakaian yang menutupi punggung; ibu pejabat; kediaman mewah di luar bandar; cara menunggang. 座位；国会、议员等的席位；臀部；裤子的后裆；中心地；郊外的别墅；坐姿；骑姿。—*v.t.* mendudukkan; menyediakan tempat duduk; meletakkan pada kedudukan asal. 使坐下；为...设座位；使就座。**~belt** *n.* tali pinggang keledar. 安全带。**be seated** sila duduk. 坐下。

**seaward** *a. & adv.* ke arah laut. 向海(的)；朝海(的)。**seawards** *adv.* mengarah ke laut. 向海；朝海。

**seaweed** *n.* rumpai laut. 海藻；海草。

**seaworthy** *a.* dapat dilayarkan di laut (berkenaan kapal). （船）适宜航海的。

**sebaceous** *a.* mengeluarkan minyak. 脂肪的；分泌脂肪的。

**secateurs** *n.pl.* gunting pokok. 整枝剪。

**secede** *v.i.* menarik diri daripada keanggotaan. 退出（教会、团体等）。**secession** *n.* penarikan diri. 退出；脱离。

**seclude** *v.t.* mengasingkan. 使隔绝；使隐退。**secluded** *a.* terlindung; terasing. 与世隔绝的；隐居的。**seclusion** *n.* pengasingan. 隔绝；隐居。

**second**¹ *a.* yang kedua; sampingan; kurang mutunya. 第二的；附加的；次等的。—*n.* kedua; pengiring peninju; saat. 第二名；第二位；拳击赛的辅导员；秒。—*v.t.* membantu; menyokong secara rasmi. 辅助；支援；赞助。**~best** *a.* kedua terbaik. 第二好的。**~class** *a. & adv.* kurang baik; kelas dua. 第二等（的）；次级（的）。**~ cousin** lihat **cousin**. 见 **cousin**。**~ fiddle** peranan yang kurang penting. 次要角色；次要作用。**at ~ hand** secara tidak langsung; bukan dari sumber utama. 间接的；第二手的。**~hand** *a.* terpakai; sudah dipakai; berniaga barangan terpakai. 用过的；旧的；经营旧货的。**~ nature** tabiat yang sudah menjadi kebiasaan. 第二天性。**~rate** *a.* kurang baik. 第二流的；二等的。**~ sight** kuasa meramal. 预见力。**~ thoughts** berfikir dua kali. 重新考虑。**~ wind** mendapat kekuatan baru. 重新振作；恢复元气。

**second**² *v.t.* ditukarkan atau dipinjamkan ke jabatan lain untuk sementara. 临时调任。**secondment** *n.* penukaran sementara. 暂调。

**secondary** *a.* menengah; tambahan; sekunder. 中学的；辅助的；次要的；第二位的。**~ colours** warna yang diperolehi daripada campuran dua warna asas. 合成色。**~ education, ~ school** pelajaran menengah; sekolah menengah. 中等教育；中学。**secondarily** *adv.* sebagai tambahan. 补充地。

**secondly** *adv.* kedua; keduanya. 第二；其次。

**secret** *a.* yang rahsia. 秘密的。—*n.* rahsia. 秘密。 **in ~** dirahsiakan. 秘密地。 **~ police** polis rahsia. 秘密警察。 **~ service** jabatan pengintip rahsia. 特务机构；情报部门。 **secretly** *adv.* secara rahsia; berahsia. 暗地里；悄悄地。 **secrecy** *n.* kerahsiaan; rahsia. 秘密状态；守秘密。

**secretaire** *n.* meja tulis berlaci. (有抽屉或分类格的) 写字台。

**secretariat** *n.* urus setia. 秘书或书记的职务；秘书处；书记处。

**secretary** *n.* setiausaha; pegawai urus setia; ketua penolong kepada duta besar ataupun menteri. 秘书；书记；大使的一等及二等秘书；部长的助理。 **Secretary-General** *n.* setiausaha agung. 秘书长；书记长。 **Secretary of State** *n.* Menteri; Setiausaha Negara. 国务大臣；国务卿。 **secretarial** *a.* yang berkenaan dengan tugas setiausaha atau urus setia. 秘书的；书记的。

**secrete** *v.t.* menyorokkan; merembeskan; mengeluarkan. 藏匿；隐藏；分泌。 **secretor** *n.* perembes. 分泌者；分泌腺。

**secretion** *n.* perembesan; rembesan. 分泌程序；分泌物。

**secretive** *a.* yang merahsiakan. 守口如瓶的；秘而不宣的。 **secretively** *adv.* dengan merahsiakan. 遮遮掩掩地；隐密地。 **secretiveness** *n.* tindakan merahsiakan. 守口如瓶。

**secretory** *a.* rembesan fisiologi; yang merembeskan. 分泌的；分泌作用的。

**sect** *n.* golongan; mazhab. 派别；党派；教派。

**sectarian** *a.* yang berkenaan dengan mazhab; yang menonjolkan kepentingan sesuatu mazhab. 派别的；党派的；教派的；闹派系的。

**section** *n.* bahagian; seksyen; proses membedah. 切下的一块；节；段；部分；剖面。—*v.t.* membahagi-bahagikan. 把...切片；把...分成各小部分。

**sectional** *a.* yang berkenaan dengan bahagian. 部分的；段落的；地区的；剖面的；组合的。

**sector** *n.* sektor. 扇形；分区；部分；部门。

**secular** *a.* sekular; duniawi. 尘世的；世俗的。

**secure** *a.* selamat. 安全的；安心的；有把握的。—*v.t.* memberi perlindungan; mengikat; menambat; menguncikan dengan baik; memperoleh; menjamin. 使牢固；绑住；关紧；使安全；获得；保证。 **securely** *adv.* dengan cara yang terselamat. 有把握地；牢固地。

**security** *n.* keselamatan; keselamatan negara; jaminan; sijil saham. 安全；国家的安全；保证；有价证券。

**sedan** *n.* pelangkin; (*A.S.*) kereta sedan. 轿子；(美国) 轿车。 **~chair** *n.* tandu. 轿子。

**sedate**[1] *a.* tenang. 沉着的；镇定的。 **sedately** *adv.* dengan tenang. 沉着地；镇定地。 **sedateness** *n.* ketenangan. 沉着；镇定。

**sedate**[2] *v.t.* diberikan ubat pelali. 给...服镇静药。 **sedation** *n.* rawatan ubat pelali. 镇静作用。

**sedative** *a.* yang mempunyai kesan menenangkan. 镇静的；起镇静作用的。—*n.* ubat pelali atau pengaruh ubat pelali. 镇静药。

**sedentary** *a.* yang duduk; (tentang kerja) dibuat sambil duduk. 一直坐着的；(工作) 需要久坐的。

**sedge** *n.* sejenis rumput. 莎草；苔；芦苇。

**sediment** *n.* keladak; endapan; mendapan. 沉淀；渣滓；沉积物。 **sedimentation** *n.* pemendapan. 沉淀作用；沉积作用。

**sedimentary** *a.* yang terbentuk daripada pemendapan. 沉淀的；含沉淀物的；沉积的。

**sedition** *n.* hasutan. 煽动叛乱；谋叛。

**seditious** *a.* (bersifat) menghasut. 煽乱的；煽动性的。 **seditiously** *adv.* dengan menghasut. 煽动性地；扰乱治安地。

**seduce** *v.t.* menggoda. 诱惑；勾引；唆使。 **seducer** *n.* penggoda. 诱惑物；勾引者；唆使者。 **seduction** *n.* godaan. 诱惑；勾引；教唆。 **seductive** *a.* yang menggoda. 诱惑的；勾引人的；诱人堕落的。

**sedulous** *a.* rajin dan bersungguh-sungguh. 勤勉的；孜孜不倦的。 **sedulously** *adv.* dengan bersungguh-sungguh. 勤勉地；孜孜不倦地。

**see**[1] *v.t./i.* (p.t. *saw*, p.p. *seen*) lihat; faham; timbangkan; saksi; cari; alami; perolehi; berjumpa; temu janji; iringi; pastikan. 看见；领会；了解；考虑；察看；看医生；目睹；遇见；经历；得悉；接见；陪伴；查看。 **~ about** mengurus. 查询；负责办理。 **~ through** tidak ditipu; tidak diabaikan. 识破；不上当；坚持。 **~-through** *a.* dapat dilihat; jelas. 透明的；极薄的。 **~ to** mengambil tindakan; mengurus. 检查；负责；办理。 **seeing that** memandangkan. 照...看来；鉴于。

**see**[2] *n.* jawatan atau daerah di bawah bidang kuasa uskup. 主教的职位；主教的辖区。

**seed** *n.* (pl. *seeds* atau *seed*) biji; mani; benih; sesuatu yang berpotensi; (*old use*) keturunan; (*colloq.*) pemain handalan. 种子；籽；精液；胚种；起因；开端；后裔；子孙；种子选手；种子队。 —*v.t./i.* mengeluarkan biji; menaburkan biji; menamakan pemain handalan. 生种子；播种；抽出种子选手。 **go** atau **run to ~** berhenti berbunga sebaik sahaja biji membesar; menjadi tidak kemas ataupun kurang cekap. 花谢结子；变得衰额。 **~-cake** *n.* sejenis kek. 有芝麻等芳香种子的蛋糕。 **~-pearl** *n.* mutiara kecil. 芥子珠；小粒珍珠。

**seedless** *a.* tiada berbiji. 无核的；无籽的。

**seedling** *n.* anak pohon. 秧苗；幼苗；树苗。

**seedy** *a.* (*-ier, -iest*) penuh dengan biji; kelihatan tidak kemas dan buruk; (*colloq.*) kurang sihat. 多种子的；多核的；多籽的；褴褛的；肮脏的；不舒服的。 **seediness** *n.* keadaan yang buruk. 衣著褴褛；憔悴。

**seek** *v.t.* (p.t. *sought*) cuba mencari atau memperoleh; cuba; mencari; memohon. 搜寻；探求；试图。 **~ out** mencari. 找出；挑出。 **seeker** *n.* pencari. 寻找者；追求者；搜查者。

**seem** *v.i.* seolah-olah. 似乎是。

**seemly** *a.* sopan; wajar; yang sesuai dengan tatasusila masyarakat. 得体的；合适的；合乎礼仪的。

**seen** *lihat* **see**[1]. 见 **see**[1]。

**seep** *v.i.* meresap; tiris. 漏出；渗出。 **seepage** *n.* peresapan; tirisan. 渗漏；渗出。

**seer** *n.* peramal; tukang tilik. 先知；预言家。

**seersucker** *n.* sejenis fabrik. 平面与皱条纹相间的薄织物。

**see-saw** *n.* jongkang-jongket; perubahan turun naik. 跷跷板；一上一下的动作。 —*v.i.* berjongkang-jongket. 玩跷跷板；上下摇动。

**seethe** *v.i.* menggelegak; mendidih; menjadi marah. 沸腾；起泡；(情绪)激昂。

**segment** *n.* tembereng bahagian; segmen; ulas. 扇形；弓形；环节。 **segmented** *a.* yang ditemberengkan; bersegmen. 扇形的；环节的。

**segregate** *v.t.* mengasingkan. 分开；隔开。 **segregation** *n.* pengasingan. 分离；隔离。

**seigneur** *n.* seigneur; tuan tanah zaman feudal. 封建领土的领主；诸侯；庄园主。 **seigneurial** *a.* berkenaan seigneur. 领主的；庄园主的。

**seine** *n.* pukat tarik. 兜网；拉网。

**seismic** *a.* yang berkenaan dengan gempa bumi. 地震的。

**seismograph** *n.* alat pengukur gempa bumi. 地震仪。

**seismology** *n.* seismologi; pengkajian berkenaan gempa bumi. 地震学。 **seis-**

**mologist** *n.* ahli seismologi. 地震学家。

**seize** *v.t./i.* merampas; dilanda; diserang. 掠夺；充公；没收；夺取；占有；抓住。 **~ on** terus menggunakan (kesempatan). （趁机）利用。 **~ up** terhenti kerana panas. 因过热而失灵。

**seizure** *n.* penyitaan; perampasan; serangan mengejut. 充公；没收；掠夺；篡夺；突然发作。

**seldom** *adv.* jarang. 不常；很少。

**select** *v.t.* pilih. 选择；挑选。—*a.* terpilih. 挑选出来的；精选的。 **selector** *n.* pemilih. 挑选者；挑选器。

**selection** *n.* pilihan; barang-barang pilihan. 选择；选择物；选集。

**selective** *a.* yang terpilih. 选择的；挑选的；选择性的。 **selectively** *adv.* dengan berhati-hati memilih. 有选择性地。 **selectivity** *n.* pemilihan. 选择性。

**self** *n.* (pl. *selves*) diri. 自己；自我。—*a.* sama warna atau bahan dengan bahagian lain. 同一颜色的；单色的；同一性质的。

**self-** *pref.* sendiri. （前缀）表示"自己；自我"；自-。 **~-assurance** *n.* kepercayaan pada diri sendiri. 自信；自恃。 **~-assured** *a.* percaya pada diri sendiri. 自信的；自恃的。 **~-catering** *a.* layan diri. 自供伙食的。 **~-centred** *a.* hanya memikirkan kepentingan diri sendiri. 自我中心的；自私自利的。 **~-command** *n.* sikap mengawal perasaan sendiri. 自制；克己。 **~-confidence** *n.* keyakinan pada diri sendiri. 自信心。 **~-confident** *a.* yakin pada diri sendiri. 自信力强的；自恃的。 **~-conscious** *a.* rasa malu. 自觉的；忸怩的。 **~-consciousness** *n.* perasaan malu seolah-olah diperhatikan orang. 自我意识；忸怩。 **~-contained** *a.* lengkap sendiri; tidak memerlukan bantuan luar. 自足的；独立的。 **~-control** *n.* kawalan perasaan. 自制；克己。 **~-controlled** *a.* yang dapat mengawal perasaan sendiri. 自制的。 **~-denial** *n.* tidak melayan kehendak hati. 克己；忘我。 **~-determination** *n.* penentuan nasib sendiri. 自决；自我决定。 **~-evident** *a.* jelas sendiri. 不需证明的；不言而喻的。 **~-important** *a.* megah diri. 自傲的；自负的。 **~-indulgent** *a.* melayan kehendak diri. 任性的；放纵的。 **~-interest** *n.* kepentingan diri. 利己；自私。 **~-made** *a.* berjaya dengan usaha sendiri. 白手起家的。 **~-portrait** *n.* potret diri sendiri. 自画像。 **~-possessed** *a.* tenang; yakin. 镇定的；冷静的。 **~-possession** *n.* ketenangan diri. 镇定；冷静。 **~-raising** *a.* (berkenaan tepung) naik sendiri. （面粉）自发的。 **~-reliance** *n.* sikap bergantung hanya pada diri sendiri. 自恃；信赖自己的能力。 **~-reliant** *a.* bergantung hanya pada diri sendiri. 自恃的；自力更生的。 **~-respect** *n.* maruah. 自尊；自尊心。 **~-righteous** *a.* pasti dengan kebenaran sendiri. 自以为是的。 **~-sacrifice** *n.* pengorbanan diri. 自我牺牲。 **~-sacrificing** *a.* berkorban diri. 自我牺牲的；牺牲自己的。 **~-satisfaction** *n.* kepuasan sendiri. 自足；自满。 **~-satisfied** *a.* berasa puas dengan kebolehan dan diri sendiri. 自足的；自满的。 **~-seeking** *a. & n.* menjaga kepentingan diri. 专图私利（的）。 **~-service** *a.* layan diri. 自助式的。 **~-styled** *a.* (orang) yang menga-ku dirinya (pakar, dsb.). 自称的；自封的。 **~-sufficient** *a.* lengkap serba-serbi. 自给的；自足的。 **~-willed** *a.* mengikut nafsu; keras kepala. 任性的；固执的。

**selfish** *a.* lokek; kedekut; hanya mengutamakan kepentingan sendiri. 十分吝啬的；视钱如命的；自私自利的。

**selfishly** *adv.* dengan lokek atau kedekut; dengan mengutamakan diri sendiri. 一毛不拔地；自私地。 **selfishness** *n.* sikap mementingkan diri sendiri. 自私自利。

**selfless** *a.* tidak mementingkan diri. 忘我的；无私的。

**selfsame** *a.* yang sama; jugalah. 一样的；完全相同的；同一的。

**sell** *v.t./i.* (p.t. *sold*) jual; memujuk atau meyakinkan. 卖；售；使接受。—*n.* cara menjual; (*colloq.*) helah; kehampaan. 卖；推销法；欺骗；失望。**~-by date** tarikh luput. 销售限期。**~ off** melepaskan milik dengan menjual. 廉价出售存货；折价倾销。**~ out** menjual semua stok; membelot. 售完存货；出卖。**~-out** *n.* jualan habis; pembelotan. 售完；出卖。**~ up** menjual rumah atau perniagaan sendiri. 变卖房屋或业务。

**seller** *n.* penjual. 卖者；销售者。

**sellable** *a.* dapat dijual. 可供出售的；畅销的。

**Sellotape** *n.* [P] Sellotape; pelekat biasanya pita lut sinar. 透明胶纸。

**selvage** *n.* tepi kain; tepi tenunan. 织边；布边。

**selvedge** *n.* = **selvage**. 同 **selvage**。

**semantic** *a.* (berkenaan) semantik atau makna. 语义的。**semantically** *adv.* dari segi semantik atau makna. 语义上。

**semantics** *n.* kajian ilmu makna. 语义学；符号学。—*n.pl.* makna; erti tambahan. 语义；一语双关。

**semaphore** *n.* semafor; sistem isyarat dengan tangan; alat isyarat dengan tangan. 臂板信号机；旗语。—*v.t./i.* memberi isyarat dengan tangan. 发信号；打旗语。

**semblance** *n.* keadaan zahir; kesamaan; persamaan. 外貌；类似；酷似。

**semen** *n.* air mani. 精液。

**semester** *n.* semester. 学期。

**semi-** *pref.* setengah; sebahagian. (前缀) 表示"一半；一部分"；半-。

**semi-detached** *a.* (rumah) berkembar. (房屋) 半独立式的。

**semibreve** *n.* semibrif; tanda nota muzik. 全音符。

**semicircle** *n.* separuh bulatan. 半圆；半圆形。**semicircular** *a.* berbentuk separuh bulatan. 半圆的；半圆形的。

**semicolon** *n.* koma bertitik. 分号。

**semiconductor** *n.* semikonduktor; bahan pengalir arus elektrik terhad. 半导体。

**semifinal** *n.* separuh akhir. 半决赛。

**semifinalist** *n.* peserta separuh akhir. 半决赛选手；半决赛队。

**seminal** *a.* yang berkenaan air mani; yang membenihkan perubahan baru. 精液的；胚胎的；再生的。

**seminar** *n.* seminar. 研究班；讨论会；研究会。

**seminary** *n.* kolej untuk paderi Nasrani ataupun Yahudi. 神学院。

**semiprecious** *a.* batu permata yang kurang nilainya. (宝石) 次贵重的；半宝石的。

**semiquaver** *n.* semikuaver; tanda nota muzik. 16分音符。

**Semite** *n.* bangsa Arab dan Yahudi. 阿拉伯人和犹太人。**Semitic** *a.* berkenaan dengan bangsa Arab dan Yahudi. 阿拉伯人和犹太人的。

**semitone** *n.* separuh ton. 半音；半音程。

**semolina** *n.* suji. 利布丁用的硬粉粒。

**Semtex** *n.* [P] bahan peletup tanpa bau dibuat daripada plastik. 无气味的塑胶弹。

**senate** *n.* senat. 上议院；参议院。

**senator** *n.* ahli senat; senator. 上议员；参议员。

**send** *v.t./i.* (p.t. *sent*) hantar. 送；遣；寄；派；输送。**~ for** panggil. 派人去…。**~ off** *n.* mengucapkan selamat jalan; menghantarkan; mengirimkan. 送别；送行；差遣；寄出；发货。**~ up** (*colloq.*) mempersendakan. 以模仿方式取笑或讽刺。

**senescent** *a.* menjadi tua. 开始衰老的；变老的。**senescence** *n.* ketuaan. 衰老；变老。

**seneschal** *n.* pelayan rumah besar zaman pertengahan. 中世纪贵族城堡的管家；总管。

**senile** *a.* lemah kerana usia tua; sifat orang tua; nyanyuk. 因年老而身心衰弱的；老年的。**senility** *n.* kelemahan kerana tua; kenyanyukan. 老迈；衰老。

**senior** *a.* lebih tua; lebih kanan. 年纪较大的;资深的。—*n.* orang tua. 较年长者;前辈。~ **citizen** warga tua. 已届退休年龄的公民。~ **service** perkhidmatan tentera laut. 海军。**seniority** *n.* pangkat yang lebih tinggi; usia yang lebih tua. 高职位;深资历;年长;上级。

**senna** *n.* sejenis pohon. 番泻树。

**señor** *n.* (pl. *-ores*) gelaran lelaki penutur bahasa Sepanyol. 先生(对操西班牙语之男子的尊称)。

**señora** *n.* gelaran wanita (yang sudah berkahwin) penutur bahasa Sepanyol. 太太;夫人(对操西班牙语之已婚妇女的尊称)。

**señorita** *n.* gelaran wanita bujang penutur bahasa Sepanyol. 小姐(对操西班牙语之未婚女子的尊称)。

**sensation** *n.* sensasi; kehebatan; kegemparan; orang atau benda yang menimbulkan sensasi. 感觉;轰动;引起轰动的人或事物。

**sensational** *a.* yang menimbulkan sensasi; yang hebat. 令人激动的;轰动的;令人兴奋的。**sensationally** *adv.* dengan penuh sensasi; dengan hebat. 轰动一时地;异常地。

**sensationalism** *n.* penggunaan atau menggunakan sensasi; hal-hal yang sensasi atau menggemparkan. 耸人听闻的手法;追求轰动效应的题材。**sensationalist** *n.* orang yang suka hal-hal sensasi. 爱耸人听闻引人注意者;爱渲染话题的人。

**sense** *n.* deria; pancaindera; kematangan fikiran; makna; (*pl.*) kesedaran; kewarasan. 感官;官能;辨别力;判断力;意义;知觉;理性;健全的心智。—*v.t.* merasai; mengesan. 感觉;意识到;领悟。**make ~** bererti; boleh diterima. 讲得通;言之有理。**make ~ of** memahami. 理解;了解。~**-organ** *n.* organ deria; pancaindera. 感觉器官。

**senseless** *a.* bodoh; sia-sia; tidak sedarkan diri. 愚蠢的;无意义的;不省人事的。

**sensibility** *n.* daya kepekaan; perasaan sensitif. 感觉力;触觉;敏感。

**sensible** *a.* berakal. 明白事理的;明智的。**sensibly** *adv.* dengan berakal. 通情达理地;明智地。

**sensitive** *a.* sensitif; lekas perasa; peka; lekas tersinggung. 敏感的;感觉敏锐的;易产生反应的;过敏的。**sensitively** *adv.* dengan sensitif. 敏感地;神经过敏地。**sensitivity** *n.* perasaan sensitif; kepekaan. 敏感性;灵敏度。

**sensitize** *v.t.* menyebabkan peka; menjadikan sensitif. 使敏感;敏化。**sensitization** *n.* pemekaan. 敏感作用;敏化作用。**sensitizer** *n.* pemeka. 激敏物;敏化剂;感光剂。

**sensor** *n.* penderia; sensor. 感受器;传感器。

**sensory** *a.* yang berkenaan dengan pancaindera atau deria; menerima dan menghantar rangsangan deria. 感官的;感觉上的。

**sensual** *a.* yang membangkitkan nafsu; menurut hawa nafsu. 肉欲的;耽于声色口腹之乐的。**sensualisme** *n.* sensualisme. 肉欲主义;哲学上的感觉论。**sensually** *adv.* dengan bernafsu. 耽于声色地。**sensuality** *n.* keberahian. 好色;淫荡。

**sensuous** *a.* yang membelai rasa. 快感的。**sensuously** *adv.* dengan cara yang membelai rasa. 给感官以快感地;官能享受地。

**sent** *lihat* **send**. 见 **send**。

**sentence** *n.* ayat; hukuman; putusan hukuman. 语句;句子;判刑;判决;宣判。—*v.t.* menjatuhkan hukuman. 判决;宣判。

**sententious** *a.* berlagak bijaksana; membosankan. 佯装有智慧的;爱用警句的;沉闷而说教的。**sententiously** *adv.* dengan lagak bijak atau secara membosankan. 沉闷而说教地。**sententiousness** *n.* sikap berlagak bijak. (表达方式)沉闷。

**sentient** *a.* dapat merasai atau mengalami melalui deria. 意识到的;有感觉的。

**sentiently** *adv.* (merasa) melalui deria. 感觉敏锐地。 **sentience** *n.* merasa atau mengalami melalui deria. 感觉能力。

**sentiment** *n.* sentimen; perasaan. 感情;情感。

**sentimental** *a.* sentimental; penuh perasaan. 感情用事的;多愁善感的;多情的。 **sentimentally** *adv.* dengan perasaan. 多愁善感地;感情上。 **sentimentality** *n.* sifat sentimental. 多愁善感;感情用事的想法。

**sentinel** *n.* pengawal. 守卫;哨兵。

**sentry** *n.* pengawal; sentri. 守卫;哨兵。

**sepal** *n.* sepal; kelopak daun. 萼片。

**separable** *a.* dapat dipisahkan. 可分隔的;可分开的。

**separate**[1] *a.* terasing; terpisah. 分开的;隔开的。 **separates** *n.pl.* pakaian yang perlu disesuaikan dengan pakaian yang lain. 可配搭其他衣物的妇女服装。

**separately** *adv.* secara terasing. 分开地。

**separate**[2] *v.t./i.* membahagikan; memisahkan; menceraikan; pergi berlainan haluan; berpisah. 分隔;分开;使分离;使疏远;分居。 **separation** *n.* perpisahan. 分离;分居。 **separator** *n.* pemisah. 分离器。

**separatist** *n.* ahli yang lebih suka berpisah daripada kumpulan yang lebih besar. 分离主义者。 **separatism** *n.* ideologi memisahkan negeri. 分离主义;排外。

**sepia** *n.* pewarna perang; warna perang; warna tengguli. 乌贼墨颜料;深褐色;乌贼墨色。

**sepoy** *n.* (*old use*) supai; askar India di bawah pemerintahan Inggeris atau orang Eropah. (英国或欧洲人管辖的)印度兵。

**sepsis** *n.* keadaan septik. 脓毒病;败血。

**September** *n.* September. 九月。

**septet** *n.* septet; kumpulan muzik tujuh orang, atau tujuh buah alat muzik; muzik untuk tujuh buah alat muzik atau tujuh suara. 七重唱组;七重奏组;七重奏曲。

**septic** *a.* septik. 脓毒性的;引起腐败的。 **~ tank** tangki septik; tangki najis. 化粪池。

**septicaemia** *n.* septisemia; keracunan darah. 败血病。

**septuagenarian** *n.* orang yang berumur tujuh puluhan. 七旬老人。

**Septuagint** *n.* kitab Old Testament versi bahasa Greek. 希腊文本的《圣经·旧约》。

**septum** *n.* (pl. *-ta.*) septum; adangan. 隔壁;中隔。

**sepulchral** *a.* berkenaan kubur atau makam; sedih; suram. 坟墓的;悲悼的;阴沉的。 **sepulchrally** *adv.* dengan suram atau sedih. 阴沉地;悲悼地。

**sepulchre** *n.* makam. 坟墓;墓穴。

**sequel** *n.* lanjutan; (novel atau filem) sambungan daripada cerita sebelumnya. 后续;小说、电影等的续集。

**sequence** *n.* rangkaian; urutan; siri; set teratur; babak. 连贯的事件;次序;连载;成系列的事;戏剧的分幕。

**sequential** *a.* berkenaan dengan urutan; akibat. 顺序的;相继的;作为结果生产的。 **sequentially** *adv.* mengikut urutan; yang beturutan. 顺序地;连贯地。

**sequester** *v.t.* mengasingkan; merampas. 使隔绝;没收;扣押。

**sequestrate** *v.t.* merampas; memiliki sementara. 扣押;查封。 **sequestration** *n.* perampasan. 财物等的扣押。 **sequestrator** *n.* perampas. 财产的暂时保管人。

**sequin** *n.* labuci. 圆形闪光片。 **sequinned** *a.* berlabuci. 用闪光圆片装饰的。

**sequoia** *n.* sejenis pohon yang tumbuh tinggi. 红杉。

**seraglio** *n.* (pl. *-os*) harem. (伊斯兰教国家的)后宫;妾。

**seraph** *n.* (pl. *-im*) malaikat (mengikut kepercayaan Kristian kuno).《圣经》中的六翼天使。

**seraphic** *a.* berkenaan dengan malaikat. 天使般的；天使般纯洁的。**seraphically** *adv.* seperti malaikat. 天使般地。

**serenabe** *n.* lagu asmara. 小夜曲。—*v.t.* menyanyikan lagu asmara. 对...唱（奏）小夜曲。

**serendipity** *n.* terjumpanya sesuatu yang baik secara tidak sengaja. 意外的发现；偶然发现的好事。

**serene** *a.* tenang dan menggembirakan. 宁静而安祥的。**Serene Highness** panggilan diraja. 殿下。**serenely** *adv.* dengan tenang. 宁静地；安祥地。**serenity** *n.* ketenangan. 宁静。

**serf** *n.* hamba; buruh yang dianiaya. 农奴；奴隶。**serfdom** *n.* perbudakan; perhambaan. 苦役；奴役。

**serge** *n.* sejenis kain yang kuat tenunannya. 毛哔叽（一种耐用的粗毛布）。

**sergeant** *n.* sarjan. 军士；中士。**~-major** *n.* sarjan mejar. 准尉；军士长。

**serial** *n.* cerita bersiri. 连载小说；连续剧。—*a.* bersiri. 连载的；连续的。**serially** *adv.* secara bersiri. 连续地。

**serialize** *v.t.* diterbitkan secara bersiri. 以连载方式刊登；连载。**serialization** *n.* penerbitan bersiri. 连载刊登物。

**seriatim** *adv.* mengikut tertibnya. 逐一地。

**series** *n.* (pl. *series*) siri; rangkaian. 连续；连接；一系列。

**serio-comic** *a.* separuh serius dan separuh jenaka. 庄严却又恢谐的。

**serious** *a.* serius; bersungguh-sungguh. 严肃的；认真的；重大的。**seriously** *adv.* dengan bersungguh-sungguh. 认真地。**seriousness** *n.* kesungguhan. 严肃；认真。

**serjeant-at-arms** *n.* pegawai adat istiadat. （在法庭等处担任礼仪服务的）警卫官。

**sermon** *n.* khutbah. 布道；讲道。

**sermonize** *v.i.* berkhutbah. 布道；讲道。

**serpent** *n.* ular (yang besar). 大蛇（尤指有毒的大蛇）。

**serpentine** *a.* berbelit seperti ular. 蛇状的；蜿蜒的。

**serrated** *a.* bergerigi. 锯齿状的。**serration** *n.* kegerigian. 锯齿状。

**serried** *a.* rapat. 密集的。

**serum** *n.* (pl. *sera*) air darah; serum. 浆液；血清。**serous** *a.* berkenaan serum. 血清的。

**servant** *n.* orang gaji; pekerja. 仆人；佣人。

**serve** *v.t./i.* berkhidmat; melayan; bekerja; sesuai sebagai; menjalani; (haiwan jantan) mengawan dengan; menghidang; cukup untuk; membuat pukulan pertama (tenis, dsb.); mengemukakan saman. 服务；服侍；款待（客人）；工作；适用于；度过；服刑；与...交配；上菜；符合要求；发球；送达传票。—*n.* servis dalam permainan tenis. 开球；发球。**server** *n.* penghidang; pemberi. 服务者；侍者；送达员。

**service** *n.* perkhidmatan; pekerjaan; jabatan kerajaan; (*pl.*) angkatan tentera; layanan; bantuan; amal ibadat; upacara sembahyang; set pinggan mangkuk; servis dalam permainan; servis (kenderaan, jentera). 服务；职务；政府行政部门；兵役；侍候用膳；帮助；修功德或善行；礼拜仪式；全套碗碟；发球；开球；维修车辆或机械。—*v.t.* menservis; membekalkan; membayar faedah (pinjaman). 为...作后勤工作；提供；准备；支付利息。**~ area** kawasan servis. 服务范围；服务区域。**~ flat** rumah pangsa yang siap dengan perkhidmatan pembantu. 房租包括各种服务的公寓。**~ road** jalan ke kawasan perumahan. 辅助道路；交替路。**~ station** stesen minyak. 油站。

**serviceable** *a.* tahan lama. 耐用的。

**serviceman, servicewoman** *ns.* (pl. *-men, -women*) anggota angkatan tentera. 军人。

**serviette** *n.* kain atau kertas lap. 餐巾。

**servile** *a.* perhambaan; terlalu merendah diri. 奴隶的；卑躬的。**servilely** *adv.*

**servitor**

dengan terlalu merendah diri. 奴颜婢膝地。 **servility** *n.* sikap terlalu merendah diri. 奴颜膝婢;奴性。

**servitor** *n.* (*old use*) atendan; orang gaji. 仆从;侍从。

**servitude** *n.* perhambaan. 奴役状态;劳役。

**servo-** *pref.* dibantu dengan kuasa. （前缀）表示"伺服;随动";随动-。

**sesame** *n.* bijan. 芝麻。

**session** *n.* sesi; jawatankuasa mengurus gereja tertentu. 议会的会议;基督教长老会的执行理事会。

**set**[1] *v.t./i.* (p.t. *set*, pres.p. *setting*) menyediakan; menjadikan keras ataupun kukuh; menetapkan tarikh; memulihkan keadaan tulang; mendandan (rambut); memasang batu permata; mengubahkan; memberi (kerja); terbenam (matahari) menari berhadapan. 安排;设置;使固定;使凝结;确定日期;正骨;卷头发;镶宝石;校正;调整;指定任务;太阳下山;相对而舞。 —*n.* set; set (dalam permainan); set radio atau televisyen; cara diletakkan; pendandanan rambut; set pentas; (juga **sett**) lubang sejenis binatang; (juga **sett**) blok turap. 一组;成套;一局球赛;收音机或电视机等的无线电组合;形状;卷头发;舞台布景;动物的洞穴;木工的剉锯器。 be ~ on berazam. 决心做某事。 ~ **about** memulai sesuatu tugas; serang. 开始;着手。 ~ **back** menghentikan; melengahkan sesuatu program; (*sl.*) kena bayar. 耽搁;推迟;使花钱。 **~-back** *n.* halangan; tergendala. 挫折;倒退。 ~ **by the ears** menyebabkan bertengkar atau bergaduh. 使...争吵不和。 ~ **eyes on** terpandang. 看见;望见。 ~ **fire to** membakar. 点燃;使燃烧。 ~ **forth** memulakan perjalanan. 出发。 ~ **in** menjadi kukuh. 固定。 ~ **off** memulakan perjalanan; memulakan; menyalakan; meletupkan; menyerikan; menonjolkan. 出发;动身;使开始;燃放;使爆炸;（以对比较方法）使更明显;衬托。 ~ **out** menyatakan; menjelaskan; bertolak. 宣布;发表;出发。 ~ **piece** adegan atau bahagian khas. 具有强烈效果的片断。 ~ **sail** memulakan pelayaran. 开航。 ~ **square** sesiku (segi tiga). 制图用的三角板。 ~ **theory** teori set. 集合论。 ~ **to** memulakan sesuatu dengan segera; mula bertengkar. 开始动手做;大打出手。 **~-to** *n.* pergaduhan; pertengkaran. 吵架;打架。 **~-up** *n.* (*colloq.*) bentuk atau struktur organisasi. 组织体系;结构。

**set**[2] *n.* set (dalam permainan tenis, dsb.); alat penerima pancaran radio atau televisyen; sekumpulan orang. 一局球赛;一盘比赛;收音机及电视机等的接收机;一群人。

**sett** *n.* lihat **set**[1] *n.* 见 **set**[1] *n.*

**settee** *n.* kerusi panjang. 长靠椅。

**setter** *n.* orang atau alat yang memasang sesuatu; sejenis anjing berbulu panjang. 安放者;从事安装工作的人;塞特种长毛猎犬。

**setting** *n.* persekitaran; latar; bingkai; muzik latar. 环境;背景;配乐;一副餐具。

**settle**[1] *n.* sejenis bangku. 高背长靠椅。

**settle**[2] *v.t./i.* meletakkan; menetapkan; menubuhkan; menjadikan kukuh; menetap; menduduki; tenggelam; berhenti; mengambil tindakan terakhir; menjadikan tenang; membayar (bil); memberikan hak. 置放;安放;使固定;成家;稳定下来;长期居留;定居;沉降;停留;解决;平静下来;结清帐目;授与;让渡。 ~ **up** membayar hutang. 清偿。 **settler** *n.* peneroka. 拓殖者;开荒者;移居者。

**settlement** *n.* penyelesaian; penubuhan; penyelenggaraan dagangan atau kewangan; harta yang diperuntukkan dari segi undang-undang; kawasan peneroka; penempatan. 解决;成婚;立业;清偿;以遗嘱转让的财产;殖民地;安顿;安居。

**seven** *a. & n.* tujuh. 七（的）。**seventh** *a. & n.* ketujuh. 第七（的）。

**seventeen** *a. & n.* tujuh belas. 十七（的）。 **seventeenth** *a. & n.* ketujuh belas. 第十七（的）。

**sever** *v.t./i.* memotong; memutuskan; memberhentikan kerja. 切断；割断；解雇。 **severance** *n.* pemotongan; pemutusan; pemberhentian kerja. 切断；割断；解雇。

**several** *a.* beberapa. 几个的；数个的。 —*pron.* beberapa orang atau benda. 几个；数个。

**severally** *adv.* secara berasingan. 分开地；个别地。

**severe** *a.* (*-er, -est*) tegas; tanpa belas kasihan; tersangat; keras; (seni reka) amat sederhana tanpa corak, atau berlainan warna. 严厉的；苛刻的；极度的；严峻的；（文艺创作）朴实无华的。**severely** *adv.* dengan keras. 严格地。**severity** *n.* kekerasan. 严格；严峻。

**sew** *v.t./i.* (p.t. sewed, p.p. sewn atau sewed) menjahit; menjahitkan. 缝；缝制。

**sewage** *n.* kumbahan. 污水；阴沟水。~ **farm** *n.* tempat kumbahan diproses menjadi baja. 污水处理场。~ **works** *n.* tempat pembersihan kumbahan. 污水处理厂。

**sewer**[1] *n.* tukang jahit. 缝工；缝制者。

**sewer**[2] *n.* pembetung; saluran najis. 污水管。—*v.t.* menyalirkan dengan pembetung. 为...铺设污水管道。

**sewerage** *n.* sistem pembetungan. 污水工程；排水系统。

**sewing-machine** *n.* mesin jahit. 缝纫机。

**sewn** lihat sew. 见 sew。

**sex** *n.* seks; jantina; jenis kelamin; nafsu atau persetubuhan. 性；性别；性的活动；性欲；性交。—*v.t.* menentukan jantina. 鉴别雌雄。

**sexagenarian** *n.* berumur enam puluhan. 六十多岁的人。

**sexist** *a.* (orang) yang mengutamakan orang yang sama jantina dengannya; percaya kepada kebolehan mengikut jantina; seksis. 实行性别歧视的。—*n.* orang yang mengutamakan orang yang sama seks dengannya. 实行性别歧视的人。

**sexism** *n.* seksisme. 性别歧视主义。

**sexless** *a.* ketiadaan jantina; tidak melibatkan nafsu seks. 无性别的；无性的；中性的。

**sexology** *n.* seksologi; kajian perhubungan seks manusia. 性行为学。**sexological** *a.* yang berkenaan dengan seksologi. 性行为的；性行为上的。**sexologist** *n.* pakar seksologi. 性行为学家。

**sextant** *n.* sekstan; alat untuk mengukur kedudukan sesuatu dengan mengukur ketinggian matahari, dsb. 六分仪。

**sextet** *n.* kumpulan enam suara atau alat muzik; muzik untuk enam alat atau suara. 六重唱；六重奏；六人或物一组。

**sextile** *a.* jarak 60° di antara satu dengan yang lain (bintang). （二行星互距的）六十度的位置的。

**sexton** *n.* penjaga gereja. 教堂下级职员；教官司事。

**sextuplet** *n.* anak kembar enam. 六胞胎中的一个。

**sexual** *a.* yang berkenaan dengan seks; terjadi dengan cantuman sel lelaki dan perempuan. 性的；两性的；关于性生活的；生殖的。~ **intercourse** persetubuhan. 性交。**sexually** *adv.* dengan cara seks. 性别上；生殖上；性生活上。

**sexuality** *n.* sifat seks. 性；性别；性欲。

**sexy** *a.* (*-ier, -iest*) memberahikan; seksi. 性感的；引起性欲的；色情的。**sexiness** *n.* sifat seksi. 性感。

**sez** = **says**. 同 says。~ **you** (*sl.*) itu kata engkau, tetapi aku tidak bersetuju. 你说你的吧。

**S.F.** *abbr.* **science fiction** sains fiksyen. （缩写）科幻小说。

**sh** *int.* husy; sy. 嘘！

**shabby** *a.* (*-ier, -iest*) buruk; selekeh; tidak adil; hina. 破旧的；褴褛的；不公平的；卑鄙的。**shabbily** *adv.* dengan sele-

**shack** *n.* pondok. 简陋的小屋。

**shackle** *n.* belenggu untuk merantai kaki banduan. 手铐；脚镣；桎梏。—*v.t.* memasangkan belenggu; membelenggu. 上手铐或脚镣；用手铐或脚镣束缚。

**shad** *n.* sejenis ikan besar yang boleh dimakan. 北美的河鲱。

**shade** *n.* agak gelap; tempat teduh; lindungan; warna atau perihal warna ini; kepelbagaian jenis; jumlah yang sedikit; hantu; skrin; (*A.S.*) kerai tingkap; (*pl.*) kegelapan malam atau petang. 阴暗；幽暗；阴处；树阴；荫；色度；阴暗部分；形形色色；少量；幽灵；阴魂；罩；帘；幕；窗帘；朦胧色；暮色。—*v.t./i.* meneduhi; memberi bayang; menggelapkan (setengah-setengah bahagian lukisan); berubah secara beransur-ansur (warna, dsb). 遮蔽；荫蔽；绘上阴影；色彩等逐渐变化。

**shadow** *n.* bayang-bayang; teman rapat; sedikit; tempat gelap. 影子；荫；阴影；形影不离的人；微量；少许；阴暗处；蛛丝马迹。—*v.t.* menyebabkan bayang-bayang; mengikut dan mengintip. 使暗；遮蔽；秘密跟踪；尾随。**~-boxing** *n.* tinju bayang. 拳击练习。**Shadow Cabinet** Kabinet Pembangkang. (由反对党人士组成的) 影子内阁。**shadower** *n.* pelindung. 遮蔽物。**shadowy** *a.* yang samar-samar. 朦胧的；模糊的；虚幻的。

**shady** *a.* (*-ier, -iest*) rendang; teduh; tidak dapat dipercayai. 有荫的；阴凉的；不可靠的。

**shaft** *n.* anak panah; lembing; batang; lubang. 箭；矛；植物的干；烟囱。

**shag** *n.* benda yang berbulu tebal; tembakau kasar; sejenis burung. 长满粗毛的东西；劣质烟丝；长鼻鸬鹚。

**shaggy** *a.* (*-ier, -iest*) mempunyai bulu yang tebal dan panjang, kasar dan keras. 粗毛的；毛发粗浓蓬松的。**~-dog story** sejenis cerita jenaka. 一种滑稽故事。**shagginess** *n.* keadaan bulu yang kasar dan tebal. 毛发蓬乱。

**shagreen** *n.* kulit yang menggerutu permukaannya; kulit ikan yu. 表面呈粒状的皮革；鲨革。

**shah** *n.* raja Iran. 沙王 (伊朗王国的称号)。

**shake** *v.t./i.* (p.t. *shook*, p.p. *shaken*) goncang; menjatuhkan dengan menggoncang; mengejutkan; melemahkan; menggugat; (suara) menggeletar; (*colloq.*) berjabat tangan. 摇动；摇落；遥憾；动摇；挫折；声音颤动；握手。—*n.* goncangan; terkejut; terperanjat; susu kacak. 震动；震憾；摇匀牛奶。**in a brace of shakes** (*colloq.*) dengan pantas. 马上。**~ down** dapat membiasakan diri; tidur di katil yang tidak sempurna. 舒适地安定下来；适应；在临时床铺上睡觉。**~ hands** berjabat tangan. 握手。**~ up** menggoncangkan. 震倒。**~-up** rombakan. 改组。**shaker** *n.* penggoncang. 振动器；震荡器。

**shakedown** *n.* proses membiasakan diri; katil sementara. 适应；调整；地铺；临时的便床。

**Shakespearian** *a.* berkenaan dengan Shakespeare. 与莎士比亚有关的；莎士比亚的。

**shako** *n.* (*pl. -os*) topi tentera berambu. 步兵筒状军帽。

**shaky** *a.* (*-ier, -iest*) bergegar; tidak kukuh; tidak dapat dipercayai. 震动的；动摇的；不稳的；靠不住的。**shakily** *adv.* keadaan bergoyang. 摇摇晃晃地。**shakiness** *n.* kegoyangan. 震荡；摇晃。

**shale** *n.* sejenis batu. 页岩。

**shall** *v. aux.* (*shalt* digunakan dengan *thou*); (digunakan dengan *I* dan *We*) akan. (主语为 *thou* 时变为 *shalt*)；将；…好吗；会…吗 (与主语*I*或*We*并用)。

**shallot** *n.* tumbuhan seperti bawang. 冬葱。

**shallow** *a.* (*-er, -est*) cetek; dangkal. 浅的；肤浅的；皮毛的。—*n.* tempat yang cetek. 浅水处；浅滩。—*v.t./i.* menjadi cetek. （使）变浅；（使）变浅薄。**shallowness** *n.* kedangkalan; kecetekan. 肤浅；浅度。

**shalt** *lihat* **shall**. 见 **shall**。

**sham** *n.* pura-pura; palsu. 虚伪；假冒；仿造。—*a.* yang berpura-pura; palsu. 假的；虚伪的。—*v.t./i.* (*p.t. shammed*) pura-pura. 假冒；冒充。

**shamble** *v.i. & n.* berjalan atau berlari dengan cara yang malas. 拖着脚步走；蹒跚的脚步。

**shambles** *n.pl.* tempat atau keadaan pertumpahan darah atau rusuhan. 屠杀场所；混乱场面；废墟。

**shambolic** *a.* (*colloq.*) kucar-kacir. 混乱的；杂乱的。

**shame** *n.* malu; kebolehan berasa malu; sesuatu yang menyebabkan aib; sesuatu yang memalukan. 羞耻；羞愧；耻辱；丢脸的事。—*v.t.* memalukan; memberi malu; memaksa dengan memalukan. 侮辱；羞辱；使丢脸。 **shameful** *a.* yang memalukan. 可耻的；丢脸的。 **shamefully** *adv.* dengan memalukan. 羞愧地。 **shameless** *a.* yang tiada rasa malu. 无耻的；不要脸的。 **shamelessly** *adv.* dengan tiada perasaan malu. 无耻地。

**shamefaced** *a.* kemalu-maluan. 害羞的；羞怯的。

**shammy** *n.* kulit chamois. 羚羊皮。

**shampoo** *n.* syampu. 洗头；洗发；洗发剂；洗涤剂。—*v.t.* mencuci dengan syampu; mensyampu. 用洗发剂洗发；用洗涤剂清洗。

**shamrock** *n.* sejenis tumbuhan. 白花酢浆草。

**shandy** *n.* minuman campuran bir dan air halia ataupun air limau. 啤酒与姜汁或柠檬汽水混合饮料。

**shanghai** *v.t.* (*p.t. shanghaied, pres.p. shanghaiing*) menangkap (seseorang) dengan kekerasan atau penipuan dan memaksa membuat sesuatu. 拐带并强迫某人干活。

**shank** *n.* betis; tangkai atau batang. 胫；小腿；梗；柄。

**shan't** (*colloq.*) **shall not** tidak akan. 不将；不会。

**shantung** *n.* kain syantung; sutera Cina yang lembut. 山东绸。

**shanty**[1] *n.* pondok. 简陋小木屋。 **~ town** kawasan melarat. 贫民窟；木屋区。

**shanty**[2] *n.* nyanyian tradisi pelaut. 水手船歌。

**shape** *n.* bentuk; acuan; agar-agar yang dibentuk dalam acuan. 形状；模型；果冻等模制胶状物。—*v.t.* membentuk. 使成形；塑造。 **shapeless** *a.* tiada berbentuk. 无定形的；不成样子的；走样的。 **shapelessness** *n.* keadaan tiada berbentuk. 无定形；奇形怪状。

**shapely** *a.* (*-ier, -iest*) baik bentuknya. 模样好的；线条优美的。 **shapeliness** *n.* kebaikan bentuknya. 模样相称；线条优美；曲线玲珑。

**shard** *n.* serpihan tembikar; beling. 陶器碎块；破瓦片。

**share** *n.* bahagian; saham. 份额；股份；股票。—*v.t./i.* memberi atau ada bahagian. 均分；分配；共享。 **~-out** *n.* pembahagian. 分配物；配给品。 **~holder** *n.* pemegang saham. 股东；股票持有人。 **sharer** *n.* salah seorang yang menerima bahagian. 分享者。

**shark** *n.* ikan jerung; pemeras ugut; penipu. 鲨；勒索者；诈骗者。

**sharkskin** *n.* sejenis kain yang licin dan agak berkilat. 鲨皮布。

**sharp** *a.* (*-er, -est*) tajam; runcing; sertamerta; mendadak; tepat; tersangat; cepat meradang; perit; tajam fikiran; bijak; berani; cergas; (muzik) terlebih tinggi nada; syap. 锋利的；尖锐的；尖的；急速的；陡峭的；急转的；脾气火爆的；刺激感官的；激烈的；机警的；精明的；敏捷的；音调偏高的；升半音的。—*adv.* tepat; cepat; serta-merta;

**sharpen** — membelok atau selekoh tajam; lebih tinggi daripada nada yang betul. 准时地；机警地；(转弯) 急剧地；升半音地。 —*n.* bunyi yang nyaring; (*colloq.*) penipu. 尖叫声；骗子。 **sharply** *adv.* dengan tepat. 准时地；准确地。 **sharpness** *n*, ketajaman. 尖锐。

**sharpen** *v.t./i.* menajamkan. 削尖；磨利；使敏捷。 **sharpener** *n.* penajam. 磨具；卷笔刀。

**sharper** *n.* penipu (permainan daun terup). 赌纸牌游戏中的骗子；骗牌者。

**sharpshooter** *n.* penembak handalan. 神枪手；神射手。

**shatter** *v.t./i.* menghancurkan; meremukkan; memecah kesunyian. 使粉碎；使破碎；打破寂静。

**shave** *v.t./i.* bercukur; mencukur; mengetam; menggesel. 刮胡子；剃头发；刨掉；削去；擦过。 —*n.* cukuran. 刮脸；修面。 **shaver** *n.* pencukur. 刮脸者；剃头者；理发师；刨刀；剃刀。

**shaven** *a.* telah dicukur. 刮过脸的。

**shaving** *n.* tatal. 刨削下的薄片；刨花。

**shawl** *n.* selendang; selimut bayi. 长方形披巾；小孩的围巾。

**she** *pron.* dia (perempuan). 她。 —*n.* binatang betina. 雌性动物。

**sheaf** *n.* (pl. *sheaves*) serumpun; sebeban; seberkas. 一簇；一扎；一捆。

**shear** *v.t./i.* (p.p. *shorn* atau *sheared*) memotong dengan gunting, sabit atau pisau; (bulu biri-biri) mengetam; membotakkan; melucutkan; putus kerana regang. 剪；割；修羊毛；剃光；解除；因过紧而断。 **shearer** *n.* pemotong. 剪切机；剪床。

**shears** *n.pl.* gunting; kekacip. 大剪刀；剪切机。

**shearwater** *n.* sejenis burung laut. 海鸥。

**sheath** *n.* sarung (pisau, dsb.). 刀剑的鞘。 **~knife** *n.* sejenis pisau belati yang dibawa dengan sarungnya. 带鞘短刀。

**sheathe** *v.t.* menyarungkan. 把刀剑插入鞘；套入。

**shebeen** *n.* kedai menjual arak tanpa lesen. 无执照的非法售酒店。

**shed**[1] *n.* pondok barang; bangsal. 木棚；草棚。

**shed**[2] *v.t.* (p.t. *shed*, pres.p. *shedding*) gugur; menanggalkan; membiarkan mengalir atau jatuh. 脱；脱皮；倾注；使脱落。

**sheen** *n.* kilat; seri. 光明；闪耀。

**sheep** *n.* (pl. *sheep*) biri-biri. 绵羊。

**sheepdog** *n.* anjing penggembala biri-biri. 守羊犬。

**sheepish** *a.* malu-malu; segan. 羞怯的；忸怩的。 **sheepishly** *adv.* dengan segan-segan. 羞怯地；忸怩地。 **sheepishness** *n.* kemalu-maluan. 羞怯；忸怩。

**sheepshank** *n.* simpulan tali. 双活结。

**sheepskin** *n.* kulit biri-biri. 羊皮。

**sheer**[1] *a.* belaka; sangat curam; (fabrik) sangat nipis dan jarang. 纯粹的；十足的；陡峭的；布料稀薄的。 —*adv.* terus; terus ke atas atau ke bawah. 全然；十足；陡峭地；垂直地。

**sheer**[2] *v.i.* melencong. 偏航；转向。

**sheet** *n.* cadar dalam; kepingan besi, kaca, dsb.; sekeping kertas; kawasan luas yang dilitupi air, api, dsb.; tali atau rantai yang mengikat layar. 褥单；被单；铁、玻璃等的薄片；纸张；水、火等广大的面；系帆用的绳子或链条。 **~ anchor** *n.* sauh simpanan; orang atau benda yang diharapkan untuk keselamatan atau kestabilan. 备用大锚；可保障安全或稳定的人或物；紧急时的靠山。

**sheikh** *n.* syeikh. 阿拉伯国家首长。

**sheikhdom** *n.* negeri di bawah pemerintahan seseorang syeikh. 阿拉伯首长统辖的领土。

**sheila** *n.* (*Austr. & NZ sl.*) anak gadis; perempuan muda. (澳洲及纽西兰) 少女。

**shekel** *n.* mata wang Israel; (*pl.*, *colloq.*) wang; kekayaan. 锡克尔 (以色列货币单位)；货币；钱；财富。

**sheldrake** *n.* (*fem.* & *pl.* **shelduck**) sejenis itik liar. 冠鸭。**shelduck** *n.* itik liar yang betina. 雌冠鸭。

**shelf** *n.* (pl. *shelves*) rak; para. 搁架；架子；台架。**~-life** *n.* hayat simpanan; tempoh bagi sesuatu barang simpanan masih boleh digunakan. 商品的贮藏寿命；货架寿命。**~-mark** *n.* nombor kedudukan buku di dalam perpustakaan. (图书的) 排架号。

**shell** *n.* kulit telur; tempurung; (siput) cangkerang; (kura-kura) kulit atau karapas; rangka luar; sejenis bot pelumba; peluru. 蛋壳；椰壳；贝壳；甲壳；骨架；单人赛用艇；炮弹。—*v.t.* membuang kulit; menembak. 剥壳；脱壳；炮击。**~pink** *a.* & *n.* merah jambu muda. 带淡黄的粉红色 (的)。**~-shock** *n.* penyakit jiwa atau terkejut kerana terdedah kepada suasana peperangan. 炮弹休克；弹震症。

**shellac** *n.* syelek; sejenis bahan di dalam varnis. 虫胶；光漆中的虫胶清漆。—*v.t.* (p.t. *shellacked*) menyapu syelek. 以虫胶清漆涂刷。

**shellfish** *n.* kerang-kerangan; binatang laut yang bercangkerang, seperti siput, remis, kerang, kupang, dsb. 甲壳类水生动物 (如贝类、蛤类、贻贝等)。

**shelter** *n.* tempat berteduh. 庇护所；避难所。—*v.t.* memberi teduh; memberi atau mendapat perlindungan; melindungi. 掩护；庇护；避难。

**shelve** *v.t./i.* mengatur di atas para; memasang rak; mengetepikan; melandai. 把...放在棚架上；装架子于；搁置；成斜坡。

**shelving** *n.* rak; bahan membuat rak. 架子；架子料。

**shemozzle** *n.* (*sl.*) pergaduhan; huru-hara. 吵闹；混乱。

**shenanigans** *n.pl.* (*A.S. sl.*) kenakalan; penipuan. 胡闹；淘气；诡计。

**shepherd** *n.* gembala biri-biri. 牧羊人。—*v.t.* membimbing (orang). 看管；护卫。**shepherd's pie** sejenis pai daging. 肉馅土豆泥饼。**shepherdess** *n.fem.* wanita gembala biri-biri. 牧羊女。

**sherbet** *n.* syerbet; sejenis jus buah-buahan. 果汁牛奶冻。

**sherd** *n.* serpihan. 碎片。

**sheriff** *n.* syerif. 城市的行政司法长官。

**Sherpa** *n.* orang Sherpa; kaum Himalaya di Nepal dan di Tibet. 尼泊尔及西藏的雪巴人；雪巴族。

**sherry** *n.* sejenis wain dari selatan Sepanyol. 西班牙南部的雪利酒。

**shibboleth** *n.* cogan kata atau kata prinsip lama yang masih dipercayai. 过时但仍受用的准则或教义。

**shield** *n.* perisai; pingat berbentuk perisai. 盾；盾牌。—*v.t.* melindungi; mengadang; menyelamatkan (dengan melindungi). 保护；挡开；掩护。

**shift** *v.t./i.* pindah; beralih atau berubah; mengalih; berganjak; (*sl.*) bergerak pantas; dapat membuat sesuatu. 迁移；转移；转向；更换；变动；迅速移动；搞阴谋。—*n.* perubahan tempat atau bentuk; kumpulan kerja syif; masa kerja syif; skim; sejenis baju wanita. 迁移；改变；轮班职工；轮班工作时间；计划；女汗衫。**make ~** (*lihat* **make**. 见 **make**。).

**shiftless** *a.* malas dan tidak cekap. 偷懒的；不中用的。

**shifty** *a.* (-ier, -iest) suka mengelak; tidak jujur. 惯耍花招的；诡诈的。**shiftily** *adv.* secara tidak jujur. 狡猾地。**shiftiness** *n.* ketidakjujuran. 诡诈；狡猾。

**Shiite** *n.* & *a.* Syiah; orang Islam yang mengasingkan diri daripada kaum Sunah. (伊斯兰教) 什叶派教义 (的)。

**shillelagh** *n.* belantan orang Irish. 爱尔兰人的橡树棍。

**shilling** *n.* syiling. 先令 (英国旧货币单位)。

**shilly-shally** *v.i.* tidak dapat memberi keputusan. 犹豫不决；优柔寡断。

**shimmer** *v.i.* & *n.* bergemerlapan. 发微光。 **shimmery** *a.* yang bergemerlapan. 发微光的。

**shin** *n.* bahagian kaki di hadapan betis; daging lembu di bahagian kaki hadapan. 胫；胫部；牛的小腿肉。 —*v.i.* (p.t. *shinned*) ~ **up** memanjat. 爬上。

**shindy, shindig** *ns.* (*colloq.*) perkelahian. 吵嚷；喧闹。

**shine** *v.t./i.* (p.t. *shone*) bercahaya; bersinar; menyuluh; menyilau; mempunyai prestasi cemerlang; (*colloq.*, p.t. *shined*) menggilap. 发光；闪耀；照亮；照耀；出类拔萃；发亮；擦亮。 —*n.* sinaran; berkilauan. 光；光泽；光辉。 **take a ~ to** (*colloq.*) suka kepada. 喜欢；喜爱。

**shiner** *n.* (*sl.*) mata lebam. 青肿黑眼眶。

**shingle**[1] *n.* kasau. 木瓦板；屋顶板。 —*v.t.* memasang kasau; potong rambut fesyen pendek. 盖屋顶；把头发剪成板式短发型。

**shingle**[2] *n.* kelikir; kerikil. 砂砾；碎石；卵石。 **shingly** *a.* berkerikil. 由砂砾铺成的。

**shingles** *n.* penyakit kayap. 带状疱疹。

**Shinto** *n.* Syinto; agama orang Jepun yang menghormati nenek moyang dan semangat alam semula jadi. 神道；日本一种传统宗教信仰。

**shinty** *n.* sejenis permainan seperti hoki. 简化曲棍球戏。

**shiny** *a.* (*-ier, -iest*) berkilat; berkilau. 发亮的；有光泽的。

**ship** *n.* kapal. 船；舰。 —*v.t.* (p.t. *shipped*) membawa atau menghantar dengan kapal. 用船运；装上船。 **shipper** *n.* pengurus perkapalan; pengirim barang dengan kapal. 运货者；货主。

**shipbuilding** *n.* pembinaan kapal. 造船业；造船术；造船学。 **shipbuilder** *n.* pembina kapal. 造船技师；造船工人。

**shipmate** *n.* teman sekapal. 同船水手。

**shipment** *n.* kiriman; muatan. 船运；载货量。

**shipping** *n.* perkapalan; penghantaran. 海运；装运；航运。

**shipshape** *adv.* & *a.* dalam keadaan baik dan teratur. 整齐地（的）；井井有条地（的）。

**shipwreck** *n.* kapal karam. 失事船；沉船。 **shipwrecked** *a.* karam. 失事的；沉没的。

**shipyard** *n.* limbungan kapal. 船坞；造船厂。

**shire** *n.* mukim; daerah; (*Austr.*) daerah luar bandar yang mempunyai majlis daerahnya sendiri. 郡；地区；（澳洲）有自选议会的农村行政区。 **~-horse** *n.* sejenis kuda. 夏尔马。

**shirk** *v.t./i.* mengabaikan. 开小差；逃避。 **shirker** *n.* orang yang mengabaikan tugas. 偷懒者；逃避者。

**shirr** *v.t.* menjahit ropol. 折皱；把布抽上褶上。

**shirt** *n.* kemeja. 衬衫。

**shirting** *n.* kain untuk baju. 衬衫料子。

**shirtwaister** *n.* sejenis pakaian wanita. 衬衣式连衣裙。

**shirty** *a.* (*sl.*) marah; meradang. 脾气坏透的；发怒的。

**shiver**[1] *v.i.* menggigil; menggeletar. 颤抖；哆嗦；发抖。 —*n.* getaran. 颤抖；哆嗦。

**shiver**[2] *v.t./i.* memecahkan. 敲碎；粉碎。

**shoal**[1] *n.* sekumpulan (ikan). 成群的鱼。 —*v.i.* membentuk kumpulan seperti ini. 成群结队；群集。

**shoal**[2] *n.* tempat cetek; beting pasir di bawah air; (*pl.*) bahaya-bahaya tersembunyi. 浅水处；浅滩；潜在危险。 —*v.i.* menjadi lebih cetek. 使变浅。

**shock**[1] *n.* rambut lebat. 一头乱发。

**shock**[2] *n.* kejutan; kesan perlanggaran; renjatan; kejutan elektrik. 惊震；震荡；惊愕；震动；打击；电击。 —*v.t./i.* menyebabkan terperanjat; terkena kejutan; memeranjatkan; menghairankan; mengerikan. 打击；突击；受到电击；使骇异；使震惊。

**shocker** *n.* (*colloq.*) orang atau benda yang memeranjatkan. 令人震惊的人或事物。

**shocking** *a.* mengejutkan; memeranjatkan; (*colloq.*) teruk. 令人震惊的；耸人听闻的；极丑恶的。

**shod** *lihat* **shoe**. 见 **shoe**。

**shoddy** gentian atau kain yang dibuat daripada kain buruk. 回纺线线。—*a.* (*-ier, -iest*) yang kurang baik. 劣质的。**shoddily** *adv.* dengan hasil yang kurang baik. 假冒地；以假乱真地。**shoddiness** *n.* perihal hasil atau mutu kerja yang kurang baik. 充货、赝品等品质上的低劣。

**shoe** *n.* kasut; sepatu; sepatu kuda; ladam; satu bahagian brek. 鞋；皮鞋；马蹄铁；制动器的金属板。—*v.t.* (p.t. *shod*, pres.p. *shoeing*) memakai kasut. 穿鞋子。**~-tree** *n.* blok untuk memelihara bentuk kasut. 鞋楦。

**shoehorn** *n.* sudip sepatu. 鞋拔。

**shoelace** *n.* tali kasut. 鞋带。

**shoemaker** *n.* tukang kasut. 鞋匠。

**shoeshine** *n.* (*A.S.*) penggilapan kasut. 擦亮了的鞋面上的光泽。

**shoestring** *n.* tali kasut; (*colloq.*) modal yang sangat sedikit. 鞋带；极少的本钱。

**shone** *lihat* **shine**. 见 **shine**。

**shoo** *int.* syuh; bunyi untuk mengusir binatang. 嘘！驱赶动物时的叫声 —*v.t.* mengusir binatang dengan membunyikan ini. 发嘘声驱赶。

**shook** *lihat* **shake**. 见 **shake**。

**shoot** *v.t./i.* (p.t. *shot*) menembak; membunuh dengan tembakan; memburu dengan senapang; menghantar cepat; bergerak cepat; (tumbuhan) memutik; menggerakkan engsel; membawa bot dengan laju; cuba menjaringkan gol; mengambil gambar; menjalankan penggambaran. 开枪；射杀；用枪打猎；迅速派遣；迅速移动；发芽；生长；上门栓；飞快行舵；射球门；投篮；拍照；拍电影。—*n.* anak pokok; ekspedisi memburu; kawasan memburu. 幼芽；嫩枝；射猎会；射猎场。**~ up** naik serta-merta; tumbuh cepat. 喷出；急升。**shooting star** tahi bintang. 流星。**shooting-stick** *n.* tongkat dengan tempat duduk yang dapat dilipat. 顶端可打开当坐凳的手杖。

**shop** *n.* kedai; bengkel; kajian atau kerja seseorang sebagai topik perbincangan. 商店；店铺；工场；工作室；与本行有关的研究或工作。—*v.t./i.* (p.t. *shopped*) membeli-belah; (*sl.*) memberitahu kesalahan seseorang. 购物；告发其他人的罪行。**~ around** mencari tawaran terbaik. 逐店选购。**~-floor** *n.* pekerja di bawah pihak pengurusan. 在生产第一线的工人。**~-soiled** *a.* kotor kerana dipamerkan di kedai. 店中摆旧了的。**~ steward** *n.* pegawai kesatuan sekerja yang dilantik sebagai jurucakapnya. 被选为发言人的工会谈判代表。**~-worn** *a.* rosak atau kotor kerana terlalu lama disimpan di kedai atau di stor. 滞销的；陈列太久而坏了或脏了的。

**shopkeeper** *n.* pekedai. 店主。

**shoplifter** *n.* pencuri barang di kedai. 商店货物扒手。**shoplifting** *n.* perbuatan mencuri barang di kedai. 商店里的偷窃行为。

**shopper** *n.* pembeli-belah; beg barang belian. 顾客；购物袋。

**shopping** *n.* membeli-belah; barang-barang yang dibeli. 购物；所购之物。

**shore**[1] *n.* tebing laut atau tasik. 海滨；海岸；湖边；湖岸。

**shore**[2] *v.t.* menopang. (房屋、船等用斜撑) 撑住；支持。

**shorn** *lihat* **shear**. 见 **shear**。

**short** *a.* (*-er, -est*) pendek; rendah; sedikit; tidak mencukupi; (minuman) sedikit dan pekat, dibuat daripada alkohol; (kuih-muih) rapuh. 短的；短暂的；矮的；矮小的；低的；见闻浅陋的；少量的；不足的；短缺的；(酒类)不掺水的；(糕饼)松脆的。—*adv.* secara tiba-tiba. 突然地；唐突地。—*n.* (*colloq.*) sejenis minuman; litar pintas; (*pl.*) seluar pendek. 不挽水的烈酒;短路;短裤。—*v.t.i.* (*colloq.*) litar pintas. 使短路。 **for ~** dipendekkan; singkat. 简称;缩写。 **in ~** dengan ringkas. 总之;简言之。 **~ change** *v.t.* menipu dengan memulangkan wang baki yang kurang. 欺骗;故意少给找头。 **~ circuit** litar pintas. 短路;漏电。 **~-circuit** *v.t.* menyebabkan litar pintas; tidak melalui orang yang biasa berurusan. 使短路;回避程序;简化手续。 **~ cut** jalan senang; jalan pintas. 近路;捷径。 **~-handed** *a.* tidak cukup pekerja. 缺乏人手的;人手不足的。 **~-list** *v.t.* menapis senarai calon. 列入决选名单。 **~-lived** *a.* mempunyai hayat yang pendek. 短命的;昙花一现的。 **~ odds** peluang yang sama untuk menang. 几乎相等的输赢机会或注金。 **~-sighted** *a.* rabun jauh; tidak memikirkan kesan jangka panjang. 近视的;眼光短浅的。 **~ ton** (*lihat* **ton** . 见 **ton** 。). **~ wave** gelombang pendek. 短波。

**shortage** *n.* kekurangan. 不足;缺乏;不足额。

**shortbread** *n.* sejenis biskut manis. 松脆的酥饼。

**shortcake** *n.* sejenis biskut manis. 松饼;脆饼;水果酥饼。

**shortcoming** *n.* kesalahan; kekurangan. 缺点;短处。

**shorten** *v.t./i.* memendekkan. 弄短;缩短;减少。

**shortfall** *n.* kurangan; defisit. 不足;不足之额;差额。

**shorthand** *n.* trengkas. 速记。

**shortly** *adv.* sekejap; sebentar; dengan pantas. 不久;即时;即刻。

**shot** *lihat* **shoot**. 见 **shoot**。 —*a.* (fabrik) bertukar-tukar warna. (布料)闪光的;彩色闪变的。—*n.* tembakan; bunyi tembakan; penembak; peluru; ubat bedil; (sukan lontar) bola besi; percubaan menepati sasaran; pelancaran kapal angkasa; pukulan bola; percubaan; suntikan; gambar. 射击;射箭;枪炮声;射击手;枪手;弹;子弹;火药;铅球;尝试击中目标;发射;射球门;投篮;猜测;注射;拍摄一个镜头。 **like a ~** tanpa ragu-ragu. 立刻;毫不迟疑。

**shotgun** *n.* senapang patah. 散弹枪;鸟枪;猎枪。 **~ wedding** orang dipaksa kahwin kerana pasangannya mengandung. 奉子成婚的婚姻。

**should** *v.aux.* patut; harus; jika. 应该;万一。

**shoulder** *n.* bahu; bahagian seperti bahu. 肩;肩部;肩膀;肩胛关节;(昆虫等的)肩角;(牛等的)肩肉。—*v.t./i.* menolak dengan bahu; memikul (beban, tanggungjawab). (用肩膀)推;搞(在肩上);担;搞起(责任等)。 **~ arms** menyandang senapang di bahu. 托枪。 **~-blade** *n.* tulang belikat. 肩胛;肩胛骨。

**shout** *n.* jeritan; pekikan; teriakan. 叫喊;大声喊;高声说话;呼叫;叫声;呼声。—*v.t./i.* jerit pekik; teriak. 叫喊;大声说。 **~ down** menyuruh diam dengan memekik. 大声喝倒。

**shove** *n.* sorongan; tolakan yang kuat. 推动;用力推;猛推。—*v.t./i.* menolak dengan kuat; (*colloq.*) letak. 推;推开;推进;乱放;乱塞。

**shovel** *n.* penyodok tanah. 铲;铁锹。 —*v.t.* (*p.t.* *shovelled*) menyodok. 铲起;铲动。

**shovelboard** *n.* sejenis permainan dengan menggerakkan ceper pada permukaan bertanda. 掷木盘于有号码的方格内的游戏。

**shoveller** *n.* sejenis itik. 阔嘴鸭;琵琶嘴鸭。

**show** *v.t./i.* (*p.t.* *showed*, *p.p.* *shown*) tunjuk; pamer; membuktikan; menyedarkan; melayan; dapat dilihat. 示;出示;显示;展示;陈列;表示;证明;使了解;指引;向导;出现;露脸。—*n.* pertunjukan; pameran; (*colloq.*) perlakuan; rupa zahir; (*sl.*) perniagaan; kegiatan. 表示；显示；演出；展览；展览会；炫耀、卖弄的表现；外貌；事业；正在从事的事情。**~business** dunia hiburan. 娱乐性行业。**~-case** almari untuk mempamerkan barangan. 商店品陈列柜。**~ off** menunjuk-nunjuk. 炫耀；卖弄；自我表现。**~ of hands** mengangkat tangan mengundi. 举手表决。**~-piece** *n.* barang pameran yang istimewa. 样品；陈列品。**~ up** membolehkan dilihat; mendedahkan (kesalahan); (*colloq.*) hadir. 揭示；暴露；揭发；出席。

**showdown** *n.* ujian terakhir; pertemuan muktamad untuk menyelesaikan pertelingkahan, dsb. 最后的较量；摊牌。

**shower** *n.* hujan sekejap; surat-surat atau hadiah-hadiah yang datang melambak-lambak; paip hujan; mandi paip hujan; (*A.S.*) keramaian memberi hadiah kepada bakal pengantin perempuan. 阵雨；骤雨；纷至沓来的信件、礼物、祝福等；淋浴装置；淋浴；为新娘举行的送礼会。—*v.t./i.* menghujani; menghantar; mandi paip hujan. 浇；倾注而下；大量给予；淋浴。

**showerproof** *a.* (fabrik) kalis air. (衣服)防雨的；防淋的。—*v.t.* menjadikan kalis air. 使能防雨；使能防淋。

**showery** *a.* dengan hujan sekejap-sekejap. 下阵雨的；阵雨般的。

**showjumping** *n.* pertandingan lompat kuda. 超越障碍赛马比赛。

**showman** *n.* (pl. *-men*) pengusaha pertunjukan, sarkas, dsb. 戏剧、演出等的主持人；马戏团等的老板。

**showmanship** *n.* teknik gaya persembahan. 吸引观众的技巧；演出的窍门。

**shown** *lihat* **show**. 见 **show**。

**showroom** *n.* bilik pameran. 陈列室；展览室。

**showy** *a.* (*-ier, -iest*) menunjuk-nunjuk; terang; beraneka corak dan warna. 炫耀的；显眼的；太华丽的；过分装饰的。

**showily** *adv.* dengan cara yang menunjuk-nunjuk. 炫耀地；惹眼地。**showiness** *n.* sikap suka menunjuk-nunjuk. 炫耀；卖弄；浮夸。

**shrank** *lihat* **shrink**. 见 **shrink**。

**shrapnel** *n.* ubat bedil yang meletuskan hujan peluru dan serpihan besi; peluru dan serpihan besi. 榴霰弹；榴霰弹片。

**shred** *n.* siatan; secarik. 碎片；裂片；细条。—*v.t.* (p.t. *shredded*) siat; potong kecil-kecil. 把…切细；切成丝；撕碎。

**shredder** *n.* orang atau mesin penyiat. 撕碎或切碎的人；破碎机；文件撕毁机。

**shrew** *n.* tikus kasturi; perempuan yang suka menentang; perempuan bengis. 鼩鼱；泼妇；悍妇。

**shrewd** *a.* (*-er, -est*) pandai; bijak; berotak pintar. 精明的；机敏的；机灵的；狡猾的。**shrewdly** *adv.* dengan pintar atau pandai. 机敏地；机灵地；狡黠地。**shrewdness** *n.* kebijakan; ketajaman otak. 精明；机敏；机灵；狡黠。

**shrewish** *a.* bengis; perengus. 爱骂人的；刻薄的；泼妇似的。**shrewishly** *adv.* dengan bengis. 尖酸刻薄地。**shrewishness** *n.* sifat bengis. 行为尖酸刻薄。

**shriek** *n.* jeritan nyaring. 尖声叫。—*v.t./i.* menjerit dengan nyaring. 尖叫；尖声喊叫。

**shrift** *n.* **short ~** layanan buruk. 淡漠的对待。

**shrike** *n.* sejenis burung. 伯劳鸟。

**shrill** *a.* (*-er, -est*) nyaring. 尖声的；尖叫的。**shrilly** *adv.* dengan nyaring. 尖声地。**shrillness** *n.* kenyaringan. 尖声；尖叫。

**shrimp** *n.* udang kecil; (*colloq.*) orang kenit. 小虾；无足轻重的小人物。

**shrimping** *n.* menangkap udang. 捕虾。

**shrine** *n.* makam. 神殿；神圣场所。

**shrink** *v.t./i.* (p.t. *shrank*, p.p. *shrunk*) kecut; undur. 收缩；退缩。**~ from** keberatan. 回避；逃避。—*n.* (*colloq.*) doktor sakit jiwa. 精神病医生。

**shrinkage** *n.* proses mengecutkan fabrik. 织物缩水。

**shrive** *v.t.* memberi pengampunan selepas mendengar pengakuan. 听囚犯等忏悔后赦免...的罪。

**shrivel** *v.t./i.* (p.t. *shrivelled*) berkerepot. 皱缩;使枯萎。

**shroud** *n.* kain kapan; penutup; tali pengukuh tiang layar. 裹尸布;遮蔽物;船桅的左右索。 —*v.t.* mengapankan; membungkus; menyembunyikan. (用裹尸布)裹;给(死者)穿上寿衣;掩蔽。

**Shrove Tuesday** hari sebelum Ash Wednesday. 基督徒"圣灰星期三"的前一天。

**shrub** *n.* pohon yang rendah. 灌木丛。

**shrubby** *a.* penuh dengan pohon yang rendah. 多灌木的。

**shrubbery** *n.* kawasan yang ditanami pohon yang rendah. 灌木林。

**shrug** *v.t./i.* (p.t. *shrugged*) mengangkat bahu sebagai tanda tidak peduli, ragu-ragu atau sikap tiada berupaya. 耸耸肩表示不在乎。 —*n.* perbuatan mengangkat bahu. 耸肩。

**shrunk** *lihat* **shrink**. 见 **shrink**。

**shrunken** *a.* kecut. 皱缩的;缩小的。

**shudder** *v.i.* menggigil; gementar. 剧烈颤抖;震动;战栗。 —*n.* gigil; gementar. 颤抖;战栗。

**shuffle** *v.t./i.* berjalan menyeret kaki; merombak; membuang. 拖着脚走;改组;弄混;不断改变位置;推委。 —*n.* jalan menyeret kaki; rombakan. 曳行;改组。

**shuffleboard** *n.* sejenis permainan. 打圆盘游戏。

**shun** *v.t.* (p.t. *shunned*) mengelak; menjauhi. 回避;避开。

**shunt** *v.t./i.* memirau; mengalih kereta api ke landasan lain; menyimpang. 把火车转至另一轨道上;使转向一边。 —*n.* perbuatan memirau atau melencongkan; (*sl.*) perlanggaran di antara kereta belakang dengan kereta hadapan. 火车调轨;两辆赛车首尾相撞。

**shush** *int. & v.t./i.* (*colloq.*) (menyuruh diam) sy! 嘘!(请安静;别作声)

**shut** *v.t./i.* (p.t. *shut*, pres.p. *shutting*) tutup; menghalang; memerangkap atau mengeluarkan dengan menutup sesuatu. 关上;关闭;轧住;阻拦;封闭;扣住。 —*a.* (*sl.*) membuang. 摆脱了的。 **~ down** berhenti bekerja atau berniaga; menghentikan pekerjaan atau perniagaan. 停工;关闭;使停业。 **~-down** *n.* penutupan; proses menghentikan kerja. 停业。 **~-eye** *n.* (*colloq.*) tidur. 睡觉。 **~ up** tutup rapat; (*colloq.*) diam. 紧闭;使语塞;住口!闭嘴!

**shutter** *n.* penutup tingkap; alat penutup lensa kamera. 护窗板;窗扇;百叶窗;照像机的快门。 **shuttered** *a.* tertutup. 装上百叶窗的。

**shuttle** *n.* anak torak; cuban; kenderaan yang digunakan untuk perkhidmatan pergi balik; bulu tangkis. 纺织机的梭;缝纫机的滑梭;火车、巴士的区间车;短程来回运输工具;羽毛球。 —*v.t./i.* bergerak atau menghantar pergi balik. 穿梭般来回;往返移动。 **~ service** perkhidmatan kenderaan pergi balik. 往返运输服务。

**shuttlecock** *n.* bulu tangkis. 羽毛球。

**shy**[1] *a.* (*-er, -est*) malu; segan. 羞怯的;怕羞的;畏缩的;存戒心的;谨防的。 —*v.t.* meloncat atau bergerak dengan tiba-tiba kerana kebimbangan. 惊退;畏缩;避开。 **shyly** *adv.* dengan rasa malu. 羞怯地;畏缩地。 **shyness** *n.* kesegananan; perasaan malu. 畏缩;惊退。

**shy**[2] *v.t. & n.* lontar; campak. 投;掷;扔。

**shyster** *n.* (*colloq.*) peguam atau ahli politik yang licik. 奸猾的律师;手段卑鄙的政客。

**SI** *abbr.* **Système International** Sistem Unit Antarabangsa. (缩写)国际单位制。

**Siamese** *a. & n.* (penduduk atau bahasa) Siam. 泰国人或语言(的)。 **~ cat** kucing Siam. 暹罗猫。 **~ twins** kembar Siam. 连体双胞胎。

**sibilant** *a.* berbunyi hisy. 发咝咝声的；咝咝地说。—*n.* bunyi pertuturan sedemikian (misalnya s, sy). 语音上如s、sy等带的齿音；咝音。

**sibling** *n.* saudara kandung. 兄弟姐妹；同胞；氏族成员。

**sibyl** *n.* ahli nujum wanita. 古代的女预言家。

**sic** *adv.* digunakan atau dieja seperti yang dinyatakan. 原文如此。

**Sicilian** *a. & n.* (orang) Sicily. 意大利的西西里人(的)。

**sick** *a.* sakit; rasa mabuk; kemungkinan muntah; susah hati; meluat; suka akan kecelakaan dan perkara-perkara yang menjijikkan. 病的；有病的；不适的；作呕的；反胃的；遗憾的；痛心的；厌倦的；不健全的。 **~ of** bosan dengan. 厌倦；讨厌。

**sicken** *v.t./i.* menjadi sakit; menjadikan atau menjadi susah hati atau meluat. 生病；作呕；欲吐；厌倦。 **be sickening for** dalam peringkat awal sesuatu penyakit. 初步显出症状；患上初期之病。

**sickle** *n.* sabit. 镰刀。

**sickly** *a.* (*-ier, -iest*) tidak sihat; menyebabkan rasa mabuk atau jijik; lemah. 多病的；不健康的；令人作呕的；虚弱的。

**sickness** *n.* penyakit; muntah-muntah. 疾病；不健康；恶心；呕吐。

**sickroom** *n.* bilik untuk pesakit. 病房。

**side** *n.* tepi; aspek; sebelah; (*sl.*) kesombongan. 边；旁边；派系、集团、政治、球队等的一方；侧面；架子。—*a.* di tepi. 边的；侧的；沿边的。—*v.t.* menyebelahi. 袒护；支援某方。 **on the ~** sebagai sampingan. 作为副业；顺便；附带。 **~ by side** bersebelahan. 并排着；并肩。 **~-car** kereta sisi; tempat duduk penumpang yang bersambung pada sisi motosikal. 摩托车的边车。 **~-drum** *n.* sejenis dram. 小鼓。 **~-effect** *n.* kesan sampingan. 副作用。 **~-saddle** sejenis pelana tempat kedua-dua belah kaki diletakkan di sebelah yang sama; (*adv.*) duduk sedemikian. 偏座鞍；横鞍。 **~-stroke** *n.* gaya sisi (cara berenang). 侧泳。 **~-whiskers** *n.pl.* jambang. 侧须；络腮胡子。

**sideboard** *n.* almari bilik makan; (*pl., sl.*) jambang. 餐具柜；侧须。

**sideburns** *n.pl.* jambang pendek. 短腮巴胡子。

**sidekick** *n.* (*A.S. colloq.*) teman sampingan. 伙伴；帮手。

**sidelight** *n.* cahaya dari tepi; sedikit keterangan. 侧光；侧灯；间接说明。

**sideline** *n.* kerja sampingan; (*pl.*) garisan sekeliling padang bola; tempat untuk penonton. 副业；球场的界线；观众看球的场地。

**sidelong** *a. & adv.* dari tepi; dari samping. 打横的(地)；侧面的(地)。

**sidereal** *a.* mengenai bintang atau diukur mengikut bintang. 根据恒星测定的。

**sideshow** *n.* pertunjukan sampingan. 穿插表演；附属活动。

**sideslip** *n.* kegelinciran (ke tepi). 飞机侧滑。—*v.i.* (p.t. *-slipped*) tergelincir (ke tepi). 横滑下。

**sidesman** *n.* (pl. *-men*) penolong penjaga gereja. 教区副执事。

**sidestep** *v.t.* mengelak; melangkah ke tepi. 回避；向旁避让。

**sidetrack** *v.t.* memesongkan; terpesong. 转变话题；离轨。

**sidewalk** *n.* (*A.S.*) lorong pejalan kaki di tepi jalan raya. 人行道。

**sideways** *adv. & a.* dari sisi; dari samping. 从旁边(的)；从一侧(的)。

**siding** *n.* cabang landasan kereta api. 火车铁路的岔道；侧线。

**sidle** *v.i.* bergerak takut-takut. 偷偷地侧身而行。

**siege** *n.* pengepungan oleh tentera. 围攻；包围。

**sienna** *n.* sejenis pewarna. 赭色。 **burnt ~** merah coklat; tengguli. 赤褐色。 **raw ~** kuning coklat. 棕黄色。

**sierra** *n.* rangkaian gunung di Sepanyol atau selatan Amerika. 西班牙及南美洲峰峦起伏的山脊。

**siesta** *n.* tidur atau rehat petang. 午睡。

**sieve** *n.* ayak. 筛。—*v.t.* menapis. 筛；筛选。

**sift** *v.t./i.* tapis; menabur; memilih; jatuh seperti diayak. 筛；过滤；洒；筛选；筛下。 **sifter** *n.* penapis. 筛子。

**sigh** *n.* keluhan. 叹气声；叹声。—*v.t./i.* mengeluh. 叹气；叹息。

**sight** *n.* penglihatan; pandangan; kelihatan; benda yang dilihat; benda yang kelihatan teruk; (*colloq.*) jumlah yang banyak; lubang mata untuk mengacukan senapang; pengacuan menerusi lubang ini. 视力；视觉；见解；观点；看见；看得到的东西；看不入眼的东西；大量；枪炮上的瞄准具；瞄准。—*v.t.* melihat; mengacu. 看见；瞄准。 **at** atau **on ~** sertamerta apabila terlihat. 一看见就...。 **~ read** *v.t./i.* memainkan muzik, menyanyi tanpa mengkaji nota terlebih dahulu. 一见乐谱就演唱或演奏。

**sightless** *a.* buta. 盲的。

**sightseeing** *n.* makan angin; melancong. 观光；游览。 **sightseer** *n.* pelancong. 观光客；游览者。

**sign** *n.* tanda; simbol; papan tanda; notis isyarat; bintang zodiak. 符号；标志；招牌；信号；黄道十二宫。—*v.t./i.* memberi isyarat; menandatangan; memberi tanda perakuan. 示信号；示意；签名于；签名盖章约定。

**signal** *n.* isyarat; tanda isyarat. 信号；暗号。—*v.t./i.* (*p.t.* *signalled*) memberi isyarat. 打信号；签名；打暗号。—*a.* besar (kejayaan, kegagahan). (成就、勇气等) 非凡的；显著的。 **~box** *n.* pondok isyarat atau semboyan kereta api. 铁路的信号所。

**signaller** *n.* jurusemboyan atau pegawai isyarat. 信号员；信号兵。 **signally** *adv.* dengan isyarat. 非常地；显著地。

**signalize** *v.t.* menandakan. 使显著。

**signalman** *n.* (pl. *-men*) jurusemboyan; pegawai yang bertanggungjawab memberi isyarat dalam angkatan tentera laut atau perkhidmatan kereta api. 通信兵；铁路的信号员。

**signatory** *n.* pihak yang menandatangani perjanjian. 文件的签署者。

**signature** *n.* tandatangan; bahagian halaman buku yang dihasilkan daripada sekeping kertas yang dipotong-potong; tanda muzik. 签名；署名；书帖；调号。 **~ tune** muzik pengenalan; lagu tema. 广播节目的信号调；信号曲。

**signboard** *n.* papan tanda. 招牌；广告牌；布告板。

**signet** *n.* cap perseorangan; mohor. 私人图章；小图章。 **~-ring** *n.* cincin mohor. 图章戒指。

**significance** *n.* makna; kepentingan. 意义；重要性。 **significant** *a.* penting. 意义重大的；重要的。 **significantly** *adv.* penuh bermakna; nyata sekali. 意义深长地；显著地。

**signification** *n.* makna. 意义；重要性。

**signify** *v.t./i.* menandakan; membawa erti; menunjukkan. 示意；意味着；表明。

**signor** *n.* (pl. *-ri*) gelaran lelaki penutur bahasa Itali. 先生 (对操意大利语男子的尊称)。

**signora** *n.* gelaran wanita berkahwin penutur bahasa Itali. 夫人；太太 (对操意大利语已婚妇女的尊称)。

**signorina** *n.* gelaran wanita bujang penutur bahasa Itali. 小姐 (对操意大利语未婚女子的尊称)。

**signpost** *n.* tanda laluan; papan penunjuk jalan. 指向标；路标。—*v.t.* mengadakan tanda laluan atau penunjuk jalan. 标示方向；设置路标。

**Sikh** *n.* Sikh. 锡客教徒。

**silage** *n.* silaj; sejenis makanan ternakan. 青贮饲料。

**silence** *n.* kesunyian; senyap sunyi; sunyi sepi. 寂静；无声；沉默。—*v.t.* diam. 默不作声；使安静。

**silencer** *n.* alat penyenyap. 消音器；消声装置。

**silent** *a.* diam; senyap. 沉默的；无言的；寂静的。 **silently** *adv.* dengan senyap. 沉默地；默然地；寂然地。

**silhouette** *n.* bayang-bayang. 剪影；轮廓。—*v.t.* menunjukkan seperti bayang-bayang. 使映出影子；使现出轮廓。

**silica** *n.* silika. 硅石；二氧化硅。

**silicane** *n.* silikat. 硅酸盐。

**silicon** *n.* silikon. 硅。 **~ chip** cip silikon. 硅片。

**silicone** *n.* silikone; bahan campuran silikon yang digunakan dalam varnis dan cat. 硅酮；矽酮。

**silicosis** *n.* radang paru-paru akibat menyedut udara berhabuk yang mengandungi silika. 硅肺；石末沉着病。

**silk** *n.* sutera. 丝；绸。 **take ~** menjadi Peguam Diraja; layak memakai gaun sutera. 成为御用律师；有资格穿上绸袍。 **silky** *a.* seperti sutera. 似丝绸的；柔软光滑的。

**silken** *a.* seperti sutera. 丝绸的；似丝绸的。

**silkworm** *n.* ulat sutera. 蚕；桑蚕。

**sill** *n.* ambang; bendul. 门槛；窗台。

**silly** *a.* (*-ier, -iest*) bodoh; dekat dengan pemukul dalam permainan kriket. 愚蠢的；无聊的；(板球)逼近三柱门的。 —*n.* (*colloq.*) orang bodoh. 傻瓜；笨蛋。 **~ billy** *n.* (*colloq.*) orang bodoh. 笨蛋。 **silliness** *n.* kebodohan. 傻；糊涂。

**silo** *n.* (pl. *-os*) silo; tempat menyimpan gandum, dsb., yang kedap udara; tempat di bawah tanah untuk menyimpan peluru berpandu. 青贮窖；导弹的发射井。

**silt** *n.* kelodak; lanar. 淤泥；泥沙。— *v.t./i.* dipenuhi kelodak atau lanar; melumpuri. 沉淀；淤塞。

**silvan** *a.* berpohon-pohon; seperti di desa. 多林木的；森林的。

**silver** *n.* perak; barang-barang perak; duit syiling campuran perak; sudu, garpu, pisau, dsb. yang berwarna perak. 银；银器；银币；镀银的餐具。 —*a.* dibuat daripada perak; seperti warna perak. 银制的；似银色的。 **~ jubilee, ~ wedding** ulang tahun ke-25. 25周年纪念。

**silverfish** *n.* gegat; serangga kecil yang badannya seperti ikan. 银鱼；蠹虫。

**silverside** *n.* daging paha (lembu). 牛的上臀肉。

**silversmith** *n.* tukang perak. 银匠。

**silvery** *a.* seperti perak; bunyi lembut seperti loceng. 似银的；声音清脆响亮的。

**simian** *a.* seperti monyet. 类人猿的；猴似的。

**similar** *a.* sama seperti; seakan-akan; yang sama. 相像的；近似的；相仿的。 **similarly** *adv.* begitu juga. 相似地；类似地。 **similarity** *n.* persamaan. 相似点；类似处。

**simile** *n.* perumpamaan. 修辞用的直喻；明喻。

**similitude** *n.* persamaan. 类似；相似。

**simmer** *v.t./i.* mendidih perlahan-lahan; dalam keadaan marah atau berkobar-kobar. 慢慢地沸腾；按捺着怒气。 **~ down** menjadi tenang. 冷静下来。

**simnel cake** sejenis kek. 重油水果蛋糕。

**simper** *v.i.* menyengih. 傻笑；假笑。— *n.* sengihan. 傻笑；假笑。

**simple** *a.* (*-er, -est*) mudah; tiada campuran; sederhana; lemah fikiran. 简易的；单纯的；简单的；头脑简单的。 **simply** *adv.* dengan mudah. 简单地。 **simplicity** *n.* kemudahan; kesederhanaan. 简易；简单；素直。

**simpleton** *n.* orang bodoh. 傻子；笨人。

**simplify** *v.t.* memudahkan. 简化；使易懂。 **simplification** *n.* usaha memudahkan. 简单化；单纯化。

**simplistic** *a.* terlalu mudah. 过分简单化的。 **simplistically** *adv.* dengan ringkas atau mudah. 过于单纯化地。

**simulate** *v.t.* pura-pura; menyerupai. 假装;冒充。 **simulation** *n.* penyerupaan. 冒充;模仿。 **simulator** *n.* alat yang menyerupai benda yang sebenar. 模拟器。

**simultaneous** *a.* serentak. 同时发生的;同步的。 **simultaneously** *adv.* secara serentak. 同时地。 **simultaneity** *n.* pergerakan atau kejadian serentak. 行动、事件等的同时发生。

**sin** *n.* dosa. 罪;罪孽;过失。—*v.i.* (p.t. *sinned*) membuat dosa. 犯罪;犯过。

**since** *prep.* selepas; semenjak itu. 以后;自从。—*conj.* semenjak; kerana. ...以后;既然。—*adv.* semenjak itu. 此后;后来。

**sincere** *a.* ikhlas; jujur. 真挚的;真诚的。 **sincerely** *adv.* dengan tulus ikhlas. 衷心地。 **sincerity** *n.* keikhlasan. 真挚;衷心。

**sine** *n.* konsep dalam trigonometri; sinus. 正弦。

**sinecure** *n.* jawatan bergaji atau berdarjat tanpa bekerja. 挂名职务;闲职。

*sine die* tiada tarikh akhir; tidak tetap. 无限期地。

**sinew** *n.* tisu badan yang menyambungkan otot dengan tulang; (*pl.*) otot; kekuatan. 肌腱;肌肉;体力。 **sinewy** *a.* berotot kuat. 强壮的;肌肉发达的。

**sinful** *a.* berdosa; kejam. 有罪的;邪恶的。 **sinfully** *adv.* dengan penuh dosa. 邪恶地;作恶多端地。 **sinfulness** *n.* keadaan berdosa. 罪恶。

**sing** *v.t./i.* (p.t. *sang*, p.p. *sung*) menyanyi. 唱;唱歌。 **singer** *n.* penyanyi. 歌手;歌唱家。

**singe** *v.t./i.* (pres.p. *singeing*) terbakar sedikit; terbakar hingga hangus. 轻微地烧焦;烧焦...的边沿。—*n.* kebakaran sedikit. 轻微的烧焦。

**single** *a.* seorang; untuk seorang; diambil berasingan; bujang; (tiket) laku untuk satu perjalanan sahaja. 单人的;一个用的;单一的;独身的;(车票)单程的。—*n.* seorang atau satu benda; bilik untuk seorang; satu tiket; (biasanya *pl.*) permainan perseorangan. (人或物)单个;单人房;单人票;单打比赛。—*v.t.* memisahkan daripada yang lain. 挑出。 **~ combat** pertarungan antara dua orang. 一对一地作战。 **~ cream** krim cair. 一次分离稀奶油。 **~ figures** nombor 1 hingga 9. 1至9的个位数。 **~-handed** *a.* tanpa pertolongan orang lain. 无人帮助的;单独一人的。 **~-minded** *a.* dengan satu tujuan. 专一的;一心一意的。 **~ parent** ibu atau bapa tunggal. 单亲。 **singly** *adv.* satu demi satu. 一个一个地;个别地。

**singlet** *n.* baju dalam. 背心;汗衫。

**singleton** *n.* benda yang wujud bersendirian. 单独的人或物;独生儿女或幼禽;单件构成的东西。

**singsong** *a.* seolah-olah menyanyi; berlagu. 节奏单调的。—*n.* cara seolah-olah menyanyi; menyanyi berkumpulan secara tidak formal. 单调的节奏;临时凑成的清唱队。

**singular** *n.* bentuk satu atau seorang. 单数;单人。—*a.* berbentuk sedemikian; ganjil. 单人的;单数的;奇特的。 **singularly** *adv.* satu; dengan ganjil. 单一地;奇特地。 **singularity** *n.* satu; seorang; keganjilan. 单一;单人;奇特。

**singularize** *v.t.* membezakan. 使与众不同;使惹人注目。

**sinister** *a.* niat jahat; kejam. 阴险的;凶兆的;凶恶的。

**sink** *v.t./i.* (p.t. *sank*, p.p. *sunk*) tenggelam; menjadi kurang aktif; lemah; menenggelamkan atau membiarkan tenggelam; menggali; mengorek; mengukir; memasukkan ke dalam lubang. 沉;沉寂;变弱;使沉;使沉落;挖;凿;插入洞内。—*n.* singki; sink. 洗涤槽;盥洗盆。 **~ in** difahami. 被理解。 **sinking fund** dana terikat. 偿债基金。

**sinker** *n.* bungkai; batu ladung. 铅锤；测锤。

**sinner** *n.* orang yang berdosa. 犯罪者；犯过者。

**sinuous** *a.* berbelok-belok; turun naik. 弯曲的；蜿蜒的；起伏的。

**sinus** *n.* (pl. *-uses*) bahagian dalam hidung. 鼻窦。

**sip** *n.* & *v.t./i.* (p.t. *sipped*) sedutan; perihal menghirup; menyedut; menghirup. 一啜之量；啜饮；用吸管喝；吸进。

**siphon** *n.* sifon; tiub memindahkan air; botol yang mengeluarkan minuman soda, dsb. secara paksa dengan tekanan gas. 虹吸管；吸水管；压力瓶。 —*v.t./i.* mengalir; mengepam melalui sifon; ambil dari sesuatu sumber. 通过虹吸管输送或抽取；从基金中分出或拨出。

**sir** *n.* tuan. 先生（对职务或辈份比自己大的男子的尊称）。 **Sir** pangkat di United Kingdom. 爵士（英国男爵或准男爵的尊称）。

**sire** *n.* (*old use*) ayah; moyang lelaki; panggilan beradat kepada raja; bapa binatang. 父；男性祖先；陛下；动物的雄亲；父兽。 —*v.t.* mendapat anak daripada perkahwinan. 生殖；传种。

**siren** *n.* siren; perempuan yang menjadi penggoda lelaki. 希腊神话中的海妖；诱惑男人的女子。

**sirloin** *n.* daging batang pinang. 牛腰肉。

**sirocco** *n.* (pl. *-os*) angin panas di Itali yang bertiup dari Afrika. 由非洲吹向意大利的热风。

**sisal** *n.* sisal. 西沙尔龙舌兰。

**siskin** *n.* sejenis burung. 金翅雀。

**sissy** *n.* pondan; pengecut. 女人腔的男子；懦弱胆小的人。 —*a.* (lelaki) yang macam perempuan. 女人腔的；女人气的。

**sister** *n.* adik perempuan atau kakak; ahli wanita sesuatu gereja; rahib perempuan; jururawat kanan. 姐；妹；教会中的女会友；修女；护士长。 **~-in-law** *n.* (pl. *sisters-in-law*) ipar perempuan. 丈夫或妻子的姐妹；嫂子；弟媳。 **sisterly** *a.* seperti adik-beradik. 感情如姐妹的。

**sisterhood** *n.* pertalian adik-beradik perempuan; organisasi rahib perempuan; persatuan wanita untuk dakwah atau kebajikan. 姐妹关系；修女团；妇女会。

**sit** *v.t./i.* (p.t. *sat*, pres.p. *sitting*) duduk; mendudukkan; beraksi untuk potret; (burung) hinggap di dahan atau mengeram; terletak; menduduki; menjadi ahli jawatankuasa; bersidang. 坐；使就座；坐着供人画像或拍照；(鸟)栖息；处于；位于；参加考试；当代表；开庭；开会。 **~-in** *n.* menduduki bangunan sebagai bantahan. 静坐示威。

**sitar** *n.* sitar. 西塔尔琴。

**sitcom** *n.* (*colloq.*) komedi situasi. 系列幽默剧。

**site** *n.* tapak; tempat. 地点；位置。 —*v.t.* mencari atau menyediakan tapak. 为...选定地点；安放。

**sitter** *n.* orang yang duduk; ayam yang sedang mengeram; penjaga bayi; (*sl.*) tangkapan atau sasaran yang senang. 坐着的人；孵卵鸡；保姆；易捕捉的鸟或兽。

**sitting** *lihat* **sit**. 见 **sit**。 —*n.* tempoh persidangan; selonggok telur. 议会的开会期；一次的孵蛋数。 **~-room** *n.* bilik rehat; bilik tetamu. 起居室；会客室。

**~ tenant** penyewa yang sedang menduduki rumah, bilik, dsb. 已经租用房子、房间等的人。

**situate** *v.t.* diletakkan. 把...建于；设在。 **be situated** berada pada kedudukan tertentu. 处于某种境况。

**situation** *n.* keadaan; jawatan; kedudukan. 状况；局面；职业；位置。 **~ comedy** siri komedi. 系列幽默剧。

**six** *a.* & *n.* enam. 六（的）。 **at sixes and sevens** berkecamuk. 乱七八糟。 **sixth** *a.* & *n.* yang keenam. 第六（的）。

**sixpence** *n.* enam peni; (*old use*) duit syiling enam peni. 六便士；六便士硬币。

**sixpenny** *a.* enam peni. 六便士的。

**sixteen** *n.* enam belas. 十六。 **sixteenth** *a. & n.* yang keenam belas. 第十六(的)。

**sixty** *a. & n.* enam puluh. 六十(的)。

**sixtieth** *a. & n.* yang keenam puluh. 第六十(的)。

**size**[1] *n.* ukuran; saiz. 尺码；大小。—*v.t.* dikumpulkan mengikut saiz. 依大小排列。 **~ up** menganggar saiz; (*colloq.*) memberi pendapat. 估量大小；品评；鉴定。 **sized** *a.* saiz; sebesar. 大小的；…号的。

**size**[2] *n.* perekat. 胶料；浆糊。—*v.t.* merekatkan. 给…上胶。

**sizeable** *a.* besar; agak besar. 大的；相当大的。

**sizzle** *v.i.* berdesir. 嘶嘶地响。

**sjambok** *n.* cemeti daripada kulit badak sumbu. 用犀牛皮制的粗皮鞭。

**skate**[1] *n.* (pl. *skate*) ikan pari. 鳐鱼。

**skate**[2] *n.* sepatu atau alat meluncur. 溜冰鞋。—*v.t./i.* meluncur. 滑冰；溜冰。 **~ over** menyentuh (hal). 略微触及。

**skater** *n.* peluncur. 溜冰者。

**skateboard** *n.* papan luncur. 滑板。— *v.t.* menaiki papan luncur. 踩滑板。

**skedaddle** *v.i.* cabut lari. 仓皇地逃走。

**skein** *n.* segulung benang; sekumpulan itik liar. 一束线或纱；一群野鸭。

**skeletal** *a.* seperti rangka. 骨骼的；似骨骼的。

**skeleton** *n.* tulang rangka; rangka. 骷髅；骨骼；骨干。 **~ crew** atau **staff** kakitangan minimum. 基干船员。 **~ key** kunci serba guna. 万能钥匙。

**skep** *n.* sejenis bakul. 柳条筐。

**skerry** *n.* terumbu batu atau pulau kecil. 碎礁；岩岛。

**sketch** *n.* lakaran; catatan ringkas; lakonan pendek, biasanya lucu. 草图；素描；速写；概述；纲要；滑稽短剧。—*v.t./i.* melakar. 草草地画；素描。 **~-map** *n.* peta kasar. 略图。

**sketchy** *a.* (-ier, -iest) ringkas. 草图似的；草草完成的。 **sketchily** *adv.* dengan ringkas. 草草地；概要地。 **sketchiness** *n.* keringkasan. 粗略；草样。

**skew** *a.* senget; condong. 歪的；歪斜的。—*v.t./i.* mencondong; memusingkan. 歪斜；扭转。 **on the ~** senget. 歪斜地。

**skewbald** *a.* (binatang) dengan tompok-tompok putih dan warna lain. (动物)杂色的；花斑的。

**skewer** *n.* besi pencucuk (makanan). 串肉杆。—*v.t.* mencucuk. 把肉片串在一起。

**ski** *n.* (pl. *-is*) papan ski. 滑雪板；滑橇。 —*v.i.* (p.t. *ski'd*, pres.p. *skiing*) bermain ski. 滑雪。 **skier** *n.* pemain ski. 滑雪者。

**skid** *v.i.* (p.t. *skidded*) (kenderaan) tergelincir. 溜滑；汽车等打滑；滑向一侧。 —*n.* kegelinciran; papan gelincir untuk helikopter mendarat; penahan roda. 车轮打滑；溜滑；直升机的起落橇；煞车用的制轮器。 **~-pan** *n.* permukaan untuk berlatih mengawal kegelinciran. 练习控制车辆打滑的特制路面。

**skiff** *n.* sejenis perahu dayung yang kecil. 小划艇。

**skilful** *a.* mahir; cekap. 有技术的；熟练的。 **skilfully** *adv.* dengan mahir atau cekap. 精巧地；熟练地。

**skill** *n.* kemahiran. 技巧；技能；技术。

**skilled** *a.* berkemahiran. 熟练的；有技术的。

**skillet** *n.* (*A.S.*) kuali menggoreng; (*old use*) periuk berbentuk seperti kuali. 长柄平底煎锅；有脚小烧锅。

**skim** *v.t./i.* (p.t. *skimmed*) mengambil (buih, krim) dari permukaan (cecair); melungsur; membaca dengan pantas. 从液体面上撇去泡沫或奶油；滑过；略读；浏览。 **~ milk** susu tanpa lemak. 脱脂乳。

**skimp** *v.t./i.* membekalkan atau menggunakan kurang daripada yang perlu. 少给；克扣；过分节省。

**skimpy** *a.* (-ier, -iest) kurang; tidak cukup; kedekut; (pakaian) ketat dan singkat. 少给的；数量不足的；吝啬的；衣服又

窄又小的。**skimpily** *adv.* dengan sedikit atau kedekut. 不足量地;吝啬地。

**skimpiness** *n.* keadaan serba kekurangan; (pakaian) perihal ketat dan singkat. 短缺;衣服用料不足。

**skin** *n.* kulit; kulit binatang; kulit muka; lapisan luar. 皮;皮肤;兽皮;皮层;外皮。—*v.t./i.* (p.t. *skinned*) membuang kulit; didapati kulit baru. 剥皮;长出新皮。**~-diving** *n.* sukan menyelam di dalam laut dengan menggunakan alat oksigen. 赤身潜水运动;裸潜。**~-diver** *n.* penyelam sedemikian. 赤身潜水者;裸潜者。

**skinflint** *n.* orang yang bakhil. 吝啬鬼。

**skinny** *a.* (*-ier, -iest*) kurus kering; kedekut. 瘦削的;皮包骨的;吝啬的。

**skint** *a.* (*sl.*) tanpa wang lagi. 无钱的;不名一文的。

**skip**[1] *v.t./i.* (p.t. *skipped*) melangkau; meloncat; meninggalkan; (*sl.*) pergi cepat atau secara rahsia. 略过;跳过;遗漏;匆匆离开;悄悄离开。—*n.* pergerakan meloncat-loncat. 跳跃;跳(绳)。

**skip**[2] *n.* baldi; timba; tong sampah yang besar. 水桶;桶;大垃圾桶。

**skip**[3] *n.* tong pengangkut. 簊斗;起重箱;倒卸车。

**skipper** *n. & v.t.* kapten; menjadi ketua. (担任)船长;(当)球队队长;(当)飞机的师长。

**skipping-rope** *n.* tali skip. 跳绳用的绳。

**skirl** *n.* bunyi nyaring begpaip. 尖锐声;风笛声。—*v.i.* membuat bunyi sedemikian. 发尖锐声。

**skirmish** *n.* perkelahian atau pertempuran kecil. 小战斗;小冲突。—*v.i.* terlibat dalam pergaduhan atau pertempuran kecil. 进行小规模战斗。

**skirt** *n.* skirt; bahagian daging lembu antara rusuk dengan pinggul. 裙子;多筋牛肉。—*v.t.* mengelilingi. 沿着...之边缘;环绕...的四周。

**skirting (-board)** *n.* kambi; papan di sebelah bawah dinding. 壁脚板。

**skit** *n.* lakonan yang pendek dan lucu. 幽默或讽刺短剧。

**skittish** *a.* keracak. 易惊的。

**skittle** *n.* kerucut; pancang. 撞柱游戏用的木柱。—*v.t.* **~ out** mengeluarkan (pemukul bola kriket) dengan pantas. (板球)使击球员连续出局。

**skive** *v.i.* (*sl.*) mengelakkan tanggungjawab. 逃避责任;躲避。

**skivvy** *n.* (*colloq.*) babu perempuan. 下等女佣;女仆。

**skua** *n.* sejenis burung laut. 挪威贼鸥。

**skulduggery** *n.* (*colloq.*) penipuan. 欺骗;欺诈。

**skulk** *v.i.* menyelinap keluar secara diam-diam. 躲躲闪闪地走;潜逃。

**skull** *n.* tengkorak; tempurung kepala. 颅骨;头颅骨;脑壳。

**skullcap** *n.* ketayap. 室内便帽。

**skunk** *n.* sejenis binatang (di Amerika) yang mengeluarkan bau busuk; (*sl.*) orang yang hina. 美洲臭鼬;卑鄙的人。

**sky** *n.* langit; cuaca. 天;天气。—*v.t.* (p.t. *skied*, pres.p. *skying*) pukul (bola) hingga tinggi. 把球击或打向高空。**~-blue** *a. & n.* biru langit. 天蓝色(的)。

**skydiving** *n.* (sukan) terjun udara; berpayung terjun tetapi payung terjun tidak terbuka hingga di saat-saat akhir. 延缓张伞跳伞运动。

**skylark** *n.* sejenis burung. 云雀。—*v.i.* bermain dengan nakal. 嬉闹;嬉戏。

**skylight** *n.* tingkap pada bumbung rumah. 天窗。

**skyscraper** *n.* pencakar langit. 摩天楼。

**slab** *n.* kepingan batu, dsb. yang tebal. 厚石片;厚板;平板。

**slack**[1] *a.* (*-er, -est*) kendur; lembap; berlengah-lengah; cuai. 松弛的;呆滞的;不紧张的;行动迟缓的;懒怠的;有气无力的;马马虎虎的;疏忽的。—*n.* bahagian tali yang kendur. 绳子的松弛部分。—*v.t./i.* menjadi kendur; merosot; malas. 放松;使缓慢;减速;经济萧条;怠惰;懒散。**slacker** *n.*

pemalas. 懒惰鬼；敷衍塞责的人；逃避责任的人。**slackly** *adv.* dengan malas. 懒散地；放松地。**slackness** *n.* kelembapan; kemalasan. 松弛；懒惰。

**slack**² *n.* habuk batu arang. 粉煤；煤屑。

**slacken** *v.t./i.* menjadi lembap; mengendur. 松弛；放松；放慢；减少。

**slacks** *n.pl.* seluar untuk kegunaan tidak formal. 宽松的裤子。

**slag** *n.* sanga; terak. 金属熔渣；炉渣；矿渣。**~-heap** *n.* timbunan bahan-bahan terbuang. 熔渣堆。

**slain** lihat **slay**. 见 **slay**。

**slake** *v.t.* menghilangkan atau mengurangkan dahaga; mencampurkan kapur dengan air. 消除口渴；使缓和；平息怒气；消和石灰。

**slalom** *n.* slalom; perlumbaan ski di gelanggang yang berliku-liku; perlumbaan perahu yang melalui berbagai-bagai rintangan. 障碍滑雪赛；回旋皮艇赛。

**slam**¹ *v.t./i.* (p.t. *slammed*) menghempas atau menutup dengan kuat; menghentak; (*sl.*) mengkritik habis-habisan. 砰然关上；砰地丢下；猛打；猛击；猛烈抨击。—*n.* bunyi gerdam. 砰声。

**slam**² *n.* kemenangan dalam permainan *bridge*. 桥牌戏中的满贯。

**slander** *n.* fitnah. 诽谤；诋毁；诽谤罪。—*v.t.* memfitnah. 诽谤；诋毁；造谣中伤。**slanderer** *n.* pemfitnah. 诽谤者；造谣中伤者。**slanderous** *a.* yang berupa fitnah. 诽谤的；造谣中伤的。

**slang** *n.* slanga; bahasa basahan. 俚语；行话。—*v.t.* menggunakan bahasa kasar. 用俚语；讲粗话。**slangy** *a.* suka menggunakan bahasa basahan. 好用俚语的；俚语性的。

**slant** *v.t./i.* senget; condong; lereng; menyampaikan (berita) dari kaca mata lain. 倾斜；使歪；照报馆、政府等的观点来报道新闻。—*n.* lereng; cara berita diselewengkan; berat sebelah. 倾斜；歪斜；新闻的偏见；歪曲；倾向性。

**slantwise** *adv.* keadaan condong. 斜着地；斜向地。

**slap** *v.t./i.* (p.t *slapped*) menampar; meletakkan sesuatu. 掴；拍；掌击；打耳光；啪的一声放下；用力或随便扔。—*n.* tamparan. 掴打；耳光。—*adv.* dengan tamparan; terus. 一巴掌地；猛地里；直接地。**~-happy** *a.* (*colloq.*) dalam keadaan biasa dan senang hati. 得意忘形的；被胜利冲昏了头脑的。**~-up** *a.* (*sl.*) kelas pertama. 第一流的；极好的。

**slapdash** *a.* gopoh dan cuai. 粗心的；冲动的。

**slapstick** *n.* komedi kasar. 闹剧；下等喜剧。

**slash** *v.t./i.* mengayun (pedang, parang, cemeti); menetak; mengelar; membuat belah (pada pakaian); memotong (perbelanjaan); mengkritik dengan sungguh-sungguh. 挥动刀剑；挥斩；切伤；在衣服上开叉；削减（开销、薪水等）；严厉地批评。—*n.* tetakan; luka. 挥砍；伤痕。

**slat** *n.* bidai. 木头、金属等的斧板。

**slate** *n.* batu loh; papan batu; kepingan papan batu loh yang digunakan untuk atap, atau menulis. 板岩；石板；石板瓦。—*v.t.* menutup dengan batu ini; (*colloq.*) mengkritik; menyelar. 用石板瓦盖屋顶；给...铺石板；抨击；谴责。**slaty** *a.* berbatu loh. 含板岩的。

**slattern** *n.* perempuan kotor dan selekeh. 邋遢女人；懒妇。**slatternly** *a.* dengan kotor dan selekeh. (妇女) 邋遢的；不整洁的。

**slaughter** *v.t.* menyembelih; membunuh dengan kejam atau beramai-ramai. 宰杀；屠杀；杀戮。—*n.* penyembelihan. 宰杀；屠杀。

**slaughterhouse** *n.* rumah penyembelihan. 屠宰场。

**Slav** *a. & n.* orang Eropah Tengah atau Timur yang menggunakan bahasa Slav. 操斯拉夫语(的)；中欧及东欧操斯拉夫语的民族(的)。

**slave** *n.* hamba abdi; mangsa buruh. 奴隶；苦工。 —*v.i.* membanting tulang. 奴役。 **~driver** *n.* orang yang membuat orang lain bekerja keras. 奴隶监督人。 **~driving** *n.* perbuatan membuat orang lain bekerja keras. 奴役他人的行径。

**slaver** *v.i.* meleleh air liur. 淌口水；垂涎。

**slavery** *n.* pengabdian. 奴隶身分；奴隶制度。

**slavish** *a.* terlampau merendah atau meniru-niru. 奴性的；卑贱的；盲从的；模仿的。 **slavishly** *adv.* dengan terlalu merendah atau meniru-niru. 奴性地；盲从地。

**Slavonic** *a.* & *n.* rumpun bahasa, termasuk bahasa Rusia dan Polish. 斯拉夫语系的；包括俄语及波兰语等在内的斯拉夫语系。

**slay** *v.t.* (p.t. *slew*, p.p. *slain*) membunuh. 杀；杀死。

**sleazy** *a.* (*-ier, -iest*) (*colloq.*) kotor. 肮脏的。

**sled** *n.* & *v.i.* kereta luncur salji; (p.t. *sledded*) (*A.S.*) bermain kereta luncur salji. 雪橇；乘雪橇。

**sledge** *n.* kereta salji tanpa roda. 无轮雪车。

**sledgehammer** *n.* tukul yang besar. 大锤。

**sleek** *a.* (*-er, -est*) licin dan berkilat; kelihatan sihat dan berjaya. 柔滑而发亮的；心广体胖的。 —*v.t.* menjadikan kilat dengan cara melicinkan. 使柔滑发亮。 **sleekness** *n.* kelicinan. 光滑。

**sleep** *n.* tidur. 睡眠；睡眠状态。 —*v.t./i.* (p.t *slept*) tidur; menyediakan tempat tidur. 睡；睡觉；供...住宿。

**sleeper** *n.* penidur; beroti atau kayu landasan kereta api; koc tempat tidur; tempat tidur. 睡眠者；铁路枕木；卧车；住宿；留宿处。

**sleeping-bag** *n.* beg tidur. 睡袋。

**sleepless** *a.* tanpa tidur; tidak dapat tidur. 不眠的；失眠的。

**sleepwalk** *v.i.* berjalan masa tidur. 梦游。 **sleepwalker** *n.* jalu; orang yang berjalan semasa tidur. 梦游者。

**sleepy** *a.* (*-ier, -iest*) mengantuk; sepi; (buah-buahan) hilang rasa kerana terlalu masak. 瞌睡的；困倦的；寂静的；水果因过熟而变得乏味的。 **sleepily** *adv.* dengan rasa mengantuk. 困乏地。

**sleepiness** *n.* keadaan mengantuk. 睡意；昏昏欲睡。

**sleet** *n.* hujan air dan salji; salji yang cair semasa turun. 雨夹雪；冻雨。 —*v.i.* turun sebagai hujan air dan salji. 下雨夹雪；下冻雨。 **sleety** *a.* seperti hujan air dan salji. 雨淞一样的；雨夹雪的。

**sleeve** *n.* lengan baju; sarung; sarung piring hitam. 袖子；袖套；套管；唱片套。 **up one's ~** ada sesuatu (rancangan, idea) tetapi disembunyikan. 另有应急计划。

**sleeveless** *a.* (baju) tanpa lengan. 无袖的。

**sleigh** *n.* kereta luncur salji terutama yang ditarik oleh kuda. 马拉的雪橇。 —*v.t.* menaiki kereta luncur salji. 乘雪橇。

**sleight of hand** penggunaan tangan dalam silap mata; ketangkasan tangan. 手法；戏法；魔术。

**slender** *a.* lampai dan langsing; sedikit. 纤细的；细长的；稀少的；不充足的。 **slenderness** *n.* kelampaian. 纤弱；苗条；微薄。

**slept** *lihat* **sleep**. 见 **sleep**。

**sleuth** *n.* mata-mata gelap. 侦探。

**slew**[1] *v.t./i.* berpusing. 回转；旋转。

**slew**[2] *lihat* **slay**. 见 **slay**。

**slice** *n.* sepotong; sebahagian; sudip. 片；薄片；一部分；扁构；锅铲。 —*v.t./i.* memotong; menghiris; tersalah pukul (bola golf) hingga melencong ke arah lain. 切下；切成薄片；使高尔夫球曲向左右边；(乒乓球) 削球。 **slicer** *n.* pemotong. 切薄片的人；切片机。

**slick** *a.* (*colloq.*) lincah dan licik; licin. 机智的；圆滑的；狡猾的；光溜的。 —*n.*

tempat yang licin; tompok minyak di permukaan laut. 平滑面;油膜。 —*v.t.* menjadi lincah dan licik. 使滑溜。

**slicker** *n.* (*A.S. colloq.*) orang bandar yang bergaya. 城市滑头;衣著美观行为虛假的人。

**slide** *v.t./i.* (p.t. *slid*) menggelongsor. 滑行;溜进;滑动。 —*n.* perbuatan menggelongsor; papan gelongsor; bahagian yang bergelongsor; slaid; klip rambut. 滑行;滑动;滑面;滑梯;滑坡;滑道;发夹。 **~-rule** *n.* mistar hitungan. 计算尺;滑尺。 **sliding scale** skala gelongsor; skala yuran atau cukai yang berubah menurut suatu kiraan tertentu. 计算尺;浮动计算法;自动比例表。

**slight** *a.* (*-er, -est*) sedikit; lampai. 细小的;不重要的;细长的;纤弱的。 —*v.t. & n.* menyinggung. 怠慢;蔑视。

**slightly** *adv.* sedikit. 有一点;轻微地。 **slightness** *n.* keringanan. 轻微;琐细。

**slim** *a.* (*slimmer, slimmest*) lampai; langsing; sedikit; kurang. 苗条的;纤细的;微小的;不充分的。 —*v.t./i.* (p.t *slimmed*) menguruskan badan dengan mengurangkan makanan, dsb. 节食;减肥。 **slimmer** *n.* orang yang menguruskan badan. 减肥者。 **slimness** *n.* kelampaian. 苗条;纤细。

**slime** *n.* lendir. 粘质物;粘液。 **slimy** *a.* berlendir. 粘滑的;粘性的。 **slimily** *adv.* dengan basah dan berlendir. 粘滑地;泥泞地。 **sliminess** *n.* keadaan basah dan berlendir. 粘性;粘滑;泥泞。

**sling**[1] *n.* tali atau rantai untuk menggantung sesuatu, dsb.; ali-ali; tarbil. 吊索;悬带;投石环索;弹弓。 —*v.t.* (p.t. *slung*) gantung, angkat atau lempar dengan tali; (*colloq.*) lempar. 吊;悬;吊起;用力投掷;扔;掷。

**sling**[2] *n.* campuran air dan gin yang manis. 果汁甜酒。

**slink** *v.i.* (p.t. *slunk*) menyelinap. 溜走;潜行;潜走。

**slinky** *a.* licin dan meliuk-liuk; (pakaian) menggiurkan. 偷偷摸摸的;诡秘的;衣著线条迷人的。

**slip**[1] *n.* cebis; keratan kertas membuat nota, dsb. 片条;纸条。

**slip**[2] *v.t./i.* (p.t. *slipped*) tergelincir; menyelinap; menyelitkan; lepas lari; terlepas; melepaskan; terlucut. 滑行;滑动;滑倒;滑落;溜走;迅速闪开;释放;放开;摆脱。 —*n.* hal tergelincir; kesilapan yang tidak sengajakan; kain dalam (wanita); landasan kapal; sehelai kertas; kedudukan dalam kriket; cecair untuk disapu pada barang tembikar. 滑;溜;失足;小错误;失误;女式长衬衣;船台;纸条;板球赛的外场员;陶器的泥釉。 **give a person the ~** menjauhkan diri. 乘某人不注意时偷偷溜掉。 **slipped disc** cakera teranjak. 椎间盘突出;滑弓椎间盘。 **~-knot** *n.* simpul hidup. 活结;蝶结;滑结。 **~-road** *n.* jalan susur keluar atau masuk di lebuh raya. 快车道、高速公路的岔道。 **~ up** (*colloq.*) membuat silap. 犯错误;疏忽。 **~-up** *n.* kesilapan. 错误;失败。

**slipper** *n.* selipar. 拖鞋;便鞋。

**slippery** *a.* licin; (orang) tidak dapat dipercayai. 光滑的;湿滑的;(人)不可靠的;滑头的;狡猾的。 **slipperiness** *n.* keadaan licin. 光滑;湿滑。

**slippy** *a.* (*colloq.*) licin. 光滑的。 **look ~** (*colloq.*) cepatlah! 赶快!

**slipshod** *a.* serbah-serbih. 衣冠不整的;马虎的。

**slipstream** *n.* kawasan arus gelincir; arus gelincir. 滑流;向后气流。

**slipway** *n.* landasan kapal. 船坞的滑台;船台。

**slit** *n.* belahan kecil. 狭长切口;裂缝。 —*v.t.* (p.t. *slit*, pres.p. *slitting*) belah sedikit; kelar; hiris. 扯裂;割开;切开。

**slither** *v.i.* menggelongsor; menjalar. 滑动;蜿蜒滑行。

**sliver** *n.* sehiris. 细木片;木条。

**slob** *n.* (*colloq.*) orang yang malas dan selekeh. 衣冠不整且举止粗鲁的人。
**slobber** *v.i.* meleleh (air liur). 淌口水；流涎。**slobbery** *a.* dibasahi air liur. 被口水淌湿的。
**sloe** *n.* sejenis pohon. 黑刺李。
**slog** *v.t./i.* (p.t. *slogged*) hentam; kerja atau berjalan kuat dan tekun. 猛击；辛勤工作。—*n.* hentaman. 乱拳；猛击。**slogger** *n.* orang yang bekerja keras. 苦干的人；拼命工作的人。
**slogan** *n.* cogan kata. 口号；标语。
**sloop** *n.* sejenis kapal kecil. 多帆单桅小船。
**slop** *v.t./i.* (p.t. *slopped*) tumpah; menumpahkan; berjalan dengan cara yang malas. 溢出；泼出；溅；吃力地走。—*n.* cecair yang tidak menyelerakan; cecair yang tumpah; (*pl.*) air kotor; kumuhan. 泔水；溢出的水；污水；废液。**~basin** *n.* besen mencuci. 倒剩茶用的污水盆。
**slope** *v.t./i.* memiring; mencondong. 倾斜；斜置；弄斜。—*n.* landaian; kecondongan. 坡；斜坡；斜面；倾斜。**~ off** (*sl.*) pergi diam-diam. 离去；溜走。
**sloppy** *a.* (*-ier, -iest*) berkocak; hasil kerja yang tidak memuaskan; terlalu sentimental. 溅污的；工作草率的；感情脆弱的；情绪易动的。**sloppily** *adv.* serbah-serbih. 衣著随便地；不修边幅地。**sloppiness** *n.* keadaan serbah-serbih. 不修边幅；外表邋遢。
**slosh** *v.t./i.* (*colloq.*) tumpah; tuang hingga berkecah; (*sl.*) pukul. 到处乱泼；乱溅；打。—*n.* (*colloq.*) bunyi benda jatuh ke dalam air; (*sl.*) pukulan. 溅泼声；击。
**sloshed** *a.* mabuk. 喝醉了的。
**slot** *n.* lubang kecil; celah; kedudukan dalam skim atau siri. 窄孔；狭缝；集体或系列中的位置。—*v.t./i.* (p.t. *slotted*) membuat lubang kecil; memasukkan ke dalam lubang kecil. 开窄孔；塞进窄孔。**~machine** *n.* mesin yang mengeluarkan tiket, setem, dsb. dengan memasukkan wang ke dalamnya. 自动售卖机。

**sloth** *n.* kemalasan; sejenis binatang yang bergerak perlahan. 懒惰；懒散；树懒（一种行动迟缓的哺乳动物）。
**slothful** *a.* malas. 懒散的；怠惰的。
**slothfully** *adv.* dengan malas. 懒散地。
**slouch** *v.i.* berdiri, duduk atau bergerak dengan malas. 无精打采地站着、坐着、走动等。—*n.* pergerakan atau perawakan malas. 无精打采；垂头丧气。
**slough**[1] *n.* paya; rawa. 泥潭；泥沼。
**slough**[2] *v.t./i.* salin (kulit); bertukar (kulit). 蜕皮；脱落。
**sloven** *n.* orang yang selekeh. 不修边幅的人。
**slovenly** *a.* kotor dan tidak ambil peduli. 邋遢的；不修边幅的。**slovenliness** *n.* keadaan kotor dan terabai. 邋遢。
**slow** *a.* (*-er, -est*) perlahan; lambat; bodoh. 慢的；缓慢的；反应迟钝的。—*adv.* perlahan. 缓慢地。—*v.t./i.* kurangkan laju. 减速。**slowly** *adv.* dengan perlahan. 缓慢地。**slowness** *n.* kelembapan. 缓慢；迟钝。
**slowcoach** *n.* orang yang lembap. 慢性子的人；守旧的人。
**slow-worm** *n.* sejenis cicak yang tiada berkaki. 蛇蜥蜴。
**slub** *n.* benang bersimpul. 头道粗纺的绵纱。
**sludge** *n.* lumpur tebal. 烂泥；淤泥。
**slug**[1] *n.* lintah bulan; ketulan kecil logam; sejenis peluru. 鼻涕虫；蛞蝓；金属小块；子弹。
**slug**[2] *v.t.* (p.t. *slugged*) (*A.S.*) memukul dengan kuat. 重击；强击。
**sluggard** *n.* orang yang lembap atau malas. 懒人；懒汉。
**sluggish** *a.* lembap. 懒怠的；市场停滞的。**sluggishly** *adv.* dengan lembap. 懒散地；呆滞地。**sluggishness** *n.* kelembapan. 懒散；停滞。
**sluice** *n.* pintu mengawal aliran air; air yang dikawal oleh aliran ini; saluran air; tempat membilas; pembilasan. 闸门；

有闸水道;蓄水;泄水管;冲洗处;冲洗。—*v.t./i.* membilas atau membanjiri dengan aliran air; memasang saluran-saluran air. 用水冲洗;安装水闸。

**slum** *n.* kawasan (perumahan) orang miskin. 贫民窟;贫民区。 **slummy** *a.* sesak. 拥挤不堪的。 **slumminess** *n.* kesesakan. 贫民区的拥挤。

**slumber** *v.i. & n.* tidur. 睡眠;小睡。 **slumberer** *n.* orang yang tidur. 小睡者。

**slumming** *n.* lawatan ke kawasan miskin; tinggal seperti penduduk kawasan miskin. 访问贫民窟;贫民窟般的居住环境。

**slump** *n.* kejatuhan harga atau permintaan. 物价、售量等的跌落;骤降。 —*v.i.* melalui tempoh kemelesetan ekonomi; terduduk. 经历经济萧条;骤降。

**slung** *lihat* **sling**. 见 **sling**。

**slunk** *lihat* **slink**. 见 **slink**。

**slur** *v.t./i.* (p.t. **slurred**) menulis, mengucapkan, atau membunyikan dengan setiap huruf atau bunyi berkait dengan yang berikutnya; mengetepikan atau tidak memberi banyak perhatian; (A.S.) menghina. 急促而不清楚地写、说、唱等;忽略;蔑视。—*n.* huruf atau bunyi yang kabur kerana dicampurkan; tanda muzik; aib. 字、歌等模糊不清的表现;连接线;污点。

**slurp** *v.t./i. & n.* (*colloq.*) menghirup. 咕噜吐噜地喝。

**slurry** *n.* lumpur lembik; simen cair. 泥浆;水泥浆。

**slush** *n.* salji separuh cair; perbuatan atau tulisan sentimental yang remeh. 半融雪;过于感情用事的动作或文字。 ~ **fund** tabung untuk tujuan yang salah, umpamanya rasuah. 贿赂用的非法基金。 **slushy** *a.* seperti keadaan salji separuh cair. 似雪泥的。

**slut** *n.* perempuan selekeh dan yang tidak mempedulikan dirinya. 邋遢的女人;懒妇;荡妇。 **sluttish** *a.* yang selekeh dan tidak ambil peduli. 邋遢的;放荡的。

**sly** *a.* (**slyer, slyest**) jahat dan bermuslihat; nakal dan cerdas; licik. 狡诈的;顽皮的;淘气的;诡谲的。 **on the ~** secara rahsia. 秘密地;暗中地。 **slyly** *adv.* dengan muslihat dan niat jahat; dengan licik. 狡诈地;诡谲地。 **slyness** *n.* kelicikan. 狡诈;诡谲。

**smack**[1] *n.* tamparan; pukulan kuat; ciuman berbunyi. 掌掴声;鞭打声;咂嘴声;接吻声。—*v.t./i.* menempeleng; memukul; mengecap-ngecap bibir. 掴打;拍击;咂嘴。—*adv.* (*colloq.*) dengan tamparan. 啪的一下;猛地。

**smack**[2] *n. & v.i.* kesan atau rasa. 迹象;风味;滋味;气味;留下遗迹;带某种风味;略带气味。

**smack**[3] *n.* sejenis perahu kecil. 单桅小帆船;渔船。

**smacker** *n.* (*sl.*) kucupan yang berbunyi; (*sl.*) satu paun atau satu dolar (A.S.). 大声地接吻;一英磅;一美元。

**small** *a.* (-*er*, -*est*) kecil; kecil-kecilan. 小的;小规模的;不重要的。 —*n.* bahagian tulang belakang yang paling kecil; (*pl., colloq.*) pakaian yang kecil, umpamanya seluar dalam. 人体后腰部细小部分;小件洗濯物磅几个小时。 **~-minded** *a.* berfikiran sempit. 气量狭窄的;小心眼的。 **~ talk** berbual-bual kosong; bercakap tentang perkara yang tidak penting. 闲谈;聊天。 **~-time** *a.* tidak penting. 无足轻重的;次等的。 **smallness** *n.* kekecilan. 细小;少量。

**smallholding** *n.* kebun atau ladang kecil. 小自耕农地;小园坵。 **smallholder** *n.* pengusaha kebun atau ladang kecil. 小农主;小园主。

**smallpox** *n.* (penyakit) cacar. 天花。

**smarmy** *a.* (-*ier*, -*iest*) (*colloq.*) bermuka-muka; mengampu. 巴结的;满口恭维话的。 **smarminess** *n.* kelakuan suka mengampu. 拍马屁;奉承。

**smart** *a.* (-*er*, -*est*) segak dan lawa; berwibawa; pantas. 衣冠楚楚的;潇洒的;

漂亮的；聪明的；厉害的；剧烈的；敏捷的；伶俐的。—*v.i. & n.* (rasa) pedih. 刺痛；作痛。**smartly** *adv.* dengan segak. 衣冠楚楚地；洒脱地；机敏地。

**smartness** *n.* kesegakan. 潇洒；机敏。

**smarten** *v.t./i.* menjadikan atau menjadi lebih segak. 打扮；使漂亮潇洒。

**smash** *v.t./i.* pecah berkecai; memukul kuat; berlanggar; menggulingkan; memusnahkan; menjadi musnah. 打碎；搞烂；杀球；猛击；碰撞；垮掉；粉碎；破产；倒闭。—*n.* tindakan atau bunyi berderang; perlanggaran; kemalangan; kemusnahan. 粉碎；破碎声；猛撞；猛撞声；灾难；全部毁灭。

**smashing** *a.* (*colloq.*) cemerlang. 突出的；漂亮的。

**smattering** *n.* pengetahuan singkat. 肤浅的知识；一知半解。

**smear** *v.t./i.* melumur; mencemarkan. 涂；搽；弄脏；诽谤；中伤。—*n.* benda yang dilumur; tanda lumur; percubaan mencemar nama baik. 污迹；污点；诽谤；中伤。**smeary** *a.* comot. 弄脏的；易涂污的。

**smell** *n.* bau; bau busuk; perbuatan menghidu. 气味；臭味；嗅觉；嗅。—*v.t./i.* (p.t. *smelt*) bau; mengesan dengan bau; mengeluarkan bau. 闻；嗅；闻出；发出气味。**smelly** *a.* berbau busuk. 发臭的；有臭味的。

**smelling-salts** *n.pl.* pepejal ammonia yang dihidu untuk memulihkan keadaan pengsan. 嗅盐。

**smelt**[1] *lihat* **smell**. 见 **smell**。

**smelt**[2] *v.t.* melebur (bijih) untuk mendapatkan logam. 熔炼；冶炼。

**smelt**[3] *n.* sejenis ikan. 胡瓜鱼。

**smilax** *n.* sejenis pohon yang memanjat. 菝葜。

**smile** *n.* senyuman. 微笑。—*v.t./i.* tersenyum. 笑；微笑。

**smiley** *a. & n.* membuat mimik muka seperti kartun. 扮鬼脸（的）；引人发笑（的）。

**smirch** *v.t. & n.* melumur; memalit; mencemarkan. 弄脏；沾污；诋毁；诽谤。

**smirk** *n.* senyum sinis. 得意的笑。—*v.i.* tersenyum sinis. 得意地笑。

**smite** *v.t./i.* (p.t. *smote*, p.p. *smitten*) memukul kuat; melanda. 重打；重击；撞击。

**smith** *n.* tukang logam; tukang besi. 锻工；铁匠。

**smithereens** *n.pl.* kepingan-kepingan kecil. 碎片；小片。

**smithy** *n.* tukang besi; bengkel tukang besi. 铁匠；铁匠铺；打铁工场。

**smitten** *lihat* **smite**. 见 **smite**。

**smock** *n.* baju lindung. 罩衣。—*v.t.* dihiasi dengan smoking. 用褶裥装饰。**smocking** *n.* smoking; sejenis jahitan berkedut. 规则几何图案的褶裥。

**smog** *n.* asbut; kabus tebal. 烟雾。

**smoke** *n.* asap; (*sl.*) rokok; cerut. 烟；香烟；雪茄烟。—*v.t./i.* mengeluarkan asap atau wap; (cerobong) yang menyebabkan asapnya masuk ke bilik; salai; hisap (rokok atau cerut); merokok. 冒烟；发蒸气；烟冒进屋里；熏；抽烟；吸咽。**smoky** *a.* berasap. 冒烟的；烟雾弥漫的。

**smokeless** *a.* tanpa asap; tidak berasap. 无烟的；不冒烟的。

**smoker** *n.* penghisap rokok atau cerut. 吸烟者；吸雪茄者。

**smokescreen** *n.* adang asap; tabir; penutup. 烟幕；障眼法。

**smooth** *a.* (-er, -est); selesa; bergerak licin; berbudi bahasa tetapi kemungkinan berpura-pura. 顺利的；顺利进行的；圆滑的。—*v.t./i.* menjadikan atau menjadi licin. 弄平滑；变光滑。**smoothly** *adv.* dengan licin. 滑溜地。**smoothness** *n.* kelicinan. 平滑；流畅。

**smorgasbord** *n.* bufet; hidangan orang Swedish dengan pelbagai makanan. 瑞典式自动餐。

**smote** *lihat* **smite**. 见 **smite**。

**smother** *v.t./i.* membara; mencekik; membantutkan; menyelubungi; memadam. 扼杀；抑制住；遮掩；覆盖；闷死；熄

**smoulder** 火。—*n.* kepulan asap atau habuk. 浓烟;浓雾。

**smoulder** *v.i.* membara; membakar tanpa menyala; (kemarahan) membakar di dalam. 闷烧;熏烧;怒火中烧。

**smudge** *n.* tompokan kotor. 污迹;污斑。—*v.t./i.* menyebabkan tompok kotor; mengabur. 弄污;变模糊;污成一片。

**smudgy** *a.* comot; tidak terang. 弄脏了的;模糊的。

**smug** *a.* (*smugger*, *smuggest*) bangga; bangga diri. 自满的;自以为是的。

**smugly** *adv.* dengan bangga. 自满地。

**smugness** *n.* sikap bangga diri. 自命不凡。

**smuggle** *v.t.* menyeludup. 走私;私运。

**smuggler** *n.* penyeludup. 走私者;走私船。

**smut** *n.* jelaga; bintik hitam; perbualan, gambar atau cerita lucah. 煤烟;黑烟;猥亵的语言、图片或故事。**smutty** *a.* berjelaga; berbintik hitam; lucah. 给烟灰弄黑的;熏黑的;猥亵的。

**snack** *n.* snek; kudapan; makanan ringan. 点心;零食;小吃。~ **bar** *n.* snek bar; kedai yang menyediakan makanan ringan. 快餐部;快餐厅。

**snaffle** *n.* kekang kuda. 马的圈嚼子;马衔铁。—*v.t.* (*sl.*) mengambil untuk diri sendiri. 盗用;不告而取。

**snag** *n.* hujung sesuatu benda yang bergerigis; bekas koyak yang disebabkan hujung sedemikian. 锯齿形顶端;衣服钩破处。—*v.t./i.* (p.t *snagged*) menyebabkan sesuatu koyak. 钩破;戳破。

**snail** *n.* siput. 蜗牛。**snail's pace** lambat. 慢吞吞的。

**snake** *n.* ular. 蛇。—*v.i.* menyusur seperti ular. 蛇行。**snaky** *a.* seperti ular. 象蛇的。

**snakeskin** *n.* kulit ular. 蛇皮。

**snap** *v.t./i.* (p.t *snapped*) (berderak atau berdetap) patah; patah dengan tiba-tiba; merampas dengan menggigit; menengking; bergerak cergas; mengambil gambar. 啪地折断;突然折断;突咬以攫夺;厉声说;敏捷地移动;急速拍摄。—*n.* bunyi patah; tindak mematah; biskut rapuh; cuaca yang tiba-tiba sejuk; gambar. 啪地折断声;绷断声;脆饼干;天气突然转寒;快照。**Snap** sejenis permainan kad. 呼"同"牌戏。—*adv.* dengan bunyi; berderak atau berdetap. 啪地一声;猛然。—*a.* tiba-tiba dibuat dengan tergesa-gesa. 仓猝地做的。~ **up** merebut. 抢着答应或接受。

**snapdragon** *n.* sejenis pokok. 金鱼草。

**snapper** *n.* ikan yang dibuat makanan. 可食的咸水鱼。

**snappish** *a.* mudah radang. 爱骂人的;暴躁的。

**snappy** *a.* (*-ier*, *-iest*) (*colloq.*) lekas radang; pantas; kemas dan lawa. 厉声说话的;敏捷的;时髦的。**snappily** *adv.* dengan radang. 恶声恶气地。**snappiness** *n.* bersikap radang. 恶声恶气的态度。

**snapshot** *n.* gambar yang diambil secara tidak formal. 快照;快镜摄影。

**snare** *n.* perangkap; tali dram. 圈套;陷阱;绊子。—*v.t.* memerangkap. 捕捉;装圈套。

**snarl**[1] *v.t./i.* menderam; membengkeng. 狂吠;咆哮;怒吼。—*n.* bunyi deram; suara geram. 狂吠;吼叫。

**snarl**[2] *v.t./i.* & *n.* terkait. 缠结;一团糟。~-**up** *n.* menjadi kusut. 混乱;交通堵塞。

**snatch** *v.t./i.* merampas. 夺;夺走。—*n.* rampasan; bahagian yang pendek. 夺取;抢夺;片断。

**snazzy** *a.* (*sl.*) bergaya. 时髦的。

**sneak** *v.t./i.* pergi atau menyampaikan secara curi-curi; (*sl.*) mencuri masuk; (*school sl.*) mengada-adakan cerita. 偷偷地走;溜掉;潜入;(学生用语)打小报告。—*n.* (*school sl.*) tukang repot. (学生用语)告密者;搬弄是非的人。

**sneakers** *n.pl.* kasut yang bertapak lembut. 帆布胶底运动鞋。

**sneaking** *a.* ada tetapi tidak diakui secara terang. 偷偷摸摸的；鬼鬼祟祟的。

**sneer** *n.* ejekan. 讥讽。—*v.i.* mengejek. 讥讽。

**sneeze** *n.* bersin. 喷嚏；喷嚏声。—*v.i.* terbersin. 打喷嚏。

**snib** *n.* penutup tingkap. 窗户的闩。

**snick** *v.t.* membuat lubang kecil; memukul sipi (bola). 凿小孔；削球。—*n.* belahan kecil; pukulan sipi. 刻痕；细痕；削球。

**snicker** *v.i.* & *n.* ketawa dengan mengejek. 窃笑；窃笑声。

**snide** *a.* (*colloq.*) mengejek. 嘲笑的。

**sniff** *v.t./i.* menghidu; menguji bau. 用鼻子闻；嗅味道。—*n.* bunyi senguk atau menghidu. 吸气声；嗅；闻。 **sniffer** *n.* penghidu. 嗅探者。

**sniffle** *v.t.* menyenguk-nyengak. 抽鼻子。—*n.* tindakan atau bunyi ini. 抽鼻子声；鼻塞声。

**snifter** *n.* (*sl.*) sedikit minuman (arak). 一小份烈酒。

**snigger** *n.* & *v.i.* ketawa dengan mengejek. 窃笑；窃笑声。

**snip** *v.t./i.* (*p.t. snipped*) menggunting. 剪；剪去末端。—*n.* tindakan atau bunyi menggunting; bahagian yang digunting; (*sl.*) sesuatu yang murah atau pasti; tugas mudah. 一剪；剪切声；片断；合算的买卖；肯定成功的事；易办的事。

**snipe** *n.* (*pl. snipe*) sejenis burung air. 鹬。—*v.i.* menembak dari satu tempat tersembunyi; melemparkan kritikan secara menyindir. 伏击；狙击；诽谤。 **sniper** *n.* penembak dari satu tempat tersembunyi. 狙击手。

**snippet** *n.* kepingan kecil. 切下的小片；断片。

**snitch** *v.t.* (*sl.*) curi. 偷；扒。

**snivel** *v.i.* (*p.t. snivelled*) merengek. 哭泣；假哭。

**snob** *n.* orang yang bongkak atau sombong. 势利的人；谄上欺下之人。 **snobbery** *n.* kesombongan. 言行势利；谄上欺下。 **snobbish** *a.* bongkak. 势利的；谄上欺下的。

**snood** *n.* serungkup rambut. 女性用的束发网。

**snook** *n.* **cock a ~** (*colloq.*) membuat isyarat menghina. 以姆指指着鼻尖，并招动其余四指的动作 (表示瞧不起或轻蔑)。

**snooker** *n.* sejenis permainan biliard. 桌球。

**snoop** *v.i.* (*colloq.*) mengintip. 窥探；打探。 **snooper** *n.* pengintip. 窥探者；侦探。

**snooty** *a.* sombong. 自大的；傲慢的。 **snootily** *adv.* dengan sombong. 傲慢地。

**snooze** *n.* & *v.i.* tidur sekejap. 在白天小睡；打瞌睡。

**snore** *n.* dengkuran. 打鼾声。—*v.i.* berdengkur. 打鼾。 **snorer** *n.* orang yang tidur berdengkur. 打鼾者。

**snorkel** *n.* snorkel; alat saluran udara untuk penyelam. 潜水用的通气管。—*v.i.* berenang menggunakan alat saluran udara. 潜泳。

**snort** *n.* dengus. 鼻息声；鼻息。—*v.i.* berdengus. 喷鼻息；(示轻蔑时) 哼鼻子。

**snout** *n.* jongor; muncung; hidung binatang; bahagian yang menonjol. 动物的鼻子；猪嘴状突出物。

**snow** *n.* salji. 雪。—*v.i.* jatuh sebagai salji. 雪般飘下。 **snowed under** diselubungi salji; dihujani ribuan surat, dsb. 用雪覆盖；信件如雪花般飞来。 **snowstorm** *n.* ribut salji. 暴风雪；雪暴。 **snowy** *a.* yang penuh salji; bersalji. 下雪的；多雪的。

**snowball** *n.* bola salji. 雪球。—*v.t./i.* melontar bola salji; menjadi besar atau hebat. 扔雪球；雪球般越滚越大。

**snowblower** *n.* jentera untuk membersihkan salji. 吹雪机。

**snowdrift** *n.* hanyutan salji. 雪堆；吹雪。

**snowdrop** *n.* sejenis pohon bunga. 雪花莲。

**snowflake** *n.* kepingan salji. 雪花。

**snowman** *n.* (*pl. -men*) patung salji. 雪人。

**snowplough** *n.* jentolak salji; alat membersihkan jalan daripada liputan salji. 雪犁；雪耙。

**snub**[1] *v.t.* (p.t *snubbed*) menolak (permintaan seseorang) dengan kasar. 断然拒绝。—*n.* penolakan sedemikian. 拒绝。

**snub**[2] *a.* (hidung) kemek; pesek. 鼻子扁平的；扁的。**~-nosed** *a.* hidung kemek; hidung pesek. 狮子鼻的；塌鼻梁的。

**snuff**[1] *n.* tembakau untuk dihidu. 鼻烟。

**snuff**[2] *v.t.* memadamkan (lilin). 弄熄烛火。**~ it** (*sl.*) mati. 死。**snuffer** *n.* pemadam (lilin). 烛花剪子。

**snuffle** *v.i.* bernafas dengan bising. 发声地吸气；抽鼻子。—*n.* bunyi sedemikian. 鼻塞声；抽鼻子声。

**snug** *a.* (*snugger, snuggest*) selesa; sendat. 温暖而舒适的；贴身的。**snugly** *a.* rapat-rapat. 整齐而紧密的；隐密的。

**snuggle** *v.t./i.* memeluk; mendakap. 紧抱；依偎；拥抱。

**so** *adv. & conj.* seperti ini; begini; begitu; sangat; oleh kerana itu; juga. 这么；那么；原来；很；非常；所以；因而；也。—*pron.* itu; benda yang sama. 这样；那样；如此。**~-and-so** *n.* si dia; (*colloq.*) orang yang tidak disukai. 某某人；如此这般；那个家伙。**~-called** *a.* yang kononnya. 所谓；称得上是…。**~ long!** (*colloq.*) selamat berpisah. 再见。**~-so** *a. & adv.* (*colloq.*) biasa sahaja. 勉勉强强的（地）；还可以的（地）。**~ that** supaya. 使得；以便。

**soak** *v.t./i.* merendam; meresap; menyerap; (*sl.*) memeras wang. 浸；使湿；渗透；榨取金钱。—*n.* proses merendam; (*sl.*) kaki botol. 浸；泡；酒鬼。

**soap** *n.* sabun. 肥皂。—*v.t.* menyabun. 涂肥皂。**~ opera** (*A.S. colloq.*) drama sentimental. 肥皂剧。

**soapstone** *n.* batu berwarna kelabu yang lembut dan licin. 皂石。

**soapsuds** *n.pl.* buih sabun. 肥皂泡沫。

**soapy** *a.* bersabun. 含肥皂的；如肥皂的；有肥皂味的。**soapiness** *n.* keadaan bersabun. 如肥皂般的油滑感觉。

**soar** *v.i.* terbang tinggi. 高飞；翱翔。

**sob** *n.* menangis teresak-esak. 啜泣；呜咽。—*v.t./i.* (p.t *sobbed*) meratap dan tersedu-sedu. 哭泣；呜咽地哭。

**sober** *a.* sedar diri (tidak mabuk); serius; (warna) tidak cerah. 未醉而清醒的；严肃的；颜色朴素的。—*v.t./i.* menjadi, menjadikan sedar diri. 使清醒；酒醒。**soberly** *adv.* dengan serius. 严肃地。**sobriety** *n.* keseriusan; keadaan siuman. 清醒；自制。

**sobriquet** *n.* nama gelaran. 绰号。

**soccer** *n.* (*colloq.*) bola sepak. 足球。

**sociable** *a.* suka bergaul. 爱交际的；善于交际的。**sociably** *adv.* dengan ramah-tamah. 和睦地；友善地。**sociability** *n.* sifat suka bergaul. 社交性；爱交际。

**social** *a.* sosial; kemasyarakatan. 社会的；交际的。—*n.* perkumpulan sosial. 社交聚会；联谊会。**~ science** sains kemasyarakatan. 社会科学。**~ security** bantuan kerajaan untuk yang miskin. 社会福利。**~ services** perkhidmatan kebajikan. 社会慈善救济事业。**~ worker** pekerja sosial atau kebajikan. 社会福利工作者；义工。**socially** *adv.* secara sosial. 社会上；交际上。

**socialism** *n.* sosialisme. 社会主义。**socialist** *n.* sosialis. 社会主义者。**socialistic** *a.* yang berkenaan dengan sosialisme. 社会主义的。

**socialite** *n.* orang yang terkenal atau terkemuka dalam golongan orang teratasan atau golongan kaya. 社会名流；社交界知名人士。

**socialize** *v.t./i.* menyusun menurut tatasosialisme; bergaul. 使社会化；参加社交活动。**socialization** *n.* penyusunan menurut sosialisme. 社会主义化。

**society** *n.* masyarakat. 社会。**Society of Friends** pengikut Quakers. 基督教公谊会。**Society of Jesus** kumpulan Jesuit. 天主教耶稣会。

**sociology** *n.* sosiologi; kajian kemasyarakatan. 社会学。 **sociological** *a.* yang berkenaan sosiologi. 社会学的。 **sociologist** *n.* pakar sosiologi. 社会学家。

**sock**[1] *n.* stoking pendek. 短袜。

**sock**[2] *v.t.* (*sl.*) tumbuk. 拳打；殴打。—*n.* (*sl.*) pukulan kuat. 拳打；击。

**socket** *n.* soket. 托座或孔穴；插座。 **socketed** *a.* yang bersoket. 有凹穴的；有托座或插座的。

**sockeye** *n.* sejenis ikan salmon. 红大麻哈鱼。

**sod** *n.* rumput. 方块草皮；草泥。

**soda** *n.* soda; air soda. 苏打；碳酸钠；苏打水。 **~water** *n.* air bergas. 苏打水；汽水。

**sodden** *a.* basah; kuyup. 浸透的；湿润的。

**sodium** *n.* sodium. 钠。 **~ lamp** lampu sodium. 钠蒸气灯。

**sofa** *n.* sofa. 沙发。

**soffit** *n.* bahagian bawah ambang pintu atau pintu gerbang. 拱腹。

**soft** *a.* (*-er, -est*) lembut; perlahan; banyak lemak; lembik; mudah dipengaruhi; berhati lembut; bodoh; tidak cerah atau berkilauan; (*sl.*) mudah; (minuman) ringan; (air) bebas daripada bahan galian; (dadah) tidak mungkin ketagih; (mata wang) kemungkinan jatuh harga. 软的；柔软的；声音柔和的；肌肉松弛的；软弱的；不坚强的；心软的；好心肠的；和蔼的；愚钝的；天气温和的；下雨的；工作轻松的；不含酒精的；无矿盐的；毒性不太强的；币值不稳定的；疲软的。 **~ fruit** buah yang tidak berbiji. 无核小果。 **~ option** pilihan yang mudah. 不难作出决定的选择。 **~-pedal** tidak menekankan sangat. 演奏时用减音踏板减弱音量；对某事不予张扬。 **~ spot** perasaan sayang. 感情上的弱点；性格上易受打动之处。 **softly** *adv.* dengan lembut. 柔软地；轻轻地；温和地。 **softness** *n.* kelembutan. 柔软；温柔；柔和。

**soften** *v.t./i.* melembutkan. 弄软；软化；变温和；使柔弱。 **softener** *n.* bahan pelembut. 软化剂。

**software** *n.* perisian; program komputer. 电脑软件；程序系统。

**softwood** *n.* kayu lembut. 软木材。

**soggy** *a.* (*-ier, -iest*) basah; lembap. 浸透的；潮湿的。 **sogginess** *n.* kelembapan. 湿透。

**soigné** *a.* (*fem. soignée*) kemas dan bergaya. 服式极讲究的；时髦的。

**soil**[1] *n.* tanah; tanah air seseorang. 土壤；泥土；土地；国土；故乡。

**soil**[2] *v.t./i.* menjadi kotor; mengotorkan. 弄污；弄脏；污损。

**soirée** *n.* parti sebelah petang untuk perbualan atau mendengar muzik. 晚上举行的社交聚会。

**sojourn** *n.* persinggahan. 逗留；寄居。—*v.i.* singgah. 逗留；寄居。

**solace** *v.t. & n.* menenangkan jiwa; sesuatu yang menghiburkan semasa dalam kesusahan. 困难或痛苦时的安慰物；慰藉；慰藉物。

**solar** *a.* yang berkenaan matahari. 太阳的；依太阳计算的。 **~ cell** sel suria. 太阳电池。 **~ plexus** plaksus solar; bahagian hulu hati; rangkaian. 心口；胃窝；腹腔神经丛。 **~ system** sistem suria. 太阳系。

**solarium** *n.* (*pl. -ia*) solarium; bilik atau anjung untuk menikmati cahaya matahari bagi tujuan perubatan, atau untuk keseronokan. 日光浴治疗室。

**sold** *lihat* **sell**. 见 **sell**。

**solder** *n.* logam pateri. 焊药；焊剂。 —*v.t.* pateri. 焊；用焊剂接合。 **soldering iron** besi pematerian. 焊铁；烙铁。

**soldier** *n.* askar. 军人；士兵。—*v.i.* menjadi askar. 当兵。 **~ on** (*colloq.*) meneruskan dengan sungguh-sungguh. 不屈不挠地坚持下去。 **soldierly** *a.* seperti askar. 军人似的；英勇的。

**soldiery** *n.* sepasukan tentera. (总称) 军人；军队。

**sole**[1] *n.* tapak kaki; tapak. 脚底；底。— *v.t.* memasang tapak pada. 装鞋底；换鞋底。

**sole**[2] *n.* ikan sisa Nabi. 舌鳎；板鱼。

**sole**[3] *a.* satu-satunya; kepunyaan seseorang atau kepunyaan kumpulan. 唯一的；单独的；个体的。**solely** *adv.* hanya. 独自；单独；单只。

**solecism** *n.* kesilapan penggunaan bahasa; kesilapan sosial. 违反文法；语法错误；举止失态。

**solemn** *a.* serius; formal dan berdarjat. 庄严的；庄重的；仪式隆重的。**solemnly** *adv.* dengan serius. 庄严地；隆重地。

**solemnity** *n.* keseriusan. 庄严；庄重；隆重。

**solemnize** *v.t.* merayakan; merasmikan. 举行仪式；使庄严；使隆重。**solemnization** *n.* perasmian. 举行典礼或仪式；庄严化。

**solenoid** *n.* solenoid; gelung wayar elektrik. 螺线管；圆筒形线圈。

**sol-fa** *n.* sistem suku kata dalam muzik (do, re, mi, dll.). 音调唱名法。

**solicit** *v.t./i.* memperoleh dengan meminta. 恳求；乞求；请求；教唆。**solicitation** *n.* tindakan sedemikian. 恳求；请求；征求。

**solicitor** *a.* peguam cara. 律师。

**solicitous** *a.* mengambil berat tentang sesuatu. 非常关心的；热心的。**solicitously** *adv.* dengan menunjukkan sikap ambil berat. 关切地；热心地。**solicitude** *n.* sikap ambil berat. 挂念；焦虑。

**solid** *a.* keras; berbentuk pejal; bukan cecair atau gas; padat; berterusan; berkenaan pepejal; berdimensi tiga; kukuh; boleh dipercayai. 坚固的；实心的；结实的；固体的；实质的；密实的；连续无间断的；实体的；立体的；财政稳固的；可靠的。—*n.* pepejal. 固体。**~-state** *a.* menggunakan transistor. 固态的。**solidly** *adv.* dengan kukuh. 坚固地；实质地。**solidity** *n.* kepejalan. 固态；硬度；强度。

**solidarity** *n.* perpaduan. 团结一致。

**solidify** *v.t./i.* menjadi keras. 使凝固；使坚固；固化。

**soliloquize** *v.i.* bercakap kepada diri sendiri. 自言自语；独语。

**soliloquy** *n.* percakapan pada diri sendiri. 自言自语；喃喃自语；戏剧独白。

**solitaire** *n.* batu permata tunggal; sejenis permainan; (*A.S.*) sejenis permainan kad yang dimainkan berseorangan. 独粒宝石的首饰；单人跳棋；单人纸牌戏。

**solitary** *a.* seorang diri; satu sahaja; lengang; sepi. 独个儿的；独自的；人烟稀少的；冷落的；寂寞的。—*n.* orang yang bersendiri. 独居的人；孤独的人。

**solitude** *n.* keadaan bersendiri. 独居；孤独；单独。

**solo** *n.* (pl. *-os*) solo; muzik untuk satu alat muzik atau satu suara; persembahan atau penerbangan seorang diri, dsb. 独奏曲；独奏；独唱；单人舞；单飞。—*a.* bersendiri. 独奏的；独唱的；单人表演的。

**soloist** *n.* penyanyi atau pemuzik solo. 独唱者；独奏者。

**solstice** *n.* solstis; masa (lebih kurang 21 Jun dan 22 Disember) atau titik ketika matahari berada paling jauh dari bumi. 至；至日（夏至在六月廿一日；冬至在十二月廿二日）。

**soluble** *a.* dapat dilarutkan (seperti gula di dalam air). 可溶解的（如糖于水中）；易溶解的。**solubility** *n.* keterlarutan. 溶性；溶解度。

**solution** *n.* larutan; cecair campuran pepejal yang telah larut; proses pepejal larut dalam cecair; proses penyelesaian; jawapan. 溶液；溶解；溶化过程；解决问题的过程；解决办法；解式；解答。

**solvable** *a.* dapat diselesaikan. 可解释的；可解决的。

**solve** *v.t.* mencari penyelesaian. 解决问题;解答;调停。 **solver** *n.* penyelesai. 解决办法;解答者;调停人。

**solvent** *a.* berupaya menyelesaikan segala hutang; dapat melarutkan bahan lain. 有偿还能力的;有溶解力的;溶剂的。 —*n.* cecair yang digunakan untuk melarutkan bahan lain. 溶剂;溶媒。 **solvency** *n.* keupayaan menyelesaikan segala hutang. 偿付能力。

**somatic** *a.* berkenaan tubuh badan. 身体的;肉体的;生理的。

**sombre** *a.* redup; suram. 幽暗的;阴沉的;忧郁的。 **sombrely** *adv.* dengan suram. 阴沉地;忧郁地。

**sombrero** *n.* (*pl. -os*) topi lelaki yang bertepi lebar. 阔边帽。

**some** *a.* beberapa; sejumlah yang tidak pasti; tidak bernama; tidak diketahui; kuantiti yang agak banyak; lebih kurang; (*sl.*) istimewa. 若干的;一些的;某一的;某地方的;不少的;相当的;大约的;说不上的;了不起的;惊人的。 —*pron.* setengah-setengah (orang, benda). 一些(人或东西);有些。

**somebody** *n. & pron.* seseorang yang tidak dapat dipastikan; orang terkenal. 某人;有人;要人;大人物。

**somehow** *adv.* dengan cara yang tidak dapat dipastikan atau tidak mengira cara; dengan apa cara sekalipun. 由于某种因素;不知怎么地;用某种方法;设法地。

**someone** *n. & pron.* seseorang. 某人;有人。

**somersault** *n. & v.i.* balik kuang; menjungkir balik. 筋斗;翻筋斗。

**something** *n. & pron.* sesuatu benda; benda yang penting atau terpuji. 某事;某物;有些事物;重要事物或人。 ~ **like** lebih kurang seperti. 略似;有点像。

**sometime** *a. & adv.* bekas. 从前(的);以前(的)。

**sometimes** *adv.* kadang-kadang. 有时;间或;不时。

**somewhat** *adv.* agak. 有几分;有点儿。

**somewhere** *adv.* di satu tempat yang tidak dapat ditentukan. 在某处;某处;到某处。

**somnambulist** *n.* orang yang berjalan dalam tidur. 梦游者;患梦游症者。

**somnolent** *a.* mengantuk; sedang tidur. 瞌睡的;困倦的;催眠的。 **somnolence** *n.* keadaan mengantuk. 瞌睡;困倦;催眠。

**son** *n.* anak lelaki. 儿子。 ~**-in-law** *n.* (*pl. sons-in-law*) menantu lelaki. 女婿。

**sonar** *n.* sonar; alat pengesan di dalam air dengan menggunakan gelombang bunyi. 声纳;水下波声探测系统。

**sonata** *n.* sonata. 奏鸣曲;大曲。

**sonatina** *n.* sonatina. 小奏鸣曲。

**song** *n.* lagu; muzik untuk nyanyian. 歌唱;声乐;歌;歌曲。 **going for a ~** dijual dengan harga yang sangat murah. 贱价抛售。

**songbird** *n.* burung yang pandai menyanyi. 鸣鸟;鸣禽。

**songster** *n.* penyanyi; burung berlagu. 歌手;歌女;鸣禽。

**sonic** *a.* berkenaan gelombang bunyi. 音波的;音速的。

**sonnet** *n.* soneta; sajak empat belas baris. 商籁体;十四行诗。

**sonny** *n.* (*colloq.*) panggilan tidak formal untuk budak lelaki atau jejaka. 宝宝;孩子(对小男孩或年轻人的亲密称呼)。

**sonorous** *a.* bergema. 有反响的;声音宏亮的。

**soon** *adv.* (*-er, -est*) tidak lama lagi; awal. 不久;即刻;立刻;早;快。 **sooner or later** lambat-laun; suatu masa nanti. 迟早;早晚。

**soot** *n.* jelaga. 煤烟;煤灰;油烟。 **sooty** *a.* berjelaga. 满是煤烟的;被油烟覆盖的。

**soothe** *v.t.* tenang; melegakan (penyakit). 使镇定;使平静;使减轻;缓和。

**soothing** *a.* melegakan; menenangkan. 安

慰性的;起镇定作用的;减轻痛苦的。**soothingly** *adv.* dengan melegakan atau menenangkan. 起镇定作用地;抚慰地。

**soothsayer** *n.* peramal; ahli nujum. 预言者;占卜者。

**sop** *n.* roti yang dicelupkan ke dalam cecair sebelum dimakan atau dimasak; sesuatu yang diberikan untuk mengelakkan rasa tidak puas hati atau supaya tiada kekacauan. 泡在牛奶、汤等中的面包片;为安抚或贿赂刁难者而发给的东西。—*v.t.* (p.t. *sopped*) mencelupkan ke dalam cecair. 把面包片浸在水中。

**sophism** *n.* sofisme; kaedah berhujah yang licik. 诡辩;诡辩法。**sophist** *n.* sofis; orang yang menggunakan sofisme. 诡辩家。

**sophisticated** *a.* canggih; sofistikated. 老于世故的;矫揉造作的;老练的;深奥微妙的;复杂的;尖端的。**sophistication** *n.* keadaan sofistikated. 老于世故;丧失天真;诡辩;复杂性;精密性。

**sophistry** *n.* dalil yang bijak tetapi mungkin mengelirukan. 诡辩法;似是而非的论证。

**sophomore** *n.* (*A.S.*) pelajar tahun dua di kolej atau universiti. (美国)中学、大学的二年级学生。

**soporific** *a.* berkemungkinan menyebabkan mengantuk. 催眠的。—*n.* ubat tidur. 催眠剂。

**sopping** *a.* basah kuyup. 湿透的;浸透的。

**soppy** *a.* (-*ier*, -*iest*) basah kuyup; (*colloq.*) terlalu sentimental. 浸透的;潮湿的;感情过于脆弱的。

**soprano** *n.* (pl. -*os*) soprano. 女高音;高音部。

**sorbet** *n.* air batu bersirap. 果汁冰水。

**sorcerer** *n.* ahli sihir. 男巫师;术士。
**sorceress** *n. fem.* ahli sihir (perempuan). 女巫;女术士。**sorcery** *n.* sihir. 巫术;邪术;魔术。

**sordid** *a.* kotor; (niat) buruk. 肮脏的;破烂的;卑鄙的;心地不良的。**sordidly** *adv.* dengan kotor. 肮脏地;卑鄙地。
**sordidness** *n.* kekotoran. 肮脏;卑鄙。

**sore** *a.* (-*er*, -*est*) sakit akibat luka atau penyakit; (*old use*) serius; malang; kerunsingan. 因受伤而疼痛的;发炎的;严重的;剧烈的;极度的;令人烦恼的;动辄发脾气的。—*n.* tempat yang sakit; sumber kegusaran. 伤处;疮肿;身心或精神上的痛处;伤心事。
**sorely** *adv.* dengan sakit. 疼痛地;痛心地。**soreness** *n.* kesakitan. 疼痛;伤心事。

**sorghum** *n.* betari; tumbuhan bijirin tropika. 高粱;蜀黍。

**sorrel**¹ *n.* sejenis herba. 酸模。

**sorrel**² *n.* warna coklat kemerahan yang cerah; warna tengguli. 红褐色;栗色。

**sorrow** *n.* kesedihan; perkara yang menyedihkan. 悲哀;忧伤;伤心事;悲哀的理由。—*v.i.* bersedih; berhiba. 悲哀;伤痛;遗憾。**sorrowful** *a.* yang sedih. 伤心的;悲伤的;令人伤痛的。**sorrowfully** *adv.* dengan sedih. 伤心地;悲痛地。

**sorry** *a.* (-*ier*, -*iest*) kasihan; menyesal; meminta maaf; (keadaan) menyedihkan. 难过的;后悔的;抱歉的;对不起的。

**sort** *n.* jenis; (*colloq.*) orang yang berwatak tertentu. 种类;类别;某种人或物。—*v.t.* mengasingkan mengikut jenis. 分类;整理。**out of sorts** kurang sihat; gusar. 身体不适;精神不好。

**sortie** *n.* serangan sambil keluar dari kepungan; penerbangan oleh kapal terbang dalam sesuatu operasi tentera. 突围;战机出动的架次。

**SOS** SOS; isyarat antarabangsa dalam keadaan bahaya. 国际求救讯号;失事讯号。—*n.* rayuan tiba-tiba untuk pertolongan segera. 紧急求救的呼吁。

**sot** *n.* kaki botol; pemabuk. 酒鬼。

*sotto voce* dengan suara rendah. 低声地;轻声地。

**soufflé** *n.* sejenis makanan yang dibuat dengan putih telur. 乳蛋松糕。

**sought** *lihat* **seek**. 见 **seek**。

**souk** *n.* kawasan pasar di negara-negara Arab, dsb. 阿拉伯等地的露天市场。

**soul** *n.* jiwa; nyawa; roh; sukma kerohanian; memberi ciri-ciri manusia; corak (kejujuran); orang; kebudayaan kaum Kulit Hitam Amerika. 魂；生命；灵魂；心灵；精神；化身；(诚实等) 本性；品质；人；美国黑人文化特征。**~ music** sejenis muzik jazz yang penuh perasaan. 节奏极强的爵士灵歌。

**soulful** *a.* menunjukkan perasaan yang mendalam. 深情的；热情的。**soulfully** *adv.* dengan perasaan yang mendalam. 深情地；热情地。

**soulless** *a.* tidak berperasaan; membosankan. 无情的；没有表情的；枯燥乏味的。

**sound**[1] *n.* bunyi. 声；响；声音。—*v.t./i.* membunyikan; mengucapkan; menuturkan. 鸣；响；发声音；弄响；宣告；用语言表达。**~ barrier** batasan bunyi; tekanan udara yang kuat, kepada benda yang bergerak hampir selaju bunyi. 音障；声障。**sounder** *n.* alat bunyi. 发声物；发声器。

**sound**[2] *a.* (*-er, -est*) sihat; sempurna; baik; kukuh; betul; berwibawa; rapi. 健康的；健全的；完好的；牙齿没有腐烂的；坚固的；正确的；稳健的；有能力的；正派的；正统的。—*adv.* dengan baik. 健全地；完好地；充分地。

**soundly** *adv.* dengan baik. 健全地；完好地；稳健地。**soundness** *n.* kebaikan. 健全；完好；稳健。

**sound**[3] *v.t.* menguji kedalaman atau keadaan dasar (sungai atau laut); memeriksa. 用锤等探测河、海的深度；试探意见；(用探针) 检查。**sounder** *n.* alat penguji. 探测器。

**sound**[4] *n.* selat. 海峡；海湾。

**sounding-board** *n.* bod suara; papan untuk memantul bunyi atau menambah gema. 共鸣板；响板。

**soundproof** *a.* kalis bunyi. 隔音的。—*v.t.* mengalis bunyi. 给⋯隔音。

**soup** *n.* sup. 汤；羹；浓汤般的东西。—*v.t.* **~ up** (*colloq.*) menambah kuasa enjin. 加大机器的马力。**in the ~** (*sl.*) dalam kesusahan. 在困境中；陷于尴尬境地。**~-kitchen** *n.* tempat memberi makanan percuma kepada yang miskin. 救济贫民、灾民等的施食处。

**soupcon** *n.* sedikit. 些许；少量。

**sour** *a.* (*-er, -est*) masam; tidak segar; basi; (tanah) berlebihan asid; bengis; kepala angin. 酸的；带酸味的；酸败的；败坏的；(土壤) 酸性的；脾气乖戾的；乖张的。—*n.* minuman masam. 酸味饮料。—*v.t./i.* menjadi atau menjadikan masam. 酸败；弄酸；使酸腐。**sourly** *adv.* dengan masam. 酸溜溜地。**sourness** *n.* rasa masam; kemasaman. 酸味；酸性。

**source** *n.* sumber. 水源；源头；来源；根源。

**sourpuss** *n.* (*sl.*) perengus; orang yang kepala angin. 整天绷着脸的人；脾气或性格乖戾的人。

**souse** *v.t.* menjeruk; membasahkan. 浸；泡；腌渍；盐渍。

**soutane** *n.* jubah paderi Roman Katolik. 天主教祭师的法衣。

**south** *n.* selatan. 南；南方；南部。—*a.* di selatan; (angin) dari selatan. 在南方的；南方的；风吹自南方的。—*adv.* ke arah selatan. 向南；向南方。**~-east** *n.* tenggara. 东南方；东南部。**~-easterly** *a. & n.* tenggara. 东南风(的)；向东南方向(的)。**~-eastern** *a.* tenggara. 东南的；东南方的；东南部的。**~-west** *n.* barat daya. 西南；西南方；西南部。**~-westerly** *a. & n.* barat daya. 西南风(的)；向西南方(的)。**~-western** *a.* barat daya. 西南的；西南方的；西南部的。

**southerly** *a.* ke arah selatan atau bertiup dari selatan. 吹向南方的；吹自南方的；南风的。

**southern** *a.* yang berkenaan dengan selatan. 南部的；南方的。

**southerner** *n.* orang selatan. 南方人；居住在南方的人。

**southernmost** *a.* yang di hujung kawasan selatan. 南端的；极南的。

**southpaw** *n.* (*colloq.*) orang kidal. 左撇子。

**southward** *a.* yang ke arah selatan. 向南的；朝南的。 **southwards** *adv.* ke arah selatan. 向南；朝南。

**souvenir** *n.* cenderamata. 纪念品；纪念礼物。

**sou'wester** *n.* topi tahan air. 雨帽。

**sovereign** *n.* raja; duit syiling emas British. 君主；元首；主权者；英国金磅。 —*a.* agung; berdaulat; mujarab. 君主的；元首的；有主权的；拥有最高权力的；极有效的。 **sovereignty** *n.* kedaulatan. 主权；统治权。

**soviet** *n.* majlis terpilih di Rusia. 俄罗斯的苏维埃代表会。 **Soviet** *a.* berkenaan Rusia. 苏维埃的。

**sow**[1] *v.t.* (p.t. *sowed*, p.p. *sowed* atau *sown*) menabur benih; menanam semangat. 播种；撒种；激起不满情绪；煽动。 **sower** *n.* tukang tabur benih. 播种者；播种机；散布不满情绪者；煽动者。

**sow**[2] *n.* khinzir betina dewasa. 大母猪；牝猪。

**soy** *n.* kacang soya. 大豆；黄豆。

**soya** *n.* ~ **bean** kacang soya. 大豆；黄豆。

**sozzled** *a.* (*sl.*) mabuk. 烂醉如泥的。

**spa** *n.* spa; mata air yang mempunyai bahan galian yang baik untuk kesihatan. 有治病功能的矿泉；温泉疗养地。

**space** *n.* ruang; ruang kosong; ruang angkasa; tempoh. 空地；空白；余地；太空；空间；一段时间。 —*v.t.* menjarakkan. 把…隔开；分隔。

**spacecraft** *n.* (pl. *-craft*) pesawat angkasa. 航天器；宇宙飞船。

**spaceship** *n.* kapal angkasa. 航天器；宇宙飞船；太空船。

**spacious** *a.* luas; lapang. 宽敞的；广阔的；广大的。 **spaciousness** *n.* keadaan lapang. 宽敞；广阔。

**spade**[1] *n.* penyodok. 铲；锹。

**spade**[2] *n.* daun sped; salah satu daun terup. 黑桃牌。

**spadework** *n.* kerja permulaan. 艰难的基本工作。

**spaghetti** *n.* spageti; sejenis pasta atau mi. 意大利通心粉。

**span**[1] *n.* jarak; jarak di antara hujung ibu jari dengan hujung kelengkeng apabila dibuka luas; jarak di antara dua tiang (gerbang, jambatan). 全长；距进；一拃（手指张开时，拇指尖至小指尖的长度）；两个支点间的距离；桥或拱门的跨度。 —*v.t.* (p.t. *spanned*) menjengkal; merentangi. 以指距量；横跨；跨越。

**span**[2] *lihat* **spick.** 见 **spick**。

**spandrel** *n.* ruang di antara gerbang yang bercantum dengan kumai. （建筑）拱上空间；上下层窗空间。

**spangle** *n.* labuci; manik. （衣服上装饰用的）闪光小金属片；小金箔。 —*v.t.* memasang labuci atau manik. 用小金属片装饰。

**Spaniard** *n.* orang Sepanyol. 西班牙人。

**spaniel** *n.* sejenis anjing. 猡。

**Spanish** *a.* & *n.* (bahasa) Sepanyol. 西班牙（的）；西班牙语（的）。

**spank** *v.t.* memukul; menampar. 打屁股；拍击。

**spanker** *n.* sejenis layar kapal. 后樯纵帆。

**spanking** *a.* (*colloq.*) pantas. 疾行的；飞跑的。

**spanner** *n.* spanar. 扳钳；扳手。

**spar**[1] *n.* tiang (kapal). 船桅、衍等圆材。

**spar**[2] *n.* sejenis galian yang mudah pecah. 不含金属成分的晶石。

**spar**[3] *v.i.* (p.t *sparred*) (berlatih) meninju; bergaduh; bertengkar. 轻拳出击；争吵；争论；对骂。

**spare** *v.t./i.* membebaskan daripada melukakan atau mencederakan; dapat memberi. 不伤害；饶恕；抽出时间；让给。—*a.* (barang) simpanan atau ganti; kurus; sedikit. 剩下的；备用的；多余的；瘦的；少量的。—*n.* barang ganti yang disimpan. 备用品；备用的零件。

**sparely** *adv.* dengan hemat. 省用地。

**spareness** *n.* penjimatan. 节约；俭省。

**sparing** *a.* berjimat. 节省的；爱惜的。

**spark** *n.* percikan api; bibit. 火花；火星。—*v.t./i.* mengeluarkan percikan api. 发火花；使闪光。**spark(ing)-plug** *n.* palam pencucuh. 火花塞。~ **off** mencetuskan. 引起。

**sparkle** *v.i.* bersinar; bercahaya; menunjukkan kepintaran atau kecergasan. 闪闪发光；闪烁；闪耀；展露才华；才智；焕发。—*n.* cahaya gemilang atau terang. 火花；闪光；光彩。

**sparkler** *n.* bunga api. 烟火；闪亮的东西。

**sparkling** *a.* berbuih-buih kerana gas (dalam wain). （酒类）起泡沫的。

**sparrow** *n.* burung pipit. 麻雀。

**sparrowhawk** *n.* helang kecil. 鹞；食雀鹰。

**sparse** *a.* jarang. 稀少的；稀疏的。

**sparsely** *adv.* jarang-jarang. 稀少地；稀疏地。**sparseness** *n.* kejarangan. 稀少；稀疏。**sparsity** *n.* keadaan jarang-jarang. 稀薄；贫乏。

**spartan** *a.* (keadaan) susah atau tiada kemudahan. 生活状况简朴而艰苦的。

**spasm** *n.* kekejangan; sekali-skala. 痉挛；抽搐；一阵发作。

**spasmodic** *a.* yang berkenaan dengan kekejangan; rasa sakit yang tiba-tiba. 痉挛的；抽搐的；间歇的；阵发性的。**spasmodically** *adv.* dengan sekali-sekala; sekejap-sekejap. 间歇地；阵发性地。

**spastic** *a.* spastik; cacat kerana penyakit palsi serebrum. 痉挛的；患脑麻痹的。—*n.* orang yang cacat sedemikian. 患痉挛者；患脑麻痹者。**spasticity** *n.* keadaan spastik. 痉挛。

**spat**[1] *lihat* **spit**[1]. 见 **spit**[1]。

**spat**[2] *n.* sejenis sarung kaki. 鞋罩。

**spate** *n.* banjir kilat. 河水猛涨。

**spathe** *n.* sejenis kelopak bunga. 佛焰苞。

**spatial** *a.* berkenaan ruang. 空间的；在空间存在或发生的。**spatially** *adv.* dari segi ruang. 空间性上；受空间条件限制地。

**spatter** *v.t./i.* memercikkan; terpercik. 溅；泼；洒；溅污。—*n.* renjisan; bunyi percikan. 泼溅的污迹；滴滴嗒嗒声；水溅声。

**spatula** *n.* sudip; spatula; alat perubatan untuk menekan lidah. 抹刀；刮铲；压舌片。

**spatulate** *a.* dengan hujung yang lebar dan bulat. 抹刀形的；刮铲状的。

**spavin** *n.* bengkak pada sendi di kaki belakang kuda. 跗节内肿；马腿瘤。

**spawn** *n.* telur ikan, katak atau kerang; (*derog.*) anak; bahan yang menumbuhkan kulat. （鱼、蛙等水生动物的）卵；小子；小畜生；菌丝。—*v.t./i.* meninggalkan telur sedemikian; beranak dari telur sedemikian; menghasilkan. 产卵；生子；大量生产。

**spay** *v.t.* memandulkan dengan membuang ovari. 割去卵巢。

**speak** *v.t.* (p.t. *spoke*, p.p. *spoken*) bercakap; berkata; katakan; ucapkan; menjadi bukti sesuatu. 说；讲；声明；表明；陈述；演讲；证明。

**speaker** *n.* penceramah; pengucap; alat pembesar suara. 演说者；发言者；扩音器；扬声器。**Speaker** Speaker Dewan Rakyat. 下议院议长。

**spear** *n.* lembing; tombak batang tajam. 矛；长枪。—*v.t.* melembing; menombak. 用（矛、枪）戳；用（鱼叉）叉。

**spearhead** *n.* teraju; bahagian depan sesuatu serangan. 矛头；前锋；先锋；先头部队。—*v.t.* menerajui. 当…的先锋。

**spearmint** *n.* sejenis pudina. 绿薄荷；留兰香。

**spec** *n.* on ~ (*colloq.*) sebagai ramalan; tidak pasti. 投机；冒险。

**special** *a.* istimewa. 特别的；特殊的；专用的；特设的。**specially** *adv.* khusus; terutamanya. 特别地；专门地；尤其。

**specialist** *n.* pakar dalam sesuatu bidang, terutamanya bidang perubatan. 专家；专科医生。

**speciality** *n.* kualiti, barang atau aktiviti yang istimewa. 特性；特质；特制品；专长。

**specialize** *v.t./i.* menjadi ahli atau pakar dalam sesuatu lapangan; mengkhusus. 成为专家；专攻；使专门化。**specialization** *n.* pengkhususan. 特殊化；专门化。

**species** *n.* (*pl. species*) spesies; golongan binatang atau tumbuhan yang mempunyai sifat yang sama jenis. 种类；物种。

**specific** *a.* tepat dan khusus. 详细而精确的；特殊的；专门的。—*n.* aspek atau pengaruh yang khusus; penawar bagi penyakit tertentu. 有特定用途或影响的东西；特效药。~ **gravity** graviti tentu; nisbah antara berat sesuatu barang dengan berat air atau udara yang sama isipadu dengannya. 比重。**specifically** *adv.* dengan khususnya. 明确地；特殊地。

**specification** *n.* tentuan; spesifikasi; butir-butir atau arahan untuk membuat sesuatu benda. 规范；规格；指定；详细说明；说明书。

**specify** *v.t.* menentukan; memberikan butir-butir tertentu. 指定；详述；载明。

**specimen** *n.* spesimen; contoh; sesuatu atau sebahagian daripada sesuatu yang diambil sebagai contoh untuk dikaji dan diuji. 标本；样品；待实验的东西。

**specious** *a.* seolah-olahnya betul tetapi sebenarnya tidak. 似是而非的。**speciously** *adv.* dengan cara yang nampaknya benar tetapi tidak sedemikian. 似真似假地；似是而非地。**speciousness** *n.* perihal sesuatu yang nampak seolah-olah benar. 似是而非。

**speck** *n.* tanda atau bintik kecil. 斑点；污点。

**speckle** *n.* tanda atau bintik yang semula jadi. 斑点；斑纹。**speckled** *a.* berbintik. 有斑点的；有小点的。

**specs** *n.pl.* (*colloq.*) cermin mata. 眼镜。

**spectacle** *n.* pandangan yang mempesonakan; pertunjukan; (*pl.*) cermin mata. 奇观；奇景；景象；公开展示；展览物；眼镜。

**spectacular** *a.* menakjubkan. 惊人的；蔚为奇观的。—*n.* pertunjukan yang hebat. 盛大的场面；引人入胜的表演或展览。**spectacularly** *adv.* dengan cara yang menakjubkan. 壮盛地；轰动地。

**spectator** *n.* penonton. 观众；旁观者。

**spectral** *a.* yang mengenai atau seperti hantu; yang berkenaan dengan spektrum. 幽灵的；似鬼的；光谱的。

**spectre** *n.* hantu; perasaan takut. 鬼；幽灵；忧惧。

**spectroscope** *n.* spektroskop; alat untuk menghasilkan dan meneliti spektrum. 分光镜；分光器。

**spectrum** *n.* (*pl. -tra*) spektrum. 光、波、能等的谱。

**speculate** *v.i.* mengagak; membeli dengan harapan membuat untung tetapi menanggung risiko kerugian. 推测；臆测；猜测；投机买卖。**speculation** *n.* spekulasi. 推测；臆测；投机买卖。**speculator** *n.* orang yang membuat spekulasi. 臆测者；投机者。**speculative** *a.* mengenai spekulasi. 推理的；投机性质的。

**speculum** *n.* sejenis alat perubatan yang digunakan untuk melihat liang-liang pada badan. 诊察器；检窥器。

**sped** *lihat* **speed**. 见 **speed**。

**speech** *n.* kebolehan, gaya atau cara bertutur; pertuturan; ucapan, terutamanya di depan penonton; bahasa; loghat. 说话能力或方式；言语；说话；谈话；方言；民族语言。

**speechify** *v.i.* (*colloq.*) membebel; mengomel; merepek. 滔滔不绝地演说；高谈阔论。

**speechless** *a.* terdiam; tidak dapat bercakap kerana dilanda perasaan. 无言的；因激动、盛怒而说不出话来的。

**speed** *n.* kepantasan; kelajuan. 迅速；速度。—*v.t./i.* (p.t. *sped*) memecut; membuat dengan cepat; (p.t. *speeded*) bergerak dengan kelajuan yang salah di sisi undang-undang atau berbahaya. 催；速进；急行；违法或不顾危险地超速驾驶。 **~up** memecut; mencepatkan. 加快速度；加紧做；加快。**~up** *n.* pencepatan. 增速；加速。

**speedboat** *n.* motobot yang laju. 快艇。

**speedometer** *n.* penunjuk atau meter laju. 速度计；里程计。

**speedway** *n.* jalan atau lorong untuk memandu dengan pantas; litar perlumbaan motor atau kereta. 高速车道；赛车跑道。

**speedwell** *n.* sejenis tumbuhan liar yang berbunga biru kecil. 婆婆纳；草本威灵仙属植物。

**speedy** *a.* (-ier, -iest) yang dilakukan atau yang terjadi dengan pantas. 迅速的；敏捷的；进步神速的。**speedily** *adv.* perihal kepantasan. 迅速地；立即作出地。**speediness** *n.* kepantasan. 迅速。

**speleology** *n.* pengkajian mengenai gua. 洞穴学。**speleological** *a.* yang berhubungan dengan kajian gua. 洞穴学的；洞穴学上的。**speleologist** *n.* orang yang mengkaji gua. 洞穴学家。

**spell**[1] *n.* kata-kata atau ayat yang kononnya mempunyai kuasa ghaib; mantera; jampi; sihir. 符咒；咒语；魔力；诱惑力。

**spell**[2] *v.t./i.* (p.t. *spelt*) mengeja; (akan) mengakibatkan. 拼写；招到；带来。**~out** mengeja dengan kuat; menjelaskan. 费力地读出；清楚地说出。**speller** *n.* orang yang mengeja. 拼字者。

**spell**[3] *n.* jangka waktu. 一段时间；轮值时间。—*v.t.* kerja bergilir-gilir. 轮班；轮替。

**spellbound** *a.* terpukau; terpesona. 着了迷的；入迷的；出神的。

**spelt**[1] *lihat* **spell**[2]. 见 **spell**[2]。

**spelt**[2] *n.* sejenis gandum. 斯佩耳特小麦。

**spencer** *n.* sejenis pakaian dalam wanita. 女式针织短外衣。

**spend** *v.t.* (p.t. *spent*) membelanjakan wang untuk membeli sesuatu; digunakan untuk tujuan tertentu. 用钱；花费；消磨时间；消耗。**spender** *n.* orang yang membelanjakan wang. 用钱者；花费者。

**spendthrift** *n.* pemboros. 浪费者；乱花钱的人。

**spent** *lihat* **spend**. 见 **spend**。

**sperm** *n.* (pl. *sperms* atau *sperm*) benih jantan; air mani; sperma. 精子；精液。 **~ whale** sejenis ikan paus yang besar. 抹香鲸。

**spermatozoon** *n.* (pl. -*zoa*) spermatozoon; sperma. 精子。

**spermicidal** *a.* pembunuh sperma. 杀精子的。

**spew** *v.t./i.* muntah. 呕吐；呕出。

**sphagnum** *n.* sfagnum; lumut yang tumbuh di paya. 水藓；水苔。

**sphere** *n.* benda yang berbentuk bulat seperti bola; sfera. 球；球体；圆体；球形。

**spherical** *a.* berbentuk seperti sfera. 圆球形的。

**sphincter** *n.* otot yang mengawal liang di badan. 括约肌。

**sphinx** *n.* binatang yang bersayap dalam mitos orang Greek; patung batu di negeri Mesir yang berbadan seperti singa dan berkepala manusia atau binatang lain; orang yang merahsiakan fikiran dan tujuannya. 希腊神话中的有翼狮身女面怪物；埃及的狮身人面像；谜似的怪人；不泄露自己思想或意愿的人。

**spice** *n.* rempah dan perasa. 香料；调味料；香味。—*v.t.* memberi perasa dengan rempah. 加香料于；使增添趣味。

**spicy** *a.* yang dibubuh rempah. 含有香料的。

**spick** *a.* **~ and span** bersih dan kemas. 清洁而整齐的; 崭新的。

**spider** *n.* labah-labah. 蜘蛛。 **spidery** *a.* (tulisan) yang panjang dan halus. 笔划细长的。

**spiel** *n.* (*sl.*) percakapan yang panjang; kelentong. 招揽生意时流利夸张的讲话。

**spigot** *n.* pemalam; katup atau injap. 塞子; 栓; 放液嘴; 龙头。

**spike** *n.* hujung atau mata yang tajam. 尖端; 尖铁。 —*v.t.* memasang paku; memaku; mencucuk; (*colloq.*) mencampurkan bahan alkohol ke dalam minuman. 打上针子; 用钉子钉; 用尖端穿过; 戳; 渗入烈酒。 **~ a person's guns** menghalang; mengecewakan seseorang. 破坏计划; 挫败某人。 **spiky** *a.* mempunyai hujung yang tajam. 有尖端的; 有尖钉的。

**spikenard** *n.* pohon kayu wangi yang tinggi. 甘松。

**spill**[1] *n.* kayu atau kertas yang digunakan untuk memindahkan api. 引火的纸捻儿; 引柴。

**spill**[2] *v.t./i.* (p.t. *spilt*) melimpah-ruah. 溢出; 溅出。 —*n.* jatuh. 摔下; 跌下。 **~ the beans** (*sl.*) membocorkan maklumat tanpa berhemat-hemat. 泄漏秘密; 说漏嘴。 **spillage** *n.* tumpahan. 溢出; 溢出量。

**spin** *v.t./i.* (p.t. *spun*, pres.p. *spinning*) berpusing pada paksi; memintal bulu untuk dijadikan benang. 旋转; 使陀螺打转; 纺绩 (毛、棉等)。 —*n.* putaran; memandu sekejap untuk keseronokan. 旋转; 自转; 开车兜兜风。 **~-drier** *n.* pengering putar; alat yang menggunakan daya emparan untuk mengeringkan benda yang diletak di dalamnya. 旋转式脱水机。 **~-off** *n.* keluaran sampingan. 副产品; 派生产品。 **~ out** memanjangkan. 延长; 拉长。 **spinner** *n.* orang yang memutar atau memusingkan. 旋工; 纺纱工人。

**spina bifida** kecacatan pada tulang belakang, yang menjadikan selaputnya menonjol. 脊柱裂。

**spinach** *n.* sayur bayam. 菠菜。

**spinal** *a.* mengenai tulang belakang. 脊的; 脊柱的; 脊髓的。

**spindle** *n.* alat untuk menggulung benang; gelendong; pokok beri yang buahnya berwarna merah jambu atau merah. 纺锤; 线轴; (机器的) 主轴; 卫矛。

**spindly** *a.* terlalu panjang; tinggi dan kurus. 细长而不结实的; 瘦长而虚弱的。

**spindrift** *n.* buih air di permukaan laut. 海面的浪花; 浪沫。

**spine** *n.* tulang belakang; duri yang terdapat pada tumbuh-tumbuhan dan binatang; tulang belakang buku. 脊椎; 脊骨; 针; 刺; 棘状突起刺; 书脊; 书背。

**spineless** *a.* tidak mempunyai tulang belakang; lemah dan tidak bersemangat. 无脊骨的; 无决断力的; 没有骨气的。

**spinet** *n.* sejenis piano lama. 键琴。

**spinnaker** *n.* layar besar yang berbentuk segi tiga pada tiang perahu perlumbaan. 赛艇的大三角帆。

**spinneret** *n.* organ dalam ulat atau labah-labah yang menghasilkan benang sutera. 蚕、蜘蛛等的吐丝器。

**spinney** *n.* (pl. *-eys*) semak. 树丛; 灌木林。

**spinning-wheel** *n.* roda pintal; alat untuk memutarkan serat menjadi benang. 手纺车。

**spinster** *n.* perempuan yang belum berkahwin. 未婚女子; 老处女。

**spiny** *a.* penuh dengan duri-duri yang tajam. 多刺的; 有刺的。

**spiral** *a.* berpusar; berpilin. 螺旋形的; 盘旋的; 蜷线的。 —*n.* garis atau benda yang berpilin. 螺线; 螺旋形物。 —*v.i.* (p.t. *spiralled*) berpusar; berlingkar-lingkar. 盘旋;螺旋上升或降落。**spirally** *adv.* yang bergelung. 螺旋形地;盘旋地。

**spire** *n.* menara yang tinggi, terutamanya di gereja. 尖顶;教堂塔尖。

**spirit** *n.* jiwa; nyawa; batin manusia; roh. 精神;生命;心灵;灵魂;幽灵;鬼怪。**the Spirit** Roh Kudus; (*pl.*) perasaan seseorang (gembira, runsing, dsb.); (*pl.*) minuman alkohol yang kuat. 圣灵;上帝;情绪;心情;兴致;醇;酒精。—*v.t.* pergi dengan cepat dan senyap-senyap. 迅速而神秘地带走;拐去。**~-lamp** *n.* lampu yang menggunakan bahan api spirit. 酒精灯。**~-level** *n.* timbang air. 酒精水准器。

**spirited** *a.* bersemangat; periang; rancak; giat. 有生气的;活泼的;有锐气的;勇敢的。**spiritedly** *adv.* dengan bersemangat. 生气勃勃地;勇敢地。

**spiritual** *a.* mengenai roh; kejiwaan; rohaniah. 灵魂的;精神上的;心灵的;宗教信仰上的。—*n.* lagu-lagu berunsur agama yang dinyanyikan oleh orang Amerika Kulit Hitam. 美国黑人的圣歌。**spiritually** *adv.* dari segi rohani. 精神上;心灵上。**spirituality** *n.* kerohanian. 精神性;心灵性。

**spiritualism** *n.* kepercayaan bahawa roh orang yang telah mati dapat berhubung dengan roh orang yang masih hidup; ilmu wasitah. 招魂说;招魂术。**spiritualist** *n.* orang yang percaya kepada ilmu wasitah. 招魂术者;巫师。

**spirituous** *a.* yang mengandungi alkohol. 酒精成分高的;含酒精的。

**spit**[1] *v.t./i.* (p.t. *spat* atau *spit*, pres.p. *spitting*) mengeluarkan sesuatu dari mulut; meludah; membuat bunyi meludah; menunjukkan marah dan radang. 吐唾液;咯血;吐痰;愤怒地说;尖刻地咒骂。—*n.* air ludah; perlakuan meludah. 唾液;口水;唾吐。

**spit**[2] *n.* besi pemanggang; anak tanjung. 炙叉;烤肉叉;岬。—*v.t.* (p.t *spitted*) mencucuk dengan besi tajam. 用(叉、矛等)刺;戳。

**spit**[3] *n.* diukur dengan penggali. 一铲的深度或分量;一锹之深度。

**spite** *n.* perasaan untuk melukakan atau menyakitkan hati seseorang. 恶恨;怨恨。—*v.t.* menyakitkan hati. 恶待;刁难;泄愤。**in ~ of** walaupun. 不管;不顾;尽管。**spiteful** *a.* hasad. 有恶意的;怀恨的。**spitefully** *adv.* dengan dendam. 恶意地;怀恨在心地。**spitefulness** *n.* hasad dengki. 恶意;怀恨。

**spitfire** *n.* pemarah; (orang yang) garang. 脾气暴躁的人;烈性子的人。

**spittle** *n.* air liur. 唾液;口水。

**spittoon** *n.* tempat atau bekas untuk berludah. 痰盂。

**spiv** *n.* (*sl.*) orang yang berpakaian kemas dan bergaya yang memperoleh sara hidupnya dari perniagaan pasar gelap. 衣冠楚楚但靠黑市买卖过活的人;无固定职业而靠诈骗过活的人。

**splash** *v.t./i.* memercikkan air; membasahkan dengan mencurahkan air; menghias dengan tompok-tompok warna; berbelanja sesuka hati. 泼水;泼湿;泼墨般洒以作装饰;挥霍钱财。—*n.* bunyi atau perlakuan seperti jatuh ke air; percikan. 溅泼声;溅;泼;溅污的斑点。**splashy** *a.* menjolok mata. 惹人注目的;炫耀的。

**splashback** *n.* adang percikan. 防溅挡板。

**splatter** *v.t./i. & n.* merenjis; memercik. 溅泼液体;溅污。

**splay** *v.t./i.* membuka; mencondong keluar; mengarah keluar. 展开;张开;使斜削;使成八字形。—*a.* melebar. 向外张开的;成八字形的。

**spleen** *n.* kura; limpa; organ yang membantu penghadaman dan membersihkan darah. 脾;脾脏。

**splendid** *a.* elok sekali; sangat mempesonakan; sangat bagus. 灿烂的;壮丽的;辉煌的;杰出的;极令人满意

的。**splendidly** *adv.* dengan cemerlang. 灿烂地；堂皇地；杰出地。

**splendour** *n.* keindahan; kehebatan; kemegahan. 华丽；壮丽；辉煌；壮观；杰出。

**splenetic** *a.* pemarah. 易发脾气的；乖戾的。

**splice** *v.t.* menyambat (dua hujung tali) dengan cara menganyam. 把捻接绳端；编接；粘接。

**splint** *n.* penganduh; kayu belat; splin; kayu untuk membandut tulang yang patah. 固定断骨用的夹板。—*v.t.* membandut. 用夹板夹住。

**splinter** *n.* selumbar. 尖片；碎片；裂片。—*v.t./i.* menyerpih. 裂成碎片；片裂。~ **group** kumpulan-kumpulan kecil yang berpecah daripada kumpulan besar. 从团体分裂出来的小派系。

**split** *v.t./i.* (p.t. *split*, pres.p. *splitting*) membelah; merekah; sekah. 劈开；切开；裂开；分裂；分离。—*n.* pemisahan; rekahan; koyak; (*pl.*) perihal duduk mengangkang dengan meluruskan kaki, sebelah ke kanan dan sebelah ke kiri. 分开；分离；裂片；碎片；裂缝；分裂；分化；一字腿坐姿。~ **one's sides** ketawa terbahak-bahak. 捧腹大笑。~ **second** sedetik; sekelip mata. 一刹那；一眨眼。

**splotch** *v.t. & n.* coreng; tompok. 污点；斑点。

**splurge** *n.* perilaku menunjuk-nunjuk kekayaan. 夸示；挥霍；摆阔；炫耀。—*v.i.* berbelanja dengan sewenangnya. 挥霍；摆阔。

**splutter** *v.t./i.* bercakap dengan tidak tentu arah; menggagap. 唾沫飞溅地说；语无伦次地说；急促地乱说。—*n.* membuat bunyi berdetus. 喷溅声；急促杂乱的声音。

**spoil** *v.t./i.* (p.t. *spoilt* atau *spoiled*) menjadikan tidak baik; merosakkan; tidak sesuai untuk digunakan. 损坏；弄坏；糟蹋；宠坏；扫兴；食物腐败；使无效。—*n.* barang rompakan; rampasan. 掠夺物；赃物；掠夺。**be spoiling for** (*colloq.*) hendak mencari (sebab untuk bergaduh). 一心想打架；磨拳擦拳。

**spoilsport** *n.* orang yang merosakkan kesenangan orang lain. 扫兴的人。

**spoke**[1] *n.* jari-jari; ruji-ruji. 车轮的辐条。

**spoke**[2], **spoken** *lihat* **speak**. 见 **speak**。

**spokesman** *n.* (pl. -*men*) jurucakap; jurubicara. 发言人；代言人。

**spoliation** *n.* penjarahan. 抢劫；掠夺。

**sponge** *n.* sejenis hidupan laut yang tubuh badannya berongga-rongga; span; kek span. 海绵；海绵状物；海绵蛋糕。—*v.t./i.* mencuci dengan span. 用海绵揩擦。~ **bag** *n.* beg kalis air untuk kelengkapan dan danan diri. 盥洗用品防水袋。~ **cake** *n.*, ~ **pudding** kuih atau kek yang lembut dan berongga. 海绵蛋糕；松软布丁。**spongeable** *a.* dapat dibersihkan dengan span. 可用海绵拭擦的。**spongy** *a.* lembut; berongga dan mudah diserapi air. 松软有弹性的；海绵质的；吸水的。

**sponger** *n.* orang yang suka menebeng. 依赖他人生活的人；诈骗者。

**sponsor** *n.* penganjur; penaja. 发起者；主办者；赞助人。—*v.t.* menjadi penaja. 发起；主办；赞助。**sponsorship** *n.* tajaan. 发起；主办；赞助。

**spontaneous** *a.* spontan; berlaku dengan sendiri. 一时冲动的；本能的；自然发生的；自发的。**spontaneously** *adv.* dengan spontan. 本能地；自发地。

**spontaneity** *n.* kespontanan. 自发性；自发行为。

**spoof** *n.* (*colloq.*) olok-olokan; penipuan. 戏弄；开玩笑；哄骗。

**spook** *n.* (*colloq.*) hantu. 鬼。**spooky** *a.* menakutkan; berhantu. 易惊的；鬼一般的；怪异的。

**spool** *n.* puntalan; gelendong. 线轴；(胶卷、录音带等的)卷轴；卷筒。

**spoon** *n.* sudu; camca; alat untuk mencedok gulai, dsb. 匙；调羹；匙形物。—*v.t.* mengangkat atau mengambil dengan menggunakan sudu. 用匙舀；舀取。

**spoonful** *n.* (pl. *-fuls*) sesudu penuh. 一匙的量；满满一匙。

**spoonbill** *n.* sejenis burung. 阔嘴鸭。

**spoonerism** *n.* sasul kata; kekeliruan dua atau lebih perkataan sebab bunyi permulaannya salah diletakkan. 首音互换；发音时误把音素、音节或词颠倒过来的现象。

**spoonfeed** *v.t.* (p.t. *-fed*) menyudu; menyuap sesuatu dengan sudu; terlalu memanjakan. 用匙喂；娇养；纵容。

**spoor** *n.* jejak binatang. (野兽的)脚迹；臭迹。

**sporadic** *a.* berlaku di sana sini; bertaburan. 零星的；不时发生的；分散的。 **sporadically** *adv.* sekali-sekala. 零零落落地；不时；不定期。

**spore** *n.* spora; biji sel yang menjadi benih bagi tumbuhan yang tidak berbunga. 孢子。

**sporran** *n.* saku kecil yang dijahit di depan kilt. 苏格兰人的毛皮袋。

**sport** *n.* sukan; kesukaan; kegembiraan; seloroh; senda gurau. 运动；消遣；娱乐；玩笑；游戏。—*v.t./i.* bermain; bersukan. 游戏；消遣；运动；锻练。 **sports car** kereta lumba atau laju. 跑车；比赛汽车。 **sports coat** jaket tidak rasmi. 运动上衣。

**sporting** *a.* minat dalam olah raga; bersemangat kesukanan. 喜爱运动的；有体育道德的。 **~ chance** peluang yang baik untuk mencapai kejayaan. 可能获胜或成功的机会。

**sportive** *a.* suka bermain-main; suka berkelakar. 嬉戏的；闹着玩的；愉快的。 **sportively** *adv.* dengan sikap bermain-main. 嬉戏地；闹着玩地。

**sportsman** *n.* (pl. *-men*), **sportswoman** *n.fem.* (pl. *-women*) orang yang mengambil bahagian dalam sukan; olahragawan (lelaki); olahragawati (wanita). 运动家；爱好运动的人；男运动员；女运动员。 **sportsmanship** *n.* semangat kesukanan. 运动员精神；运动员风格。

**sporty** *a.* (*colloq.*) berminat dalam sukan; bergaya; mempunyai minat dan bersedia menerima risiko kekalahan. 喜欢运动的；服装炫耀的；有体育道德精神的。

**spot** *n.* bintik; tompok; jerawat; tempat; hujan sedikit-sedikit; (*colloq.*) jumlah yang sedikit; lampu sorot. 点；斑点；圆点；疵点；痣；粉刺；场所；出事地点；几滴雨；少量；少许；聚光灯。—*v.t./i.* (p.t. *spotted*) tanda-tanda tompok; rintik hujan; (*colloq.*) perasan; memerhati dan mengingat. 加上斑点；沾污；下小雨；察出；认出；侦察。 **in a ~** (*colloq.*) dalam kesusahan. 处于困境中。 **on the ~** tanpa lengah atau bertukar tempat; berhati-hati; (*colloq.*) bertindak. 在现场；当场；警惕；机警；处于必须行动的地位；准备妥当。 **~ check** memeriksa secara serampangan. 抽查；抽样调查。

**spotter** *n.* orang yang cam, nampak atau kenal. 秘密监视的人；私家侦探；观察者。

**spotless** *a.* bersih dan tidak tercemar. 没有污点的；纯洁的。 **spotlessly** *adv.* dengan bersih dan tidak ternoda. 纯洁地；没有污点地。

**spotlight** *n.* lampu sorot. 聚光灯。—*v.t.* (p.t. *-lighted*) menyuluh atau menghalakan lampu terang kepada sesuatu atau seseorang; menarik perhatian terhadap sesuatu. 聚光照明；使显著；使注意某物。

**spotty** *a.* berbintik-bintik. 有斑点的。

**spouse** *n.* suami atau isteri. 配偶(丈夫或妻子)。

**spout** *n.* cerat; pipa atau mulut untuk mencurahkan air; pancuran air; semburan. 喷管；喷口；壶嘴；喷流；水柱。—*v.t./i.* memancut; menyembur; memancar. 喷出；喷射；涌出；滔滔不绝地说。 **up the ~** (*sl.*) pecah; rosak; dalam keadaan yang tidak baik. 已完蛋；已被毁灭；损坏得无法修理。

**sprain** *v.t.* terpelecok; tergeliat; tersalah urat. 扭；扭伤关节。—*n.* hal tergeliat. 扭伤。

**sprang** *lihat* **spring**. 见 **spring**。

**sprat** *n.* sejenis ikan laut. 西鲱。

**sprawl** *v.t./i.* duduk, baring atau jatuh bergelimpangan; terbongkang; terjerumus. 伸展着手足坐下或躺下；横卧；平躺；扑倒。—*n.* keadaan tergelimpang. 手脚伸开的坐(卧)姿。

**spray**[1] *n.* ranting atau tangkai berdaun dan berbunga; jambak atau karangan bunga. 小枝；花叶饰物。

**spray**[2] *n.* percikan; semburan. 水花；浪花；飞沫；喷雾。—*v.t./i.* merenjis, menyembur atau memercik dengan alat tertentu. 溅；喷；喷射；洒。**~-gun** *n.* alat penyembur cat. 喷漆枪。**sprayer** *n.* orang yang menyembur; penyembur; alat penyembur. 喷射工人；喷雾器；喷水车；喷药器。

**spread** *v.t./i.* (p.t. *spread*) merebak; menular; membentangkan; menghamparkan; mengembangkan. 散播；传播；摊开；打开；张开；铺开；散开。—*n.* penularan; penyebaran; perihal luas; lebar; perkembangan; cadar. 传染；传播；散布；伸展；扩大；被单；床单。**~ eagle** bentuk helang yang mengepak sebagai lambang. (张翼鹰似地) 伸开四肢。**~-eagle** *v.t.* telentang. 张开(四肢)；(溜冰时作横一字型地) 横跨。

**spreadsheet** *n.* lembaran sebaran; program komputer untuk manipulasi terutama data berjadual. (电脑的) 空白表格程序。

**spree** *n.* (*colloq.*) keadaan berseronok-seronok; keadaan bergembira. 狂欢；作乐；欢闹。

**sprig**[1] *n.* dahan kecil yang berdaun. 有叶的小枝；嫩枝。

**sprig**[2] *n.* paku kecil yang tidak berkepala. 无头小钉。

**sprightly** *a.* (*-ier*, *-iest*) ceria; cergas. 活泼的；生气勃勃的。**sprightliness** *n.* kecergasan. 活泼；生气勃勃。

**spring** *v.t./i.* (p.t. *sprang*, p.p. *sprung*) meloncat; melompat; bergerak dengan pantas; mencari akal untuk melarikan diri (banduan). 跳；跃；弹跳；迅速行动；惊起；(犯人) 越狱。—*n.* perihal meloncat; lompatan; loncatan; mata air; musim bunga. 跳；跃；弹跳；泉；温泉；矿泉；春；春天；春季。**~-clean** *v.t./i.* mencuci bersih. 新年前的大扫除。**~ tide** air pasang yang berlaku tidak lama selepas awal bulan dan bulan penuh pada tiap-tiap bulan; pasang perbani; pasang purnama. 朔望潮；大潮；子午潮。

**springboard** *n.* papan anjal. 跳板。

**springbok** *n.* sejenis binatang seperti rusa (Afrika Selatan). (南非洲的) 小羚羊。

**springer** *n.* sejenis (anjing) spaniel. 獚。

**springtime** *n.* musim bunga. 春季；春天。

**springy** *a.* (*-ier*, *-iest*) seperti spring; yang menganjal; yang melenting. 弹簧般的；有弹性的；有弹力的；弹跳的。**springiness** *n.* keanjalan. 弹性。

**sprinkle** *v.t./i.* menaburkan; merenjis; memercikkan air. 撒；洒；喷淋。—*n.* hujan renyai. 毛毛雨；细雨。**sprinkler** *n.* alat untuk merenjiskan air; perenjis. 洒水器；洒水车；喷水设备。

**sprinkling** *n.* taburan; renjisan; sedikit; segelintir. 撒；洒；少量；稀落。

**sprint** *v.i. & n.* lari pecut; pecutan. 短距离疾跑；全速短跑。**sprinter** *n.* pelari pecut. 短跑选手；短跑运动员。

**sprit** *n.* andang-andang. 船的斜杠。

**sprite** *n.* sejenis jin, peri atau pari-pari. 小妖精；精灵；鬼怪。

**spritsail** *n.* layar kembang. 斜红帆。

**sprocket** *n.* gegancu; gigi pada roda yang bersambung dengan gelang rantai. 链轮齿。

**sprout** *v.t./i.* bertunas; berpucuk; bercambah; mula tumbuh. 发芽；萌芽；抽条；开始生长。—*n.* tunas; pucuk. 发芽；萌芽。

**spruce**[1] *a.* bersih; kemas. (衣著或外表) 整洁的；潇洒的。—*v.t.* berpakaian rapi；

**spruce²** membersihkan diri. 修饰;打扮得漂漂亮亮。 **sprucely** *adv.* secara bersih dan kemas. 整洁地;潇洒地。 **spruceness** *n.* kebersihan; kerapian; kekemasan. 整洁;潇洒。

**spruce²** *n.* sejenis pokok fir. 云杉。

**sprung** *lihat* **spring**. 见 **spring**。 —*a.* dilengkapi pegas. 装上弹簧的;有弹性的。

**spry** *a.* (*spryer, spryest*) aktif; kencang; giat; tangkas. 生气勃勃的;敏捷的;活泼的;轻快的。 **spryly** *adv.* dengan aktif. 生气勃勃地;敏捷地。 **spryness** *n.* keaktifan. 敏捷;活泼。

**spud** *n.* penyodok kecil; (*sl.*) ubi kentang. 短而粗的小铲;马铃薯。

**spume** *n.* buih. 泡沫;浮沫。

**spun** *lihat* **spin**. 见 **spin**。

**spunk** *n.* (*sl.*) keberanian. 勇气;胆量。

**spur** *n.* taji; susuh; pacu; alat bulat bergigi yang dilekatkan pada tumit kasut penunggang kuda; cabang jalan raya atau jalan kereta api. 距刀;靴刺;马刺;岔路;铁路支线。—*v.t.* (p.t. *spurred*) menggiatkan; merangsang (kuda). 疾刺;鼓舞;催马前进。 **on the ~ of the moment** bertindak dengan tiba-tiba. 当场;即席。 **win one's spurs** membuktikan kebolehan seseorang. 立功成名;出名。

**spurge** *n.* tumbuhan dengan jus yang pahit. 大戟属植物。

**spurious** *a.* palsu; tidak tulen. 假的;伪造的;欺骗性的。 **spuriously** *adv.* dengan palsu. 以假乱真地;欺骗地。 **spuriousness** *n.* kepalsuan; ketidaktulenan. 虚假;伪造。

**spurn** *v.t.* menolak dengan angkuh. 蔑视地拒绝;一脚踏开。

**spurt** *v.t./i.* memancut dengan tiba-tiba; menyembur. 突然喷出;涌出。—*n.* pancutan; pecutan; kegiatan yang rancak sebentar. 喷出;涌出;迸发;冲刺。

**sputter** *v.i.* & *n.* membuat bunyi menggerutup; mengeluarkan kata-kata dengan pantas. 发劈劈啪啪声;唾沫飞溅地说话;气急败坏地说话。

**sputum** *n.* kahak; air liur. 唾液;口水。

**spy** *n.* pengintip; perisik. 侦探;密探;间谍。—*v.t./i.* perhati; mengintip; memerhati dengan cara rahsia. 监视;留意;侦察;窥探。 **~ out** mengintip rahsia. 秘密侦察。

**sq.** *abbr.* **square** segi empat; persegi. (缩写) 正方形;平方。

**squab** *n.* anak burung merpati; sejenis kusyen. 小鸽子;小厚垫子;长沙发。

**squabble** *v.i.* bertengkar dengan bising tentang perkara kecil. 为琐事争吵;口角。—*n.* pertengkaran. 争吵;口角。

**squad** *n.* pasukan; kumpulan kecil orang. 班;队;一群人;小组。

**squadron** *n.* pasukan askar; skuadron. 陆军骑兵;海空军中队。

**squalid** *a.* kotor; hina; jembel; bangsat. 肮脏的;卑劣的;贫穷的;品德败坏的。

**squalidly** *adv.* secara kotor; secara hina; dengan jembel. 肮脏地;卑劣地;贫困地。 **squalor** *n.* kejembelan; kekotoran. 恶劣;卑鄙;肮脏。

**squall** *n.* jeritan; laungan kerana kesakitan atau ketakutan; ribut. (因害怕、疼痛而发出的) 高叫;(婴儿的) 啼哭;嚎啕。—*v.i.* memekik-mekik. 尖声高叫。

**squally** *a.* ada ribut; berangin kencang. 起风暴的。

**squander** *v.i.* membuang; memboroskan; membazirkan. 四散;漂泊;挥霍;浪费;滥用。

**square** *n.* segi empat sama; rajah yang mempunyai empat sempadan lurus yang sama panjangnya dan empat sudut tepat; empat persegi. 正方形;四方形;方形物;平方。—*adv.* tepat; berhadapan. 公平地;对准地;面对面地。 —*v.t./i.* ditandakan dengan segi empat sama; mempersegikan; (*colloq.*) merasuahkan. 弄成正方形;使成直角;求面积;作平方自乘;贿赂。 **~ root** punca kuasa dua. 平方根。 **~ up to** bersedia berlawan; menghadapi dengan berani. 摆起姿势

**squash**¹          674          **squirm**

(准备拳斗或打架)。**squarely** *adv.* berhadapan; dengan jujur; secara adil. 面对面地；正直地；公平地。**squareness** *n.* kejujuran; keadilan. 正直；公正。

**squash**¹ *v.t./i.* menghimpit; mengasak; menghempap. 压挤；挤进；压扁。—*n.* orang ramai yang berhimpit-himpitan; keadaan berasak-asak; minuman yang dibuat daripada air buah-buahan; (juga ~ **rackets**) skuasy; sejenis permainan di gelanggang tertutup dengan menggunakan raket dan bola kecil. 拥挤的人群；拥挤情况；果汁饮料；(亦作) 壁球。**squashy** *a.* lembik. 易压碎的；软而湿的。

**squash**² *n.* jenis ketola atau labu yang dimakan sebagai sayuran. 南瓜；倭瓜；笋瓜；西葫芦。

**squat** *v.t./i.* (p.t. *squatted*) bertinggung; mencangkung; (*colloq.*) duduk. 蹲下；蹲踞；跪坐；坐。—*n.* kedudukan bertinggung. 蹲姿；跪姿。—*a.* pendek dan gemuk. 矮胖的。

**squatter** *n.* setinggan; penduduk tanah haram; (*Austr.*) penternak biri-biri. 擅自占住者；非法占据公地或空屋者；澳洲牧羊场主。

**squaw** *n.* wanita atau isteri kaum peribumi Amerika Utara. 北美洲印第安人的妇女或妻子。

**squawk** *n.* bunyi keok; teriakan dengan kuat dan kasar. (禽类受伤或受惊时的) 粗厉叫声；(大声的) 诉苦。—*v.t./i.* berkeok; merungut. 发出粗厉的叫声；大声诉苦；大声抗议。

**squeak** *n.* decitan; bunyi keriut. 吱吱叫声；轧轧声；短促刺耳的声音。—*v.t./i.* berteriak pendek dan nyaring; mendecit. 发尖锐声；吱吱地叫。**narrow** ~ (*colloq.*) hampir gagal; hampir nahas. 侥幸通过；幸免于难。

**squeaky** *a.* berkeriut; berdecit. 吱吱叫的；轧轧作响的。

**squeal** *n.* jeritan yang nyaring. (因痛苦或惊慌而发出的) 长而尖锐的叫声；(小孩或猪的) 尖叫声。—*v.t./i.* menjerit; melaung kerana sakit atau takut; (*sl.*) membantah dengan keras; (*sl.*) menjadi pemberi maklumat. 尖声呼叫；婴孩哇哇地叫；激烈抗议；告密。

**squeamish** *a.* lekas mual. 易呕吐的。**squeamishness** *n.* keadaan mudah mual. 易呕吐的倾向。

**squeegee** *n.* alat penyeka; sejenis alat yang diperbuat daripada getah untuk menyapu atau mengelap air. 橡皮扫帚。—*v.t.* mengendalikan dengan alat penyeka. 用橡皮扫帚拭。

**squeeze** *v.t./i.* memicit; menekan; memerah untuk mengeluarkan air. 挤；压；榨；榨取水分。—*n.* perahan; keadaan berasak-asak; kekangan. 压榨出的少量东西；压榨；挤；紧紧握手或拥抱。**squeezer** *n.* pemeras orang; alat untuk memerah. 压榨者；剥削者；压榨机。

**squelch** *v.i.* & *n.* berbunyi atau berjalan lecak-lecuk; bunyi mencepuk atau lecak-lecuk. 走在泥泞中发出的咯吱声；咯吱地响。

**squib** *n.* bunga api yang mula-mula berdesir dan kemudian meletup apabila dibakar. 小爆竹；小花爆。

**squid** *n.* sotong. 乌贼；鱿鱼。

**squiggle** *n.* garisan pendek bengkang-bengkok. 蜿曲线；波形曲线；潦草字迹。

**squint** *v.i.* mempunyai mata pesong atau juling. 成斜视眼；作斗眼；斜着眼看。—*n.* mata juling; jelingan; (*colloq.*) miring ke sebelah. 斜视眼；斗眼儿；瞥看；一瞟。—*a.* (*colloq.*) senget. 斜视的。

**squire** *n.* tuan punya tanah; (*colloq.*) tuan. 大地主；乡绅。

**squirearchy** *n.* golongan tuan punya tanah. 地主阶级；地主势力。

**squirm** *v.i.* menggeliang-geliut; meliuk lentok; malu. 蠕动；辗转反侧；局促不安。—*n.* liuk lentok. 蠕动；辗转不安。

**squirrel** *n.* tupai. 松鼠。

**squirt** *v.t./i.* dipancut; menyembur atau memancut keluar. 喷唧；喷；喷出。 —*n.* pancutan air; (*colloq.*) orang yang tidak penting tetapi cuba berlagak besar. 喷唧；水枪；夜郎自大的人；无足轻重的人。

**squish** *v.i. & n.* bergerak dengan sedikit bunyi mencepuk. 走动时发出的轻微咯吱声；咯吱地响。

**St** *abbr.* **Saint** Santo; Santa; wali; orang suci. （编写）圣人。

**St.** *abbr.* **Street** lorong; jalan. （编写）街；街道。

**stab** *v.t.* (p.t. *stabbed*) menikam; menusuk; meradak. 刺；戳；插进；轧进。—*n.* tikaman; tusukan; (*colloq.*) cubaan. 刺；戳；尝试；努力。

**stabilize** *v.t./i.* memantapkan; mengukuhkan; menstabilkan. 使稳定；使安定；使平衡。 **stabilization** *n.* pemantapan; penstabilan. 稳定；安定；平衡。 **stabilizer** *n.* pemantap; alat atau orang yang menjadikan stabil. 稳定器；平衡器；稳定局势的人或物。

**stable**[1] *a.* (*-er, -est*) mantap; kukuh; tidak bergoyang; tidak goyah. 稳定的；坚固的；不动摇的；不变的。 **stably** *adv.* dengan mantap; secara kukuh. 稳定地；不动摇地。 **stability** *n.* kemantapan. 稳定性；坚固性。

**stable**[2] *n.* bangsal kuda; bangunan di dalam gelanggang atau kawasan berpagar tempat kuda dipelihara. 厩；马房。— *v.t.* disimpan dalam bangsal. 把马拴进马厩。 **~boy, ~lad** *ns.* orang yang bekerja di bangsal kuda. 马童；马夫。

**stabling** *n.* tempat mengandangkan kuda, dsb. 马房或牛棚等设备。

**staccato** *a. & adv.* terputus-putus tetapi jelas bunyinya. 断奏的（地）。

**stack** *n.* timbunan atau longgokan rumput kering; (*colloq.*) longgokan; jumlah yang banyak. 干草堆；禾堆；一堆；一叠；大量。—*v.t.* disusun dalam longgokan; menyusun daun terup secara tidak jujur. 使成堆；堆起；洗牌时叠筹码作弊。

**stadium** *n.* stadium; gelanggang sukan. 体育场；运动场。

**staff** *n.* tongkat yang digunakan untuk berjalan atau sebagai senjata; kakitangan; staf; turus; (pl. *staves*) balok; lima garisan yang nota muzik ditulis di atasnya. 棍棒；拐杖；权杖；联员；全体人员；支柱；竿；五线谱。—*v.t.* menempatkan dan melengkapi dengan pegawai. 为⋯配备职员。

**stag** *n.* rusa jantan. 牡鹿。 **~ beetle** *n.* kumbang rusa; kumbang tanduk. 锹形甲虫；鹿角甲虫。 **~ party** *n.* majlis keramaian khas untuk orang laki-laki sahaja. 只准男子出席的集会。

**stage** *n.* pentas; panggung; tempat yang ditinggikan untuk bermain sandiwara. 舞台；戏台；戏剧工作。—*v.t.* dipersembahkan di atas pentas. （上舞台）表演。 **go on the ~** menjadi pelakon. 当演员。 **~ fright** gementar menghadapi penonton. 怯场。 **~ whisper** bisikan pentas; suara yang perlu didengarkan. 舞台演员对观众高声说出的耳语。

**stagecoach** *n.* (*old use*) kereta kuda yang bergerak pergi balik menghubungkan dua tempat. 驿车。

**stager** *n.* **old ~** orang yang banyak pengalaman. 经验丰富的人；老手。

**stagflation** *n.* stagflasi; inflasi yang disertai ketiadaan permintaan. 停滞膨胀。

**stagger** *v.t./i.* berjalan terhuyung-hayang; mengatur supaya berperingkat-peringkat. 蹒跚而行；摇摇晃晃；使震惊；交错地安排。—*n.* pergerakan yang huyung-hayang. 蹒跚；摇晃。

**staggering** *a.* menghairankan. 令人吃惊的。

**staging** *n.* aram-aram; peranca. 有层架的构架；工地的鹰架。 **~ post** tempat berhenti yang biasa dalam perjalanan yang jauh. 长途旅程的驿站。

**stagnant** *a.* tenang; bertakung; tidak mengalir; keadaan terhenti. 停滞的；不流动的；死水的；不变的；不景气的。

**stagnate** *v.t.* bertakung; tidak mengalir; berhenti; tidak bergerak lagi. 停滞；不流动；不景气；变呆钝。**stagnation** *n.* keadaan tidak bergerak atau berkembang. 停滞不前；萧条。

**staid** *a.* tenang dan serius. 沉静而严肃的。

**stain** *v.t./i.* berlumuran; dikotori; mengotorkan. 沾染；沾污；弄脏。—*n.* tanda atau tompok kotor; kotoran; palit. 污点；瑕疵；色斑；染色剂。

**stainless** *a.* bebas daripada kotoran. 不会染污的；不生锈的。**~ steel** keluli tahan karat. 不锈钢。

**stair** *n.* anak tangga; (*pl.*) tangga dari satu tingkat ke satu tingkat. 梯级；楼梯；阶梯。

**staircase** *n.* anak tangga dan rangka penyangganya. 楼梯；楼梯间。

**stairway** *n.* tangga. 楼梯。

**stake** *n.* pancang; tiang; tonggak; wang yang dipertaruhkan untuk sesuatu keputusan. 桩；柱；支柱；赌注。—*v.t.* menonggak; menyangga sesuatu dengan kayu. 用桩支撑；用木顶着。**at ~** dijadikan risiko. 处于危险中；被赌着。**~ a claim** tuntutan hak ke atas sesuatu. 提出要求；立桩标以表明土地拥有权。**~ out** tempat yang diawasi. 警察监视地区。

**stalactite** *n.* stalaktit; batu kapur yang meruncing ke bawah bergantungan dari bumbung gua. 钟乳石。

**stalagmite** *n.* stalagmit; batu kapur yang bercerancang pada lantai gua. 石笋。

**stale** *a.* (**-er, -est**) sudah rosak rasanya; basi; hapak. 霉臭的；干瘪无味的；走了味的；走了气的。—*v.t./i.* menjadi rosak atau basi. 发霉臭；走味；走气。

**staleness** *n.* keadaan basi atau hapak. 霉臭；走味。

**stalemate** *n.* kedudukan buntu; kedudukan buah catur yang telah mematikan segala pergerakan selanjutnya. 僵持；对峙；国际象棋中的僵局；将死。

**stalk**¹ *n.* tangkai; gagang; batang. (花、叶的) 柄；茎。

**stalk**² *v.t./i.* berjalan dengan tegak dan angkuh; mendekati dengan terhendap-hendap. 昂首阔步地走；偷偷走近；潜近猎物。**stalker** *n.* orang yang menghendap binatang liar. 潜随猎物的人。

**stalking-horse** *n.* orang atau benda yang digunakan untuk menyembunyikan tujuan yang sebenarnya. 猎人掩蔽用的马；竞选的假候补者。

**stall** *n.* kandang; petak dalam kandang untuk seekor binatang. 畜舍里的分隔栏；厩。—*v.t./i.* mengandang; tidak dapat berjalan lagi kerana kuasa atau gerak laju yang tidak mencukupi; melengahkan untuk mendapatkan masa. 被关在厩内；(因陷入泥中或雪中) 无法走动；为拖延时间而避免给于明确答复。

**stallion** *n.* kuda jantan yang telah cukup besar. 未阉割的雄马；种马。

**stalwart** *a.* gagah; kuat; tampan; tegap. 结实的；高大健壮的；坚定的；刚毅的。—*n.* penyokong kuat. 忠心的拥护者。

**stamen** *n.* stamen; bahagian bunga yang mempunyai debunga; benang sari. 花的雄蕊。

**stamina** *n.* kekuatan; tenaga; daya tahan; stamina. 体力；精力；耐力；持久力。

**stammer** *v.t./i.* menggagap; tergagap. 结结巴巴地说；口吃地说。—*n.* gagap; kegagapan. 口吃。

**stamp** *v.t./i.* perbuatan menghentakkan kaki; mengecapkan; menerakan; melekatkan setem; mengecap; menandakan. 跺(脚)；盖章；打上(标记、图案等)；贴(邮票、印花等)；压印；标出。—*n.* hentakan; alat untuk mengecap; tanda setem; setem. 跺脚；印；图章；印花；邮票。**~ out** memadamkan dengan memijak-mijak; membasmikan; menghapuskan. 踏灭；扑灭（火灾、瘟疫等）；根绝。

**stampede** *n.* larian beramai-ramai dengan lintang-pukang. （人）峰拥而上；（兽群）惊逃；奔窜。—*v.t./i.* lari beramai-ramai dengan kacau-bilau; menyebabkan lari kacau-bilau. 惊逃；奔窜。

**stance** *n.* pendirian; cara berdiri. 站立的姿势；击球姿势。

**stanch** *v.t.* menahan darah daripada mengalir keluar. 止血。

**stanchion** *n.* tonggak; topang. 支柱；柱子。

**stand** *v.t./i.* (p.t. *stood*) tegak di atas kaki; berdiri. 站立；站住；立起。—*n.* perhentian; tempat berdiri. 停止；停顿；立脚地；立场。**~ a chance** mempunyai peluang untuk mencapai kejayaan. 大有希望；有相当把握。**~ by** memerhati tanpa masuk campur; bersedia untuk bertindak; membantu dalam kesukaran. 袖手旁观；准备行动；援助；守诺。**~-by** *a. & n.* orang yang ada sebagai pengganti. 可依靠的人（的）；后备人员（的）。**~ down** berundur. 退出证人席位；退出竞选。**~ for** mewakili; (*colloq.*) membiarkan. 代表；代替；允许；容忍。**~ in** timbalan. 代替演员站好位置。**~-in** *n.* pengganti; penolong. 替身；代替人。**~ off** berdiri jauh; memberhentikan kerja untuk sementara waktu. 远离；避开；暂时解雇。**~ on** beradat-adat. 坚持；拘泥。**~ one's ground** tidak berundur berganjak. 坚持立场。**~ to** bersiap sedia untuk beraksi. 准备行动。**~ to reason** memang wajar. 合理得当。**~ up for** bercakap untuk membela. 维护；为正义辩护。**~ up to** tahan untuk menghadapi sebarang rintangan. 勇敢抵抗。

**standard** *n.* ukuran; darjat; piawai; taraf sesuatu yang digunakan sebagai ukuran nilai berat; bendera tertentu. 本位；品位；程度；规格；衡量标准；基准；旗标；旗。—*a.* mematuhi sesuatu piawai; digunakan sebagai ukuran. 合规格的；模范的；权威的。**~ lamp** lampu bertiang untuk rumah. 落地灯。

**standardize** *v.t.* memiawaikan; menyamakan bentuk, nilai mengikut ukuran yang tetap. 使合标准；标准化；使统一；用标准校验。**standardization** *n.* perihal menyamakan bentuk; pemiawaian; standardisasi. 统一；标准化。

**standing** *n.* tempoh; kedudukan; taraf; darjat. 期间；持续；身分；地位；级别。

**standoffish** *a.* (*colloq.*) (orang) tak suka bergaul. （人）冷淡的；孤立的。

**standpipe** *n.* paip tegak. 竖管；配水塔。

**standpoint** *n.* sudut pandangan. 立场；观点。

**standstill** *n.* terhenti. 停顿；停止；搁浅。

**stank** *lihat* stink. 见 stink。

**stanza** *n.* stanza; rangkap; bait; beberapa baris dalam sajak atau pantun yang merupakan satu kumpulan. （诗歌的）节；段。

**staphylococcus** *n.* (pl. *-ci*) stafilokokus; bakteria yang menghasilkan nanah. （导致伤口生脓的）葡萄病菌。

**staple**[1] *n.* kokot; pancang berbentuk U digunakan untuk melekatkan sesuatu ke dinding, dsb.; dawai untuk mencantumkan keping-keping kertas. 钩钉；U字钉；钉书钉。—*v.t.* melekatkan atau mencantumkan sesuatu dengan kokot. （用钩钉等）钉住。**stapler** *n.* pengokot; stapler; alat untuk mencantumkan kepingan kertas. 铁丝钉书机；小钉书机。

**staple**[2] *a. & n.* makanan atau barangan utama atau asas. 主要产物（的）；名产（的）。

**star** *n.* bintang; benda yang berkilat di langit; ramalan bintang (dianggap mempengaruhi hal ehwal manusia); orang yang pandai; bintang filem. 星；恒星；星状物；星宿；司命星；名家；泰斗；（电影等的）主角；明星。—*v.t./i.* (p.t. *starred*) berlakon; menjadi bintang filem. 担任主角；主演；做明星。**~-gazing** *n.*

(*joc.*) mempelajari bintang-bintang; bidang astronomi. 占星学；天文学。

**starboard** *n.* sebelah kanan kapal atau kapal terbang. （船、飞机的）右舷。—*v.t.* mengarahkan kemudi ke sebelah kanan. 把…转向右舷。

**starch** *n.* kanji; bahan untuk mengeraskan pakaian. 淀粉；淀粉质食物；（浆衣服用的）浆。—*v.t* mengeraskan pakaian dengan kanji. （给衣服）上浆；使僵硬。**starchy** *a.* berkanji; seperti atau mengandungi kanji. 淀粉的；似淀粉的；淀粉质的。

**stardom** *n.* menjadi bintang atau pelakon pujaan. 明星的身分；明星生涯。

**stare** *v.t./i.* merenung atau memandang dengan tepat; menatap dengan tajam. 凝视；目不转睛地看；盯。—*n.* renungan tepat. 凝视；盯。

**starfish** *n.* tapak sulaiman; binatang laut yang bentuknya seperti bintang. 海星。

**stark** *a.* (-*er*, -*est*) kaku belaka; tandus; suram; sebenar; telanjang bogel. 僵硬的；荒芜的；贫瘠的；十分明显的；十足的；完全的；赤裸裸的；一丝不挂的。—*adv.* betul-betul. 完全；全然；简直。**starkly** *adv.* benar-benar; jelas kelihatan. 完全；全然；简直。**starkness** *n.* kesuraman dan ketandusan. 荒芜；贫瘠。

**starlight** *n.* cahaya daripada bintang-bintang. 星光。

**starling** *n.* burung perling; sejenis burung yang berbulu hitam dan berbintik-bintik. 燕八哥；欧椋鸟。

**starlit** *a.* disinari dengan cahaya bintang. 星光照耀的。

**starry** *a.* dipenuhi bintang; yang bercahaya seperti bintang. 布满星星的；星一样闪亮的。**--eyed** *a.* menganggap sesuatu itu sebagai terlalu baik atau indah. 过于乐观的。

**start** *v.t./i.* bermula; bergerak dengan tiba-tiba; memulakan perjalanan; tersentak kerana kesakitan atau terperanjat. 开始；开动引擎；突起；出发；起程；惊起；吃惊。—*n.* permulaan; tempat permulaan; keuntungan yang dibenarkan semasa bermula. 开始；起点；起跑点；先跑的优势；有利条件；惊起；吃惊。**starter** *n.* pelepas. 出发者；参加赛跑的人或马；起跑发号员；引擎的起动装置。

**startle** *v.t./i.* mengagetkan; mengejutkan. 大吃一惊；惊吓；惊跳。

**starve** *v.t./i.* menderita atau mati kelaparan; menahan lapar; (*colloq.*) berasa terlalu lapar atau sejuk. 饥饿；饿死；挨饿；饿得发慌。**starvation** *n.* kelaparan; kebuluran. 饥饿；饥荒。

**stash** *v.t.* (*sl.*) menyimpan; menyembunyikan. 藏匿；隐藏。

**state** *n.* keadaan sesuatu atau seseorang; negeri; negara. 状态；状况；情形；州；国家；政府。—*a.* melibatkan negeri atau negara; rasmi. 州的；国家的；政府的；国务的。—*v.t.* menyatakan; menjelaskan. 陈述；声明；说明；阐明。

**stateless** *a.* mengenai seseorang yang tidak diiktiraf sebagai warganegara atau sebagai rakyat mana-mana negeri pun. （人）无国籍的。

**stately** *a.* (-*ier*, -*iest*) mulia; dihormati; tersergam. 高贵的；庄严的；雄伟的；堂皇的。**stateliness** *n.* perihal mulia atau dihormati. 庄严；堂皇；雄伟。

**statement** *n.* ucapan; pernyataan; keterangan; kenyataan; penyata kewangan. 陈述；宣告；公告；声明；供述；说明；财务报告书；银行结单。

**stateroom** *n.* balairung; dewan besar; bilik yang digunakan untuk upacara rasmi; bilik khusus di atas kapal. （宫殿、大厦等的）大厅；轮船的特别卧舱。

**statesman** *n.* (pl. -*men*) negarawan; orang yang mengambil bahagian penting dalam menguruskan hal-ehwal negara. 政治家；治国人才。**stateswoman** *n.fem.* negarawan wanita. 女政治家。**statesmanship** *n.* kenegarawanan. 政治家的才干；治国之才。

**static** *a.* statik; tidak bergerak; tidak berubah. 静电的;静态的;静的;静止的。 —*n.* gangguan bunyi; (televisyen) gangguan gambar. 天电干扰;静电干扰。 ~ **electricity** elektrik statik; kehadiran elektrik dalam tubuh bukan mengalir sebagai arus elekrik. 静电。

**statics** *n.* ilmu statik; satu cabang ilmu fizik yang mengkaji jasad yang statik atau daya yang mengimbangi satu dengan yang lain. 静力学。

**station** *n.* tempat seseorang itu ditugaskan; pusat penyiaran; stesen; (*Austr.*) pusat ternakan biri-biri. 岗位;电台;电视台;车站;澳洲牧羊场。 —*v.t.* diletakkan pada satu-satu tempat tertentu dengan bertujuan. 安置;驻扎。

**stationary** *a.* tidak bergerak; pegun. 不动的;静止的;固定的。

**stationer** *n.* penjual alat tulis. 文具商。

**stationery** *n.* alat tulis. (总称)文具。

**statistic** *n.* perangkaan; statistik. 统计资料中的一项。 **statistics** *n.* ilmu statistik. 统计学。 **statistical** *a.* berkenaan dengan statistik. 统计上的;统计学上的。 **statistically** *adv.* dari segi statistik atau perangkaan. 统计学上;统计工作上。

**statistician** *n.* ahli perangkaan; ahli statistik. 统计学家;统计工作者。

**statuary** *n.* patung. 雕像;塑像。

**statue** *n.* patung; arca; ukiran, atau bentuk seperti manusia, binatang, dll. 雕像;塑像;铸像。

**statuesque** *a.* seperti patung dari segi saiznya atau kepegunannya; tinggi menawan. 雕像般庄严优美的。

**statuette** *n.* patung kecil. 小雕像;小塑像。

**stature** *n.* ketinggian; kaliber. 身长;体高;身材。

**status** *n.* (pl. *-uses*) status; pangkat; taraf atau kedudukan dalam masyarakat. 身分;地位;阶级。 ~ **quo** sebagaimana keadaan sebelumnya; sebagaimana keadaannya yang sekarang. 现状;维持现状。

**statute** *n.* statut; undang-undang yang diluluskan oleh Parlimen atau badan yang berkuasa membuat undang-undang. 法令;由国会或其他立法机构通过的法规。

**statutory** *a.* seperti yang ditetapkan atau yang dikehendaki oleh undang-undang. 法定的;依照法令的。

**staunch** *a.* (-*er*, -*est*) kuat (pegangan atau kesetiaan); setia; teguh. 忠诚的;尽职的;不放弃的。 **staunchly** *adv.* dengan memberikan sokongan kuat. 忠诚地;坚持地;全力支持地。

**stave** *n.* papan tong melengkung. 侧板;桶板。 —*v.t.* (p.t. & p.p. *stove* atau *staved*) melekukkan; menebuk lubang pada. 穿孔于。 ~ **off** (p.t. *staved*) menghindari; mengelak. 避开;挡开。

**stay**¹ *n.* tali atau dawai penyangga tiang; penyangga atau penyokong. 支住船桅、杆等的绳索;支撑物;支撑物。

**stay**² *v.t./i.* duduk; tinggal; terus; menahan; berpuas hati buat sementara; ditangguhkan; menunjukkan kesabaran. 暂住;逗留;停留;持续;抑上;暂时满足;延缓;有耐力。 —*n.* jangka waktu tinggal di sesuatu tempat. 停留时期。 ~ **away from** tidak mendekati seseorang atau sesuatu. 离开某人或事物;缺课;戒烟酒。 ~ **the course** tahan atau meneruskan hingga ke akhir. 坚持到底。 **staying-power** *n.* ketahanan. 耐久力;持久力。

**STD** *abbr.* subscriber trunk dialling panggilan sambung jauh terus dail. (缩写)用户直通长途电话。

**stead** *n.* **in a person's** atau **thing's** ~ sebagai ganti. 代替某人或物。 **stand in good** ~ berguna; membantu; menolong. 对某人有用;给某人好处。

**steadfast** *a.* teguh; setia. 固定的;坚定的;坚信的。 **steadfastly** *adv.* dengan teguhnya. 坚定不移地。

**steady** *a.* (-*ier*, -*iest*) stabil; mantap; tetap; tegap. 稳定的;稳固的;不变的;沉着

的;坚定的。—*n.* (*A.S. colloq.*) teman lelaki atau wanita yang tetap. 关系已相当确定的情人。—*adv.* berterusan. 持续不变地。—*v.t./i.* menjadikan mantap. 稳定;稳固。 **steadily** *adv.* berterusan. 稳定地;持续不变地。 **steadiness** *n.* keteguhan; kemantapan. 稳定性;坚定;恒定性。

**steak** *n.* sepotong daging (terutama lembu atau ikan) selalunya untuk dipanggang atau digoreng. 烧烤用的大块牛肉或鱼肉片。

**steal** *v.t.* (p.t. *stole*, p.p. *stolen*) mengambil tanpa kebenaran atau secara haram; mencuri. 偷;窃取。 **~ a march on** mendahului; dapat melebihi seseorang. 抢先做;占先。 **~ the show** melebihi persembahan orang lain tanpa disangka-sangka. 把观众的注意力都吸引到自己身上;抢镜头。

**stealth** *n.* cara diam-diam. 秘密行动。

**stealthy** *a.* (*-ier, -iest*) secara diam-diam untuk mengelakkan daripada diketahui. 秘密的;偷偷的;暗中的。 **stealthily** *adv.* dengan cara berahsia. 偷偷地;暗中。 **stealthiness** *n.* perihal membuat secara diam-diam. 隐密;鬼祟。

**steam** *n.* stim; wap yang terjadi apabila air mendidih; tenaga; kekuatan. 蒸汽;水蒸汽;精力;气力。—*v.t./i.* mengeluarkan stim atau wap. 蒸发;蒸煮;用蒸汽开动。 **~ engine** enjin atau lokomotif yang menggunakan kuasa wap. 蒸汽机。 **steamy** *a.* penuh stim. 蒸汽的;蒸汽多的;水汽蒙蒙的。

**steamboat** *n.* bot berkuasa wap. 汽艇;汽船。

**steamer** *n.* kapal api; pengukus. 汽船;轮船;蒸煮器;蒸笼。

**steamroller** *n.* penggelek jalan; jentera berat beroda besar yang bergerak dengan perlahan-lahan digunakan untuk membuat atau meratakan jalan. 蒸汽辗路机。

**steamship** *n.* kapal api; kapal yang dijalankan dengan kuasa stim. 轮船。

**steatite** *n.* talkum kelabu yang lembut dan licin. 块滑石;冻石;皂石。

**steed** *n.* (*bahasa sajak*) kuda. 骏马。

**steel** *n.* aloi keras daripada besi dan karbon; batang keluli meruncing yang digunakan untuk mengasah pisau; besi waja; keluli. 钢;合金钢;把刀口钢化用的钢条。—*v.t.* mengeraskan. 钢化;使锐利;包上钢;使坚硬;使坚强。 **~ wool** sabut keluli. 纲丝绒。 **steely** *a.* keras seperti keluli. 坚硬如钢的。 **steeliness** *n.* kekuatan; kekerasan. 坚硬;硬性。

**steep**[1] *v.t./i.* merendam; meresapi. 浸;渍;渗透。

**steep**[2] *a.* (*-er, -est*) curam; (*colloq.*) (berkenaan harga) terlalu tinggi. 陡峭的;险峻的;(索价或要求)过高的;不合理的。 **steeply** *adv.* dengan curamnya. 陡峭地。 **steepness** *n.* kecuraman. 陡峭;险峻。

**steeple** *n.* menara gereja yang ada ceracak di atasnya. 教堂尖顶;尖塔。

**steeplechase** *n.* perlumbaan kuda merentas desa berhalangan; lumba lari dengan halangan. 障碍赛马;障碍赛跑。 **steeplechaser** *n.* orang yang masuk perlumbaan berhalangan. 参加越野障碍赛跑者。 **steeplechasing** *n.* lumba merentas halangan. 障碍赛跑。

**steeplejack** *n.* orang yang memanjat menara gereja atau cerobong asap untuk membaikinya. 教堂尖塔或烟窗等的修理工人。

**steer**[1] *n.* lembu jantan muda. 牡犊;阉牛。

**steer**[2] *v.t./i.* mengemudikan. 驾驶;把舵。 **~ clear of** mengelakkan. 避开。 **steering committee** jawatankuasa kemudi; jawatankuasa yang menentukan atau mengarahkan operasi. 指导委员会。

**steerage** *n.* kemudi. 驾驶;掌舵;驾舟。

**steersman** *n.* (pl. *-men*) jurumudi kapal. 舵手。

**stein** *n.* kole tembikar untuk minuman bir, dsb. 陶制有盖啤酒杯。

**stellar** *a.* berkenaan dengan bintang. 星的；似星的。

**stem**[1] *n.* batang; tangkai; kata dasar; tiang di bahagian depan perahu. 树干；茎；叶柄；花梗；词干；艏柱。—*v.i.* (p.t. *stemmed*) **~ from** berpunca. 来自；起源于。

**stem**[2] *v.t./i.* (p.t. *stemmed*) menahan air atau pergerakan; membendung. 堵住水流；塞住；挡住。

**stench** *n.* bau busuk. 恶臭；臭气。

**stencil** *n.* stensil; kepingan logam, kadbod, kertas lilin, dll. yang nipis dengan huruf-huruf atau corak dipotong menembusinya. 油印蜡纸；镂花金属模板。—*v.t.* (p.t. *stencilled*) menghasilkan dengan menggunakan stensil. 用蜡纸油印；用模板印刷图案。

**stenographer** *n.* jurutrengkas. 速记员。
**stenography** *n.* trengkas. 速记术。

**stentorian** *a.* (suara) yang kuat dan lantang. 声音宏亮的；极响亮的。

**step** *v.t./i.* (p.t. *stepped*) melangkah. 走；踩；步行；跨步；踏步。—*n.* langkah; jarak selangkah; bunyi tapak kaki; (*pl.*) anak tangga. 脚步；步行；步伐；步骤；一步的距离；足迹；脚步声；梯级；台阶。 **in ~** mengorak langkah yang sama dengan orang lain. 跟他人步调一致。 **mind** atau **watch one's ~** berhati-hati. 走路时当心！小心！ **out of ~** berlainan langkah. 乱了步伐；弄乱步调。 **~ in** mencampuri. 介入；干涉；排解。 **~ up** menambahkan; meningkatkan. 加紧；提高。

**step-** *pref.* awalan yang digunakan untuk menunjukkan tali persaudaraan bukan kerana pertalian darah tetapi kerana perkahwinan. (前缀)表示"因再婚而构成的非血缘性家庭关系"；继-；后-；异-。 **stepfather** *n.* bapa tiri. 继父；后父。 **stepmother** *n.* emak tiri. 继母；后母。 **stepson** *n.* anak tiri. 继子。

**stephanotis** *n.* pokok memanjat yang wangi terdapat di kawasan tropika. 千金子藤花。

**stepladder** *n.* tangga pendek bertapak. 活梯；梯凳。

**steppe** *n.* padang rumput di Siberia. 西伯利亚区大平原。

**stepping-stone** *n.* batu loncatan. 供踏脚的石头；达成目标的手段；进身之阶。

**stereo** *n.* (pl. *-os*) bunyi stereo; radio, perakam, dsb. yang mengeluarkan bunyi stereo; kesan stereoskopik. 立体声；有立体声系统的收音机或录音机；体视效应。

**stereophonic** *a.* berkenaan dengan bunyi yang dirakamkan dan disiarkan melalui dua pembesar suara dan berbunyi seperti datangnya dari beberapa hala. 立体声的；立体音响的。 **stereophony** *n.* stereofoni. 立体音响。

**stereoscopic** *a.* yang berkenaan dengan teropong stereo. 立体的；体视镜的。

**stereotype** *n.* sejenis plat logam untuk mencetak; stereotaip; tanggapan biasa tentang sesuatu atau seseorang. 铅版；铅版制版法；老套；定型。 **stereotyped** *a.* (ungkapan) yang digunakan berulang kali dalam bentuk yang sama. 陈规旧习的；定型的；老套的；千篇一律的。

**sterile** *a.* mandul; majir; tidak mendatangkan hasil; tiada berkuman. 不生育的；不孕的；不结果的；无菌的。 **sterility** *n.* kemandulan. 不孕。

**sterilize** *v.t.* menjadikan mandul; memandulkan. 使无菌；消毒；使绝育；使不孕。 **sterilization** *n.* pemandulan. 灭菌作用；消毒；绝育。 **sterilizer** *n.* pensteril; alat pembasmi kuman. 消毒器。

**sterling** *n.* mata wang British. 英国货币。—*a.* baik mutunya; asli; sejati; tulen. 合â最高标准的；货真价实的；真正的；可靠的；纯正的。

**stern**[1] *a.* (*-er*, *-est*) keras, tegas dan serius. 严峻的；严厉的；苛刻的。 **sternly** *adv.*

dengan keras. 严峻地；严厉地。**sternness** *n.* kekerasan. 严峻；严厉。

**stern**² *n.* buritan kapal. 船尾。

**sternum** *n.* sternum; tulang dada. 胸骨。

**steroid** *n.* steroid; sebatian organik yang mengandungi hormon-hormon tertentu. 甾类化合物；类固醇。

**stertorous** *a.* berkenaan dengan bunyi mendengkus atau seperti bunyi dengkur. 打鼾的；打呼噜的。**stertorously** *adv.* dengan mendengkus. 鼾声如雷地；呼噜呼噜地睡。

**stet** *v.imper.* stet; dibiarkan seperti yang ditulis atau dicetak. 校对时批上"不删"或"保留"符号；照原样。

**stethoscope** *n.* stetoskop; teropong dengar. 听诊器；听筒。

**stetson** *n.* sejenis topi. 斯特森毡帽。

**stevedore** *n.* pemunggah kapal. 码头卸货工人；搬运工人。

**stew** *v.t./i.* merendidih; merebus dengan api yang perlahan di dalam periuk yang bertutup; (*sl.*) belajar dengan kuat. 炖；煨；焖；用功读书。—*n.* makanan yang direndidih. 炖煮的食物。**stewed** *a.* berkenaan dengan teh yang pekat dan pahit. 茶因久泡而汁浓味苦的。

**steward** *n.* orang yang dilantik untuk menguruskan makanan di kelab atau di maktab; pengurus tanah atau bangunan; pelayan; pramugara; pengelola. 俱乐部、学校等的伙食管理员；膳务员；地产、大厦等的管事人；侍者；飞机、船等的乘务员；管家。**stewardess** *n.* pramugari di dalam kapal, dsb. 飞机、船等的女乘务员。

**stick**¹ *n.* kayu; ranting atau cabang kayu yang patah atau dipotong daripada sebatang pohon kayu; hukuman sebat. 棍；棒；枝条；柴；茎；梗；棒状物；手杖。责打；惩罚。

**stick**² *v.t./i.* (p.t. *stuck*) menikam; mencucuk; (*colloq.*) meletak; melekatkan dengan pelekat; (*colloq.*) berada di tempat yang ditentukan; tidak maju; (*sl.*) menahan; menanggung. 刺；戳；刺死；放置；粘贴；张贴；钉住；被难住；困住；容忍；忍耐。~ **at it** (*colloq.*) meneruskan usaha-usaha seseorang. 继续做。~**in-the-mud** *n.* kolot; orang yang tidak akan menerima idea baru. 保守；墨守成规。~ **out** menjulur; menonjol; (*colloq.*) mendesak sehingga dapat apa yang dituntut. 突出；伸出；坚持到底。~ **to** setia kepada. 忠于。~ **one's guns** tidak beralah. 固执己见；坚守阵地。~ **up for** (*colloq.*) mempertahankan; membela; menyokong. 为⋯辩护；维护；支持。

**sticker** *n.* perekat; label atau tanda perekat untuk dilekatkan pada sesuatu. 胶粘物；背面有粘胶的标签、邮票等。

**sticking-plaster** *n.* plaster; fabrik perekat untuk menutup luka-luka kecil. 橡皮膏。

**stickleback** *n.* sejenis ikan dengan tulang belakang yang tajam di belakangnya. 刺鱼；棘鱼。

**stickler** *n.* ~ **for** orang yang cerewet. 固执己见的人；常为琐细小事而强词夺理的人。

**sticky** *a.* (*-ier, -iest*) bergetah; melekit; (*colloq.*) membuat bantahan; (*sl.*) sukar; tidak menyenangkan. 粘性的；胶粘的；不合作的；持异议的；麻烦的；顽固的。**stickily** *adv.* secara melekit. 胶粘地；带粘性地。**stickiness** *n.* kerekatan; kelekitan. 粘性；粘度。

**stiff** *a.* (*-er, -est*) kaku; keras. 硬的；生硬的；拘谨的；不灵活的；严厉的。~**-necked** *a.* degil; keras hati; bodoh sombong. 倔强的；固执的；傲慢的。**stiffly** *adv.* dengan kaku. 生硬地；拘谨地。**stiffness** *n.* kekakuan. 生硬；劲度。

**stiffen** *v.t./i.* menjadikan keras atau kaku. 使僵硬；加强；使生硬呆板。**stiffener** *n.* pengeras; penegang. 加固物；硬化剂；增加勇气等的事物。

**stifle** *v.t./i.* menyebabkan rasa lemas; melemaskan; mencekik. 使窒息；闷死；扼杀。

**stigma** *n.* (pl. *-as*) stigma; tanda keaiban; bahagian hujung benang sari yang menerima debunga. 耻辱的标记；污名；柱头。

**stigmatize** *v.t.* mencela. 诬辱；污辱。
**stigmatization** *n.* pencelaan. 诬辱；污辱。

**stile** *n.* sejenis tangga yang membolehkan orang melangkah pagar. 供人越过围篱用的踏级。

**stiletto** *n.* (pl. *-os*) sejenis senjata seperti pisau kecil. 短剑。

**still**[1] *a.* tenang; diam sunyi; tidak bergerak; (minuman) tidak bergas. 平静的；沉默寡言的；寂静的；静止的；不动的；(酒等)不起泡的。 —*n.* keadaan sunyi senyap. 寂静；万籁俱寂。—*adv.* senyap; tidak bergerak; masih lagi; juga. 平静地；寂静地；静止地；还；仍旧；更；还要。 **~ birth** mati sebelum atau semasa dilahirkan; mati kebebangan. 死产；死胎。 **~ life** lukisan benda tidak bernyawa. 静物画。 **stillness** *n.* kesunyian; keheningan; ketenangan. 寂静；平静；静止。

**still**[2] *n.* alat penyulingan. 蒸馏器。 **~ room** *n.* bilik stor rumah. 大住宅中管家的储藏室。

**stillborn** *a.* mati semasa dilahirkan. 死产的；胎死腹中的。

**stilted** *a.* kaku dan kekok. 文体夸张的；生硬而不自然的。

**stilts** *n.pl.* kaki bajang; tiang rumah; jangkungan; satu daripada sepasang kayu yang mempunyai tempat berpijak untuk membolehkan pemijaknya berjalan dengan tidak menjejak tanah. 桩柱；高跷。

**stimulant** *a.* (sesuatu) yang mendorong atau memberi perangsang. 刺激性的；激励的；令人兴奋的。 —*n.* (bahan) perangsang; minuman, ubat, dll. yang menambahkan kegiatan otak dan badan. 刺激剂；兴奋剂。

**stimulate** *v.t.* menggiatkan; mendorong. 使兴奋；刺激；鼓舞。 **stimulation** *n.* rangsangan. 刺激作用；兴奋作用。

**stimulator** *n.* perangsang. 刺激物；鼓励者。 **stimulative** *a.* memberi rangsangan. 刺激的；激励的；鼓舞的。

**stimulus** *n.* (pl. *-li*) pendorong; sesuatu yang mendorong. 刺激；刺激物；促进因素。

**sting** *n.* antup; sengat; alat tajam yang selalunya berbisa dan terdapat pada setengah-setengah serangga. 刺；叮；昆虫的螫针。 —*v.t./i.* (p.t. *stung*) menyengat; menyakiti; (sl.) mengenakan bayaran lebih; memeras ugut wang. 刺；叮；螫；刺痛；敲竹杠；索高价。

**stingy** *a.* (*-ier, -iest*) kedekut; bakhil; lokek; kikir; pelit. 吝啬的；一毛不拔的；小气的；悭吝的。 **stingily** *adv.* dengan kedekut. 吝啬地；一毛不拔地。 **stinginess** *n.* sifat kedekut. 吝啬。

**stink** *n.* bau busuk. 臭味；臭气。—*v.t./i.* (p.t. & p.p. *stank* atau *stunk*) berbau busuk; curang. 有恶臭；坏透。 **~ out** diselubungi dengan bau yang busuk; terpaksa keluar kerana ada bau busuk. 用臭气或烟驱逐；使充满臭气。

**stinker** *n.* (*sl.*) sesuatu yang hina, teruk, atau susah untuk dilakukan. 令人讨厌的人或事物。

**stinking** *a.* berbau busuk; (*sl.*) sangat tidak menyenangkan. 臭的；有恶臭的；讨厌的；卑鄙的。 —*adv.* (*sl.*) dengan teruk sekali. 十分；非常。

**stint** *v.t.* terhad kepada elaun yang sedikit. 限制(工作量、用费等)；节制(食物、材料等)。 —*n.* kerja yang ditetapkan. 工作的指定量。

**stipend** *n.* gaji. 薪水；薪俸。

**stipendiary** *a.* dibayar gaji. 受薪的；领薪的。

**stipple** *v.t.* melukis atau mengecat dengan menggunakan titik. 点画；点刻。

**stipulate** *v.t./i.* meminta atau menyatakan sebagai syarat yang diperlukan. 要求以

**stir** …为协议条件；规定条件。**stipulation** n. ketentuan; syarat. 条款；规定。

**stir** v.t./i. (p.t stirred) bergerak; bergoyang; mengacau; menggiatkan. 动；移动；摇动；搅拌；激起；煽动。—n. keriuhan; kegemparan. 骚动；轰动；激动。

**stirrup** n. sanggurdi; rakap; tempat berpijak yang tergantung daripada pelana kuda. 马镫。**~-cup** n. minuman yang diberikan kepada penunggang kuda yang hendak berangkat. 献给马上的人的饯别酒。**~-pump** n. pam pemadam api yang dapat dibawa dan mempunyai tempat pemijak seperti sanggurdi. (消防用)手摇灭火泵。

**stitch** n. jahitan. 一针；缝线；缝法。—v.t./i. menjahit. 缝；缝合。**in stitches** (colloq.) ketawa yang tidak terkawal. 忍不住大笑。

**stoat** n. sejenis cerpelai. 鼬。

**stock** n. stok; simpanan barang yang sedia untuk dijual, diedarkan atau digunakan; wang yang dipinjamkan kepada kerajaan dengan dibayar bunga; saham dalam modal perniagaan sesebuah syarikat; kaldu; pokok yang sedang membesar yang kepadanya tut dilakukan; (pl.) rangka kayu yang berlubang untuk kaki tempat orang salah dipaksa duduk pada zaman dahulu dengan kakinya dikunci. 存货；货品；政府公债；股票；肉汁；接干；砧木；十字科植物；足枷。—a. tersedia dan selalu ada; biasa digunakan. 常备的；现有的；普通的。—v.t. membekalkan; menyediakan; melengkapkan. 办货；贮备；备有；购置。**~-car** n. kereta yang digunakan dalam perlumbaan. 比赛用汽车。**stock exchange** bursa saham. 证券交易所。**~-in-trade** n. semua keperluan untuk sesuatu kerja, perniagaan. 存货；行业的合部营业用具。**~ market** pasar saham tempat jual beli diadakan. 证券市场；证券交易。**~-still** a. tidak bergerak. 静止的；不动的。**take ~** memeriksa dan membuat senarai barang yang ada dalam simpanan. 清点存货；盘货。**~-taking** n. pengiraan stok atau barang-barang. 清点存货；盘货。**~-up with** mendapatkan atau menyimpan stok. 备货。

**stockade** n. kubu. 栅栏；围桩。

**stockbreeder** n. penternak. 牲畜饲养人。

**stockbreeding** n. penternakan binatang. 饲养牲畜；畜牧业。

**stockbroker** n. broker saham; orang yang kerjanya membeli dan menjual saham. 证券或股票经纪人。

**stockinet** n. kain halus tenunan mesin yang digunakan untuk membuat seluar dalam, dsb. 制内衣用的松紧织物；弹力织物。

**stocking** n. stoking; kaus kaki. 长袜；丝袜。**~-stitch** n. sejenis corak kait-mengait. 隔行正反针编结法。

**stockist** n. pembekal; syarikat yang menyimpan barangan tertentu. 存货待售的商人。

**stockjobber** n. jober saham; ahli Bursa Saham yang membeli dan menjual saham, yang berurus dengan broker saham dan bukan dengan orang ramai. 股票投机商；证券批发商。

**stockpile** n. simpanan stok. 原料、食品等的储备。—v.t. menyimpan stok. 储备(原料、食品等)。

**stocky** a. (-ier, -iest) pendek, kuat dan tegap. 粗短而结实的；矮而壮的。

**stockily** adv. dengan pendek, kuat dan tegap. 粗短而结实地；矮而壮地。

**stockiness** n. kependekan dan ketegapan. 短而壮的身材。

**stodge** n. (colloq.) makanan berkanji dan padat. 滞重食物；厚腻的食物。

**stodgy** a. (-ier, -iest) berkanji dan padat; tidak menarik. (食物)稠厚不可口的；滞重而不易消化的。

**stoep** n. (S. Afr.) beranda. 南非洲的屋前游廊。

**stoic** n. orang yang tabah; orang yang dapat menguasai diri sendiri, menanggung kesakitan dan kesusahan dengan tidak mengeluh. 崇尚禁欲主义学派的人；高度自制、吃苦而不抱怨的人。

**stoical** *a.* tabah; tenang dan tidak merungut. 恬淡寡欲的；能自制的；坚忍的。 **stoically** *adv.* dengan tabah. 恬淡寡欲地；自制地；坚忍地。 **stoicism** *n.* ketabahan; perihal sabar menanggung kesusahan. 禁欲；坚忍。

**stoke** *v.t.* membubuh arang, dll. ke dalam api. 加炭；司炉火。 **stoker** *n.* pekerja yang menghidupkan api relau, dll.; perkakas untuk mengisi relau dengan bahan api. 司炉；烧火工人；加煤机。

**stole**[1] *n.* sejenis selendang sutera, dll. yang dipakai di leher oleh paderi di setengah-setengah gereja Kristian; selendang yang dipakai oleh orang perempuan di bahu. 基督教牧师的圣带；女用的披肩；长围巾。

**stole**[2], **stolen** lihat **steal**. 见 **steal**。

**stolid** *a.* tidak menunjukkan perasaan. 不易激动的；不易露声色的。 **stolidly** *adv.* dengan tidak menunjukkan perasaan. 呆头呆脑地；不动声色地。 **stolidity** *n.* perihal tidak menunjukkan perasaan. 不露声色。

**stomach** *n.* perut. 胃；肚子。 —*v.t.* bersabar; menahan. 忍耐；忍受。 **~ache** *n.* sakit perut. 胃痛；肚子痛。

**stomp** *v.i.* menghentakkan kaki. 跺脚；践踏。

**stone** *n.* batu; berbentuk batu dan digunakan dengan tujuan tertentu; batu permata; batu karang dalam buah pinggang; (*pl. stone*) satu unit timbangan 14 paun. 石；石头；石料；宝石；钻石；肾结石；咓（英国重量单位, 等于14磅）。—*a.* diperbuat daripada batu. 石的；石制的。 —*v.t.* membaling batu; membuang biji daripada buah-buahan. 向…扔石头；去核。 **Stone Age** Zaman Batu; purbakala. 石器时代。

**stone-** *pref.* sepenuhnya; semuanya. （前缀）表示"完全；十足"；全-。

**stonemason** *n.* orang yang memecah, menyedia dan membina dengan batu; pemahat batu. 石工；石匠。

**stonewall** *v.i.* memukul bola dengan berhati-hati dalam permainan kriket tanpa membuat sebarang mata; memberi jawapan yang tidak mengikat. （板球）打守球；过分小心地打；阻碍议事。

**stonework** *n.* pembinaan daripada batu. 石造物；建筑的石造部分。

**stony** *a.* (*-ier, -iest*) dipenuhi dengan batu; keras; tidak berperasaan; tidak bersimpati. 多石的；铺着石块的；石质的；无情的；铁石心肠的。 **~-broke** *a.* (*sl.*) = **broke** pokai. 身无分文的。 **stonily** *adv.* membatu; dengan tidak menunjukkan sebarang perasaan. 坚硬如石地；冷酷地。

**stood** lihat **stand**. 见 **stand**。

**stooge** *n.* pembantu ahli lawak. 小丑的配角。 —*v.i.* (*sl.*) berlakon sebagai pelawak. 给丑角帮腔；当走狗；当傀儡。

**stool** *n.* bangku; tempat duduk yang tidak bersandar; mata tunas; (*pl.*) tahi. 凳子；生出新芽的根株；粪便。 **~-pigeon** *n.* burung, binatang atau orang yang digunakan sebagai umpan untuk menangkap penjahat. 用来引诱人或鸟兽入圈套的囮鸽。

**stoop** *v.t./i.* bongkok; tunduk. 屈身；俯首。 —*n.* perihal membongkok. 屈身；俯首。

**stop** *v.t./i.* (p.t. *stopped*) berhenti; melarang; menghalang; mengakhiri; menyudah; menamatkan; memetik tali atau menutup lubang pada alat muzik untuk mendapatkan nada yang dikehendaki. 停；停止；逗留；禁止；阻止；阻挡；击败；中止；止付；断绝；塞住；止血；调声调。 —*n.* penghentian; perhentian; noktah; benda yang memberhentikan pergerakan. 停止；终止；停留；逗留；句号；制动器；门闩。 **~ down** mengecilkan bukaan (apertur) kamera. 把光圈收小。 **~ press** *n.* berita terbaharu yang dimuatkan ke

**stopcock** *n.* pili penutup; injap yang mengawal aliran dalam paip. 活塞；管门。

**stopgap** *n.* pengganti sementara. 临时代替的人或物；权宜之计。

**stoppage** *n.* pemberhentian; halangan. 中止；停顿；阻塞；阻碍。

**stopper** *n.* penyumbat lubang atau botol. 塞子；瓶塞。 —*v.t.* menutup dengan penyumbat. 用塞子塞。

**stopwatch** *n.* jam randik (bermula dan berhenti apabila dikehendaki). 跑表；记秒表。

**storage** *n.* tempat yang digunakan untuk menyimpan barang-barang. 贮藏库；仓库；货栈。 ~ **heater** radiator elektrik yang mengumpulkan haba pada waktu-waktu tertentu. 电蓄热器。

**store** *n.* bekalan benda-benda yang ada untuk kegunaan; kedai besar; gudang; alat dalam komputer untuk menyimpan maklumat yang boleh didapatkan balik. 贮存品；存货；备用品；百货商店；仓库；货栈；电脑存储器。 —*v.t.* mengutip dan menyimpan untuk kegunaan masa yang akan datang; simpan dalam gudang. 储备；存入仓库；贮藏。 **in** ~ dalam simpanan; sesuatu yang ditakdirkan terjadi untuk seseorang. 贮藏着；为某人准备着。 **set** ~ **by** sangat menghargai. 重视；器重。

**storehouse** *n.* tempat menyimpan barang. 仓库；栈房。

**storeroom** *n.* bilik stor. 贮藏室。

**storey** *n.* (pl. *-eys*) tingkat bangunan. 一层；楼。 **storeyed** *a.* bertingkat-tingkat. 有若干层楼的。

**stork** *n.* burung botak. 鹳。

**storm** *n.* angin ribut; taufan; serangan tentera yang hebat. 暴风雨；狂风暴雨；猛攻；冲击。 —*v.t./i.* herdik; menyerbu; menyerang. 怒骂；起风暴；袭击；冲进。 **stormy** *a.* bergelora; berkenaan dengan cuaca yang disertai dengan angin ribut. 汹涌的；激烈的；暴风雨的。

**story**[1] *n.* kisah; riwayat; cerita; bahan-bahan untuk cerita; (*colloq.*) cerita (bohong). 故事；传说；小说；轶事；经历；谎言。

**story**[2] *n.* = **storey** tingkat. 房屋的一层；楼。

**stoup** *n.* besen daripada batu untuk menakung air suci. 圣水钵。

**stout** *a.* (*-er, -est*) kuat; tegap; cekal; tidak mudah patah atau lusuh. 强壮的；结实的；坚强的；不妥协的；牢固的。 —*n.* arak berwarna hitam. 黑啤酒。 **stoutly** *adv.* dengan cekal. 坚强地；不妥协地。

**stoutness** *n.* ketegapan; kecekalan. 结实；坚强；不妥协。

**stove**[1] *n.* dapur; perkakas yang menggunakan kayu, arang, minyak atau bahan api untuk memanaskan bilik dan untuk memasak. 炉；火炉；暖炉。 **~-enamel** *n.* saduran (enamel) kalis haba. 耐热搪瓷制品。

**stove**[2] *lihat* **stave**. 见 **stave**。

**stow** *v.t.* menyimpan dengan baik. 仔细而紧密地装载。 ~ **away** bersembunyi sebagai penumpang gelap. 把偷渡客藏在船或车里；偷渡者躲在船或车里。

**stowaway** *n.* penumpang gelap; orang yang bersembunyi di dalam kapal atau kapal terbang dengan tujuan membuat perjalanan tanpa membayar tambang. 偷渡客；非法乘客。

**straddle** *v.t./i.* duduk atau berdiri dengan kaki terbuka; terkangkang; mencelapak. 叉开腿坐或站立；两足叉开；跨立在…上。

**straggle** *v.i.* tumbuh melata; berkembang dengan cara tidak tersusun; berselerak di sana sini; tersesat; ketinggalan. 蔓生；蔓延；蜿蜒；四散；掉队；落后。 **straggler** *n.* orang yang tertinggal atau tersesat daripada pasukannya. 掉队的人；迷路者。 **straggly** *a.* tidak teratur; bercerangah. 蔓生的；散落的；四散的。

**straight** *a.* (*-er, -est*) lurus; sejajar; selaras; betul letaknya; jujur. 直的；平行的；并列的；笔直的；秩序井然的；坦白的；诚实的。—*adv.* dalam satu barisan; tanpa berlengah-lengah; secara jujur. 直地；直接地；一直；直言地；直截了当地。—*n.* bahagian lurus. 直线部分。**go ~** hidup dengan jujur setelah menjadi banduan. 改邪归正；正正直直地做人。**~ away** tanpa berlengah-lengah. 立刻；马上。**~ face** tidak senyum langsung. 一本正经的脸孔；板着面孔。**~ fight** pertarungan dua penjuru. 一对一的竞选或对垒。**~ off** tanpa ragu-ragu. 痛痛快快地；马上；立刻。**~ out** tegas. 直说；坦白。● **straightness** *n.* kelurusan; kejujuran. 笔直；正直；诚实。

**straighten** *v.t./i.* menjadikan lurus; meluruskan. 变直；变挺；弄直；矫正。

**straightforward** *a.* terus terang; tidak berdalih; jujur. 直接的；明确的；一直向前的；坦率的；正直的。● **straightforwardly** *adv.* dengan terus terang. 直接地；直截了当地；坦率地。

**strain**[1] *n.* perihal tegang; ketegangan; jenis; keturunan. 拉紧；张力；扭伤；动植物的系或种；血缘；世系。

**strain**[2] *v.t./i.* meregang; menyaring; melemahkan atau merosakkan dengan menggunakannya secara berlebihan; menapis. 扯紧；拉紧；因过度使用而受损；使过劳；过滤；渗出。—*n.* sesuatu yang memerlukan tenaga berlebihan; ketegangan; alunan muzik; gaya percakapan atau tulisan. 考验气力之事物；费力之事物；拉紧；拉力；一段乐曲、诗歌等；语气；笔调；文风。● **strainer** *n.* penapis; tapis. 滤网；滤器。

**strained** *a.* dipaksa-paksa; dihasilkan dengan usaha, bukan dengan perasaan yang asli. 牵强附会的；不自然的。**~ relations** hubungan meruncing. 两者之间的紧张关系。

**strait** *a.* (*old use*) sempit; tersekat. 狭窄的；被束缚的；受限制的。—*n.* (juga *pl.*) selat; laut sempit yang memisahkan dua daratan atau pulau; (*pl.*) keruncingan atau kesukaran. 海峡；窘迫；困境。**~ jacket** *n.* baju pasung; sejenis baju yang digunakan untuk menahan orang gila daripada bergelut. 束缚疯子双臂用的约束衣。**~-laced** *a.* terlalu mementingkan sopan santun. 过于拘谨的；古板的。

**straitened** *a.* keadaan susah atau miskin. 处于穷困中的；处于经济困难中的。

**strake** *n.* jaluran papan atau kepingan logam dari bahagian depan ke buritan kapal. 船的列钣；外钣。

**strand**[1] *n.* helai atau utas benang, dawai, dll. yang dipintal menjadi tali; seikat rambut. (绳子、线等的) 股；绞；一股绳子或线；一缕头发。

**strand**[2] *n.* tepi pantai, sungai atau tasik. 海滨；河岸；湖滨。—*v.t./i.* terkandas; terdampar; ditinggalkan dalam kesusahan. 触礁；搁浅；陷于困境；使束手无策。

**strange** *a.* (*-er, -est*) ganjil; aneh; pelik; ajaib. 生疏的；不熟悉的；陌生的；奇怪的；古怪的；不可思议的。

**strangely** *adv.* dengan ganjil dan aneh. 不可思议地；奇妙地。● **strangeness** *n.* keganjilan. 奇异；奇怪；陌生。

**stranger** *n.* orang yang tidak dikenali; orang yang berada di tempat yang tidak diketahuinya. 陌生人。

**strangle** *v.t./i.* mencekik. 扼杀；使窒息；绞死。● **strangler** *n.* orang yang membunuh dengan mencekik. 扼杀者；压制者。

**stranglehold** *n.* cekikan; cengkaman; pegangan atau genggaman yang sangat kuat dan dapat membunuh. 摔角的卡脖子；勒颈；紧扼。

**strangulate** *v.t.* mencekik atau menjerut. 勒住；紧勒。

**strangulation** *n.* pencekikan; penjerutan. 窒息；绞窄。

**strap** *n.* tali kulit yang dapat mengikat. 皮带。—*v.t.* (p.t. *strapped*) diikat dengan tali kulit. 系皮带。 **strapped for** (*colloq.*) kekurangan. 极度缺乏。

**strapping** *a.* besar tinggi dan sihat. 魁梧的；强壮的。—*n.* tali kulit; plaster perekat yang digunakan untuk membalut luka. 皮带；橡皮膏。

**strata** *lihat* stratum. 见 **stratum**。

**stratagem** *n.* muslihat untuk mencapai sesuatu tujuan; helah. 计谋；诡计。

**strategic** *a.* strategik; berkenaan dengan helah atau muslihat. 关键的；战略上重要的。 **strategical** *a.* berkenaan strategi. 战略上的。 **strategically** *adv.* dengan strategik. 策略性地；在战略上。

**strategist** *n.* ahli strategi. 战略家。

**strategy** *n.* strategi; kepandaian merancang dan mengarahkan gerakan dalam peperangan; pelan; polisi. 策略；战略；计划；政策。

**strathspey** *n.* tarian perlahan orang Scotland. 苏格兰的斯特拉斯贝慢步舞蹈。

**stratify** *v.t.* menyusun bertingkat-tingkat atau berlapis-lapis. 使成层；使分层。 **stratification** *n.* penstrataan; susun lapis. 成层；层理。

**stratosphere** *n.* stratosfera; lapisan atmosfera antara kira-kira 10–60 km dari muka bumi. 同温层；平流层；距离地球表面10-60公里的气层。

**stratum** *n.* (pl. *strata*) lapisan batu dalam kerak bumi; golongan atau lapisan masyarakat. 地层；社会阶层。

**straw** *n.* batang tumbuhan yang sudah kering dan dipotong; jerami; penyedut air; straw. 谷类植物的秆；干稻草；吸管。 **~ poll** (*A.S.*) kutipan suara tidak rasmi untuk menguji perasaan masyarakat dan orang ramai. 美国测验民意的非正式投票。

**strawberry** *n.* strawberi. 草莓。 **~ mark** tanda lahir berwarna merah. 莓状痣；草莓状红色胎记。

**stray** *v.i.* tidak mengikut atau menyimpang jalan yang betul; tersalah; sesat. 迷路；走失；误入歧途；迷失方向。—*a.* tersalah; terkeliru; terbiar. 堕落的；迷惑的；迷了路的。—*n.* orang atau binatang yang kesesatan atau terbiar. 离群的人或物。

**streak** *n.* jalur yang panjang dan halus; tanda; sifat. 条纹；条痕；个性。 —*v.t./i.* bertanda dengan garis atau jalur; bergerak dengan sangat pantas. 在⋯上加条纹；飞跑；疾驰。 **streaky** *a.* berjalur. 有条纹的；似条纹的。

**stream** *n.* sungai; kali; arus; aliran air, orang atau benda. 河；川；水流；溪流；川流不息；源源不断。—*v.t./i.* mengalir dengan tidak putus-putus ke satu arah; terapung atau berkibar. 流动；流出；飘动；飘扬。 **on ~** masih aktif dan berterusan. (工厂等) 在生产。

**streamer** *n.* panji-panji; bendera yang panjang dan kecil. 横幅；幡；长旗。

**streamline** *v.t.* menggaris arus; mempunyai bentuk yang tidak menahan dan memberi rintangan kepada aliran air atau udara. 使⋯具流线型外表。

**street** *n.* lorong atau jalan di pekan atau di bandar. 街道；马路。 **~ credibility** imej remaja. 街头信誉。

**streetcar** *n.* (*A.S.*) trem. (美国) 有轨电车。

**strength** *n.* kekuatan; tenaga; daya. 力；力量；气力。 **on the ~ of** bergantung kepada; berdasarkan. 在⋯的鼓励下；依赖；以⋯为依据。

**strengthen** *v.t./i.* menjadikan lebih kuat; menambah kekuatan; menguatkan. 变强；增强；加强。

**strenuous** *a.* yang menggguna atau memerlukan tenaga dan kekuatan; berat. 费气力的；繁重的。 **strenuously** *adv.* dengan menggunakan tenaga yang kuat. 费力地。 **strenuousness** *n.* beratnya; sukarnya. 费力；艰难。

**streptomycin** *n.* streptomisin; ubat antibiotik. 链霉素；一种抗生素。

**stress** *n.* tekanan; desakan. 压力；紧迫。 —*v.t.* menekankan; mendesak. 着重；强调。

**stretch** *v.t./i.* memanjangkan atau meregangkan tali, dll. hingga menjadi lebih tegang; menggembarkan. 拉紧；舒展；伸懒腰。—*n.* perihal menyering atau meregangkan; perihal menggunakan sehabis-habisnya. 拉紧；肢体等的舒展；过度的使用。**at a ~** berterusan. 延伸；连绵。**~ a point** bersetuju dengan sesuatu yang selalunya tidak dibenarkan. 因特殊情况通融。**stretchy** *a.* memberi. 可伸长的；有弹性的。

**stretcher** *n.* usungan; tandu. 担架；轿子。

**strew** *v.t.* (*p.t. strewed, p.p. strewn* atau *strewed*) menabur; menyerak; menghamburkan di merata-rata. 散播；撒；把种子撒在…上。

**striation** *n.* satu siri jaluran. 条纹排列。

**striated** *a.* berjalur. 有线条的。

**stricken** *a.* kena; terserang; terpukul. 被打伤的；被侵害的；被击中的。

**strict** *a.* (*-er, -est*) keras; tegas; tidak lemah lembut. 严格的；严谨的；严厉的。**strictly** *adv.* terhad. 严格地；严谨地。

**strictness** *n.* ketegasan. 严格；严谨。

**stricture** *n.* kecaman atau tuduhan yang hebat; celaan. 严厉指责；苛评。

**stride** *v.t./i.* (*p.t. strode, p.p. stridden*) berjalan dengan mengambil langkah yang panjang; melangkah. 跨进；迈步。—*n.* langkah; kemajuan. 一步；进步。

**strident** *a.* langsing; melengking; lantang. 刺耳的；尖声的；响亮的。**stridently** *adv.* dengan langsing atau lantang. 刺耳地。**stridency** *n.* kelantangan. 响亮。

**strife** *n.* perselisihan; perbalahan. 争执；争吵。

**strike** *v.t./i.* (*p.t. struck*) memukul; mengetuk. 打；击；撞击。—*n.* pemogokan. 罢工行动。**on ~** sedang mogok. 怠工。**~ off** atau **out** memangkah; memotong; menurunkan harga. 击败；删去；涂去价目以降低价格。**~ up** memulakan.

开始。

**strikebound** *a.* tidak berjalan disebabkan pemogokan. 因罢工而停顿的。

**striker** *n.* pemogok; pekerja yang mogok; penyerang (bola sepak). 罢工者；足球前锋。

**striking** *a.* ketara; menarik perhatian. 引人注意的。**strikingly** *adv.* dengan menarik perhatian. 突出地。

**string** *n.* benda yang halus dan panjang untuk mengikat sesuatu; tali; rangkaian; deret; (*pl.*) syarat; (*pl.*) alat muzik bertali; (*sing., attrib.*) berkenaan dengan alat muzik bertali. 线；带子；细绳；串；列；附带条件；弦乐器；乐器的弦。—*v.t./i.* (*p.t. strung*) diikat dengan tali. 用绳子串起。**pull strings** menggunakan pengaruh seseorang untuk kepentingan diri sendiri. 拉关系。**~ along** (*colloq.*) terpedaya; mengikut sahaja. 被欺骗；被愚弄；忠实地跟随。**~-course** *n.* deretan bata yang menonjol di sekeliling bangunan. 束带层；砖墙上的突出层。**~ out** menderetkan dalam satu barisan. 成串地展开；成行地前进。**~ up** menggantung. 吊死。

**stringed** *a.* alat muzik bertali yang dimainkan dengan memetiknya. （乐器）有弦的。

**stringent** *a.* keras; ketat; tidak ada tolak ansur. 紧迫的；严格的；不能妥协的。**stringently** *adv.* secara keras atau ketat. 紧迫地；严格地。**stringency** *n.* kesulitan; ketatnya. 紧急；严格。

**stringy** *a.* berserabut. 纤维质的。

**strip**[1] *v.t./i.* (*p.t. stripped*) melucutkan; menanggalkan; bertelanjang; mencabut; membuka. 解脱；脱掉；剥光；剥去；拆开。**~ club** kelab yang menunjukkan tarian bogel. 脱衣舞夜总会。**stripper** *n.* penari bogel. 脱衣舞舞女。

**strip**[2] *n.* jalur; keping. 条纹；纸条。**comic ~** atau **~ cartoon** gambar kartun dari beberapa lukisan yang sederet. 连环漫

画。~ **light** lampu yang menggunakan tiub panjang. 条状舞台照明灯。

**stripe** *n.* belang; jalur; pangkat. 斑纹；条纹；军服上表示军阶的纹线。**striped** *a.* berbelang; berjalur. 有斑纹的；有条纹的。**stripy** *a.* berkenaan dengan belang dan jalur. 斑状的；条纹状的。

**stripling** *n.* orang muda; belia. 年轻人；小伙子。

**striptease** *n.* hiburan (tarian) yang pelakunya menanggalkan pakaian satu persatu. 脱衣舞。

**strive** *v.i.* (p.t. *strove*, p.p. *striven*) berjuang; berusaha seberapa daya. 斗争；力求；努力。

**strobe** *n.* (*colloq.*) stroboskop. 频闪观测器。

**stroboscope** *n.* sejenis alat yang mengeluarkan cahaya. 频闪观测器；闪光仪。

**strode** *lihat* stride. 见 **stride**。

**stroke**[1] *n.* pukulan; gerak-geri yang diulang-ulang; satu gerakan pen atau berus dalam lukisan; bunyi loceng yang menandakan waktu; strok; serangan penyakit dengan tiba-tiba yang menyebabkan seseorang itu lumpuh. 一击；来回动作；绘画的一笔；时钟的敲打；中风；疾病的突然发作。—*v.t.* bertindak sebagai ketua pendayung di buritan perahu. 当尾桨手。

**stroke**[2] *v.t.* meraba-raba; mengusap-usap. 轻抚；抚摩。—*n.* usapan. 抚摩。

**stroll** *v.i. & n.* hal berjalan-jalan; bersiar-siar. 漫步；闲逛。**stroller** *n.* orang yang bersiar-siar. 闲荡者；闲逛者。

**strong** *a.* (-er, -est) bertenaga; gagah; tegap; kuat; kukuh; tahan; tidak mudah roboh; mengandungi alkohol. 有力的；雄壮的；结实的；强健的；坚定的；坚强的；牢固的；(酒) 浓烈的。—*adv.* teguh; kuat; cergas. 强固地；强有力地；猛烈地。~-**box** *n.* peti besi. 保险箱；保险柜。~ **language** bahasa yang kesat. 骂人话。~-**minded** *a.* tabah; tegas; bersemangat kuat. 意志坚强的；有主见的；刚强的。~-**point** *n.* mempunyai kelebihan atau kecekapan dalam sesuatu pengetahuan. 长处；优点。

**strongly** *adv.* dengan kuat. 坚强地。

**stronghold** *n.* kubu; benteng. 要塞；堡垒。

**strongroom** *n.* bilik kebal; bilik untuk menyimpan dan melindungi barang-barang berharga. 保险库。

**strontium** *n.* logam berwarna putih seperti perak; strontium. 锶。~ **90** isotop radioaktifnya. 锶的放射性同位素。

**strop** *n.* tali atau jalur kulit untuk menajamkan pisau cukur. 磨剃刀等用的皮带。—*v.t.* (p.t. *stropped*) menajamkan pisau cukur dengan menggunakan jalur atau tali kulit. 在皮带上磨；使锋利。

**stroppy** *a.* (*sl.*) bengis; cepat naik darah; susah bekerja dengan. 残忍的；易怒的；难相处的。

**strove** *lihat* strive. 见 **strive**。

**struck** *lihat* strike. 见 **strike**。—*a.* ~ **on** (*colloq.*) suka; takjub dengan. 非常喜爱的；迷恋的。

**structuralism** *n.* strukturalisme; teori bahawa struktur lebih penting daripada fungsi. 结构主义。**structuralist** *n.* orang yang beraliran strukturalisme. 结构主义者；结构主义派学者。

**structure** *n.* struktur; susunan; pembentukan; binaan; rangka atau bingkai bangunan. 结构；组织；构造；建筑物的整体结构。**structural** *a.* berkenaan susunan rangka atau struktur. 结构上的；组织上的；构造上的。 **structurally** *adv.* dari segi struktur. 结构上；构造上。

**strudel** *n.* strudel; sejenis kuih berinti epal. 果馅奶酪卷。

**struggle** *v.i.* bergelut; berjuang; berlawan. 挣扎；奋斗；争夺。—*n.* perjuangan; pergelutan. 斗争；挣扎。

**strum** *v.t./i.* (p.t. *strummed*) memainkan alat muzik dengan sembarangan. 胡乱

弹奏。—*n.* bunyi yang dibuat dengan petikan. 胡乱弹的声音。

**strumpet** *n.* (*old use*) pelacur. 妓女。

**strung** *lihat* **string**. 见 **string**。—*a.* ~ **up** keadaan tegang (fikiran); teruja. 紧张的；不安的。

**strut** *n.* sangga; topang; benda yang digunakan untuk menopang dari bawah. 支撑；支柱；支撑物。—*v.i.* (p.t. *strutted*) gaya jalan yang sombong. 趾高气扬地走。

**strychnine** *n.* striknina; racun yang bisa. 马钱子碱；一种烈性毒剂。

**stub** *n.* tunggul; puntung; keratan cek atau resit. 残留的树桩；烟蒂；支票、收据的存根。—*v.t.* (p.t. *stubbed*) tersandung sesuatu yang keras; memadamkan api rokok. 连根拔除；踩熄烟蒂。

**stubble** *n.* tunggul; batang padi yang tertinggal setelah dituai atau disabit; janggut yang pendek-pendek. 树桩；稻麦的残茬；胡子茬。**stubbly** *a.* dipenuhi janggut yang baru tumbuh. 茬多的。

**stubborn** *a.* degil; keras hati; keras kepala; nekad; tegar. 固执的；倔强的；顽固的；坚决的；顽强的。**stubbornly** *adv.* dengan degil. 固执地。**stubbornness** *n.* kedegilan. 固执；顽强。

**stubby** *a.* (-*ier*, -*iest*) gemuk; kontot. 矮壮的；短而粗的。**stubbiness** *n.* kegemukan. 矮壮。

**stucco** *n.* sejenis plaster atau simen digunakan untuk menampal dinding. 粉饰墙壁用的灰泥。**stuccoed** *a.* dibentuk atau ditampal dengan plaster atau simen penampal dinding. 灰泥的。

**stuck** *lihat* **stick**[2]. 见 **stick**[2]。—*a.* tidak bergerak; binatang yang ditikam atau disembelih. 紧紧粘着的；被叉、矛等刺中的。~-**up** *a.* (*sl.*) angkuh; sombong. 高傲的；自负的。

**stud**[1] *n.* sejenis paku. 饰钉；球状饰物。—*v.t.* (p.t. *studded*) menatah. 加饰钉；镶球状饰物。

**stud**[2] *n.* kuda; pembaka tempat menyimpan kuda. 马群繁殖场；种马场。

**student** *n.* pelajar; penuntut; mahasiswa. 学生；大专生；大学生。

**studied** *a.* dirancangkan; dengan sengaja. 预先计划的；深思熟虑的。

**studio** *n.* (pl. -*os*) studio; tempat untuk pelukis; tempat membuat filem; ruang tempat memancarkan siaran radio atau televisyen. 工作室；画室；电影摄影棚；播音室。~ **couch** tempat duduk yang dapat dijadikan katil. 两用长沙发。~ **flat** pangsapuri satu bilik yang mempunyai dapur dan bilik mandi. 一室公寓房间。

**studious** *a.* rajin dan suka belajar. 勤奋的；好学的。**studiously** *adv.* dengan rajin. 勤勉地。**studiousness** *n.* kerajinan. 勤勉。

**study** *n.* proses pembelajaran; pelajaran; kajian; tempat atau bilik belajar. 学习过程；学习；研究；研究室。—*v.t./i.* belajar bersungguh-sungguh; menelaah; ikhtiar atau usaha yang bersungguh-sungguh. 认真学习；仔细端详；精究。

**stuff** *n.* bahan; (*sl.*) benda; barang; perkara; hal; sampah. 材料；填料；东西；废物。—*v.t./i.* mengisi; menyumbat; memadatkan; makan dengan gelojoh. 塞满；填塞；贪婪地吃。

**stuffing** *n.* sarak; isi; bahan atau benda untuk mengisi. 填塞；填料；填充料。

**stuffy** *a.* (-*ier*, -*iest*) tidak banyak udara; susah hendak bernafas; pengap; sesak; (*colloq.*) kolot; (*colloq.*) menunjukkan marah. 空气不流通的；憋闷的；不通风的；闷热的；古板的；脾气坏的。**stuffily** *adv.* dengan pengap. 闷死人地。**stuffiness** *n.* keadaan pengap. 闷热；通风不良。

**stultify** *v.t.* merosakkan; menjadikan buntu. 使变得无用；使无效；使变得迟钝。**stultification** *n.* kebuntuan. 迟钝。

**stumble** *v.i.* tersandung; terlanggar atau terhantuk pada sesuatu; membuat kesilapan ketika bercakap atau bermain muzik.

**stump** 绊倒;摔到;结巴;搞错。—*n.* terjelepok. 摔倒;绊倒。**~ across** atau **on** mengetahui dengan tidak sengaja atau secara kebetulan. 偶然碰见。**stumbling-block** *n.* halangan. 绊脚石;障碍物。

**stump** *n.* tunggul; batang kayu yang masih tertinggal dalam tanah; baki yang tertinggal setelah sesuatu dipotong, patah atau haus; salah satu dari tiga kayu di dalam sukan kriket. 树桩;木桩;残株;板球的门柱。—*v.i.* berjalan menghentak-hentak; (*colloq.*) menghairankan. 摇摇晃晃地走;困惑。**~ up** (*sl.*) kena menyumbangkan atau membayar (wang). 付清款项。

**stumpy** *a.* (*-ier, -iest*) pendek dan gemuk. 粗而短的;矮胖的。**stumpiness** *n.* kependekan; kegemukan. 粗短;矮胖。

**stun** *v.t.* (p.t. **stunned**) terpegun; tergamam; menjadikan pengsan atau tidak sedar kerana sesuatu perkara. 使发楞;使目瞪口呆;打昏;击昏。

**stung** *lihat* **sting**. 见 **sting**。

**stunk** *lihat* **stink**. 见 **stink**。

**stunner** *n.* (*colloq.*) seseorang atau sesuatu yang mengagumkan. 惊人的人或东西;了不起的人物。

**stunning** *a.* (*colloq.*) sangat mengagumkan. 令人吃惊的。**stunningly** *adv.* dengan cara yang mengagumkan. 令人吃惊地。

**stunt**[1] *v.t.* membantutkan; menghentikan pertumbuhan atau kemajuan sesuatu. 阻碍…的发育或发展;使发育不良。

**stunt**[2] *n.* (*colloq.*) sesuatu yang dibuat untuk menarik perhatian; lagak ngeri. 特技;特技表演。**~ flying** aerobatik. 特技飞行。

**stupefy** *v.t.* membingungkan; menjadikan fikiran tidak tentu arah. 使茫然;使错乱。**stupefaction** *n.* kebingungan. 茫然;错乱。

**stupendous** *a.* sangat menakjubkan; menghairankan. 惊人的;了不起的。**stupendously** *adv.* secara menghairankan. 惊人地。

**stupid** *a.* dungu; bodoh. 愚蠢的;愚笨的。**stupidly** *adv.* dengan bodoh. 笨头笨脑地;傻乎乎地。**stupidity** *n.* kebodohan. 愚蠢;愚笨。

**stupor** *n.* terperanjat dan hampir tidak sedarkan diri. 昏迷;茫然若失。

**sturdy** *a.* (*-ier, -iest*) kuat; tegap; cergas. 健壮的;结实的;生长力强的;毫不含糊的。**sturdily** *adv.* dengan tegap. 强壮地。**sturdiness** *n.* ketegapan. 健壮;结实。

**sturgeon** *n.* (pl. *sturgeon*) sejenis ikan besar. 鲟鱼。

**stutter** *v.t./i.* & *n.* gagap. 结结巴巴地说话;口吃;结巴。

**sty**[1] *n.* kandang khinzir. 猪圈;猪栏。

**sty**[2] *n.* tembel; bengkak pada tepi kelopak mata. 脸腺炎;麦粒肿。

**style** *n.* gaya bercakap atau menulis; gaya bahasa; cara atau gaya membuat sesuatu; keadaan bentuk rupa; benang sari dalam bunga. 说话、书写的风格;作风;型;仪表;花柱。—*v.t.* membentuk; mereka. 使具有风格;设计新款式。**in ~** dengan cara yang menarik; dengan hebat. 有气派的;很时新的。

**stylish** *a.* bergaya. 时髦的;漂亮的。**stylishly** *adv.* dengan bergaya. 时髦地。**stylishness** *n.* lagak. 时髦。

**stylist** *n.* seseorang yang bergaya; penggaya; ahli gaya. 有风格的人;自成流派的人;时新式样的设计者。

**stylistic** *a.* berkenaan dengan gaya sastera atau seni. 写作风格上的;文体上的。**stylistically** *adv.* dari segi gaya. 风格独特地。

**stylized** *a.* mengikut sesuatu gaya. 具有某风格的。**stylization** *n.* perihal mengikut sesuatu gaya. 风格化。

**stylus** *n.* (pl. *-uses* atau *-li*) sejenis jarum digunakan untuk memainkan piring hitam. 留声机的唱针。

**stymie** *v.t.* (pres.p. *stymieing*) menghalang. 阻碍。

**styptic** *a.* menghentikan pendarahan dengan mengecutkan salur darah. 止血的；收敛的。

**suasion** *n.* pujukan. 劝导；劝说。

**suave** *a.* sopan santun yang licik. 殷勤讨好人的；巴结人的；和蔼的。**suavely** *adv.* dengan sopan santun yang licik. 讨好人地；巴结地。**suavity** *n.* perihal bersopan santun dengan licik. 谦和；和蔼。

**sub** *n.* (*colloq.*) kapal selam; yuran; pengganti. 潜水艇；会员费；工资等的预支；代替物；替身。

**sub-** *pref.* bawah; orang bawahan. (前缀) 表示"下面；再次；从属"；下-。

**subaltern** *n.* pegawai tentera yang berpangkat lebih rendah daripada kapten.英国陆军中尉。

**subaqua** *a.* (sukan) berlaku di bawah air. 水下运动的。

**subatomic** *a.* lebih kecil daripada atom; berlaku di dalam atom. 亚原子的；原子内的。

**subcommittee** *n.* jawatankuasa kecil. 小组委员会。

**subconscious** *a. & n.* berkenaan dengan kegiatan mental yang kita tidak begitu sedar.下意识(的)；潜意识(的)。**subconsciously** *adv.* dengan tidak sedar. 下意识地。

**subcontinent** *n.* benua kecil; daratan luas yang menjadi sebahagian daripada benua. 次大陆。

**subcontract** *v.t./i.* memberikan subkontrak. 分包或转包工程。**subcontractor** *n.* orang melakukan sebahagian atau semua kerja dari satu kontrak yang lain. 承包商。

**subculture** *n.* subbudaya; budaya di dalam budaya yang lebih besar. 亚文化群。

**subcutaneous** *a.* di bawah kulit. 皮下的。

**subdivide** *v.t.* membahagi lagi. 再分；再细分。**subdivision** *n.* bahagian-bahagian kecil.再分成的部分；分部；支部。

**subdue** *v.t.* menindas; menekan; menakluk. 压制；控制；慑服；使顺从。

**sub-edit** *v.t.* menolong editor; menyedia bahan untuk percetakan. 在主编指导下编辑稿件；在刊印前审阅稿件。

**sub-editor** *n.* subeditor; penolong bagi editor. 助理编辑；副编辑；审稿者。

**sub-editorial** *a.* berkenaan kerja subeditor. 助理编辑的；审稿的。

**subheading** *n.* tajuk kecil. 小标题；副标题。

**subhuman** *a.* lebih rendah tarafnya daripada manusia biasa; seperti binatang.低于人类的。

**subject**[1] *a.* di bawah penaklukan kuasa asing; tidak merdeka. 由他国统治的；未独立的。—*n.* warganegara; tajuk; hal atau perkara yang diperbualkan; tema; subjek. 人民；国民；话题。~-**matter** *n.* perkara; hal yang dibincangkan di dalam buku; isi buku. 主题；书刊的论题；主旨。~ **to** bergantung kepada. 受制于…的；易受…的。

**subject**[2] *v.t.* menakluk; menjajah; dijajah. 支配；征服；统治。**subjection** *n.* penaklukan. 征服。

**subjective** *a.* subjektif; memberi pandangan atau perasaan sendiri. 主观的；凭自我意识的。**subjectively** *adv.* dengan cara subjektif. 主观地。

**subjoin** *v.t.* menambah. 添加；增补。

*sub judice a.* dalam pertimbangan kehakiman; belum diputuskan. 尚在审讯中的；未判决的。

**subjugate** *v.t.* menakluki sesebuah negeri. 征服他国。**subjugation** *n.* penaklukan. 征服。

**subjunctive** *a. & n.* bentuk kata kerja yang menyatakan sesuatu kemungkinan. 假设(的)；虚拟(的)。

**sublet** *v.t.* (p.t. *sublet*, pres.p. *subletting*) menyewakan kepada orang lain sesebuah bilik atau rumah yang disewa sendiri. 转租；分租。

**sublimate** *v.t.* mensublimasikan; mengubahkan (perasaan atau tekanan) kepada sesuatu yang lebih luhur. 把力量化为积极而文明的活动；提高文化水平等；使高尚。 **sublimation** *n.* sublimasi; pengubahan. 升华；理想化。

**sublime** *a.* mulia; luhur. 崇高的；高尚的。 **sublimely** *adv.* dengan mulia; dengan luhur. 令人崇敬地；宏伟地。

**sublimity** *n.* kemuliaan. 崇高；宏伟。

**subliminal** *a.* bawah kesedaran. 潜意识的。

**sub-machine-gun** *n.* submesin-gan. 手提机关枪。

**submarine** *a.* wujud atau hidup di bawah permukaan laut. 水中的；海底的。 — *n.* kapal selam. 潜水艇。

**submerge** *v.t./i.* menenggelamkan; merendamkan; menyelam di bawah permukaan air. 使沉入水中；淹没；浸在水中；沉没。 **submergence** *n.* penenggelaman. 潜水；淹没。 **submersion** *n.* tenggelamnya; penenggelaman. 沉没；浸入。

**submersible** *a.* boleh tenggelam. 可沉的；可潜入水中的。 — *n.* alat pengangkutan yang boleh berfungsi di bawah permukaan air. 能潜航的艇；潜水艇。

**submicroscopic** *a.* terlalu kecil untuk dilihat melalui mikroskop biasa; sub-mikro-skopik. 普通显微镜下看不见的。

**submission** *n.* ketundukan; kepatuhan; penyerahan; penyampaian. 屈服；服从；投降；提交。

**submissive** *a.* menyerah kepada pihak yang berkuasa. 服从的；屈从的。 **submissively** *adv.* dengan patuh dan tidak melawan. 顺从地。 **submissiveness** *n.* kepatuhan. 屈服。

**submit** *v.t./i.* (p.t. *submitted*) tunduk; patuh; menyerah; tidak membantah. 屈服；顺从；提交；提呈；服从。

**subnormal** *a.* bawah normal; subnormal. 在正常水平以下的。

**subordinate**[1] *a.* bawahan; berpangkat rendah. 下级的；次级的。 — *n.* orang bawahan. 部下；下级；下属。

**subordinate**[2] *v.t.* menganggap atau menjadikan lebih rendah (tarafnya); menganggap tidak begitu penting. 使成次要；轻视。 **subordination** *n.* perihal menjadikan lebih rendah atau tidak penting. 从属；沦为隶属。

**suborn** *v.t.* memberi rasuah. 收买证人；贿赂他人作假证。 **subornation** *n.* rasuah. 贿赂他人发假誓等。

**subpoena** *n.* sepina; perintah bertulis dari mahkamah yang menghendaki seseorang itu hadir di mahkamah. 传唤某人出庭作证的传票。 — *v.t.* (p.t. *subpoenaed*) dipanggil dengan sepina. 被传唤。

**subscribe** *v.t./i.* menyumbangkan; melanggan. 捐助；订阅；订购。 **~ to a theory** bersetuju dengan sesuatu teori. 支持某一理论；赞成。 **subscriber** *n.* pelanggan. 订户。

**subscription** *n.* bayaran untuk langganan; yuran untuk keahlian sesebuah persatuan; proses pelangganan. 订费；会员费；书刊的订阅。

**subsection** *n.* bahagian dari seksyen; sub-seksyen. 小组；小节；分队。

**subsequent** *a.* yang berikut; yang datang kemudian. 其次的；其后的。 **subsequently** *adv.* berikutnya; selepas itu. 其后；接着。

**subservient** *a.* bawahan; terlampau merendahkan diri. 追随者的；卑躬屈节的。 **subserviently** *adv.* dengan merendahkan diri. 卑躬屈节地。 **subservience** *n.* perihal merendahkan diri. 屈从。

**subset** *n.* subset; bahagian kedua suatu set (dalam matematik). (数学) 子集合。

**subside** *v.i.* tenggelam; surut; berkurang. 减退；平静下来；消退。 **subsidence** *n.* penenggelaman; surutnya; pengurangan. 减退；平息。

**subsidiary** *a.* kepentingan kedua; dikuasai oleh orang lain; subsidiari. 次要的；附属的。—*n.* anak syarikat. 子公司。

**subsidize** *v.t.* memberi bantuan wang. 给津贴；给补助金。 **subsidization** *n.* proses memberikan bantuan wang. 津贴；补助。

**subsidy** *n.* subsidi; tunjangan; wang yang diluluskan oleh kerajaan kepada sesebuah perusahaan, perindustrian, pertanian, dll. yang memerlukan bantuan. 津贴；补助金；政府的资助金。

**subsist** *v.i.* hidup; memperoleh nafkah. 生存；谋生。 **subsistence** *n.* penghidupan; saraan hidup. 生计；生活费。

**subsoil** *n.* lapisan tanah di bawah lapisan permukaan. 下层土。

**subsonic** *a.* subsonik; kelajuan lebih pantas daripada gerakan bunyi. 亚音速的；快于音速的。

**subspecies** *n.* subspesies; kumpulan berlainan di dalam satu spesies. 亚种；生物界某一种类内的小分类。

**substance** *n.* bahan; benda yang tertentu; pejal; inti pati kepada sesebuah percakapan atau penulisan; sesuatu yang hakiki. 物质；物体；实体；演说、文章等的主要内容；本质。

**substandard** *a.* belum menepati standard tertentu. 在法定或指定标准以下的。

**substantial** *a.* kuat dan teguh; besar dan banyak; yang benar wujud; sungguh. 坚牢的；坚实的；富裕的；有实力的；实质的；真正的。 **substantially** *adv.* dengan kuat dan teguh; agak banyak. 实质地；坚固地；大量地。

**substantiate** *v.t.* memberikan hujah untuk menyokong atau menguatkan; membuktikan dengan kenyataan; mengesahkan. 以论证支持或加强论点；证明某事有根据。 **substantiation** *n.* pengesahan. 证实。

**substantive**[1] *a.* (pangkat dalam tentera) tetap. (军阶) 固定的；领正薪的。

**substantive**[2] *n.* kata nama. 实词；名词。

**substantival** *a.* perihal kata nama. 实词的；名词性的。

**substitute** *n.* ganti; pengganti. 代替者；代替品。—*v.t./i.* menggantikan; menukarkan; (*colloq.*) berfungsi sebagai pengganti. 代替；取代；置换；用…代替。 **substitution** *n.* penggantian. 代；代替。

**substratum** *n.* (pl. *-ta*) substratum; asas. 下层；基础。

**subsume** *v.t.* memasukkan; mengumpulkan ke dalam sesuatu golongan. 包含；包括。

**subtenant** *n.* orang yang disewakan bilik oleh penyewa asal. 转租租户。 **subtenancy** *n.* sewaan daripada orang yang menyewa. 转租。

**subterfuge** *n.* dalih; helah. 托辞；遁辞。

**subterranean** *a.* di bawah tanah. 地下的；地中的。

**subtitle** *n.* tajuk kecil; sari kata. 小标题；副题；字幕。—*v.t.* menyediakan tajuk kecil atau sari kata. 设副题；加对白字幕。

**subtle** *a.* (*-er, -est*) tidak ketara; lembut; sangat bijak; halus; cerdik. 难以捉摸的；敏锐的；微妙的；巧妙的；精明的。 **subtly** *adv.* dengan tidak ketara. 难以捉摸地；微妙地。 **subtlety** *n.* ketakketaraan; kebijaksanaan. 微妙；灵巧。

**subtopia** *n.* sebahagian daripada kawasan luar bandar yang kini menjadi kawasan pinggir bandar. 已城市化的乡村地区；丧失自然景色的乡村。

**subtotal** *n.* jumlah kecil. 部分和；小计。

**subtract** *v.t.* mengurangkan; memotong; menolak. 减去；扣除；减数。 **subtraction** *n.* kira-kira tolak; pengurangan. 减法；减去；扣除。

**subtropical** *a.* subtropika; kawasan yang hampir dengan kawasan tropika. 亚热带的。

**suburb** *n.* pinggir kota. 市郊；郊区。 **suburban** *a.* berkenaan dengan pinggir kota.

**suburbia** 市郊的;郊区的;住在城郊的。**suburbanite** *n.* penduduk pinggir kota. 郊区居民。

**suburbia** *n.* kawasan dan penduduk pinggir kota. 市郊地区;郊区居民。

**subvention** *n.* subsidi. 津贴;补助金。

**subvert** *v.t.* memusnahkan; menggulingkan. 搅乱;暗中破坏;推翻。**subversion** *n.* hal yang menggulingkan; subversi. 推翻;颠覆。**subversive** *a.* subversif. 颠覆的;破坏性的。

**subway** *n.* jalan di bawah tanah; kereta api elektrik di bawah tanah (*A.S.*). 地道;(美国)地下铁道。

**succeed** *v.t./i.* berjaya; menang; berhasil; menggantikan; mengambil tempat. 成功;获胜;顺利进行;继承;接着发生;继任。

**success** *n.* kemenangan; hasil; kemajuan; kejayaan. 胜利;成果;收获;成就;成功。

**successful** *a.* berjaya; berhasil. 成功的;有成果的;有成就的。**successfully** *adv.* dengan berjaya. 成功地。

**succession** *n.* berubah; bertukar; berganti. 接续;继起;后继;继承;继承权。**in ~** berturut-turut. 接连;接着。

**successive** *a.* berturut-turut. 接连的;相继的;连续的。**successively** *adv.* dengan berturut-turut. 相继;连续。

**successor** *n.* pengganti; orang yang menggantikan atau mengambil tempat orang lain. 继承人;继任者;接班人;后继者。

**succinct** *a.* ringkas dan terang. 简明的;简洁的。**succinctly** *adv.* dengan ringkas dan terang. 简明地;简洁地。

**succour** *v.t. & n.* memberi bantuan; pertolongan.. 紧急时的救助;及时的援助。

**succulent** *a.* banyak airnya; berair; sukulen. 多汁的;多液的。—*n.* tumbuhan sukulen. (仙人掌等) 肉质性植物。

**succulence** *n.* perihal banyak airnya. 植物的肉质性。

**succumb** *v.i.* tunduk; menyerah; tewas. 屈服;屈从;被打败。

**such** *a.* seumpama; sebagai; seperti. 像那种的;这(那)样的;如此的。—*pron.* seperti itu. 这样的人或物。**~-and-such** *a.* sekian sekian. 某某的;这样那样的。

**suchlike** *a.* (*colloq.*) sama jenis. 诸如此类的。

**suck** *v.t.* menyedut; menghisap; menghirup. 吮;吸;咂(奶头等);啜饮。—*n.* perbuatan menghisap. 吮;吸;啜饮。**~ up to** (*colloq.*) mencuba mengambil hati dengan pujukan. 奉承某人;拍某人马屁。

**sucker** *n.* organ yang menghisap atau menyedut; tunas yang tumbuh; (*sl.*) orang yang mudah tertipu. 动物的吸管或吸盘;植物的吸根;容易受骗的人。

**sucking** *a.* masih menetek atau menghisap susu ibu. 吮吸的;未断奶的。

**suckle** *v.t./i.* menyusui; meneteki. 给…喂奶;哺育;哺乳。

**suckling** *n.* anak yang menyusu atau menetek. 乳儿;乳兽。

**sucrose** *n.* sukrosa; gula daripada tebu atau ubi. 蔗糖。

**suction** *n.* sedutan. 吸;吸引;吸力;吸气。

**sudden** *a.* tiba-tiba; mengejut. 突然的;意想不到的;冷不防的。**all of a ~** tiba-tiba saja. 突然;冷不妨。**suddenly** *adv.* dengan tiba-tiba. 突然;出乎意料地。**suddenness** *n.* (dengan) tiba-tiba atau mengejut. 突然;突发性。

**sudorific** *a. & n.* (dadah, dsb.) mengakibatkan perpeluhan. 发汗(的);发汗剂。

**suds** *n.pl.* buih sabun. 肥皂液;浓肥皂水;肥皂泡沫。

**sue** *v.t./i.* (*pres.p. suing*) mendakwa; menyaman. 控告;控诉;提控。

**suede** *n.* suede; kulit lembut dibuat daripada kulit binatang. 软羔皮。

**suet** *n.* lemak yang membaluti buah pinggang lembu atau kambing digunakan dalam masakan. 烹任用的,取自牛羊等的腰部的板油。 **suety** *a.* berlemak. 板油的;板油似的。

**suffer** *v.t./i.* menderita; terseksa. 遭受; 蒙受;受折磨;允许;忍受;忍耐。 **suffering** *n.* penderitaan; penyeksaan. 痛苦; 苦难;折磨。

**sufferance** *n.* on ~ penerimaan dengan berat hati. 被默许;被容忍。

**suffice** *v.t.* mencukupi. 满足…的需求; 使满足。

**sufficient** *a.* memadai. 足够的;充分的; 能胜任的。 **sufficiently** *adv.* dengan memadai. 足够地;充足地。 **sufficiency** *n.* hal yang mencukupi dan memadai. (财力、能力等的)充足;足量。

**suffix** *n.* (pl. *-ixes*) imbuhan; akhiran; unsur atau bentuk tatabahasa terikat pada hujung perkataan dalam membentuk kata lain. 后缀;词尾。

**suffocate** *v.t./i.* melemaskan; mencekik.把…闷死;使窒息;使不能呼吸。 **suffocation** *n.* kelemasan. 窒息。

**suffragan** *n.* ~ **bishop** biskop yang dilantik untuk membantu biskop daerah dalam kawasan tertentu di daerahnya.副主教。

**suffrage** *n.* hak di dalam pengundian. 投票权;选举权。

**suffragette** *n.* wanita yang menuntut hak mengundi untuk kaum wanita (pada awal abad kedua puluhan). 二十世纪初的女权运动者。

**suffuse** *v.t.* bermandikan; berlinang. (颜色、液体、光等)弥漫;(泪、汗等)充满;泪汪汪。 **suffusion** *n.* linangan air mata. 弥漫;充满;泪盈满眶。

**sugar** *n.* gula; benda manis yang diperbuat daripada pati buah-buahan dan tumbuh-tumbuhan. 糖;糖块;有甜味的食用品。 ~**beet** ubi putih di mana gula diperolehi. 糖甜菜。 ~**cane** tebu. 甘蔗。 ~**daddy** lelaki berumur yang menyimpan perempuan muda. 在年轻女子身上滥花钱的老色迷。 ~ **soap** sebatian guna untuk membersihkan cat. 糖皂。 **sugary** *a.* rasa seperti gula. 甜的;含糖的;糖质的。

**suggest** *v.t.* mencadang; menganjurkan; mengesyorkan; mengusulkan. 建议;提出;提议;提醒;暗示。

**suggestible** *a.* mudah dapat dipengaruhi dengan cara atau cadangan. 可暗示的; 可建议的;易受暗示的。 **suggestibility** *n.* keadaan mudah dipengaruhi. 易受暗示性。

**suggestion** *n.* cadangan; usul. 建议;提议;提示。

**suggestive** *a.* yang bertujuan untuk menimbulkan akal atau membawa fikiran; membawa fikiran lucah atau tidak senonoh. 暗示的;有启发性的;可引起联想的;挑动性的。 **suggestively** *adv.* dengan cara yang membawa pengertian tidak senonoh. 暗示地;启发性地;引人想入非非地。

**suicidal** *a.* yang berkenaan pembunuhan diri sendiri; membahayakan kepentingan diri sendiri. 自杀的;自取灭亡的;自暴自弃的。 **suicidally** *adv.* secara memungkinkan maut. 自毁地;自暴自弃地。

**suicide** *n.* pembunuhan diri. 自杀;自杀罪;敢死队。 **commit** ~ membunuh diri. 自杀。

**suit** *n.* pakaian yang sepasang; salah satu daripada empat set (sped, man, lekuk, kelawar) daun terup; aduan yang dikemukakan ke mahkamah. 套装衣服;外衣的一套;同样花式的一组纸牌; 诉讼;讼案。—*v.t.* memenuhi permintaan atau keperluan; sesuai; menyesuaikan. 使满意;讨好;适合需求;使适宜。

**suitable** *a.* sesuai. 合适的;适宜的;适当的。 **suitably** *adv.* dengan sesuainya. 合适地;适当地。 **suitability** *n.* kesesuaian. 适合;适当。

**suitcase** *n.* beg pakaian. 手提箱。

**suite** *n.* set; perangu; serangkaian bilik; set alat muzik. 一群随员;一套家具; 组曲。

**suitor** *n.* pendakwa; orang lelaki yang melamar seorang perempuan. 起诉人；原告；求婚的男子。

**sulk** *v.i.* merengus; mendongkol; merungut; meraiuk. 恼怒；含怒不语；愠怒；发脾气；唠叨。 **sulks** *n.pl.* hal merajuk; hal bersungut-sungut; keadaan merengus. 愠怒；发脾气；发牢骚。 **sulky** *a.* muram; murung. 绷着脸的；郁郁不乐的；愠怒的。 **sulkily** *adv.* dengan rengus dan masamnya. 愠怒地；愠怒地。 **sulkiness** *n.* perihal merajuk atau merengus. 恼怒；愠怒。

**sullen** *a.* murung; pemarah. 郁郁不乐的；愠怒的；（天气）阴沉的。 **sullenly** *adv.* dengan merengus dan marahnya. 郁郁不乐地；愠怒地。 **sullenness** *n.* kemarahan; kemurungan. 愠怒；郁郁不乐。

**sully** *v.t.* menodai; mencemar. 弄脏；玷污；毁损。

**sulphate** *n.* garam asid sulfurik; sulfat. 硫酸盐；硫酸脂。

**sulphide** *n.* sulfida; campuran sulfur dan elemen lain. 硫化物；硫醚。

**sulphite** *n.* sulfit; garam asid sulfurus. 亚硫酸脂；亚硫酸盐。

**sulphonamide** *n.* jenis dadah untuk pembasmi bakteria. 磺胺；磺胺药物。

**sulphur** *n.* sulfur; belerang. 硫；硫磺。 **sulphurous** *a.* berkenaan dengan sulfur. 硫磺的；含硫磺的。

**sulphuric acid** asid sulfurik. 硫酸。

**sultan** *n.* sultan; raja yang memerintah sesebuah negara Islam. 苏丹。

**sultana** *n.* sejenis kismis digunakan untuk membuat kek atau puding; isteri kepada sultan, ibu baginda atau anak perempuan baginda. 无核小葡萄干；苏丹的女眷。

**sultanate** *n.* kesultanan. 苏丹的领土或地位等。

**sultry** *a.* (*-ier, -iest*) panas dan pengap; (wanita) cantik dan mengghairahkan. 闷热的；（女子）易激动的；淫荡的。

**sultriness** *n.* kepanasan. 闷热；酷热。

**sum** *n.* jumlah; kira-kira (matematik); jumlah wang. 总数；和；金额；款项。 —*v.t.* (p.t. *summed*) carilah jumlah. 计算总数；求和数；总计。 **~ up** berilah jumlahnya; memberi pendapat. 合计；总计；总结意见等。

**sumac** *n.* pokok renek yang daunnya digunakan sebagai bahan pewarna. 漆树。

**summarize** *v.t.* membuat ringkasan. 概括；概述；总结。 **summarization** *n.* sesebuah ringkasan. 总结。

**summary** *n.* kenyataan yang menyenaraikan fakta-fakta utama; ringkasan. 摘要；概要；提要。 —*a.* ringkasannya. 扼要的；概括的。 **summarily** *adv.* secara ringkas. 扼要地；概括地。

**summation** *n.* ringkasan; penghasil tambahan; jumlah. 辩论总结；加法；求和；总数。

**summer** *n.* musim panas. 夏；夏季；夏天。 **--house** *n.* pondok kecil di taman untuk berteduh dari panas. 凉亭。 **~-time** *n.* musim panas. 夏季。 **~ time** waktu yang ditunjukkan oleh jam yang jarumnya diletakkan ke depan untuk memberi siang yang panjang pada musim panas. 夏令时间。 **summery** *a.* berkenaan dengan musim panas. 夏季的；如夏的；适于夏季用的。

**summit** *n.* kemuncak. 顶点；顶巅；极点。 **~ conference** persidangan kemuncak. 最高级会议；峰会。 **summitry** *n.* berkenaan dengan kemuncak.以举行峰会为手段的外交手法；峰会的举行。

**summon** *v.t.* menuntut kehadiran; menyuruh datang; memanggil; menyaman. 号召；召集；召唤；传唤被告出庭。

**summons** *n.* saman; perintah untuk menghadirkan diri di hadapan hakim; dokumen yang mengandungi perintah sedemikian. 召唤；命令；传票。

**sumo** *n.* (pl. *-os*) sumo; gusti gaya Jepun; ahli gusti sumo. 日本的相扑；相扑选手。

**sump** *n.* takungan minyak dalam enjin; lubang atau bahagian rendah tempat cecair dibuang. 油盘;汽车的润滑油壶;污水坑。

**sumptuary** *a.* perbelanjaan berjadual. 限定个人费用的;禁止奢侈浪费的。

**sumptuous** *a.* sangat bagus dan berharga. 豪华的;奢侈的;华丽的。**sumptuously** *adv.* yang bagus. 豪华地;华丽地。**sumptuousness** *n.* perihal sesuatu yang bagus dan berharga. 豪华;奢侈;华丽。

**sun** *n.* matahari; panas matahari; bintang yang tetap kedudukannya. 太阳;阳光;恒星。—*v.t.* (p.t. *sunned*) terdedah kepada matahari; berjemur. 曝;晒。

**sunbathe** *v.i.* berjemur. 作日光浴。**sunbather** *n.* orang yang berjemur. 日光浴者。

**sunbeam** *n.* sinaran matahari. 日光;阳光。

**sunburn** *n.* selaran matahari; kesan-kesan pada kulit disebabkan oleh panas matahari. 日炙;晒焦;晒斑。—*v.i.* menderita akibat berjemur. 晒黑;日炙。**sunburnt** *a.* kulit terselar kerana cahaya matahari. 日炙的;晒黑的;晒焦的。

**sundae** *n.* aiskrim bercampur dengan buah-buahan yang dihancurkan, kacang, sirap, dll. 圣代冰淇淋。

**Sunday** *n.* hari Ahad. 星期日;星期天。~ **school** sekolah (di gereja) belajar agama bagi kanak-kanak, diadakan pada setiap hari Ahad. 教堂的主日学校。

**sunder** *v.t.* memecah atau memisahkan. 分开;隔绝;断绝。

**sundew** *n.* tumbuhan paya berbulu yang merembeskan lembapan yang memerangkap serangga. 茅膏菜。

**sundial** *n.* jam matahari; alat yang menunjukkan waktu dengan menggunakan bayang-bayang yang jatuh di atas permukaan jam. 日规;日晷。

**sundown** *n.* matahari terbenam. 日落;日没。

**sundry** *a.* pelbagai. 各种各样的;种种的。 **all and** ~ bermacam-macam. 全部;所有的人。**sundries** *n.pl.* pelbagai jenis barangan kecil. 杂货;杂事;杂项。

**sunflower** *n.* pokok bunga matahari. 向日葵。

**sung** *lihat* **sing**. 见 **sing**。

**sunk** *lihat* **sink**. 见 **sink**。

**sunken** *a.* di bawah aras permukaan sekeliling; terbenam; tenggelam. 沉没的;下陷的;低于地面的;在水面下的。~ **fence** parit yang diperkukuhkan oleh tembok, yang membentuk sempadan. 矮篱笆。

**sunlight** *n.* cahaya matahari. 日光;阳光。

**Sunni** *n.* (pl. sama atau *-is*) ahli sunnah (Muslim). 伊斯兰教逊尼派教徒。**Sunnite** *a.* berkenaan ahli sunnah. 逊尼派的。

**sunny** *a.* (*-ier, -iest*) terang dengan sinaran matahari; riang. 和照的;阳光充足的;快活的;愉快的。**sunnily** *adv.* dengan riang. 阳光普照地。

**sunrise** *n.* matahari terbit. 日出;黎明。

**sunset** *n.* matahari masuk; warna langit ketika matahari akan terbenam. 日落;日落时分;晚霞;暮色。

**sunshade** *n.* kajang; pelindung matahari. 遮篷;天棚;阳伞。

**sunshine** *n.* sinaran matahari. 阳光;日光。

**sunspot** *n.* tompok gelap yang kelihatan pada permukaan matahari; (*colloq.*) tempat yang beriklim panas. 太阳的黑子;阳光充足的地方。

**sunstroke** *n.* kesakitan yang disebabkan oleh terlalu terdedah kepada matahari. 日射病;中暑。

**sup** *v.t./i.* (p.t. *supped*) minum seteguk-seteguk atau sesudu demi sesudu; makan malam. 啜饮;用汤匙一口一口地喝;吃晚饭。—*n.* mulut penuh dengan cecair. 啜一口。

**super** *a.* (*sl.*) terlalu; sangat. 超级的;顶呱呱的;特大的。

**superannuate** *v.t.* memberhentikan kerja dengan pencen; membersarakan. 令年老或体弱的人退职;给养老金。**superannuation** *n.* persaraan. 年老退休;退职。

**superb** *a.* sangat baik; istimewa. 极好的;超等的;宏伟的;壮丽的。**superbly** *adv.* dengan istimewanya. 宏伟地;壮丽地。

**supercharge** *v.t.* menambah kuasa (sesebuah enjin) dengan perkakas yang memasukkan lebih banyak udara atau bahan api ke dalamnya. 增压。**supercharger** *n.* alat menambah kuasa. 增压器。

**supercilious** *a.* angkuh; bongkak; sombong. 傲慢的;目空一切的;不屑一顾的;自大的。**superciliously** *adv.* dengan angkuh. 傲慢地;目空一切地。**superciliousness** *n.* perihal angkuh, bongkak, sombong. 傲慢;目空一切;自大。

**supererogation** *n.* bekerja lebih daripada yang diwajibkan. 职责以外的工作;额外工作。

**superficial** *a.* di atas permukaan sahaja; cetek. 表面的;表皮的;肤浅的;浅薄的。**superficially** *adv.* dengan tidak mendalam. 表面地;肤浅地;一知半解地。**superficiality** *n.* kecetekan. 表面现象;肤浅;浅薄。

**superfluous** *a.* lebih daripada yang diperlukan. 过剩的;不必要的;多余的。**superfluously** *adv.* dengan melebihi. 过多地;多余地。**superfluity** *n.* jumlah yang berlebihan. 冗物;多余之量。

**superhuman** *a.* melebihi keupayaan atau kuasa manusia; lebih tinggi daripada kemanusiaan. 超乎常人的智力或力气的;超人的;神灵的。

**superimpose** *v.t.* menindih. 把一物放在另一物的上面;添上;电影、摄影等的叠印。**superimposition** *n.* tindihan. 重叠;附加;叠印。

**superintend** *v.t.* mengawas. 监督;指挥。**superintendence** *n.* pengawasan. 监督;主管;指挥工作。

**superintendent** *n.* pengawas; penguasa. 监督人;主管;指挥者;警察长。

**superior** *a.* lebih tinggi kedudukan atau pangkat; lebih baik; lebih besar; menunjukkan bahawa seseorang itu merasa dirinya lebih bijak daripada orang lain. (位置)在上的;(职位等)较高的;占优势的;优良的;(数量、权势等)较大的;自以为高人一等的;傲慢的。—*n.* seseorang atau barang yang lebih tinggi kedudukannya. 上司;长者;长辈。**superiority** *n.* kelebihan; keunggulan; kedudukan lebih tinggi. 优于他物;优越;优势。

**superlative** *a.* superlatif; darjat atau nilai paling tinggi; bentuk nahu yang menyatakan darjat paling tinggi. 无上的;最高的;最高级的。—*n.* bentuk superlatif. 形容词或副词表示最高级程度的字。**superlatively** *adv.* secara superlatif. 无上地。

**superman** *n.* (*pl. -men*) orang yang mempunyai kuasa lebih daripada manusia biasa. 超人。

**supermarket** *n.* pasar raya. 超级市场。

**supernatural** *a.* yang ghaib. 超自然的;不可思议的;怪异的。**supernaturally** *adv.* secara ghaib. 神乎其神地;怪异地。

**supernova** *n.* (*pl. -ae*) supernova; bintang yang bergemerlapan dengan tiba-tiba. 超新星。

**supernumerary** *a. & n.* tambahan; lebihan; istimewa. 外加的;多余的;额外的;冗员;多余的人或物;跑龙套的小角色;临时演员。

**superphosphate** *n.* superfosfat; baja yang mengandungi fosfat. 作肥料用的过磷酸钙。

**superpower** *n.* bangsa atau negara yang amat kuat. 超级大国。

**superscribe** *v.t.* perbuatan menulis di atas atau di luar sesebuah dokumen, dsb. 把姓名等写在…上;在文件、信封等上写。

**superscript** *a.* superskrip; ditulis di bahagian atas dan ke kanan sesuatu perkataan, gambar rajah atau simbol. 写在字母或数目字的右上角的;上标的。

**superscription** *n.* perkataan yang ditulis di atas atau di luar. 写在文件封面、信封等上面的字。

**supersede** *v.t.* mengambil tempat; meletakkan atau menggunakan sebagai ganti. 代替;代换;接替;继任。

**supersonic** *a.* supersonik; berkenaan dengan penerbangan pada kelajuan melebihi daripada laju bunyi. 超声波的;超音速的。 **supersonically** *adv.* dengan kelajuan supersonik. 超声波地;超音速地。

**superstition** *n.* tahayul; idea atau amalan tentang tahayul. 迷信;迷信习惯或行为。 **superstitious** *a.* berkenaan dengan tahayul. 迷信的。 **superstitiously** *adv.* dengan kepercayaan tahayul. 执迷不悟地;信奉过分地。

**superstore** *n.* pasar raya besar. 大型商场;大型超级市场。

**superstructure** *n.* binaan yang dibina di atas sesuatu yang lain. 上部建筑;上层结构。

**supertanker** *n.* kapal minyak yang sangat besar. 超级油船;大型快速油船。

**supervene** *v.i.* menyelia; muncul sebagai satu gangguan atau perubahan. 随后发生;接着发生。 **supervention** *n.* gangguan. 意外发生;附带发生。

**supervise** *v.t.* mengarah dan memerhati. 管理;监督;监察。 **supervision** *n.* penyeliaan. 辅导;管理;监督。 **supervisor** *n.* penyelia. 辅导者;管工;监督人。 **supervisory** *a.* tentang seliaan. 辅导的;管理的;监督的。

**supine** *a.* telentang; malas. 仰卧的;怠惰的。 **supinely** *adv.* dengan malas. 懒散地;因循地。

**supper** *n.* makan malam; waktu makan terakhir sebelum tidur. 晚餐;晚饭;夜宵。

**supplant** *v.t.* mengambil tempat sesuatu. 取代;代替;排挤他人。 **supplanter** *n.* orang yang mengambil tempat. 取代者;代替者;排挤者。

**supple** *a.* senang bengkok; lembut. 易曲的;柔软的。 **supplely** *adv.* dengan lembut. 易屈地;柔软地。 **suppleness** *n.* kelembutan. 柔软。

**supplement** *n.* penambahan. 增补;补充;书籍的补遗;附录;副刊。 —*v.t.* menyedia atau menjadi tambahan. 增补;补充。

**supplementary** *a.* tambahan. 增补的;补充的;附加的。

**suppliant** *n.* & *a.* (orang) yang merendahkan diri meminta sesuatu. 恳求的(人);哀求的(人)。

**supplicate** *v.t.* merayu; merendahkan diri. 祈求;恳求;哀求。 **supplication** *n.* rayuan. 祈求;恳求;哀求。

**supply** *v.t.* memberi atau membekalkan dengan; melengkapkan; memuaskan (keperluan). 供给;供应;提供;补给;满足需求。 —*n.* pembekalan; persediaan; jumlah yang ada dan disediakan. 供给;供应;贮藏量。

**support** *v.t.* menopang; menahan berat; menguatkan; membekalkan keperluan; membantu; menggalakkan; menahan. 支持;支撑;拥护;扶助;补助;援助;帮助;鼓励;忍受;容忍。 —*n.* bantuan; galakan; sokongan. 帮助;援助;鼓励;支持;支撑;支持物;支撑物。 **supporter** *n.* penyokong. 拥护者;支持者。

**supportive** *a.* perihal sokongan. 支持的;支缓的;赞许的。

**suppose** *v.t.* mengandaikan; memisalkan atau menerima sebagai benar; dianggap sebagai satu syor. 想象;假设;假定。 **be supposed to** dijangkakan; diterima sebagai tugas. 被期望;在职务上要。

**supposedly** *adv.* menurut jangkaan. 想象上;按照推测。

**supposition** *n.* sangkaan; apa yang dijangka. 推测;假设;假定事物。

**supposititious** *a.* andaian; hipotesis. 想象的;假设的。

**supposititious** *a.* menggantikan yang tulen; palsu. 顶替的;冒充的;伪造的。

**suppository** *n.* pepejal ubat yang dimasukkan ke dalam dubur, uretra atau kemaluan wanita, dan ditinggalkan lalu menjadi cair. 坐药;栓剂;塞剂。

**suppress** *v.t.* menumpaskan; menahan daripada diketahui. 压制;扑灭;抑制;隐瞒;隐藏。**suppression** *n.* peninasan. 镇压;压制;抑制。**suppressor** *n.* penindas. 镇压者;抑制器。

**suppurate** *v.i.* menjadi nanah; bernanah. 酿脓;化脓。**suppuration** *n.* penanahan. 脓;化脓。

**supra-** *pref.* melebihi; mengatasi. （前缀）表示"在上;在前;上述";超-;最-;上-。

**supreme** *a.* tertinggi dalam kuasa, pangkat, kepentingan atau mutu. （权势、阶级、重要性、品质等）至上的;最高的。

**supremely** *adv.* amat sangat. 至高地;无上地;极大地。**supremacy** *n.* ketinggian kuasa. 至高的权力;霸权。

**supremo** *n.* (pl. *-os*) pemimpin tertinggi. 总裁;首脑。

**surcharge** *n.* bayaran tambahan; muatan berlebihan. 额外费;附加费;额外负荷;超载。—*v.t.* membuat bayaran tambahan ke atas atau kepada; memuat berlebih-lebihan. 向…收取额外费用;对…处以附加罚款;使负担过重;使超载。

**surd** *n.* kuantiti matematik yang tidak dapat dinyatakan secara terhad. 不尽根;无理数。

**sure** *a.* (*-er, -est*) mempunyai alasan teguh untuk mempercayai; yakin; dapat dipercayai. 确实的;深信的;无疑问的;有把握的。—*adv.* (*A.S. colloq.*) pasti. （美国）一定;的确。**~-footed** *a.* tidak mudah tergelincir. 脚步稳的;不会出差错的。**make ~** pastikan; rasa yakin (barangkali silap). 查明;弄明白;务必。**sureness** *n.* kepastian. 肯定性;确实性。

**surely** *adv.* tidak boleh tidak; (digunakan untuk penekanan) yang mesti benar; (sebagai satu jawapan) tentu. 一定;确实;(强调用)必然;(回答用)当然;好!

**surety** *n.* jaminan; penjamin kepada janji seseorang. 抵押品;保释金;保证(人);担保(人)。

**surf** *n.* buih ombak. 拍岸浪花。**~-riding** atau **surfing** *ns.* sukan lunar ombak. 冲浪运动;乘冲浪板。

**surface** *n.* rupa luar sesuatu; mana-mana bahagian sesuatu objek; kawasan paling atas; bahagian atas. 外观;外表;物体的任何一面;表面;水面;地面。—*a.* di permukaan. 外观的;外表上的;表面的;水面上的。—*v.t./i.* meletakkan permukaan tertentu ke atas; membawa ke permukaan; (*colloq.*) bangun. 加表面;使光滑;浮出水面;睡眠后变得清醒;警觉。**~ mail** surat yang dikirim melalui laut bukan melalui udara. 平寄邮件。

**surfboard** *n.* papan luncur ombak. 冲浪板。

**surfeit** *n.* keterlaluan banyaknya. 过量;过度;饮食过度。—*v.t.* makan terlampau banyak. 使饮食过度。

**surge** *v.i.* bergerak ke hadapan seperti gelombang; menerpa. 波浪般或在浪中起伏波动;人群蜂涌而来;汹涌。—*n.* pergerakan menerpa atau menyerbu. 澎湃;汹涌。

**surgeon** *n.* doktor bedah terutamanya yang pakar. 外科医生。

**surgery** *n.* pembedahan; tempat atau masa seseorang doktor atau doktor gigi berada untuk runding rawatan. 外科手术;手术室;诊疗室;诊疗时间。**surgical** *a.* berkenaan dengan pembedahan. 外科学的;外科手术的;外科用的。**surgically** *adv.* secara pembedahan. 外科学上;外科手术上。

**surly** *a.* (*-ier, -iest*) bengis dan tidak peramah. 乖戾的;粗暴的。**surliness** *n.* kebengisan. 乖戾;粗暴。

**surmise** *v.t./i. & n.* dugaan. 猜疑;猜度。

**surmount** *v.t.* mengatasi (kesulitan); menyingkirkan (halangan); menguasai. 克服困难;超过障碍;排除万难;越过。 **surmountable** *a.* boleh diatasi. 可克服的;可超越的。

**surname** *n.* nama keluarga. 姓;氏。—*v.t.* memberi nama keluarga. 加上姓氏;用姓称呼。

**surpass** *v.t.* melebihi; lebih baik. 超过;胜过;优于。

**surplice** *n.* baju putih yang longgar. 教士的白法衣。

**surplus** *n.* lebihan; jumlah yang lebih daripada yang diperlukan. 过剩;盈余;剩余。

**surprise** *n.* perasaan kaget; terkejut; hal yang menyebabkan kaget terkejut atau terperanjat. 惊奇;吃惊;诧异;可惊的事物;出其不意的行为。—*v.t.* menyebabkan rasa terkejut; datang atau menyerang secara tiba-tiba; menyebabkan terperanjat. 使惊骇;使惊奇;突击;击取;出其不意地促使某人做某事。

**surrealism** *n.* surrealisme; satu aliran kesenian dan kesusasteraan yang bertujuan untuk melahirkan apa yang ada di bawah lapisan kesedaran. 超现实主义。 **surrealist** *n.* orang yang berpegangan surrealisme. 超现实主义者。

**surrealistic** *a.* yang berkenaan dengan surrealisme. 超现实主义的。

**surrender** *v.t./i.* menyerahkan (diri atau sesuatu) kepada pihak yang berkuasa, terutama secara terpaksa. 向…投降;屈服于;自首;被迫交出。—*n.* penyerahan diri. 投降;自首。

**surreptitious** *a.* bertindak atau melakukan dengan cara diam-diam. 暗中进行的;偷偷做的。 **surreptitiously** *adv.* dengan cara diam-diam. 偷偷地;秘密地。

**surrogate** *n.* timbalan. 代理人或物;宗教法庭的主教代表。 **~ mother** ibu tumpang; wanita yang melahirkan anak untuk wanita lain. 代孕妇;代母。 **surrogacy** *n.* perbuatan perihal menjadi timbalan atau pengganti. 替代;代理。

**surround** *v.t.* berada di sekitar sesuatu tempat; melingkari; mengepung. 围住;围绕;环绕;包围。—*n.* sempadan. (将中心部分围绕的)边;作边沿用之物。

**surroundings** *n.pl.* benda atau keadaan sekitar seseorang atau tempat. 周围的事物;环境。

**surveillance** *n.* pengawasan; perhatian rapi. 监视;监督。

**survey**[1] *v.t.* memandang dan meninjau; memeriksa keadaan sesuatu; mengukur dan membuat peta. 眺望;环视;俯瞰;调查;审视;测量。

**survey**[2] *n.* tinjauan atau pemeriksaan sesuatu; laporan atau peta yang dihasilkan oleh pengukuran ini. 调查;研究;鉴定书;测量图。

**surveyor** *n.* juruukur. 土地测量员;勘测员。

**survival** *n.* keadaan yang terus hidup atau wujud; sesuatu yang masih wujud sejak zaman terdahulu. 生存;生存者;残存;古代遗物;残存者。

**survive** *v.t./i.* terus hidup atau wujud; kekal wujud atau dalam kewujudan. 还活着;活下去;比…长命;继续存在。

**survivable** *a.* boleh kekal hidup; mempunyai daya hidup. 可长存的;使幸免于死的。 **survivability** *n.* perihal boleh terus hidup atau wujud. 生存意志;生存力。 **survivor** *n.* orang yang hidup. 生存者;灾难事件中的幸存者。

**susceptible** *a.* mudah dipengaruhi; mudah jatuh cinta. 易受影响的;易动情感的;敏感的。 **~ of** dapat atau mudah. 能的;容许的。 **~ to** mudah terkena. 易受影响的;对…敏感的。 **susceptibility** *n.* perihal mudah dipengaruhi. 感受力;易感性。

**susceptive** *a.* mudah dipengaruhi. 易感的；敏感的；易受影响的。

**sushi** *n.* hidangan orang Jepun berupa bebola nasi yang berperisa. 寿司。

**suspect**[1] *v.t.* berasa kurang percaya; mengesyaki. 觉得不可靠；怀疑；猜疑。

**suspect**[2] *n.* orang yang disyaki membuat kesalahan jenayah, dll. 嫌疑犯；可疑分子。—*a.* disyaki; dicurigai. 可疑的；不可信任的。

**suspend** *v.t.* menyangkut; menangguhkan; menunda untuk sementara waktu; menggantung kedudukan atau hak untuk sementara waktu. 吊；悬；推迟；中止；暂停；使悬而不决；使悬空。

**suspender** *n.* pita untuk mengikat stoking. 吊袜带。

**suspense** *n.* kegelisahan menunggu sesuatu. 焦虑不安；悬念。

**suspension** *n.* penggantungan. 悬；吊；悬挂物；悬置；中止；悬而未决的状况。
**~ bridge** jambatan gantung; jambatan yang digantung dengan kabel besi waja. 吊桥。

**suspicion** *n.* kesangsian; kecurigaan; unsur. 猜疑；怀疑；疑心；嫌疑。

**suspicious** *a.* berasa atau menyebabkan sangsi. 可疑的；起疑心的；多疑的。

**suspiciously** *adv.* dengan rasa syak atau curiga. 满腹疑虑地；令人怀疑地；鬼鬼祟祟地。

**suss** *v.t.* (*sl.*) mengesyaki penjenayah. 怀疑某人有罪。—*n.* (*sl.*) orang yang disyaki; syak. 嫌疑犯；可疑行为。**~ out** (*sl.*) menyiasat. 调查；发现真相。

**sustain** *v.t.* menopang; menahan; mempertahankan; menanggung; menderita; membenarkan. 支撑；承受住；维持；支持；蒙受；遭受；确认；认可。

**sustenance** *n.* makanan dan minuman yang berzat. 有营养的食物及饮料；营养。

**suture** *n.* jahitan pembedahan. 伤口的缝合；缝线。—*v.t.* menjahit (luka). 缝合伤口。

**suzerain** *n.* negeri atau pemerintah yang mempunyai kuasa ke atas negeri lain; pemerintah tertinggi. 宗主国；封建主。

**suzerainty** *n.* pemerintahan tertinggi. 封建主的地位或权力。

**svelte** *a.* lampai dan anggun. 细长的；身材苗条的。

**SW** *abbr.* **South-West** Barat Daya. （缩写）西南；西南方；西南部。

**swab** *n.* pengelap atau pengesat untuk membersih, mengering atau menyerap sesuatu; spesimen rembesan yang diambil dengan pengelap. 拖把；墩布；有药棉的拭子；用拭子取下的化验标本。—*v.t.* (p.t. *swabbed*) membersih atau mengelap dengan pengelap ini. （用拖把、墩布）擦洗；（用拭子）敷药于。

**swaddle** *v.t.* membalut dengan kain atau pakaian panas. 用被包等包裹；用褪褓包住婴儿。

**swag** *n.* pencurian; gendongan. 赃物；掠夺物；澳洲流浪者或流动工人的背包。**swagman** *n.* gelandangan. 澳洲无业游民。

**swagger** *v.i.* berjalan atau berlagak angkuh. 昂首阔步；大摇大摆地走。—*n.* gaya berjalan atau berlagak angkuh. 昂首阔步；摆架子。—*a.* (*colloq.*) tampan; bergaya. 衣服时髦的；漂亮的。

**Swahili** *n.* bahasa kaum Bantu yang digunakan dengan meluas di Afrika Timur. 非洲班图族的斯瓦希里语。

**swain** *n.* (kegunaan lama) anak muda desa; (bahasa puitis) pelamar. 乡村少年；求婚者。

**swallow**[1] *v.t./i.* menelan; menggerakkan otot-otot tekak. 吞下；咽下。—*n.* tindakan menelan. 吞；咽。

**swallow**[2] *n.* burung layang-layang. 燕子。
**~-dive** *n.* terjun ke air dengan mengembangkan tangan. 燕式跳水。

**swam** *lihat* **swim**. 见 **swim**。

**swamp** *n.* rawa; paya. 沼泽；沼地。—*v.t.* digenangi air; dibanjiri. 淹没；泛滥；浸在水中。**swampy** *a.* yang digenangi air. 潮湿的；沼地的；多沼泽的。

**swan** *n.* swan; sejenis angsa putih. 天鹅。

**swank** *n.* (*colloq.*) orang yang sombong atau angkuh; menunjuk-nunjuk. 摆阔气或排场的人；炫耀；虚张声势。—*v.i.* (*colloq.*) berlagak sombong. 摆排场；炫耀；出风头。

**swansdown** *n.* bulu leher angsa yang lembut digunakan sebagai renda. 天鹅绒；起毛厚绒呢。

**swansong** *n.* kejayaan yang terakhir, dsb. 诗人、音乐家等的最后作品；绝笔；告别演出。

**swap** *v.t./i.* (*p.t. swapped*) & *n.* (*colloq.*) bertukar-tukar; penukaran. 交换；交易。

**sward** *n.* padang rumput. 草地；草皮。

**swarm**[1] *n.* sekumpulan orang, lebah, serangga, dll. 人群；蜂群；蚁群；一大群。—*v.i.* dikerumuni; penuh sesak. 蜂拥而进；拥挤；密集；遍满；充满。

**swarm**[2] *v.i.* ~ **up** memanjat (dengan memeluk dengan kaki dan tangan). 爬树；攀缘而上。

**swarthy** *a.* (-*ier*, -*iest*) berkulit gelap. 皮肤黝黑的；晒黑了的。**swarthiness** *n.* perihal berkulit gelap. 肤色黝黑。

**swashbuckling** *a.* & *n.* berlagak berani; ranggi. 虚张声势（的）；恃强欺弱（的）；恐吓（的）。**swashbuckler** *n.* orang yang berlagak berani. 神气活现的人；挑衅滋事的人；流氓。

**swastika** *n.* swastika; lambang salib berkait. 卍形图案；纳粹党的党徽图案。

**swat** *v.t.* (*p.t. swatted*) memukul kuat dengan benda yang leper. 猛击；重拍。**swatter** *n.* pemukul. 蝇拍；拍打者；拍苍蝇者。

**swatch** *n.* contoh kain, dsb. 布样；皮样；样品。

**swath** *n.* (*pl. swaths*) jalur rumput; gandum, dll., yang telah disabit atau dipotong dengan mesin. 刈下的一行草、小麦等。

**swathe** *v.t.* membalut atau membungkus. 缠裹；密包；绑。

**sway** *v.t./i.* berbuai-buai; bergerak dari kiri ke kanan; mempengaruhi pendapat; tidak tetap pendirian. 摇摆；摇动；影响他人意见；操纵；立场动摇不定。—*n.* goyangan; kuasa; pengaruh. 摇摆；摇动；权势；影响。

**swear** *v.t./i.* (*p.t swore, p.p. sworn*) bersumpah; mengaku sesuatu; menyebabkan seseorang bersumpah; menyeranah. 发誓；誓言；宣誓；发誓证实；使立誓；咒骂；诅咒。 ~ **by** (*colloq.*) mempunyai keyakinan. 深信无疑；非常信赖。**~ to** (*colloq.*) bersumpah. 保证；断言。**~ word** *n.* sumpah seranah. 诅咒；骂人话。

**sweat** *n.* keringat; peluh; keadaan berpeluh; (*colloq.*) kegelisahan; (*colloq.*) bekerja kuat; wap pada sesuatu permukaan. 汗；出汗；发汗；一身汗；焦虑不安；苦工；吃力的工作；物体表面的水气。—*v.t./i.* mengeluarkan peluh atau keringat; berpeluh-peluh; membanting tulang. 出汗；弄得满身是汗；努力工作。**~ band** *n.* kain yang dipakai untuk menyerap peluh. 汗带。**sweated labour** pekerja yang bekerja seperti hamba. 血汗劳动者；廉价劳工。 **sweaty** *a.* berpeluh-peluh. 汗湿透的；发汗臭的。

**sweater** *n.* baju sejuk; baju panas. 圆领绒衣；毛衣；厚运动衫；卫生衣。

**sweatshirt** *n.* baju panas daripada kain kapas. 短袖圆领紧身汗衫。

**sweatshop** *n.* kilang pemeras tenaga pekerja. 血汗工厂；专剥削工人的工厂。

**Swede** *n.* peribumi Sweden. 瑞典人。

**swede** *n.* sejenis lobak. 瑞典芫菁；芸苔。

**Swedish** *a.* & *n.* bahasa Sweden. 瑞典语（的）。

**sweep** *v.t./i.* (*p.t. swept*) membersihkan dengan penyapu atau berus; menyapu; membersihkan permukaan; menggerak atau mengalih secara menolak; bergerak dengan gaya yang segak; memanjang atau melingkungi; melalui dengan pantas. 用

扫帚扫；拿刷子刷；打扫；刮去；扫过；长驱直入；向…扩展；掠过。—n. landaian; perbuatan menyapu; tukang sapu cerobong; judi lumba kuda. 风的刮；浪的冲激；手的挥动；打扫；扫荡扫帚；烟囱清扫夫；赛马的赌金；独得制。~ **the board** memenangi semua wang yang ada di atas meja sewaktu berjudi. 扫盘子；赢得桌上全部赌注。

**sweeper** n. tukang sapu. 打扫者；清洁工人。

**sweeping** a. secara besar-besaran; secara meluas; tanpa pengecualian. 规模大的；广阔的；扫荡的；一网打尽的。

**sweepstake** n. cepu lumba kuda. 赌金全赢制。

**sweet** a. (-er, -est) manis; berbau harum; merdu; segar; sangat menarik; yang disayangi; (colloq.) rupawan. 甜的；芳香的；轻快的；音乐甜美的；有吸引力的；讨人喜爱的；好看的。—n. gulagula; hidangan yang manis; orang yang disayangi. 糖果；甜食；亲爱的人。~ **brier** n. bunga ros (kecil) yang liar. 野蔷薇。~ **pea** tumbuhan yang bunganya harum. 香豌豆。~ **tooth** suka yang manis-manisan. 对糖果或甜食的爱好。**sweetly** adv. dengan cara yang menawan. 讨人喜欢地。**sweetness** n. kemanisan. 甜味；甜度。

**sweetbread** n. anak limpa binatang digunakan sebagai makanan. 供食用的小牛或小羊的胰脏。

**sweeten** v.t./i. memaniskan; menjadi manis atau lebih manis. 加糖于；加甜味剂于；使变甜。**sweetener** n. bahan pemanis. 甜味剂。

**sweetheart** n. salah seorang daripada dua orang yang berkasih-kasihan; kekasih. 心上人；恋人。

**sweetmeal** a. tentang tepung gandum yang dipermaniskan. 用甜味粗面粉做的。

**sweetmeat** n. manisan; halwa. 糖果；甜食；蜜饯。

**swell** v.t./i. (p.t. swelled, p.p. swollen atau swelled) menggelembung; membuat atau menjadi besar daripada tekanan dalaman; membengkak; bertambah bilangan. 肿胀；膨胀；数量逐渐增加。—n. bengkakan; gelombang besar; bunyi yang semakin kuat; (colloq.) orang yang terkemuka. 肿胀；浪涛汹涌；声音增强；衣著时髦的人；有才能的人。—a. (colloq.) kemas; bergaya. 极好的；时髦的。**swelled head** (sl.) sombong. 自高自大的人。

**swelling** n. benjol pada badan; bengkak. 肿块；肿胀处。

**swelter** v.i. berasa panas dan tidak selesa. 热得难受。

**swept** lihat sweep. 见 sweep。

**swerve** v.t./i. membelok. 突然转向一方；急转。—n. belokan. 转向。

**swift** a. (-er, -est) cepat; lekas. 飞快的；迅速的；敏捷的。—n. sejenis burung yang terbang pantas dan berkepak panjang. 褐雨燕。**swiftly** adv. dengan pantas. 迅速地；疾速地；敏捷地。**swiftness** n. kepantasan. 迅速；疾速；敏捷。

**swig** v.t./i. (p.t. swigged) & n. (colloq.) minum; menonggak; menelan. 痛饮；大喝；从瓶口大口地喝。

**swill** v.t./i. membilas; membasuh dengan menjirus air; (berkenaan air) menuang; menonggak. 涮；轻洗；冲洗；倒出；用水涮。—n. bilasan; lebihan makanan yang diberikan kepada khinzir. 涮；冲洗；泔水；喂猪的残羹剩饭。

**swim** v.t./i. (p.t. swam, p.p. swum) berenang; menyeberang secara berenang; terapung di atas cecair; rasa berpusing-pusing; rasa pening. 游；游泳；泅过；漂浮；打转；发昏；眩晕。—n. masa atau pergerakan berenang. 游泳；游泳的期间。**in the** ~ ikut serta atau tahu perkara yang sedang berlaku. 合潮流；识时务。**swimming-bath**, **swimming-pool** ns. kolam mandi. 游泳池。**swimmer** n. perenang. 游泳者。

**swimmingly** *adv.* dengan mudah dan tanpa sebarang kesukaran. 顺畅地；顺利地。

**swimsuit** *n.* baju mandi; pakaian renang. 游泳衣。

**swindle** *v.t.* menipu dalam urusan perniagaan; memperoleh secara menipu. 欺骗；诈取；骗取钱财。—*n.* penipuan; orang yang menipu. 欺诈；诈骗犯；骗子。

**swindler** *n.* penipu. 骗子。

**swine** *n.pl.* khinzir. 猪。—*n.* (*pl. swine*) (*colloq.*) orang yang dibenci. 卑鄙下流的人。

**swineherd** *n.* (*old use*) gembala khinzir. 牧猪人；养猪人。

**swing** *v.t./i.* (*p.t. swung*) ayun; memusing atau membelok dengan cepat; berlari atau berjalan melenggang; menukar dari satu pendapat kepada yang lain; menetapkan; (*sl.*) dihukum gantung; bermain (muzik) dengan rentak yang baik. 摇摆；摇荡；挥动；悬挂；突然转身；汽车急速转向；摆动着双臂地走或跑；大摇大摆地走；(立场、情绪等)剧变；使办成功；决定性地影响；被处绞刑；以强劲的节奏演奏。—*n.* ayunan; buaian; tempat duduk yang digantung dengan tali atau rantai besi untuk berbuai; pergerakan mengikut rentak. 摆动；摇摆；摇篮；秋千；双臂的挥舞；有节奏的步伐；旋律。**in full** ~ sesuatu yang sedang giat dilakukan. 正积极进行；全力进行。~ **bridge** jambatan yang dapat ditolak ke tepi untuk membolehkan kapal lalu. 吊桥。~ **the lead** (*lihat* **lead**[2]. 见 **lead**[2]。). ~**-wing** *n.* sayap kapal terbang yang dapat digerakkan ke belakang. 飞机的后掠翼。**swinger** *n.* orang yang lincah dan bergaya. 赶时髦的人。

**swingeing** *a.* banyak atau luas; dipukul dengan kuat. 极大的；损失巨大的；重打的；打击重大的。

**swinish** *a.* buruk; dahsyat. 鄙贱的；讨厌的；下流的。

**swipe** *v.t./i.* (*colloq.*) memukul kuat-kuat; mencuri; mengebas. 重击；猛打；乘机扒窃；偷窃。—*n.* (*colloq.*) pukulan yang kuat. 板球的重击；猛打。

**swirl** *v.t./i. & n.* pusaran; kisaran. (水、空气等的)旋转；漩涡。

**swish** *v.t./i.* berdesir. 嗖嗖地挥动。—*n.* bunyi berdesir; desiran. 嗖嗖声；使鞭子嗖嗖作响的动作。—*a.* (*colloq.*) segak; bergaya. 豪华的；时髦的。

**Swiss** *a. & n.* peribumi Switzerland. 瑞士(的)；瑞士人(的)。~ **roll** kek nipis yang disapu jem dan digulung. 有果酱的卷心蛋糕；筒夹心蛋糕。

**switch** *n.* suis; alat penghubung atau penutup litaran elektrik; (*pl.*) alat untuk menyambung dan memutuskan hubungan pada tempat tertentu di jalan kereta api; bahagian cabang yang kecil; rambut yang diikat di bahagian hujung; perubahan pendapat atau cara, dll. 电路的开关；铁道的转辙器；枝条；软鞭子；女人的假发；思想、谈话等的大转变。—*v.t./i.* memasang atau memadamkan suis; bertukar; beralih; berubah; berpusing dengan pantas; meragut dengan tiba-tiba. 接通或切断电流；使火车转辙；改变；转变思想；甩动尾巴；猛然抢去。

**switchback** *n.* kereta api permainan yang menjunam turun naik dari lerengan yang tinggi di taman hiburan; jalan raya dengan lerengan tinggi. 游乐场的惊险小铁路；公路的之字形爬坡路线。

**switchboard** *n.* papan suis; perkakas yang mengandungi banyak suis untuk membuat perhubungan melalui telefon; perhubungan melalui telefon. 配电盘；电话交换机；交换台。

**swivel** *n.* alat yang menyambungkan dua bahagian supaya satu atau kedua-dua bahagian itu dapat berputar dengan bebas. 旋转轴承；转体。—*v.t./i.* (*p.t. swivelled*) berpusing. 旋转；回旋。

**swizzle** *n.* (*colloq.*) arak; (*sl.*) penipuan; kekecewaan. 碎冰鸡尾酒；欺骗；诈取；上当。~**-stick** *n.* sejenis alat yang digunakan untuk mengacau minuman. 搅酒棒。

**swollen** *lihat* **swell**. 见 **swell**。

**swoon** *v.i. & n.* pitam. 昏厥；昏倒。

**swoop** *v.i.* menyambar; menyerang dengan tiba-tiba. 突然飞下猛扑；突然袭击。 —*n.* sambaran. 飞扑；突击。

**swop** *v.t./i.* (*p.t. swopped*) & *n.* saling menukar. 交换；交易。

**sword** *n.* pedang. 剑；长刀；刺刀。

**swordfish** *n.* ikan todak. 剑鱼。

**swore** *lihat* **swear**. 见 **swear**。

**sworn** *lihat* **swear**. 见 **swear**。 —*a.* berazam. 盟誓的；发了誓的。

**swot** *v.t./i.* (*p.t. swotted*) (*school sl.*) belajar dengan rajin. 用功；苦读；死啃书本。 —*n.* (*school sl.*) ketekunan belajar; orang yang tekun bekerja. 用功苦学；用功的学生。

**swum** *lihat* **swim**. 见 **swim**。

**swung** *lihat* **swing**. 见 **swing**。

**sybarite** *n.* orang yang suka menikmati kemewahan dan kesenangan. 纵情逸乐的人；爱奢侈淫乐生活的人。 **sybaritic** *a.* berkenaan orang yang suka akan kemewahan dan kesenangan. 纵情逸乐的；奢侈淫乐的。

**sycamore** *n.* pokok besar daripada jenis pokok *maple*. 埃及榕。

**sycophant** *n.* pengampu (untuk mendapat keuntungan). 奉承者；阿谀者；谄媚者。 **sycophantic** *a.* sifat suka memuji dan mengampu. 爱奉承他人的；谄媚的。 **sycophantically** *adv.* dengan cara mengampu. 奉承地；阿谀地。

**syllabary** *n.* ejaan sukuan. 音节表；字音表。

**syllable** *n.* suku kata. 音节。 **syllabic** *a.* berkenaan suku kata. 音节的；拼音的。 **syllabically** *adv.* menurut suku kata. 音节上。

**syllabub** *n.* sejenis makanan yang menggunakan krim dan wain. 乳酒浆。

**syllabus** *n.* (*pl. -buses*) sukatan pelajaran. 课程提纲；教学大纲。

**syllogism** *n.* silogisme; bentuk taakulan yang dengannya keputusan diambil daripada dua usul. 三段论法；演绎推理。

**syllogistic** *a.* bersifat silogisme. 用三段论的；用演绎推理的。

**sylph** *n.* wanita lampai. 窈窕淑女。

**symbiosis** *n.* (*pl. -oses*) simbiosis; hubungan antara organisma yang berlainan tinggal dalam perkaitan yang rapat. 共生现象；共栖。 **symbiotic** *a.* berkenaan simbiosis; simbiotik. 共生的；共栖的。

**symbol** *n.* simbol; tanda yang mengenalkan sesuatu; lambang yang mempunyai erti tertentu. 象征；表征；记号；符号。

**symbolic, symbolical** *adjs.* berkenaan lambang atau simbol. 记号的；符号的；象征性的。 **symbolically** *adv.* dari segi lambang; secara perlambangan. 符号上；作为记号；象征上。

**symbolism** *n.* simbolisme; perlambangan; pendapat yang dinyatakan dengan menggunakan simbol. 象征主义；符号体系；像征性。 **symbolist** *n.* orang yang menyatakan pendapat menggunakan simbol. 象征主义者；使用符号者。

**symbolize** *v.t./i.* menjadi lambang sesuatu; menggunakan lambang untuk sesuatu. 象征；代表；用符号表示。

**symmetry** *n.* kedua-dua belah sama ukurannya; bentuk simetri. 对称；匀称。

**symmetrical** *a.* bersimetri. 左右对称的；匀称的。 **symmetrically** *adv.* dengan cara yang bersimetri. 对称地。

**sympathetic** *a.* mempunyai atau menunjukkan rasa belas kasihan. 有同情心的；表示同情的。 **sympathetically** *adv.* dengan cara yang bersimpati. 同情地；体恤地。

**sympathize** *v.i.* berasa atau menunjukkan simpati. 同情；怜悯。 **sympathizer** *n.* pesimpati. 同情者；赞同者。

**sympathy** *n.* simpati; berkongsi atau mampu berkongsi perasaan orang lain; perasaan belas kasihan terhadap penderitaan orang lain. 同情;同情心;同感;怜悯。 **be in ~ with** bersetuju dengan sesuatu pendapat. 赞同;支持。

**symphony** *n*. simfoni; karangan muzik untuk dimainkan oleh orkestra besar. 交响乐;交响曲。 **symphonic** *a*. ber-bentuk simfoni. 交响乐的;交响曲的。

**symposium** *n*. (pl. *-ia*) simposium; perbincangan tentang sesuatu perkara. 专题讨论会;学术报名会;座谈会。

**symptom** *n*. simptom; gejala. 征兆;症状;病症。

**symptomatic** *a*. menjadi gejala atau tanda. 有征兆的;有症状的;表征的。

**synagogue** *n*. tempat orang Yahudi bersembahyang. 犹太教会堂。

**synchromesh** *n*. alat yang membolehkan bahagian-bahagian gear ditukar pada kelajuan yang sama. 同步齿轮。

**synchronize** *v.t./i.* berlaku serentak; menyebabkan berlaku serentak; menyelaraskan. 同时发生;使同步;使钟表指示同一时刻;使互合。 **synchronization** *n*. penyelarasan. 动作的同时发生;同步;同时性。

**synchronous** *a*. segerak; berlaku serentak. 同时发生的;同时存在的。

**syncopate** *v.t.* menukarkan irama (muzik). 改变节奏;切分音。 **syncopation** *n*. penukaran irama (muzik). (音乐节奏的)切分。

**syncope** *n*. pengsan; pitam. 昏厥;眩晕。

**syndicate**[1] *n*. sindiket; persatuan perdagangan. 辛迪加;企业联合组织;财团。

**syndicate**[2] *v.t./i.* bergabung untuk menjadi sindiket; menerbitkan (rencana, kartun, dll.) dalam beberapa majalah melalui persatuan perdagangan. 组织辛迪加;组成财团;通过辛迪加在多个刊物中刊登(文章、漫画等)。 **syndication** *n*. perihal sindiket. 辛迪加的管理或组织等。

**syndrome** *n*. sindrom. 综合症;症候群。

**synod** *n*. persidangan besar pegawai gereja. 宗教会议。

**synonym** *n*. sinonim; perkataan seerti dalam bahasa yang sama. 同义词。

**synonymous** *a*. sama erti. 同义词性质的;同义的。

**synopsis** *n*. (pl. *-opses*) sinopsis; ringkasan; ikhtisar. (书或剧本等的)提要;大纲。

**syntax** *n*. sintaksis; susunan kata dalam ayat. 句法;句子结构学。 **syntactic** *a*. berkenaan bentuk susunan kata. 句法的。 **syntactically** *adv*. dari segi sintaksis. 句法上;句子结构上。

**synthesis** *n*. (pl. *-theses*) sintesis; gabungan bahagian yang berasingan; penghasilan secara tiruan. 综合(物);合成法。

**synthesize** *v.t.* dihasilkan secara sintesis. 综合;使合成。

**synthesizer** *n*. alat sintesis; alat muzik elektronik berupaya menghasilkan pelbagai jenis bunyi. (电子)音响合成器。

**synthetic** *a*. dihasilkan melalui sintesis. 合成的;人造的。—*n*. bahan tiruan. 化学合成物;合成纤维织物。 **synthetically** *adv*. menghasilkan sesuatu dengan cara sintesis. 在人工制造方法上。

**syphilis** *n*. sifilis; sejenis penyakit kelamin. 梅毒。 **syphilitic** *a*. seseorang yang menghidap penyakit sifilis. 患梅毒的。

**syringa** *n*. pokok yang bunganya putih dan sangat wangi. 紫丁香。

**syringe** *n*. picagari; sejenis pam untuk menyedut dan menyemburkan cecair dan sesuatu yang digunakan untuk menyuntik. 注射器;灌肠器;喷水器。 —*v.t.* mencuci atau menyembur dengan picagari; menyuntik. 灌洗;注射。

**syrup** *n*. sirap; serbat. 糖浆;果子露。

**syrupy** *n*. manis seperti sirap. 糖浆状的;甜蜜的。

**system** *n*. sistem; kumpulan beberapa bahagian yang sama-sama bekerja; kumpulan pendapat yang teratur dan tersusun rapi; kaedah yang teratur untuk melakukan sesuatu. 体系；制度；规律。**systems analysis** analisis sistem; analisis sesuatu pengendalian bagi memutuskan bagaimana sesebuah komputer melaksanakannya. 系统分析。**systems analyst** juruanalisis sistem. 系统分析员。

**systematic** *a.* menurut sistem; bukan secara rambang. 有系统的；系统化的。

**systematically** *adv.* bersistem. 有系统地。

**systematize** *v.t.* menyusun mengikut sesuatu sistem. 使系统化；使组织化。

**systematization** *n.* penyusunan bersistem. 系统化。

**systemic** *a.* sistemik; berkenaan badan sebagai keseluruhannya; (racun kulat, dll.) memasuki tisu tumbuh-tumbuhan. 全身的；(细菌等) 侵入人体的；影响全身的。

**systole** *n.* sistole; denyutan nadi atau jantung. 心脏等的收缩；悸动。**systolic** *a.* (berkenaan) denyutan nadi. 脉搏的跳动。

# T

**tab** *n.* secebis atau sejalur kain, dsb. (装饰用的) 小垂片。**keep a ~** atau **tabs on** dalam perhatian. 密切注意；监视。**pick up the ~** (A.S. *colloq.*) membayar bil. 承担费用；代为付帐。

**tabard** *n.* sejenis baju tidak berlengan yang dipakai di bahagian luar. 无袖短外套。

**tabby** *n.* kucing yang bulunya berwarna kelabu atau coklat dan berjalur hitam. 虎斑猫。

**tabernacle** *n.* tempat bersembahyang (Kristian). 会幕；(基督教的) 礼拜堂。

**tabla** *n.* tabla; gendang kecil India yang dimainkan dengan tangan. 塔不拉双鼓 (印度的小手鼓)。

**table** *n.* meja; daftar fakta atau angka yang diatur mengikut sistem; jadual. 桌子；台；项目表；表格。—*v.t.* menyerahkan untuk perbincangan. 列入议程；提出议案。**at ~** sedang makan di meja. 进餐。**~ tennis** permainan pingpong. 乒乓球。

**tableau** *n.* (pl. *-eaux*) gambar; tablo. (舞台上的) 静态场景。

**tablecloth** *n.* alas meja. 桌布。

**table d'hote** makanan yang dihidangkan dengan harga yang telah ditetapkan. 定价客饭；套餐。

**tableland** *n.* dataran tinggi. 高原；台地。

**tablespoon** *n.* camca besar. 大汤匙。

**tablespoonful** *n.* (pl. *-fuls*) sesudu besar penuh. 一大匙容量。

**tablet** *n.* buku; batu bersurat; pil. 碑；古代的书板；药片；小块。

**tabloid** *n.* surat khabar yang ukurannya setengah daripada surat khabar biasa yang besar. 纸张仅有普通报章一半大小的小型报。

**taboo** *n.* pantang; larangan. 忌讳；禁忌。—*a.* berlarangan atau berpantang kerana agama atau adat. (宗教或习俗上) 忌讳的。

**tabor** *n.* gendang kecil. 小鼓。

**tabular** *a.* tersusun dalam bentuk jadual. 列成表格的；表格式的。

**tabulate** *v.t.* menjadualkan. 把 (资料等) 列成表。**tabulation** *n.* penjadualan. 制表仪。

**tabulator** *n.* penjadual; peranti untuk membuat jadual. 制表机；(打字机等的)制表键；制表仪。

**tachograph** *n.* alat untuk mengukur kelajuan dan waktu perjalanan kenderaan. 汽车的速度计。

**tacit** *a.* kata-kata; tanpa bertulis. 心照不宣的；默认的。**tacitly** *adv.* dengan cara tanpa kata-kata. 心照不宣地。

**taciturn** *a.* pendiam. 沉默寡言的。**taciturnity** *n.* sikap atau perangai pendiam. 沉默的态度。

**tack**[1] *n.* paku kecil yang kembang kepalanya; paku payung; jelujur; arah pergerakan kapal; jalan bertindak atau dasar. 图钉；(缝纫中的)粗缝；航向；方针；策略。—*v.t./i.* melekatkan sesuatu dengan paku tekan atau paku payung. (用图钉等)钉；添加(条款)；转变航向。

**tack**[2] *n.* pelana; abah-abah. 马鞍；马具。

**tackle** *n.* takal; alat untuk memunggah barang-barang. 辘轳；(起卸或搬运货物时用的)滑车。—*v.t.* menyelesaikan masalah. 解决问题。**tackler** *n.* orang yang mengatasi masalah. 解决问题的人。

**tacky** *a.* (cat) melekit; belum kering lagi. (未干的漆等)胶黏的。**tackiness** *n.* kelekitan. 黏性。

**tact** *n.* kebijaksanaan menguruskan atau menyelesaikan sesuatu masalah tanpa menyinggung perasaan orang lain. 圆滑；机智。**tactful** *a.* bijaksana. 圆滑的；机智的。**tactfully** *adv.* dengan kebijaksanaan. 圆滑地；机智地。

**tactical** *a.* taktikal; berkenaan taktik; merancang dengan cara mahir; (senjata) untuk digunakan dalam peperangan. 策略(高明)的；战略性的。**tactically** *adv.* dari segi taktik. 策略性地。

**tactician** *n.* ahli taktik. 策略家；战略家。

**tactics** *n.* siasah; taktik; muslihat. 手段；策略；战略。—*n.pl.* langkah-langkah yang diambil untuk mencapai matlamat. (为达到目的而采取的)手法。

**tactile** *a.* dapat dirasakan. 有触觉的。

**tactility** *n.* perihal menggunakan deria rasa. 触觉；感触性。

**tactless** *a.* kurang bijaksana. 不圆滑的；无机智的。**tactlessly** *adv.* perihal tidak mempunyai kebijaksanaan. 笨拙地。

**tactlessness** *n.* ketidakbijaksanaan. 不圆滑；笨拙。

**tadpole** *n.* berudu. 蝌蚪。

**taffeta** *n.* kain tafeta; kain sutera yang tipis berkilat tetapi agak keras sedikit. 塔夫绸(一种光滑而质硬的薄绸)。

**taffrail** *n.* langkan yang mengelilingi buritan kapal. 船尾栏杆。

**tag**[1] *n.* label; bahagian hujung tali kasut. 标签；(鞋带末端的)金属包头。— *v.t./i.* (p.t *tagged*) merangkaikan; menyambung; membubuh label. 添加；连接；加标签。

**tag**[2] *n.* permainan (kanak-kanak) kejarmengejar. 捉迷藏游戏。

**tail**[1] *n.* ekor; (*sl.*) orang yang mengekori; (*pl.*) kot (*lihat* **tailcoat**. 见 **tailcoat**。). 尾巴；随员；燕尾礼服。**tails** (berkenaan duit syiling) ekor. 硬币反面。— *v.t./i.* membuang tangkai; (*sl.*) bayang. 切掉(尾巴)；摘掉(末端)；偷偷跟踪。~ **away** jauh. 零落地落在后面。

**~-end** *n.* bahagian yang belakang sekali. 尾端。**~-light** *n.* lampu belakang kereta. (车辆的)尾灯。~ **off** menjadi sedikit dan berkurangan. 渐渐减少；变小。

**tail**[2] *n.* had kepada hak milik seseorang atau warisnya. 限定继承权。

**tailback** *n.* kesesakan lalu lintas yang panjang atau berjela-jela. (因交通阻塞造成的)车辆长队。

**tailboard** *n.* dinding belakang lori yang dapat dibuka atau ditutup. (货车后面用铰链相连接的)活动性尾板。

**tailcoat** *n.* kot yang bahagian belakangnya dibahagi dua dan tirus hujungnya. 燕尾礼服。

**tailgate** *n.* pintu but; dinding belakang. (小型货车、旅行车等的)仓门式尾门。

**tailless** *a.* tidak berekor. 无尾的。

**tailor** *n.* tukang jahit (lelaki). (男)裁缝; 成衣商。—*v.t.* membuat pakaian. 缝制(衣服);量身设计。**~-made** *a.* pakaian yang ditempah khusus untuk seseorang. 量身特制的;订制的。**tailoress** *n.fem.* tukang jahit (wanita). (女)裁缝。

**tailpiece** *n.* basian hujung; hiasan hujung sesebuah buku atau babnya. 尾片;在尾部的附加物;书末或篇末的补白图案。

**tailplane** *n.* bahagian belakang kepak kapal terbang yang melintang. 飞机的横尾翼。

**tailspin** *n.* junaman kapal terbang. (飞机的)尾旋;螺旋。

**taint** *n.* sifat yang cemar, buruk dan jijik. 污点;败坏;腐败。—*v.t.* tercemar. 受污染。

**take** *v.t./i.* (p.t. *took*, p.p. *taken*) memegang; memaut; menangkap; mengambil; berkesan; menjadi; menggunakan; memasuki; menduduki; memerlukan; menyebabkan datang atau pergi; membawa; mengalih; menyambar (api); mengalami; berasa; menerima; tahan; melakukan; berurus dengan; belajar atau mengajar; membuat fotograf. 握;抓;拿;取;捕捉;起作用;利用;占用;需要;乘搭;携带;搬移;奏效;着火;遭受;接受;吸收;承担;容忍;负责;执行(任务);管理;学习或教导(某科目等);拍(照片)。—*n.* jumlah yang diambil. 捕获量。**be taken by** atau **with** terpikat. 入迷;着迷。**be taken ill** jatuh sakit. 患病。**~ after** menyerupai. (面貌、性格)跟⋯相象。**~-away** *a. & n.* makanan yang dibawa balik. 外卖的(食物)。**~ back** menarik balik kenyataan. 收回(话语、声明)。**~ in** memahami; tertipu; terpedaya. 理解;欺骗。**~ life** membunuh. 干掉(某人)。**~ off** menanggalkan pakaian; berangkat; berlepas (kapal terbang). 脱下;出发;起飞。**~ on** memperolehi; menggajikan; menyahut cabaran; (*colloq.*) dengan penuh emosi. 具有(特征等);雇用;较量;激动。**~ oneself off** pergi; melarikan diri. 离去;逃离。**~-off** mengajuk; proses naik ke udara. 嘲笑性地模仿;(飞机)起飞。**~ one's time** berlengah; tidak tergesa-gesa. 不慌不忙地;慢条斯理地。**~ over** *n.* menguasai. 接管;接任。**~ part** mengambil bahagian. 参加。**~ place** berlaku; terjadi. 发生;成为事实。**~ sides** menyokong satu-satu pihak. 偏袒(某一方)。**~ to** bersikap; mengembangkan kesukaan atau kebolehan untuk sesuatu. 养成(习惯);从事;沉迷于。**~ up** mengambil sebagai hobi; meneruskan; beri perhatian kepada. 从事某事作为嗜好;继续(停顿之事)。**~ up with** mula bergaul. 开始有联系。**taker** *n.* pengambil. 接受者;购买者。

**taking** *a.* menarik hati; menawan hati. 吸引人的;迷人的。

**takings** *n.pl.* wang yang diterima dalam perniagaan. 营业所得;收入。

**talc** *n.* talkum; sejenis mineral yang lembut; bedak talkum. 云母;滑石。

**talcum** *n.* **~ powder** bedak talkum. 爽身粉;滑石粉。

**tale** *n.* karangan; cerita; kisah. 记述;故事;传闻。

**talent** *n.* bakat; kebolehan semula jadi; mata wang zaman dahulu kala. 天才;天资;(古希腊等国的)货币单位。

**talented** *a.* berbakat. 有天份的;有才干的。

**talisman** *n.* (pl. *-mans*) azimat; tangkal. 辟邪物;护身符。**talismanic** *a.* bersifat azimat. 辟邪的。

**talk** *v.t./i.* bercakap; berkata-kata; berbicara; menggunakan (bahasa tertentu) apabila bercakap; kesan dan pengaruh daripada percakapan. 谈话;讨论;(用特定语言)谈;讲得使(陷入某一状

况)。 —*n.* perbualan; perbincangan; perundingan. 谈判；讨论；商议。 **~ over** berbincang. 商量；商谈。 **talking-to** *n.* teguran. 斥责；责备。 **talker** *n.* pembicara. 说话者。

**talkative** *a.* suka atau gemar bercakap; peramah. 多嘴的；健谈的。

**tall** *a.* (*-er, -est*) tinggi. 高的。 **~ order** tugas yang susah, rumit. 难办的差使。 **~ story** (*colloq.*) sesuatu yang sukar dipercayai. 难以相信的故事。 **tallness** *n.* ketinggian. 高度。

**tallboy** *n.* almari berlaci yang tinggi. 高脚橱柜。

**tallow** *n.* lemak binatang yang digunakan untuk membuat lilin, pelincir, dsb. (制造蜡烛、润滑油等用的)动物脂油。

**tally** *n.* catatan; gundal pengenalan. 记录；借贷总额。 —*v.i.* sama; selaras. 符合；吻合。

**tally-ho** *int.* seruan pemburu apabila nampak binatang buruannya. 嗬！(猎人发现猎物时的喊声)

**Talmud** *n.* kitab suci agama Yahudi. 古犹太法典。 **Talmudic** *a.* perihal agama dan perundangan orang Yahudi. 犹太宗教及法律的。

**talon** *n.* cakar; kuku burung pemangsa yang panjang. (猛禽的)巨爪。

**tamarind** *n.* pohon asam jawa. 罗望子(一种热带植物)。

**tamarisk** *n.* sejenis pokok renek malar hijau. 柽柳树(又名三春柳)。

**tambour** *n.* gelendong; pemidang; kerangka berbentuk bulat untuk meregang jahitan. 低音鼓；(刺绣用的)圆形绷架。

**tambourine** *n.* tamborin; sejenis alat muzik seperti rebana kecil yang dipasang dengan kepingan logam di sekelilingnya. 铃鼓。

**tame** *a.* (*-er, -est*) jinak dan tidak takut kepada manusia. 驯养了的；驯服的。 —*v.t.* menjinakkan. 驯服；制服。 **tamely** *adv.* dengan jinak. 驯服地。 **tameness** *n.* perihal jinak. 驯服。

**tamer** *n.* penjinak; orang yang kerjanya menjinakkan binatang. 驯兽师。

**Tamil** *n.* orang atau bahasa dari selatan India atau Sri Lanka. 淡米尔人；淡米尔语。

**tam-o'-shanter** *n.* sejenis beret; sejenis kopiah yang dibuat daripada kain bulu. 宽顶无沿呢布圆帽。

**tamp** *v.t.* memadatkan; mengasakkan. 捣固；塞满；填满。

**tamper** *v.i.* **~ with** mencuba merosakkan. 蓄意破坏。

**tampon** *n.* tampon; kapas digunakan sebagai penyumbat untuk menahan darah, dsb. 止血棉塞。

**tan** *v.t./i.* (*p.t. tanned*) menyamak; memasak kulit binatang dengan sejenis zat supaya menjadi lembut dan berwarna. 制革；用鞣酸把兽皮软化并染上颜色；击打。 —*n.* menjadi perang kulitnya kerana berjemur. (因日晒而成为)棕褐色。 —*a.* perang kekuning-kuningan. 棕黄色的。

**tandem** *n.* basikal yang dapat dinaiki dan dikayuh oleh dua orang atau lebih. 双人自行车。 —*adv.* seorang di belakang seorang yang lain. 一前一后地。 **in ~** diaturkan demikian. 一前一后；纵列。

**tandoor** *n.* tandur; dapur tanah liat India. (印度的)圆筒形泥炉。

**tandoori** *n.* tanduri; makanan yang dimasak dalam tandur. (印度)用泥炉炭火烹饪法制成的食物。

**tang** *n.* bau yang menusuk hidung; unjuran parang yang dimasukkan ke dalam hulu. 强烈的味道；(刀、剑的)柄脚。 **tangy** *a.* berbau menusuk hidung. 带浓烈味道的。

**tangent** *n.* garis sentuh; garisan lurus yang menyentuh sesuatu bulatan atau lengkok tetapi tidak melintasinya. 正切；切线。 **go off at a ~** mengalih secara mendadak dari jalan fikiran. (思想、话题等)突

然改变。**tangential** *a.* pertukaran arah dan melencong tiba-tiba. 突然离题的。

**tangerine** *n.* limau tangerin; sejenis oren kecil; warna oren. 柑橘(色)。

**tangible** *a.* yang dapat dirasai oleh sentuhan; terang dan tepat; nyata. 可触知的;有实质的;明确的。**tangibly** *adv.* bukan khayalan dan terbukti kebenaran. 实质地;明确地。**tangibility** *n.* keadaan dapat dirasai oleh pancaindera. 感觉到(看得到)的情况、事实等。

**tangle** *v.t./i.* menjadikan kusut; mengusutkan. 纠缠;使纠结在一起。—*n.* sesuatu benda atau keadaan yang kusut. (物体)缠结;(情况)紊乱。

**tangly** *a.* kusut. 紊乱的;错综复杂的。

**tango** *n.* (pl. -*os*) sejenis tarian. 探戈舞。—*v.i.* menari tango. 跳探戈舞。

**tank** *n.* tangki; kereta kebal; kereta perisai. 槽;(飞机上、船上等)盛装液体或气体的大容器;坦克;装甲车。

**tankard** *n.* kole besar yang bertutup. 连盖的有柄大酒杯。

**tanker** *n.* kapal, lori atau kapal terbang yang dikhaskan untuk membawa bahan cecair dengan banyaknya; pasukan tentera kereta perisai. 油轮、槽车或空中加油飞机;装甲车队。

**tanner** *n.* orang yang kerjanya menyamak kulit binatang. 制革工人;鞣皮工。

**tannery** *n.* tempat menyamak kulit binatang. 制革厂;鞣皮厂。

**tannic acid** asid tanik. 单宁酸;鞣酸。

**tannin** *n.* tanin; asid yang diperolehi daripada beberapa jenis pokok dan digunakan untuk menyamak kulit binatang. 炼单宁;一种用来提鞣酸的植物酸。

**tansy** *n.* tumbuhan yang bunganya kuning. 艾菊。

**tantalize** *v.t.* menimbulkan keinginan yang tidak mungkin dicapai. 逗引;使人为可望而不可及的食物而着急。

**tantalus** *n.* tempat memperaga botol-botol arak yang berkunci. (一种装了暗锁的)玻璃酒柜。

**tantamount** *a.* sama; serupa. 相等的;相当于的。

**tantra** *n.* penulisan atau teks mistik agama Hindu atau Buddha. (兴都教和佛教的)秘典。

**tantrum** *n.* kemarahan tiba-tiba. 发脾气。

**tap**[1] *n.* kepala paip; bahagian paip yang diputar. 水龙头;(酒桶的)流出口。—*v.t.* (p.t. *tapped*) memasang paip pada sesuatu; mengeluarkan melalui paip; memperoleh bekalan, dll. atau keterangan dari; membuat bebenang lubang skru; membuat sambungan telefon. 接(支管);使(从水管)流出;从(总线等)取得供应品、信息等;装上旋塞;搭(电话线)。**on ~** (*colloq.*) ada dan dapat digunakan. 随时可得到的;现成的。**~ root** *n.* akar tunjang. 植物的主根。

**tap**[2] *v.t./i.* (p.t. *tapped*) mengetuk dengan perlahan. 轻敲;轻叩。—*n.* ketukan yang perlahan. 轻敲;轻叩。**--dance** *n.* tarian yang menghentak kaki. 踢跶舞。

**tape** *n.* tali atau pita untuk mengikat; pita ukur; pita perakam. 带子;带尺;录音带;磁带。—*v.t.* mengikat dengan tali atau pita. (用带子)捆扎。**have a thing taped** (*sl.*) memahaminya dengan betul; mempunyai satu kaedah yang tersusun untuk mengendalikan sesuatu. 彻底了解;把(某事)安排好。**~ measure** *n.* pita ukur. 卷尺;带尺。**~ recorder** *n.* pita perakam. 录音机。**~ recording** *n.* pita rakaman. 磁带录音。

**taper** *n.* dian atau lilin kecil. (点火用的)极细的蜡烛。—*v.t./i.* menirus dan meruncing. 逐渐变细;渐尖。**~ off** semakin perlahan, kecil, dsb. 逐渐减少或停止。

**tapestry** *n.* sejenis tenunan. 花毯;绒绣。

**tapeworm** *n.* cacing pita. 绦虫(肠寄生虫)。

**tapioca** *n.* ubi kayu. 木薯淀粉。

**tapir** *n.* tenuk; cipan. 貘。

**tappet** *n.* unjuran pada mesin yang mengetuk pada sesuatu. 挺杆（机械装置）。

**taproom** *n.* bilik tempat minuman arak dihidang dari tong berpaip. （旅馆中的）酒室；酒吧间。

**tar** *n.* tar; belangkin. 焦油；沥青；柏油。 —*v.t.* (p.t. *tarred*) menurap dengan tar. 在…上覆盖柏油。

**taradiddle** *n.* (*colloq.*) tipu; karut. 小谎言；虚言。

**tarantella** *n.* sejenis tarian yang berpusing-pusing. 塔兰台拉舞（意大利民间舞蹈）。

**tarantula** *n.* tarantula; labah-labah yang berbulu dan bisa. 狼蛛（南欧的一种毒蜘蛛）。

**tarboosh** *n.* tarbus; sejenis topi. （伊斯兰教徒戴的）无沿毡帽。

**tardy** *a.* (*-ier, -iest*) lambat; perlahan untuk bergerak, bertindak atau terjadi. 迟缓的；延完的。**tardily** *adv.* dengan lambat atau berlengah. 缓慢地。**tardiness** *n.* kelewatan; kelambatan. 迟缓。

**tare**[1] *n.* sejenis tumbuhan. 巢菜；莠草。

**tare**[2] *n.* kelebihan muatan dalam menimbang kenderaan. （燃料等除外）汽车净重。

**target** *n.* sasaran. 目标；耙子。—*v.t.* (p.t. *targeted*) menghalakan ke sasaran. 对准（目标）。

**tariff** *n.* tarif; cukai. 关税；税率。

**tarlatan** *n.* muslin keras. 塔勒坦布（一种硬质的网状白布）。

**Tarmac** *n.* kerikil yang dicampur dengan tar. 柏油碎石。**tarmac** *n.* kawasan yang dilapisi dengan tar. 柏油碎石路面。**tarmacked** *a.* kawasan bertar. 铺柏油碎石的。

**tarn** *n.* tasik kecil di kawasan pergunungan. 山中小湖。

**tarnish** *v.t./i.* menghilangkan kilat atau seri. 使失去光泽；变晦暗。—*n.* kehilangan kilat; cela. 晦暗；污点。

**tarot** *n.* permainan yang menggunakan 78 keping daun terup; permainan ini juga digunakan untuk menengok nasib. 塔罗；一种共有78张图的纸牌游戏，可供算命用。

**tarpaulin** *n.* kain tarpal. （防水用）柏油帆布。

**tarragon** *n.* sejenis herba. 蒿菜。

**tarry**[1] *a.* daripada atau seperti tar. 柏油质的；象柏油的。

**tarry**[2] *v.i.*(*old use*) lambat. 迟延；耽搁。

**tarsier** *n.* sejenis binatang seperti monyet. 眼镜猴（产于东印度）。

**tarsus** *n.* (pl. *-si*) tulang yang membentuk pergelangan kaki. 跗骨。

**tart**[1] *a.* (*-er, -est*) masam. 酸的；尖酸刻薄的。**tartly** *adv.* dengan masam. 带酸地；刻薄地。**tartness** *n.* kemasaman. 尖酸刻薄。

**tart**[2] *n.* kuih tat; (*sl.*) pelacur. 馅饼；妓女。—*v.t.* **up** (*colloq.*) berpakaian kemas; berhias hingga menjolok mata. 打扮得出色；穿戴得刺眼而俗气。

**tartan** *n.* kain bulu yang coraknya berpetak-petak. 格子花呢布。

**Tartar** *n.* salah satu kumpulan orang Asia Tengah; orang yang perangainya kasar dan bengis. （亚洲中部的）鞑靼人；剽悍的人。

**tartar** *n.* tartar; kotoran yang menjadi keras dan melekat pada gigi. 齿垢；牙砂。

**tartare sauce** sos tartar. 调味酱。

**task** *n.* tugas atau tanggungjawab yang mesti dilakukan. 任务；工作；苦差使。—*v.t.* memerah tenaga daripada seseorang. 使做苦工。**take to** ~ memarahi. 责备；斥责。~ **force** pasukan petugas; sekumpulan orang yang diaturkan untuk sesuatu tugas yang khusus. 特遣队；执行组。

**taskmaster** *n.* orang yang memberikan tugas dan tanggungjawab. 工头；监工。

**tassel** *n.* rumbai; jumbai. （旗、帽等的）继；缨；流苏。**tasselled** *a.* terhias dengan rumbai; berumbai. 装上流苏的；有衣继的。

**taste** *n.* rasa; kebolehan merasa; kuantiti yang sedikit (makanan dan minuman); pengalaman yang sedikit; kesukaan; keupayaan menerima dan menikmati kecantikan. 味道；味觉；少量（尝味用的食物或饮料）；经验；爱好；审美力。—*v.t./i.* merasa dengan lidah. 尝；尝味。 **taster** *n.* orang yang merasa. （专业性的）试味员。

**tasteful** *a.* sedap rasanya; menarik. 美味的。 **tastefully** *adv.* dengan sedap atau menarik. 美味地。 **tastefulness** *n.* kesedapan; keenakan. 美味适口。

**tasteless** *a.* tawar. 乏味的；没有味道的。 **tastelessly** *adv.* dengan rasa tawar. 淡而无味地。 **tastelessness** *n.* kehambaran. 无味。

**tasty** *a.* (*-ier, -iest*) sedap; lazat citarasanya. 美味的；可口的。

**tat**[1] *v.t./i.* (p.t. *tatted*) membuat tating; menyirat benda dengan benang. （用梭织法）编织。

**tat**[2] *lihat* **tit**[2]. 见 **tit**[2]。

**tattered** *a.* koyak rabak. 破烂的；褴褛的。

**tatters** *n.pl.* kain buruk; perca kain. 破布条；碎布。

**tatting** *n.* tating; renda yang disirat dengan benang. 梭织的花边。

**tattle** *v.i.* mengumpat; meleter. 诋毁；饶舌。—*n.* penceloteh. 爱泄露他人隐私的人。

**tattoo**[1] *n.* tatu; pertunjukan permainan pancaragam dan kawat oleh anggota tentera; ketukan yang berulang-ulang atau tempo. 军队表演操；连敲或打拍子声。

**tattoo**[2] *v.t.* mencacah. 文身；刺花。—*n.* tatu; cacah; tanda yang dicacah pada kulit. 文身；刺花。

**tatty** *a.* (*-ier, -iest*) tidak kemas; serbahserbih. 不整洁的。 **tattily** *adv.* dengan serbah-serbih. 褴褛地；污秽地。 **tattiness** *n.* keadaan berserbah-serbih. 不整洁；污秽。

**taught** *lihat* **teach**. 见 **teach**。

**taunt** *v.t.* mengejek; menghina. 嘲笑；讥讽。—*n.* celaan; ejekan. 诋毁；嘲笑。

**taut** *a.* tidak kendur; tegang. 拉紧的；紧张的。

**tauten** *v.t./i.* menegangkan; meregangkan. （把绳子等）拉紧；使紧张。

**tautology** *n.* ulangan yang tidak perlu. 赘述；冗言。 **tautological** *a.* perulangan yang tidak sepatutnya. 赘述的；类语叠用的。 **tautologous** *a.* berulang-ulang atau berkali-kali. 重言式的。

**tavern** *n.* (*old use*) kedai minuman, terutama yang menjual minuman keras. 酒店。

**tawdry** *a.* (*-ier, -iest*) penuh dengan perhiasan tetapi tidak menarik. 俗丽的；花哨俗气的。 **tawdrily** *adv.* berperhiasan yang tidak menarik. 俗气地。 **tawdriness** *n.* keadaan sesuatu yang hiasannya berlebihan tetapi tidak menarik. 俗丽；花哨而庸俗。

**tawny** *a.* warna kuning keperang-perangan. 黄褐色的。

**tax** *n.* cukai; beban. 税；负担。—*v.t.* mengenakan cukai. 征税；使担负。 **~ deducible** *a.* boleh ditolak cukai. （计算所得税时）可扣除的。 **~ with** dituduh kerana. 被指责。 **taxation** *n.* pencukaian. 纳税；税制。 **taxable** *a.* dapat dikenakan cukai. 应纳税的。

**taxi** *n.* (pl. *-is*) teksi; kereta sewa. 计程车。—*v.i.* (p.t. *taxied*, pres.p. *taxiing*) bergerak di atas permukaan air atau tanah menggunakan tenaga sendiri. （用人力控制使飞机等在水面或陆上）滑行。 **~cab** *n.* teksi. 的士；计程车。

**taxidermy** *n.* taksidermi; proses pengawetan kulit binatang. 动物标本剥制术。 **taxidermist** *n.* ahli taksidermi; orang yang kerjanya mengusahakan pengeringan kulit binatang. 标本剥制者。

**taxonomy** *n.* taksonomi; pengelasan organisma secara saintifik. 生物分类学；生物分类系统。 **taxonomist** *n.* orang yang melakukan kerja pengelasan organisma secara saintifik. 分类学家。

**taxpayer** *n.* pembayar cukai. 纳税人。

**TB** *abbr. (colloq.)* **tuberculosis** penyakit batuk kering. （缩写）（肺）结核病。

**tea** *n.* teh. 茶；茶叶；茶树。**~ bag** uncang teh. 袋装茶叶。**~ break** *n.* waktu minum teh. 茶点时间。**~ chest** *n.* kotak atau peti untuk mengisi teh. （出口用）茶叶箱。**~-leaf** *n.* daun teh. 茶叶。**~ towel** *n.* kain lap yang digunakan untuk mengeringkan cawan dan piring. 茶具抹布。

**teacake** *n.* sejenis ban atau roti yang dihidangkan dengan mentega. 茶点糕饼。

**teach** *v.t./i.* (p.t. *taught*) ajar; didik. 教导；教育。**teachable** *a.* dapat diajar. 可教的；肯学的。**teacher** *n.* guru. 教师。

**teacup** *n.* cawan teh. 茶杯。

**teak** *n.* kayu jati. 柚木。

**teal** *n.* (pl. *teal*) sejenis itik. 短颈野鸭；小野鸭。

**team** *n.* pasukan; kumpulan; pasukan orang yang bekerja bersama-sama. 球队；工作组。—*v.t./i.* bergabung dalam pasukan. 结成一队。

**teamwork** *n.* kerjasama berpasukan. 集体合作。

**teapot** *n.* teko teh. 茶壶。

**tear**[1] *v.t./i.* (p.t. *tore*, p.p. *torn*) mencarik; menyiat; mengoyak. 撕碎；撕毁。—*n.* lubang; koyak. 破洞；裂口。

**tear**[2] *n.* air mata. 眼泪。**in tears** digenangi dengan air mata. 含着泪。**~-gas** *n.* gas pemedih mata. 催泪弹。

**tearaway** *n.* kenakalan yang tidak dapat dibendung. 狂暴行为。

**tearful** *a.* sedih dan menangis. 悲伤的；眼泪汪汪的。**tearfully** *adv.* dengan sedih; dengan tangisan. 哀伤地；含着泪地。

**tearing** *a.* ganas; terdesak. 狂暴的；令人痛苦的。

**tease** *v.t.* mempersenda dan mencemuh. 取笑；讽刺。—*n.* orang yang suka mencemuh. 爱作弄人的人。

**teasel** *n.* sejenis tumbuhan yang bunganya digunakan untuk menggaruk kain, dll. supaya keluar bulunya. 起绒草。

**teaser** *n. (colloq.)* masalah yang rumit. 难题。

**teaset** *n.* set cawan dan piring untuk menghidang teh. （一套）茶具。

**teashop** *n.* kedai teh; bilik minum teh. 茶馆；茶室。

**teaspoon** *n.* camca teh. 茶匙。**teaspoonful** *n.* (pl. *-fuls*) satu camca teh penuh. 满满一茶匙。

**teat** *n.* puting susu. 奶嘴；乳头。

**tech** *n. (colloq.)* kolej teknik. 技术学院。

**technical** *a.* yang berkaitan dengan mesin atau teknik. 技术的；工艺的。**technically** *adv.* dari segi teknik. 技术上。**technicality** *n.* selok-belok teknik. 技术性。

**technician** *n.* jurutekrik. 技工；技师；技术员。

**technique** *n.* teknik; kaedah. 技巧；技能。

**technocracy** *n.* teknokrat; negara teknokrat. 技术管理（由技术专家组织及管理）；技术专家治国制。

**technology** *n.* teknologi; ilmu yang berkaitan dengan perindustrian. 技术；工艺；工业技术。**technological** *a.* berkenaan teknologi. 工艺的。**technologically** *adv.* dari segi teknologi. 技术上；技术学上。**technologist** *n.* ahli teknologi; pakar dalam bidang teknik dan industri. 技术师；工程技术专家。

**teddy-bear** *n.* patung permainan kanak-kanak yang berupa beruang. 玩具熊。

**tedious** *a.* menjemukan dan membosankan. 单调沉闷的；冗长乏味的。**tediously** *adv.* dengan cara yang membosankan. （工作、事务等令人）生厌地；沉闷地。**tediousness** *n.* kejemuan; kebosanan. 单调；沉闷。**tedium** *n.* rasa jemu. 沉闷。

**tee** *n.* tempat meletakkan bola golf. （高尔夫球）球座。—*v.t.* (p.t. *teed*) meletakkan bola golf di tempatnya. 把球放在球座上。

**teem**[1] *v.i.* banyak; penuh. 充满；富于。

**teem**[2] *v.i.* mencurah-curah (hujan). (雨)倾注。

**teenager** *n.* anak remaja atau belasan tahun. 少年；青少年。

**teens** *n.pl.* masih dalam lingkungan umur belasan tahun. 十多岁(13-19岁之间)。 **teenage** *a.* belasan tahun; remaja. 少年的；青少年的。 **teenaged** *a.* berusia belasan tahun. 少年时代的。

**teeny** *a.*(*-ier, -iest*) (*colloq.*) kecil. 极小的。

**tee-shirt** *n.* = **T-shirt** kemeja-T. 短袖圆领汗衫。

**teeter** *v.i.* berdiri atau bergerak tidak seimbang. 站立不稳；摇晃地走；蹒跚。

**teeth** *lihat* **tooth**. 见 **tooth**。

**teethe** *v.i.* (bayi) tumbuh gigi yang pertama. (婴儿) 出乳牙。 **teething troubles** masalah awal yang dialami oleh sesuatu perusahaan. 创业初期碰到的小难题。

**teetotal** *a.* pantang meminum minuman keras. 主张戒酒的；绝对戒酒的。 **teetotaller** *n.* orang yang tidak meminum minuman keras. 绝对戒酒主义者。

**telecommunication** *n.* telekomunikasi; perhubungan dengan menggunakan telefon, radio, dsb. (用电话、无线电等传达的)电信。

**telegram** *n.* telegram. 电报。

**telegraph** *n.* telegraf. 电报；电报机；信号机。—*v.t.* menghantar berita dengan telegraf. 打电报；用电报传送消息。

**telegraphist** *n.* orang yang digaji untuk bekerja menghantar dan menerima telegraf. 电信技术员；(军)通信兵。

**telegraphy** *n.* perhubungan dengan telegraf. 电信技术；电报学；电报。 **telegraphic** *a.* yang dihantar dengan telegraf. 电信的；电报的。 **telegraphically** *adv.* secara telegraf. 用电报；以电报方式。

**telemeter** *n.* telemeter. 遥测仪器。 **telemetry** *n.* telemeteri. 遥测法。

**telepathy** *n.* telepati; ilmu penghubungan rohani dengan orang lain dari jauh. 心灵感应术；专心术。 **telepathic** *a.* berkaitan dengan perpindahan apa yang difikirkan daripada seorang kepada seorang yang lain yang berjauhan. 心灵感应的。

**telepath, telepathist** *ns.* orang yang mempelajari tentang telepati. 懂传心术的人。

**telephone** *n.* telefon. 电话；电话机。—*v.t.* menghantar mesej atau bercakap dengan telefon. 打电话；用电话通知。

**telephonic** *a.* yang berkaitan dengan telefon. 电话的；用电话传送的。 **telephonically** *adv.* secara telefon. 用电话；电话(机)上。 **telephony** *n.* kaedah menghantar dan menerima suara percakapan dengan menggunakan telefon. 电话技术；电话通讯。

**telephonist** *n.* telefonis; operator telefon. 电话接线员。

**telephoto lens** kanta telefoto; lensa yang menghasilkan imej yang besar kepada objek yang jauh untuk fotografi. 摄远镜头。

**teleprinter** *n.* teleprinter; mesin teletaip; peralatan telegraf yang menerima dan menghantar mesej dengan bertaip. 电传打字机。

**telerecording** *n.* siaran televisyen rakaman. 电视屏幕录像。

**telesales** *n.pl.* jualan melalui telefon. 电话销售。

**telescope** *n.* teleskop; teropong jauh. 望远镜。—*v.t./i.* menjadikan pendek dengan memasukkan sebahagian daripada sesuatu ke dalam sebahagian lagi. 叠缩(以变短)；缩折。 **telescopic** *a.* dapat dilihat dengan teropong jauh. 用望远镜才能看到的。 **telescopically** *adv.* keadaan peralatan yang digunakan untuk melihat sesuatu benda yang kecil agar diperbesarkan. 用望远镜。

**teletext** *n.* teleteks; perkhidmatan maklumat disalur daripada komputer kepada pelanggan. 电视文字广播（通过电脑播送）。

**televise** *v.t.* menyiarkan menerusi televisyen. 电视播放。

**television** *n.* televisyen. 电视。~ **set** peti televisyen. 电视机。

**telex** *n.* teleks; sistem telegrafi menggunakan teleprinter dan talian awam. 用户直通电报。—*v.t.* menghantar atau menerima dengan menggunakan teleks. 用直通电报拍发或接收。

**tell** *v.t./i.* (p.t. *told*) memberitahu dengan tulisan atau kata-kata; memberi keterangan kepada; mengucapkan; mendedahkan rahsia; menentukan; membezakan; menghasilkan kesan; membilangi tepat; perintah. 告知；讲述；向…告发；泄密；判断；命令；分辨；产生效果；计算（选票等）。~ **off** (*colloq.*) menyebut kesalahan seseorang kemudian memarahinya. 数说；责备。~**tale** *n.* orang yang membawa cerita. 搬弄是非者。~ **tales** membuka rahsia. 告密。

**teller** *n.* juruwang; orang yang menerima dan membayar wang di bank. 银行出纳员。

**telling** *a.* berkesan; mendatangkan kesan. 有效的；奏效的。

**telly** *n.* (*colloq.*) televisyen. 电视。

**temerity** *n.* keberanian yang membabi buta. 鲁莽；冒失。

**temp** *n.* (*colloq.*) pekerja sambilan. 临时雇员。

**temper** *n.* keadaan jiwa atau hati; perasaan hati; dalam keadaan marah. 性情；情绪；发脾气。—*v.t.* meningkatkan kekerasan dan keteguhan logam, dsb. 使（金属）回火以增加其硬度；锻炼。

**tempera** *n.* kaedah lukisan menggunakan serbuk warna bercampur telur. 蛋彩画法。

**temperament** *n.* perangai; tabiat. 气质；性情。

**temperamental** *a.* berperangai; bertabiat. 气质的；性情的；易激动的。**temperamentally** *adv.* yang berkaitan dengan perangai. 暴躁地；喜怒无常地。

**temperance** *n.* kesederhanaan dalam melakukan sesuatu; menahan diri daripada meminum minuman keras. 适中；自制；节制。

**temperate** *a.* tidak keterlaluan; sederhana sahaja; iklim yang sederhana; tidak terlalu panas atau terlalu sejuk. 不过分的；适中的；（气候等）温和的。**temperately** *adv.* secara sederhana. 适中地；温和地。

**temperature** *n.* hawa; suhu; suhu badan yang lebih tinggi daripada biasa. 气温；温度；体温；发烧。

**tempest** *n.* ribut atau taufan yang ganas. 暴风雨。

**tempestuous** *a.* gamat; kelam-kabut. 激动的；骚乱的；有暴风雨的。

**template** *n.* pencontoh; sesuatu yang dijadikan panduan atau contoh ketika memotong sesuatu bentuk.（切金属、石、木等时用的）模板。

**temple**[1] *n.* berhala; kuil; tokong; rumah tempat beribadat bagi orang yang beragama Hindu, Buddha, dsb. 神殿；庙宇；寺院。**Inner Temple, Middle Temple** tempat para bakal peguam menuntut dan berlatih di London. 伦敦的内（中）殿法学协会。

**temple**[2] *n.* pelipis; bahagian muka yang terletak di antara dahi dengan telinga. 太阳穴。

**tempo** *n.* (pl. *-os* atau *-i*) tempo; rentak lagu; kadar kelajuan atau kemajuan sesuatu; ukuran waktu. 速度；（音乐）拍子；（局势等的）发展速度；（时间）节奏。

**temporal** *a.* duniawi; berkenaan masa; berkenaan pelipis. 世俗的；时间的；太阳穴的。

**temporary** *a.* sementara; tidak kekal. 暂时的；临时的。**temporarily** *adv.* secara sementara. 暂时地；临时地。

**temporize** *v.i.* melambat-lambatkan keadaan. 拖延以争取时间。**temporization** *n.* perbuatan untuk menangguhkan waktu. 为避免承诺而拖延时间。

**tempt** *v.t.* menggoda; mempengaruhi seseorang. 诱惑；引诱。**temptation** *n.* godaan; keadaan dipengaruhi atau digoda. 诱惑；引诱。**tempter** *n.* penggoda atau penghasut. 诱惑者；怂恿者。**temptress** *n.fem.* wanita penggoda. 诱惑男性的女子。

**ten** *a.* & *n.* sepuluh. 十；十个（的）。

**tenable** *a.* dapat dipertahankan. 可防守的；可维持的。**tenability** *n.* keadaan yang dapat dipertahankan. 防护；（职务等）保有。

**tenacious** *a.* melekat dengan teguh. 黏着力强的；顽强的。**tenaciously** *adv.* tidak dapat dicerai-ceraikan; dengan teguh. 紧黏着地；强韧地。**tenacity** *n.* ketabahan hati. 固执；顽强。

**tenancy** *n.* penggunaan tanah atau bangunan sebagai penyewa. 租佃；租用。

**tenant** *n.* penyewa; (undang-undang) orang yang menduduki atau memiliki tanah atau bangunan. 租户；佃户；居住者；不动产占有人；地主。

**tenantry** *n.* penyewa. 租户；租地人。

**tench** *n.* (pl. *tench*) sejenis ikan air tawar. 丁鲥鱼。

**tend**[1] *v.t.* menjaga sesuatu; menengok; merawat. 照顾；护理；看管（牧群等）。

**tend**[2] *v.i.* kecenderungan; mirip kepada. 趋向；倾向。

**tendency** *n.* kecenderungan seseorang atau benda itu menyerupai sesuatu. 倾向；趋势。

**tendentious** *a.* berhasrat untuk membantu dengan bertujuan. 有目的的；宣传性的。

**tender**[1] *a.* tidak kuat; tidak keras; mudah punah atau rosak; sakit jikalau tersentuh. 嫩的；柔软的；脆弱的；易受损伤的。**tenderly** *adv.* dengan lembut. 温柔地；纤弱地。**tenderness** *n.* kelembutan. 柔嫩；温柔。

**tender**[2] *v.t./i.* membuat tawaran rasmi; memberi tawaran untuk membekalkan sesuatu. 正式提出；投标。— *n.* tender; tawaran rasmi untuk membekalkan barangan atau membuat kerja pada harga yang telah disebutkan. 投标。**legal ~** wang sah; mata wang yang mesti diterima, mengikut undang-undang. 法偿币（债主必须接受的偿付货币）。

**tender**[3] *n.* tongkang yang membawa bekalan dari pantai ke kapal besar yang berlabuh di laut; trak untuk mengangkut bahan api, air, dsb. （把货物或乘客等转运到大船的）供船船；（为铁路工人等运送用品的）煤水车。

**tenderfoot** *n.* orang yang tidak berpengalaman. 新手；尚无经验的人。

**tenderize** *v.t.* melembutkan. （烹任时把肉等）软化；使嫩化。

**tenderloin** *n.* daging batang pinang. （猪等的）嫩腰肉。

**tendon** *n.* tendon; urat yang menghubungkan isi ke tulang. 腱；筋。

**tendril** *n.* sulur paut; bahagian seperti bebenang pada tumbuhan untuk berpaut atau melilit pada sokong. 植物的卷须。

**tenement** *n.* rumah, tempat tinggal atau bahagian rumah yang disewakan. 供出租的房屋或套房。

**tenet** *n.* rukun; prinsip yang dipegang. 信条；原则；宗旨。

**tenfold** *a.* & *adv.* sepuluh kali ganda. 十倍的（地）。

**tenner** *n.* (*colloq.*) wang kertas yang bernilai sepuluh paun. 10英磅。

**tennis** *n.* permainan tenis. 网球。

**tenon** *n.* bahagian hujung sesuatu yang dimasukkan ke tempat yang ditebuk. （木工用的）榫。

**tenor** *n.* sari pati; isi atau erti yang sebenarnya. （文章等的）大意；要旨。— *a.* suara yang paling tinggi bagi penyanyi lelaki; tenor. 男高音的。

**tenpin bowling** *n.* permainan boling sepuluh pin. 十柱保龄球。

**tense**[1] *n.* kala; bentuk kata kerja yang menunjukkan waktu. (动词的) 时态。

**tense**[2] *a.* (*-er, -est*) tegang; kejang. (筋肉、精神) 紧张的。 —*v.t./i.* menegangkan; menyeringkan. 拉紧；使绷紧。

**tensely** *adv.* dengan tegang. 紧张地；绷紧地。 **tenseness** *n.* ketegangan. 紧张。

**tensile** *a.* berkaitan dengan ketegangan; dapat direntangkan atau ditegangkan. 张力的；紧紧拉直的。

**tension** *n.* keadaan tegang atau sering. 张力；(精神等的) 紧张。

**tent** *n.* khemah. 帐篷。

**tentacle** *n.* tentakel; anggota yang panjang lampai yang terdapat pada beberapa jenis binatang sebagai alat untuk merasa. (动物的) 触角；触须。

**tentative** *a.* tidak muktamad; mungkin. 不确定的；试验性的；推测的。 **tentatively** *adv.* berkemungkinan. 暂时地。

**tenterhooks** *n.pl.* on ~ dalam kecemasan dan kebimbangan. (处境) 悬疑；忧虑不安。

**tenth** *a. & n.* yang kesepuluh. 第十(的)。

**tenthly** *adv.* berkenaan dengan yang kesepuluh. 在第十位；占第十位。

**tenuous** *a.* sangat nipis. 稀薄的。 **tenuousness** *n.* kenipisan. 稀薄。 **tenuity** *n.* keadaan yang lembut atau nipis. 稀薄度。

**tenure** *n.* pemilikan sesuatu, terutamanya harta atau jawatan. (职位、财产等的) 占有权。

**tepee** *n.* khemah berbentuk kon kaum Indian Amerika Utara. (北美洲印第安人的) 圆锥形帐篷。

**tepid** *a.* agak panas sedikit; panas suam-suam. 微热的；温热的。

**tequila** *n.* arak Mexico. 墨西哥龙舌兰酒。

**tercentenary** *n.* ulang tahun yang ketiga ratus. 三百周年纪念日。

**terebinth** *n.* pokok yang mengeluarkan turpenti. (含松节油质的) 笃耨香树。

**tergiversation** *n.* perubahan prinsip. 改变立场；变节。

**term** *n.* jangka waktu yang ditentukan atau terbatas; tempoh; penggal persekolahan atau perkhidmatan; (*pl.*) syarat-syarat; (*pl.*) perhubungan di antara manusia. 期限；期间；学期；任期；专门名词；(数学式的) 项；(契约等的) 条款；(人与人之间的) 交谊。

**termagant** *n.* perempuan yang suka bergaduh atau bising. 泼妇；悍妇。

**terminable** *a.* dapat ditamatkan atau diakhiri. 可终止的；有期限的。

**terminal** *a.* berlaku pada tiap-tiap akhir penggal; yang terletak di penghabisan sesuatu. 期末的；末端的。 —*n.* terminal; tempat perhentian bas; lapangan terbang. 终站；飞机场。 **terminally** *adv.* yang akhirnya. 在末端。

**terminate** *v.t./i.* mengakhiri; menamatkan. 终止；结束；解除 (契约等)。 **termination** *n.* penamatan. 结束；终止。

**terminology** *n.* istilah. 术语；术语学。 **terminological** *a.* berkenaan istilah. 术语上的。

**terminus** *n.* (pl. *-i*) tamat; penghabisan; perhentian yang akhir. 终点；极限；(火车、飞机等的) 终点站。

**termite** *n.* anai-anai. 白蚁。

**tern** *n.* sejenis burung laut berkepak panjang. 燕鸥。

**ternary** *a.* mengandungi tiga bahagian. 三个的；三个一组的。

**terra firma** tanah kering; daratan. 旱地；大陆。

**terrace** *n.* teres; rumah deret. 阶地；梯田；毗连式房屋；排屋。

**terracotta** *n.* barang-barang yang dibuat daripada tanah liat. (用黏土制成的) 赤陶器。

**terrain** *n.* kawasan tanah dengan ciri-ciri semula jadinya. 岩层；(天然的) 地势；地形。

**terrapin** *n.* sejenis kura-kura yang hidup di air tawar. 水龟。

**terrestrial** *a.* daratan; berkenaan bumi dan dunia; berkenaan tumbuhan di darat. 地球的；(人、动物)陆上生活的；(植物)陆生的。

**terrible** *a.* dahsyat; mengerikan; hebat. 可怕的；骇人的；厉害的。 **terribly** *adv.* dengan teruk; sangat; betul-betul. 可怕地；非常地。

**terrier** *n.* sejenis anjing kecil yang aktif. 狺(一种灵敏的小狗)。

**terrific** *a.* (*colloq.*) tersangat besar; keterlaluan. 极大的；极度的。 **terrifically** *adv.* dengan menakutkan; amat; sangat. 可怕地；惊人地。

**terrify** *v.t.* menjadikan takut; menakutkan. 使害怕；惊吓。

**terrine** *n.* pes daging, dsb. 陶罐盖碗食品。

**Territorial** *n.* anggota pasukan tentera simpanan. (英国)本土防卫队兵士。 **~ Army** anggota Pasukan Simpanan Tentera Darat. 国防义勇军兵士。

**territorial** *a.* berkenaan kawasan. 领土的。

**territory** *n.* kawasan atau daerah di bawah naungan sesebuah negara. 领土；(国家的)版图。

**terror** *n.* ketakutan yang amat sangat; (*colloq.*) orang atau barang yang menyusahkan. 恐怖；惊慌；令人讨厌的人或物。

**terrorism** *n.* keganasan; kekejaman. 恐怖主义；恐怖手段。 **terrorist** *n.* pengganas. 恐怖分子；恐怖主义者。

**terrorize** *v.t.* menakut-nakutkan orang dengan melakukan keganasan. 恐吓。 **terrorization** *n.* pengganasan. 暴行。

**terry** *n.* fabrik kapas untuk membuat tuala, dll. 棉圈织物(多用为浴巾)。

**terse** *a.* ringkas serta jelas dan tepat. (言谈、文笔等)简洁的；简练的。 **tersely** *adv.* secara ringkas, jelas dan tepat. 简要地。 **terseness** *n.* keringkasan; ketepatan. 简洁；简练。

**tertiary** *a.* yang ketiga; (pendidikan) tinggi. 第三的；第三期的；第三阶段的。

**Tessa** *n.* akaun simpanan yang dikecualikan cukai. 免税存款帐目。

**tessellated** *a.* yang menyerupai mozek. 似镶嵌地砖的。

**test** *n.* ujian; peperiksaan (terutama di sekolah) ke atas beberapa subjek tertentu. 测验；考试；检验。—*v.t.* menguji. 考(某科目)；测验。 **~ match** perlawanan ragbi dan kriket di antara dua pasukan dari negara yang berlainan. (橄榄球、板球等的)国际锦标赛。 **~-tube** *n.* tabung uji. 试管。 **tester** *n.* penguji. 试验者；测试器。

**testament** *n.* wasiat; kepercayaan rohaniah yang ditulis. 遗嘱；信仰的声明。 **Old Testament** buku agama yang ditulis tentang sejarah dan kepercayaan orang Yahudi. (基督教)《旧约全书》。 **New Testament** Injil. 《新约全书》。

**testamentary** *a.* yang berkenaan dengan wasiat. 遗嘱的；遗嘱中指定的。

**testate** *a.* yang meninggalkan wasiat. 留下遗嘱的；按遗嘱处理的。

**testator** *n.* orang lelaki yang berwasiat. 立遗嘱者；男遗嘱人。 **testatrix** *n.fem.* orang perempuan yang berwasiat. 女遗嘱人。

**testes** *lihat* **testis**. 见 **testis**。

**testicle** *n.* testikel; buah zakar. 睾丸。

**testify** *v.t./i.* membuktikan; mempersaksikan. 证明；作证。

**testimonial** *n.* testimonial; surat penghargaan; tanda penghargaan yang diberikan. 介绍信；证明书；推荐书；奖状；奖品。

**testimony** *n.* keterangan lisan atau bertulis yang dibuat di mahkamah untuk membuktikan kebenaran sesuatu. (法庭内的)证词。

**testis** *n.* (pl. *testes*) testis; buah zakar. 睾丸。

**testosterone** *n.* hormon seks lelaki. 睾丸激素。

**testy** *a.* bengkeng. 易怒的；暴躁的。 **testily** *adv.* dengan bengkeng. 暴躁地。

**tetanus** *n.* penyakit terkancing mulut. 咀嚼肌痉挛；破伤风。

**tetchy** *a.* lekas marah. 暴躁的；易怒的。

**tête-à-tête** *n.* percakapan sulit, terutama di antara dua orang sahaja. (尤指两人之间的) 私下密谈.—*a. & adv.* mengadakan perjumpaan sulit. 私下会面的 (地)。

**tether** *n.* tali, dll. untuk menambat binatang. 绳；缰绳。—*v.t.* mengikat dengan tali. (用缰绳) 栓。**at the end of one's** ~ buntu fikiran kerana risau, dsb. 指忍耐、力量已达到极限。

**tetrahedron** *n.* (pl. -*dra*) tetrahedron; bentuk piramid. 四面体；锥形体。

**Teutonic** *a.* berkenaan dengan orang atau bangsa Jerman serta bahasa mereka. 日耳曼人的；日耳曼语的。

**text** *n.* teks; kandungan atau isi buku; buku wajib untuk pelajar. 原文；正文；教科书。**textual** *a.* berkenaan dengan teks. 原文的；教科书的。

**textbook** *n.* buku teks; buku pelajaran. 课本；教科书。

**textile** *n.* tekstil; kain. 纺织品；纺织原料。—*a.* berkenaan membuat kain. 纺织的。

**texture** *n.* tekstur; jalinan benang pada tenunan. 结构；织质。**textured** *a.* bertekstur. (质地、结构等方面) 有组织的。**textural** *a.* berkenaan tekstur. 组织上的；织物的。

**thalidomide** *n.* talidomida; sejenis ubat atau dadah yang dikatakan menyebabkan kecacatan pada anggota bayi. 萨立多胺 (一种可导致婴儿畸形的镇静剂)。

**than** *conj.* dari atau daripada. 比；比较。

**thank** *v.t.* mengucapkan terima kasih. 谢谢；感谢。~-**offering** *n.* sesuatu yang diberi sebagai mengucapkan terima kasih. 感恩的供品。~ **you** ucapan terima kasih yang halus. 谢谢 (你、诸位)。

**thanks** *n.pl.* ucapan terima kasih yang tidak terhingga. 谢词；谢意。**thanks to** berterima kasih kepada. 幸亏；多蒙。

**thankful** *a.* berterima kasih; bersyukur. 感谢的；感激的。**thankfully** *adv.* dengan rasa terima kasih atau bersyukur. 感激不已地。

**thankless** *a.* tidak berterima kasih; tidak bersyukur. 不知感恩的；忘恩负义的；不令人感谢的；徒劳的。

**thanksgiving** *n.* perasaan syukur kepada Tuhan. 基督教的感恩 (节)。

**that** *a. & pron.* (pl. *those*) yang itu. 那；那个。—*adv.* hingga: agar; supaya. 以便；那么。—*rel. pron.* begitu; demikian; yang. 那；前者。

**thatch** *n.* atap yang dibuat daripada jerami kering atau lalang. (茅草等编成的) 盖屋顶的材料。—*v.t.* mengatapi. 用茅草等材料盖屋顶。**thatcher** *n* pembuat atap jerami. 盖屋顶者。

**thaw** *v.t./i.* menyebabkan menjadi cair atau lembut. 融化；融解。—*n.* keadaan cuaca yang menyebabkan air batu menjadi cair. 转暖；解冻。

**the** *a.* kata sandang yang digunakan pada kata nama untuk memaksudkan seseorang atau sesuatu yang tertentu, atau untuk menekankan keunggulan atau kepentingan seseorang atau sesuatu. 这；那 (冠词，用来指已提过的人、事物或用来加强特指意义及代表全体等)。—*adv.* digunakan sebagai adverb dengan maksud 'semakin' atau 'lebih'. 越来越…；达至某种程度或数额。

**theatre** *n.* teater; pawagam; panggung; rumah atau gedung tempat bermain sandiwara; dewan syarahan; bilik bedah. 电影院；剧场；(阶梯式) 讲堂；手术室。

**theatrical** *a.* yang berkenaan atau untuk sandiwara. 剧场的；演剧的。**theatricals** *n.pl.* pertunjukan teater. 戏剧演出；舞台表演艺术。**theatrically** *adv.* secara sandiwara. 戏剧性地。

**thee** *pron.* (*lihat* **thou**. 见 **thou**。) engkau. 你；汝 (thou的宾格)。

**theft** *n.* pencurian. 偷窃；失窃。

**their** *a.*, **theirs** *poss. pron.* kepunyaan mereka. 他们的。

**theism** *n.* teisme; kepercayaan bahawa alam adalah ciptaan Tuhan. 有神论；一神论。**theist** *n.* pemegang fahaman teisme. 有神论者。**theistic** *a.* berfahaman teisme. 有神论的。

**them** *pron. lihat* **they**. 见 **they**。

**theme** *n.* tema; tajuk; judul; muzik yang berulang-ulang. 主题；题目；标题；(音乐) 主旋律。**thematic** *a.* berkenaan dengan tajuk utama. 主题的。

**themselves** *pron.* digunakan dalam bentuk refleksif bagi *they* dan *them*; mereka sendiri. 他们自己。

**then** *adv.* tatkala itu; ketika itu. 当时；然后。—*a. & n.* pada waktu itu. 那时(的)；当时(的)。

**thence** *adv.* dari tempat itu atau ketika itu. 从那时起；由此。

**thenceforth** *adv.* sejak itu. 从那时起；其后。

**theocracy** *n.* teokrasi; bentuk kerajaan menerusi arahan paderi. 神权政治。**theocratic** *a.* teokratik. 神权的。**theocratically** *adv.* bersifat teokrasi. 神权政治上。

**theodolite** *n.* teodolit; sejenis alat untuk mengukur sudut. (测量角度用的) 经纬仪。

**theology** *n.* teologi; ilmu berkenaan dengan ketuhanan. 神学。**theological** *a.* yang berkenaan dengan teologi. 神学的；神学上的。**theologian** *n.* ahli agama, ulama atau teologi. 神学家；神学研究者。

**theorem** *n.* teorem; prinsip yang dibuktikan secara logik; dalil. 定理；原理；论据。

**theoretical** *a.* berdasarkan teori. 理论上的。**theoretically** *adv.* dari segi teori. 定理上；理论上。

**theoretician** *n.* ahli teori. 理论家。

**theorist** *n.* ahli teori. 理论家。

**theorize** *v.i.* membentuk dan membuat teori. 立论；创立学说。

**theory** *n.* teori; prinsip kasar yang menjadi dasar pembentukan sesuatu ilmu pengetahuan. 理论；学说。

**theosophy** *n.* teosofi; sistem falsafah yang berasaskan ilmu ketuhanan. 神知学；通神论。**theosophical** *a.* yang berdasarkan teosofi. 神知学的。

**therapeutic** *a.* terapeutik; yang berkenaan dengan cara merawat atau mengubati penyakit. 治疗的；有疗效的。**therapeutically** *adv.* secara terapeutik. 治疗上；有疗效地。

**therapist** *n.* ahli terapi; ahli mengubati penyakit. 治疗专家；(专科) 治疗者。

**therapy** *n.* terapi; pengubatan; rawatan. 药疗；疗法。

**there** *adv.* di situ; di sana; itu. 在那里。—*n.* di tempat itu. 那个地方。—*int.* kata untuk menyatakan puas hati, tidak senang atau menenangkan. 你瞧！(表示满意、沮丧、抚慰等的感叹词)

**thereabouts** *adv.* dekat dengan tempat itu; lebih kurang; kira-kira sekitar tempat itu. 在…一带；大约；近于。

**thereafter** *adv.* sesudah itu; selepas itu. 而后；其后。

**thereby** *adv.* oleh sebab itu; dengan yang demikian; berhubung dengan itu. 于是；因此；在那一点上。

**therefore** *adv.* oleh, dengan, atau sebab itu; jadi. 因此；于是。

**therein** *adv.* di dalamnya; dalam perkara atau hal itu. (在) 其中；关于这一点。

**thereof** *adv.* dari itu; dari situ. 就此；由此。

**thereto** *adv.* tambahan pula. 又；此外。

**thereupon** *adv.* sesudah itu; kemudian. 随后；接着；立即。

**therm** *n.* therm; unit ukuran panas, terutama bagi gas. 热量单位。

**thermal** *a.* terma; berkenaan dengan panas. 热的；热量的。—*n.* aliran udara panas yang naik. 上升暖气流。

**thermionic valve** *n.* tiub kosong yang membenarkan elektrod yang dipanaskan mengalirkan elektron. （物理）热离子管。

**thermodynamics** *n.* ilmu termodinamik; sains perhubungan di antara haba dengan bentuk-bentuk tenaga yang lain. 热力学。

**thermometer** *n.* termometer; alat untuk menyukat suhu. 寒暑表；温度计。

**thermonuclear** *a.* termonuklear; berkenaan reaksi nuklear yang wujud pada suhu yang tinggi. （核武器等）热核的。

**thermoplastic** *a. & n.* termoplastik; benda yang menjadi lembut apabila dipanaskan dan keras apabila disejukkan. （塑料等）热塑的；受热变软受冷即凝固的塑料物质。

**Thermos** *n.* termos; balang untuk menyimpan minuman supaya tetap panas atau sejuk. 热水瓶；暖壶。

**thermostat** *n.* termostat; alat yang mengawal suhu secara automatik. （自动调节以保持一定温度的）恒温器。**thermostatic** *a.* berkenaan dengan suhu yang terkawal. 恒温的。**thermostatically** *adv.* dengan menggunakan termostat. （温度）受控制地；使用恒温器。

**thesaurus** *n.* (pl. *-ri*) tesaurus; buku rujukan yang komprehensif; kamus sinonim. 同类词汇集；同义词词典。

**these** *lihat* **this**. 见 **this**。

**thesis** *n.* (pl. *theses*) tesis. （大专学院的）毕业论文；学位论文。

**Thespian** *a.* berkenaan tragedi atau drama. 悲剧的；戏剧的。—*n.* pelakon. 演员。

**thews** *n.pl.* otot; urat. 腱；肌；筋。

**they** *pron.* mereka. 他们。

**thick** *a.* (*-er, -est*) tebal; kasar; bodoh; keras; (*colloq.*) perihal hubungan yang rapat. 厚的；粗的；愚笨的；浓的；亲密的。—*adv.* tebal. 厚厚地。—*n.* bahagian yang paling sibuk atau hebat. 最厚（激烈、粗等）的部分。**~-skinned** *a.* tebal kulit. 脸皮厚的；（对他人的指责等）反应迟钝的。**thickly** *adv.* dengan tebalnya. 厚厚地。**thickness** *n.* ketebalan. 厚度；浓厚。

**thicken** *v.t./i.* menebalkan; memekatkan. 加厚；增浓。

**thicket** *n.* semak; samun; belukar. 丛林；灌木丛。

**thickset** *a.* tumbuh rapat. （树木）簇密的；稠密的。

**thief** *n.* (pl. *thieves*) pencuri; perompak. 小偷；贼。**thievish** *a.* suka mencuri; panjang tangan. 偷窃成性的；有偷窃习惯的。**thievery** *n.* pencurian. 偷窃。

**thieve** *v.t./i.* mencuri. 偷窃。

**thigh** *n.* paha. 大腿。

**thimble** *n.* jidal; sarung jari yang dibuat daripada logam. 顶针（缝纫时保护手指用的金属套）。**thimbleful** *n.* (pl. *fuls*) sedikit. （液体）极少量；些微。

**thin** *a.* (*thinner, thinnest*) nipis; kurus. 薄的；瘦小的。—*adv.* dengan nipis. 稀薄地。—*v.t./i.* (p.t. *thinned*) menjadi nipis. 变薄；变瘦。**~ out** mengurangkan kesibukan dan kelam-kabut. 减少；变为稀薄。**~-skinned** *a.* cepat perasa. 敏感的；脸皮薄的。**thinly** *adv.* dengan nipis. 薄薄地。**thinness** *n.* kenipisan; kekurusan. 薄；薄度。**thinner** *n.* bahan pencair. 冲稀剂。

**thine** *a & poss. pron.* (*old use*) kepunyaan anda. 你的。

**thing** *n.* barang; benda; (*pl.*) kepunyaan; perkakas; keadaan. 东西；事物；个人所有物；用具；情况；形势。**the ~** apa-apa yang sepatutnya atau berfesyen. 最适合的东西；最流行的东西。

**think** *v.t./i.* (p.t. *thought*) menggunakan akal untuk berfikir. 想；思索；思考。—*n.* (*colloq.*) perlakuan berfikir. 想法；念头。**~ better of it** menukar fikiran setelah berfikir. （重新思考后）改变原意。**~ nothing of** tidak menjadi hal. 轻视；不当一回事。**~ over** memikirkan. 仔细思考并决定。**~-tank** *n.* kumpulan yang memberikan idea atau nasihat tentang masalah negara dan komersil. (国家或商业机构的) 顾问团; 智囊团。

**thinker** *n.* pemikir. 思想家; 思考者。

**third** *a.* ketiga. 第三的。 —*n.* barang, kelas dan lain-lain yang ketiga; salah satu daripada tiga bahagian. (物品、阶段) 三等; 三级; 三分之一。 **~ degree** (*A.S.*) soal siasat yang lama dan susah oleh pihak polis. (美国) 警察的逼供; 盘问。 **~party** pihak ketiga. 第三者。 **~-rate** *a.* terlalu rendah kualitinya. 三流的; 劣等的。 **Third World** negara-negara Dunia Ketiga; negara-negara Asia, Afrika dan Latin Amerika yang tidak berkiblatkan negara Barat atau Komunis. 第三世界 (不与欧美国家及共产国家结盟的亚洲及南美洲国家)。

**thirdly** *adv.* yang ketiga. 第三。

**thirst** *n.* dahaga; haus; keinginan akan sesuatu. 渴; 渴望。 —*v.i.* terasa dahaganya. 口渴。 **thirsty** *a.* dahaga; haus. 渴的。 **thirstily** *adv.* dengan dahaga. 口渴地; 渴望着。

**thirteen** *a. & n.* tiga belas. 十三 (的)。 **thirteenth** *a. & n.* yang ketiga belas. 第十三 (的)。

**thirty** *a.* tiga puluh. 三十的。 **thirtieth** *a. & n.* yang ketiga puluh. 第三十 (的)。

**this** *a. & pron.* (*pl.* these) ini; yang ini. 这; 这个。

**thistle** *n.* tumbuhan liar yang berduri. 蓟 (一种多刺的植物)。

**thistledown** *n.* bulu-bulu nipis pada biji sejenis tumbuhan liar yang berduri. 蓟的冠毛 (种子)。

**thither** *adv.* (*old use*) ke sana; ke situ; di serata tempat. 到那边; 在各处。

**thole** *n.* penyangkut untuk pengayuh atau dayung di sisi perahu; sejenis keliti dayung. (船) 桨座; 桨架。

**thong** *n.* tali kulit. 皮带; 鞋带。

**thorax** *n.* toraks; rongga dada. 胸部。 **thoracic** *a.* berkenaan dengan rongga dada. 胸部的。

**thorn** *n.* duri. 刺。 **thorny** *a.* berduri. 有刺的; 多荆棘的。

**thorough** *a.* lengkap; yang sempurna. 彻底的; 完全的。 **thoroughly** *adv.* dengan sungguh-sungguh. 彻底地; 认真地。 **thoroughness** *n.* kesempurnaan. 完善; 周到。

**thoroughbred** *a. & n.* (berkenaan kuda, dll.) berasal daripada keturunan yang baik-baik. 纯种的; 纯种动物 (尤指马)。

**thoroughfare** *n.* jalan raya; jalan besar. 大街; 大道。

**thoroughgoing** *a.* yang lengkap; yang sempurna. 十足的; 完全的。

**those** *lihat* **that**. 见 **that**。

**thou** *pron.* (*old use*) anda; kamu. 你; 汝。

**though** *conj.* sungguhpun; meskipun. 虽然; 尽管。 —*adv.* (*colloq.*) bagaimanapun. 无论如何; 不管怎样。

**thought** *lihat* **think**. 见 **think**。 —*n.* pemikiran; idea, dll. yang dihasilkan oleh pemikiran; tujuan; pertimbangan. 思想; 见解; 目的; 打算; 考虑。

**thoughtful** *a.* penuh dengan fikiran; bertimbang rasa. 思考的; 关心别人的。 **thoughtfully** *adv.* dengan bertimbang rasa. 体贴地。 **thoughtfulness** *n.* sikap bertimbang rasa. 好意; 善心。

**thoughtless** *a.* cuai; lalai; alpa; kurang fikir; tidak berfikir. 粗心的; 轻率的; 疏忽的。 **thoughtlessly** *adv.* dengan tidak bertimbang rasa. 不顾及他人地。 **thoughtlessness** *n.* sikap tidak bertimbang rasa. 不为他人着想的行为。

**thousand** *a. & n.* seribu; ribuan. 一千 (的); 千位数 (的)。 **thousandth** *a. & n.* yang ke-1000. 第一千 (的); 千分之一 (的)。

**thrall** *n.* abdi; hamba. 奴隶; 奴仆。 **thraldom** *n.* perhambaan; perabdian. 奴役; 奴隶制度。

**thrash** *v.t.* memukul dengan tongkat; membalun. 棒打; 鞭打。 **~ out** mencapai penyelesaian dengan perbincangan. 彻底讨论以解决问题。

**thread** *n.* benang yang dipakai untuk menjahit baju. 缝衣线。—*v.t.* memasukkan benang ke dalam lubang jarum. 穿线。 **threader** *n.* alat pemasang benang; orang yang memasang benang. 制线商；制线工具。

**threadbare** *a.* lapuk; buruk; lusuh. 陈旧的；衣衫褴褛的。

**threadworm** *n.* cacing benang (tanah). 蛲虫；丝虫。

**threat** *n.* ancaman; amaran; ugutan. 警告；恐吓。

**threaten** *v.t.* mengancam; mengugut; menggertak. 威吓；恐吓。

**three** *a & n.* tiga. 三（的）；三个（的）。 **~-quarter** *n.* pemain dengan kedudukannya di antara barisan hadapan dengan pemain belakang (di dalam permainan ragbi). (橄榄球) 中卫。

**threefold** *a. & adv.* tiga kali ganda; tiga rangkap. 三倍的（地）；三重的（地）。

**threepence** *n.* jumlahnya tiga peni. （英国旧时的）三便士硬币。 **threepenny** *a.* yang berharga atau bernilai tiga peni. 值三便士的。

**threescore** *n.* (*old use*) enam puluh. 六十。

**threesome** *n.* kumpulan tiga orang. 三人一组。

**thresh** *v.t./i.* membanting; menebah. 打谷；击打；猛烈摇动。

**threshold** *n.* ambang; bendul; balak atau batu yang melintang di bahagian bawah pintu rumah. 门槛；界限。

**threw** *lihat* **throw**. 见 **throw**。

**thrice** *adv.* (*old use*) tiga kali. 三倍地。

**thrift** *n.* kehematan membelanjakan wang; sejenis tumbuhan yang berbunga merah jambu. 节俭；海石竹。 **thrifty** *a.* cermat; hemat. 节俭的。 **thriftily** *adv.* dengan cermat. 节俭地。 **thriftiness** *n.* sikap berjimat cermat; kehematan. 节俭行为。

**thrill** *n.* perasaan yang menggetarkan jiwa. 震颤；发抖。—*v.t./i.* menggetarkan jiwa. 使震颤。

**thriller** *n.* cerita atau lakonan yang menarik. 富于刺激性的小说或戏剧。

**thrips** *n.* (pl. *thrips*) serangga yang menjahanamkan tumbuhan. (昆虫)蓟马。

**thrive** *v.i.* (p.t. *throve* atau *thrived,* p.p. *thrived* atau *thriven*) berkembang dengan suburnya; bertambah maju. 茁壮地成长；兴旺。

**throat** *n.* kerongkong. 咽喉；喉咙。

**throaty** *a.* suara garuk atau parau. 沙哑的，喉音的。 **throatily** *adv.* yang diucapkan dalam kerongkong. 嘎声地。

**throb** *v.t.* (p.t. *throbbed*) berdebar. (心脏、脉搏等) 跳动；悸动。—*n.* denyutan. 跳动；颤动。

**throes** *n.pl.* sakit yang amat sangat. 剧痛。 **in the ~ of** sedang sibuk. 为（达成任务）而艰苦地奋斗。

**thrombosis** *n.* trombosis; pembekuan darah dalam pembuluh atau jantung. 血栓形成；血栓症。

**throne** *n.* takhta; singgahsana. 宝座；王位。

**throng** *n.* orang ramai; orang banyak. 人群；群众。—*v.t./i.* berkerumun; penuh sesak. 群集；拥挤。

**throstle** *n.* sejenis burung. 画眉鸟。

**throttle** *n.* pendikit; injap yang mengawal aliran petrol ke dalam enjin. 控制汽油流动的导管；节流阀。—*v.t.* mencekik. (用节流阀) 调节。

**through** *prep. & adv.* melalui; menembusi; di antara; dari mula hingga ke akhir; selesai; lulus; disambung melalui telefon; oleh sebab; kerana. 通过；经由；从…中间；从头到尾；（做）完；（考试）及格；（电话）接通。—*a.* menerusi; melalui. (道路等) 可通行的；直通的。

**throughout** *prep. & adv.* seluruh; segenap; dari mula hingga ke akhir. 遍及（地）；从头到尾（地）。

**throughput** *n.* jumlah bahan yang diproses. 生产量；生产能力。

**throve** *lihat* **thrive**. 见 **thrive**。

**throw** *v.t.* (p.t. *threw*, p.p. *thrown*) membuangkan; melemparkan; mencampakkan; melontarkan. 丢;抛;投掷。 —*n.* lontaran; lemparan. 抛;掷。 **~ away** gagal menggunakan sesuatu; melepaskan peluang. 扔掉;错过(机会等)。 **~-away** *a.* yang dibuang selepas digunakan. (用过后)可扔掉的。 **~-back** *n.* menunjukkan sifat atau ciri yang wujud dahulu. (光线等)反射;(遗传等)呈返祖现象。 **~ in the towel** mengaku kalah. 认输。 **~ out** membuang; menolak. 抛弃;拒绝。 **~ over** meninggalkan. 放弃;拒绝;舍弃。 **~ up** tegak; berdiri; dibawa ke pengetahuan; berhenti daripada; muntah. 呕吐;使显眼;辞去;建立。 **~ up the sponge** mengaku kalah. 承认失败。 **thrower** *n.* pembaling; pelontar. 投掷者;投掷器。

**thrum** *v.t./i.* (p.t. *thrummed*) memetik (gitar); berdengung. 轻松随便地弹(吉他等)。 —*n.* bunyi berdengung. 乱弹声。

**thrush**[1] *n.* nama sejenis burung. 鸫鸟;画眉鸟。

**thrush**[2] *n.* seriawan; penyakit mulut dan kerongkong (biasanya menyerang kanak-kanak). (儿童常患的)鹅口疮。

**thrust** *v.t./i.* (p.t. *thrust*) perbuatan menolak dan mendesak dengan keras. 戳;推;挤。 —*n.* tolakan; bidasan. 推;刺入;批评。

**thud** *n.* bunyi berdebup; bunyi benda yang jatuh. 重击声;重物坠地声。 —*v.i.* (p.t. *thudded*) jatuh berdebup. 砰地落下;发出重击声。

**thug** *n.* samseng; penjahat. 凶手;恶徒。

**thuggery** *n.* kegiatan samseng. 谋财害命;凶杀。

**thumb** *n.* ibu jari. 拇指。 —*v.t.* membalikkan (halaman buku) dengan jari; permintaan dengan mengangkat jari. 用拇指翻动(书页);用拇指示意。 **~-index** indeks; tanda-tanda untuk menunjukkan sesuatu. (书边)半月形的索引。 **under the ~ of** dipengaruhi sepenuhnya oleh. 受(人)支配。

**thumbscrew** *n.* skru yang dapat diputarkan dengan menggunakan ibu jari dengan mudahnya. 指拧螺旋。

**thump** *v.t./i.* menumbuk; memukul atau memalu dengan kerasnya. 捶击;重击。

**thumping** *a.* (*colloq.*) besar. 巨大的。

**thunder** *n.* guruh; petir. 雷;雷声。 —*v.t./i.* menyuarakan dengan kerasnya. 怒喝;大声叫。 **steal a person's ~** mengambil idea, kata-kata orang lain sebelum orang itu sempat menggunakannya. 抢先使用别人的创意。 **thundery** *a.* yang bersangkutan dengan guruh; memberi alamat akan berlakunya petir. 要打雷似的。

**thunderbolt** *n.* kilat yang disertai dengan halilintar. 雷电。

**thunderclap** *n.* bunyi petir. 霹雳;雷声。

**thundering** *a.* (*colloq.*) sangat besar; hebat. 非常大的;雷般响亮的。

**thunderous** *a.* bergemuruh; seperti petir. 雷鸣的;雷般的。

**thunderstorm** *n.* ribut petir; angin ribut yang disertai dengan kilat dan hujan. 大雷雨;暴风雨。

**thunderstruck** *a.* kagum; hairan; disambar petir. 吓坏了的;大吃一惊的;被雷击的。

**thurible** *n.* bekas dupa. 香炉。

**Thursday** *n.* Khamis. 星期四。

**thus** *adv.* demikian; begitu; begini. 这样;如此;象那样。

**thwack** *v.t./i.* memukul dengan barang yang keras. 用硬物击打。 —*n.* pukulan yang keras. 重击。

**thwart** *v.t.* menghalang sesuatu daripada dilakukan. 阻止;阻挠。 —*n.* bangku melintang di perahu. 船首的横坐板。

**thy** *a.* (*old use*) kepunyaan anda. 你的。

**thyme** *n.* sejenis herba yang wangi daunnya. 百里香。

**thymol** *n.* timol; antiseptik diperbuat daripada minyak. 百里香酚(一种消毒剂)。

**thymus** *n.* timus; kelenjar tanpa duktus di dasar leher. 胸腺(的)。

**thyroid** *a. & n.* **~ gland** kelenjar tiroid; kelenjar tanpa duktus di dalam leher. 甲状腺(的)。

**thyself** *pron.* kamu sendiri. 你自己。

**tiara** *n.* perhiasan kepala atau mahkota untuk wanita. 女用冕状头饰；王冕。

**tibia** *n.* (pl. *-ae*) tibia; tulang kering. 胫骨。

**tic** *n.* gerenyet. 痉挛；抽搐。

**tick**[1] *n.* bunyi detik jam; tanda (√). (钟表的)滴答声；勾号(√)。 *v.t./i.* berdetik; membubuh tanda (√). 滴答地响；画勾号。 **~ off** (*sl.*) menegur; dimarahi. 惩戒；谴责。 **~ over** (enjin) melahu; (kegiatan) berjalan seperti biasa. (指内燃机)空档慢转；无大进展。 **~-tack** *n.* tanda isyarat yang digunakan oleh pemain judi lumba kuda. 赛马赌博者之间的手势暗号。 **~-tock** *n.* detik jam. (有摆锤之大钟的)滴答声。

**tick**[2] *n.* binatang yang menghisap darah seperti nyamuk, pijat, dll. (如蚊子、虱等)吸血虫。

**tick**[3] *n.* sarung bantal dan tilam. 枕套；褥套。

**tick**[4] *n.* (*colloq.*) kredit. 赊帐；信用贷款。

**ticker** *n.* (*colloq.*) jam; teleprinter. 钟表；(电报的)收报机。 **~-tape** *n.* (*A.S.*) kertas dari teleprinter. (收报机用的)纸带。

**ticket** *n.* tiket; kepingan kad atau kertas; sijil memandu (untuk kapal laut atau kapal terbang); surat saman. 票券；罚款单；标签；(船员或飞行员等的)执照。 —*v.t.* (p.t. *ticketed*) meletakkan label atau tanda harga. 加标签。

**ticking** *n.* kain tebal untuk membuat sarung bantal. (质厚且耐用的)枕套或褥垫。

**tickle** *v.t./i.* menggeletek; menggelikan. 搔痒；呵痒。 —*n.* terasa geli. 发痒。

**ticklish** *a.* mudah ketawa apabila digeletek. 怕痒的。

**tidal** *a.* berkenaan dengan air pasang dan air surut. 潮的；潮汐的。

**tidbit** *n.* (*A.S.*) makanan ringan yang lazat. 零食。

**tiddler** *n.* (*colloq.*) ikan kecil. 小鱼。

**tiddly** *a.* (*sl.*) mabuk sedikit. 微醉的。

**tiddly-winks** *n.pl.* sejenis permainan yang pemain cuba memasukkan ceper-ceper kecil ke dalam lubang. 挑圆片游戏(一种把圆形小盘投进杯碟中的游戏)。

**tide** *n.* air pasang; air surut. 潮；汐。 —*v.t./i.* terapung dengan air pasang surut. 随潮水漂行。 **~ over** bantuan sementara. 及时出手相助。

**tidings** *n.pl.* berita; khabar. 消息；音讯。

**tidy** *a.* (*-ier, -iest*) elok, rapi dan kemas; (*colloq.*) mengemas. 端正的；整洁的。 **tidily** *adv.* dengan kemas. 整洁地。 **tidiness** *n.* kerapian. 端正；整洁。

**tie** *v.t./i.* (pres.p. *tying*) mengikat; membebat. 系；绑；扎；拴。 —*n.* tali, dsb. yang digunakan untuk mengikat sesuatu. (用绳子等)扎；系；绑。 **~-clip** *n.* klip tali leher. 领带夹。 **~-pin** *n.* pin atau klip untuk mengikat tali leher. 领带别针。 **~ in** untuk disambungkan dengan sesuatu. 使连接一起。 **~ up** ikatan yang rapi. 系紧；拴住。 **~-up** *n.* sambungan atau hubungan. 联系。

**tied** *a.* membekalkan arak. 专售某牌子酒的(特约酒店)。

**tier** *n.* baris; deret. 排；列。

**tiff** *n.* selisih faham kecil. 小争执；口角。

**tiffin** *n.* makan tengah hari (digunakan di India, dll.) (印度)午餐；午饭。

**tiger** *n.* harimau. 老虎。 **~-cat** *n.* kucing besar yang menyerupai harimau. 豹猫。 **~-lily** *n.* pokok lili yang berwarna oren dengan bintik-bintik gelap. 卷丹；虎皮百合。

**tight** *a.* (*-er, -est*) erat; rapat; ketat; ikatan yang kemas dan kukuh. 紧的；紧密的；牢固的。 —*adv.* ketat. 紧紧地；牢牢地。 **~ corner** keadaan yang susah. 穷境；窘境。 **~-fisted** *a.* kedekut. 吝啬的。 **~-lipped** *a.* membisu. 紧闭着嘴的；寡言的。 **tightly** *adv.* dengan erat. 紧紧地；牢牢地。 **tightness** *n.* keadaan erat atau ketat. (情况等的)紧密;绷紧。

**tighten** *v.t./i.* mengeratkan; mengetatkan; merapatkan; mengencangkan. 弄紧;使牢固;使紧密;使紧张。

**tightrope** *n.* tali yang direntangkan dengan tegang. (杂技员表演走钢丝时用的)紧绷索。

**tights** *n.pl.* pakaian yang ketat. 紧身衣。

**tigress** *n.* harimau betina. 雌老虎;母虎。

**tile** *n.* jubin. 瓦片;瓷砖;花砖。—*v.t.* ditutupi dengan jubin. (用瓦)盖;铺瓦。

**till**[1] *v.t.* menyedia dan mengerjakan tanah. 耕种;犁地。 **tillage** *n.* bercucuk tanam. 耕种;耕作。

**till**[2] *prep. & conj.* sampai ke hadnya. 直到(某时间或地点等)为止;直到⋯才。

**till**[3] *n.* laci wang di kedai. (店铺的帐台中)放钱的抽屉。

**tiller** *n.* celaga; tangkai yang dipasang pada kemudi perahu kecil. 舵柄。

**tilt** *v.t./i.* miring; senget sebelah. 倾斜;歪斜。—*n.* keadaan senget. 倾侧。 **at full ~** dengan sepenuh, sekuat tenaga; dengan sederas-derasnya. 全速地;全力地。

**tilth** *n.* bercucuk tanam. 耕种;耕作。

**timber** *n.* batang kayu; kayu balak. 木材;树桐。

**timbered** *a.* yang dibuat daripada kayu. 木制的。

**timbre** *n.* sifat khusus bunyi yang dihasilkan oleh suara yang tertentu atau alat nyanyian. 音质;音色。

**timbrel** *n.* (*old use*) tamborin. 铃鼓;手鼓。

**time** *n.* waktu. 时间。—*v.t.* memilih waktu atau mengukur waktu yang diambil. 为⋯选择时机;安排(时间)。 **behind the times** ketinggalan zaman. 过时;赶不上时代。 **for the ~ being** buat sementara waktu. 目前;暂时。 **from ~ to ~** kadang-kadang; dari waktu ke waktu. 时而;间或。 **in no ~** dalam sekelip mata. 立刻;很快地。 **in ~** tidak lewat. 及时。 **on ~** tepat pada waktunya. 准时。 **~ bomb** bom jangka. 定时炸弹。 **~ exposure** terdedah kepada cahaya (dalam fotografi). (拍照时超过半秒钟的)曝光。 **~-honoured** *a.* dihormati secara tradisi. 因历史悠久而受尊敬的;由来已久的。 **~-lag** *n.* jeda masa antara dua peristiwa. 两件相关事件的间隔时间。 **~-server** lalang; orang yang mengikut pendapat orang lain. 随波逐流的人;趋炎附势的人。 **~-share** kongsi masa. 分时操作。 **~-sharing** pengongsian masa. 分时;时间划分。 **~-switch** suis bermasa. (自动启闭的)计时开关。 **~ zone** zon masa; kawasan yang sama waktunya. (天文学)时区。

**timekeeper** *n.* penjaga waktu. 计时员。

**timeless** *a.* abadi; kekal; selama-lamanya. 永恒的;无时限的;长期有效的。

**timelessness** *n.* keabadian. 永久性。

**timely** *a.* sampai pada waktunya. 及时的;合时的。 **timeliness** *n.* cukup pada ketikanya berlaku. 适时;合时宜。

**timepiece** *n.* jam. 钟;表。

**timer** *n.* manusia atau alat yang mencatat waktu yang dipergunakan. 计时员;时计。

**timetable** *n.* jadual waktu. 时间表。

**timid** *a.* malu; segan; penakut. 羞怯的;胆小的。 **timidly** *adv.* yang berkenaan dengan segan, malu atau takut. 羞怯地;胆小地。 **timidity** *n.* sifat malu dan segan; keseganan; perasaan takut. 羞怯;胆小。

**timing** *n.* cara sesuatu diwaktukan. 时间选择;计时。

**timorous** *a.* malu; segan. 羞怯的;害羞的。 **timorously** *adv.* berasa segan dan malu. 羞怯地;畏羞地。 **timorousness** *n.* keseganan. 羞怯。

**timpani** *n.pl.* timpani; gendang belanga. 定音鼓。 **timpanist** *n.* pemain timpani. 定音鼓手。

**tin** *n.* timah; tin; kotak atau bekas yang diperbuat daripada timah. 锡；马口铁；（用镀锌铁片制的）罐子、盒子或其他容器。—*v.t.* (p.t. *tinned*) disadurkan dengan timah; mengetinkan. 镀锡。 **~-pan alley** dunia pencipta dan penerbit muzik popular. 流行歌曲作家及发行人的集中地。 **tinny** *a.* yang berhubung dengan timah. 锡的；含锡的。

**tincture** *n.* larutan ubat dalam alkohol; rasa; warna. 色调；迹象；酊剂药。—*v.t.* mewarnai. 微染（颜色）。

**tinder** *n.* bahan kering yang mudah terbakar; rabuk; kawul. 火种；导火线；火绒。

**tine** *n.* hujung yang runcing; cabang. 尖头；叉；尖齿。

**tinge** *v.t.* (pres.p. *tingeing*) mewarnai sedikit; memberi kesan; mencampuri. 微染（颜色）；使具有（某种）痕迹；沾。—*n.* warna; campuran. 色彩；具（某种）意味。

**tingle** *v.i.* berasa seperti digigit dan dicucuk. 感到刺痛。—*n.* rasa gelenyar. 刺痛的感觉。

**tinker** *n.* tukang ayan yang membaiki periuk dari setempat ke setempat. (流动的) 补锅匠。—*v.i.* mencuba memperbaiki sesuatu. 笨拙地修补。

**tinkle** *n.* bunyi dering. 丁当声；玎玲声。—*v.t./i.* berdering. (为报时等而) 发丁当声；(电话) 发玎玲声。

**tinpot** *a.* (*derog.*) murah; tidak berkelas; kurang baik. 无价值的；下等的；质劣。

**tinsel** *n.* berhias dengan logam atau kertas yang berkilat. (用闪闪发光的金属片或金箔) 装饰。

**tint** *n.* seri warna. 浅色；淡色；色泽。—*v.t.* mewarnai (sedikit). 给…加上浅淡的色泽。

**tintinnabulation** *n.* deringan loceng. 玎玲声。

**tiny** *a.* (*-ier, -iest*) terlalu kecil. 微小的。

**tip**[1] *n.* hujung. 尖端；末端。—*v.t.* (p.t. *tipped*) disediakan hujungnya. 装尖头。

**tip**[2] *v.t./i.* (p.t. *tipped*) menjadi condong atau miring; mengetuk perlahan-lahan; memberikan tip; memberi wang sebagai penghargaan. 倾斜；倾翻；轻敲；给小费。—*n.* tip; pemberian sebagai hadiah; penerangan sulit atau istimewa yang berguna; tempat membuang sampah. 小费；内幕；情报；垃圾场。 **~ off** memberi amaran atau maklumat yang berguna. 提醒；警告。 **~-off** *n.* amaran yang tertentu. 警告；暗示。 **~ the wink** memberi isyarat persendirian kepada seseorang yang tertentu. 使眼色；打暗号。 **tipper** *n.* orang yang memberikan tip iaitu wang sebagai penghargaan. 给小费者。

**tippet** *n.* sejenis kain selendang (daripada bulu) yang menutup bahu. (用貂皮等制成的) 女用披肩。

**tipple** *v.t./i.* minum minuman keras berulang kali. 一点一点地喝烈酒。

**tipster** *n.* orang yang memberi nasihat atau panduan berkenaan dengan kuda yang akan menang dalam perlumbaan. (赛马等赌博中) 提供内幕情报的人。

**tipsy** *a.* mabuk sedikit. 微醉的。

**tiptoe** *v.i.* (p.t. *tiptoed*) berjengket. 踮着脚。

**tiptop** *a.* (*colloq.*) sangat bagus. 第一流的。

**tirade** *n.* syarahan yang mengandungi kata-kata yang pedas; kecaman. 冗长的激烈演说 (尤指含指责或攻击性者)。

**tire**[1] *v.t./i.* meletihkan. (使) 疲倦。

**tire**[2] *n.* (*A.S.*) tayar. 轮胎；车胎。

**tired** *a.* letih dan lesu; berkeinginan untuk tidur. 疲惫不堪的；困倦的。 **~ of** jemu atau bosan dengan. 厌倦；厌烦。

**tireless** *a.* yang tidak mengenal letih. 不觉得累的；不疲倦的。 **tirelessly** *adv.* secara tidak mengenal letih. 孜孜不倦地。

**tiresome** *a.* menyusahkan; menjemukan. 麻烦的；令人生厌的。

**tiro** *n.* (pl. *-os*) orang baharu; orang yang mempunyai sedikit pengalaman. 初学者;新手。

**tissue** *n.* tisu; kumpulan sel yang membentuk tubuh binatang dan tumbuhan; sejenis kain yang halus dan nipis. 组织（构成各种器官的细胞结合体）。**~paper** *n.* kertas tisu; sejenis kertas nipis dan halus. 纸巾。

**tit**[1] *n.* sebarang burung daripada berjenis-jenis burung kecil. (数种)小鸟。

**tit**[2] *n.* **~ for tat** balasan yang bersesuaian dengan perbuatan. 以牙还牙。

**tit**[3] *n.* tetek; puting tetek. 奶头;奶嘴。

**titanic** *a.* sangat besar seperti raksasa. 巨大的。

**titanium** *n.* titanium; logam kelabu gelap. 钛。

**titbit** *n.* makanan, berita, dll. yang enak dan lazat. 零食;有趣的新闻。

**tithe** *n.* sepersepuluh daripada hasil tanaman yang dibayar kepada gereja; zakat. (英国国教)农产品什一税;义务施舍。

**Titian** *a.* (rambut) perang. 红头发的;赤黄的。

**titillate** *v.t.* memberangsang; membangkitkan perasaan. 刺激;鼓励;使兴奋。 **titillation** *n.* pemberangsangan. 刺激;兴奋。

**titivate** *v.t./i.* (*colloq.*) bersolek. 打扮;化妆。**titivation** *n.* persolekan. 打扮。

**title** *n.* judul; tajuk. (文章、书籍等的)名;题目。**~-deed** *n.* dokumen sah yang membuktikan hak seseorang terhadap harta tanah. 所有权状;地契。**~-page** *n.* halaman judul buku. 书名页。**~ role** *n.* bahagian dalam sesebuah lakonan yang menjadi tajuk lakonan itu. 剧名角色;与剧名相同的角色。

**titled** *a.* ada gelaran; mempunyai gelaran; bergelar. 有爵位的;有头衔的;有封号的。

**titmouse** *n.* (pl. *-mice*) sejenis burung kecil. 花雀。

**titrate** *v.t.* mentitrat; menentukan jumlah unsur dalam sebatian melalui ukuran kimia. 滴定。

**titter** *n.* ketawa kecil yang tertahan-tahan. 窃笑。—*v.i.* tertawa tertahan-tahan. 窃笑;噗哧一笑。

**tittle-tattle** *v.i.* & *n.* desas-desus; celoteh. 谣言;无聊地闲谈。

**titular** *a.* berkaitan gelaran atau dimiliki berdasarkan gelaran; pemerintah yang tidak berkuasa. (权力上)有名无实的。

**tizzy** *n.* (*sl.*) keadaan yang berserabut; menggelabah. 极度兴奋的心境。

**TNT** *abbr.* **trinitrotoluene** sejenis bahan letupan. (缩写)三硝基甲苯(一种炸药);黄色炸药。

**to** *prep.* ke; kepada. 去;对。—*adv.* dekat atau hampir. 接近(某种状态)。**~ and fro** mundar-mandir. 来来回回。**~-be** akan menjadi.未来的。**~-do** *n.* kekecohan. 混乱。

**toad** *n.* katak. 蟾蜍;癞蛤蟆。**~-in-the-hole** sosej yang dibakar. 烤香肠。

**toadflax** *n.* tumbuhan liar dengan bunga kuning atau ungu. 柳穿鱼(一种开黄色或紫色花朵的野生植物)。

**toadstool** *n.* sejenis cendawan yang biasanya beracun dan bentuknya seperti payung. 伞菌科;毒草。

**toady** *n.* pengampu. 拍马屁的人;奉承者。—*v.i.* mengampu. 拍马屁;奉承。

**toast** *n.* roti bakar; ucapan selamat kepada seseorang dengan mengangkat gelas minuman. 烤面包;祝酒;干杯。—*v.t./i.* menggaringkan; memanaskan; mendiangkan; memberi ucap selamat kepada seseorang dengan mengangkat gelas minuman. 烤;烘;焙;为…举杯祝酒。

**toaster** *n.* alat pembakar roti. 烤面包机。

**toastmaster** *n.* pengumum minum ucap selamat. (宴会上的)祝酒人。

**tobacco** *n.* tembakau. 烟草。

**tobacconist** *n.* orang yang menjual rokok dan tembakau. 烟草商。

**toboggan** *n.* tobogan; sejenis kereta yang tidak beroda digunakan di tempat yang bersalji. 平地雪橇；长橇。**tobogganing** *n.* bermain tobogan. 长橇运动。

**toby jug** sejenis kole minuman. 一种胖老人形啤酒杯。

**toccata** *n.* gubahan muzik untuk piano atau organ. 托卡塔（用钢琴或键盘乐器即兴创作出来的曲子）；触技曲。

**tocsin** *n.* isyarat atau tanda bahaya. 警戒信号；警钟。

**today** *n. & adv.* hari ini; masa ini; sekarang. 现今；现在；今天。

**toddle** *v.i.* (bagi kanak-kanak) berjalan dengan tidak betul lagi; bertatih; menapak. (幼儿）蹒跚地走；摇晃不稳地走。

**toddler** *n.* kanak-kanak yang bertatih. 刚学步的幼儿。

**toddy** *n.* tuak; todi. 椰酒；椰花酒。

**toe** *n.* jari kaki. 脚趾。—*v.t.* merasa dengan jari kaki. 用脚尖触。**be on one's toes** berwaspada; berhati-hati. 警惕；小心。**--hold** *n.* sedikit tempat berpijak. （攀登悬崖等时的）小立足点。**~ the line** mematuhi arahan parti atau kumpulan. 服从政策或规章。

**toecap** *n.* penutup but atau kasut. 鞋头；靴头。

**toff** *n.* (*sl.*) orang yang segak dan bergaya. 纨袴子弟；花花公子；仪表出众的人。

**toffee** *n.* tofi; sejenis gula-gula daripada mentega dan gula; coklat yang keras dan manis. (含奶油的）太妃糖。**~apple** *n.* buah epal yang bersalut tofi. (涂上太妃糖的）糖苹果。

**tog** *v.t.* (p.t. *togged*) (*sl.*) ~ **out** atau **up** memakai pakaian yang elok. 穿上盛装；盛装打扮。**togs** *n.pl.* pakaian yang cantik. 上衣；盛装。

**toga** *n.* pakaian lelaki zaman Rom kuno. (古罗马时代的男用）宽袍；托加袍。

**together** *adv.* bersama-sama; serta. 一起；一块儿。

**toggle** *n.* sepotong kayu pendek yang diikat dengan tali untuk mengukuhkan ikatan; suis yang dijalankan oleh alat pengumpil. 反复电路；（航海）挂索桩。

**toil** *v.i.* membanting tulang; bekerja keras. 辛苦地工作；苦干。—*n.* pekerjaan yang berat. 苦工。

**toilet** *n.* menghiasi diri; tandas. 梳洗；厕所；浴室。**~ water** pewangi badan. 花露水。

**toiletries** *n.pl.* peralatan dandanan diri. 化妆品。

**token** *n.* tanda; isyarat; matlamat. 记号；标记。—*a.* sebagai tanda atau isyarat; sedikit. 象征性的；小规模代表的。

**tokenism** *n.* pemberian sebagai syarat sahaja. 象征性的妥协。

**told** *lihat* **tell**. 见 **tell**。—*a.* **all ~** membilang setiap orang atau setiap benda. 总之；总括在内；合计。

**tolerable** *a.* boleh tahan. 可忍受的；可容忍的。**tolerably** *adv.* agak boleh tahan. 容忍地。

**tolerance** *n.* toleransi; kesabaran. 容忍；忍受。**tolerant** *a.* bersikap sabar; tahan sabar. 容忍的；宽容的。

**tolerate** *v.t.* bersabar; tahan menanggung derita tanpa membantah. 容忍；忍受。**toleration** *n.* kesabaran. 容忍；宽恕。

**toll**[1] *n.* tol; cukai kerana menggunakan jalan raya. 通行费；过路费。**~-gate** *n.* palang tol. 收费站。

**toll**[2] *v.t./i.* membunyikan loceng perlahan-lahan. （缓慢而有规律地）敲钟；鸣钟（报丧等）。—*n.* pembunyian loceng. 钟声。

**tom** *n.* **~-cat** *n.* kucing jantan. 雄猫。

**tomahawk** *n.* sejenis kapak yang digunakan sebagai alat atau senjata oleh orang asli Amerika. (北美印第安人的）战斧。

**tomato** *n.* (pl. *-oes*) tomato. 番茄；西红柿。

**tomb** *n.* kubur; makam. 坟墓；墓穴。

**tombola** *n.* sejenis permainan loteri. 一种赌戏。

**tomboy** *n.* anak perempuan yang berkelakuan seperti lelaki. 男孩子气的女孩;野丫头。

**tombstone** *n.* batu nisan. 墓碑;墓石。

**tome** *n.* buku besar. 大部头书;大册书。

**tomfool** *a.* & *n.* orang yang bodoh. 大笨蛋;愚蠢的(人)。 **tomfoolery** *n.* kerja atau kelakuan bodoh. 愚蠢的言行。

**tommy-gun** *n.* sejenis mesin-gan kecil yang ringan. 冲锋枪。

**tommy-rot** *n.* (*sl.*) omong kosong; borak; karut. 废话;胡扯。

**tomography** *n.* tomografi; kaedah radiografi mempamerkan perincian tubuh badan. X线断层照相术。

**tomorrow** *n* & *adv.* esok; besok; hari muka. 明天;来日;将来。

**ton** *n.* tan; (*colloq.*) jumlah yang banyak. 吨;大量;许多。 **metrik** ~ tan metrik. 公吨(公制重量单位)。

**tone** *n.* nada; bunyi yang tertentu; nada tinggi dan rendah dalam muzik; semangat; warna. 声调;音色;调子;气氛;色调。—*v.t./i.* memberikan nada atau warna. 装出说话声调;调节音调;调和颜色。 **~-deaf** *a.* tidak dapat mendengar perbezaan dalam nada muzik. 不善于辨别声音高低的;音痴的。 **~ down** melembutkan atau meredakan. 缓和了的;降低了(怒火等)的。 **tonal** *a.* berkenaan dengan bunyi dan nada muzik. (音乐)调性的。 **tonally** *adv.* perihal berkenaan dengan nada. 调性地。 **tonality** *n.* sifat bunyi alunan muzik; kualiti nada. 调性;声调、音调的性质。

**toneless** *a.* tidak jelas; tidak bernada; pudar; tidak riang. (声调等)平板的;(色调)暗淡的;(曲调)单调的;沉闷的。 **tonelessly** *adv.* dengan tidak jelas atau tidak bernada. 平板地;暗淡地;不明确地。

**tongs** *n.pl.* penyepit; sepit. 钳子;夹具。

**tongue** *n.* lidah. 舌头。 **~-tied** *a.* diam; membisu. 缄默的;沉默寡言。 **~-twister** *n.* pembelit lidah; rangkaian kata-kata yang sukar disebut dengan betul dan pantas. 绕口令;拗口的句子。 **with one's ~ in one's cheek** bercakap dengan menyindir. 挖苦地。

**tonic** *n.* tonik; ubat. 补药;强壮药。—*a.* yang menyegarkan. 兴奋剂的。 **~ water** air mineral. 奎宁水。

**tonight** *n.* & *adv.* malam ini. 今晚;在今晚。

**tonnage** *n.* tanan; daya muatan kapal (dalam kiraan tan). 船的装载吨数。

**tonne** *n.* tan metrik; 1000 kilogram. 公吨(公制重量单位,等于1000公斤)。

**tonsil** *n.* anak tekak; kelenjar pada pangkal lidah; tonsil. 扁桃腺。

**tonsilitis** *n.* bengkak pada anak tekak. 扁桃腺炎。

**tonsorial** *a.* tentang tukang gunting rambut atau kerjanya. 理发师的;理发的。

**tonsure** *n.* bahagian atas kepala yang dicukur. 剃去头发;削发。 **tonsured** *a.* bercukur bahagian atas kepala. 剃光头的;削发的。

**too** *adv.* terlalu; (*colloq.*) juga; terlampau; sangat. 非常;也;太过于。

**took** *lihat* **take**. 见 **take**。

**tool** *n.* alat atau perkakas. 工具;用具。—*v.t./i.* dilengkapkan dengan perkakas; dibentuk dengan alat; (*sl.*) memandu kenderaan dengan cara bersuka-sukaan. 用工具制造;开车去兜风。

**toot** *n.* bunyi trompet atau wisel. 喇叭或哨子声。—*v.t./i.* meniup trompet atau wisel. 吹(喇叭、哨子等)

**tooth** *n.* (*pl. teeth*) gigi. 牙齿。 **in the teeth of** walaupun. 不管;不顾。 **~-comb** *n.* sikat bergigi rapat. 细齿梳。 **toothed** *a.* yang berkenaan dengan gigi. 有齿的;锯齿状的。

**toothache** *n.* sakit gigi. 牙疼;牙痛。

**toothbrush** *n.* berus gigi. 牙刷。

**toothless** *a.* tiada bergigi; rompong; rongak. 没有牙齿的。

**toothpaste** *n.* ubat gigi. 牙膏。

**toothpick** *n.* pencungkil gigi. 牙签。

**toothsome** *a.* sedap; enak. 可口的；美味的。

**toothy** *a.* mempunyai banyak gigi atau gigi yang besar. 露齿的；多齿的；有凸牙的。

**tootle** *v.t./i.* bunyi perlahan. 轻柔重复地吹奏。

**top**[1] *n.* bahagian tertinggi; bahagian atas; puncak. 物体的上部；顶端。—*a.* pangkat tertinggi atau jawatan tinggi. （阶级或职位）最高的。—*v.t.* (p.t. *topped*) sampai ke puncaknya. 达顶端。**on** ~ **of** tambahan kepada. 另外；加之。~ **dog** (*sl.*) tuan; orang yang menang. 首领；胜利者。~~**dress** *v.t.* membubuh baja. 施肥。~ **hat** topi. 高顶黑色大礼帽。~~**heavy** *a.* berat di sebelah atas. 上重下轻的；摇摇欲坠的。~~**notch** *a.* (*colloq.*) handal; hebat. 第一流的。~ **secret** rahsia yang terbesar. 绝对机密的（文件等）。~ **up** memenuhkan. 装满。

**top**[2] *n.* gasing. 陀螺（一种玩具）。

**topaz** *n.* topaz; batu permata yang berwarna kuning. 黄玉；黄晶。

**topcoat** *n.* kot luar; lapis atas. 外衣；大衣。

**toper** *n.* (*old use*) pemabuk; kaki botol. 酒鬼；醉汉。

**topi** *n.* topi. 帽子。

**topiary** *a* & *n.* seni menggubah pokok renek. 树木修整艺术（的）；修剪灌木（的）。

**topic** *n.* tajuk atau perkara perbincangan. 话题；论题；题目。

**topical** *a.* mempunyai rujukan kepada kejadian semasa. 与时事有关的；热门课题的。**topically** *adv.* berhubung dengan kejadian semasa. 成热门课题地。**topicality** *n.* yang berkait dengan soal-soal semasa. 热门课题；时事。

**topknot** *n.* toncet; hiasan di atas kepala. 头饰；顶髻。

**topless** *a.* tidak berpakaian di bahagian dada. 无上装的；上身裸露的。

**topmost** *a.* yang tertinggi. 最高的。

**topography** *n.* topografi; pemetaan; huraian keadaan muka bumi. 地形（测量）学；地形描绘；地志。**topographical** *a.* perihal yang bersangkutan dengan pemetaan. 地形学上的。

**topology** *n.* topologi; pengkajian sifat-sifat geometri yang tidak terjejas oleh perubahan bentuk atau saiz rajah atau permukaan yang berkaitan; cabang matematik yang berkaitan dengan kesinambungan. 拓扑学（数学的一种分科，研究几何图形的特性。）**topological** *a.* berkenaan topologi. 拓扑学上的。

**topper** *n.* (*colloq.*) topi. 帽子。

**topple** *v.t./i.* menumbangkan; menjatuhkan; merobohkan; meruntuhkan; tumbang; roboh. 使倒下；推翻；使倒塌；推倒；（政权）倒台。

**topside** *n.* daging paha sebelah atas; sisi atas. 牛（上腿肉）。

**topsoil** *n.* lapisan atas permukaan tanah. 表土层；表土。

**topsy-turvy** *adv.* & *a.* tunggang terbalik; lintang-pukang. 颠倒的（地）；混乱的（地）。

**toque** *n.* sejenis topi wanita. 无边女帽。

**tor** *n.* puncak bukit. 突岩。

**torch** *n.* lampu yang menggunakan kuasa elektrik; andang; obor. 火炬式电棒；火把。**torchlight** *n.* lampu suluh. 手电筒。

**tore** *lihat* **tear**[1]. 见 **tear**[1]。

**toreador** *n.* pendekar yang melawan lembu jantan. （西班牙的）斗牛士。

**torment**[1] *n.* azab; sengsara; seksaan. 折磨；艰难；痛苦。

**torment**[2] *v.t.* menyeksa; mengganggu. 折磨；戏弄（他人）。**tormentor** *n.* orang zalim; penyeksa. 使（他人）痛苦者；折磨者。

**torn** *lihat* **tear**[1]. 见 **tear**[1]。

**tornado** *n.* (pl. *-oes*) tornado; taufan; puting beliung. 龙卷风；旋风。

**torpedo** *n.* (pl.*-oes*) torpedo; sejenis peluru pendek untuk membinasakan kapal. 鱼

**torpid**

雷。 —*v.t.* menyerang dengan menggunakan torpedo. 用鱼雷攻击（船只）。

**torpid** *a.* tidak cergas; lembam. 迟钝的；不活泼的。 **torpidly** *adv.* dengan lembam. 行动缓慢地；迟钝地。 **torpidity** *n.* ketidakcergasan. 迟钝。

**torpor** *n.* keadaan tidak cergas. 迟钝；呆滞。

**torque** *n.* kalung daripada logam yang dipintal; kuasa yang menyebabkan kipas berpusing. 金属项圈或臂圈；（使机器旋转的）扭转力。

**torrent** *n.* hujan yang turun mencurah-curah; bertalu-talu. 倾盆大雨；连番质问。 **torrential** *a.* deras dan lebat. 奔流的；猛烈的。

**torrid** *a.* sangat panas; panas terik. 灼热的；酷热的。

**torsion** *n.* kilasan. 扭；扭转。

**torso** *n.* (pl. *-os*) badan manusia tidak termasuk kepala, tangan atau kaki. 人体的躯干。

**tort** *n.* undang-undang tort; kesalahan yang mana pihak yang terjejas boleh menuntut ganti rugi. 民事侵权行为。

**tortoise** *n.* kura-kura. 龟。

**tortoiseshell** *n.* kulit kura-kura. 龟甲；鳖甲。 ~ **cat** kucing yang bulunya yang berbelak-belak. 玳瑁色的猫。

**tortuous** *a.* bengkang-bengkok; berbelit-belit. 弯曲的；蜿蜒的。 **tortuously** *adv.* dengan bengkang-bengkok. 弯弯曲曲地。 **tortuosity** *n.* keadaan berbelit-belit dan berpintal-pintal. （山路等的）蜿蜒；迂曲。

**torture** *n.* penyeksaan; penganiayaaan. 虐待；迫害；折磨。 —*v.t.* menganiaya; menyeksa. 折磨；虐待。 **torturer** *n.* penganiaya. 迫害者。

**Tory** *n.* & *a.* Parti Konservatif di Britain. （英国）保守党党员；保守党支持者；保守的。

**tosh** *n.* karut-marut; merepek. 空谈；胡说。

**toss** *v.t./i.* melambungkan sesuatu. 抛；扔；掷。 —*n.* lambungan. 抛；扔；掷。 ~ **off** minum dengan rakus atau lahapnya. 一饮而尽。 ~-**up** *n.* melambungkan duit syiling untuk menentukan nasib. 以掷硬币方式决定。

**tot**[1] *n.* kanak-kanak kecil; (*colloq.*) sedikit minuman keras. 幼儿；小孩子；小杯的烈酒。

**tot**[2] *v.t./i.* (p.t. totted) ~ **up** (*colloq.*) menambah. 把数目加起来；加（数）。

**total** *a.* kesemuanya; secukupnya. 全部的；完全的。 —*n.* jumlah. 总数；总额。 —*v.t./i.* (p.t. *totalled*) menjumlahkan; berjumlah. 总数达…；合计；计算（总和）。 **totally** *adv.* seluruhnya; perjumlahannya; betul-betul. 完全地；总计地。

**totality** *n.* keseluruhannya. 整个；全部。

**totalitarian** *a.* totalitarian; sistem berpemerintahan satu parti politik sahaja. 极权主义的；（由单一政党）专政的。

**totalizator** *n.* mesin untuk mencatatkan taruhan. 赌金计算器。

**totalize** *v.t.* menjumlahkan. 总计。

**tote**[1] *n.* (*sl.*) sejenis mesin untuk mencatatkan taruhan. 赌金计算器。

**tote**[2] *v.t.* (*A.S.*) membawa. 携带；运送。 ~ **bag** sejenis beg yang besar. 大手提袋。

**totem** *n.* totem; ukiran benda atau binatang yang dianggap oleh orang asli Amerika Utara sebagai suci. 图腾像（北美洲原始民族视为神圣的雕像）。 ~-**pole** *n.* tiang totem; batang kayu yang berukiran totem. （刻上图腾的）图腾柱。

**totter** *v.i.* berjalan atau berdiri terhuyung-hayang; bertatih. 摇晃地站起来；蹒跚地走。 —*n.* jalan atau gerakan yang terhuyung-hayang. （脚步等的）不稳定；摇摇晃晃的样子。 **tottery** *a.* terhuyung-hayang. 踉跄的；（脚步）不稳的。

**toucan** *n.* sejenis burung di Amerika yang bulunya berwarna-warni dan paruhnya sangat besar. 美洲鵎鵼鸟（啄大，羽毛鲜艳）。

**touch** *v.t./i.* menyentuh; memilukan; menyayukan perasaan. 轻触；碰及；感动；触动（心弦）。—*n.* sentuhan; rasa. 碰；摸；接触；感受。**~-and-go** *a.* keadaan berbahaya; tidak menentu. 一触即发的；不稳的。**~ down** meletakkan bola di padang dalam permainan ragbi untuk mendapatkan mata; (kapal terbang) mendarat. （橄榄球）触地得分；（飞机）着陆。(**touchdown** *n.*) **~-line** *n.* had garisan dalam padang bola sepak. （足球）边线。**~ off** sebab untuk meletup. 触发；引起。**~ on** diterangkan serba ringkas. 略述。**~-type** *v.i.* menaip tanpa memandang mata mesin taip. （按固定指法）打字。**~ up** memperbaiki dengan membuat sedikit tambahan. 润饰（文章等）。

**touché** *int.* menerima kritikan. （击剑、争论中）承认已被对方击中或说中要害。

**touching** *a.* yang memilukan; yang menyayat hati. 动人的；感人的。—*prep.* yang bersangkutan. 有关；关于。

**touchstone** *n.* batu uji; tahap atau kemampuan untuk penilaian. 试金石；检验标准。

**touchwood** *n.* kayu mudah terbakar. （木制）；火线。

**touchy** *a.* (*-ier, -iest*) mudah tersinggung. 易怒的；过分敏感的。

**tough** *a.* (*-er, -est*) tahan lasak; gagah; liat dan payah dikerat atau dikunyah. 强韧的；硬的；固执的；（肉等）嚼不动的。—*n.* samseng; orang yang ganas. 粗暴的人；凶恶的人。**toughness** *n.* kekuatan. 韧度；韧性。

**toughen** *v.t./i.* menjadi kuat. 使强韧；使强硬。

**toupee** *n.* rambut palsu. 男用假发。

**tour** *n.* perjalanan; kunjungan; lawatan. 旅行；参观；访问。—*v.t./i.* berkunjung; melancong; melawat. 参观；旅游；访问。**on** ~ sedang melancong. 周游中；访问各地。

*tour de force* *n.* maha karya. 杰作；技艺。

**tourism** *n.* pelancongan. 旅游业。

**tourist** *n.* pelawat; pelancong. 游客；观光者。

**tourmaline** *n.* mineral yang mempunyai sifat-sifat elektrik dan digunakan sebagai manikam. 电气石。

**tournament** *n.* pertandingan; perlawanan. 竞赛；锦标赛。

**tournedos** *n.* (pl. *-os*) sepotong daging lembu. 牛排。

**tousle** *v.t.* menjadikan tidak kemas; mengusutkan (rambut, dll.). 搅乱；弄乱（头发）。

**tout** *v.t./i.* mendesak orang supaya membeli sesuatu. 兜售。—*n.* orang yang memikat atau mendesak supaya orang lain membeli sesuatu daripadanya. 兜售者。

**tow**[1] *n.* serat rami. 亚麻短纤维。

**tow**[2] *v.t.* menunda; menarik sesuatu dengan tali. 拖；拉；牵引。**~-path** *n.* **towing-path** *n.* jalan kecil di tepi tali air yang digunakan oleh kuda yang menarik barangan. 小路；牵道。

**toward** *prep.* menghala. 向；朝；往。

**towards** *prep.* mengarah; menghala; menuju. 向；朝；往。

**towel** *n.* tuala mandi. 浴巾。—*v.t.* (p.t. *towelled*) mengelap. （用浴巾）擦干。

**towelling** *n.* kain untuk membuat tuala. 毛巾布料。

**tower** *n.* menara. 摩天楼。—*v.i.* menjulang; membumbung tinggi. 屹立；高耸。**~ block** blok menara. 摩天大楼；高楼区。**~ of strength** sumber sokongan yang dapat diharapkan. （有危难时）可依赖的人。

**towering** *a.* sangat (marah). 愤怒的。

**town** *n.* bandar; kota; pekan. 市镇；城镇。**go to ~** (*colloq.*) membuat sesuatu dengan berhabis-habisan. 尽情作乐。**~ hall** dewan bandaran. 市政局。**~ house** rumah bandar. 市内住宅（尤指地方

富豪的私邸)。**townsman** *n.* (pl. *-men*) penduduk lelaki. 住在城里的男子。
**townswoman** *n.fem.* penduduk wanita. 住在城里的女子。

**townee** *n.* (*derog.*) penduduk yang tinggal di dalam bandar; orang bandar. (对乡下生活一无所知的)城里人。

**township** *n.* (terutama di Australia dan New Zealand) kota kecil dan daerah di sekitarnya. (尤指澳洲及纽西兰的)小镇及附近的郊区。

**toxaemia** *n.* toksemia; keracunan darah. 毒血症；血中毒症。

**toxic** *a.* toksik; beracun; berbisa. 毒性的；含毒素的。**toxicity** *n.* ketoksikan; keadaan beracun. 毒性；毒力。

**toxicology** *n.* toksikologi; pengkajian racun. 毒理学；毒物学。

**toxin** *n.* toksin; bahan racun, terutamanya yang terbentuk dalam tubuh manusia. 毒素(尤指由动植物内的细菌构成的毒质)。

**toy** *n.* permainan kanak-kanak. 玩具。—*v.i.* ~ **with** mainkan sesuatu secara tidak disedari; memikir-mikirkan. 玩弄；(对事物)不认真对待。~ **boy** lelaki yang jauh lebih muda daripada teman wanitanya. 年纪比女伴小得多的男友。

**toyshop** *n.* kedai yang menjual permainan kanak-kanak. 玩具店。

**trace**[1] *n.* kesan; jejak; melukis sesuatu dengan menggunakan kertas surih. 痕迹；足迹；映描。—*v.t.* menyurih; mencari atau mengesan sesuatu berpandukan gambar; mengesan jejak atau bukti. 映描；(依图画)描绘；追溯；追查。**element** unsur surih. (化学)痕量元素。**tracer** *n.* penyurih. 映描员；绘图者。

**trace**[2] *n.* tali untuk menarik kereta kuda. (马车等的)挽绳。**kick over the traces** tidak berdisiplin. 变得不守纪律；不受管束。

**traceable** *a.* dapat dikesan. 可追踪的；可追溯的。

**tracery** *n.* kerawang; corak garis-garis hiasan pada sesebuah bangunan. 绣雕细工；装饰的图案。

**trachea** *n.* batang tenggorok; trakea. 气管。

**tracheotomy** *n.* lubang yang dibuat melalui pembedahan di permukaan leher. 气管切开术。

**tracing** *n.* menyurih. 映描；描摹。~**-paper** *n.* kertas surih. (透明)摹图纸。

**track** *n.* kesan jejak; bekas. 足迹；痕迹。—*v.t.* mengikuti jejak yang ditinggalkan. 追踪；跟踪。**keep** atau **loose ~ of** berjaya atau gagal untuk mengetahui sesuatu. 跟上(跟不上)；保持(失去)联络。**make tracks** (*sl.*) pergi. 走向；跑向；离开。~ **suit** sut balapan. 田径服。**tracker** *n.* pengesan. 追踪者；追捕者。

**tract**[1] *n.* kawasan tanah; saluran; sistem organ-organ yang membekalkan laluan dalam tubuh. 大片土地；呼吸系统；消化系统。

**tract**[2] *n.* risalah yang mengandungi panduan berkenaan dengan agama atau akhlak. 宗教小册子。

**tractable** *a.* senang dijaga atau dikawal; bersifat menurut kata. 温顺的；易驾驭的；服从的。**tractability** *n.* perihal senang dikawal. 驯服；温顺。

**traction** *n.* kuasa atau tenaga untuk menarik sesuatu. 牵引力。~**-engine** *n.* enjin untuk menarik benda yang berat di atas jalan. 牵引机。

**tractor** *n.* traktor. 牵引车；拖拉机。

**trad** *a.* & *n.* (*colloq.*) jaz tradisional. 传统爵士音乐(的)。

**trade** *n.* perniagaan; perdagangan. 贸易；商业。—*v.t./i.* berdagang; berniaga; bertukar-tukar (barang dll.). 从商；做生意。~ **in** tukar beli. 以(旧物)折购新物。~ **mark** tanda perdagangan. 商标；牌号。~ **on** mempergunakan untuk kepentingan seseorang. 利用他人以图私利。**Trades Union Congress** Kongres Kesatuan Sekerja; persatuan yang me-

**tradesman** wakili pekerja-pekerja. 职工大会；工会联合组织。 **~ union** (pl. *~unions*) pertubuhan untuk menjamin dan menggalakkan kepentingan bersama. (为保障工人利益而成立的)工会。 **~unionist** *n.* anggota kesatuan sekerja. 工会会员。 **~ wind** angin pasat; udara yang meniup ke khatulistiwa dari timur laut atau tenggara. 贸易风；信风。 **trader** *n.* ahli perniagaan; peniaga; pedagang. 商人；经商者。

**tradesman** *n.* (pl. *-men*) pekedai. 商人；店主；零售商。

**trading** *n.* perniagaan; perdagangan. 经商；贸易。 **~ estate** kawasan perdagangan. 工商业区。

**tradition** *n.* tradisi; kepercayaan; adat resam; kebiasaan. 传统；信仰；习俗。 **traditional** *a.* tradisional; menurut adat resam. 传统的；依习俗的。 **traditionally** *adv.* berkenaan dengan adat resam. 传统上；依习俗。

**traditionalist** *n.* orang yang menyokong adat resam atau tradisi. 传统主义者；守习俗的人。

**traduce** *v.t.* memfitnah. 诽谤；中伤。

**traffic** *n.* trafik; kenderaan yang bergerak pada satu jalanan; lalu lintas. 交通；来往的车辆；交通量。 —*v.t./i.* (p.t. *trafficked*) menjalankan perdagangan haram. 做(非法)生意。 **~lights** *n.pl.* lampu isyarat. 红绿灯；交通灯。 **~ warden** anggota yang membantu polis dalam mengawal pergerakan kenderaan. 计时停车处管理员。 **trafficker** *n.* peniaga atau pedagang haram. 干非法买卖的人。

**tragedian** *n.* pelakon atau pengarang cerita sedih dan tragedi. 悲剧演员；悲剧作者。

**tragedienne** *n.* pelakon tragedi (wanita). 悲剧女演员。

**tragedy** *n.* tragedi; peristiwa, lakonan atau sandiwara sedih. 悲剧；(悲惨)事件；灾难。

**tragic** *a.* menyedihkan; tragik. 悲惨的；悲剧性的。 **tragical** *a.* hal kesedihan. 悲惨的。 **tragically** *adv.* yang berkenaan dengan tragedi yang menyedihkan. 悲惨地；悲剧性地。

**tragicomedy** *n.* tragikomedi. 悲喜剧。

**trail** *v.t./i.* menarik; menghela; menyeret. 拖；拉；拖曳。 —*n.* bekas; kesan; jejak. 痕迹；踪迹；足迹。

**trailer** *n.* treler; kenderaan yang ditarik oleh kenderaan yang lain; petikan daripada sebuah filem yang ditayangkan sebagai iklan. 拖车；预告片。

**train** *n.* barisan; kereta api. 列车；火车。 —*v.t./i.* mendidik; melatih supaya menjadi mahir. 培养；训练(人材)。 **in ~** sedang diatur. 准备就绪。

**trainable** *a.* dapat dilatih. 可被训练的；可造的(人材)。

**trainee** *n.* orang yang menjalani latihan. 受训者。

**trainer** *n.* pelatih; jurulatih; kasut getah. 训练者；教练；练习器(鞋)。

**traipse** *v.i.* (*colloq.*) berjalan dengan susah payah. 艰辛地走；跋涉。

**trait** *n.* sifat; perangai. 性格；脾气。

**traitor** *n.* pembelot; pengkhianat; penderhaka. 卖国者；叛徒；背叛者。 **traitorous** *a.* tidak setia; khianat kepada negara. 不忠的；叛国的。

**trajectory** *n.* trajektroi; laluan sesuatu benda yang bergerak dengan bertenaga. 弹道；射道；轨道。

**tram** *n.* trem. 有轨电车。

**tramcar** *n.* trem. 有轨电车。

**tramlines** *n.pl.* jalan trem. 轨道。

**trammel** *n.* sejenis jala; (*pl.*) halangan; galangan. 一种细网(捕鸟、鱼等用)；妨碍(物)。 —*v.t.* (p.t. *trammelled*) menghalang; menggalang. 妨碍；阻碍。

**tramp** *v.t./i.* berjalan kaki dengan langkah yang berat; mengembara; menjelajah. 用沉重的脚步走；漂泊；流浪。 —*n.* bunyi langkah yang berat; kapal muatan yang jalannya tidak tetap. 沉重的脚步声；(货船的)不定期航行。

**trample** *v.t./i.* memijak-mijak; menginjak; melanyak. 践踏；踩；踩蹋。

**trampoline** *n.* trampolin; kanvas yang digunakan oleh para akrobatik. (杂技表演用的)蹦床；弹簧床。

**trance** *n.* keadaan khayal; keadaan luar biasa. 恍惚；神志昏迷。

**tranquil** *a.* tenang; sentosa; tenteram; sejahtera. 平静的；稳定的；安宁的；镇定的。**tranquilly** *adv.* dengan tenang; dengan sejahtera. 平静地；稳定地；安宁地。**tranquillity** *n.* kesejahteraan; kesentosaan. 平静；稳定；安宁。

**tranquillize** *v.t.* menenangkan; menenteramkan. 使镇定下来；使安静下来。

**tranquillizer** *n.* madat yang mengkhayalkan. 镇定剂；止痛药。

**transact** *v.t.* melaksanakan urusan perdagangan. 办理；执行(事务)。**transaction** *n.* pengurusan; perlaksanaan urusan perniagaan; rekod perjalanan kesatuan atau pertubuhan. 办理；(商务)交易；(学会、组织等的)活动记录。

**transatlantic** *a.* menyeberangi Lautan Atlantik. 横渡大西洋的。

**transceiver** *n.* gabungan pemancar dan penerima radio. 收发两用机。

**transcend** *v.t.* melebihi; mengatasi; melampaui. 超出；超越。**transcendent** *a.* bersifat melebihi dan mengatasi segalanya; berkebolehan yang luar biasa. 出类拔萃的；卓越的。**transcendence** *n.* menjangkaui; melampaui. 超出；超越。

**transcendental** *a.* yang melampaui batas pengetahuan manusia; berkhayal; berangan-angan. 超越人类知识界限的；空幻的；玄奥的。

**transcontinental** *a.* rentas benua. 横贯大陆的。

**transcribe** *v.t.* menyalin sesuatu tulisan dengan tulisan lain. 誊写；抄写。**transcription** *n.* transkripsi; salinan. 誊写；抄写。

**transcript** *n.* salinan tulisan atau rakaman. 誊本；抄本。

**transducer** *n.* alat yang menerima gelombang atau variasi-variasi lain dari satu sistem dan memaklumkannya kepada yang berkenaan. 变频器；转换器。

**transept** *n.* bahagian atau sayap di gereja. (十字形教堂的)耳堂、左右翼部。

**transfer**[1] *v.t./i.* (p.t. *transferred*) berpindah; bertukar; menyerahkan hak milik kepada orang lain. 迁移；转移；调动；(财产、所有权等)转让。**transference** *n.* pemindahan; penyerahan. 迁移；转让。

**transferable** *a.* yang dapat ditukar dan dipindahkan. 可迁移的；可转让的。

**transfer**[2] *n.* penyerahan; pemindahan; dokumen untuk penyerahan harta atau hak. 转移；移交；(财产、权力等的)转让。

**transfigure** *v.t.* mengubahkan bentuk atau rupa sesuatu; menjelma. 变形；化身为。

**transfiguration** *n.* pengubahan; penjelmaan. 变形；化身。

**transfix** *v.t.* mencucuk; menusuk; menikam. 戳；刺。

**transform** *v.t./i.* menukar; mengubah rupa atau bentuk. 改变(外形、性质)。

**transformation** *n.* perubahan rupa; penukaran; penjelmaan. (外形、性质等的)改变；转变；改观。**transformer** *n.* alat untuk menukar voltan litar. 变压器。

**transfuse** *v.t.* memindahkan. 注入(流质)；输入(血液)。

**transfusion** *n.* pemindahan darah daripada seorang kepada yang lain. 输血。

**transgress** *v.t./i.* menyalahi; melanggar; mencabuli batasan susila dan perjanjian. 触犯；违反(法律等)；超出(道德、契约等的限度)；逾矩。**transgression** *n.* pelanggaran; pencabulan; penderhakaan. 违反道德；违犯戒律。**transgressor** *n.* orang yang melakukan pencabulan; penderhaka. 违反道德者；违犯戒律者。

**transient** *a.* tidak tetap; tidak abadi; sementara. 短暂的;倏忽的;仅停留片刻的。**transience** *n.* ketidaktetapan; kesementaraan. (人生、停留等的)短暂。

**transistor** *n.* transistor; peranti semikonduktor. (收音机内的)半导体;晶体管。**transistorized** *a.* dilengkapi transistor. 装有半导体的;装有晶体管的。

**transit** *n.* perjalanan dari satu tempat ke satu tempat yang lain; pemindahan. 超过(某地);(旅行时)过境;搬运。— *v.t.* (p.t. *transited*) membuat perjalanan. 通过;过渡。

**transition** *n.* peralihan. 过渡。**transitional** *a.* berkenaan perubahan daripada sesuatu keadaan kepada keadaan yang lain. 过渡时期的;转变阶段的。

**transitive** *a.* transitif; (kata kerja) digunakan dengan objek langsung. (动词)及物的。**transitively** *adv.* secara transitif. 传递地。

**transitory** *a.* yang tahan sementara sahaja. 暂时的。

**translate** *v.t./i.* menterjemahkan. 翻译。**translation** *n.* penterjemahan; terjemahan. 翻译;译文;译本。**translator** *n.* penterjemah. 翻译者。**translatable** *a.* dapat diterjemahkan. 可翻译的。

**transliterate** *v.t.* menulis daripada sesuatu bahasa ke dalam huruf atau aksara bahasa yang lain. 音译;拼写。**transliteration** *n.* transliterasi; penulisan huruf daripada sesuatu bahasa ke dalam huruf atau aksara bahasa yang lain. 音译;拼写。

**translucent** *a.* lut cahaya; yang membolehkan cahaya menembusinya tetapi benda yang di sebaliknya tidak jelas kelihatan. 半透明的。**translucence** *n.* keadaan lut cahaya. 半透明。

**transmigrate** *v.i.* berpindah (tentang roh) ke dalam tubuh orang lain selepas mati. (灵魂)死后转生。**transmigration** *n.* pemindahan penduduk ke negeri lain; penjelmaan jiwa. 移居别国;转世。

**transmissible** *a.* boleh dipindahkan. 可传送的;可传达的。

**transmission** *n.* pancaran; penyiaran; bahagian (motokar) yang membawa kuasa dari enjin ke roda belakang. 发射;播送;(汽车等的)传动系统。

**transmit** *v.t.* (p.t. *transmitted*) menghantar; memancarkan; menyiarkan. 传送;传达;传播。**transmitter** *n.* alat pemancar. 发送机;发射机。

**transmogrify** *v.t.* (*joc.*) menyebabkan sesuatu itu bertukar keadaan dan sifatnya. 使完全转变;使改变形貌。**transmogrification** *n.* mengubah sama sekali. 变形。

**transmute** *v.t.* menukar keadaan sesuatu. 使变形;使变质。**transmutation** *n.* penukaran atau pengubahan sesuatu. 变形;变质。

**transom** *n.* kayu galang di atas pintu atau di atas jendela. (门窗的)横楣。

**transparency** *n.* lut sinar. 透明;透明性。

**transparent** *a.* lut sinar. 透明的。**transparently** *adv.* secara lut sinar; dengan bening. 透明地;透澈地。

**transpire** *v.t./i.* diketahui umum; menjadi pengetahuan ramai. 泄露;公开;为人所知。**transpiration** *n.* perpeluhan; transpirasi; 排出;散发;蒸发。

**transplant**[1] *v.t./i.* menanam dan mengubah. 移植;搬动;迁移。**transplantation** *n.* pemindahan tanaman. 移植。

**transplant**[2] *n.* pemindahan; pindahan. 细胞组织的移植;移植物。

**transport**[1] *v.t.* mengangkut. 运输;输送。**transportation** *n.* kenderaan; pengangkutan. 交通工具;运输。**transporter** *n.* pengangkut. 运输者;输送机。

**transport**[2] *n.* pengangkutan; kenderaan; kenaikan; (*pl.*) berperasaan yang mendalam. 车辆;交通工具;强烈的感情。

**transported** *a.* terbawa-bawa oleh sesuatu perasaan. (被不愉快情绪所)激动的。

**transpose** *v.t.* bertukar dan menukar tempat. 互换;使易为。**transposition** *n.* pertukaran. (位置等的)互换。

**transsexual** *a. & n.* transeksual; seorang lelaki atau perempuan yang mempunyai atau merasakan dirinya mempunyai ciri-ciri jantina yang sebaliknya. 变性(的); (心理上)有异性特征倾向的(人)。

**transship** *v.t.* memindahkan daripada satu kapal atau kenderaan kepada yang lain. 转运(货物等);使换船。

**transuranic** *a.* tergolong dalam kumpulan elemen radioaktif yang atomnya lebih berat daripada atom uranium. (化学元素)超铀的。

**transverse** *a.* melintang. 横贯的。

**transvestism** *n.* memakai pakaian jantina yang sebaliknya. 异性装扮癖。**transvestite** *n.* orang yang mengalami sifat-sifat jantina yang sebaliknya. 爱男扮女装(或女扮男装)的人。

**trap** *n.* perangkap; jerat; jebak. 捕捉器; 陷阱;圈套。—*v.t.* (p.t. *trapped*) memerangkap; menjerat; menjebak. 捕捉;诱捕;设圈套。

**trapdoor** *n.* pintu pada bumbung, siling atau atap. 活动天窗;活门。

**trapeze** *n.* trapez; kayu buaian atau ayunan yang digunakan oleh ahli akrobat. (杂技和健身操用的)高秋千。

**trapezium** *n.* trapezium; rajah segi empat yang mempunyai dua sisi selari dan dua sisi yang lain tidak selari. 梯形;不规则四边形。

**trapezoid** *n.* rajah segi empat dengan semua sisi tidak selari; (*A.S.*) trapezium. 不规则四边形;梯形。

**trapper** *n.* orang yang menjerat binatang untuk bulunya. (为获得毛皮而)捕捉动物的人。

**trappings** *n.pl.* perhiasan; alat-alat tambahan. (外表的)装饰品。

**Trappist** *n.* kumpulan paderi yang mengamalkan sifat pendiam. 苦修会修道士(以禁言苦修著称的)。

**traps** *n.pl.* alat genderang (*percussion*) dalam pancaragam jaz. (爵士乐队中的)打击乐器。

**trash** *n.* sampah sarap; barang yang tidak berguna. 垃圾;废物。**trashy** *a.* perihal sampah sarap dan barangan yang tidak berguna lagi. 废物似的;无用的。

**trauma** *n.* trauma; luka; cedera; keadaan tubuh yang lemah akibat luka atau kemalangan; renjatan emosi; terkejut. 伤口;外伤;(精神上的)创伤;(难忘的)痛苦经验。**traumatic** *a.* traumatik; dahsyat; berkenaan dengan luka, rawatan luka atau sakit. 痛苦而难忘的;外伤的;创伤的;治疗外伤的。

**travail** *n. & v.i.* kerja keras. 劳苦;苦工。

**travel** *v.t./i.* (p.t. *travelled*) membuat perjalanan yang jauh; mengembara. 作长途旅行;旅行;游历。—*n.* perjalanan; pengembaraan. 长途旅行;游历;行程。**traveller** *n.* pengembara. 旅客;旅游者;游历者。

**traverse**¹ *v.t.* berjalan menyeberangi; mengedari; melalui. 横越;横渡;穿过。

**traverse**² *n.* perjalanan yang melintang untuk mendaki atau menurun tebing atau lereng yang sangat curam; pembuatan kubu daripada tanah untuk menangkis tembakan musuh. 横过的通道;(土制的)战壕。

**travesty** *n.* tiruan yang sengaja diadakan untuk tujuan mengejek; ejekan. 拙劣的模仿;嘲弄;曲解。—*v.t.* mengejek. 嘲弄;歪曲地模仿。

**trawl** *n.* pukat tunda; pukat yang ditarik oleh perahu. (渔船的)拖网。—*v.t./i.* memukat; menangkap ikan dengan pukat tunda. 网罗;用拖网捕捉。

**trawler** *n.* perahu pukat tunda. 拖网渔船。

**tray** *n.* dulang; talam; bekas surat atau fail yang terletak di atas meja. 盘子;托盘; (办公桌上的)文件架。

**treacherous** *a.* khianat; tidak jujur; tidak setia. 奸诈的;不可信任的;不忠的。

**treacherously** *adv.* tidak dapat dipercayai; secara khianat. 靠不住地;奸诈地。

**treachery** *n.* perlakuan tidak jujur atau tidak setia. 背叛;不忠。

**treacle** *n.* air gula yang hitam lagi pekat. 糖浆;糖蜜。 **treacly** *a.* pekat dan manis; sangat manis. 浓而甜的;糖浆似的。

**tread** *v.t./i.* (p.t. *trod*, p.p. *trodden*) berjalan; memijak; menjejak. 走;踩;踏。 —*n.* gaya atau bunyi langkah. 步态;脚步声。 ~ **water** mengapungkan diri di dalam air dengan menggerak-gerakkan kaki. 踩水(在水中不停地踩脚以使身体浮起)。

**treadle** *n.* injak-injak; bahagian yang menggerakkan mesin dan dikerjakan dengan tekanan kaki; pedal. (纺缝车、自行车等的)踏板。 —*v.i.* bekerja dengan memijak pedal. 踩踏板操作。

**treadmill** *n.* roda kisar yang diinjak; sejenis kerja yang rutin. (许多人踩动踏板而转动的)踏车;单调的工作。

**treason** *n.* penderhakaan; pengkhianatan. 叛逆(尤指叛国行为);谋反;不忠。

**reasonable** *a.* yang melibatkan pengkhianatan; bersifat khianat. 叛逆的;谋反的。

**treasure** *n.* harta karun; barang simpanan yang berharga; harta kekayaan; barang atau orang yang tinggi nilainya. 金银财宝;钱财;极受珍爱的人或物。 —*v.t.* sangat menghargai; mengabadikan. 极为重视;当珍宝保存。 ~ **hunt** mencari harta karun. 寻宝(尤指寻宝游戏)。 ~ **trove** harta yang tidak diketahui empunyanya, dijumpai tersorok; harta karun. (从地下挖掘出来的)无主金银财宝;埋藏物。

**treasurer** *n.* bendahari. 财务主管;出纳员。

**treasury** *n.* perbendaharaan. 财务处;库房。 **the Treasury** Jabatan Kewangan Negara. 国库;(政府的)财政部。

**treat** *v.t./i.* memperlakukan; menganggap; memikirkan; mengambil. 对待;视为;探讨;接待。 —*n.* sesuatu yang memberi nikmat atau kesukaan. 款待;乐事。

**treatise** *n.* buku atau karangan yang menghuraikan dengan panjang lebar tentang sesuatu subjek. 专题;著作;论文。

**treatment** *n.* cara melakukan sesuatu untuk mendapatkan hasil; perlakuan; rawatan. 处理;对待;治疗。

**treaty** *n.* persetiaan; persetujuan; perjanjian. 条约;协约;合同。

**treble** *a.* tiga kali ganda banyaknya; trebel; berkenaan suara yang tinggi. 三倍的;最高音部的。 —*n.* menjadi tiga kali ganda; suara trebel; suara yang paling tinggi. 三倍;最高音部。 **trebly** *adv.* yang berkenaan dengan tiga kali ganda. 三倍地。

**tree** *n.* pokok; pohon. 树;乔木。 **treeless** *a.* tidak berpokok atau berpohon. 草木不生的;无树木的。

**trefoil** *n.* beberapa jenis tumbuhan kecil yang mempunyai tiga daun kecil serangkai. 三叶草。

**trek** *n.* perjalanan yang jauh; pengembaraan. 艰辛的徒步路程。 —*v.i.* (p.t. *trekked*) membuat perjalanan yang jauh. 作难辛的徒步路程。

**trellis** *n.* junjung; tangga kecil yang diperbuat daripada kayu atau besi yang dipasang tegak untuk menyangga pokok yang memanjat; kisi-kisi. 棚架;格子篱。

**tremble** *v.i.* gementar (kerana takut atau ngeri); menggigil; menggeletar. 发抖;震颤;战栗。 —*n.* menggeletar. 震颤;发抖。

**tremendous** *a.* sangat besar; hebat; dahsyat. 巨大的;惊人的。 **tremendously** *adv.* dengan hebatnya. 惊人地。

**tremolo** *n.* (pl. *-os*) tremolo; getaran bunyi. 颤声。

**tremor** *n.* getaran; gegaran; goyangan. 震动;震音;(轻微的)摇晃。

**tremulous** *a.* cemas; cuak; yang ketar; yang menggigil. 胆小的;颤抖的;震颤的。

**trench** *n.* parit; kubu. 沟渠;堑壕。 **~ coat** baju hujan yang seakan-akan pakaian seragam tentera. (军装式)大衣。

**trenchant** *a.* tajam; pedas; keras dan berkesan. 犀利的;强而有效的。

**trencher** *n.* piring yang diperbuat daripada kayu. 木盘。

**trend** *n.* arah; haluan; hala. 方向;倾向;趋势。 **~-setter** *n.* orang yang mendahului dalam pertunjukan fesyen. 带领(服装等)潮流的人。

**trendy** *a.* (*-ier, -iest*) (*colloq.*) mengikut cara fesyen mutakhir. 时髦的;合乎潮流的。 **trendily** *adv.* perihal cara fesyen yang menjadi ikutan. 时髦地。 **trendiness** *n.* yang berkenaan dengan fesyen terbaru. 新潮流。

**trepan** *n. & v.t.* trefin. 环钻;环锯;用环锯(在颅骨上)穿孔。

**trephine** *n.* trefin; gergaji pakar bedah untuk pemindahan bahagian tengkorak. 环钻;环锯。

**trepidation** *n.* ketakutan; kebimbangan. 惊恐;惶恐。

**trespass** *v.i.* melanggar; mengganggu; (*old use*) berdosa. 侵犯;侵入(土地等);打扰;犯罪。 —*n.* perlakuan menceroboh. 非法侵入。 **trespasser** *n.* penceroboh. 非法侵入者。

**tress** *n.* ikal rambut. 辫子。

**trestle** *n.* kayu penyangga; kuda-kuda. 支架;叉架。 **~-table** *n.* kuda-kuda. 搁板架;(用支架支撑的)桌子。

**trews** *n.pl.* seluar yang sendat. 紧身呢裤。

**tri-** *pref.* tri; tiga kali; tiga kali ganda. (前缀)表示"三;三重;三倍"。

**triad** *n.* tiga serangkai; triad; kongsi gelap. 三人一组;三个一组;三合会。

**trial** *n.* ujian; percubaan. 试验;试用。 **on ~** sedang diuji; dalam percubaan. 在试用;受审。

**triangle** *n.* segi tiga. 三角形。

**triangular** *n.* berbentuk segi tiga; yang melibatkan tiga penjuru. 三角形的。

**triangulation** *n.* ukuran atau pemetaan kawasan dengan menggunakan rangkaian segi tiga. 三角测量。

**tribe** *n.* puak; suku; kumpulan kaum yang tinggal dalam satu masyarakat yang dipimpin oleh seorang atau lebih ketua. 部落;种族。 **tribal** *a.* yang berkenaan dengan suku bangsa. 部落的;种族的。

**tribesman** *n.* (pl. *-men*) anggota sesuatu kaum. 部落成员;种族的一分子。

**tribulation** *n.* penderitaan; kesengsaraan; kesusahan. 痛苦;困难。

**tribunal** *n.* tribunal; pengadilan. 特别法庭;审理团。

**tribune**[1] *n.* pemimpin terkenal; pegawai Rom kuno. 执政官席位。

**tribune**[2] *n.* pentas; rostrum. 台;坛;讲坛。

**tributary** *a. & n.* anak sungai. (河的)支流;支流的。

**tribute** *n.* penghormatan; pemberian hormat. 献礼;贡品;贡金。

**trice** *n.* **in a ~** dalam sekelip mata. 一转眼;瞬息间。

**trichology** *n.* kajian tentang rambut dan penyakitnya. 毛发学。 **tricologist** *n.* orang yang mengkaji tentang rambut dan penyakitnya. 毛发学家。

**trick** *n.* tipu daya; muslihat; akal. 诡计;计谋;欺骗手段。 —*v.t.* menipu; memperdayakan; mengakali. 欺骗;欺诈;施计。 **do the ~** (*colloq.*) mencapai atau mendapat apa yang diperlukan. 奏效;起作用。

**trickery** *n.* penipuan; tipu daya. 欺骗;施诡计。

**trickle** *v.t./i.* mengalir perlahan-lahan; meleleh; berlinang. 涓涓地流动;滴流;滴下。 —*n.* titikan; titisan; deraian; lelehan. 滴;涓流;细流。

**trickster** *n.* penipu; pengecoh. 骗子；耍花招的人。

**tricky** *a.* (*-ier, -iest*) rumit; susah hendak difahami; licik. 错综复杂的；难处理的；奸诈的。**trickiness** *n.* kerumitan; kelicikan. 错综复杂；难度；狡诈。

**tricolour** *n.* bendera yang berwarna tiga. 三色旗。

**tricot** *n.* trikot; fabrik yang bagus. 绒线织品。

**tricycle** *n.* basikal beroda tiga. 三轮车。

**trident** *n.* trisula; tombak yang matanya bercabang tiga. 三叉戟（尤指象征海权的长戟）。

**Tridentine** *a.* mengenai tradisi ortodoks Roman Katolik. (天主教)特伦托主教会议的。

**triennial** *a.* yang terjadi setiap tiga tahun; yang dapat bertahan selama tiga tahun. 每三年一次的；持续三年的。

**trier** *n.* orang yang mencuba dengan sedaya upaya. 尽力尝试者；试验者。

**trifle** *n.* sesuatu yang tidak penting atau berharga; perkara kecil; jumlah yang kecil. 无价值的东西；琐事；少量（钱等）。—*v.t.* berkelakuan atau berkata secara main-main. 闹着玩儿；说着玩儿。~ **with** mempermainkan. 玩弄；戏弄。**trifler** *n.* orang yang tidak mementingkan kata-katanya. 吊儿郎当的人；戏弄者。

**trifling** *a.* kurang penting. 不重要的；琐碎的。

**trigger** *n.* pemetik; picu. (尤指枪的)板机；板柄。—*v.t.* (juga ~ **off**) mencetuskan; menyebabkan. 引发(激烈反应的发生)；成为(激烈行动等)的原因。**~-happy** gila menembak. 动辄开枪的。

**trigonometry** *n.* trigonometri; matematik untuk sudut dan sempadan segi tiga. 三角学。

**trike** *n.* basikal roda tiga. 三轮车。

**trilateral** *a.* berisi atau bersempadan tiga; tiga pihak. 三边形的；三边的；涉及三方面的。

**trilby** *n.* topi lembut lelaki. (男用)软毡帽。

**trilingual** *a.* tribahasa; berbahasa tiga; menggunakan tiga bahasa. 能说三种语言的；使用三种语言的。

**trill** *n.* getaran suara dan bunyi. 颤动的声音；颤音。—*v.t.i.* menyanyi atau berkata dengan bergetar. 用颤音唱歌或说话。

**trillion** *n.* trilion. (美国)万亿；兆；(英国)百亿亿；百万兆。

**trilobite** *n.* trilobit; sejenis fosil krustasia. 三叶虫（一种古生物）。

**trilogy** *n.* trilogi; karangan atau drama tiga serangkai. (小说、戏剧等的)三部曲。

**trim** *a.* (*trimmer, trimmest*) teratur rapi. 整齐的。—*v.t.* (p.t. *trimmed*) memangkas; menghiasi; menyesuaikan muatan kapal; merapikan. 修剪；装饰；调整负载(使船身平衡)；使整齐。—*n.* perihal merapikan; perapi. 整齐；整洁。**trimly** *adv.* dengan rapi dan kemas. 整齐地；整洁地。**trimness** *n.* kerapian dan kekemasan. 整齐；整洁。

**trimaran** *n.* sejenis kapal. (三船身并列的)三体帆船。

**trimming** *n.* perhiasan; perbuatan menghiasi; (*pl.*) reja; guntingan. 装饰物；装饰；剪屑。

**trine** *n. & a.* aspek astrologi tentang dua buah planet yang berjarak 120° dalam zodiak. 三分一对座（占星术中两行星座相距120度的天象）。

**trinity** *n.* triniti; tritunggal. 三位一体。

**trinket** *n.* barang perhiasan yang kecil dan kurang berharga. 价值不高的小装饰品。

**trio** *n.* (pl. *-os*) trio; kumpulan dari tiga orang atau benda. 三人组合；三人（合唱、合奏等）团。

**trip** *v.t.i.* (p.t. *tripped*) berjengket-jengket; tersandung. 踮着脚走；轻快地走；被绊倒。—*n.* perjalanan untuk melancong; pemergian. (短途)旅行；远足。~ **wire**

*n.* belantik; kawat yang digunakan untuk operasi alat jerangkap. (陷阱装置用的)绊索。

**tripartite** *a.* terdiri daripada tiga bahagian; tiga pihak. 由三个部分组成的；涉及三方面的。

**tripe** *n.* perut lembu; babat; (*sl.*) sesuatu yang tidak berharga. 牛胃；牛肚；无聊的东西；废话。

**triple** *n.* melipatkan tiga; menggandakan tiga. 三重的；三倍的。—*v.t./i.* ditambah tiga kali ganda. 增至三倍；成三倍。~ **time** nada muzik yang mengandungi tiga rentak dalam satu bar. 三拍子。

**triplet** *n.* tiga serangkai; kembar tiga. 三个一组；三胞胎。

**triplex** *n.* tiga; tiga kali ganda. 三（个）；三倍。

**triplicate** *a. & n.* yang dibuat tiga kali; tiga. 一式三份（的）；写成三份（的）；第三份。**in** ~ membuat tiga salinan. 制成一式三份。

**tripod** *n.* tripod; kaki tiga; kuda-kuda berkaki tiga (untuk kamera). 三脚支撑物；（照像机等的）三脚架。

**tripos** *n.* peperiksaan akhir untuk ijazah Sarjana Muda Sastera di Universiti Cambridge. (英国剑桥大学的)文学士荣誉学位期终考试。

**tripper** *n.* orang yang pergi melancong; pelancong. 作短途旅行的人；旅行者。

**trippery** *a.* yang berkaitan dengan pelancongan. 旅行上的。

**triptych** *n.* gambar atau ukiran dengan tiga papan yang dipaku sebelah-menyebelah. 三幅相联的图画或雕刻。

**trisect** *v.t.* membahagi kepada tiga bahagian yang sama. 把(线等)分成三等分。**trisection** *n.* pembahagian tiga. 三等分。

**trite** *n.* biasa; bukan baharu; lapuk. 平凡的；陈腐的（尤指词语、意见等）。

**triumph** *n.* kemenangan; kejayaan. 胜利；成功。—*v.i.* menang; mendapat kejayaan. 赢；成功。**triumphant** *a.* yang menang; yang berjaya. 胜利的；成功的。**triumphantly** *adv.* dengan berjaya; melalui kemenangan. 胜利地；成功地。

**triumphal** *a.* memperingati atau meraikan kemenangan. 庆祝胜利的；凯旋式的。

**triumvirate** *n.* pemerintahan bertiga. 三人统治集团；三头政治。

**trivet** *n.* tungku besi (biasanya berkaki tiga). 铁架；置放锅盆等用的三脚架。

**trivia** *n.pl.* benda yang remeh-temeh. 琐碎的东西；小事。

**trivial** *a.* tidak penting; tidak berharga; remeh-temeh. 不重要的；无价值的；琐碎的。**trivially** *adv.* berkenaan perkara yang tidak penting. 毫无重要性地；多余地。**triviality** *n.* hal yang tidak penting. 无足轻重。

**trod, trodden** lihat **tread**. 见 **tread**。

**troglodyte** *n.* pertapa; penghuni gua zaman purbakala. 苦行者；(史前时期的)穴居人。

**troll**[1] *v.t./i.* bernyanyi-nyanyi dengan hati yang riang; memancing dengan menghela kail dari belakang sampan yang bergerak. 兴奋地轮流接唱；(在船尾) 拖饵钓鱼。

**troll**[2] *n.* raksasa atau orang kenit dalam mitos Skandinavia. (神话中的)巨魔或侏儒。

**trolley** *n.* (pl. -*eys*) troli; kereta sorong yang beroda dua atau empat. (二轮或四轮的)手推车。~ **bus** *n.* bas yang dikuasai oleh tenaga elektrik yang menggunakan kawat atasnya. 无轨电车。

**trollop** *n.* perempuan jalang. 妓女；淫妇。

**trombone** *n.* trombon; sejenis alat muzik yang ditiup. 长号；一种吹奏乐器。

**troop** *n.* kumpulan; kelompok pasukan tentera. (人或动物)群；军队；部队。—*v.t./i.* berkumpul untuk bergerak sebagai ketumbukan yang besar. 成群结队地走。**trooping the colour** istiadat mengarak panji-panji pasukan. 军旗敬礼仪式。

**trooper** *n.* askar atau soldadu berkuda; (*A.S.*) anggota pasukan polis. 骑兵；（美国）州警察。

**trophy** *n.* piala; tropi. 奖杯；奖品。

**tropic** *n.* kedua-dua garisan lintang yang letaknya 23 darjah di utara dan di selatan khatulistiwa; (*pl.*) kawasan tropika; kawasan yang terletak di antara dua garis ini dan mengalami suhu panas. 回归线（赤道以南及北23度之纬线）；热带地区。 **tropical** *a.* tropika; berkenaan dengan kawasan khatulistiwa. 热带地区的；热带的。

**troposphere** *n.* troposfera; lapisan udara. （距地球表面约7英里的）对流层。

**trot** *n.* gerakan kuda yang laju sedikit daripada berjalan; lari-lari anak. （马的）缓跑；快步走。—*v.t./i.* (p.t. *trotted*) meligas; berlari-lari anak. 小步跑。 **on the ~** (*colloq.*) tak duduk diam; berturut-turut. 忙得不可开交；一个接一个。 **~ out** (*colloq.*) mengeluarkan; memberi. 炫示；提示；举以示人。

**troth** *n.* janji; kesetiaan. 承诺；忠诚。

**Trotskyism** *n.* prinsip revolusioner Rusia yang dipimpin oleh Leon Trotsky. 托洛茨基主义。 **Trotskyist** *n.* orang yang menganuti fahaman ini. 托派分子。

**trotter** *n.* kaki binatang yang dijadikan sebagai makanan. 可食用的动物足蹄。

**troubadour** *n.* troubadour; puisi romantik zaman pertengahan. 抒情诗人；（中世纪时代的）抒情诗。

**trouble** *n.* kesusahan; kesukaran; kesulitan. 困难；烦恼；艰难。—*v.t./i.* merusuhkan; menggelisahkan; mengkhuatirkan. 为难；使烦恼；使担忧。

**troubleshooter** *n.* penyelesai masalah atau kesilapan. 调解人；调停人；（机器的）修理人。

**troublesome** *a.* yang menyusahkan; yang merusuhkan; yang mengkhuatirkan. 棘手的；麻烦的；令人担忧的。

**troublous** *a.* (*old use*) penuh masalah. 棘手的；麻烦的。

**trough** *n.* bekas tempat makanan binatang; palung. 动物的饲料槽；洗矿槽。

**trounce** *v.t.* membelasah; menewaskan dengan teruk. 痛打；痛惩；击败。

**troupe** *n.* rombongan pelakon. 表演团。

**trouper** *n.* ahli rombongan pelakon. 表演团团员。

**trousers** *n.pl.* seluar atau celana panjang. 长裤。

**trousseau** *n.* (pl. *-eaux*) pakaian dan keperluan lain seorang pengantin perempuan. 嫁妆；妆奁。

**trout** *n.* (pl. *trout*) sejenis ikan air tawar. 鲑鱼；鳟鱼。

**trowel** *n.* alat untuk menyapu simen; kulir. 镘鱼；泥刀；泥铲儿。

**troy weight** *n.* sistem timbang emas. 金银的衡制。

**truant** *n.* seseorang yang tidak ke sekolah atau tidak pergi bekerja kerana membolos; pemonteng. 旷课者；旷工者。 **play ~** membuat kerja pembolosan. 旷课；逃学。 **truancy** *n.* pemontengan. 旷课；旷工。

**truce** *n.* perletakan atau gencatan senjata. 缴械；休战；停战。

**truck**[1] *n.* gerabak kereta api yang terbuka; lori; trak. 火车的无盖车格；货车；卡车。

**truck**[2] *n.* urusan. 交易；以货易货。

**trucker** *n.* pemandu trak. 卡车司机。

**truckle** *v.i.* tunduk kepada. 屈从。 **~-bed** *n.* katil rendah yang beroda yang dapat disorong, disimpan di bawah katil yang lain. （可推入另一床下面的）有轮矮床。

**truculent** *a.* galak; garang; ganas. 凶恶的；凶狠的；残暴的。 **truculently** *adv.* dengan galak, garang atau ganas. 凶恶地；凶狠地；残暴地。 **truculence** *n.* kegalakan; kegarangan; keganasan. 凶恶；凶狠；残暴。

**trudge** *v.i.* berjalan dengan susah payah. 辛苦地跋涉前进。—*n.* perjalanan yang susah payah. 跋涉。

**true** *a.* (*-er, -est*) betul; benar; sungguh. 真正的；真实的；认真的。—*adv.* dengan benar. 真实地。**trueness** *n.* kesahihan. 真实性；正确。

**truffle** *n.* cendawan yang tumbuh di bawah permukaan bumi, digunakan sebagai makanan; coklat lembut yang manis. 块菌（一种可当调味品用的地下菌）；块菌形软巧克力糖。

**trug** *n.* bakul tukang kebun. （园丁用的）条筐；椭圆形浅篮。

**truism** *n.* pernyataan yang memang benar dan tidak perlu dijelaskan. 不言而喻的事实；自明之理。

**truly** *adv.* dengan benar; dengan jujur; dengan ikhlas. 确实地；真诚地；忠实地。

**trump**[1] *n.* (*old use*) bunyi trompet. 喇叭声。

**trump**[2] *n.* daun terup yang lebih nilainya daripada yang lain; (*colloq.*) orang yang suka membantu. 桥牌游戏中的王牌；喜欢帮助别人的人；好人。—*v.t.* ~ **up** cuba menipu. 捏造；虚构。

**trumpery** *a.* cantik rupanya tetapi rendah mutunya. 虚有其表的。

**trumpet** *n.* trompet. 喇叭。—*v.t./i.* (p.t. *trumpeted*) meniup trompet; (gajah) mengeluarkan bunyi yang kuat. 鼓吹；庆祝；（象等）吼叫。**trumpeter** *n.* peniup trompet. 喇叭手。

**truncate** *v.t.* memangkas; mengudungkan; memendekkan. 截断；截短；修短。**truncation** *n.* pemendekan. 截短。

**truncheon** *n.* belantan kecil; cota. 短棍；短棒（尤指警棍）。

**trundle** *v.t./i.* bergolek; berguling. 滚动；转动。

**trunk** *n.* batang pokok; tubuh atau badan; belalai gajah; peti untuk mengangkut atau menyimpan pakaian; (*A.S.*) but kereta; (*pl.*) seluar mandi. 树干；身体躯干；象鼻；大衣箱；（美国）汽车后部的行李箱；游泳裤。~ **call** *n.* telefon panggilan jauh. 长途电话。~ **road** *n.* jalan raya utama yang penting. 干道；主干公路。

**truss** *n.* seikat rumput kering; kasau; rangka untuk mengikat atap. 一束干草；椽；（支持屋顶等的）构架。—*v.t.* diikat dengan kemas. 捆紧。

**trust** *n.* keyakinan; kepercayaan; tanggungan; harta yang diamanahkan kepada seseorang. 信任；信赖；责任；信托。—*v.t./i.* dipercayai dan dihormati; mengharapkan. 信赖而托付；期待。**in** ~ sebagai amanah. 受委托保管（财务等）。**on** ~ menerima tanpa diselidiki. 不看证据地。~ **to** bergantung kepada. 依赖。**trustful** *a.* benar; tulus; terus terang. 信任的；可靠的；深信不疑的。**trustfully** *adv.* dengan benar. 可靠地。**trustfulness** *n.* kebenaran. 信任；可靠性。

**trustee** *n.* pemegang amanah. （财产等的）受托人。

**trustworthy** *a.* amanah; dapat dipercayai. 值得信任的。

**trusty** *a.* dapat dipercayai. 可靠的；可信任的。

**truth** *n.* kebenaran; sesuatu yang benar. 真相；实情。

**truthful** *a.* bersifat benar; betul. 坦率的；真话的；真实的。**truthfully** *adv.* dengan benar. 坦率地；真实地。**truthfulness** *n.* kebenaran. 真实。

**try** *v.t./i.* cuba; berikhtiar; berusaha. 尝试；试图；努力。—*n.* percubaan; ikhtiar; usaha. 试验；试图；努力。~ **on** mencuba (pakaian) untuk melihat sama ada muat atau tidak. 试穿；试用。~ **out** menguji dengan mengguna. 试用。~-**out** *n.* percubaan. 试演；（对事务的）试验。

**trying** *a.* menyusahkan; melelahkan. 令人难堪的；令人厌烦的。

**tryst** *n.* (*old use*) perjanjian antara kekasih untuk bertemu pada tempat dan waktu yang ditentukan. 约会；幽会。

**tsar** *n.* gelar untuk bekas raja Rusia. （1917年以前俄国的）沙皇。

**tsetse** *n.* sejenis lalat di Afrika. 采采蝇（一种非洲的吸血蝇）。

**T-shirt** *n.* kemeja-T. 圆领短袖汗衫；T恤。

**T-square** *n.* sesiku-T. 丁字尺；曲尺。

**tub** *n.* bekas air; tong. 木盆；桶；洗澡盆。

**tuba** *n.* sejenis alat muzik yang ditiup. 大号（一种低音大喇叭）。

**tubby** *a.* (-ier, -iest) gemuk dan bulat. 肥胖的；桶状的。**tubbiness** *n.* kegemukan.（象木桶似的）肥胖。

**tube** *n.* tiub; silinder; (*colloq.*) sistem kereta api bawah tanah di Britain. 管；管子；（英国）地下铁道；地铁。

**tuber** *n.* umbi; ubi. 块茎；球根。

**tubercle** *n.* tuberkel; bengkak kecil. 小瘤；结核。

**tubercular** *a.* yang dihinggapi penyakit batuk kering. 有结核的；结核性的。

**tuberculin-tested** *a.* (susu) daripada lembu yang bebas tuberculosis.（牛奶）经结核菌素试验的。

**tuberculosis** *n.* penyakit batuk kering; tibi. 结核病；肺结核。

**tuberose** *n.* tumbuhan tropika yang berbunga putih dan wangi. 晚香玉。

**tuberous** *a.* seperti umbi; berubi. 有块茎的；块茎状的。

**tubing** *n.* tiub; tiub (pembuluh) panjang. 管料；导管；管道系统。

**tubular** *a.* berbentuk tiub. 管状的；管。

**TUC** *abbr.* **Trades Union Congress** Kongres Kesatuan Sekerja.（缩写）（英国）职工大会。

**tuck** *n.* lipatan yang dijahit.（衣服的）褶。—*v.t./i.* memasukkan bahagian atau hujung yang terkeluar. 把衣物塞入；塞入；把…藏入。**~ in** atau **into** (*sl.*) makan dengan sepuas-puasnya dan penuh selera. 痛快地吃喝。**~ shop** *n.* kantin sekolah. 学校的糖果食品店。

**tucker** *n.* (*Austr. colloq.*) makanan. 食物。

**Tuesday** *n.* Selasa. 星期二。

**tufa** *n.* sejenis batu. 石灰华；泉华矿。

**tuft** *n.* jambak; jambul; jumbai. 一绺头发；一束羽毛。**tufted** *a.* berjambakan. 有簇饰的；成簇生长的。

**tug** *v.t./i.* (p.t. *tugged*) merenggut; menyentak; menghela. 用力拉；拉扯；拖曳。—*n.* rentapan; sentakan yang kuat. 猛拉；拖曳。**~-of-war** pertandingan menarik tali. 拔河（比赛）。

**tuition** *n.* tuisyen. 教学；补习。

**tulip** *n.* bunga tulip. 郁金香。**~-tree** *n.* pohon tulip. 郁金香属植物。

**tulle** *n.* kain sutera yang halus untuk membuat kain tudung. 绢网；薄纱。

**tumble** *v.t./i.* jatuh bergolek atau tunggang-langgang. 跌倒；滚下。—*n.* perihal jatuh tunggang-langgang; keadaan tidak kemas. 跌倒；滚落；杂乱。**~-drier** *n.* mesin pengering. 滚筒式烘干机。**~ to** (*colloq.*) menyedari maknanya. 恍然大悟。

**tumbledown** *a.* buruk; hampir roboh.（房子等）摇摇欲坠的；破坏不堪的。

**tumbler** *n.* sejenis gelas minuman; ahli akrobat; pasak. 平底玻璃酒杯；杂技演员；（锁头的）制动栓。

**tumbrel** *n.* sejenis gerabak.（法国大革命期间载运死囚的）囚车。

**tumescent** *a.* bengkak. 肿起的。**tumescence** *n.* kebengkakan. 肿胀。

**tummy** *n.* (*colloq.*) perut. 肚子；胃。

**tumour** *n.* tumor; ketumbuhan pada bahagian badan. 肿；肿瘤。

**tumult** *n.* kegemparan; keributan; huru-hara. 喧哗；吵闹；骚动。

**tumultuous** *a.* gempar; kacau-bilau; huru-hara. 喧哗的；混乱的；骚乱的。

**tun** *n.* sejenis tong besar.（装啤酒等的）大酒桶。

**tuna** *n.* (pl. *tuna*) tuna; sejenis ikan laut. 金枪鱼。

**tundra** *n.* tundra; dataran yang tidak berpokok di kawasan Artik. 冻土带；（北极寸草不生的）冻原；寒漠。

**tune** *n.* lagu; melodi. 曲;调子。—*v.t.* menala; membetulkan bunyi; menala radio pada gelombang yang dikehendaki. 为(乐器等)调音;调(收音机的)频率。**in ~** bermain dan bernyanyi selaras dengan nada. 合调;和谐。**out of ~** tidak mengikut nada. 不合调;走调。**~ up** membetulkan alat muzik ke nada yang sebenarnya. (为乐器)调音或定弦。

**tuner** *n.* penala; orang yang menala (alat muzik). (乐器的)调音师。

**tuneful** *a.* merdu. 音调优美的;悦耳的。

**tuneless** *a.* tidak merdu; janggal. 不合调的;不悦耳的。

**tungsten** *n.* tungsten; sejenis logam yang keras dan berwarna kelabu digunakan untuk membuat aloi. 钨。

**tunic** *n.* tunik; baju panjang sampai ke lutut; sejenis baju panjang yang biasanya dijadikan sebagai pakaian seragam. (古希腊人等)长达膝盖的短袖束腰外衣。

**tuning-fork** *n.* penala; garpu tala. 音叉。

**tunnel** *n.* tembusan; terowong. 隧道;地道。—*v.t./i.* (p.t. *tunnelled*) membuat tembusan. 掘隧道;凿地道。

**tunny** *n.* sejenis ikan laut; tuna. 金枪鱼。

**tup** *n.* biri-biri jantan. 公羊。

**tuppence** *n.* dua peni. 两便士。

**turban** *n.* serban. (穆斯林和锡克教徒用的)包头巾;缠头巾。

**turbid** *a.* keruh. 浑浊的。**turbidity** *n.* kekusutan; kekeruhan. 污浊;浑浊。

**turbine** *n.* turbin; sejenis mesin yang digerakkan oleh aliran wap. 气燃涡轮机。

**turbo-** *pref.* menggunakan turbin. (前缀)表示"涡轮的"。

**turbot** *n.* sejenis ikan laut. 大菱鲆鱼。

**turbulent** *a.* bergolak; bergelora; kacau. 动乱的;汹涌的;混乱的。**turbulently** *adv.* dengan bergolak; dengan bergelora. 混乱地;汹涌地。**turbulence** *n.* kerusuhan; golakan. 动乱。

**tureen** *n.* sejenis mangkuk yang bertutup untuk sup atau sayur. (盛菜或汤用的)有盖大盘。

**turf** *n.* (pl. *turfs* atau *turves*) lapisan tanah sebelah atas yang berumput; tempat atau padang lumba kuda. 草皮;赛马场。—*v.t.* menutupi dengan kepingan tanah yang berumput. 铺上草皮。**~ accountant** penerima taruhan (judi). (赛马等)经纪人。**~ out** (*sl.*) menendang keluar. 抛掉;赶走。

**turgid** *a.* bengkak; (bahasa) indah-indah. 膨胀的;(词藻等)浮夸的;夸张的。

**turgidly** *adv.* dengan muluk; dengan indah; muluk-muluk. 夸张地;(词藻等)华丽地。**turgidity** *n.* kemulukan; keindahan. 华丽;夸张。

**Turk** *n.* peribumi Turki. 土耳其人。

**turkey** *n.* (pl. *-eys*) ayam belanda. 火鸡。

**Turkish** *a. & n.* bahasa Turki. 土耳其语(的)。**~ bath** mandi wap; pendedahan badan kepada udara panas. 土耳其浴;蒸气浴。**~ delight** sejenis manisan. 土耳其软糖。**~ towel** sejenis tuala. 土耳其毛巾;浴巾。

**turmeric** *n.* kunyit. 姜黄;(调味用的)姜黄根粉末。

**turmoil** *n.* kekacauan; huru-hara; kerusuhan. 骚乱;动乱;暴乱。

**turn** *v.t./i.* berbelok; berpusing; berpaling; memutarkan; membalikkan; membelokkan. 转弯;翻转;旋转;转向。—*n.* pusingan; putaran; kisaran; kelokan; giliran. 转动;旋转;转弯;轮流。**in ~** bergilir-gilir. 依次;轮流。**out of ~** tidak mengikut giliran. 次序混乱。**to a ~** dimasak dengan betulnya. 煮得恰到好处。**~ against** menentang. 敌对;反抗。**~ down** menolak; mengecilkan; melipat. 拒绝;(炉火等)扭小;折起;折叠。**~ in** menyampaikan; pergi tidur. 呈交;提呈;就寝。**~ off** atau **on** menutup atau membuka (lampu, paip air). (电灯、水龙头等)关上或开启。**~ out** membuangkan; mengusir; menghalau; keluar; melaporkan diri. 彻底清除;驱逐;逐出;向外;出动。**~-out** *n.*

proses mengemaskan bilik; jumlah orang yang menyertai perjumpaan sosial. 清理（房间）；出席者；到会者。**~ the tables** keadaan yang berlawanan atau sebaliknya. 扭转形势。**~ up** menjumpai; menampakkan diri; muncul. （偶然地）发现；使可见；出现。**~-up** *n.* kejadian yang tidak disangka-sangka; kaki seluar yang dilipat. 突发事件；裤脚的卷边。

**turncoat** *n.* orang yang tidak berpendirian. 叛徒；变节者。

**turner** *n.* orang bekerja dengan pelarik. 镟床工人；车床工人。**turnery** *n.* hasil kerjanya. 镟制工艺。

**turning** *n.* persimpangan jalan. （路的）转弯处。**~-point** *n.* saat perubahan penting. 转捩点；重大关键。

**turnip** *n.* sejenis lobak. 芜菁；萝卜。

**turnover** *n.* jumlah wang yang dipusing ganti perniagaan; kadar penggantian. 营业额；更换率。

**turnpike** *n. (old use) (A.S)* rumah tol yang mengutip wang di jalan raya. 高速公路的收费站。

**turnstile** *n.* lawang putar; halangan yang berpusing untuk membenarkan orang memasuki bangunan seorang demi seorang. 旋转栅门。

**turntable** *n.* alat pemain piring hitam. （唱机上的）转盘。

**turpentine** *n.* turpentin. 松脂；松节油。

**turpitude** *n.* kekejian; keburukan; kejahatan. 奸恶；卑鄙；卑劣行为。

**turps** *n. (colloq.)* turpentin. 松节油。

**turquoise** *n.* firus; batu permata berwarna hijau kebiru-biruan. 绿松石；土耳其玉。

**turret** *n.* menara kecil. 塔楼；角楼。**turreted** *a.* bermenara kecil. 塔楼形的；有角楼的。

**turtle** *n.* penyu. 龟；海鳖。**turn ~** terbalik. 倾覆；翻转。**~-dove** *n.* merbuk liar. 斑鸠。**~-neck** *n.* tengkuk baju yang tinggi. （毛衣等的）高翻领。

**tusk** *n.* gading; taring. 象牙；野猪牙；（动物的）獠牙。

**tussle** *v.i. & n.* bergelut; pergelutan; perkelahian. 扭打；争执；争斗。

**tussock** *n.* rumpun (rumput); anak bukit. 草丛；（青草等的）簇。

**tussore** *n.* sutera yang tetal. 柞丝绸。

**tutelage** *n.* perwalian; penjagaan; asuhan; didikan. 监护；辅导；（个别的）指导。

**tutelary** *a.* bertugas sebagai pelindung atau penaung. 监护人的；保护人的。

**tutor** *n.* pengajar; pendidik; pembimbing. （大专学院的）助教；（大学的）导师；家庭教师。—*v.t./i.* bertindak sebagai pengajar. 指导；教授。

**tutorial** *a.* berkenaan dengan kelas bimbingan untuk seseorang atau sekumpulan kecil pelajar. 辅导课的。—*n.* tutorial; kelas tuisyen. 辅导课。

**tut-tut** *int.* isy; ah; seruan tanda tersinggung, tidak sabar. 啧啧！（表示不赞成、不耐烦等的感叹词）

**tutu** *n.* pakaian penari. （芭蕾舞蹈员的）短裙。

**tuxedo** *n. (pl. -os)* jaket atau kot. （男子出席晚宴时穿的）礼服。

**TV** *abbr.* **television** televisyen. （缩写）电视。

**twaddle** *n.* omongan kosong; karut. 废话；无聊的话。

**twain** *a. & n. (old use)* dua. 二（的）。

**twang** *n.* dentingan; bunyi seperti bunyi gitar; bunyi sengau. 拨弦声；（吉他等的）弹拨声；鼻音。—*v.t./i.* memetik gitar; menyengaukan. 弹拨（吉他等）；发出鼻音。

**tweak** *v.t. & n.* menyepit; memulas; mencubit. 捏；扭；拧。

**twee** *a.* terlalu manis; terlalu molek. 妖艳的；漂亮但娇饰的。

**tweed** *n.* kain tweed; sejenis kain bulu; *(pl.)* pakaian yang diperbuat daripada kain tweed. 花呢（一种布料）；花呢衣服。

**tweedy** *a.* seperti kain tweed. 似花呢的。

**tweet** *n. & v.i.* bunyi seperti bunyi burung; cip; cit. 小鸟叫声；啾啾地叫。

**tweeter** *n.* pembesar suara yang mengeluarkan bunyi yang tinggi nadanya. 高频扬声器。

**tweezers** *n.pl.* penyepit kecil untuk mencabut atau menarik benda-benda halus. 小钳子。

**twelve** *a. & n.* dua belas. 十二(的)。 **twelfth** *a. & n.* yang kedua belas. 第十二(的)。

**twenty** *a. & n.* dua puluh. 二十(的)。 **~-five** *n.* garisan dua puluh lima ela dari garisan gol. (橄榄球等)离球门25号线。 **twentieth** *a. & n.* yang kedua puluh. 第二十(的)。

**twerp** *n.* (*sl.*) orang yang hina atau keji. 可鄙的人；无足轻重的人。

**twice** *adv.* dua kali ganda. 两倍。

**twiddle** *v.t.* berputar; memutarkan. 旋转；转动。—*n.* perbuatan memutar-mutarkan atau memain-mainkan. 连续转动；玩弄。 **~ one's thumb** memusing-musingkan ibu jari; melangut. 百无聊赖地旋手拇指。 **twiddly** *a.* secara berputar-putar. 捻弄似。

**twig**[1] *n.* ranting. 细枝。

**twig**[2] *v.t./i.* (p.t. *twigged*) (*colloq.*) mengerti; dapat memahami. 明白；了解。

**twilight** *n.* senja; keadaan kabur. 黎明；蒙昽。

**twill** *n.* kain twill; sejenis kain yang ditenun dengan benangnya melintang kelihatan timbul. 斜纹布。 **twilled** *a.* ditenun seperti kain twill. 斜纹的。

**twin** *n.* anak kembar; sepasang yang serupa. 孪生子；双生子。—*v.t./i.* (p.t. *twinned*) digabung sebagai satu pasangan. 成对。

**twine** *n.* tali yang dipilin atau dipintal. 细绳；捻线。—*v.t./i.* memutar; memilin; memintal. 转动；缠卷；搓捻。

**twinge** *n.* merasa sakit atau pedih dengan tiba-tiba. (突来的)刺痛；阵痛。

**twinkle** *v.i.* berkelip-kelip; mengerlip; berkedip-kedip. 闪动；闪烁；眨(眼)。 —*n.* kerdipan; kerlipan. 眨眼；闪烁；闪亮。

**twirl** *v.t./i.* berputar; berpusar; berpusing. 转动；旋转；转。—*n.* putaran; pusingan; pusaran. 转动；旋转；转。 **twirly** *a.* berputar-putar. 旋转地。

**twist** *v.t./i.* memintal; memilin; menjalin; berbelit; melilit. 拧；扭；编；缠卷；搓。 —*n.* pintalan; putaran; pemilinan. 拧转；扭转；绞。 **twister** *n.* orang yang memutarbelitkan perkataan orang lain; orang yang tidak jujur. 绞；歪曲事实的人；不老实的人。

**twit**[1] *v.t.* (p.t. *twitted*) mengejek; memperolokkan. 嘲笑；挖苦。

**twit**[2] *n.* (*sl.*) orang yang dikeji atau dihina. 傻瓜；可鄙的人。

**twitch** *v.t./i.* merenggut; menyentak. 使抽动；急扯。—*n.* renggutan; sentakan. 抽动；抽搐。

**twitter** *v.i.* mencicit; berdecit. 吱吱叫；唧唧喳喳地说话；吃吃地笑。—*n.* decitan; ciap. 唧啾声；唧唧喳喳声。

**two** *a. & n.* dua. 二；两个(人或物的)。 **be in ~ minds** menjadi tidak tentu untuk membuat keputusan. 犹豫不决。 **~-faced** *a.* talam dua muka. 双面的；圆滑虚伪的人。 **~-piece** *n.* sut. (衣服)两件一套的。

**twofold** *a. & adv.* dua kali ganda; dua. 两倍的(地)；双重的(地)。

**twopence** *n.* jumlah dua peni. 两便士(英国旧时铜币)。 **twopenny** *a.* dua peni. 值两便士的。

**twosome** *n.* berpasangan. (游戏、比赛等的)两人一组。

**tycoon** *n.* hartawan; saudagar yang amat kaya. (企业界等的)大实业家；大亨。

**tying** *lihat* **tie**. 见 **tie**。

**tyke** *n.* anjing geladak. 野狗；杂种狗。

**tympanum** *n.* (pl. *-na*) timpanum; gegendang telinga. 鼓膜；耳膜。

**Tynwald** *n.* majlis pemerintahan di *Isle of Man*. (英国)马恩岛议会。

**type** *n.* contoh; model; jenis. 榜样；类型；品种。—*v.t./i.* menyisihkan mengikut jenis; menulis dengan menggunakan mesin taip. 按类型分类；用打字机打（字）。

**typecast** *v.t.* dianggap sebagai pelakon yang sesuai untuk sesuatu watak. 分配（演员）担任角色。

**typescript** *n.* skrip bertaip. 打字稿。

**typewriter** *n.* mesin taip. 打字机。**typewritten** *a.* bertaip. 用打字机打的。

**typhoid** *n.* ~ **fever** demam kepialu; penyakit usus yang mudah berjangkit. 伤寒症；肠热症。

**typhoon** *n.* taufan; badai. 台风；飓风。

**typhus** *n.* tifus; demam berjangkit yang dibawa oleh parasit. 斑疹伤寒。

**typical** *a.* tipikal; yang biasa terdapat dan dijadikan contoh. 典型的；模范的。

**typically** *adv.* keadaan yang biasa sahaja. 典型地；象征地。

**typify** *v.t.* menjadi contoh; melambangkan. 成为…的典范；象征。

**typist** *n.* jurutaip. 打字员。

**typography** *n.* tipografi; ilmu cetak. 印刷术；印刷。**typographical** *a.* berkenaan dengan tifografi. 印刷上的。

**tyrannize** *v.i.* bermaharajalela; memperlakukan dengan sewenang-wenangnya. 暴虐统治；强横霸道。

**tyranny** *n.* penindasan; kezaliman. 高压政治；暴政。**tyrannical** *a.* kejam dan zalim; tidak berperikemanusiaan. 暴政的；专横的。**tyrannically** *adv.* berhubung dengan kezaliman. 残暴地；专横地。**tyrannous** *a.* bersifat zalim. 暴虐的。

**tyrant** *n.* raja yang zalim. 暴君。

**tyre** *n.* tayar. 轮胎；车胎。

**tyro** *n.* (pl. *-os*) orang yang mempunyai sedikit pengalaman. 新手；初学者。

# U

**ubiquitous** *a.* terdapat di mana-mana. 普遍存在的。**ubiquity** *n.* kemelataan; keadaan boleh didapati di mana-mana. 普遍存在。

**udder** *n.* tetek lembu, kambing, dll. 母牛、母羊等的乳房。

**UFO** *abbr.* **unidentified flying object** benda terbang yang tidak dikenali; piring terbang. （缩写）不明飞行物体；飞碟。

**ugh** ee! kata-kata menyampah. 呀！唷！（表示厌恶、恐怖等的感叹词）

**Ugli** *n.* buah sitrus bercapuk hijau dan kuning. 果皮黄绿斑驳的牙买加丑橘。

**ugly** *a.* (*-ier*, *-iest*) hodoh; buruk; mengancam; ganas. 难看的；丑陋的；令人不安的；脾气坏的。**ugliness** *n.* keburukan; kehodohan. 丑陋；邪恶。

**U.H.F.** *abbr.* **ultra-high frequency** frekuensi yang terlampau tinggi. （缩写）超高频；特高频。

**U.K.** *abbr.* **United Kingdom**. （缩写）英国。

**ukulele** *n.* ukelele gitar kecil bertali empat. 夏威夷的尤克里里四弦琴。

**ulcer** *n.* ulser; bisul; puru; barah. 溃疡；肿疮。**ulcerous** *a.* berulser; berbisul; berbarah. 患溃疡的；溃疡性的。

**ulcerated** *a.* berulser; berpuru; membarah. 溃烂的;成溃疡的。 **ulceration** *n.* perihal ulser, puru, barah atau bisul. 溃疡形成;溃疡;瘍肿。

**ulna** *n.* ulna; tulang hasta. 尺骨。

**ulster** *n.* kot luar yang panjang daripada kain kasar. 粗呢长大衣。

**ulterior** *a.* terselindung; tersembunyi. 隐秘的;未揭露的。

**ultimate** *a.* akhir; penghabisan; berkenaan dengan dasar. 最后的;结局的;根本的。 **ultimately** *adv.* akhirnya; kesudahannya. 最后;结果。

**ultimatum** *n.* (pl. *-ums*) kata dua. 最后通牒;哀的美敦书。

**ultra-** *pref.* melepasi; melampaui; melebihi. (前缀) 表示"超;超过;越出"。

**ultra-high** *a.* ultratinggi. 超高的。

**ultramarine** *a. & n.* warna biru terang. 绀青(的);群青色(的)。

**ultrasonic** *a.* ultrasonik; mengatasi pendengaran manusia biasa. 超声波的;超声的。

**ultrasound** *n.* ultrabunyi; gelombang ultra-sonik. 超声波;超声。

**ultraviolet** *a.* sinar ultraungu; menggunakan radiasi dengan jarak gelombang pendek daripada sinaran yang terlihat. 紫外光的;利用紫外线的。

**ululate** *v.i.* meraung; melolong. 吠;嗥;吼。 **ululation** *n.* raungan; lolongan. 吠声;吼叫声。

**umbel** *n.* umbel; gugusan bunga yang batangnya hampir sama panjang. 伞形花序。

**umber** *n.* bahan pewarna warna coklat. 深棕色料。 **burnt ~** coklat kemerah-merahan. 深赭色。

**umbilical** *a.* yang berkenaan dengan pusat. 与脐连接的;肚脐的。 **~ cord** tali pusat. 脐带。

**umbra** *n.* (pl. *-ae*) umbra; kawasan bayang penuh yang disebabkan oleh bulan atau bumi semasa gerhana. 本影;太阳黑子的中央暗黑部。

**umbrage** *n.* rasa tersinggung atau kecil hati. (感情、自尊)伤害;不快。 **take ~** berasa kecil hati. 生气。

**umbrella** *n.* payung. 伞;雨伞。

**umpire** *n.* pengadil. 仲裁人;公断人;比赛的裁判员。 —*v.t.* bertindak sebagai pengadil. 仲裁;当裁判员。

**umpteen** *a.* (*sl.*) terlalu banyak. 许多的。 **umpteenth** *a.* jumlah yang tidak terkira. 无数次的。

**U.N.** *abbr.* **United Nations** Pertubuhan Bangsa-bangsa Bersatu. (缩写)联合国。

**'un** *pron.* (*colloq.*) satu; se. 一个(人或东西)。

**un-** *pref.* awalan kata yang ertinya tidak atau sebaliknya. (前缀)表示"不;无;未"。

**unable** *a.* tidak sanggup; tidak dapat; tidak mampu. 不能(做)的;无法(实现)的。

**unaccountable** *a.* tidak dapat diterangkan; tidak ada catatan tentang tindakan seseorang itu. 难以说明的;无法解释的。 **unaccountably** *adv.* perihal sukar difahami. 莫名其妙地。

**unadopted** *a.* (tentang jalan raya) tidak diselenggara oleh pihak berkuasa tempatan. (道路)未被地方当局承担保养的。

**unadulterated** *a.* suci; sejati; tulen; sepenuhnya. 纯粹的;不搀杂的;完全的。

**unalloyed** *a.* suci. 纯粹的。

**unanimous** *a.* sebulat suara. 无异议的。 **unanimously** *adv.* dengan sebulat suara. 一致地。 **unanimity** *n.* kebulatan suara yang mutlak. 一致同意;无异议。

**unarmed** *a.* tidak bersenjata. 无武器的;未武装的。

**unasked** *a.* tidak ditanyai; tanpa disuruh. 主动提出的。

**unassuming** *a.* tidak angkuh. 谦逊的。

**unattended** *a.* (kenderaan, dsb.) tidak ditunggu. (车辆等)无人看管的。

**unavoidable** *a.* tidak dapat dielakkan. 不能避免的；不得已的。 **unavoidably** *adv.* dengan tidak dapat dielakkan. 不得已。

**unaware** *a.* tidak sedar; tidak insaf; tidak perasan. 没觉察到的；没注意到的。

**unawares** *adv.* tidak disedarinya; tanpa disangka-sangka. 不知不觉地；突然地；出其不意地。

**unbalanced** *a.* tidak seimbang; tidak siuman; berfikiran tidak waras. 失去平衡的；精神错乱的。

**unbearable** *a.* tidak tertahan. 难以忍受的。

**unbeatable** *a.* sukar ditewaskan atau diatasi. 难以战胜的；无法超越的。

**unbeaten** *a.* tidak kalah. 战无不胜的；不败的。

**unbeknown** *a.* (*colloq.*) tidak dikenali; tanpa diketahui. 不为人所知的；未知的。

**unbend** *v.t./i.* (p.t. *unbent*) meluruskan; menjadi lebih mesra. 弄直；放松。

**unbending** *a.* tegas; tidak berubah sikap atau pendirian. 不屈不挠的；坚定的。

**unbiased** *a.* tidak memihak; tidak berat sebelah. 不偏袒任何一方的；中肯的。

**unbidden** *a.* tidak dijemput; tidak diminta. 未经邀请的；自发的。

**unblock** *v.t.* mengalihkan halangan atau gangguan. 把障碍物移开。

**unbolt** *v.t.* membuka kunci. 把锁、插锁等打开。

**unborn** *a.* belum dilahirkan. 未出生的。

**unbosom** *v.t.* meluahkan; mencurahkan. 说出；吐露。

**unbounded** *a.* tiada had; tidak terbatas. 无限的；无边无际的。

**unbridled** *a.* tidak tertahan; tidak terkawal. 不受约束的；放纵的。

**unburden** *v.refl.* ~ **oneself** mengeluarkan perasaan dan fikiran yang terpendam. 倾诉心事。

**uncalled-for** *a.* tidak dikehendaki; tidak pada tempatnya. 不必要的；多此一举的。

**uncanny** *a.* (*-ier, -iest*) sangat pelik dan menakutkan; ganjil. 令人毛骨悚然的；神秘的。 **uncannily** *adv.* dengan aneh; dengan menyeramkan. 不寻常地。

**unceasing** *a.* tidak berkesudahan; berlanjutan; tidak berhenti-henti. 持续不断的。

**unceremonious** *a.* tidak beradat; tidak bersopan santun; kurang sopan. 不拘礼节的；没礼貌的；粗鲁的。

**uncertain** *a.* tidak pasti. 不肯定的；不确定的。 **uncertainly** *adv.* dengan ragu. 不确定地；含糊地。 **uncertainty** *n.* ketidakpastian. 不确定；不稳定。

**unchristian** *a.* berlawanan dengan prinsip Kristian. 不信仰基督教的；不仁爱的。

**uncial** *a.* tentang penggunaan tulisan huruf besar yang kedapatan pada skrip abad keempat hingga kelapan. 公元4至8世纪希腊及拉丁手抄本中常用的安色尔字体的。 —*n.* tulisan-tulisan zaman tersebut. 安色尔字体手稿。

**uncle** *n.* bapa saudara. 伯父；叔父；舅父；姑丈；姨丈。

**unclean** *a.* tidak bersih; tidak suci. （尤指法律、宗教）污秽的；不洁净的。

**uncoil** *v.t./i.* membuka lingkaran. （把卷绕着的东西）展开。

**uncommon** *a.* tidak biasa; ajaib. 不寻常的。

**uncompromising** *a.* tidak dapat (mahu) bertolak ansur. 不妥协的；不让步的。

**unconcern** *n.* tidak mengambil berat; tidak peduli. 漠不关心。

**unconditional** *a.* tidak bersyarat; tidak terikat kepada janji. 无条件的；不受约束的。 **unconditionally** *adv.* dengan mutlak; dengan tidak bersyarat. 绝对地；无条件地。

**unconscionable** *a.* berlawanan dengan perasaan sebenar seseorang; tidak patut; tidak berhati perut. 昧着良心的；不合理的。

**unconscious** *a.* pengsan; tidak sedar akan diri. 昏迷的；不省人事的。**unconsciously** *adv.* dengan tidak sedar. 无意识地；不知不觉地。**unconsciousness** *n.* ketidaksedaran. 昏迷状态。

**unconsidered** *a.* tidak dipertimbangkan atau tidak diberi pertimbangan. 不值得考虑的；被忽略的。

**uncooperative** *a.* tidak bekerjasama. 不合作的。

**uncork** *v.t.* mengeluarkan atau menanggalkan gabus. 拔去（瓶塞）。

**uncouple** *v.t.* membuka atau menanggalkan (benda yang bersambung-sambung). 解开挂钩。

**uncouth** *a.* biadab; tidak bersopan. 粗鲁的；无教养的。

**uncover** *v.t.* membuka; menanggalkan; menelanjangkan; mendedahkan. 打开（盖子）；移去（覆盖物）；暴露；揭露。

**unction** *n.* berpura-pura beradab; perbuatan melumurkan minyak ke badan (dalam upacara keagamaan). 虚情假意；（宗教仪式中）在身上涂油。

**unctuous** *a.* bersifat bermuka-muka; berpura-pura; dalam keadaan berminyak. 虚情假意的；假殷勤的；滑溜的。

**unctuously** *adv.* berminyak; dengan bermuka-muka. 油性地；虚情假意地。

**unctuousness** *n.* kepura-puraan. 假殷勤。

**uncut** *a.* tidak dipotong atau ditapis. 未切割的；(书、电影等)未被删节的。

**undeceive** *v.t.* menyedarkan daripada sesuatu kesalahan atau perdayaan. 使不再受骗；使醒悟。

**undecided** *a.* tidak pasti; belum membuat keputusan. 优柔寡断的；尚未做出决定的。

**undeniable** *a.* tidak dapat disangkal atau dinafikan. 无可否认的；确实的。**undeniably** *adv.* sememangnya; sebenarnya. 无可否认地；确实地；实际上。

**under** *prep.* bawah. 在…之下。—*adv.* rendah pangkatnya. 在下面；(级别等)低于。**~ age** belum dewasa; tidak cukup umur. 未成年；未达法定年龄。**~ way** meneruskan kerja-kerja. (工作)正在进行。

**under-** *pref.* rendah; kurang; kaki tangan bawahan; kekurangan. (前缀)表示"在…下面的；不足；低于"。

**underarm** *a. & adv.* di bawah ketiak. 腋下的；在腋下。

**undercarriage** *n.* peralatan pendaratan pesawat udara. 飞机的起落架。

**underclass** *n.* kelas sosial bawah masyarakat biasa. 下层社会。

**undercliff** *n.* cenuram rendah atau teres yang dibentuk gelinciran tanah. 因滑坡或坍塌而形成的下崖坡。

**underclothes** *n.pl.* pakaian dalam. 内衣。

**undercoat** *n.* cat alas. 底漆。

**undercover** *a.* melakukan atau membuat kerja secara berahsia. 暗中进行的；从事秘密工作的。

**undercroft** *n.* bilik bawah gereja; krip. 教堂的地下室；地窖。

**undercurrent** *n.* arus di bawah permukaan air; perasaan yang tersembunyi. 暗流；潜伏的情绪。

**undercut** *v.t.* (p.t. *undercut*) memotong di bahagian bawah; menjual atau bekerja dengan bayaran yang lebih murah. 切掉下部；减低价格。

**underdog** *n.* orang yang tertindas; orang yang lemah dan selalu menderita dalam perjuangan atau pertempuran. 失败者；竞赛等中居于劣势的人。

**underdone** *a.* belum masak betul; kurang matang. 半生不熟的。

**underestimate** *v.t.* kurang peruntukan; memperkecilkan kebolehan seseorang. 低估；看轻（某人）。**underestimation** *n.* kekurangan peruntukannya. 评价过低。

**underfelt** *n.* kain felt lapik permaidani. 地毯垫毡。

**underfoot** *adv.* di atas bumi; di bawah tapak kaki seseorang. 在地上；在脚下。

**undergarment** *n.* pakaian dalam. 内衣；衬衣。

**undergo** *v.t.* (p.t. *-went*, p.p. *-gone*) mengalami; menempuhi; menanggung. 经历；遭受（困苦）；忍受。

**undergraduate** *n.* siswazah; penuntut universiti yang masih belum mendapat ijazah. 大学肄业生。

**underground**[1] *adv.* di bawah tanah; rahsia; bersembunyi. 在地下；秘密地；不公开地。

**underground**[2] *a.* bawah tanah; sulit. 地下的；秘密的；地下活动的；隐蔽的。—*n.* kereta api di bawah tanah. 地下铁道。

**undergrowth** *n.* semak; belukar. 林下植物；灌木丛。

**underhand**[1] *a.* membuat sesuatu dengan rahsia atau tipu helah. 做事偷偷摸摸的；不光明正大的。

**underhand**[2] *adv.* paras rusuk. (板球、网球等) 手不过肩地。

**underlay**[1] *v.t.* melapik; mengalas. 放在…的底部；从下面支撑。

**underlay**[2] *n.* lapik permaidani. 地毯衬。

**underlie** *v.t.* (p.t. *-lay*, p.p. *-lain*, pres. p. *-lying*) meletakkan di bawah; menjadi asas. 放在…的下面；引起；成为…的基础。**underlying** *a.* lapisan di bawah. 在下面的。

**underline** *v.t.* menekankan; membubuh garis di bawahnya. 强调；在…下划线。

**underling** *n.* orang bawahan. 下属。

**undermanned** *a.* kurang anak kapal; kurang pekerja. 船员不足的；人手不足的。

**undermine** *v.t.* menggali lubang di dalam tanah; melemahkan dengan diam-diam. 在地下挖掘；削弱…的基础。

**underneath** *prep. & adv.* di bawah atau di dalam (sesuatu barang). 在…下面；在…里面。

**underpaid** *a.* kurang mendapat bayaran. 工资不足的；报酬过低的。

**underpants** *n.pl.* seluar dalam lelaki. 男内裤。

**underpass** *n.* jalan raya di bawah jalan raya yang lain. 高架桥下通道；地下通道。

**underpin** *v.t.* (p.t. *-pinned*) menyangga; menopang; menguatkan. （用柱子等）从下面支撑；支持；加固。

**underprivileged** *a.* kurang mampu; kurang bernasib baik. 被剥夺基本权利的。

**underrate** *v.t.* memandang rendah. 低估；轻视。

**underripe** *a.* tidak matang; tidak masak betul. （瓜果等）未熟的。

**underseal** *v.t.* mengecat bahagian bawah (badan kereta) dengan lapisan pelindung. 在（汽车底部）涂防水材料。

**undersell** *v.t.* (p.t. *-sold*) menjual dengan harga yang murah. 廉价出售。

**undershoot** *v.t.* (p.t. *-shot*) tidak mengenai sasaran; mendarat tidak sampai ke landasan. （射击等）低于目标；（飞机降落时）未达跑道。

**undershot** *a.* (berkenaan kincir) diputar oleh air yang mengalir di bawahnya. （水轮）下射式的。

**undersigned** *a.* yang bertandatangan di bawah. 在文件上签名者的。

**undersized** *a.* lebih kecil daripada biasa. 比一般尺寸小的。

**underskirt** *n.* kain dalam wanita. 衬裙；内裙。

**underslung** *a.* disangga dari atas. （车架）下悬式的；车身置于车轴下的。

**understand** *v.t./i.* (p.t. *-stood*) memahami; faham akan; mengerti; mengetahui; mendapat tahu. 明白；理解；体会；获悉。

**understandable** *a.* dapat difahami. 可理解的。

**understanding** *a.* menunjukkan rasa simpati. 通情达理的；能体谅的。—*n.* pemahaman; pengertian; kebolehan memahami; cerdik; kata sepakat; persefahaman. 理解；体谅；悟性；同情；协议。

**understatement** *n.* pernyataan yang tidak lengkap. 不充分的陈述；保守而不完整的说法。

**understeer** *v.i.* (tentang kereta) membelok tidak betul. （汽车）转向不足。—*n.* pembabasan. 转向不足的趋向。

**understudy** *n.* pelakon ganti; bakal pengganti. 演戏以作侯补。—*v.t.* mempelajari (dengan tujuan untuk mengganti). 演习（角色）。

**undertake** *v.t.* (p.t. *-took*, p.p. *-taken*) berjanji; menanggung. 承诺；承担。

**undertaker** *n.* orang yang menguruskan pengebumian. 承办丧事的人；殡仪实业经营者。

**undertaking** *n.* pengusahaan; perusahaan. 企业；事业。

**undertone** *n.* bunyi suara yang rendah; suara yang tertekan. 低音；低声。

**undertow** *n.* arus songsang yang berlawanan di permukaan air. 底流；下层逆流。

**undervalue** *v.t.* meletakkan harga yang terlalu rendah. 把…价值估低；低估（价格）。

**underwater** *a. & adv.* di bawah permukaan air. 在水下（的）；在水中（的）。

**underwear** *n.* pakaian dalam. 内衣裤。

**underweight** *n.* kurang beratnya; ringan. 重量不足的；体重不足的。

**underwent** *lihat* undergo. 见 **undergo**。

**underworld** *n.* (dalam mitologi) tempat roh berkumpul; alam barzakh; golongan jahat yang terlibat dalam jenayah. （神话中的）下界；阴间；地狱；罪犯社会；下流社会。

**underwrite** *v.t.* (p.t. *-wrote*, p.p. *-written*) menanggung; menaja jamin (insurans). 签署（保险单）；通过保险承担（责任）。○ **underwriter** *n.* penaja jamin; orang yang mengurus insurans. 保险商；保险单签署人；承担人。

**undeserved** *a.* tidak berhak. 不该受的；不应得的；不公平的。**undeservedly** *adv.* perihal tidak berhak langsung. 不当地；不公平地。

**undesirable** *a.* tidak diingini; patut dibantah. 不受欢迎的；令人不快的；讨厌的。○ **undesirably** *adv.* secara tidak diingini. 令人不快地；讨厌地。

**undeveloped** *a.* tidak maju; tidak berkembang. 不发达的；未发展的。

**undies** *n.pl.* (*colloq.*) pakaian dalam wanita. 妇女的内衣。

**undo** *v.t.* (p.t. *-did*, p.p. *-done*) membuka; menanggalkan; mengungkai; membatalkan. 解开（绳结）；脱去；拆去；取消；废除。

**undone** *a.* menanggalkan; tidak dilakukan; (*old use*) memusnahkan. 拆开的；未做的；毁灭的。

**undoubted** *a.* nescaya; tidak boleh tidak. 无庸置疑的；肯定的。**undoubtedly** *adv.* dengan tidak diragui. 无庸置疑地。

**undress** *v.t./i.* menanggalkan pakaian. 脱去（衣服）。

**undue** *a.* tidak kena pada tempatnya; tidak patut. 不适当的；过分的。

**undulate** *v.t./i.* berombak; beralun; menggelembung. 波动；起伏。**undulation** *n.* alunan bergelombang. 波动；起伏。

**unduly** *adv.* secara tidak patut; tidak kena pada tempatnya. 不适当地；过分地。

**undying** *a.* tidak mati; tidak berhenti; kekal. 不死的；永恒的；不朽的。

**unearth** *v.t.* mengeluarkan daripada tanah; membuka rahsia; menemukan. 从地下掘出；揭露秘密；发现。

**unearthly** *a.* yang mengerikan; menakutkan; ghaib. 可怕的；怪异的；非世俗的。

**uneasy** *a.* khuatir; resah; bimbang; cemas; gelisah. 忧虑的；不安的；烦恼的。

**uneasily** *adv.* dengan cemas, gelisah atau bimbang. 不安地；忧虑地；担心地。

**uneasiness** *n.* kegelisahan; kecemasan; kebimbangan. 烦躁；不安；担忧。

**uneatable** *a.* tidak sesuai dimakan. 不能吃的；不适合食用的。

**uneconomic** *a.* tidak menguntungkan. 不经济的；浪费的。

**unemployable** *a.* tidak boleh diambil bekerja. (因年龄、健康等)不能被雇用的。

**unemployed** *a.* tanpa pekerjaan; tidak mempunyai pekerjaan; tidak menggunakan; menganggur. 未被雇用的；失业的；闲置的。**unemployment** *n.* pengangguran. 失业；失业状态。

**unending** *a.* tidak berkesudahan; kekal; abadi. 永无止境的；不朽的；永恒的。

**unequal** *a.* tidak sama; tidak sepadan. (大小程度等) 不相等的；不等量的；不平等的。**unequally** *adv.* dengan tidak sama. 不均一地；不平等地。

**unequivocal** *a.* terang dan tidak samar; nyata. 不含糊的；明确的；清楚明白的。**unequivocally** *adv.* dengan jelas; tanpa ragu. 毫不含糊地。

**unerring** *a.* tidak salah; tepat. 不出差错的；准确的。

**uneven** *a.* tidak sama; tidak genap; tidak rata. 不一致的；奇数的；不平坦的；不齐的。**unevenly** *adv.* dengan tidak rata. 凹凸不平地。**unevenness** *n.* keganjilan; tidak ratanya. 不一致。

**unexampled** *a.* tiada taranya; tiada tolok bandingnya. 无先例的；绝无仅有的。

**unexceptionable** *a.* sangat terpuji; tiada cacat celanya. 完美无缺的；无懈可击的。

**unexceptional** *a.* bukan luar biasa. 非例外的；平常的。

**unexpected** *a.* tidak diduga. 没有料到的；意外的。**unexpectedly** *adv.* dengan tidak diduga sama sekali. 出乎意料地。

**unfailing** *a.* tidak putus-putus; tidak berakhir. 连续不断的；无穷尽的。

**unfair** *a.* tidak jujur; tidak adil. 不诚实的；不公平的。**unfairly** *adv.* secara tidak adil. 不公平地。**unfairness** *n.* ketidakadilan. 不公平。

**unfaithful** *a.* tidak setia; curang; mungkir. 不忠实的；不正当的；不守信的。**unfaithfully** *adv.* dengan curang. 不正当地；不忠地。**unfaithfulness** *n.* ketidaksetiaan; kecurangan. 不忠；不老实。

**unfasten** *v.t.* membuka ikatan; menanggalkan. 解开；松开。

**unfeeling** *a.* bengis; kejam; tiada belas kasihan. 冷酷的；残酷的；无同情心的。**unfeelingly** *adv.* dengan kejam; dengan tiada belas kasihan. 残酷地；无情地。

**unfit** *a.* tidak sesuai; tidak cekap; tidak patut; tidak cergas; tidak layak. 不合适的；不能胜任的；不健康的；不合格的。—*v.t.* (p.t. *unfitted*) menjadi tidak sesuai. 使不合适；使不胜任。

**unflappable** *a.* tidak mudah gelabah; tenang. 沉着冷静的；镇定的。

**unfold** *v.t./i.* membuka; membentang; memberitahu. 打开；摊开；表露。

**unforgettable** *a.* yang tidak dapat dilupakan. 难忘的；刻骨铭心的。**unforgettably** *adv.* tidak dapat dilupakan. 念念不忘地。

**unfortunate** *a.* celaka; malang. 不幸的；倒霉的。**unfortunately** *adv.* malangnya. 倒霉地。

**unfounded** *a.* tidak beralasan; tidak berasas. 没有根据的；胡扯的；捏造的。

**unfrock** *v.t.* (tentang paderi) dipecat daripada jawatannya. 免去（牧师等）的圣职。

**unfurl** *v.t./i.* membentangkan; membuka. 打开；展开。

**ungainly** *adv.* kaku; kekok; canggung. 笨拙地；生硬地；拙劣地。**ungainliness** *n.* kekakuan; kecanggungan. 笨拙；生硬。

**unget-at-able** *a.* (*colloq.*) tidak boleh dicapai. 不容易达到的；不易进入的。

**ungodly** *a.* tidak beriman; tidak taat kepada agama; berdosa; (*colloq.*) tidak munasabah. 不信神的；不敬神的；罪孽深重的；荒唐的。

**ungovernable** *a.* tidak terkawal atau tidak dapat dikawal. 无法控制的；难治理的；难约束的。

**ungracious** *a.* tidak ehsan atau sopan. 没礼貌的；粗野的。**ungraciously** *adv.* secara tidak sopan. 粗野地。

**ungrateful** *a.* tidak berterima kasih; tidak mengenang budi. 不领情的；忘恩负义的。

**unguarded** *a.* tidak berjaga; tidak berawas. 毫无防备的；不留神的。

**unguent** *n.* minyak gosok; minyak pelincir. 药膏；润滑油。

**ungulate** *a. & n.* berkuku (haiwan). 有蹄(的)；有蹄类哺乳动物(的)。

**unhand** *v.t.* melepaskan. 把手放开；放掉。

**unhappy** *a.* (*-ier, -iest*) sedih; tidak bernasib baik; tidak sesuai. 伤心的；不幸的；不合适的。**unhappily** *adv.* dengan sedihnya. 伤心地；闷闷不快地。**unhappiness** *n.* kesedihan; kedukaan. 伤心；不开心。

**unhealthy** *a.* (*-ier, -iest*) kurang sihat; tidak sihat; sakit. 不健康的；病弱的。**unhealthily** *adv.* mendapat sakit; kesihatan terganggu. 孱弱地；不健全地。

**unheard-of** *a.* tidak pernah didengar. 没听过的；没有被听见的。

**unhinge** *v.t.* tidak waras; miring. 使(精神、思想等)失去平衡；使(精神)错乱。

**unholy** *a.* (*-ier, -iest*) tidak suci; tidak beriman; berdosa; (*colloq.*) sangat besar. 不纯洁的；不神圣的；有罪的；大得骇人的。

**unhook** *v.t.* terlepas daripada cangkuknya; tertanggal. 把…从钩上取下；解开(钩子)。

**unhorse** *v.t.* terjatuh atau diheret kuda. 把…抛下马。

**unicorn** *n.* sejenis binatang dongengan seperti kuda yang bertanduk satu didahinya. 西方传说中的独角兽。

**uniform** *n.* pakaian seragam. 制服。*—a.* sentiasa sama; serupa. 一贯的。**uniformly** *adv.* dengan seragam. 一律(穿上制服)地。**uniformity** *n.* keseragaman; keserupaan. 一致；一律。

**unify** *v.t.* menggabungkan; menyatukan. 使成为一体；统一。**unification** *n.* kesatuan; penyatuan. 联合；统一。

**unilateral** *a.* berkenaan dengan satu pihak sahaja. 单方面的。**unilaterally** *adv.* perihal berpihak kepada satu golongan sahaja. 单方面地；单向地。

**unimpeachable** *a.* yang tidak dapat dicela; boleh dipercayai; tidak dapat diragukan. 无瑕疵的；完全可靠的；无庸置疑的。

**uninviting** *a.* tidak menarik; meloyakan. 不吸引人的；令人作呕的。

**union** *n.* persatuan; persekutuan; ikatan; gabungan. 联合会；工会；联盟。**Union Jack** bendera United Kingdom. 英国国旗。

**unionist** *n.* ahli kesatuan sekerja; penyokong atau pendukung kesatuan sekerja. 工会会员；工会主义者。

**unionize** *v.t.* menjadi ahli kesatuan sekerja. 加入工会；加入联合组织。

**unique** *a.* satu jenis sahaja; tiada bandingannya; tunggal. 独一无二的；无可匹敌的；独特的。**uniquely** *adv.* dengan tiada taranya; satu-satunya. 无可匹敌地；独一无二地。

**unisex** *a.* uniseks; gaya yang sesuai untuk kedua-dua jenis jantina. (服装、发式等)不分男女的；男女都适用的。

**unison** *n.* in ~ bersama; menyanyi bersama; persamaan bunyi; serentak. 一致地；和谐；齐唱；同音。

**unit** *n.* unit; satuan; kesatuan. 单位；个位数；团体。~ **trust** amanah saham; syarikat yang melabur dan membayar dividen. 单位信托。

**Unitarian** *n.* ahli satu golongan yang menganut agama Kristian yang mempercayai Tuhan itu satu dan bukan Tritunggal. 一位论的基督教徒(指否认基督神性的信徒)。

**unitary** *a.* yang berkenaan dengan unit. 单位的。

**unite** *v.t./i.* menyatupadukan; menggabungkan; menyatukan. 使团结一致；联合；统一。

**unity** *n.* keadaan berpadu; kesesuaian; keharmonian; perpaduan. 统一体；协调；和谐；团结。

**universal** *a.* sejagat; sedunia; umum. 全世界的；宇宙的；共同的；普遍的。 **universally** *adv.* secara umum; yang melingkungi seluruh alam. 普遍地；全球地。

**universe** *n.* alam semesta; cakerawala. 全世界；宇宙。

**university** *n.* universiti. 大学。

**unjust** *a.* tidak adil; tidak patut. 不公平的；不合理的。 **unjustly** *adv.* secara tidak adil. 不公平地。

**unkempt** *a.* kelihatan buruk dan terbiar; kusut-masai; comot; tidak terpelihara. 不整洁的；凌乱的；肮脏的；不修边幅的。

**unkind** *a.* kejam; tidak menaruh belas kasihan. 冷酷无情的；不仁慈的。 **unkindly** *adv.* dengan tiada belas kasihan; dengan kejam. 不友善起地；苛刻地。 **unkindness** *n.* kekejaman. 无情；冷酷。

**unknown** *a.* tidak dikenali. 不知道的；不了解的。

**unleaded** *a.* (petrol, dsb.) tanpa plumbum. (汽油等) 不含铅质的。

**unlearn** *v.t.* meninggalkan; membuang. 忘掉 (学过的知识等)；抛掉 (旧习惯等)。

**unleash** *v.t.* melepaskan (dari ikatan). 解开 (链、锁等)。

**unless** *conj.* jika tidak; kecuali hanya. 除非；不然。

**unlettered** *a.* tidak kenal huruf; buta huruf. 未受教育的；文盲的。

**unlike** *a.* berlainan; berbeza. 不同的；相异的。 *—prep.* berlainan atau berbeza daripada. 和…不同。

**unlikely** *a.* tidak akan; tidak seharusnya; tidak mungkin. 不大可能的；不大有希望的。

**unlimited** *a.* tidak terbatas; tidak terhad. 无限的；无限额的。

**unlisted** *a.* tidak tersenarai. 未编入册的；不公开列出的。

**unload** *v.t./i.* memunggah; menurunkan. 卸货；下客。

**unlock** *v.t.* membuka kunci. 未上锁。

**unlooked-for** *a.* tidak disangka-sangka. 始料不及的。

**unlucky** *a.* (*-ier, -iest*) malang; sial; tidak bernasib baik. 不幸的；倒霉的；厄运的。 **unluckily** *adv.* dengan sialnya. 不幸地；倒霉地。

**unman** *v.t.* (*p.t. unmanned*) melemahkan semangat (tidak seperti lelaki). 使失去男子气概；使气馁。

**unmanned** *a.* dikelolakan tanpa manusia. 无人操纵的。

**unmarried** *a.* belum berkahwin. 未婚的；单身的。

**unmask** *v.t./i.* menanggalkan topeng; menunjukkan sifat yang sebenarnya. 摘下面具；现出本来面目。

**unmentionable** *a.* tidak sesuai untuk disebut. 说不出口的；不宜说出的。

**unmistakable** *a.* yang tidak dapat diragukan lagi; jelas dan terang. 不会被弄错的；清楚明白的。 **unmistakably** *adv.* dengan tepat dan jelas. 明确地。

**unmitigated** *a.* tetap dan tidak diubah; mutlak. 没有减轻 (缓和) 的；十足的；绝对的。

**unmoved** *a.* tidak berubah; tidak bergerak; tidak berganjak. 无动于衷的；坚定的；不动摇的。

**unnatural** *a.* bukan semula jadi; bukan yang biasanya. 不合乎自然规律的；反常的。 **unnaturally** *adv.* secara luar biasa. 反常地。

**unnecessary** *a.* tidak perlu; tidak mustahak. 不需要的；不重要的。 **unnecessarily** *adv.* perihal tidak perlu dan tidak mustahaknya. 不必要地。

**unnerve** *v.t.* melemahkan semangat dan kemahuan. 使丧失勇气。

**unnumbered** *a.* tidak dapat dibilang; tidak dinomborkan. 数不清的；未编号的。

**unobtrusive** *a.* tidak menonjol; berhati-hati. 不显著的；不冒失的；考虑周到的。**unobtrusively** *adv.* dengan tidak menonjol. 不显著地。

**unofficial** *a.* tidak rasmi. 非正式的；非官方的。**unofficially** *adv.* secara tidak rasmi. 非正式地。

**unpack** *v.t./i.* membuka (beg, peti) dan mengeluarkan isinya. 打开包裹（箱子等）取出东西。

**unparalleled** *a.* tiada bandingannya; tiada taranya. 无比的；独一无二的。

**unparliamentary** *a.* tidak mengikut peraturan parlimen. 违反议会规则的；不依惯例的。

**unpick** *v.t.* membuka jahitan. 拆（衣服上的）缝线。

**unplaced** *a.* tidak mendapat tempat atau kedudukan. 未得到安置的。

**unpleasant** *a.* kurang elok; kurang enak. 讨厌的；令人不愉快的。**unpleasantly** *adv.* secara kurang enak. 讨厌地。

**unpleasantness** *n.* keadaan tidak enak; perselisihan. 不愉快；不和。

**unpopular** *a.* tidak disukai orang; tidak terkenal. 不受欢迎的；不得人心的；不流行的。**unpopularity** *n.* perihal tidak disukai orang. 不受欢迎；不流行。

**unprecedented** *a.* belum pernah berlaku dahulu. 空前的；无前例的。

**unpremeditated** *a.* tidak dirancang sebelum ini. 非预谋的；不是故意的。

**unprepared** *a.* tidak bersedia terlebih dahulu; belum bersedia. 事先未作准备的。

**unprepossessing** *a.* tidak menarik. 不讨人喜欢的。

**unpretentious** *a.* tidak menunjuk-nunjuk; tidak suka berlagak. 不矫饰的；不装腔作势的。

**unprincipled** *a.* tidak berprinsip; keji. 无原则的；无耻的。

**unprintable** *a.* tidak sesuai untuk dicetak; celopar. （因法律或道德等原因）不可刊印的；不宜刊印的。

**unprofessional** *a.* tidak profesional; bertentangan dengan peraturan sesuatu pekerjaan. 违反职业道德的；非专业的。**unprofessionally** *adv.* secara tidak profesional. 非专业地。

**unprofitable** *a.* tidak menguntungkan; tidak berguna. 不牟利的；不赚钱的。

**unprofitably** *adv.* secara tidak menguntungkan. 无利可图地；徒劳地。

**unqualified** *a.* tidak berkelayakan; tidak memenuhi syarat. 不合格的；无资格的。

**unquestionable** *a.* jelas dan tidak dapat diragukan; pasti. 无可置疑的；肯定的。**unquestionably** *adv.* perihal ketidakraguan. 毫无疑问地。

**unquote** *int.* akhiran kepada sesuatu kata-kata petikan; menutup tanda kutip. 结束引文（用于电报、听写中）；引号终止。

**unravel** *v.t./i.* (p.t. *unravelled*) menyelesaikan; menguraikan benang. 解开（线团）。

**unreasonable** *a.* bertindak tidak wajar; tidak munasabah; tidak berpatutan. 不讲道理的；荒谬的；不合理的；过分的。**unreasonably** *adv.* yang tidak berpatutan. 不合理地。

**unreel** *v.t./i.* menguraikan benang daripada gelendong. 从纱框等退卷；退绕。

**unrelieved** *a.* tidak meringankan; tidak melegakan; berterusan. 未减轻的；未得缓解的。

**unremitting** *a.* tidak henti-henti; terus-menerus. 永不停止的；持续的。

**unrequited** *a.* (cinta) tidak berbalas. 单恋的。

**unreservedly** *adv.* terus terang; sepenuhnya. 毫无保留地；坦率地。

**unrest** *n.* kegelisahan; kerusuhan. 动乱；骚乱。

**unrivalled** *a.* tiada tandingannya. 无对手的；无敌的。

**unroll** *v.t./i.* membuka gulungan. 铺开；展开。

**unruly** *a.* sukar dikawal; liar. 难控制的；不驯服的。**unruliness** *n.* kekusutan; kesukaran untuk mengawalnya. 紊乱；任性。

**unsaddle** *v.t.* menurunkan (menanggalkan) pelana. 给(马等)解下马鞍。

**unsaid** *a.* tidak bercakap; tidak dinyatakan. 未说出口的；未用言语表达出来的。

**unsavoury** *a.* tawar; tidak ada rasanya; tidak enak; tidak baik. 淡而无味的；味道不好的。

**unscathed** *a.* tidak mengalami apa-apa kecederaan. 未遭受损伤的。

**unscramble** *v.t.* menyisihkan. 使解体；整理。

**unscrew** *v.t.* melonggarkan atau menanggalkan skru. 起螺丝；取下螺丝。

**unscripted** *a.* tanpa skrip yang disediakan. (演讲等)不用稿子的。

**unscrupulous** *a.* tidak bermoral; tidak berperikemanusiaan; tidak ada belas kasihan. 无耻；不择手段的。

**unseat** *v.t.* tercampak dari tempat duduknya; dipecat daripada menjadi ahli parlimen. 夺去(议员的)议席；使失去资格。

**unseemly** *a.* tidak betul; tidak patut; tidak bersopan santun. 不相称的；不适宜的；不体面的。

**unseen** *a.* tidak kelihatan. 看不见的；未被看到的。 —*n.* rencana yang harus diterjemahkan tanpa persediaan. 即席翻译的文章。

**unselfish** *a.* bertimbang rasa; tidak mementingkan diri sendiri. 大公无私的；不利己的。**unselfishly** *adv.* dengan tidak mementingkan diri. 大公无私地。

**unselfishness** *n.* sifat tidak mementingkan diri. 大公无私的精神。

**unsettle** *v.t.* mencemaskan; merisaukan; menyebabkan tidak tetap. 动乱；使不安定；使不能稳定。

**unsettled** *a.* (cuaca) yang bertukar-tukar. (天气)变幻无常的。

**unshakeable** *a.* tegas; tetap. 不可动摇的；坚定不移的。

**unsightly** *a.* tidak enak dipandang; hodoh. 难看的；不好看的。**unsightliness** *n.* perihal hodohnya atau buruknya. 难看；不美观。

**unsigned** *a.* tidak ditandatangani. 没署名的。

**unskilled** *a.* tidak mahir; tidak memerlukan latihan; tidak pakar. 无技能的；非熟练的；非专科人才的。

**unsociable** *a.* tidak suka bergaul. 不合群的。

**unsocial** *a.* tidak mengikut adat resam; tidak suka bergaul. 不爱交际应酬的；不合群的。

**unsolicited** *a.* tidak diminta; tidak dipohon. 未经请求的。

**unsophisticated** *a.* mudah dan asli; sederhana; lurus; jujur. 质朴的；天真的；不掺杂的。

**unsound** *a.* tidak sihat; tidak baik; tidak terlepas daripada kecacatan. 不健康的；(情况)欠佳的；有缺陷的。**of ~ mind** gila; tidak siuman. (心智、精神)不健全的。

**unsparing** *a.* yang sesungguhnya; tidak hemat. 大方的；不吝惜的。

**unspeakable** *a.* tidak terperikan; tidak terkatakan. 无法形容的；难以用词语表达的。

**unstable** *a.* tidak seimbang dari segi mental atau emosi; tidak stabil. (精神、情绪等)不稳定的；不平衡的。

**unsteady** *a.* tidak tetap. 不稳定的；反复无常的。**unsteadily** *adv.* perihal tidak tetap. 反复无常地。**unsteadiness** *n.* ketidaktetapan. 不稳定。

**unstick** *v.t.* menanggalkan. 扯开(黏着物)；使不黏着。

**unstinted** *a.* memberikan dengan sewenang-wenangnya. 没限制的；(无限制地)给予的。

**unstuck** *a.* tertanggal. 未粘住的；脱开的。**come ~** (*colloq.*) gagal; menderita bencana besar. 未成功的；受挫的。

**unstudied** *a.* biasa; tidak dipelajari. 自然的；非人为的。

**unsuccessful** *a.* tidak berjaya; gagal. 不成功的；失败的。**unsuccessfully** *adv.* dengan kegagalannya. 徒劳无功地。

**unsuitable** *a.* tidak sepadan; tidak sesuai. 不合适的；不适宜的。**unsuitably** *adv.* perihal tidak sesuai. 不适当地。

**unsullied** *a.* asli; tulen. 洁净的；未受污染的。

**unsuspecting** *a.* tidak mengesyaki. 不怀疑的；相信的。

**unswerving** *a.* tidak pudar; tidak mengendur; tidak berubah-ubah. （目标等）不改变的；坚定不移的。

**unthinkable** *a.* tidak terfikirkan; tidak masuk akal. 想象不出的；难以置信的。

**unthinking** *a.* tidak berfikir panjang; tidak difikirkan; melulu. 未加思考的；轻率的。

**untidy** *a.* (*-ier, -iest*) kotor; tidak kemas. 肮脏的；杂乱的。**untidily** *adv.* perihal tidak kemas. 乱七八糟地。**untidiness** *n.* selekeh; kecomotan. 凌乱。

**untie** *v.t.* membuka ikatan; meleraikan; mengungkai. 解开；打开；松开。

**until** *prep. & conj.* sehingga. 直到；直至。

**untimely** *a.* belum masanya; tidak pada waktunya. 时机尚未成熟的。

**untiring** *a.* tidak letih; tidak penat. 不累的；精力十足的。

**unto** *prep.* (*old use*) kepada. 对；给；于。

**untold** *a.* tidak diberitahu; tidak terkata; tidak terhitung; tidak terbilang. 说不出的；无数的；不可计量的。

**untouchable** *a.* tidak boleh diusik. 不可触摸的。—*n.* paria; kasta yang paling rendah dalam urutan kasta Hindu. 印度种姓制度中的贱民。

**untoward** *a.* tidak selesa; canggung; malang. 不顺利的；不合宜的；倒霉的。

**untraceable** *a.* tidak dapat dikesani. 无法追查的；难以追踪的。

**untried** *a.* belum dicuba; belum diuji. 未试过的；未经检验的。

**untrue** *a.* tidak benar; bercanggah dengan fakta; tidak setia. 不真实的；不符合事实的；不忠诚的。**untruly** *adv.* dengan tidak benar; dengan tidak jujur. 虚伪地；不忠诚地。

**untruth** *n.* kenyataan palsu; pembohongan. 假话；谎言。**untruthful** *a.* berdusta; berbohong. 说谎的；不诚实的。**untruthfully** *adv.* dengan dusta; dengan bohong. 虚假地；不诚实地。

**unused** *a.* belum dipakai. 没用过的；崭新的。

**unusual** *a.* jarang; luar biasa. 罕有的；不寻常的。**unusually** *adv.* perihal luar biasa. 不寻常地。

**unutterable** *a.* terlalu besar untuk diperkatakan; tidak terkatakan. 无法用语言来形容的；说不出的。**unutterably** *adv.* sukar dinyatakan; betul-betul. 说不出地。

**unvarnished** *a.* terus terang; tidak berselindung; tidak bervarnis. 清楚明白的；不掩饰的；未加清漆的。

**unveil** *v.t./i.* membuka tudung; membuka rahsia. 揭去面纱；揭发秘密。

**unversed** *a.* ~ **in** tidak pandai; tidak berpengalaman. 无经验的。

**unwanted** *a.* tidak dikehendaki. 不需要的；无用的。

**unwarrantable** *a.* tidak wajar. 无正当理由的。

**unwarranted** *a.* tidak wajar; tidak dibenarkan. 不合理的；不批准的。

**unwary** *a.* tidak berhati-hati. 不注意的。

**unwell** *a.* tidak sihat; uzur. 不舒服的；病弱的。

**unwieldy** *a.* dengan canggung; dengan kekok; terlalu sukar untuk digerakkan atau dikawal. 笨拙的；不灵活的；使用不便的。

**unwilling** *a.* tidak rela; tidak sudi. 不情愿的；勉强的。

**unwind** *v.t./i.* (p.t. *unwound*) terurai; terbuka atau membuka gulungnya; (*colloq.*) berehat daripada bekerja atau gangguan fikiran. 解开;展开(卷绕物);放松(自己)。

**unwise** *a.* tidak bijak. 不明智的。 **unwisely** *adv.* dengan tidak bijak. 不适当地;不明智地。

**unwitting** *a.* tidak sengaja; tidak sedar. 无意的;不知不觉的。 **unwittingly** *adv.* dengan tidak disedari. 不知不觉地。

**unwonted** *a.* luar biasa; tidak lazim. 少有的;不寻常的。 **unwontedly** *adv.* secara luar biasa. 不寻常地。

**unworldly** *a.* bukan duniawi; bukan keduniaan. 脱俗的;非尘世的。 **unworldliness** *n.* keadaan bukan keduniaan. 脱俗;超自然。

**unworn** *a.* belum berpakai. 未用过的。

**unworthy** *a.* tidak patut; tidak berguna. 不值得的;无用的。

**unwrap** *v.t./i.* (p.t. *unwrapped*) membuka bungkusan. 打开(包裹等);除去(包装)。

**unwritten** *a.* tidak ditulis; berdasarkan hukum dan adat. 非书面的;口头的;未成文的;依惯例的。

**unzip** *v.t./i.* terbuka; membuka. 拉开(拉链)。

**up** *adv.* di atas. 在上面。 —*prep.* ke atas. 向上;往上。 —*a.* diarahkan ke atas. 向上的。 —*v.t./i.* (p.t. *upped*) menaikkan. 提高;举起;上升。 **time is** ~ habis waktu. 时间到了。 ~ **in** (*colloq.*) mengetahui tentang. 对⋯内行;熟悉。 **ups and downs** jatuh bangunnya. 上下地;起伏地。 ~ **to** melakukan sesuatu; diperlukan sebagai tugas. 从事于;忙于(工作)。

~ **to date** maklumat atau fesyen yang kemas. 最新式的信息或潮流。 ~-**to-date** *a.* terbaru; moden; mengikut aliran zaman. 到目前为止的;现代的;跟上时代的。

**upbeat** *n.* rentak yang tidak ditekankan bunyinya. 弱音。 —*a.* (*colloq.*) optimistik; ceria. 乐观的;愉快的。

**upbraid** *v.t.* mencela; memarahi. 责备;谴责。

**upbringing** *n.* asuhan; didikan dan latihan semasa kanak-kanak. 教育;培养。

**up-country** *a. & adv.* pedalaman; ke pedalaman; di pedalaman. 内地(的);向内地(的);在内地(的)。

**update** *v.t.* mengemaskinikan. 把最新资料加入(书刊、电脑等)内。

**up-end** *v.t./i.* menterbalikkan; terbalik. 颠倒;倒置。

**upgrade** *v.t.* meningkatkan ke gred yang lebih tinggi; naik pangkat. 使升级;(质量、阶级等)上升。

**upheaval** *n.* perubahan yang berlaku secara tiba-tiba; pergolakan. 激变;骚乱。

**uphill** *a. & adv.* ke atas; mendaki gunung; sukar. 向上;爬上;费力的。

**uphold** *v.t.* (p.t. *upheld*) menyokong. 支持;拥护。

**upholster** *v.t.* melengkapkan tempat duduk dengan bahan-bahan seperti spring, sarung, alas, dll. 为座位装上垫子。

**upholstery** *n.* bahan-bahan untuk melengkapkan tempat duduk. (沙发、椅垫等的)垫衬物。

**upkeep** *n.* pemeliharaan atau pembiayaan sesuatu. 保养;维修。

**upland** *n. & a.* tanah tinggi. 高地(的);山地(的)。

**uplift**[1] *v.t.* menaikkan; meninggikan. 提升;提起;举起。

**uplift**[2] *n.* peningkatan. 提起;(精神的)高昂。

**upon** *prep.* di atas; atas. 在上面。

**upper** *a.* lebih tinggi (berkenaan tempat, kedudukan atau pangkat). (位置、地位、阶级等)较高的。 —*n.* bahagian atas tapak kasut. 鞋皮面。 ~ **case** huruf besar. 大写字母。 ~ **crust** golongan atasan. 上层社会阶级。 ~ **hand** keahlian; kepakaran dan penguasaan. 特长;占上风。

**uppermost** *a.* & *adv.* tertinggi; teratas; kedudukan yang utama. 最高(的); (地位等)最主要(的)。

**uppish, uppity** *a.* (*colloq.*) berlagak. 傲慢的。

**upright** *a.* tulus; jujur; tegak. 耿直的; 直立的。 —*n.* batang yang ditegakkan; bertindak sebagai penyokong. 立柱; (支撑用的)直柱。

**uprising** *n.* pemberontakan. 起义; 暴动(尤指反暴政者)。

**uproar** *n.* bunyi bising dan hingar-bingar; hiruk-pikuk. 鼓噪; 骚嚷; 喧闹。

**uproarious** *a.* sangat bising; riuh-rendah. 喧闹的; 骚嚷的。 **uproariously** *adv.* dengan bunyi yang sangat bising. 闹哄哄地; 喧闹地。

**uproot** *v.t.* membantun; membongkar atau mencabut dengan akar umbinya. 连根拔起; 根绝。

**upset**[1] *v.t./i.* (p.t. *upset,* pres.p. *upsetting*) kacau-bilau; menterbalikkan; menumpahkan. 颠覆; 推翻; 打翻。

**upset**[2] *n.* terganggu (perasaan); kekacauan; kerosakan. 心绪烦乱; 混乱; 倾覆。

**upshot** *n.* hasilnya; kesudahannya. 结果; 结局。

**upside down** *adv.* & *a.* tunggang terbalik; tidak menentu; menyongsang. 颠倒的(地); 乱七八糟的(地); 倒置的(地)。

**upstage** *adv.* & *a.* belakang pentas. 在舞台后方的(地); 在后台的(地)。 —*v.t.* mengalihkan pandangan atau perhatian; mengatasi. 抢戏以突出自己。

**upstairs** *adv.* & *a.* tingkat atas; tingkat yang lebih tinggi. 在楼上(的); 在上层(的)。

**upstanding** *a.* kuat dan sihat; berkeadaan baik. 强健的; 健康的。

**upstart** *n.* orang yang tiba-tiba menjadi kaya atau berkuasa. 暴发户; 新贵。

**upstream** *a.* & *adv.* mudik; ke hulu. 溯流的; 向上游的。

**upsurge** *n.* bangun; meluap-luap. 高涨; 上涌。

**upswept** *a.* (rambut) disikat ke belakang. (头发)向后梳的。

**upswing** *n.* gerakan melambung; menjulang. (手势)向上摆动; (事情的发展)上升; 进步。

**uptake** *n.* **quick in the ~** cepat memahami maksud sesuatu. 理解力强。

**uptight** *a.* (*colloq.*) berdebar; sakit hati. 烦躁不安的; 不自在的。

**upturn**[1] *v.t.* tunggang terbalik; menyongsang. 使翻转; 翻起。

**upturn**[2] *n.* kenaikan; peningkatan. 上升(尤指经济好转)。

**upward** *a.* naik. 向上的; 朝上的。

**upwards** *adv.* ke atas; mendaki. 向上; 登上。

**uranium** *n.* uranium. 铀。

**urban** *a.* berkenaan dengan kota atau bandar. 城市的; 有城市特征的。

**urbane** *a.* berbudi bahasa; sopan santun. 有礼貌的; 彬彬有礼的。 **urbanely** *adv.* dengan berbudi bahasa. 有礼貌地; 文雅地。 **urbanity** *n.* kesopanan. 彬彬有礼。

**urbanize** *v.t.* menjadikan seperti kota. 使(某地区)城市化。 **urbanization** *n.* pembandaran. 城市化。

**urchin** *n.* anak nakal. 顽童; 淘气鬼。

**Urdu** *n.* bahasa Urdu (digunakan di Pakistan). 乌尔都语; 巴基斯坦人用的一种语言。

**ureter** *n.* saluran dari buah pinggang ke pundi-pundi kencing. 输尿管。

**urethra** *n.* uretra; saluran yang mengeluarkan air kencing dari tubuh badan kita. 尿道。

**urge** *v.t.* mendesak; menggerakkan hati. 推进; 激励; 督促。 —*n.* desakan. 迫切的要求; 推动力。

**urgent** *a.* mendesak; sangat perlu; dengan segera. 急迫的; 紧要的。 **urgently** *adv.* dengan mendesak; dengan serta-merta. 急迫地; 急速地。 **urgency** *n.* keperluan yang mendesak. 紧迫; 紧急情况。

**urinal** *n.* tempat (bekas) untuk kencing. （男用）小便处；（病人用）尿壶。

**urinate** *v.i.* kencing; buang air. 小便；排尿。 **urination** *n.* pengencingan. 小便；排尿。

**urine** *n.* air kencing. 尿。 **urinary** *a.* perihal tempat dan air kencing. 尿的；泌尿（器）的。

**urn** *n.* sejenis kendi untuk menyimpan abu mayat. 骨灰缸。

**ursine** *a.* macam beruang. 熊状的；熊类的。

**us** *pron.* kami; kita. 我们。

**US, USA** *abbr.* **United States of America** negara Amerika Syarikat. （缩写）美国。

**usable** *a.* boleh atau dapat digunakan. 适宜使用的；可用的。

**usage** *n.* pemakaian; adat kebiasaan; penggunaan. 使用；习俗；用途。

**use**[1] *v.t.* mempergunakan; memakai; memperalat. 使用；利用。 **~ up** menggunakan hingga habis. 用完。

**use**[2] *n.* guna; penggunaan. 应用；利用。 **make ~ of** mempergunakan; mengeksploitasikan. 消耗时间；利用（他人）。

**used**[1] *a.* terpakai. 用旧了的。

**used**[2] *p.t.* sudah kebiasaan. 惯于。—*a.* **~ to** yang biasa (melalui latihan atau perangai). 习惯的。

**useful** *a.* berguna; berfaedah; dapat memberikan hasil yang baik. 有用的；有益的；有效用的。 **usefully** *adv.* dengan berfaedah; dengan berguna. 有益地；有用地。 **usefulness** *n.* kegunaan; hal bermanfaat; berguna; berfaedah. 实用；有效；有益。

**useless** *a.* tidak dapat digunakan; tidak berguna. 不能用的；无用的。 **uselessly** *adv.* dengan tidak berguna langsung. 毫无效用地。 **uselessness** *n.* berkenaan dengan tidak ada kegunaan langsung; perihal tidak berguna. 无效；无益；无用。

**user** *n.* pengguna; orang yang menggunakan sesuatu barang atau perkhidmatan. 使用者；用户。

**usher** *n.* penghantar masuk; pengiring. 引座员；招待员。—*v.t.* mengiring. 引；领（位）。

**usherette** *n.* perempuan atau gadis pengiring. 女引座员；女招待员。

**USSR** *abbr.* **Union of Soviet Socialist Republics** Persekutuan Republik Rusia. （缩写）苏维埃社会主义共和国联盟（俄罗斯前称）。

**usual** *a.* biasa; lazim. 平常的；通常的；惯常的。 **usually** *adv.* pada lazimnya; biasanya. 通常；平常。

**usurer** *n.* orang yang meminjamkan wang dengan faedah yang tinggi. 高利贷者。

**usurp** *v.t.* merampas atau merebut kuasa. 篡夺（权位）；抢夺。 **usurpation** *n.* perampasan; perebutan. 篡位；侵占。

**usurper** *n.* orang yang merampas kuasa; pemberontak. 篡位者；侵占者。

**usury** *n.* riba; peminjaman wang dengan kadar faedah yang tinggi. 高利贷。

**utensil** *n.* alat; perkakas, terutamanya perkakas dapur. 器皿；用具（尤指厨房用具）。

**uterus** *n.* uterus; rahim. 子宫。 **uterine** *a.* yang berkenaan dengan rahim. 子宫的。

**utilitarian** *a.* yang berkenaan dengan hal yang berfaedah. 功利主义的；有效用的。

**utilitarianism** *n.* fahaman utilitarian; utilitarianisme; teori bahawa tindakan diterima sekiranya memanfaatkan orang ramai. 功利主义；实利主义。

**utility** *n.* kegunaan; sesuatu yang berfaedah. 功用；效用；有用的东西。—*a.* sangat praktis. （训练）严峻的。 **~room** bilik utiliti. （住宅等的）杂用间。

**utilize** *v.t.* mempergunakan; menggunakan. 使用；利用。 **utilization** *n.* penggunaan. 使用；应用。

**utmost** *a. & n.* paling jauh; amat besar; sedaya upaya. 最远（的）；最大（的）；极度（的）；最大可能（的）；尽力（的）。

**Utopia** *n.* Utopia; sistem politik dan sosial yang sempurna dan yang dicita-citakan. 乌托邦；理想中最美好的社会。**Utopian** *a.* sistem yang paling sempurna yang dicita-citakan, tetapi tidak praktis. 乌托邦的；空想社会主义的。

**utter**[1] *a.* sesungguhnya; amat sangat. 彻底的；十足的。**utterly** *adv.* dengan sesungguhnya. 彻底地。

**utter**[2] *v.t.* mengucapkan; melafazkan; menyebutkan. 说出；发出（声音等）；吐露。**utterance** *n.* gaya menyebutkan; pengucapan; sebutan; ucapan. 说话方式；发表；言词。

**uttermost** *a. & n. lihat* **utmost**. 见 **utmost**。

**U-turn** *n.* pusingan-U; perubahan sebaliknya. （汽车）U形转弯；大转变。

**uvula** *n.* anak tekak; anak lidah. 悬雍垂；小舌。

**uxorious** *a.* terlampau kasih kepada isteri. 溺爱妻子的；怕老婆的。

# V

**V** *abbr.* **volt(s)** volt. （缩写）伏特（电压单位）。

**vac** *n.* (*colloq.*) cuti; pembersih hampagas. 假期；吸尘器。

**vacancy** *n.* kekosongan. （职位等）空缺；空间；空白。

**vacant** *a.* kosong. 空着的；未使用的。**vacantly** *adv.* dengan keadaan kosong. 发呆地；（心灵）空虚地。

**vacate** *v.t.* mengosongkan; meninggalkan. 腾出；搬出；退出。

**vacation** *n.* cuti rehat; pengosongan; perihal meninggalkan sesuatu tempat. 假期；休息日；空出；搬出。—*v.t.* (*A.S.*) bercuti. （美国）度假。

**vaccinate** *v.t.* memvaksin; menanam cacar. 给…种痘；打预防针。**vaccination** *n.* vaksinasi; tanam cacar. 种痘；打预防针。

**vaccine** *n.* vaksin; benih cacar. 牛痘苗；疫苗。

**vacillate** *v.i.* berubah fikiran; bimbang; ragu-ragu. 犹豫；踌躇。**vacillation** *n.* kebimbangan; keragu-raguan. 犹豫；踌躇。

**vacuous** *a.* selamba. （精神）空虚的；无所事事的。**vacuously** *adv.* dengan selamba. 空虚地。**vacuousness** *n.* perihal keadaan selamba. 空虚；无所事事。

**vacuity** *n.* keselambaan. （心灵的）空虚；茫然。

**vacuum** *n.* (pl. *-cua* atau *-cuums*) vakum. 真空状态。—*v.t./i.* (*colloq.*) mencuci dengan pembersih hampagas. 用吸尘机打扫。~ **cleaner** pembersih hampagas. 吸尘机。~ **flask** kelalang vakum. 暖水瓶。~-**packed** *a.* dipek vakum atau hampagas. 真空包装的。

**vade-mecum** *n.* buku kecil yang selalu dibawa dan digunakan sebagai rujukan. 随身携带参考用的手册。

**vagabond** *n.* pengembara; petualang. 流浪者；漂泊者。

**vagary** *n.* tingkah. 狂妄古怪的行为。

**vagina** *n.* vagina; faraj. 阴道。**vaginal** *a.* berkenaan faraj. 阴道的。

**vagrant** *n.* kutu rayau; gelandangan. 游民；漂泊者。**vagrancy** *n.* perihal bergelandangan. 游荡；漂泊。

**vague** *a.* (*-er, -est*) samar-samar; kabur; tidak jelas. 含糊的；模糊的；不明朗的。**vaguely** *adv.* secara samar-samar; secara kabur; secara tidak jelas. 含糊地；模糊地；不明朗地。**vagueness** *n.* kesamaran; kekaburan. 含糊；模糊。

**vain** *a.* (*-er, -est*) sombong. 爱慕虚荣的；自负的。**in ~** sia-sia; tidak berguna; tidak bererti. 白费力；无用地；无效。**vainly** *adv.* dengan sombong. 自负地。

**vainglory** *n.* kemegahan. 虚荣心；极度的自负。**vainglorious** *a.* bermegah-megah. 自负的。

**valance** *n.* sejenis langsir singkat; ropol. 窗帘顶部的短幔。

**vale** *n.* lembah; lurah. 谷；溪谷。

**valediction** *n.* ucapan selamat tinggal; ucapan mohon diri. 毕业礼上的告别演说；致告别词。**valedictory** *a.* selamat tinggal; selamat jalan. 告别的；离别的。

**valence** *n.* valens; kuasa satuan sesuatu atom berbanding dengan kuasa atom hidrogen. 化学原子价。

**valency** *n.* valensi. 原子价的单位。

**valentine** *n.* valentine; kekasih yang dipilih pada hari St. Valentine (14 Februari); kad ucapan valentine. 情人；仰慕对象；情人节贺卡。

**valerian** *n.* sejenis herba yang keras baunya. 缬草。

**valet** *n.* orang gaji (lelaki) yang menjaga pakaian tuannya. 专职管理主人衣物的男仆。—*v.t.* (*p.t. valeted*) melakukan kerja-kerja tersebut. 侍候（主人衣着等）。

**valetudinarian** *n.* orang yang sangat mengambil berat tentang kesihatan dirinya. 过分关心自己健康的人。

**valiant** *a.* berani. 英勇的；勇敢的。**valiantly** *adv.* dengan berani. 勇敢地。

**valid** *a.* sah; sahih. 有确实根据的；合法的。**validity** *n.* kesahihan. 有效；合法性。

**validate** *v.t.* mengesahkan; mensahihkan. 证实；使合法化。**validation** *n.* pengesahan. 证实；有效。

**valise** *n.* beg pakaian. 装衣物用的旅行袋。

**valley** *n.* (pl. *-eys*) lembah. 谷；山谷。

**valour** *n.* keberanian; kehandalan; kegagahan. 勇气；英勇；豪迈气概。

**valse** *n.* waltz; sejenis tarian. 华尔兹舞（曲）。

**valuable** *a.* berharga; bernilai. 有价值的；贵重的。

**valuables** *n.pl.* barang-barang yang berharga. 贵重物品（尤指首饰）。

**valuation** *n.* penilaian. 固定价格；评价。

**value** *n.* nilai. 价值。—*v.t.* menilai. 给…估价。**~ added tax** cukai nilai ditambah. 增值税。**~ judgement** pertimbangan nilai. 价值判断。

**valueless** *a.* tidak bernilai; tidak berharga. 毫无价值的；不值钱的。

**valuer** *n.* penilai. 估价者；评价者。

**valve** *n.* injap. 活门；阀；瓣膜。

**valvular** *a.* valvula; berbentuk seperti injap. 阀状的；具阀门作用的。

**vamoose** *v.i.* (*A.S.*) (*sl.*) berambus. 匆匆离开。

**vamp**[1] *n.* bahagian atas dan hadapan kasut. 鞋面。—*v.t./i.* memperbaiki (berkenaan muzik). 即席伴奏。

**vamp**[2] *n.* penggoda lelaki. 诱惑男人的女人。—*v.t./i.* menggoda. 诱惑男人（以勒索金钱）。

**vampire** *n.* pelesit; puntianak. 吸血鬼。

**van**[1] *n.* van (sejenis kenderaan). 小型货车。

**van**[2] *n.* barisan depan. 前卫；前锋。

**vandal** *n.* perosak harta awam. 破坏公物的人。**vandalism** *n.* perbuatan membinasakan harta awam. 破坏公物的行为；蓄意破坏。

**vandalize** *v.t.* merosakkan atau memusnahkan harta awam. 破坏（公物）；肆意毁坏（公共财产）。

**vane** *n.* mata-angin; bilah kipas. 风向标；(风车等的) 翼；叶片。

**vanguard** *n.* barisan depan; pelopor. 先头部队；先锋。

**vanilla** *n.* vanila. 香子兰；(香料用的) 香草香精。

**vanish** *v.i.* lesap; lenyap; hilang. 消失。

**vanity** *n.* keangkuhan; kesombongan; sifat puja diri. 自大；自负；傲慢；空虚。~ **bag** atau **case** beg kecil untuk (wanita) mengisi alat solek. 女用随身小梳妆袋。

**vanquish** *v.i.* menaklukkan; mengalahkan. 征服；打败。

**vantage** *n.* kebaikan; faedah. 优势；利益。**~-point** *n.* tempat yang memberikan pandangan yang jelas. 优越的地位。

**vapid** *a.* hambar; tidak menarik. 淡而无味的；枯燥的。**vapidly** *adv.* dengan cara yang membosankan. 单调地。**vapidity** *n.* kebosanan. 单调；枯燥。

**vaporize** *v.t./i.* menjadi wap. 蒸发；汽化。**vaporization** *n.* pengewapan. 蒸发作用。

**vapour** *n.* wap. 蒸汽。**vaporous** *a.* berkabus. 多蒸汽的；有雾的。

**variable** *a.* berubah. 多变的。—*n.* boleh diubah. 可变性；易变的事物。**variability** *n.* perihal sesuatu yang boleh berubah. 易变；变化性。

**variance** *n.* **at ~** berbeza dengan; tidak sama dengan. 不一致；不相符合。

**variant** *a.* berbeza; berlainan. 不一致的；不同的。—*n.* berbeza ejaannya. 变形；异体。

**variation** *n.* variasi; perbezaan. 变动；变化。

**varicoloured** *a.* beraneka; berbagai-bagai warna; beraneka warna. 各种各样的；五颜六色的。

**varicose** *a.* (berkenaan urat) sentiasa bengkak. (静脉) 曲张的。**varicosity** *n.* perihal bengkak urat. 静脉曲张。

**varied** *a.* berbagai-bagai; berjenis-jenis. 各种各样的；形形色色的。

**variegated** *a.* berbagai-bagai warna; beraneka warna. 杂色的；斑驳的。

**variety** *n.* berbagai-bagai jenis. 变化；多样化。

**various** *a.* berbagai-bagai; beberapa. 各种各样的；多种的。**variously** *adv.* dengan berbagai-bagai. 有变化地。

**varlet** *n.* (*old use*) kasar; bangsat. 流氓；无赖。

**varnish** *n.* varnis. 光漆；亮漆；指甲油。—*v.t.* menyapu varnis; memvarnis. 给…涂光漆；上漆；涂指甲油。

**varsity** *n.* (*colloq.*) varsiti. 大学。

**vary** *v.t./i.* berbeza; membeza; berubah; mengubah. 相异；使不同；改变；修改。

**vascular** *a.* vaskular; pembuluh untuk mengalirkan darah. 脉管的；血管的。

**vase** *n.* bekas (tempat) bunga. 花瓶。

**vasectomy** *n.* vasektomi; satu kaedah mengawal kelahiran secara pembedahan. 输精管切除术。

**vassal** *n.* orang suruhan. 仆人；奴隶。

**vast** *a.* sangat luas. 巨大的；极广阔的。

**vastly** *adv.* dengan meluas. 极广阔地。

**vastness** *n.* keluasan. 广阔。

**V.A.T.** *abbr.* **value added tax** cukai nilai ditambah. (缩写) 增值税。

**vat** *n.* tangki; tong untuk cecair. 大缸；大桶。

**vaudeville** *n.* anekarama; aneka hiburan. 综合表演；杂耍。

**vault**[1] *n.* kubah; bumbung yang melengkung; bilik pengebumian. 穹窿；拱顶；地下室。**vaulted** *a.* berkubah. 有拱形屋顶的。

**vault**[2] *v.t./i. & n.* melompat. (撑竿) 跳。

**vaulting-horse** *n.* kuda-kuda; sejenis alat untuk berlatih melompat. 跳马 (体操运动项目)；跳马用器械。

**vaunt** *v.t./i. & n.* bercakap besar; berlagak. 吹嘘；自夸。

**VDU** *abbr.* **visual display unit** unit paparan visual. (缩写) 直观显示部件。

**veal** *n.* daging anak lembu. 小牛的肉。

**vector** *n.* vektor. 矢量；向量。**vectorial** *a.* berkenaan vektor. 矢量的；向量的。

**veer** *v.i.* berubah haluan; melencong. 改变方向；转向。

**vegan** *n.* vegetarian; orang yang pantang makan daging. 严格的素食主义者。

**vegetable** *n.* sayur. 蔬菜。—*a.* berkenaan dengan sayur-sayuran. 蔬菜的。

**vegetarian** *n.* vegetarian. 素食者；素食主义者。

**vegetate** *v.i.* hidup yang membosankan; hidup seperti tumbuh-tumbuhan. 过着呆板单调的生活；像植物般生活。

**vegetation** *n.* tumbuh-tumbuhan. (总称) 植物；植物的生长。

**vegetative** *a.* berkenaan pertumbuhan dan pembiakan; berkenaan tumbuhan. 植物界的；有关植物生长的。

**vehement** *a.* menunjukkan perasaan yang keras atau kuat. 激情的；激烈的。**vehemently** *adv.* dengan keras atau kuat. 激烈地。**vehemence** *n.* kekerasan; kekuatan. 激情；激烈。

**vehicle** *n.* kenderaan. 交通工具；车辆。
**vehicular** *a.* yang berkenaan dengan kenderaan. 交通工具的；车辆的。

**veil** *n.* tudung; kelubung. 头巾；面纱。 —*v.t.* menudung; mengelubung. 遮盖；蒙上。**take the ~** menjadi rahib perempuan. 当修女。

**vein** *n.* vena; pembuluh darah; urat daun; barik (pada batu atau marmar); nada (berkenaan perasaan). 血管；脉管；叶脉；(石、大理石等)纹理；(反映情感的)语调。**veined** *a.* berurat. 有静脉的；有叶脉的；有纹理的。

**veld** *n.* veld; padang rumput di Afrika Selatan. 非洲南部的草原。

**vellum** *n.* velum; sejenis kertas tulis yang lembut dan halus. 精致犊皮纸；上等纸。

**velocity** *n.* kelajuan; kecepatan. 速度；迅速。

**velour** *n.* sejenis kain seperti baldu. 丝绒；天鹅绒。

**velvet** *n.* baldu. 丝绒；天鹅绒。**on ~** beruntung. 处于有利地位(尤指投机必赚地位)。**~ glove** kekerasan di sebalik kelembutan. 外貌和善(实则残暴)的态度。**velvety** *a.* seperti baldu. 丝绒般光滑柔软的。

**velveteen** *n.* baldu kapas. 棉制天鹅绒。

**venal** *a.* sanggup melakukan kejahatan demi wang (berkenaan orang). 可用金钱贿赂的。**venality** *n.* kesanggupan melakukan kejahatan demi wang. 唯利是图。

**vend** *v.t.* menjual; menjaja. 出售；叫卖。

**vendetta** *n.* dendam-mendendam. 世仇；种族间的仇杀。

**vending-machine** *n.* mesin runcitan. 投币式自动售货机。

**vendor** *n.* penjual; penjual jalanan. 摊贩；小贩。

**veneer** *n.* lapisan (kayu); kulit luar (kiasan). 镶板；饰面。—*v.t.* melapisi dengan lapisan kayu halus. 在…盖镶板。

**venerate** *v.t.* menghormati; rasa hormat terhadap. 尊敬；敬重。**veneration** *n.* penghormatan. 敬重；尊敬。**venerable** *a.* dihormati. 可尊敬的；德高望重的。

**venereal** *a.* venereal; penyakit kelamin (berkenaan jangkitan melalui hubungan jenis). 性交的；性交传染的。

**Venetian** *a. & n.* penduduk asal Venice. 威尼斯人(的)。**~ blind** sejenis bidai. 软百叶窗。

**vengeance** *n.* dendam. 复仇。**with a ~** bersungguh-sungguh. 激烈地。

**vengeful** *a.* berdendam. 报复心切的。

**venial** *a.* dapat dimaafkan atau diampunkan (berkenaan kesalahan). 可原谅的；可饶恕的。**veniality** *n.* perihal dapat dimaafkan atau diampunkan. (过失等的)可原谅性；可饶恕性。

**venison** *n.* daging rusa atau kijang. 鹿肉。

**venom** *n.* bisa atau racun (ular); kebencian (berkenaan perasaan). (蛇的)毒液；

(感情的)痛恨。**venomous** *a.* berbisa; beracun; menaruh dendam. 有毒腺的; 有毒的;恶意攻击的。

**vent**[1] *n.* belah (pada baju). (上衣、裙子等)的开衩。

**vent**[2] *n.* bolong; lubang untuk udara keluar masuk. 通风孔。—*v.t.* membuat lubang angin. 在…上打通风孔。**give ~ to** melepaskan perasaan dengan sewenang-wenang. 发泄情感等。

**ventilate** *v.t.* mengudarakan. 使通风;使空气流通。**ventilation** *n.* pengudaraan. 空气流通。

**ventilator** *n.* alat pengedar udara. 通风设备。

**ventral** *a.* ventral; yang berkenaan dengan abdomen. 腹部的。

**ventricle** *n.* ventrikal; ruang dalam jantung atau otak. 心室。

**ventriloquist** *n.* orang yang pandai bercakap tanpa menggerakkan bibir. 擅长口技者。**ventriloquism** *n.* hal bercakap tanpa menggerakkan bibir. 口技。

**venture** *n.* pekerjaan yang sukar dan berbahaya; usaha. 冒险行动;冒险。—*v.t./i.* berani; mengadu untung. 敢于;冒险。**at a ~** berserah kepada nasib. 碰运气。

**venturesome** *a.* berani; nekad. 大胆的; 冒险的。

**venue** *n.* tempat. 会场;(集合、比赛等)地点。

**veracious** *a.* benar; betul. 说真话的;老实的。**veraciously** *adv.* dengan benar; dengan betul. 诚实地;老实地。**veracity** *n.* kebenaran. 诚实。

**veranda** *n.* beranda. 走廊;阳台。

**verb** *n.* kata kerja. 动词。

**verbal** *a.* lisan; berbahasa. 口头上的; 口语的。**verbally** *adv.* secara lisan. 口头上;口传。

**verbatim** *adv. & a.* kata demi kata. 逐字地(的)。

**verbena** *n.* sejenis pokok. 马鞭草。

**verbiage** *n.* kata yang meleret-leret; kata yang berjela-jela. 冗词;赘语。

**verbose** *a.* meleret-leret; berjela-jela. (言辞)冗长的;罗唆的。**verbosely** *adv.* secara meleret-leret; secara berjela-jela. 冗长地;罗唆地。**verbosity** *n.* perihal meleret-leret; perihal berjela-jela. 冗长; 罗唆。

**verdant** *a.* hijau segar (berkenaan rumput, dsb.). (草等)青翠的。

**verdict** *n.* keputusan juri; keputusan yang diberi selepas diuji. 陪审团的裁决;对事物的论断。

**verdigris** *n.* verdigris; terusi. 铜绿;醋酸铜。

**verdure** *n.* tumbuh-tumbuhan yang menghijau; kehijauan. 青葱的草木;青翠。

**verge**[1] *n.* pinggir; tepi. 边;边缘。

**verge**[2] *v.i.* **~ on** hampir-hampir; di pinggir. 濒临;接近。

**verger** *n.* petugas di gereja. 教堂司事。

**verify** *v.t.* mengesahkan. 证明;证实。**verification** *n.* pengesahan. 核实;证实。

**verily** *adv.* (*old use*) dengan sesungguhnya. 真正地;真实地。

**verisimilitude** *n.* kesahihan; kemungkinan. 逼真;可能性。

**veritable** *a.* tepat; sesungguhnya. 真正的;名符其实的。

**verity** *n.* (*old use*) kebenaran; kesungguhan. 真实性;真理。

**vermicelli** *n.* vermiseli; mihun. 细面条。

**vermicide** *n.* racun cacing. 杀蠕虫剂(尤指杀肠虫药)。

**vermiform** *a.* vermiform; berbentuk seperti cacing. 蠕虫状的。

**vermilion** *a. & n.* merah tua; merah merona. 朱红色(的)。

**vermin** *n.* haiwan perosak; sejenis kutu atau serangga yang melekat pada badan manusia atau binatang. 寄生虫。

**verminous** *a.* berkutu; bertuma; dikerumuni haiwan perosak. 有蚤的;有虱子的。

**vermouth** *n.* wain putih bercampur herba. 苦艾酒。

**vernacular** *n.* bahasa daerah; bahasa vernakular. 方言；土语。

**vernal** *a.* yang berlaku dalam musim bunga. 春季的。

**veronica** *n.* herba atau pokok renek berbunga. 婆婆纳属植物。

**verruca** *n.* veruka; ketuat (di kaki). 疣；（脚上的）疣肿。

**versatile** *a.* serba boleh; serba guna. 多才多艺的；有多种用途的。**versatility** *n.* keserbabolehan; serba guna. 多才多艺；多用途。

**verse** *n.* versa; rangkap. 诗句；诗节。

**versed** *a.* ~ **in** berpengalaman; mahir. 精通的；熟习的。

**versicle** *n.* puisi pendek yang dibaca atau dinyanyikan oleh golongan paderi. 小诗；短诗。

**versify** *v.t./i.* menggubah puisi daripada; merangkapkan. 把⋯改写成诗；用韵文重写。**versification** *n.* menggubah puisi. 用韵文重写。

**version** *n.* versi; pandangan. 说法；不同看法。

**verso** *n.* verso; muka surat buku sebelah kiri. 书的左面；反页。

**versus** *prep.* lawan. （诉讼、比赛等中）对垒。

**vertebra** *n.* (pl. *-brae*, pr. *-bri*) vertebra; ruas tulang belakang. 脊椎；椎骨。**vertebral** *a.* berkenaan vertebra. 脊椎的；椎骨的。

**vetebrate** *n.* vertebrat. 脊椎动物。

**vertex** *n.* (pl. *vertices*) puncak. 顶点；最高点。

**vertical** *a.* tegak. 垂直的；直立的。 —*n.* menegak. 垂直物；垂直线。**vertically** *adv.* secara menegak. 垂直地；直立地。**verticality** *n.* perihal menegak. 垂直状态。

**vertigo** *n.* gayat; pening-pening. 眩晕；眼花。**vertiginous** *a.* menggayatkan; berputar. 感到眩晕的。

**vervain** *n.* sejenis tumbuhan liar, daunnya berbulu dan berbunga. 马鞭草。

**verve** *n.* semangat. 精力。

**very** *adv.* amat; sangat. 很；非常。 —*a.* yang sebenarnya; yang amat; yang sangat. 真正地；极端地；十足地。~ **well** baiklah. 好；很好（表示同意）。

**vesicle** *n.* vesikel; melecur; melepuh. 囊；泡；水疱。

**vespers** *n.pl.* sembahyang malam di gereja Roman Katolik. 晚祷。

**vessel** *n.* pengangkutan di air; bekas; tong; kebuk (untuk mengisi air); saluran (untuk darah). 船（尤指大货船）；容器；桶；盛水缸；血管；脉管。

**vest** *n.* ves; sejenis baju dalam. 背心。 —*v.t.* memberi kuasa. 给予权力；赋权。

**vested interest** kepentingan diri. 既得利益或权利。

**vestibule** *n.* ruang depan; pintu depan. （房屋的）前厅；前门。

**vestige** *n.* kesan; bekas; tanda; jumlah yang sangat kecil. 痕迹；证据。

**vestigial** *a.* sekelumit. 残留的；（器官等）退化的。

**vestment** *n.* jubah rasmi pendeta atau ahli kumpulan koir gereja. （天主教）弥撒祭袍。

**vestry** *n.* bilik pakaian di gereja. 教堂的祭袍室。

**vet** *n.* doktor haiwan. 兽医。 —*v.t.* (p.t. *vetted*) memeriksa kerosakan atau kesalahan dengan teliti. 审查出错之处。

**vetch** *n.* sejenis tumbuhan yang dijadikan makanan untuk lembu. 饲牛用的巢菜。

**veteran** *n.* orang yang banyak pengalaman terutama dalam pasukan tentera; veteran. 老兵；老战士；老练者。~ **car** kereta antik; kereta lama. 老爷车。

**veterinarian** *n.* doktor haiwan. 兽医。

**veterinary** *a.* veterinar. 兽医的。~ **surgeon** doktor haiwan. 兽医。

**veto** *n.* (pl. *-oes*) veto; kuasa membatal. 否决；否决权。 —*v.t.* memveto; membatalkan. 否决；禁止。

**vex** *v.t.* menyakitkan hati. 使烦恼；烦扰。

**vexed question** masalah yang banyak dibincangkan. 争议的问题。**vexation**

*n.* sesuatu yang menyusahkan. 烦恼；苦恼。 **vexatious** *a.* menyusahkan. 令人烦恼的；伤脑筋的。

**V.H.F.** *abbr.* **very high frequency** frekuensi amat tinggi. （缩写）高频率。

**via** *prep.* melalui. 经由；藉。

**viable** *a.* dapat hidup bersendirian. 能自行生长的。 **viability** *n.* hal dapat hidup bersendirian. 自行生长。

**viaduct** *n.* jejambat. 高架桥；高架铁路（公路）。

**vial** *n.* botol kecil. 瓶（尤指药瓶）。

**viands** *n.pl.* bahan makanan. 食品（尤指美味佳肴）。

**vibrant** *a.* bergetar. 震动的；颤动的。

**vibraphone** *n.* vibrafon; sejenis alat muzik. 电颤琴。

**vibrate** *v.t./i.* menggetar. 震动；颤动。 **vibrator** *n.* penggetar. 震动器。 **vibratory** *a.* bergetar. 震动的。

**vibration** *n.* getaran. 震动；颤动。

**vicar** *n.* vikar; paderi. 教区牧师。

**vicarage** *n.* tempat tinggal vikar (paderi). 教区牧师的住宅。

**vicarious** *a.* dialami secara imaginasi; mewakili. 通过他人经验感受的；代理的。 **vicariously** *adv.* secara imaginasi; secara mewakili. 通过他人经验感受地；代表性地。

**vice**[1] *n.* kejahatan; perangai atau kelakuan buruk. 罪恶；恶行；不道德行为。

**vice**[2] *n.* (alat) penyepit; ragum. 老虎钳；台钳。

**vice**[3] *prep.* mewakili. 取代；代替。

**vice-** *pref.* timbalan; naib. （前缀）表示"副;署理"。

**vice-chancellor** *n.* naib canselor (universiti). （大学）副校长。

**vicegerent** *a. & n.* timbalan. 代理（的）；代理人（的）。

**viceroy** *n.* wizurai. 总督。 **viceregal** *a.* berkenaan wizurai. 总督的。

**vice versa** dan sebaliknya. 反过来也一样；反之亦然。

**vicinity** *n.* persekitaran. 附近（地区）。 **in the ~ (of)** lebih kurang; hampir. 在…附近。

**vicious** *a.* jahat; kejam. 罪恶的；刻毒的。 **~ circle** lingkaran sebab dan akibat. 恶性循环。 **viciously** *adv.* dengan kejam; dengan jahat. 刻毒地；不道德地。

**vicissitude** *n.* perubahan nasib. 变迁；盛衰；成败。

**victim** *n.* mangsa; korban. 牺牲者；受害者；（祭祀用的）牺牲。

**victimize** *v.t.* menjadi mangsa; menjadikan korban. 使成为牺牲；迫害。 **victimization** *n.* pemangsaan; pengorbanan. 牺牲。

**victor** *n.* pemenang; juara. 胜利者；战胜者。

**Victorian** *a. & n.* orang dalam zaman pemerintahan Ratu Victoria (1837-1901). 维多利亚女王时代的（人）。

**victorious** *a.* yang membawa kemenangan; yang menang. 胜利的；战胜的。

**victory** *n.* kemenangan. 胜利。

**victual** *v.t./i.* mengambil bekalan makan minum. 供应食品。 **victuals** *n.pl.* makanan. （储备的）饮食。

**victualler** *n.* pedagang barang-barang makanan. （船舶、军队等的）食品供应商。 **licensed ~** penjual minuman keras yang berlesen. 有卖酒执照的商人。

**vicuna** *n.* sejenis binatang yang berasal dari Amerika Selatan; kain yang diperbuat daripada bulu binatang ini. 南美洲的骆马；骆马毛织物。

**video** *n.* video. 录像机。

**videotape** *n.* pita video. 录像带。

**vie** *v.t.* (pres.p. *vying*) bersaing; berlumba-lumba. 竞争；较量。

**view** *n.* pemandangan; pandangan; pendapat. 风景；看法；见解。 —*v.t./i.* memandang; melihat; mempertimbangkan. 观看；考虑。 **in ~ of** memandangkan bahawa. 鉴于；由于；为了。 **on ~** sedang dipamerkan; sedang ditayangkan. 在展出；陈列着。 **with a ~ to** bertujuan untuk. 以…为目的；为了。 **viewer** *n.* penonton. 观众。

**viewdata** *n.* perkhidmatan berita dan maklumat daripada komputer kepada televisyen menerusi talian telefon. 通过电话线将资讯从电脑网络输向用户的视传服务。

**viewfinder** *n.* pemidang tilik (berkenaan kamera). (照相机的)取景器。

**viewpoint** *n.* pandangan; pendapat. 见解；意见。

**vigil** *n.* jaga; waspada. 守夜；警惕状态。

**vigilant** *a.* berwaspada; berjaga-jaga. 警戒的；提防的。**vigilantly** *adv.* dengan waspada. 提防地。**vigilance** *n.* penjagaan; kewaspadaan. 守夜；警戒。

**vigilante** *n.* anggota sukarelawan yang mengawasi keamanan di sesuatu kawasan. 志愿警卫团团员。

**vignette** *n.* gambar (potret) dengan latar belakang yang beransur-ansur kelam. (头与肩的背景逐渐变淡的)晕映照片。

**vigour** *n.* tenaga. 精力；活力。**vigorous** *a.* bertenaga. 精力充沛的。**vigorously** *adv.* dengan bertenaga; dengan tabah. 精力旺盛地；有魄力地。**vigorousness** *n.* ketabahan. 体力的充沛。

**Viking** *n.* pedagang dan lanun bangsa Skandinavia kuno. (8-11世纪劫掠欧洲海岸的)北欧海盗。

**vile** *a.* keji; hina. 卑鄙的；可耻的。**vilely** *adv.* dengan keji. 卑鄙地。**vileness** *n.* kekejian; kehinaan. 卑鄙行为。

**vilify** *v.t.* mengeji; mengutuk; menghina. 诬蔑；诋毁；蔑视。**vilification** *n.* kejian; kutukan; penghinaan. 诬蔑话；诋毁行为；蔑视。**vilifier** *n.* orang yang mengeji. 诬蔑者；诋毁者。

**villa** *n.* vila. (市郊的)别墅。

**village** *n.* kampung; desa. 乡村；村庄；村落。

**villager** *n.* penduduk kampung atau desa. 村民；乡下人。

**villain** *n.* bajingan; penyangak. 无赖；恶棍。**villainous** *a.* jahat; keji; jelek. 恶棍似的；卑鄙的；邪恶的。**villainy** *n.* kejahatan; perbuatan jahat. 坏事；恶劣行为。

**villein** *n.* hamba pada abad pertengahan. 中世纪的农奴。

**vim** *n.* (*colloq.*) tenaga; kegiatan; semangat. 力量；活力；精力。

**vinaigrette** *n.* botol kecil tempat garam hidu. 香料嗅瓶。~ **sauce** kuah campuran minyak dan cuka untuk salad. 调味醋酱油。

**vindicate** *v.t.* mengesahkan; membuktikan. 辩明；证明…无辜。**vindication** *n.* usaha mempertahankan; pengesahan. 辩解；证明无辜。**vindicatory** *a.* berkenaan pengesahan. 证明的。

**vindictive** *a.* berdendam; menaruh dendam. 怀恨的。**vindictively** *adv.* dengan berdendam. 怀恨地；恶意地。**vindictiveness** *n.* perihal menaruh dendam. 报复心态。

**vine** *n.* wain. 酒。

**vinegar** *n.* cuka. 醋。**vinegary** *a.* masam; seperti cuka. 醋酸的；似醋的。

**vineyard** *n.* kebun anggur. 葡萄园。

**vintage** *n.* musim memetik anggur; wain yang bermutu (terutama yang dibuat pada tahun tertentu). 葡萄收获季节；佳酿酒(尤指陈年好酒)。—*a.* bermutu tinggi, terutama dari masa lalu. 上等的(尤指陈年的)。~ **car** kereta antik yang bermutu. 古董汽车。

**vintner** *n.* saudagar wain. 酒商；酿酒人。

**vinyl** *n.* vinil; sejenis plastik. 乙烯基。

**viol** *n.* viol; sejenis violin lama. (六弦)提琴；低音提琴。

**viola**[1] *n.* viola; sejenis alat muzik seakan-akan violin. 中提琴。

**viola**[2] *n.* sejenis pokok. 堇菜。

**violate** *v.t.* melanggar (sumpah atau perjanjian). 违背(誓约)；违反。**violation** *n.* perlanggaran. 违犯行为。**violator** *n.* pelanggar. 犯规者；违犯者。

**violent** *a.* hebat; ngeri; kejam (berkenaan kematian). 激烈的；极端的；暴力致

死的。**violently** *adv.* dengan kejam. 暴力地。**violence** *n.* kekejaman. 暴力行为；暴动。

**violet** *n.* bunga kembang pagi; ungu (warna). 紫罗兰；紫红色。—*a.* ungu. 紫红色的。

**violin** *n.* biola; violin. 小提琴。**violinist** *n.* pemain biola. 小提琴手。

**violoncello** *n.* (pl. *-os*) selo; violoncelo; sejenis alat muzik. 大提琴。

**V.I.P.** *abbr.* **very important person** orang kenamaan; dif-dif terhormat. （缩写）重要人物。

**viper** *n.* ular kapak. 蝰蛇。

**virago** *n.* (pl. *-os*) perempuan yang garang. 悍妇；泼妇。

**viral** *a.* berkenaan virus. 病毒性的；引起病毒的。

**virgin** *n.* dara; gadis. 处女；少女。~**the Virgin Mary** ibu Jesus Christ (menurut kepercayaan penganut agama Kristian). 圣母。—*a.* putih bersih; suci. 纯洁的；贞洁的；处女般的。**virginal** *a.* bersih; suci. 处女般的；童真的。**virginity** *n.* kesucian; kedaraan. 处女身分；童贞。

**virginals** *n.pl.* virginal; sejenis alat muzik petikan. 维金纳琴。

**virile** *a.* bertenaga; bersifat seperti lelaki. 刚强有力的；有男子气概的。**virility** *n.* kelelakian; kejantanan; sifat lelaki. 男子气概；男性生殖力。

**virology** *n.* virologi; kaji virus. 病毒学。**virologist** *n.* ahli virologi. 病毒学家。

**virtual** *a.* sebenarnya; mutlak; maya. 实质上的。**virtually** *adv.* dengan sebenarnya; secara mutlak. 实际上。

**virtue** *n.* kebaikan; sifat baik; sifat murni. 德行；善行；品德。**by** atau **in ~ of** oleh sebab; kerana. 因为；由于。

**virtuoso** *n.* (pl. *-si*) pakar dalam bidang seni terutama seni muzik. 艺术爱好者（尤指音乐）。**virtuosity** *n.* kepakaran dalam bidang seni terutama seni muzik. 艺术上的熟练技巧。

**virtuous** *a.* baik; suci. 善良的；有德行的。**virtuously** *adv.* secara baik; secara suci. 善心地；道德高尚地。**virtuousness** *n.* kebaikan; kesucian. 品性正直；道德高尚。

**virulent** *a.* ganas; berbisa (berkenaan penyakit, racun); yang amat sangat; yang mendalam (berkenaan kebencian). 很毒的；剧毒的；致命的；（憎恨）极度的。**virulently** *adv.* dengan amat sangat. 极度地；致命地。**virulence** *n.* kebisaan; keganasan. 剧毒；恶毒。

**virus** *n.* (pl. *-uses*) virus. 病毒；过滤性病毒。

**visa** *n.* visa. 出入境准证。**visaed** *a.* bervisa. 有准证的。

**visage** *n.* wajah; paras. 脸；面貌。

**vis-a-vis** *adv.* & *prep.* berhadapan dengan; bersemuka; berbanding dengan. 面对面；对坐；和…相比。

**viscera** *n.pl.* visera; organ dalam tubuh badan. 内脏；脏腑。**visceral** *a.* berkenaan visera; meluap-luap. 内脏的；出自内心的。

**viscid** *a.* melekit. 黏性的；黏质的。**viscidity** *n.* kemelekitan. 黏性；黏度。

**viscose** *n.* viskosa. 黏胶。

**viscount** *n.* gelaran bangsawan untuk lelaki Inggeris. （英国）子爵。**viscountess** *n.* gelaran bangsawan untuk perempuan Inggeris. 女子爵；子爵夫人。

**viscous** *a.* likat; pekat; kental. 黏的；胶粘的；浓的。**viscosity** *n.* kelikatan; kepekatan; kekentalan. 粘性；粘度；浓度。

**visibility** *n.* jarak penglihatan. 可见度；能见度。

**visible** *a.* terlihat; dapat dilihat; nyata; terang. 可见的；显著的。**visibly** *adv.* ternyata; jelas. 看得见地；显然地。

**vision** *n.* penglihatan; angan-angan; khayalan; seseorang yang luar biasa cantiknya. 视觉；想象；幻象。

**visionary** *a.* dalam angan-angan; dalam khayalan. 幻想的。—*n.* pengkhayal. 充满幻想的人。

**visit** *v.t./i.* melawat; berkunjung; menghukum (dalam kitab Injil). 拜访；参观；（圣经用语）惩罚。—*n.* lawatan. 参观。**visitor** *n.* pelawat; pengunjung; tetamu. 访问者；参观者。

**visitant** *n.* tamu dari alam ghaib. （神话中）下凡的神仙。

**visitation** *n.* lawatan rasmi; bala. 巡视；（登船）检查。

**visor** *n.* visor; cermin tutup muka pada topi keledar. 头盔上的面甲；面罩。

**vista** *n.* pandangan; pemandangan. 林荫路景。

**visual** *a.* visual; berkenaan dengan penglihatan. 视觉的；视力的。**visually** *adv.* secara tampak; secara visual. 视觉上；视力上。

**visualize** *v.t.* membayangkan; mengkhayalkan. 使形象化；使具体化；想象。**visualization** *n.* pembayangan; penggambaran. 形象化；想象。

**vital** *a.* yang berhubung dengan kepentingan atau keperluan hidup. 生命的；维持生命所必需的。~ **statistics** statistik penting; (*colloq.*) ukuran badan wanita. 人口动态统计；女性的三围尺寸。**vitals** *n.pl.* organ badan yang penting. 人体的重要器官。**vitally** *adv.* dengan amat penting. 非常重要地。

**vitality** *n.* daya hidup. 生命力；活力。

**vitalize** *v.t.* memberi tenaga; menggiatkan. 赋予活力；使生动活泼。

**vitamin** *n.* vitamin. 维生素；维他命。

**vitaminize** *v.t.* menambah vitamin. 加入维生素。

**vitiate** *v.t.* mencacatkan; merosakkan. 污染；损坏。**vitiation** *n.* kecacatan. 损坏。

**viticulture** *n.* vitikultura; penanaman anggur. 葡萄栽培；葡萄栽培学。

**vitreous** *a.* berkaca; kekaca; bersifat seperti kaca. 玻璃的；玻璃状的。

**vitrify** *v.t./i.* menjadi berkaca. 使成玻璃状。**vitrification** *n.* pengacaan. 玻璃化。

**vitriol** *n.* vitriol; sejenis asid; kecaman. 硫酸盐。**vitriolic** *a.* vitrolik; menyakitkan hati. 硫酸盐的；尖刻的。

**vituperate** *v.i.* mencaci; memaki; mengeluarkan kata-kata kesat. 责骂；辱骂。**vituperation** *n.* caci-maki; cacian; celaan. 责骂；辱骂；叱责。**vituperative** *a.* bersifat mencaci, memaki, mencela. 责骂的；辱骂的。

**viva** *n.* (*colloq.*) viva; peperiksaan lisan. 口试。—*v.t.* (p.t. *vivaed*) (*colloq.*) peperiksaan viva. 考口试。

**vivacious** *a.* girang; gembira. 愉快的；快活的；精神活泼的。**vivaciously** *adv.* dengan girang; dengan gembira. 愉快地；快活地。**vivacity** *n.* kegirangan; kegembiraan. 愉快；快活。

**vivarium** *n.* (pl. *-ia*) vivarium; tempat menyimpan binatang hidup, dsb. dalam keadaan semula jadi. 自然环境的生态动（植）物园。

**viva voce** *n.* ujian lisan. 口试。

**vivid** *a.* terang; hidup (berkenaan warna); jelas (berkenaan khayalan). 闪亮的；（颜色）鲜明的；（想象）栩栩如生的。**vividly** *adv.* dengan terang; dengan jelas. 鲜明地；生动地。**vividness** *n.* terangnya; hidupnya. 清晰；生动；逼真。

**vivify** *v.t.* menghidupkan. 使具生气。

**viviparous** *a.* viviparus; melahirkan; bukan bertelur. 胎生的。

**vivisection** *n.* pembedahan percubaan ke atas binatang hidup; viviseksi. 活体解剖。

**vixen** *n.* rubah betina; musang betina. 雌狐。

**viz** *adv.* iaitu; yakni. 那就是；即。

**vizier** *n.* wazir; menteri. 伊斯兰教国家的大臣。

**vocabulary** *n.* perbendaharaan kata; kosa kata; daftar kata. 字汇；词表。

**vocal** *a.* vokal; berkenaan suara. 嗓音的；关于声音的。—*n.* sebuah nyanyian. 声乐作品。**vocally** *adv.* secara lisan. 口头上。

**vocalic** *a.* berkenaan huruf vokal. 元音的。

**vocalist** *n.* penyanyi; biduan. 歌唱家；声乐家。

**vocalize** *v.t.* menyuarakan. 练声；发声。

**vocation** *n.* seruan; panggilan; kerja; pekerjaan; bakat istimewa. 天命；神召；行业；才能。 **vocational** *a.* vokasional. 职业上的；有助于职业的。

**vociferate** *v.t./i.* melaungkan; meneriak; meneriakkan; menjeritkan. 吵闹；叫嚣；喧嚷。 **vociferation** *n.* laungan; teriakan. 嚷叫；喊叫。

**vociferous** *a.* riuh-rendah; gegak-gempita. 大声嚷叫的；吵闹的。 **vociferously** *adv.* dengan riuh-rendah. 大声嚷叫地；喧嚷地。

**vodka** *n.* vodka (arak di Rusia). (俄国的)伏特加酒。

**vogue** *n.* fesyen, atau pilihan semasa. 流行；时髦。 **in ~** menjadi pilihan; sangat laku. 流行；时兴；时尚。

**voice** *n.* suara; pendapat. 嗓音；意见。 — *v.t.* menyuarakan; bersuara. 讲出；发言。

**void** *a.* tidak sah; terbatal. 无效的；作废的。 —*n.* lopak; petak; kekosongan. 空间；空白。 —*v.t.* menjadikan tidak sah; membatalkan. 作废；取消。

**voile** *n.* kain kasa. 巴里纺 (一种半透明薄纱)。

**volatile** *a.* mudah meruap; cepat berubah (berkenaan perangai). 易挥发的；性情易变的。 **volatility** *n.* perihal mudah meruap; perihal sikap atau minat yang tidak tetap. 挥发性；态度、兴趣等的反复无常。

**volatilize** *v.t./i.* meruapkan. 挥发。 **volatilization** *n.* pemeruapan. 挥发。

**vol-au-vent** *n.* sejenis kuih. 酥皮馅饼。

**volcano** *n.* (pl. *-oes*) gunung berapi. 火山。 **volcanic** *a.* berkenaan atau seperti gunung berapi. 火山的。

**vole** *n.* sejenis binatang seakan-akan tikus. 田鼠。

**volition** *n.* hasrat; kemahuan; keazaman. 意志力；选择；决定。

**volley** *n.* (pl. *-eys*) tembakan serentak; hamburan kata-kata; pukulan balas (berkenaan tenis dsb.). (枪炮等) 齐射； (质问等) 连发; (网球等) 拦击。 — *v.t.* melepaskan tembakan serentak. (枪炮等) 齐射; (网球) 拦击。

**volleyball** *n.* bola tampar. 排球。

**volt** *n.* volt. 伏特 (电压单位)。

**voltage** *n.* voltan. 电压量。

**volte-face** *n.* perihal berubah hati; perihal bertukar haluan. 变卦；转向；转变。

**voltmeter** *n.* voltmeter; alat pengukur potensi elektrik dalam unit volt. 电压表。

**voluble** *a.* petah; fasih. 流利的；口若悬河的。 **volubly** *adv.* dengan petah; dengan fasih. 流畅地；滔滔不绝地。

**volubility** *n.* kepetahan; kefasihan. (口才等) 流利；善辩。

**volume** *n.* buku; jilid; jumlah atau luasnya ruang; isipadu; saiz. 卷；册；体积；容积。

**voluminous** *a.* berjilid-jilid; banyaknya ruang yang digunakan. 多册的；卷数多的；(著作) 长篇的。

**voluntary** *a.* dengan kehendak sendiri; dengan sukarela. 自愿的；志愿的。 — *n.* muzik organ solo di gereja. 宗教礼拜前后的风琴独奏。 **voluntarily** *adv.* dengan sukarela; dengan kehendak hati. 自愿地；志愿地。

**volunteer** *n.* sukarelawan; tentera sukarela. 自愿参加者；志愿军。 —*v.t./i.* menawarkan diri; memberikan dengan sukarela; menjadi sukarelawan. 自愿给予；当志愿人员。

**voluptuary** *n.* orang yang sukakan kemewahan. 淫逸的人；酒色之徒。

**voluptuous** *a.* berlazat; yang suka menurut hawa nafsu; montok; menggiurkan. 淫逸的；纵欲的。 **voluptuously** *adv.* dengan nikmat; dengan montok; dengan menggiurkan. 纵情地。 **voluptuousness** *n.* kenikmatan; kemontokan; kemontelan. 纵欲；肉感。

**volute** *n.* sesiput. 螺旋形；涡旋形。

**vomit** *v.t./i.* (p.t. *vomited*) muntah; memuntahkan. 呕吐;吐出。—*n.* muntahan. 呕吐物。

**voodoo** *n.* voodoo (sejenis ilmu sihir). 伏都教(一种巫术)。 **voodooism** *n.* voodooisme. 伏都教仪式。

**voracious** *a.* lahap; rakus; gelojoh. 贪吃的;狼吞虎咽的。 **voraciously** *adv.* dengan lahap; dengan rakus; dengan gelojoh. 贪婪地;嘴馋地;狼吞虎咽地。

**voracity** *n.* kelahapan; kerakusan; kegelojohan. 贪食;暴食;狼吞虎咽。

**vortex** *n.* (pl. *-ices* atau *-exes*) putingbeliung (berkenaan angin); pusaran air. 旋风(尤指旋风中心);(水)漩涡。

**vote** *n.* undi; undian. 选举。—*v.t./i.* mengundi. 投选。 **voter** *n.* pengundi. 投票者。

**votive** *a.* yang bernazar; yang berniat. 还愿的;(为履行誓约而)奉献的。

**vouch** *v.i.* ~ **for** menjamin. 保证;担保。

**voucher** *n.* baucer. (付款)凭单;票据。

**vouchsafe** *v.t.* sudi mengizinkan; sudi membenarkan. 给;赐;惠予。

**vow** *n.* sumpah; nazar; ikrar. 誓约;许愿;宣誓。—*v.t.* bersumpah; bernazar; berikrar. 发誓;许愿。

**vowel** *n.* vokal. 元音;母音。

**voyage** *n.* perjalanan; pelayaran. 行程;航程。—*v.i.* belayar. 出航。 **voyager** *n.* orang yang belayar. 航行者。

**voyeur** *n.* pengintai; orang yang mendapat kepuasan seks setelah melihat alat atau perlakuan seks orang lain. 窥淫狂。

**vulcanite** *n.* vulkanit; getah hitam yang keras. 硬橡皮;火山硫化后形成的硬胶。

**vulcanize** *v.t.* memanaskan getah dengan sulfur supaya keras. (硫化)使橡胶硬化。 **vulcanization** *n.* perihal memanaskan getah dengan sulfur supaya keras. (橡胶)硬化作用。

**vulgar** *a.* kasar; kurang sopan. 粗俗的;下流的。 **~ fraction** pecahan kasar; angka yang ditulis dalam bentuk pecahan atas dan bawah. 普通分数。 **~ tongue** bahasa ibunda; bahasa vernakular. 方言;乡土语(与拉丁语相对的英国本土语言)。 **vulgarly** *adv.* dengan kasar; dengan kurang sopan. 粗俗地;下流地。

**vulgarity** *n.* kekasaran; perihal kurang sopan. 粗俗;下流。

**vulgarian** *n.* orang (terutama yang kaya) tidak beradab. 粗俗的人(尤指庸俗的暴发户)。

**vulgarism** *n.* kata-kata atau perbuatan yang kasar. 粗话;粗俗行为。

**vulgarize** *v.t.* mencabulkan; menjadikan kurang nilainya. 使粗俗;使庸俗化。

**vulgarization** *n.* pencabulan; perbuatan menjadikan sesuatu itu kurang nilainya. 粗俗化;庸俗化。

**Vulgate** *n.* versi kitab Injil yang dibuat pada abad keempat. 公元4世纪译成的拉丁文圣经。

**vulnerable** *a.* dapat dilukai; tidak kebal; mudah tersinggung. 易受伤害的;脆弱的;易受攻击的。 **vulnerability** *n.* perihal mudah tersinggung atau mudah dilukai. 易受攻击性;易受伤害性。

**vulture** *n.* burung nasar. 兀鹰。

**vulva** *n.* vulva. 阴门;女阴。

**vying** *lihat* **vie**. 见 **vie**。

# W

**W** *abbr.* **watt** watt. （缩写）瓦；瓦特。
**west** barat. （缩写）西方。

**wacky** *a.* (*-ier*, *-iest*) (*sl.*) gila; sewel. 怪人的；发狂的。

**wad** *n.* lapik; segulung (berkenaan kertas, wang). 填料；垫料；（纸、钞票等）一卷。—*v.t.* (p.t. *wadded*) melapik; menggulung. 填塞；把（纸、钞票等）卷成一卷。

**wadding** *n.* lapik tebal (pada baju). （衣服的）填料或棉絮。

**waddle** *v.i. & n.* berjalan terkedek-kedek. （鸭子般）摇摇摆摆地走。

**wade** *v.t./i.* mengharung; meranduk (air, sungai); bertungkus-lumus (membuat kerja). 横渡；蹚过（浅水）；苦干（工作）。 **wader** *n.* burung randuk. 涉水禽鸟。

**waders** *n.pl.* sejenis but kalis air. （钓鱼用的）涉水长靴。

**wadi** *n.* wadi; (di Asia Barat, dsb.) sungai yang tidak berair di padang pasir; berisi air apabila hujan turun. 干涸河床；仅下雨后才有水的河道。

**wafer** *n.* wafer; biskut kering. 薄脆饼；威化饼干。

**waffle**[1] *n.* (*colloq.*) menulis coretan. 乱写。—*v.i.* (*colloq.*) bercakap tanpa tujuan. 胡说；胡扯。

**waffle**[2] *n.* wafel; sejenis kuih yang dimakan dengan mentega ketika masih panas dan dimasak dalam acuan. 蛋奶烘饼；威化饼。 **~-iron** *n.* acuan kuih wafel. 蛋奶烘饼烤模。

**waft** *v.t./i.* melayang perlahan-lahan dibawa angin. 飘荡。—*n.* bau yang dibawa angin. 一阵香气；飘香。

**wag** *v.t./i.* (p.t. *wagged*) menggoyang-goyangkan. 摇；摆动。—*n.* goyangan; orang yang banyak cakap; mulut murai. 摇动；摆动；诙谐者。

**wage**[1] *v.t.* berperang. 作战。

**wage**[2] *n.*, **wages** *n.pl.* upah; gaji. 薪金；工资。

**wager** *n. & v.t./i.* taruhan; bertaruh. 赌金；打赌。

**waggish** *a.* berjenaka. 好开玩笑的。 **waggishly** *adv.* secara berjenaka. 开玩笑地。

**waggle** *v.t./i. & n.* menggoyang-goyangkan; bergoyang; goyangan. 摇摆；摆动。

**waggon** *n. lihat* **wagon**. 见 wagon。

**wagon** *n.* wagon; gerabak; kereta berbentuk separuh van. 运货马车；小型客车；旅行车。

**wagoner** *n.* pemandu wagon. 运货马车车夫；小型客车司机。

**wagtail** *n.* sejenis burung pipit. 鹡鸰鸟。

**waif** *n.* orang, terutamanya kanak-kanak yang melarat atau terbuang. 无家可归的人。

**wail** *v.t./i. & n.* meratapi; menangisi; ratapan; tangisan. 恸苦（声）；哀（声）。

**wain** *n.* (*old use*) pedati yang digunakan di ladang. （封建时代农夫耕用的）四轮运货马车。

**wainscot** *n.* jalur dinding; lapisan papan nipis pada dinding. 护壁板。 **wainscoting** *n.* lapisan papan nipis pada dinding. 装有护壁板的墙壁。

**waist** *n.* pinggang; bahagian pinggang. 腰部；腰围。

**waistcoat** *n.* weskot; sejenis baju tidak berlengan yang dipakai di bawah jaket atau kot. 背心。

**waistline** *n.* garis pinggang. 腰围。

**wait** *v.t./i.* menunggu; menanti. 等；等候。—*n.* penantian; (*pl., old use*) penyanyi karol. 等待；等候；（圣诞节沿街募款的）颂歌队。 **~ on** melayani makan minum. 服侍。

**waiter** *n.* pelayan lelaki. 男侍应员。

**waitress** *n.fem.* pelayan perempuan. 女侍应员。

**waiting-list** *n.* senarai tunggu; daftar tunggu. 候选人名单；项目一览表。

**waiting-room** *n.* bilik, ruang tempat menunggu. 等候室；候诊室。

**waive** *v.t.* mengetepikan; enggan menggunakan kuasa, hak, dsb.). 放弃（权利等）。

**wake**[1] *v.t./i.* (p.t. *woke*, p.p. *woken*) jaga; bangkit; bangun; membangunkan; menjagakan. 醒着；醒来；唤醒。—*n.* (*Irish*) menjaga mayat sebelum dikebumikan; (*pl.*) hari kelepasan tahunan di England Utara. （爱尔兰）葬礼前通宵守灵；英国北部产业工人的常年假期。~ **up** bangun; terjaga. 醒来；唤醒。

**wake**[2] *n.* riak atau olakan di belakang sampan atau kapal ketika belayar. 船航行时的尾流。**in the ~ of** selepas; berikutnya. 在…后；紧紧追随。

**wakeful** *a.* tidak dapat tidur. 失眠的；不能入睡的。

**waken** *v.t./i.* terjaga. 醒来；唤醒。

**wale** *n.* bilur; rabung; balak besar di tepi kapal. （肿起的）鞭痕；凸条纹；（木船的）舷缘板。

**walk** *v.t./i.* berjalan; muncul (berkenaan hantu). 走；步行；（鬼魂）出现。—*n.* perjalanan; jalanan; gaya berjalan. 步行；散步；步态。~ **of life** lapisan masyarakat. 社会阶层。~ **out** pergi dengan marah. 罢工；（中途）退席。(**~-out** *n.*) ~ **out on** meninggalkan. 抛弃；离开。**~-over** *n.* menang tanpa bertanding. （比赛）弃权。

**walkabout** *n.*(*Austr.*) masa orang asli Australia merayau di kawasan pedalaman. （澳洲）土著的短期丛林流浪；徒步旅行。

**walker** *n.* orang yang berjalan; alat untuk membantu seseorang berjalan. 步行者；助步车（尤指供幼儿学步用）。

**walkie-talkie** *n.* walkie-talkie; sejenis radio kecil untuk berhubung. 袖珍无线电话机。

**walking-stick** *n.* tongkat. 手杖。

**walkway** *n.* laluan. 走道；通道。

**wall** *n.* dinding; tembok. 墙；壁。—*v.t.* mendinding. 筑墙。**go to the** ~ kalah; gagal; rosak. 陷入绝境；失败。

**wallaby** *n.* kanggaru jenis kecil. 沙袋鼠。

**wallah** *n.* (*sl.*) orang. 人；家伙。

**wallet** *n.* dompet. 小钱包；小皮夹子。

**wall-eyed** *a.* juling. 外斜视的。

**wallflower** *n.* sejenis pokok taman yang harum bunganya. 桂竹香。

**wallop** *v.t.* (p.t. *walloped*) (*sl.*) membelasah; menghentam. 痛击；猛打。—*n.* (*sl.*) belasah; bir atau minuman lain. 痛击；啤酒；酒。

**wallow** *v.i.* berkubang. （猪等在泥浆中）打滚。—*n.* perihal berkubang. 打滚；翻滚。~ **in** menikmati dengan sepenuhnya. 在（钱等）里打滚；热衷于。

**wallpaper** *n.* kertas untuk menghias dinding. 墙纸；壁纸。

**wally** *n.* (orang yang) bangang. 笨蛋；无能的人。

**walnut** *n.* walnut; sejenis pokok, buah dan kayunya. 胡桃；胡桃树。

**walrus** *n.* walrus; anjing laut. 海象。

**waltz** *n.* waltz; sejenis muzik klasik. 华尔兹舞。—*v.i.* menari waltz; (*colloq.*) menari-nari. 跳华尔兹舞；轻快地旋转。

**wampum** *n.* kalung kulit kerang digunakan oleh penduduk peribumi Amerika sebagai wang atau hiasan. （北美印第安人）贝壳串珠。

**wan** *a.* pucat; suram. 苍白的；无血色的；（灯火等）暗淡的。**wanly** *adv.* dengan pucat. 苍白地；阴暗地。**wanness** *n.* kepucatan. 苍白；暗淡。

**wand** *n.* tongkat sakti. （魔术师的）魔杖。

**wander** *v.i.* mengembara; merantau; berkelana; mengeluyur (berkenaan sungai). 流浪；漂泊；（河流）蜿蜒。—*n.* pengembaraan; perantauan. 流浪；漂泊。

**wanderer** *n.* pengembara; perantau. 流浪者；漂泊者。

**wanderlust** *n.* keinginan untuk mengembara atau merantau. 旅行癖；流浪癖。

**wane** *v.i.* berkurangan; menjadi susut; menjadi pucat (berkenaan bulan atau cahaya). 缩减；衰微；（月）缺。**on the ~** semakin berkurangan. 衰弱中；（月）正在亏缺。

**wangle** *v.t.* (*sl.*) membuat helah untuk memperoleh sesuatu. 以不正当的手法获得；哄骗。—*n.* perihal memperoleh sesuatu dengan membuat tipu helah. 欺诈行为；不正当的手段。

**want** *v.t./i.* mahu; hendak; ingin; berhasrat. 需要；希望；渴望。—*n.* kemahuan; kehendak; keinginan; hasrat; kekurangan. 需要；必需品；渴望。

**wanted** *a.* yang dikehendaki atau yang dicari polis. 被警方追缉的；受通缉的。

**wanting** *a.* yang serba kekurangan. 短缺的。

**wanton** *a.* nakal; tidak bertanggungjawab. 顽皮的；不负责任的。

**wapiti** *n.* rusa besar Amerika Utara. 北美洲的马鹿。

**war** *n.* peperangan. 战争。**at ~** berperang dengan. 与…交战。

**warble** *v.t./i.* berkicau; bersiul. 发出鸟啼啭般的声音；用颤音唱出。—*n.* kicauan; siulan. 啼啭；啼啭般的声音；颤音。**warbler** *n.* burung yang berkicau. 刺嘴莺。

**ward** *n.* wad; anak jagaan. 病房；行政区；受监护者。—*v.t.* **~off** mengelakkan. 避开；挡开。

**warden** *n.* warden; pengawas penjara. 看守人；监护人；保管人；监狱长。

**warder** *n.* warder; pegawai penjara. 警卫；监狱看守。

**wardrobe** *n.* almari baju; almari pakaian; pakaian dan perhiasan. 衣橱；（个人、剧团等的）全部衣装。

**wardroom** *n.* mes pegawai di dalam kapal perang. 军舰上的军官室。

**ware** *n.* barang-barang keluaran; (*pl.*) barang-barang untuk jualan. 物品；货品；商品。

**warehouse** *n.* gudang. 仓库；货栈。

**warfare** *n.* peperangan; perjuangan. 战争；战事；军事行动。

**warhead** *n.* kepala peledak. 弹头。

**warlike** *a.* ganas; suka berperang; sedia untuk berperang. 尚武的；好战的；准备战斗的。

**warm** *a.* (*-er, -est*) panas; hangat; mesra. 暖和的；热的；热情的。—*v.t./i.* menjadi hangat atau panas. 使缓和；激发。**~-blooded** *a.* berdarah panas. （动物）温血的。**~-hearted** *a.* murah hati. 富于同情心的。**~ to** menjadi mesra terhadap seseorang. 对某人非常友善。**~ up** panas; senaman ringan sebelum memulakan sesuatu; menjadi lebih bersemangat. 作暖身运动；使温热。**warmly** *adv.* dengan panas atau hangat; dengan mesra. 暖和地；热情地。**warmness** *n.* kemesraan; kepuasan; kehangatan. 热情；满足感；热度。

**warming-pan** *n.* sejenis alat logam (seperti periuk) bertutup yang diisi dengan arang batu untuk memanaskan tempat tidur. 暖床器。

**warmonger** *n.* orang yang suka menimbulkan peperangan. 战争贩子。

**warmth** *n.* kepanasan; kehangatan; kemesraan. 温暖；热度；热情。

**warn** *v.t.* mengingatkan; memperingatkan; memberi ingat; memberi amaran. 提醒；告诫；警告。**~ off** memberitahu seseorang supaya menjauhi (sesuatu). 警告（某人）不得靠近；告诫（某人）离开。

**warning** *n.* peringatan; amaran; pemberitahuan. 警告；告诫；预告。

**warp** *v.t./i.* menggeleding; membengkok; melengkung. （使）变形；（使）弯曲。—*n.* berkeadaan melengkung atau membengkok; benang yang panjang pada tenunan. 弯曲；卷曲；（布、织物的）经线。

**warpaint** *n.* cat disapu pada badan sebelum berperang; (*colloq.*) cat muka. （印第安人或非洲人）出战前涂在身上的颜料；化妆品。

**warpath** *n.* on the ~ (*colloq.*) bersedia untuk berperang atau menuntut bela. 准备作战。

**warrant** *n.* waran; surat kuasa; bukti; jamin. 授权令；委任书；证据；保证。— *v.t.* dikeluarkan waran; berhak; berkuasa. 发（逮捕、搜查）令；授权给。**~-officer** *n.* pegawai waran. 英国海陆空军的准尉。

**warranty** *n.* jaminan; kuasa untuk sesuatu tindakan, dsb. 保证；授权证。

**warren** *n.* kawasan yang terdapat banyak lubang arnab; bangunan atau daerah yang banyak lorong berliku-liku. 养兔场；（兔子窝般）拥挤的地区。

**warring** *a.* bermusuh; berseteru; berperang; terlibat dalam peperangan. 敌对的；交战的；势不两立；冲突的。

**warrior** *n.* pahlawan. 战士；勇士。

**warship** *n.* kapal perang. 军舰；舰艇。

**wart** *n.* ketuat; kutil. 肿瘤；肉赘；树瘤。 **~-hog** *n.* sejenis babi yang berasal dari Afrika. 非洲的疣猪。 **warty** *a.* berkutil; berketuat. 有疣的；疣状的。

**wartime** *n.* masa perang. 战争时。

**wary** *a.* (*-ier, -iest*) berhati-hati. 小心的；谨慎的。 **warily** *adv.* dengan berhati-hati. 小心地。 **wariness** *n.* sifat hati-hati. 小心翼翼。

**was** *lihat* **be**. 见 **be**。

**wash** *v.t./i.* membasuh; membersih; mencuci; menghanyutkan; menyapukan cat pada; (*colloq.*) masuk akal. 洗涤；洗刷；粉刷；涂漆；（说话等）可靠。— *n.* pembasuhan; pembersihan; pencucian (perbuatan); basuhan; cucian (hasil); olakan air; cat nipis. 洗涤；洗濯物；涡流；（漆等的）涂层。**~-basin** *n.* tempat basuh tangan. 洗脸盆。 **~ one's hands of** tidak mahu turut terlibat dengan. 断绝关系；不再过问。 **~ out** membasuh; terhalang permainan sukan kerana hujan; (*colloq.*) membatalkan. 洗净；（比赛因雨而）受阻；取消。**~-out** *n.* (*sl.*) basuh habis. 冲刷；失败（的人）。**~ up** membasuh pinggan mangkuk; terdampar di pantai; (*A.S.*) membersihkan diri. 洗碗碟；（海浪）把…冲上岸；洗手洗脸。

**washable** *a.* dapat dibasuh. 可洗的；耐洗的。

**washer** *n.* sesendal; pelapik yang berlubang (daripada getah, besi, kulit) yang digunakan untuk mengetatkan skru atau penyambung. 洗濯机；机械垫圈。

**washerwoman** *n.* (*pl. -women*) wanita pencuci kain. 洗衣女工。

**washing** *n.* basuhan; cucian. 洗涤；冲洗。 **~-machine** *n.* mesin basuh. 洗衣机。 **~-up** *n.* pinggan mangkuk untuk dicuci. 需洗的碗碟。

**washroom** *n.* (*A.S.*) bilik air. 厕所。

**washstand** *n.* perabot untuk meletak besen dan bekas air basuhan. 脸盆架。

**washtub** *n.* besen basuh pakaian. 洗涤槽；洗衣盆。

**washy** *a.* cair; pudar; lemah. 似水的；（颜色）退色的；（面容）苍白的。

**wasp** *n.* tebuan. 黄蜂。

**waspish** *a.* membuat komen yang pedas atau tajam. (批评)尖酸刻薄的；刻度的。 **waspishly** *adv.* dengan komen yang pedas dan tajam. 尖刻地。

**wassail** *n.* (*old use*) temasya minum menyambut Hari Natal. 圣诞节时的狂欢酒宴。

**wast** (*old use*) = **was**. 同 **was**。

**wastage** *n.* pembaziran; kerugian. 浪费；损耗（量）。

**waste** *v.t./i.* membazir; merana menjadi kurus kering. 浪费；（因病而）消瘦。 — *a.* sisa; sampah; tandus (berkenaan tanah). 丢弃的；无用的；（土地）荒芜的。 — *n.* pembaziran; sisa; hampas; sampah; tanah tandus. 浪费；废料；荒芜。

**wasteful** *a.* membazir. 挥霍的；浪费的。**wastefully** *adv.* secara membazir. 挥霍地。**wastefulness** *n.* sifat membazir. 挥霍；浪费。

**waster** *n.* orang yang suka membazir; (*sl.*) sampah masyarakat. 挥霍者；无用的人。

**wastrel** *n.* sampah masyarakat. 一无是处的人；无用的人。

**watch** *v.t./i.* berjaga; melihat; memandang; berwaspada; memerhati; mengawasi; berjaga-jaga; mengawal. 看守；留心；提防；监视；守候。 —*n.* pemerhatian; pengawasan; penjagaan; jam tangan. 注意；监视；守候；手表。**on the ~** berjaga-jaga; berwaspada. 看守着；提防着。**watching-brief** *n.* pengawasan dalam perbicaraan. 委托书。**~-night service** sembahyang pada malam akhir tahun (Kristian). (教会在除夕晚举行的)祈祷。**~ out** berhati-hati; berjaga-jaga; awas. 小心；注意。**~-tower** *n.* menara kawalan. 了望塔。**watcher** *n.* pemerhati; penonton. 看守人；观察者。

**watchdog** *n.* anjing pengawal; pengawal. 看门狗；监察人员。

**watchful** *a.* berjaga-jaga; berhati-hati. 警惕的；小心的。**watchfully** *adv.* dengan berjaga-jaga; dengan berhati-hati. 提防地；小心地。**watchfulness** *n.* sifat berjaga-jaga; sifat berhati-hati. 警戒；警惕。

**watchmaker** *n.* pembuat jam; tukang jam. 钟表制造人(商)；钟表匠。

**watchman** *n.* (pl. *-men*) jaga; penjaga; pengawal. 守卫；看守人。

**watchword** *n.* cogan kata. 暗号；暗语。

**water** *n.* air. 水。 —*v.t.* menyirami; mengairi; berair. 浇水；灌溉；供水给。**by ~** melalui sungai, tasik atau laut. 由水路。**in low ~** kesempitan wang. 经济不宽裕。**~-bed** *n.* tilam air. 水床。**~-biscuit** *n.* biskut tawar. 薄脆饼干。**~-butt** *n.* tong untuk menadah air hujan. 盛雨水用的水桶。**~-cannon** *n.* penyembur air. 高压水炮(防暴动用)。**~-closet** *n.* tandas pam. 厕所；抽水马桶。**~-colour** *n.* cat air; lukisan cat air. 水彩。**~ down** menjadi cair; melemahkan. 以水冲淡；削弱。**~-glass** *n.* sejenis bahan yang disapu pada telur agar tahan lama. 涂在鸡蛋上以保持其新鲜的水玻璃。**~-ice** *n.* air batu berperisa. 冰糕。**~-lily** *n.* bunga teratai. 睡莲。**~-line** *n.* garis air pada kapal. 船的吃水线。**~ main** *n.* saluran paip air utama. 总水管。**~-meadow** *n.* meadow air. 浸水草地；草甸。**~ melon** *n.* tembikai. 西瓜。**~-mill** *n.* kincir air. 水磨；水车。**~-pistol** *n.* pistol air. 玩具水枪。**~ polo** polo air. 水球比赛。**~ power** *n.* kuasa air. 水力。**~-rat** *n.* tikus air. 河鼠。**~-skiing** *n.* luncur air. 滑水运动。**~-splash** *n.* becak. 流过路面的浅流(河水、雨后积水)。**~-table** *n.* aras mata air. 地下水位。**~-weed** *n.* rumpai air. 水草。**~-wheel** *n.* roda air. 水车。**~-wings** *n.pl.* pelampung yang dipakai di bahu. (学游泳用的)浮袋。

**waterbrash** *n.* cecair yang dimuntahkan keluar. 胃灼热；反酸。

**watercourse** *n.* alur air; anak air; anak sungai. 水流；水道；沟渠。

**watercress** *n.* selada air. 水田芹。

**watered** *a.* (berkenaan sutera) berbarik-barik. (绸等)有波纹的。

**waterfall** *n.* air terjun. 瀑布。

**waterfront** *n.* bahagian pekan atau bandar yang terletak di pinggir tasik, sungai, dsb. 城市的滨水区。

**watering-can** *n.* bekas untuk menyiram pokok. 洒水壶；喷壶。

**watering-place** *n.* tempat binatang minum; tempat peranginan di tepi pantai; mata air panas. 动物的饮水处；海滨胜地；矿泉疗养地。

**waterless** *a.* tidak berair. 无水的；干的。

**waterlogged** *a.* tepu air; penuh dengan air. 积水的；(船)进水的；(木材)浸透水的。

**waterman** *n.* (*pl. -men*) penambang. 船夫。

**watermark** *n.* tera air. 纸上的水印。

**waterproof** *a.* kalis air; tahan air. 防水的; 耐水的。—*n.* baju kalis air. 防水服。—*v.t.* menjadikan sesuatu itu kalis air. 使防水。

**watershed** *n.* garis batas air; lembangan; legeh. 分水岭; 分水线; 流域。

**waterspout** *n.* sengkayan; air yang menjulang ke atas dari laut kerana ditarik oleh olakan angin. 龙卷风引起的海龙卷。

**watertight** *a.* kedap air. 不透水的。

**waterway** *n.* jalan air. 水路; 航道。

**waterworks** *n.* kerja air; sistem pembekalan air ke sesuatu tempat. 自来水装置; 供水系统。

**watery** *a.* berair; mengandungi banyak air; pucat (berkenaan warna). 含水的; 湿淋淋的; (颜色) 淡的。

**watt** *n.* watt. 瓦; 瓦特 (电功率单位)。

**wattage** *n.* jumlah watt. 瓦 (特) 数。

**wattle**[1] *n.* sasak; bilah-bilah yang digunakan untuk dinding pagar. 篱笆条; 篱笆。

**wattle**[2] *n.* gelambir. (火鸡等喉头下面的) 肉垂。

**wave** *n.* ombak; ikal; kerinting (berkenaan rambut); gelombang (berkenaan bunyi, muzik, dsb.) 波浪; 波纹; (头发) 卷曲; (声音、音乐等) 波动; 起伏。—*v.t./i.* berayun; bergoyang; mengibarkan; melambaikan (berkenaan tangan); mengeriting; mengikalkan (berkenaan rambut). 起伏; 摇晃; 飘扬; 挥动; (头发) 呈波纹状。

**waveband** *n.* gelombang jalur. 波段。

**wavelength** *n.* jarak gelombang. 波长。

**wavelet** *n.* ombak kecil. 小波。

**waver** *v.t.* bergoyang; bergetar; ragu-ragu. 摇摆; 摇晃; 犹豫不决。 **waverer** *n.* orang yang tidak tetap pendirian. 犹豫不决的人。

**wavy** *a.* (*-ier, -iest*) berombak; berikal. 波涛滚滚的; 波状的。

**wax**[1] *n.* lilin; penggilap berlilin. 蜡; 地蜡; 蜡状物。—*v.t.* menggilap. 给 (地板等) 上蜡。 **waxy** *a.* seperti lilin. 象腊的。

**wax**[2] *v.i.* bertambah besar; mengambang (berkenaan bulan). 变大; (月亮) 渐圆。

**waxen** *a.* yang diperbuat daripada lilin; seperti lilin. 蜡制的; 似蜡的。

**waxwing** *n.* sejenis burung. 朱缘蜡翅鸟。

**waxwork** *n.* patung daripada lilin. 蜡制品。

**way** *n.* jalan; lorong; arah; kemajuan; cara; gaya; (*pl.*) perangai; tabiat. 道路; 巷; 方向; 前进; 方法; 行为; 举止。— *adv.* (*colloq.*) jauh. 远远地。 **by the ~** oh ya. 顺便说; 说起来。 **by ~ of** sebagai; secara. 为了; 作为。 **in the ~** menghalang. 妨碍。 **on one's ~** sedang menuju. 到…去的途中。 **on the ~** dalam perjalanan; sedang mengandung (anak). 在路上; 在旅行中; 正怀着孕。 **under ~** (*lihat* **under**. 见**under**。) **~-leave** *n.* hak lalu-lalang yang disewakan kepada orang lain. 通行权。 **~-out** *a.* (*colloq.*) ganjil; pelik; aneh. 不寻常的; 标新立异的。

**waybill** *n.* senarai penumpang atau barang-barang yang dibawa dengan kenderaan. 运货单; 乘客名单。

**wayfarer** *n.* pengembara; musafir. (徒步) 旅行者; 赶路的人。

**waylay** *v.t.* (*p.t. -laid*) menghadang. 拦路抢劫; 伏击。

**wayside** *n.* tepi jalan. 路边。

**wayward** *a.* degil; keras hati. 倔强的; 任性的。 **waywardness** *n.* kedegilan. 倔强; 任性。

**W.C.** *abbr.* **water-closet** tandas; jamban. (编写) 洗手间; 厕所。

**we** *pron.* kami; kita. 我们; 咱们。

**weak** *a.* (*-er, -est*) lemah; cair (berkenaan bancuhan, dsb.). 虚弱的; (搀和物等) 淡薄的。 **~-kneed** *a.*, **~-minded** *a.* tidak bersemangat. 意志薄弱的。

**weaken** *v.t./i.* menjadi lemah. 变衰弱。

**weakling** *n.* orang yang lemah. 虚弱的人。

**weakly** *adv.* dengan lemah; tidak bertenaga. 虚弱地；无力地。—*a.* sakit-sakit. 多病的。

**weakness** *n.* kelemahan; keadaan lemah. 弱点；衰弱。

**weal**[1] *n.* bilur. 鞭痕；条痕。

**weal**[2] *n.* (*old use*) kebajikan. 福利。

**wealth** *n.* kekayaan; harta benda. 财富；财产。

**wealthy** *a.* (*-ier, -iest*) kaya. 富有的；有钱的。

**wean** *v.t.* mencerai susu (bagi bayi); meninggalkan (sesuatu). 使(婴儿)断奶；使与…脱离。

**weapon** *n.* senjata. 武器。

**wear**[1] *v.t./i.* (p.t. *wore*, p.p. *worn*) memakai; mengenakan (berkenaan pakaian); menjadi haus atau lusuh; tahan. 戴；穿；磨损；耐用。—*n.* pemakaian; pakaian; ketahanan. 佩戴；穿著；耐用。**~ down** dapat mempengaruhi. 挫败；克服。**~ off** hilang; habis. 消耗；磨灭。**~ on** berlalu (berkenaan masa). (时间)消逝。**~ out** menggunakan sesuatu hingga lusuh. 穿旧；用尽。**wearer** *n.* pemakai. 穿著者；佩戴者。**wearable** *a.* dapat dipakai. 可穿著的；可佩戴的。

**wear**[2] *v.t./i.* (p.t. & p.p. *wore*) mengubah haluan kapal supaya tidak menyusur angin. 把船头转向下风。

**wearisome** *a.* melemahkan; memenatkan. 令人厌倦的。

**weary** *a.* (*-ier, -iest*) letih; bosan; penat. 令人厌倦的；令人疲倦的。—*v.t./i.* meletihkan; memenatkan. 使疲乏；使生厌。**wearily** *adv.* dengan letih. 厌倦地。**weariness** *n.* keletihan; kepenatan; kebosanan. 疲倦；困乏；厌倦。

**weasel** *n.* sejenis cerpelai. 鼬鼠。

**weather** *n.* cuaca. 天气；气候。—*a.* yang menyusur angin; ke arah angin bertiup. 顺风的。—*v.t./i.* menjadi kering dan keras; menyusur angin; mengharungi badai. 使风干；航行至…的上风；平安度过(暴风雨)。**under the ~** rasa tidak sihat. 不舒服。**~-beaten** *a.* hitam (berkenaan kulit). (皮肤)晒黑的。**~-vane** *n.* mata angin; baling-baling. 风标；风信旗。

**weatherboard** *n.* papan tindih. (船上的)上风舷；风雨板。

**weathercock** *n.* mata angin. 风信标。

**weave**[1] *v.t./i.* (p.t. *wove*, p.p. *woven*) menenun; menganyam; mengarang (berkenaan cerita). 织；编；(故事)编造。—*n.* tenunan; anyaman. 编织物；织法。

**weave**[2] *v.i.* bergerak mencelah-celah. 弯曲行进。

**weaver** *n.* tukang tenun; tukang anyam. 织工；编制者。

**web** *n.* sarang labah-labah; kulit selaput antara jari-jari kaki binatang yang berenang, misalnya itik, katak, dll. 蜘蛛网；鸭、蛙等的蹼。**~-footed** *a.* kaki yang berselaput kulit. 有蹼足的。**webbed** *a.* berkulit selaput. 有蹼的。

**webbing** *n.* webing; jalur kain yang kuat dan kukuh. (作为系带或装饰品用的)边带。

**wed** *v.t./i.* (p.t. *wedded*) mengahwini; menyatukan; menikahkan. 嫁；娶；使结合；为…举行婚礼。**wedded to** asyik dengan; berbakti kepada; suka sekali kepada. 专注于；不能放弃。

**wedding** *n.* upacara perkahwinan. 结婚；婚礼。

**wedge** *n.* baji; pasak. 木楔；木栓。—*v.t./i.* memasak; membaji; berasak-asak (berkenaan orang ramai); berhimpit-himpit. 劈开；插入；挤进(人群)。

**wedlock** *n.* hidup sebagai suami isteri. 婚姻生活。

**Wednesday** *n.* hari Rabu. 星期三。

**wee** *a.* (*Sc.*) kecil; (*colloq.*) halus. 极小的；细小的。

**weed** *n.* lalang; rumpai; orang yang kurus kering. 杂草；莠草；瘦弱的人。—*v.t./i.* mencabut. 除去杂草。**~-killer** *n.* racun

**weeds** 787 **well²**

rumpai. 除草剂。 **~ out** membuang atau mencabut habis-habisan. 清除；肃清。

**weedy** *a.* berumpai; kurus kering. 杂草多的。

**weeds** *n.pl.* pakaian janda semasa berkabung. 寡妇的丧服。

**week** *n.* minggu. 星期；周。

**weekday** *n.* hari kerja. 周日；工作日。

**weekend** *n.* hujung minggu (Sabtu dan Ahad). 周末（星期六和星期天）。

**weekly** *a. & adv.* mingguan. 一周一次的；每周（的）。—*n.* akhbar mingguan. 周刊。

**weeny** *a.* (*-ier, -iest*) (*colloq.*) sedikit. 极少的。

**weep** *v.t./i.* (p.t. *wept*) menangis; meratap. 哭；泣。—*n.* tangisan; ratapan. 哭泣；流泪。 **weepy** *a.* mudah menangis. 动不动就哭的。

**weeping** *a.* (berkenaan pokok) mempunyai dahan-dahan yang melentur. 有垂枝的。

**weevil** *n.* bubuk; kumbang. 象鼻虫。

**weft** *n.* benang pakan. 纬线。

**weigh** *v.t.* menimbang beratnya; mempertimbangkan; membebani. （纺织）衡量；使负重担。 **~ anchor** mengangkat; membongkar sauh. 起锚。 **~ down** menindih; menekan. 压下；使沮丧。 **~ in** berat ditimbang. 量体重。 **~ in with** (*colloq.*) memberi pendapat, komen, dsb. secara yakin. 成功地提出议论、事实等。 **~ out** menimbang sesuatu. （骑师、拳师等）过磅。 **~ up** menilai; menimbangkan. 估量。

**weighbridge** *n.* sejenis alat menimbang kenderaan. 称车辆等重量的桥秤；秤量台。

**weight** *n.* berat; batu timbangan; pengaruh. 重量；砝码；影响。—*v.t.* memberati; membebani; mempengaruhi. 加重量于；加重量压于；影响。 **weightless** *a.* tidak berat; nirberat. 无份量的；不重要的。

**weightlessness** *n.* kenirberatan. 无重量；失重状态。

**weighting** *n.* bayaran lebih yang diberikan pada masa-masa tertentu. 某固定时期内发给的额外资金。

**weightlifting** *n.* sukan angkat berat. 举重。

**weighty** *a.* (*-ier, -iest*) berat; menjadi beban; berpengaruh. 重的；有分量的；有影响的；举足轻重的。

**weir** *n.* empangan; bendungan. 拦河坝。

**weird** *a.* (*-er, -est*) aneh; ganjil; pelik. 怪诞的；不可思议的。 **weirdly** *adv.* secara aneh; secara ganjil; secara pelik. 怪诞地；奇怪地；不可思议地。 **weirdness** *n.* keanehan; keganjilan; kepelikan. 荒诞。

**welcome** *a.* yang disambut baik; yang dialu-alukan. 欢迎的；受欢迎的。—*int.* selamat datang; kemesraan. 欢迎！欢迎！—*n.* sambutan; alu-aluan. 欢迎；迎接。—*v.t.* menyambut dengan mesra; mempersilakan. 欢迎（客人）；款待。

**weld** *v.t./i.* mengimpal; menyatukan; memateri. 焊接；熔接。—*n.* sambungan kimpal atau pateri. 焊接；熔接。 **welder** *n.* tukang kimpal; pengimpal. 焊工。

**welfare** *n.* kebajikan; kesejahteraan. 福利（事业）；（个人或集团的）安康。 **Welfare State** Negara Kebajikan. 社会福利国家。

**welkin** *n.* (puisi) langit. 天空；苍穹。

**well¹** *n.* perigi; sumur; telaga; mata air. 井；水井；泉源。—*v.i.* mengalir; terbit. 涌出；冒出。

**well²** *adv.* (*better, best*) bagus; elok (berkenaan gaya atau cara); betul-betul; dengan baik. 好；（方式、方法等）妥善地；无疑地；正确地；令人满意地。 —*a.* sihat; baik. 健康的；良好的。—*int.* nah; wah. 哟！（表示惊异、让步、言归正传的感叹词）。 **as ~ juga**; elok juga. 也；又。 **as ~ as** termasuk juga; dan juga. 除…之外；和。 **~-appointed** *a.* lengkap. 设备完善的。 **~-being** *n.* keadaan baik; sihat; baik; sejahtera. 康乐；生活幸福；安宁。 **~-born** *a.* berbangsa.

出身名门的。 **~-bred** *a.* bersopan santun. 有教养的。 **~-disposed** *a.* baik hati. 心地善良的。 **~-heeled** *a.* (*colloq.*) kaya. 富裕的。 **~-knit** *a.* tegak (berkenaan badan). (身体)结实的。 **~-meaning** *a.*, **~-meant** *a.* berniat baik; bermaksud baik. 善意的;用心良好的。 **~ off** dalam keadaan baik; kaya. 境遇好的;富裕的。 **~-read** *a.* banyak membaca. 博览群书的。 **~-spoken** *a.* yang halus bahasanya. 谈吐文雅的。 **~-to-do** *a.* berada. 富裕的。 **~-wisher** *n.* orang yang mengucap selamat. 诚心祝福(别人)的人。

**wellington** *n.* but getah, dsb. yang kalis air. 橡胶靴;威灵顿长统靴。

**wellnigh** *adv.* hampir. 几乎;近乎。

**Welsh** *a.* & *n.* bahasa Wales. 威尔士语(的)。 **~ rabbit** atau **rarebit** *lihat* **rarebit**. 见 **rarebit**。 **Welshman** *n.* lelaki bangsa Wales. 威尔士男子。 **Welshwoman** *n.* perempuan bangsa Wales. 威尔士女子。

**welsh** *v.i.* tidak mahu membayar hutang; mungkir janji. 赖帐;食言。 **welsher** *n.* orang yang mungkir janji. 赖帐的人;食言的人。

**welt** *n.* jalur kulit pada kasut; kelim wel; bilur. (鞋底和鞋面接缝处的)革条; (皮鞋等的)叠边;条痕。

**welter** *v.i.* terumbang-ambing dipukul gelombang. (海浪等)翻腾;起伏。 —*n.* kekacauan; huru-hara. 杂乱无章;混乱。

**welterweight** *n.* kelas welter (berkenaan tinju). (拳击)次中量级。

**wen** *n.* ketuat; bintil. 粉瘤;囊肿。

**wench** *n.* (*old use*) anak dara; gadis. 处女;少女。

**wend** *v.t.* **~ one's way** pergi. 去;赴。

**went** *lihat* **go**. 见 **go**。

**wept** *lihat* **weep**. 见 **weep**。

**were** *lihat* **be**. 见 **be**。

**werewolf** *n.* (pl. *-wolves*) serigala jadian. 变狼形之人;狼人。

**west** *n.* barat. 西部;西方。 —*a.* di barat. 西方的。 —*adv.* ke (sebelah) barat. 向西。 **go ~** (*sl.*) musnah atau hilang atau terbunuh. 归西;完蛋;毁灭。

**westerly** *a.* baratan. 向西的;吹自西方的。

**western** *a.* kebaratan. 西方的。 —*n.* filem atau novel koboi. 西部牛仔电影或小说。

**westerner** *n.* orang barat. 西方人。

**westernize** *v.t.* membaratkan. 使西化。

**westernization** *n.* pembaratan. 西化。

**westernmost** *a.* paling ke barat. 最西的。

**westward** *a.* arah barat. 向西的。 **westwards** *adv.* ke arah barat. 向西。

**wet** *a.* (*wetter*, *wettest*) basah; hujan; berair; (*sl.*) lembap. 雨天的;用水的;潮湿的;愚蠢的。 —*v.t.* (p.t. *wetted*) membasahkan; melembapkan. 弄湿;使潮湿。 —*n.* kelembapan; air; hari hujan. 湿气;水分;雨天。 **~ blanket** orang yang murung. 扫兴的人。 **~-nurse** *n.* ibu susu. 奶妈。 —*v.t.* menyusukan anak orang; terlalu memanjakan seseorang. 当奶妈; 给予过分的照顾。 **wetly** *adv.* dengan basah. 潮湿地。 **wetness** *n.* kebasahan. 湿的东西;湿润。

**wether** *n.* kibas atau biri-biri kasi. 阉羊。

**whack** *v.t.* & *n.* (*colloq.*) memukul; pukulan. 用力抽打;抽打。 **do one's ~** (*sl.*) membuat bahagiannya. 做自己的部分。

**whacked** *a.* (*colloq.*) letih lesu. 疲倦的;困乏的。

**whacking** *a.* & *adv.* amat besar. 特大的(地);巨大的(地)。

**whale** *n.* ikan paus. 鲸鱼。 **a ~ of** *a.* (*colloq.*) amat baik; amat bagus. (人或物)巨大的。

**whalebone** *n.* tulang paus. 鲸须骨。

**whaler** *n.* kapal pemburu ikan paus; pemburu ikan paus. 捕鲸船。

**whaling** *n.* kerja menangkap ikan paus. 捕鲸业。

**wham** *int.* nah! debup. 呼!(重击声)— *n.* bunyi kuat. 碰撞声。

**whang** *v.t./i.* menghantuk. 抽打；鞭打。 —*n.* bunyi hantukan yang kuat. 抽打声；重击声。

**wharf** *n.* (pl. *wharfs*) dermaga. 码头。

**wharfinger** *n.* pengurus; pemilik dermaga. 码头管理员；或老板。

**what** *a.* apa. 什么。 —*pron.* apa. 什么；怎么。 —*adv.* apa pun. 任何。 —*int.* apa! 什么！ ~ **about** apa kata. 怎么样！ ~ **'s what** apa-apa yang penting atau perlu. (事情的)真相或究竟。 ~ **with** lebih-lebih lagi. 因为；由于。

**whatever** *a.* apa pun. 任何。 —*pron.* apa-apa; barang apa pun. 无论什么。

**whatnot** *n.* perkara yang remeh-temeh; tempat meletak barang-barang kecil. 小玩意儿；(古玩等的)陈设架。

**whatsoever** *a. & pron.* apa-apa. 无论什么(的)；任何(的)。

**wheat** *n.* gandum; pokok gandum. 小麦。

**wheatear** *n.* sejenis burung kecil. 麦鹟鸟。

**wheaten** *a.* yang diperbuat daripada tepung gandum. 小麦制成的。

**wheatmeal** *n.* gandum tulen. 小麦粉；全麦面粉。

**wheedle** *v.t.* membujuk; merayu; membelai. 哄；骗；用甜言蜜语骗取。

**wheel** *n.* roda. 轮；轮子。 —*v.t./i.* mengayuh (basikal); menolak (kereta sorong); berpusing. 骑(自行车)；推(手推车)；旋转。 **at the ~** memandu kereta; mengemudikan kapal; memegang teraju. 在驾驶；在开船；在操纵。 ~ **and deal** (*A.S.*) berputar-belit. 独断独行；掌握支配权。

**wheelbarrow** *n.* kereta sorong. 手推车；独轮车。

**wheelbase** *n.* jarak di antara bahagian depan kenderaan dengan gandar roda belakang. 轴距；(机车等)轮组距。

**wheelchair** *n.* kereta roda. 轮椅。

**wheelie** *n.* (*colloq.*) perbuatan menunggang basikal dsb. dengan satu roda terangkat. 后轮平衡特技表演。

**wheeze** *v.i.* bernafas dengan termengah-mengah. 喘息。 —*n.* nafas yang termengah-mengah. 喘息声。 **wheezy** *a.* berdehit. 气喘呼呼的。

**whelk** *n.* sejenis siput laut. 蛾螺。

**whelp** *n.* anak anjing. 小狗。 —*v.t./i.* melahirkan (anak anjing). 生小狗。

**when** *adv.* bila; apabila. 当…的时候；什么侍候；其时。 —*conj.* ketika; apabila; bilamana; walaupun. 在…时；每当；其时；虽然。 —*pron.* pada ketika. 什么时候；何时。

**whence** *adv. & conj.* dari; dari mana. 从何处；从哪儿；出于什么原因。

**whenever** *conj. & adv.* bila-bila masa; bila-bila sahaja. 每当；无论什么时候。

**where** *adv. & conj.* di mana; ke mana. 在哪儿；到哪一方面。 —*pron.* ke mana. 在…的地方。

**whereabouts** *adv.* dekat atau hampir dengan. 靠近(什么地方)；在哪一带。 —*n.* tempat seseorang atau sesuatu berada. 下落；行踪。

**whereas** *adv.* pada hal; sebaliknya; sedangkan. 鉴于；然而；其实。

**whereby** *adv.* di mana. 凭什么；依什么；由是。

**wherefore** *adv.* (*old use*) (yang) demikian. 为此；因此。

**wherein** *adv.* dengan itu; dengan ini. 在那种情况下；在那时。

**whereof** *adv.* yang … daripadanya. 关于谁；关于什么。

**whereupon** *adv.* maka; sesudah itu; lalu. 于是；因此；而后。

**wherever** *adv.* di mana-mana. 无论什么地方；无论什么情况下。

**wherewith** *adv.* dengan apa; yang mana. 用以。

**wherewithal** *n.* (*colloq.*) wang untuk kegunaan sesuatu. 资金。

**wherry** *n.* bot dayung ringan; baj besar ringan. 摆渡船；单人双桨小艇。

**whet** *v.t.* (*p.t. whetted*) mengasah; menimbulkan (selera, dsb.). 磨；增强（食欲等）。

**whether** *conj.* sama ada. 是…还是；不管…都。

**whetstone** *n.* batu asah; batu canai. 磨刀石。

**whew** *int.* uhh; huh; kata-kata kehairanan. 嘿！（表示惊讶等的感叹词）

**whey** *n.* dadih. 乳清；乳浆。

**which** *a. & pron.* yang mana. 哪一个（的）；哪一些（的）。—*relative pron.* yang. …的。

**whichever** *a. & pron.* yang mana-mana. 无论哪一（个）；任何一个（的）。

**whiff** *n.* bau yang dibawa angin. 一股味道；一阵气味。

**Whig** *n.* ahli sebuah parti politik lama (yang diambil alih oleh Parti Liberal). 辉格党（英国自由党前身组织）党员。

**while** *n.* waktu; masa. 时间；时候。—*conj.* sewaktu; semasa; sementara. 同时；…的时候；而。—*v.t.* ~ **away** menghabiskan masa. 打发时间；消耗时间。

**whilst** *conj.* sewaktu; semasa. 同时；…的时候；而。

**whim** *n.* dorongan hati; olah; tingkah. 一时的兴致；念头；举动。

**whimper** *v.i.* merengek; mengeluh. 啜泣；呜咽；悲叹。—*n.* rengekan; keluhan. 啜泣；怨声。

**whimsical** *a.* mengikut dorongan hati; penuh ragam. 凭（一时的）兴致的；反复无常的；异想天开的。**whimsically** *adv.* dengan mengikut dorongan hati; dengan penuh ragam. 异想天开地；反复无常地。**whimsicality** *n.* perihal mengikut dorongan hati. 古怪行为。

**whin** *n.* sejenis tumbuhan berbunga kuning. 荆豆。

**whinchat** *n.* sejenis burung kecil. 野鹟鸟。

**whine** *v.i./t.* memeking; merungut; merengek. （狗）悲嗥；发牢骚；哭诉。—*n.* pekingan; rungutan; rengekan. （狗的）悲嗥；牢骚；哭诉。**whiner** *n.* orang yang suka merungut, memeking atau merengek. 整天发牢骚的人；悲嗥者；哭诉者。

**whinge** *v.i.* merungut; bersungut. 发牢骚；哀诉。

**whinny** *n.* ringkik. （马的）嘶叫声。—*v.i.* meringkik. 嘶叫。

**whip** *n.* cemeti; cambuk; pecut; pegawai yang dilantik menjaga disiplin partinya di Parlimen; disiplin dan syarat-syarat yang diberikan kepada para pegawai; krim putar (sejenis hidangan). 鞭；皮鞭；在国会督导党员纪律的组织秘书；纪律及条规；搅奶油。—*v.t.* (*p.t. whipped*) memukul dengan cemeti; mencambuk; memukul (telur) hingga berbuih untuk dibuat kuih; mengelim lilit (berkenaan jahitan). 鞭打；抽打；打鸡蛋（至呈泡沫）；（缝纫）缝边。**have the ~ hand** berkuasa terhadap. 操纵。**~ round** *n.* memohon derma dari kumpulan. 劝募。**~ up** membangkitkan. 激起。

**whipcord** *n.* tali cemeti; sejenis kain yang tetal. 鞭绳；（纺织）马裤呢。

**whiplash** *n.* tali cambuk; sentakan. 鞭头绳；鞭打。

**whippersnapper** *n.* orang muda dan tidak berpengalaman; budak mentah. 妄自尊大的小人物。

**whippet** *n.* sejenis anjing kecil yang digunakan untuk perlumbaan atau perburuan. 赛跑或打猎用的小灵狗。

**whipping-boy** *n.* kambing hitam (kiasan). 黑羊；代罪羔羊。

**whippy** *a.* menganjal; memantul. 象鞭子的；富有弹性的。

**whipstock** *n.* pemegang cemeti. 鞭柄。

**whirl** *v.t./i.* berpusar; berpusing; dibawa pergi dengan cepat. 旋转；打转；飞旋。—*n.* pusaran; putaran; pusingan; keadaan yang riuh rendah. 旋转；打转；混乱情况；骚动。

**whirligig** *n.* sejenis permainan yang berputar-putar. 旋转式玩具；陀螺；旋转木马。

**whirlpool** *n.* pusaran air. 漩涡。

**whirlwind** *n.* angin puting beliung; pusaran angin. 旋风；旋流。

**whirr** *n.* dengung; desing. 隆隆声；呼呼声。—*v.i.* mendengung; mendesing; berdengung. 发出隆隆声；发出呼呼声；隆隆地响。

**whisk** *v.t./i.* mengebas; pergi dengan cepat; memukul (telur, dll.) hingga berbuih. 拂；迅速移动；搅拌（蛋等）。—*n.* pemukul telur; sejenis berus kecil; kebasan. 打蛋器；掸帚；(掸子、尾巴等的)一扫。

**whisker** *n.* misai; (*pl.*) jambang. 胡子；髯。**whiskered** *a.* bermisai; berjambang. 留胡子的；满腮胡子的。**whiskery** *a.* seperti misai; bermisai. 须状的；胡子似的。

**whiskey** *n.* wiski dari Ireland. 爱尔兰的威士忌酒。

**whisky** *n.* wiski. 威士忌酒。

**whisper** *v.t./i.* membisikkan; berbisik. 低语；耳语；私语。—*n.* bisikan; desasdesus. 悄悄话；耳语声。

**whist** *n.* sejenis permainan terup. 惠斯特牌；一种纸牌游戏。**~ drive** beberapa pusingan permainan terup untuk beberapa orang pemain. (搭档轮换的)惠斯特牌戏。

**whistle** *n.* siulan; wisel. 哨子；*v.t./i.* bersiul. 吹哨子。**~-stop** *n.* (*A.S.*) lawatan kilat (oleh ahli politik semasa pilihan raya). (选举期间政客的)短暂露面。**whistler** *n.* orang yang bersiul. 吹哨子的人；吹口哨的人。

**whit** *n.* jumlah yang paling kecil. 一点点。

**white** *a.* (-*er*, -*est*) putih; pucat (kerana sakit, takut). 白的；(因生病、害怕)苍白的。—*n.* warna putih; orang putih. 白色；白种人。**~ ant** anai-anai. 白蚁。**~ Christmas** Hari Krismas yang bersalji. 白色圣诞。**~ coffee** kopi susu. 牛奶咖啡。**~ collar worker** pekerja kolar putih; pekerja pejabat. 白领工人；脑力劳动者。**~ elephant** barang yang tidak mendatangkan faedah. 精心设计但毫无用处的东西。**~ hope** orang harapan. 被寄予厚望的人。**~ horses** buih ombak. 白浪。**~-hot** *a.* merah membara (berkenaan logam). (金属)白热的。**~ lie** bohong dengan maksud baik. 为了不使人难堪而作的小谎言。**White Paper** Kertas Putih. 白皮书。**~ sale** jualan kain hiasan rumah. (床单等)白色家用织物廉价出售。**~ slave** perempuan yang diculik dan dijadikan pelacur. 被诱拐或被逼为娼的女子。**~ slavery** amalan menculik perempuan untuk dijadikan pelacur. 逼良为娼。**~ spirit** spirit putih; sejenis bahan pelarut. 石油溶剂。**~ wine** wain putih. 白葡萄酒。**whitely** *adv.* dengan putih. 呈白色地；显得苍白地。**whiteness** *n.* keputihan. 白；苍白。

**whitebait** *n.* (pl. *whitebait*) sejenis ikan bilis. 银鱼。

**Whitehall** *n.* Kerajaan Britain; Perkhidmatan Awam Britain. 白厅(英国政府机关所在)。

**whiten** *v.t./i.* bertambah putih; memutihkan. 使更白。

**whitewash** *n.* cat kapur (warna putih). 石灰水。—*v.t.* menyapu cat kapur pada; menutup kesalahan atau kesilapan. 在…上涂石灰水；掩饰(错误或过失)。

**whitewood** *n.* kayu putih ringan biasanya untuk diwarnakan. 白木。

**whither** *adv.* (*old use*) ke mana. 往何处；去哪儿。

**whiting** *n.* (pl. *whiting*) sejenis ikan kecil. 牙鳕鱼。

**whitlow** *n.* kelurut. 瘭疽；指头脓炎。

**Whitsun** *n. lihat* **Whitsunday**. 见 **Whitsunday**。

**Whitsunday** *n.* (*Sc.*) Hari Ahad yang ke-7 selepas Easter; (*Sc.*) 15 Mei. 基督教的圣灵降临节复活节的第7个星期日。

**whittle** *v.t.* meraut (kayu); menolak. 削（木）；削减。

**whiz** *v.t./i.* (p.t. *whizzed*) berbunyi desau; berbunyi desir; berbunyi desing (berkenaan pergerakan). 飕飕（嘶嘶等）作声；飕飕移动。 —*n.* desauan; desingan; desiran. 飕飕声；嘶嘶声。 **~-kid** *n.* (*colloq.*) kanak-kanak pintar. 神童。

**who** *pron.* siapa; yang. 谁。

**whoa** *int.* arahan supaya kuda berhenti. 吁！(叫马匹停下或放慢速度的喊声)

**whodunit** *n.* (*colloq.*) cerita misteri jenayah. 神秘小说；侦探小说。

**whoever** *pron.* sesiapa. 任何人；不论谁。

**whole** *a.* genap; semua; seluruh; sempurna. 齐全的；所有的；完整的。 —*n.* segenapnya; semuanya; keseluruhannya. 整个；全部；整体。 **on the ~** pada keseluruhannya. 大体上。 **~-hearted** *a.* tanpa ragu-ragu. 全心全意的。 **~ number** nombor bulat. 整数。

**wholemeal** *a.* gandum tulen; keseluruhannya diperbuat daripada tepung gandum. 全麦的；用全麦面粉做的。

**wholesale** *n.* jualan borong. 批发。 —*a. & adv.* secara memborong. 批发的(地)；大规模的(地)。 **wholesaler** *n.* pemborong; penjual borong. 批发商。

**wholesome** *a.* yang menyegarkan; yang menyihatkan. 健康的；有益身心的。 **wholesomeness** *n.* kesegaran. (对健康的) 好处。

**wholly** *adv.* seluruhnya; semua sekali. 完全；全部。

**whom** *pron.* siapa; yang. 谁。

**whoop** *v.i.* menjerit kegirangan. 大叫；呼喊。 —*n.* jeritan kegirangan. 呼喊声。

**whoopee** *int.* menjerit kesukaan. 嗬！(表示高兴的感叹词)

**whooping-cough** *n.* batuk ayam; batuk kokol; batuk rejan. (小儿的)百日咳。

**whoops** *int.* (*colloq.*) seruan kerana terkejut. 嗬！(表示激动、怒吼、欢乐的感叹词)

**whopper** *n.* (*sl.*) sesuatu yang sangat besar. 特大的东西(尤指漫天大谎)。

**whopping** *a.* (*sl.*) sangat besar. 非常巨大的。

**whore** *n.* pelacur. 娼妓。

**whorl** *n.* lingkaran (daun, kelopak); pusar-pusar (jari). (叶、茎的) 轮生体；指纹的涡。

**whortleberry** *n.* buah bilberi. 越橘。

**whose** *pron.* kepunyaan; yang empunya. 谁的；何人的。

**whosoever** *pron.* sesiapa sahaja; tidak kira siapa; siapa (lah). 任何人；不论谁。

**why** *adv.* kenapa; mengapa. 为什么；为何。 —*int.* ah! nah! 啊！怎么！(表示抗议的感叹词)

**wick** *n.* sumbu. 灯芯；蜡烛芯。

**wicked** *a.* jahat; keji. 邪恶的；缺德的。

**wickedly** *adv.* dengan jahat; dengan keji. 恶意地；不道德地。 **wickedness** *n.* kejahatan; kekejian. 邪恶；缺德。

**wicker** *n.* rotan yang dianyam untuk dibuat bakul atau perabot. 编制篮子或家具用的藤条。 **wickerwork** *n.* anyaman rotan. 藤条制品。

**wicket** *n.* wiket (dalam permainan kriket). (板球) 三柱门。 **~-door** *n.*, **~-gate** *n.* pintu kecil yang digunakan ketika pintu besar tertutup. 边门。 **~-keeper** *n.* penjaga wiket. (板球) 三柱门的守门员。

**wide** *a.* (*-er, -est*) luas; lebar; lapang; jauh dari. 宽广的；空旷的；远离(目标)的。 —*adv.* dengan luas; dengan lebar. 宽广地；广泛地。 —*n.* lebar. 宽阔。 **to the ~** kesemuanya. 完全地；极度地。 **~ awake** jaga; (*colloq.*) sedar. 警戒着的；醒着的。 **widely** *adv.* dengan luas; dengan lebar; dengan lapang. 广泛地；广布地。 **wideness** *n.* keluasan; lebarnya; lapangnya. 宽阔度。

**widen** *v.t./i.* meluaskan; melebarkan; melapangkan. 加宽；扩展。

**widespread** *a.* tersebar luas; tersebar merata-rata. 遍及的；广泛流传的。

**widgeon** *n.* itik liar. 水凫（一种淡水野鸭）。

**widow** *n.* janda; balu. 寡妇；孀妇。

**widowed** *a.* menjadi janda; menjadi duda. 孀居的；鳏居的。

**widower** *n.* duda. 鳏夫。

**width** *n.* kelebaran; keluasan; lebarnya; luasnya; sebidang kain. 宽；宽度；广度；(有一定宽度的)布料。

**wield** *v.t.* mempunyai dan menggunakan. 支配；使用。

**wife** *n.* (pl. *wives*) isteri; bini. 妻子；太太。 **wifely** *a.* berkenaan atau seperti isteri. 妻子的；适于妻子的；似妻子的。

**wig** *n.* rambut palsu. 假发。

**wigging** *n.* teguran; makian; hamunan. 骂；叱责；辱骂。

**wiggle** *v.t./i. & n.* menggoyang-goyangkan; bergoyang. 快速摆动；摇曳；摇动。

**wigwam** *n.* khemah atau pondok penduduk peribumi Amerika Utara. 北美洲印第安人的帐篷或小屋。

**wild** *a.* (*-er, -est*) terbiar (berkenaan kawasan, persekitaran); liar; buas (berkenaan binatang); tidak teratur; tidak terkawal; tidak tersusun (berkenaan keadaan); bergelora (berkenaan laut); buas; ganas; gila (berkenaan nafsu); sembarangan (berkenaan rancangan, tindakan). 荒芜的；(动物)野性的；紊乱的；失去控制的；(状态)无秩序的；(海)澎湃的；野蛮的；残暴的；(渴望)狂热的；(计划)草率的。—*n.* (usu. *pl.*) kawasan terbiar; kawasan terpencil. 荒地；荒野。 **run ~** hidup atau tumbuh terbiar. (生活、生长)毫无控制。 **~-goose chase** kerja yang sia-sia. 徒劳无功的追求。 **wildly** *adv.* dengan liar; dengan ganas; dengan buas. 狂野地；残暴地；野蛮地。 **wildness** *n.* keliaran; keganasan; kebuasan. 野蛮；残暴。

**wildcat** *a.* tidak menghiraukan keselamatan; (berkenaan mogok) mogok kilat. 莽撞的；(罢工)未经许可且不负责任的。

**wildebeest** *n.* sejenis binatang di Afrika. 非洲的牛羚。

**wilderness** *n.* hutan; rimba; belantara. 荒野；原始森林。

**wildfire** *n.* **spread like ~** tersebar dengan cepat sekali. 如野火般蔓延。

**wildfowl** *n.* burung buruan. 猎鸟（如野鸭、雁等）。

**wildlife** *n.* hidupan liar. 野生动物。

**wile** *n.* tipu muslihat. 诡计。

**wilful** *a.* yang disengajakan; keras hati. 任性的；故意的；刚愎的。 **wilfully** *adv.* dengan keras hati. 刚愎地。 **wilfulness** *n.* perihal keras hati. 刚愎自用；故意。

**will**[1] *v.aux.* akan. 将(是)。

**will**[2] *n.* hati; kemahuan; kehendak; surat wasiat. 意向；欲望；意志；遗嘱。—*v.t.* berkehendakkan; menghendaki; mewasiatkan. 意欲；留下(遗产)。 **at ~** sesuka hati. 随心所欲。 **have one's ~** mendapat kehendak hati. 照自己的意思去做。 **~-power** *n.* tekad; azam; kesungguhan hati. 意志力；决心；自制力。 **with a ~** bersungguh-sungguh. 坚决的。

**willies** *n.pl.* (*sl.*) rasa serba salah. 神经紧张。

**willing** *a.* rela; mahu; menurut; bersedia. 乐意的；甘心服从的；甘愿的。—*n.* kerelaan; kesediaan. 乐意；甘愿。 **willingly** *adv.* dengan rela; dengan menurut. 乐意地；甘心服从地。 **willingness** *n.* kerelaan; kesediaan. 乐意；甘心情愿。

**will-o'-the-wisp** *n.* khayalan; keadaan yang tidak mungkin tercapai. 幻影；不可捉摸的人。

**willow** *n.* sejenis pohon. 柳；柳树。

**willowy** *a.* penuh dengan pohon willow; (tentang orang) langsing; lampai. 多柳树的；(人)苗条的；身段细长的。

**willy** *n.* (*sl.*) zakar. 阴茎。

**willy-nilly** *adv.* mahu tak mahu. 不管愿不愿意。

**wilt**[1] *lihat* **will**[1]. 见 **will**[1]。

**wilt**[2] *v.t./i.* mejadi layu; melayukan; menjadi letih. 枯萎;使枯萎;憔悴。—*n.* sejenis penyakit yang menyebabkan pokok menjadi layu. 萎蔫病。

**wily** *a.* (-ier, -iest) licik; pintar. 狡诈的;诡计多端的。 **wiliness** *n.* kelicikan; kepintaran. 狡诈;诡谲。

**wimp** *n.(sl.)* (orang yang) bacul atau pengecut. 软弱无能的人。

**wimple** *n.* sejenis kain tutup kepala yang dipakai pada abad pertengahan. 中世纪时妇女戴的头巾。

**win** *v.t./i.* (p.t. *won,* pres.p. *winning*) mendapat kemenangan; menang; memenangi; dapat menambat atau mengambil hati. 胜利;打倒(对手);取得(欢心)。—*n.* kemenangan. 胜利。

**wince** *v.i.* menggerenyit; menggigil. 畏缩;退缩。—*n.* gerenyitan; gigilan. 畏缩;退缩。

**winceyette** *n.* sejenis kain kapas yang lembut. 色织薄绒布。

**winch** *n.* takal; kerekan. 绞盘;绞车。—*v.t.* mengangkat dengan takal atau kerekan. 用绞盘或绞车吊起。

**wind**[1] *n.* angin; bayu; udara; kentut; nafas; alat tiup (berkenaan muzik); cakap besar. 微风;空气;气流;屁;呼吸;管乐器;吹奏乐器;空话。—*v.t./i.* menghidu; terbau; berbau; termengah-mengah. 嗅出;察觉;喘气。 **get** atau **have the ~ up** (*sl.*) berasa takut. 吃惊。 **get ~ of** mendengar ura-ura. 听到风声。 **in the ~** akan berlaku. 将要发生。 **like the ~** amat pantas. 快得像风一样。 **put the ~ up.** (*sl.*) menakutkan. 使…吓一跳。 **take the ~ out of a person's sails** memintasi ikhtiar seseorang. 先发制人。 **~-break** *n.* tampan angin. 防风设备。 **~-cheater** *n.* jaket nipis yang kalis angin. (英国)防风上衣。 **~ instrument** alat tiup. 管乐器。 **~-jammer** *n.* kapal layar saudagar. 商用帆船。 **~-sock** *n.* kantung yang dikibarkan di lapangan terbang untuk menunjukkan arah tiupan angin. 套筒风标。 **~ tunnel** *n.* terowong angin. 风洞(飞机等作检查风压的气室)。

**wind**[2] *v.t./i.* (p.t. *wound*) memusing; memutar; melilit; (berkenaan jam, dsb.) mengunci. 卷起;盘绕;(钟表等)上发条。 **~ up** mengunci (berkenaan jam); menutup, mengakhiri (berkenaan perbicaraan, dsb.); menutup (berkenaan perusahaan). 上发条;终止;结束(诉讼等);解散(公司等)。 **winder** *n.* pengunci jam atau barang mainan. 上发条之钥匙。

**windbag** *n.* (*colloq.*) orang yang suka bercakap panjang lebar. 喋喋不休的人。

**windfall** *n.* buah yang gugur kerana angin; durian runtuh (kiasan). 被风吹落的果实;意外收获。

**winding-sheet** *n.* kain kapan. 裹尸布。

**windlass** *n.* kapi; mesin kerek. 绞车;起锚机; 辘轳。

**windless** *a.* tidak berangin. 无风的;平静的。

**windmill** *n.* kincir angin. 风车。

**window** *n.* tingkap; jendela. 窗口;窗户。 **~-box** *n.* petak bunga di tingkap. 窗口花坛。 **~-dressing** *n.* peraga hiasan. (商店的)橱窗布置。 **~-seat** *n.* tempat duduk tepi tingkap. 靠窗座位。 **~-shopping** *n.* tengok-tengok barang di kedai. 逛街;只看橱窗而不买东西。

**windpipe** *n.* trakea; salur udara. 气管。

**windscreen** *n.* cermin depan kereta; cermin penahan angin. 汽车的挡风玻璃。

**windshield** *n.* (*A.S.*) cermin depan. 挡风玻璃。

**windsurfing** *n.* luncur angin. 风帆冲浪。

**windswept** *a.* terdedah kepada angin; kusut ditiup angin. 当风的;(头发)被风吹乱的。

**windward** *a.* arah angin. 向风的;迎风的。—*n.* bahagian arah angin. 向风面;上风面。

**windy** *a.* (*-ier, -iest*) berangin; (*sl.*) yang takut. 刮风的；风大的；害怕的。
**windiness** *n.* berangin; perihal berangin. 有风；多风。
**wine** *n.* wain; air anggur. 酒；葡萄酒。 —*v.t./i.* menjamu dengan wain; minum wain. 用葡萄酒招待客人；喝酒。 **winy** *a.* rasa wain. 有酒意的。
**wineglass** *n.* gelas wain. 玻璃酒杯。
**winepress** *n.* pemerah anggur untuk dibuat wain. 葡萄压榨机（一种制酒器）。
**wing** *n.* sayap; kepak. 翅膀；翼。 —*v.t./i.* terbang; melukai sayap atau lengan. 飞；飞行；打伤…的翅膀（手臂等）。 **on the ~** terbang. 飞行。 **take ~** terbang lepas. 起飞。 **under one's ~** di bawah jagaan seseorang. 在某人照顾之下。
**winged** *a.* bersayap; berkepak. 有翅膀的；有翼的。
**winger** *n.* pemain sayap. 足球队的（左、右）翼。
**wingless** *a.* tidak bersayap; tidak berkepak. 无翅的；无翼的。
**wink** *v.i.* mengenyitkan mata; mengedipkan mata. 眨眼；使眼色；眨眼示意。 —*n.* kenyitan; kedipan. 眨眼；闪烁。 **not a ~** tidak tidur sedikit pun. 连睡也没睡。 **~ at** pura-pura tidak melihat. 假装没看见。
**winker** *n.* lampu penunjuk berkelap-kelip; lampu signal. 闪烁的东西；频闪信号灯。
**winkle** *n.* sejenis siput laut yang boleh dimakan. 可食用的玉黍螺。 —*v.t.* **~ out** mengorek; menuil. 剔出；挖出。
**winner** *n.* pemenang; sesuatu kejayaan. 优胜者；成功的事物。
**winning** *lihat* win. 见win。 —*a.* menarik. 吸引人的。 **~-post** *n.* garis penamat. （竞赛的）终点站。 **winnings** *n.pl.* kemenangan judi. 赌博赢得的钱。
**winnow** *v.t.* mengangin; menampi. 赢得的钱；赢得物。
**winsome** *a.* menarik; menawan (tentang rupa). 迷人的；惹人喜爱的。
**winter** *n.* musim salji; musim dingin. 冬天；冬季。 —*v.i.* menghabiskan cuti musim sejuk. 过冬。 **wintry** *a.* sejuk; dingin. 冬天的；寒冷的。
**wipe** *v.t.* mengelap; membersihkan; mengeringkan. 拭；擦；揩干。 —*n.* perihal mengelap. 擦；拭。 **~ out** menghapuskan; membasmi. 擦掉；消灭。
**wiper** *n.* pengelap cermin kereta. 汽车扫水器。
**wire** *n.* wayar. 金属线；金属丝。 —*v.t.* mengikat dengan wayar. 用金属丝捆起；给…安上金属丝。 **~-haired** *a.* berambut kerinting halus. （犬等）粗毛的。
**wireless** *n.* wayarles; radio. 无线电；(无线电)收音机。
**wireworm** *n.* ulat dawai; lundi kumbang yang bersifat perosak. 铁丝虫；切根虫。
**wiring** *n.* pendawaian. 装（电）线；接线。
**wiry** *a.* (*-ier, -iest*) seperti wayar; kurus tetapi kuat (berkenaan orang). 金属丝般坚硬的；(人)瘦而结实的。 **wiriness** *n.* berkeadaan seperti wayar. 金属丝般的坚硬。
**wisdom** *n.* kebijaksanaan; kearifan. 智慧；灵巧。 **~ tooth** geraham bongsu; molar terakhir. 智牙；智齿。
**wise**[1] *a.* (*-er, -est*) cerdik; pandai; pintar; (*sl.*) tahu; maklum. 英明的；聪明的；智慧的；了解的。 —*v.t.* (*sl.*) memaklumkan; memberitahu. 使知道；使了解。 **wisely** *adv.* dengan cerdik; dengan pandai; dengan pintar. 聪明地；明智地。
**wise**[2] *n.* (*old use*) cara; gaya. 方式；方法。
**wiseacre** *n.* orang yang berpura-pura sangat bijak. 自作聪明的人；假聪明的人。
**wisecrack** *n.* (*colloq.*) kata-kata lucu; gurau senda. 俏皮话；妙语。 —*v.i.* (*colloq.*) bergurau senda. 说俏皮话。

**wish** *n.* keinginan; kehendak; kemahuan; hasrat. 希望；愿望；要求；欲望。—*v.t./i.* menghendaki; mengingini; berhasrat; berdoa. 想要；希望；企求；但愿。

**wishbone** *n.* tulang selangka; tulang yang bercabang antara tengkuk dan dada burung. 鸟胸的叉骨。

**wishful** *a.* yang berharap. 渴望的；思念的。**~ thinking** angan-angan; khayalan. 妄想；如意算盘。

**wishy-washy** *a.* pucat; lemah; tidak bersemangat. 淡而无味的；软弱无力的；优柔寡断的。

**wisp** *n.* seikat (rambut); sekepul (asap); seberkas lidi. （头发）一束；（烟）一缕；（干草）一把。**wispy** *a.* jarang. 纤弱的；细微的。

**wistaria** *n.* sejenis tumbuhan yang menjalar dengan bunga yang bergantungan. 紫藤。

**wistful** *a.* sayu; sedih. 愁闷的；悲哀的。**wistfully** *adv.* dengan sayu; dengan sedih. 愁眉苦脸地；悲哀地。**wistfulness** *n.* kesayuan; kesedihan. 愁闷；悲哀。

**wit**[1] *n.* akal; kecerdasan; kebijaksanaan; jenaka pintar. 智力；机智；妙语。**at one's wits' end** risau dan tidak tahu apa yang harus dilakukan; kebingungan; kehilangan akal. 智穷计尽；不知所措；束手无策。

**wit**[2] *v.t./i.* (*old use*) **to ~** iaitu. 就是；即。

**witch** *n.* ahli sihir (perempuan); penggoda (berkenaan orang perempuan). 女巫；妖妇。**~-doctor** *n.* dukun; pawang; tukang sihir. 巫医。**~-hazel** *n.* sejenis tumbuhan. 金缕梅。**~-hunt** *n.* memburu ahli sihir. 对巫师的追捕。**witchery** *n.* ilmu sihir; pesona; tarikan; daya penarik. 巫术；魔法；魅力。

**witchcraft** *n.* ilmu sihir. 巫术；魔法。

**with** *prep.* ber (bermaksud; mempunyai); dengan; bersama-sama; turut; berserta; kerana. 跟；和；用；一起；随着；连同；由于。**be ~ child** (*old use*) mengandung. 怀孕。**~ it** (*colloq.*) mengikut peredaran zaman. 消息灵通。

**withal** *adv.* (*old use*) lagi pun; juga. 而且；又。

**withdraw** —*v.t./i.* (*p.t. withdrew, p.p. withdrawn*) menarik balik; mengeluarkan (berkenaan duit dari bank); menjauhkan diri. 退出；收回；取消；提款；变得孤僻。**withdrawal** *n.* penarikan balik; pengeluaran; perihal menjauhkan diri. 收回；提出；冷漠。

**withdrawn** *a.* (berkenaan orang) suka menyendiri; tidak bercampur dengan masyarakat. 离群的；孤僻的。

**withe** *n.* dahan pokok willow yang digunakan untuk mengikat. 捆柴等用的柳条。

**wither** *v.t./i.* menjadi layu; menjadi kering; merana. 枯萎；干枯；憔悴。

**withers** *n.pl.* kelasa bonggol (pada kerbau, dsb.). （牛、马等）马肩隆；鬐甲。

**withhold** *v.t.* (*p.t. withheld*) menahan; tidak memberikan. 扣住；不给。

**within** *prep.* di dalam; dalam lingkungan. 在…里面；在…内。—*adv.* di dalam. 在里面；在内部。

**without** *prep.* tanpa; dengan tiada; tidak dengan. 没有；不。—*adv.* di luar. 在外面；向外。

**withstand** *v.t.* (*p.t. withstood*) menahan; bertahan; melawan; menentang. 阻止；承受；反抗。

**withy** *n.* dahan yang kuat dari pokok willow. 柳树的韧枝。

**witless** *n.* bodoh. 愚蠢的。

**witness** *n.* saksi. 证人；目击者。—*v.t.* menjadi saksi. 作证；当证人。**~-box** *n.* kandang saksi. 证人席。

**witter** *v.i.* berceloteh panjang lebar. 喋喋不休。

**witticism** *n.* kata-kata yang bernas; jenaka pintar. 妙语；隽语；俏皮话。

**wittingly** *adv.* dengan sengaja. 故意地；蓄意地。

**witty** *a.* (*-ier, -iest*) cerdas; bijak; lucu. 机智的；聪明的。**wittily** *adv.* dengan lucu; dengan bijak. 机智地；聪明地。

**wittiness** *n.* kelucuan; kebijaksanaan. 妙语；机智；聪明。

**wives** *lihat* **wife**. 见**wife**。

**wizard** *n.* orang sakti; orang yang pintar; ahli sihir (lelaki). 术士；奇才；男巫师。

**wizardry** *n.* ilmu sihir; kepintaran. 巫术；杰出才能。

**wizened** *a.* berkedut; berkeriput. 起皱的；皱缩的。

**woad** *n.* pencelup biru yang didapati daripada sejenis pokok; pokok yang mengeluarkan sejenis pencelup biru. 靛蓝；菘蓝。

**wobble** *v.i.* terhuyung-hayang; bergoyang-goyang. 摇摆；摇晃。—*n.* gerakan yang terhuyung-hayang atau bergoyang-goyang. 摇摆；摇晃。**wobbly** *a.* yang terhuyung-hayang; yang bergoyang-goyang. 摇摇欲坠的；颤动的。

**wodge** *n.* (*colloq.*) ketul; segumpal; baji; pasak. 一大堆；一大块。

**woe** *n.* duka; kesengsaraan; kesedihan. 悲伤；痛苦；悲哀。**woeful** *a.* dukacita; sedih; sengsara. 悲哀的；痛苦的。**woefully** *adv.* dengan sedih; dengan dukacita; dengan sengsara. 痛苦地；悲伤地；悲哀地。**woefulness** *n.* kedukaan; kesedihan; kesengsaraan. 悲伤；痛苦；悲哀。

**woebegone** *a.* bersedih; kelihatan tidak gembira. (神情) 悲伤的；愁眉苦脸的。

**wok** *n.* kuali. 锅。

**woke, woken** *lihat* **wake**[1]. 见 **wake**[1]。

**wold** *n.* kawasan lapang yang luas. 荒野。

**wolf** *n.* (pl. *wolves*) serigala. 狼。—*v.t.* makan dengan gelojoh. 狼吞虎咽地吃。**cry ~** membuat gempar. 喊"狼来了"；发假警报。**keep the ~ from the door** mencegah kelaparan. 免于饥饿。**~ whistle** *n.* siulan mengusik. 挑逗女性时吹的口哨。**wolfish** *a.* seperti serigala; tamak. 象狼的；贪婪的。

**wolfhound** *n.* sejenis anjing yang asalnya digunakan untuk memburu serigala. 猎狼狗；狼狗。

**wolfram** *n.* wolfram; bijih tungsten. 钨。

**wolverine** *n.* sejenis binatang yang tergolong dalam keluarga weasel dan berasal dari Amerika Utara. 产于北美洲的狼獾。

**woman** *n.* (pl. *women*) perempuan; wanita; (*colloq.*) pekerja (wanita). 女人；妇女；(女性) 职员；(女) 工人。**~ of the world** perempuan yang luas pergaulannya. 善于交际应酬的女人。

**womanhood** *n.* keadaan sebagai perempuan atau wanita; kewanitaan. 女性气质；女子成年期。

**womanish** *a.* kewanitaan; seperti wanita. 女的；女人腔的。

**womanize** *v.i.* lelaki yang suka berpoya-poya dengan perempuan. 玩弄女性。**womanizer** *n.* kaki perempuan. 沉溺于女色。

**womankind** *n.* kaum wanita. 妇女；女性 (总称)。

**womanly** *a.* seperti perempuan; wajar bagi perempuan. 女人般的；女子气的。**womanliness** *n.* sifat kewanitaan; sifat perempuan. 女性特质；女人味。

**womb** *n.* rahim. 子宫。

**wombat** *n.* sejenis binatang seperti beruang kecil, berasal dari Australia. 袋熊。

**women** *lihat* **woman**. 见 **woman**。

**womenfolk** *n.* kaum perempuan; kaum wanita; kaum ibu. 女人；妇女们；主妇的。

**won** *lihat* **win**. 见 **win**。

**wonder** *n.* perasaan kagum; perasaan hairan; keajaiban. (感觉) 奇妙；惊讶；奇迹。—*v.t./i.* berasa hairan; berasa kagum; berasa takjub; tertanya-tanya pada diri sendiri. 感到奇怪；惊讶；诧异。

**wonderful** *a.* bagus; elok; ajaib; menghairankan. 令人惊叹的；绝妙的；令人惊奇的。**wonderfully** *adv.* dengan bagus; dengan elok; dengan takjub. 令人惊叹地；奇妙地。

**wonderland** *n.* taman kayangan; tempat yang penuh dengan pelbagai benda yang mengagumkan. 仙境；奇境。

**wonderment** *n.* sesuatu yang mengagumkan. 令人惊讶的事物。

**wondrous** *a.* (*old use*) amat bagus; amat elok; takjub. 令人惊叹的；奇妙的。

**wonky** *a.* goyah. 摇摇晃晃的。

**wont** *a.* (*old use*) biasa; lazim. 惯常的；通常的。—*n.* kebiasaan; kelaziman. 惯常；通常。

**won't** = **will not** tidak akan. 将不。

**wonted** *a.* yang biasa; yang lazim; yang menjadi kebiasaan; yang menjadi kelaziman. 惯常的；通常的；已习惯了的；适应了的。

**woo** *v.t.* (*old use*) memikat; membujuk rayu; merayu. 追求；追逐；努力说服。

**wood** *n.* kayu; (*pl.*) hutan; kayu pemukul bola golf. 木材；树林；高尔夫球棒。 **out of the ~** tidak membimbangkan lagi. 脱离困境；度过难关。

**woodbine** *n.* sejenis tumbuhan yang berbunga harum. 紫茎木。

**woodcock** *n.* sejenis burung. 丘鹬鸟。

**woodcut** *n.* ukiran kayu. 木刻；版画。

**wooded** *a.* berhutan; berkayu. 树木茂盛的；多树林的。

**wooden** *n.* dibuat daripada kayu; selamba; bersahaja (berkenaan air muka). 木制品；笨拙；(表情) 呆板；木然。 **woodenly** *adv.* dengan selamba; dengan bersahaja 笨拙地；木头似地。

**woodland** *n.* tanah hutan; hutan kayu. 树林；林地。

**woodlouse** *n.* (pl. *-lice*) serangga kayu; bubuk. 潮虫。

**woodpecker** *n.* burung belatuk. 啄木鸟。

**woodpigeon** *n.* burung merpati jenis besar. 斑尾林鸽。

**woodwind** *n.* alat tiup (kayu). 木管乐器。

**woodwork** *n.* seni ukir kayu; ukiran kayu; benda-benda yang diperbuat daripada kayu. 木工手艺；木制品。

**woodworm** *n.* sejenis ulat kayu. 蛀木虫。

**woody** *a.* seperti kayu; berhutan. 木质的；树木茂盛的。

**woof** *n.* salakan anjing. 狗吠声。

**woofer** *n.* wufer. 低音扬声器；低音喇叭。

**wool** *n.* benang bulu biri-biri; kain yang diperbuat daripada bulu biri-biri. 羊毛；毛料衣。 **pull the ~ over someone's eyes** menipu seseorang. 蒙骗某人。 **~-gathering** *n.* angan-angan; igauan. 茫然空想；心不在焉；出神。

**woollen** *a.* yang diperbuat daripada bulu. 毛制的。 **woollens** *n.pl.* kain atau pakaian daripada bulu. 毛衣；毛布。

**woolly** *a.* (*-ier, -iest*) seperti bulu; dipenuhi bulu; kabur; tidak jelas. 羊毛的；毛茸茸的；模糊的；不清楚的。 —*n.* (*colloq.*) pakaian daripada bulu. 毛线衣。

**woolliness** *n.* berkeadaan seperti bulu. 毛状。

**Woolsack** *n.* kusyen besar yang diduduki oleh Ketua Canselor di House of Lords (di England). (英国) 上议院议长席。

**word** *n.* kata; perkataan; berita; khabar; janji; arahan. 言语；话；词语；消息；誓言；命令。—*v.t.* berkata; mengatakan. 说；用话表达。 **~ of honour** sumpah; janji. 誓言；诺言。 **~ of mouth** secara lisan. 口头上的；口传的。 **~-perfect** *a.* dapat mengucapkan dengan tepat. 能背诵出的。 **~ processor** *n.* pemproses kata (tentang komputer). (电脑的) 文字处理机。

**wording** *n.* pemilihan dan penyusunan kata. 措词；用字。

**wordy** *a.* terlalu banyak menggunakan perkataan. 喋喋不休的；冗长的。

**wore** *lihat* **wear**[1,2]. 见 **wear**[1,2]。

**work** *n.* kerja; pekerjaan; tugas; hasil; karya; (*pl.*) mesin; jentera; kilang; perusahaan. 工作；职业；责任；作品；机器；工厂。—*v.t./i.* bekerja; mengerjakan; bertugas; menjalankan (berkenaan jentera); menghasilkan; mengusahakan;

**workable** / **worsen**

menguli (tepung); menempa (besi); mengetuk (paku); menjahit; menyulam; menjadi longgar (skru, dll). 工作；做（事）；执行（任务等）；操作（机器）；产生；经营；揉（面粉团）；炼（铁）；敲松（钉子）；缝制；刺绣；变松（螺丝等）。**~ in** memasukkan. 进入；穿透；使（螺丝等）松弛。**~ off** menghilangkan. 除去。**~ out** menyelesaikan; latihan. 解决（问题等）；训练。**~ to rule** bekerja mengikut aturan. （为怠工而故意）照章工作。**~ up** membawa ke puncak; meningkat sampai. 使达到最高。

**workable** *a.* dapat dikerjakan atau dijalankan. 可经营的；可行的。

**workaday** *a.* biasa; setiap hari; praktis (*colloq.*). 平凡的；日常的；切合实际的。

**workaholic** *n.* (*colloq.*) mabuk atau gila kerja. 工作狂；醉心于工作的人。

**worker** *n.* pekerja; petugas; buruh. 工作者；劳动者。

**workhouse** *n.* rumah kebajikan. 福利中心（如感化院等）。

**working** *a.* yang bekerja; golongan pekerja. 工作的；从事劳动的。—*n.* kerja lombong atau menggali. 开矿；开采。**~ class** golongan pekerja (buruh). 工人阶级。**~-class** *a.* berkenaan golongan yang bekerja (buruh). 工人阶级的。

**workman** *n.* (pl. *-men*) kuli; buruh. 工人；工匠；劳工。

**workmanlike** *a.* cekap; mahir. 精工细作的；精巧的。

**workmanship** *n.* kecekapan; kemahiran. 手艺；技巧；本领。

**workout** *n.* latihan atau ujian. 试验；试用。

**workshop** *n.* bengkel; woksyop. 学术专题讨论会；（文艺、写作）创作室；工场；车间。

**workstation** *n.* terminal komputer dan kekunci; tempat kerja. 与数据或文字处理网络相连的智能终端；工作岗位。

**world** *n.* dunia; alam maya; manusia sejagat. 世界；地球；世人；万物。

**worldly** *a.* duniawi. 世俗的。**~-wise** *a.* banyak pengalamaannya. 老于世故的。

**worldliness** *n.* keduniaan. 名利心。

**worldwide** *a.* di seluruh dunia. 全世界的；世界性的。

**worm** *n.* cacing; ulat; bangsat; bahagian skru yang berpilin. 蚯蚓；软体虫；臭虫；螺纹。—*v.t./i.* bergerak seperti cacing; bergerak dengan susah payah (kiasan); menghapuskan cacing. 蠕动；驱（肠）虫。**~-cast** *n.* tahi cacing. 蚯蚓粪。**wormy** *a.* berulat. 生虫的；有蠕虫的。

**wormeaten** *a.* berlubang-lubang kerana dimakan ulat. 虫蛀的；千疮百孔的。

**wormwood** *n.* sejenis tumbuhan yang pahit rasanya; kepahitan. 苦艾；蛔蒿。

**worn** *lihat* **wear**[1]. 见 **wear**[1]。—*a.* rosak; luruh; letih. 破旧的；磨损的；疲惫的。**~-out** *a.* letih; tidak bermaya. 疲惫的；憔悴的。

**worried** *a.* yang khuatir; yang risau; yang bimbang; yang cemas. 担心的；不安的；忧虑的。

**worry** *v.t./i.* berasa khuatir; berasa risau; berasa bimbang; berasa cemas; merisaukan; mencemaskan; membimbangkan; menggigit-gigit. 担心；不安；发愁；忧虑；踌躇。—*n.* kekhuatiran; kecemasan; kebimbangan; kerisauan. 担心；不安；发愁；忧虑。**worrier** *n.* perisau; pencemas; orang yang mudah risau atau cemas. 担心的人；发愁的人；杞人忧天的人。

**worse** *a.* & *adv.* bertambah buruk; bertambah teruk; bertambah tenat. 更糟地（的）；更坏地（的）。—*n.* perkara yang lebih teruk atau buruk. （人或事物）更差者。

**worsen** *v.t./i.* menjadi buruk; menjadi teruk; menjadi tenat. 变得更差；恶化；变得更坏。

**worship** *n.* pemujaan; penyembahan. 崇敬；崇拜。—*v.t./i.* (p.t. *worshipped*) memuja; menyembah. 敬奉；崇拜。 **worshipper** *n.* pemuja; penyembah. 敬神者；崇拜者。

**worshipful** *a.* (gelaran) Yang Berhormat. 尊敬的（英国法官、市议员等的尊称）。

**worst** *a. & adv.* paling teruk; paling buruk; paling tenat. 最差（的）；最坏（的）；（病情）最重（的）。—*n.* sesuatu yang amat buruk. 最糟的人、物或情况。—*v.t.* mengalahkan. 打败。 **get the ~ of** dikalahkan. 遭到失败。

**worsted** *n.* sejenis benang; kain worsted. 精纺绒线。

**wort** *n.* pemerapan malta sebelum ditapaikan menjadi bir. 麦芽汁。

**worth** *a.* bernilai; berharga; berharta. 有价值的；值钱的；贵重的。—*n.* nilai; harga. 价值；价格。 **for all one is ~** (*colloq.*) sedaya upaya. 尽力；拼命。 **~ while** atau **~ one's while** berfaedah; berguna. 值得做的；有真实价值的。

**worthless** *a.* tidak bernilai; tidak berharga. 无价值的；不值钱的。 **worthlessness** *n.* perihal tidak bernilainya; perihal tidak berharganya. 不足取之处；不值一文之处。

**worthwhile** *a.* berfaedah; berguna; bermanfaat. 值得做的；有真实价值的；有意义的。

**worthy** *a.* (*-ier, -iest*) patut; layak; wajar. 值得⋯的；足以⋯的。—*n.* orang yang berjasa. 杰出人物。 **worthily** *adv.* dengan patut; sesuai dengan harganya. 应得地；值得地。 **worthiness** *n.* perihal patutnya; perihal layaknya; perihal wajarnya. 应得之事；价值。

**would** *lihat* **will**[1]. 见**will**[1]。 **~-be** *a.* bakal; akan menjadi. 将成为⋯的。

**wound**[1] *n.* luka; cedera. 伤；伤口。—*v.t.* melukakan; melukai; mencederakan. 致伤；伤害；传染。

**wound**[2] *lihat* **wind**[2]. 见**wind**[2]。

**wove, woven** *lihat* **weave**. 见**weave**。

**wow** *int.* wah. 哇！（表示惊奇、钦佩、欢欣等的感叹词）

**wrack** *n.* rumpai laut yang tersadai atau tumbuh di pantai. 被浪打到岸上或漂浮在海上的海草。

**wraith** *n.* lembaga; hantu. 影子；阴影。

**wrangle** *v.i.* bertengkar; berkelahi. 吵架；争论。—*n.* berbantah. 争吵；争辩。

**wrap** *v.t./i.* (p.t. *wrapped*) membungkus; membalut; menyalut. 包；裹；包扎。—*n.* selendang. 披肩；围巾。 **be wrapped up in** asyik dengan. 专心致志于；埋头于。

**wrapper** *n.* kertas pembungkus; pembalut; sejenis baju longgar. 包装纸；包装材料；（室内用的）轻便晨衣。

**wrapping** *n.* bahan pembungkus atau pembalut. 包装材料。

**wrasse** *n.* sejenis ikan laut. 隆头鱼。

**wrath** *n.* kemarahan. 愤怒。 **wrathful** *a.* marah. 愤怒的。 **wrathfully** *adv.* dengan marah. 愤怒地。

**wreak** *v.t.* melepaskan marah. 泄怒；泄愤。

**wreath** *n.* (pl. *-ths*) kalungan (bunga); lingkaran (asap). 花圈；花环；（烟、雾等形成的）圈。

**wreathe** *v.t./i.* melingkari; meliliti; melingkungi. 把⋯做成花圈；缠绕；盘绕。

**wreck** *n.* kerosakan; kehancuran; kapal yang karam; orang yang kesihatannya terganggu. 毁坏；（船）失事；健康受损的人。—*v.t.* merosakkan; meranapkan. 使（船等）失事；破坏；拆毁。

**wreckage** *n.* bangkai (kapal, kapal terbang); sisa. （船、飞机的）残骸；（失事船的）漂浮物。

**wrecker** *n.* perosak; orang yang ditugaskan untuk memusnahkan sesuatu. 破坏者；肇事者。

**wren** *n.* sejenis burung yang sangat kecil. 鹪鹩鸟。

**Wren** *n.* ahli Women's Royal Naval Service. 皇家妇女海军队队员。

**wrench** *v.t.* merenggut; mencabut dengan memulas.（用力）拧；猛力扭。—*n.* renggutan; jenis sepana. 猛扭；用力拧；板钳；扳手。

**wrest** *v.t.* memulas; merengkuh.（用力）拧；（用力）扭。

**wrestle** *v.t./i.* bergusti (berkenaan sukan); bergomol; bergelut. 摔跤；角力；搏斗。—*n.* gusti. 摔跤。

**wretch** *n.* orang bedebah; orang celaka. 不幸的人；可怜的人。

**wretched** *a.* malang; celaka; buruk; tidak elok. 不幸的；倒霉的；讨厌的；拙劣的。**wretchedly** *adv.* dengan malang; dengan celaka. 不幸地；倒霉地；苦恼地。**wretchedness** *n.* perihal malang; perihal celaka. 不幸；倒霉；苦恼。

**wriggle** *v.t./i.* menggeliang-geliut. 扭动；蠕动。—*n.* geliang-geliut. 蠕动。

**wring** *v.t.* (p.t. *wrung*) memerah; memeras; memulas. 绞；拧。—*n.* perahan. 绞；拧。 **wringing wet** basah kuyup; basah lencun. 湿透的。

**wringer** *n.* mesin pemulas; mesin pemerah. 绞拧机；压汁器。

**wrinkle** *n.* kedut; kerut; (*colloq.*) petua. 皱纹；褶皱；好主意。—*v.t./i.* mengedut; mengerutkan. 起皱纹；皱缩。

**wrist** *n.* pergelangan tangan. 腕；腕关节。**~-watch** *n.* jam tangan. 手表。

**wristlet** *n.* gelang tangan. 手镯。

**writ** *n.* perintah rasmi; surat dakwa. 书面命令；令状。**Holy Writ** Kitab Injil. 圣经；箴言。

**write** *v.t./i.* (p.t. *wrote*, p.p. *written*, pres.p *writing*) menulis; mencatat; mengarang. 写；记下；写作。**~ off** hapus; batal. 勾销；报废。**~-off** *n.* sesuatu yang tidak boleh digunakan lagi. 报废物品。**~ up** menulis. 写；记下。**~-up** *n.* ulasan. 报道；详写。

**writer** *n.* penulis; pengarang. 执笔者；撰写人；作者。**~'s cramp** sengal-sengal pada tangan. 书写痉挛症。

**writhe** *v.i.* menggeliat; menggeliang-geliut; menderita batin.（因痛苦而）扭动身体；缠绕；感到极度痛苦。

**writing** *n.* tulisan; karya; karangan. 书写；著作；文章。**in ~** secara bertulis. 用书面方式。**the ~ on the wall** alamat; petanda. 凶兆。**~-paper** *n.* kertas tulis. 书写纸；信纸。

**written** *lihat* **write**. 见write。

**wrong** *a.* salah; tidak betul; silap. 错误的。—*adv.* secara salah; secara keliru. 错误地；不正确地。—*n.* kesalahan; kesilapan; kekeliruan. 错误；过失；坏事；冤屈。—*v.t.* membuat salah; melakukan kesalahan. 犯错误；做坏事。**in the ~** bersalah. 弄错；不正当。**wrongly** *adv.* salah; tidak adil. 错误地；不公平地。**wrongness** *n.* perihal salah. 不当；不公正。

**wrongdoer** *n.* orang yang melakukan kesalahan. 作恶者；做坏事的人。**wrongdoing** *n.* perbuatan salah; dosa; kejahatan. 恶行；罪行；不法行为。

**wrongful** *a.* menyalahi undang-undang; tidak adil. 犯法的；不公平；不义的。 **wrongfully** *adv.* dengan salah; dengan tidak adil. 非法地；不义地。

**wrote** *lihat* **write**. 见write。

**wrought** *a.* yang ditempa. 锻造的。**~ iron** besi tempa. 打铁。

**wrung** *lihat* **wring**. 见wring。

**wry** *a.* (*wryer, wryest*) herot; mencong; pencong. 歪斜的；歪曲的；曲解的。 **wryly** *adv.* secara mengejek. 讽刺地。**wryness** *n.* perihal mengejek. 讽刺。

**wryneck** *n.* burung kecil sejenis dengan belatuk. 鸸颈鸟。

**wych-elm** *n.* sejenis pokok berdaun lebar. 无毛榆。

**wych-hazel** *n.* pokok renek Amerika Utara. 金缕梅。

# X

**xenophobia** *n.* sifat benci kepada orang asing. 仇外；对外国人的憎恶或畏惧。

**Xerox** *n.* mesin zeroks. 复印机。 —*v.t.* menzeroks; membuat salinan zeroks. 复印；影印。

**Xmas** *n.* (*colloq.*) Hari Natal; Hari Krismas. 圣诞节。

**X-ray** *n.* X-ray; sinar-X. X光；X射线。 —*v.t.* melakukan X-ray. 照X光；用X光检查。

**xylophone** *n.* zilofon; sejenis alat muzik. 木琴。

# Y

**yacht** *n.* kapal pesiar; sekoci. 快艇；游艇。 **yachting** *n.* lumba atau sukan perahu layar. 帆船。 **yachtsman** *n.* (pl. *-men*) pemilik kapal pesiar; orang yang pandai melayarkan perahu layar. 快艇主人；驾快艇好手。

**yak** *n.* yak; sejenis lembu Asia. 西藏和西亚洲的牦牛。

**yam** *n.* keladi. 芋头。

**Yank** *n.* (*colloq.*) Yankee; orang Amerika. 美国佬。

**yank** *v.t.* (*colloq.*) menyentap; merenggut; menyentak. 使劲拉；猛拉。 —*n.* (*colloq.*) sentapan; sentakan; renggutan. 使劲一拉；（突然的）猛拉。

**Yankee** *n.* (*colloq.*) Yankee; orang Amerika; (*A.S.*) penduduk di kawasan utara Amerika Syarikat. 美国佬；（美国）北方诸州的人；北方佬。

**yap** *n.* salakan; dengkingan. 狂吠；惨叫声。 —*v.i.* (p.t. *yapped*) menyalak; mendengking. （狗）乱吠；急叫。

**yard**[1] *n.* ela (unit ukuran). 码（英国长度单位）。 **~-arm** *n.* hujung andang-andang. （船）桅横杆端。

**yard**[2] *n.* halaman; pekarangan. 庭院；院子。 **The Yard** (*colloq.*) Polis Penyiasat England. 苏格兰场（伦敦警察厅侦缉处）。

**yardage** *n.* ukuran ela. 码数；以码计量长度。

**yardstick** *n.* kayu pengukur; kayu ela; ukuran perbandingan. 码尺（计算尺度的直尺）。

**yarmulke** *n.* topi lelaki Yahudi. 亚莫克帽；犹太人的室内便帽。

**yarn** *n.* benang; (*colloq.*) cerita. 纱；纱线；故事。 —*v.i.* menceritakan. 讲故事。

**yarrow** *n.* pokok yarrow; sejenis tumbuhan yang bunganya harum. 蓍草。

**yashmak** *n.* sejenis purdah yang dipakai oleh wanita Islam. 伊斯兰教妇女外出时所戴的面纱。

**yaw** *v.i.* (berkenaan kapal atau kapal terbang) merewang; mengoleng. （船、飞机等）偏航；偏荡。 —*n.* rewang. 偏航；偏荡。

**yawl** *n.* sejenis bot untuk menangkap ikan; sampan kayuh. 小渔船。

**yawn** *v.i.* menguap. 打呵欠。—*n.* kuap. 呵欠。

**yaws** *n.* penyakit puru. 雅司病（一种皮肤传染病）。

**yd.** *abbr.* **yard** ela.（缩写）码（英国长度单位）。

**ye** *pron.* (*old use*) awak; engkau; kamu. 你；你们。

**yea** *adv. & n.* (*old use*) ya; benar; memang. 是的；不错。

**year** *n.* tahun; (*pl.*) umur; usia. 年；年份；岁；岁数。

**yearbook** *n.* buku tahunan. 年鉴；年刊；年报。

**yearling** *n.* binatang yang berumur antara satu tahun hingga dua tahun. 1至2岁之间的幼兽。

**yearly** *a.* tahunan. 一年的；每年的。—*adv.* tiap-tiap tahun. 每年地；一年一次地。

**yearn** *v.i.* ingin akan; berhasrat akan; rindu akan. 渴望；向往；怀念。

**yeast** *n.* ragi; yis. 酵母（菌）。

**yeasty** *a.* seperti ragi; seperti yis. 酵母的；会发酵的。

**yell** *v.t./i. & n.* jerit; pekik. 叫喊；叫嚷；大声喊叫。

**yellow** *a.* kuning; (*colloq.*) pengecut. 黄的；黄色的；胆小的。—*n.* warna kuning. 黄色。—*v.t./i.* menjadi kuning. 变黄。 **Yellow Pages** Halaman Kuning; bahagian buku panduan telefon yang dicetak pada halaman kuning, menyenaraikan jenis perniagaan, barangan atau perkhidmatan yang ditawar. 电话簿中的黄页部分。

**yellowhammer** *n.* sejenis burung. 黄鹀鸟。

**yellowish** *a.* kekuning-kuningan. 带黄色的。

**yelp** *n.* dengking; peking; salak.（狗）吠；叫喊；尖声急叫。—*v.i.* berdengking; memeking; menyalak. 吠；叫喊。

**yen**[1] *n.* (*pl. yen*) mata wang Jepun. 圆（日本币制单位）。

**yen**[2] *n.* kerinduan; hasrat; keinginan. 热望；渴望。

**yeoman** *n.* (*pl. -men*) pemilik sebidang tanah. 小地主。 **Yeoman of the Guard** Pengawal Raja berpakaian Tudor.（英国）王室警卫。 **~ service** benar-benar berkhidmat. 切实的援助。

**yes** *adv. & n.* ya; betul; benar. 是；是的。 **~-man** *n.* pak turut. 唯唯诺诺的人；应声虫。

**yesterday** *n. & adv.* semalam; kelmarin; hari-hari yang lepas. 昨天；（在）日前。

**yet** *adv.* hingga sekarang; sehingga kini; lagi; kelak; tetapi; namun. 迄今；还；又；终归；仍然。—*conj.* walaupun; namun begitu. 然而；可是。

**yeti** *n.* (*pl. -is*) yeti (sejenis makhluk besar yang dikatakan tinggal di banjaran Himalaya). 雪人（相传生存在喜马拉雅山的一种巨兽）。

**yew** *n.* sejenis pohon malar hijau. 紫杉木。

**Yiddish** *n.* bahasa orang Yahudi yang berasal dari Eropah Timur dan Eropah Tengah. 意地绪语；东欧及中欧犹太人的通用语言。

**yield** *v.t./i.* (berkenaan tanaman) menghasilkan; mengeluarkan; (berkenaan usaha) menghasilkan; membuahkan; menyerah; mengalah; mengaku kalah.（种植物）出产；（努力）有收获；产生（成果）；使投降；屈服。—*n.* kadar hasil (tanaman, usaha).（种植物、努力等）收益；生产率。

**yippee** *int.* hore; menyatakan kegembiraan. 好哇！（表示喜悦的感叹词）

**yodel** *v.t./i.* (*p.t. yodelled*) menyanyi yodel (nyanyian orang Swiss).（瑞士人等）用真假嗓音反复变换地唱。—*n.* yodel. 用岳得尔调唱。 **yodeller** *n.* penyanyi yodel. 用岳得尔调唱歌的人。

**yoga** *n.* yoga (sejenis senaman) orang Hindu. 瑜伽术。

**yoghurt** *n.* yogurt; tairu. 酸乳酪；凝乳。

**yoicks** *int.* kata-kata menghambat anjing dalam perburuan. 唷！(打猎时催促猎犬的喊声)

**yoke** *n.* kok; galas; bahu mendatang; lapik (berkenaan jahitan); tekanan; bebanan. 轭；牛轭；枷；(女装上衣的)抵肩；束缚。—*v.t.* menggalas. 给…上轭。

**yokel** *n.* orang kampung; orang dusun. 乡下佬。

**yolk** *n.* kuning telur. 蛋黄。

**yomp** *v.i.* & *n.* (*sl.*) perjalanan merentas negeri dengan alat kelengkapan berat. 负重吃力地走；艰苦跋涉而行。

**yon** *a.* & *adv.* (*dialect*) nun; di sana. 那边的；在那边(指人或事物)。

**yonder** *adv.* nun. 在那边。—*a.* nun; di sana. 在那边的。

**yonks** *adv.* (*sl.*) berzaman lamanya. 很长一段时间。

**yore** *n.* of ~ masa dahulu. 昔日；往昔。

**yorker** *n.* yorker (sejenis balingan dalam permainan kriket). (板球赛中的)贴板球。

**Yorkshire pudding** sejenis puding yang dimakan dengan daging. 约克郡布丁。

**Yorkshire terrier** sejenis anjing yang berbulu panjang. 约克郡㹴。

**you** *pron.* anda; saudara; awak; encik; tuan; kamu; engkau. 你；你们。

**young** *a.* (*-er*, *-est*) muda (dari segi umur); mentah (dari segi pengalaman). 年轻的；(经验)嫩的。—*n.* anak (binatang). 幼畜；幼禽。

**youngster** *n.* kanak-kanak; budak. 小孩；小伙子；年轻人。

**your** *a.*, **yours** *poss.pron.* hak awak; hak kamu; hak anda; awak punya; kamu punya; engkau punya. 你的；你们的。

**yourself** *pron.* (pl. *yourselves*) diri kamu; dirimu sendiri. 你自己；你们自己。

**youth** *n.* (pl. *youths*) waktu muda; zaman muda; usia muda; belia; remaja; orang muda. 少年时；青春时期；青少年。 ~**club** kelab belia. 青年俱乐部。~ **hostel** asrama belia. 青年寄宿所。

**youthful** *a.* muda. 富有朝气的；年轻的。 **youthfulness** *n.* keremajaan. 青春。

**yowl** *v.t./i.* & *n.* menjerit; memekik; melolong. 惨叫；哀叫。

**Yo-yo** *n.* (pl. *-os*) yo-yo; sejenis permainan bertali yang boleh digerakkan turun naik. 摇摇拉线盘(一种小玩具)。

**yucca** *n.* sejenis pohon yang bentuk bunganya seperti loceng. 丝兰。

**yule, yule-tide** *ns.* (*old use*) Perayaan Hari Natal atau Hari Krismas. 圣诞节期。

**yummy** *a.* (*colloq.*) sedap; lazat. 美味的；可口的。

**yuppie** *n.* (*colloq.*) yuppie; pemuda bandar yang profesional. 雅皮士；城市里的年轻专业人士。

# Z

**zabaglione** *n.* manisan Itali yang diperbuat daripada kuning telur yang dibancuh dengan gula dan arak. 酒香蛋黄羹。

**zany** *a.* (*-ier, -iest*) lucu. 荒唐的。—*n.* orang yang kelakar. 小丑；愚人。

**zap** *v.t.* (p.t. *zapped*) (*sl.*) memukul; menyerang; membunuh. （嚓地一声）击中；杀死。

**zeal** *n.* semangat; minat yang bersungguh-sungguh. 热忱；热诚。

**zealot** *n.* orang yang tekun atau rajin; orang yang fanatik. 狂热者；热心者。

**zealous** *a.* bersemangat; giat; rajin. 热心的；积极的；勤奋的。 **zealously** *adv.* dengan bersemangat; dengan giat. 热心地；积极地。

**zebra** *n.* kuda belang. 斑马。 **~ crossing** lintasan zebra; tempat melintas pejalan kaki. 斑马线；斑马纹人行道。

**zebu** *n.* sejenis seladang. 印度瘤牛。

**Zen** *n.* satu bentuk Buddhisme. 佛教的禅宗。

**zenana** *n.* bahagian rumah tempat wanita kasta tinggi diasingkan di India dan Iran. 印度及伊朗等地女子的闺房。

**zenith** *n.* zenit; puncak. 顶点；极点。

**zephyr** *n.* bayu; angin sepoi-sepoi. 微风；和风。

**zero** *n.* (pl. *-os*) kosong; sifar. 零；零数。 **~ hour** saat yang dinanti-nantikan. 行动开始时间；决定性时刻。 **~ in on** menghala kepada sasaran; menumpukan perhatian kepada. 对准目标；向…集中注意力。

**zest** *n.* semangat; kulit limau atau lemon. 热情；兴味；(调味用的) 橙皮或柠檬皮。 **zestful** *a.* bersemangat. 兴致十足的。 **zestfully** *adv.* dengan bersemangat. 兴致十足地。

**zigzag** *n.* liku-liku; zigzag; bengkang-bengkok; kelok-kelok. 之字形图案；锯齿状；曲折线系。—*a. & adv.* secara zigzag. 曲折的（地）。—*v.i.* (p.t. *zigzagged*) bergerak secara bengkang-bengkok. 作之字形移动；曲折地前进。

**zillion** *n.* (*A.S.*) jumlah besar yang tidak tetap. 无法计算的大数目。

**zinc** *n.* zink. 锌。

**zing** *n.* (*colloq.*) tenaga; kekuatan. 活力；精神；兴致。—*v.i.* (*colloq.*) bergerak cepat; lantang. 充满活力地行进；发尖啸声。

**zinnia** *n.* sejenis pokok bunga seperti daisi. 百日草。

**Zionism** *n.* Zionisme. 犹太复国主义。

**Zionist** *n.* Zionis. 犹太复国主义者。

**zip** *n.* zip; desing (bunyi); kemeriahan. 拉链；(子弹等) 尖啸声；活力；精力。 —*v.t./i.* (p.t. *zipped*) menutup atau membuka zip; berdesing. 拉开或扣上拉链；发出尖啸声。 **~-fastener** *n.* penutup zip. 拉链。

**Zip code** (*A.S.*) poskod. （美国）邮区编号。

**zipper** *n.* zip. 拉链。

**zircon** *n.* zirkon; sejenis permata, berwarna putih kebiru-biruan. 锆。

**zirconium** *n.* eleman logam kelabu. 锆。

**zither** *n.* zither; sejenis alat muzik yang dipetik dan bertali banyak. 齐特琴—种用手指拨奏的多弦琴。

**zodiac** *n.* (dalam astrologi) zodiak. 黄道带；黄道十二宫图。 **zodiacal** *a.* berkenaan zodiak. 黄道带的。

**zombie** *n.* (dalam voodoo) mayat yang dipercayai hidup semula melalui ilmu sihir; (*colloq.*) orang yang bingung. （伏都教的）还魂尸；傻瓜。

**zone** *n.* zon; kawasan yang mempunyai ciri-ciri, tujuan atau guna tertentu. 地带；固定用途的区域。—*v.t.* dibahagi-bahagikan kepada zon. 把…分区。 **zonal** *a.* mengikut zon. 区域的。

**zoo** *n.* zoo. 动物园。

**zoology** *n.* zoologi. 动物学。**zoological** *a.* berkenaan zoologi. 动物学的。**zoologist** *n.* ahli zoologi. 动物学家。

**zoom** *v.i.* berlalu dengan pantas; mengambil gambar dengan menggunakan kanta zum. 猛增；用变焦距镜头推近或拉远（目标）。

**zucchini** *n.* (pl. *-i* atau *-is*) zukini; sejenis labu. 绿皮西葫芦。

**Zulu** *n.* (pl. *-us*) suku kaum atau bahasa Bantu dari Afrika Selatan. 南非的祖鲁人；祖鲁人的班图语。

**zygote** *n.* zigot; sel yang terbentuk daripada penyatuan dua gamet. 合子；由两个繁殖细胞接合而成的孢子。

# MELAYU–INGGERIS–CINA

# A

**abad** *k.n.* century; period of 100 years. 世纪；一百年。

**abadi** *adj.* endless; without end; continual; existing always; unchanging; eternal; living for ever; not mortal; famous for all time; immortal. 无穷尽的；无限的；连绵不断的；不息的。**mengabadikan** *k.k.t.* immortalize; make immortal. 使不朽。

**abah** *k.n.* dad (*colloq.*); daddy (children use); father. 父亲；爸爸。

**abah-abah** *k.n.* harness; straps and fittings by which a horse is controlled; similar fastenings. 马具。

**abai** *k.k.t.* neglect; pay insufficient or no attention to; fail to take proper care of; omit (to do something); leave out; not include; leave not done. 忽略；忽视；遗漏。**mengabaikan** *k.k.t.* disregard. 忽视；轻视。

**abang** *k.n.* son of the same parents as another person (elder). 兄长；哥哥。

**ABC** *k.n.* ABC; alphabet; alphabetical guide; rudiments (of a subject). 字母；（科目等的）基础。

**abdomen** *k.n.* abdomen; part of the body containing the digestive organs. 腹部。

**abis** *k.n.* abyss; bottomless chasm. 深渊；无底洞。

**abjad** *k.n.* alphabet; letters used in writing a language; signs indicating these. 字母；字母表。**mengabjadkan** *k.k.t.* alphabetize; put into alphabetical order. 按字母编排次序。

**abses** *k.n.* abscess; collection of pus formed in the body. 脓肿。

**absinte** *k.n.* absinthe; a green liqueur. 苦艾酒。

**abstrak** *adj.* abstract; having no material existence; theoretical; (of art) not representing things pictorially. 抽象的；深奥的。—*k.n.* abstract quality or idea; summary; piece of abstract art. 抽象概念；摘要。

**abu** *k.n.* ash; powder that remains after something has burnt. 灰；灰烬。

**abuk** *k.n.* dust; fine particles of earth or other matter. 尘埃。**berabuk** *adj.* dusty (*-ier, -iest*); covered with dust. 满布灰尘的。

**acar** *k.n.* piccalilli; pickle of chopped vegetables and hot spices. 辣泡菜。

**acara** *k.n.* event; item in a sports programme. 事件；比赛项目。

**acuan** *k.n.* mould; hollow container into which a liquid substance is poured to set or cool in a desired shape; die; device that stamps a design or that cuts or moulds material into shape. 模型；铸。

**ada** *k.k.t.* have (3 sing. pres. *has*; p.t. *had*); possess; contain; cause to be or do or be done. 有；拥有；含有；体验。**sedia ~** *adj.* immanent; inherent; present; being in the place in question; exist. 内涵的；内在的。

**adab, beradab** *adj.* civil; polite and obliging. 文明的；有教养的。**memperadabkan** *k.k.t.* civilize; cause to improve from a primitive to a developed stage of society; improve the behaviour of; mannered; having manners of a certain kind; full of mannerisms. 开化；使文明。

**adas** *k.n.* fennel; fragrant herb. 茴香。

**adat** *k.n.* custom; usual way of behaving or acting; convention; accepted custom. 风俗；习惯。**beradat** *adj.* customary. 惯例的。

**adenoid** *k.n.* adenoids; enlarged tissue at the back of the throat. 腺样增殖体。

**ad hoc** ad hoc; for a specific purpose. 特定的；（委员会等）为某一目的而特别设立的。

**adik** *k.n.* son (daughter) of the same parents as another person (younger). 弟弟；妹妹。

**adikung** *k.n.* aide-de-camp (pl. *aides-de-camp*); officer assisting a senior officer. 副官。

**adil** *adj.* fair; just; unbiased; giving proper consideration to the claims of all concerned; deserved. 公平的；公正的。

**mengadili** *k.k.t.* judge; try (a case) in a law court; act as judge of. 判断；判决（案件等）。

**adjektif** *k.n.* adjective; descriptive word. 形容词。

**Admiralti** *k.n.* Admiralty; former name for the government department superintending the Royal Navy. 海军部；前英国海军部。

**adrenal** *adj.* adrenal; close to the kidneys. 肾旁的；肾上腺的。

**adrenalin** *k.n.* adrenalin; stimulant hormone produced by the adrenal glands. 肾上腺素。

**adu, mengadu** *k.k.i.* complain; say one is dissatisfied; say one is suffering from pain, etc. 抱怨；投诉。

**aduan** *k.n.* complaint; statement that one is dissatisfied. 抱怨；怨言。

**aduh** *sr.* ouch; exclamation of pain. 哎唷！（表示突然疼痛的感叹词）

**aduhai** *sr.* alas; exclamation of sorrow. 唉！（表示悲痛、遗憾等的感叹词）

**adun, mengadun** *k.k.t.* press and stretch (dough) with the hands. 搓捏；搓揉。

**adunan** *k.n.* dough; thick mixture of flour, etc. and liquid, for baking; batter; beaten mixture of flour, eggs, and milk, used in cooking. 制面包、糕点等用的生面团。

**advantej** *k.n.* advantage; next point won after deuce in tennis. 优势；（网球）打成平手后任何一方赢得的第一分。

**aerial**[1] *adj.* aerial; of or like air; existing or moving in the air; by or from aircraft. （像）空气的；空中的。

**aerial**[2] *k.n.* aerial; wire or rod for transmitting or receiving radio waves. 天线。

**aerobatik** *k.n.* aerobatics; spectacular feats by aircraft in flight. 特技飞行表演。

**aerodinamik** *adj.* aerodynamic; of the interaction between air-flow and the movement of solid bodies through air. 空气动力学的。

**aerosol** *k.n.* aerosol; container holding a substance sealed into it for release as a fine spray; its contents. 烟雾剂；烟雾剂的小容器。

**afid** *k.n.* aphid (pl. *-ides*); aphis; small insect destructive to plants. 蚜虫；一种农业害虫。

**afidavit** *k.n.* affidavit; written statement sworn on oath to be true. 宣誓书。

**afirmatif** *adj. & k.n.* affirmative; saying 'yes'. 肯定的；肯定语；正面的（答复等）。

**Afrika** *adj. & k.n.* African; of Africa; African (esp. dark-skinned) person. 非洲（的）；非洲人（的）。

**Afrikaans** *k.n.* Afrikaans; language of South Africa, developed from Dutch. 南非语。

**afrit** *k.n.* goblin; mischievous ugly elf; hobgoblin; mischievous or evil spirit. 魔鬼；妖怪。

**Afro-** *awl.* Afro-; African. （前缀）表示"非洲的"。

**agak** *k.k.t./i.* guess; form an opinion or state without definite knowledge or without measuring; think likely; (*U.S.*) suppose. 推测；臆测；猜想。 **agak-agak, teragak-agak** *k.k.i.* falter; go or function unsteadily. 摇晃；蹒跚。

**agam** *adj.* immeasurable; not measurable; immense. 无限的；不可测量的。

**agama** *k.n.* religion; belief in the existence of a superhuman controlling power, usu. expressed in worship; influence compared to religious faith. 宗教；信仰。

**agar** *k.h.* so; so that. 以使；使得。

**agar-agar** *k.n.* jelly; soft solid food made

of liquid set with gelatine; substance of similar consistency; jam made of strained fruit juice. 果子冻;(透明)冻胶。

**agas** *k.n.* gnat; small biting fly; midge; small biting insect. 蚋；蠓虫。

**agen** *k.n.* agent; thing producing an effect. 代为者；媒介。

**agenda** *k.n.* agenda; list of things to be dealt with, esp. at a meeting. 议程。

**agensi** *k.n.* agency; business or office of an agent; means of action by which something is done. 代理；代销处。

**agih** *k.k.t.* distribute; divide and share out; dole; parcel; divide into portions. 分发；分配。 **mengagihkan** *k.k.t.* dispense; distribute; deal out; prepare and give out (medicine, etc.). 使散开；分配。

**agorafobia** *k.n.* agoraphobia; abnormal fear of open spaces. 恐惧旷场症。

**agregat** *k.n.* aggregate; total; collected mass. 聚集；总计；聚合。

**agresif** *adj.* aggressive; showing aggression; forceful. 侵犯的；挑衅的。

**aguk** *k.n.* pendant; ornament hung from a chain round the neck. (项链、耳环等的)垂饰。

**agung** *adj.* majestic; stately and dignified; imposing; supreme; highest in authority, rank, importance, or quality. 尊贵的；有威严的。 **mengagungkan** *k.k.t.* idolize; treat with adoration; glorify; praise highly; worship; make (a thing) seem grander than it is. 崇拜(偶像)；盲目崇拜。

**ah**, **aha** *sr.* ah; aha; exclamations of surprise, triumph, etc. 啊! (表示惊讶、喜悦、痛苦、同情等的感叹词)

**Ahad** *k.n.* Sunday; first day of the week. 星期日；星期天。

**ahli** *k.n.* member; person or thing belonging to a particular group or society. 会员。 ~ **perubatan** *k.n.* physician. 医生；内科医生。 ~ **majlis undangan** *k.n.* legislator. 立法委员；议员。 **Ahli Parlimen** *k.n.* Member of Parliament; constituency's elected representative in the House of Commons. 国会议员。

**aib**[1] *adj.* disreputable; not respectable. 不体面的；丢脸的。

**aib**[2] *k.n.* blemish; flaw or defect that spoils the perfection of a thing; disgrace; loss of favour or respect; thing causing this. 瑕疵；缺点；不名誉。 **mengaibkan** *k.k.t.* degrade; spoil with a blemish; bring disgrace or humiliation on. 沾污；损害(名誉)。

**AIDS** *k.n.* AIDS; acquired immune deficiency syndrome; a condition developing after infection with the HIV virus, breaking down a person's natural defences against illness. 爱滋病。

**air** *k.n.* water; colourless, odourless, tasteless liquid that is a compound of hydrogen and oxygen; this as supplied for domestic use. 水；自来水。 **~ mati** *k.n.* backwater; stagnant water joining a stream. 沼泽；死水。 **mengairi** *k.k.t.* irrigate; supply (land) with water by streams, pipes, etc. 灌溉。

**ais** *k.n.* ice; frozen water; brittle transparent solid; portion of ice-cream. 冰；冰块；冰淇淋。 **hoki ~** *k.n.* ice hockey; game like hockey played on ice by skaters. 冰上曲棍球。 **jurai ~** *k.n.* icicle; hanging ice formed when dripping water freezes. 冰柱。 **~ loli** *k.n.* ice-lolly; water-ice or ice-cream on a stick. 冰棍；带小棒的雪糕。 **~ manis** *k.n.* sorbet; flavoured water-ice. 果汁冰水。

**aisberg** *k.n.* iceberg; mass of ice floating in the sea. 冰山。

**aising** *k.n.* icing; mixture of powdered sugar, etc. used to decorate food. 糖霜；糖衣。

**aiskrim** *k.n.* ice-cream; sweet creamy frozen food. 冰淇淋。

**ajaib** *adj.* inscrutable; baffling, impossible to understand or interpret; miraculous. 不可思议的；不可理解的。

**ajak** *k.k.t. see* **undang**. 见 **undang**。

**ajal** *k.n.* doom; grim fate; death or ruin. 恶运；劫数；毁灭；死亡。

**ajar, mengajar** *k.k.t.* teach (p.t. *taught*); impart information or skill to (a person) or about (a subject); put forward as a fact or principle; (*colloq.*) deter by punishment; instruct; give instruction to (a person) in a subject or skill. 教育；教导；指导。 **kurang ~** *k.n.* effrontery; shameless; insolence. 无耻的行为；无耻；无礼；无教养。

**aju, mengajukan** *k.k.t.* moot; raise (a question) for discussion. 提出问题；辩论。

**ajuk, mengajuk** *k.k.t.* mock; make fun of by imitating; jeer; defy contemptuously; burlesque; imitate mockingly; 嘲弄；讥笑。

**ajukan** *k.n.* mockery; mocking; ridicule; absurd or unsatisfactory imitation. 嘲笑；讽刺；拙劣的模仿。

**ajutan** *k.n.* adjutant; army officer assisting in administrative work. 副官。

**akademi** *k.n.* academy; school, esp. for specialized training. 专科学校；大专院校；学术团体。 **ahli ~** *k.n.* academician; member of an Academy. 院士；学术会员。 **Akademi** *k.n.* Academy; a society of scholars or artists. 学院派。

**akademik** *adj.* academic; of a college or university; scholarly; of theoretical interest only. 学术性的。 —*k.n.* academic person. 学者。

**akal** *k.n.* mind; ability to be aware of things and to think and reason; originating in the brain; a person's attention, remembrance, intention, or opinion. 智慧；思考力；记忆。

**akal, mengakali** *k.k.i.* angle; try to obtain by hinting. 图谋；(用暗示等) 以求获得某物。

**akan** *k.b.* will; used to express promises or obligations. 将 (是)。

**akar** *k.n.* root; part of plant that attaches it to the earth and absorbs water and nourishment from the soil; embedded part of hair, tooth, etc.; source; basis; language element from which words have been made. 根；根源；根基；基础；词根。 **berakar** *k.k.i.* take root; send down roots; become established. 生根；使固定。

**akasia** *k.n.* acacia; a kind of flowering tree or shrub. 阿拉伯胶树。

**akaun** *k.n.* account; statement of money paid or owed; credit arrangement with a bank or firm. 帐项；帐目；银行往来帐。

**akauntan** *k.n.* accountant; person who keeps or inspects business accounts. 会计师；帐房。

**akhbar** *k.n.* paper; newspaper. 报纸；报章。 **penjual ~** *k.n.* newsagent; shopkeeper who sells newspapers. 报刊经销商；报刊代理人。

**akhir** *adj.* final; at the end; coming last; conclusive. 最后的；最终的；决定性的。 **peperiksaan ~ tahun** *k.n.* (*pl.*) final examinations. 年考；大考。

**akhirnya** *kkt.* finally. 最后；最终。

**akhirat** *k.n.* eternity; endless period of life after death. 永恒；不朽；永远不变的事物。

**akhlak** *k.n. see* **kelakuan**. 见 **kelakuan**。

**akibat**[1] *adj.* consequent; resulting; consequential. 随之发生的；作为结果的；由...而起的。

**akibat**[2] *k.n.* consequence; result. 结果；后果。 **berakibat** *k.k.i.* ensue; happen afterwards or as a result. 结果是；接着而来；随后。 **mengakibatkan** *k.k.t.* cost (p.t. *cost*); involve the sacrifice or loss of. 引起...的后果；招致 (损失等)。

**akik** *k.n.* agate; hard stone with patches or bands of colour. 玛瑙。

**akne** *k.n.* acne; eruption of pimples. 痤疮；粉刺。

**akon** *k.n.* acorn; oval nut of the oak tree. 橡实。

**akonit** *k.n.* aconite; plant with a poisonous root. 附子；乌头。

**akordion** *k.n.* accordion; portable musical instrument with bellows and a keyboard. 手风琴。

**akrilik** *adj. & k.n.* acrylic; (synthetic fibre) made from an organic substance. 丙烯酸（的）；丙烯酸纤维。

**akrobat** *k.n.* acrobat; performer of acrobatics. 杂技演员；卖艺者。

**akrobatik** *adj.* acrobatic; involving spectacular gymnastic feats. 杂技演员般的；杂技的；卖艺的。

**akronim** *k.n.* acronym; word formed from the initial letters of others. 首字母缩略词。

**akropolis** *k.n.* acropolis; the upper fortified part of an ancient Greek city. 古希腊城市的卫城。

**akrostik** *k.n.* acrostic; poem, etc. in which the first and/or last letters of lines form word(s). 测字游戏；离合体诗。

**akru** *k.k.i.* accrue; accumulate. 自然增长；自然生息。

**akruan** *k.n.* accrual. 增长；补充；添加。

**aksil** *k.n.* axil; angle where a leaf joins a stem. 叶腋；枝腋。

**aksiom** *k.n.* axiom; accepted general truth or principle. 公理；原理。

**akta** *k.n.* act; law made by parliament. 法令；法案。

**aktif** *adj.* active; doing things; energetic; in operation. 活跃的；积极的；敏捷的；在起作用的。**mengaktifkan** *k.k.t.* activate; make active. 起动；使活动。

**aktiviti** *k.n.* activity; being active; action; occupation. 活动；活动力；行动；（某一领域内的）特殊活动。

**aktuari** *k.n.* actuary; insurance expert who calculates risks and premiums. 保险精算师。

**aku** *k.n.* I; person speaking or writing and referring to himself; me; objective case of *I*; myself; emphatic and reflexive form of *I* and *me*. 我。

**akui**, **mengaku**, **mengakui** *k.k.t./i.* confess; acknowledge; admit; declare one's sins; concede; admit to be true; grant (a privilege, etc.); admit defeat in (a contest); certify; declare formally; show on a certificate or other document. 承认；招认；让与；证明。

**akuamarin** *k.n.* aquamarine; bluish-green beryl; its colour. 海蓝宝石；水蓝色。

**akuarium** *k.n.* aquarium; tank for keeping living fish, etc.; building containing such tanks. 养鱼缸；水族馆。

**akuatik** *adj.* aquatic; living in or near water; taking place in or on water. 水生的；水栖的；水中的。

**akueduk** *k.n.* aqueduct; artificial channel on a raised structure, carrying water across country. 导水管；水道桥。

**akumulator** *k.n.* accumulator; rechargeable electric battery. 积累者；电池蓄电器；电脑累积器。

**akupunktur** *k.n.* acupuncture; pricking the body with needles to relieve pain, etc. 针灸；针刺疗法。**ahli ~** *k.n.* acupuncturist. 针灸医师。

**akur**, **mengakuri** *k.k.t./i.* agree; consent; approve as correct or acceptable; hold or reach a similar opinion; get on well together; be consistent. 同意；承认；调和一致；适当；适合。

**akusaksi** *k.k.t./i.* attest; provide proof of; declare true or genuine. 证明；证实；宣誓。

**akusatif** *k.n.* accusative; grammatical case indicating the object of an action. 语法宾格。

**alabangka** *k.n.* crowbar; bar of iron with a bent end, used as a lever. 铁棍；铁橇。

**alabaster** *k.n.* alabaster; translucent, usu. white form of gypsum. 雪花石膏。

**alah** *adj.* allergic; having or caused by an allergy. 过敏的；敏感的。**mengalah** *k.k.i.* give in; acknowledge that one is defeated. 屈服；投降。

**alahan** *k.n.* allergy; condition causing an

unfavourable reaction to certain foods, pollens, etc. 过敏症；对食物、花粉等的变态反应症。

**alam**[1] *k.n.* nature; the world with all its features and living things; physical power producing these. 大自然；自然界；自然力。

**alam**[2], **berpengalaman** *adj.* experienced; having knowledge or skill gained by much experience. 经验丰富的；老练的；熟练的。**mengalami** *k.k.t.* feel or have an experience of. 经历；体验。

**alamat**[1] *k.n.* address; particulars of where a person lives or where mail should be delivered. 地址。**mengalamatkan** *k.k.t.* write the address of. 写信给。

**alamat**[2] *k.n.* promise; indication of what will occur or of future good results. (前途有)希望；(有)出息。**mengalamatkan** *k.k.t.* bode; be a sign of; promise. 预示；象征。

**alan**, **alan-alan** *k.n.* buffoon; person who plays the fool. 小丑；滑稽的人。

**alang** *k.n.* beam; long piece of timber or metal carrying the weight of part of a house, etc. 桁梁；栋梁。

**alas** *k.n.* pallet; tray or platform for goods being lifted or stored. 货盘。

**alasan** *k.n.* excuse; reason put forward for excusing a fault, etc. 借口；辩解；理由；托词。

**alat** *k.n.* appliance; device; instrument; thing made or used for a purpose. 器具；器械；装置。

**alat tulis** *k.n.* stationery; writing-paper, envelopes, labels, etc. (总称)文具。**pembekal** ~ *k.n.* stationer; dealer in stationery. 文具商。

**albatros** *k.n.* albatross; sea-bird with long wings. 信天翁。

**album** *k.n.* album; blank book for holding photographs, postage stamps, etc.; set of recordings; holder for these. 相簿；集邮簿；唱片集；唱片套。

**albumen** *k.n.* albumen; white of egg. 蛋白；蛋白质。

**ale** *k.n.* ale; beer. 麦酒。

**alegori** *k.n.* allegory; story symbolizing an underlying meaning. 比喻；寓言。

**alfa** *k.n.* alpha; first letter of the Greek alphabet, = a. 希腊语字母表之首字母。

**alga** *k.n.* alga; water plant with no true stems or leaves. 海藻；藻类。

**algebra** *k.n.* algebra; branch of mathematics using letters, etc. to represent quantities. 代数学。

**algojo** *k.n.* hangman; man whose job is to hang persons condemned to death. 刽子手。

**alias** *k.n.* alias; an adopted or false name. 别名；化名。

**alibi** *k.n.* alibi; evidence that an accused person was elsewhere when a crime was committed. 不在犯罪现场的申辩。

**aligator** *k.n.* alligator; reptile of the crocodile family. 短吻鳄。

**alih**, **mengalih** *k.k.t.* displace; shift from its place; take the place of; oust. 移置；替代；撤换。

**alih suara** *k.k.t.* dub (p.t. *dubbed*); replace or add to the sound track of (a film). 配音。

**alir**, **mengalir** *k.k.i.* emit a stream of; run with liquid; float or wave at full length; flow; glide along as a stream; proceed evenly. (泪)流出；流动；飘流；浮动。**mengalirkan** *k.k.t.* conduct; transmit (heat, electricity, etc.). 引导；传导电流。

**aliran** *k.n.* stream; body of water flowing in its bed; flow of liquid or things or people; current or direction of this; (in certain schools) section into which children of the same level of ability are placed; flowing movement or mass; amount flowing. 水流；溪流；(学校)据学童的能力而分成的班级；(人)流。~ **keluar** *k.n.* out-flow; outward flow. 流出；流出口。~ **masuk** *k.n.* inflow; inward flow. 流入；流入物。

**alis** *k.n. see* **kening**. 见 **kening**。

**aliterasi** *k.n.* alliteration; occurrence of the same sound at the start of adjacent word. 头韵；头韵法。

**alkali** *k.n.* alkali (pl. *-is*); any of a class of substances that neutralizes acids. 碱；碱质。

**alkimia** *k.n.* alchemy; medieval form of chemistry, seeking to turn other metals into gold. (中古时代的)炼金术。**ahli ~** *k.n.* alchemist. 炼金者。

**alkohol** *k.n.* alcohol; colourless inflammable liquid; intoxicant present in wine, beer, etc.; liquor containing this; compound of this type. 乙醇；酒精；含酒精中毒。

**alkoholik** *adj. & k.n.* alcoholic; of alcohol; person addicted to continual heavy drinking of alcohol. 含酒精的；嗜酒者。

**alkoholisme** *k.n.* alcoholism. 酒精中毒。

**Allah** *k.n.* Allah; Muslim name of God. 伊斯兰教的真主。

**almanak** *k.n.* almanac; calendar with astronomical or other data. 年鉴；历书。

**almari** *k.n.* cupboard; recess or piece of furniture with a door, in which things may be stored. 橱；柜。

**aloi** *k.n.* alloy; mixture of metals. 合金。

**alp** *adj.* alpine; of high mountains. 高山的；高山生长的。—*k.n.* plant growing on mountains or rock gardens. 高山植物。

**Alpine** *adj.* Alpine; of the Alps. 阿尔卑斯山脉的；阿尔卑斯山区居民的。

**alpukat** *k.n.* avocado (pl. *-os*); pear-shaped tropical fruit. 鳄梨。

**Alsatian** *k.n.* Alsatian; dog of a large, strong smooth-haired breed. 阿尔萨斯狼狗。

**alternatif** *adj. & k.n.* alternative; (thing that is) one of two or more possibility. 交替(的)；两者(或两者以上)择一(的)。

**altimeter** *k.n.* altimeter; instrument (esp. in an aircraft) showing altitude. 测高计；高度表。

**altitud** *k.n.* altitude; height above sea level or above the horizon. 高度；海拔。

**alto** *k.n.* alto (pl. *-os*); highest adult male voice; contralto; musical instrument with the second highest pitch in its group. 男声最高者；中音乐器。

**altruisme** *k.n.* altruism; devotion to others or to humanity. 利他主义者；无私。

**aluminium** *k.n.* aluminium; light-weight silvery metal. 铝。

**alun** *k.n.* billow; great wave; ground swell; slow heavy waves. 波涛；巨浪。**ber-alun** *adj.* billow; billowy. 波涛汹涌的；巨浪的；巨浪般的。

**alur** *k.n.* drill; furrow; machine for making this or sowing seeds in furrows; long cut in the ground; groove; long narrow channel. 条播机；条播沟；垄沟。**membuat ~** *k.k.t.* make furrows in. (用条播机)条播。

**am** *adj. see* **umum**. 见 **umum**。

**amah** *k.n.* housekeeper; woman employed to look after a household. 女管家；管理家务的主妇。

**amal, amalan** *k.n.* practice; action as opposed to theory; habitual action; custom; professional work; doctor's or lawyer's business; charity; loving kindness. 实践；实习；习惯；常规；医生或律师的业务。**badan ~** *k.n.* institution or fund for helping the needy; help so given. 慈善机构；公益基金会。**mengamalkan** *k.k.t.* practise; carry out in action; do habitually; (of a doctor or lawyer) perform professional work. 实行；实践；实习；(医生或律师)开业。

**amalgam** *k.n.* amalgam; alloy of mercury; soft pliable mixture. 汞合金；可塑性混合物。

**aman** *adj.* peaceful; characterized by peace. 和平的;爱好和平的。**meng-amankan** *k.k.t.* pacify; calm and soothe; establish peace in; appease. 使平静；抚慰；平息。

**amanah** *k.n.* trust; property legally entrusted to someone with instructions for its use. 信托。**mengamanahkan** *k.k.t.* entrust; give as a responsibility; place in a person's care. 委托；信托；托管财物。

**amanat** *k.n.* trust; message. 委托；训词。**mengamanatkan** *k.k.t.* commend; entrust. 委托。

**amaran** *k.n.* warning; thing that serves to warn a person. 警告；警戒。

**amat** *kkt.* very; in a high degree; extremely; exactly. 很；非常；极其；十分。

**amat, mengamati** *k.k.t.* perceive; become aware of; see or notice. 留神；仔细观察；监视。

**amatur**[1] *adj.* amateurish; lacking professional skill. 业余的；不熟练的。

**amatur**[2] *k.n.* amateur; person who does something as a pastime not as a profession. 业余者；业余爱好者。

**amaun** *k.n.* amount; total of anything; quantity. 总计；共计；数量。

**Amazon** *k.n.* Amazon; tall strong woman. (希腊神话中)亚马孙族女战士；高大强壮的女人。

**ambang** *k.n.* lintel; horizontal timber or stone over a doorway, etc. 楣；(门窗上的)过梁。

**ambar** *k.n.* amber; hardened brownish-yellow resin; its colour. 琥珀；琥珀色；黄褐色。

**ambil** *k.k.t./i.* take (p.t. took, p.p. taken); lay hold of; get possession of. 拿；握；取；领取；接受。~ **bekerja** *k.k.t.* employ; give work to; use the services of. 雇佣；聘请；使从事于；使用。~ **milik** *k.k.t.* annex; take possession of; add as a subordinate part. 夺取；并吞；添加。**lampau** ~ *k.k.t.* overdraw (p.t. -drew, p.p. -drawn); draw more from (a bank account) than the amount credited. 透支(银行户口)存款。

**ambulans** *k.n.* ambulance; vehicle equipped to carry sick or injured persons. 救护车。

**ameba** *k.n.* amoeba (pl. -bae or -bas); simple microscopic organism changing shape constantly. 阿米巴；变形虫。

**Amerika** *adj.* American; of America; of the U.S.A. 美国的；美洲的；来自美国的。—*k.n.* American person; form of English used in the U.S.A. 美国人；美式英语。

**Amerikanisme** *k.n.* Americanism; American word or phrase. 美国派；美国式；美国英语。

**ametis** *k.n.* amethyst; precious stone; purple or violet quartz; its colour. 紫石英；紫晶。

**amfibia** *adj.* amphibious; able to live or operate both on land and in water; using both sea and land forces. 两栖的；水陆两用的。—*k.n.* amphibian; amphibious animal or vehicle. 两栖动物；水陆两用的交通工具。

**amin** *sr.* amen; so be it. (基督教祈祷结尾语)阿门；但愿如此。

**amir** *k.n.* emir; Muslim ruler. 穆罕默德后裔的称号；阿拉伯酋长或首长。

**ammonia** *k.n.* ammonia; strong-smelling gas; solution of this in water. 氨。

**amnesia** *k.n.* amnesia; loss of memory. 健忘症；健忘。

**amp** *k.n.* amp (*colloq.*); ampere; amplifier. 安培；电流计算单位；扩播器。

**ampere** *k.n.* ampere; unit of electric current. 安培；电流计算单位。

**amphetamine** *k.n.* amphetamine; stimulant drug. 安非他命(一种兴奋剂)。

**amplitud** *k.n.* amplitude; breadth; abundance. 广度；丰富。

**ampu, mengampu** *k.k.t.* ingratiate; bring (oneself) into a person's favour, esp. to gain advantage. 迎合；逢迎；讨好。

**ampul** *k.n.* ampoule; small sealed container holding liquid for injection. 安瓿；装注射药水的小玻璃管。

**ampun, pengampunan** *k.n.* pardon; forgiveness; amnesty; general pardon. 赦

免；饶恕；大赦。**mengampuni, mengampunkan** *k.k.t.* pardon; forgive (p.t. *forgave*, p.p. *forgiven*); cease to feel angry or bitter towards or about; absolve; clear of blame or guilt; free from an obligation. 原谅；饶恕；获赦免。

**amuk** *kkt.* amok; be out of control and do much damage. 疯狂地；失去理智(而乱斩杀)地。

**anagram** *k.n.* anagram; word formed from the rearranged letters of another. 回文构词法；以变换字母顺序方法构成的词。

**anai, anai-anai** *k.n.* termite; small insect that is very destructive to timber. 白蚁。

**anak** *k.n.* child (pl. *children*); son or daughter; brat (*derog.*); offspring (pl. *-spring*); person's child or children; animal's young. 小孩，顽童；子孙；后代；幼兽。~ **genta** *k.n.* clapper; tongue or striker of a bell. 铃舌。~ **lelaki** *k.n.* son; male in relation to his parents. 儿子。~ **perempuan** *k.n.* daughter; female in relation to her parents. 女儿。~ **saudara (lelaki)** *k.n.* nephew; one's brother's or sister's son. 姪儿；外甥。~ **saudara (perempuan)** *k.n.* niece; one's brother's or sister's daughter. 姪女；外甥女。**beranak** *k.k.i.* arrive (*colloq.*) of a baby; be born. 生育；分娩。**tak beranak** *adj.* childless; having no children. 不育；无儿女。

**anakonda** *k.n.* anaconda; a large snake of South Africa. 森蚺；南美洲一种热带蟒蛇。

**anakronisme** *k.n.* anachronism; thing that is out of harmony with the period in which it is placed. 与时代格格不入的人或事物；过时的事物。

**analgesik** *adj. & k.n.* analgesic; (drug) relieving pain. 止痛(的)；使痛觉缺失的(毒品)。

**analisis** *k.n.* analysis; separation of a substance into parts for study and interpretation; detailed examination. 分解；分析(报告等)。**menganalisis** *k.k.t.* analyse; make an analysis of; psychoanalyse. 分解；分析；以精神分析法医疗。

**analog** *adj.* analogous; similar in certain respects. 类似的；类推的；相似的。—*k.n.* analogue; something resembling or having analogy with something else. 类似情况；类似物。

**analogi** *k.n.* analogy; partial likeness between things that are compared. 类似；比喻；类推；比拟。

**anarki** *k.n.* anarchy; total lack of organized control, resulting in disorder or lawlessness. 混乱；(因政府而发生的)政治紊乱。

**anarkis** *k.n.* anarchist; person who believes that laws are undesirable and should be abolished. 煽动暴乱者；无政府主义者。

**anatomi** *k.n.* anatomy; bodily structure; study of this. 解剖；人体解剖学。

**ancam, mengancam** *k.k.t.* menace; threaten. 恐吓；威胁。

**ancaman** *k.n.* threat; annoying or troublesome person or thing. 威胁；危险。

**andam** *k.n.* beautician; person whose job is to give beautifying treatment. 美容师；美容专家。

**andas** *k.n.* anvil; iron block on which a smith hammers metal into shape. 铁砧。

**aneh** *adj.* bizarre; strikingly odd in appearance or effect; eccentric; unconventional; funny (*-ier, -iest*); puzzling; odd. 奇形怪状的；怪诞的。—*k.n.* eccentric person. 行为怪异的人。

**aneka, beraneka** *adj.* multifarious; very varied. 各种各样的；五花八门的。

**anekdot** *k.n.* anecdote; short amusing or interesting usu. true story. 轶事；掌故。

**anemia** *k.n.* anaemia; lack of haemoglobin in blood. 贫血；贫血症。

**anemik** *adj.* anaemic; suffering from anaemia; lacking strong colour or characteristics. 贫血的。

**anemon** *k.n.* anemone; plant with white, red, or purple flowers. 银莲花。

**anestesia** *k.n.* anaesthesia; loss of sensation, esp. induced by anaesthetics. 麻木；麻痹；麻醉法。**ahli ~** *k.n.* anaesthetist; person trained to administer anaesthetics. 麻醉师。

**anestetik** *k.n.* anaesthetic; substance causing loss of sensation. 麻醉剂。

**angan** *k.n.* daydream; pleasant idle thoughts. 白日梦；空想。**berangan** *k.k.i.* have daydreams. 发白日梦。

**angau** *adj.* lovesick; languishing because of love. 害相思病的。

**angelika** *k.n.* angelica; candied stalks of a fragrant plant; this plant. 白芷。

**anggap** *k.k.t.* assume; take as true; without proof; take or put upon oneself; deem; believe; consider to be. 假定；假设；认为；相信。**salah ~** *k.n.* misconception; wrong interpretation. 误解；错误想法。

**anggapan** *k.n.* ascription; assumption; assuming; thing assumed to be true; notion; concept; idea; understanding; intention. (成败等的) 归因；假定；臆断；主张；见解。

**anggar, menganggar** *k.k.t.* judge; estimate; form an estimate of. 评价；鉴定；估计；估算；判断。

**anggaran** *k.n.* estimate; judgement of a thing's approximate value or amount or cost, etc. 估计；预测；预算书；估价单。

**anggerik** *k.n. see* **orkid**. 见 **orkid**。

**anggota** *k.n.* limb; projecting part of an animal body, used in movement or in grasping things. (手、足、臂等) 肢；翅膀。

**angguk** *k.k.i.* nod (p.t. *nodded*); move the head down and up quickly; indicate (agreement or casual greeting) thus. 点头 (表示同意)。

**anggur**[1] *k.n.* grape; green or purple berry used for making wine. 葡萄。**pokok ~** *k.n.* grape-vine; vine bearing this. 葡萄树；葡萄藤。

**anggur**[2], **menganggur** *k.k.i.* jobless; out of work. 无职业；失业。

**angin** *k.n.* wind; current of air; gas in the stomach or intestines; breath as needed in exertion or speech, etc. 风；空气；气流；胃气；呼吸。**berangin** *adj.* windy (*-ier, -iest*); with much wind; exposed to winds; airy (*-ier, -iest*); well-ventilated. 风大的；通风的。

**angka** *k.n.* numeral; written symbol of a number. 数字。**berangka** *adj.* numerical; of number(s). 数字的；数值的。

**angkasa** *k.n.* space; universe beyond earth's atmosphere. 太空。

**angkasawan** *k.n.* astronaut; person who operates a spacecraft in which he travels; cosmonaut; Russian astronaut. 宇航员；太空人；苏联宇航员。

**angkat, mengangkat** *k.k.t.* lift; raise; take up; bring to or towards a higher level or an upright position. 抬起；举起；吊；提高。**berangkat** *k.k.i.* leave; go away (from); depart. 离开；出发。

**angkuh** *adj.* haughty (*-ier, -iest*); proud of oneself and looking down on others; brash; vulgarly self-assertive; supercilious; cavalier; arrogant; offhand. 傲慢的；自夸的；目空一切的。

**angkup** *k.n.* calliper; instrument for measuring cavities. 两脚规；测径器。**sepit ~** *k.n.* nipper (*pl.*); pincers; forceps. 钳子；镊子。

**angkut, mengangkut** *k.k.t.* convey; carry; transport; transmit. 输送；搬运；传达。

**Anglikan** *adj. & k.n.* Anglican; (member) of the Church of England or a Church in communion with it. 英国圣公会 (的)；英国国教 (的)。

**Anglo** *awl.* Anglo-; English; British. (前缀) 表示"英国的；英裔的"。

**Anglo-Saxon** *k.n.* Anglo-Saxon; English person or language of the period before the Norman Conquest; person of English descent. 盎格鲁撒克逊人；日耳曼人入侵前的英国人或英语；英裔。

**angora** *k.n.* angora; long-haired variety of cat, goat, or rabbit; yarn or fabric made from the hair of such goats or rabbits. 安哥拉猫或山羊、兔子等；安哥拉山羊毛或兔毛纱。

**angostura** *k.n.* angostura; aromatic bitter bark of a South American tree. 安古斯图拉树皮；南美洲一种苦涩树皮。

**angsa** *k.n.* goose; web-footed bird larger than a duck; swan; large, usu. white water-bird with a long slender neck. 鹅；雌鹅；塘鹅。 **anak ~** *k.n.* cygnet; gosling; young goose. 小鹅。 **~ jantan** *k.n.* gander; male goose. 雄鹅。

**angstrom** *k.n.* angstrom; unit of measurement for wavelengths. 埃；波长测量单位。

**aniaya, penganiayaan** *k.n.* maltreatment; abuse; abusing. 虐待；迫害；滥用。 **menganiaya** *k.k.t.* maltreat; ill-treat; treat badly or cruelly; make bad use of. 虐待；粗暴地对待；滥用。

**anilina** *k.n.* aniline; oily liquid used in making dyes and plastics. 苯胺。

**anjal** *adj.* elastic; going back to its original length or shape after being stretched or squeezed; adaptable. 有弹力的；弹性的；可伸缩的；灵活的。

**anjing** *k.n.* dog; four-legged carnivorous wild or domesticated animal; male of this or of fox or wolf. 狗；犬。 **~ betina** *k.n.* bitch; female dog; (*colloq.*) spiteful woman. 母狗；淫妇。 **~ Dalmatia** *k.n.* Dalmatian; large white dog with dark spots. 达尔马提亚狗；南斯拉夫的一种短毛狗。 **~ laut** *k.n.* seal; amphibious sea animal with thick fur or bristles. 海豹。 **~ pemburu** *k.n.* hound; dog used in hunting. 猎犬。 **~ perburuan** *k.n.* greyhound; slender smooth-haired dog noted for its swiftness. 灵猩犬。 **kandang ~** *k.n.* doghouse; (*U.S.*) kennel. 狗窝；狗房。

**anjing serigala** *k.n.* (*Russia*) borzoi; a large wolfhound. 俄国狼犬。

**anjung** *k.n.* facade; principal (esp. front) face of a building. 建筑物的正面。

**anjungan** *k.n.* bridge; captain's platform on a ship. 船上的驾驶台。

**anjur, menganjur** *k.k.t.* organize; arrange systematically; make arrangements for; form (people) into an association for a common purpose. 组织；安排；编排。 —*k.k.i.* sweep; extend in a continuous line or slope. 连绵；延伸。 **menganjurkan** *k.k.t.* dangle; hang or swing loosely; hold out (hopes) temptingly. 悬挂着；（晃来晃去地）吊着；引诱。

**anod** *k.n.* anode; electrode by which current enters a device. 阳极；正电极。 **menganod** *k.k.t.* anodize; coat (metal) with a protective layer by electrolysis. 阳极化；阳极电镀。

**anodin** *k.n.* anodyne; something that relieves pain or distress. 止痛药；止痛剂。

**anorak** *k.n.* anorak; waterproof jacket with hood attached. 带风帽的厚夹克。

**anoreksia** *k.n.* anorexia; loss of appetite for food; reluctance to eat. 厌食症；食欲不振。

**anotasi** *k.n.* annotation. 注文。 **menganotasi** *k.k.t.* annotate; add explanatory notes to. 注释；注解。

**ansur, beransur, beransur-ansur** *k.k.t.* gradually; taking place by degrees not sudden. 逐渐；渐渐。

**ansuran** *k.n.* instalment; one of the parts in which a thing is presented or a debt paid over a period of time. 分期付款。

**antan** *k.n.* pestle; club-shaped instrument for pounding things to powder. 捣研用的棒状杵。

**antara** *k.s.n.* among; amongst; inter; between; in the space or time or quality, etc. bounded by (two limits); separating; to

**antarabangsa** | 12 | **antropoid**

and from; connecting; shared by; taking one and rejecting the other. 在...之间；在（多数）之中。

**antarabangsa** *adj.* international; between countries. 国际性的；世界性的。

**Antartik** *adj. & k.n.* Antarctic; (of) regions round the South Pole. 南极（的）；南极地带（的）。

**antasid** *k.n. & adj.* antacid (a substance); preventing or correcting acidity, esp. in the stomach. 解酸（的）；抗酸剂（的）；中和酸性的（的）。

**antelop** *k.n.* antelope; animal resembling a deer. 羚羊。

**antena** *k.n.* antenna; aerial. (昆虫的) 触角；天线。

**antenatal** *adj.* antenatal; before birth; of or during pregnancy. 产前的；出生前的；怀孕期的。

**anthem** *k.n.* anthem; piece of music to be sung in a religious service. 圣歌。

**anti-** *awl.* anti-; opposed to; counter-acting. (前缀) 表示"反；抗"。

**antibeku** *k.n.* antifreeze; substance added to water to prevent freezing. 防冻剂；抗凝剂。

**antibiotik** *k.n.* antibiotic; substance that destroys bacteria or prevents their growth. 抗生素；抗菌素。

**antibodi** *k.n.* antibody; protein formed in the blood in reaction to a substance which it then destroys. 抗体。

**antidot** *k.n.* antidote; substance that counteracts the effects of poison, etc. 解药；解毒药。

**antihistamina** *k.n.* antihistamine; substance counteracting the effect of histamines. 抗组胺药。

**antik** *adj.* antique; belonging to the distant past. 古董的；古时的；古老的。
—*k.n.* antique; interesting or valuable object. 古董；古玩。

**antiklimaks** *k.n.* anticlimax; dull ending where a climax was expected. 虎头蛇尾的结局；(兴趣等的) 突降。

**antimoni** *k.n.* antimony; brittle silvery metallic element. 锑。

**antipati** *k.n.* antipathy; strong settled dislike; object of this. 憎恶；反感；憎恨。

**antipeluh** *k.n.* antiperspirant; substance that prevents or reduces sweating. 止汗药。

**antipodes** *k.n.* antipodes (*pl.*); places on opposite sides of the earth, esp. Australia and New Zealand (opposite Europe). 对蹠地。

**antirhinum** *k.n.* antirrhinum; snapdragon. 金鱼草。

**antiseptik** *adj. & k.n.* antiseptic; (substance) preventing things from becoming septic. 抗菌剂（的）；防腐剂（的）。

**antisiklon** *k.n.* anticyclone; outward flow of air from an area of high atmospheric pressure, producing fine weather. 反气旋。

**antisosial** *adj.* antisocial; opposed to existing social practices; interfering with social amenities; not sociable. 反社会的；不遵从社会常规的；违反公益行为的；不爱交际的。

**antistatik** *adj.* antistatic; counteracting the effects of static electricity. 抗静电的。

**antitesis** *k.n.* antithesis (pl. *-eses*); contrast. 对立；对偶。

**antitoksik** *adj.* antitoxic. 抗毒的。

**antitoksin** *k.n.* antitoxin; substance that neutralizes a toxin. 抗毒素；抗毒血清。

**antologi** *k.n.* anthology; collection of passages from literature, esp. poems. 选集；(诗词等) 文选集。

**antonim** *k.n.* antonym; word opposite to another in meaning. 反义词。

**antraks** *k.n.* anthrax; disease of sheep and cattle, transmissible to people. 炭疽病。

**antrasit** *k.n.* anthracite; form of coal burning with little flame or smoke. 无烟煤。

**antropoid** *adj. & k.n.* anthropoid; man-like (ape). 似人类（的）；类人猿（的）。

**antropologi** *k.n.* anthropology; study of the origin and customs of mankind. 人类学。 —*adj.* anthropological. 人类学的; **ahli** ~ *k.n.* anthropologist. 人类学家。

**antropomorfik** *adj.* anthropomorphic; attributing human form or personality to a god, animal, etc. 被赋予人形或人性的; 拟人的。

**anugerah** *k.n.* award; awarding; thing awarded; bounty; generosity; generous gift; gratuity; reward. 裁定; 封赐; 奖赏。 **menganugerahi** *k.k.t.* confer; grant; give by official decision as a prize or penalty, etc. 授与; 颁赠给; 封赐。

**anuiti** *k.n.* annuity; yearly allowance, esp. provided by a form of investment. 年金; 年金保险保资。

**anut, menganut** *k.k.t.* embrace; accept; adopt. 皈依（宗教）; 信奉。

**Anzac** *k.n.* Anzac; member of the Australian and New Zealand Army Corps (1914-18); Australian or New Zealander. (1914-18年间) 澳大利亚及纽西兰的兵士; 澳大利亚及纽西兰人士。

**aorta** *k.n.* aorta; great artery carrying blood from the heart. 主动脉; 大血管。

**apa** *k.s.n.* what; asking for a statement of amount or number or kind; how great or remarkable. 什么; 怎么; 多么。

**aparteid** *k.n.* apartheid; policy of racial segregation in South Africa. 种族隔离思想; 南非的种族隔离政策。

**apati** *k.n.* apathy; lack of interest or concern. 冷漠; 漠不关心; 无动于衷。 —*adj.* apathetic. 冷漠的; 漠不关心的。

**apendik** *k.n.* appendix (pl. *-ices*); small blind tube of tissue attached to the intestine. 增添物; 附件; 附录; 阑尾。

**apendisitis** *k.n.* appendicitis; inflammation of the intestinal appendix. 阑尾炎。

**aperitif** *k.n.* aperitif; alcoholic drink taken as an appetizer. (饭前饮用的) 开胃酒。

**api** *k.n.* fire; combustion; flame; burning fuel; heating device with a flame or glow. 火; 燃烧; 火焰; 烽火; 炉火。 **bunga** ~ *k.n.* spark; fiery particle flash of light produced by an electrical discharge. 火花; 烟火。

**apopleksi** *k.n.* apoplexy; sudden loss of ability to feel and move, caused by rupture or blockage of the brain artery. 中风。

**aposisi** *k.n.* apposition; relationship of words that are syntactically parallel. 同位; 同位语。

**apostrofe** *k.n.* apostrophe; the sign used, esp. to show the possessive case or omission of a letter; passage (in a speech) pointedly addressing someone. (标点) 撇号; 语法所有格符号; (修辞学) 顿呼法。

**apotekari** *k.n.* apothecary; (*old use*) pharmaceutical chemist. 药剂师。

**aprikot** *k.n.* apricot; stone-fruit related to the peach; its orange-pink colour. 杏; 杏树; 杏黄色。

**April** *k.n.* April; fourth month of the year. 四月。

**apron** *k.n.* apron; garment worn over the front of the body to protect clothes; hard-surfaced area on an airfield, where aircraft are manoeuvred, loaded, etc. 围裙; 停机坪。

**apung** *k.k.i.* float; rest or drift on the surface of liquid; be held up freely in gas or air; have or allow (currency) to have a variable rate of exchange. 浮; 浮现; 浮起; 漂浮; 让 (币值) 浮动。 **apung-apung** *k.n.* thing designed to float on liquid. 浮物; 浮筒; 浮标; 救生圈。 **buangan** ~ *k.n.* flotsam; floating wreckage. (遇难船只的) 残骸和漂浮物。

**ara** *k.n.* fig; tree with broad leaves and soft pear-shaped fruit; this fruit. 无花果。

**Arab** *k.n.* Arab; member of a Semitic people of the Middle East. 阿拉伯; 阿拉伯人。 **angka** ~ *k.n.* arabic numerals; the symbols 1,2,3, etc. 阿拉伯数字 (1, 2, 3...)。

**arah** *k.n.* direction; line along which a thing moves or faces. 命令；指引；用法说明。 **mengarah, mengarahkan** *k.k.t.* instruct; inform; give instruction to; direct, tell or show how to do something or reach a place; address (a letter, etc.); cause to have a specified direction or target; control; manage; command. 指示；告知；训令；写（信等）给；支配。 **terarah** *adj.* directional; of direction; operating in one direction only. 方向的；方位的；指向的；定向的。

**arahan** *k.n.* instruction (*pl.*); statements telling a person what he is required to do; dictates (*pl.*); commands; directive; general instruction issued by authority. 训令；指示；命令；规定。

**arak** *k.n.* liquor; alcoholic drink; grog; drink of spirits mixed with water. 酒；酒类。

**arak-arakan** *k.n.* pageant; public show or procession, esp. with people in costume. 装束整齐的露天表演或游行。

**araknid** *k.n.* arachnid; member of the class to which spiders belong. 蜘蛛类节肢动物。

**aral** *k.n.* contretemps; unfortunate happening; drawback; disadvantage. 不幸的事件；挫折。

**arang** *k.n.* charcoal; black substance made by burning wood slowly in an oven. 炭；木炭。 **~ batu** *k.n.* coal; hard black mineral used esp. for burning as fuel; piece of this. 煤；煤矿；煤块。 **lapangan ~** *k.n.* coalfield; area where coal occurs. 煤田；煤矿区。

**arboretum** *k.n.* arboretum (pl. *-ta* or *-tums*); place where trees are grown for study and display. 供研究或展示用的树木园；植林。

**arena** *k.n.* arena; level area in the centre of an amphitheatre or sports stadium; scene of conflict. 竞技场；赛场。

**aria** *k.n.* aria; solo in opera. 歌剧中的独唱曲。

**aristokrasi** *k.n.* aristocracy; hereditary upper classes; form of government in which these rule. 贵族；世袭贵族阶级；贵族统治。

**aristokrat** *k.n.* aristocrat; member of the aristocracy. 贵族；贵族家庭。

**arka** *k.n.* arc. 弧；弓形物。 **lampu ~, cahaya ~, kimpalan ~** *k.n.* arc lamp; arc light; arc welding; that using an electric arc. 弧灯；弧光；弧焊。

**arked** *k.n.* arcade; covered area between shops; series of arches. 拱廊。 **~ hiburan** *k.n.* amusement arcade; area with pin-tables, gambling machines, etc. 具备电子游戏机的娱乐场。

**arkeologi** *k.n.* archaeology; study of civilizations through their material remains. 考古学。 **ahli ~** *k.n.* archaeologist. 考古学家。

**arkib** *k.n.* archives; historical documents. 档案馆；档案保管处；历史性的记录或文件。

**arkitek** *k.n.* architect; designer of buildings. 建筑师；设计师。

**armada** *k.n.* armada; fleet of warships; ships sailing together; vehicle or aircraft under one command or ownership; fleet; navy. 舰队。

**arnab** *k.n.* bunny (*children's use*); rabbit; burrowing animal with long ears and a short furry tail. (儿童用语)小兔子。

**arpeggio** *k.n.* arpeggio (pl. *-os*); notes of a musical chord played in succession. 琶音；急速和弦。

**arsenik** *k.n.* arsenic; semi-metallic element; strongly poisonous compound of this. 砷；砒霜。

**arteri** *k.n.* artery; large blood-vessel conveying blood away from the heart. 动脉。

**Artik** *adj. & k.n.* Arctic; of regions round the North Pole. 北极（的）；北极区（的）。

**artikel** *k.n.* article; particular or separate thing; prose composition in a newspaper, etc.; clause in an agreement. 冠

词；物品；项目；文章；条款；章程。~ **tertentu** *k.n.* definite article; the word 'the'. 定冠词"the"。~ **tak tentu** *k.n.* indefinite article; 'a' or 'an'. 不定冠词"a"及"an"。

**artileri** *k.n.* artillery; large guns used in fighting on land; branch of an army using these. 大炮；(陆战用的) 重型武器；炮队。

**artis** *k.n.* artist; artiste; person who produces works of art, esp. paintings; one who does something with exceptional skill; professional entertainer. 艺术家；画家；美术家；天才；艺术表演者。

**artistik** *adj.* artistic; of art or artists; showing or done with good taste. 艺术的；艺术家的；有艺术天分的。

**artritis** *k.n.* arthritis; condition in which there is inflammation, pain, and stiffness in the joints. 关节炎。

**artropod** *k.n.* arthropod; an animal with a segmented body and jointed limbs (e.g. an insect or crustacean). 节肢动物 (如昆虫及甲壳动物)。

**arus** *k.n.* current; body of water or air moving in one direction; flow of electricity. 流；水流；气流；电流。~ **deras** *k.n.* strong fast current of water. 急流。

**arwah** *k.n. & adj.* late; no longer living. 故；已故的；亡魂。

**Arya** *adj.* Aryan; of the original Indo-European language; of its speakers or their descendants. 亚利安语系的；源自印欧语系的；亚利安裔的。—*k.n.* Aryan person. 亚利安人。

**asah, mengasah** *k.k.t.* sharpen; make or become sharp or sharper; sharpen on a whetstone. 削尖；磨利。

**asak, mengasakkan** *k.k.t.* pack; press or crowd together; fill (a space) thus; cram (p.t. *crammed*); force into too small a space; overfill thus. 挤满；填塞。

**asal** *k.n.* origin; point, source, or cause from which a thing begins its existence; ancestry; parentage cradle; place where something originates. 起源；开端；世系；谱系。

**asam** *adj.* sour (*-er, -est*); tasting sharp like unripe fruit; not fresh; tasting or smelling stale. 酸的；带酸味的；败坏的。~ **jawa** *k.n.* tamarind; tropical tree; its acid fruit. 罗望子。

**asap** *k.n.* smoke; visible vapour given off by a burning substance. 烟。**berasap** *k.k.i.,* **mengasapkan** *k.k.t.* give out smoke or steam; (of a chimney) send smoke into a room; darken or preserve with smoke. 冒烟；(烟囱) 烟冒进屋里；熏。

**asas** *k.n.* ground; foundation for a theory; reason for action. 根据；理由。**tidak berasas** *adj.* groundless; without foundation. 没有根据的；没有理由的；无稽的。

**asasi** *adj.* basic; forming a basis; fundamental. 基础的；根本的。

**asbestos** *k.n.* asbestos; soft fibrous mineral substance; fireproof material made from this. 石棉。

**asbestosis** *k.n.* asbestosis; a lung disease caused by inhaling asbestos particles. 石棉沉着病。

**aseptik** *adj.* aseptic; free from harmful bacteria. 防腐的；无菌的。

**aset** *k.n.* asset; property with money value, esp. as available to meet debts; useful quality; person or thing having this. 财产；资产；有交换价值的所有物；有利条件；宝贵的人或物。

**asetat** *k.n.* acetate; synthetic textile fibre. 醋酸盐；醋酸纤维素。

**asetilena** *k.n.* acetylene; colourless gas burning with a bright flame. 乙炔；电石气。

**aseton** *k.n.* acetone; colourless liquid used as a solvent. 丙酮。

**asfalt** *k.n.* asphalt; black substance like coal tar; mixture of this with gravel, etc. for paving. 沥青；柏油；铺路等用的沥青混合料。

**asfiksia** *k.n.* asphyxia; suffocation. 窒息。

**ash** *k.n.* ash; tree with silver-grey bark. 梣木。

**Asia** *adj. & k.n.* Asian; of Asia or its people; Asian person. 亚洲（的）；来自亚洲（的）；亚洲人（的）。

**asid** *k.n.* acid; any of a class of substances that contains hydrogen and neutralizs alkalis. 酸；酸性物质。 **~ amino** *k.n.* amino acid; an organic acid found in proteins. 氨基酸。 **~ deoksiribonukleik** *k.n.* deoxyribonucleic acid (a substance storing genetic information). 脱氧核糖核酸。 **~ asetik** *k.n.* acetic acid; a colourless liquid used as a solvent. 醋酸；乙酸。 **~ formik** *k.n.* formic acid; a colourless acid in fluid emitted by ants. 蚁酸；甲酸。

**asimetri** *k.n.* asymmetry; not symmetrical. 不对称；三角学图形的不等边。

**asimetrikal** *adj.* not symmetrical. 不对称的。

**asimilasi** *k.n.* assimilation. 同化作用。 **mengasimilasi** *k.k.t.* assimilate; absorb or be absorbed into the body or a group, etc., or into the mind as knowledge. 同化；使相同。

**asing** *adj.* foreign; of, from, or dealing with a country that is not one's own; not belonging naturally. 外国的；在外国的；外国来的。 **orang ~** *k.n.* foreigner; person born in or coming from another country. 外国人。 **mengasingkan** *k.k.t.* detach; release or remove from something else or from a group. 分开；拆开；脱离。 **terasing** *adj.* detached; not joined to another; free from bias or emotion; discrete; separate; aloof; apart; showing no interest; unfriendly. 分离的；独立的；孤立的；公正的。 **berasingan** *adj.* afield; at or to a distance. 偏离；在野外。

**askar** *k.n.* soldier; member of an army. 军人；兵士。 **~ upahan** *k.n.* mercenary; professional soldier hired by a foreign country. 外国雇佣兵。

**asli** *adj.* indigenous; native; natural; belonging to a place by birth or to a person because of his birth-place; grown or produced in a specified place; not seeming artificial or affected; original; existing from the first, or earliest; being the first form of something; new in character or design; inventive; creative. 土生土长的；本土的；自然的；不加做作的；创作的。 **penduduk ~** *k.n.* person born in a specified place; local inhabitant. 本地居民；当地居民。

**asma** *k.n.* asthma; chronic condition causing difficulty in breathing. 气喘（病）；哮喘（症）。

**asmara** *k.n. see* **cinta**. 见 **cinta**。

**asonansi** *k.n.* assonance; resemblance of sound in syllables; rhyme or vowel sounds. 谐音韵；无音押韵。

**asparagus** *k.n.* asparagus; plant whose shoots are used as a vegetable. 芦笋；石刁柏。

**aspen** *k.n.* aspen; a kind of poplar. 山杨。

**aspik** *k.n.* aspic; savoury jelly for coating cooked meat, eggs, etc. 肉冻。

**aspirin** *k.n.* aspirin; drug that relieves pain and reduces fever; tablet of this. 阿斯匹灵；一种退热药。

**asrama** *k.n.* hostel; lodging-house for students or other special group. 旅舍；青年旅舍；学生寄宿舍。

**astaka** *k.n.* pavilion; building on a sports ground for use by players and spectators; ornamental building. 体育场中供球员或观众使用的建筑物；大楼等装饰华美的突出部分。

**aster** *k.n.* aster; garden plant with daisy-like flowers. 紫苑花。

**asterisk** *k.n.* asterisk; star-shaped symbol *. (标点)星号；即*；星状物。

**asteroid** *k.n.* asteroid; any of the small planets revolving round the sun. 小行星。

**astigmatik** *adj.* astigmatic. 散光的。

**astigmatisme** *k.n.* astigmatism; defect in

**astringen** *adj.* astringent; causing tissue to contract; harsh; severe. 收敛（止血）的；苦涩的。 —*k.n.* astringent substance. 收敛剂；止血剂。

**astrolab** *k.n.* astrolabe; device for measuring the altitudes of stars, etc. 星盘。

**astrologi** *k.n.* astrology; study of the supposed influence of stars on human affairs. 占星术；占星学。 **ahli ~** *k.n.* astrologer. 占星术家；预言家。

**astronomi** *k.n.* astronomy; study of stars and planets and their movements. 天文学。 **ahli ~** *k.n.* astronomer; person skilled in astronomy. 天文学家。

**asuh** *k.k.t. see* **didik**. 见 **didik**。

**asyik** *adj.* besotted; infatuated. 变糊涂的；沉迷于（某人或事物）的；入迷的、迷恋的。 —*kkt.* crazy; madly eager. 癫狂地。 **mengasyikkan** *k.k.t.* engross; occupy fully by absorbing the attention. 全神贯注于。

**atap** *k.n. see* **bumbung**. 见 **bumbung**。

**atas** *k.k.t.* above; at or to a higher point (than); over; beyond the level or understanding, etc. of. 在上面；在...之上；超过。 **atasi, mengatasi** *k.k.t./i.* overcome; win a victory over; succeed in subduing or dealing with; be victorious. 克服；征服；打败。

**atasan** *adj.* superior; higher in position or rank; better; greater. 在上的；职位较高的；权势较大的；占优势的。

**atase** *k.n.* attache; person attached to an ambassador's staff. 外交使节团的专员。 **beg ~** *k.n.* attache case; small rectangular case for carrying documents, etc. 公文包。

**atau** *k.h.* or; as an alternative; because if not; also known as. 或者；要不然；否则；抑或。

**atavisme** *k.n.* atavism; resemblance to remote ancestors. 隔代遗传。

**ateis** *k.n.* atheist; person who does not believe in the existence of God or god(s). 无神论者。

**ateisme** *k.n.* atheism. 无神论；不信神。

**Atlantik** *adj. & k.n.* Atlantic; (of) the Atlantic Ocean (east of the American continent). 大西洋（的）。

**atlas** *k.n.* atlas; book of maps. 地图集；图表集。

**atmosfera** *k.n.* atmosphere; mixture of gases surrounding the earth or a heavenly body; air in any place; unit of pressure. 包围地球的大气；大气层；空气；大气压。

**atmosferik** *adj.* atmospheric. 大气层的；空气的。

**atol** *k.n.* atoll; ring-shaped coral reef enclosing a lagoon. 环礁；环状珊瑚岛。

**atom** *k.n.* atom; smallest particle of a chemical substance; very small quantity or thing. 原子；微粒。 **bom ~** *k.n.* atom bomb; atomic bomb; bomb deriving its power from atomic energy. 原子弹。 —*adj.* atomic; of atom(s). 原子的；极微小的。 **tenaga ~** atomic energy, that obtained from nuclear fission. 原子能。

**atuk** *k.n. see* **datuk**. 见 **datuk**。

**atur, mengatur, mengaturkan** *k.k.t.* arrange; put into order; form plans; settle the details of; adapt. 整理；安排；布置；筹备。 **beratur** *k.k.i.* queue (*pres. p. queuing*) wait in a queue. 排队。

**teratur** *adj.* regular; acting or occurring or done in a uniform manner or constantly at a fixed time or interval; conforming to a rule or habit; even; symmetrical. 有规律的；整齐的；井井有条的。 **tak teratur** *adj.* irregular; not regular; contrary to rules or custom. 不规则的；不整齐的。

**aturan** *k.n.* order; law-abiding state; system or rules or procedure. 命令；顺序；法则；（君主）训令。

**audio** *k.n.* audio; sound reproduced mechanically; its reproduction. 音响装置；

音频信号。**jurutaip ~** *k.n.* audio typist; one who types from a recording. 直接根据录音打字的打字员。

**audit** *k.n.* audit; official examination of accounts. 查账；审计。**mengaudit** *k.k.t.* make an audit of. 稽查(帐目)。

**auditorium** *k.n.* auditorium; part of a building where the audience sits. 礼堂；会堂。

**auk** *k.n.* auk; northern sea-bird. 海雀。

**aum** *k.n.* roar; long deep sound like that made by a lion. (狮子)吼叫声；咆哮；轰鸣声。**mengaum** *k.k.i.* roar; give a roar. 咆哮；怒吼；轰鸣。

**auns** *k.n.* ounce; unit of weight, one sixteenth of a pound (about 28 grams). 安士；盎司；英国重量单位，等于十六分之一英磅或约二十八克。

**aura** *k.n.* aura; atmosphere surrounding a person or thing. 气氛；人或物发出的气味。

*au reboir* *au revoir*; goodbye for the moment. 再见；再会。

**Australasia** *adj.* Australasian; of Australia, New Zealand, and neighbouring islands. 澳大利亚的；澳大利亚区的。

**Australia** *adj. & k.n.* Australian; (native or inhabitant) of Australia. 澳大利亚(的)；澳大利亚居民(的)。

**autisme** *k.n.* autism; this disorder. 自闭；孤独症。

**autistik** *adj.* autistic; suffering from a mental disorder that prevents proper response to one's environment. 自闭的；孤僻的。

**autobiografi** *k.n.* autobiography; story of a person's life written by himself. 自传。

**autograf** *k.n.* autograph; person's signature; manuscript in the author's handwriting. (签名用)纪念册；手稿。

**autokrasi** *k.n.* autocracy; despotism. 独裁；专制；专制政府。

**autokrat** *k.n.* autocrat; person with unrestricted power; dictatorial person. 独裁者；专制者。

**automatik** *adj.* automatic; mechanical; self-regulating; done without thinking. 自动的；(动作)无意识的。

**automaton** *k.n.* automaton (pl. *automatons* or *automata*); a robot. 机械人；自动玩具。

**automotif** *adj.* automotive; concerning motor vehicles. 有自动装置的；自动操作的；汽车的。

**autonomi** *k.n.* autonomy; self-government. 自治；自治权。

**autopsi** *k.n.* autopsy; post-mortem. 验尸；尸体解剖。

**autoritarian** *adj.* authoritarian; favouring complete obedience to authority. 专制的；权力主义的。

**avoirdupois** *k.n.* avoirdupois; system of weights based on the pound of 16 ounces. 常衡；以英磅(1磅=16安士)为准的衡制。

**awak** *k.g. see* **engkau**. 见 **engkau**。

**awal** *kkt.* early (-ier, -iest); before the usual or expected time; not far on in development or in a series. 早；早日；及早。

**awam** *adj.* civil; not of the armed forces or the Church; public; of, for, or known to people in general. 公民的；市民的；平民的；非军职或非圣职的。— *k.n.* members of a community in general. 市民；平民。**kakitangan ~** *k.n.* civil servant; employee of the Civil Service; government departments other than the armed forces. 公务员；文职人员。

**kejuruteraan ~** *k.n.* civil engineering; designing and construction of roads, bridges, etc. 土木工程。

**awan** *k.n.* cloud; visible mass of water vapour floating in the sky; mass of smoke or dust, etc. 云；烟雾。

**awan kumulus** *k.n.* cumulus (pl. *-li*); clouds formed in heaped-up rounded masses. 积雨云。

**awas** *k.n.* caution; avoidance of rashness; attention to safety; warning. 小心；谨

慎；警告。**berawas** *adj.* cautionary; cautious; having or showing caution. 十分小心的；慎重的；谨防的。**mengawasi** *k.k.t.* observe; perceive; watch carefully; pay attention to; monitor; keep watch over; record and test or control. 注意；领悟；观察；侦测；侦察。

**awet, mengawetkan** *k.k.t.* conserve; keep from harm, decay, or loss; embalm; preserve (a corpse) by using spices or chemicals. 保存；糖渍；使耐久；以香油或药剂涂（尸）防腐。

**ayah** *k.n. see* **abah**. 见 **abah**。

**ayak** *k.n.* sieve; utensil with a wire mesh or gauze through which liquids or fine particles can pass. 筛。**mengayak** *k.k.t.* sieve; put through a sieve. 筛；筛选。

**ayak-ayak** *k.n.* daddy-long-legs; cranefly. 长脚蜘蛛；大蚊；蚊姥。

**ayam** *k.n.* chicken; young domestic fowl; its flesh as food; kind of bird kept to supply eggs and flesh for food; fowl. 鸡；鸡肉。~ **betina** *k.n.* hen; female bird, esp. of the domestic fowl. 母鸡；雌鸡。~ **hutan** *k.n.* partridge; game-bird with brown feathers and a plump body. 鹧鸪；雉。~ **jantan** *k.n.* cock; cockerel; young male fowl. 公鸡；雄鸡。~ **kasi** *k.n.* capon; domestic cock castrated and fattened. 阉鸡。~ **katik** *k.n.* bantam; small kind of fowl. 尤指爪哇产的矮脚鸡。

**ayat** *k.n.* sentence; set of words making a single complete statement. 句；句子。

**ayatullah** *k.n.* ayatollah; senior Muslim religious leader. 阿亚图拉（对伊斯兰教什叶派领袖的尊称）。

**ayun, berayun** *k.k.i.* oscillate; move to and fro; vary. 摇摆；左右摇动。**ayunan** *k.n.* oscillation. （钟摆、罗盘指针）摆动。

**azalea** *k.n.* azalea; shrub-like flowering plant. 杜鹃花。

**azam** *k.n. see* **tekad**. 见 **tekad**。

**azimat** *k.n.* talisman (pl. *-mans*); object supposed to bring good luck. 辟邪物；护身符。

**Aztec** *k.n.* Aztec; member of a former Indian people of Mexico. 阿兹台克人；墨西哥一种原始民族。

# B

**B.A.** *kep.* B.A.; Bachelor of Arts. （缩写）文科学士；文学士。

**bab** *k.n.* chapter; division of a book. （书籍的）章；回。

**babad** *k.n.* chronicle; record of events in order of their occurrence. 年代史；编年史；记事。**membabad** *k.k.t.* chronicle; record in a chronicle. 记述；把...载入编年史。

**babak** *k.n.* act; section of a play; movement; section of a long piece of music. 戏剧的一幕；行为；动作；长篇乐曲中的一段。

**babi** *k.n.* pig; animal with short legs, cloven hooves and blunt snout; swine (pl. *swine*); (*colloq.*) greedy or unpleasant person; (*colloq.*) hated person or thing. 猪；豚类；贪婪的人。~ **jantan** *k.n.*

boar; male pig. 雄猪；公猪。**lemak ~** *k.n.* lard; white greasy substance prepared from pig fat used in cooking. 猪油。**gembala ~** *k.n.* swineherd; person taking care of a number of pigs. 养猪人。**daging ~ salai** *k.n.* gammon; cured or smoked ham. 腊腿；熏腿；熏制五花肉。**kulit ~** *k.n.* pig skin; leather made from the skin of pigs. 猪皮；猪皮制成的皮革。**kandang ~** *k.n.* pigsty; partly covered pen for pigs. 猪圈；猪栏。**anak ~** *k.n.* piglet; young pig. 小猪。**ladang pemeliharaan ~** *k.n.* piggery; pig breeding establishment. 养猪场；猪圈。

**babit, membabitkan** *k.k.t.* embroil; involve in an argument or quarrel, etc. 使受牵连；使卷入纠纷；陷入乱局。

**babun** *k.n.* baboon; a kind of large monkey. 狒狒。

**baca** *k.k.t./i.* read (p.t. *read*, pr. *red*); understand the meaning of (written or printed words or symbols); speak (such words, etc.) aloud; study or discover by reading; interpret mentally. 阅读；理解；念出；朗读；辨读；察觉。

**badak** *k.n.* rhinoceros; large thick skinned animal with one horn or two horns on its nose. 犀牛。**~ air** *k.n.* hippopotamus (pl. *-muses* or *-mi*); large African river animal with tusks and a thick skin. 非洲的河马。

**badam** *k.n.* almond; kernel of a fruit related to the peach; tree bearing this. 杏仁；杏树。

**badan** *k.n.* body; structure of bones and flesh, etc. of man or an animal; main part; group regarded as a unit; separate piece of matter. 身体；躯体；（植物的）主干；尸体；主体；（人或兽等）一群；团体；（汽车等的）主要部分。

**badik** *k.n.* dagger; short pointed two-edged weapon used for stabbing. 匕首；短剑。

**badminton** *k.n.* badminton; game like lawn tennis, played with a shuttlecock. 羽毛球。

**badut** *k.n.* clown; person who does comical tricks. 小丑；丑角。**membadut** *k.k.i.* clown; perform or behave as a clown. 扮小丑。

**Badwi** *k.n.* Bedouin (pl. *Bedouin*); member of an Arab people living in tents in the desert. 贝都因人；游牧于沙漠中的阿拉伯人。

**bagai** *kkt.* as; in the same degree. 如；好像；与…近似。**berbagai-~** *adj.* assorted; of different sorts put together. 各种各样的；什锦的。**pelbagai** *adj.* diverse; of differing kinds. 多种多样的；含有各种不同成分的。**mempelbagaikan** *k.k.t.* diversify; introduce variety into; vary. 使多样化；从事多种经营。

**bagaimana** *k.s.n.* how; by what means; in what way; to what extent or amount, etc.; in what condition. 怎样；怎么；如何；多少；情况如何。**~ pun** *kkt.* however; in whatever way; to whatever extent; nevertheless. 无论如何；不管怎样；仍然。

**bagasi** *k.n.* baggage; luggage; suitcases and bags, etc. holding a traveller's possessions. 行李；行装。

**baghal** *k.n.* mule; animal that is the offspring of a horse and a donkey, known for its stubbornness. 骡子。

**bagur** *adj.* bulky (*colloq.*); large and clumsy. 庞大的；笨重的；不灵巧的。

**bagus** *adj.* nice (*-er, -est*); pleasant; satisfactory; rare; exceptionally good. 美好的；舒适的；称心的；精细的；杰出的。

**bah** *k.n.* deluge; flood. 泛滥；水灾；淹没。

**bahagi** *k.k.t.* allot (p.t. *allotted*); distribute officially; give as a share. 分配；配给。**berbelah-~** *adj.* ambivalent; with mixed feelings towards something. (感

情、态度等）矛盾的。**membahagikan** *k.k.t.* apportion; divide; divide into shares; assign; allot; separate into parts or groups or from something else; cause to disagree; find how many times one number contains another; be able to be divided. 分派；按比例分配；委派；指定；除；分为。**terbahagi** *adj.* divisible; able to be divided. 可除尽的；可分的。

**bahagia** *adj.* blissful. 无上幸福的；有造化的。

**bahagian** *k.n.* part; some but not all; distinct portion; component; portion allotted; share; character assigned to an actor in a play, etc.; melody assigned to one voice or instrument in a group; region; side in an agreement or dispute. 部分；局部；基本构成成分；本分；角色；声部；地区；交易或争论中的一方。**sebahagian** *kkt.* partly. 部分地。

**bahan** *k.n.* substance; matter with more or less uniform properties; particular kind of this; essence of something spoken or written; specified substance, material, thing, or matter. 物质；实体；演说、文章等的主要内容；本质。**~ api** *k.n.* fuel; material burnt as a source of warmth, light, or energy, or used as a source of nuclear energy. 燃料；燃料剂。**~ pengikat** *k.n.* fixative; substance for keeping things in position, or preventing fading or evaporation. 固定剂；固着剂。**~ uji** *k.n.* reagent; substance used to produce a chemical reaction. 试药；化学试剂。

**bahantara** *k.n.* medium (pl. *media*); substance or surroundings in which a thing exists or moves or is produced. 媒介物。

**baharu** *adj.* new; not existing before; recently made or discovered or experienced, etc.; unfamiliar; unaccustomed. 新的；新近出现的；新制成的；不熟悉的；不习惯的。**tahun ~** new year; first day of January. 新年；元旦。**memperbaharui** *k.k.t.* innovate; introduce something new. 刷新；革新；创新。

**bahas** *k.n.* debate; formal discussion. 争论；辩论。**membahaskan** *k.k.t.* hold a debate about; consider. 争论；辩论。

**bahasa** *k.n.* language; words and their use; system of this used by a nation or group; lingo. 语言；文字；文字功用。**~ basahan** *k.n.* colloquialism; suitable for informal speech or writing. 口语；日常用语。**~ ibunda** *k.n.* mother tongue; one's native language. 母语。**~ putar** *k.n.* periphrasis (pl. *-ases*); circumlocution. 转弯抹角的说法；迂回曲折的词语。**budi ~** *k.n.* etiquette; rules of correct behaviour. 谦恭有礼；有教养。

**bahaya** *k.n.* danger; liability or exposure to harm or death; thing causing this; hazard; risk; source of this; obstacle; jeopardy; peril; serious danger. 危险；可引起危险的人或事物；公害；风险；障碍；灾难。**membahayakan** *k.k.t.* risk; jeopardize; endanger; cause danger to; imperil. 危害；危及；危胁...的安全。**berbahaya** *adj.* dangerous; hazardous; perilous; full of risk; dicey; risky; unreliable. 危险的；危急的；有危险性的；不可靠的。

**bahlul** *adj.* inane; silly; lacking sense. 愚蠢的；无聊的；迟钝的。

**bahu** *k.n.* shoulder; part of the body where the arm, foreleg, or wing is attached; part of the human body between this and the neck; animal's upper foreleg as a joint of meat; projection compared to the human shoulder. 肩部；肩膀；肩胛关节；昆虫等的肩角；肩肉。**membahu** *k.k.t./i.* shoulder; push with one's shoulder; take (a burden) on one's shoulders; take (blame or responsibility) on oneself. 担；用肩膀推；搞；承担（责任等）。

**bai** *k.n.* bye; run scored by a ball that passes

the batsman; state of having no opponent for one round of a tournament. (板球) 球越过击球手时所得分数；赛程抽签中的轮空；不战而胜。

**baiduri** *k.n.* opal; iridescent quartzlike stone often used as a gem. 蛋白石。

**baik** *adj.* good (*better*, *best*); having the right or desirable qualities; proper; expedient; morally correct; kindly; well-behaved; enjoyable; beneficial; efficient; thorough; considerable; full; opportune; (of time) favourable; well-timed. 好的；良好的；出色的；优美的；适当的；有利的；仁慈的；品行良好的；趣味盎然的；见效的；灵验的；彻底的；及时的。 **nama ~** *k.n.* good name; good reputation. 好名誉。 **niat ~** *k.n.* good will; intention that good shall result. 善意。 **~ hati** *adj.* benevolent; kindly and helpful; kind (*-er*, *-est*); gentle and considerate towards other. 仁慈的；有善心的。 **sebaik** *kkt.* as good as; practically; almost. 实际上等于；和...几乎一样。 **memperbaiki** *k.k.t./i.* improve; make or become better. 改善；改良；增进。 **membaik pulih** *k.k.t.* overhaul; examine and repair. 彻底检查 (机器等)；全面检查；拆修。

**bailif** *k.n.* bailiff; officer assisting a sheriff, e.g. with legal seizure of goods; landlord's agent or steward. (英国) 洲或郡的副司法官；地主代理人；地主管家。

**baja** *k.n.* fertilizer; material added to soil to make it more fertile; manure; substance, esp. dung, used as a fertilizer. 肥料。 **membajai** *k.k.t.* fertilize; apply manure to. 施肥于；使肥沃。

**bajak** *k.n.* plough; implement for cutting furrows in soil and turning it up. 犁；耕作。 **membajak** *k.k.t.* plough; cut or turn up (soil, etc.) with a plough. 犁；耕；挖沟。

**bajingan** *k.n.* blackguard; scoundrel; crook; (*colloq.*) criminal; hoodlum; hooligan; young thug; rat; treacherous deserter. 无赖；恶棍；歹徒；强盗；阿飞；小偷；骗子。

**baju** *k.n.* clothes; thing worn to cover the body. 衣服；衣物。 **~ dalam** *k.n.* camisole; woman's cotton bodice-like garment or undergarment. 女用短袖衬衣；贴身背心。 **~ luar** *k.n.* overcoat; warm outdoor coat. 大衣；外套。 **~ tidur** *k.n.* nightdress; woman's or child's loose garment for sleeping in. 睡衣；睡袍。

**baka** *k.n.* heredity; inheritance of characteristics from parents. 世代相传；遗传。

**bakal** *adj.* future; belonging to the time after the present. 将来的；未来的；后世的。

**bakar, membakar** *k.k.t.* burn (p.t. *burned* or *burnt*); damage, destroy, or mark by fire, heat, or acid; char; make or become black by burning; cremate; burn (a corpse) to ashes. 烧；烧毁；烧伤；烫伤；用硫酸灸伤；烧焦；火葬；把 (尸体) 焚化。 —*k.k.i.* bake; cook or harden by dry heat. 烘；焙；烤。 **terbakar** *k.k.i.* burnt; be damaged or destroyed thus. 烧过；烧伤；烧毁。

**bakarat** *k.n.* baccarat; gambling cardgame. 巴卡拉纸牌游戏 (一种赌博)。

**bakat** *k.n.* talent; aptitude; flair; special or very great ability; natural ability. 天才；天资；天分；天赋；才干。 **berbakat** *adj.* talented; having talent; accomplished; skilled; having many accomplishments. 有天分的；有才干的；有技巧的；多才多艺的。

**bakau** *k.n.* mangrove; tropical tree or shrub growing in shore mud and swamps. 红树。

**bakhil** *adj.* stingy; miserly. 吝啬的；一毛不拔的。 **si ~** *k.n.* miser; person who hoards money and spends as little as possible. 吝啬鬼；守财奴。

**baki** *k.n.* balance; remainder. 收支差额；余额。

**bakon** *k.n.* bacon; salted or smoked meat from a pig. 熏猪肉。

**bakteria** *k.n.* bacterium (pl. *-ia*); microscopic organism. 细菌。

**bakti** *k.k.t.* devote; give or use for a particular purpose. 献身；致力于。 **membaktikan** *k.k.t.* dedicate; devote to a sacred person or use, or to a special purpose. 供奉；献身于。

**bakul** *k.n.* basket; container for holding or carrying things, made of interwoven cane or wire, etc. 篮；筐；簸其；竹篓。 **anyaman** ~ *k.n.* basket work; art of making baskets. 编制品;编制业。 **rangka** ~ *k.n.* structure of baskets. 篮子的框架。

**bakung** *k.n.* amaryllis; lily-like plant. 孤挺花。

**bal** *k.n.* bulb; thing (esp. an electric lamp) shaped like this. 灯泡；球茎；灯泡状物。

**balada** *k.n.* ballad; simple song or poem telling a story. 民谣；叙事曲。

**balah, berbalah** *k.k.i.* bicker; quarrel constantly about unimportant things. 口角；因小事而起争执。

**balai** *k.n.* hall; large room or building for meetings, concerts, etc.; space inside the front entrance of a house; station; place where a public service or specialized activity is based. 会堂；大厅；局；礼堂。 ~ **polis** *k.n.* police station. 警察局。 ~ **seni** *k.n.* gallery; room or building for showing works of art. 艺术展览室；画廊。

**balak** *k.n.* log; piece cut from a trunk or branch of a tree. 原木；大木材。 **pekerja** ~ *k.n.* lumberjack; (*U.S.*) workmen cutting or conveying lumber. 伐木者；伐木工人。

**balang** *k.n.* flagon; large bottle in which wine or cider is sold; vessel with a handle, lip, and lid for serving wine. 酒壶；大肚酒瓶。 **perahu** ~ *k.n.* ketch; two-masted sailing boat. 双桅纵帆船。

**balar** *k.n.* albino; person or animal with no natural colouring matter in the hair or skin. 患白化病的人或动物。

**balas, membalas** *k.k.t.* reciprocate; make a return for something. 使互换位置；使往复移动；交换。 **maklum** ~ *k.n.* feedback; return of part of a system's output to its source; return of information about a product, etc. to its supplier. 反应；反馈的信息。

**balasan** *k.n.* reciprocation. 答复；回报。

**balast** *k.n.* ballast; heavy material placed in a ship's hold to steady it. 镇重物；船的压舱物。

**baldi** *k.n. see* **timba**. 见 **timba**。

**baldu** *k.n.* velvet; woven fabric with thick short pile on one side. 丝绒；天鹅绒。

**balet** *k.n.* ballet; performance of dancing and mime to music. 芭蕾舞。

**baligh** *k.n.* puberty; stage in life at which a person's reproductive organs become able to function. 青春期。

**balik** *k.k.i.* return; come or go back; bring, give, put, or send back. 回；返回；归还；报答。 **membalikkan** *k.k.t.* invert; turn down; reverse the position, order, or relationship of. 倒转；翻下；颠倒。 **terbalik** *adj.* inverted. 倒转的。 **koma terbalik** *k.n.* inverted commas; quotation marks. 引号；引用号。

**baling** *k.k.t.* throw (p.t. *threw*, p.p. *thrown*); send with some force through the air or in a certain direction; hurl to the ground. 丢；抛；投；掷。

**baling-baling** *k.n.* propeller; revolving device with blades, for propelling a ship or aircraft. 推动器；推动船或飞机的螺旋桨。

**balistik** *adj.* ballistic. 弹道学的。 **peluru** ~ *k.n.* ballistic missile; one that is powered and guided at first but falls to its target by gravity. 弹道导弹。

**balistika** *k.n.* ballistics (*pl.*); study of projectiles. 弹道学。

**balkoni** *k.n.* balcony; projecting platform with a rail or parapet; upper floor of seats in a cinema, etc. 阳台；走廊。

**ballerina** *k.n.* ballerina; female ballet-dancer. 女芭蕾舞员。

**balsa** *k.n.* balsa; tropical American tree; its lightweight wood. 白塞木。

**balsam** *k.n.* balsam; soothing oil. 凤仙花；治疗用的香膏。

**baluarti** *k.n.* bulwark; wall of earth built as a defence. 壁垒；堡垒；防波堤。

**balung** *k.n.* comb; fowl's fleshy crest. 鸡冠；冠毛。

**balut, membaluti** *k.k.t.* envelop (p.t. *enveloped*); wrap; cover on all sides. 包；裹；封；包围。

**balutan** *k.n.* envelopment. 包；裹；封；封皮。

**bamper** *k.n.* bumper; horizontal bar at the front or back of a motor vehicle to lessen the effect of collision. 汽车前后部的保险杠；防撞杆。

**ban** *k.n.* bun; small round sweet cake. 小而圆的甜面包。

**banci** *k.n.* census; official counting of population or traffic, etc. 人口调查。

**bandar** *k.n.* town; collection of dwellings and other buildings (larger than a village); central business and shopping area. 市镇；城镇；都市。~ **kembar** *k.n.* conurbation; large urban area formed where towns have spread and merged. 集合城市。 **pinggir** ~ *k.n.* outskirts (*pl.*); outer districts. 郊外；城外。~ **raya** *k.n.* city; important town; town with special rights given by charter. 都市；城市。

**bandaran** *adj.* municipal; of a town or city. 市区的；市内的。

**bandela** *k.n.* bale; large bound bundle of straw, etc.; large package of goods. (货、干草等) 大包；大捆。

**banduan** *k.n.* convict; convicted person in prison; prisoner; person kept in prison; captive; person in confinement. 囚犯；罪犯。

**bandul** *k.n.* pendulum; weight hung from a cord and swinging freely; rod with a weight that regulates a clock's movement. 钟摆；摆锤。

**bangang** *adj.* duff; (*sl.*) dud; crass; very stupid; gormless. 伪造的；欺骗的；愚蠢的。 **si** ~ *k.n.* duffer; inefficient or stupid person. 笨蛋；无能的人。

**bangau** *k.n.* stork; flamingo; wading bird with long legs and pink feathers. 鹳；火烈鸟。

**bangga** *adj.*, **berbangga** *k.k.i.* elated; feeling very pleased or proud. 得意洋洋；欢欣鼓舞。**membanggakan** *k.k.t.* to make one feel elated, proud. 使得意洋洋。

**banggul** *k.n.* knoll; hillock; mound. 小丘；土堆；圆丘；土墩。

**bangkai** *k.n.* carcass; dead body of an animal. 尸体；骨架。~ **reput** *k.n.* carrion; dead decaying flesh. 腐臭的尸体。

**bangkang, membangkang** *k.k.t.* oppose; argue or fight against. 反对；反抗；对抗；抗议。

**bangkit, membangkitkan** *k.k.t.* evoke; bring to one's mind; produce. 唤起；引起；使人想起。

**bangku** *k.n.* bench; long seat of wood or stone; long working table. 长凳；条凳。~ **alas kaki** *k.n.* footstool; stool for resting the feet on while sitting. 坐下时搁脚用的脚凳。

**banglo** *k.n.* bungalow; one-storeyed house. 有凉台的平房；独立式洋房。

**bangsa** *k.n.* nation; people of mainly common descent and history, usu. inhabiting a particular country under one government; race; one of the great divisions of mankind with certain inherited physical characteristics in common; large group of people related by common descent. 民族；种族；宗教；血统。

**bangsal** *k.n.* barn; byre; simple roofed farm building for storing grain or hay, etc.; shed for cattle not at pasture; cow shed. 谷仓；大棚屋；牛栏；牛棚。

**bangsawan** *k.n.* nob (*sl.*); person of high rank. 上流社会的人。

**bangun** *k.k.i.* stand; to get up. 站；立；站住；立起。 **membangun** *k.k.t./i.* develop (*p.t. developed*); make or become larger or more mature or organized; bring or come into existence. 发展；开发；使进化；建设。

**bangunan** *k.n.* building; house of similar structure. 建筑物；房屋。 **~ besar** *k.n.* edifice; large building. 大厦；大建筑物。 **~ tambahan** *k.n.* outbuilding; outhouse. 建于正屋外的附属建筑物；外屋。

**banian** *k.n.* banian; Indian fig-tree with branches that root. 榕树。

**banjir** *k.n.* inundation; flood; great quantity of water coming over a place usually dry; great outpouring. 泛滥；洪水。 **membanjiri** *k.k.t.* inundate; flood; cover or fill with a flood; overflow; come in great quantities. 泛滥；淹没；溢出；涨满。

**banjo** *k.n.* banjo (pl. *-os*); guitar-like musical instrument. 班卓琴。

**bank** *k.n.* bank; establishment for safe keeping of money which it pays out on a customer's order; money held by the keeper or a gaming table; place storing a reserve supply. 银行；金库；贮藏所。 **hari kelepasan ~** *k.n.* bank holiday; public holiday when banks are officially closed. (星期日以外的) 银行假日。 **urusan ~** *k.n.* banking; business of running a bank. 银行业；银行业务。

**banshee** *k.n.* banshee (*Ir. & Sc.*); spirit whose wail is said to foretell a death. 爱尔兰等地传说中哀嚎以预示将有人死亡的妖精。

**bantah** *k.k.t.* disobey; disregard orders; fail to obey. 不服从；违抗；不顺从。 **membantah** *k.k.t.* object; state that one is opposed to; protest. 反对；拒绝；抗议。

**bantahan** *k.n.* protest; statement or action indicating disapproval. 反对；抗议书；抗议行动。

**bantal** *k.n.* pillow; cushion used (esp. in bed) for supporting the head. 枕头。 **~ peluk, ~ golek** *k.n.* bolster; long pad placed under a pillow. 长枕；抱枕。 **berbantalkan** *k.k.i.* pillow; rest on or as if on a pillow. 用枕头；以…为枕。 **sarung ~** *k.n.* pillowcase; pillowslip; cloth cover for a pillow. 枕头套。

**banting, membanting** *k.k.t.* lambaste; thrash; reprimand severely. 狠打；棒打；鞭打；严厉谴责。

**Bantu** *adj. & k.n.* Bantu (pl. *-u* or *-us*); (member) of a group of African Negroid peoples or their languages. 非洲班图人（的）；班图语（的）。

**bantu** *k.k.t.* conduce; help to cause or produce; back; help; support; aid; assist. 有助于；有贡献于；帮助；支持；援助。 **kata kerja ~** auxiliary verb; one used in forming tenses, etc. of other verbs. 助动词。 **membantu** *adj.* auxiliary; giving help or support; instrumental; serving as a means. 辅导的；补充的；备用的。 —*k.k.t.* aid; help; assist. 援助；救助；帮助。

**bantuan** *k.n.* aid; help; assistance; grant; student's allowance from public funds. 援助；救助；帮助；补助金。 **askar ~** foreign troops employed by a country at war. 外援军队。

**bantut, membantutkan** *k.k.t.* stunt; hinder the growth or development of. 阻碍…的发育或发展；使发育不良。

**banyak** *adj.* much; (existing in) great quantity. 很多；大量。 —*kkt.* in a great degree; to a great extent; most; greatest in quantity or intensity, etc.; big (*bigger, biggest*); generous; many; numerous; great in number; plenty; enough and more. 非常；很；大量地。

**bapa** *k.n.* father; male parent or ancestor; founder; originator. 爸爸；父亲；创

建者；奠基者；创始者。~ **mentua** *k.n.* father-in-law (pl. *fathers-in-law*); father of one's wife or husband. 岳父；公公（丈夫的父亲）。**tiada ber~** *adj.* fatherless; without a living or known father. 没有父亲的；生父不明的。

**Baptis** *k.n.* Baptist; member of a Protestant sect believing that baptism should be by immersion. 施漫者；主张漫礼者。**membaptiskan** *k.k.t.* baptize; perform baptism on. 施漫；为...施洗。

**bar** *k.n.* bar; barristers; their profession; vertical line dividing music into units; this unit; counter where alcohol or refreshments are served; room containing this. （总称）律师；律师业；小节；小节线；售酒的柜台；酒吧间。**pelayan ~** *k.n.* barmaid; barman (pl. *-men*); female or male attendant at a bar servicing alcohol. 酒吧侍者；酒吧男或女侍。

**bara** *k.n.* embers (*pl.*); small piece of live coal or wood in a dying fire. 余烬。

**barah** *k.n.* cancer; malignant tumour; spreading evil. 癌症；恶性瘤。

**baran** *adj.* disagreeable; grumpy (*-ier, -iest*); bad-tempered. 坏脾气的；易怒的；暴躁的。**panas ~** *adj.* choleric; easily angered. 易怒的。

**barangan** *k.n.* goods (*pl.*); movable property; articles of trade; things to be carried by road or rail. 商品；货物。

**barangkali** *k.n.* perhaps; it may be; possibly. 也许；大概；可能。

**Barat** *k.n.* Occident; the West; the western world. 西方；西方世界。

**barbeku** *k.n.* barbecue; frame for grilling food above an open fire; this food; open-air party where such food is served. 烤肉架；烤肉；户外烤肉会。

**barbiturat** *k.n.* barbiturate; sedative drug. 巴比妥盐酸；一种有催眠或镇定作用的药物。

**baring** *k.k.i.* recline; lean (one's body); lie down. 横卧。

**baris** *k.n.* line; row of people or things; row of words on a page in a poem. 线条；行列；诗文的一行。**membariskan** *k.k.t.* line; arrange in line(s). 划线；排成行列。**berbaris** *k.k.i.* march; walk in a regular rhythm or an organized column; walk purposefully; cause to march or walk. （士兵等）操练。

**bariton** *k.n.* baritone; male voice between tenor and bass. 男中音。

**barium** *k.n.* barium; white metallic element. 钡。

**barli** *k.n.* barley; a kind of cereal plant; its grain. 大麦；大麦粒。**air ~** *k.n.* barley water; drink made from pearl barley. 真珠麦汁；大麦汤。

**barometer** *k.n.* barometer; instrument measuring atmospheric pressure, used in forecasting weather. 晴雨表；气压计。

**baron** *k.n.* baron (male); baroness (*fem.*); member of the lowest rank of nobility; magnate. 男爵；贵族。

**barter** *k.n.* barter; trade by exchange of goods for other goods. 互换；以货易货；物物交易。

**baru** *adj.* new (*-er, -est*); not existing before; recently made or discovered or experienced, etc.; unfamiliar; unaccustomed; brand-new; new; unused. 新的；新造的；新发现的；新奇的；不习惯的；崭新的。*—kkt.* newly; recently; freshly. 最近；新近。**pengantin ~** *k.n.* newly wed; recently married (person). 新婚；新婚者。**pendatang ~** *k.n.* newcomer; one who has arrived recently. 新人；刚加入者。

**barua** *k.n.* pimp; man who solicits clients for a prostitute or brothel. 皮条客；龟公。

**barut** *k.n.* diaper; baby's napkin. 尿布；襁褓。

**bas** *k.n.* bus; long-bodied passenger vehicle. 公共汽车；巴士。**mini ~** *k.n.* minibus; small bus-like vehicle with seats for only a few people. 小型公共汽车；小型巴士。**~ persiaran** *k.n.* coach; private or long distance bus. 长途公共汽车。 **pemandu** ~ *k.n.* busman (pl. *-men*); driver of a bus. 公共汽车驾驶员；巴士司机。

**basah** *adj.* wet (*-ter, -test*); soaked or covered with water or other liquids; not dry. 湿的；湿润的；潮湿的。 **membasahkan** *k.k.t.* wet (p.t. *wetted*); make wet. 弄湿；使潮湿。

**basalt** *k.n.* basalt; dark rock of volcanic origin. 玄武石。

**basi** *adj.* hackneyed; (of sayings) overused and therefore lacking impact. 常见的；陈腐的。

**basikal** *k.n.* bicycle; two-wheeled vehicle driven by pedals. 自行车；脚踏车。

**basil** *k.n.* basil; sweet-smelling herb. 罗勒；一种叶香如薄荷的植物。

**basilus** *k.n.* bacillus (pl. *-li*); rod-like bacterium. 杆菌。

**basmi, membasmi** *k.k.t.* eradicate; get rid of completely; obliterate; blot out; destroy. 根除；彻底消灭；扑灭；消除；毁灭。

**Basque** *k.n. & adj.* Basque; (member) of a people living in the western Pyrenees; (of) their language. 巴斯克人（的）；巴斯克语（的）。

**basuh** *k.k.t.* see **cuci**². 见 **cuci**²。

**basun** *k.n.* bassoon; woodwind instrument with a deep tone. 巴松管；大管。

**bata** *k.n.* brick; block of baked or dried clay used to build walls; rectangular block. 砖。 **penerap** ~ *k.n.* bricklayer; workman who builds with bricks. 砌砖工人。

**batal** *adj.* invalid; not valid; null; having no legal force. 无效的；不合法的；失效的；无法律效用的。 **membatalkan** *k.k.t.* invalidate; make no longer valid; nullify; make null; neutralize the effect of; countermand; disqualify; make ineligible or unsuitable. 使无效；使失效；取消；使失去资格；使不合格。 —*k.k.i.* cancel (p.t. *cancelled*); cross out; mark (a stamp, etc.) to prevent reuse; declare that (something arranged) will not take place; order to be discontinued. 撤消；作废；宣布无效；命令取消。

**batalion** *k.n.* battalion; army unit of several companies. 军营；营部。

**batang** *k.n.* bar; long piece of solid material; strip. 棒；横条；带；条；纹。

**batas** *k.n.* bounds; limits; confines; boundaries. 界限；限度；范围；边境。 **melampaui** ~ *k.k.t.* overstep (p.t. *-stepped*); go beyond (a limit). 逾权；越界；越轨。 **membataskan** *k.k.t.* confine; keep within limits. 限定；界定范围。 **membatasi** *k.k.t.* bound; limit; be a boundary of. 定界；限定；节制；隔开。 **terbatas** *adj.* finite; limited. 有限制的；有限的；有限度的。

**batik** *k.n.* batik; method of printing designs on textiles by waxing parts not to be dyed; fabric printed thus. 蜡染印花法；蜡染印花布；峇迪布。

**batu** *k.n.* stone; piece of rocks; this shaped or used for a purpose; stones or rock as a substance or material; precious stone; small piece of hard substance formed in the bladder or kidney, etc.; mile (measure of length, 1760 yards or about 1609 km); (*colloq.*) great distance. 石；石块；石料；宝石；肾结石；英里（英国长度单位，等于1760码或约1609公里）。 **membatu** *k.k.i.* petrify; change into a stony mass. 石化；变僵硬。 ~ **giok** *k.n.* jade; hard green, blue, white stone. 玉；翡翠。 ~ **api** *k.n.* flint; very hard stone producing sparks when struck with steel; piece of hard alloy used to produce a spark. 燧石；打火石。 ~ **apung** *k.n.* pumice; solidified lava used for rubbing stain from the skin or as powder for polishing things. 浮石。 ~ **bundar** *k.n.* cobble; rounded stone formerly used for paving roads. 鹅卵石。 ~ **canai** *k.n.* grindstone;

thick revolving disc for sharpening or grinding things. 磨石；砂轮形磨石。 **~ kisar** *k.n.* millstone; heavy circular stone used in grinding corn. 石磨。 **~ loh** *k.n.* slate; rock that splits easily into smooth flat blue-grey plates; piece of this used as roofing material or (formerly) for writing on. 板岩。 **~ nautika** *k.n.* nautical mile; unit used in navigation; 2025 yards (1.852 km). 海里；浬（航海用长度单位，等于2025码或1.852公里）。 **~ tongkol** *k.n.* boulder; large rounded stone. 大圆石；漂砾；巨砾。 **~ ubin** *k.n.* flagstone; large paving stone. 石板；板石。 **pertukangan ~** *k.n.* masonry; mason's work; stone-work. 石工。 **tukang ~** *k.n.* stonemason; person who cuts and shapes stone or builds in stone. 石匠。 **Zaman Batu** *k.n.* Stone Age; pre-historic period when weapons and tools were made of stone. 石器时代。

**batuan** *k.n.* rock; hard part of earth's crust, below the soil; mass of this; large stone or boulder. 岩石；磐石；礁石；大圆石。 **~ dasar** *k.n.* bedrock; solid rock beneath loose soil. 基岩。

**batuk** *k.k.i.* cough; expel air, etc. from lungs with a sudden sharp sound; act or sound of coughing; illness causing coughing. 咳嗽；咳嗽声；咳嗽病。 **~ kering** *k.n.* consumption (*old use*); tuberculosis. 肺病。

**bau** *k.n.* aroma; smell; odour. 香味；香气。 **tanpa ~** *adj.* odourless; without a smell. 无气味的；无嗅的。

**baucer** *k.n.* voucher; a kind of receipt; document issued for payment and exchangeable for certain goods or services. 付款凭单；票据。

**bauk** *k.n.* sideburns; short side-whiskers. 短腮巴胡子。

**bauran** *k.n.* hotchpotch; jumble. 杂烩；混合物。

**bawa** *k.k.t.* bring (p.t. *brought*); cause to come; carry; transport; convey. 带来；导致；产生；护送；输送。

**bawah** *kkt.* below; at or to a lower position or amount (than). 在下；低于；少于。 **— *k.s.n.*** under; in or to a position or rank, etc. lower than; less than; governed or controlled by; subjected to; in accordance with; designated by. 在...下；处在某地位、等级下；低于...；未满...；隶属...之下；按照。

**bawahan** *adj.* inferior; low or lower in rank, importance, quality, or ability. 地位低等的；下级的；不重要的；较差的。 **kedudukan ~** *k.n.* inferiority. 下等；劣等；自卑感。

**bawang** *k.n.* onion; vegetable with a bulb that has a strong taste and smell. 洋葱。 **~ putih** *k.n.* garlic; onion-like plant. 大蒜。

**bayam** *k.n.* spinach; vegetable with dark-green leaves. 菠菜。

**bayang** *k.n.* shadow; shade; patch of this where a body blocks lightrays; person's inseparable companion; slight trace. 影子；荫；阴影；形影不离的人；蛛丝马迹。 **membayangi** *k.k.t.* overshadow; cast a shadow over; cause to seem unimportant in comparison; follow and watch secretly. 遮蔽；使失色；使相形见绌。 **membayangkan** *k.k.t.* conceive; form (an idea, etc.) in the mind; think; envisage; imagine; foresee; foreshadow; be an advance sign of (a future event, etc.); imply; suggest without stating directly. 构想出；设想；想像；预知；预兆；意味；暗示。

**bayar** *k.k.t.* pay (p.t. *paid*); give (money) in return for goods or services; give what is owed; bestow; suffer (a penalty). 付（款）；支付；赋予；付帐；受（惩罚）。 **membayar** *k.k.t.* disburse; pay out (money). 支付；付出（款项等）。 **si dibayar** *k.n.* payee; person to whom money is paid or is to be paid. 收款人；受款人。

**bayaran** *k.n.* payment; wages. 支付；

支付物；报酬；薪金。~ **sambil bekerja** *k.n.* pay-as-you-earn; method of collecting income tax by deducting it at source from wages or interest, etc. 付工资时预扣所得税法。

**bayi** *k.n.* baby; very young child or animal; thing small of its kind. 婴孩；幼小动物；小型的东西。

**bayonet** *k.n.* bayonet; dagger-like blade that can be fixed to the muzzle of a rifle. 枪头刺刀。 **membayonet** *k.k.t.* bayonet; stab with this. (用刺刀) 刺；刺杀。

**bayu** *k.n.* breeze; light wind. 微风；和风。

**bazar** *k.n.* bazaar; series of shops or stalls in large shop selling a variety of cheap goods; sale of goods to raise funds. 集市；廉价商店；义卖展销会。

**bazir** *k.k.t.* blow (*sl.*); spend recklessly. 挥霍；浪费。 **membazir** *k.k.t.* misspend (*p.t. misspent*); spend badly or unwisely. 挥霍；浪费。

**bearing** *k.n.* bearing; compass direction; device reducing friction where a part turns. 方位；方向；支座；轴承。

**bebal** *adj.* imbecile; idiotic; feather-brained; silly. 愚笨的；低能的。

**beban** *k.n.* burden; thing carried; heavy load or obligations; trouble; encumbrance; thing that encumbers. 负担；重担；重负；(船) 载重量；累赘；障碍。 **membebankan** *k.k.t.* encumber; be a burden to; hamper; put a burden on. 使负荷；使负担。

**bebas** *adj.* free (*freer, freest*); not a slave; not in the power of another; having freedom; not fixed; able to move; without; not subject to; not occupied; not in use; lavish; clear (*-er, -est*); free from doubt, difficulties, obstacles, etc.; carefree; light-hearted through being free from anxieties; footloose; independent; without responsibilities; not dependent on or controlled by another person or thing; (of broad-casting) not financed by licence-fees. 自由的；自主的；不受控制的；免…的；空闲的；无障碍的；自由自在的；无拘无束的；(广播) 不收执照费的。

**membebaskan** *k.k.t.* free (*p.t. freed*); make free; rid of; clear; disentangle; emancipate; liberate; free from restraint; set free, esp. from oppression; acquit (*p.t. acquitted*); declared to be not guilty. 解放；使自由；释放；解脱；无罪释放。

**bebat** *k.n.* bandage; strip of material for binding a wound. 绷带。 **membebat** *k.k.t.* bandage; bind with this. (用绷带) 包扎。

**bebawang** *k.n.* bulb; rounded base of the stem of certain plants, from which roots grow downwards. 鳞茎；球茎。

**bebel** *k.n.* babble; babbling talk. (婴儿的) 牙牙学语；儿语；胡言乱语。 **membebel** *k.k.i.* babble; chatter indistinctly or foolishly. (婴儿) 牙牙学语；(成人) 胡言乱语。

**bebibir** *k.n.* flange; projecting rim. 凸缘；屋梁的翼缘。

**becok** *adj.* hoydenish; chatty; fond of chatting; resembling chat. 淘气的；健谈的。 **gadis** ~ *k.n.* hoyden; girl who behaves boisterously. 淘气姑娘。

**bedah** *k.k.t.* dissect; cut apart so as to examine the internal structure; operate; perform an operation on. 解剖；剖开；开刀；给…动手术。

**bedak** *k.n.* powder; mass of fine dry particles; cosmetics in this form. 粉；粉末；化妆用粉。 **kotak ~** *k.n.* compact; small flat case for face-powder. 粉盒。

**beefeater** *k.n.* beefeater; warder in the Tower of London, wearing Tudor dress. 伦敦塔看守人；英国皇家禁卫军。

**beg** *k.n.* bag; flexible container. 袋子；包；囊。 ~ **bimbit** *k.n.* briefcase; case for carrying documents. 公文皮包；公事包。 ~ **galas** *k.n.* knapsack; bag worn strapped on the back. 背囊。~

**tangan** *k.n.* handbag; bag to hold a purse and small personal articles; travelling bag. 手提包；旅行袋。

**begar** *adj.* headstrong; self-willed and obstinate. 固执的；顽固的。

**begol** *k.n.* bugle; brass instrument like a small trumpet. 军号；号角；小喇叭。 **peniup ~** *k.n.* bugler. 号手；号兵。

**begonia** *k.n.* begonia; garden plant with bright leaves and flowers. 秋海棠。

**beguk** *k.n.* mumps; virus disease with painful swellings in the neck. 流行性腮腺炎。

**bejana** *k.n.* canister; small metal container. 罐；茶筒。

**bek** *k.n.* back; defensive player positioned near the goal in football, etc. 足球等的后卫。

**bekal, membekalkan** *k.k.i.* cater; supply food; provide what is needed or wanted. 供应伙食等。

**bekas** *awl.* ex-; former. (前缀) 表示"以前的；前任的"。

**beku** *adj.* frozen. 冷冻的；结冰的。 **otak ~** *k.n.* clot; (*sl.*) stupid person. 液体的凝块；呆子。 **membeku** *k.k.i.* clot (p.t. *clotted*); form clot(s). 凝结。 **membekukan** *k.k.t./i.* freeze (p.t. *froze*, p.p. *frozen*); change from liquid to solid by extreme cold; be so cold that water turns to ice; chill or be chilled by extreme cold or fear; preserve by refrigeration; make (assets) unable to be realized; hold (prices or wages) at a fixed level. 使凝结；使凝固；冻结 (财产、价格等)。

**bekuan** *k.n.* clot; thickened mass of liquid. 凝体的凝块。

**bela** *k.k.t.* advocate; recommend. 主张；提议。 **membela** *k.k.t.* defend; represent (the defendant) in a lawsuit; revenge; avenge. 拥护；为...辩护；报复；报仇。

**belacu** *k.n.* calico; a kind of cotton cloth. 软棉布。

**belah** *k.k.i.* cleave (p.t. *cleaved*, *clove*, or *cleft*, p.p. *cloven* or *cleft*); split. 劈开；切开；分裂。 —*k.k.t.* bisect; divided into two equal parts. 把...分为二；切分为二。 **terbelah** *adj.* asunder; apart; into pieces. 破开的；裂开的。

**belahan** *k.n.* cleft; split; cleavage; fission; splitting (esp. of an atomic nucleus, with release of energy). 裂缝；裂口；裂痕；(核) 分裂；(核) 裂变。

**belai, membelai** *k.k.t.* cherish; take loving care of; be fond of; pet (p.t. *petted*); treat with affection; fondle. 爱护；抚爱；溺爱；抚弄。

**belak, berbelak** *adj.* mottled; patterned with irregular patches of colour. 有斑点的；有斑纹的。

**belakang** *k.n.* back; hinder surface or part furthest from the front; rear; back part. 背；背部；后面；后部。—*kkt.* behind; in or to the rear (of); behindhand; remaining after other's departure. 在后面；向后；迟延；落后。 **di ~, ke ~** *kkt.* rear; at or towards the rear; in check; in or into a previous time, position, or state; in return. 在...的后面；向...的背后；代之以...。 **ke ~** *kkt.* astern; at or towards the stern; backwards. 向后；在船尾。 **sakit ~** *k.n.* backache; pain in one's back. 腰酸背痛。 **tulang ~** *k.n.* backbone; column of small bones down the centre of the back. 脊骨；脊椎。

**terkebelakang** *adj.* situated behind; of or for past time. 落伍的；最后的；最新的。

**belalang** *k.n.* grasshopper; jumping insect that makes a chirping noise. 蚱蜢。 **~ juta** *k.n.* locust; a kind of grasshopper that devours vegetation. 蝗虫。

**Belanda** *adj. & k.n.* Dutch; (language) of the Netherlands. 荷兰 (的)；荷兰语 (的)。 **lelaki ~** Dutchman. 荷兰人；荷兰男人。 **Wanita ~** Dutchwoman. 荷兰女人。

**belang** *k.n.* stripe; differing in colour or

**belanja**

texture from its surroundings. 斑纹；条纹；军服上表示军阶的纹线。

**berbelang-~** *adj.* striped; stripy. 有斑纹的；有条纹的。

**belanja** *k.n.* expense; cost; cause of spending money; reimbursement (*pl.*). 开销；支出；经费。 **membelanjakan** *k.k.t.* expend; spend; use up. 花费；消耗。

**belanjawan** *k.n.* budget; plan of income and expenditure, esp. of a country. 财务、金钱上的预算；政府的预算案。

**belantan** *k.n.* club; bludgeon; heavy stick used as a weapon. 棍棒；作武器用的大头短棒。—*k.k.t.* club (p.t. *clubbed*); strike with a club. (用大头棒) 击打。

**belas** *k.n.* compassion; feeling of pity. 怜悯；同情。

**belasah** *k.k.t.* flog (p.t. *flogged*); beat severely. 鞭打；笞打。

**belauan** *k.n.* diffraction; breaking up of a beam of light into a series of coloured or dark and light bands. (光、波等) 衍射。

**belebas** *k.n.* ledge; lath (pl. *laths*); narrow thin strip of wood, e.g. in trellis; narrow horizontal projection; narrow shelf. 壁架；(岩石突出的) 岩架；(水中的) 暗礁；板条；板桩。

**belenggu** *k.n.* manacle; fetter; handcuff; shackle. 手铐；脚镣。

**belerang** *k.n.* brimstone; (*old use*) sulphur. 硫磺石。

**beli, membeli** *k.k.t.* buy (p.t. *bought*); obtain in exchange for money or by sacrifice. 购买。

**belia** *k.n.* youth (pl. *youths*); state or period of being young; young man; young people. 少年时期；青春时期；青少年。

**beliak** *k.k.i.* dilate; make or become wider. 使膨胀；使扩大。 **terbeliak** *k.k.i.* ogle; stare with wide-open eyes. 向某人送秋波；睁大眼睛地看着；盯。

**belit, berbelit-belit** *adj.* circumlocutory. 迂回的；绕大圈子的；转弯抹角的。

**bencana**[2]

**bahasa ~** *k.n.* circumlocution; roundabout, verbose, or evasive expression. 婉转的说法；转弯抹角的话。 **membelitkan** *k.k.t.* entwine; twine round. 缠住；使盘绕。

**beliung** *k.n.* hatchet; small axe. 短柄小斧。

**belok** *k.k.i.* luff; bring a ship's head towards the wind. 船贴风行驶。

**belukar** *k.n.* bush; shrub; thick growth; wild uncultivated land; woody plant smaller than a tree. 灌木；丛林；未开垦地。 **~ berduri** *k.n.* bramble; shrub with long prickly shoots; blackberry. 悬钩子灌木；荆棘；黑刺莓。 **berbelukar** *adj.* bushy (*-ier*, *-iest*); covered with bushes; growing thickly; shrubby. 灌木茂密的；灌木丛生的。

**belum, sebelum** *kkt., k.s.n. & k.n.* before; at an earlier time (than); ahead; in front of. 以前；在前；在前头。

**belut** *k.n.* eel; snake-like fish. 鳝鱼；鳗类。

**benam** *k.k.t.* embed; fix firmly in a surrounding mass. 嵌入；埋置。 **membenam** *k.k.t.* countersink (p.t. *-sunk*); sink (a screw-head) into a shaped cavity so that the surface is level. 打孔装埋 (螺钉头)；打埋头孔。

**benar** *adj.* real; genuine; natural; true; in accordance with fact or correct principles or an accepted standard; exact. 实际的；真实的；纯正的；名副其实的；真正的。 —*kkt.* (*Sc. & U.S. colloq.*) really; very. 真实地；实际地；非常。 **membenarkan** *k.k.t./i.* allow; permit; admit; agree. 准许；允许；许可进入；同意。 **sebenarnya** *kkt.* in fact; in reality; indeed. 其实；实际上；事实上。

**bencana**[1] *adj.* harmful; very unpleasant. 伤害的；有害的。

**bencana**[2] *k.n.* blow; shock; disaster; sudden great misfortune; great failure. (精神上的) 打击；灾祸；不幸。

**benci** *adj.* hateful; arousing hatred; allergic; having a strong dislike; feel dislike for. 憎恨的；讨厌的；憎恶的。 **membenci** *k.k.t.* hate; feel hatred towards; dislike greatly. 憎恨；仇恨。

**bendahari** *k.n.* bursar; person who manages the finances and other business of a college, etc.; treasurer; person in charge of the funds of an institution. 大专学院的财务主管；司库。

**bendar** *k.n.* fosse; ditch as a fortification. 城壕；护城。

**bendera** *k.n.* flag; piece of cloth attached by one edge to a staff or rope, used as a signal or symbol; similarly shaped device. 旗；三角形小旗；司令旗。

**bendung, membendung** *k.k.t.* barricade; block or defend with a barricade. 阻塞；设路障。

**bendungan** *k.n.* barrage; artificial barrier. 弹幕；掩护炮火；拦河坝。

**bengis** *adj.* gruff; surly. 粗暴的；乖戾的。

**bengkak**[1] *adj.* bloated; swollen with fat, gas, or liquid. 膨胀的；肿起的。

**bengkak**[2] *k.n.* swelling; swollen place on the body. 肿块；肿胀处。 **membengkak** *k.k.i.* swell (p.t. *swelled*, p.p. *swollen* or *swelled*); make or become larger from pressure within. 肿胀；肿起；膨胀。

**bengkarung** *k.n.* newt; small lizard-like amphibious creature. 蝾螈。

**bengkel** *k.n.* workshop; room or building in which manual work or manufacture, etc. is carried on. (学术专题)讨论会；(文艺、写作)创作室；工场；车间。

**bengkeng** *adj.* cantankerous; perverse; peevish; petulant. 难相处的；违反常规的；刚愎自用的；易怒的；暴躁的；任性的。

**bengkok** *adj.* bent crooked; not straight; dishonest. 弯的；弯曲的；不诚实的；不正直的。 **membengkokkan** *k.k.t.* bend (p.t. & p.p. *bent*); make or become curved or angular; turn downwards; stoop; turn in a new direction. 使弯曲；屈(身)；俯(首)；转(向)；转弯。

**bengkung** *k.n.* cummerbund; sash for the waist. (印度人的)腰围；腰带。

**benguk** *k.n.* goitre; enlarged thyroid gland. 甲状腺肿。

**benjol** *k.n.* bump; swelling, esp. left by a blow. 碰撞造成的肿块；隆起物。

**bentar, sebentar** *kkt.* just; only a moment ago. 仅仅；恰好；刚才。

**bentara** *k.n.* herald; officer in former times who made state proclamations. 使者；古代传令官。

**benteng** *k.n.* fastness; stronghold; fortress. 要塞；堡垒。

**bentuk** *k.n.* form; shape; appearance; way in which a thing exists; usual method; formality; ritual; condition; style. 形态；形状；样子；类型；姿态；仪式。 **membentuk** *k.k.t.* shape; produce; bring into existence; constitute; take shape; develop; arrange in a formation; mould; guide or control the development of. 使成形；塑造；产生；构成；排成；组织。 **membentukkan** *k.k.t.* compose; form; make up. 构成；形成；捏造。

**benua** *k.n.* continent; one of the main land masses of the earth. 大陆。 **antara ~** *adj.* inter-continental; between continents. 大陆间的。

**benzena** *k.n.* benzene; liquid obtained from petroleum and coal tar, used as a solvent, fuel, etc. 苯(无色有机化合物)。

**benzin** *k.n.* benzine; liquid mixture of hydrocarbons used in dry-cleaning. 石油挥发油；轻质汽油。

**bera** *k.n.* blush; flush; flushing of the face; blushing. (因羞愧而)脸红；害臊。 **membera** *k.k.i.* blush; become redfaced from shame or embarrassment. 脸红；害羞。

**berahi** *adj.* amorous; showing or readily

feeling sexual love. 迷恋的；好色的。**memberahikan** *adj.* infatuated; filled with intense unreasoning love. 入迷的；迷恋的；恋慕的。

**berak, terberak** *k.k.i.* defecate; discharge faeces from the body. 排粪；通便；净化。

**beranda** *k.n.* gallery; balcony in a hall or theatre, etc.; veranda; roofed terrace. 艺术展览室；(教堂、大厅、剧场等的)廊台；柱廊；穿道；阳台。

**berang** *adj.* disgruntled; discontented; resentful; furious; full of anger; violent; intense; indignant; feeling or showing indignation. 不满意的；愤慨的；狂怒的；大发雷霆的；激烈的。

**berangsang** *k.n.* pep; vigour. 活力；精力；锐气。**memberangsangkan** *k.k.t.* pep (p.t. *pepped*); fill with vigour; enliven. 使活跃；使有生气。**ceramah yang** ~ pep talk, urging great effort. 激励士气的讲话。

**berangus** *k.n.* muzzle; strap, etc. over animal's head to prevent it from biting or feeding. 动物的鼻和嘴；动物的口套；口络。**memberangus** *k.k.t.* muzzle; put muzzle on; prevent from expressing opinions freely. 给动物套上口络；封住...的嘴；使缄默。

**berani** *adj.* brave; able to face and endure danger or pain; spectacular; intrepid; feeling no fear; fearless; daring; audacious; bold (*-er*, *-est*); confident and courageous. 勇敢的；无畏的；英勇的；大胆的。**memberanikan** *k.k.t.* dare; be bold enough (to do something); challenge to do something risky. 敢于；敢于承担；提出挑战。

**beras** *k.n.* rice; a kind of cereal used as staple food in most Asian countries. 米；米类。

**berat** *adj.* heavy (*-ier*, *-iest*); having great weight; of more than average weight or force or intensity; dense; stodgy; serious in tone; dull and tedious; onerous; burdensome. 重的；沉重的；超重的；(食物)稠厚的；不易消化的；冗长乏味的；繁重的。~ **hati** *adj.* heavy-hearted. 内心沉重的；悲伤的。

**berek** *k.n.* barracks; building(s) for soldiers to live in. 营房；兵营。

**berenga** *k.n.* maggot; larva, esp. of the blue-bottle. 蛆虫。

**beret** *k.n.* beret; round flat cap with no peak. 贝雷帽；一种扁圆的便帽。

**berhala** *k.n.* fetish; object worshipped by primitive peoples. 物神；迷信物。

**beri**[1], **memberi** *k.k.t./i.* give (p.t. *gave*, p.p. *given*); cause to receive or have; supply; provide; utter; pledge; make over in exchange of payment; present (a play, etc.) in public; yield as a product or result; permit a view or access; declare (judgement) authoritatively; be flexible. 给；送给；授予；转达；宣誓；演出；产生效果；作出判决；施以惩罚。

**beri**[2] *k.n.* berry; small round juicy fruit with no stone. 浆果。~ **hitam** *k.n.* black-berry; bramble; its edible dark berry. 黑刺莓；黑刺莓浆果。**bluberi** *k.n.* blueberry; edible blueberry; shrub bearing this. 乌饭树的紫黑浆果；乌饭树。

**beril** *k.n.* beryl; transparent, usu. green precious stone. 绿柱石；绿玉。

**berita** *k.n.* news; new or interesting information about recent events; broadcast report of this. 新闻；新闻广播。

**beritahu, memberitahu** *k.k.t.* inform; give information to; reveal secret or criminal activities to police, etc.; notify; apprise; report; make known. 通知；告密；报告。

**berkas, memberkas** *k.k.t.* nab (p.t. *nabbed*); (*sl.*) catch in wrongdoing; arrest; seize. 当场捉住；逮捕。

**berkat** *k.n.* boon; benefit. 所得物；恩惠；及时的恩赐。

**berontak** *k.k.i.* rebel (p.t. *rebelled*); fight

against or refuse allegiance to one's established government; resist control; refuse to obey. 反叛；反抗；不从。

**beroti** *k.n.* batten; bar of wood or metal, esp. holding something in place. 扣板；压条；板条；横木。 **memberoti** *k.k.t.* batten; fasten with batten(s). 装板条于；用板条钉牢。

**bersih** *adj.* clean (*-er, -est*); free from dirt or impurities; not soiled or used; without projections; complete; clear (*-er, -est*); hygienic; net; remaining after all deductions; (of weight) not including wrapping, etc. 清洁的；尚未用过的；整齐的；形式美观的；完全的；清澈的；有洁癖的；净额的；净重的。 **membersihkan** *k.k.t.* clean; cleanse; make clean; gut (fish, etc.); mop (p.t. *mopped*); clear an area of the remnants of enemy troops, after victory. 清除；弄干净；取出 (鱼等的) 内脏；(用拖把) 拖洗干净；(胜利后) 把 (敌军) 清除。

**bersin** *k.n.* sneeze; sudden audible involuntary expulsion of air through the nose. 喷嚏；喷嚏声。 **terbersin** *k.k.i.* sneeze; give a sneeze. 打喷嚏。

**bersut, membersut** *k.k.i.* glower; scowl. 面红耳赤；怒视。

**bertih** *k.n.* popcorn; maize heated to burst and form puffy balls. 爆玉米花。

**beruang** *k.n.* bear; large heavy animal with thick fur; child's toy like this. 熊；玩具熊。 **~ kelabu** *k.n.* grizzly bear; large grey bear of North America. 北美洲大灰熊。

**berudu** *k.n.* tadpole; larva of a frog or toad, etc. at the stage when it has gills and a tail. 蝌蚪。

**beruk** *k.n. see* **monyet**. 见 **monyet**。

**berus** *k.n.* brush; implement with bristles; brushing. 刷子；刷状物；(一) 刷。 **memberus** *k.k.t.* brush; use a brush on. 用刷子刷；刷擦。 **~ buku** *k.k.t.* card; clean or comb (wool) with a wire brush or toothed instrument. 用钢丝刷梳理。

**bes**[1] *adj.* bass; deep-sounding; of the lowest pitch in music. 低音的；男低音的音调的。 —*k.n.* (pl. *basses*) lowest male voice; bass pitch; double bass. 男低音；男低音的音调；低音提琴。

**bes**[2] *k.n.* base; substance capable of combining with an acid to form a salt. 底；根基；碱；盐基。

**besar** *adj.* big (*bigger, biggest*); large in size, amount or intensity; important; great (*-er, -est*); much above average in size or amount or intensity; large (*-er, -est*); of great size or extent. 大的；巨大的；大规模的；剧烈的；重要的；伟大的；大量的；宽大的。 **sangat ~** *adj.* immense; extremely great. 巨大的；无限的；广大的。 **membesarkan** *k.k.t.* enlarge; make or become larger; reproduce on a large scale. 放大；扩大。 **membesar-besarkan** enlarge upon. 夸张；夸大；吹嘘。

**besbol** *k.n.* baseball; American ball-game resembling rounders. 棒球运动。

**besen** *k.n.* basin; round open dish for holding liquids or soft substances; wash-basin. 盆；洗涤槽。

**besi** *k.n.* iron; hard grey metal; tool, etc. made of this. 铁；铁器；铁具。 **~ pemanggang** *k.n.* gridiron; framework of metal bars for cooking on. 烧烤用的铁架。 **jongkong ~** *k.n.* pig iron; crude iron from a smelting furnace. 生铁块。

**besok** *k.n. see* **esok**. 见 **esok**。

**bet** *k.n.* bat; wooden implement for striking a ball in games. 球棒；球拍。

**beta** *k.n.* beta; second letter of the Greek alphabet, = b. 希腊字母的第二个字母。

**bête noire** *bête noire;* person or thing one most dislikes. 令人极度讨厌的人或事物。

**betina** *k.n. see* **perempuan**. 见 **perempuan**。

**beting** *k.n.* bar; sandbank. (河口的) 沙洲。

**betis** *k.n.* calf (pl. *calves*); fleshy hind part of the human leg below the knee. 腓；小腿。

**betul** *adj.* correct; true; accurate; in accordance with an approved way of behaving or working; real. 对的；真正的；准确的；循规蹈矩的；真实的。 **membetulkan** *k.k.t.* correct; make correct; mark errors in; amend; alter to remove errors. 纠正；改正；订正；修正。

**beza, berbeza** *k.k.i.* differ; be unlike; disagree; distinguishing; distinctive; discrepant; different; not the same; separate. 不同；不一样；不同意；相异；有特色；有差别；区分。 **membezakan** *k.k.t./i.* differentiate; be a difference between; distinguish between; develop differences. 区分；使有差别；鉴别；分化。 **membeza-bezakan** *k.k.t.* distinguish; be or see or point out difference between; discern. 区别；辨别；认出；察觉。

**Bhd. (Berhad)** *kep.* Ltd.; Limited. (编写) 有限制的；有限的 (多用于股份有限公司名称后)。

**biadab** *adj.* impolite; not polite; discourteous; lacking courtesy; not showing proper respect; impertinent; having bad manners; ill-bred; ill-mannered; churlish; surly; impudent; behaving insultingly; insolent; curt; noticeably or rudely brief; cheeky. 无礼的；不客气的；态度恶劣的；粗鲁的；不懂规矩的；鲁莽的；无教养的；乖戾的；傲慢的；简短而粗率的；无耻的。

**biak** *adj.* prolific. 多产的；丰富的。— *k.k.t./i.* multiply; increase in number. 增殖；激增；增生。 **membiakkan** *k.k.t.* breed (p.t. *bred*); produce off-spring; train; bring up; give rise to. 繁殖；生产；养育；饲养。

**biar** *k.k.t./i.* let (p.t. *let*, pres.p. *letting*); allow or cause to; allow or cause to come, go, or pass. 准许；允许；任由。 **terbiar** *adj.* disused; no longer used. 废弃的；不用的；废止的。

**biara** *k.n.* convent; monastery; lamasery; cloister; monastery of lamas; residence of the community of nuns and monks. 修道院；喇嘛寺院；尼庵；僧院。

**bias, membias** *k.k.t.* deflect; turn aside. 使偏斜；使转向；使弯曲。

**biasa** *adj.* habitual; done or doing something constantly, esp. as a habit; usual; banal; commonplace; uninteresting; accustomed; customary. 惯常的；平庸的；普通的；令人厌倦的；经常的。 **luar ~** *adj.* unusual; outrageous; greatly exceeding what is moderate or reasonable; shocking. 不寻常的；残暴的；令人震惊的；骇人听闻的。 **membiasakan** *k.k.t.* accustom; make used to; habituate; inure. 使习惯于；使适合；使成惯例。

**biawak** *k.n.* iguana; tropical tree-climbing lizard. 鬣蜥。

**biaya, membiayai** *k.k.t.* defray; provide money to pay (costs). 支付；支给。

**bibir** *k.n.* lip; either of the fleshy edges of the mouth-opening; edge of a container or opening; slight projection shaped for pouring from; brim; edge of a cup or hollow or channel; projecting edge of a hat. 嘴唇；唇状物；边缘；壶、杯等的嘴；帽舌。 **membaca pergerakan ~** *k.k.t./i.* lip read; understand (what is said) from movements of a speaker's lips. 唇读。

**bibliografi** *k.n.* bibliography; list of books about a subject or by a specified author; study of the history of books. 文献目录；书目提要；目录。 **penyusun ~** *k.n.* bibliographer. 目录编纂者；目录学者。

**bicu** *k.n.* jack; portable device for raising heavy weights off the ground. (汽车换轮胎时用的) 抬轮器；杠杆；螺旋起重器。

**bidaah** *k.n.* heresy; opinion contrary to accepted beliefs; holding of this. 异教；非正统的教义；异论；信奉异端邪说。

**bidadari** *k.n.* houri (pl. *-is*); beautiful young woman of the Muslim paradise. 伊斯兰教天堂中的美女；仙女。

**bidak** *k.n.* pawn; chessman of the smallest size and value. (象棋)兵；卒。

**bidan** *k.n.* midwife (pl. *-wives*); person trained to assist women in childbirth. 助产士；接生婆。

**bidang** *k.n.* domain; field of thought or activity; province; range of learning or responsibility; scope; range of a subject, etc. 范围；学问、活动等的领域；大主教管辖区；学问中的一科。~ **kuasa** *k.n.* jurisdiction; authority to administer justice or exercise power. 司法；司法权；裁判权。

**bidas, membidas** *k.k.t.* slash; criticize vigorously. 严厉地批评。

**biduanda** *k.n.* page; liveried boy or man employed as a door attendant or to go on errands, etc.; boy attendant of a bride or person of rank. 小侍从；侍童；男小侯相。

**bifstik** *k.n.* beefsteak; slice of beef. 牛排。

**bigami** *k.n.* bigamy; crime of going through a form of marriage while a previous marriage is still valid. 重婚；重婚罪。

**bijak** *adj. see* **bijaksana**. 见 **bijaksana**。

**bijaksana** *adj.* judicious; judging wisely; showing good sense. 明断的；有见地的；明智而审慎的。

**bijan** *k.n.* sesame; tropical plant with seeds that yield oil or are used as food; its seeds. 芝麻。

**bijih** *k.n.* ore; solid rock or mineral from which metal is obtained. 矿石；矿砂。

**bijirin** *k.n.* cereal; grass plant with edible grain; this grain is used to make breakfast. 谷物；麦片粥。

**bikar** *k.n.* beaker; glass vessel with a lip, used in laboratories; tall drinking-cup. 实验室用的烧杯；大酒杯。

**bikarbonat** *k.n.* bicarbonate; a kind of carbonate. 碳酸氢盐。

**bikini** *k.n.* bikini; woman's scanty two-piece beach garment. 比基尼泳装。

**biku** *k.n.* edging; something placed round an edge to define or decorate it. 边饰；边缘。

**bil** *k.n.* bill; written statement of charges to be paid. 帐单。**membilkan** *k.k.t.* bill; send a bill to. 开帐单。

**bilah** *k.n.* blade; flattened cutting-part of a knife or sword, etc. 刀片；刀、剑等的刀身。

**bilal** *k.n.* muezzin; man who proclaims the hours of prayer for Muslims. 回教堂的祷告时间报告人。

**bilang** *k.k.t./i. see* **kira**. 见 **kira**。

**bilangan** *k.n.* number; numeral assigned to a person or thing; single issue of a magazines; item; total. 号码；数字；杂志的期数；数额；总数。

**bilberi** *k.n.* bilberry; small round dark blue fruit; shrub producing this. (欧洲的)越桔。

**biliard** *k.n.* billiards; game played with cues and three balls on a table. 台球。

**bilik** *k.n.* room; space that is or could be occupied; enclosed part of a building; (*pl.*) set of rooms as lodging. 房间；空间；场所。~ **darjah** *k.n.* classroom; room where a class of students is taught. 教室。~ **hias** *k.n.* boudoir; woman's small private room. 闺房；女人的卧室。~ **istirahat** *k.n.* lounge; sitting rooms. 休息处；休息室。~ **kanak-kanak** *k.n.* nursery; room(s) for young children. 托儿所；育儿室。~ **makan** *k.n.* dining room; room for which meals are eaten. 饭厅。~ **mandi** *k.n.* bathroom; room containing a bath. 浴室；洗手间。~ **mayat** *k.n.* mortuary; morgue; place where dead bodies may be kept temporarily. 停尸室；太平间；殡仪馆。~ **menunggu** *k.n.* lounge; waiting room at an airport, etc. 休息处；机场的候机室。~ **rehat, ~ tamu** *k.n.* living room; room for general day time use. 会客室；起居室。~ **tidur** *k.n.* bedroom; room for sleeping in. 寝室；卧室。

**bilion** *k.n.* billion; one million million; (orig. *U.S.*) one thousand million. (英国、德国)万亿；(美国)十亿。

**bimbang** *k.k.i.* (*sl.*) show fear; anxiety. 担心；忧虑；焦急不安。

**bimbingan** *k.n.* tuition; process of teaching; instruction. 补习；教学。

**bina** *k.k.t.* construct; build (p.t. *built*); make or construct by placing parts together. 构成；建造。 **membina** *adj.* constructive; constructing; making useful suggestion. 构成的；解释性的；建设性的。 —*k.k.t.* build; build-up; establish gradually; to erect building; increase in height or thickness; boost with praise. 构成；建造；建筑；创立；建设；革新。

**binaan, pembinaan** *k.n.* construction; constructing; thing constructed; words put together to form a phrase, etc. 建筑；结构；构造；建筑物；造句法。

**binasa** *k.k.i.* perish; suffer destruction; die; rot; distress or wither by cold or exposure. 消灭；毁灭；死亡；枯萎；腐烂。—*adj.* devastating; overwhelming. 破坏性极大的；毁灭性的。 **membinasakan** *k.k.t.* devastate; cause great destruction to. 蹂躏；破坏。

**binatang** *k.n.* animal; living thing that can move voluntarily, esp. other than man; quadruped. 动物；牲畜。

**bincang, berbincang, membincangkan** *k.k.i.* discuss; examine by argument; talk or write about. 讨论；辩论；商议。

**bincut** *k.n.* lump; swelling. 块；团；瘤；肿块。

**bingal** *adj.* mulish; stubborn. 固执的；顽固的。

**bingkah** *k.n.* nugget; rough lump of gold or platinum found in the earth. 小块；矿块；金块。

**bingo** *k.n.* bingo; gambling game using cards marked with numbered squares. 宾戈；一种赌博性游戏。

**bingung** *adj.* bemused; bewildered; lost in thought; muzzy; dazed; feeling stupefied. 困惑的；发愣的；迷糊的；发昏的；发呆的。 **membingungkan** *k.k.t.* bewilder; puzzle; confuse; mystify; cause to feel puzzled; bedevil (p.t. *bedevilled*); afflict with difficulties; confound; disconcert; upset the self-confidence of; fluster. 迷惑；发愣；使伤脑筋；折磨；心烦意乱；使复杂；使混乱；使慌张。

**bini** *k.n. see* **isteri**. 见 **isteri**。

**bintang** *k.n.* star; celestial body appearing as a point of light; this regarded as influencing human affairs; figure or object with rays; asterisk; starshaped mark indicating a category of excellence; brilliant person, famous actor or performer, etc. 星；星宿；司命星；星状物；星号；以所给数量多寡来示优劣或等级的星号；名家；泰斗；电影等的主角；明星。 ~ **kutub** *k.n.* lodestar; star (esp. the pole star) used as a guide in navigation. 北极星。 **membintangi** *k.k.t.* star (p.t. *starred*); present or perform as a star actor. 担任主角；主演；做明星。

**bintik** *k.n.* blot; spot; small spot or particle; fleck; very small patch or colour; speck; freckle; light brown spot on the skin; round mark or stain; something ugly or disgraceful. 污渍；污点；墨渍；污斑；雀斑；皮肤上的斑点；瑕疵。 **berbintik** *k.k.i.* spot (p.t. *spotted*); mark with a spot or spots; freckle; spot or become spotted with freckles. 沾上污点；生雀斑；给斑点弄脏。

**bintil** *k.n.* nodule; rounded lump; small node. 小结疖；小瘤；结。

**biografi** *k.n.* biography; story of a person's life. 传记。 **penulis** ~ *k.n.* biographer; writer of a biography. 传记作者。

**biokimia** *k.n.* biochemistry; chemistry of living organisms. 生物化学。**ahli ~** *k.n.* biochemist. 生物化学家。

**biola** *k.n.* musical instrument with four strings of treble pitch, played with a bow. 小提琴；提琴。**penggesek ~** *k.n.* bow; rod with horse-hair stretched between its ends, for playing a violin, etc.; violinist. 琴弓；小提琴手。

**biologi** *k.n.* biology; study of the life and structure of living things. 生物学；生态学。**ahli ~** *k.n.* biologist. 生物学家。

**bionik** *adj.* bionic; (of a person or faculties) operated electronically. 仿生学的；（人、机能）用电子装置来增强生物功能的。

**biopsi** *k.n.* biopsy; examination of tissue cut from a living body. 为诊断而作的活组织检查。

**bipartit** *adj.* bipartite; consisting of two parts. 有两个部分的；关于双方的。

**bir** *k.n.* beer; alcoholic drink made from malt and hops. 啤酒。

**birai** *k.n.* blind; screen, esp. on a roller, for a window. 百叶窗；竹帘。**~ hias** *k.n.* cornice; ornamental moulding round the top of an indoor wall. 墙顶装饰花绒。

**birch** *k.n.* birch; tree with smooth bark; bundle of birch twigs for flogging delinquents. 桦树；白桦。

**biri-biri** *k.n.* sheep (pl. *sheep*); grass-eating animal with a thick fleecy coat. 绵羊。**~ betina** *k.n.* ewe; female sheep. 母羊；雌羊。**anjing pengembala ~** *k.n.* sheep dog; dog trained to guard and herd sheep. 守羊犬。**bulu ~** *k.n.* sheepskin; sheep's skin with the fleece on. 羊皮。

**biro** *k.n.* bureau; writing desk with drawers; office; department. （政府机构）局；所；有抽屉的写字桌。

**birokrasi** *k.n.* bureaucracy; government by State officials not by elected representatives; excessive official routine. 官僚主义；官僚政治；官僚作风。

**birokrat** *k.n.* bureaucrat; official in a government office. 官僚；官僚作风的官吏。

**birokratis** *adj.* bureaucratic. 官僚主义的；官僚作风的。

**biru** *adj.* blue; of a colour like the cloudless sky. 蓝的；蓝色的。**kebiru-biruan** *adj.* bluish; rather blue. 带青色的；浅蓝色的。

**biseps** *k.n.* biceps; large muscle at the front of the upper arm. 二头肌；臂力。

**bisik, membisikkan, berbisik** *k.k.t./i.* whisper; speak or utter softly, not using the vocal cords; converse privately or secretly; rustle. 低语；耳语；私语；（树木等）发沙沙声。

**bisikan** *k.n.* whisper; murmur; low continuous sound; softly spoken words. 悄悄话；细语；耳语声。

**bising** *adj.* noisy (-ier, -iest); making much noise. 嘈杂的；喧闹的。

**biskop** *k.n.* bishop; clergyman of high rank; mitre-shaped chess piece. 主教；大祭司；（象棋）象。

**biskut** *k.n.* biscuit; small flat thin piece of pastry. 饼干。

**bismut** *k.n.* bismuth; metallic element; compound of this used in medicines. 铋；银白色金属元素，含铋药用化合物。

**bison** *k.n.* bison (pl. *bison*); wild ox; buffalo. 骏犎（北美洲一种野牛）。

**bisu** *adj.* mute; silent; dumb; unable to speak. 哑的；沉默的；无言的。**membisukan** *k.k.t.* deaden or muffle the sound of. 使沉默。

**bisul** *k.n.* boil; inflamed swelling producing pus. 疮肿；脓肿。

**bit** *k.n.* beet; plant with a fleshy root used as a vegetable or for making sugar; (*U.S.*) beetroot. 甜菜。**lobak ~** *k.n.* beetroot (pl. *beetroot*); root of beet as a vegetable. 甜菜根。

**bitumen** *k.n.* bitumen; black substance made from petroleum. 沥青；柏油。

**blancmange** *k.n.* blancmange; jelly-like pudding made with milk. 牛奶冻。

**blaus** *k.n.* blouse; shirt-like garment worn by women and children; waist-length coat forming part of military uniform. 女衬衫；童衫；军服上衣。

**blazer** *k.n.* blazer; loose-fitting jacket, esp. in the colours or bearing the badge of a school, team, etc. 颜色鲜艳的运动外衣。

**blok**[1] *k.n.* bloc; group of parties or countries who combine for a purpose. 国家、政党等为共同利益而结合的集团。

**blok**[2] *k.n.* block; compact mass of buildings; large building divided into flats or offices; large quantity treated as a unit; pad of paper for drawing or writing on. 积木；一排建筑物；大厦；块状物；图画纸本。

**bloodhound** *k.n.* bloodhound; large keen-scented dog, formerly used in tracking. 大猎犬；大警犬。

**boa** *k.n.* boa constrictor; large South American snake that crushes its prey. 蟒蛇。

**bobok** *k.n.* gurgle; low bubbling sound. (流水的)汩汩声。**membobok** *k.k.i.* gurgle; to make this sound. 汩汩声；汩汩地响。

**bocor**[1] *adj.* leaky. 有漏隙的；漏的。

**bocor**[2] *k.n.* leak; hole through which liquid or gas makes its way wrongly; liquid, etc. passing through this; process of leaking; similar escape of an electric charge; disclosure of secret information. 漏；漏隙；漏出物；漏电；泄漏。**membocorkan** *k.k.t./i.* escape or let out from a container; disclose; become known. 漏出；透露；泄漏。

**bodoh** *adj.* stupid; not clever; slow at learning or understanding; in a state of stupor. 愚蠢的；愚笨的；笨头笨脑的。**membodohkan** *k.k.t.* stupefy; dull the wits or senses of; stun with astonishment. 使茫然；使错乱。

**Boer** *k.n.* Boer (*old use*); South African of Dutch descent. 南非荷兰人后裔的布尔人。

**bogel** *adj.* nude; not clothed; naked. 赤裸裸的；裸体的。**gambar ~** *k.n.* nude human figure in a picture, etc. 裸体画。

**bogey** *k.n.* bogey (pl. *-eys*); (in golf) one stroke above par at a hole. (高尔夫球)每洞击球的标准分数；(比标准入洞杆数)超一击。

**boh** *k.n.* moo; cow's low deep cry. 哞；牛叫声。**mengeboh** *k.k.i.* moo; to make this sound. 哞哞地叫。

**bohong, membohongi** *k.k.t.* lie; statement the speaker knows to be untrue; bluff; deceive by a pretence, esp. of strength. 说谎；谎言；虚假；欺诈。

**boks** *k.n.* box; small evergreen shrub; its wood. 黄杨树；黄杨木。

**bola** *k.n.* ball; solid or hollow sphere, esp. used in a game; rounded part or mass. 球；球状物。**~ jaring** *k.n.* netball; team game in which a ball has to be thrown into a high net. 英式女子篮球。**~ keranjang** *k.n.* basketball; game like netball. 篮球；篮球运动。**~ sepak** *k.n.* soccer; (*colloq.*) Association football; football; large round or elliptical inflated ball; game played with this. 足球；英式足球；足球或橄榄球运动用的球；橄榄球(美式足球)。**pemain ~ sepak** *k.n.* footballer. 足球员；橄榄球员。**mata ~** *k.n.* ballpoint; pen with a tiny ball as its writing point. 原珠笔。**bebola** *k.n.* ball bearing; bearing using small steel balls; one such ball. 滚珠轴承；玻璃球。

**boleh** *k.b.* can; is or are able or allowed to; may (p.t. *might*); used to express a wish, possibility or permission. 能；会；可以。**tidak ~** cannot; can't; negative form of can. 不能；不行；不可以。**membolehkan** *k.k.t.* enable; give the means or authority to do something. 使能够；致能；给予资格、权力等。

**bolero** *k.n.* bolero; Spanish dance; woman's short jacket with no fastening. 西班牙的菠菜罗舞；妇女穿的菠菜罗短上衣。

**boling** *k.n.* bowling; playing bowls or skittles or a similar game. 保龄球；滚木球戏。

**bolos, membolos** *k.k.i.* desert; abandon; leave one's service in the armed forces without permission. 抛弃；丢弃；逃役。

**Bolshie** *adj. & k.n.* Bolshie (*sl.*); Communist; rebellious (person). 左翼(的)；反叛的；蓄意不合作(的)。

**bom** *k.n.* bomb; case of explosive or incendiary material to be set off by impact or a timing device. 弹；炸弹。 **~ hidrogen** *k.n.* H-bomb; hydrogen bomb. 氢弹。 **mengebom** *k.k.t.* bomb; attack with bombs. 轰炸；用炸弹攻击。

**bomba, ahli ~** *k.n.* fireman (*pl. -men*); member of a fire brigade. 救火队员；消防队员。 **pasukan ~** *k.n.* fire brigade; organized body of people trained and employed to extinguish fires. 消防队。 **kereta ~** *k.n.* vehicle fitted with equipment for putting out large fires. 救火车；消防车。

**bon** *k.n.* bond; thing that unites or restrains; binding agreement; document issued by a government or public company acknowledging that money has been lent to it and will be repaid. 捆绑物；契约；证券；债券。 **mengikat ~** *k.k.t.* bond; unite with a bond. 捆绑；约束；以...作抵押。 **dalam ~** in bond; stored in a Customs warehouse until duties are paid. 进口货物因尚未纳税而搁在关栈中。

**bona fide** *adj.* bona fide; genuine. 真正的；真诚的。

**bonanza** *k.n.* bonanza; sudden great wealth or luck. 财源；发大财；鸿运。

**boncengan** *k.n.* pillion; saddle for a passenger seated behind the driver of a motor cycle. 摩托车的后座。 **mem-**

**bonceng** *k.k.t.* ride pillion; ride on this. 坐在摩托车的后座。

**boneka** *k.n.* doll; dolly (*children's use*); puppet; kind of doll made to move by various means as an entertainment; person whose actions are controlled by another; small model of human figure, esp. as a child's toy; marionette; puppet worked by strings. 洋娃娃；玩偶；木偶；傀儡。

**bonet** *k.n.* bonnet; hinged cover over the engine, etc. of a motor vehicle. 汽车的引擎盖。

**bonggol** *k.n.* cusp; pointed part where curves meet. 尖头；尖端。

**bongkah** *k.n.* block; solid piece of hard substance; log of wood. 大块；块状物；积木。

**bongkak** *adj.* arrogant; proud and overbearing; boastful; boasting frequently; high falutin; (*colloq.*) pompous; insolent. 自大的；傲慢的；夸口的；自负的；夸张的。

**bongkok** *k.n.* hunchback; person with a hump back. 驼背。 **membongkok** *k.k.i.* stoop; bend forwards and down; crouch; stoop low with legs tightly bent; condescend; lower oneself morally. 屈身；俯首；弯下；低垂；降格相从。

**bonhomie** *k.n. bonhomie*; geniality. 和蔼；友好。

**bonjol** *k.n.* bulge; rounded swelling; outward curve. 肿胀；膨胀；凸出部分。 **membonjol** *k.k.i.* bulge; form a bulge; swell. 膨胀；胀起；使凸出。

**bonus** *k.n.* bonus; extra payment or benefit. 红利；额外津贴或奖金。

**boo** *sr.* boo; exclamation of disapproval. 嘘！(表示不满、轻蔑等时所发出的声音) **mengeboo** *k.k.t.* boo; shout 'boo' (at). 喝倒彩；发出嘘声。

**boomerang** *k.n.* boomerang; Australian missile of curved wood that can be thrown so as to return to the thrower. 回飞镖；澳洲一种掷出后能折回的木制武器。

**bor** *k.n.* drill; tool or machine for boring holes or sinking wells. 钻头；钢钻；钻孔机；凿岩机。

**borak** *k.n.* bunk (*sl.*); bunkum. 假话；废话。

**boraks** *k.n.* borax; compound of boron used in detergents, etc. 硼砂；月石。

**borang** *k.n.* form; document with blank spaces to be filled in with information. 表格。

**borik** *adj.* boric. 含硼酸的。 **asid ~** *k.n.* boric acid; substance derived from boron, used as antiseptic. 硼酸。

**borjuis** *adj.* bourgeois; middle-class; conventional. 中产阶级的；资产阶级的。

**boron** *k.n.* boron; chemical element very resistant to high temperatures. 硼。

**boros** *adj.* extravagant; spending or using much more than is necessary; going beyond what is reasonable; improvident; not providing for future needs. 奢侈的；浪费的；铺张的；挥霍无度的；放肆的；越轨的。

**Borstal** *k.n.* Borstal; former name of institution for reformative training of young offenders. 青少年的感化院；教养院。

**bos** *k.n.* boss (*colloq.*); master; manager; overseer. 老板；上司；指挥。

**bosan** *adj.* mundane; dull; routine; monotonous; lacking in variety or variation; dull because of this. 世俗的；庸俗的；枯燥的；例行的；单调的；一成不变的。 **membosankan** *k.k.t.* bore; weary by dullness. 使厌烦；使厌倦。

**bot** *k.n.* boat; vessel for travelling on water. 船；小船。 **~ laju** *k.n.* speedboat. 快速汽艇。 **~ penyelamat** *k.n.* lifeboat; boat constructed for going to help people in danger on the sea near a coast; ship's boat for emergency use. 救生艇。

**botak** *adj.* bald (*-er, -est*); with scalp wholly or partly hairless; (of tyres) with tread worn away; without details. 秃头的；(轮胎)磨损的；(因磨损而)无花纹的。 **membotak** *k.k.i.* balding; becoming bald. 开始秃头；变成秃头。

**botani** *k.n.* botany; study of plants. 植物学；植物生态。 **ahli ~** *k.n.* botanist. 植物学家。

**botol** *k.n.* bottle; narrow-necked glass or plastic container for liquid. 瓶子。

**botulisme** *k.n.* botulism; poisoning by bacteria in food. 肉毒中毒；罐头食物中毒。

**bourbon** *k.n.* bourbon; whisky made mainly from maize. 波旁威士忌。

**boyak** *adj.* drab; dull; uninteresting. 无光彩的；单调的。

**brahmin** *k.n.* brahmin; member of the Hindu priestly caste. 婆罗门；印度种姓阶级的最高级。

**Braille** *k.n.* Braille; system of representing letters, etc. by raised dots which blind people read by touch. 布莱叶点字法；盲人用的凸点盲字体系。

**braktea** *k.n.* bract; leaf-like part of a plant. 苞；苞片。

**brek** *k.n.* brake; device for reducing speed or stopping motion. 制动器；刹车掣。 **membrek** *k.k.t.* brake; slow by use of this. 制动；刹(车)。

**brendi** *k.n.* brandy; strong alcoholic spirit distilled from wine or fermented fruit juice. 白兰地酒。

**bridge** *k.n.* bridge; card game developed from whist. 桥；桥梁；桥牌。

**briged** *k.n.* brigade; army unit forming part of a division; organized group. 军旅；执行特定任务的部队。

**brigedier** *k.n.* brigadier; officer commanding a brigade or of similar status. (军队)旅长；(海)(陆)军准将。

**brilliantin** *k.n.* brilliantine; substance used to make hair glossy. 美发油。

**British** *adj.* British; of Britain or its people. 英国的；来自英国的；英国人民的。

**Briton** *k.n.* Briton; British person. 英国人。

**broked** *k.n.* brocade; fabric woven with raised patterns. 锦缎；织锦。

**broker** *k.n.* broker; agent who buys and sells on behalf of others; stockbroker; official licensed to sell the goods of persons unable to pay their debts. 经纪人；掮客；中间人。

**brokoli** *k.n.* broccoli (pl. *-li*); hardy kind of cauliflower. 花椰菜；球花甘蓝。

**bromida** *k.n.* bromide; chemical compound used to calm nerves. 溴化物；溴化钾镇静剂。

**bronkitis** *k.n.* bronchitis; inflammation of the bronchial tubes. 支气管炎。

**brother** *k.n.* brother; man who is a fellow member of a group or Church, etc.; monk who is not a priest. 男修士；不出家的修士。

**buah** *k.n.* fruit; seed-containing part of a plant; this used as food; product of labour; currants, etc. used in food. 水果；实；果实；成果；（葡萄干等）果干。 ~ **mulut** *prb.* byword; familiar saying. 俗语；谚语。 **membuahkan** *k.k.t./i.* produce or allow to produce fruit. 使结果实；使奏效；使取得成果。

**buak** *k.n.* effervescence. 起泡；沸腾。 **membuak** *k.k.i.* effervesce; giving off bubbles of gas. 冒气泡；起泡沫；沸腾。 **berbuak** *adj.* effervescent. 起泡的；沸腾的。

**bual, berbual** *k.k.i.* converse; hold a conversation. 交谈。 ~ **mesra** *k.k.i.* commune; communicate mentally or spiritually. 默契。 **membualkan** *k.k.t.* converse. 聊起；自夸；夸耀。

**buang, membuangkan** *k.k.t.* discard; throw away; put aside as useless or unwanted. 丢弃；抛弃；摒弃。 ~ **air** *k.k.t.* pass (p.t. *passed*); discharged from the body as excreta. 小便；撒尿。 ~ **negeri** *k.k.t.* banish; condemn to exile; send into exile. 放逐；流放；驱逐出国。

**buangan** *k.n.* discard; discarded things; exile being sent away from one's country as a punishment; long absence from one's country or home; exiled person. 被抛弃的人；被丢弃的东西；被放逐的人；离乡背井的人；充军者。 ~ **tenggelam** *k.n.* jetsam; goods jettisoned by a ship in distress and washed ashore. 船遇险时为减轻重量而抛弃的船上装置或货物。

**buas** *adj.* savage; uncivilized; wild and fierce; cruel and hostile; (*colloq.*) very angry; bestial; of or like a beast; bloodthirsty; eager for bloodshed. 野蛮的；凶猛的；残暴的；大发脾气的；兽性的；嗜血的；残忍好杀戮的。 **membuas** *k.k.i.* savage; maul savagely. 发怒；逞凶；粗暴地对待。

**buasir** *k.n.* pile; haemorrhoids; varicose veins at or near the anus. 痔疮。

**buat, membuat** *k.k.t.* make (p.t. *made*); form; prepare; produce; cause to exist or be or become; gain; acquire; perform (an action, etc.). 制造；制定；构成；赚（钱）；获得；达成；做。 **memperbuat** *k.k.t.* enact; decree; make into a law; perform (a play, etc.). 制定（法令）；下（命令）；演出。 **buat-buat** *adj.* pretended. 假装的；虚假的。

**buatan** *k.n.* manufacture; brand. 制造；制品；产品；商标。 **buat-buatan** *k.n.* make-believe; pretence. 假装；假造。

**buaya** *k.n.* crocodile; large amphibious tropical reptile. 鳄鱼。

**bubar** *k.k.t.* disband; separate; disperse; scatter; go or send in different directions. 解散；遣散；分开；驱散；疏散。 **membubarkan** *k.k.t.* dissolve; end (a partnership, esp. marriage); disperse (an assembly); liquidate; close down (a business) and divide its assets between creditors. 分解；散伙；解除（婚约等）；解散；溶解；使（生意）终结。

**bubul** *k.k.t.* cobble; mend roughly. 粗劣地修补。

**bubur** *k.n.* mush; soft pulp; porridge; food made by boiling oatmeal, etc. to a thick paste. 玉米面粥；软块；粥。**~ susu** *k.n.* gruel; thin oatmeal porridge, esp. for invalids. 稀粥；麦片粥。

**budak** *k.n.* child; (*sl.*) kid. 小孩；儿童；儿女。**~ kecil** *k.n.* chit; young child. 小孩。**~ lelaki** *k.n.* boy; male child. 男孩；少男。**~ perempuan** *k.n.* girl; female child. 女孩；少女。

**budaya, kebudayaan** *k.n.* culture; developed understanding of literature, art, music, etc.; type of civilization. 文化；文明。

**Buddhisme** *k.n.* Buddhism; Asian religion based on the teachings of Buddha. 佛教；佛教教义。

**budi** *k.n.* kindness; good deed. 仁慈；好意；亲切的态度。**terhutang ~** *k.k.i.* indebted; owing a debt. 恩情未报的；欠人恩情的。

**bufet** *k.n.* buffet; counter where food and drink are served; meal where guests serve themselves. 供应便餐的柜台；自助餐。

**bugar** *adj.* hale; strong and healthy. 健康的；强壮的。

**bugi** *k.n.* buggy (*old use*); light carriage; small sturdy vehicle. 单马轻便马车；稳固的小车。

**buih** *k.n.* foam; collection of small bubbles. 泡沫。**berbuih** *adj. & k.k.i.* foamy; form foam. 充满泡沫(的)；起泡沫(的)。

**bujang**[1] *adj.* celibate; remaining unmarried, esp. for religious reasons. 单身的；因宗教上的承诺而独身的。

**bujang**[2] *k.n.* bachelor; unmarried man. 单身汉；独身男子。

**bujuk** *k.k.t.* persuade; cause (a person) to believe or do something by reasoning with him; coax; persuade gently; manipulate carefully or slowly. 说服；劝导。

**bujukan** *k.n.* persuasion; blandishments (*pl.*); flattering or coaxing words. 说服；劝说；说服力；劝说的话。

**bujur** *adj. & k.n.* oblong; (having) rectangular shape with length greater than breadth. 椭圆形(的)；长方形(的)。

**buka** *k.k.t./i.* open; begin; establish. 打开；开始；开设。**terbuka** *adj.* open; able to be entered; not closed or sealed or locked; not covered or concealed or restricted; spread out; unfolded; frank; not yet decided; available; willing to receive; (of a cheque) not crossed. 公开的；可进入的；敞开的；爽直的；未决定的；易受...的；(支票)未划线的。**kawasan terbuka** *k.n.* in the air; not in a house or building, etc. 露天；在户外。**rumah terbuka** *k.n.* open house. (节日时)开放住宅(以招待亲友及访客)。

**bukaan** *k.n.* aperture; opening, esp. one that admits light. 孔；(照像机等的)光圈；让光线透入的隙缝。

**bukan** *awl.* non-; not; doesn't = does not. (前缀)表示"不；不是；非"。

**bukit** *k.n.* hill; raised part of earth's surface, less high than a mountain; slope in a road, etc.; mound. 小丘；土堆；土墩。**lereng ~** *k.n.* hillside; sloping side of a hill. 山腹；丘陵侧面。**kaki ~** *k.n.* foot-hills; low hills near the bottom of a mountain or range. 山脚；山脉的丘陵地带。**berbukit** *adj.* hilly; full of hills. 多丘陵的；多山岗的。

**bukti** *k.n.* evidence; anything that establishes a fact or gives reason for believing something; statements made in a law-court to support a case. 证据；论据；证词。

**buku**[1] *k.n.* book; set of sheets of paper bound within covers; literary work filling this; main division of a literary work or of the Bible. 书；书籍；著作；基督教《圣经》。**almari ~** *k.n.* bookcase; piece of furniture with shelves for books. 书

箱；书橱。 **~ akaun** *k.n.* passbook; book recording a customer's deposits and withdrawals from a bank, etc. 银行存折。 **~ panduan telefon** *k.n.* directory; list of telephone subscribers. 电话簿。 **penanda ~** bookmark; strip of paper, etc. to mark a place in a book. 书签。 **~ saku** *k.n.* booklet; small thin book. 小册子。 **ulat ~** book worm; person fond of reading. 书蠹；书呆子；书迷。 **membukukan** *k.k.t.* book; enter in a book or list. 登记；记载入册。

**buku**² *k.n.* loaf (pl. *loaves*); mass of bread shaped in one piece. 一个面包。

**bulan** *k.n.* moon; earth's satellite, made visible by light it reflects from the sun; natural satellite of any planet; month; any of the twelve portions into which the year is divided; period of four weeks. 月亮；月球；月份；一个月的时间。 **cahaya ~** *k.n.* moonlight; moonlit; light (lit) from the moon. 月光。 **sinaran ~** *k.n.* moonbeam; ray of moonlight. 一线月光。 **~ madu** *k.n.* honeymoon; holidays spent together by newly married couple. 蜜月；蜜月假期。 **~ sabit** *k.n.* crescent; narrow curved shape tapering to a point at each end. 新月；新月形。

**bulanan** *k.n.* monthly; (produced or occuring) once a month; monthly periodical. 每月一次；月刊。

**bulang** *k.n.* band; strip; hoop; loop. 条纹；带；环；箍。 **membulang** *k.k.t.* band; put a band on. 在…上加条纹；（用带）捆扎。

**bulat** *adj.* circular; shaped like or moving round a circle. 圆形的；环形的；循环的；迂回的。

**bulatan** *k.n.* circle; perfectly round plane figure, line, or shape; curved tier of seats at a theatre, etc.; orb; sphere; globe; roundabout; road junction with a circular island round which traffic has to pass in one direction. 圆圈；圆形；环状物；剧场等的圆形看台；星体；球体；交通圈。

**bulbul, burung ~** *k.n.* nightingale; small thrush, male of which sings melodiously. 夜莺。

**buletin** *k.n.* bulletin; short official statement of news. 公报；公告。

**buli** *k.k.i.* bully; put the ball into play in hockey by two opponents striking sticks together. 欺悔；威吓；曲棍球的开球。

**bulu** *k.n.* fur; short fine hair covering the bodies of certain animals; skin with this, or fabric imitating it, used for clothing; coating; incrustation; feather; one of the structure with a central shaft and fringe of fine strands, growing from a bird's skin; long silk hair on a dog's or horse's legs. 兔、猫等动物的柔毛；软毛；动物的皮毛；毛皮衣饰物；镶嵌物；皮壳；絮。 **~ arnab** *k.n.* coney (shop term); rabbit fur. 兔毛皮。 **~ kapas** *k.n.* down; very fine soft furry feathers or short hairs. 绒毛；绒羽。 **~ kasar** *k.n.* bristle; short stiff hair; one of the stiff pieces of hair or wire, etc. in a brush. （动物身上的）短毛；（植物的）刺毛。 **~ roma** *k.n.* hair; fine thread like strand growing from the skin. 汗毛。 **berbulu** *adj.* furry. 皮毛的；似皮毛的；皮毛制的。 —*k.k.i.* fur (p.t. *furred*); like fur; cover or become covered with fur. 长毛；生柔毛状表层；变成柔毛状。

**bulur** *adj.* peckish (*colloq.*); hungry. 饥饿的。

**bumbung** *k.n.* roof (pl. *roofs*); upper covering of a building, car, cavity, etc. 屋顶；车顶；顶部。 **membumbungi** *k.k.t.* cover with a roof; be the roof of. 给…盖屋顶；像屋顶般盖着。

**bumi** *k.n.* earth; the planet we live on; its surface; dry land; soil. 地面；地球；大地；土。 **mengebumikan** *k.k.t.* inter (p.t. *interred*); bury. 用土掩盖树木等；埋；埋葬。

**bunga** *k.n.* flower; part of a plant where fruit or seed develops; this and its stem; best part; blossom. 花；花卉；精华；最佳部分。 **~ Cina** *k.n.* gardenia; fragrant white or yellow flower; tree or shrub bearing this. 栀子花；栀子。 **~ kertas** *k.n.* bougainvillaea; tropical shrub with red or purple bracts. 九重葛。 **~ matahari** *k.n.* sunflower; tall garden plant bearing large yellow flowers. 向日葵。 **pasu ~** *k.n.* flowerpot; pot in which a plant may be grown. 花盆；花钵。 **berbunga** *k.k.i.* flower; produce or allow to produce flowers. 开花。 **berbunga-~** *adj.* flowery; full of flowers; full of ornamental phrases; ornamented with design of flowers. 花的；多花的；（文章）词藻华丽的；用花装饰的。 **tak berbunga** *adj.* flowerless; non-flowering. 无花的；不开花的。

**bungkal** *k.n.* nub; small lump. (煤等的)节；瘤。

**bungkus, membungkus** *k.k.t.* enfold; wrap up; put together in a package; wrap as a parcel; make into a bundle; cover or protect with something pressed tightly. 捆；包扎；包装；包裹。

**bungkusan** *k.n.* pack; package; parcel; box, etc. in which goods are packed; collection of things wrapped or tied for carrying or selling. 包裹；货物。

**bunion** *k.n.* bunion; swelling at the base of the big toe, with thickened skin. 拇囊炎肿。

**buntak** *adj.* dumpy (*-ier, -iest*); short and fat. 肥胖的；矮胖的。

**buntu** *adj.* blocked; closed. 堵塞的；停滞的；封闭着的。 —*k.n.* deadlock; state when no progress can be made. 停顿；僵局；停滞。

**buntut** *k.n.* bottom; behind; buttocks. 底；底部；屁股；臀部。 **membuntuti** *k.k.t.* dog (*p.t. dogged*); follow persistently. 追随；跟踪。

**bunuh** *k.k.t.* kill; murder; cause the death of; kill intentionally and unlawfully. 杀死；谋杀；处死；毁掉；谋害。 **~ diri** *k.n.* suicide; intentional killing of oneself; act destructive to one's own interests. 自杀。 **membunuh** *k.k.t.* assassinate; kill (an important person) by violent means; murder. 暗杀；行刺；谋杀。 **~ beramai-ramai** *k.n.* massacre; slaughter in large numbers. 大屠杀。

**bunyi** *k.n.* sound; vibrations of air detectable (at certain frequencies) by the ear; sensation produced by these; what is or may be heard. 声；响；声音。 **berbunyi** *k.k.i.,* **membunyikan** *k.k.t.* sound; produce or cause to produce sound; utter; pronounce; seem when heard; test by noting the sound produced. 鸣；响；发声；宣告；用语言表达；听来像是；令人觉得；(医生)敲诊。

**burgundi** *k.n.* burgundy; red or white wine from Burgundy; similar wine. 法国勃艮第区出产的勃艮第红或白葡萄酒。

**Burma** (Myanmar) *adj. & k.n.* Burmese; (native, language) of Burma. 缅甸人(的)；缅甸语(的)。

**bursar** *k.n.* bursary; grant given to a student. 资助金；大学奖学金。

**buru, memburu** *k.k.t.,* **berburu** *k.k.i.* hunt; chase; go quickly after in order to capture or overtake or drive away; pursue (wild animals) for food or sport; pursue with hostility; use (a horse or hounds) in hunting; seek; search. 狩猎；猎取；追猎；搜寻；追捕。 **terburu-~** *k.k.i.* hurry; (*colloq.*) try to obtain. 匆忙；赶紧。

**buruh** *k.n.* labour; workers. 劳工；工人。 **~ kasar** *k.n.* labourer; person employed to do unskilled work. 劳工；劳动者；苦力。 **Buruh** *k.n.* Labour; (of) the U.K. political party representing the interests of workers. 英国工党。

**buruj** *k.n.* constellation; group of fixed stars. 星座；星群。

**buruk** *adj.* bad (*worse, worst*); having undesirable qualities; wicked; evil; unpleasant; harmful; serious; of poor quality; diseased; decayed; dirty; stormy; lousy (*-ier, -iest*); mean (*-er, -est*); poor in quality or appearance; obnoxious; very unpleasant. 不好的；质量差的；恶劣的；使人不愉快的；有害的；严重的；腐烂的；不道德的；(风雨)猛烈的；能力拙劣的；讨厌的。 **memburukkan** *k.k.t.* aggravate; make worse; (*colloq.*) annoy. 加剧；加重；使恶化；中伤。

**burung** *k.n.* bird; feathered animal. 鸟；禽类。 ~ **bayan** *k.n.* parakeet; a kind of small parrot. 小鹦鹉。 ~ **tukang** *k.n.* nightjar; night-flying bird with a harsh cry. 欧夜莺。 **anak** ~ *k.n.* chick; young bird before or after hatching. 雏鸡；雏鸟。

**burut** *k.n.* hernia; abnormal protrusion of part of an organ through the wall of the cavity (esp. the abdomen) containing it. 疝气；脱肠。

**busa** *k.n.* spume; froth; foam. 泡沫；浮沫。

**busung** *k.n.* dropsy; disease in which fluid collects in the body. 水肿；积水。

**busur** *k.n.* bow; strip of wood curved by a tight string joining its ends, for shooting arrows. 弓；弓形物。

**busut** *k.n.* hummock; hump in the ground; molehill; mound of earth thrown up by a mole; mound over an ant's nest. 小圆丘；小圆岗；鼹鼠窝；鼹鼠丘；蚁冢。

**but** *k.n.* boot; covering of leather, etc. for the foot and ankle or leg; covered luggage compartment in a car. 长筒靴；汽车的行李箱。

**buta** *adj.* blind; without sight; without foresight or understanding or adequate information. 瞎的；失明的；鲁莽的；未加思考的。 ~ **hati** *adj.* inconsiderate; not considerate. 无情的；麻木不仁的；不体谅别人的。 ~ **huruf** *adj.* illiterate; unable to read and write; uneducated. 文盲的；不能读写的。 **membutakan** *k.k.t.* blind; make blind; take away power of judgement from. 使失明；使目眩；蒙蔽。 **membabi** ~ *k.k.i.* (*sl.*) go along recklessly. 盲目追随。

**butana** *k.n.* butane; inflammable liquid used as fuel. 丁烷。

**butang** *k.n.* button; knob or disc sewn to a garment as a fastener or ornament; small rounded object; knob pressed to operate a device. 钮扣；钮形物；开关电器用的按钮。 **membutangkan** *k.k.t.* button; fasten with button(s). 扣起；扣紧；以钮扣扣住。

**buti** *k.n.* bootee; baby's knitted boot. 婴儿穿的毛绒鞋。

**butik** *k.n.* boutique; small shop selling fashionable clothes, etc. 专卖妇女时装用品的时装商店。

**butir, butiran** *k.n.* item; single thing in a list or collection; single piece of news. 项目；细目；品目；条款；(新闻等的)一则。 **membutirkan** *k.k.t.* itemize; list; state the individual items of. 分条例述；详细登录。

**bye-bye** *sr.* bye-bye (*colloq.*); goodbye. 再见！

**Byzantine** *adj.* Byzantine; of Byzantium or the eastern Roman Empire; complicated; underhand. 关于拜占庭或东罗马帝国的；错综复杂的；多阴谋诡计的。

# C

**C** *kep.* C; Centigrade. (缩写) 摄氏温度计。

**cabang** *k.n.* branch; arm-like part of a tree; similar part of a road, river, etc.; subdivision of a family or subject; local shop or office belonging to a large organization; offshoot; side shoot; subsidiary product; outgrowth; thing growing out of another. 树枝；分枝；支线；支流；(机构等的) 分部；分行；副产品。 **bercabang** *k.k.i.* branch; send out or divide into branches. 开叉；设分行。

**cabar** *k.k.t.* challenge; make a challenge to question the truth or rightness of. 挑战；质问；驳斥。 **mencabar** *k.k.t.* defy; challenge to do something; impeach; disparage. 向....挑战；控告；贬低。

**cabaran** *k.n.* challenge; call to try one's skill or strength; demand to respond or identify oneself; formal objection; demanding task. 挑战；质问；驳斥；要求；(法官) 表示反对；艰巨任务。

**cabul** *adj.* desecrate; treat (a sacred thing) irreverently; dissipated; living a dissolute life; dissolute; lacking moral restraint or self-discipline; licentious; sexually immoral; dirt; foul words; scandal. 亵渎的；沾污 (神灵) 的；淫荡的；不道德的；丢脸的。 **mencabul, mencabuli** *k.k.t.* molest; pester in a hostile way or so as to cause injury; infringe; break (a rule or agreement); encroach. (性) 骚扰；侵犯；毁 (约)；侵占。

**cabut** *k.k.t.* abstract; take out; remove. 摘引；抽出；分解出。

**cacar** *k.n.* smallpox; disease with pustules that often leave bad scars. 天花。 ~ **air** *k.n.* chicken-pox; disease with a rash of small red blisters. 水痘。

**cacat**[1] *adj.* handicapped; suffering from physical or mental disability. 残废的；身体或智能上残障的。

**cacat**[2] *k.n.* handicap; thing that makes progress difficult or lessens the chance of success; physical or mental disability. 障碍；不利条件；身体或智能上的缺陷。 ~ **bentuk** *k.n.* malformation; faulty formation. 畸形；变体。 **mencacatkan** *k.k.t.* deface; spoil or damage the surface of; deform; spoil the shape of; disfigure; spoil the appearance of. 损伤外表；使变形；使不成形；使破相。

**caci, mencaci** *k.k.t.* abuse; attack with abusive language; disparage; speaks lightingly of. 辱骂；贬低；轻视。

**cacian** *k.n.* abuse; abusive language; disparagement; aspersions (*pl.*); attack on a reputation. 辱骂；骂人话；贬低；诽谤。

**cacing** *k.n.* worm; animal with a soft rounded or flattened body and no backbone or limbs. 蚯蚓；软体虫。 ~ **bayut** *k.n.* blindworm. 蛇蜥。 ~ **benang** *k.n.* threadworm; small thread-like worm, esp. found in the rectum of children. 蛲虫；丝虫。 ~ **gelang** *k.n.* roundworm; worm with a rounded body. 蛔虫。 ~ **kerawit** *k.n.* hookworm; parasitic worm, male of which has hook-like spines. 钩虫。 ~ **pipih** *k.n.* flatworm; type of worm with a flattened body. 扁虫。 ~ **pita** *k.n.* tape-worm; tape-like worm living as a parasite in intestines. 绦虫。 ~ **tanah** *k.n.* earthworm. 蚯蚓；蛐蟮。

**cadang, mencadangkan** *k.k.t.* suggest; cause (an idea, etc.) to be present in the mind; propose for acceptance or rejection. 建议；提议；提醒；提出。

**cadangan** *k.n.* suggestion; suggesting; thing suggested; slight trace; overture (*pl.*); formal proposal. 提议；建议；提示。

**cadar** *k.n.* bedclothes (*pl.*); sheets, blankets, etc.; bedspread; covering spread over a bed during the day. 寝具；床单；床罩。

**cadir** *k.n.* duvet; thick soft quilt used instead of bedclothes. 绒毛被褥。

**cahaya** *k.n.* light; thing that stimulates sight; a kind of radiation; brightness; source of light. 光线；光亮；日光；点火物；光源。

**cair** *adj.* fluid; consisting of particles that move freely among themselves; liquid; in the form of liquid; (of assets) easy to convert into cash. 流体的；液体的；（财产）流动的。 **mencairkan** *k.k.t.* liquefy; make or become liquid; liquidize; reduce to a liquid state; dilute; reduce the strength of (fluid) by adding water, etc.; reduce the forcefulness of. 液化；使成液体；稀释；搀淡；冲淡。

**cairan** *k.n.* dilution. 冲淡；稀释；稀释物。

**cakah** *adj.* obtuse; of blunt shape; (of an angle) more than 90° but less than 180°. （角度）钝的。

**cakap** *k.k.t.* speak (*p.t. spoke*, *p.p. spoken*); utter (words) in an ordinary voice; say something; converse; express by speaking. 讲；说；声明；表明；陈述；讲演。 **bercakap lambat-lambat** *k.k.t.* drawl; speak lazily or with drawn-out vowel sounds. 慢吞吞地说话；懒洋洋地说。

**cakar**[1] *k.n.* claw; pointed nail on an animal's or bird's foot; claw-like device for grappling or holding things; dew-claw; small claw on the inner side of a dog's leg; talon; bird's large claw. 爪；钳；狗的内趾；猛禽的巨爪。

**cakar**[2], **mencakar** *k.k.t.* claw; scratch or pull with a claw or hand. 用爪抓；用爪挖掘。 **~ ayam** *k.n.* scrawl; bad handwriting. 潦草书写；乱写；瞎涂。

**cakera** *k.n.* disc; thin circular plate or layer thing shaped thus; record bearing recorded sound; discus; heavy disc thrown in contests of strength. 圆盘；盘状物；唱片；磁碟；铁饼。

**cakerawala** *k.n.* firmament; sky with its clouds and stars. 苍穹；天空。

**calar** *k.n.* bruise; injury that discolours skin without breaking it. 瘀伤；青肿。

**calon** *k.n.* candidate; person applying for a job, etc., or taking an examination. 候选人；应征者；应考生。 **mencalonkan** *k.k.t.* nominate; name as candidate for; propose; nominate as candidate. 提名；推荐；建议。

**calung** *k.n.* dipper; ladle. 有柄勺；椰壳勺；戽斗。

**Calvinisme** *k.n.* Calvinism; teachings of the Protestant reformer John Calvin or his followers. 法国宗教改革者喀尔文的教义。 **penganut ~** *k.n.* Calvinist. 喀尔文教徒。

**cam** *k.k.t./i.* identify; recognize as being a specified person or thing; consider to be identical. 识别；辨认；认明；使一致。 **mengecam** *k.k.t.* spot (*colloq.*); notice; watch for and take note of. 察出；认出；注意到。

**camar** *k.n.* gull; sea-bird with long wings; seagull. 鸥。

**cambah, bercambah** *k.k.i.* burgeon; begin to grow rapidly. 急速成长；萌芽。

**Camembert** *k.n.* Camembert; a kind of soft rich cheese. 卡门贝干酪。

**campak**[1] *k.k.t.* chuck (*colloq.*); throw carelessly or casually. 抛；投；丢。

**campak**[2] *k.n.* measles; infectious disease producing small red spots on the body. 麻疹。

**campur** *k.k.t.* mix; put (different things) together so that they are no longer distinct; prepare by doing this; combine; blend. 混合；搀合。 **bercampur** *k.k.t./i.* mingle; mix; blend; go about among. 混合；搀合；搀杂。 **bercampur aduk** *adj.* jumble; mix in a confused way. 混杂

的；混乱的。**mencampuradukkan** *k.k.t.* interlard; insert contrasting remarks into. 使混杂；使混乱。

**campuran** *k.n.* mixture; thing made by mixing; coalition; union, esp. temporary union of political parties. 混合物；联合；结盟。

**canai** *k.k.i.* grind (p.t. *ground*); sharpen or smooth by friction. 磨碎；碾磨；磨利；琢磨。

**canaian** *k.n.* grind; grinding process. 碾磨；磨碎；研磨。

**cancan** *k.n.* cancan; lively high-kicking dance performed by women. 康康舞。

**candat** *k.n.* grapnel; small anchor with several hooks; hooked device for dragging a riverbed. 抓钩；多爪锚。

**candlewick** *k.n.* candlewick; fabric with a tufted pattern. 烛芯纱。

**candu** *k.n.* opium; narcotic drug made from the juice of certain poppies. 鸦片。

**canggah, bercanggah** *k.k.t.* dissent; have or express a different opinion. 持异议；违抗；争论；不和。

**canggih** *adj.* sophisticated; characteristic of or experience in fashionable life and its ways. 老练的；深奥的；复杂的；尖端的。

**canggung** *adj.* gauche; lacking ease and grace of manner; clumsy; large and ungraceful or difficult to handle; not skilful; gawky; awkward and ungainly; dodgy. 不圆滑的；不善交际的；笨拙的；鲁钝的。

**cangkat** *k.n.* hillock; small hill; mound; koppie (*S. Afr.*); small hill. 小丘；土堆。

**cangkuk** *k.n.* hook; bent or curved piece of metal, etc. for catching hold of or hanging things on; thing shaped like this; curved cutting-tool; short blow made with the elbow bent. 钩；挂钩；钩形物；弯刀；（拳击）肘弯击；钩击。**mencangkuk** *k.k.t.* hook; grasp, catch, or fasten with hook(s); scoop or propel with a curving movement. 用钩钩住；用钩子挂；用肘弯击；用钩针编结。

**cangkul** *k.n.* hoe; tool for loosening soil or scraping up weeds. 锄。**mencangkul** *k.k.t./i.* hoe (pres. p. *hoeing*); dig or scrape with a hoe. 锄（地）；开垦荒地。

**canselor** *k.n.* chancellor; State or law official of various kinds; non-resident head of a university. 大臣（职位名称）；首席法官；大学校长。

**cantas** *k.k.t.* lop (p.t. *lopped*); cut branches or twigs off; cut off. 修剪（树枝等）；砍掉（肢体等）。

**cantik** *adj.* beautiful; having beauty; very satisfactory. 美丽的；年轻貌美的；优美的。**mencantikkan** *k.k.t.* beautify; make beautiful. 美化；使美丽。

**cantum, bercantum** *k.k.t.* coalesce; combine. 接合；联合。**mencatumkan** *k.k.t.* graft; put a graft in or on; join inseparably. 植物嫁接；接合。

**cantuman** *k.n.* graft; shoot fixed into a cut in a tree to form a new growth; living tissue transplanted surgically. 植物嫁接；移植物。

**cap** *k.n.* brand; trade mark. 商标；牌子。**mengecap** *k.k.t.* brand; mark with a brand; give a bad name to; imprint; impress or stamp a mark, etc. on. 加商标于；加污名于；打烙印于。

**capai, mencapai** *k.k.t.* attain; achieve; accomplish; reach or gain by effort. 达到；得到；获致成功；完成；达成。

**capati** *k.n.* chappatti (also *chapati*); a thin flat circle of unleavened bread. 印度薄面包。

**caperon** *k.n.* duenna; chaperon. 保姆；陪同未婚少女出席社交场所的妇女。

**cara** *k.n.* manner; way a thing is done or happens; means; that by which a result is brought about; method; style. 举止；态度；行为；方法；姿态。

**cari** *k.k.t./i.* search; look or feel or go over (a person or place, etc.) in order to find something. 搜索；寻找。

**Caribbean** *adj.* Caribbean; of the West Indies or their inhabitants. 加勒比海人的；拉丁美洲加勒比海的。

**Carmelite** *k.n.* Carmelite; member of an order of white-cloaked friars or nuns. 加尔慕罗修会的修士或修女。

**carta** *k.n.* chart; map for navigators; table, diagram, or outline map showing special information. 图解；图表；航海图；地势图；略图。

*carte blanche* carte blanche; full power to do as one thinks best. 全权委任。

**caruk, mencaruk** *k.k.i.* gorge; eat greedily. 狼吞虎咽；暴食。

**cas** *k.n.* charge; electricity contained in a substance. 电荷。 **mengecas** *k.k.t./i.* charge; give an electric charge to store energy in (a battery, etc.). 充电。

**cat** *k.n.* paint; colouring-matter for applying in liquid form to a surface; (*pl.*) tubes or cakes of paint. 漆；漆条；漆块。 **mengecat** *k.k.t.* paint; coat with paint; portray by using paint(s) or in words; apply (liquid) to. 涂漆；用漆或颜料绘画；用文字描写；涂掉；粉饰。

**catat, mencatat** *k.k.i.* jot (p.t. *jotted*); write down briefly; note. 草草记下；摘记。

**catatan** *k.n.* note; brief record written down to aid memory. 笔记；摘记；便条；备忘录。 **buku ~** *k.n.* jotter; note-pad; notebook. 笔记本。 **~ ringkas** *k.n.* chit; short written note. 短信；字条。

**catu, mencatu** *k.k.t.* ration; limit to a ration. (按额定分量)配给；限定(粮食等)。

**catuan** *k.n.* ration; fixed allowance of food, etc. 定量配给。

**catuk** *k.k.t./i.* peck; strike, nip or pick up with the beak. 啄；敲击；掐。

**catukan** *k.n.* peck; pecking movement. 啄；敲击。

**catur** *k.n.* chess; game for two players using 32 chessmen on a chequered board (chessboard) with 64 squares. 西洋象棋。

**catut** *k.n.* pincers; tool with pivoted jaws for gripping and pulling things. 老虎钳。

**cauk** *k.n.* dimple; small dent, esp. in the skin. 酒窝；笑靥。

**cauvinis** *k.n.* chauvinist. 沙文主义者；大民族主义者。

**cauvinisme** *k.n.* chauvinism; exaggerated patriotism. 沙文主义；大民族主义。

**cauvinistik** *adj.* chauvinistic. 沙文主义的；大民族主义的。

**Cavalier** *k.n.* Cavalier; supporter of Charles I in the English Civil War. 英国查理一世时代的保皇党党员。

**cawan** *k.n.* cup; drinking vessel, usu. with a handle at the side; rounded cavity. 杯子。 **secawan** *k.n.* cupful (pl. *cupfuls*). 一杯之量。

**cawat** *k.n.* dirndl; full skirt gathered into a tight waistband. 紧身连衣裙。

**cebisan** *k.n.* bit; small piece or quantity. 小片；少量(食物等)。

**cebur, mencebur** *k.k.t./i.* plunge; thrust or go forcefully into something. 投入；跳入；陷入。

**cecair** *k.n.* liquid; flowing substance like water or oil. 液体。

**ceceh, menceceh** *k.k.t.* bleat; speak or say plaintively. 以微弱的声音说；喃喃地说。

**cecekik** *k.n.* noose; loop of rope, etc. with a knot that tightens when pulled. 活结；套索。

**cedar** *k.n.* cedar; evergreen tree; its hard fragrant wood. 西洋杉；香柏。 **kayu ~** *k.n.* cedarwood. 西洋杉木；香柏木。

**cedera** *k.k.i.* injure; cause injury to; harm; damage. 损害；伤害；毁坏。 **mencederakan** *k.k.t.* injure; cause harm to. 损害；伤害；使受损。 **tercedera** *adj.* injurious; causing injury. 有害的；伤害的；侮辱的；中伤的。

**cegah, mencegah** *k.k.t.* deter (p.t. *deterred);* discourage from action. 防止；制止。

**cek** *k.n.* check (*U.S.*); cheque; written order to a bank to pay out money from an account: printed form for this. 支票。

**cekap** *adj.* efficient; producing results with little waste of effort; proficient; competent; skilled; capable; having a certain ability or capacity; competent; dab; adept. 有效率的；能干的；熟练的；内行的。 **tidak ~** *adj.* incompetent; not competent. 无能力的；不能胜任的；不合适的。

**cekatan** *adj.* nippy (-ier, -iest); (*colloq.*) nimble; quickly. 敏捷的；迅速的；机警的。

**cekau, mencekau** *k.k.t./i.* grapple; seize; hold firmly; clutch; try to grasp. 抓住；捉牢；握紧；钩住。

**cekik** *k.k.t.* choke; stop (a person) breathing, esp. by squeezing or blocking the windpipe. 哽；扼（喉）；使闷塞。 **mencekik** *k.k.t./i.* strangle; kill or be killed by squeezing the throat; restrict the proper growth or utterance of. 使窒息；扼杀；哽住。 **tercekik** *k.k.i.* choke; be unable to breathe; clog; smother. 被堵塞；被扼杀；闷死。

**cekung** *adj.* concave; curved like the inner surface of a ball; dished. 凹的；凹面的；盘形的；碟形的。

**cela, mencela** *k.k.t.* inveigh; attack violently or bitterly in words; criticize and rebuke severely; denigrate; blacken the reputation of. 辱骂；责骂；贬低；毁坏名誉。 **suka mencela** *adj.* censorious; severely critical. 爱批评的；喜欢吹毛求疵的。

**celaan** *k.n.* denigration; censure; severe criticism and rebuke; stricture; contempt; despising; being despised; disrespect. 贬低；毁坏名誉；苛评；严厉指责；藐视。

**celah** *k.n.* chink; narrow opening; slit; cranny; crevice; fissure; cleft. 裂口；裂缝。 **mencelah** *k.k.t.* interpose; insert; intervene. 插入；嵌入；干涉。

**celaka** *adj.* fatal; causing or ending in death or disaster; fateful; inauspicious; not auspicious; ill-starred; unlucky. 致命的；决定命运的；不吉祥的；恶运的；星运不好的。

**celana** *k.n.* pants (*pl.*) (*colloq.*); trousers; underpants; knickers. 裤子；内裤；(女用) 扎口短裤。

**celaru** *k.k.i.* disorganize; upset the orderly system or arrangement of. 使混乱；打乱；瓦解。

**celik** *k.k.i.* awake (*p.t. awoke*, *p.p. awaken*); wake. (眼睛) 睁着；唤醒。 **~ huruf** *adj.* literate; able to read and write. 识字的。

**celopar** *adj.* garrulous; talkative; outspoken; very frank. 饶舌的；喋喋不休的；直率的；直言不讳的。

**celsius** *k.n.* celsius; of a centigrade scale with 0º as the freezing-point and 100º as the boiling-point of water. 摄氏温度计。

**Celt** *k.n.* Celt; member of an ancient European people or their descendants. 欧洲凯尔特人；凯尔特后裔。

**Celtic** *adj.* Celtic. 凯尔特人的。

**celungap** *k.k.i.* gormandize; eat greedily. 狼吞虎咽；狂吞。

**celup** *k.k.t./i.* dip (*p.t. dipped*); put into liquid; go under water and emerge quickly; lower; go downwards; dunk. 浸；泡；蘸；沉入；降至水平以下。 **mencelup** *k.k.t.* dye (*pres. p. dyeing*); colour, esp. by dipping in liquid. 着色；（浸入液体中）染。

**celupan** *k.n.* dipping; short bathe; liquid or mixture into which something is dipped. 浸泡；蘸；沾染。

**celur, mencelur** *k.k.t.* blanch; immerse in boiling water. 漂白；使变白。

**cemar** *adj.* impure; not pure; contaminated; polluted. 不洁的；不纯净的；污秽的。 **mencemari** *k.k.t.* contaminate; pollute. 污染；弄脏。

**cemas** *adj.* dread (*old use*); dreaded. 畏惧

**cembung** | 52 | **cerah**

的；恐怖的；担心的。**mencemaskan** *k.k.t.* fear greatly. 使担忧；吓坏。

**cembung** *adj.* convex; curved like the outer surface of a ball. 凸的；凸面的；凸状的。

**cemburu** *adj.* jealous; resentful towards rival; taking watchful care; envious; full of envy. 妒忌的；妒羡的；猜忌的；吃醋的；戒备的。

**cemerlang** *adj.* excellent; extremely good; brilliant; very bright; sparkling; very clever; outstanding; conspicuous; exceptionally good. 杰出的；卓越的；才华横溢的；非凡的；显著的。

**cemuh** *k.k.t.* flout; disobey openly. 公开地蔑视；无视（法规等）；对…嗤之以鼻。

**cencang** *k.k.t.* chop (p.t. *chopped*); cut by a blow with an axe or knife; hit with a short downward movement; mince; cut into small pieces in a mincer. 砍；切碎；斩；用绞肉机绞碎。

**cencangan** *k.n.* chop; chopping stroke. 砍；斩。

**cencorot** *k.n.* shrew; small mouse-like animal. 鼩鼱。

**cendawan** *k.n.* mushroom; edible fungus with a stem and a domed cap, noted for its rapid growth. 蕈；菇。

**cendekia** *adj.* intellectual; of or using the intellect; having a strong intellect; highbrow; very intellectual; cultured. 智力的；理智的；需用脑力的；理解力强的；（贬义）有高度文化修养的；有文化的。

**cendekiawan** *k.n.* intellectual; intellectual person; highbrow. 知识分子；有才智的人；（贬义）有高度文化修养的人。

**cenderamata** *k.n.* souvenir; thing serving as a reminder of an incident or place visited. 纪念品；纪念礼物。

**cengkam, mencengkam** *k.k.t./i.* clutch; grasp tightly. 攫取；抓牢；抓。

**cengkaman** *k.n.* clutch; tight grasp; stranglehold; strangling grip. 攫取；紧抓；（一把）抓住。

**cengkerik** *k.n.* cicada; chirping and brown insect resembling a grasshopper; cricket. 蝉；蟋蟀。

**cengkih** *k.n.* clove; dried bud of a tropical tree, used as spice. 丁香。**bunga ~** *k.n.* clover; plant with three-lobed leaves. 苜蓿。

**centigrade** *adj.* centigrade; using a temperature scale of 100º with 0º as the freezing-point and 100º as the boiling-point of water. 百分度的；摄氏温度计的。

**cenuram** *k.n.* cliff; steep rock-face, esp. on a coast. 峭壁。

**cepat** *adj.* quick (-er, -est); taking only a short time; able to notice or learn or think quickly; fast (-er, -est); showing a time ahead of the correct one. 迅速的；灵敏的；时间匆匆的；快捷的。**dengan ~** *kkt.* apace; swiftly. 迅速地；飞快地。**mempercepatkan** *k.k.t.* quicken; make or become quicker or livelier; expedite; help or hurry the progress of. 加快；使活泼；迅速做好。

**cepiau** *k.n.* bonnet; hat with string that tie under the chin; Scotch cap. 系带于颔下的无边小圆软帽；苏格兰无边呢帽。

**cepoa** *k.n.* abacus (pl. *-cuses*); frame with balls sliding on rods, used for counting. 算盘。

**cepu** *k.n.* casket; small, usu. ornamental box for valuables. 小盒；首饰盒。**~ debunga** *k.n.* anther; part of a stamen containing pollen. 花药；花粉囊。

**cepumas** *k.n.* jackpot; large prize of money that has accumulated until won. （牌戏中的）积累赌注。

**ceracap** *adj.* castanets; pair of shell-shaped pieces of wood, etc. clicked in the hand to accompany dancing. 响板。

**cerah** *adj.* fair (-er, -est); light in colour;

having light-coloured hair; (*old use*) beautiful; (of weather) fine; (of wind) favourable; bright (*-er, -est*); giving out or reflecting much light. 皮肤白皙的；(颜色)清的；头发金黄色的；美丽的；晴朗的；(风)畅快的；明亮的。**mencerahkan** *k.k.t./i.* brighten; make or become brighter. 使明亮；使鲜明；使开朗。

**cerai, menceraikan** *k.k.t.* divorce; end the marriage of (a person) by divorce; separate. 离婚；分居。

**cerang** *k.n.* moor; stretch of open uncultivated land with low shrubs; clearing; space cleared of trees in a forest. 辟地；(尤指在英国被划为猎物保留区，长满沼泽植物的)旷野。

**cerat** *k.n.* nozzle; vent or spout of a hose-pipe, etc. 喷嘴；管嘴。

**cerca, mencerca** *k.k.t.* scorn; show scorn for; insult. 奚落；嘲弄；不屑地拒绝。

**cercaan** *k.n.* diatribe; violent verbal attack. 怒骂；谩骂；责骂。

**cerdas** *adj.* apt; suitable; having a certain tendency; quick at learning; discerning; perceptive; showing sensitive understanding. 切题的；恰当的；善于学习的；辨别力强的；目光敏锐的；聪明的。

**cerdik** *adj.* clever; quick at learning and understanding things; showing skill; ingenious; clever at inventing things; cleverly contrived. 聪明的；灵巧的；能干的；善于创造发明的。

**cerek** *k.n.* kettle; metal container with a spout and handle, for boiling water in. 烧开水用的壶；水锅。

**cerewet** *adj.* fussy (*-ier,-iest*); often fussing; fastidious; with much unneccessary detail or decoration; exacting; making great demands; finicking; finical; finicky; giving or needing extreme care about details. 爱小题大做的；非常挑剔的；过分讲究的。

**cergas** *adj.* enterprising; full of initiative. 有事业心的；有进取心的；有魄力的。

**ceri** *k.n.* cherry; small soft round fruit with a stone; tree bearing this or grown for its ornamental flowers; deep red. 樱桃；樱桃树；樱桃色。

**cerita** *k.n.* story; account of an incident or series of incidents (true or invented); material for this; (*colloq.*) narrative; spoken or written account of something. 故事；叙述；传记；传说；小说。**~ ibarat** *k.n.* parable; story told to illustrate a moral or spiritual truth. 寓言故事。**~ karut** *k.n.* cock-and-bull story; foolish story that no one should believe. 荒唐的故事。**~ rakyat** *k.n.* folklore; traditional beliefs and tales of a community. 民间传说；民间谚语；民俗。**menceritakan** *k.k.t.* narrate; tell (a story); give an account of. 叙述；讲(故事)；描述。

**cermat** *adj.* careful; acting or done with care; meticulous; very careful and exact; deliberate; slow and careful. 谨慎的；小心的；极注意细节的；仔细的；深思熟虑的。

**cermin** *k.n.* mirror; piece of glass coated on one side so that reflections can be seen in it; looking-glass. 镜子。**mencerminkan** *k.k.t.* mirror; reflect in or as if in a mirror. 照镜子。

**cerna** *k.k.t.* digest; dissolve (food) in the stomach, etc. for absorption by the body; absorb into the mind. 消化；领会；融会贯通。**tercerna** *adj.* digestible; able to be digested. 易消化的；可消化的。**tak tercerna** *adj.* indigestible; difficult or impossible to digest. 无法消化的；难消化的。

**ceroboh**[1] *adj.* graceless; inelegant; ungracious. 粗俗的；不雅致的；道德败坏的；没礼貌的；不感恩的。

**ceroboh**[2]**, mencerobohi** *k.k.t.* intrude; come or join in without being invited or wanted; thrust in; encroach; intrude on someone's territory or rights, etc.;

advance beyond proper limits; gatecrash; go to (a private party) uninvited. 闯入；打扰；挤入；侵犯；侵入；无卷入场；不请自来。

**cerobong** *k.n.* flue; smoke-duct in a chimney; channel for conveying heat; funnel; metal chimney on a steam engine or ship. (管风琴的) 唇管口；烟道；暖气管。

**cerompong** *k.n.* muzzle; open end of fire-arm. 枪炮的口。

**cerpelai** *k.n.* mongoose; stoat-like tropical animal that can attack and kill snakes; ermine; stoat. 印度的猫鼬；獴。

**cerucuk** *k.n.* pile; heavy beam driven vertically into ground as a support for a building or bridge. 桩；打在土中支持建筑物的支柱。

**ceruk** *k.n.* nook; secluded place or corner recess. 角落；隐匿处。

**cerun** *k.n.* escarpment; steep slope at the edge of a plateau, etc. 陡坡；峭壁。

**cerut** *k.n.* cheroot; cigar with both ends open. 方头雪茄烟。

**cerutu** *k.k.t.* cigar; roll of tabacco-leaf for smoking. 雪茄烟；叶卷烟。

**cetak** *k.k.t.* print; press (a mark) on a surface; impress (a surface, etc.) in this way; produce by applying inked type to paper; write with unjoined letters. 印；盖印；印刷；出版；把...写成印刷字体。—*k.n.* imprint; mark made by pressing on a surface. 版本说明；印记。

**cetakan** *k.n.* impression; impressed mark; making of this reprint. 印象；印记；印痕；盖印。 **~ komputer** printed material produced from a computer printer or teleprinter. 以打印方式表示的电脑或电传打字电报机信息。

**cetek** *adj.* shallow (*-er, -est*); of little depth; superficial. 浅的；肤浅的；皮毛的。

**mencetekkan** *k.k.t./i.* shallow; make or become shallow. (使) 变浅；(使) 变浅薄。

**cetus, tercetus** *k.k.i.* blaze; have an intense outburst of feeling. 燃烧；发强光；放光彩；激动；激昂。

**cetusan** *k.n.* blaze; outburst; explosion of feeling; outbreak; breakng out of anger, or war, or disease. 火焰；熊熊的火光；激发；感情昂扬；愤怒、战争、疾病的暴发。

**chaise longue** *k.n.* chaise longue; chair with a very long seat to support a sitter's legs. 懒人椅；躺椅。

**chalet** *k.n.* chalet; Swiss hut or cottage; small villa; small hut in a holiday camp, etc. 农舍；避暑处。

**chamois** *k.n.* chamois; a kind of soft leather; a piece of this. 羚羊皮；油鞣革。

**champagne** *k.n.* champagne; sparkling white wine. 香槟酒。

**Chancery** *k.n.* Chancery; division of the High Court of Justice. 大法官法庭；高等法庭的一个部门。

**chandelier** *k.n.* chandelier; hanging support for several lights. 枝形吊灯。

**charge d'affaires** *k.n.* charge d'affaires; ambassador's deputy; envoy to a minor country. 代理大使。

**cheetah** *k.n.* cheetah; a kind of leopard. 印度豹。

**chef d'oeuvre** *k.n. chef d'oeuvre* (pl. *chefs d'oeuvre*); masterpiece. 杰作。

**chenille** *k.n.* chenille; fabric with velvety pile, used for furnishings. 雪尼尔花线；绳绒线。

**Chianti** *k.n.* Chianti; dry, usu. red Italian wine. 意大利基安蒂红葡萄酒。

**China** *adj. & k.n.* Chinese; (native, language) of China. 中国 (的)；中国人 (的)；中国语言 (的)。

**chipolata** *k.n.* chipolata; small spicy sausage. 辣香肠。

**chop-suey** *k.n.* chop-suey; Chinese dish of meat or fish fried with vegetables. 炒杂碎。

**choux pastry** *k.n.* choux pastry; light pastry for making small cakes. 鸡蛋松软面团，制蛋糕用。

**chow** *k.n.* chow; long-haired dog of a Chinese breed. 中国黑鼻狗。

**cicak** *k.n.* lizard; reptile with four legs and a long tail. 蜥蜴；壁虎。

**C.I.D.** *kep.* C.I.D.; Criminal Investigation Department. (缩写) 刑事调查局。

**cihuahua** *k.n.* chihuahua; very small smooth-haired dog. 奇瓦瓦小狗。

**Cik** *k.n.* Miss (pl. *Misses*); title of a girl or unmarried woman; Ms.; title prefixed to a woman's name without distinction of married or unmarried status. 小姐；对未婚或年轻女郎的称呼。

**cikori** *k.n.* chicory; blue-flowered plant used for salad; its root, roasted and ground for use with coffee. 菊苣。

**cili** *k.n.* chili (pl. *-ies*); dried pod of red pepper. 辣椒。 **~ api** *k.n.* cayenne; hot red pepper. 红辣椒。

**cimpanzi** *k.n.* chimpanzee; chimp (*colloq.*); African ape. 黑猩猩。

**cinta** *k.n.* love; warm liking or affection; loved person. 爱；热爱；爱情；爱好；情人。 **mencintai** *k.k.t.* love; feel love for; like greatly. 爱；热爱；爱好。 **bercinta** *k.k.i.* in love; feeling (esp. sexual) love for another person. 爱上；相爱。 **hubungan ~** love affair; romantic or sexual relationship between people who are in love. 恋爱事件；风流韵事。

**cipan**[1] *k.n.* battle-axe; heavy axe used as a weapon in ancient times. 战斧。

**cipan**[2] *k.n.* tapir; small pig-like animal with a long snout. 貘。

**cipta, mencipta** *k.k.t.* create; bring into existence; produce by what one does; (*sl.*) make a fuss; devise; invent. 创作；产生；忙乱；大惊小怪；设计；发明；策划。

**ciri** *k.n.* characteristic; (feature) forming part of the character of a person or thing; noticeable quality. 特征；特色。

**cirit-birit** *k.n.* diarrhoea; condition with frequent fluid faeces. 腹泻。

**cita-cita** *k.n.* ambition; strong desire to achieve something; object of this. 抱负；志气；雄心。 **bercita-cita** *adj.* ambitious; full of ambition. 有抱负的；有雄心的。

**cium, mencium** *k.k.t./i. see* **kucup**. 见 **kucup**。

**cl** *kep.* cl; centilitre(s). (缩写) 厘升。

**cm** *kep.* cm; centimetre(s). (缩写) 厘米；公分。

**Co.** *kep.* Co.; Company; Country. 公司；郡；县。

**cobol** *k.n.* cobol; computer language for use in business operating. 商业用的电脑通用语言。

**Cockney** *k.n.* Cockney (pl. *-eys*); native or dialect of the East End of London. 伦敦佬；伦敦话；(贬义) 伦敦腔。

**cocok, secocok** *adj.* compatible; able to exist or be used together; consistent; able to be together harmoniously. 适合的；一致的；符合的。 **tidak ~** *adj.* incompatible; not compatible. 不相容的；不一致的；不协调的。

**cogan kata** *k.n.* motto (pl. *-oes*); short sentence or phrase expressing an idea or rule of conduct; maxim; riddle, etc., inside a paper cracker. 箴言；座右铭。

**cognac** *k.n.* cognac; French brandy. 法国白兰地酒。

**coklat**[1] *adj. & k.n.* brown (*-er, -est*); of a colour between orange and black; dark-skinned; brown colour or thing. 棕色(的)；褐色(的)；棕色皮肤(的)。 **~ kekelabuan** *adj.* dun; greyish-brown. 暗褐色的；焦茶色的。

**coklat**[2] *k.n.* chocolate; edible substance made from cocoa seeds; drink made with this; sweet made of or coated with this. 巧克力；巧克力饮料；巧克力糖。

**coli** *k.n.* bra; woman's undergarment worn to support the breasts. 乳罩；奶罩。

**colok** *k.n.* joss-stick; thin stick that burns with a smell of incense. (祭祀用的) 香。

**comel** *adj.* diminutive; tiny. 小型的；较一般小的。

**comot** *adj.* dingy (*-ier, -iest*); dirty-looking; grubby; infested with grubs; dirty; smudgy. 肮脏的；褴褛的；生蛆的；模糊的。**mencomotkan** *k.k.t./i.* smudge; make a smudge on or with; smudged; blur. 弄脏；污损；变模糊。

**condong** *k.k.t.* lean; be in a sloping position. 倚靠；倾向；倾斜。

**congkak** *adj.* bumptious; conceited. 高傲的；自大的；自满的。

**conteng** *k.k.t.* doodle; scribble idly. 胡乱涂写；心不在焉地乱画。

**contengan** *k.n.* doodle; drawing or marks made thus; daub; clumsily painted picture. 乱涂出来的东西。

**contoh** *k.n.* example; fact illustrating a general rule; thing showing what other of the same kind are like; person or thing worthy of imitation; specimen; part or individual taken as an example or for examination or testing; mock-up; model for use in testing or study; pattern; excellent example. 例子；实例；范例；（人）榜样；考试等的模拟题；模范。

**copeck** *k.n.* copeck; Russian coin, one hundredth of a rouble. 戈比；俄罗斯货币单位。

**copet, pencopet** *k.n.* pickpocket; thief who picks people's pockets. 扒手。

**corak** *k.n.* pattern; decorative design. 式样；（服装剪裁用的）纸样；模型；花样；图案。

**coret** *k.k.t.* streak; mark with streaks. 在...上加条纹。

**coretan** *k.n.* streak; thin line or band of a different colour or substance from its surroundings. 条纹；条痕。

**Corinthian** *adj.* Corinthian; of the most ornate style in Greek architecture. (古希腊雕刻建筑风格) 哥林多式的。

**Cornish** *k.n.* Cornish; Celtic language of Cornwall. (英国) 康瓦尔郡的；(康尔郡的) 凯尔特语。

**corong** *k.n.* funnel; tube with a wide top for pouring liquid, etc. into small opening. 漏斗。~ **salur** *k.n.* cesspit; cesspool; covered pit to receive liquid waste or sewage. 污水坑；粪池。

**corot** *adj.* hindmost; furthest behind. 最后面的。

**Cossack** *k.n.* Cossack; member of a people of South Russia, famous as horsemen. (俄罗斯) 哥萨克；哥萨克人；哥萨克轻骑兵。

**cota** *k.n.* baton; short stick, esp. used by a conductor; truncheon. 警棍；短棍；短棒。

**coulomb** *k.n.* coulomb; a unit of electric charge. 库仑；一种电量单位。

*coup d'etat* *k.n. coup d'etat;* sudden overthrow of a government by force or illegal means. 以暴力夺取政权；武装政变。

**coupe** *k.n.* coupe; two-door car with a slopping back. 双座轿车。

**creme de menthe** *k.n.* creme de menthe; peppermint-flavoured liqueur. 薄荷甜酒。

**Creole** *k.n.* Creole; descendant of European settlers in the West Indies or in Central or South America; their dialect. 克里奥尔人；西印度、中美洲及南美洲的欧洲人后裔；克里奥尔语。

**crinoline** *k.n.* crinoline; light frame-work formerly worn to make a long skirt stand out. 做裙衬的硬毛布；裙子的衬架。

**cuaca** *k.n.* weather; state of the atmosphere with reference to sunshine, rain, wind, etc. 天气；气候。

**cuai** *adj.* careless; not careful. 疏忽的；不小心的；不注意的。

**cuba** *k.k.t.* try; attempt; test, esp. by use; attempt to open (a door, etc.); hold a trial of; make an effort to accomplish or overcome. 尝试；试图；试验；审问；解决 (问题等)。

**cubit, mencubit** *k.k.t.* pinch; squeeze between two surfaces, esp. between finger

**cubitan** *k.n.* pinch; pinching; nip; sharp pinch or squeeze. 捏；夹；拧。

**cuci**[1] *k.k.t./i.* develop (p.t. *developed*); treat (a film, etc.) so as to make a picture visible. 冲洗照片。

**cuci**[2], **mencuci** *k.k.t.* clean; make clean; wash; cleanse with water or other liquid; wash clothes, etc. 使清洁；清洗；洗（衣服等）。

**cucu** *k.n.* grandchild (pl. *-children*); child of one's son or daughter. 孙子。 ~ **lelaki** *k.n.* grandson; male grandchild. 孙儿；孙子。 ~ **perempuan** *k.n.* granddaughter; female grandchild. 孙女。

**cucuk, mencucuk** *k.k.t.* impale; fix or pierce with a pointed object. 刺穿；对…施以刺刑；以尖物钉住。

**cucukan** *k.n.* impalement. 刺穿；刺刑。

**cucur, mencucurkan, mencuturi** *k.k.t.* sprinkle; scatter or fall in drops or particles on (a surface); trickle. 撒；洒；喷淋；滴流。 **bercucuran** *k.k.i.* trickle; flow or cause to flow in a thin stream. 涓涓地流动；滴流；（泪）滴下。

**cucuran** *k.n.* sprinkle; eaves (*pl.*); overhanging edge of a roof. 喷流；滴流；屋檐。

**cuit** *k.k.t.* chuck; touch playfully under the chin. 轻抚下巴。

**cuka** *k.n.* vinegar; sour liquid made from wine, malt, etc., by fermentation. 醋。

**cukai** *k.n.* tax; money to be paid by people or firms to a government. 税；税务。

**cukup** *adj., k.k.t. & k.n.* enough; as much or as many as necessary; adequate; satisfactory but not excellent; sufficient; ample (*-er, -est*); plentiful; quite enough. 足够（的）；充足（的）；充分；十分。

**cukur** *k.k.t./i.* shave; scrape (growing hair) off the skin. 刮（胡子）；剃（头发）；刨掉；削去。

**culik** *k.k.t.* kidnap; carry off (a person) illegally in order to obtain a ransom; abduct. 绑架；诱拐（小孩等）。

**cuma** *k.k.t.* merely; no more or no better than what is specified. 仅；只。

**cumbu, mencumbu** *k.k.t.* caress; give a caress to. 爱抚；调情；对…甜言蜜语。

**cumbuan** *k.n.* caress; loving touch; kiss. 爱抚；调情；甜言蜜语。

**cungap, tercungap-cungap** *k.k.t./i.* pant; breathe with short quick breaths; utter breathlessly; be extremely eager. 喘气；气喘吁吁地讲；热望；渴望。

**cungkil, mencungkil** *k.k.t.* pick; use a pointed instrument or the finger or beak, etc. to make (a hole) in or remove bits from (a thing). 用尖物掘；凿；剔出。

**cuping** *k.n.* lobe; lower soft part of the ear. 耳垂；耳垂状物。

**curah** *k.k.t.* pour; flow; cause to flow; send out freely; pelt; (of rain) come down fast. 倒；灌注；涌流；输送；大量生产；雨雪猛降。

**curam** *adj.* steep (*-er, -est*); sloping sharply not gradually. 陡峭的；险峻的。

**curang** *adj.* insincere; not sincere; perfidious; treacherous; disloyal. 不诚实的；无诚意的；伪善的。

**curi, mencuri** *k.k.t.* steal (p.t. *stole*, p.p. *stolen*); take (property) dishonestly; obtain by a trick or surreptitiously; burgle; rob as a burglar. 偷；窃取；盗窃。

**curiga** *k.k.i.* distrust; feel distrust in; mistrust; feel no trust in; suspicious; feeling or causing suspicion. 怀疑；猜疑。

**cuti** *k.n.* leave; official permission to be absent from duty; period for which this lasts; holiday; day(s) of recreation. 休假；请假；假期。 **bercuti** *k.k.t.* on leave; absent in this way; on holiday; spend a holiday. 放假；请假；渡假。

**cutni** *k.n.* chutney (pl. *-eyes*); seasoned mixture of fruit, vinegar, spices, etc., eaten with meat or cheese. 酸辣调味果酱。

# D

**d/a (di alamat)** *kep.* c/o; care of. (缩写)(信封上用语) 烦...转交。

**dachshund** *k.n.* dachshund; small dog with a long body and short legs. 达克斯狗。

**dacing** *k.n. see* **neraca**. 见 **neraca**。

**dada** *k.n.* chest; upper front surface of the body, part containing the heart and lungs; bosom; breast; upper front part of the body. 胸膛；乳房。 **alas ~** *k.n.* bib; covering put under a young child's chin to protect its clothes while feeding; front part of an apron, above the waist. 幼儿的围嘴。 **kuak ~** *k.n.* breast stroke; swimming-stroke performed face downwards. 俯泳。 **tulang ~** *k.n.* breastbone; bone down the centre of the upper front of the body. 胸骨。

**dadah** *k.n.* drug; substance used in medicine or as a stimulant or narcotic. 药物；麻醉剂；毒品。

**dadih** *k.n.* curd; thick soft substance, esp. (*pl.*) that forms when milk turns sour; junket; sweet custard-like food made of milk and rennet. 凝乳；凝乳状物；酥酪。 **mendadih** *k.k.t.* curdle; form or cause to form curds. 使凝固；使(牛奶等)凝结变质。

**dado** *k.n.* dado (pl. -*oes*); lower part of a wall decorated differently from the upper part. 墙脚；墙裙；护壁。

**dadu** *k.n.* die (*old use*); dice; small cube marked on each side with 1-6 spots, used in games of chance. 骰子。

**daerah** *k.n.* district; part (of a country, county, or city) with a particular feature or regarded as a unit; domain; area under a person's control. 地区；地方；区域；行政区。

**dafnah** *k.n.* daphne; flowering shrub. 瑞香木。

**daftar** *k.n.* register; official list. 登记；注册；记录；表；名册。 **mendaftar** *k.k.t.* register; enter in a register; record in writing; present for consideration; indicate; record. 登记；注册；记录。

**mendaftarkan** *k.k.t.* enrol (p.t. *enrolled*); admit as or become a member. 报名；登记为会员。

**dagang, memperdagangkan** *k.k.t.* trade; promote sales of (goods); commercialize; make commercial; alter so as to make profitable. 贸易；从商；做生意。 **kapal ~** *k.n.* merchant ship; ship carrying merchandise. 商船；货船。

**dagangan** *k.n.* merchandise; goods bought and sold or for sale. 商品；货品。

**daging** *k.n.* flesh; soft substance of animal bodies; joint; section of an animal's carcass as food; meat; animal flesh as food (usu. excluding fish and poultry). 肉；肉类。 **~ sumbat** *k.n.* forcemeat; finely-chopped seasoned meat used as stuffing. 加调料的肉馅；五香碎肉。 **~ lembu** *k.n.* beef; meat from ox, bull, or cow. 牛肉。 **berdaging** *adj.* fleshy; having much flesh. 肉的；多肉的；肥胖的。

**dago** *k.n.* dago (pl. -*oes*) (*sl.*, *derog.*); foreigner, esp. from southern Europe. (贬义)南欧的外国人。

**dagu** *k.n.* chin; front of the lower jaw. 下巴。

**dahaga** *adj.* thirst; feeling caused by a desire to drink; strong desire. 口渴的；渴望的。

**dahan** *k.n.* bough; limb; large or main branch of a tree. 大树枝；粗枝。

**dahi** *k.n.* forehead; part of the face above the eyes. 额；前额。

**dahlia** *k.n.* dahlia; garden plant with bright flowers. 天竺牡丹。

**dahsyat** *adj.* awful; extremely bad or unpleasant; (*colloq.*) very great; dire;

dreadful; ominous; horrid; horrible; causing horror; (*colloq.*) unpleasant; lurid; vivid and sensational or shocking; macabre; gruesome. 可怕的；极坏的；极大的；厉害的；不祥的；惊恐的；令人毛骨悚然的。

**dahulu** *adj.* former; of an earlier period; mentioned first of two. 早先的；在前的；两者中前面的。 **mendahulukan** *k.k.t.* ahead; further forward in position or time. 提前；优先；先处理。 **dahulunya** *kkt.* formerly; in former times; antecedent; previous; foregoing; preceding. 从前；以前；往昔。

**daif** *adj.* mean (*-er, -est*); low in rank. 劣质的；(事物)下等的。

**dail** *k.n.* dial; moveable disc manipulated to connect one telephone with another. 电话拨号盘。 **mendail** *k.k.t.* dial (p.t. *dialled*); select or regulate or operate by using a dial. 拨(电话号码)；(用标盘、罗盘等)测量。

**daiman** *k.n.* diamond; thing shaped thus; playing card of suit marked with such shapes. 钻石；金钢钻；(纸牌的)菱形方角。

**dakap** *k.k.t.* enfold; clasp; cuddle; hug lovingly; nestle. 包；折叠；拥抱。

**dakapan** *k.n.* gentle hug. 拥抱。

**daki, mendaki** *k.k.t.* mount; go up; ascend; go or come up. 爬上；骑上；登上。

**dakwa** *k.k.t./i.* sue (pres.p. *suing*): take legal proceedings against; make an application. 控告；控诉；提控。 **mendakwa** *k.k.t.* assert; state; declare to be true; use (power, etc.) effectively; indict; make a formal accusation against. 声明；起诉；控告。

**dakwaan** *k.n.* assertion; indict; indictment; lawsuit; process of bringing a problem or claim, etc. before a court of law for settlement; litigation; lawsuit(s). 坚持；声明；起诉；控告。

**dakwat** *k.n.* ink; coloured liquid or paste used in writing with a pen, printing, etc. 墨汁；墨水。

**dakyah** *k.n.* propaganda; publicity intended to persuade or convince people. 宣传；宣传行动。

**dalam** *adj.* inside; innerside; surface, or part, of or from the inside; deep (*-er, -est*); going or situated far down or in; intense; lowpitched; absorbed; profound; inner; nearer to the centre or inside; interior; internal. 里面的；内部的；深处的；热切的；声音低沉的；全神贯注的；深奥的。 **luar ~** inside out; with the innerside turned outwards; thoroughly. 翻过来；里面朝外；彻底地。 **mendalam** *adj.* circumstantial; detailed. 详尽的。 **terdalam** *adj.* inmost; furthest inward. 最深处的；最内部的。 **medalamkan** *k.k.t.* deepen; make or become deeper. 加深；使深沉。

**dalaman** *adj.* internal; of or in the inside; of a country's domestic affairs. 内在的；内部的；内政的。

**dalih** *k.n.* equivocation. 含糊的言词。 **berdalih** *k.k.i.* equivocate; use words ambiguously, esp. to conceal truth; diddle; (*sl.*) cheat; swindle. 推委；含糊其词；欺骗。

**dalsimer** *k.n.* dulcimer; musical instrument with strings struck by two hammers. 洋琴。

**dam** *k.n.* draught; (*pl.*) game played with 24 round pieces on a chess-board. 西洋象棋。

**damai** *adj.* peaceful; characterized by peace; pacific; making or loving peace. 和平的；宁静的；爱好和平的。 **mendamaikan** *k.k.t.* conciliate; soothe the hostility of; reconcile. 安抚；调停；和解。

**damak** *k.n.* dart; small pointed missile, esp. for throwing at the target in the game of *darts*. 飞镖；吹箭。

**damask** *k.n.* damask; fabric woven with a pattern visible on either side. 锦缎；花缎。

**dampar, terdampar** *k.k.i.* strand; leave in difficulties. 触礁；搁浅；陷于困境。

**damping** *adj.* adjacent; lying near; adjoining. 接近的；挨近的；邻接的。 **berdampingan** *k.k.i.* consort; keep company. 陪伴；随同。

**damson** *k.n.* damson; small dark-purple plum. 布拉斯李子；西洋李子。

**dan** *k.h.* and; a word use to connect words, phrases, or sentences in the same clause. 和；与；及。

**dana** *k.n.* fund; sum of money for a special purpose; stock; supply. 基金；专款；政府公债；资源。

**danau** *k.n. see* **tasik.** 见 **tasik**。

**dandan, ~ rambut** *k.n.* coiffure; hairstyle. 发型。 **mendandan** *k.k.t.* adorn; decorate with ornaments; be an ornament to. 用装饰品装饰；佩戴。

**dandanan** *k.n.* adornment. 装饰；装饰品。

**dandang** *k.n.* boiler; container in which water is heated. 汽锅；煮器。

**dandelion** *k.n.* dandelion; wild plant with bright yellow flowers. 蒲公英。

**dangau** *k.n.* farmhouse; farmer's house on a farm; homestead; house (esp. a farm house) with surrounding land and buildings; hut; small simple or roughly made house or shelter. 农舍；草屋；茅屋。

**dapat** *k.k.t.* earn; get or deserve as a reward for one's work or merit; (of money) gain as interest. 赚得；挣得；获得。

**dapur** *k.n.* stove; cooker; apparatus containing one or more ovens; closed apparatus used for heating rooms, etc. 炉；灶；暖炉。 **alat ~** *k.n* cutlery; table knives, forks, and spoons. 汤匙、叉和小刀等餐具。 **bilik ~** *k.n.* kitchen; room where meals are prepared. 厨房。

**dara** *k.n.* virgin; person (esp. a woman) who has never had sexual intercourse. 处女；少女。 **selaput ~** *k.n.* hymen; membrane partly closing the opening of the vagina of a virgin girl or woman. 处女膜。

**darab** *k.n.* multiplication. 乘法；乘法运算。 **mendarab** *k.k.t.* multiply; take a quantity a specified number of times and find the quantity produced. 乘。

**darah** *k.n.* blood; red liquid circulating in the bodies of animals; temper; courage; race; descent; parentage; kindred. 血液；脾气；种族；后裔；家族；血统。 **~ daging** *k.n.* flesh and blood; human nature; one's relatives. 亲骨肉；癖好；亲属。 **pertumpahan ~** *k.n.* bloodbath; massacre; bloodshed; killing or wounding. 大屠杀。 **salur ~** *k.n.* blood vessel; tubular structure conveying blood within the body. 血管。 **berdarah** *k.k.i.* bleed (p.t. *bled*); leak blood; draw blood from. 流血；出血。 —*adj.* bloody (-ier, -iest); blood-stained; with much bloodshed. 血的；流血的；血淋淋的。

**darat** *k.n.* land; part of earth's surface not covered by water; expanse of this; ground; soil. 陆地；地面；土地。 **mendarat** *k.k.i.* set or go ashore; come or bring (an aircraft) down to the surface of land or water; disembark; put or go ashore. 登陆；上岸；(飞机等)降落(地面或水面)。

**dari, daripada** *k.h.* from; having as the starting-point, source, or cause; as separated, distinguished, or unlike. 从；自。 **~ semasa ke semasa** from time to time; at intervals of time. 时时。

**darjah** *k.n.* degree; stage in a series or of intensity; unit of measurement for angles or temperature. 程度；等级；阶层；度数。

**darjat** *k.n.* rank; high social position. 阶级；地位；身分。

**darmawisata** *k.n.* excursion; short journey or outing, returning afterwards to the starting-point. 游览；短途旅行。

**darurat** *k.n.* emergency; serious situation needing prompt attention. 紧急情况；非常时期。

**dasar** *k.n.* base; lowest part; part on which a thing rests or is supported; starting point; basis; bottom; ground under a stretch of water; foundation; first layer; underlying principle; ground; underlying part; ground-work; preliminary or basic work; policy; course or general plan of action. 底；根基；地基；起点；基础；根据地；底色；原则。 **berdasarkan** *k.k.t.* base; use as a base, or foundation or evidence for a forecast, etc. 作...的基础；从...为根据。

**data** *k.n.* data (*pl.*); facts on which a decision is to be based; facts prepared for being processed by computer. 资料；数据。 **pangkalan ~** *k.n.* database; an organized store of computerized data. 资料库；资料卷档。

**datang** *k.k.i.* come (p.t. *came*, p.p. *come*); move towards a speaker or place or point; arrive. 来；抵达；来临。

**dataran** *k.n.* plain; large area of level country. 平原；平地；旷野。 **~ tinggi** *k.n.* plateau (pl. *-eaux*); area of level high ground. 高原；台地。

**datif** *k.n.* dative; grammatical case indicating the indirect object of a verb. (语法) 与格；间接宾语。

**datuk** *k.n.* grandfather; grandpa; grandad (*colloq.*); male grandparent. 公公；祖父；外祖父。 **~ adat** *k.n.* chamberlain; official managing a sovereign's or noble's household. 国王或贵族的侍从。 **~ bandar** *k.n.* mayor; head of the municipal corporation of a city or borough. 市长；州长。 **~ nenek** *k.n.* grandparent; parent of one's father or mother. 祖父母；外祖父母。

**daun** *k.n.* leaf; flat (usu. green) organ growing from the stem, branch, or root of a plant. 叶子。 **panggugur ~** *k.n.* defoliant; chemical substance that destroys foliage. 脱叶剂；落叶剂。

**dawai** *k.n. see* **kawat**. 见 **kawat**。

**dayus** *k.n.* cuckold; man whose wife has committed adultery. 戴绿帽的男人；妻子与人私通的男人。

**debak (berdebak)** *kkt.* bumpily. (物体坠地时) 嗒巴作响地；颠簸地。

**debar, debaran** *k.n.* palpitation. (心脏) 跳动；心悸。 **berdebar** *k.k.i.* palpitate; throb rapidly; quiver with fear or excitement. (心脏) 急速地跳动；悸动；发抖。

**debat** *k.n.* debate; formal discussion. 争论；辩论。 **mendebatkan** *k.k.t.* hold a debate about. 争论；辩论。

**debentur** *k.n.* debenture; bond acknowledging a debt on which fixed interest is being paid. (公司等的) 债券。

**debit** *k.n.* debit; entry in an account for a sum owing. (帐簿的) 借方；记入借方的款项。 **mendebit** *k.k.t.* enter as a debit; charge. 把帐记入借方。

**debu** *k.n.* dirt; soil. 尘埃；尘土。 **balapan ~** *k.n.* dirt-track; racing track made of earth or cinders, etc. 泥路；煤渣跑道。

**debut** *k.n.* debut; first public appearance. 初次登台亮相；初次参加社交活动。

**decik** *k.n.* chirp; short sharp sound made by a small bird or grasshopper. 鸟的啁啾声；虫的唧唧声。 **berdecik, mendecik** *k.k.t.* make this sound. 啁啾地叫。

**decip** *k.n.* peep; cheep. (小鸟等的) 吱吱声。

**decit** *k.n.* cheep; weak shrill cry like that of a young bird. (小鸟等的) 吱吱声。 **berdecit** *k.k.i.* cheep; make this cry. 吱吱地叫。

**dedah** *k.k.t.* blow (*sl.*); divulge; reveal (information). 爆发；揭发；泄露 (情报等)。 **mendedahkan** *k.k.t.* bare; uncover; reveal; disclose; expose; leave uncovered or unprotected; subject to a risk, etc.; allow light to reach (photographic film). 暴露；揭发；泄露；(胶卷) 曝光。 **terdedah** *adj.* bare (*-er, -est*); not clothed or covered; not adorned; scanty. 赤裸的；无掩饰的；少量的。

**dedak** *k.n.* bran; ground inner husks of grain, sifted from flour. 麦麸；糠。

**dedalu** *k.n.* mistletoe; plant with white berries growing on trees. 槲寄生。

**dedar** *k.n.* malaise; feeling of illness or uneasiness. 不舒服；小病。

**deduktif** *adj.* deductive; based on reasoning. 推论的；可演绎的；演绎的。

**defenden** *k.n.* defendant; person accused or sued in a lawsuit. 被告。

**definisi** *k.n.* definition; statement of a thing's precise meaning; making or being distinct; clearness of outline. 定义；释义；界说。 **mendefinisikan** *k.k.t.* define; give a definition of; state precisely; outline clearly; mark the boundary of. 下定义；弄明确；立界限。

**defisit** *k.n.* deficit; amount by which a total falls short of what is required; excess of liabilities over assets. 赤字；不敷；不足。

**degar, berdegar-degar** *k.k.i.* bluster; talk aggressively, with empty threats. (说话)恐吓；咆吼。

**degil** *adj.* dogged; determined; insubordinate; disobedient; rebellious; intractable; hard to deal with or control; obstinate; not easily persuaded or influenced or overcome; pig-headed; stubborn; not easy to deal with. 固执的；不顺从的；违命的；野蛮的；倔强的；难应付的。

**degum** *k.n.* boom; booming sound. (雷炮等的)隆隆声。 **berdegum** *k.k.i.* make a deep resonant sound. 发隆隆声。

**dehidrat** *k.k.t./i.* dehydrate; remove moisture from; lose moisture. 脱水；使干燥。

**deisme** *k.n.* deism; belief in the existence of a divine being without accepting revelation. 自然神论。

**déjà vu** *k.n. déjà vu*; feeling of having experienced the present situation before. 记忆幻觉；似曾相识症。

**dekad** *k.n.* decade; ten year period. 十年；十年间。

**dekagon** *k.n.* decagon; a geometric figure with ten sides. 十角形；十边形。

**dekah** *k.n.* guffaw; coarse, noisy laugh; roar; loud laughter. 哄笑；狂笑；大笑。 —*k.k.i.* roar; express in this way. 狂笑；大笑着说。 **berdekah** *k.k.i.* give a guffaw; coarse, noisy laugh. 哄笑；大笑。

**dekan** *k.n.* dean; university official. 大专学院院长。

**dekat** *adj.* contiguous; adjacent; next. 邻接的；邻近的；连续的。 —*kkt.* contiguously; nigh; near; at, to, or within a short distance or interval. 邻接地；靠近。 **dekat-dekat** *kkt.* nearly; closely; almost; close; in a near position. 几乎；差不多；很靠近。 **gambar ~** *k.n.* close-up; photograph, etc. showing a subject as at close range. 特定镜头。 **berdekatan** *adj.* nearby; near by; near in position; not far away. 靠近；邻近。 **mendekatkan** *k.k.t.* draw near. 走近；挨近；靠近…。

**dekatlon** *k.n.* decathlon; athletic contest involving ten events. 十项运动。

**dekompresi** *k.n.* decompression; release from compression; gradual reduction of air pressure. 降压；减压。

**dekongestan** *k.n.* decongestant; medicinal substance that relieves congestion. 减充血剂。

**dekut** *k.n.* coo; a soft murmuring sound like a dove. 鸽等咕咕叫声。 **mendekut** *k.k.i* make this sound. 咕咕地叫。

**delegasi** *k.n.* delegation; delegating; body of delegates. (代表的)委派；派遣；代表团。

**delima** *k.n.* ruby; red gem; deep red colour. 红宝石；红玉色。

**delta** *k.n.* delta; Greek letter D, written ∆; triangular patch of alluvial land at the mouth of a river. 希腊文的第四个字母；河口的三角洲。

**delusi** *k.n.* delusion; false belief or impression; this as a symptom of madness. 错觉；幻觉；妄想。

**de luxe** *adj.* de luxe; of superior quality; luxurious. 最佳的；高级的；奢华的。

**demagog** *k.n.* demagogue; person who wins support by appealing to popular feelings and prejudices. 善于煽动民心以取得支持的人；政客。

**demam** *k.n.* fever; abnormally high body temperature; disease causing this. 发烧；发热。 **~ alergi** *k.n.* hay fever; catarrh caused by pollen or dust. 枯草热；花粉症。 **rasa ~** *adj.* feverish. 发热的；兴奋的。

**demokrasi** *k.n.* democracy; government by all the people, usu. through elected representatives; country governed thus. 民主制度；民主主义；民主政体。

**demokrat** *k.n.* democrat; person favouring democracy. 民主主义者。

**Demokrat** *k.n.* Democrat; member of the Democratic Party in the U.S.A. 美国民主党党员。 **mendemokrasi** *k.k.i.* democratise. 使民主化；使平民化。 **pendemokrasian** *k.n.* democratisation. 民主化；平民化。

**demokratik** *adj.* democratic; of or according to democracy. 民主的；民主制度的；民主主义的。 **Demokratik** *k.n.* Democratic; of one of the two main political parties in the U.S.A. 美国民主党。

**demensia** *k.n.* dementia; mental disorder. 痴呆症。

**denai** *k.n.* spoor; track or scent left by an animal. 野兽的脚迹；臭迹。

**denda** *k.n.* fine; sum of money to be paid as a penalty. 罚金；罚款。 **mendenda** *k.k.t.* punish by a fine; mulct; take money from (a person) by a fine, taxation, etc. 罚款；对…处以罚款。

**dendam** *k.n.* grievance; ground of complaint; grudge; feeling of resentment or ill will; malice; desire to harm others or to tease; spite; malicious desire to hurt or annoy someone. 不满；抱怨；怨恨；恶意。 **mendendami** *k.k.t.* hurt or annoy from spite. 怀恨。

**dendang**[1] *k.n.* lay (*old use*); poem meant to be sung; ballad. 短叙事诗。

**dendang**[2], **burung ~** *k.n.* jackdaw; bird of the crow family. 寒鸦；鹈哥。

**dengan** *k.s.n.* with; in the company of; among; having; characterized by; using as an instrument or means. 和；随着；连同；由于；以…为；用；特性。 **~ ini** *kkt.* herewith; with this; hereby; by this act or decree, etc. 同此；随函；因此。

**dengar, mendengar** *k.k.t.* hear (p.t. *heard*); perceive (sounds) with the ear; listen; pay attention to; listen to and try (a lawsuit); receive information or a letter, etc.; make an effort to hear something; be persuaded by advice or a request. 听；听见；注意听；听取（证人供词）；得知；接到电报、信等；受到劝告等。 **terdengar** *k.k.i.* listen in; listen to a broadcast; overhear (p.t.-*heard*); hear accidentally or without the speaker's knowledge or intention. 听到；听广播；偶然听到。 **tidak terdengar** *adj.* inaudible; not audible. 听不见的。

**dengki** *adj. see* **iri**. 见 **iri**。

**dengkur, dengkuran** *k.n.* snore; snoring or grunting sound made during sleep. 打鼾；打鼾声。 **berdengkur, mendengkur** *k.k.i.* snore; make such sounds. 打鼾；发呼噜声。

**dengung** *k.n.* buzz; vibrating humming sound. (蜂、蚊等的) 嗡嗡声；(人低声说话的) 喊喊喳喳声。 **mendengungkan** *k.k.t.* buzz; make or be filled with a buzz; go about busily; threaten (an aircraft) by flying close to it. 嗡嗡叫；喊喊喳喳地讲；飞近 (另一飞机) 以进行威胁。 **berdengung** *k.k.i.* make this sound. 嗡嗡地响。

**dengungan** *k.n.* drone; deep humming sound. (蜂的) 嗡嗡声。

**dengus** *k.n.* snort; rough sound made by

forcing breath through the nose, esp. in indignation. 鼻息声；示轻蔑时哼鼻子声。**berdengus, mendengus** *k.k.i.* snort; make a snort. 喷鼻息；哼鼻子。

**denim** *k.n.* denim; strong twilled fabric; trousers made of this. 斜纹粗棉布；细帆布；用斜纹粗棉布制的工作服。

**dentin** *k.n.* dentine; the hard tissue forming the teeth. 牙质；牙本质。

**denting** *k.n.* chink; sound like glasses or coins striking together; clink; thin sharp sound. 玻璃、金属相撞时发出的叮当声。**berdenting** *k.k.i.* clink; make or cause to make this sound. 发叮当声。

**dentum** *k.n.* bang; noise of or like an explosion; sharp blow. 爆炸声；猛击声。**berdentum** *k.k.i.* bang; make this noise; strike. 突然发出巨响；砰然而关；轰响。

**denyut, berdenyut** *k.k.i.* beat (p.t. *beat*, p.p. *beaten*); (of the heart) pump rhythmically. (心脏) 跳动；有节奏地拍打。

**depa** *k.n.* fathom; measure (6 ft.) of the depth of water. 英呀 (英制测量水深的长度单位)。**mendepa** *k.k.t.* fathom; measure the depth of. 测 (水深)。

**depot** *k.n.* depot; storehouse; headquarters; (*U.S.*) bus or railway station. 贮藏所；(交通工具的) 总站。

**dera** *k.k.t./i.* castigate; punish or rebuke or criticize severely. 惩治；指责；批评。

**deraan** *k.n.* castigation. 惩治；斥责；严厉地批评。

**deram** *k.n.* growl; low threatening sound as a dog does. 怒吼；怒吼声。**berderam, menderam** *k.k.i.* growl; make this sound. 怒吼；咆哮。

**derap** *k.n.* footfall; footstep; sound of footsteps; patter; pattering sound. (急促的) 脚步声；嗒嗒声。**bederap** *k.k.i.* patter; make a series of quick tapping sounds; run with short quick steps. 发出急促的嗒嗒声；急促地跑步。

**deras** *adj.* rapid; quick; swift. 迅速的；快的；敏捷的。

**Derby** *k.n.* Derby; annual horse race at Epsom; important race or contest. 英国赛马盛会；重要的竞赛。

**derhaka** *adj.* disaffected; discontented; having lost one's feeling of loyalty; disloyal; not loyal; mutinous; rebellious; ready to mutiny. 生厌的；不满的；不忠的；反叛的。**menderhaka** *k.k.i.* mutiny; engage in mutiny. 叛变；造反。

**dering** *k.n.* burr; whirring sound. (机器等的) 辘辘声；颤动声。**berdering** *k.k.i.* make a whirring sound; ring as a chime; show (the hour) by chiming. 发辘辘声；(时钟报时) 发叮当声。

**deringan** *k.n.* chime; tuned set of bells; series of notes from these. 和谐钟声；钟乐声。

**derita** *k.n.* distress; suffering; unhappiness. 苦恼；悲痛；困苦。**menderita** *k.k.t.* cause distress to. 使悲痛；使忧伤。

**derma** *k.n.* donation; gift (esp. of money) to a fund or institution. 捐献；捐赠物；捐款。**menderma** *k.k.t.* donate; give as a donation. 捐献。

**dermaga** *k.n.* dock; enclosed body of water where ships are admitted for loading, unloading, or repair. 船坞；船厂；码头。

**dermatitis** *k.n.* dermatitis; inflammation of the skin. 皮肤炎；皮炎。

**dermatologi** *k.n.* dermatology; study of the skin and its diseases. 皮肤病学。**ahli ~** *k.n.* dermatologist. 皮肤病学家。

**dermawan**[1] *adj.* philanthropic. 慈善的；有善心的。

**dermawan**[2] *k.n.* benefactor; one who gives financial or other help; philanthropist. 慈善家；捐助者。

**derris** *k.n.* derris; an insecticide. 鱼藤属植物；鱼藤制剂 (一种植物杀虫剂)。

**derum** *k.n.* rumble; rumbling sound. 隆隆声。**berderum, menderum** *k.k.i.* rumble; make a deep heavy continuous sound; utter in a deep voice. 发隆隆声；隆隆地响。

**deruman** *k.n.* rumbling sound. 隆隆声。

**derwis** *k.n.* dervish; member of a Muslim religious order vowed to poverty. 伊斯兰教的苦修教士。

**desa** *k.n.* countryside; country district. 农村；乡间。

**desak, mendesakkan** *k.k.t./i.* insist; declare or demand emphatically. 坚持；坚决要求。 **terdesak** *adj.* insistent; insisting; forcing itself on one's attention. 坚持的；强求的；必须的。 **mendesak** *adj.* exigent; urgent; requiring much; exacting. 紧急的；迫切的。 **mendesak** *k.k.t.* obtrude; force (one's ideas or oneself) upon others. 强使别人接受（意见、自己等）。

**desakan** *k.n.* exigency; urgent need; emergency; insistence; obtrusion. 迫切的需要；紧急状态；强迫。

**desas, ~ desus** *k.n.* hearsay; things heard in rumour. 传闻；谣言。

**desentralisasi** *k.n.* decentralization; transfer from central to local control. 权力下移；把权力从中央政府转到地方政府。

**desibel** *k.n.* decibel; unit for measuring the relative loudness of sound. 分贝；测量音强的单位。

**desir** *k.n.*, **berdesir** *k.k.i.* fizz; hiss or splutter, esp. when gas escapes in bubbles from a liquid. （气体自液体中漏出时的）嘶嘶地响。 **mendesir** *k.k.i.* sizzle; make this hissing sound like that of frying. 发嘶嘶声。

**desiran** *k.n.* hiss; sound like 's. （蛇等）嘶嘶声；嘘声。

**deskriptif** *adj.* descriptive; describing. 描述的；说明的。

**destinasi** *k.n.* destination; place to which a person or thing is going. 目的地；指定地点。

**desur** *k.n.* babble; babbling sound. （婴儿）牙牙学语声。 **berdesur** *k.k.i.* (of a stream) murmur. （溪水）淙淙地流。

**detektif** *k.n.* detective; person whose job is to investigate crimes. 侦探；密探。

**detergen** *k.n.* detergent; cleansing substance, esp. other than soap. 除垢剂；洗涤剂。

*de trop adj. de trop*; not wanted. 多余的；不需要的。

**deuterium** *k.n.* deuterium; heavy form of hydrogen. 氘；重氢。

**Deutschmark** *k.n.* Deustchmark; unit of money in West Germany. 马克；德国货币单位。

**dewa, dewi** *k.n.* deity; god; goddess. 神；上帝。 **memperdewakan** *k.k.t.* deify; treat as god. 把...奉为神明。

**dewan** *k.n.* hall; large room or building for meetings, concerts, etc. 会堂；大厅。 **~ tari** *k.n.* ballroom; large room where dances are held. 舞厅。

**dewasa** *adj. & k.n.* adult; fully grown (person, etc.). 成年的；成人。

**dewi** *k.n.* goddess; female god. 女神。 **~ hutan** *k.n.* dryad. 希腊神话中的树神。

**dia** *k.g.* he or she; male or female previously mentioned. 他；她。

**diafragma** *k.n.* diaphragm; a kind of partition, esp. that between chest and abdomen; vibrating disc in a microphone, etc.; device for varying the aperture of a lens. 横隔膜；扩音器等中的振动膜；光圈。

**diagnosis** *k.n.* diagnosis (pl. *-oses*); identification of a disease or condition after observing its signs. 诊断；分类学上的特征简述。 **mendiagnosis** *k.k.t.* diagnose; make a diagnosis of. 诊断（病情等）。

**diagnostik** *adj.* diagnostic. 诊断的。

**dialek** *k.n.* dialect; words and pronunciation peculiar to a district. 方言；土语；地方话。

**dialektik** *k.n.* dialectic; investigation of truths in philosophy, etc. by systematic reasoning. 辩证法；论证。

**dialisis** *k.n.* dialysis; purification of blood by causing it to flow through a suitable membrane. 分解；血液透析。

**dialog** *k.n.* dialogue; talk between people. 会话；对话；(小说等) 对白。

**diam**[1] *k.k.i.,* **mendiami** *k.k.t.* inhabit; live in as one's home or dwelling-place. 居住于；栖息于。

**diam**[2] *k.k.i.* silence. 沉默；默不作声。 **mendiamkan** *k.k.t./i.* hush; make or become silent or quiet. 使安静；沉默。

**diameter** *k.n.* diameter; straight line from side to side through the centre of circle or sphere; its length. 直径；直径长度。

**dian** *k.n.* candle; stick of wax enclosing a wick which is burnt to give light. 蜡烛。 **kaki ~** *k.n.* candlestick; holder for a candle. 烛台。

**diari** *k.n.* diary; daily record of events; book for noting these. 日记簿；日记。

**diastole** *k.n.* diastole; rhythmic dilatation of chambers of the heart. 心脏舒张；心舒张期。

**diatermi** *k.n.* diathermy; medical heat-treatment by electric currents. 透热疗法。

**diatom** *k.n.* diatom; microscopic algae. 硅藻。

**diatonik** *adj.* diatonic; using notes of the major and minor (not chromatic) scales. 全音阶的。

**didaktik** *adj.* didactic; meant or meaning to instruct. 教学的；教导的；说教的。

**didik, mendidik** *k.k.t.* educate; train the mind and abilities of; provide such training for. 教育；教导；培养。

**diesel** *k.n.* diesel; diesel engine; vehicle driven by this. 柴油；内燃机车。 **enjin ~** *k.n.* diesel engine; oil-burning engine in which ignition is produced by the heat of compressed air. 内燃机；柴油机。

**diet** *k.n.* diet; habitual food; restricted selection of food. 饮食；食物；为医疗或健康而编定的饮食。 —*k.k.t./i.* diet; keep to a restricted diet. 规定（病人的）饮食；吃规定的饮食。

**difteria** *k.n.* diphtheria; infectious disease with inflammation of the throat. 白喉症。

**diftong** *k.n.* diphthong; compound vowel-sound (as *ou* in *loud*). 语音中的复合元音 (如 loud 中的 ou)。

**digit** *k.n.* digit; any numeral from 0 to 9. 数字 (0 至 9 中的任何一个数目字)。

**digital** *adj.* digital; of or using digits. 数字的。 **jam ~** *k.n.* digital clock; one that shows the time as a row of figures. 数字显示时钟。

**digitalin** *k.n* digitalin; poisonous substance prepared from foxglove leaves. 洋地黄苷。

**digitalis** *k.n.* digitalis; heart stimulant prepared from foxglove leaves. 强心剂。

**dikit, sedikit** *adj.* few; not many. 很少的；少数的。

**dikotiledon** *k.n.* dicotyledon; plant with two cotyledons. 双子叶植物。

**diksi** *k.n.* diction; manner of uttering or pronouncing words. 措词；用词风格；发音法。

**diktator** *k.n.* dictator; ruler with unrestricted authority; domineering person. 独裁者；专政者。

**dilema** *k.n.* dilemma; situation in which a choice must be made between unwelcome alternatives. 窘境；困境；进退两难。

**dime** *k.n.* dime; 10 cent coin of the U.S.A. 美国一毛钱银币。

**dimensi** *k.n.* dimension; measurable extent; scope. 尺寸；面积；体积；范围。

**diminutif** *k.n.* diminutive; word for a small specimen of a thing; affectionate form of a name. 表示"小"的词尾；昵称。

**dinamik**[1] *adj.* dynamic; of force producing motion; energetic; forceful. 起劲的；有生气的；有活力的。

**dinamik**[2] *k.n.* dynamics; branch of physics dealing with matter in motion. 力学；动力学。

**dinamit** *k.n.* dynamite; powerful explosive made of nitroglycerine. 甘油炸药；一种爆炸力极猛烈的炸药。

**dinamo** *k.n.* dynamo; small generator producing electric current. 发电机。

**dinar** *k.n.* dinar; unit of money in Yugoslavia and various countries, esp. in the Middle East. 等纳尔；南斯拉夫及中东诸国货币单位。

**dinasti** *k.n.* dynasty; line of hereditary rulers. 朝代；王朝。

**dinding** *k.n.* wall; continuous upright structure forming one side of a building or room or area; thing like this in form of function. 墙；壁；形状或作用象墙的分隔物。~ **sendi** *k.n.* pilaster; rectangular, usu. ornamental column. 壁柱；半露柱。

**ding-dong** *k.n.* ding-dong; sound of clapper bell(s). 叮咚（声）；铃声。

**dingin** *adj.* chilly (-*ier*, -*iest*); rather cold; unpleasantly cold; cold and unfriendly in manner; cool (-*er*, -*est*); fairly cold; providing coolness; calm; unexcited; inclement; (of weather) cold; wet; frigid; intensely cold; very cold in manner; unresponsive sexually. 寒冷的；刺骨的；冷冻的；冷淡的；冷静的；扫兴的；性冷感的。**mendingin** *k.k.i.* chill; make or become chilly; preserve at a low temperature without freezing. 发冷；变冷；冷淬。**mendinginkan** *k.k.t./i.* make or become cool. 使冰冷；使冷冻。

**dingo** *k.n.* dingo; Australian wild dog. 澳洲的野狗。

**dinosaur** *k.n.* dinosaur; extinct lizard-like creature. 恐龙。

**diod** *k.n.* diode; a semiconductor allowing the flow of current in one direction only and having two terminals. 二极管。

**dioksida** *k.n.* dioxide; oxide with two atoms of oxygen to one of a metal or other element. 二氧化物。

**dipan** *k.n.* divan; low couch without a raised back or ends; bed resembling this; settee; long seat with a back and usu. arms, for two or more people. 靠墙的无靠背及扶手的长沙发；矮床。

**diploma** *k.n.* diploma; certificate awarded by a college, etc. to a person completing a course of study. 文凭；学位证书。

**diplomasi** *k.n.* diplomacy; handling of international relations; tact. 外交；外交手腕；交际手段。

**diplomat** *k.n.* diplomat; member of the diplomatic service; tactful person. 外交官；外交家。

**diplomatik** *adj.* diplomatic; of or engaged in diplomacy; tactful. 外交上的；老练的。

**dipsomania** *k.n.* dipsomania; uncontrollable craving for alcohol. 酒癖；嗜酒狂。

**dipsomaniak** *k.n.* dipsomaniac; person suffering from uncontrollable craving for alcohol. 嗜酒狂者。

**diri** *k.n.* self (pl. *selves*); person as an individual; person's special nature; one's own advantage or interests. 自己；自我；本性；私心。**merendah ~** *k.k.t.* demean; lower the dignity of. 降低身分；贬低人格。

**Disember** *k.n.* December; twelfth month of the year. 十二月。

**disenteri** *k.n.* dysentery; disease causing severe diarrhoea. 痢疾。

**disertasi** *k.n.* dissertation; detailed discourse. 学位论文；学术讲演。

**disinflasi** *k.n.* disinflation; reduction of inflation. 反通货膨胀；通货紧缩。

**disiplin** *k.n.* discipline; orderly or controlled behaviour; training or control producing this; branch of learning. 纪律；风纪；训诫。**mendisiplinkan** *k.k.t.* train to be orderly; punish. 使有纪律；惩罚。

**diskaun**[1] *k.n.* discount; amount of money taken off the full price. 折扣；贴现。

**diskaun**[2], **mendiskaun** *k.k.t.* discount; disregard partly or wholly; purchase (a bill of exchange) for less than its value will be when matured. 打折扣；打折扣买。

**disko** *k.n.* disco (pl. *-os*) (*colloq.*); discotheque; club or party where amplified recorded music is played for dancing. 迪斯科（舞厅）。

**diskriminasi** *k.n.* discrimination. 区别；辨别；歧视。**mendiskriminasikan** *k.k.t.* discriminate; make a distinction. 区别；辨别；歧视。

**disleksia** *k.n.* dyslexia; abnormal difficulty in reading and spelling. 阅读能力失常；诵读困难。

**dispensari** *k.n.* dispensary; place where medicines are dispensed. 药房；配药处。

**dispepsia** *k.n.* dyspepsia; indigestion. 消化不良；消化不良症。

**disposisi** *k.n.* disposition; arrangement; person's character; tendency. 安排；部署；性情；气质；倾向。

**distrofi** *k.n.* dystrophy; progressive weakness of muscles. 肌肉退化症。

**ditto** *k.n.* ditto; (in lists) the same again. （表格、清单中用语）同上；同前。

**diuretik** *adj.* & *k.n.* diuretic; a drug that causes more urine to be excreted. 利尿的；利尿剂。

**dius** *k.n.* deuce; score of 40-all in tennis. 网球赛终局前的平手。

**dividen** *k.n.* dividend; number to be divided; share of profits payable, esp. as interest; benefit from an action. 被除数；红利；股息。

**D.J.** *kep.* D.J.; disc jockey. （缩写）无线广播的音乐节目主持人。

**doa** *k.n.* invocation; invoking; calling to God in prayer. 祈祷；乞灵。**berdoa** *k.k.t.* invoke; call for the help or protection of; summon (a spirit). 求助于；祈愿；乞灵。

**dodo** *k.n.* dodo; large extinct bird. 渡渡鸟（已绝种）。

**dodekagon** *k.n.* dodecagon; a geometric figure with twelve sides. 十二角形；十二边形。

**dodoi** *k.n.* lullaby; soothing song sung to put a child to sleep. 摇篮曲；催眠曲。**mendodoikan** *k.k.t.* lull; soothe or send to sleep. 哄...入睡；催眠。

**dogma** *k.n.* dogma; doctrine(s) put forward by authority. 教条；教义；信条。**mendogmakan** *k.k.i.* dogmatize; make dogmatic statement(s). 教条式地说或写；把...作为教条阐述。

**dogmatik** *adj.* dogmatic; of or like dogmas; stating things in an authoritative way. 教条式的；武断的。

**doh** *k.n.* doh; name for the keynote of a scale in music, or the note C. 大音阶的第一音；固定唱法的C音。

**doket** *k.n.* docket; document or label listing goods delivered; voucher. 文件的摘要；货单。

**doktor** *k.n.* doctor; person qualified to give medical treatment; person holding a doctorate. 医生；博士。

**doktorat** *k.n.* doctorate; highest degree at a university. 博士学位；博士资格。

**doktrin** *k.n.* doctrine; principle(s) of a religious, political, or other group. 教条；原则；主义。~ **kematian** *k.n.* eschatology. 末世论。

**dokudrama** *k.n.* docudrama; a television drama based on real events. 文献电视片；记实电视片。

**dokumen** *k.n.* document; piece of paper giving information or evidence. 文件；文献；公文；证件。

**dokumentari** *adj.* documentary; consisting of documents. 公文的；证书的；记录的;记实的。—*k.n.* a factual filmed report. 记录片。

**dolar** *k.n.* dollar; unit of money in the U.S.A. and various other countries. 元；美国等国家的货币单位。

**dolomit** *k.n.* dolomite; a type of limestone rock. 白云石。**dolomitik** *adj.* dolomitic. 白云石的。

**dominion** *k.n.* dominion; authority to rule; control; ruler's territory. 统治权；领土；版图。

**domino** *k.n.* domino; small oblong piece marked with pips, used in the game of *dominoes*. 骨牌；骨牌戏。

**dompak** *k.k.t.* rear; (of a horse, etc.) raise itself on its hind legs. (马)提高前脚；竖立。

**Don** *k.n.* Don; Spanish title put before a man's Christian name. 先生；西班牙人冠于男子教名前的尊称。

**don** *k.n.* don; head or fellow or tutor of a college. 大学的导师；研究员。

**donat** *k.n.* doughnut; small cake of fried sweetened dough. 炸面饼圈；糖纳子。

**dongeng**[1] *adj.* fictitious; imaginary; not true. 虚构的；想象的；编造的。

**dongeng**[2] *k.n.* fable; story not based on fact, often conveying a moral. 童话；寓言；传说。

**Doric** *adj.* Doric; of the simplest style in Greek architecture. 古希腊多利克地区风格的；古希腊建筑风格的。

**dormitori** *k.n.* dormitory; room with several beds, esp. in a school. 宿舍；集体寝室。

**dorong, mendorong** *k.k.t.* actuate; activate; be a motive for; goad; stimulate by annoying; impel (p.t. *impelled*); urge; drive forward; motivate; cause to feel active interest. 开动；使活动；驱赶；激励；推进；催促。

**dorongan** *k.n.* actuation; impetus; moving force; impulse; push; thrust; stimulating force in a nerve; sudden inclination to act, without thought for the consequences; motivation. 驱动力；刺激；冲动；一时的念头；推动力。

**dorsal** *adj.* dorsal; of or on the back. 背的；背侧的；背部的。

**dos** *k.n.* dose; amount of medicine to be taken at one time; amount of radiation received. 一剂；一次服药量；辐射剂量。 **~ berlebihan** *k.n.* overdose; too large a dose. 过量用药。

**dosa** *k.n.* offence; feeling of annoyance or resentment; sin; breaking of a religious or moral law; act which does this; serious fault or offence. 罪；罪过；过失；犯罪。 **berdosa** *k.k.i.* sin (p.t. *sinned*); commit a sin. 犯过；犯罪。

**dosej** *k.n.* dosage; giving of medicine; size of a dose. 药的剂量；服用量。

**dosir** *k.n.* dossier; set of documents about a person or event. 有关个人或某件事的全套档案。

**double entendre** *double entendre*; phrase with two meanings, one of which usu. indecent. 双关语；语意双关。

**doyen** *k.n.* doyen; senior member of a group or profession. 高级代表；资格最老者。

**dozen** *k.n.* dozen; set of twelve; (*pl., colloq.*) very many. 一打；十二个；很多。

**Dr.** *kep.* Dr.; Doctor. (缩写)医生；博士。

**drachm** *k.n.* drachm; one eighth of an ounce or of a fluid ounce. (药衡)八分之一安士。

**drachma** *k.n.* drachma (pl. *-as* or *-ae*); unit of money in Greece. 德拉克马；希腊货币单位。

**draf** *k.n.* draft; rough preliminary written version; written order to a bank to pay money. 草稿；草图；银行汇票。 **mendrafkan** *k.k.t.* prepare a draft of. 起草稿；拟草图。

**dram**[1] *k.n.* dram; drachm; small drink of spirits. 打兰(药衡，等于八分之一安士)；微量的酒。

**dram**[2] *k.n.* drum; percussion instrument; a round frame with skin stretched across; cylindrical object. 鼓；鼓膜；鼓状物。 **pemain ~** *k.n.* drummer; person who plays drum(s). 鼓手；击鼓者。 **kayu ~** *k.n.* drumstick; stick for beating a drum. 鼓槌。

**drama** *k.n.* drama; play(s) for acting on the stage or broadcasting; dramatic quality or series of events. 戏剧；剧本；戏剧性的事件。 **berdrama** *k.k.i.* dramatize; make into a drama. 改编为戏剧；把...戏剧化。

**dramatik** *adj.* dramatic; of drama; exciting; impressive. 戏剧的；剧本的；引人注目的。

**dramatis** *k.n.* dramatist; writer of plays. 剧作家；剧本作者。

**drastik** *adj.* drastic; having a strong or violent effect. 激烈的；猛烈的。

**dril** *k.n.* drill; strong twilled fabric. 钢钻；钻孔机；粗斜纹布。

**Druid** *k.n.* Druid; priest of an ancient Celtic religion. 古代凯尔特的祭师；占卜者。**Druidisme** *k.n.* Druidism. 凯尔特人中由祭司主持的仪式。

**drup** *k.n.* drupe; fruit with juicy flesh round a kernel (e.g. peach). 核果。

**dua** *adj. & k.n.* two; one more than one (2, II); dual; composed of two parts; double. 二；两个；二元（的）；二重（的）；双倍（的）。**kedua-dua** *adj. & k.g.* both; the two; not only the one. 双方（都）；两者。

**dublet** *k.n.* doublet; each of a pair of similar things. 一对中的一个；一对同源词中的一个。

**dubur** *k.n.* anus; opening at the excretory end of the alimentary canal. 肛门。

**duches** *k.n.* duchess; duke's wife or widow; woman with the rank of duke. 公爵夫人；公爵未亡人；女公爵。

**duda** *k.n.* widower; man whose wife has died and who has not remarried. 鳏夫。

**duduk** *k.k.i.* sit; (p.t. *sat*, pres.p. *sitting*); take or be in a position with the body resting more or less upright on the buttocks; cause to sit; (of animals) rest with legs bent and body on the ground; (of birds) remain on the nest to hatch eggs; be situated. 坐；就座；（动物）趴地而坐；栖息；伏窝；位于；处于。**menduduki** *k.k.t.* occupy a seat as member of a committee, etc.; (of a committee, etc.) hold a session. 当代表；参加（会议）。

**duet** *k.n.* duet; musical composition for two performers. 二重奏；二重唱；双簧。

**duga** *k.k.i.*, **menduga** *k.k.t.* anticipate; (loosely) expect. 预期；期望。

**dugaan** *k.n.* anticipation; conjecture; guess. 预测；估计；猜测。

**duit** *k.n.* money; current coins; coins and banknotes; (pl. *-eys*) any form of currency. 钱；货币；金钱。**peti ~** *k.n.* coffer; large strong box for holding money and valuables; (*pl.*) financial resources. 保险箱；资产。

**duka** *adj.* sorrowful. 伤心的；悲伤的。**berduka** *k.k.i.* sorrow; feel sorrow; grieve. 悲哀；伤心。

**dukacita** *adj.* sorry (*-ier*, *-iest*); feeling pity or regret or sympathy; wretched. 对不起的；抱歉的；后悔的；难过的。**mendukacitakan** *k.k.t.* bereave; deprive, esp. of a relative, by death. 使丧失亲人。

**duke** *k.n.* duke; nobleman of the highest rank. 公爵。

**dukuh** *k.n.* hamlet; small village. 小村。

**dulang** *k.n.* tray; flat utensil on which small articles are placed for display or carrying. 盘子；托盘；浅盘。**~ botol** *k.n.* coaster; tray for bottle(s). 盛物盘；杯垫。

**dulu** *adj.* olden; (*old use*) former; not recent. 古时的；往昔的。

**dungu** *adj.* dull (*-er*, *-est*); lacking intelligence or liveliness; stupid; silly; crazy; dotty (*-ier*, *-iest*); (*colloq.*) feebleminded; eccentric; fatuous; foolish; fatuousness; being fatuous; fatuous remark, etc.; idiotic; very stupid; chump. 迟钝的；枯燥的；单调的；愚昧的；笨的。

**dunia** *k.n.* world; universe; all that exists; earth; heavenly body like it; section of the earth; time or state or scene of human existence; people or things belonging to a certain class or sphere of activity; everything; all people; material things and occupations; very great amount. 世界；宇宙；地球；天体；世间；社交界；全人类；大量。**seluruh ~** *adj.* extending through the whole world. 全世界。

**duniawi** *adj.* earthly; of this earth; of man's life on it; mundane; worldly. 地球的；世界的；世俗的；世上的。

**duodenum** *k.n.* duodenum; part of the intestine next to the stomach. 十二指肠。

**dupa** *k.n.* frankincense; sweet-smelling gum burnt as incense. 乳香。

**dupleks** *adj.* duplex; having two elements. 双倍的；二重的；复式的。

**dusta** *k.n. see* **bohong**. 见 **bohong**。

**dusun** *k.n.* orchard; piece of land planted with fruit trees. 果园。

**duta** *k.n.* ambassador; highest ranking diplomat representing his country in another. 大使；使节。

**duti** *k.n.* duty; tax on certain goods or imports. 税务；关税；入口税。

**duyung, ikan ~** *k.n.* mermaid; merman (pl. *-men*); imaginary half-human sea creature with a fish's tail instead of legs. 美人鱼。

**dwibahasa** *adj.* bilingual; written in or able to speak two languages. 精通两种语文的；用两种语言书写或刊登的；双语的。

**dwifokus** *k.n.* bifocals (*pl.*); spectacles with lenses that have two segments, assisting both distant and close focusing. 双焦点的眼镜；双光眼镜。

**dwijantina** *adj.* bisexual; sexually attracted to members of both sexes. 两性的；兼具雌雄两性器官的。 **kedwijantinaan** *k.n.* bisexuality. 雌雄同体。

**dwikotomi** *k.n.* dichotomy; division into two parts or kinds. 二等分；二分法。

**dwimata** *adj.* binocular; using two eyes. 双目的；双筒的；双筒望远镜的；双目并用的。

**dwipihak** *adj.* bipartite; involving two groups. 有两个部分的；关于双方的。

**dwitahunan** *adj.* biannual; happening twice a year; biennial; happening every second year. 一年两次的；持续二年的；每隔一年发生的。

# E

**earl** *k.n.* earl; British nobleman ranking between marquis and viscount. 英国伯爵。

**Easter** *k.n.* Easter; festival commemorating Christ's resurrection. 复活节。

**eau-de-Cologne** *k.n.* eau-de-Cologne; delicate perfume originally made at Cologne. 科露香水；花露水。

**éclair** *k.n.* éclair; finger-shaped cake of choux pastry with cream filling. 法国式巧克力奶油蛋糕。

**edar, beredar** *k.k.i.* circulate; go or send round. 运行；流通；流传；散布。

**mengedarkan** *k.k.t.* circularize; distribute; scatter; place at different points. 分发 (传单等)；发行；散布。

**edaran** *k.n.* circulation; circulating; movement of blood round the body; number of copies sold, esp. of a newspaper. 循环；运行；血液循环；(报刊的) 发行。

**edema** *k.n.* oedema; excess fluid in tissues, causing swelling. 浮肿；水肿。

**edik** *k.n.* edict; order proclaimed by authority. 法令；敕令；布告。

**edisi** *k.n.* edition; form in which something is published; copies printed from one set of type. 版；版本；编印的著作。

**editor** *k.n.* editor; person responsible for the contents of a newspaper, etc. or a section of this; one who edits. 编辑；编者；校订者。

**editorial** *adj.* editorial; of an editor. 社论的；编辑上的。

**E.E.C.** *kep.* E.E.C.; European Economic Community. (缩写) 欧洲经济共同体。

**efusi** *k.n.* effusion; an outpouring. 喷出；渗出；溢出。

**egalitarian** *adj. & k.n.* egalitarian; (person) holding the principle of equal rights for all persons. 平等主义(的)；平等主义者(的)。

**ego** *k.n.* ego; self; self-esteem. 自我；自负。

**egoisme** *k.n.* egoism; self-centredness. 自我主义；利己主义；自私自利。

**egosentrik** *adj.* egocentric; self-centred. 自我中心的；利己的。

**egotisme** *k.n.* egotism; practice of talking too much about oneself; conceitedness. 自我中心癖；自夸；自我吹嘘。

**eh** *sr.* eh; exclamation of enquiry. 啊？嗯！(表示疑问、惊奇等的感叹词)

**eja, mengeja** *k.k.t.* spell (*p.t. spelt*); give in their correct sequence the letters that form (a word). 拼写 (词语)；拼字。

**ejaan** *k.n.* spelling. 拼字；拼法；缀字法。

**ejek, mengejek** *k.k.t.* jeer; laugh or shout rudely or scornfully (at); barrack; shout protests. 嘲笑；戏弄；喝倒彩；叫嚣以示抗议。

**ejekan** *k.n.* jeer; jeering. 嘲笑；戏弄。

**ekanada** *k.n.* monotone; level unchanging tone of voice. 单调；无变化。

**ekar** *k.n.* acre; measure of land, 4,840 sq. yds.; acreage. 英亩；面积单位，等于4,840平方码。

**ekasuku** *k.n.* monosyllable; word of one syllable. 单音节。 **perekasuku kata** *adj.* monosyllabic. 单音节的。

**ekologi** *k.n.* ecology; study of living things in relation to their environment; this relationship. 生态学。 **ahli ~** *k.n.* ecologist. 生态学家。

**ekonomi** *k.n.* economy; being economical; community's system of using its resources to produce wealth; state of a country's prosperity. 经济；节约；经济制度；国家经济状况。 **ahli ~** *k.n.* economist; expert in economics. 经济学家。

**ekor** *k.n.* tail; animal's hindmost part, esp. when extending beyond its body; rear or hanging or inferior part. 尾巴；尾状物；垂下物。 **mengekori** *k.k.t.* tail; (*sl.*) follow closely. 尾随；偷偷跟踪。

**eksais** *k.n.* excise; duty or tax on certain goods and licences. 国产税；消费税。

**eksekutif** *k.n.* executive; person or group with managerial powers, or with authority to put government decisions into effect. 执行人员；行政官。 —*adj.* having such power or authority. 执行的；有执行权力的；行政上的。

**eksotik** *adj.* exotic; introduced from abroad; colourful unusual. 外来的；异国情调的；异乎寻常的。

**ekspatriat** *adj.* expatriate; living abroad. 流放国外的；移居国外的。 —*k.n.* expatriate person. 流放国外或移居国外的人；放弃原国籍的人。

**ekspedisi** *k.n.* expedition; journey or voyage for a purpose; people or ships, etc. making this; promptness; speed. 远征；探险；考察；迅速。

**espektoran** *k.n.* expectorant; medicine for causing a person to expectorate. 祛痰剂。

**eksperimen** *k.n* experiment; test to discover how a thing works or what happens or to demonstrate a known part. 实验；试验；实验法。

**eksploit, mengeksploit** *k.k.t.* exploit; make good use of; use selfishly. 剥削；开拓；利用…谋私利。

**eksploitasi** *k.n.* exploitation. 剥削；开发；利用；非法利用。

**eksport, mengeksport** *k.k.t.* export; send (goods, etc.) to another country for sale. 输出；出口。 —*k.n.* exporting; thing exported. 输出；出口；输出品；出口货。

**eksposisi** *k.n.* exposition; large exhibition. 暴露；曝光；博览会。

**ekspres** *adj.* express; definitely stated; travelling rapidly; designed for high speed. 明确的；快递的；快速的。 —*k.n.* train or bus travelling rapidly to its destination with few or no stops. 特别快车；直达快车。

**ekspresif** *adj.* expressive; expressing something; full of expression. 表示的；表现的；富于表情的。

**ekspresionisme** *k.n.* expressionism; style of painting, drama, or music seeking to express feelings rather than represent objects realistically. 艺术的表现主义。

**ekstrak** *k.k.t.* extract; take out or obtain by force or effort; obtain (juice, etc.) by suction or pressure or chemical treatment. 抽出；拉出；榨出；提取。

**ektoplasma** *k.n.* ectoplasm; substance supposed to be exuded from a spiritualist medium in a trance. 外胚层质；灵的外质。

**ekuinoks** *k.n.* equinox; time of year when night and day are of equal length. 昼夜平分时。

**ekuiti** *k.n.* equity; stocks and shares not bearing fixed interest. 无固定利息的股票。

**ekzema** *k.n.* eczema; skin disease causing scaly itching patches. 湿疹。

**ekzistensialisme** *k.n.* existentialism; philosophical theory emphasizing that man is free to choose his actions. 存在主义；生存主义。

**ekzos** *k.n.* exhaust; expulsion of waste gases from an engine, etc.; device through which they are expelled. 排气；排出的废气；排气管。

**ela** *k.n.* yard; measure of length, = 3 feet (0.9144 metre). 码；英国长度单位，等于3英尺或0.9144米。

**elak, mengelak** *k.k.t.* dodge; move quickly to one side so as to avoid (a thing); evade; elude; escape skilfully from; avoid; duck; bob down, esp. to avoid being seen or hit. 闪避；掩饰；搪塞；急速蹲下以躲避。

**elaun** *k.n.* allowance; allowing; amount or sum allowed. 津贴；补贴；补贴金。

**elegi** *k.n.* elegy; sorrowful or serious poem. 哀歌；挽歌。

**elektrik** *adj.* electric; electrical; of, producing, or worked by electricity; starting. 电的；导电的；发电的；电动的。 —*k.n.* electric (*pl.*); electrical fittings. 带电体；电路；电器。 **bekalan ~** *k.n.* electricity; supply of electric current. 电流；电流供应。 **tukang ~** *k.n.* electrician; person whose job is to deal with electrical equipment. 电工。 **~ statik** *k.n.* static electricity; electricity present in a body, not flowing as current. 静电。

**elektrod** *k.n.* electrode; solid conductor through which electricity enters or leaves a vacuum tube, etc. 电极；电焊条。

**elektroensefalogram** *k.n.* electroencephalogram; record of the electrical activity of the brain. 脑电图。

**elektrokardiogram** *k.n.* electrocardiogram; a record of the electric current generated by heartbeats. 心电图。

**elektrolisis** *k.n.* electrolysis; decomposition or breaking up (e.g. of hair roots) by electric current. 电解作用；电蚀。

**elektrolit** *k.n.* electrolyte; solution that conducts electric current, esp. in an electric cell or battery. 电解质；电离质。

**elektromagnet** *k.n.* electromagnet; magnet consisting of a metal core magnetized by a current-carrying coil round it. 电磁体；电磁铁。

**elektromagnetik** *adj.* electromagnetic; having both electrical and magnetic properties. 电磁的；有电磁性的。

**elektron** *k.n.* electron; particle with a negative electric charge. 电子。 **mikroskop ~** *k.n.* electron microscope; very powerful microscope using beams of electrons instead of light. 电子显微镜。

**elektronik** *adj.* electronic; produced or worked by a flow of electrons; of electronics. 电子的；电子操纵的。 —*k.n.* electronics; use of electronic devices; (*pl.*) electronic circuits. 电子学；电子电路。

**elemen** *k.n.* element; component part; one of about 100 substances that cannot be split up by chemical means into simpler substances; wire that gives out heat in an electrical appliance; (*pl.*) atmospheric forces; basic principles. 成分；要素；（构成）部分；化学元素；电阻丝；（风、火、水、土）四元素；基本原理。

**eliksir** *k.n.* elixir; fragrant liquid used as medicine or flavouring. 药酒；炼金药；甘香酒剂。

**elips** *k.n.* ellipse; regular oval. 椭圆；椭圆形。 **berelips** *adj.* elliptical; shaped like an ellipse; containing an ellipsis; having omissions. 椭圆形的；椭圆的；省去部分词语的。

**elipsis** *k.n.* ellipsis (pl. *-pses*); omission of words. 省略法；省略号。

**elisi** *k.n.* elision; omission of part of a word in pronouncing it. 元音、音节等的省略。

**elit** *k.n.* elite; group regarded as superior and favoured. 精英；杰出人物；精锐部队。

**elm** *k.n.* elm; tree with rough serrated leaves; its wood. 榆树。

**elok** *adj.* exquisite; having exceptional beauty; beautiful; having beauty; very satisfactory. 精致的；优美的；（快乐、痛苦等）极度的。 **mengelokkan** *k.k.t.* beautify; make beautiful. 美化；使美丽。

**emak** *k.n.* mummy (*children's colloq.*); mother; female parent. 妈妈；母亲。

**emas** *k.n.* gold; yellow metal of high value; coins or articles made of this; its colour. 黄金；财宝；金币；金牌；金色。 **jubli ~** *k.n.* golden jubilee; 50th anniversary. 五十周年纪念。 **lombong ~** *k.n.* gold mine; place where gold is mined; source of great wealth. 金矿；金矿场；宝库；财源。 **tukang ~** *k.n.* goldsmith; person whose trade is making articles in gold. 金匠；金器商。

**embargo** *k.n.* embargo (pl. *-oes*); order forbidding commerce or other activity. 禁止贸易令；封港令。

**embek** *k.n.* baa; bleat; cry of a sheep, goat, or calf. 咩；羊等动物的叫声。 **mengembek** *k.k.t.* baa; bleat; utter this cry. 咩咩叫。

**embolisme** *k.n.* embolism; obstruction of a blood vessel by a clot or air bubble. 血管栓塞。

**embrio** *k.n.* embryo (pl. *-os*); animal developing in a womb or egg; thing in a rudimentary stage. 胚胎；胎儿；萌芽时期。

**embun** *k.n.* dew; drops of moisture on a surface, esp. condensed during the night from water vapour in air. 露；露水。 **titisan ~** *k.n* dewdrop; drop of dew. 露珠。 **berembun** *adj.* dewy; wet with dew. 露水的；带露水的。

**emeri** *k.n.* emery; coarse abrasive for smoothing wood, etc. 金刚砂；砂纸。 **papan ~** *k.n.* emery board; strip of cardboard coated with emery, used for filing the nails. 砂板。

**emetik** *k.n.* emetic; medicine used to cause vomiting. 催吐剂。

**emigran** *k.n.* emigrant. 移民；侨民。

**emigrasi** *k.k.i.* emigrate; leave one country and go to settle in another. 移居外国。

**emosi** *k.n.* emotion; intense mental feeling. 感情；情绪。

**emosional** *adj.* emotional; of emotion(s); showing great emotion. 易激动的；情绪化的；激动人心的。

**empang, empangan** *k.n.* dam; barrier built across a river to hold back water. 水闸；水坝。**mengempang** *k.k.t.* dam (p.t. *dammed*); hold back with a dam; obstruct (a flow). 筑闸堵住；阻塞；抑制。

**empar** *adj.* centrifugal; moving away from the centre. 离心的。**mengempar** *k.k.t.* centrifuge; separate by this. 以离心机分离。

**emparan** *k.n.* centrifuge; machine using centrifugal force for separating substances. 离心机。

**empat** *adj. & k.n.* four; one more than three (4, IV). 四(的)。**ke ~** *adj.* fourth; next after the third. 第四的。—*k.n.* fourth thing, class, etc. 第四(个)。**~ belas** *adj. & k.n.* fourteen; one more than thirteen. 十四(的)。**ke ~ belas** *adj. & k.n.* fourteenth. 第十四的。

**empati** *k.n.* empathy; ability to identify oneself mentally with, and so understand, a person or thing. 移情作用；神入。

**empayar** *k.n.* empire; group of countries ruled by a supreme authority; controlling power; large organization controlled by one person or group. 帝国；帝权；帝国疆土。

**emper** *k.n.* penthouse; sloping roof supported against the wall of a building; dwelling (usu. with a terrace) on the roof of a tall building. 靠墙的单斜顶棚；高楼的顶楼房间。

**emping** *k.n.* flake; small thin piece, esp. of snow. 薄片；雪片；麦片。

**empiris** *adj.* empirical; based on observation or experiment, not on theory. 以经验为根据的；实验性质的；非理论性质的。

**emporium** *k.n.* emporium (pl. -*a*); centre of commerce; shop. 商业中心；大百货商店。

**empulur** *k.n.* pith; spongy tissue in stems or fruits; essential part. (植物的)木髓；精髓。

**emu** *k.n.* emu; large Australian bird resembling an ostrich. 鸸鹋。

**emulsi** *k.n.* emulsion; creamy liquid; light-sensitive coating on photographic film. 乳胶；乳浊液；感光乳剂。**mengemulsi** *k.k.t.* emulsify; convert or be converted into emulsion. 使乳化。

**enak** *adj.* delicious; delightful, esp. to taste; delectable; luscious. 美味的；爽快的；甘美的。

**enakmen** *k.n.* enactment; law. 法令；条例。

**enam** *adj. & k.n.* six; one more than five (6, VI). 六(的)。**ke ~** *adj. & k.n.* sixth. 第六(的)。**~ belas** *adj. & k.n.* sixteen; one more than fifteen (16, XVI). 十六(的)。**ke ~ belas** *adj. & k.n.* sixteenth. 第十六(的)。**~ puluh** *adj. & k.n.* sixty; six times ten (60, LX). 六十(的)。**ke ~ puluh** *adj. & k.n.* sixtieth. 第六十

**enamel** *k.n.* enamel; glass-like substance for coating metal or pottery; paint that dries hard and glossy; hard outer covering of teeth. 搪瓷；瓷漆；牙齿的珐琅质。

**Encik** *k.n.* Mr. (pl. *Messrs.*); title prefixed to man's name. 先生；对男子的称呼。

**endah** *k.k.i.* heed; pay attention to. 留心；注意。

**endemik** *adj.* endemic; commonly found in a specified area or people. 某地或某种人特有的；(疾病等)地方性的；(动植物)某地特产的。

**endokrin** *adj.*, **kelenjar ~** *k.n.* endocrine; endocrine gland; gland pouring secretions straight into the blood, not through a duct. 内分泌腺。

**endors, mengendors** *k.k.t.* endorse; sign or write comment on (a document); sign the back of (a cheque); enter particulars of an offence on (a driving-licence, etc.); confirm; declare approval of. 批注(公文);在(支票)背面签名;在(驾驶执照等)上记下违规的记录;认可;赞同。

**endul** *k.n.* cradle; baby's bed, usu. on rockers; supporting structure. 摇篮;源头;支柱。

**enema** *k.n.* enema; liquid injected into the rectum through the anus by a syringe. 灌肠法;灌肠剂。

**enggan** *adj.* averse; unwilling; disinclined; indisposed; loath. 不情愿的;厌恶的;憎恨的。 **mengenggankan** *k.k.t.* disincline; cause to feel reluctant or unwilling. 厌恶;不愿;拒绝。

**engkau** *k.g.* you; person(s) addressed; one; anyone; everyone. 你。

**engkol** *k.n.* crank; L shaped part for converting to and fro movement into circular motion. 转动旋盘等用的"L"形曲柄。

**engsel** *k.n.* hasp; clasp fitting over a staple, secured by a pin or padlock; movable joint such as that on which a door or lid, etc. turns; hinge. 铁扣;纺绽。

**engsot, berengsot, mengengsot** *k.k.i.* amble; walk slowly. 骑马缓行;从容地行走。

**enjin** *k.n.* engine; mechanical contrivance using fuel and supplying power; part of a railway train containing this. 机械;机器;引擎。

**enklaf** *k.n.* enclave; small territory wholly within the boundaries of another. 位于他国国境内的独立疆土。

**ensiklopedia** *k.n.* encyclopaedia; book of information on all branches of knowledge or of one subject. 百科全书;(某一)专科全书。

**enteritis** *k.n.* enteritis; inflammation of the intestines. 肠炎。

**entiti** *k.n.* entity; something that exists as a separate thing. 存在;本质;统一体。

**entomologi** *k.n.* entomology; study of insects. 昆虫学。 **ahli ~** *k.n.* entomologist. 昆虫学家。

**enzim** *k.n.* enzyme; protein formed in living cells (or produced synthetically) and assisting chemical processes. 酶;酶素。

**epal** *k.n.* apple; round fruit with firm flesh. 苹果。

**epaulet** *k.n.* epaulette; ornamental shoulder piece. 肩章;肩饰。

**epidemik** *k.n.* epidemic; outbreak of a disease, etc. spreading through a community. 流行病。 **epidemiologi** *k.n.* epidemiology. 流行病学。

**epidermis** *k.n.* epidermis; outer layer of the skin. 表皮;表皮层。

**epidura** *adj. & k.n.* epidural; (anaesthetic) injected round the nerves of the spine; anaesthetizing the lower part of the body. 硬脊膜上(的);在脊椎神经上注射麻醉剂法(的);下半身麻醉法(的)。

**epiglotis** *k.n.* epiglottis; a cartilage that covers the larynx in swallowing. 会厌软骨。

**epigrafi** *k.n.* epigraphy; study of inscriptions. 碑文;铭文;碑铭学。

**epigram** *k.n.* epigram; short witty saying. 警句;讽刺性短诗。

**epik** *k.n.* epic; long poem; story, or film about heroic deeds or history. 史诗;叙事诗。 —*adj.* of or like an epic. 史诗的;叙事诗的;英雄事迹的。

**epilog** *k.n.* epilogue; short concluding section. (戏剧、广播的)收场白;(文艺作品的)跋;后记。

**epipusat** *k.n.* epicentre; point where an earthquake reaches the earth's surface. 震央;地震中心点上面的地区。

**episkopal** *adj.* episcopal; of or governed by bishops. 主教的;主教管辖的。

**episod** *k.n.* episode; event forming one

part of a sequence; one part of a serial. （小说的）一段情节；（一系列事件的）一个事件；插话。

**epitaf** *k.n.* epitaph; words inscribed on a tomb or describing a dead person. 墓志铭。

**eponim** *adj.* eponymous; after whom something is named. 名字被用作地方或部落名称的。

**era** *k.n.* era; period of history. 时代；年代。

**eram, mengeram** *k.k.i.* brood; sit on eggs and hatch them. 孵卵。

**erang** *k.n.* groan; sound made by groaning. 呻吟；呻吟声；叹气声。 **mengerang** *k.k.i.* groan; make a long deep sound in pain, grief, or disapproval; make a deep creaking sound; moan; make or utter with a moan. 呻吟；叹气；悲叹。

**erangan** *k.n.* moan; low mournful sound; grumble. 呻吟声；叹声。

**erat** *adj.* tight (*-er, -est*); held or fastened firmly. 紧的；紧密的；牢固的。 **mengeratkan, mempererat** *k.k.t.* tighten; make tighter. 弄紧；使牢固；使紧密。

**erektil** *adj.* erectile; able to become rigid from sexual excitement. 勃起性的；（阳具）能勃起的。

**ergonomik** *k.n.* ergonomics; study of work and its environment in order to achieve maximum efficiency. 人类工程学；人类环境改造学。

**ergot** *k.n.* ergot; fungal disease of rye, etc. 麦角；麦角菌；（植物的）麦角病。

**Eropah** *adj.* European; of Europe or its people. 欧洲（的）；欧洲人（的）。

**erotika** *adj.* erotic; of or arousing sexual desire. 引起性欲的；色情的。

**erti** *k.n.* meaning; what is meant. 意义；意思。 **bererti** *k.k.i.* mean (p.t. *meant*); have as equivalent words; in the same or another language. 有意义；意味着。 **mengerti** *k.k.t.* understand (p.t. *-stood*); see the meaning or importance of; know the explanation. 懂；了解；明白；领会。 **menyalahertikan** *k.k.t.* misconstrue; misinterpret. 误解。

**esak** *k.n.* sob; uneven drawing of breath when weeping or gasping. 啜泣；呜咽。 **mengesak, teresak-esak** *k.k.i.* sob (p.t. *sobbed*); weep or breathe or utter with sobs. 哭泣；呜咽地哭。

**escudo** *k.n.* escudo (pl. *-os*); unit of money in Portugal. 埃斯库多；葡萄牙货币单位。

**esei** *k.n.* essay; short literary composition in prose. 散文；小品文；论说文。 **penulis ~** *k.n.* essayist; writer of essays. （散文、小品文等的）作者；写作者；作家。

**eskalator** *k.n.* escalator; staircase with a line of steps moving up or down. 自动扶梯。

**Eskimo** *k.n.* Eskimo (pl. *-os* or *-o);* member or language of a people living in Arctic regions. 爱斯摩基人；爱斯基摩语。

**esofagus** *k.n.* oesophagus; gullet. 食道。

**esok** *k.n.* morrow (*old use);* (in) the near future. 翌日；次日。

**Esperanto** *k.n.* Esperanto; artificial language designed for international use. 世界语。

**esplanad** *k.n.* esplanade; level area; promenade. 旷地；（海滨供散步的）空地。

**ester** *k.n.* ester; a kind of chemical compound. 酯。

**estet** *k.n.* estate; landed property; residential or industrial district planned as a unit. 房地产；地产权；住宅区；工业区；庄园。

**estetik** *adj.* aesthetic; of or showing appreciation of beauty; artistic; tasteful. 美学的；审美的；有美感的。

**etc.** *kep.* etc.; = et cetera; and other things of the same kind. （缩写）等等；及其他。

**eter** *k.n.* ether; upper air; liquid used as an anaesthetic and solvent. 乙醚；太空苍穹。

**etik** *k.n.* ethic; moral principle. 道德；伦理。

**etika** *k.n.* ethics; moral philosophy. 道德标准；伦理观；伦理学。

**etimologi** *k.n.* etymology; account of a word's origin and development. 词源学；语源学。

**etnik** *adj.* ethnic; of a racial group; resembling the peasant clothes of primitive people. 种族集团的；民族性的；服装具有种族特色的。

**etnologi** *k.n.* ethnology; study of human races and their characteristics. 人种学；民族学；人类文化学。 **ahli ~** *k.n.* ethnologist. 人种学家；民族学家；人类文化学家。

**etos** *k.n.* ethos; characteristic spirit and beliefs. 性格；气质；民族精神。

**eugenik** *k.n.* eugenics; the science of improving the human race by breeding. 优生学；人种改良学。

**eufemisme** *k.n.* euphemism; mild word(s) substituted for improper or blunt one(s). 委婉词语；委婉的说法。

**eufonium** *k.n.* euphonium; tenor tuba. 上低音大号。

**euforia** *k.n.* euphoria; feeling of happiness. 心情愉快；情绪高涨；兴奋。

**euritmik** *k.n.* eurhythmics; harmony of movement developed with music and dance. 韵律体操；艺术体操。

**evolusi** *k.n.* evolution; process of developing into a different form; origination of living things by development from earlier forms. 演化；进化；逐步形成。

*ex gratia* *adj.* *ex gratia*; done or given as a concession, without legal obligation. 作为优惠的；通融的。

# F

**F** *kep.* F; Fahrenheit. (缩写) 华氏温度(计)。

**fabrik** *k.n.* fabric; cloth or knitted material; plastic used similarly; walls, etc. of a building. 织物；织品；布；建筑物结构。

**faedah** *k.n.* benefit; something helpful or favourable or profitable; allowance payable in accordance with an insurance plan. 利益；好处；保险补助金；利息。 **berfaedah** *adj.* beneficial; having a helpful or useful effect; profitable; bringing profit; useful; usable for a practical purpose. 有益的；可享受利益的；有实际意义的。

**faham, fahaman** *k.n.* understanding; ability to understand; doctrine, principle(s) of a religious, political, or the group. 理解；理解力；悟性；宗教、政治、团体组织的原则；教条。 —*k.k.i.* understand (p.t. -*stood*); know the ways or working of; know the explanation. 明白；理解；体会。 **silap ~** *k.k.i.* misapprehend; misunderstand (p.t. -*stood*); fail to understand correctly. 误解；曲解。 **memahami** *k.k.t.* comprehend; understand; grasp the meaning of; apprehend; perceive with the mind or senses; discern. 理解；体会；察觉。 **sefaham** *adj.* congenial; pleasant; agreeable to oneself. 意气相投的；适意的。

**Fahrenheit** *adj.* Fahrenheit; of a temperature scale with the freezing point of water at 32° and boiling point at 212°. 华氏温度计的。

**fail** *k.n.* file; cover or box, etc. for keeping papers for reference; its contents. 文件夹；档案；文件。 **memfailkan** *k.k.t.* file; place in a file; place on record; march in a file. 依次序订存；编档保存；排成纵队。

**fait accompli** *fait accompli*; thing already done and not reversible. 既成事实；无可争辩的事。

**fajar** *k.n.* dawn; first light of day; beginning. 黎明；破晓；发端。

**fakir** *k.n.* fakir; Muslim or Hindu religious beggar regarded as a holy man. 苦行者；托钵僧。

**faksimile** *k.n.* fax (facsimile); a reproduction of a document, etc. 传真。

**fakta** *k.n.* fact; thing known to have happened or to be true or to exist. 事实；实情；真相；论据；现实。

**faktor** *k.n.* factor; circumstance that contributes towards a result; one of the numbers, etc. by which a given number can be divided exactly. 要素；因素；因子；因数。

**fakulti** *k.n.* faculty; department teaching a specified subject in a university or college. 大学的院或系。

**falsafah** *k.n.* philosophy; system or study of the basic truths and principles of the universe, life, and morals, and of human understanding of these; person's principles. 哲学；人生哲理。 **ahli ~** *k.n* philosopher; person skilled in philosophy; philosophical person. 哲学家；有哲学思想的人。

**falsetto** *k.n.* falsetto (pl. *-os*); voice above one's natural range. （男声的）假音。

**famili** *k.n.* family; parents and their children; a person's children; set of relatives; group of related plants or animals, or of things that are alike. 家庭；家属；家族。

**fana** *adj.* ephemeral; lasting only a very short time. 朝生暮死的；短命的；短暂的。

**fanatik** *k.n.* fanatic; person filled with excessive enthusiasm. 狂热者；入迷者；盲信者。

**fanatisme** *k.n.* fanaticism; excessive enthusiasm. 狂热；入迷；盲信。

**fantasi** *k.n.* fantasy; imagination; thing imagined; fanciful design; fantasia. 幻想；怪念头；幻象；想象力；幻想曲。

**fantasia** *k.n.* fantasia; imaginative musical or other composition. 幻想曲。

**farad** *k.n.* farad; unit of capacitance. 法拉；电容单位。

**faraj** *k.n.* vagina; passage leading from the vulva to the womb in females. 阴道。

**farina** *adj.* farinaceous; starchy. 含淀粉的；淀粉制的。

**farmakologi** *k.n.* pharmacology; the study of the action of drugs. 药理学。 **ahli ~** *k.n.* pharmacologist. 药物学家；药理师。

**farmakopeia** *k.n.* pharmacopoeia; a list or stock of drugs. 药典；处方书；库存药品；备用药物。

**farmasi** *k.n.* pharmacy; preparation and dispensing of medicinal drugs; pharmacist's shop; dispensary. 药学；制药业；配药；药房。

**farthing** *k.n.* farthing; former coin worth one quarter of a penny. 法寻；英国旧铜币。

**fasa** *k.n.* phase; stage of change or development. 阶段；期。

**fasal** *k.n.* clause; single part in a treaty, law, or contract. 子句；契约等的条款。

**fasih** *adj.* fluent; speaking or spoken smoothly and readily; eloquent. 流畅的；流利的；口若悬河的。

**fasisme** *k.n.* fascism; system of extreme rightwing dictatorship. 法西斯主义。

**fasis** *k.n.* fascist. 法西斯主义者。

**fatalis** *k.n.* fatalist; person who submits to what happens, regarding it as inevitable. 宿命论者。 **fatalisme** *k.n.* fatalism. 宿命论。 **fatalistik** *adj.* fatalistic. 宿命的；宿命论的。

**faun** *k.n.* faun; Latin rural deity with a goat's legs and horns. 罗马神话中的农牧神。

**fauna** *k.n.* fauna (*pl.*); animals of an area or period. (总称) 某区域或时期的动物。

**feminis** *k.n.* feminist; supporter of women's claims to be given rights equal to those of men. 男女平等主义者；女权运动者。

**femur** *k.n.* femur; thigh-bone. 股骨；腿。

**fenomenon** *k.n.* phenomenon (pi. *-a); fact, occurrence, or change perceived by the senses or the mind; remarkable person or thing. 现象；事件；非凡的人；珍品。

**feri** *k.n.* ferry; boat, etc. used for ferrying; place where it operates; service it provides. 渡轮；渡口；渡运服务。

**festun** *k.n.* festoon; hanging chain of flowers or ribbons, etc. 花彩；垂花雕饰。

**fesyen** *k.n.* fashion; manner or way of doing something; style popular at a given time. 风格；方式；时髦；风气；潮流。

**fetus** *k.n.* foetus (pl. *-tuses*); developed embryo in a womb or egg. 胎；胎儿。

**feudal** *adj.* feudal; of or like the feudal system. 封建的；封建制度的。 **sistem ~** *k.n.* feudal system; medieval system of holding land by giving one's services to the owner. 封建制度。 **feudalisme** *k.n.* feudalism. 封建主义。

**fibroid** *adj.* fibroid; consisting of fibrous tissue. 纤维性的；纤维状的。 —*k.n.* benign fibroid tumour. 纤维瘤。

**fibrositis** *k.n.* fibrositis; rheumatic pain in tissue other than bones and joints. 纤维织炎。

**fiesta** *k.n.* fiesta; festival in Spanish speaking countries. 宗教节日；喜庆日。

**fikir** *k.n.* think; act of thinking. 想法；念头；思考。 **berfikir** *k.k.i.* think (p.t. *thought*); form or have as an idea or opinion or plan. 想；思索；思考。 **memikirkan** *k.k.t.* think; exercise the mind; form connected ideas. 考虑；想到；怀念。

**fikiran** *k.n.* thought; process or power or way of thinking. 思想；考虑；想法；意见。

**fiksyen** *k.n.* fiction; invented story; class of literature consisting of books containing such stories. 小说；杜撰；虚构的文学作品。

**filamen** *k.n.* filament; strand; fine wire giving off light in an electric lamp. 细丝；丝状体；灯丝。

**filem** *k.n.* film; sheet or rolled strip of light-sensitive material for taking photographs; drama or events shown by a cinematographic process. 影片；软片。 **memfilemkan** *k.k.t.* film; make a film of. 拍电影。 **bintang ~** *k.n.* film star; star actor or actress in films. 电影明星。

**Filipina** *k.n.* Philippine; of the Philippine Islands. 菲律宾。

**filologi** *k.n.* philology; study of languages. 语文学；语文文献字。 **ahli ~** *k.n.* philologist. 语文学家。

**final** *k.n.* final; last contest in a series. 结局；决赛。 **peserta ~** *k.n.* finalist; competitor in a final. 决赛选手。

**fiord** *k.n.* fiord; narrow inlet of the sea between cliffs, esp. in Norway. 挪威海岸的峡湾；峡江。

**fir** *k.n.* fir; evergreen cone bearing tree. 冷杉；枞。

**firasah** *k.n.* hunch; intuitive feeling. 预感。

**firasat** *k.n.* clairvoyance; power of seeing in the mind events, etc. that are in the future or out of sight; physiognomy; features of a person's face. 观象术；相法；面相；预感。

**Firaun** *k.n.* Pharaoh; title of the king of ancient Egypt. 法老；古埃及王的称号。

**firma** *k.n.* firm; business company. 商行；合股公司。

**fisiologi** *k.n.* physiology; study of the bodily functions of living organisms. 生理学。 **ahli ~** *k.n.* physiologist. 生理学家。

**fisioterapi** *k.n.* physiotherapy; treatment of an injury, etc. by massage and exercises. 物理治疗。 **ahli ~** *k.n.* physiotherapist. 物理治疗师。

**fiskal** *adj.* fiscal; of public revenue. 国库的；财政的；会计的。

**fistula** *k.n.* fistula; a pipe-like ulcer; a pipe-like passage in the body. 瘘；瘘管。

**fitnah** *k.n.* libel; slander; defamation; published false statement that damages a person's reputation; act of publishing it; crime of uttering this. 诽谤；诋毁；诽谤文字；诽谤罪。 **memfitnah, memfitnahkan** *k.k.t.* libel (p.t. *libelled*); publish a libel against; utter a slander about; slander; attack the good reputation or defame; malign; say unpleasant and untrue things about. 诽谤；为文诽谤；诬陷；中伤。

**fiug** *k.n.* fugue; musical composition with theme(s) repeated in a complex pattern. 赋格曲。

**fius** *k.n.* fuse; length of easily burnt material for igniting a bomb or explosive; strip of wire placed in an electric circuit to melt and interrupt the current when the circuit is overloaded. (灯泡的)保险丝；熔丝。

**fizik** *k.n.* physics; study of the properties and interactions of matter and energy. 物理；物理学。 **ahli ~** *k.n.* physicist; expert in physics. 物理学家。

**fizikal** *adj.* physical; of the body; of matter or the laws of nature; of physics. 躯体的；自然的；物质的；物理的。

**geografi ~** physical geography; study of earth's natural features. 自然地理学。 **kimia ~** physical chemistry; use of physics to study substances and their reactions. 物理化学。

**flanel** *k.n.* flannel; a kind of woollen fabric; face flannel; (*pl.*) trousers of flannel or similar fabric. 法兰绒；绒布；法兰绒男装长裤。

**flanelet** *k.n.* flannelette; cotton fabric made to look and feel like flannel. 棉法兰绒。

**flebitis** *k.n.* phlebitis; inflammation of the walls of a vein. 静脉炎。

**flegmatik** *adj.* phlegmatic; not easily excited or agitated; sluggish; apathetic. 冷静的；迟钝的；冷漠的。

**fleks** *k.n.* flax; blue-flowered plant; textile fibre from its stem. 亚麻。

**flora** *k.n.* flora (*pl.*); plants of an area or period. 植物群。

**florin** *k.n.* florin; guilder; former British coin worth two shillings (10p). 英国银币，值二先令。

**fluorida** *k.n.* fluoride; substance that prevents or reduces tooth decay. 氟化物；氢氟酸盐。

**fluorin** *k.n.* fluorine; a chemical element, (symbol F), a pungent corrosive. 氟。

**fluorspar** *k.n.* fluorspar; calcium fluoride as a mineral. 萤石；氟石。

**fobia** *k.n.* phobia; lasting abnormal fear or great dislike. 恐惧症；(病态的)恐惧或憎恶。

**foder** *k.n.* fodder; dried food, hay, etc. for horses or other animals. 牛、马等的饲料；秣。

**fokus** *k.n.* focus (pl. *-cuses* or *-ci*); point where rays meet; distance at which an object is most clearly seen; adjustment on a lens to produce a clear image; centre of activity or interest. 集中点；焦点；活动等的中心。 **memfokus** *k.k.t.* focus (p.t. *focused*); adjust the focus of; bring into focus; concentrate. 调焦距；集中；注视。

**folder** *k.n.* folder; folding cover for loose papers; leaflet. 文件夹；对叠式印刷品。

**folikel** *k.n.* follicle; very small cavity containing a hair root. 小囊；囊状卵泡；毛囊。

**folio** *k.n.* folio (pl. *-os*); largest-sized book; page number. 对开本；张数号；页码。

**fomen** *k.n.* foreman (pl. *-men*); workman superintending others. 监工；工头；领班。

**fomentasi** *k.n.* fomentation; hot lotion used to bathe a painful or inflamed part. 热敷；热罨。

**fon** *k.n.* phone (*colloq.*); telephone. 电话。~ **kepala, ~ telinga** *k.n.* headphone; earphone; receiver held over the ear(s) by a band over the head. 耳机。

**fondan** *k.n.* fondant; soft sugary sweet. 方旦糖。

**fonetik** *adj.* phonetic; of or representing speech-sounds; (of spelling) corresponding to pronunciation. 语音的；语音上的；音形一致的。

**forensik** *adj.* forensic; of or used in law-courts. 法庭的；用于法庭的。**perubatan ~** forensic medicine; medical knowledge used in police investigation, etc. 法医学。

**formal** *adj.* formal; conforming to accepted rules or customs; of form; regular in design. 正式的；礼节上的；仪式上的；形状整齐的。**tak ~** *adj.* informal; not formal; without formality or ceremony. 非正式的；非正规的。

**formalin** *k.n.* formalin; solution of formaldehyde. 甲醛水。

**formasi** *k.n.* formation; forming; thing formed; particular arrangement. 构成；形成；组织；构造。

**format** *k.n.* format; shape and size of a book, etc. 组织结构；形式；出版物的开本。

**formatif** *adj.* formative; forming. 形成的；构成的；造型的。

**forsep** *k.n.* forceps (pl. *forceps*); small tongs. 镊子；钳子；（昆虫的）尾铗；钳状体。

**forum** *k.n.* forum; place or meeting where a public discussion is held. 论坛；会议场。

**fosfat** *k.n.* phosphate; fertilizer containing phosphorus. 磷酸盐。

**fosforus** *k.n.* phosphorus; non-metallic chemical element; wax-like form of this appearing luminous in the dark. 磷；磷光体。

**fosil** *k.n.* fossil; hardened remains or traces of a prehistoric animal or plant. 化石。

**foto** *k.n.* photo (pl. *-os*) (*colloq.*): photograph. 照片；相片。

**fotogenik** *adj.* photogenic; coming out attractively in photographs. 上镜的。

**fotograf** *k.n.* photograph; picture formed by the chemical action of light or other radiation on sensitive material. 照片；相片。

**fotosintesis** *k.n.* photosynthesis; process by which green plants use sunlight to convert carbon dioxide and water into complex substances. 光合作用。

**foundri** *k.n.* foundry; workshop where metal or glass founding is done. 铸工厂；玻璃厂。

**foya, berfoya-foya** *k.k.t.* revel (p.t. *revelled*); take great delight; hold revels; carouse; drink and be merry. 纵酒狂欢；作乐。

**fragmen** *k.n.* fragment; piece broken off something; isolated part. 碎屑；碎片；（文艺作品等的）未完成部分。

**franc** *k.n.* franc; unit of money in France, Belgium, and Switzerland. 法郎/法国、比利时、瑞士等国的货币单位。

**francais** *k.n.* franchise; right to vote in public elections; authorization to sell a company's goods or services in a certain area. 选举权；公民权；特许经销权。

**frankfurter** *k.n.* frankfurter; highly seasoned smoked sausage. 熏肉香肠。

**frasa** *k.n.* phrase; group of words forming a unit, esp. within a sentence or clause; unit in a melody. 词组；短语；乐句。 **memfrasakan** *k.k.t.* phrase; express in words; divide (music) into phrases. 用短语描述；用言语表达；把(乐曲)分成短句。

**Freemason** *k.n.* Freemason; member of a fraternity with elaborate ritual and secret signs; Freemasonry; their system and institutions. 共济会；共济会成员；共济会制度。

**freesia** *k.n.* freesia; a kind of fragrant flower. 小苍兰。

**frekuensi** *k.n.* frequency; frequent occurrence; rate of repetition. 次数；重复发生率；声音等的频率；周率。

**Friesian** *k.n.* Friesian; one of a breed of black and white dairy cattle. 黑白花牛；荷兰牛。

**frok** *k.n.* frock; woman's or girl's dress. 女式长衣；工作袍。

**fros** *k.n.* frost; freezing weather-condition; white frozen dew or vapour. 霜；霜柱；严寒。

**fulkrum** *k.n.* fulcrum; point of support on which a lever pivots. 支柱；支点；支轴。

**fulmar** *k.n.* fulmar; Arctic sea-bird. 管鼻鹱；臭鸥。

**fungsi** *k.n.* function; special activity or purpose of a person or thing. 功能；集会；任务。 **berfungsi** *k.k.i.* function; perform a function; be in action. 发挥作用；运作；(器官等)活动。

**fungsional** *adj.* functional; of function(s); practical and not decorative or luxurious. 官能的；机能的；起作用的。

**furlong** *k.n.* furlong; one-eighth of a mile. 浪；英国长度单位，等于1/8英里。

# G

**g** *kep.* g; gram(s). (缩写) 克 (重量单位)。
**gabin** *k.n.* pipeclay. 管土。
**gabung, bergabung** *k.k.i.*, **menggabungkan** *k.k.t.* join; put or come together; unite; combine; join into a group or set or mixture; consolidate; affiliate; connect as a subordinate member or branch; incorporate; include as a part; form into a corporation; mix; combine; merge; combine into a whole. 连接；联结；捆扎；合并；加入；混合；集合。

**gabungan** *k.n.* merger; combining of commercial companies, etc. into one; combination; combining; set of people or things combined. 结合；公司合并；集团。

**gabus** *k.n.* cork; light tough bark of a South European oak; piece of this used as a float. 软木塞；软木；(钓鱼等用的)浮子。 **skru ~** *k.n.* corkscrew; tool for extracting corks from bottles. 瓶塞钻。

**gada-gada** *k.n.* pennant; ship's long tapering flag. 船上用的三角信号旗。

**gadai** *k.n.* pawn; thing deposited as a pledge. 典押；典当。 **menggadai** *k.k.t.* deposit with a pawnbroker as security for money borrowed; hock. 典当；抵押。 **kedai pajak ~** *k.n.* pawn shop; pawnbroker's premise. 当铺。 **broker pajak ~** *k.n.* pawnbroker; person licensed to lend money on the security of personal property deposited with him. 当铺主；典当商。**~ janji** *k.n.* mortgage; loan for purchase of property, in which the property itself is pledged as security; agreement effecting this. 抵押；抵押单据；抵押契约。**menggadai janji** *k.k.t.* pledge (property) as security thus. 抵押。

**gadang** *adj.* colossal; immense. 巨大的；巨像的。

**gading** *k.n.* ivory; hard creamy-white substance forming tusks of elephant, etc.; object made of this. 象牙；象牙质；象牙制品。

**gadis** *k.n.* girl; female child; young woman; colleen (*Ir.*); lass; lassie (*Sc. & N. Engl.*). 女孩；少女；爱尔兰女子；未婚女子。

**Gaelic** *k.n.* Gaelic; Celtic language of Scots; Irish language. 盖尔族(语言)；苏格兰语；爱尔兰语。

**gagah** *adj.* gallant; brave; chivalrous; manly; strong, considered suitable for a man. 英勇的；骑士风度的；有男子气概的；适合于男子的。

**gagak, burung ~** *k.n.* crow; large black bird. 乌鸦。

**gagal** *adj.* fail; be unsuccessful; become weak; cease functioning; neglect or be unable; become bankrupt; declared to be unsuccessful. 不及格的；失败的；衰退的；受挫的；忽略的；破产的；落空的。**menggagalkan** *k.k.t.* discomfit (*p.t. discomfited*); disconcert. 打败；使困惑。

**gagap** *k.k.i.* stutter; stammer, esp. repeating consonants. 结结巴巴地说；口吃地说。**tergagap-gagap** *k.k.i.* falter; speak hesitantly. 口吃；结巴。

**gagau, menggagau** *k.k.i.* grope; feel about as one in the dark. 暗中摸索；探索。

**gaharu** *k.n.* sandalwood; a kind of scented wood. 檀香木；沉香。

**gajah** *k.n.* elephant; very large animal with a trunk and ivory tusks. 象。

**gaji** *k.n.* stipend; salary; fixed regular (usu. monthly or quarterly) payment by employer to employee. 薪水；薪俸。

**gajus** *k.n.* cashew; a kind of edible nut. 槚树；腰豆；都咸子。

**gak** *k.n.* caw; harsh cry of a rook, etc. 乌鸦叫声。

**galak, menggalakkan** *k.k.t.* embolden; make bold; encourage; give hope or confidence or stimulus to; urge. 给人壮胆；使更勇敢；使振作；激励；督促。

**galakan** *k.n.* encouragement. 鼓励；奖励；奖励物。

**galaksi** *k.n.* galaxy; system of stars; brilliant company of people. 银河；星系。

**gali, menggali** *k.k.t.* dig (*p.t. dug*, *pres.p. digging*); break up and move soil; make (a way or hole) thus; remove by digging; excavate; seek or discover by investigation; thrust; poke; make (a hole) by digging; dig out; reveal by digging. 挖掘；凿；钻；探究。

**galian** *k.n.* dig; piece of digging. 挖掘；出土物。

**galiung** *k.n.* galley (*pl. -eys*); ancient ship, esp. propelled by oars. 古时由奴隶或犯人划驶的单层低划船。**dapur ~** *k.n.* kitchen in a ship or aircraft. 船或飞机上的厨房。

**Gallic** *adj.* Gallic; of ancient Gaul; French. 高卢的；关于高卢的；法国(人)的。

**galosh** *k.n.* galosh; rubber overshoe. 长统橡皮套鞋。

**gam** *k.n.* gum; sticky substance exuded by certain trees, used for sticking things together. 树脂；橡胶；胶浆。**menggam** *k.k.t.* gum (*p.t. gummed*); smear or stick together with gum. 粘合；涂树胶。

**gama** *k.n.* gamma; third letter of the Greek alphabet, = g. 希腊语的第三个字母。

**gamat** *adj.* obstreperous; noisy; unruly. 吵闹的；喧嚷的。

**gambar** *k.n.* picture; representation of

**gambit** 85 **ganjaran**

person(s) or object(s), etc. made by painting, drawing, or photography, etc.; thing that looks beautiful; scene; description; cinema film. 画；图片；照片；美景；影片；电影。**menggambarkan** *k.k.t.* depict; imagine; represent in a picture or in words. 描述；叙述；描写；勾画。**gambar rajah** *k.n.* diagram; drawing that shows the parts of a thing or how it works, or represents the operation of a process, etc. 图表；图形；图解。

**gambit** *k.n.* gambit; opening move or remark. (象棋开局时的) 起手着法；开场白。

**gambut** *k.n.* peat; decomposed vegetable matter from bogs, etc. used in horticulture or as fuel. 泥炭；泥炭土。

**gamet** *k.n.* gamete; sexual cell. 配子；(能结合并促成生育的) 性细胞。

**gamit** *k.k.i.*, **menggamit** *k.k.t.* beckon; summon by a gesture. 打手势；招手；点头示意。

**gamut** *k.n.* gamut; whole range of notes used in music; whole series or scope. 音阶；全音域；长音阶。

**ganas** *adj.* ferocious; fierce; savage. 凶恶的；凶猛的；残暴的。

**gancu** *k.n.* crook; hooked stick. 钩子；曲柄杖；弯曲物。

**ganda, menggandakan** *k.k.t.* duplicate; make or be a duplicate; do twice. 复制；复写；使成倍；使成双。**berganda** *adj.* having or affecting many parts. 复制的；重复的；倍增的。

**gandaan** *k.n.* quantity containing another a number of times without remainder. 重叠；倍数；重数。

**gandar** *k.n.* axle; rod on which wheels turn. 轴心；车轴。

**gandin** *k.n.* mallet; hammer, usu. of wood. 木槌。

**gandingan** *k.n.* coupling; device connecting railway carriages or machine parts. 连接；连结机。

**gandum** *k.n.* buckwheat; grist; grain to be ground or already ground. 荞麦；荞麦片。

**gang** *k.n.* gangway; gap left for people to pass, esp. on a ship; movable bridge from a ship to land. 通路；舷梯；上下船用的跳板。

**ganggu** *k.k.t.* bother; cause trouble, worry, or annoyance to; pester; disrupt; cause to break up; interfere; take part in dealing with others' affairs, without right or invitation; be an obstruction; interrupt; break the continuity of; break the flow of (speech, etc.) by a remark. 打扰；烦扰；操心；干预；妨碍；介入。**mengganggu** *k.k.t.* distract; draw away the attention of; disturb; break the quiet or rest or calm of; cause to move from a settled position; incommode; inconvenience. 岔开；引开注意力；带来不便。**terganggu** *adj.* disturbed; mentally or emotionally unstable or abnormal. 被打搅的；不安的；心理失常的。

**gangguan** *k.n.* inconvenience; lack of convenience; thing causing this; interference; interfering; disturbance of radio signals; interruption; disruption; disturbance; distraction; thing that distracts the attention; distraught state; frenzy. 为难之处；阻碍；冲突；无线电波的干扰；不安；骚动；狂乱。

**ganglion** *k.n.* ganglion (pl. *-ia*); group of nerve cells from which nerve fibres radiate; cyst on the sheath of a tendon. 中枢神经系统中的神经节；腱鞘囊肿。

**gangsa** *k.n.* bronze; brown alloy of copper and tin; thing made of this. 青铜；青铜制品。

**ganja** *k.n.* cannabis; hemp plant; drug made from this. 大麻。

**ganjak, berganjak** *k.k.i.*, **mengganjakkan** *k.k.t.* budge; move slightly. 稍微移动。

**ganjaran** *k.n.* deserts (*pl.*); what one de-

**ganjil** *adj.* anomalous; extraordinary; very unusual or remarkable; beyond what is usual; odd (*-er, -est*); (of a number) not exactly divisible by 2; from a pair or set of which the other(s) is lacking; exceeding a round number or amount; not regular; unusual; peculiar; eccentric; strange (*-er, -est*); not familiar; not well-known; alien; surprising; fresh; unaccustomed. 不规则的；异常的；例外的；奇数的；一对中的吊单的；零星的；奇怪的；新奇的。

serves; gratuity; money given as a present for services rendered. 功过；应得的奖赏或处罚。

**ganti** *k.k.t./i.* change; substitute. 替换；取代。**sebagai ~** *kkt.* instead; as an alternative or substitute. 反而；作为替代。

**ganti rugi** *k.n.* indemnity; protection against penalties incurred by one's actions; compensation for injury. 补偿金。

**gantri** *k.n.* gantry; overhead bridgelike framework supporting railway signals or a travelling crane, etc. 龙门起重机；铁路跨轨信号架。

**gantung, menggantungkan** *k.k.t.* drape; cover or arrange loosely. 悬挂。

**gapura** *k.n.* arch; curved structure, esp. as a support. 拱门；弓形牌楼。**pintu ~** *k.n.* archway; arched entrance or passage. 拱门；拱道。

**garaj** *k.n.* garage; building for storing motor vehicle(s); commercial establishment where motor vehicles are repaired and serviced. 汽车房；汽车库；修车场；兼备修车及销售服务的加油站。

**garam** *k.n.* sodium chloride obtained from mines or by evaporation from sea-water, used to season and preserve food. 氯化钠；食盐。**menggaram-ladakan** *k.k.i.* devil (p.t. *devilled);* cook (food) with hot seasoning. 用辣味料烤制食物。

**garang** *adj.* lurid; in glaring colours; fierce (*-er, -est*); violent in temper, manner, or action; eager; intense. 色彩艳丽的；过分渲染的；凶恶的；暴躁的。

**gari** *k.n.* handcuff; metal ring linked to another, for securing a prisoner's wrists. 手铐。**menggari** *k.k.t.* put handcuffs on. 加手铐。

**garis, garisan** *k.n.* line; long narrow mark; outline; boundary. 线条；轮廓；外形。**menggaris** *k.k.t.* mark with lines. 划线；使有线条。**~ leher** *k.n.* neckline; outline formed by the edge of a garment at the neck. (女装的)领口。**~ pantai** *k.n.* coastline; line of a coast. 海岸线。**penjaga ~** *k.n.* linesman (pl. *-men*); umpire's assistant at the boundary line. (球类比赛的)巡边员。

**garisen** *k.n.* garrison; troops stationed in a town or fort to defend it; building they occupy. 驻军；驻防地；要塞。

**garnet** *k.n.* garnet; red semi-precious stone. 石榴石；红石榴宝石。

**gas** *k.n.* gas (pl. *gases*); substance with particles that can move freely; such a substance used as a fuel or anaesthetic; (*U.S. colloq.*) gasoline; petrol. 气体；气态；煤气；沼气；汽油。**menjadi ~** *k.k.t./i.* gasify. 使气化；使变为气体。*—k.n.* gasification. 气化作用。**kebuk ~** *k.n.* gas chamber; room that can be filled with poisonous gas to kill prisoners. 死刑毒气室。**topeng ~** *k.n.* gas mask; device worn over face as a protection against poisonous gas. 防毒面具。**saluran ~** *k.n.* gas ring; hollow perforated ring through which gas flows for cooking on. 有环形喷火头的煤气灶。**kilang ~** *k.n.* gasworks; place where fuel gas is made. 煤气厂。

**gasang** *k.n.* lecher; lecherous man. 好色的人；纵欲的人。

**gasket** *k.n.* gasket; sheet or ring of rubber, asbestos, etc., sealing a joint between metal surfaces. 密封垫；密封片；垫圈。

**gasolin** *k.n.* gasoline; (*U.S.*) petrol. 汽油。

**gasometer** *k.n.* gasometer; large round storage tank from which gas is piped to a district. 气量计；储气器。

**gastrik** *adj.* gastric; of the stomach. 胃的。

**gastroenteritis** *k.n.* gastroenteritis. 胃肠炎。

**gastropod** *k.n.* gastropod. 腹足纲软体动物。

**gastronomi** *k.n.* gastronomy; science of good eating and drinking. 美食学；烹饪法。

**gatal** *adj.* lewd; indecent; treating sexual matters vulgarly; lascivious; itchy; ticking sensation in the skin, causing a desire to scratch. 淫荡的；下流的；好色的；发痒的。 **menggatalkan** *k.k.t.* have or feel an itch. 发痒。

**gaul** *k.k.t./i.* mix; put (different things) together so that they are no longer distinct; prepare by doing this; combine; blend. 混合；搀合；结合。 **bergaul** *k.k.t.* hob-nob (*p.t. -nobbed*); spend time together in a friendly way. 亲密交际；融洽的交谈。

**gaulan** *k.n.* mixture. 混合物。

**gaun** *k.n.* gown; loose flowing garment; woman's long dress; official robe. 长袍；特殊场合穿的女用长服；毕业服；法官服。 **~ tidur** *k.n.* nightgown; nightdress. 睡袍。

**gaung** *k.n.* chasm; deep cleft; gorge; narrow steep-sided valley. 裂口；深渊。

**gavotte** *k.n.* gavotte; old French dance. 加伏特舞；一种法国农民舞蹈。

**gaya** *k.n.* style; manner of writing or speaking or doing something; shape; design; elegance. 作风;说话、书写的风格;设计;举止。 **~ bertutur** *k.n.* elocution; style or art of speaking. 演说术；发言方式。 **bergaya** *adj.* dressy (*-ier, -iest*); wearing stylish clothes; elegant; elaborate. 讲究穿戴的；优雅高尚的；精益求精的。

**gazebo** *adj.* gazebo (pl. *-os*); turret or summer house with a wide view. 望楼；阳台；塔楼；信号台。

**gazetir** *k.n.* gazetteer; index of places, rivers, mountains, etc. 地名（包括山脉、河流名称等）索引；地名词典。

**G.B.** *kep.* G.B.; Great Britain. （缩写）大不列颠（即英格兰、威尔斯和苏格兰）。

**gear** *k.n.* gear; set of toothed wheels working together in machinery. 齿轮；齿轮组；(汽车的)排档。 **kotak ~** *k.n.* gearbox; gearcase; case enclosing gear mechanism. 齿轮箱。

**gedempong** *adj.* obese; very fat. 过分肥胖的；痴肥的。

**gedung** *k.n.* depository; storehouse. 贮藏所；仓库；寄存处。 **~ serba ada** *k.n.* department store; large shop with departments each selling a separate type of goods. 百货商店；百货公司。

**gegabah** *adj.* madcap; wildly impulsive (person). 鲁莽的；冲动的。

**gegancu** *k.n.* sprocket; projection engaging with links on a chain, etc. 链轮齿。

**gegar, bergegar** *k.k.i.* jar (*p.t. -jarred*); jolt. 震摇；震惊；颠簸。

**gegaran** *k.n.* jarring movement or effect. 震动。

**gegat** *k.n.* bookworm; grub that eats holes in books. 书迷；蠹鱼；蛀书虫。

**gegau** *k.n.* cavern; large cave; hollow part. 大山洞；大洞穴。

**geisha** *k.n.* geisha; Japanese woman trained to entertain men. 日本的艺妓。

**gejala** *k.n.* symptom; sign of the existence of a condition. 症状；病征；征兆。

**gel** *k.n.* gel; jelly-like substance. 冻胶；凝胶。

**gelabir** *k.n.* jowl; dewlap; loose skin on the throat. 牲畜颈部的垂皮；垂肉。

**geladak** *k.n.* deck; horizontal floor in a ship; similar floor or platform, esp. one of two or more. 甲板；舱板。

**gelambir** *k.n.* dewlap; fold or loose skin at

**gelang** … the throat of cattle, etc.; flab (*colloq.*); flabbiness; fat. 牲畜颈部的垂皮；垂肉。

**gelang** *k.n.* bangle; bracelet of rigid material; bracelet; ornamental band worn on the arm. 手镯；脚镯。 ~ **rantai** *k.n.* link; one ring of a chain. 环；链状物中的一节。

**gelanggang** *k.n.* court; courtyard; area marked out for certain games; sovereign's establishment with attendants. 庭院；赛场；法庭。 ~ **laga lembu** *k.n.* bullring; arena for bullfights. 斗牛场。

**gelap** *adj.* dark (*-er, -est*); with little or no light; of deep shade or colour; closer to black than to white; having dark hair or dark skin; gloomy; secret; mysterious. 阴暗的；浅黑色的；隐秘的；令人难解的。 **bilik** ~ *k.n.* darkroom; room with daylight excluded, for processing photographs. 暗室；冲洗照片的暗房。 **menggelap** *k.k.t./i.* darken; make or become dark. 使暗；使变黑。 **menggelapkan** *k.k.t.* embezzle; take (money, etc.) fraudulently for one's own use. 盗用；挪用公款。 **Zaman Gelap** *k.n.* Dark Ages; early Middle Ages in Europe. 欧洲中世纪的黑暗时代。

**gelar** *k.n.* nickname; name given humorously to a person or thing. 绰号；浑名。 **menggelar** *k.k.t.* dub; make into a knight by touching on the shoulders with a sword; nickname. 封…为爵士；给…起绰号。

**gelaran** *k.n.* appellation; name; title. 名称；称号。

**gelas** *k.n.* glass; glass drinking vessel. 玻璃杯。

**gelatin** *k.n.* gelatine; clear substance made by boiling bones. 明胶；动物胶；骨胶。

**geledah, menggeledah** *k.k.t.* comb; search thoroughly; ransack; rob or pillage (a place). 搜遍；彻底搜索；洗劫。

**geledak, anjing** ~ *k.n.* cur; worthless dog. 野狗；杂种狗。

**gelegak, menggelegak** *k.k.i.* boil. 煮；沸腾。

**gelegar** *k.n.* girder; metal beam supporting part of a building or bridge; joist; one of the beams on which floor boards or ceiling laths are fixed. (建筑)大梁；大型工字钢架；撑柱。

**gelembung** *k.n.* bubble; thin ball of liquid enclosing air or gas. 泡沫；气泡；水泡。

**gelen** *k.n.* gallon; measure for liquids, = 4 quarts (4.546 litres). 加仑(英制容量单位，等于4夸脱或4.546公升)。

**gelendong** *k.n.* spindle; revolving pin or axis on which thread is wound in spinning. 纺锤；线轴；(机器的)主轴。

**geletar, menggeletar** *k.k.i.* dither; tremble; hesitate indecisively. 颤抖；犹疑不决；踌躇。

**geliga, bergeliga** *adj.* cute (*-er, -est*) (*colloq.*); sharp-witted; ingenious; (*U.S.*) quaint. 精灵的；精巧的；离奇有趣的。

**gelignit** *k.n.* gelignite; explosive containing nitro glycerine. 由硝铵、硝酸、甘油等制成的葛里炸药；炸胶。

**gelincir** *k.k.i.* derail; cause (a train) to leave the rails. 出轨；使(火车)出轨。

**gelinciran** *k.n.* slip. 溜；滑动。 ~ **tanah** *k.n.* landslip. 山崩；土崩。

**gelisah** *adj.* jumpy; nervous; fidgety. 慌乱的；烦躁的；不安的。 **menggelisah** *k.k.t./i.,* **menggelisahkan** *k.k.t.* fidget (p.t. *fidgeted*); make small restless movements; make or be uneasy. 烦躁；坐立不安。

**gelobor** *adj.* baggy; hanging in loose folds. 宽大的；宽松如袋的。

**gelombang** *k.n.* wave; moving ridge of water; wave-like curve(s), e.g. in hair; temporary increase of an influence or condition; wave-like motion by which heat, light, sound or electricity, etc. is spread; single curve in this. 波浪；波纹；头发卷曲；声音等的波动；起伏。 ~ **mikro** *k.n.* microwave; electromagnetic wave of length between about 50 cm and 1 mm. 微波；超短波。

**gelongsor, menggelongsor** *k.k.i.* coast; ride a bicycle or drive a motor vehicle without using power. 滑下；滑翔；(汽车等)滑行。

**gelongsoran** *k.n.* slide; act of sliding; smooth slope down which people or things can slide; sliding part. 滑行；滑面；滑坡；滑道。 **~ tanah** *k.n.* landslide; sliding down of a mass of land on a slope. 山崩。

**gelora** *k.n.* billow; great wave. 波涛；巨浪。 **bergelora** *k.k.i.* rise or move like waves. (波涛)翻腾。 **menggelorakan** *k.k.t.* inflame; arouse strong feeling or emotion in. 点火；煽动。

**geluh** *k.n.* loam; rich soil. 肥土；沃土。

**gelung** *k.n.* bight; loop of rope; curve that is U-shaped or crosses itself; thing shaped like this, esp. length or cord or wire, etc. fastened at the crossing. 绳扣；环；用线、带等打成的圈。 **bergelung** *k.k.i.* form into loop(s); fasten or join with loop(s); enclose in a loop. 打环；(用圈)圈住。

**gelut, bergelut** *k.k.i.* struggle; move in a vigorous effort to get free; make one's way or a living, etc. with difficulty; make a vigorous effort. 挣扎；奋斗；争夺。

**gema** *k.n.* echo; repetition of sound by reflection of sound waves; close imitation. 回声；反响；共鸣；仿效。 **menggemakan** *k.k.t./i.* echo (p.t. *echoed*, pres. p. *echoing*); repeat by an echo; imitate. 发出回声；起共鸣；模仿。

**gembereng** *k.n.* cymbal; brass plate struck with another or with a stick as a percussion instrument. 钹；(乐器)铙钹。

**gembira** *adj.* happy; contented; pleased; fortunate; pleasing. 愉快的；高兴的；满意的；幸福的。 **kegembiraan** *k.n.* excitation; exciting; arousing; stimulation. 兴奋；激励；刺激。 **menggembirakan** *k.k.t.* seethe with excitement. 使(情绪)激昂；使高兴；使兴奋。

**gemerencang** *k.n.* clash; loud harsh sound as of cymbals; jangle; harsh metallic sound. (金属相击时的)丁当声；铿锵声。 **bergemerencang** *k.k.i.* make or cause to make a clash. 发丁当声；铿锵作响。

**gemerlap, bergemerlapan** *adj.* iridescent; coloured like a rainbow; shimmering. 彩虹色的；闪光的；闪色的。

**gemerlapan** *k.n.* glitter; sparkle; iridescence. 闪耀；光辉；灿烂的装饰。

**gemilang** *adj.* glorious; possessing or bringing glory; splendid; magnificent; splendid in appearance, etc.; excellent in quality. 光荣的；超卓的；壮丽的；灿烂的。

**gempa, ~ bumi** *k.n.* earthquake; violent movement of part of the earth's crust. 地震。

**gempar**[1] *adj.* clamorous. 喧闹的；吵闹的。

**gempar**[2] *k.n.* pandemonium; uproar. 喧闹；鼓噪。

**gempur** *k.n.* blitz; violent attack, esp. from aircraft. 猛烈的空袭。 **menggempurkan** *k.k.t.* attack in a blitz. (用闪电式行动)攻击。

**gemuk** *adj.* fat (*fatter, fattest*); excessively plump. 肥胖的；肥大的；丰满的。 **menggemukkan** *k.k.t.* fatten; make or become fat. 养肥；使肥满。

**gen** *k.n.* gene; one of the factors controlling heredity. 基因；遗传因子。

**genahar** *k.n.* crater; bowl-shaped cavity. 火山口；弹坑；陷口。

**genang, menggenangi** *k.k.t.* suffuse; spread throughout or over. 弥漫；充满。

**gencat** *k.k.t./i.* cease; come to an end; discontinue; stop. 停止；终止。 **gencatan senjata** *k.n.* cease-fire; signal to stop firing guns. 休战。

**gendak** *k.n.* mistress; man's illicit female lover. 情妇。

**gendang** *k.n.* drum (musical instrument). 鼓。

**generasi** *k.n.* generation; single stage in descent or pedigree; all persons born at about the same time; period of about 30 years. 世代；家族中的一代；同时代的人；一代（约30年）。

**geng** *k.n.* gang; group of people working or going about together. 集体活动的一群人；一帮；一伙。

**genggam, menggenggam** *k.k.t./i.* grasp; seize and hold. 紧握；抓住；攫取。

**genggaman** *k.n.* grasp; firm hold or grip. 紧握；抓住；攫取。

**gentel** *k.n.* pellet; small round mass of substance; small shot. 小团；小子弹。

**gentian** *k.n.* fibre; thread-like strand; substance formed of fibres. 纤维；纤维质；纤维制品。**gelas ~** *k.n.* fibre-glass; textile fabric made of glass fibres. 纤维玻璃；玻璃绵。**papan ~** *k.n.* fibre-board; board made of compressed fibres. 纤维板。

**genting**[1] *adj.* crucial; very important; decisive. 决定性的；非常重要的。

**genting**[2] *k.n.* pass; gap in mountains, allowing passage to the other side; tile; thin slab of baked clay, etc. used in rows for covering roofs. 隘口；山间隘路；屋瓦。**~ lengkung** *k.n.* pantile; curved roof-tile. 波形瓦。

**genus** *k.n.* gender; grammatical classification corresponding roughly to the two sexes and sexlessness. 性。

**geod** *k.n.* geode; a cavity lined with crystals; a rock containing this. 晶球；晶洞；空心石核。

**geodesi** *k.n.* geodesy; the study of the earth's shape and size. 大地测量学。

**geosentrik** *adj.* geocentric; having the earth as a centre; as viewed from the earth's centre. 以地球为中心的；地心的；地球中心说的。

**gera, menggera** *k.k.t.* alarm; cause alarm to. 警戒；吓唬；使恐慌。

**gerabak** *k.n.* coach; railway carriage. 马车；车厢；长途公共汽车。**~ sorong** *k.n.* barrow; wheelbarrow; cart pushed or pulled by hand. 独轮手车；手推车。

**geragau** *k.n.* shrimp; small edible shell-fish, pink when boiled. 小虾。

**geraham** *k.n.* molar; back tooth with a broad top, used in chewing. 臼齿。

**gerak** *k.n.* motion; moving; movement. 行动；活动；运动；移动；动议。**bergerak** *adj.* peripatetic; going from place to place. 走来走去的；游历的。**tak ~** *adj.* motionless; not moving. 静止的；毫无动静的。**gerak alih** *k.n.* locomotion; ability to move from place to place. 移动力；旅行。

**gerakan** *k.n.* movement; move; moving parts; group's organized actions to achieve a purpose; the group itself. 移动；活动；运动。**~ pertama** *k.k.t./i.* quicken; reach the stage of pregnancy (the *quickening*) when the foetus makes movements that can be felt by the mother. 加快；使活泼；（孕妇）进入胎动期。

**geram, menggeramkan** *k.k.t.* exasperate; annoy greatly. 激怒；触怒。

**gerbang, layar ~** *k.n.* spandrel; area between the curves of adjoining arches. （建筑）拱上空间；上下层窗空间。**pintu ~** *k.n.* gateway; opening or structure framing a gate; entrance. 有栏栅的出入口；通道；门道。

**gereja** *k.n.* church; kirk (*Sc.*); building for public Christian worship; religious service in this. 教堂；基督教的礼拜堂；教堂的礼拜。**~ besar** *k.n.* cathedral; principal church of a diocese. 大教堂。**penjaga ~** *k.n.* church warden; representative of a parish, assisting with church business. 教会执事。**pekarangan ~** churchyard; enclosed land round a church, often used for burials. 教堂；院子；教堂的墓地。**Gereja Besar** *k.n.* Minster; name

**gerek** given to certain large or important churches. (附于修道院的) 大教堂。

**gerek** *k.k.t./i.* bore; make (a hole) with a revolving tool or by digging; pierce thus; thrust one's way. 钻（孔）；挖（洞）；凿。 **lubang ~** *k.n.* hole bored; hollow inside of a cylinder. 孔；管；筒；(枪、炮等的) 膛腔。

**gergaji** *k.n.* saw; tool with a zigzag edge for cutting wood or metal. 锯；锯子。 **~ besi** hack saw; saw for metal. 钢锯。 **~ ukir** *k.n.* fretsaw; very narrow saw used for fretwork. 线锯；钢丝锯。 **menggergaji** *k.k.t.* saw (p.t. *sawed*, p.p. *sawn*); cut with a saw; make a to and fro movement. 锯成；锯。

**gergasi** *k.n.* ogre; cruel or man eating giant in fairy tales, etc.; terrifying person. 民间传说中的吃人妖魔；巨人。

**gerhana** *k.n.* eclipse; blocking of light from one heavenly body by another; loss of brilliance or power, etc. 日蚀；月蚀；默然失色。

**gerigi, bergerigi** *adj.* jagged; having sharp projections. 锯齿状的；(边缘) 凹凸不平的；参差不齐的。

**gerila** *k.n.* guerrilla; person who takes part in guerrilla warfare, fighting or harassment by small groups acting independently. 游击战术；游击队员。

**gerimis** *k.n.* drizzle; rain in very fine drops. 毛毛雨；蒙蒙细雨。

**gerimit** *k.n.* bradawl; small boring tool. 打眼钻；锥钻。

**gerobak** *k.n.* strong low cart for heavy loads. 装载重物的车厢。

**gerobok** *k.n.* locker; small cupboard or compartment where things can be stowed securely. 公共场所供人存放衣物等的柜子；抽屉。

**gerombolan** *k.n.* horde; large group or crowd. 群；人群。

**gersang** *adj.* sterile; barren. 不孕的；不结果的；无菌的；贫瘠的；荒芜的。

**gertak, menggertak** *k.k.t.* browbeat (p.t. -*beat*, p.p. -*beaten*); intimidate; cow; influence by frightening. 吓唬；威逼。

**gertakan** *k.n.* intimidation. 威胁；恐吓。

**gerudi** *k.n.* boring tool. 钻；锥。

**gerutu** *adj.* gnarled; knobbly; twisted and misshapen. (树干) 歪扭而粗糙的；多瘤节的；肿块的。

**gesa, menggesa** *k.k.t.* post haste; with great haste. 赶紧；火速。 **tergesa-gesa** *adj.* hurried; done with great haste. 仓促的；慌忙的。 —*k.k.t./i.* hurry; act or move with eagerness or too quickly; cause to do this. 匆忙；催促。

**gesaan** *k.n.* hurrying. 仓促；忙乱。

**gesel, menggesel** *k.k.t./i.* graze; touch or scrape lightly in passing; scrape skin from. 轻擦；掠过；擦伤。

**geselan** *k.n.* grazed place on the skin. 摩擦；擦伤。

**geseran, pergeseran** *k.n.* friction; rubbing; resistance of one surface to another that moves over it; conflict of people who disagree. 摩擦；摩擦力；阻力；冲突。

**gesper** *k.n.* buckle; device through which a belt or strap is threaded to secure it. 纽扣；扣子；带扣。

**getah** *k.n.* rubber; tough elastic substance made from the juice of certain plants or synthetic piece of this for rubbing out pencil or ink marks; device for rubbing things. 橡胶；橡皮；橡皮擦子。 **bergetah** *adj.* rubbery; like rubber. 似橡胶的。 **~ perca** *k.n.* gutta-percha; rubbery substance made from the juice of Malayan trees. 古塔波胶；胶木胶 (一种类似橡胶的热塑性物质)。 **menggetah** *k.k.t.* rubberize; treat or coat with rubber. 涂上橡胶。

**getar, bergetar** *k.k.i.* jolt; shake or dislodge with a jerk; move jerkily. 震摇；震惊；颠簸。

**getaran** *k.n.* jolt; jolting movement; shock. 震摇；震惊；颠簸。

**ghaib** *adj.* occult; supernatural. 神秘的；玄奥的；秘传的。

**ghairah** *adj.* passionate; full of passion, intense. 充满热情的；激昂的。

**giat** *adj.* impetuous; acting or done on impulse or with sudden energy. 性急的；冲动的；积极的。

**gigi** *k.n.* tooth (pl. *teeth*); each of the hard white bony structures in the jaws, used in biting and chewing things. 牙齿。 **kancing** ~ *k.n.* lockjaw; form of tetanus in which the jaws become rigidly closed. 牙关紧闭症；破伤风。 **penyusuan** ~ dentition. 出牙；出牙期；齿系。

**gigit, menggigit** *k.k.i.* nip (p.t. *nipped*); bite quickly with the front teeth; penetrate; grip or act effectively. 咬；啮；刺痛；夹紧。—*k.n.* pain or harm with biting cold. 因冷而感到的刺痛。

**gigitan** *k.n.* bite; sharp bite; act of biting; wound made by this. 咬；咬断；咬伤。

**gil** *k.n.* gill; one quarter of a pint. 及耳（液量单位，等于1/4品脱）。

**gila** *adj.* mad (*madder, maddest*); having a disordered mind; not sane; extremely foolish; barmy (*sl.*); crazy; insane; crazed; driven insane; wildly enthusiastic; frenzied; (*colloq.*) very annoyed. 疯狂的；精神错乱的；极愚蠢的；热忱的；入迷的；怒不可遏的。 **lelaki** ~ *k.n.* madman (pl. -*men*); man who is mad. 男性疯子；狂人。 ~ **babi** *k.n.* epilepsy; disorder of the nervous system, causing fits. 癫痫；羊痫疯。 **wanita** ~ *k.n.* madwoman (pl. -*women*); woman who is mad. 疯妇；女疯子。 **orang** ~ *k.n.* lunatic; person who is insane or very foolish or reckless. 精神病人；疯子。 **rumah orang** ~ *k.n.* mad-house; (*colloq.*) mental institution. 疯人院。 **menggilakan** *k.k.t.* madden; make mad or angry. 使（某人）疯狂；激怒。

**gilap** *k.k.i.* furbish; polish; clean; renovate; burnish; polish by rubbing. 磨光；擦亮；刷新；翻新。

**gilotin** *k.n.* guillotine; machine used in France for beheading criminals. 法国断头台。

**gim** *k.n.* gym (*colloq.*); gymnasium; gymnastics. 体育馆；健身房；体操运动。

**gimbal** *k.n.* gimbals (*pl.*); contrivance of rings to keep instruments horizontal in a moving ship, etc. (使罗盘等平衡的) 平衡架；水平环。

**gimnasium** *k.n.* gymnasium; room equipped for physical training and gymnastics. 体育馆；健身房。

**gimnastik** *k.n.* gymnastics; exercises to develop the muscles or demonstrate agility. 体操运动。 **ahli** ~ *k.n.* gymnast; expert in gymnastics. 体操运动员；体育家。

**ginaekologi** *k.n.* gynaecology; study of the female reproductive system. 妇科；妇科学。 **pakar** ~ *k.n.* gynaecologist. 妇科学家；妇科医生。

**gincu** *k.n.* lipstick; cosmetic for colouring the lips; stick of this. 口红；唇膏。

**gingham** *k.n.* gingham; cotton fabric, often with a checked or striped pattern. 条纹布；花格布。

**gingivitis** *k.n.* gingivitis; inflammation of the gums. 龈炎。

**ginjal** *k.n.* kidney; either of a pair of organs that remove waste products from the blood and secrete urine. 肾。

**ginseng** *k.n.* ginseng; medicinal plant with a fragrant root. 人参。

**gipsi** *k.n.* gipsy; gypsy; member of a wandering race in Europe. 吉普赛人；欧洲的流浪民族。

**gipsum** *k.n.* gypsum; chalk-like substance. 石膏。

**girang** *adj.* beatific; showing great happiness; bright; cheerful; joyful; joyous; full of joy; merry (-*ier, -iest*); mirthful. 幸福的；快活的；兴高采烈的；欢乐的。 **menggirangkan** *k.k.t.* brighten; exhilarate; make joyful or lively. 使发光辉；使兴奋；使高兴。

**girdel** *k.n.* girdle; ring of bones in the body. 人体内支持四肢的带。

**giro** *k.n.* giro; banking system by which payment can be made by transferring credit from one account to another. 银行直接转帐制度。

**girokompas** *k.n.* gyrocompass; navigation compass using a gyroscope. 陀螺罗盘；回转罗盘。

**giroskop** *k.n.* gyroscope; gyro (pl. *-os*) (*colloq.*); rotating device used to keep navigation instruments steady. 陀螺仪；回转仪；回旋器。

**gitar** *k.n.* guitar; a kind of stringed musical instrument. 吉他；六弦琴。 **pemain ~** *k.n.* guitarist. 吉他手；吉他演奏者。

**glasier** *k.n.* glacier; mass or river of ice moving very slowly. 冰川；冰河。

**glaukoma** *k.n.* glaucoma; condition caused by increased pressure of fluid within the eyeball. 青光眼；绿内障。

**gliserin** *k.n.* glycerine; thick sweet liquid used in medicines, etc. 甘油；丙三醇。

**glob** *k.n.* globe; ball-shaped object, esp. with a map of the earth on it; the world. 球状物；地球仪；天体。

**globulin** *k.n.* globulin; a protein found in animal and plant tissues. 球蛋白；球朊。

**glof** *k.n.* glove; covering for the hand, usu. with separate divisions for fingers and thumb. 手套。 **pengusaha ~** *k.n.* glover; maker of gloves. 制手套者；手套商。

**gloksinia** *k.n.* gloxinia; tropical plant with bell-shaped flowers. 大岩桐。

**glosari** *k.n.* glossary; list of technical or special words with definitions. 词汇表；集注；汇编。

**glukosa** *k.n.* glucose; form of sugar found in fruit juice. 葡萄糖；右旋糖。

**gluten** *k.n.* gluten; sticky protein substance left when starch is washed out of flour. 麸质；面筋；谷蛋白粘胶质。

**G.M.T.** *kep.* G.M.T.; Greenwich Mean Time. (缩写) 格林威治时间 (世界标准时间)。

**gnu** *k.n.* gnu; ox-like antelope. 牛羚。

**goda, menggoda** *k.k.t.* lure; entice; obsess; occupy the thoughts of continually. 引诱；总惹；缠扰。 —*adj.* irresistible; too strong or delightful to be resisted. 不可抵抗的；不能反驳的。

**godaan** *k.n.* obsession; state of being obsessed; persistent idea; enticement. 困扰；着魔；迷恋；执意。

**godam** *k.n.* battering ram; iron-headed beam formerly used in war for breaking through walls or gates; cosh; weighted weapon for hitting people. 攻城槌；大槌；铁锤。 **menggodam** *k.k.t.* hit with a cosh. (用棍棒) 击打。

**gogal** *k.n.* goggles (*pl.*); spectacles for protecting the eyes from wind, water, etc. 护目镜；防水眼镜；遮风镜。

**gol** *k.n.* goal; structure or area into which players try to send the ball in certain games; point scored thus. (足球等的) 球门；得胜球数。 **tiang ~** *k.n.* goal post; either of the posts marking the limit of a goal. (足球等的) 门柱。 **penjaga ~** *k.n.* goalkeeper; goalie; player whose task is to keep the ball out of the goal. (球门的) 守门员。

**golf** *k.n.* golf; game in which a ball is struck with clubs towards and into a series of holes. 高尔夫球。 **padang ~** *k.n.* links; golf course; area of land on which golf is played. 高尔夫球场。 **pemain ~** *k.n.* golfer. 打高尔夫球的人。

**golong, tergolong** *k.k.i.* pertain; be relevant; belong as a part. 与...有关；属于。

**goncang** *k.k.i.* joggle; shake slightly. 轻轻摇动。 —*k.n.* convulsion; violent involuntary movement of the body; upheaval. 动乱；震动；痉挛。 **bergoncang** *k.k.i.* judder; shake noisily or violently. (尤指机械装置) 剧烈震动；震荡。 **menggoncangkan** *k.k.t.* convulse;

**gondol** *adj.* hairless; without hair; leafless; having no leaves. 无毛发的；秃头的；无叶的。

**gondola** *k.n.* gondola; boat with high pointed ends, used on canals in Venice; structure slung beneath a balloon, for carrying passengers, etc. 意大利威尼斯平底狭长小船；飞船等的吊舱；吊篮。

**gong** *k.n.* gong; metal plate that resounds when struck, esp. as a signal for meals. 锣；铜锣。

**gonggok** *k.n.* millipede; small crawling creature with many legs. 马陆。

**gonorea** *k.n.* gonorrhoea; a venereal disease with a discharge from the genitals. 淋病。

**gopoh** *adj.* hasty (*-ier, -iest*); hurried; acting or done too quickly. 轻率的；慌忙的；急躁的。**tergopoh-gopoh** *k.k.i.* hasten; hurry. 催促；加速；赶忙。

**goreng** *k.k.t.* fry (p.t. *fried*); cook or be cooked in very hot fat. 油炸；油炒；油煎。**~ bersadur** *k.n.* fritter; fried batter-coated slice of fruit or meat, etc. 带肉、果等馅料的油炸面团。

**Gorgonzola** *k.n.* Gorgonzola; rich strong blue-veined cheese. 意大利白干酪。

**gorila** *k.n.* gorilla; large powerful ape. 大猩猩。

**Goth** *k.n.* Goth; one of the Germanic invaders of the Roman Empire in the 3rd-5th centuries. 第3至第5世纪时侵入罗马帝国的哥特人。

**Gothic** *adj.* Gothic; of an architectural style of the 12th-16th centuries, with pointed arches. 哥特式的；12至16世纪欧洲以尖柱、簇柱等特色的哥特式建筑的。

**goulash** *k.n.* goulash; stew of meat and vegetables seasoned with paprika. 菜炖牛肉。

**gourmet** *k.n.* foodie; connoisseur of good food and drink. 食物品尝家；讲究饮食的人。

**goyah** *adj.* groggy; weak and unsteady, esp. after illness. 蹒跚的；摇晃的；不稳的。

**goyang** *k.k.i.,* **menggoyangkan** *k.k.t.* jiggle; rock or jerk lightly. 轻轻摇晃；抖动。

**G.P.** *kep.* G.P.; general practitioner. （缩写）非专科的普通医生。

**graf** *k.n.* graph; diagram of line(s) showing the relationship between quantities. 曲线图；图表；图解。

**grafik** *adj.* graphic; of drawing, painting, or engraving; giving a vivid description. 图解的；绘画的；书法的；雕刻的；生动的。

**grafit** *k.n.* graphite; a form of carbon. 石墨；炭精。

**grafologi** *k.n.* graphology; study of handwriting. 笔迹学；图解法。**ahli ~** *k.n.* graphologist. 笔迹学家；字体学家。

**gram** *k.n.* gram; one thousandth of a kilogram. 克（重量单位，等于1/1000公斤）。

**gramofon** *k.n.* gramophone; record-player. 留声机。

**grandstan** *k.n.* grandstand; principal roofed building for spectators at races and sports. 运动场等的正面看台。

**granit** *k.n.* granite; hard grey stone. 花岗石；花岗岩。

**gratis** *adj.* gratis; free of charge. 免费的；无酬劳的。

**graviti** *k.n.* gravity; force that attracts bodies towards the centre of the earth. 重力；地心吸力。

**gred** *k.n.* grade. 程度；阶段；评分等级；水平。**menggredkan** *k.k.t.* arrange in grades; assign a grade to. 分级别；评分数；分类。

**Greek** *k.n.* Greek; (native, language) of Greece. 希腊；希腊人；希腊语。

**greenfinch** *k.n.* greenfinch; finch with green and yellow feathers. 金翅鸟；褐纹头雀。

**grenad** *k.n.* grenade; small bomb thrown by hand or fired. 手榴弹。

**grid** *k.n.* grid; grating; system of numbered squares for map references; network of lines, power cable, etc. 格子；栅栏；(地图等)有座标的格网。

**griffin** *k.n.* griffin; mythological creature with an eagle's head and wings on a lion's body. (希腊神话中的)鹰头飞狮。

**griffon** *k.n.* griffon; small terrier-like dog; a kind of vulture. 布鲁塞尔种小犬；兀鹰；(希腊神话中的)鹰头飞狮。

**gris** *k.n.* grease; animal fat melted soft; any thick oily substance. 润滑油；动物脂；油脂。**menggris** *k.k.t.* put grease on. 加润滑油；(用油脂)涂。 **bergris** *adj.* greasy. 油滑的；油脂性的。

**groin** *k.n.* groyne; solid structure projecting towards the sea to prevent sand and pebbles from being washed away. 防波堤。

**grosgrain** *k.n.* grosgrain; silky corded fabric used for ribbons, etc. 罗锻；一种厚斜纹绸布。

**groto** *k.n.* grotto (pl. *-oes*); picturesque cave. 洞穴；人工清暑洞室。

**grouse** *k.n.* grouse; a kind of game-bird. 松鸡。

**gua** *k.n.* cave; natural hollow in a hill. 洞穴；岩洞。

**guano** *k.n.* guano; dung of sea-birds, used as manure; artificial manure, esp. made from fish. 海鸟粪；鱼肥。

**guar** *k.n.* mound; mass of piled-up earth or small stones; small hill. 土堆；土墩。

**guava** *k.n.* guava; orange-coloured fruit of a tropical American tree. 番石榴。

**gubah, menggubah** *k.k.t.* compose; create in music or literature; arrange in good order. 组成；构成；创作(乐曲、诗歌等)；设计。

**gubahan** *k.n.* composition; composing; thing composed. 作文；作品；结构。

**gubal, menggubal** *k.k.i.* legislate; make laws. 立法。

**gubuk** *k.n.* shack; roughly built hut or shed. 简陋的小屋。

**gudang** *k.n.* warehouse; building for storing goods, furniture. 仓库；货栈。 **~ senjata** *k.n.* arsenal; place where weapons and ammunition are stored or made. 军火库；兵工厂。

**gugup** *adj.* nervous; easily agitated or frightened; slightly afraid; over-wrought; in a state of nervous agitation through over excitement; frantic; wildly excited by anxiety, etc.; jittery (*colloq.*). 神经紧张的；神经质的；极度紧张的；不安的。 **menggugupkan** *k.k.i.* jitter; be nervous. 紧张不安。 —*k.k.t.* fluster; make nervous or confused; baffle; be too difficult for; frustrate. 扰乱；使惊惶；使困惑。

**gugur** *k.k.t.* fall (p.t. *fell*, p.p. *fallen*); come or go down freely; die in battle; miscarry; have a miscarriage. 掉落；脱落；下沉；灭亡；崩溃；失败；流产。

**gugusan** *k.n.* bunch; cluster; number of small things fastened together; (*sl.*) group. 串；束；簇；(暴民群众等)帮；伙。

**guilder** *k.n.* guilder; unit of money of the Netherlands. 荷兰盾；荷兰货币单位。

**guillemot** *k.n.* guillemot; a kind of auk. 海鸠。

**guinea** *k.n.* guinea; former British coin worth 21 shillings (£1.05); this amount. 畿尼；旧时英国金币，值21先令或1.05英磅。

**gula** *k.n.* sugar; sweet crystalline substance obtained from the juices of various plants. 糖；糖块；有甜味的食用品。 **~ merah** *k.n.* demerara; brown raw cane sugar. (奎亚那)淡褐色蔗糖。

**gula-gula** *k.n.* sweet; small shaped piece of sweet substance. 糖果；甜食。

**guli** *k.n.* marble; small ball of glass or clay used in children's games. 儿童游戏用的弹子；石弹。

**gulung, menggulung** *k.k.t.* furl; roll up and fasten. 卷收(风帆等)。

**gumpal** *k.n.* flocks; tuft of wool or cotton; wool or cotton waste; lump; hard or compact mass. 群；毛束；棉束；团块；块状物。 **bergumpal** *adj.* lumpy (*-ier, -iest*); full of lumps; covered in lumps. 多团块的；满是疙瘩的。

**gumpalan** *k.n.* conglomeration; mass of different things put together; clod; lump of earth. 结聚作用；聚集；泥块；土块。

**gumuk** *k.n.* dune; mound of drifted sand. 沙丘。

**guna** *k.k.t.* cause to act or to serve for a purpose or as an instrument of material; treat; exploit selfishly. 使用；利用；视为；谋私利。 **berguna** *k.k.i.* avail; be or use of help (to). 有利于；有助于。 **mempergunakan** *k.k.i.* avail oneself of; make use of. 利用；以...为达到目的的工具。 **menggunakan** *adj.* applied; put to practical use. 应用的；实用的。 —*k.k.t.* consume; use up. 消耗；应用。

**guna-guna** *k.n.* philtre; magic potion. 有魔力的药；春药。

**gundah** *adj.* doleful; mournful; downcast; dejected; (of eyes) looking downwards; mope; be unhappy and listless. 忧郁的；苦恼的；眼睛向下看的；沮丧的。

**guni** *k.n.* gunny; coarse material for making sacks; sack made of this. 粗黄麻布；黄麻袋。 **kain ~** *k.n.* hessian; strong coarse cloth of hemp or jute. 赫斯布；一种结实的粗麻布。

**gunting** *k.n.* scissors; cutting instrument with two pivoted blades. 剪刀。

**guntingan** *k.n.* clip; clipping; piece clipped from something. 修剪；剪下物；(报章等的)剪辑。

**gunung** *k.n.* mount; mountain; mass of land rising to a great height, esp. over 100 ft.; large heap or pile. 山；高山；尤指高度超过100英尺的山丘。 **pendaki ~** *k.n.* mountaineer; climber of mountains. 爬山者。 **bergunung-ganang** *adj.* mountainous; full of mountains. 多山的；山峦起伏的。

**gurau** *k.n.* joke; thing said or done to cause laughter. 笑话；笑料；诙谐。 **~ senda** *k.n.* lark; lighthearted adventurous action; amusing incident. 玩乐；乐趣。 **bergurau** *k.k.i.* make jokes. 开玩笑；说笑话。 **bergurau senda** *k.k.i.* play about lightheartedly. 开玩笑；打趣。

**gurauan** *k.n.* persiflage; banter; jocularity; badinage. 挖苦；揶揄；逗弄。

**Gurkha** *k.n.* Gurkha; member of a Hindu people in Nepal; forming regiments in the British army. 尼泊尔的廓尔喀人；英军中的尼泊尔籍士兵。

**guru** *k.n.* teacher; guru; Hindu spiritual teacher; revered teacher. 教师；印度教宗教教师；受敬仰的教师；领袖。 **~ pengawas** *k.n.* house-master; house-mistress; teacher in charge of a school boarding-house. 舍监。 **~ besar** *k.n.* headmaster; head-mistress; principal teacher in a school, responsible for organizing it. 校长。 **~ wanita** *k.n.* mistress; female teacher. 女教师。

**guruh** *k.n.* see **petir**. 见 **petir**。

**gurun** *k.n.* desert; barren uninhabited often sand-covered (area). 沙漠；荒漠。

**gusar** *adj.* angry (*-ier, -iest*); inflamed. 愤怒的；煽动的。

**gusberi** *k.n.* gooseberry; thorny shrub; its edible berry. 鹅莓；醋栗。

**gusi** *k.n.* gum; firm flesh in which teeth are rooted. 齿龈；牙床。 **bisul ~** *k.n.* gumboil; small abscess on the gum. 齿龈脓肿。

**gusti, bergusti** *k.k.i.* wrestle; fight (esp. as a sport) by grappling with and trying to throw an opponent to the ground; struggle to deal with. 摔跤；角力；搏斗。

**gymkhana** *k.n.* gymkhana; public display of sports competitions, esp. horse-riding. 运动会；竞技表演(尤指赛马或马术表演)。

# H

**ha** *sr.* ha; exclamation of triumph. 嘿！哈！(表示惊愕、快乐、成功等的感叹词)

**hab** *k.n.* hub; central part of a wheel. 中心；轮轴。**tutup ~** *k.n.* hub-cap; cover for the hub of a car wheel. 车毂盖。

**haba** *k.n.* heat; form of energy produced by movement of molecules; sensation produced by this; hotness. 热度；热力；暑气。**menghabakan** *k.k.t.* heat; make or become hot. 加热；使热。**gelombang ~** heat wave; period of very hot weather. 热浪；热(辐射)波。

**habeas corpus** habeas corpus; order requiring a person to be brought before a judge or into court, esp. to investigate the authorities' right to keep him imprisoned. 人身保护令。

**habis** *k.n.* last stage; point where a race, etc. ends; completed state. 最后阶段；终点；尾声；完成。**menghabiskan** *k.k.t./i.* finish; bring or come to an end; completed; reach the end of a task or race, etc.; consume all of; put final touches to; deplete; reduce by using quantities of. 完成；结束；用完；使完善。

**habitat** *k.n.* habitat; animal's or plant's natural environment. 动物的栖息地；植物产地；住处。

**habitu** *k.n.* habitue; one who visits a place frequently or lives there. 常客。

**hablur** *k.n.* crystal; glass-like mineral; high quality glass; symmetrical piece of a solidified substance. 石英；水晶。**berhablur** *adj.* crystallize; like or made of crystal. 含结晶的。**menghablurkan** *k.k.t.* crystallize; form into crystals; make or become definite in form. 使结晶；使成具体。

**habuk** *k.n.* see **debu**. 见 **debu**。

**had** *k.n.* limit; limitation; point beyond which something does not continue; greatest amount allowed. 限度；边界；限制。**menghadkan** *k.k.t.* limit; set or serve as a limit; keep within limits. 限制；限定；局限于...范围内。

**hadam** *adj. see* **cerna**. 见 **cerna**。

**hadap, menghadap** *k.k.t.* face; have or turn the face towards; meet as an opponent; put a facing on. 面对；使转向；毅然承受；正视(事实等)对抗。

**hadapan** *kkt.* face; in or at or towards the front. 面对面地。—*k.n.* fore part. 前面；正面。

**hadiah** *k.n.* present; gift. 礼物；赠品。**menghadiahkan** *k.k.t.* present; give as a gift or award. 赠送；给予；呈献。

**hadir** *k.k.i.* attend; be present at. 出席；在场；存在。**tidak ~** *adj.* absent; not present; lacking; non existent. 缺席的；不在场的；不存在的。**yang tidak ~** *k.n.* absentee; person who is absent from work, etc. 缺席者。

**haggis** *k.n.* haggis; Scotland dish made from sheep's heart, lungs, and liver. 苏格兰羊肉杂碎布丁。

**hagiografi** *k.n.* hagiography. 圣徒传。

**hai** *sr.* hi; exclamation calling attention or (*U.S.*) greeting. 嗨！(打招呼时的喊声)

**haid** *k.n.* menstruation. 月经；月经期间。**keluar ~** *k.k.i.* menstruate; experience a monthly discharge of blood from the womb. 行经；来月经。**putus ~** *k.n.* menopause; time of life when a woman finally ceases to menstruate. 停经；经绝期。

**haiku** *k.n.* haiku (pl. *haiku*); three line poem of 17 syllables. (日本)三行俳句诗。

**Haiti** *adj. & k.n.* Haitian; (native) of Haiti. 海地(的)；海地人(的)。

**haiwan** *k.n. see* **binatang**. 见 **binatang**。

**haji** *k.n.* hadji. 到过麦加朝圣的伊斯兰教徒。

**hak** *k.n.* belongings (*pl.*); personal possessions; entitlement; property; thing(s) owned. 所有物；财物；财产。

**berhak** *k.k.i.* belong; be rightly assigned as property, part, duty, etc. 属（某人）所有；应归入；成为...的成员。

**memberi ~** *k.k.t.* entitle; give (a person) a right. 授予权利（或资格等）。

**hakcipta** *k.n.* copyright; sole right to print, publish, perform, etc. 版权。

**hakiki** *adj.* real; existing as a thing or occurring as a fact. 实际的；真实的。

**hakikat** *k.n.* reality; quality of being real; thing or all that is real and not imagination or fantasy; truth. 实事；现实；真实。

**hakim** *k.n.* judge; public officer appointed to hear and try cases in lawcourts; person appointed to decide who has won a contest. 法官；裁判；鉴定人。

**menghakimi** *k.k.t.* judge; try (a case) in a lawcourt; act as judge of. 判决；评价；鉴定。

**hakis, menghakis** *k.k.t.* erode; wear away gradually. 侵蚀；腐蚀。

**hakisan** *k.n.* erosion. 侵蚀；腐蚀作用。

**hal** *k.n.* matter; business, etc. being discussed. 事件;讨论、考虑等的问题。

**hala** *k.n. see* **arah**. 见 **arah**。

**halal** *adj.* lawful; permitted or recognized by law. 合法的；法定的；守法的。

**halaman** *k.n.* compound; (in India, China, etc.) fenced enclosure; courtyard; space enclosed by walls or building; page; sheet of paper in a book or newspaper, etc.; one side of this. 院子；(印度、中国等地工厂、住宅的) 围起来的场地；(书本、报刊等的) 页。

**halang, menghalang** *k.k.t.* hinder; delay progress of; evade (a difficulty, etc.); deprive; deter (p.t. *deterred*); discourage from action; impede; inhibit; restrain; prevent; cause inhibitions in; obstruct. 妨碍；障碍；阻挡；抑制；禁止。

**halangan** *k.n.* barrier; thing that prevents or controls advance or access; circumvention; blockage; blocking; thing that blocks; hindrance; thing that hinders; hindering; being hindered; hitch; temporary stoppage; snag; impediment; inhibition; inhibiting; resistance to an instinct, impulse, or feeling; intervention; obstacle; obstruction; obstructing; thing that obstructs. 隔板；栅栏；障碍物；隔离物；阻塞物；阻挠；禁止；阻挠者。

**berhalangan** *adj.* obstructive; causing obstructions. 阻碍的；妨害的；抑制的。

**halau, menghalau** *k.k.t. see* **usir**. 见 **usir**。

**halia** *k.n.* ginger; hot tasting root of a tropical plant. 姜。

**halibut** *k.n.* halibut (pl. *halibut*); large flat fish used as food. 大比目鱼。

**halimunan** *adj.* invisible; not able to be seen. 看不见的；分辨不清的。

**halitosis** *k.n.* halitosis; breath that smells unpleasant. 口臭。

**halkum** *k.n.* Adam's apple; prominent cartilage at the front of the neck; larynx; part of the throat containing the vocal cords. (男子的) 喉核。

**Hallowe'en** *k.n.* Hallowe'en; 31 Oct., eve of All Saint's Day. 万圣节（10月31日）。

**halo**[1] *k.n.* halo (pl. *-oes*); circle of light shown round the head of a sacred figure; corona. 光圈；晕轮。

**halo**[2] *sr.* hullo; exclamation used in greeting or to call attention. 喂!哈啰!（打招呼声）

**haloba** *adj.* avaricious. 贪婪的。

**halogen** *k.n.* halogen; a chemical element. 卤素。

**haluan** *k.n.* bow; front end of a boat or ship. 船、舰等的前缘部分。**berhaluan kiri** *adj.* leftist; (member) of the left wing of a political party. (政治) 左派分子的。

**halus** *adj.* delicate; fine; slender; not intense; easily harmed; liable to illness; requiring carefulness or tact; not coarse; ethereal; light and delicate; heavenly;

merest; very small or insignificant; infinitesimal; extremely small. 精致的；优雅的；柔弱的；缥渺的；神圣的；细微的。 **menghaluskan** *k.k.t.* attenuate; make slender or thin or weaker. 使纤细；减弱；使衰减。

**halusinasi** *k.n.* hallucination; illusion of seeing or hearing something not actually present. 幻觉；幻想。

**halwa** *k.n.* crystallized fruit; fruit preserved in sugar. 蜜饯；腌果。

**ham** *k.n.* ham; upper part of a pig's leg, dried and salted or smoked; meat from this. 火腿。

**hamba** *k.n.* slave; person who is the property of another and is obliged to work for him; victim of or to a dominating influence; drudge. 奴隶；苦工；奴役。 **menghambakan** *k.k.i.* slave; work very hard. 奴役。 **memperhambakan** *k.k.t.* enslave; make slave(s) of. 使为奴隶；奴役。

**hambar** *adj.* insipid; lacking flavour, interest, or liveliness. 清淡的；乏味的；枯燥的。

**hambat** *k.k.t. see* **buru.** 见 **buru**。

**hambur, menghamburkan** *k.k.t.* intersperse; insert here and there. 点缀；散布。

**hamburger** *k.n.* hamburger; flat round cake of minced beef. 汉堡包；牛肉饼。

**hamil** *adj.* pregnant; having a child or young developing in the womb. 怀孕的；怀胎的。

**hamis** *adj.* gamy; smelling or tasting of game keep till it is high. 有臭味的；有野味变质味道的。 **kehamisan** *k.n.* gaminess. 臭味；变质野味道。

**hampa** *adj.* chagrined; devoid; lacking; free from. 懊恼的；失望的；空虚的。 **menghampakan** *k.k.t.* dismay; cause dismay to; frustrate; prevent from achieving something or from being achieved. 使丧胆；阻挠；使灰心。

**hampar, menghampari** *k.k.t.* carpet (p.t. *carpeted*); cover with a carpet. 用地毯覆盖。

**hamparan** *k.n.* carpet; textile; fabric for covering a floor. 地毯；地毯般的覆盖物。

**hampas** *k.n.* dregs; worst and useless part. 残渣；沉淀；废物。

**hamper** *k.n.* hamper; basketwork packing-case. 食品礼篮。

**hampir** *kkt.* nearly; closely; almost. 几乎；差不多。

**hamstring** *k.n.* hamstring; tendon at the back of a knee or hock. 腿腱。 —*k.k.t.* hamstring (p.t. *hamstrung*); cripple by cutting hamstring(s); cripple the activity of. 切断腿后腱使成跛脚。

**hamun** *k.k.t./i.* chide (p.t. *chided* or *chid*, p.p. *chidden*); *(old use)* scold; rebuke. 责骂；呵叱。

**handal** *adj. see* **gagah.** 见 **gagah**。

**hancur** *adj.* crushed. 压榨的；捣碎的。

**hangar** *k.n.* hangar; shed of an aircraft. 飞机库。

**hangat** *adj.* heated; (of a person or discussion) angry. 热的；加热的；（人）激昂的；（讨论、争辩等）激烈的。

**hantar** *k.k.t./i.* pass (p.t. *passed*); send (a ball) to another player in football, etc. （足球等）传球。

**hantaran** *k.n.* passing. （球的）传递。

**hantu** *k.n.* spectre; ghost; haunting fear; spirit. 鬼怪；幽灵；灵魂。 **menghantui** *k.k.t.* haunt; be persistently in (a place); (of a ghost) manifest its presence in (a place); linger in the mind of. 经常去（某地）；（鬼魂等）反复出没于；（思想）等萦绕。 **berhantu** *adj.* haunted. 闹鬼的。

**hantuk** *k.k.i.* bump; knock with a dull-sounding blow; travel with a jolting movement. 碰；撞；颠簸地前进。

**hantukan** *k.n.* bumping sound or knock. 碰撞声。

**hanya** *kkt.* but; only; just; *(colloq.)* merely. 只；才；仅仅。

**hanyir** *adj.* fishy (*-ier, -iest*); like fish. 腥臭的；鱼腥的。

**hanyut** *k.k.t./i.* drift; be carried by a current of water; go casually or aimlessly; pile or be piled into drifts. 漂流；漂浮；堆积。 **kayu ~** *k.n.* driftwood; wood floating on the sea or washed ashore. 浮木；靠河流运送的流送材。

**hayutan** *k.n.* drift; drifting movement. 漂流。

**hap** *k.n.* harp; musical instrument with strings in a roughly triangular frame. 竖琴。 **pemain ~** *k.n.* harpist. 弹竖琴者；竖琴师。

**hapak** *adj.* fusty (*-ier, -iest*); smelling stale and stuffy; musty (*-ier, -iest*); smelling mouldy; stale. 发霉的；霉臭的。

**hapsikod** *k.n.* harpsichord; piano-like instrument with strings sounded by mechanism that plucks them. 大键琴。

**hapus** *k.k.i.* vanish; disappear completely. 消逝；消散。 **menghapuskan** *k.k.t.* abolish; put an end to; efface; rub out; obliterate; make inconspicuous; expunge; wipe out; get rid of, esp. by killing; liquidate; pay and settle (a debt); close down (a business) and divide its assets between creditors. 废除；擦去；消灭；清偿（债务等）；清算（破产公司等）。

**harafiah** *adj.* literal; taking the primary meaning of a word or words; not a metaphorical or exaggerated one. 文字上的；逐字翻译的；照字面的。

**harakiri** *adj.* hara-kiri; suicide as formerly practised by Japanese military officers. 古时日本军人的切腹自杀。

**haram** *adj.* illicit; unlawful; not allowed; illegal; against the law; ban (p.t. *banned*); forbid officially. 非法的；禁止的；禁令的。

**harap, berharap** *k.k.i.* hope; feel hope; cherish; cling to (hopes, etc.). 希望；期望；抱有（希望等）。

**harapan** *k.n.* hope; person or thing giving cause for this; what one hopes for. 希望；寄予希望的人或物；愿望。 **penuh ~** *adj.* hopeful. 有希望的；有前途的。 **tiada ~** *adj.* hopeless; without hope; inadequate; incompetent. 绝望的；无用的；不合适的；不胜任的。

**harga, berharga** *adj.* sumptuous; splendid and costly-looking; estimable; worthy of esteem. 奢侈的；豪华的；可估计的；值得敬重的。 **menghargai** *k.k.t.* esteem; think highly of; appreciate; value greatly; be grateful for; enjoy intelligently; understand. 尊重；赏识；看重。 **tidak berharga** *adj.* gimcrack; cheap and flimsy. 粗制滥造的；华而不实的。

**hari** *k.n.* day; period of 24 hours; hours given to work during a day; specified day; time period. 日子；白天；一日。

**harian** *adj.*, **seharian** a diurnal. 每日的；周日的；白天的。

**harimau** *k.n.* tiger; large striped animal of the cat family. 老虎。 **~ akar** *k.n.* lynx; wild animal of the cat family with spotted fur and keen sight. 猞猁狲；山猫。 **~ bintang** *k.n.* leopard; large flesh-eating animal of the cat family, with a dark-spotted yellowish or a black coat. 豹。 **~ kumbang** *k.n.* panther; leopard. 美洲豹；黑豹。

**harmoni** *k.n.* harmony; being harmonious; combination of musical notes to form chords; melodious sound. 一致；调和；和声；和睦。 **tak ~** disharmony; lack of harmony. 不调和；不和谐。

**harmonika** *k.n.* harmonica; mouth-organ. 口琴。

**harmonis** *adj.* harmonic; full of harmony. 相称的；适合的；和谐的。

**harmonium** *k.n.* harmonium; musical instrument like a small organ. 小风琴。

**harta** *k.n.* estate; all a person owns, esp. that left at his death; property; things

**hartawan** *k.n.* magnate; wealthy influential person, esp. in business. 富豪；大企业家。

**harum** *adj.* balmy (-ier, -iest); fragrant; having a pleasant smell; sweet. 芬芳的；芳香的。

**haruman** *k.n.* fragrance; being fragrant; perfume. 芳香；香气；香水。

**harus, seharusnya** *kkt.* necessarily; as a necessary result; inevitably. 必然；必定。

**hasad** *adj.* malevolent; wishing harm to others; malignant; showing great ill-will. 恶意的；敌意的；恶毒的；怀恨的。

**hasienda** *k.n.* hacienda. 南美洲牧场。

**hasil** *k.n.* product; thing produced; revenue; country's income from taxes, etc.; yield; amount yielded or produced; result obtained by multiplying two quantities together. 产品；收入项目；税收；收益；乘积。**berhasil** *adj.* efficacious; producing the desired result. 有效的；(药等) 灵验的。**menghasilkan** *k.k.t.* yield; give as fruit or gain or result. 产生成果等；出产；结果实等。

**hasrat** *k.n.* ambition; strong desire to achieve something; object of this; aspiration; aspirating; aspiring; earnest desire; feel an earnest ambition. 抱负；志气；雄心；志愿。

**hasut** *k.k.t.* incite; urge on to action; stir up. 鼓励；刺激；煽动。**menghasut** *k.k.t.* instigate; initiate; prompt; incite. 煽动；鼓励；提示。

**hasutan** *k.n.* incitement; instigation. 鼓励；刺激；煽动。

**hasis** *k.n.* hashish; hemp dried for chewing or smoking as a narcotic. 海吸希；印度大麻花叶制成的麻醉药。

**hati** *k.n.* liver; large organ in the abdomen; secreting bile; animal's liver as food. 肝脏；(食用) 肝。**murah ~** *adj.* liberal; generous; tolerant; magnanimous; noble and generous in conduct; not petty. 慷慨大方的；宽宏大量的；慈善的。**kemurahan ~** *k.n.* liberality. 心胸宽大；慷慨大方。**kepuasan ~** *k.n.* humility; humble condition or attitude of mind. 谦虚；满足。**memuaskan ~** *k.k.t.* content: make content. 满意；满足。**puas ~** *adj.* complacent; self-satisfied. 满足的；满意的；自满的。

**hatrik** *k.n.* hattrick; three successes in a row, esp. taking of three wickets by three successive balls. (板球投手的) 连续三次击倒三柱门；(足球员) 命中三球。

**haus** *adj. see* **dahaga**. 见 **dahaga**。

**hauskot** *k.n.* housecoat; woman's long dresslike garment for informal wear. 长而松宽的家居服。

**hawa** *k.n.* atmosphere; mixture of gases surrounding the earth or a heavenly body; air in any place. 大气；大气层；空气。**~ dingin** *k.n.* air-conditioner; system controlling the humidity and temperature of the air. 冷气；空气调节。**berhawa dingin** *adj.* air-conditioned; supplied with air-conditioning system controlling the humidity and temperature of air. 有冷气设备的；有空调的。

**hawar** *adj.* bubonic; (of plague) characterized by swellings. 腹股沟淋巴结炎的；流行病的。

**hazel** *k.n.* hazel; bush with small edible nuts; light brown. 榛木；淡褐色。**kacang ~** *k.n.* hazel nut. 榛子；榛实。

**hebah** *k.n.* announcement. 通告；宣告。**menghebahkan** *k.k.t.* announce; make known publicly; make known the presence or arrival of. 通告；通知。**juru-hebah** *k.n.* announcer; person who announces items in a broadcast. 广播员；司仪；报告员。

**hebat** *adj.* abstruse; profound; great (-er,

-est); of remarkable ability or character; important. 深奥的；重大的；厉害的。 **memperhebat** *k.k.t.* intensify; make or become more intense; escalate; increase in intensity or extent. 使激烈；增强；强化。

**hegemoni** *k.n.* hegemony; leadership, esp. by one country. 霸权；领导权。

**hei** *sr.* hey; exclamation of surprise or inquiry, or calling attention. 嘿！(表示惊喜、疑虑或促使注意的喊声)

**hek** *k.n.* hake (pl. *hake*); sea-fish of the cod family used as food. 狗鳕；无须鳕。

**heksameter** *k.n.* hexameter; line of verse with six metrical feet. 六步格的诗。

**hektar** *k.n.* hectare; unit of area, 10,000 sq. metres (about $2\frac{1}{2}$ acres). 公顷；面积单位，等于10,000平方公尺或约$2\frac{1}{2}$英亩。

**hektogram** *k.n.* hectogram; 100 grams. 百克；重量单位，即100克。

**hela** *k.k.t.* haul; process of hauling. 拉；拖；搬运。

**helah** *k.n.* contrivance; contriving; contrived thing; device. 计谋；手段；策略。 **menghelah** *k.k.t.* contrive; plan or make or do something resourcefully. 图谋；设计；耍手段。

**helang** *k.n.* hawk; eagle; large bird of prey. 鹰；苍鹰。

**helikopter** *k.n.* helicopter; aircraft with blades that revolve horizontally; chopper (*sl.*). 直升机。 **lapangan ~** *k.n.* heliport; helicopter station. 直升机机场。

**helium** *k.n.* helium; light colourless gas that does not burn. 氦。

**Hellenistik** *adj.* Hellenistic; of Greece in the 4th-1st centuries B.C. 古希腊语言（或文化）研究的。

**helo** *sr.* hello; hullo. 喂！(用以打招呼或唤起注意时喊声)

**hemat** *adj.* frugal; careful and economical; scanty; costing little; politic; prudent. 节约的；俭朴的；慎重的。 **tidak ~** *adj.* indiscreet; revealing secrets; not cautious. 不谨慎的；轻率的；言行失检的。

**hematologi** *k.n.* haematology; the study of blood. 血液学。

**hembus** *k.k.i.* exhale; breathe out; expire; blow (p.t. *blew*, p.p. *blown*); move or flow as a current of air does; send out a current of air or breath; propel; shape, or sound by this; be moved or carried by air; puff and pant; (of a fuse) melt; cause (a fuse) to melt. 呼出；吹；喷气；吐出；(电器的保险线)熔断。

**hembusan** *k.n.* blowing; exhalation. 吹出（呼出）的气流喷气。

**hemisfera** *k.n.* hemisphere; half a sphere; half the earth, esp. as divided by the equator or a line through the poles. 半球（模型）；(地球的) 半球。

**hemofilia** *k.n.* haemophilia; tendency to bleed excessively. 血友病。

**hemoglobin** *k.n.* haemoglobin; red oxygen-carrying substance in blood. 血红素。

**hempas** *k.k.t.* slam (p.t. *slammed*); shut forcefully and noisily; put or hit forcefully; slap; place forcefully or carelessly. 砰然关上；砰地丢下；掌击；猛击。

**hempedal** *k.n.* gizzard; bird's stomach, in which food is ground. 鸟等的砂囊。

**hempedu** *k.n.* bile; bitter yellowish liquid produced by the liver; gall; bitterness of feeling. 胆汁；胆囊；苦味。 **kalkulus ~** gallstone; small hard mass formed in the gall blader. 胆石。 **pundi ~** *k.n.* gall blader; organ storing bile. 胆囊。 **berhempedu** *adj.* bilious; sick, esp. from trouble with bile or liver. 患胆或肝病的；因胆或肝病引起的。

**hendak** *k.k.i.* want; desire; need. 要；渴望；需要。

**hendal** *k.n.* handlebar; steering-bar of a bicycle, etc. 自行车等的把手。

**hendap, terhendap-hendap** *k.k.i.* lurk; wait furtively or keeping out of sight; latent. 隐藏；潜伏；埋伏。

**hening** *adj. see* **tenang**. 见 **tenang**。

**hentam** *k.k.t.* bash; strike violently; batter; hit hard and often; clip; (*colloq.*) hit sharply. 连续地猛击；痛击；重击。 **menghentam** *k.k.t.* hit. 击打；锤打。

**hentaman** *k.n.* clip; (*colloq.*) sharp blow; bash; violent blow or knock; clout; blow; (*colloq.*) power of effective action. 痛打；猛击；抨击；批评。

**henti, berhenti** *k.k.i.* desist; cease; halt; stop. 停止；打消。 **menghentikan** *k.k.t./i.* discontinue; put an end to; cease. 中止；中断；打消。 **terhenti-henti** *adj.* discontinuous; not continuous. 断断续续的；不连续的。

**hepatitis** *k.n.* hepatitis; inflammation of the liver. 肝炎。

**heptatlon** *k.n.* heptathlon; an athletic contest involving seven events. 七项运动（体育项目）。

**herba** *k.n.* herb; plant with a soft stem that dies down to the ground after flowering; substance used to destroy unwanted vegetation. 草本植物；香草；药草。 —*adj.* herbal. 草本的。

**herbivor** *adj.* herbivorous; feeding on plants. (动物)食草的。—*k.n.* herbivore; herbivorous animal. 草食动物。

**heret** *k.k.t.* drag (*p.t. dragged*); pull along; trail on the ground; bring or proceed with effort; lug (*p.t. lugged*); drag or carry with great effort. 拖；曳；拉。

**hering** *k.n.* herring; North Atlantic fish much used for food. 鲱鱼。

**heroin** *k.n.* heroin; powerful drug prepared from morphine. 海洛因。

**herot** *adj.* crooked; not straight. 弯曲的；歪斜的。 **mengherotkan** *k.k.t.* distort; pull or twist out of shape; misrepresent. 弄歪；扭曲；曲解。

**herotan** *k.n.* distortion. 扭曲；曲解。

**herpes** *k.n.* herpes; a virus disease causing blisters. 疱疹；匐行疹。

**hertz** *k.n.* hertz; unit of frequency of electromagnetic waves. 赫；频率单位，亦称周/秒。

**heterogen** *adj.* heterogeneous; made up of people or things of various sorts. 各种的；各种各样的。

**heteroseksual** *adj.* heterosexual; sexually attracted to people of the opposite sex. 异性恋的。

**heuristik** *adj.* heuristic. 启发式的；探索的。

**hi-fi** *adj. & k.n.* hi-fi (*colloq.*); high fidelity; (equipment) reproducing sound with little or no distortion. 高保真度；(收音机等)具有高保真度的。

**hias, berhias** *k.k.i.* doll up; (*colloq.*) dress smartly. 刻意打扮。 **menghias, menghiasi** *k.k.t.* deck; decorate; dress up; embellish; ornament; improve (a story) with invented details; garnish. 装饰；(故事等)润饰；(烹饪)加配菜。

**hiasan** *k.n.* decor; style of decoration used in a room, etc.; ornament; decorative object or detail; decoration; garnish; thing used for garnishing. (舞台、电影等的)布置；装饰；布景；装饰品；(食物的)配饰。

**hiba** *adj.* mournful; sorrowful. 哀悼的；悲叹的。 **menghibakan** *adj.* pathetic; arousing pity or sadness; miserably inadequate. 令人同情的；可怜的。

**hibernasi** *k.n.* hibernation. 冬眠；蛰伏。 **berhibernasi** *k.k.i.* hibernate; spend the winter in sleep-like state. 冬眠；蛰伏；越冬。

**hibur, menghibur, menghiburkan** *k.k.t.* amuse; cause to laugh or smile; make time pass pleasantly for; divert; entertain; occupy pleasantly; receive with hospitality; console; comfort in time of sorrow. 逗(某人)笑；使开心；使娱乐；使转悲为喜。

**hiburan** *k.n.* entertainment; amusement; consolation; thing that consoles. 娱乐；消遣；慰藉；令人安慰的事物。

**hidang, menghidangkan** *k.k.t.* serve; present (of food) for others to consume; dish up; put food into dishes for serving. 款待；招待；上（菜）。

**hidangan** *k.n.* dish; food prepared for the table; meal; occasion when food is eaten; the food itself. 食品；款待物；招待客人的场合。

**hidra** *k.n.* hydra; thing hard to get rid of; water-snake; freshwater polyp. 难以根除的祸害；(希腊神话)九头蛇；水螅。

**hidrat** *k.n.* hydrate; chemical compound of water with another substance. 水合物；氢氧化物。

**hidraulik** *adj.* hydraulic; of water conveyed by pipes, etc.; involving water power; hardening under water. 水力的；水力推动的。

**hidro** *k.n.* hydro; hotel, etc. providing hydrotherapy; hydro-electric powerplant. 水疗院；接待水疗病人的旅馆；水力发电厂。

**hidrodinamik** *adj.* hydrodynamic; of the forces exerted. 流体动力的；水力的。

**hidroelektrik** *adj.* hydroelectric; using water power to produce electricity. 水力发电的。

**hidrofobia** *k.n.* hydrophobia; abnormal fear of water, esp. as a symptom of rabies; rabies. 畏水；恐水病；狂犬病。

**hidrofoil** *k.n.* hydrofoil; boat with a structure that raises its hull out of the water when the boat is in motion; this structure. 水上飞机；水翼船；(水翼船的)水翼。

**hidrogen** *k.n.* hydrogen; odourless gas; the lightest element. 氢气。**bom ~** hydrogen bomb; powerful bomb releasing energy by fusion of hydrogen nuclei. 氢弹。

**hidrokarbon** *k.n.* hydrocarbon; compound of hydrogen and carbon. 碳氢化合物。

**hidroklorik** *adj.* hydrochloric. 氯化氢的。**asid ~** *k.n.* hydrochloric acid; corrosive acid containing hydrogen and chlorine. 盐酸。

**hidrometer** *k.n.* hydrometer; instrument measuring the density of liquids. 液体比重计；浮秤。

**hidrostatik** *adj.* hydrostatic; of the pressure and other characteristics of liquid at rest. 静水学的；流体静力学的。

**hidroterapi** *k.n.* hydrotherapy; use of water to treat diseases and abnormalities. 水疗法。

**hidung** *k.n.* nose; organ at the front of the head, used in breathing and smelling; open end of a tube; front end or projecting part; conk. 鼻子；(壶等的)嘴；(猪、狗等的)嘴。**lubang ~** *k.n.* nostril; either of the two openings in the nose. 鼻孔。**perdarahan ~** *k.n.* nosebleed; bleeding from the nose. 流鼻血。**batang ~** *k.n.* bridge; bony upper part of the nose. 鼻梁。

**hidup** *adj.* live; alive; living; alert; lively; burning; unexploded; charged with electricity. 活的；有生命的；在使用着的；还在燃烧着的；实况播放的；通电的。**seumur ~** *adj.* lifelong; for all one's life. 终身的；毕生的。**~ bersama** *k.k.i.* coexist; exist together, esp. harmoniously. 同时存在；共存。**kehidupan bersama** *k.n.* coexistence. 共存；共处。**menghidupkan** *k.k.t.* animate; give life or movement to; make lively; motivate. 使有生气；鼓舞；激发。

**hiena** *k.n.* hyena; wolf-like animal with a howl that sounds like laughter. 土狼；鬣狗。

**hieroglif** *k.n.* hieroglyph; pictorial symbol used in ancient Egyptian and other writing. 图画文字；古埃及等的象形文字。

**higrometer** *k.n.* hygrometer; instrument measuring humidity. 湿度计。

**hijau** *adj.* green (*-er, -est*); of the colour between blue and yellow; coloured like grass; unripe; not seasoned; immature; inexperienced; easily deceived. 青色的；绿色的；青葱的；未成熟的；新鲜的；年青的；无经验的。—*k.n.* green; green colour of thing; piece of grassy public land; grassy area; (*pl., colloq.*) green vegetables. 青色；绿色；草坪；蔬菜。**lapangan** ~ green belt; area of open land round a town. 绿色地带；城市周围的绿化地带。**lampu** ~ *k.n.* green light; signal or (*colloq.*) permission to proceed. (交通信号中的) 绿灯；准予通行。

**Hijrah** *k.n.* Hejira; Muhammad's flight from Mecca (A.D. 622), from which the Muslim era is reckoned. (公元622年) 穆罕默德从麦加到麦地那的逃亡。

**hijrah, berhijrah** *k.k.i.* migrate; leave one place and settle in another; (of animals) go from one place to another at each season; emigrate; leave one country and to settle in another. 移居 (海外)；迁移；(鸟) 迁栖。

**hilang** *adj.* bereft; deprived; missing; not present; not in its place; lost. 失去 (亲人、理智等) 的；丧失 (权利等) 的；失踪的。—*k.k.i.* lose (p.t. *lost*); cease to have or maintain; become unable to find or follow; fail to obtain or catch; get rid of; suffer loss (of); cause loss of. 丢失；丧失；迷失；抓不住；受损失。**menghilang** *k.k.i.* evanesce. 渐渐消失；消散。

**hilir** *adj.* downstream; in the direction in which a stream flows. 在下游的；往下游的。

**himenopter** *adj.* hymenopterous. 膜翅目 (昆虫) 的。

**himpun** *k.k.i.* muster; assemble; gather; bring or come together; collect; obtain gradually; draw together in fold. 集合；聚集；采集；堆积。**berhimpun** *k.k.i.* assemble; bring or come together; put or fit together. 聚集；收集；堆积。**menghimpunkan** *k.k.t.* amass; heap up; collect. 积聚；堆积；收集。

**himpunan** *k.n.* gathering; people assembled. 集合；聚集；联欢会；聚集的人群。

**hina** *adj.* dirty; dishonourable; disdainful; showing disdain; infamous; having a bad reputation; low-down; lowly (*-ier, -iest*); of humble rank or condition. 肮脏的；无耻的；轻视的；声名狼籍的；卑鄙的。**menghina** *k.k.t.* affront; disdain; scorn; abase; humiliate; degrade; cause to feel disgraced; mortify; insult; speak or act so as to hurt the feelings and rouse the anger of. 公开侮辱；藐视；羞辱；贬低。

**hinaan** *k.n.* insult; insulting remark or action. 侮辱；羞辱。

**hindar** *k.k.t.* avoid; keep oneself away from; refrain from. 避免；防止；自制。**menghindari** *k.k.t.* evade; avoid by cleverness or trickery. 躲避；逃 (税)。**menghindarkan** *k.k.t.* obviate; make unnecessary. 避免；排除；消除。

**Hindi** *k.n.* Hindi; a form of Hindustani; group of spoken languages of northern India. 印度北部的印地人；印地语。

**Hindu**[1], **Hinduism** *adj.,* **Hinduisme** *k.n.* a religion and philosophy of India. 兴都教 (的)。

**Hindu**[2] *k.n.* Hindu; person whose religion is Hinduism. 兴都教徒。

**Hindustan** *k.n.* Hindustani; language of much of northern India and Pakistan. 印度斯坦 (指印度北部地区或整个印度半岛)；印度斯坦人；印度斯坦语。

**hingga, tak terhingga** *adj.* infinite; having no limit; too great or too many to be measured. 无限的；无穷的；无穷尽的。**hingga, sehingga** *kkt.* till; until. 直到；以致。

**hiper** *awl.* hyper; excessively. (前缀) 表示"过于；极度"之意。

**hiperaktif** *adj.* hyperactive; abnormally active. (症状) 活动过强的；活跃得反常的。

**hiperbola** *k.n.* hyperbola; a kind of curve; hyperbole. 双曲线。

**hiperbolaan** *adj.* hyperbolic. 双曲线的。

**hipnosis** *k.n.* hypnosis; sleep-like condition produced in a person who then obeys suggestions; production of this. 催眠状态。 **menghipnosis** *k.k.t.* hypnotize; produce hypnosis in; fascinate; dominate the mind or will of. 使入催眠状态；使入迷；使精神恍惚。

**hipnotik** *adj.* hypnotic; of or producing hypnosis or a similar condition; producing sleep. 催眠的；受催眠的。—*k.n.* hypnotic; drug producing sleep. 催眠药；易受催眠的人。

**hipnotis** *k.n.* hypnotist. 催眠术师；施催眠术者。

**hipnotisme** *k.n.* hypnotism; hypnosis. 催眠术；催眠状态。

**hipodermik** *adj.* hypodermic; injected beneath the skin; used for such injections. 皮下的；皮下注射的；皮下注射用的。—*k.n.* hypodermic; hypodermic syringe. 皮下注射；皮下注射器。

**hipokaus** *k.n.* hypocaust; ancient Roman system of under-floor heating by hot air. 古罗马的火坑供暖系统。

**hipokondria** *k.n.* hypochondria; state of constantly imagining that one is ill. 忧郁症。

**hipokondriak** *k.n.* hypochondriac; person suffering from hypochondria. 忧郁症患者。

**hipokrit** *k.n.* hypocrite; person guilty of hypocrisy. 伪善者。

**hipotenus** *k.n.* hypotenuse; longest side of a right-angled triangle. 直角三角形的斜边。

**hipotermia** *k.n.* hypothermia; condition of having an abnormally low body temperature. 低体温症；(心脏手术等的) 降低体温处置。

**hipotesis** *k.n.* hypothesis; supposition put forward as a basis for reasoning or investigation. 理论、研究等的假设；假说；前提。

**hippie** *k.n.* hippie (*sl.*); young person who adopts an unconventional style of dress and living habits. 嬉皮士；(美国) 颓废派的一员。

**hirarki** *k.n.* hierarchy; system with grades of status. 阶级制度；神职阶级制度。

**hirau** *k.k.t.* bother; take trouble; feel concern. 打扰；烦扰；操心。

**hiris, menghiris** *k.k.t.* slice; cut, esp. into slices. 切下；切成薄片。

**hirisan** *k.n.* slice; thin broad piece (or a wedge) cut from something; portion; implement for lifting or serving fish, etc.; slicing stroke; crisp; thin slice of potato fried crisp. 片；薄片；一部分；(乒乓球) 削球；炸薄薯片。

**hisap, menghisap** *k.k.t.* suck; draw (liquid or air, etc.) into the mouth; draw liquid from; squeeze in the mouth by using the tongue; draw in. 吮；吸；咂 (奶头等)；啜饮。

**hisapan** *k.n.* suction; sucking; production of a partial vacuum so that external atmospheric pressure forces fluid, etc. into the vacant space or causes adhesion. 吸入；吸入物；抽 (吸) 的结果。

**histamina** *k.n.* histamine; substance present in the body and causing some allergic reactions. (生物化学) 组胺。

**histerektomi** *k.n.* hysterectomy; surgical removal of the womb. 子宫切除术。

**histeria** *k.n.* hysteria; wild uncontrollable emotion. 歇斯底里症；无法控制的情绪发作。

**histologi** *k.n.* histology; the study of organic tissues. 组织学。

**hitam** *adj.* black (*-er, -est*); of the very darkest colour, like coal or soot; having a black skin. 黑色的；皮肤黑的。— *k.n.* black colour or thing. 黑色；黑色的东西。 **senarai ~** *k.n.* blacklist; list of persons who are disapproved of. 黑名单。 **menghitam** *k.k.t.* black; become black. 变黑；成黑色。 **menghitamkan** *k.k.t.* blacken; make black. 弄黑；弄脏。 **menyenaraihitamkan** *k.k.t.* blacklist; enter in a black list. 把...列入黑名单。

**hitung, menghitung** *k.k.t.* enumerate; count; mention (items) one by one. 数；计算；列举。

**hobi** *k.n.* hobby; thing done often and for pleasure in one's spare time. 嗜好；业余爱好。

*hock* *k.n.* hock; German white wine. (德国产) 莱茵白葡萄酒。

**hodoh** *adj.* ugly; unpleasant to look at or hear; hideous; very ugly. 难看的；丑陋的；令人不安的。

**hoi** *sr.* ho; exclamation of triumph or scorn, or calling attention. 荷！(表示喜悦、蔑视或唤起注意的喊声)

**hoki** *k.n.* hockey; field game played with curved sticks and a small hard ball. 曲棍球。

**hologram** *k.n.* hologram; a three-dimensional photographic image. 立体投影图；综合衍射图。

**homeopatik** *adj.* homoeopathic; treating a disease by very small doses that in a healthy person would produce its symptoms. 顺势疗法的。

**hominid** *adj. & k.n.* hominid; (a member) of the family of existing and fossil man. 人类(的)；原始人类(的)。

**homofon** *k.n.* homophone; word with the same sound as another. 同音异义词；同音异形词。

**homogen, menghomogenkan** *k.k.t.* homogenize; treat (milk) so that cream does not separate and rise to top. 使(牛奶)均质；使均匀。

**homogenus** *adj.* homogeneous; of the same kind; uniform. 同种的；同祖先的；同质的。

**homonim** *k.n.* homonym; word of the same spelling as another. 同音异义词；同形异义词；同音同形异义词。

**homoseksual** *adj.* homosexual; sexually attracted only to people of the same sex as oneself. 同性恋的。

**Hon** *kep.* hon; Honourable; Honorary. (缩写) 可敬的；阁下(对贵族、议员等的尊称)。

**hon** *k.n.* horn; device for sounding a warning signal; wind instrument with a trumpet-shaped end. 角；触角；号角；喇叭。

**honorarium** *k.n.* honorarium (pl. -ums); voluntary payment for services where no fee is legally required. 报酬；谢礼。

**hopsack** *k.n.* hopsack; a kind of coarsely woven fabric. 席纹粗黄麻袋布。

*hore* *sr. & k.n.* hurrah; hurray; exclamation of joy or approval. 万岁！好哇！(表示欢呼的喊声)

**hormat** *k.k.t.* respect; feel respect for; honour; feel honour for. 尊敬；敬重。 **menghormati** *k.k.t.* respect; show respect for; confer honour on; feel honour for; honour. 尊敬；向(某人)致敬意。

**hormon** *k.n.* hormone; secretion (or synthetic substance) that stimulates an organ or growth. 荷尔蒙。

**horologi** *k.n.* horology; the art of making clocks. 钟表学；钟表制造术。 **pakar ~** *k.n.* horologist. 钟表专家。

**horoskop** *k.n.* horoscope; astrologer's diagram of relative positions of stars; forecast of events, based on this. 占星术。

**hos** *k.n.* hose; hose-pipe; flexible tube for conveying water. 软管；水龙管。

**hospital** *k.n.* hospital; institution for treatment of sick or injured people; infirmary (*old use*). 医院；(学校、工厂等的)医务所。

**hot dog** *k.n.* hot dog; hot sausage in a bread roll. 热狗；一种红肠面包。

**hotel** *k.n.* hotel; building where meals and

**Hottentot**

rooms are provided for travellers. 旅馆；饭店；供膳宿的大酒店。

**Hottentot** *k.n.* Hottentot; member of a negroid people of South Africa. 非洲南部的霍屯督人。

**hoverkraf** *k.n.* hovercraft; vehicle supported by air thrust downwards from its engines. (水陆两用) 气垫船。

**hubung** *k.k.t. see* **sambung**. 见 **sambung**。

**hubungan** *k.n.* linkage; affair; temporary sexual relationship. 联系；连锁；关系；男女间的私通。

**hud** *k.n.* hood; covering for the head and neck, esp. forming part of a garment; hood-like thing or cover; folding roof over a car. 头巾；风帽；车篷；汽车车盖。

**hujan** *k.n.* rain; atmospheric moisture falling as separate drops; a fall or spell of this; shower of things. 雨；如雨般落下的东西；雨水。**titis ~** *k.n.* raindrop; single drop of rain. 雨滴；雨点。**air ~** *k.n.* rainwater; water that has fallen as rain. 雨水；雨水般淌下的液体。**~ batu** *k.n.* hail; pellets of frozen rain falling in a shower. 冰雹。**ketulan ~** *k.n.* hailstone. 冰雹。**~ lebat** *k.n.* cloudburst; violent storm of rain. 豪雨。

**hukum** *k.n.* law; statement of what always happens in certain circumstances; penalty; punishment for breaking a law or rule or contract; disadvantage resulting from an action or quality. 法律；法令；刑罚；报应；罚款。**menghukum** *k.k.t.* penalize; inflict a penalty on; put at a disadvantage; condemn; convict; sentence; doom. 惩罚；谴责；宣判有罪；判决。

**hukuman** *k.n.* penalization; condemnation. 惩罚 (过程)；谴责；非难。

**hulu**[1] *k.n.* butt; thicker end of a tool or weapon; short remnant; stub; haft; handle of a knife or dagger; hilt; handle of a sword or dagger. (雪茄、蜡烛等) 未燃烧的一端；烟蒂；(武器等) 粗大的一头；树桩；枪托。**~ cemeti** *k.n.* crop; whip handle. 柄；把手。

**hulu**[2] *k.n.* pate; (*old use*) head. 头；脑袋。

**hulu**[3] *k.n.* upstream; direction from which a stream flows. (河的) 上游。

**humerus** *k.n.* humerus; bone of upper arm. 肱骨；肱部。

**humanisme** *k.n.* humanism; system of thought concerned with human affairs and ethics (not theology); promotion of human welfare. 人性；人道主义；人文学。

**humus** *k.n.* humus; soil-fertilizing substance formed by decay of dead leaves and plants, etc. 腐殖质；腐殖土壤。

**Hungari** *adj. & k.n.* Hungarian; (native, language) of Hungary. 匈牙利人 (的)；匈牙利语 (的)。

**huni, menghuni** *k.k.i.* dwell (p.t. *dwelt*); live as an inhabitant. 居住；居留；生活于。**tempat menghuni** *k.n.* dwelling; house, etc. to live in. 居住；住宅；住处。

**hurai, menghuraikan** *k.k.t.* expound; set forth or explain in detail; describe; give a description of; mark the outline of; move in (a specified pattern); elaborate; work out or describe in detail. 为…辩护；详加解释；详加说明；阐述。

**huraian** *k.n.* description; statement of what a person or thing is like; sort. 叙述；说明；分解；分析；结论。

**huru-hara** *k.n.* bedlam; scene of uproar. 喧闹场所。

**huruf** *k.n.* letter; symbol representing a speech-sound. 字；文字；字母。**~ besar** *k.n.* block letters; plain capital letter. (字体) 大写。**~ kecil** *k.n.* lower case; letters (for printing or typing) that are not capitals. (字体) 小写。**buta ~** *adj.* illiterate; unable to read and write; uneducated. 文盲的；不能读写的。**kenal ~** *adj.* literate; able to read and write. 有阅读及书写能力的；有文化的。

**hutan** *k.n.* forest; trees and undergrowth covering a large area; jungle; land overgrown with tangled vegetation, esp. in the tropics. 森林；(尤指热带的) 森林地带。 **pengawas ~** *k.n.* forester; officer in charge of a forest or of growing timber. 林务官；林业学者。 **berhutan** *adj.* forested. 森林地带的；长满树林的。

**hutang** *k.n.* debt; something owed. 债；欠款；债务。 **terhutang** *adj.* in debt; owing something; not yet paid. 已拖欠的；赊欠的。 **si berhutang** *k.n.* debtor; person who owes money. 借方；债务人。 **berhutang** *k.k.i.* owe; be under an obligation to pay or repay or render; have (a thing) as the result of the action of another person or cause. 负债；欠钱；欠人情。

**huyung** *k.k.i.* lurch; (make) an unsteady swaying movement; stagger. 蹒跚；东倒西歪地走动；摇摇晃晃。 **terhuyung-hayang, terhuyung-huyung** *k.k.i.* blunder; move clumsily and uncertainly. 踉踉跄跄。

# I

**ia** *k.g.* it; thing mentioned or being discussed; impersonal subject of a verb. (指已提及或上下文中的人或事物) 这；那；它。

**iaitu** *kkt.* namely; that is to say; specifically. 即；就是。

**iambik** *adj. & k.n.* iambic; (of verse) using iambuses; metrical feet of one long and short syllable. 诗中的抑扬格(的)；短长方式(的)。

**iatrogenik** *adj.* of a disease, etc.; iatrogenic. (病征) 医原性的；医生诱发的。

**iau** *k.n.* miaow; mew; cat's characteristic cry. 猫叫声。 **mengiau** *k.k.i.* make this sound. (猫) 妙妙地叫。

**ibis** *k.n.* ibis; wading bird found in warm climates. 朱鹭；鹮。

**iblis** *k.n.* dickens; (*colloq.*, in exclamations) the deuce; the Devil. 哎呀！糟了！(表示不幸的感叹词)；魔鬼；恶魔。

**Ibrani** *k.n. & adj.* Hebrew; (member of a) Semitic people in ancient Palestine; (of) their language or a modern form of this. 希伯来人(的)；希伯来语(的)。

**ibu** *k.n.* mother; female parent; title of the female head of a religious community. 妈妈；母亲；妇女宗教团体的女主持人。 **mengibui** *k.k.t.* look after in a motherly way. 母亲般地照管。 **~ mentua** *k.n.* mother-in-law; mother of one's wife or husband. 岳母；婆婆。 **~ pertiwi** *k.n.* one's native country. 故乡；祖国。 **~ saudara** *k.n.* aunt; auntie; sister or sister-in-law of one's father or mother. 伯母；叔母；姑母；舅母；阿姨。

**idam, mengidami** *k.k.i.* crave; feel an intense longing (for); ask earnestly for. 渴望；向往；恳求。

**idaman** *k.n.* craving; longing; intense persistent wish. 热望；渴望。

**idea** *k.n.* idea; plan, etc. formed in the mind by thinking; opinion; mental impression; vague belief. 主意；计划；思想；意见；概念。

**ideal** *adj.* ideal; satisfying one's idea of what is perfect. 理想的；完美的；典型的。—*k.n.* person or thing regarded as perfect or as a standard to aim at. 理想；典范。

**idealis** *k.n.* idealist; person with high ideals. 理想主义者；空想家。

**idealisme** *k.n.* idealism. 理想主义；唯心论。

**identiti** *k.n.* identity; who or what a person or thing is; sameness. 身分；本体；个性；特征；共同点。

**ideogram** *k.n.* ideogram; symbol indicating something. 表意文字；表意符号。

**ideologi** *k.n.* ideologi; ideas that form the basis of a political or economic theory. 观念学；意识形态；思想体系。

**idiom** (kiasan) *k.n.* idiom; phrase or usage peculiar to a language; characteristic mode of expression in art or music; saying. 成语；习语；惯用语法；音乐和艺术的风格或特色。

**idionsinkrasi** *k.n.* idiosyncrasy; person's own characteristic way of behaving. 习性；个性；癖好；(作家等的)表现手法。

**igauan** *k.n.* incubus (pl. *-uses*); burdensome person or thing. 负荷；负担。

**iglu** *k.n.* igloo; Eskimo's snow hut. 爱斯基摩人的冰屋。

**igneus** *adj.* igneous; (of rock) formed by volcanic action. 火的；似火的；(岩石)火山形成的。

**iguannodon** *k.n.* iguanodon. 禽龙(古代大蜥蜴)。

**ikan** *k.n.* fish (pl. usu. *fish*); coldblooded animal living wholly in water; its flesh as food. 鱼；鱼肉。 **penjual ~** *k.n.* fishmonger; shopkeeper who sells fish. 鱼贩。 **anak ~** *k.n.* fry (pl. *fry*); young fishes. 鱼秧；鱼苗。 **~ gupi** *k.n.* guppy. 虹鳉。 **~ lidah** *k.n.* dab; a kind of flat fish. 孙鲽；比目鱼。 **~ mas** *k.n.* goldfish; small reddish Chinese carp kept in a bowl or pond. 金鱼。 **~ salai** *k.n.* bloater; salted smoked herring. 腌熏的鲱鱼。

**ikat** *k.k.t.* bind (p.t. *bound*); tie; fasten together. 缚；绑；系；拴住。 **pengikat** *k.n.* fastener; fastening; device used for fastening something. 扣拴物；塞子；钮扣。 **mengikat** *k.k.t./i.* fasten; fix firmly; tie or join together; become fastened. 拴住；贴牢；扣紧；使坚固。

**ikhlas** *adj.* candid; frank candidness; ingenuous; without artfulness; unsophisticated. 正直的；坦白的；质朴的；天真的。

**ikhtiar** *k.k.t. & k.n.* endeavour; attempt; exertion; exerting; great effort; use of energy; thing produced. 努力；尽力；试图；办法；策略。 **mengikhtiarkan** *k.k.t.* devise; plan; exert; bring into use. 设计；策划；设法；行使(职权等)。

**ikhtisar** *k.n.* compendium; summary; digest; methodical summary; publication giving excerpts of news, writings, etc.; epitome; thing that shows on a small scale the qualities of something much larger. 概略；摘要；纲领；节录；简编；手册。

**iklan** *k.k.t./i.* advertise; make publicly known, esp. to encourage sales; seek by public notice. 登广告；宣扬；通告。

**iklim** *k.n.* climate; regular weather conditions of an area. 气候。

**ikonografi** *k.n.* iconography; representation of subject, etc. in pictures; study of this. 图解术；图像解说；图像研究。

**ikrab** *k.n.* inflexion. 语尾变化；屈折变化；转调。 **mengikrab** *k.k.t.* inflect; change the pitch of (a voice) in speaking; change the ending or form of (a word) grammatically. 使(词)发生语尾变化；使转调。

**iktiologi** *k.n.* ichthyology; the study of fishes. 鱼类学。

**ikut** *k.k.t./i.* follow; go or come after; go along (a road, etc.); use; take an interest in the progress of; grasp the meaning of; result from; be true in consequence of something else. 跟随；继；顺…前进；遵循；追求；领会；是…的必然结果。

**ikutan** *k.n.* follower. 追随者；拥护者；信徒。

**ileostom** *k.n.* ileostomy; opening made surgically in the surface of the abdomen, through which the small intestine can empty. 回肠造口术。

**ilham** *k.n.* inspiration; inspiring; inspiring influence; sudden brilliant idea. 灵感；启示；巧思。 **mengilhamkan** *k.k.t.* inspire; stimulate to creative or other activity; instil (a feeling or idea) into. 使生灵感；灌注；驱使；促成；激励。

**ilmiah** *adj.* erudite; learned. 博学的；学术性的；有学问的。

**ilusi** *k.n.* illusion; false belief; thing wrongly supposed to exist. 幻觉；幻象；错觉；错误的观念。

**ilustrasi** *k.n.* illustration. 图解；例证；说明。 **mengilustrasi** *k.k.t.* illustrate; supply (a book, etc.) with drawings or pictures; make clear by example(s) or picture(s), etc.; serve as an example of. 用插图阐释；举例说明；显示。

**berilustrasi** *adj.* illustrative; serving as an illustration or example. 说明的；做实例的。

**ilustrator** *k.n.* illustrator. 插图画家。

**imago** *k.n.* imago (pl. *imagines* or *imagos*); an insect in its fully developed adult stage. (蝴蝶等的) 成虫。

**imam** *k.n.* imam; Muslim spiritual leader. 阿訇；伊斯兰教领袖之尊称。

**iman** *k.n.* piety; piousness. 虔诚；虔敬；道貌岸然。 **beriman** *adj.* pious. 虔诚的；道貌岸然的。 **tak beriman** *adj.* impious; not reverent. 不虔诚的；不敬神的；邪恶的。

**imbang, memperseimbangkan** *k.k.t./i.* balance; consider by comparing; be or put or keep in a state of balance; equalize. 平衡；和…相抵；(用天平) 秤量。 **mengimbang** *k.k.t.* act as a counterbalance to. 使平衡；使均衡。

**imbangan** *k.n.* balance; difference between credits and debits. 平衡；均衡；收支差额。 **keseimbangan** *k.n.* equipoise. 平衡；均衡。

**imbasan** *k.n.* glimpse; brief view. 一瞥；一看；(昙花的) 一现。

**imbesil** *k.n.* imbecile; mentally deficient person; stupid person. 低能者；弱智者；傻瓜。

**imbuh, mengimbuhkan** *k.k.t.* augment; increase. 增加；增长；扩大。

**imbuhan** *k.n.* augmentation; perquisite; profit or privilege given in addition to wages. 增加；增长；扩大；额外小费；津贴。

**imej** *k.n.* image; statue; optical appearance of a thing produced in a mirror or through a lens; likeness; mental picture; general reputation. 图像；影像；肖像；形象。

**imejan** *k.n.* imagery; images; metaphorical language evoking mental pictures. 意象；形象化的描述；比喻。

**imigran** *adj. & k.n.* immigrant. 移民 (的)；侨民 (的)。

**imigrasi, imigresen** *k.n.* immigration. 移民；迁移。

**imla, mengimlakan** *k.k.t./i.* dictate; say (words) aloud to be written by a person or recorded by a machine; state or order authoritatively; give orders officiously. 笔录；口授；命令规定。

**impala** *k.n.* impala; small antelope. (非洲的) 黑斑羚。

**imperial**[1] *adj.* imperial; of an empire or emperor or empress; majestic. 帝国的；至尊的；皇帝的；威严的；宏大的。

**imperial**[2] *k.n.* imperial; (of measures) used by statute in the U.K. 特等品；特大号物品；(度量衡) 英国法定准。

**imperialisme** *k.n.* imperialism; policy of having or extending an empire. 帝国主义。

**impetigo** *k.n.* impetigo; contagious skin disease causing spots. 小脓疱疹。

**implikasi** *k.n.* implication; implicating; implying; thing implied. 牵连；含意；纠缠；暗示。

**import** *k.n.* import; importing; thing imported; meaning; importance. 进口；输入；意义；重要。 **mengimport** *k.k.t.* import; bring in from abroad or from an outside source; imply. 进口；输入；意味着。

**impresionisme** *k.n.* impressionism; style of painting, etc. giving a general impression without detail. 印象主义；印象派。

**in.** *kep.* in.; inch(es). (缩写) 英寸。

**inai** *k.n.* henna; reddish dye used, esp. on the hair; tropical plant from which it is obtained. 指甲花；散沫花；棕红色染发料。 **berinai** *adj.* hennaed. 用散沫花染色的。

**Inca** *k.n.* Inca; member of a former American Indian people in Peru. 秘鲁的印加族人。

**incar** *k.n.* gimlet; small tool with a screw-like tip for boring holes. 手钻；螺丝钻。

**inci** *k.n.* inch; measure of length (= 2.54 cm). 英寸；英国长度单位，等于 2.54公分。

**indah** *adj. see* **cantik**. 见 **cantik**。

**indeks** *k.n.* index (pl. *indexes*); list (usu. alphabetical) of names, subjects, etc., with references; figure indicating the current level of prices, etc. compared with a previous level. 名册；索引；指数。 **mengindeks** *k.k.t.* make an index to; enter in an index; adjust (wages, etc.) according to a price index. 为...编索引；(依物价、工资等指数) 调整 (薪金等)。

**indentur** *k.n.* indenture; written contract, esp. of apprenticeship. 证明书；契约。

**India**[1] *adj.* Indian; of India or Indians. 印度的；印地安的。 *—k.n.* native of India; one of the original inhabitants of the American continent or their descendants. 印度人；美洲的印地安人。

**indigo** *k.n.* indigo; deep blue dye or colour. 靛；靛蓝；靛蓝染料。

**inding, menginding** *k.k.t.* covet; desire eagerly (esp. a thing belonging to another person). 妄想 (占有他人的东西)；觊觎；渴望。

**individu** *k.n.* individual; one person or animal or plant considered separately. 单独；个人；个体；独立单位。

**indoktrinasi** *k.n.* indoctrination. 教化；灌输。 **mengindoktrinasi** *k.k.t.* indoctrinate; fill (a person's mind) with particular ideas or doctrines. 灌输 (思想等)；教诲；教导。

**industri** *k.n.* industry; manufacture or production of goods; business activity. 工业；企业。 *—adj.* industrial; of, for, or full of industries. 工业的；企业的。

**infantri** *k.n.* infantry; troops who fight on foot. 步兵部队；步兵团。

**infinitif** *k.n.* infinitive; form of a verb not indicating tense, number, or person (e.g. *to go*). 动词不定式。

**inflamasi** *k.n.* inflammation; redness and heat produced in a part of the body. 发炎；炎症。

**inflasi** *k.n.* inflation; inflating; general increase in prices and fall in the purchasing power of money. 通货膨胀。

**influenza** *k.n.* influenza; virus disease causing fever, muscular pain, and catarrh. 流行性感冒。

**inframerah** *adj.* infrared; of or using radiation with a wavelength longer than that of visible light rays. 红外线的。

**infrastruktur** *k.n.* infrastructure; subordinate parts forming the basis of an enterprise. 基础结构；公共建设。

**ingat, mengingati** *k.k.i.* remember; keep

in one's mind and recall at will; think of and make a present to; memorise; learn (a thing) so as to know it from memory. 记得；回忆；牢记。**memperingati** *k.k.t.* commemorate; keep in the memory by a celebration or memorial. 铭记；纪念。

**ingatan** *k.n.* memory; ability to remember things; thing(s) remembered. 记忆；记忆力；回忆。**dari** ~ from memory; remembered without the aid of notes, etc. 凭记忆。**sebagai** ~ in memory of; in honour of a person or thing remembered with respect. 纪念某人或某事。

**Inggeris** *adj.* & *k.n.* English; (language) of England. 英国人（的）；英语（的）。**lelaki** ~ *k.n.* Englishman. 英国人；英国男子。**perempuan** ~ *k.n.* Englishwoman. 英国女子。

**ingin** *adj.* agog; eager; expectant; full of desire; enthusiastic. 期待着的；渴望着的。**menginginkan** *k.k.i.* hanker; crave; feel a longing. 向往；渴望。**diingini** *adj.* desirable; arousing desire; worth desiring. 渴望的；理想的。**mengingini** *k.k.t.* feel a desire for; ask for. 想要；冀求。**berkeinginan** *adj.* desirous; desiring. 想要的；渴望的。

**ingkar** *k.k.i.* disobedient; not obedient. 违抗；不顺从。

**ini** *k.g.* & *kkt.* this (pl. *these*); the (person or thing) near or present or mentioned. 这；这个（指在空间或时间上距离说话者较近的人或物）。

**inisiatif** *k.n.* initiative; first step in a process; right or power to take this; readiness to initiate things. 主动；主动权；首创精神；进取心。

**injap bebola** *k.n.* ballcock; a devise with a floating ball controlling the water level in a cistern. 浮球活栓。

**Injil** *k.n.* Bible; Christian or Jewish scriptures; copy of these. 基督教的《圣经》；犹太教的《旧约》。

**inkubator** *k.n.* incubator; apparatus for incubating eggs or bacteria; enclosed heated compartment in which a baby born prematurely can be kept. 孵卵器；培育早产儿的育婴箱。

**inning** *k.n.* innings (pl. *innings*); turn at batting. （板球、棒球的）一局。

**input** *k.n.* input; what is put in. 输入；输入物；输入量。

**insaf, menginsafkan** *k.k.t.* disabuse; disillusion. 使省悟；解惑。

**insan** *k.n.* mankind; human beings in general. 人；人类。

**insang** *k.n.* gill; respiratory opening on the body of a fish, etc. 鳃。

**insentif** *k.n.* incentive; thing that encourages an action or effort. 刺激；鼓励；推动。

**insiden** *k.n.* incident; event, esp. one causing trouble. 事件；事故；事变。

**insomnia** *k.n.* insomnia; inability to sleep sufficiently. 失眠；失眠症。

**inspektor** *k.n.* inspector; police officer next above sergeant. 视察员；监督官；警长。

**institusi** *k.n.* institution; process of instituting; institute, esp. for a charitable or social activity; established rule or custom. 会；协会；创设；制定；公共机构；制度；惯例。**berinstitusi** *adj.* institutional. 公共机构的；制度上的。

**institut** *k.n.* institute; society or organization for promotion of a specified activity; its premises. 学院；机构；协会；（学术）研究所；院址。

**instrument** *k.n.* instrument; tool or implement for delicate work; measuring-device used in operation of an engine or aircraft, etc.; device for producing musical sounds; person used and controlled by another; formal document. 仪器；工具；乐器；傀儡；证件；证券。

**instrumental** *adj.* instrumental; performed on musical instruments. 起作用的；使用仪器的；用乐器演奏的。

**insulin** *k.n.* insulin; hormone controlling the body's absorption of sugar. 胰岛素。

**insurans** *k.n.* insurance; contract to provide compensation for loss, damage, or death; sum payable as a premium for this, or in compensation; safeguard against loss or failure; assurance. 保险；保险契约；保险额。 ~ **nyawa** *k.n.* life insurance. 人寿保险。 **menginsurankan** *k.k.t.* insure; protect by insurance. 投保；保险；保障。

**intai** *k.k.i.* peep; look through a narrow opening; look quickly or surreptitiously; show slightly. 偷窥；一瞥；隐约显现。

**intan** *k.n.* diamond; very hard brilliant precious stone. 钻石；金钢石。

**integer** *k.n.* integer; whole number; not fraction. 整数。

**integral** *adj.* integral; forming or necessary to form a whole. 整的；积分的；构成整体所必要的。

**integrasi** *k.n* integration. 积分法；结合；综合。 **mengintegrasikan** *k.k.t./i.* integrate; combine (parts) into a whole; bring or come into full membership of a community. 综合；使完整；使和并。

**intelek** *k.n.* intellect; mind's power of reasoning and acquiring knowledge. 智力；理解力。

**intelektual** *adj.* intellectual; of or using the intellect; having a strong intellect. 智力的；理智的；需用脑力的；理解力强的。

**inteligensia** *k.n.* intelligentsia; intellectual people regarded as a class. (总称)知识分子。

**intensif** *adj.* intensive; employing much effort; concentrated. 加强的；强化的；密集的。

**interkom** *k.n.* intercom; communication system operating like a telephone. 内部对讲电话装置。

**intim** *adj.* intimate; closely acquainted or familiar; private and personal. 亲密的；熟悉的；私人的。 **rakan** ~ *k.n.* intimate friend. 密友；至交。

**intip** *k.k.i.* peek; peep; glance. 偷看；窥探；一瞥。

**intisari** *k.n.* kernel; central or important part. 核心；中心；要点。

**intoksikan** *k.n.* intoxicant; intoxicating drink. 酒精饮料；麻醉剂。

**intoksikasi** *k.n.* intoxication. 酩酊大醉；中毒；麻醉。

**intonasi** *k.n.* intonation; intoning; pitch of the voice in speaking; slight accent. 语调；声调；抑扬。

**intra** *awl.* intra; within. (前缀)表示"内；在内；内部"。

**intransitif** *adj.* intransitive; (of verb) used without a direct object. (动词)不及物的。

**intravena** *adj.* intravenous; into a vein. 静脉内的；静脉注射的。

**intrinsik** *adj.* intrinsic; belonging to a person's or thing's basic nature. 本质的；固有的。

**introvert** *k.n.* introvert; introspective and shy person. 性格内向的人。

**intuisi** *k.n.* intuition; power of knowing without reasoning or being taught. 直觉；敏锐的洞察力。 **berintuisi** *adj.* intuitive. 直觉的；直观的。

**inventori** *k.n.* inventory; detailed list of goods or furniture. 财产等的清单；库存；存货目录。

**invertebrata** *adj. & k.n.* invertebrate; (animal) having no backbone. 无脊椎动物(的)。

**invois** *k.n.* invoice; list of goods or services supplied, with prices. 发货单；发票。

**iodin** *k.n.* iodine; chemical substance used in solution as an antiseptic. 碘。

**ion** *k.n.* ion; electrically charged particle. 离子。

**ionosfera** *k.n.* ionosphere; ionized region of the upper atmosphere. 电离层。

**iota** *k.n.* iota; Greek letter i; very small amount. 希腊语第九个字母；微小；极少量。

**ipar, ~ duai** *k.n.* in-laws (pl.) (colloq.) one's relatives by marriage. 姻亲。

**ipso facto** ipso facto; by that very fact. 根据事实本身。

**I.Q.** *kep.* I.Q.; intelligence quotient. (缩写) 智力商数。

**I.R.A.** *kep.* I.R.A.; Irish Republican Army. (缩写) 爱尔兰共和军。

**irama** *k.n.* rhythm; pattern produced by emphasis and duration of notes in music or of syllables in words, or by a regular succession of movements or events; beat; recurring emphasis marking rhythm; lilt; light pleasant rhythm; song with this. 旋律；节拍；抑扬顿挫的歌曲。 **berirama** *adj.* lilting. 有韵律的；(节拍、歌曲等) 轻快的。

**iras** *adj.* alike; like one another. 类似的；相同的。

**iri**[1] *adj.* catty; slightly spiteful. 狡猾而阴险的；恶意中伤的。

**iri**[2] *k.n.* heartburning; jealousy. 强烈的妒忌；吃醋；猜忌。 **mengiri** *k.k.t.* begrudge; grudge. 对...发怨言；羡慕；妒忌。

**iring** *k.k.t.* escort; act as escort to. 护送；陪伴。 **mengiring** *k.k.t.* accompany; go with; be present with; provide in addition; play an instrumental part supporting (a solo voice or choir). 伴随；陪同；伴奏。

**iringan** *k.n.* accompaniment. 伴随物；随员；伴奏。

**iris**[1] *k.n.* iris; coloured part of the eyeball, round the pupil; lily-like flower. 眼球的虹膜；鸢尾花。

**iris**[2] *k.n.* slice; thin broad piece (or a wedge) cut from something; portion. 薄片；切片；一部分。

**ironi** *k.n.* irony; expression of meaning by use of words normally conveying the opposite; apparent perversity of fate or circumstances. 讽刺；冷嘲；反语；令人啼笑皆非的局面。

**ironik** *adj.* ironic; ironical; using irony. 讽刺的；反语的；令人啼笑皆非的。

**isi** *k.n.* content; what is contained in something. 内容；要旨；容量。

**isirung** *k.n.* kernel; softer part inside the shell of a nut or stone of fruit; seed within a husk. (椰子等的) 果仁；果肉；核仁。

**Islam** *k.n.* Islam; Muslim religion; Muslim world. 伊斯兰教；伊斯兰教国家；伊斯兰世界。

**Isnin** *k.n.* Monday; day after Sunday. 星期一。

**isobar** *k.n.* isobar; line on a map, connecting places with the same atmosphere pressure. 等压线。

**isomer** *k.n.* isomer; one of two or more substances whose molecules have the same atoms arranged differently. 同质异能素；异构体。

**isometrik** *adj.* isometric. 等体积 (或容积) 的；等比例的；等角的。

**isoterma** *k.n.* isotherm; line on a map, connecting places with the same temperature. 等溫线；恒温线。

**isotop** *k.n.* isotope; one of two or more forms of a chemical element differing in their atomic weight. 同位素。

**istana** *k.n.* palace; official residence of a sovereign; splendid mansion. 皇宫；堂皇的建筑物。

**isteri** *k.n.* wife (pl. wives); married woman in relation to her husband. 妻子；太太。

**istilah** *k.n.* term; word or phrase. 词语；术语；专门名词。

**isu** *k.n.* issue; outgoing; outflow; issuing; quantity issued; one publication (e.g. of a magazine) in a series; result; outcome; important topic; offspring. 收益；流出；出口；发行；发行物；结果；争论点；课题；子女。 **menjadi ~** at issue; being discussed or disputed or risked. 在争论中；待裁决的。

**isyarat** *k.n.,* **mengisyaratkan** *k.k.t.* cue (pres. p. *cueing*); signal to do something; sign; action or gesture conveying information or a command, etc. 记号；暗示；发信号。

**isytihar** *k.k.t./i.* blazon; blaze; proclaim (news); declare; announce openly or formally; state firmly; announce publicly; make known as being; end one's side innings at cricket before ten wickets have fallen. 宣布；发布；宣扬；(板球等)在无人被出局以前赢得一局。

**Itali** *adj. & k.n.* Italian; (native, language) of Italy. 意大利(的)；意大利人(的)；意大利语(的)。

**italik** *adj. & k.n.* italic; (of type) sloping like *this*; a compact pointed form of writing; italic type. 斜体字(的)。

**itik** *k.n.* duck; swimming-bird of various kinds. 鸭；母鸭。 **anak ~** *k.n.* duckling; young duck. 小鸭。 **~ eider** *k.n.* spesies utara. 绒鸭。 **~ jantan** *k.n.* drake; male duck. 公鸭。 **~ liar** *k.n.* mallard; wild duck, male of which has a glossy green head. 雄野鸭。

**itu** *k.g. & kkt.* that (pl. *those*); the (person or thing) referred to; further or less obvious (one) of two. 那；那个；前者。

**izin, keizinan** *k.n.* permission; consent or authorization to do something. 准许；许可；同意。 **diizinkan** *adj.* permissible; allowable. 容许的；许可的。 **mengizinkan** *k.k.t.* permit (p.t. *permitted*); give permission to or for; make possible. 允许；答应；使能够。 **seizin** *adj.* permissive; giving permission; tolerant, esp. in social and sexual matters. 容许的；容忍的。

# J

**jabatan** *k.n.* department; section of an organization. 部门；局；(大学等的)学部。

**jadah, haram ~** *k.n.* love child; bastard; illegitimate child; (*sl.*) unpleasant person or thing. 私生子；非婚生子。

**jadam** *k.n.* aloe; plant with bitter juice. 沉香木；芦荟。

**jadi, menjadi** *k.k.i.* become (p.t. *became*, p.p. *become*); come or grow to be; begin to be; befit; happen; chance. 变成；适宜；发生；产生；偶然得到。

**jag** *k.n.* jug; vessel with a handle and a shaped lip, for holding and pouring liquids. 用以盛水或酒的有柄小口大壶。

**jaga**[1]**, berjaga, berjaga-jaga** *k.k.i.* awake (p.t. *awoke*, p.p. *awoken*); wake. 觉醒；意识；警戒；醒。 **menjaga** *k.k.t.* take care of; take charge of; see to the safety or well being of. 照顾；照料；看管。

**jaga**[2] *k.n.* caretaker; person employed to look after a building; man employed to look after an empty building, etc.; watchman. 管理人；看守者；守卫。

**jagaan** *k.n.* custody; safe-keeping; imprisonment; care; caution to avoid damage or loss; protection; supervision. 保管；照顾；拘留；监督；管理。

**jagat** *k.n.* catholic; universal; including many or most things. 普遍化；包容一切；宇宙。

**jaguar** *k.n.* jaguar; large flesh-eating animal of the cat family. 美洲虎。

**jaguh** *k.n.* champion; person or thing that defeats all others in a competition. 优胜者；冠军。

**jagung** *k.n.* maize; tall cereal plant bearing grain on large cobs; its grain. 玉蜀黍；玉米。 **emping ~** *k.n.* cornflakes; breakfast cereal of toasted maize flakes. 玉蜀黍片。 **tepung ~** *k.n.* cornflour; flour made from maize. 玉蜀黍粉。

**jahat** *adj.* evil; morally bad; nefarious; impious; wicked; nasty (*-ier, -iest*); unkind. 邪恶的；有害的；不祥的；卑鄙的。

**jahil** *adj.* ignorant; lacking knowledge; behaving rudely through not knowing good manners. 无知的；愚昧的。 **orang ~** *k.n.* ignoramus (pl. *-muses*); ignorant person. 不学无术的人；无知的人。

**jaja** *k.k.i.* hawk; carry (goods) about for sale. 兜卖；叫卖。 **menjaja** *k.k.t.* peddle; sell (goods) as a pedlar. 贩卖；兜售。 **penjaja** *k.n.* huckster. 叫卖小贩；行商。

**jajah, menjajah** *k.k.i.* colonize; establish a colony in. 开拓殖民地。

**jajahan** *k.n.* country; major administrative division of a country; its residents. 殖民地；属地；殖民地区民。

**jajar** *k.n.*, **menjajarkan** *k.k.t.* align; place or bring into line; join as an ally. 排成直线；使结盟。

**jaket** *k.n.* jacket; short coat, usu. reaching to the hips; outer covering. 夹克；短上衣；外套。

**jakuzi** *k.n.* Jacuzzi (trade mark); a large bath with underwater jets of water. "极可意"浴缸；一种水力按摩浴缸，源自商标名。

**jalan** *k.n.* road; way by which people or vehicles may pass between places, esp. one with a prepared surface; way of reaching something. 路；道路；途径。 **~ raya** *k.n.* roadway; road, esp. as distinct from a footpath beside it. 道路；车行道。 **~ mati** *k.n.* close; street closed at one end. 死胡同；街道等闭塞不通的一头。 **batu ~, kerikil ~** *k.n.* road-metal; broken stone for making the foundation of a road or railway. 铺路碎石。 **pembinaan ~** *k.n.* road-works (*pl.*); construction or repair of roads. 筑路工作；修路工作。 **sisi ~** *k.n.* roadside; border of a road. 路边。 **berjalan** *k.k.i.* walk; progress by setting down one foot and then lifting the other(s) in turn; travel over in this way; cause to walk; accompany in walking. 步行；走动；动身；航行；出外。 **pejalan kaki** *k.n.* pedestrian; person walking, esp. in a street. 行人。

**jalin** *k.k.i.*, **menjalin** *k.k.t.* braid; trim with braid; plait. 打辫子；编结。

**jalinan** *k.n.* braid; woven ornamental trimming; plait of hair. 编带；编织物；发辫。

**jalur** *k.n.* band; range of values or wavelengths, etc.; long narrow piece or area; strip; long narrow band on a surface; differing in colour or texture from its surrounding; chevron on a sleeve, indicating rank, stripe. 条纹；频带；环；镶边；嵌条。

**jam** *k.n.* clock; watch; instrument indicating time; clock-like measuring device; one twenty-fourth part of a day and night; point of time; occasion; (*pl.*) period for daily work; hour. 时钟；(记录时速、里程等的）钟状仪器；小时；钟点；时刻；时际。 **ikut arah ~** clockwise; moving in the direction of the hands of a clock. 顺时钟的。 **lawan arah ~** anti-clockwise; in the direction opposite to clockwise. 逆时钟的。

**jamak** *k.n.* number; category 'plural' in grammar. 复数；多数；复数形式。

**jambak** *k.n.* bouquet; bunch of flowers for carrying. 花束。

**jamban** *k.n.* latrine; lavatory in a camp or barracks. 厕所；营厕；公共厕所。

**jambatan** *k.n.* bridge; structure providing a way across something. 桥；桥梁。~ **angkat** *k.n.* drawbridge; bridge over a moat, hinged for raising. (古城堡等的)开合桥；吊桥。 **menjambatani** *k.k.t.* make or be a bridge over; span as if with a bridge. 造桥；架桥。

**jambori** *k.n.* jamboree; large party; rally. 大集会；欢乐的聚会；童子军大会。

**jambul** *k.n.* crest; tuft or outgrowth on a bird's or animal's head; plume on a helmet. 冠毛；鸡冠；羽饰。

**jamin, menjamin** *k.k.t.* ensure; make safe or certain; guarantee; give or be a guarantee of or to. 保证；担保；确保。

**jaminan** *k.n.* guarantee; formal promise to do something or that a thing is of specified quality and durability; thing offered as security. 保证；保证金；抵押品。

**jampi** *k.n.* incantation; words or sounds uttered as a magic spell. 咒文；咒语；魔咒。

**jampuk, burung ~** *k.n.* owl; bird of prey with large eyes, usu. flying at night. 猫头鹰。

**jamu, menjamu** *k.k.t.* feast; eat heartily; give a feast to. 摆筵席；宴请。

**jamuan** *k.n.* feast; large meal; joyful festival; treat; junketing; merrymaking. 筵席；酒席；祝典；宴乐。

**janda** *k.n.* widow; woman whose husband has died and who has not remarried. 寡妇；孀妇。

**jangak** *k.n.*, **menjangak** *k.k.t.* debauch; make dissolute; lead into over-indulgence in harmful or immoral pleasures. 诱使堕落；败坏(道德、风尚等)。

**jangan** don't = do not. 不行！不准！

**janggal** *adj.* dissonant; discordant; incongruous; unsuitable; not harmonious. 不调和的；刺耳的；不一致的；不相称的。

**janggut** *k.n.* beard; hair on and round a man's chin. 胡子；须。 ~ **kambing** *k.n.* goatee; short pointed beard. 山羊胡子。

**jangka**[1] *k.n.* meter; device measuring and indicating the quantity supplied, distance travelled, time elapsed, etc. 计；表；计量器；测量仪表。

**jangka**[2], **menjangkakan** *k.k.t.* expect; think or believe that (a person or thing) will come or (a thing) will happen; wish for and be confident of receiving; think; suppose. 预料；期望；预期；想；认为。

**jangkamasa** *k.n.* duration; time during which a thing continues. 持续时间；期间。

**jangkar** *k.n.* cramp; metal bar with bent ends for holding masonry, etc. together. 锚；弓状木；扣钉。

**jangkau, menjangkau** *k.k.t.* reach; stretch out a hand in order to touch or take. 伸手去拿；达到。 **sepenjangkauan** *k.n.* distance over which a person or thing can reach. 伸手可及的距离；弹程；限度。

**jangkit** *k.k.t.* infect; affect or contaminate with a disease or its germs. 传染；感染；使受影响。 **berjangkit** *k.k.i.* infectious; (of disease) able to spread by air or water; infecting others. 传染；感染。

**jangkitan** *k.n.* infection; process of infecting; disease or diseased condition. 传染；感染；传染病。

**janin** *k.n.* foetus (pl. *-tuses*); developed embryo in a womb or egg. 胎；胎儿。

**janji** *k.n.* promise; declaration that one will give or do or not do a certain thing. 诺言；保证；许诺。 **berjanji** *k.k.i.* promise; say that one will do or give (a thing). 许诺；承诺。 **menjanjikan** *k.k.t.* make a promise (to); seem likely; produce expectation of. 约定；许诺；有…希望。

**jantan** *adj.* male; of the sex that can beget

offspring by fertilizing egg-cells produced by a female; (of a plant) having flowers that contain pollen-bearing organs not seeds. 男性的；公的；雄性的。 —*k.n.* male person, animal, or plant. 男人；雄性动物或植物。

**jantung** *k.n.* heart; muscular organ that keeps blood circulating by contracting rhythmically; symmetrical figure representing a heart. 心脏；心脏形的东西。 **serangan** ~ heart attack; sudden failure of the heart to function normally. 心脏病发作。

**Januari** *k.n.* January; first month of the year. 一月。

**japonica** *k.n.* japonica; ornamental shrub with red flowers. 日本楹梓；日本山茶。

**jarah** *k.n.* pillage; plunder; goods, etc. acquired by this. 掠夺；抢劫。 **menjarah, menjarahi** *k.k.t.* rob. 掠夺；抢劫。

**jarahan** *k.n.* plundering; goods, etc. acquired by this. 掠夺；掠夺物；赃品。

**jarak** *k.n.* distance; length or space between two points; distant parts; remoteness. 距离；路程；间隔。 —*k.k.t.* apart; to or at a distance. 相距；相隔。

**jaram, jaraman, penjaram** *k.n.* compress; pad to stop bleeding or to cool inflammation. 止血、消炎用的敷布；压布。

**jarang** *adj.* diaphanous; almost transparent; thinly scattered; not dense; sparse; very uncommon; rare. (布料、面纱等) 半透明的；朦胧的；稀疏的；罕有的。 **jarang-jarang** *kkt.* rarely; hardly; only with difficulty; scarcely. 罕见地；难得；极少有地。

**jargon** *k.n.* jargon; words or expressions developed for use within a particular group of people. 行话；隐语。

**jari** *k.n.* finger; one of the five parts extending from each hand; one of these other than the thumb; fingerlike object or part. 手指；指状物。 **cap** ~ *k.n.* fingerprint; impression of ridges on the pad of a finger. 手印；指纹。 **hujung** ~ *k.n.* fingertip; tip of a finger. 指尖。

**jaring** *k.n.* net; open-work material of thread, cord, or wire, etc.; piece of this used for a particular purpose. 网；罗网；陷阱。 **menjaring** *k.k.t.* net (p.t. *netted*); make by forming threads into a net; place nets in or on; catch in or as if in a net. (用网)捕；编成网状物；撒(网)；把...诱入圈套。

**jaringan** *k.n.* netting; netted fabric. 网；网状物。

**jarum** *k.n.* needle; small thin pointed piece of steel used in sewing; thing shaped like this; pointer of a compass or gauge. 针；针状物。

**jasmani** *adj.* carnal; of the body or flesh; not spiritual; physical. 物质的；肉体的。

**jata** *k.n.* blazon; heraldic shield; coat of arms; design on a shield as the emblem of a family or institution. (盾上或兵器上的)纹章。

**jatuh** *k.k.i.* fall (p.t. *fell*, p.p. *fallen*); come or go down freely; lose one's position or office; decrease; pass into a specified state; occur; be captured or conquered. 跌落；倒下；脱落；下降；减退；陷于某种状态；发生；垮台。

**jauh** *kkt.* far; at or to or by a great distance; afar; far off; far away. 远；遥远地。 —*adj.* distant; remote; at a specified or considerable distance away; aloof. 遥远的；冷淡的；孤零零的。 **Timur Jauh** Far East; countries of East and South-East Asia. 远东；东亚国家。

**jaundis** *k.n.* jaundice; condition in which the skin becomes abnormally yellow. 黄疸病。

**jawab, menjawab** *k.k.t.* reply; answer; make or be an answer to; act in response to; take responsibility; correspond (to a description, etc.) 答复；回击；承担；反响。

**jawapan** *k.n.* answer; thing said, written, needed or done to deal with a question, problem, etc.; figure, etc. produced by calculation. 答复；解答；答案。

**jawatan** *k.n.* post; appointment; job; paid position of employment. 职位；委任；工作。

**jawatankuasa** *k.n.* committee; group of people appointed to attend to special business or manage the affairs of a club, etc. 委员会。~ **kecil** *k.n.* subcommittee; committee formed for a special purpose from some members of a main committee. 小组委员会。

**jaz** *k.n.* jazz; type of music with strong rhythm and much syncopation. 爵士音乐；爵士舞曲。

**jean** *k.n.* jeans; denim trousers. 三页细斜纹布；(用三页细斜纹布做的)牛仔裤。

**jebak** *k.n.* snare; trap, usu. with a noose. 圈套；陷阱。 **menjebak** *k.k.t.* trap in a snare. 诱捕；设圈套。

**jeda** *k.n.* interval; time or pause between two events or parts of an action; space between two things; difference in musical pitch; pause; temporary stop. 幕间休息；休息时间；间隔；空隙；暂停。 **berjeda** *k.k.i.* make a pause; at intervals; with some time or space between. 暂停；中止；每隔。

**jejak** *k.n.* footprint; footmark. 足迹；足印。

**jejambat** *k.n.* flyover; bridge carrying one road or railway over another. 高架公路；天桥。

**jejantas** *k.n.* overpass; road crossing another by means of a bridge. 天桥。

**jejari** *k.n.* radius (pl. *-dii*, pr. *-diai*); straight line from the centre to the circumference of a circle or sphere; its length; distance from a centre. 半径。

**jek** *k.n.* jack; playing card below queen. 纸牌戏中的杰克牌。

**jelaga** *k.n.* soot; black powdery substance in smoke; smut; small flake of soot; small black mark. 煤烟；煤炭；油烟。

**jelah** *adj.* legible; clear enough to be deciphered; readable. 字迹清楚的；可辨认的；可辨读的。

**jelajah, menjelajah, menjelajahi** *k.k.t.* explore; travel into (a country, etc.) in order to learn about it; examine; walk through or round (an area); perambulate. 勘探；探测；游历；探险；巡视。

**jelapang** *k.n.* granary; storehouse for grain. 谷仓；粮仓。

**jelas** *adj.* clear (*-er*, *-est*); transparent; easily seen or heard or understood; clearly expressed; lucid; clear and unmistakable; manifest; clearly noticeable; marked; easy to perceive or understand; obvious. 清楚的；透彻的；明了的；明显的；显著的。 **menjelaskan** *k.k.t.* clear; clarify; make or become clear; show clearly; give signs of; manifest; explain; show the meaning of; account for; throw light on (a problem); elucidate; free from ignorance, etc.; enlighten; inform; pay and settle (a debt); liquidate. 辨明；宣布；开释；解释；清偿。

**jelata, rakyat ~** *k.n.* commoner; one of the common people, not a noble; mass (*the masses*); ordinary people. 庶民；平民。

**jelatang** *k.n.* nettle; wild plant with leaves that sting and redden the skin when touched; similar non-stinging plant. 荨麻。

**jeling, menjeling** *k.k.t.* ogle; eye flirtatiously. 向(某人)送秋波；施媚眼。

**jelita** *adj. see* **cantik**. 见 **cantik**。

**jelma** *k.k.t.*, **menjelmakan** *k.k.t.* embody; express (principles or ideas) in visible form; incorporate. 体现；使具体化；使形象化；合并。 **terjelma** *k.k.i.* incarnate; embodied; in human form. 化身；成为人形。

**jeluas, berjeluas** *adj.* gory (*-ier*, *-iest*); covered with blood; involving bloodshed. 沾满鲜血的；血淋淋的。

**jelujur** *k.n.*, **menjelujur** *k.k.t.* baste; sew together temporarily with loose stitches. (缝制前的)粗缝；疏缝。

**jem** *k.n.* jam; thick sweet substance made by boiling fruit with sugar. 果酱。

**jemaah** *k.n.* pilgrim; person who travels to a sacred place as an act of religious devotion. 朝圣客；香客。

**jemala** *k.n.* chump; block; (*sl.*) head. 呆头呆脑的人；木块；头。

**jembalang** *k.n.* gnome; dwarf in fairy-tales, living underground and guarding treasure. 童话中的小妖魔；地精。

**jemput** *k.k.t.*, **menjemput** *k.k.t.* fetch; go for and bring back. 迎接；邀请；接送。

**jemu** *adj.* blase; bored or unimpressed by things. 厌倦的；玩腻了的。

**jemur, berjemur** *k.k.t.* bask; sit or lie comfortably exposed to pleasant warmth; expose one's body to the sun; sunbathe. 晒太阳；取暖。

**jenaka** *k.n.* banter; good-humoured joking. (无恶意的)取笑；逗弄。
**berjenaka** *k.k.i.* joke thus. 取笑；戏谑；开玩笑。

**jenama** *k.n.* brand; goods of a particular make. 商标；牌子；名牌货。

**jenang** *k.n.* jamb; side-post of a door or window. 侧柱；门窗侧壁。

**jenayah** *k.n.* crime; serious offence; act that breaks a law; illegal acts. 罪行；罪恶。

**jendela** *k.n.* casement; window opening on hinges; dormer; upright window under a small gable on a sloping roof. 窗户；(可开关的)窗框；窗扉。

**jeneral** *k.n.* general; army officer next below field marshal. 总(用于职位、官衔)；将军。

**jengah** *k.k.i.*, **menjengah** *k.k.t.* crane; stretch (one's neck) to see something. 伸头探望；张望。

**jengkal** *k.n.* span; distance (about 9 inches or 23 cm) between the tips of the thumb and little finger when these are stretched apart. 全长；距离；一拃；手指张开时，拇指尖至小指尖的长度。

**jengkel** *adj.* slightly angry; annoyed; fractious; irritable; peevish; irksome; tiresome. 恼怒的；生气的；暴躁的；厌倦的；苦恼的。 **menjengkelkan** *k.k.t.* annoy; cause slight anger to; be troublesome to; irk; be tiresome to; incense; make angry. 使恼怒；打扰；令人生厌；使愤怒。

**jenis** *k.n.* nature; manner; kind; sort. 禀性；种类；类型。

**jentikan** *k.n.* fillip; quick blow with a finger; boost. 弹指；以手指轻弹；刺激。

**jentolak** *k.n.* bulldozer; powerful tractor with a device for clearing ground. 推土机；开土机。

**Jepun** *k.n.* Japanese; (native, language) of Japan. 日本；日本人；日本语。

**jera** *k.k.i.*, **menjerakan** *k.k.t.* discourage; dishearten; dissuade (from). 使泄气；使沮丧；使失去信心。

**jeram** *k.n.* rapids; swift current where a river-bed slopes steeply. 急流。

**jerami** *k.n.* hay; grass mown and dried for fodder. 干稻草；做饲料用的干草。

**jerang, menjerang, menjerangkan** *k.k.t.* boil; bubble up with heat. 煮；使沸腾。

**jerangkap** *k.n.* booby trap; hidden bomb. 陷阱(尤指置于门上以待落下击中开门者的一种恶作剧)。 **memasang ~** *k.k.t.* booby trap; place a booby trap in or on. 设置(门上)陷阱。

**jerat** *k.n.* gin; trap; snare. 陷阱；捕兽器；圈套。 **menjerat** *k.k.t.* ensnare; snare; trap as if in snare. 诱捕；陷害；使入圈套。

**jerawat** *k.n.* pimple; small inflamed spot on the skin. 丘疹；粉刺。

**jerboa** *k.n.* jerboa; rat-like desert animal with long hind legs. 跳鼠。

**jerebu** *k.n.* haze; thin mist. 霾；烟雾。
**berjerebu** *adj.* hazy (*-ier, -iest*); misty. 多烟雾的。

**jerekit** *k.k.i.* cohere; stick together. 黏着；结合。

**jeriji** *k.n.* grate; metal framework keeping fuel in a fireplace; hearth; grating; screen of spaced bars placed across an opening. 炉；壁炉；炉格。

**jerit, jeritan** *k.n.* scream; screaming cry or sound. 尖叫；惊叫；惊叫声。**menjerit** *k.k.i.* scream; make a long piercing cry or sound; utter in a screaming tone. 尖叫；惊叫。

**jerkin** *k.n.* jerkin; sleeveless jacket. (旧时) 男用紧身皮制短上衣。

**jernih** *adj.* clear (*-er, -est*); transparent; limpid; (of liquids) clear; pellucid. 清晰的；透明的；晴朗的；清澈的；明晰的。**menjernihkan** *k.k.t.* make or become clear. 弄清楚；使变清澈。

**jersi** *k.n.* jersey; knitted woolen pullover with sleeves; machine-knitted fabric. 平针织物；针织紧身上衣。

**jeruk** *k.n.* pickle; vegetables preserved in vinegar or brine; this liquid. 腌制食品；泡菜；泡菜水。**menjeruk** *k.k.t.* preserve in pickle. 腌制。

**jerumat, menjerumat** *k.k.t.* darn; mend by weaving thread across a hole. 织补；缝补。

**jerung** *k.n.* shark; large voracious sea-fish. 鲨鱼。

**jerut, menjerut** *k.k.t.* constrict; tighten by making narrower; squeeze. 缠紧；压缩；压榨。

**Jesuit** *k.n.* Jesuit; member of the Society of Jesus (an R.C. religious order). (天主教) 耶稣会会士。

**jet**[1] *k.n.* jet; hard black mineral; glossy black. 黑色大理石；乌黑发亮的颜色。

**jet**[2] *k.n.* jet; stream of water, gas, or flame from a small opening; burner on a gas cooker; engine or aircraft using jet propulsion. 喷射物；喷射器；喷气式发动机或飞机。**perajanan ~** jet propulsion; propulsion by engines that send out a high-speed jet of gases at the back. 喷射推进。

**jeti** *k.n.* jetty; breakwaters; landing-stage. 防波堤；建筑物的突出部分。

**jidar** *k.n.* margin; edge or border of surface; blank space round printed or written matter on a page. 边缘；印刷品等的页边空白。

**jig**[1] *k.n.* jig; device that holds work and guides tools working on it. 夹具；装配架。

**jig**[2] *k.n.* jig; lively jumping dance. 捷格舞；一种轻快舞蹈。

**jijik** *adj.* distasteful; arousing distaste; detestable. 不合口味的；令人厌恶的。**menjijikkan** *k.k.t.* disgust; cause disgust in; dislike intensely; detest. 唾弃；憎恶；作呕；嫌恶。

**jika** *k.n.* if; on condition that; supposing that; whether. 如果；假使；倘若。

**jilat** *k.k.i.*, **menjilat** *k.k.t.* lap (p.t. *lapped*); take up (liquid) by movements of tongue; flow (against) with ripples; lick; pass the tongue over; (of waves or flame) touch lightly. 舐；舐食 (液质食物)；(波浪) 拍打；(火) 烧着。

**jilid** *k.n.* binding; book cover. 书籍的装订；书册。**bengkel ~** *k.n.* bindery; workshop where books are bound. 装订所。**menjilid** *k.k.t.* fasten into a cover. 装订成册。

**jimak** *k.n.* copulation. 性交；交配。**berjimak** *k.k.i.* copulate; come together sexually as in mating. 性交；交媾；交配。

**jimat** *adj.*, **menjimatkan** *k.k.t.* pinch; stint; husband; use economically; try to save. 节省；吝啬；节俭地管理；节用。

**jinak** *adj.* domesticated; (of animals) trained to live with and be kept by man; tame (*-er, -est*); (of animals) gentle and not afraid of human beings. 驯养的；驯服的。**menjinakkan** *k.k.t.* make tame or manageable. 驯服；制服。

**jingoisme** *k.n.* jingoism; excessive patriotism and contempt for other countries. 侵略主义；好战主义。

**jintan** *k.n.* dill; herb with spicy seeds. 莳萝；洋茴香。 ~ **manis** *k.n.* aniseed; fragrant seed of a plant (anise), used for flavouring. 大茴香子；八角子。

**jiran** *k.n.* neighbour; person or thing living or situated near or next to another. 邻居；邻人。 **berjiran** *k.k.i.* neighbouring; living or situated near by. 邻近；附近。

**jirim** *k.n.* matter; that which occupies space in the visible world. 物质；物料。

**jirus, menjirus** *k.k.t.* douse; throw water on. 熄灭；泼洒；把...浸入水中。

**jisim** *k.n.* mass; coherent unit of matter; quantity of matter a body contains (called weight in non-technical usage). 质量。

**jiwa** *k.n.* soul; person's spiritual or immortal element; mental, moral, or emotional nature; personification; pattern (of honesty, etc.); person. 灵魂；精神；(诚实等)本性；品质；人。

**joging, berjoging** *k.k.i.* jog (p.t. *jogged*); proceed at a slow regular pace; run thus for exercise. 缓步前进；跑步；(运动)慢跑。

**johan** *k.n.* champion; person or thing that defeats all others in a competition; person who fights or speaks in support of another or of a cause. 优胜者；冠军；斗士。

**jojoba** *k.n.* jojoba; a plant with seeds containing oil used in cosmetics. 希蒙得木（美国加洲一种种子含油质的植物，可用于化妆品）。

**joker** *k.n.* joker; extra playing card used as the highest trump. 诙谐者；爱开玩笑的人；纸牌戏中可作任何点数的百搭牌。

**joki** *k.n.* jockey; person who rides in horse-races. 赛马的职业骑师。

**jong** *k.n.* junk; flat-bottomed ship with sails, used in China seas. 平底中国帆船；舯舡。

**jongkok, berjongkok-jongkok** *k.k.i.* cringe; cower; behave obsequiously. 畏缩；瑟缩一团；卑躬屈膝。

**jongkong** *k.n.* bullion; gold or silver in bulk or bars, before manufacture; ingot; oblong lump of cast metal. (造币用的)金条；银条。

**joule** *k.n.* joule; unit of energy. 焦耳；功、能量的绝对单位。

**J.P.** *kep.* J.P.; Justice of the Peace. (缩写)治安官；兼理一般司法事务的地方官。

**jua** *k.k.t.* see **juga**. 见 **juga**。

**juadah** *k.n.* comestibles (*pl.*); things to eat. 食物；食粮。

**jual, menjual** *k.k.t.*, **berjual, terjual** *k.k.i.* sell (p.t. *sold*); transfer the ownership of (goods, etc.) in exchange for money; keep (goods) for sale; promote sales of; (of goods) find buyers; have a specified price; persuade into accepting (an idea, etc.). 售卖；推销；使接受(意见等)。

**jualan** *k.n.* sale; selling; event at which goods are sold; disposal of a shop's stock at reduced prices. 卖；出售；减价出售；贱卖。 ~ **lelong** *k.n.* jumble sale; sale of miscellaneous second-hand goods to raise money for charity. 旧杂品义卖；抛售。

**juara** *k.n.* see **johan**. 见 **johan**。

**jubah** *k.n.* chasuble; loose garment worn over other vestments by a priest celebrating the Eucharist; long loose cloak worn by clergy in certain ceremonies; cope; robe. 教士、法官、阿拉伯人等穿的长外套；长袍；大学毕业礼服。

**jubin** *k.n.* tile; thin slab of baked clay, etc. used in rows for covering walls or floors. 瓦片；瓷砖；地砖。

**jubli** *k.n.* jubilee; special anniversary. (尤指五十周年、二十五周年等具特殊纪念意义的)周年纪念；喜庆时节。

**Judaisme** *k.n.* Judaism; religion of the Jewish people, based on the teachings of the Old Testament and Talmud. 犹太教；犹太教信仰。

**judi** *k.n.* gambling; risky undertaking.

赌博；打赌；冒险。**berjudi** *k.k.i.* gamble; play games of chance for money; risk in hope of gain. 赌博；打赌；下赌注。

**judo** *k.n.* judo; Japanese system of unarmed combat. 日本的柔道。

**judul** *k.n. see* **tajuk**. 见 **tajuk**。

**juga** *kkt.* likewise; also; in the same way; in addition; besides. 同样地；而且；也。

**jugular, vena ~** *k.n.* jugular; jugular vein; one of the two great veins in the neck. 颈静脉。

**ju-jitsu** *k.n.* ju-jitsu; Japanese system of unarmed combat. 柔术；日本江户时代的一种自卫武术。

**jujub** *k.n.* jujube; jelly-like sweet. 枣树；枣味胶糖。

**jujur** *adj.* downright; frank; straightforward; thorough; showing one's thoughts and feelings unmistakably; honest; truthful; trustworthy; incorruptible; not liable to decay; not corruptible morally. 直爽的；坦白的；直言不讳的；忠实的；可靠的；廉洁的。**tak ~** *adj.* disingenuous; insincere; dishonest; not honest. 不坦白的；狡猾的。

**Julai** *k.n.* July; seventh month of the year. 七月。

**julang, menjulang** *k.k.t.* boost; push upwards; increase the strength or reputation of. 推动；促进；负在肩上；推崇。

**julangan** *k.n.* upward thrust; increase. 上推力；增进。

**julap** *k.n.* aperient; laxative; (medicine) stimulating the bowels to empty. 轻泻；轻泻剂。

**juling** *adj.* cross-eyed; squinting. 斜视的。

**julukan** *k.n.* epithet; descriptive word(s). 别名；绰号。

**julur, menjulur** *k.k.i.* jut (p.t. *jutted*); project; beetling; overhanging; projecting. 突出；伸出；高悬。

**Jumaat** *k.n.* Friday; day after Thursday. 星期五。

**jumbai** *k.n.* frill; gathered or pleated strip of trimming attached at one edge; unnecessary extra; fringe; ornamental edging of hanging threads or cords; front hair cut short to hang over the forehead. 摺边；饰边；缨；须边；刘海。

**jumlah** *k.n.* sum; total; amount of money; problem in arithmetic. 总数；总额；和。**menjumlahkan** *k.k.t.* sum (p.t. *summed*); find the sum of. 计算总数；求和数。

**jumpa, berjumpa** *k.k.i.* find (p.t. *found*); discover; obtain; supply; (of a jury, etc.) decide and declare; meet (p.t. *met*); come face to face or into contact (with); go to be present; at the arrival of; make the acquaintance of; become perceptible to. 找到；寻获；发现；供应；裁判；认为。

**jumpaan** *k.n.* discover; thing found. 发现；被发现的事物。

**Jun** *k.n.* June; sixth month of the year. 六月。

**junam** *k.n.* nosedive; steep downward plunge, esp. of an aeroplane. 飞机的俯冲；急降。**menjunam** *k.k.i.* make this plunge; plunge; go down suddenly. 俯冲；突然跳入；急降。

**junior** *adj.* junior; younger in age; lower in rank or authority; for younger children. 年纪较小的；(等级、地位等) 较低的；资历较浅的。—*k.n.* junior person. 年少者；地位较低的人。

**juniper** *k.n.* juniper; evergreen shrub with dark berries. 杜松；松属植物。

**junta** *k.n.* junta; group who combine to rule a country, esp. after a revolution. 政变后掌握政权的执政团；秘密政治集团。

**juntai, berjuntai** *adj.* pendent; hanging; pendulous; hanging loosely. 悬挂的；悬垂的；吊着的。

**jurang** *k.n.* crevasse; deep open crack, esp. in a glacier; gap; opening; space; interval;

deficiency; gulf; wide difference in-opinion; ravine; deep narrow gorge. (冰河等的) 裂隙；深渊；意见等的鸿沟；峡谷。

**juri** *k.n.* jury; group of people sworn to give a verdict on a case in a court of law. 陪审团。 **ahli ~** *k.n.* juror; member of a jury. 陪审员。

**juridikal** *adj.* juridical; a law or legal proceedings. 司法上的；法律上的；审判上的。

**jurisprudens** *k.n.* jurisprudence; skill in law. 法学；法理学；法律哲学。

**jurnal** *k.n.* journal; daily record of events; newspaper or periodical. 日志；日报；期刊。

**juruacara** *k.n.* compere; person who introduces performers in a variety show, etc. 节目主持人。

**juruarkib** *k.n.* archivist; person trained to deal with archives. 档案保管人。

**juruaudit** *k.n.* auditor; one who audits accounts. 查帐员；审计员。

**jurubahasa** *k.n.* interpreter; person who orally translates speech between persons speaking different languages. 通译员；解释者。

**jurucakap** *k.n.* mouthpiece; person speaking on behalf of others. 发言人；代言人；喉舌。

**jurugambar** *k.n.* photographer. 摄影师；照相家。

**jurugegas** *k.n.* fitter; person who supervises the fitting of clothes; mechanic. 剪裁和式样的服装工人；装配工人。

**jurukamera** *k.n.* cameraman. 摄影师；摄影记者。

**jurulatih** *k.n.* coach; instructor in sports. 教练；辅导员。

**jurumasak** *k.n.* chef; professional cook. 大厨师。

**jurumudi** *k.n.* cox; coxswain; helmsman (pl. *-men*); person controlling a ship's helm. 舵手。

**juruoptik** *k.n.* optician; maker or seller of spectacles. 眼镜师；眼镜制造商。

**juruprogram** *k.n.* programmer. 节目编排者；电脑程序设计者。

**jururawat** *k.n.* nurse; person trained to look after sick or injured people. 护士；看护。

**jurutaip** *k.n.* typist; person who types. 打字员。

**jurutera** *k.n.* engineer; person skilled in engineering; one in charge of machines and engines. 工程师；技师。

**juruterbang** *k.n.* pilot; person who operates an aircraft's flying-controls. 飞机师；领航员。 **~ kamikaze** *k.n.* kamikaze; (in the Second World War) a Japanese explosive-laden aircraft deliberately crashed on its target. (第二次世界大战末期日本的) 神风敢死队所用的飞机。

**juruukur** *k.n.* surveyor; person whose job is to survey land or buildings. 土地测量员；勘测员。

**juruwang** *k.n.* cashier; person employed to receive and pay out money in a bank or receive payments in a shop. 出纳员。

**jus** *k.n.* juice; fluid content of fruits, vegetables, or meat; fluid secreted by an organ of the body. 蔬菜、水果、植物的汁；浆；肉汁。

**jut** *k.n.* jute; fibre from the bark of certain tropical plants. 黄麻。

**juta** *k.n.* million; one thousand thousand (1,000,000). 一百万。 **kesejuta** *adj. & k.n.* millionth. 第一百万 (的)；百万分之一 (的)。

**jutawan** *k.n.* millionaire; person who possesses a million pounds. 百万富翁；富豪。

**juvenil** *adj.* juvenile; youthful; childish; for young people. 适合青少年的；青少年时期的。 *—k.n.* young person. 青少年。

# K

**ka.** *kep.* ft.; foot or feet (as a measure). (缩写) 英尺。

**kabaret** *k.n.* cabaret; entertainment provided in a night club, etc. 有文娱节目的酒馆。

**kabel** *k.n.* cable; thick rope of fibre or wire; set of insulated wires for carrying electricity or telegraph messages; telegram sent abroad. 钢索；电缆；越洋电报。 **kereta ~** *k.n.* cable-car. 电缆车。

**kabin** *k.n.* cabin; small hut; compartment in a ship or aircraft. 小屋；茅屋；船、飞机等的舱位。

**kabinet** *k.n.* cabinet; central group of a government, formed from the most important ministers; cupboard or case with drawers or shelves. 国会内阁；橱；柜；盒。

**kabisat, tahun ~** *k.n.* leap year; year with an extra day (29 Feb.). 闰年。

**kabul, mengabulkan** *k.k.t.* grant; give or allow as a privilege. 同意；授予；准许。

**kabung, berkabung** *k.k.i* mourn; feel or express sorrow or regret about (a dead person or lost thing). 悲悼；哀悼。

**kabur** *adj.* ambiguous; having two or more possible meanings; uncertain; inarticulate; not expressed in words; unable to speak distinctly; unable to express ideas clearly; blur; smear; obscure; dark; indistinct; remote from observation; not easily understood; dim; lit faintly; nebulous; indefinite; not clearly stated or fixed; vague; fuzzy (*-ier, -iest*). 模糊的；朦胧的；暗淡的；不明确的；口齿不清的。 **mengaburi** *k.k.t./i.* blur (p.t. *blurred*); smear; make or become indistinct. 使模糊；朦胧；不清楚。 **mengaburkan** *k.k.t.* obscure; make obscure; conceal. 使模糊；遮蔽；隐藏。

**kabus** *k.n.* mist; water vapour near the ground or clouding a window, etc.; thing resembling this. 雾；雾状物。

**kabut** *k.n.* fog; mist; thick mist that is difficult to see through. 雾；浓雾；烟雾；尘雾。 **berkabut** *k.k.t./i.* fog (p.t. *fogged*); cover or become covered with fog or condensed vapour; perplex. 被雾笼罩；使模糊；困扰；迷惑。 — *adj.* foggy; misty (*-ier, -iest*); full of mist. 有雾的；朦胧的；多雾的。

**kaca** *k.n.* glass; hard, brittle, usu. transparent substance; things made of this. 玻璃；玻璃制品。 **~ mata** *k.n.* spectacles. 眼镜。 **~ muka** *k.n.* mirror. 镜子。 **~ jendela** *k.n.* pane; sheet of glass in a window or door. 门、窗的玻璃片。 **pemasang ~** *k.n.* glazier; person whose trade is to fit glass in windows, etc. 装玻璃的人。

**kacak** *adj.* handsome; good-looking. 英俊的；美貌的；潇洒的。

**kacang** *k.n.* bean; plant with kidney-shaped seeds in long pods; seed of this. 豆；豆科植物；豆粒。 **~ buncis** *k.n.* haricot bean; white dried seed of a kind of bean. 扁豆。 **~ dal** *k.n.* lentil; a kind of bean. 小扁豆。 **~ pis** *k.n.* pea; plant bearing seeds in pods; its round seed used as a vegetable. 豌豆。 **~ tanah** *k.n.* peanut; plant bearing underground pods with two edible seeds; this seed. 花生；落花生。

**kacau** *adj.* disorderly. 混乱的；杂乱无章的。 **mengacau** *k.k.t./i.* harass; worry or annoy continually; make repeated attacks on; disturb; break the quiet or rest or calm of; cause to move from a settled position; stir (p.t. *stirred*); move; mix (a substance) by moving a spoon, etc. round in it; stimulate; excite. 使困扰；扰乱；使骚动；搅拌；刺激；干扰。

**kacau-bilau** *adj.* chaotic. 混乱的。

**kacip** *k.n.* nutcrackers (*pl.*); pincers for cracking nuts. 桃核夹子。 **gigi ~** *k.n.* incisor; one of the front teeth. 门牙。

**kacuk** *adj.* crossbred; produced by interbreeding; produce in this way. 杂交的；杂种的；混种的。 **mengacukkan** *k.k.t./i.* interbreed; breed with each other; crossbreed. 使异种交配。

**kacukan** *k.n.* crossbreed; crossbred animal; hybrid; offspring of two different species or varieties; thing made by combining different elements. 杂交；混杂；杂种；混血儿。

**kacung** *k.n.* mantis; grasshopper-like insect. 螳螂。

**kad** *k.n.* card; piece of cardboard or thick paper; this printed with a greeting or invitation, etc.; postcard; playing-card. 卡片；祝贺卡；请柬；明信片；纸牌戏。

**kadang-kadang** *kkt.* seldom; rarely; not often. 不常；很少。

**kadar** *k.n.* rate; standard of reckoning; ratio of one quantity or amount, etc. to another; rapidity; local tax assessed on the value of land and building; amount payable. 比率；比例；速度；地方税；价格。

**kadbod** *k.n.* cardboard; stiff substance made by pasting together sheets of paper. 硬纸板；卡纸板。

**kader** *k.n.* cadre; small group forming a nucleus that can be expanded. 干部；骨架；核心组织。

**kadet** *k.n.* cadet; young person being trained for service in the armed forces or police. 正接受军警训练的实习生；警校等的学员。

**kadfon** *k.n.* cardphone; a public telephone operated by a plastic machine-readable card. 插卡式公用电话。

**kadmium** *k.n.* cadmium; soft metallic element. 镉。

**kaedah** *k.n.* method; procedure or way of doing something; orderliness. 方法；策略；顺序；条理性。 **berkaedah** *adj.* methodical; orderly; systematic. 有条理的；有规律的；系统化的。

**kafan** *k.n.* shroud; cloth wrapping a dead body for burial. 裹尸布。 **mengafankan** *k.k.t.* shroud; wrap in a shroud. 裹；给（死者）穿上寿衣。

**kafe** *k.n.* cafe; shop selling refreshments; informal restaurant. 餐馆；咖啡馆。

**kafein** *k.n.* caffeine; stimulant found in tea and coffee. 咖啡因；咖啡硷。

**kafeteria** *k.n.* cafeteria; self-service restaurant. 自助餐厅。

**kafilah** *k.n.* caravan; company travelling together across desert. 沙漠地带的旅行商队。

**kafir** *k.n.* infidel; person with no religious faith. 无信仰者；异教徒。 **kekafiran** *k.n.* infidelity; unfaithfulness. 不信神；不贞。

**kagum** *adj.* imposing; impressive; making a strong favourable impression. 壮丽的；堂皇的；给人深刻印象的；感人的；令人难忘的。 **mengagumi** *k.k.i.* admire; regard with pleasure; think highly of. 赞美；羡慕；赞叹。 **mengagumkan** *k.k.t.* amaze; overwhelm with wonder; astonish; surprise very greatly. 使诧异；惊异。

**kahak** *k.n.* phlegm; thick mucus in the bronchial passages, ejected by coughing; expectoration. 痰。 **berkahak** *k.k.i.* expectorate; cough and spit phlegm. 吐痰；吐唾液。

**kahwin, berkahwin** *k.k.i.* wed; marry; unite or give or take in marriage; put (things) together. 结婚；出嫁；娶妻。 **~ campur** *k.k.i.* intermarry; marry members of another group. 异族通婚；近亲结婚。 **mengahwini, mengahwinkan** *k.k.t.* wed; marry. 与（某人）结婚；嫁；娶。

**kain** *k.n.* cloth; woven or felted material; piece of this. 布类；织物；毛织品；（一块）布。 **~ sarung** *k.n.* sarong; strip of cloth worn round the body, esp. in Malaysia and Java. （马来民族穿用的）纱笼。 **~ tiras** *k.n.* lint; soft fabric for dressing wounds; fluff. 皮棉；（作绷带用的）软麻布。

**kaisar** *k.n.* czar = tsar. 与tsar同；(1917年以前俄国的)沙皇。

**Kaiser** *k.n.* Kaiser; title of German and Austrian emperors until 1918. 恺撒；1918年以前德国和奥国的皇帝的尊称。

**kait**[1] *k.n.* crochet; a kind of knitting done with one hooked needle. 钩针编织(品)。**mengait** *k.k.t.* knit (p.t. *knitted* or *knit*); form (yarn) into fabric of interlocking loops; crochet; make by or do such work. (用钩针)织。

**kait**[2] *k.n.* hook; bent or curved piece of metal, etc. for catching hold. 钩；钓鱼钩。**mengait** *k.k.t.* hook; pluck; pull at or out or off. 钓；钩；(用钩)挂。

**kait**[3], **mengaitkan** *k.k.t.* correlate; compare or connect or be connected systematically. 使互相联系；有系统地把...结合起来。

**kaitan** *k.n.* bearing; relevance; correlation. 方位；处境；关联。**berkaitan** *adj.* interconnected; connected. 互相连结的；互相联络的。

**kajai** *k.n.* collar; strap put round an animal's neck. 牲畜的轭；项圈。

**kajang** *k.n.* awning; roof-like canvas shelter. 凉蓬；遮蓬。

**kaji** *k.k.t.* delve; search deeply. 研究；钻研。**~ diri** *k.n.* introspection; examination of one's own thoughts and feelings. 内省；反省；内观。**~ terbang** *k.n.* aeronautics; study of the flight of aircraft. 航空学；飞行术。**mengkaji** *k.k.t.* study; give one's attention to acquiring knowledge of (a subject); examine attentively; give care and consideration to. 研究；学习；仔细端详。

**kajian** *k.n.* study; process of studying; its subject; work presenting the results of studying a subject. 研究；研究过程；研究结果；专题论文。**~ pendapat umum** *k.n.* gallup; gallup poll; opinion poll. 盖洛普民意测验。

**kajibintang** *k.n.* astronomy; study of stars and planets and their movements. 天文学。

**kajilogam** *k.n.* metallurgy; science of extracting and working metals. 冶金；冶金学。**ahli ~** *k.n.* metallurgist. 冶金学家。

**kakak** *k.n.* sister; daughter of the same parents as another person. 姐姐。**~ ipar** *k.n.* sister-in-law (pl. *sisters-in-law*); sister of one's husband or wife; wife of one's brother. 丈夫或妻子的姐妹；嫂子；弟媳。

**kakaktua** *k.n.* parrot; tropical bird with a short hooked bill; unintelligent imitator; cockatoo; crested parrot. 鹦鹉；机械地模仿他人的人；应声虫。

**kaki**[1] *k.n.* leg; one of the limbs on which an animal stands or moves; part of a garment covering a person's leg; projecting support of piece of furniture; foot (pl. *feet*); end part of the leg below the ankle; similar part in animals; lower part or end. 人或动物的腿；腿部；桌椅的脚。**berjalan ~** *k.k.i.* walk; journey on foot; walking. 走；步行。**gerak ~** *k.n.* footwork; manner of moving or using the feet in sports, etc. 舞步；脚步动作；脚功夫。**kura-kura ~** *k.n.* instep; upper surface of the foot. 脚背。**~ depan** *k.n.* foreleg; forefoot (pl. *-feet*); animal's front leg (foot). (四足动物的)前腿。**~ lima** *k.n.* cloister; covered walk along the side of a church, etc. 回廊；修道院等地的走廊。

**kaki**[2] *k.n.* measure of length, = 12 inches (30.48 cm). 英尺；英国长度单位，等于12英寸或30.48公分。

**kakis** *k.k.t.* corrode; destroy (metal, etc.) gradually by chemical action. 腐蚀。

**kakisama** *adj.* isosceles; (of a triangle) having two sides equal. (三角形)等腰的；二等边的。

**kakisan** *k.n.* corrosion. 腐蚀作用。

**kakitangan** *k.n.* personnel; employees; staff. 雇员；职员。

**kakofoni** *k.n.* cacophony; harsh discordant sound. 杂音；不和谐音。

**kaktus** *k.n.* cactus (pl. *-ti* or *-tuses*); fleshy plant, often with prickles, from a hot dry climate. 仙人掌。

**kala**[1] *k.n.* period; length or portion of time. 期间；时期。 **berkala** *adj.* periodic; happening at intervals. 定期的；周期的。 **berkala-kala** *kkt.* periodically. 间歇地；定期地。 **majalah berkala** *k.n.* periodical; magazine, etc. published at regular intervals. (杂志等) 期刊。

**kala**[2] *k.n.* scorpion; small animal of the spider group with lobster-like claws and a sting in its long tail. 蝎。

**kalah** *k.k.i.* lose; be defeated in a contest, etc. 输；失败。

**kalamin** *k.n.* calamine; lotion containing zinc carbonate. 菱锌矿。

**kalang, kalangan** *k.n.* circle; group with similar interests. 圈子；界；范围；党派；集团。 **di kalangan** *k.h.* among; amongst; in the number of. 在...之间；在(多数)之中。

**kaldu** *k.n.* broth; thin meat or fish soup. 肉汁；肉汤。

**kaleidoskop** *k.n.* kaleidoscope; toy tube containing mirrors and coloured fragments reflected to produce changing patterns. 万花筒。

**kalendar** *k.n.* calendar; chart showing dates of days of the year; method of fixing these; device displaying the date; register or list (e.g. of events). 日历。

**kaliber** *k.n.* calibre; level of ability. 能力；才干；水准；等级。

**kaligrafi** *k.n.* calligraphy; beautiful handwriting. 书法。

**kalimat** *k.n.* sentence; word. 句子；语句；字；词。

**kalipso** *k.n.* calypso (pl. *-os*); topical West Indian song. 西印度人的即兴小调。

**kalis** *adj.* proof; able to resist penetration or damage. 防...的；耐...的；不能渗透的。 **~ air** *adj.* waterproof; unable to be penetrated by water. 防水的；耐水的。 **~ karat** *adj.* rust-proof. 防锈的；抗锈的。 **~ peluru** *adj.* bullet-proof; able to keep out bullets. 防弹的。 **~ tiris** *k.n.* flashing; strip of metal covering a joint in a roof, etc. 房屋防水用的金属盖片；防雨板。

**kalkulator** *k.n.* calculator; electronic device used in mathematical calculations. 计算机。

**kalkulus** *k.n.* calculus; method of calculating in mathematics; stone formed in the body. 微积分；人体内的结石。

**kaloi** *k.n.* carp; freshwater fish. 鲤鱼。

**kalori** *k.n.* calorie; unit of heat; unit of the energy-producing value of food. 卡路里；热量单位。

**kalsedoni** *k.n.* chalcedony; a type of quartz. 玉髓。

**kalsium** *k.n.* calcium; whitish metallic element. 钙。

**kalung** *k.n.* choker; close-fitting necklace; necklace; string of precious stones or beads, etc. worn round the neck. 颈环；项链；项圈。

**kalungan** *k.n.* garland; wreath of flowers, etc. as a decoration. 花环；装饰用的花冠。 **mengalungkan** *k.k.t.* garland; deck with garland(s). 给...饰以花环；戴花环。

**kalus** *k.n.* callus; patch of hardened skin. 胼胝；老茧。

**kalut** *k.k.i.* muddle; confuse; mix up; progress in haphazard way. 混乱；搅拌；弄不清；混淆；慌乱。

**kam** *k.n.* cam; device changing rotary to to-and-fro motion. (机器的) 凸轮。 **kamsyaf** *k.n.* camshaft. 凸轮；轴。

**kamber** *k.n.* camber; slight convex curve given to a surface, esp. of a road. 路面的中凸形；曲度弧。

**kambing** *k.n.* goat; small horned animal. 山羊。 **~ betina** *k.n.* nanny goat; female goat. 雌山羊。 **~ gurun** *k.n.* ibex (pl. *ibex* or *ibexes*); mountain goat with curving horns. (阿尔卑斯山的) 野山羊。 **~ jantan** *k.n.* billy goat; male goat. 公山羊。 **daging ~** *k.n.* mutton; flesh of sheep as food. 羊肉。

**kambrik** *k.n.* cambric; thin linen or cotton cloth. 细麻布。

**kamelia** *k.n.* camellia; evergreen flowering shrub. 山茶花。

**kamera** *k.n.* camera; apparatus for taking photographs or TV pictures. 照相机。

**kampit** *k.n.* holdall; portable case for miscellaneous articles. (装衣服、日用品的) 旅行箱。

**kampung** *k.n.* kampong; Malaysian enclosure or village. 马来人的村庄；乡村。

**kampus** *k.n.* campus (pl. *-puses*); grounds of a university or college. 大专学院的校园；大学。

**kamu** *k.g. see* **engkau**. 见 **engkau**。

**kamus** *k.n.* dictionary; book that lists and explains the words of a language or the topics of a subject. 词典；字典。

**Kanada** *adj. & k.n.* Canadian; (native, inhabitant) of Canada. 加拿大 (的)；加拿大人 (的)。

**kanak-kanak** *k.n.* child (pl. *children*); young human being; son or daughter; bairn (*Sc.*). 小孩；儿童；子女。 **masa ~** *k.n.* childhood. 童年时期。

**kanan** *adj. & kkt.* right; of or on the side of the body which in most people has the more-used hand. 右 (的)；右边 (的)；在右边 (的)。

**kanapi** *k.n.* canapé; small piece of bread, etc. with savoury topping. 开胃小菜；上加菜肴的开胃烤面包。

**kancing** *k.n.* clasp; device for fastening things, with interlocking parts. 扣子。 **mengancing** *k.k.t.* clasp; fasten; join with a clasp. 扣上。

**kandang** *k.n.* cage; enclosure of wire or with bars, esp. for birds or animals; corral; enclosure for cattle, etc.; pen; fold; enclosure for sheep; small fenced enclosure; dock; enclosure for the prisoner in a criminal court. 笼；槛；畜栏；寮；马厩；围篱；法庭里的犯人栏。 **~ anjing** *k.n.* doghouse; (*U.S.*) kennel. 狗窝。 **mengandang** *k.k.t.* pen (p.t. *penned*); place or keep in a cage; put or keep in a corral; shut in or as if in a pen. 监禁；把...关进栏里。

**kandas, terkandas** *adj.* aground; (of a ship) on the bottom of shallow water. 搁浅的。 —*k.k.t./i.* aground; run aground; strand; leave in difficulties. 搁浅；触礁；陷于困境；使束手无策。

**kandil** *k.n.* candelabrum (pl. *-bra*); large branched candlestick or stand for a lamp. 烛台的分支。

**kandung, mengandungi, terkandung** *k.k.t./i.* contain; have within itself; include; consist; consist in; have as its essential feature. 包含；含有；存在于；由...组成。

**kanggaru** *k.n.* kangaroo; Australian marsupial that jumps along on its strong hind legs. 澳洲的袋鼠。

**kanibal** *k.n.* cannibal; person who eats human flesh; animal that eats others of its own kind. 食人族；同类相残的动物。

**kanin** *adj.* canine; of dog(s). 似牙的；犬牙的。 **gigi ~** canine tooth; pointed tooth between incisors and molars. (人的) 犬齿。

**kanji** *k.n.* starch; white carbohydrate; preparation of this or other substances for stiffening fabric. 淀粉；淀粉质食物；(浆衣服用的) 浆。 **menganji** *k.k.t.* starch; stiffen with starch. (给衣服) 上浆；使僵硬。 **berkanji** *adj.* starchy. 淀粉的；似淀粉的。

**kanker** *k.n.* canker; disease of animals or plants; influence that corrupts. 口疮；口蹄症；植物的黑腐病；弊病；腐败。

**kanta** *k.n.* lens; piece of glass or similar substance shaped for use in an optical instrument; transparent part of the eye, behind the pupil. (眼镜等用的) 透镜；眼

镜片；眼球；晶体。 **~ mata** *k.n.* eyepiece; lens(es) to which the eye is applied in a telescope or microscope, etc. 望远镜、显微镜等光学仪器中置于眼端的目镜。

**kantata** *k.n.* cantata; choral composition. 清唱歌曲；大合唱。

**kantin** *k.n.* canteen; restaurant for employees in a factory, etc. 工厂、学校等的食堂。

**kanto** *k.n.* canto; a division of a long poem. 长诗中的某段篇章。

**kantuk** *adj.* sleepy (*-ier*, *-iest*); feeling or showing a desire to sleep; dopey (*sl.*); half asleep. 瞌睡的；困倦的；(因服用麻醉剂等而)昏昏沉沉的。 **mengantuk** *k.k.t.* drowse; be half asleep. 打瞌睡；打盹儿。

**kanun**[1] *k.n.* canon; member of cathedral clergy; general rule or principle; set of writings, etc. accepted as genuine. (天主教)教士团团员；法规；一般原则；正典。

**kanun**[2] *k.n.* code; set of laws, rules, or signals. 密码；代号；规则。 **mengkanunkan** *k.k.t.* codify; arrange (laws, etc.) into a code. 把...编成法典；编纂(法规等)。

**kanvas** *k.n.* canvas; strong coarse cloth. 帆布。

**kanyon** *k.n.* canyon; deep gorge. 峡谷。

**kaolin** *k.n.* kaolin; fine white clay used in porcelain and medicine. 高岭土；细瓷土。

**kapak** *k.n.* axe; chopping-tool. 斧；斧头。

**kapal** *k.n.* ship; large sea-going vessel; liner; ship or aircraft of a regular line. 船；舰；定期开航的轮船或飞机。 **~ angkasa** *k.n.* spacecraft (pl. *-craft*); vehicle for travelling in outer space. 航天器；宇宙飞船。 **~ terbang** *k.n.* aeroplane; mechanically driven aircraft with wings. 飞机。 **~ mel** *k.n.* packet; mail-boat. 小包裹；小邮船。 **~ meriam** *k.n.* gunboat; small armed vessel with heavy guns. 炮舰；炮艇。 **~ pemburu** *k.n.* corvette; small fast gunboat. 轻巡逻艇；小型护卫舰。 **~ perang** *k.n.* battleship; warship of the most heavily armed kind; ship for use in war. 战列舰。 **~ persiaran** *k.n.* cruiser; motor boat with a cabin. 巡洋舰；游艇。 **~ suar** *k.n.* lightship; moored or anchored ship with a beacon light, serving as a lighthouse. (停泊在危险水域等当导航用的)灯船。 **badan ~** *k.n.* hull; framework of a ship. 船身；船壳。 **birai ~** *k.n.* gun-wale; upper edge of a small ship's or boat's side. 舷缘；甲板边缘。 **pembina ~** *k.n.* shipbuilder. 造船技师；造船工人。 **pembinaan ~** *k.n.* ship-building; business of constructing ships. 造船业；造船术；造船学。 **penjual peralatan ~** *k.n.* chandler; dealer in ropes, canvas, etc., for ship. 专卖船用杂货如帆布、绳索等的商人。

**kapang** *k.n.* mould; furry growth of tiny fungi on a damp substance. 霉菌；霉。

**kapar** *k.n.* clutter; things lying about untidily. 混乱；乱七八糟。 **mengapa** *k.k.t.* clutter; fill with clutter. 弄乱；扰乱。

**kapas** *k.n.* cotton; soft white substance round the seeds of a tropical plant; this plant; thread or fabric made from cotton. 棉花；棉树。

**kapasitor** *k.n.* capacitor; device storing a charge of electricity. 电容器。

**kapilari** *k.n.* capillary; very fine hair-like tube or blood-vessel. 细管；毛细管；微血管。

**kapitalis** *k.n.* capitalist; rich person; one who has much capital invested. 资本主义者；资本家。

**kapitalisme** *k.n.* capitalism; system in which trade and industry are controlled by private owners. 资本主义。

**kapsul** *k.n.* capsule; plant's seed-case; gelatine case enclosing medicine for swallowing; detachable compartment of a spacecraft. 种子荚；药囊；宇宙船的密闭舱。

**kapten** *k.n.* captain; leader of a group or sports team; person commanding a ship or civil aircraft; naval officer next below rear-admiral; army officer next below major. 队长；船长；海军上校。

**kapung, terkapung-kapung** *k.k.i.* afloat; floating on the sea. 漂浮；飘流。

**kapur** *k.n.* chalk; white soft limestone; piece of this or similar coloured substance used for drawing; lime; white substance used in making cement, etc. 粉笔；白垩。~ **barus** *k.n.* camphor; strong-smelling white substance used in medicine and mothballs. 樟脑。**batu ~** *k.n.* limestone; a kind of rock from which lime is obtained. 石灰石。

**karam** *k.k.i.* founder; (of a ship) fill with water and sink. 沉没；（船）浸水而沉。

**karamel** *k.n.* caramel; brown syrup made from heated sugar; toffee tasting like this. 焦糖；牛奶糖果。

**karang**[1] *k.n.* coral; hard red, pink or white substance built by tiny sea creatures. 珊瑚；珊瑚红；橘红色。

**karang**[2], **mengarang** *k.k.t.* compose; form; make up; create in music or literature; arrange in good order. 作（文）；组成；创作（乐曲、诗歌等）；整顿。

**karangan** *k.n.* composition; thing composed. 文章；作品；乐曲；合成物；成分。

**karapas** *k.n.* carapace; upper shell of a tortoise or crustacean. 甲壳；龟、虾、螃蟹等的壳。

**karat**[1] *k.n.* carat; unit of purity of gold or of weight of precious stones. 克拉；纯金或宝石的重量单位。

**karat**[2] *k.n.* rust; brownish corrosive coating formed on iron exposed to moisture; reddish-brown; plant disease with rust-coloured spots. 锈；铁锈；赤褐色；植物的锈病。**mengaratkan** *k.k.t./i.* rust; make or become rusty. 生锈；使诱蚀。**berkarat** *adj.* rusty; affected with rust; rust-coloured; having lost quantity by lack of use. 生锈的；锈蚀的；铁锈色的；因不用而成锈色的。**tidak berkarat** *adj.* rustless. 防锈的；不锈的。

**karatan** *k.n.* rustiness. 生锈。

**karate** *k.n.* karate; Japanese system of unarmed combat using the hands and feet as weapons. 日本的空手道。

**karau, berkarau** *k.k.i.*, **mengarau** *k.k.t.* churn; beat (milk) or make (butter) in a churn; stir or swirl violently. （用搅乳桶）搅拌；搅拌（牛奶）制造（牛油等）；用力搅拌。

**karbain** *k.n.* carbine; automatic rifle. 卡宾枪；马枪。

**karbohidrat** *k.n.* carbohydrate; energy-producing compound (e.g. starch) in food. 碳水化合物；糖类（如食物中的淀粉质）。

**karbolik** *k.n.* carbolic; a kind of disinfectant. 石碳酸。

**karbon** *k.n.* carbon; non-metallic element occurring as diamond, graphite, and charcoal, and in all living matter; sheet of carbon paper. 碳；复写纸。**salinan ~** carbon copy; copy made with carbon paper; exact copy. 复写本；副本。**kertas ~** carbon paper; paper coated with carbon, etc. for making a copy as something is typed or written. 复写纸。

**karbonat** *k.n.* carbonate; compound releasing carbon dioxide when mixed with acid. 碳酸盐。

**karborundum** *k.n.* carborundum; compound of carbon and silicon used for grinding and polishing things. 碳化硅。

**karburetor** *k.n.* carburettor; apparatus mixing air and petrol vapour in a motor engine. 汽车引擎内的汽化器。

**kardigan** *k.n.* cardigan; knitted jacket. 开襟绒线衫；羊毛衫。

**kardiogram** *k.n.* cardiogram; a record of heart. 心电图。**kardiograf** *k.n.* cardiograph; an instrument recording heart movements. 心动描记器。

**kardus** *k.n.* hardboard; stiff board made of compressed wood pulp. 硬质纤维板。

**kargo** *k.n.* cargo; goods carried by ship or aircraft. 装运货物；船货。

**kari** *k.n.* curry; seasoning made with hot tasting spices; dish flavoured with this. 咖喱；咖喱粉；咖喱饭菜。

**karibou** *k.n.* caribou (pl. *caribou*); North American reindeer. 北美洲的驯鹿。

**karikatur** *k.n.* caricature; exaggerated portrayal of a person, etc., esp. for comic effect. 讽刺画；尤指漫画中丑化某人等的滑稽模仿。

**karisma** *k.n.* charisma; power to inspire devotion and enthusiasm. (领袖人物的) 超凡魅力；神授能力。

**karismatik** *adj.* charismatic; having charisma. 有非凡领导能力的。

**karkas** *adj.* crabbed; (of handwriting) hard to read. 乖戾的；易怒的；(字迹等) 难辨认的。

**karma** *k.n.* karma (in Buddhism and Hinduism); a person's actions as affecting his or her next reincarnation. (佛教、兴都教的) 因果报应。

**karmin** *adj. & k.n.* carmine; vivid crimson. 洋红色 (的)；深红色 (的)。

**karnival** *k.n.* carnival; public festivities, usu. with a procession. 嘉年华会；狂欢节；群众饮宴作乐 (通常有化妆游行)。

**karnivor** *k.n.* carnivore; carnivorous animal. 食肉动物。—*adj.* carnivorous; eating flesh as food. (动物) 食肉的。

**karotid** *k.n.* carotid; an artery carrying blood to the head. 颈动脉。

**karpus** *k.n.* carpus (pl. *carpi*) the set of small bones forming the wrist. 腕骨。

**karsinogen** *k.n.* carcinogen; cancer-producing substance. 致癌物质。

**karsinogenik** *adj.* carcinogenic. 致癌的。

**kartel** *k.n.* cartel; a manufacturers or producers union to control prices. 卡特尔；控制产品价钱的联合企业。

**kartografer** *k.n.* cartographer. (地图的) 制图员。

**kartografi** *k.n.* cartography; map-drawing. 地图制图法；制图学。

**karton** *k.n.* pasteboard; cardboard. 纸板；硬纸板；卡纸。

**kartrij** *k.n.* cartridge; case containing explosive for firearms; sealed cassette; head of pick-up on record-player. 机关枪等武器的弹药筒；卡盘；电唱机上的钉头。 **kertas** ~ cartridge paper; thick strong paper. 弹壳纸；火药纸。

**kartun**[1] *k.n.* carton; cardboard or plastic container. 纸盒；卡片纸。

**kartun**[2] *k.n.* cartoon; humorous drawing in a newspaper, etc.; sequence of these; animated cartoon; preliminary sketch for a painting, etc. 卡通；漫画。 **melukis** ~ *k.k.t.* cartoon; draw a cartoon of. 画漫画。 **kartunis** *k.n.* cartoonist. 漫画家。

**karut** *adj.* ludicrous; ridiculous. 滑稽的；荒唐可笑的；荒诞的。 —*k.n.* balderdash; nonsense; lie; statement the speaker knows to be untrue; words put together in a way that does not make sense; foolish talk or behaviour; bunkum. 废话；谎言；空话；讨好 (选民等) 的演说。 **mengarut** *k.k.i.* lie (p.t. *lied*, pres. p. *lying*); tell lie(s). 讲空话；撒谎。

**karya** *k.n.* masterpiece; outstanding piece of work. 杰作；名著。

**kasa** *k.n.* gauze; thin transparent fabric; fine wire mesh. (绵丝等制成的) 薄纱；(金属或塑料等制成的) 网纱。 **burung** ~ *k.n.* cormorant; large black sea-bird. 鸬鹚；鹈鹕。

**Kasanova** *k.n.* Casanova; man noted for his love affairs. 乱搞男女关系的男人。

**kasap** *adj.* craggy; rugged. 多岩石的；峻峭的；崎岖的。

**kasar** *adj.* harsh (*-er*, *-est*); rough and disagreeable; indelicate; slightly indecent; tactless; crude (*-er*, *-est*); not well finished; lacking good manners; vulgar; rough (*-er*, *-est*); having an uneven or irregular surface; coarse in texture; not

**kaserol**

gentle or careful; violent; (of weather) stormy; not perfected or detailed; approximate; sketchy (*-ier, -iest*); rough and not detailed or substantial. 粗糙的；粗陋的；无教养的；不圆滑的；粗鲁的；未琢磨的；无礼的；下流的；凹凸的；粗制的；(风雨) 狂暴的；草率的。 **mengasari, mengasarkan** *k.k.t./i.* roughen; make or become rough; coarsen; make or become coarse. 弄粗糙；变崎岖不平。

**kaserol** *k.n.* casserole; covered dish in which meat, etc. is cooked and served. 烧菜和上菜用的焙盘；砂锅。

**kaset** *k.n.* cassette; small case containing a reel of film or magnetic tape. (录音带) 盒；盒式录音带；摄影胶卷暗匣。

**kasih** *k.n.* affection; love; liking. 爱；爱慕；恋爱。 **mengasihi** *k.k.t.* love; feel love for; like greatly. 爱；爱上；喜爱。

**kasihan** *k.n.* pity; feeling of sorrow for another's suffering; cause for regret. 怜悯；同情；遗憾事。 **belas** ~ *k.n.* mercy; kindness shown to an offender or enemy, etc. who is in one's power; merciful act. 仁慈；恩惠。 **mengasihani** *k.k.t.* pity; feel pity for; commiserate; express pity for; symphathize. 同情；怜悯；吊慰。

**kasino** *k.n.* casino; public building or room for gambling. 赌场。

**kasta** *k.n.* caste; exclusive social class, esp. in the Hindu system. 种姓；印度世袭的社会等级。

**kastam** *k.n.* custom (*pl.*); duty on imported goods; officials dealing with these. 税收；关税；海关；海关人员。

**kastard** *k.n.* custard; dish or sauce made with milk and eggs or flavoured cornflour. 乳蛋糕。

**kasuari** *k.n.* ostrich; large swift-running African bird, unable to fly. 鸵鸟。

**kasut** *k.n.* shoe; outer covering for a person's foot, with a fairly stiff sole. 鞋；皮鞋。

**katil**

**kata** *k.n.* word; sound(s) expressing a meaning independently and forming a basic element of speech; this represented by letters or symbols; thing said. 词语；单词；谈话；言语。 ~ **dasar** *k.n.* head-word; word forming the heading of an entry in a dictionary. 复合词的中心词；词典中的词目。 ~ **hubung** *k.n.* conjunction; word that connects others. 连接词。 ~ **keterangan** *k.n.* adverb; word qualifying a verb, adjective, or other adverb. 副词。 ~ **penunjuk** *k.n.* catchword; catch-phrase. 标语。 ~ **punca** *k.n.* keyword; key to a cipher, etc. (暗号、索引等中的) 关键词。 **berkata, mengatakan** *k.k.t./i.* say (p.t. *said*, pr. *sed*); utter; express in words; state. 讲；说话；表达。

**katak** *k.n.* frog; small jumping animal living both in water and on land. 蛙；田鸡。 ~ **puru** *k.n.* toad; frog-like animal living chiefly on land. 蟾蜍；癞蛤蟆。 **suara** ~ frog in one's throat; hoarseness. 嘎嘎声；嘶哑。

**katalepsi** *k.n.* catalepsy; seizure or trance with rigidity of the body. 强直性昏厥；僵住 (症状)。

**katalog** *k.n.* catalogue; systematic list of items. 商品等的目录；目录册。 **mengkatalog** *k.k.t.* catalogue; list in a catalogue. 编目录；按目录分类。

**katamaran** *k.n.* catamaran; boat with twin hulls. 筏；双船身的游艇。

**katarak** *k.n.* cataract; opaque area clouding the lens of the eye. 白内障。

**katarsis** *k.n.* catharsis (pl. *catharses*); a release of strong feeling or tension. 导泻法；精神发泄；(哲学) 感情净化。

**katartik** *adj.* cathartic. 利泻的。

**kategori** *k.n.* category; class of things. 种类；部属；类型。

**kateter** *k.n.* catheter; tube inserted into the bladder to extract urine. 导尿管。

**katil** *k.n.* bed; thing to sleep or rest on; framework with a mattress and coverings. 床；床位；床铺。**rangka ~** *k.n.* bedstead; framework of a bed. 床架。 **tiang ~** *k.n.* bedpost; upright support of a bed. (旧式床的) 床柱。

**katlet** *k.n.* cutlet; neck-chop; mince cooked in this shape; thin piece of veal. 肉片；炸肉排。

**katod** *k.n.* cathode; electrode by which current leaves a device. 阴极；负极。

**katolik** *adj.* catholic; of all Churches or all Christians. 普遍的；宽大的；包括所有基督教徒的。**Katolik** *adj.* & *k.n.* Roman Catholic. 罗马天主教 (的)。

**katolikisme** *k.n.* catholicism; being catholic; adherence to the Catholic Church. 天主教教义。

**kaukasoid** *adj.* caucasoid; of the light-skinned division of mankind. 白种人的；高加索人的。

**kaul** *k.n.* caul; membrane sometimes found on a child's head at birth. 胎膜；大网膜。

**kaunter** *k.n.* counter; flat-topped fitment over which goods are sold or business transacted with customers. 柜台。

**kauri** *k.n.* kauri; coniferous New Zealand tree yielding kauri-gum. 纽西兰的南方贝壳杉。

**kaus** *k.n.* hose; hose-pipe. 软管；水龙管。**~ kaki** *k.n.* footwear; shoes and stockings. 袜子；长袜。

**kaustik** *adj.* caustic; burning by chemical action; corrosive. 腐蚀性的;苛性的。

**kaveat** *k.n.* caveat; warning. 警告；警惕。

**kawah** *k.n.* cauldron; large deep pot for boiling things in. 大锅；大汽锅。

**kawal, mengawal** *k.k.t./i.* control (p.t. *controlled*); have control of; regulate; restrain; guard; watch over and protect or supervise; take precautions; patrol; walk or travel regularly through (an area or building) to see that all is well. 控制；支配；操纵；调节；克制；监视；防范；巡逻。

**kawalan** *k.n.* control; power to give orders or restrain something; means of restraining or regulating; check; guard; state of watchfulness for danger; patrol. 控制；抑制力；操纵装置；检查；监视；防范；巡逻。

**kawan**[1] *k.n.* friend; buddy (*colloq.*); person (other than a relative or lover) with whom one is on terms of mutual affection; mate; companion or fellow worker; male of or female of mated animals. 朋友；伙伴；弟兄；动物的配偶。**berkawan** *k.k.t.* befriend; show kindness towards. 交朋友；亲近。**mengawan, mengawani** *k.k.t./i.* mate; put or come together as a pair or as corresponding; come or bring (animals) together to breed. 陪伴；伴随；(动物) 交配。

**kawan**[2] *k.n.* covey (pl. *-eys*); group of partridges. (鹧鸪等的) 一窝；一群。

**kawasan** *k.n.* area; extent or measure of a surface; region. 面积；范围；地区；地域。

**kawat** *k.n.* strand of metal; length of this used for fencing, conducting electric current, etc. 金属线；金属丝；作篱笆用的铁丝网；电缆；电 (话) 线。**~ berduri** *k.n.* barbed wire; wire with many short sharp points. 带刺铁网。

**kaya** *adj.* rich (*-er, -est*); wealthy (*-ier, -iest*); having much wealth; abundant; containing a large proportion of something (e.g. fat, fuel); (of soil) fertile; moneyed. 富有的；丰富的；油腻的；肥沃的；有钱的。**memperkayakan** *k.k.t.* enrich; make richer. 增进，使 (土壤) 肥沃；使丰富；致富。

**kayak** *k.n.* kayak; small covered canoe, esp. of Eskimos. 爱斯基摩独木舟。

**kayangan** *k.n.* fairyland; world of fairies; very beautiful place. 仙界；仙境；奇境。

**kayap** *k.n.* shingles; disease with a rash of small blisters. 带状泡疹。

**kayu** *k.n.* wood; tough fibrous substance of a tree; this cut for use. 木头；木材；

木块。~ **api** *k.n.* firewood; wood for use as fuel. 柴；薪。~ **hanyut** *k.n.* driftwood; wood floating on the sea or washed ashore. 浮木；靠河流运送的流送材。~**jati** *k.n.* teak; strong heavy wood of an Asian evergreen tree; this tree. 柚木。~ **keras** *k.n.* hardwood; hard heavy wood of deciduous trees. 硬木。~ **manis** *k.n.* cinnamon; spice made from the bark of a south-east Asian tree. 肉桂。~ **putih** *k.n.* eucalyptus (pl. *-tuses*); evergreen tree with leaves that yield a strong smelling oil. 桉树。**batang** ~ *k.n.* bole; trunk of a tree. 树干。

**kayuh, pengayuh** *k.n.* pedal; lever operated by the foot in a vehicle or machine, or in certain musical instruments; paddle; short oar used without a rowlock; thing shaped like this. 踏板；脚蹬；踏键；桨；桨状物；(轮船等的)蹼轮。 **mengayuh** *k.k.t./i.* pedal (p.t. *pedalled*); work the pedal(s) of; operate by pedals; paddle; propel by use of paddle(s); row gently. 踩踏；(用蹼轮)旋动推进；划(船)。

**keabadian** *k.n.* eternity; infinite time; perpetuity; for ever; immortality. 永恒；不朽；永远；永远不变的事物；永存。

**keabu-abuan** *adj.* ashen; ashy; pale as ashes. 灰色的；苍白的。

**keadaan** *k.n.* circumstance; occurrence of fact connected with an event or person; condition or state of affairs. 环境；情况；(人的)际遇；细节。

**keadilan** *k.n.* justice; just treatment; fairness. 公平；正义；公道；公理。

**keagamaan** *adj.* religious; of religion; believing in a religion and carrying out its practices; of a monastic order. 宗教的；有信仰的；虔诚的。

**keagungan** *k.n.* supremacy; majesty; impressive stateliness; sovereign power. 至高的权力；霸权；威严。

**keahlian** *k.n.* membership. 会员籍；会员人数。

**keaiban** *k.n.* degradation; dishonour; disgrace. 降格；污辱；奸污；出丑；丢脸之事。

**keanehan** *k.n.* eccentricity. 古怪；反常；怪癖。

**keangkuhan** *k.n.* hauteur; haughtiness. 傲慢；骄傲；自大。

**keanjalan** *k.n.* elasticity. 弹力；弹性；伸缩性。

**keasidan** *k.n.* acidity. 酸性；酸味。

**kebab** *k.n.* kebabs; small pieces of meat cooked on a skewer. 烤脍肉串；(肉串上的)肉块。

**kebahagiaan** *k.n.* bliss; perfect happiness; felicity. 极乐；幸福；快乐。

**kebaikan** *k.n.* kindliness; morally right thing; profit; benefit. 仁慈(的举动)；利益；益处；优点；善行。

**kebakaran** *k.n.* fire; destructive burning. 火；燃烧；火灾。~ **besar** *k.n.* conflagration; great fire. 大火；大火灾。

**kebal** *adj.* impenetrable; unable to be penetrated; indestructible; unable to be destroyed; invulnerable; not vulnerable. 不能贯穿的；无法通过的；牢不可破的；刀枪不入的。

**kebanggaan** *k.n.* elation; pride; feeling of pleasure or satisfaction about one's actions or qualities or possessions, etc.; proper sense of one's dignity. 得意洋洋；昂然自得。

**kebangkitan** *k.n.* evocation; rise; act or amount of rising. 召唤；引起；奋起；觉醒；复兴。

**kebangsaan** *adj.* national; of a nation; common to a whole nation. 民族的；国家的；全国的。

**kebanyakan** *k.n.* most; greatest amount or number; many people or things. 大部分；大多数人或物。—*kkt.* most; to the greatest extent. 大多；最多。

**kebas**[1] *adj.* numb; deprived of power to feel or move. 麻木的；麻痹的；僵硬了的。 **mengebaskan** *k.k.t.* make numb. 使麻木。

**kebas²** *k.n.* flap; act or sound of flapping. 拍击；拍动；拍打声。 **mengebas** *k.k.t.* flap (p.t. *flapped*); sway or move up and down with a sharp sound; strike lightly with something flat; pinch (*sl.*); steal. 拍打；拍击；拍动；偷窃。

**kebebalan** *k.n.* imbecility. 愚昧；低能。

**kebebasan** *k.n.* freedom; being free; independence; frankness; unrestricted; liberty. 自由；独立；率直；无拘束；自由身分。

**kebencian** *k.n.* dislike; feeling of not liking something; aversion; hate; hatred; strong dislike or enmity. 讨厌；反感；厌恶；憎恨。

**kebengisan** *k.n.* asperity; harshness; dudgeon; indignation. (语言、脾气等) 粗暴；粗糙；(气候) 严酷；愤慨。

**kebengkengan** *k.n.* pettishness; petulance. 任性；坏脾气。

**keberahian** *k.n.* infatuation. 迷恋；醉心。

**keberangan** *k.n.* fury; wild anger; rage; violence; indignation; anger aroused by something unjust or wicked. 狂怒；暴怒；暴力行为；愤慨。

**keberanian** *k.n.* bravery; courage; ability to control fear when facing danger or pain; impudence. 勇气；英勇；毅力；鲁莽。

**keberhasilan** *k.n.* efficacy. 效力；功效。

**kebersihan** *k.n.* hygiene; cleanliness as a means of preventing disease. 卫生学；健康法。

**kebesaran** *k.n.* dignity; high rank or position; greatness. 尊严；威望；高位；显职。 —*adj.* grandeur; splendour; grandness. 壮丽的；庄严宏伟的；高尚的。

**kebetulan¹** *adj.* coinciding; remarkable; occurrence of similar or corresponding events at the same time by chance; accident; casual; happening by chance; not serious or formal or methodical; not permanent. 巧合的；同时发生的；异常的；偶然的。

**kebetulan²** *k.n.* correctness. 符合；一致；巧合。

**kebiadaban** *k.n.* discourtesy; impertinence; churlishness; impoliteness; insolence. 粗鲁；性急；妄为；失礼；无耻。

**kebiaran** *k.n.* disuse; state of not being used. 废弃；不用；废止。

**kebiasaan** *k.n.* habit; settled way of behaving; banality. 习惯；品性；行为；陈腐。

**kebimbangan** *k.n.* anxiety; state of being anxious; funk (*sl.*); fear. 忧虑；焦急；担心；惊慌；怯懦。

**kebinasaan** *k.n.* destruction. 破坏；灭亡；消灭；驱除。

**kebinatangan** *adj.* animal; of animals or their nature. 动物的；野兽般的；兽性的。

**kebingungan** *k.n.* muzziness; puzzlement. 迷糊；迷惑；疑团。

**kebisingan** *k.n.* noise; sound, esp. loud or harsh or undesired. 声响；噪声；嘈杂声。

**kebisuan** *k.n.* dumbness. 哑；沉默。

**kebocoran** *k.n.* leakage. (秘密等的) 泄露；漏；漏出物。

**kebodohan** *k.n.* stupidity. 愚蠢；愚笨。

**kebogelan** *k.n.* nudity. 赤裸；裸露；裸体。

**kebongkakan** *k.n.* arrogance; boastfulness; conceit; too much pride in oneself; affectation of style. 自大；傲慢；夸口；自满；装模作样。

**keborosan** *k.n.* improvidence. 缺乏远见；不节约。

**kebosanan** *k.n.* boredom; humdrum; dull; commonplace; monotony. 厌烦；乏味；平凡；单调。

**kebotakan** *k.n.* baldness. 秃头；光秃。

**kebuasan** *k.n.* savageness; savagery. 凶暴；野蛮；兽性；未开化。

**kebuluran** *k.n.* famine; extreme scarcity (esp. of food) in a region. 饥荒；(食物的) 极度缺乏。

**kebun** *k.n.* garden; piece of cultivated ground, esp. attached to a house. 庭院；花园；菜圃；园地；果园；植物园。**tukang ~** *k.n.* gardener. 园丁；花匠；菜农；园艺爱好者。**berkebun** *k.k.i.* garden; tend a garden. 在(果园等)工作；开辟园地。

**kebuntuan** *k.n.* impasse; deadlock. 僵局；死路；绝境。

**keburukan** *k.n.* badness. (事物、质量、情况等的)坏；恶劣；邪恶。

**kecabulan** *k.n.* licentiousness. 淫佚；淫乱。

**kecacatan** *k.n.* disfigurement. 损毁外表；破相；已损毁的外形。

**kecairan** *k.n.* liquidity. 流动资产。

**kecakahan** *k.n.* obtuseness. 钝；愚钝。

**kecam, mengecam** *k.k.i.* carp; keep finding fault; criticize; express criticism of. 挑剔；找错；责难。

**kecamuk** *k.k.i.* daze; cause to feel stunned or bewildered; dazed state. 发呆；晕眩。

**kecangguhan** *k.n.* gaucherie; clumsiness; gawkiness. 不老练；笨拙。

**kecantikan** *k.n.* beauty; combination of qualities giving pleasure to the sight or other senses or to the mind. 美丽；可爱；优美；甜美。

**kecederaan** *k.n.* injury; damage; harm; form of this. 受伤；损害；损伤。

**kecekalan** *k.n.* fortitude; courage in bearing pain or trouble; grit; courage and endurance. 坚忍；刚毅；坚韧；勇气。

**kecekapan** *k.n.* efficiency; capability; proficiency. 才干；效率。

**kecekungan** *k.n.* concavity. 凹状；凹面。

**kecemaran** *k.n.* impurity; being impure; substance that makes another impure. 不纯；不洁；杂质；污染物。

**kecemasan** *k.n.* dread; great fear. 畏惧；恐怖；担心。

**kecembungan** *k.n.* convexity. 凸状；凸面。

**kecemburuan** *k.n.* jealousy. 妒忌；吃醋；猜疑。

**kecemerlangan** *k.n.* brilliance. 才华；光辉。

**kecenderungan** *k.n.* partiality; bias; favouritism; strong liking. 偏袒；不公平；偏爱；癖好。

**kecepatan** *k.n.* celerity; swiftness; quickness. 迅速；敏捷；匆匆。

**kecerahan** *k.n.* brightness. 光明；灿烂；晴朗。

**kecerdasan** *k.n.* intelligence; mental ability to learn and understand things. 智能；智慧；聪明；理解力。

**kecerdikan** *k.n.* ingenuity. 设计才能；创造力；灵巧。

**kecerewetan** *k.n.* fussiness. 挑剔；小题大做。

**kecergasan** *k.n.* aptness; activeness. 适合性；恰当；敏捷；活泼。

**kecermatan** *k.n.* meticulousness. 明察秋毫；仔细。

**kecerunan** *k.n.* gradient; slope; amount of this. 倾斜度；坡度；陡度。

**kecetekan** *k.n.* shallowness; superficiality. 浅度；肤浅；浅薄；表面现象。

**kecewa** *adj.* crestfallen; disappointed; disconsolate; unhappy. 伤心的；垂头丧气的；失望的；郁闷的。**mengecewakan** *k.k.t.* disappoint; fail to do what was desired or expected by. 使失望。

**kecil** *adj.* small (*-er, -est*); not large or great; petty; little; small in size, amount, or intensity, etc.; derogatory; disparaging. 小的；小规模的；微不足道的；不重要的；贬低的。**memperkecilkan** *k.k.t.* belittle; disparage; speak slightingly of; decry. 小看；忽视；轻视；贬低；诋毁。

**kecimpung, berkecimpung** *k.k.t./i.* dabble; move (feet, etc.) lightly in water or mud; splash; work at something in an amateur way. 浸入；踢开；溅水；试投身于。

**kecomotan** *k.n.* grubbiness; smudge; dirty or blurred mark. 生蛆的；污秽的；弄脏了的；模糊的。

**kecondongan** *k.n.* leaning; inclination; preference; bias; influence favouring one of a group. 倾斜；倾向；嗜好；偏向；偏袒。

**kecongkakan** *k.n.* bumptiousness. 高傲；自大。

**kecuaian** *k.n.* carelessness. 粗心；大意；疏忽。

**kecuali**[1] *adj.* exempt; free from a customary obligation or payment, etc. 被豁免的；被免除的。 **berkecuali** *adj.* neutral; not supporting either side in a conflict; without distinctive or positive characteristics. 中立的；中庸的。 —*k.n.* neutral; neutral person, country, or colour; neutral gear. 中立；中庸；中立者；中立国；无彩色；(汽车的)空档。 **mengecualikan** *k.k.t.* exempt; make exempt; exclude from a statement, etc.; neutralize; make ineffective. 豁免；免除；把...除外；使中立化；使无效。

**kecuali**[2] *k.s.n.* except; not including. 除了；除了...以外。 **terkecuali** *k.s.n.* excepting. 除...外。

**kecukupan** *k.n.* adequacy; sufficiency. 足够；适当；(财力、能力等的)充足。

**kecuraman** *k.n.* steepness. 陡峭；险峻。

**kecurangan** *k.n.* insincerity; perfidy. 无诚意；伪善；背叛。

**kecurian** *k.n.* burglary; larceny; theft of personal goods. 盗窃案；偷窃。

**kecurigaan** *k.n.* distrust; suspicion; mistrust; lack of trust. 不信任；猜疑；嫌疑；疑心。

**kecut, mengecut** *k.k.i.* contract; make or become smaller or shorter; shrivel (*p.t. shrivelled*); shrink and wrinkle from great heat or cold or lack of moisture. 收缩；皱缩；枯萎；干瘪。

**kedahsyatan** *k.n.* luridness. 骇人听闻；渲染。

**kedai** *k.n.* shop; building or room where goods or services are sold to the public; junk shops selling miscellaneous second-hand goods. 商店；店铺；工作室；二手货专卖店。

**kedalaman** *k.n.* deepness. 深度；深处。

**kedap** *adj.* impervious; not able to be penetrated or influenced by. 不能透过的；不渗透的；不受影响的。 **~ udara** *adj.* airtight; not allowing air to enter or escape. 不透气的；密封的。

**kedegilan** *k.n.* insubordination; obstinacy; intractability; stubbornness. 不顺从；反抗；固执；顽强；辣手。

**kedekatan** *k.n.* contiguity. 邻近；接近。

**kedekut** *adj.* mingy; (*colloq.*) mean; stingy. 小气的；卑鄙的；吝啬的。

**kedengaran** *k.k.i.* hark; listen. 听！(用于祈使句)；留心听。

**kederasan** *k.n.* rapidity. 迅速；急促。

**kedermawanan** *k.n.* philanthropy; love of mankind, esp. shown in benevolent acts. 慈善；善心。

**kedewasaan** *k.n.* adulthood; manhood; state of being a man; manly qualities. 成人；成年期；大丈夫气概。

**kediaman** *k.n.* domicile; place of residence; habitation; place to live in. 住处；住所；永久居住地。

**kedinginan** *k.n.* chill; unpleasant coldness; chilliness; coolness; (*sl.*) calmness. 寒冷刺骨的冷；发冷；冷却；冷淡。

**kedip** *k.n.* blink; act of blinking; quick gleam. 眨眼；闪烁。 **berkedip** *k.k.i.* open and shut one's eyes rapidly; shine unsteadily. 眨眼睛；闪烁。

**kedubang** *k.n.* cutlass; short curved sword. 短剑；弯刀。

**kedudukan** *k.n.* locality; thing's position; site; neighbourhood. 地点；位置；地区；四邻。

**kedukaan** *k.n.* sorrow; mental suffering caused by loss or disappointment, etc.; thing causing this. 忧伤；伤心事；悲哀的理由。

**kedukacitaan** *k.n.* bereavement. 丧亲；丧友；(希望、理想等的)失去。

**kejijikan** / **kekecohan**

opprobrious; abusive. 卑鄙的；低贱的；下流的；不足道的；不名誉的；不体面的；辱骂的。 **mengeji** *k.k.t.* despise; regard as inferior or worthless. 藐视；轻视。

**kejijikan** *k.n.* detestation; distaste; dislike; disgust; strong dislike. 嫌恶；憎恶；讨厌；唾弃；反感。

**kejinakan** *k.n.* docility. 温顺；俯首听命。

**kejiranan** *k.n.* neighbourhood; vicinity; surrounding district. 四邻；街坊；附近地区。

**kejohanan** *k.n.* championship. 锦标；优胜；冠军衔；锦标赛。

**keju** *k.n.* cheese; food made from pressed milk curds. 乳酪。

**kejujuran** *k.n.* sincerity; honesty. 真挚；衷心。

**kejuruteraan** *k.n.* engineering; application of science for the use of power in machines, road-building, etc. 工程；工程学。

**kejutan** *k.n.* bombshell; great shock. 炸弹；令人震撼的人或事；爆炸性事件。

**kek** *k.n.* cake; baked sweet bread-like food; small flattened mass. 蛋糕；糕饼；块状物体。

**kekabu** *k.n.* kapok; fluffy fibre used for padding things. 木棉。

**kekabuh** *k.n.* ladybird; small flying beetle, usu. red with black spots. 瓢虫。

**kekaburan** *k.n.* dimness; obscurity; opacity; being opaque. 暗淡；朦胧；模糊不清。

**kekacang** *k.n.* legume; leguminous plant; pod of this. 豆荚；豆科植物。

**kekacauan** *k.n.* chaos; great disorder; lack of order or of discipline; ailment. 混乱；无秩序；失调。

**kekafiran** *k.n.* infidelity. 异教徒；无信仰者。

**kekaguman** *k.n.* admiration. 赞叹；赞美；钦佩。

**kekaki** *k.n.* pedestal; base supporting a column or statue, etc. 雕像等的垫座；柱脚。

**kekakuan** *k.n.* inertia; being inert. 不活动；惰性；惯性。

**kekal** *adj.* everlasting; lasting for ever or for a very long time; perpetual; lasting; not ceasing. 永久的；永恒的；持久的；经久耐用的。 **mengekalkan** *k.k.t.* perpetuate; preserve from being forgotten or from going out of use; maintain; cause to continue; keep in exercise. 使永恒；使不朽；使不灭。

**kekalutan** *k.n.* muddle; muddled condition or things. 混乱；凌乱；胡涂。

**kekang** *k.n.* bridle; harness on a horse's head; curb; means of restraint. 马笼头（缰、辔、口衔等的总称）；勒马绳；马衔索。 **tali ~** *k.n.* halter; strap round the head of a horse for leading or fastening it. 马等的缰绳。 **mengekang** *k.k.t./i.* bridle; put a bridle on; restrain. (给马等)套上笼头；抑制；约束。

**kekangan** *k.n.* constraint; restriction; strained manner. 强制；压迫；拘束；管制。

**kekarutan** *k.n.* baloney (*sl.*); nonsense. 胡扯；胡说八道。

**kekasaran** *k.n.* crudity; harshness; sketchiness. 粗鲁；粗鲁的行为(语言等)；生硬；粗略。

**kekasih** *k.n.* lover; person (esp. man) in love with another or having an illicit love affair. 爱人；情人；情郎。

**kekebalan** *k.n.* impenetrability; invulnerability. 不能贯穿；不可入性；刀枪不入。

**kekecewaan** *k.n.* disappointment; discontent; dissatisfaction. 失望；不满；不愉快。 **rasa ~** *adj.* discontented; feeling discontent. 失望的；不满的；不愉快的。

**kekecohan** *k.n.* fuss; unnecessary excitement or activity; vigorous protest. 小题

大做；纷扰；强烈的不满。**mengecohkan** *k.k.t./i.* agitate; complain vigorously. 无事自扰；强烈地不满。

**kekecualian** *k.n.* exception; excepting; thing that does not follow the general rule. 例外；除外；除去。

**kekecutan** *k.n.* cowardice; lack of courage. 怯懦。

**kekejaman** *k.n.* cruelty; atrocity; wickedness; wicked or cruel act, etc.; callousness; enormity; great wickedness or crime; harshness; inhumanity; iniquity; great injustice. 残暴；残酷；骇人听闻；邪恶；暴行；不近人情；不公正。

**kekejangan** *k.n.* inflexibility. 不屈服；刚直；硬性；僵硬。

**kekejian** *k.n.* ignominy; disgrace; humiliation; disrepute; discredit; opprobrium; great disgrace from shameful; conduct. 耻辱；丑行；丢脸之事；声名狼藉；丧失名誉；轻蔑；辱骂。

**kekek** *k.n.* chortle; loud chuckle; triangular or diamond-shaped piece of cloth inserted to strengthen or enlarge a garment. 哈哈大笑声；得意时的笑声；马来套装的腋下部分。**mengekek** *k.k.i.* chortle; gusset; loud coarse laugh. 咯咯地笑；得意地笑；哄笑。

**kekekalan** *k.n.* fortitude; courage in bearing pain or trouble. 坚忍；刚毅。

**kekelabuan** *k.n.* greyness. 灰色；灰白；阴暗。 **kekelabu-kelabuan** *adj.* greyish; rather grey. 带灰色的；灰暗的；阴暗的。

**kekelaman** *k.n.* duskiness. 暗淡；阴暗。

**kekeletahan** *k.n.* coquetry. 卖弄风情；卖俏。

**kekeliruan** *k.n.* confusion; melee; confused fight; muddle. 混淆；困惑；混战；凌乱；胡涂。

**kekeluargaan** *k.n.* kindred; kin. 家族；血缘关系；家属；世系。

**kekemasan** *k.n.* tidiness. 端正；整洁。

**kekerapan** *k.n.* frequency; frequent occurrence; rate of repetition; number of cycles of a carrier wave per second. 次数；重复发生率；周率。

**kekeras** *k.n.* nut; fruit with a hard shell round an edible kernel. 坚果。

**kekerasan** *k.n.* hardness. 坚固；硬性；硬度。

**kekeringan** *k.n.* dryness. 干；干燥。

**kekesatan** *k.n.* coarseness. 粗劣；粗糙；（言行）鄙俗。

**kekhuatiran** *k.n.* care; worry; anxiety. 关怀；忧虑；焦急不安。

**kekikiran** *k.n.* parsimony. 吝啬；过度节俭。

**kekilauan** *k.n.* glossiness. 光滑；光泽。

**kekisi** *k.n.* lattice; framework of crossed strips. （窗、花样等的）格子。

**kekonduksian** *k.n.* conductivity. （电的）传导性。

**kekosongan** *k.n.* blankness; emptiness; vacancy. 空白；空间；空洞；空虚；（职位）空缺。

**kekuasaan** *k.n.* power; ability to do something; authority; might; great strength or power. 权力；能力；动力；权限；力量；电力；功率。

**kekuatan** *k.n.* strength; quality of being strong; its intensity; person's or thing's strong point; number of people present or available; full complement. 力；力气；强度；实力；长处；全体人数；兵力。

**kekudusan** *k.n.* blessedness; consecration. 幸福；天恩。

**kekukuhan** *k.n.* fastness; being fast or firmly fixed; invincibility. 坚固；牢固；无敌。

**kekurangan** *k.n.* dearth; scarcity. 缺乏；供应不足；饥馑。

**kekurusan** *k.n.* emaciation. 消瘦；衰弱；憔悴。

**kekusutan** *k.n.* dishevellment; imbroglio (pl. *-os*); confused situation, usu. with disagreement; kink; short twist in thread

clatter; rattling sound. 铿锵声；(机器转动的)卡嗒声。 **berkelentang-kelentung** *k.k.i.* make or cause to make this sound. 铿锵地响；卡嗒地响。

**kelenting** *k.n.* clangour; clanging noise. 铿锵声。 **berkelenting** *k.k.t./i.* jingle; make or cause to make a ringing or clinking sound. 铿锵地响；发铿锵声。

**kelentit** *k.n.* clitoris; small erectile part of female genitals. 阴核；阴蒂。

**kelepet** *k.n.* lapel; flap folded back at the front of a coat, etc. 西装上衣的翻领。

**kelesuan** *k.n.* debility; weakness of health; fatigue; tiredness; weakness in metal, etc. caused by stress; listlessness; languor; state of being languid. 虚弱；疲劳；软弱无力；怠倦；无精神。

**keletah** *adj.* coquettish. 卖弄风情的。 **perempuan ~** *k.n.* coquette; woman who flirts. 卖弄风情的女人。

**keletihan** *k.n.* lethargy; extreme lack of energy or vitality. 怠倦；呆滞；感觉迟钝。

**keliar, berkeliaran** *k.k.t./i.* gallivant; (*colloq.*) gad about; prowl; go about stealthily or restlessly; act of prowling. 游荡；闲逛；寻欢作乐。

**kelicikan** *k.n.* dodge; (*colloq.*) clever trick; ingenious action; furtiveness; guile; treacherous; cunning; craftiness; ingenuity. 推托；诡计；不忠；狡猾。

**kelikir** *k.n.* gravel; coarse sand with small stones, used for paths. 铺路等用的碎石。

**keliling, berkeliling** *k.k.i.* circle; form a circle round. 环行；环绕。 **mengelilingi** *k.k.t.* encompass; surround; encircle; move in a circle. 围绕；包围；包含。 **dikelilingi** *k.h.* among; amongst; surrounded by. 在...之间；在(多数)之中；被...环绕着。

**kelim** *k.n.* hem; edge (of cloth) turned under and sewn or fixed down. 衣边；衣服等的折缝。 **mengelim** *k.k.t.* hem (p.t. *hemmed*); sew thus. 镶边；给...缝边。

**kelinci** *k.n.* hare; field animal like a large rabbit. 野兔。 **anak ~** *k.n.* leveret; young hare. (未满一岁的)小野兔。

**keliru, mengelirukan** *k.k.t./i.* confuse; throw into disorder; make unclear; bewilder; destroy the composure of; disorientate; cause (a person) to lose his bearings. 混淆；弄糊涂；慌乱；迷惑；发愣。

**kelok** *k.n.* crook; bent thing. 弯曲物。 **mengelokkan** *k.k.t.* bend. 弄弯；使弯曲。

**kelokekan** *k.n.* meanness. 吝啬；一毛不拔。

**kelola, mengelolakan** *k.k.t.* organize; arrange systematically; make arrangements for; form (people) into an association for a common purpose. 组织；安排；编排。

**kelompok** *k.n.* batch; set of people or things dealt with as a group; cluster; small close group. 一群；一批；一次(生产量等)。

**kelonet, sekelonet** *adj.* measly (*sl.*); meagre; scant in amount. 微不足道的；没价值的；不足的；贫乏的。

**kelonggaran** *k.n.* diffuseness. 扩散(程度等)；漫射度。

**kelontong** *k.n.* haberdashery; sewing-goods, etc. (男用)服饰用品；缝纫用品。

**kelopak** *k.n.* calyx; ring of sepals covering a flower bud. 花萼。

**keluar** *k.n.* exit; way out; out; away from or not in a place. 出口；出路；太平灯；(演员的)退场。 **mengeluarkan** *k.k.t.* expel (p.t. *expelled*); compel to leave; discharge; send or flow out; manufacture; make or produce (goods) on a large scale by machinery; invent. 驱逐；开除；射出；排出；制造；大量生产；发明。

**keluarga** *k.n.* family; parents and their children; a person's children; set of rel-

atives; group of related plants or animals, or of things that are alike. 家庭；家属；家人；家族；类；属。 **kaum ~** *k.n.* kith; set of relatives; kindred. 亲属。
**sekeluarga** *adj.* kin; related; of similar kind. 有亲属关系的；同类的；同质的。

**keluasan** *k.n.* broadness; expanse; wide area or extent; space over which a thing extends; scope. 宽度；阔度；辽阔的空间；面积。

**kelucahan** *k.n.* obscenity. 猥亵。

**kelucuan** *k.n.* drollery. 滑稽；诙谐；离奇可笑。

**keluh, keluhan** *k.n.* sigh; long deep breath given out audibly in sadness, tiredness, relief, etc. 叹气声；痛苦等的减轻。
**mengeluh** *k.k.t./i.* sigh; give or express with a sigh; yearn. 叹息；呻吟。

**kelulusan** *k.n.* pass; passing; approval. 及格；合格证书；(考试等的)通过；许可。

**kelumit** *k.n.* morsel; small piece of food. 一小片；(食物量)一口；小切片。
**sekelumit** *k.n.* jot. 少量；少额。 — *adj.* slender; very small amount. 纤细的；细长的；稀少的；不充足的。

**kelumpuhan** *k.n.* palsy; paralysis, esp. with involuntary tremors; loss of power of movement; inability to move normally. 痉挛；震动；瘫痪。

**kelunakan** *k.n.* euphony; pleasantness of sounds, esp. in words. 谐音；悦耳语音。

**kelunturan** *k.n.* discoloration. 褪色；脱色。

**kelupaan** *k.n.* oblivion; state of being forgotten; state of being oblivious. 遗忘；湮没；失去知觉。

**kelurusan** *k.n.* straightness. 笔直；正直；诚实。

**kelvin** *k.n.* kelvin; degree of the Kelvin scale of temperature which has zero at absolute zero (-273.15°C). 开；开尔文温标的计算单位。

**kem** *k.n.* camp; place where troops are lodged or trained; fortified site. 帐营；露营地；阵营；阵地。

**kemagnetan** *k.n.* magnetism; properties and effects of magnetic substances; magnetization. 磁性；磁力。

**kemahakuasaan** *k.n.* omnipotence. 万能。

**kemahalan** *k.n.* costliness; expensiveness. 昂贵；奢侈；浩大的费用。

**kemahiran** *k.n.* dexterity; skill. 技巧；熟练；技能；技术。

**kemajuan** *k.n.* development; progress; forward or onward movement; advance. 进步；发展；建设；发达。

**kemalangan** *k.n.* accident; unexpected event, esp. one causing damage. 意外；事故；不测；偶发事件。

**kemalaran** *k.n.* constancy; quality of being unchanging. 恒久性；忠实。

**kemalasan** *k.n.* indolence; laziness. 懒惰；懒散。

**kemalu-maluan** *adj.* ashamed; feeling shame. 惭愧的；羞耻的；害臊的。

**kemampuan** *k.n.* ability; quality that makes an action or process possible; power to do something. 能力；才干；才智。

**kemandulan** *k.n.* barrenness; sterility; infertility. 不孕；荒芜。

**kemanisan** *k.n.* sweetness. 甜味；甜度。

**kemanjaan** *k.n.* indulgence. 任情；放纵；宽容。

**kemanusiaan**[1] *adj.* human; of mankind. 人性的；人道(主义)的。 **berperikemanusiaan** *adj.* humanitarian; promoting human welfare and the reduction of suffering. 有人性的；有人道的。

**kemanusiaan**[2] *k.n.* humanity; human nature or qualities; kindness; human race; (*pl.*) arts subjects. 人性；人道；人类；文科。

**kemarahan** *k.n.* enragement. 激怒；勃然大怒。

**kemarau** *k.n.* drought; continuous dry weather. 干旱；旱灾。

person) known to others; present to an audience; bring into use; introducing. 使熟悉；使知晓；介绍。 —*adj.* introductory. 介绍的；前言的；序论的。 **mengenali** *k.k.t.* recognize; know again from one's previous experience; realize. 辨认出；认清；了解。

**kenangan** *k.n.* memory; thing(s) remembered; nostalgia; sentimental memory of or longing for things of the past. 记忆；记忆力；思乡病；怀旧。

**kenari** *k.n.* canary; small yellow song-bird. 金丝雀。

**kencang** *adj.* boisterous; windy; noisy and cheerful. 狂风暴雨的；喧闹的。

**kencing** *k.n.* urine; waste liquid which collects in the bladder and is discharged from the body. 尿。 ~ **manis** *k.n.* diabetes; disease in which sugar and starch are not properly absorbed by the body. 糖尿病。

**kendali, mengendalikan** *k.k.t./i.* conduct; manage; operate; control the functioning of. 引导；经营；操作；处理。

**kendalian** *k.n.* operation; operating. 运作；操作。

**kendi**[1] *k.n.* jar; cylindrical glass or earthenware container. 广口瓶；陶瓷；圆柱形的大口罐。

**kendi**[2] *k.n.* curlew; wading bird with a long curved bill. 鹬鸟。

**kengerian** *k.n.* eeriness; horror; loathing and fear; intense dislike or dismay; person or thing causing horror. 恐怖；毛骨悚然；令人恐怖的事物。

**kenikmatan** *k.n.* enjoyment. 享受；享乐。

**kening** *k.n.* eyebrow; fringe of hair on the ridge above the eye-socket. 眉；眉毛。

**kenit** *adj.* midget; extremely small. 侏儒的；极小的。 —*k.n.* manikin; little man; dwarf; midget; extremely small person or thing. 侏儒；发育不全的人；小矮人；极小的东西。

**kenormalan** *k.n.* normality. 正常情况。

**kental** *adj.* thick (*-er, -est*); dense; fairly stiff in consistency. 厚的；粗的；浓的；凝结的。 **mengentalkan** *k.k.t./i.* coagulate; change from liquid to semi-solid; clot. 凝固；凝结。

**kentang** *k.n.* potato (pl. *-oes*); plant with starchy tubers that are used as food; one of these tubers. 马铃薯。

**kenyataan** *k.n.* fact; thing known to have happened or to be true or to exist; reality; quality of being real; thing or all that is real and not imagination or fantasy; notice; intimation; warning; formal announcement of the termination of an agreement or employment; written or printed information displayed; attention; observation; review in a newspaper. 事实；实情；论据；通告；警告；报告书；公告；报章上的声明。 **papan ~** *k.n.* notice-board; board on which notice may be displayed. 布告栏。

**kepah** *k.n.* mussel; a kind of bivalve mollusc. 贻贝；壳菜；蚝。

**kepahitan** *k.n.* acrimony; bitterness. 刻薄；尖刻；苦味；痛苦。

**kepak** *k.n.* wings; one of a pair of projecting parts by which a bird or insect, etc. is able to fly; one of the parts projecting widely from the sides of an aircraft. 翅膀；翼；翼状物；机翼。

**kepala** *k.n.* head; part of the body containing the eyes, nose, mouth, and brain; thing like the head in form or position; top or leading part or position; chief person; side of a coin showing a head, turned upwards after being tossed. 头；头部；物体的头端；首长；首脑；硬币正面。 **mengepalai** *k.k.t.* head; be at the head or top of. 率领；领导；站在...的前头。 **perhiasan ~** *k.n.* head dress; ornamental covering or band worn on the head. 头饰；头巾。 **sakit ~** *k.n.* headache; continuous pain in the head; problem causing worry. 头疼；头痛；令人头痛的事。

**kepanasan** *k.n.* heat; hotness; intense feeling. 热度；暑气；灼热；愤怒；强烈的感情。

**kepandaian** *k.n.* cleverness. 聪明；才智；伶俐。

**kepandiran** *k.n.* idiocy; state of being an idiot; extreme foolishness. 白痴；痴愚；极端愚蠢的言行举止。

**kepanjangan** *k.n.* elongation. 拉长；延长；伸长。

**kepantangan** *k.n.* abstinence; abstaining, esp. from food or alcohol. 饮食节制；戒酒等。

**kepantasan** *k.n.* briskness. 轻快；活泼；敏捷。

**keparat** *k.n.* blighter (*sl.*); person or thing, esp. an annoying one; heathen; person who is neither Christian, Jewish, Muslim, nor Buddhist. 破坏者；混蛋；无宗教信仰的人。

**keparauan** *k.n.* hoarseness. (嗓子) 嘶哑；粗哑。

**kepastian** *k.n.* certainty; being certain; thing that is certain; positiveness. 确定性；确实；必然的事；肯定。

**kepatuhan** *k.n.* compliance; meekness; conformity; obedience. 听从；屈从；顺从；逆来顺受。

**kepayahan** *k.n.* difficulty. 困难；难事；障碍。

**kepedihan** *k.n.* smart; (feel) a stinging pain; pang; sudden sharp pain. 刺痛；作痛；(一阵) 剧痛。

**kepejalan** *k.n.* solidity. 固态；硬度；强度。

**kepekaan** *k.n.* sensitivity. 敏感性；灵敏度。

**kepekatan** *k.n.* concentration; concentrated thing. 浓度；浓缩物质。

**kepelikan** *k.n.* absurdity; curiosity; desire to find out and know things; curio. 荒谬；奇异的东西；好奇心。

**kependekan** *k.n.* abbreviation; shortened form of word(s). 缩写 (式)；简称；省略。

**kepeningan** *k.n.* dizziness. 头晕；眩晕。

**kepentingan** *k.n.* importance. 重要性；重大。

**kepenuhan** *k.n.* fullness. 满；充满；充实。

**kepercayaan** *k.n.* belief; believing; thing believed; credence; faith; reliance; trust. 信仰；信任；信念；信心；信赖。

**keperempuanan** *adj.* effeminate; not manly; womanish. 女人似的；女性化的；娇柔的。

**keperibadian** *k.n.* personality; person's distinctive character. 个性；品格；为人。

**keperluan** *k.n.* necessity; state or fact of being necessary; need; requirement; essential thing; necessaries; things without which life cannot be maintained or is harsh. 必要；(衣、食等) 必需品；需求。

**kepetahan** *k.n.* eloquence; fluent speaking. 辩才；口才。

**kepijaran** *k.n.* incandescence. 白炽；白热。

**kepiluan** *k.n.* sorrow; mental suffering caused by loss or disappointment, etc.; heartache. 悲哀；忧伤；伤心事。

**kepinding** *k.n.* bug; small unpleasant insect. 臭虫。

**kepingan** *k.n.* piece. 块；段；篇；片；部分。

**kepingin** *k.n.* desire; feeling that one would get pleasure or satisfaction from something; wish; mental aim; expression of desire. 欲望；愿望；渴望。

**kepintaran** *k.n.* astuteness; intelligence; cleverness. 精明；机敏；狡猾。

**kepit** *k.n.* clip; device for holding things tightly or together. 夹子；钳。**mengepit** *k.k.t.* clip (p.t. *clipped*); fix or fasten with clip(s). 夹住；钳牢。

**kepompong** *k.n.* chrysalis; form of an insect in the stage between grub and adult insect; case enclosing it. 蛹；虫茧。

**kepongahan** *k.n.* cockiness; egotism; prac-

ter or moisture or rainfall; uninteresting; dried (of food) preserved by removal of moisture. 干的；干燥的；口渴的；枯燥的；干制的。 **mengeringkan** *k.k.t./i.* dry; make or become dry; preserve (food) by removing its moisture; desiccate; dry out moisture from. 把...晒干；干制；使脱水；干化。

**keringkasan** *k.n.* brevity; briefness. 简明扼要；简洁。

**kerinting**[1] *adj.* frizzy. 卷发的；卷曲的。 **mengerinting** *k.k.t.* frizz; curl into a wiry mass. 为...卷发；使卷曲。

**kerinting**[2] *k.n.* perm; permanent artificial wave in the hair. 电烫头发。 **mengerintingkan** *k.k.t.* crimp; press into ridges. 使成波状；使皱。

**kerip, mengerip** *k.k.t./i.* nip; bite quickly with the front teeth. 夹；捏；咬。

**kerisauan** *k.n.* apprehension. 忐忑不安；忧虑。

**keriuhan** *k.n.* furore; uproar of enthusiastic admiration of fury. (对时尚事物等的)狂热；轰动；热烈的赞扬。

**keriut** *k.n.* creak; harsh squeak. (开门时生锈的铁链发出的)叽叽嘎嘎声。 **berkeriut** *k.k.i.* creak; make this sound. 叽叽嘎嘎地响；发辗轧声。

**kerja** *k.n.* work; use of bodily or mental power in order to do or make something, esp. contrasted with play or recreation; thing to be undertaken; thing done or produced by work; employment; task; piece of work to be done. 工作；劳作；责任；作品；职业；待办的事务。 ~ **harian** *k.n.* chore; routine task. 日常家务。 ~ **keras** *k.n.* overwork; hard work; make excessive use of. 份外工作；过于繁重的工作。 ~ **luar** *k.n.* fieldwork; practical work done by surveyors; social workers, etc. 实地考察工作；现场调查工作。 ~ **rumah** *k.n.* homework; work set for a pupil to do away from school. 家庭作业；课外作业。 **tunggak** ~ *k.n.* backlog; arrears of work. 积压的工作；未依时完成的工作。

**kerjasama** *k.n.* cooperation. 合作；互助；协作。 **bekerjasama** *k.k.i.* cooperate; work or act together; collaborate; work in partnership. 合作；互助；协作。

**kerja tangan** *k.n.* handiwork; thing made or done by the hands or by a named person. 手工；手工制品；工艺品。

**kerjaya** *k.n.* career; way of making one's living; profession. 职业；生涯。

**kerkah, mengerkah** *k.k.t.* crunch; crush noisily with the teeth. 嘎吱嘎吱地嚼(酥脆的食物等)。

**kerkap** *k.n.* crunch; sound of crunching. (嚼酥脆食物时发出的)嘎吱嘎吱声。

**kerlap** *k.n.* nap; short sleep, esp. during the day. 小睡；瞌睡。 **terkerlap** *k.k.i.* nap (p.t. *napped*); have a nap. 打盹；小睡。

**kerling, kerlingan** *k.n.* glance; brief look. 一瞥；掠过；扫视。 **mengerling** *k.k.i.* glance; look briefly. 匆匆一看；瞥视；掠过；扫视。

**kerlip** *k.k.i.* flicker; burn or shine unsteadily; occur briefly; quiver. (光、希望等)闪烁不定；忽隐忽现；摇曳。

**kerlipan** *k.n.* flicker; flickering light or movement; brief occurrence. 闪烁不定；忽隐忽现。

**kerongkong** *k.n.* throat; front of the neck; passage from mouth to oesophagus or lungs. 咽喉；喉咙。

**kerongsang** *k.n.* brooch; ornamental hinged pin fastened with a clasp. 胸针；饰针。

**kerosakan** *k.n.* damage; something done that reduces the value or usefulness of the thing affected, or spoils its appearance; caries (pl. *caries*); decay of tooth or bone. 损害；毁坏；蛀牙；骨溃疡。

**kerosin** *k.n.* kerosene; paraffin oil. 煤油；火油。

**kersik** *k.n.* grit; particles of stone or sand. 粗砂；磨料；砂砾。 —*k.k.t./i.* grit (p.t. *gritted*); make a grating sound; spread grit on. 发摩擦声；(用磨料)磨；磨(牙齿等)。**berkersik** *adj.* gritty. 有砂的；有砂砾的；似砂砾的。

**kertak** *k.k.t./i.* gnash; (of teeth) strike together; grind (one's teeth). (牙齿相碰而)咯嗒咯嗒地响；咬牙切齿。

**kertas** *k.n.* paper; substance manufactured in thin sheets from wood fibre, rags, etc., used for writing on, wrapping things, etc. 纸；纸张。 **~ cetak** *k.n.* newsprint; type of paper on which newspapers are printed. 印报刊用的新闻纸；白报纸。 **~ tumbuk** *k.n.* papier mâché; moulded paper pulp used for making small objects. 制型纸。 **atas ~** on paper; in writing; when judged from written or printed evidence. 纸上；名义上；以书面形式；理论上。

**kertau** *k.n.* mulberry; purple or white fruit resembling a blackberry; tree bearing this; dull purplish-red. 桑；桑树。

**kerudung** *k.n.* cowl; monk's hood or hooded robe; hood-shaped covering. 带头罩的僧衣或修士长袍；兜帽。

**keruh** *adj.* cloudy; (of liquid) not transparent. 阴云密布的；多云的；阴暗的；(水)浑浊的。

**kerumitan** *k.n.* complication; intricacy. 复杂；混乱；纷乱。

**kerumun** *k.k.t.* besiege; crowd round. 围困；围攻；拥挤；包围。 **mengerumuni** *k.k.t.* infest; be numerous or troublesome in (a place); together in a crowd; mob (p.t. *mobbed*); crowd round in great numbers. (害虫、盗贼等)成群出现于；(细菌)寄居于；袭击；围攻。

**kerumunan** *k.n.* crowd; large group; infestation; mob; large disorderly crowd; (*sl.*) gang. 群集；(害虫等)成群出现；侵忧；暴民群；匪党。

**kerunsingan** *k.n.* perturbation. 烦忧不安。

**keruntuhan** *k.n.* demolition; cause to collapse; collapsing; breakdown. 拆毁；毁坏；倒塌；崩溃。

**keruping** *k.n.* gore; clotted blood from a wound. 伤口的凝血；血块。

**kerusi** *k.n.* chair; movable seat, with a back, for one person; position of a professor. 椅子；大学教授的职位；(大学的)讲座。 **~ malas** *k.n.* deckchair; folding canvas chairs for outdoors. 帆布睡椅。

**kes** *k.n.* case; instance of a thing's occurring; situation; crime being investigated; lawsuit; set of facts or arguments supporting something. 事件；事例；局面；案件；诉讼事件；论据。

**kesabaran** *k.n.* patience; calm endurance of annoyance or delay, etc.; perseverance. 耐性；毅力；不屈不挠。

**kesahan** *k.n.* authenticity; legality; legitimacy. 确实性；正式性；合法性；正统性。

**kesakitan** *k.n.* painfulness. 疼痛；痛苦。

**kesaksamaan** *k.n.* impartiality. 无私；公平。

**kesal** *adj.* lamentable; regrettable; deplorable. 令人痛惜的；令人哀悼的；悲惨的；悔恨的。

**kesalahan** *k.n.* delinquency; guilt; fact of having committed an offence; feeling that one is to blame; incorrectness; offence. 青少年的不法行为；罪行；过失。

**kesalahfahaman** *k.n.* misunderstanding. 误解；误会。

**kesamaan** *k.n.* equality. 平等；均一；等式。

**kesan**[1] *adj.* indelible; (of a mark) unable to be removed or washed away. 不能消除的；留下痕迹的。

**kesan**[2] *k.n.* effect; change produced by an action or cause; impression; state of being operative. 效果；结果；影响；作用。 **berkesan** *adj.* cause to occur; impressive; making a strong favourable impression. 有效的；感人的；令人难忘的。 **mengesankan** *k.k.t.* effective; producing an effect; striking; operative. 引起效果等；导致。

**ketandusan** *k.n.* barrenness; aridness; aridity. 荒芜；不孕；干旱；干枯；枯燥；乏味。

**ketangkasan** *k.n.* agility; promptitude. 机敏；灵活；敏捷；果断。

**ketap, mengetap** *k.k.t.* clench; close (teeth or fingers) tightly; grit. 紧握（拳头）；咬紧（牙关）；(摩)牙。

**ketar** *adj.* doddery. 蹒跚的；老迈的。

**terketar-ketar** *k.k.i.* dodder; totter because of age or frailty; shiver. 蹒跚；因老迈或虚弱而摇晃。

**ketara** *adj.* conspicuous; appreciable; perceptible; considerable. 显著的；显眼的；可感觉到的；不可忽视的。

**tidak ~** inconspicuous; not conspicuous. 不显眼的；不引人注目的。

**ketawa** *k.k.t./i.* laugh; make sounds and movements of the face that express lively amusement or amused scorn. 笑；发笑；大笑。

**ketegapan** *k.n.* stoutness. 结实；坚强；不妥协。

**ketegar** *k.n.* die-hard; very conservative or stubborn person. 死硬派；顽固分子。

**ketegaran** *k.n.* obduracy; intransigence; pertinacity. 顽固；执拗；顽强；不妥协。

**ketegasan** *k.n.* coherence. (话等) 首尾一贯；一致性。

**keteguhan** *k.n.* impregnability. 坚定不移。

**ketekunan** *k.n.* assiduity; being industrious. 刻苦；勤勉；勤奋。

**ketelapan** *k.n.* permeability. 渗透性；可透性。

**ketempangan** *k.n.* lameness; limping walk. 跛；瘸；跛行。

**ketenangan** *k.n.* equanimity; calmness of mind or temper; imperturbability. 沉着；平静；镇定；冷静。

**ketenteraan** *k.n.* soldiery; soldiers collectively. 军队；总称军人。

**ketenteraman** *k.n.* pacification. 平定；绥靖。

**ketepatan** *k.n.* accuracy; exactness; fidelity. 准确性；正确；真实。

**keterangan** *k.n.* boldness; caption; short title or heading; description or explanation on an illustration, etc.; gen (*sl.*); information. (粗体字的) 显著；突出；标解；图片解说；解释；说明。

**keterbahagian** *k.n.* divisibility. 可分性；可除性。

**keterbukaan** *k.n.* openness. 宽大；坦白；开放；公开。

**ketertiban** *k.n.* orderliness. 秩序井然；条理性。

**ketetapan** *k.n.* permanence. 永久性质；永恒性；永久性。

**ketewasan** *k.n.* defeat; defeating others; being defeated. 失败；击败；战败；挫折。

**ketiak** *k.n.* armpit; hollow under the arm at the shoulder. 腋窝。

**ketibaan** *k.n.* arrival. 抵达；到来。

**ketidakaktifan** *k.n.* inactivity. 不活跃；非活动性；静止性。

**ketidakcekapan** *k.n.* incompetence. 无能；不胜任；不适合；无资格。

**ketidakhadiran** *k.n.* absence; being absent; lack. 缺席；不在。

**ketidakhematan** *k.n.* indiscretion. 鲁莽；轻率。

**ketidakjujuran** *k.n.* dishonesty. 不诚实；不正直。

**ketidakmampuan** *k.n.* disability; thing that disables or disqualifies a person. 残疾；无资格；无能力。

**ketidaksecocokan** *k.n.* incompatibility. 不相容；不协调；对抗性。

**ketidakseimbangan** *k.n.* imbalance; lack of balance; disproportion; disproportionate condition. 不均衡；不相调；不成比例。

**ketidakselarasan** *k.n.* inconsistency. 不一致。

**ketidaktepatan** *k.n.* imprecision; inaccurate; not accurate. 不严密；不精确。

**ketik** *k.n.* clack; short sharp sound. 噼啪

声；啪嗒声。**berketik** *k.k.i.* clack; make this sound. 发嚊啪声；作啪嗒声。

**ketika** *k.n.* juncture; point of time; convergence of events; moment; point or brief portion of time; occasion; time at which a particular event takes place; during; throughout; at a point in the continuance of. 时机；关键时刻；状况；形势；时际。**seketika** *kkt.* momentarily; lasting only a moment. 片刻；一会儿；暂时。

**ketinggian** *k.n.* height; measurement from base to top or head to foot; distance above ground of the sea level; highest degree of something; elevation; elevating; altitude; tallness. 高；高度；海拔；最高程度；抬高；增高；身高。

**ketitir** *k.n.* turtle-dove; wild dove noted for its soft cooing. 斑鸠。

**ketua** *k.n.* chief; leader; person with the highest rank, etc. 首领；领袖。~ **darjah** *k.n.* monitor; pupil with special duties in a school. 班长；级长。

**ketuanan** *k.n.* suzerainty. 封建主的地位或权力。

**ketuhanan** *k.n.* divinity. 神性；神力；神威。

**ketuhar** *k.n.* oven; enclosed chamber in which things are cooked or heated. 炉；灶。

**ketuk** *k.k.t./i.* knock; strike with an audible sharp blow; strike a door, etc. to summon a person or gain admittance; drive or make by knocking; (*sl.*) criticize insultingly. 敲；击打；碰撞；挑剔。

**ketukan** *k.n.* knock; act or sound of knocking; sharp blow. 敲；击打；碰撞；敲击声；碰撞声。

**ketul** *k.n.* chop; thick slice of meat, usu. including a rib. 排骨；连骨的肋骨。

**ketulusan** *k.n.* integrity; honesty; candour; frankness. 诚实；正直；公正；率直。

**ketumbar** *k.n.* coriander; plant with seeds used for flavouring. 芫荽。

**ketumbit** *k.n.* stye; inflamed swelling on the edge of the eyelid. 睑腺炎。

**ketumpulan** *k.n.* bluntness. 钝；迟钝；直率。

**ketur** *k.n.* spittoon; receptacle for spitting into. 痰盂。

**keturunan** *k.n.* descent; lineage; family origin; descendant; person, etc. descended from another. 家世；世系；门第；后裔；子孙。

**keunggulan** *k.n.* excellence. 杰出；卓越；超群。

**keuntungan** *k.n.* advantage; favourable circumstance. 利益；优势；机会。

**keusangan** *k.n.* obsolescence; decrepitude. 陈旧；过时；年久失修。

**keuzuran** *k.n.* sickness; illness. 衰弱；虚弱。

**kewajipan** *k.n.* obligation; being obliged to do something; what one must do to comply with an agreement or law, etc.; onus; duty or responsibility of doing something. 职责；义务；责任。

**kewangan**[1] *adj.* monetary; of money or currency. 钱的；货币的。

**kewangan**[2] *k.n.* finance; management of money; money resources. 财政；金融；财源。**ahli ~** *k.n.* financier; person engaged in financing businesses. 财政家；金融家；资本家。

**kewarasan** *k.n.* lucidity. 健全；(神经、头脑)正常。

**kewaspadaan** *k.n.* care; serious attention and thought. 关怀；小心；警惕。

**kewujudan** *k.n.* existence; being; thing that exists and has life. 存在；存在状态；存在物。

**keyakinan** *k.n.* confidence; aplomb; assurance; self-confidence; belief that a thing is true. 信心；沉着；自信。

**keyboard** *k.n.* keyboard; set of keys on a piano, etc. 钢琴、打字机、电脑等的键盘。

**kezaliman** *k.n.* brutality. 粗暴；残忍。

**kg** *kep.* kg; kilogram(s). (缩写) 公斤；千克。

include or be included in a reckoning; regard as; reckon mathematically; plan deliberately; (*U.S.*) suppose. 计算；算定；估算；总计；假设。 **tidak terkira** *adj.* incalculable; unable to be calculated. 不能计算的；无数的。

**kira-kira** *k.n.* arithmetic; calculating by means of numbers; about. 算术；演算；计算；大约；大概。

**kiri** *adj. & kkt.* left; of, on, or to the side or region opposite right. 左（的）；左边（的）；在左边（的）。

**kirim, mengirimkan** *k.k.t.* consign; deposit; entrust; send (goods, etc.). 支付；寄存；委托；托付；寄（书等）。

**kiriman** *k.n.* consignment; consigning; batch of goods, etc. 交托；委托；信托物；投寄的物件。

**kiropodi** *k.n.* chiropody; treatment of minor ailments of the feet. 手足病治疗；足病治疗。 **ahli** ~ *k.n.* chiropodist. 手足病医生（尤指足病医生）。

**kirsch** *k.n.* kirsch; colourless liqueur made from wild cherries. 樱桃酒。

**kisar** *k.n.* rotation. 旋转；转动。 **mengisar** *k.k.t./i.* pan (p.t. *panned*); turn horizontally in filming. 淘金；旋转；转动。 **mengisarkan** *k.k.t./i.* grind (p.t. *ground*); crush into grains or powder; produce thus. 碾磨；磨碎；磨成粉状；嚼碎。 **berkisar** *k.k.i.* gyrate; move in circles or spirals; revolve. 旋转；回旋；螺旋地运转。

**kisaran** *k.n.* gyration. 旋转；回旋。

**kisi-kisi** *k.n.* grille; grating, esp. in a door or window. 铁格子；尤指门窗的格栅。

**kismis** *k.n.* currant; dried grape used in cookery; small round edible berry; raisin. 无核葡萄干。

**kit** *k.n.* kit; outfit of clothing, tools, etc.; set of parts to be assembled. 所有的装备（尤指衣服）；成套工具。

**kitar, sekitar** *kkt.* hereabouts; near here. 在这儿附近；在这一带。

**kitaran** *k.n.* cycle; recurring series of events. 循环；周转；轮转。

**kiu** *k.n.* cue; long rod for striking balls in billiards, etc. 台球球杆。

**kiwi** *k.n.* kiwi; New Zealand bird that does not fly. 鹬鸵；纽西兰一种不能飞的鸟。

**klac** *k.n.* clutch; device for connecting and disconnecting moving parts. （机器的）离合器。

**klarinet** *k.n.* clarinet; wood-wind instrument with finger-holes and keys. 单簧管；竖笛。 **peniup** ~ *k.n.* clarinettist; its player. 单簧管演奏者；吹奏竖笛者。

**klasik**[1] *adj.* classic; of recognized high quality; typical; simple in style; classical; of the ancient Greeks and Romans; traditional and standard in style. 典范的；最优秀的；第一流的；古典的；古希腊、古罗马的；传统的。 —*k.n.* classic author or work, etc. 名著；古典文学；文豪；名家。

**klasik**[2] *k.n.* classics; study of ancient Greek and Roman literature, history, etc. 古希腊、罗马的古典文学；古典学研究。

**klausa** *k.n.* clause; distinct part of a sentence, with its own verb. 字句。

**klaustrofobia** *k.n.* claustrophobia; abnormal fear of being in an enclosed space. 幽闭恐惧症。

**klaustrofobik** *adj.* claustrophobic; causing or suffering from claustrophobia. 患幽闭恐惧症的；有幽闭恐惧倾向的。

**klef** *k.n.* clef; symbol on a stave in music, showing the pitch of notes. 音谱号。

**kleptomania** *k.n.* kleptomania; tendency to steal things without desire to use or profit by them. 偷窃狂；盗窃癖。

**klik** *k.n.* click; short sharp sound. 卡嗒声。 **berklik** *k.k.t./i.* click; make or cause to make a click; (*sl.*) be a success; be understood. 卡嗒地响；发卡嗒声；顿然领悟。

**klimaks** *k.n.* climax; point of greatest interest or intensity; sexual orgasm. 顶点；极点；事件、性交等的高潮。

**klimakterik** *k.n.* climacteric; period of life when physical powers begin to decline. 更年期。

**klinik** *k.n.* clinic; place or session at which medical treatment is given to visiting persons; private or specialized hospital. 诊疗所；医院的门诊部。

**klinker** *k.n.* clinker; fused ash of coal, etc., piece of this. 煤渣。

**klise** *k.n.* cliche; hackneyed phrase or idea. 陈腐的说法或看法。

**klon** *k.n.* clone; group of plants or organisms produced asexually from one ancestor. 无性繁殖。

**klorida** *k.n.* chloride; compound of chlorine and another element. 氯化物。

**klorin** *k.n.* chlorine; chemical element; heavy yellowish-green gas. 氯。

**klorofil** *k.n.* chlorophyll; green colouring-matter in plants. 叶绿素。

**kloroform** *k.n.* chloroform; liquid giving off vapour that causes unconsciousness when inhaled. 三氯甲烷；一种麻醉剂。

**kloset** *k.n.* closet; (*U.S.*) cupboard; storeroom. 小橱；贮藏室。

**km** *kep.* km; kilometre(s). (缩写) 公里；千米。

**knot** *k.n.* knot; unit of speed used by ships and aircrafts, = one nautical mile per hour. 浬；船、飞机速度单位。

**Ko-op** *k.n.* Co-op (*colloq.*); Co-operative Society; shop, etc. run by this. 合作社。

**koala, beruang ~** *k.n.* koala bear; Australian tree-climbing animal with thick grey fur. 考拉熊；澳洲一种形似小熊会爬树的哺乳动物。

**kobalt** *k.n.* cobalt; metallic element; deep blue pigment made from it. 钴。

**kobar, berkobar-kobar** *adj.* ardent; full of ardour; enthusiastic. 热情的；激昂的；炽热的。

**koboi** *k.n.* cowboy; man in charge of grazing cattle on a ranch; (*colloq.*) person with reckless or unscrupulous methods in business. 牧童；(美国的)牛仔；商业欺骗者。

**kocak** *k.k.t.* agitate; shake briskly; cause anxiety to; stir up interest or concern. 煽动；剧烈地搅动；摇动；鼓动。

**kocakan** *k.n.* agitation. 煽动。

**kocineal** *k.n.* cochineal; red colouring-matter used in food. 胭脂虫；胭脂红(食物调色料用的)。

**kod**[1] *k.n.* code; set of laws, rules, or signals; pre-arranged word or phrase used to represent a message, esp. for secrecy; cipher. 密码；规则；代码；暗码；电码。 **mentafsir ~** *k.k.t.* decode; put (a coded message) into plain language. 译密码；解码。

**kod**[2] *k.n.* chord; string of a harp, etc.; combination of notes sounded together. 琴等乐器的弦。

**kod**[3] *k.n.* cod (pl. *cod*); codfish; large edible sea-fish. 鳕鱼；鳘鱼。 **minyak ikan ~** *k.n.* codliver oil; rich oil from its liver. 鱼肝油。

**koda** *k.n.* coda; the final part of a musical composition. 乐章的结尾。

**kodeina** *k.n.* codeine; substance made from opium, used to relieve pain. 可待因；一种止痛剂。

**kodisil** *k.n.* codicil; appendix to a will. 遗嘱的附录；遗嘱更改。

**kognat** *adj.* cognate; akin; related. 同源的；同族的；同语根的；同语族的。

**kognisi** *k.n.* cognition; knowing; perceiving. 认识；认识力。 —*adj.* cognitive. 认识的；有认识力的。

**kohesi** *k.n.* cohesion; tendency to cohere. 结合；凝聚；内聚力；内聚性。

**kohol** *k.n.* kohl; powder used to darken the eyelids. (阿拉伯妇女涂眼圈用的) 黛；涂脸黑粉。

**kohong** *adj.* fetid; stinking; malodorous. 发臭的；腐臭的。

**komprehensif** *adj.* comprehensive; including much or all. 广泛的；渊博的；综合的。 **sekolah ~** *k.n.* comprehensive school; one providing secondary education for children of all abilities. (英国) 综合中学。

**kompromi** *k.n.* compromise; settlement reached by making concessions on each side. 妥协；和解；折衷方案。 **berkompromi** *k.k.i.* compromise; make a settlement thus; expose to suspicion or commit to a policy, etc. unwisely. 妥协；和解；因不智行为等而使某人或自己受牵连。

**komputer** *k.n.* computer; electronic machine for making calculations, controlling machinery, etc. 电脑；电子计算机。 **mengkomputerkan** *k.k.t.* computerize; equip with or perform or operate by computer. 使电脑化。

**komunikasi** *k.n.* communications; communicating; letter of message; means of access. 交往；联系；传播；通讯；信息；通讯设施。

**Komunis** *k.n.* Communist. 共产主义者；共产党员。

**komunisme** *k.n.* communism; social system based on common ownership of property, means of production, etc.; political doctrine or movement seeking a form of this, such a system in the U.S.S.R., etc. 共产主义。

**komuniti** *k.n.* community; body of people living in one district, etc. or having common interests or origins; state of being shared or alike. 公社；社会；群社；集体。

**kon** *k.n.* cone; tapering object with a circular base; cone-shaped thing; dry scaly fruit of pine or fir. 圆锥体；圆锥。

**kondenser** *k.n.* condenser; capacitor. 凝结器。

**kondom** *k.n.* condom; a contraceptive sheath. 阴茎套；男用避孕套。

**konduit** *k.n.* conduit; pipe or channel for liquid; tube protecting wires. 导管；藏纳电线的线管。

**konduksi** *k.n.* conduction; conducting of heat, etc. 导电；传导热能等。

**konduktif** *adj.* conductive. 导电的；传导性的。

**konduktor** *k.n.* conductor; person who controls an orchestra's or choir's performance by gestures; one who collects fares in a bus, etc. (fem. *conductress*); thing that conducts heat, etc. 领导者；音乐指挥；车掌；传导体；避雷针。

**konfederasi** *k.n.* confederacy; league of States; confederation; union of States or people or organizations. 同盟；联盟；联邦。

**konfigurasi** *k.n.* configuration; shape; outline. 结构；组合；外形；图形。

**konformasi** *k.n.* conformation; conforming; structure. 相应；一致；结构；组成。

**konga** *k.n.* conga; dance in which people form a long winding line. 康茄舞。

**kongenital** *adj.* congenital; being so from birth. 天生的；先天的；天赋的。

**kongkalikung** *k.n.* hanky-panky; (*sl.*) trickery. 诈欺；花招；施诡计。

**kongres** *k.n.* congress; formal meeting of delegates for discussion; law-making assembly, esp. of the U.S.A. 会议；美国国会。

**kongruen** *adj.* congruent; suitable; consistent; having exactly the same shape and size. 相合的；适合的；一致的；全等的。

**kongsi** *k.n.* combination; share part of an amount or task, etc. that one is entitled to have or do. 联合；合伙；分工合作。 **rakan ~** *k.n.* partner; person sharing with another or others in an activity. 伙伴；合股人。 **berkongsi, mengongsi** *k.k.t.* share; be the partner of; put together as partners. 合伙；合股经营；联合经营。

**konifer** *k.n.* conifer; tree bearing cones. 针叶树。

**konkrit**[1] *adj.* concrete; existing in material form; definite. 具体的；有形的；实际的。

**konkrit**[2] *k.n.* concrete; mixture of gravel and cement, etc. used for building. 混凝土；三合土。

**konkusi** *k.n.* concussion; injury to the brain caused by a hard blow. 脑震荡。

**konsensus** *k.n.* consensus; general agreement. (意见等的)一致；共同达致的意见。

**konsep** *k.n.* concept; idea; general notion. 概念；观念。

**konsepsi** *k.n.* conception; conceiving; idea. 概念；构想；想象力。

**konsert** *k.n.* concert; musical entertainment. 音乐会；演奏会。

**konsertina** *k.n.* concertina; portable musical instrument with bellows and keys. 六角手风琴。

**konserto** *k.n.* concerto (pl. *-os*); musical composition for solo instrument(s) and orchestra. 协奏曲。

**konservatif**[1] *k.n.* Conservative; (member) of the U.K. political party favouring freedom from State control. 英国的保守党；保守党员。

**konservatif**[2] *adj.* conservative; opposed to great change; avoiding extremes. 保守的；守旧的；稳健派的；有保存力的。

**konservatisme** *k.n.* conservatism. 保守主义；守旧的倾向。

**konservatori** *k.n.* conservatory; greenhouse, esp. forming an extension of a house. (植物的)暖房；温室。

**konsesi** *k.n.* concession; conceding; thing conceded. 让步；迁就；特准；特许权；优惠。

**konsisten** *adj.* consistent; unchanging; not contradictory. 一致的；坚固的；首尾一贯的；不矛盾的。

**konsistensi** *k.n.* consistency; being consistent; degree of thickness or solidity. 一致性；稳定性；首尾一贯；坚实性；浓度；稠度。

**konsol** *k.n.* console; bracket supporting a shelf; frame or panel holding the controls of equipment; cabinet for a TV set, etc. 螺形支架；操纵台；电视机等的座架。

**konsonan** *k.n.* consonant; letter other than a vowel; sound it represents. 子音；子音字母。

**konsortium** *k.n.* consortium; combination of firms, etc. acting together. 国际财团；银行、企业等的国际性协议；联营企业。

**konstable** *k.n.* constable; policeman or policewoman of the lowest rank. 警官；警察。

**konstituen** *adj.* constituent; forming part of a whole. 构成的；组织的；成分的。 —*k.n.* constituent; constituent part. 要素；(结构、组织的)成分。

**konsul** *k.n.* consul; official appointed by a State to live in a foreign city to protect its subjects there and assist commerce. 领事。

**konsulat** *k.n.* consulate; consul's position or premises. 领事的职位；领事馆。

**konteks** *k.n.* context; what precedes or follows a word or statement and fixes its meaning; circumstances. 上下文；文章的前后关系；事情的来龙去脉。

**kontena** *k.n.* container; receptacle, esp. of standard design to transport goods. 容器；箱；贮藏器；运输用的集装箱。

**mengkontenakan** *k.k.t.* containerize; use containers for transporting (goods). 使集装箱化；(用集装箱)运输。

**kontenarisasi** *k.n.* containerization. 集装箱化。

**kontinjen** *k.n.* contingent; body of troops or ships, etc. contributed to a larger group. 代表团；分遣兵队或舰队。

**kontra** *awl.* contra; against. (前缀)表示"反；逆；对应"。

**kontrak** *k.n.* contract; formal agreement. 契约；和约。

nothing; nought; naught (*old use*); the figure 0; zero (pl. *-os*); love; (in games) no score. 零分；零；无；零数；(球赛)无得分。

**kostum** *k.n.* costume; style of clothes, esp. that of a historical period; garment(s) for a specified activity. 服装；装束；服装式样；化装(演戏)用服装。

**kot**[1] *k.n.* coat; outdoor garment with sleeves. 西装外套。

**kot**[2] *k.n.* cot; child's bed with high sides. 小儿卧床。

**kota** *k.n.* fort; fortified place or building. 堡垒；要塞；城堡。 **ibu ~** *k.n.* capital; chief town of a country. 首都；首府。

**kotak** *k.n.* box; container or receptacle with a flat base; numbered receptacle at a newspaper office for holding replies to an advertisement; compartment in a theatre, stable, etc.; small shelter. 盒；箱；匣；戏院等的包厢；岗亭。

**kotiledon** *k.n.* cotyledon; first leaf growing from a seed. 胚叶。

**kotor** *adj.* dirty (*-ier, -iest*); soiled; not clear; insanitary; not hygienic; nasty (*-ier, -iest*); unpleasant. 肮脏的；污秽的；无耻的；下流的。 **mengotori** *k.k.t.* defile; make dirty; pollute; smirch; smear; soil. 污损；亵渎；污染；诋毁；诽谤。

**kotoran** *k.n.* dirt; unclean matter; soil. 污物；污垢；尘埃。

**kraf tangan** *k.n.* handicraft; work needing skill with the hands and artistic design. 手工艺；手工艺品；编制品。

**kraker** *k.n.* cracker; thin dry biscuit. 脆饼。

**krampon** *k.n.* crampon; spiked plate worn on boots for climbing on ice. 尖铁钉固定于鞋底用以攀岩或冰地上行走。

**kranberi** *k.n.* cranberry; small red acid berry; shrub bearing this. 大酸果蔓。

**kranium** *k.n.* cranium; skull. 头盖；头盖骨。

**krayon** *k.n.* crayon; stick of coloured wax, etc. 彩色蜡笔。

**kreatif** *adj.* creative. 创造的；有创造力的。

**kredit** *k.n.* credit; system of allowing payment to be deferred; sum at a person's disposal in a bank; entry in an account for a sum paid. 信用贷款；赊销；(会计)贷方。 **mengkreditkan** *k.k.t.* credit (p.t. *credited*); enter as credit. 记帐；把...记入贷方。 **kad ~** *k.n.* credit card; card authorizing a person to buy on credit. 信用卡。

**kreg** *k.n.* crag; steep or rugged rock. 峭壁；岩崖。

**krematorium** *k.n.* crematorium; place where corpses are cremated. 火化场；火葬场。

**Kremlin** *k.n.* Kremlin; government of the U.S.S.R. 莫斯科的克里姆林宫；苏联政府。

**kren** *k.n.* crane; apparatus for lifting and moving heavy objects. 起重机；吊车。

**kreosot** *k.n.* creosote; brown oily liquid distilled from coal tar, used as a preservative for wood; colourless antiseptic liquid distilled from wood tar. 杂酚油。

**krep** *k.n.* crepe; fabric with a wrinkled surface; rubber with a wrinkled texture, used for shoe soles. 绉绸；绉胶。 **kertas ~** *k.n.* crepe paper; thin crepe-like paper. 绉纸。

**kresendo** *k.n.* crescendo (pl. *-os*); increasing in loudness. 渐强音；(声音、感情等的)渐强。

**kreton** *k.n.* cretonne; heavy cotton cloth used in furnishings. 印花厚棉布(作窗布、家具套等用)。

**krik** *k.n.* creek; narrow inlet of water, esp. on a coast; (*U.S.*) tributary. (河等的)小湾；小川；支流。

**kriket** *k.n.* cricket; outdoor game for two teams of 11 players with ball, bats, and wickets. 板球。 **pemain ~** *k.n.* cricketer. 板球球员。

**krim** *k.n.* cream; fatty part of milk; its colour, yellowish-white; cream like substance; best part. 乳脂；奶油；淡黄色；奶油状物；精华；要点。○ **keju ~** *k.n.* cream cheese; soft rich cheese. 奶油干酪；软干酪。 **berkrim** *adj.* creamy. 含奶油的；奶油状的；乳脂的。

**kriminologi** *k.n.* criminology; study of crime. 刑事学；犯罪学。

**kriogen** *k.n.* cryogenics; a branch of physics dealing with very low temperatures. 低温物理学。

**kriptogam** *k.n.* cryptogam; non-flowering plant such as a fern, moss, or fungus. 无花植物，如苔藓等。

**kriptografi** *k.n.* cryptography; the study of ciphers. 密码学；密码翻译术。

**kriptogram** *k.n.* cryptogram; thing written in cipher. 密码文件。

**krisis** *k.n.* crisis; decisive moment; time of acute difficulty. 危机；决定性时刻；紧要关头。

**Krismas** *k.n.* Christmas; festival (25 Dec.) commemorating Christ's birth. 圣诞节。

**Kristian**[1] *adj.* Christian; of or believing in Christianity; kindly; humane. 基督教的；信奉基督教的；仁慈的；文明的；人类的。

**Kristian**[2] *k.n.* Christianity; religion based on the teachings of Christ; Christian; believer in Christianity. 基督教；基督教信仰。○ **nama ~** *k.n.* Christian name; name given at a christening. 基督教名；洗礼名。 **mengkristiankan** *k.k.t.* christen; admit to the Christian Church by baptism. 为(某人)施洗礼；取教名。

**kriteria** *k.n.* criterion; standard of judgement. 评测标准；准绳。

**kritik** *adj.* critical; looking for faults; expressing criticism; of or at crisis. 爱挑剔的；批评的；紧要关头的。○ **mengkritik** *k.k.t.* criticize; express criticism of. 责难；批评；批判；挑剔。

**kritikan** *k.n.* criticism; pointing out of faults; judging of merit, esp. of literary or artistic work; critique; critical essay. 责难；批判；评论文章。

**krocet** *k.n.* crotchet; note in music, half a minim. 四分音符。

**krof** *k.n.* croft; small enclosed field or rented farm in Scotland. 有围篱笆的小块田地；苏格兰的税收田地。

**kroisan** *k.n.* croissant; a rich crescent shaped roll. (法国)新月形面包。

**kroket** *k.n.* croquette; fried ball or roll of potato, meat, or fish. 炸马铃薯丸；炸肉丸；炸鱼丸。

**krokus** *k.n.* crocus (pl. *-uses*); spring-flowering plant growing from a corn. 藏红花。

**krom** *k.n.* chrome; chromium; yellow pigment from a compound of this. 铬；铬黄色。

**kromatik** *adj.* chromatic; of colour; in colours. 色彩的；着色的；染色的。○ **tangga nada ~** *k.n.* chromatic scale; music scale proceeding by semitones. 半音音阶。

**kromium** *k.n.* chromium; metallic element that does not rust. 铬。

**kromosom** *k.n.* chromosome; thread-like structure carrying genes in animal and plant cells. 染色体。

**kronik** *adj.* chronic; constantly present or recurring; having a chronic disease or habit. 严重的；长期的；疾病慢性的；积习成瘾的。

**kronologi** *k.n.* chronology; arrangement of events in order of occurrence. 编年史；年表；年代史；记事。

**kronologis** *adj.* chronological; arranged in the order in which things occurred. 按照年代次序记载的。

**kronometer** *k.n.* chronometer; time-measuring instrument, esp. one unaffected by temperature changes. 精密记时计。

**kroton** *k.n.* crouton; small piece of fried or toasted bread. 小片烘面包。

**Krugerrand** *k.n.* Krugerrand; South Af-

**krumpet**

rican gold coin bearing a portrait of President Kruger. 铸有前总统克留格尔肖像的南非金币。

**krumpet** *k.n.* crumpet; flat soft yeast cake eaten toasted. 松脆热煎饼。

**krup** *k.n.* croup; laryngitis in children, with a hard cough. 格鲁布性喉头炎；哮吼；一种儿童疾病。

**krustasia** *k.n.* crustacean; animal with a hard shell (e.g. lobster). 甲壳类动物，如龙虾等。

**krusye** *k.n.* crochet; a kind of knitting done with one hooked needle. 钩针编织。 **mengait** ~ *k.k.t./i.* crochet; make by or do such work. （用钩针）钩织。

**kuah** *k.n.* gravy; juice from cooked meat; sauce made from this. 肉汁；肉卤。

**kuak** *k.n.* bellow; loud deep sound made by a bull; deep shout; croak; deep hoarse cry or sound like that of a frog. 咆哮声；牛等吼叫。 **menguak** *k.k.t./i.* bellow; make this sound; utter or speak with a croak. 咆哮；吼叫。

**kuala** *k.n.* confluence; place where two rivers unite. 合流；河流的汇流处。

**kuali** *k.n.* frying-pan; shallow pan used in frying; pan; metal or earthenware vessel with a flat base, used in cooking; saucepan; metal cooking-pot with a long handle, used for boiling things over heat. 长柄平底锅。

**kualitatif** *adj.* qualitative; of or concerned with quality. 质量的；品质上的。

**kualiti** *k.n.* quality; degree or level of excellence; characteristic; something that is special in a person or thing. 品质；素质；性质。

**kuap** *k.k.i.* yawn; open the mouth wide and draw in breath, as when sleepy or bored; have a wide opening. 打呵欠。

**kuarantin** *k.n.* quarantine; isolation imposed on those who have been exposed to an infection which they could spread. 隔离；检疫。

**kuari** *k.n.* quarry; open excavation from which stone or slate, etc. is obtained. 采石场；石矿。

**kuart** *k.n.* quart; quarter of a gallon; two pints. 夸脱；英国重量单位，等于1/4加仑或2品特。

**kuarter** *k.n.* quarter; grain-measure of 8 bushels; (*U.S. & Canada*) quarter of a dollar; 25 cents. 四分之一；八蒲式耳（谷量单位）；（美国与加拿大）二角五分的硬币。

**kuartet** *k.n.* quartet; group of four instruments or voices; music for these. 四重唱；四重奏；四部合奏曲。

**kuarto** *k.n.* quarto; a size of paper. 纸等的四开。

**kuartza** *k.n.* quartz; a kind of hard mineral. 石英。

**kuasa** *k.n.* power; ability to do something; vigour; strength; control; influence; authority; influential person or country, etc.; product of a number multiplied by itself a given number of times; mechanical or electrical energy; electricity supply. 力；力量；气力；权力；能力；政权；势力；有势力者；数学乘方；电力。 ~ **kuda** *k.n.* horsepower; unit for measuring the power of an engine. 马力。 ~ **tiga** *k.n.* cube; product of a number multiplied by itself twice. 立方。 **punca** ~ **tiga** *k.n.* cube root; number which produces a given number when cubed. 立方根。 **maha** ~ *adj.* omnipotent; having unlimited or very great power. 有无限权力的；全能的。 **perebutan** ~ *k.n.* coup; sudden action taken to obtain power, etc. 政变；夺权。 **berkuasa** *adj.* mighty (*-ier, -iest*); very strong or powerful. 强大的；有力的；有权势的。

**kuasar** *k.n.* quasar; star-like object that is the source of intense electromagnetic radiation. 类星射电源。

**kuat** *adj. see* **gagah; tegap; teguh**. 见 **gagah; tegap; teguh**。

**kuatkuasa** *k.k.t.* enforce; compel obedience to. 推行；实施。

**kuatrain** *k.n.* quatrain; stanza of four lines. 四行诗。

**kubah** *k.n.* dome; rounded roof with a circular base; thing shaped like this. 圆屋顶；圆盖；半球形物。

**kubik** *adj.* cubic; cubical; of three dimensions; cube shaped. 立方的；正六面体的；立方体的。

**kubis** *k.n.* cabbage; vegetable with a round head of green or purple leaves. 包心菜。 ~ **bunga** *k.n.* cauliflower; cabbage with a white flower-head. 花椰菜。

**kubu** *k.n.* citadel; fortress overlooking a city; dug underground shelter; fortress; fortified building or town; stockade; protective fence. 堡垒；要塞；栅栏；围桩。 **mengubui** *k.k.t.* fortify; strengthen, esp. against attack; increase the vigour of. 增强；设要塞于；建（防御工事）。

**kubung** *k.n.* lemur; monkey-like animal of Madagascar. （非洲马达加斯加的）狐猿。

**kubur** *k.n.* grave; hole dug to bury a corpse. 坟墓；墓穴。 **menguburkan** *k.k.t.* entomb; place in a tomb. 埋葬；入墓。

**kubus** *k.n.* cube; solid object with equal square sides. 立方体；正六面体。

**kucai** *k.n.* chive; small herb with onion flavoured leaves. 虾夷葱。

**kucar, kucar-kacir** *adj.* higgledy-piggledy; in complete confusion. 乱七八糟的；混乱的。

**kucing** *k.n.* cat; small furry domesticated animal; wild animal related to this. 猫；（狮、虎等）猫科动物。 **bunga** ~ *k.n.* catkin; hanging flower of willow hazel, etc. 荑葇花。

**kucup, mengucup** *k.k.t./i.* kiss; touch or caress with the lips. 吻；接吻。

**kucupan** *k.n.* kiss. 吻；接吻。

**kuda** *k.n.* horse; quadruped with a mane and tail; nag (*colloq.*); frame for hanging things on; padded structure for vaulting over in a gymnasium. 马；（作坐骑的）小马；支架；支柱；马（体操运动跳马项器械）。 **anak** ~ *k.n.* foal; young of the horse or a related animal. 马的幼畜；驹子。 **belakang** ~ *k.n.* horseback. 马背。 **bulu** ~ *k.n.* horsehair; hair from a horse's mane or tail, used for padding furniture. 马毛；马鬃；马尾毛，作沙发填塞料等用。 **penunggang** ~ *k.n.* horseman (pl. *-men*); horsewoman (pl. *-women*); rider on horseback. 骑马者；骑师；骑兵；善骑者；女骑马者。 ~ **dara** *k.n.* filly; young female horse. 小母马。 ~ **jantan** *k.n.* colt; young male horse. 小雄驹。 ~ **padi** *k.n.* cob; sturdy short-legged horse for riding. 供骑乘的结实的矮脚马。 ~ **sejati** *k.n.* bloodstock; thoroughbred horses. 纯种马。

**kuda-kuda** *k.n.* easel; frame to support a painting or blackboard, etc. 画架；黑板架。

**kudung, mengudungkan** *k.k.t./i.* maim; wound or injure so that a part of the body is useless; mutilate; injure or disfigure by cutting off a part. 伤害；致使（某人）残废；截断（手足等）。

**kudup** *k.n.* bud; leaf or flower not fully open. 蓓蕾；幼芽。

**kudus** *adj.* blessed; holy; sacred; in paradise. （神）恩赐的；神圣的；纯洁的；圣洁的。 **menguduskan** *k.k.t.* consecrate; make sacred; dedicate to the service of God. 净化；使神圣；奉献。

**kuil** *k.n.* temple; building dedicated to the presence or service of god(s). 神殿；庙宇；寺院。

**kuinin** *k.n.* quinine; bitter-tasting medicine. 奎宁（药）；金鸡纳霜。

**kuintet** *k.n.* quintet; group of five instruments or voices; music for these. 五部合奏曲；五部合唱（队）。

**kuiz** *k.n.* quiz; series of questions testing knowledge, esp. as an entertainment. 小考；问答比赛；广播节目中娱乐性的问答游戏。

**kuku** *k.n.* nail; layer or horny substance over the outer tip of a finger or toe; claw. 手指甲。

**kukuh** *adj.* fast; firmly fixed; hard (*-er, -est*); (of currency) not likely to drop suddenly in value; invincible; unconquerable. 牢固的；牢的；紧的；(货币价值)稳定的；无敌的。 **memperkukuhkan** *k.k.t.* consolidate; make or become secure and strong. 使坚固；强化。

**kukur** *k.n.* grater; device for grating food. 粗齿木锉；磨碎器；磨光机。

**kulai** *k.k.i.* droop; bend or hang down limply. 低垂；下垂。

**kulapuk** *k.n.* mildew; tiny fungus forming a white coating on things exposed to damp. 霉；霉菌。

**kulat** *k.n.* fungus (pl. *-gi*); plant without green colouring matter (e.g. mushroom, mould). 菌；菇。 **racun** ~ *k.n.* fungicide; substance that kills fungus. 杀真菌剂。 **berkulat** *adj.* mouldy; covered with mould; (*sl.*) worthless. 发了霉的；霉烂的；无聊的。

**kuli** *k.n.* coolie; unskilled native labourer in eastern countries; dogsbody (*colloq.*); drudge. 劳工；苦力。

**kulit** *k.n.* husk; dry outer covering and certain seeds and fruits; leather; material made from animal skins by tanning or a similar process; piece of soft leather for polishing with; skin of certain fruits and vegetables, etc.; skin; flexible continuous covering of the human or other animal body; material made from animal skin; complexion; outer layer; skin-like film on liquid. 壳；荚；皮革；兽皮；果皮；皮肤；皮制品；肤色；表皮；外层；浮层。 ~ **binatang** *k.n.* pelt; an animal skin. 兽皮；毛皮。 ~ **haiwan** *k.n.* hide; animal's skin. 兽皮；皮革。 ~ **kayu** *k.n.* bark; outer layer of a tree. 树皮。 ~ **kepala** *k.n.* scalp; skin of the head excluding the face. 头皮。 **mengulit** *k.k.i.* skin; become covered with new skin. 剥皮；脱皮；长出新皮。 **menguliti** *k.k.t.* skin (p.t. *skinned*); husk from; strip skin from; scrape skin off accidentally; flay. 装上外皮；剥皮；除掉外皮；把...打得皮开肉绽。

**kultur** *k.n.* culture; artificial rearing of bees, bacteria, etc.; bacteria grown for study. (动物等的)养殖；人工培养；(实验用的)培养菌。

**kulturkebunan** *k.n.* horticulture; art of garden cultivation. 园艺；园艺术。 **ahli** ~ *k.n.* horticulturist. 园艺家。

**kulup** *k.n.* foreskin; loose skin at the end of the penis. (男性生殖器的)包皮。

**kumai** *k.n.* moulding; moulded thing, esp. an ornamental strip of plaster, etc. 波纹形的框边；(桌脚、画边的)花纹雕刻。

**kumat, kumat-kamit** *k.k.t./i.* mumble; speak or utter indistinctly. 咕噜咕噜地说话；含糊地说话。

**kumbang** *k.n.* beetle; insect with hard wing covers. 甲虫；形似甲虫的昆虫。 ~ **kaboi** *k.n.* cockchafer; flying beetle. 金龟子。

**kumparan** *k.n.* bobbin; small spool holding thread or wire in a machine. (纺织、缝纫、圈纱等用的)筒管；线轴。

**kumpul, mengumpulkan** *k.k.t./i.* gather; store up; collect. 集合；聚集；收集；搜集。 **berkumpul** *k.k.i.* form or gather into group(s); assemble. 集合；聚集。

**kumpulan** *k.n.* corps; organized body of people; drove; moving herd or flock or crowd; flock; number of animals or birds together; large number of people; congregation; group; number of persons or things near, belonging, classed or working together. 队；团；堆；畜群；一群(鸟等)；会众；一组人或事物。~ **serpihan** *k.n.* splinter group; small group that has broken away from a larger one. 从团体分裂出来的小派系。 **berkumpulan** *k.k.t.* gather or go in a flock. 集合；聚集；组合；使成一团。

**kumuh** *k.k.t.* excrete; expel (waste matter) from the body or tissues. 排泄；分泌。

**kumulatif** *adj.* cumulative; increasing by additions. 累积的；增加的。

**kunang, kunang-kunang** *k.n.* firefly; phosphorescent beetle. 萤火虫。

**kunci** *k.n.* key; piece of metal shaped for moving the bolt of a lock; tightening a spring, etc.; thing giving access or control or insight; set of answers to problems; word or system for interpreting a code, etc. 钥匙；关键；数学等的题解；线索；秘诀。**~ air** *k.n.* floodgate; gate controlling a flow of water. 水门；水闸门；防洪闸门。**~ induk** *k.n.* passkey; key to a door or gate; master key. 大门钥匙；万能钥匙。

**kuneiform** *k.n.* cuneiform; ancient writing done in wedge-shaped strokes cut into stone, etc. 楔形文字。

**kungfu** *k.n.* kungfu; Chinese form of unarmed combat similar to karate. 功夫；中国自卫武术。

**kuning** *adj.* yellow; of the colour of buttercups and ripe lemons. 黄的；黄色的。**~ air** *k.n. & adj.* beige; light fawn (colour). 米色(的)。

**kuno** *adj.* ancient; belonging to times long past; very old; outdated; out of date. 古代的；古老的；不合时的。

**kunyah** *k.k.t./i.* masticate; chew; work or grind between the teeth; make this movement. 咀嚼；嚼碎；磨碎。**gula ~** *k.n.* chewing-gum; flavoured gum used for prolonged chewing. 口香糖；橡皮糖。**mengunyah** *k.k.t.* munch; chew vigorously. 咀嚼；嚼碎。**boleh dikunyah** *adj.* chewy; suitable for chewing. 耐嚼的；(食物)需要多嚼的。

**kuota** *k.n.* quota; fixed share; maximum number or amount that may be admitted, manufactured, etc. 配额；限额。

**kupas** *k.k.t./i.* peel; remove the peel of; strip off; come off in strips or layers, lose skin or bark, etc. 剥皮；削皮；脱皮。**mengupas** *k.k.t.* pare; trim the edges of; peel; reduce little by little. 修；剪；削。**terkupas** *k.k.i.* peel off; veer away from a formation. (蛇等)脱皮；离队；离群。

**kupasan** *k.n.* exposition; expounding; explanation. 解释；解说；分析；剖析。

**kuplet** *k.n.* couplet; two successive rhyming lines of verse. 两行诗；对句；韵文的联句。

**kupon** *k.n.* coupon; form or ticket entitling the holder to something; entry form for a football pool, etc. (商业)换货卷；赠券；配给票；优待卷。

**kupu, kupu-kupu** *k.n.* butterfly; insect with four large often brightly coloured wings. 蝴蝶。**kuak ~** *k.n.* butterfly stroke; swimming stroke with both arms lifted at the same time. 蝶式游泳；蝶泳。

**kura, kura-kura** *k.n.* tortoise; slow moving land or freshwater reptile with its body enclosed in a hard shell. 龟。

**kurang** *adj.* deficient; not having enough; insufficient; lacking; less; not so much of; smaller in amount or degree; lesser; not so great as the other. 缺乏的；不足的；少量的；较少的；较小的；(级别、地位等)较次要的。—*kkt.* to a smaller extent. 更少地；更小地；较少地；较小地。—*k.n.* smaller amount. 较少或较小的时间(数量等)。—*k.s.n.* minus; deducting. 少掉；减去。**mengurangi** *k.k.t./i.* lessen; make or become less. 减轻(负担等)；缩小；缩减。

**kurap** *k.n.* mange; skin-disease affecting hairy animals; ringworm; skin disease producing round scaly patches on the skin. 兽疥癣；家畜疥。**berkurap** *adj.* mangy; having mange; squalid. 生满疥癣的；肮脏的；邋遢的。

**kurasao** *k.n.* curacao; orange-flavoured liqueur. 加苦橙皮味的柑香酒。

**kuratif** *adj.* curative; curing illness. (药)有疗效的；治疗的。

**kurator** *k.n.* curator; person in charge of a museum or other collection. 博物院院长；掌管博物院之官员。

**Kurd** *k.n.* Kurd; member of a pastoral people of South-West Asia. (伊朗北部等地的) 库尔德人。— *adj.* Kurdish. 库尔德人的。

**kurikulum** *k.n.* curriculum; course of study. 课程。

**kurma** *k.n.* date; small brown edible fruit; palm tree bearing this. 海枣；枣椰树。

**kurnia, mengurniai, mengurniakan** *k.k.t.* bestow; present; endow; provide with an ability or quality. 赐予；赠于；赋予。

**kurung, mengurung** *k.k.t.* confine; shut in; immure; imprison; intern; compel (an enemy alien or prisoner) to live in a special area. 限制；使局限；监禁；拘留。

**kurungan** *k.n.* coop; cage for poultry; bracket; any of the marks used in pairs for enclosing words or figures, ( ), [ ], { }; group bracketed together as similar. 养鸡等家畜用的笼子；栏；括号；(年龄、收入等的) 等级。**mengurungkan** *k.k.t.* bracket; enclose by brackets; put together as similar. 加括号；把...分类。**orang ~** *k.n.* internee; interned person. 被拘留者。

**kurus** *adj.* thin (*thinner, thinnest*); lean; not plump. 瘦小的；(肉)无脂肪的；瘦的。**~ kering** *adj.* emaciated; thin from illness or starvation; gaunt; lean and haggard; grim; desolate. 因患病或饥饿而瘦弱的；憔悴的；寒酸的；(土地)贫瘠的；荒凉的。

**kusam** *adj.* matt; (of a surface) dull; not shiny. 暗淡的；无光泽的。

**kusta** *k.n.* leprosy; infectious disease affecting the skin and nerves and causing deformities. 麻风病。

**kusut** *adj.* dishevelled; ruffled and untidy; haywire; badly disorganized; kinky. (头发)散乱的；紊乱的；杂乱无章的。**mengusutkan** *k.k.t./i.* form or cause to form kink(s). 弄乱；使紊乱。

**kusut-masai** *adj.* bedraggled; limp and untidy. 凌乱的；蓬乱的。

**kusyen** *k.n.* cushion; stuffed bag used as a pad, esp. for leaning against; padded part. 坐垫；靠垫；垫层。

**kutang**[1] *k.n.* bodice; part of a dress from shoulder to waist. 女连衣裙的上身；女用紧身胸衣。

**kutang**[2] *k.n.* brassière; bra. 乳罩；胸罩。

**kutikel** *k.n.* cuticle; skin at the base of a nail. 角皮；指甲根部的外皮。

**kutip** *k.k.t.* cite; quote or mention as an example, etc.; pick. 引用；列举；摘录。

**kutipan** *k.n.* citation. 引用；引文；列举。

**kutu** *k.n.* flea; small jumping insect that feeds on blood; louse (pl. *lice*); small parasitic insect; louse (pl. *louses*); contemptible person. 跳蚤；(头)虱；卑鄙的人。**penuh ~** *adj.* lousy (*-ier, -iest*); infested with lice. 劣等的；多虱的。

**kutub** *k.n.* pole; north (North Pole) or south (South Pole) end of earth's axis; point in the sky opposite either of these; one of the opposite ends of a magnet or terminals of an electric cell or battery. (地球的)极；北极；南极；天极；电极；磁极。**bintang ~** *k.n.* polestar; star near the North Pole in the sky. 北极星。**beruang ~** *k.n.* polar bear; white bear of Arctic regions. 北极熊。**berkutub** *adj.* polar; of or near the North or South Pole; of a pole of a magnet. 近极地的；有磁性的。

**kutuk** *k.k.t.* condemn; express strong disapproval of. 谴责；责怪；咒骂。**terkutuk** *adj.* execrable; abominable. 受谴责的；受诅咒的；可憎的。

**kutukan** *k.n.* anathema; formal curse; detested thing; damnation; eternal punishment in hell; imprecation; spoken curse. 诅咒；极其厌恶的事物；憎恶；指责；咒语。

**kuyu** *adj.* dewy-eyed. (眼睛) 困倦的；忧郁的。

**kuyup** *k.k.t.* drench; wet all through. 浸湿；湿透。

**kV** *kep.* kV; kilovolt(s). (缩写) 千伏 (特)。

**kW** *kep.* kW; kilowatt(s). (缩写) 千瓦 (特)。

# L

**l** *kep.* 1 litre(s). (缩写) 升；公升。

**labang, pekak ~** *adj.* hard of hearing; slightly deaf. 听觉不灵的；有点聋的。

**label** *k.n.* label; note fixed on or beside an object to show its nature, destination, etc. 标签；签条；贴条。 **melabel** *k.k.t.* labelled; fix a label to; describe as. 贴标签；加签条于；标明。

**Labrador, anjing ~** *k.n.* Labrador; dog of the retriever breed with a black or golden coat. 拉布拉多狗；一种有叼物归主习性的猎狗。

**labu** *k.n.* gourd; fleshy fruit of a climbing plant; container made from its dried rind. 葫芦；葫芦属植物；葫芦制盛水器。 **~ air** *k.n.* marrow; a type of gourd used as a vegetable. 瓠瓜。

**labuci** *k.n.* spangle; small piece of glittering material ornamenting a dress, etc. 衣服上装饰用的闪光小金片；小金箔。

**labur** *k.k.i.* invest; use (money) to buy shares or property, etc. to earn interest or bring profit. 投资。

**laci** *k.n.* drawer; horizontal sliding compartment. 抽屉。

**lacur** *adj.* indecent; offending against standards of decency; unseemly. 淫荡的；卖淫的；不体面的。 **melacur** *k.k.t.* prostitute; make a prostitute. 卖(淫)；干(丑业)。 **melacurkan** *k.k.t.* prostitute; put (talent, etc.) to an unworthy use. 卖淫；使沦为娼妓；滥用(能力等)。

**lada hitam** *k.n.* peppercorn; dried black berry from which pepper is made. 胡椒子；干胡椒。 **serbuk ~** *k.n.* pepper; hot-tasting seasoning-powder made from the dried berries of certain plants; capsium. 胡椒；胡椒粉；辣椒。 **meladai** *k.k.t.* sprinkle with pepper; pelt; sprinkle. 撒胡椒；用胡椒调味。

**ladam** *k.n.* horseshoe; U-shaped ship strip of metal nailed to a horse's hoof; thing shaped like this. 马蹄铁；蹄铁形之物。

**ladang** *k.n.* farm; unit of land used for raising crops or livestock; farmhouse; plantation; area planted with trees or cultivated plants; estate on which cotton, tobacco, or tea, etc. is cultivated. 农场；农庄；农家；种植园。 **tanah ~** *k.n.* farmstead; farm and its buildings. 农场及周围建筑物。 **kawasan ~** *k.n.* farmyard; enclosed area round farm buildings. 农家庭院。 **berladang** *k.k.i.* grow crops; raise livestock; use (land) for this. 农作；耕作；饲养禽畜；开农场。

**lading, perahu ~** *k.n.* dug-out; canoe made from a hollowed tree-trunk. 用挖空了的树干制成的独木舟。

**laga, ~ lembu** *k.n.* bullfight; sport of baiting and killing bulls as an entertainment. 斗牛。

**lagak** *k.n.* swank; (*colloq.*) boastful person or behaviour; ostentation; attitude; position of the body. 摆阔气或排场的人；炫耀；自夸；风度；气派；举止；姿态。 **berlagak** *k.k.i.* (*colloq.*) behave with swank. 摆排场；炫耀；出风头。

**lager** *k.n.* lager; light beer. 德国的储藏啤酒；一种淡啤酒。

**lagi** *kkt.* anew; again; in a new way. 再；另；重新。

**lagipun** *kkt.* moreover; besides. 而且；此外；再者；也。

**lagu** *k.n.* ditty; short simple song; singing; music for singing. 小曲；歌曲；旋律。 **melagukan** *k.k.t.* intone; chant, esp. on one note. 吟咏；唱歌。

**lagun** *k.n.* lagoon; salt-water lake beside a sea; freshwater lake beside a river or larger lake. 环礁湖；咸水湖。

**lahap, melahap** *k.k.t./i.* batten; feed greedily; devour; eat hungrily or greedily; consume. 贪吃；大吃一顿。 —*adj.* gluttonous. 贪吃的。

**lahar** *k.n. see* **lava**. 见 **lava**。

**lahir** *k.k.i.* born; brought forth by birth. 生；诞生。 **hari ~** *k.n.* birthday; anniversary of the day of one's birth. 生日。 **tanda ~** *k.n.* birthmark; unusual coloured mark on the skin at birth. 胎痣；胎记。 **melahirkan** *k.k.t.* bear (*p.t. bore*, *p.p. borne*); produce; give birth to; produce as young from the body. 生产；生育。

**lai** *k.n.* lye; water made alkaline with wood ashes. 梨；碱液。

**laici** *k.n.* litchi (*pl. -is*); fruit with sweet white pulp in a thin brown shell; tree bearing this. 荔枝；荔枝树。

**laidaun** *k.n.* blade; flat narrow leaf, esp. of grass. 刀片；叶片。

**lain** *adj.* dissimilar; unlike. 不同的。 **berlainan** *adj.* disparate; different in kind. 不一致的。 **selain daripada** *k.s.n.* besides; in addition to; other than. 此外。

*laissez-fair* *k.n. laissez-faire*; policy of non-interference. (政治、商业政策的) 放任主义；不干涉主义。

**laju** *adj.* fast (*-er, -est*); moving or done quickly; allowing quick movement. 快的；快速的。

**lajur** *k.n.* column; long narrow formation of troops, vehicles, etc. 栏；行；排。

**lakar, melakarkan** *k.k.t.* delineate; outline. 描绘；画出...轮廓。 **melakar** *k.k.t.* sketch; make a sketch or sketches (of). 画草图；素描。

**lakaran** *k.n.* sketch; rough drawing or painting. 草图；图样。 **peta ~** *k.n.* sketch map; roughly drawn map. 略图。

**lakh** *k.n.* lakh; (in India) one hundred thousand. 十万 (尤指印度货币卢比)。

**laki, ~ air** *k.n.* crane-fly; long-legged flying insect. 蚊姥；长足蝇。

**laknat** *k.k.i.* damn; condemn to hell; condemn as a failure; swear at. 咒骂；诅咒。 —*k.n. & sr.* damn; uttered curse. 诅咒。

**lakon, melakonkan** *k.k.t.* act; play the part of. 扮演。 **berlakon** *k.k.i.* be an actor. 表演。 **lakonan** *k.n.* act; item in a circus or variety show. 演出；马戏等的一段表演。

**laksamana** *k.n.* admiral; naval officer of the highest rank. 海军司令；海军将官。

**laksana, melaksanakan** *k.k.t.* execute; carry out (an order); perform; produce (a work of art); fulfil (*p.t. fulfilled*); accomplish; carry out (a task); satisfy; do what is required by (a contract, etc.); make (a prophecy) come true; implement; put into effect; perform; carry into effect. 执行；实行；演出 (戏剧)；实现；完成。

**laku, berlaku** *k.k.i.* happen; occur (*p.t. occurred*); come into being as an event or process; exist in a specified place or conditions. 发生；出现。 **melakukan** *k.k.t.* commit (*p.t. committed*); do; perform; entrust; consign. 作；执行；委托；交付。

**lakur** *k.k.i., melakurkan* *k.k.t.* fuse; blend (metals, etc.); become blended; unite; stop functioning through melting of a fuse. 使熔化；混合；联合。

**lalah** *k.k.i.* gobble; eat quickly and greedily. 狼吞虎咽；大吃。

**lalai** *adj.* incautious; rash; incurious; feeling or showing no curiosity; negligent; oblivious; unaware. 不小心的；轻率的；疏忽的；健忘的。

**lalat** *k.n.* fly; two-winged insect. 苍蝇。

**lali** *adj.* immune; having immunity. 麻木；失去知觉。 **melalikan** *k.k.t.* deaden; deprive of or lose vitality, loudness, feeling, etc. 使缓和；使失去知觉。

**lalu, berlalu** *k.k.i.* elapse; (of time) pass away. 消失；经过。

**laluan** *k.n.* passage; passing; right to pass or be a passenger. 通过；通行；经过。

**lalut** *adj.* disjointed; (of talk) lacking orderly connection. 无条理的；离题的。

**lama** *adj.* old (-*er*, -*est*); having lived or existed or been known, etc. for a long time. 旧的；从前的；过去的。 **kekasih ~** *k.n.* old flame; (*colloq.*) former sweetheart. 旧情人。

**lambang** *k.n.* device; design used as a decoration or emblem; symbol; design used as a badge, etc.; thing regarded as suggesting something; mark or sign with a special meaning. 图样；象征；记号。 **melambangkan** *k.k.t./i.* be a symbol of; represent by means of a symbol; symbolize. 代表着；象征。

**lambat** *adj.* tardy (-*ier*, -*iest*); slow to act or move or happen; behind time. 慢的；迟缓的；迟到的；久的。 **berlambat-lambat** *k.k.i.* linger; stay on as if reluctant to leave; dawdle. 慢慢地；缠绵不去；拖延。

**lambung**[1] *k.k.t.* lob (p.t. *lobbed*); send or strike (a ball) slowly in a high arc. (板球、网球等) 高击。

**lambung**[2] *k.n.* bulwark; ship's side above the deck. 堡垒；舷墙；防波堤。

**lamina, baju ~** *k.n.* armour; protective metal covering, esp. that formerly worn in fighting; mail; body armour made of metal rings or chains. 铠甲；甲胄。

**lampai** *adj.* lank; lanky; ungracefully tall and lean. 细长的；瘦长的。

**lampau, melampau** *adj.* abysmal; extreme; (*colloq.*) very bad; inordinate; excessive. 非常的；极度的；极恶劣的；过分的。 **melampaui** *k.k.t.* exceed; be greater than; go beyond the limit of. 超过；克服；越出范围。

**lampin** *k.n.* napkin; piece of cloth worn by a baby to absorb or retain its excreta. 尿布。

**lampir, melampirkan** *k.k.t.* affix; attach; add (a signature, etc.); enclose; put into an envelope or parcel along with other contents; affix; attach; add at the end. 附加上；附上；把(公文、票据等)封入。

**lampiran** *k.n.* enclosure; enclosing; thing enclosed; appendage; thing appended. 附件；封入物；附加物。

**lampu** *k.n.* lamp; device for giving light. 灯。 **tiang ~** *k.n.* tall post of a street lamp. 路灯柱。 **~ kepala** *k.n.* headlamp; headlight. 矿工头上所戴的小型照明灯；车前大灯。 **~ suluh** *k.n.* flashlight; electric torch. 手电筒。 **terendak ~** *k.n.* lampshade; shade placed over a lamp to screen its light. 灯罩。

**lamunan** *k.n.* dream; day-dream. 幻想；白日梦；梦想。

**lanar** *k.n.* alluvium; deposit left by a flood; ooze; wet mud. 淤积层；冲积层。

**lanau** *k.n.* silt; sediment deposited by water in a channel or harbour, etc. 淤泥；泥沙。

**lancang** *adj.* cheeky (-*ier*, -*iest*); showing bold or cheerful; lack of respect; coquettish. 无耻的；厚脸皮的。

**lancar** *adj.* fluent; speaking or spoken smoothly and readily. 流畅的；流利的。 **melancarkan** *k.k.t.* launch; send forth; put or go into action; cause (a ship) to slide into the water. 开办；发射(火箭等)；展开攻击；使(新船)下水。

**lancung** *adj.* phoney (-*ier*, -*iest*); (*sl.*) sham. 假的；冒充的。

**lancungan** *k.n.* (*sl.*) phoney thing. 赝品；伪造物；冒充者。

**landaian** *k.n.* declivity; a downward slope. 倾斜；斜坡；斜面。

**landak** *k.n.* porcupine; hedgehog; small animal covered with protective spines. 豪猪；刺猬。

**langau** *k.n.* bluebottle; large bluish fly. 反吐丽蝇；青蝇。

**langgar** *k.k.t.* collide; come into collision. 碰撞；冲突。 **melanggar** *k.k.t.* impinge; make an impact; encroach; contravene; break (a rule, etc.). 打击；冲突；侵犯；抵触。

**langit** *k.n.* sky; region of the clouds or upper air. 天；天空。

**langit-langit** *k.n.* canopy; covering hung or held up over a throne, bed, person, etc.; spreading fabric of a parachute. 天花板；遮篷。

**langkan** *k.n.* baluster; short stone pillar in a balustrade. 栏杆；支柱。 ~ **tangga** *k.n.* banisters (*pl.*); uprights and handrail of a staircase. 栏杆；楼梯等的扶手。

**langsing** *adj.* slender; slim and graceful. 纤细的；细长的。

**langsir** *k.n.* curtain; piece of cloth, etc. hung as a screen, esp. at window. 帘幕；窗帘。

**langsung** *k.n.* direct. 直率；直接。 **tak ~** *k.n.* indirect; not direct. 间接；迂回。

**lanjut** *k.k.t.* continuously. 持续地。 **melanjutkan** *k.k.t.* continue; not cease; remain in a place or condition; resume. 延伸；连续。

**lanjutan** *k.n.* continuation. 连续。

**lanolin** *k.n.* lanolin; fat extracted from sheep's wool, used in ointment. 羊毛脂。

**lanset** *k.n.* lancet; surgeon's pointed two-edged knife; tall narrow pointed arch or window. 手术用的柳叶刀；刺血针。

**lantai** *k.n.* floor; lower surface of a room, part on which one stands. 地面；(楼房的)层；地板。 **melantai** *k.k.t.* provide with a floor. 铺设地板。

**lantang** *adj.* articulate; spoken distinctly; clarion; rousing; loud (*-er, -est*); producing much noise; easily heard; penetrating; (of sound) piercing. 口齿伶俐的；发音清晰的。

**lantik** *k.k.t.* constitute; make up; form; establish; be. 构成；组成；设立。 **melantik** *k.k.t.* constitute; appoint; fix or decide by authority; choose (a person or persons) for a job, committee, etc.; install; place (a person) into office ceremonially. 委任；指定；推选。

**lantikan, perlantikan** *k.n.* appointment; appointing a person to a job. 委任。

**lantun, melantun** *k.k.i.* bounce; spring back or up when sent against something hard; cause to do this; (*sl.* of a cheque) be sent back by a bank as worthless. (球等)弹起；弹回；(支票)退票。

**lantunan** *k.n.* bouncing movements or power. 弹性；弹力。

**lantur** *k.k.i.* digress; depart from the main subject temporarily. (演说或写作时)离题。

**lanun** *k.n.* corsair (*old use*); pirate; person on a ship who robs another ship at sea or raids a coast; one who infringes copyright or business rights, or broadcasts without due authorization; buccaneer. 海盗；盗印者；抄袭别人作品者。

**lap, mengelap** *k.k.t.* mop (*p.t. mopped*); clean with a mop; wipe away; wipe up with a mop or cloth, etc. 用拖把揩干净；擦拭。

**lapan** *adj.* & *k.n.* eight; one more than seven (8, VIII); crew of eighth. 八(的)；8，VIII等符号(的)。 **kelapan** *adj.* eighth. 第八的；八分之一的。

**lapan belas** *adj.* & *k.n.* eighteen; one more than seventeen (18, XVIII). 十八(的)；18，XVIII等符号(的)。 **kelapan belas** *adj.* & *k.n.* eighteenth. 第十八(的)；十八分之一(的)。

**lapan puluh** *adj.* & *k.n.* eighty; ten

**lapang**

times eight (80, LXXX). 八十（的）；80，LXXX等符号（的）。 **kelapan puluh** *adj. & k.n.* eightieth. 第八十（的）；八十分之一（的）。

**lapang** *adj.* commodious; leisured; having plenty of leisure; spacious; providing much space; roomy. 宽敞的；宽阔的；广大的。

**lapangan, ~ terbang** *k.n.* airfield; aerodrome; area with runways, etc. for aircraft; airfield with facilities for passengers and goods; airport. 飞机场。

**lapar** *adj.* hungry (*-ier, -iest*); feeling hunger. 饥饿的；渴求的。

**lapik** *k.n.* lining; layer of material or substance covering an inner surface. （衣服等的）衬里；材料。 **melapik** *k.k.t.* line; cover the inside surface of. 加衬里于（衣服等）；（给衣服、箱子等）装衬里。

**lapis, berlapis** *adj.* laminated; made of layers joined one upon another. 由薄片迭成的；层状的；有薄皮层的。 **melapisi** *k.k.t.* arrange in layers. 涂上薄皮层。

**lapisan** *k.n.* coat; covering layer; layer; one thickness of material laid over a surface. 涂层；层。

**lapor, melapor** *k.k.t./i.* report; give an account of; tell as news; make a formal complaint about; present oneself as having arrived. 报告；报告；呈报。

**laporan** *k.n.* report; spoken or written account; written statement about a pupil's or employee's work, etc. 报告书；报导。

**Lapp** *k.n.* Lapp; Laplander; language of Lapland. 拉普兰人；拉普兰语。

**lapuk** *adj.* mouldy; stale. 发霉的；霉臭的。 **berlapuk** *k.k.i.* moulder; decay and rot away. 腐朽；腐烂；腐坏。

**larang, melarang** *k.k.t.* prohibit; forbid. 禁止；阻止。 —*k.n.* interdict; formal prohibition. 禁止；阻止；制止。

**laras** *k.n.* barrel; tub-like part, esp. of a gun. 桶；枪筒；炮筒。

**lari** *k.k.i.* run (*p.t. ran, p.p. run, pres. p. running*); move with quick steps and with always at least one foot off the ground. 跑；奔跑。 **kahwin ~** *k.k.i.* elope; run away secretly with a lover. 私奔。

**laringitis** *k.n.* laryngitis; inflammation of larynx. 喉炎。

**larut** *adj.* dissolve; disappear gradually. 溶解的；渐渐消失的。 **melarut** *k.k.i.,* **melarutkan** *k.k.t.* make or become liquid or dispersed in liquid; disappear gradually. 溶解；溶化；逐渐消失。 **berlarutan** *adj.* incessant; not ceasing. 不停的；连续的；持续不断的。 **tak larut** *adj.* insoluble; unable to be dissolved. 不能溶解的。

**larva** *k.n.* larva (*pl. -vae*); insect in the first stage after coming out of the egg. 昆虫的幼虫；幼体。

**laser** *k.n.* laser; device emitting an intense narrow beam of light. 莱塞；激光。

**lastik** *k.n.* catapult; device with elastic for shooting small stones; elastic; cord or material made elastic by interweaving strands of rubber, etc. 弹弓；石弩。 **melastik** *k.k.t.* hurl from or as if from a catapult. 弹射。

**lata** *k.n.* cascade; waterfall. 小瀑布；瀑布。

**latar, ~ belakang** *k.n.* background; back part of a scene or picture; conditions surrounding and influencing something. 出身；背景；背景资料。

**lateks** *k.n.* latex; milky fluid from certain plants, esp. the rubber tree; similar synthetic substance. 植物的乳液；橡浆；胶乳。

**latih, berlatih** *k.k.i.* practise; do something repeatedly to become or remain skilful. 练习；熟练。 **terlatih** *adj.* practised; experienced. 熟练的。 **melatih** *k.k.t.* train; teach. 培养；训练（人材）。

**latihan** *k.n.* practice; repeated exercise to improve skill. 反复的练习。 **~ asas** *k.n.* grounding; basic training. 基础训练。

**latihtubi** *k.n.* drill; training; (*colloq.*) routine procedure. 操练；演习；正式程序。 **melatihtubi** *k.k.t.* use; be trained. 使用；接受训练。

**Latin** *k.n.* Latin; language of the ancient Romans. 拉丁文；拉丁语。 —*adj.* of or in Latin; speaking a language based on Latin. 拉丁文的；拉丁语的；操拉丁语系语言的。

**latitud** *k.n.* latitude; distance of a place from the equator, measured in degrees. 纬度。

**lau, ~ burung** *k.n.* aviary; large cage or building for keeping birds. 鸟舍(尤指在动物园者)；鸟类饲养所。

**laudanum** *k.n.* laudanum; opium prepared for use as a sedative. 鸦片酊。

**laung, melaung** *k.k.i.* shout; utter a shout; call loudly. 喊；叫；呼喊。

**laungan** *k.n.* shout; loud cry or utterance. 叫喊；呼喊。

**laurel** *k.n.* laurel; evergreen shrub with smooth glossy leaves. 月桂树；月桂树叶。

**laut** *k.n.* sea; expanse of salt-water surrounding the continents; section of this; large inland lake; waves of the sea; vast expanse. 海；海洋；海浪。 **aras ~** *k.n.* sea-level; level corresponding to the mean level of the sea's surface. 海平面。 **camar ~** *k.n.* sea-mew; gull. 海鸥。 **hijau ~** *adj. & k.n.* sea green; bluish-green. 海绿色(的)。 **kuda ~** *k.n.* sea-horse; small fish with a horse-like head. 海马。 **singa ~** *k.n.* lion; a kind of large seal. 海狮。

**lautan** *k.n.* ocean; sea surrounding the continents of the earth. 海洋。

**lava** *k.n.* lava; flowing or hardened molten rock from a volcano. 熔岩。

**lavender** *k.n.* lavender; shrub with fragrant purple flowers. 熏衣草。 **air ~** *k.n.* lavender water; delicate perfume made from lavender. 熏衣草香水。

**lawa** *adj.* chic (*-er, -est*); stylish and elegant; personable; good-looking. 潇洒的；别致的；俊俏的。

**lawak** *k.n.* comedy; light amusing drama; amusing incident. 喜剧；喜剧电影；滑稽事件。

**lawan** *k.n.* adversary; opponent; enemy; match. 对手；敌手；敌人；相配者。 **~ dalam** *k.n.* infighting; boxing closer than at arm's length; hidden conflict within an organization. 拳击的近击战；混战；暗斗。 **berlawan** *k.k.i.* set against each other in a contest. 对打。

**berlawanan** *adj.* contrary; opposite in nature or tendency or direction. 相反的；反对的。

**layak** *adj.* competent; having ability or authority to do what is required; adequate; eligible; qualified to be chosen or allowed something; regarded as desirable. 能干的；有能力的；适当的；合格的。 **melayakkan** *k.k.t.* qualify; make or become competent or eligible or legally entitled to do something; limit the meaning of; attribute a quality to. 使合格；使适当；使合理。

**layan** *k.k.t.* attend; give attention to. 侍候；招待。

**layanan** *k.n.* attendance. 侍候；招待。

**layang-layang** *k.n.* kite; light framework on a string, for flying in the wind as a toy. 风筝；纸鸢。 **burung ~** *k.n.* swallow; small migratory bird with a forked tail. 燕子。

**layar** *k.n.* sail; piece of fabric spread to catch the wind and drive a ship or boat along. 帆；蓬。 **~ cucur** *k.n.* jib; triangular sail stretching forward from a mast. 船首三角帆。 **tebar ~** *k.n.* gable; triangular part of an outside wall, between sloping roofs. 山形墙；三角墙。 **melayarkan** *k.k.t.* navigate; sail in or through (a sea or river, etc.); direct the course of (a ship or vehicle, etc.). 航行于；驾驶(船舶)。 **ahli ~** *k.n.* navigator. 航海者。

**layu** *adj.* wilt; lose or cause to lose freshness and droop. 枯萎的；凋谢的；憔悴的。

**layur, melayur** *k.k.t.* parch; make hot and dry. 烤；烘；使焦干。

**lazim** *adj.* inveterate; habitual; firmly established; ordinary; not exceptional. 积习的；根深蒂固的；习惯的。

**lazuardi** *k.n.* lapis lazuli; blue semiprecious stone. 青金石；天蓝石。

**lb** *kep.* lb.; pound(s) weight. (缩写) 英磅 (英国货币单位)；磅 (重量单位)。

**lebah** *k.n.* bee; insect that produces wax and honey; honey bee, common bee living in a hive. 蜂；蜜蜂。 **~ jantan** *k.n.* drone; male honey bee. 雄蜂。 **lilin ~** *k.n.* beeswax; yellow substance secreted by bees, used as polish. 蜂蜡。

**lebar** *k.n.* breadth; width; broadness. 宽度；幅面；广阔的区域。

**lebat, hujan ~** *adj.* downpour; great fall of rain. 倾盆大雨的；豪雨的。

**lebih** *k.k.t.* extra; more than usually; in addition; more; to a greater extent; again. 附加；额外；此外。 **~ kurang** more or less; approximately. 大概的；大约的。 **berlebih** *adj.* additional; more than is usual or expected; greater in quantity or intensity; excessive; too much. 增加的；附加的；补充的。 **berlebihan** *adj.* abundant; plentiful; having plenty of something. 丰富的；大量的。 **berlebih-lebihan** gaudy (-ier, -iest); showy or bright in a tasteless way. 华丽而俗气的；华而不实的。

**lebihan** *k.n.* excess; exceeding of due limits; amount by which one quantity, etc. exceeds another; agreed amount deductible by an insurer from the total claimed by the insured person; (*pl.*) immoderation in eating or drinking; overspill; what spills over; district's surplus population seeking accommodation elsewhere; surplus; amount left over after what is needed has been used; excess of revenue over expenditure. 过度；超越；超额量；溢出物；公积金；过剩；剩余物；剩余额。

**lebuh** *k.n.* avenue; wide street or road. 林荫大道。 **~ raya** *k.n.* highway; public road; main route. 公路；大路。

**lebur** *adj.* molten; liquefied by heat. (金属) 熔化的。 **melebur** *k.k.t.* melt; make into or become liquid, esp. by heat; soften through pity or love; fade away. 溶解；(感情、情绪) 软化。

**lecek** *adj.* mashed. 捣碎的。 **bahan ~** *k.n.* mash; soft mixture of grain or bran. 捣碎物；压碎物；麦芽浆。 **kentang ~** *k.n.* (*colloq.*) mashed potatoes. 马铃薯泥。 **melecek** *k.k.t.* mash; beat or crush into a soft mixture. 磨烂；压碎。

**lecet, melecet** *k.k.i.* footsore; with foot sore from walking; make or become sore by rubbing. 因走路过多而脚痛；脚酸。

**ledak** *k.k.i.* blow; break with explosives. (轮胎等) 爆炸。 **meledak** *k.k.i.* detonate; explode; expand and break with a loud noise. 引爆；使爆发。 **meledakkan** *k.k.t.* cause to do this; burst out; show sudden violent emotion; increase suddenly; destroy (a theory) by showing it to be false. 炸毁；爆发；急增；粉碎 (原理)。

**ledakan** *k.n.* explosion; detonation. 爆发；爆炸。

**leftenan** *k.n.* lieutenant; army officer below captain; naval officer below lieutenant-commander; rank just below a specified officer; chief assistant. 陆军中尉；海军上尉。

**lega** *adj.* easy; free from pain or anxiety. 随和的；舒适的；安逸的；悠闲的。 **melegakan** *k.k.t.* ease; relieve from pain, etc.; make or become less tight or forceful or burdensome. 使安逸；使安心；使悠闲自在；减轻痛苦等。

**legap** *adj.* opaque; not clear; not transparent. 不透明的；不透光的。

**legenda** *k.n.* legend; story handed down from the past; such stories collectively. 传说；神话；传奇。

**leher** *k.n.* neck; narrow part connecting the head to the body; part of a garment round this; narrow part of a bottle, cavity, etc. 颈；颈部；衣领；瓶颈。 **tali ~** *k.n.* necktie; man's tie. 领带。

**lejar** *k.n.* ledger; book used as an account-book or to record trading transaction. 分类帐；总帐。

**leka** *adj.* lax; slack; not strict or severe. 松懈的；马虎的；不严格的。

**lekap, melekap** *k.k.i.* cleave (*old use*); stick; cling. 粘贴；粘着；依附。

**lekat, melekat** *k.k.t./i.* adhere; stick; juxtapose; put (things) side by side. 粘附；附着；使并置。 **melekatkan** *k.k.t./i.* attach; fix to something else. 附上；贴上。

**lekatan** *k.n.* juxtaposition. 并列；并置；粘附。

**lekit** *adj.* glutinous; glue-like; sticky; gummy; tacky. 粘质的；胶粘的；胶似的。

**leksikon** *k.n.* lexicon; dictionary; esp. of Greek. 尤指希腊文等的字典；专门词汇。

**lekuk** *k.n.* dint; dent. 凹陷；凹痕。

**lelabah, labah-labah** *k.n.* spider; small animal (not an insect) with a segmented body and eight jointed legs, living on insects. 蜘蛛。

**lelaki** *k.n.* chap; (*colloq.*) man. 小伙子；男人。 **budak ~** *k.n.* boy; male child; young man. 男孩；少男。 **teman ~** *k.n.* boy friend; women's usual male companion. 男朋友；男伴。 **kaum ~** *k.n.* menfolk; men in general; men of one's family. （家里的）男人们。 **saudara ~** *k.n.* brother; son of the same parents as another person. 兄弟。 **ipar ~** *k.n.* brother-in-law (pl. *brothers-in-law*); brother of one's husband or wife; husband of one's sister. 姐夫；妹夫；内兄；大伯；小叔。

**lelangit** *k.n.* palate; roof of the mouth. 上颚。

**lelap** *k.k.i.* kip (p.t. *kipped*); (*sl.*) sleep. 睡觉。

**lelas** *adj.* abrasive; causing abrasion; harsh. 引起磨损的；腐蚀性的。 **melelaskan** *k.k.t.* abrade. 擦伤；刮伤。

**lelasan** *k.n.* abrasion; rubbing or scraping away; injury caused by this. 擦伤；磨损。

**leleh, meleleh** *k.k.i.* dribble; have saliva flowing from the mouth; ooze; trickle or flow out slowly; flow or let flow in drops. 使滴下；使细流；滴落；流口水；慢慢渗出。

**lelehan** *k.n.* discharge; discharging; substance discharged. （液体等）涓滴。

**lelong** *k.n.* auction; public sale where articles are sold to the highest bidder. 拍卖。 **melelongkan** *k.k.t.* auction; sell by auction. 拍卖。

**lelopak** *k.n.* magazine; store for ammunition, explosives, etc.; chamber holding cartridges in a gun, slides in a projector, etc. 杂志；子弹盒；炸药库；枪的弹膛。

**lelucon** *k.n.* humour; quality of being amusing; state of mind. 幽默；玩笑；天生气质。

**leluhur** *k.n.* forbears (*pl.*); ancestor; person from whom one's father or mother is descended. 祖先；祖宗。

**lelurah** *k.n.* gully; narrow channel cut by water or carrying rainwater from a building. （山腰等处的）冲沟；溪谷；壑。

**lemah** *adj.* feeble (*-er, -est*); frail; not strong; physically weak. 衰弱的；虚弱的；无力的。 **~ fikiran** *adj.* feeble-minded; mentally deficient. 意志薄弱的；低能的。 **melemahkan** *k.k.t.* emasculate; deprive of force; weaken; enervate; cause to lose vitality; enfeeble; make feeble. 使柔弱；使衰弱；减少力气；削弱。

**lemak** *adj.* fatty; like fat; containing fat. 肥

**lemas** 胖的；多脂肪的；油腻的。 —*k.n.* fat; white or yellow substance found in animal bodies and certain seeds. 脂肪；肥肉；油脂。 **~ paus** *k.n.* blubber; whale fat. 鲸油；鲸脂。 **berlemak** *adj.* fat (*fatter, fattest*); containing much fat. 多脂肪的。

**lemas** *k.k.i.* drown; kill or be killed by suffocating in water or other liquid; flood; drench. 淹死；溺死；沉溺于。 **melemaskan** *k.k.t./i.* suffocate; kill by stopping the breathing; cause discomfort to by making breathing difficult; be suffocated. 闷死；使窒息；使不能呼吸。

**lembah** *k.n.* dale; valley. 谷；山谷；低凹地。

**lembam** *adj.* dilatory; delaying; not prompt; inert; without the power of moving; without active properties; not moving or taking action; dunce; person slow at learning. 迟误的；缓慢的；迟钝的；呆滞的。

**lembangan** *k.n.* basin; sunken place; area drained by a river. 盆；盆地；河湾流域。

**lembap** *adj.* damp (*-er, -est*); slightly wet; dank; damp and cold; moist (*-er, -est*). 潮湿的；湿润的；又冷又湿的。 **melembapkan** *k.k.t.* make damp; discourage; stop the vibration of. 使潮湿；使泄气；使沮丧。 **lapisan ~** *k.n.* damp course; layer or damp-proof material in a wall, to keep damp from rising. 防湿层。

**lembapan** *k.n.* moisture; water or other liquid diffused through a substance or as vapour or condensed on a surface. 湿气；潮湿。 **melembap cair** *k.k.i.* deliquesce. 融解；潮解。

**lembayung** *adj. & k.n.* crimson; deep red. 深红色(的)；绯红色(的)。

**lembik** *adj.* flaccid; hanging loose or wrinkled; not firm. 软弱的；松弛的；不结实的。

**lembing** *k.n.* javelin; a light spear. 标枪；轻矛。

**lembu** *k.n.* cow; fully grown female of cattle. 母牛。 **~ dara** *k.n.* heifer; young cow. 小牝牛。

**lembung, melembung** *adj.* inflatable; able to be inflated. 可膨胀的；可充气的。 **melembungkan** *k.k.t.* inflate; fill with air or gas so as to swell; increase artificially. 膨胀；使充气。

**lembur** *k.n.* overtime; in addition to regular working hours; time worked thus; payment for this. 超时工作；加班；加班费。

**lembut** *adj.* bland (*-er, -est*); gentle and casual; not irritating or stimulating; lenient; not punishing severely; lithe; supple; agile; moderate in intensity; not harsh or drastic; not strongly; flavoured. 温和的；刺激性少的；不严厉的；宽厚的；柔软的；顺从的；敏捷的；不浓烈的。

**lemon** *k.n.* lemon; oval fruit with acid juice; tree bearing it; its pale yellow colour. 柠檬；柠檬树。

**lemoned** *k.n.* lemonade; lemon flavoured soft drink. 柠檬水。

**lempar, melempar** *k.k.t.* hurl; throw violently. 投；掷；猛力投掷。

**lemparan** *k.n.* hurl; violent throw. 猛力投掷。

**lena** *adj.* asleep; in or into a state of sleep; numbed. 睡着的；熟睡的；麻木的；麻痹的；僵硬了的。 **terlena** *k.k.i.* doze; sleep lightly; oversleep (*p.t. -slept*); sleep longer than one intended. 打瞌睡；打盹；酣睡。

**lencana** *k.n.* badge; thing worn to show membership, rank, etc.; crest; design above a shield on a coat of arms or used separately; insignia (*pl.*); symbols of authority or office; identifying badge. 徽章；标记；勋章。

**lencong** *k.k.i.* chamfer (*p.t. chamfered*); bevel the edge of. 斜切。 **melencongkan** *k.k.t.* divert; turn from a course or route. 使转移；使转向；改道。

**lencongan** *k.n.* detour; deviation from a direct or intended course; diversion; diverting. 绕道；弯路；迂路。

**lendir** *k.n.* mucus; slimy substance coating the inner surface of hollow organs of the body. (动植物的) 粘液。 **berlendir** *adj.* mucous; like or covered with mucus. 像粘液的；粘性的。

**lengah, berlengah-lengah** *k.k.i.* dally; idle; dawdle; flirt; walk slowly and idly; take one's time. 虚度；闲荡；懒散；延误；迟缓。

**lengan** *k.n.* arm; upper limb of the human body; similar projection; forearm; arm from the elbow downwards. 臂；(人体的) 前臂；臂状物；椅子等的扶手。

**lengang** *adj.* desolate; solitary; lonely; deserted; uninhabited. 荒芜的；颓废的；孤寂的；凄凉的；人烟稀少的。

**lengas** *adj.* clammy (*-ier, -iest*); unpleasantly moist and sticky. 潮湿的；冷湿的。 **melengas** *adj.* humid; (of air) damp. 有湿气的。

**lengkap** *adj.* equipped. 完备的；有装备的；作好准备的。 **melengkapi** *k.k.t.* equip; supply with what is needed. 配备；装备；准备充足。 **tidak ~** *adj.* incomplete; not complete. 不完整的；不齐全的。

**lengkok** *k.n.* arc; part of a curve. 弧；弓形物。

**lengkung** *k.n.* curve; line or surface with no part straight or flat. 转弯；弯曲；曲折。 **melengkungkan** *k.k.t.* form (into) a curve. 弯曲。

**lengkungan** *k.n.* curvature; curving; curved form. 半圆形的边；弧形；弯曲；曲折。

**lentur** *adj.* limber; flexible; supple. 柔软的；易弯曲的；可塑的；柔韧的。

**lenyap** *k.k.i.* disappear; pass from sight or existence; vanish; disappear completely. 消失；消逝；消散。 **melenyapkan** *k.k.t.* dispel (p.t. *dispelled*); drive away; dissolve; disappear gradually. 消除；驱散；消释；消失。

**leotad** *k.n.* leotard; close-fitting garment worn by acrobats, etc. 杂技员穿的高领长袖紧身衣。

**lepak** *adj.* gruelling; very tiring. 折磨的；筋疲力尽的。

**lepas** *k.k.i.* free; able to move. 自由；自主；不受控制。 **melepaskan** *k.k.t.* discharge; allow to leave; exonerate; declare or show to be blameless; forgo (p.t. *forwent*, p.p. *forgone*); give up; go without. 使免罪；弃绝；放弃；使免除；释放。 **terlepas** *k.k.i.* escape; get free; get out of its container; avoid; be forgotten or unnoticed by; be uttered unintentionally. 逃脱；逃亡；逃避；避免；解脱。

**lepuh** *k.n.* blister; bubble-like swelling on skin; raised swelling on a surface. 因烫伤而起的水疱。 **melepuhkan** *k.k.t.* blister; cause blister(s) on. 使(手脚等) 起水疱。 **melepuh** *k.k.i.* blister; be affected with blister(s). 起水疱。

**lerai, meleraikan** *k.k.t.* disengage; free from engagement; detach. 解开；解除(契约等)；解脱；分离；分开。

**lereng** *k.n.* bevel; sloping edge; grade; slope. 斜面；斜边；斜坡。 **melerengkan** *k.k.t.* bevel (p.t. *bevelled*); give a sloping edge to. 使成斜角；斜切。

**lesbian** *k.n.* lesbian; homosexual woman. 搞同性恋的女子。

**lesen** *k.n.* licence; official permit to own or do something; permission. 执照；许可；许可证。 **memberikan ~** *k.k.t.* license; grant a licence to or for. 批准；许可；发许可证(执照等) 给…。 **pemegang ~** *k.n.* licensee; holder of a licence. 许可证持有人；领有执照者。

**leset, meleset** *adj.* depressed. 被压低的；沮丧的；不景气的。

**lesi** *adj.* peaky; looking drawn and sickly. 憔悴的；苍白的。 —*k.n.* lesion; harmful change in the tissue of an organ of the body. 因受伤或疾病引起的肌体、

器官上的损害。**pucat ~** *adj.* cadaverous; gaunt and pale. 死灰色的；苍白的。

**lesu** *adj.* drawn; looking strained from tiredness or worry; haggard; looking ugly from exhaustion; jaded; tired and bored; languid; lacking vigour or vitality; listless; without energy or enthusiasm. 憔悴的；过度的；精疲力竭的。**melesukan** *k.k.i.* languish; lose or lack vitality; debilitate; weaken; fatigue; cause fatigue to. 苦恼；憔悴；沮丧；衰弱。

**leter** *k.k.i.* nag (p.t. *nagged*); find fault or scold continually. 发牢骚；唠叨。**berleter** *k.k.i.* chatter; talk quickly and continuously about unimportant matters; (of teeth) rattle together. 喋喋不休；(发抖时牙齿)格格响。

**leteran** *k.n.* chatter; chattering talk. 闲谈。

**letupan, bahan ~** *k.n.* explosive; (substance) able or liable to explode. 爆炸性；爆炸；炸药。

**letus** *k.k.i.* erupt; break out or through; shoot forth lava. (火山、战争、危机等)爆发；爆炸。

**letusan** *k.n.* eruption; outbreak; breaking out of anger or war or disease, etc. 爆炸；爆发；怒火、战争、疾病等突然发作或蔓延。

**leukemia** *k.n.* leukaemia; disease in which white corpuscles multiply uncontrollably. 白血病。

**leukosit** *k.n.* leucocyte; white bloodcell. 白血球。

**Levant** *k.n.* Levant; countries and islands of the eastern Mediterranean. 黎凡特(地中海东部主诸国家及岛屿总称，指自希腊至埃及一带地区)。

**lewat** *adj. & kkt.* late (-*er*, -*est*); after the proper or usual time; far on in a day or night or period; behindhand; late; out of date; overdue; not paid or arrived, etc. by the due time. 迟(的)；晚(的)；迟于规定或预定时间(的)；过期(的)。**terlewat** *adj.* belated; coming very late or too late. 延误的；过期的；来迟的。

**liar** *adj.* wild; living or growing in its original or natural state; not domesticated or tame; not civilized. (动物)野性的。

**liat** *adj.* hard (-*er*, -*est*); firm; not easily cut; (of water) containing mineral salts that prevent soap from lathering freely. 坚硬的；硬质的；坚实的。

**libat, melibat** *k.k.t.* entangle; tangle; entwine and trap; implicate; involve. 缠住；套住；牵连；涉及。**melibatkan** *k.k.t.* incriminate; indicate as involved in wrongdoing; involve; have as a consequence; include or affect in its operation; show to be concerned in a crime, etc. 使负罪；控告；连累；牵涉。

**Liberal** *adj. & k.n.* Liberal; (member) of the U.K. political party favouring moderate reforms. 自由党(的)。

**Liberalisme** *k.n.* Liberalism. 自由主义。

**libido** *k.n.* libido (pl. -*os*); emotional energy or urge, esp. of sexual desire. 性欲；性的本能。

**libreto** *k.n.* libretto (pl. -*os*); words of opera or other long musical work. 戏剧、音乐剧等的脚本；乐词。

**licik** *adj.* cunning; artful; skilled at deception; crafty; ingenious. 灵巧的；诡诈的；圆滑的。

**lidah** *k.n.* tongue; muscular organ in the mouth, used in tasting and swallowing and (in man) speaking. 舌头。

**lido** *k.n.* lido (pl. -*os*); public open air swimming-pool or beach. 公共露天游泳池或海滨浴场。

**lien** *k.n.* lien; (Law) the right to hold another person's property until a debt on it is paid. 债权人在债务未清偿前对抵押品的留置权。

**lif** *k.n.* lift; apparatus for transporting people or goods from one level to another, esp. in a building. 电梯；升降机。

**liga** *k.n.* league; union of people or countries; association of sports clubs which compete against each other for a championship; class of contestants. (人或国家为达致某一目标而组成的) 联盟；(足球等运动的) 竞赛联合会。 —*k.k.i.* form a league. 与…联盟。

**ligamen** *k.n.* ligament; tough flexible tissue holding bones together. 系带；韧带。

**ligatur** *k.n.* ligature; thing that ties something, esp. in surgical operations. 带子；(尤指) 绷带；结扎带；连系物。

**lignit** *k.n.* lignite; a brown coal of a woody texture. 褐煤。

**lihat, melihat** *k.k.i* foresee; forecast; look; see. 预知；预见；预示；望；观看；注视；留意。

**liku** *k.n.* meander; winding course. 曲折；弯曲。 **berliku** *k.k.i.* follow a winding course. 缓慢而弯曲地移动。 —*adj.* devious; roundabout; not straight forward; underhand. 迂回曲折的；不光明正大的。

**likur** *k.n.* liqueur; strong alcoholic spirit with fragrant flavouring. 甜露酒；一种味香性烈的酒类。

**lili** *k.n.* lily; plant growing from a bulb, with large white or reddish flowers. 百合属植物；百合花。

**lilit, melilit** *k.k.t./i.* intertwine; entwine; be entwined. 纠缠；缠结；使盘绕。 **melilitkan** *k.k.t.* gird; encircle; attach with a belt or band. 使缠绕；围绕；包围。

**lilitan** *k.n.* circumference; boundary of a circle; distance round this. 圆周；四周；周围。

**lima** *adj. & k.n.* five; one more than four (5, V). 五 (的)。 **~ belas** *adj. & k.n.* fifteen; one more than fourteen (15, XV). 十五 (的)。 **kelima belas** *adj. & k.n.* fifteenth. 第十五个 (的)；十五分之一 (的)。 **kelima** *adj. & k.n.* fifth; next after fourth. 第五个 (的)。 **~ puluh** *adj. & k.n.* fifty; five times ten (50, L). 五十 (的)。 **kelima puluh** *adj. & k.n.* fiftieth. 第五十个 (的)。

**limau** *k.n.* lemon; oval fruit with acid juice. 柠檬；柠檬树。 **~ gedang** *k.n.* grapefruit; large round yellow citrus fruit. 葡萄柚。 **~ kumkuat** kumquat. 金柑；金橘。 **~ nipis** *k.n.* lime; round yellowish-green fruit like a lemon. 酸橙。 **pokok ~ nipis** *k.n.* linden; lime tree. 菩提树；椴树。

**limbang, melimbang** *k.k.t.* pan (p.t. *panned*); wash (gravel) in a pan in searching for gold. 淘洗金沙。

**limbo** *k.n.* limbo (pl. *-os*); West Indian dance in which the dancer bends back to pass below a bar. 西印度群岛的林波舞。

**limbungan** *k.n.* dockyard; area and buildings round a shipping dock. 修船厂；造船厂。 **buruh ~** *k.n.* docker; labourer who loads and unloads ships in a dockyard. 船坞工人；码头工人。

**limerik** *k.n.* limerick; a type of humorous poem with five lines. 五行打油诗。

**limfa** *k.n.* lymph; colourless fluid from body tissue or organs. 淋巴；淋巴液。

**limosin** *k.n.* limousine; luxurious car. 大型高级轿车。

**limpa** *k.n.* spleen; abdominal organ of the body; involved in monitoring the proper condition of the blood. 脾；脾脏。

**limpah** *k.k.i.* overflow; flow over the edge or limits (of). 溢出；涨满；泛滥。 **berlimpah-limpah** *adj.* copious; plentiful. 丰裕的；丰富的；富足的。 —*k.k.i.* abound; be plentiful. 富于；充满。 **melimpah ruah** *adj.* bountiful; abundant. 丰富的；大量的。

**limpahan** *k.n.* what overflows; outlet for excess liquid. 泛滥；溢出物；溢流口。

**lincah** *adj.* nimble (-*er*, -*est*); able to move quickly. 敏捷的；机警的。

**lincir** *adj.* smooth; moving evenly without bumping. 顺利的；顺利进行的。

**melincirkan** *k.k.t.* lubricate; oil or grease (machinery, etc.). 使润滑；涂油；上油。

**lindung, terselindung** *adj.* covert; concealed; done secretly. 隐蔽的；隐蔽方式的；隐匿的。

**lindungan** *k.n.* haven; refuge. 避难所。

**linear** *adj.* linear; of a line; of length; arranged in a line. 线的；直线的；线性的。

**linen** *k.n.* linen; cloth made of flax. 亚麻布；亚麻布类；亚麻布制品。 **kain ~** *k.n.* lawn; fine woven cotton or synthetic fabric. 上等细麻布。

**lingga** *k.n.* colossus (pl. -*ssi*); immense statue. 巨像。

**lingkar** *k.n.* coil; something coiled; one ring or turn in this. 卷；螺旋圈儿。 **berlingkar** *k.k.i.* coil; wind into rings or a spiral; convoluted; coiled; twisted. 盘绕；卷曲；卷。

**lingkaran** *k.n.* convolution; coil; twist; hank; coil or length of thread. 回旋；盘旋；拧转；环；卷。

**lingkung, melingkungi** *k.k.t.* beset (p.t. *beset*, pres. p. *besetting*); hem in; surround; habitually affect or trouble; circumscribe; draw a line round; restrict; encircle; surround. 包围；围绕；困扰；环绕；划界线；限制。

**lingkungan** *k.n.* circumscription; encirclement; enclosure; enclosed area; sphere; field of action or influence, etc. 划界；围绕；包围；界限；范围。

**lingua franca** *k.n.* lingua franca; language used between people of an area where several languages are spoken. (不同民族之间交往或交易时用的) 混合语。

**linguistik** *adj.* linguistic; of language. 语言上的；语言学的。 **ilmu ~** *k.n.* linguistics; study of languages and their structure. 语言学。

**linktus** *k.n.* linctus; soothing cough medicine. 润喉止咳糖浆。

**lino** *k.n.* lino; linoleum. 亚麻油地毡；漆布。

**linoleum** *k.n.* linoleum; a kind of smooth covering for floors. 亚麻油地毡；漆布。

**lintah** *k.n.* leech; small blood-sucking worm. 水蛭。

**lintang, melintang** *kkt.* crosswise; in the form of a cross. 交叉地；横置地。

**lintang-pukang** *kkt.* helter-skelter; in disorderly haste. 乱跑地；慌张地；狼狈地。

**lipan** *k.n.* centipede; small segmented crawling creature with many legs. 蜈蚣。

**lipas** *k.n.* cockroach; beetle-like insect that infests kitchen, etc. 蟑螂。

**lipat** *k.k.t.* fold; bend or turn (a flexible thing) so that one part lies on another; close by pressing parts together; become folded. 折叠；对折。 **melipat** *k.k.t.* collapse; fold. 折叠。 **berlipat** *adj.* collapsible; made so as to fold up. 可折叠的。

**lipatan** *k.n.* fold; folded part; hollow between thicknesses; line made by folding. 折叠物；对折；褶子。

**liput** *adj.* cover. 遮盖的；弥漫的。 **meliputi** *k.k.t.* comprehend; include. 包含；包括。

**lira** *k.n.* lira (pl. *lire*); unit of money in Italy and Turkey. 里拉；意大利及土耳其货币单位。

**lirik** *adj.* lyric; of poetry that expresses the poet's thoughts and feelings. (诗歌、词句等) 适合歌唱的；抒情的。 —*k.n.* lyric poem; words of a song. 抒情诗；歌词。 **berlirik** *adj.* lyrical; resembling or using language suitable for lyric poetry. 抒情的。 **melirik** *k.k.i.* leer; look slyly or maliciously or lustfully. 恶意地斜瞅；不怀好意一瞥。

**lirikan** *k.n.* leering look. 淫视；怒视。

**lisan** *adj.* oral; spoken not written; of the mouth; taken by mouth. 口述的；口头的。 **ujian ~** *k.n.* spoken examination; oral test. 口试。

**listeria** *k.n.* listeria; a type of bacteria causing food poisoning. 利斯特氏菌属。

**listeriosis** *k.n.* listeriosis. 利斯特氏肝菌病。

**litani** *k.n.* litany; a set form of prayer. 连祷。

**litar** *k.n.* circuit; line, route, or distance round a place; path of an electric current; apparatus through which a current passes. 电路；电路线；环行。 **hakim ~** *k.n.* circuit; judge's journey through a district to hold courts; this district. 电路；巡回（区）。

**liter** *k.n.* litre; metric unit of capacity (about 1 3/4 pints) for measuring liquids. 公升；容量单位。

**litigasi** *adj.* litigious; fond of litigation. 好诉讼的；爱打官司的。

**litmus** *k.n.* litmus; blue colouring matter that is turned red by acids and restored to blue by alkalis. 石蕊。 **kertas ~** *k.n.* litmus paper; paper stained with this. 石蕊试纸。

**litograf** *k.n.* lithograph; picture printed by lithography. 平版图；平版印刷品。

**litografi** *k.n.* lithography; printing from a design on a smooth surface. 平版印刷术。

**litoral** *adj.* littoral; of or by the shore. 海岸的；沿岸的。

**liturgi** *k.n.* liturgy; set form of public worship used in churches. 教会中的礼拜仪式。

**liuk, meliuk** *k.k.i.* snake; move in a winding course. 曲折前进或延伸；蛇行。

**liwat** *k.n.* pederasty. 鸡奸。 **peliwat** *k.n.* pederast. 鸡奸者。

**llama** *k.n.* llama; South American animal related to the camel but with no hump. 南美洲的无峰驼；美洲驼。

**loba** *adj.* grasping; greedy for money or possessions. 贪婪的；贪心的。

**lobak, ~ merah** *k.n.* carrot; tapering orange-red root vegetable. 胡萝卜。

**lobelia** *k.n.* lobelia; low-growing garden plant used, esp. for edging. 半边莲属植物。

**lobi**[1] *k.n.* lobby; body of people lobbying an M.P. or seeking to influence legislation. 经常出入议会走廊及休息室，疏通或游说议员的说客。

**lobi**[2] *k.n.* lobby; porch; entrance hall; anteroom. 厅堂；剧院、旅馆等的门廊。

**lobotomi** *k.n.* lobotomy; an incision into the frontal lobe of the brain. 脑白质切断术；叶切断术。

**lobus** *k.n.* lobe; rounded part or projection. 耳垂；耳垂状物。

**loceng** *k.n.* bell; cup-shaped metal instrument that makes a ringing sound when struck; its sound, esp. as a signal; bell-shaped thing. 铃；钟；门铃；钟声；钟状物。

**log**[1] *k.n.* log; device for gauging a ship's speed; log book; entry in this. 厚木；大木材；船只的测程仪；记录簿。 **buku ~** *k.n.* log book; book in which details of a voyage or journey are recorded. 航行日志；记录簿。

**log**[2] *k.n.* log; logarithm. 对数。

**logam** *k.n.* metal; any of a class of mineral substances such as gold, silver, iron, etc., or an alloy of these. 金属；金属制品。

**logamaya** *k.n.* mirage; optical illusion caused by atmospheric conditions. 海市蜃楼；幻想。

**loganberi** *k.n.* loganberry; large dark-red fruit resembling a blackberry. 罗甘莓。

**logaritma** *k.n.* logarithm; one of a series of numbers set out in tables, used to simplify calculations. 对数。

**loghat** *k.n.* patois; dialect; slang; words or phrases or particular meanings of these used very informally for vividness or novelty. 土语；方言；俚语；语调。

**logik** *k.n.* logic; science or method of reasoning; correct reasoning. 逻辑（学）；推理（法）。

**logistik** *k.n.* logistics; organization of supplies and services. 后勤（学）。

**logo** *k.n.* logo (pl. *-os*); printed design used as an emblem. 标识语句。

**loji** *k.n.* plant; factory; its machinery. 工厂；工厂等的全部设备。

**lojik** *adj.* logical; of or according to logic; reasonable; reasoning correctly. 合逻辑的；可正确地推理的；逻辑上的；合理的。

**lokek** *adj.* mean (*-er, -est*); miserly; niggardly; stingy. 吝啬的；一毛不拔的；小气的。

**loket** *k.n.* locket; small ornamental case worn on a chain round the neck. (挂在颈链下装相片或纪念品的) 金属小盒。

**lokomotif** *k.n.* locomotive; railway engine. 火车头；火车机车。

**lokum** *k.n.* locum; doctor or clergyman deputizing for one who is absent. 临时代职的医生或牧师。

**lokus** *k.n.* locus (pl. *-ci*, pr. *-sai*); thing's exact place; line or curve, etc. formed by certain points or by the movement of a point or line. 地点；所在地；轨迹。

**lokusi** *k.n.* locution; word or phrase. 惯用语法；说话风格。

**lolipop** *k.n.* lollipop; large, usu. flat boiled sweet on a small stick. 棒棒糖。

**lolong** *k.n.* howl; long loud wailing cry or sound. 嚎叫；号哭；狂喊。 **melolong** *k.k.i.* make or utter with a howl; weep loudly. 嚎叫；怒吼；狂喊。

**lombong** *k.n.* mine; excavation for extracting metal or coal, etc. 矿；矿场。 **melombong** *k.k.t./i.* dig for minerals; extract in this way. 开矿。 **~ arang batu** *k.n.* colliery; coal-mine. 煤矿。

**lompat** *k.k.i.*, **melompat** *k.k.t.* jump; make a sudden upward movement; rise suddenly; move up off the ground, etc. by muscular movement of the legs; pass over by jumping; use (a horse) for jumping; pass over to a point beyond; abscond from; pounce on; leap (p.t. *leaped*, p.p. *leapt*); jump vigorously. 跳；跃；弹跳；(价格等) 暴涨；跳过；越级；猛扑；突然离开 (轨道等)；(因负债等) 逃离。 **~ katak** *k.n.* leap frog; game in which each player in turn vaults over another who is bending down. 跳蛙游戏。 **melompat katak** *k.k.t.* leap-frogged; perform this vault (over). 跃过；蛙跳般前进。

**lompatan** *k.n.* jumping movement; sudden rise or change; gap in a series; obstacle to be jumped; vigorous jump. 跳跃；弹跳；暴涨；越过；猛扑；系列的中断；需跳过的障碍物。

**loncat** *k.k.i.* hop (p.t. *hopped*); jump on one foot or (of an animal) from both or all feet; (*colloq.*) make a quick short trip. 跳跃；跳过；作短途旅行。

**loncatan** *k.n.* hop; hopping movement; short flight. 跳跃；短途航程。

**longgar** *adj.* diffuse; diffused; not concentrated; wordy. 扩散的；散布的；冗长的；宽松的；不严密的。

**longgok** *k.n.* mass; large quantity or heap or expanse. 大宗；大量。 **melonggok** *k.k.t.*, **berlonggok** *k.k.i.* gather or assemble into a mass. 集聚；堆积。

**longgokan** *k.n.* midden; dung-heap; rubbish-heap. 堆积物；垃圾堆。

**longitud** *k.n.* longitude; distance east or west (measured in degrees on a map) from the Greenwich meridian. 经度。

**lonjak, melonjak** *k.k.i.* gambol (p.t. *gambolled*); jump about in play. 跳跃；雀跃；嬉戏。 **melonjak-lonjak** *k.k.i.* caper; move friskily. 雀跃；乱跳；蹦蹦跳跳。

**lonjakan** *k.n.* gambol; gambolling movement; frisky movement; (*sl.*) activity. 欢跃；(嬉戏时) 跳跃。

**lonjong** *k.n. & adj.* oval; (of) rounded symmetrical shape longer than it is broad. 椭圆形 (的)。 —*adj.* ovoid; eggshaped; oval. 椭圆形的；蛋形的。

**lontar, melontar** *k.k.t. see* **lempar**. 见 lempar。

**lori** *k.n.* lorry; large strong motor vehicle for transporting heavy loads. 卡车；运货汽车。

**lorong** *k.n.* alley (pl. *-eys*); narrow street; passage; long enclosure for tenpin bowling, etc.; footpath; path for pedestrians; pavement; lane; narrow road, track, or passage; strip of road for a single line of traffic; track to which ships or aircrafts, etc. must keep; path; way by which people pass on foot; line along which a person or thing moves; course of action; street; public road in a town or village, with houses on one or both sides. 小巷；小径；走廊；(保龄球等的)球道；人行道；步道；小路；小道；车道；(船、飞机等的)规定航路。

**losyen** *k.n.* lotion; medicinal or cosmetic liquid applied to the skin. 洗液；洗剂。

**lot** *k.n.* lot; piece of land; item being sold at auction. 一块地皮。

**loteng** *k.n.* garret; attic, esp. a poor one; room in the top storey of a house; loft; space under the roof of a house, stable, or barn; gallery in a church, etc. 阁楼；顶楼；屋顶层。

**loteri** *k.n.* lottery; system of raising money by selling numbered tickets and giving prizes to holders of numbers drawn at random; thing where the outcome is governed by luck. 抽彩给奖法。

**lotto** *k.n.* lotto; game like bingo but with numbers drawn instead of called. 落托数卡牌戏(一种抽数码赌博游戏)。

**loya** *k.n.* nausea; feeling of sickness. 恶心；作呕。 **meloyakan** *k.k.t.* nauseate; affect with nausea. 使人作呕；使人恶心。

**loyang** *k.n.* brass; yellow alloy of copper and zinc; thing(s) made of this. 黄铜；黄铜制品。

**lozeng** *k.n.* lozenge; small tablet to be dissolved in the mouth. 菱形；菱形物；(尤指带糖味的)小药片。

**luah** *k.k.i.* disgorge; eject; pour forth. 喷出；呕吐；交出。

**luar** *adj.* external; of or on the outside; from an independent source. 外面的；外部的；表面上的。 **~ biasa** *adj.* exceptional; very unusual; out standingly good. 例外的；特殊的；特别的。 **~ rumah** *adj.* outdoor; of or for use in the open air. 户外的。 **di ~ rumah** *k.k.t.* outdoors. 在户外。 **orang ~** *k.n.* outsider; non-member of a group. 局外人；外来者。

**luaran** *k.n.* exterior; exterior surface or appearance. 外部；外面；可见部分。

**luas** *adj.* broad (*-er, -est*); large across; wide; measuring from side to side; full and complete; in general terms; capacious; roomy; extensive; extending far, large in area or scope. 宽的；宽阔的；主要的；广阔的。 **berpandangan ~** *adj.* broad-minded; having tolerant views. 宽宏大量的。 **meluaskan** *k.k.t.,* **meluas** *k.k.i.* broaden; make or become broader. 增广；加宽。 **memperluaskan** *k.k.t.* extend; enlarge. 扩大；放大；伸展。

**lubang** *k.n.* hole; hollow place; burrow; aperture; wretched place. 洞；破洞；洞穴。 **melubangkan** *k.k.t.* make hole(s) in. 挖洞。 **berlubang-lubang** *adj.* holey; full of holes. 有孔的；布满洞孔的。 **~ kunci** *k.n.* keyhole; hole by which a key is put into a lock. 锁匙孔；锁孔。 **~ pemeriksa** *k.n.* loophole; narrow opening in the wall of a fort, etc. 窥孔；漏洞。

**lubuk** *k.n.* gulf; deep hollow. 深渊；鸿沟。

**lucah** *adj.* dirty; lewd; obscene; indecent in a repulsive or offensive way. 下流的；淫荡的；无耻的；好色的。

**lucu** *adj.* comic; causing amusement; of comedy; droll (*-er, -est*); amusing in an odd way; humorous. 滑稽的；好笑的。 **melucu** *k.k.i.* humour; keep (a person) contented by doing as he wishes. 幽默；开玩笑；做出令人发笑的动作。

**lucut** *k.k.t.* denude; strip off covering or property. 剥光；剥夺。 **melucuti** *k.k.t.* divest; divest of; strip of. 剥夺；脱下。 **melucutkan** *k.k.t.* deprive; take a thing away from. 使丧失（权利等）；剥夺。

**ludah** *k.n.* spit; spittle; saliva; act of spitting. 口水；唾吐；唾液。 **berludah** *k.k.i.*, **meludah** *k.k.t./i.* spit (p.t. *spat* or *spit*, pres.p. *spitting*); eject from the mouth; eject saliva; make a spitting sound in anger or hostility. 吐口水；吐痰；愤怒地说；尖刻地咒骂。

**ludo** *k.n.* ludo; simple game played with counters on a special board. 鲁多（英国一种骰子游戏）。

**luhur** *adj.* august; majestic; imposing. 威严的；尊严的；可敬的。

**luka** *k.n.* hurt; injury; harm. 伤；损害；伤害。 **melukai** *k.k.t.* hurt; cause pain, harm, or injury to; lacerate; wound (feelings). 使受伤；使疼痛；损害；带来痛苦。 **terluka** *k.k.i.* injured; cause or feel pain. 伤害；损害。

**lukisan** *k.n.* drawing, picture, etc. drawn but not coloured. 素描；绘图。

**lulur, melulur** *k.k.i.* gulp; swallow (food, etc.) hastily or greedily; make a gulping movement. 吞下；咽下。

**lulus** *k.k.i.* pass; achieve the required standard in a test. 越过；考试及格。 **meluluskan** *k.k.t.* examine and declare satisfactory. 检查；审查（合格）。

**lumayan** *adj.* handsome; very large. 大方的；健美的；可观的。

**lumba, berlumba** *k.k.i.* race; compete in a race (with); engage in horse-racing; move or operate at full or excessive speed. 竞赛；比赛；参加赛马。

**lumbago** *k.n.* lumbago; rheumatic pain in muscles of the loins. 腰部风湿痛。

**lumen** *k.n.* lumen. 流明（光通量单位）。

**lumpuh** *adj. & k.n.* paralytic; cripple; lame person; disabled; having a physical disability; palsied. 瘫痪(的)；残废(的)。 **melumpuhkan** *k.k.t.* paralyse; affect with paralysis; bring to a standstill; disable; deprive of some ability; make unfit; make a cripple; weaken seriously. 使瘫痪；使残废；使无能。

**lumpur** *k.n.* mud; wet soft earth. 泥；泥土。 **berlumpur** *adj.* muddy (*-ier, -iest*); like mud; full of mud; not clear or pure. 泥泞的；(水)混浊的。

**lumur, melumuri** *k.k.t.* baste; moisten with fat during cooking. 在(烤肉等上)涂油。 **melumurkan** *k.k.t.* daub; smear roughly. 涂抹；涂污。

**lumuran** *k.n.* smear. 污迹；污点。

**lumut** *k.n.* lichen; dry-looking plant that grows on rocks, etc. 地衣(低等植物的一类)。

**lunak** *adj.* mellow (*-ier, -iest*); (of fruit) ripe and sweet; (of sound) soft and rich; (of persons) having become kindly, e.g. with age. (水果)成熟的；(声音)圆润的；(人)圆熟的；老练的。

**lunas** *k.n.* keel; timber of steel structure along the base of a ship. 船等的龙骨。 **melunasi** *k.k.t.* discharge; pay (a debt). 还清；清偿(债务等)。

**luncur** *k.k.i.* glide; move smoothly; fly in a glider or aircraft without engine power. 滑动；滑行；滑翔。

**lundi** *k.n.* grub; worm-like larva of certain insects. 蛆；幼虫。

**luntur** *k.k.i.* discolour; spoil the colour of; become discoloured or changed in colour. 退色；脱色；使变色。 **melunturkan** *k.k.t.* bleach; whiten by sunlight or chemicals; fade; lose or cause to lose colour, freshness, or vigour. 漂白；弄白；使退色。

**lupa** *k.k.i.* forget (p.t. *forgot*, p.p. *forgotten*); lose remembrance (of); stop thinking about. 忘记；忽略。 **~ diri** forget oneself; behave without suitable dignity. 奋不顾身；失态；忘我。

**lupus** *k.n. see* **luput**. 见 **luput**。

**luput** *k.n.* expiry; termination of validity. 满期；到期。 **meluputkan** *k.k.t.* banish; dismiss from one's presence or thoughts. 消除；忘记。

**lurus** *adj.* diametrical; (of opposition) direct; not crooked or roundabout; with nothing or no one between; without complications; straightforward; honest; frank; straight (*-er, -est*); extending or moving in one direction; not curved or bent; correctly or tidily arranged; in unbroken succession; not modified or elaborate; without additions. 直径的；正对的；完完全全的；坦白的；平直的；整齐的；正确的。 **meluruskan** *k.k.t.* straighten; make or become straight. 弄直；矫正；变直。

**lusuh** *adj.* outworn; worn out. 过时的；旧式的。

**lut** *k.n.* lute; guitar-like instruments of the 14th-17th centuries. 鲁特琴；14-17世纪的一种拨弦乐器。

**Lutheran** *adj.* Lutheran; of the Protestant reformer Martin Luther or his teachings. 马丁路德的；路德教派信徒的。

**lutut** *k.n.* knee; joint between the thigh and the lower part of the leg; part of a garment covering this. 膝；膝盖。 **melutut** *k.k.t.* kneed; touch or strike with the knee. 用膝盖碰。 **tempurung** ~ *k.n.* kneecap; small bone over the front of the knee; covering for the knee. 膝盖骨；护膝物。 **berlutut** *k.k.i.* knelt; lower one's body to rest on the knees with legs bent back, esp. in reverence. 跪下；跪着。

**lyre** *k.n.* lyre; ancient musical instrument with strings in a U-shaped frame. 古希腊的里拉琴（一种七弦竖琴）。

# M

**m.** *kep.* m.; metre(s); mile(s); million(s). （缩写）公尺（长度单位）；英里；百万。

**M.A.** *kep.* M.A.; Master of Arts. （缩写）文学硕士。

**maaf** *k.n.* forgiveness. 饶恕；原谅。 **memaafi** *k.k.t.* forgive (p.t. *forgave,* p.p. *forgiven*); pardon (p.t. *pardoned*); cease to feel angry or bitter towards or about. 原谅；宽恕；饶恕。

**mabuk** *adj.* drunk; excited or stupefied by alcoholic drink; inebriated; drunken. 醉酒的；烂醉的。 **memabukkan** *k.k.t.* fuddle; stupefy, esp. with drink. 使糊涂；使混乱；酩酊大醉。

**Mac** *k.n.* March; third month of the year. 三月。

**macam** *kkt. see* **bagai**. 见 **bagai**。

**Mach** *k.n.* Mach; **nombor** ~ Mach number; ratio of the speed of a moving body to the speed of sound. 马赫值；飞行速度与音速之比例值。

**mackerel** *k.n.* mackerel; edible seafish. 鲭鱼。

**mackintosh** *k.n.* mackintosh; cloth waterproofed with rubber; raincoat. 雨衣；防水胶布。

**madat** *k.n. see* **candu**. 见 **candu**。

**madgad** *k.n.* mudguard; curved cover above the wheel of cycle, etc. to protect the rider from the mud it throws up. 脚踏车等的挡泥板。

**madonna** *k.n.* madonna; picture or statue of the Virgin Mary. 圣母玛利亚的画像或雕像。

**madrigal** *k.n.* madrigal; part-song for voices. 小曲；牧歌；情歌。

**madu** *k.n.* honey (pl. *-eys*); sweet substance made by bees from nectar; its yellowish colour; sweetness; pleasantness; nectar; sweet fluid from plants, collected by bees; any delicious drink. 蜂蜜；蜜糖；甜蜜；甜美饮料；花蜜。

**maestro** *k.n.* maestro (pl. *-i*); great conductor or composer of music; master of any art. (古典音乐) 编曲家；名指挥家；音乐师。

**mafela** *k.n.* muffler; scarf worn for warmth. 一种厚围巾。

**Magi** *k.n.* Magi (*pl.*); the 'wise men' from the East who brought offerings to Christ at Bethlehem. (《圣经》中记载,由东方来朝拜初生耶稣的) 东方三贤人。

**magnesia** *k.n.* magnesia; compound of magnesium used in medicine. 氧化镁。

**magnesium** *k.n.* magnesium; white metal that burns with an intensely bright flame. 镁。

**magnet** *k.n.* magnet; piece of iron or steel that can attract iron and point north when suspended; thing exerting powerful attraction. 磁铁；磁石。 **pita ~** *k.n.* magnetic tape; strip of plastic with magnetic particles, used in sound-recording, computers, etc. 磁带。 **memagnetkan** *k.k.t.* magnetize; make magnetic; attract. 起磁；把(某物)磁化。

**magnetik** *adj.* magnetic; having the properties of a magnet; produced or acting by magnetism. 有磁性的；有吸引力的；磁的。

**magnetisme** *k.n.* magnetism; properties and effects of magnetic substances; great charm and attraction. 磁性；磁力。

**magneto** *k.n.* magneto (pl. *-os*); small electric generator using magnets. 磁电机。

**magnitud** *k.n.* magnitude; largeness; size. 大小；量；重要性。

**magnolia** *k.n.* magnolia; tree with large wax-like white or pink flowers. 木兰；木兰属植物。

**magnum** *k.n.* magnum; bottle holding two quarts of wine or spirits. (两夸脱容量的) 大酒瓶。

**Magyar** *adj. & k.n.* Magyar; (member, language) of a people now predominant in Hungary. (匈牙利的) 马扎尔人(的)；马扎尔语(的)。

**maha kuasa** *adj.* almighty; all-powerful; (*colloq.*) very great. 全能的；至高权威的。

**mahal** *adj.* costly (*-ier, -iest*); costing much; expensive; involving great expenditure; costing or charging more than average. 昂贵的；有价值的。

**mahar** *k.n.* dowry; property or money brought by a bride to her husband. 嫁妆。

**maharaja** *k.n.* emperor; male ruler of an empire; maharajah; former title of certain Indian princes. 皇帝；帝王。

**maharani** *k.n.* empress; woman ruler of an empire; wife or widow of an emperor. 女皇；皇后。

**maharisyi** *k.n.* maharishi; Hindu man of great wisdom. 印度的智者；圣贤。

**mahatma** *k.n.* mahatma; (in India, etc.) title of a man regarded with reverence. 圣雄 (印度对德高望重的人的称呼)。

**mahir** *adj. & k.n.* adept; very skilful (person); deft; skilful; handling things neatly dextrous. 熟练(的)；内行(的)。

**mahkamah** *k.n.* court; lawcourt; room or building where legal cases are heard and judged. 法庭；法院。

**mahjung** *k.n.* mahjong; a Chinese game played with 136 or 144 pieces (tiles). 麻将 (中国人的牌戏,共有136或144个牌子)。

**mahligai** *k.n.* castle; large fortified residence. 城堡。

**mahkota** *k.n.* crown; monarch's ceremonial head-dress, usu. a circle of gold, etc. 王冠。 **memahkotakan** *k.k.t.* crown; place a crown on. 立...为王；加冕；镶。 **Tengku Mahkota** *k.n.* Crown prince or princess; heir to a throne. 皇储；皇太子。

**mahogani** *k.n.* mahogany; very hard reddish-brown wood; its colour. 红木；红木树。

**mahu** *k.k.i. see* **hendak**. 见 **hendak**。

**main** *k.k.t./i.* play; occupy oneself in (a game) or in other recreational activity. 玩耍；游戏。

**majalah** *k.n.* magazine; paper-covered illustrated periodical. 杂志；期刊。

**majikan** *k.n.* employer. 雇主。

**majistret** *k.n.* magistrate; official or citizen with authority to hold preliminary hearings and judge minor cases. 法官；地方行政司法官。

**majlis** *k.n.* ceremony; set of formal acts; council; assembly to advise on or discuss or organize something. 仪式；典礼；理事会；会议。 **ahli ~** *k.n.* councillor; member of a council. 市议员。 **~ perundangan** *k.n.* legislature; country's legislative assembly. 立法机关；议会。 **~ tari-menari** *k.n.* ball; social assembly for dancing. 舞会。 **~ makan** *k.n.* banquet; elaborate ceremonial public meal. 宴会；盛宴。 **~ wanita** *k.n.* hen party; (*colloq.*) party of women only. 女士的宴会。

**major** *adj.* major; (of a musical scale) with a semitone above the third and seventh notes. 较大的；大调音阶的。

**majoriti** *k.n.* majority; greatest part of a group or class; number by which votes for one party, etc. exceed those for the next or for all combined; age when a person legally becomes adult. 多数；大半；(选举) 大多数票；法定的成年年龄。

**maju** *adj.* developed. 进步的。 **memajukan** *k.k.t./i.* develop (p.t. *developed*); make useable or profitable; build on (land). 进步；使进化；开发；扩展。

**mak** *k.n.* ma; (*vulg.*) mother. 妈妈；母亲。

**maka** *kkt.* hence; from this time; for this reason; (*old use*) from here. 因此；今后；由是；从此。

**makadam** *k.n.* macadam; layers of broken stone used in road-making. 碎石；碎石路。

**makam** *k.n.* mausoleum; magnificent tomb; sepulchre. 陵墓；坟墓。

**makan** *k.k.t./i.* eat; chew and swallow (food); have a meal; destroy gradually. 吃；咀嚼。 **~ malam** *k.n.* dinner; chief meal of the day; formal evening meal. 晚餐；正餐。 **~ tengah hari** *k.n.* luncheon; lunch; midday meal; mid-morning snack. 午餐；午饭。 —*k.k.t./i.* eat lunch; entertain to lunch. 吃午餐。 **salah pemakanan** *k.n.* malnutrition; insufficient nutrition. 营养不良。

**makanan** *k.n.* food; substance (esp. solid) that can be taken into the body of an animal or plant to maintain its life. 食物；食品；粮食；养料。

**makaroni** *k.n.* macaroni; tube-shaped pasta. 通心面；意大利通心粉。

**makaroon** *k.n.* macaroon; biscuit or small cake made with ground almonds. 杏仁糕饼。

**makaw** *k.n.* macaw; American parrot. 金刚鹦鹉。

**makhluk** *k.n.* creature; animal; person. 生物；动物；人类。

**maki** *k.k.t./i. see* **hamun**. 见 **hamun**。

**makian** *k.n.* paling; railing(s). 栏栅；栏杆。

**maklum, memaklumkan** *k.k.t.* enunciate; pronounce (words); state clearly. 发表；宣布；清晰地发音。

**makluman** *k.n.* enunciation. 发音；宣布。

**maklumat** *k.n.* communiqué; official communication giving a report. 公报。

**makmal** *k.n.* laboratory; room or building equipped for scientific work; lab (*colloq.*). 实验室；化验室。

**makna** *k.n. see* **erti**. 见 **erti**。

**makrobiotik** *adj.* macrobiotic; of or involving a diet intended to prolong life. 益寿饮食学的；促进长寿的。

**maksimum** *adj. & k.n.* maximum; greatest (amount) possible. 最大限数(的)；极点(的)。 **memaksimumkan** *k.k.t.* maximize; increase to a maximum. 把...增加或扩大到最大限度。

**maksud** *k.n.* intent; intention; meaning; what is meant; purpose; intended result of effort. 意旨；意图；意义；目的。 **bermaksud** *k.k.i.* mean (p.t. *meant*); intend; have as equivalent word(s) in the same or another language; entail, involve, be likely to result in. 意谓；想要。 **memaksudkan** *adj.* with concentrated attention. 企图的。—*k.k.i.* intend; have in mind as what one wishes to do or achieve. 打算。

**maktab** *k.n.* college; educational establishment for higher or professional education; organized body of professional people. 学院；专科学校。

**malaikat** *k.n.* angel; attendant or messenger of God; very kind person. 天使；守护神；天使般的人。

**malakit** *k.n.* malachite; green mineral. 孔雀石。

**malam** *k.n.* night; dark hours between sunset and sunrise; nightfall; specified night or evening. 晚上；夜晚。 **kelab ~** *k.n.* night club; club open at night, providing meals and entertainment. 夜总会。 **sekolah ~** *k.n.* night school; instruction provided in the evening. 夜校。

**malang** *adj.* hapless; unlucky. 倒霉的；不幸的。

**malap** *adj.* dim; lit faintly. 暗淡的；朦胧的。

**malapetaka** *k.n.* calamity; disaster; cataclysm; violent upheaval; catastrophe; sudden great disaster. 灾难；不幸事件。

**malar** *adj.* constant; continuous; occurring repeatedly; unchanging; faithful. 不变的；持续不断的；忠诚的。

**malaria** *k.n.* malaria; disease causing a recurring fever. 疟疾；寒热病。

**malas** *adj.* indolent; lazy (*-ier, -iest*); unwilling to work; doing little work; showing lack of energy. 懒惰的；怠惰的；懒散的。

**malim, ~ kapal** *k.n.* pilot; person qualified to steer ships into or out of a harbour. 领港员；引导者；领航员。

**malt** *k.n.* malt; barley or other grain prepared for brewing or distilling; (*colloq.*) beer or whisky made with this. 麦芽；啤酒；麦芽酒。

**malu**[1] *adj.* abashed; embarrassed; ashamed. 羞愧的；局促不安的；难堪的。 **memalukan** *k.k.t.* embarrass; cause to feel awkward or ashamed. 使尴尬；使感到羞耻。

**malu**[2] *k.n.* embarrassment. 窘迫；为难之处。 **kemalu-maluan** *adj.* ashamed; feeling shame. 惭愧的；害臊的。

**malung** *k.n.* conger; large sea eel. 海鳗。

**mama** *k.n.* mamma; mama; (*old use*) mother. 妈妈；娘。

**mamah, memamah** *k.k.t./i.* champ; munch noisily; make a chewing action. 使劲地嚼；大声咀嚼。

**mamalia** *k.n.* mammal; member of the class of animals that suckle their young. 哺乳动物。

**mamba** *k.n.* mamba; poisonous South African tree snake. 曼巴；一种有毒树蛇，产于南非洲。

**mami** *k.n.* mam; mummy; (*colloq.*) mother. 妈妈；母亲。

**mamot** *k.n.* mammoth; large extinct elephant with curved tusks. 猛犸；一种已绝种的古代大象。

**mampat, memampatkan** *k.k.t.* compress; squeeze; force into less space. 紧压；压缩。 **mampatan** *k.n.* compression. 压缩；凝缩。

**mampu** *adj.* able (*-er, -est*); having ability. 能干的；有才能的。 —*kkt.* ably; afford; have enough money or time, etc. for. 能干地；负担得起（时间、金钱等）。 **~ tempa** *adj.* malleable; able to be hammered or pressed into shape. 可锤炼的。 **tidak ~** *adj.* inability; being unable. 无才能的；无能力的。

**mancis** *k.n.* match; short piece of wood or pasteboard tipped with material that catches fire when rubbed on a rough surface. 火柴。 **kotak ~** *k.n.* matchbox; box for holding matches. 火柴盒。

**Mandarin** *k.n.* Mandarin; standard spoken Chinese language. 中国官方语言。

**mandarin** *k.n.* mandarin; a kind of small orange; senior influential official. 柑橘；中国的高官。

**mandat** *k.n.* mandate; authority to perform certain tasks. 授权；委托。

**mandatori** *adj.* mandatory; compulsory. 委托的；授权的；必须做的。

**mandi** *k.k.i.* bathe; apply liquid to; immerse in liquid; make wet or bright all over; swim for pleasure. 洗澡；沐浴。 **bilik ~** *k.n.* bathroom containing a bath. 浴室；洗手间。

**mandibel** *k.n.* mandible; jaw. 下颚；下颚骨。

**mandolin** *k.n.* mandolin; guitar-like musical instrument. 曼陀林琴；一种琵琶类乐器。

**mandul** *adj.* barren; unable to bear fruit or young; infertile; not fertile; sterile; unproductive. 不孕的；土地贫瘠的；不肥沃的；荒芜的。 **memandul** *k.k.t.* sterilize; make unable to produce offspring, esp. by removal or obstruction of reproductive organs. 使不孕；使绝育。

**mandur** *k.n.* gaffer (*colloq.*); boss; foreman. 乡下老头；领班；雇主。

**manfaat** *k.n.* benefit; something helpful or favourable or profitable. 利益；好处。

**mangan** *k.n.* manganese; hard brittle grey metal or its black oxide. 锰。

**mangga**[1] *k.n.* mango (pl. *-oes*); tropical fruit with juicy flesh; tree bearing it. 芒果；芒果树。

**mangga**[2] *k.n.* padlock; detachable lock with a U shaped bar secured through the object fastened. 挂锁。 **memangga** *k.k.t.* fasten with a padlock. 上锁。

**mangkin** *k.n.* catalyst; substance that aids a chemical reaction while remaining unchanged. 催化剂。

**mangkuk** *k.n.* bowl; basin; hollow rounded part of a tobacco pipe. 碗；盆；(烟斗等的) 斗。 **~ pijar** *k.n.* crucible; pot in which metals are melted. 坩埚。

**mangsa** *k.n.* casualty; person killed or injured; thing lost or destroyed; victim; living creature killed as a religious sacrifice. 伤亡者；灾祸；灾民。

**mani** *k.n.* semen; sperm-bearing fluid produced by male animals; sperm; male reproductive cell. 精液。

**manifesto** *k.n.* manifesto (pl. *-os*); public declaration of principles and policy. 宣言；声明。

**manik** *k.n.* bead; small shaped piece of hard material pierced for threading with others on a string; drop or bubble of liquid; (*pl.*) necklace; rosary. 有孔珠子；露珠；珠子项链；念珠。

**manila** *k.n.* manila; brown paper used for wrapping and for envelopes. 马尼拉纸（制信封或包裹物品用）。

**manipulasi** *k.n.* manipulation. 操纵；控制。

**manis** *adj.* sweet (*-er, -est*); pleasant; beloved; (*colloq.*) charming. 甜的；愉快的；心爱的；迷人的。 —*k.n.* beloved person; tasting as if containing sugar; not bitter or savoury. 心爱的人；甜蜜；甜味。 **~ mulut** *adj.* glib; ready with words but insincere or superficial. 油腔滑调的；圆滑的。

**manis-manisan** *k.n.* confectionery; sweets, cakes, and pastries; confection; thing made of various items put together. 糖果；糕饼。 **pengusaha ~** *k.n.* confectioner; maker or seller of confectionery. 糖果、糕饼的制造商或贩卖商。

**manisan** *k.n.* sweet dish forming one course of a meal. 甜品。

**manja** *adj.* indulgent; indulging a person's wishes too freely; kind; lenient; pampered. 任性的；纵容的；宽容的。 **memanjakan** *k.k.t.* pamper; treat very indulgently; dote; feel great fondness for. 姑息；溺爱。

**mansit** *k.n.* cuff; band of cloth round the edge of a sleeve. 衣服袖口。

**mansuh** *k.k.t.* annul (p.t. *annulled*); make null and void. 废除；取消。 **pemansuhan** *k.n.* annulment. 撤消。

**mantap, memantapkan** *k.k.t.* ensconce; establish securely or comfortably. 安置；安身于；安坐于。

**mantila** *k.n.* mantilla; Spanish lace veil worn over a woman's hair and shoulders. 头纱；西班牙女人用的披肩薄纱。

**manusia** *k.n.* human being. 人类。

**manuskrip** *k.n.* manuscript; thing written by hand, not typed or printed. 手抄本；原稿。

**Manx** *k.n.* Manx; (language) of the Isle of Man. 曼岛语。

**Maori** *k.n. & adj.* Maori (pl. *-is*); (member, language) of the brown aboriginal race in New Zealand. 纽西兰的毛利人(的)；毛利语(的)。

**mara** *k.k.i.* advance; move forward. 向前进。

**marah** *adj.* angry (*-ier, -iest*); feeling or showing anger. 生气的；发怒的。 **memarahkan** *k.k.t.* make angry; enrage; make furious; infuriate; make very angry. 使生气；激怒；触怒；使大怒。

**marak** *k.k.i.* flare; widen outwards. 突然燃烧；闪亮；突然发怒。

**marakas** *k.n.* maracas; club-like gourds containing beads, etc., shaken as a musical instrument. 沙球(南美洲的一种摇击乐器)。

**maraschino** *k.n.* maraschino; liqueur made from cherries. 野樱桃酒。

**maraton** *k.n.* marathon; long-distance footrace; long test of endurance. 马拉松赛；远距长跑。

**marijuana** *k.n.* marijuana; dried hemp, smoked as a hallucinogenic drug. 已晒干的大麻。

**Marikh** *k.n.* Mars. 火星。 **penduduk ~** *k.n.* Martian; (inhabitant) of the planet Mars. 火星人。

**marin** *k.n.* marine; member of a body of troops trained to serve on land or sea. 国家商船(总称)；陆军；海军。

**marjerin** *k.n.* margarine; marge (*colloq.*); substance made from animal or vegetable fat and used like butter. 人造黄油；植物黄油。

**marjoram** *k.n.* marjoram; herb with fragrant leaves. 墨角兰。

**mark** *k.n.* mark; unit of money in Germany. 马克；德国的货币单位。

**markasit** *k.n.* marcasite; crystals of a form of iron, used in jewellery. 白铁矿。

**marmalad, jem ~** *k.n.* marmalade; a kind of jam made from citrus fruit, esp. oranges. (带果皮的)橘子酱；果酱。

**marmar** *k.n.* marble; a kind of limestone that can be polished; piece of sculpture in this. 大理石；大理石雕刻品。

**marmoset** *k.n.* marmoset; small bushy-tailed monkey of tropical America. (产于南美洲的)小狨猴。

**marmut** *k.n.* marmot; small burrowing animal of the squirrel family. 旱獭；土拨鼠。

**marquis** *k.n.* marquis; nobleman ranking between duke and earl or count. 侯爵。

**marsupial** *k.n.* marsupial; animal that carries its young in a pouch. 袋鼠类有袋动物。

**marsyal** *k.n.* marshal; officer of high or

the highest rank; official arranging ceremonies, controlling procedure at races, etc.(美国空军及军警的)最高级军官；元帅。

**martabat** *k.n.* prestige; respect resulting from good reputation or achievements. 威望；势力；声望。**bermartabat** *adj.* prestigious; having or giving prestige. 有威望的；有声望的。

**martir** *k.n.* martyr; person who undergoes death or suffering for his beliefs. 殉道者；烈士。

**Marxisme** *k.n.* Marxism; theories of the German socialist writer Karl Marx, on which Communism is based. 马克思主义。**Marxis** *k.n.* Marxist. 马克思主义者。

**marzipan** *k.n.* marzipan; edible paste made from ground almonds. 小杏仁饼。

**masa** *k.n.* time; all the years of the past, present, and future; point or portion of this; occasion; instance; alloted or available or measured time. 时间；时期；时际；时刻。

**masak, memasak** *k.k.t./i.* cook; prepare (food) by heating; undergo this process. 煮；烹调。**tukang ~** *k.n.* person who cooks, esp. as a job. 厨师。

**masakan** *k.n.* cookery; art and practice of cooking. 烹调术。

**masalah** *k.n.* problem; something difficult to deal with or understand; thing to be solved or dealt with. 问题；疑难问题。

**masam** *adj.* acid; sour. 酸的；酸味的；酸性的。

**masif** *k.n.* massif; central mass of mountain heights. 山岳；山群。

**masjid** *k.n.* mosque; Muslim place of worship. 依斯兰教堂；清真寺。

**maskara** *k.n.* mascara; cosmetic for darkening the eyelashes. 睫毛膏(油)。

**masket** *k.n.* musket; long-barrelled gun formerly used by infantry. 步兵用的滑膛枪。

**maskot** *k.n.* mascot; thing believed to bring good luck to its owner; figurine mounted on a car, etc. 吉祥物；被认为会带来好运的人或事物。

**maskulin** *adj.* masculine; of like, or suitable for men; of the grammatical form suitable for the names of males. 男性的；阳性的。—*k.n.* masculine word. 阳性词。

**masokis** *k.n.* masochist. 受虐狂者。

**masokisma** *k.n.* masochism; pleasure in suffering physical or mental pain. 受虐狂。

**Mason** *k.n.* Mason; freemason. 石匠；砖石工。

**mastektomi** *k.n.* mastectomy; surgical removal of a breast. 乳房切除术。

**mastoid** *k.n.* mastoid; part of a bone behind the ear. 颞骨；乳突。

**masuk** *k.k.t/i.* enter; go or come in or into; put on a list or into a record, etc.; register as a competitor. 进入；加入；参与。—*adj.* incoming; coming in. 进入的。**termasuk** *adj. & k.k.t.* inclusive; including what is mentioned; including everything. 包括(的)；包含(的)。**memasukkan** *k.k.t.* include; have or treat as part of a whole; put into a specified category. 包括；使加入；算入。

**masyarakat** *k.n.* society; organized community; system of living in this; group organized for a common purpose. 社会；组织。**bermasyarakat** *adj.* gregarious; living in flocks or communities; mixing with other people; fond of company. 社交的；爱交际的；群居的。

**masyghul** *adj.* depressive; despondent; dejected; miserable; full of misery; wretchedly poor in quality or surroundings, etc. 压抑的；丧气的。**memasyghulkan** *k.k.t.* depress; make sad. 使消沉；使伤心。

**masyhur** *adj.* celebrated; famous; famed; known to very many people; illustrious; distinguished. 著名的；出名的。

**mat** *k.n.* mate; situation in chess where capture of a king is inevitable. (象棋中) 将死对方的王棋。

**mata** *k.n.* eye; organ of sight; iris of this; region round it. 眼睛；视力；眼眶。

**alit ~** *k.n.* eye-shadow; cosmetic applied to the skin round the eyes. 眼睑膏。 **bola ~** *k.n.* eyeball; whole of the eye within the eyelids. 眼球；眼珠。 **bulu ~** *k.n.* eyelash; one of the hairs fringing the eyelids. 睫毛。 **kelopak ~** *k.n.* eyelid; either of the two folds of skin that can be moved together to cover the eye. 眼皮；眼睑。 **pelindung ~** *k.n.* eye-shade; device to protect the eyes from strong light. 遮光眼罩。 **pembuka ~** *k.n.* eye-opener; thing that brings enlightenment or great surprise. 有启发作用的事物；令人大开眼界的事物或经历。 **~ kasar** *k.n.* naked eye; the eye unassisted by a telescope or microscope, etc. 肉眼。

**mata-mata** *k.n.* policeman. 警察。

**matador** *k.n.* matador; bull-fighter. 斗牛士。

**matahari** *k.n.* sun; heavenly body round which the earth travels; light or warmth from this. 太阳；阳光。 **pancaran ~** *k.n.* sunbeam; ray of sun. (一道) 日光；阳光。 **selaran ~** *k.n.* sunburn; tanning or inflammation caused by exposure to sun. 日炙；晒焦；晒斑。 **cahaya ~** *k.n.* sunlight; light from the sun. 日光；阳光。 **~ terbit** *k.n.* sunrise; rising of the sun. 日出；黎明。 **~ masuk** *k.n.* sunset; setting of the sun; sky full of colour at sunset. 日落；日落时分；暮色。 **sinar ~** *k.n.* sunshine; direct sunlight. 日光；阳光。

**matang** *adj.* mature; fully grown or developed; (of a bill of exchange, etc.) due for payment. 成熟的；成年的；到限期的。 **tidak ~** *adj.* immature; not mature. 未成熟的；发育未全的。 **me-matangkan** *k.k.t./i.* make or become mature. 使成熟。

**matarah** *k.n.* beacon; signal fire on a hill; large light used as a signal or warning. 烽火；灯标；灯塔。

**matematik** *adj.* mathematical. 数学上的。 —*k.n.* mathematics (*pl.*); science of numbers, quantities, and measurements. 数学；数学运算。 **ahli ~** *k.n.* mathematician; person skilled in mathematics. 数学家。

**material** *k.n.* material; that from which something is or can be made; cloth; fabric. 材料；织物；原料；物质。 —*adj.* of matter; of the physical (not spiritual) world; significant. 意义重大的；重要的；物质的；实体的。

**materialis** *k.n.* materialist. 唯物主义者；实利主义者。

**materialisme** *k.n.* materialism; belief that only the material world exists; excessive concern with material possessions. 唯物主义；唯物论。

**materialistik** *adj.* materialistic. 唯物主义者的；实利主义者的。

**mati** *adj.* defunct; dead; no longer existing or functioning. 死亡的；无生命的；无感觉的。 —*k.k.i.* die (*pres.p. dying*); cease to be alive; cease to exist or function; fade away; pass away; come to the end of a period of validity. 死；消失；凋谢；灭亡。

**matlamat** *k.n.* see **tujuan**. 见 **tujuan**。

**matriks** *k.n.* matrix; mould in which a thing is cast or shaped. 母质；印刷字模；模型；矩阵。

**matrikulasi** *k.n.* matriculation. 注册入学 (尤指大专学院)。

**matron** *k.n.* matron; woman in charge of domestic affairs or nursing in a school, etc.; (*former use*) senior nursing officer in a hospital. 女舍监；护士长。

**maut** *adj.* lethal; causing death. 致命的；致死的。

**mawar** *k.n.* rose; ornamental, usu. fragrant flower; bush or shrub bearing this. 玫瑰花；玫瑰香 (料)；玫瑰花饰。

**maya** *adj.* illusory; based on illusion; not real. 不切实际的；虚构的；虚幻的。

**mayat** *k.n.* body; corpse; dead body. 尸体；死尸；遗体。

**mayday** *k.n.* mayday; international radio signal of distress. 求救讯号；（飞机的）紧急讯号。

**mayonis** *k.n.* mayonnaise; creamy sauce made with eggs and oil. 黄蛋沙拉拌酱。

**mazbah** *k.n.* altar; structure on which offerings are made to a god; table used in the Communion service. 祭坛；圣坛。

**mazhab** *k.n.* sect; group with beliefs that differ from those generally accepted. 党派；教派；派别。

**mazmur** *k.n.* hymn; song of praise to God or a sacred being. 圣歌；赞美诗。**buku ~** *k.n.* hymn book; book of hymns. 赞美诗集。

**mazurka** *k.n.* mazurka; lively Polish dance. 波兰的玛祖卡舞。

**meadow** *k.n.* meadow; field of grass. 草地；大草场。

**media** *k.n.* media (*pl.*); newspapers and broadcasting as conveying information to the public. （报章、杂志、电视等）大众传媒。

**medial** *adj.* medial; situated in the middle. 中间的；中部的。

**median** *adj.* median; in or passing through the middle. 中间的；中央的。—*k.n.* median point of line. 中央；中部。

**Mediterranean** *adj. & k.n.* Mediterranean; (of) the sea between Europe and North Africa. 地中海（的）。

**medley** *k.n.* medley (pl. *-eys*); assortment; excerpts of music from various sources. 混合；集成曲。

**mega** *-awl.* mega-; large; one million (as in *megavolts, megawatts*). （前缀）表示"大；强；百万"

**megabyte** *k.n.* megabyte (computing) 1,049,576 (i.e. $2^{20}$) bytes. 兆字节（量度信息单位）。

**megafon** *k.n.* megaphone; funnel-shaped device for amplifying and directing a speaker's voice. 扩音器；传声筒。

**megah** *adj.* important; pompous. 重要的；自大的。**bermegah** *k.k.t./i.* boast; speak with great pride, trying to impress people; be the proud possessor of. 夸口；自夸。

**megahertz** *k.n.* megahertz; one million cycles per second; as a unit of frequency of electromagnetic waves. 兆赫；频率单位。

**megalit** *k.n.* megalith; a large stone, esp. as a prehistoric monument. 巨石；（史前遗迹）巨石碑。

**megalomania** *k.n.* megalomania; excessive self-esteem, esp. as a form of insanity. 夸大狂；妄自尊大。

**megaton** *k.n.* megaton; unit of explosive power equal to one million tons of TNT. 百万吨级；核弹爆炸力计算单位。

**Mei** *k.n.* May; fifth month of the year. 五月。

**meja** *k.n.* desk; piece of furniture for reading or writing at. 书桌；办公桌；写字台。

**mejar** *k.n.* major; officer in charge of a section of band instruments; army officer below lieutenant-colonel. 少校；军乐队长；大音阶。**~ jeneral** *k.n.* major-general; army officer below lieutenant-general. 少将。

**mekanik** *k.n.* mechanic; skilled workman who uses or repairs machines or tools. 机工；技工。

**mekanikal** *adj.* mechanical; of or worked by machinery; done without conscious thought. 机械的；技工的。

**mekanisme** *k.n.* mechanism; way a machine works; its parts. 机械装置；机构；结构。

**mekap** *k.n.* make-up; cosmetics applied to the skin, esp. of the face. 化妆品。

**mel** *k.n.* mail; post. 邮政；邮寄。**pesanan ~** mail order; order for goods to be sent by post. 邮购。 **~ udara** *k.n.* air mail; mail carried by aircraft. 航空邮寄。

**melamina** *k.n.* melamine; resilient kind of plastic. 三聚氰胺。

**melankolia** *k.n.* melancholia; mental depression. 忧郁症。

**melarat** *adj.* destitute; penniless; without the necessaries of life; devoid; necessitous; needy. 穷困的；贫穷的；缺乏的。

**Melayu** *adj. & k.n.* Malay; (member, language) of a people of Malaya and Indonesia. 马来人或印尼人（的）；马来语或印尼语（的）。

**meleleh** *k.k.i.* dribble; have saliva flowing from the mouth. 流滴；流涎。

**melodi** *k.n.* melody; sweet music; main part in a piece of harmonized music; song. 旋律；曲调；歌曲。 —*adj.* melodic; of melody. 有旋律的；音调优美的。

**melodrama** *k.n.* melodrama; sensational or emotional drama. 情节剧；激动剧。

**meluat** *k.k.i.* loathe; feel hatred and disgust for. 讨厌；作呕。

**melur** *k.n.* jasmine; shrub with the white or yellow flowers. 茉莉；素馨。

**memar** *k.n.* contusion; bruise. 内伤；瘀伤。

**membran** *k.n.* membrane; thin flexible skin-like tissue. 隔膜；膜状物。

**memerang** *k.n.* beaver; small amphibious rodent; its brown fur; otter. 海狸；水獭。

**memo** *k.n.* memo (pl. *-os*); (*colloq.*) memorandum. 备忘录。

**memorandum** *k.n.* memorandum (pl. *-da*); note written for future use as a reminder; informal written message from one colleague to another. 备忘录。

**memorial** *k.n.* memorial; object or custom, etc. established in memory of an event or person(s). 纪念物；纪念碑；纪念仪式。

**menantu, ~ perempuan** *k.n.* daughter-in-law; son's wife. 媳妇。

**menara** *k.n.* minaret; tall slender tower on or beside a mosque. 清真寺（伊斯兰教堂）的尖塔。 **~ gading** *k.n.* ivory-tower; seclusion from the harsh realities of life. 象牙塔。 **~ loceng** *k.n.* belfry; bell tower; space for bells in a tower. 钟楼；钟楼的钟室。

**menarik** *adj.* interesting; arousing interest. 有趣的；令人关注的。

**mendak** *k.n.* sediment; particles of solid matter in a liquid or carried by water or wind. 沉淀；渣滓。

**mendung** *adj.* overcast; covered with cloud. 阴霾的；云雾多的。

**mengah** *adj.* breathless; out of breath. 透不过气来的；气喘吁吁的。

**meningitis** *k.n.* meningitis; inflammation of the membranes covering the brain and spinal cord. 脑膜炎。

**meniskus** *k.n.* meniscus; the curved surface of liquid; a lens convex on one side and concave on the other. （管、盛器内）液体的弯月面；凹凸透镜。

**mentah** *adj.* callow (*-er, -est*); immature and inexperienced; crude (*-er, -est*); in a natural or raw state; raw (*-er, -est*); not cooked; not yet processed or manufactured; (of alcohol) undiluted; crude; lacking finish; inexperienced; untrained. 缺乏经验的；天然的；生的；未煮过的；还没经过制造的；未成年的；未训练的。 —*k.n.* greenhorn; inexperienced person. 新手；无经验的人。

**mental** *adj.* mental; of, in, or performed by the mind; (*colloq.*) mad. 精神上的；心智的；精神病的。 **kelemahan ~** *k.n.* mental deficiency; lack of normal intelligence through imperfect mental development. 精神发育不全；智力缺陷。 **hospital ~** *k.n.* mental home or hospital; establishment for the care of patients suffering from mental illness. 精神病院。

**mentaliti** *k.n.* mentality; person's mental ability or characteristic attitude of mind. 脑力；智力；思想。

**mentega** *k.n.* butter; fatty food substance made from cream. 牛油；黄油。

**mentel** *k.n.* cape; cloak; short similar part. 斗篷；无袖外衣；遮掩物。

**menteri** *k.n.* minister; head of a government department; senior diplomatic representative. 部长。

**mentol** *k.n.* menthol; camphor-like substance. 薄荷醇；薄荷脑。

**menu** *k.n.* menu (pl. *-us*); list of dishes to be served. 菜单。

**menular** *adj.* catching; infectious. 有感染力的；传染性的。

**menyahkarbon** *k.k.t.* decarbonize (also *-ise*); remove carbon deposit from (an engine). 除去碳素。**penyahkarbonan** *k.n.* decarbonization. 脱碳作用。

**mer** *k.n.* mere; lake. 池沼；湖。

**merah** *adj.* red; of or like the colour of blood. 红色的。—*k.n.* red; red colour or thing. 红；红色。~ **jambu** *adj.* pink; pale red. 粉红的；淡红色的。—*k.n.* pink colour. 粉红色。~ **lembayung** *adj.* & *k.n.* magenta; purplish-red. 紫红色(的)。~ **manggis** *k.n.* maroon; brownish-red colour. 褐红色；栗色。—*adj.* brownish-red. 褐红色的。**senduduk** ~ *adj.* & *k.n.* mauve; pale purple. 淡紫色(的)。

**merak** *k.n.* peacock (male); peahen (*fem.*); bird with splendid plumage and a long fan-like tail. 孔雀。

**merana** *k.k.i.* languish; live under miserable conditions. 苦恼；沮丧；多病；衰弱。

**merdeka** *adj.* independent; not dependent on or controlled by another person or thing. 独立的；不依靠他人的。

**merdu** *adj.* dulcet; sounding sweet; melodious; full of melody; sweet (*-er*, *-est*); melodious. 悦耳的；动听的；柔和的。

**meriah** *adj.* hilarious; noisily merry; jolly (*-ier*, *-iest*); very pleasant. 舒适的；有趣的；愉快的。

**meriam** *k.n.* cannon (pl. *cannon*); large mounted gun. 大炮。

**meridian** *k.n.* meridian; great semicircle on the globe, passing through the North and South Poles. 子午线；经线。

**merino** *k.n.* merino (pl. *-os*); a kind of sheep with fine soft wool; soft woolen fabric. (西班牙的)美利奴绵羊。

**merinyu** *k.n.* inspector; person whose job is to inspect or supervise things. 视察者；检查员。

**merit** *k.n.* merit; feature or quality that deserves praise; excellence; worthiness. 优点；长处；功绩。

**meritokrasi** *k.n.* meritocracy; government or control by people selected for merit. 能人统治；凭功绩而当选的人。

**merjan** *k.n.* jasper; a kind of quartz. 碧玉。

**merpati** *k.n.* dove; bird with a thick body and short legs; pigeon; bird of the dove family. 鸽子。**rumah** ~ *k.n.* dovecote; shelter for domesticated pigeons. 鸽棚；鸽房。

**mesej** *k.n.* message; spoken or written communication; moral or social teaching. 讯息；消息；教训。

**mesin** *k.n.* machine; apparatus for applying mechanical power; thing (e.g. a bicycle, aircraft) operated by this; controlling system of an organization. 机械；机器。**memesin** *k.k.t.* produce or work on with a machine. 用机器制造或操作。**juru** ~ *k.n.* machinist; person who makes or works machinery. 机械师。~ **taip** *k.n.* typewriter; machine for producing print-like characters on paper, by pressing keys. 打字机。~ **pendua** *k.n.* duplicator; machine for copying documents. 复印机。~ **salin** *k.n.* copier; copying machine. 复印机。

**mesingan** *k.n.* machine gun; mounted mechanically operated gun that can fire continuously. 机关枪。

**Mesir, orang ~** *k.n.* Egyptian; (native) of Egypt. 埃及语；埃及人。

**meskalina** *k.n.* mescaline (also mescalin); a hallucinogenic drug. 仙人球毒碱；一种迷幻剂。

**meson** *k.n.* meson; an unstable elementary particle. 介子 (介于电子和核子之间的基本粒子)。

**mesra** *adj.* amicable; friendly; hospitable; giving hospitality; warm and friendly; benign; kindly; mild and gentle; not malignant. 和睦的；友善的；亲切的；善良的；温和的。

**mesti** *k.n.* must; used to express necessity or obligation, certainty, or insistence. 必须；务必。

**mesyuarat** *k.n.* meeting; coming together; an assembly for discussion or (of Quakers) worship. 会议；聚会；集会。

**metabolisme** *k.n.* metabolism; process by which nutrition takes place. 新陈代谢。

**metafizik** *k.n.* metaphysics; branch of philosophy dealing with the nature of existence and of knowledge. 玄学；形而上学。

**metamorfosis** *k.n.* metamorphosis; change of form or character. 变态；变形；变质。

**metana** *k.n.* methane; colourless inflammable gas. 甲烷；沼气。

**meteor** *k.n.* meteor; small mass of matter from outer space. 流星；陨星。

**meteorologi** *k.n.* meteorology; study of atmospheric conditions, esp. in order to forecast weather. 气象学；气象研究。 **ahli ~** *k.n.* meteorologist. 气象学家。

**meter** *k.n.* metre; metric unit of length (about 39.4 inches). 公尺；米；公制长度单位。

**Methodist** *k.n.* Methodist; member of a Protestant religious denomination based on the teachings of John and Charles Wesley. 卫理公会教徒。

**metafora** *k.n.* metaphor; transferred use of a word or phrase, suggesting comparison with its basic meaning (e.g. the *evening* of one's life, *food* for thought). 比喻；暗喻；隐喻。

**metrik** *adj.* metric; of or using the metric system. 米制的；公制的。 **sistem ~** decimal system of weights and measures, using the metre, litre, and gram as units. 米制；公制。

**metropolis** *k.n.* metropolis; chief city of country or region. 大都会；大城市。

**metropolitan** *k.n.* metropolitan; of a metropolis. 大都会的居民；大城市人。

**mewah** *adj.* abound in; be rich in; affluent; galore; in plenty; luxuriant; growing profusely; supplied with luxuries; very comfortable; opulent; abundant. 充满的；富于的；富裕的；大量的；丰饶的；茂盛的；豪华的。

**mezanin** *k.n.* mezzanine; extra storey set between two others. 建于底楼与二楼之间的夹层楼面。

**mezzo-soprano** *k.n.* mezzo-soprano; singer with a voice between soprano and contralto. 女中音。

**mg** *kep.* mg; milligram(s). (缩写) 毫克。

**MHz** *kep.* MHz; megahertz. (缩写) 兆赫。

**mi** *k.n.* noodles; pasta in narrow strips, used in soups, etc. 面条。

**Michaelmas** *k.n.* Michaelmas; feast of St. Michael (29 Sept.). 米迦勒节 (9月29日)。

**midsyipman** *k.n.* midshipman (pl. *-men*); naval rank just below sub-lieutenant. (海军) 准少尉。

**migrain** *k.n.* migraine; severe form of headache. (周期性) 偏头痛。

**mihrab** *k.n.* apse; recess, usu. with an arched or domed roof, esp. in a church. 半圆壁龛；半圆形拱顶建筑。

**mika** *k.n.* mica; mineral substance used as an electrical insulator. 云母。

**mikologi** *k.n.* mycology; the study of fungi. 真菌学。

**mikro** *awl.* micro-; extremely small; one millionth part of (as in *microgram*). (前缀) 表示 "微小；微"。

**mikrob** *k.n.* microbe; micro-organism. 微生物。

**mikrobiologi** *k.n.* microbiology; the study of micro-organism. 微生物学。 **pakar ~** *k.n.* microbiologist. 微生物学家。

**mikrocip** *k.n.* microchip; small piece of silicon holding a complex electronic circuit. 微晶片；集成电路。

**mikrofilem** *k.n.* microfilm; length of film bearing a photograph of written or printed matter in greatly reduced size. 用以保存书籍、文件等的缩微胶卷。

**mikrofis** *k.n.* microfiche (pl. *-fiche*); sheet of microfilm that can be filed like an index card. 微缩胶片。

**mikrofon** *k.n.* mike (*colloq.*); microphone; instrument for picking up sound waves for recording, amplifying, or broadcasting. 麦克风；扩音器。

**mikrokomputer** *k.n.* microcomputer; a computer in which the central processor is contained on microchips. 微型电脑。 ~ **meja** *k.n.* desktop. 台式电脑。 ~ **riba** *k.n.* laptop. 手提电脑。

**mikrometer** *k.n.* micrometer; an instrument measuring small lengths or angles. 测微计；千分尺；测距器。

**mikron** *k.n.* micron; one-millionth of a metre. 微米；100万分之一米 (长度单位)。

**mikroorganisma** *k.n.* micro-organism; organism invisible to the naked eye. 微生物。

**mikroskop** *k.n.* microscope; instrument with lenses that magnify very small things and make them visible. 微处理机；显微镜。 **mikroskopik** *adj.* microscopic; of a microscope; extremely small; too small to be visible without using a microscope. 显微镜的；极微小的。

**mikrosurgeri** *k.n.* microsurgery; surgery using a microscope. 显微外科；显微手术。

**miksomatosis** *k.n.* myxomatosis; fatal virus disease of rabbits. 免疫；兔瘟。

**mili-** *awl.* milli-; one thousandth part of (as in *milligram, millilitre, millimetre*). (前缀) 表示 "千分之一"。

**milik, memiliki** *k.k.t.* own; have as one's property; acknowledge ownership of. 拥有；持有。 **memiliknegarakan** *k.k.t.* nationalize; convert (industries, etc.) from private to government ownership. 使国有化；收归国有。

**militan** *adj. & k.n.* militant; (person) prepared to take aggressive action. 好战的人(的)。

**militia** *k.n.* militia; a military force, esp. of trained civilians available in an emergency. (英国的) 国民军；国民兵。

**milometer** *k.n.* milometer; instrument measuring the distance in miles travelled by a vehicle. 车辆等的里程表。

**milt** *k.n.* milt; sperm discharged by a male fish over eggs laid by the female. 雄鱼的精液。

**mimbar** *k.n.* mimbar; pulpit in a mosque. 清真寺；(伊斯兰教堂) 的宣教坛。

**mimik** *k.k.t.* mimic; (p.t. *mimicked*); imitate, esp. playfully or for entertainment. 模仿；模拟。 —*k.n.* person who is clever at mimicking others. 善于模仿的人。

**mimosa** *k.n.* mimosa; tropical shrub with small ball-shaped flowers. 含羞草属植物。

**mimpi** *k.n.* dream. 梦。 ~ **buruk** *k.n.* nightmare; unpleasant dream or (*colloq.*) experience. 恶梦。

**minat** *k.n.* enthusiasm; eager liking or interest. 热忱；热心。 **berminat** *adj.* enthusiastic. 热忱的；热心的。 **meminati** *k.k.t./i.* enthuse; filled with or showing enthusiasm. 充满热情；使热心。

**mineral** *k.n.* mineral; inorganic natural

substance; ore, etc. obtained by mining. 矿物质。 **air ~** *k.n.* mineral water; water naturally containing dissolved mineral salts or gases; fizzy soft drink. 矿泉水。

**mineralogi** *k.n.* mineralogy; study of minerals. 矿物学。 **ahli ~** *k.n.* mineralogist. 矿物学家。

**mini-** *awl.* mini-; miniature. (前缀) 表示"小；同类事物中的极小者"。

**minim** *k.n.* minim; note in music, lasting half as long as a semibreve; one sixtieth of a fluid drachm. 半音符。

**minimum** *adj. & k.n.* minimum; smallest (amount) possible. 最小(的)；极小值。 **meminimumkan** *k.k.t.* minimize; reduce to a minimum; represent as small or unimportant. 缩小；把...减到最少或最小。

**minit** *k.n.* minute; one sixtieth of an hour or degree; moment of time; (*pl.*) official summary of an assembly's proceedings. 分钟；议案；会议记录。 **meminitkan** *k.k.t.* record in the minutes of an assembly. 记录；记下；摘录。

**mink** *k.n.* mink; small stoat-like animal; its valuable fur; coat made of this. 水貂；貂皮。

**minoriti** *k.n.* minority; smallest part of a group or class; small group differing from others; age when a person is not yet legally adult. 少数；未成年。

**minum** *k.k.t./i.* drink (p.t. *drank*, p.p. *drunk*); swallow (liquid). 喝；吞下；咽下。

**minuman** *k.n.* beverage; any drink. (茶、咖啡、啤酒等) 饮料。

**minus** *k.s.n.* minus; reduced by subtraction of; (*colloq.*) without. 减(去)；少掉；无。 —*adj.* minus; less than zero; less than the amount indicated. 负数的；减去的；零下的。

**minyak** *k.n.* oil; thick slippery liquid that will not dissolve in water; petroleum; a form of this; oil-colour. 油。 **~ jarak** castor oil; purgative and lubricant oil from seeds of a tropical plant. 蓖麻油。 **~ wangi** *k.n.* perfume; sweet smell; fragrant liquid for applying to the body. 香水；香油。 **warna ~, cat ~** *k.n.* oil-colour; oil paint; paint made by mixing pigment in oil. 油画颜料；油漆。 **lukisan ~** *k.n.* oil painting; picture painted in this. 油画。 **medan ~** *k.n.* oilfield; area where oil is found in the ground. 油田。 **pakaian kalis ~** *k.n.* oilskin; cloth waterproofed by treatment with oil, etc.; (*pl.*) waterproof clothing made of this. 油布；防水布。 **meminyakkan** *k.k.t.* lubricate or treat with oil. 上润滑油。 **berminyak** *adj.* oily (*-ier, -iest*); of or like oil; covered in oil; full of oil; unpleasantly smooth and ingratiating in manner. 油腻的；油般的；油滑的。

**miopia** *k.n.* myopia; shortsightedness. 近视。 **miopik** *adj.* myopic. 近视的。

**miring** *k.k.i.* heel; tilt (a ship) or become tilted to one side. (船) 倾斜。 —*adj.* oblique; slanting; indirect. 斜的；倾斜的。 **memiringkan** *k.k.t.* careen, tilt or keel over; (*U.S.*) swerve. 使倾侧；使倾倒；急转。

**misai** *k.n.* moustache; hair allowed to grow on a man's upper lip. 胡子；髭。

**miskin** *adj.* impecunious; having little or no money; indigent; needy (*-ier, -iest*); lacking the necessaries of life; very poor; not abundant; not very good; pitiable. 非常贫穷的；贫困的。 **memiskinkan** *k.k.t.* impoverish; cause to become poor; exhaust the natural strength or fertility of. 使贫穷；耗尽。

**missi** *k.n.* mission; task that a person or group is sent to perform; this group; missionaries' headquarters. 使命；任务；代表团。

**misteri** *k.n.* mystery; a matter that remains unexplained or secret; quality of being unexplained or obscure; story dealing with a puzzling crime. 神秘的事物；谜；不可思议的事。

**mistik**[1] *adj.* mystic; having a hidden or

**mistik²** *k.n.* mystic; person who seeks to obtain union with God by spiritual contemplation. 神秘主义者。

**mistisisme** *k.n.* mysticism. 神秘主义。

**miten** *k.n.* mitten; glove with no partitions between the fingers, or leaving the finger tips bare. 连指手套；仅套住掌心和手背的露指手套。

**mitologi** *k.n.* mythology; myths; study of myths. (总称) 神话；神话学。

**mitos** *k.n.* myth; traditional tale(s) containing beliefs about ancient times or natural events; imaginary person or thing. 神话；传说。

**ml** *kep.* ml; millilitre(s). (缩写) 毫升。

**mm** *kep.* mm; millimetre(s). (缩写) 毫米。

**mnemonik** *adj. & k.n.* mnemonic; (verse, etc.) aiding the memory. 记忆(的)；(诗歌、口诀等) 帮助记忆的。

**mod** *k.n.* mode; way a thing is done; current fashion. 方式；风尚；流行。

**modal** *k.n.* capital; money with which a business is started. 资本。

**modem** *k.n.* modem; a device for transmitting computer data via telephone line. 调制解调器 (通过电话线发送或接收电脑资料用)。

**moden** *adj.* modern; of present or recent times; in current style. 现代的；新式的。 **memodenkan** *k.k.t.* modernize; make modern; adapt to modern ways. 使现代化；维新。

**modul** *k.n.* module; standardized part of independent unit in furniture or a building or spacecraft, etc. 模数；建筑部件等的标准尺寸单位。

**mohair** *k.n.* mohair; fine silky hair of the angora goat; yarn or fabric made from this. 安哥拉山羊毛。

**mohon** *k.k.i.* apply; make a formal request. 申请；正式提出要求。

**moka** *k.n.* mocha; a kind of coffee. (阿拉伯的) 穆哈咖啡；上等咖啡。

**molases** *k.n.* molasses; syrup from raw sugar; (*U.S.*) treacle. 糖蜜；糖浆。

**molek** *adj.* lovely (*-ier, -iest*); beautiful; attractive; (*colloq.*) delightful. 美丽动人的；有吸引力的；愉快的。

**molekul** *k.n.* molecule; very small unit (usu. a group of atoms) of a substance. 分子 (物质中能够独立存在的最小微粒)。

**molibdenum** *k.n.* molybdenum; a hard metallic element (syrubolmo) used in steel. 钼 (一种金属元素)。

**moluska** *k.n.* mollusc; animal with a soft body and often a hard shell. 软体动物。

**momentum** *k.n.* momentum; impetus gained by a moving body. 动量。

**momok** *k.n.* bogey (pl. *-eys*); bogy; evil spirit; something causing fear; bugbear; thing feared or disliked. 妖怪；骇人的东西。

**monarki** *k.n.* monarchy; form of government with a monarch as the supreme ruler. 君主政体。

**mongel** *adj.* dinky (*-ier, -iest*); (*colloq.*) attractively small and neat. 精致的；小巧可爱的。

**Mongol** *adj. & k.n.* Mongol; Mongolian. 蒙古人 (的)；蒙古语 (的)。

**mongol** *k.n.* mongol; person suffering from mongolism. 先天愚型患者。

**mongolisme** *k.n.* mongolism; abnormal congenital condition causing a broad face and mental deficiency. 先天愚型；伸舌白痴 (一种先天畸形病)。

**monitor** *k.n.* monitor; device used to observe or test the operation of something. 级长；班长；监测器。

**mono** *adj. & k.n.* mono (pl. *-os*); monophonic (sound or recording). 单；一；单音的；单音性的。

**monofonik** *adj.* monophonic; using only one transmission channel for reproduction of sound. 单音的。

**monogami** *k.n.* monogamy; system of being married to only one person at a time. 一夫一妻制。

**monograf** *k.n.* monograph; scholarly treatise on a single subject. 专题著作；专论。

**monogram** *k.n.* monogram; two or more letters (esp. a person's initials) combined in one design. (由一组词语中各的首字母组合而成的) 组合文字。

**monokel** *k.n.* monocle; eye-glass for one eye only. 单片眼镜。

**monokrom** *adj.* monochrome; done in only one colour; black-and-white. (图片、照片等)黑白的；单色的。

**monolog** *k.n.* monologue; long speech. (戏剧的)独白。

**monomania** *k.n.* monomania; an obsession with one idea or interest. 单狂；偏执狂 (只热中于某一事)。

**monopoli** *k.n.* monopoly; sole possession or control of something, esp. of trade in a commodity. 专卖权；尤指经济方面的垄断。 **memonopoli** *k.k.t.* monopolize; have a monopoly of; not allow others to share in. 独占；垄断；包办。

**monorel** *k.n.* monorail; railway in which the track is a single rail. 单轨铁路。

**monosodium glutamat** *k.n.* monosodium glutamate; a substance added to food to enhance its flavour. 谷氨酸钠 (俗称味精)。

**monoteisme** *k.n.* monotheism; doctrine that there is only one God. 一神论；一神教。

**Monsignor** *k.n.* Monsignor; title of certain R.C. priests and officials. 大人；阁下 (对天主教高级教士及罗马教延官史等的尊称)。

**monsun** *k.n.* monsoon; seasonal wind in South Asia; rainy season accompanying the south-west monsoon. 季候风。

**montaj** *k.n.* montage; making of a composite picture from pieces of others; this picture; joining of disconnected shots in cinema film. 镜头剪接；电影等的剪辑。

**montok**[1] *adj.* chubby; plump (*-er, -est*); having a full rounded shape. 丰满的；肥壮的。 —*k.k.t./i.* make or become plump; plunge abruptly. 使丰满。

**montok**[2] *k.n.* buxom; plump and healthy. (女性) 丰满；健美。

**monyet** *k.n.* monkey (pl. *-eys*); animal of a group closely related to man. 猴子。

**Moor** *k.n.* Moor; member of a Muslim people of north-west Africa. 非洲西北部的摩尔人。

**mop** *k.n.* mop; pad or bundle of yarn on a stick, used for cleaning things. 拖把。

**morain** *k.n.* moraine; mass of stones, etc. carried and deposited by a glacier. 冰碛。

**moral** *adj.* moral; concerned with right and wrong conduct. 道德上的。 **tak bermoral** *adj.* immoral; morally wrong. 没有道德的。

**morfin** *k.n.* morphia; morphine; drug made from opium, used to relieve pain. 吗啡。

**Mormon** *k.n.* Mormon; member of a Christian sect founded in 1830 in the U.S.A. 摩门教。

**moroko** *k.n.* morocco; goatskin leather of the kind originally made in Morocco; imitation of this. 摩洛哥皮；一种山羊皮制成的鞣皮。

**Morse, kod ~** *k.n.* Morse; Morse code; code of signals using short and long sounds or flashes of light. 莫尔斯电码。

**motar** *k.n.* mortar; mixture of lime or cement with sand and water, used for joining bricks or stones; hard bowl in which substances are pounded with a pestle; short cannon. 臼；灰泥。

**motel** *k.n.* motel; roadside hotel providing accommodation for motorists and their vehicles. 专为汽车游客开设的小旅馆。

**motif¹** *k.n.* motif; recurring design, feature, or melody; ornament sewn on a dress, etc. 艺术作品、音乐的主题；主旨。

**motif²** *k.n.* motive; that which induces a person to act in a certain way. 目的；动机；企图。

**motokar** *k.n.* automobile (*U.S.*); car; motor-car; low short-bodied motor vehicle. 汽车。**pemandu ~** *k.n.* motorist; driver of a motor-car. 汽车驾驶者。

**motor** *k.n.* motor; machine supplying motive power; motor-car. 马达；发动机；汽车。**bermotor** *k.k.i.* motorize; equip with motor(s) or motor vehicles. 使（车）机动化；用汽车装备。**kenderaan bermotor** motor vehicle; vehicle with a motor engine, for use on ordinary roads. 汽车；机动车。**perarakan kenderaan ~** *k.n.* motorcade; (*U.S.*) procession or parade of motor vehicles. 汽车游行。

**motosikal** *k.n.* motorcycle; motorbike (*colloq.*); motor-driven cycle that cannot be driven by pedals. 摩托车；电单车。**penunggang ~** *k.n.* motor-cyclist; rider of a motorcycle. 摩托车骑士。

**Mountie** *k.n.* Mountie; member of the Royal Canadian Mounted Police. 加拿大皇家骑警。

**mozek** *k.n.* mosaic; pattern or picture made with small pieces of glass or stone of different colours. 镶嵌图案；镶嵌工艺。

**M.P.** *kep.* M.P.; Member of Parliament. （缩写）国会议员。

**m.p.h.** *kep.* m.p.h.; miles per hour. （缩写）时速。

**muak** *adj.* corny; (*colloq.*) hackneyed. 无效的；陈腐的；厌烦的。**memuakkan** *k.k.t.* cloy; sicken by glutting with sweetness or pleasure. 使厌腻。

**muara** *k.n.* estuary; mouth of a large river, affected by tides; firth; estuary or narrow inlet of the sea in Scotland. 河口；港湾。

**muatan** *k.n.* payload; aircraft's or rocket's total load. 飞机或火箭的净载重量。

**muazam** *k.n.* majesty; title of a king or queen. 高贵；宏伟；威严；陛下。

**mubaligh** *k.n.* missionary; person sent to spread Christian faith in a community. 传教士。

**muda** *k.k.t.* young (-*er*, -*est*); having lived or existed for only a short time. 年轻；刚有不久。**awet ~** *adj.* ageless; not growing or seeming old. 青春常驻的。

**mudah** *adj.* convenient; easy to use or deal with; with easy access; effortless; done without effort; facile; done or doing something easily; superficial. 方便的；轻易的；合宜的。**~ terpedaya** *adj.* gullible; easily deceived. 易受骗的；易上当的。**memudahkan** *k.k.t.* facilitate; make easy or easier. 使更容易；使便利。

**mudarat** *adj.* pernicious; harmful. 有害的；致命的。

**muesli** *k.n.* muesli; food of mixed crushed cereals, dried fruit, nuts, etc. 穆兹利；一种用谷类、干果等制成的食品。

**muflis** *adj.* bankrupt; unable to pay one's debts. 破产的。

**muhibah** *k.n.* goodwill; friendly feeling. 善意；友好；亲善。

**muka** *k.n.* face; front of the head; expression shown by its features; grimace; outward aspect; front or right side; dial-plate of a clock; coal-face. 面孔；面貌；样子；表面；外观。**~ selamba** *k.n.* pokerface; one that does not reveal thoughts or feelings. 毫无表情的面孔。**rawatan ~** *k.n.* facial; beauty treatment for the face. 美容。**bersemuka** *k.k.t.* confront; be or come or bring face to face with; face boldly. 面对。**bermuka-muka** *adj.* two-faced; insincere; deceitful. 双面的；圆滑的；虚伪的。

**muktamad** *adj.* definitive; finally fixing or settling something; most authoritative; irrevocable; unable to be revoked; unalterable; peremptory; imperious. 明确的；确定的；决定性的；专制的。

**muktamar** *k.n.* diet; congress; parliamentary assembly in certain countries. 议会；国会。

**mula** *k.n.* beginning; first part; starting point; source of origin. 开始；早期阶段；开头部分。**bermula** *k.k.i.* begin (p.t. *began*, p.p. *begun*, pres.p. *beginning*); perform the first or earliest part of (an activity, etc.); come into existence; have its first element or starting point. 开始；源于。**memulakan** *k.k.t.* be the first to do a thing. 开始。

**mulato** *k.n.* mulatto (pl. *-os*); person with one white and one black parent. 黑白混血种的后裔。

**mulia** *adj.* dignified; showing dignity; honourable; deserving, possessing, or showing honour. 可敬的；高贵的。**Yang Mulia** Honourable; a courtesy title. 可敬的。**Yang Teramat Mulia** *k.n.* highness; title of a prince or princess. 殿下。**memuliakan** *k.k.t.* dignify; give dignity to; ennoble; make noble; enshrine; set in a shrine. 使高贵；使显赫。

**mullet** *k.n.* mullet; small edible seafish. 鲻鱼。

**multi** *awl.* multi-; many. (前缀) 表示"多的；多样的；多方面的；多倍的"。

**multinasional** *adj. & k.n.* multinational; (business company) operating in several countries. 跨国(的)；多国家(的)。

**mulur** *adj.* ductile; (of metal) able to be drawn into fine strands. 可拉长的；可塑的；易变形的。

**mulut** *k.n.* mouth; opening in the face through which food is taken in and sounds uttered; opening of a bag, cave, cannon, etc.; place where a river enters the sea. 口；嘴；河口。~ **murai** *k.n.* chatterbox; talkative person. 多嘴的人。

**pembersih** ~ *k.n.* mouth wash; liquid for cleansing the mouth. 漱口水。

**mumia** *k.n.* mummy; corpse embalmed and wrapped for burial, esp. in ancient Egypt. 古埃及的木乃伊。**memumiakan** *k.k.t.* mummify; preserve (a corpse) by embalming as in ancient Egypt. 把尸体制成木乃伊；弄干保存。

**munasabah** *adj.* credible; believable; reasonable; in accordance with reason; logical; moderate; not expensive. 可信的；合理的。**tak** ~ *adj.* implausible; not plausible. 难以置信的。

**muncul** *k.k.i.* emerge; come up or out into view; become known; appear; be or become visible; present oneself; be published; seem; arise (p.t. *arose*, p.p. *arisen*); come into existence or to people's notice; (*old use*) rise. 出现；显现；崭露；浮现。

**muncung** *k.n.* muzzle; snout; animal's long projecting nose and jaws; projecting front part. 动物的鼻和嘴；枪炮的口。

**mundur** *k.k.i.* flinch; draw back in fear; wince; shrink from one's duty, etc. 畏缩；逃避(责任等)。**memundurkan tarikh** *k.k.t.* backdate; regard as valid from an earlier date. 把日期写成比实际日期早。

**mungkin** *k.b.* might; may; used to request permission or (like *may*) to express possibility. 可以(征求同意或许可)；可能；也许。—*kkt.* maybe; perhaps. 也许；可能。

**mungkir** *k.n.* breach; breaking or neglect of a rule or contract; estrangement. 违反；违背法律、职责或合约。—*k.k.i.* default; fail to fulfil one's obligation or to appear. 违约；违反协议。

**murah** *adj.* bountiful; giving generously; cheap (*-er, -est*); low in cost or value. 慷慨的；宽宏大量的；便宜的。**memurahkan** *k.k.t./i.* make or become cheap. 减价；降低价格。

**murai** *k.n.* magpie; noisy bird with black and white plumage. 鹊鸟。

**muram** *adj.* dismal; gloomy (*-ier, -iest*); dour; stern; glum; dreary; dull; boring. 阴郁的；忧愁的；沉闷的。

**murid** *k.n.* pupil; person who is taught by another. 学生；学员。

**murka** *adj.* irate; angry. 愤怒的。

**murung** *adj.* distraught; nearly crazy with grief or worry; morose; gloomy and unsociable; sullen; pensive; deep in thought. 心烦意乱的；因忧伤而近于精神错乱的。

**musang** *k.n.* fox; wild animal of the dog family with a bushy tail. 狐狸。

**Muse** *k.n.* Muse; one of the nine sister goddesses in Greek and Roman mythology, presiding over branches of learning and the arts. 缪斯（希腊神话中九女神之一）；司文艺的女神。

**musim** *k.n.* season; section of the year associated with a type of weather; time when something is common or plentiful, or when an activity takes place. 季；季节。~ **gugur** *k.n.* autumn; season between summer and winter. 秋天；秋季。~ **panas** *k.n.* summer; warmest season of the year. 夏天；夏季。**pertengahan ~ panas** *k.n.* midsummer; middle of the summer, about 21 June. 仲夏；盛夏。**pertengahan ~ sejuk** *k.n.* midwinter; middle of the winter, about 22 Dec. 仲冬；冬至。**tiket bermusim** season ticket; ticket valid for any number of journeys or performance, etc. in a specified period. 季票；月票；长期票。

**muslihat** *k.n.* blarney; smooth talk that flatters and deceives; stratagem; cunning method of achieving something; trick. 奉承话；花言巧语。

**Muslim** *adj.* Muslim; of the Islamic faith, based on Muhammad's teaching. 伊斯兰教的。—*k.n.* believer in this faith. 伊斯兰教徒。

**muslin** *k.n.* muslin; a kind of thin cotton cloth. 平纹细布。

**musnah, lekas ~** *adj.* perishable; liable to decay or go bad in short time. 容易在短期腐烂或败坏的。**memusnahkan** *k.k.t.* annihilate; destroy completely; destroy; pull or break down; make useless; spoil completely; kill (an animal) deliberately. 消灭；歼灭。

**mustahak** *adj.* momentous; of great importance; needful; necessary. 重大的；有历史意义的；需要的。

**mustahil** *adj.* impossible; not possible; unendurable; inconceivable; unable to be imagined; (*colloq.*) most unlikely; incredible; unbelievable. 不可能的；办不到的；不合情理的。

**mustang** *k.n.* mustang; wild horse of Mexico and California. 野马。

**musuh** *k.n.* enemy; one who is hostile to and seeks to harm another. 敌人。~ **ketat** *k.n.* arch enemy; chief enemy. 大敌；死对头。**bermusuhan** *adj.* inimical; hostile; of an enemy; unfriendly. 有敌意的。

**mutan** *adj. & k.n.* mutant; (living thing) differing from its parents as a result of genetic change. 变异（的）；突变体（的）；变种（的）。

**mutasi** *k.n.* mutation; change in form; mutant. 变换；转变。

**mutiara** *k.n.* pearl; round, usu. white gem formed inside the shell of certain osyters; thing resembling this in shape or value or colour. 珍珠。**indung ~** *k.n.* mother-of-pearl; pearly substance lining shells of oysters and mussels, etc. 珍珠母。

**mutlak** *adj.* absolute; complete; unrestricted; independent; categorical; unconditional absolute. 完全的；绝对的；自由的。

**muzik** *k.n.* music; pleasing arrangement of sounds of one or more voices or instruments; written form of this; variety entertainment. 音乐；娱乐。

**muzikal** *adj.* musical; of or involving music; fond of or skilled in music; sweet-sounding. 音乐的。 —*k.n.* light play with songs and dancing. 音乐剧（尤指喜剧）。

**muzium** *k.n.* museum; place where objects of historical interest are collected and displayed. 博物院；博物馆。

# N

**nabi** *k.n.* prophet; religious teacher inspired by God. 预言家。 **Nabi Muhammad** *k.n.* the Prophet Muhammad. (伊斯兰教创始人) 穆罕默德。

**nadir** *k.n.* nadir; lowest point. 最低点；最下点。

**nafas** *k.n.* breath; air drawn into and sent out of the lungs in breathing; breathing in; gentle blowing. 呼吸；一次呼吸；（风）轻拂。 **sesak ~** out of breath; panting after exercise. 喘不过气。 **bernafas** *k.k.i.* breathe; draw (air, etc.) into the lungs or body or tissues and send it out again. 呼吸。

**nafi, menafikan** *k.k.t.* gainsay (*p.t. gainsaid*); (formal) deny; contradict. 否定；驳斥；争论。

**nafkah** *k.n* maintenance; provision of means to support life; allowance of money for this; livelihood; means of earning or providing enough food, etc. to sustain life; alimony; allowance paid by a man to his divorced or separated wife. 生活费；收入；维持；保养；赡养费。 **menafkahi** *k.k.t.* maintain; bear the expenses of. 维持；保养。

**nafsu** *k.n.* passion; strong emotion; sexual love; great enthusiasm; lust; intense sexual desire; any intense desire. 激情；性爱；热诚；欲望。 **bernafsu** *adj.* impassioned; passionate. 充满热情的；

激昂的。 —*k.k.i.* lust; feel lust. 色欲；淫欲。

**nafta** *k.n.* naphtha; inflammable oil. 石脑油；一种易燃油。

**naftalena** *k.n.* naphthalene; pungent white substance obtained from coal-tar. 萘。

**naga** *k.n.* dragon; mythical reptile able to breathe out fire; fierce person. 龙；凶暴的人。

**nahas** *k.n.* mishap; unlucky accident. 不幸的意外事故；灾难。

**nahu** *k.n.* grammar; use of words in their correct forms and relationships. 文法；语法。

**naiad** *k.n.* naiad; water-nymph. (希腊、罗马神话的) 水泉女神。

**najis** *k.n.* excrement; faeces; waste matter discharged from the bowels; dung; animal excrement; filth; disgusting dirt; obscenity. 排泄；粪便；污秽；不洁。 **baja ~** *k.n.* muck; farmyard manure; (*colloq.*) dirt; a mess. 堆肥；污物。

**nakal** *adj.* naughty (*-ier, -iest*); behaving badly; disobedient; slightly indecent; pert; cheeky. 顽皮的；不规矩的；猥亵的。

**nakhoda** *k.n.* skipper; captain. 船长；球队队长；飞机机长。

**naluri** *k.n.* instinct; inborn impulse; natural tendency or ability. 本能；天性。

**nama** *k.n.* name; word(s) by which a person, place, or thing is known or indicated; reputation. 人及地方的名；名称；名誉。**menamakan** *k.k.t.* give as a name; nominate; specify; name as candidate for or future holder of an office; appoint as a place or date. 给(某人或物)取名；(选举)提名。**senama** *k.n.* namesake; person or thing with the same name as another. 同名同姓的人或物。**kata ~** *k.n.* noun; word used as the name of a person, place, or thing. 名词。**~ timangan** *k.n.* pet name; name used affectionately. 昵称。

**namaan** *adj.* nominal; in name only. 名义上的；名字的。

**nampak** *k.k.t.* espy; catch sight of. 窥见；看到。

**nanah** *k.n.* matter; pus. 脓。**bernanah** *k.k.t./i.* fester; make or become septic; cause continuing resentment. 溃烂；恶化；化脓。

**nanas** *k.n.* pineapple; large juicy tropical fruit; plant bearing this. 黄梨。

**nanti, menanti** *k.k.t.* bide; await (one's time). 等候；等待。

**napkin** *k.n.* napkin; square piece of cloth or paper used to protect clothes or for wiping one's lips at meals. 餐巾；手巾；尿布。

**narkosis** *k.n.* narcosis; a state of drowsiness. 麻醉状态；昏迷。

**narkotik** *adj. & k.n.* narcotic; (drug) causing sleep or drowsiness. 麻醉性(的)；麻醉剂(的)。

**nasab** *k.n.* lineage; line of ancestors or descendants. 血统；世系；门第。

**nasib** *k.n.* chance; way things happen through no known cause or agency; luck; likelihood; kismet; destiny; fate; lot; person's share or destiny. 运气；恰巧；机会；命运。

**nasihat** *k.n.* advice; opinion given about what should be done; piece of information; counsel; suggestions; barrister; dissuasion. 劝告；忠告；意见。—*k.k.t.* counselled; advise. 劝告；建议。**menasihati** *k.k.t.* dissuade; persuade against a course of action. 劝阻；劝止。**boleh dinasihati** *adj.* advisable; worth recommending as a course of action. 明智的；适当的；可行的。**menasihatkan** *k.k.t./i.* advise; give advice to; recommend; inform. 劝告；忠告。**tidak dinasihatkan** *adj.* inadvisable; not advisable. 不妥当的；不可取的。

**nasionalis** *k.n.* nationalist. 国家主义者；民族主义者。

**nasionalisme** *k.n.* nationalism; patriotic feeling; policy of national independence. 国家主义；民族主义。

**naskhah** *k.n.* copy; specimen of a book, etc. 抄本；副本；册；版本。

**nasturtium** *k.n.* nasturtium; trailing garden plant with orange, red, or yellow flowers. 旱金莲(一种蔓生植物)。

**nat** *k.n.* nut; small threaded metal ring for use with a bolt. 坚果；螺母；螺帽。

**natal** *adj.* natal; of or from one's birth. 出生的；诞生的。

**naturalisme** *k.n.* naturalism; realism in art and literature. (艺术、文学等的)自然主义。

**naungan** *k.n.* aegis; protection; sponsorship; patronage; patron's support; patronizing behaviour. 庇护；掩护；赞助。**menaungi** *k.k.t.* patronize; act as patron to; treat in a condescending way. 庇护；赞助。

**nazak** *adj.* moribund; in a dying state. 垂死的；奄奄一息的。

**Nazi** *k.n.* Nazi; member of the National Socialist party in Germany, brought to power by Hitler. 纳粹党(党员)。**Nazisme** *k.n.* Nazism. 纳粹主义。

**N.B.** *kep.* **N.B.** (Latin *nota bene*); note well. (缩写)注意；留意。

**N.C.O.** *kep.* **N.C.O.**; non-commissioned officer. (缩写)无委任状的军士；非受人命的军士。

**Neapolitan** *adj. & k.n.* Neapolitan; (native

**nebula** or inhabitant) of Naples. 意大利的那不勒斯人(的)。**ais ~** Neapolitan ice; ice-cream made in layers of different colours and flavours. 三色冰淇淋。

**nebula** *k.n.* nebula (pl. *-ae*); bright or dark patch in the sky caused by distant stars or a cloud of gas or dust. 星云。

**nefritis** *k.n.* nephritis; inflammation of the kidneys. 肾炎。

**negara** *k.n.* kingdom; country ruled by a king or queen; division of the natural world. 王国；国家；国土；(动物、植物或矿物)界。

**negatif** *adj.* negative; expressing or implying denial, refusal, or prohibition; not positive; (of a quantity) less than zero; (of a battery terminal) through which electric current leaves. 否定的；反对的；消极的；负的。—*k.n.* negative statement or word; negative quality or quantity; photograph with lights and shades or colours reversed, from which positive pictures can be obtained. 否定；底片；负数。

**negeri** *k.n.* country; people of this; State of which one is a member; region; land consisting of fields, etc. with few buildings. 国；州。**membuang ~** *k.k.t.* deport; remove (an unwanted person) from a country. 流放；放逐；驱逐；出境。**pembuangan ~** *k.n.* deportation. 驱逐出境。

**Negro** *k.n.* Negro (pl. *-oes*); member of the black-skinned race that originated in Africa. 黑人；黑人种。

**Negroid** *k.n.* Negroid; (person) having the physical characteristics of Negroes. 具有黑人特性的人；黑人。

**nekad** *adj.* determined; full of determination. 坚决的；毅然的。

**nekromansi** *k.n.* necromancy; art of predicting things by communicating with the dead. 召魂术。

**nekropolis** *k.n.* necropolis; ancient cemetery. 古代城市的墓地；史前坟场。

**nenek** *k.n.* gran; grandmother; grandma; granny; female grandparent. 奶奶；外婆。**~ moyang** *k.n.* forefathers (*pl.*); ancestors. 祖先；祖宗。

**neolitik** *adj.* neolithic; of the later part of the Stone Age. 新石器时代的。

**neon** *k.n.* neon; a kind of gas much used in illuminated signs. 氖；霓虹灯。

**nep** *k.n.* nap; short raised fibres on the surface of cloth or leather. 布料、皮革表面的绒毛。

**nepotisme** *k.n.* nepotism; favouritism shown to relatives in appointing them to jobs. 裙带关系；重用亲戚。

**neraca** *k.n.* balance; weighing apparatus with hanging pans. 秤；天平。

**neraka** *k.n.* hell; place of punishment for the wicked after death; place of state of supreme misery; inferno (pl.-*os*); intensely hot place; raging fire. 地狱；非常热的地方。

**neuralgia** *k.n.* neuralgia; sharp pain along a nerve, esp. in the head or face. 神经痛。

**neuritis** *k.n.* neuritis; inflammation of a nerve. 神经炎。

**neurologi** *k.n.* neurology; study of nerve systems. 神经病学。**ahli ~** *k.n.* neurologist. 神经病学家。

**neurosis** *k.n.* neurosis (pl. *-oses*); mental disorder sometimes with physical symptoms but with no evidence of disease. 神经机能病；精神神经病。

**neurotik** *adj.* neurotic; of or caused by a neurosis; subject to abnormal anxieties or obsessive behaviour. 神经机能病的；神经质的。—*k.n.* neurotic person. 神经(官能)症患者；神经质者。

**neutron** *k.n.* neutron; nuclear particle with no electric charge. 中子。**bom ~** *k.n.* neutron bomb; nuclear bomb that kills people by intense radiation but does little damage to buildings, etc. 中子弹；中子辐射武器。

**nevus** *k.n.* naevus (pl. *-vi*). 痣；斑点。

**nganga** *k.k.i.* gape; open the mouth wide; stare in surprise; be wide open. 打呵欠；惊异；目瞪口呆。

**ngeri** *adj.* appalling; eerie (*-ier, -iest*); causing a feeling of mystery and fear; horrific; horrifying. 骇人的；令人丧胆的。 **mengerikan** *k.k.t.* appal (p.t. *appalled*); fill with horror or dismay; horrify; arouse horror in; shock. 吓坏；惊吓。 —*adj.* formidable; inspiring fear or awe; gruesome; filling one with horror or disgust. 可怕的；令人畏惧的。

**ngiau, mengiau** *k.k.i.* caterwaul; make cat's howling cry. 发出猫叫般的哀号声。

**nguak, menguak** *k.k.i.* bray; donkey's cry; similar sound. (驴) 叫；发出驴叫似的声音。

**niat** *k.n.* intention; what one intends to do. 意思；意图；目的。 **berniat** *adj.* intentional; done on purpose; not accidental. 有意的；有企图的。

**nikel** *k.n.* nickel; hard silvery-white metal used in alloys; (*U.S.*) 5-cent piece. 镍；(美国的) 五分镍币。

**nikmat** *adj.* enjoyable; giving enjoyment; heavenly; (*colloq.*) very pleasing. 带来欢乐的；趣味盎然的。 **menikmati** *k.k.t.* enjoy; get pleasure from; have as an advantage or benefit; luxuriate; feel great enjoyment in something. 享有；享受。

**nikotin** *k.n.* nicotine; poisonous substance found in tobacco. 尼古丁；烟叶中的一种毒性成分。

**nilai** *k.k.t.* assess; decide the amount or value of; estimate the worth or likelihood, etc. 评估；估价。 **tidak bernilai** *adj.* invaluable; having value too great to be measured. 无价的；非常宝贵的。

**nilam** *k.n.* sapphire; transparent blue precious stone; its colour. 蓝宝石；天蓝色。

**nilon** *k.n.* nylon; very light strong synthetic fibre; fabric made of this. 尼龙；尼龙织品。

**nimfa** *k.n.* nymph; young insect. 蛹；幼虫。

**ninja** *k.n.* ninja; person skilled in nin-jutsu; Japanese combat system with stealthy movement and camouflage. 日本的忍者。

**nirinsani** *k.n.* dehumanization; remove human qualities from. 非人化；灭绝人性。

**nirwana** *k.n.* nirvana; (in Buddhism and Hinduism) state of perfect bliss achieved by the soul. (佛教语) 涅槃。

**nisan** *k.n.* gravestone; headstone; stone placed over a grave; stone set up at the head of a grave. 墓石；墓碑。

**nisbah** *k.n.* ratio (pl. *-os*); relationship between two amounts; reckoned as the number of times one contains the other. 比率；比例。

**niskala** *adj.* immaterial; having no physical substance. 非物质的；无形的；不重要的。

**nitrat** *k.n.* nitrate; substance formed from nitric acid, esp. used as a fertilizer. 硝酸盐。

**nitrik** *adj.* nitric. 氮的。 **asid ~** *k.n.* nitrous acid; corrosive acid containing nitrogen. 硝酸。

**nitro-gliserin** *k.n.* nitro-glycerine; a kind of powerful explosive. 硝化甘油；甘油三硝酸脂。

**nitrogen** *k.n.* nitrogen; gas forming about four-fifths of the atmosphere. 氮；氮气。

**nitrus** *adj.* nitrous. 亚硝酸的。 **~ oksida** *k.n.* nitrous oxide; gas used as an anaesthetic. 一氧化二氮；可作麻醉药的笑气。

**No., no.** *kep.* Nos; nos.; numbers. (缩写) 号码。

**noda, menodai** *k.k.t.* smirch; discredit. 沾污；诋毁；诽谤。

**Noel** *k.n.* Noel; (in carols) Christmas. 圣诞节。

**nogin** *k.n.* noggin; measure of alcohol, usu. one quarter of a pint. 酒精饮料容量单位，常指1/4品脱。

**noktah** *k.n.* full stop; dot used as a punctuation mark at the end of a sentence or abbreviation; complete stop. 句点；句号。 ~ **bertindih** *k.n.* colon; punctuation mark. 冒号。

**nomad** *k.n.* nomad; member of a tribe that roams seeking pasture for its animals; wanderer. 游牧者；流浪者；游牧民族。

**nombor** *k.n.* number; symbol or word indicating how many. 号码；数字。 ~ **plat** *k.n.* plate number; plate on a motor vehicle, bearing its registration number. 门牌；汽车等的号码；牌照。 **menomborkan** *k.k.t.* mark or distinguish with a number. 给...编号；计算。

*nom de plume* *k.n.* *nom de plume*; writer's pseudonym. 笔名。

**nominal** *adj.* nominal; (of a fee) very small. 名义上的；(所支付款项) 微不足道的。 **nilai** ~ *k.n.* value; face value of a coin, etc. 票面价值。

**nominatif** *k.n.* nominative; form of a noun used when it is the subject of a verb. 主格。

*non compos mentis* *adj.* *non compos mentis*; insane. 精神上不宜于处理事务的。

*non sequitur* *k.n.* *non sequitur*; conclusion that does not follow from the evidence given. 逻辑学中不根据前提的推理。

**Nordic** *adj.* Nordic; of a tall blond blue-eyed racial type. 金发蓝眼的；北欧人的。

**norma** *k.n.* norm; standard. 准则；规范。

**normal** *adj.* normal; conforming to what is standard or usual; free from mental or emotional disorders. 正常的；标准的。 **tak** ~ *adj.* abnormal; not normal; not usual. 不正常的。

**Norman** *adj. & k.n.* Norman; (member) of a former people of Normandy. 诺曼人 (的)。

**Norse** *adj. & k.n.* Norse; (language) of ancient Norway or Scandinavia. 古代挪威及斯堪的纳维亚的语言 (的)。 **orang** ~ *k.n.* Norseman (pl. *-men*). 古代挪威人。

**Norway** *adj. & k.n.* Norwegian; (native, language) of Norway. 挪威人 (的)；挪威语 (的)。

**nostalgia** *k.n.* nostalgia; sentimental memory of or longing for things of the past. 思乡病；怀旧。

**nostalgik** *adj.* nostalgic. 思乡病的；怀旧的。

**not** *k.n.* note; musical tone of definite pitch; symbol representing the pitch and duration of a musical sound; one of the keys on a piano, etc.; significant sound; banknote. 音符；琴键；调子；钞票。 ~ **nada** *k.n.* keynote; note on which a key in music is based; prevailing tone. 主音；基调。

**nota** *k.n.* note; brief record written down to aid memory; short or informal letter; memorandum; formal diplomatic communication; short written comment; written or printed promise to pay money. 笔记；摘记；便条；票据；纸币；备忘录。 **buku** ~ *k.n.* notebook; book with blank pages on which to write memoranda. 笔记本。 **kertas** ~ *k.n.* notepaper; paper for writing letters on. 便条纸。 ~ **kaki** *k.n.* footnote; note printed at the bottom of a page. (文章等的) 脚注。

**notari** *k.n.* notary. 公证人。 ~ **awam** *k.n.* notary public; person authorized to witness the signing of documents and perform other formal transactions. 公证人。

**notasi** *k.n.* notation; system of signs or symbols representing numbers, quantities, musical notes, etc. 符号；记数法；音乐记谱法。

**notis** *k.n.* notice; intimation; warning; formal announcement of the termination of an agreement or employment; written or printed information displayed. 警告；通知；告示；布告。

**novel** *k.n.* novel; book-length story. 长篇小说。

**novelis** *k.n.* novelist; writer of novels. 小说家。

**November** *k.n.* November; eleventh month of the year. 十一月。

**nuansa** *k.n.* nuance; shade of meaning. 感情、颜色等的细微差别。

**nugat** *k.n.* nougat; chewy sweet. 杏仁糖。

**nujum** *k.n.* prophet; person who foretells the future. 预言家。 **ahli ~** *k.n.* clairvoyant; person thought to have clairvoyance. 有超常能力的人。

**nuklear** *adj.* nuclear; of a nucleus; of the nuclei of atoms; using energy released or absorbed during reactions in these. 核心的；原子核的。

**nukleus** *k.n.* nucleus; central part or thing round which others are collected; central positively charged portion of an atom. 核心；原子核。

**nutrien** *k.n.* nutrient; nourishing (substance). 营养品。

**nyah** *sr.* begone; go away. 走开！

**nyahcas** *k.k.t.* discharge; release the electric charge (of). 放出；流出；放电。

**nyahcekam** *k.k.i.* declutch; disengage the clutch of a motor. 脱开汽车离合器。

**nyahjangkit, menyahjangkit** *k.k.t.* disinfect; cleanse by destroying harmful bacteria. 为...消毒；给...灭菌；使洗净。

**nyahkafeina** *adj.* decaffeinated; with caffeine removed or reduced. 已除去咖啡因的。

**nyahpecutan** *k.n.* deceleration. 减速；降速。 **menyahpecutan** *k.k.t./i.* decelerate; reduce the speed (of). 减速；降低速度。

**nyahracun** *k.k.i.* detoxify; remove harmful substances from. 解毒；除去毒素。

**nyala** *k.n.* flame; bright tongue shaped portion of gas burning visibly. 火；火焰；燃烧。 **bernyala** *k.k.t. & adj.* aflame; burning; alight; on fire. 着火（的）；燃烧（的）。 **menyala** *k.k.i.* burn with flames; become bright red. 燃烧；发出火焰。 **menyalakan** *k.k.t./i.* kindle; set on fire; inflame; cause inflammation in; ignite; set fire to; catch fire; arouse; stimulate; become kindled. 点火；燃；鼓动；激发。 **mudah ternyala** *adj.* able to be set on fire. 易燃烧的。

**nyalaan** *k.n.* ignition; igniting; mechanism producing a spark to ignite the fuel in an engine. 点燃；燃烧；机械内的发光装置。

**nyaman** *adj.* balmy (-*ier*, -*iest*); (of air) soft and warm. 芬芳的；温煦的。

**nyamuk** *k.n.* mosquito (pl. -*oes*); a kind of gnat. 蚊子。

**nyanyuk** *k.n.* dotage; senility with mental weakness. 心力衰迈；老迈。

**nyaring** *adj.* piercing; (of sound) shrilly audible. 刺骨的；（声音）尖锐的。

**nyaris** *k.k.t.* almost; very little short of; as the nearest thing to. 差不多；几乎；接近。

**nyata** *adj.* apparent; clearly seen or understood; seeming but not real; distinct; clearly perceptible; evident; obvious to the eye or mind; explicit; stated plainly; factual; based on or containing facts. 清晰可见的；明显的；表面的；似是而非的。

**nyawa, bernyawa** *adj.* animate; living; having life; not dead. 活泼的；有生气的；有生命的。 **mensenyawakan** *k.k.t.* cross-fertilize; fertilize (a plant) from one of a different kind. 使异体受精。 **tidak bernyawa** *adj.* inanimate; lacking animal life; showing no sign of being alive. 无生命的。

**N.Z.** *kep.* N.Z.; New Zealand. （缩写）纽西兰。

# O

**oak** *k.n.* oak; deciduous forest tree bearing acorns; its hard wood. 栎树；栎木。

**O.A.P.** *kep.* O.A.P.; old-age pensioner. (缩写) 领取养老金者。

**oasis** *k.n.* oasis; fertile spot in a desert, with a spring or well of water. 沙漠中的绿洲。

**oat** *k.n.* oats; hardy cereal plant; its grain. 燕麦属植物；燕麦。**kek ~** *k.n.* oatcake; thin cake made of oatmeal. 燕麦饼。**~ halus** *k.n.* oatmeal; ground oats. 燕麦粉；燕麦片。

**obituari** *k.n.* obituary; printed statement of person's death (esp. in a newspaper), often with a brief biography. 讣闻 (尤指刊登在报章上者)。

**objek** *k.n.* object; something solid that can be seen or touched; person or thing to which an action or feeling is directed; purpose; intention; noun, etc. acted upon by a transitive verb or preposition. 物体；目标；用意；宾语。**~ seni** *k.n. objet d'art* (pl. *objets d'art*); small artistic object. 小美术工艺品；古玩。

**objektif** *adj.* objective; not influenced by personal feelings or opinions; of the form of a word used when it is the object of a verb or preposition. 目标的；客观的；宾语的。—*k.n.* thing one is trying to achieve, reach, or capture. 目标；目的。

**obligato** *k.n.* obbligato (pl. *-os*); important accompanying part in music. 伴奏。

**obo** *k.n.* oboe; woodwind instrument of treble pitch. 欧巴；双簧管。**pemain ~** *k.n.* oboist. 双簧管吹奏者。

**observatori** *k.n.* observatory; building equipped for observation of stars or weather. 瞭望台；天文台；气象台。

**obstetrik** *k.n.* obstetrics; branch of medicine and surgery dealing with childbirth. 产科术；助产术。—*adj.* obstetric; obstetrical. 产科的；助产的。**ahli ~** *k.n.* obstetrician. 产科医生。

**oceh, mengoceh** *k.k.i.* jabber; talk rapidly; often unintelligibly. 喋喋不休；急促而不清地说话。

**ocehan** *k.n.* jabbering talk. 喋喋不休；急促不清的话。

**oda** *k.n.* ode; type of poem addressed to a person or celebrating an event. 颂词；颂诗。

**ofal** *k.n.* offal; edible organs from an animal carcass. (屠宰牲畜后由其体内取出的) 可食用的内脏。

**ofsaid** *adj. & k.k.t.* offside; in a position where one may not legally play the ball (in football, etc.). (足球) 越位的；越位。

**ofset**[1] *k.k.t.* offset (p.t. *-set*, pres. p. *-setting*); counterbalance; compensate for. 抵销；弥补。

**ofset**[2] *k.n.* offset; method of printing by transferring ink to and from a rubber surface. 胶印法。

**oftalmia** *k.n.* ophthalmia; inflammation of the eyes. 眼炎。

**oftalmologi** *k.n.* ophthalmology; study of the eye and its disease. 眼科学。**ahli ~** *k.n.* ophthalmologist. 眼科学家；眼科医师。

**oftalmoskop** *k.n.* ophthalmoscope; an instrument for examining the eye. 检眼镜。

**ogah** *k.n.* hookah; oriental tobacco-pipe with a long tube passing through water. 水烟筒。

**oh** *sr.* oh; exclamation of delight or pain, or used for emphasis. 噢！(表示惊讶、痛苦等的感叹词)

**ohm** *k.n.* ohm; unit of electrical resistance. 欧姆；电阻单位。

**oi** *sr.* halloo; shout to urge on hounds or call attention. 高呼；一种喊声。

**O.K.** *adj. & kkt.* O.K.; okay (*colloq.*); all right. 对 (的)；好 (的)；可以 (的)。

**okapi** *k.n.* okapi (pl. *-is*); giraffe-like animal of Central Africa. 产于中非洲，类似长颈鹿的霍玻。

**oklusi** *k.n.* occlusion; upward movement of a mass of warm air caused by a cold front overtaking it. 闭合；闭塞；闭锁症。

**oksida** *k.n.* oxide; compound of oxygen and one other element. 氧化物。

**oksigen** *k.n.* oxygen; colourless gas existing in air. 氧；氧气。

**oktaf** *k.n.* octave; note six whole tones above or below a given note; interval or series of notes between these. 八音阶。

**oktagon** *k.n.* octagon; geometric figure with eight sides. 八边形；八角形。

**oktahedron** *k.n.* octahedron; a solid with eight sides. 八面体。

**oktana** *k.n.* octane; hydrocarbon occurring in petrol. 辛烷。

**oktet** *k.n.* octet; group of eight voices or instruments; music for these. 八重唱；八重奏。

**Oktober** *k.n.* October; tenth month of the year. 十月。

**olahraga** *adj.* athletic; of athletes; muscular and physically active. 运动的；体育的；竞技的；强壮的。—*k.n.* athletics; sports, esp. running, jumping, etc. 体育；竞技；田径运动。

**olahragawan** *k.n.* athlete; person who is good at athletics. 运动员；运动选手；体育家。

**olakan** *k.n.* convection; transmission of heat within a liquid or gas by movement of heated particles. 热对流；对流。

**oleh** *k.h. & k.k.t.* by. 被；为；由于；以...方式。 **memperoleh** *k.k.t./i.* obtain; get; come into possession of; gain; acquire gradually; profit; get nearer in racing or pursuit; reach. 得到；获得。

**olender** *k.n.* oleander; flowering shrub of Mediterranean regions. 产于欧洲的夹竹桃。

**oligarki** *k.n.* oligarchy; form of government where power is in the hands of a small group. 寡头政治；政经大权全操在小集团手中之政治。

**ombak** *k.n.* wave; moving ridge of water. 波浪；波纹。 **berombak** *adj.* wavy; move loosely to and fro or up and down. 波涛滚滚的;波状的。 ~ **muara** *k.n.* bore; tidal wave in an estuary. 河口的高潮；涌潮。 **hempasan** ~ *k.n.* breaker; heavy ocean wave that breaks on a coast. 碎浪。

**omega** *k.n.* omega; last letter of the Greek alphabet, = o. 希腊语中最后一个字母。

**omel** *k.k.i. & k.n.* grouse (*colloq.*); grumble. 抱怨；发牢骚；委屈；怨言。

**omnibus** *k.n.* omnibus; comprehensive publication containing several items. 公共汽车；巴士；文集。

**omnivor** *adj.* omnivorous; feeding on all kinds of food. 杂食性的。

**oniks** *k.n.* onyx; stone like marble with colours in layers. 截子玛瑙。

**onomatopia** *k.n.* onomatopoeia; formation of words that imitate the sound of what they stand for. 拧声词。

**ooh** *sr.* ooh; exclamation of surprise; pleasure, or pain. 嗬！(表示惊讶、赞美、喜悦等的感叹词)

**OPEC** *kep.* OPEC; Organization of Petroleum Exporting Countries. (缩写)石油输出国组织。

**opera** *k.n.* opera; opus; play(s) in which words are sung to music. 歌剧。 **teropong** ~ *k.n.* opera glasses (*pl.*); small binoculars. 看歌剧用的小望远镜。

**operasi** *k.n.* operation; way a thing works; piece of work; military action. 运作；生效；操作。 **beroperasi** *k.k.i.* operate; be in action; produce an effect. 运作；操作；见效。

**operator** *k.n.* operator; person who operates a machine or business; one who connects lines at a telephone exchange. 操作员；(电话等)接线员。

**operetta** *k.n.* operetta; short or light opera. 轻歌剧。

**opiat** *k.n.* opiate; sedative containing opium; thing that soothes feelings. 含鸦片的麻醉剂；鸦片制剂。

**oportunis** *k.n.* opportunist; person who grabs opportunities. 投机分子；机会主义者。

**opossum** *k.n.* opossum; small furry marsupial. （产于美洲及澳洲的）负鼠。

**opsyen** *k.n.* option; freedom to choose; thing that is or may be chosen; right to buy or sell a thing within a limited time. 自由（选举）权；选择自由；可选择的事物。

**optima** *adj.* optimal; optimum. 最适宜的；最理想的。

**optimis** *k.n.* optimist. 乐观主义者。

**optimisme** *k.n.* optimism; tendency to take a hopeful view of things. 乐观主义。

**optimum** *adj. & k.n.* optimum; best or most favourable (conditions, amount, etc.). 最适条件（的）；最适度（的）。

**opus** *k.n.* opus (pl. *opera*); numbered musical composition. 按乐曲发表先后次序编号的乐曲。

**orang** *k.n.* people (*pl.*); human beings; persons; subjects of a State; persons without special rank; persons composing a race or nation or community; individual human or divine being; one's body; (in grammar) one of the three classes of personal pronouns and verb forms, referring to the person(s) speaking, spoken to, or spoken of. 人类；个人；公民；平民。 ~ **awam** *k.n.* civilian; person not in the armed forces. 平民。 ~ **biasa** *k.n.* laity; laymen. 俗人。 ~ **kenamaan** *k.n.* personage; person, esp. an important one. 重要人物；名流。 ~ **kusta** *k.n.* leper; person with leprosy. 麻疯病人。 ~ **utan** *k.n.* orang utan; large ape of Borneo and Sumatra. 猩猩。

**oratorio** *k.n.* oratorio (pl. *-os*); musical composition for voices and orchestra, usu. with a biblical theme. 以基督教《圣经》内容为主体的清唱剧。

**orbit** *k.n.* orbit; curved path of a planet, satellite, or spacecraft round another sphere of influence. 轨道；星球的运行路线。 **mengorbit** *k.k.t./i.* move in an orbit (round). 环绕轨道运行。

**ordinan** *k.n.* ordinance; decree. 法令；条例。

**oren** *k.n.* orange; round juicy citrus fruit with reddish-yellow peel; this colour. 橙；柑橘；橙色。

**organ** *k.n.* organ; musical instrument with pipes supplied with wind by bellows and sounded by keys; distinct part with a specific function in an animal or plant body; medium of communication, esp. a newspaper. 风琴；管风琴；人体的器官；传播工具。 **pemain ~** *k.n.* organist; person who plays the organ. 风琴师；风琴演奏者。

**organik** *adj.* organic; of bodily organ(s); of or formed from living things; organized as a system of related parts. 有机的；器官的。 **tak ~** *adj.* inorganic; of mineral origin; not organic. 无生物的；无机的。

**organisma** *k.n.* organism; a living being, individual animal or plant. 动植物界的生物体；有机体。

**orgasma** *k.n.* orgasm; climax of sexual excitement. 性高潮。

**orifis** *k.n.* orifice; opening of a cavity, etc. 孔；口；洞。

**origami** *k.n.* origami; Japanese art of folding paper into attractive shapes. 日本的折纸艺术。

**Ogos** *k.n.* August; eighth month of the year. 八月。

**orkestra** *k.n.* orchestra; large body of people playing various musical instruments; part of a theatre (between stalls and stage) where these sit. 管弦乐队。

**orkid** *k.n.* orchid; a kind of showy often irregularly shaped flower. 兰；兰花。

**ornitologi** *k.n.* ornithology; study of birds. 鸟类学。 **ahli ~** *k.n.* ornithologist. 鸟类学家。

**ortodoks** *adj.* orthodox; of or holding conventional or currently accepted beliefs, esp. in religion. 正统的；正宗的。**Gereja ~** *k.n.* church; Eastern or Greek Church. 希腊正教；东正教。

**ortodontik** *k.n.* orthodontics; correction of irregularities in teeth. 正牙学。 — *adj.* orthodontic. 正牙学的；正牙的。**ahli ~** *k.n.* orthodontist. 正牙医师。

**ortopedik** *k.n.* orthopaedics; surgical correction of deformities in bones or muscles. 矫形外科；整形外科。—*adj.* orthopaedic. 矫形的。**pakar ~** *k.n.* orthopaedist. 矫形医师。

**oseanografi** *k.n.* oceanography; study of the ocean. 海洋学。

**osiloskop** *k.n.* oscilloscope; a device for recording oscillations. 示波器。

**osilot** *k.n.* ocelot; leopard-like animal of Central and South America; its fur. 南美洲及中美洲的豹猫。

**osmium** *k.n.* osmium; a hard metallic element (symbol Os). 锇 (金属元素)。

**osmosis** *k.n.* osmosis; diffusion of fluid through a porous partition into another fluid. 渗透作用。

**osprey** *k.n.* osprey (pl. *-eys*); large bird preying on fish in inland waters. 鹗；一种食鱼的大鸟。

**osteopat** *k.n.* osteopath; practitioner who treats certain diseases and abnormalities by manipulating bones and muscles. 整骨医生。—*adj.* osteopathic. 装骨的；整骨的。

**osteopati** *k.n.* osteopathy. 整骨术；病骨术。

**otak** *k.n.* brain; mass of soft grey matter in the skull; centre of the nervous system in animals; mind; intelligence. 脑；智慧；天赋。**pemerasan ~** *k.n.* brainstorm; violent mental disturbance. 脑猝变；脑病暴发。

**otot** *k.n.* muscle; strip of fibrous tissue able to contract and relax and so move a part of an animal body; muscular power; strength. 肌肉。**berotot** *adj.* muscular; of muscles; having well-developed muscles; brawny (*-ier*, *-iest*); muscular. 肌肉的；肌肉发达的；结实的。

**Ottoman** *adj.* Ottoman; of the former Turkish empire. 古土耳其帝国的土耳其人的。

**output** *k.n.* output; amount of electrical power, etc. produced. 产品；产量；电流供给量。

**ovari** *k.n.* ovary; organ producing egg-cells; that part of a pistil from which fruit is formed. 卵巢；子房。

**over** *k.n.* over; series of 6 (or 8) balls bowled in cricket. (板球) 投手在交换投球区前交互连续投出之球数。

**overdraf** *k.n.* overdraft; overdrawing of a bank account; amount of this. 透支。

**overhed** *k.n.* overheads (*pl.*); expenses involved in running a business, etc. 总开销；经常费用。

**overtur** *k.n.* overture; orchestral composition forming a prelude to an opera or ballet, etc. 序曲；开端。

**ovul** *k.n.* ovule; germ cell of a plant. 卵细胞；小卵。

**ovum** *k.n.* ovum (pl. *ova*); egg-cell. 卵；卵细胞。

**ozon** *k.n.* ozone; form of oxygen. 臭氧。

# P

**pacat** *k.n.* leech; small blood-sucking worm. 水蛭；蚂蟥。

**pacul** *k.n.* mattock; agricultural tool with a blade at right angles to the handle. 鹤嘴锄。

**pada** *k.s.n.* at; having as position, time of day, condition. (位置)在；(状态)处于…中；(时间)在…时。

**padam** *adj.* extinct; no longer burning or active. 已熄灭的；灭绝的；已消灭的；废止的。 **memadamkan** *k.k.t.* extinguish; put out (a light or flame); douse; rub or wipe out; erase. 灭火；消灭；灭绝；废除。

**padan, berpadanan** *k.k.i.* correspond; be similar or equivalent or in harmony. 相同；适合；一致。 **memadankan** *k.k.t.* befit (p.t. *befitted*); be suitable for. 适合；适宜。

**padang** *k.n.* field; piece of open ground, esp. for pasture or cultivation; sports ground. 广场；土地；田地；牧场；原野。 ~ **letak kereta** *k.n.* parking area. 停车场。 ~ **lumba** *k.n.* race-tracks; track for horse or car, etc. races. 赛马场；赛车跑道。 ~ **ragut** *k.n.* pasturage; pastureland. 牧场。 ~ **rumput** *k.n.* grassland; wide grass-covered area with few trees. 草场；草原；牧场。 **acara** ~ *k.n.* field events; athletic contests other than races. 田径赛。

**padat** *adj.* compact; closely or neatly packed together; concise; dense; closely massed. 密集的；挤满的；稠密的。 **memadatkan** *k.k.t.* compact; make compact; cram; force into too small a space; overfill thus. 使紧密；塞满；挤满。

**paderi** *k.n.* priest; parson (*colloq.*); clergyman. 神父；牧师；教士。 ~ **ketua** *k.n.* archbishop; chief bishop. 大主教。 **pejabat** ~ *k.n.* diaconate. 副主祭团；副主祭的职位或任期。

**padi** *k.n.* paddy. 稻田；稻禾。

**padu** *adj.* solid; keeping its shape; firm; of the same substance throughout; continuous; of solids. 坚固的；实心的；结实的；固体的；连续无间断的；实体的。 **berpadu** *k.k.i.* unite; join together; make or become one; act together; cooperate. 结合；团结；并合；合作。

**pagar** *k.n.* fence; barrier round the boundary of a field or garden, etc.; portable frame with bars, used as a temporary fence; frame to be jumped over in a race; obstacle; difficulty. 栅栏；篱笆；障碍。 ~ **hidup** *k.n.* hedge; fence of bushes or shrubs. 篱笆。 **memagar** *k.k.t.* enclose; put a fence, etc. round; shut in on all sides; seclude; shut up in a receptacle. 把…用栅栏围住；隔开；使隔离。 **memagari** *k.k.t.* hedge; fence; surround with a hedge or fence. 用树篱笆围住或隔开。

**pagi** *k.n.* morning; part of the day from dawn to noon or the midday meal. 早晨；早上；上午。

**pagoda** *k.n.* pagoda; Hindu temple or Buddhist tower in India, China, etc. 宝塔。

**paha** *k.n.* thigh; upper part of the leg, between hip and knee. 大腿。

**pahat** *k.n.* chisel; tool with a sharp bevelled end for shaping wood or stone, etc. 凿子。 ~ **kuku** *k.n.* gouge; chisel with a concave blade. 半圆凿；弧口凿。 **memahat** *k.k.t.* chisel (p.t. *chiselled*); cut with this. 凿成；雕刻。

**pahit** *adj.* bitter; tasting sharp, not sweet or mild; with mental pain or resentment. 苦的；苦味的；难受的。

**pahlawan** *k.n.* warrior; person who fights in a battle. 英雄。

**pai** *k.n.* pie; baked dish of meat, fish or fruit covered with pastry or other crust. 肉馅饼。

**pail** *k.n.* pile; cut or uncut loops on the surface of fabric. 装饰性的长方柱；壁柱。

**pain**[1] *k.n.* pine; evergreen tree with needle-shaped leaves; its wood. 松树；松木。

**pain**[2] *k.n.* pint; measure for liquids, one eighth of a gallon. 品脱（液量单位）。

**paip** *k.n.* pipe; tube through which something can flow; tube by which sound is produced; (*pl.*) bagpipes; narrow tube with a bowl at one end for smoking tobacco. 管子；导管；管乐器；苏格兰风笛；烟斗。

**pajak** *k.n.* lease; contract allowing the use of land or a building for a specified time. 土地、房屋等的租借；租借权。 **memajak** *k.k.t.* allow, obtain, or hold by lease. 租借；典当。

**pak** *k.n.* butt; large cask or barrel. 盛酒或水的水桶。

**pakai, berpakaian** *k.k.i.*, **memakai, memakaikan** *k.k.t.* wear (p.t. *wore*, p.p. *worn*); have on the body, e.g. as clothing or ornament; clothe (p.t. *clothed* or *clad*); put clothes on; provide with clothes; don; put on. 戴；穿；用。 **terpakai** *adj.* used; secondhand. 已经被穿用的；用旧了的。

**pakaian** *k.n.* clothes (*pl.*); things worn to cover the body; clothing; attire; apparel; garb; dress; outer clothing; outfit. 衣服；衣物；服装。 **pembuat ~ wanita** *k.n.* dressmaker; woman who makes women's clothes. 制女服的女裁缝师。

**pakal, memakal** *k.k.t.* caulk; stop up (a ship's seams) with waterproof material or by driving edges of plating together. 填隙；使…不漏水。

**pakar** *adj.* expert; having great knowledge or skill; masterly; skilful. 专家的；内行的；老练的。 —*k.n.* expert; ace; person with a great knowledge or skill in a particular thing; specialist; expert in a particular branch of a subject; connoisseur; person with expert understanding, esp. of artistic subjects. 专家；内行；熟手。 **~ bedah** *k.n.* surgeon; doctor (esp. a specialist) who performs surgical operations. 外科医生。 **~ mata** *k.n.* oculist; specialist in the treatment of eye disorders and defects. 眼科医生。

**pakat** *k.k.t.* confer; hold a discussion. 讨论；商议。 **~-sulit** *k.n.* collusion; agreement made for a deceitful or fraudulent purpose. 勾结；阴谋；谋反。

**pakatan** *k.n.* pact; agreement; treaty. 合约；公约；协定。

**pakis** *k.n.* fern; flowerless plant with feathery green leaves. 蕨；蕨类植物。

**paksa, memaksa** *k.k.t.* force; use force upon, esp. in order to get or do something; impose; dragoon; compel; oblige; compel by threats or force; constrain. 强制；迫使；逼迫；强行通过。

**paksaan** *k.n.* constraint; constraining. 强制；压迫；拘束。

**paksi** *k.n.* axis (pl. *axes*); line through the centre of an object, round which it rotates if spinning; capstan; revolving post or spindle on which a cable, etc. winds. 轴；轴心；轴线；中枢；绞盘。

**paku** *k.n.* nail; small metal spike. 钉。 **~ kasut** *k.n.* hobnail; heavy-headed nail for boot soles. 鞋钉。 **~ tekan** *k.n.* drawing pin; pin with a broad flat head, for fastening paper, etc. to a surface. 图钉。 **memakukan** *k.k.t.* nail; fasten with nail(s). 钉上；钉牢。

**palam**[1] *k.n.* grout; thin fluid mortar. 薄胶泥；石灰浆。 **memalam** *k.k.t.* grout; fill with grout. 涂薄胶泥。

**palam**[2] *k.n.* plug; thing fitting into and stopping or filling a hole or cavity; device of this kind (usu. with pins) for making an electrical connection. 塞子；堵塞物；插头；栓塞。 **memalamkan** *k.k.t.* plug (p.t. *plugged*); put a plug into. 堵塞。

**palang** *k.n.* crossbar; horizontal bar. 单杠；横木。

**paleolitik** *adj.* palaeolithic; of the early part of the Stone Age. 旧石器时代的。

**Palestin** *k.n.* Palestinian; (native) of Palestine. 中东巴勒斯坦的土著。

**paling**[1] *kkt.* very; in a high degree; extremely. 很；非常。

**paling**[2], **memalingkan** *k.k.t.* avert; turn away. 避开；挡开；防止。

**palma** *k.n.* palm; tree of warm and tropical climates, with large leaves and no branches. 棕榈。 **pokok ~** *k.n.* palm tree. 棕榈树。

**palpa** *k.n.* pulp; soft moist part (esp. of fruit) or substance. 水果等植物的浆状物质；果肉；纸浆。

**palsu** *adj.* false; incorrect; not genuine; sham; bogus; apocryphal; untrue; invented; mendacious; untruthful; counterfeit; fake. 错误的；虚假的；伪造的。 **memalsukan** *k.k.t.* falsify; alter fraudulently; misrepresent; forge; make a fraudulent imitation or copy of; adulterate; make impure by adding substance(s); counterfeit; fake. 伪造；窜改；歪曲。

**palu** *k.k.t. see* **pukul**. 见 **pukul**。

**palung** *k.n.* manger; open trough in a stable, etc. for horses or cattle to feed from. 牛、马等牲畜的食槽。

**pamah, tanah ~** *k.n.* lowlands (*pl.*); low-lying land. 低地；低洼地区。

**pamer, mempamerkan** *k.k.t.* exhibit; display; present for the public to see; show; arrange conspicuously. 展示；陈列；展览。

**pameran** *k.n.* exhibition; exhibiting; public display; display; displaying; fair; gathering for a sale of goods, often with entertainments; exhibition of commercial goods; funfair. 展出；展览会；商品交易会；集市。 **tapak ~** *k.n.* fair ground; open space where a fair is held. 集市场地；露天商品展览会场。

**pampas, pampasan** *k.n.* compensation; payment given as a reward; consideration; dispossession. 偿还；赔偿金。 **memampas** *k.k.t.* compensate; make payment to (a person) in return for loss or damage. 赔偿。

**panah, anak ~** *k.n.* arrow; straight pointed shaft to be shot from a bow; line with an outward-pointing V at the end, indicating direction, etc. 箭；箭状物；箭号。 **seni memanah** *k.n.* archery; sport of shooting thus. 箭术。

**panas** *adj.* hot (*hotter, hottest*); at or having a high temperature; eager, angry; excited; excitable; (of scent in hunting) fresh and strong; (of news) fresh; (*sl.*) of goods recently stolen and risky to handle; feverish. 热的；辣的；激动的；发怒的；（消息、事件）最新的；发烧的。 **botol air ~** *k.n.* hot water bottle; container to be filled with hot water for warmth in bed. 热水瓶。 **memanaskan** *k.k.t.* heat; (*colloq.*) make or become hot or exciting. 加热；使激动。 **~ terik** *k.n.* ebullition. 迸发；沸腾。

**panasea** *k.n.* panacea; remedy for all kinds of diseases or troubles. 万灵药；解决所有难题的方法。

**panca** *k.n.* pentameter; line of verse with five metrical feet. 五音步诗句。 **memanca** *k.k.t.* interlock; fit into each other. 互锁；连结；连锁。

**pancang** *k.n.* picket; pointed stake set in the ground; pale; stake forming part of a fence. 桩；栅；栏杆。 **para ~** *k.n.* palisade; fence of pointed stakes. 以尖桩筑成的栅栏。 **memancang** *k.k.t.* picket (*p.t. picketted*); secure or enclose with stake(s). 打桩；筑栏。

**pancaragam** *k.n.* band; set of musicians, esp. playing wind or percussion instruments. 乐队。 **pentas ~** *k.n.* bandstand; covered outdoor platform for a band playing music. 户外音乐台。

**pancaran** *k.n.* beam; ray of light or other radiation. 光线；射线。

**pancarongga** *k.n.* manifold; (in a machine) pipe or chamber with several openings. (机械) 歧管；多支管。

**pancawarna** *adj.* particoloured; coloured partly in one colour, partly in another. 杂色的；多种颜色的。

**pancing, memancing** *k.k.i.* fish; try to catch fish (from); angle; fish with hook and bait. 捕鱼；钓鱼。

**pancung, memancung** *k.k.t.* decapitate; to cut off. 将…斩首；砍头。

**pancungan** *k.n.* decapitation. 斩首；砍头。

**pancur, pancuran** *k.n.* fount; fountain; spring or jet of water; structure provided for this. 泉；泉源；喷泉。

**pancut, memancut** *k.k.i.*, **memancutkan** *k.k.t.* gush; flow or pour suddenly or in great quantities. 涌出；喷出；迸出。

**panda** *k.n.* panda; large bear-like black and white animal of south-west China; racoon-like animal of India. 中国熊猫；印度浣熊。

**pandai** *adj.* clever; quick at learning and understanding things; showing skill; brainy (-ier, -iest). 贤能的；聪明的；灵巧的；熟练的。

**pandang, memandang** *k.k.i.* look; use or direct one's eyes in order to see, search or examine. 望；观看；注视。 **pemandangan darat** *k.n.* landscape; scenery of a land area; picture of this. 风景画；风景。 **~-dengar** *k.n.* audiovisual; using both sight and sound. 视听。

**pandemik** *adj.* pandemic; (of a disease) occurring over a whole country or the world. (传染病) 流行全国或全世界的。

**pandir** *adj.* nitwit; (*colloq.*) stupid or foolish person. 笨的；傻瓜的。

**pandu, pemandu** *k.n.* chauffeur; person employed to drive a car; guide; person who shows others the way; one employed to point out interesting sights to travellers; pilot. 汽车夫；司机；响导；导游；机师。 **~ cemerkap** *k.n.* road hog; reckless or inconsiderate driver. 鲁莽驾驶者。 **memandu, memandukan** *k.k.t.* guide; act as a guide to; pilot (p.t. *piloted*); act as pilot of; drive (p.t. *drove*, p.p. *driven*); operate (a vehicle) and direct its course. 指引；领导；驾驶。

**panduan** *k.n.* guidance; guiding; advising or advice on problems. 指引；指导；指南。 **buku ~** *k.n.* guide book; book of information about a place, for visitors. 参考手册。

**panel**[1] *k.n.* panel; group assembled to discuss or decide something; list of jurors; jury. 商讨或决定事项的专门小组；陪审团名单。 **ahli ~** *k.n.* panellist; member of a panel. 专门小组成员。

**panel**[2] *k.n.* panel; distinct, usu. rectangular section; strip of board, etc. forming this. 方形嵌板；镶板；仪器板。 **memasang ~** *k.k.t.* panel (p.t. *panelled*); cover or decorate with panels. 用方板装饰或遮盖。 **lekapan ~** *k.n.* panelling; series of wooden panels in a wall; wood used for making panels. 墙上的嵌板；用作嵌板的木条。

**pangkalan** *k.n.* jetty; landing stage; platform for landing from a boat; pier; structure built out into the sea, esp. as a promenade. 基地；码头；防浪堤。

**pangkas, memangkas** *k.k.t.* clip; cut, esp. with shears or scissors. 修剪。

**pangkat** *k.n.* rank; place in a scale of quality or value, etc.; grade; level of rank, quality, or value; mark given to a student for his standard of work. 等级；阶层；阶级；地位。 **kenaikan ~** *k.n.* promotion. 升级。 **menaikkan ~** *k.k.t.* promote; raise to a higher rank or office. 擢升；晋升；促进。 **naik ~** *k.k.i.* promoted. 升级。

**pangkin** *k.n.* bunk; shelf-like bed. (车、船等的) 床位；铁床。

**pangsa** *k.n.* compartment; partitioned space. 果瓣儿；格子；间隔。

**pangsapuri** *k.n.* apartment; set of rooms; (*U.S.*) flat. 共管公寓；供游客租用的套房。

**pangsi** *k.n.* pivot; central point or shaft on which a thing turns or swings. 轮轴；中枢。 **memangsikan** *k.k.t.* pivot (p.t. *pivoted*); turn or place to turn on a pivot. 循着轮轴旋转。

**panik** *k.n.* panic; sudden strong fear. 惊惶；恐慌。 —*k.k.t./i.* panic (p.t. *panicked*); affect or be affected with panic. 使恐慌；惊惶失措。

**panjang** *adj.* long (*-er, -est*). 长的。 **memanjangkan, memperpanjangkan** *k.k.t.* lengthen; elongate; extend; make longer; stretch; reach; be continuous. 加长；增长；延伸；延长。 **~ lebar** *adj.* elaborate; with many parts or details; lengthy (*-ier, -iest*); very long; long and boring. 过长的；漫长的；冗长的；罗唆的。 **umur ~** *k.n.* longevity; long life. 长寿；长命。 **sepanjang** *kkt.* along; through part or the whole of a thing's length; onward; in company; in addition. 沿着；全程；根据。 —*k.n.* length; measurement or extent from end to end; great extent. 长度；长。

**panjat** *k.k.t.* see **daki**. 见 **daki**。

**panji** *k.n.* pennon; flag, esp. a long triangular or forked one; long streamer on a ship. 旗；三角旗；船上的幡旗。

**pankreas** *k.n.* pancreas; gland near the stomach, discharging insulin into the blood. 胰腺。

**pankromatik** *adj.* panchromatic; sensitive to all colours of the visible spectrum. 全色的；泛色的；对所有颜色都同样感应的。

**panorama** *k.n.* panorama; view of a wide area or set of events. 景物或事件的全貌。

**pantai** *k.n.* coast; sea shore and land near it; land along the edge of a sea; beach; shore between high and low water marks. 海岸；沿海地区。 **kapal susur ~** *k.n.* coaster; ship trading along a coast. 沿海岸航行的客船或商船。 **menyusur ~** *k.k.i.* coast; sail along a coast. 沿海航行。 **pengawal ~** *k.n.* coastguard; public organization that keeps watch on the coast to report passing ships, prevent smuggling, etc.; member of this. 海岸警卫。

**pantang, pantangan** *k.n.* abstention; abstinence; abstaining, esp. from food or alcohol. 节制饮食；戒（酒）；禁忌。 **berpantang** *k.k.t.* abstain; refrain; keep oneself from doing something. 戒除；禁绝。

**pantas** *adj.* brisk (*-er, -est*); lively; moving quickly. 迅速的；活泼的；敏捷的。

**pantelon** *k.n.* pantaloons (*joc. & U.S.*); trousers. 男子的裤子。

**panteisme** *k.n.* pantheism; the doctrine that God is in everything. 泛神主义；宇宙即神论。

**pantomim** *k.n.* pantomime; Christmas play based on a fairy tale; mime. 哑剧。

**pantul** *k.k.i.* bound; spring; run with a jumping movement. 弹起；跳起。

**pantulan** *k.n.* bound; bounding movement. 弹跳；跳跃。

**pantun** *k.n.* verse; metrical (not prose) composition; group of lines forming a unit in a poem or hymn. 诗句；诗节。

**papa**[1] *adj.* penniless; having no money; destitute. 一贫如洗的；贫穷的。

**papa**[2] *k.n.* papa; (*old use*) father. 父亲。

**papak** *k.n.* slab; broad flat piece of something solid. 厚石片；厚板；平板。

**papan** *k.n.* board; long piece of sawn wood; flat piece of wood or stiff material; plank; long flat piece of timber. 板；长木板；薄板。 **~ alatan** *k.n.* dashboard; board below the windscreen of a motor vehicle, carrying various instruments and controls. 车辆的仪表板。 **~ hitam** *k.n.* blackboard; board for writing on with chalk in front of a class. 黑板。 **~ kenyataan** *k.n.* notice board; board on which notices may

**papas** be displayed. 布告板。 **~ tanda** *k.n.* sign-board; board bearing the name or device of a shop, etc. 招牌；广告牌。

**papas, memapas** *k.k.t.* to take off; to steal; to cure. 脱下；偷走；医治。

**papaya** *k.n.* papaw; edible fruit of a palm-like tropical tree; this tree. 木瓜；木瓜树。

**papirus** *k.n.* papyrus; reed-like water-plant from which the ancient Egyptians made a kind of paper; this paper; manuscript written on this. 纸莎草；莎草制成的纸；莎草纸的古写本。

**paprika** *k.n.* paprika; red pepper. 红辣椒。

**para, para-para** *k.n.* rack; framework, usu. with bars, pegs, for keeping or placing things on; dresser; kitchen sideboard with shelves for dishes, etc. 架子；挂物架；餐具柜架。

**parabola** *k.n.* parabola; curve like the path of object thrown up and falling back to earth. 抛物线。

**paradoks** *k.n.* paradox; statement that seems self-contradictory but contains a truth. 反论；似是而非的隽语。

**parafin** *k.n.* paraffin; oil from petroleum or shale, used as fuel. 石蜡。 **~ cair** *k.n.* liquid paraffin. 液状石蜡。 **lilin ~** *k.n.* paraffin wax; solid paraffin. 固体石蜡。

**parafrasa** *k.n.* paraphrase; rewording in other words. 意译；释义。

**paralaks** *k.n.* parallax; apparent difference in an object's position when viewed from different points. 从不同角度观看时产生的视差。

**paramedik** *k.n.* paramedic; a skilled person working in support of medical staff. 护理人员；医务辅助人员。

**parameter** *k.n.* parameter; variable quantity or quality that restricts what it characterizes. 参数。

**paranoia** *k.n.* paranoia; mental disorder in which a person has delusions; abnormal tendency to mistrust others. 妄想狂；偏执狂。

**paraplegia** *k.n.* paraplegia; paralysis of the legs and part or all of the trunk. 截瘫；局部瘫痪；下身麻痹。

**paralegik** *adj. & k.n.* paralegic. 患截瘫的人（的）。

**paraquat** *k.n.* paraquat; extremely poisonous weed killer. 一种毒性极强的除草剂。

**paras**[1] *k.n.* face; appearance. 面貌；样子；外观。

**paras**[2] *k.n.* level; measured height or value. 水平线；水平面；标准；等级。

**parasit** *k.n.* parasite; animal or plant living on or in another; person living off another or others and giving no useful return. 寄生虫；寄生植物；靠他人为生的人。

**paratifoid** *k.n.* paratyphoid; fever like typhoid but milder. 副伤寒症。

**parau** *adj.* hoarse (*-er, -est*); (of a voice) sounding rough as if from a dry throat; having such a voice; gruff (*-er, -est*); low and hoarse; husky. 嘶哑的；粗哑的。

**parentesis** *k.n.* parenthesis (pl. *-theses*); word, phrase, or sentence inserted into a passage that is grammatically complete without it; brackets (like these) placed round this. 插入的词或语句；圆括号。

**pari** *k.n.* ray; skate; large sea-fish used as food. 鳐鱼；魟鱼。

**pari-pari** *k.n.* fairy; imaginary small being with magical powers. 仙女；仙子。

**paria** *k.n.* pariah; outcast. 印度最低阶级的贱民；流浪汉。

**parit** *k.n.* ditch; long narrow trench for drainage or as boundary; drain; channel or pipe carrying away water or sewage. 水沟；阴沟；壕。

**parket** *k.n.* parquet; flooring of wooden blocks arranged in a pattern. 嵌木地板。

**parlimen** *k.n.* parliament; assembly that makes a country's laws. 国会。

**parodi** *k.n.* parody; comic or grotesque imitation. (有讥讽意味的) 模仿滑稽作品。

**paroksisme** *k.n.* paroxysm; spasm; outburst of laughter, rage, etc. 情绪、疾病等的突然发作。

**Parsi** *k.n.* Persian; (native, language) of Persia. 波斯人；波斯语。

**parsli** *k.n.* parsley; herb with crinkled green leaves. 芫荽菜。

**parti** *k.n.* party; group united in support of a cause or policy, esp. in politics. 社交集会；政党；党派。 **dasar ~** *k.n.* party line; set policy of a political party. 政党的政治路线。

**partikel** *k.n.* particle; minor part of speech. 粒子；小品词。

**partisan** *k.n.* partisan; strong supporter; guerrilla. 党羽；热情支持者；游击队员。

**paru, paru-paru** *k.n.* lung; either of the pair of breathing organs in the chest of man and most vertebrates. 肺；肺脏。

**paruh** *k.n.* bill; beak; bird's horny projecting jaws; any similar projection. 喙；喙状物。

**parut** *k.n.* scar; mark left by damage, esp. where a wound or sore has healed. 伤痕；伤疤。

**pasak** *k.n.* peg; wooden or metal pin or stake. 木钉；螺栓。 **memasak** *k.k.t.* peg (p.t. *pegged*); fix or mark by means of peg(s). 用木桩测标；用木钉钉牢。

**pasang**[1] *k.k.i.* rise; come or go or extend upwards. 涨潮；激增。**~ anak** *k.n.* neap; neap tide; tide when there is least rise and fall of water. 小潮；一年中的最低潮。**~ perbani** *k.n.* spring tide; tide when there is the largest rise and fall of water. 朔望潮；大潮；子午潮。**~ surut** *k.n.* tide; sea's regular rise and fall. 潮；汐。

**pasang**[2], **memasang** *k.k.t.* install; set in position and ready for use. 安装；装备。 **memasangkan** *k.k.t.* pair; arrange or be arranged in pair(s); (of animals) mate. 使相配；配搭；交配。

**pasang**[3], **pasangan** *k.n.* couple; married or engaged pair; partners in a dance; pair; set of two things or people; partner; one of a pair; duo (pl. *-os*); pair of performers; mate; male or female of mated animal. 一对；成双的人或物；配偶；夫妻。

**pasar** *k.n.* mart; market; gathering for the sale of provision, livestock, etc.; place where this is held; demand (for a commodity, etc.). 菜市；市场。 **~ raya** *k.n.* hypermarket; very large self-service store selling a wide variety of goods and services. 超级市场。 **memasarkan** *k.k.t.* buy or sell in a market; offer for sale. 买卖；销售。

**pasif** *adj.* passive; acted upon and not active; inert; not resisting; lacking initiative or forceful qualities. 被动的；惰性的。

**Pasifik** *adj. & k.n.* Pacific; (of) the Pacific (west of the American continent). 太平洋；太平洋的。

**pasir** *k.n.* sand; very fine loose fragments of crushed rock. 沙；沙滩；沙区。 **berpasir** *adj.* sandy; like sand; covered with sand. 沙质的；多沙的；覆盖着沙的。

**pasport** *k.n.* passport; official document for use by a person travelling abroad. 护照。

**pasta** *k.n.* pasta; dried paste made with flour, produced in various shapes; cooked dish made with this. 面食；干糊面粉食品。

**pasteur, mempasteur** *k.k.t.* pasteurize; sterilize (milk) partially. 巴斯德式消毒。

**pasti** *adj.* sure (*-er, -est*); having firm reasons for belief, convinced; reliable; unfailing; definite; having exact limits; clear and unmistakable; not vague; certain; feeling sure; believed firmly; able to be relied on to happen or be effective;

specific but not named; indubitable; that cannot reasonably be doubted. 确实的；深信的；无疑的；有把握的。

**memastikan** *k.k.t.* ascertain; find out by enquiring; ensure; make safe or certain; make sure. 确定；弄清；查明。

**pastil** *k.n.* pastille; small flavoured sweet for sucking; lozenge. 喉片；锭剂。

**pastor** *k.n.* pastor; clergyman in charge of a church or congregation. 牧师。

**pastoral** *adj.* pastoral; of country life; of a pastor; of spiritual guidance. 与乡村生活有关的；与牧师或精神指导有关的。

**pastri** *k.n.* pastry; dough made of flour, fat, and water, used for making pies, etc.; article(s) made with this. 油酥面团；酥皮点心；各式烘烤糕点。

**pasukan** *k.n.* team; set of players; set of people working together; corps; military unit; band; organized group of people. 球队；工作组；军队；乐队。 **~ berkuda** *k.n.* cavalry; troops who fight on horseback. 骑兵。 **berpasukan** *k.k.i.* team; combine into a team or set. 结成一队。 **kerja berpasukan** *k.n.* teamwork; organized cooperation. 集体合作。

**paten** *k.n.* patent; official right to be the sole maker or user of an invention or process; invention, etc. protected by this. 专利权；受专利权保护的发明品。

**pateri** *k.n.* solder; soft alloy used to cement metal parts together. 焊药；焊剂。

**pati** *k.n.* extract; substance extracted from another; essence; thing's nature; indispensable quality or element; concentrated extract. 提炼物；榨汁；精华。

**patologi** *k.n.* pathology; study of disease. 病理学。 **ahli ~** *k.n.* pathologist. 病理学家。

**patriarki** *k.n.* patriarchy; a social organization in which a male is head of the family. 父权制。

**patriot** *k.n.* patriot; patriotic person. 爱国者。

**patriotik** *adj.* patriotic; loyally supporting one's country. 热爱国家的。

**patriotisme** *k.n.* patriotism. 爱国的精神。

**patuh** *adj.* obedient; doing what one is told to do; dutiful; doing one's duty; showing due obedience; meek (*-er,-est*); quiet and obedient; not protesting; conform; act or be in accordance; keep to rules or custom; amenable; responsive; biddable; willing to obey. 顺从的；服从的；规规矩矩的。 **mematuhi** *k.k.t.* obey. 服从；听从。 **kepatuhan** *k.n.* duteousness. 顺从；尽职。

**patung** *k.n.* idol; image worshipped as a god; idolized person or thing; effigy; model of a person; dummy; sham article; model of the human figure, used to display clothes; statue; sculptured, cast, or moulded figure; image. 神像；被崇拜的对象；敬仰之物；偶像；傀儡。 **anak ~** *k.n.* doll; small model of a human figure, esp. a child's toy. 洋娃娃；玩偶。 **penyembah ~** *k.n.* idolator. 偶像崇拜者；盲目崇拜者。 **penyembahan ~** *k.n.* idolatry; worship of idols. 偶像崇拜；盲目崇拜。

**patut** *adj.* expedient; suitable; advisable; advantageous rather than right or just; apposite; appropriate; fitting; right and proper. 适宜的；合理的；得当的。

**pau** *k.n.* dumpling; ball of dough cooked in stew or with fruit inside. 馒头；饱点。

**paun** *k.n.* pound; measure of weight, 16 oz. avoirdupois (0.454 kg) or 12 oz. troy (0.373 kg); unit of money in Britain and certain other countries. 磅(重量单位)；英镑(英国货币单位)。

**paus** *k.n.* whale; very large sea mammal. 鲸鱼。 **~ Artik** *k.n.* narwhal; Arctic whale with a spirally grooved tusk. 北极圈的独角鲸。

**paut, berpaut** *k.k.i.* cling (p.t. *clung*); hold on tightly; stick. 紧握；依恋；黏着。

**pawagam** *k.n.* cinema; theatre where films are shown. 电影院。

**pawai** *k.n.* cortège; funeral procession. 扈从；侍从队。

**paya** *k.n.* swamp; marsh. 沼泽；沼池。 **~ gambut** *k.n.* morass; bog. 沼泽；泥淖。 **berpaya** *adj.* swampy. 潮湿的；沼地的；多沼泽的。

**payah** *adj.* difficult; needing much effort or skill to do or deal with; troublesome; arduous. 困难的；麻烦的；繁重的；艰深的。

**payau** *adj.* brackish; slightly salty. 咸的；稍咸的。

**payung** *k.n.* umbrella; portable protection against rain; circle of fabric on a folding framework of spokes attached to a central stick; (*colloq.*) brolly. 伞；雨伞。 **~ terjun** *k.n.* parachute; umbrella-shaped device used to slow the descent of a person or object dropping from a great height. 降落伞。 **ahli ~ terjun** *k.n.* parachutist. 伞兵；跳伞者。

**pear** *k.n.* pear; rounded fruit tapering towards the stalk; tree bearing this. 梨。

**pecah** *k.k.i.* break (*p.t. broke, p.p. broken*); fall into pieces; come apart; cause to do this; damage; become unusable; fail to keep (a promise); burst (*p.t. burst*); force or be forced open; fly violently apart; begin or appear or come suddenly. 破裂；瓦解；泄漏；爆发；溃散。

**pecahan** *k.n.* fraction; number that is not a whole number; small part or amount. 小部分；片断；分数。

**pecat, memecat** *k.k.t.* dismiss; send away from one's employment; reject. 开除；解雇；遣散。

**pecut** *k.k.t.* accelerate; increase the speed (of). 加速。

**pedalaman** *adj.* interior; inner. 内部的；内地的。 **bahagian ~** *k.n.* interior; interior part. 内部；内地。 —*k.n.* hinterland; district behind a coast, etc. or served by a port or other centre; corner; remote place. 内地；海岸的后方地区。

**pedang** *k.n.* sword; weapon with a long blade and a hilt. 剑；长刀；刺刀。 **lawan ~** *k.n.* fencing; sport of fighting with foils. 击剑；剑术。

**pedap, memedap** *k.k.t.* imbibe; absorb into the mind. 吸收；接受。

**pedas** *adj.* hot; producing a burning sensation to the taste; mordant; (of wit, etc.) caustic. 热的；辣的；激动的；尖刻的。

**pedati** *k.n.* caravan; dwelling on wheels, able to be towed by a horse or car; coach; large horse-drawn vehicle. 牛车；马车；旅行商队；旅行篷车。

**pedaya, mempedayakan** *k.k.t.* delude; deceive; hoodwink. 欺骗；哄骗；愚弄。

**pedayaan** *k.n.* beguilement. 欺诈。

**pediatrik** *k.n.* paediatrics; study of children's diseases. 小儿科。 **ahli ~** *k.n.* paediatrician. 小儿科医师。

**pedigri** *adj.* pedigree; (of an animal) of recorded and pure breeding. (动物)有血统记录的；纯种的。

**pedikur** *k.n.* pedicure; care or treatment of the feet and toe-nails. 脚病治疗；修脚指甲。

**pedimen** *k.n.* pediment; triangular part crowning the front of a building. 建筑物前的三角饰。

**peding** *k.n.* padding; soft material used to protect against jarring, add bulk, absorb fluid, etc. 软垫；垫塞。

**pedoman** *k.n.* see **panduan**. 见 **paduan**。

**peduli** *k.k.i.* care; feel concern, interest, affection, or liking. 理睬；关心；重视。 **mempedulikan** *k.k.t.* mind; have charge of; take care of; take charge of. 理睬；关心；重视。

**pedupaan** *k.n.* censer; container for burning incense. 香炉。

**pegang, berpegang** *k.k.i.* hold; keep in a position or condition. 握着；掌握；抓住。 **memegang** *k.k.t.* hold; handle;

touch or move with the hands; deal with; manage; deal in. 拿着；握住；抓住；持有；执行；管理。

**pegangan** *k.n.* hold; act, manner or means of holding; grasp; firm hold or grip. 把持；掌握；支配。 ~ **kekal** *k.n.* freehold; holding of land or a house, etc. in absolute ownership. 完全保有的土地；永久地契的不动产。

**pegawai** *k.n.* officer; official; person holding authority on a ship or (esp. with a commission) in the armed services. 官员；长官。

**peguam** *k.n.* lawyer; person trained and qualified in legal matters; barrister; lawyer entitled to represent clients in the higher courts; attorney (*U.S.*). 律师；法学家。

**peguamcara** *k.n.* solicitor; lawyer who advises clients and instructs barristers. 律师；状师。

**pegun, terpegun** *k.k.i.* petrify; paralyse with astonishment or fear; aghast; filled with consternation. 伫立不动；因受惊而发呆。

**peindeks** *k.n.* indexation. 指数的编制；指数化。

**peinsurans** *k.n.* insurer. 承保人；保险公司。

**pejabat** *k.n.* office; room or building used for clerical and similar work. 办事处；办公室。

**pejal** *adj.* solid; keeping its shape; firm; not liquid or gas; not hollow. 坚固的；实心的；结实的；固体的。 **memejalkan** *k.k.t.* solidify; make or become solid. 使凝固；使坚固；固化。

**pejuang** *k.n.* combatant; (person, etc.) engaged in fighting; champion; person who fights or speaks in support of another or of a cause. 战士；斗士。

**pek** *k.n.* peck; measure of capacity for dry goods (= 2 gallons). 配克（干货容量单位，约2加仑）。

**peka** *adj.* sensitive; affected by something; receiving impressions or responding to stimuli easily; easily hurt or offended; requiring tact. 敏感的；易产生反应的；过敏的。

**pekak** *adj.* deaf; wholly or partly unable to hear; refusing to listen. 聋的；听觉不灵的；充耳不闻的。 **memekakkan** *k.k.t.* deafen; make unable to hear by a very loud noise. 使聋；震耳欲聋。

**pekaka** *k.n.* jackass; laughing jackass; Australian giant kingfisher with a harsh cry. 澳洲笑翠鸟；鱼狗。

**pekali** *k.n.* coefficient; multiplier; mathematical factor. 系数。

**pekan** *k.n. see* **bandar**. 见 **bandar**。

**pekarangan** *k.n.* lawn; area of closely cut grass. 草地；草坪。

**pekat** *adj.* condensed. 浓缩的；胶黏的。 **memekatkan** *k.k.t.* condense; make denser or briefer; concentrate; make less dilute. 使浓缩。

**pekebun** *k.n.* gardener. 园主。 ~ **kecil** *k.n.* smallholder. 小园主。

**pekedai** *k.n.* shopkeeper; person who owns or manages a shop. 店主。

**pekeliling** *adj.* circular; shaped like or moving round a circle. 循环的；迂回的。 **surat** ~ *k.n.* circular; letter or leaflet, etc. sent to a circle of people. 传单。

**pekerja** *k.n.* worker; person who works; member of the working class; employee; person employed by another in return for wages; neuter bee or ant, etc. that does the work of the hive colony. 工人；劳动者；雇员；工蜂或工蚁。 ~ **luar** *k.n.* fieldworker. 实地考察工作者；现场调查工作者。

**pekerjaan** *k.n.* work; use of bodily or mental power in order to do or make something, esp contrasted with play or recreation; thing to be undertaken; thing done or produced by work; result of action; employment; job; piece of work; paid position of employment. 工作；职务；作业；机能。

**peket** *k.n.* packet; small package. 小包裹。

**pekik, pekikan** *k.n.* shriek; shrill cry or scream; outcry; loud cry; strong protest. 尖叫声；呼声。 **memekik** *k.k.i.* shriek; utter (with) a shriek; bawl; shout. 尖叫；高呼。

**pektin** *k.n.* pectin; gelatinous substance found in fruits, etc. causing jam to set. 果胶。

**pektoral** *adj.* pectoral; of, in, or on the chest or breast. 胸的；胸部的。

**pekung** *k.n.* mortification. 羞辱；屈辱。 **memekung** *k.k.i.* mortify; (of flesh) become gangrenous. 羞辱；(皮肤)溃烂。

**pelabuhan** *k.n.* port; harbour; town with this; place where goods pass in and out of a country by ship. 港口；海港。

**pelabur** *k.n.* investor. 投资者。

**pelaburan** *k.n.* investment. 投资。

**pelacur** *k.n.* prostitute; harlot (*old use*); woman who engages in promiscuous sexual intercourse for payment. 妓女；娼妓。

**pelacuran** *k.n.* prostitution. 卖淫；卖身。

**peladang** *k.n.* farmer; owner or manager of a farm. 农场主；农民。

**pelagak** *k.n.* braggart; person who brags. 吹牛者；自夸者。

**pelahap** *k.n.* gourmand; glutton; one who eats far too much; one who is eager for something. 贪吃者；贪婪者。

**pelahiran** *k.n.* labour; contractions of the womb at childbirth. 分娩时的阵痛；分娩。

**pelajar** *k.n.* student; person engaged in studying something, esp. at a college or university. 学生；大专生。

**pelajaran** *k.n.* lesson; thing to be learnt by a pupil; amount of teaching given at one time; experience by which one can learn. 功课；课程；经验。

**pelakaran** *k.n.* delineation. 描绘；勾画。

**pelaksana** *k.n.* executant. 执行者。

**pelaksanaan** *k.n.* execution; fulfilment; implementation. 执行；履行；实现。

**pelalian** *k.n.* immunity; ability to resist infection. 免疫；免除。

**pelampung** *k.n.* float; thing designed to float on liquid; buoy; anchored floating object serving as a navigation mark; lifebuoy; buoyant device to keep a person afloat. 浮物；浮筒；浮标；救生圈。 **~ keselamatan** *k.n.* lifebelt; belt of buoyant material to keep a person afloat. 救生带；浮带。

**pelancaran** *k.n.* launch; process of launching something. 推介；开办。

**pelanggan** *k.n.* client; person using the services of a professional person; customer; person buying goods or services from a shop, etc.; patron; regular customer. 顾客；客户。

**pelanggaran** *k.n.* collision; violent striking of one body against another; impact. 碰撞；冲突。

**pelangi** *k.n.* rainbow; arch of colours formed in rain or spray by the sun's rays. 彩虹。

**pelanunan** *k.n.* piracy. 海上劫掠。

**pelaras** *k.n.* regulator. 调整者；调节器。

**pelarasan** *k.n.* adjustment. 调整；调节。

**pelarian** *k.n.* escapee; one who escapes; escapism; escape from the realities of life; fugitive; person who is fleeing or escaping; refugee; person who has left his home and seeks refuge (e.g. from war or persecution) elsewhere. 逃亡者；逃脱者；难民；逃避现实。

**pelat** *k.n.* lisp; speech defect in which *s* and *z* are pronounced like *th*. 咬舌(把's'及'z'念成'th')。 **memelatkan** *k.k.t./i.* lisp; speak or utter with a lisp. 咬着舌头说话；口齿不清地说。

**pelaung** *k.n.* megaphone; funnel-shaped device for amplifying and directing a speaker's voice; loud hailer; electronically operated megaphone. 扩音器；传声筒。

**pelaut** *k.n.* seaman; sailor; person skilled in seafaring. 海员；水手。

**pelawa** *k.k.t. see* **undang**. 见 **undang**。

**pelawak** *k.n.* comedian; comedienne (*fem.*); humorous entertainer or actor; person who jokes; joker. 喜剧演员；小丑。

**pelbagai** *adj.* miscellaneous; assorted; variety; quality of not being the same; quantity of different things. 各种各样的；混杂的。

**pelbagaian** *k.n.* assortment; collection composed of several sorts. 各种各样；混杂。

**peleburan** *k.n.* forge; furnace where metal is heated. 熔炉；锻工车间。

**peledak** *k.n.* detonator. 发爆剂；起爆剂。

**pelelong** *k.n.* auctioneer; person who conducts an auction. 拍卖人；拍卖商。

**pelembab** *k.n.* moisturizer. 润湿膏。
**alat ~** *k.n.* humidifier; device for keeping air moist in a room, etc. 湿润器；增湿器。

**pelengah** *k.n.* loiterer; dawdler. 闲逛的人；无所事事的人。

**pelengkap** *k.n.* complement; that which completes or fill something; degrees required to make up a given angle to 90°. 补足物；补充物；余角。

**pelepah** *k.n.* frond; leaf-like part of a fern or palm tree, etc. 蕨类、棕榈等的叶子。

**pelepar** *k.n.* balustrade; row of short pillars supporting a rail or coping. 扶手；栏柱。

**pelepasan** *k.n.* release; releasing; exoneration. 解放；释放；发行。

**peleraian** *k.n.* disengagement. 放开；解除；解脱。

**pelesit** *k.n.* demon; devil; evil spirit; cruel or forceful person. 鬼；恶魔。

**pelet** *k.n.* palette; board on which an artist mixes colours. 调色盘。

**peleter** *k.n.* chatterer. 喋喋不休的人。

**pelihara, memelihara** *k.k.t.* nurse; give special care to; nurture; nourish; rear; bring up (children); breed or keep from harm or injure; protect; keep; provide with food and other necessities; own and look after (animal); cultivate (crops). 看护；照料；养育；保护；饲养；栽培。

**pelik** *adj.* queer (*-er, -est*); strange; odd; eccentric; absurd; not in accordance with common sense; ridiculous; grotesque; very odd or ugly. 异常的；古怪的；奇特的。

**pelincir** *k.n.* lubricant; lubricating substance. 润滑剂；润滑油。

**pelinciran** *k.n.* lubrication. 上油；润滑作用。

**pelombong** *k.n.* mineworker; miner; person who works in a mine. 矿工。

**pelompat** *k.n.* jumper; one who jumps. 跳跃者；跳高员。

**pelopor** *k.n.* exponent; person who expounds something; one who favours a spcified theory, etc. 先驱；倡导者。

**peluang** *k.n.* opportunity; circumstance suitable for a particular purpose; chance; way things happen through no known cause or agency. 机会；时机。

**peluasan** *k.n.* extension; extending; extent; range. 延续部分；增建部分；延长线。

**pelucutan** *k.n.* deprival; deprivation; denudation. 剥夺；取消。

**peluh** *k.n.* sweat; moisture given off by the body through the pores; state of sweating, or of great anxiety; laborious task; moisture forming in drops on a surface; perspiration. 汗；出汗；焦虑不安；苦工；水气。 **berpeluh** *k.k.i.* sweat; exude sweat or as sweat; perspire; be in a state of great anxiety; work long and hard. 流汗；焦虑不安；苦干。

**peluk, berpeluk** *k.k.i.*, **memeluk** *k.k.t.* embrace; hold closely and lovingly; hold each other thus. 抱；拥抱。

**pelukan** *k.n.* embrace; act of embracing, hug. 抱；拥抱。

**pelukis** *k.n.* artist. 画家；艺术家。 **~ pelan** *k.n.* draughtsman (pl. *-men*); one who draws plans or sketches. 制图员。

**peluncur** *k.n.* glider; aeroplane with no engine. 滑行者；滑行物；滑翔机。

**peluncuran** *k.n.* chute; sloping channel down which things can be slid or dropped. 滑道；斜槽。

**peluntur** *k.n.* bleach. 漂白剂。

**pelunturan** *k.n.* bleaching substance or process. 漂白过程。

**pelupa** *adj.* forgetful; tending to forget; absent-minded. 健忘的；心不在焉的。

**peluru** *k.n.* missile; object or weapon suitable for projecting a target; bullet; small missile used in a rifle or revolver; ammunition. 导弹；子弹；枪弹。

**peluwap, terpeluwap** *k.k.i.* condense; change from gas or vapour to liquid. 冷凝；(气体)凝结(成液体)。

**pelvis** *k.n.* pelvis; framework of bones round the body below the waist. 骨盆。

**pemaafan** *k.n.* condonation. 罪行的赦免。

**pemabuk** *k.n.* drunkard; person who is often drunk. 酒鬼；醉汉。

**pemadam** *k.n.* extinguisher; device for discharging liquid chemicals or foam to extinguish a fire; duster; cloth for dusting things. 熄灭器；灭火器；熄灯帽；粉笔擦。 **getah ~** *k.n.* eraser; erasure; indiarubber; rubber for rubbing out pencil or ink marks. 橡皮；擦除器。

**pemadaman** *k.n.* extinction; extinguishing. 熄灭；灭绝；废除。

**pemahaman** *k.n.* comprehension; understanding; discernment; apprehension; grasp. 理解；理解力。

**pemaju** *k.n.* developer. 开发者；发展商。

**pemakai** *k.n.* wearer. 穿著；佩戴者。

**pemalas** *k.n.* idler; lazy bones; lazy person; drone. 懒惰者；游手好闲者；虚度光阴者。

**pemalsu** *k.n.* forger. 伪造者；假冒者。

**pemalsuan** *k.n.* forgery; forging; thing forged. 仿造品；赝品；仿造。

**pemampat** *k.n.* compressor. 压缩器。

**pemanah** *k.n.* archer; person who shoots with bow and arrows. 射手；弓箭手。

**pemanas** *k.n.* heater; device supplying heat. 加热器。

**pemancar** *k.n.* emitter. 发射体。

**pemancaran** *k.n.* emission. 散发；发射；涌出。

**pemandulan** *k.n.* sterilization. 节育。

**pemangkas** *k.n.* clippers; instrument for clipping things. 钳子。

**pemanis** *adj.* sweet tooth; liking for sweet things. 嗜甜的。—*k.n.* sweetener. 甜味剂。

**pemantik** *k.n.* kindling; small pieces of wood for lighting fires. 引火物；引火柴枝。

**pemarah** *adj.* irascible; irritable; hot-tempered. 易怒的；暴躁的。

**pemasangan** *k.n.* installation; process of installing; apparatus, etc. installed. 安装；装备；装置。

**pematangan** *k.n.* maturation; maturing. 成熟；成熟阶段；成熟过程。

**pembaca** *k.n.* reader; person who reads; device producing a readable image from a microfilm, etc. 读者；阅读装置。

**pembacaan** *k.n.* read; session of reading. 阅读。

**pembahagi** *k.n.* divisor; number by which another is to be divided; divider; thing that divides. 除数；约数；分割者。

**pembahagian** *k.n.* division; dividing; dividing line; partition; one of the parts into which a thing is divided; assignation. 分开；分隔；配给；除法。

**pembaharu** *k.n.* innovator. 创新者；改革者。

**pembaharuan** *k.n.* innovation. 革新；改革。

**pembaik** *k.n.* improver; person working at a trade for a low wage to improve his skill. 改良者；低薪学徒。

**pembaikan** *k.n.* improvement. 改良；进步；改善。

**pembajak** *k.n.* ploughman. 耕耘者。

**pembakar** *k.n.* burner; part that shapes the flame in a lamp or cooker. 燃烧器；煤气头。

**pembakaran** *k.n.* combustion; burning; process in which substances combine with oxygen and produce heat; cremation. 燃烧；焚化。

**pembaktian** *k.n.* dedication. 献身；奉献。

**pembalikan** *k.n.* inversion. 倒转；颠倒。

**pembangunan** *k.n.* development. 建设；发展。

**pembantah** *k.n.* objector. 反对者；抗议者。

**pembantaian** *k.n.* abattoir; slaughterhouse; place where animals are killed for food. 屠宰场。

**pembantu** *k.n.* assistant; helper; person who serves customers in a shop; accomplice; partner in crime. 助手；帮凶。

**pembasmian** *k.n.* eradication; obliteration. 根除；扑灭。

**pembatalan** *k.n.* cancellation; disqualification; invalidation. 取消；作废。

**pembatasan** *k.n.* demarcation; marking of a boundary or limits, esp. of work for different trades. 界限；区分；定界。

**pembawah** *k.n.* denominator; number written below the line in a vulgar fraction. 分母。

**pembayang** *k.n.* shadower. 预兆；象征。

**pembayar** *k.n.* payer. 付款人。

**pembayaran** *k.n.* payment; paying; money, etc. paid. 已支付的款项；支付。

**pembebasan** *k.n.* liberation; emancipation. 解放；释放。

**pembedah** *k.n.* dissector. 解剖者；解剖用具。

**pembedahan** *k.n.* surgery; treatment by cutting or manipulation of affected parts of the body; operation; piece of surgery; dissection. 外科手术；解剖。

**pembekal** *k.n.* caterer; provider. 承办伙食者；供应者。

**pembekuan** *k.n.* congelation; freeze; freezing of prices, etc. 凝结；冻结。

**pembela** *k.n.* advocate; person who pleads on behalf of another. 拥护者；辩护者。

**pembelaan** *k.n.* defence; defending; protection; justification put forward against an accusation; defendant's case; revenge; avenge; punishment; injury inflicted in return for what one has suffered; opportunity to defeat a victorious opponent. 防御；防卫；保护；报复。

**pembelah** *k.n.* bisector. 平分线；用来劈开的工具。

**pembelahan** *k.n.* bisection. 切分为二。

**pembelajaran** *k.n.* study; process of studying; education. 学习；学习过程；教学。~ **campuran** *k.n.* co-education; education of boys and girls in the same classes. 男女同校。

**pembelasahan** *k.n.* drubbing; thrashing; defeat. 失败；战败。

**pembeli** *k.n.* buyer. 买主；购买者。

**pembelian** *k.n.* buy; purchase. 购买；采购。

**pembelot** *k.n.* traitor; person who behaves disloyally, esp. to his country. 卖国者；背叛者。

**pembenci** *k.n.* hater. 怀恨者。

**pemberani** *k.n.* daredevil; recklessly daring person. 胆大者；蛮勇的人。

**pemberhentian** *k.n.* cessation; ceasing. 停止；断绝。

**pemberi** *k.n.* giver. 赠送者；施舍者。

**pemberian** *k.n.* offering; gift; contribution; thing given or received without payment. 提供；赠品；给予。

**pemberitahu** *k.n.* informer. 通知者；告密者。

**pemberitahuan** *k.n.* information; facts told or heard or discovered. 消息；情报。

**pemberontak** *k.n.* rebel; person who rebels. 反叛者。

**pemberontakan** *k.n.* rebellion. 造反；叛变。

**pembersih** *adj.* cleanly; attentive to cleanness. 爱清洁的。—*k.n.* cleaner; cleanser. 清洁工人；清洁剂。

**pembesar** *k.n.* magnifier; enlarger. 放大镜。~ **suara** *k.n.* speaker; loudspeaker. 扩音器；扬声器。

**pembesaran** *k.n.* magnification; magnifying; enlargement. 放大；放大能力。

**pembetul** *k.n.* corrector. 改正者；修正者。

**pembetulan** *k.n.* correction; correcting; alteration; corrigenda (*pl.*). 改正；订正。

**pembetung** *k.n.* culvert; drain under a road, etc. 装置水管的工具；地下水管。

**pembezaan** *k.n.* differentiation. 区分；区别；分化。

**pembiakbaka** *k.n.* breeder. 饲养物；繁殖物。 **pembiakbakaan dalam** *k.n.* inbreeding; breeding from closely related individuals. 近亲交配。

**pembias** *k.n.* deflector. 致偏器；导向装置。

**pembiasan** *k.n.* deflexion. 偏向；折射。

**pembiayaan** *k.n.* defrayal. 支付；支出。

**pembilang** *k.n.* counter; apparatus for counting things; small disc, etc. used for keeping account in table games. 计算者；计算器；筹码。~ **Geiger** *k.n.* Geiger counter; device for detecting and measuring radioactivity. 测定放射能的盖氏计数器。

**pembilangan** *k.n.* count; counting; numeration; numbering. 计算；计数。

**pembina** *k.n.* builder. 建筑者；建设者。

**pembinaan** *k.n.* build-up; this process. 建筑；建设。

**pembinasaan** *k.n.* destruction; depredation; plundering; devastation. 毁灭；毁坏；摧残。

**pembohong** *k.n.* liar; person who tells lies. 说谎者；骗子。

**pembohongan** *k.n.* eyewash (*sl.*); talk or behaviour intended to give a misleadingly good impression. 胡言乱语；空话；吹牛。

**pembolos** *k.n.* deserter. 逃兵。

**pembolosan** *k.n.* desertion. 抛弃；逃亡。

**pemborosan** *k.n.* extravagance. 奢侈；浪费。

**pembual** *k.n.* conversationalist; person who is good at conversation. 口才好的人；健谈者。

**pembuangan** *k.n.* dismissal. 开除；解雇。 ~ **negeri** *k.n.* banishment. 放逐。

**pembuat** *k.n.* maker; one who makes something. 制造者。

**pembubar** *k.n.* liquidator. 清算；清盘官。

**pembubaran** *k.n.* disbandment; dispersal; liquidation. 解散；遣散；清盘。

**pembujangan** *k.n.* celibacy. 独身生活。

**pembungkus** *k.n.* packer. 包装者。

**pembunuh** *k.n.* murderer; murderess; killer; assassin; person who assassinates another. 杀人犯；杀手。

**pembunuhan** *k.n.* kill; killing; murder; intentional unlawful killing; assassination. 屠杀；宰；谋杀；暗杀。 ~ **beramai-ramai** *k.n.* massacre; great slaughter; carnage. 大屠杀。

**pemburu** *k.n.* huntsman (pl. *-men*); hunter; one who hunts. 猎人。 **kuda** ~ *k.n.* horse used for hunting. 猎马。

**pemecatan** *k.n.* expulsion; expelling; being expelled; dismissal. 驱逐；开除。

**pemecutan** *k.n.* acceleration. 加速。

**pemegang** *k.n.* handle; part by which a thing is to be held, carried, or controlled. 柄；柄状物；把手。

**pemejalwapan** *k.n.* sublimation. 升华；纯化。 **memejalwap** *k.k.t.* sublimate; divert the energy of (an emotion or impulse) into a culturally higher activity. 升华；纯化。

**pemeluwapan** *k.n.* condensation. 凝结；冷凝。

**pemendekan** *k.n.* curtailment. 削减；缩短。

**pemenggalan** *k.n.* dismemberment. 肢解；瓜分。

**pemenjaraan** *k.n.* incarceration; imprisonment. 监禁；入牢。

**pemeras** *k.n.* mangle; wringer. 轧布机；碾压机。~ **ugut** *k.n.* blackmailer; shark; person who ruthlessly extorts money; swindler. 勒索者；敲诈者。

**pemerasan** *k.n.* extortion. 敲诈；勒索。

**pemergian** *k.n.* departure; departing. 离开；出发。

**pemerhati** *k.n.* observer. 观察者。

**pemeriksa** *k.n.* examiner. 考官；检查者；审查员。

**pemeriksaan** *k.n.* check; process of checking; inspection; examine; look at closely, esp. in order to learn about or from; put questions or exercises to (a person) to test his knowledge or ability; question formally. 检验；检查；测试；探究。

**pemerintah** *k.n.* commander; person in command. 执政者；统治者。

**pemerintahan** *k.n.* governance; governing; control. 统治；行政权。~ **salah** *k.n.* misrule; bad government. 苛政。

**pemesinan** *k.n.* machinery; machines; mechanism. 机械；机器。

**pemesongan** *k.n.* diversion; diverting; thing that diverts attention. 转向；偏离。

**pemetik** *k.n.* picker. 捡拾者；采摘器。

**pemetikan** *k.n.* picking; cull; culling; pluck; plucking movement. 采摘；挑选；引用。

**pemidato** *k.n.* orator; person who makes public speeches; skilful speaker. 演说者；雄辩家。

**pemilih**[1] *adj.* choosy; careful in choosing; hard to please. 挑剔的；难取悦的。

**pemilih**[2] *k.n.* selector; elector; person entitled to vote in an election; constituency; body of voters who elect a representative. 挑选者；挑选器；选民。

**pemilihan** *k.n.* selection; selecting; people or things selected; collection of this from which to choose; election; electing. 选择；选择物；选集。

**pemilik** *k.n.* owner; one who owns something as his property. 物主；持有人。

**pemilikan** *k.n.* ownership. 拥有权；所有权。

**pemimpin** *k.n.* leader; person or thing that leads; leading article. 领袖；首领；领导；指南。

**peminat** *k.n.* enthusiast; person who is full of enthusiasm for something; fan; enthusiastic admirer or supporter. 热心者；热诚的人；影迷、歌迷或球迷。

**pemindahan** *k.n.* evacuation. 搬空；疏散。~ **hak** *k.n.* conveyancing; business of transferring legal ownership of land. 财产权益让与之法律事务。

**peminjam** *k.n.* lender. 出借者；贷方。

**pemintas** *k.n.* interceptor. 拦截者；遮断器。

**pemisahan** *k.n.* dissociation. 分离；脱离。

**pemiutang** *k.n.* creditor; person to whom money is owed. 债权人；借贷人。

**pemodenan** *k.n.* modernization. 现代化。

**pemogok** *k.n.* striker; worker who is on strike. 罢工者。

**pemohon** *k.n.* applicant; person who applies, esp. for a job. 申请者；应征者。

**pemotong** *k.n.* cutter; person or thing that cuts; a kind of small boat. 切割器；切割工人；快艇。

**pemotongan** *k.n.* amputation; deletion; excision. 切断；截断。

**pempasteuran** *k.n.* pasteurization. 低热灭菌；巴氏消毒。

**pempolimeran** *k.n.* polymerization. 聚合作用。

**pemproses**, ~ **mikro** *k.n.* microprocessor; miniature computer (or a unit of this) consisting of one or more microchips. 微处理器。

**pemuda** *k.n.* lad; boy; young fellow. 小伙子；少年。

**pemuja** *k.n.* devotee; enthusiast. 虔诚的宗教信徒；崇拜者。

**pemujaan** *k.n.* cult; system of religious worship; worship of a person or thing. 偶像崇拜；拜神。

**pemujukan** *k.n.* persuasiveness. 劝服；哄骗。

**pemukul** *k.n.* beater. 敲打者；搅拌器。

**pemula** *k.n.* beginner; person just beginning to learn a skill. 开始；新手。

**pemulauan** *k.n.* boycott; boycotting. 抵制；杯葛。

**pemulihan** *k.n.* cure; curing; treatment that cures disease, etc. 医治；康复。

**pemuliharaan** *k.n.* conservancy; conservation. 修复；保存。

**pemunaran** *k.n.* etching. 蚀刻。

**pemungut** *k.n.* collector; one who collects things. 收款员；收集者；搜集家。

**pemurah** *adj.* generous; giving or given freely; giving generously. 宽厚的；慷慨的。

**pemusatan** *k.n.* concentration; concentrating. 集中；集合。

**pemusnah** *k.n.* destroyer; one who destroys. 破坏者；毁灭者。

**pemusnahan** *k.n.* destruction; extermination. 毁灭；毁坏；摧残。

**pemutusan** *k.n.* disconnection; dislocation. 分开；割断；切断。

**pemuzik** *k.n.* musician; person skilled in music. 音乐家；音乐师。

**pena** *k.n.* pen; device with a metal point for writing with ink. 钢笔；圆珠笔。 **sahabat ~** *k.n.* pen-friend; friend with whom a person corresponds without meeting. 笔友。 **nama ~** *k.n.* pen name; author's pseudonym. 笔名。

**penabuhan** *k.n.* percussion; striking of one object against another. 敲打；碰撞；打击。

**penabur** *k.n.* dredger; container with a perforated lid for sprinkling flour, etc. 撒粉器；滤粉器。

**penagih** *k.n.* addict; one who is addicted, esp. to drug(s). 吸毒者；上瘾者。 **~ dadah** *k.n.* junkie (*sl.*); drug addict. 吸毒者。

**penagihan** *k.n.* addiction; exaction. 上瘾；沉迷。

**penahanan** *k.n.* detention; detaining; imprisonment; stoppage; stopping; obstruction. 拘留；扣留；监禁；阻止。

**penaik** *k.n.* leaven; substance (e.g. yeast) used to produce fermentation in dough. 酵母；酵素。

**penaja** *k.n.* sponsor; person who makes himself responsible for a trainee, etc., introduces legislation, or contributes to charity in return for another's activity; one who provides funds for a broadcast, sporting event, etc. 发起者；主办者；赞助人。

**penaklukan** *k.n.* conquest; conquering; thing won by conquering. 征服。

**penakut** *k.n.* coward; person who lacks courage. 胆小鬼；懦夫。

**penama** *k.n.* nominee; person nominated. 被提名者。

**penamaan** *k.n.* nomination. 提名。

**penambahan** *k.n.* addition; adding; thing added. 加法；增加；增加物。

**penampan** *k.n.* buffer; thing that lessens the effect of impact. 缓冲器；减震器。

**penanam** *k.n.* cultivator. 栽种者。

**penanaman** *k.n.* cultivation; inculcation. 培育；耕种。

**penandatangan** *k.n.* signatory; one of the parties who sign an agreement. 签署者。

**penangguhan** *k.n.* deferment; postponement; delay; delaying. 延期；展期。

**penangkapan** *k.n.* arrest; stoppage; seizure; legal arresting of an offender; act of catching; thing caught or worth catching. 逮捕；拘捕；捕获物。

**penangkis** *k.n.* defender. 防御者；保卫者。

**penapaian** *k.n.* ferment; fermentation;

chemical change caused by an organic substance, producing effervescence and heat. 发酵。

**penapis** *k.n.* censor; person authorized to examine letters, books, films, etc. and remove or ban anything regarded as harmful; sieve; utensil with a wire mesh or gauze through which liquids or fine particles can pass. 新闻、电影或书刊的审查员；滤器。

**penapisan** *k.n.* censorship. 检查制度。

**penari** *k.n.* dancer. 舞蹈家；舞蹈者。

**penasihat** *k.n.* adviser; mentor; trusted adviser; counsellor. 劝告者；顾问；参谋。

**penat** *adj.* fagged; tired; feeling a desire to sleep or rest. 疲劳的；筋疲力尽的。 **memenatkan** *k.k.t.* fag; toil; tire; make or become tired; fatigue; cause fatigue to; exhaust; tire out. 使疲倦；使劳累。

**penaung** *k.n.* patron; person giving influential or financial support to a cause. 赞助人；资助人。

**penawan** *k.n.* captor; one who takes a captive. 俘虏者。

**penawanan** *k.n.* capture; capturing; captivation; apprehension. 俘获；占领。

**pencabar** *k.n.* challenger; impeachment. 挑战者。

**pencabul** *k.n.* desecrator. 亵渎神灵的人；态度轻蔑的人。

**pencabulan** *k.n.* molestation; desecration; dissipation; infringement. 性侵犯；骚扰。

**pencairan** *k.n.* liquefaction. 液化；液化作用。

**pencanai** *k.n.* grinder. 磨工；粉碎机。

**pencantuman** *k.n.* coalescence. 合并；接合。

**pencapaian** *k.n.* attainment; achievement. 成就；获得。

**pencatat** *k.n.* marker; person or object that marks something. 记分器；计分者。

**pencegahan** *k.n.* deterrent; thing that deters. 制止物；预防。

**pencekik** *k.n.* strangler. 扼杀者。

**pencekikan** *k.n.* strangulation; strangling; strangulating; choke. 窒息；扼杀。

**pencelup** *k.n.* dyer; substance used for dyeing things; colour given by dyeing. 染工；染色；染料。

**pencemaran** *k.n.* contamination; pollution. 污染。

**pencen** *k.n.* pension; income consisting of a periodic payment made in consideration of past service or on retirement or widowhood, etc. 退休金；抚恤金；养老金。 **berpencen** *adj.* pensionable; entitled or (of a job) entitling one to a pension. 有资格领取退休金或养老金的。

**pencepat** *k.n.* accelerator; device (esp. a pedal of a vehicle) for increasing speed. 加速者；加速器；(汽车)油门。

**penceramah** *k.n.* speaker; person who speaks; one who makes a speech. 演说者；发言人。

**pencerita** *k.n.* narrator. 叙述者；讲故事者。

**penceritaan** *k.n.* narration. 叙述；故事。

**pencernaan** *k.n.* digestion; process or power of digesting food. 消化。

**penceroboh** *k.n.* intruder. 侵入者。

**pencerobohan** *k.n.* intrusion. 闯入；侵入。

**pencincang** *k.n.* mincer; machine with revolving blades for cutting food into very small pieces. 绞肉机。

**pencipta** *k.n.* creator. 创造者；发明人。

**penciptaan** *k.n.* creation; coinage; coining. 创造物；创作。

**pencorot** *k.n.* laggard; person who lags behind. 落后者；落伍者。

**pencuci**[1] *k.n.* detergent; cleansing (substance, esp. other than soap). 除垢剂；洗涤剂。 ~ **mulut** *k.n.* dessert; sweet course of a meal; fruit, etc. at the end of dinner. 餐后小食；正餐后的水果、点心。

**pencuci**[2] *k.n.* developer. 开发者；发展商。

**penculik** *k.n.* kidnapper; abductor. 绑架者；拐带者。

**penculikan** *k.n.* abduction. 诱拐。

**pendahuluan** *k.n.* antecedent; preceding thing or circumstance. 先例；前言。

**pendakap** *k.n.* bracket; support projecting from an upright surface. 支架；托座。

**pendaki** *k.n.* climber. 爬山者。

**pendakian** *k.n.* climb; ascent made by climbing. 爬；攀登。

**pendakwa** *k.n.* prosecutor; litigant; person involved in or initiating a lawsuit. 原告；诉讼当事人。

**pendam** *adj.* dormant; sleeping; temporarily inactive. 蛰伏的；处于睡眠状态的；静止的。 **memendam** *k.k.t.* immerse; absorb deeply in thought or business, etc.; dissemble; conceal (feelings). 使专心于；掩饰（感情）；掩藏。

**pendamaian** *k.n.* conciliation. 抚慰。

**pendaman** *k.n.* dissimulation; dissembling. 掩饰；掩藏。

**pendapat** *k.n.* opinion; belief or judgement held without actual proof; what one thinks on a particular point. 见解；意见；看法。

**pendapatan** *k.n.* earnings; money earned; income; money received during a period as wages, interest, etc.; emolument. 酬金；报酬；收入。

**pendarab** *k.n.* multiplier. 乘数。

**pendaraban** *k.n.* multiplication; multiplying. 乘；乘法。

**pendarahan** *k.n.* haemorrhage; profuse bleeding. 出血。

**pendaratan** *k.n.* disembarkation; landfall; approach to land after a journey by sea or air; landing; coming or bringing ashore or to ground. 登陆；上岸。

**pendarfosfor** *k.n.* phosphorescence. 磷光。 **berpendarfosfor** *adj.* phosphorescent; luminous. 发磷光的。

**pendayung** *k.n.* oar; pole with a flat blade used to propel a boat by its leverage against water; oarsman; gondolier; man who propels a gondola by means of a pole. 桨；橹；桨手；船夫。

**pendedahan** *k.n.* disclosure; exposure; divulgation. 泄露秘密；揭发；公开；暴露。

**pendehidratan** *k.n.* dehydration. 脱水。

**pendek** *adj.* short (-er, -est); measuring little from end to end in space or time; concise; brief; curt. 短的；短暂的；简短的。 **memendekkan** *k.k.t.* shorten; make shorter; curtail; cut short; reduce; foreshorten; show or portray (an object) with apparent shortening giving an effect of distance. 弄短；缩短；减少。

**pendekar** *k.n. see* **pahlawan**. 见 **pahlawan**。

**pendekatan** *k.n.* approach; way or means of this. 方法；途径；接近。

**pendendam** *adj.* malicious; showing malice. 怨恨的；恶意的。

**pendengar** *k.n.* hearer; listener. 听者；旁听者；听众。

**pendengaran** *k.n.* hearing; ability to hear; opportunity of being heard; trial of a lawsuit. 听；听觉；审讯。 **alat bantu ~** *k.n.* hearing aid; small sound amplifier worn by a deaf person to improve the hearing. 助听器。

**penderaan** *k.n.* flagellation; whipping. 鞭打；抽打。

**penderhaka** *k.n.* traitor; person who behaves disloyally, esp. to his country; mutineer; person who mutinies. 卖国者；背叛者。

**penderhakaan** *k.n.* treachery; betrayal of a person or cause; disaffection; disloyalty. 背叛；不忠。

**penderitaan** *k.n.* grief; deep sorrow. 苦难；痛苦。

**penderma** *k.n.* donor; one who gives or donates something. 损赠者；捐款人。

**pendeta** *k.n.* clergy; clergyman (pl. -men); cleric; persons ordained for religious duties. 牧师；圣职人员；传教士。

**pendewaan** *k.n.* deification. 奉为神明；神化。

**pendiam** *adj. & k.n.* demure; quiet and serious or pretending to be so; reserved (of a person). 沉默寡言(的)；严肃(的)。

**pendidikan** *k.n.* education. 教育；培养；教导。**ahli ~** *k.n.* educationalist; expert in educational methods. 教育学家。

**pendingin** *k.n.* cooler. 冷冻器。**~ beku** *k.n.* freezer; refrigerated container for preserving and storing food. 冷冻装置；冷藏库。

**pendorongan** *k.n.* impulsiveness. 推动；驱使。

**pendua** *k.n.* duplicate; one of two or more things that are exactly alike; exact copy. 副本；复制品；抄件。

**penebah** *k.n.* flail; strong stick hinged on a long handle, formerly used for threshing grain. 连枷。

**penebat** *k.n.* insulator. 绝缘体。

**penebatan** *k.n.* insulation. 绝缘；隔离。

**penebusan** *k.n.* redemption; expiation. 赎回；补救。

**penegakan** *k.n.* erection; erecting; becoming erect; thing erected. 直立；竖立。

**penekanan** *k.n.* emphasis (pl. *-ases*); special importance; vigour of expression, etc.; stress on a sound or word. 强调；重点。

**penembusan** *k.n.* penetration. 透过；穿过。

**penempa** *k.n.* forger. 铁匠；冶工。

**penemuan** *k.n.* discovery. 发现。

**penemubual** *k.n.* interviewer. 采访记者。

**penemuduga** *k.n.* interviewer. 面谈者。

**penentang** *k.n.* antagonist; opponent; one who opposes another. 对抗者；反对者。

**penentangan** *k.n.* contradiction. 反驳；矛盾。

**penenteraman** *k.n.* appeasement. 安抚；缓和。

**penentu** *k.n.* determinant; decisive factor. 决定因素。

**penerbang** *k.n.* aviator; (*old use*) pilot or member of an aircraft crew; airman (pl. *-men*); member of an air force, esp. below the rank of officer. 飞行员；飞机师。

**penerbangan** *k.n.* fly; flying; flight; movement or path of a thing through the air; journey in or of an aircraft; aviation; flying an aircraft. 飞；飞行；飞机行程。**syarikat ~** *k.n.* airline; public air transport service; company providing this. 航空系统；航空公司。

**penerbit** *k.n.* publisher. 出版社；出版商。

**penerbitan** *k.n.* publication; publishing; published book or newspaper, etc. 书刊、报章的出版；出版物。

**penerima** *k.n.* receiver; person or thing that receives something; apparatus that receives broadcast signals and converts them into sound or a picture; the part of a telephone that receives incoming sound; recipient; addressee; person to whom a letter, etc. is addressed. 收受者；接收器；电话听筒；收件人。

**penerimaan** *k.n.* acceptance; receipt; act of receiving. 接受；接收。

**penetak** *k.n.* chopper; chopping tool. 切割机。

**penetasan** *k.n.* hatch; brood hatched; incubation. 孵化。**tempat ~** *k.n.* hatchery; place for hatching eggs. 孵卵处。

**pengabaian** *k.n.* neglect; neglecting; being neglected. 忽略；忽视；遗漏。

**pengabdian** *k.n.* devotion; great love or loyalty; zeal; worship. 忠诚；热心；献身；虔诚。

**pengabulan** *k.n.* grant; thing granted. 授予；授予物。

**pengacauan** *k.n.* harassment; disturbance. 困扰。

**pengacukan** *k.n.* cross breeding. 杂交。

**pengadil** *k.n.* referee; umpire, esp. in football and boxing; person to whom disputes are referred for decision; person appointed to supervise a game or contest, etc. and see that rules are observed. 裁判员；公断人；仲裁者。

**pengadilan** *k.n.* justice; legal proceedings. 公平；正义；公道；判决。

**pengaduk** *k.n.* churn; machine in which milk is beaten to make butter; very large milk-can. 盛奶桶；搅乳器。

**pengagih** *k.n.* distributor; one who distributes things. 分发者；分配者；批发者。

**pengagihan** *k.n.* distribution. 分发；散布；分配。

**pengajar** *k.n.* instructor. 教官；指导者。

**pengajaran** *k.n.* instruction; process of teaching; knowledge or teaching imparted. 教导；教授；教训。

**pengakap** *k.n.* scout; person sent to gather information, esp. about enemy movements, etc. 童子军；探子。

**pengaktif** *k.n.* activator. 活性剂。

**pengaktifan** *k.n.* activation. 活化作用。

**pengalaman** *k.n.* experience; observation of fact(s) or event(s); practice in doing something; knowledge or skill gained by this. 经验；经历；体验。

**pengalihan** *k.n.* displacement. 移动。

**pengaman** *k.n.* peacemaker; person who brings about peace. 和事佬；调解人。

**pengamatan** *k.n.* perception; perceiving; ability to perceive. 察觉；领悟力；理解力。

**pengambilan** *k.n.* intake; process of taking thing(s) in. 引入；吸收；接纳。

**pengampunan** *k.n.* pardon; forgiveness; absolution. 原谅；宽恕。

**penganalisa** *k.n.* analyst. 分析家；分析员。

**pengangkut** *k.n.* conveyor; person or thing that conveys; continuous moving belt conveying objects in a factory, etc. 搬运者；运送装置。

**pengangkutan** *k.n.* conveyance; means of transport. 运输；交通工具。

**pengantara, perantara** *k.n.* medium (pl. *mediums*); person who claims ability to communicate with the spirits of the dead; arbiter; person with power to decide what shall be done or accepted; arbitrator. 媒介体；灵媒；仲裁人；裁决人。

**pengantaraan** *k.n.* intercession; interceding. 调停；斡旋。

**pengantin, ~ lelaki** *k.n.* bridegroom; man on his wedding day or when newly married. 新郎。 ~ **perempuan** *k.n.* bride; woman on her wedding day or when newly married. 新娘。

**penganugerahan** *k.n.* conferment; award. 赏赐物；奖品。

**pengap** *adj.* sultry (-*ier*, -*iest*); hot and humid; stuffy atmosphere in a room, etc. 闷热的；不通风的。

**pengapit**[1] *k.n.* brace; device that holds things together or in position. 支持物；撑柱。

**pengapit**[2], ~ **lelaki** *k.n.* bestman; bridegroom's chief attendant. 男傧相。 ~ **perempuan** *k.n.* bridesmaid; girl or unmarried woman attending a bride. 女傧相。

**pengar** *k.n.* hangover; unpleasant after-effects from drinking much alcohol. 宿醉。

**pengarah** *k.n.* director; supervisor; member of a board directing a business company's affairs; one who supervises acting and filming. 主管；主任；董事；导演。

**pengarang** *k.n.* author; writer of a book, etc.; originator; editor; person responsible for the contents of a newspaper, etc. or a section of this. 作者；作家；原创者；编辑。 **rencana ~** *k.n.* editorial; newspaper article giving the editor's comments. 时评；社论。

**pengaruh** *k.n.* influence; ability to produce an effect, or to affect character, beliefs, or actions; person or thing with this;

power; control; authority; impression; effect produced on the mind; dominance; ascendancy; being dominant. 影响；作用；权力；势力；权威。**berpengaruh** *adj.* influential; having great influence; dominant; dominating; ascendant; rising in power or influence. 有影响力的；可支配的；有权势的。**mempengaruhi** *k.k.t.* influence; exert influence on; dominate; have a commanding influence over; be the most influential or conspicuous person or thing; tower over; instil (p.t. *instilled*); implant (ideas, etc.) gradually; impress; cause to form a strong (usu. favourable) opinion. 影响；起作用；支配；制伏；慢慢灌输。

**pengasih** *adj.* enamoured; fond. 倾心的；喜爱的。

**pengasihan** *k.n.* commiseration. 怜悯；同情。

**pengasuh** *k.n.* nursemaid; young women employed to take charge of young children. 保姆；教养者。

**pengawal** *k.n.* guard; person guarding something; body of soldiers guarding a place or person, or as a section of an army; protecting part or device; escort; person(s) or ship(s) accompanying another as a protection or honour; man accompanying a woman socially. 看守员；警卫；哨兵；防卫器；侍从。~ **peribadi** *k.n.* bodyguard; escort or personal guard of an important person. 保镖；大人物的侍卫。

**pengawasan** *k.n.* observation; observing. 监督；管制。

**pengayaan** *k.n.* enrichment. 丰富；增饰。

**pengebumian** *k.n.* burial; burying; funeral; ceremony of burial. 埋葬；葬礼。

**pengecaman** *k.n.* identification. 鉴定；认明。

**pengecat** *k.n.* painter; person who paints as artist or decorator. 绘画者；漆工。

**pengecualian** *k.n.* exemption; immunity; special exemption. 豁免；免除。

**pengecutan** *k.n.* contraction. 收缩。

**pengedar** *k.n.* distributor; one who distributes things. 分销商；分配者。

**pengejar** *k.n.* pursuer; chaser. 追赶者；追踪者。

**pengekalan** *k.n.* perpetuation. 持久；不朽。

**pengeksport** *k.n.* exporter. 出口商；输出商。

**pengeksportan** *k.n.* exportation. 输出；出口。

**pengekstrak** *k.n.* extractor. 提取者；抽出器；脱水机；榨取机。

**pengelak** *k.n.* dodger. 躲闪者；推托者。

**pengeliruan** *k.n.* disorientation; confusion. 迷惑；混淆；困惑。

**pengelola** *k.n.* organizer. 安排者；组织的人。

**pengeluar** *k.n.* manufacturer; producer. 制造商；出产商。

**pengeluaran** *k.n.* manufacture; process of manufacturing; production. 制造；生产；产品。~ **besar-besaran** *k.n.* mass production; manufacture in large quantities by a standardized process. 大量生产。

**pengembangan** *k.n.* expansion; distension. 膨胀；扩张；扩大；伸展。

**pengembara** *k.n.* adventurer; person who seeks adventures; one living by his witz; traveller. 冒险家；流浪者；游客。

**pengembaraan** *k.n.* adventure; exciting or dangerous experience; travel; travelling, esp. abroad; exploration; peregrination. 冒险；探险；游历。

**pengembirian** *k.n.* castration. 阉割。

**pengemis** *k.n.* beggar; person who lives by begging; very poor person; cadger. 乞丐；叫化子。

**pengemulsi** *k.n.* emulsifier. 乳化剂。

**pengenaan** *k.n.* imposition; act of imposing something; thing imposed; burden imposed unfairly; levying; payment levied. 施行；强加；征收；制物。

**pengendahan** *k.n.* heed; careful attention. 留心；注意。

**pengendorsan** *k.n.* endorsement. 签名；赞同；认可。

**pengentalan** *k.n.* coagulation. 凝结。

**pengering** *k.n.* dryer; device for drying things. 干燥机；烘干器。

**pengeringan** *k.n.* desiccation. 干化；干燥。

**pengerusi** *k.n.* chairman; person who presides over a meeting or committee. 主席。

**pengesahan** *k.n.* authentication; confirmation; confirming; thing that confirms; affirmation; rite in which a person confirms the vows made for him at baptism. 认证；证实；确定。

**pengesan** *k.n.* detector; device for detecting something; marker; person or object that marks something. 侦察器；记分器；做记号者。

**pengesat** *k.n.* wiper. 汽车扫水器。~ **kaki** *k.n.* doormat; mat placed at a doorway, for wiping dirt from shoes. 门前的擦鞋垫。

**pengetahuan** *k.n.* knowledge; knowing about things; all a person knows; all that is known; body of information; know-how. 理解；知识；学识。**berpengetahuan** *adj.* knowledgeable; well-informed. 有知识的；学问渊博的。

**pengetam** *k.n.* reaper. 收割机；收割者。

**pengetuk** *k.n.* knocker; one who knocks; hinged flap for rapping on a door. 敲击者；(门环等) 敲击用之物。

**penggabungan** *k.n.* affiliation; incorporation; consolidation. 合并；结合；联系。

**penggagalan** *k.n.* discomfiture. 崩溃；挫败。

**penggal** *k.k.t.* dismember; remove the limbs of; partition (a country, etc.). 肢解；拆卸；瓜分。

**penggali** *k.n.* digger; one who digs; mechanical excavator. 挖掘者；挖掘机；挖斗。

**penggalian** *k.n.* dig; excavation; thrust; poke. 挖；掘；凿；钻。

**penggambaran** *k.n.* depiction. 叙述；描绘。

**penggandaan** *k.n.* duplication. 复制；加倍。

**penggaul** *k.n.* mixer. 搅拌器；混合器。

**penggelapan** *k.n.* embezzlement. 监守自盗；贪污。

**penggeledahan** *k.n.* marauding; going about in search of plunder. 搜查；搜掠。

**penggera** *k.n.* alarm; warning sound or signal; buzzer; device that produces a buzzing sound as a signal; device giving this; fear caused by expectation of danger. 警示器；警戒讯号；警报声；恐慌。

**penggiatan** *k.n.* animation. 激励。

**penggubah** *k.n.* composer; minstrel; medieval singer and musician. 作曲家；创作家。

**penggubalan** *k.n.* legislation; legislating; law(s) made. 立法。

**penggugur** *k.n.* abortionist; person who favours permitting abortions; one who performs abortions. 替人堕胎者；流产权支持者。

**pengguguran** *k.n.* abortion; premature expulsion of a foetus. 流产；堕胎。

**pengguna** *k.n.* consumer; person who buys or uses goods or services. 消费者。

**penghabluran** *k.n.* crystallization. 结晶。

**penghakiman** *k.n.* judgement; (in law contexts) judging; judge's decision. 判决；判断。

**penghalusan** *k.n.* attenuation. 精细。

**penghapus** *k.n.* liquidator. 清算人。

**penghapusan** *k.n.* abolition; liquidation. 废除；取消；清算。

**pengharaman** *k.n.* ban; order banning something. 禁止；禁令。

**penghargaan** *k.n.* appreciation; favourable opinion; respect; credit; honour for an

**penghasut** *k.n.* instigator. 煽动者；挑拨者。

**penghebatan** *k.n.* intensification. 激烈化；强化；增大。

**penghentian** *k.n.* stop; stopping; discontinuance. 停止；终止。

**penghias** *k.n.* decorator; tradesman who paints and papers room, etc. 装饰师；布置人员。

**penghiba** *adj.* mawkish; sentimental in a sickly way. 感情用事的；多愁善感的。

**penghibur** *k.n.* entertainer. 娱宾者；表演者。~ **jalanan** *k.n.* busker; entertainer performing in the street. 街头卖艺者。

**penghiburan** *k.n.* entertainment; consoling. 娱乐；慰藉。

**penghijrahan** *k.n.* migration. 迁移；迁居。

**penghinaan** *k.n.* insult; insulting remark or action; indignity; unworthy treatment; humiliation. 侮辱；羞辱。

**penghindaran** *k.n.* evasion; evading; evasive answer or excuse. 逃避；回避。

**penghiris** *k.n.* slicer. 切片者；切片机。

**penghitungan** *k.n.* enumeration. 计算；点算。

**penghormatan** *k.n.* obeisance; bow or curtsy; respect; admiration felt towards a person or thing that has good qualities or achievements; politeness arising from this. 敬意；尊重。

**penghubung** *k.n.* links; person or thing connecting others. 联络者；连接物。

**penghujung** *k.n.* end; limit; furthest point or part; finale; final section of a drama or musical composition. 末端；尽头；终结。

**penghulu** *k.n.* chieftain; chief of a clan or tribe. 首领；酋长。~ **balai** *k.n.* major-domo (pl.-*os*); head steward of a great household. 王室的男总管；男管家。

**penghuni** *k.n.* dweller; inhabitant; occupant; person occupying a place or dwelling; resident; permanent inhabitant; (at a hotel) person staying overnight; inmate. 居民；住户；居住者。

**penghuraian** *k.n.* elaboration. 详尽的阐述。

**pengiklan** *k.n.* advertiser. 登广告者。

**pengiklanan** *k.n.* advertisement; advertising; public notice advertising something. 广告。

**pengikut** *k.n.* party; one who shares in an action or plan, etc.; disciple; person accepting the teachings of another; following; body of believers or supporters. 党羽；门徒；从者；支持者。~ **setia** *k.n.* henchman (pl.-*men*); trusty supporter. 亲信；追随者。

**pengilang** *k.n.* miller. 厂主；制造商。

**pengimbang** *k.n.* counterbalance; weight or influence balancing another. 平衡者；相对物。

**pengimport** *k.n.* importer. 输入者；进口商。

**pengimportan** *k.n.* importation. 进口；输入。

**pengiraan** *k.n.* calculation; computation. 计算；估计。

**pengirim** *k.n.* consignor. 寄件人。

**pengiring** *k.n.* attendant; person present as a companion or to provide service; accompanist. 侍者；随从。~ **raja** *k.n.* courtier (*old use*); one of a sovereign's companions at court. 护卫队；侍从。

**pengisar** *k.n.* grinder. 磨工；磨床；研磨机。

**pengisaran** *k.n.* grind; grinding process. 磨碎；研磨。

**pengisi** *k.n.* filler; thing or material used to fill a gap or increase bulk. 填充物；填料；装填者。

**pengisytiharan** *k.n.* proclamation; declaration. 声明；宣言；宣布。

**pengizinan** *k.n.* permissiveness. 宽容；准许。

**pengkang** *adj.* bandy (*-ier, -iest*); curving apart at the knees. (尤指腿骨)向外弯的。

**pengkar** *adj.* bow-legged; bandy. (脚)弓形的；罗圈腿的。

**pengkhianat** *k.n.* defector. 叛徒；变节者。

**pengkhianatan** *k.n.* betrayal; disservice; harmful action done by a person intending to help; defection. 背叛；不忠。

**pengkhususan** *k.n.* peculiarity; specialization. 特殊化；专门化。

**pengklorinan** *k.n.* chlorination. 氯化。

**pengkodan** *k.n.* codification. 编集成典。

**pengkomputeran** *k.n.* computerization. 电脑化。

**pengkristianan** *k.n.* christening; ceremony of baptism. 洗礼。

**pengkritik** *k.n.* critic; person who points out faults; one skilled in criticism. 批评家；鉴定家。

**pengkuretan** *k.n.* curettage; scraping surgically. 刮除术。

**penglibatan** *k.n.* commitment; committing; obligation or pledge; state of being involved in this; involvement; entanglement; incrimination. 承诺；义务；涉及；缠绕。

**penglihatan** *k.n.* eyesight; ability to see; range of vision; sight; seeing; being seen; power of seeing. 视力；视界。

**pengoksidaan** *k.n.* oxidation; process of combining with oxygen. 氧化作用。

**pengolak** *k.n.* convector; heating appliance that circulates warmed air. 环流器。

**pengomel** *k.n.* grouser; grumbler. 爱发牢骚者。

**pengorek** *k.n.* dredge; apparatus for scooping things from the bottom of a river or sea; awl; small pricking tool. 挖掘机；挖泥机；捕捞船。

**pengotoran** *k.n.* defilement. 污点；玷污；败坏。

**pengsan** *adj.* insensible; unconscious; unaware; callous; imperceptible. 昏迷的；没有知觉的；麻木的。—*k.k.i.* faint; collapse unconscious; syncope. 昏倒；失去知觉。

**penguasaan** *k.n.* domination; mastery; complete control; supremacy; thorough knowledge or skill. 控制；支配；掌握。

**penguatkuasaan** *k.n.* enforcement. 实施；生效。

**pengubahsuaian** *k.n.* modification. 修改；调整。

**pengubatan** *k.n.* medication. 药物；药疗。

**penguburan** *k.n.* obsequies (*pl.*); funeral rites. 丧礼；葬礼。

**pengudara** *k.n.* aerator. 充气器；充气装置。

**pengudaraan** *k.n.* aeration. 通风；充气。

**penguin** *k.n.* penguin; flightless seabird of Antarctic regions, with flippers used for swimming. 企鹅。

**penguji** *k.n.* tester. 试验者；测试器。

~ **pernafasan** *k.n.* breathalyser; device measuring the alcohol in a person's breath. 呼气测醉器。

**pengukuhan** *k.n.* consolidation. 巩固；加强。

**pengumpil** *k.n.* lever; jemmy; burglar's short crowbar. 杠杆；撬棒。

**pengumpilan** *k.n.* leverage; action or power of a lever. 杠杆效率；杠杆作用。

**pengunyahan** *k.n.* mastication. 咀嚼作用。

**pengupas** *k.n.* peeler. 剥皮者；剥皮器。

**pengupasan** *k.n.* peel; peelings. 剥皮；削皮。

**penguraian** *k.n.* decomposition. 分解。

**pengurniaan** *k.n.* bestowal; endowment;

investiture; formal investing of a person with a rank or office, etc. 颁赐；赠予；授予；天赋。

**pengurungan** *k.n.* internment; interning. 拘留；监禁。

**pengurus** *k.n.* manager; manageress; person in charge of a business, etc. 经理；经营者。

**pengurusan** *k.n.* management; managing; people engaged in managing a business. 经营；管理；主管人员。

**pengusaha** *k.n.* entrepreneur; person who organizes a commercial undertaking, esp. involving risk. 企业家；创业者。~ **kulit bulu** *k.n.* furrier; person who deals in furs or fur clothes. 毛皮衣商；皮货商人。

**peni** *k.n.* penny (pl. *pennies* for separate coins, *pence* for a sum of money); British bronze coin worth 1/100 of £1; former coin worth 1/12 of a shilling. 便士。 **setengah ~** *k.n.* halfpenny; coin worth half a penny. 半便士。

**penilai** *k.n.* assessor; valuer; person who estimates values professionally. 估价员；(地产的)估值员。

**penilaian** *k.n.* assessment; valuation; estimation or estimate of a thing's worth. 鉴定；估价；评价。

**penimbangtara** *k.n.* arbitrator; impartial person chosen to settle a dispute. 仲裁人；裁决者；调停人。

**penindas** *k.n.* grinder; oppressor; persecutor. 压迫者；暴君。

**penindasan** *k.n.* oppression; persecution. 压迫；压制。

**pening** *adj.* dizzy (*-ier*, *-iest*); giddy; feeling confused; causing giddiness; heady (*-ier*, *-iest*). 眩晕的；眼花缭乱的。

**peninggalan** *k.n.* omission. 省略；删节。

**peninju** *k.n.* boxer; person who engages in the sport of boxing. 拳师；拳击手。

**penipu** *k.n.* deceiver; cheat; person who cheats; swindler. 骗子。

**penipuan** *k.n.* deception; deceiving; chicane; chicanery; duplicity; deceitfulness; imposture; fraudulent deception. 欺骗；蒙骗。

**peniru** *k.n.* faker; imitator. 仿效者；模仿者。

**penisilin** *k.n.* penicillin; antibiotic obtained from mould fungi. 盘尼西林。

**penjaga** *k.n.* custodian; guardian; keeper; one who guards or protects; person undertaking legal responsibility for an orphan. 看守者；看管者；监护人。 **~ bangunan** *k.n.* janitor; caretaker of a building. 建筑物的管理员。

**penjaja** *k.n.* hawker; pedlar; person who goes from house to house selling small articles. 小贩。

**penjajah** *k.n.* colonist. 殖民地居民。

**penjajahan** *k.n.* colonization. 殖民计划。

**penjamin** *k.n.* guarantor; giver of a guarantee. 保证人；担保者。

**penjana** *k.n.* generator; machine converting mechanical energy into electricity. 发电机。

**penjanaan** *k.n.* generation; generating. 产生；生成。

**penjangkitan** *k.n.* contagion; spreading of disease by contact; disease, etc. spread thus. 传染；疾病传播。

**penjara** *k.n.* prison; building used to confine people convicted of crimes; place of custody or confinement; jail; gaol. 牢房；监狱。 **pegawai ~** *k.n.* gaoler; person in charge of a gaol or its prisoners. 狱吏。 **memenjarakan** *k.k.t.* gaol; incarcerate; imprison; put into prison; keep in confinement. 监禁；下狱。

**penjarahan** *k.n.* foray; sudden attack; raid. 袭击；侵略；掠夺；蹂躏。

**penjelajah** *k.n.* explorer. 探险者。

**penjelajahan** *k.n.* exploration; perambulation. 勘探；探险。

**penjelasan** *k.n.* clarification; explanation; elucidation; enlightenment; manifestation. 澄清；解释；说明。

**penjelmaan** *k.n.* incarnation; embodiment, esp. in human form. 化身；赋与肉体。

**penjenayah** *k.n.* criminal; person guilty of a crime. 罪犯。

**penjerut** *k.n.* constrictor. 压缩物。

**penjerutan** *k.n.* constriction. 收缩；紧迫。

**penjilid** *k.n.* binder. 装订工人。

**penjinak** *k.n.* tamer; person who tames and trains wild animals. 驯兽师。

**penjual** *k.n.* seller. 卖者；销售者。 ~ **buah-buahan** *k.n.* fruiterer; shopkeeper selling fruit. 水果贩。

**penjudi** *k.n.* gambler. 赌徒。

**penjuru** *k.n.* angle; space between two lines or surfaces that meet; corner; angle or area where two lines, sides or streets meet. 角；角落。 **berpenjuru** *adj.* angular; having angles or sharp corners; measured by angle. 有角的。

**penkek** *k.n.* pancake; thin round cake of fried batter; things shaped like this. 薄饼；薄饼状物。

**penolakan** *k.n.* deduction; deducting; thing deducted. 扣除；折扣。

**penologi** *k.n.* penology; study of punishment and prison management. 刑罚学；监狱管理学。

**penonjolan** *k.n.* extrusion. 突出。

**penonton** *k.n.* audience; group of listeners or spectators; spectator; person who watches a show, a game or incident; onlooker; bystander; person standing near when something happens. 听众；观众；旁观者。

**pensel** *k.n.* pencil; instrument containing graphite, used for drawing or writing. 铅笔。

**pensterilan** *k.n.* sterilization. 灭菌作用；消毒。

**pensyarah** *k.n.* lecturer; speaker; person who speaks; one who makes a speech. 讲师。

**pentagon** *k.n.* pentagon; geometric figure with five sides. 五角形。

**pentas** *k.n.* stage; raised floor or platform; one on which plays, etc. are performed; dais; low platform, esp. at the end of a hall. 舞台；戏台。

**Pantateuch** *k.n.* Pentateuch; first five books of the Old Testament. 圣经首五卷；摩西五经。

**pentatlon** *k.n.* pentathlon; athletic contest involving five events. 五项运动竞赛。

**penterjemah** *k.n.* translator; interpreter; person who orally translates speech between persons speaking different languages. 翻译者；口译家。

**penting** *adj.* important; having a great effect; having great authority or influence; essential; unable to be dispensed with. 重要的；重大的。

**penuangan** *k.n.* infusion; infusing; thing added to a stock. 注入。

**penubuhan** *k.n.* foundation; founding; establishing. 创办；成立。

**penuh** *adj.* full (*-er, -est*); holding or having as much as the limits will allow; copious; complete; plump; 满的；装满的；充分的；齐全的；丰满的。 **bulan ~** *k.n.* full moon; moon with the whole disc illuminated. 满月；望月。

**penukaran** *k.n.* conversion. 变换；转换。

**penulis** *k.n.* writer; person who writes; author. 执笔者；撰写人；作者。 ~ **pojok** *k.n.* columnist; journalist who regularly writes a column of comments. 专栏作家。

**penumpang** *k.n.* passenger; person (other than the driver, pilot or crew) travelling in a vehicle, train, ship, or aircraft. 搭客；乘客。

**penumpuan** *k.n.* convergence; concentration; concentrating; concentrated thing. 辏集；集中。

**penundaan** *k.n.* postponement; adjournment; moratorium (pl. *-ums*). 延期；休会。

**penunjuk**[1] *adj.* indicative; giving an indication; (of a form of a verb) used in statements. 指示的；暗示的。

**penunjuk**[2] *k.n.* indicator; thing that indicates something; pointer; device on a vehicle showing when the direction of travel is about to be altered. 指示者；指示器；标志。

**penunu** *k.n.* burner; part that shapes the flame in a lamp or cooker. 燃烧器；煤气头。

**penurunan** *k.n.* degradation. 降低。~ **pangkat** *k.n.* demotion. 降级。

**penurut** *adj.* malleable; easy to influence. 可塑的；易服从的。

**penutup** *k.n.* cover; thing that covers; incrustation; encrusting; lid; hinged or removable cover for a box, pot, etc. 遮掩物；外壳；盖子。

**penyahbulu** *k.n.* depilatory; (substance) removing hair. 脱毛剂。

**penyahjangkit** *k.n.* disinfectant; substance used for disinfecting things. 消毒剂；杀菌剂。

**penyahjangkitan** *k.n.* disinfection. 消毒；灭菌。

**penyajak** *k.n.* poet; poetess (*fem.*); writer of poems. 诗人。

**penyakit** *k.n.* disease; affection; malady; illness; ailment; slight illness; unhealthy condition; specific illness. 病；疾病；感染。**berpenyakit** *adj.* diseased. 有病的；患病的。

**penyalahgunaan** *k.n.* abuse; make bad use of; misuse; wrong use; misappropriation; perversion. 滥权；滥用。

**penyalin** *k.n.* copyist. 抄写员。

**penyama** *k.n.* equalizer; equalizing goal, etc. 比赛中与对方扯平的得分。

**penyamar** *k.n.* impersonator; impostor; person who fraudulently pretends to be someone else. 扮演者；模仿者。

**penyamaran** *k.n.* impersonation; disguise; disguising; disguised condition; thing that disguises. 扮演；模仿；伪装。

**penyamun** *k.n.* robber; brigand; bandit; member of a band of robbers. 强盗；劫匪。

**penyangkal** *k.n.* dissenter. 持异议者；违抗者。

**penyangkalan** *k.n.* negation; disclaimer; statement disclaiming something. 否定；驳斥。

**penyanyi** *k.n.* singer. 歌手；歌唱家。

**penyapu** *k.n.* broom; long-handled brush for sweeping floors. 扫帚。**batang ~** *k.n.* broomstick; broom handle. 扫帚柄。

**penyata** *k.n.* statement; formal account of facts; written report of a financial account; returns; formal report submitted by order. 陈述；声明；财务报告书；银行结单。

**penyauk** *k.n.* crosse; netted crook used in lacrosse. 捕鱼小网。

**penyayang** *k.n.* humane; kind-hearted; merciful. 有人情味；怜爱；仁慈。

**penyederhanaan** *k.n.* moderation; moderating. 中庸态度。

**penyedih** *adj.* namby-pamby; feeble or unmanly (person). 性格软弱的。

**penyedutan** *k.n.* inhalation. 吸入。

**penyegan** *adj.* diffident; lacking self-confidence. 缺乏自信的；胆怯的。

**penyejatan** *k.n.* evaporation. 蒸发。

**penyejuk** *k.n.* coolant; fluid for cooling machinery, etc. 冷却液。

**penyelangan** *k.n.* alternation. 交替；轮流。

**penyelarasan** *k.n.* harmonization. 适应；调和。

**penyelera** *k.n.* appetizer; thing eaten or drunk to stimulate the appetite. 开胃的食物或饮料。

**penyelia** *k.n.* supervisor; invigilator. 监督官；监考者。

**penyeliaan** *k.n.* supervision; invigilation; oversight. 监督。

**penyelitan** *k.n.* insertion. 插入物。

**penyeludup** *k.n.* smuggler. 走私者。

**penyemak** *k.n.* checker. 检验者；检查官。

**penyemakan** *k.n.* check; process of checking; (*U.S.*) test for correctness, etc. 检查；审阅；校订。

**penyembuh** *k.n.* healer. 医治者；治疗物。

**penyembunyian** *k.n.* concealment. 隐匿。

**penyempitan** *k.n.* stricture; abnormal constriction. 体内管道的狭窄；压迫感。

**penyenggaraan** *k.n.* maintenance; process of maintaining something. 维持；保养。

**penyepaian** *k.n.* disintegration. 崩溃；瓦解。

**penyepit** *k.n.* clipper; chopstick; one of a pair of stick used in China to lift food to the mouth. 夹子；筷子。

**penyerahan** *k.n.* capitulation; cession; ceding. 投降；让与。

**penyerang** *k.n.* attacker; aggressor; one who begins hostilities. 侵略者；攻击者。

**penyerangan** *k.n.* attack; aggression; unprovoked attacking; hostile act(s) or behaviour. 攻击；侵略。

**penyerap** *k.n.* absorber; blotter; pad of blotting-paper; device holding this. 吸收器；吸水纸。

**penyerapan** *k.n.* absorption; absorbency; permeation; exorcist. 吸收；吸收性；渗透；侵入。

**penyerbu** *k.n.* assailant; attacker. 袭击者；攻击者。

**penyesuaian** *k.n.* adjustment. 调整；调节。

**penyewa** *k.n.* lodger; person paying for accommodation in another's house; tenant; person who rents land or building, etc. from a landlord; (in law) occupant; person holding property by lease; lessee; hirer. 寄宿者；房客；租户。

**penyiar** *k.n.* broadcaster. 广播者。

**penyiasat** *k.n.* investigator; interrogator. 调查者；研究员。

**penyiasatan** *k.n.* investigation; inquest; judicial investigation to establish facts, esp. about a sudden death; (*colloq.*) detailed discussion of a thing that is over; interrogation. 调查；研究；审问。

**penyibuk** *k.n.* busybody; meddlesome person. 好管闲事者。

**penyilangan** *k.n.* intersection. 横断；交叉。

**penyimpangan** *k.n.* deviation; divergence. 偏离；越轨。

**penyingkiran** *k.n.* elimination; dismissal. 避开；淘汰；消除。

**penyisihan** *k.n.* exclusion; isolation; ostracism. 排除；排斥；独居。

**penyombong** *k.n.* snob; person with an exaggerated respect for social position or wealth or certain tastes and who despises those he considers inferior. 势利者；诌上欺下之人。

**penyorongan** *k.n.* shove; rough push. 推动；猛推。

**penyu** *k.n.* turtle; sea-creature like a tortoise. 海龟。

**penyuburan** *k.n.* fertilization. 施肥。

**penyuling** *k.n.* distiller; one who makes alcoholic liquor by distillation. 蒸馏器；制酒商。

**penyumbang** *k.n.* contributor. 捐赠者。

**penyumbat** *k.n.* stopper; plug for closing a bottle, etc. 塞子；瓶塞。

**penyuntikan** *k.n.* inoculation; injection. 注射。

**penyusun** *k.n.* compiler. 编订者。

**penyusunan** *k.n.* compilation; arrangement. 汇编；编辑。

**penyusup** *k.n.* infiltrator. 渗透者；渗入者。

**penyusutan** *k.n.* decrease; decreasing; amount of this; diminution; reduction. 减少；缩小；减少量。

**penzina** *k.n.* adulterer; adulteress (*fem.*); fornicator; person who commits adultery; libertine; man who lives an irresponsible immoral life. 奸夫；淫妇。

**peoni** *k.n.* peony; garden plant with large round red, pink, or white flowers. 牡丹；芍药属植物。

**pepak** *adj.* chock-full; crammed full. 塞满的。

**pepaku** *k.n.* peg; clip for holding clothes on a washing-line. 钉；栓；衣夹。

**pepatah** *k.n.* aphorism; pithy saying; epigram; short witty saying; dictum (pl. *-ta*); formal saying. 格言；警句。

**pepejal** *k.n.* solid; solid substance or body or food. 固体。

**pepenjuru** *adj. & k.n.* diagonal; (line) crossing from corner to corner. 对角线(的)。

**peperiksaan** *k.n.* examination; examining; testing of knowledge, etc. by this; exam (*colloq.*). 考试；审查；检查。

**pepsin** *k.n.* pepsin; an enzyme in gastric juice, helping in digestion. 胃蛋白酶。

**peptik** *adj.* peptic; of digestion. 帮助消化的。

**pepulut** *k.n.* bur; plant's seed-case or flower that clings to clothing, etc. 有芒刺的草或其他植物。

**per** *k.s.n.* per; for each; in accordance with; by means of. 每；与⋯⋯一致；依据。

**perabot** *k.n.* furniture; movable article (e.g. chairs, beds) for use in a room. 家具。

**peracun** *k.n.* poisoner. 毒害者。

**peragawati** *k.n.* mannequin; woman who models clothes. 服装模特儿。

**perah, memerah** *k.k.t.* express; press or squeeze out. 榨出；挤出。

**perajurit** *k.n. see* **askar**. 见 **askar**。

**perak** *k.n.* silver; shiny white precious metal; coins or articles made of this; coins made of an alloy resembling it; household cutlery; colour of silver. 银；银器；银币；镀银餐具。

**peraka** *k.n.* hold; storage cavity below a ship's deck. 船舱。

**perakaunan** *k.n.* accountancy. 会计学。

**peralatan** *k.n.* accoutrements; equipment; trappings. 装备；设备；器材；装置。

**peramal** *k.n.* diviner. 先知；占卜者。

**perampas** *k.n.* hijacker; looter. 强盗；劫匪。

**perampasan** *k.n.* hijack; hijacking; spoliation; pillaging. 抢劫；掠夺。

**peran** *k.n.* jester; person who makes jokes; entertainer at a medieval court. 小丑。

**perancangan** *k.n.* scheme; plan of work or action. 方案；计划。

**Perancis** *k.n.* French; (language) of France. 法国；法语。 **lelaki ~** *k.n.* Frenchman. 法国男人。 **perempuan ~** *k.n.* Frenchwoman. 法国女人。

**perang** *adj.* auburn; (of hair) reddish-brown. 赤褐色的。

**perang** *k.n.* battle; fight between large organized forces; contest. 战争；搏斗。 **~ saudara** *k.n.* civil war; war between citizen of the same country. 内乱。 **~ tanding** *k.n.* duel; fight or contest between two persons or sides. 决斗；竞争。 **medan ~** *k.n.* battlefield; scene of battle. 战场。 **berperang** *k.k.i.* battle; engage in battle; struggle. 战斗；斗争。

**perangai** *k.n.* conduct; behaviour; manner; person's way of behaving towards others. 行为；品格；举止。

**perangkaian** *k.n.* concatenation; combination. 连结；联系。

**perangkap** *k.n.* trap; device for catching and holding an animal; anything by which an unsuspecting person is captured or outwitted; booby trap; hidden trap rigged up as a practical joke. 陷阱；圈套。

**perani** *k.n.* amphitheatre; oval or circular unroofed building with tiers of seats round a central arena. 圆形剧场。

**peranjat, memeranjatkan** *k.k.t.* dumbfound; astonish; strike dumb with surprise. 使吓呆；使惊讶。

**perantis** *k.n.* apprentice; person learning a craft and bound to an employer by a legal agreement. 学徒；见习生。

**perantisan** *k.n.* apprenticeship. 学徒；当学徒期限。

**perap, memerapkan** *k.k.t.* marinade; steep in marinade. 腌泡。

**perapan** *k.n.* marinade; seasoned flavoured liquid in which meat or fish is steeped before being cooked. 腌泡鱼、肉等的调味汁。

**perarakan** *k.n.* procession; number of people or vehicles or boats, etc. going along in an orderly line; cavalcade; procession, esp. on horseback or in cars. 游行；行列；队伍。

**peras, memeras** *k.k.t.* extort; obtain by force or threats; mangle; press (clothes, etc.) in a mangle. 敲诈；勒索；榨取。

**perasaan** *k.n.* feeling; power to feel things; mental or physical awareness; idea or belief not based on reasoning; opinion. 感觉；心情；感受；感想。

**peratusan** *k.n.* percentage; rate or proportion per hundred. 百分比；比率。

**perawan** *k.n.* maiden; damsel; (*old use*) girl; young unmarried woman; virgin. 少女；年轻未婚女子。

**perayaan** *k.n.* celebration; festival day or period of celebration. 庆典；庆祝。

**perayu** *k.n.* petitioner. 请愿者。

**perbadanan** *k.n.* corporation; group constituted to act as an individual or elected to govern a town. 机构；组织。

**perbalahan** *k.n.* quarrel; argument; discussion involving disagreement; affray; public fight or riot; dispute; strife; quarrelling; conflict. 争吵；口角。

**perbandaran** *k.n.* municipality; self-governing town or district. 自治市；市政局。

**perbarisan** *k.n.* march; act of marching. 行军；列队。

**perbelanjaan** *k.n.* expenditure; expending of money, etc.; amount expended; outgoings. 开销；支出；经费。

**perbendaharaan** *k.n.* exchequer; country's or person's supply of money; the treasury; department managing a country's revenue. 国库；财政部。

**perbezaan** *k.n.* difference; being different or unlike; distinction; distinguishing. 差异；区别；歧见。

**perbidanan** *k.n.* midwifery; work of a midwife. 助产术；助产学。

**perbualan** *k.n.* conversation; informal talk between people. 会谈；谈话。

**perbuatan** *k.n.* deed; thing done; act. 行为；作为。

**perburuan** *k.n.* hunt; process of hunting. 打猎；搜猎。

**percanggahan** *k.n.* conflict; disagreement; different opinion. 争执；冲突。

**percaya** *k.k.i.*, **mempercayai** *k.k.t.* believe; accept as true or as speaking or conveying truth; think; suppose; trust; have or place trust in. 相信；信任；认为。

**perceraian** *k.n.* divorce; legal termination of a marriage; separation. 离婚。

**percubaan** *k.n.* attempt; this effort; trial; process of testing qualities or performance. 试图；企图。

**percuma** *adj.* free; costing nothing to the recipient; gratuitous; given or done. 免费的；无酬劳的。

**perdagangan** *k.n.* commerce; all forms of trade and the services (e.g. banking, insurance) that assist trading. 商业；贸易。

**perdamaian** *k.n.* peace; treaty ending a war. 和平。

**perdebatan** *k.n.* debate; formal discussion; disputation; argument. 争论；辩论。

**perduabelasan** *adj.* duodecimal; reckoned in twelves or twelfths. 十二的；十二进制的。

**perekabentuk** *k.n.* designer. 设计师。

**perekacipta** *k.n.* inventor. 发明家；创造者。

**perekat** *k.n.* glue; sticky substance used for joining things together. 胶；胶水。

**perekatan** *k.n.* adhesion; adhering; abnormal union of inflamed tissue. 粘附；受伤后体内组织之粘连。

**perekrutan** *k.n.* recruitment. 招募新兵；招收新会员。

**perempuan** *k.n.* dame (*old use* or *U.S. sl.*); woman. 妇女；女人。

**perencah** *k.n.* condiment; seasoning for food. 调味品。

**perendahan** *k.n.* heed; careful attention. 留心；注意。

**perenggan** *k.n.* paragraph; one or more sentences on a single theme; beginning on a new (usu. indented) line. 段落。
**mererenggan** *k.k.t.* paragraph; arrange in paragraphs. 分段。

**perengsaan** *k.n.* irritation. 刺激。

**perengus** *k.n.* curmudgeon; bad-tempered person. 粗鲁的人；性情暴躁者。

**perentas** *k.n.* chord; straight line joining two points on a curve. 弦。

**pereputan** *k.n.* decay; decaying; rot; rotting. 腐烂；败坏。

**peresap** *k.n.* diffuser. 传播者；扩散器。

**pergelangan**, **~ kaki** *k.n.* ankle; joint connecting the foot with the leg; part of the leg below the calf. 踝；脚踝。**~ tangan** *k.n.* wrist; joint connecting hand and forearm. 腕；腕关节。

**pergelutan** *k.n.* struggle; spell of struggling; vigorous effort; hard contest. 挣扎；奋斗；争夺。

**pergeseran** *k.n.* friction; rubbing; resistance of one surface to another that moves over it; conflict of people who disagree; attrition; wearing away. 摩擦；摩擦力；冲突；磨损。

**pergi** *k.k.i.* depart; go away; leave. 走；走开；出发。

**perhambaan** *k.n.* slavery; bondage; enslavement. 奴隶身分；奴隶制度。

**perhatian** *k.n.* attention; applying one's mind; awareness; consideration; care. 注意；留意；察觉；考虑。**~ ramai** *k.n.* limelight; great publicity. 众人注目的中心。

**perhiasan** *k.n.* embellishment; ornamentation. 装饰；润饰；美化。

**perhimpunan** *k.n.* assemblage; assembly; assembled group; congregation; people assembled, esp. at a church service. 集合；集会。

**perhubungan** *k.n.* communication; means of access; intercourse; dealings between people or countries. 联系；联络；交往；通讯。

**peri** *k.n.* nymph; mythological semidivine maiden living in the sea or woods. 宁芙（希腊女神）；仙女。

**peribadi** *adj.* personal; of one's own; of or involving a person's private life; referring to a person; done in person. 个人的；私生活的。

**peribahasa** *k.n.* proverb; short well-known saying; adage. 谚语；格言。

**peridi** *adj.* fecund; fertile. 丰饶的；多产的。

**perigi** *k.n.* well; shaft dug or drilled to obtain water or oil, etc. 井；水井；泉源。

**perikanan** *k.n.* fishery; area of sea where fishing is done; business of fishing. 渔业；水产。

**perikatan** *k.n.* alliance; union or association formed for mutual benefit. 同盟；联盟。

**periksa** *k.k.i.* check; examine for correctness, etc.; inspect; examine critically or officially. 检查；审查。**memeriksa** *k.k.t.* check; test for correctness, etc.; examine; look at closely, esp. in order to learn about or from. 检验；探究。

**perimeter** *k.n.* perimeter; outer edge of an area; length of this. 周长；地区的周围。

**perinci, memperincikan** *k.k.t.* detail; relate in detail. 详述；细说。

**perincian** *k.n.* detail; small fact or item; such items collectively; small military detachment. 详情；细节。

**peringanan** *k.n.* extenuation. 减轻；降低；减弱。

**peringatan** *k.n.* commemoration. 纪念。

**perintah** *k.n.* comand; statement, given with authority, that an action must be performed; order; bidding; injunction; decree; order given by a government or other authority. 统率；命令；训令。 **~ berkurung** *k.n.* curfew; signal or time after which people must stay indoors. 戒严。 **memerintah** *k.k.t.* govern; rule with authority; conduct the affair of a country or organization; keep under control; influence; direct. 统治；管辖；治理；支配。 **memerintahkan** *k.k.t.* command; give a command to; order; decree (p.t. *decreed*); order by decree. 指挥；命令。

**perintis** *k.n.* pioneer; person who is one of the first to explore a new region or subject. 先锋；开辟者。

**perisa** *k.n.* flavour; distinctive taste; special characteristic; flavouring; substance used to give flavour to food. 味；滋味；特别风味；调味品。 **menambah ~** *k.k.t.* flavour; give flavour to. 添味；调味。

**perisai dada** *k.n.* breastplate; armour covering the breast. 胸铠。

**periskop** *k.n.* periscope; tube with mirror(s) by which a person in a trench or submarine, etc. can see things otherwise out of sight. 潜望镜。

**peristiwa** *k.n.* event; something that happens, esp. something important. 事件；事情。

**peritonitis** *k.n.* peritonitis; inflammation of the peritoneum. 腹膜炎。

**periuk** *k.n.* pot; vessel for holding liquids or solids, or for cooking in. 锅。

**perjalanan** *k.n.* journey (pl. *-eys*); continued course of going or travelling. 旅行；旅程；路程。

**perjanjian** *k.n.* agreement; arrangement agreed between people. 合同；契约。

**perjumpaan** *k.n.* meet; assembly for a hunt, etc. 相遇；会见。

**perkabungan** *k.n.* mourning; dark clothes worn as a conventional sign of bereavement. 哀悼；居丧；丧服。

**perkahwinan** *k.n.* marriage; state in which a man and woman are formally united for the purpose of living together; act or ceremony of marrying; matrimony. 婚姻；婚礼。 **~ campur** *k.n.* intermarriage. 异族通婚。

**perkakas** *k.n.* tool; equipment; implement; clobber (*sl.*); fitment; piece of fixed furniture. 工具；用具。

**perkakasan** *k.n.* hardware; tools and household implements sold by a shop; weapons; machinery. 机件；五金器具。

**perkapalan** *k.n.* shipping; ships collectively. 海运；航运。

**perkasa** *adj.* *see* **gagah**. 见 **gagah**。

**perkeranian** *adj.* clerical; of clerks. 书记的。

**perkhemahan** *k.n.* encampment; camp. 扎营；露营。

**perkiraan** *k.n.* calculation; count; counting; number reached by this; point being considered. 计算；估计；考虑。

**perkolator** *k.n.* percolator; coffee pot in which boiling water is circulated repeatedly through ground coffee held in a perforated drum. 咖啡渗滤壶；渗滤器。

**perkubuan** *k.n.* fortification; fortifying; defensive wall or building, etc. 堡垒；城堡。

**perkuburan** *k.n.* cemetery; burial ground; graveyard. 墓地；公墓。

**perkudaan** *k.n.* horse-box; closed vehicle for transporting a horse. 运马用的有盖货车。

**perkumpulan** *k.n.* bevy; company; large group. 一群。

**perkumuhan** *k.n.* excretion. 排泄。

**perlambangan** *k.n.* symbolism; use of symbols to express things. 象征主义；符号体系。

**perlantikan** *k.n.* appointment; appointing a person to a job; installation; process of installing. 委任；就职。

**perlapan** *k.n.* octavo (pl. *octavos*); the size of a book formed by folding a standard sheet three times to form eight leaves. (纸张、书的) 八开；八开本。

**perlawanan** *k.n.* match; contest in a game or sport. 比赛；对垒。**~ ulangan** *k.n.* return match; second match between the same opponents. 面对相同对手的再次比赛。

**perlembagaan** *k.n.* constitution; principles by which a state is organized. 宪法。**berperlembagaan** *adj.* constitutional; of or in accordance with a constitution. 宪法的；法治的。

**perli** *k.n.* innuendo (pl. *-oes*); insinuation. 影射；暗讽。

**perlu** *adj.* necessary; essential in order to achieve something; happening or existing by necessity; imperative; expressing a command; indispensable. 需要的；必需的；急需的。*—k.n.* need; requirement. 需要；要求。**tak ~** *adj.* needless; unnecessary. 不需要的；不必要的。**memerlukan** *k.k.t.* need; be in need of; require; be oblige; necessitate; make necessary; involve as a condition or result. 要；需要；必须。

**perlumbaan** *k.n.* race; contest of speed; series of races for horses or dogs. 比赛；竞赛；赛马 (狗)。

**permai** *adj.* picturesque; forming a pleasant scene. 美观的；华丽的。

**permaidani** *k.n.* carpet; textile fabric for covering a floor. 地毯；地毯般的织物。**berus ~** *k.n.* carpet sweeper; household device with revolving brushes for sweeping carpets. 毛毯扫除器。

**permainan** *k.n.* game; play or sport, esp. with rules; section of this as a scoring unit. 游戏；运动。

**permaisuri** *k.n. see* **maharani**. 见 **maharani**。

**permanian** *k.n.* insemination. 授精。

**permata** *k.n.* gem; precious stone; thing of great beauty or excellence; jewel; precious stone cut or set as an ornament; person or thing that is highly valued; thing of great beauty or excellence. 珠宝；宝物；宝石。**saudagar ~** *k.n.* jeweller; person who deals in jewels or jewellery. 珠宝商；宝石商。**intan ~** *k.n.* jewellery; jewels or similar ornaments to be worn. (总称) 珠宝；金饰。

**permintaan** *k.n.* demand; customer's desire for goods or services; request; asking for something; thing asked for. 要求；请求；需求。

**permit** *k.n.* permit; written permission, esp. for entry to a place. 准证；通行证。

**permohonan** *k.n.* application; thing applied. 申请。

**permuafakatan** *k.n.* covenant; formal agreement; contract. 盟约；合约；协议。

**permulaan** *k.n.* start; beginning; inception; inchoate; just begun; undeveloped. 开始；起点。*—adj.* elementary; dealing with the simplest facts of a subject. 基本的；基础的。**zarah ~** *k.n.* elementary particle; one not consisting of simpler ones. 基本粒子。

**permusuhan** *k.n.* hostility; being hostile; enmity; acts of warfare. 敌意；交战。

**pernah** *kkt.* ever; at any time; in any possible way. 曾经；总是。

**pernikahan** *k.n.* nuptials (*pl.*); wedding ceremony. 婚礼。

**perogol** *k.n.* rapist; person who commits rape. 强奸者。

**perokok** *k.n.* smoker; person who smokes tobacco as a habit. 吸烟者。

**peroksida** *k.n.* peroxide; compound of hydrogen used to bleach hair. 过氧化物。

**perolehan** *k.n.* acquirement; acquisition; attainment; increase in wealth or possessions, etc. 取得；获得物。

**perompak** *k.n.* robber. 强盗。 **~ jalanan** *k.n.* highwayman (pl. *-men*); man (usu. on horseback) who robbed passing travellers in former times. 拦路劫匪。

**perosak** *k.n.* pest; troublesome person or thing; insect or animal harmful to plants, stored food, etc. 令人烦厌者；害虫。

**perpaduan** *k.n.* solidarity; unity resulting from common aims or interests, etc. 团结；联合。

**perparitan** *k.n.* drainage; draining; system of drains; what is drained off. 排水；沟渠系统；污水。

**perpecahan** *k.n.* dissolution; dissolving of an assembly or partnership; disunity; lack of unity. 分裂；解约。

**perpisahan** *k.n.* parting; leave taking. 分离；分隔。

**perpustakaan** *k.n.* library; collection of books for consulting or borrowing; room or building containing these; similar collection of records, films, etc. 图书馆。

**perry** *k.n.* perry; drink resembling cider, made from fermented pears. 梨酒。

**persahabatan** *k.n.* friendship. 友谊；友情。

**persaingan** *k.n.* emulation; competition; competing. 竞争；竞赛。

**persamaan** *k.n.* equation; mathematical statement that two expressions are equal; equating; making equal; similarity; equal; person or thing equal to another. 等式；相似点；对比。

**persatuan** *k.n.* association; group organized for a common purpose. 联合；协会；团体。

**persaudagaran** *k.n.* mercantile; trading; of trade or merchants. 商业；贸易。

**persaudaraan** *k.n.* brotherhood; relationship of brothers; comradeship; association of men. 兄弟关系；手足之情。

**persefahaman** *k.n.* congeniality; understanding. 意气相投；谅解。

**persekitaran** *k.n.* milieu (pl. *-eus*); environment; surroundings. 周围环境。

**persekolahan** *k.n.* schooling. 学校；教育。

**persekutuan** *k.n.* federation; federating; federated society or group of states. 联合邦；联盟；联合会。

**perselisihan** *k.n.* dissension; disagreement that gives rise to strife; clash; conflict. 不和；纷争；冲突。

**persembunyian** *k.n.* cache; hiding place for treasure or stores; things in this; hideout; (*colloq.*) hiding place. 贮藏所；贮藏物。

**persenjataan** *k.n.* munitions (*pl.*); weapon, ammunition, etc., used in war; armament; military weapons; process of equipping for war. 军备；武器。

**persenyawaan** *k.n.* impregnation; cross-fertilization. 妊娠；受精。

**perseorangan** *adj.* individual; single; separate; characteristic of one particular person or thing. 个人的；独自的；个别的。

**persetaraan** *k.n.* parity; equality. 平等；均一。

**perseteruan** *k.n.* animus; animosity; hostility; being hostile; enmity; (*pl.*) acts of warfare. 恶意；敌意；仇恨；纠纷。

**persetiaan** *k.n.* compact; pact; contract. 协定；契约。

**persetujuan** *k.n.* agreement; agreeing; arrangement agreed between people; convention; formal agreement. 合同；契约；意见一致。

**persidangan** *k.n.* conference; meeting for discussion; assembly for discussion; conclave. 讨论会；协商会议。

**persona** *k.n.* persona (pl. *-ae*). 人格面貌。

***persona grata*** *persona grata* (pl. *-nae -tae*, pr. *-ni -ti*); acceptable person. 受欢迎的人物。

***persona non grata*** *persona non grata*; unacceptable person. 不受欢迎的人物。

**personaliti** *k.n.* personality; person's distinctive character; person with distinctive qualities; celebrity. 个性；品格；名人；有个性的人。

**persari** *k.n.* pessary; a vaginal suppository. 子宫帽；阴道栓剂。

**perspektif** *k.n.* perspective; art of drawing so as to give an effect of solidity and relative position; apparent relationship between visible objects as to position, distance, etc. 透视法；透视图。 **dalam ~** in perspective; according to the rules of perspective; not distorting a thing's relative importance. 根据透视法的；观察合理的。

**persuratan** *k.n.* correspondence; writing letters; letters written; literary work; writing; literature; writings, esp. great novels, poetry, and plays. 书信；文学；文学作品。

**pertabalan** *k.n.* coronation; ceremony of crowning a monarch or consort; enthronement. 加冕礼；登基礼。

**pertahanan** *k.n.* defender; defence; defending; protection. 防御；防卫；保护。

**pertama**[1] *adj.* first; coming before all others in time or order or importance. 最初的；第一的；基本的。 —*k.n.* first; first thing or occurrence. 最初；开始阶段。 —*kkt.* first; before all others or another; in preference. 第一；首先；最初。

**pertanda** *k.n.* executioner; one who executes condemned person(s). 死刑执行者；刽子手。

**pertandingan** *k.n.* contest; struggle for victory; competition. 比赛；竞赛。

**pertanian** *k.n.* agriculture; large scale cultivation of land; husbandry; farming. 农务；农业。

**pertanyaan** *k.n.* inquiry; question; sentence requesting information or an answer; matter for discussion or solution; raising of doubt. 打听；询问。

**pertapa** *k.n.* hermit; person living in solitude. 隐士；遁世者。

**pertapaan** *k.n.* hermitage; hermit's dwelling. 隐士居处或生活。

**pertaruhan** *k.n.* ante; stake put up by a poker player before drawing new cards. 赌注。

**pertarungan** *k.n.* contention; contending; assertion made in argument. 争论；争辩。

**pertatahan** *k.n.* incrustation; encrusting; crust or deposit formed on a surface. 镶嵌物；皮壳；外壳。

**pertelingkahan** *k.n.* skirmish; minor fight or conflict. 小战斗；小冲突。

**pertempuran** *k.n.* encounter; battle; fight. 冲突；战争。

**pertemuan** *k.n.* meeting; coming together. 会议；会面。

**pertengahan** *adj.* intermediate; coming between two things in time, place, or order. 中间的；居间的。 —*k.n.* mid; middle; middle point, position, area, etc. 中间；中部；中央。 **~ umur** *adj.* middle-aged; between youth and old age. 中年的。 **kelas ~** *k.n.* middle class; class of society between upper and working classes. 中产阶级。 **Zaman Pertengahan** *k.n.* Middle Ages; about A.D. 1000-1400. 中世纪。

**pertengkaran** *k.n.* quarrel; angry disagreement; loggerheads; disagreeing or quarrelling; altercation; noisy dispute; discord; disagreement; harsh sound. 争吵；口角；不和。

**pertentangan** *k.n.* opposition; antagonism; resistance; placing or being placed opposite; people opposing something; counter; in the opposite direction. 对立；对抗；争执；矛盾。

**pertikaian** *k.n.* argument; discussion involving disagreement; quarrel; debate. 争论；纠纷；分歧。

**pertimbangan** *k.n.* consideration; considering; careful thought; fact that must be kept in mind; admissibility; deliberation; deliberating. 考虑；体恤；深思熟虑。

**pertinjuan** *k.n.* fisticuffs; fighting with fists. 互殴；拳斗。

**pertiwi** *k.n. see* **tanah air**. 见 **tanah air**。

**pertukaran** *k.n.* transfer; process of transferring; exchange; exchanging. 变化；改变；交换；兑换。

**pertunangan** *k.n.* engagement; promise to marry a specified person; betrothal. 婚约；订婚。

**pertunjukan** *k.n.* show; process of showing; display, public exhibition or (*colloq.*) performance. 表演；展览。

**perubatan** *adj.* medical; of the science of medicine; involving doctors and their work. 医药上的；医学的。—*k.n.* medicine; science of the prevention and cure of disease. 医学；医科；药。

**perumah** *k.n.* host; organism on which another lives as a parasite. 主人。

**perumahan** *k.n.* housing; accommodation. 屋业；住宿。

**perumpamaan** *k.n.* simile; figure of speech in which one thing is compared to another. 直喻；明喻。

**perumusan** *k.n.* formulation. 公式化；总结。

**peruncit** *k.n.* grocer; shopkeeper selling foods and household stores. 杂货商；食品商。

**perunding** *k.n.* consultant; specialist consulted for professional advice. 顾问；商议者。

**perundingan** *k.n.* consultation. 商议。

**peruntukan** *k.n.* allotment; share allotted; small area of public land let for cultivation; allocation; appropriation. 分配；供给；份额；配给耕地。

**perusahaan** *k.n.* industry; manufacture or production of goods; business activity. 工业；企业；行业。~ **roti** *k.n.* bakery; place where bread is baked for sale. 面包厂；面包店。

**perut** *k.n.* stomach; internal organ in which the first part of digestion occurs; abdomen; midriff; front part of the body just above the waist; paunch; belly; protruding abdomen; bulging or rounded part. 胃；肚子。 **sakit ~** *k.n.* stomachache; pain in the belly or bowels. 胃痛；肚子痛。

**perwakilan** *k.n.* delegation; body of delegates; representative; person's or firm's agent; person chosen to represent others; deputation; delegacy; emissary; person sent to conduct negotiation. 委派；代表团；特使。

**perwatakan** *k.n.* characterization. 特性；特质。

**perwira** *adj.* heroic; very brave. 英雄的；勇敢的。

**perwujudan** *k.n.* materialization; existence. 实现；具体化。

**pes** *k.n.* paste; moist fairly stiff mixture; adhesive; edible doughy substance. 面食；浆糊。

**pesak** *k.n.* gore; triangular or tapering section of a skirt or sail. 衽；裆；帆或衣裙上加缝的三角形布条。 **berpesak** *adj.* gored. 有衽的；有裆的。

**pesakit** *k.n.* patient; person treated by a doctor or dentist, etc. 病人。 **~ kusta** *k.n.* leper; person with leprosy. 麻疯病人。

**pesalah** *k.n.* malefactor; miscreant; wrongdoer; delinquent; (person) guilty of an offence or neglect of duty. 作恶者；罪犯。

**pesam** *adj.* lukewarm; only slightly warm. 不冷不热的；微温的。

**pesan, pesanan** *k.n.* order; request to supply goods, etc.; things supplied; advice; opinion given about what should be done; piece of information. 订购；定货；吩咐；交代；信息。 **berpesan** *k.k.i.* advise; give advice to. 劝告；吩咐。 **memesan** *k.k.t.* order; give an order for (goods, etc.). 定购。

**pesara** *k.n.* pensioner; person who receives a pension. 领取退休金或养老金者。

**peserta** *k.n.* competitor; one who competes. 参加者；竞争者。

**peseta** *k.n.* peseta; unit of money in Spain. 比塞塔；西班牙货币单位。

**pesimis** *k.n.* pessimist. 悲观主义者。

**pesimisme** *k.n.* pessimism; tendency to take a gloomy view of things. 悲观主义。

**peso** *k.n.* peso (pl. -*os*); a unit of money in several South American countries. 比索；南美洲若干国家的货币单位。

**pesolek** *k.n.* dandy; man who pays excessive attention to the smartness of his appearance. 纨袴子弟；过分讲究服装和外表的人。

**pesona** *k.n.* spell; words supposed to have magic power; their influence; fascination; attraction; enchantment. 符咒；咒语；魔力；诱惑力。 **mempersonakan** *k.k.t.* enthral (p.t. *enthralled*); hold spellbound; enchant; bewitch; put under a magic spell; delight very much; fascinate; attract and hold the interest of; charm greatly; make (a victim) powerless by a fixed look. 迷惑；吸引住。

**pesong, terpesong** *adj.* abstracted; with one's mind on other things. 离轨的；分了心的。

**pesongan** *k.n.* abstraction. 偏离；分心。

**pesta** *k.n.* festival; day or period of celebration; series of performances of music or drama, etc.; carnival; public festivities, usu. with a procession; gala; festive occasion; binge (*sl.*); spree; eating and drinking and making merry. 节日；庆祝日；狂欢；盛会。 **berpesta** *k.k.i.* celebrate; engage in festivities. 庆祝；作乐。

**pestilens** *k.n.* pestilence; deadly epidemic disease. 致命的传染病。

**pestisid** *k.n.* pesticide; substance used to destroy harmful insects, etc. 杀虫剂。

**pesuruhjaya** *k.n.* commissioner; government official in charge of a district abroad. 委员；专员；特派人员。

**peta** *k.n.* map; representation of earth's surface or a part of it, or of the heavens. 地图。 **membuat ~** *k.k.t.* map (p.t. *mapped*); make a map of. 画地图。

**petak** *k.n.* check; pattern of squares or crossing lines; chequered; pattern of squares, esp. of alternating colours; cubicle; small division of large room, screened for privacy. 格子；方格图案；隔室。

**petaka** *k.n.* debacle; general collapse. 灾祸；灾难。

**petanda** *k.n.* omen; event regarded as a prophetic sign. 预兆；征兆。

**petang** *k.n.* afternoon; time between morning and about 6 p.m. or sunset; evening; latter part of the day, before nightfall; eventide (*old use*); eve; evening or day just before a festival. 下午；傍晚；前夕。

**petani** *k.n.* peasant; person working on the land, esp. in the Middle Ages; crofter; tenant of a croft; farmer. 农民。

**petas** *k.n.* cracker; small explosive firework; toy paper tube made to give an explosive crack when pulled apart. 爆竹。

**petersyam** *k.n.* petersham; strong corded ribbon. 紧捆着的缎带。

**peti** *k.n.* chest; large strong box for storing or shipping things in. 箱；柜。 **~ nyanyi** *k.n.* juke-box; machine that plays a selected record when a coin is inserted. 自动电唱机。 **~ sejuk** *k.n.* refrigerator; cabinet or room in which food is stored at a very low temperature. 冰箱。 **~ surat** *k.n.* postbox; box into which letters are inserted for transmission; pillar box; hollow pillar about 5 ft. high into which letters may be posted. 邮筒。

**petik, memetik** *k.k.t.* pluck; pull at or out or off; pick; detach (flower or fruit) from the plant bearing it; cull. 弹；拔；采摘。

**petikan** *k.n.* passage; section of a literary or musical work; extract; passage from a book, play, film or music; cull; thing(s) culled. 摘录的字句；引用文；采摘物。

**petir** *k.n.* thunder; loud noise that accompanies lightning; similar sound; clap; sharp noise of thunder. 雷；雷声；霹雳。 **memetir** *k.k.i.* thunder; sound with or like thunder; utter loudly; make a forceful attack in words. 雷鸣；轰隆作响。

**petola** *k.n.* loofah; dried pod of a gourd, used as a rough sponge. 丝瓜。

**petrokimia** *k.n.* petrochemical; chemical substance obtained from petroleum or gas. 石油化学产品。

**petrol** *k.n.* petrol; inflammable liquid made from petroleum for use as fuel in internal combustion engines. 汽油。

**petroleum** *k.n.* petroleum; mineral oil found underground, refined for use as fuel in dry-cleaning, etc. 石油。 **jeli ~** *k.n.* petroleum jelly; greasy substance obtained from petroleum, used as a lubricant. 矿脂；石油冻。

**petugas** *k.n.* crew; group working together; worker; person who works. 工作人员。

**petunia** *k.n.* petunia; garden plant with funnel-shaped flowers. 牵牛属植物；牵牛花。

**petunjuk** *k.n.* clue; fact or idea giving a guide to the solution of a problem; maxim; sentence giving a general truth or rule of conduct. 线索；暗示；指南；启示。

**pewangi** *k.n.* deodorant; substance that removes or conceals unwanted odours; perfume; fragrant liquid for applying to the body; cologne; eau-de-Cologne or similar scented liquid. 除臭剂；香水；香精。

**pewarisan** *k.n.* endowment. 遗赠。

**pewarna** *k.n.* colourant; colouring-matter. 染色品；染料。

**pewarnaan** *k.n.* coloration; colouring. 色泽。

**pi** *k.n.* pi; Greek letter π used as a symbol for the ratio of a circle's circumference to its diameter (about 3.14). 希腊字母'π'，用以表示数学圆周率。

**piagam** *k.n.* charter; official document granting rights or defining the form of an institution. 宪章；契约书。 **memiamgamkan** *k.k.t.* charter; grant a charter to. 特许。

**piala** *k.n.* cup; ornamental goblet as a prize; chalice; large goblet. 奖杯；大口杯。

**pianggang** *k.n.* greenfly (pl. *-fly*); small green insect that sucks juices from plants. 蚜；桃蚜。

**piano** *k.n.* piano (pl. *-os*); musical instrument with metal strings struck by hammers operated by pressing the keys of a keyboard; pianoforte. 钢琴。 **pemain ~** *k.n.* pianist; person who plays the piano. 钢琴演奏者；钢琴家。

**piaza** *k.n.* piazza; public square in an Italian town. 意大利城中的广场。

**pic** *k.n.* peach; round juicy fruit with a rough stone; tree bearing this; its yellowish-pink colour. 桃；桃树；桃色。

**picagari** *k.n.* syringe; device for drawing in liquid and forcing it out in a fine stream. 注射器。

**picik** *adj.* parochial; interested in a limited area only. 目光短浅的；眼界狭窄的。

**picu** *k.n.* cock; lever in a gun. 枪的击铁；扳机。 **memicu** *k.k.t.* cock; set the cock of (a gun) for firing; set (a camera shutter) ready for release. 扳起击铁准备发射。

**pidato** *k.n.* oration; long speech, esp. of a ceremonial kind; peroration; lengthy speech; last part of this. 演说；演讲。

**pigmen** *k.n.* pigment; colouring matter. 颜料；色素。

**pigmentasi** *k.n.* pigmentation. 色素淀积。

**pigmi** *k.n.* pygmy; person or thing of unusually small size. 侏儒；矮人。

**pihak** *k.n.* party; person(s) forming one side in an agreement or dispute; side; one of two opposing groups or teams, etc. 方；方面；派别。 **memihak** *k.k.i.* side; join forces (with a person) in a dispute. 袒护；偏向(某方)。

**pijama** *k.n.* pyjamas; loose jacket and trousers, esp. for sleeping in. 睡衣裤。

**pijar** *adj.* incandescent; glowing with heat; shining. 白热的；炽热的。

**pijat, pijat-pijat** *k.n.* bed-bug; bug infesting beds. 床虱；臭虫。

**pikat**[1], **memikat** *k.k.t.* captivate; capture the fancy of; charm. 迷惑。

**pikat**[2] *k.n.* gadfly; fly that bites cattle. 牛虻；牛蝇。

**pikatan** *k.n.* captivation. 引诱物。

**pike** *k.n.* pike (pl. *pike*); large voracious freshwater fish. 狗鱼。

**piket** *k.n.* picket; party of sentries; person(s) stationed by trade unionists to dissuade others from entering a building, etc. during a strike. 纠察人员；警卫队。 **berpiket** *k.k.i.* picket (p.t. *picketed*); station or act as a picket on (a building, etc.). 驻守纠察。

**piko** *k.n.* picot; small loop of twisted thread in an ornamental edging. 花边小环。

**pikolo** *k.n.* piccolo (pl. *-os*); small flute. 小短笛。

**pil** *k.n.* pill; small ball or piece of medicinal substance for swallowing whole. 药丸。 **kotak ~** *k.n.* pillbox; small round box for pills; thing shaped like this. 药丸盒。

**pili** *k.n.* hydrant; pipe from a watermain (esp. in a street) to which a hose can be attached. 水龙头；消防栓。

**pilih** *k.k.t.* select; pick out as best or most suitable; choose (p.t. *chose*, p.p. *chosen*); select out of a greater number of things; decide; prefer; opt; make a choice; elect; choose by vote; choose as a course. 选择；挑选；选拔；投选。 **terpilih** *adj.* chosen, esp. for excellence; exclusive. 挑选出来的；精选的。

**pilihan**[1] *adj.* optional; not compulsory. 选择性的；非强制性的。

**pilihan**[2] *k.n.* choice; choosing; right of choosing; variety from which to choose; person or thing chosen. 选择；抉择；选择物。

**pilihatur** *k.n.* perm; permutation; variation of the order of or choice from a set of things. 排列。 **memilihatur** *k.k.t.* perm; make a permutation of. 变更；排列。

**pilu** *adj.* lugubrious; dismal; mournful. 悲哀的；忧伤的。

**pimpin, berpimpin** *k.k.i.,* **memimpin** *k.k.t.* conduct; lead; guide; be the conductor of; manage. 领导；引导；指挥；管理。

**pimpinan** *k.n.* leadership. 领导地位。

**pin** *k.n.* pin; short pointed piece of metal, usu. with a round broadened head, used for fastening things together; peg or stake of wood or metal. 大头针；木钉；金属针。 **mengepin** *k.k.t.* pin (p.t. *pinned*); fasten with pin(s). 钉住；使…固定。

**pinat** *adj.* pinnate; having leaflets on each side of the leaf-stalk. (叶片)羽状的。

**pincang** *adj.* limp; not stiff or firm; wilting. 跛的；不完善的；弯弯曲曲的。

**pinda** *k.k.t.* amend; make minor alteration(s) in. 修正；订正。

**pindaan** *k.n.* amendment. 修正；矫正。

**pindah** *k.k.i.* move; change one's residence; change; go from one of two (sides, etc.) to another. 搬家；迁移；转换。 **~ramai** *k.n.* exodus; departure of many people. 大批离去。 **memindahkan** *k.k.t.* evacuate; send away from a place considered dangerous. 搬空；疏散。

**pingat** *k.n.* medal; coin-like piece of metal commemorating an event or awarded for an achievement. 奖章；徽章；奖牌。 **~ besar** *k.n.* medallion; large medal; circular ornamental design. 大奖章；大徽章。**pemenang** ~ *k.n.* medallist; winner of a medal. 得奖章者。

**pinggan** *k.n.* dish; shallow flat-bottomed object for holding food; shallow concave object. 盘子；盘形物。

**pinggang** *k.n.* waist; part of the human body between ribs and hips; loin; side and back of the body between ribs and hip bone; part of a garment covering this. 腰部；腰围。**tali** ~ *k.n.* belt; strip of cloth or leather, etc., esp. worn round the waist. 腰带。

**pinggir** *k.n.* periphery; boundary; edge; fringe; edge of an area or group, etc. 边；缘。

**pinggiran** *adj.* marginal; of or in a margin; near a limit. 边际的；边缘的。

**pinggul** *k.n.* hip; projection of the pelvis on each side of body. 臀部；屁股。

**pingpong** *k.n.* ping-pong; table tennis. 乒乓球。

**pinjam** *k.k.t./i.* borrow; get temporary use of (a thing or money); use (an idea, etc.) without being the inventor; lend (p.t. *lent*); give or allow to use temporarily; contribute as a help or effect. 借；借出。**meminjamkan** *k.k.t.* loan; (*colloq.*) lend. 借；借出。

**pinjaman** *k.n.* loan; lending; thing lent, esp. money. 贷款；借款；借出物。

**pintar** *adj.* bright; quick-witted; clever; canny; astute; shrewd; quick at seeing how to gain an advantage; perspicacious; showing great insight. 伶俐的；贤能的；聪明的；灵巧的。

**pintas, memintas** *k.k.t.* overtake (p.t. -*took*, p.p. -*taken*); come abreast or level with; pass (a moving person or thing). 超越；追上；赶上。**memintasi** *k.k.t.* bypass; avoid. 阻断；抢路。**sepintas** *kkt.* cursorily; hasty and not thorough. 粗略；草率。

**pintasan** *k.n.* interception; bypass; road taking traffic round a congested area; secondary channel for use when the main route is blocked. 截断；割车；岔道。

**pintu** *k.n.* door; hinged, sliding, or revolving barrier closing an opening. 门；出入口。

**piorea** *k.n.* pyorrhoea; a disease causing discharge of pus from the tooth sockets. 牙龈病。

**pipet** *k.n.* pipette; slender tube for transferring or measuring small amounts of liquid. 吸量管。

**pipi** *k.n.* cheek; side of the face below the eye. 颊。

**pipit**[1] *k.n.* pipit; small bird resembling a lark; sparrow. 麻雀。

**pipit**[2], **pemipit** *k.n.* mouthpiece; part of an instrument placed near the lips. 乐器的吹口。

**pirai** *k.n.* gout; disease causing inflammation of the joints. 痛风；关节痛。

**piramid** *k.n.* pyramid; structure with sloping sides that meet at the top, esp. built by ancient Egyptians as a tomb or by Aztecs and Mayas as a platform for a temple. 金字塔；金字塔形物。

**piranha** *k.n.* piranha; fierce tropical American freshwater fish. 食人鱼。

**piring** *k.n.* saucer; curved dish on which a cup stands; thing shaped like this. 小碟；碟形物。~ **terbang** *k.n.* flying saucer; unidentified object reported as seen in the sky. 飞碟；不明飞行物。

**pisah** *kkt.* apart; separately; so as to become separated. 相隔；分离着。**berpisah** *k.k.i.* separate; not joined or united with others. 分离。**memisahkan** *k.k.t.* dissociate; separate, esp. in one's thoughts; declare to be unconnected. 使分开；脱离；与…断绝关系。

**pisang** *k.n.* banana; finger-shaped fruit; tropical tree bearing this. 香蕉。

**pisau** *k.n.* knife; cutting instrument with a sharp blade and a handle. 刀。~ **cukur** *k.n.* razor; gold digger; woman who uses her attractions to obtain money from men. 剃刀；专以美色骗财的女人。 ~ **lipat** *k.n.* jack-knife; large folding knife. 摺刀。 ~ **pelepa** *k.n.* palette-knife; blade with a handle, used for spreading paint or for smoothing soft substances in cookery. 调色刀；烹饪刀。

**pistil** *k.n.* pistil; seed-producing part of a flower. 植物的雌蕊。

**piston** *k.n.* piston; sliding disc or cylinder inside a tube, esp. as part of an engine or pump. 活塞。

**pitam** *k.n.* blackout; temporary lost of consciousness or memory. 昏眩；暂时性失去知觉。

**pituitari** *adj.* pituitary. 脑下垂体的。 **kelenjar** ~ *k.n.* pituitary gland; gland at the base of the brain, with important influence on bodily growth and functions. 脑下腺。

**piuter** *k.n.* pewter; grey alloy of tin with lead or other metal; articles made of this. 白镴。

**piza** *k.n.* pizza; layer of dough baked with a savoury topping. 比萨，烘馅饼。

**plak** *k.n.* plaque; film on teeth. 牙斑；牙石。

**planet** *k.n.* planet; one of the heavenly bodies moving round the sun. 行星。 **antara** ~ *adj.* interplanetary; between planets. 行星间的；太阳系内的。

**plankton** *k.n.* plankton; minute forms of organic life floating in the sea or in rivers and lakes. 浮游生物。

**plasenta** *k.n.* placenta; organ that develops in the womb during pregnancy and nourishes the foetus. 胎盘。

**plasma** *k.n.* plasma; colourless fluid part of blood; a kind of gas. 淋巴液；血浆。

**plaster** *k.n.* plaster; soft mixture of lime, sand and water, etc. use for coating walls; plaster of Paris; cast made from this; sticking-plaster. 灰泥；熟石膏；石膏模型。 **memplaster** *k.k.t.* cover with plaster; coat; daub; make smooth with a fixative. 涂上灰泥；敷上石膏。

**plastik** *adj.* plastic; able to be moulded; giving form to clay or wax, etc.; made of plastic. 可塑的；塑造的；塑料的。 —*k.n.* synthetic substance moulded to a permanent shape. 塑料；塑料制品。

**Plastisin** *k.n.* Plasticine; plastic substance used for modelling. 塑胶泥。

**platform** *k.n.* platform; raised level surface or area, esp. from which a speaker addresses an audience. 平台；月台；讲台。

**platinum** *k.n.* platinum; silver-white metal that does not tarnish. 白金；铂。

**platun** *k.n.* platoon; subdivision of a military company. (军队的) 排。

**Plimsol, garis** ~, **tanda** ~ *k.n.* Plimsoll; Plimsoll line; Plimsoll mark; mark on a ship's side showing the legal water-level when loaded. 载货吃水线；载重线标志。

**plot**[1] *k.n.* plot; small piece of land. 小块土地。

**plot**[2] *k.n.* plot; story in a play or novel or film. 小说、戏剧等的情节；图表。 **memplotkan** *k.k.t./i.* plot (p.t. *plotted*); make a map or chart of; mark on this. 设计情节；绘制。

**plum** *k.n.* plum; fruit with sweet pulp round a pointed stone; tree bearing this. 洋李；梅子；李属植物。

**plumbum** *k.n.* lead; heavy grey metal; graphite as the writing substance in a pencil; lump of lead used for sounding depths; leads (*pl.*); strips of lead. 黑铅；石墨；铅。

**plutonium** *k.n.* plutonium; radioactive substance used in nuclear weapons and reactors. 钚；放射性元素，用于核武器。

**P.M.** *kep.* P.M.; Prime Minister. (缩写) 首相；内阁总理。

**pneumonia** *k.n.* pneumonia; inflammation of one or both lungs. 肺炎。

**poho** *k.n.* spearmint; a kind of mint. 绿薄荷；留兰香。

**pohon**[1] *k.n.* tree. 树；乔木。**kelompok ~** *k.n.* grove; group of trees. 丛林；小树林。

**pohon**[2], **memohon** *k.k.t.* intercede; intervene on someone's behalf. 调停；说项；求情。

**poker** *k.n.* poker; gambling card game. 扑克牌戏。

**pokok** *k.n.* tree; perennial plant with a single thick stem; framework of wood for various purposes. 树；乔木。

**pola** *k.n.* pattern; model, design, or instructions showing how a thing is to be made; sample of cloth, etc. 图案；构型；样本。

**poliandri** *k.n.* polyandry; a system of having more than one husband at a time. 一妻多夫。

**polifoni** *k.n.* polyphony; a combination of melodies. 多声音乐；复调音乐；对位法。

**poligami** *k.n.* polygamy; system of having more than one wife at a time. 一夫多妻。

**poligon** *k.n.* polygon; figure with many sides. 多边形；多角形。

**polihedron** *k.n.* polyhedron (pl. *-dra*); a solid with many sides. 多面体。

**polimer** *k.n.* polymer; compound whose molecule is formed from a large number of simple molecules. 聚合体。**menjadikan ~** *k.k.t.* polymerize; combine into a polymer. 使聚合。

**poligraf** *k.n.* polygraph; a machine reading the pulse rate, etc. used as a lie detector. 测谎器；多种波动描记器。

**polis** *k.n.* police; civil force responsible for keeping public order. 警察。**~ lelaki** *k.n.* policeman (pl. *-men*). 男警。**~ wanita** *k.n.* policewoman (pl. *-women*). 女警。

**polisi** *k.n.* policy; insurance contract. 保单；政策。

**polistirena** *k.n.* polystyrene; a kind of plastic. 多苯乙烯。

**politeisme** *k.n.* polytheism; belief in or worship of more than one god. 多神教；多神论。

**penganut politeisme** *k.n.* polytheist. 多神教徒。

**politeknik** *k.n.* polytechnic; institution giving education and training in many subjects at an advanced level. 工艺学院。

**politena** *k.n.* polythene; a kind of tough light plastic. 聚乙烯。

**politik** *adj.* political; of or involving politics; of the way a country is governed. 政治上的；有关政体的。*—k.n.* politics; political principles. 政治；政务。**ahli ~** *k.n.* politician; person engaged in politics. 政治家。**ilmu ~** *k.n.* politics; science and art of government; political affairs or life. 政治学。

**polo** *k.n.* polo; game like hockey played by teams on horseback. 马球。

**pondok** *k.n.* maisonette; small house; part of a house (usu. not all on one floor) used as a separate dwelling; booth; small shelter; kiosk; booth where newspapers or refreshments are sold, or containing a public telephone; hut; small simple or roughly made house or shelter; cottage; small simple house in the country. 小屋；茅屋；亭。**penghuni ~** *k.n.* cottager; country person living in a cottage. 村舍茅屋的居民。

**pongah** *adj.* hoity-toity; haughty; egotistic; snooty (*colloq.*); contemptuous; cocky (*-ier, -iest*); conceited and arrogant. 傲慢的；自大的。

**pontianak** *k.n.* vampire; ghost or reanimated body supposed to suck blood. 吸血鬼。

**popadom** *k.n.* poppadam; a large thin crisp savoury Indian bread. 印度烤饼。

**popi** *k.n.* poppy; plant with showy flowers and milky juice. 罂粟。

**poplin** *k.n.* poplin; plain woven, usu. cotton fabric. 毛葛；棉布。

**pornografi** *k.n.* pornography; writings or pictures intended to stimulate erotic feelings by portraying sexual activity. 色情画；色情作品。

**porter** *k.n.* porter; person employed to carry luggage or goods. (车站、机场等的) 搬运工人。

**Portugis** *adj.* & *k.n.* Portuguese; (native, language) of Portugal. 葡萄牙人(的)；葡萄牙语(的)。

**pos**[1] *k.n.* post; place of duty. 岗位；职位；驻扎地。

**pos**[2] *k.n.* post; official conveyance of letters, etc.; the letters, etc. conveyed. 邮寄；邮件。 **mengepos** *k.k.t.* post; put into a post-box or post office for transmission. 邮寄；投寄。 **pejabat ~** *k.n.* post office; building or room where postal business is carried on. 邮政局。 **Jabatan Pos** *k.n.* Post Office; public department responsible for postal services. 邮政局。

**positivisme** *k.n.* positivism; philosophical system that observes facts and reality. 实证哲学；积极性。

**poskad** *k.n.* postcard; card for sending messages by post without an envelope. 明信片。

**poskod** *k.n.* postcode; group of letters and figures in a postal address to assist sorting. 邮区编号。

**posnatum** *adj.* postnatal; after childbirth. 出生后的。

**posmen** *k.n.* postman (pl. -men); person who delivers or collects letters, etc. 邮差。

**poster** *k.n.* poster; large sheet or paper announcing or advertising something, for display in a public place. 海报。

**potas** *k.n.* potash; potassium carbonate. 钾碱；碳酸钾。

**potong, memotong** *k.k.t.* cut (p.t. *cut*, pres. p. *cutting*); intersect; amputate; cut off by surgical operation; dock; cut short; reduce; take away part of; delete; strike out (a word, etc.); divide, wound, or shape, etc. by pressure of an edge; reduce; excise; cut out or away. 砍；劈；剪；切；割；去掉。

**potongan** *k.n.* cutting; piece cut off; style of cutting; reduction; (*sl.*) shape. 切片；断片；款式；外表。

**potret** *k.n.* portrait; picture of a person or animal; description. 肖像；画像。

**praakhir** *adj.* penultimate; last but one. 倒数第二个的。

**pragmatik** *adj.* pragmatic; treating things from a practical point of view. 讲究实际的；务实的。

**pragmatisme** *k.n.* pragmatism. 实用主义。

**prairi** *k.n.* prairie; large treeless tract of grassland, esp. in North America. 大草原；牧场。

**prakata** *k.n.* preface; introductory statement. 序言；绪论。

**praktikal** *adj.* practical; involving activity as distinct from study or theory; suitable for use; clever at doing and making things; virtual. 实践的；实际的；有见识的。

**praktis** *adj.* practicable; able to be done. 可实行的。 **tak ~ , tidak ~** *adj.* impractical; not practical; impracticable; not practicable. 不合实际的。

**pramugara** *k.n.* steward; passengers attendant and waiter on a ship, air craft, or train. 飞机、船等的男服务员。

**pramugari** *k.n.* stewardess; air hostess; female steward on a ship, etc. 飞机、船等的女服务员。

**prasangka** *k.n.* prejudice; unreasoning opinion or dislike; harm to rights. 偏见；成见。 —*k.k.t.* cause to have a prejudice; harm the rights of. 使有偏见；损害他人的权利。

**prasasti** *k.n.* inscription; words or names inscribed on a coin, stone, etc. 铭刻；碑文；题词。

**prasejarah** *adj.* prehistoric; of the ancient

**prasekolah** *adj.* preschool; of the time before a child is old enough to go to school. 学龄前的；学前的。

**prasyarat** *k.n.* precondition; a condition that must be fulfilled beforehand. 先决条件。

**prategasan** *adj.* prestressed; (of concrete) strengthened by wires within it. 预加应力的；(混凝土)以钢筋加强的。

**premium** *k.n.* premium; amount or instalment paid for an insurance policy; extra sum added to a wage or charge; fee for instruction. 保险费；赏金；报酬。 **bond ~** *k.n.* premium bond; government security paying no interest but offering a periodical chance of a cash prize. 政府发行的无利息债券。

**presiden** *k.n.* president; head of an institution or club, etc.; head of a republic. 总统；院长；会长；主席。

**presidium** *k.n.* presidium. 主席团；(共产党国家的)常务委员会。

**preskriptif** *adj.* prescriptive. 规定的；指示的。

**pribumi** *k.n.* aborigines; aboriginal inhabitants. 原住民；土著。

**primitif** *adj.* primitive; of or at an early stage of civilization; simple; crude. 原始的；未开化的；简单的；粗糙的。

**primros** *k.n.* primrose; pale yellow spring flower; its colour. 报春花；樱草花；淡黄色。

**proaktif** *adj.* proactive; taking the initiative. 积极的；主动的。

**produktif** *adj.* productive; producing things, esp. in large quantities. 多产的；有生产力的。

**produktiviti** *k.n.* productivity; efficiency in industrial production. 生产率；生产力。

**profesional** *adj.* professional; of or belonging to a profession; showing the skill of a trained person; doing specified work, etc. for payment, not as a pastime. 专业的；专业技术的；职业性的。 —*k.n.* professional; professional worker or player, etc. 专家。

**profesor** *k.n.* professor; university teacher of the highest rank. 大学教授。

**profil** *k.n.* profile; side view, esp. of the face; short account of a person's character or career. 侧面；轮廓；人物简介。

**program** *k.n.* program; (*U.S.*) programme; series of coded instructions for a computer; plan of procedure; list of events of items in an entertainment; broadcasting performance. 节目；节目表；计划；纲领；电脑程序设计。 **memprogram** *k.k.t.* program (p.t. *programmed*); instruct (a computer) by means of this. 为…安排节目；为(电脑)编制程序。

**projek** *k.n.* project; plan; undertaking; task involving research. 计划；任务；科研项目。

**projektor** *k.n.* projector; apparatus for projecting images on to a screen. 放映机；投射器。

**proksi** *k.n.* proxy; person authorized to represent or act for another; use of such a person. 代表；代理委托书。

**prolog** *k.n.* prologue; introduction to a poem or play, etc. 序言；诗序；戏剧的开场白。

**promosi** *k.n.* promotion. 升级。 **mempromosi** *k.k.t.* promote; help the progress of; publicize in order to sell. 晋升；促进；提倡；推销。

**prorog** *k.k.t./i.* prorogue; discontinue the meetings of (a parliament) without dissolving it. 使(国会或议会)休会。

**proses** *k.n.* process; series of operations used in making or manufacturing something; procedure; series of changes or events; lawsuit; natural projection. 过程；程序；方法；变化过程；诉讼。

**prospektus** *k.n.* prospectus; printed document advertising the chief features of a school, business enterprise, etc. 计划书；说明书。

**prostat** *k.n.* prostate. 前列腺。**kelenjar ~** *k.n.* prostate gland; gland round the neck of the bladder in males. 前列腺。

**protein** *k.n.* protein; organic compound containing nitrogen, forming an essential part of animal's food. 蛋白质。

**protes** *k.k.t./i.* protest; express disapproval; declare firmly. 反对；抗议；申明。

**Protestan** *k.n.* Protestant; member of one of the western Churches that are separated from the Roman Catholic Church. 新教徒。

**protokol** *k.n.* protocol; etiquette applying to rank or status; draft of a treaty. 条约等的草案；礼节；规程。

**proton** *k.n.* proton; particle of matter with a positive electric charge. 质子。

**protoplasma** *k.n.* protoplasm; colourless jelly-like substance, the main constituent of all organic cells and tissues. 原生质；细胞质。

**prototaip** *k.n.* prototype; original example from which others are developed; trial model (e.g. of an aircraft). 样板；原型；（飞机等的）试制型式。

**protraktor** *k.n.* protractor; instrument for measuring angles, usu. a semicircle marked off in degrees. 量角器；半圆规。

**psefologi** *k.n.* psephology; the study of trends in voting. 选举学。

**psikik** *adj.* psychical; of the soul or mind; of phenomena that seem to be outside physical and natural laws; psychic; able to exercise psychical powers. 灵魂的；通灵的；超自然的。

**psikologi** *k.n.* psychology; study of the mind and how it works; mental characteristics. 心理学。**ahli ~** *k.n.* psychologist. 心理学家。

**psikologikal** *adj.* psychological. 心理的；精神上的。

**psikopat** *k.n.* psychopath; person suffering from a severe mental disorder. 精神错乱者；精神变态者。

**puak** *k.n.* clan; group of families with a common ancestor; large family forming a close group; clique; small exclusive group. 部族；家族。**berpuak** *adj.* clannish; united in close group. 部族的。

**Puan** *k.n.* Mrs. (pl. *Mrs.*); title prefixed to a married woman's name; polite form of address to a woman; madam; ma'am. 太太；夫人。

**puas** *kkt.*, **~ hati** *adj.* satisfied; content; satisfied with what one has. 满足的（地）；满意的（地）；甘心的（地）。**memuaskan** *k.k.t.* gratify; give pleasure to; satisfy (wishes). 使满意；使满足。

**puasa** *k.k.i.* fast; go without food or without certain kinds of food. 禁食；斋戒。— *k.n.* fasting; day of season appointed for this. 禁食日；斋戒期。

**pucat** *adj.* pale (*-er*, *-est*); (of face) having less colour than normal; (of colour or light) faint; pallid. 苍白的；浅淡的。

**pucung** *k.n.* heron; long-legged wading bird. 苍鹭。**sarang ~** *k.n.* heronry; place where herons breed. 鹭群孵卵处。

**pudina** *k.n.* mint; plant with fragrant leaves used for flavouring; peppermint; a kind of mint with strong fragrant oil; this oil. 薄荷。

**puding** *k.n.* pudding; baked, boiled, or steamed dish containing or enclosed in a mixture of flour and other ingredients; sweet course of a meal. 布丁；一种西餐甜点心。

**puerpera** *adj.* puerperal; of or resulting from childbirth. 分娩的；（疾病）与分娩有关的。

**puin** *k.n.* debris; scattered broken pieces or rubbish. 碎片；瓦砾。

**puisi** *k.n.* poem; literary composition in verse; poetry; poetic work. 诗；韵文。

**~ kanak-kanak** *k.n.* nursery rhyme; traditional verse for children. 儿童诗；童谣。

**puji, memuji** *k.k.t.* praise; express approval or admiration of; honour (God) in words; commend; recommend; compliment; pay compliment to. 赞扬；称赞；歌颂。 **terpuji** *adj.* praiseworthy; creditable; deserving praise; commendable; worthy of praise; complimentary; expressing a compliment. 值得称赞的；令人钦佩的；享誉的。

**pujian** *k.n.* commendation; polite expression of praise; formal greetings in a message; credit; honour for an achievement, etc.; good reputation. 赞美；歌颂。

**pujuk, memujuk** *k.k.t.* persuade; coax; manipulate carefully or slowly; cajole; entice; attract by offering something pleasant; induce; mollify; soothe the anger of. 说服；劝导；哄骗。

**pujukan** *k.n.* persuasion; persuading; enticement; inducement; inducing; mollification. 劝说；说服；抚慰。

**pukal** *k.n.* bulk; size, esp. when great; greater part; bulky thing. 巨大的体积或容积；（货品等）大量。

**pukat** *k.n.* net; open-work material of thread, cord, etc.; piece of this used for a particular purpose. 网。 **~ tangkul** *k.n.* seine; a kind of fishing-net that hangs from floats. 兜网；拉网。

**pukul**[1], **memukul** *k.k.t.* beat (p.t. *beat*, p.p. *beaten*); hit repeatedly; strike strongly; mix vigorously; buffet (p.t. *buffeted*); deal blows to. 打；敲；击；打败；搅动。

**pukul**[2] *kkt.* o'clock; by the clock. 点钟。

**pukulan** *k.n.* buffet; blow, esp. with a hand; regular repeated stroke; hard stroke with a hand or tool or weapon. 拳打；殴打。

**pulang** *k.k.i.* return; come or go back. 回；返回；归还。 **memulangkan** *k.k.t.* return; bring, give, put, or send back; say in reply. 交回；送还。

**pulangan** *k.n.* return; returning; profit. 回返；利润；归还。

**pulau**[1] *k.k.t.* boycott; refuse to deal with or trade with. 抵制；杯葛。

**pulau**[2] *k.n.* island; piece of land surrounded by water. 岛。 **penduduk ~** *k.n.* islander; inhabitant of an island. 岛上居民。

**pulih** *adj.* convalesce; regain health after illness. 痊愈的；恢复的。 **memulihkan** *k.k.t.* cure; restore to health; get rid of (a disease or trouble, etc.). 医治；使复原；使痊愈。

**pulmonari** *adj.* pulmonary; of the lungs. 肺的；肺部的。

**pulsar** *k.n.* pulsar; a source (in space) of radio pulses. 脉冲星。

**puma** *k.n.* puma; large brown American animal of the cat family. 美洲狮。

**punar** *k.k.t.* etch; engrave with acids. 蚀刻。

**punca** *k.n.* source; place from which something comes or is obtained; river's starting point. 源头；来源；根源。

**puncak** *adj.* top; highest in position or rank, etc.; of highest value or intensity, etc. 最高的；顶级的。 —*k.n.* top; highest point or part or position; utmost degree or intensity; apex; culmination; peak; pointed top, esp. of a mountain; projecting part of the edge of a cap. 上部；顶端；最高峰；极点。 **memuncak** *k.k.i.* culminate; reach its highest point or degree. 达顶端；高涨。 **berpuncak** *adj.* peaked. 有顶峰的。

**pundi** *k.n.* bladder; sac in which urine collects in the body; inflatable bag. 膀胱；小囊。

**punggah, memunggah** *k.k.t.* discharge; unload. 卸下；搬运。

**punggung** *k.n.* buttock; either of the two fleshy rounded parts at the lower end of the back of the body; backside; bum (*sl.*). 屁股；臀部。

**pungut** *k.k.t./i.* collect; bring or come together; seek and obtain from a number of sources; obtain specimens of, esp. as a hobby; fetch. 收集；拾取；捡起；采摘；领取；接。 **anak ~** *k.n.* foundling; deserted child of unknown parents. 弃儿；弃婴。

**pungutan** *k.n.* collection; collecting; objects or money collected. 征税；募集款；搜集品；收藏品。

**punjung** *k.n.* pergola; arch of trelliswork with climbing plants trained over it; arbour; shady shelter under trees or a framework with climbing plants. 藤架；有藤架的凉亭。

**punya, mempunyai** *k.k.t.* see **milik**. 见 **milik**。

**pupil** *k.n.* pupil; opening in the centre of the iris of the eye. 瞳孔。

**pupu, sepupu** *k.n.* cousin (also first cousin); child of one's uncle or aunt. 堂或表兄弟姐妹。 **dua ~** *k.n.* second cousin; child of one's parent's first cousin. 远房堂或表兄弟姐妹。

**pupuk** *k.n.* manure; substance, esp. dung used as a fertilizer. 肥料；粪肥。 **memupuk** *k.k.t.* manure; apply manure to; nourish; foster or cherish (a feeling). 施肥；培养。

**pupus** *adj.* extinct; no longer existing in living form. 熄灭的；灭绝的。 **memupuskan** *k.k.t.* end the existence of. 消灭；废止。

**pura, pura-pura, berpura-pura** *k.k.i.* ostensible; pretended; used as a pretext; masquerade; pretend to be what one is not. 假装；假意。 **~ sakit** *k.k.i.* malinger; pretend illness in order to avoid work. 装病以逃避工作。

**purata** *k.n.* mean; (thing) midway between two extremes; average; value arrived at by adding several quantities together and dividing by the number of these; standard regarded as usual. 平均数；平均值。

**purba** *adj.* archaic; belonging to former or ancient times. 古代的；古老的。

**purdah** *k.n.* purdah; veil; piece of fine net or other fabric worn as part of a head dress or to protect or conceal the face. (印度等地遮蔽女性的)帷幔；(伊斯兰教妇女的)面纱。

**Puritan** *k.n.* Puritan; member of those English Protestants (16th-17th centuries) who wanted simpler church ceremonies and gravity in behaviour. (公元16至17世纪英国的)清教徒。

**puritan** *k.n.* puritan; person who is strict in morals and regards certain pleasures as sinful. 禁欲主义者；视享乐为罪恶的人。

**pusaka** *k.n.* patrimony; heritage; heirloom; possession handed down in a family for several generations. 祖传遗产。

**pusaran** *k.n.* maelstrom; great whirlpool. 大漩涡。

**pusat** *k.n.* centre; middle point or part; point or place where things are concentrated or from which they are dispersed; cynosure; centre of attention; navel; small hollow in the centre of abdomen. 中心；中央；肚脐。 **memusat** *adj.* centripetal; moving towards the centre. 向心的。 **memusatkan** *k.k.t.* centre (p.t. *centred*); place in or at a centre; concentrate at one point; centralize; bring under control of central authority; bring or come together. 置于中心；集中。

**sepusat** *adj.* concentric; having the same centre. 同中心的。

**pusingan-U** *k.n.* U-turn; the driving of a vehicle in a U-shaped course to reverse its direction; a reversal of policy or opinion. U形转弯；政策的大转变。

**pustakawan** *k.n.* librarian; person in charge of or assisting in a library. 图书馆长；图书馆管理员。

**putar, berputar belit** *adj.* grandiloquent; using pompous language. 夸大其词的；歪曲事实的。

**putih** *adj.* white (*-er*, *-est*); the very lightest colour; light snow or common salt; having a pale skin. 白的；苍白

的。 **memutih** *k.k.i.* whiten; become white or whiter. 使变白。 **memutihkan** *k.k.t./i.* whiten; make white or whiter; blanch; make or become white or pale. 弄白；漂白。

**puting** *k.n.* nipple; small projection at the centre of a breast; similar protuberance; teat; dug; udder. 乳头；橡皮奶头。

**putus** *k.k.i.* break; become discontinuous. 断裂；中断；折断。 **memutuskan** *k.k.t.* break; make discontinuous; disconnect; break the connection of; put out of action by disconnecting parts; dislocate; displace from its position; disrupt; decide; think about and make a choice or judgement; settle by giving victory to one side; cause to reach a decision. 截断；中止；结束；决断；判定；议决。

# Q

**Q.C.** *kep.* Q.C.; Queen's Counsel. (缩写) 英国的王室法律顾问。

**Quaker** *k.n.* Quaker; member of the Society of Friends (a Christian sect with no written creed or ordained ministers). (基督教) 贵格会教徒。

**Quran** *k.n.* Koran; sacred book of Muslims containing the revelations of Muhammad. 可兰经。

# R

**raba** *k.n.* guess; opinion formed by guessing. 推测；猜测。 **meraba, meraba-raba** *k.k.t.* guess; form an opinion or state without definite knowledge or without measuring; think likely; feel about as one does in the dark; grope; fumble; touch or handle a thing awkwardly; grope about. 推测；臆测；猜想；认为；摸索。

**Rabu** *k.n.* Wednesday; day after Tuesday. 星期三。

**rabun** *adj.* bleary (of eyes); watery and seeing indistinctly. 模糊的；朦胧的。 ~ **dekat** *adj.* longsighted; able to see clearly only what is at a distance. 远视的。 ~ **jauh** *adj.* myopic; shortsighted; able to see clearly only what is close. 近视的。

**rabung** *k.n.* crest; top of a slope or hill; white top of a large wave. 鸡冠；山顶；浪峰。

**racauan** *k.n.* delirium; disordered state of mind, esp. during fever. 胡言乱语；梦呓。

**racik, meracik** *k.k.t.* carve; cut (meat) into slices for eating. 切细；切薄。

**racun** *k.n.* poison; substance that can destroy life or harm health. 毒药；毒。
**meracun, meracuni** *k.k.t.* poison; give poison to; kill with poison; put poison on or in; corrupt; fill with prejudice. 使中毒；毒害；败坏之物。

**radang, meradang** *k.k.i.* chafe; become irritated or impatient; make or become hot, heat; arousing strong feeling or anger. 发热；发怒；发炎。 **~ paru-paru** *k.n.* pneumonia; inflammation of one or both lungs. 肺炎。 **~ tenggorok** *k.n.* bronchitis; inflammation of the bronchial tubes. 支气管炎。

**radar** *k.n.* radar; system for detecting objects by means of radio waves. 雷达。

**radas** *k.n.* apparatus; equipment for scientific or other work. 器具；器械；科学仪器。

**radiator** *k.n.* radiator; apparatus that radiates heat, esp. a metal case through which steam or hot water circulates; engine cooling apparatus. 辐射体；汽车冷却器。

**radikal** *adj.* radical; fundamental; drastic; thorough; holding extremist views. 根本的；彻底的；急进的；极端的。
—*k.n.* radical; person desiring radical reforms or holding radical views. 激进分子。

**radio** *k.n.* radio (pl. *-os*); process of sending and receiving messages, etc. by electromagnetic waves without a connecting wire; transmitter or receiver for this; sound broadcasting; station for this. 收音机；无线电；无线电广播。 **meradiokan** *k.k.t.* radio; send signal, or communicate by radio. 以无线电通讯。

**radioaktif** *adj.* radioactive; sending out radiation that produces electrical and chemical effects. 辐射性的。

**radiografi** *k.n.* radiography; production of X-ray photographs. 射线照相术。

**radiogram** *k.n.* radiogram; combined radio and record player. 无线电报。

**radio-karbon** *n.* radio-carbon; radioactive form of carbon used in dating ancient organic remains. 辐射性碳。

**radiologi** *k.n.* radiology; study of X-rays and similar radiation. 放射线学。 **ahli ~** *k.n.* radiologist. 放射线研究专家。

**radioterapi** *k.n.* radiotherapy; treatment of disease by X-rays or similar radiation. 放射线治疗法。

**radium** *k.n.* radium; radioactive metal obtained from pitchblende. 镭。

**rafia** *k.n.* raffia; strips of fibre from the leaves of a kind of palm tree. 拉菲亚椰树纤维。

**raga** *k.n.* skep; wooden or wicker basket. 箩；筐。

**ragam** *k.n.* manner; person's way of behaving towards others; melody; song; type, kind, class, typical example of instance. 种类；方法；举止；语气；曲调。

**ragang, meragang** *k.k.i.* clamber; climb with difficulty. 爬上；攀登。

**ragbi** *k.n.* rugby; a kind of football played with an oval ball which may be kicked or carried. 橄榄球。

**ragi** *k.n.* yeast; fungus used to cause fermentation in making beer and wine and as a raising agent. 酵母菌。

**ragu** *adj.* indecisive; not decisive. 无决断力的；犹疑的。 **meragui** *k.k.i.* doubt; feel doubt about; hesitate to believe. 怀疑；疑虑。 **meragukan** *k.k.t.* impugn; express doubts about the truth or honesty of. 表示怀疑。 **ragu-ragu** *adj.* doubter; hesitant; hesitating. 怀疑的。 —*k.k.i.* hesitate; pause in doubt; be reluctant; scruple; irresolute; unable to make up one's mind. 犹豫；疑虑。

**ragut** *k.k.t.* browse; feed on leaves or grass, etc.; graze; feed on growing grass; pasture animals in (a field). (牲畜) 吃嫩叶或草。

**rahang** *k.n.* jowl; jaw; bone(s) forming the framework of the mouth. 颚；颚骨；下巴。

**rahib** *k.n.* monk; member of a male community living apart from the world under the rules of a religious order. 僧侣；和尚；修道士。 **~ perempuan** *k.n.* nun; member of a female community living apart from the world under the rules of a religious order. 修女；尼姑。 **rumah ~** *k.n.* nunnery; residence of a community of nuns. 女修道院；尼古庵。

**rahim**[1] *adj.* gracious; kind and pleasant towards inferiors; merciful; showing mercy. 仁慈的；仁爱的。

**rahim**[2] *k.n.* womb; hollow organ in female mammals in which the young develop before birth. 子宫。

**rahmat** *k.n.* blessing; God's favour; prayer for this; something one is glad of; piece of unexpected good fortune; godsend. 神恩；赐福。

**rahsia** *adj.* clandestine; kept secret; done secretly; kept or intended to be kept from the knowledge or view of most people; operating secretly. 秘密的；暗中的；私下的。 *—k.n.* something secret; mystery; thing not widely understood. 秘密。 **secara ~** *kkt.* in secret; secretly. 暗地里；悄悄地。

**rai**[1], **meraikan** *k.k.t.* celebrate; mark or honour with festivities; engage in festivities; receive with hospitality; entertain; entertain in celebration of achievement. 庆祝；招待；欢迎。

**rai**[2] *k.n.* rye; a kind of cereal; whisky made from rye. 裸麦。

**raih, peraih wang** *k.n.* croupier; person who rakes in stakes and pays out winnings at a gaming table. 庄家；赌博或牌戏的主持人。

**raja** *k.n.* king; male ruler of a country by right of birth; man or thing regarded as supreme in some way; chess piece to be protected from checkmate; playing card above queen; monarch; ruler with the title of king; emperor. 国王；君主；国标象棋的王；纸牌中的老K。 **beraja** *adj.* monarchic; monarchical. 君主的；君主制度的。

**raja udang** *k.n.* kingfisher; small blue bird that dives to catch fish. 翠鸟；鱼狗。

**rajin** *adj.* diligent; working or done with care and effort. 勤奋的；刻苦的。

**rajut** *k.n.* mesh; network fabric; snood; loose bag-like ornament in which a woman's hair is held at the back. 网眼；发网；网状物。

**rakan** *k.n.* friend; person (other than a relative or lover) with whom one is on terms of mutual affection. 朋友；同伴；同志。 **~ sejawat** *k.n.* colleague; fellow worker, esp. in a business or profession. 同事。

**raket** *k.n.* racket; stringed bat used in tennis and similar games; (*pl.*) ball-game played with rackets in a four-walled court. 球拍；一种网球戏。

**rakit** *k.n.* raft; flat floating structure of timber, etc., used as a boat. 木筏。

**raksa** *k.n.* mercury; heavy silvery, usu. liquid metal, used in thermometers and barometers, etc. 水银；汞。

**raksasa** *adj.* gargantuan; gigantic; very large; giant. 庞大的；巨大的。 *—k.n.* monster; thing that is huge or very abnormal in form; huge ugly or frightening creature; giant. 怪物；巨兽。

**rakus** *adj.* guzzler; eat or drink greedily. 狼吞虎咽的；大吃大喝的。

**rakyat**[1] *k.n.* folk; people. 国民；人们。 **tarian ~** *k.n.* folk dance; folk song; dance, song, etc., in the traditional style of a country. 民间舞蹈；土风舞。

**rakyat**[2], **kerakyatan** *k.n.* nationality; condition of belonging to a particular nation. 国籍。

**ralat** *k.n.* erratum; errata; error in printing or writing. 书写或印刷中的错误。

**ralip** *k.n.* catnap; short nap. 瞌睡；假寐。

**ram** *k.n.* louvre; one of a set overlapping slats arranged to admit air but exclude light or rain. 天窗；固定百叶窗。

**rama-rama** *k.n.* moth; insect like a butterfly but usu. flying at night; similar insect whose larvae feed on cloth or fur. 蛾；蝴蝶。

**Ramadan** *k.n.* Ramadan; ninth month of the Muslim year, when Muslims fast during daylight hours. 回教斋戒月。

**ramah** *adj.* mately; friendly; sociable; fond of company; characterized by friendly companionship. 友好的；友善的。**~ tamah** *adj.* affable; amiable; likeable; polite and friendly. 易相处的；和蔼可亲的。

**ramai** *k.n.* multitude; great number of things or people. 大量；大群。

**ramal, meramalkan** *k.k.t.* forecast (p.t. *forecast*); tell in advance (what is likely to happen); predict; foretell; augur; bode. 预测；预报；预告。

**ramalan** *k.n.* forecast; prediction; statement that does this. 预测；(天气) 预报。

**rambut** *k.n.* hair; mass of these, esp. on the head. 头发；毛发。**dandanan ~** *k.n.* hairdo (*colloq.*); arrangement of the hair. 梳发；发型。**berus ~** *k.n.* hairbrush; brush for grooming the hair. 发刷。**potongan ~** *k.n.* haircut; shortening hair by cutting it; style of this. 理发；剪发。**pendandan ~** *k.n.* hairdresser; person whose job is to cut and arrange hair. 理发师。**pin ~** *k.n.* hairpin; U-shaped pin for keeping hair in place. 簪；束发夹。

**rami** *k.n.* rummy; card game in which players try to form sets or sequences of cards. 一种纸牌游戏。

**rampas, merampas** *k.k.t.* hijack; seize control illegally of (a vehicle or aircraft in transit); hijacking; dispossess; deprive of the possession of; impound; take (property) into legal custody; confiscate. 抢劫；夺取；没收；充公。

**ramping** *adj.* slim (*slimmer, slimmest*); of small girth or thickness. 苗条的；纤细的。**merampingkan** *k.n.* slim (p.t. *slimmed*); make (oneself) slimmer by dieting, exercise, etc. 苗条；纤细。

**ramuan** *k.n.* ingredient; one element in a mixture or combination. 原料；成分。

**ramus** *adj.* hirsute; hairy; shaggy. 有鬃毛的；多毛的。

**rancak** *adj.* lively (-ier, -iest); full of energy or action. 活泼的；充满生气的。**merancakkan** *k.k.t.* liven; make or become lively. 使活泼；使有生气。

**rancang, merancang** *k.k.t.* meditate; think deeply and quietly; plan. 策划；计划；部署。

**rancangan** *k.n.* device; scheme. 方案；手段；策略；计划。

**rancap** *k.n.* masturbation. 手淫。**merancap** *k.k.t./i.* masturbate; stimulate the genitals (of) manually. 手淫。

**rang** *adj.* fallow; (of land) left unplanted for a time. (土地) 犁过而未耕种的；休耕的。

**ranggas, meranggas** *k.k.t.* defoliate; remove the leaves of. 使植物落叶；除叶。

**ranggi** *k.n.* petal; one of the bright or delicately coloured outer parts of a flower-head. 花瓣。

**rangka** *k.n.* frame; rigid structure supporting other parts; open case or border enclosing a picture or pane of glass, etc.; single exposure on cine film; box-like structure for protecting plants; skeleton; hard supporting structure of an animal body; any supporting structure; framework. 大纲；结构；骨架；安框片。**~ katil** *k.n.* bedstead; framework of a bed. 床架；保护植物的玻璃罩。**~ tindak** *k.n.* blueprint; blue photographic print of building plans; detailed scheme. 建筑蓝图；计划大纲；设计图。**merangka** *k.k.t.* put or form a frame round; construct; express in words. 装框；构造；建造；制订；说出。**kerangka** *k.n.* framework; supporting frame. 构造；框架。

**rangkai, berangkai-rangkai** *k.k.t.* link; intertwine. 连结；环接；联系。

**rangkaian** *k.n.* network; arrangement with intersecting lines; complex system. 网络。

**rangkak** *k.k.i.* crawl; move on hands and knees or with the body on the ground; move very slowly; seek favour by servile behaviour; be covered or feel as if covered with crawling things. 爬行；蠕行；卑躬屈膝。

**rangkum, merangkumi** *k.k.t./i.* embrace; include; hug (p.t. *hugged*); squeeze tightly in one's arms; keep close to. 拥抱；包含；环绕；集拢。

**rangkuman** *k.n.* ambit; bounds; scope. 界限；范围。

**rangsang** *adj.* excitable; easily excited. 易兴奋的；易激动的；敏感的。 **merangsangkan** *k.k.t.* excite; rouse the emotions of; make eager; cause (a feeling or reaction); stimulate to activity; key up; stimulate; make nervously tense. 使兴奋；刺激；鼓励。 —*k.n.* stimulus (pl. *-li,* pr. *-lai*); something that rouses a person or thing to activity or energy. 刺激；刺激物；促进因素。 **rangsangan** *k.n.* excitement. 刺激；兴奋；激昂。

**rangup** *adj.* crunchy (-*ier,* -*iest*); able to be crunched; hard and crispy. 脆的；易碎的。

**ranjang** *k.n.* berth; bunk or sleeping-place in a ship or train. 火车、船等的卧床；铺位。

**ranjau** *k.n.* mine; receptacle filled with explosive material, laid in or on the ground or in water. 地雷；水雷。 **meranjau** *k.k.t.* lay explosive mines in. 布雷。

**rantai** *k.n.* chain; series of connected metal links. 链条；系列；测链（22码）。 **merantai, merantaikan** *k.k.t.* chain; fasten with chain(s). 用锁链拴住。

**rantaian** *k.n.* connected series or sequence. 连接；关系。

**rantau** *k.n.* bight; recess of a coast, bay. 海湾；河湾；异地。

**ranting** *k.n.* stick; short relatively slender piece of wood; thing shaped like this. 枝条；枝状物。

**rapat** *adj.* close (-*er,* -*est*); near; near together; dear to each other; dense; secretive; stuffy. 近的；接近的；密切的；密集的；密封的。 **merapatkan** *k.k.t./i.* close. 接近；靠拢。

**rapi** *adj.* natty (-*ier,* -*iest*); neat and trim; dapper; neat (-*er,* -*est*); clean and orderly in appearance or workmanship; undiluted. 整洁的；端正的；完善的。 **merapikan** *k.k.t.* neaten; make neat. 整理；使整齐。

**rapuh** *adj.* brittle; hard but easily broken; crisp (-*er,* -*est*); brittle; slightly stiff; fragile; easily broken or damaged; not strong. 脆的；易碎的。 **merapuhkan** *k.k.t.* make or become crisp. 使脆。

**rasa** *k.k.t./i.* feel (p.t. *felt*); explore or perceive by touch; be conscious of (being); give a sensation; have a vague conviction or impression; have as an opinion. 感觉；觉得；认为。 —*k.n.* sense of touch; act of feeling; sensation produced by a thing touched. 感觉；感受。 **~ ingin** *kkt.* feel like. 想要。

**rasi, serasi** *adj.* compatible; able to be together harmoniously. 一致的；适合的；符合的。

**rasmi** *adj.* ceremonial; of or used in ceremonies; formal; inaugural; of an inauguration; official; of office or officials; authorized. 正式的；官方的。 **merasmikan** *k.k.t.* inaugurate; admit to office ceremonially; begin (an undertaking); open (a building, etc.) formally; be the beginning of. 正式公布；举行就职礼；举行开幕仪式；举行落成仪式。

**raspberi** *k.n.* raspberry; edible red berry; plant bearing this. 覆盆子；山莓。

**rata, meratakan** *k.k.t./i.* flatten; make or become flat. 使平；弄平；使平坦。

**ratap** *adj.* lamented; mourned for. 悲痛的；哀悼的；惋惜的。 **meratapi** *k.k.t.* feel or express grief or regret. 哀悼；惋惜。

**ratapan** *k.n.* lament; lamentation; passionate expression of grief; song or poem expressing grief. 哀悼；惋惜；輓歌。

**ratu** *k.n.* queen; female ruler of a country by right of birth; king's wife; woman or thing regarded as supreme in some way; piece in chess; playing card bearing a picture of a queen; fertile female of bee or ant, etc. 女王；皇后；女首长；(国际象棋)后；(纸牌戏)王后牌；蚁后或蜂后。

**ratus** *k.n.* hundred; ten times ten (100, C). 百；一百。 **keseratus** *adj. & k.n.* hundredth. 第一百(的)；百分之一(的)。

**raung, meraung** *k.k.i.* blubber; weep noisily. 吼叫；哀哭。

**rawa** *k.n.* bog; permanently wet spongy ground; marsh; low-lying watery ground. 沼泽；泥塘；湿地。

**rawal, merawal** *k.n.* streamer; long narrow flag. 横幅；幡；长旗。

**rawan** *k.n.* gristle; tough flexible tissue of animal bodies, esp. in meat. 软骨。 **tulang ~** *k.n.* cartilage; firm elastic tissue in skeletons of vertebrates; gristle. 软骨。

**rawang** *k.n.* fen; low-lying marshy or flooded tract of land; mire; swampy ground; bog; mud or sticky dirt. 沼泽；沼地。

**raya**[1], **bunga ~** *k.n.* hibiscus; shrub or tree with trumpet-shaped flowers. 木槿属植物；大红花。

**raya**[2], **merayakan** *k.k.t./i.* celebrate; mark or honour with festivities; engage in festivities; officiate at (a religious ceremony). 庆祝；祝贺。

**rayap, merayap** *k.k.i.* creep; move with the body close to the ground; move timidly, slowly, or stealthily; develop gradually; (of a plant) grow along the ground or a wall, etc. 爬动；蔓延。

**rayau, merayau, merayau-rayau** *k.k.i.* meander; wander in a leisurely way. 蜒蜒而行。

**rayon** *k.n.* rayon; synthetic fibre or fabric, made from cellulose. 人造丝。

**rayu, merayu** *k.k.t./i.* appeal; make an earnest or formal request; apply to a higher court for reversal of a lower court's decision; beseech (p.t. *besought*); implore; entreat; implore; act of appealing; entreaty; petition; formal written request, esp. one signed by many people. 呼吁；恳求；上诉；请愿。

**reaktor** *k.n.* reactor; apparatus for the production of nuclear energy. 反应者；核子反应炉。 **~ pembiak** *k.n.* breeder reactor; nuclear reactor that produces fissile material. 增殖反应堆。

**realis** *k.n.* realist. 现实主义者。

**realisme** *k.n.* realism; representing or viewing things as they are in reality. 现实主义。

**realistik** *adj.* showing realism; (of wages or prices) paying the worker adequately. 现实主义的。

**rebah** *k.k.i.* collapse; lose strength suddenly. 倒塌；崩溃。

**reben** *k.n.* ribbon; band of silky material used for decoration or tying things; strip resembling this. 丝带。

**rebus, merebus** *k.k.t.* braise; cook slowly with little liquid in a closed container. 用慢火炖或焖。 **separa ~** *k.n.* parboil; cook partially by boiling. 煮。

**reda, meredakan** *k.k.t.* alleviate; lessen (pain or distress, etc.). 减轻(痛苦等)；缓和。

**redup** *adj.* cloudy (*-ier, -iest*); covered with clouds. 阴暗的；多云的。

**referendum** *k.n.* referendum (pl. *-ums*); referring of a question to the people for decision by a general vote. 公民投票；公民复决。

**refleksologi** *k.n.* reflexology; the massag-

**reformasi** — ing of points on the feet as a treatment for stress and other conditions. 反射学；脚部按摩反射疗法。

**reformasi** *adj.* reformatory; reforming on an institution to which young offenders are sent to be reformed. 改革的；改良的。

**reggae** *k.n.* reggae; West Indian style of music. 西印度群岛居民的民族音乐。

**regimen** *k.n.* regimen; a prescribed course of treatment, etc.; a way of life. 疗程；养生之道。

**rehat, berehat** *k.k.i.* rest; be still; cease from activity or working, esp. in order to regain vigour. 静止；休息。 **merehatkan** *k.k.t.* rest; cause or allow to do this. 使休息；使静止。

**reja, reja-reja** *k.n.* parings; pieces pared off. 残屑；碎片。

**rejim** *k.n.* regime; method or system of government or administration. 政治系统；政体。

**rejimen** *k.n.* regiment; permanent unit of an army; operational unit of artillery, tanks, etc.; large array or number of things. 军团；大群。

**reka** *k.k.t.* invent; create by thought; construct (a false or fictional story). 发明；创造；捏造。 **~bentuk** *k.n.* design; drawing that shows how a thing is to be made; general form or arrangement; lines or shapes forming a decoration; mental plan. 设计；草图；图案；策划。 **mereka bentuk** *k.k.t.* prepare a design for; plan; intend. 设计；策划。 **~ letak** *k.n.* layout; arrangement of parts, etc. according to a plan. 设计；陈列。 **~cipta** *k.n.* invention. 发明物；创作。 **mereka cipta** *k.k.t.* make or design (a thing not previously known). 设计。

**rekaan** *k.n.* invention. 发明物。

**rekah, merekah** *k.k.i.* chap (p.t. *chapped*); cause chaps in; suffer chaps. 使皮肤龟裂。

**rekahan** *k.n.* crack in skin; cleavage; split; separation; crevice; narrow gap in a surface. 破裂；裂缝；裂痕；劈开。

**rekat** *k.k.t.* glue (pres. p. *gluing*); fasten with glue; attach closely. 粘合；使粘牢；涂上胶水。

**rekod** *k.n.* record; information set down in writing or other permanent form; document, etc. bearing this; disc bearing recorded sound; facts known about a person's past; best performance or most remarkable event, etc. of its kind. 记录；记事；报告；唱片。 **pemain ~** *k.n.* record player; apparatus for reproducing recorded sound from discs. 唱机。 **merekodkan** *k.k.t.* record; set down in writing or other permanent form. 记录；记载；录制。

**rekreasi** *k.n.* recreation; pastime; relaxation. 娱乐；消遣。

**rekrut** *k.n.* recruit; new member, esp. of the armed forces. 新兵；新参加者。

**rektor** *k.n.* rector; clergyman in charge of a parish; head of certain schools, colleges, and universities. 校长；牧师；教区长。

**rela, kerelaan** *k.n.* alacrity; eager readiness. 乐意；欣然接受。

**relau** *k.n.* furnace; closed fireplace for central heating; enclosed space for heating metals, etc. 炉子；熔炉。

**relung, relungan** *k.n.* alcove; recess in a wall or room. 凹室。

**remah** *k.n.* crumb; small fragment, esp. of bread or similar food. 残屑；面包、糕饼等的碎屑。 **meremah-remahkan** *k.k.t.* crumble; break into small fragments. 破裂；碎裂。

**remaja** *adj.* adolescent; (person) between childhood and maturity. 青少年的。

**remeh** *adj.* inconsequential; unimportant; not following logically; irrelevent; fiddling; awkward to do or use. 不重要的；琐碎的；无意义的；微不足道的。

**remis** *k.n.* clam; shellfish with a hinged shell. 蛤。

**rempah buah pala** *k.n.* mace; spice made from the dried outer covering of nutmeg. 肉豆蔻衣（干皮）。

**rempuh** *k.k.i.* jostle; push roughly. 推撞；推挤。

**remuk, ~redam** *k.k.t.* apart; into pieces. 破碎；粉碎。

**Renaisans** *k.n.* Renaissance; revival of art and learning in Europe in the 14th-16th centuries. 文化复兴。

**renal** *adj.* renal; of the kidneys. 肾脏的。

**rencana** *k.n.* article; prose composition in a newspaper, etc.; feature; prominent article in a newspaper, etc.; full-length cinema film; documentary broadcast. 文章；论作；特写；记录片。

**renda** *k.n.* doily; small ornamental mat. 置于盘碟下的装饰小垫。

**rendah** *adj.* low (*-er, -est*); not high. 低的；低级的。 **merendahkan** *k.k.t.* debase; lower in quality or value. 降低；减弱。

**rendam** *k.k.i.*, **merendam** *k.k.t.* douse; put into water; soak; immerse. 浸入；沉浸。

**rendaman** *k.n.* immersion; immersing. 沉浸；浸入。

**rengek, merengek** *k.k.i.* crow; (of a baby) make sounds of pleasure; exult. 啼叫；（婴儿）咯咯笑。

**renggang** *adj.* estranged; no longer friendly or loving; ajar; slightly open. 疏远的；间隔的；打开的。 **merenggangkan** *k.k.t.* alienate; cause to become unfriendly. 使疏远；使隔开。

**renggut, merenggut** *k.k.t.* snatch; seize quickly or eagerly. 强拉；攫取。

**renggutan** *k.n.* short or brief part. 强拉；夺取。

**rengsa** *adj.* irritant; (thing) causing irritation. 刺激的。 **merengsakan** *k.k.t.* irritate; annoy; cause itching in. 刺激；使发痒。

**rengus, merengus** *k.k.i.* sulk; be sullen because of resentment or bad temper. 愠怒；绷着脸。

**renik** *adj.* lilliputian; very small. 小人国的；矮小的。

**rentak** *k.n.* cadence; rhythm in sound; rise and fall of the voice in speech; end of a musical phrase. 韵律；声调的抑扬；乐章结尾。

**renung, merenung** *k.k.t./i.* gaze; look long and steadily; cogitate; think deeply; muse; ponder. 凝视；端详；沉思。

**renungan** *k.n.* cogitation; gaze; long steady look. 深思；怀想。

**renyah** *adj.*(*colloq.*) fiddly awkward to do or use. 困难的；累人的。

**renyuk** *k.k.i.*, **merenyuk, merenyukkan** *k.k.t.* crinkle; wrinkle. 摺皱；弄皱。

**replika** *k.n.* replica; exact reproduction. 复制品；摹写品。

**reptilia** *k.n.* reptile; member of the class of animals with a backbone and relatively short legs or no legs. 爬行动物。

**republik** *k.n.* republic; country in which the supreme power is held by the people or their representatives. 共和国。

**repui** *adj.* friable; easily crumbled. 脆的；易碎的。

**reput** *adj.* decay; rot; lose quality or strength. 腐烂的；变坏的；腐败的。

**reputasi** *k.n.* reputation; what is generally believed about a person or thing; general recognition for one's abilities or achievements. 名誉；声誉。

**resah** *adj.* anxious; trouble and uneasy in mind; eager; careworn; showing signs of prolonged worry; concerned; edgy; tense and irritable; fretful; constantly worrying or crying. 忧虑的；不安的。 **meresahkan** *k.k.t.* fret (*p.t. fretted*); worry; vex; cause disquiet to. 使忧虑。

**resam**[1] *k.n.* bracken; large fern that grows on waste land; mass of such ferns. 欧洲蕨。

**resam**[2] *k.n.* custom; usual way of behaving or acting. 风俗；习惯。

**resap, meresap** *k.k.i.* diffuse; spread widely or thinly; mix slowly. 扩散；弥漫；渗透。 **resapan** *k.n.* diffusion. 扩散作用。

**resdung** *k.n.* catarrh; inflammation of mucous membrane, esp. of the nose, with a watery discharge. 鼻喉的黏膜炎。

**resin mira** *k.n.* myrrh; white-flowered herb. 没药（一种中药）。

**resipi** *k.n.* recipe; directions for preparing a dish, etc. in cookery. 食谱；秘方。

**resit** *k.n.* receipt; written acknowledgement that something has been received or money paid. 收据；收条。

**resmi**[1] *adj.* innate; inborn. 天生的。

**resmi**[2] *k.n.* nature; complex of innate characteristics. 天性。

**resolusi** *k.n.* resolution; resolving; great determination; formal statement of a committee's opinion. 决心；决议。

**restoran** *k.n.* restaurant; place where meals can be bought and eaten. 餐馆。

**retas, meretas** *k.k.t.* fell; cut down (a tree); stitch down (a seam). 砍倒；弄倒；割掉缝线。

**retort** *k.n.* retort; vessel (usu. glass) with a long downward-bent neck used in distilling liquids; vessel used in making gas or steel. 蒸馏器；曲颈甑。

**reumatisme** *k.n.* rheumatism; disease causing pain in the joints, muscles, or fibrous tissue. 风湿病。

**revolusi** *k.n.* revolution; complete change of method or conditions; substitution of a new system of government, esp. by force. 旋转；革命；大变革。

**revolusioner** *adj.* revolutionary; involving a great change; of political revolution. 改革性的；革命性的。—*k.n.* revolutionary; person who begins or supports a political revolution. 革命分子。

**revolver** *k.n.* revolver; a kind of pistol. 左轮手枪。

**ria** *adj.* jocund; merry; cheerful. 欢乐的；快活的。

**riam** *k.n.* cataract; large waterfall. 洪流；大瀑布。

**riang** *adj.* blithe; casual and carefree; chirpy; lively and cheerful; gay; happy and full of fun; gleeful; jovial; full of cheerful good humour; jubilant; rejoicing; cheerful; contented. 欢乐的；愉快的。 **meriangkan** *k.k.t.* gladden. 使高兴；使快活。

**riba, ribaan** *k.n.* lap; flat area over the thighs of a seated person. 膝；膝盖。

**ribut**[1] *adj.* hectic; with feverish activity. 混乱的；忙碌的。

**ribut**[2] *k.n.* storm; disturbance of the atmosphere with strong winds and usu. rain or snow; gale; violent shower (of missiles, etc.); great outbreak (of anger or abuse, etc.); violent military attack. 暴风雨；猛攻；冲击。 **~ salji** *k.n.* blizzard; severe snowstorm. 大风雪。 **meributkan** *k.k.t./i.* rage; be violent; attack or capture by storm. 骚乱；轰动。

**rid** *k.n.* reed; water or marsh plant with tall hollow stems; its stem; vibrating part producing sound in certain wind instruments. 芦苇；颤动以发出声音的部分。

**ridip** *k.n.* flipper; sea animal's limb use in swimming. (海豹、海龟等的)鳍状肢；鳍足。

**rifel** *k.n.* rifle; a kind of gun with a long barrel. 莱福枪。

**rim**[1] *k.n.* ream; quantity of paper (usu. 500 sheets). 令；纸张计数单位，一令约500张。

**rim**[2] *k.n.* rim; edge or border of something more or less circular. 圆形物；圆体的边；边缘。

**rima** *k.n.* rhyme; identity of sound between words or syllables; word providing a rhyme to another; poem with line-endings that rhyme. 韵；韵文；押韵诗。

**rimbun** *adj.* leafy; with many leaves; lush; (of grass, etc.) growing thickly and strongly; luxurious. 叶茂的；浓密的。

**rindu** *adj.* homesick; longing for home. 怀乡的；思家的。 **merindui** *k.k.i.* long for; feel a longing for. 渴望；极度想念。

**ringan** *adj.* light (*-er, -est*); having little weight; not heavy. 轻的；轻微的；分量不足的。 **meringankan** *k.k.t.* lighten; make or become less heavy; disburden; relieve of a burden; extenuate; make (an offence) seem less great by providing a partial excuse; mitigate; make seem less serious or severe. 减轻；缓和；使轻松。

**ringgit, meringgit, meringgiti** *k.k.t.* mill; produce grooves in metal. 在金属面上刻制槽纹。

**ringkas** *adj.* brief; giving the main points only; without delay; without attention to details or formalities; chaste; simple in style; not ornate; laconic; terse. 简洁的；简短的；简陋的。 **meringkaskan** *k.k.t.* summarize; make or be a summary of; abridge; shorten by using fewer words. 概括；总结。

**ringkasan** *k.n.* summary; statement giving the main points of something; abridgement. 摘要；概要；提要。 ~ **penerbit** *k.n.* blurb; written description praising something. 出版物的推荐广告。

**ringkik** *k.n.* neigh; horse's long high-pitched cry. 马嘶声。 **meringkik** *k.k.i.* neigh; make this cry. 嘶叫。

**rintang, merintangi** *k.k.t./i.* hamper; prevent free movement or activity of; hinder; balk; shirk; frustrate; block or defend with a barricade; impedance; resistance of an electric circuit to the flow of current; let; stoppage. 阻挠；妨碍。

**rintangan** *k.n.* barricade; barrier; hurdle; obstacle; difficulty. 障碍物；隔离物；妨碍。

**riparian** *k.n.* riparian; (owner) river bank. 河岸；河岸土地所有人。

**risalah** *k.n.* brochure; booklet or leaflet giving information; leaflet; printed sheet of paper giving information; pamphlet; leaflet or paper-covered booklet. 资料手册；小册子。

**risau** *adj.* apprehensive; feeling apprehensive; anxious. 忧虑的；不安的。 **merisaukan** *k.k.t.* apprehend; expect with fear or anxiety. 使担忧。

**risiko** *k.n.* risk; possibility of meeting danger or suffering harm; person or thing representing a source of risk. 风险；危险率。

**riuh** *adj.* roaring; noisy. 喧嚷的；吵闹的。

**Riviera** *k.n.* Riviera; coastal region of south-east France, Monaco, and northwest Italy. 地中海度假区。

**rizom** *k.n.* rhizome; root-like stem producing roots and shoots. 根茎。

**robek** *k.k.i.* torn. 撕碎；撕毁。 **merobekkan** *k.k.t.* tear; mangle; damage by cutting or crushing roughly; mutilate. 撕破；撕裂。

**robin** *k.n.* robin; brown red-breasted bird. 知更鸟。

**roboh** *k.k.i.* crumple; collapse. 倒塌；崩溃。

**robot** *k.n.* robot; machine resembling and acting like a person; piece of apparatus operated by remote control. 机器人；自动机械。

**rod** *k.n.* rod; slender straight round stick or metal bar. 棍；棒；竿。

**roda** *k.n.* wheel; disc or circular frame that revolves on a shaft passing through its centre; thing resembling this. 轮子；轮状物。 ~ **tenaga** *k.n.* flywheel; heavy wheel revolving on a shaft to regulate machinery. 飞轮；惯性轮。

**rodeo** *k.n.* rodeo (pl. *-os*); round-up of ranch cattle for branding, etc.; exhibition of cowboys skill in handling animals. 将牛马等驱集到一起；马术竞赛。

**rogol, merogol** *k.k.t.* rape; have sexual intercourse with (a woman) without her consent. 强奸。

**roket** *k.n.* rocket; structure that flies by expelling burning gases, propelling a bomb or spacecraft; firework that shoots into the air when ignited and then explodes. 火箭；火箭弹。

**rokok** *k.n.* cigarette; roll of shredded tobacco in thin paper for smoking. 香烟。

**roman** *k.n.* countenance; expression of the face. 容貌；脸色。

**romantik** *adj.* romantic; appealing to the emotions by its imaginative or heroic or picturesque quality; involving a love affair; enjoying romantic situations, etc. 浪漫的。

**romantisisme** *k.n.* romanticism; romantic style. 浪漫主义。

**romantisasi** *k.n.* romanticisation. 浪漫过程。

**rombengan** *k.n.* junk; useless or discarded articles; rubbish; rag; torn or worn piece of woven fabric; (*pl.*) old and torn clothes. 破烂货；垃圾；废旧杂物。

**rombongan** *k.n.* entourage; people accompanying an important person; party; group travelling as a unit. 全体随行人员；随从；代表团。

**rombus** *k.n.* rhombus; quadrilateral with opposite sides and angles equal (and not right angles). 菱形。

**rompang** *k.n.* hiatus (pl. -*tuses*); break or gap in a sequence or series. 空隙。

**ronda, meronda** *k.k.i.* patrol; walk or travel regularly through (an area or building) to see that all is well. 巡逻。

**rondaan** *k.n.* beat; appointed course of a policeman or sentinel; patrol; patrolling. 巡逻路线。

**rondas** *k.n.* rounders; team game played with bat and ball in which players have to run round a circuit. 圆场棒球。

**rongga** *k.n.* cavity; hollow within a solid body. 腔；洞。 **berongga** *adj.* hollow; empty within; not solid; sunken; echoing as if in something hollow. 空的；空洞的；中空的。 **meronggakan** *k.k.t.* hollow; make hollow. 穿洞；挖空。

**rosak** *adj.* damaged. 损坏的；毁坏的。 **merosakkan** *k.k.t.* damage; cause damage to; impair; mar (p.t. *marred*); damage; spoil. 毁坏；损害。

**rosot, merosot** *adj.* downward; moving or leading down. 向下的；下降的。 —*kkt.* downwards. 向下；往下。 —*k.k.i.* degenerate; become worse; lapse; fail to maintain one's position or standard; become void or no longer valid; decline; slope downwards; decrease; lose strength or vigour. 衰退；退化；锐减；暴跌。

**rotan** *k.n.* cane; stem of a tall reed or grass or slender palm; light walking-stick; rod with which children are struck as a punishment. 藤；藤条。 **merotan** *k.k.t.* cane; strike with a cane. 用藤抽打。

**roti** *k.n.* bread; food made of flour and liquid, usu. leavened by yeast, and baked. 面包。

**royalti** *k.n.* royalty; payment by a mining or oil company to the landowner; payment to an author, etc. for each copy or performance of his work, or to a patentee for use of his patent. 王权；皇族；矿区开采权；版税；特许使用费。

**ruam** *k.n.* rash; eruption of spots or patches on the skin. 疹。

**ruang**[1], **ruangan** *k.n.* column; vertical division of a page; printed matter in this. 栏；专栏。

**ruang**[2] *k.n.* space; boundless expanse in which all objects exist and move; portion of this; empty area or extent; interval. 空地；余地；空间。 **~ antara** *k.n.* anteroom; room leading to a more important one. 接待室。 **~ tamu** *k.n.* hall; space inside the front entrance of a house; parlour; sitting room. 会堂；大厅。

**rubarb** *k.n.* rhubarb; garden plant with red leaf-stalks that are used like fruit. 大黄属植物。

**ruit** *k.n.* barb; backward-pointing part of an

arrow, etc. 箭头等的倒钩。**beruit** *adj.* barbed; having barb(s). 有芒刺的；有倒钩的。

**ruji, ruji-ruji** *k.n.* spoke; one of the bars connecting the hub to the rim of a wheel. 车轮的辐条。

**rujuk** *k.k.i.,* **merujuk** *k.k.t.* refer (p.t. *referred*); direct to an authority or specialist; turn to for information. 参考；查询。

**rujukan** *k.n.* reference; act of referring; mention; direction to a source of information; this source; person willing to testify to another's character, ability, etc. 参照；参考；证明人。**buku ~** reference book; book providing information for reference. 参考书。**perpustakaan ~** *k.n.* reference library; one containing books that can be consulted but not taken away. 参考书阅览室。**~ silang** *k.n.* cross reference; reference to another place in the same book, etc. 相互对照；参照。

**rukun** *k.n.* commandment; divine command. 戒律；圣训。

**rulet** *k.n.* roulette; gambling game played with a small ball on a revolving disc. 轮盘赌。

**rum** *k.n.* rum; alcoholic spirit distilled from sugar cane or molasses. 兰姆酒。

**rumah** *k.n.* house; building for people (usu. one family) to live in, or for a particular purpose; home; place where one lives; dwelling-house; institution where those needing care may live. 房子；住宅。**~ agam** *k.n.* mansion; large stately house. 公寓。**~ api** *k.n.* lighthouse; tower with a beacon light to warn or guide ships. 灯塔。**~ askar** *k.n.* billet; lodging for troops. (军营以外)部队暂住的宿舍。**~ kaca** *k.n.* glasshouse; greenhouse. 温室；暖房。**~ miskin** *k.n.* almshouse; house founded by charity for poor (usu. elderly) people. 救济院。**~ pelacuran** *k.n.* brothel; house where women work as prostitutes. 妓院；窑子。**~ tambahan** *k.n.* outhouse; shed, barn, etc. 屋外的附属建筑；外屋。**~ tanaman** *k.n.* greenhouse; building with glass sides and roof, for rearing plants. 温室。**tuan ~** *k.n.* host; person who entertains another as his guest. 主人。**isi ~** *k.n.* household; occupants of a house living as a family. 一家人；家庭。**suri ~** *k.n.* housewife; woman managing a household. 家庭主妇。

**rumah tangga** *adj.* domestic; home or household. 家庭的。**sains ~** *k.n.* domestic science; study of household management. 家政学。

**rumba** *k.n.* rumba; ballroom dance of Cuban origin. 伦巴舞。

**ruminan** *k.n.* ruminant; animal that chews the cud. 反刍动物。

**rumit** *adj.* (*sl.*) hairy; hair-raising; difficult; complicated; complex; difficult because of this; intricate; very complicated. 麻烦的；复杂的；困难的。**merumitkan** *k.k.t.* complicate; make complicated. 使复杂；使困难。

**rumpai** *k.n.* weed; wild plant growing where it is not wanted. 杂草；莠草。**~ laut** *k.n.* seaweed; any plant that grows in the sea. 海藻。

**rumpun** *k.n.* clump; cluster; mass; lot; number of people or things of the same kind; (*colloq.*) large number or amount; much. 丛；团；串。

**rumput** *k.n.* grass; wild low-growing plant with green blades eaten by animals; species of this (e.g. a cereal plant); ground covered with grass. 草。**padang ~** *k.n.* grassland; wide grass-covered area with few trees. 草场；草原。**pemotong ~** *k.n.* lawn-mower; machine for cutting the grass of lawns. 割草机。**merumput** *k.k.t.* grass; cover with grass. 给…铺上草皮。

**rumus** *k.n.* formula; fixed series of words for use on social or ceremonial occasions; symbols showing chemical con-

**runcit, kedai ~** *k.n.* grocery; grocer's shop or goods. 杂货店。

**runding** *k.k.i.* negotiate; hold a discussion so as to reach agreement. 商议；谈判；磋商。 **merundingkan** *k.k.t.* negotiate; arrange by such discussion; consult; seek information or advice from. 商议；讨论。 **berunding** *k.k.i.* parley (p.t. *parleyed*); hold a parley. 会谈；谈判。

**rundingan** *k.n.* parley (pl. *-eys*); discussion, esp. between enemies, to settle a dispute. 尤指与敌方的谈判。

**rungut, merungut** *k.k.i.* mutter; speak or utter in a low unclear tone; utter subdued grumbles; burble; make a gentle murmuring sound; speak lengthily. 抱怨；发牢骚。

**rungutan** *k.n.* muttering. 怨言；牢骚。

**runsing** *adj.* worried; feeling or showing worry. 担心的；不安的；忧虑的。 **merungsingkan** *k.k.t.* worry; perturb; disturb greatly; make uneasy. 担心；忧虑。

**runtuh** *k.k.i.* collapse; fall down or in suddenly. 倒塌；崩溃。 **meruntuhkan** *k.k.t.* demolish; pull or knock down; destroy. 打垮；弄倒；摧毁。

**runtuhan** *k.n.* avalanche; great onrush. 雪崩；土崩。

**rupa** *k.n.* aspect; look or appearance; feature of a complex matter; direction a thing faces; side facing this way; complexion; colour and texture of the skin of the face; general character of things. 形状；样子；形势；外表；容貌。

**rupi** *k.n.* rupee; unit of money in India, Pakistant, etc. 卢比；印度、巴基斯坦等的货币单位。

**rusa** *k.n.* deer (pl. *deer*); ruminant swift-footed animal, male of which usu. has antlers. 鹿。 ~ **betina** *k.n.* hind; female deer. 母鹿。 ~ **jantan** *k.n.* stag; hart; adult male deer. 牡鹿。

**rusuk** *k.n.* flank; side, esp. of the body between ribs and hip. 边缘；肋骨；侧面。

**rutin** *k.n.* routine; standard procedure; set sequence of movements. 日常工作；常规。

# S

**saat** *k.n.* second; sixtieth part of a minute of time. 秒。

**sabar** *adj.* patient; showing patience; forbearing; tolerant. 忍耐的；有耐性的。 **tidak ~** *adj.* impatient; intolerant; not tolerant; feeling or showing lack of patience. 无耐性的；不耐烦的；焦急的。

**sabel** *k.n.* sable; a small Arctic mammal with dark fur; its fur. 黑貂；貂皮。

**sabit** *k.n.* scythe; implement with a curved blade on a long handle, for cutting long grass or grain; sickle; curved blade used for cutting corn, etc.; thing shaped like this. 大镰刀；钩形物。 **menyabit** *k.k.t.* mow (p.p. *mown*); cut down (grass or grain, etc.); cut grass, etc. (用镰刀) 割。 **menyabitkan** *k.k.t.* convict;

prove or declare guilty; conviction; convicting. 定罪；确认；证实。

**sabotaj** *k.n.* sabotage; wilful damage to machinery or materials, or disruption of work. 蓄意破坏；阴谋破坏。**mensabotaj** *k.k.t.* sabotage; commit sabotage on; make useless. 蓄意破坏；使不能操作。

**Sabtu** *k.n.* Saturday; day after Friday. 星期六。

**sabun** *k.n.* soap; substance used in washing and cleaning things, made of fat or oil and an alkali. 肥皂。**buih** ~ *k.n.* soapsuds (*pl.*); froth of soapy water. 肥皂泡沫。

**sabut** *k.n.* coir; coconut husk fibre. 椰子皮；椰壳纤维。

**saderi** *k.n.* celery; plant with edible crisp juicy stems. 芹菜。

**sadur** *k.n.* electroplate; objects plated thus. 电镀品。**menyadur-elektrikkan** *k.k.t.* electroplate; coat with a thin layer of silver, etc. by electrolysis. 电镀。

**safari** *k.n.* safari; expedition to hunt or observe wild animals. 远征游猎；探险。**taman** ~ *k.n.* safari park; park where exotic wild animals are kept in the open for visitors to see. 野生动物园。

**saga** *k.n.* saga; long story. 英雄传奇；长篇故事。

**sagat, menyagat** *k.k.t.* grind; rub harshly together. 锉磨。

**sagu**[1] *k.n.* sago; starchy food in hard white grains, used in puddings. 西谷米；硕莪。

**sagu**[2], ~ **hati** *k.n.* consolation; consoling; thing that consoles. 安慰；抚恤。**hadiah** ~ **hati** *k.n.* consolation prize; one given to a runner-up. 安慰奖。

**sah** *adj.* authentic; genuine; known to be true; confirmatory; legal; of or based on law; authorized or required by law; legitimate in accordance with a law or rule; justifiable; born of parents married to each other. 确实的；真实的；合法的；正式的。**tak** ~ *adj.* illegitimate; contrary to a law or rule. 不合法的；私生的。**mengesahkan** *k.k.t.* authenticate; prove the truth or authenticity of; confirm; make firmer or definite; corroborate; administer the rite of confirmation to; affirm; state as a fact; declare formally and solemnly instead of on oath; legitimize; make legitimate; legalize; make legal. 证实；确定；使合法化。

**sahabat** *k.n.* friend; person (other than a relative or lover) with whom one is on terms of mutual affection; helper; sympathizer; chum; (*colloq.*) close friend. 朋友；同伴；同志。~ **karib** *k.n.* crony; close friend or companion. 密友。**bersahabat** *k.k.i.* chum (p.t. *chummed*). 结交。

**sahaja** *adj.* only; being the one specimen of all the specimens of a class; sole. 唯一的。—*kkt.* without anything or any one else; and that is all; no longer ago than; alone. 只是；只有。**bersahaja** *adj.* deadpan; expressionless. 毫无表情的。

**saing, bersaing, menyaingi** *k.k.t.* emulate; try to do as well as; imitate. 竞争；仿效。

**sains** *k.n.* science; branch of knowledge requiring systematic study and method, esp. dealing with substances, life, and natural laws. 科学。**ahli** ~ *k.n.* scientist; expert in science(s). 科学家。

**saintifik** *adj.* scientific. 科学的。

**saiz** *k.n.* size; relative bigness; extent; one of the series of standard measurements in which things are made and sold. 尺码；大小。

**saka** *adj.* perennial; lasting a long time or for ever; constantly recurring; (of plants) living for several years. 持续不断的；永远的；(植物) 多年生的。**pokok** ~ *k.n.* perennial plant. 多年生植物。

**sakat, menyakat** *k.k.t.* hector; intimidate by bullying. 戏弄；欺凌；威吓。

**sakhlat** *k.n.* felt; cloth made by matting and pressing fibres. 毛织品；呢绒。

**sakit** *adj.* painful; causing or suffering pain; laborious. 痛苦的；疼痛的。**tidak ~** *adj.* painless; not causing pain. 不痛的；无痛苦的。**menyakiti** *k.k.t.* cause pain to. 使痛苦。

**saksama** *adj.* circumspect; cautious and watchful; wary; equitable; fair and just; impartial; not favouring one more than another. 慎重的；合理的；公正的。

**saksi** *k.n.* eyewitness; person who actually saw something happen; witness; person who sees or hears something; one who gives evidence in a lawcourt; one who confirms another's signature; thing that serves as evidence. 目击者；见证人。 **kandang ~** *k.n.* witness-box; enclosure from which witness gives evidence in a lawcourt. 证人席。

**saksofon** *k.n.* saxophone; brass wind instrument with finger-operated keys. 萨克斯管。

**saku** *k.n.* pocket; small bag-like part in or on a garment; one's resources of money; pouch-like compartment. 袋；囊；财力；孤立的小块地区。 —*adj.* suitable for carrying in one's pocket. 袖珍的；小型的。**wang ~** *k.n.* pocket money; money for small personal expenses; money allowed to children. 零用钱；私房钱。

**salad** *k.n.* salad; cold dish of one or more chopped or slice (usu. raw) vegetables. 沙拉；沙律。

**salah** *adj.* wrong; morally bad; contrary to justice; incorrect; not true; not what is required or desirable; not in a good or normal condition; erroneous. 错误的；不正确的。**bersalah** *adj.* guilty (-ier, -iest); having done wrong; feeling or showing guilt; culpable; deserving blame. 有罪的；犯罪的；内疚的；自觉有罪的。—*k.k.i.* err; make a mistake; be incorrect; sin. 犯错；弄错。 **tak bersalah** *adj.* guiltless; innocent; not guilty; free of evil or wrong doing. 无罪的；无辜的；纯洁的。**menyalahkan** *k.k.t.* blame; hold responsible and criticize for a fault. 责怪；归咎于；指摘。—*awl.* mis-; badly; wrongly. (前缀)表示"错；不当；坏"。**~ guna** *k.k.t.* misuse; use wrongly; treat badly; prevent; misapply; lead astray; corrupt. 误用；不正当地使用。**~ laku** *k.n.* misdemeanour; misdeed; wrongful act. 不端正的行为。**~ letak** *k.k.t.* mislay (p.t. *mislaid*); lose temporarily. 把(东西)误放他处；搁忘。

**salai, tempat ~** *k.n.* grill; metal grid; grating; device on a cooker for radiating heat downwards; grilled food; grillroom. 格栅；烤架；烤肉处；烘烤的食物。 **menyalai** *k.k.t./i.* cook under a grill or on a gridiron. 炙烤。

**salak, menyalakkan** *k.k.t.* bark; make this sound; utter in a sharp commanding voice. 吠叫。

**salakan** *k.n.* bark; sharp harsh sound made by a dog. 犬吠声。

**salam** *k.k.t.* greet; address politely on meeting or arrival. 打招呼；迎接；问候；致意。**bersalam** *k.k.i.* shake hand. 握手为礼。—*k.n.* salaam; Oriental salutation; a low bow. 问候语；招呼；敬礼；致敬。

**salap** *k.n.* balm; (*old use*) ointment; paste for rubbing on skin to heal it. (取自植物用以止痛的)香油；止痛药。

**salasilah** *k.n.* ancestry; genealogy; line or list of ancestors; study of family pedigrees. 世系；谱系。

**salib** *k.n.* crucifix; model of the Cross or of Christ on this. 耶稣受难像。**menyalib** *k.k.t.* crucify; put to death by nailing or binding to a transverse bar. 钉死在十字架上。

**salin, menyalin** *k.k.t.* change; put fresh clothes or coverings, etc. on; make a copy of. 交换；改变；替换；兑换。

**salinan** *k.n.* copy; material for printing. 副本；册；版本。 **~ foto** *k.n.* photocopy; photographed copy of a document. 影印；复印本。

**saling** *k.k.t./i.* put (each of two things) into the other place; exchange; alternate. 交替；互换。 **~ berinteraksi** *k.k.i.* interact; have an effect upon each other. 互相作用；互动；互相影响。 **~ bertindak** *k.k.i.* interact; have an effect upon each other. 互相作用。

**salji** *k.n.* snow; frozen atmospheric vapour falling to earth in white flakes; fall or layer of snow. 雪。 **ribut ~** *k.n.* snowstorm. 暴风雪；雪暴。 **bersalji** *adj.* snowy. 下雪的；多雪的。 **kepalan ~** *k.n.* compact mass for throwing in play. 雪团块。 **emping ~** *k.n.* snowflake; flake of snow. 雪花。 **patung ~** *k.n.* snowman (pl. *-men*); figure made of snow. 雪人。 **~ runtuh** *k.n.* avalanche; mass of snow pouring down a mountain. 雪崩。

**salmonela** *k.n.* salmonella; a bacterium causing food poisoning. 沙门菌。

**salur, menyalurkan** *k.k.t.* channel (p.t. *channelled*); form channel(s) in; direct through a channel duct; convey through a duct. 凿沟；疏导。

**saluran** *k.n.* channel; sunken bed of a stream; course in which anything moves; passage for liquid; medium of communication; band of broadcasting frequencies; duct; channel or tube conveying liquid or air, etc.; gutter; trough round a roof, or channel at a roadside, for carrying away rain-water; slum environment passage; tube-like structure. 导管；沟渠；水道；方式；途径。

**salut, menyaluti** *k.k.t.* coat; cover with a layer. 包裹着；包封；在⋯⋯上涂层。

**salutan** *k.n.* coating; covering layer. 封套；涂层。

**sama** *adj.* akin; similar; equal; same in size, amount, value, etc.; having the same rights or status. 同类的；相同的；同等的；同种的；同性质的。 **~ ada** *k.g.* either; one or other of two; each of two. 两者之一的；两者中任何一个的。 **bersama** *k.k.i.* joint; shared or done by two or more people together; sharing. 连接；接合；联名；共同。 **menyamakan** *k.k.t.* liken; point out the likeness of (one thing to another); equalize; make or become equal; equal an opponent's score. 把⋯⋯比做；使相等；使平等。 **mempersamakan** *k.k.t.* equate; consider to be equal or equivalent. 使相等；使相同。

**samar** *adj.* hazy (*-ier, -iest*); misty; indistinct; vague. 蒙胧的；模糊的。 **samar-samar** *adj.* misty (*-ier, -iest*); indistinct. 有雾的；模糊的。 **menyamar** *k.k.i.* impersonate; pretend to be another person; conceal the identity of; disguise; conceal. 伴装；假装；假扮。

**sambang** *k.n.* beehive; hive. 蜂巢；蜂箱。

**sambar, menyambar** *k.k.i.* pounce; swoop down on and grasp or attack. 突然扑向；攫住；突袭。

**sambaran** *k.n.* pouncing movement. 猛扑；突击。

**sambil** *k.h.* while; during the time that; as long as; although; on the other hand. 同时；正在；尽管。 **~ lewa** *adj.* perfunctory; done or doing things without much care or interest. 草率的；马虎的。

**sambung, menyambungkan** *k.k.t.* joint; connect by joint(s). 连接；接合。

**sambungan** *k.n.* extension; additional part of period; subsidiary telephone; its number; join; joint; junction; place where things join. 延续部分；增建部分；延长线。

**sami** *k.n.* lama; Buddhist priest in Tibet and Mongolia; monk; member of a male community living apart from the world under the rules of a religious order. 佛教的僧侣；喇嘛。

**sampah** *k.n.* garbage; domestic waste; litter; rubbish left lying about. 垃圾；残羹剩菜；废物。

**sampai** *k.k.i.* reach; go as far as; arrive at. 抵达；延伸；取得；联系；达致；直到。 **menyampaikan** *k.k.t.* impart; give; make (information, etc.) known; convey; communicate as an idea. 分给；传授；通知。

**sampan** *k.n.* sampan; small boat used along coasts and rivers of China. 舢舨。

**sampang** *k.n.* lacquer; hard glossy varnish. 黄铜漆；亮漆。 **menyampang** *k.k.t.* coat with lacquer. 用漆涂；使(表面)光洁。

**samping, di ~** *k.s.n.* beside; at the side of; close to. 在旁边；在一侧。 **mengesampingkan** *k.k.t.* overrule; set aside (a decision, etc.) by using one's authority. (利用本身的权利)否决。

**sampingan** *adj.* peripheral; of minor but not central importance to something. 边缘的；次要的；非主流的。

**sampuk** *k.k.t.* interject; put in (a remark) when someone is speaking. 插咀。

**sampul** *k.n.* wrapper; cover. 包装纸；包装材料。 **~ surat** *k.n.* envelope; folded gummed cover for a letter. 信封。

**samseng** *k.n.* gangster; member of a gang of violent criminals. 私会党徒；恶棍；歹徒。

**sanatorium** *k.n.* sanatorium; establishment for treating chronic diseases or convalescents; room or building for sick persons in a school, etc. 疗养院；休养地。

**sandar** *k.k.t./i.* lean (p.t. *leaned*, p.p. *leant*); put or be in a sloping position; rest against for support; depend on for help. 倚靠；倾向；倾斜。

**sandera** *k.n.* hostage; person held as security that the holder's demands will be satisfied. 人质。

**sandwic** *k.n.* sandwich; two or more slices of bread with a layer of filling between; thing arranged like this. 三明治；三明治状物；夹心物。

**sanga** *k.n.* dross; scum on metal; impurities; rubbish. 浮渣；渣滓；杂质。

**sangat** *kkt.* intensely. 激烈地。 **tersangat** *adj.* intense; strong in quality or degree; feeling strong emotion. 激烈的；强烈的；极度的。

**sangga** *k.n.* buttress; support built against a wall; thing that supports or reinforces; cantilever; projecting beam or girder supporting a structure; corbel; stone or wooden support projecting from a wall; pier; pillar or similar structure supporting an arch or bridge; strut; bar of wood or metal supporting something. 扶壁；撑墙；支持物。

**sanggah, menyanggah** *k.k.i.* expostulate; protest; remonstrate. 劝戒；反对；对抗；抗议。

**sanggahan** *k.n.* expostulation. 告戒；劝戒。

**sanggama** *k.n.* coitus; coition; sexual intercourse. 性交。

**sanggul** *k.n.* bun; hair twisted into a bun shape at the back of the head. 发髻。

**sangkal** *k.k.t.* negate; nullify; disprove. 否定；否认；取消。 **menyangkal** *k.k.t.* disown; refuse to acknowledge as one's own; reject all connection with; deny; say that (a thing) is untrue or does not exist; prevent from having; show to be wrong. 声明脱离关系；否定。

**sangkalan** *k.n.* denial; denying; statement that a thing is not true; deprecation. 否认；推却；拒绝。

**sangkar** *k.n.* hutch; box-like pen for rabbits. (家禽的)笼；兔箱。

**sangsi** *adj.* dubious; doubtful; incredulous; unbelieving; showing disbelief. 可疑的；半信半疑的；不确实的。 **menyangsikan** *k.k.t.* discredit (p.t. *discredited*); refuse to believe; cause to be disbelieved. 使丧失信誉;怀疑;疑惑。 **menyangsikan** *adj.* equivocal; ambiguous; questionable. 可疑的;不明确的。

**sanjung** *k.k.t.* idolize; love or admire excessively; eulogize; write or utter a eulogy of. 过度崇拜；赞扬。○ **menyanjung** *k.k.t.* exalt; praise highly; make joyful; eulogize; write or utter a eulogy of; glorify; worship; make (a thing) seem grander than it is. 称赞；赞扬。

**sanjungan** *k.n.* eulogy; piece of spoken or written praise; adulation; excessive flattery; exaltation; glorification. 颂词；颂文。

**Sanskrit** *k.n.* Sanskrit; ancient Indo-European language. 梵文；梵语。

**santun** *adj.* decent; conforming to accepted standards of what is proper; respectable; (*colloq.*) quite good; (*colloq.*) kind; obliging; graceful; having or showing grace; suave; smooth-mannered. 正派的；有教养的；合乎礼仪的；十分好的；仁慈的。

**sapa** *k.k.t.* address; speak to. 演说；称呼；招呼。○ **menyapa** *k.k.t.* accost; approach and speak to. 问候；寒暄；招呼；搭讪。

**sapi** *k.n.* ox; animal of or related to the kind kept as domestic cattle; fully grown bullock. 公牛。

**sapu, menyapu** *k.k.t.* sweep (p.t. swept); clear away with or as if with a broom or brush; clean or clear (a surface) thus; move or remove by pushing. (用扫帚) 扫；(拿刷子) 刷；打扫；刮去；掠过。 ~ **bersih** *k.k.t.* sweep the board; win all the prizes. 赢得全部赌注；全胜。

**sapuan** *k.n.* sweep; sweeping movement or line or slope; act of sweeping. 刮；打扫；扫荡。

**sapu tangan** *k.n.* handkerchief (pl. *-fs*); small square of cloth for wiping the nose, etc. 手帕。 ~ **kepala** *k.n.* kerchief; square scarf worn on the head. 头巾；围巾。

**Saracen** *k.n.* Saracen; Arab or Muslim of the time of the Crusades. 十字军战争时代的阿拉伯人或伊斯兰教徒；撒拉逊人。

**saraf** *k.n.* nerve; fibre carrying impulses of sensation or movement between the brain or spinal cord and a part of the body. 神经。

**sarang** *k.n.* den; wild animal's lair; person's small private room; nest; structure or place in which a bird lays eggs and shelters its young; breeding-place; snug place; shelter. 窝；兽穴；匪窟。○ **bersarang** *k.k.i.* make or have a nest. 筑窝。

**sarapan** *k.n.* breakfast; first meal of the day. 早饭；早餐。

**sarat, menyarati** *k.k.t.* overload; put too great a load on or in. 使超载；使超过负荷。

**sardin** *k.n.* sardine; young pilchard or similar small fish. 鳁鱼；沙丁鱼。

**sari**[1] *k.n.* gist; essential points or general sense of a speech, etc. 精髓；本质；要旨；要点；诉讼主因。

**sari**[2] *k.n.* sari; length or cloth draped round the body, worn as the main garment by Hindu women. 沙厘；印度妇女穿的围身长巾。

**saring, menyaring** *k.k.t.* bowdlerize; expurgate. 删节 (书中不妥之处)；删改。

**saringan** *k.n.* heat; preliminary contest. 预赛；初步；预备工作 (措施等)。

**sarjan** *k.n.* sergeant; army N.C.O. ranking just above corporal; police officer ranking just below inspector. 军士；中士。 ~ **mejar** *k.n.* sergeant-major; warrant officer assisting an adjutant. 准尉；军士长。

**sarjana** *k.n.* master; scholar; person with great learning. 硕士；学者；专家；能手。 ~ **sastera** *k.n.* Master of Arts; person with a high university degree. 文学硕士。

**sarkas** *k.n.* circus; travelling show with performing animals, acrobats, etc. 马戏团。

**sarsaparila** *k.n.* sarsaparilla; tropical American plant; its dried root. 菝葜；菝葜根。

**sarung** *k.n.* case; container or protective covering. 箱；盒；套；容器。~ **senjata api** *k.n.* holster; leather case holding a pistol or revolver. 手枪套。~ **tangan bulu** *k.n.* muff; tube-shaped, usu. furry covering for the hands. 皮手筒；一种用动物毛皮制成的防寒手套。~ **tangan** *k.n.* gauntlet; glove with a long wide cuff; this cuff. (骑马、击剑等用的)长手套；铁护手。

**sasa** *adj.* beefy (*-ier, -iest*); having a solid muscular body; sturdy (*-ier, -iest*); strongly built; hardy; vigorous. 体格结实的；肌肉发达的。

**sasar** *adj.* lost one's way. 迷路的；走错路的。

**sasaran** *k.n.* target; object or mark to be hit in shooting, etc.; person or thing against which criticism is directed; objective; minimum result desired. 目标；靶子。

**sasau** *adj.* batty; crackers; cracked; (*sl.*) crazy. 精神不正常的；疯癫的。

**Sassenach** *k.n.* Sassenach; (*Sc. & Irish*) Englishman. 撒克逊裔人；典型的英格兰人。

**sastera** *k.n.* art; (*pl.*) subjects other than sciences, requiring sensitive understanding rather than use of measurement. 艺术；文学；文艺。

**sat** *k.n.* ace; playingcard with one spot; heart; playingcard of the suit marked with these. 纸牌游戏中的幺点。

**satelit** *k.n.* satellite; heavenly or artificial body revolving round a planet; country that is subservient to another. 卫星；附属国。

**satin** *k.n.* sateen; closely woven cotton fabric resembling satin; silky material that is glossy on one side. 棉缎；纬缎。

**satu**[1] *adj.* one; any; each; single; individual; forming a unity. 一；一个的。
—*k.g.* person; any person (esp. used by a speaker or writer of himself as representing people in general). 人称。~ **sama lain** one another; each other. 互相。~ **hari** one day; at some unspecified date. 有一天；改天。

**satu**[2] *k.n.* smallest whole number (1, I); single thing or person; (*colloq.*) blow. 最小的号码(1)；单位；个人。

**saudagar** *k.n.* merchant; wholesale trader; (*U.S. & Sc.*) retail trader; (*sl.*) person fond of a certain activity. 商人；贸易商。**bank** ~ *k.n.* merchant bank; one dealing in commercial loans and the financing of business. 商业银行。

**sauh** *k.n.* anchor; heavy metal structure for mooring a ship to the sea-bottom. 锚。**bersauh** *k.k.i.* fix anchor; fix firmly. (下锚以)泊船；把…系住。

**sauna** *k.n.* sauna; Finnish-style steam bath. 桑拿浴；蒸汽浴。

**savana** *k.n.* savannah; grassy plain in hot regions. 亚洲的热带大草原；美国东南部的无树平原。

**sawan** *k.n.* fit; sudden attack of illness or its symptoms, or of convulsions or loss of consciousness; short period of a feeling or activity. 痉挛；病发；婴儿惊风；感情突发。

**sawang** *k.n.* cobweb; network spun by a spider; fine filmy piece of cobweb; gossamer. 蜘蛛网。

**sawi** *k.n.* mustard; plant with yellow flowers and sharp-tasting seeds; these seeds ground to paste as a condiment. 芥末。

**saya** *k.g.* me; objective case of *I*; I; person speaking or writing and referring to himself. 我；本人。~ **sendiri** *k.g.* myself; emphatic and reflective form of *I* and *me*. 我自己。

**sayang** *adj. & k.n.* darling; dearly loved or lovable (person or thing). 情人(的)；宠儿(的)；宠物(的)。

**sayu** *adj.* melancholy; sad; gloomy. 忧郁的；沮丧的。

**sayur** *k.n.* vegetable; plant grown for food. 蔬菜。

**sebab** *k.n.* cause; what produces an effect; reason or motive for action, etc. 原因。

**menyebabkan** *k.k.t.* effectuate; be the cause of; make happen. 使实现；成为…的原因；导致。

**sebak** *k.n.* parting; line from which hair is combed in different directions. 头发的分缝。

**sebar, menyebarkan** *k.k.t.* disseminate; spread widely; invigorate; fill with vigour; give strength or courage to. 传播；散布；普及；播种。

**sebarang** *adj.* any; one or some from there or more or from a quantity; every; in a significant amount. 任何一个的；任何的；若干的；每一的。—*k.g.* one; some. 任何一（个）。—*kkt.* at all. 即使…（也不）。

**sebelas** *adj. & k.n.* eleven; one more than ten (11, XI); team of eleven players. 十一（的）。**kesebelas** *adj. & k.n.* eleventh. 第十一（的）；十一分之一（的）。

**sebenar** *adj.* actual; existing in fact; current. 实在的；真实的；现行的。

**sebentar** *kkt.* awhile; for a short time. 一会儿地；片刻地。

**seberang, penyeberangan** *k.n.* crossing; journey across water; place where things cross; place for pedestrians to cross a road. 横渡；交叉点；行人穿越道。

**sebut, menyebut** *k.k.t.* mention; speak or write about briefly; refer to by name. 提到；说起；提述。

**sebutan** *k.n.* mention; act of mentioning; being mentioned. 提到；提述。

**sedang** *k.n.* medium (pl. *media*); middle size, quality, etc. 中庸；适中；中等；合适。

**sedap** *adj.* delicious; delightful, esp. to taste or smell; palatable; pleasant to the taste or mind. 美味的；可口的；好吃的；芬芳的。

**sedar** *adj.* conscious; with mental faculties awake; aware; having knowledge or realization; intentional. 神志清醒的；有知觉的；醒悟的。**menyedari** *k.k.t.* realize; be or become aware of. 领悟；了解。

**sedekah** *k.n.* alms; money, etc. given to the poor. 施舍；救济品；救济金。

**sederhana** *adj.* abstemious; not selfindulgent; middling; moderately good; moderate; medium; not extreme or excessive; modest; not vain or boastful; moderate in size, etc.; not showy; showing regard for conventional decencies. 有节制的；适度的；中等的。**menyederhanakan** *k.k.t.* make or become moderate or less intense. 简化。

**sedge** *k.n.* sedge; grass-like plant(s) growing in marshes or by water. 莎草。

**sedia** *adj.* ready (*-ier, -iest*); fit or available for action or use; willing; about or inclined (to do something); quick. 准备妥当的；情愿的；迅速的；将要的。**bersedia** *k.k.i.* ready; ready for action. 准备面对；预备好。**bersedia menolong** *adj.* accommodating; willing to do as asked. 乐于助人的。**tersedia** available; ready to be used; obtainable. 已准备好的；可利用的。

**sedia kala** *adj.* immemorial; existing from before what can be remembered. 古老的；远古的。

**sedih** *adj.*, **bersedih** *k.k.i.* sorrow; feel sorrow; grieve. 悲哀的；忧伤的；悲伤；悲痛。**menyedihkan** *adj.* grievous; causing grief. 令人悲伤的；令人痛苦的。

**sedikit** *adj.* slim (*slimmer, slimmest*); small; insufficient; dribblet; modicum; spot; (*colloq.*) small amount. 纤细的；微小的；不充分的。

**sedu** *k.n.* hiccup; cough-like stopping of breath. 打嗝；哽咽。**tersedu** *k.k.i.* make this sound. 发出打嗝声。

**seduh** *k.k.t.* infuse; steep (tea or herbs, etc.) in liquid; (of tea, etc.) undergo this. 泡；浸。

**seduhan** *k.n.* infusion; liquid made by this. 泡剂；浸剂。

**sedut** *k.k.t.* inhale; breathe in; draw (tobacco smoke) into the lungs. 抽吸；吸入。

**segak** *adj.* dapper; neat and smart; gracious; elegant. 有风度的；整齐的；端正的。

**segan** *adj.* coy (*-er, -est*); pretending to be shy or embarrassed. 羞怯的；害羞的。

**segar** *adj.* fresh (*-er, -est*); new; not stale or faded; not preserved by tinning or freezing, etc.; refreshing; vigorous; roaring; briskly active; sweet (*-er, -est*). 新鲜的；清新的；舒畅的。 **menyegarkan** *k.k.t./i.* freshen; make or become fresh. 使新鲜；使舒畅。

**segenting** *k.n.* isthmus (pl. *-muses*); narrow strip of land with water on each side, connecting two masses of land. 地峡。

**segera** *adj.* immediate; with no delays; nearest; with nothing between; instant; (of food) designed to be prepared quickly. 立刻的；即刻的；直接的；当前的；速食的。

**segi** *k.n.* facet; one of many sides of a cut stone or jewel; one aspect. 侧边；宝石等的刻面。

**segi empat, ~ selari** *k.n.* parallelogram; four-sided geometric figure with its opposite sides parallel to each other. 平行四边形。

**segi enam** *k.n.* hexagon; geometric figure with six sides. 六角形；六边形。 **bersegi enam** *adj.* hexagonal. 六角形的。

**segi tujuh** *k.n.* heptagon; geometric figure with seven sides. 七角形；七边形。

**seigneur** *k.n.* seigneur; feudal lord. 封建领主；诸侯；庄园主。

**seismologi** *k.n.* seismology; the study of earthquakes. 地震学。

**sejagat** *adj.* catholic; universal; including many or most things. 包容一切的；普遍的；世界的；宇宙的。

**sejarah** *k.n.* history; past events; methodical record of these; study of past events. 历史；过去的事迹；史实；史学；来历；生平。 **ahli ~** *k.n.* historian; expert in or writer of history. 历史学家。 **mencipta ~** make history; do something memorable. 创造历史；做出永垂史册的事。 **bersejarah** *adj.* historic; famous in history. 历史上有名的；有历史性的。

**sejat** *k.k.t./i.* evaporate; turn into vapour; cease to exist. 蒸发；使除去水分。

**sejuk** *adj.* cold (*-er, -est*); at or having a low temperature; not affectionate; not enthusiastic; (of scent in hunting) grown faint; (*colloq.*) at one's mercy; (*sl.*) unconscious. 冷的；低温的；冷淡的；失去知觉的。 —*k.n.* low temperature varying with that of the surroundings; unfeeling; ruthless. 寒冷；冰冻；残酷。

**sekali** *kkt., k.h. & k.n.* once; on one occasion; one time or occurrence; at all. 一次；一切；全部。 **sekali-sekala** *adj.* infrequent; not frequent. 罕见的；很少发生的；偶有的。

**sekam** *k.n.* chaff; corn-husks separated from seed. 谷壳。

**sekarang** *kkt.* now; at the time when or of which one is writing or speaking; immediately. 现在；目前；当今；此刻。

**sekat, menyekat** *k.k.t.* set up a blockade of; divide into parts or by a partition. 堵塞；隔开；阻挠。

**sekatan** *k.n.* blockade; blocking of access to a place, to prevent entry of goods, etc.; bulkhead; partition in a ship, etc. 封锁；堵塞；阻碍；间格。

**sekedudukan** *k.n.* cohabitation. 同居；同住。

**sekeliling** *k.n.* environment; surroundings. 环境；周围；周围的事物。

**sekoci** *k.n.* sloop; small ship with one mast. 单桅小船；小型舰。

**sekoi** *k.n.* millet; tall cereal plant; its small seeds. 黍；稷。

**sekolah** *k.n.* school; institution for educating children or giving instruction. 学校；学派。

**sekongkol** *k.n.* conspirator; one who conspires. 同谋者。 **bersekongkol** *k.k.i.* conspire; plan secretly and usu. unlawfully against others. 谋反；结党共谋。

**sekopong** *k.n.* spade; playing card of the suit marked with black figures shaped like an inverted heart with a small stem. 黑桃牌。

**sekretariat** *k.n.* secretariat; administrative office or department. 秘书或书记的职务；秘书处；书记处。

**seksa** *adj.* intolerable; unbearable. 无法忍受的；难受的；痛苦的。 **menyeksa** *k.k.t.* chastise; punish, esp. by beating. 鞭打；责罚；惩罚。

**sekstan** *k.n.* sextant; instrument for finding one's position by measuring the height of the sun, etc. 六分仪。

**sekstet** *k.n.* sextet; group of six instruments or voices; music for these. 六重唱；六重奏；六人（或物）一组。

**sektor** *k.n.* sector; part of an area; branch of an activity; section of a circular area between two lines drawn from its centre to its circumference. 扇形；分区；部分；部门。

**sekutu** *k.n.* ally; country or person in alliance with another; associate; companion; partner; subordinate member. 联盟；同盟国；同盟者；联合；结伙。 **bersekutu** *k.k.i.* associated; having subordinate membership; ally; join as an ally. 联合；联盟；结交。

**sel** *k.n.* cell; small room for a monk or prisoner; compartment in a honey-comb; device for producing electric current chemically; microscopic unit of living matter; small group as a nucleus of political activities. 小囚室；巢；电池；细胞。

**sela, sela-menyela** *k.n.* intermittent; occurring at intervals. 间歇；空隙；间隔。

**selada** *k.n.* cress; plant with hot tasting leaves used in salads; lettuce. 水芹；萵口苣。

**selak** *k.n.* bolt; sliding bar for fastening a door; sliding part of a rifle breech; strong metal pin. （门窗等）插销；闩；螺钉。 **menyelak** *k.k.t.* fasten with bolt(s). 上闩。

**selalu** *kkt.* always; at all times; whatever the circumstances. 经常；总是。

**selamat** *adj.* safe. 安全的；平安的。 ~ **tinggal** *sr.* cheerio (*colloq.*); goodbye; expression used when parting. 再见。

**selamba** *adj.* barefaced; shameless; undisguised; impassive; not feeling or showing emotion. 无耻的；厚颜的。

**selang, berselang-seli** *adj.* alternate; first one then the other successively. 交替的；轮流的；间隔的。 **menyelangi** *k.k.t./i.* alternate; place or occur, etc. alternately. 交替；轮流。

**selangkang** *k.n.* groin; curved edge where two vaults meet in a roof; arch supporting a vault. 鼠蹊；穹棱。

**selaras** *adj.* consistent. 一致的；连贯的；配合的。 **tidak ~** *adj.* inconsistent; not consistent. 不一致的。

**selari** *adj.* parallel; (of lines or planes) going continuously at the same distance from each other; similar; corresponding. 平行的；一致的。 **garis ~** *k.n.* parallel line or thing; line on a map or globe, drawn parallel to the equator; comparison; analogy. 平行线；纬线。

**Selasa** *k.n.* Tuesday; day after Monday. 星期二。

**selasar** *k.n.* loggia; open-sided gallery or arcade. 凉廊；走廊；通道。

**selat** *k.n.* sound; strait. 海峡；海湾。

**selatan** *k.n.* south; point or direction to the right of a person facing east; southern part. 南；南方；南部。

**selekeh** *adj.* dowdy (*-ier, -iest*); unattractively dull; not stylish; dressed in dowdy clothes; frowsty; fusty; stuffy; messy (*-ier, -iest*); untidy or dirty; slovenly. 衣着不整洁的；不雅观的。

**selekoh** *k.n.* corner. 角；拐角处。 **~ tajam** *k.n.* hairpin bend; sharp U-shaped bend in a road. U字形急弯路。

**selendang** *k.n.* shawl; large piece of soft fabric worn round the shoulders or wrapped round a baby as a covering. 长方形披巾；长围巾。

**selera** *k.n.* appetite; desire, esp. for food. 胃口；食欲；欲望。 **menyelerakan** *adj.* appetizing; stimulating the appetite. 开胃的；引起食欲的。

**selesa** *adj.* comfortable; comfy (*colloq.*); cosy; providing or having ease and contentment; not close or restricted. 舒畅的；安适的；宽阔的。

**selesema** *k.n.* flu (*colloq.*); influenza. 流行性感冒；着凉。

**selia, menyelia** *k.k.i.* invigilate; supervise candidates at an examination. 监督；视察；监考。 —*k.k.t.* supervise; direct and inspect. 管理；监督；视察。

**selidik** *k.k.t.* devil (p.t. *devilled*); do research for an author or barrister. 研究；作学术研究；调查；探究。

**selimut** *k.n.* blanket; warm covering made of woollen or similar material; thick covering mass. 毛毯；绒被。 **menyelimut** *k.k.t.* blanketed; cover with a blanket. 盖住；遮掩。 **menyelimuti** *k.k.t.* muffle; wrap for warmth or protection, or to deaden sound. 蒙住；裹住；压抑。

**selinap, menyelinap** *k.k.i.* decamp; go away suddenly or secretly. 潜逃；逃亡。

**selingan** *k.n.* interlude; interval; thing happening or performed in this. 幕间节目；插剧；插曲；穿插事件；间隔。

**selipar** *k.n.* slipper; light loose shoe for indoor wear. 拖鞋；便鞋。

**selisih** *k.n.* difference. 差异；差别；歧见。 **berselisih faham** *k.k.i.* disagree; have a different opinion; fail to agree; quarrel. 不合；意见相左；争论。 **berselisih** *k.k.i.* make or cause to make a clash; conflict. 起冲突；争斗。

**selit, menyelitkan** *k.k.t.* insert; put into or between or among. 插进；嵌入。

**selo** *k.n.* cello (pl. *-os*); bass instrument like a violin. 大提琴。 **pemain ~** *k.n.* cellist; its player. 大提琴演奏者。

**Selofan** *k.n.* Cellophane: thin transparent wrapping material. 玻璃纸。

**selokan** *k.n.* moat; deep, wide, usu. water-filled ditch round a castle or house, etc. 护城河；壕；深沟。

**seloroh** *k.k.t.* hoax; deceive jokingly. 戏弄；嘲笑。

**seluar** *k.n.* breeches (*pl.*); trousers reaching to just below the knees; trousers; two-legged outer garment reaching from the waist, usu. to the ankles. 马裤；长裤。 **~ kembang** *k.n.* bloomers (*pl.*); (*colloq.*) knickers. 布卢默女服（一种有短裙和灯笼裤的女装）。 **~ dalam** *k.n.* panties (*pl.*); (*colloq.*) short knickers. 内裤；底裤。

**selubung** *k.n.* shroud; thing that conceals. 遮蔽物；包裹物。 **menyelubungkan** *k.k.t.* protect or conceal in a wrapping; conceal. 掩蔽；用…遮盖。

**seludup, menyeludup** *k.k.t.* smuggle; convey secretly; bring (goods) illegally into or out of a country, esp. without paying customs duties. 走私；私运。

**seludupan** *k.n.* contraband; smuggled goods. 私运品；违禁品。

**selular** *adj.* cellular; of or consisting of cells; woven with open mesh. 由细胞组成的；有孔窝的；细胞的。

**seluloid** *k.n.* celluloid; plastic made from cellulose nitrate and camphor. 赛璐珞；假象牙。

**selulosa** *k.n.* cellulose; organic substance in plant tissues, used in making plastics; paint made from this. 纤维素；植物纤维物质。

**selumbar** *k.n.* splinter; thin sharp piece of broken wood, etc. 尖片；木屑；裂片。

**seluruh** *adj.* entire; complete. 完整的；

整个的；全部的；全体的。 —awl. pan-; all-, whole. (前缀) 表示"全；总；泛"。

**selut** *k.n.* slime; unpleasant thick slippery liquid substance. 粘质物；粘液；粘泥。 **berselut** *adj.* slimy. 粘性的；泥泞的。

**semai, menyemai** *k.k.t.* plant; place in soil for growing. 种植；播种。

**semak** *k.n.* shrubs; undergrowth. 矮林；林下植物；灌木丛。 ~ **belukar** *k.n.* coppice; copse; group of small trees and undergrowth. 小灌木林。

**semak, menyemak** *k.k.t.* check; test or examine for correctness, etc.; (*U.S.*) correspond when compared. 检查；检验；校正。 ~ **silang** *k.k.t.* cross check; check again by a different method. 反复检正。

**semangat** *k.n.* spirit; mind or animating principle as distinct from body; soul; person's nature; characteristic quality; real meaning; liveliness; boldness. 精神；心灵；灵魂；活力。 **bersemangat** *adj.* exuberant; full of high spirits. 兴高采烈的；活力充沛的。 **membangkitkan** ~ *k.k.t.* hearten; cause to feel encouraged. 鼓励；刺激。 **mematahkan** ~ *k.k.t.* demoralize; weaken the morale of; dishearten. 败坏道德；使衰弱；使沮丧。 **patah** ~ *k.n.* demoralization. 道德败坏。

**semangka** *k.n.* melon; large sweet fruit of various gourds. 瓜；西瓜。

**semantik** *adj.* semantic; of meaning in language. 语义的。 **ilmu** ~ *k.n.* semantic; study of meaning. 语义。

**semantis** *k.n.* semantics (*pl.*); meaning(s); connotation. 语义学；符号学。

**semasa** *adj.* current; belonging to the present time. 现时的；现行的；当前的。

**sembang** *k.n.* chat; informal conversation; chit-chat; gossip; confab. 闲谈；聊天。 **bersembang** *k.k.i.* chatted; have a chat. 闲谈；畅谈；聊天。

**sembarangan** *adj.* haphazard; done or chosen at random; indiscriminate; not discriminating; not making a careful choice. 任意的；不加选择的。

**sembelih, menyembelih** *k.k.t.* slaughter; kill (animals) for food; kill ruthlessly or in great numbers. 宰杀；屠杀。 **rumah** ~ *k.n.* slaughterhouse; place where animals are killed for food. 屠杀场。

**sembelit** *k.n.* constipation; difficulty in emptying the bowels. 便秘。

**sembilan** *adj. & k.n.* nine; one more than eight (9, IX). 九（的）。 **kesembilan** *adj. & k.n.* ninth. 第九（的）。 ~ **belas** *adj. & k.n.* nineteen; one more than eighteen (19, XIX). 十九（的）。 **kesembilan belas** *adj. & k.n.* nineteenth. 第十九（的）。 ~ **puluh** *adj. & k.n.* ninety; nine times ten (90, XC). 九十（的）。 **kesembilan puluh** *adj. & k.n.* ninetieth. 第九十（的）。

**semborono** *adj.* flippant; not showing proper seriousness. 轻率的；无礼的；不认真的。

**semboyan** *k.n.* password; secret word(s); knowledge of which distinguishes friend from enemy. 用以分辨敌友的秘密口令；暗语；警号。

**sembuh** *k.k.i.* heal; form healthy flesh again; unite after being cut or broken; cause to do this. 痊愈；复原。

**sembunyi** *k.k.i.* hide (p.t. *hid*, p.p. *hidden*) put or keep out of sight; keep secret; conceal oneself. 隐藏；隐瞒。 **menyembunyikan** *k.k.t.* conceal; hide; keep secret; put into a cache. 隐匿；隐蔽；隐瞒。 **tersembunyi** *adj.* occult; secret. 神秘的；玄奥的；隐藏的。

**semenanjung** *k.n.* peninsula; piece of land almost surrounded by water. 半岛。

**sementara** *adj.* impermanent; not permanent. 非永久的；暂时的；不持久的。 —*kkt.* interim intervening period; of or in such a period; temporary. 在过渡时期。 ~ **itu** meantime; meanwhile;

in the intervening period; at the same time. 在…期间；其时；在那当儿。

**semester** *k.n.* semester; half-year term in an American university. 学期。

**seminar** *k.n.* seminar; small class for advanced discussion and research. 研究班；讨论会；研讨会。

**seminari** *k.n.* seminary; training college for priests or rabbis. 神学院。

**sempadan** *k.n.* border; edge; boundary; part near this; edging; flower-bed round part of a garden; line that marks a limit; hit to the boundary in cricket; frontier; boundary between countries. 边界；边境；界限。 **bersempadankan** *k.k.t.* border on; be next to; come close to being. 在边界；以…为界限；接近。

**sempang** *k.n.* hyphen; the sign (-) used to join words together or divide a word into parts. 连字符号。

**sempit** *adj.* narrow (*-er, -est*); small across; not wide; with little margin or scope or variety. 狭窄的；气量小的；有偏见的。 **menyempitkan** *k.k.t.* make or become narrower. 弄窄；使狭窄。 **berfikiran ~** *adj.* narrow minded; having intolerant views. 思想偏执的。

**semprot** *k.n.* douche; jet of water applied to the body; device for applying this. 冲洗；灌洗；灌洗器；灌洗疗法。 **menyemprot** *k.k.t.* use a douche (on). 使用灌洗疗法。

**sempurna** *adj.* complete; having all its parts; finished; thorough; in every way; accomplish; succeed in doing or achieving; consummate; flawless; without a flaw; impeccable; irreproachable; blameless; perfect; complete; entire; faultless; excellent. 完成的；圆满的；完整的；完善的；完美的；确实的。 **menyempurnakan** *k.k.t.* complete; make complete; fill in (a form, etc.). 使完整；使齐全；使完善。 **tidak ~** *adj.* imperfect; not perfect. 不完整的；不完全的；有缺陷的；未完成的。

**semu** *adj.* sham; pretended; not genuine. 虚伪的；假冒的；仿造的。

**semua, kesemua** *k.k.t.* altogether; entirely; on the whole. 完全；全然；总共。

**semula** *kkt.* again; another time; once more. 再；又；此外。 **~ jadi** *adj.* inborn; existing in a person or animal from birth; natural. 天生的；天性的。

**semut** *k.n.* ant; small insect living in a highly organized group. 蚂蚁。

**sen** *k.n.* cent; hundredth part of a dollar or other currency; coin worth this. 分（货币单位）。

**senak** *k.n.* indigestion; pain caused by difficulty in digesting food. 消化不良；腹胀。

**senandung, bersenandung** *k.k.i.* croon; sing softly. 低唱；哼唱。

**senang** *adj.* cushy (*-ier, -iest*); (*colloq.*) pleasant and easy; done or got without great effort; free from pain or trouble or anxiety. 舒适的；容易的；轻松的；安逸的。 **bersenang-senang** *k.k.i.* nestle; press oneself comfortably into a soft place. 安卧；悠闲自得。

**senapang** *k.n.* gun weapon that sends shells or bullets from a metal tube; device operating similarly. 炮；手枪；枪状物。 **~ angin** *k.n.* airgun; gun with a missile propelled by compressed air. 气枪。 **tukang ~** *k.n.* gunsmith; maker and repairer of small firearms. 枪炮工。

**senarai** *k.n.* list; written or printed series of names, items, figures, etc. 表；名单；目录。 **menyenaraikan** *k.k.t.* list; make a list of; enter in a list. 列举；把…列入表（名单、目录等）中。 **~ gaji** *k.n.* payroll; list of a firm's employees receiving regular pay. 薪饷名单。

**senat** *k.n.* senate; governing council in ancient Rome; upper house of certain parliaments (e.g. U.S.A.; France); governing body of certain universities. 上议院；参议院；一些大学的评议会。

**senator** *k.n.* senator; member of a senate. 上议员；参议员。

**senda, bersenda** *k.k.i.* jest; joke. 开玩笑；戏弄。**mempersendakan** *k.k.t.* bait; torment by jeers. 引诱；作弄。

**sendawa** *k.n.* belch; act or sound of belching. 打嗝；嗝声。**bersendawa** *k.k.i.* send out wind noisily from the stomach through the mouth. 打嗝；发打嗝声。

**sendeng** *adj.* askew; crooked; awry; twisted to one side; amiss. 歪斜的；不正的。

**sendi** *k.n.* joint; structure where parts or bones fit together. 接合处；人体关节。~ **tarsus** *k.n.* hock; middle joint of an animal's hind leg. (有蹄类动物的)跗关节。

**sendiri** *adj.* own; belonging to oneself or itself. 自己的；本身的；独自的。—*k.g.* oneself; emphatic and reflexive form of one. 自身；亲自。—*kkt.* alone; not with others; without company or help. 单独地；孤独地；独自地。

**senduk** *k.n.* ladle; deep long-handled spoon for transferring liquids. 长柄杓。**menyenduk** *k.k.t.* transfer with a ladle. 用杓舀取。

**sengaja** *adj.* deliberate; intentional. 故意的；蓄意的。**tidak ~** *adj.* involuntary; done without intention or without conscious effort; inadvertent; unintentional. 无意的；不自觉的；不由自主的。

**sengau** *adj.* nasal; sounding as if breath came out through the nose. 鼻的；鼻音的；带鼻音的。

**senget** *k.k.i.* list; (of a ship) lean over to one side. (船等)倾侧。**menyengetkan** *k.k.t./i.* cant; tilt; slope. 倾斜；使倾斜。

**senggara** *k.k.t.* maintain; keep in repair. 维持；保养。

**senggok, menyenggok** *k.k.t.* gore; pierce with a horn. 用角抵伤；刺破。

**sengih, menyengih** *k.k.i.* grin; (p.t. *grinned*); smile broadly, showing the teeth. 露齿而笑；咧嘴。

**sengihan** *k.n.* broad smile. 露齿笑；狞笑。

**sengkang** *k.n.* chock; block or wedge for preventing something from moving. 楔子；垫木。**menyengkang** *k.k.t.* wedge with chock(s). 用楔子垫阻。

**sengsara** *k.n.* agony; extreme suffering; anguish; severe physical or mental pain; ordeal; difficult experience. 痛苦；极度的痛苦；折磨；苦难的经验。

**seni** *adj.* artistic; of art or artists; showing or done with good taste. 优美的；艺术的；精巧的。**berseni** *adj.* artful; crafty. 艺术性的。—*k.n.* art; production of something beautiful; skill or ability; paintings or sculptures, etc. 艺术；艺术品；技艺；创作艺术。~ **bina** *k.n.* designing of buildings; style of building(s). 建筑艺术。

**seniman** *k.n.* actor; performer in stage play(s) or film(s). 男演员；艺术工作者。

**seniwati** *k.n.* actress (*fem.*). 女演员。

**senior** *adj.* senior; older; higher in rank or authority; for older children. 年长的；资深的。

**senja** *k.n.* dusk; darker stage of twilight. 黄昏；薄暮。

**senjakala** *k.n.* nightfall; onset of night. 傍晚；黄昏。

**senjata** *k.n.* arms; weapons; thing designed or used for inflicting harm or damage; means of coercing someone. 武器；军火。~ **api** *k.n.* firearm; gun, pistol, etc. 轻武器；枪炮。**mempersenjatai** *k.k.t.* arm; equip with weapon(s). 武装起来；配备。

**sensasi** *k.n.* sensation; feeling produced by stimulation of a sense organ or of the mind; great excitement or admiration aroused in a number of people; person or thing producing this. 感觉；轰动一时的人或事物；轰动。

**sensitif** *adj.* sensitive; affected by something; receiving impressions or responding to stimuli easily; easily hurt or offended; requiring tact. 敏感的；感觉敏锐的；过敏的。

**sentak** *k.k.t./i.* hitch; jerk; move (a thing) with a slight jerk; fasten or be fastened with a loop or hook, etc.; hitch-hike; obtain (a lift) in this way. 猛拉；急扯；抽搐；猛地一动。 —*k.n.* hitch; slight jerk; noose or knot of various kinds; temporary stoppage; snag. 急拉；突然(受阻)停止。

**sentap** *k.k.t.* hoick; (*sl.*) lift or bring out, esp. with a jerk. 急剧上升。

**sentiasa** *kkt.* ever; always. 经常；总是。

**sentigram** *k.n.* centigram (also **centigramme**); 100th of a gram. 厘克。

**sentiliter** *k.n.* centilitre; 100th of a litre. 厘升。

**sentimen** *k.n.* sentiment; mental feeling; opinion; sentimentality. 感情；情绪；感伤。

**sentimental** *adj.* sentimental; full of romantic or nostalgic feeling. 情感的；多愁善感的；伤感的。

**sentimeter** *k.n.* centimetre; 100th of a metre. 公分；厘米。 **~ padu** *k.n.* cubic centimeter; volume of a cube with sides 1 cm long, used as a unit. 立方公分。

**senyap** *k.k.i.* silence; make silent. 寂静；无声；沉默。

**senyawa, mensenyawakan** *k.k.t.* impregnate; introduce sperm or pollen into and fertilize; penetrate all parts of. 使怀孕；使受精。

**senyum** *k.k.t./i.* smile; give a smile; express by smiling; look favourable. 笑；微笑。 **tersenyum** *k.k.i.* give a smile; express by smiling; look favourable. 展开笑容。

**senyuman** *k.n.* smile; facial expression indicating pleasure or amusement, with lips stretched and their ends upturned. 微笑；笑容。

**sepai, bersepai** *k.k.i.* disintegrate; break into small parts or pieces. 崩溃；瓦解；分裂；粉碎。

**sepak** *k.k.t.* kick; strike or propel with the foot; score (a goal) by kicking a ball. 踢。

**sepakan** *k.n.* kick; act of kicking; blow with the foot. 踢。 **~ mula** *k.n.* kick-off; start of a football game. (足球)中线开球。

**sepaksi** *adj.* coaxial. 同轴的。 **kabel ~** *k.n.* coaxial cable; electric cable in which a central conductor is surrounded by an insulated tubular conductor. 同轴电缆；电缆车。

**sepana** *k.n.* spanner; tool for gripping and turning the nut on a screw, etc. 扳钳；扳手。

**sepanduk** *k.n.* banner; a kind of flag carried in processions; any flag. 旗帜；横幅标语。

**separa** *adj.* half; amounting to a half. 一半的；二分之一的。 **~ rebus** *k.k.t.* parboil; cook partially by boiling. 把…煮成半熟。

**sepen** *k.n.* larder; room or cupboard for storing food. 藏肉库；食品库。

**seperai** *k.n.* counterpane; bedspread. 被单；床单。

**seperti** *kkt. see* **bagai**. 见 **bagai**。

**sepi** *adj.* solitary; not frequented; lonely. 单独的；寂寞的；冷落的。

**sepina** *k.n.* subpoena; writ commanding a person to appear in a law court. 传唤某人出庭作证的传票。

**sepit** *k.n.* chopstick; one of a pair of sticks used in China to lift food to the mouth; pincers; nipper; claw of a lobster, etc. 筷子；钳子；夹子。

**September** *k.n.* September; ninth month of the year. 九月。

**septet** *k.n.* septet; group of seven instruments or voices; music for these. 七个一组；七重奏；七重唱。

**septisemia** *k.n.* septicaemia; blood poisoning. 败血症。

**septum** *k.n.* septum (pl. *-a.*); partition between two cavities (e.g. in the nose). 中隔；隔膜。

**sepuh** *k.n.* glaze; shiny surface or coating. 釉；釉料；光滑面。 **menyepuh** *k.k.t./i.* glaze; fit or cover with glass; coal with a glossy surface; become glassy. 上釉于；上光于；变成明亮。

**sequoia** *k.n.* sequoia; California tree growing to a great height. 红杉。

**serah, berserah** *k.k.i.* depend; trust confidently. 取决于；信任；凭靠。 **menyerah** *k.k.i.* back down; withdraw a claim or argument; cede; surrender (territory, etc.). 退却；投降；让与；自首；交出。 **~ balik** *k.k.t.* extradite; hand over or obtain (an accused person) for trial or punishment in the country where a crime was committed. 遣回；引渡。

**seram** *adj.* fearful; terrible; grisly (*-ier, -iest*); causing fear, horror or disgust; creepy. 害怕的；可怕的；厉害的；令人毛骨悚然的。

**serampang** *k.n.* gaff; stick with a hook for landing large fish; pike; long wooden shaft with a pointed metal head. 船桅斜析；攀钩；挂钩。 **menyerampang** *k.k.t.* seize with a gaff. 以攀钩钩住。

**seranah** *k.n.* invective; violent attack in words; abusive language. 诅咒；辱骂；咒骂。

**serang**[1] *k.n.* boatswain; ship's officer in charge of rigging, boats, etc. 水手长。

**serang**[2], **menyerang** *k.k.t./i.* attack; make an attack (on); act harmfully on; invade; enter (territory) with hostile intent; crowd into; penetrate harmfully; bombard; attack with artillery; send a stream of particles against; attack with questions, etc. 攻击；侵略；袭击。 **~ balas** *k.n. & k.k.t./i.* counter-attack; attack in reply to an opponent's attack. 反攻；反击。 **~ hendap** *k.n.* ambush; troops, etc. lying concealed to make a surprise attack. 埋伏；伏击。

**serangan** *k.n.* violent attempt to hurt, overcome, or defeat; strong criticism; sudden onset of illness; bombardment; invasion; onset; attack. 反攻；侵略者；抨击者；伏兵；伏击。 **~ udara** *k.n.* air raid; attack by aircraft dropping bombs. 空袭。

**serangga** *k.n.* insect; small creature with six legs, no backbone, and a segmented body. 昆虫。 **racun ~** *k.n.* insecticide; substance for killing insects. 杀虫剂。

**serani** *k.n.* Eurasian; of Europe and Asia; of mixed European and Asian parentage; Eurasian person. 欧亚混血人。

**serap** *adj.* absorbent; able to absorb moisture, etc. 有吸收力的。 **kertas ~** *k.n.* blotting-paper; absorbent paper for drying ink writing. 吸墨纸。 **menyerap** *k.k.t./i.* permeate; pass or flow into every part of; absorb; take in; combine into itself or oneself; reduce the intensity of; occupy the attention or interest of; percolate; filter, esp. through small holes; prepare in a percolator. 渗入；渗透；吸收；融和。

**serapah, menyerapah** *k.k.t.* exorcise; drive out (an evil spirit) by prayer; free (a person or place) of an evil spirit. 驱(邪)；驱(魔)；祓除。 —*k.n.* exorcism. 咒语；驱魔。

**serban** *k.n.* turban; Muslim or Sikh man's head-dress of a scarf wound round a cap. 头巾(穆斯林和锡克教徒用)。

**serbu, menyerbu** *k.k.t.* assail; attack violently. 袭击；攻击。

**serbuan** *k.n.* incursion; brief invasion; raid; onrush; onward rush. 侵略；入侵；攻击。

**serbuk** *k.n.* powder; dust. 粉；粉末。 **~ roti** *k.n.* breadcrumbs; bread crumbled for use in cooking. 面包粉；面包屑。

**serebeh** *adj.* shabby (*-ier, -iest*); worn or used and not in good condition; poorly dressed; blowzy; red-faced and coarse-looking. 衣衫褴褛的；衣冠不整的；邋遢的。

**serebrum** *adj.* cerebral; of the brain; intellectual. 大脑的；睿智的。

**seri** *k.n.* beam; bright look; smile. 笑容；有喜色；眉开眼笑。

**serigala** *k.n.* wolf; jackal; dog-like wild animal. 狼。 **anak ~** *k.n.* cub (scout); member of the junior branch of the Scout Association. 幼年童子军。 **~ jadian** *k.n.* werewolf (pl. *-wolves*); (in myths) person who at times turns into a wolf. 人狼。

**serikandi** *k.n.* heroine; female hero. 女英雄。

**serindit** *k.n.* love-bird; small parakeet that shows great affection for its mate. 情鸟；长尾鹦鹉。

**seringai** *k.n.* grimace; contortion of the face in pain or disgust or done to cause amusement. (表示痛苦、厌恶，不以为然或逗趣时) 嘴或面部的歪扭；怪相。 **menyeringai** *k.k.i.* grimace; make a grimace. 装鬼脸；作怪相。

**serius** *adj.* serious; solemn; sincere; important; not slight. 严肃的；庄重的；认真的；重要的；严重的。

**serombong** *k.n.* chimney (pl. *-eys*); structure for carrying off smoke or gases. 烟囱；烟筒；灯罩。 **pencuci ~** *k.n.* chimney-sweep; person whose trade is to remove soot from inside chimneys. 清理烟囱的工人。

**seronok** *adj.* delight. 愉快的。 **menyeronok** *k.k.i.* delight; please greatly; feel delight. 高兴；愉快。

**serpih, serpihan** *k.n.* chip; small piece cut or broken off something hard. 碎屑；碎片。 **menyerpih** *k.k.t./i.* chip (p.t. *chipped*); break or cut the edge or surface of; shape thus. 削切；切成薄片；变成碎片。

**serta** *k.k.i.,* **menyertai** *k.k.t./i.* join; come into the company of; become a member of; participate; have a share; take part in something. 加入；参加；有分于。

**serta-merta** *adj.* instantaneous; occurring or done instantly. 立即的；瞬间的；同时的。 **—k.s.n.** at once; immediately; simultaneously. 立刻；马上；即时。

**seru, menyeru** *k.k.t./i.* exclaim; cry out or utter suddenly from pain, pleasure, etc. 惊叫；呼喊。

**seruan** *k.n.* exclamation; exclaiming; word(s) exclaimed; interjection; process of interjecting; remark interjected. 惊叫；呼喊；感叹；惊叹。 **tanda ~** *k.n.* exclamation mark; punctuation mark (!) placed after an exclamation. 感叹号。

**seruling** *k.n.* flute; wind-instrument, pipe with a mouth-hole at the side; ornamental groove. 笛；竖笛。

**serum** *k.n.* serum; fluid that remains when blood has clotted; this used for inoculation; watery fluid from animal tissue. 浆液；血清。

**serviks** *k.n.* cervix; neck; neck-like structure, esp. of womb. 子宫颈。

**sesak** *adj.* congested; too full; abnormally full of blood. 充塞的；拥挤的；充血的。

**sesal** *k.n. & adj.* regret; feeling of sorrow about a loss, or of annoyance or repentance; feeling or showing regret that one has done wrong; contrite; deeply penitent; compunction; scruple. 后悔 (的)；遗憾 (的)；懊悔 (的)。 **tidak ~** *adj.* impenitent; not penitent. 无悔意的。 **menyesali** *k.k.t.* regretted; feel regret about. 后悔；感到遗憾。

**sesalan** *k.n.* contrition. 悔悟；后悔。

**sesar** *k.n.* fault; break in layers of rock. 断层；断层岩。

**sesat** *k.k.t. & adj.* astray; away from the proper path; errant; misbehaving. 迷路的；离正路的；误入歧途。 **orang ~** *k.n.* pervert; perverted person. 受误导者。 **menyesatkan** *k.k.t.* mislead (p.t. *mislead*); cause to form a wrong impression. 使迷惑；误导；引入歧途。

**sesekat** *k.n.* baffle; screen; damper; metal plate controlling the flow of air into a flue. 隔板；屏风；风档。

**sesi** *k.n.* session; meeting(s) for discussing or deciding something; period spent in an activity; academic year in certain universities; governing body of a Presbyterian church. 会议；学期；(从事某项活动的) 一段时间；基督教长老会的执行理事会。

**sesiapa** *k.n. & k.g.* anyone; anybody; any person; person of importance. 任何人；任何一个；无论是谁。

**sesuai** *adj.* applicable; able to be applied; appropriate. 可用的；能应用的；适当的；合适的。 **tidak ~** *adj.* inappropriate; unsuitable. 不合宜的。 **menyesuaikan** *k.k.t.* accommodate; harmonize; adjust; alter slightly so as to be correct or in the proper position; adapt (oneself) to new conditions; assess (loss or damages); conform; make similar. 适应；使符合；使适合。

**sesuatu** *k.n. & k.g.* anything; any thing. 任何东西；任何事物。

**sesungguhnya** *kkt.* indeed; in truth; really. 真正地；确实地。

**sesungut** *k.n.* feeler; long slender part in certain animals, used for testing things by touch; insect's feeler. 触角；触须。

**setan** *k.n.* deuce; (in exclamations of annoyance) the Devil. 讨厌；恶魔。

**setara** *adj.* co-ordinate; equivalent; equal in importance, amount, value, or meaning, etc. 同等的；对等的；平等的；相同的。

**setem** *k.n.* stamp; small adhesive label for affixing to an envelope or document to show the amount paid as postage or a fee, etc. 邮票。 **pengumpul ~** *k.n.* philatelist. 集邮家。

**setengah** *k.n.* half; one of two equal parts; this amount. 一半；二分之一；部分地。 —*kkt.* midway; half-way. 半路。

**seteru** *k.n.* foe; enemy. 敌人；仇敌。

**seterusnya** *kkt.* further; with an advancing motion; further on. 更进一步地；促进；推进。

**setia** *adj.* devoted; showing devotion; faithful; loyal; trustworthy; true; accurate. 献身的；虔诚的；专心致志的。

**setiausaha** *k.n.* secretary; person employed to help deal with correspondence and routine office-work; official in charge of an organization's correspondence; ambassador's or government minister's chief assistant. 秘书；部长助理。 **Setiausaha Negara** Secretary of State; head of a major government department. 国务大臣；国务卿。

**setinggan** *k.n.* squatter; person who takes unauthorized possession of unoccupied premises. 擅自占住者；非法占据公地或空屋者。

**setuju** *k.k.i.* agree; consent; approve as correct or acceptable; hold or reach a similar opinion; get on well together; say one is willing to do or allow what is asked. 同意；承认；调和一致；适当；适合。 **tanda ~** *k.n.* countenance; appearance of approval. 赞同；支持。 **bersetuju** *k.k.i.* assent; consent; express agreement. 同意；赞成。 **menyetujui** *k.k.t.* give approval to. 同意于。

**sewa** *k.n.* rent; periodical payment for use of land, rooms, machinery, etc. 租金。 **~-beli** *k.n.* purchase; system by which a thing becomes the hirer's after a number of payments. 分期付款。 **~ tapak** *k.n.* ground-rent; rent paid for land leased for building. 地租。 **menyewa** *k.k.t.* rent, pay or receive rent for; hire; engage or grant temporary use of, for payment. 交租；租用。 **menyewakan** *k.k.t.* let; letting; allow the use of (rooms or land) in return for payment. 出租。

**sewaan** *k.n.* rental; rent; renting; hiring. 租金总额；租用。

**sfera** *k.n.* sphere; perfectly round solid geometric figure or object. 球；球体；圆体；球形。

**shantung** *k.n.* shantung; soft Chinese silk. 山东绸。

**shekel** *k.n.* shekel; unit of money in Israel. 锡克尔；以色列货币单位。

**sheriff** *k.n.* sheriff; Crown's chief executive officer in a county; chief judge of a district in Scotland; (*U.S.*) chief law-enforcing officer of a county. 城市的行政司法长官。

**Sherpa** *k.n.* Sherpa; member of a Himalayan people of Nepal and Tibet. 尼泊尔及西藏的雪巴人或雪巴族。

**sia, sia-sia** *adj.* futile; producing no result. 无用的；无效果的；无益的。

**sialan** *k.n.* jinx (*colloq.*); influence causing bad luck. 不吉祥的人。

**sialang** *k.n.* hive; container for bees to live in; bees living in this. 蜂巢；蜂窝。

**siamang** *k.n.* ape; tailless monkey. 无尾猿；类人猿。

**siang** *k.n.* day; time while the sun is above the horizon. 白天。 ~ **hari** *k.n.* day-time; time of daylight. 白天；白昼；日间。

**sianida** *k.n.* cyanide; a strong poison. 氰化物。

**siap** *adj. see* **sedia**. 见 **sedia**。

**siapa** *k.g.* who; what or which person(s); the particular person(s). 谁；那一位；任何人。

**siar, menyiarkan** *k.k.t.* broadcast (*p.t. broadcast*); send out by radio or TV; speak on radio or TV; make generally known. 广播；传播；发表；公布。

**siaran** *k.n.* broadcast; broadcast programme. 广播；播出；广播节目。

**siasat, menyiasat** *k.k.t.* interrogate; question closely; investigate; study (a thing) carefully to discover facts about it. 质问；审问；研究；调查。

**siat, menyiat** *k.k.t.* lacerate; injure (flesh) by tearing. 损害；毁坏；撕裂；破碎；划伤。

**sibernetik** *k.n.* cybernetics; science of systems of control and communication in animals and machines. 控制论。

**sibuk** *adj.* busy (-*ier*, -*iest*); working; occupied; having much to do; full of activity. 忙碌的；繁忙的。

**sibur, sibur-sibur** *k.n.* dragonfly; long-bodied insect with gauzy wings. 蜻蜓。

**sida** *k.n.* eunuch; castrated man. 阉人；太监；宦官。

**sider** *k.n.* ciders; fermented drink made from apples. 苹果汁；苹果酒。

**sierra** *k.n.* sierra; chain of mountains with jagged peaks in Spain or Spanish America. 锯齿山脊。

**sifar** *k.n.* cipher; symbol 0 representing nought or zero. 零。

**sifat** *k.n.* nature; all that makes a thing what it is; streak; element; trait; attribute; characteristic quality. 天性；本质；要素；属性；特征。 **menyifatkan** *k.k.t.* attribute. 把…归因于。 **menyifatkan sebagai** regard as belonging to or cause by. 将…归因于；归属于。

**sifilis** *k.n.* syphilis; a venereal disease. 梅毒。

**sifon** *k.n.* chiffon; thin almost transparent fabric. 薄纱；薄绸。

**sihat** *adj.* healthy (-*ier*, -*iest*); having or showing or producing good health; beneficial; functioning well. 健康的；健全的；有益的；优良的。

**sihir** *k.n.* magic; supposed art of controlling things by supernatural power. 魔术；法术；咒语。 **ahli ~** *k.n.* magician; person skilled in magic; sorcerer; sorceress (*fem.*). 魔术师；巫师。 **ilmu ~** *k.n.* sorcery. 魔术；邪术；巫术。

**sijil** *k.n.* certificate; official document attesting certain facts. 证书；凭照；证件。

**sikal** *k.n.* cycle; bicycle; motor cycle. 旋转；自行车；电单车。

**sikap** *k.n.* attitude; way of thinking or behaving; mien; person's manner or bearing. 态度；姿势；姿态。

**sikat** *k.n.* comb; toothed strip of stiff material for tidying hair, separating strands, etc.; harrow; heavy frame with metal spikes of discs for breaking up clods. 梳

子；刷子；耙子。**menyikat** *k.k.t.* comb; tidy or separate with a comb. 梳（发）；刷（毛）；耙（土）。

**Sikh** *k.n.* Sikh; member of a certain Indian religious sect. 锡克教徒；锡克教。

**siklon** *k.n.* cyclone; violent wind rotating round a central area. 旋风；飓风。

**siklostil** *k.n.* cyclostyle; device printing copies from a stencil. 油印机。

**siklotron** *k.n.* cyclotron; apparatus for accelerating charged particles in a spiral path. 回旋加速器。

**siku** *k.n.* elbow; joint between the forearm and upper arm; part of a sleeve covering this; sharp bend. 肘；肘部；弯管；弯角。 **menyiku** *k.k.t.* elbow; thrust with one's elbow. 用肘轻触。 **menyikukan** *k.k.t.* nudge; poke (a person) gently with one's elbow to attract his attention quietly. （暗示引起注意时）用肘轻推。

**silaj** *k.n.* silage; green fodder stored and fermented in a silo. 青贮饲料。

**silam** *adj.* bygone; belonging to the past. 过去的；以往的。—*kkt.* ago; in the past. 以前。

**silang, ~ pangkah** *k.n.* herring-bone; zigzag pattern or arrangement. 交叉形；锯齿形；Z字形图案。 **~ kata** *k.n.* crossword; puzzle in which intersecting words have to be inserted into a diagram. 纵横填字字谜；填字游戏。 **menyilang** *k.k.t./i.* intersect; divide or cross by passing or lying across. 横断；交错；交叉。

**silap** *adj.* mistaken; wrong in opinion; unwise. 错误的；弄错的；不明智的。 **terselap** *k.k.i.* mistake (p.t. *mistook*, p.p. *mistaken*); misunderstand; choose or identify wrongly. 误解；弄错；把…错认；估计错。

**silau, menyilaukan** *k.k.t.* dazzle; make unable to see because of too much light. 使目眩；耀眼。

**silika** *k.n.* silica; compound of silicon occurring as quartz and in sandstone, etc. 硅石；二氧化硅。

**silikat** *k.n.* silicate; compound of silicon. 硅酸盐。

**silikon** *k.n.* silicon; chemical substance found in the earth's crust in its compound forms. 硅。

**silinder** *k.n.* cylinder; object with straight sides and circular ends. 圆筒；圆筒体。

**siling** *k.n.* ceiling; interior surface of the top of a room. 天花板。

**silo** *k.n.* silo; pit or airtight structure for holding silage; pit or tower for storing grain or cement or radioactive waste; underground place where a missile is kept ready for firing. 青饲料贮窖；导弹发射井。

**silogisme** *k.n.* syllogism; form of reasoning in which a conclusion is reached from two statements. 三段论法；演绎推理。

**simbiosis** *k.n.* symbiosis; relationship of different organisms living in close association. 共生；共栖。

**simbiotik** *adj.* symbiotic. 共生的；共栖的。

**simbol** *k.n.* symbol; thing regarded as suggesting something; mark or sign with a special meaning. 象征；表征；记号的；符号。

**simbolik** *adj.* symbolic; symbolical; of using, or used as a symbol. 记号的；符号的；象征性的。

**simbolisme** *k.n.* symbolism; use of symbols to express things. 象征主义；符号体系；象征性。

**simen** *k.n.* cement; substance of lime and clay setting like stone; similar material used as an adhesive. 水泥。 **membubuh ~** *k.k.t.* cement; put cement on; join with cement; unite firmly. 用水泥涂；粘接；巩固。

**simetri** *k.n.* symmetry; state of having parts that correspond in size, shape, and position on either side of a dividing line or round a centre. 对称；匀称。

**simetrik** *adj.* symmetrical. 对称的；匀称的。

**simfoni** *k.n.* symphony; long elaborate musical composition for a full orchestra. 交响乐；交响曲。

**simis** *k.n.* chemise; a woman's loose-fitting undergarment or dress. 女式无袖衬衫。

**simpai** *k.n.* ferrule; metal ring or cap on the end of a stick or tube; hoop; circular band of metal or wood; metal arch used in croquet. (手杖、木柄等顶端的) 金属箍；金属包头。

**simpan** *k.k.t./i.* keep (p.t. *kept*); remain or cause to remain in a specified state or position; put aside for a future time. 保存；保管。

**simpang** *k.n.* corner; angle or area where two lines, sides, or streets meet; junction; place where roads or railway lines unite. 角；拐角处；分叉。 **~ jalan** *k.n.* cross-roads; place where roads intersect. 十字路口；岔路。 **menyimpang** *k.k.t.* corner; drive into a position from which there is no escape. 使走投无路。 — *k.k.i.* deviate; turn aside from a course of action, truth, etc.; diverge; go in different directions from a point or each other; depart from a path, etc. 偏离正道；越轨；转向；闪避。 **bersimpang-siur** *k.k.i.* mill; move in a confused mass. 熙来攘往。

**simpatetik** *adj.* sympathetic; feeling or showing or resulting from sympathy; likeable. 有同情心的；表示同情的；怜悯的。

**simpati** *k.n.* sympathy; sharing or ability to share another's emotions or sensations; pity or tenderness towards a sufferer; liking for each other. 同情心；同感；怜悯。 **bersimpati** *k.k.i.* sympathize; feel or express sympathy. 深表同情；怜悯。

**simposium** *k.n.* symposium; meeting for discussing a particular subject. 专题讨论会。

**simpul, simpulan** *k.n.* knot; inter-twining of one or more pieces of thread or rope, etc. as a fastening. 绳结；缠结。 **bersimpul** *adj.* knotty (-ier, -iest); full of knots. 多结的。 **menyimpulkan** *k.k.t.* knot (p.t. *knotted*); tie or fasten with a knot; infer (p.t. *inferred*); reach (an opinion) from facts or reasoning. 打结；总结；推理。

**simptom** *k.n.* symptom; sign of the existence of a condition. 征兆；症状；病症。

**sinar, menyinari** *k.k.t.* illuminate; light up; throw light on (a subject); decorative with lights. 照明；照亮；以灯装饰。 **menyinarkan** *k.k.t.* irradiate; throw light or other radiation on. 发射光芒；照耀；照射。

**sinaran** *k.n.* ray; single line or narrow beam of radiation; trace (of hope, etc.); radiating line or part of thing; illumination. 光线；射线；发光；辐射；辐射体。

**sinar-X** *k.n.* X-ray; photograph or examination made by a kind of electromagnetic radiation (*X-rays*) that can penetrate solids. X光；X射线。

**sinder** *k.n.* cinder; piece of partly burnt coal or wood. 徐烬；煤渣。

**sindiket** *k.n.* syndicate; association of people or firms to carry out a business undertaking. 辛迪加；企业联合组织；财团。

**sindir, sindiran** *k.n.* insinuation. 暗讽；巴结。 **menyindir** *k.k.t.* insinuate; hint artfully. 暗讽；指桑骂槐。

**sindrom** *k.n.* syndrome; combination of signs, symptoms, behaviour, etc. characteristic of a specified condition. 综合病症；症候群。

**sinematografi** *k.n.* cinematography; process of making and projecting moving pictures. 电影摄影术。

**singa** *k.n.* lion; large flesh-eating animal of the cat family. 狮子。 **~ betina** *k.n.* lioness. 母狮。

**singgung, menyinggung** *k.k.t.* displease; arouse displeasure of. 伤害；触犯；惹怒。**tersinggung** *k.k.i.* aggrieved; having a grievance. 受委屈；受伤害。

**singkapan** *k.n.* outcrop; part of underlying layer of rock that projects on the surface of the ground. 露出地面的岩层。

**singkat** *adj.* brief (-er, -est); lasting only for a short time; concise; short; compendious; giving much information concisely. 简洁的；简短的；(时间)短暂的。

**singkir, menyingkirkan** *k.k.t.* discharge; dismiss; eliminate; get rid of; exclude; expel (p.t. *expelled*); send or drive out. 卸下；解除；消除；遣散；避开；疏散；抛弃。

**sini** *kkt.* here; in, at, or to this place; at this point. 这里；在这里；向这里；在这点上。

**sinis** *k.n.* cynic; person who believes motives are bad or selfish. 愤世嫉俗者；爱冷嘲热讽的人。—*adj.* cynical. 愤世嫉俗的；爱冷嘲热讽的。

**sinonim** *k.n.* synonym; word or phrase meaning the same as another in the same language. 同义词。

**sinopsis** *k.n.* synopsis; summary; brief general survey. (书或剧本等的)提要。

**sintetik** *adj.* synthetic; made by synthesis; manufactured; artificial. 合成的；人造的。—*k.n.* synthetic; synthetic substance or fabric. 化学合成物；合成纤维织物。

**sinus** *k.n.* sine; ratio of the length of one side of a right-angled triangle to the hypotenuse. 正弦。

**sipres** *k.n.* cypress; evergreen tree with dark feathery leaves. 柏树/柏属植物。

**siput, ~ babi** *k.n.* snail; soft-bodied animal with a shell that can enclose its whole body. 蜗牛。

**sirap** *k.n.* syrup; thick sweet liquid; water sweetened with sugar. 糖浆；果子露。

**sirat** *k.n.* mesh; space between threads in net or a sieve or wire screen, etc. 网眼；网状物。**tersirat** *adj.* implicit; implied but not made explicit; absolute. 错综复杂的；隐藏的；无疑的。

**siren** *k.n.* siren; device that makes a loud prolonged sound as a signal. 警讯；警急讯号。

**siri** *k.n.* series; number of things of the same kind, or related to each other, occurring or arranged or produced in order. 连续；连接；一系列。

**sirip** *k.n.* fin; thin projection from a fish's body, used for propelling and steering itself. 鳍。~ **kaki** *k.n.* flipper; large flat rubber attachment to the foot for underwater swimming. 脚蹼；橡皮脚掌。

**sirkumstansial** *adj.* circumstantial; consisting of facts that strongly suggest something but do not prove it. 详细的；依照情况的。

**sirocco** *k.n.* sirocco; hot wind that reaches Italy from Africa. 由非洲吹向意大利的热风。

**sirosis** *k.n.* cirrhosis; disease of the liver. 肝硬化。

**sirus** *k.n.* cirrus (pl. *cirri*); a high wispy white cloud. 卷云。

**sistole** *k.n.* systole; rhythmic contraction of chambers of the heart. 心脏等的收缩；悸动。

**sisa** *k.n.* leftovers (*pl.*); things remaining when the rest is finished; oddment; thing left over; isolated article. 剩余物；吃剩的食物。**sisa-sisa** *k.n.* pickings (*pl.*); scraps of goods, etc. remaining; odd gains or perquisites. 残羹；零星利润；额外利益。

**sisal** *k.n.* sisal; rope-fibre made from the leaves of a tropical plant; this plant. 西沙尔麻(可制绳索)；西沙尔龙舌兰。

**sisi** *kkt.* alongside; close to the side of a ship or wharf, etc. 与…并排；在旁；在船侧或码头边。~ **sama** *adj.* equilateral; having all sides equal. 等边的；等面的。

**sisih, menyisihkan** *k.k.t.* exclude; keep out from a place or group or privilege, etc.; omit, ignore as irrelevant; make impossible; ostracize; refuse to associate with; isolate; place apart or alone; separate fom others or from a compound; blackball; reject as a member. 把…除外；排斥；驱除；拒绝；便孤立。

**sisip** *k.k.i.* interpolate; interject; insert (esp. misleadingly). 窜改；插咀；插进；嵌入。

**sisipan** *k.n.* inset; thing set into a larger thing; interpolation. 插入；嵌入；插入物。

**sista** *k.n.* cyst; abnormal sac of fluid on or in the body. 胞；囊；囊肿。

**sistem** *k.n.* system; set of connected things that form a whole or work together; animal body as a whole; set of rules or practices used together; method or classification or notation or measurement; orderliness. 体系；制度；规律。 **analisis ~** *k.n.* systems analysis; analysis of an operation in order to decide how a computer may perform it. 系统分析。 **juruanalisis ~** *k.n.* systems analyst; expert in this. 系统分系员。

**sistematik** *adj.* systematic; methodical; according to a plan; not casually or at random. 有系统的；系统化的。

**sistitis** *k.n.* cystitis; inflammation of the bladder. 膀胱炎。

**siswazah** *k.n.* graduate; person who holds a university degree. 大学毕业生。

**sita, menyita** *k.k.t.* confiscate; take or seize by authority. 没收；充公。

**sitar** *k.n.* sitar; guitar-like Indian musical instrument. 西塔尔琴。

**sitrik** *adj.* citric. 柠檬(性)的；柑橘味的。 **asid ~** *k.n.* citric acid; acid in the juice of lemons, limes, etc. 柠檬酸。

**sitrus** *k.n.* citrus; tree of a group including lemon, orange, etc. 柑橘；柠檬；柑橘属。

**situasi** *k.n.* situation; place (with its surroundings) occupied by something; set of circumstances; position or employment. 状况；局面；职位；境遇。

**siul, siulan** *k.n.* whistle; shrill sound made by blowing through a narrow opening between the lips; similar sound. 哨声；鸟啼声；啸声。 **bersiul** *k.k.i.* whistle; signal or produce (a tune) in this way. 吹哨。 **menyiulkan** *k.k.t.* whistle; make this sound. 使发出哨声；用哨吹奏；吹哨召唤。

**siuman** *adj.* sane; not mad; sensible and practical. 非癫狂的；心智健全的；清醒的。 **tak ~** *adj.* insane; mad; extremely foolish. 疯狂的；荒唐的；极愚蠢的。

**siung** *k.n.* fang; long sharp tooth; snake's tooth that injects venom. 犬牙；毒牙；尖长的牙。

**sivet** *k.n.* civet; cat-like animal of central Africa; musky substance obtained from its glands. 麝猫；麝香。

**sivik** *k.n.* civics (*pl.*); study of municipal government and of citizen's rights and duties. 公民知识；公民学。

**skaf** *k.n.* scarf; piece or strip of material worn round the neck or tied over a woman's head. 围巾；披肩；头巾。

**skalpel** *k.n.* scalpel; surgeon's small straight knife. 解剖刀。

**skandal** *k.n.* scandal; something disgraceful; gossip about wrong-doing. 丑闻；可耻的行为。 **penyebar ~** *k.n.* scandalmonger; person who invents or spreads scandal. 制造或传播丑闻的人；喜欢诽谤他人的人。

**skapula** *k.n.* scapula; shoulder-blade. 肩狎骨；肩狎。

**sketsa** *k.n.* sketch; short, usu. comic play. 草图；素描；速写；概述；纲要；滑稽短剧。

**ski** *k.n.* ski; one of a pair of long narrow strips of wood, etc. fixed under the feet for travelling over snow. 滑雪板；滑橇。

**skim** *k.n.* scheme; plan of work or action. 方案；计划。

**skirt** *k.n.* skirt; woman's garment hanging from the waist; this part of a garment. 裙子。

**sklerosis** *k.n.* sclerosis; abnormal hardening of tissue. 硬化；硬化症。

**skrip** *k.n.* script; handwriting; style of printed characters resembling this; text of a play or film or broadcast talk, etc. 手迹；手稿；稿本。

**skru** *k.n.* screw; metal pin with a spiral ridge round its length, fastened by turning; thing twisted to tighten or press something 螺丝；螺钉；螺旋桨；螺旋的一拧。 **~ grub** *k.n.* grub-screw; headless screw. 平头螺丝。

**skuadron** *k.n.* squadron; division (two troops) of a cavalry unit or armoured formation; detachment of warships; unit (10 to 18 aircraft) of the R.A.F. 陆军骑兵中队；海空军中队。

**skuasy** *k.n.* squash; game played with rackets and a small ball in a closed court. 壁球。

**skuter** *k.n.* scooter; child's toy vehicle with a footboard and long steering handle; a kind of lightweight motor cycle. 踏板车（儿童游戏车）；小轮摩托车。 **penunggang ~** *k.n.* scooterist. 小轮摩托车骑士。

**Slavonik** *adj. & k.n.* Slavonic; (of) the group of languages including Russian and Polish. 斯拉夫语系的；包括俄语及波兰语等在内的斯拉夫语系。

**slogan** *k.n.* slogan; word or phrase adopted as a motto or in advertising. 口号；标语。

**smoking** *k.n.* smocking; decoration of close gathers stitched ornamentally. 规则几何图案的褶裥；正面刺绣针迹（装饰用）。

**snek** *k.n.* snack; small or casual meal. 点心；零食；小吃。 **~ bar** *k.n.* snack-bar; place where snacks are sold. 快餐部；快餐厅。

**snuker** *k.n.* snooker; game played on a billiard-table with 15 red and 6 other coloured balls. 桌球。

**soal, soalan** *k.n.* question; sentence requesting information or an answer; matter for discussion or solution; raising of doubt; ask or raise question(s) about. 问题；议题；提问。 **tanda ~** *k.n.* question mark; punctuation mark (?) placed after a question. 问号。 **~ balas** *k.n.* cross-examination. 反复盘问。 **dipersoal** *adj. & k.k.t./i.* in question; being referred to or discussed or disputed. 被提问（的）。

**soda** *k.n.* soda; compound of sodium in common use, esp. sodium carbonate (*washing-soda*), bicarbonate (*baking-soda*) or hydroxide (*caustic-soda*); soda-water. 苏打；碳酸钠。 **air ~** *k.n.* soda-water; water made fizzy by being charged with carbon dioxide under pressure. 苏打水；汽水。

**sodium** *k.n.* sodium; soft silver-white metallic element. 钠。 **lampu ~** *k.n.* sodium lamp giving a yellow light from an electrical discharge in sodium vapour. 钠蒸气灯。

**sodok, penyodok** *k.n.* shovel; spade-like tool for scooping earth, etc.; mechanical scoop. 铲；铁锹。 **menyodok** *k.k.t.* shovel (p.t. *shovelled*); shift or clear with or as if with a shovel; scoop roughly. 铲起；铲动。

**sofa** *k.n.* sofa; long upholstered seat with a back and raised ends. 沙发。

**sogok, sogokan** *k.n.* bribe; thing offered to influence a person to act in favour of the giver; graft; the advantage gained. 贿赂；行贿物；诱饵。 **menyogok** *k.k.t.* bribe; persuade by this. 向…行贿；收买。

**soket** *k.n.* socket; hollow into which something fits. 孔；穴；托座；插座。

**sokong, sokongan** *k.n.* support; buttress; support built against a wall; thing that supports or reinforces; corroboration. 帮助；援助；鼓励；支持；支持物。 **menyokong** *k.k.t.* corroborate; get or give supporting evidence; bolster; support. 支持；击撑；拥护；扶助；鼓励；忍受。

**sol-fa** *k.n.* sol-fa; system of syllables (doh, ray, me, etc.) representing the notes of a musical scale. 音调唱法。

**solar, ~ pleksus** *k.n.* solar plexus; network of nerves at the pit of the stomach; this area. 心口；胃窝；腹腔神经丛。

**soldadu** *k.n. see* **askar**. 见 **askar**。

**solenoid** *k.n.* solenoid; coil of wire magnetized by electric current. 螺线管；圆筒形线圈。

**solo** *k.n.* solo (pl. *-os*); music for a single voice or instrument; unaccompanied performance or flight, etc. 独奏曲；独奏；独唱；单人舞；单飞。

**solstis** *k.n.* solstice; either of the times (about 21 June and 22 Dec.) or points reached when the sun is furthest from the equator. 至；至日（夏至在6月21日，冬至在12月22日）。

**sombong** *adj.* proud (*-er, -est*); full of pride; snobbish. 骄傲的；自负的；傲慢的；自大的。

**sonar** *k.n.* sonar; device for detecting objects under water by reflection of soundwaves. 声纳；水下声波探测系统。

**sonata** *k.n.* sonata; musical composition for one instrument or two, usu. in several movements. 奏鸣曲；大曲。

**sonatina** *k.n.* sonatina; simple or short sonata. 小奏鸣曲。

**sondol** *k.k.t. & k.n.* butt; push with the head. （用头或角）顶；碰撞。

**sonet** *k.n.* sonnet; type of poem of 14 lines. 十四行诗。

**songsang** *adj.* inverse; reversed in position, relation, or order. 倒转的；反逆的；颠倒的；相反的；反面的。

**songsangan** *k.n.* inverse; inverted thing; opposite. 倒转；反逆；颠倒。

**sonik** *adj.* sonic; of sound-waves. 音波的；音速的。

**sopan** *adj.* courteous; decorous; polite and well-behaved; decent; suave; smooth-mannered. 有礼貌的；谦恭的；规矩的。 ~ **santun** *adj.* manner; polite social behaviour. 有礼貌的；有教养的。

**soprano** *k.n.* soprano; highest female or boy's singing-voice; music of this. 女高音；高音部。

**sorak, ~ sorai** *k.n.* cheer; shout of applause. 欢呼；喜悦。 **bersorak-sorai** *k.k.i.* cheer; utter a cheer; applaud with a cheer. 高呼；振奋。

**sorakan** *k.n.* ovation; enthusiastic applause. 热烈鼓掌；热烈欢迎；欢呼；喝采。

**sorok** *see* **sembunyi**. 见 **sembunyi**。

**sorokan** *k.n.* hiding. 隐匿。

**sorong** *k.k.t.* shove; push roughly; (*colloq.*) put. 猛推；推开；推进。

**sos** *k.n.* sauce; ketchup; thick sauce made from tomatoes and vinegar; liquid or semi-liquid preparation added to food to give flavour or richness. 酱油；调味汁。

**sosej** *k.n.* sausage; minced seasoned meat in a tubular case of thin skin. 香肠；腊肠。

**sosial** *adj.* social; living in an organized community; of society or its organization. 社会的；交际的。 **sains ~** *k.n.* social science; study of society and social relationships. 社会科学。 **jaminan ~** *k.n.* social security; State assistance for those who lack economic security. 社会福利。 **khidmat ~** *k.n.* social services; welfare services provided by the State. 社会慈善救济事业。 **pekerja ~** social worker; person trained to help people with social problems. 社会福利工作者；义工。

**sosialis** *k.n.* socialist. 社会主义者。

**sosialisasi** *k.n.* socialization. 社会主义化。 **disosialisasikan** *k.k.i.* socialize; organize in a socialistic manner; behave sociably. 使社会化；参加社会活动。

**sosialisme** *k.n.* socialism; political and economic theory that resources, indus-

**sosiologi** *k.n.* sociology; study of human society or of social problems. 社会学。

**ahli ~** *k.n.* sociologist. 社会学家。

**sosok** *k.n.* buttonhole; slit through which a button is passed to fasten clothing. 钮洞；饰孔。

**sotong** *k.n.* cuttlefish; sea creature that ejects black fluid when attacked. 墨鱼；乌贼。**~ kurita** *k.n.* octopus (pl. *-puses*); sea animal with eight tentacles. 章鱼；八爪鱼。

**soya, kacang ~** *k.n.* soy; soya; soya bean; bean from which an edible oil and flour are obtained. 大豆；黄豆。

**spagheti** *k.n.* spaghetti; pasta made in thin sticks. 意大利通心粉。

**span** *k.n.* sponge; water animal with a porous structure; its skeleton, or a similar substance, esp. used for washing or cleaning or padding. 海绵；海绵状物。

**spasma** *k.n.* spasm; strong involuntary contraction of a muscle; sudden brief spell of activity or emotion, etc. 痉挛；抽搐；一阵发作。

**spasmodik** *adj.* spasmodic; of or occurring in spasms. 痉挛的；抽搐的；间歇的；阵发性的。

**spastik** *adj.* spastic; physically disabled by cerebral palsy which cause jerky or involuntary movements. 痉挛的；患脑麻痹的。

**spatula** *k.n.* spatula; knife-like tool with a blunt blade; medical instrument for pressing down the tongue. 抹刀；刮铲；压舌片。

**Speaker** *k.n.* Speaker; person presiding over the House of Commons or a similar assembly. 下议院议长。

**speedometer** *k.n.* speedometer; device in a motor cycle, showing its speed. 速度计；里程计。

**spektroskop** *k.n.* spectroscope; instrument for producing and examining spectra. 分光镜；分光器。

**spektrum** *k.n.* spectrum (pl. *-tra*); bands of colour or sound forming a series according to their wavelengths; entire range of ideas, etc. 谱；波谱；光谱。

**spekulum** *k.n.* speculum; medical instrument for looking into bodily cavities. 诊察器；检窥器。

**spermatozoon** *k.n.* spermatozoon; the fertilizing cell of a male organism. 精子。

**spesies** *k.n.* species; group of similar animals or plants within a genus; kind. 种类；物种。

**spirit** *k.n.* spirit (*pl.*); strong distilled alcoholic drink; distilled extract. 精神；生命；心灵；灵魂；幽灵；醇；酒精。**lampu ~** *k.n.* spirit lamp; lamp that burns methylated spirit or similar fluid. 酒精灯。

**sombrero** *k.n.* sombrero (pl. *-os*); man's hat with a very wide brim. 阔边帽。

**spora** *k.n.* spore; one of the tiny reproductive cells of fungi, ferns, etc. 孢子。

**sprat** *k.n.* sprat; small herring-like fish. 西鲱。

**spring** *k.n.* spring; device that reverts to its original position after being compressed or tightened or stretched. 弹簧。**~ halus** *k.n.* hairspring; very fine spring in a watch. 钟表弹簧。

**springbok** *k.n.* springbok; South African gazelle. 小羚羊。

**sprus** *k.n.* spruce; a kind of fir. 云杉。

**stabil** *adj.* stable (*-er, -est*); firmly fixed or established; not easily shaken or decomposed or destroyed. 稳定的；坚固的；不动摇的；不变的。

**stad** *k.n.* stud; projecting nail-head or similar knob on a surface; device like a button on a shank used, e.g. to fasten a detachable shirt-collar. 大头钉；领扣；饰钮；螺栓。

**stadium** *k.n.* stadium; sports ground surrounded by tiers of seats for spectators. 体育场；运动场。

**stalagmit** *k.n.* stalagmite; deposit of calcium carbonate standing like a pillar. 石笋。

**stalaktit** *k.n.* stalactite; deposit of calcium carbonate hanging like an icicle. 钟乳石。

**stamen** *k.n.* stamen; pollen-bearing part of a flower. 雄蕊。

**stamina** *k.n.* stamina; ability to withstand long physical or mental strain. 体力；精力；耐力；持久力。

**stanza** *k.n.* stanza; verse of poetry. 诗歌的节或段。

**starter** *k.n.* starter. 引擎的起动装置。 **~ kaki** *k.n.* kick-starter; lever pressed with the foot to start a motor-cycle. 摩托车等的反冲式起动器。

**statik** *adj.* static; of force acting by weight without motion; stationary; not changing. 静电的；静态的；静的；静止的。

**statika** *k.n.* static; atmospherics. 静电干扰。

**statiks** *k.n.* statics; branch of physics dealing with bodies at rest or forces in equilibrium. 静力学。

**statistik** *k.n.* statistic; item of information expressed in numbers. 统计资料中的一项。 **ilmu ~** *k.n.* statistics; science of collecting and interpreting information based on the numbers of things. 统计学。 **ahli ~** *k.n.* statistician; expert in statistics. 统计学家；统计工作者。

**status** *k.n.* status; person's position or rank in relation to others; high rank or prestige. 身份；地位；阶级。 **~ quo** *k.n.* status quo; state of affairs. 现状；维持现状。

**statut** *k.n.* statute; law passed by Parliament or a similar body; one of the rules of an institution. 法令；由国会或其他立法机构通过的法规。

**steppe** *k.n.* steppe; grassy plain, esp. in southeast Europe and Siberia. 西伯利亚区大平原。

**stereo** *k.n.* stereo; stereophonic sound or record-player, etc.; stereoscopic effect. 立体声；体声系统；体视效应。

**stereofonik** *adj.* stereophonic; using two transmission channels so as to give the effect of naturally distributed sound. 立体声的；立体音响的。

**stereoskopik** *adj.* stereoscopic; giving a three dimensional effect. 立体的；体视镜的。

**stereotaip** *k.n.* stereotype; printing-plate cast from a mould of type; standardize conventional idea or character, etc. 铅版；铅版制版法；老套；定型。

**steril** *adj.* sterile; free from living micro-organisms. 无菌的。 **mensteril** *k.k.t.* sterilize; make sterile. 使无菌；消毒。

**sterling**[1] *adj.* sterling; genuine; of standard purity; excellent; of solid worth. 符合最高标准的；货真价实的；可靠的；纯正的。

**sterling**[2] *k.n.* sterling; British money. 英国货币。

**sternum** *k.n.* sternum (pl. *-s* or *sterna*); the breastbone. 胸骨。

**steroid** *k.n.* steroid; any of a group of organic compounds that includes certain hormones. 甾类化合物；类固醇。

**stesen** *k.n.* station; place where a public service or specialized activity is based; broadcasting establishment with its own frequency; stopping-place on a railway with buildings for passengers or goods or both; (*Austr.*) large farming estate; sheep-run. 岗位；电台；电视台；澳洲牧羊场。 **~ janakuasa** *k.n.* power-station; building where electrical power is generated for distribution. 发电站。

**stetoskop** *k.n.* stethoscope; instrument for listening to sounds within the body, e.g. breathing and heart-beats. 听诊器；听筒。

**stilus** *k.n.* stylus (pl. *-uses*); needle-like device for cutting or following a groove in a record. 留声机的唱针。

**stoking** *k.n.* sock; short stocking not reaching the knee; loose insole; stocking; close-fitting covering for the foot and leg.

短袜。**tali ~** *k.n.* garter; band worn round the leg to keep stocking up. 吊袜带；袜带。

**stone** *k.n.* stone (pl. *stone*); unit of weight, 14 pound. 呎；英国重量单位，等于14磅。

**stout** *k.n.* stout; a kind of strong dark beer. 黑啤酒。

**strategi** *k.n.* strategy; planning and directing of the whole operation of campaign or war; plan; policy. 策略；战略；计划；政策。**ahli ~** *k.n.* strategist; expert in strategy. 战略家；策略专家。

**strategik** *adj.* strategic; of strategy; giving an advantage; (of weapons) very long range. 策略性的；战略上的。

**stratosfera** *k.n.* stratosphere; layers of the atmosphere about 10-60 km above the earth's surface. 同温层；平流层；距离地球表面10-60公里的气层。

**straw** *k.n.* straw; narrow straw-like tube for sucking up liquid in drinking. 吸管。

**strawberi** *k.n.* strawberry; soft juicy edible red fruit with yellow seeds on the surface. 草莓。

**striknina** *k.n.* strychnine; bitter highly poisonous substance. 马钱子碱；一种烈性毒剂。

**stroboskop** *k.n.* stroboscope; strobe; (*colloq.*) apparatus for producing a rapidly flashing bright light. 频闪观测器；闪光仪。

**strontium** *k.n.* strontium; silver-white metallic element. 锶。

**struktur** *k.n.* structure; way a thing is constructed or organized; thing's supporting framework or essential parts; constructed thing; complex whole. 结构；组织；构造；结构物；建筑物。

**strukturalisme** *k.n.* structuralism. 结构主义。

**studio** *k.n.* studio; work-room of a painter, photographer, etc.; room or premises where cinema films are made; room from which broadcasts are transmitted or where recordings are made. 工作室；画室；电影摄影棚；播音室。

**suai kenal** *k.n.* orientation. 适应。

**suak** *k.n.* hackles (*pl.*); long feathers on a cock neck. 公鸡颈边长毛。

**suam** *adj.* lukewarm; not enthusiastic. 不冷不热的；微温的。

**suami** *k.n.* husband; married man in relation to his wife. 丈夫。**~ isteri** *k.n.* spouse; person's husband or wife. 配偶（丈夫或妻子）。

**suara** *k.n.* voice; sounds formed in the larynx and uttered by the mouth. 嗓音。**pembesar ~** *k.n.* loudspeaker; apparatus (esp. part of a radio) that converts electrical impulses into audible sound. 扬声器。**~ hati** *k.n.* conscience; person's sense of right and wrong; feeling of remorse. 良心；本心。

**suasana** *k.n.* atmosphere; mental feeling conveyed by an environment, etc.; surroundings. 气氛。

**subahat** *k.n.* abettor. 唆使者；煽动者。**bersubahat** *k.k.t.* abet (p.t. *abetted*); encourage or assist in wrongdoing. 唆使。

**subang** *k.n.* earring; ornament worn on the ear-lobe. 耳环；耳饰。

**subbudaya** *k.n.* subculture; a culture within a larger one. 亚文化群。

**submikroskopik** *adj.* submicroscopic; too small to be seen by an ordinary microscope. 普通显微镜下看不出的；亚微观的。

**subsidi** *k.n.* subsidy; money contributed to an industry or other cause needing help, or to keep prices at a desired level. 津贴；补助金；政府资助金。

**subtropika** *adj.* subtropical; or regions bordering on the tropics. 亚热带的。

**subur** *adj.* arable; (land) suitable for growing crops; fertile; able to produce vegetation or fruit or young; capable of developing into a new plant or animal. (土地) 可耕的；肥沃的；可繁殖的。**menyuburkan** *k.k.t.* fertilize; make fertile; introduce pollen or sperm into. 使肥沃；使多产；施肥于；使受精。

**suci** *adj.* chaste; virgin; celibate; not sexually immoral; clean (*-er, -est*); free from indecency; holy (*-ier, -iest*); belonging or devoted to God and reverenced; consecrated; immaculate; free from stain, blemish, or fault. 纯洁的；贞洁的；神圣的；完美的；无瑕疵的。

**sudah** *adj.* complete; finished. 完整的；完美的；结束的。—*k.b.* already. 已经；早已；先前。 **sesudah itu** *kkt.* hereafter; from now on. 此后；今后。

**sudu** *k.n.* spoon; utensil with a rounded bowl and handle, used for conveying food to the mouth or for stirring things; amount it contains. 匙；调羹；匙形物。 **menyudu** *k.k.t.* spoon; take or lift with a spoon. 用匙舀；舀取。

**sudut** *k.n.* angle; space between two lines or surfaces that meet; point of view. 角；角位；观点。 **tendangan ~, pukulan ~** *k.n.* corner; free kick or hit from the corner of the field in football or hockey. 足球或钩球赛的角落罚球。

**suede** *k.n.* suede; leather with the flesh side rubbed into a velvety nap. 软糕皮。

**suet** *k.n.* suet; hard white fat from round an animal's kidneys, used in cooking. (取自牛羊等腰部，烹饪用的)板油。

**sugul** *adj.* dejected; in low spirits. 沮丧的；情绪低落的；失意的。

**suhu** *k.n.* temperature; intensity of heat or cold, esp. as shown by a thermometer. 气温；温度；体温。

**suis** *k.n.* switch; device operated to turn electric current on or off. 电路开关。 **memetik ~** *k.k.t./i.* turn (on or off) by means of a switch. 接通(或切断)电流。 **papan ~** *k.n.* switchboard; panel of switches for making telephone connections or operating electric circuits. 配电盘。

**sukacita** *adj.* glad; pleased; joyful. 快活的；喜悦的；令人高兴的；充满欢乐的。 **menyukacitakan** *k.k.t.* gladden; make glad. 使高兴；使快活；使喜悦。

**sukan** *k.n.* sport; athletic (esp. out-door) activity; game(s); pastime(s). 运动；消遣；娱乐。

**suka ria** *adj.* exultant; exulting. 十分喜悦的；雀跃的；欢腾的。 **bersuka ria** *k.k.i.* exult; rejoice greatly; jolly (*-ier, -iest*); cheerful; merry. 欣喜；雀跃；狂喜。

**sukat** *k.n.* measure; size or quantity found by measuring; extent; unit; standard, device, or system used in measuring. 量度；衡量单位；测量；量具。 **menyukat** *k.k.t./i.* measure; find the size, etc. of by comparison with a fixed unit or known standard; be of a certain size; mark or deal (a measured amount). 测量；衡量。

**sukatan** *k.n.* measurement; measuring; size, etc. found by measuring. 大小；尺度；衡量标准。

**suku** *k.n.* quarter; one of four equal parts; this amount; point of time 15 minutes before or after every hour. 四分之一；一刻钟。 **menjadikan~** *k.k.t.* quarter; divide into quarters. 分成四分。 **~ akhir** *k.n.* quarter final; contest preceding a semifinal. 复赛。 **~kata** *k.n.* syllable; unit of sound in a word. 音节。

**sukulen** *adj.* succulent; juicy; (of plants) having thick fleshy leaves or stems. 多汁的；多液的。

**sukun** *k.n.* bread-fruit; tropical fruit with bread-like pulp. 面包果树；面包果。

**sulam, sulaman** *k.n.* embroidery. 刺绣；绣花。 **menyulam** *k.k.t.* embroider; ornament with needlework hemstitch; decorate with an ornamental open-work stitch; embellish (a story). 绣；刺绣；添加细节。

**sulap, ahli ~** *k.n.* illusionist; conjuror. 幻术师。 **bersulap** *k.k.i.* conjure; do sleight-of-hand tricks. 变戏法；使魔法。 **tukang ~** *k.n.* conjuror. 魔术家。

**sulapan** *k.n.* hocus-pocus; hokey-pokey (*sl.*); trickery. 戏法；奇术；欺骗。

**sulfat** *k.n.* sulphate; salt of sulphuric acid. 硫酸脂；亚硫酸盐。

**sulfonamida** *k.n.* sulphonamide; a kind of antibiotic drug. 磺胺；磺胺药物。

**sulfur** *k.n.* sulphur; pale yellow non-metallic element. 硫；硫磺。

**sulfurik, asid ~** *adj.* sulphuric; sulphuric acid; strong corrosive acid. 硫的；硫酸的。

**suling, sulingan, penyulingan** *k.n.* distillation; process of vaporizing, condensing, and recollecting a liquid so as to purify it or to extract elements; something distilled. 蒸馏；蒸馏法。 **menyuling** *k.k.t.* distil (p.t. *distilled*); treat or make by distillation; undergo distillation. 蒸馏；用蒸馏法提取。

**sulit** *adj.* confidential; to be kept secret; entrusted with secrets; hush-hush; (*colloq.*) kept very secret. 机密的；秘密的。

**sultan** *k.n.* sultan; ruler of certain Muslim countries. 苏丹。

**sultana** *k.n.* sultana; seedless raisin. 无核小葡萄干。

**suluk** *k.n.* mystique; aura of mystery or mystical power. 神秘性。

**sulur** *k.n.* sucker; organ or device that can adhere to a surface by suction; shoot coming up from a tree's or shrub's root or underground stem. 动物的吸管；吸盘；植物的吸根。

**sumbang**[1] *adj.* atonal; (of music) not written in any key; indecent; offending against standards of decency; unseemly. 不成调的；无调的；不相称的；不适当的；不体面的。

**sumbang**[2], **menyumbangkan** *k.k.t.* contribute; give to a common fund or effort, etc.; help to bring about. 捐赠；捐献。

**sumbangan** *k.n.* contribution. 贡献；捐献；捐献物。

**sumbat, penyumbat** *k.n.* bung; stopper for closing the hole in a barrel or jar; cork. (桶等的)塞子；瓶塞。**menyumbat** *k.k.t.* bung; close with a bung; block; stop up work a cork. (用塞子)塞住；堵住。

**sumber** *k.n.* source; person or book, etc. supplying information. 来源；根源。

**sumbing** *k.n.* harelip; deformed lip with a vertical slit like that of a hare. 兔唇。

**sumpah** *k.n.* curse; call for exit to come on a person or thing; a great evil; violent exclamation of anger; oath; solemn promise; appealing to God or a revered object as witness; swear-word. 咒骂；诅咒；毒誓。 **~ bohong** *k.n.* perjury; deliberate giving of false evidence while under oath; this evidence. 假誓；伪证。 **menyumpah** *k.k.t./i.* curse; utter a curse (against); afflict. 咒骂；诅咒。

**sumpah-sumpah** *k.n.* chameleon; small lizard that changes colour according to its surroundings. 变色龙。

**sumpit, sumpitan** *k.n.* blowpipe; tube through which air, etc. is blown, e.g. to heat a flame or send out a missile. 吹矢枪；吹管；吹筒。

**sumsum** *k.n.* marrow; soft fatty substance in the cavities of bones. 骨髓。

**sunat** *k.n.* circumcision. 割包皮手术；割礼。 **menyunat** *k.k.t.* circumcise; cut off the foreskin of. 进行割礼；割去包皮。

**sundae** *k.n.* sundae; dish of ice cream and crushed fruit, nuts, syrup, etc. 圣代冰淇淋。

**sundal** *k.n.* courtesan (*old use*); prostitute with upper-class clients. 高级妓女。

**sungai** *k.n.* river; large natural stream of water; great flow. 河流。

**sungguh** *k.k.i.* nod (p.t. *nodded*); let the head droop; be drowsy. 点头(表示同意)。

**sungguh-sungguh** *adj.* earnest; showing serious feeling or intention. 热心的；真挚的；认真的。

**sungkup, sungkupan** *k.n.* mulch; mixture of wet straw, leaves, etc., spread on ground to protect plants or retain moisture. 林地覆盖物；护根物。 **menyungkup** *k.k.t.* mulch; cover with mulch. 覆盖树根；护根。

**sungkur** *k.k.i.* founder; stumble or fall. 绊倒；摔倒。

**sungut, bersungut** *k.k.i.* grumble; complain in a bad-tempered way; rumble. 发牢骚；抱怨。

**sungutan** *k.n.* complaint, esp. a bad-tempered one; rumble. 诉苦；控诉；委屈。

**suntik, menyuntik** *k.k.t.* inoculate; protect (against disease) with vaccines or serums; inject; force or drive (a liquid, etc.) into something, esp. by a syringe. 打预防针；注射；注入。

**suntikan** *k.n.* injection. 注射。

**sunting** *k.k.t.* edit; be the editor of; prepare for publication; prepare (a film or recording) by arranging sections in sequence. 编辑；剪辑；校订。

**sunyi** *adj.* sleepy; without stir or bustle. 寂静的。

**sup** *k.n.* soup; liquid food made from stewed meat or vegetables, etc. 汤；羹；浓汤般的东西。 **~ berempah** *k.n.* mulligatawny; curry-flavoured soup. （印度的）咖喱肉汤。 **~ jernih** consomme; clear meat soup. 清炖肉汤。

**supersonik** *adj.* supersonic; of or flying at speeds greater than that of sound. 超声波的；超音速的。

**supir** *k.n.* chauffeur; person employed to drive a car. 汽车夫；司机。

**surai**[1] *k.n.* mane; long hair on a horse's or lion's neck. 马鬃；狮鬃毛。

**surai**[2] *k.k.i.*, **menyuraikan** *k.k.t.* dissolve; disperse (an assembly). 溶解；渐渐消失；解散；解除。

**suram** *adj.* bleak (*-er, -est*); cold and cheerless; gloomy; dreary; grim (*glimmer, glimmest*); stern; severe; without cheerfulness; unattractive. 暗淡的；萧瑟的；阴冷的；冷酷的；严厉的。

**surat** *k.n.* letter; written message, usu. sent by post. 公函；信。 **peti ~** *k.n.* letterbox; slit in a door, with a movable flap, through which letters are delivered; postbox. 信箱。 **kepala ~** *k.n.* letterhead; printed heading on stationery; stationery with this. 信笺上端所印文字（包括机构名称、地址等）。 **~-menyurat** *k.k.t.* correspond; write letters to each other. 通信。 **~ berita** *k.n.* newsletter; informal printed report containing news of interest to members of a club, etc. 时事通讯。 **~ ikatan** *k.n.* deed; written or printed legal agreement. 契约；证书。

**surat cinta** *k.n.* billet-doux. 情书。

**surat khabar** *k.n.* newspaper; printed, usu. daily or weekly publication containing news reports; sheets of paper forming this. 报；报章。

**surd** *k.n.* surd; mathematical quantity (esp. a root) that cannot be expressed in finite terms of whole numbers or quantities. 不尽根；无理数。

**suria** *k.n.* solar; of or from the sun; reckoned by the sun. 太阳能。 **sistem ~** *k.n.* solar system; sun with the heavenly bodies that revolve round it. 太阳系。

**suruhan** *k.n.* errand; short journey to take or fetch something; its purpose. 短程差使；差事。

**suruhanjaya** *k.n.* commission; body of people given such authority. 委员会。

**surut** *k.n.* ebb; outward movement of the tide, away from the land; decline. 退潮；衰退；衰落。 **menyurut** *k.k.i.* ebb; flow away; decline. 潮退；衰落；沉沦。

**susah** *adj.* hard (*-er, -est*); difficult; not easy to bear. 困难的；难应付的；难解的；深奥难懂的。

**susila** *k.n.* ethic; moral principle. 道德；伦理。

**susu** *k.n.* milk; white fluid secreted by female mammals as food for their young; cow's milk as food for human beings; milk-like liquid. 乳；牛奶；乳状物。**gigi ~** *k.n.* milk-teeth; first (temporary) teeth in young mammals. 乳牙。**penjual ~** *k.n.* milkman (pl. *-men*); man who delivers milk to customers. 卖或送牛奶的人。**~ mentega** *k.n.* buttermilk; liquid left after butter is churned from milk. 脱脂乳。

**susul, menyusul** *k.k.i.* lag (p.t. *lagged*); go too slow; not keep up. 延迟；走得太慢；落后。

**susulan** *k.n.* lag; lagging; delay. 延缓；落后。

**susun, menyusun** *k.k.t.* compile; collect and arrange into a list or book, etc.; make (a book) thus; arrange; put into order; form plans; settle the details of; adapt. 汇编；编辑；整理；安排。

**susunan** *k.n.* arrangement. 安排；布置。

**susup, menyusup** *k.k.i.* insinuate; insert gradually or craftily; enter gradually and unperceived; infiltrate. 慢慢插入；潜入；渗入。

**susur** *k.n.* brink; edge of a stretch of water. 岸。**menyusur pantai** *adj.* in-shore; near or nearer to the shore. 近海岸的；向陆的。

**susur galur** *k.n.* pedigree; line or list of (esp. distinguished) ancestors. 家谱；家系；出身；血统。

**susut** *k.k.i.* dwindle; become less or smaller. 缩小；变小；减少；减退；缓和。**menyusuri** *k.k.i.* decrease; make or become smaller or fewer; slash; reduce drastically; diminish; make or become less. 减小；减少；缩减；削减。

**sutera** *k.n.* silk; fine strong soft fibre produced by silkworms; thread or cloth made from it or resembling this. 丝；绸。

**Swahili** *k.n.* Swahili; Bantu language widely used in East Africa. 非洲班图族的斯瓦希里语。

**swastika** *k.n.* swastika; symbol formed by a cross with ends bent at right angles. 卍形图案；纳粹党的党徽图案。

**syabas** *sr.* bravo; well done! 好极了！(表示喝采的感叹词)

**syah** *k.n.* shah; king of Iran. 沙王；伊朗国王的称号。

**syahadat** *k.n.* creed; set of beliefs or principles. 信仰；方针；指南。

**syahwat** *k.n.* lechery; unrestrained indulgence in sexual lust. 好色；纵欲；淫荡。

**syal** *k.n.* cloak; loose sleeveless outer garment. 斗篷；无袖外衣。

**syampu** *k.n.* shampoo; liquid used to lather and wash hair; similar preparation for cleaning upholstery, etc.; process of shampooing. 洗发剂；洗头；洗发。

**syamrok** *k.n.* shamrock; clover-like plant. 白花酢浆草。

**syandi** *k.n.* shandy; mixed drink of beer and ginger-beer or lemonade. 啤酒与姜汁或柠檬水混合成的饮料。

**syarah, syarahan** *k.n.* lecture; speech giving information about a subject; lengthy reproof or warning; disquisition; long discourse. (教导性的)演讲；讲课；讲稿。**bersyarah** *k.k.i.* lecture; give a lengthy reproof, etc. to. 讲授；讲课；授课。

**syarikat** *k.n.* company; people working together or united for business purposes; firm. 公司；机构。

**syeikh** *k.n.* sheikh; leader of an Arab tribe or village. 阿拉伯国家首长。

**syelek** *k.n.* silicon; chemical substance used in varnish. 硅。

**syiah** *k.n. & adj.* Shiite; (a member) of a Muslim sect opposed to the Sunni. 伊斯兰教什叶派的；什叶派教徒。

**Syinto** *k.n.* Shinto; a Japanese religion revering ancestors and nature spirits. 神道；日本一种传统宗教信仰。

**syilling** *k.n.* coin; metal money; piece of this. 硬币。

**syrapnel** *k.n.* shrapnel; artillery shell containing bullets or pieces of metal which it scatters on exploding; these pieces. 榴霰弹；榴霰弹片。

**syukur, bersyukur** *adj.* grateful; feeling that one values a kindness or benefit received. 感激的；感谢的；感恩的。

**syurga** *k.n.* heaven; abode of God; place or state of supreme bliss. 天堂；天国。

# T

**taakul** *k.n.* reason; ability to think and draw conclusion; sanity; good sense or judgement; what is right or practical or possible. 理智；理性；判断力。 **menaakul** *k.k.t./i.* reason; use one's ability to think and draw conclusions. 推论。

**taat** *adj.* loyal; firm in one's allegiance. 忠诚的；忠心的。 **mentaati** *k.k.i.* adhere; continue to give one's support. 拥护；支持。

**tabah** *adj.* courageous; dauntless; brave; not daunted; mettlesome; spirited. 勇敢的；有毅力的；有勇气的。 —*k.k.i.* persevere; continue steadfastly in spite of difficulties. 坚持；(不屈不挠地)奋斗。—*k.k.t.* flail; beat with or as if with a flail; swing about wildly. 抽打；用连枷打(谷等)；挥动；挥舞。 —*k.n.* manful; brave; resolute. 刚勇；男人气概；勇气。 **bertabah** *k.k.i.* persevere; continue steadfastly in spite of difficulties. 坚持；(不屈不挠地)奋斗。

**tabal, menabalkan** *k.k.t.* enthrone; place on a throne. 登基；即位；举行登基(加冕)礼。

**tabiat** *k.n.* demeanour; way a person behaves; habit; settled way of behaving. 态度；行为；举止；品行。

**tabik** *k.n.* salute; gesture of respect or greeting. 敬礼。

**tabloid** *k.n.* tabloid; newspaper with pages half the size of larger ones. (纸张仅有普通报章一半大小的)小型报。

**tabur** *k.k.i.* broadcast; sow (seed) by scattering. 广播；播出；传播；撒播(种子等)。—*k.k.t.* distribute; scatter; place at different points. 分发；散布；分配。

**tadahan** *k.n.* catchment. 水闸；集水；集水处；集水量。 **kawasan ~** *k.n.* catchment area; area from which rainfall drains into a river, etc. 汇水面积；集水流域。

**tadika** *k.n.* nursery school; school for children below normal school age. 幼儿园。 —*kep.* kindergarten. (缩写)幼稚园。

**tafeta** *k.n.* taffeta; shiny silk-like fabric. 塔夫绸；一种光滑而质硬的薄绸。

**tafsir, tafsiran** *k.n.* interpretation. 翻译；演译；诠释。 **mentafsir** *k.k.t.* interpret; explain the meaning of; act as interpreter; construe. 翻译；演译；诠释；分析。

**tagak, tertagak-tagak** *k.k.i.* dilly-dally (*colloq.*); dawdle; waste time by indecision. 拖延；耽搁。

**tagan** *k.n.* odds; ratio between amounts staked by parties to a bet. 赌注时输赢的差额比率。

**tagih** *adj.* addictive; causing addiction. 令人上瘾的；令人沉迷的。 —*k.k.t.* dun (p.t. *dunned*); ask persistently for payment of a debt. 催收；追讨债款。

**menagih** *k.k.t.* exact; insist on and obtain exaction. 勒索；强制缴付。 **menagihkan** *k.k.t.* dun (p.t. *dunned*); ask persistently for payment of a debt. 催收；追讨债款。

**tahan** *adj.* hardy (*-ier, -iest*); capable of enduring cold or harsh conditions; durable; likely to last. 耐用的；持久的；经得起的。 —*k.k.t.* detain; keep in confinement; cause delay to. 扣留；拘留；阻住。 **mempertahankan** *k.k.t.* maintain; assert as true. 坚持；维持。 **menahan** *k.k.t.* arrest; stop (a movement or moving thing); catch and hold (attention); check; slow the motion (of). 阻止 (活动等)；禁止；中止；制止。

**tahanan** *k.n.* detainee; person detained in custody. 被拘留者；拘留犯。

**tahi** *k.n.* dropping; animal dung. 鸟兽等的粪便。

**tahu** *k.k.t./i.* know (p.t. *knew*, p.p. *known*); have in one's mind or memory; feel certain; recognize; be familiar with; understand. 知道；晓得；理解；认识；识别；熟悉；精通。 **mengetahui** *k.k.t./i.* in the know; (*colloq.*) having inside information. 知内情；熟悉内幕。 **serba ~** *k.n.* know-all; person who behaves as if he knows everything. 自称无所不知的人。 —*adj.* omniscient; knowing everything; having very extensive knowledge. 无所不知的；博识的；全知的。 **diketahui** *adj.* knowable; able to be known. 可知的；可认识的。

**tahun** *k.n.* year; consecutive period of twelve months. 年；年份；岁；岁数。 **tiap-tiap ~** *kkt.* annually. 每年；年年。 **ulang ~** *k.n.* anniversary; yearly return of the date of an event. 周年纪念。

**tahunan** *adj.* annual; yearly. 每年的；一年一次的。 —*k.n.* plant that lives for one year or one season; book, etc. published in yearly issues. 一年生植物；年刊；年鉴。

**taj** *k.n.* diadem; crown. 王冠；冠冕。

**taja, menaja** *k.k.t.* sponsor; act as sponsor for. 发起；主办；赞助。

**tajaan** *k.n.* sponsorship. 主办；赞助。

**tajam** *adj.* caustic; sarcastic; incisive; clear and decisive; keen (*-er, -est*); sharp; penetrating; percipient; perceptive; showing insight and understanding. 辛辣的；苛性的；讽刺的；挖苦的；锐利的；深入的；(寒风等) 刺骨的。 **~ penglihatan** *adj.* observant; quick at noticing. 善于观察的；观察力强的。 **ketajaman** *k.n.* acuity. 尖锐；(才智) 敏锐。

**tajuk** *k.n.* coronet; small crown; heading; word(s) at the top of printed or written matter as a title, etc. 小冠冕；标题；题字。 **~ berita** *k.n.* headline; heading in newspaper. 报章标题；广播新闻标题。

**tak** *k.k.t.* nay (*old use*); no. 否；不；无；没有。 **~ teratur** *adj.* irregular; not regular; contrary to rules or custom. 不一致的；不整齐的；不规则的。 **ketakteraturan** *k.n.* irregularity. 不规则；不整齐。

**takal** *k.n.* block; pulley(s) mounted in a case. 滑轮组。

**takbur** *adj.* boastful; hot air; (*sl.*) excited or boastful talk. 夸口的；自负的；傲慢的。 —*k.k.i.* brag (p.t. *bragged*); boast; speak with great pride. 吹牛；自夸；自吹自擂。

**takdir** *k.n.* destiny; fate considered as a power; what is destined by fate to happen to a person or thing; fate; power thought to control all events; person's destiny. 命运；天数；定数。 **mentakdirkan** *k.k.t.* destine; settle the future of; set apart for a purpose. 注定；预定；指定。 **ditakdirkan** *k.k.t.* foreordain; destine beforehand. 预先注定；命中注定。 —*adj.* fated; doomed. 命中注定的；注定要毁灭的。

**takhta** *k.n.* throne; seat for a king or

queen; sovereign power. 宝座；王位。
**turun** ~ *k.k.i.* abdicate; renounce a throne or right, etc. 退位；放弃权力；辞卸。 **penurunan** ~ *k.n.* abdication. 退位；弃权。

**takik** *k.n.* notch; V shaped cut or indentation. 缺口；V形切口。 **menakik** *k.k.t.* make notch(es). 砍成缺口。

**takjub** *adj.* amazed; marvellous; wonderful. 令人惊奇的；诧异的；不可思议的。 **menakjubkan** *k.k.t.* amaze; overwhelm with wonder. 惊奇；使诧异。 **menakjubi** *k.k.i.* marvel (p.t. *marvelled*); feel wonder; astonish; surprise very greatly; astound; shock with surprise; enthral (p.t. *enthralled*); hold spellbound; flabbergast. 惊异；惊奇；惊讶；迷住；迷惑；吸引住。

**taklimat** *k.n.* brief; set of instruction and information, esp. to a barrister about a case. 摘要；概要(尤指法律上诉讼事实摘要)。 **memberi** ~ *k.k.t.* employ (a barrister); inform or instruct in advance. 委托…为辩护律师；对…事先作简要指点。

**taksir** *k.k.i.* appraise; estimate the value or quality of. 评价；估价；鉴定。 **mentaksir** *k.k.t.* evaluate; find out or state the value of; assess. 评估；估价。

**taksiran** *k.n.* evaluation. 评估；估价。

**takung** *k.n.* sump; reservoir of oil in a petrol engine; hole or low area into which liquid drains. 油盘；汽车的润滑油壶；污水坑。

**takut** *k.k.i.* fear; feel fear of; be afraid. 害怕；担忧；敬畏。 **menakutkan** *adj.* fearful; feeling fear. 惊人的；可怕的。

**takwa** *adj.* godly; sincerely religious. 虔诚的；敬神的；信神的。

**takzim** *adj.* obsequious; excessively respectful. 奉承的；谄媚的；巴结的。

**tali** *k.n.* string; narrow cord; piece of this or similar material used to fasten or pull something; stretched piece of catgut or wire, etc. in a musical instrument, vibrated to produce tones. 线；带子；绳；串；列；弦；弦乐器。 ~ **leher** *k.n.* necktie; man's tie. 领带。 ~ **lenggang** *k.n.* shroud; one of the ropes supporting a ship's mast. 船桅的左右索。 ~ **pencengkam** *k.n.* strap; strip of leather or other flexible material for holding things together or in place, or supporting something. 皮带。 ~ **pinggang** *k.n.* belt; strip of cloth or leather, etc., esp. worn round the waist. 带；腰带。

**talian** *k.n.* line; electrical or telephone cable; connection by this. 线；绳索；电线；电缆；线条；路线；铁路防线。

**talkum** *k.n.* talcum; talc. 云母；滑石。 **bedak** ~ *k.n.* talcum powder; talc powdered and usu. perfumed for use on the skin. 爽身粉；滑石粉。

**tamadun** *k.n.* civilization; making or becoming civilized; stage in the evolution of society; civilized conditions. 文化；文明。

**tamak** *adj.* greedy (*-ier*, *-iest*). 贪心的；贪婪的。 **ketamakan** *k.n.* greed; excessive desire, esp. for food or wealth; greediness. 贪婪；尤指对财富、食物的贪心。

**taman** *k.n.* garden; piece of cultivated ground, esp. attached to a house; (*pl.*) ornamental public grounds; park; public garden or recreation ground; enclosed land attached to a country house or mansion. 庭园；菜圃；果园；有房屋和花木的广场。

**tambah, menambah** *k.k.t./i.* add; join as an increase or supplement; say further; put together to get a total; accumulate; acquire more and more of; increase in amount. 增加；补充说明；合计。 **menambahkan** *k.k.t.* enhance; increase the quality or power, etc. of. 提高(价值)；增进；增强。

**tambahan** *k.n.* addenda; list of things to be

added to a book, etc.; ancillary; helping in a subsidiary way; annexe; supplementary building; increment; increase; added amount; extra; additive; substance added. 附加物；附录；补篇；附属品；增长；增额；额外物。**sebagai ~** in addition; as an added thing. 另外；再者。

**tambak** *k.n.* causeway; raised road across low or wet ground; embankment; bank or stone structure to keep a river from spreading or to carry a railway, etc.; mole; breakwater or causeway built out into the sea. 坝；堤；长堤。

**tambang** *k.n.* fare; price charged for a passenger to travel; passenger paying this. 车费；船费；运费；乘客。

**tambat** *k.k.t./i.* clinch; fasten securely; moor; secure (a boat, etc.) to a fixed object by means of cable(s). 使钉牢；钳紧。 **menambat** *k.k.t.* moor at a berth. (船等)停泊；系泊。

**tambatan** *k.n.* berth; place for a ship to anchor or tie up at a wharf; moorings (*pl.*); cables or place for mooring a boat. 系泊；系泊处。

**tamborin** *k.n.* tambourine; percussion instrument with jingling metal discs. 铃鼓。

**tambun** *adj.* corpulent; having a bulky body; fat. 强壮的；鼓胀的；肥胖的。

**tambung** *adj.* immodest; not modest. 无礼的；不谦虚的；傲慢的。

**tambur** *k.n.* glockenspiel; musical instrument of tuned steel bars or tubes struck by hammers. 钟琴。

**Tamil** *k.n.* Tamil; member or language of people of South India and Sri Lanka. 淡米尔人；淡米尔语。

**tampak** *adj.* conspicuous; easily seen; attracting attention. 显著的；显眼的；引人注目的。

**tampal** *k.n.* patch; piece put on, esp. in mending. 补块。 —*k.k.t.* post; display (a notice, etc.); announce thus. 贴出(布告等)；宣告；发表。 **~ hias** *k.n.* applique; piece of fabric attached ornamentally. 服装等的嵌花；缝饰。

**menampal** *k.k.t./i.* mend; repair; stitch up (torn fabric); make or become better. 纠正；改善；缝补(衣物)；修补。

**menampalkan** *k.k.t.* put patch(es) on; piece (things) together. 拼凑；补缀。

**~ cantum** *k.n.* patchwork; needlework in which small pieces of cloth are joined decoratively; thing made of assorted pieces. 拼缝起来的彩布；用不同色彩的物体拼成的东西。 **bertampal** *adj.* patchy; existing in patches. 杂凑而成的；素质不调的。

**tampan** *adj.* elegant; tasteful and dignified; dashing; showy. 雅致的；优雅的；俊俏的；健美的。 —*k.k.t.* to act as a buffer. 缓冲；缓和。

**tampang** *k.n.* cutting; piece of a plant for replanting. 用以插种的插枝。

**tampar, menampar** *k.k.t./i.* slap (*p.t. slapped*); strike with the open hand or with something flat. 掴；拍；掌击；打耳光。

**tamparan** *k.n.* cuffing blow; slapping blow. 掴打；耳光。

**tan** *k.n.* ton; measure of weight, either 2240 lb (*long ton*) or 2000 lb (*short ton*); unit of volume in shipping. 吨；大量；许多。 **~ metrik** metric ton; tonne. 公吨(公制重量单位)。

**tanah** *k.n.* ground; solid surface of earth; area, position, or distance on this; (*pl.*) enclosed land of a large house or institution. 地；地面；土地；地域；庭园。 **kacang ~** *k.n.* ground-nut; peanut. 落花生。 **~ besar** *k.n.* mainland; country or continent without its adjacent islands. 大陆。 **~ tinggi** *k.n.* highlands; mountainous region. 高地；高原。 **penduduk ~ tinggi** *k.n.* highlander. 住在高原的人。 **~ liat** *k.n.* clay; stiff sticky earth, used for making bricks and pottery. 黏土。 **tuan ~** (perempuan) *k.n.*

landlady; woman who lets rooms to tenants or who keeps an inn or boarding-house. 女房东；女地主；(旅馆等的)女店主。**tuan ~** (lelaki) *k.n.* landlord; person who lets land or a house or room to a tenant; one who keeps an inn or boarding-house. 房东；地主；(旅馆等的)店主。

**tanah air** *k.n.* fatherland; one's native country; homeland; native land. 祖国；本国；故国。

**tanam** *k.k.t.* bury; place (a dead body) in the earth or a tomb; put or hide underground. 埋藏；掩盖；填盖；埋葬。**cucuk ~** *k.n.* cultivation. 耕种。**menanam** *k.k.t.* cultivate; prepare and use (land) for crops; produce (crops) by tending them; develop by practice; further one's acquaintance with (a person). 耕种；种植；培养；栽培。**menanamkan** *k.k.t.* inculcate; implant (a habit, etc.) by constant urging. 培养；教诲；种植；注入。**tertanam** *adj.* ingrained; deeply fixed in a surface or character. 根深蒂固的；深嵌着的。

**tanaman** *k.n.* crop; batch or plants grown for their produce. 农作物；收获；收成。

**tanda** *k.n.* sign; something perceived that suggests the existence of a fact or quality or condition; symbol; signboard; notice displayed; indication. 符号；标志；信号；指示；象征；证据。**menanda** *k.k.t./i.* make a sign; write (one's name) on a document; convey or engage or acknowledge by this. 作记号；示信号；示意；签名于。**menandakan** *k.k.t.* designate; describe or name as; specify; indicate; point out; be a sign of; show the need of; state briefly. 指定；表明；选定；显示。**~ tinggal** *k.n.* caret; omission-mark. 脱漏字号（即 '^'）。

**tandas** *k.n.* convenience; lavatory; pan (usu. a fixture) into which urine and faeces are discharged for disposal; room, etc. equipped with this; loo (*colloq.*); toilet. 厕所；洗手间。

**tandatangan** *k.n.* signature; person's name or initials written by himself in signing something. 签名；署名。

**tanding, bertanding** *k.k.i.* contest; compete for or in; compete; take part in a competition or other contest. 比赛；竞争。

**tandu** *k.n.* stretcher; framework for carrying a sick or injured person in a lying position; device for stretching or bracing things. 担架；轿子。

**tanduk** *k.n.* horn; hard pointed growth on the heads of certain animals; substance of this; similar projection. (牛、羊等的)角；角状物。**~ rusa** *k.n.* antler; branched horn of a deer, etc. 鹿角；鹿茸。**menanduk** *k.k.t.* gore with horn(s); head; strike (a ball) with one's head in football. (用角)牴撞；用头顶球。**bertanduk** *adj.* horned; having horns. 有角的。

**tandukan** *k.n.* header; heading of the ball in football. 足球的以头顶球。

**tandus** *adj.* arid; dry; parched; barren; not fertile. 干燥的；干枯的；烘烤的；荒芜的；土地贫瘠的。

**tangan** *k.n.* hand; end part of the arm, below the wrist; control, influence, or help in doing something; (right or left) side. 手。**jabat ~** *k.n.* handshake; act of shaking hands as a greeting, etc. 握手。

**tangerin** *k.n.* tangerine; a kind of small orange; its colour. 柑橘(色)。

**tangga** *k.n.* doorstep; step or ground just outside a door. 阶；门阶；阶梯。**kepala ~** *k.n.* top or bottom post of the handrail of a stair; central pillar of a winding stair. 楼梯头。**~ kapal** *k.n.* gangplank; plank placed for walking into or out of a boat. 上下船用的跳板。

**tanggal** *k.k.i.* doff; (*old use*) take off (one's hat). 脱落；脱除；脱帽。

**tanggam** *k.n.* dovetail; wedge-shaped joint interlocking two pieces of wood;

mortise; hole in one part of a framework shaped to receive the end of another part. 楔形榫；榫孔；榫眼。 **menanggam** *k.k.t./i.* join by this; combine neatly. 用楔形榫接合。 ~ **penjuru** *k.n.* mitre; join with tapered ends that form a right angle. 斜榫；斜接。

**tanggap** *k.k.t.* cop (p.t. *copped*); (*sl.*) catch. 倾听；领会；取得。

**tanggapan** *k.n.* cop (*sl.*); capture; impression; uncertain idea. 想象；想法；看法。

**tangguh** *k.k.t./i.* postpone; delay; keep (an event, etc.) from occurring until a later time. 使延期；延迟；拖延。 **mengguhkan** *k.k.t.* defer (p.t. *deferred*); postpone. 拖延；延搁。 **pertangguhan** *adj.* pending; waiting to be decided or settled. 未决的；待决的。

**tanggung, menanggung** *k.k.i.* contract; catch (an illness); acquire (a habit, debt, etc). 承担；遭受；负责；负债；染上(病)。

**tanggungan** *k.n.* dependant; one who depends on another for support. 受赡养者；靠他人生活的人。

**tanggungjawab** *k.n.* liability; being liable; (*colloq.*) disadvantage; (*pl.*) debts; obligations. 责任；义务；不利条件；债；职责。 **bertanggungjawab** *adj.* liable; held responsible by law; legally obliged to pay a tax or penalty, etc.; likely to do or suffer something; accountable; obliged to account for one's actions. 义务的；受法律约束的；有责任的。

**tak bertanggungjawab** *adj.* irresponsible; not showing a proper sense of responsibility. 不负责任的；无责任的。

**tangkap** *k.k.t./i.* catch (p.t. *caught*); capture; seize; come unexpectedly upon; detect; surprise; grasp and hold; make or become fixed; check suddenly. 捕捉；捕获；掠夺；撞见；突击；检查。 **menangkap** *k.k.t./i.* pinch (*sl.*); arrest; seize by authority of law. 逮捕；捉拿。

**tangkas** *adj.* adroit; skilful; ingenious; agile; nimble; quick-moving; ambidextrous; able to use either hand equally well; expeditious; speedy and efficient; fleet (*-er, -est*); moving swiftly; lissom; lithe; prompt; done or doing something without delay. 熟练的；灵巧的；敏捷的；机警的；有效的；迅速的；轻快的；即时的。

**tangki** *k.n.* tank; large container for liquid or gas. 槽；盛装液体或气体的大容器。 ~ **minyak** *k.n.* gasholder; gasometer. 煤气库；气量计。

**tangkis** *k.k.t.* defend; protect, esp. by warding off an attack. 防守；保卫；防卫。

**tanglung** *k.n.* lantern; transparent case for holding and shielding a light outdoors. 灯笼。

**tango** *k.n.* tango; ballroom dance with gliding steps. 探戈舞。

**tangsi** *k.n.* catgut; gut as thread. 钓丝线；羊肠线。

**tanih** *k.n.* soil; loose earth; ground as territory. 泥土；松泥；沃土；领土。

**tanin** *k.n.* tannin; substance obtained from tree bark, etc. (also found in tea), used in tanning and dyeing. 单宁；鞣酸。

**tanik** *adj.* tannic; tannic acid; tannin. 单宁酸；鞣酸。

**tanjung** *k.n.* foreland; cape; headland; promontory. 岬；海角；陆地；突出的部分。 ~ **tinggi** *k.n.* mull; (*Sc.*) promontory. 岬；突出的部分。

**tanur** *k.n.* kiln; oven for hardening or drying things (e.g. pottery, hops). 窑；灶；炉。

**tanya** *k.k.i.* ask; call for an answer to or about; address a question to; seek to obtain; invite. 问；询问；质问；邀请；打听。 **pertanyaan** *k.n.* enquiry. 询问；打听；查问。 **bertanya** *k.k.i.* enquire; ask; make an inquiry. 询问；打听；质问；查问。

**tapa** *k.n.* asceticism. 苦刑；禁欲主义。

**pertapa** *k.n.* ascetic; person who is ascetic, esp. for religious reasons; solitary; recluse. 遁世修道者。

**tapak** *k.n.* site; ground on which a building, etc. stands or stood or is to stand, or where an event takes or took or is to take place. 地点；位置。 **~ semaian** *k.n.* nursery; place where young plants are reared. 苗圃。

**tapestri** *k.n.* tapestry; textile fabric woven or embroidered ornamentally. 花毯；绒绣。

**tapis, menapis** *k.k.t.* sieve; put through a sieve; remove or ban thus. 筛；筛选；滤清。

**tapisan** *k.n.* sieve; colander; bowl-shaped perforated vessel for draining food. 筛；滤器。

**tara** *k.n.* par; average or normal amount or condition, etc.; equal footing. 相等；同等物；平均的情况；常态；等值。

**setara** *adj.* equivalent; equal in amount, value, or meaning, etc. 相等的；同等的；平均的。 **tiada ~** *adj.* peerless; without equal; superb. 无可匹敌的；无比的；无衡平的。

**tarak** *adj.* continent; able to control one's excretions. 自制的；节欲的。

**tarantula** *k.n.* tarantula; large black south European spider; large hairy tropical spider. 狼蛛；南欧的一种毒蜘蛛。

**tarbus** *k.n.* fez (pl. *fezzes*); Muslim man's high flat-topped red cap. 土耳其帽。

**tari** *k.n.* dance; piece of dancing; music for this. 跳舞；舞蹈。 **menari** *k.k.t.* move with rhythmical steps and gestures, usu. to music; move in a quick or lively way. 随着音乐节奏轻快起舞。 **majlis tari-menari** *k.n.* social gathering for dancing. 舞会。

**tarian** *k.n.* piece of dancing; music for this. 舞蹈；舞曲。

**tarif** *k.n.* tariff; list of fixed charges; duty to be paid. 关税；税率。

**tarik** *k.k.t.* attract; draw towards itself by unseen force; arouse the interest or pleasure of. 吸引；引诱。 **menarik** *adj.* attractive; attracting; pleasing in appearance. 有吸引力的；诱人的；动人的。 **~ diri** *k.k.i.* back out; withdraw from an agreement. 退出。

**tarikan** *k.n.* attraction. 吸引力；魅力。

**tarikh** *k.n.* date; day, month, or year of a thing's occurrence; period to which a thing belong. 日期；年代。 **~ akhir** *k.n.* deadline; time limit. 限期。

**taring, gigi ~** *k.n.* eye-tooth; canine tooth in the upper jaw, below the eye. 犬牙。

**tart, tart keju** *k.n.* cheesecake; open tart filled with sweetened curds. 乳酪蛋糕。

**taruh** *k.n.* bet; agreement pledging a thing that will be forfeited if one's forecast is wrong; money, etc. pledged. 打赌；赌注。 **bertaruh** *k.k.i.* bet (p.t. *betted*); make a bet; (*colloq.*) predict. 打赌；下赌注。 **mempertaruhkan** *k.k.t.* obtain or allow the release of (a person) on bail; relieve by financial help. 以…作赌注；以…作抵押品；献身；投资。

**taruhan** *k.n.* bail; money pledged as security that an accused person will return for trial. 保释金。

**tarung, bertarung** *k.k.i.* contend; strive; compete. 竞争；斗争；抗争。

**tasik** *k.n.* lake; large body of water surrounded by land. 湖。

**tasrif** *k.n.* conjugation. 动词的词形变化。 **mentasrifkan** *k.k.t.* conjugate; inflect (a verb). 列举动词的变化形式；改变动词词形。

**tatabahasa** *k.n.* grammar; use of word in their correct forms and relationships. 语法。

**tatacahaya** *k.n.* lighting; means of providing light; the light itself. 照明；照明设备。

**tataetika** *k.n.* code of ethics. 道德准则；道德；伦理。

**tatah, menatah** *k.k.t.* stud (p.t. *studded*); decorate with studs or precious stones. 装饰钉于；点缀；雕饰。

**tatalaku** *k.n.* code of behaviour. 行为法规。

**tatamoral** *k.n.* moral code. 道德准则。

**tatanama** *k.n.* nomenclature; system of names, e.g. in a science. 名称；术语；命名法；名词汇编；术语集。

**tatarakyat** *k.n.* civics; study of municipal government and of citizens' rights and duties. 公民学。

**tatu**[1] *k.n.* tattoo; drum or bugle signal recalling soldiers to quarters in the evening; elaboration of this with music and marching, as an entertainment; tapping sound. 军队归营号；军操表演；连续轻敲声。

**tatu**[2] *k.n.* tattoo; mark (skin) by puncturing it and inserting pigments; make (a pattern) thus. 文身；刺花纹(于身上)。

**taufan** *k.n.* hurricane; violent stormwind; typhoon; violent hurricane. 飓风。

**tauliah** *k.n.* credentials; documents showing that a person is who or what he claims to be. 凭证；委任状；委任书。 **bertauliah** *adj.* accredited; holding credentials. 受承认的；特许的；拥有委任状的。 **surat ~** *k.n.* commission; warrant conferring authority, esp. on officers in the armed forces. 授权代办；委托；委任。 **mentauliahkan** *k.k.t.* give commission to. 委任；授于委任状。 **tidak bertauliah** *adj.* non-commissioned; not holding a commission. 不受委任的。

**tawan** *k.k.t.* conquer; overcome in war or by effort; apprehend; seize; arrest. 战胜；征服；逮捕；俘获；掠夺。 **menawan** *adj.* inviting; pleasant and tempting. 引人注目的；诱惑的；吸引人的。 —*k.k.t.* apprehend; seize; arrest; capture; take prisoner; take or obtain by force or skill or attraction. 扣留；逮捕；俘获；引诱。

**tawanan** *k.n.* captive; captive person or animal; person or thing captured. 俘房。

**tawar** *k.k.i.* bargain; discuss the terms of an agreement. 议价；商定。 **air ~** *k.n.* freshwater; of rivers or lakes, not of the sea. 清水；淡水。 **bertawar-tawaran** *k.k.i.* dicker; (*colloq.*) haggle. 讨价还价。 **tawar-menawar** *k.k.i.* haggle; argue about price or terms when settling a bargain. 讨价还价。 **menawar** *k.k.i.* discuss the terms of an agreement. 出价；还价；讨价。 **menawarkan hati** *k.k.i.* daunt; make afraid or discouraged. 惊慌；丧胆；气馁。 **menawarkan** *k.k.t./i.* bid (p.t. *bid*, pres. p. *bidding*); make a bid (of); extend; offer; grant; present for acceptance or refusal, or for consideration or use; state what one is willing to do or pay or give; show an intention. 出价；开出价钱。 **~ hati** *k.k.i.* dishearten; cause to lose hope or confidence. 使沮丧；使气馁。

**tawaran** *k.n.* bargain; agreement with obligations on both or all sides; thing obtained cheaply; bid; offer of a price, esp. at an auction; offer; expression of willingness to do, give, or pay something; amount offered. 出价；兜售物；商定的价格。

**tayar** *k.n.* tyre; covering round the rim of a wheel to absorb shocks. 轮胎。

**teater** *k.n.* playhouse; theatre. 戏院；剧场。

**tebah, menebah** *k.k.t./i.* beat with or as if with a flail; swing about wildly. 拍打；拍击。

**tebal** *adj.* fat; thick. 厚的；浓的。

**tebat, menebat** *k.k.t.* insulate; cover with a substance that prevents the passage of electricity, sound, or heat; isolate from influences. 绝缘；隔离；使孤立。

**tebeng, menebeng** *k.k.i.* sponge; cadge; live off the generosity of others. 依赖他人生活。

**tebing** *k.n.* bank; slope, esp. at the side of a river; brink; edge of a steep plain. 堤；堤岸；河岸。

**tebuan** *k.n.* hornet; a kind of a large wasp; wasp; stinging insect with a black-and-yellow striped body. 大黄蜂类。

**tebuk, menebuk** *k.k.t.* perforate; make hole(s) through; pierce; make (a hole) in. 穿孔；穿过；刺入；击穿。

**tebukan** *k.n.* perforation. 穿孔；贯穿。

**tebus** *k.k.t./i.* expiate; make amends for (wrongdoing); atone; make amends for an error or deficiency. 补偿；赎罪；偿还；弥补差错。 **tak bertebus** *adj.* irredeemable; unable to be redeemed. 不能赎回的；无法补救的。

**teduh** *k.k.t./i.* lull; calm; become quiet. 使⋯平静；安静。

**tedung, ular ~** *k.n.* cobra; poisonous snake of India and Africa. 眼镜蛇。

**tegah** *k.k.t.,* **menegah** *k.k.t.* forbid (p.t. *forbade,* p.p. *forbidden*); order not to; refuse to allow. 禁止；不许；阻挡。

**tegak** *adj.* erect; upright. 直立的；竖直的；竖立的。 **menegakkan** *k.k.t.* set up; build. 竖立起；建立。

**tegap** *adj.* hefty (*-ier, -iest*); large and heavy; stalwart; sturdy; strong and faithful; stout (*-er, -est*); of considerable thickness or strength; fat; brave and resolute. 结实的；稳固的；健壮的；坚定的；刚毅的。

**tegar** *adj.* intransigent; stubborn; obdurate; pertinacious; persistent and determined. 非妥协性的；不让步的；固执的；倔强的；坚决的；顽强的。

**tegas** *adj.* coherent; cohering; connected logically; not rambling. 容易明白的；表达清楚的。

**teguh** *adj.* firm (*-er, -est*); not yielding when pressed or pushed; steady; not shaking; securely established; resolute; impregnable; safe against attack; indissoluble; firm and lasting; not able to be destroyed. 坚实的；稳固的；坚定的；坚决的。 **meneguhkan** *k.k.t./i.* make or become firm; brace; give support or firmness to. 支住；撑牢；拉紧。

**teguk, meneguk** *k.k.t.* imbibe; drink. 饮；喝。

**tegur, menegur** *k.k.t.* admonish; reprove; exhort; urge or advise earnestly; hail; greet; call to; signal to and summon. 训戒；规劝；警告；申斥。

**teguran** *k.n.* exhortation; admonition. 规劝；告诫；训戒。

**teh** *k.n.* tea; dried leaves of a tropical evergreen shrub; hot drink made by infusing these (or other substances) in boiling water. 茶；茶叶；茶树。 **uncang ~** *k.n.* teabag; small porous bag holding a portion of tea for infusion. 袋装茶叶。 **daun ~** *k.n.* tea leaf; leaf of that, esp. after infusion. 茶叶。 **set ~** *k.n.* tea set; of cups and plates, etc. for serving tea. 茶具。

**teka** *k.k.t./i.* guess; form an opinion or state without definite knowledge or without measuring; think likely. 推测；臆测；猜想。

**teka-teki** *k.n.* conundrum; riddle; puzzle. 谜语。

**tekad** *k.n.* constancy; quality of being unchanging; faithfulness; determination; firmness of purpose. 坚定不移；忠诚；忠实；决心。

**tekak** *k.n.* pharynx; cavity at the back of the nose and throat. 咽喉。

**tekan, menekan** *k.k.t.* depress; press down; reduce (trade, etc.); accent; pronounce with an accent; emphasize; lay emphasis on; impress; fix in the mind; lay stress on. 压下；压低；使消沉；使伤心；重读；强调；着重；使留深刻印象；铭记。

**tekanan** *k.n.* depression; pressing down; state of sadness; stress; emphasis; extra force used on a sound in speech or music; pressure; tension; strain. 忧伤；消沉；沮丧；压力；强调；重点。

**teknik** *k.n.* technique; method of doing or performing something. 技巧；技能。

**teknikal** *adj.* technical; of the mechanical arts and applied sciences; of a particular subject or craft, etc.; using technical terms; in a strict legal sense. 技术的；工艺的。

**teknologi** *k.n.* technology; study of mechanical arts and applied sciences; these subjects; their application in industry, etc. 工艺；工业技术。

**teko** *k.n.* pot; vessel with a spout, in which tea is made. 壶。

**teksi** *k.n.* cab; taxi (pl. *-is*); taxi-cab; car that plies for hire. 德士车；计程汽车。

**tekstil** *k.n.* textile; woven or machine-knitted fabric. 纺织品；纺织原料。

**tekukur** *k.n.* cuckoo; bird with a call that is like its name. 布谷鸟；杜鹃。

**tekun** *adj.* assiduous; diligent and persevering; hard-working. 刻苦的；勤奋的。

**telaah, menelaah** *k.k.t.* mug (p.t. *mugged*); (*sl.*) learn (a subject) by studying hard. 埋头苦读；用功学习。

**teladan** *k.n.* byword; notable example; example; fact illustrating a general rule; thing showing what others of the same kind are like; person or thing worthy of imitation. 例子；实例；范例；模范；榜样。

**telagah, bertelagah** *k.k.i.* jar; have a harsh or disagreeable effect (upon). 震荡；冲突；激烈争吵。 **pertelagahan** *k.n.* loggerheads (*pl.*); disagreeing or quarrelling. 相争；不和。

**telah**[1] *kkt.* already; before this time; as early as this. 已经；早已；先前。

**telah**[2], **menelah** *k.k.t.* foretell (p.t. *foretold*); forecast. 预言；预示；预测；预告。

**telangkup** *k.k.i.* capsize; overturn; keel; become tilted. 倾覆；翻转；倒转；打翻。

**telanjang** *adj.* naked; without clothes on; without coverings. 裸体的；露出的。

**telan** *k.k.t./i.* swallow. 吞下；咽下。

**telap** *adj.* permeable; able to be permeated by fluids, etc. (液体)可渗透的。

**telapak** *k.n.* palm; inner surface of the hand. 掌心；掌部。

**telapuk** *k.n.* hoof (pl. *hoofs* or *hooves*); horny part of a quadruped's foot. 蹄。

**telefon** *k.n.* telephone; system of transmitting speech, etc. by wire or radio; instrument used in this. 电话；电话机。 **menelefon** *k.k.t.* send (a message) or speak to (a person) by telephone. 通电话。

**telefonis** *k.n.* telephonist; operator at a telephone exchange or switch-board. 电话接线员。

**telefoto** *adj.* telephoto. 摄远的；传真照相的。 **lensa ~** *k.n.* telephoto lens; lens producing a large image of a distant object for photography. 摄远镜头。

**telegraf** *k.n.* telegraph; system or apparatus for sending written messages, esp. by electrical impulses along wires. 电报；电报机；信号机。 **jurutelegraf** *k.n.* telegraphist; person employed in telegraphy. 电信技术员；通信兵。

**telegrafi** *k.n.* telegraphy; communication by telegraph. 电信技术；电报学；电报。

**telegram** *k.n.* telegram; message sent by telegraph. 电报。

**telekomunikasi** *k.n.* telecommunications (*pl.*); means of communication over long distances, by telephone, radio, etc. 用电话、无线电等传达的电信。

**teleks** *k.n.* telex; system of telegraphy using teleprinters and public transmission lines. 用户直通电报。

**telemeter** *k.n.* telemeter; an apparatus for recording and transmitting the readings of an instrument at a distance. 遥测仪器。

**telepati** *k.n.* telepathy; communication between minds other than by the known senses. 心灵感应术；传心术。

**teleprinter** *k.n.* teleprinter; telegraph instrument for sending and receiving typewriting messages. 电传打字机。

**telerang** *k.n.* lode; vein of metal ore. 矿脉。

**teleskop** *k.n.* telescope; optical instrument for making distant objects appear larger. 望远镜。

**televisyen** *k.n.* television; system for reproducing on a screen a view of scenes, etc. by radio transmission; televised programmes; apparatus with a screen for receiving these. 电视；电视机；电视学。

**telinga** *k.n.* ear; organ of hearing; external part of this; ear-shaped thing; lug; ear-like projection. 耳朵；耳状物。 **gegendang ~** *k.n.* ear-drum; membrane inside the ear, vibrating when sound-waves strike it. 耳鼓；耳膜。 **sakit ~** *k.n.* earache; pain in the ear-drum. 耳痛。 **memasang ~** *k.k.i.* eavesdrop; listen secretly to a private conversation. 偷听；窃听。 **tipis ~** *k.n.* irascibility. 易怒；暴躁。

**telingkah, bertelingkah** *k.k.i.* skirmish; take part in a skirmish. 战斗；冲突。

**teliti** *adj.* conscientious; showing careful attention; laborious; needing or showing much effort; nice (-*er*,-*est*); needing precision and care. 谨慎的；认真的；精细的；严谨的。

**teluk** *k.n.* bay; part of a sea or lake within a wide curve of the shore. 海湾。 **anak ~** *k.n.* inlet; strip of water extending into land; way in (e.g. for water into a tank). 水湾；小港。

**telukan** *k.n.* gulf; large area of sea partly surrounded by land. 海湾。

**teluki, bunga ~** *k.n.* carnation; cultivated clove-scented pink. 康乃馨。

**telunjuk, jari ~** *k.n.* forefinger; finger next to the thumb. 食指。

**telur** *k.n.* egg; reproductive cell produced by a female; bird's (esp. domestic hen's) hard-shelled egg. 蛋。 **~ dadar** *k.n.* omelette; dish of beaten eggs cooked in a frying-pan. 煎蛋卷。 **~ kutu** *k.n.* nit; egg of a louse or similar parasite. (虱等的)卵。

**tema** *k.n.* theme; subject being discussed; melody which is repeated. 主题；题目；标题；主旋律。

**teman** *k.n.* cobber; (*Austr., colloq.*) friend; mate; companion; one who accompanies another; thing that matches or accompanies another. 朋友；同伴；同志；相识者；支持者。 **~ sekatil** *k.n.* bedfellow; person sharing one's bed. 同床者；伙伴。

**tembaga** *k.n.* copper; reddish-brown metallic element; coin containing this; its colour. 铜。 **tahi ~** *k.n.* patina; attractive green incrustation on old bronze or gloss on old woodwork. 旧青铜器上的铜锈；旧木器上的光泽。

**tembak** *k.k.t./i.* shoot (*p.t. shot*); fire (a gun, etc., or a missile). 开枪；射杀；(用枪)打猎；发炮；射击。 **berbalas tembakan** *k.n.* crossfire; gunfire crossing other line(s) of fire. 交战。

**tembakau** *k.n.* tobacco; plant with leaves that are used for smoking or snuff; its prepared leaves. 烟草。

**tembikai** *k.n.* water-melon; melon with red pulp and watery juice. 西瓜。 **~ madu** *k.n.* honeydew; melon with pale skin and sweet green flesh. 蜜瓜；甘露瓜。

**tembikar** *k.n.* china; fine earthenware; porcelain; things made of this; pottery made of coarse baked clay. 陶瓷；瓷器。 —*adj.* ceramic; of pottery or a similar substance. 陶瓷的；制造瓷器的。 **seni ~** *k.n.* ceramics; art of making pottery. 陶瓷艺术。

**tembok** *k.n.* parapet; low protective wall along the edge of a balcony or bridge. 在阳台或桥边的护墙。 **~ dua pihak** *k.n.* party-wall; wall common to two buildings or rooms. 两座建筑物或两间房间的界墙。 **kepala ~** *k.n.* coping; top (usu. sloping) row of masonry in a wall. 墙的盖顶。

**tembolok** *k.n.* crop; pouch in a bird's gullet where food is broken up for digestion. 鸟的嗉子。

**tembung** *k.n.* cudgel; short thick stick used as a weapon. 短棍；短棒。 **menembung** *k.k.t.* cudgelled. 用棒击打。

**tembus** *k.k.i.* penetrate; make a way into or through. 透过；穿过；刺入。 **menembus** *k.k.t.* pierce; go into or through like a sharp-pointed instrument; force one's way into or through. 戳穿；穿过；突破(防线)。 **boleh ~** *adj.* penetrable; able to be penetrated. 能被穿透的；可渗透的。

**tempa, menempa** *k.k.t.* forge; shape (metal) by heating and hammering. 锻造；打铁；锻炼。

**tempah, menempah** *k.k.t.* book; reserve; buy a ticket in advance. 预定；定票。

**tempang** *adj.* lame; unable to walk normally; weak; unconvincing. 跛的；瘸腿的；行动不便的。 **menempangkan** *k.k.t.* make lame. 使跛脚；导致行动不便。 **menempang-nempang** *k.k.i.* limp; walk or proceed lamely. 一瘸一瘸地走；跛行。 **tertempang-tempang** *k.k.i.* hobble; walk lamely. 蹒跚地走；跛行。

**tempat** *k.n.* place; particular part of space or of an area of book, etc.; particular town, district, building, etc.; position; duty appropriate to one's rank; step in reasoning. 地方；地点；部份；地区；场所；处境；地位；职责；议论等的层次。 **menempatkan** *k.k.t.* put into a place; find a place for; locate; identify; put or give (an order for goods, etc.); accommodate; supply; provide lodging or room for; adapt; plant; place in position. 放置；安置；确定(地点)；鉴定；发出(订单)；投宿。

**tempatan** *adj.* local; of or affecting a particular place or small area. 本地的；当地的；地方的。 **orang ~** *k.n.* inhabitant of a particular district. 居民；住户。 **kerajaan ~** local government; administration of a district by elected representatives of people who live there. 地方政府；地方自治。

**tempelak** *k.n.* confutation. 辩驳；驳倒。

**tempo** *k.n.* tempo (pl. *-os* or *-i*); time, speed, or rhythm of a piece of music; rate of motion or activity. 速度；拍子；节奏；局势等的发展速度。

**tempoh** *k.n.* duration; time during which a thing continues. 持续时间；期间。

**tempuling** *k.n.* harpoon; spear-like missile with a rope attached. 竖琴。

**tempur, bertempur** *k.k.t.* combat (p.t. *combatted*); counter. 战斗；博斗；攻击。

**temu, bertemu** *k.k.t.* encounter; meet, esp. by chance; find oneself faced with. 遭遇；面对；遇见；相逢。 **menemui** *k.k.t.* discover; obtain sight or knowledge of; detect; discover the presence or activity of. 发现；看出。

**temu bual** *k.n.* interview; formal meeting or conversation with a person to assess his merits or obtain information. 访谈；采访；面试；会见。 **menemubual** *k.k.t.* hold an interview with. 访问；应征；接见。

**temu duga** *k.n.* interview; formal meeting or conversation with a person to assess his merits or obtain information. 访谈；采访；面试；面谈。 **menemuduga** *k.k.t.* hold an interview with. 访问；应征；接见。

**temu janji** *k.n.* appointment; arrangement to meet or visit at a specified time, date; appointment to meet socially. 面试、参观等的约定时间；约会。

**tenaga** *k.n.* energy; capacity for vigorous activity; ability of matter or radiation to do work; oil, etc. as fuel. 活力；干劲；能量。 **bertenaga** *adj.* energetic; full of energy; done with energy; lusty (*-ier, -iest*); strong and vigorous; forceful. 充

满活力的；精力旺盛的；精神饱满的；有干劲的。~ **manusia** *k.n.* manpower; number of people available for work or service. 人力；劳力。~ **penggerak** *k.n.* mainspring; chief motivating force. 主要的推动力量。

**tenang** *adj.* calm (*-er, -est*); still not windy; not excited or agitated; collected; calm and controlled; imperturbable; not excitable. 安静的；宁静的；沉着的；镇定的；冷静的。**menenangkan** *k.k.t.* make calm; compose; calm; allay; lessen (fears). 使平静；使镇定；缓和(恐惧感、烦忧等)。**ketenangan** *k.n.* calmness; equanimity; calmness of mind or temper; calm condition. 沉着；平静；镇定。

**tendang** *k.k.t.* boot; kick. 用靴踢；踢出。

**tendon** *k.n.* tendon; strip of strong tissue connecting a muscle to a bone, etc. 腱；筋。

**tengah** *adj.* middle; occurring at an equal distance from extremes or outer limits. 在中间的。**Timur Tengah** *k.n.* Middle East; area from Egypt to Iran inclusive. 中东。**di tengah-tengah** *k.s.n.* amid; amidst; in the middle of; during. 当中；在其中。~ **hari** *k.n.* midday; noon. 正午；中午。

**tenggara** *k.n.* south-east; point or direction midway between south and east. 东南方；东南部。

**tenggek** *k.k.t./i.* perch; rest or place on or as if on a perch. 休息；栖息。

**tenggekan** *k.n.* bird's resting-place; rod, etc. for this. 鸟类的栖息处。

**tenggelam** *adj.* awash; washed over by water. 被水覆盖着的；泛滥的。**menenggelami** *k.k.t.* engulf; swamp. 吞没；淹没；泛滥；浸在水中。

**tenggiling** *k.n.* armadillo (pl. *-os*); burrowing animal of South America with a body encased in bony plates. 犰狳；南美洲一种食蚁兽。

**tenggorok** *k.n.* gullet; passage by which food goes from mouth to stomach. 食道；咽喉。

**tengkar, bertengkar** *adj.* discordant. 不一致的；不和的；不和谐的。— *k.k.i.* contest; dispute; jangle; upset by discord. 竞争；驳斥；质疑；抗辩；争论。

**tengkorak** *k.n.* skull; bony framework of the head; representation of this. 颅骨；头颅骨；脑壳。

**tengkuk** *k.n.* nape; back part of neck. 颈背；后颈。

**tengok** *k.k.t.* behold (p.t. *beheld*); (*old use*) see; observe. 看；观看；看见；目睹。

**tenis** *k.n.* tennis; ball-game played with rackets over a net, with a soft ball on an open court (lawn tennis) or with a hard ball in a walled court. 网球。

**tentang, bertentang** *adj.* adverse; unfavourable; bringing harm; opposed; converse; opposite; contrary. 不利的；敌视的；相反的；相对的；对面的；反逆的。—*k.k.t.* counter; in the opposite direction. 反对；反击；对抗。**menentang** *k.k.t./i.* hinder or defeat by an opposing action; contradict; say that (a statement) is untrue or (a person) is wrong; be contrary to; defy; resist; refuse to obey. 反驳；驳斥；相抵触；对抗。

**tentangan** *k.n.* defiance; defying; open disobedience. 违抗；挑战；挑衅。

**tentera** *adj.* military; of soldiers or the army or all armed forces. 军事上的。—*k.n.* army; organized force for fighting on land; vast group; body of people organized for a purpose. 军队；陆军；为某目的而编制的团体。~ **laut** *k.n.* navy; country's warships; officers and men of these. 水手；海军。~ **udara** *k.n.* air force; branch of the armed forces using aircraft in attack and defence. 空军。

**tenteram** *adj.* peaceable; fond of peace; not quarrelsome; peaceful. 爱好和平的；和睦的。**menenteramkan** *k.k.t.*

appease; soothe or conciliate, esp. by giving what was asked; pacify; calm and soothe; establish peace in. 安抚；缓和；抚慰；平息。

**tentu, menentukan** *k.k.t.* determine; decide; calculate precisely; resolve firmly. 决心；决意；下决心。

**tentukuran** *k.n.* calibration. 合标准；校准。

**tenun, mesin ~** *k.n.* loom; apparatus for weaving cloth. 织机。

**tenunan** *k.n.* jacquard; fabric with an intricate woven pattern. 提花织物。

**tenusu** *k.n.* dairy; milch; place where milk and its products are processed or sold. 制酪场；牛乳公司；乳品店。 **ladang ~** *k.n.* dairy farm; one producing chiefly milk. 乳牛场。 **lembu ~** *k.n.* milch cow; cow kept for its milk. 乳牛。

**teodolit** *k.n.* theodolite; surveying instrument for measuring angles. 测量角度的经纬仪。

**teologi** *k.n.* theology; study or system of religion. 神学。 **ahli ~** *k.n.* theologian. 神学家；神学研究者。

**teorem** *k.n.* theorem; mathematical statement to be proved by reasoning. 定理；原理；论据。

**teoretis** *adj.* theoretical; based on theory only. 理论上的。 **teoretikus** *k.n.* theorist; person who theorizes. 理论家。

**teori** *k.n.* theory; set of ideas formulated to explain something; opinion; supposition; statement of the principles of a subject. 理论；学说。

**tepat** *adj.* exact; giving all details; perfect; accurate; free from error. 准确的；精密的；精确的。 **bertepatan** *kkt.* just; exactly. 巧合地；一致地；精确地。 **menepatkan** *k.k.i.* coincide; occupy the same portion of time or space; be in agreement or identical. 符合；相称；一致。 **tidak ~** *adj.* imprecise; not precise. 不正确的；不精密的。 **ketidaktepatan** *k.n.* inaccurate; not accurate; inaccuracy. 不正确；不准确。

**tepis** *k.k.t.* parry; avert; ward off (a blow); evade (a question) skilfully. 挡开（攻击）；避开；技巧地回避（问题）。

**tepisan** *k.n.* parrying. 闪避；回避问题。

**tepuk** *k.k.i.* clap (p.t. *clapped*); strike palm loudly together, esp. in applause; strike or put quickly or vigorously; pat (p.t. *patted*); tap gently with an open hand or something flat. 拍掌；鼓掌；轻拍。 —*k.n.* sound of this. 掌声；轻拍声。

**tepukan** *k.n.* clap; act or sound of clapping; patting movement. 掌声；轻拍声；轻拍；鼓掌。

**tepung** *k.n.* flour; fine powder made from grain, used in cooking. 面粉；粉。 **menepung** *k.k.t.* cover with flour. 撒上面粉。 **~ penaik** *k.n.* baking-powder; mixture of powders used to make cake, etc. rise. 发酵粉；焙粉。

**terang** *adj.* bold (-*er*, -*est*); (of colours) strong and vivid. 明亮的；清晰的；显眼的；（颜色）突出的。 **menerangi** *k.k.t.* lighten; shed light on; make or become brighter; flash with lightning. 照亮；使明亮。 **menerangkan** *k.k.t.* modify; qualify by describing. 解释；说明。

**terapi** *k.n.* therapy; curative treatment. 药疗；疗法。 **ahli ~** *k.n.* therapist; specialist in therapy. 治疗专长；（专科）治疗者。

**teras** *k.n.* core; central or most important part. 核心；最重要部分。

**teratai, bunga ~** *k.n.* lotus (pl. -*uses*); tropical waterlily; mythical fruit. 莲属；荷花。

**teratak** *k.n.* hovel; miserable dwelling. 小屋；杂物间；茅舍。

**terbang** *k.k.t./i.* fly (p.t. *flew*, p.p. *flown*); move through the air, esp. on wings or in an aircraft; go quickly; pass suddenly; flee. 飞；飞行；飘动；飞舞；奔逃。 **menerbangkan** *k.k.t.* control the flight of. 飞动；使飞行。

**terbit** *k.k.t.* publish; issue copies of (a book, etc.) to the public; make generally known. 发行；出版；宣布。

**terbitan** *k.n.* derivative; derived (thing). 衍生物；派生物。

**teres** *k.n.* terrace; raised level place, esp. one of a series; paved area beside a house; row of houses joined by party walls. 阶地；梯田；毗连式房屋。

**teriak** *k.k.i.* cry; shed tears; call loudly; appeal for help, etc. 哭泣；流泪；叫喊；号叫。

**teriakan** *k.n.* cry; loud wordless sound uttered; appeal; rallying call; spell of weeping. 一阵哭泣；呼喊；呼吁。

**terima** *k.k.i.,* **menerima** *k.k.t.* receive; acquire; accept, or take in (a thing offered or sent or given); experience; be treated with; allow to enter; greet on arrival; take willingly; say yes to an offer or invitation; agree to; take as true. 收到；取得；接受；担任；容纳；批准；接待。

**teritip** *k.n.* barnacle; shellfish that attaches itself to objects under water. 藤壶；附在岩石或船底的小甲壳动物。

**terjemah** *k.k.t./i.* translate; express in another language or other words; be able to be translated; transfer. 翻译。

**terjemahan** *k.n.* translation. 翻译；译文；译本。

**terjun** *k.k.i.* plunge; dive. 潜水；（头朝下）跳入水中。

**terkaman** *k.n.* lunge; sudden forward movement of the body; thrust. （刀剑等的）刺；戳；推；挤。

**terkenal** *adj.* noted; famous; well-known. 著名的；知名的；有名的。

**terkutuk** *adj.* damnable; hateful; annoying. 该死的；活该的；憎恨的。

**termometer** *k.n.* thermometer; instrument (esp. a graduated glass tube) for measuring heat. 寒暑表；温度计。

**ternak, ternakan** *k.n.* livestock; farm animals. （牛、羊、猪等）家畜。

**ternyahasli** *adj.* denatured; (of alcohol) made unfit for drinking. 改变性质的。

**terobos** *k.n.* breakthrough; major advance in knowledge or negotiation. 突破；重大进展。 **menerobos** *k.k.i.* intrusive; intruding. 冲破；突破。

**terompah** *k.n.* clog; wooden-soled shoe. 木屐；木底鞋。

**teropong** *k.n.* binoculars (*pl.*); instrument with lenses for both eyes, making distant objects seem larger. 双目望远镜；双目显微镜。

**terowong** *k.n.* tunnel; underground passage. 隧道；地道。

**terowongan** *k.n.* cutting; passage cut through high ground for a road, etc. 路堑；地道。

**terpedaya, mudah ~** *adj.* gullible; easily deceived. 易受骗的；易上当的；轻信的。

**tertib** *k.n.* order; way things are placed in relation to each other; proper or usual sequence; efficient state. 排列；顺序。 **menertibkan** *k.k.t.* arrange in order. 整理；安排。 *—adj.* orderly; in due order; not unruly. 整齐的；井井有条的；有秩序的。

**terus** *k.k.t.* non-stop; not ceasing; (of a train, etc.) not stopping at intermediate places. 使不停；持续。 **~ terang** *adj.* blunt speaking or expressed plainly; forthright. 坦白的；直率的。 *—k.k.t.* openly; publicly; frank; outspoken. 坦白；直率。 **berterusan-terusan** *adj.* interminable; very long and boring; ceaseless; not ceasing. 冗长的。

**terusan** *k.n.* canal; artificial water-course; duct; passage; way through, esp. with a wall on each side. 运河；水道。

**tesis** *k.n.* thesis; theory put forward and supported by reasoning; lengthy written essay submitted for a university degree. （大专学院的）毕业论文；学位论文。

**tetak** *k.k.t.* slash; make a sweeping stroke; strike thus. 挥动（刀剑）；挥斩；切伤。 **menetak** *k.k.t.* hack; cut, chop, or hit roughly; hew (p.p. *hewn*); chop or cut with an axe, etc.; cut into shape; make a gash in; slash; make a sweeping stroke; strike thus. 切；砍伐；切割；挥斩。

**tetakan** *k.n.* slashing stroke; cut; gash; long, deep cut. 切割；挥砍；伤痕；深长的伤口。

**tetamu** *k.n.* guest; person entertained at another's house or table, etc., or lodging at a hotel; visiting performer. 客；客人；宾客。 **rumah ~** *k.n.* guest house; superior boarding-house. 宾馆；(私人地产上的)客房；高级寄宿舍。

**tetap** *adj.* equable; (of climate) even; free from extremes; even-tempered; invariable; not variable; always the same; permanent; lasting indefinitely; permanency. 稳定的；平静的；不变的；一律的；永久的；永恒的。 **tak ~** *adj.* erratic; irregular; uneven. 无定的；反复无常的；不一致的。

**tetapi** *k.s.n. & k.h.* but; however; except. 但是；然而；除了。

**tetas, menetas** *k.k.t.* hatch; emerge or produce (young) from an egg. 孵化。 **menetaskan** *k.k.t.* incubate; hatch (eggs) by warmth; cause (bacteria, etc.) to develop. 孵。

**tetek** *k.n.* breast; either of the two milk-producing organs on a woman's chest. 胸膛；乳房。

**tewas** *k.k.i.* defeated. 打败；击败；战胜。 **menewaskan** *k.k.t.* defeat; win victory over; cause to fail; frustrate; baffle; beat (p.t. *beat*, p.p. *beaten*); do better than. 打败；击败；战胜；挫败。

**tiang** *k.n.* mast; tall pole, esp. supporting a ship's sails; pillar; vertical structure used as a support or ornament; thing resembling this; post; piece of timber or metal set upright in the ground, etc. to support something or mark a position. 旗杆；船桅。 **~ gantungan** *k.n.* gallows; framework with a noose for hanging criminals. 绞刑台；绞台。

**tiap, setiap** *adj. & kkt.* each; every one of two or more. 每；各；各自的。

**tiarap, meniarap** *k.k.i.* grovel (p.t. *grovelled*); lie or crawl face downwards. 俯伏；趴；卑躬屈膝。

**tiba** *k.k.i.* arrive; reach a destination or other point on a journey; (of time) come. 来到；达到(目的地)。 **tiba-tiba** *k.s.n.* sudden; happening or done quickly or without warning. 突然；忽然。 **dengan tiba-tiba** *kkt.* all of a sudden; suddenly. 突然地；出乎意料地。

**tibi** *kep.* T.B.; tuberculosis. (缩写)结核病；肺结核。

**tibia** *k.n.* tibia (pl. *tibiae*) the shin bone. 胫骨。

**tidak** *kkt.* not; expressing a negative or denial or refusal. 不；没。 **~ aktif** *adj.* inactive; not active. 不活跃的；静止的；怠惰的。 **~ cekap** *adj.* incompetent; not competent. 无能力的；不胜任的；不合适的。

**tidur** *k.n.* sleep; natural condition of rest with unconsciousness and relaxation of muscles; spell of this. 睡眠；睡眠状态。 —*k.k.t./i.* sleep (p.t. *slept*); be or spend (time) in a state of sleep. 睡；睡觉。

**tifoid** *k.n.* typhoid; serious infectious feverish disease. 伤寒症。

**tifus** *k.n.* typhus; infectious feverish disease transmitted by parasites. 斑疹伤寒。

**tika** *k.n.* jiffy; (*colloq.*) moment. 瞬间；一会儿；片刻；刹那。

**tikai** *k.k.i.* conflict; have a conflict. 冲突；争执；打斗。 **mempertikaikan** *k.k.t./i.* dispute; argue; debate; quarrel; question the truth or validity of; controvert; deny the truth of. 驳斥；质疑；抗辩；争论。

**tikar** *k.n.* mat; piece of material placed on a floor or other surface as an ornament or to protect it from damage. 席子；垫子。

**tiket** *k.n.* ticket; marked piece of card or paper entitling the holder to a certain right (e.g. to travel by train, etc.). 票券；标签；(船员或飞行员等的)执照。 ~ **pergi balik** *k.n.* return ticket; ticket for a journey to a place and back again. 来回票。

**tikus** *k.n.* rat; rodent like a mouse but larger; mouse (pl. *mice*); small rodent with a long tail. 老鼠。 ~ **belanda** *k.n.* hamster; small rodent with cheek-pouches for carrying grain. 大颊鼠。 ~ **kesturi** *k.n.* musquash; rat-like North American water animal; its fur. (北美洲的)麝香鼠。 ~ **mondok** *k.n.* mole; small burrowing animal with dark fur. 鼹鼠。 **perangkap** ~ *k.n.* mousetrap; trap for mice. 捕鼠器。

**tilam** *k.n.* mattress; fabric case filled with padding or springy material, used on or as a bed. 床垫；褥垫。

**tilik, tukang** ~ *k.n.* palmist; person who tells people's fortunes or characters from lines in their palms. 掌相师。

**timang** *k.k.t.* dandle; dance or nurse (a child) in one's arms. (把孩子举上放下地)逗弄；(左右摇动以)哄怀中的孩子入睡。

**timba** *k.n.* bucket; pail; round open container with a handle, for carrying or holding liquid; dipper. 水桶；吊桶。 **menimba** *k.k.t.* bail; scoop water out of. 舀水。

**timbal,** ~ **balik** *k.k.t./i.* overturn; turn over; fall down or over; cause to fall. 倒转；打翻；推翻。

**timbalan** *k.n.* deputy; person appointed to act as a substitute or representative; surrogate. 代理；代表；副执行人员；署理人。

**timbang, mempertimbangkan** *k.k.t.* deliberate; think over or discuss carefully; mull. 深思熟虑；思考；思索。

**timbangtara, menimbangtara** *k.k.i.* arbitration; arbitrate; act as arbitrator. 仲裁；裁决。

**timbul, menimbulkan** *k.k.t.* engender; give rise to. 造成；引起。

**timbun, timbunan** *k.n.* agglomeration; mass; bank; raised mass of earth, etc.; heap; a number of things or particles lying one on top of another; (*pl.*, *colloq.*) plenty. 成团；凝聚；结合；集团；堆；堆积物；贮藏物。 **menimbunkan** *k.k.t./i.* pile or become piled in a heap; load with large quantities. 堆积；积累。

**timpa, menimpa** *k.k.t./i.* befall (p.t. *befell*, p.p. *befallen*); happen to. 降临于；发生。

**timun** *k.n.* cucumber; long green-skinned fruit eaten as salad; plant producing this. 黄瓜。

**timur** *k.n.* east; point on the horizon where the sun rises; direction in which this lies; eastern part; orient; the East; the eastern world. 东；东方；东边。 —*adj.* in the east; (of wind) from the east. 东方的；东边的。 ~ **laut** *k.n.* north-east; point or direction midway between north and east. 东北方。

**tin** *k.n.* can; metal vessel for liquids; tin-plate container in which food, etc. is hermetically sealed. 铁片；铁罐；金属罐；罐头食品。 **mengetin** *k.k.t.* canned; put or preserve in a can. 装入罐内。

**tindak, bertindak** *k.k.i.* act; perform actions. 行为；动作。

**tindakan** *k.n.* action; process of doing something or functioning; thing done. 行为；动作；剧情；诉讼。

**tindas** *k.k.t.* grind (p.t. *ground*); crush or oppress by cruelty; oppress; govern harshly; treat with continual harshness; weigh down with cares or unhappiness; persecute; treat with hostility, esp. because of religious beliefs; harass. 压坏；压制；控制；苛待；压迫。

**tertindas** *adj.* downtrodden; oppressed. 受压迫的；受压制的。

**tindih, bertindih** *k.k.t./i.* overlap (p.t. *-lapped*); extend beyond the edge of; coincide partially. 重叠；挤压；压制。 **menindih** *k.k.t.* superimpose; place on top of something else. 压；压制；添上。

**tindihan** *k.n.* overlapping; part or amount that overlaps; superimposition. 重叠；重复；添上；压制。

**tinggal, meninggalkan** *k.k.t.* omit (p.t. *omitted*); leave out; not include; leave not done; neglect (to do something). 删去；省去；忽略。

**tinggi** *adj.* exorbitant; (of a price or demand) much too great; high (*-er, -est*); tall; of great or specified height; extending far or a specified distance upwards; far above ground or sea level; ranking above others; extreme; greater than normal; (of sound or a voice) with rapid vibrations; not deep or low. 高的；过高的；崇高的；高出的；极端的；高音调的。 **sekolah ~** *k.n.* high school; secondary (usu. grammar) school. 高级中学；中学。 **pendidikan ~** *k.n.* higher education; education above the level given in schools. 高等教育。 **meninggi** *k.k.t./i.* heighten; make or become higher or more intense. 升高；增加。 **meninggikan** *k.k.t.* elevate; raise to a higher position or level. 提起；升起。

**tingkah laku** *k.n.* mannerism; distinctive personal habit or way of doing something; bearing; deportment; behaviour. 风格；特性；习惯；态度；行为；举止。

**tingkap** *k.n.* window; opening in a wall, etc. to admit light and often air, usu. filled with glass. 窗；窗口。 **~ atas pintu** *k.n.* fanlight; small window above a door or larger window. 扇形气窗。 **~ anjur lengkung** *k.n.* bow-window; curved bay window. 孤形凸窗。

**tingkat** *k.n.* storey (pl. *-eys*); one horizontal section of a building. 楼；层。 **bertingkat-tingkat** *adj.* storeyed. 一层层的。 **meningkat** *k.k.i.* mount; increase. 高涨；上升；登上。 **~ bawah tanah** *k.n.* basement; storey below ground level. 底楼；地下室。

**tingkatan** *k.n.* form; class in a school. (中学的) 年级；级。

**tinju** *k.n.* fist; hand when tightly closed. 拳头；拳。

**tipikal** *adj.* typical; having the distinctive qualities of a particular type of person or thing. 典型的；模范的。

**tipografi** *k.n.* typography; art, practice, or style of printing. 印刷术；印刷。

**tipu** *k.k.t.* cheat; act dishonestly or unfairly to win profit or advantage; trick; deprive by deceit. 欺骗；欺诈。 —*k.n.* deceit; deceiving; deception. 欺骗；诡计。 **menipu** *k.k.t./i.* deceive; cause to believe something that is not true; be sexually unfaithful to; dupe; trick; bilk; defraud of payment; use chicanery; cheat. 欺骗。

**tipu-daya** *k.n.* artifice; trickery; device. 阴谋；诡计。

**tir** *k.n.* castle; rook in chess. 国际象棋的车堡垒。

**tirai** *k.n.* curtain; fall of a stage-curtain at the end of an act or scene. 幕；窗帘。 **kepala ~** *k.n.* pelmet; ornamental strip above a window, etc. 狭长木框。

**tiram** *k.n.* oyster; shellfish used as food. 蚝；牡蛎。

**tiroid** *adj. & k.n.* thyroid. 甲状腺 (的)。 **kelenjar ~** *k.n.* gland; large ductless gland in the neck. 甲状腺。

**tiru** *adj.* imitative; imitating; 模仿的；仿效的。 **meniru** *k.k.t.* imitate; try to act or be like; copy; make an imitation of; pretend. 模仿；仿效；伪装。

**tiruan** *k.n.* fake; thing that looks genuine but is not; a forgery; artificial; not originating naturally; made in imitation of something; copy; thing made to look like another; imitation. 假装；冒牌；伪造；模仿；伪装。

**tirus** *adj.* tapering. 渐尖的。 **menirus** *k.k.i.* taper; become gradually narrower. 逐渐变细。 **meniruskan** *k.k.t.* taper; make gradually narrower. 渐尖。

**tisu** *k.n.* tissue; substance forming an animal or plant body; tissue-paper; disposable piece of soft absorbent paper used as a handkerchief, etc.; fine gauzy fabric; interwoven series (of lies, etc.). 组织（构成为植物各种器官的细胞结合体）；纸巾；织物。 **kertas ~** *k.n.* tissue paper; very thin soft paper used for packing things. 纸巾。

**titanium** *k.n.* titanium; a grey metallic element (symbol Ti). 钛。

**titik** *k.n.* dot; small round mark; shorter signal in the Morse code; period; full stop in punctuation. 圆点；句点；小点。 **menitikkan** *k.k.t.* dotted; mark with dot(s); scatter here and there. 打点于；散布于。

**titis** *k.n.* drop; small rounded mass of liquid; thing shaped like this; very small quantity; fall; (*pl.*) medicine measured by drops. 滴；水滴；滴状物；滴服药。 **menitiskan** *k.k.t./i.* dropped; fall; shed; let fall. 滴下；坠下；投下；放下。

**tiub** *k.n.* tube; long hollow cylinder; thing shaped like this. 管子；管子状物。 **~ Eustachia** *k.n.* Eustachian tube. 耳咽管；欧氏管。

**tocang** *k.n.* pigtail; long hair worn in a plait at the back of the head. 辫子。

**todak** *k.n.* swordfish; sea-fish with a long sword-like jaw. 旗鱼。

**toga** *k.n.* cassock; long robe worn by clergy and choristers. 法衣；教士穿的长袍。

**tokok, ~ tambah** *k.n.* exaggeration. 夸大。 **menokoktambah** *k.k.t.* exaggerate; make to seem larger or better or worse, etc. than it really is. 夸张；言过其实。

**tokong** *k.n.* temple; building dedicated to the presence or service of god(s). 神殿。

**toksik** *adj.* toxic; of or caused by poison; poisonous. 毒性的；含毒素的。

**tol** *k.n.* toll; tax paid for the use of a public road or harbour, etc. 收费站。

**tolak** *k.k.t.* deduct; subtract. 扣除；减去。 **menolak** *k.k.t./i.* decline; refuse; hustle; push roughly; hurry. 拒绝；催促；推挤；赶紧。

**tolok** *k.n.* gauge; device for measuring things. 量器；量规。 **~ perasa** *k.n.* feeler gauge; set of blades used for measuring narrow gaps. 厚薄规。

**tolol** *adj.* asinine; silly. 愚蠢的；无聊的。 —*k.n.* blockhead; mutt; (*sl.*) stupid person. 呆笨；笨蛋。 **si ~** *k.n.* booby; foolish person. 笨蛋；蠢材。

**tomato** *k.n.* tomato; a soft juicy, glossy red or yellow fruit used as a vegetable. 番茄。

**tombak** *k.n.* lance; long spear; spear; weapon for hurling, with a long shaft and pointed tip; pointed stem; knob; rounded projecting part, esp. as a handle. 标枪；长矛；鱼叉。

**tombola** *k.n.* tombola; lottery resembling bingo. 一种赌戏。

**tomografi** *k.n.* tomography; method of radiography displaying details of a selected plane of the body. X线断层照相术。

**tompok** *k.n.* blotch; large irregular mark. 大片污渍；（皮肤上的）斑点；疹块。 **bertompok** *adj.* blotched; blotchy. 斑斑污痕的；有许多斑点的。 **menompokkan** *k.k.i.* dapple; mark with patches of colour or shade. 使有斑点；起斑纹。

**ton, ~ terbitan** *k.n.* overtone; additional quality or implication. 弦外之音；泛音（弱于主音的陪音）。

**tong** *k.n.* barrel; large round container with flat ends; bin; large rigid container or receptacle; cistern; tank for storing water. 大桶；有盖大箱；容器；贮水池。 **~ sampah** *k.n.* dustbin; bin for household rubbish. 垃圾箱；垃圾筒。

**tonggak** *k.n.* bollard; short thick post; column; round pillar; thing shaped like this. 码头系缆柱。

**tongkang** *k.n.* lighter; flat-bottomed boat for transporting goods between ship and wharf. 驳船。

**tongkat, ~ biskop** *k.n.* crosier; bishop's hooked staff. 主教的权杖。

**tongkol** *k.n.* cob; stalk of an ear of maize; ear; seed-bearing part of corn; lunk; large or clumsy piece. 玉蜀黍的穗轴；玉米棒。

**tonjol, menonjol** *adj.* obtrusive; obtruding oneself; unpleasantly noticeable. 强迫人的；强人所难的。 —*k.k.t.* extrude; thrust or squeeze out. 挤出；使伸出；挤压出。

**topang** *k.n.* crutch; support for a lame person; crotch. 十字杖；拐杖。

**topeng** *k.n.* mask; covering worn over the face as a disguise or protection; respirator worn over the face; replica of the face. 面具；面罩。

**topi** *k.n.* hat; covering for the head, worn out of doors; topi; light pith sun-helmet. 帽；无缘帽。 **lilitan ~** *k.n.* hatband; band of ribbon round. 帽边缎带。 **tuang ~** *k.n.* hatter; maker or seller of hats. 制帽人；帽商；售帽人。 **~ keledar** *k.n.* helmet; protective head-covering; crash helmet; padded helmet worn to protect the head in a crash. 盔；头盔；钢盔。

**topologi** *k.n.* topology; the study of geometrical properties unaffected by changes of shape or size. 拓扑学（数学的一种分科，研究几何图形和特性）。

**toraks** *k.n.* thorax; part of the body between head or neck and abdomen. 胸部。

**toreh** *k.k.t.* incise; make a cut in; engrave. 切；割开；雕；刻。

**torehan** *k.n.* incision. 切割；雕刻。

**tragedi** *k.n.* tragedy; serious drama with unhappy events or a sad ending; event causing great sadness. 悲剧；悲惨事件；灾难。

**trak** *k.n.* truck; open container on wheels for transporting loads; open railway wagon; lorry. 火车的无盖车格；货车；卡车。

**traktor** *k.n.* tractor; powerful motor vehicle for pulling heavy equipment. 牵引车；拖拉机。

**transistor** *k.n.* transistor; very small semiconductor device performing the same functions as a thermionic valve; portable radio set using transistors. 收音机内的半导体。

**trapezium** *k.n.* trapezium; quadrilateral with two opposite sides parallel. 梯形。

**trengkas** *k.n.* stenography; shorthand. 速记术。

**trilion** *k.n.* trillion; a million million. （美国）万亿；兆；（英国）百万兆。

**trilobit** *k.n.* trilobite; a marine creature now found only as a fossil. 三叶虫（一种古生物）。

**trio** *k.n.* trio; group or set of three; music of three instruments or voices. 三人组合；三人（合唱、合奏等）团。

**troli** *k.n.* trolley; platform on wheels for transporting goods; small cart; small table on wheels for transporting food or articles. 手推车。 **~ bas** *k.n.* bus powered by electricity from an overhead wire. 无轨电车。

**trombon** *k.n.* trombone; large brass wind instrument with a sliding tube. 长号（一种吹奏乐器）。

**trombosis** *k.n.* thrombosis; formation of a clot of blood in a blood-vessel or organ of the body. 血栓形成；血栓症。

**trompet** *k.n.* trumpet; metal wind instrument with a flared tube; thing shaped like this. 喇叭。

**tropi** *k.n.* trophy; thing taken in war or hunting, etc. as a souvenir of success; object awarded as a prize. 奖杯；奖品。

**troposfera** *k.n.* troposphere; layer of the atmosphere extending from earth's surface to the stratosphere. 对流层。

**troubadour** *k.n.* troubadour; a medieval romantic poet. 抒情诗人；中世纪时代的抒情诗。

**tua** *adj.* aged; of the age of; old. 老的；年老的。 ~ **bangka** *adj.* gaga; (*sl.*) senile. 老年痴呆的；老朽的；因年老而身心衰弱的。

**tuai, menuai** *k.k.t./i.* harvest; gather a crop; reap. 收割；收获；割取。

**tuaian** *k.n.* crop; harvest from this; group or amount produced at one time; harvest; gathering of crop(s); season for this; season's yield of a natural product; product of action. 收获；农作物收成；农割季节。

**tuak** *k.n.* toddy; sweetened drink of spirits and hot water. 椰酒；椰花酒。

**tuala** *k.n.* towel; piece of absorbent material for drying oneself or wiping things dry. 浴巾。

**Tuan** *k.n.* Mr. (pl. *Messrs.*); title prefixed to a man's name. 先生 (对男子的称呼)。

**tuan** *k.n.* sir; polite form of address to a man; suzerain; country of ruler with some authority over a self-governing country; overlord. 先生(对职务或辈分比自己大的男子尊称)；(封建时代的)大封主；大地主。 ~ **rumah** *k.n.* host; person who entertains another as his guest. 屋主；主人。 ~ **besar** *k.n.* overlord; supreme lord. 大封主；大地主。 ~ **tanah** (perempuan) *k.n.* landlady; woman who lets rooms to tenants or who keeps an inn or boarding-house. 女房东；女地主；旅馆等的女店主。

**tuang, menuang** *k.k.t.* infuse; imbue; instil. 灌入；倾注；使充满；慢慢地灌输。

**tuberkel** *k.n.* tubercle; small rounded swelling. 小瘤；结核。

**tuduh** *k.k.t./i.* allege; declare without proof; impute; attribute (a fault, etc.); inculpate; incriminate. 控诉；指控；归咎于；归因于。 **menuduh** *k.k.t.* accuse; state that one lays the blame for a crime or fault, etc. upon; impute; attribute (a fault, etc.). 指控；谴责。

**tuduhan** *k.n.* accusation; allegation; thing alleged; imputation. 指控；指诉；归罪。

**tugal** *k.n.* dibber; tool to make holes in ground for young plants. 小锹 (挖洞以栽种幼苗用)。

**tugas** *k.n.* duty; moral or legal obligation; task, etc. that must be done; job; piece of work; (*colloq.*) difficult task. 义务；本分；职责；任务。 **bertugas** *k.k.i.* on duty; actually engaged in one's regular work; discharge; perform a duty. 值勤；值班。

**tugu** *k.n.* monument; thing (esp. a structure) commemorating a person or event, etc.; structure of historical importance; obelisk; tall pillar set up as a monument. 纪念碑；纪念像。 ~ **peringatan** *k.n.* cenotaph; tomb-like monument to persons buried elsewhere. 纪念碑。

**Tuhan** *k.n.* God; creator and ruler of the universe in Christian, Jewish, and Muslim teaching. 上帝；造物者。

**tujuan** *k.n.* reason; motive. 动机；目的；用意；企图。

**tujuh** *adj. & k.n.* seven; one more than six (7, VII). 七(的)。 **ketujuh** *adj. & k.n.* seventh. 第七(的)。 ~ **belas** *adj. & k.n.* seventeen; one more than sixteen (17, XVII). 十七(的)。 **ketujuh belas** *adj. & k.n.* seventeenth. 第十七(的)。 ~ **puluh** *adj. & k.n.* seventy; seven times ten (70, LXX). 七十(的)。 **ketujuh puluh** *adj. & k.n.* seventieth. 第七十(的)。

**tukang** *k.n.* artisan; skilled workman. 工匠；手工业艺人。 ~ **kayu** *k.n.* carpenter; person who makes or repairs wooden objects and structures. 木匠。 **pertukangan kayu** *k.n.* carpentry. 木工业。 ~ **gunting** *k.n.* barber; men's hairdresser. 男理发师。 ~ **besi** *k.n.* blacksmith; smith who works in iron. 铁匠。 ~ **kasut** *k.n.* cobbler (*old use*); shoe-mender. 补鞋匠。 ~ **kunci** *k.n.* locksmith; maker and mender of locks. 锁匠。 ~ **kayu**

**halus** *k.n.* joiner; maker of furniture and light woodwork. 细木工匠；木匠；木工。 **~ urut** *k.n.* masseur; man who practices massage professionally. 男按摩师。 **kerja ~** *k.n.* joiney; this work. 细木工制品；细木工技术；细木工行业。

**tukar** *k.k.t./i.* convert; change from one form or use, etc. to another; cause to change an attitude or belief; change; interchange; exchange; get or give small money or different currency for; give or receive in place of another thing or from another person. 改变(信仰或意见)；交换；替换；兑换。 **~ ganti** *k.k.i.* commute; exchange or change for something else. 交换；替换。

**tukul** *k.n.* hammer; tool with a heavy metal head for breaking things or driving nails in; thing shaped or used like this; metal ball attached to a wire for throwing as an athletic contest; mallet; similarly shaped instrument with a long handle for striking the ball in croquet or polo. 锤；铁锤；木锤。 **menukul** *k.k.t./i.* hit or beat with a hammer; strike loudly. 锤打；锤击；殴打。

**tulang** *k.n.* bone; one of the hard parts making up the skeleton of a body; substance of this. 骨；骨头；骨骸。 **menulangi** *k.k.t.* remove bones from. 去骨；取出骨头。 **berat ~** *adj.* bone idle; very lazy. 懒惰的。 **serbuk ~** *k.n.* bone meal; powdered bones used as a fertilizer. 作肥料用的骨粉。 **bertulang** *adj.* bony (-ier, -iest); like bones; having bones with little flesh; full of bones. 似骨的；多骨的。 **~ selangka** *k.n.* collar-bone; bone joining breast-bone and shoulder-blade. 锁骨。 **~ belakang binatang** *k.n.* chine; animal's backbone. 脊椎骨。

**tulis, menulis** *k.k.t./i.* write (p.t. *wrote*, p.p. *written*, pres. p. *writing*); make letters or other symbols on a surface, esp. with a pen or pencil. 写；记下；写作。

**tulen** *adj.* sterling; genuine; of standard purity. 真正的；纯正的。

**tulip** *k.n.* tulip; garden plant with a cup-shaped flower. 郁金香。 **pokok ~** *k.n.* tulip tree; tree with tulip-like flowers. 郁金香属植物。

**tulisan, ~ tangan** *k.n.* handwriting; writing by hand with pen or pencil; style of this. 书写；笔法；笔迹。

**tulus** *adj.* heartfelt; felt deeply; sincere. 衷心的；诚恳的；真心真意的。

**tumbesaran** *k.n.* growth; process of growing; thing that grows or has grown. 生长；生长物。

**tumbuh** *k.k.t./i.* grow (p.t. *grew*, p.p. *grown*); increase in size or amount; develop or exist as a living plant; become; allow to grow; produce by cultivation. 生长；成长；形成；产生。

**tumbuhan** *k.n.* plant; living organism with neither the power of movement nor special organs of digestion; small plant as distinct from a tree or shrub. 植物；农作物；栽培植物。 **~ pagar** *k.n.* hedgerow; bushes, etc. forming a hedge. 灌木树篱。

**tumbuk** *k.k.t./i.* box; slap (a person's ears); fight with fists as a sport, usu. in padded gloves. 捆打；用拳击；比拳。

**tumit** *k.n.* heel; back part of the human foot; part of a stocking or shoe covering or supporting this. 脚后跟；踵。

**tumpangan, rumah ~** *k.n.* lodging; place where one lodges; (*pl.*) room(s) rented for living in. 寄宿处；寄宿舍；租用的房间。

**tumpu, menumpu** *k.k.i.* converge; come to or towards the same point. 使集中于一点。 **tertumpu** *adj.* convergent. 集中的；集中(注意力等)在…上的。

**tumpul** *adj.* blunt; without a sharp edge or point; dull; not sharp. 钝的；迟钝的。 **menumpulkan** *k.k.t.* make or become blunt. 使钝。

**tunai** *k.n.* cash; money in the form of coins or banknotes. 现金；现款。**menunaikan** *k.k.t.* give or obtain cash for (a cheque, etc.). 总现；现款支付。**~ runcit** *k.n.* petty cash; money kept by an office, etc. for or from small payments. 零用现金。

**tunang, bertunang** *adj.* engaged; having promised to marry a specified person. 订婚。**menunangkan** *k.k.t.* betroth; cause to be engaged to marry. 许配。

**tunangan** *k.n.* fiance; fiancee (*fem.*); person one is engaged to marry. 未婚夫；未婚妻。

**tunas, menunasi** *k.k.t.* disbud (*p.t. disbudded*); remove unwanted buds from. 疏芽；疏蕾。

**tunda** *k.k.t./i.* adjourn; move (a meeting, etc.) to another place or time. 延期；展期。

**tundra** *k.n.* tundra; vast level Arctic regions where the subsoil is frozen. 冻土带；北极地区寸草不生的冻原；寒漠。

**tunduk** *k.k.t./i.* bow; bend thus; bend downwards under weight; submit. 低头；鞠躬；屈服。

**tundukan** *k.n.* bow; bending of the head or body in greeting, respect, agreement, etc. 低头；鞠躬；屈服。

**tundun** *k.n.* pubic; the lower front part of the pelvis. 阴部；近阴部。

**tungau** *k.n.* mite; very small spider-like animal. 小虫；虱。

**tunggak, ~ kerja** *k.n.* backlog; arrears of work. 积压的工作。

**tunggakan** *k.n.* arrears; money owed and overdue for repayment; work overdue for being finished. 欠款；应付欠额；预期债款；欠工。

**tunggang-langgang** *kkt.* pell-mell; in a hurrying disorderly manner; headlong. 乱七八糟地；轻率地。

**tunggang, menunggang** *k.k.t.* ride; get or put on a horse, etc. for riding. 骑；骑马。

**tunggangan, kuda ~** *k.n.* mount; horse for riding. 爬上；骑上（马等）；坐骑。

**penunggangan kuda** *k.n.* equitation. 骑马术。

**tunggu** *k.k.t.* await; wait for. 等待；期待。

**tunggul** *k.n.* stubble; lower ends of cornstalks left in the ground after harvest; short stiff growth of hair or beard, esp. growing after shaving; stub; short stump; stump; base of a tree left in the ground when the rest has gone; similar remnant of something cut or broken or worn down. 树桩；稻麦的残茬；砍伐、折断或磨损后剩下的部分。

**tungsten** *k.n.* tungsten; heavy grey metallic element. 钨。

**tunjangan** *k.n.* subvention; subsidy. 津贴；补助金。

**tunjuk** *k.k.i.* show (*p.t. showed*, *p.p. shown*); allow or cause to be seen, for inspection or viewing; demonstrate; point out; prove; cause to understand; conduct; present an image of; treat with (kindness, interest, etc.); be able to be seen. 出示；显示；证明；陈列；指引；使了解；出现；表明；露面；展览。**menunjuk-nunjuk** *k.k.t./i.* flaunt; display proudly or ostentatiously. 夸示；炫耀。

**tuntut** *k.k.t.* claim; demand as one's right; assert; commandeer; seize for use. 要求；夺取；没收。**menuntut** *k.k.t.* demand; make a demand for; need. 要求；请求。

**tuntutan** *k.n.* request made imperiously or by authority; claim; demand; assertion. 请求；要求；争取；坚持。

**tupai** *k.n.* squirrel; small tree-climbing animal with a bushy tail. 松鼠。

**turap, menurap** *k.k.t.* pave; cover (a road or path, etc.) with stones or concrete to make a hard surface. 用石料或混凝土铺路。

**turbin** *k.n.* turbine; machine or motor driven by a wheel that is turned by a flow of water or gas. 气燃滑轮机。

**turpentin** *k.n.* turpentine; oil use for thinning paint and as a solvent. 松节油；松脂。

**turun** *k.k.i.* alight; get down from a (vehicle, etc.); descend and settle; dismount; get off or down from a thing on which one is riding. 下（车）；降下；飞落。**menurun** *adj.* downhill; going or sloping downwards. 下坡。**menurunkan** *k.k.t.* degrade; reduce to a lower rank; downgrade; reduce to a lower grade. 堕落；下落。**menurunkan pangkat** *k.k.t.* demote; reduce to a lower rank or category. 降级。

**turut** *k.k.i.* partake (p.t. *-took*, p.p. *-taken*); participate; take a portion, esp. of food. 参与；参加；分享（食物）。**berturut-turut** *adj.* consecutive; following continuously. 接连的；连续的。**menurut** *k.k.i.* defer (p.t. *deferred*); yield to a person's wishes or authority. 跟从；服从；听从。

**tusuk** *k.k.t.* jab (pl. *jabbed*); poke roughly. 猛刺；猛击。

**tusukan** *k.n.* rough poke; (*colloq.*) injection. 猛刺；注射。

**tutor** *k.n.* tutor; private or university teacher. 助教；大学导师。

**tutup** *k.k.t./i.* close; shut; bring or come to an end; bring or come nearer together. 关闭；结束；封闭。**tertutup** *k.k.i.* closeted; in private conference or study. 密室会谈。

**T.V.** *kep.* T.V.; television. (缩写) 电视。

# U

**U, utara** *kep.* N; north; northern. (缩写) 北；北方。

**ubah** *k.k.t./i.* alter; change; make or become different. 变更；改变；改换。**berubah-ubah** *adj.* mutable; liable to change; fickle. 易变的。**ubah suai** *k.k.t.* modify; make partial changes in. 更改；修改。

**uban** *k.n.* grizzle; grey hair. 灰白头发。**beruban** *adj.* grizzled; grey-haired. 灰白的；灰白头发的。

**ubat** *k.n.* medicine; substance used to treat disease. 药品。**~ bedil** *k.n.* gun-powder; explosive of saltpetre, sulphur, and charcoal. 火药；爆炸药；硫磺。**~ gosok** *k.n.* liniment; embrocation; liquid for rubbing on the body to relieve aches. 搽剂；擦剂。**ubat-ubatan** *k.n.* medicament; any medicine, ointment, etc. 药物；药剂。**mengubati** *k.k.t.* medicate; treat with a medicinal substance. 用药治疗。

**ubi** *k.n.* parsnip; vegetable with a large yellowish tapering root; tapioca; starchy grains obtained from cassava, used in making puddings. 防风草根；薯；块茎；木薯淀粉。**~ garut** *k.n.* arrowroot; edible starch made from the root of an American plant. 竹芋；葛。**~ kayu** *k.n.* cassava; tropical plant; flour made from its roots. 木薯；木薯粉。

**ubun, ubun-ubun** *k.n.* crown; top part of a head. 冠；脑门；头顶。

**ubur, ubur-ubur** *k.n.* jellyfish; sea animal with a jelly-like body. 水母；海蜇。

**udang** *k.n.* prawn; edible shellfish like a large shrimp. 虾。 **~ sungai** *k.n.* crayfish; freshwater shellfish like a small lobster. 河虾。 **burung raja ~** *k.n.* kingfisher; small blue bird that dives to catch fish. 翠鸟。

**udara** *k.n.* air; mixture of oxygen, nitrogen, etc., surrounding the earth; atmosphere overhead; light wind. 空气；大气；微风。 **mengudarakan** *k.k.t.* air; expose to air; dry off; aerate; add carbon dioxide to. 使通风；灌入空气。 **di ~** on the air; broadcasting by radio or TV. 广播中；播送中。

**ufuk** *k.n.* horizon; line at which earth and sky appear to meet; limit of knowledge or interests. 地平线；范围；眼界。 **mengufuk** *adj.* horizontal; parallel to the horizon; going straight across. 水平的；横的。

**ugut, mengugut** *k.k.t.* threaten; make or be a threat (to). 恐吓；威吓。

**ugutan** *k.n.* threat; expression of intention to punish, hurt, or harm; duress; use of force or threats. 警告；恐吓。

**uji, menguji** *k.k.t.* test; subject to a test. 测验；考试。

**ujian** *k.n.* test; something done to discover a person's or thing's qualities or abilities, etc.; examination (esp. in a school) on a limited subject. 考试；检验；测验。

**uji bakat** *k.n.* audition; test of a prospective performer's ability. 试音；试听。

**menguji bakat** *k.k.t.* audition; test in an audition. 试音；试听。

**uji kaji, mengujikaji** *k.n. & k.k.t.* experiment; test to discover how a thing works or what happens, or to demonstrate a known fact. 实验；试验。

**U.K.** *kep.* U.K.; United Kingdom. (缩写) 英国。

**ukir, mengukir** *k.k.t.* carve; make or inscribe or decorate by cutting; engrave; emboss; cut (a design) into a hard surface. 雕刻。 **berukir** *adj.* graven; carved. 雕刻的；刻有图案或花纹等的。

**ukiran** *k.n.* engraving; print made from an engraved metal plate. 雕刻品。

**ukur, ukuran** *k.n.* measure; size or quantity found by measuring extent; unit, standard, device, or system used in measuring. 量度；测量；容量单位。 **~ laras** *k.n.* calibre; diameter of a gun or tube or bullet, etc. 口径。 **mengukur** *k.k.t.* measure; find the size, etc. of by comparison with a fixed unit or known standard. 测量；衡估。

**ulang** *k.k.i.* repeat; say or do or produce or occur again. 重复。 **ulang alik** *k.k.i.* commute; travel regularly by train or car, etc. to and from one's work. 来往；交换；经常往返。

**ular** *k.n.* snake; reptile with a long narrow body and no legs. 蛇。 **kulit ~** *k.n.* snakeskin; leather made from snake skin. 蛇皮。

**ulas**[1] *k.n.* clove; one division of a compound bulb such as garlic. 瓣。

**ulas**[2], **mengulas** *k.k.t.* comment; act as commentator. 评论；批评；分析。

**ulat** *k.n.* caterpillar; larva of butterfly or moth. 毛虫。

**uli, menguli** *k.k.t.* knead; press and stretch (dough) with the hands. 揉；捏（面粉）。

**ulna** *k.n.* ulna (pl. *ulnae* or *ulnas*); the thinner long bone of the forearm. 尺骨。

**ultra tinggi** *adj.* ultra high; (of a frequency) between 300 and 3000 megahertz. 超高的。

**ultrabunyi** *k.n.* ultrasound; ultrasonic waves. 超声波。

**umbi** *k.n.* corm; bulb-like underground stem from which buds grow. 葱头；薯；块茎。

**umbra** *k.n.* umbra (pl. *umbrae* or *umbras*); an area of total shadow cast by the moon or earth in an eclipse. (太阳黑子的) 中央黑暗部。

**umpan** *k.n.* bait; food, etc. placed to attract prey; lure; decoy; thing used to lure a person or animal into a trap, etc. 饵；引诱物。 **mengumpan** *k.k.t.* bait; place bait on or in; lure by a decoy. 引诱；以饵诱捕。

**umpat** *k.n.* backbiting; spiteful talk; gossip; casual talk, esp. about other people's affairs; person fond of gossiping. 诽谤；诅咒；饶舌者；流言蜚语。 **mengumpat** *k.k.i.* gossip (p.t. *gossiped*); engage in gossip. 诽谤；诋毁；诅咒；责骂。

**umpatan** *k.n.* calumny; slander. 毁谤；诬蔑。

**umpil, mengumpil** *k.k.t.* lever; use a lever; lift by this. 用杠杆撬动或移动。

**umum** *adj.* general; of or involving all or most parts, things, or people; involving main features only; not detailed or specific; generic; of a whole genus or group. 一般的；普遍的；大体的。 **pilihan raya ~** *k.n.* general election; election of parliamentary representatives from the whole country. 普选。 **pengamal perubatan ~** *k.n.* general practitioner; doctor treating cases of all kinds in a section of the community. 普通医生。 **pada umumnya** generally; in general; as a general; rule; usually; for the most part. 普遍；通常；概括地说。

**umur** *k.n.* age; length of life or existence; later part of life. 年龄；年纪。 **~ panjang** *k.n.* longevity; long life. 长命。

**undang, mengundang** *k.k.t.* invite; ask (a person) politely to come or to do something; ask for; attract; tempt. 邀请；招致。

**undang-undang** *k.n.* law; rule(s) established by authority or custom; their influence or operation. 法律。 **patuh kepada ~** *adj.* law-abiding; obeying the law. 守法的。 **rang ~** *k.n.* bill; draft of a proposed law. 议案；法案。

**undangan** *k.n.* invitation. 邀请。

**undi** *k.n.* ballot; vote recorded on a slip of paper; voting by this. 选票。 **mengundi** *k.k.t.* ballot (p.t. *balloted*); vote by ballot; cause to do this. 投票。

**undur** *k.k.i.* back; move backwards. 退出；退后。

**unggis** *k.k.t.* gnaw; bite persistently (at something hard); nibble; take small quick or gentle bites (at). 咬啮；咀嚼；轻咬。

**unggul** *adj.* excellent; extremely good; ideal. 杰出的；卓越的。 **mengungguli** *k.k.t./i.* excel (p.t. *excelled*); be or do better than; be very good at something. 胜过；优于。

**ungkap, mengungkap** *k.k.i.* express; make (feelings or qualities) known; put into words; represent by symbols. 表示；表达；示意。

**ungkapan** *k.n.* expression; expressing; word or phrase; mathematical symbols expressing a quantity. 表示；表达；言词；算式。

**ungu** *adj. & k.n.* purple; (of) a colour made by mixing red and blue. 紫色(的)。

**unik** *adj.* unique; being the only one of its kind; unequalled. 独一无二的。

**unit** *k.n.* unit; individual thing, person, or group, esp. as part of a complex whole; fixed quantity used as a standard in terms of which other quantities are expressed or for which a stated charge is made. 单位；部件；基数。

**universiti** *k.n.* university; educational institution providing facilities for advanced learning. 大学。

**unta** *k.n.* camel; quadruped with one hump or two; dromedary. 骆驼。

**untuk**[1]**, menguntukkan** *k.k.t.* allocate; allot; appropriate; take and use; set aside for a special purpose; budget (p.t. *budgeted*); allow or arrange for in a budget. 分派；分配；配给；挪用；预算。

**untuk**[2] *k.h.* for; in place of; as the price or

penalty of; in defence or favour of; with a view to. 为；为了；对于；给；当作；以便。

**untung, menguntungkan** *adj.* advantageous; profitable; beneficial; lucrative; producing much money; bringing profit. 有利的；占优势的；赚钱的；合算的。 —*k.n.* luck; good or bad fortune; chance thought of as a force bringing this; profit; advantage; benefit; money gained. 运气；利益；优势；盈利。 **menguntungkan** *k.k.t.* profit (p.t. *profited*); obtain a profit; bring advantage to. 使…得到利益；有利于。 **beruntung** *adj.* lucky (*-ier*); having, bringing, or resulting from good luck. 运气好的；幸运的。 **tak ~** *adj.* luckless; unlucky. 不幸的。

**untut** *k.n.* elephantiasis; disease in which the legs become grossly enlarged. 象皮病。

**upah** *k.n.* fee; sum payable for a person's advice or services, or for privilege or instruction, etc. 费；服务费；手续费。

**upaya** *k.n.* effort. 努力；应付。 **berupaya** *k.k.i.* cope; manage successfully. 妥善处理。

**urai, mengurai** *k.k.i.* decompose; separate (a substance) into its parts; rot. 分解；腐化。

**uranium** *k.n.* uranium; heavy grey metal used as a source of nuclear energy. 铀。

**Urdu** *k.n.* Urdu; language related to Hindi, used in Pakistan. 乌尔都语(通行于巴基斯坦和印度的某些地区)。

**uretra** *k.n.* urethra; duct by which urine is discharged from the body. 尿道。

**uri** *k.n.* placenta; organ that develops in the womb during pregnancy and nourishes the foetus; afterbirth; placenta discharged from the womb after childbirth. 胎盘。

**urus** *k.k.i.* manage; have control of; be manager of; operate (a tool, etc.) effectively; contrive; deal with (a person) tactfully. 经营；管理；处理；有效地运用；交易；妥善解决。

**urusan** *k.n.* affair; thing to be done; matter; business; task; duty; occupation; trade; thing to be dealt with; process; structure; commercial establishment; dealing; transaction. 事情；必完成的事务；事业；工作。 **~ rumah tangga** *k.n.* housewifery; house-keeping. 家政；家计；家务。 **berurusan** *k.k.i.* deal; do business; trade. 作生意。

**urut** *k.n.* massage; rubbing and kneading the body to reduce pain or stiffness. 按摩；推拿。 **tukang ~** *k.n.* masseur; man who practises massage professionally. 男按摩。 **mengurut** *k.k.t.* massage; treat in this way. 按摩。

**usaha** *k.n.* effort; use of energy; thing produced; business activity. 努力；成果；生意；经营。 **berusaha** *k.k.i.* attempt. 试图。

**usahawan** *k.n.* entrepreneur; person who organizes a commercial undertaking, esp. involving risk. 企业家；创业者。 **keusahawanan** *adj.* entrepreneurial. 企业家的。

**usang** *adj.* decrepit; make weak by old age or use; dilapidated; obsolescent; becoming obsolete. 衰老的；老弱的；破烂的；陈旧的。

**usap, mengusap** *k.k.t.* stroke; pass the hand gently along the surface of. 轻抚；抚摩。

**usapan** *k.n.* stroke; act of stroking. 抚摩。

**usia** *k.n. see* **umur**. 见 **umur**。

**usik, mengusik** *k.k.t.* disturb; break the quiet or rest or calm of; cause to move from a settled position. 搅乱；打搅。

**usikan** *k.n.* disturbance. 搅乱；戏弄。

**usir, mengusir** *k.k.t./i.* dissipate; dispel; fritter away; eject; send out forcefully; expel; evict; dislodge; move or force from an established position; oust; drive out. 驱散；消散；散播；赶走；逐出。

**usul** *k.n.* motion; formal proposal put to a meeting for discussion. 动议；提议。

**mengusul** *k.k.t.* motion; make a gesture directing (a person) to do something. 提议；建议。

**usus** *k.n.* intestine (pl. *intestines*); long tubular section of the alimentary canal between stomach and anus; bowel; innermost parts. 肠。

**utama** *adj.* especial; special; main; outstanding; foremost; most advanced in position or rank; most important; cardinal; chief. 主要的；最重要的；特殊的；独有的；异常的。 **terutama** *kkt.* especially. 尤其。

**utara** *k.n.* north; point or direction to the left of person facing east; northern part. 北；北方。 **orang ~** *k.n.* northerner; native of the north. 北方人。

**utuh** *adj.* intact; undamaged; complete. 未受损的；完整的。

**utus, utusan** *k.n.* courier; messenger; bearer of a message; person employed to guide and assist tourists; envoy; diplomatic minister ranking below ambassador. 送信快差；使者；代表；使节。

**uzur** *adj.* sick; unwell. 病的；有病的；不适的。 —*k.n.* infirm; weak from age or illness. 衰弱；衰老。 **menguzurkan** *k.k.t.* ail; make or become ill. 使苦恼；使痛苦。

# V

**vaksin** *k.n.* vaccine; preparation that gives immunity from an infection when introduced into the bloodstream. 牛痘苗；疫苗。

**vaksinasi** *k.n.* vaccination. 种痘；打预防针。

**van** *k.n.* van; covered vehicle for transporting goods, etc. 小型货车。

**vanila** *k.n.* vanilla; a kind of flavouring, esp. obtained from the pods of a tropical orchid. 香子兰属；(香料用的) 香草香精。

**variasi** *k.n.* variation; varying; extent of this ; variant; repetition of a melody in a different form. 变动；变化；变异；变奏。

**varnis** *k.n.* varnish; liquid that dries to form a shiny transparent coating on wood, etc.; paint used on the nails. 清漆；光漆。

**veld** *k.n.* veld; open grassland in South Africa. 非洲南部的草原。

**ventilator** *k.n.* ventilator; device for ventilating a room, etc. 通风设备。

**vertebrata** *k.n.* vertebrate; animal that has a backbone. 脊椎动物。

**veteran** *k.n.* veteran; person with long experience, esp. in the armed forces. 老兵；老战士。

**veterinari** *adj.* veterinary; of or for the treatment of diseases and disorders of animals. 兽医的。

**veto** *k.n.* veto; authoritative rejection of something proposed; right to make this. 否决；否决权。 —*k.k.t.* veto; reject by a veto. 否决；禁止。

**Victorian** *adj. & k.n.* Victorian; (person) of the reign of Queen Victoria (1837–1901). 维多利亚女王时代的 (人)。

**video** *k.n.* video; recording or broadcasting of pictures. 录影机。 **pita ~** *k.n.* videotape; magnetic tape suitable for recording television pictures and sound. 录像带。

**vila** *k.n.* villa; house in a suburban or residential district; country house in Italy or France; seaside house used for holidays. 建在市郊的别墅。

**virus** *k.n.* virus; organism (smaller than a bacterium) capable of causing disease. 病毒；滤过性病毒。

**visa** *k.n.* visa; official mark on a passport, permitting the holder to enter a specified country. 出入境准证。

**vitamin** *k.n.* vitamin; any of the organic substances present in food and essential to nutrition. 维生素；维他命。

**vitikultura** *k.n.* viticulture; vine-growing. 葡萄栽培；葡萄栽培学。

**vivarium** *k.n.* vivarium (pl. *-ia*); a place for keeping living animals, etc. in natural conditions. 自然环境的生态动 (植) 物园。

**vokal** *k.n.* vowel; speech-sound made without audible stopping of the breath; letter(s) representing this. 元音；母音。

**voltameter** *k.n.* voltmeter; an instrument measuring electrical potential in volts. 电压表。

**voodoo** *k.n.* voodoo; form of religion based on witchcraft, esp. in the West Indies. 伏都教 (一种巫术)。

**vulkanit** *k.n.* ebonite; vulcanite. 硬性黑橡胶；硬橡皮。

# W

**wabak** *k.n.* epidemic; outbreak of a disease, etc. spreading through a community. 流行症。

**wacana** *k.n.* discourse; speech; lecture; treatise. 演说；会谈；说教；谈论。

**wad** *k.n.* ward; room with beds for a group of patients in a hospital. 病房。

**wadi** *k.n.* wadi; a rocky watercourse, dry except in the rainy season. 仅在雨季才会有水的干涸河道。

**wain** *k.n.* wine; fermented grape-juice as an alcoholic drink; fermented drink made from other fruits or plants. 酒；葡萄酒。 **~ madu** *k.n.* mead; alcoholic drink made from fermented honey and water. 蜂蜜酒。

**wajah** *k.n.* lineament; feature of the face. 面貌；特征。

**wajar** *adj. see* **patut**. 见 **patut**。

**wajib** *adj.* compulsory; that must be done; required by rules, etc.; obligatory. 必要的；必需的；强制性的。 **mewajibkan** *k.k.t.* oblige; compel; help or gratify by a small service. 使负义务；强迫；迫使。

**wakil** *k.n.* agent; one who acts on behalf of another; attorney (pl. *-eys*); person appointed to act for another in legal or business matters; delegate; representative. 代办者；代理人；代表；使节。 **mewakilkan** *k.k.t.* delegate; entrust (a task or power) to an agent; depute; appoint to act as one's representative. 代表 (某团体)；委派…为代表。

**mewakili** *k.k.i.* deputize; act as deputy. 做代理人;受委任为代表。

**waktu, ~ tidur** *k.n.* bedtime; hour for going to bed. 就寝时间;就寝。

**walaupun** *k.h. & k.s.n.* although; though; despite; in spite of. 虽然;纵使;任凭。

**wali** *k.n.* sponsor; godparent. 主婚人;监护人。

**wang** *k.n.* money; current coins; coins and banknotes; any form of currency; wealth. 钱;硬币;钞票;货币;财富。 **kiriman ~** *k.n.* money order; printed order for payment of a specified sum, issued by the Post Office. 银行或邮局的汇票。 **mata ~** *k.n.* currency; money in use, state of being widely known. 货币。 **~ baki** *k.n.* change; money in small units or returned as balance of that offered in payment. 找回的零钱。

**wangi, mewangikan** *k.k.t.* deodorize; destroy the odour of. 除臭;防臭。

**wap** *k.n.* vapour; air-like substance into which certain liquids or solids are converted by heating. 蒸气。

**warak** *adj.* devout; earnestly religious; earnest; sincere; pious; devout in religion; ostentatiously virtuous. 虔诚的;真诚的;真挚的。

**wanita** *k.n.* see **perempuan**. 见 **perempuan**。

**waras** *adj.* lucid; sane. 清澈的;清明的。

**warga kota** *k.n.* citizen; inhabitant of a city. 公民;市民。

**warganegara** *k.n.* citizen; person with full rights in a country or Commonwealth. 公民;公民身份。

**waris** *k.n.* heir; person who inherits property or a rank, etc.; legatee; recipient of a legacy. 继承人;法定继承人;遗产承受人。 **mewariskan** *k.k.t.* endow; provide with a permanent income. 赋予;捐赠基金;资助。

**warisan** *k.n.* heritage; thing(s) inherited; legacy; thing left to someone in a will, or handed down by a predecessor; bequest; legacy. 遗产;继承物;遗嘱;遗赠物。

**warkah** *k.n.* epistle; letter. 书信;信。

**warna** *k.n.* colour. 颜色。 **berwarna-warni** *adj.* gorgeous; richly coloured; magnificent; beautiful. 华丽的;杂色的;美丽的;有各种色彩的。 **warna-warni** *adj.* motley; multi-coloured; assorted. 多颜色的;五颜六色的;形形色色的。

**warta** *k.n.* gazette; title of certain newspapers or of official journal containing public notices. 公报;学报。

**wartawan** *k.n.* journalist; person employed in writing for a newspaper or magazine; reporter; person employed to report news, etc. for publication or broadcasting. 记者;新闻工作者;撰稿人。

**wasiat** *k.n.* will; written directions made by a person for disposal of his property after his death. 遗嘱。

**waspada** *adj.* gingerly; chary; cautious. 谨慎的;小心的。 **berwaspada** *k.k.i.* beware; be on one's guard. 注意;留心;警戒。

**waswas** *k.n.* indecisions; inability to decide something; hesitation; insight; perception and understanding of a thing's nature. 优柔寡断;迟疑;顿悟。

**watak** *k.n.* character; qualities making a person or thing what he or it is; moral strength; noticeable or eccentric person; person in a novel or play, etc.; reputation; testimonial; biological characteristic. 特性;品质;性格;角色;人物。 **mewatakkan** *k.k.t.* characterize; describe the character of; be a characteristic of. 成为…的特性;描绘…的性格。

**watan** *k.n.* see **tanah air**. 见 **tanah air**。

**wau** *k.n.* see **layang-layang**. 见 **layang-layang**。

**wayang, ~ gambar** *k.n.* cinema; films as an art form or industry; movie (*U.S.*); cinema film. 电影;影片;电影摄制。

**wayar** *k.n.* wire; strand of metal; length of this used for fencing; conducting electric current, etc. 金属线；钢线；铁丝；电线。 **wayarles** *k.n.* wireless; radio. 无线电；收音机。

**wellington** *k.n.* wellington; boot of rubber or other waterproof material. 橡胶靴；威灵顿长统靴。

**wilayah** *k.n.* province; administrative division of a country; (*pl.*) all parts of a country outside its capital city. 省；县；州；区域；地方行政部门。

**wira** *k.n.* hero (pl. *-oes*); man admired for his brave deeds; chief male character in a story, etc. 英雄；勇士；烈士。

**wisel** *k.n.* whistle; instrument for producing shrill sound. 哨；口笛。

**wiski** *k.n.* whisky; spirit distilled from malted grain (esp. barley). 威士忌酒。

**wujud** *k.k.i.* exist; have place as part of what is real; occur in specified conditions; continue living; materialize; appear; become visible; become a fact; happen. 存在；具体化；实现；发生。 **berwujud** *adj.* extant; still existing. 现存的；具体的。 **mewujudkan** *k.k.t.* generate; bring into existence; produce. 使具体化；使实现；产生。

# Y

**ya** *sr.* aye; yes. 是的；是。

**Yahudi** *k.n.* Jew; person of Hebrew descent or whose religion is Judaism. 犹太人；犹太民族；犹太教徒。 **anti-~** *adj.* anti-Semitic; hostile to Jews. 反犹太的。

**yak** *k.n.* yak; long-haired Asian ox. 牦牛。

**yakin** *k.k.i.* assured; confident. 保证；担保；确信。 **meyakinkan** *k.k.t.* assure; tell confidently; promise; convince; make (a person) feel certain that something is true. 使确信；向…保证。 **amat ~** *adj.* cocksure; very self-confident. 过于自信的；十分肯定的。 **meyakini** *k.k.t.* believe. 相信。 **tidak meyakinkan** *adj.* inconclusive; not fully convincing. 不确信的。

**Yang Teramat Mulia** *k.n.* Highness; title of a prince or princess. 殿下（对皇族的尊称）。

**yatim** *adj.* motherless; without a living mother. 无父母的；父母双亡的。 **—***k.n.* orphan; child whose parents are dead. 孤儿。 **rumah anak-anak ~** *k.n.* orphanage; institution where orphans are housed and cared for. 孤儿院。

**yayasan** *k.n.* foundation; institution or fund founded. 组织；基金。

**Yengki** *k.n.* Yankee; American; (*U.S.*) inhabitant of the northern States of the U.S.A. 美国佬；（美国）北方诸州的人。

**yeti** *k.n.* yeti; large man-like or bear-like animal said to exist in the Himalayas. 雪人；相传生存在喜马拉雅山的一种动物。

**yo-yo** *k.n.* yo-yo; round toy that can be made to rise and fall on a string that winds round it. 摇摇拉线盘（一种小玩具）。

**yoga** *k.n.* yoga; Hindu system of meditation and self-control. 瑜伽术。

**yu** *k.n. see* **jerung**. 见 **jerung**。

**yuran** *k.n.* fee; sum payable for a person's advice or services, or for a privilege or instruction, etc. 会费；手续费；服务费。

# Z

**zahid** *adj.* ascetic; not allowing oneself pleasure and luxuries. 苦行般的；禁欲的。 *k.n.* recluse; person who avoids social life. 遁世者；隐士。

**zaitun** *k.n.* olive; small oval fruit from which an oil (*olive oil*) is obtained; tree bearing this; greenish colour. 橄榄；橄榄树；橄榄色。

**zakar** *k.n.* penis; organ by which a male animal copulates and urinates. 阴茎。

**zalim** *adj.* brutal; very cruel; without mercy; inhuman; not humane. 野兽般的；残忍的；无人性。

**zaman** *k.n.* epoch; particular period. (新)纪元；时代。 **sezaman** *adj.* contemporary; of the same period or age; modern in style. 同时代的；同年代的。

**zamrud** *k.n.* emerald; bright green precious stone. 绿宝石；翡翠。

**zarah** *k.n.* particle; very small portion of matter. 粒子；微粒。

**zat** *k.n. see* **vitamin**. 见 **vitamin**。

**zigot** *k.n.* zygote; a cell formed by the union of two gametes. 合子；由两个繁殖细胞接合而成的孢子。

**zilofon** *k.n.* xylophone; musical instrument with flat wooden bars struck with small hammers. 木琴。

**zina** *k.n.* adultery; infidelity to one's wife or husband by voluntarily having sexual intercourse with someone else; fornication. 通奸；通奸行为；私通。 **berzina** *k.k.t.* fornicate; have sexual intercourse while unmarried. 私通。

**zink** *k.n.* zinc; bluish-white metal. 锌。

**zirafah** *k.n.* giraffe; long-necked African animal. 长颈鹿。

**zodiak** *k.n.* zodiac; (in astrology) band of the sky divided into twelve parts (*signs of the zodiac*) each named from a constellation formerly situated in it. 黄道带。

**zon** *k.n.* zone; area with particular characteristics, purpose, or use. 固定用途的区域；地区；范围；界。

**zoo** *k.n.* zoo; place where wild animals are kept for exhibition and study. 动物园。

**zoologi** *k.n.* zoology; study of animals. 动物学。

**Zulu** *k.n.* Zulu; member or language of a Bantu people of South Africa. 南非的祖鲁人；祖鲁语。

**zum** *k.k.i.* zoom; move quickly, esp. with a buzzing sound; rise quickly; (in photography) make a distant object appear gradually closer by means of a zoom lens. 猛增；陡直上升；发嗡嗡声而移动；用变焦距镜头推近或拉远。

**zuriat** *k.n. see* **keturunan**. 见 **keturunan**。